Το Χρήμα
στην
Ελλάδα

MIG
PUBLISHING

Το Χρήμα

στην

Ελλάδα

1821–2001

Η ιστορία ενός θεσμού

Αθανάσιος Κ. Μπούνταλης

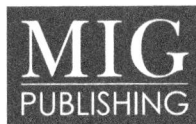

MIG
PUBLISHING

Το χρήμα στην Ελλάδα 1821–2001. Η Ιστορία ενός θεσμού

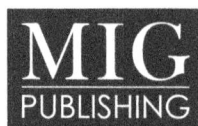

MIG
PUBLISHING

Βουκουρεστίου 53
10673 Αθήνα
211 800 7023

Δεύτερη έκδοση (διορθωμένη) 2016
Σχεδιασμός εξωφύλλου: Αθανάσιος Κ. Μπούνταλης
Βιβλιογραφία: Chicago Manual 16th edition, με τροποποιήσεις του συγγραφέα για ελληνικά κείμενα

ISBN: 978-9609377584

www.MoneyInGreece.org

Writing books is the closest men ever come to childbearing.
Norman Mailer

Στην Νέλλη, στον Ντίνο, στον Βασίλη, στην Ελένη

Περιεχομενα

Ευρετηριο Πινακων

Πρόλογος στην πρώτη έκδοση

Η ΠΑΡΟΥΣΑ ΜΕΛΕΤΗ πήρε την τελική της μορφή στις αρχές του 2014, περίπου πέντε χρόνια μετά την έναρξη της σχετικής έρευνας. Ο φόβος μου ήταν ότι μέχρι την ολοκλήρωση της μελέτης το θέμα θα είχε χάσει την επικαιρότητά του. Ο φόβος αυτός αποδείχθηκε εντελώς αδικαιολόγητος. Δυστυχώς. Ο παρών πρόλογος γράφεται μια ημέρα πριν την κρίσιμη λήξη της τραπεζικής αργίας του Ιουλίου του 2015 με το ζήτημα του Grexit να αποτελεί πλέον μια παγιωμένη ανησυχία, ή ευχή, αναλόγως με το στρατόπεδο του καθενός.

Το ειρωνικό για μια τέτοια μελέτη είναι ότι η σύλληψη, δημιουργία και δημοσίευσή της διέπονται από αντικρουόμενες προϋποθέσεις, τις οποίες οι αγγλοσάξονες χαρακτηρίζουν ως *Catch-22*. Σε περιόδους νομισματικής ομαλότητας το χρήμα περνάει σχεδόν απαρατήρητο ως προς τους μηχανισμούς λειτουργίας του· το μόνο που ενδιαφέρει είναι η συσσώρευσή του, ενώ η ιστορική και θεωρητική μελέτη του λίγο ενδιαφέρουν. Αντιθέτως, σε περιόδους κρίσης όπως αυτή που διανύουμε, δημιουργείται έντονο ενδιαφέρον σχετικά με το *τι συνέβη, τι δεν πήγε καλά*, και αναπόδραστα εγείρονται ερωτήματα σχετικά με το *τι είναι το χρήμα και πώς λειτουργεί*. Αυτές όμως οι ιδανικές *για πνευματική αναζήτηση* συνθήκες, δυσκολεύουν τόσο την ολοκλήρωσή της έρευνας όσο και την δημοσίευσή της: *ελλείψει χρημάτων!*

Αυτό ήταν ένα μείζον πρόβλημα που συνάντησα επιχειρώντας την έκδοση του παρόντος έργου. Δεν ήταν λίγα τα εκδοτικά ιδρύματα, είτε ιδιωτικά, είτε πανεπιστημιακών και τραπεζικών ιδρυμάτων, που παρότι εξέφρασαν ενδιαφέρον για το θέμα της εργασίας βρίσκονταν απέναντι σε μια αγορά που είχε στεγνώσει, και με προϋπολογισμούς δραστικά μειωμένους, αδυνατώντας να χρηματοδοτήσουν μιας τέτοιας έκτασης έργο. Και ενώ αυτό το πρόβλημα ήταν από μόνο του αρκετό, προφανώς δεν βοηθούσε και το ότι ο συγγραφέας της μελέτης δεν ήταν προϊόν του ακαδημαϊκού χώρου των οικονομικών ή της ιστορίας. Στερούμενος θητείας και προσβάσεων στον χώρο αυτό, ήταν δύσκολο να βρω διαθέσιμους συνομιλητές για μια εις βάθος συζήτηση της μελέτης μου—πολλές φορές ευχήθηκα να έγραφα σύγγραμμα Ανόργανης Χημείας!

Μετά από έναν χρόνο αναζητήσεων, οι συνθήκες αυτές προδιέγραψαν δύο επιλογές: Πρώτον, η δημοσίευση της μελέτης αυτής γίνεται ως αυτοέκδοση· με την ανάπτυξη της μεθόδου του *Print On Demand*, κάτι τέτοιο είναι πλέον εφικτό χωρίς να απειλεί με οικονομική καταστροφή τον συγγραφέα. Δεύτερον, η τεκμηρίωση και επαλήθευση της έρευνας, καθώς και η τεχνική υλοποίηση της έκδοσης γίνονται αναγκαστικά από τον ίδιο τον ερευνητή· ελπίζω ότι έχω καταφέρει να εφαρμόσω με πιστότητα στην παρούσα μελέτη την μεθοδολογία που διδάχθηκα στον χώρο της Έρευνας. Είναι λοιπόν προφανές ότι οποιαδήποτε έλλειψη στην τεχνική, γλωσσική, αισθητική και επιστημονική αρτιότητα της έκδοσης βαρύνουν αποκλειστικά τον συγγραφέα.

Αθανάσιος Κ. Μπούνταλης
Colmar, 19 Ιουλίου 2015

Πρόλογος

Η παρουσα μελετη είναι, υπό μία έννοια, προϊόν της εποχής της. Έναυσμα των βασικών ερωτημάτων της αποτέλεσε το ξεδίπλωμα τις κρίσης που έφτασε στην Ελλάδα το 2008–2009. Την περίοδο εκείνη η παγκόσμια οικονομική κρίση μόλις άρχιζε να κάνει φανερά τα σημάδια της και στην Ελλάδα και κόσμος που δεν γνώριζε τι είναι ομόλογο ρωτούσε «τι είναι σπρεντ» αν άκουγε μια σχετική συζήτηση σε κάποιο διπλανό τραπέζι. Μαζί με γενικότερα ζητήματα σχετικά με την δομή του διεθνούς οικονομικού συστήματος, το ευρώ και η νομισματική ένωση έμπαιναν ξαφνικά στο επίκεντρο μιας συζήτησης που δεν είχε γίνει όταν, δέκα χρόνια νωρίτερα, η πολιτική και επιχειρηματική ηγεσία της Ελλάδας ολοκλήρωνε την εγκατάλειψη της δραχμής.

Παρότι τα παραπάνω ερωτήματα, όπως προβάλλονταν στο ευρύ κοινό, είχαν έναν χαρακτήρα επικαιρότητας, σταδιακά διαπίστωσα ότι είχαν και κάποια διαχρονικά χαρακτηριστικά από τα οποία το χρήμα ξεπρόβαλε ως ξεχωριστός θεσμός με δικές του δυναμικές. Για έναν μη οικονομολόγο, όπως εγώ, το πιο θεμελιώδες ερώτημα ήταν: *τι είναι το χρήμα*;

Σε αυτό το περιβάλλον, μεταξύ των αναλύσεων που μου κέντρισαν το ενδιαφέρον ήταν μια μικρού μήκους ταινία κινουμένων σχεδίων, το «Money as debt» του Paul Grignon. Παρά τις ανακρίβειες και τα διάφορα προβλήματα που παρουσίαζε στην τεκμηρίωσή της, στα 47 λεπτά που διήρκεσε μου δημιούργησε το ενδιαφέρον για αυτό το περίεργο πράγμα: *το χρήμα*. Λίγο αργότερα, σε μια από τις συζητήσεις μας, ο καλός συνάδελφος από τον «Δημόκριτο», Αριστείδης Τερζής, μου υπέδειξε την μελέτη του Stephen Zarlenga, «*The lost science of money*». Παρότι δευτερογενής, η εκτεταμένη αυτή μελέτη ενέτασσε σε ένα στέρεο αναλυτικό πλαίσιο μια πληθώρα ιστορικών έργων της παγκόσμιας νομισματικής ιστορίας, τα οποία είχαν ασχοληθεί όχι μόνον με την ιστορία του χρήματος αλλά και με την ιστορία των ιδρυμάτων και των προσώπων που σχετίζονταν με αυτό. Ξεκινώντας από εκεί, διαπίστωσα ότι η πιο καλά μελετημένη νομισματική ιστορία ήταν μακράν η αμερικανική, με έργα αναφοράς όπως το μνημειώδες *A Monetary history of the United States* των Friedman-Schwartz. Ίσως αυτό να σχετίζεται με τα νομισματικά πειράματα που έγιναν στην Βόρειο Αμερική από την περίοδο των αποικιών μέχρι και την ίδρυση της Federal Reserve το 1913 και που, όπως φαίνεται, δημιούργησαν μια παράδοση σκέψης. Σε κάθε περίπτωση, Αμερικανοί ιστορικοί—επαγγελματίες ή μη—είχαν ξεφύγει από τα σύνορα της χώρας τους και είχαν επεκτείνει την μελέτη τους και σε άλλες χώρες. Η Ελλάδα δεν ήταν μια από αυτές, πράγμα μάλλον αναμενόμενο δεδομένου του μάλλον αμελητέου μεγέθους και περιθωριακού χαρακτήρα της ελληνικής οικονομίας.

Σε ό,τι αφορά στην εγχώρια παραγωγή νομισματικής ιστορίας, υπάρχουν πολλά έργα εξαιρετικού βάθους και τεκμηρίωσης που επικεντρώνονται σε σειρά θεμάτων: του Βαλαωρίτη και του Δ. Λ. Ζωγράφου στις πρώτες δεκαετίες της ΕΤΕ, του Cottrell στις πρώτες δεκαετίες της Ionian Bank, του Βενέζη και του Πύρσου στα πρώτα χρόνια της ΤτΕ, του Δημακόπουλου στο Εθνικό Νομισματοκοπείο της Αίγινας, της Λιάτα στα νομίσματα της Τουρκοκρατίας και Ενετοκρατίας, του Βασιλόπουλου στα ελληνικά νομίσματα, του Συνοδινού στα ελληνικά χαρτονομίσματα, του Στασινόπουλου και του Κοκκινάκη στις πολιτικοϊδεολογικές ζυμώσεις του 19^{ου} αιώνα και στην συμμετοχή της Ελλάδας στην ΛΝΕ, του Τσίχλη στο αναγκαστικό δάνειο του 1922, του Πρόντζα στα κερματικά γραμμάτια εντός της ΛΝΕ κοκ.

Τα έργα όμως αυτά είναι επικεντρωμένα σε ένα συγκεκριμένο θέμα ή σε μία συγκεκριμένη περίοδο της νεοελληνικής ιστορίας. Μοναδική μελέτη που κάλυπτε την ιστορία του χρήματος στην Ελλάδα για όλη την περίοδο από την Επανάσταση μέχρι σήμερα, ήταν το βιβλίο των Αλογοσκούφη και Λαζαρέτου «*Η δραχμή από το φοίνικα στο ευρώ*». Αφενός, λόγω της περιορισμένης του έκτασης, το έργο αυτό είναι δευτερογενές ως προς την ιστορική του έρευνα. Αφετέρου, το ερμηνευτικό του πλαίσιο ήταν περιορισμένο στην βάση της εμπορευματικής θεωρίας του χρήματος, δίχως χώρο για άλλες ερμηνείες.

Αλλά ανεξαρτήτως ιστορικού εύρους και ερευνητικού βάθους, αυτό που επίσης δυσκολεύτηκα να βρω ήταν μελέτες που να εξετάζουν ρητώς την ιστορία του χρήματος στην Ελλάδα από την οπτική του *θεσμού* και όχι από την οπτική του εμπορεύματος ή του φυσικού αντικειμένου. Μια μελέτη που εξετάζει το ζήτημα από μια σχετική οπτική είναι εκείνη του Πρόντζα για τα κερματικά γραμμάτια (1885–1910), στην οποία ο συγγραφέας κάνει—αγωνιώδη;—έκκληση για συμπερίληψη της ιστορικής και της ανθρωπολογικής έρευνας στην νομισματική και εν γένει οικονομική έρευνα και θεωρία. Κατά τα λοιπά, ικανότατοι ιστορικοί που έγραψαν τεκμηριωμένα ιστορικά έργα, είτε προεξόφλησαν ότι η θεωρητική προσέγγιση του χρήματος από τους οικονομολόγους ήταν επαρκής, είτε ότι αυτή η θεωρητική εξέταση ήταν εκτός του πεδίου ενδιαφέροντός τους. Έτσι δεν μπήκαν στον κόπο να αμφισβητήσουν την ιστορική βάση της οικονομικής ορθοδοξίας· είτε την αποδέχθηκαν ρητώς, είτε απέφυγαν συλλήβδην το ζήτημα. Ο Κωστής (2003, 13–14) αναφέρεται, έστω και ακροθιγώς, στο πρόβλημα αναγνωρίζοντας ότι *«στην Ελλάδα [...] μεγάλο μέρος των εργασιών για την οικονομική της ιστορία είτε προέρχεται από ερευνητές που δεν έχουν οικονομική παιδεία είτε, όταν δεν συμβαίνει κάτι τέτοιο, στηρίζεται στη χρήση «Μεγάλων Θεωριών», συνήθως με τρόπο τέτοιο ώστε η θεωρητική αφετηρία τους να περιέχει εν σπέρματι και τις απαντήσεις στα ερωτήματα που θα έπρεπε να διερευνηθούν πρώτα εμπειρικά».* Σχηματοποιώντας λοιπόν την παραπάνω αποστροφή, ο συμβιβασμός που καλούμαστε να αποδεχθούμε είναι μεταξύ τεκμηριωμένων ιστορικών με απούσα θεωρητική θέση, και ιδεολογικά προκατειλημμένων οικονομολόγων με έργο ελλιπούς εμπειρικής ιστορικής έρευνας. Προ του κινδύνου να θυσιάσουν την αξιοπιστία τους, ακόμη και ερευνητές που εφαρμόζουν με πιστότητα την επιστημονική μεθοδολογία, δίνοντας βάρος στην εμπειρική παρατήρηση, αποφεύγουν με πείσμα—και ίσως όχι άδικα—να ενταχθούν σε «Μεγάλες Θεωρίες». Αυτή η προσέγγιση όμως εκτός από αρετή αποτελεί και πρόβλημα, καθώς η ιστορική έρευνα—και η έρευνα γενικώς—έχει ως απώτερο σκοπό την σύνθεση και όχι την αποσπασματική ερμηνεία διαδοχικών και μεμονωμένων παρατηρήσεων.

Μια άλλη εξαίρεση στον κανόνα, πέραν εκείνης του Πρόντζα, ήταν η μελέτη του Βασίλειου Τσίχλη για το αναγκαστικό δάνειο του 1922. Ο συγγραφέας εξετάζει το νομισματικό πείραμα όχι μόνον ιστορικά, αλλά και από την σκοπιά της παραγωγής δικαίου, στεκόμενος σε λεπτά σημεία που απασχολούν μάλλον τους νομικούς παρά τους οικονομολόγους ή τους ιστορικούς. Οι αναφορές του π.χ. στην διαφορά μεταξύ επίταξης και αναγκαστικού δανείου, ή στην ρίζα της απαγόρευσης της πρόωρης εξόφλησης χρεών στο Ρωμαϊκό δίκαιο, ρίχνουν φως στον θεσμό του χρήματος ως προϊόντος του νομικού πολιτισμού μιας οργανωμένης κοινωνίας και όχι ως εμπορεύματος. Θα ήταν ευχής έργο αν περισσότεροι νομικοί—όπως και ο ίδιος ο Τσίχλης—έμπαιναν στον κόπο να ασχοληθούν με την ιστορική και θεωρητική μελέτη του χρήματος.

Τέλος, κάτι ακόμα που δυσκολεύτηκα να βρω ήταν αναφορές σε *πρόσωπα·* σε ονόματα μετόχων, διοικητών, πολιτικών και ακαδημαϊκών και στις μεταξύ τους διασυνδέσεις—ή διαπλοκές. Η φράση: *«η ΕΤΕ ιδρύθηκε ως ανώνυμη εταιρεία»* είναι ελλιπής καθώς αποφεύγει το ερώτημα: *ποιοι ήταν οι πρώτοι μέτοχοι;* Η χαρτογράφηση των ιδιοκτητών μιας επιχείρησης δεν είναι ζήτημα τετριμμένο, κάτι που έχει γίνει κατανοητό τόσο από τον Cottrell στην μελέτη του επί της Ionian Bank, όσο και από τον Πρόντζα στην αδημοσίευτη μελέτη του επί της ΠΤΗ. Παρομοίως, η φράση: *«ψηφίσθηκε ο νόμος της αναγκαστικής κυκλοφορίας»* είναι ομοίως ελλιπής. *Ποιος κατέθεσε το νομοσχέδιο; Ποιος το στήριξε και με τι επιχειρήματα; Ποιοι εξέφρασαν αντίθετες απόψεις και ποιες ήταν αυτές;* Πολύ σημαντικές συμβολές ως προς το σημείο αυτό είναι αυτές του Στασινόπουλου του Κοκκινάκη που, μέσα από την επίπονη αναδίφηση στον Τύπο της εποχής ή στα πρακτικά των συνεδριάσεων της Βουλής ιχνηλατούν πολλές τέτοιες διαδρομές βουλευτών και διανοουμένων και τις απόψεις τους γύρω από την νομισματική θεωρία και πρακτική.

Στην ελληνική νομισματική ιστοριογραφία είναι απαραίτητη μια εκτεταμένη αναφορά στον Γεώργιο Σταύρο, στον Jean-Gabriel Eynard, στον Carl Joachim Hambro, στον Ανδρέα Συγγρό, στον Ευθύμιο Κεχαγιά, στον Εμμανουήλ Τσουδερό, στον Κυριάκο Βαρβαρέσο ή στον Ξενοφώντα Ζολώτα, αλλιώς υπονοείται ότι τα πρόσωπα αυτά ήταν άβουλα υποκινούμενα μιας απρόσωπης ιστορικής διεργασίας· υπεράνω φιλοδοξιών, συμφερόντων, εξαρτήσεων και ιδιοληψιών.

Διαπιστώνοντας τα παραπάνω, τα ανακλαστικά του Ερευνητή ανέλαβαν πρωτοβουλία. Η έρευνα ξεκίνησε στις αρχές του 2009, χωρίς ευτυχώς να έχω αντιληφθεί τότε την εργασία που τελικά θα απαιτούσε η ολοκλήρωσή της. Όπως συμβαίνει συνήθως, το ένα ερώτημα έφερε το άλλο και η ερευνητική εργασία καθοδηγήθηκε από τις πηγές, μέχρις ότου το θέμα, ή ο ερευνητής, εξαντληθούν. Η συγγραφή του βιβλίου αυτού έγινε ερασιτεχνικά, παράλληλα με την ερευνητική εργασία μου στο Ινστιτούτο Επιστήμης Υλικών του ΕΚΕΦΕ «Δημόκριτος», στον ιδιωτικό τομέα, στο εμπόριο και κατόπιν πάλι στην Έρευνα. Κατά συνέπεια, αυτό που διαβάζει ο αναγνώστης είναι και ένας χάρτης των προσωπικών ορίων του ερασιτέχνη· σε πολλά σημεία της αφήγησης υπογραμμίζω ότι περαιτέρω ιστορική έρευνα χρειάζεται για την πλήρη διαλεύκανση πτυχών της ελληνικής νομισματικής ιστορίας. Σε κάθε περίπτωση, η συγκέντρωση των ακριβέστερων και πληρέστερων δυνατών δημοσιονομικών, νομισματικών και συναλλαγματικών χρονοσειρών, καθώς και άλλων διοικητικών και ιστορικών στοιχείων, κρίθηκε αναγκαία συνθήκη για την οποιαδήποτε συζήτηση· οι 101 πίνακες του κυρίως κειμένου και του στατιστικού παραρτήματος αποτελούν αναπόσπαστο υλικό αυτής της μελέτης.

Δοθέντων των ορίων αυτών, είναι βέβαιο αυτή η εργασία δεν θα ήταν εφικτή πριν από λίγα χρόνια, καθώς η ψηφιοποίηση, τεκμηρίωσή και δημοσίευση πηγών στο διαδίκτυο και η δυνατότητα αυτοματοποιημένης αναζήτησής τους επέτρεψαν σε έναν ερευνητή μερικής απασχόλησης να διεξαγάγει πρωτογενή ιστορική έρευνα. Η μακράν πιο σημαντική πηγή αυτού του βιβλίου, η *Εφημερίδα της Κυβερνήσεως*, έγινε ευρέως προσβάσιμη μόνον το 2010, όταν όλα της τα τεύχη, από το 1833 και μετά, δημοσιεύθηκαν δωρεάν και σε ψηφιακή μορφή από το Εθνικό Τυπογραφείο (www.et.gr).

Η σημασία της ηλεκτρονικής διαθεσιμότητας αυτών των πηγών είναι τεράστια, και έγκειται στο ότι παρέχει εύκολη πρόσβαση σε πρωτογενείς ιστορικές πηγές σε μια κοινότητα πολύ ευρύτερη εκείνης των ακαδημαϊκών ιστορικών και οικονομολόγων και επεκτείνοντας σε βάθος και εύρος την επιστημονική έρευνα. Η προσβασιμότητα στον ερασιτέχνη ιστορικό έχει τεράστια σημασία για την ιστορική έρευνα. Υπερβαίνει κατά πολύ σε βαρύτητα π.χ. την ανακάλυψη του κομήτη Hale-Bopp, από δύο ερασιτέχνες αστρονόμους, ή το διαπανεπιστημιακό πρόγραμμα *Galaxy Zoo* που διαθέτει εικόνες του τηλεσκοπίου Hubble σε ερασιτέχνες αστρονόμους προς ανάλυση. Εκεί, οι ερασιτέχνες κάνουν μαζική ανάλυση δεδομένων σε κλίμακα μεγαλύτερη από εκείνη που μπορούν να διαχειρισθούν οι επαγγελματίες λόγω έλλειψης πόρων, όμως η μεθοδολογία είναι δεδομένη: είναι η επιστημονική και βασίζεται στην παρατήρηση.

Στην προκειμένη περίπτωση όμως, δηλαδή σε πεδία με ιδιαιτέρως βαρύ ιδεολογικό φορτίο, οι ερασιτέχνες με επιστημονική παιδεία και πρόσβαση σε πρωτογενή δεδομένα, συγκεντρώνουν μεγάλες πιθανότητες να *εισαγάγουν* την επιστημονική μεθοδολογία σε κλάδους που ποτέ δεν την διδάχθηκαν, και της οποίας η εφαρμογή επαφίεται συνήθως στην προσωπική ευσυνειδησία του εκάστοτε ερευνητή.

Αθανάσιος Κ. Μπούνταλης
Αθήνα, Νοέμβριος 2014

Ευχαριστίες

Τμημα του παροντος συγγράμματος βασίσθηκε στο υλικό αρχειακών συλλογών. Κύριο αποθετήριο πρωτογενών δεδομένων για την ελληνική νομισματική ιστορία αποτελεί το ΙΑΕΤΕ, όχι μόνον μέσω του όγκου των τεκμηρίων του και της άμεσης πρόσβασης που παρέχει στους ερευνητές, αλλά και λόγω της βοήθειας σε δύσκολα ερωτήματα. Θα ήθελα να ευχαριστήσω τον κ. Νίκο Παντελάκη για την βοήθειά του στον εντοπισμό σπανίων και εξεζητημένων τεκμηρίων, τόσο εντός όσο και εκτός του αρχείου. Θα ήθελα επίσης να ευχαριστήσω την κα Ανδρομάχη Θεοδωροπούλου από το Ιστορικό Αρχείο της Alpha Bank και την κα Anna Towlson από την βιβλιοθήκη του LSE για την εξασφάλιση αντιγράφων τεκμηρίων από τα αρχεία αυτά.

Εξαιρετικά χρήσιμη μου ήταν επίσης και η εργασία άλλων ερευνητών που είχαν την καλοσύνη να μοιραστούν μαζί μου αδημοσίευτο ή πρωτογενές υλικό της εργασίας τους. Θα ήθελα να ευχαριστήσω τον Καθ. Marc Flandreau για την ευγενική προσφορά πρωτογενών δεδομένων για τις τιμές διαπραγμάτευσης των ελληνικών ομολόγων των δανείων της Ανεξαρτησίας, και τον Καθ. Ευάγγελο Πρόντζα για την ευγενική προσφορά αδημοσίευτου υλικού από την μελέτη του για την Προνομιούχο Τράπεζα Ηπειροθεσσαλίας.

Επίσης, την Γραμματεία της Γερουσίας των ΗΠΑ, το *Department of State Records* των ΗΠΑ, την *Bundesverband der Deutschen Industrie* και τον κ. Pierre Guimbrettière για την ευγενική προσφορά αντιγράφων από δημοσιευμένες αλλά εξαντλημένες πηγές. Επίσης την Γεννάδειο Βιβλιοθήκη, το Ελληνικό Λογοτεχνικό και Ιστορικό Αρχείο, και τις Βιβλιοθήκες της Βουλής των Ελλήνων, της Τραπέζης της Ελλάδος και του Αριστοτελείου Πανεπιστημίου Θεσσαλονίκης για την πρόσβαση στις συλλογές τους.

Τέλος, ευχαριστώ θερμά την Υπηρεσία Μετοχών της Τραπέζης της Ελλάδος για την ευγενική παραχώρηση πρόσβασης στις καρτέλες μετόχων στα αρχεία του Χολαργού, καθώς και την Διεύθυνση Νομικών Υπηρεσιών της ΤτΕ για την άδεια πρόσβασης στα αρχεία αυτά. Η μελέτη αυτών των αρχείων αποτέλεσε πρόκληση καθώς δεν αποτελούν τμήμα του ανοιχτού αρχείου της τράπεζας. Φύλλα Μητρώου είναι χύδην τοποθετημένα σε ντέξιον που φτάνουν μέχρι και τα τέσσερα μέτρα ύψος και η επίσκεψη σε αυτά απαιτούσε την συνοδεία προσωπικού της Υπηρεσίας Μετοχών. Η Υπηρεσία κατάφερε να μου εξασφαλίσει χρόνο για δύο επισκέψεις (10/3/2011 και 7/9/2011), κατά την διάρκεια των οποίων εξέτασα αρκετές χιλιάδες Φύλλων Μητρώου με την πολύτιμη βοήθεια του εκπροσώπου της Υπηρεσίας.

Οργάνωση του κειμένου

Στο κεφαλαιο 1 αναλύεται η θεώρηση της φύσης του χρήματος μέσω της παρουσίασης των βασικών θεωριών που έχουν διατυπωθεί γύρω από αυτό. Επίσης παρουσιάζονται επιλεγμένα παραδείγματα της παγκόσμιας νομισματικής ιστορίας που σκιαγραφούν τα δυνατά και αδύναμα σημεία της κάθε θεωρίας. Η κύρια ιστορική αφήγηση γίνεται με χρονολογικό τρόπο στα κεφάλαια 2 έως 22· αυτά καλύπτουν την περίοδο από την Επανάσταση του 1821 μέχρι και την εισαγωγή του ευρώ σε υλική μορφή το 2002, και στο κεφάλαιο 23 παρουσιάζονται σε συνοπτική μορφή τα κύρια συμπεράσματα της μελέτης. Τέλος, στο κεφάλαιο 24 παρουσιάζονται μια σειρά θεμάτων, η διαχρονικότητα των οποίων αφενός καθιστά δίχως νόημα την καταχώρησή τους σε κάποια συγκεκριμένη περίοδο, και αφετέρου επιτρέπει την ευκολότερη εξαγωγή συμπερασμάτων από την συνολική τους ανασκόπηση.

Τέλος, στο κεφάλαιο 25 παρουσιάζονται τα στατιστικά και ποσοτικά στοιχεία πάνω στα οποία είναι στηριγμένη η συζήτηση πολλών τμημάτων του κειμένου. Η ξεχωριστή παρουσίαση αυτών των στοιχείων κρίθηκε επιβεβλημένη, αφενός για να μην αποσπούν τον αναγνώστη από την ροή της αφήγησης με την έκτασή τους και αφετέρου λόγω του διαχρονικού χαρακτήρα τους. Θα πρέπει να σημειωθεί ότι ενώ η απλή ανάγνωση του κυρίως κειμένου μπορεί να γίνει χωρίς καταφυγή στο παράρτημα, αυτό αποτελεί χρήσιμο βοήθημα για τον νομισματικό ερευνητή, ο οποίος αφενός επιθυμεί να επιβεβαιώσει τους ισχυρισμούς του συγγραφέα, και αφετέρου να χρησιμοποιήσει τα στοιχεία αυτά για την δική του έρευνα.

Επεξηγήσεις

Όροι και έννοιες

Αναγκαστική ή νόμιμη κυκλοφορία (cours forcé ή cours legal): Το νομικό καθεστώς κατά το οποίο η αξία του νομίσματος βασίζεται σε νόμο που καθιστά υποχρεωτική την αποδοχή του για οποιαδήποτε πληρωμή και εξόφληση.

Αντιπραγματισμός: Το υποθετικό καθεστώς κατά το οποίο πρωτόγονες κοινωνίες εκτελούν αχρήματες εμπορικές συναλλαγές με σκοπό το οικονομικό όφελος.

Καθεστώς μετατρεψιμότητας: Το νομικό καθεστώς κατά το οποίο η αξία ενός νομίσματος (συνήθως χάρτινου) βασίζεται στην υποχρέωση ανταλλαγής του με πολύτιμο μέταλλο (εξαργύρωση). Συνήθως αναφέρεται στην υποχρέωση μιας τράπεζας να εξαργυρώνει τα τραπεζογραμμάτιά της, δηλαδή να τα ανταλλάσσει με πολύτιμο μέταλλο (συνήθως χρυσό).

Κέρμα: Μεταλλικό νόμισμα περιορισμένης εξοφλητικής ισχύος.

Κερματικό γραμμάτιο: Χάρτινο νόμισμα περιορισμένης εξοφλητικής ισχύος.

Νόμιμο χρήμα (legal tender): Οποιαδήποτε μορφή χρήματος γίνεται βάσει νόμου υποχρεωτικά δεκτή στην εξόφληση χρεών.

Προεξόφληση: Πράξη κατά την οποία μια απαίτηση (ομόλογο, γραμμάτιο, μεταχρονολογημένη επιταγή κλπ) εξοφλείται πριν από την λήξη της, μέσω πώλησης του χρεωγράφου από τον αρχικό δανειστή σε κάποιον τρίτο (τράπεζες, εταιρείες factoring κλ). Έτσι, ο δανειστής μπορεί να έχει πρόσβαση σε ρευστότητα πριν την ωρίμανση της απαίτησης. *Αναπροεξόφληση* είναι η δεύτερη προεξόφληση του ίδιου τίτλου και μπορεί να γίνει από τις εμπορικές τράπεζες που τα αγόρασαν, μέσω πώλησής τους στην Κεντρική Τράπεζα. Και στις δύο περιπτώσεις χρεώνεται από τον τελικό αγοραστή του χρεωγράφου ένα επιτόκιο (συν κάποια προμήθεια), το οποίο βαρύνει τον πωλητή του τίτλου. Όσο μεγαλύτερο είναι το επιτόκιο, τόσο μικρότερο θα είναι το ποσοστό που θα εισπράξει ο πωλητής του χρεωγράφου επί της ονομαστικής αξίας του, άρα υψηλά επιτόκια αποθαρρύνουν την προεξόφληση.

Σορτάρισμα (short selling): Μέθοδος κερδοσκοπίας από την πτώση της αξίας ενός τίτλου. Ο κερδοσκόπος δανείζεται ποσότητα του τίτλου (ομολόγου, νομίσματος, μετοχής κλπ) με την συμφωνία να επιστρέψει την ίδια ποσότητα σε μελλοντική ημερομηνία (συν κάποια προμήθεια). Αμέσως αφού την δανεισθεί την μεταπωλεί στην αρχική (υψηλή) αξία της. Όταν η αξία πέσει (ίσως και εξαιτίας της πώλησης) την επαναγοράζει στην τελική (χαμηλή) τιμή και την επιστρέφει. Η διαφορά των δύο τιμών είναι το κέρδος του.

Τραπεζογραμμάτιο: Χάρτινο νόμισμα εκδιδόμενο από τράπεζα, εξαργυρώσιμο σε πολύτιμο μέταλλο.

Χαρτονόμισμα: Χάρτινο νόμισμα εκδιδόμενο από τράπεζα ή άλλο ίδρυμα, μη εξαργυρώσιμο σε πολύτιμο μέταλλο, δηλαδή τιθέμενο σε καθεστώς αναγκαστικής κυκλοφορίας.

CAGR (Compound Annual Growth Rate): Η ετήσια ποσοστιαία μεταβολή ενός μεγέθους σε ένα διάστημα ετών, υποθέτοντας ότι αυτή κάθε έτος παραμένει σταθερή. Αν π.χ. σε ένα διάστημα n ετών η τιμή ενός αγαθού αυξήθηκε από T_0 σε T_n, θα μπορούσαμε να υποθέσουμε ότι κάθε χρόνο αυξανόταν κατά $CAGR = (T_n/T_0)^{1/n} - 1$.

Repos (Repurchase agreements): Τύπος δανεισμού από τον αγοραστή προς τον πωλητή του τίτλου. Με την λήξη του συμβολαίου ο πωλητής επαναγοράζει τον τίτλο σε μια υψηλότερη τιμή, έτσι η διαφορά τιμής πώλησης με την τιμή επαναγοράς αποτελεί τον τόκο του δανείου. Ο τίτλος λειτουργεί ως εχέγγυο του δανείου, όμως οι αποδόσεις του (τόκοι, κουπόνια, κλπ) συνεχίζουν να ανήκουν στον πωλητή.

Seignorage: Η διαφορά μεταξύ εμπορικής αξίας του υλικού κατασκευής ενός νομίσματος (χαρτί, μέταλλο κλπ) και της ονομαστικής τού αξίας.

Σύμβολα – Μετατροπές μονάδων

d: penny

dwt: pennyweight

g: γραμμάριο

gr: κόκκος (grain)

kg: χιλιόγραμμο

mi: mite

s: shilling

1 gr = 0.06479891 g

1 g= 15.4324 gr

1 Avoirdupois ounce = 28.349523125 g = 437.5 gr

1 Troy ounce = 31.1034768 g = 480 gr

1 δράμι = 3,205 g

1 kg = 312 δράμια

1 dwt = 24 gr = 480 mi

Συντομογραφίες

Ελληνικές συντομογραφίες

ΑΕΠ: Ακαθάριστο Εγχώριο Προϊόν

ΑΝ: Αναγκαστικός Νόμος

ΑΟΣ: Ανώτατον Οικονομικόν Συμβούλιον

ΑΠΠ: Α′ Παγκόσμιος Πόλεμος

ΑΣΟ: Αυτόνομος Σταφιδικός Οργανισμός

ΒΔ: Βασιλικό Διάταγμα

ΒΠΠ: Β′ Παγκόσμιος Πόλεμος

ΓΛΚ: Γενικό Λογιστήριο του Κράτους

ΓΠΤ: Γενική Πιστωτική Τράπεζα

ΔΕΚΕ: Δημοσιονομική Επιτροπή της Κοινωνίας των Εθνών

ΔΝΤ: Διεθνές Νομισματικό Ταμείο

ΔΟΕ: Διεθνής Οικονομικός Έλεγχος ή Διεθνής Οικονομική Επιτροπή

ΔΠΤΡ: Δελτία Πιστωτικών Ταμείων του Ράιχ

ΔΥΕ: Διαδικασία Υπερβολικού Ελλείμματος

ΕΑΠ: Επιτροπής Αποκαταστάσεως Προσφύγων

ΕΕ: Ευρωπαϊκή Ένωση

ΕΕΤ: Ένωση Ελληνικών Τραπεζών

ΕΚΑΧ: Ευρωπαϊκή Κοινότητα Άνθρακα και Χάλυβα

ΕΚΕΜ: Ελληνικό Κέντρο Ευρωπαϊκών Μελετών

ΕΚΤ: Ευρωπαϊκή Κεντρική Τράπεζα

ΕΚΤΕ: Εθνική Κτηματική Τράπεζα της Ελλάδος

ΕΛΜ: Ευρωπαϊκή Λογιστική Μονάδα

ΕΝΣ: Ευρωπαϊκό Νομισματικό Σύστημα

ΕΟΚ: Ευρωπαϊκή Οικονομική Κοινότητα

ΕΣΚΤ: Ευρωπαϊκό Σύστημα Κεντρικών Τραπεζών

ΕΣΤΕ: Εθνική Στεγαστική Τράπεζα της Ελλάδος

ΕΣΥΕ: Εθνική Στατιστική Υπηρεσία της Ελλάδος

ΕΤΒΑ: Ελληνική Τράπεζα Βιομηχανικής Ανάπτυξης

ΕΤΕ: Εθνική Τράπεζα της Ελλάδος

ΕΧΤ: Εθνική Χρηματιστική Τράπεζα

ΙΤΣ: Ισοζύγιο Τρεχουσών Συναλλαγών

ΚτΕ: Κοινωνία των Εθνών

ΛΝΕ: Λατινική Νομισματική Ένωση

ΜΙΕΤ: Μορφωτικό Ίδρυμα Εθνικής Τραπέζης

ΜΣΙ: Μηχανισμός Συναλλαγματικών Ισοτιμιών

ΝΔ: Νομοθετικό Διάταγμα

ΝΕ: Νομισματική Επιτροπή

ΟΔΔΗΧ: Οργανισμός Διαχείρισης Δημοσίου Χρέους

ΟΝΕ: Οικονομική και Νομισματική Ένωση

ΟΠΕΚ: Όμιλος Προβληματισμού για τον Εκσυγχρονισμό της Κοινωνίας

ΠΕΕΑ: Πολιτική Επιτροπή Εθνικής Απελευθέρωσης

ΠΚΘ: Προσωρινή Κυβέρνηση Θεσσαλονίκης

ΠΤΗ: Προνομιούχος Τράπεζα Ηπειροθεσσαλίας

ΣΕΒ: Σύνδεσμος Ελλήνων Βιομηχάνων και Βιοτεχνών (1907–1979), ή Ελληνικών Βιομηχανιών (1979–2007), ή Επιχειρήσεων και Βιομηχανιών (2007–)

ΣΟΕ: Συμβούλιο Οικονομικών Εμπειρογνωμόνων του Υπουργείου Οικονομικών

ΣΣΑ: Σύμφωνο Σταθερότητας και Ανάπτυξης

ΤΔΔ: Τράπεζα Διεθνών Διακανονισμών

ΤΚ: Τράπεζα Κρήτης

ΤτΕ: Τράπεζα της Ελλάδος

Ξένες συντομογραφίες

AMAG: American Mission for Aid to Greece

AMUE: Association for the Monetary Union of Europe

BEM: British Economic Mission

CMUE: Committee for the Monetary Union of Europe

ECU: European Currency Unit

EMS: European Monetary System

ERM: Exchange-Rate Mechanism

ERT: European Round table of Industrialists

OJ: Official Journal of the European Union

OPEC: Organization of the Petroleum Exporting Countries

UNRRA: United Nations Relief and Rehabilitation Administration

Συντομογραφίες Πηγών

ΑΕΠ: Αρχεία Εθνικής Παλιγγενεσίας

ΓΕΕ: Γενική Εφημερίς της Ελλάδος

ΕΣΒ: Εφημερίς των Συζητήσεων της Βουλής

ΠΣΒ: Πρακτικά Συνεδριάσεων της Βουλής

ΜΣΔ: Μηνιαίο Στατιστικό Δελτίο (ΕΣΥΕ)

ΣΕΔΟ: Στατιστική Επετηρίς Δημοσίων Οικονομικών (ΕΣΥΕ)

ΣΕΕ: Στατιστική Επετηρίς της Ελλάδος (ΕΣΥΕ)

ΣΣΕΕ: Συνοπτική Στατιστική Επετηρίς της Ελλάδος (ΕΣΥΕ)

ΦΕΚ: Φύλλο Εφημερίδας της Κυβερνήσεως

Συντομογραφίες αρχειακών συλλογών

ΓΑΚ: Γενικά Αρχεία του Κράτους

ΓΒΑΣΔ: Γεννάδειος Βιβλιοθήκη, Αρχείο Στέφανου Δραγούμη

ΕΛΙΑ: Εθνικό Λογοτεχνικό και Ιστορικό Αρχείο

ΙΑΑΒ: Ιστορικό Αρχείο Alpha Bank

ΙΑΕΤΕ: Ιστορικό Αρχείο της Εθνικής Τραπέζης της Ελλάδος

ΜΜΑΕΒ: Μουσείο Μπενάκη, Αρχείο Ελευθερίου Βενιζέλου

BLPES/AD: British Library of Politics, Economics and Sociology, Archives Division

Ψηφιακές Αρχειακές Συλλογές και Βιβλιοθήκες

Ανέμη – Ψηφιακή Βιβλιοθήκη Νεοελληνικών Σπουδών: http://anemi.lib.uoc.gr

Ακαδημία Αθηνών: http://psifiakaarxeia.academyofathens.gr

Βιβλιοθήκη της Βουλής των Ελλήνων: http://catalog.parliament.gr/

Γενικά Αρχεία του Κράτους: http://arxeiomnimon.gak.gr/

Δημοσιογραφικός Οργανισμός Λαμπράκη: http://premiumarchives.dolnet.gr

Εθνική Βιβλιοθήκη – Ψηφιακή Βιβλιοθήκη Εφημερίδων και Περιοδικού Τύπου: http://efimeris.nlg.gr

Εθνική Στατιστική Υπηρεσία/ΕΛΣΤΑΤ: http://dlib.statistics.gr

Εθνικό Αρχείο Διδακτορικών Διατριβών: http://phdtheses.ekt.gr

Εθνικό Ίδρυμα Ερευνών και Μελετών «Ελευθέριος Κ. Βενιζέλος»: http://www.venizelosarchives.gr/

Μουσείο Τύπου Πάτρας: http://www.mouseiotipou.gr

Πρακτικά της Βουλής και των Εθνικών Συνελεύσεων: http://www.hellenicparliament.gr/

Συλλογές Ακαδημαϊκών Βιβλιοθηκών: http://openarchives.gr/

Bibliothèque Nationale de France: http://gallica.bnf.fr/

Internet Archive: http://archive.org/

Google Books: http://books.google.com/

The Times Archive: http://www.thetimes.co.uk/tto/archive/

Το Χρήμα

στην

Ελλάδα

ΓΙΑ ΤΗΝ ΦΥΣΗ ΤΟΥ ΧΡΗΜΑΤΟΣ

1

-Μπαμπά! Τι είναι χρήμα;
-Χρυσάφι, και ασήμι, και χαλκός. Γκινέες, σελίνια, μισόπενες. Ξέρεις τι είναι αυτά;
-Α, ναι ξέρω τι είναι. Δεν εννοώ αυτά Μπαμπά. Εννοώ, τι είναι το χρήμα εν τέλει;
Ο μικρός Paul Dombey προς τον πατέρα του (*Dombey and Son*, του Charles Dickens)

Κατά κανόνα, οι σημερινοί οικονομολόγοι δεν κάνουν τον κόπο να μελετή-σουν την ιστορία του χρήματος. Είναι πολύ ευκολότερο να την φανταστούν και να υποθέσουν τις αρχές αυτής της φανταστικής γνώσης.
Alexander del Mar (del Mar 1901, 60)

Στην γαλλική οικονομική επιστήμη [sic] ένας χώρος έχει μείνει εκπληκτικά κε-νός, εκείνος της νομισματικής ιστορίας.
Michèle Saint-Marc (Saint-Marc 1983)

Η ΜΕΛΕΤΗ ΤΟΥ ΧΡΗΜΑΤΟΣ παρουσιάζει την οργανωτική δυσκολία της μελέτης της κβαντομηχανικής: για να αποκτήσει κανείς μια πρώτη κατανόηση των πειραμάτων που οδήγησαν στην θεμελίωσή της (π.χ. το πείραμα Stern-Gerlach) είναι απαραίτητη μια κατανόηση κάποιων βασικών θεωρητικών εν-νοιών που κρύβονται πίσω από αυτά (π.χ. της έννοιας της στροφορμής και της άλγεβρας Lie). Για να κατανοή-σει όμως κανείς αυτές τις θεωρητικές έννοιες σε βάθος, και όχι ως απλά μαθηματικά κατασκευάσματα, είναι αναγκαία η αναφορά στα πειράματα που τους έδωσαν φυσική σημασία (*γιατί η στροφορμή ενός σωματιδίου να παίρ-νει διακριτές τιμές;*). Έτσι, χωρίς να υπάρχει ένα σαφές και κομψό οργανωτικό πλαίσιο όπως στην κλασική μηχα-νική ή την θεωρία της Σχετικότητας, ο πρωτόπειρος μελετητής της κβαντομηχανικής αναγκάζεται να μελετά τα πειράματα που θεμελίωσαν την θεωρία παράλληλα με τις αφηρημένες θεωρητικές έννοιες που τα ερμηνεύουν, ελπίζοντας ότι κάποια στιγμή θα καταλάβει και τα δύο. Αυτό ίσως έκανε τον Richard Feynman να παρατηρήσει ότι κανείς δεν κατανοεί την κβαντομηχανική (Feynmann 1985, 129).

Το ίδιο ακριβώς πρόβλημα συνάντησα και με την μελέτη του χρήματος. Αφενός χρειάζεται μια ιστορική γνώση για να αποκτήσει η έννοια του χρήματος ταυτότητα και βάθος. Αφετέρου χρειάζεται μια θεωρητική βάση που να βάζει τον τεράστιο διαθέσιμο όγκο ιστορικής γνώσης σε ένα ερμηνευτικό πλαίσιο και να επιτρέπει την οντολογική κατανόηση του χρήματος· δηλαδή *τι είναι χρήμα*. Το πρόβλημα είναι ότι αυτό το θεωρητικό πλαίσιο πηγάζει από την γνώση της ιστορίας, και ότι η ιστορία του χρήματος διαμορφώθηκε από το κατά καιρούς επι-κρατούν ερμηνευτικό πλαίσιο. Η παραπάνω αλληλεπίδραση δημιουργεί έναν δύστροπο και φαύλο κύκλο, πα-ρόμοιο με αυτόν της κβαντομηχανικής.

Προβληματίστηκα αρκετά όσον αφορά στην διάρθρωση του βιβλίου και κατέληξα σε ένα σχήμα που είναι το λιγότερο προβληματικό από όσα εξέτασα. Αποφάσισα να ξεκινήσω από μια αδρή θεωρητική περιγραφή της έν-νοιας του χρήματος, με μια κριτική παρουσίαση των βασικών—και αντικρουόμενων—απόψεων που έχουν δια-τυπωθεί γύρω από αυτό, καθώς και από μια συνοπτική ιστορική αναφορά γύρω από κρίσιμες πτυχές του θέμα-τος· η περιγραφή αυτή *δεν* φιλοδοξεί να είναι μια ιστορία του χρήματος, ούτε καν μια ιστορία της θεωρίας του χρήματος. Αμφότερα τα ζητήματα είναι υπερβολικά εκτεταμένα για να καλυφθούν αξιοπρεπώς σε λίγες σελίδες. Οι αναφορές αυτές θα χρησιμεύσουν στο να περιγράψω το ερμηνευτικό σχήμα που θα επιλέξω στην ιστορική περιγραφή των επομένων κεφαλαίων.

Σε γενικές γραμμές, την επιλογή ερμηνευτικού σχήματος την κάνω με κριτήριο την επιστημονική μεθοδολο-γία. Επιλέγω το σχήμα το οποίο στηρίζεται στην εμπειρική παρατήρηση (ιστορική έρευνα εν προκειμένω) για να διατυπώσει ένα θεωρητικό πλαίσιο που να την ερμηνεύει· απορρίπτω όσα εκκινούν από το θεωρητικό πλαίσιο αδιαφορώντας για το τι λέει η εμπειρία. Προκρίνω την επαγωγή (induction) έναντι της απαγωγής (deduction).

1.1 Η σύγχρονη οικονομική σκέψη για το χρήμα και η κληρονομιά του Adam Smith

Καθώς ένα κύριο σημείο ενδιαφέροντος για το παρόν κείμενο είναι οι σύγχρονες απόψεις περί χρήματος, θα ξεκινήσω *in medias res*, από τις τρέχουσες απόψεις των οικονομολόγων για το χρήμα και από την ανίχνευση της πνευματικής τους πατρότητας. Συμμορφούμενος, προσωρινά, στην καθιερωμένη αντίληψη να θεωρείται ο Adam Smith ως η απαρχή της οικονομικής σκέψης και θεμελιωτής των οικονομικών ως επιστήμης[1] θα αναφερθώ στις δικές του απόψεις περί χρήματος, καθώς είχαν μια έντονη επίδραση στις σύγχρονες. Πολλές από τις απόψεις αυτές δεν είναι καν πρωτότυπες· για την κατοπινή δόξα που απέκτησε ο Σκωτσέζος τελωνειακός, ο Rothbard τον αποκαλεί «ξεδιάντροπο λογοκλόπο» και «*μυστήριο εντός γρίφου τυλιγμένου στο αίνιγμα*» (Rothbard 2006, 435). Ομοίως και ο Ανδρέας Ανδρεάδης σχετικώς με τις απόψεις του Smith για οφέλη του χαρτονομίσματος, λέει ειρωνικά: ότι «*In this case as elsewhere, the father of political economy discovered nothing, he merely worked out the idea, and above all, was able to render it tangible by a most happy simile, that of the 'waggon-way through the air'*» (Andreades 1909, 48). Ο Adam Smith είναι σημαντικός όχι για την πρωτοτυπία των ιδεών του ή το βάθος της ανάλυσής του. Είναι σημαντικός λόγω της ευρείας αποδοχής του. Ή, για να υιοθετήσω μια ταυτολογία, *είναι σημαντικός διότι είναι σημαντικός…*

Σε κάθε περίπτωση όμως, αν θέλουμε να κατανοήσουμε πολλές από τις πτυχές της *τρέχουσας* σκέψης γύρω από το χρήμα είμαστε υποχρεωμένοι να ξεκινήσουμε από αυτόν τον «ξεδιάντροπο λογοκλόπο».[2]

Ο Adam Smith και η εμπορευματική προέλευση του χρήματος

Η προέλευση του χρήματος είναι από τα πρώτα πράγματα που απασχολούν τον Smith (σ. 24–31). Κατ' αυτόν, η αλληλουχία γεγονότων που οδήγησαν στην γέννηση του χρήματος ξεκινά από την εξειδίκευση της εργασίας, που παράγει πλεόνασμα ενός αγαθού το οποίο ο παραγωγός δεν μπορεί να καταναλώσει. Κατά συνέπεια πρέπει να το ανταλλάξει για να αποκτήσει άλλα απαραίτητα αγαθά, τα οποία δεν παράγει. Το κείμενο μιλάει από μόνο του, οπότε το παραθέτω αυτούσιο (A. Smith 2000, 24–31, Βιβλίο I, κεφάλαιο IV):

> The butcher has more meat in his shop than he himself can consume, and the brewer and the baker would each of them be willing to purchase a part of it. But they have nothing to offer in exchange, except the different productions of their respective trades, and the butcher is already provided with all the bread and beer which he has immediate occasion for. No exchange can, in this case, be made between them […] In order to avoid the inconveniency of such situations, every prudent man in every period of society, after the first establishment of the division of labour, must naturally have endeavoured to manage his affairs in such a manner, as to have at all times by him, besides the peculiar produce of his own industry, a certain quantity of some one commodity or other, such as he imagined few people would be likely to refuse in exchange for the produce of their industry. Many different commodities, it is probable, were successively both thought of and employed for this purpose. [C]attle […] salt […] shells […] dried cod […] tobacco […] sugar […] dried […] hides or dressed leather […] nails. In all countries, however, men seem at last to have been determined by irresistible reasons to give the preference, for this employment, to metals above every other commodity. Metals can not only be kept with as little loss as any other commodity, scarce any thing being less perishable than they are, but they can likewise, without any loss, be divided into any number of parts, as by fusion those parts can easily be re-united

---

[1] Ούτε κάποια επιστήμη θεμελιώθηκε, ούτε πρωτότυπη σκέψη διατυπώθηκε. Ίσως η μεγαλύτερη πρωτότυπη συνδρομή του Adam Smith ήταν να επιβάλει την άποψη ότι υπάρχει μια σφαίρα της ανθρώπινης δραστηριότητας, η οικονομική, που λειτουργεί έξω από όλες τις άλλες με δικούς της νόμους.

[2] Επαναλαμβάνω ότι αναφερόμενος σε ιδέες που επεξεργάζεται ο Adam Smith, σε καμία περίπτωση δεν του αποδίδω την *αρχική* πατρότητα. Ο σκοπός τους παρόντος κεφαλαίου δεν είναι να παραθέσει ιδέες στοχαστών από τον Αριστοτέλη (αντιπραγματισμός) και τον Ξενοφώντα (καταμερισμός της εργασίας) έως τον Γκαζαλί και τον Τούσι (ελευθερία των αγορών) ή τον John Locke και τον Benjamin Franklin (εργασιακή θεωρία της αξίας). Σκοπός του κεφαλαίου είναι να δείξει πώς οι ιδέες αυτές μπήκαν σε συγκεκριμένο πλαίσιο από τον Adam Smith (για μια τέτοια συζήτηση βλ. Rothbard 2006· Graeber 2011, 279).

again; a quality which no other equally durable commodities possess, and which, more than any other quality, renders them fit to be the instruments of commerce and circulation [...]

Different metals have been made use of by different nations for this purpose [...] The use of metals in this rude state was attended with two very considerable inconveniences; first, with the trouble of weighing, and secondly, with that of assaying them [...] Before the institution of coined money, however, unless they went through this tedious and difficult operation, people must always have been liable to the grossest frauds and impositions [...] To prevent such abuses, to facilitate exchanges, and thereby to encourage all sorts of industry and commerce, it has been found necessary, in all countries that have made any considerable advances towards improvement, to affix a public stamp upon certain quantities of such particular metals, as were in those countries commonly made use of to purchase goods. Hence the origin of coined money, and of those public offices called mints [...] It is in this manner that money has become, in all civilized nations, the universal instrument of commerce, by the intervention of which goods of all kinds are bought and sold, or exchanged for one another.

Ιδού. Αυτό είναι και το θεωρητικό πλαίσιο στο οποίο κινήθηκαν οι περισσότερες οικονομικές σχολές για δύο περίπου αιώνες. Σύμφωνα με την παραπάνω καλοχτενισμένη αφήγηση, χρήμα είναι το μεταλλικό νόμισμα και σκοπός του είναι να διευκολύνει τις εμπορικές ανταλλαγές υποκαθιστώντας τον αντιπραγματισμό (*«instrument of commerce»*, *«The great wheel of circulation»* (A. Smith 2000, 314, Βιβλίο II, κεφάλαιο II), *«The sole use of money is to circulate consumable goods»* (A. Smith 2000, 370, Βιβλίο II, κεφάλαιο III).

Επιπλέον, η αξία του χρήματος οφείλεται στο υλικό από το οποίο είναι κατασκευασμένο και η δημόσια σφραγίδα που φέρει είναι απλώς ένδειξη καθαρότητας. Μείωση του μετάλλου στο νόμισμα ισοδυναμεί με υποτίμησή του και αποτελεί απάτη (A. Smith 2000, 1009, Βιβλίο V, κεφάλαιο III):

Nations have sometimes, for the same purpose, adulterated the standard of their coin; that is, have mixed a greater quantity of alloy in it [...] The adulteration of the standard has exactly the same effect with what the French call an augmentation, or a direct raising of the denomination of the coin [...] a simple augmentation is an injustice of open violence; whereas an adulteration is an injustice of treacherous fraud [...] Almost all states, however, ancient as well as modern, when reduced to this necessity, have, upon some occasions, played this very juggling trick. The Romans, at the end of the first Punic war, reduced the As, the coin or denomination by which they computed the value of all their other coins, from containing twelve ounces of copper, to contain only two ounces;

Για τον Smith, χρήμα είναι μόνο το μεταλλικό χρήμα. Το χαρτί είναι απλώς μια αναπαράσταση αυτού, σε αναλογία ένα προς ένα (A. Smith 2000, 326–327, 350, Βιβλίο II, κεφάλαιο II):

The whole paper money of every kind which can easily circulate in any country, never can exceed the value of the gold and silver, of which it supplies the place, or which (the commerce being supposed the same) would circulate there, if there was no paper money [...] There would immediately, therefore, be a run upon the banks to the whole extent [...] the Daedalian wings of paper money, as when they travel about upon the solid ground of gold and silver.

Υπόδειγμα σωστής εκτέλεσης αυτής της λειτουργίας είναι η Τράπεζα του Άμστερνταμ που εξέδωσε τραπεζικό χρήμα (*bank money*) το 1609 για να αντιμετωπίσει το πρόβλημα των φθαρμένων και λιποβαρών νομισμάτων. Το νόμισμα αυτό—χάρτινο ή λογιστικό—είναι ανώτερο από το μεταλλικό χρήμα (A. Smith 2000, 511–512, 518, β. IV, κεφ. III):

This credit was called bank money, which, as it represented money exactly according to the standard of the mint, was always of the same real value, and intrinsically worth more than current money [...] Bank money, over and above both its intrinsic superiority to currency, and the additional value which this demand necessarily gives it, has likewise some other advantages, It is secure from fire, robbery, and other accidents; the city of Amsterdam is bound for it; it can be paid away by a simple transfer, without the trouble of counting, or the risk of transporting it from one place to another [...] At Amsterdam, however, no point of faith is better established than that, for every guilder circulated as bank money, there is a correspondent guilder in gold or silver to be found in the treasures of the bank.

Για τον Smith, υπερέκδοση αυτού του χρήματος δεν είναι πρόβλημα. Μόλις το χάρτινο χρήμα γεμίσει το «κανάλι της κυκλοφορίας»—ένα αμετάβλητο κανάλι μιας στατικής οικονομίας—απλώς θα εκτοπίσει τα μέταλλα, τα οποία θα εξαχθούν για αγορά αγαθών από το εξωτερικό. Δεν θα υπάρξει πληθωρισμός, αφού στο τέλος η ίδια ποσότητα χρήματος θα παραμείνει, αν και χάρτινου (A. Smith 2000, 318–319, β. II, κεφ. II):

The channel of circulation [...] will remain precisely the same as before. [...] Whatever, therefore, is poured into it beyond this sum, cannot run into it, but must overflow. [...] But the paper cannot go abroad; because at a distance from the banks which issue it, and from the country in which payment of it can be exacted by law, it will not be received in common payments. Gold and silver, therefore, to the amount of eight hundred thousand pounds, will be sent abroad, and the channel of home circulation will remain filled with a million of paper instead of a million of those metals which filled it before.

Για τον Smith το χρήμα είναι ένα εμπόρευμα το οποίο όλοι εμπορεύονται—«*money is a commodity with regard to which every man is a merchant*» (A. Smith 2000, 596, β. IV, κεφ. VI). Και δεδομένου ότι «*δεν υπάρχουν χαρακτήρες πιο ασύμβατοι από εκείνους του εμπόρου και του μονάρχη*» (A. Smith 2000, 881, β. V, κεφ. II), το κράτος δεν έχει καμία δουλειά να εμπλέκεται στην έκδοση του χρήματος· ούτε στην Αγγλία, ούτε στις αποικίες (A. Smith 2000, 880–882, β. V, κεφ. II):

Government, it is pretended, could borrow this capital [of the Bank of England] at three per cent. interest, and, by taking the management of the bank into its own hands, might make a clear profit [...] But whether such a government us that of England, which, whatever may be its virtues, has never been famous for good economy [...] could be safely trusted with the management of such a project, must at least be a good deal more doubtful [...]

The government of Pennsylvania, without amassing any treasure, invented a method of lending, not money, indeed, but what is equivalent to money, to its subjects. [...] The same expedient was, upon different occasions, adopted by several other American colonies; but, from want of this moderation, it produced, in the greater part of them, much more disorder than conveniency.

Μοναδικός αρμόδιος για την εργασία αυτή είναι οι τράπεζες. Μάλιστα πλέκει και το εγκώμιο της Τράπεζας της Αγγλίας ως ενός οιονεί κρατικού ιδρύματος: «*The stability of the bank of England is equal to that of the British government [...] It acts, not only as an ordinary bank, but as a great engine of state*» (A. Smith 2000, 348, β. II, κεφ. II).

Το σχήμα λοιπόν που κωδικοποιεί ο Smith είναι:

—*Εν αρχή ην… ο καταμερισμός της εργασίας που δημιουργεί πλεονάσματα συγκεκριμένων προϊόντων και ελλείψεις άλλων.*

—*Το χρήμα γεννήθηκε ως υποκατάστατο του αντιπραγματισμού για να εξυπηρετεί τις ανάγκες του εμπορίου.*

—*Μερικά εμπορεύματα είναι πιο επιθυμητά και γίνονται χρήμα. Άρα το χρήμα είναι εμπόρευμα και αντλεί την αξία του από το υλικό κατασκευής του.*

—*Τα μέταλλα είναι τα πιο επιθυμητά εμπορεύματα και αποτελούν το κατ' εξοχήν χρήμα..*

—*Το κράτος υπεισέρχεται ως απλός διαιτητής για να βεβαιώσει την καθαρότητα του μετάλλου.*

—*Το μη μεταλλικό χρήμα είναι υποκατάστατο του μετάλλου σε βάση ένα-προς-ένα.*

—*Η έκδοση χάρτινου ή λογιστικού χρήματος είναι ευεργετική και δεν μπορεί να είναι πληθωριστική.*

—*Η έκδοση αυτού του χρήματος είναι εργασία των τραπεζών και όχι του κράτους.*

—*Οι εκδοτικές τράπεζες, αν και μετοχικής βάσεως εταιρείες, παρουσιάζονται ως δημόσια ιδρύματα.*

Κλείνοντας αυτήν την αναφορά, πρέπει να επαναλάβουμε ότι δεν υπάρχει κάποια ιδιαίτερη πρωτοτυπία στις απόψεις του Adam Smith, καθώς αναδιατύπωνε τους ισχυρισμούς περί αντιπραγματισμού του Αριστοτέλη[3]—αγνοώντας βεβαίως την νομική θεώρηση του Σταγειρίτη για το χρήμα[4]—και τις απόψεις περί μεταλλικής φύσης του χρήματος του John Locke.[5] Αυτό το έκανε σε ένα κωδικοποιημένο πλαίσιο που έγινε ιδιαιτέρως δημοφιλές για πολλούς και διαφόρους λόγους.

---

[3] «*Οὐ γὰρ εὐβάστακτον ἕκαστον τῶν κατὰ φύσιν ἀναγκαίων: διὸ πρὸς τὰς ἀλλαγὰς τοιοῦτόν τι συνέθεντο πρὸς σφᾶς αὑτοὺς διδόναι καὶ λαμβάνειν, ὃ τῶν χρησίμων αὐτὸ ὂν εἶχε τὴν χρείαν εὐμεταχείριστον πρὸς τὸ ζῆν, οἷον σίδηρος καὶ ἄργυρος κἂν εἴ τι τοιοῦτον ἕτερον, τὸ μὲν πρῶτον ἁπλῶς ὁρισθὲν μεγέθει καὶ σταθμῷ, τὸ δὲ τελευταῖον καὶ χαρακτῆρα ἐπιβαλλόντων, ἵνα ἀπολύσῃ τῆς μετρήσεως αὐτούς: ὁ γὰρ χαρακτὴρ ἐτέθη τοῦ ποσοῦ σημεῖον*» (Αριστοτέλης, *Πολιτικά, Α'*, 1257a-1258b).

[4] «*οἷον δ' ὑπάλλαγμα τῆς χρείας τὸ νόμισμα γέγονε κατὰ συνθήκην: καὶ διὰ τοῦτο τοὔνομα ἔχει νόμισμα, ὅτι οὐ φύσει ἀλλὰ νόμῳ ἐστί, καὶ ἐφ' ἡμῖν μεταβαλεῖν καὶ ποιῆσαι ἄχρηστον*» (Αριστοτέλης, *Ηθικά Νικομάχεια, Ε'* , 1133b).

[5] Το 1695 ο John Locke είχε εξαπολύσει επίθεση κατά της πρότασης του Υπαλλήλου του Θησαυροφυλακίου William Lowndes, ο οποίος είχε προτείνει την αύξηση της ονομαστικής αξίας των αργυρών νομισμάτων για την αντιμετώπιση της μεταλλικής αιμορραγίας προς το εξωτερικό (Locke 1695). Τελικά το Κοινοβούλιο αποδέχθηκε την αυθεντία του Locke, με καταστροφικά αποτελέσματα από την κερδοσκοπία, την περαιτέρω εκροή μεταλλικού από την χώρα και τον αποπληθωρισμό (Martin 2013, 125–129).

Οι κληρονόμοι του Adam Smith

Το αποτύπωμα του Adam Smith σε αυτό που ονομάσθηκε «οικονομική σκέψη» έπεσε βαρύ τις επόμενες δεκαετίες. Π.χ. στα 1854 ο Wilhelm Roscher (1854 β. II, κεφ. 3, παρ. 116· από την αγγλική μετάφραση 1878, 1:342) αναπαρήγαγε *ad nauseam* το σκεπτικό που κατέστησε τόσο δημοφιλές ο Adam Smith καταλήγοντας:

> *Such a commodity, universally in favor, and which, on that account, is employed as an intermediary in the effecting of exchanges of the most varied nature, in the measuring of all exchange-values and as a value-carrier in time and space, we call money [...] The wrong definitions of money may be divided into two classes: those which convey the idea that it is more than a commodity, and those which imply that it is less.*

Αλλά και ο Karl Marx, γράφοντας στα 1859, δεν κατάφερε να διαφύγει τον χονδροειδή μεταλλισμό. Από τον Adam Smith δεν έλκει μόνο την εργασιακή θεωρία της αξίας, αλλά και την εμπορευματική θεωρία του χρήματος (Marx 1970):

> *The principal difficulty in the analysis of money is surmounted as soon as it is understood that the commodity is the origin of money [...] Gold becomes the measure of value because the exchange-value of all commodities is measured in gold, is expressed in the relation of a definite quantity of gold and a definite quantity of commodity containing equal amounts of labour-time. To begin with, gold becomes the universal equivalent, or money, only because it thus functions as the measure of value and as such its own value is measured directly in all commodity equivalents. The exchange-value of all commodities, on the other hand, is now expressed in gold [...] If the values of all commodities were measured in silver or wheat or copper, and accordingly expressed in terms of silver, wheat or copper prices, then silver, wheat or copper would become the measure of value and consequently universal equivalents.*

Αλλά και στο κατοπινό του magnum opus στα 1867, επανέρχεται χωρίς δεύτερη σκέψη στον παραπάνω ορισμό (Marx 1887):

> *Throughout this work, I assume, for the sake of simplicity, gold as the money-commodity [...] The commodity that functions as a measure of value, and, either in its own person or by a representative, as the medium of circulation, is money. Gold (or silver) is therefore money [...]*
>
> *The commodity that functions as a measure of value, and, either in its own person or by a representative, as the medium of circulation, is money. Gold (or silver) is therefore money.*

Και παρακάτω στο ίδιο κεφάλαιο εξηγεί ότι η μεταλλική/εμπορευματική φύση του χρήματος είναι προϋπάρχουσα και θεμελιώδης, και ότι το χρήμα μπορεί υπό προϋποθέσεις να αντικατασταθεί από συμβολικές αναπαραστάσεις του:

> *The only difference, therefore, between coin and bullion, is one of shape, and gold can at any time pass from one form to the other. But no sooner does coin leave the mint, than it immediately finds itself on the high-road to the melting pot. During their currency, coins wear away, some more, others less. [...] Coins of the same denomination become different in value, because they are different in weight.*
>
> *[...] The fact that the currency of coins itself effects a separation between their nominal and their real weight, creating a distinction between them as mere pieces of metal on the one hand, and as coins with a definite function on the other—this fact implies the latent possibility of replacing metallic coins by tokens of some other material, by symbols serving the same purposes as coins [...] Silver and copper tokens take the place of gold in those regions of the circulation where coins pass from hand to hand most rapidly, and are subject to the maximum amount of wear and tear.*
>
> *[...] The weight of metal in the silver and copper tokens is arbitrarily fixed by law. When in currency, they wear away even more rapidly than gold coins. Hence their functions are totally independent of their weight, and consequently of all value. The function of gold as coin becomes completely independent of the metallic value of that gold. Therefore things that are relatively without value, such as paper notes, can serve as coins in its place. This purely symbolic character is to a certain extent masked in metal tokens. In paper money it stands out plainly [...]*
>
> *We allude here only to inconvertible paper money issued by the State and having compulsory circulation. It has its immediate origin in the metallic currency [...]*
>
> *If the paper money exceed its proper limit, which is the amount in gold coins of the like denomination that can actually be current, it would, apart from the danger of falling into general disrepute, represent only that quantity of gold, which, in accordance with the laws of the circulation of commodities, is required, and is alone capable of being*

represented by paper. If the quantity of paper money issued be double what it ought to be, then, as a matter of fact, £1 would be the money-name not of 1/4 of an ounce, but of 1/8 of an ounce of gold.

Έτσι, ο νομικός ορισμός του χαλκού ή των χαρτονομισμάτων ως χρήματος είναι κάτι που έρχεται εκ των υστέρων, χρησιμοθηρικά, απλώς και μόνον για να θεραπεύσει κάποια από τα πρακτικά προβλήματα του πραγματικού χρήματος. Και αυτά τα «σύμβολα» του χρήματος, π.χ. τα χαρτονομίσματα, δεν μπορούν να υπερβούν σε ποσότητα το «χρήμα» που αντιπροσωπεύουν—δηλαδή τον χρυσό—γιατί τότε θα αρχίσουν να χάνουν την αξία τους.

Δεν θα επεκταθώ στο αχανές έργο του Marx· αφενός, λόγω μεγέθους κάτι τέτοιο ξεφεύγει από τους σκοπούς του παρόντος κεφαλαίου. Αφετέρου, η αποκωδικοποίηση των απόψεων του Marx όπως διατυπώνονται σε ένα ημιτελές έργο—μόνον ο πρώτος τόμος του *Κεφαλαίου* δημοσιεύθηκε εν ζωή—και η συμφιλίωσή τους με αντικρουόμενες απόψεις παλαιοτέρων κειμένων του, αποτελούν άθλο που σε καμία περίπτωση δεν είμαι διατεθειμένος να αναλάβω. Αρκούμαι να σχολιάσω ότι δοθείσης αυτής της προβληματικής θεωρητικής βάσης δεν είναι τυχαία η εκκωφαντική έλλειψη της μαρξικής θεωρίας στο νομισματικό πεδίο, ιδίως με την εγκατάλειψη των μεταλλικών κανόνων και την οριστική μετάβαση στο χαρτονόμισμα και το πιστωτικό χρήμα. Οι λίγοι μαρξιστές οικονομολόγοι που καταπιάστηκαν με την έννοια του χρήματος στην θεωρία του Marx, κατέληξαν σε μακροσκελή και δυσνόητα κείμενα, πέφτοντας σε αντιφάσεις στην προσπάθειά τους να της δώσουν συνοχή. Π.χ. ο Γιάννης Μηλιός, παρότι θα έπρεπε να γνωρίζει τα παραπάνω εδάφια, συμπεραίνει ότι η *συνοπτική παρουσίαση των βασικών αρχών της χρηματικής θεωρίας της αξίας και του κεφαλαίου που διατύπωσε ο Μαρξ δείχνει πρώτα απ' όλα ότι το χρήμα (ακόμα και το «εμπορευματικό χρήμα», δηλαδή τα πολύτιμα μέταλλα, υπό την υπόθεση βεβαίως ότι αυτά δεν έχουν άλλες, μη χρηματικές χρήσεις) εξ ορισμού δεν αποτελεί εμπόρευμα»* (Μηλιός 2003).

Το 1892, ο Carl Menger, Αυστριακός οικονομολόγος και αγαπημένος οικονομολόγος του Αυστροουγγρικού θρόνου, εκλήθη να καταθέσει στην επιτροπή για την αναμόρφωση του νομισματικού συστήματος της Αυστροουγγρικής Αυτοκρατορίας. Εκεί κατέθεσε υπέρ της υιοθέτησης του κανόνα του χρυσού (Rockwell 1985, 19–34). Την ίδια χρονιά δημοσίευσε την εργασία του με τίτλο *Geld* (Menger 1892a· η αγγλική μετάφραση Menger 1892b), στην οποία αναπτύσσει ένα θέμα που τον είχε απασχολήσει από το 1871 (Menger 1871· και η αγγλική μετάφραση Menger 2007). Όπως και στο παλαιότερο βιβλίο του αναπαρήγαγε πιστά το σκεπτικό του Adam Smith ως προς την προέλευση του χρήματος· *την ανάγκη να κάνουν ανταλλαγές ο Α με τον Β και τον Γ*. Το κεντρικό στοιχείο που επανέφερε ο Menger στην συζήτηση ήταν η αιτιολόγηση για την επιλογή του παγκόσμιου μέσω ανταλλαγών. Το σκεπτικό του ήταν ότι κατ' αρχήν κάθε εμπόρευμα θα μπορούσε να λειτουργήσει ως μέσο ανταλλαγών, αλλά όχι το ίδιο καλά. Το καλύτερο μέσο ανταλλαγών, εκείνο που γίνεται «χρήμα», ήταν εκείνο με την υψηλότερη «εμπορευσιμότητα» (Absatzfähigkeit), δηλαδή εκείνο που μπορούσε να μεταπωληθεί κοντά στην τιμή αγοράς του. Εκείνο δηλαδή που σε μια «ελεύθερη αγορά» θα γινόταν δεκτό με την μεγαλύτερη ευκολία. Ο Menger προχώρησε στην απόπειρα θεμελίωσης μιας «θεωρίας της εμπορευσιμότητας» των διαφόρων αγαθών. Συμπέρασμά του ήταν ότι τα πολύτιμα μέταλλα έγιναν χρήμα διότι πληρούσαν αυτά τα κριτήρια «εμπορευσιμότητας» (μεγάλη γεωγραφική διασπορά, σπανιότητα, αντοχή, διατηρησιμότητα, ομοιογένεια). Αυτό, λέει, έγινε από ελεύθερη επιλογή και χωρίς κρατικό καταναγκασμό, αφού ο καθένας μπορούσε να «πωλεί» τον χρυσό στην τιμή που τον είχε «αγοράσει», σε αντίθεση π.χ. με ένα ρούχο, που θα έχανε την αξία του στην μεταπώληση.

Το χρήμα δεν δημιουργήθηκε από τον νόμο. Στην προέλευσή του είναι κοινωνικός και όχι κρατικός θεσμός. Κύρωση από την κρατική αρχή είναι μια ιδέα ξένη προς αυτό. Από την άλλη, όμως, από κρατική αναγνώριση και κρατική ρύθμιση αυτός ο κοινωνικός θεσμός του χρήματος έχει τελειοποιηθεί [...]

Με άλλα λόγια, ο *κρατικοδίαιτος* Menger—διορίσθηκε Καθηγητής Πολιτικής Οικονομίας στην Βιέννη το 1878 από τον Αυτοκράτορα Franz Josef—αν και κινείται στην παράδοση του επίσης *κρατικοδίαιτου* Adam Smith—από το 1778, οπότε και διορίσθηκε τελωνειακός, και μέχρι τον θάνατό του, λάμβανε 600 στερλίνες ανά έτος—τίθεται υπέρ των πολυτίμων μετάλλων ως μοναδικού «σωστού» χρήματος, αποκλείοντας την έκδοση χρήματος, τόσο από τα κράτη, όσο και από τις ιδιωτικές εκδοτικές τράπεζες. Αυτή θα είναι και η ιδιαίτερη συνεισφορά της Αυστριακής Σχολής στην νομισματική θεωρία, της οποίας θεωρείται ο ιδρυτής. Στην ίδια γραμμή σκέψης κινήθηκε και ο William Stanley Jevons, ιδιαίτερη κληρονομιά του οποίου ήταν η διατύπωση της περιβόητης «διττής σύμπτωσης των αναγκών» (Jevons 1875, 3–4), η οποία θα γινόταν τμήμα του τυπικού μοντέλου της τρέχουσας νομισματικής ορθοδοξίας.

Ο όλος συλλογισμός είναι τελείως θεωρητικός και δεν βασίζεται σε ούτε μια ιστορική αναφορά. Αυτό θα το αναγνωρίσει και ο νομπελίστας (1972) John Hicks (1904–1989), χωρίς όμως να προβληματιστεί καθόλου (Hicks 1965, 63). Παρότι αναγνωρίζει ότι το συμπέρασμα του Menger *«έγινε αντιληπτό, σε καθαρά θεωρητική βάση»*, εντελώς απροβλημάτιστα θα καταλήξει ότι *«είναι ένα άρθρο που δικαιούται να συγκαταλέγεται στα κλασικά της οικονομικής θεωρίας»*. Σε υποσημείωση μας λέει ότι αυτό το πόρισμα επιβεβαιώθηκε από κατοπινά αρχαιολογικά ευρήματα κλείνοντας την συζήτηση προτού καν την ανοίξει. Ποια ήταν αυτά τα ευρήματα δεν θα μάθουμε ποτέ. Έτσι ο Hicks αναδιατυπώνει χωρίς αμφισβήτηση την εξ' αποκαλύψεως αλήθεια:

> *Χρήμα, για το μεγαλύτερο μέρος της καταγεγραμμένης ιστορίας, σημαίνει νόμισμα. Κομμάτια μετάλλου με την «εικόνα και επιγραφή» κάποιου άρχοντα πάνω τους. Το χρήμα λοιπόν εμφανίστηκε να αποτελεί εφεύρεση της Πολιτείας και είναι αναντίρρητο γεγονός ότι όλες αυτές τις εποχές η σχέση Πολιτειακού και Χρηματικού συστήματος ήταν πολύ στενές. Είναι όμως ξεκάθαρο ότι το χρήμα δεν ξεκίνησε ως δημιούργημα της Πολιτείας. Υπήρχε χρήμα πριν το νόμισμα. Στην προέλευσή του το χρήμα είναι προϊόν της Εμπορικής Οικονομίας, αν και ήταν η πρώτη από τις δημιουργίες της Εμπορικής Οικονομίας που οι κυβερνήσεις (ακόμη και μη εμπορικές κυβερνήσεις) έμαθαν να υφαρπάζουν.*

Όμως παρότι η άποψη αυτή βασίστηκε σε καθαρά θεωρητικούς και *ανιστόρητους* συλλογισμούς, σταδιακά αποκτά την βαρύτητα εξ' αποκαλύψεως αλήθειας και αναπαράγεται αυτούσια από τους οικονομολόγους. Έτσι π.χ. οι Αλογοσκούφης και Λαζαρέτου (2002, 25–27) την αποδέχονται ως αναμφισβήτητη πραγματικότητα:

> *Ήδη αναφέραμε ότι το χρήμα υπήρξε εφεύρεση εμπόρων. Το ότι σταδιακά επικράτησαν τα πολύτιμα μέταλλα ήταν αποτέλεσμα ορισμένων βασικών χαρακτηριστικών τους [...] Η συντονιστική παρέμβαση των ηγεμόνων και των κυβερνήσεων οδήγησε σε βελτιωμένα νομισματικά συστήματα, καθώς τα κυβερνητικά νομισματοκοπεία παρήγαν τυποποιημένα νομίσματα.*

Θα μπορούσε κανείς να υποστηρίξει ότι, ως οικονομολόγοι, οι εν λόγω συγγραφείς επιδεικνύουν μια θεμελιώδη προτίμηση στα θεωρητικά μοντέλα και μια αποστροφή στην ιστορία. Όμως η παραπάνω γραμμή σκέψης έχει περάσει στο συλλογικό ασυνείδητο και άλλων κλάδων. Έτσι, αναπαράγεται χωρίς καμία επεξεργασία ακόμη και από επαγγελματίες ιστορικούς, οι οποίοι μάλλον θεωρούν ότι οι οικονομολόγοι έχουν λύσει το παραπάνω πρόβλημα με ικανοποιητικό τρόπο. Για παράδειγμα, ο John Chown ξεκινά την ιστορική του αφήγηση με την δήλωση ότι «Coin struck from precious metals such as gold or silver was the earliest form of organised money», ταυτίζοντας αξιωματικά την *έννοια* του χρήματος με την *μορφή* του μεταλλικού νομίσματος και καταδικάζοντας άλλες και αρχαιότερες μορφές χρήματος στην λήθη. Παρότι το έργο του είναι σαφώς ιστορικό, επιλέγει να μην αναφερθεί στο λογιστικό σεκέλ των Σουμερίων (βλ. παρ. 1.4), στο δερμάτινο χρήμα των Καρχηδονίων, ή στα αγγλικά ξύλινα tallies με ιστορία επτά αιώνων: *αν δεν είναι μέταλλο, δεν είναι χρήμα* (Chown 1994, 8). Παρότι περιγράφει μεσαιωνικές λογιστικές νομισματικές μονάδες (ghost money) που συνυπήρχαν παράλληλα με τα συνονόματά τους μεταλλικά νομίσματα (λίρες, σελίνια, φλορίνια κλπ) δεν κάνει το επιπλέον βήμα να τα θεωρήσει αμφότερα ως εκφράσεις του *θεσμού* του χρήματος, αλλά θεωρεί τις λογιστικές μονάδες ως έκφραση ιδανικών μεταλλικών νομισμάτων (Chown 1994, 16–19).

Αντιστοίχως και Έλληνες ιστορικοί αναπαράγουν την ίδια ανιστόρητη άποψη. Λέει π.χ. η Ευτυχία Λιάτα (1996, 13)—στο κατά τα άλλα εντυπωσιακής τεκμηρίωσης έργο της (έμφαση δική μου):

> *Η ανάγκη απρόσκοπτης διεξαγωγής του εμπορίου οδήγησε στην ανεύρεση κάποιου κοινού μέσου ανταλλαγής, που θα χρησίμευε για την καταμέτρηση της αξίας των εμπορευμάτων, την αμοιβή της εργασίας, τη λειτουργία της αγοράς. Για το σκοπό αυτό επιλέχτηκαν τελικά τα μέταλλα, επειδή πληρούν τις βασικές ιδιότητες που θα πρέπει να έχει ένα κοινό μέσο ανταλλαγής, και με τη μορφή των νομισμάτων, ως το καθολικό εμπόρευμα, «το κοινόν μέτρον των πάντων», μπορούν να χρησιμοποιηθούν για την καταμέτρηση των άλλων εμπορευμάτων. Τα μέταλλα είναι ομοιόμορφα διαιρετά, γενικά χρήσιμα και δίχως τη νομισματοποίησή-τους και, τέλος, έχουν αξία, αν όχι απόλυτα αμετάβλητη, πάντως μεγαλύτερη απ' ότι τ' άλλα εμπορεύματα, ιδιότητες βασικές που τα καθιστούν ως το καθολικά αποδεκτό μέτρο των ανταλλαγών. Το νόμισμα λοιπόν έχει ενσωματωμένη την αξία του στο μέταλλο από το οποίο είναι κατασκευασμένο και για τούτο εκτός από ανταλλακτικό μέσο το ίδιο λειτουργεί ως εμπόρευμα αλλά και ως αντικείμενο αποθησαυρισμού.*

Είναι απορίας άξιον το πώς η Λιάτα αγνοεί την ύπαρξη του χαρτονομίσματος των 500 ευρώ. Μήπως δεν το θεωρεί χρήμα, ή μήπως νομίζει ότι κοστίζει 500 ευρώ το βαμβακόχαρτο στο οποίο τυπώνεται;

Αλλά και ο Δερτιλής διαβεβαιώνει ότι «κράτος δεν νοείται χωρίς νόμισμα· και νόμισμα δεν νοείται χωρίς τραπεζίτες» (Δερτιλής 2010a, 1:190). Πώς μπορεί να αγνοεί τα αμερικανικά Greenbacks, τα γαλλικά assignats και mandats, τα ρωμαϊκά As και τα αγγλικά tallies; Πώς μπορεί να αγνοεί ότι οι Οθωνικές δραχμές κυκλοφόρησαν έξι χρόνια πριν ιδρυθεί η ΕΤΕ; Και πώς μπορεί να αγνοεί την σχεδόν εξάμηνη απεργία των ιρλανδικών τραπεζών το 1970 (Martin 2013, 20–25), κατά την οποία η οικονομία λειτούργησε σχεδόν απρόσκοπτα με την χρήση προσωπικών επιταγών; Πώς είναι δυνατόν τόσο έμπειροι ιστορικοί με τόσο τεκμηριωμένο έργο, να εμπιστεύονται τόσο τυφλά τους οικονομολόγους και να αναπαράγουν τόσο ανιστόρητες απόψεις;

Ειδικώς για την ελληνική ένδεια ιδεών—ιστορικών ή οικονομολόγων—έχει διατυπωθεί και μια δεύτερη ερμηνεία· κατά τον Γεώργιο Στασινόπουλο (2000, 20–21), οι Έλληνες διανοητές δεν περιορίζονταν απλώς από τις ιδεολογικές παρωπίδες του κλάδου, αλλά παρήγαγαν «οικονομική σκέψη [...] σε μεγάλο βαθμό ετερόφωτη και περιθωριακή σε σχέση με την ευρύτερη ευρωπαϊκή πνευματική εξέλιξη», σε μεγάλο βαθμό λόγω της λειτουργίας τους «σ' ένα περιβάλλον με ισχνές πνευματικές ανάγκες και έντονα χαρακτηριστικά επαρχιώτικης νοοτροπίας». Στα πλαίσια αυτά αρκέστηκαν σε εισαγωγή «ορθόδοξων» ιδεών, τις οποίες διάφορες εγχώριες αυθεντίες αναπαρήγαγαν ως εξ' αποκαλύψεως αλήθειες· η αυθεντία του Ιωάννη Α. Σούτσου, κυριάρχησε για *πάνω από μισό αιώνα* στις συζητήσεις γύρω από οικονομικές και νομισματικές πολιτικές.

Η συσκότιση της συζήτησης

Επιπλέον όμως, σπουδαία κληρονομιά του Adam Smith ήταν και ότι εστίασε την συζήτηση του χρήματος γύρω από ένα συγκεκριμένο δίλημμα: το *αν η έκδοση χάρτινου χρήματος από τις τράπεζες ήταν κατά βάση πληθωριστική, ή αν ήταν ένα κατάλληλο μέσον για αντιμετώπιση της σπανιότητας του χρυσού*, κάτι που σχολιάζει σε αρκετό βάθος και ο Stephen Zarlenga (2002, 310–334). Αυτή η διαμάχη για το ποια ήταν η κατάλληλη *πρακτική* αντιμετώπιση της σπανιότητας του χρυσού πήρε πολλές μορφές. Π.χ. στην Αγγλία, μετά τον χρηματιστηριακό πανικό πανικό του 1825, αυτή η συζήτηση πήρε την μορφή διαμάχης μεταξύ της Νομισματικής Σχολής (Currency School), που υποστήριζε την πλήρη μετατρεψιμότητα των τραπεζογραμματίων για να αποφεύγεται η υπερέκδοση, με την Τραπεζιτική Σχολή (Banking School), που υποστήριζε την τήρηση μόνον ενός κλασματικού αποθεματικού από τις εκδοτικές τράπεζες σε χρυσό. Στην Γαλλία το 1866 φούντωσε η διαμάχη για το «ψεύτικο χρήμα» και για το κατά πόσον έπρεπε ή όχι να τηρείται 100% αποθεματικό σε χρυσό (Jurikkala 2002), ενώ τα επόμενα χρόνια υπήρξε μια διεθνής διαμάχη ως προς την επικράτηση του «διμεταλλικού» συστήματος της Λατινικής Νομισματικής Ένωσης, ή του «μονομεταλλικού» συστήματος βασισμένου στον χρυσό, που προϋπέθετε τον αποχρηματισμό του αργύρου. Στις ΗΠΑ, ο κρυφός αποχρηματισμός του αργύρου το 1873—πέρασε απαρατήρητος για σχεδόν 3 χρόνια!—οδήγησε σε μεγάλη διαμάχη για αυτό που ονομάσθηκε «έγκλημα του 1873» και σε λαϊκή απαίτηση για τον επανεκχρηματισμό του αργύρου (Zarlenga 2002, 495–498). Πάλι στις ΗΠΑ, κατά την ύφεση που ακολούθησε τον πανικό του 1893, κορυφώθηκε η διαμάχη μεταξύ του κινήματος του «ελεύθερου αργύρου» (free silver), που απαιτούσε τον εκχρηματισμό του αργύρου για την έξοδο από την ύφεση, και της πλευράς του «υγιούς χρήματος» (sound money) που υποστήριζε το χρυσό χρήμα. Στις παραπάνω διαμάχες η ταύτιση του χρήματος με τον χρυσό ήταν λίγο-πολύ αποδεκτή και η διαφωνία βρισκόταν στο ποια θα ήταν μια κατάλληλη αναπαράσταση του χρυσού (χαρτί, άργυρος κλπ).

Συνοψίζοντας, η επιτυχία και κληρονομιά του Adam Smith ήταν τόσο το ότι έθεσε την θεωρητική βάση του ζητήματος, όσο και το ότι επικέντρωσε την συζήτηση γύρω από ένα δευτερεύον πρακτικό ζήτημα, σχεδόν ένα «μη-ζήτημα». Αφενός, ως θεωρητική βάση προέβαλε την άποψη ότι το χρήμα είναι εμπόρευμα και ότι αντλεί την αξία του από το υλικό κατασκευής του. Στο πλαίσιο αυτό, είναι οι έμποροι—οι αγορές και οι τράπεζες—και όχι το κράτος που είναι οι καθ' ύλην αρμόδιοι να το διαχειρίζονται. Αφετέρου, στο πρακτικό και διαχειριστικό επίπεδο έθεσε το δίλημμα σχετικά με το αν ο χρυσός—το κατ' εξοχήν χρήμα—μπορούσε ή όχι να αναπαρίσταται από άλλα μέσα και υπό ποιους όρους. Η διαμάχη αυτή εξάντλησε για δύο περίπου αιώνες τους στοχαστές και τους διαχειριστές του χρήματος, αποσπώντας τους από την επεξεργασία της θεωρητικής βάσης. Δηλαδή τους απέτρεψε από το να αναλύσουν πιο θεμελιωδώς *τί είναι το χρήμα και από πού έλκει την αξία του*. Η βαριά κληρονομιά του Adam Smith ήταν ότι πέτυχε να συσκοτίσει την συζήτηση γύρω από την φύση του χρήματος, επικεντρώνοντάς την γύρω από ένα διαχειριστικό ψευδοδίλημμα.

Η αναπόφευκτη σύγχυση ως προς τον ορισμό του χρήματος

Η κληρονομιά του Adam Smith άφησε ανεξίτηλα τα σημάδια της στην ύστερη συζήτηση γύρω από την φύση του χρήματος. Το ανερχόμενο επάγγελμα των οικονομολόγων, προσκολλημένο στο εμπορευματικό και μεταλλιστικό θεωρητικό πλαίσιο, είχε να διαχειρισθεί πολλές «παραφωνίες» που δεν ενέπιπταν στο πλαίσιο αυτό. Πρώτος στην σειρά ο ίδιος ο Adam Smith αναφερόμενος στα χαρτονομίσματα που εξέδιδαν οι βρετανικές αποικίες στην Αμερική και οι οποίες εξέδιδαν χρήμα που δεν καλυπτόταν από πολύτιμο μέταλλο, αλλά που ήταν αποδεκτό για την πληρωμή φόρων. Έφτασε να παραδεχθεί ότι «*Maryland and Virginia have as little occasion for those metals [gold and silver] in their foreign, as in their domestic commerce. They are said, accordingly, to have less gold and silver money than any other colonies in America. They are reckoned, however, as thriving, and consequently as rich, as any of their neighbours*» (A. Smith 2000, 1022, β. V, κεφ. III), ενώ αναγκάστηκε να επικροτήσει την διαχείρισή τους από την Πενσυλβανία (A. Smith 2000, 882, β. V, κεφ. II).

Ο Adam Smith δεν ήταν ο μόνος που τελούσε σε σύγχυση, καθώς λίγο αργότερα, εμφανίσθηκε και άλλο παράδειγμα κρατικού χρήματος, εκείνο των assignats και των mandats κατά την γαλλική επανάσταση. Η σύγχυση ήταν τόσο βαθιά που ο Μάλθους παραπονιόταν στους «Ορισμούς πολιτικής οικονομίας» (1827) ότι «*It is quite astonishing that political economists of reputation should be inclined to resort to any kind of illustration, however clumsy and inapplicable, rather than refer to money*» (Malthus 1827, 60, υποσημείωση). Αλλά ούτε και ο ίδιος περιλαμβάνει το χρήμα στους ορισμούς του!

Τα πράγματα περιέπλεξαν ακόμη περισσότερο τα Greenbacks που εκδόθηκαν κατά τον αμερικανικό εμφύλιο και ενέπιπταν χονδρικά στο ίδιο πρότυπο μη εμπορευματικού χρήματος. Στην απελπισία τους οι οικονομολόγοι αναγκάστηκαν να εγκαταλείψουν τις προσπάθειες ορισμού και περιγραφής της φύσης του χρήματος και να ξεγλιστρήσουν καταφεύγοντας στην περιγραφή των λειτουργιών του. Η αλλιώς, «*money is that money does*» (το *χρήμα είναι αυτό που το χρήμα κάνει*) κατά τον αφορισμό του Αμερικανού οικονομολόγου Francis A. Walker (1883, 405). Κατ' αναλογία, αντί οι Φυσικοί να ορίσουν το ηλεκτρικό ρεύμα ως «ροή ηλεκτρικού φορτίου», θα αρκούνταν στο να το ορίσουν ως «αυτό που προκαλεί ηλεκτροπληξία». Τέτοια εννοιολογικά τεχνάσματα είναι τελείως ασύμβατα με τις Επιστήμες, στα οποία βεβαίως τα Οικονομικά δεν μπορούν ακόμη να συγκαταλέγονται.

Πλήρως απελπισμένοι, τελικά οι οικονομολόγοι έκαναν σχεδόν πλήρη κύκλο και κατέληξαν στην «ουδετερότητα» του χρήματος, δηλαδή στο ότι μακροπρόθεσμα οι οικονομίες συμπεριφέρονται σαν οικονομίες αντιπραγματισμού, και ότι το χρήμα δεν είναι παρά ένα «πέπλο» που καλύπτει αυτήν την πραγματικότητα: αλλαγή στην ποσότητα χρήματος δεν αλλάζει την «πραγματική» οικονομία, αλλά μόνο τις τιμές.

Όπως έδειξε η σύντομη αναδρομή στους Smith, Marx, Roscher, Menger, Jevons, Hicks και Chown, η ταύτιση της *έννοιας* του χρήματος με την *μορφή* του μεταλλικού νομίσματος δημιούργησε σοβαρά εννοιολογικά προβλήματα, καθώς ακόμα και σήμερα—και παρά την έκλειψη των μεταλλικών κανόνων—οι οικονομολόγοι προβληματίζονται όταν πρέπει να δώσουν έναν σαφή *ορισμό* του χρήματος. Αν και κατά τις κρατούσες απόψεις το χρήμα είναι, ως προς τις λειτουργίες του, μέσο συναλλαγών, μέσο αποθεματοποίησης πλούτου και μέτρο αξιών (λογιστική μονάδα), οι σύγχρονοι οικονομολόγοι συνεχίζουν να τελούν υπό καθεστώς σύγχυσης αναφορικά με την φύση και τον ορισμό του, την οποία όμως καλύπτουν με πιο τεχνική ορολογία. Αυτό αντανακλάται στην απάντηση του Allan Greenspan, τότε Προέδρου της Federal Reserve, σε μια σειρά «δύσκολων» ερωτήσεων του Γερουσιαστή Ron Paul, ενώπιον της Επιτροπής Οικονομικών Υποθέσεων της Βουλής των Αντιπροσώπων των ΗΠΑ (17/2/2000). Απαντώντας λοιπόν σε ερωτήσεις σχετικά με το ύψος του κυκλοφορούντος χρήματος, όπως το μετράει ο δείκτης M3, ο «μεγαλύτερος Τραπεζίτης του κόσμου» απάντησε (Greenspan 2000, 30):

> **Mr. GREENSPAN.** *The problem we have is not that money is unimportant, but how we define it. By definition, all prices are indeed the ratio of exchange of a good for money. And what we seek is what that is. Our problem is, we used M1 at one point as the proxy for money, and it turned out to be very difficult as an indicator of any financial state. We then went to M2 and had a similar problem. We have never done it with M3 per se, because it largely reflects the*

extent of the expansion of the banking industry, and when, in effect, banks expand, in and of itself it doesn't tell you terribly much about what the real money is. [...] The difficulty is in defining what part of our liquidity structure is truly money. [...] Regrettably none of those [indicators] that we have been able to develop, including MZM, have done that [...]

> **Dr. PAUL.** *So it is hard to manage something you can't define.*
>
> **Mr. GREENSPAN.** *It is not possible to manage something you cannot define.*

Ο Frederic Mishkin αφιερώνει 850 σελίδες για να μη δώσει κανέναν σαφή ορισμό του χρήματος. Στην σαφή ερώτηση «Τι είναι χρήμα;», υπεκφεύγει απαντώντας ότι *για τους οικονομολόγους* δεν υπάρχει σαφής απάντηση—αποφεύγοντας όμως να ρωτήσει μη οικονομολόγους (Mishkin 2004, 44):

> *Economists define money [...] as anything that is generally accepted in payment for goods or services or in the repayment of debts. Currency, consisting of dollar bills and coins, clearly fits this definition and is one type of money [...] To define money merely as currency is much too narrow for economists. Because checks are also accepted as payment for purchases, checking account deposits are considered money as well. An even broader definition of money is often needed, because other items such as savings deposits can in effect function as money if they can be quickly and easily converted into currency or checking account deposits. As you can see, there is no single, precise definition of money or the money supply, even for economists.*

Ακολουθώντας την ίδια εννοιολογική χαλαρότητα του Walker, οι Αλογοσκούφης και Λαζαρέτου (2002) εμμένουν στην περιγραφή των λειτουργιών του χρήματος και παραλείπουν τον ορισμό του:

> *[τ]ο χρήμα αποτελεί έναν από τους σπουδαιότερους κοινωνικούς θεσμούς [...] γίνεται αποδεκτό σε κάθε οικονομική συναλλαγή [...] αποτελεί [...] την κοινή μονάδα μέτρησης όλων των αξιών [...] είναι μια από τις σπουδαιότερες μορφές αποθεματοποίησης πλούτου [...]*

Αντιστοίχως, οι φοιτητές που διδάσκονται Μακροοικονομία από το σύγγραμμα της Λούκας Κατσέλη και της Χαράς Μ. Μαγουλά (2002), δεν θα αγγίξουν καθόλου την έννοια του χρήματος, και θα πάνε κατευθείαν στην περιγραφή περίπλοκων θεσμών που οικοδομούνται πάνω σε αυτό. Ακόμη και από τα αίτια των «οικονομικών κύκλων» οι αυξομοιώσεις στην παροχή χρήματος απουσιάζουν παντελώς· η λέξη «χρήμα» εμφανίζεται μια και μόνη φορά στο 1ο Κεφάλαιο, στον τίτλο του έργου του Keynes «*Η γενική θεωρία της απασχόλησης, του Τόκου και του Χρήματος*».

1.2   Η πιστωτική θεωρία του χρήματος

Προκύπτει λοιπόν ότι το παραπάνω θεωρητικό πλαίσιο είναι προβληματικό διότι δεν στηρίζεται σε εμπειρικά δεδομένα. Αλλά και καθαρά εννοιολογικά, κάνει κύκλους γύρω από τον εαυτό του, καθώς η λογική του συνέπεια είναι ότι στο τέλος ανταλλάσσουμε εμπόρευμα με εμπόρευμα. Ένα θεωρητικό οικοδόμημα που εξηγεί την προέλευση του χρήματος από τον αντιπραγματισμό, καταλήγει στο ότι η χρήση του χρήματος *είναι* αντιπραγματισμός.

Δεν μπορεί όμως να είναι έστω και κατά τύχη σωστό; Υπάρχουν εμπειρικά δεδομένα που πράγματι να θεμελιώνουν κάποιο εναλλακτικό πλαίσιο;

Alfred Mitchell-Innes

Το 1913 ένας Βρετανός διπλωμάτης, ο Alfred Mitchell-Innes, δημοσιεύει ένα άρθρο στο *Banking Law Journal* (Mitchell-Innes 1913) το οποίο συγκρούεται με τον μύθο του αντιπραγματισμού του Adam Smith. Την μετωπική του επίθεση την ξεκινάει από τον υποτιθέμενο «μεταλλικό κανόνα»:

> *But throughout the whole range of history, not only is there no evidence of the existence of a metallic standard of value to which the commercial monetary denomination, the "money of account" as it is usually called, corresponds, but there is overwhelming evidence that there never was a monetary unit which depended on the value of coin or on a weight of metal; that there never was, until quite modern days, any fixed relationship between the monetary unit and any metal; that, in fact, there never was such a thing as a metallic standard of value.*

Παραπέμποντας στα αρχαία μικρασιατικά νομίσματα από ήλεκτρο, στις ελληνικές δραχμές και στατήρες και στα ρωμαϊκά *As*, υποδεικνύει την τεράστια διασπορά βαρών και περιεκτικοτήτων τους σε πολύτιμο μέταλλο.

Αυτό και μόνο υποδείκνυε ότι τα «πρώτα νομίσματα» της ιστορίας δεν βάσιζαν την αξία τους στο πολύτιμο μέταλλο, αλλά στα σημάδια που έφεραν. Εστιάζοντας στην γαλλική νομισματική ιστορία, υποστηρίζει ότι ποτέ δεν υπήρξε γαλλικό νόμισμα αξίας μιας livre που να ζυγίζει όντως μια λίβρα και ότι το βάρος ήταν αποσυνδεδεμένο από την αξία. Υποστηρίζει δε ότι τα νομίσματα ήταν πάντοτε υπερτιμημένα σε σχέση με το μεταλλικό τους περιεχόμενο και ότι την αξία τους την έπαιρναν από την σφραγίδα του ηγεμόνα που τα έκοβε.

Εν συνεχεία ξεκινά μια αποδόμηση της αφήγησης του Adam Smith. Χαρακτηριστικό είναι το παράδειγμα του μπακαλιάρου που αναφέρεται ως χρήμα των ψαράδων της Newfoundland (A. Smith 2000, 25, β. Ι, κεφ. IV). Κατά τον Mitchell-Innes οι Άγγλοι ψαράδες συναλλάσσονται με τους εμπόρους πουλώντας τους ψάρια και αγοράζοντας προμήθειες. Οι υπολογισμοί γίνονταν σε λίρες, σελίνια και πένες, σε αγοραίες τιμές με απλή πιστοχρέωση σε κάποιο κατάστιχο. Τυχόν χρεωστικά ή πιστωτικά υπόλοιπα διευθετούντο με συναλλαγματικές στην Αγγλία ή την Γαλλία. Έτσι, ο Mitchell-Innes ολοκληρώνει την επίθεση φτάνοντας στο επίκεντρο της εμπορευματικής αξίας του χρήματος, τον αντιπραγματισμό:

> Adam Smith's position depends on the truth of the proposition that if the baker or the brewer wants meat from the butcher, but has […] nothing to offer in exchange, no exchange can be made between them. […] Assuming the baker and the brewer to be honest men, and honesty is no modern virtue, the butcher could take from them an acknowledgment that they had bought from him so much meat, and all we have to assume is that the community would recognize the obligation of the baker and the brewer to redeem these acknowledgments in bread or beer at the relative values current in the village market, whenever they might be presented to them, and we at once have a good and sufficient currency. A sale, according to this theory, is not the exchange of a commodity for some intermediate commodity called the "medium of exchange," but the exchange of a commodity for a credit.
>
> There is absolutely no reason for assuming the existence of so clumsy a device as a medium of exchange when so simple a system would do all that was required. What we have to prove is not a strange general agreement to accept gold and silver, but a general sense of the sanctity of an obligation. In other words, the present theory is based on the antiquity of the law of debt.
>
> We are here fortunately on solid historical ground. From the earliest days of which we have historical records, we are in the presence of a law of debt, and when we shall find […] records of ages still earlier than that of the great king Hamurabi […] we shall […] still find traces of the same law. The sanctity of an obligation is, indeed, the foundation of all societies not only in all times, but at all stages of civilization; and the idea that to those whom, we are accustomed to call savages, credit is unknown and only barter is used, is without foundation. From the merchant of China to the Redskin of America; from the Arab of the desert to the Hottentot of South Africa or the Maori of New Zealand, debts and credits are equally familiar to all, and the breaking of the pledged word, or the refusal to carry put an obligation is held equally disgraceful.

Για τον Innes, η πίστωση είναι η πρωταρχική μορφή χρήματος που καταγράφεται σε ιστορικά μνημεία, από τους ναούς της Βαβυλωνίας μέχρι τα πανηγύρια του Μεσαίωνα στα οποία γινόταν η εκκαθάριση τεραστίων ποσών χωρίς την ανταλλαγή ούτε ενός νομίσματος.

> The words "credit" and "debt" express a legal relationship between two parties, and they express the same legal relationship seen from two opposite sides […] Money, then, is credit and nothing but credit. A's money is B's debt to him, and when B pays his debt, A's money disappears. This is the whole theory of money.
>
> But a government produces nothing for sale, and owns little or no property; of what value, then, are these tallies to the creditors of the government? They acquire their value in this way. The government by law obliges certain selected persons to become its debtors. It declares that so-and-so, who imports goods from abroad, shall owe the government so much on all that he imports, or that so-and-so, who owns land, shall owe to the government so much per acre. This procedure is called levying a tax, and the persons thus forced into the position of debtors to the government must in theory seek out the holders of the tallies or other instrument acknowledging a debt due by the government, and acquire from them the tallies by selling to them some commodity or in doing them some service, in exchange for which they may be induced to part with their tallies. When these are returned to the government treasury, the taxes are paid. How literally true this is can be seen by examining the accounts of the sheriffs in England in olden days. They were the collectors of inland taxes, and had to bring their revenues to London periodically. The bulk of their collections always consisted of exchequer tallies, and though, of course, there was often a certain quantity of coin, just as often there was one at all, the whole consisting of tallies.

Ο Innes διατύπωσε την άποψη ότι το χρήμα είναι μια μορφή χρέους και ότι το κράτος μπορεί κάλλιστα να δημιουργεί ένα τέτοιο χρέος μέσω φορολογίας, δημιουργώντας παράλληλα το μέσον για την εξόφλησή του: το κρατικό νόμισμα που έλκει την αξία του από το ότι μπορεί να εξοφλήσει αυτό το χρέος. Η διατύπωση αυτή απείχε από την κρατική θεωρία του χρήματος και πλησίαζε περισσότερο προς την «πιστωτική θεωρία του χρήματος» όπως την αποκάλεσε ο Schumpeter. Ακόμη κι έτσι όμως ο Mitchel-Innes απέρριπτε μετά βδελυγμίας την εμπορευματική θεωρία του χρήματος, ενώ παράλληλα αναγνώριζε την κρατική εξουσία στο να δημιουργεί το χρήμα και να του δίνει αξία. Έτσι βρισκόταν πολύ κοντά στον Knapp, τον οποίον μάλλον δεν είχε ποτέ ακουστά.

Το άρθρο αυτό έτυχε ευνοϊκής κριτικής από τον Keynes (Keynes 1914), ο οποίος φαίνεται να είχε ανοιχτά τα μάτια του για νομισματικές θεωρίες μακριά από τον χονδροειδή μεταλλισμό. Αν και απέρριπτε την θεωρία περί προέλευσης του χρήματος από το χρέος, αποδέχθηκε ότι η υπόλοιπη ιστορική βάση ήταν σωστή. Το άρθρο αυτό ακολούθησε και δεύτερο (Mitchell-Innes 1914) που ασχολείτο περισσότερο με την προέλευση του χρήματος από την πίστωση. Την συνεισφορά του Innes ανέσυρε από την λήθη ο Randal Wray, που χαρακτήρισε τα δύο άρθρα «the best pair of articles on the nature of money written in the twentieth century» (Wray 2004, 223).

1.3 Η ανθρωπολογική ερμηνεία του αντιπραγματισμού

Στα ίχνη του Mitchell-Innes, ο ανθρωπολόγος David Graeber παρέχει μια απολαυστική, καυστική και ολοκληρωτική αποδόμηση του μύθου του αντιπραγματισμού (Graeber 2011, 21–41). Σε λίγες σελίδες του βιβλίου του, *Debt: the first 5000 years*, κατεδαφίζει με χαρακτηριστική αυθάδεια τον μύθο του Adam Smith, της οικονομικής «επιστήμης» και της εμπορευματικής αξίας του χρήματος.

Ο Graeber ξεκινά από μια καθαρά μεθοδολογική κριτική, αντιδιαστέλλοντας την υπόθεση εργασίας με την εμπειρική παρατήρηση. Παραθέτει σειρά οικονομολόγων[6] που, ως άλλοι John Lennon, ξεκινούν να αναμασούν τον μύθο του αντιπραγματισμού με την λέξη «φανταστείτε» (imagine). Μας ζητούν, λέει, να φανταστούμε μια υποθετική οικονομία χωρίς χρήμα, στην οποία οι ανταλλαγές γίνονται με αντιπραγματισμό. Μάλιστα η οικονομία αυτή έχει όλα τα χαρακτηριστικά της σύγχρονης κοινωνίας—αγρότες, μαγαζάτορες, τεχνίτες—από την οποία όμως με κάποιο μαγικό τρόπο το χρήμα ξεριζώθηκε. Και σχολιάζει (Graeber 2011, 23–29):

> It's important to emphasize that this is not presented as something that actually happened, but as a purely imaginary exercise [...] The story of money for economists always begins with a fantasy world of barter. The problem is where to locate this fantasy in time and space: Are we talking about cave men, Pacific Islanders, the American frontier? [...] The problem is there's no evidence that it ever happened, and an enormous amount of evidence suggesting that it did not.
>
> For centuries now, explorers have been trying to find this fabled land of barter—none with success. Adam Smith set his story in aboriginal North America (others preferred Africa or the Pacific). In Smith's time, at least it could be said that reliable information on Native American economic systems was unavailable in Scottish libraries. But by mid-century, Lewis Henry Morgan's descriptions of the Six Nations of the Iroquois, among others, were widely published—and they made clear that the main economic institution among the Iroquois nations were longhouses where most goods were stockpiled and then allocated by women's councils, and no one ever traded arrowheads for slabs of meat. Economists simply ignored this information [...]
>
> The definitive anthropological work on barter, by Caroline Humphrey, of Cambridge, could not be more definitive in its conclusions: "No example of a barter economy, pure and simple, has ever been described, let alone the emergence from it of money; all available ethnography suggests that there never has been such a thing."

Η βιβλιογραφία του Graeber είναι εξαντλητική και το πόρισμα καταδικαστικό για τον μύθο του αντιπραγματισμού. Όσες ανθρωπολογικές μαρτυρίες αναφέρει για αχρήματες ανταλλαγές σε πρωτόγονες κοινωνίες—ο ίδιος ο Graeber είναι ανθρωπολόγος—δεν έχουν καμία σχέση με το μοντέλο του αντιπραγματισμού που διδάσκονται οι φοιτητές στις οικονομικές σχολές· τέτοιες ανταλλαγές που γίνονται μεταξύ αγνώστων περιλαμβάνουν, χορό, διαπληκτισμούς, ερωτικές περιπτύξεις και λειτουργίες που κανείς οικονομολόγος δεν μας έχει

---

[6]Αναφέρει τα: (α) Begg, Fischer, Dornbusch, *Economics*, 2005. (β) Maunder, Myers, Wall, Miller, *Economics explained*, 1991. (γ) Parkin, King, *Economics*, 1995. Ο κατάλογος θα μπορούσε να είναι πολύ μακρύτερος.

καλέσει να «φανταστούμε». Και ο Glyn Davies μας μεταφέρει ότι οι φυλές των Ινδιάνων τις Βορείου Αμερικής οργάνωναν εκδηλώσεις ανταλλαγών—οι Σινούκ τις ονόμαζαν *πότλατς*—που περιελάμβαναν θρησκευτικές τελετές, χορό, αθλητικούς διαγωνισμούς, εκφώνηση λόγων και πολλά άλλα. Οι ανταλλαγές όμως δεν αποσκοπούσαν στο εμπορικό κέρδος, αλλά ήταν ανταλλαγές δώρων με σκοπό την επιβεβαίωση της κοινωνικής θέσης των «συναλλασσομένων»· όσο μεγαλύτερο το δώρο, τόσο υψηλότερη η κοινωνική θέση (Davies 2002, 11–12), όπως απεικονίζει γλαφυρά η ταινία *Jeremiah Johnson* με τον Robert Redford.

Πράγματι, ο θεσμός του δώρου είναι πολύ σημαντικός στις ανταλλαγές μεταξύ μελών μιας κοινότητας. Σε τέτοιες «πρωτόγονες» κοινότητες χωρίς κράτη και αγορές, το χρήμα (φτερά, κοχύλια κλπ) δεν έχει τον ανταλλακτικό ρόλο που μας είναι γνώριμος. Δεν χρησιμοποιείται για ανταλλαγή εμπορευμάτων με σκοπό το χρηματικό κέρδος, αλλά για «ανταλλαγή ανθρωπίνων σχέσεων»· για προξενιά, για αναγνώριση τέκνων, για συγχώρεση εγκλημάτων, για την πληρωμή της μοιρολογήτρας. Το πολυθρύλητο παράδειγμα του wampum των Ινδιάνων Ιρόκουα δεν φαίνεται να είχε χρήση σε εμπορικές συναλλαγές μεταξύ των Ινδιάνων, αλλά μόνο με τους αποίκους (Graeber 2011, 129–130). Σε πολλές τέτοιες κοινωνίες, όπως σε εκείνη τη Ιρλανδίας του 7ου-9ου μ.Χ. αιώνα, τα νομισματικά συστήματα δεν αποτιμούσαν τιμές εμπορευμάτων, όπως θέλουν να πιστεύουμε οι σύγχρονοι οικονομολόγοι, αλλά τιμές ανθρώπων. Οι Ιρλανδοί νομομαθείς της εποχής ήξεραν να αποτιμούν με μεγάλη ακρίβεια την ποινή για τον τραυματισμό ανθρώπου συγκεκριμένης τάξης, δεν ήξεραν όμως να αποτιμούν ένα αυγό ή μια φέτα λαρδί (2011, 175–176). Με άλλα λόγια, τα υποτιθέμενα μειονεκτήματα του «αντιπραγματισμού», δηλαδή των αχρήματων συναλλαγών, όπως τα φαντάζονται οι οικονομολόγοι απλούστατα δεν απασχολούσαν εκείνους που συμμετείχαν σε αυτές. Σκοπός δεν ήταν το εμπορικό κέρδος· κατά συνέπεια η «διπλή σύμπτωση των αναγκών», η διαιρεσιμότητα, ή ο ακριβής ορισμός των «ισοτιμιών» μεταξύ των «εμπορευμάτων» δεν ετίθεντο καν ως προβλήματα.

Ο μοναδικός ίσως Έλληνας νομισματικός ιστορικός που αναγνωρίζει ότι η εθνολογική έρευνα λύνει οριστικώς το πρόβλημα της απώτερης προέλευσης του χρήματος, είναι ο Ευάγελλος Πρόντζας (Πρόντζας 1995, 39), παραπέμποντας σε μελέτη που αφορά στο Αθηναϊκό εμπορικό δίκαιο του 4ου π.Χ. αιώνα (Γκόφας 1992, 94–95). Δεν παραλείπει δε να σχολιάσει ότι ο θεσμός του δώρου έχει αγνοηθεί από την νεοελληνική οικονομική ιστοριογραφία και οικονομική σκέψη, η οποίες δίνουν υπερβολικό βάρος στην εμπορική ανταλλαγή (Πρόντζας 1995, 42).

Ο Graeber προτείνει ότι ο «αντιπραγματισμός» είναι μια λύση που υιοθετείται από ανθρώπους που είναι συνηθισμένοι στον θεσμό του χρήματος, αλλά που για κάποιον λόγο δεν έχουν πρόσβαση σε αυτό. Ο ίδιος αναφέρει το παράδειγμα του αντιπραγματισμού μεταξύ φυλακισμένων, κατά τον οποίο τα τσιγάρα αποκτούν την λειτουργία του ανταλλακτικού μέσου. Προφανώς οι φυλακισμένοι έχουν την εμπειρία της εκχρηματισμένης κοινωνίας. Και πάλι όμως, σαν τους ψαράδες της Newfoundland, οι άνθρωποι αυτοί χρησιμοποιούν το χρήμα που γνωρίζουν, ως λογιστική μονάδα. Δεν ανταλλάσσουν τρία ψάρια με πέντε αυγά, αλλά κάνουν αφηρημένους υπολογισμούς βάσει του νομισματικού συστήματος που γνωρίζουν.

Και για τα προβλήματα των κοινωνιών «αντιπραγματισμού»; Είναι διάσημο το παράδειγμα του Jevons για την τραγουδίστρια Mademoiselle Zélie, που τραγούδησε στα νησιά της Πολυνησίας Îles de la Société και που πληρώθηκε με κότες, γαλοπούλες, γουρούνια και καρύδες και φρούτα, και που αναγκάστηκε να ταΐσει τα ζώα με τα φρούτα της αμοιβής της (Jevons 1875, 1). Κατ' αρχάς, ακόμη και αυτό το περιστατικό δεν είναι εξακριβωμένο στις λεπτομέρειές του. Επί παραδείγματι, ήταν αυτά τα αγαθά πραγματικές «πληρωμές», ή ήταν περισσότερο δώρα ή εκδηλώσεις *επιδεικτικής κατανάλωσης* (conspicuous consumption); Μήπως έμοιαζαν περισσότερο με τα «πεσκέσια» με τα οποία έλουζαν την Ιταλίδα τραγουδίστρια Rita Basso οι Αθηναίοι το 1840 (Μακρυγιάννης 1947, 2:102· *Αθηνά* 1840, 1727–1727· Buchon 1843, 102) και με τις γαρδένιες, τις γραβάτες και τις σαμπάνιες που θυσιάζουν στις «τραγουδιάρες» οι σύγχρονοι Έλληνες; Αλλά δεχόμενοι ότι ήταν πράγματι πληρωμές, το πρόβλημα δεν το είχαν οι νησιώτες, που θα «γλίτωναν από τα μαρτύρια» του αντιπραγματισμού με την εφεύρεση κάποιου τύπου χρήματος. Το πρόβλημα το είχε η τραγουδίστρια που ξαφνικά βρέθηκε σε μια κατάσταση στην οποία το χρήμα είχε αφαιρεθεί. Το πρόβλημα δεν βρισκόταν στο εσωτερικό του «πρωτόγονου» πολιτισμού, αλλά στην διεπιφάνεια μεταξύ των δύο διαφορετικών πολιτισμών, ένας εκ των οποίων χρησιμοποιούσε το χρήμα.

Θέλοντας να συνεισφέρω και την δική μου ερασιτεχνική ανθρωπολογική παρατήρηση, θα μπορούσα να αναφερθώ στην σύγχρονη Ελλάδα. Το Μεσολόγγι είναι μια αγροτική και αλιευτική περιοχή, το γνωστότερο προϊόν της οποίας είναι το αυγοτάραχο, δηλαδή τα αυγά του θηλυκού κέφαλου. Το αυγοτάραχο είναι παστωμένο και αποξηραμένο τρόφιμο, σφραγισμένο σε κερί με σχετικά μεγάλη διάρκεια ζωής. Είναι σχετικά περιορισμένης ποσότητας και σχετικά στενής κατανομής μεγέθους καθώς τα «μπαστουνάκια» αυγοτάραχου έχουν παραπλήσιο μέγεθος. Τα παραπάνω χαρακτηριστικά το καθιστούν αρκετά ικανοποιητικό ανταλλακτικό μέσον απουσία χρημάτων. Από προσωπική μου εμπειρία γνωρίζω παραδείγματα πώλησης τριφυλλιού αντί αυγοτάραχου με «ισοτιμία» ένα αυγοτάραχο προς είκοσι μπάλες τριφυλλιού. Επίσης, γνωρίζω παραδείγματα πώλησης μεταχειρισμένων οχημάτων έναντι ευρώ και αυγοτάραχων.

Τι σημαίνει αυτό; Ότι συνυπάρχει μια ανταλλακτική αγορά δίπλα σε μια εκχρηματισμένη; Μια αγορά σε κρίση ταυτότητας που έχει ορίσει ισοτιμίες τριφυλλιού-αυγοτάραχου έχοντας όμως πρόσβαση σε τραπεζικούς λογαριασμούς και πιστωτικές κάρτες; Μια οικονομία όπως την φαντάζονταν ο Adam Smith σε μια χώρα του ανεπτυγμένου κόσμου τον 20ο αιώνα;

Προφανώς και όχι! Η ανάγκη των παραπάνω συναλλαγών ήταν η έλλειψη μετρητών. Αλλά και πάλι όλες οι τιμές ανάγονταν σε δραχμές ή ευρώ και μετά γινόταν λογιστικά η εκκαθάριση της συναλλαγής. Εξηγώ: Στα τέλη της δεκαετίας του 1990 ένα μπαστουνάκι αυγοτάραχο κόστιζε περίπου 10.000 δρχ ενώ μια μπάλα τριφύλλι 500 δρχ. Έτσι, ο αγρότης πωλούσε είκοσι μπάλες τριφύλλι στον ψαρά έναντι 10.000 δρχ και αμέσως μετά αγόραζε από τον ψαρά ένα αυγοτάραχο αξίας πάλι 10.000 δρχ. Αυτές οι δύο συναλλαγές γινόντουσαν—και γίνονται—λογιστικά, καθώς και ο αγρότης και ο ψαράς, σε αντίθεση με τα πνευματικά τέκνα του Adam Smith, κατανοούσαν ότι το χρήμα δεν είναι αναγκαστικά κάποιο υλικό αντικείμενο, αλλά μπορεί κάλλιστα να είναι και μια άυλη λογιστική μονάδα. Έτσι, όπως και οι ψαράδες της Newfoundland, όταν δεν είχαν χρήματα δεν χρειαζόταν να ανταλλάξουν ένα πραγματικό δεκαχίλιαρο, αλλά μπορούσαν να το υποθέσουν αφηρημένα.

Η ανάδυση των μεταλλικών νομισμάτων κατά τον Graeber ήλθε να ικανοποιήσει την ανάγκη πληρωμής μισθοφόρων που πολεμούν σε ξένα εδάφη μακριά από τις γραμμές ανεφοδιασμού, καθώς κανείς ντόπιος έμπορος δεν θα τους παρείχε πίστωση. Προτείνει δε ότι η εισαγωγή του νομίσματος από πολύτιμο μέταλλο και η δημιουργία των αγορών συνέπεσαν με την ανάπτυξη των μισθοφορικών στρατών. Ίσως γι' αυτό οι Έλληνες, που παρείχαν πολλούς μισθοφορικούς στρατούς, συνήθισαν και υιοθέτησαν τόσο γρήγορα την χρήση νομισμάτων (Graeber 2011, 227). Και ίσως γι' αυτό ο Ξενοφών, μισθοφόρος και ο ίδιος, παρερμηνεύει τόσο την ιστορία του Λυκούργου, όπως θα δούμε παρακάτω.

Πάντως ο μύθος του αντιπραγματισμού είναι τόσο ισχυρός που επιμένει ακόμη και στις ιστορικές αφηγήσεις που τονίζουν τον κοινωνικό έναντι του εμπορικού χαρακτήρα των πρωτόγονων ανταλλαγών και βάζουν τα «μειονεκτήματά» τους σε ρεαλιστική βάση. Ο ίδιος ο Glyn Davies, παρότι τονίζει ξεκάθαρα αυτήν την αντιδιαστολή στις πρωτόγονες ανταλλαγές δώρων, και πάλι επιμένει να τις χαρακτηρίζει «αντιπραγματισμό», απλώς διότι ήταν αχρήματες.

1.4   Η θρησκευτική θεωρία του χρήματος

Υπό μία έννοια, η θεωρία αυτή θα μπορούσε να θεωρηθεί ως μια υποπερίπτωση της κρατικής θεωρίας που περιγράφω ακριβώς μετά. Παρότι ο σημερινός αναγνώστης συνηθίζει να συνδέει την έννοια του κράτους με μια κοσμικού τύπου εξουσία, τα πρώτα οργανωμένα κράτη θα φάνταζαν στα μάτια μας ως θεοκρατικής και όχι κοσμικής βάσης, καθώς αυτός ήταν ένας διαχωρισμός που προέκυψε πολύ αργότερα. Πράγματι, σε πολλές κοινωνίες το ιερατείο ασκούσε κρατική εξουσία, δηλαδή ήλεγχε την δημόσια διοίκηση και είχε την εξουσία να επιβάλλει την θέλησή του εντός μιας επικράτειας. Καθώς όμως αυτή η ερμηνεία φαίνεται να γεφυρώνει το κενό μεταξύ της πιστωτικής και κρατικής θεωρίας, και καθώς από ταιριάζει καλύτερα από καθαρά χρονολογικής άποψης, θα την εξετάσω χωριστά.

Σύμφωνα με την θεωρία αυτή, οι πρώτες νομισματικές μονάδες ήταν καθαρά λογιστικού τύπου και αναπτύχθηκαν από τα ιερατεία. Κατά τον Graeber, το αρχαιότερο νομισματικό σύστημα που γνωρίζουμε ήταν εκείνο που χρησιμοποιούσαν τα τεράστια ιερατικά συμπλέγματα των Σουμερίων το 3500 π.Χ. Εκεί, για την παρακολούθηση της επιμελητείας των διαφόρων τμημάτων και για την πληρωμή των υπαλλήλων είχε αναπτυχθεί ένα λογιστικό σύστημα βασισμένο στο αργυρό σεκέλ. Το σεκέλ, χωριζόταν σε 60 μνες και αντιστοιχούσε σε 60 γεύματα ενός εργάτη, δύο γεύματα ανά ημέρα για ένα μήνα. Όμως αυτό το αργυρό σεκέλ δεν κυκλοφορούσε πραγματικά αφού κανείς δεν έβλεπε την ανάγκη να κόψει νομίσματα. Η χρήση των καταστίχων ήταν μια ικανοποιητική λύση, όσο ικανοποιητική είναι σήμερα και η μεταφορά ποσών μεταξύ τραπεζικών λογαριασμών. Στο συμπέρασμα αυτό καταλήγει και ο Davies, που αναγνωρίζει την ανάπτυξη ανεπτυγμένης τραπεζικής μεταξύ των Βαβυλωνίων, των Ασσυρίων, των Αιγυπτίων κ.ά. από την 2^{η} π.Χ. χιλιετία, τόσο από τα ιερατεία αλλά και από ιδιώτες (Davies 2002, 50–51, 55). Και όλα αυτά, αιώνες πριν την εμφάνιση μεταλλικών νομισμάτων. Με άλλα λόγια, το άυλο λογιστικό χρήμα—η πιστωτική κάρτα και η τραπεζική κατάθεση—δεν είναι η πιο σύγχρονη μορφή χρήματος, αλλά η πιο αρχαία.

Και αυτή δεν είναι μια απλή εξαίρεση. Η Alla Semenova (Semenova 2011), αναβιώνοντας το έργο του Bernhard Laum (Laum 1924), το οποίο ξεχάστηκε καθώς δεν μεταφράσθηκε ποτέ στα αγγλικά, υποστηρίζει ότι η ομηρική πρακτική του να μετρώνται οι αξίες σε βόδια ανάγεται στο θρησκευτικό ρόλο τους στις θυσίες, τις οποίες ήλεγχε το ιερατείο. Στην Αρχαία Ελλάδα, το ιερατείο είχε αναλάβει την θεσμοθέτηση ενός ακριβούς συστήματος μέτρησης αξιών με βάση το θυσιαστήριο βόδι. Αυτή αποτέλεσε την πρώτη λογιστική μονάδα, η οποία όμως αποσκοπούσε στο να παρακολουθεί τις «εξοφλήσεις» των ιερών χρεών· η ανάδυσή της έγινε τελείως εκτός της σφαίρας που σήμερα ονομάζουμε «αγορά» και η χρήση της δεν ήταν για εμπορικές συναλλαγές. Εκεί μάλιστα ανάγει και την σύγχρονη ορολογία γύρω από το χρήμα· π.χ. η λέξη *κεφάλαιο*, δεν παραπέμπει σε κεφαλές ζωντανών ζώων, αλλά σε σφάγεια προς θυσία. Αντιστοίχως, οι αρχαίοι *οβελοί* δεν ήταν άλλο από τις σούβλες για το ψήσιμο των κομματιών του σφαγείου· ένας *οβελός* αντιπροσώπευε μια υποδιαίρεση του ψημμένου σφαγείου που το ιερατείο αναδιένειμε στον λαό μετά την θυσία.

Εικόνα 1.1: Ιερό χρήμα; Δεσμίδα σιδερένιων οβελών από τις ανασκαφές στο Ηραίο του Άργους το 1894 (Waldstein 1902, 1:61–63).

Οι κατοπινοί νομισματικοί *οβολοί*, και κατ' επέκταση οι *δραχμές*, αποτελούσαν μια συμβολική αναπαράσταση αυτής της υποδιαίρεσης όταν τα νομίσματα εισήχθησαν ως νέα μορφή χρήματος.[7] Αυτή η άποψη ερμηνεύει και

---

[7]Σύμφωνα με την παράδοση, ο Φείδων ο Αργείος, αφού εισήγαγε νόμισμα, φέρεται να αφιέρωσε τους αποσυρθέντες *οβελούς* στην Ήρα: «*Πάντων δὲ πρῶτος Φείδων ὁ Ἀργεῖος νόμισμα ἔκοψε ἐν Αἰγίνῃ· καὶ διὰ τὸ νόμισμα ἀναλαβὼν τοὺς ὀβελίσκους, ἀνέθηκε τῇ ἐν Ἄργει Ἥρᾳ. Ἐπειδὴ δὲ τότε οἱ ὀβελίσκοι τὴν χεῖρα ἐπλήρουν, τουτέστι τὴν δράκα, ἡμεῖς, καίπερ μὴ πληροῦντες τὴν δράκα τοῖς ἓξ ὀβολοῖς, δραχμὴν αὐτὴν λέγομεν, παρὰ τὸ δράξασθαι*» ('Οβελίσκος' 1816, 555). Το κείμενο αυτό από το *Ετυμολογικόν το Μέγα* προέρχεται από το λήμμα «οβολός» στο *Περί Ετυμολογιών* του Ωρίωνα του Θηβαίου, και διασώζει με την σειρά του σχετικό λήμμα του Ηρακλείδη του Ποντικού: «*Πρῶτος δὲ πάντων Φείδων Ἀργεῖος νόμισμα ἔκοψεν ἐν Αἰγίνῃ, καὶ διδοὺς τὸ νόμισμα, καὶ ἀναλαβὼν τοὺς ὀβελίσκους, ἀνέθηκε τῇ ἐν Ἄργει Ἥρᾳ. Ἐπειδὴ τότε οἱ ὀβελίσκοι τὴν χεῖρα ἐπλήρουν, τουτέστι, τὴν δράκα, ἡμεῖς,*

γιατί πολλά αρχαία ελληνικά και λυδικά νομίσματα έφεραν τις μορφές ταύρων ή κεφαλών ταύρων, και γιατί κοβόντουσαν στα ιερατεία.

Η διαχείριση και κοπή του χρήματος από ιερατεία είναι μια κατάσταση αρκετά συχνή στην παγκόσμια ιστορία. Μάλιστα ο σύγχρονος όρος για το χρήμα (αγγλ.: *money*, γαλλ.: *monnaie*) προέρχεται από τον ονομασία του ρωμαϊκού ναού της Ήρας Μονίας (Juno Moneta) που στέγαζε και το νομισματοκοπείο.

1.5   Η κρατική θεωρία του χρήματος

Μπορεί να έχεις όλο το χρήμα Raymond, αλλά εγώ έχω όλους τους άντρες με τα όπλα.
Francis Underwood, Αντιπρόεδρος των ΗΠΑ, προς τον δισεκατομμυριούχο Raymond Task ('House of cards, κύκλος 2, επεισόδιο 6' 2014)

Η ανθρωπολογική προσέγγιση του πραγματικά ρίχνει φως σε πολλές πτυχές της πρωταρχικής γέννησης του χρήματος, παρότι από την φύση του το ερώτημα μάλλον δεν θα απαντηθεί ποτέ με βεβαιότητα. Παρότι το ζήτημα αυτό είναι εξαιρετικά γοητευτικό, δεν παύει να μας είναι απαραίτητο και ένα ερμηνευτικό πλαίσιο που να περιγράφει την φύση του χρήματος όπως τελικά αναπτύχθηκε στο ιστορικά προσβάσιμο παρελθόν. Όποιος κι αν είναι ο ακριβής μηχανισμός της πρωταρχικής δημιουργίας, θα πρέπει κάποια στιγμή να δώσει την σκυτάλη σε μια θεωρία που να περιγράφει το χρήμα όπως τελικά εξελίχθηκε στο ιστορικό παρελθόν και έως ήμερα. Ίσως η θρησκευτική θεωρία να αποτελεί τον κρίκο που συνδέει το πρωταρχικό χρήμα με αυτό που γνωρίζουμε σήμερα, αν και σε τέτοια ζητήματα πρέπει να διατηρείται κάθε επιφύλαξη.

Σε σχέση με την εμπορευματική προέλευση, τόσο η πιστωτική θεωρία του χρήματος όσο και η θρησκευτική παρέχουν όχι απλώς πιο ικανοποιητικές ερμηνείες για την πρωταρχική προέλευση του χρήματος και την εξέλιξή της, αλλά παρέχουν ερμηνείες κατ' αρχήν ευλογοφανείς. Προφανώς αυτό αποτελεί μια βελτίωση, όμως δεν απαντά στο πρόβλημα της εξέλιξης του χρήματος στην σημερινή μορφή.

Αποδεχόμενοι την ερμηνεία ότι το χρήμα—σε οποιαδήποτε υλική ή άυλη μορφή—είναι μια ομολογία χρέους, θα πρέπει να προχωρήσουμε στο επόμενο ερώτημα: γιατί κάποιος αποδέχεται αυτήν την ομολογία; Τι της δίνει αξία; Φεύγοντας από το πλαίσιο μιας στενής και αδιαμεσολάβητης κοινότητας την οποία διέπουν δεσμοί εμπιστοσύνης—ο «τίμιος» φούρναρης του Mitchell-Innes—τι υποχρεώνει κάποιον να αποδεχθεί ένα χρέος από έναν άγνωστο; Τι κάνει το χρήμα έναν θεσμό που σέβονται δύο ξένοι που κατά πάσα πιθανότητα δεν θα ξανασυναντηθούν ποτέ; Επιπλέον, πώς αναδύθηκε το χρήμα των «αγορών» και των εμπορικών συναλλαγών όπως τις ορίζουμε σήμερα; Δηλαδή το χρήμα που χρησιμοποιείται σε συναλλαγές μεταξύ ξένων με αποκλειστικό σκοπό το οικονομικό κέρδος;

Georg Friedrich Knapp

Έχοντας διαπιστώσει την μεθοδολογική αποτυχία της σκέψης του 19^{ου} αιώνα και των αρχών του 20^{ου} για την φύση του χρήματος ο Schumpeter αποφαίνεται ότι οι συζητήσεις των οικονομολόγων *«με εξαίρεση [τον G. F. Knapp] δεν δημιούργησαν πολύ ενδιαφέρον και, χωρίς εξαίρεση, δεν παρήγαγαν ενδιαφέροντα αποτελέσματα»* (Schumpeter 2006, 1052). Ο Georg Friedrich Knapp υιοθέτησε μια άποψη μάλλον περιθωριακή για την εποχή του. Υποστήριξε ότι χρήμα είναι αυτό το οποίο γίνεται αποδεκτό ως μέσο πληρωμής από τα δημόσια ταμεία. Δηλαδή, χρήμα είναι ό,τι ο νόμος ορίζει, χωρίς απαραίτητη αντιστοιχία σε πολύτιμα μέταλλα (Knapp 1924, 1. Πρώτη έκδοση, Die Staatliche Theorie des Geldes, 1905).

καίπερ μὴ πληροῦντες τὴν χεῖρα τοῖς ἐξ ὀβολοῖς, δραχμὴν αὐτὴν λέγομεν, παρὰ τὸ δράξασθαι».

Υπάρχουν δύο Ηρακλείδες Ποντικοί, ένας μαθητής του Αριστοτέλη (390–310 π.Χ.) και ένας του Δίδυμου (80 π.Χ. - 10 μ.Χ.), και δεν είναι βέβαιο σε ποιον ανήκει η αναφορά. Συνεπώς η παράδοση της αφιέρωσης των οβελών από τον Φείδωνα στην Ήρα είναι αβέβαιης χρονολόγησης. Η αναφορά όμως φαίνεται να επιβεβαιώνεται από τις αρχαιολογικές ανασκαφές. Το 1894, στις ανασκαφές της Αμερικανικής Σχολής Αθηνών στο Ηραίον του Άργους, ήλθαν στο φως μια τέτοια δεσμίδα σιδερένιων *οβελών* και ένα, περίπου ισοβαρές, σιδερένιο αντικείμενο, θεωρούμενο «σταθμητικός κανόνας». Αυτά διαβρώνονταν από την υγρασία στα υπόγεια του Αρχαιολογικού Μουσείου Αθηνών, ώσπου τα διέσωσε ο Ιωάννης Σβορώνος το 1906. Το μήκος των καλύτερα διατηρημένων ήταν περίπου 120 εκ. και το βάρος του περίπου 400 γραμμάρια, είχαν τετράγωνη βάση και αιχμηρό άκρο. Από αυτούς, μια δεσμίδα έξι οβελών εκτίθεται στο Νομισματικό Μουσείο Αθηνών (Σβορώνος 1906. Συγκεκριμένα σελ. 192-201 και πίνακες X και XI).

Το χρήμα είναι δημιούργημα του νόμου. Μια θεωρία του χρήματος πρέπει κατά συνέπεια να ασχοληθεί με την νομική ιστορία [...] [Ο]ι περισσότεροι συγγραφείς έχουν συμπεράνει ότι το χρήμα μπορεί να κατανοηθεί από την μελέτη των νομισμάτων. Αυτό είναι μεγάλο σφάλμα. Ο νομισματολόγος συνήθως δεν γνωρίζει τίποτα από το χρήμα, καθώς έχει να ασχοληθεί μόνον με το νεκρό του σώμα [...]

Αυτή είναι για πολλές σελίδες η πιο ξεκάθαρη αποστροφή του Knapp, οποίος γεμίζει την συζήτησή του με νέους και δυσνόητους όρους όπως «αυτομεταλλισμός», «αυθυλισμός», «λυτρικά χρέη», «μορφισμός», «μεταλλοπλατικός» «υλογονικός» κλπ. Με αυτήν την ορολογία ο Knapp υποστηρίζει ότι το κράτος αποφασίζει ελεύθερα για το μέσον πληρωμών και εξόφλησης χρεών, τόσο ως προς το φυσικό του μέσον—χρυσός, άργυρος, ή χαρτί— όσο και ως προς την μονάδα μέτρησης: «*η εγκυρότητα των μέσων πληρωμών μας δεν καθορίζεται από το υλικό του περιεχόμενο [...] η μονάδα αξίας ορίζεται μόνον ιστορικά*». Το κράτος δε, διατηρεί την ελευθερία να αλλάξει το μέσο πληρωμών. Η τυχόν επιλογή του μετάλλου είναι απλώς μια νομική επιλογή, ενώ αν «*ένα δεδομένο υλικό είναι αυτό καθαυτό μέσον πληρωμών, το χρήμα δεν έχει ακόμη γεννηθεί*». Η κρατική διακήρυξη μπορεί να δώσει αξία και στο φθηνότερο μέταλλο ή και στο χαρτί, όταν το κράτος αποφασίσει βάσει νόμου να του δώσει συγκεκριμένη μορφή και αξία. Το ίδιο, λέει, συμβαίνει και με τα τενεκεδένια δισκάκια που παίρνουμε από το βεστιάριο όταν αφήνουμε το παλτό μας. Από μόνα τους δεν έχουν αξία. Η αξία τους έγκειται στην νομική διεκδίκηση που συμβολίζουν.

Έτσι, π.χ. ερμηνεύει το ότι το 1871 στην Γερμανία κυκλοφορούσαν δύο είδη thaler, κομμένα *πριν* και *μετά* το 1857, με διαφορετική περιεκτικότητα σε άργυρο και *ακριβώς την ίδια αξία* (σ. 65). Επίσης υπογραμμίζει ότι μια ουγγιά αργύρου σε αργυρά νομίσματα έχει μεγαλύτερη αξία από μια ουγγιά αργύρου σε ακατέργαστη μορφή, λόγω της σφραγίδας που φέρει (Knapp 1924, 80).

Ο Knapp επιλέγει την λέξη «χαρταλισμός» για να περιγράψει αυτό το σύστημα, δεδομένου ότι το υλικό κατασκευής μπορεί κάλλιστα να είναι πολύτιμο όπως ο χρυσός ή ευτελές όπως το χαρτί. Βάσει του σκεπτικού του προκύπτει και ο ορισμός του χρήματος (Knapp 1924, 38):

Χρήμα πάντα υποδηλώνει ένα Χαρτικό μέσο πληρωμών. Κάθε Χαρτικό μέσον πληρωμών το αποκαλούμε χρήμα. Ο ορισμός του χρήματος λοιπόν είναι «ένα Χαρτικό μέσον πληρωμών».

Είναι όμως αυτή η αναγκαία συνθήκη και ικανή; Όχι· χρήμα, κατά τον Knapp είναι ό,τι γίνεται δεκτό από τα κρατικά ταμεία, έστω κι αν αυτό είναι τραπεζογραμμάτια που εκδίδει μια ιδιωτική τράπεζα κατά την χορήγηση δανείων ή τις προεξοφλήσεις. Η κρατική αποδοχή αρκεί για να τα κάνει χρήμα (Knapp 1924, 96, 135):

Θα ήμαστε πιο κοντά στα γεγονότα αν δεχόμαστε ως κριτήριο, ότι το χρήμα γίνεται αποδεκτό σε πληρωμές από τα γραφεία του Κράτους. Τότε όλα τα μέσα με τα οποία μια πληρωμή μπορεί να γίνει στο Κράτος αποτελούν τμήμα του νομισματικού συστήματος. Επί της βάσης αυτής, δεν είναι ή εκδοση, αλλά η αποδοχή που είναι αποφασιστική. Η κρατική αποδοχή προϊοθετεί το νομισματικό σύστημα. Με την έκφραση «κρατική αποδοχή» εννοούμε την αποδοχή σε κρατικά ταμεία όπου το Κράτος είναι ο παραλήπτης [...]

Η ερώτηση για το εάν τα τραπεζογραμμάτια αποτελούν τμήμα του νομίσματος μπορεί τώρα να απαντηθεί με λίγες λέξεις. Τα τραπεζογραμμάτια δεν είναι αυτομάτως χρήμα του Κράτους, αλλά γίνονται μόλις το Κράτος ανακοινώσει ότι θα τα παραλαμβάνει σε επικεντρικές πληρωμές.

Κεντρική θέση στην συζήτηση έχει το νόμισμα που το ίδιο το κράτος χρησιμοποιεί σε πληρωμές (*valuta*) και εκείνο που απλώς δέχεται στα ταμεία του, αλλά που δεν χρησιμοποιεί για πληρωμές (*accessory*). Ο Knapp εξηγεί πως όταν το κράτος ζητήσει την βοήθεια της τράπεζας, π.χ. σε καιρό πολέμου, μέσω σύναψης δανείου στο νόμισμά του, η τράπεζα δεν αρνείται στον προστάτη της. Τότε όμως δεν έχει πλέον το αποθεματικό για να εξαργυρώνει το τραπεζογραμμάτιό της με το κρατικό valuta. Το κράτος ανταποδίδει την χάρη, κάνοντας valuta το τραπεζογραμμάτιό της και αναβιβάζοντάς το στην κατηγορία του πλήρους χρήματος. Όπως το κρατικό χρήμα που δεν είναι χρέος της πολιτείας που περιμένει την εξόφλησή του, αλλά χρήμα αυτό καθαυτό (σ. 50–51), το ίδιο συμβαίνει και με το τραπεζογραμμάτιο μιας προνομιούχου τράπεζας. Δεν αποτελεί πλέον χρεόγραφο και από τραπεζογραμμάτιο μετατρέπεται σε χαρτονόμισμα. Έτσι ερμηνεύει ο Knapp την μετάβαση από το μεταλλικό στο χάρτινο χρήμα (Knapp 1924, 143), μια μετάβαση που η μεταλλιστική θεωρία θεωρεί ανοσιούργημα καθώς δεν μπορεί να την ερμηνεύσει. Μηχανισμοί της αγοράς μπορούν να καθορίζουν μονομερώς την αξία του χρήματος μόνον εκτός της εθνικής επικράτειας. Εκτός συνόρων η αξία κάθε εθνικού νομίσματος ρυθμίζεται από την προφορά και ζήτησή τους στα ανταλλακτήρια χρήματος και τα χρηματιστήρια (Knapp 1924, 216–222).

Για τον Knapp χρήμα και κράτος είναι θεσμοί αλληλένδετοι και αδιαχώριστοι, άρα μια νομισματική ένωση, είναι και ένωση κρατών (Knapp 1924, 41):

Αν δύο Κράτη έκαναν μια συμφωνία για συγχώνευση των χρημάτων τους, τότε για τους σκοπούς μας δεν είναι πλέον ξεχωριστά Κράτη, αλλά σχηματίζουν μια κοινότητα Κρατών που πρέπει να θεωρείται ενιαία.

Οι απόψεις αυτές, που έβγαζαν τις δυνάμεις της αγοράς εκτός της διαδικασίας γέννησης του χρήματος, συνάντησαν σφοδρή αντίσταση από όλες τις οικονομικές θεωρίες που ήθελαν να καταστήσουν την αγορά τον μοναδικό ρυθμιστή του κοινωνικού γίγνεσθαι. Προφανώς, η κρατική προέλευση του χρήματος ήταν η ύστατη αμφισβήτηση του *laissez-faire*.

Βεβαίως ο Knapp αναγνωρίζει ότι η *χαρτική*[8] μορφή του χρήματος είναι περιορισμένη στην επικράτεια του κράτους, και ότι ως τέτοιο δεν μπορεί να γίνει διεθνές μέσο συναλλαγών, αφού ο κρατικός νόμος παύει να ισχύει έξω από τα κρατικά σύνορα. Εκεί το «αυτομεταλλικό» χρήμα υπερέχει.

Ο Knapp είναι πολύ προσεκτικός, υιοθετώντας την στάση του θεωρητικού που μελετά και ερμηνεύει φαινόμενα και όχι του πολιτικού που προτείνει πρακτικές λύσεις (σ. 49). Άλλωστε, στην πρώτη σελίδα του βιβλίου του ξεκαθαρίζει ότι δεν προτείνει την εγκατάλειψη του μεταλλισμού. Αυτή μάλλον είναι μια απόσειση ευθύνης, καθώς λίγο παρακάτω ευθέως προτείνει την εγκατάλειψη του κανόνα του χρυσού (σ. 91–92).

Παρότι ο Knapp αναφέρεται κυρίως σε χάρτινο και μεταλλικό χρήμα, είναι ενδιαφέρον ότι η ερμηνεία του βρίσκει ευρύτερη εφαρμογή. Συναλλακτικά μέσα πρωτόγονων κοινωνιών μετατράπηκαν σε σύγχρονο χρήμα όταν κρατικές αρχές άρχισαν να τα δέχονται για πληρωμή φόρων. Τα ινδιάνικα *wampum*, κατασκευασμένα από κοχύλια *Mercenaria mercenaria*, γίνονταν δεκτά μεταξύ 1637–1661 στα ταμεία των αποικιών της Μασαχουσέτης και μεταξύ 1638–1662 του Κονέκτικατ (Rabushka 2008, 157). Όμως αυτή δεν είναι παρά μία περίπτωση «σύγκρουσης» πολιτισμών, κατά την οποία το *ίδιο* αντικείμενο αποκτούσε εντελώς διαφορετική υπόσταση ανάλογα με τους θεσμούς με τους οποίους το περιέβαλλαν οι δύο πολιτισμοί που το χρησιμοποιούσαν. Ήταν *χρήμα* για τους αποίκους αλλά παραδοσιακό μέσο κοινωνικής ανταλλαγής για τους ινδιάνους.

Όμως τα κοχύλια *Cypraea* (*C. moneta*, *C. annulus*, *C. tigris*) ή *cowry*, θαλάσσια οστρακοειδή που ζούσαν στα ρηχά νερά των ακτών του Ινδικού Ωκεανού, είχαν μια πιο μακρόχρονη και διακεκριμένη ιστορία, καθώς αποτέλεσαν επίσημο συναλλακτικό μέσο μεγάλων πολιτισμών από την αρχαιότητα, συνάλλαγμα και διεθνές αποθεματικό νόμισμα. Μάλιστα κατά περιόδους αντικατέστησαν τα μεταλλικά νομίσματα στην πληρωμή φόρων και προστίμων, όπως π.χ. από τον 9ο αιώνα στην πόλη Τεζπούρ του Άσαμ (Wicks 1992, 108). Μεταξύ 1282–1368, κατά την Δυναστεία Γιουάν, χρησιμοποιούνταν για την πληρωμή φόρων στην κινεζική επαρχία Γιουνάν, ενώ κατά την Δυναστεία Μινγκ (1368–1644) το κράτος τα χρησιμοποιούσε τουλάχιστον για τις δικές του πληρωμές προς τους αξιωματούχους του (Vogel 2013, 263–266). Ομοίως τα δεχόταν για πληρωμή φόρων το γειτονικό Συλέτ της Ανατολικής Βεγγάλης μέχρι τον 19ο αιώνα (Vogel 2013, 242–243) και ο Σουλτάνος των Μαλδιβών μέχρι τον μεσοπόλεμο (Hogendorn και Johnson 1986, 67–68). Τόσο σπουδαία ήταν η Cypraea, που υιθετήθηκε ως το κινεζικό ιδεόγραμμα για το «χρήμα» (貝). Τα κοχύλια αυτά δεν ήταν *πρωτόγονο* χρήμα, όπως συγκαταβατικά θα μπορούσαν να τα θεωρήσουν οι Ευρωπαίοι, αλλά ήταν απλώς *χρήμα*. Στην Βεγγάλη χρησιμοποιούντο αντί χρυσού και αργύρου και για την φύλαξή τους οι μεγάλοι άρχοντες έχτιζαν ειδικά οικήματα.[9] Η μακραίωνη διάδοσή τους στις χώρες γύρω από τον Ινδικό Ωκεανό επεκτάθηκε και στην Αφρική μέχρι πολύ πρόσφατα, αφού δεν αποτελούσαν απλώς συναλλακτικό μέσον μεταξύ ιδιωτών· η κυβέρνηση της Ουγκάντα τα δεχόταν μέχρι το 1901 (Davies 2002, 36). Στα τέλη του 19ου αιώνα και στις αρχές του 20ου, οι αποικιοκρατικές δυνάμεις εφάρμοσαν τις συμβουλές του Mitchell-Innes και του Knapp· για να τα ξεριζώσουν και να τα υποκαταστήσουν με το δικό τους χρήμα, δημιούργησαν νέους φόρους, πληρωτέους σε μεταλλικά νομίσματα, αρνούμενες παράλληλα τα κοχύλια. Με τον κεφαλικό φόρο εγκατέστησαν το φράγκο οι Γάλλοι στο Δυτικό Σουδάν (Painter 1994, 128–129)—αν και η σε μερικές περιοχές η διαδικασία κράτησε μέχρι την δεκαετία του 1940 (C. Werner και Bell 2004, 109–111)—

---

[8] Κατ' αναλογία του όρου «χαρταλισμός», η ελληνική απόδοση του όρου «chartal» θα ήταν «χαρταλικός». Για λόγους ευηχίας, και δεδομένου ότι η λέξη είναι ελληνικής ρίζας, επιλέγω να τον αποδώσω με την λέξη «χαρτικός».

[9] *«Tout cela va en Bengale ; car c'est seulement là qu'on les debite cherement et en quantité. Ceux de Bengale en font tant d'estat, qu'ils en feruent de monnoye commune, encore qu'ils ayent de l'or et de l'argent et assez d'autres metaux ; et ce qui est le plus merveilleux, c'est que les Rois et les grands Seigneurs font bastir des lieux expres pour y assembler ces coquilles et en font une partie de leur thresor»* (De Laval 1679, 1:165).

και με τον «φόρο καλύβας» οι Βρετανοί εισήγαγαν μεταλλικά νομίσματα στην Ροδεσία (Ζιμπάμπουε). Το μακρόσυρτο αυτής της διαδικασίας απέδειξε ότι ο ιθαγενής πληθυσμός δεν υπέφερε από αυτό το «πρωτόγονο» νόμισμα, περιμένοντας την σωτηρία του από τα φώτα της Ευρώπης. Οι αιώνες χρήσης του από αυτοκρατορίες, που το δέχονταν για πληρωμή φόρων, το είχαν καταστήσει κρατικό χρήμα κατάλληλο για χρήση στο εμπόριο όπως το εννοούμε σήμερα, παρά τον μη μεταλλικό του χαρακτήρα. Δηλαδή κάτι γίνεται χρήμα όχι λόγω του υλικού του, αλλά λόγω των θεσμών που το περιβάλλουν.

Παρότι ο ανικανοποίητος και υπερόπτης Schumpeter περιγράφει την σύγκρουση αυτή ως «θύελλα στο φλυτζάνι» και την άποψη του Knapp ως «κοινότοπη», τελικά την ξεχωρίζει από όλες τις υπόλοιπες. Πραγματικά, είναι η μόνη που ξεφεύγει από τον χονδροειδή μεταλλισμό της εποχής της. Η θεωρία αυτή τράβηξε και την προσοχή του Keynes, ο οποίος φρόντισε να μεταφρασθεί και να εκδοθεί το έργο του στα αγγλικά. Ο ίδιος ο συγγραφέας τον ευχαριστεί στην εισαγωγή του.

Η επιτυχία των παραπάνω απόψεων να ερμηνεύσει πολλά περιστατικά της ελληνικής νομισματική ιστορίας την καθιστά ιδιαιτέρως ελκυστική στην χρήση της στην παρούσα μελέτη. Αφενός ερμηνεύει τα περιστατικά μη αποδοχής τραπεζογραμματίων από τα κρατικά ταμεία, τα οποία προκάλεσαν πανικό στις εκδούσες τράπεζες και κατακόρυφη πτώση της αξίας των τραπεζογραμματίων στην αγορά. Τέτοια περιστατικά αφορούν στην μη αποδοχή τραπεζογραμματίων της Ionian από τον Θησαυροφύλακα Woodhouse το 1840 (βλ. παρ. 5.6), της ΕΤΕ από το Γενικό Ταμείο το 1842 (βλ. παρ. 6.3) καθώς και της ΠΤΗ κατά την δημοπρασία της ελαιοδεκάτης στον Βόλο το 1882, όταν ο οικονομικός έφορος δήλωσε ότι θα αποδεχόταν και τραπεζογραμμάτια της ΕΤΕ (Πρόντζας 1995, 95). Ταυτοχρόνως, ο μηχανισμός του Knapp κατά τον οποίον οι «δραχμές accessory» προάγονται σε «δραχμές valuta» περιγράφει επιτυχέστατα τα περιστατικά μετάβασης σε καθεστώς αναγκαστικής κυκλοφορίας από το νεοελληνικό κράτος το 1868, το 1877 και το 1885 κατά τα οποία το κράτος δανείσθηκε για έκτακτες ανάγκες και σε αντάλλαγμα προήγαγε το μετατρέψιμο τραπεζογραμμάτιό τους σε αυτοτελούς αξίας χαρτονόμισμα.

Ήταν όμως ο Knapp ο πρώτος που διατύπωσε μια τέτοια άποψη;

Alexander del Mar

Όχι, ο Knapp δεν ήταν ο πρώτος που διατύπωσε μια τέτοια θεωρία και μάλλον ήταν ένας από τους τελευταίους.[10] Παρότι κομψό και ενδεικτικό ισχυρής διαίσθησης, το έργο του Mitchell-Innes σε καμία περίπτωση δεν ήταν—ούτε σκόπευε να αποτελέσει—μια συστηματική και εξαντλητική εξιστόρηση του χρήματος. Αλλά και ο Knapp, που προσέφερε ένα πειστικό ερμηνευτικό πλαίσιο, δεν είχε ως κύριο σκοπό να καταδυθεί στα βάθη της παγκόσμιας νομισματικής ιστορίας. Τα νερά αυτά είναι τόσο σκοτεινά που μπορούν εύκολα να πνίξουν και τον πιο δεινό κολυμβητή.

Αυτήν την τιτάνια αναμέτρηση ανέλαβε ο Alexander del Mar, πιθανώς ο κορυφαίος και πιο ακούραστος νομισματικός ιστορικός, για τον οποίο ο James Tobin (1985) πίστευε ότι παρότι δεν ήταν ακαδημαϊκός ήταν «σπουδαίος λόγιος». Ο del Mar, που είχε σπουδάσει μηχανικός ορυχείων, διετέλεσε πρώτος διευθυντής του Γραφείου Στατιστικής των ΗΠΑ (1866–1869), που μετεξελίχθηκε στο Υπουργείο Εμπορίου. Το 1876 διορίσθηκε στατιστικολόγος και αντεπιστέλλων γραμματέας της Νομισματικής Επιτροπής των ΗΠΑ. Η εκπαίδευση και η μετέπειτα σταδιοδρομία του θα πρέπει να του έδωσαν μια μοναδική οπτική στο ζήτημα του χρήματος. Ως μηχανικός ορυχείων μπορούσε να κατανοήσει τις λεπτομέρειες της εξόρυξης των πολύτιμων μετάλλων, ενώ ως στατιστικολόγος είχε πρόσβαση σε μοναδικό όγκο δεδομένων για να κατανοήσει τις διακυμάνσεις των τιμών. Η παραγωγή του είναι πραγματικά εντυπωσιακή, λαμβάνοντας υπόψη ότι σε μεγάλο μέρος της αποτελεί λεπτομερή καταγραφή και ταξινόμηση ιστορικών και αρχαιολογικών δεδομένων και νομισματικών συλλογών.

---

[10] Ήδη από το 1690 ο Nicholas Barbon έγραφε: «*Mony is a Value made by a Law; and the Difference of its Value is known by the Stamp, and Size of the Piece. One Use of Mony is, It is the Measure of Value, by which the Value of all other things are reckoned; as when the Value of any thing is expressed, its said, It's worth so many shillings, or so many Pounds: Another Use of Mony is; It is a Change or Pawn for the Value of all other Things: For this Reason, the Value of Mony must be made certain by Law, or else it could not be made a certain Measure, nor an Exchange for the Value of all things*» (Barbon 1690, 16–21).

Τον del Mar αγνόησε η συντριπτική πλειοψηφία των οικονομολόγων και ιστορικών, συγχρόνων του και επιγενέστερων. Εκτός από τους μεταλλιστές της εποχής του, φαίνεται να τον αγνοούσαν όχι μόνον ο Knapp και ο Mitchell-Innes, αλλά ακόμη και ο Keynes που είχε τις κεραίες του συντονισμένες στην διατύπωση μη μεταλλιστικών θεωριών του χρήματος. Ακόμη και σήμερα δεν τον αναφέρουν ούτε ο Wray, ούτε ο Graeber, που αναφέρθηκαν διεξοδικά σε όλους τους παραπάνω. Ορθώς οι Aschheim και Tavlas (2004· 1985) μίλησαν για «ακαδημαϊκό αποκλεισμό», όντας από τους ελαχίστους που αναφέρθηκαν έστω και στο όνομά του. Πράγματι, στην βιβλιογραφία οι ελάχιστες αναφορές στον del Mar είναι δύο εκτεταμένα σχόλια στο παραπάνω άρθρο των Aschheim και Tavlas από τον Robert Mundell (2004) και τον Lawrence Klein (2004), απλές αναφορές σε αυτό (Schiffman 2004· Hillman 2009· Goodhart 2005· Ravier 2010), καθώς και μια μελέτη σχετικά με τις απόψεις του για το ελεύθερο εμπόριο (Arnold 2012). Ο Stephen Zarlenga αναγνωρίζει εμπράκτως τον del Mar ως σπουδαίο ιστορικό εκδίδοντας την ιστορία του *The Lost Science of Money*, αποτείοντας φόρο τιμής στο *The Science of Money* που εξέδωσε ο del Mar το 1885.

Μια εικοσαετία πριν τον Knapp, ο del Mar υιοθετεί την κρατική προέλευση του χρήματος επικρίνοντας την υφαρπαγή αυτού του «υψηλού προνομίου του κράτους» από ιδιωτικά συμφέροντα, αναφερόμενος στον αγγλικό νόμο «ελεύθερης νομισματοκοπής» του Καρόλου Β΄, του 1666 (del Mar 1885, 309–314). Τον νόμο που έγινε γνωστός ως «free coinage act», τον ανέφερε στα κείμενά του εντός εισαγωγικών, με φανερή περιφρόνηση (del Mar 1885, 23):

> Under such ["free coinage"] laws the quantity of money in circulation can no longer be regulated by Government. This high prerogative of State has been surrendered to private parties, who can through its agency, and with the aid of a melting-pot, create or destroy, and lengthen or contract, the measure of value at pleasure, and without the slightest expense or inconvenience to themselves.

Μία ήταν η κεντρική λειτουργία του χρήματος, η μέτρηση αξιών (del Mar 1885, 49):

> More than twenty centuries ago the function of money was so correctly expressed by Aristotle that little seems needed to render his description of it complete. "The function of money" said the Stagyrite, "is to measure value." If we add "with precision," the definition appears to satisfy all requirements. When Aristotle wrote, no such addition was necessary. The volume of money in several of the Greek States was, or had been, limited by law; and in each one it formed a definite and precise measure of value.

Στην σκέψη του del Mar, την σκέψη ενός μηχανικού, η λειτουργία του χρήματος ως μέτρου αξιών απαιτούσε την ακριβή γνώση της ποσότητάς τους, μια γνώση που μόνον το κράτος μπορούσε να διασφαλίσει: «*numisma, nummus, money, is a measure, a measure whose limits can only be equitably adjusted by the State*» (del Mar 1901, 384). Μόνο το κράτος είχε ταυτόχρονα την ικανότητα και την δύναμη να εκδώσει χρήμα, και μάλιστα το οποίο να πληροί τέτοιες προδιαγραφές. Έκδοση χρήματος και κρατική κυριαρχία πήγαιναν χέρι-χέρι: «*In all its aspects money is the most certain indication of sovereignty, but in none of them so absolutely as in the practical and continued assertion of the principle that that is money which the State declares to be money*» (del Mar 1901, 253).

Κατά τον del Mar, τα μέταλλα δεν είχαν την δυνατότητα μέτρησης αξίας που είχε το κρατικό χρήμα (del Mar 1901, 7–8):

> Monometallism and bimetallism both imply that money consists of a metal or metals, and that this is what measures value. The implication is erroneous; the theory is physically impossible. Value is not a thing, nor an attribute of things; it is a relation, a numerical relation, which appears in exchange. Such a relation cannot be accurately measured without the use of numbers, limited by law, and embodied in a set of concrete symbols, suitable for transference from hand to hand. It is this set of symbols which, by metonym, is called money. In the Greek and Roman republics it was called (with a far more correct apprehension of its character) nomisma and nummus, because the law (nomos) was alone competent to create it.

Ο del Mar υιοθετούσε μια ποσοτική αντίληψη για το χρήμα, θεωρώντας και εκείνος ότι η αξία του εξαρτάται από την ποσότητά του: «*a doubling of the sum of money will result in a doubling of price*» (del Mar 1885, 80). Όμως δεν υιοθετούσε την στατική εικόνα της ποσοτικής θεωρίας που—επηρεασμένη από την κινητική θεωρία των αερίων[11]—περιέγραφε μια ιδανική κατάσταση άμεσα αποκαθιστώμενης «ισορροπίας».[12] Αλλά ούτε και τσουβάλιαζε τις τιμές όλων των αξιών, αγαθών και υπηρεσιών σε μια κοινή εξίσωση. Αφενός, υιοθετούσε μια δυναμική εικόνα που περιέγραφε την χρονική μεταβολή των τιμών από την στιγμή μιας μεταβολής της ποσότητας χρήματος· αφετέρου, διαπίστωνε ότι διάφορες κατηγορίες τιμών ανταποκρίνονται στην μεταβολή της ποσότητας χρήματος με διαφορετική χρονική υστέρηση η καθεμία (Εικόνα 1.2). Και αυτό δεν ήταν τόσο μια θεωρητική σύλληψη, αλλά μια εμπειρική παρατήρηση που έκανε το 1864· το φαινόμενο το ονόμασε «μετάπτωση» (precession)[13] των τιμών. Μάλιστα, μελετώντας τις τιμές διαφόρων αγαθών, αξιών και υπηρεσιών κατά τον αμερικανικό εμφύλιο, κατέληξε και σε συγκεκριμένη σειρά αντίδρασης των τιμών αυτών σε μεταβολές παροχής χρήματος: 1) πολύτιμα μέταλλα, 2) ομόλογα, 3) μετοχές, 4) βασικά και μη ευπαθή τρόφιμα, 5) ευπαθή τρόφιμα, 6) μηχανές, τυποποιημένα τρόφιμα, είδη ένδυσης, 7) γη και ακίνητα, 8) μισθοί εξειδικευμένων εργατών, 9) μισθοί ανειδίκευτων εργατών, 10) μισθοί ελευθέρων επαγγελματιών και επιστημόνων. Διαπίστωσε δηλαδή ότι τα πιο ρευστά αγαθά ανταποκρίνονται πιο γρήγορα στις μεταβολές της παροχής χρήματος.

Την κομψότητα της σκέψης του del Mar συναγωνίζεται μόνο η ακούραστη έρευνά του σε αρχαία κείμενα και νομισματικές συλλογές. Ατυχώς, η αναγνώριση της οποίας χαίρει η κληρονομιά του del Mar είναι—όπως και του Adam Smith —αντιστρόφως ανάλογη της ιστορικής έρευνας στην οποία θεμελιώνεται. Οι συνέπειες αυτής της κατάστασης βρίσκονται πολύ πέραν μιας κάποιας έννοιας δικαιοσύνης. Η κατάσταση δεν είναι αντίστοιχη π.χ. της διαμάχης Νεύτωνα-Λάιμπνιτς για την πατρότητα του απειροστικού λογι-

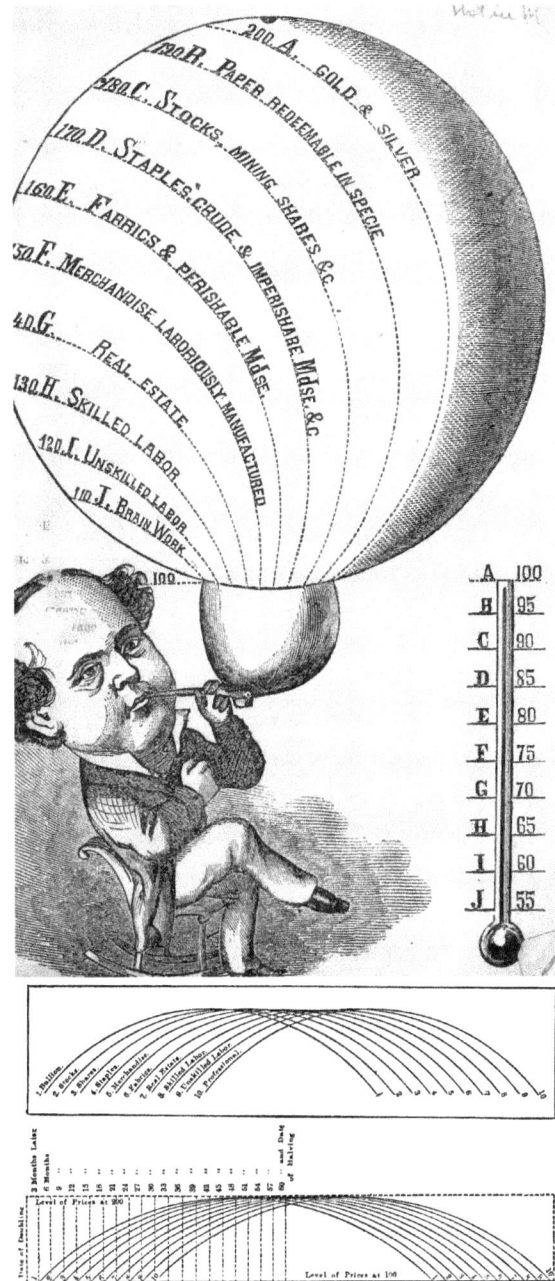

Εικόνα 1.2: Το δυναμικό μοντέλο μετάδοσης του πληθωρισμού του del Mar. Επάνω: σε καρικατούρα (del Mar 1864, 3). Κάτω: σε διάγραμμα (del Mar 1885, 83).

σμού, ή της αποσιώπησης της συμβολής της Rosalind Franklin στην διαλεύκανση της δομής του DNA. Αν και σε αυτές τις περιπτώσεις οι ερευνητές μπορεί να αδικήθηκαν προσωπικά, οι ανακαλύψεις τους απέκτησαν δική τους ζωή προς όφελος της επιστήμης και της ανθρωπότητας. Αντιθέτως όμως, η αποσιώπηση του έργου ερευνη-

---

[11] Μια μαθηματική έκφραση της ποσοτικής θεωρίας πρότεινε ο Simon Newcomb (1885, 328) με την «εξίσωση της κοινωνικής κυκλοφορίας», $VR = KP$. Τροποποιημένη την υιοθέτησε ο Irving Fisher (1911, 24–29), έχοντας προηγουμένως αναγνωρίσει την προέλευσή της (Fisher 1909). Την ανέσυρε από την λήθη ο Milton Friedman (1956, 3–24). Ο φορμαλισμός είναι εκείνος της κινητικής θεωρίας των αερίων που, με την σχέση $PV = RT$, συνδέει την πίεση P, τον όγκο V, και την απόλυτη θερμοκρασία T, ενός ιδανικού αερίου. Σημειωτέον, ο μεν Newcomb ήταν αστρονόμος, ο δε Fisher είχε ως διδακτορικό σύμβουλο τον φυσικό J. Willard Gibbs.

[12] Η έννοια της ισορροπίας είναι μια θερμοδυναμική έννοια που αντέγραψαν οι νεοκλασικοί οικονομολόγοι από την Φυσική (βλ. Mirowski 2000). Ως εκ τούτου την χρησιμοποιώ εντός εισαγωγικών.

[13] Αν και η ακριβής μετάφραση του όρου είναι «προπόρευση», χρησιμοποιώ τον όρο όπως έχει καθιερωθεί στην αστρονομία.

τών όπως ο del Mar στερεί από την ανθρωπότητα μια στέρεα και συνεπή κατανόηση του χρήματος, και άρα ένα ορθολογικό νομισματικό σύστημα.

Η θεωρητική βάση που εισηγείται ο del Mar είναι η πιο κομψή και αυτοσυνεπής που διαθέτουμε μέχρι στιγμής. Και αν, ενδεχομένως, περιέχει κάποια σφάλματα ή παραλείψεις, αυτό είναι διότι στερήθηκε της διαδικασίας αυτοδιόρθωσης της οποίας χαίρουν οι θεωρίες «επισήμων» ερευνητών. Ένας μεμονωμένος άνθρωπος είναι πολύ πιο επιρρεπής σε λάθη και παραλείψεις από ό,τι μια κοινότητα που εφαρμόζει μια μεθοδολογία με έναν ενσωματωμένο μηχανισμό αυτοδιόρθωσης. Τέτοια είναι η επιστημονική μεθοδολογία, και είναι ιδιαιτέρως απούσα από την νομισματική θεωρητική και ιστορική έρευνα.

1.6 Θέματα νομισματικής ιστορίας σχετικά με το παρόν βιβλίο

Όπως ΑΝΕΦΕΡΑ ΚΑΙ στην αρχή του παρόντος κεφαλαίου, δεν θα προβώ σε μια εξαντλητική ανάλυση των διαφόρων νομισματικών θεωριών, ούτε σε μια επισκόπηση της παγκόσμιας νομισματικής ιστορίας. Αυτά είναι ζητήματα που πραγματεύονται πολλές από τις αναφερόμενες πηγές πολύ πιο ικανοποιητικά από ό,τι θα μπορούσα να κάνω εγώ. Θεωρώ όμως ότι κάποια θεωρητικά ζητήματα που θα συναντήσουμε στην περιγραφή της νομισματικής ιστορίας του νεοελληνικού κράτους απαιτούν την τεκμηρίωση κάποιων βασικών παραδοχών. Καθώς αφορούν σε πολλές από τις υπό εξέταση περιόδους, κρίνω σκόπιμο να τα εξετάσω συνολικά εδώ.

Ο μύθος των μεταλλικών κανόνων

Ένας από τους κεντρικούς πυλώνες της νομισματικής θεωρίας και πρακτικής σχεδόν δύο αιώνων ήταν οι μεταλλικοί «κανόνες», τα συστήματα δηλαδή που βασίζονταν σε κάποιο πολύτιμο μέταλλο ως βάση του νομισματικού συστήματος. Σε ένα τέτοιο σύστημα, ένα είναι το απεριόριστο μέσον πληρωμών, το πολύτιμο μέταλλο· όλα τα υπόλοιπα είναι απλές αναπαραστάσεις αυτού και ορίζονται βάσει αυτού. Π.χ. σε έναν «κανόνα χρυσού», χρήμα είναι ο χρυσός, ο οποίος συμβολίζεται από αργυρά, χάλκινα, χάρτινα κλπ σύμβολα. Όλα αυτά αντλούν την αξία τους από την αντιστοιχία τους σε μια συγκεκριμένη ποσότητα χρυσού. Καθώς ο «κανόνας του χρυσού» αποτελεί σημείο αναφοράς κάθε τέτοιας συζήτησης, θα επικεντρωθούμε σε αυτόν. Έναν σχετικά συγκεκριμένο ορισμό του τι αποτελεί ο «κανόνας του χρυσού» έδωσε ο Theodor E. Gregory (Gregory 1934, 7–8):

> The only intelligible meaning to be assigned to the phrase 'the international gold standard' is the simultaneous presence, in a group of countries, of arrangements by which, in each of them, gold is convertible at a fixed rate into the local currency and the local currency into gold, and by which gold movements from any one of these areas to any of the others are freely permitted by all of them.

Σύμφωνα με το σχήμα αυτό, κάποιος ο «κανόνας του χρυσού» λειτουργεί σε δύο επίπεδα:

Στο *εθνικό επίπεδο*, μια εκδοτική τράπεζα βασιζόμενη στα αποθέματα χρυσού (ή αργύρου) που διαθέτει, μπορεί να εκδίδει τραπεζογραμμάτια τα οποία αντιπροσωπεύουν πολύτιμο μέταλλο και είναι ανταλλάξιμα με αυτό στην εσωτερική χρηματαγορά. Τα τραπεζογραμμάτια αυτά υποκαθιστούν το χρήμα στις λειτουργίες του με πιο βολικό τρόπο, καθώς τα νομίσματα μπορούσαν να είναι λιποβαρή ή νοθευμένα, ήταν βαριά για μεγάλα ποσά και δύσχρηστα για μικρά κ.ο.κ. Αλλά δεν είναι χρήμα *per se·* είναι τρόπον τινά αναπαραστάσεις του χρήματος. Στην Ελλάδα, η φράση *«πληρωτέαι επί τη εμφανίσει»* στα τραπεζογραμμάτια της ΕΤΕ και η αντίστοιχη φράση *«will pay to the bearer on demand»* στα δολάρια των ΗΠΑ (1918) σήμαιναν ακριβώς αυτό, ότι δηλαδή ένα ποσό σε χάρτινες δραχμές ή δολάρια ήταν άμεσα εξαργυρώσιμο σε πολύτιμο μέταλλο με την εμφάνισή του στην τράπεζα.

Στο *διεθνές επίπεδο* τα πολύτιμα μέταλλα θεωρούνται ως το μοναδικό διεθνές χρήμα και τα κράτη αναλαμβάνουν να επιτρέπουν την απρόσκοπτη μετακίνησή τους σύμφωνα με τις ανάγκες πληρωμών του διεθνούς εμπορίου ή άλλων διασυνοριακών χρηματοοικονομικών δραστηριοτήτων. Η εκροή μετάλλου δεν παρεμποδίζεται βάσει νόμων ή κανονισμών ακόμη και αν κάποιο κράτος υποφέρει από έντονο έλλειμμα στο ισοζύγιο πληρωμών του.

Αυτές οι δύο λειτουργίες σε εθνικό και διεθνές επίπεδο συνθέτουν τον «κανόνα του χρυσού». Ή τουλάχιστον έτσι έλεγε ο μύθος. Ακόμη και σε αυτό το θεωρητικό επίπεδο, υπήρξε έντονη διχογνωμία για το πώς θα έπρεπε να λειτουργεί ο «κανόνας του χρυσού» στην πράξη, και εφαρμόσθηκαν διάφορες παραλλαγές του ιδανικού συστήματος. Π.χ., ένας φόβος στο εθνικό επίπεδο ήταν ότι μια τράπεζα θα μπορούσε να προβεί σε υπερβολική έκδοση χάρτινου χρήματος το οποίο έτσι θα έχανε την αξία του. Αν και ο Adam Smith αδιαφορούσε για την ποσότητα του χρήματος θεωρώντας ότι επιπλέον ποσότητα θα κυλούσε στα «κανάλια της κυκλοφορίας», πολλοί από τους κληρονόμους του—π.χ. ο Menger και ο Marx (βλ. παραπάνω)—δεν ήταν και τόσο ήσυχοι. Για αυτούς, η ποσότητα τραπεζογραμματίων ποτέ δεν θα έπρεπε να ξεπερνά εκείνη των μεταλλικών αποθεμάτων. Άλλοι πάλι υποστήριζαν ότι η σπανιότητα των πολυτίμων μετάλλων έπρεπε να αντιμετωπισθεί με το σύστημα του κλασματικού αποθεματικού, κατά το οποίο μια τράπεζα θα μπορούσε να διακρατεί σε μεταλλικό μόνο κάποιο κλάσμα της αξίας των τραπεζογραμματίων που εξέδιδε.

Πίνακας 1.1: Περίοδοι μετατρεψιμότητας και αναγκαστικής κυκλοφορίας της δραχμής την εκατονταετία 1842–1941.

Καθεστώς	Διάρκεια
Αναγκαστικής κυκλοφορίας	
4/4/1848 - 16/12/1848	8 μήνες
30/12/1868 - 15/7/1870	1 χρόνος, 6 μήνες
20/6/1877 - 31/12/1884	7 χρόνια, 6 μήνες
20/9/1885—12/5/1928[1]	43 χρόνια, 8 μήνες
26/4/1932—Απρίλιος 1941	9 χρόνια
Σύνολο	**61 χρόνια, 4 μήνες, 3 εβδομάδες**
Επίσημης μετατρεψιμότητας	
1/1/1842—4/4/1848	6 χρόνια, 3 μήνες
16/12/1848—30/12/1868	20 χρόνια
15/7/1870—20/6/1877	6 χρόνια, 11 μήνες
31/12/1884—20/9/1885	9 μήνες
12/5/1928—26/4/1932[2]	3 χρόνια, 11 μήνες
Σύνολο	**38 χρόνια, 9 μήνες, 1 εβδομάδα**

[1]Υιοθέτηση κανόνα χρυσού-συναλλάγματος. [2]Κανόνας χρυσού-συναλλάγματος.

Όπως ανέφερα προηγουμένως, αυτό ήταν το ψευδοδίλημμα στο οποίο έσυρε γενιές στοχαστών ο Adam Smith. Σε όποιο όμως στρατόπεδο κι αν ανήκε κάποιος υπήρχε μια σιωπηρή παραδοχή, ότι δηλαδή ο «κανόνας» του χρυσού ήταν ένα σύστημα το οποίο, καλώς ή κακώς, είχε εφαρμοσθεί κατά περιόδους και μπορούσε να εφαρμοσθεί ξανά.

Τι προϋποθέτει όμως μια τέτοια ελπίδα—ή φόβος; Ότι υπήρξαν περίοδοι κατά τις οποίες ένα τέτοιο σύστημα ίσχυσε. Ότι υπήρξε, σε κάποιον τόπο, μια περίοδος κατά την οποία οι καταθέτες μπορούσαν ελεύθερα και χωρίς φασαρία να επισκεφθούν την τράπεζά τους, να μετατρέψουν τα τραπεζογραμμάτιά τους σε πολύτιμο μέταλλο και μετά να συνεχίσουν την καθημερινή τους ρουτίνα σαν να μη συνέβη τίποτα το ιδιαίτερο. Και όταν λέω «οι καταθέτες» εννοώ *όλοι* οι καταθέτες. Και την άλλη ημέρα, την άλλη εβδομάδα, ή τον άλλο μήνα, να επιστρέψουν το μεταλλικό τους απόθεμα στην τράπεζα, ομοίως ως υπόθεση ρουτίνας. Ότι υπήρξαν κράτη που άφησαν να εξαντληθεί όλο το χρυσό τους απόθεμα χωρίς την παραμικρή ανησυχία και αντίσταση, στοιχιζόμενα με πίστη και αφοσίωση στο παραπάνω σύστημα.

Στην εσωτερική λειτουργία κάποιου «κανόνα του χρυσού» που ισχύει με απόλυτη αυστηρότητα, μια εκδοτική τράπεζα θα έπρεπε να φροντίζει να διατηρεί μεταλλικό απόθεμα για κάθε τραπεζογραμμάτιο που εξέδιδε, ώστε να μπορεί να εξαργυρώσει όλα όσα θα έρχονταν στα ταμεία της. Πότε συνέβη κάτι τέτοιο; Πότε προέβη μια τράπεζα σε μια τέτοια μαζική εξαργύρωση και το θεώρησε μια συνηθισμένη ημέρα;

Εξετάζοντας την ιστορία θα διαπιστώσουμε ότι η επίσημη μετατρεψιμότητα των τραπεζογραμματίων ήταν μάλλον η εξαίρεση παρά ο κανόνας, καθώς οι αναστολές της ήταν ένα συχνό φαινόμενο. Η ιστορία αυτή ξεκινά από την τράπεζα που ο Adam Smith ακούραστα υμνεί, την Τράπεζα της Αγγλίας, που διέκοψε την εξαργύρωση των τραπεζογραμματίων της μεταξύ 1696–1698, *δύο μόλις χρόνια μετά την ίδρυσή της* (1694)! Εν συνεχεία, η αναστολή μετατρεψιμότητας του 1797, που επέβαλαν οι στρατιωτικές επιχειρήσεις εναντίον των Γάλλων Επαναστατών, κράτησε… 24 χρόνια, μέχρι το 1821. Από το περιστατικό αυτό μέχρι και το 1891 ο del Mar αναφέρει περί τα 80 περιστατικά αναστολής της μετατρεψιμότητας παγκοσμίως, πολλά εκ των οποίων αφορούσαν σε άνω της μιας τράπεζες (del Mar 1901, 402–411).

Μάλιστα, ο κατάλογος δεν είναι πλήρης· π.χ. για την Ελλάδα αναφέρει την αναγκαστική κυκλοφορία του 1885, αλλά όχι εκείνες του 1848, του 1868–1870 και του 1877–1884. Επιπλέον, τα περιστατικά αυτά δεν ήταν στιγμιαία· με πέντε τέτοια περιστατικά μεταξύ 1842 και 1941 η Ελλάδα πέρασε μόνον τα 38 χρόνια σε καθεστώς επίσημης μετατρεψιμότητας. Δηλαδή πάνω από το 60% ενός αιώνα το πέρασε σε καθεστώς αναγκαστικής κυκλοφορίας (βλ. Πίνακα 1.1). Κατά τον Πρόντζα (1995, 146), *«η άρση της αναγκαστικής κυκλοφορίας αποτέλεσε τραυματική «εξαίρεση» στην πορεία του ελληνικού τραπεζογραμματίου».*

Αλλά και όταν αυτή η μετατρεψιμότητα ίσχυε επισήμως, σπανίως ίσχυε στην πράξη. Για παράδειγμα, η Τράπεζα της Γαλλίας και η Reichsbank εξαργύρωναν τα τραπεζογραμμάτιά τους μόνον στα κεντρικά τους καταστήματα στο Παρίσι και στο Βερολίνο. Αντιστοίχως, όταν μετά τον ΑΠΠ, η Βρετανία επέστρεψε στον «κανόνα του χρυσού» το 1925, το πρώτο άρθρο του σχετικού νόμου ανέφερε ότι τα τραπεζογραμμάτια *δεν* ήταν εξαργυρώσιμα σε μεταλλικό από την Τράπεζα της Αγγλίας (Rist 1966, 46)!

Αναφορικά με τις συχνά υμνηθείσες σκωτσέζικες τράπεζες, ακόμη και μετά την επιστροφή της μετατρεψιμότητας το 1821 τα πράγματα δεν ήταν τόσο ρόδινα για όποιον ήθελε να εξαργυρώσει τα τραπεζογραμμάτιά του. Έγραφε στα 1826 ο κληρικός Henry Burgess (1826, 44–45):

> By the general combination of feeling amongst all classes, created, encouraged, and established by the bankers, in a manner that gave it the force of law, Bank of England notes, or coin, were scarcely ever demanded of the Scotch bankers [...] No prying member could, or would, ask for proofs of excess in their [banknote] circulation ; **and any southern fool [from south of the Scottish-English border] who had the temerity to ask for a hundred sovereigns, might, if his nerves supported him through the cross examination at the bank counter, think himself in luck to be hunted only to the border.**

Αντίστοιχη ήταν η κατάσταση και στις ΗΠΑ. Έγραφε ο Αμερικανός Γερουσιαστής Condy Raguet στον David Ricardo, στις 19/4/1821 τέσσερα χρόνια μετά την επανέναρξη της μετατρεψιμότητας το 1817 (Hollander 1932, 202):

> You state in your letter that you find it difficult to comprehend why persons who had a right to demand coin from the Banks in payment of their notes, so long forebore to exercise it. This no doubt appears paradoxical to one who resides in a country where an act of parliament was necessary to protect a bank, but the difficulty is easily solved. The whole of our population are either stockholders of banks or in debt to them. It is not in the **interest** of the first to press the banks and the rest are **afraid**. This is the whole secret. An independent man, who was neither a stockholder or debtor, who would have ventured to compel the banks to do justice, would have been persecuted as an enemy of society [...]

Και στην Ελλάδα όμως τα πράγματα δεν ήταν διαφορετικά καθώς η ΕΤΕ κατέφευγε σε διάφορα τεχνάσματα για να μην εξαργυρώνει τα τραπεζογραμμάτιά της. Σε επιστολή της 7/3/1842 ο Jean-Gabriel Eynard, ο Ελβετός τραπεζίτης πίσω από την ΕΤΕ, συμβούλευε τον Γεώργιο Σταύρο να εκτελεί τις προεξοφλήσεις με τραπεζογραμμάτια και όχι με μεταλλικό. Αν δε κάποιος επέμενε να εξαργυρώσει τα τραπεζογραμμάτια, αυτό θα έπρεπε να γίνει μερικές ώρες αργότερα ώστε να υφίσταται την μέγιστη δυνατή ταλαιπωρία (Δ. Λ. Ζωγράφος 1927, 2:96–97):[14]

> Ἡ ἐπιστολή σας τῆς 10 Φεβρ. μοῦ ἀναγγέλει, ὅτι ἡ Τράπεζα ἤρχισε τὰς ἐργασίας της καὶ ὅτι τὰ γραμμάτια τῆς Τραπέζης ἐγένοντο καλῶς δεκτά· διὰ νὰ συνηθίσετε εἰς τοῦτο τοὺς κατοίκους μὴ λησμονῆτε, ὅτι ὅλα τὰ προεξοφλούμενα εἴδη δέον νὰ πληρώνωνται εἰς τραπεζογραμμάτια καὶ αἱ συναλλαγαὶ ἔναντι νομισμάτων δέον νὰ γίνωνται ὥρας τινὰς βραδύτερον.
>
> Θὰ ἴδητε ὅτι ὀλίγον κατ' ὀλίγον οἱ ἔμποροι θὰ στενοχωροῦνται νὰ ἔρχωνται νὰ κάμουν τὰς συναλλαγὰς αὐτὰς καὶ ὅτι οἱ πλεῖστοι θὰ προτιμοῦν τὰ χαρτονομίσματα τῶν νομισμάτων, ὡς πλέον εὐκόλων εἰς ἀπόκρυψιν.

Το 1847, το πρακτορείο της ΕΤΕ στην Σύρο είχε αποφασίσει να παύσει τις πληρωμές σε μεταλλικό για να πιέσει τους τοπικούς εμπόρους να δέχονται το τραπεζογραμμάτιό της· όταν η απόπειρα απέτυχε το πρακτορείο έκλεισε και οι πληρωμές σε μεταλλικό σταμάτησαν (Κοκκινάκης 1999, 121–122). Ενδεικτική όμως είναι και η μαρτυρία του ο Βρετανού Πρόξενου στην Πάτρα το 1869 (Δερτιλής 2010a, 1:615):

> Επειδή το τραπεζογραμμάτιο της Εθνικής εξαργυρώνεται μόνο στην Αθήνα, στην πράξη δεν είναι μετατρέψιμο στις απομακρυσμένες από την πρωτεύουσα επαρχίες. Ένας έμπορος της Πάτρας θα χρειαζόταν να περιμένει τουλάχιστον επτά μέρες ώσπου να πάρει μεταλλικό από την τράπεζα, ενώ παράλληλα θα διέτρεχε κίνδυνο και θα πλήρωνε ναύλο και προμήθεια.

Η παραπάνω αγωνία μιας τράπεζας της εποχής να προωθήσει το τραπεζογραμμάτιό της και να διακρατήσει μεταλλικό χρήμα σχετίζεται με τις βασικές της εργασίες: δανειοδοτήσεις και προεξοφλήσεις. Στην πρώτη περί-

---

[14] Στο γαλλικό πρωτότυπο: «*Votre lettre du 10 Février, m'annonce que la Banque a commencé ses opérations et que les billets de Banque sont bien reçus ; pour y accoutumer les habitants n'oubliez pas que tous les objets escomptés doivent être payés en billets et que l'échange contre espèces doivent [sic] se faire quelques heures plus tard. Vous verrez que peu à peu les négociants s'ennuiront de venir faire ces échanges et que la plupart préféreront les billets aux espèces comme plus faciles à cacher [...]*» (IAETE 1923, 20).

πτώση η τράπεζα δανείζει ένα χρηματικό ποσό και αυτό της επιστρέφεται με τόκο, ο οποίος αποτελεί και το κέρδος της. Στην δεύτερη περίπτωση η τράπεζα εξοφλεί ένα χρεώγραφο (π.χ. μια συναλλαγματική) προτού λήξει, δηλαδή το προεξοφλεί, και πληρώνει στον κάτοχο του χρεωγράφου χαμηλότερη τιμή από την ονομαστική. Όταν ο οφειλέτης εξοφλήσει όλο το χρέος στην λήξη, η τράπεζα κερδίζει από την διαφορά.

Προφανώς, αν η τράπεζα είναι υποχρεωμένη να κάνει αυτές τις εργασίες με μεταλλικό ο κύκλος εργασιών της είναι περιορισμένος από το μεταλλικό της απόθεμα. Ένας τέτοιος τρόπος εργασίας δεν αφήνει πολλά κέρδη. Αντιθέτως, αν μπορεί να τις εκτελεί με τραπεζογραμμάτια, που μπορεί να εκδίδει με σχεδόν μηδενικό κόστος, ο κύκλος εργασιών της διευρύνεται σχεδόν απεριόριστα, ή τουλάχιστον μέχρι κάποιου περιορισμού που θέτει το κράτος με τις απαιτήσεις κλασματικού αποθεματικού.

Όταν λοιπόν μια τράπεζα είχε μεταλλικό απόθεμα ικανό να καλύψει τα τραπεζογραμμάτιά της, δεν επρόκειτο περί συνετής διαχείρισης, αλλά περί επιχειρηματικής αποτυχίας καθώς το «χαρτί» της δεν γινόταν δεκτό στην αγορά ώστε να της αποφέρει επιπλέον κέρδη από τόκους (βλ. π.χ. τα δύσκολα πρώτα χρόνια της ΕΤΕ και της Ionian Bank). Όπως προκύπτει από τους ισολογισμούς της ΕΤΕ, οι μοναδικές περιπτώσεις που στο τέλος έτους είχε πλήρως καλυμμένα τα τραπεζογραμμάτιά της ήταν το 1842, το 1854 και το 1855.

Και αυτή η τακτική δεν ήταν αποκλειστική των τραπεζών απέναντι στους ιδιώτες πελάτες τους. Δεν περιορίζόταν μόνον στο εθνικό επίπεδο του «κανόνα του χρυσού», αλλά και στο διεθνές. Ο σκοπός ίδρυσης της ΛΝΕ ήταν ο περιορισμός των αυξομειώσεων της ποσότητας χρυσών και αργυρών νομισμάτων στις αγορές από τυχαίες αυξομειώσεις της τιμής των μετάλλων. Αποσκοπούσε στο να θέσει περιορισμούς στις διεθνείς κινήσεις μετάλλων και μεταλλικών νομισμάτων. Την δεκαετία του 1850 στόχος ήταν ο περιορισμός της εξαφάνισης των αργυρών νομισμάτων, καθώς η ανακάλυψη νέων κοιτασμάτων χρυσού στην Καλιφόρνια, την Αυστραλία και την Ρωσία έκαναν τον άργυρο ακριβότερο σε σχέση με τον χρυσό. Αντιθέτως, με την μεταρρύθμιση του 1873 στόχος ήταν ο περιορισμός των αργυρών νομισμάτων εντός της ΛΝΕ, καθώς η μετάβαση της Γερμανίας σε «κανόνα του χρυσού» με αποχρηματισμό του αργύρου απειλούσε να πλημμυρίσει τις χώρες της ΛΝΕ με τον γερμανικό άργυρο.

Και αυτές οι παρεμβάσεις δεν είναι οι μοναδικές. Κατά τον ΑΠΠ ο διεθνής «κανόνας του χρυσού» κατέρρευσε όταν τα αντιμαχόμενα κράτη—συμπεριλαμβανομένων των ουδέτερων ΗΠΑ—απαγόρευσαν την εξαγωγή χρυσού. Το 1933 ο F. D. Roosevelt εθνικοποίησε όλο το χρυσό απόθεμα των ΗΠΑ και απαγόρευσε κάθε εξαγωγή χρυσού από την χώρα. Το σύστημα Μπρέτον Γουντς που συνέδεε τον χρυσό με το δολάριο σε συγκεκριμένη ισοτιμία (35 \$/oz) διατηρήθηκε όσο διατηρήθηκε—περίπου 27 χρόνια—διότι οι απαιτήσεις τρίτων κρατών για εξαργύρωση των δολαρίων τους ήταν περιορισμένες. Όταν αυτές οι απαιτήσεις ξεπέρασαν ένα συγκεκριμένο σημείο, οι ΗΠΑ προχώρησαν μονομερώς στην αναστολή της μετατρεψιμότητας διότι, όπως και οι ιδιωτικές τράπεζες του παρελθόντος, είχαν συμφέρον από την κυκλοφορία του τραπεζογραμματίου τους.

Από αυτή και μόνον την παράθεση προκύπτει ότι οι μεταλλικοί κανόνες ανήκουν στην σφαίρα του μύθου, μαζί με τους μονόκερους, τους Κενταύρους, τον *homo economicus* και τις γοργόνες· με πλάσματα φευγαλέα που πολλοί πίστεψαν ότι είδαν, αλλά που κανείς ποτέ δεν κατάφερε να αιχμαλωτίσει. Ο ιδανικός «κανόνας του χρυσού» μοιάζει με το μαρτύριο του Ταντάλου· το δροσερό νερό του πολυτίμου μετάλλου, που ο «κανόνας του χρυσού» υποσχόταν, στέρευε κάθε φορά που καταθέτες ή κράτη επιχειρούσαν να σβήσουν την δίψα τους απλώνοντας το χέρι τους σε αυτό. Είναι ζήτημα αν ο «κανόνας του χρυσού», όπως τον ορίζουν οι πιο ένθερμοι υποστηρικτές του από την Αυστριακή Σχολή, εφαρμόσθηκε έστω και για μια μέρα στην ιστορία. Τι νόημα μπορεί να έχει η συζήτηση για το αν πρέπει, ή αν μπορεί, να *ξαναεφαρμοσθεί*;

Η αξία του μεταλλικού χρήματος και η κρατική εξουσία

Επειδή μεγάλο μέρος της κατοπινής ανάλυσης θα βασισθεί στον καθορισμό της αξίας του χρήματος από την κρατική εξουσία, είναι απαραίτητο να δούμε πώς αυτή εξουσία επηρέασε όχι μόνον το χάρτινο χρήμα, αλλά ακόμη και το μεταλλικό. Κεντρική υπόθεση μιας κρατικής θεωρίας του χρήματος δεν είναι ότι τα κράτη *δεν* εκδίδουν μεταλλικό χρήμα, αλλά ότι η αξία αυτού του χρήματος, *όταν εκδίδεται*, δεν εξαρτάται από το υλικό κατασκευής του νομίσματος, αλλά από την κρατική σφραγίδα του νομισματοκοπείου. Άλλωστε η Κίνα, η οποία έκοβε μεταλλικό νόμισμα περίπου από το 1000 π.Χ., δεν έκοψε νομίσματα από πολύτιμο μέταλλο παρά μόλις το 1890, και πάλι μόνον από άργυρο (Davies 2002, 57–58).

Το *γιατί* ο χρυσός, και δευτερευόντως ο άργυρος, κέρδισε τόση σημασία ως υλικό κοπής νομισμάτων είναι ένα σαφώς δύσκολο ερώτημα. Προφανώς η ευκολία εξόρυξης και καθαρισμού του—ο χρυσός συναντάται σε σχεδόν καθαρή μορφή στην φύση—έπαιξαν σημαντικό ρόλο καθώς τον καθιστούσαν *διαθέσιμο*. Η λάμψη του τον έκανε *γοητευτικό* και η σταθερότητά του ως προς την οξείδωσή του έδινε έναν χαρακτήρα *αιωνιότητας*.

Όμως, ως προς το γιατί απέκτησαν *ανταλλακτική* αξία, ο Davies συμβαδίζει με τον Mitchel-Innes και συνδέει την χρήση τους ως χρήμα με την σήμανση κομματιών των μετάλλων από κρατική σφραγίδα. Στην Καππαδοκία μεταξύ 2250–2150 π.Χ. ή στην Μινωική Κρήτη, αργυρά κομμάτια μετάλλου, παρότι ετεροβαρή και χωρίς αυστηρά καθορισμένη μορφή και καθαρότητα, αποκτούσαν αξία από την σήμανσή τους και όχι από την ποσότητα αργύρου που περιείχαν. Το ίδιο ίσχυε και για τα ακανόνιστα και ετεροβαρή λυδικά κομμάτια ήλεκτρου του 7^{ου} π.Χ. αιώνα (Davies 2002, 61–63). Μάλιστα, όπως και αργότερα στην Ρώμη, μόνον ο Αυτοκράτορας της Περσίας είχε δικαίωμα να κόβει χρυσά νομίσματα, με τα μικρότερης αξίας αργυρά να μπορούν να κόβονται από τους τοπικούς σατράπες (Davies 2002, 67). Ο Peter L. Bernstein είναι πιο οριστικός: παρότι ο χρυσός ήταν πολύτιμος για πάνω από τρεις χιλιετίες και παρότι ολόκληρα βασίλεια της Μέσης Ανατολής αγωνίζονταν να τον εξορύξουν θυσιάζοντας χιλιάδες ανθρώπινων ζωών, αναρριχήθηκε στην κορυφή από τον βασιλιά Κροίσο. Ο Κροίσος επέβαλλε τον χρυσό ως διεθνές χρήμα όταν τον κατέστησε θεμέλιο του νέου νομισματικού συστήματος της Λυδικής αυτοκρατορίας (Bernstein 2004, 38–40, 45). Μετά την καταστροφή της αυτοκρατορίας του από τον Κύρο, η Περσική αυτοκρατορία θα ήταν η πρώτη που θα δεχόταν πληρωμή φόρων σε μεταλλικά νομίσματα και όχι σε είδος, ενισχύοντας τον ρόλο του χρυσού ως χρήματος (Bernstein 2004, 46). Με άλλα λόγια, κατά τον Bernstein ο χρυσός οφείλει την πρωτοκαθεδρία που κέρδισε στην βασιλική επιβολή και όχι στην «φυσική επιλογή» της «ελεύθερης αγοράς». Αυτή ήταν που τον μετέτρεψε από πολύτιμο στολίδι σε χρήμα.

Να είναι πράγματι η διοικητική οργάνωση που παγίωσε την αξία του χρυσού και του αργύρου στους μεσανατολικούς και ευρωπαϊκούς πολιτισμούς; Αυτό θα απαντούσε πολλά σχετικά ερωτήματα: γιατί στην αρχαία Αίγυπτο ο άργυρος ήταν πιο πολύτιμος από τον χρυσό; Γιατί οι Ίνκας δεν χρησιμοποίησαν τον χρυσό ή τον άργυρο ως χρήμα; Γιατί απέκτησαν αντίστοιχη αξία και αντικείμενα από ταπεινό χαρτί ή ανθρακικό ασβέστιο—τα κοχύλια Cypraea; Η αρχαιολογία έχει πολύ δρόμο για να διαφωτίσει τις φάσεις μετάβασης κατά τις οποίες αυτά τα μέταλλα απέκτησαν για πρώτη φορά τον πολύτιμο χαρακτήρα τους. Πάντως, όπως φαίνεται, η κρατική σφραγίδα μετατρέπει μια μάζα μετάλλου—έστω και πολύτιμη—σε χρήμα και της δίνει *επιπλέον* αξία.

Το πιο χαρακτηριστικό και παρεξηγημένο παράδειγμα κρατικού μεταλλικού χρήματος αποκομμένου από το μεταλλικό του περιεχόμενο είναι αυτό των σιδερένιων νομισμάτων που φέρεται να έκοψε ο Λυκούργος στην αρχαία Σπάρτη. Ο Ξενοφών στο *Λακεδαιμονίων Πολιτεία* (VII:5–6) μας πληροφορεί ότι ο Λυκούργος απαγόρευσε την χρήση πολυτίμων μετάλλων ως νομισμάτων, εισάγοντας νομίσματα τόσο βαριά και ογκώδη που δέκα μνες έπρεπε να μεταφέρονται με κάρο και έπιαναν πολύ χώρο στο σπίτι. Μισή χιλιετία αργότερα, ο Πλούταρχος στο *Βίοι παράλληλοι* (*Λυκούργος* IX:1–2) προσθέτει ότι όταν ακόμη το μέταλλο ήταν πυρωμένο, εμβαπτιζόταν σε ξύδι ώστε να γίνει σκληρό, εύθρυπτο και ακατέργαστο και να χάσει οποιαδήποτε εμπορική αξία.[15] Στα *Λακωνικά Αποφθέγματα* (226:c-d), προσθέτει ότι το νόμισμα ήταν σιδερένιο, *«ὅ ἐστι μνᾶ ὁλκῇ Αἰγιναία, δυνάμει δὲ χαλκοῖ τέσσαρες»*. Δηλαδή ζύγιζε μια αιγινήτικη μνα (630 g) και ισοδυναμούσε με ένα τετράχαλκο (μισός οβολός).[16] Ο Ησύχιος ο Αλεξανδρεύς μας παραθέτει για αυτό το νόμισμα την ονομασία *πέλανορ*.[17]

---

[15] Αν και το ξύδι δεν θα μπορούσε να έχει παρά επιφανειακή επίδραση όπως πολύ σωστά υποδεικνύει ο Humfrey Michell (1952, 301), η εμβάπτιση σε νερό ή λάδι (βαφή) προκαλεί τον λεγόμενο *μαρτενσιτικό μετασχηματισμό* που μετατρέπει τον ωστενίτη (γ-σίδηρο) σε μαρτενσίτη, μια εξαιρετικά σκληρή, εύθρυπτη και μη κατεργάσιμη μορφή σιδήρου. Απαιτείται επαναθέρμανση στους 250–650 °C και βραδεία απόψυξη (ανόπτηση) για να μετατραπεί ο μαρτενσίτης σε κατεργάσιμο όλκιμο χάλυβα. Άρα, για τους Σπαρτιάτες της εποχής του Λυκούργου ο σίδηρος των νομισμάτων ήταν τελείως άχρηστος για κάθε άλλη εργασία.

[16] Στον *Λύσανδρο* (XVII:1–3) ο Πλούταρχος αποδίδει αυτή την απόφαση στον Σκιραφίδα ή τον Φλογίδα προσθέτοντας ότι τα νομίσματα αυτά ήταν σιδερένια.

[17] Ησύχιος, *Γλώσσαι*: *«πέλανορ· τό τετράχαλκον. Λάκωνες»*. Ενδεχομένως η ονομασία να συνδέεται από την ομοιότητά τους σε σχήμα και μέγεθος με τους πελάνους, δηλαδή αναθηματικούς άρτους: *«πέλανοι· πέμματα εἰς θυσίας ἐπιτήδεια»* (βλ. Αισχύλου, *Πέρσαι*). Ομοίως ανέφερε αυτούς τους άρτους προγενεστέρως και ο Ιούλιος Πολυδεύκης (*Ονομαστικόν* Ι-28 και VI-76).

Προφανώς η παραπάνω διήγηση που αλλάζει από σύγγραμμα σε σύγγραμμα ενέχει πολλά προβλήματα, ιδίως για ένα πρόσωπο του οποίου η ιστορική ύπαρξη δεν είναι βέβαια. Αν δεχθούμε ότι ο «Λυκούργος» έζησε τον 7ο αιώνα π.Χ., οι παραπάνω πληροφορίες προέρχονται από δύο συγγραφείς που έζησαν τριακόσια και οκτακόσια χρόνια μετά. Αν μια τέτοια νομισματική μεταρρύθμιση όντως έλαβε χώρα είναι δύσκολο να επιβεβαιώσουμε πόσο ζύγιζαν τα νομίσματα αυτά και πόση αξία είχαν, δεδομένου ότι κανένα δεν έχει βρεθεί. Πάντως είναι λογικότερο να δεχθούμε ότι ένας νομοθέτης ο οποίος πράγματι είχε μανία να καταργήσει το χρήμα, απλώς θα το καταργούσε χωρίς να καταφεύγει σε τέτοια περίπλοκα τεχνάσματα με σημαντικό κόστος σε πρώτες ύλες, ενέργεια και εργασία. Ο Ανδρέας Ανδρεάδης αν και δεν απορρίπτει το ότι μια τέτοια μεταρρύθμιση όντως επιχειρήθηκε, συμπεραίνει ότι αυτή έγινε όχι για λόγους ηθικούς, αλλά προς υλοποίηση το Φειδωνικού συστήματος των οβελών που τότε ήταν αρκετά δημοφιλές. Και είναι βέβαιος ότι τελικά δεν είχε ηθικό αντίκτυπο καθώς, μελετώντας σειρά αρχαίων πηγών, καταλογίζει στους Σπαρτιάτες ένα άλλο γνώρισμα πέραν της στρατιωτικής τους δεινότητας· την διαβόητη φιλοχρηματία τους (Ανδρεάδης 1915, 21–25).

Αν όμως απεμπλακούμε από τον χονδροειδή μεταλλισμό—που φαίνεται να ταλαιπωρούσε τόσο τον πρώην μισθοφόρο Ξενοφώντα όσο και τον Πλούταρχο—προκύπτει ότι ο «Λυκούργος» εισήγαγε κρατικό χρήμα, την αξία του οποίου έδινε όχι το υλικό, αλλά η κρατική διακήρυξη ότι αυτό είναι χρήμα. Το να ισχυριζόμαστε ότι ο σίδηρος ήταν πολύ ευτελούς αξίας και ότι για μια συναλλαγή θα χρειαζόταν—κυριολεκτικά—*ένα κάρο νομίσματα*, είναι σαν να ισχυριζόμαστε ότι τα σημερινά χαρτονομίσματα είναι ευτελή επειδή τυπώνονται σε χαρτί. Το υλικό κατασκευής δεν έχει απολύτως καμία σχέση με την αξία του νομίσματος, η οποία θεμελιώνεται από τον νόμο. Αντιστοίχως, το να λέμε ότι μια πόλη-κράτος «υποτιμούσε» το νόμισμά της επειδή μείωσε την ποσότητα πολύτιμου μετάλλου σε αυτό, είναι σαν να λέμε ότι η αξία ενός χαρτονομίσματος σχετίζεται με το αν είναι μικρών ή μεγάλων διαστάσεων.

Μπορούμε όμως και να υποθέσουμε ότι τα γεγονότα ήταν ακριβώς αυτά· ότι δηλαδή ο Ξενοφών κατάφερε να παραθέσει με πιστότητα την νομισματική μεταρρύθμιση του Λυκούργου. Τι θα σήμαινε αυτό; Ότι ο Λυκούργος κατάργησε στην πράξη το χρήμα; Και πάλι όχι, όπως προκύπτει από την εξέταση ενός άλλου νομισματικού συστήματος που ανακαλύφθηκε σε απόσταση χιλιάδων χιλιομέτρων και χιλιάδων ετών από την αρχαία Σπάρτη. Όπως ανακάλυψε το 1903 ο Αμερικανός περιηγητής William Henry Furness III, οι κάτοικοι της νήσου Γιαπ στην Μικρονησία του Ειρηνικού χρησιμοποιούσαν ως νόμισμα τεράστιες στρογγυλές πέτρες, τα *φέι*, που πράγματι χρειάζονταν τέσσερις άνδρες για να τα μετακινήσουν. Αυτό που ανακάλυψε ο έκπληκτος περιηγητής ήταν ότι σπανίως γινόντουσαν γεωγραφικές μεταφορές των φέι μετά από την οποιαδήποτε αγοραπωλησία· αντιθέτως, οι νέοι κάτοχοι αρκούντο στην απλή αναγνώριση της ιδιοκτησίας των φέι. Μάλιστα, έμαθε ότι το φέι της πιο πλούσιας οικογένειας του νησιού δεν το είχε δει κανείς για δύο ή τρεις γενιές, καθώς βρισκόταν στον βυθό της θάλασσας μετά από ένα ναυάγιο. Με άλλα λόγια, οι κάτοικοι της νήσου Γιαπ είχαν αναπτύξει ένα λογιστικό νομισματικό σύστημα που δεν απαιτούσε την φυσική μεταφορά ενός «νομίσματος» για την εκτέλεση μιας πληρωμής, όπως οι σημερινοί τραπεζικοί λογαριασμοί. Μπορεί η αξία των φέι να εξαρτάτο από το μέγεθος και την ποιότητα του υλικού—δεν μπορούσαν να φτιάχνονται από την οποιαδήποτε πέτρα—αλλά το χρήμα είχε αποκτήσει στο μυαλό των κατοίκων και μια αφηρημένη υπόσταση (Furness 1910, 92–106).

Μήπως λοιπόν ο Λυκούργος δημιούργησε ένα καθαρά λογιστικό νομισματικό σύστημα; Δεν το γνωρίζουμε. Μπορούμε όμως να πούμε ότι αν μετά από κάποιες χιλιετίες η ανθρωπότητα περιέλθει ξανά στον μεταλλισμό, οι μελλοντικοί ιστορικοί θα έπρεπε να λένε για την εποχή μας ότι κάποιος νομοθέτης μισούσε τόσο πολύ το χρήμα που δημιούργησε χάρτινο χρήμα, απαγορεύοντας τα χρυσά και τα αργυρά νομίσματα. Μοναδικό πρόβλημα που θα είχε το νόμισμα του Λυκούργου, όπως και κάθε χάρτινο νόμισμα σήμερα, είναι ότι εκτός Σπάρτης θα είχε την ίδια αξία με τον σίδηρο που περιείχε, θα ήταν δηλαδή ξένο συνάλλαγμα και όχι νόμιμο χρήμα.

Ας εξετάσουμε όμως ένα άλλο νομισματικό σύστημα, εκείνο της Ρώμης, για το οποίο γνωρίζουμε αρκετά περισσότερα. Η νομισματική μεταρρύθμιση του Ιουλίου Καίσαρα το 46 π.Χ. δεν ήταν η πρώτη της ρωμαϊκής ιστορίας, υπό μία έννοια όμως ήταν η τελευταία. Αρκετά νέος ο Ιούλιος Καίσαρ είχε καταλάβει το θρησκευτικό αξίωμα του Pontifex Maximus (63 π.Χ.), ενώ την χρονιά της νομισματική μεταρρύθμισης είχε εκλεγεί Δικτάτωρ για 10 χρόνια. Στο απόγειο της ισχύος του συγκέντρωνε στο πρόσωπό του την ύψιστη πολιτική και θρησκευτική εξουσία. Έτσι, ήταν ο πρώτος Ρωμαίος εν ζωή που απεικόνισε τον εαυτό του σε νομίσματα. Κατά το νομισματικό σύστημα που εισήγαγε, το αργυρό δηνάριο περιείχε 60 κόκκους καθαρού αργύρου και εικοσιπέντε τέτοια δηνάρια άξιζαν όσο ένα χρυσό aureus, που περιείχε 125 κόκκους καθαρού χρυσού. Από την ισοτιμία αυτή προκύπτει ότι 1500 κόκκοι καθαρού αργύρου (= 25 × 60) άξιζαν όσο 125 κόκκοι καθαρού χρυσού. Δηλαδή, η κατά βάρος αναλογία χρυσού-αργύρου ήταν 1500:125 ή 12:1 (del Mar 1901, 34). Αυτή ήταν μια κρατική ρύθμιση της αναλογίας, της οποίας είχαν προηγηθεί και άλλες.[18]

Κατά τον del Mar η ισχύς της αναλογίας—12:1 εν προκειμένω—είναι θρησκευτικής προέλευσης, πορευόμενη από το αξίωμα του Pontifex Maximus που περιενδύετο ο κάθε κατοπινός Ρωμαίος Αυτοκράτορας. Σημασία όμως έχει ότι η αναλογία αυτή είχε μια εκπληκτική σταθερότητα, καθώς διατηρήθηκε κατά την μεταρρύθμιση του Καρακάλλα[19] (215 μ.Χ.). Μάλιστα, αυτό το σύστημα[20], και όχι του Καρλομάγνου, θεωρεί ο del Mar την ρίζα του δωδεκαδικού συστήματος που διαδόθηκε από την Αγγλία[21] μέχρι την Τουρκία[22] και που διατηρήθηκε στα δύο νομισματικά συστήματα του Κωνσταντίνου (πριν το 310 μ.Χ. και μετά το 325 μ.Χ.).[23]

Η «ιερή» αυτή αναλογία συνέχισε να ισχύει και αφού η πρωτεύουσα της Αυτοκρατορίας μεταφέρθηκε στην Κωνσταντινούπολη, με μια σταθερότητα που ζαλίζει όσους επιμένουν στην αποτίμηση του χρήματος βάσει του υλικού του. Είναι προφανές ότι στην πάροδο δεκατριών αιώνων θα υπήρξαν αυξομοιώσεις στην παροχή αργύρου και χρυσού, οι οποίες θα μετέβαλλαν την εμπορική αξία των μεταλλευμάτων. Όμως αυτές οι μεταβολές, αν υπήρχε «ελεύθερη αγορά» μεταλλευμάτων, θα αφορούσαν στην εμπορική αξία του μεταλλεύματος και όχι στην αξία του νομίσματος. Άλλωστε δεν εξηγείται αλλιώς το ότι την ίδια περίοδο ίσχυε άλλη αναλογία στην Ινδία (περίπου 6:1), άλλη στον Αραβικό κόσμο (6,5:1) και άλλη στους Γότθους (8:1). Μάλιστα, στην Ισπανία επικρατούσαν τρεις διαφορετικές ισοτιμίες στις ρωμαϊκές, γοτθικές και αραβικές κτήσεις. Κάτι τέτοιο ερμηνεύεται από την επιβολή διαφορετικών νόμων σε αυτές τις επικράτειες (del Mar 1901, 63, 398).

Το σύστημα αυτό κατέρρευσε μετά το 1204 και την πρώτη άλωση της Κωνσταντινούπολης από τους Δυτικούς. Στην Ευρώπη, το πρώτο λόγο για την ρύθμιση του λόγου αυτού απέκτησε το κράτος με την μεγαλύτερη παραγωγή του εκάστοτε μετάλλου. Μέχρι το 1666 και την έναρξη των ιδιωτικών κοπών οι μονάρχες αυξομοίωναν ραγδαία την ισοτιμία ανάλογα με τα συμφέροντά τους. Π.χ. στην Γαλλία η ισοτιμία ήταν 20:1 το 1313 και 1:1 το 1359. Μετά το 1666 την ισοτιμία όριζαν τα νομισματοκοπεία (del Mar 1901, 64):

> During this interval [1666–1867] the ratio of value between gold and silver was the mint price, or the result of a competition between the mints of the principal States. For example, the value of gold in silver, during this interval, never rose above the highest price paid for it at any important mint, and never fell below the price paid for it at any other important mint. In other words, nobody gave more nor less in one metal for the other than the mints gave, and the mints gave whatever the law directed. The so called "market value" of this period was simply what may be termed an international mint ratio.

Υπό αυτό το καθεστώς, νέες ανακαλύψεις ενός μετάλλου δεν έριχναν την τιμή του, αλλά αντιθέτως την ανέβαζαν, καθώς αυτό σήμαινε και μεγαλύτερο κέρδος για το κράτος που είχε πρόσβαση στις νέες ποσότητες. Δηλαδή, η ρύθμιση δεν γινόταν βάσει του κόστους εξόρυξης και «κανόνων της αγοράς»—με το σπανιότερο να είναι ακριβότερο—αλλά αντιστρόφως, βάσει του οικονομικού συμφέροντος και νομοθετικά: το αφθονότερο ορίζεται ως πιο ακριβό στις τιμές των κρατικών νομισματοκοπείων. Έτσι, π.χ. το 1546 η Ισπανία ανατίμησε τον χρυσό από το 10,755:1 στο 13,33:1, θεωρώντας ότι ο θησαυρός της Αμερικής θα ήταν κυρίως χρυσός, και ξανά το 1641 στο 14:1. Όταν η Πορτογαλία είχε αποκτήσει τεράστιες ποσότητες χρυσού, ήταν η σειρά της να ανατιμήσει τον χρυσό το 1668, από το ισπανικό 14:1 στο 16:1. Όταν τα κοιτάσματα της Βραζιλίας άρχισαν να εξαντλούνται, η λεηλασία των ορυχείων αργύρου του Ποτοζί έδωσε και πάλι στην Ισπανία κυρίαρχη θέση, επι-

---

[18] Το 316 π.Χ. η αναλογία ήταν 9:1, από το 268 π.Χ. έγινε 10:1 και το 78 π.Χ. επέστρεψε στο 10:1 (del Mar 1901, 28–33).

[19] 24 αργυρά δηνάρια (24 × 45,83 = 1099,92 κόκκοι αργύρου) = 1 aureus (91,67 κόκκοι χρυσού), 1099,92:91,67 = 12:1 (del Mar 1901, 49).

[20] 4 σηστέρσια = 1 δηνάριο, 24 δηνάρια = 1 aureus, 5 aurei = 1 libra (480 σηστέρσια = 1 λίβρα).

[21] 4 farthings = 1 πένα, 12 πένες = 1 σελίνι, 20 σελίνια = 1 λίρα (960 farthings = 1 λίρα).

[22] 1 παράς = 3 άσπρα, 40 άσπρα (akçe) = 1 altun (120 παράδες = 1 altun).

[23] Πριν το 310 μ.Χ.: 24 αργυρά δηνάρια (24 × 36 = 864 κόκκοι αργύρου) = 1 aureus (72 κόκκοι χρυσού), 864:72 = 12:1. Μετά το 325 μ.Χ.: 12 αργυρά μηλιαρέσια (12 × 70 = 960 κόκκοι αργύρου) = 1 σόλιδος (70 κόκκοι χρυσού), 960:70 = 12:1 (del Mar 1901, 53).

τρέποντάς της να ανατιμήσει τον άργυρο το 1775 από το 16:1 στο 15,5:1. Η Γαλλία προσκολλήθηκε και εκείνη στην αναλογία των 15,5:1 το 1785—παρότι εν τω μεταξύ (1779) η Ισπανία είχε επιστρέψει στο 16:1 (del Mar 1902, 235)—και πάνω σε αυτήν έστησε το νομισματικό σύστημα του 1795 που υλοποιήθηκε το 1803 και οδήγησε σε εκείνο της ΛΝΕ (del Mar 1886, 215–216). Οι αλλαγές αυτής της αναλογίας από χώρα σε χώρα και από χρόνο σε χρόνο προκαλούν ζάλη και ο del Mar τις έχει καταγράψει αρκετά διεξοδικά (del Mar 1901, 393–401). Θα ήταν ευχής έργο αν η σύγχρονη έρευνα ενημέρωνε το έργο αυτό του del Mar με πηγές που έγιναν διαθέσιμες μετά το 1901.

Κατά τον del Mar, μόνο μετά το 1867 αναπτύχθηκε μια αγορά χρυσού και αργύρου όχι άμεσα σχετιζόμενη με τις κρατικές τιμές νομισματοκοπείου (del Mar 1901, 63–64). Πράγματι, ενώ μεταξύ π.χ. 1800–1872 ο λόγος των δύο μετάλλων στις αγορές του Λονδίνου και του Παρισίου ήταν εντυπωσιακά σταθερός (μεταξύ 15,2 έως 16 προς 1), από το 1872–73 και μετά οι εμπορικές τιμές των δύο μετάλλων παρουσιάζουν έντονες αποκλίσεις από την «νόμιμη» αναλογία του 15,5:1 (Einaudi 2001, 24–25). Το 1872 η Γερμανική Αυτοκρατορία υιοθέτησε έναν «κανόνα χρυσού» και οι σκανδιναβικές χώρες ακολούθησαν. Το 1873, για να μην κατακλυσθεί από τον αποχρηματισμένο άργυρο της Γερμανίας, η Γαλλία ανέστειλε τις κοπές αργυρών νομισμάτων. Κατόπιν, με διαδοχικές αποφάσεις η ΛΝΕ τελικά αποχρημάτισε και εκείνη τον άργυρο, κρατώντας τον μόνο σε περιορισμένη χρήση. Ο αποχρηματισμός του αργύρου προκάλεσε τέτοια κατάρρευση της τιμής του ως προς τον χρυσό, που ποτέ δεν προκάλεσαν οι αυξομειώσεις της παραγωγής και της αναλογίας προσφοράς-ζήτησης.

Κλείνοντας αυτήν την ενδεικτική αναφορά αξίζει να γίνει και ένα τελικό σχόλιο. Καθ' όλη την περίοδο μέχρι το 1204 εντύπωση προκαλεί η σπανιότητα χρυσών νομισμάτων από τα ευρωπαϊκά βασίλεια. Κατά τον del Mar αυτό αντανακλούσε τον σεβασμό των Χριστιανών βασιλέων στο ιερό προνόμιο το οποίο μονοπωλούσε ο—Χριστιανός—Βυζαντινός Αυτοκράτορας, και το οποίο είχε κληρονομήσει από τον—παγανιστή—Ιούλιο Καίσαρα (del Mar 1901, 66–93 και αναφορές στον Κικέρωνα, τον Πλίνιο, τον Προκόπιο και τον Ζωναρά). Μάλιστα θεωρεί ότι αυτό το προνόμιο σχετίζεται με τον ιερό χαρακτήρα που προσέδιδαν στον χρυσό πολλοί παλαιότεροι πολιτισμοί, επιφυλάσσοντας το προνόμιο της κοπής νομισμάτων στα εκάστοτε ιερατεία. Αυτή η άποψη δίνει μια διαφορετική οπτική της κρατικής θεωρίας του χρήματος, συμπεριλαμβάνοντας στην κρατική εξουσία, μαζί με τον κοσμικό άρχοντα και το ιερατείο.

Έτσι ερμηνεύει ο del Mar το ότι ακόμη και μετά την άλωση της Πόλης το 1204, οι Δυτικοί ηγεμόνες παρέμειναν εξαιρετικά διστακτικοί στο να παραβούν το αποκλειστικό προνόμιο κοπής χρυσών νομισμάτων. Τα πρώτα μη Βυζαντινά χρυσά νομίσματα ευρείας κυκλοφορίας φαίνεται να κόπηκαν δύο δεκαετίες μετά την Άλωση, το 1225, ενώ στο διάστημα 1225–1496 ο del Mar αναφέρει μόνον 22 κοπές χρυσών νομισμάτων ανά την Ευρώπη.[24] Στις σπάνιες περιπτώσεις που κάποιος ηγεμόνας παρενέβαινε το μονοπώλιο της κοπής χρυσών νομισμάτων, όπως π.χ. οι Μεροβίγγειοι βασιλείς, αυτό είτε γινόταν με την άδεια του Αυτοκράτορα (τα χρυσά νομίσματα του Clovis, Clodomir, Childebert Α′, Clothaire Α′ έφεραν το ομοίωμα του Βυζαντινού Αυτοκράτορα Αναστασίου Α′), είτε αποτελούσε έμπρακτη δήλωση ανυπακοής και ανεξαρτησίας.[25]

1.7 Η πολιτική σημασία της φύσης του χρήματος

Κλείνοντας αυτήν την αναφορά πρέπει να εξηγήσω και την βαθύτερη σημασία πίσω από την επιλογή θεωρητικού πλαισίου γύρω από την μελέτη της νομισματικής ιστορίας. Το κίνητρο δεν είναι μόνον η συνεχής αναζήτηση ενός καλύτερου και ισχυρότερου αναλυτικού εργαλείου, δεν είναι δηλαδή ένα ζήτημα καθαρά ακαδημαϊκό. Οι συνέπειες του ερμηνευτικού πλαισίου που επιλέγει ο μελετητής επεκτείνονται και στις προτάσεις που θα διατυπώσει για πρακτική επίλυση συγκεκριμένων προβλημάτων. Στο τέλος δηλαδή, η θεωρητική διαμάχη μετατρέπεται αναπόδραστα σε πολιτική (del Mar 1901, 37):

---

[24] Το δουκάτο του Αλφόνσου Θ′ της Λεόν, τα aurei του Φρεδερίκου Β′ του Αμάλφι (Νάπολη) και τα δουκάτα του Σάντσο Α′ της Πορτογαλίας (del Mar 1901, 76–77).

[25] Τέτοιες περιπτώσεις ήταν του Μεροβίγγειου Theudebert Α′ το 540 μ.Χ. (επί Ιουστινιανού Α′), του Βησιγότθου Leovigild και του γιου του Hermenegild περί το 580 μ.Χ. (επί Τιβερίου Β′). Στην περίπτωση του Άραβα Χαλίφη Αμπντ Αλ-Μαλίκ το 692 μ.Χ. ο Ιουστινιανός Β′ κήρυξε πόλεμο διότι ο χαλίφης πλήρωσε τον φόρο υποτέλειας σε χρυσό νόμισμα με την δική του αναπαράσταση, με το σπαθί τραβηγμένο και με επίκληση στον Αλλάχ στα αραβικά.

Gold standard, silver standard, double standard, halting standard, etc., these are terms derived from the legislation of the sixteenth and seventeenth centuries, when, for the first time in the history of the European world, private individuals were permitted to coin money, or, what is the same thing, they were accorded the right to require the government to turn their bullion into money, free of taxation, loss, or expense. This idiotic legislation, euphemistically called "free coinage," deprived government of that control over money which had ever been regarded as an essential attribute of sovereignty and as necessary for the maintenance of opportunities to facilitate a just distribution of wealth. In effect it destroyed money, or nomisma, which is an institution or a measure of value prescribed and regulated by law, and it substituted for money an unknown and illimitable quantity of metal—a substance that, as such, is not amenable to legal control.

Για τον del Mar, η συσκότιση γύρω από καθαρά θεωρητικά και ιστορικά θέματα έχει ως τελική συνέπεια και απώτερο σκοπό την αφαίρεση της νομισματικής πολιτικής από την σφαίρα των ζητημάτων στα οποία το κράτος επιτρέπεται να έχει λόγο. Αν το χρήμα γίνει εμπόρευμα, τότε υπεύθυνοι να το διαχειρίζονται είναι οι έμποροι και η «ελεύθερη αγορά». Ο κοινωνικός έλεγχος της νομισματικής πολιτικής παύει.

Μερικούς αιώνες μετά το «free coinage act» του 1666, το οποίο κατακεραυνώνει ο del Mar, ο Alan Greenspan θα έδινε μια διασκεδαστική και ανερυθρίαστη εκδοχή της δυσανεξίας των τραπεζιτών στον κοινωνικό έλεγχο. Όπως είπε, όταν ερωτάτο για τα επιτόκια της Fed κατά τις ακροάσεις των επιτροπών του Κογκρέσου, θα υιοθετούσε την «Fedspeak» και «*Θα ξεκινούσα[ε] μια καταστροφή του συντακτικού που θα έμοιαζε σαν απάντηση στην ερώτηση, αλλά δεν θα ήταν*» ('Greenspan On Past & Future' 2007 3:50-4:50). Το Κράτος και η κοινωνία δεν έπρεπε να γνωρίζουν. Τελεία και παύλα.

Η συζήτηση αυτή δεν αφορά τόσο στο κατά πόσον το χρήμα θα φύγει από τα χέρια του κράτους και θα περιέλθει στον έλεγχο των αγορών. Αν θέλουμε να είμαστε εννοιολογικά αυστηροί, κάτι τέτοιο αποκλείεται καθώς οι ίδιες οι αγορές είναι, σε μικρότερο ή μεγαλύτερο βαθμό, δημιούργημα του κράτους. Ο Karl Polanyi υπέδειξε ότι η δημιουργία ευρωπαϊκών εσωτερικών αγορών κατά τον 15° και 16° αιώνα, δηλαδή πέρα από το επίπεδο του τοπικού παζαριού, ήταν προϊόν κρατικής επιβολής με σκοπό την επικράτηση των κεντρικών κρατών στις επιμέρους ανεξάρτητες πόλεις (Polanyi 1944). Κατά τον Graeber, η δημιουργία αγορών ήταν ο πιο βολικός τρόπος επιμελητείας των στρατευμάτων σε απομακρυσμένες περιοχές, καθώς ούτε απαιτούσε δαπανηρές γραμμές ανεφοδιασμού, ούτε καθιστούσε απαραίτητη την αντιπαραγωγική πρακτική της λαφυραγωγίας. Οι στρατιώτες με μερικά χρυσά ή αργυρά νομίσματα στα χέρια τους μπορούσαν να προμηθεύονται τα απαραίτητα, χωρίς οργανωτικούς πονοκεφάλους ή αναποτελεσματικό πλιάτσικο (Graeber 2011, 49–50). Οι φλέβες και οι αρτηρίες μέσα από τις οποίες ρέει το αίμα του *laissez faire* της θεωρούμενης πιο φιλελεύθερης οικονομίας, χτίστηκαν από το κράτος. Το αμερικανικό διαπολιτειακό σύστημα αυτοκινητοδρόμων, μέσα από το οποίο χιλιάδες εταιρείες διακινούν τα προϊόντα τους, δημιουργήθηκε με κρατικά κονδύλια από έναν πρώην στρατιωτικό, τον Dwight Eisenhower, με δεδηλωμένη πρόθεση την συμβολή στην εθνική άμυνα (*National Interstate and **Defense** Highways Act*). Αντιστοίχως σήμερα, η αγορά του διαδικτύου (Internet), στην οποία κυριαρχούν «καινοτόμες» επιχειρήσεις όπως η *Google* και η *Amazon*, σχεδιάσθηκε και υλοποιήθηκε εκ του μηδενός από κρατική έρευνα και επενδύσεις της *Advanced Research Projects Agency*, μιας κρατικής υπηρεσίας υπό το αμερικανικό Υπουργείο Άμυνας—και ήταν αρχικά γνωστό ως DARPANET. Το ίδιο το *World Wide Web* χτίσθηκε πάνω στο πρωτόκολλο HTML που ανέπτυξε ο Tim Berners-Lee στο δημόσιο ερευνητικό κέντρο CERN.

Το κράτος δεν είναι μόνον η γενεσιουργός δύναμη πίσω από τις αγορές, αλλά και η συνεκτική δύναμη στην μετέπειτα λειτουργία τους, καθώς εκτός από τις υποδομές (δρόμους, λιμάνια, αεροδρόμια, τηλεπικοινωνίες) που είναι απαραίτητες για την διεξαγωγή του «ελεύθερου» εμπορίου, δημιουργεί και το θεσμικό πλαίσιο στο οποίο η «ελεύθερη αγορά» μπορεί να υπάρξει. Το κράτος επιβάλλει τις κατανομές ραδιοσυχνοτήτων που είναι απαραίτητες για την λειτουργία της «ελεύθερης» ραδιοτηλεόρασης. Το κράτος επιβλέπει την κατανομή αεροδιαδρόμων για την ασφαλή κυκλοφορία της «ελεύθερης» αγοράς των αερομεταφορών. Το κράτος δημιουργεί συστήματα κοινωνικής ασφάλισης που συντηρούν όχι μόνον την κρατική, αλλά και την «ελεύθερη» αγορά υγείας. Το κράτος επιβάλλει νόμους περί πνευματικής ιδιοκτησίας που προστατεύουν ευρεσιτεχνίες και πνευματικά δικαιώματα φυσικών και νομικών προσώπων της «ελεύθερης» αγοράς. Το κράτος επιβάλλει το νομικό πλαίσιο πάνω στο οποίο στηρίζονται όλες οι εμπορικές συμφωνίες της «ελεύθερης» αγοράς. Και τέλος, το ίδιο το κράτος διασφαλίζει το αποτέλεσμα της συσσώρευσης πλούτου που επιτυγχάνει η «ελεύθερη» οικονομία, προστατεύοντας τον θεσμό της ιδιοκτησίας με τα σώματα ασφαλείας και το δικαστικό σύστημα. Για να αναφέρουμε την πιο χτυπητή αντίφαση, ένας από τους μεγαλύτερους γραφειοκρατικούς οργανισμούς που δημιουργήθηκε ποτέ, η Ευρωπαϊκή Ένωση, έχει ως ρητό σκοπό την ενεργό προάσπιση και ανάπτυξη της... «ελεύθερης αγοράς».

Από την αρχαιότητα μέχρι σήμερα, το υλικό και θεσμικό πλαίσιο που παρέχει το κράτος είναι η θάλασσα στην οποία κολυμπάει το ψάρι της αγοράς. Είναι το συνεκτικό πλαίσιο που κάνει εφικτή μια οικονομία της αγοράς. Αν κάποια στιγμή το κράτος εξαφανιζόταν, η «αγορά» θα σπαρταρούσε μέχρι τον αγωνιώδη της θάνατο.

Πράγματι, σε μια απρόσωπη και εκτεταμένη κοινωνία που δεν λειτουργεί με βάση την παράδοση, το δώρο, ή τις προσωπικές σχέσεις τιμής—το «πρόσωπο» και την χειραψία—η κρατική εξουσία είναι ο μοναδικός θεσμός που διασφαλίζει την σύναψη οποιασδήποτε ιδιωτικής συμφωνίας μεταξύ αγνώστων· άνευ αυτής, το ένα από τα δύο μέρη θα μπορούσε άνετα να αθετήσει την συμφωνία, στο μέτρο που οι αποστάσεις, ή οι σχέσεις ισχύος με τον αντισυμβαλλόμενο, θα απέκλειαν τον φόβο αντεκδίκησης. Με την νομιμοποιημένη άσκηση βίας το κράτος παρέχει διαμεσολάβηση για την επιβολή των συμβολαίων. Χωρίς κράτος δεν θα υπήρχαν χρηματιστηριακά παράγωγα, δεν θα υπήρχαν CDS, δομημένα ομόλογα, χρηματαγορές και κερδοσκοπία συναλλάγματος. Όλα αυτά στηρίζονται σε νόμους που επιβάλλονται από δικαστήρια και εκτελούνται από δικαστικούς κλητήρες, αστυνομίες και δεσμοφύλακες. Αν τα κράτη ήθελαν να σβήσουν τις αγορές τέτοιων προϊόντων θα μπορούσαν να το κάνουν εν μία νυκτί, απλώς δηλώνοντας ότι δεν θα επιβάλλουν την τήρηση των σχετικών συμβολαίων.

Υπό μίαν έννοια λοιπόν, ο ρόλος του κράτους είναι ασφαλής. Αν όμως το κράτος είναι η πιο ισχυρή μηχανή που εφηύρε η ανθρωπότητα, το ερώτημα είναι ποιος κάθεται στο τιμόνι αυτής της μηχανής και με ποιο σκεπτικό την καθοδηγεί. Είναι τόσο κοινότοπο όσο και αληθινό ότι η έκδοση χρήματος είναι εξουσία. Το ερώτημα είναι ποιος διαχειρίζεται αυτήν την εξουσία. Αν το κρατικό προνόμιο της έκδοσης χρήματος παραμένει στον στενό κρατικό πυρήνα, τότε τον έλεγχο αυτού του παντοδύναμου θεσμού έχει όποιος δίνει στο κράτος την εξουσία του· ο κλήρος, ο μονάρχης, ο λαός, ο στρατός, η γραφειοκρατία καριέρας. Αν όμως το κρατικό αυτό προνόμιο μονοπωλείται από—ή μοιράζεται με—κάποιο οργανωμένο συμφέρον ή κάποια συγκεκριμένη συντεχνία, τότε αυτή είναι σε θέση να ασκεί ασύμμετρα μεγάλη εξουσία, ακριβώς λόγω το κρατικού αυτού προνομίου. Σε πολιτικούς όρους, το ακαδημαϊκό ερώτημα αποκτά μια άλλη διατύπωση: *ποιος έχει δικαίωμα να εκδίδει και να διαχειρίζεται το χρήμα;*

Όπως θα δούμε, το κεντρικό αίτημα των πλούσιων ιδιωτών—κτηματιών, εμπόρων και αργότερα τραπεζιτών—ήταν η δυνατότητα να εκδίδουν χρήμα. Η πρώτη γνωστή διατύπωση ενός τέτοιου αιτήματος έγινε σε έναν τόπο και χρόνο όπου η κρατική εξουσία ήταν η κληρονομική μοναρχία, και όπου οι κρατικές αποφάσεις ήταν σε μεγάλο ποσοστό αυθαίρετες: στην Γαλλία των Valois τα έξοδα του πολέμου με την Αγγλία είχαν προκαλέσει μεγάλη υποτίμηση του νομίσματος, καθώς αυτό είχε ως συνέπεια έσοδα από το seignorage. Το 1363, και καθώς η εκκλησία και οι άλλοι φεουδάρχες έβλεπαν τα δάνεια που είχαν χορηγήσει στον θρόνο να κινδυνεύουν, ανέθεσαν σε έναν λόγιο, τον Nicolas Oresme, να προσπαθήσει να θέσει τέρμα στην βασιλική νομισματική αυθαιρεσία (Martin 2013, 89–94). Σε μια πραγματεία που απηύθυνε στον νεαρό πρίγκηπα Κάρολο Β΄[26] ο Oresme υποστήριξε ότι ο βασιλιάς έχει μεν το προνόμιο να κόβει χρήμα, αλλά ότι το χρήμα αυτό καθαυτό είναι ιδιοκτησία όσων έχουν πλούτο· της «κοινότητας» και των ιδιωτών. Ότι ο βασιλιάς δεν έχει από μόνος του το δικαίωμα να αλλάζει την περιεκτικότητά του σε πολύτιμο μέταλλο, δηλαδή την αξία του, και ότι το κέρδος από το seignorage είναι χειρότερο από τοκογλυφία. Τέλος, ότι «ένας τύραννος δεν μπορεί να διαρκέσει».

Τελικά ο συγκεκριμένος τύραννος άντεξε χωρίς να ακούσει αυτές τις συμβουλές, όμως η πίεση για ιδιωτικό χρήμα είχε ξεκινήσει. Από ανάγκη, οι διεθνείς έμποροι του Μεσαίωνα είχαν ήδη αρχίσει να αναπτύσσουν ένα σύστημα διεθνών πληρωμών μέσω της χρήσης των συναλλαγματικών ή *lettres d'échange*. Ένας εισαγωγέας αγόραζε μια συναλλαγματική από τον τοπικό μεγαλέμπορο, την οποία πλήρωνε με τοπικό νόμισμα ή με πίστωση. Με αυτήν, ο ανταποκριτής του μεγαλέμπορου σε μια άλλη χώρα—ένας άλλος μεγαλέμπορος—πλήρωνε το εμπόρευ-

---

[26] Nicolas Oresme, *Tractatus de origine, natura, iure, et mutacionibus monetarum*, 1363. Δεν σώζεται πρωτότυπο χειρόγραφο της πραγματείας. Η πιο πιστή αναπαραγωγή από κατοπινά αντίγραφα θεωρείται του Charles Johnson (1956). Η σκέψη του Oresme είναι ένας από τους κρίκους που συνδέουν την Αριστοτέλειο υπόθεση για την προέλευση του χρήματος—από τον αντιπραγματισμό—με εκείνη του Adam Smith.

μα στον εξαγωγέα, με το εκεί νόμισμα. Σταδιακά οι μεγαλέμποροι-τραπεζίτες μάζευαν πιστώσεις και χρεώσεις στα κατάστιχά τους τόσο από τους πελάτες τους όσο και από τους ανταποκριτές τους στο εξωτερικό. Αντί να εξοφλούν όλες τις υποχρεώσεις μία προς μία με μεταλλικό—δηλαδή κρατικό—χρήμα, τις συγκέντρωναν και τις εκκαθάριζαν μαζικά σε κάποια ετήσια συνάθροιση. Μέχρι τον 16ο αιώνα, σε μια μεγάλη εμποροπανήγυρη όπως της Λυόν, μπορούσαν να εκκαθαρισθούν συναλλαγές εκατομμυρίων λιβρών χωρίς ούτε ένα μεταλλικό νόμισμα να αλλάξει χέρια. Ενδιάμεσα, η συναλλαγματική μπορούσε να κυκλοφορεί· ανάλογα με το κύρος και το μέγεθος του εμπόρου που την εξέδιδε, μπορούσε να χρησιμοποιηθεί εντός αυτού του μικρού αλλά διεθνούς δικτύου για πληρωμές από όποιον την είχε στα χέρια του. Το κύρος του εκδότη της, την μετέτρεπε σε ρευστότητα, σε ιδιωτικό χρήμα. Σταδιακά, η τραπεζική τέχνη είχε (ξανα)γεννηθεί, με τον τραπεζίτη να εξασκεί μια περίτεχνη ισορροπία: να εξυπηρετεί άμεσες πληρωμές εν αναμονή μακροπρόθεσμων εισπράξεων και να εκδίδει δικές του ρευστές και αξιόχρεες συναλλαγματικές, βασισμένων στις λιγότερο ρευστές και αξιόχρεες συναλλαγματικές των πελατών του (Martin 2013, 95–108).

Η ανάπτυξη αυτού του δικτύου ίσως να αποτελεί και ένα από τα βασικά συστατικά στοιχεία του συστήματος που γενικά ονομάζεται «καπιταλισμός»—χωρίς μέχρι σήμερα ο όρος να έχει ορισθεί με απόλυτο και σαφή τρόπο. Μια από τις πιο κομψές απόψεις που σχετίζονται με τον ορισμό του καπιταλιστικού συστήματος διατύπωσε ο Schumpeter (2006, 302, 304)· αντιλαμβανόμενος το τραπεζογραμμάτιο, αυτήν την «μεταφέρσιμη κατάθεση», ως την πιο επαναστατική καινοτομία του 16ου αιώνα, την θεώρησε καθοριστική για το καπιταλιστικό σύστημα. Θα μπορούσαμε να πούμε ότι αποτέλεσε το «καπιταλιστικό χρήμα». Μπορούμε να συνδυάσουμε αυτήν την οπτική με την γενικότερη παρατήρηση του E. Πρόντζα (1995, 51–53) ότι η πραγματική καινοτομία ήταν ακόμη παλαιότερη, και ξεκινούσε τον 12ο αιώνα με την ανάπτυξη της συναλλαγματικής. Αυτή ήταν ένα «μεταφέρσιμο χρέος», που αμφισβητούσε την μοναρχική εξουσία, μετασχημάτιζε την ιδιωτική υπογραφή σε νομισματικό σύμβολο και δημιουργούσε τα πλαίσια ανάπτυξης του καπιταλισμού απελευθερώνοντάς τον από την κρατική μεταλλική κυκλοφορία. Υπό μία έννοια, *το μεταφέρσιμο χρέος είναι το θεμέλιο του καπιταλιστικού συστήματος*.

Εσωτερικά, το δίκτυο των εμπόρων και μεγαλεμπόρων δημιούργησε μια λογιστική μονάδα για αυτό το άυλο ιδιωτικό χρήμα, το *écu de marc*, για το οποίο ορίζονταν και ισοτιμίες με τα τρέχοντα κρατικά νομίσματα. Το πιο σημαντικό όμως ήταν ότι αυτό το σύστημα μπορούσε να λειτουργήσει *χωρίς* αυτά τα κρατικά νομίσματα. Όμως παρά την χειραφέτηση που προσέφερε από τους μονάρχες της εποχής, και παρά την τεράστια δύναμη που προσέδωσε στους εμπόρους-τραπεζίτες, αυτό το σύστημα είχε μια αχίλλειο φτέρνα. Βασιζόταν στην πίστη και όχι στον εξαναγκασμό της κρατικής βίας. Έτσι, μια κρίση ενός τραπεζιτικού οίκου μπορούσε να οδηγήσει στην κατάρρευση όλου του δικτύου, ενώ οι συναλλαγματικές μικρή αξία είχαν εκτός του στενού κύκλου των τραπεζιτών. Το κρατικό χρήμα παρέμενε το χρήμα *par excellence*. Ακόμα και ο αγγλικός νόμος του 1666, που έδινε το δικαίωμα της μεταλλικής νομισματοκοπής σε ιδιώτες, δεν είχε αλλάξει αυτήν την πραγματικότητα.

Ο πόλεμος και πάλι θα προσέφερε στους εμπόρους μια ιστορική ευκαιρία. Το 1688 ο Ολλανδός William της Οράγγης μόλις είχε καταλάβει τον αγγλικό θρόνο με την «Ένδοξη Επανάσταση» και αμέσως ξεκίνησε πόλεμο με την Γαλλία. Μέχρι το 1694 οι φόροι και +ο δανεισμός είχαν εξαντλήσει κάθε πιθανό έσοδο, όταν ένας κερδοσκόπος ονόματι William Patterson είχε μια ιδέα: μια ιδιωτική τράπεζα που θα λάμβανε το κρατικό προνόμιο της έκδοσης χαρτονομίσματος. Όπερ και εγένετο. Η ίδρυση της *Τράπεζας της Αγγλίας* ήταν ένα ιστορικό γεγονός που ο Felix Martin ονομάζει «μεγάλο νομισματικό συμβιβασμό» (Martin 2013, 109–121).

Με τον «συμβιβασμό» ο μονάρχης αποκτούσε πρόσβαση σε δανεισμό από την νέα τράπεζα, κυρίως όμως το ιδιωτικό χρήμα των εμπόρων αποκτούσε απεριόριστη αποδοχή πάνω στις πλάτες του κρατικού εξαναγκασμού, ακριβώς μέσω του σχήματος που περιέγραψε αργότερα ο Knapp. Στους αιώνες που πέρασαν ο ρόλος τέτοιων τραπεζών θα επεκτεινόταν πολύ μακρύτερα από την απλή παροχή πιστώσεων στο κράτος, προσδίδοντάς τους δυσανάλογα μεγάλη εξουσία σε σχέση με το επενδεδυμένο κεφάλαιο που είχαν ως επιχειρήσεις. Αυτή η δυσαναλογία είναι ακριβώς αποτέλεσμα αυτού του κρατικού προνομίου. Το προνόμιο αυτό θα προκαλούσε χείμαρρο συζητήσεων σχετικά με το αν οι τράπεζες αυτές—και το χρήμα που εξέδιδαν—ήταν κρατικές, ιδιωτικές ή ένα περίεργο μείγμα των δύο. Επίσης σχετικά με το ποιος ήταν το αφεντικό στην έκδοση χρήματος. Πάντως είναι βέβαιο ότι η κρατική στήριξη ήταν πάντοτε το προαπαιτούμενο της ίδρυσής τους και ο ρόλος του κράτους θεμελιώδης. Ακόμα κι αν εκδίδεται από ιδιώτη, είναι η κρατική στήριξη που μετατρέπει μια συναλλαγματική σε χρήμα.

Αυτή είναι μια ισορροπία ισχύος που σταδιακά οι κρατικοί λειτουργοί έμαθαν να αγνοούν. Επηρεασμένοι από την νομισματική ορθοδοξία που επέβαλε ο Adam Smith, εναπέθεσαν την διαχείριση των νομισματικών ζητημάτων σε τεχνοκράτες προερχόμενους από τον τραπεζιτικό και χρηματοοικονομικό χώρο. Από την πλευρά των τραπεζιτών, η συνεχής δημιουργία ολοένα πιο πολύπλοκων και ολοένα πιο δυσνόητων πιστωτικών εργαλείων δικαιολογούσε στα μάτια του απορημένου βουλευτή την καθοδήγηση που ελάμβανε από τον εκάστοτε τεχνοκράτη. Αλλά και η υπερεθνική φύση των τραπεζικών ιδρυμάτων καλλιεργούσε τον τρόμο από τυχόν μαζική απόσυρση του ιδιωτικού χρήματος.

Στο νεοελληνικό κράτος δεν διέφεραν πολύ ούτε οι απόψεις των κρατικών λειτουργών, ούτε τα αιτήματα των τραπεζιτών. Οι πολιτικοί ανέμεναν την οργάνωση του νομισματικού συστήματος από τους τραπεζίτες, ενώ οι τραπεζίτες ανέμεναν την εκχώρηση της κρατικής κάλυψης από τους πολιτικούς. Το κρατικό μονοπώλιο—όχι απλώς δικαίωμα—έκδοσης τραπεζογραμματίων ήταν το αδιαπραγμάτευτο αίτημα πολυάριθμων και αλληλοσυγκρουόμενων τραπεζιτικών κοινοπραξιών. Οι κρατικοί λειτουργοί αρκούνταν μόνον στην απονομή αυτού του μήλου της έριδος· εμποτισμένοι από την νομισματική ορθοδοξία δίσταζαν να εμπλακούν στην διαχείρισή του. Τους δισταγμούς αυτούς τους ξεπερνούσαν σχεδόν ενάντια στις επιθυμίες τους, όταν ετίθετο θέμα επιβίωσης του κράτους. Σε περιπτώσεις εθνικής ανάγκης το ελληνικό κράτος τραβούσε με δύναμη τα ηνία του νομισματικού άρματος, υπενθυμίζοντας προσωρινά στις εκδοτικές τράπεζες την πραγματική πηγή του προνομίου τους. Αλλά, όπως θα δούμε, άφηνε πάλι το άρμα έρμαιο του υποζυγίου του όταν η κρίση περνούσε.

1.8   Επιλογή ερμηνευτικού πλαισίου

Για κάποιον που δεν έχει ακαδημαϊκή εκπαίδευση στα Οικονομικά, δηλαδή δεν έχει υποστεί κατήχηση σε κάποια «Σχολή», οι ιδεολογικές ροπές είναι ασθενέστερες και το θεωρητικό πλαίσιο αναφοράς αποτελεί περισσότερο θέμα επιλογής παρά ορθοδοξίας. Αλλά ποιο θα είναι το κριτήριο αυτής της επιλογής;

Για κάποιον που έχει θητεύσει για σχεδόν δύο δεκαετίες σε μια «σκληρή» επιστήμη, την Χημεία, το κριτήριο αυτό είναι μεθοδολογικό και σχεδόν αντανακλαστικό: η επιστημονική μέθοδος. Μελετώντας εκ παραλλήλου τα ιστορικά εμπειρικά δεδομένα γύρω από το χρήμα, αλλά και τις θεωρίες, ορθόδοξες ή «ετερόδοξες», που διατυπώθηκαν για να τα ερμηνεύσουν, ο επιστήμονας κλίνει αυθόρμητα προς τα ερμηνευτικά πλαίσια που εκκινούν από τα εμπειρικά δεδομένα και έχουν συνεχή αναφορά σε αυτά. Μπορεί στα Οικονομικά η έννοια του πειράματος να μην υφίσταται, όμως η ιστορία, η αρχαιολογία, η ανθρωπολογία, η στατιστική και η κοινωνιολογία συνθέτουν ένα απρόσμενα ισχυρό οπλοστάσιο για να δημιουργήσει ο θεωρητικός ένα σύνολο εμπειρικών παρατηρήσεων. Αυτό είναι σε αδρές γραμμές το προαπαιτούμενο της επιστημονικής μεθόδου, που έχει συνεχή και σαφή αναφορά στον πραγματικό κόσμο, στην παρατήρηση, στο πείραμα—όταν αυτό είναι εφικτό.

Όπως σαφώς προκύπτει από το μεθοδολογικό αυτό κριτήριο, καθώς και από την προηγούμενη ανάλυση, πολύ σύντομα απέκλεισα την εμπορευματική θεωρία, τόσο για την ερμηνεία της πρωταρχικής δημιουργίας του χρήματος, όσο και για την ερμηνεία της κατοπινής του λειτουργίας. Δεν ήταν απλώς η σπάνις εμπειρικών παρατηρήσεων που χαρακτηρίζει τα πρώτα κείμενα που θεμελίωσαν αυτήν την θεωρία, αλλά και ότι οι αξιωματικές τους παραδοχές αποδείχθηκαν ανακόλουθες με την πραγματικότητα. Δεν είναι απλώς ότι οι πρώτοι κλασικοί διατύπωσαν μια πρωτόλεια θεωρία που οι κατοπινοί θα έπρεπε να εκλεπτύνουν. Όσο οι αρχικές παραδοχές είναι εσφαλμένες, καμία εκλέπτυνση δεν μπορεί να βελτιώσει την θεωρία, όπως καμία κατοπινή εκλέπτυνση δεν θα μπορούσε να διασώσει την θεωρία του Φλογιστού στην Χημεία· *garbage in, garbage out.*

Όσον αφορά στην πιστωτική θεωρία και στις ανθρωπολογικές προσεγγίσεις θεωρώ ότι αποτελούν πολύ κομψές και ισχυρές απόπειρες για την ανίχνευση της απώτερης προέλευσης του θεσμού του χρήματος. Δίνουν σημασία στα εμπειρικά δεδομένα, μεθοδολογικό προαπαιτούμενο της επιστημονικής προσέγγισης. Βεβαίως το πρόβλημα που καλούνται να λύσουν είναι σαφώς πιο δύσκολο—ίσως άλυτο—αφού ανάγεται σε περιόδους για τις οποίες πολύ συχνά δεν έχουμε γραπτά μνημεία, ενώ κάθε πολιτισμός μπορεί να είχε διαφορετική εξελικτική πορεία. Το πρόβλημα της μετάβασης από την αχρήματη στην εκχρηματισμένη κοινωνία, ένα πρόβλημα «αλλαγής φάσης», ξεφεύγει από το εύρος του παρόντος συγγράμματος. Αντιθέτως, εξετάζει την εισαγωγή ενός αποκρυσταλλωμένου πλέον θεσμού σε ένα υπό ίδρυση θεσμικό πλαίσιο, στο νεαρό νεοελληνικό κράτος.

Η παρούσα ανάλυση είναι σε μεγάλο βαθμό επηρεασμένη από το θεωρητικό πλαίσιο που ανέπτυξαν ανεξάρτητα οι Knapp και del Mar, χωρίς όμως να περιοριζόμαστε ασφυκτικά σε αυτό, καθώς η μελέτη της ελληνικής πραγματικότητας απαιτεί και κάποιες επιπλέον προσθήκες. Ο Knapp έζησε την μετατροπή της Γερμανικής Συνομοσπονδίας σε Γερμανική Αυτοκρατορία, ενώ ο del Mar είδε να αναδύεται μια παγκόσμια δύναμη μέσα από τις στάχτες του Αμερικανικού Εμφυλίου. Αμφότεροι ανδρώθηκαν και δημιούργησαν το έργο τους σε δύο από τα ισχυρότερα κράτη της εποχής τους. Έτσι, όταν μιλούν για κράτος ίσως αναφέρονται υποσυνείδητα σε κράτος ικανό να επιβάλλει την βούλησή του, και λόγω ισχύος και λόγω επαρκούς οργάνωσης. Όταν αναφερόμαστε στην Ελλάδα, ειδικώς στα πρώτα χρόνια του κράτους, θα πρέπει να λάβουμε υπόψη και την αδυναμία του να επιβάλλει την ισχύ του ακόμη και στο εσωτερικό του (βλ. π.χ. τον εμφύλιο εναντίον του Καποδίστρια).

Η Ελλάδα εξ' αρχής ήταν ένα κράτος πολύ αδύναμο, τόσο στρατιωτικά όσο και οικονομικά, και χωρίς την πολυτελή απομόνωση των ΗΠΑ. Η αδυναμία του αυτή και η υψηλή του εξάρτηση από τα ευρωπαϊκά κράτη εισαγάγουν επιπλέον παραμέτρους στην εξίσωση. Η ερμηνεία της νομισματικής πολιτικής και των αποτελεσμάτων της είναι πολύ πιο δύσκολη στην ελληνική περίπτωση. Το απαραίτητο συμπλήρωμα στο παραπάνω ερμηνευτικό πλαίσιο αφορά στον ορισμό του κράτους ως *οργανωμένης εξουσίας, ικανής—κατά το μάλλον ή ήττον—να επιβάλλει την θέλησή της στο εσωτερικό και να διασφαλίζει την κυριαρχία της από το εξωτερικό*. Το κράτος, σε οποιαδήποτε εξελικτική του μορφή, είναι αυτό που ο Πρόντζας (1995, 153) ονομάζει «οργάνωση της βίας» και που καταφέρνει να επιβάλλει το χρήμα στις κοινωνικές σχέσεις έναντι άλλων αχρήματων μορφών αλληλεπίδρασης. Η ισχύς αυτή του ελληνικού κράτους είναι σχετική και όχι απόλυτη. Αντιστοίχως, σχετικός ήταν ο εσωτερικός συντονισμός της κρατικής μηχανής που επηρέαζε και την αξία του νομίσματος με τρόπο πολυπαραμετρικό.

Επιπλέον, η παρούσα μελέτη παίρνει σαφείς αποστάσεις από τις απόψεις του del Mar σχετικά με την ποσοτική θεωρία του χρήματος, παρότι αυτές είναι σαφώς πιο εκλεπτυσμένες από εκείνες που παρουσίασαν οι οικονομολόγοι των μονεταριστικών σχολών σκέψης. Οι απόψεις αυτές του del Mar, εκτός της κρατικής ισχύος, επικεντρώνονται υπερβολικά στην ποσότητα του χρήματος ως τον καθοριστικό παράγοντα της αξίας ενός νομίσματος και αγνοούν την επίδραση του παράγοντα της ζήτησής του στην διευθέτηση διεθνών πληρωμών.

Ίσως διότι ο del Mar δεν έζησε να δει μια νέα κατάσταση που συνδέει πέραν κάθε αμφιβολίας την αξία ενός νομίσματος με τους παράγοντες της κρατικής επιβολής και της ζήτησής του. Πράγματι, ο κόσμος του ύστερου 19ου αιώνα ήταν πολυπολικός, με πολλές και ανταγωνιζόμενες δυνάμεις παγκοσμίου βεληνεκούς. Το διεθνές αποθεματικό νόμισμα και μέσον συναλλαγών ήταν πολυεθνικό· ήταν ο χρυσός, αποτελώντας την κόλλα που συνέδεε τις εθνικές οικονομίες αυτού του πολυπολικού κόσμου. Μετά τον ΒΠΠ και την ανάδυση των ΗΠΑ ως παγκόσμιας υπερδύναμης, τον ρόλο αυτό ανέλαβε ένα *εθνικό* νόμισμα, και μάλιστα ακάλυπτο—επισήμως μετά την κατάρρευση του Μπρέτον Γουντς, αν και ουσιαστικά πολύ νωρίτερα. Παρά την συνεχή έκδοση νέων ποσοτήτων δολαρίων που τροφοδοτούσαν την μεγαλύτερη πολεμική μηχανή που γνώρισε ποτέ η ανθρωπότητα, ακόμη και ακάλυπτο αυτό συνέχισε να διατηρεί τόσο την αξία του και την θέση του παγκοσμίου αποθεματικού νομίσματος για μια περίοδο 70 χρόνων, πολύ μεγαλύτερη από την περίφημη περίοδο 1870–1914 του διεθνούς κανόνα του χρυσού. Αυτό θα ήταν αδύνατο χωρίς αυτήν την πολεμική μηχανή να το επιβάλλει το στις διεθνείς συναλλαγές και να δημιουργεί διά της επιβολής των όπλων παγκόσμια ζήτηση για αυτό στο εμπόριο πετρελαίου—το πετροδολάριο—καθώς και στις αγορές άλλων εμπορευμάτων. Εν προκειμένω, η κρατική βία δεν αρκέσθηκε στην επιβολή του εθνικού νομίσματος εντός της επικράτειάς της, αλλά κατάφερε να το επιβάλλει και παγκοσμίως· η ύστατη μορφή κρατικής βίας έδωσε αξία στο απόλυτο νόμισμα διά της ζήτησης που του εξασφάλισε.

Αυτό δεν σημαίνει ότι οι ποσοτικοί παράγοντες δεν παίζουν απολύτως κανέναν ρόλο· από την στιγμή που πληρούνται οι προϋποθέσεις πλήρους εκμετάλλευσης του παραγωγικού κεφαλαίου και πλήρους απασχόλησης του εργατικού δυναμικού, οι επιπλέον ποσότητες χρήματος μπορούν να οδηγήσουν αυτές καθαυτές σε αύξηση των τιμών. Όμως σε ποιες περιόδους της ελληνικής οικονομίας εκπληρώθηκαν αυτές οι προϋποθέσεις; Με δυο μεταναστευτικά κύματα μεταξύ 1900–1920 και 1950–1970 που στέρησαν 1,3 εκ. πληθυσμού από την χώρα λόγω φτώχειας και ανεργίας, και με περιόδους πολέμων και ύφεσης να αποτελούν τον κανόνα παρά την εξαίρεση, αυτή η προϋπόθεση σπανίως πληρούται στην νεοελληνική ιστορία.

Ορισμός και φύση του χρήματος: «λογιστική μονάδα» ή «μέσον συναλλαγών»;

Μετά από την παραπάνω ανάλυση, ο αναγνώστης δικαιολογημένα θα θέλει να γνωρίσει και τον ορισμό του χρήματος στον οποίο καταλήγει ο συγγραφέας. Το φλέγον ερώτημα που πρέπει να απαντηθεί αφορά στον κυρίαρχο ρόλο του χρήματος ιστορικά και θεσμικά. Με σύγχρονους όρους, το ερώτημα παίρνει συχνά διλημματικό χαρακτήρα: είναι το χρήμα κυρίως «λογιστική μονάδα» ή «μέσον συναλλαγών»;

Παρότι μεγάλης σπουδαιότητας, η χρήση του χρήματος ως μέσου διενέργειας συναλλαγών και διεθνών πληρωμών δεν ήταν ούτε η γενεσιουργός του αιτία, ούτε ήταν οι διεθνείς έμποροι που το δημιούργησαν για τον σκοπό αυτό. Οι έμποροι απλώς έκαναν χρήση ενός προϋπάρχοντος θεσμού, χρησιμοποιώντας οτιδήποτε οι εκάστοτε κρατικές εξουσίες είχαν επιβάλλει· χρυσό, άργυρο, σφραγισμένες μπάρες αλατιού (Wicks 1992, 52), σφραγισμένα κομμάτια χαρτιού, ή κοχύλια—για να θυμηθούμε την δημοφιλέστατη Cypraea. Όταν χρειάστηκε να συμπληρώσουν το θεσμό με το δικό τους δημιούργημα, την συναλλαγματική, αυτή δεν ήταν ρευστή παρά μόνον στον στενό τους κύκλο. Όχι μόνον το *raison d'être* του χρήματος δεν ήταν οι διεθνείς πληρωμές, αλλά συχνά δεν ήταν και απαραίτητο για το διεθνές εμπόριο, όπως π.χ. στις εμποροπανηγύρεις του μεσαίωνα. Αντιστοίχως, τεράστιοι όγκοι εμπορίου κατά τον μεσοπόλεμο διευθετούντο χωρίς την χρήση χρήματος, με την τεχνική των συμψηφισμών. Αυτό καταχρηστικά χαρακτηρίσθηκε αντιπραγματισμός σε εθνικό επίπεδο· *καταχρηστικά*, διότι οι συναλλαγές αναφέρονταν όλες σε μια κοινή μονάδα μέτρησης της αξίας. Το ίδιο ακριβώς συνέβη και με την Ευρωπαϊκή Ένωση Πληρωμών που συστήθηκε το 1950 για να αντιμετωπίσει την έλλειψη δολαρίων· μετρούσε τις συναλλαγές σε δολάρια, αλλά δεν χρειαζόταν δολάρια ως μέσον συναλλαγών για να τις διευθετήσει. Σε όλες αυτές τις περιπτώσεις το χρήμα δεν ήταν μέσο συναλλαγής καθώς δεν άλλαζε χέρια· ήταν λογιστική μονάδα που μετρούσε τις αξίες των προϊόντων που άλλαζαν χέρια.

Υπό το πρίσμα αυτό, η κρατική θεωρία παρουσιάζει ένα πολύ καλό ερμηνευτικό πλαίσιο, καθώς πλήθος περιστατικών της νεοελληνικής νομισματικής ιστορίας ερμηνεύονται σχεδόν αβίαστα από αυτήν. Κατά την αφήγηση λοιπόν που θα ακολουθήσει, θεώρησα κατάλληλο να ορίσω το χρήμα ως *ένα νομικό θεσμό, σκοπός του οποίου είναι η μέτρηση των αξιών και ο οποίος θεσμίζεται από το κράτος μέσω της αποδοχής του για πληρωμή φόρων, προστίμων και άλλων οφειλών*.[27] Οι υπόλοιπες λειτουργίες του (χρήση για συναλλαγές, αποθήκευση αξιών, εξόφληση χρεών) είναι παρεπόμενες και εδράζονται στην καταλληλότητα του χρήματος ως μέτρου αξιών. Όταν το χρήμα επιτελεί σωστά αυτήν την λειτουργία, εξυπηρετεί και τους υπόλοιπους σκοπούς. Όταν παύει να την επιτελεί σωστά, παύει και η χρησιμότητά του ως προς τα παραπάνω, όπως μαρτυρούν οι σπασμοί που ακολούθησαν κάθε επεισόδιο υπερπληθωρισμού ή έντονου αποπληθωρισμού στην ιστορία.

---

[27] Με τον όρο κράτος εννοώ οποιαδήποτε κρατική οργάνωση έχει το προνόμιο της νομιμοποιημένης βίας. δεν έχει τόσο σημασία η προέλευση της εξουσίας, που μπορεί να είναι το ιερατείο (θεοκρατία), το κληρονομικό δικαίωμα (βασιλεία), ο στρατός (δικτατορία), κάποιες ανώτερες τάξεις (αστική δημοκρατία, λαϊκή δημοκρατία, ολιγαρχία), ή ο λαός (δημοκρατία), αλλά η δυνατότητα επιβολής της κρατικής ισχύος.

ΤΟ ΧΡΗΜΑ ΤΩΝ ΕΠΑΝΑΣΤΑΤΩΝ

2

Ἡ ἐπανάστασις ἡ ἐδική μας δὲν ὁμοιάζει μὲ καμμιὰν ἀπ' ὅσαις γίνονται τὴν σήμερον εἰς τὴν Εὐρώπην. Τῆς Εὐρώπης αἱ ἐπαναστάσεις ἐναντίον τῶν διοικήσεων των εἶναι ἐμφύλιος πόλεμος. Ὁ ἐδικός μας πόλεμος ἦτο ὁ πλέον δίκαιος, ἦτον ἔθνος μὲ ἄλλο ἔθνος.
Θεόδωρος Κολοκοτρώνης (Κολοκοτρώνης 1846, 190)

Μια πραγματικά ανεξάρτητη Ελλάδα είναι παραλογισμός. Η Ελλάδα μπορεί να είναι αγγλική ή ρωσική, και αφού δεν μπορεί να είναι ρωσική, πρέπει να είναι αγγλική.
Sir Edmund Lyons, 1841 (Bower και Bolitho 1939, 106)

Πολιτικά, η Ελλάδα είναι ο ακρογωνιαίος λίθος της βρετανικής επιρροής στα Βαλκάνια [...] Είναι αναγκαία η ταχεία αποκατάσταση σταθερότητας στην Ελλάδα μετά την γερμανική αποχώρηση, ώστε μια φιλική σε μας κυβέρνηση να διασφαλίσει αμέσως την θέση της. Αντιστρόφως, εγκατάλειψη της Ελλάδας στην μοίρα της θα ερμηνευθεί ευρέως ως σημάδι παραχώρησης των Βαλκανίων από την Βρετανία στην Ρωσία.
Joint Planning Staff, Λονδίνο 1944 (Baerentzen 1987)

Η ΕΠΑΝΑΣΤΑΣΗ ΤΟΥ 1821 ήταν ένας ακόμη σταθμός σε μια μακρά σειρά επαναστατικών κινημάτων που σημάδεψαν όλη την περίοδο της τουρκοκρατίας. Η Οθωμανική επικυριαρχία, η βασισμένη στο «χαράτσι», το «μπαξίσι», το «ρουσφέτι» και το παιδομάζωμα, μάλλον δεν δημιουργούσε ένα τόσο ειδυλλιακό τοπίο για τους Χριστιανούς «ραγιάδες»—δηλαδή το *κοπάδι*. Κατά συνέπεια, πολυάριθμες ήταν οι εξεγέρσεις εναντίον των Οθωμανών στην κυρίως Ελλάδα, πολλές από τις οποίες με την σύμπραξη Δυτικών,[1] και που ξεκίνησαν σχεδόν με την έναρξη της τουρκοκρατίας. Ο αριθμός αυτός αυξάνει δραματικά αν συνυπολογίσουμε τις πολυάριθμες επαναστάσεις και εξεγέρσεις εναντίον των Δυτικών στα Επτάνησα (βλ. κεφάλαιο 5) και στην Ενετοκρατούμενη Κρήτη (Καραμπελιάς 2011, 167–169).

Χτίζοντας σε αυτό το επαναστατικό οικοδόμημα αιώνων, που αναπτύχθηκε πολύ πριν την εικαζόμενη επίδραση του Διαφωτισμού, η Φιλική Εταιρεία ξεκίνησε από το 1814 να οργανώνει την επαναστατική της δράση

---

[1] Ενδεικτικά: το 1462 η επανάσταση στην Λέσβο απελευθερώνει το νησί για περίπου ένα χρόνο. Το 1463 ο Κροκόνδειλος Κλαδάς απελευθερώνει την Καλαμάτα με την βοήθεια των Ενετών. Το 1479 ο Κλαδάς μαζί με τον Μιχαήλ Μπούα, τον Ράλη, τον Γραίτζα, τον Μοζίκη και άλλους απελευθερώνουν το Άργος και περιοχές της Ρούμελης. Το 1481 μαζί με τον Ιωάννη Καστριώτη, ο Κλαδάς απελευθερώνει την Αυλώνα, την Χειμάρρα και 50 κωμοπόλεις της Ηπείρου. Μεταξύ 1492–1495 οι Ανδρέας Παλαιολόγος και Κωνσταντίνος Αριανίτης-Κομνηνός οργανώνουν επανάσταση από την Σκόδρα μέχρι την Θεσσαλία. Το 1522 επαναστατούν οι Μεθώνη και η Κορώνη με την βοήθεια των Ιωαννιτών Ιπποτών. Το 1571 ελληνικά πλοία συμμετέχουν στην ναυμαχία του Λεπάντο (Ναυπάκτου) μαζί με τα ευρωπαϊκά. Ταυτόχρονα ξεσπούν εξεγέρσεις στην Παρνασσίδα και υπό τους αδελφούς Μελισσηνούς στην Πελοπόννησο. Το 1585, με υποκίνηση Ενετών, γίνεται επανάσταση υπό τους Θεόδωρο Μπούα Γρίβα, Μάρκο Πούλιο και Μαλάμη στην Ακαρνανία, που απελευθερώνει την Άρτα. Το 1596 γίνεται νέα εξέγερση στην Χειμάρρα υπό τον Αρχιεπίσκοπο Αχρίδος Αθανάσιο. Το 1600 ο Μητροπολίτης Λαρίσης και Τρίκκης (Τρικάλων) Διονύσιος ο Φιλόσοφος (ή «Σκυλόσοφος») οργανώνει επανάσταση σε συνεννόηση με τον Φίλιππο Γ΄ της Ισπανίας και τον Ροδόλφο Β΄ της Γερμανίας. Μετά την καθαίρεσή του δραπετεύει στην Ιταλία και το 1611 επιστρέφει και οργανώνει νέα εξέγερση στην Θεσπρωτία και τα Ιωάννινα. Το παιδομάζωμα του 1601 προκαλεί νέες εξεγέρσεις σε Ρούμελη, Μακεδονία και Ήπειρο. Μεταξύ 1602–1619 οι Έλληνες ήταν σε επαφή με τον Charles Gonzaguw, Δούκα της Νεβέρ, για την οργάνωση επανάστασης που ποτέ δεν ολοκληρώθηκε. Κατά την πολιορκία της Κρήτης (1645–1669) οι Κρητικοί αμύνονται με τους Ενετούς. Την ίδια περίοδο ελληνικά πλοία επιδράμουν σε πολλά τουρκοκρατούμενα νησιά του Αιγαίου. Το 1680, Επανάσταση σε συνεργασία με τους Ενετούς απελευθερώνει την Πελοπόννησο μετά από επτά χρόνια μαχών. Το 1684, με την σύμπραξη των Ενετών γίνεται επανάσταση στα Επτάνησα και την Ακαρνανία στην οποία συμμετέχουν οι Αγγελής Σουμίλας ή «Βλάχος», Κούρμας, Πάνος Μεϊντάνης, Χορμόπουλος, Σπανός και Μόσχος Βαλαωρίτης. Από το 1687 μέχρι το 1715, παρότι οι Ενετοί συνήψαν ειρήνη με τους Τούρκους, η Πελοπόννησος παραμένει ελεύθερη. Το 1764 ο Μητροπολίτης Λακεδαιμονίας ηγείται επανάστασης και το 1766 ο Αρματολός Γεώργιος Παπάζωλης στην Ήπειρο. Το 1770 οι Έλληνες επαναστατούν σε σύμπραξη με τους Ρώσους («Ορλωφικά») και πάλι το 1782 με την βοήθεια του Λάμπρου Κατσώνη. Το 1798, μετά από πολυετείς επαναστατικές προετοιμασίες εκτελείται στο Βελιγράδι ο Ρήγας Φεραίος. Το 1808 κίνημα ξεσπά στον Όλυμπο υπό τους Νίκο Τσάρα (Νικοτσάρα), Σταθά, και παπα-Ευθύμιο Βλαχάβα και ένα άλλο με γαλλική σύμπραξη στην Πελοπόννησο, στο οποίο συμμετείχε και ο Θ. Κολοκοτρώνης.

χωρίς την σύμπραξη των Δυτικών. Η τακτική αυτή έφερε αποτελέσματα και ένα χρόνο πριν το ξέσπασμα της Επανάστασης, ο Αλέξανδρος Υψηλάντης είχε καθορίσει ως ημερομηνία έναρξης την 25η Μαρτίου, ημέρα του Ευαγγελισμού της Θεοτόκου. Η Επανάσταση ξέσπασε τελικά σε διάφορες ημερομηνίες του Φεβρουαρίου και του Μαρτίου στις παραδουνάβιες Ηγεμονίες, την Πελοπόννησο και την Ρούμελη και επεκτάθηκε στην Θεσσαλία, την Μακεδονία, την Θράκη, τα νησιά του Αιγαίου και την Κρήτη. Μέχρι το τέλος του έτους η Επαναστατική πυρκαγιά έκαιγε σε όλη την Ελλάδα με μικρότερη ή μεγαλύτερη λαμπρότητα.

Όμως οι αγώνες και οι θυσίες στην Αλαμάνα, στην Γραβιά, στο Βαλτέτσι, στα Δερβενάκια, στην Χίο, στην Κάσο, στα Ψαρά, στο Σούλι και σε ολόκληρη την επαναστατημένη Ελλάδα θα κινδύνευαν να ακυρωθούν από τους διαγκωνισμούς για την εξουσία. Η δεύτερη Εθνοσυνέλευση στο Άργος τον Απρίλιο του 1823 όρισε δύο σώματα, το Βουλευτικό και το Εκτελεστικό, και κατήργησε το αξίωμα του Αρχιστράτηγου που κατείχε ο Θεόδωρος Κολοκοτρώνης. Από την μία πλευρά βρισκόταν η αγγλόφιλη παράταξη του Φαναριώτη Αλέξανδρου Μαυροκορδάτου, προέδρου του Βουλευτικού. Από την άλλη, η παράταξη των στρατιωτικών υπό τον Πετρόμπεη Μαυρομιχάλη, Πρόεδρο του Εκτελεστικού. Όταν δε έγινε αντιληπτό ότι η επαναστατική διοίκηση θα μπορούσε να έχει πρόσβαση σε βρετανικό δάνειο—ο Ανδρέας Λουριώτης είχε επιστρέψει στα τέλη Μαρτίου από το Λονδίνο όπου είχε συνεννοήσεις με το Φιλελληνικό Κομιτάτο (Χριστόπουλος και Μπαστιάς 1974, 12:311)—τα χρήματα του δανείου απετέλεσαν ένα επιπλέον μήλο τη έριδος. Στις 6/1/1824, από την έδρα του στο Κρανίδι, και με μόνον 23 από τους 70 βουλευτές, το Βουλευτικό όρισε νέο Εκτελεστικό υπό τον Γεώργιο Κουντουριώτη, επειγόμενο να σχηματίσει την Κυβέρνηση που θα υποδεχόταν τις προσόδους του δανείου. Με το δάνειο να έχει εκδοθεί στις 9(21) Φεβρουαρίου, η κυβέρνηση του Κρανιδίου εξαπέλυσε επίθεση στο Ναύπλιο, ξεκινώντας εμφύλιο πόλεμο που διήρκεσε έως τον Ιούνιο. Τον πρώτο εμφύλιο πόλεμο ακολούθησε και δεύτερος μεταξύ Οκτωβρίου-Δεκεμβρίου 1824, που είχε λάβει χαρακτήρα διένεξης της αντικυβερνητικής πελοποννησιακής παράταξης (υπό τον Αλέξανδρο Ζαΐμη) και της κυβερνητικής αντιπελοποννησιακής (των Κουντουριώτη και Κωλέττη).

Ενώ οι Έλληνες ήταν απασχολημένοι με τις εμφύλιες διαμάχες, ο Ιμπραήμ, γιος του Σουλτάνου της Αιγύπτου Μεχμέτ Αλή, κατέφθανε στην Κρήτη (22/12/1824) και στις 11–12/2/1825 αποβίβαζε τα στρατεύματά του στην Μεθώνη υπό διοίκηση Γάλλων και Ιταλών (Χριστόπουλος και Μπαστιάς 1974, 12:376). Μέχρι τον Ιούνιο θα κυριαρχούσε στην Πελοπόννησο έχοντας καταλάβει την Τρίπολη και μετά θα αποδιδόταν σε συστηματική λεηλασία της υπαίθρου, αν και παρενοχλούμενος από τον κλεφτοπόλεμο του Θ. Κολοκοτρώνη. Ταυτόχρονα με την απόβαση του Ιμπραήμ, ο Κιουταχής εισέβαλλε από την Λάρισα τον Φεβρουάριο του 1825 και κατευθύνθηκε προς το Μεσολόγγι. Από τον Απρίλιο του 1825 ξεκίνησε την δεύτερη πολιορκία του Μεσολογγίου (η πρώτη είχε γίνει από τον Κιουταχή και τον Ομέρ Βρυώνη μεταξύ Οκτωβρίου-Δεκεμβρίου 1822). Μετά τον Δεκέμβριο τα στρατεύματα του Ιμπραήμ και του Κιουταχή ενώθηκαν και κατάφεραν να καταβάλλουν τους υπερασπιστές της πόλης μετά από ένα έτος. Η πτώση του Μεσολογγίου με την ηρωική Έξοδο της Κυριακής των Βαΐων (11/4/1826) θα επέτρεπε στον Κιουταχή να βαδίσει προς την Αθήνα, με μοναδικό εμπόδιο την παρενόχληση από τον Γεώργιο Καραϊσκάκη.

2.1 Το νομισματικό χάος

Την περίοδο εκείνη στην Οθωμανική Αυτοκρατορία επικρατούσε ένα χαώδες νομισματικό σύστημα. Ένας από τους λόγους ήταν η πληθώρα ευρωπαϊκών νομισμάτων που κυκλοφορούσαν στην περιοχή (ήδη από την ύστερη Βυζαντινή περίοδο), και που την εποχή εκείνη περιελάμβαναν νομίσματα Ισπανικά (δίστηλα, δούπιες), Βρετανικά (λίρες στερλίνες, σελίνια), Γαλλικά (φράγκα, ναπολεόνια, λίρες τουρνέζες), καθώς και Ενετικά τσεκίνια, Πορτογαλικές δούπιες, τάληρα Αυστριακά (ρεγγίνες ή Μαρίες Θηρεσίες), Σαξωνικά (σπαθάτα), Βαυαρικά, κλπ.

Η Οθωμανική διοίκηση δεν απαγόρευε την χρήση Ευρωπαϊκών νομισμάτων, αλλά αντιθέτως τα χρησιμοποιούσε και ως πρότυπο για να κατασκευάσει πολλά δικά της, κυρίως χρυσά και αργυρά. Το πρώτο χρυσό νόμισμα (*altun*) κόπηκε από τον Μωάμεθ Β΄ περί τα 1477–78. Συν τω χρόνω, και ανάλογα με τον τύπο τους ή το νομισματοκοπείο από το οποίο προέρχονταν, πήραν διάφορες ονομασίες, όπως *filuri* (εξ' ου και *φλουρί*), *μισίρια* (όσα κόβονταν στην Αίγυπτο), *zer-Istambol* (*σταμπόλια* ή *Πολίτικα*, όσα κόβονταν στην Πόλη), *funduk* (ή φουντούκια, μεγαλύτερα νομίσματα βάρους 53 κόκκων), τα *mahmuntiye* (μαχμουντιέδες) κοπέντα από τον Μαχμούτ Α΄ (1730–1754), κ.ά.

Τα πρώτα αργυρά νομίσματα (*akçe*) είχε κόψει ο Ορχάν Α΄ το 1328, οπότε και εγκαταλείφθηκε ο όρος *dirhem*. Μεταξύ των Ελλήνων ονομάζονταν *άσπρα* (καθώς είχαν ως πρότυπο τα *άσπρα* των Κομνηνών), ονομασία που προέρχεται από την λατινική λέξη *aspera* (τραχύς) με την οποία χαρακτήριζαν οι Ρωμαίοι τα νεόκοπα τραχειά νομίσματα (*nummi asperi*). Αυτά διατηρήθηκαν στην κυκλοφορία μέχρι τα τέλη του 17^{ου} αιώνα, ενώ στην συνέχεια παρέμειναν ως λογιστική μονάδα. Τότε περίπου αντικαταστάθηκαν από τους παράδες (*para*), οι οποίοι ανάλογα με την καθαρότητα των άσπρων, αντιστοιχούσαν σε 2–4 άσπρα. Την περίοδο εκείνη (1688) κόπηκαν και τα πρώτα τουρκικά γρόσια (*gürüş*) από τον Σουλεϊμάν Β΄ (1687–1691) προς απομίμηση των Ευρωπαϊκών ταλίρων (*groschen* από το ιταλικό *denarii grossi*). Μάλιστα τα πρώτα τουρκικά γρόσια ήταν ξαναχτυπημένα ολλανδικά leeuwendaler (τάλιρα που απεικόνιζαν λιοντάρι) και που οι Τούρκοι ονόμαζαν *arslani-gürüş* (*ασλάνια*, arslani = λιοντάρι).

Επιπλέον, υπήρχαν και τα χάλκινα *mangir*, γνωστά και ως *bakir-para*, *μαγκούρια*, ή *ψόλλες*. Μαζί με αυτούς τους κυριότερους τύπους νομισμάτων κυκλοφορούσαν και διάφοροι άλλοι, καθώς και υποδιαιρέσεις τους.

Η νομισματική πολυμορφία στην ύστερη τουρκοκρατία θα μπορούσε να εξετασθεί είτε υπό το πρίσμα της παραπαίουσας κρατικής εξουσίας είτε υπό το πρίσμα ενός χονδροειδούς μεταλλισμού. Υπό την πρώτη ερμηνεία, ο «μεγάλος ασθενής» δεν καταφέρνει να επιβάλλει το δικό του νόμισμα εντός της επικράτειάς του και αρκείται σε οποιοδήποτε ξένο νόμισμα, αρκεί να είναι «γερό». Δεν είναι η σφραγίδα του νομίσματος που του δίνει αξία, αλλά το υλικό του, αφού η κρατική εξουσία δεν επαρκεί να επιβάλλει αυτήν την σφραγίδα.

Όμως αυτή η ερμηνεία έχει προβλήματα, δεδομένου ότι η Πύλη όριζε με φιρμάνια τις ισοτιμίες χρυσών και αργυρών νομισμάτων κατά τις περιόδους πληρωμής των φόρων (Λιάτα 1996, 41–46). Προφανώς μια τέτοια κρατική εξουσία θα πρέπει να είχε κατανοήσει αρκετά καλά ότι μπορούσε να ορίζει με φιρμάνι το νόμισμα πληρωμής φόρων (μονέδα φιρμανιού, Λιάτα 1996, 23). Και επιπλέον ότι μπορούσε πάλι με φιρμάνι να ορίζει ότι π.χ. για την πληρωμή φόρων στην Κρήτη, 1 χρυσό σιεριφί ισοδυναμεί με 2 ασλάνια γρόσια το 1691 και με 2,25 ασλάνια το 1692,[2] ανεξαρτήτως μεταλλικού περιεχομένου. Ακόμη και οι Πασάδες φαινόταν να έχουν μια τέτοια εξουσία, όπως μαρτυρούν οι πρακτικές του Αλή Πασά. Π.χ. αυτός έκανε αρμπιτράζ μεταξύ των ισοτιμιών του χρυσού στην Κωνσταντινούπολη και τα Ιωάννινα, δανειζόμενος σε χρυσό και αποπληρώνοντας το δάνειο σε άργυρο, αλλά στην ισοτιμία της Κωνσταντινούπολης, στην οποία αντιστοιχούσε λιγότερος άργυρος καθώς ο άργυρος ήταν ακριβότερος (Hughes 1820, 2:80). Εναλλακτικά, όταν είχε να κάνει μεγάλες πληρωμές, όπως π.χ. των στρατευμάτων του, αγόραζε τον χρυσό των Ιωαννίνων στην χαμηλή ισοτιμία της Κωνσταντινούπολης, και εν συνεχεία εκτελούσε τις πληρωμές στην νέα, υψηλότερη, ισοτιμία στην οποία αυτή η μαζική αγορά είχε μόλις εκτοξεύσει τον χρυσό. Εν συνεχεία, όταν ερχόταν η στιγμή της συλλογής των φόρων, επέβαλλε την πληρωμή τους στην νέα χαμηλή ισοτιμία στην οποία είχε ξαναπέσει ο χρυσός από την μαζική καταβολή των μισθών (Hughes 1820, 2:285).

Μια τέτοια εξουσία θα έπρεπε να είχε καταλάβει ότι μπορούσε να ορίσει οποιοδήποτε νόμισμα για την συλλογή φόρων, ακόμη και χάλκινο ή χάρτινο. Συνεπώς, η πιθανότερη ερμηνεία είναι ότι αυτή η εξουσία, όπως και πολλές Δυτικές της εποχής, αποσκοπούσε με την πολιτική της στην με κάθε τρόπο συγκέντρωση πολυτίμων μετάλλων. Αυτό μπορεί να αποδοθεί τόσο σε ανορθολογικά κίνητρα, συγκεκριμένα στην παθολογική ψύχωση με τον χρυσό, αλλά και σε αυστηρώς ορθολογικά, αφού ο χρυσός—και δευτερευόντως ο άργυρος—ήταν το παγκόσμιο συναλλακτικό μέσον. Για τις εισαγωγές της, η Πύλη είχε ανάγκη από πολύτιμο μέταλλο και χρησιμοποιούσε δραστήριες νομοθετικές πολιτικές για να το αποκτήσει, ανεξαρτήτως άλλου κόστους.

Σε ένα τέτοιο άναρχο πλαίσιο, η οργιάζουσα κιβδηλοποïα, το κούρεμα και η διάτρηση των νομισμάτων, ακύρωναν την οποιαδήποτε εμπιστοσύνη στο μεταλλικό περιεχόμενό των νομισμάτων. Η συχνά αναφερόμενη αναλογία 1 γρόσι = 40 παράδες = 120 άσπρα, ίσχυσε κυρίως τον 18° αιώνα, και πάλι όμως ως μια λογιστική τιμή αναφερόμενη σε γνήσια νομίσματα. Η εύρεση της σωστής *μεταλλικής* ισοτιμίας μεταξύ όλων των προανα-

---

[2] Το 1692, 1 παράς = 3 άσπρα, 1 σιεριφί = 270 άσπρα, 1 ασλάνι = 120 άσπρα. Άρα 1 σιεριφί = 270/3 = 90 παράδες και 1 ασλάνι = 120/3 = 40 παράδες. Συνεπώς 1 σιεριφί = 90/40 = 2,25 ασλάνια (Λιάτα 1996, 42).

Πίνακας 2.1: Ισοτιμίες χρυσών, αργυρών και χάλκινων οθωμανικών νομισμάτων με ευρωπαϊκά μεταξύ 15ου και 19ου αιώνα

Αργυρή λίρα Αγγλίας (Λιάτα 1996, 212–213)
από 5–7 γρόσια το 1740 στα 40 γρόσια το 1822
από 4 παράδες το 1780 σε 16 το 1818
από 21,8 άσπρα το 1772 σε 45 το 1809
Ισπανικό δίστηλο (Λιάτα 1996, 231–234)
από 2 γρόσια, 26 παράδες το 1761 στα 8,5 γρόσια το 1821
από 70 παράδες το 1772 σε 290 το 1821
Χρυσό Βενετικό φλωρί (Λιάτα 1996, 240–251)
από 2 γρόσια το 1655 στα 33,5 γρόσια μετά το 1823
από 133 παράδες το 1728 σε 155 το 1758
από 45 άσπρα το 1467 σε 465 το 1749

φερθέντων νομισμάτων ήταν μια σχεδόν αδύνατη άσκηση, λαμβάνοντας υπόψη την υποτίμησή των τουρκικών νομισμάτων από τις αρχές έκδοσής τους, καθώς και την κιβδηλοποιΐα τουρκικών και ευρωπαϊκών νομισμάτων ανεξαιρέτως.

Η Λιάτα παραθέτει σειρά εξαντλητικών πινάκων με διαχρονικές ισοτιμίες τουρκικών και ευρωπαϊκών νομισμάτων, άλλοτε επίσημες και άλλοτε τρέχουσες σε κάποια αγορά. Ως παράδειγμα μπορούμε να αναφέρουμε κάποιες ισοτιμίες ως προς την αργυρή λίρα Αγγλίας, το Ισπανικό δίστηλο και το Βενετικό φλωρί (Πίνακας 2.1). Οι ανατιμήσεις των ευρωπαϊκών νομισμάτων σε κάποιες περιπτώσεις βρίσκονται κοντά στο 1000–1500%, χαρακτηριστικές της προϊούσας νόθευσης των τουρκικών νομισμάτων. Να σημειωθεί όμως ότι το μεταλλικό περιεχόμενο αυτών των νομισμάτων δεν ήταν σταθερό. Δεδομένου ότι και αυτά νοθεύτηκαν συν τω χρόνω, η «υποτίμηση» των τουρκικών προκύπτει να είναι ακόμα μεγαλύτερη.

2.2 Το επαναστατικό νόμισμα

Η πρώτη επαναστατική διοίκηση ήταν η *Πελοποννησιακή Γερουσία* που ιδρύθηκε στις 23/5/1821. Στην πρώτη Εθνοσυνέλευση, που έλαβε χώρα στην Επίδαυρο, κηρύχθηκε η ανεξαρτησία της Ελλάδας και ψηφίσθηκε την 1/1/1822 το *Προσωρινόν Πολίτευμα*, το πρώτο ελληνικό Σύνταγμα. Από τον Φεβρουάριο του 1822, οι επαναστατικές διοικήσεις που θα προέκυπταν από τις διάφορες εθνοσυνελεύσεις θα είχαν το όνομα *Προσωρινή Διοίκησις της Ελλάδος*.

Σε μια προσπάθεια να βάλει σε τάξη ένα νομισματικό χάος, η *Προσωρινή Διοίκησις* δημοσίευσε την πρώτη διατίμηση νομισμάτων στις 16/3/1822 (βλ. Πίνακα 25.1). Η διαταγή υπογράφεται από τον Πανούτζο Νοταρά ως Μινίστρο της Οικονομίας και ορίζει την αντιστοιχία 7 ευρωπαϊκών και 18 τούρκικων νομισμάτων σε «γρόσια» (Λιάτα 1996, 289). Όμως το αυτό το *επαναστατικό γρόσι* ήταν μια λογιστική μονάδα των επαναστατημένων Ελλήνων· δεν αντιστοιχούσε σε κάποιο μεταλλικό νόμισμα αλλά ήταν ένα άυλο νόμισμα της επαναστατικής διοίκησης.

Πράγματι, με την υποτίμηση που έγινε στις 2/6/1823 (Προβούλευμα Εκτελεστικού αρ. 1209) αυξάνονταν οι τιμές των παλιών μονόγροσων, από 1,5 σε 2 επαναστατικά γρόσια, καθώς και των νέων, από 1,25 σε 1,5 επαναστατικά γρόσια (ΑΕΠ 2002a, 2:54–56). Προς την κατεύθυνση της υποτίμησης κινήθηκε και η πρώτη διατίμηση του Καποδίστρια στις 8/2/1828 (ΓΕΕ 1828i, 47). Αυτή θα ήταν και η τελευταία που θα ανέφερε ισοτιμίες τουρκικών νομισμάτων, καθώς οι επόμενες ισοτιμίες που θα δημοσιεύονταν σε φοίνικες (από τον Καποδίστρια) ή δραχμές (από τον Όθωνα) θα αφορούσαν μόνο σε ευρωπαϊκά νομίσματα. Από τις διατιμήσεις αυτές είναι προφανές ότι το λογιστικό επαναστατικό γρόσι κρατάει μόνο το όνομα από τα τουρκικά γρόσια, αποτελώντας ένα νέο νόμισμα.

Την περίοδο αυτή παρατηρείται και ένα επεισόδιο που ερμηνεύεται από την κρατική θεωρία του χρήματος, αλλά όχι από την εμπορευματική. Ο Έπαρχος Τριπολιτσάς είχε διαταχθεί να μη δέχεται τους μισούς μαχμουτιέδες αγγλικής κοπής. Αποτέλεσμα αυτής της διαταγής ήταν να πάψει να τους δέχεται και το κοινό, οπότε στις 23/6/1823 ο Έπαρχος διατάχθηκε να αρχίσει και πάλι να τους δέχεται (ΑΕΠ 2002b, 14:5). Μάλιστα, λίγες ημέρες μετά, στις 29/6/1823, έγινε υποτίμηση του μαχμουτιέ αγγλικής κοπής από τα 13 επ. γρόσια της πρόσφατης διατίμησης στα 11 επ. γρόσια, δηλαδή στην αξία του μεταλλικού του περιεχομένου (ΑΕΠ 2002b, 14:83). Με άλλα λόγια, ακόμη και προτού εξελιχθεί σε πλήρη κυβέρνηση, αποδεκτή από τις μεγάλες δυνάμεις, η επαναστατική διοίκηση αποτελούσε οιονεί κράτος, με την ικανότητα να ελέγχει με τις εντολές του τις αξίες του νομίσματος, καθώς και το αν αυτό θα γινόταν αποδεκτό από το κοινό.

Δεν είναι λοιπόν περίεργο που η κοπή εθνικού νομίσματος, δηλαδή η πράξη επικύρωσης της κρατικής εξουσίας, απασχόλησε από νωρίς την προσωρινή διοίκηση. Ήδη από την σύνταξή του, το *Προσωρινό Πολίτευμα* μιλούσε στο άρθρο μδ΄ για την κοπή νομίσματος *«εἰς τὸ ὄνομα τοῦ ἔθνους»*. Επειγόμενη να προμηθευθεί η Προσωρινή Διοίκηση τον απαραίτητο χρυσό και άργυρο, υπέβαλλε στις 5/4/1822 στο Βουλευτικό σχέδιο νόμου για την «πρόσκαιρη» λήψη των χρυσών και αργυρών σκευών εκκλησιών και μοναστηριών (ΑΕΠ 2002c, 1:157–158, 268). Για να διευκολυνθεί το παραπάνω μέτρο, στις 22/4/1822 το Εκτελεστικό απαγόρευσε την κοπή νομισμάτων από τρίτους (ΑΕΠ 2002c, 1:325–326, 407), και δύο ημέρες αργότερα την άνευ αδείας εξαγωγή χρυσού και αργύρου από την επικράτεια, ή την μεταφορά του από επαρχία σε επαρχία (ΑΕΠ 2002c, 1:327).

Στις 12/6/1822, το Εκτελεστικό πρότεινε νόμο για την εισαγωγή νομίσματος *«εἰς ὄνομα τοῦ ἔθνους»* με το όνομα *δραχμή*. Προτεινόταν η κοπή αργυρών πενταδράχμων που θα περιείχαν πέντε δράμια άργυρο. Αυτά θα χωρίζονταν σε είκοσι οβολούς, που θα περιείχαν το ένα εικοστό αυτής της ποσότητας, ενώ προβλεπόταν και η κοπή χαλκίνων νομισμάτων που θα αντιστοιχούσαν στο 1/5 του οβολού (ΑΕΠ 2002c, 1:288). Η πρόταση αυτή, που επανέφερε στην σύγχρονη Ελλάδα τις ονομασίες αρχαίων νομισμάτων, ήταν ενδεικτική μιας παγιωμένης αντίληψης περί εθνικής συνέχειας την οποία προφανώς δεν καλλιέργησε το—ανύπαρκτο ακόμη—ελληνικό κράτος. Θα ήταν δε εξαιρετικά απλουστευτικό να αποδώσουμε την κατοπινή επιλογή του ονόματος «δραχμή» αποκλειστικά και μόνον στην αρχαιολατρία του πατέρα του Όθωνα.

2.3 Τα δημοσιονομικά του αγώνα και το πρώτο χαρτονόμισμα

Η χρηματοδότηση του Αγώνα γινόταν ως επί το πλείστον από συνεισφορές πλουσίων Ελλήνων και φιλελλήνων, αναγκαστικές εισφορές, τελωνειακούς δασμούς και φορολογία δημοσίων προσόδων. Πλην όμως, η διαχείριση ήταν τελείως ακατάστατη και η έλλειψη χρήματος ήταν δραματική. Εκτός του εξωτερικού δανεισμού που επιχειρήθηκε όλη αυτή την περίοδο (και επετεύχθη με τα δάνεια της Ανεξαρτησίας 1824–25), η Προσωρινή Διοίκηση της Ελλάδος κατέφυγε σε εσωτερικό έντοκο δανεισμό για να ικανοποιήσει τις χρηματικές (σε πολύτιμο μέταλλο) ανάγκες του Αγώνα. Το μέσον ήταν η έκδοση τοκοφόρων ομολογιών, που αποφασίστηκε στις 18/1/1822 (ΑΕΠ 2002c, 1:147–148) να εκδοθούν σε συνολικό ύψος 5 εκ. γροσίων (Πίνακας 25.48). Με παρόμοιες διατάξεις αποφασίσθηκε στις 20/1/1822 και δεύτερο δάνειο 2 εκ. γροσίων (ΑΕΠ 2002c, 1:149–150), το οποίο όμως αποσκοπούσε στην άντληση χρημάτων με λίγες και μεγάλες ομολογίες (Πίνακας 25.49).

Οι ομολογίες αυτές θα απέδιδαν ετήσιο τόκο 8% αποδιδόμενο κάθε εξάμηνο, και θα αποπληρώνονταν σε μια τριετία. Μπορούσαν δε να χρησιμοποιηθούν για αγορά εθνικών κτημάτων (προτιμότερες από μετρητά), αλλά και μπορούσαν να γίνονται δεκτές αντί μετρητών, δηλαδή μεταλλικού χρήματος. Οι ομολογίες δηλαδή προορίζονταν να αποτελέσουν ένα είδος χρήματος. Αυστηρά μιλώντας, δεν ήταν χαρτονομίσματα, διότι ήταν ανταλλάξιμες (σε εθνική γη), αλλά ούτε και τραπεζογραμμάτια, διότι δεν εξέδιδε κάποια τράπεζα έναντι μετάλλου. Παρ' όλα αυτά, προορίζονταν να χρησιμοποιηθούν ως χρήμα, και μάλιστα χάρτινο. Μπορούν δηλαδή να θεωρηθούν ως τα πρώτα ελληνικά χαρτονομίσματα.

Με νόμο που εκδόθηκε στις 4/3/1822 στην Α΄ Εθνοσυνέλευση της Επιδαύρου, το δάνειο των 5 εκ. γροσίων χαρακτηρίστηκε «βίαιον», και ότι *«θέλει ληφθῇ ἀπὸ τὰς ἑξῆς κλάσεις· τοῦ ἱεροῦ κλήρου, τῶν ἰδιοκτητῶν, τῶν ἐμπόρων, τῶν τεχνιτῶν καὶ ἐν γένει τῶν εὐπόρων καὶ εὐκαταστάτων»* (ΑΕΠ 2002c, 1:151–152). Οι ομολογίες αυτές εκδόθηκαν μεταξύ 1822–1825, όμως η λογιστική παρακολούθηση του δανείου ήταν ελλιπέστατη. Η *επί των Εθνικών Λογαριασμών Επιτροπή*, που συστήθηκε με ψήφισμα της Γ΄ Εθνοσυνέλευσης (13/4/1826) κατήρτισε τέσσερις τόμους με την καταγραφή των παραλείψεων και σφαλμάτων των εθνικών λογαριασμών. Στο θέμα των ομολογιών αυτών, βρήκε ότι ομολογίες αξίας σχεδόν 3,5 εκ. επ. γροσίων δεν βρέθηκαν και ότι 399.098 επ. γρόσια αποπληρώθηκαν σε δανειστές, χωρίς να έχει βρεθεί πού και πότε οι δανειστές αυτοί κατέβαλλαν αυτά τα ποσά. Η αναφορά της 11/4/1827 που αναγνώσθηκε στην Γ΄ Εθνοσυνέλευση ήταν πραγματικός καταπέλτης: *«Ἡ ἐπὶ τῶν ἐθνικῶν λογαριασμῶν αὕτη ἐπιτροπή, ἀναλαβοῦσα εὐθὺς τὰ χρέη της καὶ παρατηρήσασα, ὅτι τὰ ἐθνικὰ κατάστιχα εἶναι νοθευμένα καὶ πλήρη ἀπὸ καταχρήσεις, πλαστοπαρτίδας, ἐλλείψεις, λάθη καὶ ἀνωμαλίας ὑπεχρεώθη ἐκ τούτου νὰ καταστρῶση ἀτομικὰς παρτίδας 3.500 περίπου εἰς τρία βιβλία»* (ΑΕΠ 2002d, 3:492–499). Τι ακολούθησε την ανάγνωση της μακροσκελούς και καταδικαστικής αναφοράς; Η σημείωση με την λέξη... *«ἀνεγνώσθη»* (Παπαρρηγόπουλος 1932a, 6α:46–49).

2.4 Τα δάνεια της ανεξαρτησίας

C'est une lamentable histoire que celle de la dette hellénique[3]
Casimir Leconte (Leconte 1847, 174)

Με αυτήν την φράση του Casimir Leconte ξεκινάει την *Ιστορία των Εθνικών Δανείων* ο χαλκέντερος ιστορικός και οικονομολόγος Ανδρέας Μ. Ανδρεάδης (1904). Φράση που συμπύκνωνε όλη του την οδύνη για τη δημοσιονομική και οικονομική καχεξία του ελληνικού κράτους—και κατ' επέκταση του ελληνικού Έθνους.

Δεν θα μπορούσαμε να παραλείψουμε, έστω και συνοπτικά, να αναφερθούμε στο χρέος του ελληνικού κράτους, καθώς είναι μια ιστορία που γεννήθηκε μέσα στο χρέος και από το οποίο βαρύνεται έκτοτε, σαν από προπατορικό αμάρτημα. Ανεκτίμητο βοήθημα η *Ιστορία* του Ανδρεάδη, επί της οποίας κυρίως βασίζεται το κεφάλαιο αυτό.[4] Συγκεκριμένα θα αναφερθούμε στο χρέος που προέκυψε από τα δάνεια της ανεξαρτησίας των 1824 και 1825, όχι επειδή αποτέλεσε το μοναδικό, ή το ακόμη και το μεγαλύτερο χρέος του νεοσύστατου κράτους· επί παραδείγματι, το χρέος προς τις ναυτικές νήσους (Ύδρα, Σπέτσες, Ψαρά) ήταν πολλαπλάσιο. Όμως το χρέος από τα δάνεια της ανεξαρτησίας ήταν εκείνο που (α) Αποτέλεσε μια ημιεπίσημη αναγνώριση του ελληνικού κράτους, (β) Συνέδεσε την ελληνική οικονομία με τις διεθνείς χρηματαγορές, (γ) Έπαιξε σημαντικό ρόλο στις απόπειρες ίδρυσης κεντρικής τράπεζας. (δ) Έπαιξε σημαντικό ρόλο στα δημοσιονομικά του κράτους για πολλές δεκαετίες. (ε) Δημιούργησε σχέσεις υποτέλειας μεταξύ του ελληνικού κράτους και των δανειστών του, οικονομικά αλλά και πολιτικά.

Αν και ο Αγώνας ξεκίνησε χρηματοδοτούμενος από ιδιωτικές εισφορές και τουρκικά λάφυρα, σύντομα θεωρήθηκε ότι αυτό δεν θα αρκούσε για την συνέχισή του και δανειστές άρχισαν να αναζητώνται. Πράγματι, στις 23/11/1821 ο Άρειος Πάγος εξουσιοδότησε τον Βαρώνο Θεοχάρη Κεφαλά Ολύμπιο και τον Χρονία Δροσινό να συνάψουν δάνειο 150.000 φλωρινίων, από τα οποία ο Κεφάλας βεβαίωσε δανεισμό 40.000 στην Ζυρίχη (16/9/1822) και 62.000 στην Μασσαλία (16/11/1822), χωρίς όμως τα χρήματα αυτά να εισπραχθούν (Μάμουκας 1839a, 1:91–94). Λίγο αργότερα ξεκίνησαν διαπραγματεύσεις για σύναψη δανείου 4 εκ. φράγκων από τους Ιππότες της Ρόδου, οι οποίοι ζητούσαν σε αντάλλαγμα την παραχώρηση ελληνικών νησιών—παλαιότερα είχαν εκδιωχθεί από την Ρόδο και πιο πρόσφατα ο Ναπολέων τους είχε εκδιώξει και από την Μάλτα. Παράλληλα, άλλες προσπάθειες έγιναν και στην Ιταλία (Ανδρεάδης 1904, 11–12). Παρομοίως, μια από τις πρώτες αποφάσεις της Α' Εθνοσυνέλευσης της Επιδαύρου, στις 9/3/1822, αφορούσε στην σύναψη εξωτερικού δανείου 1 εκ. διστήλων (ΑΕΠ 2002c, 1:153, 254).

Το πρώτο δάνειο (Φεβρουάριος 1824)

Κατά την ίδια περίοδο, ο γιαννιώτης πολιτικός Ανδρέας Λουριώτης ήλθε σε επαφή με τον Edward Blaquière στο Λονδίνο, ο οποίος και τον συνέστησε σε φιλελληνικούς κύκλους και στο Φιλελληνικό Κομιτάτο (Greek Committee), του οποίου ηγείτο ο Jeremy Bentham. Σε συμβούλιο της 19/2(3/3)/1823 στο Crown and Anchor Tavern (Cochrane 1837a, 2:365), αποφάσισαν την αποστολή του Blaquière με τον Λουριώτη στην Ελλάδα για να λάβουν επιτόπια ενημέρωση, όπου και έφτασαν στις 21/4(3/5)/1823.

Ήταν δε τόσο απελπιστικά τα οικονομικά του Αγώνα,[5] που όταν μαθεύτηκαν τα νέα για τις ευμενείς προθέσεις δανεισμού, στις 11(23)/5/1823 προτάθηκε από το Βουλευτικό η σύναψη δανείου 4 εκ. διστήλων (ΑΕΠ 2002a, 2:28) και το Εκτελεστικό εξουσιοδότησε με διάταγμα της 2(14)/6/1823 τον Ιωάννη Ορλάνδο (γαμπρό του Κουντουριώτη), τον Ανδρέα Ζαΐμη και τον Ανδρέα Λουριώτη να μεταβούν στο Λονδίνο για την διαπραγμάτευση δανεισμού 4 εκ. ισπανικών διστήλων (Ανδρεάδης 1904, 14). Οι σκοποί του πρώτου δανείου όπως τους συνέλαβε ο Μαυροκορδάτος ήταν όχι μόνον η οικονομική ενίσχυση της ελληνικής κυβέρνησης, αλλά και να αποτελέσει μια *de facto* αναγνώρισή της από την Αγγλία, με την οποία έτσι θα συνήπτε επίσημες σχέσεις. Σε επιστολή του

---

[3] Στο γαλλικό πρωτότυπο: «*C'est une lamentable histoire que celle de la dette extérieure de la Grèce*».

[4] Διάφορα λάθη, μάλλον τυπογραφικά, οδηγούν σε ασυμφωνίες των ποσών που παραθέτει ο Ανδρεάδης σε διαφορετικά σημεία του κειμένου του. Όσα είναι προφανή διορθώθηκαν, ενώ άλλα απλώς υποδεικνύονται στο κείμενο.

[5] Η αναφορά της δωδεκαμελούς επιτροπής της Β' Εθνοσυνέλευσης στο Άργος (Πράξη ΛΕ', 12/4/1823) προέβλεπε έσοδα 12.846.220 γροσίων για το έτος μεταξύ Μαΐου 1823 - Μαΐου 1824. Τα δε προβλεπόμενα έξοδα ήταν 25.744.000 για το πρώτο εξάμηνο του έτους και 38.616.000 γρόσια για όλο το έτος (Μάμουκας 1839b, 3:24–59).

(24/6/1823) προς την αντιπροσωπεία, τους εφιστά στην προσοχή στην μυστικότητα με την οποία έπρεπε να επιδιωχθεί ο δεύτερος στόχος ώστε να μην προκληθεί η ζηλοτυπία των άλλων δυνάμεων (Παπαρρηγόπουλος 1932a, 6α:148–149).

Η σύναψη του δανείου όμως καθυστέρησε κατά 8 μήνες, καθώς η οικονομική στενότης ήταν τέτοια, που ακόμη και τα οδοιπορικά των τριών ανδρών κάλυψε ο Λόρδος Βύρων με δάνειο 4.000 λιρών. Όπως λέει όμως ο Ανδρεάδης *«η βραδύτης αύτη υπήρξε υπό πολλάς απόψεις μάλλον ευτυχής».* Αφενός ο Blaquière, με το *Report on the present state of the Greek federation,* που είχε υποβάλλει στις 23/9/1823 στο Greek Committee. είχε περιγράψει πολύ κολακευτικά την κατάσταση του Αγώνα (Ανδρεάδης 1904, 15) και αφετέρου, όταν οι τρεις άνδρες αποβιβάσθηκαν στο Λονδίνο στις 14(26)/1/1824, βρέθηκαν στο μέσο ενός κερδοσκοπικού πυρετού έκδοσης εθνικών δανείων. Χαρακτηριστικό αυτών των δανείων ήταν οι μεγάλες διαφορές των ονομαστικών τους τιμών από τις τιμές εκδόσεως. Τα ομόλογα των δανείων αυτών εκδίδονταν πολύ κάτω από την ονομαστική τους τιμή (disagio). Π.χ. από τα εκδοθέντα δάνεια κατά την τετραετία 1822–1825, το μικρότερο disagio πέτυχαν η Νάπολη (91,5% για δάνειο 2,5 εκ. Λιρών το 1824) και το Μεξικό (89,25% για δάνειο 3,2 εκ. Λιρών το 1825), με disagio της τάξης του 75–85% να είναι ο κανόνας. Έτσι, αν και ο αγοραστής των ομολογιών κατέβαλε μόνον μέρους του ονομαστικού ποσού, λάμβανε τόκους για το όλο. Πρέπει δε να υπογραμμισθεί ότι τα δάνεια αυτά, όπως και τα ελληνικά, δεν εκδίδοντο από το Βρετανικό κράτος, αλλά από ιδιώτες στην ανοιχτή αγορά.

Σε αυτό το κλίμα, και εντός 25 μόνον ημερών—στις 9(21)/2/1824—ολοκληρώθηκε η έκδοση του ελληνικού δανείου από την *Loughnan, Son, & O'Brien's.* Το ποσόν ανήλθε στις 800.000 λίρες, προς 59% του ονομαστικού ποσού, ενέχοντας δηλαδή το επαχθέστερο disagio από όλα τα μέχρι τότε εκδοθέντα δάνεια, μαζί με σειρά άλλων επιβαρύνσεων (βλ. Πίνακα 25.51). Το δάνειο ήταν ενυπόθηκο· για την εξυπηρέτησή του δόθηκαν ως εγγυήσεις, για την μεν πληρωμή των τόκων όλα τα δημόσια έσοδα, για την δε πληρωμή του κεφαλαίου όλα τα εθνικά κτήματα. Δηλαδή η κυριαρχία του υπό σύσταση κράτους που κυριολεκτικά είχε κερδηθεί με αίμα, υποθηκεύτηκε στους δανειστές του.

Από το καθαρό ποσό του δανείου, 11.900 λίρες χρησιμοποιήθηκαν για αγορά εφοδίων, ενώ 28.100 παρέμειναν στο Λονδίνο. Το υπόλοιπο ποσό—περί τις 300 χιλιάδες λίρες[6] –παραδόθηκε ως μετρητό στην ελληνική κυβέρνηση, μετά από πολλές περιπέτειες. Αρχικά οριζόταν ότι το ποσό αυτό θα απεστέλλετο στους εμπόρους Καίσαρα Λογοθέτη και Samuel Barff[7] στην αγγλοκρατούμενη Ζάκυνθο, για να δοθεί στην Κυβέρνηση με την συγκατάθεση επιτροπής αποτελούμενης από τους λόρδο Βύρωνα, συνταγματάρχη Stanhope και Λάζαρο Κουντουριώτη. Όμως ο θάνατος του Βύρωνα (7(19)/4/1824) καθυστέρησε την εκταμίευση των χρημάτων μέχρις ότου έρθουν νέες εντολές από το Λονδίνο.[8]

Τα χρήματα που άρχισαν να φτάνουν στο Εκτελεστικό στις 10/7/1824 (ΑΕΠ 2002e, 10:395–396), αντί να χρησιμεύσουν στον αγώνα της Ανεξαρτησίας, χρησίμευσαν στην χρηματοδότηση του δευτέρου εμφυλίου πολέμου από πλευράς Κυβερνήσεως Κουντουριώτη και στην δημιουργία ενός σπάταλου και διεφθαρμένου πολιτικού και διοικητικού κατεστημένου, που έμελλε να καταστεί η διαχρονική κατάρα του νεαρού κράτους.

Το δεύτερο δάνειο (Φεβρουάριος 1825)

Οι συνεχιζόμενες ανάγκες της Κυβέρνησης, αλλά και η ευκολία έκδοσης του πρώτου δανείου δημιούργησαν την ιδέα σύναψης ενός δευτέρου δανείου, την οποία εισηγήθηκαν οι πληρεξούσιοι στις 27/3/1824. Με επικείμενο τον Αιγυπτιακό κίνδυνο, και με πρόσφατη την καταστροφή της Κάσου και των Ψαρών, το Βουλευτικό ενέκρινε σύναψη δανείου 15 εκ. διστήλων (3/7/1824) και το Εκτελεστικό εξουσιοδότησε (14/8/1824) τους Ορλάνδο και Λουριώτη να το διαπραγματευθούν. Ο Ανδρέας Ζαΐμης, του οποίου η οικογένεια συμμετείχε στον εμφύλιο κατά της Κυβέρνησης είχε ανακληθεί από τις 12/2/1824 και τον αντικατέστησε ο Γεώργιος Σπανιολάκης τέσσερις μήνες αργότερα.

---

[6] 308.800 κατά τον Ανδρεάδη, 298.726 κατά τους Ορλάνδο και Λουριώτη (Παπαρρηγόπουλος 1932a, 6α:105) και 295.800 σύμφωνα με τους υπολογισμούς που παραθέτω.

[7] Τραπεζίτης του Λ. Βύρωνα στην Ζάκυνθο, μελλοντικός μέτοχος της Ionian Bank και διευθυντής υποκαταστήματος Ζακύνθου, και αδερφός των John και Thomas, εκ των πρώτων μετόχων της.

[8] Οι πρώτες 40.000 λ., που είχαν σταλεί με τον Blaquière στις 19(31)/3/1824, έφτασαν στις 12(24)/4/1824, λίγες μέρες μετά τον θάνατό του.

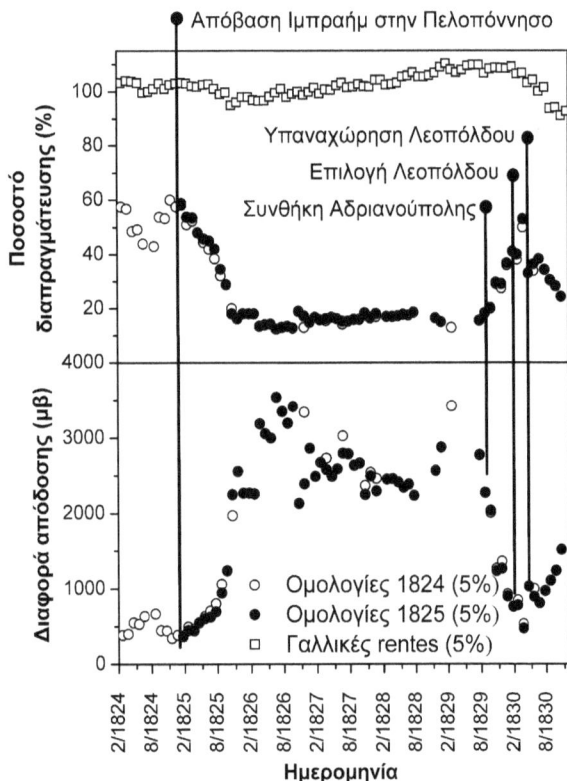

Εικόνα 2.1: Επάνω: Οι διακυμάνσεις των τιμών των ελληνικών ομολογιών των δανείων του 1824 και 1825 και των γαλλικών rentes (στο χρηματιστήριο του Λονδίνου). Κάτω: Διαφορές αποδόσεων (spreads) σε σχέση με τις γαλλικές rentes (σε μονάδες βάσης). Τα δεδομένα ήταν ευγενική προσφορά του Marc Flandreau (Flandreau και Flores 2009).

Κατόπιν διαπραγματεύσεων με τους οίκους *André & Cottier* και *Gabriel Odier & Cie* στο Παρίσι, και *Joseph & Samson Ricardo*[9] στο Λονδίνο, ενεκρίθη δάνειο από το Λονδίνο καθώς προσέφερε πολύ μεγαλύτερο ποσό, και καθώς κατά την διαπραγμάτευση οι Ricardo απέκλεισαν την σύναψη οποιουδήποτε άλλου δανείου με άλλο οίκο. Έτσι, ένα δάνειο ονομαστικού κεφαλαίου 2.000.000 λιρών, συμφωνήθηκε να εκδοθεί από τον οίκο J. & S. Ricardo στις 7(19)/2/1825. Το δάνειο διαιρείτο σε 200.000 ομολογίες των 100 λιρών, οι οποίες εξεδίδοντο προς το 55,5% της ονομαστικής τους τιμής. Έτσι, με ένα disagio ακόμη πιο επαχθές και από εκείνο του πρώτου δανείου, το συνολικό ποσό δεν θα υπερέβαινε τις 1.100.00 λίρες. Το επιτόκιο ήταν 5% και το χρεωλύσιο 1%, ενώ κρατήθηκαν οι τόκοι των δύο πρώτων ετών, το χρεωλύσιο του πρώτου έτους, προμήθεια πληρωμής τόκων 2% επί των τόκων και προμήθειες, μεσιτείες και έξοδα συνομολογήσεως 3%.

Η έκδοση *και* αυτού του δανείου ήταν τόσο υπερεπιτυχής, με εγγραφή προσφορών 4,5 εκ. λιρών μετά από δύο μόνον μέρες, όσο και ληστρική από πλευράς εξόδων. Αναφερόμενοι στην προμήθεια των αδερφών Ricardo οι Times έγραφαν ότι ο οίκος Ricardo «τσέπωσε *[has pocketed]* 64.000 λ. από την συναλλαγή» (*The Times (London)* 1826a, 2). Όταν δε την συνέκριναν με τα ποσά από εράνους και δωρεές φιλελλήνων που είχαν εισπραχθεί ανά την Ευρώπη, την έβρισκαν υπέρογκη (*The Times (London)* 1826b, 3):

> *Όμως, εν τέλει, τι είναι αυτά τα [οικονομικά] μέσα συγκρινόμενα με τα ποσά που συγκεντρώθηκαν από δάνεια και διασκορπίστηκαν από απρονοησία, ή διαφθορά στην Αγγλία; Το όμορφο κομμάτι που κρατήθηκε ως προμήθεια από τον εκδότη του τελευταίου δανείου (ανερχόμενο σε 64.000 λ.) είναι σχεδόν διπλάσιο των εθελοντικών εισφορών όλων των Φιλελλήνων της Ευρώπης, συμπεριλαμβανομένων εκείνων των επιτροπών και εταιρειών, κολεγίων και πανεπιστημίων, κλασικών κυριών και αγαθών πριγκίπων—ιερέων, καλλιτεχνών, φιλοσόφων και πολιτικών—το προϊόν φιλανθρωπικών συναυλιών και κηρυγμάτων ελεημοσύνης.*

Όμως το δάνειο συνήφθη χωρίς τον έλεγχο του Φιλελληνικού Κομιτάτου (Greek Committee) και χωρίς την καθοδήγησή του. Αντ' αυτού, οι Ricardo μαζί με τους Ellice, Hobhouse και Burdett συνέστησαν μια ομάδα που επονομάσθηκε *τετραρχία*, και που κηδεμόνευσε τους Ορλάνδο και Λουριώτη.

Η κερδοσκοπία επί των ομολογιών

Στο σημείο αυτό πρέπει να προσθέσουμε ότι ως κινητές αξίες οι ομολογίες του δανείου αποτέλεσαν και αντικείμενα χρηματιστηριακής διαπραγμάτευσης. Αμέσως μετά την έκδοσή τους, η τιμή τους άρχισε να πέφτει, για να φτάσουν τον Αύγουστο του 1824 σε μια ελάχιστη τιμή, ίση με το 43% της ονομαστικής (Εικόνα 2.1). Κατόπιν άρχισαν μια ανοδική πορεία, φτάνοντας το 60% τον Οκτώβριο (Flandreau και Flores 2009). Έτσι κατέστη δυνατόν με τις 16.000 λ. που κρατήθηκαν για χρεωλύσια να αγορασθούν ομολογίες ονομαστικής αξίας 30.200 λ. (53% της ονομαστικής).

---

[9] Οι Αλογοσκούφης και Λαζαρέτου (2002) εσφαλμένως αναφέρουν ότι το δάνειο εξέδωσε ο γνωστός οικονομολόγος David Ricardo. Ο David ήταν αδερφός των Joseph και Samson, και καταγόταν από οικογένεια Σεφαραδιτών Εβραίων από την Ολλανδία με 17 παιδιά. Αφενός, ο πατέρας της οικογένειας, Abraham, είχε αποκληρώσει τον David αφού κλέφτηκε με μια Χριστιανή από οικογένεια Κουακέρων. Έτσι οποιαδήποτε συμμετοχή του σε οικογενειακή επιχείρηση ήταν μάλλον απίθανη. Αφετέρου—και κυριοτέρως!—κατά την περίοδο έκδοσης των δανείων ο David είχε ήδη πεθάνει (11/9/1823).

Με τα νέα της κατάληψης της Κρήτης από τον Ιμπραήμ τον Φεβρουάριο του 1825, αμέσως μετά την σύναψη του δανείου, η τιμή των ομολογιών του άρχισε να κατρακυλά, φτάνοντας σε μια τιμή κάτω από 18% μέσα σε 9–10 μήνες (παρόμοιες τιμές έλαβαν και οι ομολογίες του πρώτου δανείου). Έτσι, με τις 20.000 λ. που κρατήθηκαν για χρεωλύσια, εξαγοράσθηκαν επιπλέον ομολογίες του β΄ δανείου, ονομαστικής αξίας 67.000 λ. (30% της ονομαστικής). Αυτές, μαζί με τις προαναφερθείσες ομολογίεστου α΄ δανείου απέφεραν συνολικούς τόκους 23.385 λ., από τις οποίες 10.500 περιήλθαν στους Έλληνες πληρεξούσιους, ενώ οι υπόλοιπες χρησιμοποιήθηκαν για την αποπληρωμή του 5^{ου} εξαμηνιαίου τοκομεριδίου (του τελευταίου που πληρώθηκε), καθώς τα προηγούμενα τέσσερα είχαν προκρατηθεί.

Οι τιμές των ομολογιών θα ξαναανέβαιναν πρόσκαιρα στα τέλη του 1829 με την Συνθήκη της Αδριανούπολης και συνέχισαν να ανεβαίνουν και με την αποδοχή του ελληνικού θρόνου από τον πρίγκιπα Λεοπόλδο. Ξαναάρχισαν όμως την πτωτική τους πορεία Μάιο του ίδιου έτους όταν ο Λεοπόλδος υπαναχώρησε από το αξίωμα. Είναι αξιοσημείωτο ότι η έκβαση της ναυμαχίας του Ναυαρίνου δεν επηρέασε καθόλου τις τιμές των ομολογιών, που ενδεχομένως αντανακλά την δυσπιστία του οικονομικού κόσμου στην στήριξη της ελληνικής επανάστασης από τις Μεγάλες Δυνάμεις.

Η χρήση των δανείων

Είναι δύσκολο να συγκρατηθεί η οργή και η αγανάκτηση εκείνου που εξετάζει την χρήση των παραπάνω δανείων. Σε αυτά τα αισθήματα προστίθεται και η τέλεια απογοήτευση από την διαχρονικότητα των καταστάσεων. Αναφορικά με τους όρους δανεισμού, ο συνδυασμός τόσο επαχθών disagio με τόσο μεγάλα έξοδα δανείου σήμαιναν εξαρχής μικρή σχετικά ωφέλεια για την Ελλάδα, με μια παράλληλη υποθήκευση της εθνικής ανεξαρτησίας που ακόμη τότε κερδιζόταν με αίμα. Ακόμη κι έτσι όμως, τα μικρά αυτά ποσά που θα μπορούσαν να επενδυθούν ευεργετικά κατασπαταλήθηκαν με τον πιο θλιβερό τρόπο.

Η κακοδιαχείριση ξεκίνησε από το Χρηματιστήριο του Λονδίνου. Την στιγμή που οι ελληνικές ομολογίες είχαν κατρακυλήσει στο 15–20% της ονομαστικής τους αξίας (Οκτώβριος-Νοέμβριος 1825), οι Έλληνες πληρεξούσιοι τις εξαγόραζαν σε τριπλάσια τιμή, καθώς υπετίθετο ότι αυτό θα ανέκοπτε την πτωτική τους πορεία. Η τακτική αυτή επικρίνεται από τον Ανδρεάδη, που υπενθύμιζε ότι η υποτίμηση προερχόταν όχι από υπερέκδοση, αλλά από τα νέα της προέλασης του Ιμπραήμ. Προέλαση που μόνον άμεση διάθεση χρημάτων σε πολεμικές προετοιμασίες θα μπορούσε να αποτρέψει και όχι σε επαναγορά ομολόγων για την αποτροπή απωλειών από τους δανειστές (Ανδρεάδης 1904, 32). Ουσιαστικός λόγος όλων αυτών των αγοραπωλησιών ήταν αφενός μεν να μην ζημιωθούν οι διάφοροι επενδυτές, αφετέρου δε να έχουν δυνατότητα νέων μεσιτειών οι Ricardo. Είναι χαρακτηριστική η επιστολή των J. & S. Ricardo της 28/5/1825, στην οποία μεταξύ ικεσίας και απαίτησης ζητούσαν από τους Έλληνες να ξαναγοράσουν τις ομολογίες τους καθώς η τιμή τους είχε φτάσει στο 10–11% της ονομαστικής και αυτοί και οι φίλοι τους έχαναν δραματικά. Παρόμοιες απαιτήσεις ήγειραν οι «φιλέλληνες» Bowring και Hastings. Κερδοσκοπικά παιγνίδια παιζόντουσαν με χρήματα που θα έπρεπε να κατευθύνονται στον Αγώνα.

Αλλά και η διαχείριση των χρημάτων που δεν παίχτηκαν στο Χρηματιστήριο δεν ήταν καλύτερη. Την στιγμή που ήταν άμεση η ανάγκη στόλου για την αντιμετώπιση του Ιμπραήμ, αντί να αγορασθούν ετοιμοπόλεμα πλοία, παραγγελνόντουσαν καινούργια σε υπέρογκες τιμές. Επιπλέον, παραγγέλνοντας την *Καρτερία* ο Ellice δεν είχε ορίσει ποινική ρήτρα στον ναυπηγό Galloway. Ενώ λοιπόν η παράδοση είχε ορισθεί για τον Σεπτέμβριο του 1825, οι καθυστερήσεις του ανέβαλλαν την άφιξή της στην Ελλάδα μέχρι τις 3/9/1826, όταν είχε ήδη αλωθεί η Πελοπόννησος και είχε πέσει το Μεσολόγγι. Κατά τραγική ειρωνεία το όνομα του πλοίου θα αντανακλούσε τα συναισθήματα των Ελλήνων μαχητών. Παράλληλα η τετραρχία παρήγγειλε στον ίδιο ναυπηγό τα πέντε πλοία χωρίς την άδεια των Ελλήνων πληρεξουσίων, πάλι χωρίς ποινική ρήτρα. Και να σημειωθεί ότι ο ίδιος ναυπηγός κατασκεύαζε πλοία για τον Μεχμέτ Αλή, πατέρα του Ιμπραήμ, ευρισκόμενος δηλαδή σε ύποπτη σύγκρουση συμφερόντων. Και σε αυτά να προστεθεί η πανάκριβη πρόσληψη του George Cochrane ως ναυάρχου του επικουρικού στόλου, τον οποίο επέβαλλε η τετραρχία.

Από τα παραγγελθέντα λοιπόν πλοία, η *Επιχείρηση*, λόγω κακής κατασκευής, παρολίγον να βυθιστεί βγαίνοντας από τον Τάμεση. Μετά από επισκευές έφτασε στην Ελλάδα τον Σεπτέμβριο του 1828. Ο *Ακαταμάχητος* κάηκε στον Τάμεση κατά τις δοκιμές. Από τα μικρά πλοία μόνον ο *Ερμής* έφτασε στη Ελλάδα, καθώς τα άλλα δύο σάπισαν ημιτελή, ελλιμενισμένα έξω από το Λονδίνο.

Παρόμοια ήταν η κατάσταση της παραγγελίας από τις ΗΠΑ. Αντί 8 φρεγατών των 18 κανονιών που είχε ζητήσει η ελληνική Κυβέρνηση σε επιστολή της 12(24)/8/1824, το ναυπηγείο Leroy, Bayard & Co της Νέας Υόρκης προσέφερε φρεγάτες 50 κανονιών αντί 49.500 λ. έκαστη (247.500 δολ.). Τον Μάρτιο του 1825 η τετραρχία απέστειλε τον Charles Lallemend να συνεννοηθεί για την παραγγελία. Ο Lallemand ήταν ένας Γάλλος αξιωματικός του *ιππικού* και πρώην υπασπιστής του Ναπολέοντα, άνεργος και αυτοεξορισμένος στις ΗΠΑ για να αποφύγει την θανατική ποινή που του είχε επιβληθεί ερήμην για την στάση κατά του Λουδοβίκου του 18^{ου}. Παρότι άσχετος περί τα ναυτικά πήρε μισθό 120 λ. τον μήνα για τις υπηρεσίες του. Τελικώς, και καθ' υπέρβαση της αρχικής παραγγελίας, συμφωνήθηκε (14/5/1825) η κατασκευή δύο μεγάλων φρεγατών και έξι μικρότερων, εντός έξι μηνών.

Ίσως η μόνη επιτυχής κίνηση των πληρεξουσίων ήταν η αποστολή του Χιώτη εμπόρου και Φιλικού, Αλέξανδρου Κοντόσταυλου από το Λονδίνο στις ΗΠΑ, για να περισώσει την κατάσταση. Φτάνοντας τον Απρίλιο του 1826 στην Ν. Υόρκη και άγνωστος μεταξύ αγνώστων, βρέθηκε προ απελπιστικής κατάστασης, με τους ναυπηγούς να απαιτούν επιπλέον 396.090 δολ. (79.218 λ.) για την περάτωση *μόνον της μίας* φρεγάτας. Σύμφωνα με φυλλάδιο που εξέδωσε ο Sedgewick, ο δικηγόρος που προσέλαβε ο Αλ. Κοντόσταυλος, και το οποίο αναδημοσιεύθηκε στους Times, κατά το διάστημα μεταξύ 23/5 και 31/10/1825, οι διαχειριστές του δανείου Williams και Ricardo είχαν *προπληρώσει* συνολικά 155.000 λ. στους ναυπηγούς (The Times (London) 1826c, 2). Παρά τις προκαταβολές και τις καθυστερήσεις, αυτοί απαίτησαν επιπλέον χρήματα απειλώντας σε άλλη περίπτωση να δημοπρατήσουν τα ημιτελή πλοία. Απευθυνόμενος στον Edward Everett, μέλος του Κογκρέσου, ο Αλ. Κοντόσταυλος εξασφάλισε την αγορά της δεύτερης φρεγάτας από το Αμερικανικό κράτος προς 250.000 δολ. (50.000 λ.), αφού πρώτα μείωσε με επιδιαιτησία—πλήρη παρασκηνίου—το απαιτούμενο ποσό στις 156.856 δολ. (31.371 λ.). Το φύλλο των Times της 9/11/1826 περιγράφει με ανάγλυφη ειρωνία το γλέντι που στήθηκε με τα ελληνικά χρήματα, αναφέροντας χαρακτηριστικά ότι «*ένας Κυβερνήτης Chauncey, του Αμερικανικού ναυτικού, έλαβε 12.000 δολ. για να εξασφαλίσει ότι κανείς δεν θα έφευγε τρέχοντας με τις φρεγάτες όσο αυτές βρίσκονταν στα ναυπηγεία*». Περιγράφοντας την επιδιαιτησία, αναφέρει ότι «*ο αξιότιμος δικαστής Platt και οι δυο βοηθοί επιδιαιτητές του ζήτησαν 4.500 δολ. για τον κόπο τους*», χαρακτηρίζοντάς τον «*Αμερικανό Σολομώντα*».

Έτσι, η φρεγάτα *Ελλάς* κατάφερε να αποπλεύσει και να φτάσει μετά από 50 ημέρες στο Ναύπλιο (Νοέμβριος 1826). Αυτή η φρεγάτα είχε στοιχίσει περί τις 155.000 λ., ενώ η φρεγάτα Brandywine είχε μόλις παραληφθεί από την Αμερικανική κυβέρνηση για 273.000 δολ. (54.600 λ.), δηλαδή σχεδόν *στο ένα τρίτο της τιμής* (The Times (London) 1826c, 2). Το ιδανικό κλείσιμο σε αυτήν την τραγική ιστορία θα ερχόταν λίγα χρόνια αργότερα όταν ο ήρωας της Επανάστασης Ανδρέας Μιαούλης, θα βύθιζε την φρεγάτα κατά τον εμφύλιο πόλεμο εναντίον της Κυβέρνησης του Καποδίστρια. Τι έγιναν αυτά τα χρήματα; Αν και κάποιες λεπτομέρειες δεν είναι ξεκάθαρες, η γενική εικόνα είναι αρκετά ξεκάθαρη και αποκαρδιωτική. Τελικά, οι Έλληνες πληρεξούσιοι πήραν στα χέρια τους 816.000 λίρες από το δεύτερο δάνειο, μαζί με 50.800 λίρες από τόκους, υπόλοιπα του α' δανείου και άλλες πηγές, η χρήση των οποίων συνοψίζεται στον Πίνακα 25.52. Ειδικώς για την ναυπήγηση φρεγατών, τα έξοδα συνοψίζονται στον Πίνακα 25.53.

Ο Ανδρεάδης (1904, 2, 25, 27, 49) καταλήγει σε ένα μίγμα ευθυνών για την παραπάνω τραγωδία. Πρώτον, κατηγορεί την ελληνική κυβέρνηση που τα χρήματα του α' δανείου χρησίμευσαν σε εμφύλιους σπαραγμούς και στην πολυτελή διαβίωση της γραφειοκρατίας, αντί στην αντιμετώπιση του αιγυπτιακού στρατού. Δεύτερον, καταλογίζει ανεπάρκεια και ανικανότητα, αλλά όχι ατιμία, στους Ορλάνδο και Λουριώτη, που έτυχαν εκμετάλλευσης σε ένα περιβάλλον ξένο και ακατανόητο για αυτούς. Τις κατηγορίες σχετικά με κατάχρηση τείνει να τις αποδώσει σε προσωπικές αντιζηλίες με τον Σπανιολάκη. Πράγματι ο Σπανιολάκης υπήρξε κύριος κατήγορος στην δίκη των Ορλάνδου και Λουριώτη στην οποία βρέθηκαν αλληλεγγύως χρεώστες 28.769 λ. ή 809.008,18 δρχ. (απόφαση Ελεγκτικού Συνεδρίου της 14/1/1835, που ουδέποτε εκτελέσθηκε).

Τέλος δε, εμμέσως πλην σαφώς, καταλογίζει ευθύνες στην ληστρική διάθεση των διαφόρων κερδοσκόπων που ανέλαβαν να διαχειρισθούν τα δάνεια για λογαριασμό των πληρεξουσίων, καθώς και των πάσης φύσεως εργολάβων. Αν και αποφεύγει να χρησιμοποιήσει ο ίδιος καταδικαστικές εκφράσεις και απλά επιλέγει να ομιλήσει περί *«της κακής πίστεως των εν Λονδίνω τραπεζιτών»*, φαίνεται να εκτονώνει την οργή του παραθέτοντας άφθονα αποσπάσματα δριμείας καταδίκης από τους Times, αλλά και από ξένους μελετητές του θέματος (Gervinus, Palma).

Μόνον για τον Αλ. Κοντόσταυλο ο Ανδρεάδης διατηρεί μια αμιγώς θετική στάση, εξαίροντας όχι μόνον την ικανότητα στους χειρισμούς του, αλλά και την τιμιότητα και αυταπάρνησή του. Έτσι, παρότι διακινδύνευσε την ζωή του κατά το ταξίδι της επιστροφής λόγω στάσης του μισθωμένου πληρώματος και υπέμεινε κατηγορίες για διαφθορά όταν επέστρεψε στην Ελλάδα, έλαβε για τις υπηρεσίες του μόνον 400 λ. για οδοιπορικά.

Τα δάνεια της Ανεξαρτησίας όπως προέκυψε δεν απέδωσαν τα αναμενόμενα. Κατά μια καταγραφή που παρουσιάσθηκε στην Δ΄ Εθνοσυνέλευση στο Άργος,[10] από τα συνολικά έσοδα της επαναστατικής διοίκησης από την αρχή του αγώνα, μόνο το 53% προερχόταν από τα δάνεια αυτά (27.915.321 επ. γρόσια, 5 παράδες, έναντι συνολικών εσόδων 52.495.072 επ. γροσίων, 33 παράδων). Ακόμη και αυτό το μη ευκαταφρόνητο ποσοστό όμως δεν είχε την επίδραση που θα έπρεπε. Χρηματοδότησε—αν δεν πυροδότησε—έναν εμφύλιο πόλεμο, άφησε το Μεσολόγγι να πέσει καρτερώντας την «Καρτερία» και άνοιξε την πόρτα της ξένης παρέμβασης στον Αγώνα αλλά και στην ύστερη πορεία του ελληνικού κράτους. Τα δάνεια της ανεξαρτησίας θα κρέμονταν από τον λαιμό του νεαρού κράτους για πολλές δεκαετίες και θα αποτελούσαν και υπομόχλιο παρέμβασης των ξένων ομολογιούχων στις απόπειρες ίδρυσης εκδοτικής τράπεζας. Συνοπτικά, ήταν η πιο διακριτική αλλά και η πιο ισχυρή μέθοδος αποικιακής προσαρτήσεως της Ελλάδας στον Δυτικό κόσμο.

Ήταν η μέθοδος του χρήματος.

---

[10] Συνεδρίαση Ζ΄, 19/7/1829, Έγγραφο Κυβερνήτου αρ. 24 της 19/7/1829 εγκλείον δύο αναφορές της επί των Εθνικών Λογαριασμών Λογιστικής Επιτροπής (ΑΕΠ 2002f, 4:95–97· Μάμουκας 1852, 11:656–663).

ΕΛΛΗΝΙΚΗ ΠΟΛΙΤΕΙΑ – Η ΕΛΛΑΔΑ ΥΠΟ ΤΟΝ ΚΑΠΟΔΙΣΤΡΙΑ

3

Διὰ τὸν αὐτὸν τοῦτον λόγον θέλομεν ἀποφύγει καὶ ἤδη τὸ νὰ δεχθῶμεν τὴν προσδιοριζομένην ποσότητα διὰ τὰ ἔξοδα τοῦ Ἀρχηγοῦ τῆς Ἐπικρατείας, ἀπεχόμενοι ἐν ὅσῳ τὰ ἰδιαίτερά μας χρηματικὰ μέσα μᾶς ἐξαρκοῦσιν, ἀπὸ τοῦ νὰ ἐγγίσωμεν μέχρι καὶ ὀβολοῦ τὰ δημόσια χρήματα πρὸς ἰδίαν ἡμῶν χρῆσιν [...] καθότι ἀποστρεφόμεθα τὸ νὰ προμηθεύσωμεν ἡμᾶς αὐτοὺς τὰς ἀναπαύσεις τοῦ βίου, αἱ ὁποῖαι προϋποθέτουσι τὴν εὐπορίαν, ἐν ᾧ εὑρισκόμεθα εἰς τὸ μέσον ἐρειπείων, περικυκλωμένοι ἀπὸ πληθὺν ὁλόκληρον ἀνθρώπων βεβυθισμένων εἰς τὴν ἐσχάτην ἀμηχανίαν.
Ιωάννης Καποδίστριας, 4/8/1829, Δ΄ Εθνοσυνέλευση Άργους (ΓΕΕ 1829e, 239–240)

Σ ΤΙΣ ΑΡΧΕΣ ΤΟΥ 1827 η Επανάσταση φαινόταν να καταρρέει. Ο Κιουταχής είχε καταλάβει την Αθήνα, ο Ιμπραήμ αλώνιζε λεηλατώντας την Πελοπόννησο, και μοναδικές ελεύθερες περιοχές ήταν η Μάνη, τα νησιά του Αργοσαρωνικού και το Ναύπλιο, όπου όμως είχε ξεσπάσει νέα εμφύλια σύρραξη μεταξύ Θ. Γρίβα και Νάσου Φωτομάρα.

Σε κάθε περίπτωση όμως, τα τετελεσμένα του πεδίου των μαχών άρχιζαν σταδιακά να διαμορφώνουν μια νέα κατάσταση σε διπλωματικό επίπεδο. Στο εξωτερικό, η αποδοχή της Επανάστασης άρχισε να παγιώνεται και *de facto* από τον Ιανουάριο του 1824 με την διατύπωση του ρωσικού *σχεδίου των τριών κρατών*, καθώς ήταν πλέον κατανοητό ότι οι Έλληνες δεν θα μπορούσαν να επιστρέψουν στην κυριαρχία του Σουλτάνου.[1] Όμως οι Μεγάλες Δυνάμεις δεν συμφωνούσαν στον τρόπο αντιμετώπισης ούτε της καταρρέουσας Οθωμανικής Αυτοκρατορίας, ούτε της ελληνικής Επανάστασης, καθώς καθεμιά προσπαθούσε να εντάξει την διαδικασία αυτή στους δικούς της γεωπολιτικούς σχεδιασμούς. Επιπλέον, η ανατροπή της κατάστασης με τις νίκες του Ιμπραήμ άλλαζε τους συσχετισμούς εις βάρος των Ελλήνων και αποκαθιστούσε την τουρκική αδιαλλαξία.

Τελικά, Βρετανία και Ρωσία αποφάσισαν να δημιουργηθεί ένα αυτόνομο ελληνικό κράτος (Πρωτόκολλο της Πετρούπολης, 4/4/1826). Ένα χρόνο μετά, στο ναδίρ της Επανάστασης, η Γαλλία συντάχθηκε με την Αγγλία και την Ρωσία, υπογράφοντας το Συνθήκη του Λονδίνου της 24/6(6/7)1827 (Ιουλιανή Συνθήκη) κατά το οποίο η Ελλάδα θα κέρδιζε την αυτονομία της, αλλά θα παρέμενε φόρου υποτελής στον Σουλτάνο. Επιπλέον, προέβλεπε ότι αν η ανακωχή δεν καθίστατο εφικτή εντός ενός μηνός θα την επέβαλλαν οι ίδιες οι Δυνάμεις. Η Πύλη δεν δέχθηκε την συνθήκη, καθώς ο Ιμπραήμ προέλαυνε στην Πελοπόννησο, η Ακρόπολη των Αθηνών είχε ήδη πέσει και ο George Canning είχε πεθάνει μόλις πέντε εβδομάδες μετά την σύναψή της.

Όμως ο συμμαχικός στόλος είχε ήδη λάβει θέση για τον αποκλεισμό του τουρκοαιγυπτιακού στο Ναυαρίνο, που λειτουργούσε ως βάση των στρατευμάτων του Ιμπραήμ. Η συνέχιση των επιχειρήσεων του Ιμπραήμ, που έπαιρναν τον χαρακτήρα εθνοκάθαρσης, οδήγησε την κατάσταση σε ανάφλεξη και στην δημιουργία ενός αποφασιστικού τετελεσμένου. Μια απλή επίδειξη ναυτικής ισχύος από πλευράς συμμάχων κλιμακώθηκε στην Ναυμαχία του Ναυαρίνου (8(20)/10/1827), κατά την οποία ο στόλος 27 πλοίων των Βρετανών, Γάλλων και Ρώσων κατέστρεψε τον Τουρκοαιγυπτιακό στόλο των 89 πλοίων. Χαρακτηριστική της διαχρονικής βρετανικής πολιτικής

---

[1] Αντιλαμβανόμενοι την μεταστροφή αυτή, και απελπισμένοι από την επέλαση του Ιμπραήμ, πολλοί οπλαρχηγοί εναπέθεσαν την ανεξαρτησία τους στην Μεγάλη Βρετανία (συνάντηση στα Μαγούλιανα στις 6–7/7/1824). Η έκκληση αυτή, που υιοθετήθηκε από το Βουλευτικό και το Νομοτελεστικό (1/8/1825) εστάλη στο Λονδίνο με τίτλο «Πράξη Υποταγής» (Act of Submission), η οποία όμως δεν επιδόθηκε ποτέ, καθώς οι Σπανιολάκης, Ορλάνδος και Λουριώτης είχαν ήδη ξεκαθαρίσει στον Canning ότι δεν θα δέχονταν σε καμία περίπτωση συμβίωση με τους Τούρκους (Χριστόπουλος και Μπαστιάς 1974, 12:399, 407).

να επιθυμεί την Οθωμανική Αυτοκρατορία ανάχωμα στην Ρωσία, ήταν ο χαρακτηρισμός της ναυμαχίας ως «δυσάρεστο περιστατικό» (untoward event) από τον Βασιλιά Γεώργιο Δ΄.[2]

Πλέον, ένα ανεξάρτητο ελληνικό κράτος ήταν μια αυτονόητη προοπτική, του οποίου όμως οι λεπτομέρειες ήταν αβέβαιες. Οι διαβουλεύσεις για την διευθέτηση του θέματος οδήγησαν σε δύο διαφορετικά πρωτόκολλα κατά την περίοδο της διακυβέρνησης του Καποδίστρια, το δεύτερο εκ των οποίων προέβλεπε και κληρονομικό μονάρχη, Χριστιανό στο θρήσκευμα, από βασιλικό οίκο που δεν θα ανήκε σε κάποια από τις Μεγάλες Δυνάμεις.[3] Η πανωλεθρία των Οθωμανών κατά τον Ρωσοτουρκικό πόλεμο του 1828–1829 τους εξανάγκασε στην ολοκληρωτική αποδοχή των παραπάνω πρωτοκόλλων, αλλά και εκείνου του Ιουλίου του 1827.[4] Έτσι, η Ρωσία ουσιαστικά επέβαλλε την ελληνική ανεξαρτησία (ή τουλάχιστον, ανεξαρτησία από την Οθωμανική αυτοκρατορία), μια ανεξαρτησία που παρά τις αρχικές αντιδράσεις της, θα στήριζε με περισσό ζήλο και η Βρετανία, καθώς θεωρούσε ότι ένα ανίσχυρο αλλά σταθερό ελληνικό κράτος θα παγίωνε τον έλεγχό της στην περιοχή.

3.1 Η Ελληνική Πολιτεία

Στο μέσο αυτής της ζοφερής περιόδου, και στον απόηχο της πτώσης του Μεσολογγίου, η Γ΄ Εθνοσυνέλευση της Τροιζήνας εξέλεξε τον Ιωάννη Καποδίστρια Κυβερνήτη της Ελλάδας στις 30/3/1827. Ο Καποδίστριας έχαιρε διεθνούς αναγνώρισης λόγω της επιτυχημένης διπλωματικής σταδιοδρομίας του και μπορούσε να παράσχει διεθνές κύρος στο υπό διαμόρφωση ελληνικό κράτος. Ταυτοχρόνως, οι ικανότητές του—π.χ. ως διπλωμάτης της Ρωσίας είχε πρωτοστατήσει στην δημιουργία και αναγνώριση της Ελβετίας—τον έκαναν ιδανικό υποψήφιο για την θέση αυτή. Ο Καποδίστριας, αφού ενημερώθηκε για την εκλογή του ξεκίνησε περιοδεία σε Πετρούπολη, Λονδίνο και Παρίσι, θέλοντας πρώτα να εξασφαλίσει την στήριξη των Μεγάλων δυνάμεων στο πρόσωπό του. Στα μέσα Οκτωβρίου του 1827 ξεκίνησε πολύμηνο για την Ελλάδα, αφού μεταξύ άλλων αναγκάστηκε να αναμείνει το υπεσχημένο βρετανικό πλοίο επί επτά εβδομάδες στην Ανκόνα. Αφού συναντήθηκε στις 28/12/1827(9/1/1828) με τον Κόδριγκτον στην Μάλτα, όπου τον έπεισε για την προσήλωσή του στο πρωτόκολλο του Ιουλίου, ανεχώρησε για την Ελλάδα. Επιβαίνοντας στο Βρετανικό δίκροτο *Warspite* και συνοδευόμενος από το Γαλλικό *Ήρα* και το Ρωσικό *Ελένη*, κατέφθασε στην Αίγινα το βράδυ της 11(23)/1/1828, την οποία και ανακήρυξε πρώτη πρωτεύουσα του νέου ελληνικού κράτους.[5]

Ο Καποδίστριας προχώρησε σε πολιτειακή μεταβολή ευθύς αμέσως. Με το ψήφισμα της 18(30)/1/1828 της Βουλής των Ελλήνων, η Βουλή αυτοδιαλυόταν και διέλυε και την Αντικυβερνητική Επιτροπή, δίνοντας την εκτελεστική και νομοθετική εξουσία στον Κυβερνήτη (ΓΕΕ 1828a, 23). Με το Α΄ ψήφισμα της 20/1(1/2)/1828, ο Καποδίστριας όριζε και ένα νέο συμβουλευτικό σώμα, το *Πανελλήνιον* που διαιρείτο σε τρία τμήματα, οικονομίας, εσωτερικής διοίκησης και στρατιωτικών (ΓΕΕ 1828b, 23–24). Η νέα αυτή διοίκηση κράτησε το όνομα *Ελληνική Πολιτεία* που είχε αποφασισθεί από την Εθνοσυνέλευση της Τροιζήνας· από το κατοπινό της νομισματικό έργο θα μπορούσε να θεωρηθεί το πρώτο ελληνικό κράτος.

Η δημοσιονομική κατάσταση που συνάντησε ο Καποδίστριας ήταν αποκαρδιωτική. Η λογιστική επιτροπή που είχε επιφορτισθεί με την κατάρτιση «*ὑποθετικοῦ λογαριασμοῦ τῶν ἐσόδων καὶ ἐξόδων*», κατέθεσε στις 14/4/1823 στην Β΄ Εθνοσυνέλευση στο Άστρος έσοδα 12,8 εκ. επ. γροσίων για το 1823 (Μάμουκας 1839b, 3:24–59). Όμως

---

[2]Ομιλία στην έναρξη των εργασιών του κοινοβουλίου στις 29/1/1828. Ο λόγος αυτός γράφεται από την κυβέρνηση και απλώς εκφωνείται από τον Βασιλιά. Εν προκειμένω, η φράση ήταν διατυπωμένη από τον Wellington. Κατά τους Woodhouse και Clog (1981), ο τότε Πρωθυπουργός Λόρδος Goderich παραιτήθηκε πρόωρα για να μην αντιμετωπίσει την κριτική για την καταστροφή του τουρκοαιγυπτιακού στόλου, ενώ ο διάδοχός του Λόρδος Wellington κατέβαλλε ιδιαίτερη προσπάθεια να ανακαλέσει τον Κόδρινγκτον από την θέση του μόλις στο μέσον της θητείας του και να μην πληρώσει τους μισθούς των ναυτικών του .

[3]Με το Πρωτόκολλο του Λονδίνου της 4(16)/11/1828 προβλεπόταν προσωρινά η εγγύηση των Μεγάλων Δυνάμεων για ένα ελληνικό κράτος που θα περιοριζόταν στην Πελοπόννησο και στις Κυκλάδες. Οι συνεχιζόμενες πολεμικές επιχειρήσεις με τα τετελεσμένα που δημιουργούσαν, αλλά και οι διπλωματικές προσπάθειες του Καποδίστρια οδήγησαν σε μερική ανατροπή του παραπάνω πρωτοκόλλου με νεότερο, της 10(22)/3/1829. Σε αυτό προβλεπόταν πάλι κράτος φόρου υποτελές στον Σουλτάνο, αλλά τώρα τα σύνορά του θα οριζόταν από την γραμμή Παγασητικού-Αμβρακικού.

[4]Συνθήκη της Αδριανούπολης (14(26)/9/1829).

[5]Λόγω αντίθετων ανέμων προηγήθηκε η άφιξή του στο Ναύπλιο στις 6(18)/1/1828 όπου και αποβιβάσθηκε στις 8(20)/1/1828. Την ημέρα εκείνη διαμεσολάβησε λύνοντας αναίμακτα την κατάληψη του Παλαμηδίου από τον Θεόδωρο Γρίβα και την επομένη αναχώρησε για την Αίγινα.

τα πραγματικά έσοδα των ετών 1825, 1826 και 1827 θα αποδεικνύονταν δραματικά χαμηλότερα· το Πανελλήνιο θα ανέφερε στον Κυβερνήτη στην Δ΄ Εθνοσυνέλευση στο Άργος, εισπράξεις 5,6 εκ., 1,65 εκ. και 1,63 εκ. επ. γροσίων, αντιστοίχως (Μάμουκας 1852, 11:307). Είναι ενδεικτικό ότι σχεδόν αμέσως μετά την εκλογή του Καποδίστρια, η Γ΄ Εθνοσυνέλευση στην Τροιζήνα είχε σπεύσει να τον εξουσιοδοτήσει (8/4/1827) να διαπραγματευθεί τρίτο δάνειο 5 εκ. διστήλων *«ἄνευ ζημίας τῶν δανειστῶν τοῦ α' καὶ β' δανείου»* και με το οποίο *«θέλει πληρώσει τοὺς τόκους τῶν δύο πρώτων δανείων»* (ΓΕΕ 1827, 154). Από το β' δάνειο, μόνες δόσεις που είχαν καταβληθεί ήταν οι δόσεις δύο ετών που είχαν κατακρατηθεί, δηλαδή από τον Ιανουάριο του 1827 η Ελλάδα ήταν σε *de facto* κατάσταση χρεωκοπίας.

Επίσης και η νομισματική κατάσταση παρέμενε χαοτική. Οι διαδοχικές νοθεύσεις των τουρκικών νομισμάτων οδηγούσαν σε υποτιμήσεις που γινόντουσαν ιδιαιτέρως επώδυνες για όσους εκτελούσαν εξωτερικό εμπόριο. Δεδομένου ότι τα πολύτιμα μέταλλα αποτελούσαν το συνάλλαγμα της εποχής, ακόμη κι αν κάποια νόθευση θα μπορούσε να γίνει ανεκτή εντός της Οθωμανικής επικράτειας, θα ήταν ιδιαιτέρως επώδυνη για όσους διακρατούσαν τα υποτιμώμενα νομίσματα εκτός αυτής, ή που τα χρησιμοποιούσαν ως συνάλλαγμα. Π.χ. στην Σύρο που διακινούσε προϊόντα αξίας 200.000 φράγκων το χρόνο, αυτή η διολίσθηση οδήγησε σχεδόν σε χρεωκοπία (Strong 1842, 102–103).

Επιπλέον, με την χρήση τουρκικών νομισμάτων που έκοβε ο Σουλτάνος με το κέρδος του seignorage, ουσιαστικά οι επαναστατημένοι Έλληνες χρηματοδοτούσαν τις προσπάθειες για την κατάπνιξη της επανάστασης. Η εγκατάλειψη του τούρκικου παρά και η υιοθέτηση εθνικού νομίσματος ήταν εθνική ανάγκη. Ένα από τα πρώτα μέτρα του Καποδίστρια ήταν η έκδοση νέας διατίμησης των κυκλοφορούντων νομισμάτων (ΓΕΕ 1828i, 47· ΓΕΕ 1828k, 177). Σε αυτή, δημοσίευσε τις ισοτιμίες σε επαναστατικά γρόσια 20 ευρωπαϊκών και 23 τουρκικών νομισμάτων (βλ. Πίνακα 25.1).

Παράλληλα, για να μπορέσει να δημιουργήσει ένα νομισματικό σύστημα για το νεαρό κράτος, σκεφτόταν να προχωρήσει σε δύο παράλληλες προσπάθειες. Πρώτον, στην προσέλκυση έτοιμου μεταλλικού χρήματος, δηλαδή ξένου συναλλάγματος· τα μέσα που θα θεωρούσε πιο πρόσφορα ήταν αφενός ο άμεσος εξωτερικός δανεισμός και αφετέρου η σύσταση τράπεζας. Δεύτερον, στην κοπή εθνικού νομίσματος· για να το επιτύχει αυτό χρειαζόταν υποδομές και τεχνογνωσία που ακόμα δεν υπήρχε. Σε αυτές τις τρεις απόπειρες (δανεισμός, ίδρυση τράπεζας, κοπή νομίσματος) θα αναφερθώ στην συνέχεια.

3.2 Ο υποψήφιος βασιλιάς Λεοπόλδος και το δάνειο των 60 εκ. φράγκων

Το πρωτόκολλο του Μαρτίου του 1829 προέβλεπε την επιλογή μονάρχη για το νεαρό κράτος. Πολλά ονόματα παρέλασαν για το αξίωμα: Frederick του Orange-Nassau, Philip της Έσσης, Maximilian του Este, Κάρολος της Βαυαρίας, Ιωάννης της Σαξονίας, όμως τελικά επικράτησε ο Λεοπόλδος του Saxe-Coburg (Crawley 2014, 175–176). Αυτός συγκέντρωνε την μεγαλύτερη εύνοια των Δυνάμεων αλλά και την εκτίμηση του ίδιου του Καποδίστρια, ο οποίος μάλιστα τον είχε κρίνει θετικά για το αξίωμα κατά τις συνομιλίες του Πόρου (Δεκέμβριος 1828). Πολύ αργότερα, ο ίδιος ο Λεοπόλδος—ως βασιλιάς του Βελγίου πλέον—θα ενημέρωνε τον Palmerston σε υπόμνημα της 29/10/1862, ότι η πρώτη φορά που του είχε προταθεί ο ελληνικός θρόνος ήταν από τους Ορλάνδο και Λουριώτη το 1825, όταν αυτοί βρισκόντουσαν στο Λονδίνο για την σύναψη των δανείων της ανεξαρτησίας, πρόταση που είχε απορρίψει ο George Canning (Bulwer 1874, 3:417–420).

Παράλληλα με το θέμα του ελληνικού θρόνου, ο Καποδίστριας είχε θέσει κατά την συνδιάσκεψη του Πόρου ως φλέγον και το ζήτημα δανείου προς το ελληνικό κράτος από τις Προστάτιδες Δυνάμεις. Με την de facto χρεωκοπία του 1827 λόγω παύσης εξυπηρέτησης των δανείων του 1824–25, η Ελλάδα είχε εξορισθεί από τις διεθνείς χρηματαγορές. Συνεπώς, μοναδική ελπίδα ανάκτησης της πίστεώς της, αλλά και συνέχισης της καθημερινής κρατικής λειτουργίας, θεωρείτο η σύναψη δανείου. Όπως αναφέρει σε επιστολές του της 3(15)/12/1828 στους Κόμητες Λοβέρδο και Delaferronay στο Παρίσι, είχε ζητήσει 6 εκ. φράγκα για δέκα χρόνια, δηλαδή δάνειο 60 εκ. φράγκων, με υπόμνημα της 30/10(11/11)/1828 και ρηματικό σημείωμα (note verbale) της

1(13)/12/1828 (Βέτας 1841α, 2:327). Το ζήτημα του δανείου θα έμενε μετέωρο καθ' όλο το 1829 και θα συσχετιζόταν πολύ στενά με το θέμα των ελληνικών συνόρων και του ελληνικού θρόνου.

Η συνδιάσκεψη του Λονδίνου ανέλαβε να διευθετήσει το θέμα του ελληνικού κράτους, και με το πρωτόκολλο της 22/1(3/2)/1830, αναγνωρίσθηκε κυρίαρχο, ανεξάρτητο ελληνικό κράτος (*état souverain*) με θεσμό κληρονομικής μοναρχίας. Στο κράτος αυτό περιλαμβανόταν η Πελοπόννησος, η Εύβοια και οι Κυκλάδες, όμως η Στερεά Ελλάδα περιοριζόταν στα Ανατολικά του Αχελώου, εμποδίζοντας της άμεση επαφή με τα Αγγλοκρατούμενα Επτάνησα. Ο διακανονισμός όχι μόνον καλόπιανε τον Σουλτάνο, αλλά και εξυπηρετούσε τους Βρετανούς που ήλπιζαν να περιορίσουν τις Ενωτικές διαθέσεις των Επτανησίων.

Με ξεχωριστό πρωτόκολλο της ίδιας ημέρας ορίσθηκε ως ηγεμόνας της Ελλάδας (*prince souverain de la Grèce*) ο Λεοπόλδος, ο οποίος αποδέχθηκε την τιμή αυτή στις 11/2. Με σειρά διαβουλεύσεων, ο Λεοπόλδος προσπάθησε να αποσπάσει ολόκληρη την Στερεά Ελλάδα και την Κρήτη, αλλά αφού απέτυχε λόγω της Βρετανικής αδιαλλαξίας εστράφη στην σύναψη δανείου και απέσπασε, μετά από τρίμηνες διαπραγματεύσεις, μια καταρχήν υπόσχεση στις 8(20)/2/1830 για δάνειο 60 εκ. φράγκων (Ηλιαδάκης 2003, 61). Μάλιστα, σε επιστολή του της 22/4/1830 προς τον Καποδίστρια (Βέτας 1843, 4:34) απείλησε με παραίτηση λόγω της πρότασης των ΜΔ να μειωθεί το δάνειο στα 36 εκ. φράγκα.

Τελικά, η επιμονή στην άρνηση του δανείου για το συνολικό ποσό των 60 εκ. ήλθε να προστεθεί στην απόφαση για περιορισμό της ελληνικής επικράτειας που είχε ήδη δυσαρεστήσει τον Λεοπόλδο. Αλλά και των Ελλήνων η αγανάκτηση—έως και του Βρετανού Στρατηγού Richard Church—για τα συμφωνηθέντα ήταν τεράστια, καθώς έβλεπαν κομμάτια του εθνικού κορμού που με αίμα είχαν κερδίσει την ανεξαρτησία τους να επιστρέφουν στον Οθωμανικό ζυγό. Ο Καποδίστριας άφησε όλη αυτή την αγανάκτηση να διαφανεί στο υπόμνημα της 4ης Απριλίου της Γερουσίας προς τον Λεοπόλδο, προκαλώντας πρωτοφανές διπλωματικό επεισόδιο, κυρίως με τους Βρετανούς. Σε πέντε επόμενες επιστολές του, του έγραφε ότι δεν μπορούσε να του εγγυηθεί για την υποδοχή που θα του επεφύλασσε ο ελληνικός λαός χωρίς την ρύθμιση αυτών και άλλων φλεγόντων θεμάτων. Υπό το φως αυτών των αναλύσεων, αλλά και λόγω της πρότερης άρνησης των Προστατίδων Δυνάμεων για χορήγηση των 60 εκ. φράγκων, ο Λεοπόλδος αποφάσισε να παραιτηθεί οριστικά του ελληνικού θρόνου στις 9(21)/5/1830, απόφαση που κοινοποίησε στον Καποδίστρια την 1/6/1830. Για την απόφαση αυτή πολλοί θα κατηγορούσαν τον Καποδίστρια, που όπως έλεγαν ήθελε να μείνει μοναδικός Κυβερνήτης. Κατά τον Βακαλόπουλο (1986, 8:556–557) η κατηγορία ήταν τελείως άδικη, όπως μαρτυρούν τα λεγόμενα του ίδιου του Λεοπόλδου, για τον οποίο το θέμα των συνόρων ήταν *sine qua non*. Το ζήτημα του δανείου των 60 εκ. φράγκων όμως είχε πλέον τεθεί, αλλά θα έμενε εν αναμονή, μέχρι την έλευση της Οθωνικής αντιβασιλείας.

3.3 Η ίδρυση της Εθνικής Χρηματιστικής Τράπεζας

Η οργάνωση Τράπεζας αποτέλεσε μια από τις πρώτες προτεραιότητες του Καποδίστρια, ο οποίος θεώρησε ότι αυτή θα ήταν η «θεμελιώδης πέτρα» για την προσέλκυση συναλλάγματος στην Ελλάδα και χρήματος στον κρατικό μηχανισμό. Έτσι σε λιγότερο από τρεις εβδομάδες από την άφιξή του, και με την σύμφωνη γνώμη του Πανελληνίου, εξέδωσε ψήφισμα *Περί Συστάσεως της Εθνικής Χρηματιστικής Τραπέζης* στις 2/2/1828 (ΓΕΕ 1828c, 39), το οποίο επικυρώθηκε με ψήφισμα της Δ' Εθνοσυνελεύσεως της 26/7/1829 (ΓΕΕ 1829d, 215–216).

Σύμφωνα με το διάταγμα, τα κεφάλαια της τραπέζης «*σύγκεινται ἀπὸ τὰς διαφόρους ποσότητας, τὰς ὁποίας οἱ μέτοχοί της (actionnaires) θέλουν καταθέσει εἰς αὐτήν, διὰ νὰ λαμβάνουν τοὺς τόκους ἀνὰ ὀκτὼ τὰ ἑκατὸν κατ' ἔτος*» (Άρθρο 2). Δηλαδή τυπικώς επελέγη η μορφή της Ανωνύμου Εταιρείας, με μέρισμα 8% ετησίως. Στην εταιρεία αυτή, ελπιζόταν ότι το κεφάλαιο που θα προέκυπτε από τις εγγραφές των μετόχων, θα ήταν το «προζύμι» για την παραγωγή νέου χρήματος μέσω δανεισμού, σύμφωνα με τα πρότυπα μιας εμπορικής τραπεζικής επιχείρησης.

Από την άλλη μεριά, σε σύγκριση με εμπορικές τράπεζες της εποχής, η σχέση της ΕΧΤ με το κράτος ήταν πολύ στενή, καθώς επικεφαλής ετέθη ο πρόβουλος του Τμήματος Οικονομίας του Πανελληνίου και οι δύο συνεργάτες του (ΓΕΕ 1828f, 41). Την πρώτη αυτή επιτροπή θα στελέχωναν ο Γεώργιος Κουντουριώτης, μαζί με τους Αλέξανδρο Κοντόσταυλο και Γεώργιο Σταύρο (ΓΕΕ 1828d, 42). Επιπλέον, ανετέθησαν προσωρινώς στην διεύθυνση της τραπέζης και τα χρέη του Υπουργείου Οικονομίας, χαρακτηριστικό της ταύτισης της τραπέζης με το κρατικό ταμείο (ΓΕΕ 1828g, 46–47). Λίγο αργότερα, με νέο διάταγμα, η επιτροπή που ήταν επιφορτισμένη με την ΕΧΤ και το Υπουργείο Οικονομίας, ετέθη κάτω από το Τμήμα Οικονομίας του Πανελληνίου, μέλος του οποίου είχε ορισθεί την ίδια μέρα και ο Γεώργιος Σταύρος (ΓΕΕ 1828j, 91).

Μόνον μετά δύο χρόνια (ψήφισμα της 4/2/1830), αποφασιζόταν μια διοικητική δομή που θα προσίδιαζε περισσότερο σε μετοχικής βάσεως επιχείρηση (ΓΕΕ 1830e, 49). Η ΕΧΤ χωριζόταν από την Οικονομική Υπηρεσία, ενώ προβλεπόταν ο διορισμός τριών διευθυντών, δύο εκ των οποίων θα εκλέγονταν από τους μετόχους· οι τρεις πρώτοι ήταν ο Αλ. Κοντόσταυλος, ο Δημήτριος Βούλγαρης και ο Ανδρέας Γιαννίτσης. Βεβαίως μέχρι τότε τα προβλήματα προσέλκυσης κεφαλαίων ήταν πολύ σημαντικά και το σχέδιο της ΕΧΤ ήδη καρκινοβατούσε.

Στην πράξη συστάσεως της ΕΧΤ δεν γίνεται κανένας λόγος για έκδοση χρήματος, παρά μόνο για κατάθεση χρήματος ήδη εκδοθέντος από άλλα κράτη (συναλλάγματος), ή προϊόντων. Στο στάδιο αυτό η ΕΧΤ και οι προσπάθειες για σύσταση νομισματοκοπείου και κοπής νομίσματος προχωρούν μεν εκ παραλλήλου και συχνά από τα ίδια πρόσωπα, είναι όμως δύο ξεχωριστά σχέδια.

Η μοναδική αναφορά που μπορεί να θεωρηθεί ως πράξη έκδοσης χρήματος σχετίζεται με τα αποδεικτικά που θα λάμβαναν οι μέτοχοι για την κατάθεσή τους και τα οποία «*θέλουν εἶσθαι δεκτὰ χωρὶς ξεπεσμὸν εἰς ἀγορὰν προσόδων τῆς Ἐπικρατείας, εἰς λῆψιν ἐθνικῶν φθαρτῶν κτημάτων, εἰς ὑποθήκην […], καὶ προσέτι εἰς ἀγορὰν ἐθνικῶν γαιῶν […]*» (άρ. 6). Δηλαδή δεν καθίσταντο χρήμα για τις καθημερινές συναλλαγές μεταξύ πολιτών, αλλά θα μπορούσαν να γίνονται δεκτά από το κράτος για διαφόρους σκοπούς.

Μέτοχοι ή δανειστές;

Το παραπάνω ψήφισμα της Εθνοσυνέλευσης όριζε επίσης ότι «*ἡ Κυβέρνησις ἔχει τὴν πληρεξουσιότητα νὰ προσδιορίσῃ ἐν κτῆμα ἐθνικὸν ὡς ὑποθήκην ἀσφαλίζουσαν καὶ τοὺς ὄντας καὶ τοὺς ἐσομένους μετόχους*» της ΕΧΤ. Ουσιαστικώς δηλαδή οι «μέτοχοι» δεν ήταν ακριβώς μέτοχοι, καθώς δεν θα έχαναν την επένδυσή τους σε περίπτωση χρεωκοπίας της επιχείρησης. Ήταν δανειστές που θα εξασφαλίζονταν για το δάνειό τους με υποθήκη την εθνική γη.

Είναι προφανές ότι μια τράπεζα ιδρυόμενη υπό αυτές τις συνθήκες, σε μια επαναστατημένη επικράτεια που δεν είχε καν αναγνωριστεί ως ανεξάρτητο κράτος, δεν ήταν η ελκυστικότερη επένδυση. Και αυτό ήταν μια πραγματικότητα που θα πρέπει να είχε αναγνωρίσει ο Καποδίστριας πολύ πριν το παραπάνω ψήφισμα.

Πράγματι, για να ενισχύσει την Τράπεζα, ο Κυβερνήτης κάλεσε με *ἰδιαιτέρα ἐγκύκλιο* του ευκατάστατους πολίτες της επικρατείας να συνδράμουν στις εργασίες της (ΓΕΕ 1828e, 42–43):

> *Πρὸς τοὺς εὐκαταστάτους πολίτας τοὺς κατὰ τὸ Αἰγαῖον Πέλαγος, καὶ τὰς ἐπαρχίας τῆς Πελοποννήσου καὶ τῆς Στερεᾶς Ἑλλάδος […] σᾶς προβάλλω νὰ πέμψετε ἕκαστος ποσότητά τινα εἰς τὴν ἐθνικὴν Χρηματιστικὴν Τράπεζαν. Κατ᾽ αὐτὸν τὸν τρόπον θέλετε μὲ δώσει τὰ μέσα, διὰ νὰ κινήσω ἀμέσως τὴν μηχανὴν τῆς Διοικήσεως […] Εἶμαι ἐντελῶς πεπεισμένος, Κύριοι, ὅτι ἕκαστος θέλει κρίνει εὐτυχῆ τὸν ἑαυτόν του, προσκαλούμενος νὰ συνδράμῃ εἰς αὐτὸν τὸν σημαντικὸ καὶ ὠφέλιμον σκοπὸν χωρὶς ἄλλην θυσίαν, εἰμὴ μόνον τὴν ἐπωφελῆ καταβολήν, ἐξ᾽ ὅσων οἰκονομεῖ ἐκ τῆς περιουσίας του. Θέλει δὲ κρίνει εὐτυχέστερον τὸν ἑαυτόν του, ὅταν ἴδῃ, ὡς ἐλπίζω, καὶ τοὺς ἀλλοεθνεῖς, οἵτινες ἐβοήθησαν τοσάκις τὴν Ἑλλάδα, νὰ συνδράμουν οἱ ἴδιοι πάλιν εἰς τὴν σύστασιν τῆς ἐθνικῆς μας ὑπολήψεως, πέμποντες εἰς τὴν ἐθνικὴν Χρηματιστικὴν μας τράπεζαν κεφάλαια. Τότε ἴσως θέλομεν εὑρεθῆ εἰς κατάστασιν νὰ κανονίσωμεν ἐντίμως τὴν σημαντικωτέραν ὑπόθεσιν τοῦ τῆς Ἑλλάδος δανείου μας.*
>
> *Δὲν εἶναι τοῦ παρόντος καιροῦ νὰ ἐξηγήσω τώρα ὅλους τοὺς στοχασμούς, οἱ ὁποῖοι μὲ κάμνουν νὰ θεωρῶ αὐτὸ τὸ κατάστημα ὡς τὴν θεμελιώδη πέτραν τῆς ἠθικῆς καὶ πολιτικῆς ἀναγεννήσεως τῆς Ἑλλάδος.*
>
> *Τελειώνω, Κύριοι, προσκαλῶν ἕκαστον νὰ πέμψῃ ὅσον τάχος κατ᾽ εὐθείαν εἰς ἐμὲ τὴν ποσότητα τὴν ὁποίαν διὰ τῆς συνέσεως καὶ τοῦ πατριωτισμοῦ του ἐπροσδιώρισε διὰ τὴν ἐθνικὴν Χρηματιστικὴν Τράπεζαν. Αἱ πεμπόμεναι ποσότητες θέλουν γενῆ γνωσταὶ εἰς τὸ κοινόν, καὶ θέλω σᾶς ἀποκριθῆ, δίδων ἢ πρὸς ἐσᾶς ἢ πρὸς τοὺς ἐπιτρόπους σας τὰς ἐπισήμους ἀσφαλείας, αἱ ὁποῖαι γίνονται γνωσταὶ ἀπὸ τὴν διαταγὴν περὶ ὀργανισμοῦ τῆς ἐθνικῆς Χρηματιστικῆς Τραπέζης […]*

Η επιχειρηματολογία του Κυβερνήτη είναι πρωτίστως ηθική και πατριωτική, αν και με μια φευγαλέα υπόσχεση η εισφορά ότι καθενός θα γινόταν «*χωρὶς ἄλλην θυσίαν, εἰμὴ μόνον τὴν ἐπωφελῆ καταβολὴν, ἐξ᾽ ὅσων οἰκονομεῖ ἐκ τῆς περιουσίας του*».

Τελείως τυπικά, και σύμφωνα με το διάταγμα ιδρύσεως, η εισφορά είχε τον χαρακτήρα εγγραφής στο μετοχικό κεφάλαιο με ετήσιο μέρισμα 8%. Βεβαίως, το ότι οι «μέτοχοι» δεν είχαν δικαιώματα στην λήψη αποφάσεων τους καθιστούσε μάλλον καταθέτες. Επιπλέον, η εγκύκλιος δεν ήταν απλή πρόσκληση, αλλά κλήτευση των πιο ευκατάστατων πολιτών σε υποχρεωτικό δανεισμό στην τράπεζα, καθιστώντας τους μάλλον δανειστές, δηλαδή καταθέτες, αφού κάθε καταθέτης είναι τυπικά δανειστής προς την τράπεζα στην οποία καταθέτει τα χρήματά του. Πράγματι, όταν οι κάτοικοι του Ναυπλίου «*σκανδαλωδῶς ἔσπευσαν νὰ ἄρωσιν ἐκ τῆς τραπέζης ὅσα χρήματα εἶχον καταθέσῃ*», ο Κυβερνήτης με επιστολή της 12(24)/9/1829 προς την Έκτακτη επιτροπή Αργολίδος, τους κάλεσε αμέσως να σκεφθούν «*τὰ δέοντα πραχθῆναι ὅπως ἀπὸ εἰσφορᾶς τινος δικαίως διαμεμερισμένης προσέλθωσιν ἐν ὀλίγαις ἡμέραις τὰ εἰς τὰς προκειμένας δαπάνας χρειώδη χρήματα*» (Βέτας 1842, 3:227). Άρα, με πρακτικούς όρους, η εισφορά στην τράπεζα είχε χαρακτήρα αναγκαστικής κατάθεσης (δηλαδή δανείου) με τόκο 8%.

Στην νησιωτική Ελλάδα οι εισφορές κατανεμήθηκαν στις 19 κοινότητες που έπρεπε να εισφέρουν 125.800 δίστηλα συνολικά, με μεγαλύτερες συνδρομές από την Σύρο (25.000) και τις Σπέτσες και την Ύδρα (από 20.000). Στην Στερεά και την Πελοπόννησο, όπου δεν υπήρχαν κοινότητες, καταρτίστηκε ονομαστικός κατάλογος από 85 ευκατάστατα πρόσωπα, που έπρεπε να εισφέρουν 17.500 δίστηλα συνολικά. Άλλοι είχαν καταγραφεί για 1000 δίστηλα—Θ. Κολοκοτρώνης, Κολιόπουλος, Γιατρακαίοι, Ι. Μερκούρης, Γεώργιος Σισίνης, Πανούτσος και Σ. Νοταράς—και άλλοι για μικρότερα ποσά (Πανελλήνιο 1828a). Αυτή η κίνηση ήταν λογικό να προκαλέσει μεγάλη αντίδραση, όχι μόνον λόγω του αυταρχικού χαρακτήρα της, αλλά και διότι ο τοκογλυφικός δανεισμός εκτός Τραπέζης απέδιδε τόκους έως και 40–50%, ενώ ο δανεισμός στην Τράπεζα θα απέδιδε τόκο μόνον 8%. Πράγματι, σε έγγραφο του Πανελληνίου σημειώνονται σοβαρές αντιδράσεις από τους ευκατάστατους του Ναυπλίου και της Σάμου, και προτείνεται η μείωση της εισφοράς του Ναυπλίου στο ήμισυ (Πανελλήνιο 1828b).

Επιπλέον, στο ερώτημα του κερδοσκοπικού σε σχέση με το πατριωτικό κίνητρο για τους «μετόχους» ο Καποδίστριας είχε δύο ειδών απαντήσεις: για εσωτερική και εξωτερική κατανάλωση. Π.χ. σε επιστολή της 14(26)/4/1828 προς στον Eynard, τον παρακινεί να στείλει χρήματα να κατατεθούν στην τράπεζα για διάφορες ανάγκες. Αυτά, του λέει, δαπανόμενα όχι αμέσως αλλά σταδιακά, και μένοντας στην τράπεζα, «*τόκους κερδαίνουσι*» (Βέτας 1841a, 2:223). Όταν του ζητά, στις 30/3(11/4)/1829, να μεσολαβήσει για την προσέλκυση ξένων «επενδυτών» του λέει: «*Οὐδὲ ἀξιῶ νὰ βάλωσι 50,000 φράγκα ὡς ἔβαλες, οὔτε νὰ τὰ χαρίσωσιν εἰς τὴν Ἑλλάδα, ἀλλὰ νὰ τοὺς λογίζεται διὰ τὰ κεφάλαιὰ των τόκος ὀκτὼ τοῖς ἑκατόν*» (Βέτας 1842, 3:76). Σε επιστολή της 20/2(4/3)/1830, αγωνιά να του αποδείξει την πίστη της Τραπέζης: «*Ἂν τὸ τυπογραφεῖον μοὶ στείλῃ ἐν ὥρᾳ τοὺς νέους κανονισμοὺς τῆς ἡμετέρας τραπέζης, θέλεις τους λάβῃ διὰ τοῦ σημερινοῦ ταχυδρόμου, καὶ ἰδεῖ ποίας ἀσφαλείας προσφέρει ἡ ἡ κυβέρνησις εἰς τοὺς δανειστὰς τοῦ ἡμετέρου 8 τοῖς 100*» (Βέτας 1842, 3:362).

Με άλλη επιχειρηματολογία όμως απαντά στον Αναγνώστη Δεληγιάννη, που είχε οριστεί από την επιτροπή του Ναυπλίου να συνδράμει εκ μέρους των συμπολιτών του 30 δίστηλα. Όταν ο τελευταίος παραπονέθηκε για το «*απότομον της προσκλήσεως του διοικητού*» Κ. Καλλέργη, ο οποίος τον καλούσε να καταβάλει την καθυστερημένη οφειλή του άνευ αναβολής, ο Καποδίστριας απευθύνθηκε σε ανώτερα κίνητρα για να τον καλοπιάσει σε επιστολή της 10(22)/5/1828: «*Διὰ τί ἡ κυβέρνησις ζητεῖ τὴν βοήθειαν ταύτην ἀπὸ τὴν πόλιν Ναυπλίου; Διὰ νὰ δώσῃ ἄρτον εἰς χιλιάδας οἰκογενειῶν ἐνταῦθα καταφυγάδων, διὰ νὰ ἐγκαλύβίσῃ μερικὰς ἐξ᾽ αὐτῶν ἔξω τῆς πόλεως, διὰ νὰ σώσῃ, εἰ δυνατόν, ἀπὸ φρικώδη ἐπιδημίαν τόσον πλῆθος ἀθλίων, ἐπισεσωρευμένων εἰς τὴν ἐνταῦθα στενότητα*» (Βέτας 1841a, 2:85). Το παράπονο του Δεληγιάννη φαίνεται βάσιμο, καθώς ήδη υπάρχει μια καταχώρηση 500 διστήλων από τις 10/2/1828 στο όνομά του («Αναγνώστης Δεληγιάννης»). Όμως φαίνεται ότι η έκκληση του Κυβερνήτη, συνοδευμένη από συγκεκαλυμμένη απειλή, είχε κάποια επιτυχία, καθώς εμφανίζεται και μια νέα καταχώρηση 30 διστήλων στο ίδιο όνομα στις 5/1/1829.

Στο ίδιο μήκος κύματος απαντά στις 1(13)/6/1828 και προς το Πανελλήνιο που διαμαρτύρεται για την μη καταβολή μισθών τεσσάρων μηνών στους δημοσίους υπαλλήλους (Βέτας 1841a, 2:124–125):

> *...ἡ δὲ κυβέρνησις, καλέσασα τοὺς δημοσίους πράκτορας εἰς κοινωνίαν ἔργου, οὐδὲν καθυπεσχέθη εἰς αὐτούς, ἀλλὰ μάλιστα καὶ πρὸς ὅλους πανδήμως ἐξῄτησεν ἑκουσιασμὸν καὶ κόπον παρὰ τῆς κοινῆς σωτηρίας. Διαβάσατε, παρακαλῶ, καὶ πάλιν τὸ διάγγελμα δι᾽ οὗ τὴν σύστασιν τῆς τραπέζης ἐπρόβαλα καὶ θέλετε ἰδεῖ ὅτι ἀντὶ νὰ ὑποσχεθῶ χρήματα αὔκαιρίαν ἐπρόσφερα εἰς ὅλους τοὺς πολίτας, μηδεμίας τάξεως ἐξαιρουμένης, πρὸς φιλοπατρίας ἀνάδειξιν.*

Η πορεία εγγραφής του μετοχικού κεφαλαίου

Στοιχεία για τα λογιστικά της ΕΧΤ έχω λάβει από τα φύλλα της ΓΕΕ, καθώς το θέμα αυτό δεν γνωρίζω να έχει ερευνηθεί λεπτομερώς βάσει πρωτογενών δεδομένων. Αναγκάζομαι λοιπόν να αρκεστώ στα δημοσιευμένα στοιχεία παρά τις ελλείψεις που φαίνεται να παρουσιάζουν. Παρότι η εικόνα που προκύπτει είναι σε γενικές γραμμές ακριβής, απαιτείται περαιτέρω έρευνα για την πλήρη απεικόνιση του πρώτου χρηματοπιστωτικού ιδρύματος του ελληνικού κράτους.

Όπως φαίνεται από την πηγή αυτή, ο Κυβερνήτης και οι περί αυτόν έδωσαν το άμεσο προσωπικό παράδειγμα καθιστάμενοι μέτοχοι και δωρητές της νεοσύστατης τράπεζας. Ο Κυβερνήτης ανήγγειλε ότι από τα 25.000 τάληρα που έλαβε από συνεισφορές καταθέτει 7.000 στη ΕΧΤ, και επιπλέον 1.000 δικά του και 1.200 η ακολουθία του (ΓΕΕ 1828h, 48)· το παράδειγμα του θα ακολουθούσαν κι άλλοι (Πίνακες 3.1 και 25.26). Η πρακτική να αναγράφονται στα τεύχη ΓΕΕ οι «μέτοχοι» μαρτυρεί την προσπάθεια επίκλησης στον πατριωτισμό και την υστεροφημία τους.

Στους καταλόγους αυτούς σημειώνονται από την 8/2/1828 έως την 2/2/1829 καταθέσεις που φτάνουν την συνολική ονομαστική αξία των 142.082,96 διστήλων. Οι πληρωμές έγιναν σε δίστηλα, γρόσια, ρεγγίνες (τάληρα σπαθάτα), λίρες στερλίνες, βενετικά φλωριά, συναλλαγματικές, σταφίδα, μετάξι, κρασί και καλαμπόκι, ή σε συνδυασμό των ανωτέρω. Το κύριο νόμισμα (89%) ήταν τα δίστηλα (βλ. τον συνοπτικό Πίνακα 3.1 και τον αναλυτικό 25.26). Ήταν δηλαδή τόσο ανίσχυρο ακόμη το νεαρό κράτος—αν μπορούμε να το αποκαλέσουμε κράτος αφού δικό του νόμισμα δεν εξέδιδε—που όχι μόνον δεχόταν στα ταμεία του ξένο νόμισμα, αλλά δεχόταν ακόμη και προϊόντα. Από το συνολικό ποσό που προσφέρθηκε, 2.781,67 δίστηλα, 5.000 γρόσια και 1.000 δίστηλα σε σταφίδα δόθηκαν υπό μορφή δωρεάς, αφιερώματος, ή άτοκης κατάθεσης.

Όσον αφορά στην ταυτότητα των μετόχων από τους μεγαλύτερους ιδιώτες μετόχους ήταν ο Eynard και ο Βασιλιάς της Βαυαρίας (από 9.500 δίστηλα έκαστος), ο Αλ. Κοντόσταυλος (5.200 δίστηλα), οι Λάζαρος και Γεώργιος Κουντουριώτης (5.000 δίστηλα) και ο ναύαρχος Hastings (1.898,33 δίστηλα). Από 7.000 δίστηλα προσέφεραν επίσης οι Ψαρριανοί και φιλέλληνες. Στις συμμετοχές συγκαταλέγονται στρατηγοί, προύχοντες, κληρικοί, μονές, ομογενείς κ.ά. Αξίζουν να σημειωθούν και οι εισφορές του Ιωάννη Καποδίστρια και του Θ. Κολοκοτρώνη (από 1.000 δίστηλα), του πρόξενου της Ρωσίας Βασιλείου Μαρκεζίνη (400).

Πάντως οι κατάλογοι αυτοί δεν είναι εξαντλητικοί. Π.χ., ο Ιάκωβος Ρώτας κατέθεσε 500 δίστηλα για λογαριασμό του και άλλα 500 για λογαριασμό του Ιεροδιακόνου Χρύσανθου Κονοφάου, ζητώντας να μην δημοσιευθεί το όνομά του «*διὰ τὸν φόβον τῶν Ἰουδαίων*» (Ρώτας 1828). Αμφότερα τα ονόματα απουσιάζουν από τους καταλόγους.

Πίνακας 3.1: Κατανομή καταβολών στην ΕΧΤ κατά νόμισμα ή είδος (από 8/2/1828 έως 2/2/1829).

Είδος / νόμισμα	Δίστηλα (διατίμηση 8/2/1828)	Ποσοστό %
Δίστηλα	126.607,84	89,11
270 λίρες στερλίνες	1.314,00	0,92
6.517 γρόσια	434,47	0,31
3.320 ρεγγίνες	3.264,67	2,30
850 φλωρία βενετικά	1.898,33	1,34
«σε χρήμα και μετάξι»	3.599,33	2,53
Σε σταφίδα, κρασί, μετάξι, καλαμπόκι	4.276,00	3,01
Συναλλαγματικές (300 σε ρεγγίνες & 393 σε δίστηλα)	688,33	0,48
Σύνολο	**142.082,96**	**100**

Πηγή: Επεξεργασία Πίνακα 25.26.

Στην Έκθεση που καταθέτει ο Κυβερνήτης λίγους μήνες αργότερα στην Δ΄ Εθνοσυνέλευση στο Άργος (που ξεκινά την 11/7/1829), ανακοινώνει ότι το Εθνικό Ταμείο δανείστηκε από την Τράπεζα 2.034.660,30 τουρκικά γρόσια, που αντιστοιχούν σε 135.644 δίστηλα (1 δίστηλο = 15 γρόσια), που αντιστοιχούσαν σχεδόν στην ολότητα των καταθέσεων της τράπεζας (ΓΕΕ 1829c, 196· Βέτας 1842, 3:158). Σε ανακοίνωση της 29/1/1830, η επί της Εθνικής Τραπέζης Επιτροπή ανέβασε το συνολικό πληρωθέν ποσό στις 154.896,74 δίστηλα (ΓΕΕ 1830c, 45), ποσόν που υπερβαίνει κατά 12.813 χιλιάδες δίστηλα την παραπάνω άθροιση, ενδεχομένως λόγω καταθέσεων που δεν περάστηκαν στα φύλλα της ΓΕΕ, όπως αναφέρθηκε παραπάνω.

Πληρωμή «μερισμάτων» και αναλήψεις

Ακόμη χειρότερα για την προοπτική της τράπεζας, πριν την παρέλευση του 1828, καταθέτες άρχισαν να ζητούν πίσω τα χρήματά τους, μαζί με τους αναλογούντες τόκους. Πρώτοι οι Αλέξανδρος Ρώσσης (8/10/1828) και ο Αλέξανδρος Ι. Βλασσόπουλος (27/12/1828), οι οποίοι όμως τα απέσυραν χωρίς να ζητήσουν τόκο, ακολουθούμενοι από τους Πέτρο και Γεώργιο Μαυρομιχάλη (12/1 και 17/1/1829), οι οποίοι έλαβαν μόνον τον δεδουλευμένο τόκο (7,4%) καθώς η ανάληψη ήταν πρόωρη (ΓΕΕ 1829b, 158).

Η έγκαιρη καταβολή των «μερισμάτων» στους μετόχους, ή μάλλον η πληρωμή των τόκων του αναγκαστικού δανείου, ήταν μια από τις έγνοιες του Καποδίστρια, ο οποίος ήλπιζε ότι η καταβολή τους θα εδραίωνε την πίστη της χώρας. Ήδη από τις 12/1/1829—με την παρέλευση του πρώτου έτους να πλησιάζει και με τον πρώτο μέτοχο (ή καταθέτη), τον Π. Μαυρομιχάλη, να έχει ήδη ζητήσει μέρισμα (ή τόκο)—η Επιτροπή επί της ΕΧΤ ζήτησε από τον Κυβερνήτη οδηγίες περί καταβολής τόκου στους καταθέτες (Επί της ΕΧΤ Επιτροπή 1829). Και ενώ ο Φεβρουάριος φαίνεται να ήταν ήσυχος μήνας (μόνον ο Αντώνιος Γεωργαντάς απέσυρε τα χρήματά του και μάλιστα άτοκα), τον Μάρτιο εμφανίσθηκαν πολλοί μέτοχοι που ζήτησαν να τα αποσύρουν.

Με επιστολή της 4/3/1829 στο Υπ. Συμβούλιο, ο Κυβερνήτης έδωσε εντολή όπως η ΕΧΤ πληρώνει μόνον τόκους, και το κεφάλαιο σε ευθετότερο χρόνο. Και πάλι όμως, η επί της Οικονομίας Επιτροπή, σε επιστολή της 26/3/1829, ανέφερε σειρά καταθετών που ζητούσαν είτε τον τόκο είτε και το κεφάλαιο, και προέβλεπε ότι μαζί με τις υπόλοιπες ανάγκες «*τὸ ταμείον [sic] δὲν θέλει ἐξαρκέσει εἰς ὅλα ταύτα*» (Επί της Οικονομίας Επιτροπή 1829b). Ο Κυβερνήτης απαντώντας (2/4/1829) τονίζει ότι προς εδραίωση της Πίστης της ΕΧΤ, πρέπει να αποδοθούν οι καταθέσεις σε όσους τις ζητούν.[6]

Οι αναλήψεις και οι πληρωμές των τόκων στην ΓΕΕ (σε επ. γρόσια) σε διαδοχικούς πίνακες από τα τέλη Μαΐου μέχρι τα τέλη Σεπτεμβρίου του 1829. Στο διάστημα αυτό η τράπεζα φαίνεται να είχε πληρώσει συνολικά 397.523 επ. γρόσια (26.501,53 δίστηλα) σε κεφάλαιο και 31.111,51 επ. γρόσια (2.074,10 δίστηλα) σε τόκους, συνολικά 28.575,63 δίστηλα.[7] Οι πίνακες αυτοί δεν συμφωνούν απόλυτα με τον λογαριασμό της 11/7/1829 που απέδωσε ο Καποδίστριας στην Δ' Εθνοσυνέλευση στο Άργος, στον οποίο το ποσό των πληρωθέντων τόκων εμφανίζεται ίσο με 38.779,28 επ. γρόσια στα μέσα Ιουλίου (ΓΕΕ 1829c, 197). Σε κάθε περίπτωση, οι αναφορές σε πληρωμές προς και από την ΕΧΤ σταματούν στα επόμενα φύλλα της Γενικής Εφημερίδος, παρότι αντίστοιχες αναφορές συνδρομών σε σχολεία και στο ορφανοτροφείο συνεχίζουν να εμφανίζονται.

Στο πέρας των δύο χρόνων λειτουργίας της ΕΧΤ, η επί της Εθνικής Τραπέζης Επιτροπή ανέφερε ότι από τις 154.896,74 δίστηλα που είχαν καταβληθεί, μετά τις πληρωμές τόκου και κεφαλαίων, απέμεναν μόνον 100.365,90 δίστηλα, δηλαδή οι πληρωμές στο διάστημα αυτό είχαν φτάσει τις 54.530,84 δίστηλα (ΓΕΕ 1830c, 45). Αυτές οι πληρωμές υπερβαίνουν σημαντικά τις 28.575,63 δίστηλα που αναφέρονται στα φύλλα της ΓΕΕ, γεγονός που ενδεχομένως να οφείλεται σε πληρωμές που δεν δημοσιεύθηκαν στην εφημερίδα.

Απόπειρα αύξησης μετοχικού κεφαλαίου

Όπως είπαμε παραπάνω, ήδη από τον Ιούλιο του 1829 το Εθνικό Ταμείο είχε απορροφήσει για τις κρατικές ανάγκες σχεδόν το σύνολο του μεταλλικού αποθέματος της ΕΧΤ. Σε αυτό το κρίσιμο σημείο, έγινε απόπειρα να επιβεβαιωθεί η δυναμική της ΕΧΤ. Με ψήφισμα της 3/2/1830 η διάρκεια λειτουργίας της τραπέζης ορίστηκε στα πέντε έτη (μέχρι 1/4/1835), επιβεβαιώθηκε στο 8% το ύψος του επιτοκίου που θα παρείχε, ενώ ορίστηκε το κεφάλαιό της σε 6.472 μετοχές ονομαστικής αξίας 500 φοινίκων έκαστη, ή 83 1/3 ισπανικών διστήλων (ΓΕΕ 1830d, 46), δηλαδή το κεφάλαιο της ορίσθηκε σε 3.236.000 φοίνικες, ή 539.333 1/3 δίστηλα. Αυτή η αύξηση του μετοχικού κεφαλαίου ήταν δυνητική και δεν αντιστοιχούσε σε μεταλλικές καταθέσεις που είχαν ήδη γίνει ή προβλεπόντουσαν. Ουσιαστικά, απλώς προσδιόριζε το ύψος των υποθηκών που θα μπορούσε να υποσχεθεί η ΕΧΤ στους εν δυνάμει μετόχους της, όπως αυτό προέκυπτε από την εκτίμηση των δημοσίων κτημάτων την στιγμή εκείνη.[8]

---

[6] ΓΑΚ, *Δημόσιον Αρχείον Κυβερνήτου—Γενική Γραμματεία, 1829* (αποδελτίωση Ν. Χ. Τρεμπέλλα, Μάρτιος 1940, ΙΑΕΤΕ).

[7] ΓΕΕ, 25/5/1829 (σ. 158), 29/5/1829 (σ. 164), 1/6/1829 (σ. 168), 6/7/1829 (σ. 192), 14/8/1829 (σ. 226) και 25/9/1829 (σ. 264).

[8] Με απόφαση της 22/12/1829 αυτά τα κτήματα ήταν: Σταφιδαμπελώνας Κορίνθου (820.000 φ. ή 136.666 2/3 δίστηλα), Σταφιδαμπελώνας Αιγίου (627.264 φ. ή 104.544 δίστηλα), Ελαιώνας Άμφισσας (694.196 φ. ή 115.699 1/3 δίστηλα), Ελαιώνας Κορίνθου (819.520 φ. ή 136.586

Τα μέτρα αυτά δεν θα είχαν αποτέλεσμα και το χρέος της ΕΧΤ θα ανέβαινε κατακόρυφα—μέχρι το 1832 θα έφτανε στους 1.118.720 φοίνικες (ΓΕΕ 1832a, 28–30). Σε συνδυασμό με τις αποσύρσεις των χρημάτων των μετόχων (βλ. παρακάτω) και την έλλειψη μεταλλικού χρήματος θα εξανάγκαζαν στην έκδοση χάρτινου χρήματος με υποθήκη την εθνική γη.

3.4   Εσωτερικό δάνειο και δεύτερο ελληνικό χαρτονόμισμα

Η καθυστέρηση του δανείου των 60 εκ. φράγκων, που ο Καποδίστριας ποτέ δεν θα έβλεπε, οι μικρές, σε σχέση με τις κρατικές ανάγκες, εισφορές στην ΕΧΤ, καθώς και η ανάληψη των καταθέσεων των μετόχων στις αρχές του 1829 έκαναν δραματική την δημοσιονομική κατάσταση. Έτσι, με τις αναλήψεις να επιταχύνονται, η επί της Οικονομίας Επιτροπή αποφάσισε να αντιμετωπίσει την έλλειψη μεταλλικού χρήματος με δανεισμό 1,8 εκ. γροσίων, μέσω της έκδοσης γραμματίων. Η εξόφληση των γραμματίων οριζόταν να γίνεται σε τρεις συγκεκριμένες ημερομηνίες, στις 10/8, 20/10 και 30/12 (ΓΕΕ 1829a, 83).

Τα γραμμάτια αυτά αποφασίστηκε να δίδονται υποχρεωτικά στο 1/3 όλων των πληρωμών του κράτους, με μόνη εξαίρεση τις πληρωμές των μερισμάτων της ΕΧΤ, που εξοφλούνταν εξ' ολοκλήρου σε μεταλλικό.

Διαπιστώνουμε δηλαδή ότι για πρώτη φορά γίνεται λόγος για υποχρεωτική καταβολή χάρτινου χρήματος από το κράτος, ένα πρώτο βήμα για την θεσμοθέτηση πραγματικού κρατικού και όχι εμπορευματικού χρήματος. Ενώ όμως θεσμοθετείται ένα τέτοιο μέτρο, ταυτόχρονα περιστέλλεται από το ίδιο ψήφισμα που το προβλέπει: το γραμμάτια ορίζεται να πληρώνονται υποχρεωτικά στο 1/3 των κρατικών οφειλών και όχι σε ολόκληρη την οφειλή, ενώ δεν γίνεται πουθενά λόγος για το εάν αυτά θα γίνονται δεκτά από το κράτος για διάφορες πληρωμές (φόρων, δασμών, κλπ).

Επιπλέον, το ίδιο το κράτος αποδέχεται αυτά τα γραμμάτια, εμμέσως πλην σαφώς, ως υποδεέστερο χρήμα, αίροντας την υποχρεωτική καταβολή τους στην περίπτωση των μερισμάτων της ΕΧΤ, τους οποίους προσπαθεί να καλοπιάσει. Η εκτύπωση αυτών των ομολογιών μπορεί να θεωρηθεί το δεύτερο ελληνικό χαρτονόμισμα, ακολουθώντας τις ομολογίες του 1822, και αυτού αποτιμώμενου σε επαναστατικά γρόσια. Και ενώ κάνει ένα μικρό βήμα προς την νομική, ή έστω εννοιολογική, κατοχύρωση ενός μη εμπορευματικού χρήματος, δεν καταφέρνει να το επιτύχει.

3.5   Η εισαγωγή του Φοίνικα

Η κοπή νομίσματος, έστω και εμπορευματικού-μεταλλικού, ήταν ένα εξαιρετικής σημασίας θέμα, αφού όχι μόνον θα προσέφερε έσοδα στο Κράτος αλλά και θα θεμελίωνε σε συμβολικό και πρακτικό επίπεδο την ανεξαρτησία του. Ο Αλ. Κοντόσταυλος (1855, 260) αναλύει το σκεπτικό του όταν αναλάμβανε καθήκοντα μέλους στην Επιτροπή των Οικονομικών και της ΕΧΤ:

> Μόλις ἀναλαβὼν τὰ χρέη ταῦτα, ᾐσθάνθην ὅτι ἐν ὅσῳ κυκλοφορεῖ ὁ τουρικὸς παρᾶς ἐντὸς τῆς ἐλευθέρας Ἑλλάδος, ὄχι μόνον ἦτον ἀδύνατον νὰ ὑπάρξῃ καὶ νὰ διατηρηθῇ ἐπὶ πολὺ ἡ κατ᾽ ἀξίαν διατίμησις τῶν ξένων εὐρωπαϊκῶν νομισμάτων, (τῶν ὁποίαν ἀμέσως συνέταξα καὶ ἥτις δημοσιεύθη καθ᾽ ὅλην τὴν ἐπικράτειαν,) ἀλλ᾽ ἡ κυκλοφορία του ἤθελεν ἐξακολουθεῖ νὰ παραλύῃ καὶ τὸ μικρόν τῆς Ἑλλάδος ἐμπόριον.
>
> Ἀνέφερα λοιπὸν εἰς τὸν Κυβερνήτην τὴν κατεπείγουσαν ταύτην ἀνάγκην Ἑλληνικοῦ νομίσματος, καί ἰδίως μικροῦ χαλκίνου πρὸς ἀναπλήρωσιν τοῦ τουρκικοῦ παρᾶ.

Αλλά και ο Καποδίστριας κατανοούσε την ανάγκη αυτή. Προτού καν έρθει στην Ελλάδα, ζητούσε από τον Ανδρέα Μουστοξύδη στην Μπολόνια (6/11/1827) να του παράσχει κάθε δυνατή πληροφορία «περὶ τῆς Ἑλλάδος ὄχι τῆς ἀρχαίας, ἀλλὰ τῆς τοῦ μεσαίωνος καὶ τῆς Ἐνετιζούσης» και μεταξύ αυτών «διατάγματα περὶ νομισματοποιῖας καὶ πᾶν ὅ,τι διδακτικὸν περὶ τῆς δυσκόλου καὶ ἀξιοφροντίστου ταύτης ὕλης» (Βέτας 1841b, 1:214–215).

2/3 δίστηλα), Σμυρίς & αλυκή Νάξου (150.000 φ. ή 25.000 δίστηλα), Ορυκτά & αλυκή Μήλου (125.020 φ. ή 20.836 2/3 δίστηλα). Το σύνολο ήταν 3.236.000 φ. ή 539.333 1/3 δίστηλα (ΓΕΕ 1830d, 46–47).

Η προετοιμασία του νομισματοκοπείου

Ενώ η διατίμηση των νομισμάτων στα λογιστικά επαναστατικά γρόσια ήταν ένα νομοθετικό ζήτημα που λύθηκε σχετικά απλά, η εισαγωγή εθνικού νομίσματος ήταν ένα πρόβλημα με τεχνικές πλευρές που δεν επέτρεπαν την άμεση λύση του. Συγκεκριμένα δε, έπρεπε να εξασφαλισθούν αφενός τα μέταλλα, και αφετέρου τα μηχανήματα και οι μήτρες για την κοπή των νομισμάτων. Για την εύρεση χαλκού η επί της Οικονομίας είχε προτείνει (7/7/1828) την απαγόρευση εξαγωγής παλαιού χαλκού και των ορειχάλκινων κανονιών.

Όσον αφορά στην εύρεση μηχανημάτων, σωτήρια υπήρξε η δωρεά σε συναλλαγματικές εκ μέρους του Τσάρου της Ρωσίας, τις οποίες ενεχείρισε ο Ρώσος Ναύαρχος Έυντεν. Οι συναλλαγματικές ύψους 1,5 εκ. ρουβλίων (300 χιλ. διστήλων) έδωσαν στον Κυβερνήτη την δυνατότητα να στείλει τον Αλ. Κοντόσταυλο (εντολή της 22/9/1828) στην Μάλτα και στην Νάπολη για να τις εξαργυρώσει και να αγοράσει εφόδια.[9] Έτερος σκοπός του ταξιδιού αυτού ήταν και η αγορά μηχανών κοπής νομισμάτων. Μετά από επιτόπια εξέταση στην Μάλτα, αποφασίστηκε η αγορά μηχανών που παλαιότερα ανήκαν στο τάγμα των Ιωαννιτών Ιπποτών της Ρόδου. Αν και πολύ παλαιές, φέροντας ημερομηνίες κατασκευής μεταξύ 1783 και 1797, η τιμή των 100 λ. με την οποία αγοράσθηκαν και η καλή λειτουργία τους καθ' όλη την διάρκεια χρήσης τους, τις κατέστησαν μια πολύ επιτυχή αγορά. Ο Κοντόσταυλος επέστρεψε στην Αίγινα στις 20/11/1828 και οι μηχανές που έφερε μαζί του εγκαταστάθηκαν στην αυλή του Κυβερνείου.

Οι μηχανές έμειναν αχρησιμοποίητες για αρκετό διάστημα. Ο Δημακόπουλος αποδίδει αυτή την καθυστέρηση αφενός στον φόβο για την ακαταλληλότητα των μηχανών λόγω της πολύ χαμηλής τιμής τους, αφετέρου σε μια πρόταση που δέχθηκε ο Καποδίστριας να κόψει νομίσματα με εργολαβία. Στις αρχές του 1829, ο Καποδίστριας ανέφερε στο Πανελλήνιο σε επιστολή της 14(26)/1 και την πρόταση ενός Γάλλου φιλέλληνα με το όνομα de Sainte-Croix, να κόψει χάλκινα νομίσματα στο Παρίσι για λογαριασμό της Κυβέρνησης, με αντάλλαγμα τα άχρηστα ορειχάλκινα κανόνια (Βέτας 1842, 3:6). Αυτός θα πρέπει να ήταν ο Μαρκήσιος Pierre-Hippolyte de Sainte-Croix-Molay, πρώην Καγελάριος (Chancelier) της Γαλλικής Επιτροπής των Ιπποτών της Μάλτας (Ordre de Malte). Ο de Sainte-Croix είχε διαπραγματευθεί το 1823 την στρατιωτική βοήθεια των Ιπποτών και δάνειο 10 εκ. φράγκων στην επαναστατημένη Ελλάδα, με ένα... μικρό αντάλλαγμα: την παραχώρηση της Ρόδου και κάποιων άλλων ελληνικών νησιών μόλις αυτά απελευθερωνόντουσαν! Παραιτήθηκε δε όταν αυτή η συμφωνία δεν τελεσφόρησε (Sire 1996, 249).

Όπως ανέφερε στις 29/7/1829 ο Καποδίστριας στην Δ΄ Εθνοσυνέλευση «*[τ]ὸ Πανελλήνιον γνωμοδοτῆσαν ἔκρινε καὶ συμφερότερον καὶ ἐντιμότερον νὰ κοπῶσιν εἰς τὴν Ἑλλάδα τὰ νομίσματα, ἐκτὸς ἂν ἡ κατασκευή των δὲν ἐπιτύχῃ, ὅτε πρέπει νὰ καταφύγωμεν εἰς τὴν Γαλλίαν περὶ τούτου*» (Μάμουκας 1852, 11:782). Και η Γαλλική προσφορά καλώς απορρίφθηκε, καθώς οι μηχανές που αγόρασε ο Αλ. Κοντόσταυλος θα λειτουργούσαν απολύτως ικανοποιητικά.

Η πρόταση του Πανελληνίου

Ήδη από τις 2/4/1828 ο Καποδίστριας είχε ζητήσει από το Πανελλήνιο την μελέτη του νομισματικού ζητήματος (Βέτας 1841a, 2:6–7). Η ονομασία της *δραχμής*, που είχε ήδη προταθεί στις 12/6/1822 με Προβούλευμα του Εκτελεστικού (ΑΕΠ 2002c, 1:288), προτάθηκε εκ νέου στις συζητήσεις που ακολούθησαν. Είναι δηλαδή σφάλμα να αποδίδουμε την κατοπινή επιλογή της ονομασίας *δραχμή* αποκλειστικά στην εισαγόμενη αρχαιολατρία του Βαυαρού βασιλιά Ludwig I, πατέρα του Όθωνα. Η επιλογή φαίνεται να ενέπνευσε και τους ίδιους τους επαναστατημένους Έλληνες, δίνοντάς τους μια συνέχεια με ένα μακρινό παρελθόν. Τελικά όμως επικράτησε η ονομασία του *Φοίνικα* που εισηγήθηκε ο Κοντόσταυλός, που είχε μεν μυθολογικές προεκτάσεις, παρέπεμπε δε και στην Φιλική Εταιρεία (Δημακόπουλος 1978, 24).

Τελικά το Πανελλήνιο υπέβαλλε το σχέδιό του στις 14/4/1828. Κατά την περιγραφή του σχεδίου στον Κυβερνήτη προτεινόταν νέο νόμισμα να γίνει ο φοίνικας, αλλά με την επισήμανση ότι «*δὲν πρέπει βέβαια να εἶναι ἰδανικός [= λογιστικός] [...] καθὼς ἦτο τὸ τουρκικὸ γρόσι*» (Δημακόπουλος 1978, 25–26). Είτε αναφερόταν στο λογιστικό επα-

---

[9] Σύμφωνα με το έγγραφο αρ. 2568 της 23/5/1828 του Κυβερνήτου, επρόκειτο για 52 συναλλαγματικές εις βάρος του οίκου Έρομαν & Σία του Λονδίνου. Βάσει της εντολής της 22/9/1828, Ο Κοντόσταυλος θα χρησιμοποιούσε 30–40 χιλ. δίστηλα για αγορά εφοδίων από την Μάλτα την Νάπολη και την Σικελία (ΓΑΚ, *Δημόσιον Αρχείον Κυβερνήτου—Γενική Γραμματεία, 1828*. Αποδελτίωση Ν. Χ. Τρεμπέλλα, Δεκέμβριος 1939, ΙΑΕΤΕ).

ναστατικό γρόσι, είτε στην οθωμανική πρακτική της νόθευσης του νομίσματος, η αποστροφή αυτή εξέφραζε την πρόθεση του Πανελληνίου να ακολουθήσει πιστά την μεταλλιστική πρακτική της περιόδου και να δημιουργήσει ένα «υγιές» νόμισμα. Το σχέδιο που υπέβαλλε προέβλεπε ότι ο φοίνικας θα υποδιαιρείτο σε 60 λεπτά. Προβλεπόταν η κοπή αργυρών φοινίκων, αργυρών Αιγών και μισών Αιγών (αξίας 5 και 2,5 φοινίκων, αντιστοίχως), χρυσών Αθηνών και μισών Αθηνών (αξίας 20 και 10 φοινίκων, αντιστοίχως), καθώς και χαλκίνων λεπτών, δευτέρων (αξίας μισού λεπτού) και *πενταρίων* (ίσου βάρους με το λεπτό, αλλά αξίας 5 λεπτών). Όσον αφορά στην πρόταση κοπής χρυσών νομισμάτων η πρόταση δεν ήταν καθόλου ρεαλιστική καθώς ο χρυσός ήταν σε σχεδόν απόλυτη έλλειψη. Χαρακτηριστικό είναι επίσης ότι το Πανελλήνιο πρότεινε την υποδιαίρεση του φοίνικα σε 60 λεπτά και δεν υιοθετούσε το δεκαδικό σύστημα. Το σχέδιο αυτό υπέβαλλε ο Κυβερνήτης στις 29/7/1829 στην Επιτροπή της Δ΄ Εθνοσυνέλευσης στο Άργος, εξιστορώντας παράλληλα και τις προσπάθειες ιδρύσεως νομισματοκοπείου (Μάμουκας 1852, 11:779–783) και την επομένη ο Γραμματέας της Επικρατείας Σπυρίδων Τρικούπης μοίρασε δείγματα σε κάθε έναν από τους 237 πληρεξουσίους των 84 περιφερειών και στους 3 πληρεξουσίους των όπλων. Μέσα σε ένα γενικό κλίμα ενθουσιασμού τα νομίσματα έγιναν δεκτά με ζητωκραυγές (Μάμουκας 1852, 11:784–785) και στις 31/7/1829 η Εθνοσυνέλευση ενέκρινε (ψήφισμα Ζ΄) την ίδρυση του «Εθνικού Νομισματοκοπείου της Ελλάδος» και την κυκλοφορία του νέου εθνικού νομίσματος (ΓΕΕ 1829g, 223).

Φοίνικας, το πρώτο εθνικό νόμισμα

Η επίσημη αναγγελία των χαρακτηριστικών του πρώτου εθνικού νομίσματος έγινε την 28/9/1829 από την επί της Οικονομίας Επιτροπή (ΓΕΕ 1829f, 265). Σύμφωνα με την αναγγελία, ο αργυρός φοίνικας ορίσθηκε ότι θα είχε βάρος 1 3/8 δραμιών (90% άργυρος, 10% χαλκός, όπως το γαλλικό φράγκο) και μεταλλική αξία ίση με το 1/6 του Ισπανικού διστήλου. Θα υποδιαιρείτο δε σε 100 λεπτά (σύμφωνα με το δεκαδικό σύστημα που είχε εφαρμοσθεί στις ΗΠΑ και στην Γαλλία) και κάθε λεπτό θα ισοδυναμούσε με έναν τουρκικό παρά. Φαίνεται δηλαδή ότι στους δύο μήνες που μεσολάβησαν από την αναγγελία του σχεδίου του Πανελληνίου στην Δ΄ Εθνοσυνέλευση στο Άργος, υιοθετήθηκε το δεκαδικό σύστημα.

Αν και η αναγγελία όριζε την έναρξη κυκλοφορίας του φοίνικα για την 1/10/1829, η πρώτη επίσημη διατίμηση των ξένων νομισμάτων σε φοίνικες ήρθε πάνω περί τους τέσσερις μήνες αργότερα (Πίνακας 25.2). Αργότερα, σύμφωνα με ειδοποίηση της επί της Οικονομίας Επιτροπής, τα χάλκινα πεντάλεπτα και δεκάλεπτα θα συμπλήρωναν και τα χάλκινα εικοσάλεπτα (ΓΕΕ 1832c, 498).

Στις 25/1/1830 δημοσιεύθηκε η διατίμηση 40 ευρωπαϊκών νομισμάτων—και *κανενός τουρκικού*—η οποία θα ίσχυε από 1/3/1830 (ΓΕΕ 1830a, 41–42). Ταυτόχρονα αποφασιζόταν η τήρηση όλων των λογαριασμών στο νέο νόμισμα (ΓΕΕ 1830b, 41). Αυτή η απόφαση συμβαδίζει με την εμπόλεμη κατάσταση που ίσχυε ακόμη με την Οθωμανική Αυτοκρατορία. Προφανώς το νεαρό κράτος δεν είχε καμία διάθεση να διαιωνίσει την χρήση κανενός τουρκικού θεσμού, συμπεριλαμβανομένων και των νομισμάτων. Πράγματι, ενώ τα ευρωπαϊκά νομίσματα γινόντουσαν δεκτά από την Πολιτεία, κανένα τουρκικό δεν γινόταν δεκτό. Επιπλέον, απαγορευόταν η κυκλοφορία των τουρκικών νομισμάτων (και χάλκινων ευρωπαϊκών) που κυκλοφόρησαν μετά το 1826. Όμως, η εφαρμογή

Εικόνα 3.1: Ισπανικό δολάριο, ή τάληρο (κοπής 1806). Ονομαζόταν και δίστηλο, ή κολωνάτο από τις στήλες του Ηρακλέους που απεικόνιζε ο οπισθότυπος και που συμβόλιζαν τα όρια από τα οποία ξεκινούσε η ισπανική Αυτοκρατορία. Αποτέλεσε ένα διεθνές νόμισμα και κυκλοφορούσε ευρέως και στην προεπαναστατική Ελλάδα.

του νόμου φαίνεται να μην έγινε με απόλυτη αυστηρότητα καθώς συνεχίστηκε η χρήση τους, ακόμη και την μορφή των λογιστικών γροσίων (Δημακόπουλος 1978, 71). Λίγο αργότερα, έμποροι φέρεται να έπεισαν την επί της Οικονομίας Επιτροπή να δέχεται τούρκικα γρόσια και στα δημόσια ταμεία (Π. Κ. 1833, 312).

Ένα κενό της διατίμησης αφορούσε στον διακανονισμό της συνέχειας των συμβάσεων, όπως π.χ. των οφειλών μεταξύ ιδιωτών. Επειδή τα τουρκικά γρόσια ήταν σε καθεστώς ταχείας υποτίμησης, οι οφειλέτες χρεών σε αυτά βρίσκονταν σε επωφελή κατάσταση καθώς η πραγματική αξία της οφειλής τους—σε «σκληρό» νόμισμα—έβαινε φθίνουσα. Τα δικαστήρια θα πρέπει να αντιμετώπισαν σχετικές αντιδικίες, έτσι μετά από αρκετούς μήνες αποφασίσθηκε ότι οι οφειλές αυτές θα εξοφλούνταν στην ονομαστική τους αξία («αριθμητικήν ποσότητα») σε νομίσματα «πολιτευόμενα» τον καιρό της εξόφλησης (ΓΕΕ 1830i, 592). Παρά την απόφαση αυτή όμως, δεν προσδιοριζόταν η ισοτιμία, αφήνοντας έτσι εκτεθειμένους και αγανακτισμένους τους δανειστές, που έβλεπαν να ζημιώνονται από την υποτίμηση του γροσίου (Δημακόπουλος 1978, 71).

Αλλά και ο ορισμός του μεταλλικού περιεχομένου του φοίνικα ήταν εξαρχής προβληματικός. Κατ' αρχάς, ορίσθηκε η μεταλλική αξία του φοίνικα με σχετικό τρόπο (ως προς το Ισπανικό δίστηλο) και ταυτόχρονα με απόλυτο τρόπο (σε δράμια και καθαρότητα αργύρου). Ο σχετικός ορισμός δεν καθόριζε με ακρίβεια σε *τι* δίστηλο αναφερόταν, καθώς υπήρχαν πολλές κοπές, είτε από διαφορετικά νομισματοκοπεία (Ισπανικά ή των Ισπανικών αποικιών), είτε από διαφορετικές περιόδους.

Τα δίστηλα (Εικόνα 3.1) είχαν, εν γένει, κυμαινόμενα μεταλλικά περιεχόμενα, λόγω διαφορών στην εργασία κάθε νομισματοκοπείου και λόγω της σταθερής μείωσης του μεταλλικού περιεχομένου του διστήλου από το 1497 μέχρι το 1898 κατά 5,9% (από 25,550 σε 24,037 g). Και αυτά χωρίς να συνυπολογίσουμε την κυκλοφορία φθαρμένων, κομμένων ή κίβδηλων νομισμάτων που είχαν χαμηλότερο μεταλλικό περιεχόμενο.

Δοκιμές του 1702 έδειξαν περιεκτικότητα 385,86 gr στο τάληρο της Σεβίλης του 1686,[10] δοκιμές του 1704 και 1717 (Chalmers 1893, 402–403) έδειξαν μεταλλικά περιεχόμενα καθαρού αργύρου μεταξύ 24,429–25,077 g (377–387 gr), ενώ ακόμα χαμηλότερα ήταν τα περιεχόμενα για Μεξικανικά του 1747, Σεβίλλης του 1731 (24,371 g, 376,1 gr για αμφότερα) και για μεξικανικά του 1765 (24,455 g, 377,4 gr) ('Coins' 1829, 142).

Σύμφωνα με την τελευταία μεταρρύθμιση (Ισπανικός νόμος του 1772) το μεταλλικό περιεχόμενο του διστήλου είχε ορισθεί σε 27,07 g καθαρότητας 90,2844%, δηλαδή 24,44 g καθαρού αργύρου (Sumner 1898). Όμως δοκιμές από τον Robert Morris το 1782 βρήκαν περιεχόμενο σε άργυρο 24,170 g (373 gr) και από τον Hamilton το 1791 βρήκαν 24,036 g (370,933 gr). Ο Chalmers (1893, 393) αναφέρει μέσο όρο για τα δίστηλα των αμερικανικών νομισματοκοπείων που κόπηκαν μεταξύ 1824–1835 τα 24,095 g (371,84 gr). Επίσης αναφέρει (1893, 402–403) γερμανικές (1821) και αγγλικές (1826) δοκιμές βρήκαν 24,060 g (371,3 gr) και 24,040 g (371 gr), αντιστοίχως.

Σύμφωνα λοιπόν με τον Ισπανικό νόμο του 1772, ο φοίνικας θα έπρεπε να ζυγίζει 4,512 g και να περιέχει *4,073 g καθαρού αργύρου*. Ο ορισμός του απολύτου βάρους του σε 1 3/8 δράμια (4,407 g) και της καθαρότητάς του σε 90%, δηλαδή *3,966 g καθαρού αργύρου*, οδηγούσε σε μια ασυμφωνία της τάξεως του 3%. Άρα ο ταυτόχρονος ορισμός του μεταλλικού περιεχομένου του φοίνικα με απόλυτο τρόπο (σε δράμια) και σχετικό (ως προς το δίστηλο) ήταν προβληματικός διότι άνοιγε τον δρόμο σε κερδοσκοπία επί του νομίσματος. Αν οι φοίνικες περιείχαν περισσότερο άργυρο από τα δίστηλα, τότε θα αναχωνεύονταν αμέσως σύμφωνα με τον νόμο των Αριστοφάνη-Gresham.

Το ίδιο όμως κινδύνευαν να πάθουν ακόμα και αν περιείχαν παραπλήσια ποσότητα αργύρου, λόγω της μεγάλης δημοφιλίας των διστήλων. Πράγματι, το δίστηλο ήταν ένα εξαιρετικά δημοφιλές νόμισμα παγκόσμιας κυκλοφορίας, υπερτιμημένης αξίας έναντι της αντίστοιχης μεταλλικής. Δηλαδή, τιμολογείτο υψηλότερα από ότι θα όριζε η περιεκτικότητά του σε άργυρο. Έτσι, ένας αργυρός φοίνικας συνδεδεμένος με το αργυρό δίστηλο θα είχε χαμηλότερη αξία για *ίδια ποσότητα αργύρου*, δημιουργώντας και πάλι κίνητρο για την εξαγωγή του και αναχώνευση σε δίστηλα. Αυτό πράγματι συνέβη και οι αργυροί φοίνικες σύντομα εξαφανίστηκαν από την κυκλοφορία.

---

[10] Το 1702, ο Isaac Newton, διευθυντής του βασιλικού νομισματοκοπείου της Αγγλίας, έκανε δοκιμές σε μια σειρά ξένων νομισμάτων και ανέφερε ότι το τάληρο Σεβίλλης (*Piastre of Spain or Sevil piece of 8 Reaus*) του 1686 περιείχε 17 dwt. 9 gr. 3 mi. καθαρού αργύρου (25,003 g ή 385,86 gr). Το ισοδύναμο βάρος sterling (δηλ. κράματος αργύρου 92,5%) ήταν 417,15 gr sterling (Shaw 1896, 158).

Επιπλέον, ακριβώς λόγω της δημοφιλίας του το δίστηλο προφερόταν για παραχάραξη. Πράγματι, είτε λόγω παραχάραξης, είτε και από επιλογές ή σφάλματα των Ισπανικών νομισματικών αρχών, το δίστηλο είχε βρεθεί λιποβαρές έως και κατά 12%.[4]

Μια συνήθης κριτική που γίνεται στον Καποδίστρια αφορά στην «αποτυχία» του να κόψει φοίνικες σωστής καθαρότητας. Π.χ. ο Strong τον επικρίνει ως μη έχοντα *«ούτε την προδιάθεση ούτε την ικανότητα»* να διορθώσει την κατάσταση στον νομισματικό τομέα, αναφέροντας ότι από τους φοίνικες που κόπηκαν, κανείς δεν είχε όλο το ονομαστικό ποσό του αργύρου. Πράγματι, το κατοπινό διάταγμα της 8/2/1833 της Αντιβασιλείας με το οποίο εισαγόταν η δραχμή, ανέφερε ότι ο φοίνικας βρέθηκε να περιέχει μόνον 3,747 γρ. αργύρου, ότι δηλαδή ήταν υποτιμημένος στο 93% της ονομαστικής του αξίας.

Αν θεωρήσουμε ως αληθή τα λεγόμενα του διατάγματος της Αντιβασιλείας, το «σφάλμα» στους αργυρούς φοίνικες, αν επρόκειτο περί τέτοιου, κινείτο προς την σωστή κατεύθυνση ώστε να αποτρέψει την άμεση εκτόπισή τους από χαμηλότερης ποιότητας κίβδηλα δίστηλα, σύμφωνα με τον νόμο των Αριστοφάνη-Gresham. Δυστυχώς αυτό δεν επετεύχθη.

Η λειτουργία του νομισματοκοπείου και οι κοπές των νομισμάτων

Ο Καποδίστριας ξεκίνησε τις εργασίες για την δημιουργία του νομισματοκοπείου πολύ πριν την έγκριση από την Εθνοσυνέλευση στο Άργος. Στα μέσα Μαρτίου η επί της Οικονομίας Επιτροπή (1829a) ανακοίνωσε την έναρξη οικοδόμησης του Νομισματοκοπείου και τον Μάιο του ίδιου έτους[11] ο Κυβερνήτης έδωσε εντολή για την έναρξη λειτουργίας του. Κατά τα τέλη Ιουνίου, μαζί με τον λογαριασμό δαπάνης κτηρίων και μηχανημάτων του Νομισματοκοπείου υποβλήθηκαν και τα πρώτα δοκίμια στον Κυβερνήτη.[12] Στις 4/7/1829 ο Κυβερνήτης τα ενέκρινε και η κοπή συνεχίστηκε, εγκαίρως για να παρουσιασθούν τα νέα νομίσματα στην Εθνοσυνέλευση που άρχιζε στις 11/7/1829.

Μετά την Εθνοσυνέλευση, και την πανηγυρική αποδοχή του νέου νομίσματος, το Πανελλήνιο αντικαταστάθηκε από την Γερουσία και η κυβέρνηση μεταφέρθηκε στο Ναύπλιο, με εξαίρεση το νομισματοκοπείο που παρέμεινε στην Αίγινα, ως διευκόλυνση στον Αλ. Κοντόσταυλο· ο τελευταίος είχε εγκατασταθεί μόνιμα εκεί με την οικογένειά του και ο Καποδίστριας δεν ήθελε να στερηθεί τις υπηρεσίες του. Αφού η Κυβέρνηση αναχώρησε για το Ναύπλιο (27/12/1829), ο Κοντόσταυλος ανέλαβε Έφορος του νομισματοκοπείου μόλις επέστρεψε (15/1/1830) από την ολιγοήμερη παραμονή στην νέα πρωτεύουσα. Η λειτουργία του νομισματοκοπείου είχε αρκετές περιπέτειες καθώς σημαδεύτηκε από αντιδικίες, τόσο του νομισματοκόπου—και πρώην κιβδηλοποιού— Χατζή Γρηγόρη Πυροβολιστή με τον επιστάτη Νικόλαο Φραγκόπουλο, όσο και του Γραμματέα Δικαιοσύνης Ιωάννη Γεννατά με τον Κοντόσταυλο. Αποτέλεσμα διαφόρων καταγγελιών ήταν η διενέργεια ανάκρισης εις βάρος του Κοντόσταυλου, την οποία διέταξε ο ίδιος ο Καποδίστριας. Παρότι η σχετική έκθεση δεν αποκάλυψε τίποτα εις βάρος του, εκείνος χολωμένος υπέβαλλε στις 2/5/1830 την παραίτησή του στον Κυβερνήτη. Ο Καποδίστριας, που είδε την πρωτοβουλία του για διενέργεια ανάκρισης να έχει ανεπιθύμητες παρενέργειες, προσπάθησε να μεταπείσει τον Κοντόσταυλο αλλά χωρίς αποτέλεσμα. Η παραίτηση έγινε δεκτή στις 7/5/1830 και νέος έφορος ανέλαβε στις 20/7/1830 ο Αλέξιος Λουκόπουλος, συνδιευθυντής της ΕΧΤ με τον Α. Γιαννίτση (Δημακόπουλος 1978, 45–56). Σχεδόν ταυτόχρονα δημοσιευόταν και ο κανονισμός λειτουργίας του νομισματοκοπείου (ΓΕΕ 1830h, 152) που είχε επιμεληθεί ο κατήγορος του Αλ. Κοντόσταυλου—και προστατευόμενος του Γεννατά—Αριστείδης Μωραϊτίνης.[13]

Πολύ σύντομα ο νέος Έφορος απομάκρυνε τον Πυροβολιστή. Άλλο μεγάλο του πρόβλημα—όπως και του Κοντόσταυλου—ήταν η σπανιότητα μετάλλων, ακόμη και χαλκού. Μετά τον Κοντόσταυλο δεν ξανακόπηκαν αργυρά νομίσματα, ενώ για την κοπή χαλκίνων διατάχθηκε η αναχώνευση ορειχάλκινων πυροβόλων. Η δολοφονία

---

[11] Στις 12 κατά τον Chase (2007), στις 19 κατά τον Γεωργιόπουλο (2002, 117).

[12] Έγγραφα 6869 και 6873 της 27/6/1829 ΓΑΚ ΓΑΚ, *Δημόσιον Αρχείον Κυβερνήτου—Γενική Γραμματεία, 1829* (αποδελτίωση Ν. Χ. Τρεμπέλλα, Φεβρουάριος 1940, ΙΑΕΤΕ).

[13] Μία εβδομάδα μετά την παράδοση στον Λουκόπουλο, ο Αλ. Κοντόσταυλος υπέβαλλε την παραίτησή του και από την επιτροπή της ΕΧΤ, παραίτηση που ο Καποδίστριας έκανε αποδεκτή μόνο μετά από ένα μήνα και κατόπιν επανειλημμένων οχλήσεων του Κοντόσταυλου. Όπως και ο Ανδρεάδης—στο θέμα των φρεγατών—έτσι και ο Δημακόπουλος αθωώνει πλήρως τον Κοντόσταυλο στο θέμα του νομισματοκοπείου.

του Καποδίστρια, και η προβληματική εισαγωγή του χάλκινου εικοσαλέπτου αμέσως μετά, σκίασαν την θητεία του Λουκόπουλου. Αλλά την χαριστική βολή έδωσε η συστηματική και άνευ αδείας προμήθεια χάλκινων εικοσάλεπτων στον φιλοκαποδιστριακό Ναύαρχο Κωνσταντίνο Κανάρη—συνολικού ύψους 3.600 φοινίκων, με τελευταία παράδοση τον Μάιο του 1832—ο οποίος αντιπολιτευόταν την νέα Κυβέρνηση. Έτσι, ο Μαυροκορδάτος προχώρησε στην άμεση αντικατάστασή του τον ίδιο μήνα χωρίς να προβεί σε ανακρίσεις. Την κίνηση αυτή ο Δημακόπουλος την αποδίδει σε καθαρά πολιτικά κίνητρα, καταλήγοντας ότι, όπως και ο Κοντόσταυλος, έτσι και ο Λουκόπουλος αποχώρησε κατασυκοφαντημένος (Δημακόπουλος 1978, 69–77).

Ο τρίτος κατά σειρά Έφορος του Νομισματοκοπείου, ο Νικόλαος Λεβίδης, είχε να αντιμετωπίσει τόσο τα προβλήματα των προκατόχων του, όσο και το χάος που ξέσπασε μετά την δολοφονία του Καποδίστρια. Μάλιστα ο Λεβίδης ζήτησε και πέτυχε την παύση λειτουργίας του Νομισματοκοπείου μεταξύ 22/9 και 12/10/1832 (Δημακόπουλος 1978, 82–86).

Όσο συνέβαιναν αυτά, οι πρώτες δραχμές ήδη κοβόντουσαν στο Νομισματοκοπείο του Μονάχου, για λογαριασμό του πρώτου Μονάρχη του ελληνικού κράτους, του Όθωνα· η τύχη του Εθνικού Νομισματοκοπείου ήταν προδιαγεγραμμένη. Με διάταγμα της 29/1(10/2)/1833, η ευρισκόμενη στο Ναύπλιο αντιβασιλεία διέταξε την Γραμματεία της Οικονομίας να προβεί στην άμεσο διακοπή κάθε κοπής νομίσματος. Η διαταγή προωθήθηκε στον Λεβίδη στην Αίγινα, ο οποίος στις 2/12/1833 ανακοίνωσε ότι είχε προβεί στην απόλυση των υπαλλήλων και στην έναρξη της απογραφής (Δημακόπουλος 1978, 86–87). Είναι χαρακτηριστικό ότι η διαταγή αυτή είναι εντελώς περιφραστική, αναφερόμενη σε *«ἐκτύπωσι ἑλληνικῶν νομισμάτων [...] λεπτῶν ἁπλῶν [...] διπλῶν [...] πενταπλασίων [...] δεκαπλασίων [...] εἰκοσαπλασίων»*, χωρίς πουθενά δεν αναφέρεται ρητῶς το «Εθνικό Νομισματοκοπείο» ή οι «φοίνικες»· φαίνεται ότι η Αντιβασιλεία δεν θέλει να αναγνωρίσει τους Καποδιστριακούς θεσμούς ούτε καν δι' απλής αναφοράς.

Η πορεία του Νομισματοκοπείου ίσως φαίνεται σύντομη και αποτυχημένη· η άποψη του Strong (βλ. προηγούμενη παράγραφο) είναι χαρακτηριστική. Θα πρέπει όμως να υπογραμμισθεί ότι για τις αντικειμενικές συνθήκες της εποχής αποτέλεσε έναν πραγματικό άθλο. Να υπενθυμίσουμε ότι το ελληνικό κράτος απέκτησε μεν Νομισματοκοπείο επί Όθωνα, αλλά μόνον μεταξύ 1836–1857. Κατόπιν, τα ελληνικά νομίσματα κόβονταν στο εξωτερικό για πάνω από έναν αιώνα· τα πρώτα ελληνικά νομίσματα ξανακόπηκαν από ελληνικό ίδρυμα—το Νομισματοκοπείο Αθηνών—μόλις το 1972 (Ν. Βασιλόπουλος 1983, 165). Αλλά και τα ελληνικά τραπεζογραμμάτια τυπώνονταν στο εξωτερικό από το 1841 έως το 1947, οπότε και άρχισε να λειτουργεί το Ίδρυμα Εκτυπώσεως Τραπεζογραμματίων και Αξιών της ΤτΕ· η πρώτη πλήρης σειρά τυπώθηκε από ελληνικό ίδρυμα μόλις το 1954 (Νοταράς 2005, 327, 348). Με άλλα λόγια, ο Καποδίστριας στην συντομότατη παρουσία του στην Ελλάδα, και προτού καν αναγνωρισθεί το ελληνικό κράτος, κατάφερε κάτι που ούτε καν επεδίωξαν δεκάδες κυβερνήσεων, που δεν επεχείρησε ποτέ η ΕΤΕ και που κατάφερε η ΤτΕ μόνον έναν αιώνα μετά.

Δεν θα αναφερθώ στα χαρακτηριστικά των κοπών των φοινίκων, καθώς με ενδιαφέρει περισσότερο το χρήμα ως θεσμός παρά ως φυσικό αντικείμενο. Από πλευράς ποσοτήτων όμως είναι κρίσιμο να αναφερθεί ο συνολικός αριθμός νομισμάτων που κόπηκαν στο Νομισματοκοπείο (βλ. Πίνακα 25.11). Συνολικά κόπηκαν νομίσματα συνολικής αξίας 813.492,55 φοινίκων (αξίας περίπου 135.582 διστήλων, ή 27.859 στερλινών, ή 726.333 γαλλικών φράγκων). Από αυτούς μόνον οι 11.978 φοίνικες (αξίας 1.196 διστήλων, ή 410 στερλινών, ή 10.695 γαλλικών φράγκων) ήταν αργυροί. Αρκεί να αντιπαραβάλλει κανείς αυτά τα ποσά με τα δάνεια των 2.800.000 στερλινών (72,8 εκ. φράγκων) που είχαν ήδη συναφθεί, ή εκείνου των 60 εκ. φράγκων (2,3 εκ. στερλινών) που έμελλε να συναφθεί από τον Όθωνα. Οι φοίνικες που κόπηκαν αντιστοιχούσαν μόλις στο 0,99% του ονομαστικού των δανείων της Ανεξαρτησίας, ενώ οι αργυροί φοίνικες ήταν λίγο κάτω του 0,015% του ονομαστικού των δανείων αυτών. Ο Καποδίστριας δηλαδή προσπάθησε με πενιχρότατα μέσα να δώσει στο νεαρό κράτος θεσμούς των σύγχρονων ευρωπαϊκών κρατών και μέχρι ενός σημείου το κατάφερε. Όμως η εσωτερική αντιπολίτευση και η εξωτερική παρέμβαση θα απέτρεπαν την δημιουργία ενός ανεξάρτητου κράτους, αλλά θα ευνοούσαν την δημιουργία ενός προτεκτοράτου, με εισαγόμενους όλους τους θεσμούς, όπως και το νόμισμα.

Χαρακτηριστική της εύθραυστης κατάστασης του νεαρού κράτους ήταν η διάδοση της κιβδηλοποιΐας. Το κρατικό Νομισματοκοπείο αναγκάστηκε να προσλάβει έναν πρώην κιβδηλοποιό για να κόψει τα πρώτα του νομίσματα, ενώ σε όλη την τότε Ελλάδα η κιβδηλεμπορία ανθούσε (Δημακόπουλος 1978, 63). Όπως προκύπτει από ανακρίσεις συλληφθέντων κιβδηλοφόρων η Ύδρα ήταν μεταξύ των κέντρων παραγωγής πλαστών νομισμάτων (Περρούκας 1828). Μάλιστα δεν έλειπαν και οι καταγγελίες μεταξύ δημοσίων υπαλλήλων, όπως αυτή εναντίον του Δημητρίου Κ. Βυζάντιου, γραμματέα του Εκτ. Επιτρόπου Αρκαδίας, από συναδέλφους του ('Βυζάντιος' 1828). Ήταν δε τέτοιο το θράσος τους που δε μία περίπτωση, επτά κιβδηλέμποροι ζητούσαν να τους επιστραφούν τα κατασχεθέντα κίβδηλα νομίσματα, διότι μέχρι τότε δεν απαγορευόταν η κιβδηλεμπορία, όπως έγραφαν σε δακρύβρεχτη επιστολή τους προς τον Κυβερνήτη (Διάφοροι 1829). Πράγματι, η κιβδηλοποιΐα δεν απαγορεύθηκε παρά έναν χρόνο αργότερα (ΓΕΕ 1830g, 101).

3.6 Εκτύπωση ατόκου χαρτονομίσματος

Η έλλειψη αργύρου στο εσωτερικό της χώρας, οι σχετικά μικρές δωρεές σε μεταλλικό χρήμα από το εξωτερικό, καθώς και η μη σύναψη μεταλλικού δανείου από τις μεγάλες δυνάμεις οδήγησαν στην αναζήτηση νέων μέτρων για την εξεύρεση χρηματικών πόρων. Καθώς η ΕΧΤ και τα εκδοθέντα γραμμάτια του 1829 απαιτούσαν καταβολή τόκων σε μεταλλικό χρήμα για να συνεχίσουν να «λειτουργούν», ήταν προφανές ότι κάποιο νέο μέτρο έπρεπε να βρεθεί που δεν θα απαιτούσε μεταλλικά αποθέματα για την υλοποίησή του.

Η λύση που προκρίθηκε ήταν *«τὸ εἰς ἄλλα ἔθνη παραδεδεγμένον χαρτονόμισμα»*. Με το ψήφισμα ΚΖ′ της 17/6/1831 αποφασιζόταν η έκδοση 3 εκ. χάρτινων φοινίκων, που θα τύπωνε η ΕΧΤ για λογαριασμό της κυβέρνησης. Η τελευταία θα χρησιμοποιούσε τους χάρτινους φοίνικες για πληρωμές προς τους πολίτες για το 1/3 της εκάστοτε οφειλής, με τα υπόλοιπα 2/3 να εξοφλούνται σε μεταλλικό. Στην ίδια αναλογία θα μπορούσαν να χρησιμοποιούν και οι πολίτες τα χαρτονομίσματα για πληρωμές προς το κράτος, αλλά μόνον για οφειλές που θα προέκυπταν μετά την κυκλοφορία τους. Τα παλαιότερα χρέη θα έπρεπε να πληρώνονται σε μεταλλικό. Τέλος, στην ίδια αναλογία θα μπορούσαν να χρησιμοποιούνται οι χάρτινοι φοίνικες και για τις αγορές εκποιούμενων εθνικών κτημάτων, ενώ δινόταν και η υπόσχεση ότι εξαργύρωσής τους *«ἅμα τὸ ἐθνικὸν Ταμεῖον εὑρεθῇ εἰς χρηματικὴν κατάστασιν καλητέραν τῆς παρούσης»* (ΓΕΕ 1831d, 288–289).

Δύο εβδομάδες αργότερα ο Καποδίστριας έθεσε σε εφαρμογή τον *Οργανισμό των Χαρτονομισμάτων*, οι ρυθμίσεις του οποίου προέβλεπαν τον τρόπο εκτύπωσης και επικύρωσης των χαρτονομισμάτων, καθώς και τη μορφή και τον αριθμό τους. Τα χαρτονομίσματα των 5 φοινίκων θα έφταναν τα 150.000 κομμάτια και των 10 φοινίκων τα 75.000. Το χρώμα και των δύο αξιών θα ήταν κόκκινο. Τα χαρτονομίσματα των 50 φοινίκων θα τυπώνονταν σε 20.000 κομμάτια και των 100 φοινίκων σε 5.000 (Πίνακας 25.32). Χρώμα και των δύο οριζόταν το κυανό. Το συνολικό ποσό που θα τυπωνόταν ήταν 3 εκ. φοίνικες (ΓΕΕ 1831c, 289).

Είναι αξιοσημείωτο ότι αν και τα χαρτονομίσματα θα τυπώνονταν από την ΕΧΤ, αυτό γινόταν κατ' εντολή και για λογαριασμό του κράτους, στο οποίο αμέσως θα παραδίδονταν *χωρίς τόκο*. Δηλαδή τα χαρτονομίσματα δεν αποτελούσαν δάνειο προς το κράτος, όπως συνέβαινε με τα τραπεζογραμμάτια άλλων τραπεζών της εποχής, αλλά χρήμα που εξέδιδε ουσιαστικά *το ίδιο το κράτος*. Είναι εκπληκτικό το πόσο πλησίασε ο Καποδίστριας σε μια νομισματική αναγέννηση μέσω έκδοσης ατόκου κρατικού χρήματος· όμως δεν έφτασε στο στάδιο αυτό. Αν και εισήγαγε χαρτονόμισμα το άφησε χωρίς *de jure* αξία, καθώς ο νόμος που το στήριζε ήταν γεμάτος αναποφασιστικότητα.

Κατ' αρχάς, παρότι το χαρτονόμισμα γινόταν δεκτό σε πληρωμές προς τα κρατικά ταμεία, αυτό συνέβαινε μόνο στο 1/3 των οφειλών, και μόνον για καινούργιες οφειλές. Δηλαδή η ίδια η Αρχή έκδοσης του χαρονομίσματος έδειχνε ότι το θεωρούσε υποδεέστερο χρήμα ως προς το μεταλλικό. Μόνο λίγο αργότερα (10/10/1831) η επί της Οικονομίας Επιτροπή απαίτησε οι έμποροι να πληρώνουν τα τελωνειακά δικαιώματα τουλάχιστον κατά τα 2/3 σε χαρτονομίσματα, και πάλι όμως παραμένοντας δύσπιστη απέναντι στο ίδιο της το χαρτονόμισμα (ΓΕΕ 1831e, 421). Επιπλέον, πουθενά στον νόμο δεν υπήρχε διάταξη που να το καθιστά νόμιμο χρήμα (legal tender) στις συναλλαγές μεταξύ πολιτών. Τέλος, η ασαφής υπόσχεση της ενδεχόμενης μελλοντικής εξαργύρωσής του, ή της ανταλλαγής του με εθνικά κτήματα, το άφηνε χωρίς εγγενή αξία· αντιθέτως το καθιστούσε ένα μάλλον εμπορευματικού τύπου νόμισμα συνδέοντας την αξία του σε κάποιο αγαθό.

Βεβαίως δεν θα πρέπει να είμαστε υπέρμετρα αυστηροί, καθώς σε μια εποχή χονδροειδούς μεταλλισμού, τέτοιες εκλεπτύνσεις δύσκολα ήταν ανεκτές, τόσο από τους θεωρητικούς και πρακτικούς της νομισματικής πολιτικής, όσο και από το κοινό που είχε εθιστεί στην ιδέα του μεταλλικού χρήματος. Επιπλέον, καθαρά για λόγους εξουσίας, τα πιο πρόσφατα αντίστοιχα συστήματα, δηλαδή τα χαρτονομίσματα των Βρετανικών αποικιών της Αμερικής είχαν υποστεί τις ανηλεείς επιθέσεις της Βρετανικής αυτοκρατορίας. Τα μεν Colonial scrips[14] με τους νόμους του 1751 και 1764, τα δε Continentals[15] με μαζική πλαστογραφία κατά την Αμερικανική επανάσταση. Η φήμη τους είχε σπιλωθεί τόσο που μόνον μερικά χρόνια μετά τον Καποδίστρια (το 1836) θα ξαναχρησιμοποιούσε ένα τέτοιο σύστημα ο Andrew Jackson για να ξεπληρώσει (για πρώτη και τελευταία φορά) το χρέος των ΗΠΑ, και μερικές δεκαετίες αργότερα με τα παρόμοια Greenbacks θα κέρδιζε τον εμφύλιο ο Abraham Lincoln.

Επιπλέον, θα πρέπει να αναγνωρίσουμε και ένα δεύτερο ελαφρυντικό, ότι δηλαδή η κρατική εξουσία που είχε ο Καποδίστριας στα χέρια του δεν ήταν τόσο εδραιωμένη που να μπορούσε άνετα να επιβάλλει την αποδοχή των χαρτονομισμάτων ως μοναδικό και νόμιμο χρήμα. Πράγματι, μετά την υπαναχώρηση του Λεοπόλδου από τον ελληνικό θρόνο τον Ιούνιο του 1830, η αντιπολίτευση άρχισε να βάλλει με ανανεωμένη ισχύ εναντίον του Καποδίστρια, υποβοηθούμενη από τους Βρετανούς. Οι αναταραχές που ακολούθησαν κλιμακώθηκαν σε έναν ακόμη εμφύλιο πόλεμο. Είναι ίσως ενδεικτικό ότι ο ήρωας της Επανάστασης Ανδρέας Μιαούλης, θα αψηφούσε εμπράκτως την εξουσία του Κυβερνήτη κατά την αντάρσια της Ύδρας, ανατινάζοντας την φρεγάτα «Ελλάς» (1/8/1831) που τόσο ακριβά είχε αγορασθεί από τις ΗΠΑ.

Τα χαρτονομίσματα των φοινίκων, διά την πρόβλεψης εξαγοράς εθνικών κτημάτων, ενέπλεκαν με έναν πολύ κρίσιμο τρόπο το ζήτημα των Δανείων της Ανεξαρτησίας. Τα εθνικά κτήματα, τα οποία ο Κυβερνήτης προτίθετο να εκποιήσει, ήταν ήδη υποθηκευμένα στους ομολογιούχους του 1824 και του 1825. Η πρόθεση εκποίησής τους αποτελούσε έμπρακτη αποκήρυξη των χρεών αυτών, αφού προέβλεπε την εκποίηση ενός προσημειωμένου στοιχείου ενεργητικού. Είναι σαφές το ότι η απόφαση αυτή έθιγε ξένα οικονομικά συμφέροντα, και αποτελεί ερώτημα το τι μέτρα θα προωθούσαν οι ξένοι ομολογιούχοι για να προστατεύσουν την επένδυσή τους. Σε κάθε περίπτωση ο θάνατος του Καποδίστρια ήλθε πολύ σύντομα, τρεις μήνες μετά την αναγγελία της έκδοσης χαρτονομίσματος· στις 27/9(9/10)/1831 δολοφονήθηκε, δολοφονία για την οποία κατηγορήθηκαν οι αδελφοί Μαυρομιχάλη. Συνέπεια τούτου ήταν το ότι η έκδοση αυτή δεν έμελλε να εφαρμοσθεί στην ολότητά της.[16]

Στις 4/1/1832, η Ε΄ Εθνοσυνέλευση στο Ναύπλιο, «*παρατηρήσασα, ὅτι ἡ τιμὴ τῶν χαρτονομισμάτων τούτων δὲν ἐπέτυχεν τὴν κοινὼν ὑπόληψιν, διότι τὸ μνημονευθὲν ψήφισμα [3851 ΚΖ΄] δὲν προσδιορίζει εἰδικὴν ἐγγύησιν, μήτε τὴν ἐποχὴν τῆς ἐξαργυρώσεώς των*», τροποποίησε το εν λόγω ψήφισμα, (α) μειώνοντας το συνολικό προς έκδοση ποσόν στο 1 εκ. φοίνικες, (β) κάνοντας τα χαρτονομίσματα δεκτά χωρίς περιορισμό σε κάθε πληρωμή προς και από τα κρατικά ταμεία, αλλά και μεταξύ πολιτών «ὡς μεταλλικὰ νομίσματα», και (γ) καθορίζοντας τον τρόπο εξαργύρωσής τους με δημοπράτηση κρατικών κτημάτων, με κτήματα αξίας μέχρι 15.000 φοινίκων. Επιπλέον, οριζόταν ότι η κυκλοφορία των χαρτονομισμάτων θα έπαυε ένα έτος μετά την έκδοση του ψηφίσματος, οπότε και όλα τα χαρτονομίσματα θα καιγόντουσαν δημοσίως. Όμως κάθε εκποίηση οριζόταν ότι θα έπαυε σε περίπτωση λήψεως εξωτερικού δανείου, οπότε και τα χαρτονομίσματα θα εξαργυρώνονταν σε μεταλλικό (ΓΕΕ 1832α, 28–30).

Λίγες μέρες μετά (27/1/1832), νέο ψήφισμα μείωσε τον συνολικό αριθμό των χαρτονομισμάτων σε 500.000 φοίνικες. Επιπλέον, το ψήφισμα απαγόρευε την χρήση τους σε συναλλαγές μεταξύ πολιτών, και περιόριζε εκ νέου στο 1/3 τις πληρωμές προς και από τα κρατικά ταμεία με χαρτονομίσματα, με εξαίρεση τις εκποιήσεις κτημάτων (ΓΕΕ 1832β, 50).

---

[14]Χαρτονόμισμα που εξέδιδε κάθε αποικία ξεχωριστά, ελεύθερα τόκου και χωρίς στήριξη από πολύτιμο μέταλλο. Δηλαδή δεν ήταν υποσχέσεις πληρωμής σε χρήμα, αλλά χρήμα τα ίδια. Το πρώτο ήταν η λίρα της Μασαχουσέτης το 1690.

[15]Εκδόθηκαν στις 22 Ιουνίου 1775 από το Ηπειρωτικό Κογκρέσο (Continental Congress) και αποτέλεσαν όχι απλώς ένα εργαλείο της Επανάστασης, αλλά και μια Επανάσταση αυτά καθαυτά.

[16]Τον Καποδίστρια διαδέχθηκε η τριανδρία του αδερφού του Αυγουστίνου με τους Θ. Κολοκοτρώνη και Ι. Κωλέττη, η οποία όμως σύντομα διαλύθηκε. Στις 5/12/1831 η Ε΄ Εθνοσυνέλευση στο Άργος ανακήρυξε τον Αυγουστίνο Καποδίστρια «Πρόεδρο της Ελληνικής Κυβερνήσεως», μέχρι την ψήφιση του Συντάγματος. Οι αντιπολιτευόμενοι, που αυτοαποκαλούνταν «συνταγματικοί», αμφισβήτησαν τη νομιμότητά της.

Η εισαγωγή των χάρτινων φοινίκων πέρασε δηλαδή από τρία στάδια ως προς την συνολική τους έκδοση, τον τοκισμό, την αποδοχή τους σε πληρωμές και την εξαργυρωσιμότητά τους που συνοψίζονται στον Πίνακα 3.2. Κατ' αρχάς ουδέποτε προεβλέφθη τόκος για τα χαρτονομίσματα αυτά, ενώ σε κάθε περίπτωση ήταν επακριβώς γνωστή η συνολική τους έκδοση. Μόνον όμως με το ψήφισμα Δ΄ έγινε δυνατή (αλλά όχι υποχρεωτική) η απεριόριστη χρήση τους σε όλες τις πληρωμές. Στα δύο άλλα στάδια προβλεπόταν απλώς η αναμεμιγμένη χρήση τους με μεταλλικό χρήμα για δοσοληψίες με τα κρατικά ταμεία (κατά 1/3, ή κατά 2/3 για τα τελωνεία). Ουδέποτε ετέθησαν σε αναγκαστική κυκλοφορία εντός της επικράτειας, ουδέποτε δηλαδή απαγορεύθηκε η χρήση μεταλλικών νομισμάτων στις εσωτερικές συναλλαγές. Τέλος, σε όλες τις περιπτώσεις προβλεπόταν, σε διαφόρους βαθμούς βεβαιότητας η εξαργύρωσή τους. Δηλαδή δεν επιχειρήθηκε να αποκτήσουν αξία από την νομική τους υπόσταση, αλλά από την υπόσχεση εξαργύρωσής τους σε κάποια άλλη αξία (μεταλλική, ή σε γη).

Έτσι, σε διαφορετικούς βαθμούς και με διαφορετικούς τρόπους, οι ίδιοι οι νόμοι που θεσμοθετούσαν τα χαρτονομίσματα («Οργανισμός των Χαρτονομισμάτων», ψηφίσματα Δ΄ και Ζ΄), ταυτοχρόνως τα υπέσκαπταν ως προς την αξία τους και την αποδοχή τους από το κοινό. Δυστυχώς, η ελλιπής κατανόηση του χρήματος έβαλε ανάχωμα σε ένα δυνητικά σπουδαίο νομισματικό πείραμα, καθώς σε κάθε περίπτωση οι χάρτινοι φοίνικες δεν έγιναν χρήμα οι ίδιοι, αλλά παρέμειναν παραστατικά χρήματος. Μια χώρα με δραματική έλλειψη χρυσού και αργύρου επέμεινε να δέχεται τα μέταλλα αυτά ως μοναδικό «πραγματικό» χρήμα.

Πίνακας 3.2: Νομικά χαρακτηριστικά των χάρτινων φοινίκων.

Στάδιο	Έκδοση	Τόκος	Αναγκ. κυκλοφορία	Λήψη/πληρωμή στα κρατικά ταμεία	Συναλλαγές μεταξύ πολιτών	Εξαργύρωση	Διάρκεια κυκλοφορίας
«Οργανισμός» (3944) & 15454	3.000.000	Όχι	Όχι	1/3 (τελωνεία: 2/3) Αποδοχή μόνον για μεταγενέστερες οφειλές	Απροσδιόριστο	Ενδεχομένως	Απροσδιόριστη
Ψήφισμα Δ΄	1.000.000	Όχι	Όχι	Απεριόριστη	Απεριόριστη	Σε κρατική γη (ή μεταλλικό σε περίπτωση εξωτ. δανείου)	1 έτος
Ψήφισμα Ζ΄	500.000	Όχι	Όχι	1/3 (πλην εκποιήσεων)	Όχι	Ομοίως	1 έτος

Τελικώς, αφενός οι παραπάνω αβλεψίες στην νομική και θεσμική θωράκιση των χαρτονομισμάτων, και αφετέρου οι εγγενείς αδυναμίες του κρατικού μηχανισμού όπως είχε μέχρι τότε στηθεί, οδήγησαν στην κατάρρευση του εγχειρήματος. Στις 25/4/1832 η Διοικητική Επιτροπή της Ελλάδος έπαυσε τις πληρωμές σε χάρτινους φοίνικες και έπαυσε να τα δέχεται στα δημόσια ταμεία. Δηλαδή τα έθεσε εκτός κυκλοφορίας. Ανακοίνωσε δε ότι οι μόνοι γνήσιοι χάρτινοι φοίνικες είναι οι 41.670 που φέρουν αύξοντες αριθμούς από 8.001 έως 49.670 (*Αθηνά* 1832, 65).

Ο συσχετισμός των χάρτινων φοινίκων με τα γαλλικά assignats

Το ενδεχόμενο εξαργύρωσής τους σε εθνικά κτήματα, έχει προσδώσει στους χάρτινους φοίνικες ομοιότητες με τα *assignats* της γαλλικής επανάστασης,[17] με την διαφορά ότι στην περίπτωση εκείνη τα *biens nationaux* ήταν η κατασχεμένη ιδιοκτησία του κλήρου και των αριστοκρατών. Αυτό τους το χαρακτηριστικό προδιέγραψε την αντιμετώπισή τους από τους Έλληνες οικονομολόγους. Γράφει π.χ. ο Γιώργος Στασινόπουλος (2001): «*Η απόφαση της 4ης Ιανουαρίου του 1832, που συνέδεσε την αξία του τραπεζογραμματίου με τις εθνικές γαίες, θυμίζει έντονα το αντίστοιχο γαλλικό εγχείρημα των assignats και προδιέγραψε την κατάληξή του*». Επίσης, ο Νίκος Κεράνης (2003): «*Όσο για τα πληθωριστικά assignats της ιστορίας μας, είχαν εκτυπωθεί σχεδόν 45 δισεκατομμύρια λίβρες (ή φράγκα) όταν τον Φεβρουάριο του 1796, εν μέσω λαϊκής οργής, τα μηχανήματα και οι μήτρες των χαρτονομισμάτων κάηκαν στην Πλας Βαντόμ. Και εν έτει 1797 έπαψαν να αποτελούν και επισήμως πλέον το νόμιμο χρήμα της Γαλλικής Δημοκρατίας…*».

Εδώ είναι το κατάλληλο σημείο για μια παρέκβαση από την διήγησή μας. Η επίθεση στο σύστημα των assignats είναι μια αρκετά παλιά υπόθεση και ανάγεται στα παρεπόμενα του Αμερικανικού εμφυλίου πολέμου.

---

[17] Πρβλ. τις «σιχνάτσες» που αναφέρει ο Αλ.Παπαδιαμάντης στους «Χαλασοχώρηδες» και στην «Τύχη απ' την Αμέρικα».

Την περίοδο εκείνη ήταν νωπό το παράδειγμα των Greenbacks, των χαρτονομισμάτων που τυπώθηκαν επί Προεδρίας Αβραάμ Λίνκολν και που βοήθησαν τους Βορείους να κερδίσουν τον αμερικανικό Εμφύλιο.[18] Το τραπεζικό κατεστημένο είχε λοιπόν ανάγκη να πολεμήσει την ιδέα της έκδοσης χρήματος από το κράτος. Καθώς *και* το προηγούμενο παράδειγμα (των Continentals) ήταν επίσης επιτυχημένο, ο Andrew Dickson White, γόνος τραπεζικής οικογένειας, έπρεπε να βρει κάποιο επιχείρημα ώστε να πολεμήσει την ιδέα στις ΗΠΑ. Και την βρήκε ακριβώς στα γαλλικά assignats. Το 1876 δημοσίευσε ένα μικρό βιβλιαράκι (White 1876), και στο οποίο κατηγόρησε το κρατικό χρήμα (fiat currency) και την κρατική ανευθυνότητα ως αίτια του υπερπληθωρισμού που ακολούθησε την Γαλλική Επανάσταση. Ένα χρόνο μετά (1877), ο Stephen Dillaye, μέλος του Greenback Party δημοσίευσε την απάντησή του (Dillaye 1877). Τι ήταν λοιπόν τα assignats και ποια ήταν η φύση της διαμάχης των A. D. White και Dillaye;

Με το ξέσπασμα της Επανάστασης οι ευγενείς της Γαλλίας τράπηκαν σε φυγή στο εξωτερικό, παίρνοντας μαζί τους και όσο χρυσό μπορούσαν να κουβαλήσουν. Καθώς—ιδίως μετά το γαλλικό διάταγμα του 1679—ο χρυσός αποτελούσε χρήμα και όχι απλό εμπόρευμα, η επαναστατική κυβέρνηση βρέθηκε σε έντονη έλλειψη ρευστού. Μπροστά στην πιεστική αυτή ανάγκη, η Εθνοσυνέλευση αποφάσισε να κατάσχει τον πλούτο του Κλήρου και με διακήρυξη της 2/12/1789 ανακοίνωσε ότι όλα τα κτήματα του κλήρου (biens nationaux) ανήκαν στο Κράτος. Αναγνωρίζοντας όμως ότι δεν θα μπορούσε να τα πουλήσει άμεσα, αποφάσισε να τα τιτλοποιήσει σε assignats, δηλαδή σε τίτλους που θα αγόραζαν διάφοροι πολίτες (με πολύτιμα μέταλλα, ή με παροχή υπηρεσιών στο Κράτος) και που θα αντιστοιχούσαν σε συγκεκριμένη έκταση γης. Όταν κάθε έκταση αποδιδόταν στον νέο ιδιοκτήτη της τα assignats θα καιγόντουσαν. Επειδή όμως η ανάγκη ρευστού ήταν πιεστική και οι αγορές κτημάτων δεν θα προχωρούσαν παρά πολύ αργά, η Εθνοσυνέλευση αποφάσισε να εκχρηματίσει τα assignats που αφορούσαν σε κτήματα της εκκλησίας (17/12) και του βασιλιά (19/12).

Αρχικώς τα assignats απέδιδαν τόκο 5%, ενώ με το διάταγμα της 16/4/1790 ο τόκος έγινε 3% και τέθηκαν σε αναγκαστική κυκλοφορία· το διάταγμα της 29/9/1790 εκμηδένισε τον τόκο τους από την 16/10/1790. Τα assignats λοιπόν, δεν προχώρησαν τόσο μακριά όσο τα Colonial scrips, καθώς η αξία τους αντιστοιχούσε σε κάποιο αγαθό, της γης εν προκειμένω· δηλαδή δεν ήταν χρήμα *καθαυτά*, αλλά υπόσχεση ενός αγαθού. Όμως συνδέθηκαν με την αξία ενός αγαθού που είχε περιέλθει στα χέρια του κοινού και που δεν ήταν συγκεντρωμένο σε λίγα χέρια όπως ο χρυσός.

Ο A. D. White (1876, 54) μας λέει ότι σύντομα η Κυβέρνηση καταχράσθηκε το προνόμιο έκδοσης των assignats, προχωρώντας σε αλόγιστη έκδοση που κατακρήμνισε την αξία τους και οδήγησε σε υπερπληθωρισμό. Αναφέρει ότι *«μέχρι τις αρχές του 1796 πάνω από 45 δις φράγκων είχαν εκδοθεί, εκ των οποίων 36 δις ευρίσκοντο σε κυκλοφορία»*. Επιχειρηματολογώντας κατ' αναλογία, και εξομοιώνοντας την Γαλλία του 1795 με τις ΗΠΑ του 1876, συμπεραίνει ότι το κρατικό χρήμα (*fiat money*) που δεν στηρίζεται σε πολύτιμο μέταλλο (*irredeemable*) είναι εν γένει κακό, καταστροφικό και απευκταίο. Ο A. D. White αποσιωπά δύο πράγματα.

Πρώτον αποσιωπά ότι ο κλήρος και οι ευγενείς δεν έμειναν αδρανείς. Από τον Ιούνιο του 1790 άρχισε η μαζική πλαστογραφία των assignats από βασιλόφρονες της Γαλλίας που τα χρησιμοποιούσαν για αγορά γαιών, αφενός μεν ιδιοποιούμενοι τον πλούτο αυτό, αφετέρου δε υπονομεύοντας το νόμισμα. Από τον Οκτώβριο του 1792 συστηματική πλαστογραφία ξεκίνησε και σε Βέλγιο και Ελβετία (del Mar 1886, 256–257). Όμως οι πραγματικοί πρωταθλητές ήταν οι Άγγλοι. Η Μ. Βρετανία διεξήγαγε έναν πραγματικό νομισματικό πόλεμο κατά της νεαρής δημοκρατίας (Dillaye 1877, 32–33):

> *It is true that adventurers in Belgium and priestly knaves in Switzerland commenced the business of forging the Assignats as early as October 1792 […] It was found that Belgium was too open and too much in sympathy with revolutionary dogmas; and that Switzerland was too confined in its resources and communication for the vast designs of the nobility and clergy. It is true that the business was kept up and increased there, but the great establishments for the systematized fraud found more scope and greater opportunities for uninterrupted work in London […] England lent its aid, while its cabinet became the concealed agent for the propagation of the felony and the circulation of the nefarious outrage. Seventeen manufacturing establishments were in full operation in London, with a force of four*

---

[18] Ο ίδιος ο Λίνκολν ήταν μάλλον απολογητικός για τα greenbacks, τα οποία ήταν πρωτοβουλία του Γερουσιαστή του Bufallo, Elbridge E. Spaulding. Σε κάθε περίπτωση όμως ωφέλησαν και τον ίδιο (Zarlenga 2002, 455–458).

hundred men devoted to the production of false and forged Assignats. The success and the extent of the labor may be judged by the quantity and the value they represented. In the month of May 1795, it was found that there was in circulation from 12 billion to 15 billion francs of forged Assignats [...]

The Assignats in circulation at this time, May, 1795, issued by the Revolutionary government were 7.86 billion francs, and not, as Mr. White has stated 45 billion francs.. .The value of the lands dedicated.. .as the basis for their redemption [...] was 15 billion francs [...]

Τμήμα της απόδειξης του Dillaye είναι πρακτικά Αγγλικών δικαστηρίων, όταν δικαστικές διαμάχες μεταξύ πλαστογράφων έφεραν το θέμα στο φως της δημοσιότητας. Το ίδιο απέδειξε και το περιστατικό μιας αποτυχη-μένης στρατιωτικής απόβασης σε γαλλικές ακτές το 1795 (Bruguière 1989, 431):

Nearly as much effort went into the manufacture of counterfeit assignats [as into that of original]. Before 1794 most of this counterfeiting activity was French. But by then the harshness of anticounterfeiting measures, the difficulty of the work, the scarcity of raw materials, and the depreciation of paper currency had discouraged most domestic countefeiters. Abroad, however, the fabrication of false assignats flourished as late as 1796 under the auspices of governments at war with France. During the Quinberon landing (July 1795) several billions' worth of assignats printed in London were seized. In the face of so many practical difficulties it is rather remarkable that the Convention, and primarily Cambon and Ramel, its leading specialists on the subject, managed to adhere steadfastly to certain fundamental principles.

Εκτός όμως από την αποσιώπηση της πλαστογραφίας ο A. D. White καταφεύγει και σε κατάφωρα ψεύδη σε ό,τι αφορά στο ποσόν των εκδοθέντων assignats, πράγμα που αποκαλύπτει ο Dillaye (1877, 28–29), με παράθε-ση των σχετικών στοιχείων: «*Μέχρι εκείνη τη στιγμή* [εκτέλεση Ροβεσπιέρου] *τα assignats είχαν παράσχει το σύνολο των μέσων για την στήριξη της Επαναστατικής κυβερνήσεως. Το ποσό σε κυκλοφορία την 1η Ιανουαρίου 1794 ήταν 5,536 δις φράγκα, ή 1,107 δις δολάρια. Η αξία των κτημάτων του κλήρου και διαφυγόντων ευγενών που είχαν τιτλοποιηθεί ήταν 15 δις φράγκα, ή 3 δις δολάρια*». Δηλαδή η Επαναστατική κυβέρνηση κάθε άλλο παρά ανεύθυνα είχε εκδώσει νόμισμα (βλ. Πίνακα 3.3).

Μετά την Θερμιδοριανή αντίδραση ο Ροβεσπιέρος εκτελέστηκε (28/7/1794) και οι Ιακωβίνοι, η παράταξη η ταυτισμένη με την Επαναστατική ορμή, έχασαν την εξουσία. Στην θέση τους έρχονται οι «Θερμιδοριανοί» με την βοήθεια της *jeunesse dorée*, των «χρυσών νέων» άρχισαν να αποδομούν τα θεμέλια των assignats. Στις 8/12/1794 ο Cambacérès πρότεινε γενική αμνηστία και η Συνέλευση ανακάλεσε το διάταγμα που εξόριζε τους ευγενείς και τους κληρικούς από την Γαλλία. Όσες εθνικές γαίες δεν είχαν αλλάξει χέρια ξαναπέρασαν στους προηγούμενους ιδιοκτήτες τους. Μετά από μια αποτυχημένη απόπειρα ανακατάληψης της εξουσίας από τους Ιακωβίνους, οι ευγενείς τελικά επέστρεψαν στην Γαλλία διεκδικώντας τα προνόμιά τους.

Πίνακας 3.3: Εκδόσεις και αποσύρσεις επαναστατικών assignats (1791–1796), σε λίβρες και αξία τους επί της ονομαστικής.

Από	Έως	Έκδοση (+)/απόσυρση (-)[1]	Συνολικό ποσό σε κυκλοφορία[1]	Αξία (% επί της ονομαστικής)[2]
21/12/1789	1/6/1791	+912.000.000	912.000.000	85
1/6/1791	1/10/1791	+239.500.000	1.151.500.000	84
1/10/1791	22/9/1792	+820.500.000	1.972.000.000	72
22/9/1792	1/1/1793	+853.906.618	2.825.906.618	51
1/1/1793	1/8/1793	+949.939.435	3.775.846.053	22
1/8/1793	1/5/1794	+2.115.633.148	5.891.479.201	34
1/5/1794	1/7/1794	+190.572.599	6.082.051.800	34
1/7/1794	1/10/1794	+536.245.370	6.618.297.170	28
1/10/1794	1/1/1795	+610.521.893	7.228.819.063	18
1/1/1795	1/4/1795	+1.098.126.618	8.326.945.681	10,71
1/4/1795	1/7/1795	+4.011.198.180	12.338.143.861	3,09
1/7/1795	1/10/1795	+5.541.194.037	17.879.337.898	1,36
1/10/1795	1/1/1796	+9.685.899.498	27.565.237.396	0,46
1/1/1796	1/4/1796	+9.106.524.366	36.671.761.762	—
1/4/1796	1/7/1796	−2.163.012.176	34.508.749.586	—
1/7/1796	1/9/1796	+11.070.060.454	45.578.810.040	—

Πηγές: [1](Courtois 1875, 79). [2](Chown 1994, 229, από Henri Seé, Histoire Economique de la France).

Οι Θερμιδοριανοί κληρονόμησαν έναν θεσμό που είχε επιτρέψει σε ένα εκατομμύριο επαναστατικού στρατού να πολεμά με επιτυχία σε δεκατρία διαφορετικά μέτωπα. Όμως η πλαστογραφία ήταν εξαντλητική. Όταν τα assignats κατέρρευσαν στα τέλη του 1795, από τα περίπου 100 δισ λιβρών που κυκλοφορούσαν σε assignats (del Mar 1886, 252), τουλάχιστον τα δύο τρίτα ήταν πλαστά. Έτσι, η επαναστατική κυβέρνηση αποφάσισε ότι μετά το όριο των 40 δισεκατομμυρίων γνησίων assignats θα τα απέσυρε. Πράγματι, στις 12/2/1796 οι μήτρες καταστράφηκαν δημοσίως στην πλατεία Vendôme, αλλά όχι στο κλίμα που φιλοτέχνησε ο Κεράνης. Λίγες ημέρες νωρίτερα ο νέος Υπουργός Οικονομικών Ramel-Nogaret, ο οποίος είχε αποφασίσει την απόσυρση των assignats, έπλεξε το εγκώμιό τους (Ramel-Nogaret 1863, 351):

> Les assignats ont fait la révolution, ils ont amené la destruction des ordres et des priviléges ; ils ont renversé le trône et fondé la république ; ils ont armé et equipé ces colonnes formidables qui ont porté l' étenderd tricolore au delà des Alpes et des Pyrénees, qui ont dépoloyé près des sources du Rhin et sure les rives de ses trois embouchures ; ils nous ont valu notre liberté ;

Μάλιστα, παρότι τα assignats καταργήθηκαν, αντικαταστάθηκαν από άλλο χάρτινο χρήμα, τα mandats, που εκδόθηκαν σε ύψος 800 δισ λιβρών—δηλαδή σε αναλογία 30 mandats ανά assignat—με τα οποία θα γινόταν άμεση εκποίηση συγκεκριμένων εκτάσεων. Επιπλέον εκδόθηκαν mandats άλλων 600 δισ λιβρών για τις άμεσες κρατικές ανάγκες και άλλο 1 τρισ για χρήση όταν θα απαιτείτο (del Mar 1886, 258). Παρότι το όριο των 2,4 τρισεκατομμυρίων δεν ξεπεράστηκε ποτέ, η αξία τους έπεσε ταχύτατα.

Τελικά τα assignats και τα mandats πράγματι κατέρρευσαν, αλλά όχι επειδή ήταν κρατικό χρήμα, ούτε επειδή ήταν χάρτινα. Η αποτυχία των assignats οφείλεται αφενός στην αδυναμία—ή απρονοησία—του επαναστατικού κράτους να τα επιβάλλει ως νόμιμο χρήμα, καθώς και στην δύναμη του κλήρου να τα καταγγείλει ως προϊόν κλοπής. Επιπλέον, στην πτώση των Ιακωβίνων και στην επάνοδο των φιλοβασιλικών που είχαν κάθε συμφέρον να τα απαξιώσουν. Κυρίως όμως, η αξία τους δέχθηκε βαρύ πλήγμα από κερδοσκόπους και πλαστογράφους που διεξήγαγαν κανονικό πόλεμο εναντίον τους.

Πράγματι, τα assignats κατέρρευσαν αλλά δεν απέτυχαν στον σκοπό τους. Αντιθέτως, αποτέλεσαν το μέσον για να αντέξει η Γαλλική Επανάσταση και να καταφέρει όσα κατάφερε. Στο ίδιο συμπέρασμα θα κατέληγε ο Dillaye (1877, 48–49) για τα Greenbacks:

> The Natural laws of finance, as Mr. White understands them, would have […] strangled our [American] revolution in 1775, and kept us slaves to […] kingly impudence […] Not a dollar has ever been lost by the paper credits of the United States since the adoption of the Constitution; but the losses, the ruin, the bankruptcies and the fatal failures which have resulted from banks making gold the basis are written in the history of every crisis for over three quarters of a century, and aggregate very many times the amount of the national debt […] but who will attempt to estimate the amount of human misery and woe which this system of fraudulent specie basis has entailed on the American people?

3.7 Μια συνοπτική αποτίμηση του Καποδιστριακού νομισματικού έργου

Το έργο του Ιωάννη Καποδίστρια στον νομισματικό τομέα είναι το ίδιο καινοτόμο και μεθοδικό με εκείνο σε πολλούς άλλους τομείς της δημόσιας διοίκησης. Με την άφιξή του ο Καποδίστριας εισήγαγε νέους θεσμούς, μεταξύ των οποίων Κρατική Τράπεζα και Νομισματοκοπείο, που η βαυαροκρατία θα έκανε αρκετά χρόνια να επανιδρύσει. Η ίδρυση και μόνον της ΕΤΕ χρειάστηκε οκτώ χρόνια, και του Βασιλικού Νομισματοκοπείο άλλα τρία. Το έργο του Καποδίστρια μπορεί να γίνει αντιληπτό λαμβάνοντας υπόψη ότι η Ελλάδα θα παρέμενε χωρίς ίδρυμα κοπής νομισμάτων και εκτυπώσεως χαρτονομισμάτων για περίπου έναν αιώνα. Το νομισματικό έργο του όμως παρέμεινε ημιτελές· το πρόωρο τέλος και η έλευση της Βαυαροκρατίας κατεδάφισαν όλους τους υπάρχοντες νομισματικούς θεσμούς του νεαρού κράτους.

Βεβαίως, ειδομένο με μια σημερινή ματιά, το νομισματικό έργο του Καποδίστρια αποκαλύπτει πολλές απρονοησίες και ελλείψεις στο θεσμικό πλαίσιο που εισήγαγε. Όμως για την εποχή του άγγιζε επαναστατικές καινοτομίες, όπως την εισαγωγή κρατικού, άτοκου χαρτονομίσματος.

Παραλλήλως, το νομισματικό έργο του Καποδίστρια είναι αρκετά ελλιπώς μελετημένο. Το παρόν κεφάλαιο βασίσθηκε σε δημοσιευμένα επίσημα και ανεπίσημα έγγραφα (*Επιστολαί, Γενική Εφημερίς της Ελλάδος* κλπ), όμως πληθώρα πληροφοριών κρύβεται στα Γενικά Αρχεία του Κράτους. Οι αποδελτιώσεις που διενέργησε ο Ν. Χ. Τρεμπέλλας για την έκδοση επετειακού τόμου ενόψει της εκατονταετηρίδας της ΕΤΕ, έμειναν ανεκμετάλλευτες λόγω του ξεσπάσματος του ΒΠΠ· σήμερα απόκεινται στο ΙΑΕΤΕ. Από την απλή και μόνο ανάγνωση αυτών των αποδελτιώσεων αποκόμισα αρκετά οφέλη κατά την συγγραφή του παρόντος κεφαλαίου, όμως αισθάνομαι ότι δεν έξυσα παρά μόνον την επιφάνεια. Δυστυχώς, η εις βάθος αναδίφηση στα αρχεία αυτά ξεφεύγει από τους περιορισμούς χώρου ενός κεφαλαίου και τους χρονικούς περιορισμούς ενός μόνο ερευνητή. Θέλω να ελπίζω ότι αυτό το κεφάλαιο αποτελεί ικανό έναυσμα για την αξιοποίηση αυτού του πολύτιμου υλικού.

ΒΑΣΙΛΕΙΟΝ ΤΗΣ ΕΛΛΑΔΟΣ: ΤΟ ΝΟΜΙΣΜΑΤΙΚΟ ΣΥΣΤΗΜΑ ΤΟΥ ΟΘΩΝΑ

4

Διάλυσαν τὰ μοναστήρια· συμφώνησαν μὲ τοὺς Μπαυαρέζους καὶ πούλα-
γαν τὰ δισκοπότηρα κι' ὅλα τὰ γερὰ εἰς τὸ παζάρι [...] καὶ οἱ καημένοι οἱ κα-
λογέροι, ὁπού ἀφανίστηκαν εἰς τὸν ἀγώνα, πεθαίνουν τῆς πείνας μέσα
τοὺς δρόμους, ὁπού αὐτὰ τὰ μοναστήρια ἦταν τὰ πρῶτα προπύργια τῆς
ἀπανάστασής μας. Ὅτι ἐκεῖ ἦταν καὶ οἱ τζεμπιχανέδες μας κι' ὅλα τ' ἀνα-
γκαία τοῦ πολέμου.
Στρατηγός Μακρυγιάννης (Μακρυγιάννης 1947, 2:75)

ΕΤΑ ΤΗΝ ΥΠΑΝΑΧΩΡΗΣΗ του Λεοπόλδου και την δολοφονία του Καποδίστρια, με το Πρωτόκολλο του Λονδίνου της 14(26)/9/1831 (Α. Ι. Σούτσος 1858, 246–254) οι ΜΔ αποφάσισαν ότι έπρεπε να επιδιωχθεί μέχρι τέλους η δημιουργία ενός μοναρχικού κράτους στην Ελλάδα. Με νέο πρωτόκολλο της 1(13)/2/1832, πάλι στο Λονδίνο (Α. Ι. Σούτσος 1858, 258–260) επέλεξαν για τον θρόνο τον 17χρονο πρίγκιπα Otto Friedrich Ludwig von Wittelsbach (Όθωνα), γιο του βασιλιά της Βαυαρίας Ludwig I (Λουδοβίκου Α'). Ο Όθων δεν ήταν μια ξαφνική επιλογή. Είχε προηγηθεί σχετική σύσταση του Friedrich von Thiersch, δασκάλου του πρίγκιπα, προς τον πατέρα του νεαρού σε επιστολή της 10/9/1829 και κατοπινή επικοινωνία του με τον Eynard σε επιστολή της 19/11/1829 (von Thiersch 1833, 1:307–313). Ο Ελβετός τραπεζίτης άσκησε όλη του την επιρροή στο Παρίσι ώστε ο Βαυαρός Πρίγκιπας να καταστεί ο υποψήφιος της Γαλλίας (Driault και Lhéritier 1925, 2:82). Ένα από τα βασικά αιτήματα του Βαυαρικού οίκου ήταν το δάνειο των 60 εκ. φράγκων που είχε προηγουμένως απαιτήσει και ο Λεοπόλδος.

Η τελική κατάληξη μιας σειράς πρωτοκόλλων που επιχειρούσαν να θέσουν τέρμα στην ελληνική Επανάσταση, και να θέσουν την περιοχή υπό τον έλεγχο των ΜΔ, ήταν η υπογραφή της Συνθήκης του Λονδίνου της 25/4(7/5)/1832 (Α. Ι. Σούτσος 1858, 266–274), η οποία όριζε ως βασιλιά τον Όθωνα και επέλυε προς όφελος της Ελλάδας το θέμα των συνόρων—που είχε προκαλέσει την παραίτηση του Λεοπόλδου—ορίζοντας τα σύνορά της στην γραμμή Άρτας-Βόλου. Είναι αξιοσημείωτο ότι το τέταρτο μέρος της σύμβασης ήταν η Βαυαρία και όχι η Ελλάδα, καθώς η τελευταία στερείτο διεθνούς νομικής αναγνώρισης, αλλά και κοινώς αποδεκτής κυβερνήσεως λόγω του εμφυλίου πολέμου που είχε ακολουθήσει τον θάνατο του Καποδίστρια.

Η Ε' Εθνοσυνέλευση, που από τις 15/3/1832 είχε εγκρίνει την επιλογή του Όθωνα με την ψήφιση του *Ηγεμονικού Συντάγματος*, την επεκύρωσε και επισήμως τον Ιούλιο. Επιπλέον, με την Συνθήκη της Κωνσταντινούπολης (ή Καλαντέρ-Κιοσκ) της 9(21)/7/1832 (Α. Ι. Σούτσος 1858, 286–287), αναγνώρισε και η Οθωμανική Αυτοκρατορία το νέο κράτος. Η Συνθήκη του Λονδίνου του 1832 που ουσιαστικά δημιούργησε το νέο ελληνικό κράτος υπό την εγγύηση των τριών Δυνάμεων και εγκαθίδρυσε τον θεσμό της κληρονομικής μοναρχίας, προέβλεπε μεταξύ άλλων την δυνατότητα σύναψης δανείου έως του ανωτάτου ποσού των 60 εκ. φράγκων.

Στις 25/1(6/2)/1833, ο Όθων αποβιβάσθηκε στο λιμάνι του Ναυπλίου από την Βρετανική φρεγάτα «Μαδαγασκάρη» εγκαινιάζοντας μια νέα περίοδο της νεοελληνικής ιστορίας. Στις 1/12/1834 έφτασε στην Αθήνα, την νέα πρωτεύουσα του κράτους. Με την πολιτειακή αλλαγή, που προήλθε από την Συνθήκη του Λονδίνου του 1832 θα ερχόταν και η αλλαγή του νομισματικού συστήματος. Η δημοσιονομική κατάσταση ήταν τραγική και ήταν απαραίτητη η εξεύρεση χρημάτων για το κρατικό ταμείο. Ο Strong (1842, 234) αναφέρει ότι κατά την ανάληψη της βασιλείας από τον Όθωνα στα δημόσια ταμεία βρίσκονταν 229,77 φοίνικες σε μεταλλικό και 1.960 φοίνικες σε χάρτινο απόθεμα.

4.1   Θεσμοθέτηση νέου νομισματικού συστήματος

Ο βασιλιάς της Βαυαρίας Ludwig I, πατέρας του Όθωνα, είχε αρχίσει να σχεδιάζει και να υλοποιεί το νέο νομισματικό σύστημα του βασιλείου του γιου του ήδη από το 1832. Αυτό ήταν μια εφικτή επιλογή καθώς ο Ludwig—σε αντίθεση με τον Καποδίστρια—είχε στην διάθεσή του και τα τεχνικά μέσα και την απαραίτητη ποσότητα μετάλλων. Πράγματι, οι πρώτες δραχμές κόπηκαν το 1832 στο νομισματοκοπείο του Μονάχου, *πριν* δηλαδή την άφιξη του Όθωνα στην Ελλάδα. Η συζήτηση για την ίδρυση τράπεζας, ξεκίνησε εκ των υστέρων και χρειάστηκε σχεδόν μια δεκαετία για να ευοδωθεί.

Το διάταγμα εισαγωγής της δραχμής

Το νέο καθεστώς κινήθηκε ταχύτατα για να κατοχυρώσει νομοθετικά το νομισματικό σύστημα που είχε ήδη αρχίσει να υλοποιεί στην Βαυαρία. Έτσι με το διάταγμα του Φεβρουαρίου του 1833[1] καταργήθηκε το νομισματικό σύστημα του Καποδίστρια, έπαψαν όλες οι κοπές νομισμάτων και εισήχθη η δραχμή ως το νέο νόμισμα του ελληνικού κράτους. Βάση του νομισματικού συστήματος ήταν η αργυρή δραχμή, με βάρος (άρ. 6) 4,477 γρ αργύρου 90% (4,029 γρ. άργυρος, 0,448 γρ χαλκός), η οποία υποδιαιρείτο σε 100 λεπτά (άρ. 5), όπως δηλαδή και ο φοίνικας. Προβλεπόντουσαν επίσης χάλκινες υποδιαιρέσεις (1, 2, 5 και 10 λεπτών), αργυρές υποδιαιρέσεις και πολλαπλάσια (0,25, 0,5 και 5 δραχμών) και χρυσά πολλαπλάσια (20 και 40 δραχμών). Τα χαλκονομίσματα θα γίνονταν δεκτά σε πληρωμές σε ιδιώτες μέχρι του 2% του συνολικού ποσού (άρ. 14). Το ύψος κοπής των διαφόρων νομισμάτων δεν καθοριζόταν με ακρίβεια, αλλά προβλεπόταν ότι θα κανονίζεται *«κατὰ τὰς ἀνάγκας τοῦ κράτους»* (άρ. 13).

Με τον νόμο διετάσσετο οι πληρωμές στα Εθνικά Ταμεία να γίνονται μόνον σε ελληνικά νομίσματα (άρ. 15), επιτρέποντας όμως *«προσωρινῶς καὶ μέχρι νεωτέρας διαταγῆς»* οκτώ ευρωπαϊκά νομίσματα μεταξύ των οποίων και τα Ισπανικά δίστηλα από το Μεξικό (άρ. 16). Είναι αξιοσημείωτο ότι σε αυτές τις εξαιρέσεις δεν συμπεριλαμβάνονται τουρκικά νομίσματα. Επίσης απαγορεύονταν οποιαδήποτε ξένα χαλκονομίσματα (άρ 20).

Ιδιαίτερη πρόβλεψη γινόταν για τους κυκλοφορούντες αργυρούς φοίνικες, τους οποίους θα δέχονταν τα Εθνικά Ταμεία σε αξία ίση με την εσωτερική τους, η οποία ανακοινωνόταν ότι είχε βρεθεί σε 3,747 γρ. αργύρου (άρ. 17), δηλαδή θα ανταλλάσσονταν στο 93% της ονομαστικής αξίας τους. Οι χάλκινοι φοίνικες θα ανταλλάσσονταν από 1(13)5/1833 στο 80% της ονομαστικής αξίας τους, δηλαδή 4 λεπτά της δραχμής για κάθε 5 λεπτά του φοίνικα (άρ. 18). Λίγο μετά την δημοσίευση του διατάγματος εκδόθηκε και συνοδευτικός πίνακας με τις ισοτιμίες 29 αργυρών και 16 χρυσών ευρωπαϊκών νομισμάτων[2]—από τον οποίο πάλι απουσίαζαν τα τουρκικά—τον οποίο θα συμπλήρωνε διάταγμα της 19(31)/3/1835 που τροποποιούσε τις ισοτιμίες 3 αργυρών και 7 χρυσών ευρωπαϊκών νομισμάτων.[3] Ο πίνακας αυτός περιείχε όλα τα νομίσματα το διατάγματος της μεταρρύθμισης εκτός από το χρυσό νόμισμα των 40 φράγκων. Είναι δε αξιοσημείωτο ότι τροποποιούσε ελαφρώς τις τιμές των νομισμάτων του διατάγματος και ταυτοχρόνως τις προσδιόριζε με τέσσερα δεκαδικά ψηφία αντί για δύο.

Παράλληλα με την διατίμηση του 1833 δημοσιευόταν και Εγκύκλιος προς τους Δημοσίους λειτουργούς η οποία φρόντιζε να κατακεραυνώσει το Καποδιστριακό νομισματικό σύστημα που δεν φρόντισε να κόψει νομίσματα με το σωστό μεταλλικό περιεχόμενο.[4] Με μια τόσο απόλυτα μεταλλιστική οπτική, τα σφάλματα της Αντιβασιλείας θα ήταν διπλώς αδικαιολόγητα (βλ. επόμενη παράγραφο).

Τέλος, ταυτόχρονα με τα παραπάνω δημοσιευόταν και ένα «απάνθισμα των εγκληματικών» της Β΄ Εθνοσυνέλευσης (1/7/1824), που αφορούσε κυρίως στις ποινές των παραχαρακτών. Οι ποινές κυμαίνονταν από πρόστιμο 100–300 γροσίων για όσους αποσιωπούσαν το έγκλημα της παραχάραξης έως την ποινή του θανάτου για τους κιβδηλοποιούς και για όσους κατασκεύαζαν ή χρησιμοποιούσαν πλαστές εθνικές ομολογίες ή σφραγίδες της διοίκησης.[5] Είναι άξιον απορίας γιατί παρουσιάσθηκε αυτό το «απάνθισμα», το οποίο προφανώς δεν ήταν νόμος της Βαυαροκρατίας αλλά της επαναστατικής διοίκησης. Κατά πάσα πιθανότητα ήταν μια απόπειρα εκ-

---

[1] Διάταγμα της 8(20)/2/1833 (ΦΕΚ 2, 22/2(6/3)/1833, σ. 9–12).
[2] ΦΕΚ 3, 28/2(12/3)/1833, σ. 14.
[3] ΦΕΚ 9, 26/3(7/4)/1835, σ. 58–59.
[4] Εγκύκλιος της 13(25)/2/1833 (ΦΕΚ 3, 28/2(12/3)/1833, σ. 16–18).
[5] *Απάνθισμα εγκληματικών της Β΄ Εθνικής Συνελεύσεως των Ελλήνων, Κεφάλαιον Δ΄ - Περί παραχαρακτών* (ΦΕΚ 3, 28/2(12/3)/1833, σ. 19).

φοβισμού των παραχαρακτών, απόντος κάποιου σχετικού νόμου και εν αναμονή της σύνταξής του. Με την εν λόγω αναδημοσίευση, η Αντιβασιλεία είτε αναγνώριζε την νομική ισχύ των επαναστατικών νόμων, είτε άφηνε την παραχάραξη σε νομικό κενό.

Οι κοπές των δραχμών

Στο νομισματοκοπείο του Μονάχου κόπηκαν συνολικά 4.259.500 δραχμές (βλ. Πίνακα 25.12). Επειδή οι κοπές αυτές δεν επαρκούσαν για τις ανάγκες συναλλαγών (με πληθυσμό 750.000, αντιστοιχούσαν περίπου 5,68 δρχ ανά κάτοικο), οι κοπές συνεχίσθηκαν στο Νομισματοκοπείο του Παρισίου το 1834 και πιθανώς το 1835. Δυστυχώς μέχρι σήμερα δεν γνωρίζουμε κάτι για τις αντίστοιχες ποσότητες, αν και ο Βασιλόπουλος (1983, 25) τις θεωρεί αντίστοιχες με των δραχμών του Μονάχου.

Το 1836, τρία χρόνια μετά την άφιξη του Όθωνα, ιδρύθηκε με σχετικό διάταγμα[6] το *Βασιλικόν Νομισματοκοπείον και Σφραγιστήριον Αθηνών*, και το οποίο ανεγέρθηκε στην σημερινή πλατεία Κλαυθμώνος. Φαίνεται δε ότι αυτό δεν αποτελούσε κύρια προτεραιότητα της Αντιβασιλείας, καθώς στεγάσθηκε σε κτήριο που ο Armansperg προόριζε για θέατρο (*Αθηνά* 1840, 1726–1727). Πρώτος του διευθυντής του νομισματοκοπείου ήταν ο Βαυαρός Christoph Reichenbach και πρώτος χαράκτης ο Αυστριακός Konrad Lange.[7] Μέχρι και τον Απρίλιο του 1843 το Βασιλικό Νομισματοκοπείο έκοψε σχεδόν μόνο χάλκινα νομίσματα λόγω ελλείψεως αργύρου, αν και ο von Zentner (1860, 1–3) αποδίδει την έλλειψη αργυρών κοπών σε σχετική απαγόρευση κάποιου Regnier—ίσως του Regny;[8] Τα αργυρά νομίσματα που κόπηκαν καθ' όλη την λειτουργία του νομισματοκοπείου ήταν ελάχιστα και ελλιπώς καταγεγραμμένα.

Η κατάσταση δεν άλλαξε ούτε και με ένα μάλλον απεγνωσμένο διάταγμα της 7(19)/4/1843, με το οποίο η Κυβέρνηση επέτρεψε την κοπή αργυρών νομισμάτων στο νομισματοκοπείο για λογαριασμό ιδιωτών.[9] Αυτό το «free coinage act» εκχωρούσε πλέον κάθε προνόμιο επί της νομισματικής πολιτικής στους ιδιώτες. Εκτός από το χάρτινο χρήμα που ήδη διαχειριζόταν η ΕΤΕ, τώρα και το μεταλλικό ελεγχόταν πλήρως από όσους διέθεταν πολύτιμα μέταλλα. Όχι μόνον μπορούσαν ελεύθερα να αποσύρουν τα νομίσματά τους από την κυκλοφορία μειώνοντας την κυκλοφορία χρήματος, αλλά μπορούσαν πλέον ελεύθερα να εισαγάγουν πολύτιμο μέταλλο στην κυκλοφορία επισκεπτόμενοι το νομισματοκοπείο. Μπορούσαν δηλαδή όχι μόνον να μειώνουν, αλλά και να αυξάνουν την νομισματική κυκλοφορία. Αν και θεμελιωδώς εσφαλμένη, αυτή η απόφαση δεν είχε πρακτικές επιπτώσεις, καθώς η τάση ήταν η εξαγωγή των αργυρών δραχμών και η αναχώνευσή τους σε νομισματοκοπεία του εξωτερικού. Πράγματι, μέχρι σήμερα η μοναδική αναφορά σε τέτοιες ιδιωτικές κοπές είναι του Βασιλόπουλου (σ. 36), ο οποίος πιθανολογεί ότι εκεί ανήκουν 958 εικοσάδραχμα που αναφέρονται σε σχετική έκδοση του Υπ. Οικονομικών. Σύμφωνα με τα στοιχεία του Βασιλόπουλου (Πίνακας 25.13) κατά την εικοσαετία 1836–1857 κόπηκαν περί τα 1,9 εκ. δραχμές σε χαλκονομίσματα[10] και ελάχιστες—μη κατεγεγραμμένες—σε αργυρά. Αυτές οι κοπές αντιστοιχούν σε μέσο όρο ετησίων κοπών περίπου 93.600 δραχμών για την εικοσαετία, δηλαδή λιγότερο από 13 λεπτά ανά κάτοικο και ανά έτος.

Ο Βασιλόπουλος κάνει μια άθροιση, όλων των κοπών της περιόδου 1832–1857 και, συνυπολογίζοντας τις κοπές του Παρισιού, καταλήγει σε περίπου 2,18 εκ. δρχ σε χαλκονομίσματα και 6,59 εκ. δρχ σε αργυρά. Δοθεισών αυτών των υπερβολικά μικρών ποσοτήτων, δεν εκπλήσσει η βραδεία διαδικασία παγίωσης της δραχμής ως νομίσματος στην φυσική του μορφή· η δραχμή ως νόμισμα ήταν απλούστατα υπερβολικά σπάνια. Επιπλέον, λόγω του περιορισμού του 2% για χρήση των χαλκονομισμάτων σε πληρωμές, που δεν είναι γνωστόν κατά πόσον γι-

---

[6] Διάταγμα της 15(27)/6/1836 (ΦΕΚ 27, 18/6/1836, σ. 123).

[7] Ο Βασιλόπουλος (σ. 32) αναφέρεται σε έναν Karl Lange, μάλλον εσφαλμένα (βλ. Forrer 1904, 3:297–299).

[8] Arthémond de Regny (1787–1841). Γάλλος οικονομολόγος, του γαλλικού Υπ. Εξωτερικών. Έφτασε στην Ελλάδα μόλις μια εβδομάδα πριν την δολοφονία του Καποδίστρια. Ίδρυσε το Ελεγκτικό Συνέδριο κατά την περίοδο της Αντιβασιλείας, του οποίου διετέλεσε και πρώτος Πρόεδρος.

[9] ΦΕΚ 11, 8/4/1843, σελ 51.

[10] Οι αθροίσεις από τα στοιχεία του Βασιλόπουλου (Πίνακας 25.13) δίνουν 1.872.445,51 δραχμές. Ο ίδιος ο Βασιλόπουλος (σ. 34) αναφέρει άθροισμα 1.931.326,81 δρχ, και παραπέμπει επίσης σε έκδοση του Υπ. Οικονομικών που αναφέρει ελαφρώς διαφορετικό ποσόν (1.931.435,11 δρχ).

νόταν σεβαστός, η μοναδική σχετικά άφθονη μορφή της δραχμής γινόταν λιγότερο χρήσιμη ως καθημερινό συναλλακτικό μέσον.

Τα φαλαγγίτικα πιστωτικά γραμμάτια – Κρατικό χαρτονόμισμα

Κλείνοντας την περιγραφή του νέου νομισματικού συστήματος, στην έκδοση χρήματος θα πρέπει να αναφέρουμε και την έκδοση χαρτονομίσματος. Η έλλειψη μεταλλικού χρήματος ώθησε την Οθωνική Αντιβασιλεία, όπως και τον Καποδίστρια παλαιότερα, να πειραματιστεί με την έκδοση χαρτονομίσματος. Το χαρτονόμισμα αυτό εκδόθηκε ως εφαρμογή του διατάγματος της 20/5(1/6)/1834, το οποίο προέβλεπε την απονομή καλλιεργήσιμης γης στους παλαιούς αγωνιστές της ανεξαρτησίας.[11] Το σώμα των αγωνιστών αυτών συγκροτήθηκε στην *Ελληνική Φάλαγγα* με το διάταγμα της 18(30)/9/1835,[12] και η εφαρμογή του διατάγματος περί διανομής γης έγινε με την έκδοση πιστωτικών γραμματίων σύμφωνα με διάταγμα της 1(13)/1/1838.[13] Τα γραμμάτια αυτά εκδόθηκαν σε διάφορες αξίες ανάλογα με τον βαθμό κάθε φαλαγγίτη, σε συνολική αξία 5.493.639 εκ. δρχ (Μεταξάς 1849, να΄, αναφέρεται στο: Ανδρεάδης 1904, 120) και παρατίθενται στον Πίνακα 25.33.

Το καθεστώς των γραμματίων αυτών είναι αντίστοιχο με εκείνο των χάρτινων φοινίκων, όπως αυτό τροποποιήθηκε μετά τον θάνατο το Καποδίστρια· η εξαργύρωσή τους γινόταν σε γη και ήταν άτοκα. Η διαφορά όμως ήταν ότι αυτά αφορούσαν σε συγκεκριμένους δικαιούχους, τους παλαιούς αγωνιστές, και ότι η συνολική αξία έκδοσής τους δεν ήταν εξαρχής προκαθορισμένη.

4.2   Η αποτυχημένη παγίωση της δραχμής σε φυσική μορφή

Η μετάβαση στο νέο νομισματικό σύστημα προϋπέθετε την αντικατάσταση των προϋπαρχόντων αντιστοίχων: του τουρκικού, που είχε παγιωθεί μετά από αιώνες τουρκοκρατίας, και του Καποδιστριακού συστήματος των φοινίκων, το οποίο δεν είχε παρά μια τριετή παρουσία. Για την απόσυρση των ευρωπαϊκών νομισμάτων για την ώρα δεν γινόταν λόγος.

Η πιο ταχεία απόσυρση ήταν εκείνη του Καποδιστριακού νομισματικού συστήματος. Για όσους είχαν ήδη προμηθευτεί τους χάρτινους φοίνικες, διάταγμα της 21/3(2/4)/1835 όριζε ότι αυτοί θα γινόντουσαν δεκτοί από το δημόσια ταμεία, για την εξόφληση χρεών προς το κράτος που είχαν συναφθεί μεταξύ 17(29)/6/1831 και 20/1(1/2)/1833. Τα χαρτονομίσματα θα γίνονταν δεκτά μέχρι το 1/3 του χρέους, ακόμη κι αν το συμβόλαιο προέβλεπε την πλήρη εξόφληση σε μεταλλικό.[14] Όμως εκείνη των τουρκικών και ευρωπαϊκών νομισμάτων θα ήταν η πιο βραδεία και μακρόσυρτη, καθώς προϋπέθετε την ανάπτυξη του νέου νομίσματος σε υλική μορφή. Όπως θα δούμε, η επίμονη παρουσία των ευρωπαϊκών και τουρκικών νομισμάτων ήταν φαινόμενο άμεσα σχετιζόμενο με την εφαρμοσθείσα νομισματική πολιτική, με την οποία αλληλεπιδρούσαν σε έναν φαύλο κύκλο.

Τα ευρωπαϊκά νομίσματα και τα σφάλματα των ισοτιμιών

Η αντιμετώπισή των ευρωπαϊκών—και αμερικανικών—νομισμάτων χαρακτηριζόταν από αντιφατικότητα: αφενός αναγνωριζόταν ο de facto ρόλος τους ως μέσων κυκλοφορίας, και βάσει του οποίου έγιναν επιτρεπτά στις καθημερινές δοσοληψίες. Αφετέρου, η Αντιβασιλεία επιχειρούσε να προσδώσει στην αποδοχή τους χαρακτήρα προσωρινό, διευκρινίζοντας στο διάταγμα του Φεβρουαρίου του 1833 ότι αυτά θα γίνονται δεκτά «*προσωρινῶς καὶ μέχρι νεωτέρας διαταγῆς*».

Μια από από τις πρώτες κινήσεις της αντιβασιλείας ήταν η δημοσίευση της διατίμησης των ξένων νομισμάτων που κυκλοφορούσαν στην ελληνική επικράτεια με την ελπίδα να αντικατασταθούν αυτά από την δραχμή. Όμως ο πίνακας των ισοτιμιών έβριθε λαθών (Ν. Βασιλόπουλος 1983, 19). Σοβαρότερο ήταν εκείνο που αφορούσε στην μεταλλική αξία του Ισπανικού διστήλου, το οποίο εφέρετο να περιέχει 24,176 g αργύρου. Ο Βασιλόπουλος, λαμβάνοντας υπόψη το μεταλλικό περιεχόμενο που όριζε ο Ισπανικός νόμος του 1772 (27,07 g κράματος 90.3%, δηλ 24,44 g αργύρου) βρίσκει ότι η δραχμή ήταν περί το 1% λιποβαρής (πράγματι, θα έπρεπε

---

[11] ΒΔ της 20/5(1/6)/1834 (ΦΕΚ 22, 16(28)/6/1834, σ. 171–176).
[12] ΒΔ της 18(30)/9/1835 (ΦΕΚ 6, 18/9/1835, σ. 21–22).
[13] Ν. της 1(13)/1/1838 (ΦΕΚ 1, 1/1/1838, σ. 1–3).
[14] ΦΕΚ 10, 29/3(10/4)/1835, σ. 63–64.

να περιείχε 4,073 g αργύρου αντί 4,029). Φαίνεται δηλαδή η αντιβασιλεία να υπέπεσε στο ίδιο «σφάλμα» με τον Καποδίστρια, για το οποίο τόσο λοιδώρησε την θητεία του.

Βεβαίως, μια τέτοια απόκλιση ήταν αναγκαία για να μην εκτοπιστούν οι δραχμές σύμφωνα με τον νόμο Αριστοφάνη-Gresham, από λιποβαρή ή κίβδηλα νομίσματα. Άρα το πρόβλημα δεν ήταν αν έγινε τέτοιο σφάλμα, αλλά αν αυτό ήταν αρκετά μεγάλο. Την ίδια άποψη με τον Βασιλόπουλο περί του λιποβαρούς της δραχμής επιβεβαιώνει και ο Κουγέας (1992, 41–42) και αναπαράγουν και οι Αλογοσκούφης και Λαζαρέτου (2002, 54), οι οποίοι όμως σωστά ερμηνεύουν τον λόγο μιας τέτοιας ενδεχόμενης απόκλισης: *«αν ο φοίνικας ή η δραχμή δεν ήταν λιποβαρή νομίσματα, τα νοθευμένα δίστηλα θα υποκαθιστούσαν σύντομα τα ελληνικά νομίσματα».*

Όμως αυτή η άποψη περί λιποβαρούς δραχμής είναι εν μέρει μόνο ορθή. Λαμβάνοντας υπόψη τα ελαφρύτερα δίστηλα διαφόρων δοκιμών, η δραχμή εμφανίζεται έως και 0,5% *υπέρβαρη* (π.χ. σε σχέση με τις αγγλικές δοκιμές που βρήκαν 24,040 g αργύρου). Επιπλέον, δεδομένου ότι ο πίνακας αναφερόταν στο ιδανικό μεταλλικό περιεχόμενο κάθε ξένου νομίσματος χωρίς να λαμβάνει υπόψη τις απώλειες βάρους λόγω φθοράς, προκύπτει ότι η δραχμή θα ήταν σοβαρά υπερτιμημένη ως προς πολλά από τα κυκλοφορούντα ξένα νομίσματα, καθώς ήταν νέο νόμισμα, άφθαρτο και με πλήρες μεταλλικό περιεχόμενο.

Ακόμη χειρότερα, όπως όριζε το άρθρο 3 της μεταρρύθμισης του 1833, τα έξοδα κοπής δεν συμπεριλαμβάνονταν στην δημοσιευμένη διατίμηση. Έτσι, ήταν δυνατόν κάποιος κερδοσκόπος να ανταλλάξει κάποιο φθαρμένο νόμισμα έναντι νεόκοπων αργυρών δραχμών στην ακριβή μεταλλική ισοτιμία (π.χ. έξι δραχμές προς ένα δίστηλο), να εξάγει τις δραχμές από την Ελλάδα και να τις αναχωνεύσει κερδίζοντας από την μεταλλική διαφορά. Αν η αναχώνευση γινόταν πάλι προς ένα από αυτά τα δημοφιλή νομίσματα, που στην αγορά διαπραγματεύονταν σε τιμή υψηλότερη του μεταλλικού τους περιεχομένου, θα προέκυπτε επιπλέον κέρδος από την διαδικασία. Και πράγματι αυτό ακριβώς συνέβη όπως σχολιάζει ο About (1863, 93–94):

> *Η Πολιτεία έκοψε νομίσματα 20 φράγκων που ονομάζονται Όθωνες: έφυγαν από την χώρα.*
> *Αργυρά 5δραχμα: δεν τα βρίσκουμε παρά στην Τουρκία.*
> *Αργυρές δραχμές: δεν έπεσαν στα χέρια μου πάνω από 15 την τελευταία διετία.*
> *Αργυρά νομίσματα 50 και 25 λεπτών: αναχωνεύθηκαν ή εξήχθησαν.*
> *Χάλκινα νομίσματα των 10, 5, 2 και 1 λεπτών: είναι το μόνο ελληνικό νόμισμα που κυκλοφορεί στην χώρα.*

Η παραπάνω εξαφάνιση των αργυρών δραχμών οφείλεται σε κακό σχεδιασμό νομισματικής πολιτικής. Όχι μόνον αποφασίσθηκε η σύνδεση της δραχμής με ένα νόμισμα του οποίου η περιεκτικότητα σε άργυρο δεν ήταν ούτε διαχρονικά, ούτε γεωγραφικά σταθερή, αλλά και οι ισοτιμίες που ορίσθηκαν σε σχέση με τα υπόλοιπα ευρωπαϊκά νομίσματα ήταν υπερβολικά χαμηλές. Δηλαδή η δραχμή θα έπρεπε να ανατιμηθεί για να αποφευχθεί η παραπάνω φυγή, και ο τρόπος θα ήταν να συμπεριληφθούν στην διατίμηση τα έξοδα κοπής.

Έτσι η δραχμή έγινε υπερβολικά σπάνιο νόμισμα. Αν θεωρήσουμε ότι τα κοπέντα χαλκονομίσματα παρέμεναν εξ᾽ ολοκλήρου στην κυκλοφορία, και προσθέτοντας και τα κυκλοφορούντα τραπεζογραμμάτια της ΕΤΕ— που ανέρχονταν σε περίπου 8 εκ. δρχ στα τέλη της δεκαετίας του 1850—καταλήγουμε σε μια δραχμική νομισματική κυκλοφορία που μετά βίας ξεπερνούσε τα 10 εκ. δρχ. Λαμβάνοντας υπόψη ότι η απογραφή του 1861 κατέληξε σε περίπου 1 εκ. κατοίκους, συμπεραίνουμε ότι αντιστοιχούσαν το πολύ 10 δραχμές σε νομίσματα και τραπεζογραμμάτια ανά κάτοικο. Συγκριτικά, η υιοθέτηση της συνθήκης της ΛΝΕ προέβλεπε συνολικά 8 δραχμές κερμάτων ανά κάτοικο, χωρίς τα αργυρά και χρυσά νομίσματα και τα τραπεζογραμμάτια.

Με δεδομένο ότι τα τραπεζογραμμάτια αφορούσαν κυρίως σε μεγάλες αξίες, μόνον ξένα νομίσματα απέμεναν για τις καθημερινές συναλλαγές. Γι᾽ αυτό και ο Ευθύμιος Κεχαγιάς (1875, 8) θα έγραφε αργότερα ότι η δραχμή είχε γίνει νόμισμα «ιδανικόν», δηλαδή λογιστική μονάδα (έμφαση δική μου):

> *Ἀλλ᾽ ἐκτός τούτων, ἐνῷ διὰ τοῦ εἰρημένου νόμου τοῦ 1833 ἐνεγείρετο, οὕτως εἰπεῖν, τὸ οἰκοδόμημα τοῦ ἡμετέρου νομισματικοῦ συστήματος, λεληθότως πως ὑπεσκάπτοντο συνάμα καὶ τὰ θεμέλια αὐτοῦ διά τινος ἐν τῷ αὐτῷ Νόμῳ παρεισφρησάσης διατάξεως, καθ᾽ ἣν ἐπετρέπετο προσωρινῶς καὶ ἡ κυκλοφορία τῶν ἀλλοδαπῶν χρυσῶν καὶ ἀργυρῶν νομισμάτων ἐπὶ τῇ βάσει πλημμελοῦς αὐτῶν διατιμήσεως· ἕνεκα δ᾽ αὐτῆς ἐφυγαδεύθη ὁλόκληρον σχεδὸν τὸ ποσὸν τοῦ ἐκ τοῦ δανείου τοῦ 1833 ἐκκοπέντος ἐθνικοῦ νομίσματος, ἀντικατασταθὲν ὑπὸ τῶν νῦν παρ᾽ ἡμῖν κυκλοφορούντων ξένων νομισμάτων, τοῦ ἡμετέρου νομίσματος ἀναχωνευθέντος εἰς τὰ νομισματοκοπεῖα τῆς Εὐρώπης. Οὕτω δὲ ἡ νομισματικὴ ἡμῶν*

*μονάς, ή δ ρ α χ μ ή , δὲν ὑφίσταται πλέον πράγματι, ἀλλὰ κατέστη **νόμισμα ἰδανικὸν**, χρησιμεῦον ἁπλῶς ὡς μέσον λογιστικῆς ἀναγωγῆς τῶν τε ξένων νομισμάτων καὶ τῆς τῶν πραγμάτων ἀξίας.*

Πράγματι, η αποτυχία της εμπέδωσης της δραχμής ως ανταλλακτικού μέσου λόγω της αποτυχημένης αρχικής διατίμησης, οδήγησε σε διαδοχικές υπαναχωρήσεις που με την σειρά τους δυναμίτιζαν την αποδοχή της δραχμής, δημιουργόντας έτσι έναν φαύλο κύκλο. Έτσι, με κατοπινά διάταγμα του 1835[15] και του 1840[16] έγινε επιτρεπτή η κυκλοφορία διστήλων Μεξικού, Βολιβίας, Περού, Χιλής και Ρίο ντε λα Πλάτα (Αργεντινής)—αλλά όχι η αποδοχή αυτών των τελευταίων από τα δημόσια ταμεία. Όταν έγινε τελικά κατανοητό από την Κυβέρνηση —από διαμαρτυρίες του εμπορικού κόσμου—ότι το πραγματικό μεταλλικό περιεχόμενο πολλών κυκλοφορούντων νομισμάτων δεν συμφωνούσε με το ονομαστικό, ο Υπ. Οικονομικών της Κυβέρνησης Κωλέττη, Ανδρέας Μεταξάς, κατέθεσε νομοσχέδιο βάσει του οποίου δινόταν διορία δύο εβδομάδων για ανταλλαγή των παραπάνω διστήλων της Λατ. Αμερικής έναντι της ισοτιμίας των έξι δραχμών. Μετά την ημερομηνία αυτή η νέα τους ισοτιμία θα ήταν 5,75 δραχμές για δύο μήνες (ανατίμηση της δραχμής), και μετά η κυκλοφορία τους θα απαγορευόταν τελείως. Παράλληλα, θα δινόταν η δυνατότητα στους ιδιώτες να τα μετατρέψουν σε δραχμές βάσει του διατάγματος του 1843. Ο Α. Μεταξάς υπολόγιζε ότι μέχρι τότε θα συγκεντρώνονταν στα ταμεία έως και 100.000 δίστηλα από τα οποία θα μπορούσαν να κοπούν δραχμές με κόστος έως 5.000 δραχμών (ΠΣΒ 1845, 1774–1777).

Η επίμονη παρουσία των τουρκικών νομισμάτων

Ήταν σαφές ότι αν έπρεπε να διακοπεί η χρήση των ευρωπαϊκών—και αμερικανικών—νομισμάτων για λόγους εμπέδωσης εθνικής κυριαρχίας, αυτό ίσχυε έτι περαιτέρω σε ό,τι αφορούσε στα τουρκικά νομίσματα. Με τις συνεχείς νοθεύσεις από τα Οθωμανικά νομισματοκοπεία, η χρήση αυτών των νομισμάτων ουσιαστικά απέφερε φόρο στον Σουλτάνο από το seignorage, χρηματοδοτώντας ένα κράτος με το οποίο η Ελλάδα μόλις πριν από λίγο ήταν σε εμπόλεμη κατάσταση και με το οποίο συνέχιζε να βρίσκεται σε προστριβή.

Αν και το διάταγμα της 8(20)/2/1833 εμμέσως εξαιρούσε τα τουρκικά νομίσματα από την κυκλοφορία, η έλλειψη χαλκονομισμάτων διαιώνισε την χρήση τους. Έτσι η κυβέρνηση αναγκάστηκε να τα θέσει σε ρητή απαγόρευση από 1/10/1833 με νέο διάταγμα.[17] Όμως η έλλειψη νομισμάτων ήταν τέτοια που η χρήση συνεχίστηκε, εξαναγκάζοντας την κυβέρνηση να τονίσει την απαγόρευσή της με επιπλέον οδηγία της 4(16)/10/1833.[18] Φαίνεται ότι πράγματι γίνονταν προσπάθειες πάταξης της κυκλοφορίας τουρκικών νομισμάτων (Νομάρχης Ευβοίας 1834), όμως ήταν ατελέσφορες λόγω των ατελειών του νέου νομισματικού συστήματος και κάποια στιγμή θα πρέπει να ατόνησαν. Για να βάλει τέλος στην χρήση τουρκικών νομισμάτων, η κυβέρνηση επιχείρησε να ισοσταθμίσει την έλλειψη χάλκινων νομισμάτων με τους κυκλοφορούντες φοίνικες. Αν και το διάταγμα της 8(20)/2/1833 προέβλεπε την ανταλλαγή των χαλκίνων φοινίκων από 1(13)/5/1833, η κυβέρνηση αναγκάστηκε να αναβάλλει την εφαρμογή αυτού μέτρου για τις 1(13)/10/1833.[19]

Το ημίμετρο αυτό όμως δεν αρκούσε για να αναιρέσει τα σφάλματα της Αντιβασιλείας, και τα τουρκικά νομίσματα παρέμεναν στην κυκλοφορία. Πιθανώς αντιλαμβανόμενη ότι η μη αποδοχή τουρκικών νομισμάτων θα σήμαινε την αδυναμία καταβολής φόρων, η κυβέρνηση δημοσίευσε στις 30/1(11/2)/1835 τις ισοτιμίες διστήλων, τουρκικών νομισμάτων και φοινίκων, οι οποίες θα ίσχυαν για την πληρωμή χρεών προς το κράτος. Η διατίμηση αυτή λάμβανε υπόψη και τον χρόνο σύναψης του χρέους, γεγονός που αντανακλούσε την μεταβλητότητα του μεταλλικού περιεχομένου των νομισμάτων, ιδίως των τουρκικών.[20]

---

[15] *Δηλοποίησις τῆς ἐπὶ τῶν Οἰκονομικῶν Γραμματείας τῆς Ἐπικρατείας*, 13/11/1835 (ΦΕΚ 21, 20/12/1835, σ. 90. Μονόγλωσσο ΦΕΚ δημοσιευμένο από το Εθν. Τυπογραφείο μαζί με το δίγλωσσο ΦΕΚ 21 της 17/5/1835) σχετικά με τις «Βασιλικές αποφάσεις» της 9(21)/11/1835 (ΦΕΚ 18, χωρίς ημερομηνία, σ. 78. Μονόγλωσσο ΦΕΚ δημοσιευμένο από το Εθν. Τυπογραφείο μαζί με δίγλωσσο ΦΕΚ της 14/5/1835) και 20/11(2/12)/1835 (άγνωστο ΦΕΚ).

[16] ΒΔ της 22/2(5/3)/1840 (ΦΕΚ 5, 19/3/1840, σ. 30).

[17] Διάταγμα της 17(29)/8/1833 (ΦΕΚ 25, 21/8(2/9)/1833, σ. 193–194).

[18] ΦΕΚ 35, 30/10(11/11)/1833, σ. 265–266.

[19] Διάταγμα της 23/4(3/5)/1833 (ΦΕΚ 16, 28/4(10/5)/1833, σ. 107).

[20] ΦΕΚ 7, 7(19)/3/1835, σ. 49–50.

Τέτοια μέτρα, σε συνδυασμό με την υπολειτουργία του νομισματοκοπείου και την εσφαλμένη διατίμηση, διαιώνισαν το πρόβλημα. Στα 1855 το δραχμικό κενό καλυπτόταν από τουρκικά νομίσματα με την σιωπηρή συγκατάθεση των ελληνικών αρχών—αν και φαίνεται να υπήρξε και σχετική εγκύκλιος του 1854 (*ΠΣΒ* 1855b, 738). Ο Υπ. Οικονομικών της Κυβέρνησης Μαυροκορδάτου, Περικλής Αργυρόπουλος, αναγνώρισε ότι τα τουρκικά νομίσματα «*ἐπλημμύρησαν ἀπανταχοῦ, καὶ ἰδίως εἰς τὴν πρωτεύουσαν*»· αποδεχόμενος το τετελεσμένο κατέθεσε νομοσχέδιο που έκανε δεκτά συγκεκριμένα τουρκικά νομίσματα που ήταν εξακριβωμένου μεταλλικού περιεχομένου (*ΠΣΒ* 1855a, 202–205).

Σε συζήτηση που ακολούθησε λίγο πριν την παράδοση της Κυβέρνησης στον Δημήτριο Βούλγαρη, η επιτροπή—με επικεφαλής τον Ευθύμιο Κεχαγιά—που εξέτασε το ζήτημα βρήκε την ευκαιρία να κατακεραυνώσει το Οθωνικό νομισματικό σύστημα και να προβεί σε μια εκτεταμένη γενική συζήτηση.[21] Επί του συγκεκριμένου θέματος, άσκησε κριτική στην κυβέρνηση για την αποδοχή τουρκικών νομισμάτων από τα κρατικά ταμεία, και μάλιστα σε υπερτίμηση έναντι του μεταλλικού τους περιεχομένου—προς 5,20 δραχμές έναντι μεταλλικού περιεχομένου 4,95 δραχμών. Όμως, σε πρακτικό επίπεδο, επίσης απεδέχθη τα τετελεσμένα, αρκούμενη στην πρόταση συγκεκριμένων ισοτιμιών για τα εν λόγω τουρκικά νομίσματα·[22] αυτές θεωρούσε ότι θα έπρεπε να αποτελούν άρθρο του νομοσχεδίου. Τελικά όμως η εισήγηση δεν εισακούσθηκε και ο σχετικός νόμος που ψηφίσθηκε από την Κυβέρνηση Δ. Βούλγαρη[23] έκανε αποδεκτά συγκεκριμένα τουρκικά νομίσματα[24] από τα κρατικά ταμεία αναπέμποντας την διατίμησή τους σε μελλοντικό Βασιλικό Διάταγμα. Η ειρωνεία της υπόθεσης ήταν ότι ο Υπουργός Οικονομικών που υπέγραφε την απόφαση ήταν ο Αλέξανδρος Κοντόσταυλος, ο συνεργάτης του Καποδίστρια που τόσο είχε πρωταγωνιστήσει στην παγίωση ενός ελληνικού νομίσματος το οποίο θα εκδίωκε τα τουρκικά.

Άξια σχολιασμού είναι η αντιφατικότητα και ελλιπής θεωρητική τεκμηρίωση του σκεπτικού της επιτροπής ως προς κάποια πιο γενικά ζητήματα. Πλήρως ενταγμένη στο πνεύμα του χονδροειδούς μεταλλισμού υποστήριζε ότι το νόμισμα είναι «*μέτρον τῆς ἀξίας τῶν πραγμάτων, ἀλλ' ὄχι [...] ἀπλοῦν μετρικὸν σημεῖον, ἀλλὰ καθαρὸν ἐμπόρευμα*» (σ. 731). Ταυτοχρόνως όμως αναγνώριζε και τον ρόλο της κρατικής εξουσίας καθώς παραδεχόταν ότι τα νομίσματα είναι «*ἀντικείμενα ὅλως αὐθαίρετα [πού] κανονίζονται διὰ νόμου κατὰ τὸ δοκοῦν ἑκάστῃ Ἐπικρατείᾳ*» (σ. 736). Το παράδοξο λυνόταν με προσευχή: «*Εὐχῆς ἔργον ἤθελεν εἶσθαι, ἄν μία κοινὴ δι' ὅλας τὰς Ἐπικρατείας ὑπῆρχε ν ο μ ι σ μ α - τ ι κ ὴ   μ ο ν ὰ ς , ἔστω καὶ ὑπὸ διάφορον ὀνομασίαν, ὅπως ὑπάρχει τοιαύτη μεταξὺ τῆς Γαλλίας, τοῦ Βελγίου καὶ τοῦ Πεδεμοντίου*» (σ. 736). Η ευχή αυτή θα πραγματοποιείτο λίγα χρόνια αργότερα με την σύσταση της Λατινικής Νομισματικής Ένωσης (ΛΝΕ).

Με τέτοιου επιπέδου σκέψη και πρακτική στο νομισματικό ζήτημα εύκολα ερμηνεύεται το ότι η πλήρης απόσυρση των τουρκικών νομισμάτων θα ήταν μια πολυετής διαδικασία. Π.χ., ο Κοκκινάκης αναφέρει προβλήματα στην προμήθεια ψωμιού από την χρήση τουρκικών νομισμάτων στην αγορά της Σύρου τουλάχιστον μέχρι και τα τέλη του 1879 (Κοκκινάκης 1999, 121–123, 126–127).

4.3 Το κλείσιμο της ΕΧΤ και παζάρια για νέα εκδοτική τράπεζα

Όπως αναφέρθηκε στο προηγούμενο κεφάλαιο, η ΕΧΤ στα δύο χρόνια λειτουργίας της είχε εξαντλήσει το μεταλλικό της απόθεμα και είχε συσσωρεύσει μεγάλο χρέος. Η λειτουργία της είχε επικεντρωθεί στην χρηματοδότηση των κρατικών αναγκών, σε ρόλο αυτονόητο λαμβάνοντας υπόψη τις κρίσιμες ώρες που διένυε τότε το ελληνικό έθνος, με τις στρατιωτικές επιχειρήσεις για την απελευθέρωσή του να συνεχίζονται. Από τους μετόχους

---

[21] Εστίασε την κριτική της στα ζητήματα της μη ακριβούς διαιρεσιμότητας παρά μόνο με τα δίστηλα, τις λανθασμένες ισοτιμίες που δεν ελάμβαναν υπόψη τις απώλειες βάρους από την τριβή και την παράλειψη υπολογισμού του κόστους νομισματοκοπής. Πρότεινε δε τρεις λύσεις: (α) την μετατύπωση των ξένων νομισμάτων σε δραχμές και απαγόρευση της χρήσης τους, (β) την υποτίμηση των ξένων νομισμάτων με τροποποίηση της διατίμησης και (γ) την υποτίμηση των ξένων νομισμάτων με μείωση του βάρους της δραχμής στα 3,960 g αργύρου, διατηρώντας την διατίμηση. Η επιτροπή θεωρούσε προσφορότερη την τρίτη οδό, αλλά σε κάθε περίπτωση πίστευε ότι οποιαδήποτε λύση θα έδινε ζωή στο διάταγμα ιδιωτικών κοπών του 1843 (*ΠΣΒ* 1855b, 762–740).

[22] Αργυρό τάληρο 20 γροσίων: 4,95 δρχ. Χρυσό φλωρί 100 γροσίων: 25,42 δρχ. Μισό χρυσό φλωρί: 12,71 δρχ.

[23] Ν. ΤΙΒ΄(312) της 4/1/1856 (ΦΕΚ 2 της 18/1/1856, σ. 9)

[24] Νομίσματα που κόπηκαν στον νομοσματοκοπείο Κωνσταντινουπόλεως μετά το έτος Αιγείρας 1255 (1839): αργυρό τάληρο 20 γροσίων, χρυσό φλωρί 100 γροσίων και μισό χρυσό φλωρί 50 γροσίων.

της ΕΧΤ, όσοι δεν εξαργύρωσαν τις εισφορές τους κατά το πέρας του πρώτου έτους, έμελλε στην πλειοψηφία τους να χάσουν τα χρήματα που είχαν καταθέσει.

Η ΕΧΤ έπαψε να λειτουργεί το 1834, πριν από την εκπνοή της πενταετούς προθεσμίας της, την 1/4/1835. Όπως φαίνεται, αυτό δεν ήταν κάτι που αποφασίσθηκε και ανακοινώθηκε επισήμως—κανένα σχετικό ΦΕΚ δεν κατάφερα να εντοπίσω—αλλά κάτι που απλώς συνέβη και το οποίο οι κρατικές υπηρεσίες κάποια στιγμή διαπίστωσαν σε εσωτερική αλληλογραφία (Γραμματεία Εκκλησιαστικών 1834). Όπως φαίνεται, η Βαυαρική διοίκηση δεν είχε καμία πρόθεση να αναγνωρίσει ρητώς τους θεσμούς της Καποδιστριακής διοίκησης, ούτε καν καταργώντας τους επισήμως· η *Ελληνική Πολιτεία* εν γένει αντιμετωπιζόταν σαν να μην υπήρξε ποτέ.

Οι συζητήσεις για την ίδρυση τράπεζας είχαν ξεκινήσει αρκετά νωρίς. Την 1/3/1831 οι MacGill και Watson, Άγγλοι έμποροι εγκατεστημένοι στο Ναύπλιο, είχαν προτείνει στον Καποδίστρια να ιδρύσουν προνομιούχο τράπεζα με κεφάλαιο 3 εκ. φοίνικες (108.000 λίρες), που θα δάνειζε την Κυβέρνηση με επιτόκιο 7% και τους ιδιώτες με 8% και που θα μπορούσε να κυκλοφορεί τραπεζογραμμάτια ίσα με το μεταλλικό της κεφάλαιο (ΓΕΕ 1831f, 108). Η Κυβέρνηση εμφανίσθηκε θετική, αποδεχόμενη τους παραπάνω όρους, απαντώντας στις 27/2/1831 ότι «*[δ]ὲν ἤθελε διστάσει παντάπασιν εἰς τὸ νὰ ἐκδώσῃ ἀπὸ σήμερον ἀκόμη τὴν πρᾶξιν, δυνάμει τῆς ὁποίας ἤθελε συνίστασθαι ἡ Τράπεζα, ἐὰν τοῦτο δὲν προϋπέθετεν ὅτι ὑπάρχουν μέτοχοι· καὶ ἐὰν αἱ συμφωνίαι καὶ τὰ προνόμια, περὶ ὧν ὁ λόγος εἰς τὸ ἀνωτέρω ὑπόμνημα, δὲν ἤθελεν εἶσθαι ἀνάγκη νὰ συμφωνηθοῦν μὲ αὐτοὺς ἤ μετὰ τῶν ἐπιτρόπων των*» (ΓΕΕ 1831a, 105–106). Την παραπάνω απουσία μετόχων, οι MacGill και Watson έσπευσαν να αναπληρώσουν με ανακοίνωση της 12(24)/3/1831, που προσκαλούσε το κοινό σε εγγραφή στο μετοχικό κεφάλαιο. Την επιστασία των συνδρομών εμφανιζόντουσαν να έχουν μια σειρά συνεργατών στην Ελλάδα και στο εξωτερικό, μεταξύ των οποίων ο Γεώργιος Κουντουριώτης, ο Χατζής Ιωάννης Μέξης, οι Barff-Hancock, ο J.-G. Eynard, ο Γ. Σ. Σίνας, κ.ά. (ΓΕΕ 1831b, 116)· Όμως τις διαπραγματεύσεις θα υπέσκαπταν αφενός η ανταρσία που είχε ήδη ξεσπάσει κατά του Καποδίστρια, και αφετέρου ο διπλωματικός αντιπρόσωπος της Αγγλίας E. Dawkins που δεν ήθελε να βοηθήσει την θεωρούμενη ρωσόφιλη ελληνική Κυβέρνηση (Loukos 1986). Για άγνωστο λόγο, και παρά τις παραπάνω φαινομενικές ταυτίσεις απόψεων, ο Βαλαωρίτης (1902, 4) αναφέρει ότι οι όροι που ετέθησαν ήταν δυσχερείς για να καταλήξουν σε συμφωνία.

Μέσα σε αυτό το κλίμα, η συζήτηση για την τράπεζα άρχισε σταδιακά να φουντώνει. Η *Αθηνά* τον Αύγουστο του 1833, σε εκτενές αφιέρωμα δύο διαδοχικών τευχών, εξετάζει την ιστορία των κυριοτέρων ευρωπαϊκών τραπεζών, και κυρίως της Τράπεζας της Αγγλίας, προϊδεάζοντας για την μορφή που θα έπρεπε να λάβει η νέα τράπεζα (*Αθηνά* 1833a· *Αθηνά* 1833b). Σχεδόν δεδομένη θεωρείτο η ίδρυση πολυμετοχικής τράπεζας, με κάλυμμα τα ιδιωτικά μεταλλικά κεφάλαια των μετόχων και των καταθετών της.

Υπό αυτό το οργανωτικό σχήμα, ο Strong (1842, 112–113) αναφέρει ότι Βρετανικός οίκος της Σμύρνης προσέφερε κεφάλαιο 500.000 λιρών, τραπεζίτες στην Βιέννη 2 εκ. φλορίνια και Έλληνες έμποροι της Χίου 2 εκ. ισπανικά δίστηλα για την σύσταση τράπεζας. Εκτός από την πρόταση των MacGill-Watson, ο Loukos αναφέρει, ούτε λίγο ούτε πολύ, άλλες δώδεκα απόπειρες ιδρύσεως προνομιούχων τραπεζών στο διάστημα 1834–1840, μετά δηλαδή την διάλυση της ΕΧΤ. Το κλίμα των διαπραγματεύσεων ήταν έντονα ανταγωνιστικό, κυρίως μεταξύ αγγλικών και γαλλικών προτάσεων, με τις μεγάλες δυνάμεις να ερίζουν για επιρροή στο νεοσύστατο κράτος. Μαζί με την Αγγλία και την Γαλλία, Αυστριακοί, Ρώσοι και ο Ελβετός Eynard θα συμμετείχαν σε μια δεκαετή διελκυστίνδα. Εξ ου και ο σκοπίμως υποτιμητικός χαρακτηρισμός «παζάρια» στον τίτλο του κεφαλαίου.

Η παρ' ολίγον «Εθνική Τράπεζα» Wright

Καθ' όλη την περίοδο αυτή, σημαντικό ρόλο έπαιξε ο τραπεζίτης John Wright (1786–;), γόνος Καθολικής τραπεζικής οικογενείας, που ξεκίνησε την σταδιοδρομία της το 1699 από το χρυσοχοείο «The Golden Cup» του West End (Cottrell 2007, 90–107). Ο Wright, επικεφαλής της Wright & Co, ήταν μάλλον ένας απερίσκεπτος κερδοσκόπος, με αμφιβόλου αξιοπιστίας δραστηριότητες, αν κρίνουμε εκ του αποτελέσματος.

Από το 1834, μέσω ενός εκπροσώπου του ονόματι Γ. Δρακάτου Παπανικόλα, ο Wright είχε προτείνει την ίδρυση μιας «Εθνικής Τράπεζας» με κεφάλαιο 1 εκ. λ., καθώς όμως ο ίδιος και οι συνεταίροι του είχαν αγοράσει σημαντικό αριθμό ομολογιών των δανείων της ανεξαρτησίας, ο σημαντικότερος όρος ήταν η αναγνώριση αυτού του χρέους από την ελληνική Κυβέρνηση. Κατά το σχέδιό του, οι ομολογίες θα αναγνωρίζονταν στο 1/4 της αξίας τους και θα αποπληρώνονταν μέσω πώλησης εθνικών γαιών.

Μετά το ναυάγιο αυτών των διαπραγματεύσεων, ο Wright συνέχισε διαπραγματεύσεις (Μάρτιος 1835—Φεβρουάριος 1836) μέσω του J. W. Glass απευθείας με τον Πρόεδρο της Βαυαρικής Αντιβασιλείας Josef Ludwig von Armansperg. Προσφέρθηκε να συστήσει τράπεζα με κεφάλαιο 1 εκ. στερλινών, και να δανείσει τα 3/4 σε αγροτικά δάνεια με τόκο 8% και το υπόλοιπο 1/4 στη λιανική με τόκο 10%. Η Κυβέρνηση αποφάσισε να αποδεχθεί την πρόταση του J. W. Glass και στις αρχές του 1836 ψήφισε τον νόμο *Περί συστάσεως εθνικής Τραπέζης.*[25] Ο νόμος όριζε 30ετές αποκλειστικό εκδοτικό προνόμιο για την Τράπεζα, ενώ επίσης όριζε ότι η περιουσία της ήταν ιδιωτική (Άρθρο 1). Οι λαβόντες το εκδοτικό προνόμιο εργολάβοι εδύναντο να είναι ξένοι ή ιθαγενείς (Άρθρο 2). Είχαν δε την υποχρέωση, μέχρι της ενάρξεως των εργασιών της Τράπεζας να πωλούν ονομαστικές μετοχές των 1000 δραχμών σε «*ἐντοπίους, μεταξὺ τῶν ὁποίων ἐννοοῦνται καὶ οἱ Δῆμοι καὶ τὰ εὐεργετικά καταστήματα καὶ αἱ συντεχνίαι καὶ αὐτή ἀκόμη ἡ Κυβέρνησις*», οι οποίες θα μπορούσαν να «*μεταβαίνωσιν ἀπὸ ἕνα δεκάτοχον εἰς ἄλλον δι᾽ ἁπλῆς ὀπισθογραφήσεως, χωρίς τινα ἐπίσημον πρᾶξιν*». Το κεφάλαιο θα ήταν ύψους 1,5 εκ. λ. και η μέγιστη νομισματική κυκλοφορία 500 χιλ. λ.

Εν συνεχεία όμως, και παρά τις θετικές εισηγήσεις του Edmund Lyons (πρώην Κυβερνήτη της «Μαδαγασκάρης» και τότε νέου Βρετανού Υπουργού στην Ελλάδα), ο Wright αντικατέστησε τον J. W. Glass με τον Παπανικόλα, ισχυριζόμενος ότι ο πρώτος υπερέβη τις οδηγίες του. Ο Παπανικόλας υπέγραψε νέα συμφωνία στις 25/5(7/6)1836, καθώς όμως αυτή δεν προνοούσε για την αναγνώριση των δανείων της ανεξαρτησίας, ο Wright υπαναχώρησε. Τον Οκτώβριο του 1836 ο Wright δεν κατέβαλε το κεφάλαιο για την νέα τράπεζα, και διεμήνυσε στον Έλληνα Πρέσβυ Σπ. Τρικούπη την τελική υπαναχώρησή του. Έτσι ο νόμος του 1836 δεν εξετελέσθη ποτέ και η ελληνική κυβέρνηση κινήθηκε εναντίον του Wright στα Βρετανικά δικαστήρια.

Ο ίδιος ο Wright δικαιολογούσε αυτήν την αλλοπρόσαλλη συμπεριφορά επιστρατεύοντας επιχειρήματα που αφορούσαν στην χαμηλή κερδοφορία που ανέμενε από την τράπεζα. Θεωρούσε το επιτόκιο του 6% για αγροτικά δάνεια πολύ χαμηλό και προέβλεπε ότι δεν θα υπήρχε ικανή αγορά για αυτά τα δάνεια, στα οποία θα δεσμευόταν 500 χιλ. λ. από το κεφάλαιο της Τράπεζας. Θεωρούσε επίσης το όριο νομισματικής κυκλοφορίας των 28 εκ. δραχμών πολύ περιοριστικό. Κυρίως όμως θεωρούσε ότι η Τράπεζα θα έπρεπε να ήταν μια εμπορική και όχι μια πολιτική οντότητα, και έβλεπε προβλήματα στην Βασιλική αδειοδότηση λειτουργίας της.

Αντιθέσεις στην τράπεζα

Παρά το ναυάγιο του νόμου του 1836, οι διαπραγματεύσεις με τον Wright συνεχίστηκαν μέσω του αντιπροσώπου του, Baldwin. Όμως η ελληνική Κυβέρνηση δυσπιστούσε, αφενός λόγω του κακού προηγούμενου, αφετέρου λόγω των προαναφερθεισών αντιδράσεων κατά της ιδρύσεως ξένης τράπεζας. Η αντιπολίτευση ειδικά κατηγορούσε τον Armansperg ότι πούλαγε την χώρα στους Άγγλους (Loukos 1986, 441 και παραπομπές εντός). Παράλληλα όμως πολλοί φόβοι αφορούσαν στην εισαγωγή χαρτονομισμάτων, τα οποία ήταν μια καινοτομία για την Ελλάδα.

Ο Γάλλος πρέσβυς στην Ελλάδα, Rouen, σημείωνε ότι μια Τράπεζα δεν θα είχε ευεργετικές αλλά επιβαρυντικές επιπτώσεις για την Ελλάδα, ενώ η Ρωσία υπέβαλλε στην συνδιάσκεψη του Λονδίνου πρωτόκολλο το οποίο θα απαγόρευε στην ελληνική Κυβέρνηση την υποθήκευση εθνικής γης για την σύναψη δανείου, ή την ίδρυση τράπεζας. Αν και η Βρετανική Επιτροπή Εμπορίου είχε χαρακτηρίσει τον Wright «πολύ απερίσκεπτο και περιπετειώδη» (*most rash and adventurous character*) και επικίνδυνο για τους συνεταίρους του, ήδη από το 1835 ο Βρετανός Υπουργός Εξωτερικών, Λόρδος Palmerston, αποφάσισε να τον στηρίξει, θεωρώντας τον χρήσιμο στην μάχη που δινόταν με την Γαλλία, την Ρωσία και την Αυστρία για επιρροή στις ελληνικές υποθέσεις (Loukos 1986, 441–442). Έτσι η Βρετανία θα επεδίωκε την επιρροή της στο ελληνικό νομισματικό σύστημα, στηριζόμενη αφενός σε έναν επικίνδυνο κερδοσκόπο και αφετέρου σε έναν πρώην ναυτικό.

Ο Lyons, επιτόπιος εκπρόσωπος της Βρετανίας, θεωρούσε ότι κάθε εναντίωση στο σχέδιο της τράπεζας ωφελούσε τα συμφέροντα των αντιπάλων της, βλέποντας εχθρούς στο καθετί. Υπ᾽ αυτό το πρίσμα, ακόμη και η

---

[25] Νόμος της 22/1(3/2)/1836 (ΦΕΚ 2, 25/1/1836, σ. 5–7).

εξέγερση στην Πρέβεζα θεωρήθηκε από τον George Cochrane (1837b, 1:213, 244) ότι αποσκοπούσε στην υπο-νόμευση του σχεδίου της Βρετανικής τράπεζας. Θα πρέπει βεβαίως να σημειωθεί ότι ο Cochrane, ο οποίος είχε αποκτήσει από την ελληνική Κυβέρνηση άδεια για αφορολόγητη και επιδοτούμενη ατμοπλοϊκή εκμετάλλευση μεταξύ Γαλλίας, Ιταλίας και Ελλάδας, είχε ήδη ξεκινήσει απόπειρες να συνεταιριστεί με τον Wright. Συνεπώς η αντικειμενικότητά των απόψεών του είναι αμφίβολη.

Ύποπτη επίσης θεωρήθηκε και η αντικατάσταση του Armansperg από τον Ignaz von Rudhart, Βαυαρό ανώτερο δημόσιο υπάλληλο και Καθηγητή στο Πανεπιστήμιο του Würburg. Ο τελευταίος είχε περάσει από την Βιέννη προτού φτάσει στην Ελλάδα, όπου συνάντησε τον Γεώργιο Σίνα, επιχειρηματία και έναν εκ των δέκα διευ-θυντών της Εθνικής Τραπέζης της Αυστρίας. Με πρωτοβουλίες του πρέσβεως της Αυστρίας στην Ελλάδα, Anton von Prokesch-Osten, είχε συζητηθεί το θέμα ίδρυσης τράπεζας. Πιο (1835) πριν είχαν προηγηθεί δύο ακόμη Αυστριακές απόπειρες για ίδρυση τράπεζας, με εκπροσώπους τον Χ. Ιωάννη Παραμυθιώτη η μεν, και τον Ιωάν-νη Χατζηπέτρο η δε. Με την πρόταση του Σίνα στις αποσκευές του, ο Rudhart κινήθηκε πιο αυστηρά απέναντι στον Baldwin, του οποίου τις προτάσεις και απέρριψε, παρά την ισχυρή στήριξη της οποίας αυτός έχαιρε από την Βρετανική πλευρά. Σε απάντηση, ο Palmerston διεμήνυσε στον Όθωνα ότι δεν θα ενέκρινε την εκταμίευση της τρίτης δόσης του δανείου των 60 εκ. φρ., χωρίς την διαβεβαίωση ότι εκείνος ήταν ένας πραγματικά ανεξάρ-τητος μονάρχης, ενώ παράλληλα πίεζε τον Rudhart για την πληρωμή των ελληνικών χρεών. Αντιθέτως η Ρωσία, που προηγουμένως είχε αρνηθεί στον Armansperg την οικονομική της στήριξη, τώρα εμφανιζόταν πρόθυμη να παράσχει 1 εκ. φρ. για τις άμεσες ανάγκες της ελληνικής κυβέρνησης. Έτσι, βρισκόμενος μεταξύ σφύρας και άκμονος, ο Όθωνας τελικά εξώθησε τον Rudhart σε παραίτηση, οπότε και ο Σίνας αποσύρθηκε (Loukos 1986, 443).

Αγγλογαλλικές έριδες και απόπειρα συνεργασίας Wright-Eynard

Μετά από αυτές τις αποτυχίες, η γαλλική Κυβέρνηση ανέλαβε πρωτοβουλία (Loukos 1986, 443–446). Συγκεκρι-μένα, πρότεινε την ίδρυση τράπεζας με ξένα κεφάλαια, προτείνοντας παράλληλα στις άλλες δύο δυνάμεις την εκταμίευση της τρίτης δόσης του δανείου με την προϋπόθεση ότι αυτό θα χρησιμοποιείτο σαν τοκοχρεολυτικό κεφάλαιο. Στο σημείο αυτό (τέλη 1837 – αρχές 1838) ήλθαν και οι προτάσεις του Eynard για ίδρυση προεξο-φλητικής τράπεζας με κεφάλαιο 2–4 εκ. δρχ, τόκο 8% και αποκλειστικό εκδοτικό προνόμιο. Η τράπεζα θα ανή-κε κατά 50% στο ελληνικό Δημόσιο, κατά 25% στον ίδιο και κατά το υπόλοιπο σε άλλους κεφαλαιούχους. Ο Eynard είχε ήδη προσφέρει 300 χιλ. φρ. μέσω του Γ. Σταύρου και του Regny, αρχικά για την διευκόλυνση των υποχρεώσεων της Κυβέρνησης μέσω υποστήριξης ταμειακών γραμματίων, και αργότερα για την βραχυπρόθε-σμη προεξόφληση εμπορικών γραμματίων με επιτόκιο 8%. Τα κεφάλαια αυτά αποτέλεσαν το πρώτο οργανω-μένο προεξοφλητικό γραφείο στην Αθήνα, γνωστό ως «Τράπεζα Εϋνάρδου».

Αν και την πρόταση στήριξε ο Regny και έχαιρε της έγκρισης του Όθωνα, ο Άγγλος πρόξενος στην Σμύρνη Francis Werry αντιπρότεινε τράπεζα ενυπόθηκων δανείων, κεφαλαίου 3–15 εκ. δρχ, με τόκο 10%, χωρίς εκδοτι-κό προνόμιο. Ο Loukos σημειώνει ότι η πρόταση αυτή κλόνισε την πρόταση Eynard εντός του περιβάλλοντος του Όθωνα, αλλά και ότι αποσύρθηκε από τον Werry μόλις αυτό επετεύχθη, παραπέμποντας σε αντιπερισπα-σμό. Η δικαιολογία του Werry ήταν ότι ο νέος Γάλλος πρέσβυς είχε τεθεί ανοιχτά υπέρ της πρότασης Eynard.

Φοβούμενοι την γαλλική επιρροή του Eynard, οι Άγγλοι κυκλοφόρησαν φήμες ότι την πρωτοβουλία Eynard στήριζαν ο Ρώσος πρέσβυς Κατακάζι και το ρωσόφιλο κόμμα. Οι πρότερες σχέσεις του Eynard με τον Καποδί-στρια ενίσχυαν αυτές τις φήμες.

Κατανοώντας την ανάγκη συνεργασίας με τους Άγγλους για την επιτυχία του εγχειρήματος, ο Eynard πρότει-νε στον Wright (αρχές 1839) την ίδρυση τράπεζας με ίσα κεφάλαια από τον καθένα, προσπαθώντας να κατευ-νάσει τους Αγγλικούς φόβους σχετικά με ενδεχόμενη Ρωσική επιρροή. Μάλιστα πρότεινε ως έδρα της τράπεζας το Λονδίνο και απόλυτη πλειοψηφία του Wright στο Διοικητικό Συμβούλιο (4 από τα 7 μέλη). Ο Wright, πιστεύ-οντας την ειλικρίνεια του Eynard έπεισε τον Lyons και τον Palmerston, που τελικώς συγκατέθεσαν.

Έτσι, τον Σεπτέμβριο του 1839 κατέφτασαν οι Lloyd[26] και Hammond εκ μέρους των Wright και Eynard, αντιστοίχως, με πρόταση για προνομιούχο εκδοτική τράπεζα, με κεφάλαιο που θα αυξανόταν από τα 2 στα 16 εκ. δρχ. Το κεφάλαιο αυτό θα διετίθετο σε προεξοφλήσεις (επιτοκίου 10%) και ενυπόθηκα δάνεια (επιτοκίου 8%), ενώ η κυκλοφορία χαρτονομισμάτων θα ανερχόταν μέχρι του διπλασίου του κεφαλαίου (Loukos 1986, 446).

Παρεμβάσεις Ράλλη – Προτάσεις Ολλανδών

Με την κατάθεση αυτής της πρότασης ήλθε και μια άλλη από τον τραπεζίτη Θεόδωρο Ράλλη, για τράπεζα με έδρα στη Αθήνα (Δ. Λ. Ζωγράφος 1925, 1:160–162), η οποία συγκέντρωσε αμέσως τα πυρά των Hammond και Lloyd (*Αθηνά* 1839b· παρατίθεται από: Δ. Λ. Ζωγράφος 1925, 1:162–164). Η πρόταση Ράλλη είχε το πλεονέκτημα ότι τα κέρδη θα έμεναν στον τόπο και δεν θα έφευγαν στο εξωτερικό, ότι θα προσήλκυε επενδύσεις από Έλληνες της διασποράς και ότι θα απομάκρυνε τις συνέπειες από την οικονομική υποδούλωση της χώρας στο ξένο κεφάλαιο.

Μία επιπλέον δυσκολία που θα έπρεπε να υπερνικηθεί ήταν η δυσπιστία του κοινού απέναντι στα χαρτονομίσματα και οι επιθέσεις που δέχθηκαν αυτά στον τύπο (*Αθηνά* 1839a· *Αιών* 1839· παρατίθενται στο: Δ. Λ. Ζωγράφος 1925, 1:150–154, 157–160). Απάντηση στους ισχυρισμούς αυτούς ήταν και ένα φυλλάδιο των Hammond και Lloyd (1839· παρατίθεται στο: Δ. Λ. Ζωγράφος 1925, 1:168–172), το οποίο συνέχιζε τον πόλεμο μεταξύ των δύο στρατοπέδων. Άλλη δυσκολία αποτελούσαν τα αποκλίνοντα συμφέροντα των δύο πλευρών της πρότασης Wright, καθώς ο Palmerston έμαθε ότι ο Eynard σκόπευε την εγκατάσταση της τράπεζας στην Αθήνα και όχι στο Λονδίνο, και την εκχώρηση μεγάλου αριθμού μετοχών στον Όθωνα.

Παρά τα πλεονεκτήματα της πρότασης Ράλλη, η κυβέρνηση ήταν έτοιμη να εγκρίνει την πρόταση Wright-Eynard, όταν εμφανίστηκε μια ομάδα Ολλανδών κεφαλαιούχων με δική τους πρόταση για τράπεζα. Οι κεφαλαιούχοι αυτοί είχαν αγοράσει ομολογίες των δανείων της ανεξαρτησίας όταν το ενδεχόμενο της κατάληψης του ελληνικού θρόνου από τον Λεοπόλδο είχε ανεβάσει την αξία τους. Με την παραίτησή του όμως από τον θρόνο η αξία τους είχε ξαναπέσει στα προηγούμενα επίπεδα. Αυτοί πρότειναν τράπεζα προεξοφλήσεων και ενυπόθηκων δανείων, κεφαλαίου 10 εκ. δρχ. Οι όροι που έθεσαν ήταν η αναγνώριση των δανείων, είσπραξη ποσοστού 5% από τα κέρδη και την χρησιμοποίηση των υπολοίπων κερδών για την σύσταση χρεολυτικού κεφαλαίου.

Ο Eynard βλέποντας τα πλεονεκτήματα της πρότασης αυτής πρότεινε στον Όθωνα να την δεχθεί. Την στιγμή όμως που ο Regny αναχωρούσε για το Άμστερνταμ οι Ολλανδοί υπαναχώρησαν. Η παράλληλη χρεωκοπία του οίκου Wright τον Νοέμβριο του 1840 τερμάτισε όλα τα μέχρι τότε σχέδια και άφησε τον Eynard σε δεσπόζουσα θέση στον ελληνικό χώρο (Loukos 1986, 448). Την κατάληξη θα δούμε στο επόμενο κεφάλαιο.

4.4 Η αιρετική ιδέα της κρατικής εκδοτικής τράπεζας

Οι απόπειρες ιδρύσεως τραπέζης κατά την δεκαετία αυτή γινόντουσαν με μια σιωπηρή παραδοχή που αντανακλούσε την ορθοδοξία της εποχής περί της εκδόσεως του χρήματος: ότι δηλαδή χρήμα είναι τα πολύτιμα μέταλλα και ότι η έκδοση χάρτινων «παραστατικών» του χρήματος είναι μια λειτουργία που ανήκει αποκλειστικώς στον εμπορικό κόσμο και πρέπει να γίνεται από ιδιωτικές τράπεζες (έκδοση τραπεζογραμματίων).

Αυτό που δεν είναι ευρύτερα γνωστό είναι ότι η συζήτηση ενέπνευσε και κάποιες λιγότερο στενές προτάσεις που ευνοούσαν την ανάληψη της σχετικής πρωτοβουλίας από το κράτος. Αυτές οι απόψεις επανεμφανίσθηκαν, αν και προσωρινά, ακόμη και μετά την ίδρυση της ΕΤΕ.

Το ανώνυμο φυλλάδιο «Παρατηρήσεις περί ξένης τραπέζης εις την Ελλάδα»

Αξιοσημείωτη είναι μια αναφορά που αποπειράται να αναιρέσει αυτήν την παραδοχή και να μεταθέσει τα περί ιδρύσεως τραπέζης από την κερδοσκοπική στην κοινωφελή τους βάση. Το φυλλάδιο με τίτλο *Παρατηρήσεις περί ξένης τραπέζης εις την Ελλάδα* (Ανώνυμος 1837) εκδόθηκε τον Νοέμβριο του 1837, ένα χρόνο δηλαδή μετά το ναυάγιο του νόμου του 1836 και ενώ οι διαπραγματεύσεις με τον Eynard συνεχίζονταν. Η ύπαρξη του φυλλαδί-

---

[26] Μάλλον ο John Horatio Lloyd, συνεργάτης του Wright και μελλοντικός διευθυντής της Ionian.

ου αναφέρεται από τον Βαλαωρίτη και τον Loukos, αλλά πρώτος ο Στασινόπουλος (2000, 131–133) αναφέρεται στο περιεχόμενό του.

Όπως αναφέρει και ο συγγραφέας του φυλλαδίου στην πρώτη του παράγραφο, σκοπός του είναι να απαντήσει στο άρθρο της εφημερίδας *Αθηνά* (*Αθηνά* 1837, 1985–1986) σχετικά με τα περί ιδρύσεως τραπέζης από τον Eynard. Προτού εξετάσουμε το περιεχόμενο του φυλλαδίου, σκόπιμο είναι να εξετάσουμε το περιεχόμενο του άρθρου της *Αθηνάς*, που απετέλεσε και αφορμή για την σύνταξή του. Αφενός, το μνημονευόμενο άρθρο της *Αθηνάς* αποτελεί ράπισμα κατά της Βαυραροκρατίας:

> Ἡμεῖς ἀπεκτήσαμεν τὴν πολιτικήν μας ὕπαρξιν καὶ αὐτονομίαν [...] ἀλλὰ κατὰ δυστυχίαν ὑποπέσαμεν εἰς κηδεμονίαν, καὶ ἐπάθαμεν ἀπὸ τοὺς κεδεμόνας [sic] μας ὅ,τι συνήθως ὑποφέρουν οἱ κηδευόμενοι· ἡ περιουσία μας λοιπόν, μαζῆ μὲ τὰ ῥηθέντα βοηθήματα εἰς τὰς χεῖρας τῶν κηδεμόνων μας κατηναλώθησαν κακῶν κακῶς, καὶ τὴν σήμερον ἡμεῖς στερούμεθα τὰ πρὸς συντήρησίν μας μέσα [...] καὶ ἡμεῖς πάλιν εὑρισκόμεθα εἰς τὴν προτέραν μας κατάστασιν· τί λέγομεν εἰς τὴν προτέραν μας κατάστασιν; εἰς χειροτέραν ἀκόμη, διότι ὡς ἐκ τῆς σπατάλης τῶν ξενοκρατῶν μας, εἰσήχθη παράκαιρα ἡ πολιτέλεια [sic] εἰς τὸν τόπον μας, ὑποπέσαμεν εἰς περιττὰ ἔξοδα διὰ τὰς νεοφανεῖς ἀνάγκας μας...

Ταυτόχρονα όμως αποτελεί και εγκώμιο στον Eynard, τον οποίο αποκαλεί «χρηστό», «ενάρετο» και «αληθή φίλο της Ελλάδος» και τον οποίο ανάγει σε από μηχανής Θεό για την έξοδο από την παρούσα κατάσταση.

> Εἰς τοιαύτην περίστασιν ἄλλος βέβαια πάλιν παρὰ τὸν Κ. Εὔ[ν]άρδον δὲν ἦτον δυνατὸν νὰ μας δώσῃ χεῖρα βοηθείας, αὐτὸς ὁ φιλάνθρωπος καὶ ἰδίως φιλέλλην μᾶς ἐπιδαψίλευσε τὰς πολυειδεῖς βοηθείας του εἰς τὰς κρισιμοτέρας περιστάσεις τοῦ ἀγῶνος μας [...] Κατ' εὐτυχίαν βέβαια τῆς Ἑλλάδος ἔπρεπε καὶ ἡ σύστασις αὕτη τῆς Τραπέζης νὰ καταντήσῃ εἰς τὸν ἔνδοξον καὶ εἰλικρινῆ τῶν Ἑλλήνων φίλον Εϋνάρδον, διότι τὸ ὄνομα τούτου, ὄχι μόνον θέλει διαλύσει ὡς ἱστὸν ἀράχνης ὅλας τὰς περὶ συστάσεως αὐτῆς ἐξωτερικὰς ἀντενεργείας ἀλλὰ καὶ διὰ τὴν μεγάλην κατάστασίν του, θέλει εὕρει, ὅσους καὶ ἂν θέλῃ συμμετόχους εἰς αὐτήν [...] θέλει σύρει εἰς τὴν Τράπεζαν ταύτην ὅλα τὰ ἐντὸς καὶ ἐκτὸς τῆς Ἑλλάδος Ἑλληνικὰ κεφάλαια καὶ θέλει κατορθώσει, ὥστε ἡ Τράπεζα αὕτη νὰ γίνῃ τὸ χρηματικὸν ἀποταμεῖον τῶν Ἑλλήνων [...]

Όμως η *Αθηνά* δεν στέκεται μόνον στην ταυτότητα της τράπεζας που προτείνει, αλλά προτείνει και συγκεκριμένο θεσμικό πλαίσιο που δεν θα τρομάξει τους επίδοξους επενδυτές· θεσμικό πλαίσιο απαραίτητο ακόμη κι αν τα κίνητρά τους είναι καθαρά «φιλελληνικά» και όχι κερδοσκοπικά:

> [Ἀ]ν καὶ ὁ Κύριος Ρουδχάρτος ἀκολουθήσῃ, ὡς πρὸς τὴν Τράπεζαν ταύτην τὰ αὐτὰ τοῦ Ἀρχικαγκελλαρίου ἴχνη, ἠμποροῦμεν μετὰ θετικότητος νὰ τὸν βεβαιώσωμεν, ὅτι ὅπως ἀπέτυχεν ἡ σύστασίς της ἐπὶ τῆς προτάσεως τοῦ Κυρίου Ράϊτ, τοιουτοτρόπως θέλει ἀποτύχει καὶ τώρα. Καθὼς ὁ Κύριος Ράϊτ ἐγνώρισεν ὅτι ἡ σημερινὴ Κυβέρνησίς μας θέλει μόνον χρήματα, καὶ ὅπου καὶ ὅπως τὰ εὕρει ποσῶς δὲν συλλογίζεται, [...] ὥστε ἂν [...] ζητήσῃ πίστωσιν ἀπὸ τὴν Τράπεζαν διὰ νὰ λαμβάνῃ ἀπὸ αὐτὴν ὁπότε θέλει καὶ ὁπόσα θέλει χρήματα· ἀναμφιβόλως κανεὶς δὲν θέλει εἶσθαι τόσον παράφρων, ὥστε νὰ φέρῃ τὰ χρήματά του εἰς τὴν Ἑλλάδα διὰ νὰ τοῦ τὰ κατασπαταλεύσῃ ἡ ξενοκρατία της.

Ο συντάκτης δηλαδή θεωρεί ως μοναδικό υπαίτιο για την απόσυρση της πρότασης Wright την δανειακή αρπακτικότητα της Κυβέρνησης, ενώ θεωρεί θεμιτή και αυτονόητη την κερδοσκοπική διάθεση του Wright και κάθε άλλου «επενδυτή» (φιλέλληνα ή μη), με την οποία ο Rudhart οφείλει να συμβιβαστεί. Προτείνει λοιπόν ο συντάκτης μια πιο φιλελεύθερη και μη παρεμβατική πολιτική, που θα ευνοεί την είσοδο του ξένου κεφαλαίου μέσω εγγυήσεων επί των υποθηκευμένων περιουσιών των δανειζομένων:

> Ἐξ ἐναντίας, ἂν περιορισθῇ εἰς μόνην τὴν ἐπιτήρησιν αὐτῆς, ἡ Τράπεζα θέλει συσταθῇ, ἐπειδὴ κοντὰ εἰς τὰς ὠφελείας τὰς ὁποίας θέλει προξενήσει καὶ τώρα ὁ Κύριος Εϋνάρδος δι' αὐτῆς εἰς τὴν Ἑλλάδα, θέλει ἀσφαλίζει καὶ τὰ χρήματά του εἰς τὰς περιουσίας τῶν Ἑλλήνων, αἱ ὁποῖαι, ὁπόταν δὲν ἤθελον ἐκπληρωθῇ αἱ ὑποχρεώσεις διὰ τὰς ὁποίας ἤθελον εἶσθαι ὑποθηκευμέναι, κατὰ τὸν περὶ ὑποθηκῶν νόμον μας, θέλουν ἐκτίθεσθαι χωρὶς ποσῶς δυσκολίαν εἰς δημοπρασίαν, ὅπου πωλούμεναι θέλουν ἀποζημιόνει τὸν δανειστὴν διὰ τὰ κεφάλαια καὶ τοὺς τόκους τῶν κεφαλαίων αὐτῶν, πρᾶγμα δίκαιον καὶ ἀναγκαῖον διὰ τὴν ὕπαρξιν καὶ τὴν πρόοδον τῆς Τραπέζης ταύτης.

Σε όλη την παραπάνω συζήτηση, η Τράπεζα θεωρείται το μοναδικό όχημα καταπολέμησης της «αναργυρίας» που μαστίζει τους Έλληνες. Μεγαλύτερη έγνοια δεν υπάρχει από την ασφάλεια και την κερδοφορία της τραπέζης. Άλλο οργανωτικό και θεσμικό σχήμα όχι μόνον δεν προκρίνεται, αλλά ούτε καν αντιμετωπίζεται ως πιθανότητα. Ως μοναδικός τρόπος να αυξηθεί η ρευστότητα των πολιτών και του κράτους θεωρείται η εισροή του χρυσού που θα επενδύσουν οι μελλοντικοί μέτοχοι της τραπέζης. Και αυτός ο χρυσός θα χρησιμοποιηθεί για την σύναψη δανείων με υποθήκη τις περιουσίες αυτών ακριβώς των πολιτών και του κράτους.

Είναι εκπληκτικό στην παραπάνω συζήτηση ότι το υπό συζήτηση χρήμα δεν είναι συνάλλαγμα για εξωτερικό εμπόριο (που αναγκαστικά θα ήταν ο χρυσός ή ο άργυρος). Αντιθέτως, η συζήτηση αναφέρεται σε κάποιο ανταλλακτικό μέσον που θα επέτρεπε στην ελληνική οικονομία να λειτουργήσει, *σε εσωτερικό επίπεδο*. Αυτό όχι μόνον δεν ήταν αναγκαστικό να είναι ο χρυσός, αλλά και μια τέτοια ενδεχόμενη απόφαση θα ήταν καταστροφική λόγω της σπανιότητάς του.

Ένα νόμισμα χωρίς μεταλλική βάση ήταν, για τα ευρωπαϊκά δεδομένα, μια πολύ προωθημένη άποψη σε μια περίοδο έντονου μεταλλισμού. Όχι όμως και για τον ανώνυμο συντάκτη του φυλλαδίου μας. Απαντώντας στην *Αθηνά*, αρχικά υποδεικνύει ότι το ελλειμματικό εμπορικό ισοζύγιο (που παραδέχεται και η ίδια η *Αθηνά*), μαζί με τα έξοδα του Βαυαρικού στρατού, προκαλούν σοβαρή αιμορραγία «πραγματικού» (δηλαδή μεταλλικού) χρήματος από την Ελλάδα, το οποίο ούτως ή άλλως είναι ανεπαρκές. Στην συνέχεια παρομοιάζει τον δανεισμό σε έναν φτωχό με χορήγηση δηλητηριασμένου φαγητού σε έναν πεινασμένο:

> *Προσθέστε τώρα καὶ τὴν τετάρτην πληγήν, τὴν ἐπαισθητοτέραν εἰς πάντα εἰδήμονα, ὁποία ἡ σύστασις ἐξωτερικῆς Τραπέζης, καὶ δὲν θέλετε δυσκολευθῆ νὰ πιστεύσητε, Κύριοι, ὅτι εἰς μικρὰν περίοδον χρόνου ἡ Ἑλλὰς θέλει γυμνωθῆ ἐξ ὁλοκλήρου καὶ αὐτῶν τῶν ὀλίγων πραγματικῶν κεφαλαίων της, ἀντικατασταθησομένων διὰ τόσων χαρτονομισμάτων, καὶ οὕτως ἡ ἐνεργεσία τῶν χρημάτων ἐκείνων, τὰ ὁποῖα ἤθελε μᾶς χορηγήσει μία ἐξωτερικὴ Τράπεζα, θέλει ὁμοιάζει μὲ ἐκείνην, τὴν ὁποίαν ἤθελε κάμει τις εἰς πεινῶντα, χορηγῶν πρὸς αὐτὸν φαρμακευμένας τροφάς.»*

Δηλητήριο θεωρεί λοιπόν ο συγγραφέας τον δανεισμό. Στην συνέχεια αναλύει τους κινδύνους που διατρέχει η εθνική ασφάλεια από τον εξωτερικό δανεισμό, κατανοώντας ότι αν οι μέτοχοι της τράπεζας είναι ξένοι, ξένη θα είναι και η τράπεζα, άρα και το χρέος το οποία θα δημιουργεί αυτή θα είναι ουσιαστικά εξωτερικό:

> *[…] ποῖος ἀμφιβάλλει ὅτι δὲν θέλει καθυποδουλώσει ὑπὸ τὸν βαρύτατον ζυγὸν τοῦ χρηματικοῦ χρέους, καὶ τοὺς ἐμπόρους, καὶ τοὺς κτηματίας, καὶ τοὺς γεωργούς, τὸ πλεῖστον μέρος τοῦ στρατιωτικοῦ καὶ ναυτικοῦ μας, καὶ ἐν γένει τὸν πρῶτον ὑπουργὸν μέχρι τοῦ τελευταίου πολίτου, ἴσως καὶ τὴν ἰδίαν αὐτὴν Κυβέρνησιν;*

Επιπλέον ο ανώνυμος συγγραφέας θεωρεί ότι η κυκλοφορία τραπεζογραμματίων (τα αποκαλεί «χαρτονομίσματα») «*εἶναι φόρος, καὶ φόρος ἐπαχθής, ὅστις μετὰ ὀλίγων χρόνων παρέλευσιν θέλει μεταβιβάζει ἐτησίως ἀπὸ τὴν Ἑλλάδα εἰς ἀλλοδαπὴν πέντε ἢ ἐξ μιλιούνια δραχμῶν εἰς χρυσὸν καὶ ἄργυρον, καὶ βαθμηδὸν περισσότερα ἀναλόγως τοῦ πολλαπλασιασμοῦ τῶν κυκλοφορούντων χαρτονομισμάτων*». Ο συγγραφέας περιγράφει συνοπτικά, αλλά με ακρίβεια, τον μηχανισμό της έκδοσης πιστωτικού χρήματος από μια τράπεζα (τραπεζογραμματίων στην προκειμένη περίπτωση). Για την ποσότητα μεταλλικού χρήματος που διαθέτει η τράπεζα ως αποθεματικό (π.χ. από το μετοχικό της κεφάλαιο, ή από τα κέρδη της) δικαιούται να εκδώσει τουλάχιστον την ισοδύναμη ποσότητα σε τραπεζογραμμάτια, ενώ εν γένει μπορεί να εκδώσει μια πολλαπλάσια ποσότητα υπό το καθεστώς του κλασματικού αποθεματικού. Αυτά θα εισέλθουν στην κυκλοφορία υπό μορφή δανείου σε ιδιώτες ή στο κράτος, οι οποίοι μετά θα πρέπει να τα αποπληρώσουν *με τόκο*, ή να χάσουν την υποθηκευμένη περιουσία τους. Και δεδομένου ότι η ποσότητα των τραπεζογραμματίων θα είναι περιορισμένη, ο τόκος θα πρέπει να αποπληρωθεί σε μεταλλικό. Στην ευνοϊκή περίπτωση που λόγω εξαγωγών εισάγεται στην χώρα μεταλλικό συνάλλαγμα, ο τόκος θα μπορεί να αποπληρωθεί και το μεταλλικό απόθεμα της τράπεζας θα τείνει να αυξηθεί. Αλλιώς, θα προκύψει αδυναμία πληρωμής, καθώς απλούστατα δεν θα υπάρχει ο απαραίτητος χρυσός για τη καταβολή του τόκου. Έτσι, ή η τράπεζα θα κατάσχει την υποθηκευμένη περιουσία των δανειοληπτών, ή θα εκδώσει νέα τραπεζογραμμάτια υπό μορφή πιστώσεων για να αναχρηματοδοτήσει το χρέος ως ένα προσωρινό μέτρο. Τότε το χρέος θα αυξηθεί και απλώς θα παραταθεί ο χρόνος μέχρι την αποπληρωμή του σε μεταλλικό, ή την κατάσχεση.

Έτσι, στην ευνοϊκή περίπτωση, ο χρυσός της χώρας θα μετακομίζει στο εξωτερικό υπό την μορφή των μερισμάτων από τα κέρδη που θα διανέμονται στους ξένους μετόχους της Τραπέζης. Στην χειρότερη περίπτωση, μέσω του χρέους η τράπεζα θα αποκτά ολοένα και μεγαλύτερη περιουσία μέσω κατασχέσεων.

Από ποσοτικής πλευράς η πρόβλεψη του συγγραφέα για 5–6 εκ. δραχμές είναι μάλλον υπερβολική, ακόμα κι αν θεωρήσουμε ότι οι μέτοχοι της τραπέζης είναι όλοι ξένοι. Πράγματι, η πρώτη διανομή μερίσματος της ΕΤΕ (1842) θα ξεπερνούσε ελάχιστα τις 285.000 δραχμές (στοιχεία από: Βαλαωρίτης 1902, 241, 271), με μεγάλο μέρος των μετοχών να ανήκει σε Έλληνες μετόχους. Η πρόβλεψή του όμως δεν ήταν και τόσο υπερβολική μακροπρόθεσμα, καθώς το 1901 μοιράστηκαν 3,3 εκατομμύρια (νέες) δραχμές σε μερίσματα (στοιχεία από: Βαλαωρίτης 1902, 241, 272), δηλαδή 3,7 εκατομμύρια παλαιές.

Ο ανώνυμος συγγραφέας είναι ρηξικέλευθος στην πρότασή του, η οποία αξίζει να παρατεθεί αυτούσια (έμφαση δική μου):

> *Ἐν ᾧ πρόκειται λόγος περὶ κυκλοφορίας χαρτονομίσματος ἀπὸ ξένους (χωρὶς τῆς ὁποίας πᾶσα πρότασις περὶ συστάσεως Τραπέζης ἤθελε θεωρηθῆ ἰδανική), καὶ περὶ τῆς πληρωμῆς τόκων ἐπὶ τοιούτου νομίσματος, εἰς τὴν Κυβέρνησὶν τοῦ μόνον ὀφείλει νὰ ἐμπιστευθεῖ τὸ Ἑλληνικὸν Ἔθνος τὸ μέγα τοῦτο τῆς φορολογίας δικαίωμα, ἢ ἡ Κυβέρνησὶς του πρὸς ὄφελος αὐτοῦ μόνον ἂς κάμη χρῆσιν τοῦ τοιούτου δικαιώματος, διὰ τοῦ ὁποίου δύναται νὰ ἐπαρκέση εἰς τὰς πραγματικὰς τῆς ἀνάγκας, καὶ εἰς τὴν πληρωμὴν τόκων καὶ χρεωλύτρων τῶν ἐξωτερικῶν καὶ ἐσωτερικῶν χρεῶν· ἀλλέως θέλει εὑρεθῆ βιασμένη μετὰ παρέλευσιν ὀλίγων χρόνων νὰ προστρέξη ἕνεκα τῶν ἀναγκῶν της εἰς νέας φορολογίας, ὕστερον ἀπὸ τοσοῦτον ἐπαχθῆ τῆς ξένης Τραπέζης φορολογίαν.*
>
> *Ἐν ᾧ πρόκειται λόγος νὰ συστηθῆ ἐπίρροια διὰ τῆς χρηματικῆς δυνάμεως, τοῦ χαλινοῦ τῶν χρεωστικῶν ὑποχρεώσεων, καὶ τῆς ἐνυποθηκεύσεως τῶν οἰκιῶν καὶ ἀγρῶν μας εἰς ἕνα μόνον, ἀπὸ τὴν ἀπόλυτον τοῦ ὁποίου ἐξουσίαν νὰ ἐξαρτᾶται ἡ δημοπράτησις αὐτῶν, καὶ ἄκρα εὐεργεσία νὰ θεωρῆται πᾶσα πρὸς μικρὸν συγκατάβασις, οὗτος ἂς ἦναι μᾶλλον ὁ Βασιλεύς ἡμῶν, καθὸ πατὴρ καὶ κεφαλὴ τοῦ Ἔθνους· ἡ χρῆσις τοῦ δικαιώματος τούτου θέλει γίνεσθαι πάλιν πρὸς ὄφελος ἡμῶν, καὶ πρὸς ἀπόσβεσιν τῶν ἐθνικῶν χρεῶν· ἡ ἀνοχὴ τοῦ εἰς τὴν μὴ δημοπράτησιν τῶν οἰκιῶν καὶ ἀγρῶν μας, ὅταν τούτου δύναται νὰ συμβιβασθῆ, θέλει εἶναι πάντοτε πιθανωτέρα· τὰ ἐκ τῆς φορολογίας ταύτης ἀργύρια θέλουν διαμένει μεταξὺ ἡμῶν, καὶ οἱ διαχειριζόμενοι τὴν Τράπεζαν ἢ τὸ εἶδος αὐτὸ τῆς φορολογίας, θέλουν εἶσθαι πάλιν ἐξ ἡμῶν καὶ ὄχι ξένοι.*
>
> *Ἐπαναλαμβάνω πάλιν ὅτι ἡ σύστασις μιᾶς τοιαύτης Τραπέζης Ἐθνικῆς οὔτε δύσκολος, οὔτε ἀκατόρθωτος εἶναι. Ὁ Θρόνος καὶ τὸ Ἔθνος ἀρκετὰ δίδουσιν ἀκόμη πρὸς τὸν πολίτην ἐχέγγυα διὰ τὴν κυκλοφορίαν Ἑλληνικοῦ χαρτονομίσματος, ὅταν μάλιστα παρατηρήσωμεν, ὅτι καὶ ἄλλα Εὐρωπαϊκὰ Κράτη εἰς πολλὰ δυσχερεστέρας τῶν ἰδικῶν μας περιστάσεις, ἀλλὰ μὲ μόνην τὴν φρόνιμον καὶ ἔμπειρον διαχείρισιν τοῦ Τραπεζικοῦ συστήματος, ἀπήλαυσαν εἰς τὸ νόμισμα τοῦτο ἐντὸς ὀλίγων μηνῶν οὐ μόνον τὴν Ἐθνικὴν ἐμπιστοσύνην, ἀλλὰ καὶ τὴν προτίμησιν τοῦ πραγματικοῦ νομίσματος.*

Κρατική εκδοτική τράπεζα προτείνει λοιπόν ο συγγραφέας μας, αν και δεν προσδιορίζει σε ποια ευρωπαϊκά κράτη αναφέρεται. Τέλος, κάνει τον διαχωρισμό δύο δυνάμεων στην διοίκηση ενός κράτους, της ηθικής (με άλλα λόγια της νομικής-εκτελεστικής) και της χρηματικής. Και προβλέπει πολλά δεινά όταν αυτές οι δύο δυνάμεις μοιραστούν σε δύο διαφορετικά πρόσωπα. Μάλιστα δεν διστάζει να θεωρήσει τον «αρχηγό της Τραπέζης» ισχυρότερο ακόμα και από τον ίδιο τον «αρχηγό του Έθνους», διότι ενώ ο δημόσιος υπάλληλος θεωρεί τον μισθό που του δίνει ο βασιλιάς προϊόν του ιδρώτα του και δικαιωματικά κτήμα του, για το δάνειο που έλαβε αισθάνεται υπόχρεος στον δανειστή του. Και επισημαίνει (έμφαση δική μου):

> *Οἱ διέποντες τὴν τύχην τῶν ἐθνῶν, οἱ δημόσιοι λειτουργοὶ ὀφείλουν, λέγω, νὰ ἔχωσιν ὑπ' ὄψιν τὰ ἀληθῆ συμφέροντα τοῦ ἔθνους, δὲν πρέπει νὰ καταντῶσιν εἰς μερικότητας· ἀντικείμενον πρέπει νὰ ἔχωσι τὸ συμφέρον τοῦ ἔθνους καὶ ὄχι τὸ συμφέρον τοῦ μὲν ἢ τοῦ δὲ, ἄλλέως οἱ φρονοῦντες καὶ πράττοντες διαφορετικῶς, εἶναι προδόται τοῦ Ἔθνους, εἶναι κάπηλοι τῶν συμφερόντων αὐτοῦ καὶ τοῦ Θρόνου.*

Αξιοσημείωτη είναι και η ομοιότητα των φόβων του ανώνυμου συγγραφέα, με τις κατηγορίες που εκτόξευε μόλις την περασμένη χρονιά ο Αμερικανός Πρόεδρος Andrew Jackson κατά της ιδιωτικής *Second Bank of the United States*, της δεύτερης κατά σειρά ιδιωτικής εκδοτικής τράπεζας των ΗΠΑ—αν και σε αντίθεση με τις προτάσεις του ανώνυμου συγγραφέα ο Jackson εγκαινίασε μια περίοδο free banking κατά την οποία εκατοντάδες τράπεζες εξέδιδαν τραπεζογραμμάτια και πολύ συχνά κατέρρεαν.

Κωνσταντίνος Αντωνιάδης

Μας είναι άγνωστη η ταυτότητα του ανωνύμου συγγραφέως, όμως αξίζει να παρατηρήσουμε την εντυπωσιακή ομοιότητα των παραπάνω με τις απόψεις που διετύπωσε κατά την παρθενική αγόρευσή του στην Βουλή οκτώ χρόνια αργότερα, ο Βουλευτής Βορείων Σποράδων Κωνσταντίνος Αντωνιάδης (1845). Ο Αντωνιάδης, όπως αποκαλύπτει στην ομιλία του, είχε διατελέσει υπάλληλος της Εθνικής, και προκύπτει ότι ήταν γνώστης των τεχνικών λεπτομερειών της δημιουργίας χρήματος και εν γένει του τρόπου λειτουργίας των τραπεζών.

Στην ομιλία του λοιπόν, ο Αντωνιάδης περιγράφει την «αχρηματία» που προκύπτει από το ελλειμματικό εμπορικό ισοζύγιο και την αποστράγγιση που προκαλεί η έξοδος από την χώρα των τόκων της Εθνικής Τραπέζης, ήδη λειτουργούσης για μια περίπου τετραετία. Η ΕΤΕ δεν είχε αρθεί στο ύψος των περιστάσεων και ο βουλευτής περιγράφει με μελανά χρώματα «*τὴν νέκρωσιν τοῦ ἐμπορίου, τὴν παραμέλησιν τῆς γεωργίας, τὴν στάσιν τῆς βιομηχανίας*» από την αχρηματία. Θεωρεί δε ότι «*εἶναι ἐσφαλμένη, καὶ μεγάλως μάλιστα, ἡ ἰδέα τοῦ ὅτι τὰ ἐξωτερικὰ χρήματα δύνανανται νὰ ὠφελήσωσι τὴν Ἑλλάδα*», καθώς ξένα χρήματα σημαίνουν και έξοδο τόκων προς το εξωτερικό. Για να μένουν λοιπόν οι τόκοι εντός Ελλάδος θεωρεί απαραίτητη την σύσταση «*Τραπέζης ἐγκαταλιμπανούσης εἰς αὐτὴν τὴν Ἑλλάδα τὰ κέρδη τῆς*».

Και στο πρόβλημα της ανυπαρξίας κεφαλαίων απαντά ότι «*ἀνάγκην κεφαλαίων δὲν ἔχομεν, ὅταν κατορθώσομεν νὰ δώσωμεν εἰς ἓν τοιοῦτον κατάστημα τὴν ἀναγκαίαν πίστην*». Πράγματι, υποδεικνύει ότι με χρηματοοικονομικά μέσα όπως οι συναλλαγματικές και τα τραπεζικά γραμμάτια, και με μόνο εφόδιο την πίστη της οποίας χαίρουν στην αγορά, έμποροι και τραπεζίτες αναλαμβάνουν σημαντικά έργα, και ότι «*δανείζουσι τὰ ἔθνη χωρὶς τοῦ νὰ ἔχωσι πραγματικὰ κεφάλαια*». Ειδικά για την Εθνική, υποδεικνύει ότι από τα 1,8 εκ. δρχ τραπεζογραμματίων που έχει θέσει σε κυκλοφορία, μόνο το ένα τρίτο από αυτά είναι καλυμμένα από χρυσό, επιτυγχάνοντας έτσι κέρδη «*ἀπὸ μίαν ἰδέαν, ἀπὸ μίαν ὑποθετικὴν ἀξίαν*», τα οποία εν συνεχεία εξάγει κατά ένα μέρος στο εξωτερικό. Εκθέτει δηλαδή στους συναδέλφους του Βουλευτές την πρακτική του κλασματικού αποθεματικού. Τα δε ποσά που παρατίθενται συμφωνούν σε γενικές γραμμές με τα αποτελέσματα της ΕΤΕ όπως τα αναφέρει ο Βαλαωρίτης.

Και ερωτά: «*Καὶ τὸ δημόσιον, Κύριοι, δὲν δύναται νὰ συστήσῃ ἰδικόν του τοιοῦτον κατάστημα καὶ νὰ δώσῃ εἰς αὐτὸ τὴν ἀναγκαίαν πίστιν, ἐνῷ καὶ τὴν δύναμιν ἔχει καὶ μέσα ἄπειρα;*». Προτείνει δηλαδή—και;—ο Αντωνιάδης την σύσταση Κρατικής Εκδοτικής Τράπεζας, πράγμα που θεωρεί άκρως επιτεύξιμο με τα χρήματα των κρατικών ταμείων ως κάλυμμα.

Και για το προνόμιο της Εθνικής Τραπέζης; Διερωτάται ο Αντωνιάδης αν η Σεπτεμβριανή Επανάσταση που ανέτρεψε την προηγούμενη κυβέρνηση, μπορεί να αφήσει ανεξέταστο τον νόμο που πιο πολύ ζημιώνει την χώρα. Σε οποιαδήποτε περίπτωση όμως, θεωρεί ότι το προνόμιο δεν αφαιρεί από το κράτος το δικαίωμα εκδόσεως τραπεζογραμματίων, αλλά απλώς από κάθε άλλο ιδιώτη.

Ο Αντωνιάδης φάνηκε ενεργός στην προώθηση της ιδέας ίδρυσης κρατικής τράπεζας, καθώς την επόμενη χρονιά υπέβαλλε, μαζί με τον Ι. Καραγιαννόπουλο, πρόταση νόμου (*ΠΣΒ* 1846, 477–485) για την σύσταση *Δημοσίου Ελληνικής Τραπέζης* που θα χορηγούσε δάνεια (ενυπόθηκα, επ' ενεχύρω, ή επ' εγγυήσει) με μέγιστο επιτόκιο 6% και που θα δεχόταν καταθέσεις με μέγιστο επιτόκιο 4%. Κεφάλαιο της τράπεζας θα ήταν 5 εκ. δρχ που θα εκταμίευε σταδιακά το δημόσιο ταμείο, χωρίς όμως το Δημόσιο να μπορεί να κάνει χρήση των κεφαλαίων της τράπεζας. Παράλληλα, σημαντικό ρόλο στα κεφάλαια της τράπεζας προορίζονταν να έχουν και τα κληροδοτήματα, καθώς ιδιαίτερη αναφορά γινόταν στο κληροδότημα Βαρβάκη.

Η τράπεζα δεν θα εξέδιδε τραπεζογραμμάτιο η ίδια· για τις εργασίες της τραπέζης θα εξέδιδε χαρτονόμισμα η κυβέρνηση. Παρά το αντισυμβατικό της πρότασης, το χαρτονόμισμα δεν ήταν ακριβώς χαρτονόμισμα, αλλά γραμμάτιο: ήταν μετατρέψιμο σε μεταλλικό και η κυκλοφορία του θα ήταν περιορισμένη στο τριπλάσιο των «χρημάτων» των κρατικών ταμείων και των βραχυπρόθεσμων δανείων της τράπεζας. Ωστόσο, η μετατροπή χαρτονομισμάτων σε κρατικά ταμεία οριζόταν να γίνεται για «ικανή ποσότητα» και μετά δεκαήμερο, εγείροντας τα παρόμοια προσκόμματα με αυτά που ήγειρε η λειτουργία της ΕΤΕ και άλλων εκδοτικών τραπεζών.

Τέλος, σχετικά με την διανομή των κερδών δεν γινόταν λόγος, πέραν του ότι ο Βασιλιάς είχε το δικαίωμα να διανέμει μέχρι το 5% των καθαρών κερδών στο προσωπικό, οπότε υποθέτουμε ότι τα υπόλοιπα θα μεταβιβάζονταν στο δημόσιο ταμείο, καθιστώντας την πραγματικά κοινωφελή. Η Βουλή αποδέχθηκε την πρόταση, όμως τελικά αυτή φαίνεται να έχασε την ορμή της, καθώς δεν ξανασυζητείται (Γ. Στασινόπουλος 2000, 135).

Κλεομένης Οικονόμου

Την πιο ρηξικέλευθη ίσως πρόταση κατέθεσε από του βήματος της Βουλής ο Κλεομένης Οικονόμου, βουλευτής Αιγιαλείας, και την οποία συμπύκνωσε στην φράση: «*τὸ χαρτονόμισμα ἀντὶ τοῦ μεταλλικοῦ νομίσματος*» (*ΠΣΒ* 1848a, 648–654). Η ιδέα ότι το χαρτονόμισμα είναι αυτό καθαυτό φορέας αξίας, και όχι απλό παραστατικό της, είναι περίπου 120 χρόνια μπροστά από την εποχή της, τουλάχιστον σε πολιτικό επίπεδο: «*αὐτὸ [...] τὸ χαρτονόμισμα ἐξαργυροῦται εἰς τὰς χεῖρας τοῦ δανειζομένου τὴν ἰδίαν στιγμὴν καθ' ἥν αὐτὸς τὸ λαμβάνει*». Αντίστοιχες ήταν και οι αντιλήψεις που θα διατύπωνε από τα έδρανα του Πανεπιστημίου δύο δεκαετίες αργότερα ο Στάμος Τρικαλιώτης (1868· 1869a· 1869b), απογυμνώνοντάς το από τα υλικά του χαρακτηριστικά, και αναδεικνύοντας τα θεσμικά.

Ο Οικονόμου κατέθεσε αυτό το νομοσχέδιο εν μέσω της οικονομικής κρίσης του 1848 (βλ. παράγραφο 6.3) και κατά την διάρκεια της αναγκαστικής κυκλοφορίας που είχε εσπευσμένα ζητήσει από την κυβέρνηση η ΕΤΕ· δεν θα μπορούσε λοιπόν να είναι παρά καλοζυγισμένο καρφί κατά της ΕΤΕ η αποστροφή του ότι «*ουδείς κίνδυνος χρεωκοπίας ταύτης τῆς τραπέζης*» και ότι το χαρτονόμισμά της «*ποτὲ δὲν θέλει λάβει τὴν τύχην, εἰς ἣν ἐνίοτε ὑπέπεσαν χαρτονομίσματα ἄλλων τραπεζῶν*».

Η *Ελληνική Τράπεζα* θα είχε κεφάλαιο 10 εκ. δρχ σε χαρτονομίσματα που θα εξέδιδε η ίδια (άρ. 1). Μοναδικός τρόπος να βγουν από τα ταμεία της θα ήταν κατά τον ενυπόθηκο δανεισμό (άρ. 2). Αυτός θα γινόταν μέχρι το 1/3 της αξίας του υποθηκευμένου κτήματος (άρ. 3) και με επιτόκιο 3% (άρ. 5). Μπαίνοντας από τον δανειζόμενο στην κυκλοφορία θα γίνονταν δεκτά από τα ταμεία του κράτους στην πλήρη τους αξία και θα ήταν νόμιμο χρήμα για πάσης φύσεως πληρωμές (άρ. 4). Τα κέρδη της τράπεζας, από τα οποία θα προέκυπταν και οι δαπάνες λειτουργίας της, ήταν προϊόν των τόκων που θα εισέπραττε και θεωρούνταν εθνικό κεφάλαιο.

Ο Οικονόμου εκφράζει κάποιες από τις απόψεις που θα εξέφραζαν οι Knapp και Del Mar λίγες δεκαετίες αργότερα σχετικά με τον θεσμικό χαρακτήρα του χρήματος. Πάντως έχει και κάποιες ασάφειες. *Σε τι θα εισέπραττε τους τόκους η τράπεζα και σε τι θα εξοφλούσε τις υποχρεώσεις της;* Αν δεχόταν μόνο το χαρτονόμισμά της, σύντομα κάποιοι δανειζόμενοι θα διαπίστωναν ότι οι τόκοι που θα πρέπει να πληρώσουν θα ήταν περισσότεροι από το συνολικά κυκλοφορούν χαρτονόμισμα. Έτσι μπορεί να μην κινδύνευε η ίδια από χρεωκοπία, αλλά θα κινδύνευαν οι δανειολήπτες της από ένα παίγνιο μηδενικού αθροίσματος (zero-sum game). Άρα είτε θα έπρεπε να δέχεται και μεταλλικό ή τραπεζογραμμάτια της ΕΤΕ—βάζοντας τρικλοποδιά στον εαυτό της—είτε διαρκώς να αυξάνει το κεφάλαιό της ώστε να ανακυκλώνει τα χρέη των δανειοληπτών με συνεχή νέα δάνεια. Εναλλακτικά, θα έπρεπε να βρει έναν τρόπο να διοχετεύσει άτοκο χρήμα άτοκα στην κυκλοφορία, π.χ. μέσω απευθείας επενδύσεων, αναλαμβάνοντας έναν ακόμη πιο προωθημένο ρόλο.

Επιπλέον, *θα ήταν αυτό το μοναδικό νόμιμο χρήμα ώστε να εξοβελίσει το μεταλλικό στον ρόλο του ξένου συναλλάγματος;* Απάντηση στο παραπάνω ίσως να δίνει η εισήγηση του Οικονόμου στο ζήτημα της κυκλοφορία δεκαδράχμων τραπεζογραμματίων από την ΕΤΕ. Την πρόταση αυτή αποκρούει, ώστε το τραπεζογραμμάτιο να μην υποκαταστήσει το μεταλλικό, το οποίο φοβαται ότι έτσι θα φυγαδευθεί στο εξωτερικό (*ΠΣΒ* 1848b, 658–659).

Η εισηγητική επιτροπή μελέτησε την πρόταση Οικονόμου εντός μηνός και κατέληξε, ομοίως ρηξικέλευθα, ότι «*τὰ χρήματα θεωροῦνται ὡς μέσα συναλλαγῆς **κατὰ συνθήκην** καὶ ὅτι ἐπομένως ἡ οὐσία ἐξ' ὧν [sic] σύγκεινται εἶναι ἀδιάφορος ἀρκεῖ μόνον να στηρίζωνται εἰς τὴν δημοσίαν πίστιν*» (έμφαση δική μου). Οι δε προτάσεις της ήταν μάλλον δευτερεύουσες (*ΠΣΒ* 1848c, 763–766).

Στην πρόταση αυτή επιτέθηκε με ανώνυμο άρθρο της 26/8/1848 στην εφημερίδα *Ελπίς* ο Κεχαγιάς και το 1851 ο Ι. Σούτσος στην *Πραγματεία περί παραγωγής και διανομής του πλούτου* (Γ. Στασινόπουλος 2000, 137–141). Δεν είναι ξεκάθαρο αν ο Οικονόμου απλώς αντιγράφει παλιότερες εξ' εσπερίας απόψεις των T. P. Thompson και Thomas Atwood, όπως πιστεύει ο Στασινόπουλος (2000, 142), ή αν «σκόνταψε» σε μια πρωτότυπη ιδέα, την οποία όμως δεν είχε επεξεργασθεί μέχρι τέλους. Σε κάθε περίπτωση, η πρόταση που θα καταθέσει ενάμιση χρόνο μετά θα είναι πολύ πιο περιορισμένου εύρους. Η προτεινόμενη *Κυβερνητική Τράπεζα* θα είχε έδρα το Αίγιο, κεφάλαιο μόνον 1 εκ. δρχ και θα εξέδιδε *εξαργυρώσιμο* τραπεζογραμμάτιο για να δανείζει τους σταφιδοπαραγωγούς (*ΠΣΒ* 1850, 92–98).

Μετά την απόπειρα του Οικονόμου, οι μοναδικές αναφορές σε κρατικό χαρτονόμισμα—και όχι κρατική τράπεζα—θα είναι περιστασιακές, με στόχο την ΕΤΕ και ενόψει πολέμου· το 1868 από τον Δ. Βούλγαρη (βλ. Παρ. 7.5) και το 1880 από τον Αριστείδη Οικονόμου, βουλευτή Καλαβρύτων και εκδότη της *Οικονομικής Επιθεώρησης* (Α. Οικονόμου 1882, 144).

4.5   Δανεισμός

Κλείνοντας την συζήτηση του νομισματικού συστήματος της Βαυαροκρατίας είναι χρήσιμο να εξετάσουμε και τα δάνεια που συνήφθησαν κατά την περίοδο αυτή. Η άμεση σχέση των δανείων αυτών με το νομισματικό σύστημα άπτεται στο ότι, εκτός από κεφάλαιο για την κάλυψη τρεχουσών αναγκών του κράτους, τα δάνεια αυτά παρείχαν και το φυσικό υλικό για την δημιουργία του νομισματικού συστήματος, δηλαδή άργυρο.

Το πρώτο είναι το δάνειο των 60 εκ. φράγκων, του οποίου την διαπραγμάτευση είχε ξεκινήσει ο Καποδίστριας και το οποίο είχε προκαλέσει την παραίτηση του Λεοπόλδου από τον ελληνικό θρόνο. Το δεύτερο αφορά σε δάνεια που συνήφθησαν από την Βαυαρία για την κάλυψη των καταναλωτικών εξόδων της Αυλής εν αναμονή της τρίτης δόσης του δανείου των 60 εκ. φράγκων, και την οποία οι εγγυήτριες δυνάμεις καθυστερούσαν στην προσπάθειά τους να επηρεάσουν η καθεμία προς όφελός της τις ελληνικές υποθέσεις.

Το δάνειο των 60 εκ. φράγκων

Αυτό τελικά προσφέρθηκε από τις τρεις Δυνάμεις με την συμφωνία της ανάληψης του ελληνικού θρόνου από τον νεαρό Όθωνα. Μάλιστα στην σύμβαση της 7/5/1832 μεταξύ της Βαυαρίας και της Αγγλίας, της Γαλλίας και της Ρωσίας οριζόταν (άρ.12, παρ. 6) ότι από τις εισπράξεις του κράτους, πρώτα θα κρατείτο το ποσό το απαραίτητο για την αποπληρωμή των τοκοχρεολυσίων και μετά θα ικανοποιούνταν οι λοιπές δημόσιες ανάγκες. Όριζε δε ότι διπλωματικοί αντιπρόσωποι των εγγυητριών Δυνάμεων θα ασκούσαν έλεγχο για την ικανοποίηση του παραπάνω όρου. Δηλαδή μια σύμβαση που συμφωνήθηκε χωρίς ουδεμία ελληνική συμμετοχή και έγκριση, έθετε την Ελλάδα υπό τον ξένο έλεγχο για χρέη που συνομολογήθηκαν εν ονόματί της. Και όπως αναγνώρισε αργότερα ο Ανδρεάδης (1904, 82–83):

> *Ἡ ἕκτη αὕτη παράγραφος [...] εἶνε ἄξια προσοχῆς, καθ' ὅτι περιέχει ἐν σπέρματι τὸν θεσμὸν τοῦ διεθνοῦς ἐλέγχου. Καὶ εἶναι μὲν ἀληθὲς ὅτι τὸ κείμενον τοῦτον δὲν ἐφηρμόσθη ποτὲ, ἀλλ' ἀφ' ἑτέρου, ὅτι ἀπὸ τοῦ 1832 προεβλέπετο διὰ συνθήκης, συναφθείσης μετὰ τρίτου, ἡ ἐπιβολὴ διεθνοῦς ἐλέγχου εἰς ἐλεύθερον κράτος, εἶναι πρᾶγμα ἱκανῶς καινοφανὲς, ἄκρως δὲ χαρακτηριστικὸν τῆς μελλούσης ἡμῶν δημοσιονομικῆς ἱστορίας.*

Κατά την σύμβαση, κάθε εγγυήτρια Δύναμη θα κατέβαλλε το ένα τρίτο του δανείου, όμως μοναδική εγγυημένη δόση ήταν η πρώτη, 20 εκ. φράγκων. Αυτό θα έδινε την μελλοντική δυνατότητα στις Δυνάμεις να παρεμβαίνουν στα εσωτερικά ζητήματα της Ελλάδας, υπό τον εκβιασμό της μελλοντικής καταβολής των δόσεων του δανείου. Τελικά, με τα πρωτόκολλα της 30/6 και 13/11/1832 συμφωνήθηκε η έκδοση των δύο πρώτων σειρών του δανείου, οι οποίες είχε συμφωνηθεί να δοθούν σε 18 μηνιαίες δόσεις, αρχίζοντας από την 1/3/1833. Σε περίπτωση που το ποσόν εκταμιευόταν εφάπαξ, η Ελλάδα θα επιβαρυνόταν με τόκο προεξόφλησης 5% (άρθρο 10 της δανειακής σύμβασης).

Και παρά την υψηλή αυτή επιβάρυνση, αυτό ακριβώς θα απαιτούσε η αντιβασιλεία ώστε να ικανοποιήσει τα «τεκμήρια ευδαιμονίας» του νεαρού βασιλέα. Τεκμήρια που θα κόστιζαν υπερβολικά ακριβά στην Ελλάδα (Ηλιαδάκης 2003, 70). Έτσι, την 1/3/1833 θα υπογραφόταν από τον πληρεξούσιο της ελληνικής κυβέρνησης στο Παρίσι, πρίγκηπα Μιχαήλ Σούτσο, η σύναψη του δανείου στο Παρίσι, το οποίο ανέλαβε ο Παρισινός οίκος *de Rothschild frères* (Parish 1838, 212–215). Ο τόκος ορίσθηκε στο 5% και το χρεωλύσιο (sinking fund) στο 1%. Ο Ανδρεάδης υπολογίζει ότι με το σύστημα της σύνθετης χρεωλυσίας ο χρόνος αποπληρωμής οριζόταν στα 36 έτη. Επίσης αναφέρει ότι οι ομολογίες του δανείου που τελικά εκδόθηκαν, διατέθηκαν στο 94% της ονομαστικής τους τιμής, ένα αξιοσημείωτα καλό ποσοστό, που αντανακλούσε την εμπιστοσύνη των δανειστών στην τριπλή εγγύηση του δανείου από τις Εγγυήτριες Δυνάμεις. Επιπλέον οι Rothschild κράτησαν και έξοδα μεσιτειών 2% (Ανδρεάδης 1904, 83–85).

Το δάνειο είχε χωριστεί σε 58.593 ομολογίες των 1.024 φράγκων έκαστη, εκ των οποίων το ένα τρίτο (19.531) είχε αναλάβει κάθε Εγγυήτρια Δύναμη. Για τις δύο πρώτες σειρές (40 εκ. φράγκων) κυκλοφόρησαν συνολικά 39.062 ομολογίες των 1.024 φράγκων εκάστη. Εξ' αυτών, τα πρώτα 32 εκ. (ονομαστικού) θα παραλάμβανε η αντιβασιλεία, την 1/7/1833 και τα υπόλοιπα 8 εκ. το 1834, με επιπλέον χρέωση τόκου προεξόφλησης 5% (Ηλιαδάκης 2003, 69, 74–75).

Οι ομολογίες για τα 40 εκ. φράγκα κυκλοφόρησαν στο 94% της αξίας τους, αποφέροντας 37,6 εκ. φράγκα. Συνυπολογίζοντας τα έξοδα έκδοσης που ξεπέρασαν τα 6,5 εκ. φράγκα και τα έξοδα παραλαβής και διαχείρισης από τον Eichtal που άγγιξαν τις 490 χιλιάδες φράγκα, το πραγματικό που εισέπραξε η ελληνική κυβέρνηση ήταν 30.608.948,35 φράγκα (34.184.073,52 δρχ), δηλαδή το 76,5% της ονομαστικής αξίας του δανείου (βλ. Πίνακα 25.54).

Και αυτό όμως, σύμφωνα με την πρακτική που είχε εγκαινιαστεί με τα δάνεια του 1824–25 θα κατατρωγόταν χωρίς να ωφελήσει την Ελλάδα, καθώς μια σειρά άλλων εξόδων θα απορροφούσε το μείζον τμήμα του δανείου. Η κυριότερη ήταν η αποζημίωση της Πύλης που είχε συμφωνηθεί κατά την συνθήκη της Κωνσαντινούπολης (ή Καλεντέρ-Κιοσκ) της 9(21)/7/1832 για την παραχώρηση της Αιτωλοακαρνανίας και της Φθιώτιδας. Από την σύμβαση του δανείου (άρθρο 10), είχε συμφωνηθεί η de Rothschild Frères να αποζημιώσει απευθείας την Πύλη καταβάλλοντας 11 εκ. φρ. (12.284.800 δρχ), ποσό για το οποίο είχαν ήδη κρατηθεί τόκοι προεξόφλησης και δεν προβλεπόταν άλλη επιβάρυνση. Τελικά όμως η de Rothschild Frères ενέγραψε καταβολή 12.531.164 δρχ, δηλαδή επιπλέον 246.364 δρχ (Ηλιαδάκης 2003, 70–71).

Άλλα ποσά απορροφήθηκαν σε καταναλωτικά έξοδα της αντιβασιλείας, για την κοπή νομισμάτων, προμήθειες και τόκους στον Eichtal για προκαταβολές που κατέβαλλε έν αναμονή των χρημάτων, και πληρωμές στις ΜΔ και τον Eynard για πληρωμές προς τον Καποδίστρια και για τα δάνεια της ανεξαρτησίας. Αυτό άφηνε συνολικά 17.890.884 δρχ, οι οποίες προορίζονταν για την πληρωμή του βαυαρικού στρατού.

Το Βαυαρικό δάνειο

Η διελκυστίνδα των ΜΔ για την επιρροή στο νεαρό κράτος, θα πάγωνε την εκταμίευση της γ΄ σειράς του δανείου όσο το παιγνίδι εξουσίας ήταν αμφίρροπο. Παράλληλα, οι δαπάνες της αντιβασιλείας θα εξανέμιζαν τους πόρους των δανείων. Στα τέλη του 1835 υπήρχαν στα κρατικά ταμεία μόνον 1.810.831 δρχ, με τις οποίες έπρεπε να καλυφθούν τα ελλείμματα που είχαν δημιουργηθεί κατά την τριετία 1833–35, αλλά και να καταβληθούν 2.707.123 δρχ για την εξυπηρέτηση του δανείου για το 1836.

Έτσι, σαν τον μεθυσμένο που πίνει για να ξεχάσει το μεθύσι του, η αντιβασιλεία επέλεξε να προσφύγει σε επιπλέον δανεισμό εν αναμονή της γ΄ σειράς. Αυτόν τον δανεισμό θα τον συνήπτε σε τρεις δόσεις από την Αυλή της Βαυαρίας (βλ. Πίνακα 25.56, δηλαδή από τον πατέρα του ανηλίκου άνακτα.

Η Τρίτη σειρά (20.000.000 φράγκων)

Η εκταμίευση της γ΄ σειράς του δανείου ξεκίνησε τελικά το 1836 και συνεχίστηκε τμηματικά μέχρι και το 1842. Κατά το διάστημα αυτό διατέθηκαν 16.385 ομολογίες ονομαστικού κεφαλαίου 17.239.040 φράγκων (19.252.559 δρχ), οι οποίες όμως λόγω καταβολής τόκων προεξόφλησης 5% απέφεραν μόνον 17.494.408 δρχ (δηλαδή, κατά μέσο όρο, περί το 91% της ονομαστικής τους τιμής). 2696 ομολογίες (εκ των οποίων 2583 της Γαλλίας) δεν κυκλοφόρησαν και θα ετίθεντο σε διάθεση έως και το 1871 (Ηλιαδάκης 2003, 74–75, 99–100).

Η διάθεση των ομολογιών εξαρτάτο από τις διαθέσεις των τριών Προστατιδών Δυνάμεων και αποτελούσε έναν εκβιασμό προς την κυβέρνηση του ελληνικού κράτους. Έτσι, το 1836 η Γαλλία προβάλλει διάφορα εμπόδια στην εκταμίευση του ποσού που της αναλογούσε, αντιδρώντας στον Αγγλόφιλο Armansperg και ζητώντας απομάκρυνση των Βαυαρών που κατείχαν στρατιωτικές και πολιτικές θέσεις. Ομοίως αντιδρούσε και η Ρωσία που ζητούσε υποθήκευση των παραγωγικότερων εθνικών γαιών για 36 χρόνια και προνομιακή εξυπηρέτηση του δανείου από τα δημόσια έσοδα. Αντιθέτως η Αγγλία φαίνεται συνεπέστατη, με τον Palmerston να απειλεί ότι η Αγγλία μόνη της θα εγγυηθεί την γ΄ σειρά. Αντιθέτως, όταν το 1837 ο Armansperg απομακρύνεται, είναι η Αγγλία που αρχίζει να παρεμβάλλει εμπόδια, ενώ κάμπτονται οι αντιστάσεις Ρωσίας και Γαλλίας. Συγκεκριμένα, το 1838 ο Palmerston αρνείτο την εξυπηρέτηση του Βαυαρικού δανείου με αγγλικά χρήματα, και προέβαλλε την ανάγκη θέσπισης συντάγματος (Ηλιαδάκης 2003, 73–74).

Δάνεια και νόμισμα

Χωρίς να μπούμε σε καμία κριτική σε σχέση με τις χρεώσεις που επιβάρυναν τα παραπάνω δάνεια μπορούμε να παρατηρήσουμε ότι τελικά, στα χέρια της ελληνικής κυβέρνησης έφτασαν 21.652.908,98 δρχ μεταξύ 1833–1835 (αφαιρώντας την αποζημίωση της Πύλης) από τις δύο πρώτες σειρές του δανείου των 60 εκ. φράγκων, 4.658.186,14 δρχ μεταξύ 1835–1837 από το Βαυαρικό δάνειο και 17.494.408 δρχ μεταξύ 1836–1842 από την τμηματική καταβολή της τρίτης σειράς. Από αυτά τα 43,8 εκατομμύρια δραχμές, το 49% εισπράχθηκε στο κρίσιμο διάστημα που ετίθετο σε λειτουργία το νέο νομισματικό σύστημα και προτού οι τόκοι αρχίσουν να απομυζούν το κρατικό ταμείο.

Ο Βαυαρικός θρόνος άρχισε να σχεδιάζει και να υλοποιεί το νέο νομισματικό σύστημα—κόβοντας τις πρώτες δραχμές στο Μόναχο—όταν γινόταν η συμφωνία του δανείου των 60 εκ. φράγκων. Τα αργυρά νομίσματα που κόπηκαν στο Μόναχο, συνολικής αξίας 3.660.000 δρχ, αντιστοιχούσαν σε ένα πολύ μικρό ποσοστό του δανείου—μόλις στο 5,5% του ονομαστικού και στο 16,9% της πραγματικής εκταμίευσης των δύο πρώτων δόσεων. Η μετατροπή των φράγκων σε δραχμές θα είχε μεν κάποιο κόστος—ο Κεχαγιάς το εκτιμούσε σε πάνω από το 1% που ίσχυε στα άλλα κράτη (*ΠΣΒ* 1855b, 734)—όμως θα παρείχε το υλικό μέσον για την εμπέδωση του νέου νομίσματος στην επικράτεια. Προφανώς μόνο ένα τμήμα αυτού του ποσού θα χρειαζόταν για να ικανοποιήσει την εσωτερική κυκλοφορία, ενώ το υπόλοιπο θα μπορούσε να παραμείνει υπό μορφή συναλλάγματος. Κάνοντας μια παραδοχή νομισματικής κυκλοφορίας περί το 30% του ΑΕΠ, και δεχόμενοι χονδρικούς υπολογισμούς για το ΑΕΠ του 1833 σε 55 εκ. τρεχουσών δραχμών (Κωστελένος κ.ά. 2007, ψηφιακός δίσκος, Πίνακας 9-IVα), μια ικανοποιητική κυκλοφορία θα μπορούσε να ανέρχεται στα 16,5 εκ. δρχ που θα είχε κόστος νομισματοκοπής περί τις 250 χιλιάδες δραχμές—υποθέτοντας αυτό το κόστος στο 1,5%—αφήνοντας και πάνω από 3 εκ. δρχ σε συνάλλαγμα.

Ακόμη δηλαδή και χωρίς καθόλου χαρτονομίσματα, τραπεζογραμμάτια ή χαλκονομίσματα, οι πρόσοδοι των δύο πρώτων δόσεων του δανείου παρείχαν τα μέσα για μια νομισματοκοπή που θα προμήθευε την εσωτερική οικονομία με ικανή ποσότητα αργυρού εθνικού νομίσματος. Συνυπολογίζοντας τώρα τις δυνατότητες που υπήρχαν για κοπές χάλκινων κερμάτων, ή για εκτυπώσεις χαρτονομισμάτων, και οι οποίες θα μπορούσαν να υποκαταστήσουν τον άργυρο, η αποτυχία κοπής αργυρών νομισμάτων δεν μπορεί σε καμία περίπτωση να καταλογισθεί στην έλλειψη αργύρου, αλλά σε κακή διαχείριση. Πράγματι, το προαναφερθέν ποσό των 250 χιλιάδων δραχμών αντιστοιχεί περίπου στους τόκους προεξόφλησης που χρεώθηκε η ελληνική κυβέρνηση για την εφάπαξ εκταμίευση των δύο πρώτων σειρών του δανείου προς ικανοποίηση των «τεκμηρίων ευδαιμονίας» του νεαρού άνακτος.

4.6 Κάποια συμπεράσματα για το νέο νομισματικό σύστημα

Σαν θεριστική μηχανή, η Βαυαροκρατία αποδόθηκε σε μια εργώδη προσπάθεια να εκμηδενίσει οποιονδήποτε προϋπάρχοντα θεσμό βρήκε στην ελληνική επικράτεια, ακόμη και όσων είχαν ρίζες στην βυζαντινή περίοδο, όπως τα μοναστήρια[27]—τους τζεμπιχανέδες της επανάστασης κατά τον Μακρυγιάννη—και τις κοινότητες[28]—τις οποίες είχε σεβαστεί ο Καποδίστριας (Πανταζόπουλος 2003). Την ίδια ακριβώς τύχη είχαν και οι νομισματικοί θεσμοί. Όπως οι κοινότητες και πάμπολλα μοναστήρια καταργήθηκαν χωρίς καν αναφορά του ονόματός τους, έτσι καταργήθηκαν η ΕΧΤ, το Εθνικό Νομισματοκοπείο της Αίγινας και ο φοίνικας. Παρότι πολύ πιο πρόσφατοι ως θεσμοί, ήταν κρίσιμης σημασίας διότι όλοι μαζί σχημάτιζαν τον πρώτο κρίκο της αλυσίδας που στερέωνε ένα ανεξάρτητο και κυρίαρχο ελληνικό κράτος.

Με ελάχιστα συγκεκαλυμμένη απέχθεια απέναντι στην κληρονομιά του Καποδίστρια, η Αντιβασιλεία προτίμησε να διανύσει μια οκταετία σε αναζήτηση χρηματοδοτών για ίδρυση εκδοτικής τράπεζας, παρά να χτίσει πάνω στα θεμέλια της ΕΧΤ, χρησιμοποιώντας ένα μικρό τμήμα των προσόδων του δανείου των Μεγάλων Δυνάμεων· *οκτώ χρόνια* για την εξεύρεση του ευτελούς ποσού των 3,4 εκ. δρχ—τόσο θα ήταν το μετοχικό κεφάλαιο της ΕΤΕ κατά την έναρξη των εργασιών της. Συγκριτικά, ο Καποδίστριας προχώρησε σχεδόν αμέσως στην ίδρυση της ΕΧΤ, καταφέρνοντας να συλλέξει σχεδόν 155 χιλιάδες δίστηλα (930 χιλιάδες δραχμές) την διετία 1828–1829, *εν μέσω πολέμου*.

Παρομοίως, η Βαυαροκρατία θα χρειαζόταν τριάμισι χρόνια για να προβεί στην ίδρυση νομισματοκοπείου —προείχε η ίδρυση θεάτρου;—αφήνοντας ταυτοχρόνως το Νομισματοκοπείο της Αίγινας σε αχρησία και τα μηχανήματά του σε μαρασμό. Στα είκοσι χρόνια λειτουργίας του δεν κατάφερε να κόψει παρά ελάχιστα αργυρά

---

[27] Κλείσιμο γυναικείων μονών (ΦΕΚ 15, 23/4(5/5)/1834), σ. 123–126).

[28] Διάταγμα της 3(15)/4/1833 *«Περί της διαιρέσεως του Βασιλείου και της διοικήσεώς του»* (ΦΕΚ 12, 6(18)/4/1833, σ. 75–80) και νόμος της 27/12/1833(8/1/1834) *«Περί συστάσεως των Δήμων»* (ΦΕΚ 3, 10(22)/1/1834, σ. 13–32).

νομίσματα, των οποίων την κοπή και τον αριθμό μόνο να υποθέσουμε μπορούμε καθώς δεν κρατήθηκαν ικανοποιητικά αρχεία. Συγκριτικά, στον Καποδίστρια χρειάστηκε μόλις ενάμισης χρόνος για την λειτουργία του νομισματοκοπείου, παρότι η Ελλάδα ήταν ακόμη σε εμπόλεμη κατάσταση και μη αναγνωρισμένη ως κράτος. Επιπλέον, το Νομισματοκοπείο της Αίγινας κατάφερε να κόψει 11.978 χιλιάδες αργυρά νομίσματα, και μάλιστα χωρίς πρόσβαση σε δάνειο από τις Μεγάλες Δυνάμεις, ενώ το αρχείο που κρατήθηκε περιέχει πληροφορίες για όλες τις κοπές.

Τέλος, η Βαυαροκρατία εισήγαγε ένα πλημμελώς σχεδιασμένο νομισματικό σύστημα που δεν κατάφερε να εκδιώξει τα τουρκικά και ευρωπαϊκά νομίσματα ούτε μετά από τρεις δεκαετίες λειτουργίας.

Συνολικά δηλαδή, το νομισματικό έργο της Βαυαροκρατίας βρίσκεται να υστερεί σημαντικά του Καποδιστριακού, ακόμη και χωρίς να συνυπολογίσουμε τον παράγοντα της πολεμικής αστάθειας που είχε να αντιμετωπίσει ο Καποδίστριας. Αν συνυπολογίσουμε και αυτόν τον παράγοντα, τότε μόνο οδύνη μπορεί να προκαλέσει η επιλογή του ξηλώματος των προϋπαρχόντων νομισματικών θεσμών, μόνο για να αντικατασταθούν από τους τόσο υποδεέστερους της Βαυαροκρατίας.

Η IONIAN BANK

5

Σ' ένα παπόρο μέσα μας εμπαρκάρανε, γαλέτες, παξιμάδια μας ετρατάρανε
Περνάμε από Λευκάδα και έχει ξαστεριά μα εμείς επιθυμούμε γρήγορα λευτε-
ριά
Στην Κέρκυρα μας πάνε να μας δικάσουνε, μα εμείς θα τραγουδάμε μέχρι να
φτάσουμε
Ζάκυνθος, Κέρκυρα δε θα σας ξαναδώ...
Λαϊκό τραγούδι. Αναφέρεται στις προσαγωγές Επτανήσιων ριζοσπαστών
στην Κέρκυρα για απαγχονισμό από τους Άγγλους

Η ΠΟΡΕΙΑ ΤΗΣ ΕΘΝΙΚΗΣ ολοκλήρωσης κατά τον 19° και 20° αιώνα αποτελείται από πολλές παράλληλες ιστορίες, περίπου όσες και τα κομμάτια με τα οποία η ολοκλήρωση αυτή πραγματοποιήθηκε. Η παρακολούθηση μιας αδρής χρονολογικής σειράς απαιτεί να διακόψουμε προσωρινά την διήγησή μας και να μεταφερθούμε από την Αίγινα, το Ναύπλιο και την Αθήνα, στην Κέρκυρα και τα Επτάνησα. Η διακοπή αυτής της διήγησης είναι απαραίτητη όχι απλώς επειδή οι απόπειρες ίδρυσης της εκδοτικής τράπεζας στα Επτάνησα έγιναν παράλληλα με αυτές που τελικά οδήγησαν στην ΕΤΕ, αλλά και διότι κάποια από τα πρόσωπα που ενεπλάκησαν ήταν τα ίδια.

5.1 Τα Επτάνησα

Η ιστορία των Επτανήσων κατά τον Μεσαίωνα και την Αναγέννηση μοιράζεται περισσότερα με την ιστορία της Ευρώπης, παρά των Βαλκανίων. Παρά το αγωνιστικό πνεύμα των Επτανησίων με την Επανάσταση της Βουκέντρας του 1357, το Ρεμπελιό των ποπολάρων μεταξύ 1628–1631, την συμμετοχή στα Ορλωφικά μεταξύ 1770–1800, τις εξεγέρσεις στην Κέρκυρα κατά την Ενετοκρατία, τις εξεγέρσεις των χωρικών στην Λευκάδα, και την συμμετοχή στην Επανάσταση του 1821 (Γιαννάτος 2008b), η ευρωπαϊκή κατοχή διαφοροποίησε την εξέλιξή τους από εκείνη της Ηπειρωτικής Ελλάδας και των νήσων του Αιγαίου. Τα Επτάνησα δεν γνώρισαν την οθωμανική κατοχή, εξαιρώντας βεβαίως την σφαγή και λεηλασία των Επτανήσων το 1537 από τον Μπαρμπαρόσα, πειρατή του Οθωμανού Σουλτάνου Σουλεϊμάν Α' και την κατάκτηση της Λευκάδας μεταξύ 1479–1684.

Η Ενετική κατοχή στα Επτάνησα υπήρξε η πιο μακρόχρονη μετά την κατάρρευση της Βυζαντινής Αυτοκρατορίας, με συνολική διάρκεια τεσσάρων αιώνων, από το 1386 με την κατάληψη της Κέρκυρας μέχρι τις 17/10/1797, όταν τα Επτάνησα παραχωρήθηκαν στον Ναπολέοντα με την συνθήκη του Κάμπο Φόρμιο. Η οκτάμηνη Γαλλοκρατία που εκδίωξε τους Ενετούς, έληξε όταν η Ρωσοτουρκική συμμαχία που δημιουργήθηκε για να αντιμετωπίσει τον Ναπολέοντα, απέσπασε με πόλεμο τα Επτάνησα από την Γαλλία 20/2/1799. Στις 21/3/1800 ίδρυσε την Επτάνησο Πολιτεία υπό την επικυριαρχία της Υψηλής Πύλης και την προστασία της Ρωσίας. Γραμματέας του κράτους ήταν ο Ιωάννης Καποδίστριας.

Μετά την νίκη του Ναπολέοντα στο Αούστερλιτς και την υπογραφή της συνθήκης του Τιλσίτ, τα Επτάνησα επανήλθαν στην Γαλλία, στις 8/7/1807. Και πάλι όμως η Γαλλοκρατία θα ήταν σύντομη, καθώς θα ερχόταν στο προσκήνιο ο τελευταίος κατακτητής. Μεταξύ 1809 και 1814, ο Βρετανικός στόλος σταδιακά κατέλαβε τα Επτάνησα και με την συνθήκη των Παρισίων της 5/11/1815, τα Επτάνησα ανακηρύχθηκαν σε αυτόνομο κράτος υπό αποκλειστική Βρετανική προστασία. Το προτεκτοράτο ονομάστηκε *Ηνωμένον Κράτος των Ιωνίων Νήσων* (United States of the Ionian Islands), ή *Ιόνιος Πολιτεία* εν συντομία. Πρώτος Άγγλος Ύπατος Αρμοστής (Lord High Commissioner) διορίσθηκε ο Thomas Maitland, ο οποίος συνέγραψε και το σύνταγμα της Πολιτείας αυτής· ένα Σύνταγμα αυταρχικό, περίπλοκο, με πολλές ιδιαιτερότητες, που έθετε εμπόδια στην λαϊκή συμμετοχή.[1]

---

[1]Η Κυβέρνηση είχε πενταετή διάρκεια (κεφ. 1, άρ. 12) και αποτελείτο από μια εξαμελή (κεφ. 2, εδ. 1, άρ. 1) Γερουσία (Εκτελεστικό σώμα), μια 40μελή Νομοθετική Συνέλευση (ΝΣ) και μια δικαστική εξουσία (κεφ. 1, άρ. 7). Η Γερουσία αποτελείτο από μέλη της ΝΣ (κεφ. 1, άρ. 10). Από αυτά, ο Πρόεδρος οριζόταν από τον Βασιλιά της Βρετανίας (κεφ. 2, εδ. 2, άρ. 1) και τα πέντε μέλη ήταν μέλη της ΝΣ που εξέλεγαν οι Ευγενείς Εκλέκτορες (Σύγκλητος), αναλογικά για κάθε νήσο (κεφ. 2, εδ. 2, άρ. 2). Η ΝΣ αποτελείτο από πέντε επιπλέον μέλη της προηγούμενης Γερουσίας και 29 εκλέξιμα μέλη (κεφ. 3, εδ. 2, άρ. 3) που εκλεγόταν από την Σύγκλητο (κεφ. 1, άρ. 9). Εκλέξιμοι για αυτές τις 29

Εικόνα 5.1. Η σημαία του προτεκτοράτου της Ιονίου Πολιτείας.

Το καθεστώς των Επτανήσων ήταν ιδιαίτερο καθώς, όπως θα έλεγε ο Αρμοστής Douglas (επιστολή της 21/1/1838) *«η συνθήκη των Παρισίων θέτει την [Ιόνιο] Πολιτεία σε ανώμαλη πολιτική θέση, είναι σε ενδιάμεση κατάσταση μεταξύ αποικίας και πλήρως ανεξαρτήτου κράτους, μην έχοντας υπό κάποιες πλευρές τα πλεονεκτήματα κανενός»* (Cottrell 2007, 3).

5.2   Το προϋπάρχον νομισματικό καθεστώς

Κατά την Βενετοκρατία το αποκλειστικό προνόμιο κοπής νομίσματος και κατασκευής σταθμών είχε ο Δόγης— όπως επιβεβαιώνει και σχετική διαταγή του 1753. Με την ρωσοτουρκική επικυριαρχία στα Επτάνησα, την σχετική εξουσία φαίνεται να αναλαμβάνει η Γερουσία, όπως υποδηλώνει αίτημα ιδιώτη το 1804 για αδειοδότηση νομισματοκοπής (Λιάτα 1996, 27–28). Όπως και στην τουρκοκρατούμενη Ελλάδα, έτσι και στα Επτάνησα η νομισματική ποικιλομορφία ήταν σημαντική, οπότε δεν θα αναφερθώ εξαντλητικά. Απλώς χαρακτηριστικά αναφέρω την διατίμηση νομισμάτων της 29/9/1798 (8 Vendémiaire VII) κατά την πρώτη γαλλοκρατία, στην οποία παρατίθενται 28 ευρωπαϊκά και τουρκικά νομίσματα (Μοσχονάς 2002, 99). Αν και τα τουρκικά νομίσματα τελούν υπό σχετικό αποκλεισμό, αυτός φαίνεται ότι δεν είναι απολύτως επιτυχής ούτε επί ενετοκρατίας, αλλά ούτε και επί αγγλοκρατίας (Λιάτα 1996, 65–69). Η τακτική αντιμετώπισης της νομισματικής πολυμορφίας κατά την πρώιμη αγγλοκρατία συνίστατο στην επισήμανση των κυκλοφορούντων νομισμάτων με σφραγίδα που επιβεβαίωνε την αξία τους. Μετά την ίδρυση του Ιονίου Κράτους κόπηκαν ειδικά νομίσματα στο Βασιλικό Νομισματοκοπείο του Λονδίνου το 1819 και το 1820. Αυτά δεν έφεραν τυπωμένη αξία και ονομάστηκαν στην καθομιλουμένη *οβολοί*, παραπέμποντας στο αρχαίο ελληνικό νόμισμα: «ημιώβολος» ή «λεπτόν» (miobolo), «οβολός» (obolo) και «διώβολος» (dittobolo) (Μοσχονάς 2002, 100–107). Οι ονομασίες αυτές διατηρήθηκαν και μετά την πλήρη υιοθέτηση του βρετανικού νομισματικού συστήματος το 1827, οπότε και τα συγκεκριμένα νομίσματα αποσύρθηκαν και αντικαταστάθηκαν από νέους «οβολούς» αξίας 3 πεννών.

Όσον αφορά στην χρηματική πίστη, η απαγόρευση της Καθολικής εκκλησίας για έντοκο δανεισμό ήταν εν ισχύι κατά την Ενετοκρατία, οπότε ανάγκες των παραγωγών για χρηματοδότηση ικανοποιούνταν με έμμεση τοκογλυφία (οι τόκοι συχνά έφταναν στο 25–35%), μέσω υποτιμημένης προπώλησης του προϊόντος τους (*προστύχιον*), μέσω δανεισμού με ενέχυρο (*βλησίδι*), ή μέσω δανεισμού από Εβραίους τοκογλύφους (σε μικρότερο βαθμό). Ειδικά ο θεσμός του προστυχίου είχε εξελιχθεί, στις αρχές του $19^{ου}$ αιώνα, σε μεταφέρσιμο χρηματοοικονομικό «προϊόν», που ανταλλασσόταν ανωνύμως, χωρίς ο τίτλος να αναφέρει το όνομα του δανειστή ή του χρεώστη. Αναφέρεται περίπτωση χρέους 240 πιάστρων με υποθήκη 60 δοχείων λαδιού, που μέσα σε ένα χρόνο ανέβηκε στα 1000 πιάστρα με υποθήκη 140 δοχείων λαδιού (Cottrell 2007, 8)· αν ήθελε κανείς να παίξει με τις λέξεις, θα μπορούσε να πει ότι το *προστύχιον* αποτελούσε έναν πρόστυχο θεσμό.

θέσεις ήταν τα μέλη της Συγκλήτου κάθε νήσου (κεφ. 3, εδ. 2, άρ. 7). Η Σύγκλητος ήταν ένα σώμα που το Σύνταγμα του 1817 δεν όριζε ρητά, αλλά με αναφορά σε διάταξη (άρ. 6) του Συντάγματος της Επτανήσου Πολιτείας της 24/11/1803, η οποία έκανε αναφορά κυρίως σε οικονομικά κριτήρια.

Κάθε φορά που η ΝΣ συνεδρίαζε στην έδρα της Κυβερνήσεως, ονομαζόταν *Βουλή του Ηνωμένου Κράτους των Ιονίων Νήσων* (κεφ. 1, άρ. 14). Η διάρκεια της κάθε Βουλής ήταν *μόνον τριών μηνών*, αρχίζοντας από την 1η Μαρτίου, εκτός από παρατάσεις λόγω εκτάκτου ανάγκης (κεφ. 1, άρ. 17). Για την πρώτη Κυβέρνηση αυτή οι συνεδριάσεις επαναλαμβάνονταν ετησίως, ενώ από την δεύτερη Βουλή και εφεξής, οι συνεδριάσεις περιορίζονταν ακόμη περισσότερο σε κάθε διετία (από την 1η Μαρτίου και για τρεις μήνες, κεφ. 1, άρ. 18). Ο Αρμοστής διατηρούσε το αποκλειστικό «δημοκρατικό» δικαίωμα όχι μόνον να συγκαλεί και να αναβάλλει τις συνεδριάσεις της Βουλής σε έκτακτη ανάγκη (κεφ. 1, άρ. 19), αλλά και να εξασκεί το δικαίωμα του Βασιλιά της Βρετανίας να διαλύει εντελώς την Βουλή (κεφ. 1, άρ. 20).

5.3   Ο Αρμοστής Nugent και οι σκέψεις ίδρυσης κρατικής Τράπεζας

Οι ανάγκες παροχής χρήματος και καταπολέμησης της τοκογλυφίας είχε επιχειρηθεί να ικανοποιηθεί ήδη από τον Maitland, ο οποίος μεταξύ 1815–24 είχε επιτρέψει την παροχή δανείων σε ιδιώτες από τα κρατικά ταμεία. Μεγάλο πρόβλημα είχαν οι σταφιδοπαραγωγοί που αναγκάζονταν να καταφύγουν σε τοκογλυφικό δανεισμό για να αντιμετωπίσουν το κόστος της συγκομιδής.

Οι πρώτες όμως σοβαρές κινήσεις προς την ίδρυση Τράπεζας ανάγονται στη δραστηριότητα του George Nugent-Grenville, του τέταρτου κατά σειρά Αρμοστή (1832–1835). Υπό την πίεση των ταραχών που προκάλεσε η πτώση της τιμής της σταφίδας περί τα μέσα του 1833, ο Nugent διέταξε την Βουλή να συστήσει ένα ταμείο 35.000 λιρών από τα κρατικά πλεονάσματα, για να δίνονται χαμηλότοκα δάνεια συγκομιδής στους σταφιδοπαραγωγούς. Το επιτόκιο ανερχόταν στο 6% και τα δάνεια δινόντουσαν με εγγύηση το προϊόν. Αυτός ήταν ο τρόπος του να ενισχύσει τους παραγωγούς όταν είχαν την μεγαλύτερη ανάγκη, χωρίς όμως να καθορίσει κατώτατη τιμή πώλησης, κάτι που θα προέδιδε την ιδεολογία του ελευθέρου εμπορίου στην οποία ήταν ιδιαιτέρως πιστός.

Η επιτυχία του θεσμού ήταν αρκετά σημαντική, καθώς οι τιμές πώλησης σταφίδας ανέβηκαν από 18 δίστηλα (το 1832) σε 25–35 δίστηλα (το 1833). Ο ίδιος ο Nugent ισχυριζόταν ότι αυτός ο θεσμός επέφερε την αποδέσμευση στην αγορά 90.000 αποθησαυρισμένων διστήλων. Έτσι στις 24/9/1833 υπέβαλλε στο Υπουργείο Αποικιών (Colonial Office) σχέδιο για την συστηματοποίηση αυτού του θεσμού, με την κυκλοφορία γραμματίων που θα καλύπτονταν από χρυσό στην κατοχή του κυβερνητικού ταμείου (Cottrell 2007, 15). Με άλλα λόγια, πρότεινε την έκδοση χαρτονομίσματος από την Κυβέρνηση της Ιονίου Πολιτείας.

Η πρόταση συνάντησε αντιδράσεις στο Λονδίνο. Απαντώντας στις 21/1/1834, το Υπ. Οικονομικών θεώρησε ότι «*δεν είναι καθόλου πρόσφορο βάσει γενικών αρχών για την Ιόνιο Κυβέρνηση να προχωρήσει σε χρηματοοικονομικές εργασίες βασιζόμενη στην Πίστη της ως Εθνικής Κυβέρνησης, διαχωρισμένης από την Βρετανική Κυβέρνηση*» (Cottrell 2007, 16). Δηλαδή το διακύβευμα της έκδοσης κυβερνητικού χρήματος από την Ιόνιο Πολιτεία ήταν η αναγνώριση της κυριαρχίας της, κάτι που ήταν πλήρως κατανοητό στους Βρετανούς, όπως μαρτυρεί και η παλαιότερη εναντίωσή τους στην έκδοση χαρτονομίσματος από τις Αμερικανικές αποικίες τους. Άρα οποιαδήποτε τέτοια κίνηση ήταν αυστηρώς απαγορευμένη. Βάσει τούτου, ο Λόρδος Stanley, Υπουργός Αποικιών απέρριψε την πρόταση, αφήνοντας μόνη ανοιχτή την οδό εκείνη της *ιδιωτικής* Κεντρικής Τράπεζας, που δεν θα υποδήλωνε κυριαρχικά δικαιώματα από την Ιόνιο Κυβέρνηση.

Παρόλα αυτά, με τον Ν. 39 της 29/5/1833, η Ιόνιος Βουλή αποφάσισε την ίδρυση Ταμείου Δανείων (Cassa di Prestiti) σε κάθε νησί (άρ. 1) που θα χορηγούσε ετήσια δάνεια με επιτόκιο 6% και που θα δεχόταν έντοκες καταθέσεις με επιτόκιο 4% για προθεσμιακές (Deposito con interesse, άρ. 3) και 1% για απλές (Deposito Semplice, άρ. 4). Για την χορήγηση δανείων θα δινόταν ενέχυρο σε χρυσό, άργυρο ή άλλα μέταλλα, ή σε λάδι και άλλα προϊόντα μακράς διαρκείας (άρ. 5). Διοικητικά, κάθε τοπικό Ταμείο θα υπέκειτο στην δικαιοδοσία των Δημοτικών (δηλ. Κυβερνητικών) αρχών κάθε νησιού (άρ. 9) και τα δάνεια θα έπρεπε να είναι γεωργικά (άρ. 10). Αυτός ο νόμος έδινε ιδιαίτερες εξουσίες στο Ιόνιο Υπουργείο Οικονομικών.[2]

5.4   Τα παζάρια για ιδιωτική τράπεζα

Το σχέδιο του αρμοστή Douglas

Οι πολιτικές ανακατατάξεις στην Αγγλία (άνοδος του Sir Robert Peel των Συντηρητικών στο πρωθυπουργικό αξίωμα) οδήγησαν στην παραίτηση του Nugent τον Δεκέμβριο του 1834—ανάκλησή του σύμφωνα με τον τύπο (*The Times (London)* 1834)—και στην αποχώρησή του δύο μήνες αργότερα. Είναι αξιοσημείωτο ότι όταν οι Βρετανικές εφημερίδες του επιτέθηκαν για την διαγωγή του ως Αρμοστή, η Βρετανική Κυβέρνηση δεν του παρείχε καμία κάλυψη. Διάδοχός του ο Sir Howard Douglas, που κατέφθασε στην Κέρκυρα στις 28/4/1835.

---

[2]Τα δάνεια που συνομολογήθηκαν το 1833 και 1834 έφτασαν τις 27.585 λίρες, με υποθήκη καρπών αξίας 356.000 λιρών. Από αυτά, 10.415 λίρες ήταν απλήρωτα στα τέλη του 1834.

Παρά την επιτυχία των μέτρων του προκατόχου του και την δημοφιλία που είχαν κερδίσει μεταξύ των αγροτών, ο Douglas τα κατήργησε. εξ' αρχής φάνηκε να ευνοεί την λύση μιας ιδιωτικής Τράπεζας από επιχειρηματίες. Ενδεχομένως οι διαμαρτυρίες εμπόρων εναντίον της πρωτοβουλίας του Nugent να τελεσφόρησαν.[3] Προς την ίδια κατεύθυνση ενδεχομένως να βάρυναν και τα ανεξόφλητα δάνεια που επιδείνωναν το δημόσιο έλλειμμα της Ιονίου Κυβερνήσεως. Τέλος, μπορεί να είχε «διδακτικό» χαρακτήρα και η πρότερη απόρριψη του σχεδίου του Nugent για κρατική Τράπεζα, καθώς και η ύστερη τύχη του εμπνευστή του. Πάντως το βέβαιο είναι ότι ο Douglas προσανατολιζόταν προς ιδιώτες επενδυτές, καθώς πίστευε ότι μια «Τράπεζα βασισμένη σε σωστές αρχές θα είχε πολλά πλεονεκτήματα», εννοώντας προφανώς ως «σωστές αρχές» μια ιδιωτική Κεντρική Τράπεζα, που θα είχε «πλήρη ανεξαρτησία και διαχωρισμό από την Κυβέρνηση, που με κανέναν τρόπο δεν θα γινόταν υπεύθυνη για την δράση της».

Με αρκετή σπουδή ο Douglas έστειλε το καλοκαίρι του 1835 στο Λονδίνο το προσχέδιο ενός σχεδόν πλήρους καταστατικού για την ίδρυση Τράπεζας. Όπως αναφέρει ο Cottrell, αυτό «ήταν μια κοντινή προσαρμογή του καταστατικού της Τράπεζας του New Brunswick [στον Καναδά], μέχρι και με επανάληψη του τίτλου του, με εξαίρεση την εισαγωγή 'Τράπεζα του Ηνωμένου Κράτους των Ιονίων Νήσων' αντί του 'Τράπεζα του New Brunswick'». Ο Douglas είχε διατελέσει Κυβερνήτης του New Brunswick (1823–31), όπου η φερώνυμη Τράπεζα είχε ιδρυθεί μόλις το 1820, ενώ και ο ίδιος είχε αναμιχθεί στην σύσταση της Τράπεζας της Κομητείας Charlotte.

Μετά από διάφορες τροποποιήσεις, το αναθεωρημένο καταστατικό υπεβλήθη στο Υπουργείο Αποικιών τον Δεκέμβριο του 1835, από όπου προωθήθηκε στην Επιτροπή Εμπορίου (Board of Trade). Έμεινε στα συρτάρια των υπηρεσιών αυτών άνω του έτους και όταν τελικά ο Douglas έλαβε το αποτέλεσμα τον Φεβρουάριο του 1837, αυτό ήταν αρνητικό με συστάσεις για σημαντικές τροποποιήσεις. Ο Douglas στάθηκε άτυχος για διάφορους λόγους.

Ο όμιλος υπό τον Wright

Μια περιπλοκή για το σχέδιό του ήταν ότι όταν αυτό εξεταζόταν, ο προαναφερθείς όμιλος κεφαλαιούχων είχε υποβάλει το δικό του σχέδιο για μια «Μεσογειακή Τράπεζα» (Mediterranean Bank) με έδρα το Λονδίνο και υποκαταστήματα στο Γιβραλτάρ, την Μάλτα και τις Ιόνιες Νήσους. Εξέχουσα προσωπικότητα μεταξύ τους ο Wright που, όπως προαναφέραμε, δεν έχαιρε της απολύτου εμπιστοσύνης της Βρετανικής Κυβέρνησης. Η κυβερνητική αντίθεση στο σχέδιό του στηρίχθηκε στην δικαιολογία ότι, ως προτεκτοράτο, «οι Ιόνιες Πολιτείες βρισκόντουσαν πέραν των ορίων της εξουσίας του Βασιλιά», οπότε μπορούσαν να ιδρύσουν τράπεζα με δική τους πρωτοβουλία, την οποία απλώς θα έπρεπε να εγκρίνει ο Αρμοστής.

Έτσι ο Douglas, σύμφωνα με το πνεύμα αυτής της αιτιολογίας, θα έπρεπε να επιβλέψει την ίδρυση μιας τράπεζας που θα ακολουθούσε τους κανονισμούς για τις Βρετανικές αποικιακές τράπεζες, αλλά που θα λαμβανόταν ως «ελεύθερη» απόφαση από την Ιόνιο Βουλή. Ένα αρκετά δύσκολο εγχείρημα που απαιτούσε ικανότητες σχοινοβάτη από όποιον επιχειρούσε την υλοποίησή του.

Οι διατάξεις του καταστατικού και τα προβλήματά του

Έτερη περιπλοκή ήταν η ασυμφωνία των προβλέψεων του καταστατικού με τους τρέχοντες κανόνες για τις αποικιακές Βρετανικές τράπεζες. Σύμφωνα με το αναθεωρημένο καταστατικό, ο σκοπός της Τράπεζας ήταν αρκετά ασαφής και οριζόταν εν συντομία στο «να προάγει τα συμφέροντα των Ιονίων Νήσων αυξάνοντας τα μέσα κυκλοφορίας» (increasing the means of circulation), υπονοώντας την καταπολέμηση της πρακτικής της αποθησαύρισης που αποστράγγιζε την κυκλοφορία χρήματος. Πέραν τούτου, το σχέδιο του καταστατικού εξαντλείτο στο να περιγράφει την λειτουργία της Τράπεζας, αλλά χωρίς να περιγράφει το αντικείμενο των εργασιών της.

Χαρακτηριστικά, ανέφερε ότι η Τράπεζα θα ήταν εταιρεία (άρ. 1) που θα λειτουργούσε στην Κέρκυρα (άρ. 26), και της οποίας οι μέτοχοι θα έχαιραν περιορισμένης ευθύνης (άρ. 19 και 20). Το μετοχικό κεφάλαιο, πληρωτέο σε χρυσό και άργυρο, θα ήταν κατά το ήμισυ μόνον πληρωτέο από τους μετόχους με την έναρξη των εργασιών της (άρ. 2). Διάφοροι περιορισμοί (άρ. 11–13) αποσκοπούσαν στον περιορισμό του μεγέθους κάθε ατομικής συμμετοχής και στην προσέλκυση μεγάλου αριθμού μετόχων. Στο σχέδιο αφήνονταν κενές διάφορες παράμετροι,

---

[3] Για παράδειγμα οι έμποροι Travis & Son είχαν στείλει μνημόνιο στο Υπουργείο Αποικιών, στο οποίο διαμαρτύρονταν για τις πρωτοβουλίες του Nugent (Cottrell 2007, 19).

όπως π.χ. το κεφάλαιο της τράπεζας, ο αριθμός και η ονομαστική αξία των μετοχών, ο χρόνος πληρωμής της αξίας αυτής (άρ. 2), η διάρκειά της (άρ. 31), κ.ά.

Αυτό που είχε κάνει ο Douglas ήταν να ενσωματώσει τις διατάξεις του καταστατικού μιας παλαιότερης αποικιακής Τράπεζας (της Τράπεζα του New Brunswick), που είχε ιδρυθεί μια δεκαετία πριν την έναρξη της διατύπωσης των τρεχόντων κανονισμών για τις αποικιακές Τράπεζες. Αυτή η διαδικασία ξεκίνησε το 1830 και εξελίχθηκε σημαντικά τον Μάιο του 1833 λόγω της αίτησης για λειτουργία τράπεζας στην Αυστραλία και νότιο Αφρική (Royal Bank of Australasia and South Africa, από τον ίδιο όμιλο που θα ίδρυε τελικά την Ιονική και που ήθελε να ιδρύσει την Mediterranean Bank). Έτσι το καταστατικό του Douglas ήταν ετεροχρονισμένο ως προς το τρέχον πλαίσιο.

Το τρέχον κανονιστικό πλαίσιο για τις αποικιακές τράπεζες είχε γίνει εξαιρετικά περιοριστικό έως τον Ιανουάριο του 1837, με επίσημη αιτιολογία τα στέρεα θεμέλια αυτών των ιδρυμάτων. Χαρακτηριστικά, να αναφέρουμε ότι κάθε μέτοχος καθίστατο υπόλογος για τα χρέη της τράπεζας μέχρι του *διπλασίου* της συμμετοχής του σε αυτήν (double liability). Ο όρος αυτός θεωρήθηκε από τον Douglas εξαιρετικά περιοριστικός για την ίδρυση Τράπεζας, ανησυχία που εξέθεσε στο Υπουργείο Αποικιών. Επιπλέον, ανακαλύπτοντας ότι οι μέτοχοι των Καναδικών επαρχιακών τραπεζών ήταν υπόλογοι μόνον μέχρι του ύψους της συμμετοχής τους, πρότεινε έναν μέσο δρόμο, δηλαδή να είναι οι μέτοχοι υπόλογοι μόνον κατά 25 ή 50% πέραν του ύψους της συμμετοχής τους (Cottrell 2007, 27).

Οι συνεδριάσεις της Ιονίου Βουλής και η ψήφιση του νόμου του 1837

Τον Μάρτιο του 1837 ξεκινούσαν οι εργασίες της 5ης Βουλής της Ιονίου Πολιτείας. Ενώ ο Douglas ανέμενε τις απαντήσεις του Υπουργού Αποικιών Λόρδου Glenelg σχετικά με το θέμα της διπλής υπαιτιότητος των μετόχων, είχε ήδη φροντίσει, προτού λάβει απάντηση, να το θέσει στους Βουλευτές προ της έναρξης των εργασιών της Βουλής. Πράγματι όπως φοβόταν συνάντησε σθεναρές αντιρρήσεις, ακόμα και με την συμβιβαστική πρότασή του. Έτσι τον Απρίλιο έθεσε νέο ερώτημα στο Λονδίνο, αυτήν την φορά για ένα αποθεματικό κεφάλαιο ως ασφάλεια για τους καταθέτες. Εν τω μεταξύ όμως ο Glenelg είχε ήδη υπαναχωρήσει και συγκατένευσε τον ίδιο μήνα, λέγοντας ότι η διπλή υπαιτιότητα αποτελούσε «πρόταση»—*suggestion*—και όχι «σαφή οδηγία»—*positive instruction* (Cottrell 2007, 27). Αυτή η συγκατάθεση, ακόμα και υπονοούμενη, ήταν εξόχως σημαντική για τον Douglas, αφού χωρίς αυτήν θα έπρεπε να περιμένει άλλα δύο χρόνια για την επόμενη συνεδρίαση της Βουλής. Έτσι άνοιξε στον Douglas τον δρόμο να θέσει το θέμα (αν και λακωνικά) στον λόγο του κατά την έναρξη των εργασιών της Βουλής στις 7/3/1837. Ο Πρόεδρος της Συνελεύσεως, Κόντες Διονύσιος Φλαμπουριάρης, στην απάντηση του έδωσε την κατ'αρχήν συγκατάθεσή του στο νομοσχέδιο:[4]

> *Ίσως το εμπόριο θα μπορούσε να είναι καλύτερα διοικούμενο, πιο ρυθμισμένο και πιο ανθηρό εάν ιδρύονταν Εμπορικά Επιμελητήρια σε ορισμένα από τα νησιά, και η συνέλευση δεν θα αγνοήσει σωστά, το επιχείρημα αυτό, καθώς θα δώσει όλη της την προσοχή στο νομοσχέδιο για την δημιουργία μετοχικής Τράπεζας, και η εξοχότητά σας πρέπει να είναι βέβαιη ότι η συνέλευση θα παράσχει την αφοσίωσή της, όταν θα παρουσιαστεί κάποια χρησιμότητα για την χώρα.*

Όμως σύντομα ο Douglas διαπίστωσε την παθητική αλλά αποτελεσματική αντίσταση πολλών μελών της Συνέλευσης, που αντετίθεντο στον Βρετανικό έλεγχο και στα νομοσχέδιά του εν γένει, και όχι μόνον σε αυτό για την Τράπεζα. Αν και αρχικά πέτυχε από την Γερουσία την παράταση των εργασιών της Βουλής για ένα μήνα, ελπίζοντας στην κάμψη αυτής της αντίστασης, διαπιστώνοντας ότι αυτό δεν θα οδηγούσε πουθενά τελικώς όρισε το τέλος τον εργασιών για τις 30/6, υποκύπτοντας στην αντιπολίτευση.

Το νομοσχέδιο της Τράπεζας συνάντησε μεγάλη αντίσταση, όχι μόνον στο θέμα της διπλής υπαιτιότητας, αλλά και αλλού. Αυτό φαίνεται και από τον νόμο που τελικά ψηφίσθηκε (ν. 83 της 4ης συνεδρίασης της 5ης Βουλής, της 26/6/1837). Αυτός είχε σημαντικά μικρότερο μέγεθος, με μόνον 12 άρθρα, από 31 του νομοσχεδίου. Το

---

[4] *Forse il Commercio potrebb'essere meglio diretto, piu regolato, e piu florido, se venissero formate delle Camere di Commercio in talune delle isole, e l'Assemblea non negligerà opportunamente, anche questo argomento, come dara tutta la sus attenzione al Bill per la formazione d'un Banco azionario, e Vostra Eccellenza dev'essere certa, che l'Assemblea vi dara la sua adesione, quando risulti di una certa utilita di Paese.*

προοίμιό του ήταν πιο επεξηγηματικό ως προς τον σκοπό λειτουργίας της Τράπεζας, ορίζοντας αυτός ήταν να «*ενθαρρύνει το πνεύμα εργασίας και χρήσιμης επιχειρηματικότητας στις Ιόνιες Νήσους παρέχοντας κυκλοφορία στο Κεφάλαιο, και, προκειμένου να διευκολύνει και να επεκτείνει εμπορικές συναλλαγές, να καταστείλει την τοκογλυφία, και να βελτιώσει και να αυξήσει την αξία των ακινήτων*». Αυτή η τελευταία πρόνοια αντανακλούσε τις επιθυμίες των κτηματιών που αποτελούσαν κατά κύριο λόγο μέλη της ΝΣ.

Επιπλέον, αντί ενός μόνο καταστήματος στην Κέρκυρα οριζόταν ένα υποκατάστημα για κάθε νήσο (άρ. 1), οριζόταν επακριβώς ότι η Τράπεζα θα ήταν καταθέσεων και κυκλοφορίας (άρ. 3), και ότι θα είχε δικαίωμα έκδοσης τραπεζογραμματίων μέχρι του μισού του πραγματικού κεφαλαίου της, που θα μπορούσαν «*να λαμβάνονται αντί χρημάτων*» (δηλαδή χρυσού ή αργύρου, άρ. 4). Εκτός του ότι ο όρος «πραγματικό» (effective) δεν προσδιοριζόταν επακριβώς, επιφέροντας σύγχυση, το παραπάνω άρθρο αναδεικνύει την μεταλλιστική άποψη της εποχής ότι *χρήμα είναι χρυσός ή άργυρος*.

Όσον αφορά τις σχέσεις της τράπεζας με το κράτος, η Κυβέρνηση θα μπορούσε να εγγραφεί έως για το 1/6 των μετοχών της, διορίζοντας έτσι έως και 2 από τους 12 διοικητές (άρ. 6–8) και θα μπορούσε να ελέγχει τον εσωτερικό της κανονισμό, ο οποίος θα έπρεπε να εγκριθεί από την Γερουσία και να τεθεί υπόψη της ΝΣ (άρ. 10). Αυτές οι πρόνοιες αντέβαιναν στο πνεύμα του Douglas για μια αμιγώς ιδιωτική τράπεζα μακριά από κάθε κρατικό έλεγχο

Τέλος οριζόταν (άρ. 1) το μετοχικό κεφάλαιο σε 100.000 λ. (αντί οποιουδήποτε άλλου νομίσματος), και χωριζόταν σε 4.000 μετοχές των 25 λ. (άρ. 2). Η υπαιτιότητα των μετόχων περιοριζόταν στην αξία της συμμετοχής τους (άρ. 11).

Ο Cottrell χαρακτηρίζει αυτό το απλό κείμενο «εκτελεστική νομοθεσία» (enabling legislation), καθώς άφηνε πολλές λεπτομέρειες αδιευκρίνιστες, μέχρι και το όνομα της τράπεζας. Συμπληρωματικό ρόλο προς τον νόμο έπαιξε το φυλλάδιο (prospectus) που εκδόθηκε στις 26/7/1837 για να περιγράψει την λειτουργία της τράπεζας στους επίδοξους μετόχους της. Εκεί γινόταν λόγος για το κατάστημα στην Κέρκυρα, αλλά όχι ευθέως για υποκαταστήματα. Επίσης οριζόταν ότι η έναρξη των εργασιών θα γινόταν μετά την εγγραφή 2000 μετοχών: θα καταβάλλονταν αρχικά 5 λ. ανά μετοχή (χωρίς να προσδιορίζεται πότε), και άλλες 7,5 πριν την ημέρα έναρξης των εργασιών (συνολικά 25.000 λ.). Οι υπόλοιπες 12,5 λ. ανά μετοχή θα πληρώνονταν εντός ενός έτους. Οριζόταν τέλος και η σύσταση ενός ταμείου από τα κέρδη (χωρίς να προσδιορίζεται το μέγεθός του) για να ισοσταθμίσει τυχόν απώλειες (άρ. 16), μια διάταξη που αντικαθιστούσε εκείνη της διπλής υπαιτιότητας. Όταν τυχόν απώλειες ξεπερνούσαν αυτό το κεφάλαιο συν το 25% του κεφαλαίου, η Τράπεζα διαλυόταν (άρ. 17). Αυτό σήμαινε ότι σε μια τέτοια περίπτωση μόνο το 75% του κεφαλαίου θα απέμενε για να καλύψει η τράπεζα τα χρέη προς τους καταθέτες της.

Ο όμιλος Farrer-Wright

Ο όμιλος Farrer-Wright ξεκίνησε να υφίσταται από την συνάντηση του Oliver Farrer, Καθολικού κτηματία και συνταξιούχου δικηγόρου, και του John Wright, Καθολικού τραπεζίτη, κατά την ίδρυση της Provincial Bank of Ireland (1825). Η συνάντηση των δύο ανδρών στο πρώτο κοινό τους εγχείρημα δεν ήταν τυχαία, αλλά αποτέλεσμα της επιθυμίας των Ρωμαιοκαθολικών της Ιρλανδίας να συμμετάσχουν σε τραπεζικές εργασίες. Η συμμετοχή τους στην Bank of Ireland απαγορευόταν για θρησκευτικούς λόγους. Κάποια χρόνια μετά την συμμετοχή τους στο εγχείρημα αυτό, οι Farrer και Wright ίδρυσαν την National Provincial Bank of Ireland (1832–33), και συμμετείχαν στην ίδρυση των Bank of Australasia (1834) και Bank of British North America (1836). Αποπειράθηκαν επίσης το 1835 να ιδρύσουν την Bank of South Africa, και το 1836 τις Cuba Banking Co. και Mediterranean Bank. Κατόπιν, και μετά την χρεωκοπία του Wright τον Νοέμβριο του 1840, ο Farrer θα ήταν ιδρυτικός διευθυντής της Bank of Ceylon (1841).

Κοινά πρόσωπα στα ΔΣ σχεδόν όλων των τραπεζών ήταν οι Farrer και Wright. Διάφοροι άλλοι συνεργάτες του ομίλου (Charles Barry Baldwin, Captain Sir Andrew Pellet Green, Edward Blount, Samuel Eustace Megan, Richard Norman) εμφανίζονται στα ΔΣ άνω της μιας τράπεζας, ενώ δεν έλειψαν και οι απαραίτητοι βουλευτές (Cottrell 2007, 58–60).

Μπορούμε δηλαδή να πούμε ότι οι Farrer και Wright, ήταν πρωτοπόροι ενός καινοφανούς θεσμού που δημιουργήθηκε πάνω στις ιδέες του Thomas Joplin:[5] ιδιωτικών τραπεζών μετοχικής βάσης (εκδοτικών και καταθετικών), ιδρυομένων στο Λονδίνο με Βασιλικό Θέσπισμα, και λειτουργουσών στο εξωτερικό με παραρτήματα, κυρίως στις αποικίες της Αυτοκρατορίας. Αυτές οι τράπεζες εγκαινίαζαν μια γενικότερη κατηγορία εταιρειών που λειτουργούσαν εντός της Αυτοκρατορίας, αλλά σε περιορισμένο τμήμα αυτής και για τις οποίες η Mira Wilkins δημιούργησε τον όρο *free-standing companies* (Wilkins 1988). Οι μετοχές τους αποτιμώνταν σε λίρες και ανταλλάσσονταν στο χρηματιστήριο του Λονδίνου, καθιστάμενες έτσι τίτλοι υψηλής ρευστότητας. Επιπλέον, τα μέλη των ΔΣ βρισκόντουσαν στο Λονδίνο και ήταν υπόλογα στον Βρετανικό νόμο, γεγονός που καθίστατο μέτρο ελέγχου της διαγωγής τους και εξασφάλιζε τους μετόχους. Στα διαφημιστικά φυλλάδια (prospectus) των εταιρειών αυτών, συχνές εμφανίσεις έκαναν διάφορα «διακοσμητικά» μέλη (Wilkins 1988, 266), όπως βουλευτές και αριστοκράτες, προσδίδοντάς τους κύρος και βοηθώντας στην προσέλκυση επενδυτών. Τα μέλη αυτά, οι *gentleman capitalists* όπως τα περιγράφουν οι Cain και Hopkins (1986· 1987), ανήκαν σε αυτό που ο Veblen θα περιέγραφε ως *αργόσχολη τάξη* (*leisure class*). Δηλαδή πρόσωπα που πλούτιζαν χωρίς να εργάζονται, ή τουλάχιστον χωρίς να εργάζονται ιδιαιτέρως σκληρά, κατάσταση που τους προσέδιδε εξαιρετική κοινωνική επιφάνεια.

Farrer-Wright και Ionian Bank

Με την ψήφιση του νόμου 83/1837 της 5ης Βουλής, τον οποίο ο Glenelg τελικώς ενέκρινε τον Αύγουστο (Cottrell 2007, 28), ο Douglas επείγετο να βρει επενδυτές για την ίδρυση της τράπεζας. Ανέθεσε λοιπόν στον Sir Alexander Wood, τον εκπρόσωπο (Resident Agent) των Ιονίων στο Λονδίνο, να θέσει το εγχείρημα υπόψιν επιχειρηματιών του Σίτυ. Ο Wood συνάντησε την δυσπιστία των πιθανών επενδυτών για επενδύσεις σε μια περιοχή που δεν γνώριζαν. Επιπλέον βρήκε ότι επέμεναν σε μεγαλύτερο εκδοτικό περιθώριο (πέραν του ημίσεως του καταβεβλημένου κεφαλαίου), στην ίδρυση της τράπεζας στο Λονδίνο, σε Βρετανούς διευθυντές και στην γεωγραφική επέκταση του εκδοτικού προνομίου.

Υπό την πίεση του χρόνου και την ανυπομονησία του Douglas, ο Wood στράφηκε προς τον όμιλο Farrer-Wright, ο οποίος μόλις είχε αναμιχθεί στην ίδρυση της Bank of Australasia και είχε μια εκτεταμένη εμπειρία στον τομέα έχοντας ιδρύσει τέσσερις αντίστοιχες τράπεζες προηγουμένως. Μετά από αρκετές διαβουλεύσεις, ο Wright συμφώνησε τελικά τον Δεκέμβριο του 1837 να συμμετάσχει στην ίδρυση της τράπεζας σύμφωνα με τον νόμο 83/1837, αν και όπως έλεγε, δεν μπορούσε να δεσμεύσει και άλλους στο εγχείρημα (Cottrell 2007, 41).

Παρά την αρχική του δέσμευση όμως, σύντομα άρχισε να εγείρει αντιρρήσεις στο ήδη διαμορφωθέν σχέδιο, αντίστοιχες με εκείνων που προηγουμένως το είχαν απορρίψει. Συγκεκριμένα διαφωνούσε με το ανώτατο όριο κυκλοφορίας και με την υποχρέωση έγκρισης του κανονισμού από την Ιόνιο Γερουσία, ενώ απαιτούσε το μονοπώλιο στο εκδοτικό προνόμιο. Ο Wright φαίνεται να έπαιξε ένα παιγνίδι καθυστερήσεων και υπαναχωρήσεων, αντίστοιχο με αυτό της ίδρυσης τράπεζας στο ελληνικό κράτος, το οποίο κράτησε μέχρι και την άνοιξη του 1838. Τελικώς, σε κατοπινή αλληλογραφία το καλοκαίρι με τον Douglas, τον Πρόεδρο της Γερουσίας Κόμη Σπ. Βούλγαρη και τον Wood, επανέλαβε την δέσμευσή του, αν και αυτήν την φορά έθεσε και συγκεκριμένους όρους, υπαναχωρώντας από την αποδοχή του νόμου 83/1837 και το δημοσιευθέν φυλλάδιο. Παράλληλα απέστειλε τον George Ward στην Κέρκυρα για να προωθήσει το θέμα, ενώ μέχρι τον Ιούλιο του 1838 είχε ετοιμάσει και το σχέδιο ενός νέου φυλλαδίου για προσέλκυση επενδυτών στην Βρετανία. Επιπλέον προβλήματα θα καθυστερούσαν την ίδρυση της τράπεζας, μέχρι τον Ιανουάριο του 1839, όταν ο Wright και οι υπόλοιποι διευθυντές θα άρχιζαν να συναντώνται τακτικά.

Νέες απαιτήσεις των διευθυντών, διαπραγματεύσεις και συγκρούσεις

Στο σημείο αυτό όμως οι ιδρυτές διαπίστωσαν μια σειρά δυσκολιών, η υπερνίκηση των οποίων απαιτούσε ουσιαστικά ακύρωση του νόμου 83/1837 και ψήφιση νέου. Κεντρικό σημείο τριβής ήταν οι αρμοδιότητες του επιθεωρητή της Ιονίου κυβερνήσεως, για τις οποίες οι ιδρυτές επιθυμούσαν να περιορίζονται στον απλό έλεγχο των

---

[5] 1790;-1847. Άγγλος έμπορος και τραπεζίτης, που δημοσίευσε το 1822 το *Essay on the General Principles and Present Practices of Banking in England and Scotland*, όπου πρότεινε την ίδρυση τραπεζιτικών ανωνύμων εταιρειών, ενάντια στο μονοπώλιο της Τράπεζας της Αγγλίας.

βιβλίων και των λογαριασμών. Με άλλα λόγια, το διακύβευμα ήταν η ανεξαρτησία της τράπεζας από τον κρατικό έλεγχο.

Την εποχή εκείνη είχε πάλι (μετά τον πανικό του 1825) ανακύψει το θέμα της μετατρεψιμότητας των τραπεζικού χάρτινου χρήματος, δηλαδή στο εάν αυτό θα έπρεπε να είναι τραπεζογραμμάτιο (εξαργυρώσιμο σε μεταλλικό) ή χαρτονόμισμα (μη εξαργυρώσιμο). Η Νομισματική Σχολή (Currency School) υποστήριζε την πλήρη μετατρεψιμότητα για να αποφεύγεται η υπερβολική έκδοση χαρτονομισμάτων, που θα οδηγούσε σε πληθωρισμό. Η Τραπεζιτική Σχολή (Banking School), ετίθετο υπέρ της τήρησης ενός κλασματικού αποθεματικού και στην μη μετατρεψιμότητα, δηλαδή στην αναστολή της υποχρέωσης των τραπεζών να προβαίνουν σε εξαργύρωση σε μεταλλικό. Υποστήριζε ότι σε περίπτωση υπερέκδοσης, οι συνεπαγόμενες πληθωριστικές πιέσεις θα οδηγούσαν σε συναγωνισμό για εξαργύρωση των χαρτονομισμάτων, άρα σε απόσυρσή τους από την κυκλοφορία με «φυσικό» τρόπο.

Ο Cottrell διαπιστώνει επιρροή αμφοτέρων των τάσεων στο σχέδιο που πρότειναν οι ιδρυτές τον Φεβρουάριο του 1839. Αυτό, αφενός δεν έβλεπε την υπερέκδοση ως σοβαρό κίνδυνο (σύμφωνα με την Τραπεζιτική Σχολή), και ζητούσε μειωμένη ανάμιξη του επιθεωρητή στις εργασίες της τράπεζας. Ταυτόχρονα όμως, έβλεπε την υπερέκδοση ως σοβαρό κίνδυνο (σύμφωνα με την Νομισματική Σχολή) και ζητούσε το εκδοτικό μονοπώλιο, ώστε να μην παρασυρθεί η τράπεζα σε υπερέκδοση υπό την πίεση του ανταγωνισμού. Έτσι, επιστρατεύοντας επιχειρήματα από δύο αντιμαχόμενες σχολές σκέψεις, οι ιδρυτές διεκδικούσαν πλήρη εκδοτική ανεξαρτησία και εκδοτικό μονοπώλιο. Την στάση αυτή, ο Cottrell περιγράφει ως απόπειρα *«να τετραγωνίσουν τον θεωρητικό κύκλο»* (Cottrell 2007, 122–124).

Θεωρώντας λοιπόν ότι ο περιορισμός του ορίου έκδοσης στο ήμισυ του καταβεβλημένου κεφαλαίου ήταν υπερβολικά περιοριστικός, ζητούσαν το όριο κυκλοφορίας να αυξηθεί στο τριπλάσιο του κεφαλαίου (χωρίς να συνυπολογίζονται οι καταθέσεις που αναμένονταν ασήμαντες). Επίσης ζητούσαν τον προσδιορισμό της ελάχιστης αξίας χαρτονομίσματος, καθώς και την εκχώρηση δικαιώματος αναστολής της μετατρεψιμότητας για 90 ημέρες, λαμβάνοντας υπόψη τον χρόνο αποστολής χρυσού δια θαλάσσης.

Επιπλέον, ανησυχία προκαλούσε το Ιόνιο δίκαιο, που στηριζόταν στο Ενετικό και Ρωμαϊκό δίκαιο. Συγκεκριμένα, δεν ήταν κωδικοποιημένο, δεν αναγνώριζε τις εταιρείες μετοχικής βάσεως, και δεν εξασφάλιζε τα δικαιώματα του δανειστή. Η τελευταία δυσκολία θα μπορούσε να αποφευχθεί βάσει του διαχωρισμού μεταξύ εμπορικού και αστικού δικαίου. Θέτοντας την τράπεζα στην πρώτη κατηγορία, θα καθίστατο εύκολη η κατάσχεση ενυπόθηκης γης. Και πάλι όμως, το Βρετανικό αποικιακό δίκαιο απαγόρευε τον δανεισμό με υποθήκη γης.

Όλα τα παραπάνω απαιτούσαν νέο γύρο διαπραγματεύσεων με τον Αρμοστή, το προσωπικό του και τους Επτανήσιους πολιτικούς. Για τον λόγο αυτό απεστάλησαν στην Κέρκυρα ο Ward με έναν εκ των διευθυντών, τον James Hunter. Ο Hunter έφτασε στην Κέρκυρα στις 4/3/1839, δύο μέρες μετά την έναρξη των εργασιών της 6[ης] Ιονίου Βουλής, και ο Ward στις 24/3.

Ο Douglas επανέλαβε την εισήγησή του για το σχέδιο τραπέζης την οποία δημοσίευσε στις 5/3/1839 (Cottrell 2007, 126), όμως βρήκε την αντίθεση των βουλευτών σε όλα τα θέματα που οι διευθυντές θεωρούσαν σημαντικά: οι βουλευτές ζητούσαν την συνεχή και άμεση μετατρεψιμότητα των χαρτονομισμάτων σε χρυσό, την δυνατότητα σύναψης μακροχρόνιων δανείων με υποθήκη γης, καθώς και δανεισμό σύμφωνα με το, ευνοϊκό για τον δανειζόμενο, Ενετικό δίκαιο. Τα τελευταία δύο σημεία ήταν προφανή, καθώς οι βουλευτές ήταν ταυτόχρονα και κτηματίες. Οι παραπάνω δυσκολίες ήταν ριζωμένες στο Ενετικό δίκαιο, το οποίο ο Maitland είχε εισαγάγει στο Ιόνιο Σύνταγμα. Συνεπώς θα απαιτείτο αργότερα (1841) η ακύρωση του άρθρου 6.

Επιπλέον, ο Πρόεδρος της Βουλής, Αρταβίλλας Βηλέτας Χαλικιόπουλος, αντέτεινε ότι και η ελληνική κυβέρνηση είχε απορρίψει παρόμοιες προτάσεις, πιθανή νύξη στον παράλληλο ρόλο του Wright στις προσπάθειες ίδρυσης εκδοτικής τράπεζας στο νεαρό ελληνικό κράτος. Ο Γερουσιαστής Ιωάννης Βαλαωρίτης (πατέρας του Αριστοτέλη Βαλαωρίτη και παππούς του μελλοντικού διοικητή της Εθνικής, Ιωάννη Α. Βαλαωρίτη) προέταξε την εμμονή στον νόμο 83/1837. Τέλος, επιπρόσθετη αντίσταση προέβαλαν οι Φιλελεύθεροι Βουλευτές, που βγήκαν πιο ενισχυμένοι στην 6η Βουλή, σε σχέση με την 5η Βουλή που είχε φροντίσει να διαλύσει ο Douglas.

Αντίδραση όμως συνάντησε ο Douglas και από τα μετόπισθεν, δηλαδή από τον Θησαυροφύλακα (Treasurer General) του κράτους, τον James Woodhouse, υπό το πρόσχημα ότι το χάρτινο χρήμα θα εκτόπιζε το μεταλλικό, αφήνοντας στην θέση του «άχρηστο χαρτί». Βεβαίως τα κίνητρα του Woodhouse ήταν πολύ πιο προσωπικά και υστερόβουλα. Το 1835 είχε επιχειρήσει να αυξήσει τον μισθό του από 550 σε 765 λ., όσα δηλαδή ελάμβανε και ο προκάτοχός του επί Nugent. Το 1839 επανέλαβε την προσπάθεια, αψηφώντας την ιεραρχία και το πρωτόκολ-λο, επικοινωνώντας απευθείας με τον Υπουργό Αποικιών, και οδηγώντας το θέμα σε προσωπική φιλονικία με τον Douglas. Επιπλέον, η ίδρυση μιας τράπεζας θα είχε αντίκτυπο στις τραπεζικές εργασίες που διεξήγαγε με τα χρήματα του Θησαυροφυλακίου.

Η παραπάνω ισορροπία δυνάμεων δεν επέτρεψε στον Douglas να επιβάλλει τους όρους των διευθυντών της τράπεζας, οι οποίοι τελικώς δέχθηκαν 15ετές εκδοτικό δικαίωμα και μετατρεψιμότητα επί τη εμφανίσει, αλλά πέτυχαν την άρση του περιορισμού στην κυκλοφορία.

Και πάλι όμως ο πολιτικός αναβρασμός δεν θα επέτρεπε την ψήφιση του σχεδίου. Οι φιλελεύθεροι βουλευ-τές πίεζαν για εκδημοκρατισμό του πολιτεύματος και η επίθεση στο σχέδιο της τραπέζης (που ήταν το μοναδικό που εισηγείτο προσωπικώς ο Douglas) προσφερόταν για αντίσταση στην Βρετανική καταπίεση. Στις 25/4, λόγω ταραχών που ξέσπασαν στην Βουλή με αίτημα την συνταγματική μεταρρύθμιση, ο Douglas διέκοψε τις εργασί-ες της για 6 μήνες. Σε οργισμένη επιστολή του προς τον Normanby παραπονιόταν για την «αδαή και δύστροπη αντιπολίτευση» (ignorant & fractious opposition) που αντετίθετο από «άπιστο φόβο» (disloyal dread) προς την παγίωση των Βρετανικών συμφερόντων με «ποταπούς και κακόβουλους» (base & mischievous) ισχυρισμούς. Πιο συγκεκριμένα τα πυρά του συγκέντρωνε ο Ανδρέας Μουστοξύδης, ο αρχηγός του Ρωσόφιλου κόμματος ο οποίος είχε αναχωρήσει για το Λονδίνο για να καταθέσει στον Normanby τα παράπονα της αντιπολιτεύσεως για το ανε-λεύθερο Σύνταγμα του Maitland, αλλά και για την θητεία του ίδιου του Douglas (Cottrell 2007, 132–133).

5.5 Αναγγελία, σύσταση και έναρξη εργασιών

Τα παραπάνω προβλήματα δεν εμπόδισαν την τράπεζα στην πράξη. Στο Λονδίνο, οι συνεδριάσεις των διευθυ-ντών ΔΣ της *Ionian State Bank* (όπως είχε αρχίσει εν τω μεταξύ να ονομάζεται)[6] είχαν ήδη ξεκινήσει από τις αρχές του 1839, και γινόντουσαν στα γραφεία της Bank of Australasia (οδός Aldermanbury 18), της πρώτης αποικια-κής τράπεζας του ομίλου.

Στις 17/1/1839 το ΔΣ κυκλοφόρησε φυλλάδιο που ανήγγειλε την ίδρυση της *Ionian State Bank*, και την έναρξη εγγραφής μετόχων. Θα εξεδίδιδοντο 4.000 μετοχές αξίας 25 λ. εκάστη (συνολικό κεφάλαιο 100.000 λ.), από τις οποίες 5 λ. θα κατεβάλλοντο με την εγγραφή, και άλλες 7,5 λ. εντός ενός έτους. Το ποσόν αυτό αντιστοιχούσε στο ήμισυ του κεφαλαίου και ο χρόνος καταβολής του υπολοίπου ημίσεως δεν προσδιοριζόταν. Εγγραφή με-τόχων μπορούσε να γίνει μόνον μέσω κάποιου εκ των διευθυντών, όρος που καθιστούσε την εγγραφή περισσότε-ρο ιδιωτική παρά δημόσια υπόθεση. Καθώς άρχισαν να κατατίθενται αιτήσεις για αγορά μετοχών, οι συνεργά-τες προέβησαν στην σύσταση της τραπέζης ως συνεταιρισμού ώστε να έχουν μια νομική βάση (1/2/1839) απουσία θεσπίσματος. Στις 10/3/1839 κατοχύρωσαν 3.500 από τις μετοχές σε Βρετανούς και άλλες 500 για εν-δεχόμενη αγορά από τους κατοίκους των νησιών (Cottrell 2007, 119).

Παράλληλα, η τράπεζα ξεκίνησε τις εργασίες της στα νησιά την 1/3/1839 (Cottrell 2007, 138), από προσωρι-νά γραφεία στην Σπιανάδα της πόλης της Κέρκυρας (πρώτος όροφος του 1224Α). Εργασίες που εκτελούσε η τράπεζα: τρέχοντες λογαριασμοί, έκδοση ενεγγύων πιστώσεων (letters of credit), έκδοση, προεξόφληση και πλη-ρωμή συναλλαγματικών στο Λονδίνο, στα υποκαταστήματα, ή σε αντιπροσωπείες της.

Υποκαταστήματα θα άνοιγαν αρχικώς στην Ζάκυνθο (18/5/1840, με διευθυντή τον Alexander Hamilton Loughnan) και στην Κεφαλλονιά (10/8/1840). Η πλειονότητα των θέσεων της τράπεζας καλύφθηκε αρχικά από προσωπικό που ήρθε από τράπεζες του ομίλου στην Σκωτία και την Ιρλανδία. Για λόγους «διπλωματίας» όμως ως προς το ντόπιο κοινό που αντιπαθούσε βαθιά τους Άγγλους, θέσεις τοπικών διευθυντών θα καλυπτόντουσαν σταδιακά και από Επτανησίους: ο Νικόλαος Καρυάτης στο υποκατάστημα της Ζακύνθου (Αύγουστος 1842,

---

[6] Ο Douglas την είχε ονομάσει *Bank of the United States of the Ionian Islands*, και αργότερα αποκαλείτο *Ionian National Bank* (φυλλάδιο 1837, Ιταλική μετάφραση), ή *Ionian Bank* (φυλλάδιο 1837, Αγγλική μετάφραση).

μαζί με τον S. Barff), ο Άγγελος Μομφερράτος στο υποκατάστημα της Κεφαλλονιάς (Σεπτέμβριος 1842), ενώ τον Ιούλιο του 1842, ο Δρ. Ναπολέων Ζαμπέλης αντικατέστησε τον διευθυντή του υποκαταστήματος Κερκύρας, Dr. H. Y. Muir.

Αντιπροσωπείες επίσης θα άνοιγαν κατά το 1840 σε συνεργασία με εμπόρους στην Τεργέστη (Keyer & Schlick), στην Μάλτα (James Bell & Co.), στην Βενετία (Holme & Co.) και με επιταχυνόμενο ρυθμό τα επόμενα τέσσερα χρόνια. Έτσι, σε λίγα χρόνια η τράπεζα είχε αντιπροσωπείες στην Πάτρα (Barff, Hancock το 1845) και στον Πειραιά (Εμπορική Τράπεζα και, μετά το 1844, Green & Dixon) αλλά και σε πάνω από 20 πόλεις της Μέσης Ανατολής (Αλεξάνδρεια, Σμύρνη), Βόρειας Ευρώπης (Άμστερνταμ, Παρίσι, Βιέννη, Βερολίνο) και της Ιταλίας (Φλωρεντία, Λιβόρνο, Νάπολη, Ρώμη). Μάλιστα, αντιπρόσωπος στην Βιέννη θα ήταν ο Σίμων Γ. Σίνας (Cottrell 2007, 183), γιος του Γεωργίου Σίνα, ενός εκ των διευθυντών της Εθνικής Τραπέζης της Αυστρίας, ο οποίος είχε αναμιχθεί πριν από λίγα χρόνια και στις προτάσεις ιδρύσεως τράπεζας στην Ελλάδα.

Απόφαση της Γερουσίας χωρίς επικύρωση

Με την τράπεζα να έχει ήδη ξεκινήσει της εργασίες της, και με την Βουλή να έχει διακόψει τις δικές της, οι πιέσεις των διευθυντών της Ionian Bank συνεχίστηκαν και τελικώς είχαν αποτέλεσμα. Μετά από αίτημά τους της 22/10/1839, τους δόθηκε η άδεια να ιδρύσουν τράπεζα με απόφαση της Γερουσίας (23/10).[7] Παρότι η απόφαση δεν ήταν νομικώς άρτια—δεν είχε ψηφισθεί από το Νομοθετικό Σώμα, που ο Douglas ξαναείχε διαλύσει στις 11/10/1839 και που θα ξανασυνερχόταν την 1/2/1840—την επομένη ο Ward ανακοίνωσε την διάθεση 500 μετοχών για το κοινό των Επτανήσων.

Η απόφαση είχε 15 άρθρα που εν γένει ακολουθούσαν το πνεύμα του ν. 83/1837 και που προέβλεπαν την ίδρυσή της ως μετοχικής εταιρείας (άρ. 1) με την επωνυμία «Ionian Bank» (άρ. 3), κεφάλαιο 100.000 λ. (άρ. 9) και με διάρκεια 20 ετών (άρ. 11). Το αντικείμενό της οριζόταν ασαφώς στην διενέργεια «συνήθων τραπεζικών εργασιών» (ordinary operations of Banking). Εξαιρετικής σημασίας το άρθρο 12 που προέβλεπε το αποκλειστικό εκδοτικό προνόμιο καθ' όλη την παραπάνω διάρκεια και που υλοποιούσε μια από τις βασικότερες επιδιώξεις των ιδρυτών της. Η μοναδική παραχώρηση, δηλαδή ο περιορισμός λειτουργίας στα 20 έτη, έγινε για να καθησυχάσει τους ντόπιους και με την βάσιμη ελπίδα του Douglas ότι η άδειά της θα ανανεωνόταν πριν την λήξη της (Cottrell 2007, 134).

Σχετικά με το ύψος της κυκλοφορίας, η απόφαση ήταν ασαφής. Αφενός ανέφερε ρητώς ότι γινόταν προς υλοποίηση του ν. 83/1837, που προέβλεπε έκδοση έως το ήμισυ του καταβληθέντος κεφαλαίου. Όμως κάτι τέτοιο δεν οριζόταν ρητώς στην ίδια την απόφαση, αφήνοντας χώρο για διάφορες ερμηνείες, που θα διευθετούντο με την απόφαση της Γερουσίας του 1843 και το Βρετανικό θέσπισμα τον Ιανουάριο του 1844.

Η απόφαση της Γερουσίας αποτέλεσε έναν καταλύτη για την εξέλιξη της εγκαθίδρυσης της τράπεζας. Τον Νοέμβριο του 1839, η άφιξη των νέων στο Λονδίνο, καθώς και η χρεωκοπία του οίκου Wright, επανέφεραν πιεστικά στο προσκήνιο το θέμα του Βρετανικού θεσπίσματος της τράπεζας. Όμως ακριβώς αυτή η χρεωκοπία, καθώς και τα χαμηλά κέρδη της τράπεζας για τα δύο πρώτα χρόνια της λειτουργίας της ενδεχομένως να ήταν οι παράγοντες που καθυστέρησαν την πρόοδο αυτής της υπόθεσης.

Ταυτόχρονα, ο George Ward, που είχε παραμείνει στα νησιά, διορίσθηκε διευθυντής του υποκαταστήματος Κερκύρας και επιθεωρητής των υποκαταστημάτων. Δύο δόσεις των 5.000 λ. του είχαν αποσταλεί μέχρι τα τέλη Ιανουαρίου του 1840, ενώ τα πρώτα δοκίμια των χαρτονομισμάτων ήταν έτοιμα στις αρχές Φεβρουαρίου.

Η ταυτότητα των μετόχων

Παρά τις παραπάνω περιπλοκές, από τον Ιανουάριο του 1839, οι εγγραφές για μετοχές της τράπεζας προχωρούσαν. Μέχρι τον Σεπτέμβριο του 1840 είχαν πωληθεί 3116 μετοχές, όλες σε Βρετανούς (Πίνακας 25.28). Η ταυτότητα των μετόχων αυτών είναι άλλη μια έκφανση της Βρετανικής προέλευσης της Τράπεζας, εκ των οποίων όλοι ήταν Βρετανοί υπήκοοι, και πιθανότατα κάτοικοι Λονδίνου.

---

[7] 78ῃ πράξη της 4ῃς Συνεδριάσεως της 5ης Γερουσίας (*Gazetta degli Stati Uniti delle Isole Jonie*, φ. 461, 14(26)/10/1839).

Μόνες εξαιρέσεις αποτελούσαν οι John και Thomas Barff, έμποροι από το Wakefield. Οι δύο αυτοί μέτοχοι ήταν συνεταίροι ενός εκ των διευθυντών, του Charles Hancock, εισαγωγέα σταφίδας από τα Ιόνια νησιά και πρώην τραπεζίτη του Λόρδου Βύρωνα στην Κεφαλλονιά. Μάλιστα ο Hancock ενδέχεται να είχε προσεγγίσει τον Wright κάποια στιγμή το 1837 για να τον πείσει να συμμετάσχει στην ίδρυση μιας τράπεζας. Ο Hancock ήταν επίσης συνεταίρος με τον Samuel Barff (στην εταιρεία Barff, Hancock & Co.), αδερφού των δύο προαναφερθέντων μετόχων. Ο Samuel Barff ήταν έμπορος στην Ζάκυνθο και εκεί τραπεζίτης του Λόρδου Βύρωνα (μετά τον θάνατο του οποίου είχε παραλάβει τα χρήματα του δανείου του 1824).

Από πλευράς κατανομής του μετοχικού κεφαλαίου, αυτό αντιστοιχούσε σε μια μέση εγγραφή 35–36 μετόχων ανά μέτοχο. Με αρχική επένδυση 5 λ., και τελική 25 λ. (μέχρι τα μέσα του 1841), αυτή η εγγραφή αντιστοιχούσε σε 175–180 και 875–900 λ. αντιστοίχως, δηλαδή ένα πολύ υψηλό ποσό. Έτσι, με 88 αρχικούς μετόχους, η Ionian θα ήταν μια τράπεζα λίγων και πλουσίων επενδυτών. Μεγάλο δε ποσοστό από αυτούς ήταν καταγεγραμμένοι ως «gentleman» ή «esquire», ήταν δηλαδή ανεπάγγελτοι εισοδηματίες που δεν εκτελούσαν κάποια βιοποριστική εργασία, ανήκαν δηλαδή σε αυτό που ο Veblen θα περιέγραφε αργότερα ως «αργόσχολη τάξη» (leisure class). Μάλιστα, οι 8 esquires και 32 gentlemen μέτοχοι, ήταν κάτοχοι συνολικά 1100 μετοχών, δηλαδή άνω του ενός τρίτου του μετοχικού κεφαλαίου.

Από αυτήν την σκοπιά, ο Cottrell ερμηνεύει την Ionian Bank ως μια εμπειρική επιβεβαίωση της θεωρίας των Cain και Hopkins, σχετικά με την εξάπλωση του Βρετανικού ιμπεριαλισμού μεταξύ 19^{ου} και 20^{ου} αιώνα. Κατά την θεωρία αυτή, αιχμή του δόρατος αυτού του *Νέου Ιμπεριαλισμού* δεν ήταν ο βιομηχανικός καπιταλισμός, αλλά ο «καπιταλισμός των ευγενών» (gentlemanly capitalism), δηλαδή ο καπιταλισμός μιας *αργόσχολης τάξης* που εκπροσωπούσε το «παλιό χρήμα» των μεγαλογαιοκτημόνων και το τραπεζιτικό χρήμα του Σίτυ. Πράγματι, με εξαίρεση έναν χαράκτη που είχε αγοράσει 10 μετοχές, η βιομηχανική καπιταλιστική τάξη απουσίαζε παντελώς από τους ιδιοκτήτες.

Αξιοσημείωτος επίσης είναι ο βαθμός ταύτισης των μετόχων της τράπεζας (δηλαδή των ιδιοκτητών της) με την ανώτερη διοίκησή της. Οκτώ από τους μετόχους της που διετέλεσαν κατά καιρούς διευθυντές της (John Wright, Richard Norman, William Brown, Sir Frederick Hankey, Oliver Farrer, Charles Barry-Baldwin, Charles Hancock, Sir Andre-Pellet Green) είχαν έναν συνολικό αριθμό 850 μετοχών, που τους έδινε ένα σημαντικό βάρος στην λήψη αποφάσεων.

Έως την άνοιξη του 1848, μόνον 39 από τους αρχικούς μετόχους παρέμεναν, καθώς τέσσερις πρώην διευθυντές (Charles Baldwin, William Brown, Richard Norman, John Wright) και πέντε μεγαλομέτοχοι (William Bird Brodie, Hammond de Castro, Charles Morris, John Wills, Edwin Wilson) είχαν πουλήσει την συμμετοχή τους. Ο συνολικός αριθμός των μετόχων είχε ανέβει στους 129, εκ των οποίων όμως μόνον οι 27 δήλωναν τόπο διαμονής τα Επτάνησα.[8] Έτσι, η τράπεζα παρέμενε κυρίως ιδιοκτησία Βρετανών κατοίκων του Σίτυ (Cottrell 2007, 198). Από αυτούς, ο Oliver Farrer είχε αυξήσει σημαντικά την συμμετοχή του με διαδοχικές αγορές νέων μετοχών φτάνοντας τις 292 μετοχές τον Φεβρουάριο του 1847 (Cottrell 2007, 199).

Το Βρετανικό θέσπισμα (charter)

Σταδιακά, φαινόταν ότι η σύσταση σε εταιρεία με Βρετανικό θέσπισμα ήταν εκ των ων ουκ άνευ για τους επίδοξους Βρετανούς υποστηρικτές της τράπεζας. Μάλιστα, μετά την χρεωκοπία του Wright, ο τραπεζίτης του Σίτυ, Abel Smith (του οίκου Smith, Payne, Smith) που προσεκλήθη να συνεργαστεί με την τράπεζα, επέλεξε να μην κάνει συμφωνία με την ίδια την τράπεζα, αλλά με την άτυπη εταιρεία *William Brown and others* που είχαν συστήσει οι διευθυντές της (Cottrell 2007, 138).

Στις 7/7/1841 είχε αναλάβει νέος Αρμοστής ο James Alexander Stewart-Mackenzie (Χιώτης 1877, 2:125) και στις αρχές του 1842 ανέλαβε να προωθήσει πιο ενεργά την έκδοση του Βρετανικού θεσπίσματος της τράπεζας.

---

[8] *Κεφαλλονιά*: A. T. Bassian (τοπικός διευθυντής) και J. Saunders (διοικητής υποκαταστήματος). *Κέρκυρα*: T. C. Condi, I. Cushiera, F. A. Galletey, A. H. Loughnan (επιθεωρητής της τράπεζας και διοικητής υποκαταστήματος), T. Poffandi, Lt. General Sir Francis Rivarold, J. Sloane, Δρ. Φ. Σολάρης, Κόμης Σ. Θεοτόκης, Σιορ Δ. Βαλσαμάκης, Ε. Βασιλάκης (τοπικός διευθυντής), Δρ. Γ. Ζαμπέλης, Δρ. Ν. Ζαμπέλης (τοπικός διευθυντής), A. Zancarol. *Ζάκυνθος*: Γ. Αρβανιτάκης, S. Barrf (τοπικός διευθυντής), Π. Χαιρετόπουλος, J. Lindsey (διοικητής υποκαταστήματος), Col. J. Whitehill Parsons, Δ. Μ. Σαντορίνης (τοπικός διευθυντής), G. Wyatt.

Κλειδί της υπόθεσης ήταν το Βρετανικό Θησαυροφυλάκιο (Treasury), η αρχή υπεύθυνη για την θέσπιση αποικιακών τραπεζών. Ο διευθυντής Hankey έθεσε το θέμα στον γραμματέα του Θησαυροφυλακίου Edward Trevelyan, ενώ ο γραμματέας της τράπεζας, Willian Kettlewell, προμήθευσε στο Θησαυροφυλάκιο την απόφαση της Γερουσίας του 1839, καθώς και ένα υπόμνημα των διευθυντών το οποίο μόλις είχαν καταθέσει στο Υπουργείο Αποικιών (Cottrell 2007, 140). Προσπαθούσε δε να ελαχιστοποιήσει την σημασία της ασυμφωνίας της απόφασης της Γερουσίας του 1839 με τους κανονισμούς των αποικιακών τραπεζών. Το Θησαυροφυλάκιο όμως ήταν ανυποχώρητο, και τελικώς, στις 7/6/1842, κατέθεσαν αναθεωρημένο σχέδιο καταστατικού, σύμφωνο προς την αποικιακή νομοθεσία (Cottrell 2007, 142), στο οποίο μάλιστα προέβλεπαν και την διάθεση 4000 νέων μετοχών, προς 25 λ. εκάστη και εξοφλητέες εντός διετίας (εκ των οποίων όμως μόνον οι 2000 διετέθησαν).

Το αναθεωρημένο καταστατικό έφτασε στην Κέρκυρα στα μέσα του Οκτωβρίου 1842. Λόγω της απουσίας του Mackenzie στην Βρετανία η Γερουσία ανέβαλλε την συζήτησή του μέχρι την επιστροφή του, ώστε να πληροφορηθεί για τις απόψεις του Υπουργείου Αποικιών. Και όταν η συζήτηση ξεκίνησε στα μέσα Δεκεμβρίου διατυπώθηκαν έντονες αντιρρήσεις, ακριβώς λόγω της συμφωνίας του καταστατικού με το Βρετανικό αποικιακό δίκαιο. Στην αναφορά της Γερουσίας οι αντιρρήσεις αφορούσαν στο όριο κυκλοφορίας,[9] στην διάρκεια της αναστολής της μετατρεψιμότητας[10] και στην δυνατότητα χορήγησης ενυπόθηκων δανείων.[11] Επιπλέον γινόταν λόγος για την περίληψη όρου που θα δήλωνε ότι το καταστατικό δεν θα καταστρατηγούσε νόμο του Ιονίου Κράτους, υπάρχοντα, ή μελλοντικό.

Οι διευθυντές με ευχαρίστηση περιέλαβαν αυτόν τον τελευταίο όρο και επίσης υποχώρησαν στο θέμα του ορίου κυκλοφορίας. Άλλωστε, ενώ την στιγμή εκείνη η κυκλοφορία ήταν πενιχρή (14.601 στις 28/2/1843), το καταβεβλημένο κεφάλαιο ήταν αρκετά μεγαλύτερο, έχοντας ξεπεράσει τις 15.500 λ. ήδη από τις προκαταβολές για τις μετοχές μέχρι τον Σεπτέμβριο του 1840.

Επίσης στήριξαν ενώπιον του Υπ. Αποικιών το αίτημα σχετικά με τα ενυπόθηκα δάνεια, υποστηρίζοντας μάλιστα ότι αυτό δεν θα έθετε προηγούμενο διότι η Ιόνιος Πολιτεία ήταν ανεξάρτητο κράτος υπό Βρετανική προστασία και όχι αποικία. Βεβαίως, ο όρος «ανεξάρτητος» είχε την δική του ιδιαίτερη ερμηνεία για την Βρετανική διοίκηση.

Στο σημείο αυτό ο Λ. Stanley το βρήκε βολικό να υπερθεματίσει στο ζήτημα της «ανεξαρτησίας» των Ιονίων νήσων και να αποδεχθεί τους παραπάνω όρους. Επιπλέον και η Γερουσία συμβίβασε τις δικές της αντιφάσεις στις 21/6/1843, περνώντας ψήφισμα (*Atto di Governo*) που όριζε ως όριο κυκλοφορίας το ποσόν του καταβεβλημένου κεφαλαίου. Παρότι το ποσόν αυτό φάνταζε μικρό σε σχέση με τις προβλέψεις των αποικιακών κανονισμών, πρέπει να σημειωθεί ότι υπερκάλυπτε σημαντικά την κυκλοφορία εκείνη την στιγμή (13.442 λ. στις 31/5/1843). Επιπλέον, η αποδοχή ενός τόσο μικρού ορίου από τους διευθυντές αποτελούσε και διαπραγματευτικό χαρτί για να αποσπάσουν το δικαίωμα χορήγησης ενυπόθηκων δανείων.

Μετά από πολλές μικροτροποποιήσεις και καθυστερήσεις, στις 12/12/1843 οι διευθυντές, το Θησαυροφυλάκιο και το Υπ. Αποικιών συμφώνησαν σε μια τελική διατύπωση που ικανοποιούσε και τα αιτήματα της Γερουσίας και το καταστατικό χορηγήθηκε στις 18/1/1844 (αν και χωρίς την ρητή δήλωση που είχε ζητήσει η Γερουσία). Έτσι η σύμβαση της Smith, Payne, Smith άλλαξε, από «William Brown and others» σε «Ionian Bank».

Οι διατυπώσεις του καταστατικού ήταν σχεδόν πανομοιότυπες με εκείνου της Bank of Australasia. Το καταστατικό καθόριζε ότι η τράπεζα θα είχε όριο κυκλοφορίας ίσο με το καταβεβλημένο της κεφάλαιο και ότι θα μπορούσε να εκδίδει δάνεια με υποθήκη γης. Στο θέμα όμως της «διπλής υπαιτιότητας» η άποψη του Θησαυροφυλακίου έμεινε αμετάβλητη, και αυτό το χαρακτηριστικό των αποικιακών τραπεζών παρέμεινε στο τελικό καταστατικό. Ομοίως παρέμεινε και ο περιορισμός της αναστολής της μετατρεψιμότητας, μόνον μέχρι 60 ημέρες για κάθε έτος. Τέλος, η τράπεζα απαγορευόταν να κατέχει μετοχές της, περιοριζόταν στο να δίνει μέρισμα

---

[9] Στην αναφορά της Γερουσίας προτεινόταν να μειωθεί από το τριπλάσιο του καταβεβλημένου κεφαλαίου και των καταθέσεων, στο διπλάσιο του καταβεβλημένου κεφαλαίου. Αυτό το ποσόν ήταν σαφώς μεγαλύτερο από το *μισό* του καταβεβλημένου κεφαλαίου που προέβλεπε η απόφαση του 1839 και προέδιδε μια ασυνέπεια στον λόγο των Γερουσιαστών.

[10] Που η Γερουσία ήθελε να αυξηθεί πέραν των 60 ημερών, λόγω των περιορισμών που έθετε η γεωγραφία των Επτανήσων και η ύπαρξη ενός μόνον ατμόπλοιου που θα μπορούσε να μετακινεί χρυσό σε εύλογο χρονικό διάστημα.

[11] Που η Γερουσία ήθελε να επιτρέπονται, και μάλιστα με τους ευνοϊκούς για τον χρεώστη Ενετικούς νόμους.

μόνον από τα κέρδη και όχι από το κεφάλαιό της και υποχρεωνόταν να δημοσιεύει τριμηνιαίους ισολογισμούς στην London Gazette.

5.6 Η νομισματική κυκλοφορία και το νομικό θεμέλιο του χρήματος

Όπως είπαμε, η απόφαση της Γερουσίας του 1839 που αδειοδοτούσε την τράπεζα είχε όριο κυκλοφορίας το ήμισυ του καταβεβλημένου κεφαλαίου (αν ίσχυε ο νόμος του 1837), και η απόφαση της Γερουσίας της 21/6/1843, αύξησε αυτό το όριο στο ποσόν του καταβεβλημένου κεφαλαίου. Θα χρειαζόταν όμως να περάσουν είκοσι χρόνια προτού το όριο αυτό καλυφθεί (20/9/1863, 149.999 λ.).

Οι λόγοι της πολύ χαμηλής κυκλοφορίας ήταν κατά τον Loughnan οι «συνήθειες και προκαταλήψεις» των Επτανησίων που δεν κρατούσαν τα χαρτονομίσματα για μεγάλο χρονικό διάστημα. Μάλιστα σε επιστολή του που φτάνει μέσω του Mackenzie στον Λ. Stanley, ζητεί την μεγαλύτερη στήριξη της Κυβέρνησης ώστε να αυξηθεί τελικώς η αποδοχή του χρήματος της τραπέζης από το κοινό, άρα και ο κύκλος εργασιών της. Με το αίτημά του αυτό αναγνωρίζει σιωπηρώς, και ίσως εν αγνοία του, τον ρόλο της κρατικής εξουσίας στον καθορισμό του τι είναι αποδεκτό ως χρήμα. Αναγνωρίζει ότι η εισαγωγή του χρήματος δεν προέρχεται από εμπορικούς αυτοματισμούς μιας κάποιας αφηρημένης «αγοράς», αλλά από απτά μέτρα μιας συγκεκριμένης κυβέρνησης, ό,τι μορφή κι αν έχει αυτή. Παρά τις επιρροές που άσκησαν στην επιχειρηματολογία της τράπεζας η Τραπεζική και η Νομισματική Σχολή, τελικώς εξαναγκάστηκαν να παραδεχθούν ότι de facto η αξία του όποιου χρήματος ορίζεται de jure.

Επιζητώντας λοιπόν την εύνοια του νόμου, κατέφυγαν στην ανώτερη νομική εξουσία, την Βρετανική κυβέρνηση. Στην επιστολή της 12/11/1841 του Loughnan προς τον Λ. Stanley με την οποία επιδιώκεται η Βρετανική εύνοια, περιγράφεται με ειδυλλιακά χρώματα η επίδραση της τράπεζας στην ευημερία των γεωργών, οι οποίοι τώρα *«μπόρεσαν με τα δάνεια να φέρουν σταδιακά το προϊόν τους στην αγορά»* και όχι όλοι ταυτοχρόνως, καθιστάμενοι *«αναγκασμένοι να κάνουν σημαντικές θυσίες στην τιμή».* Επιπλέον αναφέρεται ότι *«στα δάνεια της τράπεζας αποδίδεται η μεγάλη μείωση των τοκογλυφικών συμβολαίων»* από προπωλήσεις με έκπτωση των προϊόντων των απεγνωσμένων γεωργών, εννοώντας τον θεσμό του προστυχίου (Cottrell 2007, 177). Βεβαίως, ο Λόρδος Selwyn d'Everton, διπλωματικός αντιπρόσωπος στην Κεφαλονιά επί Αρμοστείας Λόρδου Seaton (John Colborne), θα περιέγραφε με τελείως διαφορετικά χρώματα την δράση της τράπεζας, κατηγορώντας την ως τοκογλύφο που *«οδηγεί ταχέως την χώρα σε χρεωκοπία»* με τα *«συμφέροντά»* της να *«αντιτίθενται σε εκείνα των ιδιοκτητών της και εκείνα των ιδιοκτητών της να αντιτίθενται σε εκείνα των coloni [μικροκαλλιεργητών]»* (Hannel 1989).

Ο d'Everton δεν ήταν ο μόνος κρατικός λειτουργός που αντετίθετο στην τράπεζα. Ο Θησαυροφύλακας Woodhouse, έφερνε εμπόδια στην χρήση των τραπεζογραμματίων της Ionian από τις στρατιωτικές και κυβερνητικές υπηρεσίες της Κυβέρνησης. Υποστήριζε ότι η απόφαση της Γερουσίας ήταν αντισυνταγματική, καθώς δεν είχε κυρωθεί από την Βουλή, και αρνείτο να δεχθεί τα τραπεζογραμμάτια. Και καθώς αυτά δεν είχαν γίνει νόμιμο χρήμα (legal tender), πράγματι δεν τελούσε υπό νομική υποχρέωση να τα δέχεται.

Χρειάστηκε ειδική εντολή από την Γερουσία προς τον Woodhouse στις 9/7/1840 ώστε *«τα τραπεζογραμμάτια της Τράπεζας να λαμβάνονται από όλες τις Κυβερνητικές υπηρεσίες ως μετρητά»* (Cottrell 2007, 188). Και πάλι όμως η εντολή δεν καθιστούσε τα τραπεζογραμμάτια νόμιμο χρήμα (legal tender)· με την στενή της ερμηνεία (την οποία υιοθέτησε ο Woodhouse), τα καθιστούσε ισοδύναμα του μεταλλικού, αλλά δεν υποχρέωνε ούτε σε *αποκλειστική χρήση* τους ούτε σε *υποχρεωτική αποδοχή* τους. Και καθώς ίσχυε καθεστώς μετατρεψιμότητος, ακόμη κι αν ο Woodhouse επέλεγε να τα χρησιμοποιήσει για την κρατική μισθοδοσία, οι υπάλληλοι μπορούσαν εύκολα να τα ανταλλάσσουν με μεταλλικό στην τράπεζα, που απείχε λίγα μέτρα από το θησαυροφυλάκιο.

Ακόμη κι όταν ο Woodhouse άρχισε την εφαρμογή της εντολής, το έκανε με ευρηματική εχθρικότητα. Ζητούσε από το προσωπικό του να καταστρώνουν καταλόγους των χαρτονομισμάτων που δεχόντουσαν, και να ερωτούν «από τίνος χέρια πέρασαν». Εν συνεχεία διέτασσε την αποστολή των τραπεζογραμματίων κατά δέματα στο κεντρικό κατάστημα της Κέρκυρας για εξαργύρωση. Μάλιστα, ηθελημένα ή μη, αυτά έφταναν λίγο πριν το κλείσιμο της τράπεζας, φέρνοντας έτσι επιπρόσθετα προβλήματα στις εργασίες του καταστήματος (Cottrell 2007, 188).

Μέσα σε αυτό το κλίμα, η απόφαση του Douglas να λαμβάνει τον μισθό του σε τραπεζογραμμάτια (και να τον πιστώνεται σε λογαριασμό της Ionian), αν και ήταν προς την σωστή κατεύθυνση για την αύξηση της κυκλοφορίας τους, μόνον συμβολική σημασία είχε. Η αντίσταση από τον Woodhouse ήταν αποτελεσματικότατη, και μάλιστα θα επετύγχανε και την ανατροπή της παραπάνω πρακτικής από τον επόμενο αρμοστή, τον Mackenzie. Αποτελεσματικές θα ήταν και οι φήμες που διέσπειραν οι ταμίες των τελωνείων, που *«ενεργώς προκατελάμβαναν του φίλους και τις διασυνδέσεις τους εναντίον της τράπεζας»*. Έτσι, μέχρι τα μέσα του 1842 η κυκλοφορία θα παρέμενε περιορισμένη και χωρίς καθαρές αυξητικές τάσεις. Οι διευθυντές της τράπεζας ήταν ρητοί σε αυτή τους την κατηγορία εναντίον του Woodhouse, τον οποίον υπεδείκνυαν ως τον αποκλειστικό υπεύθυνο στο Υπουργείο Αποικιών.

Ο μοναδικός που φάνηκε να κατανοεί την σημασία του νόμου στην χρηματική λειτουργία ήταν ο Loughnan, ο οποίος ζήτησε τον Νοέμβριο του 1841 από τον Douglas, τα τραπεζογραμμάτια της Ionian Bank *«να γίνουν νόμιμο χρήμα στις πληρωμές»* (legal tender in payment, as money). Όμως οι διευθυντές δεν παρείχαν καμία κάλυψη σε αυτό του το αίτημα, λέγοντας ότι δεν είχε καμία δικαιοδοσία να το προωθήσει. Αλλά και η οδηγία από το Λονδίνο στον Douglas ήταν *«particularly against giving your assent to any arrangement or proceeding implying that notes are, under any circumstances to constitute a legal or compulsory tender»* (Cottrell 2007, 189).

Επιπρόσθετα νομικά κωλύματα στην αύξηση της κυκλοφορίας ήταν η επίσημη αποδοχή και άλλων μεταλλικών νομισμάτων από τα κρατικά ταμεία (κυρίως διστήλων διαφόρων προελεύσεων), αλλά και η υψηλή αξία του μικροτέρου τραπεζογραμματίου όπως την όριζε το Βρετανικό θέσπισμα (1 λ. ή 5 δίστηλα) και που περιόριζε την χρήση του στις καθημερινές συναλλαγές. Και οι δύο αυτοί παράγοντες *νομικής* προελεύσεως απομείωναν έτι περαιτέρω την οποιαδήποτε πιθανότητα να αποκτήσουν οι κάτοικοι εμπιστοσύνη στο χάρτινο χρήμα της τραπέζης, ή εν γένει στην έννοια του χαρτίνου χρήματος. Μόνον μετά τον Φεβρουάριο του 1845 η κυκλοφορία των τραπεζογραμματίων θα άρχιζε να ξεπερνά το μεταλλικό αποταμίευμα της τράπεζας (37.644 έναντι 25.156 λιρών, αντιστοίχως) όταν δηλαδή είχε παγιωθεί η λειτουργία της και βάσει βασιλικού θεσπίσματος (Cottrell 2007, 223). Τα παθήματα της Ionian Bank στα πρώτα της χρόνια επιβεβαιώνουν ότι *χωρίς την στήριξη του νόμου, το χαρτί που εξέδιδε δεν μπορούσε να αποκτήσει σημαντική αξία ως χρήμα*.

5.7 Αναντιστοιχία τραπεζογραμματίου-νομισματικού συστήματος

Πριν την βρετανική κατάκτηση πλήθος νομισματικών μονάδων κατέκλυζαν τα Ιόνια νησιά. Ακόμη και μετά την έναρξη της βρετανικής κυριαρχίας μεγάλες ποσότητες ξένων νομισμάτων εισάγονταν για την εξυπηρέτηση των συναλλαγών, με τα κολωνάτα να είναι ιδιαιτέρως δημοφιλή. Μια πρώτη απάντηση του Κυβερνήτη James Campbell στην νομισματική πολυφωνία ήταν η σήμανση των ξένων νομισμάτων με μηχάνημα που έφερε για τον σκοπό αυτό. Ακόμη όμως οι πρώτες διατιμήσεις στην Ιόνιο Πολιτεία γίνονταν με βάση τα τουρκικά νομίσματα.

Το σύστημα των ιονικών χάλκινων οβολών που εισήχθη το 1820 ήταν βασισμένο στα βρετανικά κέρματα ως προς την εμφάνιση (φαρδίνι, πέννα, μισόπεννα) και στο αργυρό δίστηλο ως προς την αξία (100 οβολοί = 1 δίστηλο). Από το 1825, βάση των ιονικών νομισμάτων έγιναν τα βρετανικά, μεταρρύθμιση που ολοκληρώθηκε το 1827 για να συμπεριλάβει το σύστημα των δημοσίων λογαριασμών, απαγορεύοντας παράλληλα τα υπόλοιπα ξένα νομίσματα (Μοσχονάς 2002, 100–106, 108–111).

Η ίδρυση όμως της Ionian Bank δεν θα ακολουθούσε αυτές τις μεταρρυθμίσεις. Η Ionian ιδρύθηκε ως βρετανική επιχείρηση και από την αρχή της λειτουργίας της χρησιμοποίησε την λίρα στερλίνα ως λογιστική μονάδα· σε στερλίνες έγινε η καταγραφή του μετοχικού κεφαλαίου και σε στερλίνες εκδίδονταν οι ισολογισμοί μέχρι και το 1950 (Ionian Bank Ltd 2015a· Ionian Bank Ltd 2015d). Παρ' όλα αυτά όμως, τραπεζογραμμάτια σε στερλίνες δεν πέρασαν ποτέ το στάδιο του δοκιμίου. Αντιθέτως, τα πρώτα τραπεζογραμμάτια που εκδόθηκαν ήταν σε κολωνάτα. Σε αυτήν την νομισματική μονάδα κυκλοφόρησαν τα τραπεζογραμμάτια της Ionian τουλάχιστον μέχρι και το 1876, δεκατρία χρόνια μετά την ένωση με το ελληνικό κράτος· από την χρονιά εκείνη κυκλοφόρησαν τα πρώτα τραπεζογραμμάτια σε δραχμές, οπότε η λογιστική μονάδα της τράπεζας «συγχρονίστηκε» με εκείνη του κράτους (Νοταράς 2005, 202–213).

Τα αίτια αυτής της διευθέτησης χρήζουν περαιτέρω έρευνας. Σαφώς έχει ομοιότητες με την κατάσταση που επικράτησε στο ελληνικό κράτος μεταξύ 1868–82, όταν κυκλοφορούσαν τα νέα δραχμικά νομίσματα ενώ επίσημη νομισματική μονάδα παρέμενε η παλιά οθωνική δραχμή. Στην περίπτωση της Ιονίου Πολιτεία όμως η κατάσταση ήταν σαφώς πιο διαφοροποιημένη. Τα επίσημα μεταλλικά κέρματα ήταν βασισμένα στα βρετανικά, χωρίς όμως να είναι ισάξια με αυτά, η επίσημη κρατική και τραπεζική νομισματική μονάδα ήταν η στερλίνα, όμως τα τραπεζογραμμάτια εκδίδονταν σε δίστηλα. Αυτή η ερμαφρόδιτη νομισματική διευθέτηση αντανακλούσε την ιδιαίτερη κατάσταση της Ιονίου Πολιτείας *«μεταξύ αποικίας και πλήρως ανεξαρτήτου κράτους»*, η οποία δεν είχε το πλεονέκτημα ούτε ενός παγκοσμίου νομισματικού συστήματος—του μητροπολιτικού—αλλά ούτε και πλήρη νομισματική ανεξαρτησία.

5.8 Συμπεράσματα

Η συζήτηση μέχρις εδώ σκιαγράφησε σε αδρές γραμμές την ταυτότητα της Ionian Bank, το παρασκήνιο της ίδρυσής της και τα πρώτα της βήματα. Καθώς η Ionian Bank έδρασε εκτός του ελληνικού κράτους μεταξύ 1839–1864, δεν θα υπεισέλθω σε περισσότερες λεπτομέρειες για την πορεία της στο διάστημα αυτό. Αντιθέτως θα επανέλθω σε μια πιο λεπτομερή περιγραφή της λειτουργίας της από το 1864 και μετά.

Αυτό όμως που μπορούμε να αντλήσουμε από την παραπάνω περιγραφή σχετίζεται με τις προϋποθέσεις του θεσμού του χρήματος. Η ίδρυση ενός ιδρύματος που θα εξέδιδε χρήμα ήταν άμεσα εξαρτημένη από την πολιτική του κράτους στην κυριαρχία του οποίου βρισκόταν η Ιόνιος Πολιτεία· δηλαδή την Μεγάλη Βρετανία. Έτσι, αποκλείσθηκε εξ' αρχής μια κρατική αρχή που θα υπονοούσε ανεξάρτητο κράτος και προωθήθηκε μια μετοχικής βάσεως ιδιωτική επιχείρηση.

Ακόμη κι έτσι όμως, και αυτό το σχήμα είχε έντονη εξάρτηση από την επιβλέπουσα κρατική αρχή. Συγκεκριμένα έπρεπε να συμμορφώνεται και με το βρετανικό αποικιακό δίκαιο για τις τράπεζες, αλλά και να λάβει την έγκριση της Ιονίου Βουλής. Στην προσπάθεια να συμμορφώνεται με τους περιορισμούς αυτούς το εγχείρημα καθυστέρησε να λάβει την τελική του μορφή για πάνω από έξι χρόνια, από τον Δεκέμβριο του 1837, όταν ψηφίσθηκε ο σχετικός νόμος από την Ιόνιο Βουλή, μέχρι το βασιλικό θέσπισμα τον Ιανουάριο του 1844.

Μάλιστα διάφορες νομικές ατέλειες έθεσαν την λειτουργία της τράπεζας σε κίνδυνο. Αφενός, η άδεια της Γερουσίας τον Οκτώβριο του 1839, με την οποία η Ionian Bank ξεκίνησε τις εργασίες της, δεν ήταν νομικώς άρτια διότι δεν είχε εγκριθεί από την Βουλή. Αφετέρου, το τραπεζογραμμάτιο δεν είχε καταστεί νόμιμο χρήμα κατόπιν οδηγίας του Υπ. Αποικιών. Αυτά τα σημεία έδωσαν λαβή στον κρατικό μηχανισμό—συγκεκριμένα στον Θησαυροφύλακα Woodhouse—να τορπιλίσει την αποδοχή του τραπεζογραμματίου της Ionian Bank με ποικίλους και ευρηματικούς τρόπους. Μόνον μετά το βασιλικό θέσπισμα το τραπεζογραμμάτιο της Ionian Bank άρχισε να ξεπερνά το μεταλλικό της αποταμίευμα.

Η «ΕΘΝΙΚΗ ΤΡΑΠΕΖΑ ΤΗΣ ΕΛΛΑΔΟΣ Α.Ε.»

6

Μοῦ φαίνεται ὅτι ἀπὸ διετίας ὁ Ὄθων δὲν εἶναι πλέον ἄξιος τῶν φροντίδων μεθ' ὧν ὁ Γαβριὴλ περιέβαλε τὸν δρόμον του [...] Ὄχι μόνον οὗτος δὲν πράττει ὅ,τι τὸν συμβουλεύει, ἀλλ' ἀπεναντίας ἐργάζεται κρυφίως διὰ νὰ ἐνεργῇ τὰ ἀντίθετα [...] Θὰ ἴδωμεν ἐὰν τὸν ἔκρινα κακῶς. Νομίζω ὅμως, ὅτι ἡ Ἀγγλία ἔχει ξελογιάσει τὸν Ὄθωνα καὶ ὅτι, ὅ,τι καὶ ἂν κάμῃ, εἶναι πιασμένος σ' αὐτὴν τὴν ἰξόβεργα.
Anne, σύζυγος Jean-Gabriel Eynard, 1841 (Δ. Λ. Ζωγράφος 1927, 2:76)

Ἔ ΧΟΝΤΑΣ ΠΕΡΙΓΡΑΨΕΙ ΤΙΣ προσπάθειες ίδρυσης της Ionian Bank, ξαναπαίρνω το νήμα της διήγησης από την αποτυχία της τελευταίας προσπάθειας ίδρυσης κεντρικής τράπεζας στην Ελλάδα. Όπως είπαμε, οι διαδοχικές αποτυχίες των διαφόρων σχημάτων λόγω έξωθεν παρεμβάσεων (κυρίως Βρετανικών), ελλείψεως εχεγγύων, αλλά και η χρεωκοπία του Wright, που αποστέρησε από την Βρετανία τον μοναδικό της παίχτη στην περιοχή, άφησαν τον Eynard τον μοναδικό παράγοντα σε θέση να επηρεάσει τις εξελίξεις, πολλώ δε μάλλον και λόγω του ρόλου του στην ανάληψη της βασιλίας από τον Βαυαρό πρίγκιπα.

6.1 Η ίδρυση

Ο νόμος του 1841

Μπορούμε να πούμε ότι η τελική ευθεία για την ίδρυση της ΕΤΕ ξεκινάει με την υπογραφή σχετικού Διατάγματος την 25/1/1841 και την ανάθεση της σύνταξης του σχετικού νομοσχεδίου στους Ν. Σκούφο, Ι. Σούτσο και τον Βαυαρό Σύμβουλο της Γραμματείας Οικονομικών Γκέπχαρντ. Όπως αναφέρει ο Δ. Λ. Ζωγράφος, η επιτροπή αυτή ολοκλήρωσε το έργο της εντός λίγων ημερών και εν συνεχεία ανέλαβαν οι Σπυρίδων Πήλικας και Gottfried Feder την ρύθμιση κάποιων νομικών λεπτομερειών πριν την κατάθεση του νομοσχεδίου στο Συμβούλιο της Επικρατείας. Ακολούθησε ένα διάστημα δύο περίπου μηνών κατά το οποίο ούτε το Διάταγμα δημοσιεύθηκε, αλλά και ούτε το νομοσχέδιο κατατέθηκε στο Συμβούλιο της Επικρατείας, δημιουργώντας έντονες αμφιβολίες για την έκβαση του όλου εγχειρήματος. Τελικά, όπως ανακοινώθηκε στις 24/3/1841, το νομοσχέδιο συζητήθηκε τελικά από το ΣτΕ και εγκρίθηκε. Η δημοσίευση του νόμου έγινε μετά από λίγες ημέρες (Δ. Λ. Ζωγράφος 1925, 1:200–220).

Στις 30/3(11/4)/1841 η Κυβέρνηση δημοσίευσε τον νέο νόμο «Περί συστάσεως εθνικής Τραπέζης»,[1] με τον οποίο καταργούσε τον μη εφαρμοσθέντα νόμο του 1836. Ταυτοχρόνως, και εν αναμονή της υλοποιήσεως του Κτηματολογίου που είχε αναγγελθεί από το 1836,[2] δημοσίευσε και νόμο που όριζε τον τρόπο υποθήκευσης κτημάτων για την σύναψη δανείων από την ΕΤΕ.[3] Αμέσως μετά την δημοσίευση του νόμου καταρτίσθηκε το καταστατικό της «Εθνικής ελληνικής τραπέζης» στις 8(20)/4/1841, και το οποίο εγκρίθηκε με Διάταγμα της ίδιας ημέρας.[4]

Κατά τον ιδρυτικό νόμο η Τράπεζα ιδρυόταν ως Ανώνυμος Εταιρεία (άρ. 1), με τα κεφάλαιά της να ορίζονται σε 5.000.000 δρχ, δυνάμενα να αυξηθούν (άρ. 2). Αυτά διαιρούνται σε 5.000 μετοχές των 1000 δραχμών εκάστη. Χίλιες μετοχές θα αγόραζε το κράτος, ενώ «*των λοιπών μερίδων δύνανται να γίνωσι μέτοχοι αδιαφόρως Έλληνες και αλλοδαποί*» (άρ. 3). Οι μετοχές δε, δύνανται να είναι ονομαστικές ή ανώνυμες (au porteur) «*κατά την αρεσκείαν του μετόχου*» (άρ. 3). Η τράπεζα θεωρείτο συστημένη άμα τη εγγραφή 2600 μετοχών (άρ. 5). Ορίζόταν Γενική Συνέλευση μετόχων (άρ. 6), που εξέλεγε την διοίκηση της τραπέζης (άρ. 7) και οριζόταν (άρ. 8) Βασιλικός Επίτροπος με

---

[1] Ν. της 30/3(11/4)/1841 (ΦΕΚ 6, 30/3/1842, σ. 59–62).
[2] Διάταγμα της 24/11(6/12)/1836 *περί κτηματολογίων* (ΦΕΚ 70, 2/12/1836, σ. 354–358).
[3] Ν. της 30/3(11/4)/1841 (ΦΕΚ 7, 1/4/1841, σ. 63–65).
[4] Διάταγμα της 8(20)/4/1841 *Περί εγκρίσεως του κανονισμού της Εθνικής ελληνικής τραπέζης* (ΦΕΚ 8, 11/4/1841, σ. 67–71).

εξουσία να ελέγχει τα βιβλία, να παρίσταται στις κλειστές συνεδριάσεις του Διοικητικού Συμβουλίου, να πιστοποιεί την τήρηση των νόμων και του παρόντος νόμου και να επικυρώνει τα χαρτονομίσματα προ της κυκλοφορίας τους. Αν σε περίπτωση διαφωνίας με το ΔΣ η γνώμη του αγνοείτο, θα μπορούσε να φέρει το θέμα στην Κυβέρνηση, οπότε η εφαρμογή του όποιου μέτρου θα αναστελλόταν για 30 ημέρες. Αν όμως δεν λαμβανόταν σχετική απόφαση από την Κυβέρνηση, το μέτρο θα μπορούσε να εκτελεστεί από την Τράπεζα. Δηλαδή το Κράτος είχε έναν σχετικά άμεσο έλεγχο στα της Τραπέζης, τουλάχιστον θεωρητικά· πρακτικά, δεν γνωρίζω περιπτώσεις που ο Βασιλικός Επίτροπος να έπαιξε κάποιον αξιομνημόνευτο ρόλο.

Οι εργασίες της τράπεζας θα ήταν η χορήγηση δανείων ενυπόθηκων (σε ακίνητα) ή επ' ενεχύρω (έναντι καταθέσεων σε χρυσό ή άργυρο) και οι προεξοφλήσεις (άρ. 9), ενώ μπορούσαν να επιτραπούν και άλλες εργασίες με την συγκατάθεση μετόχων και Κυβερνήσεως (άρ. 10). Το 80% του κεφαλαίου προοριζόταν για τα προαναφερθέντα δάνεια, τα οποία θα αποπληρώνονταν λαμβάνοντας υπόψη την αξία της δραχμής κατά την σύναψη του δανείου (άρ. 11) και με μέγιστο τόκο 10% (άρ. 12).

Με το υπόλοιπο 20% του κεφαλαίου η τράπεζα θα μπορούσε να προεξοφλεί συναλλαγματικές. Όμως, οριζόταν ότι εάν μέρος του κεφαλαίου προοριζόμενου για δάνεια (το 80%, αναφερόμενο άρ. 11) είναι διαθέσιμο, θα μπορούσε να χρησιμοποιηθεί για προεξοφλήσεις συναλλαγματικών, μέχρις ότου κατατεθούν αιτήσεις δανείων. Για τον λόγο αυτό η Τράπεζα μπορεί να εκδίδει τραπεζογραμμάτια στον κομιστή (δηλαδή πληρωτέα επί τη εμφανίσει), μέχρι του 40% του κεφαλαίου της Τραπέζης. Σαν ασφάλεια για το κοινό, έπρεπε να διατηρεί σε αποθεματικό τουλάχιστον το 25% της αξίας των τραπεζογραμματίων που εξέδιδε και για τα υπόλοιπα 75% να εκχωρεί τίτλους ιδιοκτησίας υποθηκευμένων κτημάτων διπλάσιας αξίας από αυτή των τραπεζογραμματίων (άρ. 19). Τα τραπεζογραμμάτια αυτά όμως δεν ετέθησαν σε αναγκαστική κυκλοφορία για το κοινό (άρ. 20).

Δηλαδή η τράπεζα αποκτούσε χαρακτήρα κτηματικής και προεξοφλητικής τράπεζας εκδόσεως τραπεζογραμματίων, με κύριο όμως ρόλο τις δανειοδοτήσεις, κυρίως λόγω απουσίας εξειδικευμένης κτηματικής τράπεζας. Με άλλα λόγια εκτελούσε χρέη εμπορικής τράπεζας, και εκδοτικής.

Το δε μέγιστο επιτόκιο οριζόταν στο 8%, εκτός από περιστάσεις δημόσιας ανάγκης, οπότε το κράτος μπορούσε να επιτρέψει την αύξησή του (άρ. 23). Η δε διάρκειά της ορίσθηκε στα 25 έτη, ανανεώσιμη κατ' αίτημα των μετόχων (άρ. 30).

Για την ώρα η τράπεζα είχε δικαίωμα εκδόσεως τραπεζογραμματίων, αυτό όμως δεν ήταν ακόμη αποκλειστικό προνόμιο.

Η προπαρασκευαστική επιτροπή

Ταυτόχρονα με την δημιουργία του θεσμικού πλαισίου της νέας τράπεζας ορίζονταν και τα πρόσωπα που θα αναλάμβαναν την υλοποίησή της. Την επιτροπή που ανέλαβε να οργανώσει την διάθεση των μετοχών αποτελούσαν ο Πρόεδρος του Ελεγκτικού Συνεδρίου Νικόλαος Σιλιβέργος, ο τραπεζίτης Θεόδωρος Ράλλης και ο μεγαλέμπορος Julius Hoeslin ως τακτικά μέλη, και ο Γεώργιος Σταύρος (ελεγκτής του Ελεγκτικού Συνεδρίου), ο Εμμανουήλ Μεσθενεύς (μεγαλέμπορος) και ο Adolf Graf (έμπορος) ως αναπληρωματικά.[5] Η επιλογή των προσώπων της επιτροπής ήταν χαρακτηριστική του δυϊσμού που θα χαρακτήριζε την τράπεζα μεταξύ κρατικού και ιδιωτικού ιδρύματος: αυτήν αποτελούσαν δύο δημόσιοι υπάλληλοι, τρεις έμποροι και ένας τραπεζίτης.

Κεντρικό πρόσωπο στην επιτροπή θα ήταν ο Γ. Σταύρος, οποίος ενσάρκωνε αυτόν τον δυϊσμό. Πριν την Επανάσταση είχε διατελέσει έμπορος αναλαμβάνοντας την επιχείρηση του πατέρα του, Σταύρου Ιωάννου, ή Τσαπαλάμου, Γιαννιώτη εμπόρου και κατόπιν προεστού της πόλης (Δ. Λ. Ζωγράφος 1927, 2:163–166). Είχε ορκισθεί Φιλικός και μέλος της Φιλομούσου Εταιρείας και είχε έλθει σε επαφή με τον Καποδίστρια λίγο μετά την αποτυχημένη Επανάσταση της Μολδοβλαχίας (1821). Κατά την Επανάσταση διορίσθηκε Γενικός Ταμίας του Εκτελεστικού υπό τον Κουντουριώτη (1825) και πληρεξούσιος Ηπείρου κατά τις Γ΄ και Ε΄ Εθνοσυνελεύσεις (1827 και 1832). Ο Γ. Σταύρος έγινε στενός συνεργάτης του Καποδίστρια υπηρετώντας ταυτοχρόνως ως συνδιευθυντής της ΕΧΤ, συνδιευθυντής της Επιτροπής του Ταμείου (μαζί με τον Αλ. Κοντόσταυλο) και ως μέλος της

---

[5] Διάταγμα της 8(20)/4/1841 *Περί δι[ο]ρισμού επιτροπής επιφορτιζομένης τας προετοιμαστικάς εργασίας της Εθνικής Ελληνικής Τραπέζης* (ΦΕΚ 9, 27/4/1841, σ. 73).

Επιτροπής Οικονομίας (μαζί με τον Γ. Κουντουριώτη και τον Κοντόσταυλο). Μετά την δολοφονία του Καποδίστρια αποσύρθηκε από την δημόσια υπηρεσία, για να διορισθεί το 1835 (ή το 1837) ελεγκτής στο Ελεγκτικό Συνέδριο (Δ. Λ. Ζωγράφος 1927, 2:163–171, 175).

Κατά την περίοδο των συζητήσεων για την ίδρυση τράπεζας, εκπρόσωπος των συμφερόντων του Eynard ήταν ο Arthémond de Regny. Τον Regny είχε συστήσει προσωπικά ο Ελβετός τραπεζίτης στον Καποδίστρια ως ικανό οικονομολόγο. Κατόπιν ο Regny έγινε πρώτος Πρόεδρος του Ελεγκτικού Συνεδρίου (μεταξύ 1833–1836). Τον Αύγουστο του 1838 ο Eynard απέστειλε στον Regny σημαντικό χρηματικό ποσό για την ίδρυση προεξοφλητικής τράπεζας, το οποίο ο τελευταίος άρχισε να διαχειρίζεται σε συνεργασία με τον Σταύρο. Όπως αναφέρει ο Δ. Λ. Ζωγράφος, η προεξοφλητική «Τράπεζα Εϋνάρδου» με το συγκριτικά χαμηλό της επιτόκιο (8%) είχε αποτελέσει από έναν ισχυρό ανταγωνιστή για τους τοκογλύφους που δάνειζαν με επιτόκια της τάξεως του 40% (Δ. Λ. Ζωγράφος 1927, 2:186–187).

Από τα παραπάνω συνάγεται ότι τέσσερα πρόσωπα έπαιξαν κρίσιμο ρόλο στις εξελίξεις που θα οδηγούσαν στην ΕΤΕ: ο Eynard, ο Ι. Καποδίστριας, ο Regny και ο Γ. Σταύρος. Οι δύο πρώτοι γνωρίσθηκαν το 1814 στο Συνέδριο της Βιέννης, το οποίο μεταξύ άλλων αποφάσισε την προσάρτηση της Γενεύης στην Ελβετική Ομοσπονδία. Αργότερα ο Καποδίστριας γνωρίσθηκε με τον Σταύρο με τον οποίο συνεργάσθηκε στενά ως Κυβερνήτης της Ελλάδας. Όταν χρειάστηκε κάποιον έμπειρο οικονομολόγο, στράφηκε στον Eynard που του συνέστησε τον Regny. Μετά τον θάνατο του Ι. Καποδίστρια ο Γ. Σταύρος και ο Regny συνεργάζονται, πρώτα στο Ελεγκτικό Συνέδριο και μετά στην τράπεζα με τα κεφάλαια του Eynard. Όταν η κατάσταση ωριμάζει, ο Eynard ελέγχει το παιγνίδι. Όχι μόνον είχε προωθήσει ενεργά την υποψηφιότητα του βασιλιά, αλλά έχει ήδη αναπτύξει το δίκτυό του στον κρατικό μηχανισμό. Πράγματι, ο Όθωνας τοποθετεί τον Γ. Σταύρο στην προπαρασκευαστική επιτροπή της τράπεζας, χαμηλόβαθμο τότε δημόσιο υπάλληλο, αλλά ενεργό τραπεζίτη με ισχυρές γνωριμίες. Πράγματι σε λίγο αντικατέστησε και τον Σιλιβέργο ως τακτικό μέλος της επιτροπής (Γραμματεία της Επικρατείας 1841).

Οι πρώτοι μέτοχοι

Η διαδικασία εγγραφής μετόχων ξεκίνησε με την δημοσίευση του νόμου. Με ανακοίνωση της 12(24)/4/1841 (Βαλαωρίτης 1902, 9–10) η Κυβέρνηση ανακοίνωσε ότι θα συμμετάσχει με αγορά χιλίων μετόχων, δηλαδή με το 20% του μετοχικού κεφαλαίου που ελπιζόταν να συγκεντρωθεί. Πρώτος ιδιώτης ενεγράφη στις 24/4(6/5)/1841 ο Κων/νος Βράνης για 150 μετοχές (Βαλαωρίτης 1902, 9). Όμως εγγραφή δεν σήμαινε και αγορά· οι επίδοξοι μέτοχοι δήλωναν την επιθυμία τους αλλά δεν κατέθεταν το κεφάλαιο σε μεταλλικό ώστε να ολοκληρώσουν την αγορά των μετοχών. Οι λόγοι ποίκιλαν.

Ο Eynard και η de Rothschild Frères είχαν συγκεκριμένες απαιτήσεις για να ολοκληρώσουν την εγγραφή τους, εκ των οποίων οι κυριότερες ήταν: (α) να μειωθεί το κατώφλι συστάσεως της Τραπέζης από τα 2,6 στο 1,5 εκ. δραχμές, (β) να καθορισθεί η χρήση του κεφαλαίου κατά τα 2/3 για ενυπόθηκα δάνεια και κατά το 1/3 για επ' ενεχύρω χρυσού ή αργύρου δάνεια και προεξοφλήσεις, (γ) να υποχρεωθούν τα κρατικά ταμεία να δέχονται τα τραπεζογραμμάτια αντί μεταλλικού σε συναλλαγές με τους πολίτες και, κυριοτέρως, (δ) να μετατραπεί το απλό δικαίωμα της Τραπέζης για έκδοση τραπεζογραμματίων σε αποκλειστικό προνόμιο 25 ετών (Δ. Λ. Ζωγράφος 1925, 1:249–250). Η απόπειρα ικανοποίησης αυτών των απαιτήσεων από τον Μαυρκοκορδάτο συνάντησε την δυστοκία της κυβέρνησης, εξαιτίας της οποίας παραιτήθηκε από την Πρωθυπουργία στις 10/8/1841. Αυτό δημιούργησε νέα προβλήματα αφού η πλευρά Eynard, ζητούσε την ανάκλησή του στην Πρωθυπουργία, ενώ η κυβέρνηση δεν είχε καταθέσει την συμμετοχή της μέχρι τον Αύγουστο λόγω έλλειψης ρευστού (*Αθηνά* 1841, 3513). Τελικά, υπό την παραίνεση του Χρηστίδη, Γραμματέα Εσωτερικών της Κυβέρνησης υπό τον Όθωνα, η κυβέρνηση αναγκάστηκε να δεχθεί αυτές της απαιτήσεις και να τροποποιήσει τον ιδρυτικό νόμο της τράπεζας τον Αύγουστο.[6] Η τροποποίηση αυτή ίσχυε για τις επαρχίες στις οποίες η ΕΤΕ λειτουργούσε υποκατάστημα, αντιγράφοντας το καθεστώς λειτουργίας της Τράπεζας της Γαλλίας, όπως ίσχυε από τον νόμο 24 Germinal XI, του 1803 (Γ. Στασινόπουλος 2000, 64).

---

[6] Ν. της 19(31)/8/1841 (ΦΕΚ 16, 23/8/1841, σ. 107–110).

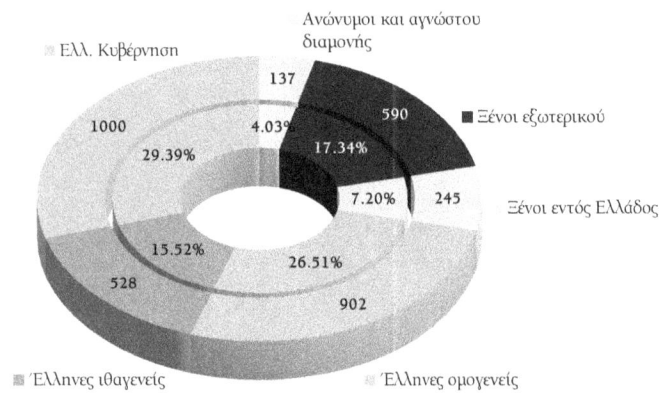

Εικόνα 6.1: Κατανομή των πρώτων μετόχων της ΕΤΕ (1842) ανάλογα με την καταγωγή και τον τόπο διαμονής τους.

Αυτή η τροποποίηση είχε ως αποτέλεσμα την επιτάχυνση των εγγραφών. Επιπλέον, η κατάθεση του ποσού που αντιστοιχούσε στην ελληνική κυβέρνηση επέτρεψε στην προπαρασκευαστική Επιτροπή να ανακινώσει στις 29/10/1842 την σύγκληση της πρώτη Γενικής Συνέλευσης των μετόχων (Δ. Λ. Ζωγράφος 1925, 1:283–284). Σύμφωνα με τις εγγραφές αυτής της πρώτης ΓΣ (14/11/1841) είχαν συγκεντρωθεί εγγραφές για 2765 μετοχές (Πίνακας 25.27). Σύμφωνα με το σχετικό Βιβλίο Μετόχων ('Α' Βιβλίον Μετόχων' 1842) η πρώτη από τις τέσσερις δόσεις καταβλήθηκε στις 22/1/1842. Ο πρώτος ισολογισμός της 18/3/1842 αναφέρει παθητικό 3.472.000 δρχ για αγορασμένες μετοχές και ενεργητικό 2.604.000 δρχ για τις τρεις τελευταίες δόσεις, που πράγματι αντιστοιχούν στο 75% το προαναφερθέντος μετοχικού κεφαλαίου. Δημοσίευμα του *Ελληνικού Παρατηρητή* της 7/1/1842 επιβεβαίωνε ότι στις αρχές Ιανουαρίου η τράπεζα είχε σε μετρητά στο ταμείο της το 25% της αξίας των εξαγορασμένων μετοχών (Δ. Λ. Ζωγράφος 1925, 1:319–320).

Στις 22 Ιανουαρίου, οπότε και η τράπεζα ξεκινούσε επισήμως τις εργασίες της είχαν διατεθεί 3402 μετοχές. Μεγαλύτερος μέτοχος ήταν η ελληνική κυβέρνηση με 1000 μετοχές και ακολουθούσαν ο Νικόλαος Ζωσιμάς (500), ο Eynard (300), ο Βασιλιάς της Βαυαρίας Λουδοβίκος Α' (200), ο Κωνσταντίνος Βράνης (150), ο Adolf Graf (146), ο Θεόδωρος Ράλλης (100) και ο Théodore de Lagrené (80). Ο Γ. Σταύρος αγόρασε 10 μετοχές για τον εαυτό του. Αξιομνημόνευτος μέτοχος ήταν η de Rothschild Frères Paris, του Jacob Mayer Rothschild, τον οποίο ο Eynard έπεισε να συμμετάσχει έστω και με 50 μετοχές. Η τραπεζιτική δυναστεία φάνηκε να μην ενδιαφέρεται ιδιαιτέρως για την ασήμαντη αγορά της Ελλάδας. Μάλιστα, εντός του 1842 ο Eynard αγόρασε άλλες 50 μετοχές στο όνομά τους για να προσδώσει επιπλέον κύρος στην νέα τράπεζα (Νοταράς και Συνοδινός 1999, 26). Επίσης μπορούμε να αναφέρουμε και τον αγωνιστή της Επανάστασης Ιωάννη Μακρυγιάννη με 5 μετοχές.

Συνολικά έγιναν 123 εγγραφές μετόχων, εκ των οποίων 1522 μετοχές (44,7%) ανήκαν σε Έλληνες διαμένοντες στην Ελλάδα και στην ελληνική Κυβέρνηση, 902 (26,5%) ανήκαν σε Έλληνες ομογενείς, 590 (17,3%) ανήκαν σε ξένους διαμένοντες στο εξωτερικό, 245 (7,2%) ανήκαν σε ξένους διαμένοντες στην Ελλάδα και 137 (4,0%) σε ανωνύμους (βλ Εικόνα 6.1 και Πίνακα 25.27). Αν και το ελληνικό κράτος ήταν ο μεγαλύτερος μέτοχος με 1000 μετοχές (29,4%), η ιδιοκτησία της ΕΤΕ ήταν κυρίως ιδιωτική, σε ποσοστό που θα ανέβαινε τα επόμενα χρόνια.

Σε σύγκριση με το δάνειο των 60 εκ. φράγκων που είχε λάβει (και κατασπαταλήσει) η αντιβασιλεία, το αρχικό μετοχικό κεφάλαιο της ΕΤΕ—3.402.000 δραχμές—ήταν πραγματικά ασήμαντο. Αποδεικνύεται δηλαδή ότι η πρόταση του ανώνυμου συγγραφέα του φυλλαδίου *«Περί ιδρύσεως ξένης τραπέζης»* και του βουλευτή Κωνσταντίνου Αντωνιάδη ήταν απολύτως προσγειωμένη και προφητική. Ακόμη και με το μεταλλιστικό πνεύμα της εποχής—χωρίς δηλαδή την έκδοση χαρτονομίσματος αλλά τραπεζογραμματίου—το κράτος είχε παραπάνω από αρκετούς μεταλλικούς πόρους για να ιδρύσει εκδοτική τράπεζα από μόνο του, και να αποκομίζει κέρδος το ίδιο αντί των μετόχων. Ακόμη και αν το χρήμα αυτό ήταν δανεικό και το κράτος έπρεπε να πληρώνει τόκους στις Μεγάλες Δυνάμεις για την χρήση του, και η τράπεζα ακόμη έπρεπε να πληρώνει μερίσματα στους μετόχους της· με την διαφορά ότι αφού μια κρατική τράπεζα θα είχε αποπληρώσει το χρέος της, θα γινόταν μετά ένας οργανισμός με οφέλη για το ίδιο το κράτος.

Η έναρξη των εργασιών

Η πρώτη ΓΣ των μετόχων έγινε στις 13/11/1841, ενώ το ΔΣ ψηφίσθηκε στην Δ' Συνεδρίαση που έλαβε χώρα στις 17/11. Εκεί αναδείχθη Διευθυντής παμψηφεί ο Γ. Σταύρος και υποδιευθυντής ο Κ. Βράνης με 108 από τις 122 ψήφους. Τις θέσεις των τακτικών συμβούλων έλαβαν ο Α. Ρουζιού και ο Εμ. Μεσθενεύς, ενώ αναπληρωματικοί σύμβουλοι εξελέγησαν οι Γ. Αντωνόπουλος και Δ. Κυργούσιος (Δ. Λ. Ζωγράφος 1925, 1:308). Στην ΓΣ της 31/12/1841(12/1/1842) συντάχθηκε νέος κανονισμός λειτουργίας και κανονισμός συνεδριάσεων της ΓΣ, ο οποίος και εγκρίθηκε στις 10(22)/1/1842 με σχετικό διάταγμα.[7] Με ανακοίνωση της 13(25)/1/1842 ο Γ. Σταύρος ανακοίνωνε ότι η *Εθνική Ελληνική Τράπεζα* θα ξεκινούσε τις εργασίες της στις 22/1/1842 (Δ. Λ. Ζωγράφος 1925, 1:334). Η συνέλευση των μετόχων του Ιουνίου του 1843 ψήφισε το καταστατικό της τράπεζας στις 22/6/1843, που επικυρώθηκε με τον νόμο της 7(19)/7/1843.[8] Λίγο αργότερα (27/1/1845) η Γενική Συνέλευση ψήφισε αλλαγή του καταστατικού καθ' υπόδειξη του Eynard (Άρθρου 59), κατά την οποία η διάρκεια της θητείας του Διευθυντή αυξήθηκε από τα δύο στα επτά έτη.[9]

6.2 Διάδοση του χαρτονομίσματος – συμβίωση με τους τοκογλύφους

Η ελληνική οικονομία της περιόδου εκείνη χαρακτηριζόταν από χαμηλό επίπεδο εκχρηματισμού, με άλλα λόγια μεγάλο ποσοστό συναλλαγών γίνονταν εκτός του πλαισίου της αγοράς με ανταλλαγή χρήματος, αλλά με τους μηχανισμούς του δώρου ή της ανταλλαγής. Στο πλαίσιο αυτό η ΕΤΕ είχε συμφέρον να επιτύχει την ευρύτερη διάδοση του χαρτονομίσματός της, όχι απλώς στον στενό κύκλο των εμπόρων και των επιχειρηματιών, αλλά και στις καθημερινές ιδιωτικές συναλλαγές μεταξύ ιδιωτών.

Ο ίδιος ο Γ. Σταύρος τόνιζε ότι ενώ οι προεξοφλήσεις προσεταιρίζονταν αυτήν την πρώτη ομάδα πελατών, αποτύγχαναν στην δεύτερη. Έτσι, ήδη από το 1842, η ΕΤΕ δημιούργησε το εργαλείο του ανοικτού λογαριασμού, μέσω του οποίου θα είχαν πρόσβαση σε βραχυπρόθεσμο δανεισμό φερέγγυοι πελάτες με ενέχυρο γη, άργυρο, χρυσό ή μετοχές της τράπεζας. Έτσι, ελπιζόταν ότι θα διαδιδόταν το χαρτονόμισμα σε ευρύτερα πληθυσμιακά στρώματα που αλλιώς δεν θα είχαν πρόσβαση στις υπηρεσίες της τράπεζας (Γ. Στασινόπουλος 2000, 84–86).

Όμως ποιοι ήταν τελικά αυτοί οι φερέγγυοι πελάτες; Μια αντιπροσωπευτική διατομή της ελληνικής κοινωνίας, ή ένα συγκεκριμένο υποσύνολο αυτής; Η επικρατούσα άποψη μεταξύ των αγιογράφων της ΕΤΕ, όπως του Βαλαωρίτη και του Δ. Λ. Ζωγράφου, είναι ότι η ευρύτερη πιστωτική ανάγκη που ερχόταν να καλύψει η τράπεζα σχετιζόταν με το ότι «*ἡ ἀστικὴ ὅσον καὶ ἡ ἀγροτικὴ ἀκίνητος ἰδιοκτησία εἶχον ἀπόλυτον ἀνάγκην κεφαλαίων πρὸς ἀνόρθωσιν ἀπὸ τῆς ἐπελθούσης φοβερᾶς καταστροφῆς*» (Βαλαωρίτης 1902, 6), καθώς «*κατὰ τὰ πρῶτα κυρίως ἔτη τῆς Ὀθωνικῆς περιόδου ἦτο φυσικὸν νὰ ὀργιάζῃ ἡ τοκογλυφία καὶ φυσικὸν ν' ἀποβλέπῃ ἡ Κοινωνία ὡς εἰς σανίδα σωτηρίας, εἰς τὴν ἵδρυσιν Ἐθνικῆς Τραπέζης*» (Δ. Λ. Ζωγράφος 1925, 1:12). Μάλιστα ο Δ. Λ. Ζωγράφος (1925, 1:307) μιλά ευθέως για αντίδραση των τοκογλύφων στους χαμηλούς τόκους της ΕΤΕ, την οποία θεωρεί γεγονός «*χαρακτηριστικὸν τῆς πάλης τοῦ κακομαθημένου κεφαλαίου πρὸς τοὺς ἀνατέλλοντας νέους οἰκονομικοὺς ὁρίζοντας τῆς χώρας*». Ανακύπτει λοιπόν το ερώτημα του κατά πόσον η ΕΤΕ αποδόθηκε σε κάποια σταυροφορία κατά της τοκογλυφίας όπως την θέλουν οι ιστορικοί που διετέλεσαν και υπάλληλοί της.

Φαίνεται πράγματι ότι αρχικά ο Eynard ευνοούσε τον ενυπόθηκο δανεισμό αποκλειστικά σε καλλιεργητές και όχι σε κερδοσκόπους.[10] Μάλιστα, το 1842 η ΕΤΕ μείωσε το ελάχιστο ποσό δανείου από 500 σε 200 δρχ, με την ελπίδα να προσελκύσει τέτοια δάνεια (Γ. Στασινόπουλος 2000, 210–212). Όμως, η σύναψη ενυπόθηκων δανείων παρουσίαζε πολλές περιπλοκές. Απουσία κτηματολογίου, ο νόμος του 1841 περί υποθηκών όριζε πολύπλοκες και κοπιώδεις διαδικασίες για να εξασφαλίσει στον δανειστή—την ΕΤΕ—ότι το υποθηκευμένο κτήμα ήταν πράγματι ιδιοκτησία του δανειζομένου. Σταδιακά, ο Eynard διαπίστωσε ότι τα ενυπόθηκα δάνεια δεν είναι ούτε διαχειρίσιμα για την τράπεζα, αλλά ούτε και κερδοφόρα. Καθώς ήταν εξαιρετικά δύσκολο για τους υπαλλήλους της τράπεζας να εκτιμήσουν την αξία και το ιδιοκτησιακό καθεστώς ενός ακινήτου—ιδίως δοθείσης της μικρής και κατακερματισμένης ελληνικής γαιοκτησίας—ο Eynard συνέστησε στον Σταύρο την δραστική μείωσή τους.

---

[7] Διάταγμα της 10(22)/1/1842 *Περί εγκρίσεως πράξεων της γενικής συνελεύσεως των μετόχων της Εθνικής Τραπέζης* (ΦΕΚ 2, 14/1/1842, σ. 5–12).

[8] ΦΕΚ 26, 3/8/1843, σ. 130–141.

[9] ΦΕΚ 6, 20/3/1845, σ. 32–33.

[10] *Προς Γ. Σταύρο* (26/7/1842): «*j'aurais voulu que dè le principe on prêtât presque exclusivement à celui qui cultive, et non aux spéculateurs de terrains*» (ΙΑΕΤΕ 1923, 59).

Μετά από έναν χρόνο αποτυχιών, χάραξε μια νέα στρατηγική, εκείνη της συνεργασίας με τους τοκογλύφους. Πράγματι, εν τινι μέτρω η ΕΤΕ τους είχε ανάγκη· αυτοί διαχειρίζονταν το μεταλλικό χρήμα της ελληνικής αγοράς, και το οποίο θα αποτελούσε το κάλυμμα για τα τραπεζογραμμάτια που θα εξέδιδε η τράπεζα. Πλην όμως, αυτοί δεν φαίνονται διατεθειμένοι να γίνουν μέτοχοι της ΕΤΕ (Pizanias 1986, 460–461).

Αντ' αυτού, προέκρινε την δανειοδότηση των αξιόχρεων τοκογλύφων. Θεώρησε πιο βολικό για την ΕΤΕ να τους δανείζει με 8% για ένα εξάμηνο—αντί για 7-8 χρόνια όπως δάνειζε τους καλλιεργητές—και εκείνοι να δανείζουν τους καλλιεργητές με 12-13% κερδίζοντας από την διαφορά.[11] Θεώρησε κρίσιμο να τους κάνει συμμάχους της ΕΤΕ,[12] κάνοντάς τους και μετόχους της, ει δυνατόν.[13] Πράγματι, κύριοι πελάτες με πρόσβαση στους προαναφερθέντες ανοικτούς λογαριασμούς ήταν τοκογλύφοι που επαναδάνειζαν τα χρήματα αυτά με υψηλότερο επιτόκιο (Θωμαδάκης 1981, 353–354).

Το αποτέλεσμα αυτής της αλλαγής στρατηγικής φαίνεται στους απολογισμούς της τράπεζας· από 2.472.500 δρχ σε ενυπόθηκα δάνεια το 1842, που αντιστοιχούσαν στο 66% των προεξοφλήσεων για το ίδιο έτος, η πτώση είναι δραστική και το 1847 τα ενυπόθηκα δάνεια (332.500 δρχ) κυμαίνονται μόλις στο 3% των προεξοφλήσεων (Pizanias 1986, 468), τακτική που συνεχίσθηκε για δεκαετίες. Παρά την προσθήκη στις εργασίες της ΕΤΕ των χορηγήσεων προς «*μὴ ἐμπόρους, ἰδίως ἐκ τῆς γεωργικῆς τάξεως*» με την ανανέωση του προνομίου της το 1861, η κατάσταση λίγο άλλαξε:[14] «*Η αγροτική πίστη βρισκόταν στο επίκεντρο δράσεως των τοκογλύφων. Η Εθνική Τράπεζα από το 1861 μέχρι το 1881 θα χορηγήσει 7 εκ. δρχ. δάνεια σε αγρότες, ή 1,68 δρχ. το χρόνο κατά κεφαλή ενεργού αγροτικού πληθυσμού, δηλαδή **περίπου μισό μεροκάματο ανειδίκευτου εργάτη ή τρία ψωμιά το χρόνο**»* (Ηλιαδάκης 2003, 121, 167). Η πιστωτική πολιτική της ΕΤΕ στο στάδιο αυτό αποσκοπούσε στην διάδοση του τραπεζογραμματίου και της κερδοφορίας της και οποιοδήποτε μέσον εξυπηρετούσε αυτόν τον σκοπό ήταν θεμιτό. Π.χ. ο ανοιχτός λογαριασμός, παρότι εξαντλούσε το μεταλλικό σε περιόδους κρίσεως, θα διατηρείτο μέχρι το 1875, οπότε και καταργήθηκε όταν θεωρήθηκε ότι το τραπεζογραμμάτιο είχε πλέον παγιωθεί (Γ. Στασινόπουλος 2000, 86–88).

Μόνον μετά το 1915 θα άλλαζε αυτή η γραμμή με την σύμβαση για την επέκταση του εκδοτικού προνομίου στις Νέες Χώρες,[15] καθώς αφορούσε σε δάνεια προς συνεταιρισμούς, τους οποίους τα υποκαταστήματα μπορούσαν εύκολα να παρακολουθήσουν, αποτιμώντας ακριβέστερα τις επισφάλειές τους (Κωστής 2003, 194–195). Κυρίως όμως η αλλαγή ήρθε μετά το 1920 με τον νόμο *Περί γεωργικού ενεχυρογράφου*[16] που επέτρεπε την ενεχυρίαση όχι μόνον των ακινήτων ιδιοκτησιών των γεωργών αλλά και των κινητών (επόμενη σοδειά, ζώα, μηχανήματα κλπ), εξασφαλίζοντας έτι περαιτέρω τις απαιτήσεις της τράπεζας (βλ. σχ. Κωστής 2003, 190–199).

Αυτή η μικρή ανασκόπηση από μόνη της βάζει ταφόπλακα στον κοινωφελή χαρακτήρα της ΕΤΕ, θέτοντας τον κερδοσκοπικό της χαρακτήρα σε πρώτη προτεραιότητα. Ο δανεισμός γινόταν στο μέτρο που ωφελούσε την διάδοση του χαρτονομίσματός της, ακόμη και χρησιμοποιώντας τους τοκογλύφους ως ενδιάμεσο.

---

[11] *Προς Γ. Σταύρο* (27/6/1843): «*Les prêts sur hypothèques, quoiqu'utiles au pays, doivent cependant être restreints autant que possible; il est si difficile à l'administration de la Banque de ne pas être trompée sur les évaluations. Ce qui serait convenable serait que la Banque prête sur trois bonnes signatures. Même à des usuriers, pourvu qu'ils fussent solides, car alors il en résultera que ces usuriers pouvant se procurer des fonds de la Banque à 8% les prêteraient eux-mêmes à 12% et 13% à des propriétaires empruntant sur hypothèque; mais ces négociants-usuriers, même ceux qui font honnêtement le commerce, pourraient être plus sûrs que la Banque sur la solidité de l'hypothèque. Ils pourraient ainsi, au lieu de prêter pour 7 et 8 ans, ne prêter que pour 6 mois ou un an; il en résulterait que la Banque faisant plus d'affaires, il y aurait une plus grande masse de billets en circulation et d'un autre côté les emprunteurs sur hypothèque trouveraient plus facilement à être aidés par les particuliers*» (IAETE 1923, 102–103).

[12] *Προς Γ. Σταύρο* (7/7/1843): «*Je dirai même, que ceux que nous nommons les usuriers, étant de fait les plus riches du pays, il est indispensable qu'ils ne soient pas ennemis de la Banque. Rien ne pourra me causer plus de satisfaction, que si vous m'appreniez que vous allez d'accord avec eux; ils s'entendront sûrement avec vous pour restreindre les prêts hypothécaires, en augmentant les escomptes sur place, soit à Athènes, soit ailleurs, seul moyen d'augmenter la circulation des billets*» (IAETE 1923, 105).

[13] (α) *Προς Γ. Σταύρο* (6/8/1843): «*…engager la Direction de la Banque (vous, Monsieur) et Mr. Lemaître à fin qu'ils s'entendent pour faire entrer dans la Banque les négociants les plus riches d'Athènes*» (*Επιστολαί Ι. Γ. Εϋνάρδον*, σ. 112). (β) *Προς Γ. Σταύρο* (26/7/1843): «*Tâchez le plus possible de faire entrer les plus riches négociants et surtout Mr. Théodore Rhallis. Il est important d'avoir pour actionnaires même les usuriers et lorsqu'ils sont solides, il n'y a aucun mal de les favoriser en leur procurant des fonds. J'aimerai certainement mieux que la Banque aidât les négociants pauvres, mais malheureusement, une Banque doit penser avant tout à la solidité des emprunteurs*» (IAETE 1923, 109).

[14] Ν. ΨΙ′(710) της 16/12/1861 (ΦΕΚ 78, 28/12/1861, σελ.551–552).

[15] Ο Ν. 656 της 6/12/1914 (ΦΕΚ 107, 26/3/1915, σ. 803–805) όριζε ότι 25 εκ. δρχ θα διετίθεντο σε «γεωργοκτηματικά δάνεια» και άλλα 25 εκ. δρχ. σε δάνεια προς «γεωργικούς συνεταιρισμούς παντός είδους» με επιτόκιο έως 5%.

[16] Ν. 2184 της 23/5/1920 (ΦΕΚ 133, 18/6/1920, σ. 1178–1179).

6.3 Οι πρώτες κρίσεις της ΕΤΕ και η σωτηρία από το κράτος

Η ΕΤΕ ξεκίνησε την λειτουργία της σε μια ιδιαιτέρως ανώμαλη περίοδο. Στην δυσχερή οικονομική κατάσταση είχε προστεθεί πλήθος εξόδων για την πολυτελή διαβίωση της βαυαροκρατίας. Ο ελλειμματικός προϋπολογισμός καθιστούσε αναπόφευκτη την αδυναμία εξυπηρέτησης του δανείου των 60 εκ. φράγκων και στις 27/1(10/2)/1843 η ελληνική κυβέρνηση ενημέρωσε τις Μεγάλες Δυνάμεις ότι αδυνατούσε να καταβάλλει τα τοκοχρεολύσια του ερχόμενου Μαρτίου, ζητώντας νέες πιστώσεις (Ηλιαδάκης 2003, 81). Δηλαδή η Ελλάδα πτώχευε για δεύτερη φορά μετά το 1827. Μετά από συνεννοήσεις με τις ΜΔ,[17] υπογράφτηκε συμφωνία στις 2(14)/9/1843, όμως αυτό έγινε μια ημέρα πριν ξεσπάσει η Επανάσταση της 3ης Σεπτεμβρίου. Έτσι η Ελλάδα δεν προσεχώρησε στο Πρωτόκολλο του 1843, αν και δεν αποποιήθηκε τα χρέη της, τα οποία ακόμη αναγνώριζε.

Η μη αποδοχή των τραπεζογραμματίων την ΕΤΕ από τα κρατικά ταμεία

Η πρώτη σοβαρή κρίση της ΕΤΕ ήλθε νωρίς στην λειτουργία της και είχε σαφείς ομοιότητες με τα προβλήματα της Ionian Bank πριν λίγα χρόνια. Τον Μάιο του 1842 το Γενικό Ταμείο φέρεται να έδειξε απροθυμία να δεχθεί τα τραπεζογραμμάτια της ΕΤΕ. Αυτό διαψεύσθηκε από κάποια δημοσιεύματα αλλά επιβεβαιώθηκε από άλλα (Δ. Λ. Ζωγράφος 1927, 2:13–15), προκαλώντας μάλιστα και πτώση της κυκλοφορίας τραπεζογραμματίων στην Αθήνα από 405 σε 198 χιλιάδες δραχμές (*Αιών* 1842, 1). Σχετικά πρέπει να ενημερώθηκε και ο Eynard από τον Σταύρο σε επιστολή της 17/5. Στην απαντητική του επιστολή εξέφραζε την ελπίδα ότι αυτή η «γκάφα» (bévue) θα διορθωνόταν, και ότι ήδη επικοινώνησε με τον Τισαμενό, επιρρίπτοντας το σφάλμα στον ταμία. Επίσης, σε επιστολή της 27/5/1842 συμβούλευε τον Σταύρο να λύσει το θέμα φιλικά με τον Τισσαμενό, παρότι το θεωρούσε «ανοησία» (sottise) από πλευράς του (ΙΑΕΤΕ 1923, 46–47). Σε επόμενη επιστολή της 7/6/1842, πληροφορούμενος ότι ο Τισσαμενός δεν ανακάλεσε, το απέδωσε στον εγωισμό του, συνιστώντας «γλυκύτητα και κάποιες παραχωρήσεις» (douceur et quelques concessions) και συμβουλεύοντας πάντοτε την ΕΤΕ να αλλάζει τραπεζογραμμάτια με μεταλλικό όταν της ζητείται από το κράτος (ΙΑΕΤΕ 1923, 48–49).

Το πρόβλημα φαίνεται να αντιμετωπίζεται με σχετική εγκύκλιο με ημερομηνία 1/6/1842 που υπέγραφε ο Τισσαμενός και η οποία διέτασσε τα κρατικά ταμεία να δέχονται τα τραπεζογραμμάτια «*ἐπὶ τῇ βάσει τῆς ὀνομαστικῆς ἀξίας των, ἀντὶ μετρητῶν εἰς τὰς παρὰ τῶν ἰδιωτῶν [...] γενομένας πληρωμάς [...] ἄνευ τῆς παραμικτᾶς δυσκολίας*», απόφαση που φαίνεται να ανέβασε την κυκλοφορία τους στις 291 χιλιάδες δραχμές στις αρχές Ιουνίου (Δ. Λ. Ζωγράφος 1927, 2:16–17), ποσό που συμφωνεί με τον απολογισμό της 1/7, που δίνει κυκλοφορία 285.475 δρχ σε τραπεζογραμμάτια (Βαλαωρίτης 1902, 11).

Η αντιμετώπιση αυτή ικανοποίησε τον Eynard, όπως εξέφρασε σε επιστολή της 7/7/1842 (ΙΑΕΤΕ 1923, 56–57), όμως τα προβλήματα συνεχίσθηκαν και τον Αύγουστο, καθώς διάφοροι ιδιώτες προσκόμιζαν στα κρατικά ταμεία τραπεζογραμμάτια μεγαλύτερης αξίας από τις οφειλές τους, ζητώντας τα ρέστα σε μεταλλικό (Δ. Λ. Ζωγράφος 1927, 2:18). Καθώς οι ταμίες δεν ήξεραν πώς να κινηθούν το πρόβλημα λύθηκε με σχετικό διάταγμα[18] που διέτασσε να δίνονται ρέστα σε μεταλλικό, υπό την προϋπόθεση το ποσόν αυτό να μην υπερβαίνει το 20% της αξίας του τραπεζογραμματίου.

Από το παραπάνω επεισόδιο φαίνεται η εξάρτηση του τραπεζίτη από το κράτος σε όλο του το βάθος, από τον ταμία μέχρι τον Υπ. Οικονομικών. Ο Eynard κατανοεί την ανάγκη να μεταχειρισθεί με «γλυκύτητα» τους δημόσιους λειτουργούς μέχρις ότου με τις αποφάσεις του καθιερώσουν το «χαρτί» του ως χρήμα, αποδεχόμενοι αυτό στα κρατικά ταμεία. Αν το χρήμα ήταν ένα απλό εμπόρευμα, κάτι τέτοιο δεν θα είχε την παραμικρή σημασία.

---

[17] Οι ΜΔ αντέδρασαν καθεμία αναλόγως των συμφερόντων της εκείνη τη στιγμή, με την Ρωσική Κυβέρνηση να είναι η εχθρικότερη και την Γαλλική διαλλακτικότερη. Ειδικά η Ρωσική Κυβέρνηση απέστειλε δριμεία διακοίνωση μέσω του Νέσελροντ (23/2(7/3)/1843), στην οποία η ελληνική Κυβέρνηση απάντησε (29/3(10/4)/1843) ζητώντας κατανόηση. Οι ΜΔ συνήλθαν σε διάσκεψη στο Λονδίνο στις 19/4(1/5)/1843, από την οποία προήλθε πρωτόκολλο που καλούσε την Ελλάδα να εξοφλήσει τις υποχρεώσεις της έως τον Οκτώβριο. Η Ελλάδα αποδέχθηκε το πρωτόκολλο στις 7(19)/6/1843 και η διάσκεψη τερματίσθηκε με την υπογραφή πρωτοκόλλου στις 30/7(11/8)/1843, με το οποίο καλούνταν η Ελλάδα να εκπληρώσει τις υποχρεώσεις της.

[18] Διάταγμα της 13(25)/8/1842 (ΦΕΚ 20, 26/8/1842, σ. 130).

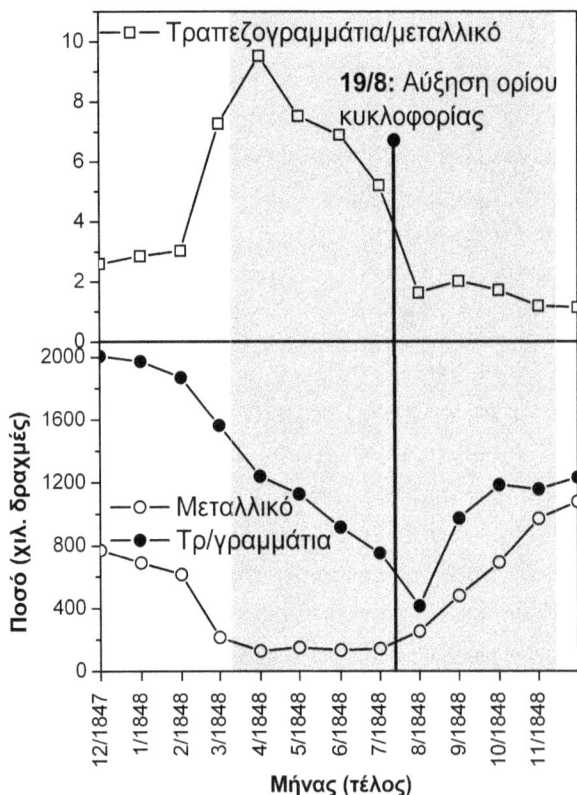

Εικόνα 6.2: Σχέση μεταλλικού αποταμιεύματος και κυκλοφορίας τραπεζογραμματίων κατά το 1848 (στοιχεία τέλους μηνός). Η γκρίζα περιοχή αντιστοιχεί στην περίοδο αναγκαστικής κυκλοφορίας.

Η κρίση του 1848 και πρώτη αναγκαστική κυκλοφορία

Η Άνοιξη του 1848 ήταν ένα κομβικό ιστορικό σημείο. Μεταξύ Απριλίου-Μαΐου 1847 είχε προηγηθεί ένας χρηματιστηριακός πανικός στο Λονδίνο λόγω της κατάρρευσης της φούσκας των βρετανικών σιδηροδρόμων. Ο πανικός, που εκδηλώθηκε με μαζικές αναλήψεις καταθέσεων, καταρρεύσεις τραπεζών, πτώση μετοχών και πιστωτική συρρίκνωση, δεν διήρκεσε πολύ. Την επόμενη χρονιά όμως ήλθε η «Άνοιξη των λαών», όπως ονομάσθηκαν οι εξεγέρσεις που σάρωσαν όλη την Ευρώπη και που κορυφώθηκαν μεταξύ Φεβρουαρίου-Μαρτίου 1848. Οι ρίζες των εξεγέρσεων ποίκιλλαν κατά περίπτωση και ήταν εθνικοαπελευθερωτικές (π.χ. των Ούγγρων και των Βορείων Ιταλών κατά της Αυστρίας, των Σικελών κατά των Βουρβόνων, των Πολωνών κατά της Πρωσίας, των Ρουμάνων κατά της Ρωσίας), κοινωνικές (π.χ. Γαλλία, Δανία), ή μικτού χαρακτήρα (Γερμανικά κρατίδια κατά της Πρωσσίας).

Οι εξεγέρσεις προκάλεσαν νέο πανικό στα ευρωπαϊκά χρηματιστήρια προκαλώντας νέα πιστωτική συρρίκνωση που επηρέασε και την Ελλάδα. Αφενός οι εισαγωγές έπρεπε να πληρώνονται σε μεταλλικό καθώς οι ξένοι έμποροι δεν χορηγούσαν πιστώσεις, ενώ λόγω της πτώσεως της εξωτερικής ζήτησης η τιμή της σταφίδας έπεσε δραματικά. Το αποτέλεσμα ήταν η ταυτόχρονη έλλειψη μεταλλικού και πιστώσεων.

Για την ΕΤΕ αυτό μεταφράσθηκε σε δύο φαινόμενα. Αφενός περιορίσθηκε η εξυπηρέτηση των δανείων της, ή από αδυναμία στην περίπτωση των μικρεμπόρων, ή από χρήση του μεταλλικού για τοκογλυφία από τους μεγαλεμπόρους. Ταυτοχρόνως, παρατηρήθηκε μαζική επιστροφή τραπεζογραμματίων στα ταμεία της τράπεζας προς εξαργύρωση, αποστραγγίζοντας το μεταλλικό της απόθεμα. Όπως περιγράφει ο Βαλαωρίτης (1902, 20), κερδοσκόποι αγόραζαν τραπεζογραμμάτια με τουρκικά νομίσματα—που κυκλοφορούσαν ακόμη ευρέως στην Ελλάδα—και τα εξαργύρωναν στην Τράπεζα αντί μεταλλικών νομισμάτων. Έτσι, το μεταλλικό αποταμίευμα της Τραπέζης έπεσε εντός ενός μηνός (τέλη Φεβρουαρίου-τέλη Μαρτίου) από 616.000 δραχμές (έναντι 1.974.000 δραχμών σε κυκλοφορούντα τραπεζογραμμάτια) στις 215.000 δραχμές, έναντι 1.564.000 δραχμών σε κυκλοφορούντα τραπεζογραμμάτια (Εικόνα 6.2).

Η πρώτη αντίδραση της Τράπεζας ήταν σπασμωδική: διακοπή νέων χορηγήσεων και άμεση απαίτηση των ληξιπρόθεσμων οφειλών για την προστασία του αποταμιεύματός της. Η εκδοτική τράπεζα δηλαδή δεν λειτούργησε ως δανειστής ύστατης καταφυγής, αλλά ως απλή εμπορική τράπεζα. Αυτή η πιστωτική ασφυξία επιδείνωσε την κατάσταση του εμπορίου και της οικονομίας εν γένει. Εν όψει αυτών των προβλημάτων η ΕΤΕ συνέστησε επιτροπή στις 3/4/1848 με συμμετοχή πολιτικών προσωπικοτήτων και του Ι. Σούτσου, και η οποία πρότεινε στην Γενική Συνέλευση την παύση της μετατρεψιμότητας και την επιβολή οροφής στην κυκλοφορία του τραπεζογραμματίου. Κατά τις εργασίες της ΓΣ, ο μέτοχος Μιχ. Ιατρού πρότεινε να προσφερθούν προς προεξόφληση τα δάνεια που είχε χορηγήσει η ίδια η τράπεζα θεωρώντας ότι πολλοί θα προεξοφλούσαν προθύμως συναλλαγματικές της ίδιας της ΕΤΕ, παρέχοντας έτσι επαρκή κεφάλαια για να αντέξει την κρίση. Η πρότασή του όμως αναφέρεται ότι δεν ελήφθη σοβαρά υπόψη (Βαλαωρίτης 1902, 20–21). Η συγκεκριμένη πρόταση αντανακλά την απελπισία της ΕΤΕ, που ωθούσε κάποιους να σκέφτονται από ίδρυμα πιστωτικό να την μετατρέψουν—έστω και προσωρινά—σε ίδρυμα πιστοληπτικό, μια μάλλον καινοφανή ιδέα σε μια εποχή κατά την οποία δεν υπήρχε δευτερογενής αγορά τίτλων.

Τελικά η ΓΣ δέχθηκε την πρόταση της επιτροπής και προώθησε σχετικό αίτημα στην κυβέρνηση (Ε. Κ. Στασινόπουλος 1966, 95–96). Αυτή η τελευταία αποφάσισε την πεντάμηνη αναστολή της μετατρεψιμότητας των τραπεζογραμματίων σε μεταλλικό· η αναγκαστική κυκλοφορία ξεκινούσε ήδη από την επομένη (4/4/1848).[19] Η συμφωνία προέβλεπε αποδοχή των τραπεζογραμματίων από τα κρατικά ταμεία κατά 2% υπερτετιμημένα εις βάρος της Τραπέζης και πρόβλεψη για καταβολή τόκου 10% σε όσους τα προσκόμιζαν στο πέρας αυτής της περιόδου. Καθοριζόταν δε κυκλοφορία έως 1.500.000 δραχμών σε τραπεζογραμμάτια.

Η απόφαση της αναγκαστικής κυκλοφορίας δεν ήταν μεμονωμένη αλλά ήλθε μετά αντίστοιχες αποφάσεις που αφορούσαν στις *Banque de France* (15/3/1848, Tooke και Newmarch 1857, 6:58), *Société Générale* και *Banque de Belgique* (20/3/1848, Buyst και Maes 2008), την Εθνική Τράπεζα της Αυστρίας και επαρχιακές τράπεζες της Αγγλίας (del Mar 1901, 409). Οι αποφάσεις αυτές υποχρέωναν τις τράπεζες να δανείζουν το κράτος, ή άλλες μικρότερες τράπεζες, με την επιπλέον ρευστότητα που τους εξασφάλιζαν οι σχετικοί νόμοι.

Παρά την εξυπηρέτηση της αναγκαστικής, η ΕΤΕ επέμεινε στα περιοριστικά μέτρα που έλαβε. Υποφέροντας από την νομισματική ασφυξία, ο εμπορικός κόσμος απαιτούσε την κυκλοφορία 3.000.000 δραχμών σε τραπεζογραμμάτια. Επιπλέον, για να μην κινηθεί η Τράπεζα κατά των οφειλετών της και για να εκδώσει και νέα δάνεια, πρότειναν την πιο μακροχρόνια αναστολή της μετατρεψιμότητας (Βαλαωρίτης 1902, 20–21). Τις απόψεις αυτές μετέφερε στην ΓΣ της 5/5/1848 ο Λουκάς Ράλλης (Ε. Κ. Στασινόπουλος 1966, 97–98). Αλλά και η κυβέρνηση είχε τα δικά της αιτήματα, καθώς τους επόμενους δύο μήνες διέρρευσε αίτημα για άτοκη πίστωση 500.000 δρχ. Η άρνηση της ΕΤΕ προκάλεσε απόσυρση του νομοσχεδίου που θα ανανέωνε την αναγκαστική (έληγε τον Σεπτέμβριο) με σκοπό τον εκβιασμό της ΕΤΕ. Η ΕΤΕ δεν υποχώρησε, αλλά πέτυχε μια μικρή νίκη· εκχώρησε τελικά την πίστωση, αλλά με επιτόκιο 3%, ενώ η κυβέρνηση προχώρησε το νομοσχέδιο (Ε. Κ. Στασινόπουλος 1966, 106–109).

Έτσι, η κυβέρνηση επιμήκυνε την αναγκαστική κυκλοφορία για έναν ολόκληρο χρόνο, μέχρι τις 4/4/1849.[20] Επιπλέον, από την 4/9/1848 η Τράπεζα απηλλάγη από την επιβάρυνση του τόκου του 10% και από την υπερτίμηση του 2%, αλλά θα πλήρωνε τόκο 8% επί των τραπεζογραμματίων όσο διαρκούσε η αναγκαστική. Με τον ίδιο νόμο καθορίστηκε η μέγιστη κυκλοφορία τραπεζογραμματίων στα 2.000.000 δραχμές, 500.000 εκ των οποίων της επετράπη να εκδώσει σε δεκάδραχμα τραπεζογραμμάτια, «εκλαϊκεύοντας» την ιδέα του χαρτονομίσματος και στα χαμηλότερα εισοδήματα (από τον ιδρυτικό νόμο του 1841, είχε δικαίωμα να εκδίδει τραπεζογραμμάτια ονομαστικής αξίας άνω των 25 δραχμών). Η απόφαση αυτή προκάλεσε άλλον έναν μικρό πόλεμο επί ενός δευτερεύοντος ψευδοδιλήμματος, καθώς θεωρήθηκε από μερικούς ότι θα εκτόπιζαν τα μεταλλικά νομίσματα που αποτελούσαν «πραγματικό» χρήμα (Ε. Κ. Στασινόπουλος 1966, 109–114). Επιπλέον, «επετράπη» για πρώτη φορά στην Τράπεζα να γίνει δανειστής του Κράτους, με ανοιχτό λογαριασμό έως 500.000 δραχμών και τόκο 3%, έναντι υποθήκης 500 από τις 1000 μετοχές που είχε το Κράτος.[21]

Το μέτρο αναγκαστικής εφαρμόσθηκε για δεύτερη φορά μετά το αντίστοιχο μέτρο του Καποδίστρια και έσωσε την τράπεζα. Μέχρι το τέλος του έτους ο λόγος τραπεζογραμματίων προς αποθεμάτων είχε βελτιωθεί δραματικά και η Τράπεζα το ανακάλεσε στις 16/12/1848. Ταυτοχρόνως δε, οδήγησε στον ισόβιο διορισμό του Γ. Σταύρου στο αξίωμα του *Διοικητού* (όπως μετονομάστηκε κατά τα γαλλικά πρότυπα του Gouverneur το αξίωμα του Διευθυντού) με πρόταση της Κυβέρνησης.

Αξίζει να παραθέσουμε ένα εδάφιο της έκθεσης του 1849 της Ελεγκτικής Επιτροπής προς την ΓΣ. Πέραν των συγχαρητηρίων προς την Διοίκηση της τράπεζας για τον χειρισμό της κρίσης, η επιτροπή εξέφρασε την λύπη της για το ότι οι υπάλληλοι δέχθηκαν μείωση μισθών «*διὰ νὰ αὐξήσωσι κατ' ἐλάχιστον τὰ ὀφέλη τῶν κυρίων μετόχων*», και ζήτησε από τα μέλη της ΓΣ να «*ἐκτιμήσ[ουν] τὴν ἀξίαν τῆς θυσίας ταύτης, ἀποδίδοντες δικαιοσύνην*». Το αίτημα αυτό

---

[19] Ν. ΠΑ΄ (81) της 4/4/1848 (ΦΕΚ 10, 4/4/1848, σ. 43).
[20] Ν. ΡΑ΄ (101) της 9/8/1842 (ΦΕΚ 21, 10/8/1848, σ. 100–101).
[21] Ν. ΡϚ΄ (106) της 17/8/1848 (ΦΕΚ 22, 25/8/1848, σ. 105).

ο Γ. Σταύρος το απέρριψε με το σκεπτικό ότι οι υπάλληλοι εκουσίως δέχθηκαν μείωση μισθών (Βαλαωρίτης 1902, 24–25).

Αλλά και το νομισματικό σκεπτικό της επιτροπής (Βαλαωρίτης 1902, 25) παρουσιάζει ενδιαφέρον (έμφαση δική μου):

> Περὶ τῆς κυκλοφορίας τῶν τραπεζικῶν γραμματίων δὲν ἔχει πολλὰ νὰ παρατηρήσῃ ἡ Ἐπιτροπή. Τὴν φύσιν αὐτῶν, **ὅλως διάφορον τοῦ χαρτονομίσματος**, μὰ τὸ ὁποῖον τινὲς ἠσμένισαν νὰ τὸ συγχύσουν, τὸ ἀξιόχρεων αὐτῶν ἐγνώρισαν οἱ πλεῖστοι. Ἑπομένως εἰς καλῶς διοικουμένην Τράπεζαν, ὅπως ἡ ἡμετέρα, ἡ μεγάλη ἢ μικρὰ κυκλοφορία εἰς συνήθεις περιστάσεις, δὲν δύναται νὰ εἶναι πρᾶγμα αὐθαίρετον, ἀλλ᾽ ἐξαρτᾶται ὅλως ἀπὸ τὴν μικρὰν ἢ μεγάλην ἔκτασιν τῶν ἐμπορικῶν ἐργασιῶν [...]

Η επιτροπή υιοθετεί μια ακριβολογία και εννοιολογική καθαρότητα, διακρίνοντας σαφώς μεταξύ *τραπεζογραμμάτων*—που είναι ομολογίες χρέους της τράπεζας, πληρωτέου σε μεταλλικό—και *χαρτονομισμάτων*—που δεν έχουν αντιστοιχία σε μεταλλικό. Ταυτοχρόνως, κατανοεί την συσχέτιση νομισματικής κυκλοφορίας και όγκου συναλλαγών, χωρίς κανέναν δογματισμό κατά της «ακάλυπτης» κυκλοφορίας.

6.4 Ανανέωση του προνομίου – ανανέωση της ΕΤΕ

Καθώς πλησίαζε η πενταετία από την λήξη του εκδοτικού προνομίου (1866) η ΓΣ της ΕΤΕ αποφάσισε να ζητήσει ανανέωσή του, σύμφωνα με το άρθρο 106 του καταστατικού της. Αν και το σχετικό αίτημα γνωστοποιήθηκε με έγγραφο της 10/3/1861 στο Υπ. εσωτερικών, οι διαπραγματεύσεις άρχισαν με εξάμηνη καθυστέρηση, τον Σεπτέμβριο, και η ανανέωση εξασφαλίστηκε μετά από διαπραγματεύσεις με την κυβέρνηση. Με τον νόμο ΨΙ΄(710) της 16/12/1861[22] ανανεώθηκε το προνόμιο έως την 1/1/1891 (Άρθρο 1).

Επιπλέον, ο νόμος περιείχε διατάξεις που ευνοούσαν την αύξηση των εργασιών της ΕΤΕ, αυξάνοντας την δυνατή μόχλευση που μπορούσε να επιτύχει. Έτσι το άρθρο 3 όριζε ότι μπορούσε να δανείζεται κεφάλαια για χορήγηση ενυποθήκων ή επ᾽ ενεχύρω δανείων έως του τριπλασίου του μετοχικού της κεφαλαίου, ενώ το άρθρο 4 αύξανε την κυκλοφορία των τραπεζογραμματίων με έναν ιδιαίτερα πολύπλοκο αλγόριθμο.[23] Επιπλέον, με τον ίδιο νόμο η ΕΤΕ έλαβε την έγκριση να επεκταθεί και στην αγροτική πίστη (Άρθρο 6) και να εκδώσει δεκάδραχμα τραπεζικά γραμμάτια μέχρι του ποσού των 2.000.000 δραχμών (Άρθρο 7).

Τέλος, με ΒΔ της ίδιας ημέρας,[24] εγκρίθηκε η αύξηση του μετοχικού κεφαλαίου κατά 2.000 μετοχές, στα 8 εκ. δρχ. Η εγγραφή ήταν υπερεπιτυχής με 6594 προεγγραφές εντός τριών εβδομάδων (22/12/1861–10/1/1862). Για να κατανοήσουμε το μέτρο της επιτυχίας, αρκεί να συγκρίνουμε αυτήν την αύξηση μετοχικού κεφαλαίου με τις δύο προηγούμενες. Το αρχικό μετοχικό κεφάλαιο των 5 εκ. δρχ που προβλεπόταν κατά την ίδρυση είχε συμπληρωθεί μόλις στα τέλη του 1847. Λαμβάνοντας υπόψη το εγγεγραμμένο μετοχικό κεφάλαιο κατά την έναρξη (3,4 εκ. δρχ), τα υπόλοιπα 1,6 εκ. δρχ χρειάστηκαν έξι χρόνια για να καλυφθούν. Τότε αποφασίσθηκε η αύξησή του στα 6 εκ. δρχ, η οποία χρειάστηκε άλλα έξι χρόνια για να καλυφθεί (στα τέλη του 1861). Η ανανέωση του εκδοτικού προνομίου φαίνεται να χάρισε καινούργια ζωτικότητα στην ΕΤΕ, όπως τουλάχιστον φάνηκε από την ζήτηση των μετοχών της. Αυτή η ζωτικότητα ήταν άμεσα συνδεδεμένη με το κρατικό προνόμιο της έκδοσης χρήματος.

Και αυτή η πράξη θα ήταν μια από τις τελευταίες της Οθωνικής βασιλείας.

---

[22] ΦΕΚ 78, 28/12/1861, σ. 551–552.

[23] α) Το μεταλλικό αποταμίευμα δεν μπορεί να είναι λιγότερο από το παθητικό το αποτελούμενο από γραμμάτια και ανοικτούς λογαριασμούς. β) Η διαφορά μεταλλικού αποταμιεύματος και τραπεζογραμματίων σε κυκλοφορία δεν μπορεί να υπερβαίνει το μετοχικό πραγματικό κεφάλαιο και το αποθεματικό. γ) Το παθητικό μπορεί να επεκταθεί μέχρι του διπλασίου του μετοχικού κεφαλαίου και αποθεματικού (χωρίς να μετράται το μεταλλικό αποταμίευμα).

[24] ΦΕΚ 78, 28/12/1861, σ. 552.

ΔΑΝΟΣ ΒΑΣΙΛΙΑΣ – ΓΑΛΛΙΚΟ ΝΟΜΙΣΜΑ

7

Θέλετε γνωστοποιήσει ἐν τοιαύτη περιπτώσει, ὅτι αἱ ὀδηγίαι ὑμῶν σᾶς ἀπαγορεύεουσι τὴν ὑπογραφὴν Συνθήκης, περιεχούσης ὡς ὅρον τὴν κατεδάφισιν τῶν ἐν Κερκύρα φρουρίων. Ἡ κοινὴ ἐν Ἑλλάδι γνώμη καὶ αἴσθημα Ἐθνικῆς φιλοτιμίας δὲν ἐπιτρέπει εἰς τὴν Ἑλληνικὴν Κυβέρνησιν νὰ ὑπογράψῃ τὴν ἑαυτῆς καταδίκην.
Π. Δεληγιάννης προς Χ. Τρικούπη, 1(13)/11/1863 (Υπουργείο Εξωτερικών 1864, 7)

Διεδόθησαν ἀπαίσιαι φῆμαι, διαβεβαιοῦσαι τὴν κατεδάφισιν των φρουρίων Κερκύρας. Εἴμεθα ἀνήσυχοι [...] Ἐὰν αἱ φῆμαι αὐται ἦναι ἀληθεῖς, μὴ ὑπογράψητε ὅ,τι καὶ ἂν σᾶς εἴπωσι. Σᾶς ἐπαναλαμβάνω, μὴ ὑπογράψητε.
Π. Δεληγιάννης προς Χ. Τρικούπη στο Λονδίνο, 13(25)/11/1863 (Υπουργείο Εξωτερικών 1864, 9)

Ὁ Λόρδος Ῥῶσσελ ἀπεκρίθη εἰς τὰς ἐντόνους διαμαρτυρήσεις μου, ὅτι ἄνευ τῆς κατεδαφίσεως τῶν φρουρίων ἡ παραχώρησις δὲν θὰ γείνη [...] καὶ ὅτι θὰ προβῶσιν εἰς τοῦτο χωρὶς νὰ περιμένω[σ]ι τὴν συνομολόγησιν τῆς Συνθήκης μετὰ τῆς Ἑλλάδος.
Χ. Τρικούπης προς Π. Δεληγιάννη, 10(22)/11/1863 (Υπουργείο Εξωτερικών 1864, 9–10)

Π ΡΟΣ ΙΚΑΝΟΠΟΙΗΣΗ, ΙΣΩΣ, της Anne Eynard, ο προϊών μεγαλοϊδεατισμός του Όθωνα είχε εντόνως ενοχλήσει την Βρετανία, που σταθερά υποστήριζε το δόγμα της ακεραιότητας της Οθωμανικής Αυτοκρατορίας. Το δόγμα αυτό είχε θεσπιστεί κατά την Συνθήκη των Παρισίων (1856), η οποία κανόνιζε την ισορροπία δυνάμεων μετά την ήττα της Ρωσίας στον Κριμαϊκό πόλεμο. Με την συνθήκη αυτή η Τουρκία μετατρεπόταν σε ένα ανάχωμα της Ρωσίας, σε ρόλο δηλαδή αρκετά συνήθη μέχρι και σήμερα.

Ήδη από το 1861 η διαδοχή του Όθωνα, ο οποίος δεν προβλεπόταν να αποκτήσει διαδόχους, είχε απασχολήσει την αγγλική εξωτερική πολιτική. Σε υπόμνημα των νομικών συμβούλων του βρετανικού στέμματος (Law Officers of the Crown) J. D. Harding, W. M. Atherton και Roundell Palmer της 15/11/1861 υπογραμμιζόταν ότι παρά την πρόβλεψη διαδοχής του Όθωνα από τον αδερφό του Luitpold (Πρωτόκολλο του Λονδίνου του 1830, άρ. 8), η άρνηση του τελευταίου άφηνε τον θρόνο κενό (Χ. Κύρκος 2005).

Η συγκυρία ήταν κατάλληλη για την αναζήτηση ενός Βασιλιά πιο φιλικού προς την Τουρκία. Την περίοδο εκείνη το όνομα του Πρίγκιπα Alfred, δευτερότοκου γιου της Βασίλισσας Βικτωρίας είχε ήδη διαρρεύσει από την ελληνική εφημερίδα του Λονδίνου *British Star* (του Στέφανου Ξένου), αν και ως υποψηφιότητα που δεν έβλεπε θετικά ο Βρετανικός θρόνος (τεύχη 14/3 και 2/5/1861, αναφέρεται στο: Χ. Κύρκος 2005). Βεβαίως, η Βρετανική κυβέρνηση άφηνε να διαιωνίζεται η φημολογία, καθώς καλλιεργούσε προσδοκίες που δρούσαν αποτρεπτικά στην επικράτηση της υποψηφιότητας του εκλεκτού της Ρωσίας, του Νικολάου του Leuchtenberg.

Μεσουσών των αναζητήσεων διαδόχου βασιλέα, και κατά την διάρκεια περιοδείας του βασιλικού ζεύγους στην Πελοπόννησο, ξέσπασε η επανάσταση του Οκτωβρίου που εκθρόνισε τον Όθωνα (6(18)/10/1862). Επιστρέφοντας εσπευσμένα στην Αθήνα, ο Όθων ήρθε αντιμέτωπος με μια τετελεσμένη κατάσταση. Την δύσκολη αυτή στιγμή, ο Βρετανός πρέσβυς Σκάρλετ είχε την... ευγενή καλοσύνη να του προσφέρει το βρετανικό ατμόπλοιο «Σκύλλα», επισπεύδοντας την αποχώρησή του από την Ελλάδα. Πράγματι ο Όθων αποχώρησε στις 12(24) Οκτωβρίου για πάντα από την Ελλάδα.

Η έξωση του Όθωνα ήταν μόνο το πρώτο βήμα για την διαφύλαξη του δόγματος της ακεραιότητας της Οθωμανικής Αυτοκρατορίας. Η επιλογή ενός «συνετού» βασιλιά, εκ των προτέρων δεσμευμένου στο δόγμα αυτό, ήταν το επόμενο. Και τα Επτάνησα θα χρύσωναν το χάπι.

Στις αρχές Νοεμβρίου του 1862, ο Πρωθυπουργός Palmerston διαμήνυσε στον Χαρίλαο Τρικούπη, επιτετραμμένο της Ελλάδας στο Λονδίνο, ότι με την έξωση του Όθωνα θα ήταν πλέον εφικτή η παραχώρηση των Επτανήσων στην Ελλάδα. Σε υπόμνημα όμως του Sir Henry Elliot τον Δεκέμβριο του 1862, δηλωνόταν ρητά ότι η παραχώρηση των Επτανήσων συνδεόταν άρρηκτα με την εκλογή ενός βασιλιά που δεν θα προκαλούσε επαναστάσεις, ή επιθετική προς την Τουρκία πολιτική (Χριστόπουλος και Μπαστιάς 1977a, 13:217). Η εκλογή βασιλιά έπρεπε δηλαδή να εγκριθεί από την Μ. Βρετανία. Είναι αξιοσημείωτο ότι ο Θεόδωρος Γρίβας, ο μοναδικός Έλληνας διεκδικητής του θρόνου, άφηνε την τελευταία του πνοή στο Μεσολόγγι στις 24/10(5/11)/1862, ενώ ήταν έτοιμος να ξεκινήσει με στρατό από την Ιερά Πόλη για να διεκδικήσει τον θρόνο.

Σε υπουργικό συμβούλιο της 8/12/1862, υπό τον Υπ. εξωτερικών Palmerston, αποφασίστηκε η παραχώρηση των Επτανήσων στην Ελλάδα. Τώρα, το μόνο που απέμενε ήταν η εύρεση του κατάλληλου βασιλιά. Λίγο μετά την έξωση του Όθωνα, και καθ' υπέρβαση των εξουσιών της, η Επαναστατική Κυβέρνηση Βούλγαρη-Κανάρη-Ρούφου προκήρυξε δημοψήφισμα για την εκλογή νέου Βασιλέα (19/11(1/12)/1863), φέρνοντας την Εθνική Συνέλευση προ τετελεσμένου ως προς το πολιτειακό. Οι προσδοκίες είχαν καλλιεργηθεί—και που δεν είχε διαψεύσει μέχρι τότε ο Βρετανικός θρόνος—οδήγησαν στην σαρωτική επικράτησή του Alfred, τον οποίο προέκρινε επίμονα ο Palmerston· έλαβε το 94.57% των ψήφων—230.016 εκ των 243.222.

Όμως, στο Πρωτόκολλο του Λονδίνου της 22/1(3/2)/1830, ή «της Ανεξαρτησίας» (άρ. 3), οι προστάτιδες δυνάμεις (Αγγλία, Γαλλία, Ρωσία) είχαν συμφωνήσει ο Βασιλιάς της Ελλάδας να μην ανήκει σε Οίκο καμίας από αυτές. Επιπλέον, η παρουσία του στην Βρετανία ήταν απαραίτητη σε περίπτωση που κάτι συνέβαινε στον πρωτότοκο Edward. Τέλος, αυτός ο θρόνος προσφερόταν από επαναστάτες, κάτι ασύμβατο με τα πρότυπα της Βικτώριας. Έτσι, οι αντιρρήσεις της Βικτώριας αλλά και των άλλων Δυνάμεων οδήγησαν σε συμφωνία για τον αποκλεισμό του και στην άγρα νέου βασιλέα.

7.1 Η επιλογή του νέου βασιλέα γίνεται από τραπεζίτη

Η αλλαγή βασιλικής δυναστείας θα είχε άμεση σχέση με το νομισματικό σύστημα της Ελλάδας διότι: (α) συνοδεύτηκε από την συμμετοχή στην Λατινική Νομισματική Ένωση, (β) μετά την ένωση με τα Επτάνησα σήμανε την συνύπαρξη δύο εκδοτικών τραπεζών στο ίδιο κράτος—της Ionian και της ΕΤΕ—και (γ) διότι στην επιλογή βασιλιά συμμετείχε ένας σημαντικός τραπεζιτικός όμιλος που θα έπαιζε σημαντικό ρόλο τις επόμενες δεκαετίες. Για τον λόγο αυτό θα εξετάσω το παρασκήνιο λίγο πιο αναλυτικά.

Carl Joachim Hambro, δανειστής Βασιλέων

Καταλυτικό ρόλο στις πολιτικές εξελίξεις της Ελλάδας θα έπαιζε ένας τραπεζίτης, ο Charles (Carl) Joachim Hambro. Η εμπλοκή του Hambro στην πολιτική ξεκίνησε σύντομα μετά τον θάνατο του πατέρα του το 1848, με αφορμή τον πόλεμο του 1848–51 κατά την επανάσταση των δουκάτων Schleswig και Holstein εναντίον της Δανίας. Το δάνειο 800 χιλ. λιρών του 1850, στο οποίο ο Hambro όχι μόνο μεσολάβησε αλλά και συμμετείχε κατά το ήμισυ, δεν ήταν μόνον επικερδές· έσωσε και την Δανία από απόσχιση και κληροδότησε στον ίδιο τίτλο ευγενείας.[1] Την άνοιξη του ίδιου έτους, έφτασε στον Hambro ένα άλλο αίτημα για δάνειο, αυτήν την φορά από τον έναν παλιό του φίλο, τον Camillo Benso di Cavour, Υπουργό Οικονομικών του Βασιλείου του Πεδεμοντίου, Σαρδηνίας και Σαβοΐας, ενός εκ των αρχιτεκτόνων της Ιταλικής ενοποίησης (Risorgimento). Το δάνειο αφορούσε στο ποσό των 4 εκ. λιρών, για το οποίο επιδιωκόταν η παράκαμψη της *C. M. de Rothschild & Figli*, του Ναπολιτάνικου παρακλαδιού της δυναστείας των Rothschild, και η αποδέσμευση από το μονοπώλιο που είχαν στα ιταλικά βα-

---

[1] Μετά την άρνηση των Rothschild και Baring, ο πρωθυπουργός Moltke προσέγγισε τον Hambro, ο οποίος συμφώνησε να βοηθήσει την πατρίδα του, στα χνάρια του παππού του. Αργότερα, κατόπιν εισήγησης του Υπ. Οικονομικών, κόμη Wilhelm Sponneck, ο Hambro ερωτήθηκε για το πώς θα ήθελε να τιμηθεί για τις υπηρεσίες του. Εποφθαλμιώντας τους αντίστοιχους τίτλους των Rothschild και Baring, ζήτησε να χρισθεί βαρόνος. Παρά την διακοπή απονομής τίτλων με το Σύνταγμα του 1849, ο νέος βασιλιάς Frederik VII του απένειμε τον τίτλο του βαρόνου στις 8/4/1851 (Bramsen και Wain 1979, 238–246).

σίλεια. Μετά την άρνηση των Baring να μπουν στα χωράφια των ανταγωνιστών τους, ο Cavour στράφηκε στον Hambro, ο οποίος τελικώς δέχθηκε την πρόκληση, εκδίδοντας τον Μάιο του 1851 το «Αγγλο-Σαρδηνιακό δάνειο».

Όταν μετά δέκα χρόνια ο βασιλιάς του Πεδεμοντίου, Vittorio Emanuelle II, θα στεφόταν πρώτος βασιλιάς μιας ενοποιημένης Ιταλίας, οι συνεργάτες του Carl Joachim θα τον αποκαλούσαν «δημιουργό βασιλέων». Και οι Rothschild θα δραπέτευαν από την Νάπολη το 1860 μαζί με την βασιλική οικογένεια, κλείνοντας την εκεί τράπεζά τους την οποία δεν θα ξανάνοιγαν ποτέ (Bramsen και Wain 1979, 262–272).

Ο Vilhelm που έγινε Γεώργιος Α΄

Όμως η εμπλοκή του με τον ελληνικό θρόνο θα ήταν πολύ πιο άμεση και καθοριστική. Ήδη πριν από την εκτόπιση του Όθωνα, ελληνική αντιπροσωπεία είχε ταξιδέψει στο Λονδίνο για να προσφέρει τον θρόνο στον Alfred. Η άρνηση που συνάντησαν αποτέλεσε μεγάλη απογοήτευση, όπως μετέφερε στον Hambro ο συνεργάτης του, Διονύσιος Κατενάκης. Ο Hambro αποφάσισε να συνδράμει στο ελληνικό δίλημμα, προωθώντας έναν συμπατριώτη του, κουνιάδο του Alfred. Εκείνη την περίοδο είχε ήδη δρομολογηθεί ο γάμος του Πρίγκιπα Edward VII της Ουαλίας με την πριγκίπισσα Alexandra της Δανίας. Η Alaxandra ήταν κόρη του Christian IX, γόνου του κλάδου Slesvig-Holsten-Sønderborg-Glücksborg της Δανέζικης βασιλικής οικογενείας των Oldenburg, και επόμενου Δανού βασιλιά μετά τον θάνατο του Frederik VII.

Στα πλαίσια επίσκεψης του Δανέζικου ναυτικού, η Δανέζικη φρεγάτα Jylland είχε προγραμματιστεί να διασχίσει τον Τάμεση και να αγκυροβολήσει στο Gravesend μεταξύ 11–18 Ιουνίου του 1862. Στην φρεγάτα επέβαινε μια ομάδα νεαρών ναυτικών δοκίμων, μεταξύ των οποίων και ο Πρίγκιπας Vilhelm, μικρότερος αδελφός της Alexandra και τον οποίο ο Hambro είχε αποφασίσει να προωθήσει ως υποψήφιο για τον ελληνικό θρόνο. Εκμεταλλευόμενος την συγκυρία, έκλεισε την παλιά Δανέζικη εκκλησία του Λονδίνου για μια Κυριακάτικη λειτουργία στις 15/6, στην οποία προσκάλεσε ολόκληρη την δανέζικη κοινότητα της πόλης. Στην λειτουργία, προσκάλεσε και τον Κυβερνήτη του Jylland, εξασφαλίζοντας ότι αυτός θα έφερνε και τους δοκίμους του. Την λειτουργία τέλεσε ένας νεαρός Δανός θεολόγος καθώς, μετά από χρόνια αχρησίας του ναού, δεν υπήρχε Δανός ιερέας.

Ο ανυποψίαστος δεκαεπτάχρονος πρίγκιπας οδηγήθηκε από τον νεωκόρο της εκκλησίας, Johannes Grønlund, σε έναν χρυσό θρόνο μπροστά από την Αγία Τράπεζα, αλλά επέλεξε να καθίσει σε μια κανονική θέση. Σε κρυφές θέσεις πίσω από το όργανο είχε καθίσει διακριτικά και η ελληνική αντιπροσωπεία παρακολουθώντας για πρώτη φορά τον υποψήφιο βασιλιά.

Την μεθεπόμενη, ολοκληρώνοντας το εγχείρημά του, ο Hambro προσκάλεσε όλα τα μέλη της δανέζικης λέσχης του Λονδίνου σε αποχαιρετιστήριο δείπνο προς τιμήν του πληρώματος του Jylland. Για το δείπνο των 30 πιάτων έκλεισε ολόκληρη πτέρυγα του Crystal Palace, και δύο ορχήστρες που έπαιζαν εναλλάξ. Αν τελικά ο Vilhelm αναρριχόταν στον ελληνικό θρόνο, ήθελε όλοι να γνωρίζουν ότι αυτός ήταν ο υπεύθυνος (Bramsen και Wain 1979, 272–281· Cottrell 1994, 1215).

Τρεις μήνες αργότερα, ο Όθων και η Αμαλία θα εγκατέλειπαν την Ελλάδα και ο δρόμος θα άνοιγε για την ενθρόνιση ενός νέου βασιλιά. Μια ακόμη ευνοϊκή συγκυρία για την τελική επιλογή του Vilhelm θα ήταν οι γάμοι του Edward με την αδερφή του, Alexandra (10/3/1863). Εκεί, ο Βρετανός Πρωθυπουργός Palmerston (Χριστόπουλος και Μπαστιάς 1977a, 13:225), αλλά και ο Υπουργός εξωτερικών John Russel (Bramsen και Wain 1979, 279), είχαν την ευκαιρία να συναντήσουν προσωπικώς τον υποψήφιο βασιλιά και να τον αξιολογήσουν, όσο εν πάση περιπτώσει μπορεί κανείς να αξιολογήσει έναν έφηβο.

Σύντομα ξεκίνησαν οι διαπραγματεύσεις και στις 18(31)/3/1863 ο Ζηνόβιος Βάλβης ανακοίνωσε στην Εθνοσυνέλευση την πρόταση των Μ. Δυνάμεων προς τον Δανέζικο οίκο. Τον Μάρτιο του 1863 ο Βασιλιάς Frederik VII και ο διάδοχός του, Christian IX, πατέρας του Vilhelm, αποδέχθηκαν την αγγλική πρόταση. Τριμελής επιτροπή των Δημητρίου Γρίβα (γιού του Θεόδωρου), Κων/νου Κανάρη και Θρασύβουλου Ζαΐμη μετέβησαν στην Κοπεγχάγη, όπου μετά από διαπραγματεύσεις προσέφεραν το στέμμα στον νεαρό πρίγκιπα σε τελετή της 3/6/1863. Ο Wilhelm θα γινόταν ο Βασιλιάς Γεώργιος Α΄ της Ελλάδας, πρώτο μέλος της Δυναστείας των Glücksborg.

Ο Hambro παρείχε την βοήθειά του ακόμη και μετά την επιλογή του Vilhelm, καθώς ο πατέρας του δεν ήταν ιδιαιτέρως εύπορος. Έτσι χρηματοδότησε το δαπανηρό ταξίδι του Vilhelm στην Ελλάδα, που προέβλεπε ενδιάμεσες επισκέψεις στην Βασίλισσα Βικτώρια στο Λονδίνο, στον Τσάρο Αλέξανδρο Β΄ στην Αγία Πετρούπολη και στον Ναπολέοντα Γ΄ στο Παρίσι. Κατόπιν, ξεκίνησε με ελληνικό πολεμικό πλοίο από την Τουλόν και κατέφθασε στον Πειραιά στις 18(3)/10/1863. Μαζί του ταξίδεψε και ο Κόμης Wilhelm Sponneck, που είχε μεσολαβήσει στην απονομή του τίτλου του Βαρόνου στον Hambro. Ο Sponneck μαζί με τον Hambro είχαν συντάξει την εγγυητική επιστολή των 10 χιλ. λιρών από την C. J. Hambro & Son με την οποία θα ταξίδευε ο νεαρός Γεώργιος Α΄, με την υποσημείωση ότι τα χρήματα θα επιστρέφονταν όταν αυτός θα είχε «τακτοποιήσει» τα οικονομικά του στην Ελλάδα. Και με την προίκα που θα ελάμβανε αυτό δεν θα ήταν πρόβλημα.

Η κίνηση αυτή του Hambro εκτός από πολιτικούς στόχους είχε και οικονομική σημασία. Παρότι η υπανάπτυκτη Ελλάδα ήταν σχετικά αδιάφορη στους Ευρωπαίους τραπεζίτες, αποτελούσε μια παρθένα αγορά, έξω από τα χωράφια των Rothschild και Baring (πράγματι, κατά την ίδρυση της ΕΤΕ, οι Rothschild έδειξαν πενιχρό ενδιαφέρον, αγοράζοντας μόλις 100 μετοχές, εκ των οποίων τις μισές υπό την έκκληση του Eynard). Ως προσωπικός τραπεζίτης του Βασιλιά, ο Hambro ήλπιζε να κληθεί πρώτος να διαθέσει τυχόν νέα δάνεια. Πράγματι, το πρώτο διεθνές δάνειο του νέου βασιλιά το διέθεσε η C. J. Hambro & Son το 1881, που τότε διηύθυνε ο Everard Hambro, γιος του Carl Joachim.

Ο Hambro, με την παρέμβασή του, επηρέασε βαθύτατα την νεοελληνική ιστορία. Και την επηρέασε περισσότερο από ό,τι αναγνωρίζεται σήμερα, λαμβάνοντας υπόψη την εκκωφαντική σιωπή γύρω από το όνομά του. Το περιστατικό αυτό είναι λίγο γνωστό. Προς τιμήν του, έστω και περιληπτικά, το αναφέρει ο Νίκος Μπελογιάννης στο βιβλίο του *Το ξένο κεφάλαιο στην Ελλάδα* (2009, 116), βασιζόμενος σε σχετικό δημοσίευμα των Times για την εκατονταετηρίδα του οίκου C. J. Hambro & Son.[2]

7.2 Τα Επτάνησα και η Ιονική

Η παραχώρηση των Επτανήσων ήταν η απαραίτητη στάχτη στα μάτια για την υπαγωγή της ελληνικής πολιτικής στους Βρετανικούς σχεδιασμούς. Σχεδιασμούς που αντιστρατεύονταν την εγγενή επιθυμία των Ελλήνων για απελευθέρωση των υπόδουλων ελληνικών περιοχών (Θεσσαλίας, Ηπείρου, Μακεδονίας, Θράκης, Κρήτης, κλπ). Και η παραχώρηση αυτή έγινε με συγκεκριμένους όρους και ανταλλάγματα από πλευράς Βρετανίας. Η αρχική συνθήκη που υπογράφηκε στο Λονδίνο (7(14)/11/1863) τροποποιήθηκε μετά τα διαβήματα του Χαρίλαου Τρικούπη και η τελική συνθήκη υπεγράφη στις 17(29)/3/1864.

Σύμφωνα με την αρχική συνθήκη, τα Επτάνησα θα ήταν πλήρως αποστρατιωτικοποιημένη ζώνη, σε καθεστώς αυστηρής ουδετερότητας σε περίπτωση ελληνοτουρκικού πολέμου, περιστέλλοντας την κυριαρχία του ελληνικού κράτους. Τα φρούρια της Κέρκυρας θα κατεδαφίζονταν πριν την παραχώρηση. Μόνον οι διαμαρτυρίες του Τρικούπη κατάφεραν να περιορίσουν αυτό το καθεστώς ουδετερότητας στην Κέρκυρα και στους Παξούς.

Η αναθεωρημένη συνθήκη όριζε ότι το ελληνικό κράτος αναλάμβανε την προικοδότηση του νέου άνακτα με (α) 10.000 λίρες ετησίως από τα εισοδήματα των Ιονίων νήσων, εκτός αν αυτές καταβάλλονταν από την κεντρική κυβέρνηση και (β) με 12.000 λίρες από τα χρήματα που το ελληνικό κράτος είχε συμφωνήσει να καταβάλλει κάθε χρόνο στις εγγυήτριες δυνάμεις για την εξόφληση του δανείου των 60 εκ. φράγκων.[3]

Δεν είναι τυχαίο ότι οι Επτανήσιοι Ριζοσπάστες, ένθερμοι οπαδοί της Ένωσης με την Ελλάδα, αντιτάχθηκαν στην παραχώρηση των Επτανήσων υπό τους συγκεκριμένους όρους και υπό τις παρούσες συγκυρίες. Οι Ηλίας Ζερβός και Ιωσήφ Μομφερράτος δεν δέχθηκαν να θέσουν υποψηφιότητα για την ΙΓ΄ Βουλή της Επτανήσου, η οποία θα αποφάσιζε την ένωση: «*Θεώρησαν ότι οι όροι που επικύρωναν την «Ένωση» σηματοδοτούσαν τη μετατόπιση της Ελλάδας στη βρετανική σφαίρα επιρροής. Η Αγγλία έδειχνε διατεθειμένη να απολέσει την Επτάνησο για να κερδίσει ολόκληρη την Ελλάδα και έτσι να μπορεί ηγεμονικά να ελέγχει τον ευρύτερο χώρο της Εγγύς και της Μέσης Ανατολής*» (Γιαννάτος 2008a).

---

[2] Το σχετικό τετρασέλιδο δημοσιεύθηκε στις 19/1/1939 και όχι στις 21/1/1942 όπως αναφέρει ο Μπελογιάννης.

[3] Με την συμφωνία της 9(12)/6/1860, η Ελλάδα είχε συμφωνήσει να πληρώνει 900.000 φράγκα (36.000 λίρες) τον χρόνο στις τρεις εγγυήτριες δυνάμεις, δηλαδή 300.000 φράγκα (12.000 λίρες) σε καθεμία. Από αυτά, 4.000 λίρες από τα οφειλόμενα σε κάθε εγγυήτρια δύναμη, θα γινόντουσαν η προίκα του νεαρού άνακτα (12.000 λίρες σύνολο).

Στην ανάλυση αυτή συντείνει και ο Φ. Κ. Βώρος (2005), έχοντας μελετήσει τα διπλωματικά έγγραφα της περιόδου (Υπουργείο Εξωτερικών 1864): «*ουσιαστικά η Βρετανία μετέφερε τον Αρμοστή από την Κέρκυρα στην Αθήνα, άφηνε την τοπική «Προστασία των Επτανήσων» και αναλάμβανε τη γενική «Προστασία του Ελληνισμού» ως προς τις σχέσεις του προς την Οθωμανική Αυτοκρατορία, που η Ακεραιότητά της αποτελούσε μέλημα πρώτο της Βρετανίας, για να έχει μόνιμο ανάχωμα έναντι της ρωσικής επεκτατικής πολιτικής προς την ανατολική Μεσόγειο.*»

Τελικά το κοινοβούλιο που εξελέγη από τις εκλογές της 9(21) και 10(22) Σεπτεμβρίου 1863 επικύρωσε την ένωση με ψήφισμα της 23/9(5/10)/1863.

Η συνύπαρξη Ionian-Εθνικής

Εκτός από τις παραπάνω υποχρεώσεις, το ελληνικό κράτος αναλάμβανε να τηρήσει όλες τις συμφωνίες της Ιονίου Πολιτείας προς κράτη και ιδιώτες. Από τις συντάξεις των κρατικών υπαλλήλων—ακόμη και όσων είχαν συνταξιοδοτηθεί πριν το 1863, όσο δηλαδή τα Επτάνησα παρέμεναν Βρετανικό προτεκτοράτο!—και την εξυπηρέτηση του κρατικού χρέους, μέχρι και τα προνόμια των εταιρειών Malta & Mediterranean Gas Company, Austrian Lloyds και φυσικά της Ionian Bank. Για πρώτη φορά το ελληνικό κράτος είχε να διαχειρισθεί δύο εκδοτικές τράπεζες εντός της επικράτειάς του.

Η κλασική οικονομική θεωρία διατείνεται ότι, υπό συνθήκες ελεύθερου ανταγωνισμού, ομοειδείς επιχειρήσεις προβαίνουν σε βελτίωση του προϊόντος τους και μείωση των τιμών τους ώστε να προσελκύσουν την περισσότερη πελατεία. Το αποτέλεσμα υποτίθεται ότι είναι η μεγαλύτερη ανταγωνιστικότητα και η καλύτερη εξυπηρέτηση των καταναλωτών. Αυτά σε μια ιδεατή κατάσταση. Τι γίνεται όμως όταν οι δύο αυτές επιχειρήσεις απολαμβάνουν κρατικών μονοπωλίων; Και τι συμβαίνει όταν ο ανταγωνισμός δεν είναι ούτε ελεύθερος ούτε ανόθευτος, όπως άλλωστε σπανίως είναι στον κόσμο των αγορών; Τέλος, είναι το χρήμα ένα εμπόρευμα, του οποίου την «ποιότητα» ευνοεί ο ανταγωνισμός μεταξύ διαφορετικών παραγωγών;

Ήδη πριν την ένωση των Επτανήσων, ο νόμος ΛΑ΄ της 4(16)/2/1860 που ψήφισε η ΙΑ΄ Επτανησιακή Βουλή, έδινε την δυνατότητα ίδρυσης νέων εκδοτικών τραπεζών στα Επτάνησα, ενώ μετέτρεπε το εκδοτικό προνόμιο της Ionian σε απλό 20ετές εκδοτικό δικαίωμα. Η ψήφιση του νόμου αυτού μπορεί να θεωρηθεί ως αποτέλεσμα της αυξανόμενης δυσαρέσκειας των Επτανησίων προς την βρετανική προστασία και προς οποιοδήποτε ίδρυμα την εκπροσωπούσε. Πράγματι, η Ionian ήταν ένα βρετανικό ίδρυμα, η μέτοχοι του οποίου ήταν σε συντριπτική πλειοψηφία Βρετανοί. Με αφορμή τον νόμο αυτό η ΕΤΕ εξέφρασε την πρόθεση να επεκτείνει τις εργασίες της στα Επτάνησα, ιδρύοντας υποκαταστήματα εξωτερικού, όμως συνάντησε την αντίρρηση της ελληνικής κυβέρνησης που χαρακτήρισε το αίτημα «πρόωρο» (Συνοδινός 2005). Μετά την αποτυχία του εγχειρήματος, η ΕΤΕ αρκέστηκε στον διορισμό ανταποκριτών στην Κέρκυρα (Παραμυθιώτες, 1860–1872), στην Κεφαλλονιά (Νικόλαο Πινιατώρο, 1864–1880) και στην Ζάκυνθο (Ιωάννη Κρενδιρόπουλο, 1870–1880), οι οποίοι δεν παρείχαν δάνεια στους αγρότες αλλά εκτελούσαν διαμεσολαβητικές εργασίες.

Η Ένωση με την Ελλάδα θα άλλαζε τις συνθήκες. Αφενός, η Ionian με την Συνθήκη της Ένωσης της 17(29)/3/1864 και τους νόμους Ν΄ και ΠΘ΄ του 1864 διατήρούσε τα προνόμιά της. Αφετέρου, η ΕΤΕ και η Ionian βρισκόντουσαν εντός της ίδιας επικράτειας. Τρεις μόλις μήνες μετά την Ένωση, τον Ιούνιο του 1864, ο Γ. Σταύρος βρισκόταν στην Κέρκυρα, όπου ηγήθηκε της επίθεσης της ΕΤΕ στα χωράφια του αντιπάλου της. Το αποτέλεσμα ήταν η επιστολή που υπέγραφαν 90 επιφανείς Κερκυραίοι με αίτημα την ίδρυση υποκαταστήματος της ΕΤΕ στο νησί. Αντίστοιχο αίτημα διατύπωσαν λίγο αργότερα και κάτοικοι της Κεφαλλονιάς. Διακρίνοντας όμως επιζήμιες επιπτώσεις από αυτόν τον ανταγωνισμό, οι δύο τράπεζες κατέφυγαν σε έναν προσωρινό συμβιβασμό το 1869: «*Η Ιονική θα παραμείνει αποκλειστικός κύριος της επτανησιακής αγοράς, υπό τον όρο ότι δεν θα επεκτείνει το δίκτυό της σε ελληνικές πόλεις όπου έχει υποκατάστημα η Ε.Τ.Ε., χωρίς τη συμφωνία του ανταγωνιστή της*». Με άλλα λόγια οι δύο τράπεζες συνέστησαν καρτέλ, επιλογή μάλλον εύλογη σε μια αγορά τόσο μικρή που δύσκολα θα χωρούσε δύο παίκτες. Είναι ενδιαφέρον ότι ο Lloyd εισηγήθηκε στην ΓΣ της 13/3/1869 της Ionian την εξαγορά του εκδοτικού της δικαιώματος από την ΕΤΕ, έως και την συγχώνευση των δύο τραπεζών, πρόταση που η ΕΤΕ αρνήθηκε (Συνοδινός 2005, 566).

Σύμφωνα με το «άθλιο πνεύμα του μονοπωλίου» (wretched spirit of monopoly) που καταδίκαζε ο Adam Smith, οι ΕΤΕ και Ionian θα αντετίθεντο στην ίδρυση νέων τραπεζών. Πρώτη τέτοια περίπτωση ήταν τον Αύγουστο του 1864, όταν ο Ευ. Βαλτατζής και ο Γαλλοεβραίος τραπεζίτης Ermann Oppenheim θα επιχειρούσαν να ιδρύσουν κτηματική και προεξοφλητική τράπεζα με εκδοτικό δικαίωμα «ἐν Ἑπτανήσῳ καὶ ἐν ταῖς λοιπαῖς ἐπαρχίαις, ἔνθα δὲν ἐσύστησεν ἡ Ἐθνικὴ Τράπεζα ὑποκαταστήματα».[4] Οι βουλευτές Παύλος Καλλιγάς και Ευθύμιος Κεχαγιάς, στελέχη της ΕΤΕ, αντιτάχθηκαν στο νομοσχέδιο που έφερε στην Βουλή ο Υπ. Εσωτερικών Αλέξανδρος Κουμουνδούρος, και παρότι το νομοσχέδιο ψηφίστηκε ('Συνεδρίαση ΣϞΗ΄(298), 14/8/1864' 1865, 20–21) δεν υλοποιήθηκε ποτέ. Την ίδια τύχη θα είχε και η κατοπινή προσπάθεια των ομογενών που οδήγησε στην Γενική Πιστωτική και την οποία πολέμησαν οι Επτανήσιοι βουλευτές (βλ. παρ. 8.3). Και παρότι η Γενική Πιστωτική ιδρύθηκε έχοντας το εκδοτικό δικαίωμα, ποτέ δεν κυκλοφόρησε χαρτονόμισμα.

Βεβαίως η συνύπαρξη των δύο τραπεζών δε σταμάτησε να είναι ανταγωνιστική. Τον Ιούνιο του 1872 η ΕΤΕ ίδρυσε υποκατάστημα στο «μαλακό υπογάστριο» της αντιπάλου της, στην πόλη της Κέρκυρας, το οποίο λόγω μικρού κύκλου εργασιών έκλεισε τον Αύγουστο του 1881. Οι ανταγωνισμός σημείωσε νέα όξυνση μετά το 1901, ενόψει της λήξης του εκδοτικού προνομίου της Ionian (είχε ανανεωθεί το 1880 για 25 χρόνια και έληγε το 1905). Μετά την πρόωρη αίτηση της Ionian, η ΕΤΕ απάντησε με αίτημα στην κυβέρνηση για αποκλειστική εκχώρηση στην ίδια του εκδοτικού προνομίου στα Επτάνησα. Στην διαμάχη που φούντωσε η Ionian έκανε επίκληση στην βρετανική διπλωματία, ενώ ενεπλάκησαν οικονομολόγοι, πολιτικοί, ο Τύπος, αλλά και η τοπική αυτοδιοίκηση, που ζητά την ίδρυση υποκαταστημάτων της ΕΤΕ (Μήτσης 1987, 82–100· Συνοδινός 2005, 569–570).

Νικήτρια της μάχης αναδείχθηκε η ΕΤΕ· με δύο ξεχωριστές συμβάσεις της 28/2/1903,[5] η κυβέρνηση Θ. Δηλιγιάννη επεξέτεινε το εκδοτικό δικαίωμα της Ionian για τελευταία φορά, για άλλα 15 έτη, μέχρι τις 25/4/1920. Εν συνεχεία το προνόμιο έκδοσης τραπεζογραμματίων για τα Επτάνησα το ανέθετε στην ΕΤΕ, με την υποχρέωση να ιδρύσει η τελευταία άλλα έξι υποκαταστήματα πέραν εκείνου της Λευκάδας. Το δικό της προνόμιο επεκτεινόταν μέχρι 31/12/1930.

Καθώς ο νόμος που κύρωνε τις συμβάσεις επέτρεπε την μεταβίβαση του προνομίου ή την συγχώνευση των τραπεζών νωρίτερα, στις συζητήσεις που ξεκίνησαν σχεδόν αμέσως έγινε η πρόταση εξαγοράς του προνομίου αντί 62.800 λιρών. Τότε, όπως και σε αντίστοιχες συζητήσεις το 1912, οι Κερκυραίοι μέτοχοι της Ionian, που εν τω μεταξύ είχαν ξεπεράσει σε κεφάλαιο τους Βρετανούς (6.391 έναντι 5.490 μετοχών, αντιστοίχως) αρνήθηκαν την πρόωρη εκχώρηση του προνομίου (Συνοδινός 2005, 571).

7.3   Η «Λατινική» Νομισματική Ένωση

Η έλευση της δανέζικης δυναστείας στον ελληνικό θρόνο συνέπεσε χρονικά με τις πρώτες απόπειρες συμμετοχής της Ελλάδας σε ένα νέο νομισματικό σύστημα, εκείνο της Λατινικής Νομισματικής Ένωσης. Η συμμετοχή οποιασδήποτε χώρας σε κάποια νομισματική ένωση είναι μείζον γεγονός, οπότε θα αναφερθώ πιο εκτενώς.

Η προέλευση της ΛΝΕ

Οι ρίζες της ΛΝΕ ανάγονται στην περίοδο της γαλλικής επανάστασης, όταν τα γαλλικά επαναστατικά στρατεύματα επεξέτειναν τις γαλλικές κτήσεις με τις διαδοχικές νίκες τους. Δεν είναι τυχαίο ότι οι χώρες που ίδρυσαν την ΛΝΕ ήταν η Γαλλία, το Βέλγιο, η Ελβετία και η Ιταλία. Η πρώτη γαλλική εισβολή στο Βέλγιο (τότε Αυστριακές Κάτω Χώρες) έγινε το 1792 και ολοκληρώθηκε με την προσάρτηση στην Γαλλία την 1/10/1795. Ακολούθησε, μεταξύ άλλων, η ιταλική εκστρατεία υπό τον Ναπολέοντα (Μάρτιος 1796—Ιανουάριος 1797) και η εισβολή στην Ελβετία (Οκτώβριος 1797—Φεβρουάριος 1798). Οι περιοχές αυτές είτε αποτέλεσαν τμήμα του γαλλικού κράτους (το Βέλγιο μέχρι το 1815), είτε αποτέλεσαν τμήμα υποτελών κρατιδίων υπό γαλλικό έλεγχο: την Υπάλπειο Δημοκρατία (Republica Cisalpina, 1797–1802), το Ιταλικό Βασίλειο υπό τον Ναπολέοντα (1805–1814) και

---

[4]Σύμβαση της 12/8/1864, κυρωθείσα διά του ν. Ϛ΄(90) της 25/10/1864 και του συμπληρωματικού πρωτοκόλλου της 19/10/1864 (ΦΕΚ 46, 2/11/1864, σ. 281–286).

[5]Κυρωθείσες διά του Ν. ,ΒΩΞ΄(2860) της 17/3/1903 (ΦΕΚ 45, 17/3/1903, σ. 101–104).

την Ελβετική Δημοκρατία (1798–1803). Παρότι όλα αυτά ανατράπηκαν με το Συνέδριο της Βιέννης (1814–1815), κάτι παρέμεινε: το νομισματικό σύστημα των Γάλλων επαναστατών.

Κατά τον del Mar (1886, 272), ο Ναπολέων λεηλάτησε τον χρυσό και τον άργυρο των κατακτημένων περιοχών, αφήνοντας στην θέση του τα χάρτινα assignats που αποτιμώντο σε φράγκα. Με την νομισματική μεταρρύθμιση του 7 Germinal XI (27/3/1803)[6] παγιώθηκε στην Γαλλία το αργυρό φράγκο των 5 g και καθαρότητας 90% (4,5 g αργύρου). Μαζί με το «φράγκο Germinal» εισαγόταν και το χρυσό εικοσάφραγκο 6,45 g και καθαρότητας 90% (5,801 g χρυσού), το «Ναπολεόνι». Αυτή η αξία πάγιωνε την αναλογία αργύρου-χρυσού στο 15,5:1, που είχε πρωτοεισαχθεί στην Γαλλία με νόμο της 30/10/1785 (US Senate 1879, 249–250).

Αργότερα, και παρά το ξήλωμα της Αυτοκρατορίας που είχε χτίσει ο Ναπολέων, τα πρώην εξαρτημένα κράτη διατήρησαν το φράγκο Germinal. Η λίρα της Υπαλπείου Δημοκρατίας (του κατοπινού Ναπολεονικού Βασιλείου της Ιταλίας) ήταν πανομοιότυπη του φράγκου Germinal και διατηρήθηκε και μετά το 1814 από το Δουκάτο της Πάρμας και το Βασίλειο της Σαρδηνίας υπό τον Vittorio Emanuele I. Μετά το Risorgimento του 1861 έγινε νόμιμο χρήμα στις 24/8/1862. Αντιστοίχως, αφού το Βέλγιο κέρδισε την ανεξαρτησία του το 1831, όρισε ως βάση του νομισματικού του συστήματος (νόμος της 5/6/1832) το βελγικό φράγκο που ήταν πανομοιότυπο με το φράγκο Germinal. Αλλά και η Ελβετία όρισε το ελβετικό φράγκο βάσει του φράγκου Germinal στις 7/5/1850. Με άλλα λόγια, υπήρχε μια de facto κοινή νομισματική βάση μεταξύ των τεσσάρων χωρών, κατάλοιπο της γαλλικής κατάκτησης, αλλά και προϊόν της κυρίαρχης θέσης της Γαλλίας μεταξύ τους.

Η συμβατική ανάλυση για την συγκεκριμένη περίοδο λέει ότι οι ανακαλύψεις νέων κοιτασμάτων χρυσού στην Αυστραλία, στην Καλιφόρνια και στην Ρωσία μετά το 1850 προκάλεσαν μεταξύ 1850–1866 την πτώση της τιμής του χρυσού ως προς εκείνη του αργύρου. Στις «αγορές», η αναλογία 15,5:1 δεν ίσχυε, καθώς ο άργυρος γινόταν πιο ακριβός. Έτσι, οι έμποροι πωλούσαν γαλλικά χρυσά νομίσματα στο Παρίσι αγοράζοντας άργυρο στην επίσημη αναλογία, μετέφεραν τον άργυρο αυτό στην Αγγλία και τον πωλούσαν σε υψηλότερη τιμή αποκομίζοντας κέρδος. Έτσι, τα αργυρά νομίσματα—κατ' εξοχήν εργαλείο καθημερινών συναλλαγών—εξαφανίζονταν από την αγορά του Παρισιού. Κατά την ερμηνεία αυτή, οι κυβερνήσεις συνειδητοποίησαν ότι έπρεπε να συντονίσουν τις νομισματικές τους πολιτικές για να σταματήσουν αυτή την εξαφάνιση των χρυσών ή των αργυρών νομισμάτων ανάλογα με τα καπρίτσια των αγορών μεταλλευμάτων.[7] Ο del Mar αφενός αποδίδει αυτούς του φόβους στις υπερβολικές εκτιμήσεις που διατύπωσε ο Thomas De Quincey[8] για μια παγκόσμια ετήσια παραγωγή χρυσού γύρω στις 75 εκ. λίρες, οι οποίες ώθησαν τον Γάλλο ακαδημαϊκό και πολιτικό Michel Chevalier (1859) να προτείνει τον αποχρηματισμό του χρυσού διότι η πτώση της αξίας του θα προκαλούσε γενική άνοδο των τιμών.

Αλλά όποια και αν ήταν η προέλευση της διακύμανσης των τιμών—πραγματική ή εικαζόμενη αύξηση της παραγωγής—η όλη συζήτηση τελικά κλιμακώθηκε στις συναντήσεις «ανεύθυνων σοφών χωρίς ισχύ και ευθύνες» στο Παρίσι το 1865 και στο Βερολίνο το 1868 (del Mar 1886, 286). Για τον del Mar (1886, 268), το θεμελιώδες σφάλμα των συζητήσεων αυτών σχετιζόταν με ένα γεγονός που είχε χαθεί από την συλλογική μνήμη των συμμετεχόντων σε αυτές: τον αγγλικό νόμο «ελεύθερης νομισματοκοπίας» του 1666, τον οποίο μιμήθηκε η Γαλλία μεταξύ 1679–1689 και μετά το 1789. Τον νόμο δηλαδή που επέτρεπε στους ιδιώτες να επηρεάζουν αυθαίρετα την ποσότητα χρήματος επισκεπτόμενοι το νομισματοκοπείο, αποστραγγίζοντας ή πλημμυρίζοντας την αγορά με όποιο μέταλλο θα τους απέφερε το μεγαλύτερο κέρδος από την αναχώνευσή του. Η Γαλλία, εισάγοντας την απεριόριστη και σχεδόν δωρεάν νομισματοκοπή, κατέληξε να κόβει νομίσματα για τα κράτη που είχε λεηλατήσει ο Ναπολέων, με τα ίδια τα λάφυρα αυτής της λεηλασίας. Πράγματι, σε καθεστώς ελεύθερης νομισματοκοπής, παρότι το κράτος ρύθμιζε τις τιμές του νομισματοκοπείου, είχε οικειοθελώς δημιουργήσει μια αναξέλεγκτη αγορά

---

[6]Στην πραγματικότητα, ο νόμος του 1803 απλώς πάγιωνε τον προηγούμενο νόμο της 7/4/1795 που κυρώθηκε στις 15/8/1795 και ο οποίος αντικαθιστούσε τις λίβρες tournois του Ancien Régime με την αρχαία μονάδα του φράγκου.

[7]Βλ. π.χ. για μια περιγραφή αυτής της ερμηνείας από τον Thiemeyer (2013). Στην περιγραφή του ο συγγραφέας αντιστρέφει εκ παραδρομής την αγοραπωλησία χρυσού-αργύρου.

[8]Δεν αναφέρει τον τίτλο, αλλά προφανώς αναφέρεται σε άρθρο του de Quincey (1852) που έκτοτε αναδημοσιεύθηκε δύο φορές (de Quincey 1856, 199–246· 1939).

νομισμάτων δίπλα σε εκείνη των μεταλλευμάτων. Σε ένα τέτοιο πλαίσιο, οι έμποροι μπορούσαν να ανταλλάσσουν μετάλλευμα με νομίσματα σε οποιαδήποτε ισοτιμία θα τους απέφερε κέρδος.

Η παραμικρή πραγματική ή προβλεπόμενη αυξομείωση της παραγωγής των ορυχείων αρκούσε για να γεμίσει μια αγορά με ένα μέταλλο και να την αδειάσει από το άλλο. Αυτό προκύπτει από τα ιστορικά δεδομένα: αν και πριν το 1666 οι τιμές νομισματοκοπείου διέφεραν εντός ευρέων τιμών μεταξύ των ευρωπαϊκών κρατών, καμία μαζική μετανάστευση μετάλλου δεν είχε παρατηρηθεί. Αυτό συνέβη αμέσως μετά τον αγγλικό νόμο του 1666 και τον γαλλικό του 1679, οπότε και ο άργυρος των χωρών αυτών κατέληξε στην Ιαπωνία μέσω της Ολλανδίας, γεμίζοντάς τες με άργυρο από την Ανατολή (del Mar 1886, 281–283).

Ένα μέτρο που υιοθετήθηκε ήταν η μείωση της ποσότητας αργύρου στα νομίσματα, ώστε η αναχώνευσή τους να μην αποφέρει κέρδος. Αυτό έκανε η Ελβετία, μειώνοντας την καθαρότητα των αργυρών της νομισμάτων των 1 και 2 φράγκων από 90% σε 80% στις κοπές μεταξύ 1860–63 (Swissmint 2007, 6) με νόμο της 30/1/1860. Αυτό είχε ως αποτέλεσμα την ανταλλαγή τους με τα καθαρότερα γαλλικά νομίσματα μέσω των συνόρων. Η γαλλική κυβέρνηση απάντησε με έκδοση εγκυκλίου που απαγόρευε την αποδοχή τους από τα κρατικά ταμεία (14/4/1864) και την μείωση της καθαρότητα των νομισμάτων των 0,20 και 0,50 φράγκων στο 83,5% (25/5/1864). Το Βέλγιο, που δεν είχε προχωρήσει σε τέτοια μεταρρύθμιση, αισθανόταν ακόμη πιο έντονη την φυγή των αργυρών του νομισμάτων και έτσι πρότεινε μια νομισματική συνθήκη μεταξύ των τεσσάρων κρατών που θα επισημοποιούσε και θα πάγιωνε το προϋπάρχον καθεστώς (del Mar 1886, 273).

Μοναδικός εναλλακτικός τρόπος αποφυγής αυτού του προβλήματος, πέραν της αναστολής της ελεύθερης νομισματοκοπής των δύο μετάλλων, θα ήταν η παγκόσμια ρύθμιση αυτής της αναλογίας, που θα σήμαινε όμως την εισαγωγή ενός παγκόσμιου νομισματικού συστήματος και απώλεια εθνικής κυριαρχίας.

Η συνθήκη της ΛΝΕ

Η πρώτες επαφές για την ανασύσταση του προϋπάρχοντος νομισματικού καθεστώτος έγιναν στο Παρίσι στις 11/2/1865, μετά από πρόσκληση της γαλλικής κυβέρνησης προς τις αντίστοιχες της Ελβετίας, του Βελγίου και της Ιταλίας. Η διάσκεψη για την ΛΝΕ ξεκίνησε στο Παρίσι στις 20/11/1865 και κατέληξε στην υπογραφή της σύμβασης της 23/12/1865 (Horn 1866). Έναρξη της ισχύος της θα ήταν η 1/8/1866, αφού πρώτα είχε κυρωθεί από τα ενδιαφερόμενα κράτη. Ο όρος «Λατινική» δεν ήταν επίσημος και δεν υπάρχει πουθενά στο κείμενο στης σύμβασης. Τον χαρακτηρισμό αναπαρήγαγε ο Esquirou de Parieu ως «münzverein latin» σε υπότιτλο άρθρου του (de Parieu 1866a), με την ελπίδα ότι θα ήταν προσωρινός, και διευκρινίζοντας ότι προέρχεται από αγγλική εφημερίδα.

Παρότι στην έναρξη των συνεδριάσεων διανεμήθηκε στους συνέδρους ερωτηματολόγιο το οποίο κατηύθυνε σε μεγάλο βαθμό τις απαντήσεις τους προς το υπάρχον γαλλικό σύστημα, οι συζητήσεις σύντομα άρχισαν να διευρύνονται στο νόημα της ύπαρξης συγκεκριμένης αναλογίας αργύρου-χρυσού και να εκτρέπονται στο κατά πόσον θα ήταν καλύτερο να υιοθετηθεί ένας «κανόνας χρυσού». Η γαλλική αντιπροσωπεία βρέθηκε στην απομόνωση και μόνον με παρασκηνιακές διαδικασίες κατάφερε να επιβάλει την θέληση του Ναπολέοντα Γ΄, παρότι τα μέλη της κατά βάση συμφωνούσαν με τον «κανόνα του χρυσού»—ο de Parieu ήταν άτεγκτος μονομεταλλιστής χρυσού (Horn 1866, 82–83, 88–89· del Mar 1886, 274).

Το σύστημα που υιοθετήθηκε ήταν του φράγκου Germinal με αναλογία χρυσού-αργύρου 15,5:1, με την διαφορά ότι αυτό υλοποιείτο όχι στο νόμισμα του ενός φράγκου, αλλά στο πολλαπλάσιό του των 5 φράγκων (Πίνακας 25.14. Για την αποφυγή ενδεχομένων διαμαρτυριών για λόγους εθνικής υπερηφάνειας, το νέο νόμισμα κάθε χώρας θα συνέχιζε να φέρει την ονομασία του παλαιού εθνικού νομίσματος (πεσέτες στην Ισπανία, δραχμές στην Ελλάδα κλπ), όμως η αξία του καθοριζόταν βάσει του γαλλικού φράγκου. Εκτός από τα χρυσά ή αργυρά écus,[9] προβλεπόταν για κάθε χώρα η κοπή κερμάτων τοπικής κυκλοφορίας. Για τα αργυρά (καθαρότητας 83,5%) προβλέπονται 6 φράγκα ανά κάτοικο, ενώ για τα χάλκινα προβλέπονται 2 φράγκα ανά κάτοικο.

---

[9] Η ονομασία écu είναι αρκετά παλαιότερη και προέρχεται από το λατινικό scutum (ασπίδα), λόγω του θυρεού που έφεραν τα νομίσματα στην μια τους όψη. Σχετίζεται δε με το scudo και escudo. Παρότι δεν έχει καμία σχέση με το ECU (European Currency Unit) πιστεύεται ότι διευκόλυνε την αποδοχή του ECU από τους Γάλλους.

Σύμφωνα με το άρθρο 12 της συμφωνίας, οποιαδήποτε άλλη χώρα θα μπορούσε να συμμετάσχει στην ΛΝΕ. Για την διεύρυνση της ΛΝΕ συνεκλήθη διεθνές συνέδριο το 1867, στο οποίο παρευρέθησαν 20 χώρες (US Senate 1879, 805–806, 870–871).

Ενώ όμως είχαν συμφωνηθεί τα παραπάνω, κατά την συνάντηση της 17/6/1867, οι εκπρόσωποι επανήλθαν στο ζήτημα που τους είχε απασχολήσει και πριν ενάμιση χρόνο, δηλαδή τον αποχρηματισμό του αργύρου και την υιοθέτηση «μονομεταλλισμού χρυσού». Η έκθεση της 6/7/1867 θα είχε τέτοιο αντίκτυπο που θα αποτελούσε και το πρότυπο της νομισματικής μεταρρύθμισης που οραματίσθηκαν οι 119 γερμανικές πόλεις που συμμετείχαν στην 4η εμπορική έκθεση Handelstag στο Βερολίνο μεταξύ 20–23/10/1868 (del Mar 1886, 275–277· US Senate 1879, 727–728). Η σχιζοφρενική στάση των σοφών του χρήματος γύρω από την ΛΝΕ, τον «διμεταλλισμό» και τον «μονομεταλλισμό» ήταν χαρακτηριστική του ψευδοδιλήμματος στο οποίο έσυρε την νομισματική θεωρία η κληρονομιά του Adam Smith. Όλοι απέβλεπαν στην ΛΝΕ και ταυτοχρόνως όλοι περιφρονούσαν το διμεταλλικό σύστημα που την θεμελίωνε, κατανοώντας ότι σε καθεστώς «ελεύθερης νομισματοκοπής» από ιδιώτες, οι διακυμάνσεις των τιμών των μεταλλευμάτων θα παρενοχλούσαν την τροφοδοσία του μεταλλικού νομίσματος. Και ήταν τόσο βαριά η σκιά του Adam Smith, που τόνοι μελάνι χύθηκαν στο αν έπρεπε να υιοθετηθεί ένα «διμεταλλικό» σύστημα ή να αποχρηματισθεί ο άργυρος, όμως κανείς δεν έριξε στο τραπέζι την ιδέα να απαγορευθεί καθολικά η νομισματοκοπή από ιδιώτες.

Η πολιτική στόχευση της Γαλλίας

Αρκετά νωρίς είχε γίνει κατανοητή η πολιτική σημασία μιας νομισματικής ένωσης. Στο άρθρο 12 της σύμβασης προβλεπόταν και η δυνατότητα εισδοχής τρίτων χωρών. Ο Γάλλος Υπ. Οικονομικών Achille Fould έβλεπε μακρόπνοα και έγραφε στον Υπ. Εξωτερικών (Thiemeyer 2013, 32):

> *Il est évident qu'il y aurait d'incontestable avantages a créer en Europe une vaste circulation monétaire se rattachant a un mémé système, et identique dans la valeur réelle et nominale. Cette circulation ne tarderait pas a s'assimiler celle des autres pays, et l'on pourrait entrevoir l'époque ou, sous influence d'un même régime monétaire, les paiements en numéraire seraient soustraits aux conditions essentiellement variables du change.*

Με την σειρά του, το όραμα ενός γαλλικού οικουμενικού νομίσματος ασπάσθηκε και ο Félix Esquirou de Parieu, δικηγόρος και Προεδρεύων Υπουργός του γαλλικού Συμβουλίου Επικρατείας (Conseil d'État). Αναλύοντας αυτό το όραμα στον Αυτοκράτορα Napoleon III, θα έκλεινε ζητώντας του «*μια διεθνή θέσπιση που μπορεί να επιφέρει σημαντικά πλεονεκτήματα στις εμπορικές επικοινωνίες περισσοτέρων από 66 εκατομμύρια ψυχών, οι οποίες, παρά την ποικιλία γλώσσας και εθνικότητας, ενώνονται κάτω από ένα νομισματικό σύστημα του οποίου η ονομασία και η προέλευση παραμένουν γαλλικές*» (US Senate 1879, 786).

Ο de Parieu (1866b) έκανε μια παγκόσμια επίθεση φιλίας προς όλα τα «πολιτισμένα» έθνη, καλώντας τα να υιοθετήσουν το γαλλικό σύστημα. Διατυπώνοντας την ελπίδα ότι οι ΗΠΑ θα συμμετάσχουν στην «δυτική ευρωπαϊκή ένωση» (union européene occidentale) που δημιουργείτο (σ. 621), όπως επίσης και την Γερμανία (σ. 627). Αυτές οι αποστροφές του γαλλικού μικρομεγαλισμού ενέχουν τέτοιες ιστορικές ειρωνείες που δύσκολα αφήνονται ασχολίαστες. Η Γαλλία θα εσύρετο στην ακριβώς αντίστροφη διαδικασία από τις ΗΠΑ 80 χρόνια αργότερα με την σύμπηξη του ΝΑΤΟ και την επιβολή του δολαρίου ως παγκοσμίου νομίσματος υπό το σύστημα του Μπρέτον Γουντς. Και μισό αιώνα αργότερα, η Γερμανία θα έδινε καθαρά γερμανικό χαρακτήρα στο ευρώ, παρότι μπήκε στην ΟΝΕ μετά από γαλλικές πιέσεις. Την ίδια θυμηδία προκαλεί και η επιχειρηματολογία για υιοθέτηση ενός παγκόσμιου νομισματικού συστήματος για την μείωση του συναλλαγματικού κόστους στο διεθνές εμπόριο και στον τουρισμό (σ. 623), μια επιχειρηματολογία που ελάχιστα ανανέωσαν οι υποστηρικτές του ευρώ. Και το μεγαλομανές ευχολόγιο κλείνει με την πρόβλεψη: «*Le Franc peut donc avoir de grande chance d'etre un jour tout au moins une des syllabes fondamentales dans une langue universelle des valeurs*» (σ. 636).

7.4   Η συμμετοχή της Ελλάδας στην ΛΝΕ

Ανατρέχοντας τις περιγραφές πολλών Ελλήνων ιστορικών, δεν προκύπτει ξεκάθαρα το πώς και από ποιον αποφασίσθηκε η συμμετοχή της Ελλάδος στην ΛΝΕ. Στην «Ιστορία» του (σ. 63) ο Βαλαωρίτης αναφέρει ξερά την ψήφιση του σχετικού νόμου, όπως κάνει και σε ειδικό άρθρο του, του 1903 (Βαλαωρίτης 1903α· 1903b). Ομοίως λακωνικοί είναι οι Κουγέας (1992) και Σαχινίδης (2007)—ο τελευταίος μάλιστα σε άρθρο αφιερωμένο στην ΛΝΕ. Πιο πολλά αναφέρουν και Αλογοσκούφης και Λαζαρέτου (2002, 65–66) αν και—όπως και οι προηγούμενοι—είναι εξαιρετικά περιληπτικοί στο πώς προέκυψε η ΛΝΕ. Ακόμη και τα πρακτικά των συνεδριάσεων Βουλής σταματούν μία ημέρα πριν την ψήφιση του νόμου της 10/4/1867. Μοναδική πρότερη αναφορά του νομοσχεδίου είναι μαζί με μια σειρά άλλων νομοσχεδίων που φαίνεται να υπερψηφίσθηκαν παμψηφεί (ΠΣΒ 1867, 448). Μόνον ο Στασινόπουλος και ο Κοκκινάκης καταδύονται σε βάθος στις πρώτες απόπειρες τις Ελλάδας να απεμπολήσει το δικαίωμα έκδοσης νομίσματος.

Ο Κεχαγιάς και η ΛΝΕ

Στην περίπτωση της Ελλάδας, ένας από τους πρώτους υποστηρικτές της συμμετοχής στην ΛΝΕ φαίνεται να ήταν ο Ευθύμιος Κεχαγιάς. Ο Κεχαγιάς συνδύαζε στο ίδιο πρόσωπο δύο ιδιότητες: εκείνη του πολιτικού, με Υπουργική[10] και μακρά βουλευτική[11] θητεία, και εκείνη του τραπεζίτη.[12] Οι δύο αυτές παράλληλες σταδιοδρομίες θα πρέπει να του έδιναν μια σπάνια οπτική των περιστάσεων, αλλά και δυνατότητα διαμόρφωσης πολιτικής.

Στο σημείο αυτό θα πρέπει να υπενθυμίσω ότι, για πολλά χρόνια μετά την εισαγωγή της, η οθωνική δραχμή παρέμενε κυρίως λογιστική μονάδα, καθώς τα χρυσά και αργυρά νομίσματα είχαν εξαχθεί στο εξωτερικό προς αναχώνευση, αφήνοντας μόνο τα χάλκινα κέρματα για καθημερινές συναλλαγές. Η συγκυρία της πολιτειακής αλλαγής θα πρέπει να ήταν πρόσφορη για την εξέταση και μιας νομισματικής μεταρρύθμισης, η οποία είχε από νωρίτερα αρχίσει να απασχολεί και τον Κεχαγιά.

Στο νομισματικό ζήτημα είχε αναφερθεί εκτενώς το 1855 ως βουλευτής, εκφραζόμενος θερμά για το σύστημα του φράγκου Germinal που ήδη ακολουθούσαν οι τέσσερις χώρες που θα ίδρυαν την ΛΝΕ (ΠΣΒ 1855b, 736), ευχόμενος την παγκόσμια επικράτησή του χωρίς όμως να προτείνει την υιοθέτησή του από την Ελλάδα. Να σημειωθεί ότι στις αρχές του 1853 είχε επιστρέψει από την Γαλλία, όπου τον είχε αποστείλει για εκπαίδευση η ΕΤΕ το 1847. Το 1856 είχε ζητήσει από τον Γάλλο οικονομολόγο τον Michel Chevalier να διατυπώσει την σύστασή του για το νομισματικό σύστημα της Ελλάδος. Αυτός ο τελευταίος είχε προτείνει την υιοθέτηση του φράγκου, ως πιο καταλλήλου για μια μικρή εμπορική χώρα, και στο οποίο η Ελλάδα θα μπορούσε να δώσει το όνομα «δραχμή» (Κεχαγιάς 1875, 12–15). Το 1864, ως βουλευτής της Β΄ Εθνοσυνέλευσης στην Αθήνα, πρότεινε ευθέως την συμμετοχή στην ΛΝΕ, αν και—όπως όλοι οι ομότεχνοί του—εξέφραζε επιφυλάξεις για τον ορισμό επίσημης ισοτιμίας μεταξύ των δύο μετάλλων (Κοκκινάκης 1999, 84).

Όταν ήλθε η πολιτειακή αλλαγή, η πολιτική συγκυρία ήταν σπάνια: η ΛΝΕ είχε μόλις δημιουργηθεί, ενώ κατά το δεύτερο συνέδριο του 1867 ο Κεχαγιάς ήταν Υπ. Οικονομικών. Η στιγμή ήταν η πλέον πρόσφορη για να μετατρέψει τις ιδέες του σε πολιτική πράξη. Έτσι, στις 28/3/1867 έφερε προς ψήφιση το νομοσχέδιο για το νομισματικό σύστημα, το οποίο φαίνεται να ψηφίσθηκε κατόπιν ελάχιστης—ή και καθόλου—συζήτησης (βλ. ανωτέρω). Ο Κεχαγιάς υλοποιούσε την θεωρία του Chevalier, βάσει της οποίας μικρές χώρες δεν μπορούν να έχουν δικό τους νόμισμα.

Η υιοθέτηση της δραχμής-φράγκου

Ο νόμος ΣΔ΄(204) της 10/4/1867[13] υιοθετούσε το φράγκο Germinal με το όνομα «δραχμή», αλλά μόνον στην μορφή του πενταπλασίου του, δηλαδή του πενταδράχμου (άρ. 1). Επίσης όριζε την σχέση χρυσού-αργύρου στο 15,5:1 (άρ. 2). Το πεντάδραχμο ήταν το μόνο αργυρό νόμισμα· τα αργυρά εικοσάλεπτα, πενηντάλεπτα, μο-

---

[10] Μετά την έξωση του Όθωνα είχε διατελέσει Υπ. Οικονομικών για μια ημέρα (8–9/2/1863), ακριβώς πριν την πτώση της προσωρινής επαναστατικής κυβέρνησης. Την ίδια θέση κατέλαβε για τέσσερις μήνες (21/6–18/10/1863) στην Κυβέρνηση του Οροπεδίου του 1863 και για έναν χρόνο (18/12/1866–20/12/1867) στην Κυβέρνηση Κουμουνδούρου του 1866–67.

[11] Βουλευτής Παρνασσίδος επί Όθωνα κατά τις Περιόδους Δ΄ (30/10/1853–28/10/1856), Ε΄ (7/12/1856–24/5/1859) και ΣΤ΄ (29/10/1859–16/11/1860), στην Β΄ Εθνική Συνέλευση της Αθήνας (10/12/1862–16/11/1864), επί Γεωργίου Α΄ συνεχόμενα από την Α΄ μέχρι και την Ε΄ περίοδο (14/5/1865–26/4/1874) και κατά την Η΄ Περίοδο (23/9/1879–22/10/1881) της Βουλής (Βουλή των Ελλήνων 1986, 50, 75, 120–121). Εξελέγη Πρόεδρος της Βουλής (8/7/1865) υπό την Κυβέρνηση Κουμουνδούρου (22/3–20/10/1865).

[12] Υπάλληλος της ΕΤΕ από την 1/1/1842, διορίσθηκε Διευθυντής Λογιστικού, Συνδιευθυντής (8/2/1847) και Υποδιοικητής (17/10/1861), θέση που κατείχε μέχρι και τον θάνατό του (Βαλαωρίτης 1902, 18, 39, 104).

[13] ΦΕΚ 21, 12/4/1867, σ. 155–158.

νόδραχμα και δίδραχμα χαμηλότερης καθαρότητας (83,5%) ήταν κέρματα, καθώς γινόντουσαν αποδεκτά για πληρωμές σε ιδιώτες μόνο μέχρι το ύψος των 50 δρχ (άρ. 11). Κέρματα άλλων επικρατειών, χάλκινα ή αργυρά, ακόμη και της ΛΝΕ, δεν μπορούσαν να κυκλοφορούν νόμιμα στην Ελλάδα (άρ. 16). Η δε συνολική αξία που θα μπορούσε να κοπεί ήταν 6 δρχ σε αργυρά και 2 δρχ σε χάλκινα για κάθε κάτοικο της Ελλάδας (άρ. 9).

Ο νόμος επίσης θεσμοθετούσε την ιδιωτική νομισματοκοπή (άρ. 5), αλλά μόνον για τα νομίσματα και όχι για τα κέρματα. Αυτό το τελευταίο προνόμιο το διατηρούσε το κράτος (άρ. 10). Πράγματι, υπολογίζοντας την ποσότητα αργύρου στο πεντάδραχμο και στα κέρματα, η αξία τους ήταν 0,222 και 0,240 δραχμές ανά γραμμάριο αργύρου, αντιστοίχως.[14] Με άλλα λόγια, ο άργυρος στα κέρματα ήταν υπερτιμημένος κατά 7,8% ως προς τον άργυρο στο πεντάδραχμο. Δηλαδή ακόμη και στο πλαίσιο του σκληρού μεταλλισμού, τα κράτη ακόμη εξασκούσαν την εξουσία να ορίζουν την αξία των νομισμάτων τους βάσει νόμου και όχι μεταλλικού περιεχομένου. Πράγματι τα κέρματα, που προορίζονταν για εσωτερική χρήση και όχι ως συνάλλαγμα, θα μπορούσαν να έχουν όσο άργυρο και όση αξία ήθελε το κράτος· όπως τα χάλκινα κέρματα, θα μπορούσαν ακόμη να μην έχουν καθόλου άργυρο. Είναι δε εντυπωσιακό πώς αυτή η απλή αλήθεια διέφευγε από την αντίληψη όλων σχεδόν των θεωρητικών και πρακτικών του χρήματος.

ΛΝΕ: δεσποινίς ετών 39

Η ΛΝΕ υιοθετούσε ένα σύστημα στο οποίο δεν πίστευε κανείς, με πρώτους και κύριους τους εμπνευστές και εφαρμοστές του. Το ίδιο ίσχυε και για τον Κεχαγιά· από την μία καταδίκαζε το παλιό νομισματικό σύστημα, μεταξύ άλλων για την μη ακέραια ισοτιμία της δραχμής με τα ξένα νομίσματα, πρόβλημα που θεωρούσε ότι θα έλυνε η υιοθέτηση του φράγκου Germinal. Εγγυάτο δε ότι η νέα δραχμή-φράγκο που θα προέκυπτε—και που θα ισοδυναμούσε με 1,12 παλαιές—δεν θα προκαλούσε ανατίμηση των προϊόντων και των υπηρεσιών, καθώς οι προς τα πάνω στρογγυλοποιήσεις θα αφορούσαν μόνο σε προϊόντα πολύ μικρής αξίας. Ο ελεύθερος ανταγωνισμός και τα αγορανομικά μέτρα θα έκαναν τα υπόλοιπα (Κεχαγιάς 1875, 17–8, 24–27).

Ταυτοχρόνως όμως έβλεπε ένα μειονέκτημα στην υιοθέτηση του φράγκου. Τα άρθρα 14 και 15 του νόμου του 1867 προέβλεπαν την παράλληλη κυκλοφορία ξένων νομισμάτων, αλλά υποτιμημένων κατά 0,25% των χρυσών και κατά 1% των αργυρών λόγω φθοράς. Αυτό σήμαινε ότι εντός Ελλάδος τα ξένα νομίσματα—ακόμη και πλήρους βάρους—θα θεωρούνταν μικρότερης αξίας. Όλοι—συμπεριλαμβανομένης της ΕΤΕ—θα προτιμούσαν να τα αποστέλλουν στο εξωτερικό όπου θα είχαν μεγαλύτερη αξία, ώστε να αποκομίζουν το μέγιστο δυνατό κέρδος από την χρήση τους. Έτσι, όπως η διατίμηση του 1833 άδειασε την Ελλάδα από δραχμές, ο νόμος του 1865 θα την άδειαζε από συνάλλαγμα (Κεχαγιάς 1875, 45–46).

Συμμετέχοντας στην μαζική σχιζοφρένεια των συνέδρων του 1865 και 1867, στο τέλος του βιβλίου του ο Κεχαγιάς κατέληγε να απορρίπτει το διμεταλλικό σύστημα της ΛΝΕ το οποίο αν και «*πλεῖστα παρέχει πλεονεκτήματα εἰς τὴν μικρὰν ἡμῶν χώραν*» (σ. 15–16), «*παρουσιάζει μέγιστον οἰκονομικὸν σολοικισμὸν*» (σ. 49). Πράγματι, καθώς η αγοραία τιμή των δύο μετάλλων κατά πάσα πιθανότητα θα διέφερε από την επίσημη του νομισματοκοπείου, οι πλημμυρίδες και αμπώτιδες των δύο μετάλλων θα συνεχίζονταν ανάλογα με τις τυχαίες περιστάσεις που θα προσέφεραν κέρδος στους κερδοσκόπους από την αναχώνευση του ενός ή του άλλου μετάλλου. Έτσι, μέσα σε λιγότερες από 40 σελίδες καταλήγει να υμνεί τον μονομεταλλισμό του χρυσού, καίτοι ενθουσιασμένος από την υιοθέτηση του διμεταλλικού συστήματος της ΛΝΕ (Κεχαγιάς 1875, 49–59).

Την ίδια σχιζοφρένεια θα επεδείκνυε και ο Ι. Σούτσος. Αφενός υποστήριζε ότι το «διμεταλλικό» σύστημα είναι επιζήμιο και προέκρινε την λύση του χρυσού νομίσματος (Ι. Α. Σούτσος 1864, 96, 100). Αργότερα, λίγο πριν την ψήφιση του νομοσχεδίου, θα μετρίαζε τις αντιρρήσεις του, θεωρώντας πιο σημαντική την σύνδεση που αναμενόταν να προσφέρει το φράγκο με μια αγορά 68 εκ. ανθρώπων (Ι. Α. Σούτσος 1867, 1–2). Με άλλα λόγια, η ΛΝΕ αντιμετωπιζόταν σαν μια πλούσια αλλά γριά νύφη: όλοι οι υποψήφιοι γαμπροί έβλεπαν συμφέρον στον γάμο, αλλά σε κανέναν δεν άρεσε πραγματικά.

---

[14]Αργυρό πεντάδραχμο: βάρος 25 g καθαρότητας 90%, δηλ. 22,5 g αργύρου (5/25 = 0,222 δρχ/g αργύρου). Αργυρό εικοσάλεπτο: βάρος 1 g καθαρότητας 83,5%, δηλ. 0,835 g αργύρου (0,835/0,20 = 0,240 δρχ/g αργύρου).

Συνοπτικά, οι επικρατούσες φωνές στην συζήτηση περί του ελληνικού νομισματικού συστήματος αντηχούσαν πιστά την εισαγόμενη μεταλλιστική ορθοδοξία, ακόμη και στις αντιφάσεις της. Στην Ελλάδα δεν υπήρξε καμία κίνηση αντίστοιχη του αμερικανικού Greenback Party, που να αναλύει την νομισματική πολιτική με όρους ανεξάρτητους και εξειδικευμένους στην εθνική ιδιομορφία. Ο Κεχαγιάς ζήτησε τα φώτα του Chevalier και δεν είχε κανέναν απολύτως ενδοιασμό να το παραδεχθεί ανοιχτά· τουναντίον, την τυφλή προσκόλληση σε εισαγόμενα πρότυπα φαίνεται να την θεωρούσε μάλλον δείγμα υπευθυνότητας παρά πνευματικής ένδειας. Όπως θα δούμε παρακάτω, την στιγμή που η Ελλάδα είχε ανάγκη να αντικαταστήσει με ελληνικά όλα τα ξένα νομίσματα που μαζικά κυκλοφορούσαν στο έδαφός της, οι ελληνικές αντιπροσωπείες στο Παρίσι ήξεραν μόνον να ικετεύουν για την κοπή λίγων ακόμη αργυρών πεντάδραχμων.

Η Ελλάδα σε μια καχύποπτη ένωση

Ουσιαστικά, η διάσκεψη του 1867 κατέληξε σε αποτυχία· μοναδικές αιτήσεις εισδοχής ήταν αυτές των Παπικών Κρατών και της Ελλάδας. Όμως η διαγωγή των Παπικών Κρατών θα στιγμάτιζε την ελληνική συμμετοχή στην ΛΝΕ.

Τελώντας υπό την απειλή των Ιταλών πατριωτών που ήθελαν να προσαρτήσουν την Ρώμη στην Ιταλία, το Παπικό Κράτος έψαχνε για διεθνή στηρίγματα, γεωπολιτικά και οικονομικά· η ΛΝΕ ήταν ένα τέτοιο. Με απλή ανακοίνωση της 4/2/1867 το Παπικό Κράτος ανακοίνωσε την συμμετοχή του στην ΛΝΕ, χωρίς να κατανοεί ότι προαπειτείτο και η σύμφωνη γνώμη των υπολοίπων. Προς αυτή την παρανόηση συνέβαλλε και η Γαλλία, που έσπευσε μέσω του *Moniteur Universel* (12/2/1867) να επικυρώσει, τρόπον τινά, αυτήν την μονομερή ανακοίνωση (Einaudi 2001, 99–100).

Πριν όμως κάνει αυτήν την αίτηση-ανακοίνωση, το Παπικό Κράτος είχε προχωρήσει κατά το δεύτερο ήμισυ του 1866 στην κοπή 26 εκ. λιρετών μειωμένης καθαρότητας, με περίπου 3–4,2 εκ. να αντιστοιχούν σε ένα κράτος 500–700 χιλιάδων κατοίκων (Einaudi 2001, 101). Αυτό δεν είχε μόνον οικονομικό κίνητρο, αλλά και πολιτικό διότι αν ο Πάπας περιόριζε τις κοπές θα αναγνώριζε εμμέσως τον πληθυσμό του, και άρα θα αναγνώριζε de facto και το κράτος της Ιταλίας στο οποίο κατοικοέδρευε το υπόλοιπο ποίμνιό του (des Essars 1896, 350). Εν συνεχεία, τα Παπικά Κράτη περίμεναν αρκετούς μήνες μετά την επίσημη αποδοχή της συμμετοχής τους από την Γαλλία (2/3/1868) και μετά ανακοίνωσαν αίτηση εξαιρέσεως από πολλά άρθρα της συνθήκης της ΛΝΕ (12/12/1868), προκαλώντας πανικό στους Γάλλους αξιωματούχους και αγανάκτηση στα υπόλοιπα κράτη.

Μέσα σε αυτό το κλίμα έγινε και η αίτηση εισδοχής της Ελλάδας. Η Ελλάδα είχε συμμετάσχει στο συνέδριο του 1867 εκπροσωπούμενη από τον Θεόδωρο Δηλιγιάννη (Russell 1898, 48–49). Ήδη από τις 4 Απριλίου η Βουλή είχε ψηφίσει τον νόμο της νομισματικής μεταρρύθμισης και την ίδια ημέρα είχε καταθέσει αίτηση εισδοχής μέσω του Πρέσβεως στο Παρίσι. Λόγω ανυπαρξίας νομισματοκοπείου, ο Θ. Δηλιγιάννης ζητούσε την κοπή των νομισμάτων στην Γαλλία υπό επίβλεψη Γάλλων αξιωματούχων. Αυτό καθησύχασε την Γαλλία που έδωσε την συγκατάθεσή της (Einaudi 2001, 106). Το σχετικό νομοσχέδιο κατατέθηκε ως κατεπείγον στην Βουλή στις 19/10/1868 (*ΠΣΒ* 1868, 472) και υπερψηφίσθηκε στην πρώτη ανάγνωση. Με τον ν. ΣΠ΄(280) της 5(17)/11/1868[15] η Ελλάδα γινόταν μέλος της ΛΝΕ και στις 22/11(4/12)/1868 η Le Moniteur ανακοίνωνε ότι η συμμετοχή θα ξεκινούσε την 20/12/1868(1/1/1869).

Όμως η στάση της Γαλλίας δεν ήταν αντιπροσωπευτική. Θα έγραφε λίγο αργότερα ο Carl Feer-Herzog, Ελβετός πολιτικός, τραπεζίτης και εκπρόσωπος της Ελβετίας στις συναντήσεις της ΛΝΕ:[16]

> *Συνεπώς λυπούμαστε που η Ελλάδα συμπεριελήφθη στον στενό κύκλο της σύμβασης του 1865, διότι δεν βλέπουμε τους λόγους που μπορούν να νομιμοποιήσουν τον συντονισμό των ελληνικών δραχμών και των δικών μας φράγκων, και διότι αμφιβάλλουμε ότι η ανάμιξη της ταυτόχρονης κυκλοφορίας βοηθητικών κερμάτων ελληνικών και δικών μας θα γίνει χωρίς δυσκολίες και χωρίς κατάχρηση.*

---

[15] ΦΕΚ 57, 9/12/1868, σ. 407–411.

[16] «*Nous regrettons par conséquent que la Grèce ait été admise dans le cercle restreint de la convention de 1865, parce que nous ne voyons pas les raisons qui peuvent légitimer la coordination des drachmes grecques et de nos francs, et que nous doutons que la mélange de la circulation simultanée de pièces divisionnaire grecques et des nôtres ait lieu sans difficultés et sans abus*» (Feer-Herzog 1869, 40).

Δεν είναι σαφές αν ο Feer-Herzog πράγματι δεν έβλεπε τους λόγους της ελληνικής συμμετοχής, ή αν απλώς δίσταζε να τους εκφράσει ανοιχτά. Πάντως άλλοι σύγχρονοί του τους εξέφρασαν. Πηγαίνοντας τις αμφιβολίες του Haupt (1896, 218–219) ένα βήμα παραπέρα, ο Henry Parker Willis, ιστορικός και τραπεζίτης, θα διατύπωνε μια καθαρά πολιτική ερμηνεία:[17]

> *Είναι δύσκολο να καταλάβουμε γιατί η εισδοχή της Ελλάδας στη ΛΝΕ να ήταν επιθυμητή ή επιτρεπτή από αυτό το σώμα. Υπό καμία έννοια δεν ήταν επιθυμητό μέλος της ομάδας. Οικονομικώς σαθρή, συγκλονιζόμενη από πολιτικές διαμάχες και δημοσιονομικώς σάπια, η κατάστασή της ήταν αξιολύπητη. Παλεύοντας με το βάρος του χρέους, η Ελλάδα προσπαθούσε να διατηρήσει στην κυκλοφορία μεγάλο ποσόν μη μετατρέψιμου χαρτονομίσματος. Εδαφικά δεν ήταν επιθυμητή προσθήκη στην Λατινική Ένωση, και η εμπορική και δημοσιονομική σημασία της ήταν μικρή. Παρ' όλα αυτά η τυπική [nominal] εισδοχή της εξασφαλίσθηκε, και μπορούμε να πιστώσουμε τις σκοτεινές πολιτικές επιρροές […] με το ότι επηρέασαν ό,τι δεν μπόρεσαν να επηρεάσουν οι οικονομικές και δημοσιονομικές εκτιμήσεις. Ασφαλώς θα ήταν δύσκολο να το κατανοήσουμε για ποιους άλλους λόγους επετεύχθη η συμμετοχή της.*

Ή, κατά τον Einaudi (σ. 106) «*Το 1867 η Γαλλία επιθυμούσε να συμμετάσχει στην Ένωση ο μεγαλύτερος δυνατός αριθμός κρατών, ανεξαρτήτως των οικονομικών τους συνθηκών, ώστε να πλησιάσει το μέγιστο δυνατόν σε ένα παγκόσμιο, ή τουλάχιστον Ευρωπαϊκό νόμισμα*». Κατά την ερμηνεία του, γαλλικές πολιτικές σκοπιμότητες και ενδεχομένως το γαλλικό φιλελληνικό κίνημα ήταν οι λόγοι της προσχώρησης της Ελλάδας, παρά την οικονομική της ανετοιμότητα.

7.5   Η Κρητική Επανάσταση και η τρίτη αναγκαστική κυκλοφορία (1868)

Το 1867 η Ελλάδα έκανε μια προσπάθεια να συμμετάσχει σε μια νομισματική ένωση κρατών με εντελώς διαφορετικό επίπεδο ανάπτυξης, κυρίως ευελπιστώντας σε οφέλη από την διευκόλυνση του εμπορίου με αυτά. Έγινε δε δεκτή, όπως φαίνεται, για λόγους καθαρά πολιτικούς και όχι οικονομικούς, καθώς σε καμία περίπτωση δεν είχε με αυτά το επίπεδο προσέγγισης που είχαν μεταξύ τους. Η τύχη της προσπάθειας θα καθοριζόταν ακριβώς από τους παράγοντες που διαφοροποιούσαν την Ελλάδα από τα κράτη αυτά.

Κατά το δεύτερο μισό του 19ου αιώνα το ελληνικό έθνος ήταν ακόμη διασκορπισμένο σε διαφορετικές επικράτειες πέραν του ελλαδικού κράτους, οι οποίες είχαν μια συνεχόμενη και διακαή επιθυμία να ενταχθούν στον εθνικό κορμό. Το 1866 ξέσπασε άλλη μια επανάσταση στην Κρήτη. Οι Κρητικοί, αφενός υποφέροντας υπό τον Οθωμανικό ζυγό και αφετέρου εμπνεόμενοι από την άρτι επιτευχθείσα ένωση των Επτανήσων, προσέβλεπαν στην εθνική τους ολοκλήρωση. Για δυόμισυ χρόνια ο αγώνας τους, με στιγμές όπως το ολοκαύτωμα του Αρκαδίου, ενέπνευσε Έλληνες, αλλά και ξένους φιλέλληνες, που έσπευσαν να συνδράμουν ως εθελοντές. Παράλληλα, διαδοχικές ελληνικές κυβερνήσεις βοηθούσαν με πλοία τον ανεφοδιασμό των επαναστατών, χωρίς όμως να μπαίνουν σε ευθεία αντιπαράθεση με την Τουρκία, πράγμα απαγορευμένο από τις Μεγάλες Δυνάμεις.

Οι δανειακές ανάγκες του κράτους και η σύγκρουση με την ΕΤΕ

Την στιγμή εκείνη, η νομισματική ομαλότητα δεν υπερέβη σε σημασία το εθνικό ζήτημα. Οι αυξημένες χρηματικές ανάγκες του κράτους οδήγησαν σε κλιμακούμενη αντιπαράθεση Κυβέρνησης και ΕΤΕ, με την πρώτη να ζητά δάνεια και την δεύτερη να τα αρνείται. Τον Μάρτιο του 1868 η Κυβέρνηση ζήτησε δάνειο 1.500.000 δραχμών από την ΕΤΕ και τελικώς έλαβε 1.000.000.[18]

Στα τέλη Οκτωβρίου 1868 η κυβέρνηση ζήτησε νέο δάνειο 10 εκ. δραχμών, εκ των οποίων τα 3 κατεπειγόντως εντός Νοεμβρίου. Αυτή την φορά απείλησε με αναγκαστική κυκλοφορία νομίσματος σε περίπτωση άρνησης της ΕΤΕ. Θορυβημένο από την απειλή αυτή και από τις εντυπώσεις που δημιουργούσε στην αγορά, το ΔΣ της Τραπέζης ενέκρινε τον δανεισμό χωρίς την προαπαιτούμενη απόφαση της ΓΣ των μετόχων στις συνε-

---

[17] «*It is hard to see why the admission of Greece to Latin Union should have been desired or allowed by that body. In no sense was she a desirable member of the league. Economically unsound, convulsed by political struggles, and financially rotten, her condition was pitiable. Struggling with a burden of debt, Greece was also endeavoring to maintain in circulation a large amount of inconvertible paper. She was not territorially a desirable adjunct to the Latin Union, and her commercial and financial importance was small. Nevertheless her nominal admission was secured, and we may credit the obscure political influences […] with being able to effect what economic and financial considerations could not. Certainly it would be hard to understand on what other grounds her membership was attained*» (Willis 1901, 81).

[18] Η ΕΤΕ ενέκρινε δάνειο 1.000.000 δρχ, για το οποίο ζήτησε 8% τόκο και χρεώλυτρο 2% με την εκχώρηση του ποσού αυτού από τις εισπράξεις του Τελωνείου. Θα ενέκρινε και τις υπόλοιπες 500.000 δρχ αν με νόμο το χρεώλυτρο ανέβαινε από 2 σε 10% για όλο το ποσό των 1.500.000, το οποίο όμως δεν έγινε.

δριάσεις της 1 και 7/11. Με τα δάνεια θα αναλάμβανε το υπόλοιπο των αδιάθετων δανείων των 28 εκ. δραχμών, υπό τον όρο της μη εφαρμογής αναγκαστικής κυκλοφορίας μέχρι την 16/1/1869, οπότε και θα συνεδρίαζε η ΓΣ. Με έγγραφο της 13/11, η Κυβέρνηση συμφώνησε, αναβάλλοντας της αναγκαστική κυκλοφορία μέχρι τις 16/11.

Στις 29/11/1868, και ενώ ο αγώνας των Κρητών καρκινοβατούσε, η Υψηλή Πύλη έστειλε τελεσίγραφο στην ελληνική κυβέρνηση να διακόψει την βοήθεια στους επαναστάτες. Ο Δημήτριος Βούλγαρης απέρριψε το τελεσίγραφο και ξεκίνησε άμεσες προετοιμασίες για πόλεμο.[19] Έτσι, με τον ν. ΣΓΗ΄(298) της 10/12/1868 ψήφισε την χορήγηση έκτακτης πιστώσεως 100.000.000 δρχ στην κυβέρνηση μέσω δανείου (άρθρο 1), άδεια σύναψης δανείου με υποθήκη εθνικής περιουσίας (άρθρο 2) και έκτακτη στρατολόγηση (άρθρο 3).[20] Με τον νόμο αυτό σε ισχύ, η κυβέρνηση περνούσε στην επίθεση απέναντι στην ΕΤΕ.

Λόγω των αναγκών από την ναυπήγηση θωρηκτού στην Τεργέστη, η κυβέρνηση ζήτησε άλλα 4.000.000 δραχμές, τα οποία όμως η ΕΤΕ αρνήθηκε κατά την συνεδρίαση της 12/12/1868. Κατόπιν, με βάσει του ν. ΣΓΗ΄ της 10/12/1868, ο Υπ. Οικονομικών πρότεινε την σύναψη δανείου 50 εκ. δραχμών (με ετήσιο τόκο 1,5%), εκ των οποίων 10 θα ήταν από το μεταλλικό αποταμίευμα της τράπεζας (που έτσι θα εξαντλείτο) και άλλα 40 από νέο χαρτονόμισμα που θα ετίθετο σε αναγκαστική κυκλοφορία. Η ΕΤΕ πάλι αρνήθηκε, με απόφαση της 14/12, προβάλλοντας ως επιχειρήματα: (α) την απαγόρευση λήψεως τέτοιων αποφάσεων από το ΔΣ βάσει του καταστατικού της, (β) την αναγκαιότητα του μεταλλικού για την κάλυψη των τραπεζογραμματίων, (γ) την αναγκαιότητα του μεταλλικού για την εκτέλεση συναλλαγών με το εξωτερικό, (δ) την αδυναμία προσφοράς νέων πιστώσεων και (ε), επισείοντας το εκδοτικό προνόμιο που το ίδιο το κράτος της είχε εκχωρήσει, χαρακτηρίζοντας εκ προοιμίου παράνομη οποιαδήποτε αναγκαστική κυκλοφορία (Βαλαωρίτης 1902, 49–52, υποσημείωση).

Όσο το επιχείρημα (α) ήταν νομική υπεκφυγή, άλλο τόσο το (β) ήταν σκέτη πρόφαση καθώς και για την ΕΤΕ η μετατρεψιμότητα ήταν μύθος (βλ. παράγραφο 1.6). Τα επιχειρήματα (γ) και (δ) είχαν όντως κάποιο βάρος, ήταν όμως πρόβλημα μόνον για την κερδοφορία της ΕΤΕ και όχι πρόβλημα του κράτους, το οποίο θα μπορούσε με το μεταλλικό της ΕΤΕ να κάνει συναλλαγές με το εξωτερικό και με το χαρτονόμισμα να κατευθύνει την νομισματική κυκλοφορία όπου θεωρούσε ότι υπήρχε ανάγκη. Τέλος, η χρήση του (ε), πέρα από υποκριτική—το 1848 η ΕΤΕ είχε ευχαρίστως δεχθεί την αναγκαστική κυκλοφορία για την δική της προστασία—ήταν μια αυταπάτη, όπως πολύ οδυνηρά θα ανακάλυπτε η ΕΤΕ.

Η ΕΤΕ, με τις φήμες αναγκαστικής κυκλοφορίας να γίνονται ολοένα ισχυρότερες, αποφάσισε στις 19/12 να αμυνθεί παγώνοντας όλες τις πιστώσεις σε ανοικτούς λογαριασμούς, και σε ενυπόθηκα και επ' ενεχύρω δάνεια, ώστε να έχει διαθέσιμο μεταλλικό απόθεμα για τυχόν αυξανόμενα αιτήματα εξαργυρώσεως τραπεζογραμματίων.[21] Τελικά, το κράτος χρησιμοποίησε το απόλυτο όπλο: εκείνο της στέρησης του εκδοτικού προνομίου, απειλώντας να γίνει το ίδιο ανταγωνιστής της ΕΤΕ· στις 23/12 εξέδωσε διάταγμα περί κυκλοφορίας κρατικού χαρτονομίσματος.[22] Το διάταγμα προέβλεπε την έκδοση και υποχρεωτική κυκλοφορία χαρτονομίσματος μέχρι 15 εκ. δρχ. (άρθρο 1), έναντι υποθήκης των κρατικών αλυκών και ιχθυοτροφείων (αρθρο 5). Οριζόταν μάλιστα ότι «*τὰ γραμμάτια ἐκδίδονται διὰ τῆς ὑπογραφῆς τοῦ Ὑπουργοῦ τῶν Οἰκονομικῶν*» (άρθρο 2). Το διάταγμα έφτανε σε λεπτομέρειες, ορίζοντας έως και το χρώμα κάθε χαρτονομίσματος[23] (άρθρο 3), μια έξυπνη ψυχολογική πινελιά αν η κίνηση όντως συνιστούσε μπλόφα.

---

[19] Προσβλέποντας στην κατάρρευση της Οθωμανικής Αυτοκρατορίας, ο Σέρβος πολιτικός Ηλίας Γαράσανιν είχε εισηγηθεί από το 1844 την απελευθέρωση των Βαλκανίων από τους ίδιους τους Σέρβους, ώστε να αποφευχθεί η διανομή τους μεταξύ Αυστροουγγαρίας και Ρωσίας. Μερικά χρόνια αργότερα, το 1861, ο Όθων απέστειλε τον Μάρκο Ρενιέρη στην Κωνσταντινούπολη για να συσκεφθεί μυστικά επί των θεμάτων αυτών με τον ίδιο τον Γαράσανιν. Οι δύο άνδρες συμφώνησαν την διανομή εδαφών μεταξύ της Σερβίας (Βοσνία, Ερζεγοβίνη, Β. Αλβανία) και της Ελλάδας (Μακεδονία, Θράκη, Ήπειρο, Θεσσαλία, Αιγαίο). Το 1866, ο Αλέξανδρος Κουμουνδούρος επανέφερε το θέμα, που είχε στο μεταξύ ατονήσει, και οι διαπραγματεύσεις οδήγησαν σε συμφωνία που υπέγραψαν στις 17/2/1868 οι Φραγκίσκος Ζαχ και Νικόλαος Μάνος. Σύμφωνα με την συνθήκη, η Ελλάδα έπρεπε να προβεί σε σημαντικές πολεμικές παρασκευές, για τις οποίες ήταν αναγκαία μεγάλα χρηματικά ποσά.

[20] ΦΕΚ 58, 10/12/1868, σ. 416.

[21] Ο Βαλαωρίτης (σ. 51) παραθέτει ομιλία του Γ. Σταύρου προς τους μετόχους στην οποία αναφέρει ΒΔ της 21/12/1868 που αφορούσε στην χρήση όλων των κατατεθειμένων στην ΕΤΕ κληροδοτημάτων για το δάνειο των 28 εκ. Μεταξύ αυτών αναφέρεται και το κληροδότημα Βαρβάκη (συνολικής αξίας 1.485.212 δρχ), του οποίου όμως η χρήση με τέτοιον τρόπο απαγορευόταν βάσει των όρων του κληροδοτήματος. Τέτοιο ΒΔ δεν υπάρχει στα ΦΕΚ, ούτε βρήκα κάτι σχετικό στα Πρακτικά της Βουλής.

[22] ΦΕΚ 64, 24/12/1868, σ. 443.

[23] 1000 δρχ. πορφυρό, 100 δρχ. κυανό, 20 δρχ. ωχρό, 10 δρ. πράσινο.

Το αποτέλεσμα ήταν ότι από τις 23 μέχρι τις 30/12, πανικόβλητοι πολίτες έσπευσαν αν εξαργυρώσουν τραπε-ζογραμμάτια αξίας 645.000 δρχ. Μπροστά σε αυτή την μεταλλική αφαίμαξη, η ΕΤΕ υπαναχώρησε και μαζί με την Ionian ήρθαν σε συμφωνία με την Κυβέρνηση. Έτσι, με νέο το ΒΔ της 30/12/1868,[24] ανακλήθηκε το ΒΔ της 23/12, με αντάλλαγμα δάνειο 21 εκ. δρχ προς την κυβέρνηση. Από αυτά, τα 14 προήλθαν από την ΕΤΕ (10 εκ. σε τραπεζογραμμάτια και 4 εκ. σε μεταλλικό) και 7 από την Ionian (5 εκ. σε τραπεζογραμμάτια και 2 εκ. σε με-ταλλικό). Παράλληλα, τα τραπεζογραμμάτια έμπαιναν σε αναγκαστική κυκλοφορία και γινόντουσαν χαρτονομί-σματα. Όσο δε ίσχυε η αναγκαστική κυκλοφορία, ως ανώτατο όριο κυκλοφορίας οριζόταν τα 36 εκ. δρχ για την ΕΤΕ και τα 12 εκ. δρχ για την Ionian.

Το παραπάνω περιστατικό δείχνει ξεκάθαρα την υπόσταση του χρήματος ως ενός νομικού θεσμού. Με την έκδοση του ΒΔ της 23/12 το κράτος ήταν σε θέση να μειώσει όσο ήθελε την αξία των τραπεζογραμματίων της ΕΤΕ και της Ionian, των κυριοτέρων δηλαδή «προϊόντων» που αυτές παρήγαγαν. Έχοντας επιτύχει τούτο, είχε την διαπραγματευτική ισχύ να αποσπάσει τα δάνεια που τελικά επιθυμούσε, υλοποιώντας πιστά το σχήμα που είχε περιγράψει ο Knapp για την μετάβαση από το μεταλλικό στο χάρτινο χρήμα. Είναι βεβαίως λυπηρό που αυτή η επιτυχία δεν αποτέλεσε μάθημα για τους πολιτικούς της εποχής, και δεν τους δίδαξε την σημασία του νόμου στον ορισμό του τι είναι χρήμα και στην ρύθμιση της αξίας του. Είναι κρίμα που ικανοποιήθηκαν από την απόσπαση κάποιων δανείων και άφησαν το νομισματικό σύστημα ως είχε. Και βεβαίως είναι άξιες συγχα-ρητηρίων οι διοικήσεις των ΕΤΕ και Ionian που υποχώρησαν όσο έπρεπε για να δώσουν μια μικρή νίκη στο κράτος, χωρίς τελικά να του παραχωρήσουν την κότα που γεννούσε τα χρυσά αυγά.

Το ΒΔ της 30/12 τροποποιήθηκε αρκετά σύντομα. Έτσι, νέο ΒΔ της 8/4/1869[25] μείωσε τα δάνειο από τις τράπεζες σε 12 εκ. δρχ[26] και την ανώτατη κυκλοφορία σε 30 εκ. για την ΕΤΕ και 9 εκ για την Ionian. Η ΕΤΕ δεν εξάντλησε αυτό το όριο, και στα τέλη του 1869 είχε σε κυκλοφορία τραπεζογραμμάτια αξίας 26.440.930 δραχ-μών (έναντι εγχώριου μεταλλικού αποθεματικού 9.034.234 δραχμών και 3.235.712 δραχμών στους ανταποκρι-τές της στην Ευρώπη). Παρομοίως και η Ionian, στα τέλη του έτους είχε μόνον 8.439.694,25 δρχ σε κυκλοφο-ρούντα τραπεζογραμμάτια (έναντι 2.322.523,29 δρχ σε εγχώριο μεταλλικό απόθεμα). Αλλά και το κράτος απο-πλήρωσε ταχέως το μεταλλικό του χρέος για το παραπάνω έκτακτο δάνειο. Ειδικά για το δάνειο αυτό, στα τέλη του 1869 χρωστούσε σε μεταλλικό μόνον 770.844,77 δρχ στην ΕΤΕ και 438.648,04 δρχ στην Ionian. Το χρέος σε τραπεζογραμμάτια ήταν 6.031.726,40 και 3.034.966,10 δρχ., αντιστοίχως (*Εθνοφύλαξ* 1870· *Αλήθεια* 1870).

Η άρση της αναγκαστικής κυκλοφορίας

Μετά την επιβολή της αναγκαστικής κυκλοφορίας για την κάλυψη των χρηματικών αναγκών του κράτους, επε-κράτησε και πάλι η νομισματική ορθοδοξία της εποχής που ήθελε τα τραπεζογραμμάτια να είναι ιδιωτικά χαρ-τιά εξαργυρώσιμα σε μεταλλικό. Για να επιτευχθεί αυτό ήταν αναγκαία η επιστροφή στην ΕΤΕ και την Ionian του μεταλλικού που είχε δανειστεί το κράτος, ώστε αυτές να μπορούν και πάλι να εξαργυρώνουν τα τραπεζο-γραμμάτιά τους (η τουλάχιστον ένα μικρό τμήμα αυτών όπως αναφέραμε πιο πριν). Για να βρει αυτό το μεταλλι-κό η Κυβέρνηση επιχείρησε σύναψη δανείου 9 εκ. φράγκων με νόμο της 29/7/1869. Καθώς όμως κανείς άλλος δεν φάνηκε διατεθειμένος να παράσχει τέτοιο δάνειο στο εξωτερικό, μετά από αίτημα της Κυβέρνησης, συμ-φώνησε να το παράσχει η ΕΤΕ με απόφαση της ΓΣ, πράγμα που επεκυρώθη με ΒΔ δέκα ημέρες αργότερα (14/3/1870).[27] Στο ίδιο ΒΔ (Άρθρο 2) αναφερόταν ότι με την αποπληρωμή του μεταλλικού χρέους προς ΕΤΕ και Ionian στις 15/7/1870, η αναγκαστική κυκλοφορία θα ελάμβανε τέλος.

Δηλαδή, η ΕΤΕ θα δάνειζε στην κυβέρνηση το μεταλλικό που η κυβέρνηση θα επέστρεφε στην ΕΤΕ και στην Ionian, άρα η κάλυψη της επιπλέον κυκλοφορίας που είχε επιτύχει ο νόμος της αναγκαστικής κυκλοφορίας θα βάρυνε το κράτος με μεταλλικό χρέος απέναντι στην ΕΤΕ. Ουσιαστικά δηλαδή, το κράτος κατέληξε να έχει χρε-ωθεί στην ΕΤΕ για να μπορέσει να αυξήσει την κυκλοφορία μέσω μη μετατρέψιμων τραπεζογραμματίων (χαρ-τονομισμάτων) και για να μπορέσει μετά να τα ξανακαλύψει. Όλο αυτό έγινε εφικτό εν μέρει μέσω της αύξησης

---

[24] ΦΕΚ 65, 30/12/1868, σ. 445–446.

[25] ΦΕΚ 18, 10/4/1869, σ. 129–130.

[26] 6 εκ. χαρτονομίσματος και 2 εκ. μεταλλικό από την ΕΤΕ και 3 εκ. χαρτονομίσματος και 1 εκ. μεταλλικό από την Ionian.

[27] ΦΕΚ 7, 14/3/1870, σ. 49–51. Το δάνειο κατεβλήθη σε τρεις δόσεις, στις 15/3 (6 εκ. φρ), 15/5 (1.5 εκ. φρ) και 15/7/1870 (1.5 εκ. φρ).

του μετοχικού κεφαλαίου της ΕΤΕ (1000 μετοχές προς 2050 δρχ. έκαστη), κυρίως όμως μέσω της αύξησης του κρατικού χρέους προς την ΕΤΕ. Πράγματι, στα τέλη του 1870 αυτό είχε ανέβει στα 17.716.406,30 δραχμές, την στιγμή που είχε διαπιστωθεί ότι η κυκλοφορία μπορούσε κάλλιστα να αυξηθεί βάσει νόμου και χωρίς χρέος προς το κράτος, απλώς επιλέγοντας την κυκλοφορία μη μετατρέψιμου νομίσματος, που θα αντλούσε την αξία του από τον νόμο.

Είναι ενδιαφέρον να σημειώσουμε ότι ακόμη και άνευ αυτών των περιστάσεων το ελληνικό δημόσιο χρέος προς την ΕΤΕ ήταν σε ανοδική πορεία. Από 6.219.932 δραχμές στα τέλη του 1864, σε 6.504.107 το 1865 και 8.022.314 το 1866. Το 1867 το Κράτος εξέδωσε δάνειο ύψους 25 εκ. φράγκων (28 εκ. παλαιών δραχμών),[28] στο οποίο συμμετείχε και η ΕΤΕ, ανεβάζοντας το χρέος του Κράτους προς αυτήν στις 9.521.943,93 δραχμές στα τέλη του 1867. Νέα δάνεια εντός 1868 θα ανέβαζαν το ποσό στις 15.779.275,19 δραχμές. Και τα δάνεια του Κράτους από την ΕΤΕ συνεχίστηκαν: 1 εκ. δραχμές το 1872, ομόλογα αξίας 14 εκ. φράγκων το 1874,[29] 1 εκ. δραχμές το 1875[30] και 1,5 εκ δραχμές το 1876.[31] Στα τέλη του 1876 τα χρέη του Κράτους προς την ΕΤΕ ήταν 18.895.016 δραχμές.

7.6   Οι κοπές των νέων δραχμών

Με την ψήφιση του Ν. ΣΔ΄/1867 η Ελλάδα είχε αποδεχθεί το σύστημα του φράγκου Germinal και με τον Ν. ΣΠ΄/1868 είχε αποδεχθεί την εισδοχή της στην ΛΝΕ. Αυτοί οι νόμοι όμως δεν άλλαζαν το τρέχον νομισματικό σύστημα, καθώς δεν υιοθετούσαν την νέα νομισματική μονάδα ως λογιστική μονάδα του κράτους. Μέχρι και το τέλος Οκτωβρίου του 1882 επίσημη λογιστική μονάδα θα παρέμενε η οθωνική ή «παλιά» δραχμή. Αυτό όμως δεν εμπόδισε τις ελληνικές κυβερνήσεις να κόψουν μεταλλικά νομίσματα στην νέα νομισματική μονάδα, την «νέα δραχμή». Κατά τον Πρόντζα (1995, 81) αυτή η προσπάθεια αποσκοπούσε στην διευκόλυνση των συναλλα- γών με νέες τις δραχμές, χωρίς όμως την υιοθέτηση του νέου νομισματικού συστήματος: «δεν υπάρχει νέο νομι- σματικό σύστημα αλλά νέο νόμισμα».

Παπικές καταχρήσεις και ελληνικές γκάφες

Παρότι η αναγκαστική κυκλοφορία ήταν προσωρινή, θα είχε έντονες επιπτώσεις στις νομισματικές υποθέσεις της χώρας ως προς την συμμετοχή της στην ΛΝΕ. Πράγματι, η κυβέρνηση Δ. Βούλγαρη εξανάγκασε την ΕΤΕ σε έκδοση «ακάλυπτου» χαρτονομίσματος, θεωρώντας ότι αυτό δεν αντιβαίνει στην άρτι υπογραφείσα συνθήκη της ΛΝΕ, στην οποία, πράγματι, δεν γινόταν λόγος για χαρτονομίσματα. Όμως αυτή η κίνηση προκάλεσε την υποτί- μησή της δραχμής (η ύψωση του φράγκου ως προς την δραχμή έφτασε μέχρι και το 17,5%), οδηγώντας σε ένα παράλληλο θρίλερ στο Παρίσι.

Η Κυβέρνηση είχε αναθέσει την κοπή των νέων δραχμών στο Παρισινό νομισματοκοπείο Emile Erlanger et Cie.[32] Ο Erlanger θα αγόραζε άργυρο από την αγορά, θα έκοβε το νόμισμα και θα αναλάμβανε να το μεταφέρει και να το διανείμει στις ελληνικές τράπεζες με δικό του κόστος και κίνδυνο, κομίζοντας κέρδος από την διαφο- ρά αγοραίας αξίας του αργύρου και της ονομαστικής των νομισμάτων (δηλαδή, ένα είδος seignorage). Με την υποτίμηση όμως, το περιθώριο κέρδους του είχε εξανεμιστεί, καθώς είχε πληρωθεί με τραπεζογραμμάτια. Έτσι, αντί να εκτελέσει το συμβόλαιό του, προτίμησε να το εκχωρήσει στην Maison de Banque Dreyfus et Scheyer, πουλώντας ελληνικά νομίσματα στο Παρίσι σε αξία κάτω από την ονομαστική.

Έτσι, στις 18/1/1869 ο Υπουργός Οικονομικών Magne διαπίστωσε την διάθεση ελληνικών νομισμάτων απευ- θείας στο Παρίσι και την επομένη διέταξε την αναστολή κοπής και διανομής τους. Μετά τον πανικό που επε- κράτησε και την διαπίστωση του προβλήματος, αποφασίστηκε η λήψη αυστηρότερων μέτρων ασφαλείας, και την ανάληψη της διανομής από την ΕΤΕ. Όμως και πάλι προβλήματα θα ακολουθούσαν. Λανθασμένες πληρο-

---

[28] Ν. ΣΖ΄ της 12/4/1867
[29] Νόμος ΦΕ΄ της 30/11/1874 για συνολικό δάνειο 26 εκ. φράγκων.
[30] Επ' ενεχυριάσει των προσόδων της σμύριδας (σύμβαση 3/7/1875).
[31] 1 εκ. (ΒΔ 29/3/1876 και σύμβαση 30/3/1876) και 500.000 (σύμβαση 19/5/1876).
[32] Ο Erlanger είχε αναλάβει την έκδοση των cotton bonds των Νοτίων Πολιτειών κατά τον αμερικανικό εμφύλιο (βλ. Ferguson 2009, 95· Widenmier 2000· Widenmier 2002).

φορίες του Γάλλου προξένου στις Κυκλάδες μιλούσαν για την εξαγωγή των νέων δραχμών από εμπόρους, μόλις αυτές έφταναν στην Ελλάδα, έτσι η άδεια κοπής ανεκλήθη εκ νέου. Σύμφωνα με αναφορά της 10/4/1869 της γαλλικής αποστολής στην Ελλάδα, από τις 574.520 δραχμές που είχαν κοπεί μεταξύ 1868–1869, μόνον 60.000 δρχ είχαν παραληφθεί από την ελληνική κυβέρνηση, εκ των οποίων καμία δεν διανεμήθηκε στο κοινό, μάλλον έχοντας επανεξαχθεί (Einaudi 2001, 108). Αντιθέτως, ο Erlanger φαίνεται να είχε διασπείρει στο Παρίσι περί το μισό εκατομμύριο, προκαλώντας όλη την αναταραχή, ενώ οι ελληνικές αρχές καθυστέρησαν να αντικαταστήσουν τον Scheyer, το οποίο έπραξαν μετά από γαλλικές πιέσεις (Einaudi 2001, 107–108).

Η ελληνική ανεπάρκεια στον τεχνικό χειρισμό του θέματος, σε συνδυασμό με την προηγούμενη κατάχρηση από μεριάς του Πάπα, δοκίμαζαν πλέον την υπομονή των υπολοίπων εταίρων. Έτσι, όταν η Ελλάδα ζήτησε να κόψει 9 εκ. δρχ σε αργυρά κέρματα—είχε προηγηθεί μια γενναιόδωρη απογραφή πληθυσμού[33] που αύξησε το ποσόν που δικαιούτο να κόψει—οι Ελβετοί είχαν αντιρρήσεις. Ήθελαν διαβεβαιώσεις ότι το νέο νόμισμα θα *αντικαθιστούσε* και δεν θα *συμπλήρωνε* το παλαιό και ότι τα ελληνικά αργυρά κέρματα θα επέστρεφαν στην Ελλάδα —στην οποία για την ακρίβεια δεν είχαν φτάσει ποτέ. Έτσι, προσπάθησαν να ορίσουν ως επικουρικά κέρματα και τα χαρτονομίσματα των 2, 1 και 0,5 φράγκων. Αυτή ήταν μια εντελώς νέα απαίτηση, τελείως εκτός της σύμβασης της ΛΝΕ, την στιγμή που η Ελλάδα ουδέποτε είχε εγκρίνει την έκδοση τραπεζογραμματίου αξίας κάτω των 10 δρχ. Εκρίθη δε προσβλητική, την στιγμή μάλιστα που η Κυβέρνηση δεν είχε λάβει καν το νόμισμα στα χέρια της (πέραν του μηδαμινού ποσού των 60.000) ώστε να το θέσει σε κυκλοφορία. Πάντως οι ξένοι παρέμεναν δύσπιστοι σχετικώς με το κατά πόσον η ελληνική κυβέρνηση θα κατόρθωνε την κυκλοφορία του νέου νομίσματος και ζητούσαν και τον «επαναπατρισμό» όσων νέων δραχμών κυκλοφορούσαν στο εξωτερικό.

Ο Υπ. Εξωτερικών και πρώην Πρέσβυς στο Παρίσι Θ. Δηλιγιάννης, ανέλαβε το θέμα προσωπικώς. Υποσχέθηκε σύναψη δανείου για την κατάργηση της αναγκαστικής κυκλοφορίας, και υποσχέθηκε να χρησιμοποιήσει τα συναλλαγματικά αποθέματα των ελληνικών τραπεζών (τις οποίες θα αποζημίωνε), ώστε να «επαναπατρίσει» τα αργυρά κέρματα που κυκλοφορούσαν στις άλλες χώρες-μέλη της ΛΝΕ. Αυτά τα ταπεινωτικά μέτρα τελικώς είχαν επιτυχία. Η σχετική σύμβαση υπεγράφη στις 4/8/1870 και ο Magne έδωσε άδεια στις 20/8 για κοπή 9 εκ. δρχ σε επικουρικά νομίσματα (Einaudi 2001, 109–110). Ταυτοχρόνως, και η κυβέρνηση του Θρασύβουλου Ζαΐμη, με σχετικό ΒΔ της 24/12/1869, απαγόρευσε την κυκλοφορία των παλαιών οθωνικών και ιονικών χαλκονομισμάτων από την 30/6/1870.[34]

Ο αποχρηματισμός του αργύρου

Όμως οι εξελίξεις δεν θα ευνοούσαν ακόμα την εφαρμογή του νέου νομισματικού συστήματος. Τον Ιούλιο του 1870 είχε ήδη ξεσπάσει ο Γαλλοπρωσσικός πόλεμος και τον Αύγουστο θα ήταν η Γαλλία που θα έθετε το τραπεζογραμμάτιό της σε αναγκαστική κυκλοφορία—έως το 1878. Μετά την ήττα της τον Μάιο του 1871 η Γαλλία εξαναγκάστηκε σε υπέρογκες πολεμικές αποζημιώσεις, συνολικού ύψους 5 δισ φράγκων. Συνολικά, την περίοδο εκείνη υπολογίζεται η Γερμανία εισήγαγε περί τα 855,27 εκ. φράγκα σε χρυσό, ενώ εξήγαγε περί τα 66,3 εκ. σε άργυρο.[35]

Οι μεταφορές αυτές σχετίζονται με το νέο νομισματικό σύστημα που ήθελε να υλοποιήσει η νεοσυσταθείσα Γερμανική Αυτοκρατορία. Με τον χρυσό που εισέπραξε προέβη σε μαζικές κοπές νέων χρυσών νομισμάτων, ενώ περιόρισε δραστικά τις κοπές των αργυρών, απαγορεύοντας στις 9/7/1873 την ελεύθερη νομισματοκοπή του. Όμως ο εξαγόμενος άργυρος κατέληξε στις χώρες της ΛΝΕ, όπου κοβόταν σε νομίσματα. Οι χώρες της ΛΝΕ φοβήθηκαν ότι κόβοντας τον εισαγόμενο άργυρο σε νομίσματα, την στιγμή που η Γερμανία το είχε απαγορεύσει, θα προσκαλούσαν τον γερμανικό άργυρο και θα έδιωχναν τον χρυσό τους προς την Γερμανία. Στα τέλη του 1873, η αύξηση των αργυρών νομισμάτων εντός της ΛΝΕ ξύπνησε αρχαίες δεισιδαιμονίες γύρω από τον χρυσό.

---

[33] Η απογραφή του 1870 θα έδινε 1.457.894 κατοίκους, 361.084 περισσότερους του πραγματικού (ΕΣΥΕ 1940, 424).

[34] ΦΕΚ 56, 24/12/1869.

[35] Κατ' αρχήν συμφωνήθηκε η πληρωμή 5 δισ φράγκων για αποζημιώσεις, αλλά φαίνεται ότι τελικά καταβλήθηκαν γύρω στα 5,86 δισ. Από αυτά, καταβλήθηκαν σε χρυσό τα 273.003.058,10 φράγκα και σε άργυρο τα 239.291.875,75 φράγκα. Τα υπόλοιπα καταβλήθηκαν σε συναλλαγματικές, γερμανικά χαρτονομίσματα κλπ (del Mar 1886, 277–280).

Ήταν τέτοιος ο φόβος απώλειας του χρυσού νομίσματος—το οποίο τα προληπτικά μυαλά ταύτιζαν με το μόνο πραγματικό χρήμα—που αποφάσισαν να διακόψουν σταδιακά την κοπή αργυρών νομισμάτων.

Αυτό ξεκίνησε από την συνάντηση του Ιανουαρίου του 1874 (ουσιαστικά επρόκειτο περί εννέα συνεδριάσεων μεταξύ 8–30/1/1874), κατά την οποία οι χώρες της ΛΝΕ περιόρισαν τις κοπές των αργυρών νομισμάτων των 5 φράγκων. Αυτές δεν θα έπρεπε να υπερβούν τα 120 εκ φράγκα συνολικά για το 1874, συμπεριλαμβανομένων και των νομισμάτων που παραδόθηκαν έως τις 31/12/1873.[36]

Στην συνάντηση του 1875 (25/1–5/2/1875) ανανεώθηκε η ισχύς των προηγουμένων ορίων (Ministère des affaires étrangères 1875, 79). Η συνάντηση αυτή ήταν η πρώτη στην οποία εκπροσωπήθηκε η Ελλάδα, αν και ανεπισήμως, καθώς μέχρι τότε δεν είχε κόψει αργυρά νομίσματα των 5 δραχμών, αλλά μόνον αργυρά κέρματα. Στις συζητήσεις της τελευταίας ημέρας—από τις οποίες απουσίαζε ο Κουντουριώτης[37]—αφιερώθηκε αρκετός χρόνος για να αποφασισθεί το εάν η Ελλάδα θα έπρεπε να περιορισθεί στα 5 εκ. φράγκα, ή να τα υπερβεί. Τελικά το όριο αυτό διατηρήθηκε (Ministère des affaires étrangères 1875, 70–73). Όπως δήλωσε στην επόμενη συνάντηση ο Έλληνας εκπρόσωπος Νικόλαος Πέτρου Δηλιγιάννης, ανηψιός του Θεόδωρου,[38] η Ελλάδα έκανε επιπλέον χρήση και του 1 εκ. των bons de monnaie (Ministère des affaires étrangères 1876, 7). Πράγματι, για το 1875 η Ελλάδα έκοψε 5,98 εκ. δρχ σε αργυρά πεντάδραχμα (βλ. Πίνακα 25.16).

Στην συνάντηση του 1876 (20–21/1) η τάση αποχρηματισμού του αργύρου συνεχίσθηκε. Αν και διατηρήθηκε η συνολική κατανομή για το έτος αυτό στα 120 εκ. φράγκα, σε αυτά συμπεριλαμβανόταν και η Ελλάδα. Στην συζήτηση της 21/1/1876 ο Ν. Π. Δηλιγιάννης είχε υποστηρίξει ότι η κατάλληλη κυκλοφορία θα έπρεπε να είναι τουλάχιστον 50 εκ. δρχ, ζητώντας την κοπή 25 εκ. δρχ για το 1876, που θα βοηθούσαν στην απόσυρση των ξένων νομισμάτων που μέχρι τότε κυκλοφορούσαν μαζικά. Ο Γάλλος Jagerschmidt στήριξε το ελληνικό αίτημα με το σκεπτικό ότι η Ελλάδα δεν είχε προϋπάρχουσα προμήθεια νομισμάτων ή αναγκαστική κυκλοφορία για να αποσύρει τα ξένα νομίσματα. Αντιθέτως, ο Feer-Herzog θεωρούσε ότι αυτά η Ελλάδα θα έπρεπε να τα προμηθευτεί από τις εξαγωγές της, ενώ ο Γάλλος Dumas αντέτεινε ότι την προηγούμενη χρονιά η Ελλάδα είχε ζητήσει 75 εκ. δρχ και τώρα μετά χαράς συμβιβαζόταν με τα 25 εκ. δρχ· ο ίδιος θεωρούσε πιο λογικά τα 12 εκ. δρχ. Όταν κατατέθηκαν στοιχεία που έδειχναν τον ελλειμματικό χαρακτήρα του ελληνικού εμπορικού ισοζυγίου ο Feer-Herzog δήλωσε ότι δεν μπορούσε να εμπιστευθεί τα στατιστικά στοιχεία της Ελλάδας, διότι μια χώρα με τέτοιο εμπορικό ισοζύγιο «δεν θα μπορούσε να ζήσει».

Κατόπιν, ο Ν. Π. Δηλιγιάννης μείωσε το αίτημά του στα 15 εκ. δρχ, στο οποίο η Ελβετική αντιπροσωπεία παρέμενε η πλέον αρνητικά διακείμενη, λέγοντας ότι ακόμη και τα 12 εκ. δύσκολα θα μπορούσαν να τα δικαιολογήσουν στην ομοσπονδιακή ηγεσία, πολλώ δε μάλλον τα 15. Τελικά ο Δηλιγιάννης αποδέχθηκε τα 12 εκ. δρχ.[39] ο Einaudi (2001, 110) σχετικά αναφέρει ότι «η Ελλάδα υιοθέτησε την Ιταλική τεχνική διαπραγματεύσεων, ζητώντας ένα ποσόν 50 εκ., εννοώντας 25 και αποδεχόμενη 12 (3,6 τακτικό και 8,4 έκτακτο)». Πράγματι, τελικά επιτράπηκε στην Ελλάδα η κοπή 3,6 εκ. δρχ σε αργυρά πεντάδραχμα αναλογικά με τον πληθυσμό της, συν άλλα 8,6 εκ για την αντικατάσταση των ξένων νομισμάτων που κυκλοφορούσαν.

Οι αποφάσεις της ΛΝΕ επέτειναν την υποτίμηση του αργύρου, καθώς οδηγούσαν στον σταδιακό αποχρηματισμό του. Αυτό δημιουργούσε αλληλοσυγκρουόμενες ανάγκες στην Ελλάδα, καθώς έπρεπε να υλοποιήσει ένα νομισματικό σύστημα χωρίς το απαραίτητο φυσικό αντικείμενο—το αργυρό νόμισμα—ενώ ταυτοχρόνως τα υποτιμώμενα αργυρά νομίσματα εκδίωχναν εκείνα της ΛΝΕ· η υπάρχουσα διατίμηση του 1833 δεν ελάμβανε υπόψη αυτήν την υποτίμηση. Έτσι οι κερδοσκόποι μπορούσαν να εισαγάγουν ξένα νομίσματα στην Ελλάδα, όπου με την επίσημη ισοτιμία τους άξιζαν περισσότερο από την αγοραία τους τιμή και να τα ανταλλάσσουν έναντι φράγκων, κομίζοντας κέρδος.

---

[36] Οι κατανομή ανά χώρα ήταν: Βέλγιο 12 εκ., Γαλλία 60 εκ., Ιταλία 40 εκ. και Ελβετία 8 εκ. Μέχρι 31/12/1873 είχαν παραδοθεί: Βέλγιο 5,9 εκ., Γαλλία 34,968 εκ., Ιταλία 9 εκ. (Ministère des affaires étrangères 1874, 95–95).

[37] Στα πρακτικά αναφέρεται μόνον το επώνυμο. Πιθανότατα ο Ανδρέας Γεωργίου Κουντουριώτης (1820–1895).

[38] Στα πρακτικά του 1876 δεν αναφέρεται το μικρό όνομα· στα πρακτικά του 1878 (σ. 7) αναφέρεται ένας «Nicolas-P. Delyannis».

[39] Η κατανομή ανά χώρα ήταν: Βέλγιο 10,8 εκ., Γαλλία 54 εκ., Ιταλία 36 εκ., Ελβετία 7,2 εκ. και Ελλάδα 3,6 εκ. (Ministère des affaires étrangères 1876, 31–36, 49, 66 και 95–96).

Η ΛΝΕ το έκανε διπλά αδύνατο για την Ελλάδα να αποτελέσει μέλος της, όμως οι ελληνικές πολιτικές και τεχνοκρατικές ηγεσίες ήταν τόσο προσηλωμένες στον οικονομικό διεθνισμό τους, που δεν μπορούσαν να διακρίνουν την αναπόφευκτη σύγκρουση που επέφερε η νομισματική συνύπαρξή τους με κράτη εντελώς διαφορετικού επιπέδου ανάπτυξης.

Ως ένα πρώτο ημίμετρο για την θεραπεία της κατάστασης η κυβέρνηση Τρικούπη δημοσίευσε νέα διατίμηση τον Ιούλιο του 1875 υποτιμώντας μια σειρά αργυρών νομισμάτων, με την ελπίδα να σταματήσει την φυγή εκείνων της ΛΝΕ. Μάλιστα, στο ΦΕΚ της διατίμησης δημοσίευσε και την εισηγητική έκθεση του Αθανασίου Πετιμεζά, Υπ. Οικονομικών του Χ. Τρικούπη.[40] Για να μειώσει τις αντιδράσεις που θα προέκυπταν από την ξαφνική αυτή υποτίμηση των μετρητών που διακρατούσαν οι πολίτες, η κυβέρνηση επέτρεψε την ανταλλαγή των διατιμώμενων νομισμάτων μέχρι και την 15/8/1875. Από το μέτρο αυτό συγκεντρώθηκαν μόλις 981.511 δρχ σε διατιμώμενα νομίσματα και άλλες 160.149 δρχ σε λοιπά ξένα νομίσματα (Κοκκινάκης 1999, 162).

Έτσι, ένα από τα κεντρικά σημεία κριτικής που είχε δεχθεί η ελληνική πλευρά, δηλαδή η κυκλοφορία πολλών ξένων νομισμάτων, συνέχιζε να υφίσταται. Σε μια ακόμη προσπάθεια να το λύσει, το καλοκαίρι του 1876 η κυβέρνηση Κουμουνδούρου απαγόρευσε την αποδοχή από δημόσια ταμεία οποιουδήποτε άλλου αργυρού νομίσματος εκτός από τα écus της Γαλλίας, Ελβετίας, Βελγίου και Ιταλίας, με ημερομηνία έναρξης της απαγόρευσης την 30/8/1876.[41] Ανέθεσε δε στην ΕΤΕ την αποστολή άλλων αργυρών νομισμάτων προς μετατύπωση στο Παρίσι —περίπου 4.850.000 δραχμές. Και πάλι, αν και δεν προβλεπόταν, πριν την εφαρμογή του μέτρου επιτράπηκε η ανταλλαγή των ξένων νομισμάτων· συνολικά, ανταλλάχθηκαν περί τα 3,38 εκ. δρχ σε ξένα νομίσματα μέχρι την 31/10/1876 (Κοκκινάκης 1999, 168–169).

Η αιτιολογική έκθεση του Σωτηρίου Σωτηρόπουλου, Υπ. Οικονομικών του Κουμουνδούρου, για το ανωτέρω διάταγμα δημοσιεύεται στο ίδιο ΦΕΚ και αφήνει να διαφανεί η αγωνία στην οποία υπέβαλλε μια ολόκληρη κοινωνία ο εσφαλμένος σχεδιασμός του νομισματικού συστήματος. Δεν είναι μόνον η κίνηση της δημοσίευσης της αιτιολογικής έκθεσης στο ΦΕΚ, αλλά και το περιεχόμενό της. Σύμφωνα με αυτή, σύσσωμος ο εμπορικός κόσμος τελούσε σε διχόνοια: είτε διαμαρτυρόταν είτε για την ζημιά που προκαλούσε η υποτίμηση του αργύρου σε όσους διακρατούσαν αργυρά νομίσματα, ζητώντας την απαγόρευση της κυκλοφορίας τους, είτε φοβόταν για μια νομισματική ασφυξία από τυχόν τέτοια απαγόρευση αυτή (βλ. επίσης Κοκκινάκης 1999, 164–166). Τα μόνα που διατηρούσαν την αξία τους ήταν εκείνα της ΛΝΕ καθώς ήταν ακόμη ανταλλάξιμα με χρυσά, γεγονός που προκαλούσε την εξαγωγή τους από την Ελλάδα. Ακόμη κι αν γινόταν η νομισματική μεταρρύθμιση την επομένη, τι θα εμπόδιζε τις νέες δραχμές να δραπετεύσουν προς το εξωτερικό για να ανταλλαγούν με χρυσά νομίσματα;

Το πρόβλημα δεν είχε προφανή λύση, εφόσον η εκφώνηση ήταν λανθασμένη: *πώς στήνεται ένα σταθερό νομισματικό σύστημα βασισμένο σε δύο προϊόντα των οποίων οι τιμές μεταβάλλονται ανάλογα με τα καπρίτσια της φύσης ή της τεχνολογίας;* Το γεγονός της υψηλότερης ισοτιμίας των αργυρών νομισμάτων της ΛΝΕ, βασισμένο στον νόμο που τους έδινε αξία και όχι στο υλικό τους, δεν διαπερνούσε συνειδήσεις.

Τελικά, ακόμη και μετά από αυτήν την κίνηση, η νομισματική μεταρρύθμιση θα έμενε από καύσιμα. Στην συνάντηση του 1878 (ουσιαστικά επρόκειτο περί 11 συνεδριάσεων μεταξύ 30/8 και 5/11/1878) οι χώρες της ΛΝΕ αποφασίσθηκε να μην κόψουν καθόλου αργυρά 5φραγκα το 1879, ελπίζοντας ότι έτσι θα συγκρατήσουν την εξαγωγή των χρυσών τους νομισμάτων (Ministère des affaires étrangères 1878, 22). Με την απαγόρευση της κοπής του νομίσματος των 5 φράγκων—του μοναδικού αργυρού νομίσματος της ΛΝΕ—τερματιζόταν τυπικά το «διμεταλλικό» σύστημα, αλλά και οι ελπίδες της Ελλάδας να το εφαρμόσει. Ξεκινούσε η εποχή του «χωλού διμεταλλισμού».

Η συμφωνία του 1878 θα είχε και μια άλλη συνέπεια για την Ελλάδα. Καθώς κάθε μέλος δεσμευόταν να αποδέχεται στα κρατικά του ταμεία τα αργυρά κέρματα όλων των άλλων κρατών για πληρωμές μέχρι 100 φράγκων (άρθρο 6, Ministère des affaires étrangères 1878, 10) τα ελληνικά αργυρά κέρματα—πέραν των πεντάδραχμων

---

[40] ΒΔ της 11/7/1875 (ΦΕΚ 45, 12/7/1875, σ. 309).
[41] ΒΔ της 29/3/1876 (ΦΕΚ 16, 30/3/1876, σ. 95), κυρωθέντος δια του ν. ΦΠΔ΄ της 17/12/1876 (ΦΕΚ 56, 18/12/1876, σ. 390).

—σύντομα θα έφευγαν από την Ελλάδα, η οποία πλέον θα είχε να διαχειρισθεί ακριβώς το ίδιο πρόβλημα των οθωνικών δραχμών, για την διαχείριση του οποίου είχε προσέλθει στην ΛΝΕ.

Κομματικές συγκρούσεις – διακομματικές συμπλεύσεις

Η απαγόρευση των ξένων νομισμάτων το 1876 ήταν ένα δραστικό μέτρο που προκάλεσε πολλές συζητήσεις. Και μόνον η εισηγητική έκθεση Σωτηρόπουλου αναδεικνύει τον διχασμό που είχε προκαλέσει. Η κίνηση Κουμουνδούρου να θεσμοθετήσει την απαγόρευση με διάταγμα και όχι με νόμο προκαλεί τα πυρά των Επ. Δεληγεώργη, Γεράσιμου Ζωχιού, Δημήτριου Χρηστίδη ο οποίοι διαμαρτυρήθηκαν για το ότι τα νομίσματα των νέων δραχμών που ήδη είχαν παραδοθεί ήταν λιποβαρή όπως και όσα αποσύρθηκαν (Κοκκινάκης 1999, 190–193).

Από τους παραπάνω διαπληκτισμούς ίσως προκύπτει η εικόνα ότι η συμμετοχή στην ΛΝΕ ήταν ένα ζήτημα τριβής. Θα ήταν όμως πιο ακριβές να πούμε ότι *ο τρόπος* και *ο χρόνος* συμμετοχής στην ΛΝΕ ήταν το ζήτημα τριβής· οι τακτικές και τα πρόσωπα, αλλά όχι η ίδια η στρατηγική επιλογή. Οι συγκρούσεις προέκυψαν στις λεπτομέρειες, αλλά το πολιτικό προσωπικό φαίνεται να ήταν ενωμένο στον οικονομικό διεθνισμό του.

Συνοπτικά, μπορούμε να αναφέρουμε ότι επί πρωθυπουργίας Αλ. Κουμουνδούρου, ο Κεχαγιάς έφερε προς ψήφιση τον ν. ΣΔ′/1867, που εισήγαγε το σύστημα του φράγκου Germinal. Επί Πρωθυπουργίας Δ. Βούλγαρη, ο Ευστάθιος Σίμος θα έφερνε προς ψήφιση τον ν. ΣΠ′/1868 για την σύμβαση της ΛΝΕ. Οι διαδοχικές κυβερνήσεις Θρασύβουλου Ζαΐμη και Επαμεινώνδα Δεληγεώργη ανέλαβαν κατά το 1869–70 την υπόσχεση για σύναψη δανείου προς άρση της αναγκαστικής κυκλοφορίας και την χρήση του μεταλλικού αποθεματικού της ΕΤΕ και της Ionian για τον «επαναπατρισμό» των ελληνικών αργυρών κερμάτων—τα οποία ποτέ δεν είχαν φτάσει στην Ελλάδα. Το δίδυμο Χαριλάου Τρικούπη και Αθανασίου Πετιμεζά θα θεσμοθετούσε την διατίμηση του 1875, ενώ οι Αλέξανδρος Κουμουνδούρος και Σωτήριος Σωτηρόπουλος έδιναν οδηγίες στον Ν. Π. Δηλιγιάννη κατά τις διαπραγματεύσεις του 1876 στο Παρίσι (Κοκκινάκης 1999, 172–175) και προέβησαν στην απαγόρευση των ξένων νομισμάτων λίγο αργότερα.

Αυτή η πολύ σύντομη παράθεση αναδεικνύει μια διακομματική συνέχεια στην νομισματική πολιτική, που μαρτυρεί την τάση για τυφλή υιοθέτηση των εξ' εσπερίας φώτων, χωρίς καμία κριτική αποτίμησή της καταλληλότητάς τους για μια χώρα με τις ιδιαιτερότητες της Ελλάδας. Θα πρέπει να πω ρητώς ότι αυτή η κριτική αφορά ειδικά στο νομισματικό ζήτημα, χωρίς αναγκαστικά να αποτελεί μια γενική κριτική της πολιτικής σκέψης όλων των παραπάνω πολιτικών. Ειδικώς όμως ως προς το νομισματικό ζήτημα, αναδεικνύεται ένα ιδεολογικό τυφλό σημείο που φαίνεται να διατρέχει οριζοντίως το πολιτικό και ακαδημαϊκό κατεστημένο και περιστρέφεται γύρω από δύο κυρίως άξονες. *Πρώτον*, τα πολύτιμα μέταλλα—με προεξάρχοντα τον χρυσό—αποτελούν στην σκέψη όλων το μοναδικό χρήμα, όχι μόνον για χρήση ως συνάλλαγμα, αλλά και στην εσωτερική αγορά. *Δεύτερον*, θεωρείται δεδομένο ότι θα πρέπει να υιοθετηθεί σημείο προς σημείο το νομισματικό σύστημα μιας σειράς ανεπτυγμένων και μεταξύ τους συμβατών οικονομιών. Αυτή η στάση ενδεχομένως να μπορούσε να ερμηνευθεί υπό ένα πρίσμα επαρχιωτικού συμπλεγματισμού και πνευματικής οκνηρίας, που αποκλείει οποιαδήποτε διατύπωση πρωτογενούς σκέψεως και οραματικού λόγου γύρω από την νομισματική σκέψη.

7.7   Η τέταρτη αναγκαστική κυκλοφορία (1877)

Η ασυμβατότητα της Ελλάδας με τους «εταίρους» της στην ΛΝΕ ήλθε να τονισθεί με την ανάδειξη του γεωπολιτικού παράγοντα. Η δεκαετία του 1870 σημαδεύτηκε από πολυάριθμα επαναστατικά κινήματα στα Βαλκάνια (Ερζεγοβίνη 1875, Βοσνία 1875, Βουλγαρία 1876) και έναν σερβοτουρκικό πόλεμο (1876)· μετά τους Έλληνες, οι υπόλοιποι Βαλκανικοί λαοί έβλεπαν πιο καθαρά την προοπτική της απελευθέρωσής τους από τον οθωμανικό ζυγό (Χριστόπουλος και Μπαστιάς 1977a, 13:317–365).

Παρά τα διαβήματα των ευρωπαϊκών δυνάμεων προς στον Κουμουνδούρο να αντισταθεί στο λαϊκό αίσθημα που ζητούσε συνεργασία με τα σλαβικά επαναστατικά κινήματα, η πρότερη καχυποψία στον Πανσλαβισμό είχε δώσει την θέση της στο πνεύμα Βαλκανικής συνεργασίας ενάντια στην Τουρκία. Η χώρα ετοιμαζόταν για νέες στρατιωτικές προετοιμασίες, υπό την πίεση οργανώσεων όπως η «Εθνική Άμυνα», στην οποία συμμετείχαν μεταξύ άλλων ο Παύλος Καλλιγάς και ο Μάρκος Ρενιέρης.

Το ξέσπασμα του ρωσοτουρκικού πολέμου του 1877–78 έδρασε καταλυτικά. Η θριαμβευτική προέλαση της Ρωσίας αποτελούσε κάλεσμα για δράση, ακόμη και για τον ίδιο τον Γεώργιο, βρετανική επιλογή για την υλοποίηση τουρκόφιλης πολιτικής. Μετά την πτώση της Αδριανούπολης την 8(20)1/1878, και με την ακέφαλη κυβέρνηση να μην μπορεί να αποφασίσει (ο Κανάρης είχε πεθάνει στις 2/9/1877), διέταξε ο ίδιος την μετακίνηση των ελληνικών στρατευμάτων από την Χαλκίδα στην Λαμία, κοντά στα ελληνοτουρκικά σύνορα. Κατά συνέπεια η κυβέρνηση παραιτήθηκε, και νέα κυβέρνηση εκλήθη να σχηματίσει ο Κουμουνδούρος, που είχε τεθεί υπέρ της «ενέργειας».

Καθώς η Ρωσία και η Τουρκία υπέγραφαν ανακωχή, ο ελληνικός στρατός έμπαινε στην Θεσσαλία στις 21/1/ (2/2)/1878, χωρίς κήρυξη πολέμου, αλλά για την προστασία των ελληνικών πληθυσμών που μόλις είχαν εξεγερθεί. Οι βλάβες στις τηλεγραφικές επικοινωνίες, οδήγησαν στην εντύπωση ότι ο τουρκικός στρατός και στόλος θα κινούνταν εναντίον της Ελλάδας, την στιγμή που ο στόλος του Σουλτάνου δεν είχε καν τα καύσιμα να κινηθεί. Η ελλιπής προετοιμασία του σώματος και οι φήμες οδήγησαν σε τέτοιο πανικό, που ο Μάρκος Ρενιέρης ζήτησε από την de Rothschild Frères στο Παρίσι να μεσολαβήσει στην γαλλική κυβέρνηση για να στείλει ένα σώμα πεζοναυτών για την φύλαξη της ΕΤΕ από τους Τούρκους. Έτσι ο ελληνικός στρατός υποχώρησε πίσω από την μεθοριακή γραμμή (Χριστόπουλος και Μπαστιάς 1977a, 13:331–332).

Έκτακτος δανεισμός και αναγκαστική κυκλοφορία

Ο παραπάνω διεθνής αναβρασμός δημιούργησε επιπλέον χρηματικές απαιτήσεις στις ελληνικές κυβερνήσεις· επιπλέον πολεμικές προετοιμασίες ήταν απαραίτητες για την διεκδίκηση εδαφών είτε με την χρήση όπλων, είτε απλώς με την πειστική απειλή πολέμου. Με τον εξωτερικό δανεισμό να είναι ανέφικτος λόγω των χρεών της Ανεξαρτησίας, οι χρηματικές ανάγκες ικανοποιήθηκαν με εσωτερικό δανεισμό, κυρίως από την ΕΤΕ και την Ionian. Στα τέλη του 1876 ψηφίστηκε σύναψη δανείου 10 εκ. νέων δραχμών *«δι' εκτάκτους ανάγκας της στρατιωτικής και ναυτικής υπηρεσίας»* εκ των οποίων 1 εκ. προήλθε από την ΕΤΕ.[42] Με διάταγμα της ίδιας ημέρας αποφασίσθηκε η αναβολή εφαρμογής του νέου νομισματικού συστήματος μέχρι την 1/1/1878.[43]

Καθώς όμως το δάνειο των 10 εκ. δεν καλύφθηκε πλήρως, η Κυβέρνηση διέταξε την αναγκαστική κυκλοφορία των τραπεζογραμματίων της ΕΤΕ (σε όλη την Ελλάδα πλην των Επτανήσων) και της Ionian (μόνο στα Επτάνησα).[44] Με συμφωνία της ίδιας ημέρας με τις δύο τράπεζες, η κυβέρνηση ελάμβανε δάνειο 20 εκ. δρχ: 14 εκ. δραχμών από την ΕΤΕ (7 εκ. σε μεταλλικό) και 6 εκ. από την Ιονική (3 εκ. σε μεταλλικό). Η τέταρτη κατά σειρά αναγκαστική κυκλοφορία της ελεύθερης Ελλάδας διετάχθη με ΒΔ της ίδιας ημέρας,[45] κατά την διάρκεια της οποίας η ΕΤΕ και η Ιονική θα μπορούσαν να κυκλοφορούν σε χαρτονομίσματα μέχρι 47 και 12 εκ. δραχμές, αντιστοίχως. Η διαδικασία αποτελούσε χαρακτηριστική περίπτωση του σχήματος που θα περιέγραφε αργότερα ο Knapp (βλ. παράγραφο 1.5).

Η ΕΤΕ απεδέχθη τα ανωτέρω προφανώς λόγω της πρόσφατης εμπειρίας της αναγκαστικής κυκλοφορίας του 1868, και επιθυμώντας να αποφύγει άλλη μια σύγκρουση με το κράτος, ιδίως έχοντας απέναντί της μια οικουμενική κυβέρνηση—υπό τον Κωνσταντίνο Κανάρη. Επιπλέον, μόλις τον Φεβρουάριο του 1877 είχε αποφύγει την ψήφιση νομοσχεδίου για φορολογία 12% επί των κερδών της, και μάλλον δεν θα ήθελε να προκαλέσει την επαναφορά του αρνούμενη τον δανεισμό.

Η αναγκαστική κυκλοφορία όμως δεν ήταν αρκετή, και οι συνεχιζόμενες ανάγκες οδήγησαν σε επιπλέον δανεισμό από την ΕΤΕ: δάνειο 7 εκ. δραχμών σε χαρτονόμισμα τον Νοέμβριο,[46] νέο δάνειο 10 εκ. δρχ τον Ια-

---

[42] Ν. ΦΠΓ΄(583) της 17/12/1876 (ΦΕΚ 56, 18/12/1876, σ. 389–390).

[43] ΦΕΚ 56, 18/12/1876, σ. 390.

[44] ΒΔ της 19/6/1877 (ΦΕΚ 39, 19/6/1877), κυρωθέν δυνάμει του ν. ΧΛΒ΄(632) της 19/6/1877 (ΦΕΚ 47, 29/6/1877, σ. 212).

[45] Το δάνειο των 20 εκ. κυρώθηκε με τον νόμο ΧΚΖ΄(627) της 27/6/1877. Η σύμβαση με της Τράπεζες με τον ν. ΧΛΑ΄(631) της 19/6/1877.

[46] Σύμβαση της 7/11/1877 κυρωθείσα με τον Ν. ΧΜΘ΄(649) της 22/11/1877. Με την σύμβαση, η ΕΤΕ θα μπορούσε να κυκλοφορεί μέχρι και 59 εκ. δραχμών σε τραπεζογραμμάτια μέχρι να καταβάλει τα πρώτα 14 εκ. δρχ του δανείου, και 66 εκ. δραχμών μέχρι να συμπληρωθούν και τα 21 εκ. δραχμών του δανείου. Η ΕΤΕ υποχρεούτο να διατηρεί 12,5 εκ. δραχμές σε μεταλλικό αποταμίευμα.

νουάριο,[47] ανάληψη αδιάθετων ομολογιών ύψους 2.262.443 δρχ. από παλαιότερα δάνεια[48] και νέο δάνειο 5 εκ. δραχμών τον Σεπτέμβριο.[49] Τελικά, έχοντας δανείσει την κυβέρνηση 5.891.498,45 δρχ. σε μεταλλικό, η ΕΤΕ είχε δικαίωμα να κυκλοφορεί 75 εκ. δρχ σε χαρτονόμισμα στις 31/12/1878. Από αυτό η ΕΤΕ είχε εκδώσει μόνον 60,5 εκ. δρχ.

Άρση της αναγκαστικής κυκλοφορίας μέσω διεθνούς δανεισμού

Με την οπισθοχώρηση του ελληνικού στρατού πίσω από τα ελληνοτουρκικά σύνορα, φάνηκε να εκλείπει, τουλάχιστον προς ώρας, και το αίτιο για αναγκαστική κυκλοφορία. Ζητούμενο τώρα ήταν η επιστροφή μεταλλικού στις ΕΤΕ και Ionian ώστε να μπορέσουν να ξαναξεκινήσουν την εξαργύρωση των τραπεζογραμματίων τους.

Εκ των πραγμάτων, εσωτερικός δανεισμός ήταν μάλλον αδύνατος, αφού οι μεγαλύτεροι επίδοξοι δανειστές, η ΕΤΕ και η Ionian, ήταν ακριβώς αυτοί που είχαν να λαμβάνουν μεταλλικό χρήμα. Έτσι, μοναδική διέξοδος ήταν ο εξωτερικός δανεισμός, ο οποίος είχε κλείσει από το 1843 μετά την δεύτερη ελληνική χρεωκοπία. Τα χρέη από τα δάνεια της ανεξαρτησίας (1824–25) και τα Βαυαρικά δάνεια τα είχαν αναγνωρίσει όλες οι ενδιάμεσες ελληνικές κυβερνήσεις, και οι διαπραγματεύσεις για την εξόφλησή τους είχαν συνεχιστεί με διακοπές όλα αυτά τα χρόνια. Μόνον τώρα όμως οι συνθήκες ήταν τόσο επιτακτικές, καθώς πέραν της αναγκαστικής κυκλοφορίας έμενε ανοικτό το εθνικό θέμα της διευθέτηση των ελληνοτουρκικών συνόρων. Η ένοπλη αντιπαράθεση ήταν απευκταίο ενδεχόμενο, και μάλλον μη ρεαλιστικό λόγω της διεθνούς συγκυρίας. Και η ασάφεια των αποφάσεων από το Συνέδριο του Βερολίνου (βλ. παρακάτω) καθιστούσε την ικανοποίηση των Βρετανών μια διπλωματική αναγκαιότητα. Προς τούτο έπρεπε να διευθετηθεί το θέμα των δανείων της Ανεξαρτησίας.

Η λύση δόθηκε μετά τις διαπραγματεύσεις που ξεκίνησε ο Ιωάννης Γεννάδιος, γραμματέας της ελληνικής πρεσβείας στο Λονδίνο, κατ' εντολή της κυβέρνησης Κουμουνδούρου. Το αποτέλεσμα ήταν το σημαντικό κούρεμα του ελληνικού χρέους της Ανεξαρτησίας, που το 1875, όταν ο Γεννάδιος συνέγραφε σχετική έκθεση, είχε ήδη φτάσει τις 8.428.975 λίρες. Μετά από πρόταση του Γενναδίου που έγινε δεκτή, το ελληνικό χρέος αναγνωρίσθηκε στις 1.200.000 λίρες με ετήσιο επιτόκιο 5%, ο χρόνος απόσβεσής του ορίστηκε στα 33 έτη και το ετήσιο χρεωλύσιο στις 15.000 λίρες. Ως εγγύηση για την συμφωνία μπήκαν οι εισπράξεις χαρτοσήμου (περί τα 6 εκ. δρχ. ετησίως) και οι εισπράξεις του τελωνείου Κεφαλληνίας (περί τα 1,2 εκ. δρχ. ετησίως) και η σχετική σύμβαση υπεγράφη στις 22/8(4/9)/1878 (Ανδρεάδης 1904, 67–72).[50]

Παρότι το θέμα των Βαυαρικών χρεών ήταν τότε—και θα παρέμενε—για πολλά χρόνια εκκρεμές, η διευθέτηση των δανείων της Ανεξαρτησίας άνοιξε τους κρουνούς του διεθνούς δανεισμού, που θα οδηγούσαν σε μια ξέφρενη αύξηση του εθνικού χρέους τα επόμενα χρόνια.

Κατά την συζήτηση της σύμβασης για την τακτοποίηση των δανείων της Ανεξαρτησίας, πολλές ήταν οι φωνές που εξέφρασαν την προτροπή για άμεση άρση της αναγκαστικής κυκλοφορίας, ως μέσου για την υποτίμηση του συναλλάγματος (Κοκκινάκης 1999, 237). Το ίδιο έτος, με την άρτι αποκτηθείσα πρόσβαση στον διεθνή δανεισμό, επετράπη η σύναψη δανείου 60 εκ. φράγκων,[51] τα οποία κατατιθέμενα στην ΕΤΕ θα πήγαιναν κυρίως στην άρση της αναγκαστικής κυκλοφορίας.[52] Όμως αφενός η διάθεση των ομολογιών δεν ήταν πλήρης[53] και αφετέρου το δάνειο χρησιμοποιήθηκε σε σειρά άλλων αναγκών του δημοσίου πλην της άρσης της αναγκαστικής

---

[47]Σύμβαση της 20/1/1878 κυρωθείσα με τον Ν. ΧΟΖ΄(677) της 25/1/1878. Με το ποσό αυτό αυξήθηκε το όριο κυκλοφορίας χαρτονομίσματος της ΕΤΕ.

[48]Σύμβαση της 18/5/1878. Ομολογίες δανείων δυνάμει των Ν. ΦΠΓ΄ της 17/12/1876 και δανείου 10 εκ. δρχ. δυνάμει του Ν. ΧΙΑ΄ της 17/3/1877.

[49]Σύμβαση της 16/9/1878. Αμφότερες συμβάσεις κυρωθείσες με τον Ν. ΨΛ΄ της 7/12/1878.

[50]Κυρώθηκε δυνάμει του Ν. ΨΛΔ΄(734) της 8/12/1878 (ΦΕΚ 82, 28/12/1878, σ. 585–592).

[51]Ν. ΨΟΒ΄(772) της 3/1/1879 (ΦΕΚ 1, 4/1/1879, σ. 1–2).

[52]Από όσα περίσσευαν, έως 8 εκ. θα διετίθεντο ως δάνειο στο Ταμείο Εθνικής Οδοποιίας και τα υπόλοιπα για άλλες εθνικές ανάγκες. Την σχετική σύμβαση η Κυβέρνηση υπέγραψε στις 2(14)/4/1879 με την *Comptoir d'Escompte de Paris*, τον Α. Συγγρό και τον Γ. Κορωνιό, με εγγύηση τα έσοδα χαρτοσήμου. Με ξεχωριστή σύμβαση Κυβερνήσεως-ΕΤΕ (28/4/1879), η ΕΤΕ ανελάμβανε την είσπραξη των ποσών αυτών από τους Δήμους και πληρωμή τους στην Γαλλική Τράπεζα, με πρόβλεψη να μην έχει ωφέλεια από αυτήν την λειτουργία (Βαλαωρίτης 1902, 73).

[53]Από τις 120.000 ομολογίες του δανείου, οι 96.000 αγοράσθηκαν αμέσως· περί τις 60 χιλιάδες από τους εκδότες και οι υπόλοιπες από το κοινό, αποφέροντας στο κράτος 38.251.944 δρχ. Οι 24.000 που έμειναν απούλητες διατέθηκαν από τον Τρικούπη κατά την διάρκεια της επιστράτευσης του 1880 (Κοκκινάκης 1999, 237).

κυκλοφορίας (Ηλιαδάκης 2003, 135). Έτσι το χρέος προς της ΕΤΕ δεν αποπληρώθηκε[54] εξέλιξη που ανέτρεψε το εγχείρημα της άρσεως της αναγκαστικής κυκλοφορίας.

Καθώς νέο εξωτερικό δάνειο από το κράτος δεν ήταν εφικτός στόχος και καθώς ακόμα υπολειπόταν μεταλλικό χρέος στην ΕΤΕ, ζητήθηκε από την ΕΤΕ να συνάψει η ίδια λαχειοφόρο δάνειο[55] σε μεταλλικό ώστε να συνδράμει το κράτος στην άρση της αναγκαστικής κυκλοφορίας. Και αυτό το δάνειο αποφασίστηκε να είναι ύψους 60 εκ. φράγκων.[56]

Παράλληλα, η κυβέρνηση Χ. Τρικούπη, που διαδέχθηκε την κυβέρνηση Αλ. Κουμουνδούρου, ψήφισε και νέο δάνειο 21 εκ. φράγκων για την άρση της αναγκαστικής κυκλοφορίας.[57] Το σκεπτικό ήταν ότι μαζί με το μεταλλικό από το λαχειοφόρο δάνειο, θα εξασφαλιζόταν η άρση τις αναγκαστικής κυκλοφορίας που είχε προγραμματιστεί για την 1/1/1881. Όμως οι εξελίξεις θα ήταν διαφορετικές λόγω της γεωπολιτικής πραγματικότητας, όπως θα δούμε στο επόμενο κεφάλαιο.

7.8 Κάποια συμπεράσματα

Με την έλευση της νέας βασιλικής δυναστείας η Ελλάδα βρίσκεται σε μεταβάσεις σε πολλαπλά επίπεδα. Δεν είναι μόνον η πολιτειακή αλλαγή ή η απόκτηση νέων εδαφών· η Ελλάδα για πρώτη φορά βρίσκεται με δύο εκδοτικές τράπεζες στην επικράτειά της, για πρώτη φορά δοκιμάζει την συμμετοχή της σε μια νομισματική ένωση και για πρώτη φορά μετά από δεκαετίες ξαναπροσφεύγει στον διεθνή δανεισμό.

Αυτές οι δύο τελευταίες παράμετροι βρίσκονται σε άμεση συσχέτιση. Καθώς οι ανάγκες πολεμικής προετοιμασίας επέτειναν τα δημοσιονομικά προβλήματα, το κράτος προσέφυγε στον εσωτερικό δανεισμό επιτρέποντας στις τράπεζες μεγαλύτερες ακάλυπτες κυκλοφορίες· τους προσέφερε δηλαδή την αναγκαστική κυκλοφορία του τραπεζογραμματίων τους.

Καθώς όμως υπήρχε και μια ταυτόχρονη πίεση για συμμετοχή στην ΛΝΕ, η αναγκαστική κυκλοφορία έπρεπε να παύσει και για να γίνει αυτό έπρεπε να επιστραφεί στις τράπεζες το μεταλλικό αποταμίευμα που το κράτος είχε δανεισθεί. Όμως λόγω της έλλειψης εσωτερικών πόρων και του ελλειμματικού εμπορικού ισοζυγίου, το μεταλλικό αυτό αναζητήθηκε από το εξωτερικό. Με την τακτοποίηση των χρεών του 1824–25 η Ελλάδα μπήκε σε μια νέα περίοδο δανειακού παροξυσμού που εκτόξευσε το δημόσιο χρέος σε πρωτοφανή επίπεδα.

Με άλλα λόγια, η Ελλάδα είχε να αντιμετωπίσει την εξ' Ανατολών στρατιωτική πίεση της Τουρκίας και την εκ Δυσμάς οικονομική πίεση της ΛΝΕ· αυτοί ήταν δύο στόχοι αμοιβαίως αποκλειόμενοι. Για την πολεμική παρασκευή χρειαζόταν μια χαλαρότερη δημοσιονομική πολιτική που θα αύξανε το χρέος, ενώ η συμμετοχή στην ΛΝΕ προϋπέθετε τον συμβιβασμό με αποπληθωριστική νομισματική πολιτική διότι αυτό πίστευαν οι εταίροι της ΛΝΕ ότι διασφάλιζε τα συμφέροντά τους.

Δηλαδή, επιζητώντας μια νομισματική ενοποίηση, η Ελλάδα απαρνιόταν τα εργαλεία που θα της επέτρεπαν μια εθνική ενοποίηση.

---

[54] Η ΕΤΕ έλαβε από το Κράτος 6.772.746 δρχ σε μεταλλικό και 21.010.062 σε τραπεζογραμμάτια, μειώνοντας το κρατικό χρέος σε 11.585.446 δρχ στα τέλη του 1879 και αυξάνοντας το μεταλλικό της απόθεμα σε 19.123.174 δρχ. Παράλληλα μπόρεσε να μειώσει την κυκλοφορία τραπεζογραμματίων σε 51.510.868 δρχ.

[55] Δάνειο λίγο πιο χαμηλότοκο από το αναμενόμενο. Προσφέρει την δυνατότητα, εκτός από την πληρωμή τόκου, να συμμετάσχει ο δανειστής σε κλήρωση για χρηματικά ποσά που προκύπτουν από την διαφορά του επιτοκίου με το επιτόκιο που θα χρεωνόταν κανονικά.

[56] 40 εκ. συν άλλων 20 εκ. κατά βούληση, με επιτόκιο 6% και χρεωλύσιο 0,5% κατ' έτος. Προκαταρκτική σύμβαση υπεγράφη στις 23/2(6/3)/1880 μεταξύ της ΕΤΕ και του αντιπροσώπου στην Αθήνα ομάδας κεφαλαιούχων, μεταξύ των οποίων και η *Banque Franco-Egyptienne*. Όπως ανέλυε σε σχετική επιστολή της (7(19)/4/1880) προς τον Πρόεδρο του Υπουργικού Συμβουλίου, η ΕΤΕ θεωρούσε ότι με το δάνειο αυτό θα επετύγχανε την άρση της αναγκαστικής κυκλοφορίας, καθώς θα ηύξανε το μεταλλικό της απόθεμα από 8 έως 12 εκ. (αν εκδίδονταν τα 40 ή τα 60 εκ. δρχ, αντιστοίχως) και με την προϋπόθεση ότι θα συνήπτε νέο δάνειο 10,7 εκ., ίσου δηλαδή με τις οφειλές του κράτους προς την τράπεζα από την αναγκαστική κυκλοφορία. Το δάνειο εκδόθηκε στο ονομαστικό ποσό των 72.716.400 φράγκων (181.791 ομολογίες, 400 φρ έκαστη). Είναι χαρακτηριστικό ότι η Banque Franco-Egyrienne αγόρασε τα 2/3 των ομολογιών (121.194) προς 330 φρ έκαστη και τις διέθεσε προς 362.5 φράγκα έκαστη (Βαλαωρίτης, σ. 74–79).

[57] Νόμος ΩΙΓ΄(813) της 18/4/1880 (ΦΕΚ 39, 25/4/1880, σ. 175–176). Από τις 42.000 ομολογίες ονομαστικής αξίας 500 νέων δρχ εκάστη (επιτόκιο 6%) η ΕΤΕ αγόρασε τις 35.697 προς 425 ν. δρχ εκάστη (στο 85% της ονομαστικής τους αξίας) και η Ionian τις υπόλοιπες 6.303.

ΈΡΧΕΤΑΙ Ο ΣΥΓΓΡΟΣ

Εγώ, Κύριοι, είμαι σχεδόν αφορολόγητος
Ανδρέας Συγγρός (αγόρευση στην Βουλή, 1880)

8

ΚΑΤΑ ΤΑ ΤΕΛΗ ΤΗΣ ΔΕΚΑΕΤΙΑΣ του 1860 οι ομογενείς Έλληνες μεγαλέμποροι βρίσκονται σε μια μεταβατική κατάσταση, εν μέρει λόγω της ανάπτυξης των συγκοινωνιών και των επικοινωνιών. Τα είδη που μετακινούνται από την Ευρώπη προς την Ανατολή παραγγέλλονται από τον τοπικό μικρέμπορο απευθείας στον παραγωγό, ή τον μεγαλέμπορο που τα φέρνει από τις αποικίες. Τα είδη που εισάγονται στην Ευρώπη αρχίζουν να έρχονται από τις αποικίες, από περιοχές δηλαδή όπου η ελληνική παρουσία δεν είχε φτάσει. Έτσι οι μεγάλοι ομογενειακοί εμπορικοί οίκοι, εκτοπιζόμενοι από το παραδοσιακό τους αντικείμενο εργασίας, μεταβαίνουν σταδιακώς στις χρηματιστικές εργασίες. Διατηρώντας για το θεαθήναι γραφεία στο City του Λονδίνου, μιμούνται την ντόπια *leisure class*· ως *gentlemen* και *esquires* ξεκοκκαλίζουν τις οικογενειακές περιουσίες, ενασχολούμενοι παράλληλα με την τραπεζιτική και χρηματιστική κερδοσκοπία (Συγγρός 1908a, 2:267–273).

Καθώς στο πεδίο αυτό ο ανταγωνισμός στην Ευρώπη, Ρωσία και Τουρκία ήταν πολύ σκληρός για τα μεγέθη τους, και καθώς η Τουρκική οικονομία, όπου δραστηριοποιείτο ο Φαναριώτικος Ελληνισμός, διένυε φθίνουσα πορεία, η Ελλάδα άρχισε να φαίνεται σαν ελκυστικός τόπος επενδύσεων. Παρά τα προβλήματά της (μικρό μέγεθος, εκτεταμένες ανταλλαγές εις είδος, αποκλεισμός από χρηματαγορές λόγω της εκκρεμότητας των χρεών του 1824–25, κλπ), άρχισε να φαίνεται ελκυστική για επενδύσεις.

Την περίοδο πριν το 1874, όταν δηλαδή θα ήταν δυνατή βάσει του νόμου μια Συνταγματική αναθεώρηση, ο Γεώργιος Α΄ είχε θέσει ως στόχο του την ενίσχυση της Βασιλικής εξουσίας με συνταγματικά, ή μη, μέσα. Στο πλαίσιο αυτό οι νεοεισερχόμενοι ομογενείς αποτελούσαν μια νέα ανώτερη τάξη, με πολύ σημαντικά κεφάλαια, στην οποία θα μπορούσε να στηριχθεί για να επιτύχει τον σκοπό του. Ο Γεώργιος φέρεται να παραπονιέται για την βουλευτοκρατία που κυριαρχεί στην πολιτική ζωή. Όταν ο Γερμανός συνομιλητής του, που υπογράφει ως «κμβ», του αντιπαραθέτει ότι στην Ελλάδα δεν υπάρχει μια αριστοκρατία γαιοκτημόνων που θα μπορούσε να επανδρώσει ένα δεύτερο νομοθετικό σώμα, μια Γερουσία, ο Γεώργιος απαντά ότι δεν θέλει ισόβιους Γερουσιαστές σαν αυτούς που προέκυψαν μετά την εκθρόνιση του Όθωνα, αλλά ότι προσβλέπει στην *Geldaristokratie*, δηλαδή στην πλουτοκρατία (ΚΜΒ 1872). Στο πλαίσιο αυτό, ένας ισχυρός Πρωθυπουργός σαν τον Δ. Βούλγαρη του ήταν εμπόδιο. Από την πλευρά τους, οι ομογενείς είχαν ανάγκη την Βασιλική προστασία για να τελεσφορήσουν οι επενδύσεις τους ενάντια στον ντόπιο ανταγωνισμό. Αυτές αφορούσαν σε ένα μεγάλο βαθμό σε ίδρυση τραπεζών, αλλά επεκτείνονταν και σε άλλους τομείς όπου πολλές από τις αποφάσεις του Δ. Βούλγαρη τους έβλαπταν σε πολλαπλά επίπεδα. Έτσι το συμφέρον τους ερχόταν να ταυτισθεί με εκείνο το Στέμματος.

Το πιο φλέγον ζήτημα, που σοβούσε από το 1869, ήταν το λεγόμενο *Λαυρεωτικό*, που αφορούσε στην έκταση της εκμετάλλευσης που θα έπρεπε να έχει η γαλλοϊταλική μεταλλευτική εταιρεία *Roux-Serpieri-Fraissinet C.E.* των στα μεταλλευτικά κοιτάσματα του Λαυρίου, και συγκεκριμένα αν η σύμβαση παραχώρησης περιελάμβανε τις *σκουριές* και τις *εκβολάδες*, δηλαδή επιφανειακά κοιτάσματα προϊόν της επεξεργασίας από τους ρχαίους Αθηναίους. Προϊόν αυτής της διαμάχης και του έντονου κοινού αισθήματος ήταν ο νόμος Υ΄ του 1871 που καθόριζε ρητώς τους όρους εκμετάλλευσης, στους οποίους περιελάμβανε μόνο τα υπόγεια κοιτάσματα. Το ζήτημα οδήγησε σε σύγκρουση με τις κυβερνήσεις Γαλλίας και Ιταλίας με την απειλή βομβαρδισμών από γαλλικές κανονιοφόρους. Κατά τα άλλα η Ελλάδα ήταν νομισματικός εταίρος της Γαλλίας στην ΛΝΕ, άρα μια τυπικώς «φίλη» χώρα! Η κρίση έφτασε στο αποκορύφωμά της μεταξύ Ιουνίου-Ιουλίου 1872, όταν ο Γεώργιος εξώθησε τον Δ. Βούλγαρη σε παραίτηση λίγο προτού ολοκληρώσει την συμβιβαστική συμφωνία με τους Γάλλους και τους Ιταλούς. Τότε, ο Ανδρέας Συγγρός έγινε ο άνθρωπος της ημέρας· έλυσε τον Γόρδιο δεσμό εξαγοράζοντας την εταιρεία,[1] περισώζοντας την εθνική υπερηφάνεια και αποκαθιστώντας τις σχέσεις με την Ιταλία και την Γαλλία. Βεβαίως όχι με το αζήμιωτο, αφού χρησιμοποίησε την μετοχή της εταιρείας για να δημιουργήσει μια χρηματιστηριακή φούσκα, η οποία προήλθε από τις ψευδείς ελπίδες που είχε καλλιεργήσει σχετικά με τον πλούτο των εκβολάδων.[2]

Οι σιδηρόδρομοι και το αέριο ήταν δυο άλλα θέματα που χρησιμοποίησαν οι ομογενείς για να εδραιώσουν την διαπραγματευτική τους θέση στο θέμα της τράπεζας: οι λοιπές επενδύσεις θα ξεκινούσαν μόνον εφόσον το τραπεζικό θέμα είχε λυθεί.[3] Τέλος, η ίδρυση Κτηματικής Τράπεζας ήταν ένα άλλο φλέγον ζήτημα που έφερε σε σύγκρουση τους ομογενείς με την κοινοπραξία που είχε επιλέξει ο Δ. Βούλγαρης για τον σκοπό αυτό.[4]

8.1 Η τράπεζα των ομογενών

Σε αυτό το γενικότερο πλαίσιο, κατά το 1870 ή 1871 έγινε πρόταση από ομογενείς της Πόλης και της Οδησσού στην ΕΤΕ για σύσταση επιχειρηματικής τράπεζας (banque d'affaires) κατά το γαλλικό πρότυπο της γαλλικής Crédit Mobilier των αδερφών Pereire. Σκοπός, τουλάχιστον εκπεφρασμένος, θα ήταν η τόνωση της ελληνικής βιομηχανίας. Η πρόταση έγινε δια μέσου του Ευαγγέλη Βαλτατζή, γόνου Σμυρναϊκής τραπεζιτικής και επιχειρηματικής οικογενείας με μεγάλη επιφάνεια. Εκπρόσωπος των Οδησσινών ήταν ο Πέτρος Μωραϊτίνης, Αθηναίος και σύζυγος της αδερφής του Πέτρου Γουμαλίκα, ενός εκ των κεφαλαιούχων του ομίλου. Ο πατέρας του, Αριστείδης, ήταν πρώην Πρόεδρος του Αρείου Πάγου και πρώην διορισμένος Πρωθυπουργός από τον Γεώργιο το 1867 (Δερτιλής 1989).

Η επένδυση αφορούσε στην επένδυση 6 εκ. φράγκων, για σύσταση της νέας τράπεζας, ποσού πρωτοφανούς για τα ελληνικά δεδομένα. Ο Δερτιλής θεωρεί ότι η συνεργασία θα ήταν προς το συμφέρον αμφοτέρων. Από πλευράς της η ΕΤΕ, αν και δεν επιθυμούσε την ανατροπή του τραπεζικού μονοπωλίου που απολάμβανε, κατανοούσε ότι κάποια στιγμή αυτό θα έπαυε. Προτιμούσε λοιπόν να ελέγξει το ολιγοπώλιο που σταδιακώς θα δημιουργείτο. Ως συμμέτοχος την νέας τράπεζας θα μπορούσε να ελέγχει από μέσα τις δραστηριότητες του νέου οργανισμού, αποφεύγοντας τον ανταγωνισμό. Παράλληλα θα απέκλειε την συμμετοχή της Ιονικής, με την οποία ήδη βρισκόντουσαν σε ανταγωνισμό. Αλλά και οι ομογενείς θα προτιμούσαν να έχουν με την ΕΤΕ, που ήταν ήδη παγιωμένη στην ελληνικό χώρο, σχέσεις φιλικές και όχι ανταγωνιστικές.

Έτσι, όταν το θέμα ετέθη στην Γενική Συνέλευση της 8/3/1871 από τον Διοικητή Μάρκο Ρενιέρη, εγκρίθηκε. Ο Βαλτατζής, έχοντας εγκρίνει ένα προσχέδιο καταστατικού, ανέμενε την απόφαση της ΓΣ της 23/2/1872. Όμως ένας άλλος ομογενής θα αναμιγνυόταν, ο Ανδρέας Συγγρός, ο οποίος θα είχε διαφορετική προσέγγιση επί του θέματος.

---

[1] Η εξαγορά της 15/2/1873 έγινε έναντι 11,5 εκ. δρχ και τα δικαιώματα των υπεργείων εκμεταλλεύσεων (σκουριές, εκβολάδες) έναντι άλλου ενός εκατομμυρίου. Η εταιρεία μετονομάζεται σε *Μεταλλουργεία του Λαυρίου*, ενώ ο Serpieri, έχοντας διατηρήσει τα δικαιώματα των υπογείων εκμεταλλεύσεων ιδρύει το 1876 την *Compagnie Française des Mines du Laurium* (CFLM). Λόγω του πεπερασμένου όγκου των εκβολάδων, η εταιρεία του Συγγρού, ήταν θνησιγενής από την ίδρυσή της. Αντιθέτως, η CFLM θα λειτουργούσε έως το 1877, εκμεταλλευόμενη τον υπόγειο ορυκτό πλούτο των μεταλλείων.

[2] Μετοχές που είχαν αγορασθεί για 50 δρχ. κατά την εγγραφή πωλούνται για 206,5 δρχ. την 1/5 (αύξηση 313% σε δύο μήνες) και μετά από πολλές αυξομειώσεις καταβυθίζονται στις 32,5 δρχ. στις 30/10.

[3] Ο Συγγρός διαπραγματευόταν την ανάληψη της γραμμής Αθηνών-Λαμίας και ο Βαλτατζής της Αθηνών-Ρίου-Βονίτσης. Παράλληλα ο Συγγρός αναλάμβανε την εταιρεία αερίου της Αθήνας. Είναι αξιοσημείωτο ότι οι συμβάσεις της Τραπέζης Κτηματικής Πίστεως και των σιδηροδρόμων ήλθαν στην Βουλή προς συζήτηση ταυτόχρονα με την επίμαχη σύμβαση για την εκχώρηση εκδοτικού προνομίου στην ΓΠ. Επίσης, εκείνη την περίοδο συζητήθηκε στην Βουλή η σύσταση της *Ελληνικής Γεωργικής Εταιρείας*, στην οποία συμμετείχε η ΓΠ και ο Ε. Βαλτατζής.

[4] Το 1872 ο Δ. Βούλγαρης είχε επιχειρήσει συμβιβασμό με τους ομολογιούχους των δανείων του 1824–25, τον οποίο θα αναλάμβανε ο αγγλοεβραϊκός τραπεζικός οίκος *Bischoffsheim and Goldschmidt* του Λονδίνου. Ο Συγγρός, που προηγουμένως είχε συνεργασθεί με τον Henry Bischoffsheim (Συγγρός 1908a, 2:258–265) ήταν μάλλον ενήμερος και πρέπει να έβλεπε αρνητικά την ίδρυση μιας ανταγωνιστικής προς την δική του τράπεζας. Ως εκ τούτου δε, ενδεχομένως να ανέπτυξε και μια αντίθεση προς τον Δ. Βούλγαρη.
Αλλά και ο Βαλτατζής είχε αντικρουόμενα συμφέροντα, σχεδίαζε να ιδρύσει μια Τράπεζα Κτηματικής Πίστεως το 1873. Αυτήν την τράπεζα είχε οραματισθεί ο συγγενής του, και μελλοντικός συνεταίρος, Επαμεινώνδας Βαλτατζής το 1864, έχοντας υπογράψει σχετική σύμβαση με το ελληνικό Δημόσιο σε συνεργασία με τον Oppenheim, η οποία έμεινε ανεκτέλεστη. Όταν μαθεύτηκαν τα σχέδια για την Βρετανική τράπεζα, οι Ε. Βαλτατζής και Oppenheim απέστειλαν έντονη επιστολή διαμαρτυρίας της 29/6/1872 (Δερτιλής 1989, 89–90).

Η δημιουργία των στρατοπέδων

Ο Συγγρός ήταν και αυτός τραπεζίτης της Πόλης, αλλά αυτοδημιούργητος.[5] Ανάμεσα στις ικανότητές του για μια τέτοια εργασία ήταν όχι μόνον η διαίσθηση των καταστάσεων και η κατανόηση των συνομιλητών του, αλλά και ο τυχοδιωκτισμός και η κυνικότητα. Έλεγε για τον τυχοδιωκτισμό που είχε επιδείξει σε αγοραπωλησίες ομολόγων του Οθωμανικού κράτους (1869) ότι «*ἡ πλεονεξία ἡμῶν εἶχεν ὑπερβῆ πᾶν ὅριον λογικῆς καί μόνον ἡ βοήθεια τοῦ Θεοῦ μ' ἔσωσεν ἀπό καταστροφῆς πλήρους*», ενώ περιγράφοντας την φύση των εργασιών αυτών ομολογεί με κυνικότητα: «*Καί ταῦτα τά μηχανήματα ὠνομάζοντο Τραπεζικαί πράξεις!!*» (Συγγρός 1908, 2:204).

Ο τυχοδιωκτισμός του αυτός τον οδήγησε στο να αντιπροτείνει μόνος του, και τελείως ανέτοιμος, τράπεζα με κεφάλαιο 8 εκ. φράγκων. Και ο υπολογισμός του ήταν σωστός, αφού στην κρίσιμη ΓΣ της ΕΤΕ το θέμα δεν συζητήθηκε, ώστε να μπορέσουν οι δύο προτάσεις να μελετηθούν και, εί δυνατόν, να συγχωνευθούν σε μία. Στην συνέχεια, έχοντας κερδίσει χρόνο, ο Συγγρός θα επιστράτευε ένα επιδέξιο και αδίστακτο πολιτικό παιγνίδι για να φέρει τις καταστάσεις στα μέτρα του.

Οι δύο πλευρές αποδόθηκαν σε έναν αγώνα για την σύμπηξη συμμαχιών. Από πλευράς του, ο Βαλτατζής είχε επιστρατεύσει από νωρίς τους Πολίτες τραπεζίτες Πέτρο Καμάρα και Γεώργιο Ζαφειρόπουλο. Αντιστοίχως ο Συγγρός, αφού πέτυχε την αναβολή της συζήτησης, επιστράτευσε τους ομογενείς Παντολέοντα Θεολόγη (από το Μάντσεστερ) και Αριστείδη Παπούδωφ (από την Ρωσία), που επιπλέον είναι μέτοχοι και μέλη του ΔΣ της ΕΤΕ.

Θέλοντας να επιτύχει ακόμη μεγαλύτερη εύνοια, προσέγγισε την οικογένεια Μωραϊτίνη, την οποία τελικώς και απέσπασε από τον Βαλτατζή, προσφέροντας σε πατέρα και γιο πλουσιοπάροχα ανταλλάγματα. Εκείνοι, εκτός από την πολιτική τους στήριξη, του προσέφεραν πρόσβαση και στους λοιπούς Οδησσινούς (Γεώργιο και Ιωάννη Βουτζινά, Θεόδωρο Ροδοκανάκη και Γρηγόριο Μαρασλή), τους οποίους ο Συγγρός απέσπασε μέσω του Γουμαλίκα στις αρχές Μαρτίου. Όταν ο Βαλτατζής επανήλθε στη Αθήνα στις αρχές Μαρτίου διαπίστωσε ότι οι συνεργάτες του τον είχαν εγκαταλείψει (τα πληρεξούσια στον Γουμαλίκα είχαν υπογραφεί στις 8/3). Στις 24/3 υπέγραψαν πληρεξούσια στον Συγγρό οι Ζαφειρόπουλος και Βαλιάνος, ενώ όταν κατέφτασε από την Αλεξάνδρεια και ο Ι. Αντωνιάδης στις 26/3, έρχισε διαπραγματεύσεις με τον Συγγρό. Τα χτυπήματα ήταν πλέον πολλά και το ποτήρι είχε ξεχειλίσει για τον Βαλτατζή.

Τα καταστατικά

Ο Συγγρός υπέβαλλε νέα πρόταση εντός του β΄ δεκαπενθημέρου του Μαρτίου, μαζί με τους προαναφερθέντες συνεργάτες του, την Τράπεζα Κωνσταντινουπόλεως, και τον Ιωάννη Σκαλτσούνη. Την πρόταση συνόδευε και σχέδιο καταστατικού. Το καταστατικό αυτό αποτελούσε αντιγραφή εκείνου που είχε προηγουμένως καταθέσει ο Βαλτατζής, γεγονός που μαρτυρά την ανάμιξη των Παπούδωφ και Θεολόγη στην διαρροή του προς την πλευρά Συγγρού.

Ο Δερτιλής θεωρεί ότι ο Συγγρός, σε αντίθεση με τον Βαλτατζή επιθυμούσε την ΕΤΕ εκτός της νέας τράπεζας (Δερτιλής 1989, 32–33). Ενώ με την αρχική διαλλακτικότητά του (και φυσικά με την υπόσχεση επιπλέον ομογενειακών κεφαλαίων) είχε καταφέρει να παγώσει τις διμερείς διαπραγματεύσεις και να γίνει δεκτός στο εγχείρημα, τώρα ευελπιστούσε στην απομάκρυνση της ΕΤΕ.

Σημαντικότερο άρθρο των δύο ομοίων καταστατικών είναι το άρθρο 7, που αφορά στην εκχώρηση εκδοτικού προνομίου. Η ΕΤΕ κατείχε το αποκλειστικό εκδοτικό προνόμιο σε όσες επαρχίες είχε κατάστημα, γεγονός που άφηνε το πεδίο ελεύθερο για τις υπόλοιπες (σχεδόν τις μισές του κράτους), αλλά μόνον εφόσον η ΕΤΕ δεν επέλεγε να συστήσει καταστήματα και εκεί. Η διατύπωση του άρθρου 7 κάνει πως «δεν καταλαβαίνει» την εμπλοκή με την ΕΤΕ. Δεδομένου ότι το προνόμιο ήταν περιορισμένης διάρκειας (διένυε την περίοδο

---

[5] Ο Συγγρός είχε ιδρύσει από το 1868 με τους Γεώργιο (Ζωρζή) Κορωνιό και Στέφανο Σκουλούδη την χρηματιστική εταιρεία *Συγγρός, Κορωνιός και Σία* στην οποία συμμετείχαν με κεφάλαιο 35.000, 10.000 και 5.000 τούρκικες λίρες αντιστοίχως. Τις υπόλοιπες 70.000 είχαν βάλει οι ετερόρρυθμοι συνεργάτες Γεώργιος Ζαρίφης, αφοί Καμόνδο, Ζαννής Στεφάνοβικ, Παντιάς Σεκιάρης κ.ά. (Συγγρός 1908a, 2:168). Μετά τον Απρίλιο του 1871, θεωρώντας τον Κορωνιό απερίσκεπτο και σπάταλο, διέλυσε την εταιρεία και την μετέτρεψε σε ανώνυμη, την οποία μετονόμασε σε *Τράπεζα Κωνσταντινουπόλεως*, με κεφάλαιο 1 εκ. λιρών στερλινών. Στην διεύθυνσή της, εκτός από τους τρεις άνδρες, προσετέθη και ο Αντώνιος Βλαστός, ο οποίος παραιτήθηκε από την διεύθυνση της Γενικής Οθωμανικής Τράπεζας. Από τις 100.000 μετοχές, καθένας είχε λάβει 8.000, άλλες 20.000 ελήφθησαν στην Πόλη και οι υπόλοιπες 48.000 διατέθηκαν στο Λονδίνο από τον οίκο *Bischoffsheim and Goldschmidt* (Συγγρός 1908b, 3:3–15).

1867–1891) ενδεχομένως να ήλπιζαν σε ένα κατοπινό ξαναμοίρασμα της τράπουλας. Πάντως δεν φαίνονταν διατεθειμένοι να αφήσουν το εκδοτικό προνόμιο χωρίς μάχη.

Από την μεριά της η ΕΤΕ θα μπορούσε να τους μπλοκάρει ιδρύοντας καταστήματα στις λοιπές επαρχίες, επιλογή όμως που θα συνεπαγόταν έξοδα και κόπο. Επέλεξε λοιπόν να περιορίσει τις φασαρίες συνεργαζόμενη, και στις 6/4/1872 ανέθεσε σε μια τριμελή επιτροπή να μελετήσει και να αξιολογήσει τις δύο προτάσεις. Εντός 3–4 ημερών κατέληξε σε μια πρόταση που προέβλεπε συνεργασία των δύο ομίλων και απαλοιφή του άρθρου 7.

Δύο τράπεζες, η εξής μία

Όμως οι εξελίξεις διέκοψαν την διαδικασία. Ίσως από εκνευρισμό, ίσως από πανικό, ίσως για να «δέσει» τους εναπομείναντες συνεργάτες του, στις 11/4/1872 ο Βαλτατζής ίδρυσε με συμβολαιογραφική πράξη την «Τράπεζα της επί των Κινητών Πίστεως».[6] Στο καταστατικό της προστίθεται άρθρο κατά το οποίο οι ιδρυτές έλαβαν όλες τις μετοχές «ἐπί ἰδίῳ λογαριασμῷ καί εὐθύνῃ», που σήμαινε ότι αν δεν τις εξοφλούσαν, θα μπορούσαν να κατηγορηθούν για υπεξαίρεση χρεογράφων.

Χρησιμοποιώντας την κίνηση αυτή του Βαλτατζή ως αφορμή, δύο μέρες μετά (13/4) ο Συγγρός έσπευσε να ιδρύσει την «Εμπορική και Πιστωτική Τράπεζα της Ελλάδος».[7] Την ίδια μέρα απέστειλε ενημερωτική επιστολή στην ΕΤΕ, πράγμα που είχε παραλείψει να κάνει ο Βαλτατζής όταν ίδρυε την δική του. Με αυτήν, πέραν της απλής ενημέρωσης, «απήλλασσε» την ΕΤΕ από το δυσάρεστο έργο να επιλέξει μεταξύ δύο προτάσεων. Παράλληλα διαμήνυε ότι θα προχωρούσε μόνος του στην ίδρυση τράπεζας, αρκεί η ΕΤΕ να «αποφασίση νά μή μετάσχη ἄλλης τινος». Όπως αναφέρει ο Δερτιλής (1989, 43), «αὐτό ἀκριβῶς θά κάνει κι ἐκείνη, ὑπακούοντας στά συναλλακτικά ἤθη καί στίς ἐπιταγές τῆς σοβαρότητας, μέ τήν ὁποία ὀφείλει νά συναλλάσσεται μιά κεντρική τράπεζα».

Στις 14/4 το ΔΣ της ΕΤΕ συνεδρίασε και συνέταξε επιστολές (15/4) στις οποίες ενημέρωνε τα δύο μέρη ότι δε θα συνεργαζόταν με κανέναν χωριστά, επισημαίνοντας παράλληλα ότι το άρθρο 7 κάθε πρότασης αντιβαίνει στο εκδοτικό προνόμιο που βάσει νόμου απολαμβάνει η ΕΤΕ. Επίσης, με μεγάλη ταχύτητα εγκρίθηκαν με ΒΔ τα δύο καταστατικά: στις 15/4 του ομίλου Συγγρού και στις 17/4 του ομίλου Βαλτατζή.

Όπως είπαμε, το προσχέδιο καταστατικού που είχε υποβάλει ο Βαλτατζής έκανε λόγο για εκδοτικό προνόμιο. Συγκεκριμένα, το άρθρο 7 (το οποίο είχε αντιγράψει επί λέξει και ο Συγγρός) έκανε λόγο για έκδοση χαρτονομίσματος. Η έγκριση αμφοτέρων των καταστατικών με το συγκεκριμένο άρθρο και η συνεπακόλουθη παραβίαση του νόμου που έδινε το εκδοτικό προνόμιο στην ΕΤΕ, υποδείκνυαν μια ευθεία στήριξη της κυβέρνησης και του βασιλιά στους ομογενείς. Στήριξη που κρατήθηκε κρυφή μέχρι τις 15/4 όταν έγινε η έγκριση του πρώτου από τα δύο καταστατικά.

Στο σχέδιο της επιστολής που ετοίμαζε την ίδια κιόλας ημέρα η ΕΤΕ για τον Συγγρό, (μια από τις δύο προαναφεθείσες) υπάρχουν αυστηρότατες διατυπώσεις τόσο προς τους επιχειρηματίες, όσο και προς το κράτος. Οι διατυπώσεις όμως αυτές διαγράφονται τελευταία στιγμή και τελικός, αντιλαμβανόμενη το τετελεσμένο, η ΕΤΕ στέλνει μια πολύ πιο ήπια επιστολή. Η αναπαράσταση των γεγονότων είναι δραματική (Δερτιλής 1989, 71):

> Τίς ὧρες ἐκείνες, στά Ἀνάκτορα τῆς Ἀθήνας ὁ Γεώργιος ὑπογράφει τό πρῶτο βασιλικό διάταγμα. Τήν ἴδια ἤ τό πολύ τήν ἐπομένη ἡμέρα, τό νέο φτάνει στόν [sic] ὁδόν Αἰόλου. Κάποιος ξανακοιτάζει τό σχέδιο τῆς ἐπιστολῆς καί διαγράφει τίς δύο ἔντονες παραγράφους: ἐκείνη πού δηλώνει στούς ὁμογενεῖς ὅτι ἡ Ἐθνική διατηρεῖ τήν ἐλευθερία τῶν ἐνεργειῶν της, καί ἐκείνη πού τούς προειδοποιεῖ ὅτι ἡ τυχόν παραβίαση τοῦ ἐκδοτικοῦ της προνομίου θά ἀντιβαίνει στούς «Νόμους τοῦ Κράτους». Τό σχέδιο ἐπιστολῆς πρός τόν ὅμιλο Βαλτατζῆ δέν περιλαμβάνει τίς παραγράφους αὐτές, οὔτε κἄν σβησμένες, ἄν καί φέρει τήν ἴδια ἡμερομηνία, 15 Ἀπριλίου.

Ο αιφνιδιασμός θα πρέπει να ήταν πολύ σπουδαίος για την ΕΤΕ, που είδε όλα όσα επί μια τρακονταετία θεωρούσε δεδομένα, να ανατρέπονται άρδην.

Όμως δεν θα ήταν μόνον η ΕΤΕ που θα δεχόταν αιφνιδιασμό, καθώς τα καταστατικά που κατατέθηκαν στις 11 και 13 Απριλίου είχαν μια σπουδαία διαφορά. Το άρθρο 8 του καταστατικού του ομίλου Συγγρού είχε παρ-

---

[6] Το καταστατικό εγκρίθηκε με ΒΔ της 17/4/1872 (ΦΕΚ 17, 15/5/1872, σ. 145–149) και το άρ. 8 τροποποιήθηκε με ΒΔ της 28/4/1872 (ΦΕΚ 18, 18/5/1872, σ. 153).

[7] Το καταστατικό εγκρίθηκε με ΒΔ της 15/4/1872 (ΦΕΚ 19, 25/5/1872, σ. 161–166).

θεί από το πρώτο καταστατικό του Βαλτατζή, αλλά η διατύπωσή του είχε γίνει πιο ρητή ώστε να προστατεύει τα συμφέροντα του ομίλου. Όριζε πως ό,τι ενέχυρο είχε από πελάτες της η τράπεζα δεν θα μπορούσε να κατασχεθεί από άλλους δανειστές, ούτε καν το ίδιο το Δημόσιο, έστω κι αν είχαν προγενέστερα ή ισχυρότερα δικαιώματα. Όταν με την σειρά του ο Βαλτατζής αντέγραψε τις βελτιώσεις του Συγγρού, αντέγραψε και την τροποποίηση του άρθρου αυτού. Όμως τελικά, στην τρίτη έκδοση, την οποία και κατέθεσε, συμπεριέλαβε την πιο νομότυπη έκφραση «*Η [...] εκποίησις τῶν μετάλλων καὶ ἄλλων ἐμπορευμάτων, φορτωτικῶν [...], ἄτινα λαμβάνονται παρὰ τῆς ἑταιρείας εἰς ἐνέχυρα, γίνεται κατὰ τὶς διατάξεις τοῦ περὶ ἐνεχύρων νόμου*». Ίσως αυτό να έγινε λόγω διστακτικότητας ως προς το αν θα ενεκρίνετο το συγκεκριμένο άρθρο. Ίσως πάλι αυτήν την απάντηση να πήρε από αρμόδιους από κυβερνητικούς παράγοντες. Γεγονός είναι πάντως ότι δίστασε.

Αντιθέτως, ο Συγγρός δεν δίστασε. Η παρατυπία του βεβαίως δεν πέρασε απαρατήρητη, γεγονός που αποδεικνύεται από την αλλαγή στην τελική διατύπωση του άρθρου στο ΒΔ. Όμως εντυπωσιακό είναι και το γεγονός ότι η νέα διατύπωση είναι ισοδύναμη της παλαιάς: «*Τὰ μέταλλα καῖ ἄλλα ἐμπορεύματα, αἱ φορτωτικαὶ ἐν γένει καὶ τὰ ἔντοκα ἢ ἄτοκα ἔγγραφα παντὸς εἴδους, ἄτινα λαμβάνονται παρὰ τῆς ἑταιρείας ὡς ἐνέχυρα, θεωροῦνται ὑπέγγυα τῆς δανεισθείσης ποσότητος, ὁποιοσδήποτε καὶ ἂν εἶναι ὁ κύριος αὐτῶν*».[8]

Με τον Συγγρό να έχει επιτύχει τους σκοπούς του, δηλαδή να μπεί στο παιγνίδι την τελευταία στιγμή, ξεκίνησαν αμέσως μεταξύ των δύο τραπεζών διαπραγματεύσεις για συγχώνευση, οι οποίες διήρκεσαν μέχρι τα τέλη Απριλίου. Στις αρχές Μαΐου, αυτές κατέληξαν σε συμφωνία, από την οποία ο όμιλος Συγγρού καταλάμβανε επτά ψήφους στο ΔΣ,[9] ενώ ο όμιλος Βαλτατζή μόνον τρεις.[10] Παράλληλα, διαρρέει ότι το όνομα της νέας τράπεζας θα είναι «Γενική Πιστωτική Τράπεζα της Ελλάδος» και ότι το κεφάλαιό της 14 εκ. δρχ (*Αιών* 1872, 4).

Όμως στα τέλη Ιουνίου εμφανίζεται η είδηση ότι η «πολυθρύλλητος» τράπεζα θα ανέβαλλε την έναρξη των εργασιών της μέχρι τον Σεπτέμβριο (*Το Μέλλον* 1872, 2). Προφανώς οι ομογενείς ήταν ενήμεροι για την κυοφορούμενη κυβερνητική αλλαγή της 6/7 και ανέμεναν να κάνουν τις κινήσεις του μετά από αυτή. Και ορθώς, διότι η κυβέρνηση Δεληγιώργη θα διευθετούσε το τραπεζικό ζήτημα μαζί με όλα τα παραπάνω με τρόπο εξαιρετικά ωφέλιμο για τους ίδιους. Η αναπάντεχη ανατροπή της κυβέρνησης Δ. Βούλγαρη οδήγησε στην διακοπή των διαπραγματεύσεων με την Bisschofsheim and Goldschmidt (13/8/1872) για να μην επιβαρυνθεί ο προϋπολογισμός από την εξόφληση ενός νέου δανείου. Οπωσδήποτε οι διαφωνίες των Ολλανδών ομολογιούχων βοήθησαν.

Πράγματι, το οριστικό καταστατικό δεν θα υπογραφεί παρά τον επόμενο Οκτώβριο (5/10/1872),[11] με πεντάμηνη καθυστέρηση. Η ταχύτητα με την οποία επετεύχθη αυτή η συμφωνία είναι εντυπωσιακή δεδομένης της προϊστορίας των δύο ομίλων. Εντυπωσιακή επίσης είναι και η πλειοψηφία που απέσπασε τελικώς ο Συγγρός στο ΔΣ. Τα παραπάνω εξηγούνται από τον τρόπο με τον οποίο έγινε η έγκριση του εκδοτικού προνομίου κάθε καταστατικού.

8.2   Ο διαπλεκόμενος

Το προνόμιο που επιφυλάχθηκε ειδικά για τον Συγγρό, μαρτυρούσε την επιπρόσθετη προτίμηση του κράτους στο πρόσωπό του· αυτήν την φορά ήταν ο εκλεκτός *μεταξύ* των ομογενών. Οι παρατυπίες που διαπράχθηκαν κατά την ίδρυση της Γενικής Πιστωτικής είναι τόσο κραυγαλέες, που υποψιάζουν για υπόγειες σχέσεις πολιτικών–επιχειρηματιών. Πράγματι, ο Συγγρός έπαιξε το πολιτικό παιγνίδι με εξαιρετικό τρόπο.

Με επιμονή και μεθοδικότητα είχε δημιουργήσει ένα δίκτυο γνωριμιών που σταδιακά εμφάνιζαν την χρησιμότητά τους. Ήδη κατά το πρώτο του ταξίδι στην Αθήνα (Αύγουστος 1867—Απρίλιος 1868), είχε συναντηθεί με τον Αλέξανδρο Κουμουνδούρο και τον Χαρίλαο Τρικούπη, είχε γίνει δεκτός σε ακρόαση από τον Γεώργιο Α΄ με την μεσολάβηση του Αριστοτέλη Βαλαωρίτη και είχε γνωριστεί και με τον Τιμολέοντα Φιλήμονα, εκδότη της εφημερίδας *Αιών* (Συγγρός 1908a, 2:125· 1908b, 3:32, 34· 1908a, 2:140–141). Είχε παρευρεθεί σε άφθονες δεξιώσεις, συνεστιάσεις και νυχτερινές διασκεδάσεις, συγχρωτιζόμενος με τις ανώτερες τάξεις των Αθηναίων, αλλά και Φαναριωτών που διέμεναν στην Αθήνα, σφυρηλατώντας προσωπικές σχέσεις μαζί τους.

---

[8] ΒΔ 15/4/1872, ΦΕΚ 19(25)/5/1872
[9] Συγγρός, Τρ. Κων/πόλεως, Θεολόγης, Παπούδωφ, Γουμαλίκας, Ροδοκανάκης, Σκαλτσούνης.
[10] Βαλτατζής (2 ψήφοι), Κωνσταντίνος Στ. Βούρος.
[11] ΒΔ της 10/10/1872 (ΦΕΚ 1, 25/1/1873, σ. 4).

Κατά το δεύτερο ταξίδι του (καλοκαίρι ή φθινόπωρο 1869), με αφορμή την συμμετοχή του το δάνειο των 25 εκ. φράγκων, δημιούργησε στενές σχέσεις με τον Σπυρίδωνα Βαλαωρίτη, ισχυρό αυλικό, φίλο της Αγγλικής πρεσβείας και τότε Υπ. Εξωτερικών, ο οποίος μάλιστα είχε αγοράσει από αυτόν και ομολογίες του δανείου των 25 εκ. φράγκων (Δερτιλής 1989, 76–77· Συγγρός 1908a, 2:194). Έχοντας αγοράσει σπίτι στην Αθήνα, όχι μόνον συνέχισε να μπαινοβγαίνει στα «σαλόνια της υψηλής κοινωνίας», αλλά και η υψηλή κοινωνία άρχισε να μπαινοβγαίνει στο δικό του.

Κατά το τρίτο και πιο κρίσιμο ταξίδι του (1872), αφενός συνέσφιξε τις σχέσεις που είχε ήδη δημιουργήσει, αφετέρου γνωρίστηκε με τον Δημήτριο Βούλγαρη, τότε Πρωθυπουργό και Υπ. Εξωτερικών (Συγγρός 1908b, 3:22) και έκανε στενή παρέα με τον Νομάρχη Αττικής Γ. Δρακόπουλο (Συγγρός 1908b, 3:20, 60–61). Ο Δρακόπουλος ήταν έμπιστος του Γεωργίου, και μάλιστα θα μεσολαβούσε στον Συγγρό για λογαριασμό του Βασιλιά ώστε ο Συγγρός να αναμιχθεί στο Λαυριωτικό.

Άλλοι δίαυλοι επικοινωνίας με την βασιλική εξουσία ήταν: ο Εισαγγελέας του Αρείου Πάγου, Κωνσταντίνος Προβελέγγιος, που στα τέλη του 1872 θα γινόταν Πρόεδρος της λαυριωτικής εταιρείας του Συγγρού· ο Αριστείδης Μωραϊτίνης, Πρόεδρος του Αρείου Πάγου, Πρωθυπουργός της κυβέρνησης που είχε διορίσει ο Γεώργιος Α΄ το 1867 κατά την Κρητική Επανάσταση και μελλοντικός Πρόεδρος της νέας τράπεζας του Συγγρού· ο Ιωάννης Μεσσηνέζης, πρώην Υπ. Εσωτερικών και Παιδείας της παραπάνω κυβέρνησης και μελλοντικό μέλος του ΔΣ της νέας τράπεζας του Συγγρού.

Όταν ο Δ. Βούλγαρης ανέλαβε την κυβέρνηση στις 26/2/1872, το δίκτυο γνωριμιών του Συγγρού είναι έτοιμο να τον εξυπηρετήσει και να τον ευνοήσει τόσο έναντι της ΕΤΕ, όσο και έναντι του Βαλτατζή. Θα μπορούσε να πει κανείς ότι ο Συγγρός αποτελεί τον αρχετυπικό «διαπλεκόμενο» των δεκαετιών 1990–2000. Τηρουμένων βεβαίως των αναλογιών: αφενός, οι πολιτικοί της εποχής δεν πλούτισαν από την στήριξή τους στον Συγγρό, την οποία μάλλον παρείχαν διότι την θεωρούσαν εθνικώς (άρα κομματικώς) συμφέρουσα· αφετέρου, ο Συγγρός επιδόθηκε σε φιλανθρωπικό έργο και εθνικές ευεργεσίες που δύσκολα θα μπορούσε να συναγωνισθεί οποιοσδήποτε κατοπινός «εθνικός προμηθευτής».

8.3 Πρώτη προσπάθεια: η «Γενική Πιστωτική»

Στις 12/11 αναφέρεται για πρώτη φορά στις εφημερίδες το όνομα «Γενική Πιστωτική» και προαναγγέλλεται η εγγραφή μετοχών για τις 30/11 και 1–2/12. Από τις 56.000 μετοχές αξίας 14 εκ. δρχ. (250 δρχ. εκάστη), μόνον 8.000 προσφέρονται για δημόσια εγγραφή, δηλαδή το 14%, αξίας 2 εκ. δρχ.[12]

Οι εγγραφές ξεπερνούν κάθε προσδοκία και είναι κατά εκατό χιλιάδες περισσότερες από τις διατιθέμενες μετοχές. Ένας πρόχειρος υπολογισμός δείχνει ότι για το ήμισυ του ποσού (125 δρχ.), 108.000 μετοχές αντιστοιχούν σε περίπου 13,5 εκ. δρχ., ποσό εξαιρετικά μεγάλο. Η εγγραφή αυτή ενδεχομένως υποδεικνύει την ύπαρξη μεγάλης αποθησαύρισης, και θέτει το ερώτημα σε τίνος χέρια ευρίσκετο όλο αυτό το ρευστό.

Επιθυμώντας την μεγαλύτερη δυνατή επιρροή στις Γενικές Συνελεύσεις, οι ιδρυτές δεν δίνουν μεγάλα κομμάτια μετοχών: για αίτηση μίας μετοχής δίνεται μία· για αίτηση 2–5 δίνονται δύο· για αίτηση 15–125 μετοχών δίνονται μόνον πέντε. Μια ψήφος στην Γενική Συνέλευση αντιστοιχεί σε 20 μετοχές, συνεπώς αυτή ελέγχεται πλήρως από τους ιδρυτές.

Οι μετοχές γίνονται αντικείμενο χρηματιστηριακού παιγνιδιού από τους έμπειρους του αντικειμένου, που φυσικά δεν ήταν οι μικροαγοραστές. Στο, τελόν χρέη χρηματιστηρίου, καφενείο *Η ωραία Ελλάς*, στην γωνία Ερμού και Αιόλου, η τιμή της μετοχής ανεβαίνει από την αρχική τιμή των 50 δρχ. στις 85 στις 6/2/1873, προτού ξαναπέσει στις 66 στις 6/3. Αυτή η... διόρθωση συνεπάγεται τεράστια κέρδη για κάποιους και τεράστιες απώλειες για άλλους.

Η διαρροή της είδησης για το εκδοτικό προνόμιο ασφαλώς υποβοηθεί την αρχική άνοδο της τιμής της μετοχής. Σε επιστολή της 11/12/1872 στους *Times*, ο ανώνυμος επιστολογράφος «Μ.» σχολιάζει την διαρροή της σύμβασης και διερωτάται τόσο ως προς την νομιμότητά της, όσο και ως προς το θεμιτόν της διαρροή σε περίοδο

---

[12] Αρχικώς πληρώνονται 50 δρχ., άλλες 40 μετά τρεις μήνες και άλλες 35 μετά από άλλους δύο. Οι υπόλοιπες 125 δρχ. καταβάλλονται σε δόσεις κατώτερες των 50 δρχ. μετά από πρόσκληση του ΔΣ.

δημόσιας εγγραφής (*The Times (London)* 1872, 6): «*Είναι άγνωστο αν η σύμβαση όπως αναφέρεται εμπίπτει στο γράμμα του νόμου, αλλά ως έχει θα μπορούσε να θεωρηθεί άδικη στις συναλλαγές μεταξύ προσώπων, και η αναφορά, αν είναι ψευδής, εγείρει ιδιαίτερες αντιρρήσεις την στιγμή εκδόσεως μετοχών της νέας τράπεζας*». Δηλαδή ο επιστολογράφος διαμαρτύρεται για την διαρροή μόνον στην περίπτωση που αυτή είναι ψευδής, και όχι για τις διαρροές ως εν γένει πρακτική. Επιπλέον οι διαμαρτυρίες του αφορούν και στην κακή μεταχείριση «*ιδρυμάτων που έχουν παράσχει τεράστιες υπηρεσίες εν ώρα ανάγκης, και ειδικώς της Ιονικής, με τους Άγγλους μετόχους της*». Θεωρεί ότι αυτή η μεταχείριση είναι «*απολύτως επιζήμια για τα συμφέροντα του έθνους*» και ευελπιστεί ότι η Βουλή δεν θα προχωρήσει στην επικύρωση της σύμβασης.

Το εκδοτικό προνόμιο της ΓΠ στα Επτάνησα

Στις αρχές του 1872 ο Δ. Βούλγαρης διαπραγματευόταν με την Ionian, αφενός την σύναψη δανείου αντιστοίχου της Bischoffsheim and Goldschmidt για την απόσβεση των ελληνικών χρεών, αφετέρου την μετατροπή του εκδοτικού της δικαιώματος στα Επτάνησα σε αποκλειστικό προνόμιο και την ενδεχόμενη επέκτασή του για μια εικοσιπενταετία (θα έληγε το 1879). Τις διαπραγματεύσεις είχε ξεκινήσει ο Κουμουνδούρος το 1871 και συνέχισε μετά τις εκλογές ο Δ. Βούλγαρης.

Η σύμβαση στην οποία είχε καταλήξει ο Κουμουνδούρος αφορούσε στο δεύτερο σκέλος των διαπραγματεύσεων, που αφορούσαν στο εκδοτικό προνόμιο. Περιελάμβανε αποκλειστικό εκδοτικό προνόμιο στα Επτάνησα έως το 1904, με αντάλλαγμα την μεταφορά της έδρας της Ionian από το Λονδίνο στα Επτάνησα, την παροχή 3–4 εκ. δρχ σε ενυπόθηκα αγροτικά δάνεια (διάρκειας 23 ετών και 5% επιτόκιο) και δάνειο προς το Δημόσιο σε ανοιχτό λογαριασμό. Ειδικά η χορήγηση ρευστότητας στους αγρότες ήταν ένα πολύ καίριο σημείο. Η Ιονική είχε δεχθεί τις παραπάνω προτάσεις, όμως η πτώση του Κουμουνδούρου δεν επέτρεψε την υπογραφή.

Η παραπάνω συμφωνία θορύβησε την ΕΤΕ, η οποία εξέδωσε (26/6/1872) ομολογιακό δάνειο 6 εκ. φράγκων, υπονοώντας, χωρίς όμως να δεσμεύεται, ότι θα τα διαθέσει και εκείνη σε ενυπόθηκα αγροτικά δάνεια. Η Ionian, η ΕΤΕ και η επερχόμενη ομογενειακή τράπεζα βρίσκονταν σε μια τριμερή διελκυστίνδα για την εξασφάλιση μιας καλύτερης θέσης στο ελληνικό χώρο. Τελικώς ο Βούλγαρης ήλθε σε συμφωνία με την Ιονική στις 5/7/1872, μια ημέρα πριν η κυβέρνησή του εξωθηθεί σε παραίτηση. Η υπογραφή, που είχε προγραμματισθεί για τις 6/7, δεν μπήκε ποτέ (Δερτιλής 1989, 91–95).

Με την ανατροπή της κυβέρνησης Δ. Βούλγαρη διεκόπησαν και οι διαπραγματεύσεις με την Ιονική για το θέμα της διευθέτησης των δανείων, ενώ στο θέμα του εκδοτικού προνομίου η κυβέρνηση έθεσε όρους που την εξώθησαν σε παραίτηση. Βεβαίως, ουδείς λόγος για κύρωση της συμφωνίας της 5/7. Ο Δερτιλής δεν αποδίδει την στάση αυτή του Δεληγεώργη σε ταπεινά οικονομικά κίνητρα, αποδεχόμενος την τιμιότητα των Ελλήνων πολιτικών της εποχής. Του προσάπτει μόνο μια κομματική υστεροβουλία συνυφασμένη με το όφελος της πατρίδας: έχοντας ζωντανή την εμπειρία του Λαυρεωτικού, και τελών εν αγνοία για τον κερδοσκοπικό χαρακτήρα των ομογενών, θεωρεί τα ομογενειακά κεφάλαια προτιμώτερα από τα ξένα για την ανάπτυξη της χώρας και πιστεύει ότι θα κερδίσει πολιτικά αν καταφέρει να τα προσελκύσει (Δερτιλής 1989, 144–145).

Στο τελικό καταστατικό της 5/10, που επιθυμούν να εγκρίνουν οι ομογενείς, συμφωνούν να αφαιρέσουν το άρθρο 7 σχετικά με την έκδοση χαρτονομίσματος. Αφήνουν όμως ανέπαφη την 2η παράγραφο του άρθρου 6, που ορίζει ότι κατά τις εργασίες της η τράπεζα θα προβαίνει «*Εἰς [...] ἔκδοσιν γραμματίων ἐπί ἐμφανίσει [...] καθόσον αἱ ἐκδόσεις αὗται δὲν ἀντίκεινται εἰς κεκτημένα προνόμια ἄλλων ἑταιρειῶν*». Η διατύπωση αυτή είναι ένας έμμεσος τρόπος να εγκριθεί η έκδοση χαρτονομίσματος με άλλο όνομα, δηλαδή «γραμματίου επί τη εμφανίσει», ενώ η πρόνοια για τα «κεκτημένα προνόμια άλλων εταιρειών» προορίζεται να διευκολύνει την έγκριση του άρθρου.

Ενάντια όμως στις προβλέψεις τους, η Κυβέρνηση του «αδύναμου» Δεληγεώργη διορθώνει το επίμαχο άρθρο. Οι ομογενείς μπαίνουν σε νομικού τύπου αντιπαράθεση με την Κυβέρνηση, στέλνοντας σχετική επιστολή. Μετά την απορριπτική απάντηση του Δεληγεώργη, η Γενική Πιστωτική απαντά (21/10/1872) με μια ιδιαιτέρως οξεία επιστολή που συντάσσει ο Ιωάννης Σκαλτσούνης. Το ύφος της είναι τόσο προσβλητικό που δίνει πάτημα στον Δεληγεώργη να απαντήσει (25/10/1872), όχι απευθείας, αλλά μέσω Νομαρχίας, επισημαίνοντας το απρεπές της ύφος. Οι ομογενείς ανακρούουν πρύμναν και απαντούν με μια ευσεβέστατη επιστολή της 28/10.

Στις 2/11 υπογράφεται η σχετική σύμβαση, με τον Δεληγεώργη να έχει κερδίσει σε κάποια τυπικά σημεία.[13] Στην σύμβαση αυτή ορίζεται ότι ναι μεν η ΓΠ θα μπορεί να εκδίδει τραπεζογραμμάτια, αλλά: (α) Υπό τον όρο εγκρίσεως του θέματος από την Βουλή (άρθρο 1). (β) Μόνον στα Επτάνησα, μοιραζόμενη το εκδοτικό προνόμιο με την Ιονική (άρθρο 1). (γ) Θα μπορούσε να εκδίδει τραπεζογραμμάτια και σε επαρχίες όπου δεν έχει κατάστημα η ΕΤΕ (άρθρο 15), υπό τον όρο διάθεσης δανείου προς την κυβέρνηση σε ανοικτό λογαριασμό (άρθρο 16). (δ) Τα τραπεζογραμμάτια δεν θα μπορούν να τεθούν σε αναγκαστική κυκλοφορία (άρθρο 2), σε αντίθεση με αυτά της ΕΤΕ. Επιπλέον ορίζεται ότι το κεφάλαιο θα πρέπει να καταβληθεί εξ'ολοκλήρου εντός ενός έτους (άρθρο 3) και ότι δεν μπορεί να χρεώνει τόκο ανώτερο του 7% στα Επτάνησα (άρθρο 10).

Λίγο μετά, εφοδιασμένος με σχετικό ΒΔ από τον Γεώργιο, διέλυσε την Βουλή στις 28/11 και διενήργησε εκλογές μετά από τρεις μήνες στις 27–30/1/1873. Παρότι δεν κατάφερε να αποσπάσει την πλειοψηφία, κατάφερε να κυβερνήσει με την βασιλική στήριξη. Στο κρίσιμο διάστημα η Βουλή αυτή θα συνεδριάσει μόνον μεταξύ 14/2 και 31/3.

Το ζήτημα του προνομίου της ΓΠ στα Επτάνησα ήταν έντονα συμπεπλεγμένο με όλα τα υπόλοιπα ζητήματα στα οποία εμπλέκονταν οι ομογενείς. Η υπογραφή της νέας σύμβασης στις 17/5/1873 έγινε μεσούσης της χρηματιστηριακής τρέλας των Λαυρεωτικών. Η σύμβαση ακύρωνε τα άρθρα 15 και 16 (άρθρο 1 της νέας σύμβασης), αποκαθιστώντας την πρωτοκαθεδρία της ΕΤΕ. Ταυτοχρόνως όμως, το εκδοτικό δικαίωμα στα Επτάνησα μετατρεπόταν σε αποκλειστικό προνόμιο που μοιράζονται η ΓΠ και η Ιονική μέχρι τέλους του 1891· υπό την έννοια αυτή, «αποκλειστικό» σήμαινε ότι απέκλειε την ΕΤΕ.

Όταν όμως ο Δεληγεώργης θα προσπαθούσε να υλοποιήσει τις υποσχέσεις του προς την ΓΠ θα ξεσπούσε μείζον θέμα. Στις 23/5/1873 κατέθεσε στην Βουλή τρεις συμβάσεις που αφορούσαν στο ζήτημα των τραπεζών. Τις συμβάσεις της 2/11/1872 και της 17/5/1873 με την ΓΠ και μια τρίτη σύμβαση—της 18/5/1873 με την ΕΤΕ— που προέβλεπε, μεταξύ άλλων, την επέκταση του εκδοτικού προνομίου της ΕΤΕ σε όλη την χώρα πλην των Επτανήσων, με την προϋπόθεση ίδρυσης 22 τουλάχιστον υποκαταστημάτων (ΠΣΒ 1873a, 128–138).

Οι συμβάσεις αυτές συζητήθηκαν μεταξύ 4 και 18 Ιουνίου,[14] διχάζοντας κυβέρνηση και αντιπολίτευση, καθώς και τον Τύπο. Σημαιοφόροι στην μάχη κατά της εισβολής της ΓΠ αναφέρονται ο βουλευτής Ζακύνθου Κ. Λομβάρδος από πλευράς της Ionian και ο Κεχαγιάς από πλευράς της ΕΤΕ, ενώ υπέρ ετέθησαν και ο Ζέγγελης (Μαντινείας) και ο Επ. Δεληγιώργης. Κατά της σύμβασης ετέθησαν επίσης οι βουλευτές Αριστομένης Κοντογούρης (Πατρών), Γ. Δ. Δημητριάδης (Ευρυτανίας), Πολυχρόνης Κωνσταντάς (Κερκύρας-Όρους) (Εφημερίς των Συζητήσεων 1873a, 1).

Ενδεικτικές του επιπέδου και χαρακτήρα της συζήτησης είναι οι αγορεύσεις του Κεχαγιά (Κεχαγιάς 1927)— κατά της σύμβασης—και του Ι. Παραμυθιώτη (Κερκύρας)—που ετέθη υπέρ της συνύπαρξης πολλών εκδοτικών τραπεζών (Εφημερίς των Συζητήσεων 1873d, 2–3). Ο μεν Κεχαγιάς, υπάλληλος της ΕΤΕ, επιχειρηματολόγησε για το πόσο καλύτερα λειτουργεί η έκδοση τραπεζογραμματίων υπό μία μόνη τράπεζα και επικαλέσθηκε την σταθερότητα των απόψεών του όταν το 1868 εναντιώθηκε στην ίδρυση της τράπεζας Βαλτατζή-Oppenheim που είχε προτείνει ο Κουμουνδούρος. Ο δε Παραμυθιώτης επικαλέσθηκε την συναγωνισμό που βελτιώνει τις υπηρεσίες και τα προϊόντα, εκθείασε την θεωρητική συμβολή του Adam Smith και επιβεβαίωσε ότι «τὸ νόμισμα ἔχει ἀξίαν οὐχὶ διότι ἡ κυβέρνησις ἔθεσεν ἐπ' αὐτοῦ τὴν σφραγίδα της, ἀλλὰ διότι φέρει ἐν ἑαυτῷ τὴν ἀξίαν εἰς μέταλλον, ὅπερ εἶναι ἐμπόρευμα ὣς πάντα τὰ ἐμπορεύματα». Αμφότερες οι αγορεύσεις δεν έχουν τόσο αξία ως προς την καινοτομία ή την αναλυτική τους επάρκεια· έχουν όμως ιστορική αξία καθώς αποτελούν μια ακόμη παραλλαγή του ψευδοδιλήμματος στο οποίο έσυρε την νομισματική συζήτηση η κληρονομιά του Adam Smith. Στην προκειμένη περίπτωση το ερώτημα ήταν: μία τράπεζα ή πολλές;

Το ψευδοδίλημμα κατανάλωσε πολλές κοινοβουλευτικές ώρες και πολύ δημοσιογραφικό μελάνι. Ήταν δε τόσος ο διχασμός, που και παρελκυστικές τακτικές χρησιμοποιήθηκαν κατά κόρον από την αντιπολίτευση, που προσπάθησε μέσω αναβολών να ακυρώσει την σύμβαση· την αναβολή της συζήτησης πρότειναν επανειλημ-

---

[13] Κυρωθείσα διά του ν. ΥΟΖ΄ της 18/7/1873 (ΦΕΚ 32, 30/7/1873, σ. 243–248).
[14] Σε οκτώ συνεδριάσεις (ΠΣΒ 1873b, 238–239· ΠΣΒ 1873c, 246–248· ΠΣΒ 1873d, 263· ΠΣΒ 1873e, 264–265· ΠΣΒ 1873f· ΠΣΒ 1873g, 302· ΠΣΒ 1873h, 304–308· ΠΣΒ 1873i, 309–315).

μένως οι Γεράσιμος Ζωχιός (Μέσης), Αλέξανδρος Α. Κοντόσταυλος (Καρυστίας), Κωνσταντίνος Λομβάρδος (Ζακύνθου) (*Εφημερίς των Συζητήσεων* 1873b, 2), Γεώργιος Μίλησης (ερμιονίδας), Κεχαγιάς και Νικόλαος Καραπαύλος (Πυλίας) (*Εφημερίς των Συζητήσεων* 1873c, 2). Τελικά, η συνεδρίαση της 18/6 ήταν η τελευταία στην οποία συζητήθηκε η σύμβαση και το νομοσχέδιο έγινε δεκτό επί της αρχής με μια ισχνή μειοψηφία—85 υπέρ, 82 κατά, 9 αποχές, 2 «αρνείται»—χωρίς όμως ποτέ να ψηφισθεί.

Το σκάνδαλο με την φούσκα της Λαυρεωτικής έδωσε το θανάσιμο χτύπημα στον Δεληγεώργη. Όταν η Βουλή ξανάρχισε τις εργασίες της στις 30/1/1874 ο Δεληγιώργης ήταν καταδικασμένος και οδηγήθηκε σε παραίτηση. Έτσι καμία από τις συμβάσεις δεν ψηφίζεται από την Βουλή και η Γενική Πιστωτική, με όλες τις μηχανεύσεις των ιδρυτών της, μένει εκτός του νυμφώνος του εκδοτικού δικαιώματος. Όμως ο Συγγρός δεν έμελλε να παραιτηθεί από την ίδρυση μιας εκδοτικής τράπεζας, που θα επετύγχανε λίγα χρόνια αργότερα με την Τράπεζα Ηπειροθεσσαλίας.

Είναι χαρακτηριστικό ότι τα παραπάνω αποσιωπούνται σε κείμενα της εποχής με τρόπο εντυπωσιακό. Για το πρώτο τετράμηνο του 1872, πλήρες διαπραγματεύσεων και ανατροπών ο Συγγρός αναφέρει στα απομνημονεύματά του: «*Ούτω διήλθον τὸ τετράμηνον διάστημα τῆς πρώτης ἐγκαταστάσεώς μου ἐν Ἀθήναις ἄνευ ἀξιοσημειώτου τινὸς γεγονότος δι' ἐμέ*» (Συγγρός 1908b, 3:22). Αλλά και ο Βαλαωρίτης στην Ιστορία του αναφέρει ότι η ΕΤΕ, στην ΓΣ της 17/1/1873, αποφάσισε να ιδρύσει υποκαταστήματα σε όλες τις πρωτεύουσες των επαρχιών του Βασιλείου, «*θέλουσα νὰ ἐξασφαλίση ἔτι μάλλον τὸ ἴδιον προνόμιον*» εκδόσεως τραπεζογραμματίων (Βαλαωρίτης 1902, 59–61). Παρουσιάζεται δηλαδή αυτό ως μια σχεδόν οικειοθελής απόφαση, χωρίς πουθενά να γίνεται λόγος για «ενόχληση» από την τράπεζα των ομογενών.

8.4 Δεύτερη προσπάθεια: η «Προνομιούχος Τράπεζα Ηπειροθεσσαλίας Α.Ε.»

Αυτό όμως που η πολιτική στέρησε από τον Συγγρό θα του το εξασφάλιζε η γεωπολιτική, και συγκεκριμένα η κατάληξη του ρωσοτουρκικού πολέμου του 1877–78 σε συνδυασμό με την ανάρρηση του Gladstone στην βρετανική Πρωθυπουργία το 1880.[15] Τον Μάρτιο του 1881 ξεκίνησε νέος γύρος διαπραγματεύσεων στην Κωνσταντινούπολη με θέμα τον διαμελισμό της Οθωμανικής Αυτοκρατορίας. Εκεί η Τουρκία προσέφερε στην Ελλάδα την Θεσσαλία (πλην της Ελασσόνας) συν την επαρχία της Άρτας. Οι Δυνάμεις με κοινή διακοίνωσή τους στις 26/3(7/4)/1881 συνέστησαν στην Ελλάδα να δεχθεί την πρόταση. Ο Κουμουνδούρος, σταθμίζοντας το διεθνές σκηνικό, την αποδέχθηκε, παρά τις κατακραυγές της αντιπολίτευσης. Η προκαταρκτική συμφωνία της 12(24)/5/1881, επικυρώθηκε με την υπογραφή της ελληνοτουρκικής σύμβασης της Κωνσταντινούπολης στις 20/6(2/7)/1881, επισημοποιώντας την παραχώρηση της Θεσσαλίας και της Άρτας.

Η απελευθέρωση της Ηπειροθεσσαλίας θα είχε επιπτώσεις στο νομισματικό πεδίο και στην άρση της αναγκαστικής κυκλοφορίας, για την οποία σειρά δανείων είχε συνομολογηθεί. Με τα λόγια του Ι. Βαλαωρίτη (1902, 74): «*Ἀτυχῶς ὁ σκοπὸς οὗτος δὲν ἐπετεύχθη, ματαιωθεὶς ὑπὸ τῶν καὶ αὖθις ἀναφυεισῶν πολιτικῶν περιστάσεων, αἴτινες κατέληξαν εἰς τὴν πραγματοποίησιν τῆς προσαρτήσεως τῆς Θεσσαλίας καὶ τῆς μέχρις Ἀράχθου Ἠπείρου*» (η έμφαση δική μου).

Το τυρί από τα δόντια

Αυτές οι εξελίξεις επηρέασαν και την ελληνική νομισματική κατάσταση. Με την προσμονή της υλοποιήσεως της αποφάσεως του Συνεδρίου του Βερολίνου και με την προσμονή πολεμικών επιχειρήσεων, ο Τρικούπης θεωρεί ότι η χώρα δεν μπορεί να προχωρήσει στην άρση της αναγκαστικής κυκλοφορίας που προβλεπόταν για την

---

[15] Η υπογραφή της συνθήκης του Αγίου Στεφάνου μεταξύ Ρωσίας και Τουρκίας (19/2(3/3/)1878), και η δημιουργία μιας μεγάλης Βουλγαρικής Ηγεμονίας, ήταν μια κίνηση που προκάλεσε αγανάκτηση στα Βαλκάνια και στην Δύση και που τελικά ακυρώθηκε από το Συνέδριο του Βερολίνου (1(13)/6/1878). Εκεί, οι ελληνικές πιέσεις για παραχώρηση των ελληνικών περιοχών χρησιμοποιήθηκαν από την Βρετανία ως μέσον πίεσης για την παραχώρηση της Κύπρου από την Τουρκία. Η ανάρρηση του Gladstone στην Πρωθυπουργία ανέστρεψε την αντιρωσική και φιλοτουρκική πολιτική του Disraeli. Αποφασισμένος να υποχρεώσει την Τουρκία να υλοποιήσει τις υποχρεώσεις που είχε αναλάβει με την συνθήκη του Βερολίνου, μεταξύ των οποίων και η ρύθμιση των ελληνοτουρκικών συνόρων, συγκάλεσε νέα πρεσβευτική συνδιάσκεψη στο Βερολίνο, όπου ξεκίνησαν συζητήσεις για την παραχώρηση της Θεσσαλίας και τμημάτων της Ηπείρου στην Ελλάδα. Οι συζητήσεις τράβηξαν για τέσσερις μήνες χωρίς να τελεσφορήσουν, με τις Δυνάμεις να μην έχουν ιδιαίτερο όφελος να εμπλακούν υπερβολικά, και την Ελλάδα να είναι αδύναμη να υποχρεώσει την Τουρκία σε υποχωρήσεις μέσω στρατιωτικών μέσων.

1/1/1881 (Κοκκινάκης 1999, 249). Έτσι, προέβη σε επιστράτευση και στην σύναψη νέου δανείου 62 εκ. παλαιών δραχμών (25+10 εκ. σε μεταλλικό και 27 εκ. σε χαρτονόμισμα) από την ΕΤΕ, με σύμβαση της 8/10/1880.[16] Η σύμβαση αυτή δε, ακύρωνε την προηγουμένη των 21 εκ.

Βεβαίως η ΕΤΕ δεν έμενε χωρίς ανταλλάγματα: (α) με το άρθρο 7 της σύμβασης παρατεινόταν το εκδοτικό της προνόμιο για άλλα 25 έτη μετά την λήξη του (έληγε την 1/1/1892), δηλαδή έως την 31/12/1916, σε όλη την επικράτεια πλην της Επτανήσου, αλλά και «εἰς τὰς νέας προσαρτηθησομένας χώρας διὰ τὸν αὐτόν χρόνον». Δηλαδή η κυβέρνηση προσέφερε ένα επιπλέον δέλεαρ στην ΕΤΕ, την προσθήκη νέας πελατείας για τα τραπεζογραμμάτιά της, στις νέες επαρχίες που ελπιζόταν ότι θα προσετίθεντο στον εθνικό κορμό. Αυτό το δέλεαρ είχε και αντάλλαγμα: σύμφωνα με το ίδιο άρθρο, το κράτος γινόταν συνεταίρος στα κέρδη από την κυκλοφορία των τραπεζογραμματίων της ΕΤΕ, κατά 10% για έξι μήνες μετά την προσάρτηση των νέων χωρών και κατά 25% από την 1/1/1892.[17]

Η σύμβαση αυτή ήταν εξαιρετικής σημασίας διότι επιπλέον προβλεπόταν (α) η επέκταση των εργασιών της ΕΤΕ σε χορηγήσεις σε δημόσιους οργανισμούς, (β) η απαλλαγή της από οποιαδήποτε επιπλέον φορολογία όσο διαρκούσε το προνόμιό της, (γ) η έκδοση 10δραχμων χαρτονομισμάτων μέχρι του ποσού των 12 εκ. δραχμών όσο διαρκούσε η αναγκαστική κυκλοφορία και 4 εκ. μετά την άρση της και (δ) διευκόλυνση των διαδικασιών κατασχέσεως. Δεν αποτελεί έκπληξη το ότι η σύμβαση επικυρώθηκε παμψηφεί από την ΓΣ των μετόχων της ΕΤΕ στις 9/11/1880, ως «υψίστου εθνικού συμφέροντος».

Όμως μια δυσάρεστη έκπληξη περίμενε την ΕΤΕ, καθώς η κυβέρνηση Τρικούπη έπεσε λίγες μέρες μετά την υπογραφή της σύμβασης…

Οι χρηματικές ανάγκες του κράτους από την επιστράτευση, που συνεχίζει η κυβέρνηση Κουμουνδούρου, εξανάγκασαν την διάδοχο κυβέρνηση να αναζητήσει νέο δάνειο, 120 εκ. φράγκων. Στις συζητήσεις για το δάνειο αυτό προσήλθε η Banque de Constantinople (Τράπεζα Κωνσταντινουπόλεως), δηλαδή οι Ανδρέας Συγγρός, Γεώργιος Κορωνιός, Στέφανος Σκουλούδης και Αντώνιος Βλαστός, οι λεγόμενοι «άνθρωποι του Γαλατά» (Χιωτάκη 1994, 277).

Παρά την αποτυχία έκδοσης τραπεζογραμματίων από την «Γενική Πιστωτική», ο Συγγρός δεν είχε παραιτηθεί από την ίδρυση προνομιούχου εκδοτικής τράπεζας. Έτσι, οι νέοι δανειστές έθεσαν ως όρο για την χορήγηση του δανείου να τους παραχωρηθεί το δικαίωμα ίδρυσης προνομιούχου εκδοτικής τραπέζης στις νέες επαρχίες, με 25ετές προνόμιο και όλα τα δικαιώματα και προνόμια που μέχρι τότε απολάμβανε η ΕΤΕ. Η παρέμβαση της Τραπέζης Κωνσταντινουπόλεως ήταν πραγματικά αστραπιαία, ομοίως και οι εξελίξεις που ακολούθησαν. Σε λιγότερο από τρεις βδομάδες από την υπογραφή της πρώτης σύμβασης με την ΕΤΕ, με συμπληρωματική σύμβαση της 26/10, απαλείφθηκαν οι σχετικές φράσεις από την σύμβαση της 8/10. Αφαιρέθηκε δηλαδή το εκδοτικό προνόμιο από την ΕΤΕ στις νέες επαρχίες, τραβώντας της το χαλί κάτω από τα πόδια. Η νομοθετική κύρωση των δύο αυτών συμβάσεων έγινε ταυτόχρονα με τον ν. ΩΞΖ΄ (2/12/1880) καθιστώντας το θέμα τετελεσμένο.

Το δάνειο των 120 εκ. φράγκων συνομολογήθηκε στις 4(16)/12/1880 από την Τράπεζα Κωνσταντινουπόλεως και η ΕΤΕ συμμετείχε με 6 εκ.[18]

Η ίδρυση

Το καταστατικό της νέας τραπέζης υπογράφηκε στις 25/1/1882 από τους Συγγρό και Σκουλούδη (ως μέλη του ΔΣ της ΤΚων), και από τον Γεώργιο Αθηνογένη, διευθυντή του εν Αθήναις υποκαταστήματος της ΤΚ και πληρε-

---

[16] Ν. ΩΞΖ΄ της 2/12/1880 (ΦΕΚ 118, 3/12/1880, σ. 563–565).

[17] Ο υπολογισμός του κέρδους αυτού γινόταν με αλγόριθμο που προβλεπόταν στο άρθρο 7: κάθε εξάμηνο (30/6 και 31/12) υπολογιζόταν από τις μηνιαίες καταστασεις της ΕΤΕ ο μέσος όρος κυκλοφορίας τραπεζογραμματίων (ΜΟΚΤ) χωρίς αυτά που είχε δανειστεί η Κυβέρνηση και ο μέσος όρος μεταλλικού αποταμιεύματος (ΜΟΜΑ) στο κεντρικό κατάστημα και στα υποκαταστήματα, συμπεριλαμβανομένων και των μεταλλικών οφειλών του κράτους. Εν συνεχεία, για επιτόκιο προεξόφλησης γραμματίων $i\%$, το κέρδος από την κυκλοφορία των τραπεζογραμματίων (ΚΚΤ) υπολογιζόταν ως ΚΚΤ = i·(ΜΟΚΤ−ΜΟΜΑ)/100. Από το κέρδος αυτό δεν γινόταν αφαίρεση του κόστους εκτύπωσης των τραπεζογραμματίων.

[18] Το δάνειο επετράπη να χορηγηθεί με τον ν. ΩΠΖ΄ της 30/12/1880 (ΦΕΚ 1, 5/1/1881, σ. 1–2), ενώ η σύμβαση της 16/12/1880, κυρώθηκε με τον ν. ΩΠΗ΄ της 30/12/1880 (ΦΕΚ 1, 5/1/1881, σ. 2–5).

ξούσιο του Κορωνιού. Η υπογραφή έλαβε χώρα στο υποκατάστημα της ΤΚων επί των οδών Σταδίου και Λυκα-
βηττού και το καταστατικό επικυρώθηκε με ΒΔ της 31/1/1882.[19]

Η τράπεζα ιδρύθηκε ως ανώνυμος εταιρεία (άρ. 1) με έδρα τον Βόλο (αρ. 3) και διάρκεια 25 ετών (άρ. 4). Το
μετοχικό της κεφάλαιο ορίσθηκε στα 20 εκ. νέων δρχ. διαιρούμενο σε 40 χιλ. μετοχές των 500 δρχ εκάστη, από
το οποίο ποσό οι ιδρυτές υποχρεούντο να καταβάλλουν το 1/4 (125 δρχ.) κατά την έγκριση του καταστατικού
και το υπόλοιπο μετά από πρόσκληση του Γενικού Συμβουλίου (άρ. 5). Από τις μετοχές αυτές δε, μπορούσαν να
διαθέσουν όσες ήθελαν σε δημόσια εγγραφή, με όρους που εκείνοι θα επέλεγαν (άρ. 6). Στο μετοχικό κεφάλαιο
της ΠΤΗ συμμετείχε και η ΕΤΕ σε ποσοστό αντίστοιχο της συμμετοχής της στο δάνειο των 120 εκ. (δηλ. με
6.026 μετοχές), τις οποίες όμως εκποίησε προς 100 δρχ. ανά μετοχή, πλην 500 που πωλήθηκαν αργότερα (Βα-
λαωρίτης 1902, 80). Αξίζει να σημειωθεί ότι οι μέτοχοι έχαιραν μειωμένης υπαιτιότητας, και συγκεκριμένα
μέχρι της αξίας των μετοχών τους (άρ. 14).

Το άρθρο 43 όριζε τα περί εκδοτικού προνομίου της ΠΤΗ. Τα τραπεζογραμμάτιά της θα κυκλοφορούσαν
μόνον στην Θεσσαλία, αλλά δεν θα ετίθεντο σε αναγκαστική κυκλοφορία. Τα δημόσια ταμεία όμως όφειλαν να
τα δέχονται στην ονομαστική τους αξία αντί «μετρητών» (μεταλλικού) για πληρωμές ιδιωτών. Η νομική αυτή
διαφοροποίηση σε σχέση με τα τραπεζογραμμάτια της ΕΤΕ και της Ionian θα ήταν εξόχως σημαντική ως προς
την δυνατότητα κυκλοφορίας των τραπεζογραμματίων της ΠΤΗ (βλ. παρακάτω).

Η σύνδεση της υπάρξεως της ΠΤΗ με το εκδοτικό προνόμιο ήταν το ίδιο στενή όσο και της ΕΤΕ: «*Τρία ἔτη
πρὶν λήξῃ ἢ ὡρισμένη διάρκεια τῆς Τραπέζης συγκαλεῖται Γεν. Συνέλευσις ὅπως ἀποφασίσῃ ἂν πρέπῃ νὰ ἐπιδιωχθῇ ἡ ἀνανέωσις
τοῦ προνομίου τῆς Τραπέζης, ἢ ἂν ἐξ ἐναντίας πρέπει αὕτη νὰ διαλυθῇ*» (άρ. 78). Με άλλα λόγια, *ΠΤΗ χωρίς εκδοτικό προ-
νόμιο δεν νοείτο.*

Οι μέτοχοι

Αν και τα βιβλία των μετόχων της ΠΤΗ δεν σώζονται στο ΙΑΕΤΕ, ικανοποιητικές πληροφορίες σχετικά με την
ταυτότητα των μετόχων της μπορούν να συναχθούν από τα Βιβλία Πληρωμής Μερισματαποδείξεων (ΠΤΗ
1890). Τα διαθέσιμα αρχεία (ξεκινούν από την Β΄ εξαμηνία του 1882, οπότε έγινε και η πρώτη διανομή μερί-
σματος) υποδεικνύουν ότι η συμμετοχή της ΤΚων στο μετοχικό κεφάλαιο ήταν συντριπτική. Με άνω του 98%
των μετοχών για την Β΄ εξαμηνία του 1882 και 93% για την Α΄ εξαμηνία του 1883.

Τα οφέλη από τον παραπάνω διακανονισμό ήταν αναμφισβήτητα για τους δανειστές. Πρώτον, εισέπρατταν
μεγάλα κέρδη από την προνομιακή τιμή αγοράς των ομολογιών (68%). Δεύτερον, εισέπρατταν προμήθειες από
την διάθεση του δανείου. Τρίτον, είχαν να ωφεληθούν από τα κέρδη έκδοσης νομίσματος. Τέταρτον, η νέα
Τράπεζα αναλάμβανε την είσπραξη των προσόδων από τον φόρο καπνού, εθνικών γαιών, φυτειών και τελωνεί-
ων. Καθώς θα ενέβαζε τα ποσά αυτά μόνον κάθε εξάμηνο (προς πληρωμή τοκομεριδίων και απόσβεση ομολο-
γιών), θα τα είχε στην διάθεσή της για ένα ολόκληρο εξάμηνο ώστε να τα εκμεταλλευθεί. Και αυτά δεν ήταν ευ-
καταφρόνητα· π.χ. τον Ιανουάριο του 1885, οι εισπράξεις που ήταν κατατεθειμένες στο κεντρικό κατάστημα του
Βόλου ανέρχονταν σε 116.978 δρχ (Χιωτάκη 1994, 436).

Ήταν μια αξιοζήλευτη συμφωνία, που φαινομενικά ενείχε μόνο οφέλη για τους δανειστές, οι οποίοι κέρδιζαν
από όλες τις πλευρές.

8.5 Ο νομισματικός πόλεμος ΕΤΕ, Ionian και ΠΤΗ

Η σύμβαση όμως περιείχε και κάποιες παγίδες για την νέα τράπεζα. Όριζε ότι το τραπεζογραμμάτιό της δεν θα
ετίθετο σε αναγκαστική κυκλοφορία όπως τα χαρτονομίσματα της ΕΤΕ και της Ιονικής, αλλά ότι θα ήταν εξαρ-
γυρώσιμο. Έτσι, παρότι τα δικά της τραπεζογραμμάτια και τα χρυσά και αργυρά νομίσματα της ΛΝΕ ήταν μο-
ναδικό νόμιμο χρήμα στις νέες επαρχίες, το διπλό νομικό καθεστώς εντός του ίδιου κράτους θα προσέδιδε δια-
φορετικές αξίες στα τραπεζογραμμάτια της ΠΤΗ και στα χαρτονομίσματα της ΕΤΕ και της Ionian.

Λόγω της αναγκαστικής κυκλοφορίας, τα τραπεζογραμμάτια της ΠΤΗ (που ήταν ανταλλάξιμα με πολύτιμα
μέταλλα) είχαν μεγαλύτερη αγοραία αξία από χαρτονομίσματα της ΕΤΕ της ίδιας ονομαστικής αξίας (π.χ. τρα-

---

[19]ΦΕΚ 13, 12/3/1882, σ. 55.

πεζογραμμάτια ή χάλκινα νομίσματα της ΠΤΗ συνολικής αξίας 500 δρχ., ανταλλάσσονταν με χαρτονομίσματα της ΕΤΕ αξίας 560 δρχ.). Όπως κατήγγειλε το Γεν. Συμβούλιο της ΠΤΗ στον Πρωθυπουργό, κυκλώματα κερδοσκόπων αγόραζαν εκτός Ηπειροθεσσαλίας χάλκινα νομίσματα με χαρτονομίσματα της ΕΤΕ και τα έστελναν στις νέες επαρχίες όπου ανταλλάσσονταν με το αντίστοιχο ποσό τραπεζογραμματίων της ΠΤΗ (π.χ., 560 δρχ. χαρτονομισμάτων της ΕΤΕ προς 500 χάλκινες δρχ. που μετά ανταλλάσσονταν με τραπεζογραμμάτια της ΠΤΗ). Οι κάτοχοι αυτών των τραπεζογραμματίων εν συνεχεία τα εξαργύρωναν σε χρυσό από την ΠΤΗ. Π.χ. οι 500 δρχ. της ΠΤΗ εξαργυρώνονταν με 25 ναπολεόνια, που στην αγορά της Αθήνας (όπου ο χρυσός ήταν υπερτιμημένος λόγω της αναγκαστικής κυκλοφορίας) πωλούνταν προς 24 δρχ. έκαστο, άρα συνολικά προς 600 δρχ. Έτσι 560 δρχ. χαρτονομισμάτων της ΕΤΕ γινόντουσαν 500 δρχ. της ΠΤΗ και μετά γινόντουσαν 600 δρχ., πάλι της ΕΤΕ, δίνοντας κέρδος 40 δρχ (7,1%). Στην Άρτα, κύριος κρίκος της αλυσίδας αυτής ήταν ο δημόσιος ταμίας που διοχέτευε τα χαρτονομίσματα της ΕΤΕ στην τοπική αγορά, παρανόμως δεχόμενος αυτά σε πληρωμές φόρων και τελών, και ανταλλάσσοντάς τα με τραπεζογραμμάτια της ΠΤΗ στους αργυραμοιβούς, οι οποίοι τα εξαργύρωναν στον Βόλο έναντι χρυσού (Χιωτάκη 1994, 285–289· Πρόντζας 1995, 91–92).

Έτσι, σύντομα η ΠΤΗ είδε το μεταλλικό της απόθεμα να αδειάζει, τα τραπεζογραμμάτιά της να επιστρέφουν στα ταμεία της και το χάλκινο νόμισμα να κυριαρχεί στην αγορά και στις συναλλαγές. Είναι χαρακτηριστική της νομικής φύσης του χρήματος αυτή η δυσλειτουργία. Συγκεκριμένα, οι ισχύοντες νόμοι είχαν δημιουργήσει:

(α) Υψηλής αξίας χρυσά και αργυρά νομίσματα της ΛΝΕ (και άλλα). Η διεθνής συνθήκη της ΛΝΕ (την οποία υλοποιούσαν εθνικοί νόμοι κάθε χώρας) καθιστούσε τα χρυσά και αργυρά νομίσματα απεριόριστο μέσο πληρωμών και νόμιμο χρήμα. Άρα, εντός Ελλάδος είχαν μεγαλύτερη αξία από όλα τα υπόλοιπα νομίσματα (χάλκινα, χαρτονομίσματα ΕΤΕ/Ionian, τραπεζογραμμάτια ΠΤΗ). Όλοι είχαν κίνητρο να τα αποθησαυρίζουν και κατά συνέπεια αυτά είχαν την τάση να εξαφανίζονται από την κυκλοφορία.

(β) Χαμηλής αξίας χαλκονομίσματα. Δεν ήταν αποδεκτά στο εξωτερικό ως συνάλλαγμα, δεν ήταν εξαργυρώσιμα σε μεταλλικό και δεν είχαν απεριόριστη δυνατότητα αποπληρωμής χρεών. Όλοι είχαν κίνητρο να τα δίνουν και και κατά συνέπεια αυτά είχαν τάση να κυριαρχούν στην κυκλοφορία.

(γ) Ενδιάμεσης αξίας χάρτινα νομίσματα. Στην κατηγορία αυτή είχαμε τα τραπεζογραμμάτια της ΠΤΗ και τα χαρτονομίσματα της ΕΤΕ και της Ionian. Θεωρητικώς, όλα ήταν αποκλειστικώς δεκτά στην ζώνη προνομίου κάθε τράπεζας ως απεριόριστο μέσον συναλλαγών και πουθενά αλλού, εντός ή εκτός Ελλάδος. Δυνητικά αυτά θα μπορούσαν να αποτελούν το ενδιάμεσο με το οποίο θα μπορούσε κάποιος να αποχωρίζεται χαλκονομίσματα και να αποκτά χρυσά και αργυρά. Διέφεραν όμως ως προς το ότι τα μεν χαρτονομίσματα της ΕΤΕ και της Ionian ήταν προστατευμένα λόγω της αναγκαστικής, ενώ τα τραπεζογραμμάτια της ΠΤΗ όχι.

Αυτή η διαφορά στο νομικό τους πλαίσιο ήταν η κύρια αδυναμία των τελευταίων, που επέτρεπε στους κερδοσκόπους να τα εξαργυρώνουν στα ταμεία της ΠΤΗ. Όμως από μόνη της δεν αρκούσε: σε μια απομονωμένη νομισματικά ζώνη σε καθεστώς πλήρους μετατρεψιμότητας (π.χ. η Ελλάδα μεταξύ 1842–1864, πλην του 1848) αυτό το σχήμα δεν είχε παρατηρηθεί). Η δεύτερη αδυναμία ήταν η συνύπαρξη δύο διαφορετικών νομικών υπό-ζωνών εντός μιας ευρύτερης νομικής ζώνης. Αυτή η συνύπαρξη επέτρεπε την μεταξύ τους, έστω και παράτυπη (ή παράνομη) αλληλεπίδραση, με την αποδοχή των χαρτονομισμάτων της ΕΤΕ από τον δημόσιο ταμεία για πληρωμές, ή από αργυραμοιβούς και την διοχέτευσή τους στον χώρο προνομίου της ΠΤΗ.

Το κράτος είχε θεσμοθετήσει de jure και de facto ένα ασύμμετρο πλαίσιο για τα δύο είδη γραμματίων, αποδιώχνοντας τα μεν από την κυκλοφορία. Η μαζική επιστροφή στην εκδούσα τράπεζα παρατηρήθηκε στην ΠΤΗ αλλά όχι στις άλλες δύο. Στην περίπτωση αυτή βρίσκει εφαρμογή η ρήση του Αριστοτέλη ότι το χρήμα είναι δημιούργημα του νόμου, και ότι με τον νόμο μπορούμε να το αχρηστεύσουμε.

Πρόσθετο πρόβλημα υπήρξε η αστάθεια της αξίας του νομίσματός της που ακολουθούσε τις διακυμάνσεις του χρυσού, σε σχέση με την σταθερότητα της δραχμής της ΕΤΕ. Είναι ίσως ειρωνικό, αλλά η αναγκαστική κυκλοφορία και η επιθυμία της Κυβέρνησης να την αναστείλει ήταν που οδήγησαν στον εξωτερικό δανεισμό και στην δημιουργία της ΠΤΗ. Και ήταν αυτή η ίδια αναγκαστική κυκλοφορία που εμπόδιζε αυτήν την εκδοτική τράπεζα να λειτουργήσει ομαλά ως τέτοια.

Από την πλευρά της η ΠΤΗ δαπάνησε πολλή ενέργεια για να διεισδύσει στην αγορά της Κέρκυρας και να αμφισβητήσει το μονοπώλιο της Ιονικής, προσπάθειες που κατέληξαν εν τέλει σε αποτυχία. Αντιστοίχως, η Ιονική και η ΕΤΕ προσπάθησαν επίσης να αμφισβητήσουν το προνόμιο της ΠΤΗ στην δική της επικράτεια. Το όλο κλίμα ανταγωνισμών και επιθυμίας για επέκταση, θέτει ερωτήματα στο κατά πόσον τα ιδρύματα αυτά υπηρέτησαν με υπεύθυνο τρόπο την οικονομία της χώρας, παρέχοντας αξιόπιστο και σταθερό νόμισμα για την λειτουργία της. Θέτει ερωτήματα στο κατά πόσον αυτές οι ιδιωτικές ανώνυμες εταιρείες ήταν σε θέση να αναλάβουν έναν ουσιαστικά κοινωφελή ρόλο, την στιγμή που ο κερδοσκοπικός τους χαρακτήρας τις ανάγκαζε να λειτουργούν ανταγωνιστικά και συχνά προκαλώντας προσκόμματα στην λειτουργία της οικονομίας.

Εκτός από ανταγωνισμό ο δύο τράπεζες έδειξαν και συνεργασία. Με την νομική κατάσταση των νέων επαρχιών να είναι ακόμη ρευστή, η ΕΤΕ προτίμησε αντί να ανοίξει υποκαταστήματα σε Λάρισα, Άρτα και Βόλο, να συμμετάσχει για μια τριετία στα ενυπόθηκα δάνεια της ΠΤΗ. Έτσι, με σύμβαση του 1882, συμφωνήθηκε να συμμετάσχει στο ήμισυ των δανείων που θα χορηγούσε η ΠΤΗ από 1/7/1882, μέχρι του ποσού συμμετοχής των 5 εκ. δρχ. και με ετήσιο επιτόκιο 6,5% που θα καταβαλλόταν κάθε εξάμηνο. Σε περίπτωση αναγκαστικής κυκλοφορίας των τραπεζογραμματίων της ΠΤΗ εντός της παραπάνω τριετίας, η ΠΤΗ υποχρεούτο να επιστρέψει εντός μηνός την συμμετοχή της ΕΤΕ μαζί με τον τόκο σε χρυσό, και η ΕΤΕ να συνεχίσει την συμμετοχή της στα ενυπόθηκα δάνεια με χαρτονομίσματα (Βαλαωρίτης 1902, 84).

ΝΟΜΙΣΜΑΤΙΚΗ ΕΝΩΣΗ ΚΑΙ ΟΙΚΟΝΟΜΙΚΟΣ ΕΛΕΓΧΟΣ

9

Εμείς, εν τούτοις, δεν θα κάνουμε χρήση ωραίων φράσεων, υποστηρίζοντας με πολλά λόγια, τα οποία κανέναν δεν θα πείσουν, ότι δικαίως ηγεμονεύουμε έχοντας νικήσει τους Πέρσες ή ότι σας ξεπληρώνουμε τις αδικίες που υποστήκαμε [...] Και οι δύο εξ' ίσου γνωρίζουμε πως όταν μιλάμε για ανθρώπινες υποθέσεις, το επιχείρημα του δικαίου έχει αξία μεταξύ ίσων σε δύναμη, και πως ο ισχυρός κάνει ό,τι θέλει και πως ο ασθενής υποφέρει ό,τι είναι αναγκασμένος.

Οι Αθηναίοι προς τους Μηλίους, 416 π.Χ. (Θουκυδίδου Ξυγγραφή, Βιβλίο Ε', 89)

Σ ΤΑ ΤΕΛΗ ΤΗΣ ΔΕΚΑΕΤΙΑΣ ΤΟΥ 1870 η Ελλάδα βρισκόταν σε ένα πολλαπλό σημείο καμπής. Κατ' αρχάς, στην πολιτική ζωή της χώρας αρχίζει να δεσπόζει ο Χαρίλαος Τρικούπης. «Εξόχως αγγλόφιλος», ήταν θαυμαστής του ευρωπαϊκού εκσυγχρονισμού και το κόμμα του ήταν γνωστό ως «Νεωτερικόν». Ιεραρχώντας τον οικονομικό εκσυγχρονισμό πριν την εθνική ολοκλήρωση, ήταν θερμός υποστηρικτής της ελληνοτουρκικής φιλίας, καθώς τυχόν προστριβές με την Τουρκία θα επέφεραν πλήγμα στις προσπάθειες οικονομικής ανάπτυξης. Στήριζε την δύναμή του στους εμπόρους, μεγαλογαιοκτήμονες και τραπεζίτες. Έτσι καθίστατο ο αντίθετος πόλος του αντιάγγλου Θ. Δηλιγιάννη, ο οποίος διακήρυττε πρωτίστως την εθνική ολοκλήρωση, ονόμαζε το κόμμα του «Εθνικόν» και στηριζόταν σε λαϊκές βάσεις. Το διάστημα 1882–1890, ο Τρικούπης θα κυβερνήσει συνολικά 7,5 χρόνια, ενώ ο Θ. Δηλιγιάννης μόνο ένα, καθιστώντας την πολιτική του λιγότερο καθοριστική.

Δεύτερον στο επίπεδο πολιτικής-επιχειρηματικής διαπλοκής, στην Ελλάδα έχει εισβάλλει μια νέα ομάδα, εκείνη των «ομογενών». Πολλοί ομογενείς τραπεζίτες έχουν μεταναστεύσει την προηγούμενη δεκαετία στο οικονομικά παρθένο έδαφος της Ελλάδας στήνοντας επιχειρήσεις χρηματιστηριακού, τραπεζιτικού και εν γένει κερδοσκοπικού χαρακτήρα, διαπλεκόμενοι παράλληλα με την πολιτική, ή ασχολούμενοι ευθέως με αυτή: Γ. Ζωγράφος (βουλευτής), Κ. Καραπάνος (Υπουργός), Α. Συγγρός (βουλευτής), Στέφανος Σκουλούδης (πρωθυπουργός), Ζωγράφοι (μεγαλομέτοχοι της ΕΤΕ), Γ. Ζαρίφης, Κ. Ζάππας, Π. Στεφάνοβικ-Σκυλίτσης, Βαλτατζής, Χαροκόπος, Αβέρωφ κ.ά. Με την προσάρτηση δε της Θεσσαλίας, αντικαθιστούν τους Τούρκους τσιφλικάδες αγοράζοντας τα κτήματά τους.

Η υποτέλεια του Τρικούπη στο ομογενειακό κεφάλαιο, και ειδικότερα σε νέα τάξη ομογενών τσιφλικάδων-τραπεζιτών, ήταν έντονη και εκφράσθηκε και φορολογικά. Όχι μόνον η συνθήκη προσάρτησης της Θεσσαλίας προέβλεπε την εγγύηση του Οθωμανικού ιδιοκτησιακού καθεστώτος, αλλά και η κατοπινή νομοθεσία άφηνε τους μικροκαλλιεργητές ακόμα πιο απροστάτευτους· ο έγγειος φόρος της δεκάτης, που έπληττε κυρίως τους μεγαλοκτηματίες, αντικαταστάθηκε από τον φόρο αροτριώντων κτηνών,[1] που έπληττε κυρίως τους κολίγους.

Παράλληλα, το σύνολο των θητειών Τρικούπη χαρακτηρίζεται από υστέρηση στην συλλογή των αμέσων φόρων, κυρίως των ανωτέρων τάξεων—είναι χαρακτηριστική η ρήση του Συγγρού στην Βουλή το 1880: *«Εγώ κύριοι είμαι σχεδόν αφορολόγητος».* Ιδίως την περίοδο 1882–1885 οι άμεσοι φόροι μειώνονται από 30,2 σε 27,8% της φορολογικής επιβάρυνσης, ενώ οι έμμεσοι αυξάνονται από 61,7 σε 67,6%, αντιστοίχως (Ηλιαδάκης 1997, 398). Οι προϋπολογισμοί εξαγγέλλονται συνήθως μετρίως πλεονασματικοί, οι απολογισμοί όμως ήταν πάντοτε ελλειμματικοί.

Όπως είπαμε, τα κεφάλαια των ομογενών αυτών επενδύονται χρηματιστηριακά-κερδοσκοπικά. Είναι τα κεφάλαια ακριβώς εκείνων που ο Τρικούπης προσπαθούσε να δελεάσει θεωρώντας τους το μέσον για την επίτευξη του εκσυγχρονιστικού του οράματος. Στον Τρικούπη αποδίδεται η ρήση ότι ήθελε να καταστήσει την Ελλάδα

---

[1]Ν. ΩΙ΄(810) της 15/4/1880 (ΦΕΚ 34, 16/4/1880, σ. 163–165).

«το Χρηματιστήριο της Ανατολής», μην αντιλαμβανόμενος μάλλον ότι αυτό δεν θα επέφερε τόσο την οικονομική ανάπτυξη όσο γρήγορα κέρδη σε ολίγους.

9.1 Εξωτερικός υπερδανεισμός

Από πλευράς δανειακής, η τακτοποίηση των δανείων της Ανεξαρτησίας το 1879 αποτέλεσε άλλο ένα σημείο καμπής, καθώς άνοιξε τους κρουνούς του διεθνούς δανεισμού για την Ελλάδα. Μια πλημμυρίδα *εξωτερικών* δανείων ξεκίνησε σχεδόν αμέσως: 1879 (Άρση αναγκαστικής κυκλοφορίας, 60 εκ.), 1881 (120 εκ.), 1884 (100 από 170 εκ.), 1887 (Μονοπωλείων, 135 εκ.), 1889 (Πάγια αγγλικά 30 και 125 εκ.), 1890 (Σιδηροδρόμων, 60 από 89 εκ.), 1893 (Κεφαλαιοποίησης, 9,7 εκ.). Κύριοι εξωτερικοί δανειστές ήταν η Comptoir d'Escompte de Paris[2] (με αντιπρόεδρο τον Αντώνη Βλαστό, στενό φίλο του Α. Συγγρού), η C. J. Hambro & Son (η τράπεζα του Hambro που είχε φέρει τους Γλυξμπουργκ στην Ελλάδα), η Τράπεζα Κωνσταντινουπόλεως (του Α. Συγγρού), η National Bank für Deutschland και η S. Bleichröder. Βεβαίως σε πολλά από αυτά τα δάνεια, αλλά και σε άλλα εξωτερικά εμπλέκονταν ελληνικές τράπεζες, με κυριότερες την ΕΤΕ, την ΠΤΗ και την Ionian.

Ο ονομαστικός *εξωτερικός* δανεισμός της περιόδου 1879–1893 ανήλθε περίπου στα 639.739.000. φράγκα, όμως ο πραγματικός ανήλθε στα 464.121.000 φράγκα, αφού κατά μέσον όρο η τιμή έκδοσης των δανείων ανερχόταν στο 72% της ονομαστικής. Όμως κατέληξαν στην Ελλάδα μόνον 348.035.835 φράγκα αφού πληρώθηκαν έξοδα έκδοσης και αποσβέσεις ίσα με 116.071.165 φράγκα. Για τα *εξωτερικά δάνεια μόνον αυτής της περιόδου* το ελληνικό δημόσιο κατέβαλλε 251.537.721 φράγκα, δηλαδή είχε πληρώσει μαζί με τα έξοδα έκδοσης 367.608.886 φράγκα. Στο τέλος του 1893 απέμενε υπόλοιπο 556.803.000 φράγκων. *Δηλαδή, το ελληνικό κράτος είχε χρεωθεί για 464 εκ. φράγκα, είχε λάβει 348 εκ. φράγκα, είχε πληρώσει 368 εκ. φράγκα και χρωστούσε ακόμα 557 εκ. φράγκα* (Ηλιαδάκης 1997, 149).[3]

Έτσι, το δημόσιο χρέος (εσωτερικό και εξωτερικό) είχε διπλασιασθεί μεταξύ 1882–1893 σε 585.407.885 χρυσά φράγκα και 168.445.543 δραχμές. Συνολικά δηλαδή ανερχόταν σε 689.844.121 χρυσά φράγκα (1 δραχμή = 0,62 χρυσά φράγκα), 84,8% του οποίου ήταν σε χρυσό. Ήταν δηλαδή εκφρασμένο σε ένα «σκληρό» συναλλακτικό μέσον που σπάνιζε ιδιαιτέρως στην Ελλάδα και του οποίου την παγκόσμια κυκλοφορία η Ελλάδα ουδόλως μπορούσε να επηρεάσει.

Από τα δάνεια αυτά μόνον το 3% πήγε σε παραγωγικές επενδύσεις. Το μεγαλύτερο μέρος (79,77%) χρησίμευσε για μετατροπές και αποσβέσεις παλαιοτέρων δανείων, ενώ ένα σημαντικό κομμάτι χρησιμοποιήθηκε για πολεμικές προπαρασκευές (10,75%, χωρίς να μετράμε τα έξοδα της επιστράτευσης του 1885).

Ποιο ήταν το αποτέλεσμα του δανεισμού αυτού και ποιοι επωφελήθηκαν από την ανάληψη έργων και προμηθειών; Χαρακτηριστικό των μεγάλων εκείνων έργων ήταν ότι έγιναν από μια πλειάδα ιδιωτικών εταιρειών και κοινοπραξιών στις συμμετείχαν ως επί το πλείστον διαπλεκόμενοι ομογενείς, μαζί με εγχώριους τραπεζίτες και ξένες εταιρείες. Από τέτοιες κοινοπραξίες κατασκευάστηκαν εκατοντάδες χιλιόμετρα σιδηροδρόμων,[4] έγινε η

---

[2] Ιδρύθηκε το 1848 ως *Comptoir National d'Escompte de Paris*. Το 1853 ιδιωτικοποιήθηκε και μετονομάσθηκε σε *Comptoir d'Escompte de Paris*. Το 1889 διαλύθηκε και ανασυστήθηκε με το αρχικό της όνομα ως ανώνυμος εταιρεία, οι μετοχές της οποίας ελέγχονταν από τους *Banque de Paris et des Pays-Bas*, Maurice de Hirsch (συνεργάτη των Bischoffsheim), Rothschild και την *Crédit mobilier* των αδελφών Péreire.

[3] Τα αντίστοιχα ποσά για την *συνολική* δανειακή επιβάρυνση από το 1824 έως το 1893 ήταν 770, 389, 472 και 630 εκ. φράγκα.

[4] Δίκτυο Πελοποννήσου: κατασκευή *Γενική Πιστωτική* (ν. ‚ΑΜϚ΄/1882), εκμετάλλευση *Σιδηρόδρομοι Πειραιώς Αθηνών Πελοποννήσου Α.Ε* (ν. ‚ΑΣΟ-Β΄/1885). Δίκτυο Θεσσαλίας: κατασκευή *Fils A. Mavrogordato* (ν. ΑΜΗ΄/1882), εκμετάλλευση *Σιδηρόδρομοι Θεσσαλίας Α.Ε.* (ν. ΑΡΙ΄/1883) που είχαν ως αρχικούς μετόχους (εκτός της F.A.M.) τις ΕΤΕ, ΠΤΗ και Τράπεζα Βιομηχανικής Πίστεως. Η απόφαση του Τρικούπη να μειώσει το πλάτος στο 1 μέτρο, αντί του διεθνούς των 1,44 μέτρων, ανάγκασε την Ελλάδα να νοικιάζει βαγόνια στις οθωμανικές αμαξοστοιχίες και να πληρώνει για την μεταφόρτωση των εμπορευμάτων στον σταθμό του Πυργετού. Δίκτυο Αθήνας-Λαυρίου: κατασκευή *Μεταλλεία Λαυρίου* μέσω της *Εταιρείας των Σιδηροδρόμων Αττικής Α.Ε.* (ν. ΑΜΖ΄/1882). Γραμμή Αγρινίου-Μεσολογγίου: κατασκευή βελγικής κοινοπραξίας των Valère Mabille και Lucien Guinotte από την Mariemont (ν. ΑΦϚΖ΄/1887). Επέκταση Μεσολογγίου-Κρυονερίου: κατασκευή Χαρίδημος Αποστολίδης (ν. Αψ4Θ΄/1890), ομογενής από την Οδησσό και διευθυντής της *Τράπεζης Βιομηχανικής Πίστεως της Ελλάδος*. Για τον σκοπό αυτό ίδρυσε μαζί με τους Π. Καλλιγά, Α. Συγγρό τους *Σιδηροδρόμους Βορειοδυτικής Ελλάδος*, που όφειλαν να εκδώσουν δάνειο έως και 320.000 δρχ (20.000 φράγκα/km για 16 km). Οι Βέλγοι είχαν προηγουμένως αρνηθεί την εργολαβία σε αυτήν την μειωμένη τιμή.

διάνοιξη της διώρυγας της Κορίνθου[5] και η αποξήρανση της Κωπαΐδας.[6] Οι χρεωκοπίες ήταν συνήθεις και οι συμβάσεις προέβλεπαν πολυετή ιδιωτική εκμετάλλευση. Ενδιαφέρον θα είχε η έρευνα σχετικά με την αναλογία κρατικής και ιδιωτικής χρηματοδότησης. Αλλά και από πλευράς στρατιωτικών εξόδων αξιοσημείωτη ήταν η παραγγελία των τριών πανομοιότυπων θωρηκτών «Ύδρα», «Σπέτσες« και «Ψαρρά» το 1885. Η παραγγελία έγινε και αυτή σε γαλλικά ναυπηγεία.

Αντιθέτως, οι αγροτικές χορηγήσεις παρέμειναν στα παλαιότερα επίπεδα με την τοκογλυφία να κυριαρχεί. Το κεφάλαιο των δανείων δεν κατευθύνθηκε ούτε στην βιομηχανία, η οποία έμεινε και εκτός των επενδύσεων του ομογενειακού κεφαλαίου που αποσκοπούσε στην χρηματιστηριακή κερδοσκοπία παρά στις παραγωγικές επενδύσεις (Ηλιαδάκης 1997, 131–147).

Όπως φαίνεται, κυριότεροι οφελημένοι των δανείων ήταν αφενός ομογενείς χρηματιστές, αφετέρου οι ίδιοι οι δανειστές. Τα μεγαλεπήβολα οράματα «εκσυγχρονισμού» φαίνεται να διακατέχονταν από μια εμμονή επιφανειακού εξευρωπαϊσμού. Οι βαθιές διαφορές της ελληνικής κοινωνίας με τις αντίστοιχες Δυτικές ενδεχομένως να θεωρήθηκε ότι θα αμβλυνθούν *άνωθεν*, ακολουθώντας την Δυτικίζουσα επιφάνεια. Η αυτοστιγμεί μετατροπή της Ελλάδας σε Ευρώπη στηρίχθηκε κυρίως στα πήλινα πόδια του δανεισμού, που υπερχρέωσε την χώρα και που εξέθρεψε νέες ανώτερες τάξεις «διαπλεκόμενων», καθώς και στην υπέρμετρη θεσμοθέτηση νέων εμμέσων φόρων που επιβάρυναν τα κατώτερα στρώματα. Αν μπορεί ο Θ. Δηλιγιάννης να κατηγορηθεί για εθνικό μεγαλοϊδεατισμό, τότε σίγουρα ο Τρικούπης μπορεί να κατηγορηθεί για αντίστοιχο οικονομικό.

9.2 Η ενεργοποίηση της συνθήκης της ΛΝΕ

Οι αρχές της δεκαετίας του 1880 σημαδεύονται από την πιο έντονη προσπάθεια για την υλοποίηση του νομισματικού συστήματος της ΛΝΕ, καθώς η δυτικοστραφής πολιτική του Τρικούπη επεκτάθηκε και στο νομισματικό σύστημα. Ακολουθώντας την οικονομική ορθοδοξία των οικονομολόγων και τραπεζιτών της εποχής, ήταν αυτονόητο ότι μια ευρωπαϊκή Ελλάδα θα έπρεπε να υιοθετήσει και ένα σκληρό νόμισμα. Μέχρι τότε, η προβλεπόμενη (ν. ΣΔ΄ της 10/4/1867) εφαρμογή του νομισματικού συστήματος της ΛΝΕ, είχε γίνει επιτρεπτό να αναβληθεί βάσει του ν. ΤΝΓ΄(356) της 21/11/1869.[7] Βάσει αυτού του νόμου, κάθε χρόνο αποφασιζόταν η αναβολή της εφαρμογής του με σχεδόν τελετουργικό τρόπο.[8]

Μετά την δωδέκατη αναβολή, και με τα νέα μεταλλικά νομίσματα ήδη να κυκλοφορούν—αν και κυρίως στο εξωτερικό—επί αρκετά χρόνια, θεωρήθηκε ότι ήταν καιρός να υιοθετηθεί η δραχμή-φράγκο της ΛΝΕ ως επίσημη λογιστική μονάδα του κράτους. Αυτό έγινε με ΒΔ της 26/10/1882[9] βάσει του οποίου, η δραχμή-φράγκο θα εισαγόταν από 1/11/1883.

Το διάταγμα υπέγραφε ως Υπουργός Οικονομικών ο Παύλος Καλλιγάς, άλλο ένα παράδειγμα ανθρώπου που διάβηκε πολλές φορές τις περιστρεφόμενες πόρτες κράτους και ΕΤΕ, έχοντας βουλευτική[10] και υπουργική στα-

---

[5]Αν και είχε ανακοινωθεί από το 1869 (ν. ΤΜΓ΄/1869), ξεκίνησε από την *Διεθνή Εταιρεία της Θαλασσίου Διώρυγος της Κορίνθου* που ίδρυσε για τον σκοπό αυτό ο Ούγγρος Istvan Türr, και η οποία θα είχε την εκμετάλλευση για 99 χρόνια (ν. ΠΜΒ΄/1882). Αφού χρεωκόπησε, το έργο ολοκλήρωσε η *Εταιρεία Διώρυγος της Κορίνθου* υπό τον Α. Συγγρό και μέλη του ΔΣ τους Στ. Στρέιτ, Χαρίδημο Αποστολίδη, Γεώρ. Αντωνόπουλο, Adolphe Peghoux (ν. ΑΩΗ΄/1890 και ΒΔ της 30/5/1890, ΦΕΚ 125, 1/6/1890, σ. 503–508). Η εκμετάλλευση πέρασε διαδοχικά στην *Νέα Ανώνυμο Εταιρεία Διώρυγος της Κορίνθου* που ίδρυσε η ΕΤΕ (1906), στην κρατική ΑΕΔΙΚ (1980) και στην ιδιωτική *Περίανδρος Α.Ε.* (2001).
[6]Ξεκίνησε το 1882 από την *Γαλλική Εταιρία προς αποξήρανσιν και καλλιέργειαν της Κωπαΐδας λίμνης* που εκπροσωπούσε ο Ιωάννης Βούρος και της οποίας ως αντιπρόσωπος λειτουργούσε ο Στέφανος Σκουλούδης. Η εταιρεία θα κρατούσε για 99 χρόνια την επικαρπία της μισής έκτασης που θα αποξηραινόταν. Λόγω κακού σχεδιασμού το 1887 η λίμνη ξαναγέμισε νερό και η εταιρεία πτώχευσε. Το έργο ανέλαβε τότε η αγγλική *Lake Copais Co Ltd* που ολοκλήρωσε το έργο το 1892. Η εταιρεία κράτησε τις εκτάσεις μέχρι το 1953 οπότε και τις εξαγόρασε το ελληνικό κράτος και συνέστησε τον *Οργανισμό Κωπαΐδος*.
[7]ΦΕΚ 48, 27/11/1869, σ. 325–326.
[8](α) ΒΔ της 24/12/1869, ΦΕΚ 56, 24/12/1869 (αναβολή για 1/1/1871). (β) ΒΔ της 1/12/1870, ΦΕΚ 42, 11/12/1870, σ. 328 (αναβολή για 1/1/1872). (γ) ΒΔ της 22/10/1871, ΦΕΚ 51, 29/11/1871, σ. 362 (αναβολή για 1/1/1874). (δ) ΒΔ της 19/12/1873, ΦΕΚ 2, 14/1/1874 σ. 6 (αναβολή για 1/1/1875). (ε) ΒΔ της 21/10/1874, ΦΕΚ 41, 23/11/1874, σ. 283 (αναβολή για 1/1/1876). (στ) ΒΔ της 31/12/1875, ΦΕΚ 69, 31/12/1875 (αναβολή για 1/1/1877). (ζ) ΒΔ της 17/12/1876, ΦΕΚ 56, 18/12/1876, σ. 390 (αναβολή για 1/1/1878). (η) ΒΔ της 14/12/1877 (Ραπτάρχης, αναβολή για 1/1/1879). (θ) ΒΔ της 2/12/1878, ΦΕΚ 72, 12/12/1878, σ. 534 (αναβολή για 1/1/1880). (ι) ΒΔ της 29/12/1879, ΦΕΚ 82, 29/12/1879, σ. 473 (αναβολή για 1/1/1881). (ια) ΒΔ της 13/12/1880, ΦΕΚ 126, 23/12/1880, σ. 598 (αναβολή για 1/1/1882). (ιβ) ΒΔ της 28/12/1881, ΦΕΚ 130, 30/12/1881, σ. 695 (αναβολή για 1/1/1883).
[9]ΦΕΚ 145, 26/10/1882, σ. 925.
[10]Πληρεξούσιος Β΄ Εθνοσυνέλευσης 1862, και βουλευτής Αττικής Η΄ Περιόδου (23/9/1879–22/10/1881) και Θ΄ Περιόδου

διοδρομία. Η απόφαση αυτή έσυρε την κυβέρνηση Τρικούπη και την αντιπολίτευση σε άλλον ένα διχασμό γύρω από το νομισματικό ζήτημα.

Στην κοινοβουλευτική συζήτηση αναφέρεται αρκετά εκτενώς ο Κοκκινάκης (1999, 199–203), ο οποίος θεωρεί ότι *«σπάνια ο Τρικούπης υπερασπίστηκε ένα μέτρο παρόμοιας σημασίας με τόσο ισχνή επιχειρηματολογία»*, και υποψιαζόμενος ότι προσπάθησε να χρησιμοποιήσει την ψήφιση του μέτρου τόσο ως ψήφο εμπιστοσύνης στο ευρύτερο οικονομικό του πρόγραμμα, όσο και ως μέσον επιπλέον φορολόγησης 12%. Στα επιχειρήματα του Παύλου Καλλιγά συγκαταλεγόταν και η άποψη ότι τα μικρά έθνη δεν μπορούν να έχουν δικό τους νόμισμα που θα τα απομονώνει από τα υπόλοιπα, διαχωρίζοντας δηλαδή τον θεσμό του χρήματος από εκείνο του κυρίαρχου κράτους.

Εντύπωση προκαλεί το γεγονός ότι ενάντιοι στην εισαγωγή του νέου συστήματος ήταν ο Θ. Δηλιγιάννης, εκπρόσωπος της Ελλάδας στις διασκέψεις της ΛΝΕ στο Παρίσι, ο Αθ. Πετιμεζάς, που ως Υπ. Οικονομικών του Τρικούπη προέβη στην διατίμηση του 1875 για την ανάσχεση της φυγής των φράγκων, και ο Σ. Σωτηρόπουλος, που ως Υπ. Οικονομικών του Κουμουνδούρου που το 1876 απαγόρευσε την αποδοχή των ξένων νομισμάτων πλην της ΛΝΕ από τα δημόσια ταμεία. Είναι άκρως εντυπωσιακή η ευκολία με την οποία όσοι στήριξαν κάποια στιγμή το σύστημα της ΛΝΕ κατέληξαν να το απαρνούνται, στάση που υιοθέτησε πρώτος ο ίδιος ο Κεχαγιάς. Επιπλέον, έχει ενδιαφέρον η δημιουργία άλλου ενός νομισματικού ψευδοδιλήμματος στην δημόσια συζήτηση, κατά την οποία οι υπεύθυνοι της νομισματικής πολιτικής αναλώθηκαν σε αψιμαχίες γύρω από διαχειριστικά επιμέρους ζητήματα, μένοντας μακριά από την ουσία του χρήματος.

Η επόμενη χρονιά είδε δεκάδες βιομηχανίες και επιχειρήσεις να πτωχεύουν, καταχρεωμένες στην ΕΤΕ που αρνείτο να παράσχει ευκολίες πληρωμής. Οι τιμές των ακινήτων στον Πειραιά έπεσαν κατά 30% και η άρνηση της ΕΤΕ να παράσχει ενυπόθηκα δάνεια χωρίς πλήρη εμπράγματη ασφάλεια οδήγησε τα τρέχοντα επιτόκια στο 40% (Χριστόπουλος και Μπαστιάς 1977b, 14:20–21). Η Ελλάδα ζούσε μια αποπληθωριστική κρίση και ο Τρικούπης, ως επόμενο βήμα, ετοιμαζόταν να άρει την αναγκαστική κυκλοφορία. Και αυτό χωρίς να λαμβάνει υπόψη την δυνατότητα της ελληνικής οικονομίας να το αντέξει, ιδίως εν μέσω πτώσης των εξαγωγών σταφίδας (Γ. Στασινόπουλος 2000, 268–269 και παραπομπές εντός), της εξαγωγικής μονοκαλλιέργειας του 19^{ου} αιώνα— πριν την έλευση του τουρισμού τον 20°.

9.3 Η άρση της αναγκαστικής κυκλοφορίας

Η οικονομική ορθοδοξία θεωρούσε την αναγκαστική κυκλοφορία μια «αφύσικη» κατάσταση. Π.χ., στον απολογισμό προς την ΓΣ των μετόχων για το έτος 1883 (Βαλαωρίτης 1902, 90), η διοίκηση της ΕΤΕ διαβεβαιώνει ότι *«ἔσχε διαρκῶς ὑπ' ὄψιν ὅτι ἡ ἀναγκαστικὴ κυκλοφορία εἶναι μέτρον προσωρινὸν καὶ ἔκτακτον»* διότι προκαλούσε ύψωση του συναλλάγματος. Βεβαίως, για να είμαστε δίκαιοι, την δυσκολία της άρσεως είχαν υποδείξει οι «πρακτικοί» του χρήματος, οι οποίοι βλέποντας την έλλειψη μεταλλικού προειδοποιούσαν εναντίον αυτής. Έγραφε εκ των υστέρων ο Βαλαωρίτης (1902, 94) ότι *«ἡ ἄρσις τῆς ἀναγκαστικῆς κυκλοφορίας δὲν ἐπιτυγχάνεται διὰ τῆς ἁπλῆς καὶ ἀποτόμου ἀντικαταστάσεως τοῦ κυκλοφοροῦντος τραπεζογραμματίου διὰ μεταλλικοῦ νομίσματος»*, παραπέμποντας παράλληλα και σε άρθρα του Κεχαγιά στην εφημερίδα «Αιών». Ήταν μια μάλλον δύσκολη άσκηση η συμφιλίωση της οικονομικής θεωρίας με την νομισματική πράξη.

Πώς όμως θα λειτουργούσε μια οικονομία με χρυσό νόμισμα αν δεν υπήρχαν χρυσά νομίσματα; *Θα δανειζόταν.* Το άγιο δισκοπότηρο της υιοθέτησης του «σκληρού» νομισματικού συστήματος των πλουσίων ευρωπαϊκών κρατών, είχε οδηγήσει διαδοχικές κυβερνήσεις στον υπέρογκο δανεισμό για την επαναφορά της μετατρεψιμότητας των τραπεζογραμματίων. Παρά την αποτυχία της άρσης με τα τρία δάνεια του 1879–80 (βλ. Παράγραφο 7.7) αποφασίσθηκε η επανάληψη της ίδιας αποτυχημένης συνταγής· για την άρση της αναγκαστικής συνήφθη και νέο δάνειο 170 εκ. δρχ με την ΠΤΗ και την ΤΚων,[11] στο οποίο συμμετείχαν διάφορες ξένες και ελληνικές τράπεζες.[12] Εκπρόσωποι της ΠΤΗ και της ΤΚων ήταν ο Συγγρός και ο Γ. Αθηνογένης.

(20/12/1881–11/2/1885). (Μητρώον Βουλευτών, σ. 75, 114–115).

[11] Σύμβαση της 24/11/1883 κυρωθείσα δια του ν. ͵ΑΡΚΗ΄ της 4/1/1884 (ΦΕΚ 10 Α, 10/1/1884, σ. 37–41).

[12] Comptoir d'Escompte, Société Générale, Banque Générale d'Egypte, Banque de Paris et de Pays-Bas, ΕΤΕ, ΓΠ, Τράπεζα Βιομηχανικής Πίστεως (Κοκκινάκης, σ. 258–259).

Κύριος σκοπός του δανείου ήταν η αποκατάσταση των δανείων της αναγκαστικής κυκλοφορίας του 1877 και 1880 προς την ΕΤΕ και την Ionian.[13] Όμως το ύψος του δανείου ήταν πολύ υψηλότερο, καθώς ο Τρικούπης ήθελε με αυτό να καλύψει και άλλες ανάγκες. Πράγματι, με έκδοση των ομολογιών στο 68,5% της αξίας τους (342,5 φράγκα) όπως όριζε η σύμβαση του δανείου, θα χρειαζόταν η σύναψη ονομαστικού δανείου 105 εκ. φράγκων περίπου. Όμως με έκδοση 340.000 ομολογιών καλύφθηκαν και δάνεια 40 εκ. φράγκων για το Υπ. Ναυτικών και 12 εκ. φράγκων για τις εταιρείες σιδηροδρόμων. Από τις 110.000 ομολογίες που ανέλαβαν οι εκδότες του δανείου το δημόσιο έλαβε 37.675.000 φράγκα, αφήνοντας έτσι ένα σοβαρό άνοιγμα μέχρι τα απαιτούμενα 71,9 εκ. Για να το καλύψει, ο Τρικούπης ζήτησε προκαταβολή 35 εκ. φράγκων από τους εκδότες των δανείων, για την οποία έβαλε ενέχυρο 140.000 ομολογίες του δανείου (Κοκκινάκης 1999, 259, 263), παρά το γεγονός ότι το δάνειο εξασφαλιζόταν με σημαντικές προσόδους.[14]

Στο δάνειο οι τραπεζίτες ζήτησαν την «ηθική συνδρομή» της ΕΤΕ, οπότε και ο Τρικούπης την υποχρέωσε να συμμετάσχει βάσει της υποχρέωσης που αναγνώριζε το άρθρο 6 της συμβάσεως της 8/10/1880. Η ΕΤΕ συμφωνήθηκε να αναλάβει 25.200 ομολογίες προς 357,15 φράγκα (9.000.180 φράγκα συνολικά) ώστε το πραγματικό επιτόκιο να είναι 7%, αλλά μόνον αν δεν καλύπτονταν από την δημόσια εγγραφή.

Η συζήτηση του δανείου στην Βουλή αναδεικνύει ένα από τα χρόνια προβλήματα της ελληνικής οικονομίας, εκείνο την ελλειμματικότητας, το οποίο είχε αποτελέσει αντικείμενο και πιο «ακαδημαϊκών» συζητήσεων μέσω του Τύπου.[15] Η επιτροπή που συνεστήθη για να εξετάσει την σύμβαση του δανείου διχάστηκε ως προς τις προτάσεις, αλλά όχι ως προς τις αρχικές παραδοχές. Η αναφορά της πλειοψηφίας ακολουθεί πιστά την μεταλλιστική νομισματική ορθοδοξία της εποχής, θεωρώντας ότι η αναγκαστική κυκλοφορία «...αποτελεί έκρυθμον κατάστασιν, καθιστά αμφιβόλους τας συναλλαγάς, διαταράσσει την εμπορικήν κίνησιν και την εν γένει οικονομία του τόπου, προκαλεί φοβεράς οικονομικάς κρίσεις και επιφέρει διαρκή απώλειαν εις το διεθνές εμπόριον αυτού» (Κοκκινάκης 1999, 273). Αλλά και η αντιπολίτευση, καταθέτοντας διαφορετική πρόταση διαφοροποιείται μόνον στον τρόπο επίτευξης της άρσης της αναγκαστικής κυκλοφορίας, και όχι στην απόφαση αυτήν καθαυτή (Κοκκινάκης 1999, 274).

Το δίλημμα μεταξύ αναγκαστικής κυκλοφορίας και μετατρεψιμότητα ήγειρε και «ανορθόδοξες» απόψεις— οι σύγχρονοι οικονομολόγοι θα χρησιμοποιούσαν τον ευγενικότερο όρο «ετερόδοξες». Από την προηγούμενη χρονιά ο Υπ. Οικονομικών του Τρικούπη, Παύλος Καλλιγάς, είχε κρούσει τον κώδωνα του κινδύνου για το εγχείρημα, τονίζοντας παράλληλα ότι τα 70 εκ. δρχ μου ήταν απαραίτητα για την άρση από κάπου θα έπρεπε να βρεθούν (Γ. Στασινόπουλος 2000, 258–259). Ελάχιστες ήταν οι φωνές συντάχθηκαν μαζί του, αμφισβητώντας την αυθεντία του Ι. Σούτσου· μεταξύ τους οι Ι. Ζωγράφος, Σ. Γ. Φλώρος και Ν. Γουναράκης (Γ. Στασινόπουλος 2000, 260–267). Όμως ο Καλλιγάς αναγκάστηκε σε παραίτηση τον Μάιο του 1833 λόγω των διαφωνιών του με τον Τρικούπη. Έτσι στα τέλη του 1883 οι μόνοι βουλευτές που εκφράζονται μη δογματικά ως προς την αναγκαστική κυκλοφορία είναι οι Καραπάνος και Πετιμεζάς. Ο πρώτος την θεωρεί απαραίτητο μέτρο για μια χώρα με μεγάλο έλλειμμα στο εμπορικό ισοζύγιο (Κοκκινάκης 1999, 275), ενώ ο δεύτερος θεωρούσε ότι δεν είναι το αίτιο της οικονομικής κρίσης, ενώ λίγο αργότερα θα υποστήριζε ότι ήταν ένα φάρμακο που δεν έπρεπε να διακοπεί όσο η κρίση διαρκεί (Κοκκινάκης 1999, 276). Έτσι, η συζήτηση κινήθηκε γύρω από ένα δίλημμα: την ανατίμηση του συναλλάγματος που προκαλούσε η αναγκαστική κυκλοφορία—αυξάνοντας το δραχμικό κόστος των ξένων εμπορευμάτων και της εξυπηρέτησης των δανείων—και την προοπτική νομισματικής ασφυξίας και μεταλλικής αφαίμαξης που θα είχε το καθεστώς μετατρεψιμότητας σε μια τόσο ελλειμματική οικονομία.

---

[13]Συνολικά το ποσόν που αναγνωριζόταν στην σύμβαση ήταν 80.542.658,36 παλαιές δραχμές (71.913.087,5 νέες δρχ). Στις 31/12/1883 το χρέος (σε νέες δραχμές) προς στην ΕΤΕ από την αναγκαστική ήταν 22.347.805 δρχ σε χρυσό και 43.169.612,20 δρχ σε τραπεζογραμμάτια, δηλαδή 65.517.417,20 νέες δρχ (Βαλαωρίτης, σ. 89), αφήνοντας περίπου 6,4 εκ. νέες δρχ για την Ionian.

[14](α) Τα πλεονάσματα των εισπράξεων των τελωνείων Πειραιώς, Αθηνών, Πατρών, Σύρου, Κατακώλου, Καλαμάτας, Κεφαλληνίας, Ζακύνθου και Κέρκυρας. (β) Τα πλεονάσματα των τελών χαρτοσήμου, των δόσεων γαιών και φυτειών και του δικαιώματος καταναλώσεως καπνού. (γ) Όλων των εισπράξεων των τελωνείων Βόλου, Τζάγεζι (Στομίου) και Άρτας.

[15]Ο Παύλος Καλλιγάς από τις σελίδες της Ακροπόλεως υποστήριξε ότι η χρόνια ελλειμματικότητα του εμπορικού ισοζυγίου ήταν πηγή της οικονομικής καχεξίας, άποψη με την οποία διαφωνούσε ο Ι. Σούτσος, ο οποίος από τον Ερμή υποστήριζε ότι το εμπορικό ισοζύγιο δεν έχει καμία σημασία ως δείκτης. Ο Γουναράκης από την Παλιγγενεσία αμφιβάλλει για την αποτελεσματικότητα των περιοριστικών πολιτικών που θεωρεί ότι μπορούν να επιτείνουν την ύφεση. Όπως διαπιστώνει ο Κοκκινάκης, κανείς δεν προτείνει την δασμολογική προστασία του εμπορικού ισοζυγίου. Ίσως αυτό να είναι ενδεικτικό του οικονομικού φιλελευθερισμού που προκρίνει η «επιστήμη» των οικονομικών (Κοκκινάκης 1999, 298–301· Παλιγγενεσία 1885, 1–2).

Τελικά, στις 31/12/1884 ο Τρικούπης προέβη στην άρση της αναγκαστικής με ΒΔ[16] και τα αποτελέσματα δεν άργησαν να φανούν. Αποτέλεσμα της επαναφοράς της μετατρεψιμότητας ήταν η αποστράγγιση του μισού μεταλλικού αποταμιεύματος της ΕΤΕ εντός εννέα μηνών.[17] Η ΕΤΕ, ανήσυχη από αυτή την μείωση του αποταμιεύματός της, αντέδρασε όπως και το 1848· υιοθέτησε περιοριστική πολιτική κατά το 1885, περιορίζοντας τις ενυπόθηκες και επ' ενεχύρω χορηγήσεις της (Κοκκινάκης 1999, 278), καθώς και τις προεξοφλήσεις—με μόνη εξαίρεση τα έντοκα γραμμάτια της κυβέρνησης που αφορούσαν όμως σε εξωτερικό χρέος και δεν κυκλοφορούσαν στο εσωτερικό (Κοκκινάκης 1999, 280). Έτσι, στο παραπάνω οκτάμηνο η κυκλοφορία του τραπεζογραμματίου της μειώθηκε κατά 17%,[18] δημιουργώντας μια πολύ σημαντική πιστωτική συρρίκνωση στην ελληνική αγορά. Ταυτοχρόνως, το τραπεζογραμμάτιό της παρέμενε υποτιμημένο ως προς το γαλλικό φράγκο από 0,5 έως 2,25% (Βαλαωρίτης 1902, 94), επιτυγχάνοντας ένα σχετικά μικρό αποτέλεσμα για τόσο μεγάλο τίμημα από πλευράς εσωτερικής κυκλοφορίας.

Βεβαίως, αυτή η συμπεριφορά της ΕΤΕ δεν ήταν αποκλειστικά δική της υπαιτιότητα, αλλά ευθεία συνέπεια των καταστατικών της υποχρεώσεων, όπως προέκυπταν από τον ιδρυτικό της νόμο και τις συμβάσεις της με το κράτος. Καθώς τα πολύτιμα μέταλλα παρέμεναν η βάση της κυκλοφορίας της, ακολουθώντας την μεταλλιστική πρακτική, οι περιορισμοί που ίσχυαν για την ποσότητα του τραπεζογραμματίου της της έδεναν τα χέρια· αν ήθελε να παραμείνει σύννομη, ο περιορισμός του μεταλλικού της αποταμιεύματος σήμαινε και επιβολή πιστωτικής ασφυξίας στην ελληνική αγορά. Υπό μία έννοια, το προβληματικό θεσμικό πλαίσιο του μεταλλισμού—που επεβλήθη από το κράτος και εφαρμοζόταν από μια ιδιωτική τράπεζα—δημιουργούσε πρόβλημα στην λειτουργία του χρήματος.

9.4 Η νέα αναγκαστική κυκλοφορία του 1885

Στις 6/9/1885 η Βουλγαρία προχώρησε στην προσάρτηση της Ανατολικής Ρωμυλίας που, από το Συνέδριο του Βερολίνου (1878), ήταν Αυτόνομη Οθωμανική επαρχία και όπου ζούσε σημαντικός αριθμός Ελλήνων. Αν και ο Salisbury είχε μοχθήσει το 1878 να διαχωρίσει την Ρωμυλία από την Βουλγαρία, η πρόσφατη ρήξη της Βουλγαρίας με την Ρωσία αντέστρεψε την στάση του και τον οδήγησε στην στήριξη της προσάρτησης. Η βουλγαρική αυτή κίνηση έθεσε τα Βαλκάνια σε αναβρασμό, καθώς Ελλάδα και Σερβία απαιτούσαν ανταλλάγματα από αυτή την αλλαγή του *status quo*, και τμήμα της Τουρκικής πολιτικής σκηνής απαιτούσε την ανακατάληψη των εδαφών.

Στην Ελλάδα, με πατριωτικά συλλαλητήρια να ξεσπούν σε διάφορες πόλεις, ο Θ. Δηλιγιάννης κήρυξε επιστράτευση των εφέδρων στις στρατιές Θεσσαλίας και Άρτας (12/9/1885), είτε ελπίζοντας υπό την απειλή πολέμου να εισπράξει ανταλλάγματα από τις Μεγάλες δυνάμεις, είτε διαβλέποντας στην επιστράτευση την καλύτερη δυνατή δικαιολογία για επαναφορά της αναγκαστικής κυκλοφορίας. Έτσι, για να στηρίξει οικονομικά αυτές τις ενέργειες, το κράτος υπέγραψε συμβάσεις με την ΕΤΕ (19/9/1885[19]), την Ionian (20/9/1885[20]) και την ΠΤΗ (23/9/1885[21]), σύμφωνα με τις οποίες δανειζόταν 12 εκ. δρχ σε μεταλλικό και 12 εκ. δρχ σε τραπεζογραμμάτια από την ΕΤΕ, 2 εκ. δρχ σε μεταλλικό και 2 εκ. δρχ σε τραπεζογραμμάτια από την Ionian και 800.000 δρχ σε μεταλλικό και 1 εκ. δρχ σε τραπεζογραμμάτια από την ΠΤΗ. Με τις συμβάσεις αυτές, τα τραπεζογραμμάτια των τριών τραπεζών ετίθεντο και πάλι σε αναγκαστική κυκλοφορία. Ήταν η πέμπτη κατά σειρά αναγκαστική κυκλοφορία του ελληνικού κράτους, τέταρτη από εισαγωγής της δραχμής, και μια που θα διαρκούσε πάνω από τρεις δεκαετίες.

Χωρίς να συνυπολογίζονται τα τραπεζογραμμάτια που κάθε τράπεζα θα εξέδιδε για λογαριασμό του κράτους, ετίθεντο ανώτατα όρια για τα τραπεζογραμμάτια που θα μπορούσαν να κυκλοφορούν για λογαριασμό τους: 60 εκ. δρχ για την ΕΤΕ και 8 εκ. δρχ για την Ionian. Επίσης, οι συμβάσεις επέτρεπαν την έκδοση δε-

---

[16]ΦΕΚ 505, 31/12/1884, σ. 2765.
[17]Από 47.968.218 δρχ. στις 31/12/1884, σε 24.907.385 δρχ στις 31/8/1885.
[18]Από 69.648.723 δρχ. στις 31/12/1884, σε 57.7495765 δρχ στις 31/8/1885.
[19]Εγκρίθηκε με ΒΔ της 20/9/1885 και κυρώθηκε με τον ν. ΑΣΟΓ΄(1273) της 4/11/1885 (ΦΕΚ 81, 23/7/1885, σ. 262–263).
[20]Εγκρίθηκε με ΒΔ της 21/9/1885 και κυρώθηκε με τον ν. ΑΣΟΔ΄(1274) της 4/11/1885 (ΦΕΚ 81, 23/7/1885, σ. 263–265).
[21]Εγκρίθηκε με ΒΔ της 23/9/1885 και κυρώθηκε με τον ν. ΑΣΟΕ΄(1275) της 4/11/1885 (ΦΕΚ 81, 23/7/1885, σ. 265–266).

κάδραχμων χαρτονομισμάτων μέχρι συγκεκριμένου ύψους (12 και 2 εκ. δρχ, αντιστοίχως), τα οποία θα μπορούσαν να κόβονται στην μέση και να κυκλοφορούν αντί πενταδράχμων. Για την ΠΤΗ οι σχετικοί περιορισμοί δεν ορίζονται με απόλυτο τρόπο, αλλά βάσει του καταστατικού της. Πρακτικώς, αυτό σήμαινε μια μικρή μόνον αύξηση της κυκλοφορίας των ΕΤΕ και Ionian· η ΕΤΕ είχε σε κυκλοφορία 58.871.497 δρχ στις 31/9/1885 και η Ionian 6.813.825 δρχ στις 31/12/1884 (*Εθνικόν Πνεύμα* 1884, 4). Αντιθέτως, η ΠΤΗ, που είχε μόνον 981.530 δρχ σε κυκλοφορούντα τραπεζογραμμάτια στις 30/6/1884 (ΠΤΗ 2015), βάσει του καταστατικού της μπορούσε να εκδώσει περί τα 7,5 εκ. δρχ,[22] και παρέμενε ελεύθερη να πολλαπλασιάσει κατά πολύ την κυκλοφορία της. Τέλος, ακόμη κι αν το δάνειο σε κάποια από τις τράπεζες αποπληρωνόταν—τα μικρότερα δάνεια είχαν εκχωρήσει η ΠΤΗ και η Ionian—η αναγκαστική κυκλοφορία θα έπαυε ταυτοχρόνως για όλες, που σήμαινε ότι η ΠΤΗ και η Ionian δεν θα ήταν οι μόνες αναγκασμένες να εξαργυρώνουν το τραπεζογραμμάτιό τους.

Η επιβολή νέας αναγκαστικής ήταν εξαιρετικά ευνοϊκή για την ΠΤΗ, όχι απλώς διότι επέτρεπε τον πολλαπλασιασμό του χαρτονομίσματός της, αλλά και διότι έθετε σε μηδενική βάση τις ισορροπίες μεταξύ εκδοτικών τραπεζών. Προηγουμένως, τα τραπεζογραμμάτια των ΕΤΕ και Ionian είχαν τεθεί σε αναγκαστική κυκλοφορία, ενώ της ΠΤΗ όχι, οδηγώντας τα τελευταία πίσω στην τράπεζα που τα είχε εκδώσει (βλ. προηγούμενο κεφάλαιο). Τώρα όμως όλα τα τραπεζογραμμάτια κάθε τράπεζας ετίθεντο σε αναγκαστική κυκλοφορία στην περιοχή καθεμίας. Ο νόμος εξίσωνε ως προς αυτό το χαρακτηριστικό την αξία τους. Τώρα λοιπόν το παραπάνω πρόβλημα εξέλειπε για την ΠΤΗ.

Όμως ταυτόχρονα η δραχμή της ΠΤΗ υποτιμήθηκε κατά 6–7% και οι τελωνειακές αρχές εκτός Ηπειροθεσσαλίας αρνούνταν να δεχθούν το υποτιμημένο χαρτονόμισμα για πληρωμή δασμών από τους εμπόρους. Επιπλέον, το 1887 η ΕΤΕ και η Ιονική σε μια νέα επίθεση έπαψαν να δέχονται τις δραχμές της ΠΤΗ στα καταστήματα Κέρκυρας, Πάτρας και Αγρινίου. Όλες αυτές οι προστριβές προκάλεσαν μεγάλα προβλήματα στον εμπορικό κόσμο και απαίτησαν κυβερνητικές παρεμβάσεις για να επιλυθούν. Έδειξαν δε ότι το προνόμιο το οποίο είχε εκχωρηθεί στην ΠΤΗ δεν μπορούσε να υλοποιηθεί χωρίς την δημιουργία του κατάλληλου νομικού πλαισίου από το κράτος.

Ταυτοχρόνως όμως δημιουργούσε το πρόβλημα του νομισματικού κατακερματισμού μιας ήδη μικροσκοπικής επικράτειας. Π.χ., τα στρατεύματα της Θεσσαλίας έπρεπε να πληρώνονται με χαρτονόμισμα της ΠΤΗ, πλην όμως εκεί το κράτος δεν είχε σημαντικές εισπράξεις ώστε τα ταμεία του να μπορούν να αντεπεξέλθουν. Έτσι, με σύμβαση της 10/12/1885[23] του κράτους με τις τρεις τράπεζες, ορίσθηκε ότι κατά την διάρκεια της αναγκαστικής κυκλοφορίας, τα χαρτονομίσματα καθεμίας θα λαμβάνονταν ως νόμιμο χρήμα σε όλη την επικράτεια. Η άρση δε, όταν γινόταν, θα γινόταν ταυτόχρονα και για τις τρεις. Αυτό αποτελούσε δώρο για την Ionian και την ΠΤΗ που έβλεπαν το πεδίο δράσης τους να αυξάνεται δραματικά και ενόχληση για την ΕΤΕ που έβλεπε τον ανταγωνισμό να αυξάνει δίχως σοβαρή αύξηση του δικού της «πελατολογίου». Αυτή η ρύθμιση έθετε τις τρεις τράπεζες σε ανοιχτό ανταγωνισμό μεταξύ τους, καθώς κάθε μια ήταν ελεύθερη να εξαπολύσει επίθεση στην περιοχή των άλλων δύο.

Επιπλέον, με την επιβολή της αναγκαστικής κυκλοφορίας, έμπαινε σε εφαρμογή η ρήτρα της συμφωνίας ΕΤΕ-ΠΤΗ για την συμμετοχή της πρώτης στα ενυπόθηκα δάνεια της δεύτερης: τώρα η ΠΤΗ έπρεπε να επιστρέψει στην ΕΤΕ τον χρυσό της, το οποίο όμως η ΠΤΗ αμφισβήτησε. Τελικά (Βαλαωρίτης 1902, 107), μετά από δικαστικό αγώνα, η ΠΤΗ επέστρεψε περίπου το ήμισυ του κεφαλαίου στην ΕΤΕ (1.218.214 από τις 2.321.111 δρχ.).

Όμως η σύμβαση είχε και ανταλλάγματα για την ΕΤΕ: αναπροσάρμοζε το ανώτατο όρια κυκλοφορίας στα 82 εκ. για την ΕΤΕ, στα 9. εκ. για την Ionian και το περιόριζε 6 εκ. για την ΠΤΗ· το όριο κυκλοφορίας μπορούσε να αυξηθεί, αλλά μόνον για την ΕΤΕ.

---

[22] Ανοιχτοί λογαριασμοί: 398.959 δρχ, καταθέσεις άτοκοι 53.225 δρχ, ειδικοί λογαριασμοί Τκων: 1.378.019 δρχ, μετοχικό κεφάλαιο (καταβεβλημένο): 5.000.000 δρχ, αποθεματικό: 29.091 δρχ, μεταλλικό: 461.006 δρχ.

[23] Κυρώθηκε με τον ν. ,ΑΤΜΒ΄(1332) της 21/12/1885 (ΦΕΚ 128, 27/12/1885, σ. 416–418).

Τα κερματικά γραμμάτια

Το άρθρο 4 της παραπάνω σύμβασης προέβλεπε νέο δάνειο σε μια νέα μορφή νομίσματος, αυτήν των χάρτινων *κερματικών γραμματίων* των 1 και 2 δρχ. Το επιτόκιο θα ήταν 2% και το ύψος του δανείου θα ήταν 18 εκ. δρχ (11 εκ. από την ΕΤΕ και 3,5 εκ. για τις δύο άλλες τράπεζες). Με ΒΔ της 27/1/1886[24] ορίσθηκαν οι σχετικές λεπτομέρειες σχετικά με την έκδοσή τους (βλ. Πίνακα 9.1).

Πίνακας 9.1: Κατανομή του δανείου των 18 εκ. δρχ σε κερματικά γραμμάτια.

Ονομαστική αξία	ΕΤΕ		Ionian		ΠΤΗ		Σύνολα	
	Αρ. κερμ. γρ.	Αξία	Αρ. κερμ. γρ.	Αξία	Αρ. κερμ. γρ.	Αξία	Αρ. κερμ. γρ.	Αξία
1 Δραχμή	3.666.666	3.666.666	1.166.666	1.166.666	1.166.668	1.166.668	6.000.000	6.000.000
2 Δραχμές	3.666.667	7.333.334	1.166.667	2.333.334	1.166.666	2.333.332	6.000.000	12.000.000
Σύνολα	7.333.333	11.000.000	2.333.333	3.500.000	2.333.334	3.500.000	12.000.000	18.000.000

Κατά το άρθρο 6 της σύμβασης, το δάνειο αυτό προβλεπόταν να αποσβεσθεί κατά 300.000 δρχ το 1886, κατά 100.000 δρχ κάθε έτος μέχρι το 1890, και κατά 1.000.000 δρχ κάθε έτος από το 1891 έως το 1905. Η δε εξυπηρέτησή του θα γινόταν από τον φόρο οίνου.

Η απόφαση για την σύναψη δανείου σε κερματικά γραμμάτια έχει ως αποτέλεσμα την επικράτηση των κατά Knapp «χαρτικών» (chartal) μέσων συναλλαγών, εξοβελίζοντας τα εναπομένοντα μεταλλικά νομίσματα. Αυτό φαίνεται να ήταν προϊόν ανάγκης και όχι σχεδιασμού. Κατ' αρχάς, ήταν πάγιο αίτημα των τραπεζών, που μάλλον συμβαδίζει με την αναδυόμενη αποστροφή τους προς το ενδεχόμενο άρσης της αναγκαστικής κυκλοφορίας (Κοκκινάκης 1999, 148). Πάντως η απόφαση δημιούργησε έντονη διαμάχη.

Η απόφαση αυτή βρήκε κατ' αρχήν σύμφωνο τον Τρικούπη, ο οποίος όμως θεωρούσε ότι ενείχε και υπερβολικές παραχωρήσεις προς τις τράπεζες. Κατά τον Τρικούπη, τα κερματικά γραμμάτια θα μπορούσαν να αυξηθούν ακόμη περισσότερο για να υποβοηθήσουν τις εσωτερικές συναλλαγές. Ταυτοχρόνως όμως υπερασπιζόταν την απόφασή του για άρση της αναγκαστικής για την προστασία της αξίας της δραχμής· διαχώριζε την αξία των κερματικών γραμματίων από εκείνη των χάρτινων δραχμών (Κοκκινάκης 1999, 151).

Και ο Καραπάνος ανέδειξε τον ρόλο των κερματικών γραμματίων ως ανταλλακτικού μέσου, χαρακτηρίζοντάς τα «περισσότερο νόμισμα» από τα τραπεζογραμμάτια, θεωρώντας ότι χάρτινα κέρματα θα μπορούσαν, εξαιτίας της ευρείας κυκλοφορίας τους, να είναι η «*βάσις ολοκλήρου της αναγκαστικής κυκλοφορίας [...] κατά τρόπον ελαττούντα τα κακά αυτής*» (Κοκκινάκης 1999, 153). Αντιθέτως, ο Αρ. Οικονόμου τα θεωρούσε τρόπο προσπορισμού «*δανεισ[ών] μεταξύ των πτωχών τάξεων της Επικρατείας, εντός των οποίων σκοπεύουν να τα διασπείρουν*» (Κοκκινάκης 1999, 291, παραπομπή 154).

Η διχογνωμία επί του θέματος είχε ως αποτέλεσμα την καταψήφιση της κυκλοφορίας κερματικών γραμματίων από 54 βουλευτές (129 υπέρ, 59 αποχές), την στιγμή που το υπόλοιπο νομοσχέδιο της σύμβασης της 10/12 έγινε δεκτό. Μεταξύ εκείνων που το καταψήφισαν ήταν οι Κ. Καραπάνος, Κ. Λομβάρδος, Αθ. Πετιμεζάς, Χαρ, Τρικούπης, Στέφ. Δραγούμης (*ΠΣΒ* 1885, 421–425).

Και οι τρεις τράπεζες ανέθεσαν την εκτύπωση των κερματικών γραμματίων στην βρετανική Bradbury Wilkinson and Co., η οποία κοστολόγησε την χιλιάδα στις 11 στερλίνες και 6 πένες (περίπου 305 δρχ) για τα μονόδραχμα και στις 12 στερλίνες (περίπου 318 δρχ) για τα δίδραχμα (Πρόντζας 1995, 119–120). Όμως η συχνότητα των μικροσυναλλαγών που εξυπηρετούσαν ήταν τέτοια που, σε συνδυασμό με ποιότητά τους, σύντομα έγιναν δυσανάγνωστα από την φθορά. Το ζήτημα έφερε τον Τρικούπη σε σύγκρουση με τις τράπεζες τον Απρίλιο του 1890, απειλώντας τες ότι αν δεν ήταν σε θέση να τροφοδοτήσουν τα υποκαταστήματά τους και τα δημόσια ταμεία με νέα κερματικά γραμμάτια, θα προχωρούσε στην διαγραφή του δανείου και στην αντικατάσταση των φθαρμένων γραμματίων με καινούργια χωρίς την συμβολή τους (Πρόντζας 1995, 125).

---

[24] ΦΕΚ 25, 28/1/1886, σ. 91–92.

9.5 Προς την χρεωκοπία

Η δεκαετία του 1890 σημαδεύτηκε από παγκόσμια χρηματοπιστωτική και αποπληθωριστική κρίση λόγω της μεταλλιστικής νομισματικής θεωρίας και της πολιτικής του αποχρηματισμού του αργύρου. Η διαμάχη μονομεταλλιστών-διμεταλλιστών είχε παρασύρει την συζήτηση σε ένα ψευδοδίλημμα, αφήνοντας ασχολίαστο τον δραματικό αποπληθωρισμό που είχε προκαλέσει ο συνδυασμός οικονομική μεγέθυνσης και νομισματικής στασιμότητας. Πράγματι, το 1893, μια δεκαετία έντονης κατασκευαστικής και σιδηροδρομικής ανάπτυξης στις ΗΠΑ εξελισσόταν σε φούσκα των σιδηροδρόμων με πολλαπλές προεκτάσεις.

Τα ανησυχητικά συμβάντα ήταν πολλά και η ελληνική οικονομία ήταν εκτεθειμένη στο διεθνές κλίμα. Η χρεωκοπία της Αργεντινής του 1890 οδήγησε στην παρ' ολίγον κατάρρευση της Barings Bank. Το 1892 η αύξηση της επισφάλειας των ομολόγων της Πορτογαλίας, της Ισπανίας, της Αργεντινής και της Βραζιλίας συμπαρέσυρε τα ελληνικά χρεώγραφα, οδηγώντας σε χρηματιστηριακή κρίση τον Νοέμβριο του 1891. Το ίδιο περιστατικό επαναλήφθηκε και τον Δεκέμβριο του 1892, ενδεικτικό της έκθεσης της ελληνικής οικονομίας στο διεθνές χρηματοοικονομικό περιβάλλον του ύστερου 19^{ου} αιώνα. Ταυτοχρόνως, η δραχμή υποτιμήθηκε κατά την διάρκεια του 1891 από τα 1,25–1,26 δρχ/φράγκο στις 1,35–1,36 δρχ/φράγκο, ενώ οι αξίες των ελληνικών ομολόγων υποχωρούσαν συνεχώς (Κοκκινάκης 1999, 376–385), αναδεικνύοντας τον χρονίως ελλειμματικό χαρακτήρα της ελληνικής οικονομίας και την χρόνια έλλειψη συναλλάγματος από την οποία υπέφερε. Η σταφιδική κρίση επέτεινε αυτήν την ελλειμματικότητα και όπως παρατηρούσε το 1892 ο Gaston Deschamps (1894, 182):

> *Η χώρα υποφέρει από ένα κακό που ο υπουργός Καραπάνος ορθώς αποκάλεσε 'μεταλλική αναιμία'. Ένα ασημένιο νόμισμα αποτελεί σπάνιο είδος σε όλο το βασίλειο και κανείς δεν έχει δει χρυσά εθνικά νομίσματα. Το χρυσό και αργυρό χρήμα μετά βίας επαρκεί για την πληρωμή των τόκων του χρέους, και οι Δραχμές συμβολίζονται από άσχημα κομμάτια χαρτιού που θα έπρεπε να αξίζουν ένα φράγκο και κυκλοφορούν μεταξύ δεκαπέντε και δεκαοκτώ λεπτών. Οι ξένοι που έχουν χρυσά λουδοβίκια κάνουν, ιδίως σε περιόδους υπουργικών κρίσεων, χρυσές δουλειές στους αργυραμοιβούς της οδού Αιόλου.*

Ο ευρωπαϊκός αποχρηματισμός του αργύρου, με παράλληλη χρήση τους στις ΗΠΑ, δημιουργούσε έναν μεταλλικό πόλεμο. Ο νόμος Sherman του 1890 υποχρέωνε το αμερικανικό Υπ. Οικονομικών να αγοράζει 4,5 δις ουγγιές αργύρου κάθε μήνα για νομισματοκοπή. Αυτόν τον άργυρο τον αγόραζε με Treasury Notes από ευρωπαϊκές χώρες, οι οποίες είχαν μόλις αποχρηματίσει τον άργυρο και τον ξεφορτώνονταν μαζικά προς τις ΗΠΑ. Με την σειρά τους εξαργύρωναν τα Treasury Notes έναντι χρυσού, εξαντλώντας τα αμερικανικά αποθέματα, και αναγκάζοντας την κυβέρνηση να δανείζεται χρυσό από ευρωπαϊκές τράπεζες και να χρεώνεται με τόκους· ο χρηματιστηριακός πανικός από την κατάρρευση της Barings επιδείνωσε ακόμη περισσότερο την αιμορραγία.

Όταν η σιδηροδρομική φούσκα άρχισε να σκάει τον Μάρτιο του 1893 με την κατάρρευση της *Philadelphia and Reading Railroad*, ο άρτι επανεκλεγείς Πρόεδρος Grover Cleveland ανακαλούσε τον Νόμο Sherman για να προστατεύσει τον αμερικανικό χρυσό. Τον Μάιο η βρετανική διοίκηση της Ινδίας διέκοπτε την κοπή αργυρών νομισμάτων, αποστερώντας περί το ένα τρίτο της παγκόσμιας ζήτησης αργύρου. Η συγκυρία προκάλεσε κατάρρευση της αξίας του αργύρου· η μεταλλική αξία του αργυρού δολαρίου (371,25 κόκκων αργύρου) από 0,81 δολάρια το 1890 είχε πέσει στα 0,60 δολάρια το 1893 και στα 0,49 το 1894 (ετήσιοι μέσοι όροι, US Bureau of the Census 1949, 277).

Η κρίση απλώθηκε και στην Ευρώπη, όπου ήδη η ΛΝΕ είχε αποχρηματίσει τον άργυρο. Η συνέπειες για την Ελλάδα ήταν καταστροφικές, καθώς γινόταν εξαιρετικά δύσκολη η εξασφάλιση νέων δανείων· και όλες οι ελπίδες του ελληνικού κράτους βασίζονταν ακριβώς στην μετακύλιση του χρέους σε νέα δάνεια.

Από το 1892 η οικονομική κατάσταση στην Ελλάδα άρχισε να γίνεται όλο και πιο έκρυθμη, συμπαρασύροντας και την πολιτική. Ήταν τέτοιες οι χρηματικές ανάγκες της κυβέρνησης για την εξυπηρέτηση των λήγοντων τοκομεριδίων που ο Θ. Δηλιγιάννης συμφώνησε να εκχωρήσει στην ΕΤΕ το κρατικό μερίδιο του 25% επί των κερδών από το τραπεζογραμμάτιό της[25] έναντι 3.260.000 φράγκων σε χρυσό.[26] Όμως ο Θ. Δηλιγιάννης πόρρω απείχε από το να τυγχάνει της βασιλικής εύνοιας.

Στις 17(29)/2/1892 ο Γεώργιος Α΄ κάλεσε τον Θ. Δηλιγιάννη να παραιτηθεί, πρόσκληση την οποία ο Δηλιγιάννης αρνήθηκε ζητώντας, και λαμβάνοντας, ψήφο εμπιστοσύνης από την Βουλή την ίδια ημέρα. Η άμεση αντίδραση του Γεωργίου ήταν η αναζήτηση νέου κυβερνητικού σχήματος, κάνοντας σχετική πρόταση στον Τρικούπη την επομένη. Καθώς ο Τρικούπης αρνήθηκε, ο Γεώργιος αναγκάστηκε να προσφύγει στο ολιγομελές και ακέφαλο Τρίτο κόμμα των Δημητρίου Ράλλη, Κων/νου Κωνσταντόπουλου και Σ. Σωτηρόπουλου (Μαρκεζίνης 1968, 2:222–228), το οποίο ο Συγγρός «συνεπάθη», και στην σύστασή του οποίου είχε συμβάλλει (Συγγρός 1908b, 3:108). Με αυτήν την κυβέρνηση ο Γεώργιος Α΄ ανακοίνωσε την διάλυση της Βουλής στις 12(24)3/1892 και την προκήρυξη εκλογών για τις 3(12)/5/1892, τις οποίες κέρδισε πανηγυρικά ο Τρικούπης.[27] Αλλά και η κυβέρνηση Τρικούπη θα συναντούσε αντίστοιχες δυσχέρειες, και θα επέβαλλε εξαντλητικούς νέους φόρους, μεταξύ των οποίων και τα δίδακτρα σε όλες τις τάξεις της εκπαίδευσης, από το δημοτικό έως το πανεπιστήμιο.[28] Μεταξύ των νομισματικών μέτρων που έλαβε ο Τρικούπης για την εξοικονόμηση μεταλλικού ήταν και η απόφαση περί καταβολής των φόρων διαφόρων εξαγώγιμων προϊόντων και μερισμάτων ανωνύμων εταιρειών σε χρυσό. Αν και οι φόροι υπολογίζονταν σε χαρτονομίσματα, καταβάλλονταν σε χρυσό ελαττωμένοι κατά το 1/6, με κατάργηση της ισχύος των νόμων ,ΑΣΟΓ΄, ,ΑΣΟΔ΄ και ,ΑΣΟΕ΄ ειδικά ως προς αυτούς.[29]

Επίσης, ο Τρικούπης μιμήθηκε το Βέλγιο και την Ελβετία και ψήφισε την κοπή χαλκονικέλινων νομισμάτων,[30] η μεταλλική αξία των οποίων ήταν χαμηλότερη της ονομαστικής τους αξίας. Για άλλη μια φορά η «μεταλλική αναιμία» ωθούσε τις ελληνικές κυβερνήσεις σε νομισματικά πειράματα που αποκάλυπταν—σε όποιον μπορούσε να υπερβεί τον χυδαίο μεταλλισμό—τον κρατικό και θεσμικό χαρακτήρα του χρήματος. Οι κοπές αυτές ανήλθαν στο ονομαστικό ποσό των 3 εκ. δρχ (Πίνακας 25.18).

Οι επιτροπές των ομολογιούχων και το σαμποτάζ του νέου δανείου

Τα καμπανάκια πρέπει να είχαν αρχίσει πλέον να χτυπούν στα ξένα χρηματιστήρια. Οι ξένοι ομολογιούχοι ανησυχούσαν για τις «επενδύσεις» τους, ενώ άλλοι προσπάθησαν να δημιουργήσουν ευκαιρίες. Θα πρέπει να σημειώσουμε ότι κάποιοι από τους ομολογιούχους (τουλάχιστον οι «θεσμικοί») ήταν συνασπισμένοι σε «επιτροπές» (ή «κομιτάτα»). Έχοντας προηγούμενη πείρα κρατικών χρεωκοπιών, οι Βρετανοί κάτοχοι κρατικού χρέους είχαν οργανωθεί από το 1868 στην *Corporation of Foreign Bondholders* (τότε πρόεδρός της ήταν ο Sir John Lubbock), σκοπός της οποίας ήταν η διαπραγμάτευση με κυβερνήσεις για τον επωφελέστερο για αυτούς τρόπο διευθέτησης των χρεών. Επ' ευκαιρία της ελληνικής χρεωκοπίας είχε συσταθεί γερμανική επιτροπή ομολογιούχων (με πρόεδρο τον D. Wachler) και γαλλική (με πρόεδρο των J. Valfrey). Βεβαίως θα πρέπει να εξεταστεί και η γεωπολιτική συνιστώσα αυτών των επιτροπών, καθώς οι στοχεύσεις τους δεν περιορίζονταν στο οικονομικό κομμάτι, αλλά επεκτείνονταν αρκετά έξω από αυτό.

Την κατάσταση περιέπλεκαν οι ανταγωνισμοί μεταξύ τους, καθώς ακόμα και σε αυτούς τους προμαχώνες του οικονομικού φιλελευθερισμού επικρατούσε, ή τουλάχιστον συνυπήρχε, κάποια αντίληψη εθνικού συμφέροντος. Κάθε πλευρά ήθελε να αποσπάσει συγκεκριμένα ανταλλάγματα από την καταρρέουσα Ελλάδα, με αποτέλεσμα τις συγκρούσεις μεταξύ των τριών επιτροπών. Βεβαίως, τέτοιου τύπου προθέσεις δεν χαρακτήριζαν την ελληνική αστική τάξη, που επεδείκνυε χαρακτηριστική έλλειψη εθνικής συνείδησης. Όπως θα έγραφε ο

---

[25] Το μερίδιο αυτό του κράτους από 1/1/1892 προέκυπτε από την σύμβαση της 8/10/1880 που ανανέωσε το εκδοτικό προνόμιο της ΕΤΕ μέχρι τις 31/12/1916, και η οποία είχε κυρωθεί με τον νόμο ΩΞΖ΄/1880.

[26] Σύμφωνα με τον Ν. ,ΒΑ΄(2001) της 11/3/1892 (ΦΕΚ 78, 12/3/1892, σ. 271–272), αυτό το ποσόν αποτελείτο από μια εφάπαξ καταβολή 2.560.000 φράγκων σε χρυσό (2.000.000 φράγκα σε συνάλλαγμα όψεως σε Παρίσι ή Λονδίνο και 560.000 φράγκα σε χρυσό στην Ελλάδα) και από ένα δάνειο 700.000 φράγκων σε χρυσό (σε συνάλλαγμα όψεως σε Παρίσι).

[27] ΒΔ της 12/3/1892 (ΦΕΚ, 79, 12/3/1892).

[28] Ν. ,ΒΝΔ(2054) της 24/7/1892 (ΦΕΚ 258, 31/7/1892, σ. 899–900).

[29] Αν και ο νόμος ψηφίστηκε στις 22/12/1892, δημοσιεύθηκε και ετέθη σε ισχύ από την νέα κυβέρνηση Σωτηρίου Σωτηρόπουλου στις 30/5/1893 με τον Ν. ,ΒΡΙΕ΄(2115) της 22/12/1893 (ΦΕΚ 99, 30/5/1893, σ. 501). Η νέα κυβέρνηση Τρικούπη που ακολούθησε θεώρησε άκυρη την δημοσίευση αυτή και ανέστειλε την εφαρμογή του με εγκύκλιο. Όμως για να νομιμοποιήσει τις μέχρι τότε εισπράξεις ψήφισε τον νέο νόμο ,ΒΡϚΔ΄(2194) της 11/12/1893 (ΦΕΚ 232, 11/12/1893, σ. 979).

[30] Ν. ,ΒΡΜΓ΄(2143) της 8/2/1893 (ΦΕΚ 28, 10/2/1893, σ. 79–80).

Αντώνιος Βλαστός στον Ornstein στις 4/7/1894, λίγο μετά την ελληνική χρεωκοπία, θέλοντας να κατευνάσει τις φιλονικίες μεταξύ των τριών επιτροπών: «*ἂς ἀρχίσωμεν φονεύοντες τὴν ἀρκούδαν καὶ ὕστερον συζητοῦμεν περὶ τοῦ τρόπου διανομῆς τοῦ δέρματός της*»· και η αρκούδα ήταν η Ελλάδα (Γεωργιάδης 1895g, 1).

Ο «Έλληνας» αυτός που λειτουργούσε ως εκπρόσωπος της γαλλικής Επιτροπής, ήταν αντιπρόεδρος της Comptoir d'Escompte και στενός του φίλος του Συγγρού. Για την παραπάνω στάση του ο Γεωργιάδης θα τον περιέγραφε ως «*οψιγενή Πορτογάλλο Μαρκήσιο*» (Γεωργιάδης 1895a, 1), που «*ὑπὸ τὸ πρόσχημα πάντοτε τοῦ ψευδοῦς πατριωτισμοῦ, ἀσυστόλως ἐξεμεταλλεύθη καὶ ἐκμεταλλεύεται τοὺς ἁπλοϊκοὺς καὶ ἐν Ἑλλάδι, καὶ Γαλλίᾳ, καὶ ἐν Τουρκίᾳ, καὶ ἐν αὐτῇ ἔτι τῇ Πορτογαλλίᾳ*». Σύμφωνα με τα βιογραφικά στοιχεία που παραθέτει ο Γεωργιάδης, ο Βλαστός—γεννημένος στο Βουκουρέστι από Πολωνέζα μητέρα και χωρίς να έχει ποτέ κατοικήσει στην Ελλάδα—αποτελούσε την ενσάρκωση μιας διεθνοποιημένης και απάτριδος ελληνόφωνης αστικής τάξης (Γεωργιάδης 1895h, 1).

Ήταν τέτοια η ανάγκη του Τρικούπη για σύναψη νέου δανείου, που για να καθησυχάσει τους Άγγλους ομολογιούχους, τους κάλεσε να αποστείλουν εμπειρογνώμονα για να εκτιμήσει την κατάσταση εκ του σύνεγγυς. Στις 25/10/1892 εστάλη στην Ελλάδα με διαταγή του Βρετανικού ΥπΕξ ο Βρετανός διπλωμάτης Edward Fitzgerald Law. Η κίνηση ανησύχησε τους Γάλλους, που εκπροσωπούσε ο Βλαστός, και απέστειλαν τον δικό τους εμπειρογνώμονα, Roux στις 13/11/1892. Η έκθεση του Roux με ημερομηνία 29/12/1892, δεν δημοσιεύθηκε, όμως σύντομα διέρρευσε ότι θεωρούσε την χρεωκοπία ως δεδομένη, γεγονός που στρίμωχνε την Ελλάδα (Driault και Lhéritier 1926, 4:297–298). Αντιθέτως, η έκθεση του Law που δημοσιεύθηκε στις αρχές του 1893 ήταν εν γένει θετική, προτείνοντας την σύναψη νέου δανείου (Κοκκινάκης 1999, 428).

Ακολουθώντας την γραμμή Roux, το κλίμα δυναμίτισαν και οι «γαλλόφιλοι» Καραπάνος και Κωνσταντόπουλος, διακηρύσσοντας στην Βουλή ότι δεν υπάρχει άλλη λύση από την πτώχευση. Μέσα σε τέτοια ατμόσφαιρα οι Βρετανοί κατάφεραν να συμφωνηθεί με τον Τρικούπη δάνειο 3,5 εκ. λιρών, που όμως δεν ήθελαν να περάσει από την Βουλή αλλά να κυρωθεί με απλό βασιλικό διάταγμα, και του οποίου το κείμενο δεν ήθελαν να περιλαμβάνει την ταυτότητα των δανειστών, το ονομαστικό ύψος του δανείου και την τιμή έκδοσης. Πιθανότατα υπό τις συμβουλές του Συγγρού, ο Γεώργιος Α΄ αρνήθηκε να δεχθεί ένα τέτοιο δάνειο και ο Τρικούπης αναγκάστηκε να παραιτηθεί—ή παλώς βρήκε έναν εύσχημο τρόπο να πράξει κάτι τέτοιο. Τότε ο Γεώργιος παρέκαμψε τον Θ. Δηλιγιάννη και διόρισε κυβέρνηση πάλι του Τρίτου κόμματος, αυτήν την φορά όμως υπό τον Σ. Σωτηρόπουλο, παρότι δεν είχε καν εκλεγεί βουλευτής (Ηλιαδάκης 2003, 157–158· Κοκκινάκης 1999, 429–430).

Ο Σ. Σωτηρόπουλος, διαπιστώνοντας ότι δεν μπορούσε να λύσει το πρόβλημα παρά μόνον να το καθυστερήσει, συνήψε δάνειο κεφαλαιοποιήσεως (funding loan) ύψους 100 εκ. δρχ με την C. J. Hambro & Son, υπό εξαιρετικά τοκογλυφικούς όρους. Μοναδικός σκοπός του δανείου ήταν η εξυπηρέτηση καθυστερούμενων τοκομεριδίων από παλαιότερα δάνεια. Το τέχνασμα ήταν εμφανές και δημιούργησε αρνητικά σχόλια στις αγορές. Οι ελληνικές φημολογίες, τα σχόλια των ξένων οικονομολόγων και η διεθνής κερδοσκοπία των ελληνικών χρεωγράφων δημιούργησαν έναν αλληλοτροφοδοτούμενο φαύλο κύκλο που καταβαράθρωσε τα ελληνικά χρεώγραφα. Όταν επανήλθε ο Τρικούπης στην κυβέρνηση τον Δεκέμβριο του 1893 δεν μπορούσε να κάνει τίποτα. Ακύρωσε μεν το «funding loan»[31] του Σωτηρόπουλου, αλλά πέραν τούτου ουδέν.

Το εκδοτικό προνόμιο στο στόχαστρο των δανειστών

Αυτό το δημοσιονομικό αδιέξοδο της Ελλάδας έδινε ευκαιρίες σε όσους ήθελαν να αποκτήσουν τον έλεγχο της ελληνικής οικονομίας. Ήδη από το 1890 οι Συγγρός και Βλαστός είχαν συλλάβει την ιδέα μιας *Τραπέζης του Κράτους*, διαχειριστή του κρατικού χρέους, στα πρότυπα της Banque Imperiale Ottomane και της οθωμανικής επιτροπής δημοσίου χρέους. Μάλιστα, ο Συγγρός ήταν εξαιρετικά αντίθετος με το funding που σχεδίαζε ο Σ. Σωτηρόπουλος για την αντιμετώπιση της επερχόμενης αδυναμίας πληρωμής (Ηλιαδάκης 2003, 155–156).

Κάπου στο σημείο αυτό, κρίσιμο ρόλο έπαιξε και ένας νεοεμφανιζόμενος παίκτης, η Παρισινή τράπεζα *N. J. & S. Bardac*.[32] Ο Δημήτριος Γεωργιάδης, έχοντας επαφή με τον εκπρόσωπό τους John Ornstein[33] είχε από πρώτο

---

[31] Ν. ΒΡℲΕ΄ της 10/12/1893 (ΦΕΚ 232, 11/12/1893, σ. 979).

[32] Οι συνεννοήσεις φαίνεται να έγιναν με τον Noël Bardac, ρωσοεβραίο τραπεζίτη του Παρισίου. Μέλος της τράπεζας Ν. (Noël), J. (Jules) & S. (Simon) Bardac που δραστηριοποιείτο στην Οθωμανική Αυτοκρατορία και στην Ρωσία.

[33] Πρώην υπάλληλος (Under-Secretary of State) του Αιγυπτιακού Υπ. Οικονομικών. Αργότερα έχασε όλη την περιουσία του με την κατάρρευ-

χέρι γνώση των συνεννοήσεων Βλαστού-Bardac και των διαπραγματεύσεών τους με τον Σωτηρόπουλο και μετά με τον Τρικούπη. Στις αρχές του 1895 αποκάλυψε σειρά σχετικών επιστολών (από τις 21/1 μέχρι τις 20/2/1895) σε 29 διαδοχικά φύλλα της εφημερίδας «Επιθεώρησις».

Ο Ornstein είχε παρουσιάσει για πρώτη φορά σχέδιο του Noël Bardac στον Σωτηρόπουλο σε επιστολή της 1(13)/10/1893 (Γεωργιάδης 1895b, 1· Βαλαωρίτης 1902, 133–135). Μεταξύ άλλων, πρότεινε την «αναδιοργάνωση» της ΕΤΕ με αύξηση του μετοχικού της κεφαλαίου και συμμετοχή των νέων κεφαλαιούχων στο ΔΣ. Επίσης την συμμετοχή στις προσόδους χαρτοσήμου, καπνού, σιγαροχάρτου και Μονοπωλίων. Ο Σ. Σωτηρόπουλος απάντησε θετικά και ανεπιφύλακτα την επομένη κιόλας μέρα (Γεωργιάδης 1895c, 1· Βαλαωρίτης 1902, 135). Λαμβάνοντας γνώση των παραπάνω ο Βλαστός, περί τον Οκτώβριο προσπάθησε να τορπιλίσει τις συνεννοήσεις, θέλοντας ο ίδιος να είναι ο διαπραγματευτής με την ελληνική κυβέρνηση από πλευράς Γάλλων ομολογιούχων. Τελικά τον Νοέμβριο, ο Βλαστός ήρθε σε συνεννόηση με τον Bardac και προχώρησαν μαζί στην πρόταση προς την ελληνική κυβέρνηση. Όπως φαίνεται, αυτό έγινε εν αγνοία του Συγγρού, συνήθους συνεργάτη του Βλαστού, πράγμα που μάλλον ψύχρανε τον πρώτο (Συγγρός 1908b, 3:175, 180).

Εν τω μεταξύ ο Τρικούπης είχε επανέλθει στην Πρωθυπουργία και ο Ornstein είχε ήδη φτάσει σε κάποια αόριστη συμφωνία μαζί του. Τότε έλαβε νέες οδηγίες ουσιωδώς διαφορετικές από την βάση που είχε αποδεχθεί ο Σ. Σωτηρόπουλος. Οι μακροσκελείς οδηγίες των Βλαστού-Bardac, που συντάχθηκαν στις 11(23)/11/1893, προϋπέθεταν την «αναδιοργάνωση», ή «αναχώνευση» (refonte), ή «ανασύσταση» (reconstitution) της ΕΤΕ υπό αυτόν τον όμιλο, δίδοντας ρητές οδηγίες προς τον Ornstein να μην αναφέρει πουθενά ότι ουσιαστικώς επρόκειτο για νέα τράπεζα με «διεθνή και ανεξάρτητο διαχείριση» (Γεωργιάδης 1895d, 1). Η παλιά ΕΤΕ προτεινόταν να μετονομαστεί σε *Εθνική Υποθηκευτική Τράπεζα της Ελλάδος* (Γεωργιάδης 1895e, 1). Δηλαδή, όπως είχε συμβεί και με την ίδρυση της ΕΤΕ, το εθνικό χρέος χρησιμοποιείτο ως μοχλός πίεσης για να τεθεί υπό έλεγχο το εκδοτικό προνόμιο της χώρας.

Οι Βλαστός-Bardac έμειναν αμετακίνητοι σε αυτές τις θέσεις στις οποίες ο Τρικούπης δεν συγκατένευσε. Αδυνατώντας πλέον να καταβάλλει τα τοκοχρεωλύσια των υπαρχόντων δανείων, και θεωρώντας ότι δεν έχει άλλες επιλογές, στις 4/12/1893 φέρνει προς συζήτηση στην Βουλή το νομοσχέδιο «Περί υπηρεσίας εθνικών δανείων». Ο σχετικός νόμος της 10/12/1893 περιόριζε μονομερώς την πληρωμή τοκομεριδίων των δανείων των ετών 1881, 1884, 1887, 1890 και 1893 μόνο στο 30–50% και την παύση της χρεωλυσίας.[34] Με αυτό το μονομερές κούρεμα κήρυξε χρεωκοπία, την τρίτη του ελληνικού κράτους.

9.6 Μετά την χρεωκοπία

Η κίνηση αυτή εξόργισε τους ομολογιούχους, οι οποίοι εν τω μεταξύ είχαν συντονιστεί για να κάνουν διαπραγματεύσεις με την ελληνική κυβέρνηση από κοινού. Στις 23/6(5/7)/1894 επισκέφθηκε την Αθήνα η τρόικα των επιτροπών ομολογιούχων με εκπροσώπους των Βρετανών τον Mountstuart Grant Duff, των Γάλλων τον John Ornstein και των Γερμανών τον Max Staevie. Μεταξύ των κυρίων απαιτήσεών τους ήταν η παραχώρηση όλων των κρατικών προσόδων σε εταιρεία που θα συνιστούσαν οι τρεις κύριες τράπεζες έκδοσης των δανείων. Σε καλά πληροφορημένο ανώνυμο δημοσίευμα της εποχής αναφέρεται επίσης ότι ανεπισήμως προτάθηκε και πάλι «*[ή] κατάκτησις της Εθνικής Τραπέζης ύπό τινος έν Παρισίοις όμάδος μιξογενών χρηματιστών*» (*Το Άστυ* 1894, 1). Το κλίμα ήταν ιδιαιτέρως εχθρικό και, όπως είχε προειδοποιήσει τον Γεωργιάδη ο Ornstein, τυχόν άρνηση της Ελλάδας μπορεί να οδηγούσε σε πολιτική των κανονιοφόρων: «*Μὴ ἐκπληχθῆτε ἂν κατ᾿ αὐτὰς ἐπιφανῶσι στόλοι παρὰ ταῖς ἑλληνικαῖς ἀκταῖς ὅτε πλέον οἱ ἐν Ἀθήναις θὰ ἀνοίξωσι τοὺς ὀφθαλμούς*» (Γεωργιάδης 1895f, 1).

Τελικά, και ενώ είχε επιτευχθεί κάποιο προσχέδιο συμφωνίας από τις διαπραγματεύσεις του Ιουλίου, τον Αύγουστο του 1894 τις διαπραγματεύσεις δυναμίτισαν κυρίως οι Γερμανοί και οι Γάλλοι, με τους Βρετανούς να είναι πρόθυμοι να έλθουν σε συμφωνία. Από εκείνη την στιγμή δημοσιεύματα του ευρωπαϊκού Τύπου άρχιζαν να στρέφουν την κοινή γνώμη εναντίον της Ελλάδας. Ο γαλλικός Figaro έγραφε λίγο μετά την συνεδρίαση του γαλλικού κομιτάτου (A. Z. 1894a, 4):

ση ενός securities scheme στην Ν. Αμερική.

[34] Ν. ΒΡϟϚ΄(2196) της 10/12/1893 (ΦΕΚ 232, 11/12/1893, σ. 980).

L' Epargne Française est moins heureuse avec certains Etats peu fortunés, et moins scrupuleux encore, qui, par de pompeuses et mensongères promesses, ont réussi à lui extorquer son argent. [...] Mais quand [...] en pleine Europe, on voit des pays se piquant d'être gouvernés et administrés sur le modèle des grands Etats les plus civilisés, quand on voit le Portugal, il y a quelques années, et la Grèce, aujourd'hui, manquer aussi cyniquement, aussi impudemment à leurs engagements formels et, selon le mot si juste d'un homme d'Etat dont la haute situation ne nous permet pas de révéler le nom, se faire une industrie de la banqueroute, nous disons que cela est intolérable et qu'il est temps d'y mettre ordre.

Και κατέληγε για την άκαμπτη στάση του Τρικούπη: «*Mais M. Tricoupis s'apercevra peut-être à ses dépens que ces créanciers étrangers ne sont pas disposés à se laisser dépouiller aussi cyniquement sans se défendre*» (Α. Ζ. 1894b, 4). Το κλίμα γινόταν όλο και πιο πολεμικό, ανοίγοντας τον δρόμο για την σύμπραξη χρηματιστηρίου και γεωπολιτικής.

Είναι ενδιαφέρον εδώ το σχόλιο ενός τραπεζίτη που υπερασπίσθηκε την επιλεκτική αποκήρυξη χρεών (Βαλαωρίτης 1902, 138):

Τῶν πρὸς τοὺς δανειστὰς ὑποχρεώσεων τοῦ Κράτους προηγοῦνται ἕτεραι ὑπέρτεραι πάσης ἄλλης ἐπιβαλλόμεναι ἐκ τοῦ δικαιώματος καὶ τοῦ καθήκοντος αὐτοῦ πρὸς ὕπαρξιν. Ὅπως ὑπάρχῃ δὲ τὸ Κράτος, τὰ ποικίλα αὐτοῦ ὄργανα ὀφείλουσι νὰ λειτουργήσωσι καὶ τὰ ἠθικὰ καὶ ὑλικὰ τοῦ Ἔθνους συμφέροντα ἐπαρκῶς νὰ περιφρουρηθῶσιν. Ἀπολαύει ἑπομένως τὸ Κράτος εἴδους τινὸς beneficium competentiae[35] *ὑπὸ εὐρεῖαν ἔννοιαν. Ὁσονδήποτε δὲ καὶ ἂν εἶνε τὸ κῦρος τοῦ ἐπιβεβλημένου αὐτῷ καθήκοντος πρὸς τήρησιν πρὸς τοὺς δανειστὰς ὑποχρεώσεων αὐτοῦ, ὑπέρτεραι εἶνε αἱ σχετιζόμεναι πρὸς τὴν ὕπαρξιν καὶ τὸ προορισμὸν αὐτοῦ ὡς Κράτους.*

Ή, όπως θα έλεγε πάνω από έναν αιώνα αργότερα ο Rafael Correa ως νεοεκλεγείς Πρόεδρος του Ισημερινού: «η ζωή πριν το χρέος» (Correa και Kirchner 2006· Carpineta 2006). Ο Βαλαωρίτης επιπλέον επισημαίνει την πρότερη γνώση των δανειστών για τυχόν αδυναμία αποπληρωμής και ερμηνεύει τα ηυξημένα επιτόκια ως επιπρόσθετο ασφάλιστρο τέτοιου αναγνωρισμένου κινδύνου. Εξαιρετικά προοδευτικές απόψεις για κάποιον που ζούσε από τα χρέη των άλλων.

Βεβαίως ας μην υπερβάλλουμε ως προς τα ηθικά ελατήρια αυτής της άποψης. Ο Βαλαωρίτης (1902, 140) προσπαθεί να στηρίξει την επιλεκτική αποκήρυξη κάποιων χρεών ώστε να μπορέσουν να εξοφληθούν άλλα· και μεταξύ των χρεών των οποίων την προνομιακή εξόφληση επικροτεί είναι τα δάνεια σε τραπεζογραμμάτια προς την ΕΤΕ και τις άλλες εκδοτικές τράπεζες. Το επιχείρημά του εδράζεται στο ότι η ευμάρεια των ιδρυμάτων αυτών—και ειδικά της ΕΤΕ, του «*πυρῆνα πάσης ἐν τῇ χώρᾳ οἰκονομικῆς δράσεως*»—είναι ζήτημα εθνικού συμφέροντος. Έτσι, «*[ἐ]πὶ [...] τοῦ γενικωτέρου τούτου συμφέροντος καὶ τὸ εἰδικώτερον τῆς νομισματικῆς τῆς χώρας κυκλοφορίας συνηγόρει ὑπὲρ τῆς ἀποψυγῆς μέτρου, καιρῶς δυναμένου νὰ βλάψῃ τὴν Ἐθνικὴν Τράπεζαν*». Ο Βαλαωρίτης αντιστρέφει την αιτιώδη σχέση που συνδέει Κράτος και ΕΤΕ. Όμως, παρά τα όσα πιστεύει, ή απλώς διακηρύσσει, δεν είναι το Κράτος που λειτουργεί χάρη στην ΕΤΕ, αλλά η ΕΤΕ που υπάρχει χάρη στο Κράτος. Το Κράτος προϋπήρχε της ΕΤΕ και η ΕΤΕ γεννήθηκε μόνον αφού το Κράτος της παραχώρησε το εκδοτικό προνόμιο διά νόμου. Και δεν είναι παρά απλό αίσθημα επιβίωσης που ωθεί την ΕΤΕ να στηρίξει το Κράτος: *χωρίς κράτος, δεν υπάρχει ΕΤΕ*.

Τα ανάκτορα θα ωθήσουν τον Τρικούπη σε παραίτηση τον Ιανουάριο του 1895, με τον διάδοχο Κωνσταντίνο να συμμετέχει έφιππος σε αντιτρικουπικές διαδηλώσεις. Η ήττα των εκλογών του Απριλίου σήμανε και το τέλος της πολιτικής του καριέρας. Η ακόλουθη κυβέρνηση Θ. Δηλιγιάννη θα συνέχιζε τις διαπραγματεύσεις με τους ομολογιούχους μεταξύ Δεκεμβρίου 1895 και Ιανουαρίου 1896. Στις διαπραγματεύσεις αυτές, από τα τέλη Νοεμβρίου του 1896 αναμίχθηκε ενεργά ο Στέφανος Στρέιτ, νέος Διοικητής της ΕΤΕ. Τα φλέγοντα ζητήματα ήταν το ποσοστό του «κουρέματος» του χρέους (το οποίο μάλλον είχαν όλοι αποδεχθεί ως αναπόφευκτο) και την ανάμιξη των επιτροπών στα φορολογικά έσοδα. Από επιστολή του Στρέιτ προς τον Υπ. Οικονομικών σχετικά με τις διαπραγματεύσεις αυτές, φαίνεται ότι η C. J. Hambro & Son ήταν αρκετά πρόθυμη να συμβιβαστεί εκ μέρους των Βρετανών, όμως ο Wachler εκ μέρους των Γερμανών και η Comptoir National εκ μέρους των Γάλλων τηρούσαν εξαιρετικά αδιάλλακτη στάση, ειδικά σε ό,τι αφορούσε στην εμπλοκή της Διοίκησης της Εταιρείας Μονοπωλίων (Βαλαωρίτης 1902, 160–168).

Όμως προτού καταλήξουν οι διαπραγματεύσεις, είχε ξεκινήσει και είχε ήδη χαθεί ένας πόλεμος...

---

[35]ΣτΣ: Έννοια του Ρωμαϊκού Δικαίου που επέτρεπε σε έναν αναξιόχρεο οφειλέτη να διατηρήσει ένα τμήμα της περιουσίας του που θα του επιτρέπει να ζει αξιοπρεπώς.

9.7 Ο πόλεμος του 1897 και τα επακόλουθα

Την χρονιά που η πτωχευμένη Ελλάδα διοργάνωνε τους πρώτους σύγχρονους Ολυμπιακούς Αγώνες, φούντωνε για άλλη μια φορά το Κρητικό ζήτημα. Νέα Κρητική επανάσταση ξέσπασε λόγω της άρνησης του Σουλτάνου να υλοποιήσει τις δεσμεύσεις του από την Σύμβαση της Χαλέπας του 1878. Η ανάφλεξη έφτασε και στην Ελλάδα, από όπου εθελοντές αξιωματικοί άρχισαν να καταφτάνουν στο νησί. Από τον Ιανουάριο η επανάσταση πήρε διαστάσεις και ο ελληνικός θρόνος αναμίχθηκε, παρά τις αντίθετες προθέσεις του Θ. Δηλιγιάννη. Η Ελλάδα ξεκίνησε πολεμικές προετοιμασίες και απέστειλε πολεμικά πλοία υπό την αρχηγία του δευτερότοκου πρίγκιπα Γεωργίου και την διοίκηση του Τιμολέοντος Βάσσου (29/1/1897). Οι Μεγάλες Δυνάμεις εναντιώθηκαν στην ελληνική δράση, έκαναν απόβαση στην Κρήτη και μάλιστα έφτασαν τον Φεβρουάριο να βομβαρδίσουν ελληνικές θέσεις. Ιδιαίτερο ήταν το μένος του Γερμανού Κάιζερ, που ζητούσε αποκλεισμό του Πειραιά προσβλέποντας στην ανατροπή του αγγλόφιλου Γεωργίου. Βλέποντας την κατάσταση να κλιμακώνεται συνεχώς, οι Μεγάλες Δυνάμεις κήρυξαν μονομερώς την απόφασή τους για αυτονομία της Κρήτης υπό την κυριαρχία της Πύλης, σε μια απόπειρα να κατευνάσουν τους επαναστάτες.

Οι Κρητικοί απέρριψαν την αυτονομία με δημοψήφισμα, ζητώντας Ένωση. Η Τουρκία εν τω μεταξύ είχε συγκεντρώσει στρατό στα ελληνοτουρκικά σύνορα και στις αρχές Απριλίου ξεκίνησε εχθροπραξίες με τον ελληνικό στρατό που κράτησαν ένα μήνα. Το αποτέλεσμα του πολέμου του 1897 ήταν η ταπεινωτική ήττα του ελληνικού στρατού από τον τουρκικό, που ήταν καλύτερα εκπαιδευμένος από Γερμανούς στρατιωτικούς και καλύτερα εξοπλισμένος με γερμανικό οπλισμό. Η ελληνική υποχώρηση, που έφτασε μέχρι τον Δομοκό, ανακόπηκε μόνο με την παρέμβαση του Τσάρου και στις 5(17)/5/1897 ο σουλτάνος διέταξε την παύση πυρός.

Μάλιστα, για την πολεμική προπαρασκευή η κυβέρνηση έλαβε νέο δάνειο σε κερματικά γραμμάτια. Την στιγμή εκείνη το οφειλόμενο ποσό από το δάνειο του ν. ,ΑΤΜΒ΄/1885 είχε κατέβει στα 14 εκ. δρχ (7 εκ. δρχ οφειλόταν στην ΕΤΕ και από 3,5 εκ. δρχ στην Ionian και την ΠΤΗ). Με τον ν. ,ΒΥΓΖ΄(2497) της 11/4/1897[36] συνήφθη νέο δάνειο 6 εκ. δρχ (3 εκ. δρχ από την ΕΤΕ και από 1,5 εκ. δρχ οι άλλες δύο τράπεζες), ανεβάζοντας το χρέος σε κερματικά γραμμάτια στα 20 εκ. δρχ.

Διεθνής Οικονομική Επιτροπή, ή «Διεθνής Οικονομικός Έλεγχος»

Οι προκαταρκτικοί όροι της ειρήνης υπεγράφησαν στις 6(18)/9/1897 μεταξύ Τουρκίας και Μεγάλων Δυνάμεων (Τουρκία και ΜΔ 1898· Ekinci 2006, 103–123, Παράρτημα), στα χέρια των οποίων η χρεωκοπημένη και ηττημένη Ελλάδα υποχρεώθηκε να εναποθέσει τις ελπίδες της. Στην συμφωνία αυτή αποφασίσθηκε η παραχώρηση κάποιων εδαφών της Θεσσαλίας στην Τουρκία και η καταβολή αποζημιώσεως 4 εκ. τουρκικών λιρών (95 εκ. χρυσών φράγκων), εξασφαλίζοντας όμως την προστασία των συμφερόντων των παλαιότερων δανειστών της Ελλάδας (που ανήκαν κυρίως στις Μεγάλες Δυνάμεις). Εδώ, το εθνικό ζήτημα θα ερχόταν να περιπλεχθεί με το δημοσιονομικό και οι ιδιωτικές σχέσεις δανειστή-πιστωτή με τις διακρατικές σχέσεις νικητή-ηττημένου.

Μια παράγραφος τελείως παράταιρη για συνθήκη ειρήνης έκανε λόγο για την σύσταση στην Αθήνα μιας «διεθνούς επιτροπής» (commission internationale, άρθρο 2, παρ. 3) από αντιπροσώπους των έξι μεσολαβητριών δυνάμεων[37] που θα είχε τον «απόλυτο έλεγχο» των κρατικών προσόδων των απαραιτήτων για την καταβολή της αποζημίωσης και την αποπληρωμή των χρεών. Ήταν η αναφορά στην Διεθνή Οικονομική Επιτροπή, που θα γινόταν ευρύτερα γνωστή ως «Διεθνής Οικονομικός Έλεγχος» (ΔΟΕ). Αν μπορεί να επιτραπεί μια σχηματοποίηση, των παραπάνω εξελίξεων, *η Ελλάδα χρωστούσε στις Μεγάλες Δυνάμεις και η Τουρκία χρησιμοποιήθηκε ως εισπράκτορας*. Δεν είναι ξεκάθαρο αν ο ελληνοτουρκικός πόλεμος προωθήθηκε (κυρίως από τη Γερμανία) για να εξαναγκάσει την Ελλάδα σε συμβιβασμό, όμως η έκβασή του ακριβώς έτσι χρησιμοποιήθηκε. Η Γερμανία, μάλιστα, χρησιμοποίησε τον ρυθμό αποχώρησης των τουρκικών στρατευμάτων από την Θεσσαλία ως εκβιασμό για την εξασφάλιση των Γερμανών ομολογιούχων, καθώς ήθελε να τους ικανοποιήσει ενόψει της επικείμενης εκλογικής αναμέτρησης (Κοκκινάκης 1999, 478).

---

[36] ΦΕΚ 64, 12/4/1897, σ. 196.
[37] Γερμανία (Charles Testa), Αυστροουγγαρία (Alexandre de Suzzara), Γαλλία (Etienne Dubois de l'Estang), Αγγλία (Edward Fitzgerald Law), Ιταλία (Luigi Bodio), Ρωσία (Αλέξις Σμυρνώφ).

Η τελική συνθήκη μεταξύ Ελλάδας και Τουρκίας υπεγράφη στις 22/11(4/12)/1897. Τουλάχιστον, η Ελλάδα διατηρούσε την Θεσσαλία και η Κρήτη ήταν ήδη στον δρόμο αυτονόμησής της.

Ο ΔΟΕ κατέφτασε στην Ελλάδα συντομότατα, στις 15(27)/10/1897. Το τελικό κείμενο ετοιμάστηκε στις 31/12/1897(12/1/1898) και η Επιτροπή των Δυνάμεων στις 9(21)/1/1899 υπέβαλε την έκθεσή της και κήρυξε την λήξη της εντολής της. Οι πρόνοιες του ΔΟΕ ψηφίστηκαν με τον ν. ,ΒΦΙΘ΄(2519) της 26/2/1898.[38]

Ο ΔΟΕ είχε χαρακτηριστικά διπλωματικής αποστολής (όπως προέβλεπε και το άρθρο 2 του ν. ,ΒΦΙΘ΄) και όχι αποστολής ιδιωτών, δηλαδή εκπροσώπων των ομολογιούχων (Ηλιαδάκης 2003, 151–152). Την σκυτάλη από τους χρηματιστικούς παράγοντες έπαιρναν οι αντίστοιχοι πολιτικοί και τα οικονομικά προβλήματα της Ελλάδας υποθήκευαν την εθνική της κυριαρχία. Κάποιες από τις πρόνοιες του ήταν πολύ πιο σκληρές από αντίστοιχες που είχαν υπογραφεί από γειτονικές χώρες. Συγκεκριμένα, η επιτροπή ονομαζόταν *Οικονομικού Ελέγχου* και όχι *Δημοσίου Χρέους*, το κράτος δεν είχε ούτε καν θεωρητικά τον έλεγχο της στελέχωσής της (όπως π.χ. στην Αίγυπτο) και δεν συμμετείχε σε αυτήν κανείς ημεδαπός ομολογιούχος (όπως π.χ. στην Τουρκία).

Η συμφωνία προέβλεπε την αναγνώριση στο άρτιο όλων των δανείων σε χρυσό, προβλέποντας μια μείωση του ετησίως καταβαλλόμενου τόκου ώστε να διευκολυνθεί η αποπληρωμή. Η επίβλεψη είσπραξης των κρατικών εσόδων ανατέθηκε στην ήδη υπάρχουσα Εταιρεία Μονοπωλίων—είχε ιδρυθεί το 1887 για την διαχείριση των εσόδων των μονοπωλίων προς εξυπηρέτηση του δανείου των 135 εκ.—με κατάλληλη τροποποίηση του καταστατικού της.[39] Όμως τι εύρος θα είχαν οι αρμοδιότητές της; Το άρθρο 2 της προκαταρκτικής συνθήκης ειρήνης, όπως ήταν εκπεφρασμένο, δεν αφορούσε μόνο στην αποζημίωση της Τουρκίας και στα εξωτερικά δάνεια σε χρυσό, αλλά σε *όλο* το κρατικό χρέος, από τα χρέη προς του κληρονόμους του Όθωνα μέχρι στα χρέη σε τραπεζογραμμάτια προς τις εκδοτικές τράπεζες. Και επειδή για την εξυπηρέτησή τους ο ΔΟΕ θα έπρεπε να θέσει υπό τον έλεγχό του το ήμισυ περίπου των κρατικών εσόδων, αποφασίστηκε τελικά να περιοριστεί σε κάποιες προσόδους με τις οποίες θα εξυπηρετούσε τα δάνεια σε χρυσό, και με τυχόν περισσεύματα να εξυπηρετεί και τα υπόλοιπα χρέη.[40] Επίσης, συμφωνήθηκε η παροχή δανείου 170 εκ. φράγκων στην Ελλάδα για την πληρωμή των οφειλών της, εκ των οποίων τα 150 εκ. θα εκδίδονταν άμεσα. Από αυτά, οι Τράπεζες Αγγλίας Γαλλίας και Ρωσίας αναδέχθηκαν από 16.600 ομολογίες στο 100,5% της ονομαστικής τους τιμής, άλλες 9.615 ομολογίες διατέθηκαν στο 104% και άλλες 822 στο 99%. Από αυτές, αγόρασε 8.042 η ΕΤΕ (προς 2.600 δρχ. έκαστη, Βαλαωρίτης σ. 195), 769 η Ionian και 462 η ΠΤΗ (ισολογισμοί 1899), δηλαδή το 15%. Κατά μέσο όρο δηλαδή, η διάθεση αυτού του δανείου έγινε περίπου στο 100,1% της ονομαστικής του αξίας.[41] Το δε επιτόκιο ορίσθηκε στο 2,5%. Ήταν η πρώτη φορά που η Ελλάδα πετύχαινε τέτοιους όρους, αλλά δεν ήταν ακριβώς η ίδια που τους πετύχαινε. Ήταν μάλλον η Δαμόκλειος σπάθη που κρατούσαν οι τρεις εγγυήτριες δυνάμεις πάνω από την κεφαλή της, και που εξασφάλιζε τους δανειστές.

Τέλος, από νομισματικής πλευράς, το άρθρο 30 όριζε δραματικές μειώσεις της χρηματικής κυκλοφορίας για την αύξηση της ισοτιμίας της δραχμής. Έτσι, το κράτος έπρεπε από το 1900 να αρχίσει να αποπληρώνει τα δάνεια σε τραπεζογραμμάτια (74 εκ. δρχ.) και κερματικά γραμμάτια (20 εκ. δρχ.) με 2 εκ. δραχμές ετησίως, μέχρι να φτάσουν αυτά στα 40 εκ. δρχ. συνολικά. Επίσης οριζόταν ότι (έμφαση δική μου):

> *Οὐδὲν νέον δάνειον ἐπὶ ἀναγκαστικῇ κυκλοφορίᾳ δύναται νὰ συνομολογηθῇ* ὑπὸ τῆς Κυβερνήσεως ἄνευ τῆς συναινέσεως τῆς Διεθνοῦς Ἐπιτροπῆς, πρὶν ἢ τὸ εἰς τραπεζικὰ γραμμάτια ἐπὶ ἀναγκαστικῇ κυκλοφορίᾳ ὑφιστάμενον δάνειον ἐντελῶς ἐξοφληθῇ. *Οὐδεμία ἑτέρα ἔκδοσις πιστωτικοῦ νομίσματος δύναται νὰ ἀποφασισθῇ ἢ ἐπιτραπῇ ὑπὸ τοῦ Κράτους, ἐκτὸς ἐκείνων, αἵτινες ἤθελον γίνῃ διὰ τὰς ἀνάγκας τοῦ ἐμπορίου*, ἐντὸς τῶν κανονιζομένων ἢ κανονισθησομένων ὁρίων διὰ τῶν Καταστατικῶν τῶν συνεστημένων ἢ συστηθησομένων Τραπεζῶν ἐκδόσεως.

---

[38] ΦΕΚ 28, 26/2/1898, σ. 71–79.

[39] Η τροποποίηση εγκρίθηκε με ΒΔ της 28/4/1898 (ΦΕΚ 77, 29/4/1898, σ. 241).

[40] Αυτές οι πρόσοδοι ήταν τα έσοδα από τα μονοπώλια άλατος, πετρελαίου, σπίρτων, τσιγαρόχαρτων, σμύριδας Νάξου, τα δικαιώματα επί του καπνού, τα τέλη χαρτοσήμου και τα τέλη εισαγωγών του τελωνείου Πειραιώς. Όλα μαζί υπολογιζόταν ότι θα απέφεραν συνολικά 39,6 εκ. δρχ. ετησίως. Αν αυτές οι πρόσοδοι έπεφταν κάτω από το 85% αυτού το ποσού, θα προσθέτοντο και εκείνες από τα τελωνεία Λαυρίου, Πατρών, Βόλου και Κερκύρας.

[41] Έσοδα από διάθεση: 125.127.076,05 + 24.999.000 + 2.030.115 = 152.157.190,05 φράγκα. Ονομαστική αξία των 60.237 ομολογιών προς 100 λίρες η καθεμία (1 λίρα = 25 φράγκα): 150.592.500 φράγκα.

Εικόνα 9.1: Η σημαία της αυτόνομης Κρητικής Πολιτείας. Το λευκό άστρο στο κόκκινο τεταρτημόριο συμβόλιζε την επικυριαρχία του Σουλτάνου.

Δηλαδή, ο ΔΟΕ καθίστατο ελεγκτής της έκδοσης χρήματος και της νομισματικής κυκλοφορίας του ελληνικού κράτους.

Ο κλονισμός της ΠΤΗ και η απορρόφησή της από την ΕΤΕ

Εκτός από τα παραπάνω, συνέπειες προκάλεσε η κατάληψη της Θεσσαλίας και στην ΠΤΗ. Η ΠΤΗ δεν δημοσίευσε απολογισμό για το 1897, έτος κατά το οποίο η Θεσσαλία ήταν κατειλημμένη από τα τουρκικά στρατεύματα. Η ΕΤΕ κινήθηκε προς αναπλήρωση του κενού ανοίγοντας τέσσερα υποκαταστήματα σε Βόλο, Λάρισα, Τρίκαλα και Καρδιτσα το 1898. Αυτά χρησίμευσαν για την διάθεση δανείων αποκαταστάσεως σε παλλινοστούντες και άπορους Θεσσαλούς συνολικούς ύψους 8 εκ. δρχ., την διάθεση των οποίων ανέλαβε η ίδια η ΕΤΕ (με προμήθεια 0,25%).[42]

Η ΠΤΗ όμως μπήκε δε σε ακόμη μεγαλύτερη κρίση με τον θάνατο του Συγγρού (12/2/1899). Η Κυβέρνηση έλαβε άδεια[43] να συντάξει σύμβαση με την ΕΤΕ και την ΠΤΗ για την συγχώνευση της τελευταίας στην ΕΤΕ. Στην σύμβαση της 20/11/1899 συμφωνήθηκε η ανανέωση του προνομίου έκδοσης τραπεζογραμματίων της ΠΤΗ[44] μέχρι την 31/12/1916, όταν δηλαδή έληγε και το προνόμιο της ΕΤΕ. Μέχρι τότε, τα τραπεζογραμμάτια και κερματικά γραμμάτια της ΠΤΗ θα κυκλοφορούσαν κανονικά, βαίνοντα προς σταδιακή απόσυρση. Η ΕΤΕ έπαιρνε από τα χέρια των μετόχων της ΠΤΗ κάθε μετοχή αντί 208 δρχ. και κατέβαλλε 130.000 δρχ στο ΔΣ της ΠΤΗ για να τα μοιράσει στο προσωπικό. Τα δε στοιχεία ενεργητικού και παθητικού της ΠΤΗ θα συμπεριλαμβάνονταν στους ισολογισμούς της ΕΤΕ. Η σύμβαση, αφού εγκρίθηκε από τις ΓΣ των μετόχων της ΕΤΕ και της ΠΤΗ, εγκρίθηκε και με ΒΔ της 22/12/1899.[45]

Η «Τράπεζα Κρήτης» και η κρητική δραχμή

Εκεί όμως που μια εκδοτική τράπεζα παρέπαιε, μια άλλη ήταν έτοιμη να ιδρυθεί. Τον Μάρτιο του 1898 οι τέσσερις Δυνάμεις (Αγγλία, Γαλλία, Ρωσία, Ιταλία) είχαν αποσύρει τον στρατό και στόλο τους από το νησί και είχαν συμφωνήσει να παραχωρήσουν την διοίκηση των Χριστιανικών περιοχών της νήσου στην Συνέλευση των Κρητών. Για τον σκοπό αυτό, και για την ρύθμιση του νέου πολιτεύματος, η Συνέλευση των Κρητών εξέλεξε «Εκτελεστικόν» υπό τους Ελευθέριο Βενιζέλο, Γ. Μηλλωνογιαννάκη, Εμ. Ζαχαράκη, Αντ. Χατζηδάκη και Ν. Γιαμαλάκη.

Οι ναύαρχοι θα είχαν στην δικαιοδοσία τους αμφότερες Χριστιανικές και Μουσουλμανικές περιοχές. Με αυτή την εξουσία οι τέσσερις Δυνάμεις πρότειναν στον Γεώργιο να διορίσουν Ύπατο Αρμοστή της Κρήτης για μια τριετία τον δευτερότοκο γιο του, και συνονόματο, πρίγκιπα Γεώργιο. Οι όροι ήταν η ειρήνευση του νησιού, η αναγνώριση της Υψηλής επικυριαρχίας του Σουλτάνου, η ανάρτηση της τουρκικής σημαίας στα οχυρωμένα σημεία του νησιού και η τήρηση της τάξης.

Στις 30/11/1898 ανακοινώθηκε η αποδοχή της Αρμοστείας και ο πρίγκιπας Γεώργιος έφτασε στην Κρήτη στις 9(21)/1/1899, ενώ ο τουρκικός στρατός είχε ήδη εκκενωθεί από τις τέσσερις Δυνάμεις. Στις 24/1/1899 έγιναν οι εκλογές για την συγκρότηση της Κρητικής Συνελεύσεως, η οποία ξεκίνησε τις εργασίες της στις 8/2/1899. Το Σύνταγμα της Κρητικής Πολιτείας ψηφίστηκε σύντομα, και δημοσιεύθηκε στις 16/4/1899 στην εφημερίδα της Κυβερνήσεως.

Το νομισματικό καθεστώς στην Κρήτη μέχρι πριν την αυτονομία της χαρακτηρίζεται από το ίδιο χάος που επικρατούσε στην ηπειρωτική Ελλάδα κατά την Επανάσταση (Σιδηρόπουλος 2001). Πλήθος διαφορετικών νο-

---

[42] Ν. ,ΒΦΜ′ της 21/3/1898 (ΦΕΚ 46, 21/3/1898, σ. 119–120).
[43] Ν. ,ΒΧΜΑ′ της 21/7/1899 (ΦΕΚ 154, 22/7/1899, σ. 573–575).
[44] Έληγε στις 15/1/1906, σύμφωνα με το άρ. Γ′ του ν. ΩΠΗ′ της 30/12/1880.
[45] ΦΕΚ 281, 23/12/1899, σ. 1611–1612.

μισμάτων, ευρωπαϊκών και τουρκικών, κυκλοφορούσε στην κρητική αγορά, τα τελευταία εκ των οποίων ήταν εντόνως υποτιμημένα ως προς την ονομαστική τους αξία. Αυτό δεν θα ήταν αναγκαστικά προβληματικό αν ήταν ελεγχόμενο το μέγεθος της νομισματικής κυκλοφορίας· προφανώς δεν ήταν. Το 1878, η διοίκηση είχε επιχειρήσει την εισαγωγή χαρτονομισμάτων, των «καϊμέδων», όμως οι Χανιώτες έμποροι αντέδρασαν δυναμικά. Δεν ήταν μόνο η έλλειψη εμπιστοσύνης σε ένα μη μεταλλικό νόμισμα. αλλά και η τρικλοποδιά που τους έβαλε η Οθωμανική διοίκηση με το να μην τα δέχεται για πληρωμή φόρων. Έτσι τελικά η εισαγωγή τους απέτυχε. Η έλλειψη μικρής αξίας νομισμάτων, δηλαδή ψιλών, οδήγησε στην χρήση χαλκονομισμάτων με τοπική εμβέλεια. Αυτό το LETS (Local Exchange Trading System) της εποχής αποτελείτο από «*[μ]άρκες, μπιλιέτα, επισημάνσεις σε τουρκικά χάλκινα νομίσματα κ.α.*» που «*χρησιμοποιήθηκαν σε περιορισμένη τοπικά χρήση κάθε φορά από ενορίες, δημογεροντίες αλλά και σχολεία, καφενεία και εμπόρους και σε μιά περίπτωση από έναν διευθυντή ανασκαφών, με την ανοχή των τουρκικών αρχών σε μια ευρύτατη περιοχή από τη Μακεδονία και τα παράλια της Μ.Ασίας ως την Καππαδοκία και τον Πόντο*» (Σιδηρόπουλος 2001, 247).

Ήδη πριν την αυτονομία οι Κρητικοί επιχείρησαν να αποσπαστούν νομισματικά από την Οθωμανική κυριαρχία. Π.χ., η διατίμηση των ξένων νομισμάτων που εξέδωσε η Επιτροπή Αμύνης Αρχανών, όρισε ως βάση της την αγγλική λίρα. Με την αυτονομία της Κρήτης, η Κρητική Πολιτεία όρισε ως βάση της το δραχμικό νομισματικό σύστημα σε μια επιδεικτική αμφισβήτηση της τουρκικής εξουσίας, δηλώνοντας την πρόθεσή της, αργά ή γρήγορα, να ενωθεί με την Ελλάδα (Σιδηρόπουλος 2001, 251).

Δεύτερη έμπρακτη αμφισβήτηση της Οθωμανικής κυριαρχίας ήταν η ίδρυση εκδοτικού ιδρύματος. Κατά τα πρότυπα της έκδοσης ιδιωτικού χρήματος, και δεδομένης της απουσίας μιας πλήρως παγιωμένης κρατικής υπόστασης στην Κρήτη, η ευθύνη για αυτήν την λειτουργία ανατέθηκε σε ιδιώτες. Συγκεκριμένα, το έργο ανέλαβε κατά κύριο λόγο η C. J. Hambro & Son μαζί με άλλους κεφαλαιούχους, κυριότεροι εκ των οποίων ήταν ο Ευστάθιος Ευγενίδης και ο Γεώργιος Αθηνογένης. Η σύμβαση για την ίδρυση της «Τραπέζης Κρήτης Α.Ε.» υπεγράφη στις 10/5/1899 μεταξύ της Κρητικής Κυβέρνησης, που αντιπροσώπευε ο Κων/νος Φούμης, και της ΕΤΕ, που αντιπροσώπευε την ομάδα κεφαλαιούχων. Η σύμβαση κυρώθηκε με τον νόμο 6 της ίδιας ημερομηνίας (Κουσουρελάκης 1902, 2:746), το δε καταστατικό κυρώθηκε με τον νόμο 81 της 30/9/1899 (Κουσουρελάκης 1902, 2:760–790).

Κατά το καταστατικό η ΤΚ είναι προνομιούχος τράπεζα και ανώνυμη εταιρεία (άρ 1) με έδρα τα Χανιά (άρ 3) και διάρκεια 30 ετών (άρ. 4). Το κεφάλαιό της οριζόταν στα 10 εκ. χρυσές δραχμές διαιρούμενες σε 40 χιλ. μετοχές 250 δρχ εκάστη (άρ. 5). Από αυτά, το ήμισυ (125 δρχ) θα κατέβαλλαν οι ιδρυτές σε μετρητά εντός μηνός από την κύρωση του καταστατικού, ενώ το υπόλοιπο ήμισυ οι μέτοχοι όταν θα αποφάσιζε το ΔΣ. Οι ιδρυτές μπορούσαν να διαθέσουν σε δημόσια εγγραφή όσες μετοχές ήθελαν (άρ 8).

Και αυτή η τράπεζα είναι άρρηκτα συνδεδεμένη με το εκδοτικό της προνόμιο. Κατά το άρθρο 98, τρία χρόνια προ της λήξεως του προνομίου η γενική συνέλευση των μετόχων εντέλλεται να αποφασίσει αν θα ζητήσει ανανέωση του προνομίου, ή θα προχωρήσει στην διάλυσή της.

Η ΤΚ ήταν η πρώτη ελληνική εκδοτική τράπεζα για την οποία έγινε τόσο μεγάλη κινητοποίηση για την διάθεση των μετοχών της. Αυτό φαίνεται τόσο από τον αριθμό των μετόχων κατά την ίδρυση, όσο και από την γεωγραφική διασπορά τους. Παρότι ο προβλεπόμενος αριθμός των μετοχών ήταν ίδιος με εκείνον της ΠΤΗ, αυτές τελικά διανεμήθηκαν σε πολύ περισσότερους μετόχους.

Σύμφωνα με το σχέδιο της νέας τράπεζας, από τις 40.000 μετοχές οι ιδρυτές θα κρατούσαν 26.000 για λογαριασμό τους, εκδίδοντας 14.000 για δημόσια εγγραφή. Για τις τελευταίες, 40 χρυσά φράγκα θα κατεβάλλοντο κατά την εγγραφή και άλλα 120 μέχρι την 20/1/1900. Η δημόσια εγγραφή έλαβε χώρα την 29/1(10/2)/1900 στην Αθήνα από την ΕΤΕ και στο Κάιρο από την National Bank of Egypt. Λόγω της υπερεγγραφής (σε αναλογία 4,6:1) εφαρμόστηκε αλγόριθμος κατανομής των μετοχών ανάλογα με τις αιτήσεις κάθε ενδιαφερομένου. Σύμφωνα με την τελική κατανομή (βλ. συνοπτικό Πίνακα 9.2 και αναλυτικό Πίνακα 25.30), δεσπόζουσα θέση κατείχε αναμφισβήτητα η C. J. Hambro & Son με 8.000 μετοχές. Θα μπορούσαμε να πούμε ότι, πέραν της μεσολάβησης για την διάθεση των δανείων προς την Ελλάδα μετά το 1879, η C. J. Hambro & Son απολάμβανε τώρα με έναν άλλο τρόπο την ανταμοιβή για την στήριξη που είχε παράσχει στον Οίκο των Γλύξμπουργκ πριν τρεις δεκαετίες, συμμετέχοντας προνομιακά στην ίδρυση μιας εκδοτικής τράπεζας. Και παρότι ο Hambro φέρεται να μην ανέμενε σημαντικά κέρδη από μια τέτοια επιχείρηση (Law 1899), παγίωνε την προνομιακή θέση του στην Ελλάδα και άρα τα πολιτικά οφέλη που θα μπορούσε να αναμένει.

Πολύ κοντά ήταν ο Ευστάθιος Ευγενίδης, ο οποίος αν και είχε προεγγραφεί για τον ίδιο αριθμό μετοχών, παραχώρησε 500 στον Στέφανο Σκουλούδη, 500 στον Γεώργιο Αθηνογένη και 50 στον Δ. Βορέ (Ευγενίδης 1900). Έτσι παρέμενε ο δεύτερος μέτοχος με 6.950 μετοχές. Άλλοι μεγαλομέτοχοι ήταν ο Γ. Αθηνογένης (συνολικά 1550 μετοχές), η Credit Lyoannais (1120) και ο Γεώργιος Σκουζές (743). Αξιομνημόνευτοι ήταν επίσης ο Θεόδωρος Πάγκαλος (136), ο Παύλος Μελάς (40), καθώς και η σύζυγος του Ερρίκου Σλήμαν, Σοφία Εγκαστρωμένου-Σλήμαν (600) και ο γιος του Αγαμέμνων (160).

Πίνακας 9.2: Συνοπτική κατανομή μετοχών Τραπέζης Κρήτης Α.Ε. κατά την ίδρυση

Ονοματεπώνυμο	μετοχές	Ονοματεπώνυμο	μετοχές
Ιδρυτές			
C. J. Hambro & Son	8.000	Γ. Δ. Βακ?	100
Ευστάθιος Ευγενίδης	6.950	Αντώνιος Βασιλείου	100
Γ. Αθηνογένης	1.500	Μάρκος Δαμηράλης	100
Ζαφιρόπουλος & Ζαρίφης	600	Νικ. Δημαράς	100
Κ. Καραπάνος	600	Διοίκησις	100
Θ. Παπαδάκης	600	Δ. Ζαχαρίας	100
Τράπεζα Αθηνών	600	Γ. Καραμήτσας	100
Τράπεζα Βιομηχανικής Πίστεως Ελλάδος	600	Χ. Καρβούνης	100
Τράπεζα Γ. Σκουζέ	600	Γεράσιμος Κον?	100
Τράπεζα Μυτιλήνης	600	Ξ. Κυριαζής	100
Λεωνίδας Ζαρίφης	500	Ζ. Μάτ?	100
Στέφανος Σκουλούδης	500	Γ. Νικολαΐδης	100
Βαλαωρίτης Μαύρος	250	Δημ. Παπαμιχαλάκης	100
Τράπεζα Π. Ν. Καρυδιά	250	Θεόδ. Ρετσίνης	100
Π. Βερ?	200	Στεφ. Συριώτης	100
Ι. Κουντουριώτης	200	Αγαμέμνων Σχλείμανν	100
Αλεξ. Λαγ?	200	Νικολ. Τριανταφυλλάκος	100
Τράπεζα Α. Γαλανού	200	Ν. Δ. Φιλάρετος	100
Π. Α. Χαροκόπος	200	Ι. Χαραλάμπους	100
Χριστ. Κόρακας	150	Ξ. Ψαράς	100
Θεόδωρος Λαμπρίτης	150	Βορές	50
Α. Αντωνόπουλος	100	Α. Τυπάλδου	50
		Σύνολο ιδρυτών	**25.650**
Δημόσια εγγραφή			
Αθήνα	9.451	Αλεξάνδρεια	3.113
Σύρος	236	Κάιρο	160
Βόλος	46		
		Σύνολο δημόσιας εγγραφής	**13.006**
		Γενικό Σύνολο	**38.656**

Πηγή: (Τράπεζα Κρήτης 1899).

Πολύ σημαντικός όμως ήταν και ο ρόλος της ΕΤΕ στην ΤΚ. Από το καταστατικό οριζόταν ότι ο Διοικητής και Υποδιοικητής της ΤΚ διορίζονται και αντικαθίστανται από την ΕΤΕ κατά τα πέντε πρώτα χρόνια (άρ. 78). Παράλληλα, η ΕΤΕ θα αποκτούσε σημαντικό μετοχικό κεφάλαιο στην ΤΚ.[46] Το 1907 είχε φτάσει τις 9725 μετοχές, ενώ η συμμετοχή της C. J. Hambro & Son είχε μειωθεί στις μόλις 800 (Τράπεζα Κρήτης 2015b).

Η χρήση της δραχμής ως νομισματικής μονάδας για τα τραπεζογραμμάτια της ΤΚ μαρτυρεί την σαφή πρόθεση των Κρητών για μελλοντική πρόσδεση στον εθνικό κορμό. Μετά από μια διστακτική αποδοχή των τραπεζογραμματίων της ΤΚ, φαίνεται η χρήση τους σταδιακά να επεκτάθηκε. Αυτό αντικατοπτρίζεται τόσο στην

---

[46] Ο Βαλαωρίτης αναφέρει (σ. 210) την συμμετοχή της ΕΤΕ στην ΤΚ με 8.000 μετοχές. Κάτι τέτοιο δεν προκύπτει από τα βιβλία μετόχων που κατάφερα να βρω στο ΙΑΕΤΕ. Μία πιθανή ερμηνεία είναι η ΕΤΕ να συμμετείχε για λογαριασμό μετόχων της, οι οποίοι αναγράφονται αντ' αυτής.

αύξηση των κυκλοφορούντων τραπεζογραμματίων—από 223.775 δρχ. στα τέλη 1901, σε 1.116.300 δρχ. στα τέλη 1908 (Τράπεζα Κρήτης 1910· 1918· 2015a)—όσο και από την αύξηση του αριθμού φθαρμένων τραπεζογραμματίων που κατέφθαναν στην ΤΚ για καταστροφή (Σιδηρόπουλος 2001, 251). Δίπλα στα τραπεζογραμμάτια της ΤΚ, ενδεχομένως να πρέπει να τοποθετήσουμε και τα γραμμάτια του Πατριωτικού Δανείου[47] που εξέδωσε η Επαναστατική Συνέλευση του Θερίσσου την 1/9/1905, αν και η ιστορική έρευνα ακόμη δεν έχει παράσχει στοιχεία για την χρήση τους ως νομίσματος.

Πέρα από τα τραπεζογραμμάτια, ξεκίνησε και η διαρρύθμιση του νομισματικού συστήματος της Κρήτης ως προς τα μεταλλικά νομίσματα με βάση τις «δραχμὰς ἰσοδυναμούσας πρός χρυσᾶ φράγκα».[48] Απουσία νομισμάτων του κράτους, ο νόμος παρείχε νόμιμη κυκλοφορία στα ξένα χρυσά και αργυρά νομίσματα, των οποίων όριζε και τις ισοτιμίες. Ουσιαστικά, η διαρρύθμιση εισήγαγε και στην Κρήτη το ισχύον και στην Ελλάδα σύστημα της ΛΝΕ (βλ. Πίνακα 25.19).

Τα χρυσά ήταν δεκτά απεριόριστα και τα αργυρά ήταν δεκτά από ιδιώτες μέχρι του ποσού των 50 δρχ. Τα νομίσματα υποδιαιρέσεως ήταν δεκτά (από δημόσιο και ιδιώτες) μέχρι του ποσού των 7 δρχ. τα νικέλινα και 1 δρχ. τα χάλκινα (άρθρα 5–8).

Λόγω της απουσίας κρατικού νομισματοκοπείου οριζόταν η δυνατότητα κοπής του από ευρωπαϊκό νομισματοκοπείο (άρ. 12), ενώ το ποσό τους δεν θα υπερέβαινε τις 6 δρχ. ανά κάτοικο για τα αργυρά και τις 3 δρχ ανά κάτοικο για τα νικέλινα και χάλκινα. Πράγματι, τα νομίσματα που κόπηκαν από το Νομισματοκοπείο στο Παρίσι ήταν αξίας 2.350.000 δρχ (Πίνακας 25.20).

Δεδομένου ότι χρυσά νομίσματα δεν κόπηκαν ποτέ, ξένα χρυσά νομίσματα ορίσθηκε να γίνονται αποδεκτά από τα δημόσια ταμεία· τα της ΛΝΕ στο άρτιο και άλλα ευρωπαϊκά νομίσματα σε συγκεκριμένες ισοτιμίες. Τα χάλκινα και νικέλινα τέθηκαν σε κυκλοφορία στις 9/12/1900 με το διάταγμα 120 της 12/11/1900.

---

[47] Σύμφωνα με το ψήφισμα της Επαναστατικής Συνελεύσεως που ανέγραφαν τα γραμμάτια (Σιδηρόπουλος 2001, 251):

«Ἐπιτρέπεται τῷ Προεδρείῳ νὰ προβῇ εἰς τὴν ἔκδοσιν πατριωτικοῦ δανείου Δρ. χρυσῶν 100,000, διηρημένον εἰς 20,000 γραμμάτια, ὧν ἕκαστον ἀξίας πέντε δραχμῶν, διὰ τὰς ἀνάγκας τῆς ἐπαναστάσεως, ἐπὶ τόκῳ 6% ὅστις ἄρχεται ἀπὸ 1 Ὀκτωβρίου 1905.

Τὸ δάνειον τοῦτο θέλει ἐξοφληθῇ μετὰ τοῦ τόκου ἕξ μῆνας μετὰ τὴν Ἐθνικήν λύσιν τοῦ ΚΡΗΤΙΚΟΥ ζητήματος.

Ἐν Θερίσῳ τῇ 1 Σεπτεμβρίου 1905»

[48] Ν. 71 της 10/9/1899 *Περί μεταβατικού νομισματικού συστήματος* (Κουσουρελάκης 1902, 2:804–805). Η μεταρρύθμιση ολοκληρώθηκε με τον Ν. 157 της 20/4/1900 (Κουσουρελάκης 1902, 2:805–809).

Η ΔΡΑΧΜΗ ΥΠΟ ΕΛΕΓΧΟ

10

Η ΠΡΩΤΗ ΔΕΚΑΕΤΙΑ ΤΟΥ $20^{ού}$ αιώνα χαρακτηρίζεται από μια προϊούσα κόπωση της κοινωνίας από το παλαιοκομματικό σύστημα της εποχής και τον ρόλο των ανακτόρων. Η χρεωκοπία του 1893, η ταπείνωση από τον πόλεμο του 1897, ο ΔΟΕ το 1898, η κατάσταση δουλοπαροικίας των Θεσσαλών αγροτών, η διάλυση του στρατεύματος και τα ανοιχτά εθνικά θέματα σε Κρήτη, Μακεδονία και Ήπειρο είναι μερικοί μόνο από τους παράγοντες που είχαν συντελέσει στην κόπωση αυτή. Η ίδια δεκαετία σημαδεύεται και από έντονο κύμα μεταναστευτικής φυγής καθώς η ύφεση δεν επέτρεπε την συντήρηση ενός τμήματος του εργατικού δυναμικού. Έτσι, π.χ., η επίλυση του σταφιδικού προβλήματος ταυτίζεται με την απλή εξαφάνισή του: οι σταφιδοπαραγωγοί μεταναστεύουν μαζικά στην Αμερική.

Την νύχτα της 14/8/1909 στρατιωτικοί, χωροφύλακες και πολίτες που είχαν συγκεντρωθεί στους στρατώνες του Γουδή διακήρυξαν την στήριξή τους στο πρόγραμμα του «Στρατιωτικού Συνδέσμου» μιας οργάνωσης υπό τον Συνταγματάρχη Πυροβολικού Νικόλαο Ζορμπά. Η οργάνωση αυτή, χωρίς να θέτει πολιτειακό ζήτημα ή να αποσκοπεί στην εγκαθίδρυση δικτατορίας, διακήρυξε την κατάργηση της δυναστείας ή την αντικατάσταση του βασιλιά και την στρατιωτική αναδιοργάνωση. Αν και οι διακηρύξεις της ήταν αρχικά ήπιες, θα κατέληγε να αποτελέσει τον καταλύτη για θεμελιώδεις πολιτικές ζυμώσεις.

Ένα μήνα αργότερα, σε συλλαλητήριο που οργάνωσε σε συνεννόηση με συντεχνίες και σωματεία, περί τις 70 χιλιάδες πολιτών έκαναν πορεία από το Πεδίο του Άρεως στα Ανάκτορα, υποδεικνύοντας το έρεισμα που είχε αποκτήσει το κίνημα μεταξύ των πολιτών. Αποτέλεσμα της πίεσης του κινήματος προς τον πολιτικό κόσμο και της ανάγκης συνεννόησης με αυτόν ήταν η μετάκληση του Ελευθερίου Βενιζέλου στην Αθήνα, όπου έφτασε στις 28/12/1909. Η μεσολάβηση Βενιζέλου μεταξύ Στρατιωτικού Συνδέσμου και των αρχηγών των κομμάτων κατέληξε στην σύγκληση Αναθεωρητικής Βουλής και στην διάλυση του κινήματος. Στις 18/1/1910 ορκίστηκε η υπηρεσιακή Κυβέρνηση του Στέφανου Δραγούμη που θα διαδέχοταν λίγους μήνες αργότερα εκείνη του Ελευθερίου Βενιζέλου. Κυβερνήσεις αυτές, στο μεταίχμιο μιας εποχής θα πρωτοστατούσαν και σε δραστικές μεταβολές του ελληνικού νομισματικού συστήματος.

10.1 Ο δανεισμός

Η εξωτερική δανειοδότηση τα πρώτα χρόνια του ΔΟΕ ήταν περιορισμένη και με αξιοσημείωτη την απουσία γερμανικών τραπεζών. Το 1902 συνήφθη το δάνειο των ελληνικών σιδηροδρόμων (56,25 εκ. φρ.) με αγγλογαλλική ομάδα τραπεζών και μικρή συμμετοχή της Bleichröder, ενώ το 1907 συνήφθη το δάνειο Εθνικής Αμύνης (20 εκ. φρ.) στο οποίο συμμετείχαν ομάδα ελληνικών τραπεζών υπό την ΕΤΕ (Αθηνών, Ανατολής) και αγγλογαλλικών (Comptoir d'Escompte, Ionian, C. J. Hambro & Son).

Από το 1909 όμως, ο εξωτερικός δανεισμός αρχίζει να επεκτείνεται, εν μέρει λόγω του ανταγωνισμού των τριών Δυνάμεων. Αποτέλεσμα του ανταγωνισμού αυτού είναι το ότι τα δάνεια αυτά εκχωρούνται με βάση τους γεωπολιτικούς συσχετισμούς της εποχής. Το 1910 άρχισε να συζητείται δάνειο 150 εκ. φρ., εκ των οποίων όμως μόνο τα 40 εκταμιεύθηκαν ως προκαταβολή, με την γαλλική κυβέρνηση να επιθυμεί να αποφύγει την στρατιωτική χρήση τους κατά της Πύλης. Τελικά τα υπόλοιπα 110 εκ. εκταμιεύθηκαν το 1911 με συμμετοχή γαλλικών τραπεζών κατά 50%, ελληνικών κατά 37,5% και αγγλικών κατά 12,5%.[1] Το μεγαλύτερο όμως ήρθε το 1914 (500 εκ. φρ.) και είχε ως σκοπό την προμήθεια στρατιωτικού υλικού, με υποχρέωση αυτό να γίνει από αγγλογαλλικές εταιρείες. Κατ' αναλογία, το δάνειο προήλθε κατά 70% από γαλλικές τράπεζες και κατά 30% από αγγλικές,[2] όμως λόγω της έναρξης του ΑΠΠ εκδόθηκαν ομολογίες μόνον μέχρι ύψους 334.074.000 εκ. φρ. Παράλληλα, έγιναν πολλά βραχυπρόθεσμα εξωτερικά δάνεια σε χρυσό. Εκτός από την προκαταβολή των 40 εκ. φρ. του 1910, μεταξύ 1912–1914 έχουμε άλλα έξι δάνεια συνολικού ύψους 275 εκ. φράγκων.[3] Αλλά και η γερμανική κυβέρνηση προβαίνει σε δυο δάνεια 40 εκ. μάρκων τον Νοέμβριο του 1915 και των Απρίλιο του 1916, τα οποία όμως είναι μυστικά, εν αγνοία της Βουλής, και αποσκοπούν στην εξασφάλιση της ελληνικής ουδετερότητας (Ηλιαδάκης 2003, 285).

Ο δανεισμός μεταξύ 1915–23 καθίσταται κυρίως εσωτερικός. Σε 26 δάνεια της περιόδου το κράτος λαμβάνει 213.436.000 χρυσές δραχμές και 6.621.500.000 χάρτινες. Η ΕΤΕ καλύπτει εξ' ολοκλήρου τα σε χρυσό δάνεια και τα υπόλοιπα κατά 57,5% (Ηλιαδάκης 2003, 282).

Παράλληλα με αυτόν τον δανεισμό πρέπει να εξετασθούν και οι συμμαχικές πιστώσεις που έλαβε η Ελλάδα για την έξοδό της στον ΑΠΠ. Στις 10/2/1918 υπογράφηκαν τρεις συμφωνίες με την Αγγλία, την Γαλλία και τις ΗΠΑ για καταβολή 250 εκ. φρ. από κάθε χώρα, το αργότερο έξι μήνες μετά την λήξη του πολέμου.[4] Σε αντίκρυσμα των παραπάνω, η Ελλάδα θα μπορούσε να κυκλοφορήσει 750 εκ. δρχ. σε καινούργιο χαρτονόμισμα. Επίσης, η συμφωνία προέβλεπε την χρήση του παραπάνω ποσού για την συντήρηση των αγγλογαλλικών στρατευμάτων της Μακεδονίας απο την ΕΤΕ και την παροχή αγγλικού και γαλλικού στρατιωτικού υλικού στην Ελλάδα επί πιστώσει. Για τις πολεμικές ανάγκες του 1919 υπογράφηκε την 1/6/1919 νέα σύμβαση για παροχή επιπλέον 100 εκ. φρ. από την Αγγλία και την Γαλλία, ανεβάζοντας το συνολικό ποσό στα 850 εκ. φράγκα.[5]

Μέχρι την μεταπολίτευση του 1920 είχαν καταβληθεί 15 εκ. δολ. από τις ΗΠΑ (για αγορά αμερικανικών τροφίμων), 6,54 εκ. λ.σ. από την Αγγλία (31.826.910 δολ.), ενώ η Γαλλία δεν κατέβαλε τίποτα. Έτσι, ενώ η Ελλάδα είχε λάβει μόνον 239 εκ. (28,1% του ποσού), είχε χρησιμοποιήσει τις πιστώσεις ως αντίκρυσμα για να κόψει 850 εκ. δρχ. σε νέο χαρτονόμισμα, εκ του οποίου 294.731.529 εκ. φρ. είχε καταναλώσει ο γαλλικός στρατός. Άρα η Ελλάδα δαπάνησε εξ' ιδίων πόρων 55,7 εκ. δρχ. για την συντήρηση των γαλλικών στρατευμάτων.

Η επάνοδος του Κωνσταντίνου Α' χρησίμευσε σαν δικαιολογία για την υπαναχώρηση των συμμάχων από την συμφωνία, και η Γαλλία συμφώνησε να συμψηφίσει το χρέος της (προς την ΕΤΕ) με το κόστος του πολεμικού υλικού που παρέσχε στην Ελλάδα και που μονομερώς κοστολόγησε στα 430 εκ. φρ.[1]

10.2 Η συναλλαγματική ισοτιμία της δραχμής μέχρι το 1910

Την δεκαετία πριν την χρεωκοπία, η χάρτινη δραχμή ήταν σταθερά υποτιμημένη ως προς το γαλλικό φράγκο. Εκτός από μια σύντομη περίοδο το 1885 κατά την επαναφορά της μετατρεψιμότητας, οπότε η υποτίμηση περιορίσθηκε στο 1–3%, υποτιμήσεις της τάξεως του 20–30% ήταν συνηθισμένες. Η περίοδος αυτή συμπίπτει με μια περίοδο σχετικώς περιορισμένων εμπορικών ελλειμμάτων (1% έως 8% του ΑΕΠ), κατά την οποία ο λόγος εισαγωγών προς τις εξαγωγές περιορίσθηκε κάτω από το 1,5:1.

Ο Κοκκινάκης (1999, 499) θεωρεί την συναλλαγματική συγκυρία άκρως ευεργετική για την ανάπτυξη της εσωτερικής παραγωγής, ενώ ο Δερτιλής (2010b, 2:674) συγκαταλέγει και τα προστατευτικά μέτρα των κυβερνήσεων Τρικούπη στο αποτέλεσμα αυτό. Πράγματι, μπορεί το δασμολόγιο του 1884[6] να είχε ως άμεσο στόχο την

---

[1]Γαλλικές: Comproir d'Escompte (17%), Banque de Paris et des Pays Bas (12%), Société Générale (12%), Union Parisienne (9%). Ελληνικές: ΕΤΕ (20%), Αθηνών (12,5%) και Ανατολής (5%). Αγγλικές: C. J. Hambro & Son (6,25%), E. Erlanger & Co (6,25%). (Ηλιαδάκης 2003, 230–231).

[2]Γαλλικές: Comproir d'Escompte, Banque de Paris et des Pays Bas, Société Générale, Union Parisienne. Αγγλικές: C. J. Hambro & Son, E. Erlanger & Co, London Country & Westminster Bank Ltd. (Ηλιαδάκης 2003, 230–231).

[3]Δεκέμβριος 1912 (40 εκ. φρ.), Μάρτιος 1913 (50 εκ. φρ.), Ιούνιος 1913 (προκαταβολή 40 εκ. φρ.), καλοκαίρι 1913 δάνειο επιτάξεως (40 συν 10 εκ. φρ.), Σεπτέμβριος 1913 (30 εκ. φρ.) και 1914 (65 εκ. φρ.) (Ηλιαδάκης 2003, 230–231).

[4]Κυρώθηκαν με τον νόμο 1235 της 4/4/1918 (ΦΕΚ 71, 4/4/1918, σ. 417–424).

[5]Αγγλία: 300 εκ. φρ ή 11.895.421 λ.σ., Γαλλία: 300 εκ. φρ., ΗΠΑ: 250 εκ. φρ. ή 48.237.000 δολ. υπολογίζοντας 1 δολ. = 5,1827 φράγκα (τιμή πώλησης) αντί τις επίσημης των 5 φρ. (με την οποία θα έπρεπε να καταβληθούν 50 εκ. δολ.). (Ηλιαδάκης 2003, 285–287).

[6]Βάσει του Ν. ͵ΑΡϚ´ (1190) της 19/4/1884 (ΦΕΚ 216, 26/5/1884, σ. 1097–1100).

άντληση εσόδων, όμως είχε ως έμμεσο αποτέλεσμα την προστασία της εθνικής παραγωγής. *Λίγο αργότερα, το δασμολόγιο του 1892 όριζε ότι αν η είσπραξη των δασμών γινόταν σε χάρτινες δραχμές θα υπήρχε μια προσαύξηση της τάξεως του 32% ως προς το ποσόν σε χρυσές δραχμές* (Ν. ͵ΒΡΚΑ΄/1892). *Την ίδια στιγμή, η αντίστοιχη προσαύξηση που προβλεπόταν στους εξαγωγικούς δασμούς ήταν μόνον 12%* (Ν. ͵ΒΡΙΕ΄/1892). *Και αυτός ο δασμολογικός προστατευτισμός θα ήταν προϊόν της πολιτικής του κατ' εξοχήν φιλελεύθερου πολιτικού της περιόδου. Το 1893 ήταν η μοναδική χρονιά σε περίπου εννέα δεκαετίες που το εμπορικό έλλειμμα σχεδόν μηδενίσθηκε* (ΕΣΥΕ 1940, 458–459), *ενώ το πρώτο δίμηνο του 1894 παρατηρήθηκε αύξηση των εξαγωγών κατά περίπου 28% σε σχέση με το αντίστοιχο δίμηνο του 1893* (*Ο Οικονομολόγος* 1894, 1433).

Μετά τον πόλεμο του 1897, και ως συνέπεια των περιορισμών στην έκδοση χρήματος που επέβαλλε ο ΔΟΕ, η νομισματική κυκλοφορία (Μ0) μειώθηκε κατά 4,5% μεταξύ 1898 και 1909 (από 161 σε 154 εκ. δρχ.), ενώ ο πληθυσμός αυξήθηκε κατά περίπου 3,6% (από 2,47 σε 2,56 εκ. περίπου). Αυτό μείωσε την κατά κεφαλήν παροχή χρήματος από 65 σε 60 δρχ. ανά κάτοικο, δηλαδή κατά 7,7%. Η κατάσταση που δημιουργήθηκε οδήγησε σταδιακά προς την χρηματική ασφυξία. Αυξανόμενος πληθυσμός και αναπτυσσόμενη οικονομία προϋποθέτουν ηυξημένα νομισματικά αποθέματα για να λειτουργήσουν ομαλά. Δεν είναι τυχαίο που η περίοδος εκείνη σημαδεύθηκε από το πρώτο μεγάλο μεταναστευτικό κύμα φυγής.

Από το 1904 όμως ακολούθησε ραγδαία ανατίμηση της δραχμής. *Το 1909 η χάρτινη δραχμή κινήθηκε λίγο κάτω από το άρτιο, ενώ μεταξύ 1910–12 το ξεπέρασε* (βλ. Πίνακα 25.5), *προς όφελος των πιστωτών της Ελλάδας, που εισέπρατταν τους τόκους τους σε ολοένα και πιο σκληρό νόμισμα. Βάσει πρόνοιας του νόμου του Διεθνούς Ελέγχου* (Παράρτημα, άρ. 3, 5 και 6.), *είχε προϋπολογισθεί ένα ελάχιστο ετήσιο ποσό δε δραχμές, με μια ισοτιμία αναφοράς των 1,65 δρχ/φρ. Αν η ισοτιμία μετατροπής των εισπραττόμενων δραχμών σε φράγκα ήταν κάτω από το 1,65, το συναλλαγματικό κέρδος θα διετίθεντο κατά 60% στην υπηρεσία των δανείων· 30% στην βελτίωση του τόκου και 30% στην αύξηση του χρεωλυσίου. Αν η δραχμή όμως έπεφτε χαμηλότερα, την συναλλαγματικ διαφορά θα έπρεπε να συμπληρώσει το κράτος από άλλες προσόδους.*[7] *Έτσι, την τριετία 1899–1901 που παρατηρήθηκε μια παροδική υποτίμηση δραχμής, αυτό το κέρδος για τους δανειστές έπεσε διαδοχικά στις 795.475 δρχ* (1899), *στις 475.020 δρχ* (1900) *και μηδενίσθηκε το 1901, προτού ανακάμψει στην συνέχεια όταν η ανατίμηση της δραχμής συνεχίσθηκε* (Κοκκινάκης 1999, 613).

Η πορεία της συναλλαγματικής ισοτιμίας προκάλεσε μια θεωρητική συζήτηση με άμεσες πολιτικές προεκτάσεις λόγω της σημασίας της ισοτιμίας στην αποπληρωμή των δανειστών της Ελλάδας. Συγκεκριμένα, η συζήτηση περιεστράφη γύρω από τους παράγοντες που θα μπορούσαν να επηρεάζουν την ισοτιμία· ήταν μόνο το ποσό των τραπεζογραμματίων σε κυκλοφορία ή μήπως υπήρχαν και άλλοι παράγοντες που θα έπρεπε να ληφθούν υπόψη; Η συζήτηση, που εξετάζεται γενικότερα και στην παράγραφο 24.7, δεν αποτελούσε μια απλή ακαδημαϊκή άσκηση, καθώς η απάντηση θα καθόριζε σε μεγάλο ποσοστό την νομισματική πολιτική των επομένων ετών, καθώς ο ΔΟΕ είχε κάθε λόγο να επαναφέρει την δραχμή στο άρτιο, με όποιο μέσον θεωρείτο πρόσφορο.

Την συζήτηση αυτή αποδελτιώνει διεξοδικά ο Κοκκινάκης. Πολλοί αναλυτές επιχειρηματολόγησαν ότι η σχέση κυκλοφορίας-ισοτιμίας δεν ήταν ούτε μονοσήμαντη ούτε αιτιώδης· δηλαδή, η ισοτιμία δεν μπορούσε να ποσοτικοποιηθεί ως συνάρτηση με μοναδική μεταβλητή την κυκλοφορία τραπεζογραμματίων. Αυτή ήταν και η θέση του Στέφανου Δραγούμη, που θεωρούσε ότι δεν ήταν το χαρτονόμισμα πληθωρικό—αντιθέτως δεν επαρκούσε για τις καθημερινές συναλλαγές—αλλά ότι ο χρυσός ήταν σε μεγάλη έλλειψη (Δραγούμης 1901). Σε αντίστοιχα συμπεράσματα κατέληγε το καλοκαίρι του 1902 και ο Φωκίων Νέγρης· σε επιστολές της 25/7 και 12/8/1902 προς τον Ι. Α. Βαλαωρίτη υποστήριξε ότι επρόκειτο μάλλον περί προβλήματος ισοζυγίου πληρωμών, το οποίο έπρεπε να αντιμετωπισθεί με περιορισμό των στρατιωτικών δαπανών και με αύξηση της εγχώριας παραγωγής (Κοκκινάκης 1999, 502–504). Αντιστοίχως, και ο τότε Διοικητής της ΕΤΕ Στέφανος Στρέιτ θεωρούσε ότι το πρόβλημα είχε τις ρίζες του στον ελλειμματικό χαρακτήρα του ελληνικού εμπορίου και στην σχέση της ποσότητας του χαρτονομίσματος με εκείνη των εμπορευμάτων, ένα εκ των οποίων ήταν και το χρυσό νόμισμα

---

[7] Τα έτη 1898–1902 οι ελάχιστες ετήσιες καταβολές έπρεπε να είναι 14.437.500 δρχ (8,75 εκ. χρυσά φράγκα) και εν συνεχεία 14.850.000 δρχ (9 εκ. χρυσά φράγκα), που αντιστοιχούν στην ισοτιμία των 165 δρχ/100 φράγκα.

λόγω της αναγκαστικής κυκλοφορίας· το ελλειμματικό εμπορικό ισοζύγιο προκαλούσε μεταλλική αιμορραγία και αύξηση της τιμής του χρυσού. Επιπλέον, αναγνώριζε τον προστατευτικό χαρακτήρα που ενείχε η υποτίμηση για την ελληνική παραγωγή, προτείνοντας την παγίωση της υποτίμησης στις 140 δρχ/100 φράγκα. Επίσης θεωρούσε ότι η κυκλοφορία ήταν κάθε άλλο παρά πληθωρική αν λαμβάνονταν υπόψη οι ανάγκες του εμπορίου. Τέλος, όπως διαπιστώνεται από την αλληλογραφία του (Κοκκινάκης 1999, 613), ήταν ενάντιος στην άρση της αναγκαστικής, ακόμη κι αν το κράτος αποπλήρωνε το δάνειό του προς τις τράπεζες.

Και ο Γιώργος Κατσελίδης, εκδότης της *Οικονομικής Ελλάδος*, υιοθέτησε σε γενικές γραμμές τις παραπάνω απόψεις. Την ύψωση του συναλλάγματος δεν την συσχέτιζε τόσο με την κυκλοφορία χαρτονομίσματος αλλά με τις εισροές χρυσού, όποια κι αν ήταν η προέλευσή τους—δάνεια ή εξαγωγές. Για τον λόγο αυτό η δραχμή τύγχανε μικρής υποτίμησης μέχρι και το 1891, όταν ακόμη οι δανειακές εισροές ήταν σημαντικές, και υποτιμήθηκε μετά το 1892, όταν οι εισροές διακόπηκαν λόγω της αναφαινόμενης χρεωκοπίας. Παράλληλα, ο Κατσελίδης αναγνώριζε τον προστατευτικό χαρακτήρα της νομισματικής πολιτικής για την εγχώρια παραγωγή, και πρότεινε μεν την επανεισαγωγή του κανόνα του χρυσού, αλλά με την τρέχουσα ισοτιμία· πρότεινε δηλαδή την παγίωση της υποτίμησης, η οποία θα αντανακλούσε και την ανατίμηση που είχε υποστεί ο χρυσός από την δεκαετία του 1870. Τέλος, δεν θεωρούσε ότι το χαρτονόμισμα ήταν πληθωρικό αλλά ότι, τουναντίον, σύντομα θα χρειαζόταν νέα αύξηση της κυκλοφορίας λόγω της αύξησης του πληθυσμού (Κατσελίδης 1902· 1903a, 1–3· 1903b, 1–4· 1903c, 1–3· 1903d, 1–4· 1903e, 1–3· 1903f, 1–3· 1903g, 1–3· 1903h, 1–4· 1903i, 1–3).

Οι Σ. Δραγούμης, Φ. Νέγρης, Γ. Κατσελίδης και Σ. Στρέιτ βρίσκονταν στον αντίποδα αυτού που θα αποκαλούσαμε σήμερα «μονεταρισμό». Αντιθέτως ο Βαλαωρίτης, παρότι αναγνώριζε την πολυπαραμετρική φύση του προβλήματος, κατέληξε στο απλοϊκό συμπέρασμα ότι η κυκλοφορία ήταν πληθωρική. Σε άρθρα του της 1/8/1902 και 19/10/1902 στο *Moniteur des intérêts matériels* υποστήριζε την απόσυρση των χαρτονομισμάτων που κυκλοφορούσαν για λογαριασμό του κράτους σε ορίζοντα δεκαετιών, την εισαγωγή αργυρών κερμάτων και την δημιουργία αποθέματος χρυσού που να στηρίζει την κυκλοφορία τραπεζογραμματίων της ΕΤΕ (Κοκκινάκης 1999, 504–505).

Ακόμη πιο απόλυτος, και απόλυτα καθοριστικός, ήταν ο ΔΟΕ που φαίνεται να μην χρησιμοποιούσε καμία άλλη παράμετρο στην ανάλυσή του, πέρα από την απόλυτη κυκλοφορία των χαρτονομισμάτων—ούτε καν τον όγκο της οικονομικής δραστηριότητας. Π.χ., κατά την περίοδο της συγκομιδής το φθινόπωρο του 1903, τα τραπεζογραμμάτια της ΕΤΕ υπερέβησαν προσωρινά το όριο των 65 εκ. δρχ που όριζε το άρ. 30 του ν. ,ΒΦΙΘ΄/1898. Αυτό προκάλεσε την έντονη αντίδραση του ΔΟΕ μέσω του προέδρου του E. Bonnelli, ο οποίος δεν δέχθηκε καμία από τις εξηγήσεις του Σ. Στρέιτ σχετικά με την εποχικότητα της αύξησης της κυκλοφορίας, απαιτώντας άνευ συζήτησης τον περιορισμό της κυκλοφορίας κάτω από αυτό το άκαμπτο όριο (Κοκκινάκης 1999, 505–507). Ο στόχος των επιπλέον κερδών από την συναλλαγματική διαφορά έπρεπε να επιτευχθεί ακόμη και με το τίμημα της πιστωτικής ασφυξίας της ελληνικής οικονομίας, βάσει μιας μη αποδεδειγμένης αιτιώδους σχέσης.

Μια απάντηση στην αιτιώδη σχέση ισοτιμίας-ποσότητας χρήματος μπορούμε να πάρουμε αν εξετάσουμε τις συνιστώσες του ισοζυγίου εξωτερικών πληρωμών. Την δεκαετία πριν το 1904 είχαν ήδη μεταναστεύσει 52.000 Έλληνες, ενώ μέχρι το 1913 οι καθαρή μετανάστευση—λαμβάνοντας υπόψη και τους επαναπατρισμούς—ήταν πάνω από 190.000 ψυχές (ΕΣΥΕ 1940, 435–437). Τα μεταναστευτικά εμβάσματα ισοστάθμιζαν σε μεγάλο ποσοστό το έλλειμμα στο ισοζύγιο διεθνών πληρωμών που οφειλόταν στο εμπορικό έλλειμμα και στην εξυπηρέτηση του δημοσίου χρέους. Δεν γνωρίζω να υπάρχουν ακριβή στοιχεία για τα ποσά αυτά, όμως ο Damiris (1920a, 1:93) αναφέρει εμβάσματα ύψους σχεδόν 300 εκ. δρχ για την εξαετία 1907–1912, αναβιβάζοντάς τα μάλιστα σε έναν από τους βασικούς λόγους ανατίμησης της δραχμής. Η αναφορά του Βρετανού εκπροσώπου του ΔΟΕ κάνει λόγο για 20 εκ. φράγκα μόνο για το 1903, αντίστοιχο του 25% των εξαγωγών, συνδέοντας ευθέως το ισοζύγιο πληρωμών με την αξία της δραχμής (*Οικονομική Ελλάς* 1904, 51–53). Επιπλέον, με την ραγδαία ανάπτυξη του εμπορικού ναυτικού την περίοδο εκείνη, μια άλλη συμπληρωματική πηγή αποτελεί το ναυτιλιακό συνάλλαγμα. Έτσι, η κατά 40% ανατίμηση της δραχμής μεταξύ 1904–1912 δεν μπορεί πειστικά να αποδοθεί σε ποσοτικά φαινόμενα, την στιγμή μάλιστα που το ίδιο διάστημα το Μ0 *αυξήθηκε* κατά περίπου 30% και το Μ3 κατά 105%!

10.3 Προς την άρση της αναγκαστικής... ξανά: το νέο νομισματικό σύστημα

Με την ισοτιμία της δραχμής να ανεβαίνει ως προς το φράγκο, θεωρήθηκε ότι η Ελλάδα ήταν πλέον έτοιμη να άρει (ξανά) την αναγκαστική της κυκλοφορία, ή τουλάχιστον να το επιχειρήσει. Οι διαδοχικές αποτυχίες εφαρμογής ενός μεταλλικού συστήματος φαίνεται δεν είχαν διδάξει τίποτα στο πολιτικό προσωπικό, το οποίο παρέμενε προσκολλημένο σε έναν μεταλλισμό τόσο φευγαλέο όσο και χονδροειδή.

Μια από τις βασικές πρόνοιες του ΔΟΕ ήταν η αποπληρωμή του δανείου σε τραπεζογραμμάτια που είχε συνάψει το ελληνικό κράτος, θέτοντας αυτά σε αναγκαστική κυκλοφορία. Το ποσό του δανείου αυτού ανερχόταν σε 74 εκ. δρχ για τα τραπεζικά γραμμάτια για λογαριασμό της κυβέρνησης και 20 εκ. δρχ. για μονόδραχμα και δίδραχμα κερματικά γραμμάτια. Ακολουθώντας τις εντολές του ΔΟΕ αυτό το χρέος είχε κατέλθει στα τέλη του 1907 στα 67.778.757 δρχ σε τραπεζογραμμάτια της ΕΤΕ και σε 14 εκ. δρχ σε κερματικά γραμμάτια (10,5 εκ. δρχ της ΕΤΕ και 3,5 εκ. δρχ της Ionian). Όμως το οικονομικό και κοινωνικό κόστος αυτής της προόδου ήταν πολύ σημαντικό.

Το ζήτημα των αργυρών κερμάτων και το σχέδιο Βαλαωρίτη

Προς τα τέλη της δεκαετίας του 1900, η αραίωση της κυκλοφορίας έκανε τις επιπτώσεις της εμφανείς. Η προκαλούμενη εμπορική κρίση, με αλλεπάλληλες πτωχεύσεις (Κοκκινάκης 1999, 524–525) και έξαρση της τοκογλυφίας (Κωστής 2003, 82 και παραπομπές) λάμβανε ανησυχητικές διαστάσεις. Σε συνδυασμό με τα ηυξημένα μεταναστευτικά εμβάσματα η νομισματική στενότητα προκαλούσε την ταχύτατη ανατίμηση της δραχμής.

Το πρόβλημα που ετίθετο την περίοδο εκείνη συνοψιζόταν στο πώς θα μπορούσε να επιτευχθεί η άρση της αναγκαστικής κυκλοφορίας χωρίς την περαιτέρω πιστωτική ασφυξία που θα συνεπαγόταν η απόσυρση των τραπεζογραμματίων της αναγκαστικής και των κερματικών γραμματίων. Την απάντηση στο πρόβλημα αποπειράθηκε να δώσει ο Ιωάννης Βαλαωρίτης, τότε Υποδιοικητής της ΕΤΕ. Πρώτο στοιχείο αυτής της απάντησης ήταν η «εθνικοποίηση», δηλαδή ο επαναπατρισμός, των ελληνικών αργυρών κερμάτων που είχαν εξαχθεί μετά την αναγκαστική κυκλοφορία του 1885. Το σχέδιο του Βαλαωρίτη προέβλεπε τον επαναπατρισμό των 10,8 εκ. δρχ που είχαν κοπεί μεταξύ 1868–74 και 1882–83 (Πίνακας 25.16) και είχαν εξ' ολοκλήρου σχεδόν εξαχθεί (εξαιρούνταν τα 5δραχμα των ετών 1875–77).

Παρότι ο Βαλαωρίτης δεν ήλπιζε ότι θα επιστρεφόταν το σύνολο αυτού του ποσού, προσδοκούσε την επιστροφή περίπου 9 εκ. δρχ. Με αυτά, συν άλλα 5 εκ. που θα έκοβε το κράτος, πρότεινε την *άμεση* αντικατάσταση των 14 εκ. δρχ που κυκλοφορούσαν τότε υπό μορφή κερματικών γραμματίων. Κατά τους υπολογισμούς του, η κοπή αυτή θα κόστιζε περί τα 2,5 εκ. δρχ, αφήνοντας ένα κέρδος άλλων 2,5 εκ. δρχ, με τα οποία το ελληνικό κράτος θα εξοφλούσε τα έξοδα από τόκους, συναλλαγματικές διαφορές και νομισματοκοπής. Ευελπιστούσε ότι *«ουδεμίαν θὰ ἔχει ἀντίρρησιν ὁ Ἔλεγχος νὰ ἀποδεχθῇ πρότασιν, ἥτις θὰ βελτιώση οὐσιωδῶς τὴν νομισματικὴν κυκλοφορίαν τοῦ τόπου, εὑρισκομένου ἤδη διὰ τῆς κυκλοφορίας τῶν χαρτίνων κερμάτων εἰς τὴν τελευταίαν βαθμίδαν τῆς ἀναγκαστικῆς κυκλοφορίας»* και ότι το μέτρο *«θὰ συντελεσθῇ ἄνευ μὲν ὠφελείας τινὸς ἀλλὰ καὶ ἄνευ τῆς ἐλαχίστης θυσίας τοῦ Ἑλληνικοῦ Δημοσίου»*.

Η πίστη του Βαλαωρίτη (1908)επεκτεινόταν και στο ζήτημα της αραίωσης της νομισματικής κυκλοφορίας, το οποίο πλέον αναγνώριζε ως πραγματικό, ανακρούοντας πρύμναν στην αντιπληθωριστική του πολιτική:

> *Τὸ μέτρον [...] θὰ ἔχη δὲ ἐπὶ πλέον τὸ πλεονέκτημα τοῦ νὰ περιορίση ἐπὶ τινα χρόνον τὴν ἀραίωσιν τῆς νομισματικῆς κυκλοφορίας, διότι τὰ ἀποσυρόμενα γραμμάτια θὰ ἀντικαθίστανται διὰ κερματικῶν. Λέγομεν νὰ περιορίση καὶ οὐχὶ νὰ ἀναστείλη, διότι ὁ περιορισμὸς δὲν ἐπέρχεται μόνον διὰ τῶν ἀποσυρομένων ἐτησίως ἐκ τῆς κυκλοφορίας δύο ἑκατομμυρίων, ἀλλὰ καὶ διὰ τῆς αὐξήσεως τοῦ πληθυσμοῦ, τοῦ πλούτου καὶ τῶν συναλλαγῶν, στοιχειώδης δὲ φρόνησις ἐπιβάλλει ἤδη, ὅτε προσηγγίσαμεν εἰς τὸ ἄρτιον, νὰ ἐπιβραδύνωμεν τὴν ἀραίωσιν τὸ νομίσματος, φόβῳ μήπως σπεύδοντες ὑπερβῶμεν τὸ ἐπιβεβλημένον ὅριον, πρὶν ἢ λάβωμεν τὰ ἀναγκαῖα μέτρα ὅπως προλάβωμεν τοὺς κινδύνους νομισματικῆς στενοχωρίας*

Η διεθνής συγκυρία

Ενδιαφέρον ως προς το σχέδιο Βαλαωρίτη παρουσιάζει το διεθνές κλίμα εντός του οποίου αυτό διατυπώθηκε. Με τον αποχρηματισμό του αργύρου από την ΛΝΕ το 1878, μοναδικά αργυρά νομίσματα των οποίων η κοπή προβλεπόταν ήταν τα κερματικά· η κοπή των αργυρών πεντοφράγκων είχε απαγορευθεί, καθώς η ΛΝΕ, δηλαδή η Γαλλία, είχε αποφασίσει να μεταβεί—άγνωστο πώς και πότε—από τον «διμεταλλισμό» στον «μονομεταλλισμό» του χρυσού. Την ίδια χρονιά έγινε η πρώτη «εθνικοποίηση» των ιταλικών αργυρών κερμάτων, τα οποία είχαν πλημμυρίσει τις χώρες της ΛΝΕ, συνεπεία της αναγκαστικής κυκλοφορίας στην οποία είχε υποχρεώσει την Ιταλία ο πόλεμος με την Αυστροουγγαρία το 1866. Αυτά ανακλήθηκαν στην Ιταλία και αποσύρθηκαν από την κυκλοφορία των υπολοίπων χωρών της ΛΝΕ, καθώς οι τελευταίες έπαψαν να τα δέχονται στα ταμεία τους.

Το 1883 αυτή η εθνικοποίηση έπαψε, όμως μια νέα υποτίμηση της λιρέτας οδήγησε σε νέα εθνικοποίηση το 1893.[8] Αυτή προκάλεσε αναταράξεις εντός της ΛΝΕ, καθώς η Ελβετία επέστρεψε 26 εκ. σε ιταλικά κέρματα, δηλαδή ποσό ανώτερο από ολόκληρη την δική της κερματική κυκλοφορία (22 εκ. φράγκα). Η κερματική έλλειψη για την Ελβετία ήταν τόσο σοβαρή, που η χώρα πρότεινε την αύξηση των κερματικών κοπών από 6 σε 7 φράγκα ανά κάτοικο.

Με την συμφωνία της 29/10/1897, αποφασίσθηκε πράγματι αυτή η αύξηση, με την διαφορά όμως ότι η Γαλλία θα προσμετρούσε στον πληθυσμό της και τις αποικίες της. Έτσι, ενώ η αύξηση της κερματικής κυκλοφορίας για την Ελβετία ήταν οριακή (3 εκ. φράγκα), για την Γαλλία ήταν υπερβολική (130 εκ. φράγκα). Επιπλέον, για κοπές άνω των 3 εκ. φράγκων, τα νέα κέρματα θα έπρεπε να κοπούν από αναχώνευση των αργυρών πεντάφραγκων και όχι από ράβδους αργύρου, ενώ οι κοπές θα έπρεπε να γίνουν σταδιακά, τουλάχιστον σε βάθος τετραετίας.[9] Αυτή η πρόνοια αποσκοπούσε στο να αποσυρθούν τελικώς τα αργυρά νομίσματα (πεντόφραγκα) και να πάρουν την θέση τους τα αργυρά κέρματα, ώστε στην θέση των νομισμάτων να έρθουν τελικώς τα χρυσά. Η τροποποίηση όμως αυτή ήταν εφήμερη καθώς και πάλι δεν έλυνε το πρόβλημα της έλλειψης κερματικών κοπών, αφού αυτές θα περιορίζονταν από το προϋπάρχον σύνολο αργυρών πεντόφραγκων. Έτσι, μια νέα σύμβαση θα άλλαζε τα δεδομένα το 1908.

Η νομισματική σύμβαση του 1908

Η σύμβαση της 4/11/1908[10] είχε σημαντικές συνέπειες για το ελληνικό νομισματικό σύστημα. Το πρώτο άρθρο αύξανε δραματικά τις κατά κεφαλήν κερματικές κοπές, από 7 σε 16 φράγκα ανά κάτοικο.[11] Στην Ελλάδα, εκτός από τα 15 εκ. δρχ που προέβλεπε η σύμβαση του 1885 (άρ. 9), η σύμβαση του 1908 προσέθετε τα 3 εκ. δρχ που μπορούσαν να κόψουν και οι υπόλοιπες χώρες από πλίνθους αργύρου, σύμφωνα με την πρόνοια της σύμβασης του 1897 (άρ. 2). Παρότι οι νέες κοπές δεν μπορούσαν να υπερβούν τα 60 λεπτά ανά κάτοικο ετησίως, η σύμβαση του 1908 όριζε ότι τα προαναφερθέντα 3 εκ. δρχ της Ελλάδας μπορούσαν να κοπούν αμέσως (άρ. 2).

Ταυτοχρόνως, η Ελλάδα ετίθετο σε μια υποομάδα της ΛΝΕ μαζί με την Ιταλία και την Ελβετία που, καθώς δεν είχαν κόψει σημαντικές ποσότητες πεντοφράγκων, μπορούσαν να κόψουν τα νέα κέρματα από πλίνθους αργύρου μέχρις ενός ορισμένου ποσοστού. Για την Ελλάδα το ποσοστό αυτό ήταν 100% για τις κοπές μέχρι τα προαναφερθέντα 18 (= 15 + 3) εκ. δρχ και 75% για τις κοπές άνω του ποσού αυτού. Το υπόλοιπο 25% θα έπρεπε να κοπεί από αναχώνευση αργυρών πενταδράχμων. Το σημείο αυτό δεν ήταν κάποια τετριμμένη λεπτομέρεια, αλλά θέμα έντονης πολιτικής αντιπαράθεσης μεταξύ της Γαλλίας και Ιταλίας. Ο Γάλλος Υπ. Οικονομικών Joseph Caillaux προωθούσε την αναχώνευση των αργυρών πεντοφράγκων ώστε να προωθηθεί το σύστημα του «μονομεταλλισμού» χρυσού, στο οποίο τα ο άργυρος θα χρησιμοποιείτο μόνο σε κέρματα· προς αυτήν την κατεύθυνση είχε λειτουργήσει και η μαζική μεταφορά των γαλλικών αργυρών πεντόφραγκων προς τις γαλλικές αποικίες, οι οποίες φορτώνονταν το φθηνό μέταλλο ώστε να μπορέσει η μητρόπολη να λάμψει δια του μονομεταλλισμού του χρυσού. Αντιθέτως, η ιταλική κυβέρνηση προέκρινε την χρήση πλίνθων αργύρου για την κοπή των νέων κερμάτων, ώστε να μην μειωθεί η ποσότητα των αργυρών πεντόφραγκων. Οι επιλογές αυτές δεν ήταν τυχαίες, καθώς η Γαλλία είχε προβεί σε μια εκτεταμένη κοπή τέτοιων νομισμάτων (περί τα 3 δις), ενώ η αντι-

---

[8] Η σύμβαση της 15/11/1893 κυρώθηκε στην Ελλάδα από τον ν. ‚ΒΣΑ΄ (2201) της 24/12/1893 (ΦΕΚ 244, 30/12/1893, σ. 1031–1035).

[9] Το πλήρες κείμενο της σύμβασης παρατίθεται με τον νόμο ‚ΒΦΚ΄ (2520) της 27/2/1898 (ΦΕΚ 31, 28/2/1898, σ. 85–87).

[10] Το πλήρες κείμενο της σύμβασης παρατίθεται με τον νόμο ‚ΓΤΛΒ΄ (3332) της 16/3/1909 (ΦΕΚ 66, 18/3/1909, σ. 281–287).

[11] Ειδικώς για την Γαλλία, στον πληθυσμό συμπεριλαμβάνονται και 20 εκ. κάτοικοι των αποικιών. Ομοίως για το Βέλγιο συνυπολογίζονται και 10 εκ. κάτοικοι του Βελγικού Κονγκό. Για την Ελλάδα, με 2,65 εκ. κατοίκους (άρ. 1), η σύμβαση επέτρεπε σε βάθος χρόνου την συνολική κοπή 42,4 εκ. δρχ σε κέρματα, ποσόν πολύ υψηλότερο από τα 18 εκ. δρχ. που επέτρεπαν οι μέχρι τότε συμβάσεις, και των 14 εκ. δρχ που επέτρεπε ο ΔΟΕ.

στοίχου μεγέθους Ιταλία είχε κόψει πολύ λιγότερα (περί τα 350 εκ.)· η θέση της Ελλάδας ήταν πολύ πιο κοντά σε εκείνη της Ιταλίας, καθώς είχε κόψει ελάχιστα πεντάδραχμα (15.462.865 δρχ) και όλα σχεδόν είχαν διαφύγει στο εξωτερικό (Κοκκινάκης 1999, 526–527 και παραπομπές), εν μέρει συνεπεία του άρθρου 6 της σύμβασης του 1878.[12] Επιπλέον, είχε κόψει μόνον 10,8 εκ. δρχ σε αργυρά κέρματα. Αν και το ποσό αυτό υστερούσε σημαντικά εκείνου που επέτρεπε η νέα σύμβαση (18 εκ. δρχ άμεσης κοπής), η Γαλλία έμεινε ανυποχώρητη στους περιορισμούς που επέβαλλε στην Ελλάδα σχετικά με την χρήση πλίνθων αργύρου, καθώς ήθελε να επιβάλλει την βασική αρχή της αναχώνευσης των αργυρών νομισμάτων στο ιταλικό απόθεμα, κατά πολύ σημαντικότερο του ελληνικού (Κοκκινάκης 1999, 529).

Τα άρθρα 4 έως 16 της σύμβασης αφορούσαν αποκλειστικώς στην Ελλάδα και στην απόσυρση των ελληνικών κερμάτων από τις χώρες της ΛΝΕ. Βάσει αυτών, η Ελβετία, η Γαλλία, το Βέλγιο και η Ιταλία αναλάμβαναν να ασκήσουν το δικαίωμα που είχαν και να αποσύρουν από την κυκλοφορία τα ελληνικά κέρματα, παραδίδοντάς τα στην ελληνική κυβέρνηση (άρ. 4), και παύοντας να τα αποδέχονται στα ταμεία τους (άρ. 5). Τα κέρματα αυτά θα εξαγόραζε η Ελλάδα έναντι χρυσών νομισμάτων (δεκάφραγκων και άνω) στην ονομαστική τους αξία (άρ. 7). Η επιστροφή θα γινόταν με έξοδα της Ελλάδας (άρ. 10), η οποία δεν μπορούσε να αρνηθεί ούτε τα φθαρμένα κέρματα (άρ. 11).

Μόλις ολοκληρώνονταν τα παραπάνω, η ελληνική κυβέρνηση αναλάμβανε να αποσύρει όλα τα κερματικά γραμμάτια εντός δύο ετών (άρ. 12). Το 1907 αυτά ανέρχονταν σε 14 εκ. δρχ, καθώς μεταξύ 1900–1906 είχαν αποσυρθεί περί τα 6 εκ. σε κερματικά γραμμάτια. Αυτή όμως η πρόνοια της σύμβασης του 1908 ερχόταν σε αντίθεση με το άρθρο 30 το νόμου περί Διεθνούς Ελέγχου (‚ΒΦΙΘ΄/1898), που προέβλεπε την σταδιακή απόσυρση των τραπεζογραμματίων και των κερματικών γραμματίων κατά 2 εκ. δρχ κατ᾿ έτος. Κατά τον Κοκκινάκη (1999, 530–532) η τελική αποδοχή του σχεδίου από τον ΔΟΕ, είτε αυτή προέκυψε από την επιχειρηματολογία του Δημητρίου Γούναρη, είτε από γαλλικές πιέσεις, ήταν μια ουσιαστική υποχώρηση καθώς ανέστελλε για πρώτη φορά μετά το 1898 την άτεγκτη αποπληθωριστική προσήλωση των δανειστών της Ελλάδας.

Ο νόμος ‚ΓΧΜΑ΄/1910 και η απόσυρση των κερματικών γραμματίων και χαλκονικέλινων κερμάτων

Η εφαρμογή του σχεδίου Βαλαωρίτη ήταν ένα ακόμη νομισματικό εγχείρημα που χαρακτηρίσθηκε από διακομματική συνέχεια και από αντιπαραθέσεις κυβέρνησης-αντιπολίτευσης. Αφενός, η εφαρμογή του σχεδίου απασχόλησε μια σειρά Υπουργών Οικονομικών διαφορετικών κυβερνήσεων: τους Ανάργυρο Σιμόπουλο, Δημήτριο Γούναρη και Νικόλαο Καλογερόπουλο επί κυβερνήσεων Γ. Θεοτόκη, τον Αθ. Ευταξία επί κυβερνήσεως Κυριακούλη Μαυρομιχάλη και τον Στέφανο Δραγούμη σε κυβέρνηση υπό τον ίδιο.

Τις αρχικές διαπραγματεύσεις είχε ξεκινήσει ο Αν. Σιμόπουλος από το 1907 (Κοκκινάκης 1999, 532). Το νομοσχέδιο που κατακύρωνε την σύμβαση κατετέθη στην Βουλή τον Δεκέμβριο του 1908 από τον Δ. Γούναρη (*ΠΣΒ* 1908a, 114), όμως μετά από κάποιο σημείο το έργο της υπεράσπισής του ανέλαβε ο Ν. Καλογερόπουλος.[13] Η συζήτηση της σύμβασης διήρκεσε από τον Ιανουάριο έως τον Μάρτιο του 1909,[14] οπότε και υπερψηφίσθηκε με 94 ψήφους υπέρ έναντι 2 (*ΠΣΒ* 1909k, 529–542), χωρίς όμως να εκτελεσθεί.

Μετά την παραίτηση Θεοτόκη ακολούθησε το κίνημα του Στρατιωτικού Συνδέσμου (15/8/1909) που προκάλεσε την πτώση της κυβέρνησης Ράλλη και τον διορισμό της κυβέρνησης Μαυρομιχάλη. Ο Στρατιωτικός Σύνδεσμος εξανάγκασε την κυβέρνηση να συνεχίσει να παράγει νομοθετικό έργο, και στο πλαίσιο αυτό εντάσσεται προφανώς και η προσπάθεια εφαρμογής της συμβάσεως του 1908. Κατά την πεντάμηνη παραμονή της κυβέρνησης Μαυρομιχάλη στην εξουσία ο Ευταξίας κατέθεσε τρία νομοσχέδια για την ρύθμιση του νομισματικού ζητήματος, μεταξύ των οποίων και της εφαρμογής της σύμβασης του 1908 (Κοκκινάκης 1999, 534–535).

---

[12] Βάσει του άρθρου αυτού κάθε μέλος δεσμευόταν να αποδέχεται στα κρατικά του ταμεία τα αργυρά κέρματα όλων των άλλων κρατών για πληρωμές μέχρι 100 φράγκων (βλ. παρ. 7.6).

[13] Ανέλαβε Υπ. Οικονομικών στις 14/2/1909 μετά την παραίτηση του Γούναρη (ΦΕΚ 40, 14/2/1909).

[14] Σε 11 συνεδριάσεις (*ΠΣΒ* 1908b, 131–132· *ΠΣΒ* 1909a, 273· *ΠΣΒ* 1909b, 385–386· *ΠΣΒ* 1909c, 391· *ΠΣΒ* 1909d, 410· *ΠΣΒ* 1909e, 429–430· *ΠΣΒ* 1909f, 437· *ΠΣΒ* 1909g, 479–480· *ΠΣΒ* 1909h, 487· *ΠΣΒ* 1909i, 497· *ΠΣΒ* 1909j, 508–512).

Η πτώση της κυβέρνησης Μαυρομιχάλη διέκοψε τις προσπάθειες του Ευταξία. Η νέα κυβέρνηση υπό τον Στέφανο Δραγούμη—στην οποία συμμετείχε και ο αρχηγός του Στρατιωτικού Συνδέσμου Νικόλαος Ζορμπάς ως Υπουργός Στρατιωτικών—συνάντησε μια σχετικώς ευνοϊκή συγκυρία για την εφαρμογή της συνθήκης του 1908. Η κυκλοφορία κερματικών γραμματίων είχε μειωθεί στα 12 εκ. δρχ. (9 εκ. από την ΕΤΕ και 3 εκ. από την Ionian) ενώ η ισοτιμία της χάρτινης δραχμής είχε φτάσει σχεδόν στο άρτιο ως προς το χρυσό φράγκο.

Έτσι, ο Δραγούμης έφερε στην Βουλή νομοσχέδιο εφαρμογής της σύμβασης του 1908 τον Φεβρουάριο (ΠΣΒ 1910a, 369), το οποίο υπερψηφίσθηκε μετά από ταχύτατη συζήτηση τον Μάρτιο (ΠΣΒ 1910b· ΠΣΒ 1910c· ΠΣΒ 1910d), και αποτέλεσε τον νόμο ‚ΓΧΜΑ΄(3641) της 19/3/1910.[15] Ο νόμος όριζε την αντικατάσταση των κερματικών γραμματίων από αργυρά κέρματα 1 και 2 δραχμών, θέτοντας ως στόχο το ποσόν των 12 εκ. δρχ (άρ. 2). Για την κάλυψη τυχόν εξόδων το κράτος θα μπορούσε να συνάψει δάνειο έως και 4 εκ. δρχ σε χρυσό (άρ. 4).

Επιπλέον, ο νέος νόμος προέβλεπε και την απόσυρση των χάλκινων κερμάτων των 5 και 10 λεπτών που κόπηκαν μετά το 1868 και την αντικατάστασή τους από αντίστοιχης αξίας κέρματα καθαρού νικελίου ή αλουμινίου, ή κάποιου κράματος του κάθε μετάλλου. Επίσης, τα χαλκονικέλινα κέρματα των 5, 10 και 20 λεπτών που κόπηκαν μετά το 1893 θα αντικαθίσταντο από νικέλινα ή χαλκονικέλινα κέρματα των 20 λεπτών (άρ. 7).[16] Η κατά κεφαλήν κερματική κοπή από κέρματα χαλκού, νικελίου, αλουμινίου ή κράματος αυτών περιοριζόταν στις 3 δρχ και από τα αποσυρόμενα χάλκινα κέρματα, 2 εκ. δρχ προβλεπόταν να αντικατασταθούν από αργυρά κέρματα 1 και 2 δρχ. Έτσι, εκτός των 12 εκ. αργυρών κερμάτων που θα αντικαθιστούσαν τα κερματικά γραμμάτια, θα εισάγονταν και άλλα 2 εκ. δρχ σε αργυρά κέρματα προς αντικατάσταση των χάλκινων. Άρα απαιτούνταν 14 εκ. δρχ σε αργυρά κέρματα. Πώς υλοποιήθηκε λοιπόν αυτό το σκέλος του σχεδίου Βαλαωρίτη στην πράξη;

Όπως φαίνεται στον Πίνακα 25.25, συνολικά επιστράφηκαν στην Ελλάδα περί τα 6,27 εκ. δρχ σε αργυρά κέρματα, πολύ χαμηλότερα από τις προσδοκίες του Βαλαωρίτη. Λαμβάνοντας υπόψη ότι αργυρά κέρματα είχαν κοπεί για την Ελλάδα σε ύψος 10,8 εκ. δρχ. μπορούμε να κατανοήσουμε την βαρύτητα που είχε αποκτήσει η μεταλλική αφαίμαξη, και που υπερέβαινε το 58% για τα κέρματα. Σημειωτέον, η ποσότητα των επιστραφέντων κερμάτων δεν περιέχει κέρματα που χάθηκαν, που βρίσκονταν σε τρίτες χώρες με παρόμοιο νομισματικό σύστημα και εν γένει κέρματα που δεν επεστράφησαν.

Ως προς το κόστος της επιστροφής, από το παραπάνω ποσό 1.737.598 δρχ θεωρήθηκαν φθαρμένα και δεν θα κυκλοφορούσαν. Άρα, από τα απομένοντα 4.536.630,60 δρχ για να φτάσουμε στο ποσόν των 14 εκ. χρειαζόταν ακόμη 9.463.369,40 δρχ Και πάλι αυτή η κοπή κόστισε στην Ελλάδα, και για να την αποπληρώσει έλαβε δάνειο 4 εκ. δρχ σε χρυσό. Δηλαδή, ο επαναπατρισμός κόστισε στην Ελλάδα 10.274.588,60 δρχ. σε χρυσό και της απέφερε 4.536.630,60 δρχ σε αργυρά κέρματα, συν το μέταλλο που περιείχαν τα φθαρμένα κέρματα.

Μια κριτική του Βασιλόπουλου (1983, 104) αφορά στο ότι η Ελλάδα αγόραζε άργυρο στην επίσημη αναλογία του 15,5:1 ως προς τον χρυσό, την στιγμή που στα 1910 η αγοραία αναλογία των δύο μετάλλων είχε πέσει κατά πολύ για τον άργυρο—είχε φτάσει στα επίπεδα του 65:1 (Leavens 1939, 9). Με άλλα λόγια, αν θεωρήσουμε τα κέρματα αυτά απλό άργυρο, η Ελλάδα τον αγόραζε σε περίπου τετραπλάσια τιμή από αυτή που ίσχυε στις αγορές, ξαλαφρώνοντας τους εταίρους της ΛΝΕ από ένα πολύ υποτιμημένο μέταλλο.

Αυτό όμως δεν είναι τελείως ακριβές. Η Ελλάδα δεν αγόραζε μέταλλο, αλλά νομίσματα. Όποια κι αν ήταν η αγοραία αξία του μετάλλου τους ως προς τον χρυσό, αυτά ήταν υπερτιμημένα ως προς την αγοραία τους αξία βάσει νόμου. Μόνον τα φθαρμένα νομίσματα που θα αναχωνεύονταν επαληθεύουν αυτήν την κριτική. Πράγματι, αν θεωρήσουμε ότι η ονομαστική τους αξία ήταν 1.737.598 δρχ και ότι περιείχαν 83,5% άργυρο, αυτά λόγω φθοράς θα πρέπει να περιείχαν το πολύ 7.240 kg καθαρού αργύρου που το 1910 θα ισοδυναμούσε με περίπου 111,4 kg καθαρού χρυσού (θεωρώντας αναλογία 65:1). Αν αυτός ο χρυσός κοβόταν σε νομίσματα της ΛΝΕ—π.χ. 76.730 χρυσά πεντόφραγκα, καθένα εκ των οποίων θα περιείχε 1,45161 g—πράγματι θα απέφερε μόνον περί τις 383.660 χρυσές δραχμές (ή φράγκα), προκαλώντας μια απώλεια της τάξεως του 78%. Όμως και πάλι αυτό είναι μια υποθετική άσκηση: από αυτόν τον άργυρο το ελληνικό κράτος θα έκοβε πάλι αργυρά κέρματα υπερτιμη-

---

[15] ΦΕΚ 109, 20/3/1910, σ. 569–571.

[16] Είχαν κοπεί 6.816.085, 35 δρχ σε χάλκινα (βλ. Πίνακα 25.75) και 3 εκ. δρχ σε χαλκονικέλινα (βλ. Πίνακα 25.18).

μένα ως προς την αγοραία μεταλλική τους αξία, αναιρώντας την οποιαδήποτε υποτίμηση του μετάλλου. Αυτή η παρανόηση του Βασιλόπουλου είναι κατανοητή αν ιδωθεί μέσα από ένα καθαρά μεταλλιστικό πρίσμα που αποδίδει την αξία του νομίσματος στο υλικό κατασκευής του. Αυτό το πρίσμα αγνοεί το γεγονός ότι, παρά της υποτίμηση του αργύρου, το αργυρό πεντόφραγκο της ΛΝΕ συνέχιζε να διατηρεί την αξία του διότι αυτή δεν την εγγυάτο το μέταλλο του νομίσματος αλλά η κρατική εξουσία της Γαλλίας και των άλλων μελών της ΛΝΕ.

Ο νόμος ‚ΓΧΜΒ′/1910 – νέο νομισματικό σύστημα

Το δεύτερο στάδιο προς την άρση της αναγκαστικής κυκλοφορίας ήταν η εξεύρεση του μεταλλικού χρήματος για την επαναφορά της μετατρεψιμότητας των τραπεζογραμματίων. Ουσιαστικά, επρόκειτο περί της αποπληρωμής του δανείου που είχε συνάψει το κράτος από τις εκδοτικές τράπεζες σε τραπεζογραμμάτια, θέτοντας αυτά σε αναγκαστική κυκλοφορία. Για την άρση της αναγκαστικής κυκλοφορίας έπρεπε αυτό το δάνειο να αποπληρωθεί και αυτά τα τραπεζογραμμάτια να βγουν από την κυκλοφορία. Στις αρχές του 1910, εκτός από τα 12 εκ. σε κερματικά γραμμάτια, το χρέος που αφορούσε σε τραπεζογραμμάτια ανερχόταν σε 61.778.575,42 δρχ και αφορούσε μόνον σε τραπεζογραμμάτια της ΕΤΕ.

Το εγχείρημα αυτό, αν και δεν ήταν άμεσα εξαρτημένο, προχωρούσε παράλληλα με εκείνο της απόσυρσης των κερματικών γραμματίων. Ο Ευταξίας κατέθεσε νομοσχέδιο που αφορούσε στην σύναψη δανείου 150 εκ. δρχ, με ένα επιπρόσθετο ποσόν 60 εκ. δρχ για την αποπληρωμή αυτού του χρέους στην ΕΤΕ (*ΠΣΒ* 1909l). Με άλλα λόγια, η αποπληρωμή του δανείου θα επιχειρείτο με νέο δανεισμό.

Στο σημείο αυτό ξανακάνει την εμφάνισή του ο Βαλαωρίτης, ο οποίος αναδεικνύεται στον πραγματικό οραματιστή του νομισματικού συστήματος της περιόδου. Σε υπόμνημα της 7/1/1910 που απέστειλε στον Ευταξία, ο Βαλαωρίτης ανέλυσε εκτενώς το ζήτημα της άρσεως της αναγκαστικής κυκλοφορίας και τα μέτρα που πρότεινε ο Υπουργός (Βαλαωρίτης 1910b). Στο υπόμνημα υποστήριξε ότι: (α) το προβλεπόμενο δάνειο των 60 εκ. δρχ θα ήταν ανεπαρκές για την αποπληρωμή του σε τραπεζογραμμάτια χρέους προς την ΕΤΕ και (β) ότι το προτεινόμενο μέτρο της είσπραξης των εισαγωγικών δασμών σε χρυσό θα ανατιμούσε τον χρυσό και θα υποτιμούσε το τραπεζογραμμάτιο, καθώς θα δημιουργούσε μεγάλη ζήτηση για τον πρώτο και υποσκάπτοντας την εμπιστοσύνη στο δεύτερο. Προσπαθώντας να αποτρέψει την άρση της αναγκαστικής κυκλοφορίας, αναφέρεται επί μακρόν σε πρακτικές ξένων κρατών, τον ν. ‚ΑΣΟΓ′/1885, καθώς και το ιδρυτικό καταστατικό της ΕΤΕ· ουσιαστικά εκλιπαρεί για την νομική στήριξη ενός θεσμού που η κρατούσα οικονομική θεωρία λόγιζε ως εμπόρευμα, η αξία του οποίου υποστηριζόταν ότι ρυθμίζεται βάσει «νόμων» προσφοράς και ζήτησης.

Αντί των παραπάνω μέτρων έκανε δύο προτάσεις. Πρώτον, την τροποποίηση του άρθρου 8 του νομοσχεδίου (κατόπιν άρθρου 9 του ν. ‚ΓΧΜΒ′) και δεύτερον, την συμπερίληψη ενός νέου άρθρου και το οποίο θα αποτελούσε την πεμπτουσία μιας πολύ σημαντικής νομισματικής μεταρρύθμισης. Πρότεινε λοιπόν ο Βαλαωρίτης:

> *Νὰ ἐπιτραπῇ τῇ Ἐθνικῇ Τραπέζῃ, ὅπως διὰ τραπεζογραμματίων, ὧν τὸ ποσὸν ἐκδόσεως θὰ ἀναγράφηται ἐν ἰδιαιτέρῳ λογαριασμῷ, ἀγοράζῃ χρυσὸν ἢ συνάλλαγμα, καὶ χρυσὸν μὲν ὅταν προσφέρεται αὐτῇ οὗτος ὑπὸ ἢ εἰς τὸ ἄρτιον, συνάλλαγμα δὲ μέχρι τῆς τιμῆς τοῦ 100.50 τὸ ἐπὶ Παρισίων φράγκον. Ἐννοεῖται δὲ ὅτι τὰ ἐκδιδόμενα πρὸς τοῦτο τραπεζογραμμάτια δὲν θὰ ὑπολογίζονται εἰς τὸ ποσὸν ὅπερ δικαιοῦται κατὰ τὰς ἰσχυούσας συμβάσεις νὰ ἐκδίδῃ δι’ ἴδιον λογαριασμόν. Ἀφ’ ἑτέρου ἡ Τράπεζα θὰ εἶναι ὑπόχρεως νὰ πωλῇ τὸν ἀγορασθέντα χρυσὸν καὶ τὸ συνάλλαγμα, τὸν μὲν χρυσὸν εἰς ἄρτιον πλέον 1 τοῖς χιλίοις, τὸ δὲ συνάλλαγμα εἰς τὴν τιμὴν τοῦ 100.50. Πρὸς τὸν σκοπὸν δὲ τοῦτον τὸν ἀγοραζόμενον χρυσὸν καὶ τὸ συνάλλαγμα θὰ τηρῇ ἐν ὄψει, τὸν μὲν χρυσὸν ἐν τῷ ἐσωτερικῷ, τὸ δὲ συνάλλαγμα ἐν τῷ ἐξωτερικῷ ἐν εἰδικῷ λογαριασμῷ. Οὕτω διὰ τοῦ μέτρου τούτου θὰ ἐπιτευχθῇ οὐ μόνον κατὰ τὴν ἐν ἀρχῇ ἔκδοσιν τοῦ δανείου νὰ σχηματισθῇ ἀπόθεμα χρυσοῦ ἔν τε ἐσωτερικῷ καὶ ἐξωτερικῷ, ὅπερ θὰ χρησιμεύῃ ὡς φραγμὸς κατὰ πάσης νέας ὑπερτιμήσεως τοῦ συναλλάγματος, ἀλλὰ συνάμα κατὰ σύστημα αὐτόματον θὰ δοθῇ ἐλαστικότης εἰς τὴν κυκλοφορίαν τῶν τραπεζικῶν γραμματίων πρὸς ἀποτροπὴν τοῦ κινδύνου τῆς χρηματενδείας, ὅστις θὰ προβαίνῃ αὐξάνων ἐφ’ ὅσον, ἀντικαθισταμένων τῶν τραπεζογραμματίων διὰ χρυσοῦ ἐν τῇ κυκλοφορίᾳ, αὐξάνει καὶ τὸ νόμισμα τὸ ἔχον τὴν εὐχέρειαν τῆς μεταναστεύσεως.*

Ποτέ μια τέτοια πρόνοια δεν είχε συμπεριληφθεί στα σχέδια νόμου που είχαν μέχρι τότε υποβληθεί (Κωστής 2003, 88–89)· ίσως για αυτό η πρόταση Βαλαωρίτη δεν ελήφθη υπόψη και το νομοσχέδιο ψηφίσθηκε ως είχε στις 11/1/1910. Η πτώση της κυβέρνησης Μαυρομιχάλη μια εβδομάδα αργότερα θα ανέβαλε την εφαρμογή του, όμως ο Βαλαωρίτης ήταν υπερκομματικός. Με την ανάληψη της κυβέρνησης από τον Στ. Δραγούμη

(18/1/1910), ο Υποδιοικητής της ΕΤΕ ανέλαβε να πληροφορήσει τον νέο Πρωθυπουργό και Υπ. Οικονομικών για το υποβληθέν στον Ευταξία υπόμνημα (Βαλαωρίτης 1910a). Από τις μολυβιές στο ανάτυπο, φαίνεται ότι ο Δραγούμης το διάβασε προσεκτικά, και ιδιαίτερα τα εδάφια που αφορούσαν στο προτεινόμενο σύστημα.

Πράγματι, η αποδοχή του άρθρου που πρότεινε ο Βαλαωρίτης έγινε σχεδόν αυτολεξεί—με μικρές μόνον τροποποιήσεις. Το αναμορφωμένο νομοσχέδιο υποβλήθηκε στην Βουλή μαζί με εκείνο που αφορούσε στην σύμβαση του 1908 και συζητήθηκε, ψηφίσθηκε και δημοσιεύθηκε ταυτοχρόνως ως νόμος ‚ΓΧΜΒ΄(3642) της 19/3/1910.[17]

Ο νόμος αυτός επέτρεπε την σύναψη δανείου 150 εκ. δρχ. με επιτόκιο 4%, διαρκείας έως 30 ετών για κατασκευή σιδηροδρομικών γραμμών και για κάλυψη των ελλειμμάτων του προϋπολογισμού μέχρι το 1909 (άρ. 1). Ως εγγύηση ετίθεντο τα έσοδα από τους εν λόγω σιδηροδρόμους, τα έσοδα από την ζάχαρη, τον φόρο καπνού και οινοπνεύματος, τα πλεονάσματα από τις προσόδους που είχε δεσμεύσει ο ΔΟΕ και τελωνείων. Το δάνειο θα μπορούσε να αυξηθεί στα 240 εκ. δρχ., αν το πρόσθετο ποσό χρησιμοποιείτο στην αποπληρωμή στην ΕΤΕ του δανείου τραπεζογραμματίων σε αναγκαστική κυκλοφορία (άρ. 9).

Σε αυτό το νομοσχέδιο όμως, που ουσιαστικά αφορούσε σε σύναψη δανείου, το άρθρο 8, που είχε προτείνει ο Βαλαωρίτης, φαινόταν παράταιρο. Σύμφωνα με αυτό επιτρεπόταν η σύναψη συμβάσεως με την ΕΤΕ για την έκδοση τραπεζογραμματίων πέραν των 66 εκ. δρχ που επέτρεπε ο ΔΟΕ, ειδικώς για την αγορά χρυσού και συναλλάγματος με χρυσή βάση. Χρησιμοποιώντας αυτά τα τραπεζογραμμάτια, η ΕΤΕ θα μπορούσε να αγοράζει χρυσό το πολύ μέχρι στο άρτιο καθώς και συνάλλαγμα το πολύ μέχρι τα 1,005 δρχ/φρ. Θα ήταν δε υποχρεωμένη να τα πωλεί μέχρις εξαντλήσεως, τον μεν χρυσό 0,1% άνω του αρτίου και το συνάλλαγμα με προμήθεια 0,5% άνω της ισοτιμίας του στο Παρίσι—μειώθηκε σε 0,25% με ΒΔ της 3/7/1912. Επίσης προέβλεπε την δυνατότητα πληρωμής σε αυτούσια χρυσά νομίσματα, καταργώντας την σχετική διάταξη του νόμου ‚ΑΣΟΓ΄ του 1885 (άρ. 3) με τον οποίο επιβαλλόταν αναγκαστική κυκλοφορία.

Ο ΔΟΕ εξέφρασε αναστολές για το εν λόγω άρθρο, καθώς ενδεχομένως να ερχόταν σε αντίθεση με το άρθρο 30 του νόμου ‚ΒΦΙΘ΄ (που θεσμοθετούσε τον ΔΟΕ). Μόνον μετά τις εξηγήσεις του Βαλαωρίτη (σημείωμα της 4(17)/9/1910) έδωσε ο ΔΟΕ την συγκατάθεσή του (στις 7(20)/9/1910) και ξεκίνησε η εφαρμογή του (Damiris 1920a, 1:58).

Πολύ μελάνι χύθηκε για τον σχολιασμό αυτού του νόμου, ή ακριβέστερα αυτού του άρθρου, που ουσιαστικά εγκαθιστούσε στην Ελλάδα ένα νέο νομισματικό σύστημα, παραλλαγής του κανόνα χρυσού-συναλλάγματος. Ο C.-J. Damiris αφιέρωσε περίπου 1000 σελίδες στην ανάλυση και στον έπαινό τού (1920a· 1920b· 1920c). Ο Πρόεδρος της Ionian στο Λονδίνο, Falconer Larkworthy, επεφύλαξε επαίνους για το «*ἀποτέλεσμα διανοητικῆς λάμψεως ἑνὸς μεγάλου Ἕλληνος*», προτείνοντάς το μάλιστα ως ιδανικό υποκατάστατο του νόμου Peel του 1844 (Ionian Bank Ltd 1916, 58–77). Αντιθέτως, ιδιαιτέρως αρνητικός στην κριτική του θα ήταν ο Αναστάσιος Σπουργίτης (1925), Εντεταλμένος Σύμβουλος της *Τραπέζης Εθνικής Οικονομίας* και μελλοντικός Πρύτανις της ΑΣΟΕΕ.

Όμως ποιο το νόημα και ποιος ο σκοπός αυτού του δυσνόητου—για τον αμύητο—άρθρου; Ποια η σημασία του για το νομισματικό σύστημα της Ελλάδας;

Όπως προαναφέραμε, περί το 1909 η ισοτιμία δραχμής-φράγκου είχε επανέλθει περίπου στο άρτιο, ενώ τα μέτρα του ΔΟΕ είχαν προκαλέσει χρηματική ασφυξία, σε μια περίοδο που ο πληθυσμός αυξανόταν και που η οικονομία αναπτυσσόταν. Αυτό λοιπόν που επιδιωκόταν ήταν η αύξηση της κυκλοφορίας και η συγκράτηση της περαιτέρω ανατίμησης, ιδίως λαμβάνοντας υπόψη τα αυξανόμενα μεταναστευτικά και ναυτιλιακά εμβάσματα. Όμως η αναιτιολόγητη—ή ακόμη και η αιτιολογημένη—αύξηση της κυκλοφορίας απαγορευόταν από τον ΔΟΕ. Επιπλέον, λόγω της σχεδιαζόμενης επαναφοράς του συστήματος της ΛΝΕ και της πλήρους μετατρεψιμότητας, η ανακοπή της ανατίμησης έπρεπε να γίνει χωρίς την εκ νέου υποτίμηση της δραχμής. Η πρότερη εμπειρία από την άρση της αναγκαστικής το 1885 προκαλούσε ανησυχίες για την επανάληψη ενός τέτοιου εγχειρήματος. Έτσι έπρεπε να βρεθεί ένα ένας τρόπος που να εξασφαλίζει την σταθερότητα της ισοτιμίας με το φράγκο, χωρίς όμως να αίρεται η αναγκαστική κυκλοφορία, τουλάχιστον για ένα μεσοδιάστημα.

---

[17] ΦΕΚ 109, 20/3/1910, σ. 571–573.

Έτσι, η έμπνευση του Βαλαωρίτη ήταν η εξής: η ΕΤΕ θα μπορούσε να εκδίδει χαρτονομίσματα πέραν του περιορισμού που έθετε ο ΔΟΕ, εάν με αυτά αγόραζε από την ελληνική αγορά χρυσό και συνάλλαγμα χρυσής βάσης. Αυτό το συνάλλαγμα, που ήταν μετατρέψιμο σε χρυσό, θεωρείτο κάλυμμα για τα νέα χαρτονομίσματα. Έτσι—θεωρητικά—επιτυγχανόταν ο πρώτος στόχος της αύξησης της κυκλοφορίας χωρίς παράβαση των περιορισμών του ΔΟΕ. Επιπλέον, η ΕΤΕ είχε την υποχρέωση να αγοράζει το συνάλλαγμα το πολύ μέχρι το άρτιο και να το πωλεί με μια μικρή προμήθεια, μέχρις εξαντλήσεως των αποθεμάτων της, αν υπήρχαν αντίστοιχα αιτήματα από πελάτες. Έτσι—θεωρητικά πάντα—εξασφαλιζόταν και η διατήρηση μιας σταθερής ισοτιμίας.

Δηλαδή, ο νόμος διέκρινε περιόδους «πλημμυρίδος» και περιόδους «αμπώτιδος» συναλλάγματος, κατά τις οποίες η ΕΤΕ θα αγόραζε ή θα πωλούσε, αντιστοίχως, σε συγκεκριμένες τιμές με σκοπό την διατήρηση της ισοτιμίας κοντά στο άρτιο.

Θα μπορούσαμε λοιπόν να πούμε ότι το νέο αυτό σύστημα ήταν ένας μερικός κανόνας χρυσού-συναλλάγματος· «μερικός», διότι αφορούσε σε ένα μόνον μέρος του κυκλοφορούντος χάρτινου χρήματος, όσο εξέδιδε η ΕΤΕ βάσει του νόμου ‚ΓΧΜΒ'· και «χρυσού-συναλλάγματος» διότι τα καλυπτόμενα τραπεζογραμμάτια δεν καλύπτονταν από χρυσό, αλλά από συνάλλαγμα χρυσής βάσεως, δηλαδή τραπεζογραμμάτια που ήταν—θεωρητικώς—εξαργυρώσιμα από τις εκδούσες αυτά ξένες εκδοτικές τράπεζες. Αυτό το σύστημα ουσιαστικά ανοίγει ένα νέο κεφάλαιο στην ταξινόμηση των νομισματικών καθεστώτων στο νεοελληνικού κράτους, τα οποία μέχρι τότε μπορούσαν πολύ τακτικά να χωριστούν τυπικώς σε καθεστώτα «μεταλλικά» και «αναγκαστικής κυκλοφορία». Το νέο αυτό καθεστώς θολώνει τα όρια αυτού του διαχωρισμού εφόσον θέτει την εξαργυρωσιμότητα πίσω από δύο φράγματα· την ημεδαπή εξαργυρωσιμότητα σε συνάλλαγμα, και την αλλοδαπή εξαργυρωσιμότητα σε χρυσό. Όποιος θα ήθελε τελικά να εισπράξει χρυσό θα έπρεπε να υποστεί διπλό διαγκωνισμό και να ξεπεράσει αμφότερα τα φράγματα.

Ξεκινώντας κάποιον σχολιασμό, θα πρέπει να πούμε ότι το σύστημα αυτό δεν ήταν τόσο πρωτότυπο όσο περιγράφηκε από ορισμένους αναλυτές. Όπως υπογραμμίζει ο Σπουργίτης (1925, 33–34· 1923b), στο παρελθόν, αποθέματα σε συνάλλαγμα είχε επιτραπεί να διατηρούν τράπεζες άλλων χωρών όπως της Αυστροουγγαρίας (μέχρι 60 εκ. κορώνες), Ιταλίας (Τράπεζα της Ιταλίας: 11%, Νάπολης: 7%, Σικελίας: 15%), Σουηδίας (εκτός από 40 εκ. κορώνες που έπρεπε να διατηρεί σε χρυσό), Νορβηγίας (μέχρι το 1/3, εκ των οποίων 3 εκ. στις άλλες χώρες της Σκανδιναβικής Νομισματικής ένωσης), κλπ. Όπως αναφέρει ο Σπουργίτης, η πρωτοτυπία του ήταν μάλλον ότι τα χαρτονομίσματα που θα εκδίδονταν θα μπορούσαν να είναι αποκλειστικώς καλυμμένα σε συνάλλαγμα και καθόλου σε χρυσό.

Ο νόμος παρουσίαζε συγκεκριμένα προβλήματα από την σύλληψή του:

α) Τα «παλαιά» μη μετατρέψιμα χαρτονομίσματα της ΕΤΕ και τα «νέα» μετατρέψιμα σε συνάλλαγμα τραπεζογραμμάτια δεν είχαν καμία διαφορά στην εμφάνιση. Αμφότερα λοιπόν ήταν το ίδιο μετατρέψιμα—ή το ίδιο *μη* μετατρέψιμα—για όποιον τα είχε στα χέρια του. Μόνον όσοι προλάβαιναν θα μπορούσαν να τα εξαργυρώσουν με συνάλλαγμα. Έτσι δημιουργείτο αυτό που ο Σπουργίτης ονόμαζε «αγώνα δρόμου» μεταξύ των κατόχων τους, οι οποίοι πλέον δεν είχαν πλήρη εμπιστοσύνη στην μετατρεψιμότητα του χαρτονομίσματος/τραπεζογραμματίου που είχαν στα χέρια τους. Έτσι, παρά την επίσημη ισοτιμία με την οποία τα αντάλλασσε η ΕΤΕ, δημιουργείτο και μια δεύτερη ισοτιμία, εκείνη της αγοράς συναλλάγματος, στην οποία οι δραχμές ήταν υποτιμημένες. Κάτι αντίστοιχο είχε συμβεί και κατά την άρση της αναγκαστικής το 1885, καθώς το κοινό δεν είχε εμπιστοσύνη στην εξαργυρωσιμότητα του τραπεζογραμματίου.

Αυτό είχε κάποιες επιπλέον συνέπειες, σε περίπτωση μη ιδανικών διεθνών συνθηκών.

β) Ο νόμος αγνοούσε ότι, όπως και στην Ελλάδα, κανένα κράτος δεν είχε πλήρως καλυμμένα όλα του τα τραπεζογραμμάτια με χρυσό, και ότι οι εκδοτικές τράπεζες των ξένων κρατών εξέδιδαν αρκετά ακάλυπτα τραπεζογραμμάτια (δηλαδή *χαρτονομίσματα*). Αν και το άρθρο 8 αναφερόταν σε συνάλλαγμα μετατρέψιμο σε χρυσό, ουσιαστικά κάτι τέτοιο δεν υπήρχε παρά μόνο κατ' όνομα, αφού ένα μεγάλο ποσοστό του ήταν ακάλυπτα χαρτονομίσματα που ποτέ δεν θα μπορούσαν να εξαργυρωθούν από τις ξένες εκδοτικές τράπεζες. Έτσι, αν κάποιο κράτος αποφάσιζε (π.χ. λόγω πολεμικών αναγκών) να προβεί σε εκτεταμένες εκδόσεις ακάλυπτων χαρτονομισμάτων και να υποτιμήσει έτσι το νόμισμά του, η ΕΤΕ θα βρισκόταν με συνάλλαγμα που θα έπρεπε βάσει νόμου να πωλήσει λίγο πάνω από το άρτιο, αλλά το οποίο κανείς δεν θα ήθελε να αγοράσει σε αυτήν την τιμή. Τελικά, η ΕΤΕ θα βρισκόταν με υποτιμημένο συνάλλαγμα στα χέρια της, υφιστάμενη απρόβλεπτες ζημιές. Αυτό συνέβη με το γαλλικό φράγκο.

γ) Πηγαίνοντας το (β) λίγο παραπέρα, αν για κάποιον λόγο (π.χ. πόλεμο) αποφάσιζε μονομερώς κάποιο ξένο κράτος να άρει την μετατρεψιμότητα των τραπεζογραμματίων του, η ΕΤΕ θα βρισκόταν στα χέρια της με ένα ποσό ακάλυπτων πλέον χαρτονομισμάτων, ούσα ταυτοχρόνως υποχρεωμένη να δέχεται και νέες ποσότητες από πελάτες που ενδεχομένως να ήθελαν να τα ξεφορτωθούν. Με μια άλλη διατύπωση, κρατώντας χρυσής βάσεως συνάλλαγμα ξένων κρατών, η ΕΤΕ ουσιαστικά ανέθετε στις εκδοτικές τους τράπεζες την φύλαξη του δικού της χρυσού. Παρέβλεπε όμως τον γεωπολιτικό παράγοντα, κατά τον οποίο τα ξένα κράτη θα μπορούσαν να κρατήσουν διά της βίας τον χρυσό αυτό. Όπως έλεγε ο Σπουργίτης (1923b) για την επιλογή της ελληνικής κυβέρνησης, «*οὐδὲν Κράτος θὰ ἀπετόλμα νὰ προβῇ εἰς τοιοῦτον διάβημα, χωρὶς νὰ μεταβληθῇ ὅλος ὁ κόσμος εἰς μίαν μεγάλην Δημοκρατίαν καὶ νὰ ἐξασφαλισθῇ ἡ ἀποσόβησις παντὸς πολέμου, τουθ' ὅπερ διὰ νὰ συμβῇ θὰ ἀπῇτεῖτο νὰ μετοικήσωσιν εἰς τὴν γῆν οἱ ἄγγελοι τοῦ οὐρανοῦ*». Πολύ σωστά δηλαδή ο Σπουργίτης είχε κατανοήσει το χρήμα όχι ως ένα απλό εμπόρευμα αλλά ως μια έκφραση κρατικής κυριαρχίας.

δ) Ο νόμος καθόριζε την υποχρέωση της ΕΤΕ να πωλεί το συνάλλαγμα μέχρις εξαντλήσεως, δίχως άλλη επιλογή, ώστε να μειώνει την τιμή του σε περίπτωση ανατιμητικών τάσεων. Αν λοιπόν το συνάλλαγμα υφίστατο μια αρκούντως μεγάλη ανατίμηση στις ξένες αγορές, τόση που η πώληση από την ΕΤΕ δεν αρκούσε να εξουδετερώσει, η υποχρέωση ικανοποίησης όλων των αιτημάτων αγοράς από πελάτες θα εξαντλούσε τα συναλλαγματικά αποθέματα της ΕΤΕ. Έτσι, μια αρκετά μεγάλη υποτίμηση της δραχμής θα οδηγούσε όλα αυτά τα επιπλέον τραπεζογραμμάτια της ΕΤΕ πίσω στην εκδότριά τους, και θα εξαντλούσε το αντίστοιχο συναλλαγματικό απόθεμά της.

Έτσι, μόνον υπό ιδανικές συνθήκες το άρθρο 8 θα λειτουργούσε ικανοποιητικά, όμως κάθε σύστημα αξιολογείται από την επιτυχή λειτουργία του μακριά από ιδανικές συνθήκες. Μακριά από τέτοιες συνθήκες το συγκεκριμένο σύστημα ήταν τόσο δύσκαμπτο, που η ΕΤΕ θα βρισκόταν με υποτιμημένες δραχμές ή υποτιμημένο συνάλλαγμα στα χέρια της, ανάλογα με την επικρατούσα διεθνώς ισοτιμία.

Εν ολίγοις, από πλευράς στοχεύσεων ο νόμος ͵ΓΧΜΒ΄ δεν αποσκοπούσε απλώς στην νομισματική σταθερότητα αλλά στην ταύτιση της αξίας της δραχμής με εκείνη του γαλλικού φράγκου. Ακολουθώντας την φιλοσοφία της εισόδου στην ΛΝΕ, αναδείκνυε σε «φιλοσοφική λίθο» την αυτούσια υιοθέτηση του νομισματικού συστήματος κρατών με υψηλή βιομηχανική ανάπτυξη, με εξαγωγικό εμπόριο και με τεράστια μεταλλικά αποθέματα. Από πλευράς μεθοδολογίας προσπαθούσε με έναν τρόπο μηχανικό και μιμητικό να ρυθμίσει το σύμπτωμα της οικονομικής υπανάπτυξης, δηλαδή τον συνδυασμό χαμηλής συναλλαγματικής ισοτιμίας της δραχμής παρά την χρηματική ασφυξία, χωρίς να ασχολείται με τα αίτια, δηλαδή την χρόνια ελλειμματικότητα της οικονομίας και την χρήση ενός ακατάλληλου νομισματικού συστήματος.

Ακόμα χειρότερα όμως, το σύστημα εκ πρώτης όψεως φάνταζε μάλλον περιττό. Το περιοριστικό άρθρο 30 του νόμου του ΔΟΕ όριζε ότι «*[ο]ὐδεμία ἑτέρα ἔκδοσις πιστωτικοῦ νομίσματος δύναται νὰ ἀποφασισθῇ ἢ ἐπιτραπῇ ὑπὸ τοῦ Κράτους, ἐκτὸς ἐκείνων, αἵτινες ἤθελον γίνῃ **διὰ τὰς ἀνάγκας τοῦ ἐμπορίου***» (έμφαση δική μου). Δηλαδή υπήρχε ένα παράθυρο αύξησης της κυκλοφορίας, αρκεί να αποδείκνυαν οι ελληνικές αρχές στον ΔΟΕ ότι το εμπόριο έδειχνε ανοδικές τάσεις. Όπως σχολιάζει ο Σπουργίτης (1923a):

> *Ἐν τούτοις ἡ σοφὴ αὕτη διάταξις ἐλησμονήθη. Ἀπὸ τοῦ ἔτους 1903 ἡ χρηματικὴ στενότης καθίσταται ἐπαισθητὴ καὶ κατὰ τὰς ἐποχὰς τῶν συγκομιδῶν δημιουργοῦνται κρίσεις χρηματικαὶ καὶ παρ' ὅλα ταῦτα περιῒπταται τὸ φάσμα τῆς πληθώρας [...] Μετὰ πολλὰ ἔτη, τὸ 1910, ἀποφασίζεται τέλος, ὅταν ἡ δραχμὴ ἔφθασε τὸ ἄρτιον, νὰ δοθῇ ἐλαστικότης εἰς τὴν κυκλοφορίαν, ἀλλ' ἀντὶ νὰ χρησιμοποιηθῇ ὁ Νόμος τοῦ Ἐλέγχου, ἐγένετο ὁ νόμος ΓΧΜΒ, ὅστις ἔδωκε διάφορον λύσιν.*

Πράγματι, από καθαρά τεχνικής πλευράς, το σύστημα του άρθρου 8 του νόμου έβριθε προβλημάτων, όπως έδειξε η λειτουργία του εν καιρώ πολέμου (βλ. Παρ. 10.3). Αν όμως η αξιολόγησή του γίνει από καθαρά τεχνικής πλευράς θα παραβλέπαμε την πολιτική διάσταση. Συγκεκριμένα, ο νόμος ͵ΓΧΜΒ΄ παρείχε στην ελληνική κυβέρνηση την δυνατότητα να παρακάμψει την άκαμπτη αντιπληθωριστική πολιτική του ΔΟΕ και να μπορέσει να αυξήσει την κυκλοφορία της για όσο διάστημα οι συνθήκες θα επέτρεπαν την ομαλή του λειτουργία. Το «παράθυρο» του άρθρου 30 του Διεθνούς Ελέγχου που υπεδείκνυε ο Σπουργίτης ήταν μάλλον υποθετικό· κατά την αντιπαράθεση Bonnelli-Στρέιτ το φθινόπωρο του 1903 (βλ. Παρ. 10.2) ο αξιωματούχος του ΔΟΕ δεν δέχθηκε τα επιχειρήματα που Διοικητή της ΕΤΕ που κατά μεγάλο μέρος βασίζονταν στις πρόνοιες αυτού του άρθρου.

Με άλλα λόγια, αν και μακράν της νομισματικά βέλτιστης λύσης, το σύστημα του νόμου ‚ΓΧΜΒʹ ενδεχομένως να παρείχε τον καλύτερο δυνατό πολιτικό συμβιβασμό για την δεδομένη διεθνή συγκυρία.

ΔΡΑΧΜΗ ΚΑΙ ΠΟΛΕΜΟΣ

11

Η ΔΕΚΑΕΤΙΑ 1912–22 βρίσκει την Ελλάδα σε μια συνεχή κατάσταση πολέμου, που υπαγορεύεται από πολλές συγκυρίες. Η διόγκωση του κινήματος των Νεοτούρκων γενικεύει την τακτική της γενοκτονίας που είχε ξεκινήσει ο Σουλτάνος Αβδούλ Χαμίτ μεταξύ 1894–96 με την δολοφονία 300.000 Αρμενίων. Στο συνέδριο Θεσσαλονίκης τον Οκτώβριο του 1911, μια δεκαετία πριν την Μικρασιατική Εκστρατεία, το κίνημα αποφασίζει τον πλήρη εξισλαμισμό της Τουρκίας μέσω μαζικών εποικισμών από Μουσουλμάνους στα ελληνοβουλγαρικά σύνορα, απαγορεύσεων αγοράς γης από Χριστιανούς και απελάσεων. Η επιβολή των μουσουλμανικών θεσμών, των «πιο ανθρωπιστικών παγκοσμίως», θα γινόταν με την «ισχύ των όπλων», αφοπλίζοντας τους Χριστιανούς και εξοπλίζοντας τους Μουσουλμάνους. Αυτήν την επιβολή θα συνόδευε ο «εξοθωμανισμός» όλων των Τούρκων υπηκόων μέσω απαγόρευσης άλλων γλωσσών πλην της τουρκικής (*The Times (London)* 1911). Πλέον, η απελευθέρωση των υπόδουλων ελληνικών πληθυσμών μετατρεπόταν σε ζήτημα επιβίωσης, ενώ το ταυτόχρονο ξέσπασμα του ΑΠΠ ενέπλεξε την Ελλάδα σε έναν πόλεμο πανευρωπαϊκών διαστάσεων.

Κατά τον Α′ Βαλκανικό Πόλεμο (1912–13) η Ελλάδα, σε σπάνια συνεργασία με τους γείτονές της, σχεδόν εκτόπισε την Οθωμανική Αυτοκρατορία από τα Βαλκάνια, ενώ κατά τον Β′ Βαλκανικό Πόλεμο, μαζί με την Σερβία και το Μαυροβούνιο, αντιμετώπισε επιτυχώς την διεκδίκηση εδαφών από την Βουλγαρία, η οποία θεωρούσε ότι είχε αδικηθεί από την διανομή των απελευθερωμένων περιοχών. Από τους Βαλκανικούς Πολέμους η—πτωχευμένη και υπό τον ΔΟΕ—Ελλάδα εξήλθε σχεδόν διπλάσια σε έκταση και περίπου 80% ενισχυμένη σε πληθυσμό.

Παράλληλα εξελισσόταν και το Κρητικό ζήτημα. Από το 1898 οι βουλευτές της Αυτόνομης Κρητικής Πολιτείας απαιτούσαν την συμμετοχή τους στο ελληνικό κοινοβούλιο και την άμεση ένωση της Κρήτης με την Ελλάδα. Το 1905 ξέσπασε η Επανάσταση του Θερίσσου και το 1908 οι βουλευτές της Κρητικής Πολιτείας διακήρυξαν μονομερώς την Ένωση. Λίγο πριν το ξέσπασμα των Βαλκανικών πολέμων, στις 19/5/1912 Κρήτες βουλευτές προσπάθησαν βιαίως να εισέλθουν στο ελληνικό κοινοβούλιο. Για να αποφύγει τον άκαιρο ερεθισμό της Τουρκίας, ο Βενιζέλος αναγκάστηκε να παρατάξει στρατό και αστυνομία για να αποτρέψει την κίνηση αυτή. Μετά την επιτυχή έκβαση των Βαλκανικών Πολέμων, η Κρήτη απελευθερώθηκε και εντάχθηκε στο ελληνικό κράτος (1913).

Το 1914 ξέσπασε ο ΑΠΠ και η Ελλάδα βρέθηκε σε πολιτική κρίση μεταξύ του γερμανόφιλου βασιλιά Κωνσταντίνου Α′, που επεδίωκε την ουδετερότητα, και του Ελευθερίου Βενιζέλου που θεωρούσε ότι η ελληνική εθνική ολοκλήρωση μπορούσε να πραγματοποιηθεί μόνον μέσα από την συμμαχία με την Entente. Η άρνηση του βασιλιά να θέσει την Ελλάδα στο πλευρό των συμμάχων δεν κάμφθηκε ούτε από την γερμανοβουλγαρική εισβολή στην Μακεδονία. Η εξέλιξη αυτή οδήγησε στον Εθνικό Διχασμό: μετά από το στρατιωτικό κίνημα της Εθνικής Αμύνης (16/8/1916) δημιουργήθηκε επαναστατική κυβέρνηση υπό τον Βενιζέλο με έδρα την Θεσσαλονίκη (26/9/1916). Υπό την πίεση του Συμμαχικού αποκλεισμού ο Κωνσταντίνος Α′ εγκατέλειψε την Ελλάδα (15/6/1917) και την ίδια ημέρα ο Βενιζέλος κήρυξε τον πόλεμο στις Κεντρικές Δυνάμεις.

11.1 Πόλεμος και νομισματικοί θεσμοί

Το ξέσπασμα του ΑΠΠ σε μεγάλο βαθμό ανέτρεψε, ή τουλάχιστον έθεσε σε δοκιμασία, το διεθνές κλίμα του οικονομικού φιλελευθερισμού και της παγκοσμιοποίησης του ύστερου 19^{ου} αιώνα, θέτοντας τις ανάγκες των εθνικών κρατών σε προτεραιότητα έναντι εκείνων του διεθνούς εμπορίου. Στην Ελλάδα, αυτή παγκόσμια τάση ενισχύθηκε έντονα λόγω της αλληλοδιαδοχής των δύο Βαλκανικών πολέμων, του ΑΠΠ και της Μικρασιατικής Εκστρατείας, που κράτησαν την Ελλάδα σε μια υπερδεκαετή εμπόλεμη κατάσταση. Στα πλαίσια του παρόντος συγγράμματος, ενδιαφέρον παρουσιάζει η μελέτη αυτής της γενικότερης τάσης στον θεσμό του χρήματος, τόσο σε εθνικό όσο και σε διεθνές επίπεδο. Θα εξετάσω παρακάτω την επίδραση που είχαν οι άκαμπτες απαιτήσεις των πολεμικών επιχειρήσεων στην λειτουργία του χρήματος σε επίπεδο θεσμών· τόσο εθνικών, δηλαδή στις σχέσεις κράτους και εκδοτικών τραπεζών, όσο και διεθνών, δηλαδή στην πορεία της ΛΝΕ.

Οι σχέσεις κράτους-ΕΤΕ και το εκδοτικό προνόμιο

Κατά την περίοδο των Βαλκανικών πολέμων το κράτος εδραιώθηκε σαν ρυθμιστικός παράγοντας και με την επιτυχή τους έκβαση η κρατική πολιτική άρχιζε να ασκείται με μεγαλύτερη αυτοπεποίθηση. Και είναι ίσως ειρωνικό ότι αυτό έγινε από τον «Φιλελεύθερο» Βενιζέλο. Σε ό,τι αφορά στον θεσμό του χρήματος, αυτός ο νέος συσχετισμός ισχύος αντανακλάται στην σύγκρουση που προέκυψε με την ΕΤΕ, επ' αφορμής των αυξημένων ταμειακών αναγκών του κράτους για πολεμικές προετοιμασίες.

Μετά το πέρας των Βαλκανικών Πολέμων, αλλά με νέες επαπειλούμενες συγκρούσεις με την Τουρκία, η Ελλάδα βρισκόταν σε επείγουσα ανάγκη να αναβαθμίσει την ναυτική της δύναμη για να υποστηρίξει την διεκδίκηση της Μυτιλήνης και της Χίου. Τους πρώτους μήνες του 1914 η κυβέρνηση είχε ζητήσει επείγουσα χορήγηση 65 εκ. δρ. από την ΕΤΕ για την αγορά δύο αμερικανικών θωρηκτών, των «Κιλκίς» και «Λήμνος». Ο Βαλαωρίτης συγκατατέθηκε να διαθέσει πόρους της τράπεζας αναμένοντας να κρατήσει το ποσόν από την δεύτερη δόση του εθνικού δανείου σε μετοχές. Καθώς όμως ο Επτανήσιος τραπεζίτης σκοτώθηκε σε ναυτικό ατύχημα (16/3/1914), όταν το κράτος απευθύνθηκε στην ΕΤΕ τον Ιούνιο του 1914 για την αποστολή του ποσού, Διοικητής ήταν πλέον ο Ιωάννης Ευταξίας, αδελφός του βουλευτή και πρώην Υπουργού, Αθανασίου.

Η αλλαγή δεν ήταν άνευ σημασίας. Ο Βαλαωρίτης, πρώην συμφοιτητής του Βενιζέλου στην Νομική Σχολή του Πανεπιστημίου Αθηνών, ήταν υποστηρικτής του πολιτικά, αλλά και, κατά γενική ομολογία, άνθρωπος με διεθνούς επιπέδου πολιτικές και διπλωματικές ικανότητες. Τώρα αντικαθίστατο από έναν αντιβενιζελικό Διοικητή που χαρακτηρίσθηκε «*άνθρωπος του γραφείου [...] ελάχιστα ικανός στις διαπραγματεύσεις*» (Κωστής 2003, 96).

Ο Ευταξίας κατέθεσε την μαρτυρία του για αυτές τις διαπραγματεύσεις του με τον Βενιζέλο σε κατοπινό υπόμνημα προς την Βουλή. Όπως ανέφερε, είχε καταφέρει να βρει τα 60 εκ. δρχ από προεξόφληση των ομολογιών του δανείου των 500 εκ. δρχ. Όταν όμως ήλθε η ώρα της πληρωμής, ο Υπ. Οικονομικών τον ενημέρωσε ότι είχαν απομείνει μόνον 15 εκ. δρχ, και ότι έπρεπε να βρεθούν άλλα 50 εκ. δρχ. Σε τηλεφωνική συνομιλία που είχε με τον Βενιζέλο, ο Ευταξίας (1914, 49) του παρέθεσε τον κίνδυνο εκγύμνωσης του μεταλλικού αποταμιεύματος της τράπεζας σε περίπτωση παροχής όλου αυτού του ποσού από την ΕΤΕ. Έτσι, πρότεινε—σε απόλυτη ευθυγράμμιση με το υπόδειγμα του Knapp—την εκταμίευση του ποσού έναντι της παραχώρησης του εκδοτικού προνομίου στις νέες χώρες:

> Κύριε Πρόεδρε, τὰ χρήματα θὰ μεταβιβασθοῦν τηλέγραφικῶς εἰς Ἀμερικὴν πάντα ἐντὸς τῆς αὔριον, ἀλλὰ καὶ ὑμεῖς ὀφείλετε νὰ καλύψετε τὴν Τράπεζαν ἀπὸ τοῦ κινδύνου τῆς ἐντυπώσεως ὅτι ἀπεγυμνώθη τοῦ χρυσοῦ αὐτῆς. Τοῦτο δύναται νὰ γίνη διὰ τῆς ἀναγνωρίσεως κατ' ἀρχὴν τοῦ δικαιώματος τῆς ἐπεκτάσεως τῶν προνομίων τῆς Τραπέζης καὶ εἰς τὰς νέας χώρας.

Ο Βενιζέλος απάντησε ότι ουδέποτε σκέφθηκε την ίδρυση άλλης εκδοτικής τράπεζας για τις νέες χώρες, κάτι που επιβεβαίωσε και εγγράφως με επιστολή της 20/6/1914· μάλιστα περιλαμβάνει και μια πρόσθετη υπόσχεση, την απορρόφηση της ΤΚ από την ΕΤΕ (Ευταξίας 1914, 49):

> Ὡς καὶ προφορικῶς ἐξέθηκα ὑμῖν, ἡ Κυβέρνησις ἀείποτε ἀπέβλεψεν εἰς τὴν τοπικὴν ἐπέκτασιν τοῦ προνομίου τῆς Ἐθνικῆς Τραπέζης εἰς τὰς νέας ἐπαρχίας καὶ οὐχὶ εἰς τὴν ἵδρυσιν νέας ἐν αὐταῖς ἐκδοτικῆς τραπέζης.[...]
> Ἤδη, μετὰ τὴν λήψιν τῆς σημερινῆς ἐπιστολῆς σας [...] οὐδένα πλέον ἔχω ἐνδοιασμὸν νὰ δηλώσω ὑμῖν ὅτι, ὑπὸ τοὺς ἐκτεθέντας ὅρους, τὸ Ὑπουργικὸν Συμβούλιον εἶναι σύμφωνον πρὸς τὴν ἐπέκτασιν τοῦ προνομίου τῆς ἐθνικῆς Τραπέζης καὶ εἰς τὰς νέας χώρας, ὑπὸ τὴν ἐπιφύλαξιν τῶν δικαιωμάτων τῆς Τραπέζης Κρήτης, ἧς ἐν τούτοις τὴν συγχώνευσιν μετὰ τῆς Ἐθνικῆς οὐδαμῶς ἀποστέργει ἡ Κυβέρνησις.

Δεν είναι βέβαιο το κατά πόσον το ενδεχόμενο παραχώρησης του εκδοτικού προνομίου σε άλλη τράπεζα είχε απασχολήσει σοβαρά την κυβέρνηση, ή αν απλώς το άφηνε να πλανάται ως μέσον πίεσης. Σε κάθε περίπτωση η ΕΤΕ είχε την πικρή πείρα της παραχώρησης του εκδοτικού προνομίου στην ΠΤΗ μετά την απελευθέρωση της Θεσσαλίας. Και θα είχε επιπλέον λόγους να φοβάται ένα τέτοιο ενδεχόμενο με την επανεμφάνισή στα ελληνικά πράγματα του Α. Βλαστού, προσώπου με το οποίο ο Υπ. Οικονομικών Αλέξανδρος Διομήδης είχε συγγενικές σχέσεις. Μετά την αποτυχημένη προσπάθεια υφαρπαγής του εκδοτικού προνομίου της ΕΤΕ το 1893, τώρα επανερχόταν με στόχο την ίδρυση κτηματικής τράπεζας στις Νέες Χώρες και την αντικατάσταση της προνομιακής θέσης της οποίας έχαιραν οι «κουρασμένοι» Hambros από τους Rothschild (Κωστής 2003, 100–102, 109).

Υπό αυτές τις συνθήκες ο Ευταξίας φαίνεται ότι βίωνε την απώλεια του εκδοτικού προνομίου στις Νέες Χώρες ως πραγματική απειλή, σύμφωνα με τα όσα του μετέφερε ο Συνδιοικητής της ΕΤΕ Αλέξανδρος Ζαΐμης (Ευταξίας 1914, 52):

> … ὁ κ. Ἀλέξανδρος Ζαΐμης μοὶ ἀνεκοίνωσεν, ὅτι ὁ κ. ὑπουργὸς [τῶν Οἰκονομικῶν] εἶπεν αὐτῷ μιᾷ ἐκ τῶν ἡμερῶν ἀπειλητικῶς ὅτι ἔχει ὁμάδα, ἥτις προσφέρεται νὰ ἱδρύσῃ νέαν ἐκδοτικὴν Τράπεζαν ἐν Μακεδονίᾳ, καὶ ἐὰν θέλωμεν, νὰ παραιτηθῶμεν τῆς ἀξιώσεως περὶ ἐπεκτάσεως τῶν προνομίων τῆς Ἐθνικῆς.

Το περιστατικό του παζαρέματος του εκδοτικού προνομίου προκάλεσε την οργή του Βενιζέλου, όμως έληξε με μάλλον λεκτική εκτόνωση εις βάρος του Ευταξία (Κωστής 2003, 99)· πράγματι, με ένα από τα ΒΔ της 21/7/1914 το νομισματικό σύστημα της Ελλάδας επεκτάθηκε στις νέες χώρες, μαζί με όλα τα νομίσματα που κυκλοφορούσαν μέχρι στιγμής (και της ΕΤΕ) χωρίς να εγερθεί θέμα ίδρυσης νέας τράπεζας,[1] και λίγο αργότερα, το εκδοτικό προνόμιο στις νέες χώρες πράγματι παραχωρήθηκε στην ΕΤΕ.[2]

Νέες προστριβές επήλθαν με το ζήτημα της συγχωνεύσεως των Τραπεζών Αθηνών και Ανατολής (Κωστής 2003, 110), όμως η πραγματική έκρηξη επήλθε με το θέμα του πανελληνίου Εράνου που είχε δημιουργηθεί για την αγορά «ναυαρχίδας». Ο Έρανος (στην επιτροπή του οποίου συμμετείχε και ο Ευταξίας) βρισκόταν υπό την προεδρία του ναυάρχου Κουντουριώτη, και ήταν κατατεθειμένος στην ΕΤΕ με τόκο 2%. Ο Βενιζέλος ζήτησε για έκτακτες ανάγκες του κράτους προσωρινή μεταφορά ποσού στο δημόσιο ταμείο με τόκο 4%. Για να γίνει η μεταφορά ο Ευταξίας αρχικώς ζήτησε την τροποποίηση του καταστατικού της ΕΤΕ. Όταν όμως και αυτό έγινε, ζήτησε επιπλέον αιτιολογήσεις από τον Υπ. Οικονομικών, προσθέτοντας ότι και η ΕΤΕ θα μπορούσε να προσφέρει 4%, εισερχόμενος δηλαδή σε πλειοδοτικό διαγωνισμό με το κράτος.

Μάλιστα, αυτή η προσφορά έγινε δημοσίως και με εξαιρετικά θεατρικό τρόπο, σε συνέντευξη Τύπου της 29/10/1914 στην οποία ο Ευταξίας παρέσυρε τον άπειρο Υπ. Οικονομικών Αλέξανδρο Διομήδη (Κωστής 2003, 111). Αυτή ήταν η σταγόνα που ξεχείλισε το ποτήρι. Τον Νοέμβριο ο Βενιζέλος ζήτησε από τον Ευταξία να παραιτηθεί. Όταν αυτός αρνήθηκε, ο Βενιζέλος έφερε στην Βουλή νόμο βάσει του οποίου το ΔΣ της ΕΤΕ θα μπορεί να ανακαλείται με απλό ΒΔ.[3] Βάσει του νόμου αυτού, με ΒΔ της ίδιας μέρας ανακάλεσε την εντολή του Ευταξία.[4]

Η αυξημένη παρεμβατικότητα που απολαμβάνει πλέον το κράτος στην διοίκηση της ΕΤΕ ερμηνεύεται διαφορετικά από κάθε πλευρά. Ο μεν Ευταξίας (1914, 52, 60–61), επιρρεπής στον βερμπαλισμό των προκατόχων του, έβλεπε την ΕΤΕ σαν ένα οιονεί ευαγές ίδρυμα που ως άλλη Ιφιγένεια θυσιαζόταν για χάρη του κράτους:

> Τὸ αἷμα τῆς καρδίας της, τὸ δὴ λεγόμενον, προσέφερεν ἡ Ἐθνικὴ Τράπεζα εἰς τὸ Κράτος ἐπὶ ἔτη ἤδη καὶ ἐν τῷ μέσῳ πολλῶν καὶ παντοίων στενοχωρίων [...] Ἀπὸ ἐτῶν ἡ ταλαίπωρος Ἐθνικὴ Τράπεζα οὐδὲν ἄλλο πράττει, εἰ μὴ νὰ ὑπηρετῇ πιστῶς τὸ Κράτος ἐν πάσαις ταῖς χρηματικαῖς αὐτοῦ στενοχωρίαις…

Αντιθέτως, ο Βενιζέλος φαινόταν να κατανοεί με πολύ πιο πραγματιστικούς όρους την φύση της ΕΤΕ και του εκδοτικού της προνομίου. Στην συζήτηση του σχετικού νομοσχεδίου στην Βουλή (1/11/1914) έφερε ως πα-

---

[1] ΦΕΚ 203, 21/7/1914, σ. 1071–1072.
[2] Ν. 656 της 6/12/1914 (ΦΕΚ 107, 26/3/1915, σ. 803–805). Προβλεπόταν η επιπλέον άλλων 80 εκ. δρχ καλυπτόμενες κατά το 1/8 σε χρυσό, και κατά άλλο 1/8 σε ομολογίες εθνικών δανείων σε χρυσό. Με την σύμβαση της 27/5/1920 προβλέφθηκε επιπλέον αύξηση της κυκλοφορίας κατά 300 εκ. δρχ καλυπτόμενες κατά το 1/8 σε χρυσό, κατά άλλο 1/8 σε ομολογίες εθνικών δανείων σε χρυσό και κατά τα υπόλοιπα 3/4 σε βραχυπρόθεσμα εμπορικά δάνεια ή ομολογίες του Δημοσίου (Ν. 2547 της 24/9/1920, ΦΕΚ 238, 16/10/1920, σ. 2307–2308).
[3] Ν. 356 της 7/11/1914 (ΦΕΚ 319, 7/11/1914, σ. 1659).
[4] ΒΔ της 7/11/1914 (ΦΕΚ 320, 8/11/1914, σ. 1681).

ράδειγμα κράτη που διορίζουν τους διοικητές των εκδοτικών τους τραπεζών (Γαλλία, Γερμανία, Ιταλία, κλπ). Και παρότι ξεκαθάρισε ότι σκοπός του νομοσχεδίου δεν είναι να «*βάλει χέρι*» στις καταθέσεις των ιδιωτών—«*θὰ ἦτο τερατώδης ἡ σκέψις*»—ή νομικών προσώπων, δηλώνει ευθαρσώς ότι «*ἐπιδιώκει νὰ εἰσαγάγῃ [...] ἐπέμβασιν τοῦ Κράτους εἰς ἀνάδειξιν τῶν Διοικητῶν τῆς Ἐθνικῆς Τραπέζης*». Και προσθέτει (Ε. Κ. Στασινόπουλος 1966, 97–98, έμφαση δική μου):

> *[Η] δύναμις ἡ ὁποία συγκεντροῦται εἰς τὸ πρόσωπον τοῦ Διοικητοῦ τῆς Ἐθνικῆς Τραπέζης, δύναμις ἡ ὁποία ὀφείλεται καὶ ἄλλοῦ μὲν, **ἀλλὰ πρωτίστως εἰς ὅλα τὰ προνόμια καὶ εἰς ὅλην τὴν ἀκεραίαν συνδρομὴν τὴν παρεχομένην ὑπὸ τοῦ Κράτους** εἰς τὸν οἰκονομικὸν τοῦτον ὀργανισμόν, ἡ δύναμις αὕτη ὡς κολοσσιαία δὲν ἠμπορεῖ νὰ γίνῃ δεκτὸν ὅτι δύναται νὰ ἐγείρεται ἀντιμέτωπος ἀπέναντι τοῦ Κράτους εἰς στιγμὰς κρισίμους διὰ νὰ ζητήσῃ νὰ ἐκβιάσῃ τὸ Κράτος.*

Πηγαίνοντας ένα βήμα μακρύτερα από τις παρεμβάσεις του Δημητρίου Βούλγαρη το 1868 (βλ. Παράγραφο 7.5), δεν αρκέσθηκε στο να υποδείξει στην ΕΤΕ συγκεκριμένες αποφάσεις, αλλά ανέλαβε κατά κάποιον τρόπο και την διοίκησή της. Για να παραφράσουμε τον Ιώβ (1:21), *τὸ Κράτος ἔδωκεν, τὸ Κράτος ἀφείλατο*· και στην προκειμένη περίπτωση, το Κράτος αφείλατο την πλήρη ανεξαρτησία της ΕΤΕ. Έχοντας κάνει την αρχή, το 1917 ο Βενιζέλος εξανάγκασε σε παραίτηση τον Γ. Χριστάκη-Ζωγράφο και τον Δημήτριο Μάξιμο, δίνοντας την θέση του συνδιοικητή στον Αλέξανδρο Διομήδη, πρώην Υπ. Οικονομικών της κυβέρνησής του και άτομο του προσωπικού του περιβάλλοντος (Κωστής 2003, 163). Οι αλλαγές αυτές γενικεύθηκαν με προγραφές και στο λοιπό προσωπικό της τράπεζας που ανήκε στην βασιλική παράταξη, για να αναστραφούν μετά την επάνοδο του Κωνσταντίνου Α΄· Μετά την βενιζελική ήττα στις εκλογές του Νοεμβρίου του 1920, εξαναγκάστηκαν σε παραίτηση οι συνδιοικητές Α. Διομήδης και Ι. Δροσόπουλος. Με την σειρά του ο Δ. Ράλλης ως νέος πρωθυπουργός ενημέρωσε τον Αλ. Ζαΐμη ότι ήταν πλέον ανεπιθύμητος και ότι δεν θα ανανέωνε την θητεία του, έστω και σε περίπτωση επανεκλογής του, οπότε και την θέση του πήρε ο γερμανόφιλος Μάξιμος (Κωστής 2003, 164–166). Η πολιτικοποίηση, ή μάλλον κομματικοποίηση, της ΕΤΕ ήταν πλέον γεγονός, έστω και αν δεν ήταν απόλυτη. Π.χ., δεν εμπόδισε την παρέκκλιση της ΕΤΕ στο ζήτημα του συναλλάγματος από την πολιτική Βενιζέλου για πρόσδεση στο δολάριο (βλ. παρακάτω).

Πάντως ακόμα και με αυτές τις συγκρούσεις, ή ίσως και εξαιτίας τους, οι δύο πρώτες δεκαετίες του 20[ου] αιώνα βρίσκουν την ΕΤΕ να παγιώνει ολοένα και περισσότερο την θέση της μεταξύ των εκδοτικών τραπεζών. Αυτή η πορεία είχε προδιαγραφεί από την απορρόφηση της ΠΤΗ, λίγο μετά τον θάνατο του Συγγρού, και είχε μπει σε πιο βέβαιο βηματισμό με την σύμβαση της 28/2/1902.[5] Βάσει αυτής, το προνόμιο της Ionian στα Επτάνησα θα περνούσε στην ΕΤΕ στις 26/4/1920, και το προνόμιο της ΕΤΕ θα που έληγε την 1/1/1917 θα ανανεωνόταν έως τις 31/12/1930. Με την ίδια σύμβαση το κράτος ξανασυμμετείχε με ποσοστό 25% στα κέρδη από την κυκλοφορία του τραπεζογραμματίου.[6] Ταυτοχρόνως, η ΕΤΕ είχε καταλάβει δεσπόζουσα θέση στην ιδιοκτησία και διοίκηση της ΤΚ, την οποία θα απορροφούσε το 1919—σύμφωνα με την υπόσχεση του Βενιζέλου—αναλαμβάνοντας το εκδοτικό προνόμιο στην Κρήτη.

Στο ξέσπασμα λοιπόν του ΑΠΠ η ΕΤΕ βρισκόταν στην τελική ευθεία για να καταστεί το μοναδικό εκδοτικό ίδρυμα του ελληνικού κράτους. Επιπροσθέτως, για τις ανάγκες της εφαρμογής του νόμου ,ΓΧΜΒ΄, είχε καταλάβει δεσπόζουσα και ρυθμιστική θέση στην αγορά συναλλάγματος. Μετά από την ρήξη και την αποπομπή Ευταξία, ο στενότερος κρατικός έλεγχος προκάλεσε περαιτέρω σύσφιξη των σχέσεών της με το κράτος. Με την διαχείριση των συμμαχικών πιστώσεων και των νομισματικών θεμάτων η ΕΤΕ αναλάμβανε σταδιακά—καίτοι ad hoc—έναν ρόλο που προοιωνίζεται τον ρόλο που θα καλείτο να αναλάβει ρητά και θεσμικά η ΤτΕ, ως η πρώτη αμιγώς εκδοτική τράπεζα του ελληνικού κράτους.

Αυτή η μετεξέλιξη της ΕΤΕ δεν πέρασε τελείως απαρατήρητη. Ο δυϊσμός των ρόλων της οιονεί κρατικής τράπεζας και της εμπορικής τράπεζας την ωθούσε να χρησιμοποιεί τα προνόμια του πρώτου ρόλου για να ευνοήσει τον δεύτερο. Ένα τέτοιο επεισόδιο αφορούσε στην πίεση που άσκησε για την ανανέωση του προνομίου της (έληγε το 1930) εν όψει της διαχείρισης του γερμανικού δανείου των 80 εκ. μέσω της τράπεζας Bleichröder. Λόγω αυτής της στάσης ο Βενιζέλος υποστήριξε στις 3/8/1917 στην Βουλή την ανάγκη μετατροπής της σε καθα-

---

[5] Κυρωθείσα διά του ν. ,ΒΩΞ΄ (2860) της 16/3/1903 (ΦΕΚ 101, 17/3/1903, σ. 101–104).
[6] Αυτή η συμμετοχή είχε θεσμοθετηθεί με τον νόμο ΩΞΖ΄/1880 και εξαγορασθεί με τον νόμο ,ΒΑ΄/1892.

ρά εκδοτική τράπεζα και επόπτη του τραπεζικού συστήματος, ώστε να παύσει να αποτελεί «*υδροκεφαλικό πληθωρικό οργανισμό*» και «*κίνδυνον κατά της αυτοτελείας του κράτους*»· σε συνέντευξη δε στην Morning Post της 13(20)/8/1917 αναφέρθηκε ρητώς σε μια οργάνωση αντίστοιχη εκείνης της Federal Reserve (Κωστής 2003, 159–161). Η ίδια ασυμβατότητα ρόλων θα προκαλούσε και το επεισόδιο του 1919 με την διαχείριση των διαθεσίμων του ν. ,ΓΧΜΒʹ (βλ. παρακάτω).

ΛΝΕ: οι περιπέτειες μιας νομισματικής ένωσης σε καιρό πολέμου

Σε διεθνές επίπεδο, ο ΑΠΠ έδωσε την χαριστική βολή στο κατ' εξοχήν εγχείρημα του οικονομικού φιλελευθερισμού, εκείνο της νομισματικής ένωσης. Σε καθεστώς πολέμου, κάθε κράτος είχε ιδιαίτερες χρηματικές ανάγκες και αναγκαζόταν να τις καλύψει ασκώντας νομισματική πολιτική ανεξάρτητη από τυχόν διακρατικές συμφωνίες. Η εθνική κυριαρχία ερχόταν να επιβεβαιώσει την υπεροχή της έναντι του διεθνούς εμπορίου και των χρηματαγορών.

Το σύστημα της ΛΝΕ άρχισε να καταργείται πρακτικά με την άρση της μετατρεψιμότητας του γαλλικού φράγκου από την Γαλλία και της επιβολής ελέγχου στις εξαγωγές χρυσού (μέτρα στα οποία κατέφυγαν και άλλες χώρες, εμπόλεμες και μη). Παράλληλα, η Γαλλία αύξησε δραματικά την κυκλοφορία της για να αντιμετωπίσει τα πολεμικά έξοδα: από περίπου 6 δις φρ. το 1914 σε 25,5 δις το 1919. Όταν το χρηματιστήριο του Λονδίνου ξανάνοιξε τον Ιανουάριο του 1915—μετά το κλείσιμο του Αυγούστου του 1914 οπότε έκλεισαν τα περισσότερα χρηματιστήρια—το γαλλικό φράγκο άρχισε να κατρακυλάει. Μέχρι το 1919 είχε υποτιμηθεί κατά 60% (INSEE 2015). Την ίδια πορεία ακολούθησαν το βελγικό φράγκο και η ιταλική λίρα. Αντιθέτως, το φράγκο της ουδέτερης Ελβετίας έμεινε τελικώς σταθερό.

Αυτή η πτώση των χαρτονομισμάτων των κρατών της ΛΝΕ είχε ως παράπλευρο αποτέλεσμα να συμπαρασύρει και τα μεταλλικά νομίσματα. Στην ουδέτερη Ελβετία και στην (ουδέτερη μέχρι και το 1917) Ελλάδα το κοινό άρχισε να δείχνει μειωμένη εμπιστοσύνη στα γαλλικά, βελγικά και ιταλικά αργυρά νομίσματα και κέρματα. Η κατάσταση έφτασε σε τέτοιο επίπεδο που το Υπ. Οικονομικών με εγκύκλιό του (28/8/1915) πληροφορούσε τους ταμίες, τελώνες, διευθυντές ταχυδρομίων κλπ: «*ὀφείλετε πάντων τῶν ἀνωτέρων κρατῶν (Λ.Ν.Ε.) τὰ μὲν ἀργυρὰ νομίσματα τῶν 5 φράγκων νὰ δέχησθε ἀπεριορίστως, τῶν δὲ φράγκων δύο ἑνὸς καὶ λεπτῶν 50 καὶ 20, πλὴν ἐκείνων τῆς Ἰταλίας, μέχρις 100 φράγκων δι' ἑκάστην πληρωμὴν*» (Ν. Βασιλόπουλος 1983, 113). Αυτή ήταν άλλη μια περίπτωση που η κρατική εξουσία, και όχι το μεταλλικό περιεχόμενο των νομισμάτων, κατέστη ο τελικός ρυθμιστής της αξίας τους, καθώς η απόφαση της Ελλάδας να τα δέχεται στα δημόσια ταμεία στήριξε τα γαλλικά νομίσματα της ΛΝΕ.

Παράλληλα, στα σύνορα Γαλλίας-Ελβετίας και Γαλλίας-Βελγίου είχαν στηθεί κυκλώματα κερδοσκοπίας που εκμεταλλευόντουσαν την διαφορά της νόμιμης αξίας των νομισμάτων (ήταν όλα ισότιμα βάσει της συνθήκης της ΛΝΕ) και της αγοραίας (τα γαλλικά και βελγικά είχαν εντόνως υποτιμηθεί ως προς τα ελβετικά). Και σε αυτήν την περίπτωση η εμπιστοσύνη του κράτους-εκδότη ρύθμιζε την αξία των νομισμάτων και όχι απλώς το μεταλλικό τους περιεχόμενο, επιβεβαιώνοντας την κρατική και όχι εμπορική φύση του χρήματος.

Έτσι, στις 12(25)/3/1920 κυρώθηκε σύμβαση μεταξύ των χωρών της ΛΝΕ με την οποία η Γαλλία και η Ελβετία εθνικοποιούσαν τα αργυρά τους κέρματα (0,20, 0,50, 1 και 2 φράγκων), αναλαμβάνοντας την υποχρέωση να τα αποσύρουν από τις άλλες χώρες της ΛΝΕ.[7] Ήταν η αρχή του τέλους της ΛΝΕ, καθώς μόλις οι συνθήκες το επέβαλλαν κάθε κράτος υποχρεώθηκε να διαφυλάξει το δικό του συμφέρον και να αποσυρθεί από μια ένωση που προϋπέθετε ταύτιση συμφερόντων.

Η δραχμή των δύο κρατών

Το ξέσπασμα του ΑΠΠ και η αντίθεση του Βενιζέλου και του Κωνσταντίνου Αʹ σε σχέση με την συμμετοχή της Ελλάδας σε αυτόν θα οδηγούσαν σε ένα άκρως ενδιαφέρον νομισματικό περιστατικό, την χρήση του ίδιου νομίσματος από δύο αντίπαλες κυβερνήσεις.

Βούληση του Βενιζέλου ήταν μια παρέμβαση στο πλευρό της Entente για την προστασία της Σερβίας από τυχόν επίθεση της Βουλγαρίας ή των Κεντρικών Δυνάμεων. Σε αυτήν αντιτάχθηκε πεισματικά ο γερμανόφιλος

---

[7] Ν. 2548 της 24/9/1920 (ΦΕΚ 240, 18/10/1920, σ. 2324–2328).

Κωνσταντίνος Α΄, υπό την καθοδήγηση της μητέρας του, βασίλισσας Σοφίας (αδελφής του Γερμανού Αυτοκράτορα Wilhelm II) και του Υπ. Εξωτερικών Γεωργίου Στρέιτ, γιου του—κατά το ήμισυ Γερμανού—Στέφανου Στρέιτ. Εν όψει αυτής της αντίδρασης ο Βενιζέλος υπέβαλλε την παραίτησή του στις 6/3/1915. Η άρνηση αυτή του βασιλιά δεν άλλαξε ούτε μετά την νίκη του Βενιζέλου στις εκλογές της 31/5(13/6)/1915, ούτε μετά την κήρυξη γενικής επιστράτευσης από την Βουλγαρία (23/9/1915). Ο Βενιζέλος παραιτήθηκε εκ νέου στις 5/10/1915, όταν ήδη είχαν αρχίσει να αποβιβάζονται στην Θεσσαλονίκη (17(30)/9/1915) τα αγγλογαλλικά στρατεύματα που είχε ανεπισήμως προσκαλέσει, δημιουργώντας έτσι ένα νέο τετελεσμένο.

Στις 13(26)/3/1916, και έπειτα από συνεννόηση με τον ελληνικό θρόνο, βουλγαρική δύναμη 26.000 ανδρών καθοδηγούμενη από γερμανική διμοιρία πέρασε τα ελληνοβουλγαρικά σύνορα και κατέλαβε το οχυρό Ρούπελ, με σκοπό να αντιμετωπίσει τυχόν δράση των αγγλογαλλικών δυνάμεων. Η απάντηση του Γάλλου Στρατηγού Maurice Sarrail ήταν η κήρυξη στρατιωτικού νόμου στην Θεσσαλονίκη (16/5/1916). Όταν οι βουλγαρικές δυνάμεις άρχισαν να καταλαμβάνουν την ανατολική Μακεδονία το καλοκαίρι του 1916, και με τα ανάκτορα να επιμένουν στην αδράνεια, ξέσπασε το στρατιωτικό κίνημα της Εθνικής Άμυνας στις 16(29)/8/1916, το οποίο ξεκίνησε στρατιωτική συνεργασία με τις αγγλογαλλικές δυνάμεις.

Παρότι ο Βενιζέλος αρχικά φάνηκε να αποδοκιμάζει τους κινηματίες, τελικά ενώθηκε μαζί τους όταν διαβεβαιώθηκε ότι το κίνημα δεν θα είχε αντιδυναστικό προγραμματικό χαρακτήρα και ότι δεν θα έθετε πολιτειακό ζήτημα, αλλά ότι θα περιοριζόταν στο να συνδράμει την Σερβία και στο να βάλει την Ελλάδα στον ΑΠΠ στο πλευρό της Entente (Πετρίδης 1994). Τρεις εβδομάδες αργότερα, ο Βενιζέλος κατέφτασε στην Θεσσαλονίκη και εγκαθίδρυσε Προσωρινή Κυβέρνηση στην Θεσσαλονίκη (ΠΚΘ) στις 26/9(9/10)/1916, αναλαμβάνοντας την διοίκηση των δυνάμεων της Εθνικής Άμυνας. Υπό τον έλεγχό του ήρθαν σταδιακά η Κρήτη, τα νησιά του Αιγαίου και τα Επτάνησα, τα οποία συνέδραμαν στον πρόχειρα οργανωμένο στρατό, που έδρασε απουσία του «Κράτους των Αθηνών». Ήταν η έναρξη του Εθνικού Διχασμού.

Αυτή η περιορισμένη αποστολή της ΠΚΘ διαφάνηκε όχι μόνον από τον αυτοχαρακτηρισμό της ως «Προσωρινής», αλλά και από τους χειρισμούς της σε σειρά ζητημάτων, μεταξύ των οποίων και το νομισματικό. Μετά την απελευθέρωση της Θεσσαλονίκης, η δραχμή δεν είχε παγιωθεί ακόμη ως το μοναδικό νόμισμα της αγοράς. Η παρουσία των αγγλογαλλικών στρατευμάτων (άνω των 200.000 χιλιάδων) λειτούργησε ενισχυτικά προς την επικράτηση της δραχμής, αφού οι πληρωμές των στρατιωτών και οι αγορές γίνονταν εν μέρει σε δραχμές. Πράγματι, η ΕΤΕ είχε υπογράψει συμφωνία με την γαλλική κυβέρνηση να παρέχει 10 εκ. δρχ ανά δεκαπενθήμερο στην τοπική γαλλική διοίκηση. Η προμήθεια του υποκαταστήματος της ΕΤΕ γινόταν με χρηματαποστολές που συχνά μετέφεραν γαλλικά πολεμικά πλοία (Χεκίμογλου 1994, 77–78).

Με το ξέσπασμα του κινήματος της Εθνικής Αμύνης η τροφοδοσία αυτή διακόπηκε. Στον σημείο αυτό, η ΠΚΘ δεν επιχείρησε να δημιουργήσει το δικό της νομισματικό σύστημα με ξεχωριστό νόμισμα και ξεχωριστό εκδοτικό ίδρυμα, αλλά προσανατολίσθηκε στην χρήση των υπαρχόντων. Με άλλα λόγια, δεν είχε σκοπό να αποσπασθεί από το κράτος των Αθηνών, αλλά θα επέλεγε να επιλύσει τα δημοσιονομικά του προβλήματα με *ad hoc* μέτρα, παραμένοντας έτσι σε καθεστώς προσωρινότητας.

Έτσι, σε πρώτη φάση, με έγγραφο της 24/11/1916 ο Νεγροπόντης ζήτησε από το υποκατάστημα της ΕΤΕ στην Θεσσαλονίκη την έκδοση πιστωτικών γραμματίων για εξαγορά συναλλάγματος 6 εκ. δρχ την εβδομάδα. Με νέο έγγραφο της 2/1/1917 ζητούσε και την συμμετοχή της ΠΚΘ στα κέρδη από το εκδοτικό προνόμιο. Τα έγγραφα αυτά διαβιβάσθηκαν στα κεντρικά της ΕΤΕ μόνο στις 7/1/1917 λόγω της διακοπής των τηλεγραφικών επικοινωνιών. Εν αναμονή, η ΠΚΘ στράφηκε στην Ionian στα μέσα Δεκεμβρίου, από την οποία ζήτησε να εκδώσει χαρτονόμισμα βάσει του ν. ΄ΓΧΜΒ΄ για την αγορά αυτού του συναλλάγματος. Το αίτημα απορρίφθηκε από την βρετανική και την γαλλική κυβέρνηση, οι οποίες όμως φρόντισαν για τον ανεφοδιασμό του υποκαταστήματος με 20 εκ. δρχ εντός του Δεκεμβρίου (Χεκίμογλου 1994, 78–79).

Όταν η ΕΤΕ ενημερώθηκε—στις 6/1/1917—για τις κινήσεις της ΠΚΘ σε σχέση με την Ionian θα πρέπει να θορυβήθηκε προ του ενδεχομένου να τρωθεί το εκδοτικής της δικαίωμα. Τελικά, στις 23/1/1917 η ΕΤΕ ενημέρωσε για την πολιτική της στο ζήτημα. Όπως με την σειρά του ενημέρωσε την ΠΚΘ ο διευθυντής του υποκαταστήματος Θεσσαλονίκης, η ΕΤΕ θα αγόραζε συνάλλαγμα από την ΠΚΘ αν της προσφέρονταν τα μέσα μεταφοράς για την χρηματαποστολή των δραχμών στην Θεσσαλονίκη. Δεν απάντησε όμως στο ζήτημα των κερδών από το εκδοτικό προνόμιο, αναπέμποντας το θέμα στο Γενικό Συμβούλιο (Χεκίμογλου 1994, 80).

Η παρελκυστική απάντηση εξόργισε τον Νεγροπόντη, καθώς η υπάρχουσα κατάσταση προκαλούσε έντονες δυσλειτουργίες. Οι Γάλλοι εκτελούσαν όλες τους τις αγορές και επιτάξεις με γαλλικά φράγκα τα οποία είχαν πλημμυρίσει τους Νομούς Κοζάνης-Φλώρινας, Καστοριάς και τα νησιά του Αιγαίου, εκτοπίζοντας τελείως τις δραχμές. Καθώς όμως η ΠΚΘ είχε διατάξει τα Δημόσια Ταμεία να δέχονται μόνον δραχμές, οι πολίτες των περιοχών βρίσκονταν σε πλήρη αδυναμία να εκτελέσουν τις υποχρεώσεις τους, καθώς διέθεταν μόνον φράγκα. Τελικά το ζήτημα λύθηκε συμβιβαστικά. Η ΕΤΕ προχώρησε σε μεγάλες χρηματαποστολές τον Φεβρουάριο και Μάρτιο προς την Θεσσαλονίκη, ενώ προ της απειλής του Sarrail να θέσει το φράγκο σε αναγκαστική κυκλοφορία η ΕΤΕ συμφώνησε να τηρεί υψηλό απόθεμα δραχμών στην Θεσσαλονίκη. Κατά συνέπεια το ζήτημα έκδοσης χαρτονομίσματος από την Ionian πάγωσε οριστικά (Χεκίμογλου 1994, 80–82).

Το αποτέλεσμα ήταν ότι στον ένα περίπου χρόνο της ύπαρξης δύο κυβερνήσεων, αυτές θα μοιράζονταν το ίδιο νόμισμα και τα ίδια εκδοτικά ιδρύματα, εν αναμονή της προδιαγεγραμμένης επανένωσης της επικράτειας.

Νομισματική κυκλοφορία εν καιρώ πολέμου

Το χρήμα παρέχει στο κράτος την δυνατότητα να υλοποιεί τις δράσεις της επιλογής του, ανακατανέμοντας τους διαθέσιμους πόρους—υλικούς και ανθρώπινους—προς την υλοποίηση των δράσεων αυτών. Ο πόλεμος είναι μια από τις πιο δαπανηρές δραστηριότητες, καθώς η δαπάνη πόρων δεν αποσκοπεί στην δημιουργία πλούτου, αλλά στην καταστροφή του. Επιπλέον, καθώς οι ανάγκες είναι επιτακτικές, η έκδοση χρήματος γίνεται πιο ελεύθερα από ό,τι σε καιρό ειρήνης. Μετά το πέρας μακρών και καταστροφικών πολέμων, όπως ο ΑΠΠ, η νομισματική κυκλοφορία είναι συνήθως πολύ μεγαλύτερη από ό,τι πριν, ενώ οι εχθροπραξίες έχουν μειώσει δραστικά τον διαθέσιμο πλούτο. Το αποτέλεσμα είναι η μείωση της αξίας του χρήματος και ο πληθωρισμός.

Οι πολεμικές συνθήκες δημιούργησαν αντίστοιχες ανάγκες στο ελληνικό κράτος, τις οποίες ικανοποίησε μέσω της αύξησης της νομισματικής κυκλοφορίας. Στα τέλη του 1910 η κυκλοφορία σε τραπεζογραμμάτια και κερματικά γραμμάτια ανερχόταν σε περίπου 142,3 εκ. δρχ (περίπου 54,1 δρχ/κάτοικο), έχοντας ακολουθήσει μια σχετική σταθερότητα για μια δεκαετία. Στα τέλη του 1913, μετά και το πέρας του ΒΒΠ η κυκλοφορία χαρτονομισμάτων είχε υπερδιπλασιασθεί στα 300,9 εκ. δρχ (περίπου 62,4 δρχ/κάτοικο). Η εμπλοκή στον ΑΠΠ αύξησε ακόμη περισσότερο την κυκλοφορία στα 1.949,1 εκ. δρχ στα τέλη του 1920 (352 δρχ/κάτοικο), ενώ στα τέλη του 1922, μετά την Μικρασιατική Καταστροφή και την ανταλλαγή πληθυσμών, η κυκλοφορία ήταν 3.738,6 εκ. δρχ (περίπου 629 δρχ/κάτοικο).[8] Με άλλα λόγια, στο διάστημα 1910–1922 η απόλυτη κυκλοφορία έγινε 26 φορές μεγαλύτερη και η κατά κεφαλή κυκλοφορία περίπου 10 φορές μεγαλύτερη. Για σύγκριση, το ΑΕΠ σε τρέχουσες τιμές υπολογίζεται ότι αυξήθηκε μόνον κατά 19 φορές και το κατά κεφαλήν ΑΕΠ μόνον κατά 8,6 φορές (Κωστελένος κ.ά. 2007, Πίνακας 9-III).

Από το 1920, αυτές οι αυξήσεις της κυκλοφορίας γίνονταν μέσω δανεισμού από την ΕΤΕ με παράλληλες συμβάσεις περί αυξήσεως του εκδοτικού προνομίου της τράπεζας. Π.χ., αυτό αυξήθηκε κατά 300 εκ. δρχ στις 27/5/1920 (από 163 σε 463 εκ. δρχ), εκ των οποίων τα 200 εκ. δρχ δανείσθηκε το κράτος. Ομοίως το εκδοτικό προνόμιο διευρύνθηκε κατά 400 εκ. δρχ στις 21/9/1920, με παράλληλο δάνειο 200 εκ. δρχ στο δημόσιο (Κωστής 2003, 151–152).

Στο πλαίσιο αυτών των αναγκών, αυξήθηκε και η κερματική κυκλοφορία. Αυτό έγινε σε πρώτη φάση το 1914 με την επανακυκλοφορία των 2 εκ. χάλκινων νομισμάτων που είχαν αποσυρθεί δυνάμει του ν. ,ΓΧΜΑ΄/1910 και την κοπή νέων νικέλινων των 2, 5 και 10 λεπτών.[9] Αυτά θα κοβόντουσαν σε συνολικό ύψος 5.592.710,60 εκ. δρχ (βλ. Πίνακα 25.21). Με κάποια δόση ειρωνείας όμως, το κύριο βάρος της αύξησης της κερματικής κυκλοφορίας έφεραν τα κερματικά γραμμάτια. Η απόσυρσή τους, που τόσο πολύ είχε απασχολήσει πολιτικούς, τραπεζίτες

---

[8]Τα ποσά της νομισματικής κυκλοφορίας της περιόδου 1910–1922 έχουν αντληθεί από τους ισολογισμούς των ΕΤΕ (1910–22), Ionian (1910–19), ΠΤΗ (1910) και ΤΚ (1913–1918) και αφορούν σε τραπεζογραμμάτια για λογαριασμό των τραπεζών, για λογαριασμό του κράτους και για λογαριασμό του ν. ,ΓΧΜΒ΄. Τα πληθυσμιακά στοιχεία (1907: 2,63 εκ., 1913: 4,82 εκ., 1920: 5,53 εκ. και 1922: 5,94 εκ. κάτοικοι) έχουν αντληθεί από την ΕΣΥΕ (1931, 23–24).

[9]ΒΔ της 22/10/1913 (ΦΕΚ 213Α, 23/10/1913).

Εικόνα 11.1: Αναλογία νομισματικής κυκλοφορίας και καταθέσεων στο σύνολο της παροχής χρήματος (1836–1940).

και οικονομικούς αναλυτές, ακυρωνόταν υπό το βάρος των πολεμικών αναγκών.

Αρχικώς αυτό έγινε διστακτικά· τον Οκτώβριο του 1917 αποφασίσθηκε η κοπή 33 εκ. δρχ σε αργυρά κέρματα των 1 και 2 δραχμών σύμφωνα με τους κανόνες της ΛΝΕ. Μόνον αν αυτές οι κοπές δεν ήταν δυνατές—που προφανώς δεν ήταν—προβλεπόταν η εκτύπωση 30 εκ. δρχ. σε κερματικά γραμμάτια (10 εκ. σε μονόδραχμα και 20 εκ. σε δίδραχμα), με την κάλυψη ίσου ποσού σε μεταλλικό.[10] Το 1918 επετράπη και η έκδοση κερματικών γραμματίων των 50 λεπτών, μέχρι του ποσού των 10 εκ. δρχ, καλυμμένων από συνάλλαγμα στην ΕΤΕ ή άλλες τράπεζες του εξωτερικού. Μέχρι αυτά να τεθούν σε κυκλοφορία προβλεπόταν η κοπή δεκάλεπτων κερμάτων αξίας μέχρι και 1 εκ. δρχ για τις ανάγκες των νέων χωρών.[11]

Το 1920 επετράπη και η κοπή χαλκονικέλινων κερμάτων 5, 10, 20 και 50 λεπτών μέχρι του ποσού των 3 δρχ. ανά κάτοικο, με εξοφλητική ισχύ μιας δραχμής.[12] Προσωρινά, και εν αναμονή της κυκλοφορίας τους, επετράπη η κυκλοφορία επιπλέον κερματικών γραμματίων των 10 λεπτών μέχρι του ποσού των 500.000 δραχμών, το οποίο αυξήθηκε στα 1.500.000 δρχ. σε πεντάλεπτα και δεκάλεπτα κερματικά γραμμάτια.[13]

Το 1922 κόπηκαν επίσης και 12 εκ. δρχ σε αλουμινένια δεκάλεπτα που θα γίνονταν δεκτά για πληρωμές έως 5 δρχ,[14] και τα οποία τέθηκαν σε κυκλοφορία με το ΒΔ της 6/3/1923.[15] Βάσει του νόμου αυτού θα αποσύρονταν από την κυκλοφορία όλα τα κυκλοφορούντα χάλκινα, χαλκονικέλινα και νικέλινα κέρματα.

Το αντίκρυσμα των πρώτων κερματικών γραμματίων του ν. 991/1917 καταγράφεται ως κατάθεση στην ΕΤΕ στον ισολογισμό της Α΄ εξαμηνίας του 1918 και ανερχόταν στα 5.277.748,50 δρχ. Αυτά δεν ήταν νέες εκτυπώσεις, αλλά επανακυκλοφορία όσων κερματικών γραμματίων του ν. ͵ΑΤΜΒ΄/1885 είχε στην κατοχή της η ΕΤΕ.[16] Με την κυκλοφορία των καινούργιων γραμματίων αυτό έφτασε—και ξεπέρασε ελαφρώς—το όριο των 30 εκ. δρχ. Για πρώτη φορά μετά τους Καποδιστριακούς φοίνικες, η εκτύπωση θα γινόταν επί ελληνικού εδάφους, το τυπογραφείο των Αφών Γ. Ασπιώτη στην Κέρκυρα. Παράλληλα, από την Α΄ εξαμηνία του 1920 εμφανίζεται και το πρώτο αντίκρυσμα για τα κερματικά γραμμάτια του ν. 1918/1920, το οποίο θα σταθεροποιηθεί στα 10 εκ. δρχ.

Οι κοπές των κερματικών γραμματίων (βλ. Πίνακα 25.22) φαίνονται πολύ υψηλές, θα πρέπει όμως να σημειωθεί ότι δεν κυκλοφόρησαν όλα ταυτόχρονα, όπως τα μεταλλικά κέρματα και νομίσματα. Λόγω φθοράς αυτά αποσύρονταν, οπότε το ποσό τους που παρέμενε στην κυκλοφορία ήταν πολύ μικρότερο.

Στο σημείο αυτό όμως είναι αναγκαίο να αναδείξουμε ένα λεπτό σημείο· ότι σταδιακά η κυκλοφορία τραπεζογραμματίων (ή χαρτονομισμάτων) και κερμάτων δεν αποτελεί την μοναδική πηγή παροχής χρήματος. Στο πλαίσιο εξέλιξης του τραπεζικού συστήματος οι τραπεζικές καταθέσεις αρχίζουν να αποκτούν αυξανόμενη σημασία στο ελληνικό νομισματικό σύστημα. Όπως φαίνεται στην Εικόνα 11.1, με μια παροδική εξαίρεση το 1860, από το 1836 μέχρι και το 1903 η νομισματική κυκλοφορία σταθερά υπερέβαινε το σύνολο των καταθέσεων στο ελληνικό τραπεζικό σύστημα, αποτελώντας το 60–70% του Μ3 σε όλο το δεύτερο μισό του 19ου αιώνα.

---

[10] Ν. 991 της 20/10/1917 (ΦΕΚ 240Α, 27/10/1917, σ. 944–945).

[11] Ν. 1918 της 20/1/1920 (ΦΕΚ 31, 4/2/1920, σ. 298–299).

[12] Ν. 2546 της 24/9/1920 (ΦΕΚ 240, 18/10/1920, σ. 2323–2324). Το 1920 κυκλοφόρησαν 586.194,80 δρχ σε κέρματα (βλ. Πίνακα 25.59), ενδεχομένως βάσει αυτού του νόμου.

[13] Ν. 2766 της 18/5/1922 (ΦΕΚ 74, 19/5/1922, σ. 305–306) και ν. 2886 της 16/7/1922 (ΦΕΚ 120, 21/7/1922, σ. 568). Τα δεκάλεπτα κερματικά γραμμάτια των ν. 2766 και 2886/1920 δεν κάνουν την εμφάνισή τους παρά στους ισολογισμούς του 1926. Πεντάλεπτα δεν εκδόθηκαν.

[14] Ν. 2886 της 16/7/1922 (ΦΕΚ 120, 21/7/1922, σ. 568).

[15] ΦΕΚ 61, 8/3/1923, σ. 451.

[16] ΒΔ της 8/2/1918 (ΦΕΚ 32, 8/2/1918, σ. 181–182). Βλ. επίσης και ΒΔ της 5/6/1920 (ΦΕΚ 125, 8/6/1920, σ. 1138–1141).

Όμως, από το 1904 το σύνολο των καταθέσεων υπερβαίνει το σύνολο της νομισματικής κυκλοφορίας, ενώ μεταξύ 1907–1912, οι προθεσμιακές καταθέσεις μόνες τους υπερβαίνουν την νομισματική κυκλοφορία.

Αυτό είναι το αποτέλεσμα μιας τάσης που ξεκίνησε από το 1897 και κορυφώθηκε το 1910–11, όταν διακόπηκε από τις νέες εκδόσεις χρήματος που απαίτησαν οι πολεμικές επιχειρήσεις της δεκαετίας αυτής. Η αύξηση της νομισματικής κυκλοφορία ως ποσοστό του Μ3 ξαναμειώθηκε την περίοδο μετά το 1923, για να γνωρίσει καινούργια αύξηση ακριβώς πριν το ξέσπασμα του ΒΠΠ.

Η αύξηση της κυκλοφορίας είχε επίπτωση και στις τιμές. Με τιμή βάσης το 1914 (100), ο τιμάριθμος ακρίβειας ζωής το 1922 έφτασε για τον άρτο το 623, για το γάλα το 518 και για το ελαιόλαδο το 673. Το 1923 οι αντίστοιχες τιμές ήταν 1130, 858 και 1371. Μέσα σε μια δεκαετία η αγοραστική δύναμη της δραχμής είχε υποβιβασθεί στο 1/10 της προπολεμικής (ΕΣΥΕ 1931, 262).

11.2 Το ζήτημα του συναλλάγματος

Αν και το ζήτημα τους συναλλάγματος σχετίζεται άμεσα με τις πολεμικές περιπέτειες της Ελλάδας, ανέκυψε *μετά* την λήξη του ΑΠΠ και ενώ ο ελληνικός στρατός συνέχιζε τις επιχειρήσεις του. Καθώς λοιπόν ήταν μια συνέπεια τόσο του πολέμου όσο και της ειρήνης θα το εξετάσω ξεχωριστά.

Οι συμμαχικές πιστώσεις

Με την έναρξη του πολέμου διάφορες χώρες απαγόρευσαν τις εκροές χρυσού και συναλλάγματος, απόφαση που δέσμευε και λογαριασμούς της ΕΤΕ στο εξωτερικό, προκαλώντας απώλεια συναλλαγματικών διαθεσίμων. Έτσι, από τα 445 εκ. φρ. της ΕΤΕ σε τράπεζες του εξωτερικού, 50 εκ. που ήταν κατατεθειμένα στο γαλλικό Δημόσιο δεν θα μπορούσε να τα αποσύρει αν δεν εξαντλούσε όλα τα υπόλοιπα. Επίσης, άλλα 30 εκ. φρ. σε τράπεζες της Γερμανίας και της Αυστρίας επίσης δεν μπορούσαν να αποσυρθούν (Παντελάκης 1988, 43).

Τα πρώτα χρόνια του πολέμου (1915–1917) οι περιστάσεις επέτρεψαν την διατήρηση της ισοτιμίας και στην διατήρηση υψηλών διαθεσίμων στους λογαριασμούς της ΕΤΕ· από την μία ήταν οι αυξημένες εισροές συναλλάγματος από την ναυτιλία και τα μεταναστευτικά εμβάσματα· από την άλλη ήταν οι χαμηλές εκροές λόγω πτώσης των εισαγωγών που προκάλεσε ο συμμαχικός αποκλεισμός και ο περιορισμός του παγκοσμίου εμπορίου λόγω του πολέμου. Από την στιγμή όμως που η Ελλάδα μπήκε στον πόλεμο, τα αυξημένα έξοδα άρχισαν να μειώνουν τα καθαρά συναλλαγματικά αποθέματα.

Αυτά μπορεί μεν να φαίνεται ότι παραμένουν σε υψηλά επίπεδα μέχρι τα τέλη του 1917, όμως αυτό είναι λογιστικό τρικ που οφείλεται στην προσμέτρηση των συμμαχικών πιστώσεων. Γενικά, από τον Αύγουστο του 1917 οι Σύμμαχοι είχαν χορηγήσει στην ελληνική κυβέρνηση πιστώσεις 100 εκ. (Αύγουστος-Σεπτέμβριος 1917), συν τα 850 εκ. της συμφωνίας του 1918–1919 και άλλα 250 εκ. για τις προκαταβολές της ΕΤΕ στα συμμαχικά στρατεύματα. Βάσει των συμφωνιών της 28/2(10/3)/1918 μεταξύ των Συμμάχων και της Ελλάδας, αυτές οι πιστώσεις θα μπορούσαν να προσμετρώνται στα συναλλαγματικά διαθέσιμα του ν. ͵ΓΧΜΒ΄ παρότι δεν ήταν άμεσα ρευστοποιήσιμες. Το δε κέρδος ή η ζημία από τις ισοτιμίες του δολαρίου, της στερλίνας και του γαλλικού φράγκου ως προς την δραχμή θα καταγράφονταν στο παθητικό της ΕΤΕ (*Συναλλαγματικές διαφορές εκ διαθεσίμων συμφώνως τω άρθρω 8α Νόμου ͵ΓΧΜΒ΄*) και θα λογίζονταν υπέρ ή εις βάρος του ελληνικού Δημοσίου.[17]

Όμως οι Σύμμαχοι δεν κατέβαλαν ούτε το 1/3 των υπεσχημένων πιστώσεων, όπως φαίνεται στον Πίνακα 11.1. Η Γαλλία δεν κατέβαλλε ούτε ένα φράγκο, ενώ Βρετανία και ΗΠΑ άρχισαν τις καταβολές μόνον αφότου η ΕΤΕ άρχισε να μειώνει τις δικές της καταβολές σε χαρτονόμισμα που τύπωσε ειδικώς για τον σκοπό αυτό. Με την πρακτική των συμμαχικών πιστώσεων, οι Σύμμαχοι είχαν επιτύχει την πληρωμή των στρατευμάτων τους με ελληνικό χαρτονόμισμα, το οποίο είχε εκδοθεί με βάση συνάλλαγμα που δεν κατέβαλαν ποτέ και το οποίο ξοδεύθηκε στην ελληνική αγορά αυξάνοντας την κυκλοφορία και πληθωρίζοντας το νόμισμα. Η τακτική αυτή ήταν το προανάκρουσμα της κατοχικής λεηλασίας από τα γερμανικά στρατεύματα, τα οποία τύπωσαν δραχμές με τις οποίες αγόραζαν εμπορεύματα στην Ελλάδα με τα οποία συντηρούσαν τον στρατό κατοχής και την στρα-

---

[17] Κυρώθηκαν με τον ν. 1235 της 4/4/1918 (ΦΕΚ 71, 4/4/1918, σ. 418–424). Την σχετική τροποποίηση στο άρθρο 8α του ν. ͵ΓΧΜΒ΄/1910 έκανε το άρθρο 3 του ν. 1253/1918.

τιά του Ρόμελ. Για τους μεν Συμμάχους η επάνοδος του Κωνσταντίνου Α΄ αποτέλεσε την τέλεια πρόφαση για την μη καταβολή των πιστώσεών τους, ενώ η ηττημένη Γερμανία θα απαλλάσσετο μεταπολεμικώς από τέτοιες υποχρεώσεις κάτω από την ευνοϊκή μεταχείριση των πλευράς ΗΠΑ.

Έτσι, οι συμμαχικές πιστώσεις απέκρυψαν την απώλεια του συναλλάγματος. Π.χ., στα τέλη του 1917 τα συναλλαγματικά αποθέματα υπολογίζονται σε 690 εκ. δρχ. δυνάμει του ν. ‚ΓΧΜΒ΄ και σε άλλα 208,5 εκ. της ΕΤΕ. Όμως, μεγάλο μέρος από αυτά (273,6 εκ. δρχ) ήταν συμμαχικές πιστώσεις και μόνον 624,9 εκ. δρχ ήταν πραγματικό συνάλλαγμα σε τράπεζες του εξωτερικού. Στα τέλη δε του 1918 αυτά μειώθηκαν σε 505 εκ δρχ.

Πίνακας 11.1: Συμμαχικές πιστώσεις και καταβολές (συμφωνίες 750 και 100 εκ. δρχ), καταβολές ΕΤΕ και έκδοση τραπεζογραμματίων (εκ. δρχ).

Έτος	Βρετανία		Γαλλία	ΗΠΑ		Σύνολο		ΕΤΕ	
	Π	Κ	Π	Π	Κ	Π	Κ	Κ	Τρ/τια
1917	25		25			50		50	50
1918	200		183,5	205		588,5		625	464
1919	25		30,7	45	25,9	100,7	25,9	175	336
1920		165	10,8		51,8	10,8	216,8		
Σύνολο	250	165	250	250	77,7	750	242,7	850	850

Π: Πιστώσεις. **Κ**: Καταβολές. (Πηγή: Παντελάκης 1988, 88–89),

Τα συναλλαγματικά διαθέσιμα, η ισοτιμία και ο νόμος ‚ΓΧΜΒ΄

Παρά τις ανισορροπίες αυτές η δραχμή κατάφερνε με εντυπωσιακό τρόπο να κρατηθεί στο άρτιο με το δολάριο —και να υπερτιμηθεί σε σχέση με το φράγκο και την στερλίνα—κυρίως όμως λόγω του παγώματος του διεθνούς εμπορίου. Η ανακωχή του Νοεμβρίου του 1918 τερμάτισε αυτήν την κατάσταση, καθώς η σταδιακή επανάκαμψη του διεθνούς εμπορίου μείωσε τα συναλλαγματικά αποθέματα. Αυτό δεν συνέβη μόνον με το εισαγωγικό εμπόριο που θα είχε προφανή τέτοια επίπτωση, αλλά ακόμη και με το διαμετακομιστικό. Π.χ., ισπανικά εμπορεύματα που είχαν αγορασθεί με ακριβό συνάλλαγμα από τα διαθέσιμα στο εξωτερικό και είχαν δεσμευθεί εν καιρώ πολέμου, τώρα εξάγονταν στα Βαλκάνια έναντι υποτιμημένου συναλλάγματος. Ο ίδιος τρόπος λειτουργίας του εμπορίου με εισαγωγές από Αμερική και Ευρώπη και επανεξαγωγή των εμπορευμάτων στα Βαλκάνια τώρα απομυζούσε τα συναλλαγματικά διαθέσιμα του εξωτερικού (Λ. 1919, 3). Αυτές οι παραγγελίες εκ μέρους των εμπόρων είχαν και κερδοσκοπικό χαρακτήρα, καθώς τους επέτρεπαν να αποστέλλουν συνάλλαγμα στο εξωτερικό—υποτίθεται για την αγορά εμπορευμάτων—κατά παράβαση των ισχυουσών απαγορεύσεων (Damiris 1920b, 2:80–81).

Επιπλέον, η ανακωχή σήμανε και τον τερματισμό της συμμαχικής αλληλοστήριξης. Στις 8(20)/2/1919 ο ανταποκριτής της βρετανικής κυβέρνησης στην Νέα Υόρκη ανακοίνωνε την διακοπή της στήριξης της στερλίνας στην αμερικανική χρηματαγορά, ενώ μια εβδομάδα νωρίτερα η βρετανική κυβέρνηση είχε ανακοινώσει την διακοπή πιστώσεων στην Γαλλία, στις οποίες στηριζόταν το φράγκο. Αυτή η εξέλιξη οδήγησε σε πτώση της στερλίνας και του φράγκου ως προς το δολάριο και δημιούργησε τις συνθήκες υλοποίησης μιας αντιφατικής συναλλαγματικής πολιτικής από πλευράς ελληνικής κυβέρνησης και της αποσύνδεσης της ΕΤΕ από την πολιτική αυτή. Με την κατάρρευση του φράγκου τον Φεβρουάριο του 1915 η συναλλαγματική πολιτική στηρίχθηκε στην ισοτιμία με την στερλίνα. Όταν και η στερλίνα ακολούθησε την επόμενη χρονιά (1916) η ΕΤΕ στράφηκε στο δολάριο. Με την άρση της μετατρεψιμότητας του δολαρίου (1917–19), ο νόμος ‚ΓΧΜΒ΄ στερείτο πλέον οποιασδήποτε—έστω και θεωρητικής—χρυσής άγκυρας. Παρ' όλα αυτά η ΕΤΕ συνέχιζε την αγορά δολαρίων με την έκδοση χαρτονομίσματος (Κωστής 2003, 128).

Αυτή η πτώση του φράγκου και της στερλίνας ανέστειλε τις πωλήσεις των νομισμάτων αυτών προς τις τράπεζες της Αθήνας, με την ελπίδα όσων τα είχαν αποθησαυρίσει ότι αυτά θα κέρδιζαν πάλι σε αξία. Ταυτοχρόνως όμως οι τράπεζες έπρεπε να εκτελέσουν και τις πληρωμές των πελατών τους σε συνάλλαγμα στο εξωτερικό. Για να μην χρησιμοποιήσουν το απόθεμά τους—που είχαν αγοράσει σε υψηλές τιμές—προτιμούσαν να αγοράζουν στερλίνες και φράγκα στην Αθήνα, έστω και σε υψηλότερες τιμές από τις τρέχουσες στην Νέα Υόρκη. Ταυτοχρόνως, πωλούσαν δολάρια, για τα οποία υπήρχε μεγάλη ζήτηση, σε τιμές υψηλότερες από αυτές της ΕΤΕ καθώς δεν δεσμεύονταν από τον νόμο ΓΧΜΒ'. Έτσι, εμφανίστηκε στην αγορά μια απόκλιση της τιμής του δολαρίου από την επίσημη της ΕΤΕ (Damiris 1920b, 2:86–87).

Αλλά και η ΕΤΕ είχε να αντιμετωπίσει το ίδιο δίλημμα με τα δικά της αποθέματα. Όπως αποκάλυψε ο Damiris βάσει πηγής που δεν κατονομάζει, αντί η ΕΤΕ να εκπληρώσει τις υποχρεώσεις της με τα διαθέσιμα του ν. ΓΧΜΒ' σε στερλίνες και φράγκα που διατηρούσε στην Βρετανία και στην Γαλλία, προτίμησε να μετατρέψει τα δολαριακά διαθέσιμα του νόμου σε στερλίνες και φράγκα σε ισοτιμίες Νέας Υόρκης. Με αυτά θα μπορούσε να εκπληρώσει τις υποχρεώσεις της στην Αθήνα χωρίς απώλειες (Damiris 1920b, 2:88). Επίσης, άρχισε να πωλεί δολάρια σε ιδιώτες και άλλες τράπεζες στις επίσημες ισοτιμίες.

Αυτή η ταυτόχρονη πώληση υπερτιμημένων στερλινών και φράγκων και υποτιμημένων δολαρίων δημιουργούσε την δυνατότητα κερδοσκοπίας. Δολάρια αγοράζονταν στο άρτιο προς 5,19 δρχ/δολ στην Αθήνα και πωλούντο π.χ. προς 8,18 φρ/δολ στο Παρίσι όπου το δολάριο ανέβαινε έναντι του φράγκου. Έτσι, όταν η τιμή του φράγκου στην Αθήνα ήταν 0,74 δρχ/φρ, η τιμή του δολαρίου ήταν 6,96 φρ/δολ (= 5,15 δολ/δρχ / 0,74 δρχ/φρ). Έτσι οι κερδοσκόποι μπορούσαν να κάνουν αρμπιτράζ· με τα φράγκα τους να βρίσκουν φθηνά δολάρια στην Αθήνα και να τα μεταπωλούν στο Παρίσι αποκομίζοντας σημαντικό κέρδος (14,9% στο συγκεκριμένο παράδειγμα). Ομοίως, και χωρίς να αναφερόμαστε σε καθαρά κερδοσκοπικές πράξεις, ένας εισαγωγέας που εισέπραττε 1000 δολάρια, θα προτιμούσε να αγοράσει 8200 φράγκα στο Παρίσι και εν συνεχεία να αγοράσει με αυτά 6.053 δρχ στην Αθήνα, αντί να αγοράσει απευθείας 5.190 δρχ στην Αθήνα. Το αντιφατικό της πολιτικής αυτής στηλίτευσε ο Σπουργίτης, υιοθετώντας την ψυχρή ματιά του πρακτικού της χρηματαγοράς. Αν η ΕΤΕ και η ελληνική κυβέρνηση επιθυμούσαν να κρατήσουν ψηλά την δραχμή ως προς το δολάριο—ουσιαστικά υποτιμώντας το—δεν μπορούσαν ταυτοχρόνως να κρατούν ανατιμημένο το φράγκο. Υπολόγιζε ότι για να μείνει η ισοτιμία του δολαρίου μεταξύ 5,25–5,30 δρχ/δολ, η ισοτιμία του φράγκου στην Αθήνα έπρεπε να πέσει στις 0,640–0,645 δρχ/φρ από τις 0,73–0,75 δρχ/φρ που ίσχυε κατά το 1919. Η αντίθετη επιλογή, προειδοποιούσε, νομοτελειακά θα εξαντλούσε τα δολαριακά συναλλαγματικά αποθέματα της ΕΤΕ (Σπουργίτης 1919).

Πράγματι αυτό είχε συμβεί, καθώς στα μέσα του έτους τα συναλλαγματικά διαθέσιμα στο εξωτερικό είχαν κατέλθει στα 354 εκ. δρχ. Στις 27/7/1919, υπό την απειλή εξάντλησης των δολαριακών της αποθεμάτων, τμήμα των οποίων είχε μετατραπεί σε στερλίνες και φράγκα, η ΕΤΕ ανατίμησε το δολάριο από τις 5,1963 στις 5,25 δρχ, δηλαδή κατά 1% (Damiris 1920b, 2:78)· στις 7/8/1919 η τιμή είχε ανεβεί τις 5,70 δρχ (Νεγροπόντης 1919e), ενώ συνολικά τον Αύγουστο, η μέση τιμή πώλησης κυμάνθηκε στις 5,7590 δρχ, ήτοι αύξηση 10,8% (Damiris 1920b, 2:93). Η εξέλιξη αυτή έφερε στην επιφάνεια τις κινήσεις της ΕΤΕ που έγιναν εν κρυπτώ και εξόργισε την κυβέρνηση. Ο Βενιζέλος, που τότε απουσίαζε στο Παρίσι για την σύνοδο ειρήνης, θεώρησε «ολεθρίαν» την ανατίμηση του δολαρίου (Νεγροπόντης 1919f), όμως τελικά ο Νεγροπόντης (1919g) αποδέχθηκε το αδύνατον της διατήρησης του αρτίου με το δολάριο.

Σε επιστολή του στο Υπ. Συμβούλιο ο Βενιζέλος (1919) χαρακτήρισε την κίνηση της ΕΤΕ *«κατάφορον νοθείαν νόμου ΓΧΜΒ' ἥτις μόνον κολοσσιαίας ζημίας συνεπάγεται διά τήν Ἑλληνικήν κοινωνίαν»*, συμπεραίνοντας ορθώς ότι *«[ἡ] αἰφνίδιος ἐξάντλησις τῶν ἐν [Ἀμερικῇ διαθεσίμων] αὐτοῦ [τοῦ ν. ΓΧΜΒ'] [...] [δέν] δύναται ἐξηγηθῇ παρά διά τῆς εἰς Εὐρώπην μεταφορᾶς αὐτῶν ἀποτελεῖ κατάχρησιν, ἥν οὐδεὶς ἠδύνατο νά ἀναμένῃ ἀπό Ἐθνικήν Τράπεζαν»*. Ο Βενιζέλος προετίθετο να αναλάβει, τουλάχιστον εν μέρει, την ζημιά που θα υφίστατο η ΕΤΕ, αλλά όχι και να εγκρίνει αυτήν την πράξη. Ανησυχούσε δε ότι αν συναινούσε σε κάτι τέτοιο, *«μόλις κοινωνία ἀντελαμβάνετο τοῦτο θά ἦτο φυσικόν νά ὠθισθῇ [sic] πρός τάς Μπολσεβικικάς θεωρίας»*.

Η κυβέρνηση φάνηκε αποφασισμένη να επιβάλει την πολιτική της. Αποφάσισε (Νεγροπόντης 1919c) και κατόπιν ανακοίνωσε (Νεγροπόντης 1919a) στην ΕΤΕ ότι αναλάμβανε η ίδια την διαχείριση των διαθεσίμων του ν. ΓΧΜΒ', επωμιζόμενη παράλληλα και το κόστος από την διατήρηση του αρτίου με το δολάριο. Ταυτοχρόνως, απαγόρευσε την εισαγωγή ειδών πολυτελείας και την εισαγωγή μη υγιών νομισμάτων (ρούβλια, μάρκα, τουρκικές λίρες). Επίσης, οι εξαγωγείς προϊόντων υποχρεώθηκαν να επανεισάγουν το συνάλλαγμα που κέρδιζαν.[18]

---

[18] ΝΔ της 17/9/1919 (ΦΕΚ 207, 20/9/1919, σ. 1485–1487).

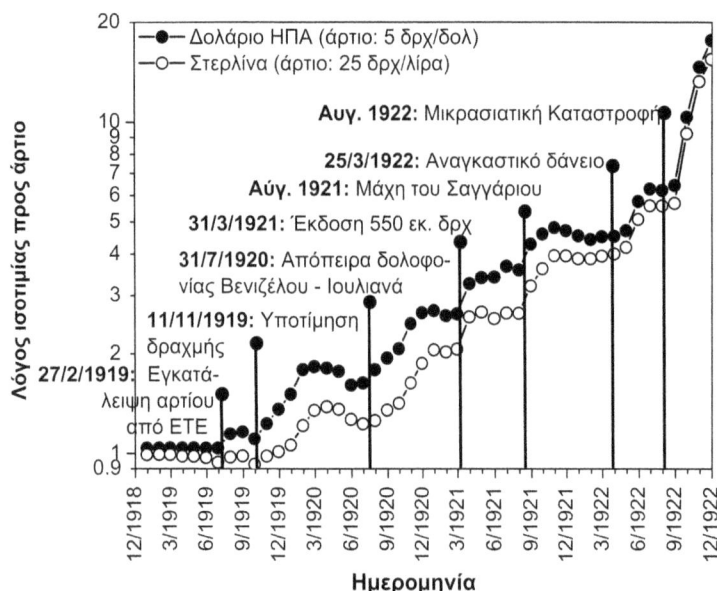

Εικόνα 11.2: Μέσες μηνιαίες ισοτιμίες της δραχμής ως προς την στερλίνα και το δολάριο. Οι ισοτιμίες αναφέρονται σε σχέση με το άρτιο και ο κατακόρυφος άξονας είναι λογαριθμικός (Βερέμης και Κωστής 1984, 83, 118).

Η απόπειρα αυτή πράγματι έλαβε χώρα, αλλά με κόστος. Ο Σπουργίτης διαμαρτύρεται για το ότι η πώληση 20 εκ. φρ. (προς 0,63 δρχ), 16 εκ. λιρών (προς 23,31 δρχ) και 5 εκ. δολ. μεταξύ 1/10 και 10/11/1919 στην αγορά του Παρισίου ζημίωσε το δημόσιο κατά 36.311.000 δρχ. Απορεί δε γιατί το κράτος δεν ενεργοποίησε τους νόμους 987/1917 και 1414/1918 (βλ. προηγούμενη παράγραφο) περί ελέγχου του συναλλάγματος, αλλά επέμεινε στην αντιφατική τακτική να προσπαθεί να διατηρήσει την ισοτιμία της δραχμής στο άρτιο ως προς το δολάριο. Μια ερμηνεία του είναι η επιθυμία να μην αυξηθεί το κόστος του άρτου, καθώς κύριος εισαγωγέας αλεύρων είχαν γίνει οι ΗΠΑ. Πράγματι, τέτοιος ήταν ο φόβος του Νεγροπόντη, που θεωρούσε «ἀδύνατον μέ σημερινόν πνεῦμα λαοῦ καί ἐξακολούθησιν γενικῆς ἐπιστρατεύσεως αὔξησιν τιμῆς ἄρτου καί ἄλλων εἰδῶν πρώτης ἀνάγκης προμηθευομένων ὑπό Δημοσίου» (Νεγροπόντης 1919e). Παρατηρούσε όμως ο Σπουργίτης (1925, 37–38) ότι το κράτος θα μπορούσε να επιδοτήσει τους καταναλωτές με τα «κέρδη» (δηλαδή με την αποφυγή ζημίας) από την εγκατάλειψη της προσπάθειας διατήρησης της ισοτιμίας.

Πράγματι, η προσπάθεια θα δεχόταν το πρώτο πλήγμα στις 9/10/1919 όταν η ΕΤΕ θα αύξανε πάλι την τιμή του δολαρίου για να αναχαιτίσει τα μαζικά αιτήματα αγοράς (Εικόνα 11.2). Ο Νεγροπόντης (1919b) θα εξέφραζε την δυσαρέσκειά του και ο Δροσόπουλος (1919a) θα προσέφερε εξηγήσεις, προβλέποντας ότι το διαθέσιμο συνάλλαγμα θα διαρκούσε μόνο για 10–15 ημέρες εφόσον δεν γινόταν ρευστοποίηση των Συμμαχικών πιστώσεων (Δροσόπουλος 1919b). Οι προειδοποιήσεις αυτές φαίνεται να έπεισαν τον Νεγροπόντη, ο οποίος εισηγήθηκε στον Βενιζέλο την αλλαγή νομισματικής πολιτικής πολιτικής με την υποτίμηση της στερλίνας και του φράγκου για την διάσωση των συναλλαγματικών διαθεσίμων (Νεγροπόντης 1919d). Τελικά, στις 11/11/1919 η στερλίνα ανέβηκε από τις 23 στις 25,30 δρχ και το δολάριο από τις 5,375 στις 6,19 δρχ (Damiris 1920b, 2:94).

Αυτή η συναλλαγματική πολιτική θα πρέπει αναγκαστικά να εξετασθεί υπό το πρίσμα του νομισματικού καθεστώτος που επέβαλε ο νόμος ‚ΓΧΜΒ΄, καθώς και των εκάστοτε αναγκών του ελληνικού κράτους. Αυτή η πολιτική φάνηκε βιώσιμη μόνον υπό καθεστώς ελεγχόμενων εκροών συναλλάγματος και σχετικώς σταθερών νομισματικών ισοτιμιών μεταξύ δολαρίου, φράγκου και στερλίνας. Η μακροημέρευση της πολιτικής αυτής οφειλόταν και στην χρησιμότητά της. Αφενός εν καιρώ ειρήνης εξυπηρετούσε τον ΔΟΕ, καθώς εξασφάλιζε την υψηλή ισοτιμία της δραχμής, άρα και τα κέρδη των δανειστών από τις συναλλαγματικές διαφορές. Αφετέρου, είχε σαφή οφέλη και εν καιρώ πολέμου. Κατ' αρχάς παρείχε το προκάλυμμα στις ελληνικές κυβερνήσεις να παρακάμπτουν τους εκδοτικούς περιορισμούς του ΔΟΕ και να καλύπτουν τις πολεμικές ανάγκες με έκδοση χαρτονομίσματος. Επίσης εξυπηρετούσε τους Συμμάχους διότι βάσει του νόμου αυτού και των πιστώσεων που παρείχαν στο ελληνικό κράτος εκδόθηκε χρήμα που κατευθύνθηκε στην συντήρηση των στρατευμάτων τους· γι' αυτό άλλωστε ο ΔΟΕ δεν ήγειρε έντονες αντιρρήσεις στις αυξημένες νομισματικές εκδόσεις. Με την ανακωχή η άρση των περιορισμών και η πτώση του φράγκου και της λίρας κατέστησαν το καθεστώς αυτό μη βιώσιμο· όταν άρχισε η πτώση της στερλίνας και του φράγκου τον Απρίλιο του 1919 η προσκόλληση στο δολάριο προϋπέθετε τσέπες πολύ πιο βαθιές από εκείνες της ΕΤΕ και συναλλαγματικές ανάγκες πολύ πιο μικρές από εκείνες του ελληνικού κράτους.

Όμως στην λήξη του ΑΠΠ ο ελληνικός στρατός βρισκόταν στην Μικρά Ασία αναλαμβάνοντας εξαιρετικά δαπανηρές στρατιωτικές υποχρεώσεις. Οι στρατιωτικές προμήθειες σήμαιναν επιπλέον βάρος για το κράτος σε περίπτωση υποτίμησης της δραχμής, όμως η προσπάθεια διατήρησή της στο άρτιο με το δολάριο, σε συνδυα-σμό με μια ελεύθερη αγορά συναλλάγματος, έκρυβε πολλές παγίδες. Η αντιφατικότητα αυτής της πολιτικής δεν είναι πρωτοφανής, αλλά είναι χαρακτηριστική των κρατικών πολιτικών διατήρησης συγκεκριμένης αξίας του χρήματος υπό καθεστώς μερικού μόνον ελέγχου. Από την διατήρηση της αναλογίας χρυσού-αργύρου υπό καθε-στώς ελεύθερης νομισματοκοπής στο δεύτερο μισό του 19ου αιώνα, μέχρι τον Μηχανισμό Συναλλαγματικών Ισο-τιμιών του ύστερου 20ου αιώνα—που αποσκοπούσε στην διατήρηση των συναλλαγματικών ισοτιμιών εντός στε-νών ορίων για τα νομίσματα των χωρών της ΕΟΚ—το πρόβλημα είναι ουσιαστικώς το ίδιο· η δυνατότητα εφαρ-μογή κρατικής πολιτικής όταν τα κράτη έχουν εκχωρήσει σημαντική ελευθερία στις αγορές.

Αυτήν την αντίφαση αντιμετώπισε και η ΕΤΕ, η οποία έπρεπε να λειτουργήσει μεταξύ της σφύρας του κρατι-κού προνομίου που της παρείχε ο ν. ,ΓΧΜΒ΄ και που την καθιστούσε ρυθμιστή της συναλλαγματικής αγοράς, και του άκμονος του ιδιωτικού και κερδοσκοπικού της χαρακτήρα. Τελικά, την κρίσιμη στιγμή επέλεξε την εξυ-πηρέτηση του δεύτερου χαρακτήρα, την στιγμή μάλιστα κατά την οποία ο Πρωθυπουργός απουσίαζε από την χώρα και όταν ο ελληνικός στρατός συνέχιζε τις επιχειρήσεις σε ευρύ μέτωπο. Η αγανάκτηση του Βενιζέλου ήταν δικαιολογημένη, ανεξαρτήτως του αν εξ΄ αρχής αποζητούσε την διατήρηση μιας μη βιώσιμης κατάστασης και την υλοποίηση μιας αντιφατικής πολιτικής· στην προκειμένη περίπτωση η ΕΤΕ χρησιμοποίησε την δε-σπόζουσα θέση που της παρείχε το κρατικό προνόμιο για να προφυλάξει την θέση της, αιφνιδιάζοντας τον πάροχο αυτού του προνομίου σε μια κρίσιμη εθνική περίσταση. Πράγματι, ο Βενιζέλος βρέθηκε στο μέτωπο της Διάσκεψης Ειρήνης στο Παρίσι υποχρεωμένος να διεξάγει μάχες οπισθοφυλακής με την διοίκηση της ΕΤΕ.

Μια λύση στην αντίφαση αυτή επιχείρησαν να προτείνουν οι παράγοντες της αγοράς, οι οποίοι πρότειναν την απελευθέρωση της αγοράς του συναλλάγματος. Στο πρώτο Πανελλήνιο Συνέδριο των Εμπορικών και Βιομη-χανικών Επιμελητηρίων στην Πάτρα (24/11–5/12/1919), ο Βενιζέλος απάντησε ότι δεν μπορούσε να κατανοήσει πώς ο εμπορικός και βιομηχανικός κόσμος θα μπορούσε να μην επιθυμεί ένα «υγιές» νόμισμα, δηλαδή σε ισοτι-μία με άλλα «υγιή» νομίσματα. Ο «φιλελεύθερος» πολιτικός παρέμενε υπέρ της ρύθμισης της συναλλαγματικής ισοτιμίας, αν και πλέον δεν έδινε πολλές πιθανότητες στην επίτευξη ενός τέτοιο στόχου, λόγω της συμπεριφοράς της ΕΤΕ την οποία έβαζε ονομαστικά στο στόχαστρο της κριτικής του (Damiris 1920b, 2:100–101).

11.3 Η προστασία του συναλλάγματος

Το ξέσπασμα του ΑΠΠ έθεσε σε τροχιά υποχώρησης των οικονομικό φιλελευθερισμό των περασμένων δεκαε-τιών, κάτι που εκφράσθηκε και με την ανάληψη από τα εθνικά κράτη του νομισματικού ελέγχου που προηγου-μένως είχαν εκχωρήσει στις αγορές.

Ο «Έλεγχος Συναλλάγματος»

Μαζί με το κλείσιμο των διεθνών χρηματιστηρίων που προκάλεσε το ξέσπασμα του πολέμου, εκδόθηκαν τρία ΒΔ στις 21/7/1914 με έντονα προστατευτικό χαρακτήρα, αντιπροσωπευτικού του τεταμένου κλίματος της επο-χής.[19] Το πρώτο ανέστειλε μέχρι τις 31/8 την υποχρέωση των τραπεζών να αποδίδουν στους καταθέτες τα χρή-ματά τους (πλην των ταμιευτηρίων, για αναλήψεις έως 50 δρχ ανά 15 ημέρες). Το δεύτερο απαγόρευε την εξα-γωγή από την χώρα χρυσού (σε νομίσματα ή ράβδους) και γαιανθράκων. Το τρίτο επεξέτεινε το νομισματικό σύστημα της Ελλάδας στις νέες χώρες (άρ. 1), δημοσίευσε διατίμηση για τα υπάρχοντα σε αυτές τουρκικά νομί-σματα (άρ. 2) και ανέστειλε μέχρι τις 31/8 το εδάφιο β΄ του άρθρου 8 του ν. ,ΓΧΜΒ΄. Με άλλα λόγια, η πληρωμή των κρατικών οφειλών σε χρυσά νομίσματα απαγορεύθηκε. Ένα πολύ βασικό τμήμα του νόμου ,ΓΧΜΒ΄ ανακλή-θηκε, έστω και προσωρινά, μόλις τέσσερα χρόνια μετά την ψήφισή του και η Ελλάδα απομακρύνθηκε ακόμη και τυπικώς από τον δεδηλωμένο στόχο της άρσεως της αναγκαστικής κυκλοφορίας.

Η απαγόρευση αυτή επανήλθε λίγο πριν την επίσημη έξοδο της Ελλάδας στον ΑΠΠ (15/6/1917). Υπό τις πιέσεις του κινήματος της «Εθνικής Αμύνης», του Βενιζέλου και του συμμαχικού αποκλεισμού, ο Κωνσταντίνος Α΄ διέταξε με ΒΔ της 11/5/1917 την νέα αναστολή εφαρμογής του συγκεκριμένου εδαφίου. Παρά την εκδίωξή

---

[19]ΦΕΚ 203, 21/7/1914, σ. 1071–1072.

του (29/5(11/6)/1917), η «Βουλή των Λαζάρων» που ανέλαβε την εξουσία κύρωσε το παραπάνω διάταγμα,[20] απαγορεύοντας παράλληλα και την διάθεση του μεταλλικού των τραπεζών άνευ της αδείας του Υπουργού Οικονομικών.

Τα προστατευτικά μέτρα συνεχίσθηκαν με την υπαγωγή στον έλεγχο του Υπ. Οικονομικών (μέχρις απαγορεύσεως) οποιασδήποτε αγοραπωλησίας συναλλάγματος στο εξωτερικό, καθώς και οποιασδήποτε μεταφοράς κεφαλαίων στο εξωτερικό (επιταγών, τηλεγραφικών και ταχυδρομικών εντολών, πιστοχρεώσεων λογαριασμών, κλπ). Απαγορεύτηκε επίσης στις τράπεζες η μετατροπή των καταθέσεων συναλλάγματος σε δραχμικές, με σκοπό την τοποθέτησή τους στο εξωτερικό.[21] Με αυτό το ΒΔ και ένα πλέγμα τροποποιητικών νόμων και διαταγμάτων[22] εγκαθιδρύθηκε ο λεγόμενος «Έλεγχος Συναλλάγματος», ο οποίος θα διαρκούσε μέχρι τον Ιούλιο του 1920.[23]

Σκοπός του Ελέγχου ήταν η παρεμπόδιση της εξαγωγής συναλλάγματος για κερδοσκοπία, όχι όμως για αγορές εμπορευμάτων. Όμως τα μέτρα αυτά δεν ήταν αρκετά για να διακόψουν την εκροή συναλλάγματος, καθώς έμποροι, τράπεζες και κερδοσκόποι έβρισκαν τρόπους να τα παρακάμπτουν. Ένα τέτοιο παράδειγμα ήταν το άνοιγμα *credits confirmés*[24] σε συνάλλαγμα για υποτιθέμενη εισαγωγή εμπορευμάτων. Ο δανειστής αγόραζε κάποιο ποσό σε συνάλλαγμα σε συγκεκριμένη ισοτιμία, το οποίο όμως δεν χρησιμοποιούσε και το επέστρεφε στην λήξη της περιόδου στην τράπεζα. Καθώς το συνάλλαγμα είχε εν τω μεταξύ ανατιμηθεί, ο δανειστής κέρδιζε από την συναλλαγματική διαφορά (Σπουργίτης 1924a). Τέρμα στην πρακτική αυτή προσπάθησε να μπει με μια από τις προβλέψεις του ΒΔ της 17/9/1919 (άρθρο 8), όμως το κράτος ήταν καταδικασμένο να βρίσκεται ένα βήμα πίσω από τους κερδοσκόπους λόγω της διστακτικότητας και της αποσπασματικότητας με την οποία έκλεινε τα παραθυράκια που επέτρεπαν την κερδοσκοπία.

Το Συνδικάτο Τραπεζών

Μετά τις εκλογές του Νοεμβρίου του 1920 οι φιλοβασιλικές κυβερνήσεις βρέθηκαν σε δεινή θέση. Εξέλιπε πλέον μια προσωπικότητα του κύρους του Βενιζέλου που θα μπορούσε να συνδιαλεγεί ισότιμα με τους συμμάχους και από θέσεως ισχύος με την ΕΤΕ. Επιπλέον, η επάνοδος του γερμανόφιλου Κωνσταντίνου Α΄ ήταν η κατάλληλη δικαιολογία για τους συμμάχους να παγώσουν τις πιστώσεις προς την Ελλάδα. Καθώς η τελευταία αυτή ελπίδα για διατήρηση της αξίας της δραχμής εξανεμιζόταν, η δραχμή κατέρρεε σε σχέση με τα άλλα νομίσματα. Αναμένοντας την λήξη των διαπραγματεύσεων για το θέμα των συμμαχικών πιστώσεων η κυβέρνηση κατέφυγε στον δανεισμό από την ΕΤΕ που ουσιαστικά αποτελούσε έκδοση νέου χρήματος. Έτσι, τον Μάρτιο του 1921 ανακοινώθηκε η έκδοση 550 εκ. δρχ.[25]

Συνέπεια του παραπάνω ήταν η περαιτέρω υποτίμηση της δραχμής. Με το δολάριο να έχει ξεπεράσει το τριπλάσιο ως προς το άρτιο τον Μάιο του 1921 (μέση τιμή μηνός: 17,012 δρχ), με τα συναλλαγματικά αποθέματα να έχουν εξαντληθεί και με τις πολεμικές επιχειρήσεις να συνεχίζονται, έγινε ακόμη μια απόπειρα ελέγχου του συναλλάγματος. Αυτήν την φορά ανατέθηκε στο «Συνδικάτο Τραπεζών» που συστήθηκε με ειδικό νόμο[26] και μέσω του οποίου θα γινόταν κάθε αγοραπωλησία συναλλάγματος με το εξωτερικό. Πρόεδρος του Γεν. Συμβουλίου του Συνδικάτου οριζόταν ο Υπ. Οικονομικών ή Εθνικής Οικονομίας ενώ οριζόταν και μια τετραμελής επιτροπή στην οποία θα συμμετείχε ένας αντιπρόσωπος της κυβέρνησης και ένας αντιπρόσωπος της ΕΤΕ. Πρώτα μέλη του ορίσθηκαν η ΕΤΕ, η Τράπεζα Αθηνών, η Τράπεζα Ανατολής και η Ionian,[27] ενώ αργότερα προστέθη-

---

[20] Ν. 987 της 20/10/1917 (ΦΕΚ 243, 31/10/1917, σ. 965–966). Με τον ν. 1414 της 7/5/1918, η ισχύς του νόμου αυτού έγινε αναδρομική, έχοντας εφαρμογή και στις προϋπάρχουσες οφειλές (ΦΕΚ 104, 12/5/1918, σ. 711–712).

[21] ΝΔ της 20/11/1917 (ΦΕΚ 275, 28/11/1917, σ. 1201–1202) και ΒΔ της 27/11/1917 (ΦΕΚ 275, 28/11/1917, σ. 1202–1204).

[22] Βλ. π.χ. (α) Ν. 1137 και ΒΔ της 4/1/1918 (ΦΕΚ 6, 4/1/1918, σ. 36). (β) ΒΔ της 19/8/1919 (ΦΕΚ 185, 19/8/1919, σ. 1324–1325). (γ) Ν. 1610 της 31/12/1918 (ΦΕΚ 2, 3/1/1919, σ. 25–26). (δ) ΒΔ της 17/9/1919 (ΦΕΚ 207, 20/9/1919, σ. 1485–1487).

[23] Καταργήθηκε με το ΒΔ της 29/7/1920 (ΦΕΚ 169, 29/7/1920, σ. 1660).

[24] Αγγλ.: Revolving Credit Facilities. Πιστώσεις στην διάθεση του δανειολήπτη για συγκεκριμένο χρονικό διάστημα, εντός του οποίου μπορεί να τις αναλάβει σύμφωνα με τις ανάγκες του. Ο τόκος χρεώνεται για το διάστημα μεταξύ ανάληψης και αποπληρωμής, ενώ χρεώνεται και μια προμήθεια. Παρεμφερείς πιστωτικές συμβάσεις είναι η πιστωτική κάρτα ή ο αλληλόχρεος λογαριασμός.

[25] Σύμβαση κράτους-ΕΤΕ της 31/3/1921, κυρωθείσα δια του ν. 2577 της 19/4/1921 (ΦΕΚ 70Α, 28/4/1921, σ. 259–261).

[26] Ν. 2612 της 11/5/1921 (ΦΕΚ 93Α, 29/5/1921, σ. 367–369). Τροποποιήθηκε με τους ν. 2649/1921, 2833/1922, 3260/1925 και 5260/1931.

[27] ΒΔ της 29/5/1921 (ΦΕΚ 93Α, 29/5/1921, σ. 371).

καν άλλες 18 τράπεζες και τρεις ιδιώτες.[28] Με κατοπινά ΒΔ εξειδικεύθηκαν διάφορες απαγορεύσεις καθώς και περιορισμοί στις πράξεις συναλλάγματος που θα μπορούσαν να γίνουν εκτός Συνδικάτου,[29] ενώ με ΒΔ της 9/9/1921[30] απαγορεύθηκε κάθε αγοραπωλησία ξένων τραπεζογραμματίων και χαρτονομισμάτων εκτός του Συνδικάτου.

Το Συνδικάτο Τραπεζών ήταν μια τραπεζιτική κοινοπραξία υπό τυπική κρατική εποπτεία και εφοδιασμένη με το κρατικό μονοπώλιο της διενέργειας πράξεων συναλλάγματος. Έτσι, από την σύλληψή του υπέφερε από την ίδια αντίφαση που ταλάνιζε την εφαρμογή του ν. ͵ΓΧΜΒ΄· επιχειρούσε τον σφιχτό κρατικό έλεγχο του χρήματος εκχωρώντας την πραγματοποίηση αυτού του ελέγχου του σε ιδιωτικές επιχειρήσεις και επιτρέποντας ταυτοχρόνως την λειτουργία μιας παράλληλης αγοράς συναλλάγματος ανταγωνιστικής της επίσημης.

Λεπτομέρειες για την λειτουργία του Συνδικάτου παραθέτει εκ των έσω ο Αναστάσιος Σπουργίτης, διευθυντής της Τράπεζας Εθνικής Οικονομίας, μέλους του Συνδικάτου. Το Συνδικάτο είχε ένα αρχικό κεφάλαιο 1,5 εκ. στερλινών που συνεισέφεραν οι συμμετέχουσες σε αυτό τράπεζες. Κάθε τράπεζα διενεργούσε αγοραπωλησίες συναλλάγματος στις θυρίδες της για λογαριασμό του Συνδικάτου, σε τιμές που είχε αποφασίσει το Συνδικάτο, και πιστοχρεώνοντας αυτό για τις αγοραπωλησίες. Οι λεπτομέρειες της λειτουργίας του Συνδικάτου Τραπεζών δεν ήταν εξ' αρχής ξεκάθαρες, με αποτέλεσμα να δημοσιευθούν διαδοχικές εγκύκλιοι και διατάγματα, που ακολουθήθηκαν από έναν κανονισμό, ή «οργανισμό», που δακτυλογραφήθηκε από την ΕΤΕ, αλλά που ποτέ δεν επικυρώθηκε με ΒΔ. Κατά την διήγηση του Σπουργίτη, κατά την έναρξη των εργασιών του το Συνδικάτο αγόραζε την στερλίνα προς 61 δρχ και την πωλούσε προς 62, όμως η τιμή στην αγορά ήταν σταθερά μεγαλύτερη. Έτσι, όλοι προτιμούσαν να αγοράζουν συνάλλαγμα από αυτό αλλά όχι να του το πωλούν. Κάθε φορά που το Συνδικάτο ανέβαζε την ισοτιμία για να προλάβει την αγορά, η αγορά ανταποκρινόταν με πανικό και ανέβαζε την δική της ισοτιμία ακόμη περισσότερο. Στις 26/4/1922 τα αποθέματά του εξαντλήθηκαν, μέρα κατά την οποία διαπραγματεύονταν την στερλίνα μεταξύ 104 και 105 δρχ, ενώ στην αγορά είχε ανέβει στις 165 δρχ. Μετά από συζητήσεις, η κυβέρνηση αποφάσισε την ενίσχυση του Συνδικάτου με 1 εκ. στερλίνες. Η ΕΤΕ συνέβαλλε άλλες 200 χιλιάδες και οι άλλες τράπεζες άλλες 150 χιλιάδες. Στις 10/6/1922 η νέα τιμή της στερλίνας ορίσθηκε στις 138 με 140 δρχ, και πάλι πολύ χαμηλότερα από την αγοραία (Σπουργίτης 1924b). Αλλά και αυτό το ποσόν εξαντλήθηκε σε ελάχιστο χρόνο (Κωστής 2003, 155–156).

Ο Σπουργίτης (1924c) άσκησε δριμεία κριτική στο Συνδικάτο Τραπεζών. Κατά την άποψή του, σκοπός του ήταν διττός: αφενός η περιστολή απώλειας συναλλάγματος με την περιορισμένη παραχώρησή του για εισαγωγές, και αφετέρου η αύξηση του εισπραττομένου συναλλάγματος μέσω της υποχρέωσης που επέβαλλε στους εξαγωγείς να πωλούν ό,τι συνάλλαγμα εισέπρατταν στις επίσημες—χαμηλές—τιμές. Έτσι, αντί να αποφασισθεί ο απλός περιορισμός εισαγωγών για συγκεκριμένα είδη, δημιουργήθηκε ένα πολύπλοκο σύστημα που υπερέβαινε κατά πολύ τις δυνατότητες του Συνδικάτου. Κατακλυσμένο από πλήθος αιτημάτων, ερωτήσεων και δικαιολογητικών που δεν μπορούσε να επεξεργασθεί στις 3–4 ώρες που συνεδρίαζε καθημερινώς, χωρίς επαρκή στατιστική παρακολούθηση εμπορευμάτων και χωρίς δυνατότητα διασταυρώσεως των αιτημάτων των εμπόρων, η επιτροπή εγκρίσεων δεν έμπαινε στην ουσία των αιτημάτων: *«Αἱ διαθέσιμοι ὧραι δὲν ἐπήρκουν ὅπως ἕκαστον μέλος ρίψῃ ἕν τροχάδην βλέμμα ἐπὶ τῶν αἰτήσεων, πολλῷ μᾶλλον ὅπως ἐλέγξῃ τὰ σχετικὰ δικαιολογητικά»*. Έτσι, αντί το Συνδικάτο να επιτύχει την εξοικονόμηση συναλλάγματος από την επιλεκτική εισαγωγή εμπορευμάτων, κατέληξε σε οριζόντιες και συλλήβδην αρνήσεις, ή περιορισμούς των αιτημάτων που δεχόταν. Αντιστρόφως, η υποχρέωση των

---

[28] Με το ΒΔ της 5/6/1921 (ΦΕΚ 99Α, 5/6/1921, σ. 391) προστέθηκαν δέκα τράπεζες με δικαίωμα συμμετοχής στην διοίκηση του Συνδικάτου Τραπεζών (Εμπορική, Λαϊκή, Βιομηχανίας, Γενική, Εθνικής Οικονομίας, Θεσσαλονίκης, Πειραιώς Εμπορίου-Βιομηχανίας και Ναυτιλίας, Χίου, Αμάρ Θεσσαλονίκης, Καλαμών), ενώ άλλες οκτώ δεν είχαν τέτοιο δικαίωμα (Ναυτική εν Πειραιεί, Υιών Ιακώβ, Δαβίδ Μπενβενίστε, Αδελφών Κρέμου, Μεγήρ, Βαρούχ-Σολομών-Λευί, Α. Παναγιωτόπουλου, Νοσέρι και Σία, Χαΐμ & Ιωσήφ Σολομών Σαλέμ). Με κατοπινά ΒΔ συμμετείχαν η American Express Company Inc (ΒΔ της 16/6/1921, ΦΕΚ 104Α, 16/6/1921, σ. 417) και η Γαλλοσερβική Τράπεζα (ΒΔ της 16/8/1921, ΦΕΚ 147Α, 19/8/1921, σ. 660). Επίσης, χωρίς δικαίωμα ψήφου συμμετείχαν οι κάτοικοι Σπάρτης Χρ. Μαλούχος (ΒΔ της 5/9/1921, ΦΕΚ 191Α, 7/10/1921, σ. 931), Ιωάννης Φιλιππόπουλος και Ηλίας Γκορτσολόγος (ΒΔ της 24/10/1921, ΦΕΚ 207Α, 28/10/1921, σ. 1066).

[29] Βλ. π.χ. τα ΒΔ της 15/6/1921 (ΦΕΚ 106Α, 18/6/1921, σ. 435–436) και της 8/7/1921 (ΦΕΚ 123Α, 15/7/1921, σ. 513–514).

[30] ΦΕΚ 170Α, 10/9/1921, σ. 788–789.

εξαγωγέων να πωλούν στο Συνδικάτο το συνάλλαγμα που εισέπρατταν από εξαγωγές, τους κινητοποιούσε να το τοποθετούν με κάθε τρόπο στο εξωτερικό αντί να το εισάγουν.

Παρά την αποτυχία του Συνδικάτου Τραπεζών στην εκπλήρωση των εκπεφρασμένων του στόχων, η σύστασή του αποτελεί ακόμη μια απόπειρα επιβολής στενότερου κρατικού ελέγχου στον θεσμό του χρήματος. Πριν τον πόλεμο, τέτοιες απόπειρες άμεσου ελέγχου του χρήματος ήταν πιο αποσπασματικές, περιοριζόμενες σε *ad hoc* λύσεις κατά τις περιόδους κρίσεων, ενώ τα δασμολογικά μέτρα αποτελούσαν μια πιο έμμεση κατηγορία εργαλείων ελέγχου των συναλλαγματικών ροών. Παρά τον διστακτικό χαρακτήρα του εγχειρήματος, με άμεση εμπλοκή του ιδιωτικού τομέα και την λειτουργία μιας παράλληλης αγοράς, το ημίμετρο του Συνδικάτου Τραπεζών αποτελεί ακόμη έναν κρίκο στην αλυσίδα που οδηγεί στον πολύ πιο στενό κρατικό έλεγχο του χρήματος κατά την δεκαετία του 1930.

Το (προσωρινό) τέλος του ελέγχου

Διαφορετική πολιτική θα ακολουθούσαν οι επαναστατικές κυβερνήσεις. Ο Αλέξανδρος Διομήδης, ως Υπ. Οικονομικών[31] θα καταργούσε τους νόμους τους σχετικούς με το Συνδικάτο Τραπεζών[32] μεταβιβάζοντας τον έλεγχο του συναλλάγματος απευθείας στο κράτος, αλλά με άλλη μορφή· το συνάλλαγμα που προερχόταν από εξαγωγές σταφίδας, καπνού, ελαιολάδου και σύκων έπρεπε να πωλείται στο Δημόσιο μέσω της ΕΤΕ σε ισοτιμία που όριζε μια επιτροπή που αποτελούσαν οι Υπουργοί Εθν. Οικονομίας, Οικονομικών και ο Διοικητής της ΕΤΕ (αρχικώς ορίσθηκε στις 140 δρχ/λίρα). Επιπλέον, κάθε πράξη συναλλάγματος φορολογείτο με 15%, ποσόν το οποίο έπρεπε να καταβάλλεται επίσης σε συνάλλαγμα. Από τους παραπάνω περιορισμούς οι περισσότεροι θα καταργούντο έως τον Ιούνιο του 1923, με εξαίρεση την παρακράτηση του 15%,[33] οπότε κατά τον Κοφινά (1925, 6) «*ἐξηφανίσθη πᾶν ἴχνος τοῦ ἐπαχθοῦς συστήματος τοῦ Συνδικάτου*». Ο έλεγχος πέθαινε προσωρινά, για να αναστηθεί με την κρίση του 1931.

11.4 Πενία τέχνας κατεργάζεται: το αναγκαστικό δάνειο

Παρότι η Ελλάδα είχε ταχθεί με το πλευρό των νικητών, ως νικήτρια δεν κατάφερε να κεφαλαιοποιήσει την επιλογή της αυτή. Τα ελληνικά στρατεύματα που αναπτύχθηκαν στην Ανατολική Θράκη, την Κωνσταντινούπολη και την Σμύρνη από το 1918 μέχρι το 1920, είχαν τον χαρακτήρα συμμαχικής δύναμης και όχι ελληνικού απελευθερωτικού στρατού. Η σθεναρή αντίσταση των Νεότουρκων δια του Μουσταφά Κεμάλ (Ατατούρκ), η κόπωση του ελληνικού στρατεύματος, οι διαγκωνισμοί μεταξύ των συμμάχων και οι περίπλοκες ισορροπίες που δημιουργήθηκαν απέναντι στις ελληνικές διεκδικήσεις δεν ευνόησαν την παραμονή των περιοχών σε ελληνική κυριαρχία. Οι σύμμαχοι δεν φάνηκαν διατεθειμένοι, και η Ελλάδα δεν στάθηκε ικανή, να θέσουν σε ισχύ τα συμπεφωνημένα της συνθήκης των Σεβρών της 28/7(10/8)/1920, κατά την οποία η Δυτική και Ανατολική Θράκη περιέρχονταν σε ελληνική κατοχή, μαζί με την περιοχή της Σμύρνης—η οποία όμως θα παρέμενε υπό Οθωμανική κυριαρχία.

Λίγο μετά την επιστροφή του στην Ελλάδα, και έχοντας υλοποιήσει την «Μεγάλη Ελλάδα» των δύο ηπείρων και των πέντε θαλασσών, και παρά την ύπαρξη ανοιχτού πολεμικού μετώπου, ο Βενιζέλος προκήρυξε εκλογές σε κλίμα έντονου διχασμού.[34] Τις εκλογές της 1(14)/11/1920 κέρδισαν οι οπαδοί του Κωνσταντίνου Α΄, που οργάνωσαν «Δημοψήφισμα» για την επάνοδό του στον θρόνο. Θετικές ήταν οι ψήφοι στο αδιανόητο ποσοστό του

---

[31] Ο Α. Διομήδης αποτελεί άλλο ένα παράδειγμα ανθρώπου που πέρασε μέσα από τις περιστρεφόμενες πόρτες κράτους, ΕΤΕ και ΤτΕ. Εξελέγη βουλευτής το 1910 και το 1912. Διετέλεσε Υπ. Οικονομικών υπό τον Βενιζέλο (17/8/1912–25/2/1915 και 13/12/1918–4/11/1920) και στην επαναστατική κυβέρνηση Κροκιδά (19/9-14/11/1922). Ήταν Συνδιοικητής της ΕΤΕ μεταξύ 1918–1920 και Διοικητής από τις 23/1/1923 μέχρι και την ίδρυση της ΤτΕ, της οποίας ανέλαβε πρώτος Διοικητής. Στις 20/1/1949 ανέλαβε αντιπρόεδρος της κυβέρνησης Θεμιστοκλή Σοφούλη και Πρωθυπουργός μετά τον θάνατο του Σοφούλη.

[32] Οι νόμοι ν. 2612 και 2649 καταργήθηκαν με το ΝΔ της 28/9/1922. Η εκκαθάριση του Συνδικάτου Τραπεζών διατάχθηκε με το άρθρο 27 του ΝΔ της 29/11/1922.

[33] ΝΔ της 4/6/1923 (ΦΕΚ 149, 5/5/1923, σ. 1059–1060).

[34] Είχαν προηγηθεί η απόπειρα δολοφονίας του στη Gare de Lyon στο Παρίσι από δύο απότακτους Έλληνες αξιωματικούς (30/7/1920). Την επομένη ακολούθησαν τα «Ιουλιανά», κατά τα οποία οι βενιζελικοί προχώρησαν σε βιαιοπραγίες εναντίον στελεχών και εφημερίδων της αντιπολίτευσης. Κατά τα επεισόδια αυτά δολοφονήθηκε και ο Ίων Δραγούμης από στρατιωτικό άγημα υπό τις διαταγές του Παύλου Γύπαρη και του Εμμανουήλ Μπενάκη.

99%. Αυτή η μεταβολή επέφερε την ψυχρότητα από πλευράς συμμάχων, ενώ οι ανακατατάξεις στο στράτευμα σε καιρό πολεμικών επιχειρήσεων δημιούργησαν δυσλειτουργίες.

Η αποτυχημένη προέλαση του ελληνικού στρατού που διέταξε ο βασιλιάς το 1922 και που εκτελέσθηκε από ένα αρκετά αναμορφωμένο επιτελείο έδωσε την ευκαιρία στα Κεμαλικά στρατεύματα να εξαπολύσουν γενικευμένη αντεπίθεση, όχι μόνον κατά του ελληνικού στρατού, αλλά και εναντίον του ελληνικού πληθυσμού. Τον Αύγουστο του 1922 η γενοκτονία που είχε ξεκινήσει με μεθοδικότητα πριν χρόνια από τους Νεότουρκους, τώρα κορυφωνόταν με την Μικρασιατική Καταστροφή· μια τραγωδία που κάποιοι ελληνόφωνοι ιστορικοί μερικές δεκαετίες αργότερα θα αποκαλούσαν «συνωστισμό».

Καθώς το Συνδικάτο Τραπεζών αποτύγχανε με την λειτουργία του να αποδώσει το αναγκαίο συνάλλαγμα, η κυβέρνηση δοκίμασε και άλλους τρόπους προσπορισμού αυτού. Στην προσπάθεια αυτή, ο Δ. Γούναρης παρασύρθηκε σε συμφωνία με τον Βρετανό Υπ. Οικονομικών Robert Horne η οποία αφορούσε στην δυνατότητα σύναψης δανείου έως 15 εκ. στερλινών στην ανοιχτή αγορά, με αντάλλαγμα την παραίτηση από το μη εκταμιευμένο υπόλοιπο των 12 εκ. στερλινών των βρετανικών πιστώσεων (συμφωνία Γούναρη-Horne, 22/12/1921). Ουσιαστικά, η ελληνική κυβέρνηση παραιτήθηκε από μια συμβατική υποχρέωση της βρετανικής κυβέρνησης έναντι της *δυνατότητας* αναζήτησης δανείου στην βρετανική χρηματαγορά. Μετά από τις αποτυχημένες προσπάθειες συνεννόησης με την Armrstrong Bank (M. L. Smith 2000, 244· Παντελάκης 1988, 166), η μετανοεμβριανή κυβέρνηση βρέθηκε με την πλάτη στον τοίχο έχοντας απεμπολήσει τις βρετανικές πιστώσεις και έχοντας αποτύχει να συνάψει δάνειο. Η αποτυχία αυτή οδήγησε τη κυβέρνηση σε άλλη μια απόφαση έκδοσης 550 εκ. δρχ τον Φεβρουάριο του 1922.[35]

Όμως ο καλπάζων πληθωρισμός και η ταχύτατη υποτίμηση της δραχμής—το δολάριο είχε ήδη φτάσει στο πενταπλάσιο του αρτίου—έδειχναν το αδιέξοδο αυτής της πολιτικής. Στο σημείο αυτό ο Υπ. Οικονομικών Πέτρος Πρωτοπαπαδάκης κατέφυγε σε μια πρωτότυπη λύση με την οποία προσδοκούσε να επιτύχει την σύναψη δανείου και ταυτοχρόνως να αποφύγει την περαιτέρω αύξηση της νομισματικής κυκλοφορίας. Όπως αποκάλυψε αργότερα ο βιογράφος του Πρωτοπαπαδάκη (Α. Α. Οικονόμου 1972, 460–461), η λύση αυτή συμφωνήθηκε από τους δύο άνδρες στις 21/2/1922—με την μυθική φράση «*Δημητράκη, τα ηύρα τα λεπτά*»—και κρατήθηκε μυστική για έναν ολόκληρο μήνα πριν ανακοινωθεί στην Βουλή.

Το βράδυ της 21/3/1922, αμέσως μετά την κατάθεση του προϋπολογισμού και του νομοσχεδίου για το δάνειο των 550 εκ. δρχ, άφησε άναυδους τους βουλευτές ανακοινώνοντάς τους ένα μέτρο τόσο ριζοσπαστικό που το εξέθεσε μετά από μια αντιστοίχως πρωτότυπη εισαγωγή (Κ. 1922, 1–2· Πρωτοπαπαδάκης 1922, 1959–1966):

> *Εἴμεθα λέγω ὑποχρεωμένοι νὰ προστρέξωμεν εἰς ἐσωτερικὸν δάνειον καὶ πρὸς τοῦτο καταθέτω σχέδιον Νόμου περὶ συνάψεως δανείου 1.500.000.000 δραχ. (Ἐπιφωνήσεις Ὤ, Ὤ, Ὤ) [...]*
>
> *[Ε]ἶμαι ὑποχρεωμένος, πρὶν ἢ προβῶ εἰς περαιτέρω ἀνάπτυξιν τοῦ περὶ οὗ πρόκειται Νομοσχεδίου, νὰ συμφωνήσωμεν ὅτι οὐδεὶς ἐξ ὑμῶν δύναται νὰ ἔχῃ ἀνὰ χεῖρας στερεόν τι, διότι, φοβοῦμαι οὐχὶ τὸν λιθοβολισμόν, διότι δὲν ἔχετε ὑποθέτω λίθους εἰς τὰ θυλάκιά σας, ἀλλὰ τὴν διὰ στερεῶν ἀντικειμένων, τὰ ὁποῖα δύνανται νὰ εὑρεθῶσιν εἰς χεῖρας σας ἐπίθεσιν κατὰ τῆς κεφαλῆς μου.*

Και αφού εξασφάλισε την ακεραιότητα του κρανίου του από τυχόν αντικείμενα που θα εκτόξευαν οι συνάδελφοί του, τους ανέλυσε ότι το δάνειο έπρεπε να βρεθεί χωρίς εκτύπωση νέου χρήματος, η οποία όχι μόνον θα απαιτούσε μήνες προετοιμασίας και έξοδα εκτυπώσεως, αλλά—το σημαντικότερο—θα πληθώριζε τόσο την κυκλοφορία που η δραχμή θα κατρακυλούσε. Εν συνεχεία, έβγαλε από την τσέπη του ένα εκατοντάδραχμο και το έκοψε στα δύο υπό την γενική θυμηδία του ακροατηρίου. Κατά την θυελλώδη συζήτηση που ακολούθησε και την οποία παρουσιάζει αρκετά εκτενώς η εφημερίδα *Εμπρός*, συζητήθηκε εκτενώς το ποιους βλάπτει το δάνειο. Τελικά η πρόταση ψηφίσθηκε επί της αρχής τα χαράματα της 23[ης] Μαρτίου με 151 έναντι 148 ψήφων (Πρωτοπαπαδάκης 1922, 2039–2053· *Εμπρός* 1922b, 4), ψηφίσθηκε σε β΄ συζήτηση τα χαράματα της 25[ης] Μαρτίου (Πρωτοπαπαδάκης 1922, 2093–2107), και στις 25/3/1922 η κυβέρνηση εξέδωσε τον νόμο 2749, σύμφωνα με τον οποίο το χαρτονόμισμα κοβόταν στα δύο: το μισό, με την κεφαλή του Γ. Σταύρου (οι «Σταύροι»), θα ανταλλασ-

---

[35] Σύμβαση κράτους-ΕΤΕ κυρωθείσα δια του ν. 2855 της 9/7/1922 (ΦΕΚ 116, 16/7/1922, σ. 543–544).

σόταν από τον κάτοχό του με νέο χαρτονόμισμα της μισής ονομαστικής αξίας, ενώ το άλλο μισό, με το στέμμα (τα «στέμματα»), θα ανταλλασσόταν με 20ετές έντοκο γραμμάτιο με επιτόκιο 6,5%.[36]

Οι αντιδράσεις ποίκιλαν. Ο *Οικονομολόγος Αθηνών* παρότι έκρινε το μέτρο άδικο, στάθηκε απέναντί του με σχετική αμφιθυμία και δεν το τοποθέτησε καν στο πρωτοσέλιδο (Αιλιανός 1922, 3–4). Η *Αθηναϊκή* ανέφερε ότι το κοινό «εξοικειώθηκε» με το καταναγκαστικό δάνειο και ότι επικράτησε ηρεμία στην χρηματαγορά (*Αθηναϊκή* 1922, 6), περιοριζόμενη στην δημοσίευση του κειμένου του νόμου και να στηλιτεύσει τις υπουργικές σπατάλες (Αναπληρωτής 1922, 1). Το Σκριπ ήταν θετικό (*Σκριπ* 1922a· *Σκριπ* 1922b, 1) ενώ η *Αναγέννησις* των Τρικάλων το επαίνεσε (*Αναγέννησις* 1922a, 1· *Αναγέννησις* 1922b, 1).

Αντιθέτως μύδρους εναντίον του μέτρου εξαπέλυσε το βενιζελικό *Εμπρός* (*Εμπρός* 1922a, 1). Μάλιστα, η εφημερίδα ανέφερε ότι από την επομένη της ανακοίνωσης του μέτρου οι έμποροι απέκρυπταν τα εμπορεύματά τους για να τα πωλήσουν σε υψηλότερες τιμές, πολίτες έσπευδαν στις τράπεζες για να αποσύρουν τις καταθέσεις τους και να ψωνίσουν προτού διχοτομηθούν τα νομίσματα και ότι τα κέρματα γίνονταν ανάρπαστα καθώς δεν θίγονταν από την διχοτόμηση. Μάλιστα, καθώς οι έμποροι αρνούντο να δώσουν ρέστα σε κέρματα, οι πολίτες αναγκάζονταν να ψωνίζουν με ολόκληρο το χαρτονόμισμά τους (*Εμπρός* 1922c, 2). Για την αντιμετώπιση του φαινομένου αυτού, στην β´ συζήτηση του νομοσχεδίου συμπεριελήφθησαν και τα κέρματα, και το δάνειο από το 1,5 ανέβηκε στο 1,6 δις δρχ. Η—επίσης βενιζελική—*Εστία* θεωρεί το δάνειο ομολογία αποτυχίας του κυβερνητικού προγράμματος (*Εστία* 1922, 1).

Το πρωτότυπο αυτό νομισματικό πείραμα έτυχε μέχρι σήμερα ελάχιστης έρευνας από τους Έλληνες ιστορικούς, καθώς μοναδική εμπεριστατωμένη μελέτη αποτελεί αυτή του Βασίλειου Τσίχλη (Τσίχλης 2010). Σε αυτήν ο συγγραφέας παρουσιάζει μια εξαντλητική εξιστόρηση των γεγονότων που έλαβαν χώρα στο πεντάμηνο μετά την ανακοίνωση του δανείου, τόσο μέσα από τον Τύπο της εποχής (154–263), όσο και μέσω των συζητήσεων στην Εθνοσυνέλευση (385–458). Πολλές είναι οι ενδιαφέρουσες πτυχές του ζητήματος, όπως η αντιμετώπισή του από τα λαϊκά στρώματα (345–349) οι ισχυρισμοί για δωροδοκία των εφημερίδων (328) και η παγκόσμια πρωτοτυπία του ζητήματος (312–319). Στο πλαίσιο του παρόντος κειμένου θα ασχοληθώ με τρία ζητήματα.

Μια συνέπεια της απόφασης ήταν η κατακόρυφη πτώση της αξίας των στεμμάτων. Καθώς η αξία τους δεν στηριζόταν πλέον στον νόμο—δεν ήταν πλέον χρήμα—λίγοι ήταν αυτοί που επιθυμούσαν να πληρώνονται σε αυτά. Αντιθέτως, μετατρεπόμενα σε ομολογίες δανείου μετατράπηκαν σε αντικείμενο κερδοσκοπίας και οι αγοραπωλησίες τους σε εκείνο το πρώτο διάστημα είχε κερδοσκοπικό χαρακτήρα.

Το δεύτερο αφορά στα στρώματα τα οποία επιβαρύνθηκαν περισσότερο από αυτό το αναγκαστικό δάνειο. Το ζήτημα αυτό έθεσε ο Γ. Αναστασόπουλος αμέσως μετά την κατάθεση της πρότασης του Πρωτοπαπαδάκη (Πρωτοπαπαδάκης 1922, 1965–1966):

> Ἐγὼ ὁ ὁποῖος εἶμαι βιοπαλαιστής, ὅ,τι ἔχω τὸ ἔχω εἰς τὸ θυλάκιόν μου, ἄλλοι τὰ ἔχουσιν εἰς τὸ χρηματοκιβώτιόν των ἢ εἰς ὁμολογίας Ἐθνικῆς Τραπέζης ἢ εἰς δάνεια ξένων κρατῶν. Αὐτοὶ δὲν θὰ βαρυνθῶσι. Καὶ ἐκεῖνο τὸ ὁποῖον δὲν θὰ κάμῃ καλὴν ἐντύπωσιν εἰς τὸν λαόν, εἶναι ὅτι θὰ ἴδῃ ὅτι δὲν θὰ ἐπιβαρυνθῶσιν ὅλοι ἐξ᾿ ἴσου [...] Οἱ ἔχοντες περιουσίας συγκειμένας ἐκ συναλλάγματος ἢ ἀπὸ μεταλλικὸν κλπ. οὗτοι οὐδαμῶς θίγονται, ἐνῶ θίγονται πάντες ὅσοι ἔχουσι φαινομενικὴν περιουσίαν εἰς χρήματα.

Πράγματι, εφόσον έμεναν στο απυρόβλητο άλλες αξίες στις οποίες μπορούσαν να επενδύσουν μόνον οι ανώτερες τάξεις (ομόλογα, μετοχές, συνάλλαγμα, μεταλλικό, ακίνητα) το μέτρο έπληττε μόνον όσους διακρατούσαν τον πλούτο τους υπό μορφή μετρητών, δηλαδή τα λαϊκά στρώματα. Επιπλέον, η ελάχιστη ομολογία του δανείου οριζόταν να έχει αξία 100 δρχ. Αυτό σήμαινε ότι όσοι είχαν στα χέρια τους ποσά μικρότερα των 200 δρχ την ώρα της διχοτόμησης δεν θα μπορούσαν να συμπληρώσουν το απαραίτητο ποσό για να ανταλλάξουν τα «στέμματα» με τις ομολογίες του δανείου. Έτσι, τα χαμηλότερα εισοδήματα ήταν υποχρεωμένα να πουλήσουν όσα στέμματα είχαν στα χέρια τους σε τιμή χαμηλότερη της ονομαστικής, προκειμένου να μη χάσουν όλο το ποσόν.

Το δεύτερο—και λεπτότερο—σημείο, το οποίο επίσης άπτεται του πρώτου, θίγεται στο άρθρο 7 περί εξόφλησης χρεών. Αυτό όριζε ότι για τρεις μήνες οι υφιστάμενες οφειλές θα εξοφλούνταν σε μικτό νόμισμα, δη-

---

λαδή «Σταύρους» και «στέμματα». Επίσης σε μικτό νόμισμα θα πληρώνονταν τα ενοίκια οικιών και καταστημάτων—αλλά όχι θερινών κατοικιών—ευνοώντας τα κατώτερα στρώματα και ζημιώνοντας τους ιδιοκτήτες ακινήτων. Το άρθρο ήγειρε πλείστα νομικά ζητήματα για κάθε τύπο οφειλής τα οποία δεν θα αναλύσω εδώ στην ολότητά τους. Αντιθέτως θα επιλέξω κάποια συγκεκριμένα σημεία.

Πρώτο σημείο προσοχής είναι ότι το άρθρο εξαιρούσε τα χρέη στην αλλοδαπή—ακόμη κι αν είχαν συνομολογηθεί σε δραχμές—και την υπηρεσία των εθνικών δανείων. Με τον τρόπο αυτό η κυβέρνηση καθιστούσε το αναγκαστικό δάνειο καθαρά εθνική υπόθεση που δεν θα έβλαπτε καθόλου τους ξένους πιστωτές, επιχειρώντας έτσι να διαφυλάξει το αξιόχρεό της. Η εφαρμογή της απόφασης έφερε σε σύγκρουση τις τράπεζες και την κυβέρνηση, καθώς οι πρώτες θα ήταν υποχρεωμένες να αποδώσουν στους αλλοδαπούς τον διπλάσιο αριθμό Σταύρων, επωμιζόμενες οι ίδιες το κόστος της διχοτόμησης (Τσίχλης 2010, 293).

Το δεύτερο αξιοπρόσεκτο σημείο του άρθρου αφορά στις τραπεζικές καταθέσεις, οι οποίες στην ουσία αποτελούν οφειλή της τράπεζας προς τον καταθέτη. Ο νόμος εισήγαγε το μέτρο της διχοτόμησης των καταθέσεων, το οποίο απήλλασσε τις τράπεζες από συμμετοχή στο δάνειο. Είναι εντυπωσιακό το ότι πέραν κάποιων προθεσμιών—οι οποίες δεν συμπεριελήφθησαν στο τελικό κείμενο (Τσίχλης 2010, 284)—ο Πρωτοπαπαδάκης δεν προέβλεπε τον τρόπο διχοτόμησης των καταθέσεων, ανοίγοντας τον δρόμο για τραπεζική αυθαιρεσία.

Πρέπει να προσεχθεί το ότι την περίοδο εκείνη οι τραπεζικές καταθέσεις στο σύνολο του τραπεζικού συστήματος ήταν περισσότερες από το σύνολο των κυκλοφορούντων τραπεζογραμματίων και κερματικών γραμματίων—3,05 έναντι 2,55 δισ δρχ στις 31/12/1921—που σημαίνει ότι τα ρευστά διαθέσιμα στα ταμεία των τραπεζών αντιστοιχούσαν ήταν ακόμη λιγότερα. Άρα οι τράπεζες δεν θα μπορούσαν να εξοφλήσουν όλες τις καταθέσεις και θα έπρεπε να επιλέξουν. Μια τράπεζα θα μπορούσε κάλλιστα να επιλέξει να αποδώσει αυτούσια την κατάθεση ενός μεγαλοκαταθέτη—ενδεχομένως και μετόχου της—και να διχοτομήσει την κατάθεση ενός μικροαποταμιευτή (Τσίχλης 2010, 285). Μάλιστα ο Πρωτοπαπαδάκης συγκρούσθηκε με σειρά βουλευτών που υπέδειξαν αυτό το μειονέκτημα του άρθρου 7. Συγκεκριμένα, οι βουλευτές Σακκής και Ν. Στράτος υπέδειξαν την προτίμηση που θα είχαν οι τράπεζες στους μεγαλοκαταθέτες, και ο Σακκής πρότεινε να μη διχοτομηθούν οι πρώτες 5–10 χιλιάδες δρχ κάθε κατάθεσης. Στο ίδιο πνεύμα ο Γ. Βαρβούτης πρότεινε την εξαίρεση των καταθέσεων ταμιευτηρίου ενώ ο Β. Χατζηλίας πρότεινε την παρέμβαση του κράτους για τον ορισμό των καταθέσεων που θα διχοτομούνταν (Βουλή των Ελλήνων 1922, 2045–2046).

Στο τελικό κείμενο αποφασίσθηκε πως οι τράπεζες δικαιούντο να προσκαλέσουν τους καταθέτες για να τους εξοφλήσουν, όχι κατ' όνομα, αλλά «κατ' είδος πιστωτικής σχέσεως», χωρίς να αναφέρεται κάποια προθεσμία. Έτσι, θα προσκαλούνταν πρώτα οι καταθέτες ορισμένου τύπου καταθέσεων (π.χ. προθεσμιακών)· οι καταθέτες ταμιευτηρίου—κυρίως τα λαϊκά στρώματα—θα προσκαλούνταν τελευταίοι, και μόνον αφού είχαν προσκληθεί όλοι οι άλλοι. Πράγματι, από την 1/4/1922, αφού οι καταθέτες των προθεσμιακών λογαριασμών διχοτόμησαν τις καταθέσεις τους, οι λογαριασμοί αυτοί έπαψαν να ισχύουν και οι καταθέτες έπρεπε να τους επαναδιαπραγματευτούν (Τσίχλης 2010, 295), ενώ με ψήφισμά τους οι μεγαλύτερες τράπεζες αποφάσισαν να μην διχοτομήσουν τις καταθέσεις ταμιευτηρίου ανεξαρτήτως ποσού, καθώς επίσης και να αφήσουν χωρίς διχοτόμηση όλα τα είδη καταθέσεων κάτω των 10.000 δρχ.[37] Μάλιστα η ΕΤΕ και η Λαϊκή δεν προχώρησαν σε διχοτόμηση των καταθέσεων (*Εμπρός* 1922d, 4· *Εμπρός* 1922e, 4).

Το άρθρο 7 ήταν τόσο προβληματικό που το Υπ. Οικονομικών αναγκάστηκε να εκδώσει ερμηνευτική εγκύκλιο στις 8/4/1922 (*Σκριπ* 1922c, 1–2) και να προβεί σε αναθεώρηση του νόμου[38] λίγο μετά. Με την αναθεώρηση αφενός ορίσθηκε ως προθεσμία για την ανάληψη των διχοτομημένων καταθέσεων—καθώς και για την εξόφληση όλων των άλλων υφισταμένων οφειλών—η 20ή Μαΐου, απόφαση που έθετε τέρμα στο κίνητρο της κερδοσκοπίας, αφού πλέον καμία πληρωμή δεν θα γινόταν με στέμματα. Αφετέρου, η αναθεώρηση (άρ. 2) διευκρίνιζε ότι οι τόκοι επί των στεμμάτων ανήκαν στον καταθέτη, δεδομένου ότι του ανήκαν και τα στέμματα (υπενθυμίζω ότι ο καταθέτης είναι δανειστής της τράπεζας και ότι η κυριότητα των χρημάτων παραμένει σε αυτόν). Η διευκρίνι-

---

[37] Ανακοίνωση της 27/4/1922 (Τσίχλης, σ. 540–541).
[38] Ν. 2767 της 19/5/1922 (ΦΕΚ 74, 19/5/1922, σ. 306).

ση αυτή έθετε τέρμα στην σκόπιμη παρερμηνεία των τραπεζών, οι οποίες δεν απέδιδαν στους καταθέτες τυχόν τόκους μετά την 31/3 (Τσίχλης 2010, 295–296).

Αλλά και μετά την αναθεώρηση προέκυπταν προβλήματα με την ερμηνεία και εφαρμογή του άρθρου 7, τα οποία επιχειρήθηκε να επιλυθούν με Ψήφισμα της Συνελεύσεως της 18/5/1922,[39] δηλαδή μια μέρα πριν την εφαρμογή της αναθεώρησης. Το ψήφισμα (άρ. 1) απαγόρευε στις τράπεζες να αγοράζουν υποτιμημένα στέμματα από την αγορά για να εξοφλούν τους καταθέτες τους, αλλά τις περιόριζε στα στέμματα που είχαν στα ταμεία έως την ψήφιση του νόμου και σε όσα έλαβαν για εξόφληση οφειλών.

Όμως οι τράπεζες είχαν συσσωρεύσει μεγάλο αριθμό στεμμάτων από μαζικές εξοφλήσεις υφισταμένων χρεών και υπήρχε ό φόβος ότι θα τα διένειμαν ανισομερώς σε όσους καταθέτες εμφανίζονταν μετά την λήξη της προθεσμίας, εφαρμόζοντας αυθαίρετα κριτήρια επιλογής. Έτσι, το Ψήφισμα προέβλεπε (άρ. 2) ότι οι εκπρόθεσμες πληρωμές θα έπρεπε να γίνονται μέσω της ΕΤΕ, στην οποία οι άλλες τράπεζες θα κατέθεταν το σχετικό ποσό. Αυτή η απόφαση αναβίβαζε την ΕΤΕ σε μια ανώτερη κατηγορία από πλευράς αξιοπιστίας. Παράλληλε η απόφαση θα απογύμνωνε τις τράπεζες από τα ρευστά τους κεφάλαια, ενώ θα παραβίαζε και την σχέση απορρήτου με τους πελάτες της, αφού τα σχετικά στοιχεία θα γνωστοποιούνταν σε έναν τρίτο (Τσίχλης 2010, 298–299). Έτσι, άλλη μια ερμηνευτική δήλωση εκδόθηκε στις 19/5/1922, που όριζε ότι οι καταθέσεις στην ΕΤΕ θα γίνονταν ομαδικά κατά είδος πιστωτικής σχέσεως, και όχι ανά δικαιούχο (Τσίχλης 2010, 533).

Από τις διαθέσιμες πηγές δεν είναι σαφές το τελικό ύψος του δανείου. Την αποτίμησή του περιπλέκει και το γεγονός ότι με διαδοχικές αποφάσεις η ανταλλαγή των «Σταύρων» παρατάθηκε μέχρι τις 31/12/1931 (Τσίχλης 2010, 364). Σε κάθε περίπτωση όμως, το συνολικό ύψος δεν θα μπορούσε να υπερβαίνει τα 1,3 δις δρχ δεδομένης της νομισματικής κυκλοφορίας που ανερχόταν στα 2,55 δις δρχ στα τέλη του 1921, συμπεριλαμβάνοντας όλα τα τραπεζογραμμάτια και κερματικά γραμμάτια. Οι συνέπειες του δανείου ήταν παροδικές· δεδομένου ότι ο Πρωτοπαπαδάκης είχε προϋπολογίσει ελλείμματα 1.678 εκ. δρχ, εκ των οποίων 685 εκ. δρχ τακτικά και 993 εκ. δρχ έκτακτα (Πρωτοπαπαδάκης 1922, 1955–1956), το δάνειο δεν επαρκούσε έτσι κι αλλιώς, επιβάλλοντας νέες κοπές χρήματος για την κάλυψή τους—ο εξωτερικός ή εσωτερικός δανεισμός ήταν πλέον εκτός συζήτησης. Κατά συνέπεια η μείωση της νομισματικής κυκλοφορίας ήταν προσωρινή διότι η κυβέρνηση επέστρεψε τα χαρτονομίσματα στην κυκλοφορία μέσω δημοσίων δαπανών, για τις οποίες έγιναν και νέες εκδόσεις. Από το σημείο αυτό και μετά χάθηκε κάθε έλεγχος επί του συναλλάγματος καθώς οι πολεμικές επιχειρήσεις στην Μ. Ασία εξελίσσονταν· η μέση τιμή του δολαρίου θα έφτανε τις 88,2 δρχ τον Δεκέμβριο του 1922, δηλαδή 17 φορές την τιμή του αρτίου (Βερέμης και Κωστής 1984, 83, 118). Η Ελλάδα, μετά από μια υπερδεκαετή πολεμική προσπάθεια, είχε έναν καλπάζοντα πληθωρισμό, ένα καταρρέον νόμισμα και, σαν να μην έφταναν όλα αυτά, είχε να διαχειρισθεί και την αποκατάσταση εκατοντάδων χιλιάδων Μικρασιατών προσφύγων.

---

[39]ΦΕΚ 74, 19/5/1922, σ. 305.

Η ΙΔΡΥΣΗ ΤΗΣ «ΤΡΑΠΕΖΗΣ ΤΗΣ ΕΛΛΑΔΟΣ Α.Ε.»

12

Αυτή η φωτιά είναι ένα σημάδι ότι η Τουρκία έχει καθαρθεί από τους προδότες, τους Χριστιανούς και τους ξένους, και ότι η Τουρκία είναι για τους Τούρκους.

Κεμάλ Ατατούρκ, 1922, ατενίζοντας την πυρκαγιά της Σμύρνης από την βίλα της Λατιφέ στον Μπουρνόβα (Armstrong 1932, 203)

Τον Αυγουστο του 1922 η αντεπίθεση των τουρκικών δυνάμεων υπό τον Κεμάλ μετέτρεψε την επέλαση των ελληνικών στρατευμάτων σε υποχώρηση· η προαποφασισμένη από τους Νεότουρκους γενοκτονία του μικρασιατικού ελληνισμού τώρα κορυφώθηκε. Από τις 27 Αυγούστου τα τουρκικά στρατεύματα άρχισαν την λεηλασία της Σμύρνης, σφάζοντας τον ελληνικό και αρμένικο πληθυσμό της και παραδίδοντάς την στις φλόγες. Αντίστοιχη ήταν η μοίρα του μικρασιατικού ελληνισμού και σε άλλες περιοχές· από τα 2.100.000 Έλληνες της Πόλης και της Μικράς Ασίας είχαν εξοντωθεί περί τις 300.000 κατά τον ΑΠΠ και άλλες 100.000 από τους κεμαλικούς.

Μέσα σε κλίμα αγανάκτησης οι συνταγματάρχες Νικόλαος Πλαστήρας και Στυλιανός Γονατάς κήρυξαν Επανάσταση στην Χίο και στην Μυτιλήνη στις 11(24)/9/1922 και έφτασαν με 12.000 στρατού στην Αθήνα λίγες μέρες μετά. Μαζί με τον αντιπλοίαρχο Δημήτριο Φωκά συνέστησαν Εκτελεστική Επιτροπή και εκδίωξαν των Κωνσταντίνο Α΄ για δεύτερη φορά και οριστικά. Μετά από επικοινωνία με τον Βενιζέλο, ο οποίος δεν είχε εκείνη την στιγμή κανένα επίσημο αξίωμα στο ελληνικό κράτος, αποφάσισαν την παραχώρηση της Ανατολικής Θράκης στην Τουρκία.[1]

Η επομένη της Μικρασιατικής καταστροφής έβρισκε την Ελλάδα σε εκρηκτικό πολιτικό κλίμα. Σε στρατοδικείο που συνεστήθη δικάστηκαν οκτώ υπουργοί με την κατηγορία της εσχάτης προδοσίας. Έξι καταδικάστηκαν σε θάνατο[2] και δύο σε ισόβια δεσμά.[3] Μεταξύ των εκτελεσθέντων ήταν και ο ίδιος ο Πρωτοπαπαδάκης. Η επαναστατική κυβέρνηση του κινήματος του 1922 ανέθεσε στον Βενιζέλο τις διαπραγματεύσεις με την Τουρκία και την Entente, παρότι ο ίδιος τότε δεν κατείχε κανένα επίσημο αξίωμα. Οι διαπραγματεύσεις που έλαβαν χώρα στην Λωζάννη της Ελβετίας οδήγησαν στην φερώνυμη συνθήκη της 24/7/1923, κατά την οποία η Ανατολική Θράκη (που η Ελλάδα είχε κερδίσει με την συνθήκη των Σεβρών το 1920) παραχωρείτο στην Τουρκία μαζί με την Ίμβρο, την Τένεδο και την ζώνη της Σμύρνης. Παράλληλα αποφασιζόταν ανταλλαγή πληθυσμών μεταξύ Ελλάδας, Τουρκίας και Βουλγαρίας.

Η κρίση ήταν ιστορική. Ο Ελληνισμός έχει υποστεί έναν πρωτοφανή ακρωτηριασμό εγκαταλείποντας προγονικές εστίες χιλιετιών. Από τα 2,6 εκατομμύρια Ελλήνων της Οθωμανικής Αυτοκρατορίας πριν το 1915, περίπου 1 εκατομμύριο είχαν δολοφονηθεί και άλλο ένα εκατομμύριο έφτασαν ως πρόσφυγες στην Ελλάδα.[4] Το υπερχρεωμένο κράτος είχε τώρα να αντιμετωπίσει και ένα οξύτατο πρόβλημα αποκατάστασης των προσφύγων.

Η πολιτική αστάθεια συνεχίσθηκε, όμως η επαναστατική κυβέρνηση παρέμεινε στην εξουσία, εξουδετερώνοντας την «αντεπανάσταση» στις 21–22/10/1923. Στις εκλογές της 16/12/1923 νικητές αναδείχθηκαν οι Φιλελεύθεροι και ο Βενιζέλος παρέλαβε την πρωθυπουργία από τον Πλαστήρα. Το κλίμα ήταν βαρύ για την βασιλεία. Ο Γεώργιος Β΄ είχε ήδη εγκαταλείψει την Ελλάδα μετά τις εκλογές και στις 24/3/1924 η κυβέρνηση του Αλέξαν-

---

[1] Παρότι η σε πολύ ασφαλέστερη στρατηγικά θέση από την Μικρά Ασία και πολύ δύσκολο να καταληφθεί από τον Κεμάλ, οι επαναστάτες υπάκουσαν τις εντολές της Entente και τις οδηγίες του Βενιζέλου. Στις 28/9(11/10)/1922 υπογράφεται το Πρωτόκολλο των Μουδανιών και η Ανατολική Θράκη έως τον Έβρο επανέρχεται στην Τουρκία, συμφωνία που επικύρωσε αργότερα και η συνθήκη της Λωζάννης (24/7/1923).

[2] Γ. Χατζηανέστης, Δ. Γούναρης, Ν. Στράτος, Π. Πρωτοπαπαδάκης, Γ. Μπαλτατζής και Ν. Θεοτόκης.

[3] Μ. Γούδας, Ξ. Στρατηγός.

[4] Άλλες 200 χιλιάδες περίπου Κωνσταντινουπολίτες εξαιρέθηκαν από την ανταλλαγή πληθυσμών, ενώ για τους υπολοίπους, που μάλλον κατέφυγαν στις ΗΠΑ, δεν υπάρχουν ακριβή στοιχεία (Αγτζίδης 2001).

δρου Παπαναστασίου κήρυξε έκπτωτη την μοναρχία. Το δημοψήφισμα της 13/4/1924 επιβεβαίωσε την απόφαση με ποσοστό 70%.

Παρ' όλα αυτά, η πολιτική αστάθεια με σχηματισμό πέντε προσωρινών κυβερνήσεων, και η αυξανόμενη στρατιωτική απειθαρχία διευκόλυναν στον Στρατηγό Θεόδωρο Πάγκαλο να εγκαθιδρύσει στρατιωτική δικτατορία μέσω του πραξικοπήματος της 25/6/1925, η οποία έλαβε ψήφο εμπιστοσύνης από την Βουλή. Η ανατροπή του στις 21–22/8/1926 δεν έγινε από τον πολιτικό κόσμο, αλλά από τους ίδιους τους στρατιωτικούς συνεργάτες του υπό την αρχηγία του Γεωργίου Κονδύλη, ο οποίος δεν είχε συμμετάσχει στο πραξικόπημα. Ο Κονδύλης διεξήγαγε εκλογές (7/11/1926) από τις οποίες σχηματίστηκε η «Οικουμενική» κυβέρνηση συνεργασίας υπό τον Αλέξανδρο Ζαΐμη. Η Βουλή που προέκυψε ψήφισε το «Δημοκρατικό» σύνταγμα της 3/6/1927. Χαρακτηριστικό της πολιτικής αστάθειας το γεγονός ότι στο διάστημα 1924–28 σχηματίσθηκαν 12 κυβερνήσεις, πριν την κυβέρνηση Βενιζέλου που διήρκεσε από το 1928 έως το 1932.

Τα γεγονότα αυτά, με τα βάρη που επέφεραν, δημιούργησαν τις συνθήκες για μια κομβική αλλαγή του ελληνικού νομισματικού συστήματος· την ίδρυση της Τραπέζης της Ελλάδος.

12.1 Οι φλέγουσες οικονομικές ανάγκες και η αντιμετώπισή τους

Την επαύριο της Μικρασιατικής Καταστροφής, την εθνική τραγωδία συνόδευε και η οικονομική. Το ελληνικό κράτος είχε να διαχειρισθεί την αποκατάσταση άνω του 1 εκ. προσφύγων, για τους οποίους έπρεπε να προβλέψει στέγαση και υποδομές κοινής ωφελείας. Παράλληλα είχε να διαχειρισθεί έναν καλπάζοντα πληθωρισμό που είχε αφαιρέσει περίπου το 90% της αγοραστικής δύναμης της δραχμής σε σχέση με καθημερινά καταναλωτικά αγαθά και περί το 95% της αξίας της σε σχέση με την στερλίνα και το δολάριο.

Νομισματική επέκταση και εσωτερικός δανεισμός

Η δύναμη της αδράνειας ώθησε τις επαναστατικές κυβερνήσεις στην νομισματική επέκταση για την άμεση κάλυψη αυτών των αναγκών. Με σύμβαση κράτους-ΕΤΕ τον Μάρτιο του 1923, εκχωρήθηκε δάνειο 750 εκ. δρχ προς το κράτος,[5] βάσει του οποίου η ΕΤΕ έλαβε το δικαίωμα να αυξήσει την κυκλοφορία του χαρτονομίσματός της κατά το αντίστοιχο ποσόν τον ίδιο μήνα. Βάσει της ίδιας σύμβασης, παραχωρήθηκε στην ΕΤΕ το δικαίωμα αύξησης κατά άλλα 300 εκ. δρχ τον Νοέμβριο με σκοπό την πιστοδότηση της βιομηχανίας και της γεωργίας.[6] Επιπλέον, παραχωρήθηκε στην ΕΤΕ το δικαίωμα έκδοσης χαρτονομισμάτων πέραν του ανωτάτου ορίου για την αγορά συναλλάγματος για λογαριασμό του κράτους,[7] υιοθετώντας μια παραλλαγή του ν. ,ΓΧΜΒ΄. Πράγματι, η κυκλοφορία σε χαρτονομίσματα της ΕΤΕ αυξήθηκε από 2.513 εκ. δρχ στα τέλη του 1922 σε 3.523 εκ. δρχ στα τέλη του 1923, δηλαδή κατά 40%.

Από τα τέλη του 1923 οι εκρηκτικές αυξήσεις της νομισματικής κυκλοφορίας παύουν—Μ0 κυμαίνεται μεταξύ 5–5,5 δις δρχ για όλο το διάστημα μέχρι και το 1930—μάλλον και λόγω σχετικής δυστροπίας της ίδιας της ΕΤΕ (Κωστής 2003, 221, 223). Το βάρος των δημοσιονομικών αναγκών σηκώνει ο δημόσιος δανεισμός, ο οποίος καθίσταται εν μέρει και βραχυπρόθεσμος μέσω εντόκων γραμματίων σε ποσοστό αρκετά μεγάλο σε σχέση με την νομισματική κυκλοφορία.[8]

Στο πλαίσιο αυτό υιοθετήθηκαν και οι λύσεις έκτακτης ανάγκης του προσφάτου παρελθόντος. Με το ΝΔ της 23/1/1926,[9] ο Θεόδωρος Πάγκαλος προχώρησε στην ταυτόχρονη επιβολή των Β΄ και Γ΄ αναγκαστικών δανείων. Με το Β΄ αναγκαστικό δάνειο, ανώτατου ύψους 1,25 δις δρχ, διχοτομήθηκαν τα χαρτονομίσματα άνω των 25 δρχ, μέτρο που απέφερε 1.173 εκ. δρχ (Κωστής 2003, 23). Βασική διαφορά σε σχέση με το αντίστοιχο μέτρο του Πρωτοπαπαδάκη ήταν ότι τώρα η διχοτόμηση γινόταν σε αναλογία 1:3, καθώς μόνον το 1/4 του χαρτονομίσμα-

---

[5] ΝΔ της 3/3/1923 (ΦΕΚ 55, 3/3/1923, σ. 422–423).

[6] ΝΔ της 18/5/1923 (ΦΕΚ 129, 18/5/1923, σ. 917).

[7] (α) Άρθρο 4 του ΝΔ της 28/9/1922 (ΦΕΚ 180, 28/9/1922, σ. 1101–1102). (β) Άρθρο 12 του ΝΔ της 29/11/1922 (ΦΕΚ 248, 29/11/1922, σ. 1489–1492). (γ) Άρθρο 21 του ΝΔ της 23/4/1923 (ΦΕΚ 100, 23/4/1923, σ. 713–720).

[8] Στα τέλη του 1923 κυκλοφορούσαν 934.751.800 δρχ σε έντοκα γραμμάτια Εθνικής Αμύνης. Στο τέλος του 1924 και του 1925 αυτά ανέρχονταν σε 1.613.379.900 και 1.493. 550.900 δρχ, αντιστοίχως. Τα παραπάνω ποσά αντιστοιχούν στο 17%, 30% και 27% του Μ0 κάθε έτους (Κωστής 2003, 221–222).

[9] ΦΕΚ 27, 23/1/1926, σ. 171–172

τος μετατρεπόταν σε εικοσαετείς ομολογίες επιτοκίου 6%. Επιπλέον, με το μέτρο αυτό δεν διχοτομούνταν οι καταθέσεις όπως είχε συμβεί το 1922. Με το Γ΄ δάνειο, ανώτατου ύψους 750 εκ. δρχ, το ήμισυ της αξίας των εντόκων γραμματίων που έληγαν την 1/4/1927[10] μετατρεπόταν σε δεκαετείς ομολογίες επιτοκίου 8%.

Εξωτερικός δανεισμός και πολεμικά χρέη

Ο εσωτερικός δανεισμός όμως ήταν περιορισμένης προοπτικής και ο εξωτερικός δανεισμός διεφάνη ως η μοναδική λύση για τον πολιτικό κόσμο της εποχής (βλ. σχ. Ηλιαδάκης 2011, 169–160· Παντελάκης 1988, 172). Έτσι, από το 1924 διαδοχικές κυβερνήσεις στράφηκαν στα εξωτερικά δάνεια για την κάλυψη των χρηματικών αναγκών του κράτους. Όμως προαπαιτούμενο για την σύναψή τους ήταν ο διακανονισμός των πολεμικών χρεών, δηλαδή των συμμαχικών πιστώσεων και της αξίας του πολεμικού υλικού που έλαβε η Ελλάδα για την συμμετοχή της στον ΑΠΠ. Πράγματι, στις 24/8/1924 η βρετανική πρεσβεία έκανε την αρχή ανακοινώνοντας το ύψος των απαιτήσεών της, και από την στιγμή εκείνη διαδοχικές ελληνικές κυβερνήσεις διαπραγματεύθηκαν το ύψος των οφειλών της Ελλάδας προς τους πρώην Συμμάχους της (Παντελάκης 1988, 200).

Όπως γνωστοποίησε ο Sir Otto Niemeyer στον Τσουδερό στις 21/1/1925, η Βρετανία αξίωνε την επιστροφή της πολεμικής βοήθειας που είχε παραχωρήσει στην Ελλάδα, και την οποία προϋπολόγιζε σε 20.790.000 στερλίνες (Παντελάκης 1988, 205), ενώ είχε καταβάλει 165 εκ. δρχ—ήτοι 6,54 εκ. στερλίνες—σε πιστώσεις. Η Γαλλία που δεν είχε διαθέσει ούτε ένα φράγκο από τις συμμαχικές πιστώσεις, και ενώ είχε δανειστεί και 266.965.965 δρχ από την ΕΤΕ, όχι μόνο ηρνείτο να αποπληρώσει το δάνειο, αλλά αξίωνε την μη επιστροφή του με πρόφαση την κάλυψη πολεμικού υλικού που υποτίθεται ότι παρείχε στην ελληνική κυβέρνηση—για τα ελληνικά στρατεύματα που συνόδευσαν τα γαλλικά στην εκστρατεία τους στην Ν. Ρωσία (Βενιζέλος 1925, 15–16). Τέλος, οι ΗΠΑ είχαν καταβάλει περί τα 77,7 εκ. δρχ (περίπου 14,9 εκ. δολ) αφήνοντας ένα πιστωτικό υπόλοιπο 33 εκ. δολ. Σύμφωνα με επιστολή της 14/8/1925, με τους τόκους αξίωναν συνολική οφειλή 17 εκ. δολ (Παντελάκης 1988, 238) καθώς δεν είχαν χορηγήσει πολεμικό υλικό.[11]

Ο Βενιζέλος (1925, 15–16) αναγνώρισε οφειλή 8.205.097 λιρών στην Βρετανία για πολεμικό υλικό, η κυβέρνηση Μιχαλακόπουλου λίγο πριν την πτώση της αναγνώρισε το χρέος των 17 εκ. δολαρίων στις ΗΠΑ με τους τόκους (Παντελάκης 1988, 230–231) και η δικτατορία Παγκάλου αναγνώρισε 430.776.172,28 φρ. στην Γαλλία για την χορήγηση πολεμικού υλικού (Παντελάκης 1988, 365–366). Τα επόμενα δύο χρόνια δαπανήθηκαν για τον διακανονισμό αυτών των απαιτήσεων, με τις ελληνικές κυβερνήσεις να προσπαθούν απεγνωσμένα να επιτύχουν αφενός την μείωσή τους και αφετέρου ένα ανεκτό σχήμα αποπληρωμής, με κύριο όρο ότι δεν θα υποχρεώνονταν να παραιτηθούν από τα μη εκταμιευμένα υπόλοιπα των συμμαχικών πιστώσεων.

Όμως οι συνθήκες ήταν ασφυκτικές. Με την πλάτη στον τοίχο η ελληνική κυβέρνηση αναγνώρισε με την συμφωνία της 9/4/1927 χρέος 6,95 εκ. στερλινών προς την Βρετανία για πολεμικό υλικό, το οποίο θα αποπλήρωνε σε βάθος εξηκονταετίας (συνολικό ποσόν καταβολών 22,95 εκ. στερλινών τρέχουσας αξίας).[12] Σε προκαταρκτική συμφωνία τον Δεκέμβριο του 1927 αναγνωρίσθηκε το χρέος των 15 εκ. δολ προς τις ΗΠΑ (Παντελάκης 1988, 310) και στην τελική συμφωνία της 10/5/1929 συμφωνήθηκε ότι με τους τόκους αυτό θα ανερχόταν στα 18.127.922,67 δολάρια, τα οποία συμφωνήθηκε να αποπληρωθούν σε βάθος εξηκονταετίας (συνολικό ποσόν καταβολών 22.330.000 δολάρια τρέχουσας αξίας). Παράλληλα, οι ΗΠΑ συμφωνούσαν να παράσχουν δάνειο 12.167.000 δολαρίων (περίπου 2,5 εκ. στερλινών) ως προκαταβολή των 9 εκ. στερλινών που τους αντιστοιχούσαν από το τριμερές δάνειο που είχε εγκριθεί από την ΚτΕ.[13] Οι υπερβολικές απαιτήσεις της Γαλλίας παρ' ολίγον να οδηγήσουν σε ναυάγιο, όμως η αναγνώριση υψηλότερων πολεμικών επανορθώσεων προς την Ελλάδα τον Αύγου-

---

[10] Αυτές ανέρχονταν σε 1.272.029.800 δρχ (Κωστής 2003, 224).

[11] Είναι αξιοσημείωτο ότι το 1926, ενώπιον της World War Foreign Debt Commission του αμερικανικού Κογκρέσου, ο Κοφινάς παρακαλώντας για την εκταμίευση και του υπολοίπου των 33 εκ. δολ θα προέτρεχε κατά 20 χρόνια του δόγματος Τρούμαν υποστηρίζοντας ότι με μια τέτοια κίνηση μεταξύ άλλων «*Αἱ Ἡνωμέναι Πολιτεῖαι θὰ ἔλθωσιν ἀρωγοὶ εἰς τὴν Ἑλλάδα ὅπως καταπολεμήσωσι τὰ μικρόβια τοῦ μπολσεβικισμοῦ ἅτινα εἰσέδυσαν εἰς τὴν Βαλκανικὴν καὶ θὰ ἠδύναντο νὰ μολύνωσι τὴν Ἑλλάδα λόγῳ τοῦ μεγάλου ἀριθμοῦ τῶν ἐκεῖ ἐγκατεστημένων προσφύγων*» (Παντελάκης 1988, 244).

[12] Ν. 3386 της 31/5/1927 (ΦΕΚ 103, 1/6/1927, σ. 741–744).

[13] Ν. 4545 της 15/4/1930 (ΦΕΚ 118, 19/4/1930, σ. 923–936).

στο του 1929 λόγω του σχεδίου Young[14] επέτρεψε την πρόβλεψη ετήσιας καταβολής 506.000 χρυσών μάρκων στην Γαλλία (Παντελάκης 1988, 324).

Καθ' όλο αυτό το διάστημα ο εξωτερικός δανεισμός δεν είχε παγώσει τελείως, αλλά γινόταν με παραχωρήσεις. Καθώς το ελληνικό κράτος δεν μπορούσε να δανειστεί από τις χρηματαγορές λόγω του αποκλεισμού που είχαν επιβάλλει οι πρώην Σύμμαχοι, τον δανεισμό ανέλαβαν ιδιωτικές εταιρείες, λαμβάνοντας σημαντικά ανταλλάγματα επί της ελληνικής αγοράς. Το δάνειο του Σιδηροδρόμου των 21 εκ. δολ. (1925) εκδόθηκε από την βελγική Société Commerciale de Belgique με ταυτόχρονη συμφωνία κατασκευής γραμμών και προμήθειας υλικού από την ίδια εταιρεία.[15] Αντιστοίχως, το δάνειο ύδρευσης Αθήνας και Πειραιώς ύψους 11 εκ. δολ (1925) θα εξέδιδε η αμερικανική Ulen & Co με αντάλλαγμα την κατασκευή και εκμετάλλευση του δικτύου ύδρευσης.[16] Στο ίδιο κλίμα, και το «σουηδικό» δάνειο ύψους 1 εκ. στερλινών (1926) εκδόθηκε από την σουηδική εταιρεία σπίρτων Svenska Tändsticksaktiebolaget, θυγατρική του ομίλου Kreuger Match Trust, με αντάλλαγμα το μονοπώλιο της ελληνικής αγοράς σπίρτων για 28 έτη από την Alsing Trading Co, μια άλλη εταιρεία του ίδιου ομίλου.[17] Τέλος, το δάνειο σχολικών κτηρίων ύψους 1 εκ. στερλινών (1930) για την ανέγερση σχολικών κτιρίων εκδόθηκε από την σουηδική Aktiebolaget Kreuger & Toll.

Για κάποια από τα δάνεια τέτοιου τύπου η έκδοση ανατέθηκε σε τραπεζικές κοινοπραξίες. Έτσι, για το Α´ Παραγωγικό δάνειο των 4 εκ. στερλινών του 1928 για εκτέλεση υδραυλικών έργων στην Μακεδονία από αμερικανικές εταιρείες (The Foundation Co., John Monks & Sons, και Ulen & Co.), τις υπηρεσίες τους προσέφεραν οι βρετανικές τράπεζες C. J. Hambro & Son και Erlangers.[18] Για το Β´ Παραγωγικό δάνειο στις παραπάνω τράπεζες προστέθηκαν και οι ολλανδικές Mendolssohn & Co και Nederlandsche Handel-Maatschappij N.V., η ελβετική Crédit Suisse, η σουηδική Stockholms Enskilda Bank, η ιταλική Banca Commerciale Italiana και η ΕΤΕ.[19]

Το Α´ Προσφυγικό Δάνειο των 10 εκ. δολ και 11 εκ. στερλινών (1924) εκδόθηκε αφού ιδρύθηκε για την διαχείρισή του η Επιτροπή Αποκαταστάσεως Προσφύγων (ΕΑΠ) ως αυτόνομο νομικό πρόσωπο πλήρως ανεξάρτητο της κυβέρνησης και υπό την εποπτεία της ΚτΕ, με πρώτο πρόεδρο τον Αμερικανό Henry Morgenthau.[20] Την έκδοσή του ανέλαβαν οι τράπεζες C. J. Hambro & Son, η ΕΤΕ και η αμερικανική Speyer Co.[21]

Διαπιστώνουμε δηλαδή ότι τα παραπάνω δάνεια έγιναν κατά μείζονα λόγο είτε από ιδιωτικές εταιρείες με μονοπωλιακή εκχώρηση τμημάτων της ελληνικής αγοράς, είτε μέσω τραπεζιτικών κοινοπραξιών στις οποίες πάντοτε συμμετείχε η C. J. Hambro & Son, που επιβεβαίωνε έτσι την προνομιακή της θέση επί ελληνικού εδάφους. Σε γενικές γραμμές οι όροι δανεισμού ήταν εξαιρετικά δυσμενείς, καθώς η έκδοση γινόταν σημαντικά κάτω του αρτίου (82,25–94%), με μοναδική εξαίρεση το δάνειο των 12.167.000 δολαρίων της αμερικανικής κυβερνήσεως (1929) που ήταν διακυβερνητικό, έγινε στο άρτιο και χωρίς έξοδα.

Η απόλυτη ανάγκη της Ελλάδας για εξωτερικό δανεισμό ήταν η μόνιμη επωδός της περιόδου και θα είχε συνέπειες πολύ σπουδαιότερες από το σουηδικό μονοπώλιο στα σπίρτα ή το μονοπώλιο της Ulen στην ύδρευση. Η έκδοση του «Δανείου Σταθεροποιήσεως» (ή «τριμερούς») θα άλλαζε άρδην τον χάρτη του εκδοτικού μονοπωλίου και θα οδηγούσε στην ίδρυση ενός νέου εκδοτικού ιδρύματος.

---

[14] Υιοθετήθηκε από την Διάσκεψη της Χάγης (6–31/8/1929 και 3–20/1/1930) και προέβλεπε υψηλότερα ποσά από τις «ανατολικές επανορθώσεις» για την Ελλάδα. Αντικαθιστούσε το προηγούμενο Σχέδιο Dawes του 1924.

[15] Σύμβαση της 27/8/1925 κυρωθείσα δια του ΝΔ της 6/10/1925 (ΦΕΚ 294, 8/10/1925, σ. 1975–1994).

[16] Για τα πρώτα 10 εκ. δολ, σύμβαση της 22/12/1924 κυρωθείσα δια του Ν. 3316 της 23/4/1925 (ΦΕΚ 100, 24/4/1925, σ. 569–1994). Για το τελευταίο 1 εκ. δολ, σύμβαση της 13/5/1925 κυρωθείσα διά του ΠΔ της 16/5/1925 (ΦΕΚ 124, 18/5/1925, σ. 775–786).

[17] Συμβάσεις της 30/6/1926 κυρωθείσες διά του ΝΔ της 2/7/1926 (ΦΕΚ 219, 2/7/1926, σ. 1741–1748).

[18] (α) Ν. 3686 της 10/12/1928 (ΦΕΚ 259, 10/12/1928, σ. 2311–2312). (β) Σύμβαση της 11/12/1928 κυρωθείσα διά του ΠΔ 12/12/1928 (ΦΕΚ 262, 12/12/1928, σ. 2325–2342).

[19] Σύμβαση της 21/3/1931 (ΦΕΚ 119, 4/5/1931, σ. 823–847) και διόρθωση ημαρτημένων (ΦΕΚ 149, 2/6/1932, σ. 1034).

[20] Εξέχον στέλεχος της Εβραϊκής κοινότητας της Νέας Υόρκης και χρηματοδότης της προεκλογικής εκστρατείας του Wilson για την Προεδρία το 1912 (Cooper 2009). Ο Morgenthau, ως Πρέσβυς των ΗΠΑ στην Κωνσταντινούπολη ήταν μάρτυρας της γενοκτονίας των Αρμενίων και των Ελλήνων, την οποία και περιγράφει στο βιβλίο του I was sent to Athens (1929). Σε επιστολή του της 16/7/1915, περιγράφει τις ακρότητες κατά των Αρμενίων ως «φυλετική εξολόθρευση».

[21] ΝΔ της 13/10/1923 (ΦΕΚ 289, 13/10/1923, σ. 2061–2067).

12.2 Το δάνειο Σταθεροποιήσεως και η μάχη για το εκδοτικό προνόμιο

Μετά την Μικρασιατική Καταστροφή, η ΚτΕ και η ΕΑΠ έπαιξαν σημαντικό ρόλο στην αποκατάσταση των προσφύγων παρέχοντας—η μεν—και διαχειριζόμενη—η δε—το Α΄ Προσφυγικό δάνειο. Βεβαίως, με τις διαπραγματεύσεις για τα πολεμικά χρέη να συνεχίζονται και με τον ιδιωτικό δανεισμό να είναι εξαιρετικά επαχθής, οι ελληνικές κυβερνήσεις επείγονταν να εξασφαλίσουν νέο δάνειο, τόσο για την αποκατάσταση των προσφύγων, όσο και για την σταθεροποίηση της δραχμής.

Αυτό το δεύτερο σκέλος, ξέχωρο του καθαρά ανθρωπιστικού, αποτελούσε ανάχωμα στην σύναψη νέου δανείου. Σε όλη την περίοδο των συζητήσεων για την διευθέτηση των πολεμικών χρεών, αυτό που διαπίστωσαν οι Βενιζέλος και Διομήδης ήταν ότι κεντρικό ρόλο από πλευράς Βρετανίας—που επανήλθε στον χρυσό κανόνα ήδη το 1925—έπαιζε η «εξυγίανση» της δραχμής, δηλαδή η επαναφορά του κανόνα του χρυσού και στην Ελλάδα (Παντελάκης 1988, 293, 300–301). Συγκεκριμένα, όπως διαπίστωσε ο Διοικητής της ΕΤΕ Α. Διομήδης από την περιοδεία του σε Παρίσι, Γενεύη και Λονδίνο, η Τράπεζα της Αγγλίας—και ειδικότερα ο Διοικητής της Montagu Norman—συναρτούσε άμεσα την σύναψη νέου δανείου με την «ανόρθωση του προϋπολογισμού» και την «ανόρθωση του νομίσματος» (Κωστής 2003, 274–275).

Από τον Μάρτιο του 1927 η ΕΑΠ (υπό τον δεύτερο κατά σειρά Πρόεδρό της, Charles B. Eddy) είχε υποβάλλει υπόμνημα προς την Δημοσιονομική Επιτροπή (Financial Committee) της ΚτΕ, με το οποίο ζητούσε 5,5 εκ. λίρες για την αποκατάσταση των προσφύγων. Τον (ΚτΕ 1922, 1:221–222)Απρίλιο του 1927 η ΔΕΚΕ έστειλε στην Αθήνα αντιπροσωπεία υπό την προεδρία του Παρέδρου Γενικού Γραμματέως της ΚτΕ Joseph Louis Anne Avenol· την αντιπροσωπεία αποτελούσαν οι Arthur Elliot Felkin, Jacques Rueff και Jan van Walré de Bordes. Ιδιαίτερη σημασία θα πρέπει να είχε η συμμετοχή του Rueff, ενός φιλελεύθερου οικονομολόγου κοντά στην Αυστριακή Σχολή. Χαρακτηριστικά, είχε αντιταχθεί πολύ σκληρά στις προβλέψεις του Keynes σχετικά με την αδυναμία πληρωμής των γερμανικών αποζημιώσεων του ΑΠΠ, αν οι σύμμαχοι δεν αποφάσιζαν να αγοράζουν γερμανικά προϊόντα.

Μετά από μελέτη των ελληνικών οικονομικών, κατά τα τέλη Μαΐου η αντιπροσωπεία υπέβαλλε έκθεση προς την ΔΕΚΕ με τέσσερα υπομνήματα σχετικά με την Ταμειακή κατάσταση του Κράτους, τον προϋπολογισμό, την ΕΤΕ και την οικονομική κατάσταση της Χώρας. Ειδικώς η έκθεση σχετικά με την ΕΤΕ επέκρινε εντόνως την συνύπαρξη εμπορικών και εκδοτικών δραστηριοτήτων εντός της ίδιας τράπεζας (Βενέζης 1955, 18–19). Η έκθεση αυτή θα επηρέαζε την τροπή των διαπραγματεύσεων του δανείου, αλλά και την κατοπινή ελληνική νομισματική ιστορία. Στις 3/6/1927 οι υπουργοί Γεώργιος Καφαντάρης (Εξωτερικών) και Ανδρέας Μιχαλακόπουλος (Οικονομικών) αναχώρησαν για την Γενεύη, ακολουθούμενοι δύο ημέρες αργότερα από τον Παπαναστασίου (Γεωργίας). Όταν έφτασαν εκεί, τους περίμενε η έκθεση της ΔΕΚΕ (της 14/7/1927), η οποία ανέφερε: «*Μία Εθνική Τράπεζα οφείλει να αναλάβη τας βαρείας ευθύνας της σταθεροποιήσεως του νομίσματος*». Μεταξύ των βασικών αρχών που θα διήπαν μια τέτοια Τράπεζα ανέφεραν «*1) Την ανεξαρτησίαν της Τραπέζης. 2) Το αποκλειστικόν δικαίωμα της εκδόσεως τραπεζογραμματίων. 3) Τον περιορισμόν των εργασιών της Τραπέζης εις δάνεια και προεξοφλήσεις βραχυπροθέσμους, δυναμένας να ρευστοποιηθούν αφ΄ εαυτών. 4) Την μείωσιν του προς την Τράπεζαν χρέους του Κράτους και τον επακριβή καθορισμόν των προς το Κράτος μελλοντικών πιστώσεων. 5) Την συγκέντρωσιν παρά τη Εθνική Τραπέζη όλων των ταμειακών δοσοληψιών του Κράτους και των κρατικών επιχειρήσεων. 6) Την απόκτησιν καλύμματος επαρκούς διά την καθ΄ ενιαίον τρόπον ρύθμισιν της κυκλοφορίας*» (Βενέζης 1955, 24–25).

Την συζήτηση του θέματος ανέλαβε Υποεπιτροπή αποτελούμενη από τους Sir Harry Strackosch (Αγγλία), Albert Edouard Janssen (Βέλγιο), Léopold Dubois (Ελβετία), John Arundel Caulfield Osborne (Τράπεζα της Αγγλίας) και Jan van Walré de Bordes (Γραμματεία της ΚτΕ).[22] Από ελληνικής πλευράς συμμετείχε ο Εμμανουήλ Τσουδερός. Η εγκατάλειψη των καταθέσεων από την ΕΤΕ όμως δεν ήταν καθόλου αστεία υπόθεση. Σε μακροσκελή επιστολή της 22/6/1927 προς τον Τσουδερό, ο Διοικητής της ΕΤΕ Αλέξανδρος Διομήδης διαμηνύει ότι κάτι τέτοιο θα ήταν εξαιρετικά επιβλαβές, όχι μόνο για την ΕΤΕ, αλλά και για την Ελλάδα εν γένει, εκθέτοντας παράλληλα στον Avenol τις απόψεις του σε χωριστή επιστολή της 30/6/1927 (Βενέζης 1955, 25–26).

---

[22]Τους Janssen και Dubois ο Βενέζης τους αναφέρει με το αρχικό «Μ.», που προφανώς αναφέρεται στο «Monsieur». Στο ίδιο σφάλμα υποπίπτει και ο Κωστής (2003, 280) για τον Dubois (για την ταυτότητά τους, βλ. Piétri 1983, 326–328).

Αντιθέτως, η ΚτΕ ήταν αμετακίνητη στην άποψή της περί διαχωρισμού εκδοτικών-εμπορικών δραστηριοτήτων. Και ενώ φαινόταν ότι οι διαπραγματεύσεις θα οδηγούνταν σε αποτυχία, ο Τσουδερός είχε μια άλλη ιδέα: την εγκατάλειψη του εκδοτικού προνομίου από την ΕΤΕ και την διατήρηση όλων των υπολοίπων εμπορικών δραστηριοτήτων. Μια αντίστοιχη ιδέα φέρεται να είχε εξετάσει τον Ιούλιο του 1925 και ο Αθανάσιος Ευταξίας, ο οποίος είχε μελετήσει τον την παραχώρηση του εκδοτικού προνομίου στο Ταμείο Παρακαταθηκών και Δανείων (Βενέζης 1955, 23).

Ο Τσουδερός υπέβαλλε ανεπισήμως την ιδέα του στα μέλη της Υποεπιτροπής Strackosh, Niemeyer και Sir Arthur Salter, καθώς και στον υποδιοικητή της Τραπέζης της Αγγλίας Cecil Lubbock, οι οποίοι την ενέκριναν. Έτσι στις 29/6/1927 ο Τσουδερός εξέθεσε στον Διομήδη την παραπάνω πρόταση, η οποία έπεσε σε ευήκοα ώτα, καθώς ο ίδιος ο Διομήδης είχε χαρακτηρίσει το εκδοτικό προνόμιο «βάρος» για την ΕΤΕ (Κωστής 2003, 279). Την ιδέα αποδέχθηκε και ο Καφαντάρης, κάνοντας τις πρώτες σχετικές νύξεις στον τύπο στις 17/7/1927.

Μετά την συμφωνία της ΕΤΕ, ο «*Τσουδερός, επιστρέψας από την Γενεύην εις τας Αθήνας, έφερε μαζύ του και ένα προσχέδιον Καταστατικού της Τραπέζης της Ελλάδος, καθώς και ένα σχέδιον Συμβάσεως μεταξύ Κράτους και Εθνικής Τραπέζης διά τα ζητήματα που θα προέκυπτον από την απόσπασιν του εκδοτικού προνομίου από την Εθνικήν. Τα σχέδια αυτά τα είχε επεξεργασθή η Υποεπιτροπή της Δημοσιονομικής Επιτροπής της Κοινωνίας των Εθνών και τα είχε εγκρίνει η ολομέλεια της ιδίας Επιτροπής*» (Βενέζης 1955, 44).

Αποχώρηση Παναγή Τσαλδάρη από την κυβέρνηση

Στο σημείο αυτό καινούργιες αντιδράσεις σημειώθηκαν. Σε συνέντευξη της 13/8/1927 ο Παναγής Τσαλδάρης, αρχηγός του Λαϊκού Κόμματος, εξέφρασε διαφωνία για την εκχώρηση του εκδοτικού προνομίου της ΕΤΕ, την στιγμή που είχε συμφωνήσει σε αυτό και η ίδια η ΕΤΕ. Ο Βενέζης συνδέει την διαφωνία αυτή με την άφιξη του Δ. Μάξιμου από την Ιταλία στις 28/7/1927, οικονομικού συμβούλου του Λαϊκού Κόμματος και πρώην Υποδιοικητή της ΕΤΕ. Ενώ ο Π. Τσαλδάρης μέχρι τότε ήταν σύμφωνος με την εκχώρηση του εκδοτικού προνομίου, μετά τις αντιθέσεις που εξέφρασε ο Μάξιμος ανέκρουσε πρύμναν. Και παρότι σε συζητήσεις με τον Καφαντάρη, τον Διομήδη και άλλα όργανα της ΕΤΕ ο Μάξιμος επείσθη ότι η νέα τράπεζα και η ΕΤΕ μπορούν να είναι αμφότερες βιώσιμες, απέδωσε την διαφωνία του σε άλλους λόγους, εσωτερικής τάξεως της κυβέρνησης (Βενέζης 1955, 45). Κατά τον Στασινόπουλο (1966, 122) αυτό ήταν απλή πρόφαση, καθώς κύριος σκοπός των Λαϊκών ήταν η επαναφορά των βασιλοφρόνων αξιωματικών στο στράτευμα. Αφού αυτό είχε επιτευχθεί (ως αντάλλαγμα, οι πίνακες αποτάκτων δημοσιεύθηκαν στις 2/6, την ίδια μέρα με το Σύνταγμα της Ελληνικής Δημοκρατίας), οι Λαϊκοί δεν είχαν λόγο να παραμείνουν στην κυβέρνηση.

Επιπλέον όμως, ο Π. Τσαλδάρης ήγειρε και ένα νέο ζήτημα, που θα απασχολούσε εντόνως στο προσεχές μέλλον· το ζήτημα των «καλυμμάτων» της ΕΤΕ, δηλαδή του χρυσού που είχε αγοράσει ως κάλυμμα για την κυκλοφορία του τραπεζογραμματίου της. Λόγω της αύξησης της τιμής της λίρας (σε δραχμές) τα καλύμματα τώρα άξιζαν περισσότερο, είχαν δηλαδή μια υπεραξία. Ενώ ο Καφαντάρης υποστήριζε ότι όλη η υπεραξία έπρεπε να πάει στην ΕΤΕ, ο Π. Τσαλδάρης υποστήριξε ότι έπρεπε να αποδοθούν στο κοινό ή στην Εκδοτική Τράπεζα, αλλά να μην παραμείνουν στην ΕΤΕ (Παπαρρηγόπουλος 1932b, 6β2:382).

Το ζήτημα των καλυμμάτων απασχόλησε και στην συνέχεια τον πολιτικό κόσμο και θα αναλυθεί λεπτομερέστερα παρακάτω (βλ. παράγραφο 12.5). Σε κάθε περίπτωση όμως, αυτή η διαφωνία πόλωσε την κατάσταση γύρω από ένα διαχειριστικό ζήτημα, κατά το σύνηθες σχήμα των νομισματικών συζητήσεων από τα πολιτικά κόμματα. Οι βενιζελογενείς δυνάμεις ενίσχυσαν την στήριξή τους στο εγχείρημα, και το *Ελεύθερον Βήμα* του Δ. Λαμπράκη διαμαρτυρόταν για το «χαλασμένον νόμισμα» (*Ελεύθερον Βήμα* 1927). Η πόλωση οδήγησε σε παραίτηση της κυβέρνησης συνασπισμού (17/8/1927) και σε σχηματισμό νέας υπό τα τρία άλλα κόμματα, πάλι υπό την προεδρία του Αλ. Ζαΐμη. Στην συνεδρίαση της 28/8/1927—του Λαϊκού Κόμματος απέχοντος—ψηφίστηκαν οι προγραμματικές δηλώσεις του Ζαΐμη, ο οποίος είχε ζητήσει «*άμεσον επιψήφισιν μέτρων συναφών προς οργάνωσιν και εύρυθμον λειτουργίαν Κεντρικής Εκδοτικής Τραπέζης*» (Βενέζης 1955, 46).

12.3 Το πρωτόκολλο της Γενεύης

Οι διαπραγματεύσεις οδήγησαν στην σύνταξη του «Πρωτοκόλλου της Γενεύης», όπως έγινε γνωστό, σχετικά με την σύναψη δανείου και την τραπεζιτική μεταρρύθμιση στην Ελλάδα. Αυτό υπογράφηκε στις 15/9/1927 και εγκρίθηκε από την ΓΣ της ΚτΕ στις 22/9/1927. Υπογράφοντες ήταν οι Γεώργιος Καφαντάρης (Υπουργός Οικονομικών), Γεώργιος Μαντζαβίνος (Γενικός Διευθυντής του Γενικού Λογιστηρίου), το Δημοσιονομικό Τμήμα της Κοινωνίας των Εθνών, ο καθηγητής Κυριάκος Βαρβαρέσος και οι αντιπρόσωποι της Εθνικής Τραπέζης - Αλέξανδρος Διομήδης (Διοικητής) και Ιωάννης Δροσόπουλος (Συνδιοικητής).

Το Πρωτόκολλο είχε επίσης έξι παραρτήματα.[23] Το πιο ακανθώδες στην υλοποίησή του αποδείχθηκε το Παράρτημα ΙΙΙ, που ήταν το Σχέδιο συμβάσεως μεταξύ ελληνικής κυβερνήσεως και ΕΤΕ. Κατά το σχέδιο η ΕΤΕ θα παραιτείτο από το εκδοτικό της προνόμιο και το κράτος θα παραιτείτο κάθε άλλης απαίτησης. Η σύμβαση εγκρίθηκε ομοφώνως από την ΓΣ των μετόχων της ΕΤΕ στις 27/10/1927 και υπογράφηκε την ίδια μέρα. Στην αιτιολόγηση του Αλέξανδρου Διομήδη προς τους μετόχους κεντρική θέση είχε το ασυμβίβαστο στον ίδιο οργανισμό της—μη κερδοσκοπικής, κοινωφελούς—εκδοτικής δραστηριότητας και της—κερδοσκοπικής—εμπορικής δραστηριότητας, συνύπαρξη που θα έριχνε σκιές αμφισβήτησης στα κίνητρα ασκήσεως της εκδοτικής πολιτικής. Θεωρούσε απαραίτητη την ύπαρξη οργανισμού ισχυρού με νομικώς θεσμοθετημένη ανιδιοτέλεια για την επίτευξη της νομισματικής εξυγίανσης.

Κατά το Πρωτόκολλο της Γενεύης, προβλεπόταν η ίδρυση Κεντρικής Τράπεζας της οποία κύριος σκοπός ήταν να «*πραγματοποιήση και [να] διατηρή την σταθεροποίησιν του ελληνικού νομίσματος εν σχέσει προς τον χρυσόν, και την συγκέντρωσιν εις την Τράπεζαν όλων των εισπράξεων και πληρωμών του Κράτους και των κρατικών Επιχειρήσεων*» (άρ. ΙV.1). Με άλλα λόγια επιβαλλόταν η βρετανική αντίληψη για την αξία του χρήματος, δηλαδή η σύνδεσή του με τον χρυσό.

Επίσης το Πρωτόκολλο προέβλεπε και την συνομολόγηση του «Τριμερούς» Δανείου, ύψους 9 εκ. λιρών Αγγλίας που ονομάσθηκε έτσι από τους τρεις σκοπούς που προοριζόταν να εξυπηρετήσει. Το 1/3 του δανείου (3 εκ. λίρες) προορίστηκε για την εξόφληση μέρους του Δημοσίου χρέους, το οποίο θα μεταβιβαζόταν από την ΕΤΕ στην ΤτΕ (άρ. ΙV.3), το άλλο ένα τρίτο για την αποκατάσταση των προσφύγων (άρ. VI) αφήνοντας το υπόλοιπο για κάλυψη ελλειμμάτων του προϋπολογισμού (άρ. V.1).

Αμφότερα το Πρωτόκολλο[24] και η σύμβαση με την ΕΤΕ[25] κυρώθηκαν από τον Παύλο Κουντουριώτη με δύο ΝΔ της 10/11/1927. Στις 7/12/1927 ακολούθησε και η κύρωση από την ελληνική βουλή· το πρώτο ΝΔ κυρώθηκε με την ψήφιση του Ν. 3423/1927[26] και το δεύτερο με την ψήφιση του Ν. 3424/1927.[27] Έτσι άνοιξε ο δρόμος ώστε να εκτεθεί σε δημόσια εγγραφή το τριμερές δάνειο των 9 εκ. λιρών. Αυτό έγινε στις 31/1/1928 στα χρηματιστήρια του Λονδίνου (4.070.960 λίρες) και Νέας Υόρκης (17 εκ. δολ, ή 3.943.055 λίρες, με 1 λίρα = 4,8667 δολ.) και καλύφθηκε πέντε φορές μέσα σε λίγες ώρες. Τα 2,5 εκ. λίρες (12.167.000 δολ) που έμειναν αδιάθετα εκδόθηκαν τον επόμενο χρόνο από τις ΗΠΑ ως δάνειο διακανονισμού πολεμικών πιστώσεων.

12.4 Η ίδρυση της Τραπέζης της Ελλάδος Α.Ε.

Η ίδρυση της ΤτΕ είναι μια ακόμα περίπτωση που το ελληνικό χρέος ανοίγει την πόρτα εξωτερικής παρέμβασης στην Ελλάδα. Τα χρέη της Αναξαρτησίας επηρέασαν εντόνως την ίδρυση τράπεζας μεταξύ 1836–1842 στο νεαρό κράτος—ακόμα προτεκτοράτο. Το ίδιο συνέβη με τον ΔΟΕ το 1898, του οποίου την πόρτα άνοιξε η χρεωκοπία επί των ελληνικών Τρικουπικών δανείων. Τώρα, η ανάγκη σύναψης ενός δανείου 9 εκ. λιρών έδινε στους δανειστές το δικαίωμα να ρυθμίσουν το εκδοτικό και νομισματικό καθεστώς της Ελλάδας.

---

[23]Παρ. Ι: Δήλωσις προς υπογραφήν Γαλλίας, Μ. Βρετανίας και Ιταλίας. Παρ. ΙΙ: Πίνακες (Α', Β', Γ') προσόδων και δανείων εντός και εκτός του ελέγχου του ΔΟΕ. Παρ. V: Οφειλές του δημοσίου που θα εξοφλούνταν με το δάνειο και τους δημόσιους πόρους. Παρ. VI: Περιληπτικό σχέδιο για την συγκέντρωση των ταμειακών υπηρεσιών του δημοσίου στην ΤτΕ.

[24]ΝΔ της 10/11/1927 (ΦΕΚ 246, 10/11/1927, σ. 1711–1772).

[25]ΝΔ της 10/11/1927 (ΦΕΚ 246, 10/11/1927, σ. 1773–1786).

[26]Ν. 3423 της 7/12/1927 (ΦΕΚ 298, 7/12/1927, σ. 2239–2300).

[27]Ν. 3424 της 7/12/1927 (ΦΕΚ 298, 7/12/1927, σ. 2300–2314).

Αυτό βεβαίως δεν σημαίνει ότι στην ανάγνωσή τους δεν είχαν διαγνώσει υπαρκτά προβλήματα. Πραγματικά, η ταυτόχρονη «κοινωφελής» φύση της ΕΤΕ, μέσω του εκδοτικού της προνομίου, και η «κερδοσκοπική», μέσω των εμπορικών της δραστηριοτήτων, την οδηγούσαν σε συγκρούσεις συμφερόντων που συχνά μεταφράζονταν σε συγκρούσεις με τον εμπορικο κόσμο (βλ. π.χ. σπασμωδική αντίδραση στην κρίση του 1848) και με το κράτος (βλ. π.χ. την σύγκρουση με τον Δ. Βούλγαρη το 1868 και με τον Βενιζέλο το 1914).

Επιπλέον, η έκδοση χρήματος ήταν αποσπασματική. Ο Γεώργιος Πύρσος (1936, 1:36–38) σημειώνει ότι την στιγμή της εκχωρήσεως του εκδοτικού προνομίου, η ΕΤΕ είχε εκδώσει περί τα 763 εκ. δρχ βάσει έξι διαφορετικών νόμων που επεξέτειναν το προνόμιό της, 1.139 εκ. δρχ βάσει του ν. ͵ΓΧΜΒ΄, 3.478 εκ δρχ για λογαριασμό του δημοσίου βάσει πέντε διαφορετικών συμβάσεων και ενός Νομοθετικού Διατάγματος. Δηλαδή, η νομισματική κυκλοφορία ήταν αποτέλεσμα δεκατριών διαφορετικών νόμων, συμβάσεων και νομοθετικών διαταγμάτων. Από την ίδρυση της ΕΤΕ, ο υπολογισμός του ανώτατου όρου κυκλοφορίας ήταν ένα πρόβλημα για δυνατούς λύτες, αφού βάσει των εκάστοτε νόμων ήταν μια πολυπαραμετρική ανισότητα, με παραμέτρους το μετοχικό κεφάλαιο, το αποθεματικό κεφάλαιο, το παθητικό εν όψει, τις έντοκες καταθέσεις, τα κεφάλαια από έκδοση ομολογιών, το μεταλλικό απόθεμα, τις βραχυπρόθεσμες πιστώσεις προς ιδιώτες και τις οφειλές από το κράτος σε δάνεια και χρεόγραφα. Μόνο για την περίοδο 1848–1879 ο Κουγέας (1992, 246–249) συνοψίζει τις παραπάνω ανισότητες σε έναν τρισέλιδο πίνακα που προκαλεί ίλιγγο με την πολυπλοκότητά του. Και προφανώς, η γνώση ανά πάσα δεδομένη στιγμή του ανώτατου αυτού όρου ήταν περιορισμένη σε όσους είχαν άμεση πρόσβαση στα λογιστικά της ΕΤΕ. Με άλλα λόγια, η κατάσταση ήταν εξαιρετικά αδιαφανής για όποιον θα ήθελε να γνωρίζει την επιτρεπτή (αλλά και πραγματική) κυκλοφορία.

Η λειτουργία βάσει του προτύπου της Κεντρικής Τράπεζες ασφαλώς θα έλυνε το πρόβλημα της στατιστικής παρακολούθησης της νομισματικής κυκλοφορίας και του τραπεζικού συστήματος, χωρίς όμως αυτό να σημάνει και το τέλος των νομισματικών περιπετειών του ελληνικού κράτους.

Η μορφή και η αποστολή της νέας τράπεζας

Στις 14/5/1928, έγινε και η επίσημη έναρξη της λειτουργίας της Τράπεζας της Ελλάδος. Επικεφαλής ετέθη ΔΣ αποτελούμενο από έναν Διοικητή, δύο Υποδιοικητές και εννέα Διευθυντές (πέντε εκ των οποίων θα προέρχονταν από τον βιομηχανικό, εμπορικό και αγροτικό τομέα). Το πρώτο αυτό ΔΣ διορίσθηκε εξ'ολοκλήρου από την Κυβέρνηση για τρία έτη, και στην συνέχεια θα εκλεγόταν από τους μετόχους. Πρώτος Διοικητής ορίστηκε ο Αλ. Διομήδης, Διοικητής της ΕΤΕ από το 1923.

Το Παράρτημα IV του Πρωτοκόλλου της Γενεύης αποτελούσε το σχέδιο του καταστατικού της ΤτΕ. Είναι αξιοσημείωτο ότι το ΝΔ που κύρωνε το Πρωτόκολλο αναπαρήγαγε αυτό το *σχέδιο* του καταστατικού, ενώ το ακριβώς επόμενο ΝΔ, στο ίδιο ΦΕΚ, δημοσίευε το ίδιο κείμενο ως *τελικό* καταστατικό της ΤτΕ. Με άλλα λόγια το καταστατικό της ΤτΕ ήταν κατά μείζονα λόγο προϊόν των αποφάσεων της ΚτΕ, με μηδενικό χρόνο για ενδιάμεση διαβούλευση.

Η ΤτΕ ιδρυόταν υπό τον τύπο της Ανωνύμου Εταιρείας (άρ. 1), με αποκλειστικό προνόμιο έκδοσης τραπεζογραμματίων (άρ. 2). Ως προς την αποστολή της, *«κύριον καθῆκον τῆς Τραπέζης εἶναι ἡ ἐξασφάλισις τῆς σταθερότητος τῆς εἰς χρυσὸν ἀξίας τῶν γραμματίων αὐτῆς»* (άρ. 4). Αποτυχία να πράξει τούτο θα μπορούσε να οδηγήσει και σε ανάκληση του προνομίου της (άρ. 2). Η ασφυκτική στοχοπροσήλωση του πολιτικού κόσμου στους μεταλλικούς κανόνες και την έλλειψη κατανόησης του θεσμού του χρήματος σκιαγραφείται από αυτό που συνέβη λίγο αργότερα με την περίφημη «μάχη της δραχμής» (βλ. επόμενο κεφάλαιο).

Την σταθερότητα της αξίας σε χρυσό η ΤτΕ θα την επετύγχανε πωλώντας ή αγοράζοντας έναντι δραχμών *«συνάλλαγμα εἰς νομίμως κυκλοφοροῦντα νομίσματα ξένων χωρῶν χρυσῆς νομισματικῆς βάσεως»* για αγοραπωλησίες άνω των 10.000 δρχ (άρ. 5). Δηλαδή η ΤτΕ είχε ως αποστολή την επαναφορά του κανόνα χρυσού-συναλλάγματος, όπως τουλάχιστον τον εννοούσε η τρέχουσα θεωρία.

Συγκεκριμένα, το καταστατικό προέβλεπε (άρ. 62) ότι καλυμμένο θα έπρεπε να είναι τουλάχιστον το 40% των κυκλοφορούντων τραπεζογραμματίων και των λοιπών υποχρεώσεων όψεως της τράπεζας, με κάλυμμα να λογίζονται: (α) Χρυσός και χρυσά νομίσματα στην κυριότητα της τράπεζας (είτε στα ταμεία της, είτε κατατεθει-

μένος σε άλλη Κεντρική Τράπεζα, ή νομισματοκο-
πείο, ή σε διαμετακόμιση). (β) Συνάλλαγμα χρυσής
βάσεως, είτε μετατρέψιμο σε αυτούσιο χρυσό, είτε
μετατρέψιμο σε άλλο ξένο νόμισμα που με την σει-
ρά του θα ήταν μετατρέψιμο σε αυτούσιο χρυσό.
Στο συνάλλαγμα αυτό συμπεριλαμβάνονταν επίσης
και συναλλαγματικές ή γραμμάτια δημοσίου ταμεί-
ου λήξεως εντός τριμήνου. Το σύνολο αυτών των
προβλέψεων έβαζε τόσο νερό στο κρασί του μεταλ-
λισμού, που τον καθιστούσε σκιά του πλάσματος
που φαντάστηκε ο Adam Smith, ένα πλάσμα που
πολλοί φαντάστηκαν αλλά κανείς δεν είδε.

Ως προς τις σχέσεις της με το κράτος, η ΤτΕ
προβλεπόταν να αποτελέσει τον ταμία του, εκτε-
λώντας πάσης φύσεως συναλλαγές για λογαριασμό
του και χωρίς να του καταβάλλει τόκο για τα δια-
θέσιμα του εσωτερικού (άρ. 45). Αυτή ήταν άλλη

*Πίνακας 12.1: Τα τρία τμήματα εγγραφών μετόχων της ΤτΕ σε δη-
μόσια εγγραφή και σε μετόχους της ΕΤΕ.*

	Σχεδιασμός	Διάθεση	Αδιάθετες στις 25/8/1930
Α΄ Τμήμα	**33.333**	**32.737**	**596**
Δημόσια εγγραφή	13.333	13.333	0
Μέτοχοι ΕΤΕ	20.000	19.404	596
Β΄ Τμήμα	**36.667**	**35.740**	**927**
Δημόσια εγγραφή	26.667	26.672	(-5)
Μέτοχοι ΕΤΕ	10.000	9.068	932
Γ΄ Τμήμα	**10.000**	**9.033**	**967**
Δημόσια εγγραφή	0	0	0
Μέτοχοι ΕΤΕ	10.000	9.033	967
Σύνολο	**80.000**	**77.510**	**2.490**
Δημόσια εγγραφή	40.000	40.000	(-5)
Μέτοχοι ΕΤΕ	40.000	37.505	2.495

Πηγή: (α) ('Εγγραφαί εις το Κεφάλαιο της Τραπέζης της Ελλάδος'
1930). (β) (Τμήμα Διαχειρίσεως Μοναστηριακής Περιουσίας 1932).

μια πρόβλεψη που προκάλεσε σειρά προστριβών λόγω της ασάφειάς της (βλ. παράγραφο 12.6). Παρότι ταμίας
του κράτους, η ΤτΕ δεν θα μπορούσε να του παρέχει χρηματικές ευκολίες όπως δάνεια, προκαταβολές κ.ά. (άρ.
46). Μόνες εξαιρέσεις ήταν οι προσωρινές προκαταβολές για αγοραπωλησίες χρεωγράφων του Δημοσίου και
δαπάνες του ετήσιου προϋπολογισμού (παρ. 11) και μέχρι του ποσού των 400 εκ. δρχ (άρ. 55, παρ6 και 11). Το
κράτος είχε το δικαίωμα να ορίσει Επίτροπο με δικαίωμα αρνησικυρίας στις αποφάσεις της ΓΣ ή του Γενικού
Συμβουλίου (άρ. 47), χωρίς όμως πλήρη πρόσβαση στα βιβλία της και διατηρώντας όρους εχεμύθειας (άρ. 48).

Η τράπεζα εξαιρείτο κάθε φορολογίας (άρ. 73), όμως θα κατέβαλλε τμήμα του πλεονάσματος κάθε χρήσης
της στο κράτος, αφού πρώτα κατακρατούσε ένα ποσό από τα καθαρά κέρδη για τα μερίσματα των μετόχων και
την συμπλήρωση του αποθεματικού της (άρ. 71).

Είναι αξιοσημείωτο ότι, όπως συνέβη και με τις παλαιότερες εκδοτικές τράπεζες, η ανάκληση του εκδοτικού
προνομίου σήμαινε αυτομάτως και την διάλυση της τράπεζας (άρ. 74), κάτι όμως αυτονόητο στην περίπτωση
μιας εξαρχής εκδοτικής και όχι εμπορικής τράπεζας.

Η διάθεση των μετοχών

Σύμφωνα με το άρθρο 8 του καταστατικού της ΤτΕ, το μετοχικό κεφάλαιο της ΤτΕ οριζόταν στα 400.000.000
δρχ που χωριζόταν σε 80.000 μετοχές ονομαστικής αξίας 5.000 δρχ. Σε μια προσπάθεια να περιοριστεί η κρατι-
κή παρέμβαση στην λειτουργία της τραπέζης, *«το Δημόσιον και αι δημόσιαι επιχειρήσεις»* δεν μπορούσαν να κα-
τέχουν άνω του 10% του μετοχικού κεφαλαίου. Σύμφωνα με το άρθρο 2 της συμβάσεως με την ΕΤΕ, η ΕΤΕ θα
αναλάμβανε όλο το μετοχικό της κεφάλαιο της νέας τράπεζας στο άρτιο για να το διαθέσει σε δημόσια εγγραφή
σε τρία τμήματα, δίνοντας το δικαίωμα εγγραφής στο ήμισυ του κεφαλαίου σε μετόχους της.

Κύρια πηγή στοιχείων για την ταυτότητα των πρώτων μετόχων της ΤτΕ αποτελεί το ΙΑΕΤΕ, καθώς την εγ-
γραφή διαχειρίσθηκε η ίδια ΕΤΕ μέσω συστημένης για τον σκοπό αυτό υπηρεσίας της, η οποία λειτούργησε
μέχρι τις 25/8/1930, οπότε και διαλύθηκε. Δυστυχώς, στο ΙΑΕΤΕ υπάρχουν πλήρη στοιχεία μόνον για το β΄ τμή-
μα. Μοναδική πηγή για τους μετόχους των τμημάτων α΄ και γ΄ αποτελεί η ίδια η ΤτΕ, η οποία όμως μέχρι σήμε-
ρα δεν έχει περιλάβει τα σχετικά τεκμήρια στο δημόσιο αρχείο της. Τα Φύλλα Μητρώου («κίτρινες καρτέλες»)
και τα Βιβλία Μεταβιβάσεων των μετοχών τελούν ακόμη υπό την κυριότητα της Υπηρεσίας Μετόχων (Τμήμα
Γραμματείας) και βρίσκονται στα αρχεία του Χολαργού. Η έρευνα κάλυψε το α΄ τμήμα των μετοχών (αύξοντες
αριθμοί μητρώου 1–33.333), αφήνοντας όμως το γ΄ τμήμα ουσιαστικώς ανεξερεύνητο.

Το πρώτο τμήμα των μετοχών της ΤτΕ εκδόθηκε τον Ιούλιο του 1928 και αφορούσε σε 33.333 μετοχές, εκ
των οποίων οι 20.000 προορίζονταν για τους μετόχους της ΕΤΕ. Σύμφωνα με εσωτερική επιστολή της ΕΤΕ, την

έκδοση στους μετόχους της ΕΤΕ ανέλαβε το Τμήμα Επιθεωρήσεως της τραπέζης, το οποίο ανέλαβε να διαθέσει 6182 ανώνυμες και 13818 ονομαστικές μετοχές (σύνολο 20.000), εκ των οποίων διέθεσε τελικώς τις 5.932 ανώνυμες και 13.472 ονομαστικές (σύνολο 19.404) μέχρι την 25/8/1930, αφήνοντας συνολικά 596 αδιάθετες μέχρι εκείνη την ημερομηνία (Πίνακας 12.1). Από τις ονομαστικές που τελικώς εκδόθηκαν, οι δικαιούχοι των 19 δεν άσκησαν το δικαίωμά τους, οπότε αυτές διατέθηκαν στον Finlayson, κατόπιν διαταγής του Υπ. Οικονομικών (Τμήμα Διαχειρίσεως Μοναστηριακής Περιουσίας 1931).

Το δεύτερο τμήμα εκδόθηκε τον Ιούλιο του 1929 και αφορούσε σε 36.667 μετοχές, εκ των οποίων 10.000 προορίζονταν για τους μετόχους της ΕΤΕ. Όπως προκύπτει από την μελέτη των καθολικών, οι μετοχές που διατέθηκαν στο κοινό ανήλθαν τελικώς σε 26.672, δηλαδή πέντε περισσότερες από το προβλεπόμενο. Οι εγγραφές και καταβολές της α΄ δόσεως έγιναν στο διάστημα μεταξύ 3/7 και 8/8/1929 (ΕΤΕ 1929). Όσον αφορά στους μετόχους της ΕΤΕ, είχαν αγοράσει 8.700 μετοχές μέχρι τις 30/11/1929,[28] και 9.068 μέχρι τις 25/8/1930.

Το τρίτο τμήμα εκδόθηκε τον Φεβρουάριο του 1930 και αφορούσε σε 10.000 μετοχές, εκ των οποίων όλες προορίζονταν για μετόχους της ΕΤΕ. Σε σχέδιο ανακοίνωσης των αρχών του 1930, η ΕΤΕ ανήγγειλε την έκδοση 10.000 μετοχών της ΤτΕ στην τιμή του αρτίου (5.000 δρχ) μεταξύ 3–6/2/1930. Η πρώτη δόση θα ανερχόταν στις 1.000 με την εγγραφή, ενώ δύο δόσεις των 2.000 θα κατεβάλλοντο την 3/5 και 4/8 του 1930 (ΕΤΕ 1930a). Μέχρι τις 25/8/1930 είχαν εκδοθεί 9.033 από αυτές τις μετοχές.

Συνολικά, μέχρι τις 25/8/1930 είχαν διατεθεί 77.510 μετοχές, δηλαδή το 96,89% του μετοχικού κεφαλαίου.

Η ταυτότητα των μετόχων

Μια ενδεικτική εικόνα της ταυτότητας των μετόχων μπορεί να αναδειχθεί από την πρώτη διανομή μετοχών. Θα πρέπει να σημειωθεί ότι οι πρώτες 80.000 μετοχές της ΤτΕ διατέθηκαν σε ένα διάστημα άνω των δύο ετών, μέσα στο οποίο θα μπορούσαν πολλές μετοχές να αλλάξουν χέρια. Συνεπώς, μια «φωτογραφία» του μετοχολογίου κάποια δεδομένη στιγμή είναι δύσκολο να αποτυπωθεί, και σίγουρα απαιτεί ένα επί τούτου ερευνητικό πρόγραμμα από ερευνητική ομάδα που θα μελετήσει τα αρχεία της ΤτΕ.

Τα υπάρχοντα αρχεία επιτρέπουν την αποτύπωση αυτής της ταυτότητας μόνο μέχρι ενός ορισμένου σημείου, καθώς το πλήθος των μετόχων, τα ελλιπή αρχεία του ΙΑΕΤΕ και ο περιορισμένος διαθέσιμος χρόνος στα αρχεία της ΤτΕ υπαγόρευσαν κάποιους περιορισμούς. Συγκεκριμένα, μόνον οι αγορές μετοχών άνω των πέντε τεμαχίων καταγράφηκαν ονομαστικά και με συστηματικό τρόπο, καθώς το πλήθος των μικροεπενδυτών ήταν τέτοιο που η εξέτασή του ξεφεύγει από το παρόν ερευνητικό πλαίσιο. Μερικές αγορές μετοχών μικρότερου μεγέθους καταγράφηκαν ονομαστικά, αλλά αυτό έγινε αποσπασματικά. Έτσι καταγράφηκαν ονομαστικά 7.703 μετοχές του α΄ τμήματος και 20.013 μετοχές του β΄3 τμήματος (14.501 από την δημόσια εγγραφή και 5.512 από την εγγραφή των μετόχων της ΕΤΕ). Το γ΄ τμήμα δεν ερευνήθηκε παρά ελάχιστα.[29] Συνολικά εξετάσθηκαν διεξοδικά οι 70.000 από τις 80.000 μετοχές και καταγράφηκαν ονομαστικά οι 27.896 από αυτές.

Μεγαλύτεροι πρώτοι πρώτοι μέτοχοι της ΤτΕ αναδεικνύονται ο Αυτόνομος Σταφιδικός Οργανισμός και το Πανεπιστήμιο Θεσσαλονίκης που αγόρασαν από 2000 μετοχές. Ακολούθησε το Ταμείο Συντάξεων Προσωπικού Τραπεζών Εθνικής, Κτηματικής & Ελλάδος με 1473 μετοχές, και κατόπιν η Credit Lyonnais Alexandria, η Stockholms Enskilda Bank και ο Marcus Wallenberg[30] που αγόρασαν από 1000 μετοχές ο καθένας. Εν συνεχεία, το Εθνικό και Καποδιστριακό Πανεπιστήμιο Αθηνών (909),[31] οι διάδοχοι των δικαιωμάτων του Ν. Π. Ζωσιμά (891), το Μετοχικό Ταμείο Στρατού (828) και η ΕΤΕ (765). Αυτοί οι δέκα μέτοχοι κατείχαν σχεδόν το 15% του

---

[28] *ΕΤΕ (Εγγραφαί εις το Κεφάλαιον της Τραπέζης Ελλάδος) προς ΤτΕ (Υπηρεσία Μετοχών Τραπέζης)*, ΙΑΕΤΕ, έξι επιστολές μεταξύ 30/8 και 30/11/1929 που συνόδευαν 52 σελίδες ονομαστικών πινάκων: 30/8/1929, 6530 μτχ (α/α 1–1041), 9/9/1929, 6777 μτχ (α/α 1042–1085), 12/9/1929, 7914 μτχ (α/α 1086–1142), επιστολή απούσα, 7988 μτχ (α/α 1143–1155), 31/10/1929, 8383 μτχ (α/α 1156–1165), 30/11/1929, 8700 (α/α 1166–1172).

[29] Κατέγραφα ονομαστικά μόνον 205 μετοχές από διάσπαρτα τεκμήρια: Χατζηλαζάρου Κλεοπάτρα, 101 μετοχές (Τμήμα Διαχειρίσεως Μοναστηριακής Περιουσίας 1936), Αρχαιολογική Εταιρεία Αθηνών, 35 μετοχές (ΥΔΜΠ 1946) και De Rothschild Frères Paris, 69 μετοχές (De Rothschild Frères 1930).

[30] Γόνος ισχυρής τραπεζικής οικογένειας. Οι Wallenberg ίδρυσαν την Stockholms Enskilda Bank και πολύ συχνά υπηρετούσαν στις ανώτατες διοικητικές θέσεις της.

[31] 879 το Πανεπιστήμιο και άλλες 30 τα κληροδοτήματα Κοντολέοντος (18), Αιγινήτου (8) και Μαγγίνα (4).

μετοχικού κεφαλαίου. Οι 51 μέτοχοι που αγόρασαν από 100 μετοχές και άνω κατέχουν αθροιστικά 19.881 μετοχές, δηλαδή το 25% του μετοχικού κεφαλαίου, ενώ οι 167 μέτοχοι με 20–99 μετοχές κατέχουν 6.452 μετοχές (8% του μετοχικού κεφαλαίου).

Όσον αφορά στην κατανομή ανά μέγεθος χαρτοφυλακίου διαπιστώνουμε ότι τα δύο τρίτα των μετοχών ανήκουν σε έναν πολύ μεγάλο αριθμό μικρομετόχων με κάτω από 20 μετοχές. Ο μεσοαστικός χαρακτήρας του μεγαλύτερου ποσοστού των μετόχων της ΤτΕ διαφαίνεται στις ονομαστικές καταγραφές τους, στις οποίες αφθονούν μέτοχοι με το ίδιο επώνυμο και πατρώνυμο, προφανώς αδέρφια, και με τον ίδιο αριθμό μετοχών ο καθένας.[32] Επίσης, αυτός ο χαρακτήρας αναδεικνύεται και από την τιμή της μετοχής. Με αξία 5.000 δρχ, μία μετοχή άξισε περί τα 52 ημερομίσθια ενός καπνεργάτη (Mazower 2009, 297), δηλαδή άνω των δύο μηνών δουλειάς. Φαίνεται ότι η αγορά μετοχών της νέας τράπεζας θεωρείτο μια ασφαλής επένδυση για την εξασφάλιση των μελών της οικογενείας.

Ως προς τον χαρακτήρα των μεγαλομετόχων, τουλάχιστον 5.069 μετοχές ανήκαν σε νομικά πρόσωπα του ευρύτερου Δημοσίου τομέα[33] και τουλάχιστον 4.583 σε ασφαλιστικά ταμεία υπό κάποιον κρατικό έλεγχο.[34] Από πλευράς τραπεζικών επενδυτών, τουλάχιστον 3.534 μετοχές ανήκαν σε ξένες τράπεζες[35] και τουλάχιστον 1.540 μετοχές σε ελληνικές τράπεζες.[36]

Ο παρισινός οίκος de Rothschild Frères δεν αγόρασε παρά 276 μετοχές, ενώ η συμμετοχή του βιεννέζικου οίκου S. M. von Rothschild περιορίσθηκε στις 4 μετοχές, για τις οποίες δεν παρέλειπε με μεθοδικότητα και τακτική αλληλογραφία να ζητά την καταβολή των μερισμάτων (S. M. von Rothschild (Βιέννη) 1929· 1930). Η ισχνή αυτή συμμετοχή των Rothschild, πολύ κατώτερη άλλων τραπεζών—ιδίως λαμβανομένης υπόψη της οικονομικής του επιφάνειας—μαρτυρά το χλιαρό τους ενδιαφέρον για τον ελληνικό χώρο, ο οποίος αποτελούσε προνομιακό πεδίο δράσης της C. J. Hambro & Son. Μάλλον η συμμετοχή στην ΤτΕ είναι απλή συνέπεια της προηγούμενης συμμετοχής στην ΕΤΕ, που απλώς της εξασφάλιζε το προνόμιο αγοράς κάποιων μετοχών.

Από την άλλη μεριά, και με την επιφύλαξη της έρευνας των μετοχών του γ΄ τμήματος, ούτε η C. J. Hambro & Son φαίνεται να συμμετέχει σοβαρά στο μετοχικό κεφάλαιο του νέου εκδοτικού ιδρύματος. Η συμμετοχή τους είναι έμμεση και μάλλον ισχνή, μέσω 100 μετοχών που αγόρασε η Hellenic & General Trust Co., την οποία είχε ιδρύσει η C. J. Hambro & Son μαζί με την ΕΤΕ. Αν αυτό όντως επαληθευθεί και από μελλοντική αρχειακή έρευνα, ίσως σημάνει ότι η επιρροή στην ελληνική οικονομία δεν εξασφαλιζόταν στο επίπεδο της Γενικής Συνέλευσης των μετόχων, αλλά σε ανώτερα επίπεδα και μέσω άλλων δραστηριοτήτων, όπως η έκδοση εθνικών δανείων. Όπως είδαμε και από την παράθεση των δανείων που έλαβε το ελληνικό κράτος αμέσως μετά τον πόλεμο, όσα εκδόθηκαν από τραπεζιτικές κοινοπραξίες είχαν συμμετοχή της C. J. Hambro & Son. Όπως σχολιάζει και ο Μαρκεζίνης (1966, 11:37–38), εντελώς παρεμπιπτόντως, και σαν να περιγράφει κάτι το τελείως προφανές:

> *Πρέπει νὰ ὑπομνησθῇ ὅτι προκειμένου περὶ δανείων ἀνέκαθεν τὰ μεγάλα κράτη ἐπεδίωξαν νὰ συνδυάσουν τὴν παροχὴν αῶν μὲ πολιτικὴν σκοπιμότητα ἤ καὶ μὲ πολιτικὰ ὀφέλη [...] Εἰς τὴν Μεγάλην Βρεταννίαν μάλιστα εἶχε προκαθορισθῆ καὶ ἡ ἔκτασις τῶν σφαιρῶν ἐπιρροῆς τῶν διαφόρων τραπεζιτικῶν συγκροτημάτων ἐν σχέσει μὲ τὴν παροχὴν τοιούτου εἴδους κρατικῶν δανείων. (Ἡμεῖς ἀνήκομεν εἰς τὴν σφαῖραν ἐπιρροῆς τοῦ Οἴκου Χάμπρο).*

Πράγματι, από το 1881 που διαχειρίσθηκε την έκδοση του δανείου των 120 εκ. φράγκων, μπορούμε πού πρόχειρα να μετρήσουμε τουλάχιστον δώδεκα δάνεια στην έκδοση των οποίων αναμίχθηκε η βρετανική τράπεζα έως και το 1931,[37] κάτι που συνιστά μια ιδιαιτέρως υψηλή και διαχρονική επίδοση, σε συμφωνία με την

---

[32] Εντελώς ενδεικτικά, αναφέρεται ο μέτοχος Δημήτριος Γραικούσης του Ιωάννου με μία μετοχή, και οι μέτοχοι Άρτεμις, Ιουλία και Στυλιανός Γραικούσης του Δημητρίου, επίσης με μία μετοχή ο καθένας. Τέτοιες περιπτώσεις είναι πραγματικά άφθονες.

[33] Αυτόνομος Σταφιδικός Οργανισμός, Πανεπιστήμιον Θεσσαλονίκης, Εθνικόν και Καποδιστριακόν Πανεπιστήμιον, Ακαδημία Αθηνών, Ταχυδρομικό Ταμιευτήριο κλπ.

[34] Ταμείον Συντάξεων Προσωπικού Τραπεζών Εθνικής, Κτηματικής και της Ελλάδος, Μετοχικό Ταμείο Στρατού, Μετοχικόν Ταμείον Πολιτικών Υπαλλήλων, Ταμείον Ασφαλείας Προσωπικού Ελευθέρας Ζώνης Θεσσαλονίκης, Ταμείον Προνοίας Δημοσίων Υπαλλήλων, Ταμείον Συντάξεων Προσ/κού Εθ. Τραπέζης, Ταμείον Αυτασφαλείας Προσωπικού Τραπεζών Εθνικής, Κτηματικής και της Ελλάδος κλπ.

[35] Credit Lyonnais Alexandria, Stockholms Enskilda Bank, Stockholm, Marcus Wellenberg, De Rothschild Frères Paris, Erlangers Ltd, London, American Express & Co, Banco di Roma, Banca Commerciale Triestina, Ionian Bank Ltd, κλπ.

[36] ΕΤΕ, The Bank of Athens Trust Co., Τράπεζα Αθηνών, Λαϊκή Τράπεζα Αθηνών, Τράπεζα «Ένωσις» Α.Ε., Τράπεζα Ανατολής, Λαϊκή Τράπεζα Υπ/μα Πειραιώς, Εμπορική Τράπεζα Ελλάδος κλπ.

[37] Τα επόμενα ήταν: (α) 1889, πάγιο αγγλικό 30 εκ. φράγκων, (β) 1889, πάγιο αγγλικό 125 εκ. φράγκων, (γ) 1890, Σιδηροδρόμων 60 εκ.

σχέση εξάρτησης της Ελλάδας από την Βρετανία από καταβολής του ελληνικού κράτους. Παράλληλα, η C. J. Hambro & Son ήταν μέτοχος της Ionian και αργότερα και της Εμπορικής.

Θα πρέπει να υπογραμμίσουμε ότι το ενδιαφέρον της C. J. Hambro & Son για την ΤτΕ είναι δεδομένο, όπως μαρτυρά και προειδοποιητική επιστολή του Olaf Hambro προς τον Διοικητή της ΕΤΕ Ιωάννη Δροσόπουλο. Στην επιστολή, ο Olaf Hambro επισημαίνει τις καταστρεπτικές συνέπειες που θα είχε η ουσιαστική ή τυπική κατάργηση της ΤτΕ (Κωστής 2003, 466). Θα μπορούσαμε λοιπόν να συμπεράνουμε ότι ο έλεγχος επί του νομισματικού συστήματος δεν εξασφαλίζεται στις ψηφοφορίες των Γενικών Συνελεύσεων, αλλά σε τελείως διαφορετικά επίπεδα.

Κρίση και ανάληψη μετοχών

Είναι ενδιαφέρον να σημειώσουμε ότι η έναρξη των εργασιών της ΤτΕ λαμβάνει χώρα λίγο πριν ξεσπάσει η χρηματιστηριακή κρίση του 1929 και ολοκληρώνεται καθώς ξεκινά η ύφεση της δεκαετίας του 1930. Από την εσωτερική αλληλογραφία της ΕΤΕ φαίνεται ότι η συγκυρία δεν άφησε την διαδικασία ανάληψης των μετοχών τελείως ανεπηρέαστη.

Αριθμός μετόχων που συμμετείχε στην εγγραφή του α' τμήματος φαίνεται ότι δεν είχε εξοφλήσει εγκαίρως όλες τις δόσεις των μετοχών που είχε αγοράσει. Η ΕΤΕ με επιστολή της (18.839 της 29/1/1930) ζητούσε από την ΤτΕ την μη καταβολή των μερισμάτων σε μετόχους που δεν είχαν προβεί σε πλήρη εξόφληση, αίτημα στο οποίο η ΤτΕ απάντησε αρνητικά (Δικαστικό Τμήμα ΤτΕ 1930).

Το σκεπτικό του Δικαστικού Τμήματος της ΤτΕ ήταν ότι από την καταβολή της β' δόσεως και της έκδοσης του προσωρινού τίτλου, ο μέτοχος θεωρείτο κύριος της μετοχής, όπως αυτό συνήγετο από την γνωστοποίηση της 23/6/1928 της ΕΤΕ σχετικά με την διάθεση των μετοχών, κατά την οποία ο αγοραστής (μέτοχος) καθίσταται κύριος επί πιστώσει. Το μόνο που το Δικαστικό Τμήμα συνιστούσε ως εφικτό, ήταν η εκποίηση της μετοχής για λογαριασμό του μετόχου στο χρηματιστήριο, ή η παρουσίαση προσκομμάτων στην καταβολή του μερίσματος, αρκεί αυτό να μην οδηγούσε στα δικαστήρια, όπου θεωρείτο βέβαιο ότι θα δικαιωνόταν ο μέτοχος.

Το Δικαστικό της ΕΤΕ συμφώνησε με την πρόταση εκποιήσεως των μετοχών και σε εσωτερικό του σημείωμα έδωσε οδηγία στο Τμ. Εγγραφών στο Κεφάλαιο της ΤτΕ, να εκποιήσει αυτές τις μετοχές αφού πρώτα ειδοποιούσε τους μετόχους (Δικαστικό Τμήμα ΕΤΕ 1930). Μέχρι την 25/7/1930, διάφορες δόσεις 44 τίτλων παρέμεναν ανεξόφλητες (ΕΤΕ 1930b).

Δεν είναι απολύτως βέβαιο το κατά πόσον αυτές οι καθυστερήσεις ήταν ασυνήθιστες σε συχνότητα και αν ξεπέρασαν σε ποσοστό τις εγγραφές σε άλλες ανώνυμες εταιρείες της προηγουμένης περιόδου. Στους σχετικούς φακέλους του ΙΑΕΤΕ οι καθυστερήσεις που κατάφερα να εντοπίσω αφορούσαν στο α' τμήμα, ενώ δεν εντόπισα τέτοιες καθυστερήσεις για τα β' και το γ' τμήμα των εγγραφών στο κεφάλαιο της ΤτΕ. Μια υπόθεση που θα μπορούσε να διατυπωθεί είναι ότι πριν το ξέσπασμα του κραχ τον Οκτώβριο του 1929, το επενδυτικό κλίμα ήταν πιο αισιόδοξο προσελκύοντας επενδυτές από μεγαλύτερο εύρος εισοδημάτων, κάποια από τους οποίους—ίσως οι μικρότεροι—βρέθηκαν σε ξαφνική δυσχέρεια αποπληρωμής των υπολοίπων δόσεων. Καθώς τα δύο άλλα τμήματα των μετοχών εκδόθηκαν μετά το ξέσπασμα της χρηματιστηριακής κρίσης, ίσως οι επενδυτές που ανταποκρίθηκαν να ήταν εκείνοι που ήταν πιο βέβαιοι για την δυνατότητά τους να αντεπεξέλθουν στις χρηματικές απαιτήσεις.

12.5 Το ζήτημα των καλυμμάτων και η επάνοδος του Βενιζέλου

Η τραπεζιτική μεταρρύθμιση αποτέλεσε τον καταλύτη για την δρομολόγηση ευρύτερων πολιτικών εξελίξεων και συγκεκριμένα της επανόδου του Βενιζέλου στην ενεργό πολιτική δράση. Από το 1924 ο Βενιζέλος απείχε της ενεργού πολιτικής, διαμένοντας τον περισσότερο χρόνο στο εξωτερικό και—από τις 20/4/1927—στα Χανιά. Από τις αρχές του 1928, και με την αφορμή της τραπεζικής μεταρρύθμισης, ο Βενιζέλος ξεκίνησε παρεμβάσεις υπό

φράγκων, (δ) 1893, Κεφαλαιοποίησης, 9.739.000 φράγκων. (ε) 1910, 40 εκ. φράγκων, (στ) 1910, 110 εκ. φράγκων (από αρχικό ποσό 150 εκ. φράγκων), (ζ) 1914, 500 εκ. φράγκων, (η) 1924, Α' Προσφυγικό, 10 εκ. λιρών & 11 εκ. δολαρίων, (θ) 1928, Δάνειο Σταθεροποιήσεως, 4.070.960 λιρών & 17 εκ. δολαρίων, (ι) 1928, Α' Παραγωγικό, 4 εκ. λιρών, (ια) 1931, Β' Παραγωγικό, 4,6 εκ. λιρών (Βλ. σχετ. Ηλιαδάκης 2003, 57–59· Παντελάκης 1995, 91–99).

μορφήν ανοιχτών επιστολών στον *Κήρυκα* των Χανίων. Οι επιστολές αυτές είχαν την μορφή νουθεσιών προς τον Υπ. Οικονομικών Καφαντάρη, παλιό συνεργάτη του Βενιζέλου και αρχηγό του κόμματος των *Προοδευτικών Φιλελευθέρων*, ενός από τα τρία που προέκυψαν από την διάσπαση του κόμματος του Βενιζέλου—τα άλλα δύο ήταν των *Ανεξαρτήτων Φιλελευθέρων* του Θεμιστοκλή Σοφούλη και των *Συντηρητικών Φιλελευθέρων* του Ανδρέα Μιχαλακόπουλου. Το ύφος και το περιεχόμενο θεωρήθηκαν προσβλητικά από τον Καφαντάρη και επέφεραν πολιτική κρίση. Αφορμή υπήρξε το «ζήτημα των καλυμμάτων».

Περιγραφή του ζητήματος

Κατά την ημέρα ενάρξεως εργασιών της ΤτΕ, η ΕΤΕ αναλάμβανε (άρ. 3) να μεταβιβάσει στην ΤτΕ μια σειρά στοιχείων του ενεργητικού και παθητικού της που σχετίζονταν με την κυκλοφορία, τις κρατικές καταθέσεις και τον ΔΟΕ. Τμήμα αυτού του ενεργητικού ήταν και ο χρυσός και οι ομολογίες Εθνικών δανείων σε χρυσό που ήταν κάλυμμα των τραπεζογραμματίων των εκδοθέντων δυνάμει των νόμων 656/1915 και 2547/1920. Η πολιτική αντιπαράθεση αφορούσε στο κάλυμμα όχι του συνόλου των τραπεζογραμματίων, αλλά των εκδοθέντων δυνάμει αυτών των δύο νόμων.

Σύμφωνα με τους παραπάνω νόμους του 1914 και του 1920, η ΕΤΕ μπορούσε να αυξήσει την κυκλοφορία της συνολικά κατά 380 εκ. δρχ (κατά 80 και 300 εκ. δρχ, αντιστοίχως), τα οποία όμως έπρεπε να είναι καλυμμένα κατά 1/8 σε χρυσό και 1/8 σε ομολογίες χρυσού. Στο διάστημα αυτό η ΕΤΕ δεν έκανε πλήρη χρήση αυτού του δικαιώματος: είχε μηδενική κυκλοφορία δυνάμει των παραπάνω νόμων μεταξύ 1920 και 1927, πλην δύο περιπτώσεων (34 εκ. δρχ στις 31/12/1921 και 172 εκ. δρχ. στις 31/12/1925).

Αυτό που προκάλεσε το όλο ζήτημα ήταν το λογιστικό πρότυπο της ΕΤΕ. Πρώτη περιπλοκή ήταν ότι για δικούς της λόγους και κατ' απαίτηση του ΔΟΕ (Σπηλιωτόπουλος 1949, 118) εμφάνιζε κάλυμμα για τα εν λόγω τραπεζογραμμάτια στο ενεργητικό της, παρότι δεν είχε κάνει χρήση του δικαιώματός της να τα κυκλοφορήσει· από την Α΄ εξαμηνία του 1915 εμφάνιζε κάλυμμα για τα τραπεζογραμμάτια του Ν. 656/1914 και από την Β΄ εξαμηνία του 1920 και για εκείνα του Ν. 2547/1920. Αυτό το ενεργητικό, πάλι κατά τον Πύρσο, αφού δεν ανταποκρινόταν σε κυκλοφορία τραπεζογραμματίων δεν έπρεπε να χαρακτηρίζεται «κάλυμμα» αλλά «μεταλλικό απόθεμα», που θα ήταν περιουσία της ΕΤΕ και δεν θα έπρεπε να έχει απασχολήσει κανέναν.

Επιπλέον την κατάσταση περιέπλεκε και μια άλλη πρακτική. Ανατρέχοντας στους εξαμηνιαίους ισολογισμούς διαπιστώνουμε ότι από την Α΄ εξαμηνία του 1911 μέχρι και την Β΄ εξαμηνία του 1926 η ΕΤΕ κατάρτιζε το παθητικό της σαν να είχε εξαντλήσει το ανώτατο όριο κυκλοφορίας για τα δικά της τραπεζογραμμάτια. Ταυτοχρόνως όμως ανέγραφε στο ενεργητικό και τα δικά της τραπεζογραμμάτια που διέθετε στα ταμεία της προς συμπλήρωση του ανωτάτου ορίου. Αυτή η διπλή καταμέτρηση ισοσκέλιζε μεν τον ισολογισμό, αλλά φούσκωνε τεχνητά την πραγματική κυκλοφορία. Προφανώς, τα *δικά της* τραπεζογραμμάτια που βρίσκονταν στα *δικά της* ταμεία με κανέναν τρόπο δεν μπορούσαν να θεωρηθούν ως «εν κυκλοφορία», δηλαδή σε χέρια τρίτων.[38] Αυτή πρακτική ενίσχυε την εντύπωση ότι η ΕΤΕ είχε πράγματι εξαντλήσει το περιθώριο εκδόσεων των Ν. 656/1914 και 2547/1920, και άρα τα ποσά του ενεργητικού της ήταν όντως καλύμματα.

Κανονικά δηλαδή, ο Πύρσος (1936, 1:111) υποστηρίζει ότι ζήτημα καλυμμάτων δεν έπρεπε καν να τίθεται διότι δεν υπήρχε αντίστοιχη κυκλοφορία την στιγμή της μεταβίβασης του εκδοτικού προνομίου. Συνεπώς δεν υπήρχε υποχρέωση διατήρησης καλυμμάτων, πολλώ δε μάλλον που τα 200 από τα 300 εκ. δρχ ήταν δάνειο της ΕΤΕ προς το κράτος επ' αναγκαστική κυκλοφορία. Και ο Σπουργίτης συμφωνεί ότι αυτό το κάλυμμα—ανεξαρτήτως τρέχουσας αξίας—είναι ιδιοκτησία της ΕΤΕ, αφού δεν αγοράσθηκε με τραπεζογραμμάτια που τυπώθηκαν δυνάμει των παραπάνω νόμων αλλά καταβλήθηκε από το ενεργητικό της ίδιας της τράπεζας. Ανατρέχοντας στους απολογισμούς της ΕΤΕ σημειώνει ότι η τράπεζα δεν χρησιμοποίησε το 1/8 των τραπεζογραμματίων που θα μπορούσε να εκδώσει—ήτοι 47,5 εκ. δρχ[39]—για να αγοράσει μεταλλικό κάλυμμα από την αγορά, αλλά το κάλυμμα αυτό το έβαλε από το δικό της ενεργητικό. Άλλωστε—λέει ο Σπουργίτης (1927)—μια τέτοια προ-

---

[38] Π.χ. στις 31/3/1927: *Εκδοθέντα τρ/τια*, 5.421.043.900 δρχ. *Τρ/τια εν ταμείοις*, 448.731.079 δρχ. *Πραγματική κυκλοφορία*, 4.972.312.821 δρχ.

[39] 10 εκ. δρχ από το 1/8 των 80 εκ. του Ν. 656/1914 και 37,5 εκ. δρχ από το 1/8 του Ν. 2547/1920.

σπάθεια θα ήταν μάλλον μάταια· και μόνον η απόπειρα αγοράς μιας τέτοιας ποσότητας στερλινών θα εκτόξευε την ισοτιμία της σε απροσδιόριστα επίπεδα—είχε ανέβει στις 35 δρχ το 1919.

Καλώς ή κακώς, το ποσό αυτό θεωρήθηκε κάλυμμα. Το επόμενο ζήτημα όμως αφορούσε στην αξία του. Το άρθρο 3 της σύμβασης της 27/10/1927 όριζε ότι ο χρυσός και ο άργυρος θα αναληφθούν στην μέση τιμή τους στο χρηματιστήριο του Λονδίνου για τον μήνα πριν την έναρξη λειτουργίας της ΤτΕ. Οι Εθνικές ομολογίες σε χρυσό οριζόταν να αναληφθούν στην μέση τιμή τους στο χρηματιστήριο του Λονδίνου για το τρίμηνο που έληγε στις 30/9/1927. Και στις δύο περιπτώσεις ο υπολογισμός της τελικής αξίας θα γινόταν σε δραχμές, επί τη βάσει της νέας ισοτιμίας της σταθεροποιήσεως (1 λίρα = 375 δρχ).

Εδώ ήταν το πρόβλημα· το κάλυμμα αυτό είχε αγορασθεί όταν η λίρα αντιστοιχούσε σε 25 δρχ, ενώ η νέα ισοτιμία ήταν 375 δρχ. Έτσι, καθώς με την σταθεροποίηση η δραχμή είχε φτάσει περίπου στο 1/15 της αρχικής της αξίας, η δραχμική αξία των καλυμμάτων σε δραχμές ήταν 15 φορές υψηλότερη από εκείνη του 1920. Αυτή η *δραχμική* υπεραξία ήταν το μήλο της έριδος.

Για να εξετάσουμε και τα ακριβή ποσά, στον ισολογισμό του έτους 1926 που παρουσιάζει ο Σπουργίτης ανα-γράφονται συνολικά 95 εκ. δρχ σε καλύμματα των επίμαχων νόμων:

Μεταλλικόν εν τοις ταμείοις:	*37.500.000 δρχ*
Μεταλλικό παρά τη Τραπέζη της Αγγλίας:	*10.000.000 δρχ.*
Ομολογίαι εθνικών δανείων εις χρυσόν:	*47.500.000. δρχ*
Σύνολο:	**95.000.000 δρχ.**

Την πλειοψηφία των εθνικών δανείων αποτελούσαν 54.477 ομολογίες του δανείου των 500 εκ. του 1914.[40] Η ΕΤΕ ήταν υποχρεωμένη να αναγράφει στο ενεργητικό της τις ομολογίες εθνικών δανείων στην τιμή κτήσης τους,[41] οπότε και πράγματι προκύπτει το ποσόν των 47,5 εκ. δρχ.[42] Αυτές οι ομολογίες δεν μπορούσαν να πωλη-θούν, καθώς αποτελούσαν κάλυμμα, άρα δεν είχαν αγοραία αξία.

Όμως με τον νόμο της σταθεροποίησης αυτό έπαυε να ισχύει και οι ομολογίες θα αναλαμβάνονταν από την ΤτΕ βάσει της αγοραίας τους αξίας. Δεδομένου ότι αυτή είχε φτάσει περίπου στο 68% της ονομαστικής, αυτές οι ομολογίες άξιζαν περί τα 32,5 εκ. δρχ και η αξία του συνόλου των καλυμμάτων έπεφτε στα 80 εκ. χρυσές δραχ-μές. Με την παλιά ισοτιμία (1 λίρα = 25 δρχ) η αξία τους ήταν 3,2 εκ λίρες. Μετατρέποντας αυτό το ποσό σε σταθεροποιημένες δραχμές με την νέα ισοτιμία (1 λίρα = 375 δρχ.), η αξία αυτή εκτοξευόταν στα 1,2 δις δρχ, τα οποία θα είχε να λαμβάνει η ΕΤΕ αφού μεταβίβαζε το ενεργητικό της στην ΤτΕ, αντιστοιχώντας σε μια υπε-ραξία 1,12 δις δρχ.[43]

Λύση Καφαντάρη και σύγκρουση με Βενιζέλο

Οι τελικές λεπτομέρειες στις σχέσεις κράτους-ΕΤΕ ρυθμίστηκαν με σύμβαση της 23/2/1928, μια σύμβαση που αποδείχθηκε ότι έκρυβε πολλά αγκάθια.[44] Το άρθρο 4 όριζε ότι η ΕΤΕ παραιτείτο οποιασδήποτε αξίωσης ένα-ντι του κράτους από την πρόωρη άρση του εκδοτικής της προνομίου και ότι το κράτος παραιτείτο οιασδήποτε αξίωσης έναντι της ΕΤΕ σχετικά με το αποθεματικό των 75 εκ. δρχ (όπως υπολογιζόταν στις 31/12/1927). Η λύση αυτή διευθετούσε σιωπηρώς το ζήτημα της υπεραξίας των καλυμμάτων υπέρ της ΕΤΕ, ως συμβιβασμό για την πρόωρη παραίτηση από το εκδοτικό της προνόμιο.

Επιπλέον το άρθρο 3 όριζε ότι για διανομές μερισμάτων της ΕΤΕ άνω των 1400 δρχ ανά μετοχή, το 25% του επιπλέον ποσού θα πήγαινε στο κράτος και ότι το κράτος θα συμμετείχε κατά 25% στα κέρδη της ΕΤΕ. Δεδο-μένου ότι η ΕΤΕ μέχρι τότε δεν είχε δώσει ποτέ μέρισμα άνω των 1300 δρχ. και ότι το κράτος μέχρι τότε λάμβα-νε ένα εξασφαλισμένο ποσό 250 δρχ ανά μετοχή, η απώλεια κρατικών εσόδων υπολογιζόταν στα 40 εκ. δρχ ετη-σίως, που δεν ισοσκελιζόταν από αυτό το 25% επί των κερδών.

---

[40] Δυνάμει του Ν. 111/1913 (άρ. 4δ) οι ομολογίες αυτές έπρεπε να διατεθούν τουλάχιστον στο 87,75% του αρτίου.

[41] Άρ. 43, παρ. 2β του Ν. 2190/1920 «Περί ανωνύμων Εταιρειών».

[42] 47.500.000 / 54.477 = 872 δρχ, κοντά στην τιμή κτήσης βάσει του Ν. 111/1913.

[43] Στην κατάσταση της ΕΤΕ της 14/5/1928 η υπεραξία υπολογίζεται σε 938.393.789,21 δρχ (αναφέρεται από Πύρσο, σ. 117).

[44] Σύμβαση της 23/2/1928 κυρωθείσα διά του ν. 3483 της 12/4/1928 (ΦΕΚ 58, 12/4/1928, σ. 447–450)

Το άρθρο 6 όριζε ότι όλα τα Νομικά Πρόσωπα, Ταμεία και Ιδρύματα Δημοσίου Δικαίου έπρεπε υποχρεωτικώς να τηρούν τις καταθέσεις τους στην ΕΤΕ, με επιτόκιο χαμηλότερο έως και 0,25 ποσοστιαίες μονάδες του επιτοκίου που θα μπορούσε να αποκομίζει η ΕΤΕ από καταθέσεις σε άλλες τράπεζες.

Η σύμβαση αυτή όμως δεν έμελλε να εφαρμοσθεί. Ο Βενιζέλος είχε αντιρρήσεις ως προς αυτήν αλλά και άλλες κυβερνητικές επιλογές, αντιρρήσεις που οδήγησαν σε νέα κυβερνητική κρίση. Στις 19/5/1928, σε συνάντηση με τον Καφαντάρη, παρόντος του Πλαστήρα, ο Βενιζέλος αρνήθηκε να δώσει την ανεπιφύλακτη στήριξή του στο οικονομικό πρόγραμμα του Καφαντάρη. Ο Καφαντάρης παραιτήθηκε από την αρχηγία του κόμματος και στις 22/5/1928 ανακοίνωσε και την παραίτησή του από την κυβέρνηση. Αυτό προκάλεσε την παραίτηση της κυβέρνησης την ίδια μέρα. Έτσι, στις 23/5/1928 ο Βενιζέλος αναλάμβανε και πάλι την αρχηγία των Φιλελευθέρων δηλώνοντας (*Το Έθνος* 1928, 1):

> Ἡ παραίτησις τοῦ κ. Καφαντάρη ἀπὸ τῆς ἀρχηγίας τοῦ κόμματος τῶν Φιλελευθέρων μὲ φέρει εἰς τὴν ἀνάγκην ν' ἀναθεωρήσω τὴν ἀπόφασίν μου ὅπως μὴ ἐπανέλθω τοῦ λοιποῦ ἐπὶ τῆς πολιτικῆς σκηνῆς [...] [Τ]ὸ καθῆκον μου εἶνε νὰ ἐπαναλάβω τὴν θέσιν μου ἐπικεφαλῆς κόμματος, τὸ ὁποῖον ἀποτελεῖ τὸ κυριώτερον ὀχύρωμα καὶ κατὰ τοῦ καθεστωτικοῦ κινδύνου καὶ κατὰ τῆς ἀπειλῆς τῆς δικτατορίας καὶ κατὰ τῶν ἐκ τῆς ἀκυβερνησίας δυναμένων νὰ προκύψουν κοινωνικῶν διαταράξεων

Σε σύσκεψη με τον Πρόεδρο της Δημοκρατίας, Παύλο Κουντουριώτη, και τον αρχηγό των Ελευθεροφρόνων, Ι. Μεταξά, αποφασίστηκε η σύσταση νέας κυβέρνησης συνεργασίας των ίδιων με πριν κομμάτων. Ο δε Καφαντάρης ανακάλεσε την παραίτησή του όταν ο Βενιζέλος υποσχέθηκε πλήρη κοινοβουλευτική στήριξη χωρίς να συμμετάσχει στην κυβέρνηση. Η νέα κυβέρνηση ορκίστηκε στις 4/6/1928, όμως ούτε αυτή έμελλε να κρατήσει πολύ.

Ενώ ο Βενιζέλος είχε την υψηλή επιστασία της νέας κυβέρνησης υπό τον Αλ. Ζαΐμη χωρίς να συμμετέχει σε αυτήν, στα τέλη Ιουνίου 1928 ο Καφαντάρης ανακοίνωσε την διάθεση όλων των μετοχών της ΤτΕ σε δημόσια εγγραφή, γνωρίζοντας την διαφωνία του σκιώδους πρωθυπουργού. Ο Βενιζέλος, χρησιμοποίησε την ευκαιρία για να ασκήσει δριμεία κριτική σε μακροσκελή επιστολή της 27/6/1928 (Βενέζης 1955, 75–81) η οποία δημοσιεύθηκε ευρέως στον Τύπο της εποχής. Συγκεκριμένα, συσχετίζει την χρονική στιγμή της παρέμβασής του με την απόφαση του Καφαντάρη να διαθέσει τις μετοχές της ΤτΕ σε δημόσια εγγραφή. Λέει ότι ήλπιζε στην λήξη των εργασιών της Βουλής πριν ληφθεί κάποια σχετική απόφαση.

Ο Βενιζέλος επικρίνει την διευθέτηση Τσουδερού, θεωρώντας ότι θα μπορούσε να είχε επιλεγεί η διατήρηση του εκδοτικού προνομίου από την ΕΤΕ και η εκχώρηση των εμπορικών εργασιών σε νέα τράπεζα, οι μετοχές της οποίας θα ανήκαν στους μετόχους της ΕΤΕ, και οι οποίοι θα μπορούσαν να αγοράσουν 4 μετοχές της νέας τράπεζας για κάθε μια της ΕΤΕ. Κατά την γνώμη του αυτό θα αναιρούσε τυχόν ζητήματα αποζημιώσεως της ΕΤΕ, ουσιαστικώς θεωρώντας την παραίτηση από τις υπεραξίες των καλυμμάτων (ύψους 1,2 δις δρχ) ως αποζημίωση στην ΕΤΕ, και μάλιστα «κολοσσιαία». Επικρίνει δε εντόνως τους διαπραγματευτές που ούτε καν έθεσαν τέτοια λύση υπ' όψιν της ΚτΕ, έστω και με την πρόσθετη εξασφάλιση ανεξαρτησίας της νέας τράπεζας ότι όσες μετοχές έμεναν αδιάθετες στα χέρια της ΕΤΕ δεν θα της έδιναν πάνω από μια ψήφο στο ΔΣ αυτής.[45]

Πέραν της «ζημίας» των 1,2 δις από την εκχώρηση της υπεραξίας των καλυμμάτων, επέκρινε ως ζημιογόνες τις ρυθμίσεις που αφορούσαν στα ποσοστά επί των μερισμάτων που εισέπραττε το κράτος και στα επιτόκια των καταθέσεων των δημοσίων οργανισμών στην ΕΤΕ.[46] Έτσι ο Βενιζέλος πρότεινε την αναστολή της δημόσιας εγγραφής των μετοχών, οι οποίες πρότεινε να διατεθούν στους μετόχους της ΕΤΕ. Έτσι τα 1,2 δις δρχ θα μπορούσαν να μείνουν στο κράτος:

> Ἐφ' ὅσον οἱ μέτοχοι τῆς Ἐθνικῆς θὰ εἶναι καὶ μέτοχοι τῆς Ἐκδοτικῆς οὐδεμίαν ὑφίστανται ζημίαν ἐκ τοῦ γεγονότος ὅτι τὰ ὀγδόντα περίπου ἑκατομμύρια περίπου χρυσῶν δραχμῶν ἀντὶ νὰ φυλάσσονται τοῦ λοιποῦ εἰς τὰ ἐπὶ τῆς ὁδοῦ Αἰόλου ταμεῖα τῆς Ἐθνικῆς θὰ φυλάσσωνται εἰς τὰ ἐπὶ τῆς ὁδοῦ Πανεπιστημίου ταμεῖα τῆς ἐκδοτικῆς. Συνεπῶς, μόνον κατὰ τὴν λῆξιν τοῦ ἐκδοτικοῦ προνομίου, ἤτοι μετὰ 32 ἔτη, θὰ γεννηθῆ ζήτημα εἰς τίνα ἀνήκουν τὰ καλύμματα ταῦτα.

---

[45] Όπως σημειώνει και ο Κωστής (σ. 391–392), αυτό ήταν ανακρίβεια από πλευράς Βενιζέλου, καθώς το ενδεχόμενο είχε επανειλημμένως συζητηθεί και απορριφθεί από την ΔΕΚΕ.

[46] Αν και παρανοεί το άρθρο 6 της σύμβασης Καφαντάρη, θεωρώντας ότι ο εισπραττόμενος από το κράτος τόκος θα είναι κατά 25% μικρότερος του τόκου που θα εισπράττει η ΕΤΕ από άλλες τράπεζες.

Έτσι, έβρισκε ένα τρόπο να παρακάμψει για 32 χρόνια το ζήτημα της κυριότητάς των καλυμμάτων, το οποίο παραδεχόταν ότι ήταν πολύ περίπλοκο και ότι και ο ίδιος δεν είχε προλάβει να το μελετήσει. Υπενθύμιζε επίσης ότι η υπεραξία των 1,12 δις δρχ οφειλόταν αποκλειστικά στον νόμο της σταθεροποιήσεως. Συνεπέραινε λοιπόν, μάλλον αυθαίρετα, ότι το κέρδος αυτό ανήκε κατά το ήμισυ στο κράτος (560 εκ. δρχ) και κατά το ήμισυ στην ΕΤΕ. Κάνοντας μια επίσης αυθαίρετη προεκβολή στο μέλλον, θεωρεί ότι τόση ακριβώς θα είναι και η οφειλή προς την ΕΤΕ μετά 32 έτη. Θεωρούσε δηλαδή ότι παρά τις περασμένες αυξομοιώσεις της δραχμής, με κάποιο μαγικό τρόπο θα επερχόταν απόλυτη νομισματική σταθερότητα σε ορίζοντα δεκαετιών. Σύμφωνα με αυτήν την λογική, η οφειλή 560 εκ. δρχ μετά 32 έτη ισοδυναμούσε με κεφάλαιο 86,8 εκ. δρχ. σε τρέχουσες τιμές, υπολογίζοντας τόκο 6% για τα 32 αυτά έτη. Αντιθέτως έλεγε, τα 1,2 δις που είχε αναλάβει να αποδώσει το κράτος σε μια 12ετία, ισοδυναμούσαν με 838.384.390 δρχ εκείνη την στιγμή με τον ίδιο τόκο.

Η επιστολή Βενιζέλου είχε κάποια βάση, καθώς η υπεραξία των καλυμμάτων οφειλόταν στον νόμο της σταθεροποιήσεως. Αυτός ο νόμος επέτρεπε την πώληση των καλυμμάτων—μέχρι τότε δεν μπορούσαν να πωληθούν—ενώ μέσω της υποτίμησης της δραχμής ήταν υπεύθυνος και για την δραχμική τους υπεραξία. Πάντως ό,τι βάσεις κι αν είχε η πρόταση Βενιζέλου, έφερε πολιτικό σεισμό, κάτι που μάλλον ήταν και η αρχική της πρόθεση. Ο Καφαντάρης, και εν συνεχεία η κυβέρνηση του Αλ. Ζαΐμη παραιτήθηκαν. Στις 4/7/1928 ορκίστηκε κυβέρνηση υπό τον Βενιζέλο που προκήρυξε εκλογές για τις 19/8/1928 και τις οποίες κέρδισε θριαμβευτικά, αποσπώντας 223 από τις 250 έδρες.

Σε επιστολές τους, οι Finlayson και Niemeyer διατύπωσαν την άποψη πως ό,τι διμερή συνεννόηση κι αν κάνει ο Βενιζέλος με την ΕΤΕ (η οποία βεβαίως αντιδρούσε) οι συμφωνίες του Πρωτοκόλλου της Γενεύης ήταν δεσμευτικές και αλλαγή τους θα επέφερε παρακράτηση του Προσφυγικού δανείου. Με την σειρά του ο Βενιζέλος απειλούσε ότι θα ψήφιζε νόμο με τον οποίο θα φορολογούσε το κέρδος της ΕΤΕ από την υπεραξία των καλυμμάτων. Το παρελθόν αποτελούσε εγγύηση ότι αυτή η απειλή ευκόλως θα μπορούσε να μετατραπεί σε πράξη.

Με τον Βενιζέλο «κοινοβουλευτικό δικτάτορα» όπως είχε γράψει ο ίδιος στην γυναίκα του, η ΕΤΕ δεν θα κατάφερνε να πάρει όλα όσα ήθελε. Ενημερωμένος από υπόμνημα του Γ. Μαρή σχετικά με την ενίσχυση της ΕΤΕ από την μεταρρύθμιση—σε αντίθεση με τις δικές της κινδυνολογίες—και μη θέλοντας να την αφήσει να ωφεληθεί από τον παράγοντα που ταλαιπωρούσε τις υπόλοιπες τάξεις—τον πληθωρισμό—άλλαξε τα δεδομένα (Κωστής 2003, 398–399). Μετά από διαπραγματεύσεις που κράτησαν περί τον ένα χρόνο, και με την απειλή της φορολόγησης της υπεραξίας να επικρέμεται, υπεγράφη νέα σύμβαση με την ΕΤΕ στις 3/6/1929,[47] σύμφωνα με την οποία η υπεραξία μοιραζόταν σε δύο ίσα μέρη μεταξύ κράτους και ΕΤΕ (προοίμιο), όπως είχε περιγράψει ο Βενιζέλος. Η ΕΤΕ δεσμευόταν (άρ. 1) να καταβάλλει 560 εκ. δρχ στο κράτος σε τρεις δόσεις (110, 250 και 200 εκ. δρχ.), από το αοποία το κράτος θα κατέβαλλε ως άτοκη προικοδότηση τα 450 εκ. στην νεοϊδρυόμενη «Αγροτική Τράπεζα της Ελλάδος». Επίσης και η ΕΤΕ δεσμευόταν να καταβάλλει πιστώσεις προς την ΑΤΕ μέχρι 850 εκ. δρχ για την πρώτη δεκαετία λειτουργίας της και άλλων 200 εκ. δρχ μέχρι το τέλος του 1950.

12.6 Τα υπόλοιπα σημεία τριβής και η διευθέτησή τους

Η μεταρρύθμιση του νομισματικού συστήματος αποδείχθηκε ένα αρκετά περίπλοκο πρόβλημα με αρκετά αλληλεπιδρώντα ζητήματα· το ζήτημα των καλυμμάτων ήταν μόνον ένα από αυτά.

Το ζήτημα του ταμία του κράτους

Το ζήτημα αυτό ήταν άλλη μια συνέπεια της σύμβασης της 23/2/1928 με την ΕΤΕ. Το άρθρο 45 του καταστατικού της ΤτΕ όριζε ότι αυτή θα λειτουργούσε ως ταμίας του κράτους, όπως προέκυπτε από τις πρόνοιες του Παραρτήματος VI του Πρωτοκόλλου της Γενεύης. Σύμφωνα με αυτό, όλες οι εισπράξεις και πληρωμές του προϋπολογισμού και των κρατικών επιχειρήσεων θα έπρεπε να γίνονται μέσω της ΤτΕ και όλα τα χρήματα που φυλάσσονται στα δημόσια ταμεία θα έπρεπε να μεταφερθούν στην ΤτΕ. Εκεί όπου δεν υπήρχε ακόμη παρουσία της ΤτΕ, η ΕΤΕ θα λειτουργούσε προσωρινά ως πράκτοράς της. Εν συνεχεία, εντός δύο ετών από την ίδρυσή

---

[47] Κυρωθείσα διά του ν. 4356 της 9/8/1929 (ΦΕΚ 281, 17/8/1929, 281, σ. 2388–2390).

της, προβλεπόταν η μεταφορά στην ΤτΕ των λογαριασμών που διατηρούσε το Δημόσιο στο Ταμείο Παρακαταθηκών και Δανείων (ΤΠΔ), οι λογαριασμοί ειδικών ταμείων, οι λογαριασμοί καταθέσεων των Κοινοτήτων και οι διάφοροι τρεχούμενοι λογαριασμοί.

Όπως διηγείται και ο Πύρσος, η ασαφής διατύπωση αυτού του Παραρτήματος έδωσε στο Δημόσιο την αίσθηση ότι μπορούσε να διαχειρισθεί τους λογαριασμούς του κατά το δοκούν. Έτσι, με την σύμβαση που διακανόνιζε τις σχέσεις της ΕΤΕ με το κράτος μετά την απόσπαση του εκδοτικού προνομίου, το κράτος της παραχώρησε μέχρι τις 31/12/1950 το αποκλειστικό προνόμιο να δέχεται τις καταθέσεις του Δημοσίου. Το αντάλλαγμα που έπαιρνε το κράτος με την σύμβαση (άρ. 7) ήταν η ενίσχυση της αγροτικής πίστεως και των προσφύγων μέσω πιστώσεων.

Η αντίδραση της ΔΕΚΕ ήλθε μέσω επιστολής του Niemeyer προς τον Καφαντάρη στις 4/6/1928 (Πύρσος 1936, 1:126–127). Εκεί, ο Πρόεδρος της ΔΕΚΕ υπέδειξε στον Υπ. Οικονομικών ότι δεν ήταν αυτή πραγματική έννοια του Παραρτήματος VI και ότι αφενός οι πληρωμές και οι εισπράξεις των διαφόρων Ταμείων, Ιδρυμάτων και άλλων ΝΔΠΠ θα έπρεπε να γίνονται μέσω της ΤτΕ, ενώ αν υπήρχαν διαθέσιμα όχι απαραίτητα για τις τρέχουσες ανάγκες τους, θα ήταν η ΤτΕ θα αποφάσιζε την επένδυσή τους υπό μορφή καταθέσεων, καθιστάμενη έτσι διαχειριστής και όχι απλός ταμίας. Στην περίπτωση αυτή, οι καταθέσεις θα γίνονταν αποκλειστικώς στην ΕΤΕ, όπως η σύμβαση της 23/2/1928 όριζε.

Τον Ιούλιο του 1928, με την θριαμβευτική εκλογική επιτυχία του Βενιζέλου και την επάνοδό του στην ενεργό πολιτική με συντριπτική κοινοβουλευτική πλειοψηφία, η αντιμετώπιση του ζητήματος άλλαξε. Ο Γεώργιος Μαρής, Υπ. Οικονομικών της νέας κυβέρνησης, αποδέχθηκε το σκεπτικό της ΔΕΚΕ, όπως ενημέρωσε την ΕΤΕ με έγγραφό του της 18/8/1928 (Πύρσος 1936, 1:130–131). Η ΕΤΕ αντέδρασε, προβάλλοντας το επιχείρημα ότι τα 450 εκ. δρχ που είχε συμφωνήσει να χορηγήσει ως προκαταβολές στους πρόσφυγες ήταν αντάλλαγμα για το προνόμιο παραλαβής αυτών των καταθέσεων. Το ζήτημα αυτό εξελίχθηκε παράλληλα με το ζήτημα της διάθεσης των μετοχών και φάνηκε να διευθετείται με την σύμβαση της 3/6/1929. Η νέα σύμβαση μεταβίβαζε την απόφαση για την τύχη των διαθεσίμων των ειδικών ταμείων στις διοικήσεις τους, στις οποίες μετείχε και αντιπρόσωπος της ΕΤΕ. Αυτές θα μπορούσαν να ζητούν την επένδυση των διαθεσίμων αυτών—π.χ. μέσω καταθέσεως στην ΕΤΕ—και η ΤτΕ θα λειτουργούσε ως απλός εκτελεστής της απόφασης (άρ. 7).

Όταν ο Μαρής προσκόμισε την σύμβαση στην ΔΕΚΕ τον Ιούνιο του 1929, αυτή πρότεινε να συμπεριληφθεί στο επίμαχο άρθρο 7 η πρόνοια ότι τυχόν τέτοια απόφαση των ταμείων θα έπρεπε να είναι σύμφωνη με την πιστωτική πολιτική της ΤτΕ. Όμως η ελληνική κυβέρνηση διαφώνησε και συμπεριέλαβε την αρχική σύμβαση στην συζήτηση των καλυμμάτων, που εξελισσόταν παράλληλα. Αυτό προκάλεσε την διαμαρτυρία της ΔΕΚΕ που ερχόταν να επιβάλει την άποψή της απέναντι στις αντιδράσεις της ΕΕΤ. Τελικά, η κυβέρνηση αποφάσισε να κυρώσει νομοθετικά την σύμβαση αυτούσια,[48] έχοντας όμως προβεί στις 15/7/1929 σε ερμηνευτική δήλωση σύμφωνη με τις επιθυμίες της ΔΕΚΕ (Πύρσος 1936, 1:133–136).

Επιπλέον, το θεσμικό ξεδόντιασμα της ΕΤΕ συνεχίσθηκε και με την αντικατάσταση του αντιπροσώπου της στα Συμβούλια των εν λόγω ταμείων από αντιπρόσωπο της ΤτΕ,[49] κάτι που έγινε μετά από τις πιέσεις του Finlayson στον Μαρή, τις οποίες ο Βενιζέλος έκανε πράξη (Κωστής 1986, 82–83).

Το ζήτημα της αγροτικής πίστης

Η αναμόρφωση του νομισματικού συστήματος αποτέλεσε αφορμή για την επανεμφάνιση και ενός άλλου ζητήματος που σοβούσε σχεδόν από την ίδρυση της ΕΤΕ. Ενώ η ΕΤΕ είχε ιδρυθεί με σαφή πρόνοια για την κάλυψη της αγροτικής πίστεως, αυτός ήταν ένας ρόλος που για οκτώ δεκαετίες είχε παραμεληθεί (βλ. παράγραφο 6.2). Αν και το ζήτημα ίδρυσης μιας τράπεζας αγροτικής πίστης είχε ανακινηθεί το 1923 από την επαναστατική κυβέρνηση, η αποτελεσματική αντίδραση της ΕΤΕ δεν του επέτρεψε να τελεσφορήσει (Κωστής 2003, 293–294).

---

[48] Κυρωθείσα διά του Ν. 4356 της 9/8/1929 (ΦΕΚ 281, 17/8/1929, σ. 2388–2390).

[49] Ν. 4524 της 10/4/1930 (ΦΕΚ 107, 10/4/1930, σ. 802–803). Αυτά ήταν: ΤΠΔ, Σιδηρόδρομοι Ελληνικού Κράτους, Αυτόνομος Σταφιδικός Οργανισμός, Χρηματιστήριο Αξιών Αθηνών και όλα τα ΝΠΔΔ πλην των Εμπορικών, Βιομηχανικών, Βιοτεχνικών και Επαγγελματικών Επιμελητηρίων.

Η προοπτική ίδρυσης της ΤτΕ έδωσε στον Υπ. Γεωργίας της κυβέρνησης συνασπισμού Αλέξανδρο Παπαναστασίου τον μοχλό πίεσης που ήταν απαραίτητος για να ξεπεραστούν αυτές οι αντιστάσεις. Με δηλώσεις του τον Αύγουστο του 1927 (*Οικονομικός Ταχυδρόμος* 1927b) ανακίνησε το θέμα εκ νέου, απειλώντας μάλιστα ότι χωρίς την πρόβλεψη για ίδρυση τράπεζας αγροτικής πίστεως δεν θα υπέγραφε το Πρωτόκολλο της Γενεύης. Ο εκβιασμός πέτυχε και οι διαπραγματεύσεις μεταξύ Υπ. Γεωργίας και ΕΤΕ που άρχισαν τον Σεπτέμβριο του 1927 τελεσφόρησαν ταχύτατα και στις 23/10/1927 υπογράφηκε σχετικό προσύμφωνο (Κωστής 2003, 305).

Όμως το αποτέλεσμα των διαπραγματεύσεων δεν ήταν ακριβώς θρίαμβος για τον Παπαναστασίου, καθώς στο ΔΣ της νέας τράπεζας περιλαμβάνονταν τρεις εκπρόσωποι της ΕΤΕ, ενώ τα κεφάλαιά της ήταν τόσο περιορισμένα που η τράπεζα θα περιγραφόταν ως «*κόρη πτωχή πλουσίας μητρός*» (*Καθημερινή* 1927). Μετά από αυτήν την ουσιαστική αποτυχία, ο Παπαναστασίου παραιτήθηκε από την κυβέρνηση στις 8/2/1928, επικαλούμενος την διαφωνία του με μια σύμβαση οδοποιίας, και η σύμβαση που θα ενταφίαζε το όραμά του υπογράφηκε μεταξύ ΕΤΕ και δημοσίου στις 23/2/1928 (Κωστής 2003, 307–309).

Η θριαμβευτική επάνοδος του Βενιζέλου στην εξουσία θα άλλαζε τις ισορροπίες και ως προς αυτό το θέμα. Με διάθεση να συγκρουστεί ευθέως με τη ΕΤΕ στο ζήτημα των καλυμμάτων, ο Βενιζέλος χρησιμοποίησε αυτό τελικά για να εξασφαλίσει παραχωρήσεις από την ΕΤΕ και στο θέμα ίδρυσης αγροτικής τράπεζας. Η Αγροτική Τράπεζα της Ελλάδος, που ιδρύθηκε με τον Ν. 4332/1929, όχι μόνον εξασφάλιζε μια κεφαλαιακή προίκα που την καθιστούσε την μεγαλύτερη τράπεζα στην Ελλάδα από πλευράς κεφαλαίων, αλλά και θωρακιζόταν από ένα θεσμικό πλαίσιο που την καθιστούσε τον απόλυτο κυρίαρχο κάθε οικονομικής δραστηριότητας που σχετιζόταν με την αγροτική παραγωγή· δραστηριοτήτων που μέχρι τότε χρηματοδοτούνταν από τις εμπορικές τράπεζες—απασχολούσαν το 80% των βραχυπρόθεσμων χορηγήσεων των επαρχιακών καταστημάτων της ΕΤΕ—και ελέγχονταν από ένα δίκτυο μεσαζόντων. Επιπλέον, η ΑΤΕ θα ερχόταν να ανταγωνιστεί τις εμπορικές τράπεζες και στα αστικά κέντρα προσελκύοντας καταθέσεις ακόμα κι εκεί (Κωστής 2003, 301–309).

12.7 Η νέα δραχμή

Η δανειοδότηση από την ΚτΕ και η ίδρυση της ΤτΕ συνδυάστηκαν και με μια νομισματική μεταρρύθμιση που αποσκοπούσε στην «σταθεροποίηση» της δραχμής. Μετά την σύνδεση της δραχμής με το ισπανικό δίστηλο επί Όθωνα και με το γαλλικό φράγκο της ΛΝΕ επί Γεωργίου, τώρα η δραχμή συνδεόταν με την χρυσή λίρα.

Από τον χειμώνα του 1926 η δραχμή διατηρούσε μια περίπου σταθερή ισοτιμία με την λίρα γύρω στις 375 δραχμές. Αυτή η de facto ισοτιμία επισημοποιήθηκε και de jure δύο μέρες πριν την έναρξη των εργασιών της ΤτΕ. Πράγματι, το άρθρο 5.4 του καταστατικού της ΤτΕ προέβλεπε ότι η κυβέρνηση θα όριζε στην Εφημερίδα της Κυβερνήσεως τουλάχιστον ένα νόμισμα χρυσής βάσεως για τον προσδιορισμό της αξίας της δραχμής. Με διάταγμα της 12/5/1928[50] ορίστηκε ότι 1000 γραμμάρια χρυσού αντιστοιχούν σε 51.212,87 δρχ (μια χρυσή δραχμή περιέχει 0,01952634 γραμμάρια χρυσού, δηλαδή το 6% της δραχμής της ΛΝΕ[51]). Την ίδια ημέρα η ΤτΕ ανακοίνωσε ότι η ισοτιμία της αγγλικής λίρας ήταν 375 δραχμές. Ανακοινωνόταν δε ότι η ΤτΕ θα μπορούσε να αγοράζει συνάλλαγμα μέχρι 2,50 δρχ κάτω από την ισοτιμία αυτή και να το πωλεί μέχρι 2,50 δρχ υψηλότερα. Με άλλα λόγια, η Ελλάδα εισαγόταν σε ένα νομισματικό σύστημα χρυσού-συναλλάγματος, με άγκυρα την λίρα. Έτσι ξεκινούσε άλλη μια «νέα εποχή» για την δραχμή, η οποία συνδεόταν με ακόμα ένα ξένο νόμισμα, μια εποχή που θα έληγε πολύ σύντομα.

Παράλληλα, έγινε μια ευρεία μεταρρύθμιση των κυκλοφορούντων μεταλλικών νομισμάτων. Προηγουμένως είχαν αποσυρθεί τα νικέλινα κέρματα βάσει του ν. 2886/1922 και των ΒΔ που ακολούθησαν (Βεναρδής και Τέντες 1932, 50–51), ενώ εισήχθησαν χαλκονικέλινα κέρματα το 1926 με συνολικό κοπών τα 83 εκ. δρχ (βλ. Πίνακα 25.23). Τα μέχρι τότε κυκλοφορούντα χρυσά και αργυρά νομίσματα αποσύρονταν από την κυκλοφορία,[52] ενώ το κράτος θα μπορούσε πλέον να κόβει μεταλλικά κέρματα μόνο μέχρι την αξία των 20 δρχ. Πράγματι, το

---

[50]ΦΕΚ 79, 12/5/1928, σ. 597.
[51]Κατά τον ν. ΣΔ΄/1867 η περιεκτικότητα της δραχμής σε χρυσό ήταν 0,3225806 g.
[52]Ν. 4234 της 23/7/1929 (ΦΕΚ 251, 30/7/1929, σ. 2187).

1930 κόπηκαν αργυρά κέρματα 20 και 10 δρχ, νικέλινα κέρματα 5 δρχ και χαλκονικέλινα 1 και 0,50 δρχ σε συνολικό ύψος 450 εκ. δρχ (βλ. Πίνακα 25.24).

12.8 Κοινωνία των Εθνών και Κεντρικές Τράπεζες

Η εξάρτηση του Σταθεροποιητικού δανείου του 1928 από την ίδρυση Κεντρικής Τράπεζας δεν ήταν μια ελληνική ιδιαιτερότητα. Για να ανιχνεύσουμε τις ρίζες αυτής της τάσης θα πρέπει να ανατρέξουμε στο Διεθνές Οικονομικό Συνέδριο των Βρυξελλών του 1920 που συγκάλεσε η ΚτΕ, και το οποίο ήταν επιφορτισμένο με την έξοδο της διεθνούς οικονομίας από το κλίμα του πολέμου. Το συνέδριο, στο οποίο συμμετείχαν 39 κράτη, ομόφωνο ψήφισμα θύμιζε έντονα αυτό που αργότερα ο Milton Friedman (1951) θα αποκαλούσε νεοφιλελευθερισμό. Έλεγαν τα συμπεράσματα (ΚτΕ 1922, 1:221–222):

> *I.II. [T]he reduction of prices and the restoration of prosperity is dependent on the increase of production, and that the continual excess of Government expenditure over revenue represented by Budget deficits is one of the most serious obstacles to such increase of production [...]*
>
> *I.III. The country which accepts the policy of Budget deficits is treading the slippery path which leads to general ruin; to escape from that path no sacrifice is too great.*
>
> *It is therefore imperative that every Government should, as the first social and financial reform, on which all others depend:*
>
> *(a) Restrict its ordinary recurrent expenditure, including the service of the debt to such an amount as can be covered by its ordinary revenue.*
>
> *(b) Rigidly reducing all expenditure on armaments in so far as such reduction is compatible with the preservation of national security.*
>
> *(c) Abandon all unproductive extraordinary expenditure.*
>
> *(d) Restrict even productive extraordinary expenditure to the lowest possible amount.*

Οι συνιστώμενες μειώσεις των ελλειμμάτων δεν αφορούσαν μόνο σε πολεμικά έξοδα, αλλά ήταν γενικότερες και αφορούσαν σε οποιαδήποτε μορφή επιδοτούμενου αγαθού (άρτος, άνθρακας, επιδόματα ανεργίας) ή υπηρεσίας (μεταφορές, επικοινωνίες). Η εναλλακτική ήταν η επιβολή νέων φόρων σε μια διαδικασία που θα έπρεπε να συνεχισθεί «αδίστακτα» (ruthlessly).

Οι συστάσεις είχαν χαρακτήρα αποπληθωριστικό, υπέρ της ελευθερίας του εμπορίου και υπέρ της επαναφοράς του κανόνα του χρυσού, αν και με μεγάλες επιφυλάξεις για τον τρόπο επίτευξης αυτού του τελευταίου (ΚτΕ 1922, 1:224–225, έμφαση δική μου):

> *II.I. It is of the utmost importance that the growth of inflation should be stopped, [...]*
>
> *II.II. Governments must limit their expenditure to their revenue.*
>
> **II.III Banks, and especially Banks of Issue, should be freed from political pressure and should be conducted solely on the lines of prudent finance.**
>
> *II.VI. Commerce should as soon as possible be freed from control, and impediments to international trade removed.*
>
> *II.VIII. It is highly desirable that the countries which have lapsed from an effective gold standard should return thereto.*
>
> **II.XIV. In countries where there is no Central Bank of Issue, one should be established, and if the assistance of foreign capital were required for the promotion of such a Bank, some form of international control might be required.**

Είναι ενδιαφέρον να αναφέρουμε ότι μεταξύ των αποφάσεων του συνεδρίου, μία από αυτές (II.XII) απέκλειε το ενδεχόμενο ενός διεθνούς νομίσματος ή μιας διεθνούς λογιστικής μονάδας. Θα ήταν ενδιαφέρον να γνωρίζαμε ποιες προτάσεις έκαναν απαραίτητη μια τέτοια διευκρίνιση.

Στο ψήφισμα II.III διαβλέπει κανείς το μοντέλο που προετείνετο για την ίδρυση και λειτουργία κεντρικών τραπεζών και στο ψήφισμα II.XIV τον τρόπο πρακτικής εφαρμογής του. Η ίδρυση κεντρικών τραπεζών έκτοτε έγινε η βασική συνταγή της ΚτΕ και τα σταθεροποιητικά δάνεια έγιναν το μέσον επιβολής αυτής της συνταγής στα κράτη που τα είχαν ανάγκη. Κατά τον Singleton (2011, 58–59), κινητήριος δύναμη πίσω από αυτή την τάση ήταν η επιθυμία της Τράπεζας της Αγγλίας να επεκτείνει το νομισματικό της σύστημα στον ευρωπαϊκό χώρο εγκαθιδρύοντας ένα δίκτυο κεντρικών τραπεζών.

Την πρώτη ευκαιρία για την εφαρμογή αυτής της πολιτικής αποτέλεσε το σταθεροποιητικό δάνειο προς την Αυστρία το 1923. Χέρι-χέρι με το δάνειο αυτό ακολουθούσε η υποχρέωση ίδρυσης μιας ανεξάρτητης από το κράτος κεντρικής τράπεζας. Η Österreichische Nationalbank άρχισε τις λειτουργίες της την 1/1/1923 με βάση τις αρχές της ανεξαρτησίας από τον κρατικό έλεγχο σε αντιδιαστολή με τα ισχύοντα για την προκάτοχό της Αυστροουγγρική Τράπεζα.

Παρόμοια συνέβησαν και στα νέα κράτη που προέκυψαν από τον ΑΠΠ και που χρειάστηκαν την δανειακή συνδρομή της ΚτΕ. Η Ουγγαρία,[53] η Πολωνία,[54] ακόμη και η ανεξάρτητη πόλη του Ντάνζιγκ[55] απέκτησαν Κεντρικές Τράπεζες εκείνη την περίοδο. Στα προϋπάρχοντα κράτη το σχέδιο προχώρησε με αναδιάρθρωση των υπαρχόντων ιδρυμάτων· η Εθνική Τράπεζα της Βουλγαρίας[56] και η Τράπεζα της Εσθονίας[57] έγιναν αμιγώς εκδοτικές τράπεζες διακόπτοντας τις εμπορικές τραπεζικές εργασίες, ενώ στην Ελλάδα η ΕΤΕ ακολούθησε την αντίστροφη πορεία εκχωρώντας το εκδοτικό προνόμιο (ιστοσελίδες κεντρικών τραπεζών και Decorzant και Flores 2012).

Αν επιτρέπεται μια σύγκριση, η ΚτΕ, μέσω της ΔΕΚΕ λειτουργούσε την περίοδο εκείνη όπως θα λειτουργούσε μερικές δεκαετίες αργότερα το ΔΝΤ, χρησιμοποιώντας πόρους από πλούσια κράτη για να εγγυηθεί δάνεια προς φτωχότερα. Το αντάλλαγμα για τα δάνεια αυτά ήταν η ευθυγράμμιση των τραπεζικών και νομισματικών συστημάτων των φτωχών κρατών με την «σωστή» συνταγή της ΚτΕ, κάτι που επιχειρείτο ακόμα και με την διάθεση εμπειρογνωμόνων για την επίβλεψη της υλοποίησης των διαρθρωτικών μέτρων.

Είναι αρκετά εντυπωσιακή η προτίμηση της ΚτΕ στην λειτουργία Κεντρικών Τραπεζών και ενδεχομένως θα είχε ενδιαφέρον η αναζήτηση της προέλευσης αυτής της προτίμησης. Η ΚτΕ (με έδρα την Γενεύη) προήλθε μετά τον ΑΠΠ από την Συνθήκη Ειρήνης των Παρισίων, ως ένας διεθνής οργανισμός, σκοπός του οποίου θα ήταν η ειρηνική επίλυση των διεθνών προβλημάτων. Ήταν δε πνευματικό τέκνο του Προέδρου των ΗΠΑ Woodrow Wilson και του στενού του συνεργάτη και συμβούλου «Συνταγματάρχη» Edward Mandell House, το alter ego του Προέδρου. Ο Wilson έλαβε το Νόμπελ Ειρήνης για το δημιούργημά του, παρότι οι ΗΠΑ δεν θα συμμετείχαν ποτέ σε αυτήν λόγω αντιδράσεων του Κονγκρέσου.

Ο Wilson είχε μια ιδιότυπη πολιτική σταδιοδρομία. Από ακαδημαϊκός και Πρόεδρος του Πανεπιστημίου του Princeton, εκτοξεύθηκε στο πολιτικό στερέωμα απολαμβάνοντας την πλήρη στήριξη του Δημοκρατικού κόμματος. Αρχικά έλαβε το χρίσμα του υποψηφίου Κυβερνήτη του Νιου Τζέρσεϊ, και αφού κέρδισε το αξίωμα στις εκλογές του 1910 έβαλε αμέσως πλώρη για την Προεδρία των ΗΠΑ. Κέρδισε το χρίσμα και για αυτήν την υποψηφιότητα και αφού κέρδισε τις εκλογές του 1912, ο Καθηγητής είχε γίνει Πρόεδρος των ΗΠΑ μετά από πολιτική σταδιοδρομία δύο μόνον ετών (Cooper 2009). Σημαντικό ρόλο στην αναρρίχηση αυτή έπαιξαν και οι σχέσεις του με τον τραπεζιτικό τομέα,[58] καθώς και η στήριξή του το 1910 στο νομοσχέδιο Aldrich για Κεντρική Τράπεζα. Το νομοσχέδιο αυτό είχε προέλθει από μια άκρως απόρρητη σύσκεψη των μεγαλύτερων τραπεζιτών του κόσμου στην Νήσο Jekyll της Georgia των ΗΠΑ τον Νοέμβριο του 1910. Παρότι εκείνο τον Δεκέμβριο το νομοσχέδιο καταψηφίστηκε, δεν πέθανε. Στις επόμενες εκλογές, ο Wilson ως νέος Πρόεδρος των ΗΠΑ θα γινόταν ο θερμότερος υποστηρικτής της αναμορφωμένης έκδοσής του.

Αλλά και ο House είχε στενές διασυνδέσεις με τους σημαντικότερους τραπεζίτες, όπως προκύπτει και από το προσωπικό του ημερολόγιο: οι Schiff, Warburg, Kahn, Rockfeller και οι Morgan βασίζονταν στην επιρροή του στον Wilson. Ο ίδιος συμμετείχε ενεργά στην ανασύνταξη του νομοσχεδίου Aldrich, συνεργαζόμενος με ανθρώπους που ομολογούσαν πλήρη άγνοια του αντικειμένου (Griffin 1998, 458–460). Τελικά, το νομοσχέδιο

---

[53] Έλαβε δάνειο από την ΚτΕ το 1924. Η Εθνική Τράπεζα της Ουγγαρίας ξεκίνησε τις εργασίες της στις 24/6/1924 και η δομή της ήταν κοντά σε εκείνη της Αυστριακής Εθνικής Τράπεζας.

[54] Έλαβε δύο δάνεια από την ΚτΕ το 1925 και το 1927. Στις 20/1/1924 ψηφίσθηκε το καταστατικό της Τράπεζας της Πολωνίας, στην οποία το κράτος είχε μόνον 1% συμμετοχή. Οι εργασίες άρχισαν στις 28/4/1924.

[55] Έλαβε δάνειο από την ΚτΕ το 1925.

[56] Έλαβε δύο δάνεια από την ΚτΕ το 1926 και το 1928. Το νέο καταστατικό ψηφίσθηκε στις 13/11/1926.

[57] Έλαβε δάνειο από την ΚτΕ το 1927. Η αναδιάρθρωση έγινε την ίδια χρονιά.

[58] Εκτός από στενός φίλος του Andrew Carnegie, ήταν παλιός συμφοιτητής στο Princeton των Cleveland H. Dodge και Cyrus McCormick (διεθυντών της National Bank του Rockfeller). Αυτοί οι δύο, μαζί με τους Moses Taylor Pyne και Percy R. Pyne (της οικογένειας που ίδρυσε την National City Bank) είχαν κανονίσει την εκλογή του στην θέση του Προέδρου του Πανεπιστημίου το 1902 (Griffin 1998, 447).

Glass-Owen, η μετενσάρκωση του νομοσχεδίου Aldrich, ψηφίστηκε στις 22/12/1913, όταν όλοι οι Γερουσιαστές προετοιμάζονταν να φύγουν για Χριστουγεννιάτικες διακοπές. Ήταν η ημερομηνία γέννησης της Federal Reserve, της πρώτης κεντρικής τράπεζας των ΗΠΑ, ιδιωτικής όπως και οι προηγούμενες, και υπό τον έμμεσο ή άμεσο έλεγχο των τραπεζιτών που υποτίθεται ότι θα ήλεγχε.

Αυστηρά μιλώντας, θα ήταν μάλλον παρακεκινδυνευμένο να υποθέσουμε κάποια «γενετική» προτίμηση της ΚτΕ στο σχήμα των Κεντρικών Τραπεζών, απλώς και μόνον βάσει της παραπάνω γενεαλογίας. Θα ήταν όμως εξαιρετικά ενδιαφέρουσα η αρχειακή μελέτη στο κατά πόσον αυτή η προτίμηση ήταν μια συνειδητή απόφαση που ελήφθη σε κάποια ανώτερα επίπεδα, ή αν ήταν η έκφραση μιας γενικότερης τάσης της περιόδου.

ΤΑ ΠΡΩΤΑ ΧΡΟΝΙΑ ΤΟΥ ΝΕΟΥ ΝΟΜΙΣΜΑΤΙΚΟΥ ΣΥΣΤΗΜΑΤΟΣ

13

Όλοι όσοι πλησιάζουν την Αυτού Μεγαλειότητα [τον Όθωνα], δεν πρέπει να σταματούν να του επαναλαμβάνουν ότι οι οικονομίες δεν είναι το πιο ουσιαστικό, αλλά ότι πρέπει να αυξηθεί η γονιμότητα της χώρας και όλα να οργανωθούν για την μελλοντική της ευημερία.
Jean-Gabriel Eynard, 1843 (ΙΑΕΤΕ 1923, 116)

Το νεο νομισματικο συστημα γεννήθηκε και έζησε τα πρώτα του χρόνια μέσα στην αντίφαση. Αν και τέκνο της τάσης για αναστήλωση του κανόνα του χρυσού (βλ. παράγραφο 12.8), έζησε και διαχειρίσθηκε την κατάρρευσή του. Κατά τον Karl Polanyi (1944) ο κανόνας του χρυσού ήταν το τελευταίο απομεινάρι του συστήματος του 19^{ου} αιώνα. Η διατήρησή του ήταν το σύμβολο της πίστης στον οικονομικό διεθνισμό, καθώς τα σταθερά νομίσματα θεωρούντο το προαπαιτούμενο του διεθνούς «ελεύθερου» εμπορίου που δεν «νόθευαν» οι ανταγωνιστικές υποτιμήσεις. Όμως η επίτευξη ενός σκληρού εθνικού νομίσματος, απαιτούσε ισοσκέλιση κρατικών προϋπολογισμών, εμπορικών ισοζυγίων και ισοζυγίων πληρωμών, κάτι που σταδιακά επέβαλλε τον περιορισμό του διεθνούς εμπορίου και την αναζήτηση της αυτάρκειας. *Η αναστήλωση του διεθνούς εμπορίου προϋπέθετε την περιστολή του διεθνούς εμπορίου!*

Στο πλαίσιο αυτό, η στήριξη των ΗΠΑ προς την στερλίνα έγινε μέσω χαμηλών επιτοκίων για την αποφυγή δραπέτευσης κεφαλαίων από το Λονδίνο στην Νέα Υόρκη, ώστε παράλληλα το Λονδίνο να μπορεί να εξυπηρετεί και τα συμμαχικά δάνεια του ΑΠΠ. Τα χαμηλά αμερικανικά επιτόκια προκάλεσαν μια ξέφρενη χρηματιστηριακή άνοδο,[1] την οποία τροφοδοτούσαν οι αμερικανικές τράπεζες με μια κούρσα δανεισμού. Λειτουργώντας με ολοένα και λιγότερα αποθεματικά, αύξαναν μέσω πιστώσεων την ποσότητα χρήματος. Ενώ υπήρχε μια σταθερότητα ως προς την νομισματική βάση μεταξύ 1921 και 1929 (Federal Reserve Bank of St. Louis 2015), οι καταθέσεις και οι χορηγήσεις είχαν αυξήσει την ποσότητα του «συνολικού χρήματος» σχεδόν κατά 62% (Rothbard 2000, 92).

Η αύξηση του επιτοκίου προεξόφλησης της Fed στο 6% (6/8/1929), θα οδηγούσε στο σπάσιμο της φούσκας με τον χειρότερο τρόπο, από την νομισματική αρχή που υποτίθεται ότι θα απέτρεπε τέτοιους πανικούς. Τον επόμενο μήνα, την «μαύρη Πέμπτη» 24/10/1929 το χρηματιστήριο της Νέας Υόρκης θα κατέγραφε ιστορικές απώλειες καθώς οι «επενδυτές» προσπαθούσαν να ρευστοποιήσουν τις μετοχές τους για να αποπληρώσουν τα χρέη τους. Ταυτόχρονα, οι τράπεζες έσφιγγαν τον δανεισμό και άρχισαν να απαιτούν τις οφειλές, περιορίζοντας έτσι την διαθέσιμη ρευστότητα. Η κατάρρευση πολλών τραπεζών χωρίς την κρατική εγγύηση των καταθέσεων σήμανε την απώλεια σχεδόν 15 δισεκατομμυρίων δολαρίων των καταθετών (έπεσαν από 55,37 δις τον Σεπτέμβριο του 1929 στα 40,9 δις τον Αύγουστο του 1933 προτού αρχίσουν σταδιακά να ανακάμπτουν). Με την Fed να αδρανεί, μια παγκόσμια ύφεση ξεκινούσε, καθώς το συνολικό χρηματικό απόθεμα των ΗΠΑ μειώθηκε κατά το 1/3.

---

[1] Ο Bernard Baruch, ο κερδοσκόπος του χρηματιστηρίου που είχε υιοθετήσει μια ευυπόληπτη ζωή ως Προεδρικός σύμβουλος θυμόταν: *«Taxi drivers told you what to buy. The shoeshine boy could give you a summary of the day's financial news as he worked with rag and polish. An old beggar, who regularly patrolled the street in front of my office, now gave me tips—and I suppose spent the money, I and others gave him, in the market. My cook had a brokerage account»* (Baruch 2009, 220· Ahamed 2009, 228).

13.1 Η «μάχη της δραχμής»

Στην Ελλάδα, η νομισματική μεταρρύθμιση του 1927–28 συνέπεσε σχεδόν απόλυτα με την μετάπτωση από την διεθνή χρηματιστηριακή φούσκα στην διεθνή ύφεση. Από τα μέσα του 1929 έως τον Σεπτέμβριο του 1931 δείκτες χονδρικών τιμών διαφόρων κατηγοριών προϊόντων δείχνουν έντονες αποπληθωριστικές τάσεις που φτάνουν μέχρι και το 15% (Κωστής 2003, 366–367). Στην Ελλάδα η κρίση χτύπησε κυρίως τον αγροτικό τομέα, με μείωση άνω του 30% των τιμών των αγροτικών προϊόντων. Τα πράγματα επιδείνωσε και μια σειρά κακών σοδειών κατά την τριετία 1929–1931, με μείωση της παραγωγής κατά 15–20% (Κωστής 2003, 363), ενώ μειώθηκαν και οι άδηλοι πόροι από τον τουρισμό και τα μεταναστευτικά εμβάσματα. Επιπλέον, στις 20/6/1931 ο Πρόεδρος των ΗΠΑ Herbert Hoover πρότεινε την αναστολή πληρωμών τόσο των γερμανικών πολεμικών επανορθώσεων προς τους Συμμάχους, όσο και των ενδοσυμμαχικών χρεών προς τις ίδιες τις ΗΠΑ, με την ελπίδα της ταχύτερης οικονομικής ανάκαμψης· το «χρεοστάσιο Hoover» στέρησε από την Ελλάδα το συνάλλαγμα των γερμανικών πολεμικών αποζημιώσεων που είχε εξασφαλίσει ο Βενιζέλος κατά την διάσκεψη της Χάγης (βλ. παρ. 12.1). Επιπλέον, από την αρχή του έτους μέχρι το κραχ περί το 1,6 εκ. λίρες είχαν φύγει για κερδοσκοπία στην Wall Street (ΤτΕ 1930, ΧΙ).

Παρότι το έλλειμμα του εμπορικού ισοζυγίου την τριετία αυτή αντισταθμίστηκε εν μέρει από την μείωση των εισαγωγών και την υποκατάσταση εισαγόμενων βιομηχανικών ειδών από εγχώρια (βλ. παρ. 13.4 και Κωστής 2003, 368–369), η εξυπηρέτηση του δημοσίου χρέους εν πολλοίς ακύρωνε αυτή την εξέλιξη. Η επιβάρυνση που προκαλούσε έβαινε αυξανόμενη λόγω της τακτικής των ταχέων αποσβέσεων που είχε επιλεγεί για τα πολεμικά και μεταπολεμικά δάνεια. Έτσι, το 25–40% των τακτικών εσόδων δαπανάτο για την εξυπηρέτηση του δημοσίου χρέους (Κωστής 2003, 372), από το οποίο άνω του μισού έφευγε σε πληρωμές στο εξωτερικό (βλ. Πίνακα 13.1).

Πίνακας 13.1: Ισοζύγιο εξωτερικών πληρωμών 1929–1932. Αναφέρονται το τμήμα παθητικού που οφείλεται μόνον στην εξυπηρέτηση του δημοσίου χρέους και το τμήμα της κάλυψης του ελλείμματος μόνον από το κάλυμμα της κυκλοφορίας και τον εξωτερικό δανεισμό (χιλ. δρχ).

Έτος	Σύνολο πληρωμών	Ισοζύγιο	Υπηρεσία δημ. χρέους	Κάλυψη από μείωση καλύμματος	Κάλυψη από εξωτ. δανεισμό μέσω αγοράς[1]	Κάλυψη από εξωτ. δανεισμό μέσω ΤτΕ[1]
1929	17.865.750	-3.324.375	-1.725.000	+1.124.625	+1.063.875	+1.135.875
1930	16.356.375	-3.192.000	-1.791.000	+104.625	+768.375	+2.319.000
1931	12.389.625	-2.613.375	-1.860.000	+756.750	+861.750	+994.875
1932	11.045.916	-1.968.883	-784.922	+1.499.285	0	+31.730

Πηγές: **1929–1931:** (ΤτΕ 1932, XXV). **1932:** (ΤτΕ 1933, Πίνακας Γ). Η μετατροπή για τα έτη 1929–1931 έγινε από λίρες με την επίσημη ισοτιμία των 375 δρχ και για το 1932 από δολάρια προς 132,88 δρχ, όπως προκύπτει από τους μηνιαίους μέσους όρους (ΤτΕ 1933, ΧΙ). [1]Πρόσοδοι ξένων δανείων που διατέθηκαν παράλληλα μέσω της ελληνικής αγοράς και μέσω της ΤτΕ (δάνεια μέσω της ΕΑΠ, Α΄ και Β΄ παραγωγικά και οι προκαταβολές τους μέσω της). Κάποια άλλα διατέθηκαν μόνον μέσω αγοράς (βιομηχανικά δάνεια μέσω της Hellenic & General Trust Co., Κτηματικής Τράπεζας, λιπασμάτων) και κάποια άλλα μόνον μέσω της ΤτΕ (τριμερές, σχολικό, ΤΔΔ). Βλ. σχετ. (ΤτΕ 1932, Πίνακες 1 και 2).

Αυτό ήταν το πλαίσιο στο οποίο έπρεπε να κάνει τα πρώτα της βήματα η «σταθεροποιημένη» δραχμή, ένα πλαίσιο που αποδείχθηκε υπερβολικά δυσμενές. Δεδομένων των ελλειμμάτων στο ισοζύγιο εξωτερικών πληρωμών, το κάλυμμα της ΤτΕ έπρεπε να τροφοδοτεί τόσο την διατήρηση της ισοτιμίας, όσο και τις εξωτερικές πληρωμές. Η άλλη μεγάλη πηγή κάλυψης των ελλειμμάτων, ο δανεισμός, άρχισε να στερεύει από μέσα του 1931 λόγω της διεθνούς κρίσης και μηδενίστηκε το επόμενο έτος. Αυτή η εξέλιξη στερούσε από την Ελλάδα την αποφασιστικότερης σημασίας πηγή συναλλαγματικών εισροών για την νομισματική σταθεροποίηση· πράγματι, χωρίς το τριμερές δάνειο η νομισματική μεταρρύθμιση δεν θα είχε συμβεί.

Η λίρα εκτός χρυσής βάσης

Η γερμανική τραπεζική κρίση του 1931 με την στάση πληρωμών από τράπεζες όπως η αυστριακή Creditanstalt και η γερμανική Danat Bank, δημιούργησαν ένα νέο κύμα πανικού. Η έκδοση του Β΄ παραγωγικού δανείου απέτυχε, με τα τρία τέταρτα των ομολογιών να παραμένουν στα χέρια των εκδοτριών τραπεζών στο Λονδίνο, ενώ αναλήψεις παρατηρούνται από δραχμικές καταθέσεις ελληνικών τραπεζών με μετατροπή τους σε καταθέσεις συναλλάγματος, καθώς το κοινό αμφισβητούσε την τύχη της σταθεροποίησης (Mazower 2009, 201–202).

Για να ικανοποιεί τις ανάγκες των τραπεζών σε συνάλλαγμα, και μάλιστα σε προκαθορισμένες τιμές, η ΤτΕ υπέστη συναλλαγματική αφαίμαξη που τα τρία πρώτα τρίμηνα έφτασαν τα 546,6 εκ. δρχ. Στο κλίμα αυτό ζητήθηκε η συνδρομή της ΤΔΔ, η οποία είχε με ανάλογο τρόπο βοηθήσει να στηρίξει την Creditanstalt λίγους μήνες νωρίτερα. Το αίτημα που απηύθυνε ο Υποδιοικητής της ΤτΕ Ε. Τσουδερός προς την ΤΔΔ στις 10/9/1931 για σύναψη δανείου 1 εκ. λιρών απορρίφθηκε. Ο Διοικητής της ΤΔΔ, Gates W. McGarrah, απάντησε στις 17/9 ότι δεν μπορούσαν να ζητήσουν από άλλες κεντρικές τράπεζες να διακινδυνεύσουν τα συναλλαγματικά τους αποθέματα, την στιγμή που οι εμπορικές τράπεζες στην Ελλάδα είχαν αχρησιμοποίητα αποθέματα που η ΤτΕ δεν μπορούσε να χρησιμοποιήσει (Mazower 2009, 203).

Ό,τι όμως πάθαινε η Ελλάδα με το συνάλλαγμα, το πάθαινε και η Βρετανία με τον χρυσό. Η γερμανική κρίση είχε προκαλέσει έξοδο κεφαλαίων από το Λονδίνο με κατεύθυνση προς το Παρίσι, και η Τράπεζα της Αγγλίας αναγκαζόταν να προβαίνει σε πωλήσεις χρυσού για να στηρίξει την στερλίνα. Τις τρεις τελευταίες εβδομάδες του Ιουλίου τα—ήδη περιορισμένα—αποθέματα χρυσού είχαν μειωθεί κατά 20% (Κωστής 2003, 376). Με τα αποθέματά της σε χρυσό να μειώνονται, η Τράπεζα της Αγγλίας αποφάσισε ότι πλέον δεν μπορούσε να διατηρήσει την μετατρεψιμότητα της λίρας και στις 20/9/1931 εγκατέλειψε τον κανόνα του χρυσού.

Αυτή η βόμβα βρήκε τον εγχώριο πολιτικό και επιχειρηματικό κόσμο εν πλήρη υπνώσει. Την ημέρα της απόφασης αυτής, ο Οικονομικός Ταχυδρόμος έγραφε: «*Ασφαλὲς ὅμως εἶνε ὅτι δὲν πρόκειται αἱ κρατικαί μας ἀξίαι νὰ ταλαιπωρηθοῦν οὔτε πολύ, οὔτε ἐπὶ πολύ. Διότι καὶ ἡ ἀρίστη κατάστασις τῶν δημοσίων οἰκονομικῶν μας παραμένει σταθερὰ καὶ ὅλη τῆς χώρας οἰκονομία ἐμφανίζεται ὑπὸ μορφὴν ἱκανοποιητικὴν*» (*Οικονομικός Ταχυδρόμος* 1931, 3).

Η αποσύνδεση της στερλίνας από τον χρυσό είχε δραματικές συνέπειες για την Ελλάδα, που είχε ορίσει την αξία της δραχμής βάσει της αξίας της λίρας. Έτσι τώρα είχε δύο επιλογές: ή να καταφύγει και εκείνη σε άρση της μετατρεψιμότητας και να περιορίσει τις απώλειες που είχε ήδη σημειώσει, ή να συνεχίσει στην λογική της σταθεροποιήσεως. Την επομένη ο Βενιζέλος συγκάλεσε σύσκεψη στην οποία έλαβαν μέρος οι οικονομικοί υπουργοί και οι Διοικητές της ΤτΕ και της ΕΤΕ (Βενέζης 1955, 98). Οι τραπεζίτες τάχθηκαν υπέρ της συνέχισης της σταθεροποίησης, καθώς τυχόν υποτίμηση της δραχμής θα τους προκαλούσε ζημιές λόγω της δομής του χαρτοφυλακίου τους (*Ελεύθερον Βήμα* 1932α).

Η απόφαση ελήφθη ταχύτατα καθώς επικράτησε αφενός η εμμονή στην ορθοδοξία του σταθερού νομίσματος και αφετέρου η ανησυχία της κυβέρνησης ότι τυχόν υποτίμηση θα επέφερε σημαντική επιβάρυνση από την εξυπηρέτηση του δημοσίου χρέους: θα δινόταν η «μάχη της δραχμής». Την ίδια ημέρα η ΤτΕ ανακοίνωσε ότι εγκατέλειπε την λίρα, συνδέοντας την δραχμή με το δολάριο, στην ισοτιμία των 77,05 δραχμών,[2] ενώ ο Διομήδης επιβεβαίωνε με δηλώσεις του την εμπιστοσύνη του κόσμου στην οικονομική δύναμη της βρετανικής αυτοκρατορίας. Θεωρούσε ότι η κρίση θα ήταν παροδική και γι' αυτό η ΤτΕ θα διατηρούσε τα αποθέματά της σε στερλίνες. Δεν απέφευγε όμως να διευκρινίσει ότι αυτά ήταν περιορισμένα και άρα δεν έθεταν την Ελλάδα σε δύσκολη θέση (*Ελεύθερον Βήμα* 1931).

Το μέτρο και οι διαβεβαιώσεις δεν έπεισαν· από τις 21/9 το κοινό άρχισε πανικόβλητο να αγοράζει συνάλλαγμα με αυξανόμενο ρυθμό και μέσα σε έξι μέρες τα συναλλαγματικά αποθέματα της ΤτΕ είχαν μειωθεί κατά 3.613.961 δολ. (Βενέζης 1955, 103), προκαλώντας την αύξηση του προεξοφλητικού επιτοκίου από 9% σε 12% στις 26/9. Η κατάσταση ήταν τόσο δραματική, που η ΤτΕ αναγκάστηκε να προσφύγει στον μεγάλο της αντίπαλο, την ΕΤΕ και να δανειστεί 5 εκ. δολάρια.[3]

Στον πανικό εκείνων των ημερών, η μοναδική φωνή που επέκρινε την πολιτική της σταθερής δραχμής ερχόταν από μακριά. Ο Κυριάκος Βαρβαρέσος, Οικονομικός Σύμβουλος της ΤτΕ εκείνη την περίοδο και άνθρωπος που θα επηρέαζε βαθύτατα την οικονομική πορεία της χώρας, σε τηλεγράφημα της 24/9 που απέστειλε από το Λονδίνο όπου βρισκόταν μετέφερε την διαφωνία του: «*Σήμερον εἶδον Niemeyer, ὁ ὁποῖος μεταδίδει ἀκολούθους κρίσεις, πρὸς ἃς συμφωνῶ ἀπολύτως. Θεωρεῖ ἀπόφασιν ἡμῶν νὰ προσαρμοσθῶμεν εἰς δολλάριον ἐσπευσμένην καὶ οὐχὶ φρόνιμον.*

---

[2] *Δήλωση περί προσδιορισμού της εις καθαρόν χρυσόν περιεκτικότητα της δραχμής*, 21/9/1931 (ΦΕΚ 327, 21/9/1931, σ. 2605).

[3] Αρχικώς 4 εκ. και εν συνεχεία άλλο 1 εκ. δολάρια, τα οποία έπρεπε να επιστραφούν εντός έτους στην ισοτιμία των 78 δρχ/$. Το ίδιο ακριβώς ποσόν είχε προηγουμένως πωληθεί από την ΤτΕ στην ΕΤΕ και η επαναγορά του από την ΤτΕ έγινε με απλή πίστωση της ΕΤΕ χωρίς καταβολή του δραχμικού αντιτίμου. Αυτό έθετε υπό αμφισβήτηση το κατά πόσον το ποσό είχε πράγματι περιέλθει στην κυριότητα της ΤτΕ, ώστε να μπορεί να υπολογίζεται στο κάλυμμα της κυκλοφορίας (ΤτΕ 1978β, 94–95).

Κατάστασις διαθεσίμων μας τοιαύτη, ὥστε εἶναι ζήτημα ἐὰν δυνηθῶμεν ἐπὶ πολὺ εἰς νέαν κατάστασιν». Μεταφέροντας μάλιστα το κλίμα στο Λονδίνο, ανέφερε ότι *«Τράπεζαι ἐδέχθησαν ἀπομάκρυνσιν ἀπὸ χρυσοῦ κανόνος ὄχι μόνον ἠρέμως, ἀλλὰ καὶ μὲ ἀνακούφισιν, αἴσθημα δὲ τοῦτο εἶναι γενικὸν».* Μετέφερε δε τις προβλέψεις ότι η κατάσταση δεν ήταν παροδική· η βρετανική κυβέρνηση υπολόγιζε ότι η άρση της μετατρεψιμότητας θα διατηρείτο για ένα εξάμηνο, αλλά οι τράπεζες έκαναν λόγο για τουλάχιστον ένα έτος. Σε κάθε περίπτωση η στερλίνα θα αφηνόταν να βρει την νέα της ισοτιμία χωρίς παρεμβάσεις και η νέα πολιτική θα αποφασιζόταν συν των χρόνω (Βενέζης 1955, 102–103). Ο Βαρβαρέσος όμως ήταν μακριά και χωρίς δυνατότητα να επηρεάσει τις αποφάσεις, οι οποίες άλλωστε είχαν ήδη ληφθεί όταν απέστελλε το τηλεγράφημά του.

Όμως δεν ήταν μόνον αυτός που έβλεπε ότι η κατάσταση δεν ήταν βιώσιμη. Παρά τις προηγούμενες δημόσιες δηλώσεις του, ο Διομήδης ζήτησε από τον Βενιζέλο στις 24/9 την επιβολή περιορισμών στην αγορά συναλλάγματος καθώς οι αγορές ήταν μαζικές· μια μόνο τράπεζα (η Λαϊκή) είχε αγοράσει 130.000 δολάρια σε δύο ημέρες. Την επομένη όμως, ο Βενιζέλος ενημέρωνε τον Τσουδερό ότι μετά από πρωινή σύσκεψη με τους εκπροσώπους των πέντε μεγάλων τραπεζών είχε προτιμήσει να ζητήσει *«τὴν καλὴν θέλησιν τῶν Τραπεζῶν πρὸς ἄσκησιν αὐτοελέγχου».* Όταν όμως διαπίστωσε ότι μέχρι το μεσημέρι της ίδιας ημέρας είχαν γίνει πωλήσεις 1,3 εκ. δολαρίων, η αντίδρασή του ήταν μια σκληρότατη επιστολή προς τον Διοικητή της ΤτΕ, στην οποία του καταλόγιζε *«ἀβελτηρίαν […] κατ' ἐξοχὴν ἐπικίνδυνον ἐκ μέρους τῆς Διοικήσεως»* και *«καταπρόδοσιν τοῦ ἐπιδιωκομένου σκοποῦ».* Επίκεντρο της κριτικής ήταν όχι τόσο τα 1,3 εκ. δολάρια, αλλά η αγορά συναλλάγματος 23 εκ. δρχ (7 εκ. φράγκων) από τον βιομήχανο Παπαστράτο (Βενιζέλος 1931a).

Είναι αξιοσημείωτο το ότι ο Διομήδης επικρίνεται δριμύτατα για την αποτυχία του να αποτρέψει διά πλαγίων και αυθαίρετων διοικητικών μέσων αυτό που ο ίδιος ο Βενιζέλος είχε μόλις εγκρίνει ως νόμιμη πρακτική· έχοντας μόλις επιλέξει την τακτική «ασκήσεως αυτοελέγχου» από πλευράς τραπεζών—παρακάμπτοντας τις συστάσεις του Διομήδη για περιορισμούς στην αγορά συναλλάγματος—τον ραπίζει που απέτυχε να απαγορεύσει κάτι ούτως ή άλλως νόμιμο.

Στην αλληλογραφία που ακολούθησε τόσο ο Διομήδης, όσο και ο Βενιζέλος αναλώθηκαν ως προς το αν ο Παπαστράτος είχε εξαπατήσει τους υπαλλήλους της ΤτΕ (Διομήδης 1931a), ή αν ο Διοικητής της ΤτΕ είχε όντως λάβει κατάλληλα μέτρα να αποφευχθεί μια τέτοια αγορά συναλλάγματος (Βενιζέλος 1931b). Η ανταλλαγή επιστολών ήταν ελάχιστα παραγωγική όμως το επακόλουθό της ήλθε να θέσει υπό νέα αμφισβήτηση τα περί ανεξαρτησίας των κεντρικών τραπεζών, τρία μόλις χρόνια από ιδρύσεως του εκδοτικού ιδρύματος. Ο ίδιος ο Διοικητής έβαλε καρφί στο φέρετρο αυτής της ανεξαρτησίας υποβάλλοντας αυτοβούλως την παραίτησή του, δίνοντας μάλιστα στον Πρωθυπουργό την επιλογή να επικαλεστεί για λογαριασμό του λόγους υγείας (Διομήδης 1931b· 1931c):

> *[Η] ἁρμονικὴ συνεργασία Κυβερνήσεως καὶ Τραπέζης εἶναι τόσον ἀπαραίτητος, ὥστε καὶ διὰ μικροτέραν ἀκόμη αἰτίαν ἐπεβάλλετο ἄμεσος ἀποχώρησις. Δι' αὐτὸ καὶ ἅμα ὡς προχθὲς Σάββατον ἐγνώρισα τὰς ἀντιλήψεις σας, ἀνεκοίνωσα πρὸς μᾶς τὴν πρόθεσίν μου περὶ ἀμέσου παραιτήσεως.*

Με την σειρά του ο Πρωθυπουργός, παρότι διαβεβαίωνε σε όλους τους τόνους ότι η δραχμή ήταν ισχυρότερη από το δολάριο και το γαλλικό φράγκο, με το που εξασφάλισε την παραίτηση Διομήδη προέβη στο μέτρο που μόλις είχε προτείνει ο υπό παραίτηση Διοικητής· στις 28/9 ψήφισε τον νόμο *Περί προστασίας του εθνικού νομίσματος.*

Η χηρεύουσα θέση του Διοικητή προτάθηκε διαδοχικά στον Φιλελεύθερο Ανδρέα Μιχαλακόπουλο και στον Αλέξανδρο Κορυζή (που την απέρριψαν) και εν τέλει στον Λαϊκό Δημήτριο Μάξιμο. Το θέμα προκάλεσε σοβαρή πολιτική διαμάχη για αρκετές ημέρες, μέχρι που οι μέτοχοι καταψήφισαν τον Μάξιμο εκλέγοντας με συντριπτική διαφορά τον Τσουδερό (Mazower 2009, 209–210· Βενέζης 1955, 115). Στην μάχη επιρροής, το κράτος δεν είχε την τυπική εξουσία επιλογής διοικητών, αλλά ούτε και την χρειαζόταν, καθώς είχε όμως την δυνατότητα να τους εγκρίνει και είχε αποδείξει την δυνατότητά του να τους παύει. Αυτό αναγνώριζε εμμέσως πλην σαφώς και ο ίδιος ο Βενιζέλος σε επιστολή (14/10/1931) προς την Εστία που τον καλούσε να αποκλείσει την υποψηφιότητα Τσουδερού (Βενέζης 1955, 116):

> *Συμμορφούμενος πρὸς τὴν διάταξιν ταύτην τοῦ νόμου ἐδήλωσα ἐξ' ἀρχῆς ὅτι δὲν προτίθεται ἡ Κυβέρνησις νὰ ὑποδείξῃ ὑποψήφιον, ἀφοῦ τοιοῦτο δικαίωμα δὲν ἔχει. Θα ἀνέμενε δὲ εἴτε νὰ τῆς ὑποβληθῇ τὸ ἀποτέλεσμα τῆς ἐκλογῆς, διὰ νὰ*

ασκήσῃ τὸ δικαίωμά της ὅπως ἐγκρίνῃ ἤ μὴ ἐγκρίνῃ αὐτήν, εἴτε νὰ ἐρωτηθῇ ἐκ τῶν πρωτέρων... ἐὰν εἶναι διατεθειμένη
νὰ ἐγκρίνῃ τὸν ἕνα ἤ τοὺς περισσοτέρους, μεταξὺ τῶν ὁποίων θὰ ἦτο δυνατὸν νὰ περιστραφῇ ἡ ἐκλογὴ των.

Η προστασία του εθνικού νομίσματος

Αναπόδραστη συνέπεια της μάχης της δραχμής ήταν ο αναγκαστικός νόμος *Περί προστασίας του εθνικού νομίσμα-*
τος.[4] Ο νόμος όριζε ότι κάθε αγοραπωλησία χρυσού και συναλλάγματος θα διενεργείτο αποκλειστικά από την
ΤτΕ (άρ. 1), και ότι η τελευταία θα μπορούσε να παρέχει αυτά μόνο για τις ανάγκες του εμπορίου και «*πάσης άλ-*
λης πραγματικής ανάγκης» (άρ. 2). Ο ενδιαφερόμενος να αγοράσει συνάλλαγμα θα έπρεπε να προσκομίσει αίτηση,
την οποία θα εξέταζε επιτροπή που απάρτιζαν ο Γεν. Διευθυντής του Γενικού Λογιστικού, ο Διευθυντής του
Εμπορίου και Βιομηχανίας ή αναπληρωτής του και ένας Διεθυντής της ΤτΕ που θα όριζε η Διοίκηση (άρ. 3).
Παράλληλα: οι εξαγωγείς ήταν υποχρεωμένοι να ανταλλάσσουν με δραχμές στην ΤτΕ οτιδήποτε συνάλλαγμα ει-
σέπρατταν (άρ. 5)· απαγορευόταν η εξαργύρωση επιταγών εξωτερικού σε δραχμές, εκτός κι αν είχε πωληθεί
προκαταβολικώς στην ΤτΕ το αντίτιμό τους σε ελεύθερο συνάλλαγμα (άρ. 6)· οι υφιστάμενες καταθέσεις σε συ-
νάλλαγμα αποδίδονται μόνον στο δραχμικό τους ισοδύναμο, εκτός από εταιρείες εργολήπτριες παραγωγικών
έργων (άρ. 7).

Στις 8/10/1931, ο νόμος επεκτάθηκε απαγορεύοντας οποιαδήποτε μεταφορά δραχμών στο εξωτερικό (π.χ.
εξαγωγή και ασφάλιση χρηματογράφων, τοκομεριδίων, μερισματαποδείξεων και ξένων ή εγχωρίων τραπεζο-
γραμματίων από ασφαλιστικές εταιρείες), και την χορήγηση δανείων σε δραχμές με ενέχυρο χρυσό, συνάλλαγ-
μα κλπ.[5]

Με τους δύο αυτούς νόμους επισφραγιζόταν η πρώτη ήττα στην «μάχη της δραχμής» και μάλιστα με βαριές
απώλειες. Μετά από μια βαριά όσο και άσκοπη—όπως φάνηκε—συναλλαγματική αφαίμαξη λίγων ημερών, για
μια ακόμη φορά η Ελλάδα έβγαινε de facto από κάποιον μεταλλικό κανόνα, στον οποίο με τόση εμμονή τόσοι
οικονομικοί και πολιτικοί επαείοντες την ήθελαν.

Πράγματι, η συζήτηση στην Βουλή με την έναρξη των εργασιών της τον Νοέμβριο χαρακτηρίσθηκε από
απόλυτη ομοφωνία γύρω από την παραμονή στον χρυσό κανόνα και σε αντεγκλήσεις γύρω από θέματα δευτε-
ρεύοντα και καθαρά διαχειριστικά. Το ζήτημα της εγκατάλειψης του κανόνα του χρυσού ήταν σχεδόν ταμπού,
καθώς οποιαδήποτε σχετική πρόταση που εμφανιζόταν στον Τύπο ο Βενιζέλος την ονόμαζε «πόλεμο κατά της
δραχμής». Έτσι, ο Π. Τσαλδάρης ετίθετο εμμέσως πλην σαφώς υπέρ της παραμονής στην χρυσή βάση, την
οποία ονόμαζε «*ακεραιότητα του εθνικού νομίσματος*», δηλώνοντας: «*Ὁ κ. Πρόεδρος εἶπεν ὅτι θὰ παλαίσῃ ὑπὲρ τῆς ἀκε-*
ραιότητος τοῦ Ἐθνικοῦ μας νομίσματος καὶ ἐγὼ τὸν διαβεβαιῶ ὅτι θὰ εὕρῃ σύμμαχον ὅλον τὸν κόσμον». Όμως ήταν τέτοιο το
ταμπού της φυγής από τον κανόνα του χρυσού που αρνήθηκε να συζητήσει το οτιδήποτε—έστω και «επιστημο-
νικό»—θα δημιουργούσε υπόνοιες και θα καλλιεργούσε αρνητικό κλίμα (*ΠΣΒ* 1931b, 24).

Με την σειρά του, ο Α. Παπαναστασίου δήλωσε (*ΠΣΒ* 1931b, 25):[6]

> *[Η] Κυβέρνησις ἤθελε νὰ μάθῃ ἐὰν ὅλα τὰ κόμματα εἶναι σύμφωνα εἰς τὴν διατήρησιν τῆς χρυσῆς βάσεως. Εἰς τοῦτο*
> *εἴμεθα ὅλοι σύμφωνοι. Διότι ἡ ἀπομάκρυνσις ἐκ τῆς χρυσῆς βάσεως θὰ ἔχῃ μόνον ὡς συνέπειαν τὴν μεταφορὰν περιουσι-*
> *ῶν ἀπὸ τῆς μιᾶς τάξεως εἰς τὴν ἄλλην, ἀλλὰ θα περιώριζε τὴν δυνατότητα τῆς ἱκανοποιήσεως τῶν πιστωτικῶν ἀναγκῶν τῆς*
> *χώρας.*

Και όταν ο Βενιζέλος απείλησε με πρόωρες εκλογές αν η κριτική συνεχιζόταν—στρέφοντας τα βέλη του κυρί-
ως προς το Λαϊκό κόμμα—ο Παπαναστασίου θα απαντούσε: «*Φαντάζεσθε ὅτι ὑπάρχει ἐν τῇ βουλῇ ἕν κόμμα τόσον οὐτι-*
δανόν, ὥστε ἄν πιστεύῃ ὅτι πρέπει νὰ ἀπομακρυνθῶμεν ἀπὸ τὴν χρυσῆν βάσιν, θα ἐπηρεάζετο ἀπὸ τὴν ἀπειλὴν τῆς διαλύσεως [της
Βουλῆς];».

Πιο λυρικός ο Κων. Ζαβιτζιάνος δήλωνε ότι «*Ἡ σημαία τῆς χρυσῆς βάσεως, τῆς σωτηρίας τῆς δραχμῆς δὲν ἀνήκει εἰς*
ἕν κόμμα, δὲν εἶναι μονοπώλιον κανενός, ἀνήκει εἰς ὅλα τὰ κόμματα, ἀνήκει εἰς ὅλους τοὺς Ἕλληνας πολίτας». Η κριτική του

---

[4]ΦΕΚ 335Α, 28/9/1931, σ. 2657.

[5]ΦΕΚ 354Α, 8/10/1931, σ. 2891. Συμπληρώθηκε με το ΝΔ της 1/2/1932 (ΦΕΚ 29Α, 2/2/1932, σ. 181).

[6]Ο Mazower (2009, 215) αναφέρει ότι ο Παπαναστασίου επέκρινε την κυβέρνηση για τι ότι δεν κατάφερε να περιορίσει ακόμη περισσότερο
την κατανάλωση. Από τα πρακτικά προκύπτει ότι ο Παπαναστασίου επέκρινε την κυβέρνηση για το ότι ενώ πήρε μέτρα περιορισμού της
κατανάλωσης δεν έλαβε εγκαίρως μέτρα «*ἐναντίον τῆς ἀλογίστου κατευθύνσεως τῆς παραγωγῆς*».

εστιάσθηκε στο ότι παρότι αυτή η κρίση ήταν «οκαζιόν», δηλαδή ευκαιρία, για την εξυπηρέτηση των ελληνικών χρεών, η κυβέρνηση συνέχιζε να πληρώνει τα χρέη της σε υπερτιμημένες δραχμές και φράγκα και όχι σε χάρτινες λίρες (ΠΣΒ 1931b, 27).

Παρά την σχεδόν θρησκευτική προσήλωση του πολιτικού κόσμου στην χρυσή βάση, είναι άκρως εντυπωσιακή η ικανότητα του Βενιζέλου αφενός να κατανοεί με ακρίβεια το τι σημαίνει—ή μάλλον το τι *δεν* σημαίνει—στην πράξη ο κανόνας του χρυσού και αφετέρου να εμμένει με τόσο πάθος σε αυτόν (ΠΣΒ 1931a, 18):

> Ἐλαχίστη εἶναι ἡ ὑποστήριξις τὴν ὁποίαν παρέχει τὸ κάλυμμα τῆς χρυσῆς δραχμῆς εἰς τὴν σταθεροποίησιν. Δὲν ἀνέρχεται τὸ κάλυμμα οὐδὲ εἰς τὸ πέμπτον τῆς ἐτησίας εἰσαγωγῆς μας, ἄν δὲν ἀπατῶμαι, καὶ πῶς εἶναι δυνατὸν νὰ ὑποθέσετε ὅτι αὐτὸ τὸ πέμπτον εἶναι ἐκεῖνο ποὺ συγκρατεῖ τὴν δραχμήν; Τὸ κάλυμμα εἶναι διὰ τὰς ἐποχὰς τῆς κρίσεως, εἶναι διὰ νὰ ἐνισχύσῃ τὸν ψυχολογικὸν παράγοντα, ὁ ὁποῖος ἀποτελεῖ τὰ 9/10 τῆς στηρίξεως ἑνὸς πιστωτικοῦ νομίσματος. Ὁ Ἄγγλος Πρωθυπουργὸς ὁμιλῶν προχθὲς εἶπεν ὅτι ἡ ἀξία τῆς λίρας εἶναι ἐκείνη, τὴν ὁποίαν τῆς ἀποδίδει ἡ πίστις ἡμῶν τῶν Ἄγγλων καὶ ἡ πίστις τοῦ ἐξωτερικοῦ. Καὶ ὅταν διὰ τὴν Ἀγγλικὴν λίραν λέγωνται αὐτὰ τὰ πράγματα δὲν πιστεύω νὰ ἀμφισβητήσετε ὅτι ἡ Ἑλληνικὴ δραχμὴ κυρίως στηρίζεται ἐπὶ τῆς πίστεως πρὸς αὐτὴν.

Η δήλωση είναι συγκλονιστική! Εντελώς *en passant*, ο Βενιζέλος αναγνωρίζει ως ανυπόστατη την βάση του κανόνα του χρυσού—την ανταλλαξιμότητα τραπεζογραμματίου με μέταλλο—και μεταθέτει την σημασία του στην πίστη. Με άλλα λόγια ταυτίζει την «πίστη» με μια μαζική αυταπάτη, κατά την οποία το κοινό καθησυχάζεται από τις δηλώσεις περί τήρησης κάποιου μεταλλικού κανόνα, ενώ *γνωρίζει* ότι δεν υπάρχουν ούτε κατά διάνοια μεταλλικά αποθέματα για να τον στηρίξουν στην πράξη.

Έτσι η δραχμή παρέμεινε στον κανόνα χρυσού-συναλλάγματος, καθώς οι αναγκαστικοί νόμοι δεν άλλαζαν την επίσημη ισοτιμία με το δολάριο. Όμως αυτή η παραμονή ήταν τελείως εικονική, καθώς οι αγοραπωλησίες συναλλάγματος και χρυσού δεν ήταν πλέον ούτε ελεύθερες ούτε απεριόριστες.

Είναι άκρως εντυπωσιακή η θρησκευτική ευλάβεια με την οποία υποστηρίχθηκε ένας τόσο φευγαλέος στόχος, και ακόμη περισσότερο όταν διαπιστώνεται η διακομματική συναίνεση που αυτός συγκέντρωσε. Προφανώς υπήρχαν πρακτικοί λόγοι που θα υπαγόρευαν την παραμονή στον κανόνα του χρυσού, όπως η φθηνότερη εξυπηρέτηση του δημοσίου χρέους. Ακόμη και ψυχαναλυτικά, η προηγηθείσα περίοδος πληθωρισμού θα ήταν αρκετό κίνητρο για την αποφυγή της οποιασδήποτε υποτίμησης του νομίσματος. Άλλωστε η γερμανική εμπειρία υπερπληθωρισμού εκείνης της εποχής στοιχειώνει το γερμανικό κατεστημένο μέχρι τις μέρες μας.

Όμως για τους γνωρίζοντες τους αριθμούς—και ο Βενιζέλος φάνηκε να τους γνωρίζει—υπήρχαν βάσιμοι λόγοι που υπαγόρευαν την υποτίμηση, όπως π.χ. η περιστολή του ελλείμματος στο ισοζύγιο πληρωμών λόγω ανατίμησης των εισαγομένων προϊόντων. Ακόμη περισσότερο όμως πιο αμείλικτοι ήταν οι αριθμοί (ύψος καλύμματος, ισοζύγιο πληρωμών, εμπορικό ισοζύγιο, κόστος εξυπηρέτησης δημοσίου χρέους κλπ) που, όπως και η πρότερη εμπειρία του 1919, φαίνεται όμως ότι δεν είχαν εμπεδωθεί.

Πώς λοιπόν ο έμπειρος πολιτικός υποστήριξε μια τόσο ασθενή θέση; Και γιατί το πολιτικό σύστημα στο σύνολό του συμπαρατάχθηκε σχεδόν μέχρι την ολική κατάρρευση; Ο Mazower (2009, 233) θεωρεί ότι η προσκόλληση στον κανόνα του χρυσού ταυτίσθηκε με την υπεράσπιση του «εθνικού νομίσματος» και αποτέλεσε μέτρο πολιτικής ρώμης και γοήτρου. Σε ένα πρώτο στάδιο ανάλυσης αυτό είναι ακριβές· για τον Βενιζέλο και τους Φιλελευθέρους η «μάχη για την δραχμή» ήταν τόσο σοβαρή υπόθεση που ο Μαρής προτίμησε να παραιτηθεί από Υπ. Οικονομικών, αφήνοντας στον Βαρβαρέσο το πικρό καθήκον να υπογράψει τον σχετικό νόμο.

Αυτό όμως που δεν εξηγεί αυτή η ερμηνεία είναι γιατί το εθνικό συμφέρον ταυτίστηκε συγκεκριμένα με κάποιο μέταλλο και όχι με την οποιαδήποτε άλλη νομισματική διαρρύθμιση· και εδώ η παθολογία δεν βαρύνει αποκλειστικά τον Βενιζέλο. Αυτή η συζήτηση ξεφεύγει από τον ψυχρό χρηματικό ή εκλογικό υπολογισμό, καθώς η οικονομική ορθοδοξία της περιόδου—την οποία ενστερνίζονταν οι Έλληνες πολιτικοί—είχε σχεδόν μεταφυσικές καταβολές σχετικά με την αξία του κίτρινου μετάλλου και την φύση του χρήματος. Η εντυπωσιακά ομόφωνη αποδοχή μιας εξ' αποκαλύψεως αλήθειας γίνεται πραγματικά συγκλονιστική όταν την αντιπαραβάλλουμε με τον όγκο εμπειρικών δεδομένων που κραυγάζουν εναντίον της. Και ως πραγματικοί πιστοί, οι πολιτικοί και διανοούμενοι της περιόδου έφτασαν μέχρι τον λάκκο με τα λιοντάρια διατρανώνοντας την πίστη τους.

Προς αυτήν την—θεωρητικά ανορθόδοξη αλλά αντικειμενικά επιβεβλημένη—πολιτική επιλογή, θα προσάρμοζε και τις απόψεις της η ΤτΕ. Η θεωρία περί ελεύθερης κίνησης των κεφαλαίων βάσει προσφοράς και ζήτησης, με μοναδική παρέμβαση από πλευράς της τις πωλήσεις συναλλάγματος, αναδιαμορφωνόταν. Ο κρατικός προστατευτισμός και έλεγχος μπορεί να παρέμενε θεωρητικά απαράδεκτος, αλλά ούτε η ΤτΕ δεν μπορούσε να αρνηθεί τα προφανή του οφέλη (ΤτΕ 1932, ΧΙΙΙ–ΧΙV):

> *Δὲν πρόκειται βεβαίως νὰ ὑποστηρίξω τὴν θεωρητικὴν ὀρθότητα τῶν μέτρων τούτων, οὔτε τῶν ἀποφάσεων πρὸς παρεμπόδισιν τῶν ἐμπορικῶν εἰσαγωγῶν. Ὅσον καὶ ἄν ἔχουν γενικευθῇ ταῦτα μεταξὺ τῶν κρατῶν, πλὴν ἐλαχίστων ἐξαιρέσεων, δὲν δύνανται νὰ ἔχουν ἄλλην χρησιμότητα παρὰ νὰ θέσουν φραγμὸν εἰς τὰς ἀκρότητας τῆς παραφροσύνης τοῦ πανικοῦ, τὸν ὁποῖον πανταχοῦ προκαλεῖ ἡ διαρρέουσα οἰκονομία, καὶ δεύτερον νὰ δώσουν τὸν ἀπαιτούμενον χρόνον πρὸς λῆψιν ὁριστικωτέρων μέτρων, ἀναλόγων πρὸς τὴν κατάστασιν, τὴν ὁποίαν δημιουργεῖ ἡ κρίσις. Πρέπει ὅμως νὰ ὁμολογηθῇ ὅτι ἄνευ μέτρων τῆς ἀμύνης ἡ κατάστασις θὰ ἦτο πολὺ περισσότερον δυσάρεστος.*

Αναγκαστική κυκλοφορία και χρεωκοπία

Το ημίμετρο που είχε επιβάλει ο Βενιζέλος, της παραμονής στην χρυσή βάση με παράλληλο έλεγχο του συναλλάγματος, αντίστοιχη εκείνης κατά την συναλλαγματική κρίση του 1919, οδηγούσε σε αύξηση τις εισαγωγές καθώς κρατούσε χαμηλά το συνάλλαγμα. Επιπλέον απέτρεπε τις εξαγωγές καθώς πολλοί εξαγωγείς καθυστερούσαν την εξαγωγή λόγω αβεβαιότητας της μελλοντικής πολιτικής, και ταυτόχρονα προσπαθούσαν να στρέψουν το συνάλλαγμα στην ελεύθερη αγορά όπου το πωλούσαν πολύ ακριβότερα· τον Οκτώβριο του 1931 η τιμή του δολαρίου είχε ανέβει στις 86 δρχ, έναντι 77,05 της επίσημης ισοτιμίας, τον Μάρτιο τις 111 και τον Απρίλιο του 1932 τις 120 (ΤτΕ 1933, ΙΧ). Έτσι το εμπορικό ισοζύγιο γινόταν πιο αρνητικό και οι συναλλαγματικές εισροές έπεφταν.

Τα αποθέματα της ΤτΕ έβαιναν φθίνοντα. Η συναλλαγματική εκροή απομυζούσε το κάλυμμα της τράπεζας, το οποίο έπεσε από 44,07% στα τέλη Ιανουαρίου στο 40,73% στα τέλη Δεκεμβρίου του 1931, (ΤτΕ 1932, ΧΧΧVΙΙΙ), οριακά πάνω από το καταστατικό όριο του 40% (άρθρο 62).[7] Μάλιστα, όπως αναδεικνύει η σύγκριση των Εκθέσεων του Διοικητή για τα έτη 1930 και 1931, αυτό που επέτρεψε στην ΤτΕ να παραμείνει άνω του 40% ήταν η δημιουργική λογιστική. Το 1931 η ΤτΕ μετέφερε από λογαριασμούς όψεως σε προθεσμιακούς τα 32 εκ. δρχ του μερίσματος χρήσεως καθώς και 280 εκ. δρχ συγκεκριμένων καταθέσεων του Δημοσίου.[8] Αν αυτά τα 312 εκ. δρχ παρέμεναν σε λογαριασμούς όψεως το κάλυμμα θα έπεφτε στο 38%.

Επιπλέον, στο κάλυμμα συνολικού ύψους 1.046.710.078,16 εκ. δρχ, η ΤτΕ προσμετρούσε και 1.411.128 λίρες ως συνάλλαγμα χρυσής βάσης, αγνοώντας ότι πλέον η λίρα δεν ήταν μετατρέψιμη (ΤτΕ 1932, 8–9). Αυτό το ποσόν αντιστοιχούσε σε 529,173,063 δρχ, δηλαδή στο ήμισυ του καλύμματος της ΤτΕ. Με άλλα λόγια, με αυστηρή εφαρμογή του καταστατικού, το κάλυμμα είχε πέσει περίπου στο 20% την επομένη της εξόδου της στερλίνας από τον κανόνα του χρυσού. Αυτή η κατάσταση έφερε το κάλυμμα της ΤτΕ σε τόσο οριακό σημείο που ούτε η δημιουργική λογιστική μπορούσε να προσφέρει λύσεις. Κατόπιν αιτήματος της ΤτΕ, με ΠΔ της 14/1/1932[9] ανεστάλη για 30 μέρες το άρθρο 61 του καταστατικού της που προέβλεπε υποχρεωτικό ποσοστό καλύμματος, αναστολή που ανανεώθηκε άλλες πέντε φορές επί δεκαπενθήμερο.[10]

Η κατάσταση ήταν τόσο δραματική που η ΤτΕ θα προέβαινε σε μια ακόμη υποχώρηση επί του θεωρητικού της μοντέλου, αναθεωρώντας μέχρι και τις απόψεις της περί της αναγκαστικής κυκλοφορίας (ΤτΕ 1933, ΙΧ–Χ, έμφαση στο πρωτότυπο):

---

[7]Ως κάλυμμα οριζόταν ο χρυσός και το καθαρό εξωτερικό συνάλλαγμα σε χρυσό. Το ποσοστό κάλυψης υπολογιζόταν αφενός σε σχέση με τα κυκλοφορούντα τραπεζογραμμάτια και αφετέρου σε σχέση με το άθροισμα κυκλοφορούντων τραπεζογραμματίων και υποχρεώσεων όψεως. Η απώλεια συναλλάγματος ήταν τέτοια που από τις 26/4 η ΤτΕ αναγκάστηκε να το προμηθεύεται από την μαύρη αγορά μέσω μεσιτών τους οποίους τροφοδοτούσε μυστικά με δραχμές για να κάνουν αγορές για λογαριασμό της. Την πρακτική αυτή σταμάτησε στις 22/12/1932 η βραχύβια κυβέρνηση συνασπισμού υπό το κόμμα των Λαϊκών του Παναγή Τσαλδάρη (Βενέζης, σ. 132–133).

[8]Αυτοί ήταν οι λογαριασμοί Υπηρεσίας Εθνικών Δανείων (125.000.000 δρχ), των ΝΠΔΔ (55.000.000 δρχ) και του ΔΟΕ (100.000.000 δρχ). Πέραν αυτών, η ΤτΕ άνοιξε και νέους προθεσμιακούς λογαριασμούς για καταθέσεις του Δημοσίου ύψους 502 εκ. δρχ. Αυτοί ήταν οι λογαριασμοί του ελληνικού Δημοσίου του Προϋπολογισμού (265.000.000 δρχ), του Β΄ Παραγωγικού Δανείου (1.870.063,50 δρχ) και για την Υπηρεσία των Αναγκαστικών Δανείων (235.000.000 δρχ).

[9]ΦΕΚ 15Α, 14/1/1932, σ. 101.

[10]Με τα ΠΔ της 14/2/1932 (ΦΕΚ 39Α, 14/2/1932, σ. 241), της 1/3/1932 (ΦΕΚ 57Α, 1/3/1932, σ. 399), της 15/3/1932 (ΦΕΚ 85Α, 23/3/1932, σ. 553), της 31/3/1932 (ΦΕΚ 102Α, 4/4/1932, σ. 687), και της 15/4/1932 (ΦΕΚ 116Α, 15/4/1932, σ. 794).

*Οἱ ἐκ τῆς ἀσταθείας τοῦ νομίσματος δυνατοὶ ἤ πιθανοὶ κίνδυνοι οὐδένα διαφεύγουν, ἡ δὲ σύγχρονος ἐποχή μας ἔχει πρωτοφανῆ εἰς ἔκτασιν παραδείγματα ἄλλων χωρῶν περὶ τῶν καταστρεπτικῶν συνεπειῶν τῆς ἀμέτρου κυκλοφορίας, εἰς τὴν ὁποίαν δύναται νὰ παρασυρθῇ ἡ χώρα, διατελοῦσα ὑπό **ἀναγκαστικὴν κυκλοφορίαν**. Δὲν εἶναι ἐν τούτοις οἱ κίνδυνοι αὐτοὶ οὔτε ἄμεσοι οὔτε ἀναπότρεπτοι ἐκεῖ, ὅπου αἱ κυβερνήσεις καὶ τὰ ὑπεύθυνα ἐκδοτικὰ ἱδρύματα δὲν παρασύρονται πρὸς τὸν πληθωρισμόν, ἀλλ' ἀντιδροῦν διὰ μιᾶς λελογισμένης νομισματικῆς πολιτικῆς, ἤ, ὅπως θὰ ἐλέγετο παρ' ἡμῖν, διὰ μιᾶς σώφρονος πολιτικῆς-δραχμῆς.*

Δύο χρόνια αργότερα η σχέση κυκλοφορίας με το κάλυμμα θα γινόταν ακόμη ασθενέστερη. Με την σύμβαση της 26/7/1934 συμφωνήθηκε ότι η ΤτΕ θα μπορούσε να κυκλοφορεί όσα τραπεζογραμμάτια θεωρούσε απαραίτητα για να εκπληρώνει τις καταστατικές της αποστολές χωρίς να περιορίζεται από τον λόγο της κυκλοφορίας προς τα καλύμματα. Μοναδικός περιορισμός ήταν ότι για κυκλοφορία άνω ενός ορισμένου ποσού θα έπρεπε να μοιράζεται με το κράτος τα κέρδη από το εκδοτικό προνόμιο.[11] Με την έγκριση της ΔΕΚΕ το πρόβλημα αντιμετωπίστηκε με δημιουργική λογιστική, προσμετρώντας στο κάλυμμα και ομολογίες εθνικών δανείων σε χρυσό, μολονότι είχαν χάσει την αξία τους.[12]

Το πρόβλημα της ρευστότητας σε συνάλλαγμα ήταν οξύτατο και δεν επηρέαζε μόνον τον ισολογισμό της ΤτΕ, αλλά και μια σειρά έργων που είχαν ξεκινήσει εκείνο το διάστημα και κινδύνευαν να μείνουν ημιτελή απουσία πόρων. Ο Βενιζέλος εξάρτησε την επιβίωση τόσο της νομισματικής σταθεροποίησης όσο και του προγράμματος ανασυγκρότησης—τα έργα του Στρυμόνα, του Αξιού και της οδοποιίας—στην σύναψη νέου εξωτερικού δανείου. Τον Ιανουάριο του 1932 αναχώρησε σε περιοδεία στην Ρώμη, στο Παρίσι και στο Λονδίνο, μεταφέροντας στις αποσκευές του μνημόνιο με το οποίο ζητούσε μεταξύ άλλων δάνειο 50 εκ. δολ (Mazower 2009, 216).

Ο Niemeyer δήλωσε εμπιστευτικά στον Finlayson ότι βρήκε τις θέσεις του Βενιζέλου «αντιφατικές και, φοβούμαι, λανθασμένες», όμως προτίμησε να ρίξει το μπαλάκι στην ΔΕΚΕ (Mazower 2009, 217–219). Όμως στην τακτική σύνοδο του Μαρτίου στο Παρίσι η ΔΕΚΕ φάνηκε εξαιρετικά ψυχρή. Εκεί ο Μαρής ζήτησε αναστολή του χρεωλυσίου των εξωτερικών δανείων για μια πενταετία, την αναστολή του χρεωλυσίου των εσωτερικών δανείων προς την ΕΤΕ, την μείωση του τόκου των εσωτερικών δανείων κατά 25% και—κυρίως—δάνειο 50 εκ. δολαρίων καταβλητέο σε βάθος πενταετίας (Κωστής 2003, 385). Αντί δανείου ο Γάλλος εκπρόσωπος, Κόμης de Chalendar, πρότεινε μέτρα όπως το κλείσιμο των σχολείων και η περικοπή κατά 20% του μισθού των δημοσίων υπαλλήλων. Παράλληλα ο Τσουδερός ενημέρωνε τον Βενιζέλο ότι ο Alexander Loveday, μέλος της ΔΕΚΕ, τον είχε συμβουλεύσει «να εγκαταλείψη την σταθεροποίησιν και να αναστείλη την υπηρεσίαν του δημοσίου χρέους». Η ενημέρωση αυτή παρολίγον να προκαλέσει την απόλυση του Τσουδερού, την τρίτη κατά σειρά μετά από εκείνες του Ευταξία και του Διομήδη (Mazower 2009, 224, 227).

Η έκθεση που δημοσίευσε η ΔΕΚΕ στα τέλη Μαρτίου απείχε σημαντικά από τις προσδοκίες του Βενιζέλου. Η αναστολή πληρωμών ήταν μόνον ενιαύσια, με το δραχμικό τους ισοδύναμο να κατατίθεται στην ΤτΕ για να διατεθεί για την ολοκλήρωση των δημοσίων έργων. Προτείνονται επίσης νέες περικοπές και ένα δάνειο έως 10 εκ. δολάρια. Αλλά και στην Ελλάδα στις αρχές Απριλίου το κλίμα είχε αντιστραφεί, με τράπεζες—πλην της ΕΤΕ—και βιομηχανίες να ζητούν την υποτίμηση του νομίσματος (Mazower 2009, 227–230).

Με όλες τις πλευρές να συναινούν προς αυτήν την κατεύθυνση, τελικά ο Βενιζέλος επείσθη. Στις 13/4/1932, στο Συμβούλιο της ΚτΕ στην Γενεύη, σε συναντήσεις με μέλη της ΔΕΚΕ υπαινίχθηκε το ενδεχόμενο εγκατάλειψης του κανόνα του χρυσού απουσία ξένης βοήθειας. Επίσης προειδοποίησε τους Υπ. Εξ. Βρετανίας και Γαλλίας με αναστολή πληρωμών. Οι χλιαρές αντιδράσεις όλων των μερών τον έπεισαν τελικά για τον δρόμο στον οποίο τον εξωθούσαν, πολλοί εκ των οποίων είχαν συμβουλεύσει την υιοθέτηση του κανόνα του χρυσού από την Ελλάδα πριν τέσσερα μόλις χρόνια.

Η άρση της μετατρεψιμότητας ήταν πλέον προδιαγεγραμμένη και, όπως εφαρμόστηκε, μετέτρεψε την ΤτΕ από μια απλή εκδοτική τράπεζα στην νομισματική αρχή της Ελλάδας, που αποκτούσε τον θεσμικό ρόλο να ελέγχει κάθε πτυχή του ελληνικού χρηματοπιστωτικού συστήματος. Ο δρόμος προς την εγκατάλειψη της χρυσής βάσης ξεκίνησε με την κύρωση από την Βουλή των νόμων *Περί προστασίας του εθνικού νομίσματος* της

---

[11] Εγκριθείσα διά της αποφάσεως του Υπ. Συμβουλίου 406 της 28/7/1934 (ΦΕΚ 251Α, 1/8/1934, σ. 1502).
[12] Ν. 5534 της 15/6/1932 (ΦΕΚ 192Α, 17/6/1932, σ. 1247).

28/9/1931 και της 8/10/1931.[13] Στις 26/4/1932, και με το κάλυμμα να έχει εξανεμιστεί (2.336.608 δολ), ο Ν. 5422 διέτασσε την αναστολή της μετατρεψιμότητας των τραπεζογραμματίων και την επιστροφή σε καθεστώς αναγκαστικής κυκλοφορίας.[14] Η ΤτΕ δεν είχε πλέον την υποχρέωση ούτε να τηρεί συγκεκριμένη ισοτιμία της δραχμής ως προς τον χρυσό, αλλά ούτε και να διατηρεί αντίστοιχα καλύμματα (άρ. 1). Κατά τα λοιπά, ο νόμος επιβεβαίωνε και επεξέτεινε τις διατάξεις του ΑΝ *Περί προστασίας του εθνικού νομίσματος*. Έτσι, η αγοραπωλησία χρυσού περνούσε μονοπωλιακά στην ΤτΕ, ενώ του συναλλάγματος μπορούσε να διεξάγεται από όσες τράπεζες λάμβαναν άδεια κατόπιν προτάσεως της ΤτΕ (άρ. 2). Επιπλέον, οι προθεσμιακές πράξεις συναλλάγματος έναντι δραχμών (άρ. 3) ή η αγοραπωλησία συναλλάγματος εν γένει (άρ. 4) επιτρέπονταν μόνον για βεβαιωμένες ανάγκες εισαγωγών ή εξαγωγών, ή για τους κατοίκους εξωτερικού. Οι εξαγωγείς παρέμεναν με την υποχρέωση να πωλούν το συνάλλαγμα που εισέπρατταν στην ΤτΕ στην επίσημη ισοτιμία (άρ. 5). Επίσης το άρθρο 6 του νόμου δραχμοποιούσε όλες τις οφειλές σε συνάλλαγμα πλην εκείνων προς αλλοδαπούς (παρ. 1) και πάγωνε επί τρίμηνο όσες καταθέσεις σε συνάλλαγμα προ της 28/9/1931 (παρ. 2), αλλά και τις οφειλές προς τις τράπεζες καθίσταντο ληξιπρόθεσμες εντός τριμήνου (παρ. 4). Οι δε τράπεζες δεν θα μπορούσαν να επενδύουν σε ξένους τίτλους ή ξένα νομίσματα, ενώ ήταν υποχρεωμένες να πωλούν τις καθαρές εισπράξεις συναλλάγματος από τις καθημερινές τους αγοραπωλησίες στην ΤτΕ (άρ. 9). Απαγορευόταν η άνευ αδείας εξαγωγή αξιών σε δραχμές ή συνάλλαγμα (τοκομεριδίων, χρηματογράφων, μερισματαποδείξεων, τραπεζογραμματίων, επιταγών, πιστώσεων) ενώ συστημένες επιστολές και δέματα προς το εξωτερικό θα ελέγχονταν γοα τέτοιου είδους αξίες (άρ. 10). Τέλος, θεσπιζόταν Επιτροπή Ελέγχου των Τραπεζών που απαρτιζόταν από υπαλλήλους του ΓΛΚ, του Υπ. Εθν. Οικονομίας και της ΤτΕ (άρ. 13).

Με τον ν. 5426 της 29/4/1932[15] προβλεπόταν η δυνατότητα περιορισμών ή πλήρους απαγόρευσης της εισαγωγής ή εξαγωγής συγκεκριμένων εμπορευμάτων και μηχανημάτων βάσει αποφάσεων των αρμοδίων υπουργείων, ενώ προβλεπόταν και η ανταλλαγή προϊόντων σε εθνικό επίπεδο μέσω του θεσμού των συμψηφισμών. Επίσης, στις 5/5/1932 αναστελλόταν επ' αόριστον η εξυπηρέτηση όλων των δανείων του κράτους.[16] Ήταν η τέταρτη κατά σειρά χρεωκοπία του ελληνικού κράτους μετά από εκείνες του 1827, του 1843 και του 1893.

Τα μέτρα αυτά ολοκληρώθηκαν με το διάταγμα *Περί μετατροπής εις δραχμάς των εις ξένον νόμισμα ή συνάλλαγμα οφειλών*.[17] Εισηγητής του ΝΔ ήταν ο Κυριάκος Βαρβαρέσος, Υπουργός Οικονομικών από την 22/4/1932, μετά την παραίτηση του Γεωργίου Μαρή. Το πρόβλημα που έλυσε το συγκεκριμένο διάταγμα αφορούσε στις οφειλές σε ξένο νόμισμα, όχι μεταξύ Ελλήνων και αλλοδαπών, ή μεταξύ εμπόρων Ελλάδας-εξωτερικού, αλλά μεταξύ ημεδαπών. Αφενός, η χρήση ξένων νομισμάτων για συναλλαγές εντός της χώρας περιέστελλε σοβαρά την νομισματική κυριαρχία του κράτους. Αφετέρου, η υποτίμηση της δραχμής και η ανατίμηση του συναλλάγματος είχε οδηγήσει σε δεινή θέση τους οφειλέτες συναλλάγματος, οι οποίοι βρίσκονταν να εξυπηρετούν δάνεια των οποίων το δραχμικό κόστος συνεχώς ανέβαινε χωρίς δική τους υπαιτιότητα. Αντιστρόφως, σε πλεονεκτική θέση βρίσκονταν οι δανειστές ξένου νομίσματος, π.χ. οι καταθέτες.

Έτσι, ο Βαρβαρέσος δραχμοποίησε τις οφειλές αυτές στην συμβατική τιμή των 100 δρχ ανά δολάριο, την στιγμή που η ισοτιμία του δολαρίου είχε φτάσει τις 145 δρχ. Με τον τρόπο αυτό μοίραζε την διαφορά μεταξύ οφειλέτη και δανειστή μεταξύ της τρέχουσας ισοτιμίας και της επίσημης των 77,05 δρχ που δεν ίσχυε πια. Επιπλέον λαμβανόταν ρητώς η μέριμνα να μη θιγούν επιλεκτικά οι καταθέτες δραχμών, αλλά και οι καταθέτες ξένου νομίσματος οι οποίοι είχαν διαφύγει τις θυσίες από το Α' αναγκαστικό δάνειο και οι κομιστές των εντόκων γραμματίων Εθνικής Αμύνης που είχαν διαφύγει τις θυσίες από το Β' αναγκαστικό δάνειο. Και στην περίπτωση αυτή δεν γινόταν εξαίρεση ούτε για τους διαμένοντες στο εξωτερικό. Από αυτήν την δραχμοποίηση των οφειλών προέκυψε συνάλλαγμα 6.533.356 δολαρίων για το κράτος (ΤτΕ 1933, XXXI).

---

[13] Ν. 5406 της 21/4/1932 (ΦΕΚ 122Α, 21/4/1932, σ. 815–818).
[14] ΦΕΚ 133Α, 26/4/1932, σ. 917.
[15] ΦΕΚ 137Α, 29/4/1932, σ. 935–936. Συμπληρώθηκε με τον Ν. 5552 της 27/6/1932 (ΦΕΚ 201Α, 28/6/1932, σ. 1301).
[16] Ν. 5456 της 5/5/1932 (ΦΕΚ 150Α, 10/5/1932, σ. 1031).
[17] ΝΔ της 29/7/1932 (ΦΕΚ 244Α, 29/7/1932, σ. 1629–1630).

13.2 Το central banking στην Ελλάδα: από την θεωρία στην πράξη

Μια προειδοποίηση του Ελβετού Léopold Dubois, μέλους της Υποεπιτροπής που είχε ορίσει η ΔΕΚΕ για την εξέταση του τριμερούς δανείου, σχετικά με την ισχύ της νέας εκδοτικής τράπεζας θα ήταν ορθή. Ο Dubois είχε συμμετάσχει στην αντίστοιχη αναδιάρθρωση του Αυστριακού τραπεζιτικού συστήματος και προειδοποιούσε ότι *«η νέα τράπεζα δεν θα έχει ικανή επιφάνεια και δεν θα είναι αρκετά ισχυρή να ελέγξει τη χρηματαγορά [...] [Τ]ο κράτος θα μείνει στενά συνδεδεμένο με την υπάρχουσα Εθνική Τράπεζα και [...] θα πραγματοποιήσει τις εργασίες του διά μέσου αυτής της τράπεζας με τρόπο που ακολούθησε η αυστριακή κυβέρνηση διά μέσου των Postsparkassen»* (Κωστής 2003, 280).

Πράγματι, όπως σημειώνει και ο Κωστής (2003, 343), η ΤτΕ ξεκινούσε με ένα εξαιρετικά ασθενές εμπορικό χαρτοφυλάκιο, που δεν της επέτρεπε να κάνει ουσιαστικές παρεμβάσεις στην χρηματαγορά. Με άλλα λόγια, η ΤτΕ στερείτο ένα από τα βασικά εργαλεία του Central Banking, το προεξοφλητικό επιτόκιο, μέσω του οποίου θα μπορούσε να επηρεάζει την ρευστότητα. Στις 14/5/1928 η ΤτΕ παρέλαβε από την ΕΤΕ ένα χαρτοφυλάκιο συναλλαγματικών, γραμματίων και πιστώσεων αξίας 49.999.308,60 δρχ. Στο τέλος του έτους αυτό ανερχόταν σε 109.495.095,75 δρχ, την στιγμή που το αντίστοιχο χαρτοφυλάκιο της ΕΤΕ ανερχόταν σε 1.055.875.030,70 δρχ. Στο τέλος του 1929 τα μεγέθη ήταν 324.738.928.30 και 1.461.621.441.87 δρχ, αντιστοίχως. Με άλλα λόγια, παρότι η ΤτΕ μείωσε το προεξοφλητικό επιτόκιο από 10% σε 9% στις 2/12/1928, το πολλαπλάσιο χαρτοφυλάκιο της ΕΤΕ θα μπορούσε να επηρεάσει πολύ περισσότερο το κόστος του χρήματος, χωρίς να συνυπολογίζουμε βεβαίως και όλες τις υπόλοιπες τράπεζες. Ακόμα χειρότερα για την ρύθμιση της ποσότητας χρήματος, ένα πολύ μεγάλο μέρος του ενεργητικού της ΤτΕ ήταν κρατικό χρέος,[18] δηλαδή αξίες χαμηλής ρευστότητας. Δεδομένου ότι το ελληνικό κράτος δεν εξέδιδε βραχυπρόθεσμους τίτλους, αυτό το χρέος είχε μηδαμινή αξία στην ρύθμιση της ρευστότητας. Όπως το διατυπώνει ο Mazower (2009, 198), *«ἡ Τράπεζα τῆς Ἑλλάδος διαπίστωσε οτι είχε εὐθύνες ἀλλὰ ὄχι καὶ δύναμη».*

ΤτΕ και εμπορικές τράπεζες

Η ΕΤΕ λειτούργησε ως μια αποτελεσματική τροχοπέδη στην λειτουργία της νέας κεντρικής τράπεζας, όχι μόνον λόγω του μεγέθους και της έκτασης του δικτύου της, αλλά και λόγω των όρων που είχε επιτύχει κατά την εκχώρηση του εκδοτικού προνομίου. Αφενός, το κρατικό χρέος που παραχώρησε στην ΤτΕ από το ενεργητικό της αφορούσε σε τίτλους συνολικού ύψους 1.073 εκ. δρχ που δύσκολα θα εξοφλούνταν,[19] και αφετέρου, είχε εξασφαλίσει την εξόφληση του κρατικού χρέους προς την ίδια μέσω των πόρων του τριμερούς δανείου. Η διευθέτηση αυτή είχε προκαλέσει τα πικρόχολα σχόλια του κόμματος των Φιλελευθέρων· σε απολογισμό του κυβερνητικού έργου που δημοσίευσε το 1932 θα έλεγε ότι *«η Εθνική Τράπεζα εφρόντισεν ευλόγως να εξασφαλίση υπέρ των μετόχων της όλον το ψαχνόν από τα δάνεια του Δημοσίου, αφέθησαν δε τα κόκκαλα εις την Τράπεζαν της Ελλάδος»* (Κωστής 2003, 353). Επιπλέον, η συμφωνία για την αποκλειστική κατάθεση των ΝΠΔΔ και Δημοσίων Ταμείων στην ΕΤΕ, της προσέφερε υπερμεγέθεις καταθέσεις χαμηλής ρευστότητας, καθώς ήταν απίθανο τα ΝΠΔΔ να προχωρήσουν σε μαζικές αναλήψεις σε περίπτωση προβλημάτων (Κωστής 2003, 355–356). Αυτές οι δύο διευθετήσεις χάριζαν στην ΕΤΕ υψηλή ρευστότητα, μέσω της οποίας καθίστατο ισχυρά ανταγωνιστική όχι μόνον απέναντι στις υπόλοιπες τράπεζες, αλλά και απέναντι στην ίδια την ΤτΕ και στις προσπάθειές της να ελέγξει το χρηματοπιστωτικό σύστημα.

Σε γενικές γραμμές οι εμπορικές τράπεζες προσπαθούσαν να παρακάμπτουν την ΤτΕ. Τις μεταφορές συναλλάγματος τις εκτελούσαν ανεξάρτητα, όχι μόνον εντός Ελλάδος, αλλά και με το εξωτερικό μέσω των εκεί υποκαταστημάτων τους τα οποία εισέπρατταν συνάλλαγμα από εξαγωγές, ή άδηλες μεταφορές. Έτσι, η ΕΤΕ είχε συστήσει υποκατάστημα στην Νέα Υόρκη το 1929 για να υποδέχεται τα εμβάσματα των μεταναστών (Mazower 2009, 198). Τις αναπροεξοφλήσεις των συναλλαγματικών τους δεν τις εκτελούσαν σχεδόν ποτέ στην ΤτΕ, προτιμώντας για τον ρόλο αυτό την ΕΤΕ όπως είχαν συνηθίσει, καθώς πιθανή απεύθυνσή τους στην κεντρική τράπεζα όχι μόνον θα την νομιμοποιούσε, αλλά και μπορεί να τις εξέθετε ως έχουσες προβλήματα. Αλλά και στην περίο-

---

[18] Στις 31/12/1928 από ενεργητικό ύψους 9.417 εκ. δρχ το 40% (3.790 εκ. δρχ) ήταν κρατικό χρέος.

[19] Π.χ. το δάνειο 177 εκ. δρχ του Επισιτισμού (1925), το δάνειο 16.436.0000 χρυσών δρχ του ΝΔ της 3/3/1925, και το δάνειο των 1,8 εκ. λιρών (1925).

δο τραπεζικού πανικού μετά την κατάρρευση της Αγγλοαμερικανικής Τραπέζης τον Μάιο του 1929, η ΕΤΕ ηγήθηκε Συνδικάτου Τραπεζών με σκοπό την συντονισμένη στήριξη των μικρών τραπεζών, αλλά και την στήριξη του Χρηματιστηρίου με την συντονισμένη αγορά μετοχών που υφίσταντο μαζικές πωλήσεις (Κωστής 2003, 420–424). Ο ρόλος του δανειστή τελικής προσφυγής δεν ήταν ακόμη στο καθηκοντολόγιο της κεντρικής τράπεζας, ή τουλάχιστον έπρεπε να τον μοιράζεται με έναν πολύ ισχυρό ανταγωνιστή.

Όμως η ΤτΕ δεν έτυχε απλώς αδιάφορης υποδοχής από το εγχώριο τραπεζικό σύστημα, αλλά απροκάλυπτα εχθρικής. Θεωρούμενη ως παρείσακτη, γινόταν ανεκτή μόνον κατ' εντολή των ξένων δανειστών της χώρας και της ΚτΕ. Έτσι, τον Αύγουστο του 1928, μόλις τρεις μήνες από την έναρξη των εργασιών της ΤτΕ, ιδρύθηκε η *Ένωση Ελληνικών Τραπεζών*. Κύριοι σκοποί ΕΕΤ της ήταν η μείωση του ανταγωνισμού μεταξύ των μελών της μέσω της σύστασης καρτέλ (π.χ. στην μείωση του επιτοκίου καταθέσεων, στην αγοραπωλησία συναλλάγματος και στην είσπραξη αξιών) και η δημιουργία λόμπι εντός του κοινοβουλίου—π.χ. για να αντισταθεί οργανωμένα στις προτάσεις αναγκαστικής διατήρησης ρευστών διαθεσίμων στην ΤτΕ. Η προσπάθεια θα ήταν τόσο απροκάλυπτη που θα κατέληγε τον Μάιο του 1929 σε συμφωνία για τις χρεώσεις και προμήθειες των τραπεζικών εργασιών των μελών της (Κωστής 2003, 430–431· Mazower 2009, 197· για πιο εκτεταμένη ανάλυση βλ. Κωστής 1997).

Αρχικά, η στάση των Φιλελευθέρων και της ΤτΕ ήταν εξαιρετικά διαλλακτική απέναντι στο νεοπαγές καρτέλ, το οποίο φαίνεται να έβλεπαν ως εργαλείο για την συντονισμένη αναδιάρθρωση της ελληνικής βιομηχανίας. Σε μια προσπάθεια να αποσπάσει χαμηλότερα επιτόκια χορηγήσεων και μεγαλύτερες προθεσμίες για τις ελληνικές βιομηχανίες, από τα τέλη του 1929 η κυβέρνηση προχώρησε σε σημαντικές φοροελαφρύνσεις και άλλες παροχές προς τις τράπεζες. Παράλληλα, με την αναθεώρηση του νόμου περί ανωνύμων εταιρειών διευκρίνισε ότι μόνον οι Α.Ε. θα μπορούσαν να εκτελούν τραπεζικές εργασίες, ενώ αναγνώρισε θεσμικά και την ΕΕΤ, αναθέτοντάς της την συγκρότηση σώματος ορκωτών λογιστών για τον έλεγχο των Α.Ε. (Κωστής 2003, 433–434). Όμως σύντομα διεφάνη ότι το αποτέλεσμα της πολιτικής δεν ανταποκρινόταν στις προσδοκίες τους. Ο Βενιζέλος διαμαρτυρόταν στα τέλη του 1930 από του βήματος της Βουλής ότι οι μειώσεις των επιτοκίων δανεισμού απλώς ακολουθούσαν τις μειώσεις στους φόρους. Διαπιστώνοντας ότι «*αὐτή ἡ ἔνωσις τῶν τραπεζῶν τείνει νά δημιουργήσῃ ἕναν στενόν κύκλον μεταξύ τῶν τραπεζῶν πρός ἀμοιβαίαν συνεννόησιν διά τήν κατάργησιν τοῦ συναγωνισμοῦ*», απειλούσε ότι αν η ΕΕΤ συνέχιζε αυτήν την πολιτική θα εισηγείτο νομοσχέδιο για να την κηρύξει «*αθέμιτο*» (*ΠΣΒ* 1930, 173).

Ένα από τα βασικά θέματα με τα οποία καταπιάστηκε η ΕΕΤ αφορούσε στα διαθέσιμα που θα έπρεπε να τηρούν τα μέλη της στην ΤτΕ, ζήτημα που είχε τις ρίζες του σε μια από τις βασικές αδυναμίες της νέας τράπεζας. Από την ίδρυσή της, τα πολύ ισχνά συναλλαγματικά αποθέματα της ΤτΕ ήταν ένα από τα αδύναμά της σημεία. Αυτό ακριβώς επεχείρησαν να διορθώσουν οι υποστηρικτές της μέσω του ετοιμαζόμενου νόμου περί Ανωνύμων Εταιρειών, που άρχισε να συζητείται στην Βουλή την άνοιξη του 1931.[20] Η ΤτΕ, αναπαράγοντας τις ιδέες του Keynes από την *Πραγματεία περί χρήματος*, υποστήριζε ότι οι εμπορικές τράπεζες όφειλαν να διατηρούν ρευστά διαθέσιμα τουλάχιστον 15% των καταθέσεων όψεως και ταμιευτηρίου, εκ των οποίων 7% στην Κεντρική Τράπεζα.

Αυτό δεν το αποδέχονταν οι εμπορικές τράπεζες και μέσω της ΕΕΤ πολέμησαν τον νόμο σε σημείο τέτοιο που η ΕΕΤ έφτασε να ζητήσει και την γνώμη του ίδιου του Keynes (Κωστής 2003, 456–457). Ήταν όμως τόσο χολωμένος ο Βενιζέλος με τα υψηλά επιτόκια χορηγήσεων που έδωσε στην ψήφιση του νόμου *Περί Ανωνύμων Εταιρειών και Τραπεζών* χαρακτήρα ψήφου εμπιστοσύνης. Τον Ιούνιο του 1931, ψηφίστηκε ο νόμος 5076[21] που όριζε το ρευστό διαθέσιμο στο 12%, που όμως *δεν* ήταν υποχρεωτικό να τηρείται στη Κεντρική Τράπεζα αλλά στα δικά τους ταμεία. Αν τελικά επέλεγαν να το διατηρούν στην ΤτΕ, το ποσόν αυτό δεν θα χρειαζόταν να υπερβαίνει το 7% των λογαριασμών όψεως και ταμιευτηρίου.

Η ανοιχτά εχθρική στάση της ΕΤΕ αιφνιδίασε ακόμη και έμπειρα πρώην στελέχη της όπως ο Τσουδερός, ο οποίος φαίνεται να είχε πιστέψει στον εθνικό και κοινωφελή ρόλο του πρώην εργοδότη του. Γράφοντας στον

---

[20] Τον καιρό της τραπεζικής μεταρρύθμισης του 1928, σύμφωνα με τον οποίο οι τράπεζες μπορούσαν να λειτουργούν μόνο σαν ανώνυμες εταιρείες, στην Ελλάδα λειτουργούσαν πάνω από 50 τράπεζες, πολλές από τις οποίες ήταν προσωπικού ή οικογενειακού χαρακτήρα.

[21] Ν. 5076 της 30/6/1931 (ΦΕΚ 186, 7/7/1931, σ. 1309–1314).

Niemeyer στις 26/4/1928, ο Τσουδερός προέβλεπε ότι «*δεν είναι δυνατόν η Εθνική Τράπεζα, η οποία μετά τη σύμβασή της με το κράτος θα εξακολουθήσει να λειτουργεί κάτω από τον κυβερνητικό έλεγχο, να χρησιμοποιήσει τα χρήματα αυτά ενάντια στην πολιτική της Τράπεζας της Ελλάδος*». Θα αρκούσαν τρία χρόνια για να έρθει αντιμέτωπος με την αφέλειά του· σε επιστολή της 10/2/1931 με τον ίδιο παραλήπτη θα αναγνώριζε την επιθετικότητα της ΕΤΕ: «*Όταν εχωριζόμεθα δεν προεβλέπαμεν την περίπτωσιν αυτήν. Εφοβούμεθα την Τράπεζαν Αθηνών ή άλλας τραπέζας. Την Εθνικήν την επιστεύασαμεν με παράδοσιν εθνικήν*» (Κωστής 1986, 76).

Και πάλι όμως θα συνέχιζε να ρίχνει νερό στον μύλο της ΕΤΕ, σιγοντάροντας το σχέδιό της να καταστήσει ένα τραπεζικό δυοπώλιο στον ελληνικό χώρο μέσω συγχωνεύσεων μικρότερων τραπεζών: κινήθηκε ενεργά για να επιτύχει την συγχώνευση Εμπορικής και Ionian όπως αποκαλύπτουν επιστολές του προς τον Διομήδη και τον Eric Hambro. Αυτό ενέπιπτε επακριβώς στην «στρατηγική του τριγώνου» της ΕΤΕ, δηλαδή στην δημιουργία ενός ολιγοπωλίου αποτελούμενου από την ΤτΕ, την ΕΤΕ και την τράπεζα που θα προέκυπτε, και στο οποίο οι μικρότερες τράπεζες δεν θα είχαν κεντρικό ρόλο (Κωστής 2003, 426–429).

Ενδεικτική του ανταγωνισμού είναι και η πρόταση του Γ. Πύρσου το 1935, υπαλλήλου της ΤτΕ, να καταργηθεί η μονοπωλιακή κατάθεση στην ΕΤΕ των αποθεματικών των ειδικών ταμείων και ΝΠΔΔ που όριζε η σύμβαση της 3/6/1929 (βλ. παράγραφο 12.6)· αντ' αυτού πρότεινε ότι αυτές οι καταθέσεις δεν θα έπρεπε τοποθετηθούν σε μια ιδιωτική τράπεζα, αλλά σε μια κρατική και κοινωφελή, όπως η νεοσύστατη ΑΤΕ (Πύρσος 1936, 1:138–139):

> Αἱ καταθέσεις τοῦ εἴδους τούτου κυμαίνονται περίξ τῶν δύο δισεκατομμυρίων δραχμῶν [...] Τὰ ποσὰ ταῦτα [...] ἀποτελοῦν εἰς χεῖρας ἰδιωτικῆς Τραπέζης δυναμικὸν στοιχεῖον ἱκανὸν νὰ ἐπιτρέψῃ εἰς αὐτὴν νὰ ἀκολουθήσῃ πιστωτικὴν πολιτικὴν ἀνεξάρτητον ἢ καὶ ἀντίθετον ἀκόμη καὶ τῆς τοῦ ἐκδοτικοῦ ἱδρύματος [...]
>
> Καθ' ἣν δὲ στιγμὴν τὸ Κράτος πρὸς συγκέντρωσιν τῶν ἀποταμιευμάτων τοῦ λαοῦ εἰς τὴν Ἀγροτικὴν Τράπεζαν ἠναγκάσθη νὰ δώσῃ τὴν ἐγγύησίν τοῦ ὑπὲρ τῶν καταθέσεων τούτων καὶ νὰ ἐπιτρέψῃ τὴν παρ' αὐτῆς παροχὴν τόκου κατά τι ὑψηλοτέρου τοῦ παρεχομένου παρὰ τῶν ἄλλων πιστωτικῶν ἱδρυμάτων, ἀκατανόητον εἶναι αἱ καταθέσεις τῶν Δημοσίων Ὀργανισμῶν νὰ γίνωνται εἰς ἵδρυμα μὴ κρατικόν.

Το ζήτημα επανασυγχώνευσης ΤτΕ-ΕΤΕ

Η «μάχη της δραχμής» και οι αντιφατικοί χειρισμοί κατά την συναλλαγματική κρίση έδωσαν το έναυσμα για την εκ νέου ανάπτυξη πολεμικής κατά της κεντρικής τράπεζας. Φορείς της νέας επίθεσης ήταν οι Λαϊκοί, οι οποίοι εξ' αρχής είχαν δει την νομισματική μεταρρύθμιση με εχθρότητα και διέβλεπαν τώρα μια ευκαιρία να την ακυρώσουν. Σε πρωτοσέλιδο άρθρο του στην *Πρωία* της 5/12/1931 ο Δ. Μάξιμος διαπίστωνε ότι η ΤτΕ «*λόγω ἀνεπαρκείας μέσων, δὲν εἶναι εἰς θέσιν νὰ ἐκπληρώσῃ τὸν σπουδαῖον τῆς προορισμόν*» πράγμα που την οδηγεί να ιδρύει «*Ὑποκαταστήματα ἔναντι τῶν παλαιῶν Ὑποκαταστημάτων τῆς ἄλλης (ΕΤΕ) ἵνα χορηγοῦσα εὐκολίας τόκων ἢ δανεισμοῦ, παρασύρῃ πρὸς ἑαυτὴν ἡ Τράπεζα τῆς Ἑλλάδος τοὺς πελάτας τῆς Ἐθνικῆς!*». Προτείνει λοιπόν την *de facto* συγχώνευση των δύο, αφού η *de jure* απαγορεύεται.

Αλλά και η *de facto* έξοδος από τον κανόνα του χρυσού, με την εγκατάλειψη της σταθεροποιήσεως, έθετε ένα νέο ζήτημα. Ο Μάξιμος έστρεψε πάλι τα βέλη του κατά της ΤτΕ σε συνέντευξη στην *Εστία* της 3/5/1932 (Βενέζης 1955, 149–152). Όπως αναφέρθηκε, κεντρικός και ρητός σκοπός της νέας Κεντρικής Τράπεζας ήταν η προστασία της ισοτιμίας του εθνικού νομίσματος έναντι του χρυσού, μέσω της πιστής τήρησης του κανόνα χρυσού-συναλλάγματος. Βάσει της παραπάνω λογικής, η ΤτΕ φάνηκε να στερείται αντικειμένου.

Και ο Μάξιμος δεν ήταν ο μόνος που σκεφτόταν έτσι.

Πρώτος ο Διομήδης, σε ανύποπτο χρόνο, θα καθόριζε την αποστολή του ιδρύματος του οποίου μόλις είχε αναλάβει την εξουσία, ως έναν μηχανικό αυτοματισμό βασισμένο στην μεταλλική αξία του χρήματος (ΤτΕ 1930, IV–V, έμφαση στο πρωτότυπο):

> Ἡ ἐκδοτικὴ Τράπεζα μίαν ὑποχρέωσιν ἔχει λόγῳ τῆς ἰδιότητός της καὶ λόγῳ τῆς βάσεως ἐφ' ἧς ἐστηρίχθη ἡ σταθεροποίησις καὶ εἰς τὰς πλείστας τῶν λοιπῶν χωρῶν, τὴν ὑποχρέωσιν νὰ ἀγοράζῃ ἅπαν τὸ προσφερόμενον συνάλλαγμα εἰς τὴν τιμὴν τοῦ ἀρτίου **μεῖον** τῶν δαπανῶν μεταφορᾶς χρυσοῦ καὶ νὰ πωλῇ πᾶν ζητούμενον ποσὸν συναλλάγματος εἰς τὴν τιμὴν τοῦ ἀρτίου **πλέον** τῶν δαπανῶν μεταφορᾶς χρυσοῦ, καὶ ὅταν ἀκόμη ἡ σχέσις προσφορᾶς καὶ ζητήσεως ἐν δεδομένῃ στιγμῇ θὰ ἦτο τοιαύτη, ὥστε, ἂν ἡ ἀγορὰ ἀφίετο ἐλευθέρα, θὰ ὤθει τὰς τιμὰς καὶ κάτω ἢ ἄνω τῶν ὁρίων τούτων.

Ἡ πολιτικὴ τῶν Ἐκδοτικῶν τραπεζῶν εἶναι νὰ ἀφίνουν ἐλευθέραν τὴν λειτουργία τοῦ νόμου τῆς προσφορᾶς καὶ τῆς ζη- τήσεως ἐντὸς τῶν νομίμων χρυσῶν ὁρίων, νὰ ἐπεμβαίνουν δέ ῥυθμιστικῶς ὅταν αἱ τιμαὶ δεικνύουν τάσιν νὰ πλησιάσουν τὸ ἀνώτατον ἤ κατώτατον ὅριον.

Δεν είναι λοιπόν παράλογο που και ο Βενιζέλος ενστερνίζεται απολύτως αυτήν την άποψη: τυχόν αποχώρηση από τον κανόνα του χρυσού καθιστούσε την εκδοτική τράπεζα περιττή: *«Ἐνθυμεῖσαι βέβαια ὅτι τὴν πρώτην στιγμὴν ποὺ μοῦ ὡμίλησες περὶ ἐγκαταλείψεως τῆς σταθεροποιήσεως σοῦ εἶπα ὅτι ἐν τοιαύτῃ περιπτώσει δὲν θὰ εἶχε λόγον νὰ διατηρηθῇ ἰδιαιτέρα εκδοτικὴ τράπεζα»* (Mazower 2009, 47· Βενέζης 1955, 153–154). Πράγματι, ο Τσουδερός θα αναγκαζόταν να υποστηρίξει τους λόγους διατήρησης της ΤτΕ σε δεκασέλιδο υπόμνημα της 14/2/1932 (Τσουδερός 1932). Για να πείσει τον Βενιζέλο, τον καλούσε να θέσει ερωτήματα σε «ειδικούς» όπως ο Keynes, ο Leighton, ή ο Charles Rist, όπως π.χ.:

1) ποία ἡ χρησιμότης καὶ ὁ σκοπός μίας Ἐκδοτικῆς Τραπέζης;
2) εἶναι μοναδικὸς σκοπός αὐτῆς ἡ διατήρησις σταθερότητος τοῦ νομίσματος; Ὑπάρχουν καὶ ἄλλοι ἰσχυροὶ λόγοι δι- καιολογοῦντες τὸν θεσμὸν καὶ ποίοι;

Κυρίως, το φόβητρο που επέσειε ο Τσουδερός ήταν *«ὅτι μία Ἐθνικὴ ἡνωμένη μὲ τὴν Ἐκδοτικὴν, θ' ἀπετέλη ἐπικίν- δυνον ἐν τῷ τόπῳ δικτατορίαν»* και γι' αυτό προσκαλεί τον Βενιζέλο να ρωτήσει και τις άλλες εμπορικές τράπεζες σχετικά με την αναγκαιότητα της ΤτΕ, *«χωριστὰ καὶ ἀφοῦ ἐξασφαλισῇ τὸ πλῆρες ἀπόρρητον, διότι πάντες διατελοῦν ὑπὸ τὴν ἀπόλυτον τυρρανίαν τοῦ φόβου τὸν ὁποῖον τοὺς ἐμπνέει ἡ ἰσχὺς τῆς Ἐθνικῆς, καὶ ἡ σημερινὴ τάσις αὐτῆς ν' ἀπορροφήσῃ τὰ πάντα».* Το ύφος του υπομνήματος είναι δραματικό και κλείνει με την προσφορά της παραίτησης του ιδίου του Τσουδερού αν αυτή θα έπειθε τον Βενιζέλο ότι οι απόψεις του ανιδιοτελείς.

Η αμφιταλάντευση του Βενιζέλου είναι χαρακτηριστική της συνύπαρξης στο ίδιο πρόσωπο της διαισθητικής κατανόησης του *θεσμού* του χρήματος και της θεωρητικής κατήχησης που είχε υποστεί μαζί με τους συγχρόνους του για το χρήμα ως εμπόρευμα. Από την μία, πρακτικά, είχε αναγνωρίσει ρητώς και από του βήματος της Βου- λής ότι μια εκδοτική τράπεζα έλκει την ισχύ της από την κρατική εξουσία, η οποία της εκχωρεί το εκδοτικό προνόμιο δια νόμου. Από την άλλη, θεωρητικά, παρέμενε σε μια μεταλλιστική αντίληψη κατά την οποία το χρή- μα έλκει την αξία από το πολύτιμο μέταλλο το οποίο εκπροσωπεί. Φαίνεται να μην κατάφερε να κάνει στην σύνδεση της αξίας του χρήματος με τον νόμο και την κρατική ισχύ, όπως είχε καταφέρει να το κάνει με την ισχύ μιας εκδοτικής τράπεζας. Δεν σκέφτηκε ότι ένα εκδοτικό ίδρυμα θα μπορούσε να είναι πολύ περισσότερα από εγγυητής της ισοτιμίας σε χρυσό, αλλά μια κρατική νομισματική αρχή.

Αλλά εκ των υστέρων φαίνεται να αναθεωρεί, αν όχι επί της μεταλλιστικής αρχής, τουλάχιστον επί της μεθο- δολογίας. Στην προαναφερθείσα επιστολή της 5/4/1932 συμπληρώνει: *«Πρέπει νὰ γνωρίζῃς ὅτι ἔκτοτε ἐμελέτησα τὸ ζήτημα καὶ κατέληξα εἰς τὸ συμπέρασμα ὅτι ἡ ὕπαρξις Ἐκδοτικῆς Τραπέζης, ἀνεξαρτήτου πασῶν τῶν ἄλλων Τραπεζῶν, εἶναι πλέον ἐπιβεβλημένη καὶ πλέον ἀναγκαία μετὰ τὴν ἄρσιν τῆς νόμῳ σταθεροποιήσεως παρὰ πρίν. Διότι μόνον δι' αὐτῆς δύναται ἡ κοι- νωνία νὰ ἐπιδιώξῃ ἀποτελεσματικῶς τὴν de facto σταθεροποίησιν, εἰς τὴν ὁπίαν ὀφείλομεν πάντοτε νὰ ἀποβλέπωμεν».*

Οι φόβοι του Τσουδερού για τις διαθέσεις της ΕΤΕ δεν είναι ξεκάθαρο αν ήταν προσχηματικοί ή ειλικρινείς, πάντως φαίνεται να μην ήταν απολύτως δικαιολογημένοι. Η ΕΤΕ, ανεμπόδιστη πλέον από τους περιορισμούς που απέρρεαν από το εκδοτικό δικαίωμα, είχε αναπτύξει τις εργασίες της και δεν φαινόταν πρόθυμη να επανέλ- θει στην προηγούμενη κατάσταση, όπως εξηγούσε και ο τότε Διοικητής της, Ιωάννης Δροσόπουλος σε σχετική επιστολή (Βενέζης 1955, 154–155). Η στάση αυτή του Δροσόπουλου ευθυγραμμίζεται με εκείνη του Διομήδη προ ολίγων ετών, κατά την οποία το εκδοτικό προνόμιο ήταν «βάρος» (Κωστής 2003, 279), άποψη που δι- καιώθηκε από τους μελλοντικούς δείκτες κερδοφορίας της τράπεζας (Κωστής 2003, 487).

Παρ' όλα αυτά ο Π. Τσαλδάρης, ως πρόεδρος της νέας κυβέρνησης των Λαϊκών, δήλωσε τον Νοέμβριο του 1932 την πρόθεσή του να αντιμετωπίσει την αδυναμία της ΤτΕ να ρυθμίζει την κυκλοφορία με την «συνένωση» με την ΕΤΕ. Οι δύο τράπεζες, πρότεινε, δεν θα δημιουργούσαν «ένα κατάστημα»· θα λειτουργούσαν ξεχωριστά αλλά με τέτοιο τρόπο που οι τραπεζικές λειτουργίες να γίνονται πρακτικότερα. Αυτή η—τελείως ασαφής—διαρ- ρύθμιση προέβλεπε ότι θα έφερνε και οικονομία στα λειτουργικά τους έξοδα (*ΠΣΒ* 1932, 29).

Η αντίδραση ΔΕΚΕ και ΤΔΔ[22] ήταν τέτοια που σύντομα ανέκρουσε πρύμναν. Με επιστολή του Niemeyer προς τον Ράλλη (24/11/1932) η ΔΕΚΕ εξέφραζε την απόλυτη άρνησή της για οποιαδήποτε παρέκκλιση από τα συμφωνηθέντα το 1927. Αλλά και η ΤΔΔ απειλούσε με επιστολή του Fraser προς τον Τσουδερό (12/12/1932) ότι ο προκύπτων οργανισμός θα ετύγχανε ουσιαστικής απομόνωσης (Βενέζης 1955, 155–157). Οι δύο αυτοί οργανισμοί επισφράγιζαν την πορεία της ΤτΕ ως ανεξάρτητης τράπεζας. Τελικώς ο Π. Τσαλδάρης θα έθαβε και επισήμως το ζήτημα με σχετικές του δηλώσεις στις αρχές Απριλίου του 1933 στην Βουλή·[23] ήλπιζε στην συγχώνευση των μεγαλύτερων τραπεζιτικών οίκων της Ελλάδας, όχι όμως της ΤτΕ ή της ΕΤΕ, αλλά ούτε και της ΑΤΕ (ΠΣΒ 1933, 8). Λίγο αργότερα, στις 14/6/1933, θα ανακοίνωνε στην Σύνοδο της ΔΕΚΕ στο Λονδίνο ότι η οργάνωση της κεντρικής τράπεζας δεν θα υφίστατο αλλαγή σε σχέση με τα προβλεπόμενα από το Πρωτόκολλο της Γενεύης (ΤτΕ 1934, LV).[24] Και παρότι το ζήτημα της συγχώνευσης θα επανερχόταν επανειλημμένως κατά την περίοδο του μεσοπολέμου, κυρίως από τον Α. Κοριζή, όλες οι άλλες πλευρές φαίνονταν διατεθειμένες να δεχθούν το υπάρχον καθεστώς ως τελικό (Κωστής 2003, 466–467).

Θεωρητικά υποδείγματα και πραγματικότητα

Μια από τις βασικές μεθοδολογικές προσεγγίσεις των οικονομικών, που τα διαχωρίζουν από την σφαίρα των επιστημών, είναι η γενικευμένη χρήση θεωρητικών κατασκευών οι οποίες δεν είναι προϊόν εμπειρικής παρατήρησης· είναι αυτό που ο von Mises, με μια σχετική δόση υπερηφάνειας, αποκαλούσε *πραξεολογία*, και η οποία εκκινούσε τις αναζητήσεις της από το πώς *θα έπρεπε* να πράττουν τα ανθρώπινα όντα. Συνήθως αυτές οι κατασκευές καταρρέουν όταν έρχεται η ώρα της επαλήθευσής τους από εμπειρικά δεδομένα ή, ακόμα χειρότερα, όταν αποφασίζεται η αυτούσια πρακτική εφαρμογή τους σε πραγματικά συστήματα.

Η συμπεριφορά της ΤτΕ και του ελληνικού νομισματικού συστήματος σκιαγραφεί ανάγλυφα αυτήν την μεθοδολογική τάση, καθώς έθεσε το θεωρητικό μοντέλο του central banking αντιμέτωπο με την πραγματικότητα. Η διατύπωση αιτιωδών σχέσεων είναι ένα εξαιρετικά παρακεκινδυνευμένο εγχείρημα, αλλά θα μπορούσαμε να πούμε ότι η απόκλιση αυτή ήταν προϊόν των διαφορών του ελληνικού τραπεζικού συστήματος από το βρετανικό, καθώς η Τράπεζα της Αγγλίας ήταν κατά μεγάλο βαθμό το πρότυπο κεντρικής τράπεζας. Όμως το πρότυπο είχε ιστορία σχεδόν δυόμισι αιώνων—είχε ιδρυθεί το 1694—και είχε λειτουργήσει και αναπτυχθεί σε ένα εντελώς διαφορετικό πλαίσιο από αυτό στο οποίο καλείτο να λειτουργήσει η ΤτΕ. Συγκεκριμένα, οι συγκρουσιακές σχέσεις με το υπάρχον ολιγοπωλιακό και καλά εδραιωμένο τραπεζικό σύστημα θα καθόριζαν και τον τρόπο εφαρμογής του θεωρητικού προτύπου.

Η αδυναμία της ΤτΕ δυσαρεστούσε την Δημοσιονομική Επιτροπή της Κοινωνίας των Εθνών. Ο Horace C. Finlayson, διορισμένος σύμβουλος από την ΚτΕ στην ΤτΕ, παραπονιόταν στον Βενιζέλο σε μια συνάντηση το 1930 για το ότι η ΤτΕ ήταν ικανοποιημένη με έναν παθητικό ρόλο, σε αντίθεση με τις άλλες Κεντρικές Τράπεζες της Ευρώπης και ότι δεν προέβαινε σε αυξήσεις των επιτοκίων, ή περιορισμό των χρηματοδοτήσεών της. Με άλλα λόγια, η ΤτΕ δεν έκανε αρκετά για να υπερασπισθεί το εθνικό νόμισμα. Ο Τσουδερός σε μια συνάντηση της ΔΕΚΕ στις 7/9/1931, υπερασπίσθηκε εαυτόν έναντι κατηγοριών για την μη πλήρη εφαρμογή ορθοδόξων πρακτικών, λέγοντας ότι «*υπό τις παρούσες συνθήκες, η άκαμπτη τήρηση των αυστηρώς ορθοδόξων αρχών οι οποίες κυβερνούν τη συμπεριφορά των κεντρικών τραπεζών ενδεχομένως να οδηγήσουν σε αποτελέσματα ενάντια των επιδιωκομένων*» (Mazower 2009, 199–200).

Χαρακτηριστικός είναι ο χειρισμός της συναλλαγματικής κρίσης του 1931 κατά την διάρκεια της «μάχης της δραχμής» και της συναλλαγματικής αφαίμαξης που αυτή είχε ως αποτέλεσμα (βλ. επίσης και επόμενη παράγραφο). Μετά από μια δύσκολη χρονιά, το 1929, κατά την οποία οι καθαρές συναλλαγματικές εκροές ήταν 1.114,4 εκ. δρχ, ακολούθησε μια ακόμα χειρότερη χρονιά, το 1931, κατά την οποία οι εκροές έφτασαν τα 1.281,7 εκ. δρχ,[25] εν πολλοίς λόγω του πανικού που προκάλεσε η έξοδος της στερλίνας από τον κανόνα του χρυ-

---

[22] Η ΤτΕ είχε γίνει μέλος της ΤΔΔ το 1930 δυνάμει του Ν. 4731 της 15/5/1930 (ΦΕΚ 165Α, 15/5/1930, σ. 1388).

[23] Είχε επανέλθει στην πρωθυπουργία μετά τς εκλογές της 5/3/1933 και το αποτυχημένο πραξικόπημα Πλαστήρα.

[24] «*Il est entendu que l'organisation de la banque Centrale, telle qu' elle est prévue dans le Protocole de 1928, ne subira pas de modification*».

[25] Mazower, σ. 199, επεξεργασμένα στοιχεία από: Κωστής, *Οι τράπεζες και η κρίση*, σ. 139. Το 1930 οι καθαρές εκροές περιορίστηκαν σε 23,6 εκ. δρχ λόγω δανειακών εισροών (τριμερές και παραγωγικό δάνειο) και μείωσης του εμπορικού ελλείμματος,

σού. Όπως είδαμε, το κάλυμμα της ΤτΕ είχε κρατηθεί πάνω από το 40% μόνον χάρη σε λογιστικές μεθόδους, μεταφέροντας καταθέσεις από λογαριασμούς όψεως σε προθεσμιακούς και προσμετρώντας στο κάλυμμα τις στερλίνες ως συνάλλαγμα χρυσής βάσεως.

Αν και θεωρητικά η ΤτΕ θα έπρεπε να μειώσει δραστικά την κυκλοφορία χαρτονομίσματος και να αυξήσει τα επιτόκια, επέλεξε να αγνοήσει την θεωρία και να πράξει το αντίθετο. Αφενός διατήρησε την κυκλοφορία υψηλότερα από ό,τι θα δικαιολογούσε η πτωτική πορεία του καλύμματός της,[26] και αφετέρου αύξησε δραστικά τις εμπορικές πιστώσεις της.[27] Αυτή η απόφαση συσχετίσθηκε άμεσα με την παγίωση της ΤτΕ στο ελληνικό τραπεζικό σύστημα ως δανειστή τελικής προσφυγής. Η επιδείνωση της κρίσης στις αρχές του 1932, είχε προκαλέσει κρίση ρευστότητας στις τράπεζες—ιδίως στις μικρές[28]— αναγκάζοντάς τες να περιστείλουν δραστικά τις πιστώσεις που χορηγούσαν. Υπό την πιστωτική ασφυξία, η βιομηχανία, το εμπόριο, και ο πληθυσμός υπέφεραν· το ίδιο και οι τράπεζες οι οποίες τώρα έδειχναν τώρα να ξεχνούν την πρότερη εχθρότητά τους και στρέφονταν στην ΤτΕ για πιστώσεις.

Η ΤτΕ χρησιμοποίησε την κρίση για να παγιώσει την θέση της· παρότι είχε αυξήσει τις πιστώσεις της, αρνήθηκε να αυξήσει την νομισματική κυκλοφορία με το πρόσχημα της αποφυγής πληθωριστικών πιέσεων. Παράλληλα δεν επέτρεπε την εισαγωγή της τραπεζικής επιταγής για την διευκόλυνση των συναλλαγών, αφήνοντας μοναδικό παράθυρο ρευστότητας για τις τράπεζες την προσφυγή στην ίδια. Έτσι, μόνον αφού οι τράπεζες κατέφυγαν στην ΤτΕ, αύξησε η τελευταία την κυκλοφορία, και κατάφερε με αυτόν τον ανορθόδοξο τρόπο να διεκδικήσει τον ρόλο που της υπέσχετο το Πρωτόκολλο της Γενεύης (Βούρος 1938, 39–40). Ο Finlayson έκρινε τότε με ικανοποίηση ότι «*η Τράπεζα της Ελλάδος [...] ως δανειστής τελευταίας προσφυγής, επενέβη την κατάλληλη στιγμή και ακολούθησε τη σοφότερη δυνατή πορεία*». Πράγματι, στο πρώτο τετράμηνο του 1932, οι εμπορικές χορηγήσεις αυξήθηκαν από 300 σε 733 εκ. δρχ, εκ των οποίων περί τα 500 εκ. δρχ αφορούσαν σε πιστώσεις προς τράπεζες (Mazower 2009, 221). Όλο το 1932, από τα 2.321 εκ. δρχ δανείων και ανοικτών λογαριασμών, τα 2.277 εκ. δρχ (98%) αφορούσαν σε ανοικτούς λογαριασμούς τραπεζών. Η εικόνα ήταν δραματικά διαφορετική σε σχέση με του 1931, καθώς οι ανοικτοί λογαριασμοί τραπεζών είχαν αυξηθεί κατά 150%. Αντιδιαστέλλοντας την παραπάνω εκτόξευση με την μικρή μόνο αύξηση των προεξοφλήσεων, ο Διοικητής επιχειρούσε να διασκεδάσει τις εντυπώσεις, πλέον όμως από θέσεως ισχύος, και ίσως με μια δόση συγκεκαλυμμένης ικανοποίησης (έμφαση δική μου):[29]

[Η αὔξησις τῶν προεξοφλήσεων] ἐν σχέσει πρὸς τὸ 1931 ἀνῆλθεν εἰς Δρχ. 44.406.581, ποσὸν τὸ ὁποῖον ἀποτελεῖ ἀπόδειξιν τῆς συντηρητικότητος, τὴν ὁποίαν ἡ Τράπεζα ἀκολούθησεν ἐν τῇ ἐπεκτάσει τῶν ἐργασιῶν αὐτῆς. Τοιαύτη ὑπῆρξεν ἡ πολιτικὴ της καὶ κατὰ τὰ προηγούμενα ἔτη, ὥστε πᾶς περὶ τοῦ ἀντιθέτου ἰσχυρισμὸς ἐβασίσθη προφανῶς εἰς ἀνακριβείας καὶ ὑπερβολάς [...]

[Ο]ἱ ἀνοικτοὶ λογαριασμοὶ ἐπὶ ἐνεχύρῳ χρηματογράφων τραπεζικῶν γραμματίων [...] ἐκινήθησαν ὑπὸ διαφόρων πιστωτικῶν ὀργανισμῶν, ἠνοίξαμεν δὲ τοὺς λογαριασμοὺς τούτους, καθ' ἣν εἴχομεν ὑποχρέωσιν ἐκ τῆς ἀποστολῆς τοῦ ἡμετέρου ἱδρύματος. Γενικῶς ὀφείλομεν νὰ παρατηρήσωμεν ὅτι αἱ [...] σημειούμεναι αὐξήσεις, ὀφείλομεναι εἰς ἔκτακτα περιστατικά, δὲν δύνανται νὰ ληφθοῦν ὑπ' ὄψιν πρὸς χαρακτηρισμὸν τῆς πιστωτικῆς πολιτικῆς μας καὶ τῶν ἐν γένει ἐργασιῶν τῆς κατηγορίας αὐτῆς [...]

*Ἡ καθ' ὅλον τὸ ἔτος 1932 αὔξησις τοῦ ὑπολοίπου τῶν τοποθετήσεών μας κατὰ 521 ἑκατομ. ὅπερ ἀφορᾷ εἰς λογαριασμοὺς ἐκτάκτους, ὀφειλομένους εἰς τὰ ἐκ τῆς κρίσεως ἔκτακτα γεγονότα, ἐνισχύει ὅσα ἀνωτέρω εἴπομεν περὶ τῆς παρ' ἡμῖν ἀκολουθουμένης συντηρητικῆς πολιτικῆς, ἡ ὁποία **εἶναι ἀποτέλεσμα πραγματικῆς ἀνάγκης καὶ οχὶ τάσεως πρὸς ἐπαύξησιν τῶν ἐργασιῶν τῆς Τραπέζης διὰ μειώσεως τῶν ἐργασιῶν ἄλλων ἱδρυμάτων**.*

Επιπλέον, παρά την πίεση που ασκούσε αυτό στον προϋπολογισμό της, προχώρησε σε επιθετική επέκταση του δικτύου της (ΤτΕ 1978b, 127): εκτός από τα υποκαταστήματα που είχαν ιδρυθεί το 1929 (Πάτρα, Πειραιάς,

---

[26] Η κυκλοφορία μειώθηκε κατά 807 εκ. δρχ (από 4.809 σε 4.002 εκ. δρχ), την στιγμή που το κάλυμμά της είχε μειωθεί κατά 1.095 εκ. δρχ (από 3.011 σε 1.916 εκ. δρχ).

[27] Από 182 στις 31/12/1930 σε 380 εκ. δρχ στις 31/12/1931 και σε 859 εκ. δρχ στις 31/12/1932.

[28] Μάλιστα η Τράπεζα Κοσμαδόπουλου ανέστειλε τις πληρωμές της την 1/2/1932 (Ν. 5467 της 9/5/1932).

[29] Οι αν. λογαριασμοί επ' ενεχύρω χρηματογράφων σε τρ. Γραμμάτια αυξήθηκαν από 192.002.373,45 σε 712.544.340 δρχ. Οι αν. Λογαριασμοί έναντι εγγυήσεων σε τρ. Γραμμάτια αυξήθηκαν από 457.236.803,30 σε 1.564.029.810,74 δρχ (ΤτΕ 1933, LXII–LXVI).

Θεσσαλονίκη) η Ττε ίδρυσε πέντε υποκαταστήματα[30] και επτά πρακτορεία[31] το 1930, τέσσερα πρακτορεία την διετία 1931–32[32] και 38 μονομελή *Πρακτορεία παρά Δημοσίοις Ταμείοις* σε άλλες πόλεις της χώρας. Παράλληλα, προσέφερε χαμηλά επιτόκια και ανταγωνίσθηκε τις εμπορικές τράπεζες για την προσέλκυση εμπορικής πελατείας. Δηλαδή τα κέρδη για την επιβίωσή της προήλθαν από εμπορικές δραστηριότητες σε όλες τις γωνιές της Ελλάδας (Mazower 2009, 199). Το επιστέγασμα αυτής της στρατηγικής ήταν και η προσχώρησή της στην ΕΕΤ το 1932, δηλώνοντας έτσι ότι είναι έτοιμη να σεβαστεί τις μέχρι τότε συμφωνίες για τις εμπορικές τραπεζικές εργασίες, στις οποίες προτίθετο και η ίδια να συμμετάσχει (Κωστής 2003, 440–441).

Η ΔΕΚΕ κατανόησε την ανάγκη διαφοροποιήσεως του θεωρητικού σχήματος με βάση τις τοπικές συνθήκες. Σε επιστολή του Alexander Loveday, Διευθυντή της ΔΕΚΕ, προς τον Finlayson, ο Βρετανός οικονομολόγος κατανοούσε ότι δεν ήταν απαραίτητο μια κεντρική τράπεζα να λειτουργεί βάσει του υποδείγματος της Τράπεζας της Αγγλίας, δηλαδή χωρίς υποκαταστήματα. Όπως εξηγούσε στον απεσταλμένο του, η γεωγραφική απομόνωση, το χαμηλό μορφωτικό επίπεδο, ή οι ελλείψεις στις επικοινωνίες θα μπορούσαν να ανασχέσουν την διεκπεραίωση της νομισματικής πολιτικής, καθώς οι επαρχιακές τράπεζες θα μπορούσαν να εκτελούν τις προεξοφλήσεις τους σε υποκαταστήματα μεγάλων τραπεζών αντί της κεντρικής τράπεζας. Ειδικότερα στο θέμα των προεξοφλήσεων, ο Loveday θα ήταν ακόμη πιο πραγματιστής και διαλλακτικός, βλέποντας την εκδοτική τράπεζα ως εγγυήτρια του ανταγωνισμού (Κωστής 1986, 86, 94–95):

> *Σχετικά με την ιδιότητα της εκδοτικής τράπεζας να πραγματοποιεί άμεσα προεξοφλήσεις, θα επαναλάβω καταρχήν πως το ζήτημα αυτό εξετάστηκε στο C. F. της S. D. N., το οποίο ήταν τελείως αντίθετο με μια τέτοια διαδικασία.*
>
> *Μπορώ να φανταστώ, από την άλλη, ότι σε εξαιρετικές περιπτώσεις, όπως για παράδειγμα στην Ελλάδα, όπου μια τράπεζα χαίρει ενός οιονεί μονοπωλίου [ΣτΣ: εννοεί την ΕΤΕ], ενδέχεται να αποδειχθεί σε πολλές περιπτώσεις αναγκαίο για την κεντρική τράπεζα να αγωνιστεί με τον τρόπο αυτό. Η περίπτωση που έχω κατά νου είναι όταν η κεντρική τράπεζα επιθυμεί να μειώσει τα επιτόκια και η οιονεί μονοπωλιακή τράπεζα αρνείται να την ακολουθήσει. Ένα χαμηλός προεξοφλητικός τόκος ενδέχεται στις περιπτώσεις αυτές να αποτύχει ως προς τα επιδιωκόμενα αποτελέσματα, γιατί οι επιχειρήσεις οι οποίες έχουν συνηθίσει να συναλλάσσονται με μια ισχυρή εμπορική τράπεζα φοβούνται ενδεχομένως να την αλλάξουν με μια άλλη η οποία θα προσφέρει χαμηλότερα επιτόκια και να επωφεληθούν έτσι από τα τελευταία. Στις περιπτώσεις αυτές φαντάζομαι πως η κεντρική τράπεζα θα πρέπει να προχωρήσει κατευθείαν στην προεξόφληση. Νομίζω δε πως στην περίπτωση αυτή θα πρέπει να σέβεται απαραίτητα δύο κανόνες: (α) η κατευθείαν προεξόφληση να έχει ως στόχο της τον έλεγχο της χρηματαγοράς και όχι το κέρδος, και (β) η προεξόφληση να πραγματοποιείται στο αναπροεξοφλητικό επιτόκιο.*

Όπως συμπεραίνει ο Κωστής (1986, 97):

> *Τὸ ἑλληνικὸ τραπεζικὸ σύστημα ἀρθρώνεται, λοιπόν, στὴ διάρκεια τῆς κρίσης γύρω ἀπὸ τὴν ἐκδοτικὴ τράπεζα, μὲ τρόπους ὅμως ποὺ πολὺ ἀπέχουν ἀπὸ τὶς θεωρητικὲς ἀπόψεις τῶν ἐμπνευστῶν τῆς ἵδρυσής της. Οἱ ἀποκλίσεις εἶναι ἔντονες καὶ ἡ προσέγγιση ἐμπειρική, ἀνιχνευτική, σύμφυτη στὶς περισσότερες περιπτώσεις μὲ τὶς ἱστορικὲς καταβολὲς ποὺ φέρει τὸ ἑλληνικὸ τραπεζικὸ σύστημα ὣς τὴν ἵδρυση κεντρικῆς ἐκδοτικῆς τράπεζας.*

Βεβαίως, η παραπάνω εκτίμηση, παρότι ακριβής, υπόρρητα θεωρεί ως προνομιακό σύστημα αναφοράς εκείνο κάτω από το οποίο αναπτύχθηκαν οι θεωρίες του central banking. Θα μπορούσαμε κάλλιστα να αντιστρέψουμε το σκεπτικό και να ισχυρισθούμε ότι μάλλον αυτές οι *θεωρητικές προσεγγίσεις των εμπνευστών ίδρυσης κεντρικής τράπεζας ήταν εμπειρικές, ανιχνευτικές, σύμφυτες με τις ιστορικές καταβολές που φέρει το βρετανικό τραπεζικό σύστημα, και οι οποίες είχαν μεγάλες αποκλίσεις από την ελληνική πραγματικότητα.* Διότι η πραγματικότητα δεν έχει υποχρέωση να επαληθεύει την οποιαδήποτε θεωρία.

Συνοψίζοντας, θα μπορούσαμε να χαρακτηρίσουμε ως ειρωνικό το ότι η σαρωτική μεταρρύθμιση του νομισματικού και τραπεζικού συστήματος, που ξεκίνησε με το σκεπτικό της ανεξαρτησίας της κεντρικής τράπεζας, κατέληξε να αποτελέσει το αποτελεσματικότερο εργαλείο για την επιβολή ενός σχεδόν ολοκληρωτικού ελέγχου στην οικονομία. Το συγκεντρωτικό μοντέλο λειτουργίας της ΤτΕ, με τις πολλαπλές διοικητικές αρμοδιότητες που συγκέντρωσε, τελικά αποτέλεσε έναν μηχανισμό πολύ πιο ευεπίφορο άμεσου κρατικού ελέγχου από το αποκεντρωμένο σύστημα των πολλών ιδιωτικών εκδοτικών τραπεζών του 19ου και των αρχών του 20ου αιώνα.

---

[30] Ηράκλειο, Καβάλα, Βόλος, Καλαμάτα, Μυτιλήνη
[31] Τρίπολη, Δράμα, Λάρισα, Λαμία, Σέρρες, Αγρίνιο, Πύργος
[32] Κέρκυρα, Σάμος, Χανιά (1931) και Ιωάννινα (1932).

13.3 Η δραχμή μετά την «μάχη» και πριν τον πόλεμο

Συναλλαγματική πολιτική εν μέσω διεθνούς αστάθειας

Η υποτίμηση της στερλίνας με παράλληλη εγκατάλειψη του κανόνα του χρυσού αποτέλεσε ένα βίαιο εξωτερικό σοκ για το ελληνικό νομισματικό σύστημα και αποτέλεσε καταλύτη ευρέων αλλαγών. Μια σειρά νέων εξωτερικών σοκ θα άλλαζαν και πάλι στις ισορροπίες, όμως θα είχαν προέλευση την άλλη μεριά του Ατλαντικού. Με την ύφεση στις να διανύει τον τέταρτο χρόνο, το 1933 ξεκινούσε με καταρρεύσεις τραπεζών στις ΗΠΑ. Φήμες ότι ο νεοεκλεγείς Πρόεδρος Franklin D. Roosevelt θα υποτιμούσε το δολάριο άμα τη αναλήψει των καθηκόντων του τον Μάρτιο του 1933 προκαλούσαν πανικό στους πολίτες. Από την αρχή του χρόνου παρατηρήθηκαν μαζικές αναλήψεις καταθέσεών υπό μορφή χρυσού. Αυτό το κύμα αναλήψεων, όπως αναγνώριζαν και οι αξιωματούχοι της Fed, είχε προέλευση το αμερικανικό κοινό, και οδηγούσε τον χρυσό όχι εκτός συνόρων αλλά σε κρυψώνες εντός των ΗΠΑ (M. Friedman και Schwartz 1963, 332, 350). Ταυτοχρόνως, παρατηρείτο φυγή από το δολάριο με μαζικές εξόδους κεφαλαίων προς το εξωτερικό. Πάνω από τις μισές Πολιτείες είχαν ήδη κηρύξει τραπεζικές διακοπές ή περιορισμούς στις τραπεζικές αναλήψεις όταν, στις 6/3/1933, ο Roosevelt κήρυξε τραπεζικές διακοπές σε εθνικό επίπεδο.[33] Τα μέτρα του Μαρτίου, δεν αποτελούσαν μια απλή αναστολή της λιανικής τραπεζικής για την ανάσχεση του πανικού των μικροκαταθετών. Ήταν μια συνολική αναστολή *κάθε* τραπεζικής δραστηριότητας εντός της επικράτειας αλλά και με το εξωτερικό, συμπεριλαμβανομένης κάθε συναλλαγής και μεταφοράς χρυσού. Η απαγόρευση εξαγωγής χρυσού έμενε σε ισχύ και μετά την επανέναρξη της λειτουργίας των τραπεζών.[34] Με άλλα λόγια, ο Roosevelt καταργούσε τον κανόνα του χρυσού χωρίς όμως να το αναφέρει ρητώς. Το εγχείρημα στέφθηκε από επιτυχία, αλλά όχι απόλυτη. Από τις 14 Μαρτίου οι καθησυχασμένοι πολίτες έκαναν μεν ουρές για να ξανακαταθέσουν τα χρήματά τους, όμως από τα 1,78 δισ δολάρια που αναλήφθηκαν τον Φεβρουάριο και Μάρτιο, μόνο τα 1,18 επέστρεψαν στις τράπεζες μετά το τέλος των τραπεζικών διακοπών (Silber 2009).

Η Ελλάδα βρέθηκε στον αντίποδα της αμερικανικής κρίσης, καθώς οι μετανάστες αλλά και οι ημεδαποί έβλεπαν τώρα την δραχμή ως ασφαλές καταφύγιο των κεφαλαίων τους. Το πρώτο δεκαπενθήμερο του Ιανουαρίου, ανταποκρινόμενη σε αιτήματα αγοράς δραχμών, η ΤτΕ είχε αγοράσει συνάλλαγμα αξίας 13 εκ. ελβετικών φράγκων (2,46 εκ. δολ), στο τέλος του μήνα 32 εκ. ελβετικά φράγκα (6,05 εκ. δολ), για να φτάσει τα 42 εκ. ελβετικά φράγκα (8,35 εκ. δολ) στα μέσα Μαρτίου, όταν ο Roosevelt διέτασσε την επαναλειτουργία των τραπεζών (ΤτΕ 1934, XIII). Στα τέλη του 1933 η σχέση καλύμματος προς πραγματική κυκλοφορία έφτανε το 74,05% και στο 48% του συνόλου των υποχρεώσεων. Παράλληλα, η ΤτΕ αποφάσιζε να τηρεί αυτό το κάλυμμα σε αυτούσιο χρυσό, απόφαση που είχε σημαντικό κόστος καθώς η διατήρηση αυτούσιου χρυσού σήμαινε έξοδα φύλαξης και μηδέν τόκους. Έτσι η ΤτΕ φαινόταν να προτιμά την ασφάλεια από το κέρδος των τοκοφόρων τοποθετήσεων.

Οι δραχμές που εξέδωσε η ΤτΕ για την αγορά αυτού του συναλλάγματος προκύπτει ότι δεν διοχετεύθηκαν στην κυκλοφορία—που έμεινε σχετικώς σταθερή—αλλά σε τραπεζικές καταθέσεις, οι οποίες υπερδιπλασιάσθηκαν από 664 εκ. δρχ στα τέλη Ιανουαρίου σε 1.343 εκ. δρχ στα τέλη Απριλίου. Αυτή η πλημμυρίδα συναλλάγματος επέτρεψε στην ΤτΕ να περιορίσει τις δικές της εμπορικές εργασίες και να μην αυξήσει τις δικές της χορηγήσεις, ώστε να ευνοήσει τις εργασίες των άλλων τραπεζών που πλέον βρίσκονταν σε καλύτερη κατάσταση ρευστότητας (ΤτΕ 1934, XX).

Για να διατηρήσει την ροή η ΤτΕ και να μην εκδιώξει τα κεφάλαια—που αναγνώριζε ως ευκαιριακές τοποθετήσεις—άρχισε πολιτική ανατίμησης της δραχμής, αποφεύγοντας να την συνδέσει με νομίσματα όπως η στερλίνα ή το δολάριο. Ταυτοχρόνως, σημαντικό βάρος στην πολιτική της έπαιξε η επιθυμία να μην υποτιμηθεί άλλο η δραχμή που είχε πέσει στο 1/34 της προπολεμικής αξίας της ως προς τον χρυσό (ΤτΕ 1934, XIII–XV). Κατά τον Κωστή (2003, 477) η ΤτΕ *«έσπευσε να συνδέσει την δραχμή με τη ζώνη του χρυσού και ειδικότερα με το ελβετικό φράγκο»* με αφορμή την αναστολή του κανόνα του χρυσού από τις ΗΠΑ τον Μάρτιο του 1933. Ήδη όμως από την αρχή

---

[33]Με την Προκήρυξη 2039 της 6/3/1933 η διακοπή των τραπεζικών εργασιών ίσχυε μέχρι τις 9/3/1933. Με την Προκήρυξη 2040 της 9/3/1933 γινόταν νέα, επ' αόριστον, διακοπή, που διήρκεσε μέχρι τις 13/3/1933.

[34]Η επανέναρξη διατάχθηκε με την Εκτελεστική Διαταγή 6073 της 10/4/1933.

του έτους η δραχμή είχε μια πολύ σταθερή ισοτιμία με το ελβετικό φράγκο [35] και ισχυρές ανατιμητικές τάσεις ως προς το δολάριο.[36] Δηλαδή αυτή η συναλλαγματική πολιτική δεν θα πρέπει να θεωρείται συγκυριακή, αλλά προϊόν απόφασης που προηγήθηκε της αμερικανικής εγκατάλειψης του κανόνα χρυσού (ΤτΕ 1934, Πίνακας 2).

Θα πρέπει να σημειωθεί ότι σε κανένα σημείο της Έκθεσης του Διοικητή δεν γίνεται επισήμως λόγος για πρόσδεση στο ελβετικό φράγκο παρότι οι αγοραπωλησίες συναλλάγματος εκφράζονται στο νόμισμα αυτό, πρακτική που ακολουθείται και στις Εκθέσεις των ετών 1934 και 1935. Παρότι αργότερα ομολογείται ότι το ελβετικό φράγκο χρησίμευε σαν ανεπίσημος δείκτης της συναλλαγματικής πολιτικής «εν τη πράξει» (ΤτΕ 1937, 44), σε όλες τις Εκθέσεις της περιόδου εντύπωση προκαλεί η απουσία ρητών αναφορών στις αποφάσεις ρύθμισης της ισοτιμίας της δραχμής.[37]

Οι δραστικές, ανορθόδοξες, αλλά και απόλυτα εύστοχες παρεμβάσεις του Roosevelt δεν σταμάτησαν εκεί. Με την Executive Order 6102 της 5/4/1933 προχώρησε στην αναγκαστική εξαγορά όλου του νομισματικού χρυσού, των χρυσών ράβδων και των πιστοποιητικών χρυσού στην αξία των 20,67 $/oz, καθιστώντας παράνομη την ιδιοκτησία όλων των παραπάνω για αξίες άνω των 100 δολ κατ' άτομο, με εξαίρεση σπάνια συλλεκτικά νομίσματα και τον χρυσό για άλλες χρήσεις. Δηλαδή, μετά την αναστολή των συναλλαγών και εξαγωγών χρυσού, ο Ρούζβελτ προχωρούσε στην μονοπώληση της ιδιοκτησίας του από το κράτος. Εν συνεχεία, με την Executive Order 6111 της 20/4/1933, απαγόρευσε την εξαγωγή χρυσού από την χώρα, εκτός των ποσοτήτων που αγόραζαν ξένες κυβερνήσεις, ξένες κεντρικές τράπεζες και η ΤΔΔ. Το τελευταίο καρφί στο φέρετρο του κανόνα του χρυσού μπήκε με την House Joint Resolution 192 της 5/6/1933, και την ακύρωση κάθε ρήτρας χρυσού σε προϋπάρχουσες ή μελλοντικές υποχρεώσεις, είτε αυτές ήταν ιδιωτικές είτε δημόσιες. Από την ημέρα εκείνη, κάθε χρέος θα αποτιμάτο και θα εξοφλείτο σε δολάρια και όχι σε χρυσό.

Το τελευταίο αυτό μέτρο ελήφθη λίγες ημέρες πριν την έναρξη του Οικονομικού Συνεδρίου του Λονδίνου (12/6–27/7/1933) που είχε συγκληθεί με αφορμή την διεθνή ύφεση. Η εκπεφρασμένη προτεραιότητα της εσωτερικής έναντι της διεθνούς ανάκαμψης που σε κάθε ευκαιρία διατυμπάνιζε ο Ρούζβελτ ερχόταν σε πλήρη αντίθεση με το πνεύμα των υπολοίπων συνέδρων· στην Έκθεση του Διοικητή της ΤτΕ αφήνεται να διαφανεί η δυσαρέσκεια απέναντι στην πολιτική αυτή. Έτσι, η ΤτΕ δήλωνε ότι υιοθετούσε τα συμπεράσματα του Συνεδρίου, δηλαδή την εν καιρώ επαναφορά του κανόνα του χρυσού, την ίδρυση και λειτουργία ανεξάρτητων κεντρικών τραπεζών και την διαγραφή χρεών (ΤτΕ 1934, IV–V). Έτσι, επιβεβαίωνε την πολιτική που είχε ήδη εγκαινιάσει και που θα ακολουθούσε τα επόμενα χρόνια.

Από την πλευρά των ΗΠΑ, οι αποφάσεις του Ρούζβελτ οδηγούσαν στην ανάκαμψη. Ταυτόχρονα, με μαζικές αγορές χρυσού σε τιμές υψηλότερες των αγορών, τον Δεκέμβριο του 1933 το δολάριο είχε υποτιμηθεί ως προς τον χρυσό περίπου στα 34 $/oz και οι ΗΠΑ είχαν εξασφαλίσει ένα μεγάλο απόθεμα του μετάλλου. Έτσι, στις 30/1/1934 ψηφίστηκε από το Κογκρέσο το Gold Reserve Act, που μετέφερε αυτόν τον χρυσό στην κυριότητα της κυβέρνησης και απαγόρευε την κοπή και κυκλοφορία χρυσών νομισμάτων, δηλαδή αποχρημάτιζε τον χρυσό. Την επομένη, η αξία του χρυσού οριζόταν στα 35 $/oz,[38] απόφαση που θα ανατιμούσε κατά 3 δισ δολάρια τον υπάρχοντα χρυσό της κυβέρνησης και που θα έφερνε άλλα 3 δισ δολάρια σε χρυσό την επόμενη διετία, από τις υπόλοιπες χώρες του κόσμου (Crabbe 1989).

Αυτή η ανταγωνιστική υποτίμηση του δολαρίου είχε τεράστιες επιπτώσεις στο διεθνές εμπόριο καθώς κατέστησε τις αμερικανικές εξαγωγές πολύ πιο ανταγωνιστικές, ιδίως προς εκείνες των χωρών του *bloc or* (Γαλλία, Ολλανδία, Ελβετία, Βέλγιο, Ιταλία, Πολωνία). Στις 26/9/1936, η απόφαση της γαλλικής κυβέρνησης του Léon Blum να υποτιμήσει το γαλλικό φράγκο κατά 30% συμπαρέσυρε την Ελβετία και την Ολλανδία, τις τελευταίες χώρες που είχαν παραμείνει στο χρυσό μπλοκ, το οποίο έτσι διαλύθηκε. Η απόφαση της Γαλλίας δεν ήταν μονομερής, δεδομένου ότι θα επέφερε εμπορικά αντίποινα και ανταγωνιστικές υποτιμήσεις από τις ΗΠΑ και την

---

[35] Γύρω στις 34–35 δρχ, η οποία μετά τον Μάρτιο σταθεροποιήθηκε πολύ κοντά στα 34,40 φράγκα.

[36] Η μέση τιμή αυξήθηκε κατά 4,5% τον Φεβρουάριο. Συνολικά, και με τις αποφάσεις του Ιουνίου το δολάριο υποχώρησε ακόμη περισσότερο, επιτρέποντας στην δραχμή να ανατιμηθεί κατά 65% μέχρι το τέλος του έτους. Ανατίμηση παρατηρήθηκε δευτερευόντως και ως προς την στερλίνα.

[37] Καθώς οι σχετικές αποφάσεις δεν περιλαμβάνονται στις Εκθέσεις, αυτές πρέπει να τις αλιεύουμε από τον Τύπο της περιόδου.

[38] Η Προκήρυξη 2072 της 31/1/1934 όριζε ότι το χρυσό δολάριο περιείχε 25,8 κόκκους χρυσού καθαρότητας 90%.

Βρετανία. Αντιθέτως, ήταν τμήμα της Τριμερούς Συμφωνίας της ίδιας ημέρας, μιας ανεπίσημης συμφωνίας που εισήγαγε τον «24ωρο Κανόνα Χρυσού», βάσει του οποίου τα τρία κράτη συμφωνούσαν στην αρχή κάθε ημέρας για τις ισοτιμίες που θα ήθελαν να τηρήσουν (Toniolo 2005, κεφ. 9.4· Mouré 2002, 263).

Με την συναλλαγματική της άγκυρα να ξεσέρνει, η Ελλάδα έσπευσε από την επομένη να συνδέσει την δραχμή με την στερλίνα (ΤτΕ 1937, 44), προβαίνοντας μάλιστα και σε υποτίμηση της τάξεως του 1,5%.[39] Η απόφαση αυτή, σε συνδυασμό με την Τριμερή Συμφωνία, εξασφάλιζε την σταθερή ισοτιμία της δραχμής και με τα άλλα νομίσματα. Πράγματι, μέχρι τα τέλη του 1939 η στερλίνα αγοραζόταν από την ΤτΕ στις 546 δρχ ακριβώς, ενώ τα άλλα νομίσματα έδειχναν πολύ στενές διακυμάνσεις γύρω από κάποιες κεντρικές τιμές οι οποίες άλλαζαν σε περιπτώσεις υποτιμήσεων.

Το περιστατικό έστρεψε τα φώτα της δημοσιότητας και στα αποτελέσματα της βρετανικής εγκατάλειψης του κανόνα του χρυσού το 1931. Ο *Οικονομικός Ταχυδρόμος* της 28/9/1936 αναδημοσίευε στην πρώτη σελίδα του πρόσφατο άρθρο του Economist επ' ευκαιρία της πενταετίας από το γεγονός. Εκεί, η έγκυρη ελληνική εφημερίδα έσπαγε το ταμπού ενός ακάλυπτου νομίσματος—ας θυμηθούμε τις συζητήσεις στην Βουλή κατά την «μάχη της δραχμής»— όχι βεβαίως από ριζοσπαστικό ορθολογισμό, αλλά εισάγοντας το *ex occidente lux* της υπό διαμόρφωση νέας νομισματικής ορθοδοξίας.

Η νέα νομισματική διαρρύθμιση ήταν προϊόν ισορροπίας δύο αντικρουόμενων προτεραιοτήτων: της επιθυμίας περαιτέρω ανάπτυξης του διεθνούς εμπορίου και της ανάγκης διαφύλαξης των εθνικών συμφερόντων των συμβαλλομένων μερών. Η Τριμερής Συμφωνία, έστω και με την ελάχιστη εκχώρηση νομισματικής κυριαρχίας που συνεπήγετο, μπορεί να θεωρηθεί ένας πρώιμος σταθμός στην πορεία από το Μπρέτον Γουντς μέχρι το Ευρώ,[40] κατά την οποία οι συσχετισμοί δυνάμεων θα έδιναν διαφορετικό συντελεστή βαρύτητας σε κάθε προτεραιότητα. Η συμφωνία αυτή ενδεχομένως να έδινε συνέχεια στην προϊούσα παγκοσμιοποίηση που διέκοψε ο ΑΠΠ· πράγματι, πέτυχε την διατήρηση μιας σχετικής συναλλαγματικής σταθερότητας μέχρι να διακοπεί από τον ΒΠΠ.

Νέα μέτρα προστασίας του νομίσματος από τον Ι. Μεταξά

Το αποτυχημένο πραξικόπημα Βενιζελικών αξιωματικών της 1/3/1935 προκάλεσε βίαιη αντιβενιζελική επίθεση και έγινε καταλύτης πολιτικών και πολιτειακών εξελίξεων. Ακολούθησαν μαζικές προγραφές Βενιζελικών αξιωματικών από το στράτευμα και άνοιξε ο δρόμος για την επιστροφή του Γεωργίου Β΄ στον ελληνικό θρόνο. Στις 10/10/1935 ο Κονδύλης αυτοανακηρύχθηκε αντιβασιλέας πραξικοπηματικά και στις 25/11/1935 υποδέχθηκε τον Γεώργιο Β΄ στο Φάληρο.

Μετά τις εκλογές της 26/1/1936, και ύστερα από μακρές διαπραγματεύσεις, εντολή σχηματισμού κυβέρνησης έλαβε ο Κωνσταντίνος Δεμερτζής. Στην κυβέρνηση που ορκίσθηκε στις 14/3/1936, Αντιπρόεδρος και Υπουργός Στρατιωτικών ανέλαβε ο Ιωάννης Μεταξάς. Ο Δεμερτζής όμως πέθανε ένα μήνα μετά (13/4), οπότε ο βασιλιάς διόρισε πρωθυπουργό τον Μεταξά, το κόμμα του οποίου (Ελευθεροφρόνων) είχε λάβει μόνον 7 έδρες στις εκλογές (3,94% των ψήφων). Οι 240 βουλευτές των άλλων τριών κομμάτων έδωσαν την ψήφο εμπιστοσύνης τους σε αυτό το κυβερνητικό σχήμα, σε προφανή αντίθεση με τις επιταγές των ψηφοφόρων τους.

Ο Ι. Μεταξάς λειτούργησε μόνο για λίγους μήνες εντός συνταγματικού πλαισίου, χρησιμοποιώντας την κομμουνιστική απειλή ως φόβητρο για να βγει εκτός αυτού. Στις 4/8/1936, με την έγκριση του βασιλιά και την συγκατάθεση του Σοφοκλή Βενιζέλου, ανέστειλε άρθρα του Συντάγματος και ανακοίνωσε την διάλυση της Βουλής με ένα κείμενο γεμάτο τυπογραφικά λάθη: «*ὁ [sic] Κομμουννισμός […] ἤγειρε θρασύτατην τὴν κεφαλὴν του ἀπειλῶν σοβαρώτατα τὸ κοινωνικὸν καθεστῶς τῆς Ἑλλάδος […] Ἀπὸ μακροῦ χρόνου […] πορεσκεύαζε [sic] τὴν κοινωνικὴν ἐπανάστασιν καὶ τελευταῖον ἐπίστευσεν ὅτι εὑρίσκεται εἰς τὰ πρόθυρα αὐτῆς. Αἱ σκηναὶ τῆς Θεσσαλονίκης κατὰ τὸν παρελθόντα Μάϊον [sic] ὑπῆρξαν*

---

[39] Η τιμή αγοράς την εβδομάδα πριν την υποτίμηση κυμαινόταν μεταξύ 537–539 δρχ (*Οικονομικός Ταχυδρόμος* 1936, 3). Μετά την υποτίμηση η τιμή αγοράς διαμορφώθηκε στις 546 δρχ και η τιμή πώλησης στις 550 δρχ (*Το Έθνος* 1936a, 6). Νέα ανακοίνωση διευκρίνιζε ότι η τιμή αγοράς θα κυμαινόταν μεταξύ 540–544 δρχ και η τιμή πώλησης μεταξύ 550–554 δρχ (*Το Έθνος* 1936b, 6).

[40] Ο Economist (*The Economist* 1936, 6) θεωρούσε ότι οι μεγαλύτερες χώρες μαθαίνουν τη τεχνική ρύθμισης συναλλαγματικών διακυμάνσεων μέσω χρήσης συναλλαγματικών κεφαλαίων. Ο Statist (*The Statist* 1936, 503) έγραφε στο editorial: «*It is the first decisive step towards a restoration of an international currency system and one which involves the retention of the gold as the underlying basis of that system*».

τὸ προοίμιον».[41] Με την πρόφαση ότι οι απεργίες της Θεσσαλονίκης ήταν κομμουνιστικές,[42] ο Μεταξάς εξαπέλυσε σκληρή αντικομμουνιστική καταστολή.

Πολύ σύντομα μετά την εγκαθίδρυσή του, το Μεταξικό καθεστώς άρχισε να λαμβάνει συμπληρωματικά μέτρα για την προστασία του εθνικού νομίσματος. Με σειρά νομοθετημάτων κατέστησε παράνομη την κατοχή οπισθογραφημένων επιταγών σε ξένο νόμισμα, απαγόρευσε την «*κατοχὴ χρυσοῦ, ξένων νομισμάτων, καὶ συναλλάγματος παρὰ Χρηματιστῶν, μεσιτῶν, κολλυβιστῶν, ἀργυραμοιβῶν, ἰδιωτῶν Τραπεζιτῶν καὶ παντὸς προσῶπου ἀσκοῦντος ἔστω καὶ ἄνευ ἐπισήμου ἰδιότητος τὰ ἔργα τούτων*», συνέστησε ειδική επιτροπή προστασίας του εθνικού νομίσματος και επέβαλλε φόρο 20.000 δρχ σε κάθε ταξιδιώτη που έφευγε εκτός Ελλάδος.[43] Το μέτρο συντόμως έγινε πιο ελαστικό[44] και εν συνεχεία καταργήθηκε[45], όμως αργότερα αποφασίσθηκε ότι κάθε ταξίδι στο εξωτερικό θα έπρεπε να δηλώνεται στην ΤτΕ.[46]

Επίσης ρύθμισε τον τρόπο πληρωμής ασφαλιστικών εισφορών προς τα ταμεία ασφάλισης των ναυτικών, τον τρόπο αποστολής εμβασμάτων από τους ναυτικούς, καθώς και τον τρόπο πληρωμής των ναυτικών από τους πλοιοκτήτες.[47] Έθεσε ελέγχους στις τραπεζικές θυρίδες, υποχρεώνοντας εν συνεχεία τους ιδιοκτήτες τους να τις ανοίξουν και να πωλήσουν στην ΤτΕ τυχόν συνάλλαγμα, χρυσό, ή ξένα νομίσματα που αυτές περιείχαν.[48] Μάλιστα, το τελευταίο αυτό μέτρο προέβλεπε την απαγόρευση εξόδου από την χώρα μέχρι τον έλεγχο της χρηματοθυρίδας, και τον αυτοδίκαιο έλεγχό της μετά την παρέλευση συγκεκριμένης προθεσμίας.

Επίσης διέταξε την υποχρεωτική κατάθεση σε δεσμευμένους λογαριασμούς παρά την ΤτΕ όσων δραχμών αποκτούσαν εντός Ελλάδος κάτοικοι εξωτερικού, για την αποδέσμευση των οποίων απαιτείτο άδεια της ΤτΕ. Ομοίως για την εισαγωγή δραχμών από το εξωτερικό απαιτείτο άδεια της ΤτΕ.[49] Απαγορεύθηκε, πλην συγκεκριμένων εξαιρέσεων, η σύναψη ασφάλισης στην Ελλάδα σε συνάλλαγμα.[50]

Τα μέτρα εν συνεχεία εντάθηκαν και η Υπηρεσία Προστασίας Εθνικού Νομίσματος ανέλαβε την αρμοδιότητα να διενεργεί παρακολουθήσεις προσώπων, ελέγχους αλληλογραφίας, παρακολουθήσεις τηλεγραφημάτων και τηλεφωνικών επικοινωνιών και να διενεργεί ελέγχους σε ταξιδιώτες ως προς τα νομίσματα, χρυσό, συνάλλαγμα και σε μη λογοκριμένες επιστολές που έφεραν κατά την είσοδο και έξοδό τους από την χώρα.[51]

Αυτό το πλέγμα μέτρων εντασσόταν σε μια γενικότερη και διεθνούς κλίμακας μετάβαση από τον οικονομικό φιλελευθερισμό που επικρατούσε πριν τον ΑΠΠ σε μια κρατική διαχείριση της οικονομίας κατά τον μεσοπόλεμο. Η κρίση επέτεινε αυτήν την τάση και ήλθε να πετάξει τις φιλελεύθερες αρχές στον κάλαθο των αχρήστων— έστω και προσωρινά. Όπως μετά λύπης παρατηρούσε τον Απρίλιο του 1932 ο Ε. Τσουδερός για την κατάρρευση του διεθνούς εμπορίου χάριν των «εθνικιστικών πολιτικών» της αυτάρκειας (ΤτΕ 1932, IV–V):

> *Πρὸ τοῦ μεγάλου πολέμου ὑπῆρχε ῥυθμὸς ἐν τῇ διεθνεῖ οἰκονομίᾳ. Ὑπὸ τὸ κράτος τοῦ συστήματος τοῦ ἐλευθέρου συναγωνισμοῦ ἡ ὀργανική, οὕτως εἰπεῖν, ἐξέλιξις τῆς παραγωγῆς εἶχε καταλήξει εἰς σταθερὰν ἰσορρόπησιν μεταξὺ τῶν ἐθνικῶν καὶ τῶν διεθνῶν δυνάμεων, αἵτινες ὠθοῦσι τὴν παραγωγικὴν δραστηριότητα [...] Ὁ ῥυθμὸς οὗτος ἀνετράπη μὲ τὸν πόλεμον [...] Ἡ πολιτικὴ τῆς αὐταρκείας, τὴν ὁποίαν λόγῳ τοῦ πολέμου εἶχεν ἀκολουθήσει ἑκάστη χώρα, εἶχεν ἐκ θεμελίων μεταβάλει τὸν καταμερισμὸν τῶν ἔργων καὶ τῶς παραγωγῆς, ὁποῖος εἶχε διαμορφωθῆ προπολεμικῶς διὰ τῆς ὁμαλῆς ἐξελίξεως [...] Ἕνας νέος ῥυθμὸς τῆς παγκοσμίου οἰκονομίας καθίστατο ἀναγκαῖος. Καὶ κατὰ τὰς ἀρχὰς μὲν τῆς μεταπολεμικῆς περιόδου ἐφάνη πρὸς στιγμὴν ὅτι θὰ ἦτο δυνατὴ ἡ ἐπίτευξις τοιούτου ῥυθμοῦ ἐπὶ τῇ βάσει τῶν νέων συνθηκῶν [...] Ἡ πλάνη αὕτη διεσκεδάσθη ταχέως.*

---

[41] *Διάγγελμα πρὸς τὸν ελληνικό λαό*, 4/8/1936 (ΦΕΚ 323Α, 4/8/1936, 1655–1657).

[42] Οι εργάτες στην πλειοψηφία τους δεν δρούσαν υπό τις οδηγίες του ΚΚΕ, παρότι αυτό είχε προσπαθήσει να υποθάλψει την διαμαρτυρία τους. Ομοίως, και η κατάληψη της καπναποθήκης Μπενεβενίστε στην Καβάλα τον Ιούλιο του 1933, ξέσπασε αυθόρμητα και όχι υπό την καθοδήγηση του ΚΚΕ, όπως ομολογεί και ο Γ. Πέγιος, κομμουνιστής αγωνιστής (Mazower 2009, 298).

[43] ΑΝ 33 της 21/8/1936 (ΦΕΚ 364Α, 21/8/1936, σ. 1873).

[44] ΑΝ 54 της 31/8/1936 (ΦΕΚ 364Α, 21/8/1936, σ. 1988).

[45] ΑΝ 257 της 18/10/1936 (ΦΕΚ 460Α, 17/10/1936, σ. 2455).

[46] Άρθρο 1 του ΑΝ 800 της 29/7/1937 (ΦΕΚ 286Α, 31/7/1937, 1833–1834).

[47] ΑΝ 149 της 17/9/1936 (ΦΕΚ 426Α, 29/9/1936, σ. 2223–224) και ΑΝ 502 της 26/2/1937 (ΦΕΚ 76Α, 1/3/1937, σ. 475).

[48] ΑΝ 309 της 2/11/1936 (ΦΕΚ 493Α, 7/11/1936, σ. 2633).

[49] ΑΝ 479 της 19/2/1937 (ΦΕΚ 99Α, 19/3/1937, σ. 627).

[50] ΑΝ 800 της 29/7/1937 (ΦΕΚ 286Α, 31/7/1937, 1833–1834).

[51] ΑΝ 1704 της 4/4/1939 (ΦΕΚ 149Α, 14/4/1939, σ. 985–988).

Τὰ κράτη, ἀκολουθοῦντα ἐναντίον τῆς καταστάσεως ταύτης ἐθνικιστικὴν πολιτικὴν ἐπεδίωξαν νὰ διατηρήσουν τὴν ἐγχώριον κατανάλωσιν ὑπὲρ τῆς ἐγχωρίου παραγωγῆς διὰ τῆς τεχνικῆς τηρήσεως τῶν τιμῶν εἰς ὑψηλὰ ἐπίπεδα [...]

Όταν εκφωνούνταν οι παραπάνω γραμμές στην ΓΣ των μετόχων της ΤτΕ, η Ελλάδα απείχε μόλις μια εβδομάδα από την χρεωκοπία και την επιβολή μέτρων προστασίας του εθνικού νομίσματος και της εθνικής παραγωγής.[52] Το μεταξικό καθεστώς, με το πλέγμα νομισματικών—και άλλων—μέτρων που εφάρμοσε τραβούσε αυτήν την πολιτική στο έπακρο, προσπάθεια στην οποία τελικά η ΤτΕ θα γινόταν αρωγός. Πέντε χρόνια μετά τις παραπάνω διαπιστώσεις, ο Τσουδερός θα υποστήριζε εντελώς αντίθετα μέτρα (ΤτΕ 1937, 40–41):

[Η] ἄγρυπνος παρακολούθησις καὶ ὁ ἔλεγχος τῶν πράξεων ἐπὶ συναλλάγματος, ἡ ἐπιβληθεῖσα πρὸς τὸν σκοπὸν τοῦτον λογοκρισία τῆς ἀλληλογραφίας, ὁ ἔλεγχος τῶν ἀναχωρούντων εἰς τὸ ἐξωτερικὸν καὶ ἡ σκληρὰ τιμωρία πάσης λαθρεμπορίας συναλλάγματος δὲν εἶναι μόνον ἔργον στοιχειώδους δικαιοσύνης καὶ σεβασμοῦ πρὸς τοὺς νόμους, ἀλλὰ καὶ ἔργον ἀμύνης τῆς κοινωνίας τῆς ὁποίας αὐτὴ ἡ ὕπαρξις τίθεται ἐν κινδύνῳ παρ' ἐκείνων οἵτινες ἀδιαφοροῦντες πρὸς πάντα νόμον καὶ πᾶν γενικὸν συμφέρον, προάγονται εἰς τὰς πράξεις τῶν παρὰ μόνου τοῦ εὐτελοῦς ἐλατηρίου τῆς προσωπικῆς ἐκνόμου ὠφελείας.

Πώς όμως να συμβιβασθεί ο πρώην φιλελεύθερος Διοικητής στα μάτια των μετόχων—αλλά και μέσα του—με αυτήν την νέα κατάσταση; Πώς να την συμβιβάσει με τον επικήδειο του διεθνούς εμπορίου και του ελεύθερου ανταγωνισμού που είχε εκφωνήσει προ πενταετίας, προς όφελος του οικονομικού εθνικισμού; Ίσως από ανάγκη να χρυσώσει το χάπι της κρατικής παρέμβασης, ίσως από ανάγκη να επιβεβαιώσει την νομιμοφροσύνη του στο νέο καθεστώς—τα αντιβενιζελικά στοιχεία τον είχαν ήδη εξωθήσει σε μια προσωρινή αποχώρηση και συνέχιζαν να καιροφυλακτούν—ο Τσουδερός βρήκε διέξοδο στην κλασική του παιδεία. Απευθυνόμενος στην ΓΣ των μετόχων τον Φεβρουάριο του 1937, παρέπεμψε το ακροατήριό του στις, μάλλον ξεχασμένες, συστάσεις του Πλάτωνα στους *Νόμους*[53] και στον έλεγχο που θα έπρεπε να ασκεί η Πολιτεία στο νόμισμα:

Τὰ μέτρα ταῦτα, ἐνοχλοῦντα ὀλίγους καὶ σώζοντα τὸ σύνολον μᾶς ὠθοῦν ν' ἀναφέρωμεν ὅσα ὁ Πλάτων εἰς τὸ XII κεφάλαιον τῶν Νόμων ε' ἐπρέσβευε σχετικῶς μὲ τὰ δικαιώματα τῶν πολιτῶν διὰ τὸ ἐθνικὸν νόμισμα [...] [Κ]ατὰ τὸν Πλάτωνα οὐδεὶς ἔπρεπε νὰ ταξιδεύῃ ἄνευ ἀδείας τῶν ἀρχόντων, οὐδεὶς δὲ νὰ κατέχῃ χρυσὸν καὶ ἀργυρονῆ ξένα νομίσματα εἰς τὴν πόλιν, ὁ δὲ παραβάτης νὰ τιμωρῆται μὲ κατάραν καὶ μομφὴν καὶ μὲ χρηματικὴν ποινήν.

Ο Τσουδερός απεδείκνυε και πάλι ότι η ΤτΕ ήταν ικανή για απόλυτη πολιτική ορθότητα όταν το κράτος χτυπούσε το μαστίγιό του.

13.4 Ανάκαμψη

Την επομένη της χρεωκοπίας του 1932, όποιος αισιοδοξούσε για την πορεία της ελληνικής οικονομίας θα μπορούσε να χαρακτηρισθεί ως εκτός τόπου και χρόνου. Και όμως, τα αμέσως επόμενα χρόνια οι περισσότεροι δείκτες θα έδειχναν μια οικονομία σε πλήρη άνθιση που όδευε προς την αυτάρκεια.

Κατ' αρχάς, μια σειρά συγκυριακών γεγονότων άσκησαν ευεργετικές επιδράσεις στα δημοσιονομικά μεγέθη. Με την παύση πληρωμών ο κρατικός προϋπολογισμός εξοικονόμησε πάνω από 1 δισ δρχ για τα επόμενα χρόνια, ποσά που αντιστοιχούσαν στο 10% των κρατικών δαπανών (Mazower 2009, 266–267). Επιπλέον, ο επαναπατρισμός συναλλάγματος από τις ΗΠΑ κατά τους πρώτους μήνες του 1933 βελτίωσε θεαματικά την θέση της ΤτΕ και τα κρατικά συναλλαγματικά αποθέματα, ενώ σημαντικά οφέλη της τάξεως των 6,5 εκ. δολ είχε και ο νόμος δραχμοποιήσεως. Όμως τα κυριότερα γεγονότα που δικαιολογούν τον όρο «ανάκαμψη» είχαν έναν πιο πάγιο χαρακτήρα. Εντελώς ενδεικτικά, μερικά συνοπτικά ποσοτικά στοιχεία είναι άξια μνείας.

Στον γεωργικό τομέα, κατά τις επταετίες 1924–1930 και 1931–1937 οι καλλιεργούμενες εκτάσεις βάμβακος αυξήθηκαν μεσοσταθμικά κατά 146,5%, των λαχανικών κατά 61% και του σίτου κατά 46,7%. Χαρακτηριστικό της ανάπτυξης ήταν το ότι αυξήθηκε δραματικά η παραγωγή ειδών εσωτερικής κατανάλωσης, ενώ η εξαγωγική μονοκαλλιέργεια του καπνού σημείωσε κάμψη κατά 6,8% (Mazower 2009, 313). Αντιστοίχως αυξήθηκαν και οι

---

[52] Έλεγχος χρυσού και συναλλάγματος δυνάμει του Ν. 5422/1932 και έλεγχοι εισαγωγών και εξαγωγών δυνάμει του Ν. 5426/1932.

[53] Πλάτων, *Νόμοι*, V, 741(ε)-742(ξ): «πρὸς τούτοις δ' ἔτι νόμος ἕπεται πᾶσι τούτοις, μηδ' ἐξεῖναι χρυσὸν μηδὲ ἄργυρον κεκτῆσθαι μηδένα μηδενὶ ἰδιώτῃ [...] ἰδιώτῃ δὲ ἂν ἄρα ποτὲ ἀνάγκη τις γίγνηται ἀποδημεῖν, παρεμένος μὲν τοὺς ἄρχοντας ἀποδημείτω, νόμισμα δὲ ἂν ποθεν ἔχων ξενικὸν οἴκαδε ἀφίκηται περιγενόμενον, τῇ πόλει αὐτὸ καταβαλλέτω πρὸς λόγον ἀπολαμβάνων τὸ ἐπιχώριον· ἰδιούμενος δὲ ἂν τις φαίνηται, δημόσιόν τε γιγνέσθω καὶ ὁ συνειδὼς καὶ μὴ φράζων ἀρᾷ καὶ ὀνείδει μετὰ τοῦ ἀγαγόντος ἔνοχος ἔστω, καὶ ζημία πρὸς τούτοις μὴ ἐλάττονι τοῦ ξενικοῦ κομισθέντος νομίσματος».

αποδόσεις· όπως ανέφερε το ΑΟΣ, κατά την πενταετία 1933–37 η σοδειά σίτου ήταν 712 χιλ. τόνοι, υπερδιπλάσια των 340 χιλ. τόνων της πενταετίας 1928–32 (Mazower 2009, 318).

Στον βιομηχανικό τομέα, μεταξύ 1928–1938 η κατανάλωση ηλ. ρεύματος τετραπλασιάστηκε, οι μηχανικές κατασκευές αυξήθηκαν κατά 5,8 φορές, ενώ από στατιστικές της ΚτΕ (Χριστόπουλος και Μπαστιάς 1978, 15:327–330) η Ελλάδα παρουσίασε την τρίτη μεγαλύτερη βιομηχανική αύξηση παγκοσμίως (65%), μετά την Σοβιετική Ένωση (877%) και την Ιαπωνία (73%). Η κατάσταση αυτή είχε και συνέργειες γεωργικού-βιομηχανικού τομέα. Μεταξύ 1928–32 και 1933–37 η έκταση βαμβακοκαλλιεργειών διπλασιάστηκε και η βαμβακοπαραγωγή τετραπλασιάστηκε. Έτσι, ενώ οι Έλληνες κλωστοϋφαντουργοί το 1922 χρησιμοποιούσαν ελληνικό βαμβάκι κατά το 1/3, το 1935 κάλυπταν τις ανάγκες τους με αυτό κατά τα 2/3. Επίσης και οι κατασκευαστές αγροτικών μηχανημάτων επωφελήθηκαν από την αυξημένη ζήτηση που παρουσίαζε η αναπτυσσόμενη γεωργία (Mazower 2009, 327–330). Και εδώ δηλαδή η ανάπτυξη οφειλόταν στην υποκατάσταση των εισαγωγών η οποία, κατά τον Mazower (2009, 329), άσκησε εντονότερη επίδραση από ό,τι η μεγέθυνση της οικονομίας.

Αυτή η τάση υποκατάστασης των εισαγωγών από την εγχώρια παραγωγή προκάλεσε απότομη μείωση του ελλείμματος του εμπορικού ισοζυγίου, καθώς ήταν τόσο έντονη που υπερκάλυψε την μείωση των εξαγωγών. Σύμφωνα με τα στοιχεία της ΕΣΥΕ, οι εισαγωγές μειώθηκαν κατά 280 εκ. χρυσές δρχ και οι εξαγωγές κατά 96,5 εκ. χρυσές δρχ, μειώνοντας έτσι το έλλειμμα κατά 183,3 εκ. χρυσές δραχμές.[54] Αντίστοιχες ήταν οι εκτιμήσεις του Ανωτάτου Οικονομικού Συμβουλίου.[55]

Το φαινόμενο είναι αρκετά πολύπλοκο για να αναλυθεί σε λίγες σελίδες όμως, εντελώς συνοπτικά, θα πρέπει να εξετάσουμε δύο παράγοντες που ερμηνεύουν αυτόν τον—τηρουμένων των αναλογιών—σχεδόν διαρθρωτικό μετασχηματισμό της ελληνικής οικονομίας.

Κατ' αρχάς, η ελληνική οικονομία, όπως και όλες σχεδόν οι εθνικές οικονομίες της περιόδου, έχαιρε διοικητικής προστασίας. Ήδη από το 1926 είχε αρχίσει η πλήρης εφαρμογή του δασμολογίου του 1923 που ήταν εξαιρετικά προστατευτικό για την ελληνική βιομηχανία (Κωστής 2003, 365). Επιπλέον, την επομένη της χρεωκοπίας μαζί με τον νόμο 5422/1932 ίσχυσε και ο νόμος 5426/1932[56] που επιχειρούσε να παράσχει επιπλέον προστασία στην ελληνική παραγωγή μέσω περιορισμών στις εισαγωγές, προώθησης των διμερών ανταλλαγών κλπ.[57] Να σημειώσουμε ότι Υπ. Οικονομικών που υπέγραφε αυτό το νομοσχέδιο ήταν ο Κυρ. Βαρβαρέσος.

Θα πρέπει να σημειωθεί ότι ο πολιτικός κόσμος δεν ένιωθε ιδιαιτέρως άνετα με την εγκατάλειψη του δόγματος του οικονομικού φιλελευθερισμού και αισθανόταν την ανάγκη να δικαιολογηθεί, όπως θα έκανε σε ομιλία του προς εκπροσώπους των εμπορικών επιμελητηρίων ο Γεώργιος Πεσμαζόγλου, Υπ. Εθν. Οικονομίας του Π. Τσαλδάρη: «Ἡ κρατικὴ παρέμβασις δὲν ὀφείλεται εἰς τὴν ἀπόρριψιν τοῦ ἐλευθέρου ἐμπορίου, ἀλλὰ ἐπεβλήθη ἐκ τῶν γεγονότων» (Mazower 2009, 269). Το ίδιο απολογητική ήταν και η στάση του Π. Τσαλδάρη σε προεκλογική ομιλία τον Μάρτιο του 1933: «Ἡ κρατικὴ πολιτικὴ πρέπει νὰ βασίζεται εἰς τὴν ἐλευθερίαν τοῦ ἐμπορίου … [μολονότι] αἱ εὐρύτεραι ἀναγκαιότητες ἐνδεχομένως ἀπαιτήσωσι τὴν προσωρινὴν μονοπώλησιν ὑπὸ τοῦ κράτους ὁρισμένων ἀγαθῶν εὐρείας καταναλώσεως» (Mazower 2009, 272).

---

[54] Οι εισαγωγές μειώθηκαν από 581.828.000 σε 301.937.000 χρυσές δραχμές (34%). Οι εξαγωγές από 279.092.000 σε 182.519.000 χρυσές δραχμές (34%). Το έλλειμμα μειώθηκε από 302.736.000 σε 119.418.000 χρυσές δραχμές (60%). Λόγω της συναλλαγματικής αστάθειας τα συμπεράσματα δεν είναι ακριβώς τα ίδια σε τρέχουσες δραχμές, καθώς οι εισαγωγές φαίνονται μειωμένες από 8.763.321 σε 7.869.988 χιλ δρχ (10%), οι εξαγωγές αυξημένες από 4.205.591 σε 4.757.367 χιλ. δρχ (13%) και το έλλειμμα μειωμένο από 4.557.730 σε 3.112.621 χιλ. δρχ (32%). Τα αναλυτικά στοιχεία φαίνονται στον Πίνακα 25.65.

[55] Οι εισαγωγές έπεσαν ραγδαία κατά 3,6 δις δρχ (από 8,76 σε 5,16 δις) και το εμπορικό έλλειμμα κατά 3,14 δις δρχ (από τα 4,56 στα 2,42 δις), ταυτόχρονα έπεσαν και οι εξαγωγές κατά 1,46 δις δρχ, από τα 4,20 σε 2,74 δις (Ανώτατον Οικονομικόν Συμβούλιον 1933, 43).

[56] ΦΕΚ 137Α, 29/4/1932, σ. 935–936.

[57] Πιο αναλυτικά, ο νόμος παρείχε στους Υπ. Εθν. Οικονομίας και Οικονομικών τις δυνατότητες απαγόρευσης εισαγωγής εμπορευμάτων για τα οποία ο έμπορος δεν είχε λάβει το απαραίτητο συνάλλαγμα (άρ. 1.1) και απαγόρευσης εισαγωγής εμπορευμάτων που δεν θα πληρώνονταν ολικά ή μερικά με ανταλλαγή με εγχώρια προϊόντα (άρ. 1.2). Επιπλέον έμπαιναν περιορισμοί στην εισαγωγή μηχανημάτων (άρ. 2), ειδικώς όταν τέτοια κατασκευάζονταν και από ελληνικές βιομηχανίες (άρ. 2.3). Για την διευκόλυνση του εμπορίου δινόταν η δυνατότητα διακρατικών προσωρινών συμφωνιών ανταλλαγής προϊόντων (άρ. 3), που θα διενεργούνταν από γραφεία συμψηφισμού που θα ιδρύονταν στην ΤτΕ, σε ΝΠΔΔ ή με μη κυβερνητικές συμφωνίες (άρ. 4). Στο άρθρο αυτό προβλεπόταν η υποχρεωτική διενέργεια πληρωμών μέσω των γραφείων αυτών καθώς και η αναγκαστική ίδρυση ενώσεων εισαγωγέων-εξαγωγέων ομοειδών προϊόντων για την διευκόλυνση των ανταλλαγών των προϊόντων αυτών. Βασική πρόνοια του νόμου ήταν και η ενίσχυση των εξαγωγών.

Παρά τους όποιους δισταγμούς, τα αμέσως επόμενα χρόνια το εμπόριο διεξαγόταν εν μέρει υπό το καθεστώς των ποσοστώσεων (περιορισμών) των εισαγωγών και των συμψηφισμών (κλήρινγκ).[58] Θα πρέπει όμως να σημειωθεί ότι αυτές οι συμβάσεις ήταν πάντοτε προσωρινές, καθώς το βασικό

Πίνακας 13.2: Τιμάριθμος φαρίνας α' ποιότητας (1914 = 100)

	1929	**1932**	**Διαφορά**
Εγχώριο	2.068	1.811	–12,43%
Καναδά	2.058	2.291	+11,32%
Αυστραλίας	2.294	2.209	–3,71%

Πηγή: (ΕΣΥΕ 1934, 250).

παραδεκτό δόγμα ήταν το ελεύθερο εμπόριο και η παρούσα κατάσταση λογιζόταν ως παροδική. Οι συμβάσεις αυτές σε ορισμένες περιπτώσεις προέβλεπαν την εξαγωγή προϊόντων με σκοπό την αποπληρωμή παλαιότερων εμπορικών οφειλών προς κάποιες χώρες (Γερμανία, Αυστρία, Σουηδία).

Ήταν αυτοί οι διοικητικοί περιορισμοί αποτελεσματικοί; Με άλλα λόγια, ήταν αυτοί υπεύθυνοι για την ανάκαμψη που προέκυψε; Χωρίς να μπορεί να απομονωθεί η επίδρασή τους από εκείνη άλλων παραγόντων, θα μπορούσαμε να πούμε ότι δεν απέδωσαν τα αναμενόμενα. Για παράδειγμα, κάποιες ποσοστώσεις δεν καλύφθηκαν καν (π.χ. στα υφάσματα λόγω αύξησης της εγχώριας παραγωγής) ενώ σε άλλες σημειώθηκαν μεγάλες υπερβάσεις (ζάχαρη, καφές, ζώντα ζώα, ξυλεία). Επιπλέον, η εισαγωγή έπεσε ακόμα και σε προϊόντα στα οποία δεν επιβλήθηκαν καν ποσοστώσεις (ρύζι, αλιεύματα, άνθρακας, βενζίνη). Μάλιστα, μεταξύ Μαΐου 1931 και Μαΐου 1932, μεγαλύτερη μείωση *όγκου* εισαγωγών παρατηρήθηκε σε μη ουσιώδη αγαθά που *δεν* υπέκειντο σε ποσοστώσεις (70%). Μικρότερες ήταν οι μειώσεις του όγκου εισαγωγών για προϊόντα που είτε υπέκειντο σε αυτές (40%) είτε απαιτούσαν άδεια για την εισαγωγή τους (56%). Κατά μια εκτίμηση του Mazower, η μείωση της αξίας των εισαγωγών μέχρι το 1935 οφείλεται σε ποσοστό κάτω του 10% στις ποσοστώσεις, με σημαντικότερη αιτία τη πτώση των διεθνών τιμών (Mazower 2009, 279–280, 285–286).

Αποτιμώντας την επίδραση των διοικητικών ελέγχων θα πρέπει να συνυπολογίσουμε και τις υπερβολικές απαιτήσεις που αυτοί συνεπάγονταν για μια δυσλειτουργική γραφειοκρατία, καθώς και τα εμπορικά συμφέροντα, που οδήγησαν τελικά τον εμπορικό κόσμο σε ευθεία σύγκρουση με το κράτος σχετικά με την χρησιμότητα και την αποτελεσματικότητα των ποσοστώσεων (*Οικονομολόγος Αθηνών* 1934, 1).

Επιπλέον, και ο θεσμός των συμψηφισμών ήταν περιορισμένης εμβέλειας, αποτελώντας το 1/3 περίπου των συνολικών εμπορικών συναλλαγών με το εξωτερικό (Mazower 2009, 289–290). Σε περιπτώσεις μεγάλων προμηθευτών εισαγωγικών αγαθών, όπως σίτου (ΕΣΣΔ, Αργεντινή) και καφέ (Βραζιλία) η Ελλάδα δεν κατάφερε να κάνει συμφωνίες πλήρους συμψηφισμού, δηλαδή που να αφορούν σε όλα τα εμπορεύματα, καθώς αφενός αυτές οι χώρες δεν ενδιαφέρονταν για τα ελληνικά εξαγώγιμα προϊόντα και αφετέρου ήταν πολύ ισχυρές για να εξαναγκαστούν σε τέτοιες συμφωνίες από μια μικρή αγορά.

Μία δεύτερη συγκυρία της περιόδου μετά την πτώχευση ήταν η έντονη υποτίμηση της δραχμής ως προς όλα τα κύρια νομίσματα. Σε σχέση με το 1931—και ανάλογα με το έτος—η δραχμή εμφανιζόταν να έχει χάσει μεταξύ 20% και 60% της αξίας της ως προς το γαλλικό φράγκο, την στερλίνα και το δολάριο (βλ. Πίνακα 25.5).

Αυτή η υποτίμηση προκάλεσε σημαντική αύξηση των τιμών των εισαγόμενων προϊόντων, ενώ τα αντίστοιχά τους εγχώρια έδειχναν τάσεις συμπίεσης των τιμών τους. Οι αποκλίσεις των τιμών ήταν τόσο σημαντικές που ευνοούνταν οι εγχώριοι παραγωγοί των προϊόντων αυτών, οι οποίοι μπορούσαν πλέον να υποκαθιστούν τις εισαγωγές, όπως συνέβη στα άλευρα (βλ. Πίνακα 13.2). Συνολικά, ο τιμάριθμος χονδρικής πώλησης των εγχώριων προϊόντων έδειξε μείωση 10,7% μεταξύ 1929–1932, ενώ των εισαγόμενων έδειξε αύξηση 3,5% την ίδια περίοδο (ΕΣΥΕ 1934, 252). Είναι χαρακτηριστικό ότι μελέτη της περιόδου υποδείκνυε ότι η τιμή του εισαγόμενου σίτου είχε μεγαλύτερη επίδραση στις τιμές παραγωγού από ότι οι υποστηρικτικές δράσεις του ΚΕΠΕΣ (Mazower 2009, 319–320).

---

[58] Ο θεσμός των διμερών ανταλλαγών και των συμψηφισμών βασίστηκε σε μια ιδέα που πρότεινε ένας εκπρόσωπος της Αυστρίας στην συνδιάσκεψη που οργάνωσε η ΤΔΔ στην Πράγα τον Νοέμβριο του 1931 (Mazower 2009, 287). Λόγω της έλλειψης ρευστότητας που επέφεραν οι συναλλαγματικοί περιορισμοί, το διεθνές εμπόριο άρχισε να διεξάγεται με απευθείας ανταλλαγή εμπορευμάτων μέσω διμερών συμφωνιών. Η αξία των προϊόντων των δύο πλευρών υπολογιζόταν και μετά από τον συμψηφισμό των οφειλών κάθε πλευράς πληρωνόταν μόνον η διαφορά.

Θα μπορούσαμε λοιπόν να πούμε ότι η πιο ευεργετική συνθήκη για την παρατηρηθείσα ανάκαμψη ήταν η διαφορετική άνοδος στα επίπεδα τιμών εισαγομένων και εγχωρίων προϊόντων, η οποία οδήγησε προς την υποκατάσταση των εισαγωγών.

Βεβαίως, δεν θα πρέπει να βλέπουμε αυτήν την ανάκαμψη υπερβολικά ειδυλλιακά. Η ελληνική οικονομία αυξήθηκε μεν ποσοτικά, αναπαράγοντας όμως τις υπάρχουσες δομές, με τις οποίες δεν θα μπορούσε σε καμία περίπτωση να ανταγωνισθεί ξένες οικονομίες απουσία κάποιας μορφής προστασίας. Π.χ., αυτό το οποίο περιγράφουμε ως «βιομηχανία», μάλλον ως βιοτεχνία θα μπορούσε να χαρακτηρισθεί με τα πρότυπα βιομηχανικών κρατών. Τα κεφάλαια των «βιομηχανικών» επιχειρήσεων ήταν στο μεγαλύτερο ποσοστό κυκλοφορούντα παρά πάγια και οι ανάγκες πιστώσεως ήταν μάλλον βραχυπρόθεσμες—κεφάλαια κίνησης—παρά μακροπρόθεσμες (Κωστής 2003, 502). Τα παραπάνω υποδεικνύουν ελαφριές μονάδες, με μικρή διάθεση των ιδιοκτητών τους να επενδύσουν μακροπρόθεσμα σε νέες τεχνολογίες και μεθόδους παραγωγής, προοπτική άλλωστε που παρεμπόδιζε και το ίδιο κράτος, μη πιστεύοντας ότι θα μπορούσαν αυτές να καταστούν ανταγωνιστικές και βιώσιμες (Mazower 2009, 328). Η ελληνική «βιομηχανία» ήταν κατά κύριο λόγο εξαρτημένη από το χαμηλό μισθολογικό κόστος, την δασμολογική προστασία και την ενίσχυση των ολιγοπωλιακών συνθηκών, όλα συνθήκες που εξασφάλιζε το ίδιο κράτος. Είναι άγνωστο αν η εικόνα που περιέγραφε το ΑΟΣ (1933, 15), για μια βιομηχανική παραγωγή *περιωρισμένη κατὰ ποσὸν καὶ ἀτελὴ ἐν πολλοῖς κατὰ ποιόν»*, ήταν νομοτέλεια ή αυτοεκπληρούμενη προφητεία, ασφαλώς όμως θα αποδεικνυόταν διαχρονική.

Η ΚΑΤΟΧΙΚΗ ΝΟΜΙΣΜΑΤΙΚΗ ΛΕΗΛΑΣΙΑ

14

Τι άνδρας! Έχω χάσει την καρδιά μου! [...] Ο Φασισμός έχει προσφέρει υπηρεσία σε ολόκληρο τον κόσμο [...] Αν ήμουν Ιταλός, θα ήμουν σίγουρα μαζί σας από την αρχή της νικηφόρου μάχης σας ενάντια στις κτηνώδεις ορέξεις και πάθη του Λενινισμού.
Ο Winston Churchill για τον Mussolini, 12/8/1927 (Langworth 2011, 169)

Δεν με πειράζει να σας εκμυστηρευθώ ότι έχω αρκετά στενή επαφή με αυτόν τον θαυμαστό Ιταλό κύριο.
Ο Roosevelt για τον Mussolini, 1933 (Diggins 1972, 279–281)

ΣΥΝΕΠΗΣ ΣΕ ΜΙΑ ΔΙΑΧΡΟΝΙΚΗ και δοκιμασμένη πρακτική, ο Αδόλφος Χίτλερ θα έβρισκε προκάλυμμα για την ακόρεστη επιθετικότητά του στην «προστασία των μειονοτήτων»· στην περίπτωση αυτή αντικείμενο «προστασίας» του ήταν η γερμανόφωνη μειονότητα της Σουδητίας, μιας περιοχής της τότε Τσεχοσλοβακίας, και όργανό του το φιλοναζιστικό *Sudetendeutsche Heimatfront*. Από τον Απρίλιο του 1938 θα υπέθαλπαν μαζί την Σουδητική κρίση, που θα οδηγούσε στην στρατιωτική κατάληψη της περιοχής· μετά από διαπραγματεύσεις, απούσης της άμεσα ενδιαφερομένης Τσεχοσλοβακίας, η συνθήκη του Μονάχου (30/9/1938) μεταξύ Ιταλίας, Βρετανίας, Γαλλίας και Γερμανίας, παραχωρούσε την Σουδητία στην Γερμανία, με την ελπίδα κατευνασμού της γερμανικής επιθετικότητας. Ταυτόχρονα, ο Βρετανός Πρωθυπουργός Neville Chamberlain υπέγραφε και συνθήκη ειρήνης με την Γερμανία. Επιστρέφοντας την ίδια μέρα στην πατρίδα του, εκφώνησε τον ιστορικό λόγο «*Ειρήνη για την εποχή μας*» στο αεροδρόμιο του Heston, ανεμίζοντας με συγκίνηση το κουρελόχαρτο που μόλις είχε υπογράψει ο Χίτλερ. Θα κέρδιζε έτσι μια καθόλου αξιοζήλευτη θέση στην ιστορία για την αφέλειά του. Την ίδια ημέρα ο Édouard Daladier επέστρεφε στην Γαλλία πιο συνειδητοποιημένος, αναμένοντας λαϊκή αποδοκιμασία· όταν όμως, φτάνοντας στο Bourget, το κοινό «αντί για τομάτες τον έλουσε με λουλούδια», φέρεται να ψιθύρισε στον βοηθό του, Alexis Leger: «*Ah ! Les cons !*».

Ο Χίτλερ, επιτυγχάνοντας αυτό που θα λέγαμε σήμερα την «Κοσοβοποίηση» μιας περιοχής ενός κυρίαρχου κράτους, μετρούσε την αποφασιστικότητα των μελλοντικών του αντιπάλων και κατέληγε στο συμπέρασμα ότι αυτή ήταν ανύπαρκτη. Τον Μάιο του 1939 σειρά είχε το γερμανόφωνο Ντάνζιγκ (Γκντανσκ), που είχε αποσπασθεί από την Γερμανία ως «ελεύθερη πόλη» εντός της Πολωνίας με την Συνθήκη των Βερσαλλιών· οι διαπραγματεύσεις με την Γαλλία και την Βρετανία κράτησαν όλο το καλοκαίρι, αλλά όλα τελείωσαν στις 23/8/1939 όταν η Γερμανία υπέγραψε με την Σοβιετική ένωση το σύμφωνο μη επιθέσεως Ribbentrop-Molotov. Την 1/9/1939 η Γερμανία εισέβαλε στην Πολωνία από τα Δυτικά και στις 17/9/1939 η ΕΣΣΔ εισέβαλε από τα Ανατολικά. Ο Δεύτερος Παγκόσμιος Πόλεμος ξεκινούσε. Η Πολωνία, που είχε προηγουμένως συμμετάσχει στην κατάτμηση της Τσεχοσλοβακίας εισβάλλοντας στην Ζαολζία, θα δοκίμαζε το ίδιο πικρό φάρμακο.

Η εμπλοκή της Ελλάδας ξεκίνησε πρακτικώς με τον τορπιλισμό της Έλλης τον Δεκαπενταύγουστο του 1940 από ιταλικό υποβρύχιο. Ο Μουσολίνι, έχοντας ήδη εισβάλλει στην Αλβανία από τον περασμένο Απρίλιο ζητούσε μια αφορμή για να επιτεθεί στην Ελλάδα, την οποία ο Ι. Μεταξάς δεν του έδινε. Τελικά, στις 3 πμ της 28^{ης} Οκτωβρίου, ο Ιταλός πρέσβυς Emanuelle Grazi επέδωσε τελεσίγραφο στην οικία του Ι. Μεταξά, ζητώντας του την διέλευση των ιταλικών στρατευμάτων και την κατάληψη καιρίων θέσεων της ελληνικής επικράτειας. Στερούμενος ακόμα και του χρόνου να διατάξει παράδοση από την αιφνιδιαστική απαίτηση, ο Ι. Μεταξάς απάντησε σύντομα: «*Alors, c'est la guerre*» (Grazzi 1945, 244) και η Ελλάδα έμπαινε και επισήμως στο σκοτάδι του πολέμου· μισή ώρα πριν την λήξη του τελεσιγράφου οι ιταλικές επιθέσεις είχαν ήδη ξεκινήσει.

Τα ιταλικά στρατεύματα βρήκαν αντίσταση που δεν ανέμεναν και που τους απώθησε βαθιά μέσα στην Αλβανία. Αντίσταση που δεν ανέμεναν ούτε και οι Έλληνες επιτελείς, οι οποίοι είχαν προσανατολισθεί μάλλον σε μια

Τριπλή κατοχή της Ελλάδας από τις Δυνάμεις του Άξονα (1941-1944)

- ■ Γερμανική ζώνη κατοχής
- □ Ιταλική ζώνη κατοχής
  (υπό γερμανική διοίκηση μετά τον Σεπτ. 1943)
- ■ Βουλγαρική ζώνη κατοχής (εδάφη προσαρτηθέντα στην Βουλγαρία)
- ■ Βουλγαρική ζώνη κατοχής (μη προσαρτηθέντα εδάφη) υπό γερμανική επίβλεψη (από τον Ιούλιο 1943)
- ■ Δωδεκάνησα (ιταλικές κτήσεις από το 1912)

Εικόνα 14.1: Η τριπλή (γερμανική, ιταλική, βουλγαρική) κατοχή κατά την περίοδο 1941–1944.

αξιοπρεπή ήττα παρά σε νικηφόρο αγώνα· ο ίδιος ο Αρχιστράτηγος Αλέξανδρος Παπάγος που ανέμενε ότι «*θα ρίψωμεν μερικές τουφεκιές δια την τιμήν των όπλων*» (Λιναρδάτος 1993, 184) δεν επισκέφθηκε το μέτωπο παρά στις 2/12/1941, ενώ μόλις στις 17/12 μετέφερε τον Σταθμό Διοικήσεως του Β΄ Σώματος Στρατού από το ξενοδοχείο «Μ. Βρετανία» στα Ιωάννινα (Λιναρδάτος 1976, Βα:101). Οι Έλληνες στρατιώτες είχαν μεταμορφώσει την διπλωματική άρνηση του Ι. Μεταξά σε ένα μεγαλειώδες «ΌΧΙ» και η πολιτική τους ηγεσία υστερούσε. Όμως οι επιτυχίες του ελληνικού στρατού στο αλβανικό μέτωπο δεν έμειναν αναπάντητες. Στις 6/4/1941 τα ναζιστικά στρατεύματα εισέβαλαν στην Βόρειο Ελλάδα από την Βουλγαρία και την Γιουγκοσλαβία, αλλά τους χρειάστηκαν τρεις εβδομάδες για να φτάσουν στην Αθήνα (27/4)· η Κρήτη έπεσε την 1/6 μετά από 10 ημέρες πολιορκίας. Ενδιαμέσως είχε προηγηθεί η ανακωχή που υπέγραψε ο Αντιστράτηγος Γεώργιος Τσολάκογλου (20/4/1941) με τον Γερμανό Υποστράτηγο Joseph Dietrich. Η πλήρης κατάληψη της ελληνικής επικράτειας είχε απαιτήσει 8 εβδομάδες στις γερμανικές δυνάμεις και συνολικά η Ελλάδα αντιστάθηκε στον Άξονα 217 ημέρες, περισσότερο από οποιαδήποτε άλλη χώρα, πλην της Βρετανίας, και της Σοβιετικής Ένωσης.[1]

Με την συνθηκολόγηση του Τσολάκογλου η Ελλάδα μοιράστηκε μεταξύ της Γερμανίας, της Ιταλίας και της Βουλγαρίας, με την τελευταία να εισβάλλει στην Θράκη μόνον κατόπιν εορτής. Για την Ελλάδα ξεκινούσε η μαύρη περίοδος της τριπλής κατοχής (Εικόνα 14.1). Πρώτο θύμα, οι συνειδήσεις των ηγετικών ελίτ· μπορεί η συνθηκολόγηση Τσολάκογλου να ήταν μια αμφιλεγόμενη απόφαση που ελήφθη προ της συντριπτικής γερμανικής υπεροπλίας, όμως καθόλου αμφιλεγόμενη δεν ήταν η κατοπινή πρότασή του στον Στρατάρχη von List να ηγηθεί κατοχικής κυβέρνησης νομιμοποιώντας την γερμανοϊταλική κατοχή. Ο Ribentropp θα αποκαλούσε τον Τσολάκογλου «δώρο εξ ουρανού», καθώς ο σχηματισμός κυβέρνησης από ντόπιους—κατά πάγια πρακτική κατοχικών και αποικιακών κυβερνήσεων—έλυνε για τους Γερμανούς πολλά προβλήματα. Ο δε Γερμανός πρέσβυς στην Ιταλία θεώρησε την πρόταση τόσο σημαντική που ξύπνησε άρον-άρον τον Μουσολίνι στην Villa Torlonia για να την εγκρίνει.[2]

Για την ελληνική αντίσταση, ό,τι δεν κατάφερε η γερμανοϊταλική εισβολή στην Ελλάδα μερικούς μήνες νωρίτερα, θα το κατάφερνε η γερμανική εισβολή στην Σ. Ένωση (22/6/1941) με την κατάρρευση της συμφωνίας Ribbentrop-Molotov. Μόνον τότε το ΚΚΕ εδέησε να ανατρέψει την γραμμή της ουδετερότητας,[3] και στην 6η Ολομέλεια της Κ.Ε. (1–3/7/1941) αποφάσισε «*ο φασισμός είναι ο κύριος εχθρός*» και ότι θα έπρεπε να στηρίξει «*κάθε προσπάθεια πού θά τείνει στή συντριβή τοῦ φασισμοῦ καί στην υπεράσπιση τῆς Σοβιετικῆς Ἕνωσης*» (ΚΚΕ 1981, 5:37). Στην 7η Ολομέλεια έγινε λόγος για ίδρυση *Εθνικού Απελευθερωτικού Μετώπου* (ΕΑΜ) και το ΚΚΕ προσυπέγραψε την

---

[1] Νορβηγία: 63 (9/4 με 10/6/1940), Γαλλία: 44 (10/5 με 22/6/1940), Πολωνία: 33 (1/9 με 6/10/1939), Βέλγιο: 18 (10 με 28/5/1940), Γιουγκοσλαβία: 12 (6 με 17/4/1941), Ολλανδία: 5 (10–15/5/1940), Δανία: 1 (9/4/1940), Λουξεμβούργο: 1 (10/5/1941). Η Ρουμανία, η Βουλγαρία, η Φινλανδία, η Αυστρία και η Ουγγαρία συστρατεύθηκαν με τον Άξονα. Η Ελβετία έμεινε ουδέτερη.

[2] Ο Τσολάκογλου διαμήνυσε στις 26/4/1941 ότι «*ο στρατός της Ηπείρου και της Μακεδονίας [...] είναι έτοιμος να προσφέρει μέσω των στρατηγών του τις υπηρεσίες του για σχηματισμό κυβέρνησης στην Αθήνα. Υποσχόμαστε να υπηρετήσουμε την Εξοχότητά του, τον Φύρερ του Γερμανικού λαού, όπως αυτός επιθυμεί*» (Mackensen 1962).

[3] Με την ιταλική εισβολή, σε «ανοιχτό γράμμα», ο έγκλειστος Ν. Ζαχαριάδης είχε καλέσει σε συμμαχία με το Μεταξικό καθεστώς ενάντια στους εισβολείς. Όμως η «Παλιά Κεντρική Επιτροπή», ακολουθούσε την γραμμή ουδετερότητας που επέβαλε η Κομιντέρν, καθώς «*ἡ Σοβιετική Ἕνωση ἔδωσε μέ τό γερμανοσοβιετικό σύμφωνο σέ ὅλα τά κράτη κ' ἰδιαίτερα στά βαλκανικά, τή δυνατότητα νά γλυτώσουν κι ὁριστικά ἀπ' τον πόλεμο*». Έτσι αποκήρυξε τον πόλεμο ως «*ἐγκληματικό τυχοδιωκτικό ἰμπεριαλιστικό*» (ΚΚΕ 1981, 5:12) και το γράμμα ως πλαστό (*Ριζοσπάστης* 2011, 2).

ίδρυσή του στις 27/9/1941.[4] Η απόφαση για την σύσταση του *Ελληνικού Λαϊκού Απελευθερωτικού Στρατού* (ΕΛΑΣ) ελήφθη στις 16/2/1942· τον ΕΛΑΣ όμως θα οργάνωνε σχεδόν μόνος του ο Θανάσης Κλάρας—αργότερα γνωστός ως Άρης Βελουχιώτης—ως ένα πατριωτικό και απελευθερωτικό σώμα, σε πείσμα του οργανωτισμού, της καχυποψίας και της κωλυσιεργίας της κομματικής γραφειοκρατίας.[5]

14.1 Περιορισμοί κίνησης κεφαλαίων

Με την έναρξη του πολέμου το 1939, είχε τεθεί το ζήτημα της επιβολής περιορισμών στις τραπεζικές αναλήψεις, για να αποφευχθεί τυχόν τραπεζικός πανικός και πληθωρισμός από μαζικές αγορές αγαθών πρώτης ανάγκης. Πράγματι, λόγω μαζικών αναλήψεων, οι καταθέσεις όψεως και ταμιευτηρίου στις μεγαλύτερες εμπορικές τράπεζες μειώθηκαν κατά 843 εκ. δρχ (6,7%) κατά τον μήνα Αύγουστο (ΤτΕ 1940, XXXVIII). Παράλληλα, μόνο την τελευταία εβδομάδα του Αυγούστου η κυκλοφορία χαρτονομισμάτων εμφάνισε απότομη άνοδο 1,87 δισ δρχ (*Οικονομολόγος Αθηνών* 1939a, 6) και μεταξύ Ιουνίου-Σεπτεμβρίου συνολική αύξηση 2,65 δισ (ΤτΕ 1940, XLV). Καθώς θεωρείτο ότι οι καταθέσεις αυτές κατέληγαν «στο σεντούκι» και όχι στην κυκλοφορία, η ΤτΕ προέβαινε στην αντικατάστασή τους με νέες κυκλοφορίες, ενισχύοντας τις τράπεζες και αυξάνοντας την κυκλοφορία.

Ο Βαρβαρέσος—Διοικητής πλέον της ΤτΕ αφού ο διάδοχος του Τσουδερού, Ιωάννης Δροσόπουλος, πέθανε λίγες ημέρες μετά την ανάληψη των καθηκόντων του—είχε εκτοξεύσει φραστική επίθεση εναντίον όσων προέβαιναν σε αναλήψεις των καταθέσεών τους, όμως δεν επέβαλλε περιορισμούς, καθώς θεωρούσε ότι όταν το κοινό έβλεπε ότι μπορούσε να αναλαμβάνει ανεμπόδιστα τα χρήματά του, θα μετέστρεφε την ψυχολογία του. Η πρόβλεψή του εν πολλοίς επαληθεύθηκε. Από τον Νοέμβριο το κλίμα ήταν σε φάση αναστροφής (*Οικονομολόγος Αθηνών* 1939b, 1) και μέχρι τον Δεκέμβριο το ύψος των καταθέσεων είχε αποκατασταθεί. Όμως η κυκλοφορία είχε πλέον σταθεροποιηθεί σε αρκετά υψηλότερα επίπεδα, καθώς τμήμα των συναλλαγών διεκπεραιωνόταν πλέον σε ρευστό (Βενέζης 1955, 224–226).

Με την κατάληψη της Αλβανίας από την Ιταλία το κλίμα άρχισε και πάλι να επιδεινώνεται, καθώς οι άνεμοι του πολέμου φυσούσαν προς της Ελλάδα· από τον Μάιο του 1940 η κυκλοφορία άρχισε και πάλι να αυξάνεται (Βενέζης 1955, 238–239). Με την κήρυξη του πολέμου από την Ιταλία η στάση της κυβέρνησης έγινε πιο αποφασιστική και οι αναλήψεις περιορίστηκαν στο 5% κάθε λογαριασμού ανά μήνα, μέχρι του ποσού των 10.000 δρχ.[6] Η ίδια απόφαση ελήφθη και με την γερμανική επίθεση (*Οικονομολόγος Αθηνών* 1941, 1).

14.2 Η φυγή της κυβέρνησης, της ΤτΕ και του χρυσού

Με τα γερμανικά στρατεύματα να κατευθύνονται προς την Αθήνα, ο Πρωθυπουργός Αλέξανδρος Κοριζής αυτοκτόνησε (18/4/1941) και αντικαταστάτης τους ορκίσθηκε ο πρώην Διοικητής της ΤτΕ Εμμανουήλ Τσουδερός (21/4/1941). Η τύχη του είναι φαίνεται ανεξάντλητη και βρίσκεται πάλι μέσα στα πράγματα. Έχοντας προεξοφλήσει την ήττα, η κυβέρνηση αποφάσισε να δραπετεύσει με τον Βασιλιά στην Κρήτη. Εξάλλου ο βασιλιάς στερείτο της ψυχικής σύνδεσης που θα τον έδενε με τον τόπο και τον λαό· η φυγή ήταν η αυτονόητη επιλογή. Μαζί τους πήραν και την διοίκηση της ΤτΕ: τον Διοικητή Κυριάκο Βαρβαρέσο, τον Υποδιοικητή Γεώργιο Μαντζαβίνο και κάποιους ανωτέρους υπαλλήλους (Αριστείδη Λαζαρίδη, Μίνω Λεβή και Σωκράτη Κοσμίδη). Ταυτοχρόνως το άρθρο 2 του καταστατικού της ΤτΕ τροποποιήθηκε ώστε η έδρα της ΤτΕ να είναι και η έδρα της νόμιμης κυβέρνησης.[7]

Ο Βενέζης μας περιγράφει με γλαφυρότητα την ιστορία της φυγάδευσης του χρυσού της ΤτΕ πριν την είσοδο των γερμανικών στρατευμάτων. Ήδη από τον Φεβρουάριο του 1941 ο χρυσός είχε μεταφερθεί στην Κρήτη με

---

[4]Το καταστατικό του υπέγραφαν οι Λευτέρης Αποστόλου (ΚΚΕ), Ηλίας Τσιριμώκος (Ένωση Λαϊκής Δημοκρατίας), Απόστολος Βογιατζής (Αγροτικό Κόμμα Ελλάδας) και Χρήστος Χωμενίδης (Σοσιαλιστικό Κόμμα Ελλάδας).
[5]Χαρακτηριστικό της δυσπιστίας του Πολιτικού Γραφείου προς τον ατίθασο «δηλωσία» ήταν ότι Ριζοσπάστης, δημοσίευσε το πρώτο διάγγελμα του ΕΛΑΣ μόλις την 1/1/1943 (ΚΚΕ 1981, 5:98–103). Ο ίδιος ποτέ δεν υπήρξε μέλος του Πολιτικού Γραφείου· έβλεπε τις κομματικές διεργασίες από απόσταση αδιανόητη για ένοπλους κομμουνιστές επαναστάτες, όπως ο Φιντέλ Κάστρο, ο Τίτο ή ο Μάο Τσε Τουνγκ.
[6]ΑΝ 2608 της 28/10/1940 (ΦΕΚ 339Α, 28/10/1939, σ. 2774).
[7]ΑΝ 3004 της 7/5/1941 (Βενέζης, 1945). Καθώς η τροποποίηση έγινε από τα Χανιά δεν πέρασε σε ΦΕΚ.

τα αντιτορπιλικά «Βασιλέας Γεώργιος» και «Βασίλισσα Όλγα», στο υποκατάστημα Ηρακλείου, όταν η γερμανική εμπλοκή στον πόλεμο έγινε πρόδηλη. Όταν και η κατάληψη της Κρήτης πλησίαζε, ο χρυσός μεταφέρθηκε από το Ηράκλειο στην Σούδα με το ρυμουλκό «Σάλβυα» και από εκεί στην Αλεξάνδρεια της Αιγύπτου με το βρετανικό αντιτορπιλικό «Διδώ», όπου και αποθηκεύτηκαν στο υποκατάστημα της Εθνικής Τράπεζας της Αιγύπτου. Μετά από ένα μήνα, και υπερνικώντας τις αντιρρήσεις της αιγυπτιακής τράπεζας—που δεν αναγνώριζε την νομιμότητα της διοίκησης της ΤτΕ εκτός Αθηνών—ο χρυσός μεταφέρθηκε με φορτηγά μέσω της ερήμου στο Σουέζ, όπου και φορτώθηκε σε φορτηγά πλοία. Έτσι έφτασε μέχρι το Durban της Νοτίου Αφρικής και μετά, με αμαξοστοιχία που διέθεσε ο Στρατάρχης Γιαν Σματς, στο Germiston. Εκεί έγινε η τήξη και ο καθαρισμός του από την Rand Refinery Ltd, υπό την επίβλεψη της South African Reserve Bank (SARB). Από τις 610.796,431 ουγγιών που υπολογιζόταν αρχικά, ελήφθησαν 608.350,790 ουγγιών ισοδυνάμων με 2.584.108 λίρες (μια χρυσή λίρα περιέχει 0.235420 ουγγιές χρυσού) που αποθηκεύτηκαν υπό μορφή ράβδων στην Πραιτόρια, στα θησαυροφυλάκια της SARB (Βενέζης 1955, 243–250). Επίσης άλλες 191.861,865 ουγγιές (ισοδύναμες με 814.977 λίρες) φυλάσσονταν στα θησαυροφυλάκια της Federal Reserve (ΤτΕ 1941, Μέρος Α). Έτσι, η Ελλάδα διέσωσε όλον τον χρυσό της από τις δυνάμεις κατοχής.

14.3 Τα χαρτονομίσματα των κατακτητών

Με την συνθηκολόγηση, η Ελλάδα βρέθηκε κάτω από τρεις διαφορετικές κατοχικές διοικήσεις, Γερμανική, Ιταλική και Βουλγαρική (βλ. Εικόνα 14.1). Καθεμία από αυτές ερχόμενη στην Ελλάδα εισήγαγε το δικό της νομισματικό σύστημα, κίνηση συμβολική και ταυτόχρονα πρακτική. Συμβολική, διότι αποτελούσε δήλωση κυριαρχίας επί των κατεκτημένων περιοχών· πρακτική, διότι αποτελούσε μια σημαντική πηγή εσόδων. Όσον αφορά σε αυτό το τελευταίο, όχι μόνον κάλυπτε τα έξοδα κατοχής που προέβλεπε η Συνθήκη της Χάγης του 1909 αλλά, στην περίπτωση της Γερμανίας και της Ιταλίας, στήριζε και την πολεμικές επιχειρήσεις που συνέχιζαν σε άλλα μέτωπα. Εισάγοντας νόμισμα που μπορούσαν να τυπώνουν κατά το δοκούν, οι κατοχικές δυνάμεις μπορούσαν να αφαιμάσσουν «με το γάντι» τις ελληνικές πρώτες ύλες, καθώς μπορούσαν να τις αγοράζουν τυπώνοντας την απαραίτητη ποσότητα χαρτονομίσματος—χωρίς φυσικά αυτό να αποκλείει και την αφαίμαξη διά της ωμής βίας.

Πέραν αυτής της γενικής παρατήρησης, εξετάζοντας τον τρόπο με τον οποίο κάθε κατακτητής χρησιμοποίησε το νόμισμα, μπορούμε να διαγνώσουμε και τις βλέψεις του πάνω στην κατεχόμενη από εκείνον ζώνη.

Γερμανία

Για να κατανοήσουμε την γερμανική νομισματική πολιτική στην κατεχόμενη Ελλάδα είναι αναγκαίο να ανατρέξουμε στις απόψεις που μόλις είχαν ωριμάσει μετά την γερμανική ανάκαμψη της δεκαετίας του 1930. Παρότι οι ιδέες αυτές θα συσχετισθούν και σε επόμενο κεφάλαιο με την διαδικασία της ευρωπαϊκής ενοποίησης, χρήσιμο είναι να αναφέρουμε όσα στοιχεία τους ερμηνεύουν την κατοχική νομισματική πολιτική.

Ίσως το πιο αντιπροσωπευτικό προσχέδιο της μεταπολεμικής ευρωπαϊκής οικονομίας αποτελεί η ομιλία του Γερμανού Υπ. Οικονομικών Walther Funk στις 25/7/1940, κατά την διάρκεια συνέντευξης Τύπου στο Βερολίνο (Funk 1940a), η οποία έχει εκτεταμένως αναδημοσιευθεί (Funk 1940b· Funk 1940c· Salewski 1985, 65–71· Carlyle 1954, 29–35). Πολύ συνοπτικά μπορούμε να αναφέρουμε ότι ο Γερμανός Υπ. Οικονομικών προέβλεπε την μετεξέλιξη των διμερών συμβάσεων ανταλλαγής σε πολυμερείς μέσω ενός γραφείου συμψηφισμού για όλη την Ευρώπη, την σύγκλιση του επιπέδου τιμών με τις γερμανικές, τις σταθερές ισοτιμίες με το μάρκο και την κυριαρχία του γερμανικού νομίσματος—και όχι του χρυσού—στο ευρωπαϊκό νομισματικό σύστημα. Ο Funk οραματιζόταν μια «ευρωπαϊκή οικονομική περιοχή» υψηλής αυτάρκειας σε πρώτες ύλες και «ορθολογικό» καταμερισμό εργασίας. Εντός αυτής θα μπορούσε να ανθίσει η Μεγάλη Γερμανία εξάγοντας στους Ευρωπαίους εταίρους της τελειωμένα βιομηχανικά αγαθά έναντι των ακατέργαστων πρώτων υλών της ευρωπαϊκής περιφέρειας. Συμπληρωματικά προς αυτό, η ευρωπαϊκή οικονομία θα μπορούσε να διεξάγει και κεντρικά σχεδιασμένο εμπόριο με την Ρωσία, τις ΗΠΑ και την Νότιο Αμερική. Αυτή η γραμμή σκέψης ήταν ευρέως γνωστή εκείνη την περίοδο, έχοντας μάλιστα αναλυθεί και στον ελληνικό Τύπο (Οικονομολόγος Αθηνών 1940, 1). Μεταπολεμικά έπαψε να προβάλλεται ενόψει της επικείμενης ευρωπαϊκής ενοποίησης υπό τον ευρωατλαντικό αντί του ναζιστικού άξονα.

Με άλλα λόγια, η Γερμανία φαίνεται να έβλεπε τις κατεχόμενες περιοχές σαν μια οικονομικά υποτελή ζώνη, πηγή πρώτων υλών και οιονεί αποικία· όχι οργανικό κομμάτι του ίδιου του Ράιχ—ο ναζισμός δεν ήταν για εξαγωγή—αλλά μιας ευρύτερης συνομοσπονδίας. Δεν ήταν στον γερμανικό σχεδιασμό η νομισματική ενοποίηση υπό το γερμανικό μάρκο αυτό καθαυτό, αλλά μάλλον ο άμεσος έλεγχος των εθνικών νομισμάτων για την υλοποίηση του παραπάνω σχεδιασμού.

Σύμφωνα με τα παραπάνω, σε όλες τις υπό κατοχή χώρες εισήχθησαν τα *Reichskreditkassenscheine* (RKK-scheine), ή «δελτία πιστωτικών ταμείων του Ράιχ» (ΔΠΤΡ). Αρχικώς, αυτά είχαν αρχίσει να τυπώνονται πριν τον πόλεμο για να αντικαταστήσουν τα γερμανικά μεταλλικά νομίσματα, ώστε το μέταλλο να χρησιμοποιηθεί για πολεμικούς σκοπούς. Η εμπειρία όμως χρήσης τους στην Πολωνία άλλαξε άρδην τον σκοπό τους (Aly 2009, 122). Εν συνεχεία αυτά άρχισαν να εκδίδονται για να παρακαμφθούν οι περιορισμοί που επέβαλλε η Συνθήκη της Χάγης στις επιτάξεις, και γι’ αυτό χαρακτηρίσθηκαν από τον Emil Puhl, διευθύνοντα αντιπρόεδρο της Reicshbank, ως «δελτία επίταξης με επένδυση χρήματος» (Aly 2009, 116).

Τα ΔΠΤΡ ήταν πανομοιότυπα για όλες τις υπό κατοχή ευρωπαϊκές χώρες—ανυπόγραφα και χωρίς ημερομηνία έκδοσης—και δεν κυκλοφορούσαν εντός Γερμανίας. Δεδομένου ότι μετά την *Anschluss* του 1938 η Αυστρία είχε ενωθεί με την Γερμανία και το αυστριακό σελίνι είχε αντικατασταθεί με το γερμανικό Reichsmark, τα ΔΠΤΡ ήταν ένα αποκλειστικό προνόμιο των μη γερμανόφωνων «υπανθρώπων».

Με την εισαγωγή των ΔΠΤΡ οι Γερμανοί όριζαν σταθερές ισοτιμίες με τα τοπικά νομίσματα, συνήθως προβαίνοντας σε μεγάλες υποτιμήσεις αυτών, ώστε ως «αγοραστές» των τοπικών αγαθών—από τους απλούς στρατιώτες έως την Βέρμαχτ—να διευκολύνονται στην λεηλασία της τοπικής αγοράς. Όταν οι έμποροι και ιδιώτες που εισέπρατταν—ικανοποιημένοι—τα ΔΠΤΡ και τα κατέθεταν στις τράπεζές τους, αυτές τα κατέθεταν με την σειρά τους στην κεντρική τράπεζα που τους τα αντάλλασσε με τοπικό νόμισμα. Τέλος, η κεντρική τράπεζα τα παρέδιδε στο τοπικό ταμείο της Βέρμαχτ, το οποίο μπορούσε να τα ξαναβάλει στην κυκλοφορία. Έτσι, κάθε πληρωμή με ΔΤΠΡ μεταφραζόταν σε νέες εκδόσεις τοπικού νομίσματος αφού αυτά δεν αποσύρονταν ποτέ από την κυκλοφορία αλλά ανακυκλώνονταν (Aly 2009, 326).

Η πρακτική ήταν πραγματικά αριστοτεχνική αφού μεταμφίεζε την λεηλασία σε οικονομική συναλλαγή. Επιπλέον, κρατούσε τον πληθωρισμό στην περιφέρεια, αφού η αύξηση των μέσων πληρωμής δεν μπορούσε να καταλήξει στην μητροπολιτική Γερμανία—όπου η πολεμική οικονομία είχε ήδη προκαλέσει μια σπάνι καταναλωτικών αγαθών. Σύμφωνα με τα γερμανικά σχέδια για την Ευρώπη, υλοποιείτο και νομισματικά η διαφοροποίηση των περιοχών της περιφέρειας από τον σκληρό πυρήνα.

Στην Ελλάδα τα ΔΠΤΡ κυκλοφόρησαν από τις 29/4/1941 και αποσύρθηκαν μόνο μετά την Γερμανοϊταλική συμφωνία της 5/8/1941, κατά την οποία τα δύο στρατεύματα θα προμηθεύονταν τα απαραίτητο ρευστό από την ΤτΕ σε δραχμές (Νοταράς 2005, 393, βλ. παρακάτω). Η ποσότητα που εισήχθη είναι άγνωστη και μόνον αποσπασματικά δεδομένα είναι γνωστά. Π.χ. το 2012 ήλθε στην επιφάνεια η ύπαρξη 57 σάκων με 14.334.000 ΔΠΤΡ στα θησαυροφυλάκια της ΤτΕ (*Καθημερινή* 2012). Η αρχική τους ισοτιμία ήταν 50 δρχ, ενώ από τις 23/6/1941 διαμορφώθηκε στις 60 δρχ (Ηλιαδάκης 1997, 85–85· *Οικονομικός Ταχυδρόμος* 1941b, 1). Αυτή η ισοτιμία ισοδυναμούσε με υποτίμηση της δραχμής κατά 23%, καθώς την προηγουμένη του πολέμου το μάρκο συναλλασσόταν προς 46 δρχ (*Οικονομικός Ταχυδρόμος* 1941a, 2).

Προς το τέλος της κατοχής, ο πανικός της επικείμενης ήττας έφερε στο προσκήνιο μια πιο ad hoc πρακτική. Λίγο πριν την αποχώρησή τους οι Γερμανοί φρόντισαν να βάλουν στην αγορά ιδιότυπα χρηματικά υποκατάστατα. Στην Θεσσαλονίκη, το δεύτερο ήμισυ του Οκτωβρίου 1944 κυκλοφόρησαν ως χρήμα οι μάρκες καντίνας των Γερμανών στρατιωτών (σε αξίες 1, 2, 10 και 50 pfennig). Στα Τρίκαλα, ο Γερμανός Διοικητής Freulich επεσήμανε 50.000 χαρτονομίσματα των 5.000 δρχ του 1943 με νέα αξία 200 εκ. δρχ. Αυτά κυκλοφόρησαν μεταξύ 7–18/10/1944 (Νοταράς 2005, 394).

Πίνακας 14.1: Ποσά «μεσογειακών δραχμών» που αποσύρθηκαν από τα Επτάνησα λόγω της αντικατάστασής τους από τις «ιονικές δραχμές».

Ονομαστική αξία (δρχ)	Αριθμός	Αξία
5	889.801	4.449.005
10	554.165	5.541.650
50	321.740	16.087.000
100	327.740	32.774.000
500	271.647	135.823.500
1.000	125.662	125.662.000
5.000	11.172	55.860.000
10.000	1.941	19.410.000
20.000	5.855	117.100.000
Σύνολο	**2.509.723**	**512.707.155**[a]

[a]Το άθροισμα του Crapanzano είναι 513.274.455 «ιονικές δραχμές», το οποίο όμως παρουσιάζει μια μικρή απόκλιση από την άθροιση των επιμέρους ποσών (Πηγή: Crapanzano 1996, 34).

Ιταλία

Χωρίς να έχει προχωρήσει σε τόσο μεγαλόπνοη ανάλυση για την μεταπολεμική κυριαρχία της στην Ευρώπη, και η Ιταλία είχε την πολιτική της. Σε αντίθεση όμως με την γερμανική, που οραματιζόταν μια πανευρωπαϊκή ομοιομορφία κάτω από το Γ΄ Ράιχ, η ιταλική πολιτική ήταν πρόχειρη και αποσπασματική.

Η Ιταλία φάνηκε να διακρίνει τρεις ξεχωριστές ζώνες στις ελεγχόμενες από εκείνη περιοχές: τα νησιά του Αιγαίου, τα νησιά του Ιονίου και την υπόλοιπη Ελλάδα. Από αυτά, η ηπειρωτική Ελλάδα φάνηκε να θεωρείται ιταλικό προτεκτοράτο ή αποικία. Αντιθέτως, τα Δωδεκάνησα φάνηκε να θεωρούνται άρρηκτα συνδεδεμένα με την μητρόπολη, καθώς ήδη είχαν το... προνόμιο να

χρησιμοποιούν την ιταλική λιρέτα. Αλλά και οι Ιόνιες νήσοι φαίνεται να ξεχώρισαν από την υπόλοιπη Ελλάδα, μάλλον ως αναβίωση της παλιάς Ενετικής κτήσης.

Το πρώτο δείγμα ιταλικής νομισματικής πολιτικής αποτέλεσαν οι «Μεσογειακές δραχμές» της *Cassa Mediterranea per la Grecia* που τύπωνε το το *Instituto Poligrafico* της Ρώμης. Κατ' αντιστοιχία με τα ΔΠΤΡ, αυτές ήταν ανυπόγραφες και χωρίς ημερομηνία και μάλλον επρόκειτο για το νόμισμα που προόριζε η Ιταλία για όλες τις αποικίες της. Πράγματι, πάνω στο ίδιο πρότυπο εκτυπώθηκαν και χαρτονομίσματα σε πιάστρα και αιγυπτιακές λίρες ενόψει της Μάχης της Ερήμου στην Β. Αφρική και της απόπειρας προέλασης στην Αίγυπτο και στο Σουδάν. Αυτά έφεραν τις ενδείξεις *Cassa Mediterranea per Egito* και *Cassa Mediterranea per il Sudan* (Crapanzano 1996, 250–251).

Οι αρχικές εκδόσεις των «μεσογειακών δραχμών» ήταν σε αξίες των 5 έως 5.000, όμως η προοπτική μιας παρατεταμένης και διπλής κατοχής παρότρυνε τις ιταλικές αρχές να εκδώσουν και αξίες των 10.000 και 20.000 για να ανταγωνιστούν τα ΔΠΤΡ των Γερμανών. Όπως θα αναφέρουμε και στην συνέχεια, ο προϊών νομισματικός κατακερματισμός της κατεχόμενης Ελλάδας οδήγησε τους Γερμανούς και Ιταλούς κατακτητές να συμφωνήσουν να αποσύρουν τα παραπάνω μέσα συναλλαγών και να χρησιμοποιήσουν απευθείας τις ελληνικές δραχμές.

Η εισαγωγή των «μεσογειακών δραχμών» ξεκίνησε ή τον Απρίλιο του 1941 (Νοταράς 2005, 398), ή στις 15/6/1941 από τα Επτάνησα (αξίες 5 έως 5.000) για να επεκταθεί εν συνεχεία και στην υπόλοιπη Ελλάδα μαζί με τις μεγαλύτερες αξίες (Crapanzano 1996, 231–232). Όμως το ακριβές ποσό που τυπώθηκε και κυκλοφόρησε δεν είναι γνωστό· επιμέρους ποσότητες που κυκλοφόρησαν τις γνωρίζουμε εμμέσως από την καταγραφή της ανταλλαγής τους με άλλα νομίσματα κατά την απόσυρσή τους από την κυκλοφορία. Π.χ. στον Πίνακα 14.1 αναφέρονται οι «μεσογειακές δραχμές» που ανταλλάχθηκαν με τις «ιονικές δραχμές» όταν οι τελευταίες άρχισαν να κυκλοφορούν στα Επτάνησα από τις 12/8/1942.

Η περίπτωση των νησιών του Αιγαίου είναι διαφορετική, καθώς στα Δωδεκάνησα κυκλοφορούσε ήδη το ιταλικό μητροπολιτικό νόμισμα από την ιταλική κατάληψη του 1912. Μετά τον Μάιο του 1941, και άλλα νησιά του Αιγαίου τέθηκαν υπό την Στρατιωτική Διοίκηση Ρόδου, με αποτέλεσμα η ιταλική λιρέτα να εξαπλωθεί και σε αυτά. Η κυκλοφορία τους διήρκεσε από τις 18/5 μέχρι τις 20/9/1941, οπότε και αποσύρθηκαν διότι οι τοπικοί έμποροι παρέκαμπταν με αυτά τις τοπικές αρχές και συναλλάσσονταν απευθείας με την Ιταλία (Νοταράς 2005, 400). Πράγματι, και σε αντίθεση με το μοντέλο των ΔΠΤΡ, η διοχέτευση των λιρετών από τα Δωδεκάνησα στην Ιταλία θα στερούσε από τα ιταλικά κατοχικά στρατεύματα ένα απεριόριστα ανακυκλούμενο νομισματικό μέσο επιτάξεων.

Τέλος, θα πρέπει να αναφέρουμε την τρίτη κατηγορία ιταλικού νομίσματος που κυκλοφόρησαν στα Επτάνησα, τις «ιονικές δραχμές» που εξέδιδε η *Cassa Speciale per le Isole Jonie* και έφεραν την υπογραφή ενός υπαλλήλου του ιταλικού θησαυροφυλακίου. Αυτές θεωρείται ότι ήταν μια «μικρή εκδίκηση» του Μουσολίνι προς τον Χίτλερ για την απόσυρση των «μεσογειακών δραχμών» από την κυκλοφορία (Crapanzano 1996, 244). Η κυκλοφορία τους ήταν σχεδιασμένη από τον Ιούνιο του 1941, με πρόσθετο σκοπό την πολιτική απόσπαση των Επτανήσων από την υπόλοιπη Ελλάδα και την ανάκτησή τους από την Ιταλία, που έβλεπε τον εαυτό της ως την κληρονόμο της Βενετίας.

Την κυκλοφορία τους ανέλαβε να υλοποιήσει ο κόμης Volpi di Misurata, σε συνεργασία με τον Γερμανό πληρεξούσιο Hahn, βάσει των εντολών του Ντούτσε 111 και 112 της 22/2/1942. Αρχικώς εκτυπώθηκε 1 δις από το Instituto Poligrafico σε αξίες 1 έως 1.000 «δραχμών», αλλά υπό τις πιέσεις του Κυβερνήτη των ιονίων Νήσων Parini εκτυπώθηκε και άλλο ένα δις, εκ των οποίων 50.000 χαρτονομίσματα των 5.000.

Η κυκλοφορία τους ξεκίνησε από τις 20/4/1942. Με το διάταγμα 101 της 14/4/1942 οι «ιονικές» δραχμές έπρεπε να αντικαταστήσουν τις κυκλοφορούσες «μεσογειακές» σε αναλογία 1:1. Σύμφωνα με πληροφορίες του Διευθυντή του Υποκαταστήματος Κερκύρας της ΤτΕ, Α. Στρούζα

Εικόνα 14.2: Τα χαρτονομίσματα της επίταξης. Γερμανικό ΔΠΤΡ των 50 Reichsmarks (επάνω) και ιταλικό χαρτονόμισμα 5000 «μεσογειακών δραχμών» (κάτω).

(Φωκάς Κοσμετάτος 1946, 11–12), συνολικά ανταλλάχθηκαν (με ελληνικές και «μεσογειακές») και τέθηκαν σε κυκλοφορία 1,3 δις «ιονικές δραχμές» (500 εκ. στην Κέρκυρα, 320 εκ. στην Κεφαλλονιά, 200 εκ. στην Ζάκυνθο και 280 εκ. στα υπόλοιπα νησιά). Με το ποσό αυτό συμφωνεί και ο Crapanzano, που αναφέρει ότι μέχρι τις 12/8/1942 ανταλλάχθηκαν 1.326.211.176 «ιονικές δραχμές» έναντι 812.936.721 δραχμών της ΤτΕ και 513.274.455 «μεσογειακών δραχμών».

Φαίνεται ότι οι Ιταλοί υπέπιπταν σε αντιφάσεις κατά την ανταλλαγή των ελληνικών και «μεσογειακών» δραχμών με τις «ιονικές». Αντί να κάνουν την ανταλλαγή αυτή απροβλημάτιστη ώστε να παγιώσουν την «ιονική δραχμή» ως μοναδικό ανταλλακτικό μέσον, έθεσαν περιορισμούς στα ανταλλάξιμα ποσά (20.000 για κάθε κάτοικο πόλης και 10.000 για κάθε κάτοικο χωριού) και παρεμπόδιζαν με διάφορα τεχνάσματα την διαδικασία της ανταλλαγής ελπίζοντας, κατά τον Φωκά Κοσμετάτο (1946, 15), να απαξιώσουν πλήρως τις κυκλοφορούσες δραχμές για να δρέψουν χρηματικά οφέλη κατά την ανταλλαγή. Αν όντως αυτό ήταν το σκεπτικό τους, μάλλον δεν πρέπει να είχαν καταλάβει την λειτουργία του νομίσματος το ίδιο καλά με τους Γερμανούς, αφού η πλήρης και ανεμπόδιστη υποκατάσταση της ελληνικής δραχμής θα τους έφερνε ένα βήμα πλησιέστερα στην πολιτική προσάρτηση των Επτανήσων—αν δεν έχαναν τον πόλεμο.

Οι ανταλλαχθείσες «ιονικές δραχμές» δεν ήταν οι μοναδικές που κυκλοφόρησαν, αλλά επιπλέον ποσά τυπώθηκαν για την αγορά αγαθών. Όταν κατέρρευσε η Ιταλία τον Σεπτέμβριο του 1943, η *Annonima Commercio Ionico*, η επιχείρηση που είχε το μονοπώλιο του επτανησιακού εμπορίου, αντάλλαξε τις «ιονικές δραχμές» της με διαταγή του Γερμανού επιτρόπου Hahn. Το συνολικό ποσό που ανταλλάχθηκε ήταν σχεδόν 3,3 δις «ιονικές δραχμές» για αντίστοιχη ποσότητα κατοχικών ελληνικών δραχμών. Βεβαίως τα παραπάνω ποσά δεν μας λένε τίποτα για τα συνολικά ποσά που κυκλοφόρησαν, αλλά παρέχουν μόνον κάποιους ελάχιστους όρους. Συνολικά δηλαδή γνωρίζουμε την κυκλοφορία τουλάχιστον 4,59 δισ «ιονικών δραχμών».

Η αποσπασματική και πρόχειρη ιταλική πολιτική επί των ελληνικών εδαφών δημιούργησε και άλλη μια νομισματική πρωτοτυπία. Κάποιες από τις «ιονικές δραχμές» κυκλοφόρησαν στην Λάρισα με ειδική επισήμανση *«Βασίλειος Ραπότικας Αρχηγός»*. Εκμεταλλευόμενοι—όπως και οι Ρουμάνοι—τους λατινόφωνους Βλάχους (Μέρτζος 2009) για τους δικούς τους πολιτικούς σκοπούς, οι Ιταλοί προσπάθησαν να ιδρύσουν ένα νέο κράτος-μαριο-

νέτα, το βλάχικο *Πριγκιπάτο της Πίνδου*. Το 1942, ένας Βλάχος τυχοδιώκτης από την Ρουμανία, ο Αλκιβιάδης Δια-
μαντής, χρίσθηκε Πρίγκιπας Αλκιβιάδης Α΄ και ίδρυσε ένα στρατιωτικό σώμα, την *Ρωμαϊκή Λεγεώνα*, με αρχηγό
τον Βασίλειο Ραπότικα. Στα χαρτονομίσματα που πήρε από τους Ιταλούς, ο Ραπότικας προσέθεσε την σφραγί-
δα και την υπογραφή του.

Πίνακας 14.2: «*Ιονικές δραχμές*» που ανταλλάχθηκαν *(εκατομμύρια)*.

Τόπος	Με δραχμές και «μεσογειακές δραχμές» (Απρίλιος 1942)	Με κατοχικές δραχμές της ΤτΕ (Νοέμβριος 1942–Ιανουάριος 1943)
Κέρκυρα	500.000.000	2.086.279.070
Κεφαλλονιά	320.000.000	587.711.475
Ζάκυνθος	200.000.000	362.200.000
Ιθάκη		37.988.900
Λευκάδα		217.675.170
Λοιπές νήσοι	280.000.000	
Σύνολο	**1.300.000.000**	**3.291.854.615**

Πηγή: (Φωκάς Κοσμετάτος 1946, 13, 40).

Με την ιταλική συνθηκολόγηση (8/9/1943) οι ιταλικές αρχές υιοθέτησαν και εκείνοι απεγνωσμένα μέτρα.
Μέχρι την αποχώρηση των ιταλικών στρατευμάτων τον Μάιο του 1945, για να αντιμετωπίσουν την έλλειψη χαρ-
τονομισμάτων οι αρχές των Δωδεκανήσων κυκλοφόρησαν όσες επιταγές ιταλικών τραπεζών διέθεταν, συμπλη-
ρώνοντάς τες με διάφορα ποσά σε ιταλικές λιρέτες και την ένδειξη «*Governo delle Isole Italiene del'Egeo*». Όταν και
οι επιταγές αυτές εξαντλήθηκαν, οι αρχές κυκλοφόρησαν στις 21/4/1944 τοπικά χαρτονομίσματα (Νοταράς
2005, 402–403).

Βουλγαρία

Σε αντιδιαστολή με τις δύο παραπάνω κατοχικές δυνάμεις, η Βουλγαρία φαίνεται εξαρχής να αντιμετώπισε την
ζώνη κατοχής της ως πλήρως προσαρτηθείσα στο βουλγαρικό κράτος, προς εκπλήρωση της Μεγάλης Βουλγαρί-
ας του Αγίου Στεφάνου. Πολύ απλά, και χωρίς πρωτότυπες νομισματικές επινοήσεις, κυκλοφόρησε στις κατε-
χόμενες περιοχές της Μακεδονίας και της Θράκης το δικό της νόμισμα, το βουλγαρικό λέβα (διάταγμα 262 της
26/7/1941). Παράλληλα, κυκλοφόρησε και έντοκα τραπεζικά γραμμάτια.

14.4 Εγχειρίδιο λεηλασίας, μέρος α΄: «λογιστική λεηλασία»

Η κατοχική λεηλασία είναι ένα εκτεταμένο θέμα που έχει απασχολήσει πολλούς ιστορικούς αρχίζοντας από τον
Άγγελο Αγγελόπουλο. Εδώ δεν θα γίνει εκτεταμένη αναφορά, παρά μόνο στο μέτρο που η λεηλασία αυτή επη-
ρέασε την ελληνική νομισματική πραγματικότητα. Δεν θα πρέπει να θεωρηθεί ότι η κατοχική λεηλασία ήταν
μια απλή υπόθεση πλιατσικολογίας. Ήταν οργανωμένη, μακροπρόθεσμη και ευφάνταστη και εκτός από με-
θόδους ωμής βίας περιελάμβανε και τεχνικές πολύ πιο αδιόρατες.

Μια τεχνική ήταν αυτή που έκανε χρήση των λογαριασμών συμψηφισμών, δηλαδή του ελληνογερμανικού
κλήρινγκ. Όπως είχαμε δει, αυτούς τους λογαριασμούς ξεκίνησαν να τηρούν προπολεμικά η Ελλάδα και η Γερ-
μανία για να διεξαγάγουν εμπόριο εξοικονομώντας συνάλλαγμα. Τώρα όμως η Γερμανία τους εκμεταλλεύθηκε
για να ληστεύει την Ελλάδα.

Είναι ενδιαφέρον ότι ένα από τα παραδείγματα της τεχνικής αυτής τυγχάνει να σχετίζεται με το νομισματικό
ζήτημα. Συγκεκριμένα, το ζήτημα αφορά στην «αγορά» από τους Γερμανούς των αργυρών 10δραχμων και
20δραχμων που είχαν αποσυρθεί την διετία προ της κατοχής.[8] Με τον αποχρηματισμό των κερμάτων αυτών το
μέταλλό τους ήταν πλέον απλό εμπόρευμα με αξία μόνον την μεταλλική. Από το μετάλλευμα αυτό, είχαν πωλη-
θεί 10 τόνοι στην Ελβετία και 120 τόνοι στην Τράπεζα της Αγγλίας, αφήνοντας 37.770.914 χιλιόγραμμα στα θη-
σαυροφυλάκια της ΤτΕ. Με περιεκτικότητα αργύρου 50% (το υπόλοιπο ήταν 40% χαλκός, 5% νικέλιο και 5%
ψευδάργυρος), αυτά αντιστοιχούσαν σε περίπου 19 τόνους αργύρου. Από αυτά, τα 3/4 πωλήθηκαν στην γερμα-
νική *Deutsche Gold und Silberscheideanstalt* και το υπόλοιπο 1/4 παραχωρήθηκε στην Ιταλία.

---

[8] ΑΝ 2153 της 12/12/1939 (ΦΕΚ 550Α, 19/12/1939, σ. 3611–3612).

Κατ' αρχήν η πώληση ήταν υπό απειλή όπλου, καθώς η τιμή των 17,75 μάρκων ανά κιλό κερμάτων που συμφωνήθηκε στις 22/5/1942 ήταν κατά 3 μάρκα χαμηλότερη εκείνης που είχε πληρώσει η τράπεζα της Αγγλίας. Όμως αυτό δεν είχε και μεγάλη πρακτική σημασία. Τους 28,6 τόνους κερμάτων (14,3 τόνους αργύρου), προπολεμικής αξίας 20.000 χρυσών λιρών, οι Γερμανοί τους «αγόρασαν», πιστώνοντας την ελληνική μερίδα του ελληνογερμανικού κλήρινγκ. Δηλαδή πλήρωσαν λογιστικά αλλά όχι ταμειακά. Και σαν να μην έφτανε αυτό, από τις 20.000, πίστωσαν μόνον 104 λίρες, ενώ οι Ιταλοί από τις 6.000 λίρες δεν πίστωσαν καμία! Με παρόμοιο τρόπο, η *Metall Gesselschaft A.G.* «αγόρασε» το 1943 τα αλουμινένια δεκάλεπτα, τα χαλκονικέλινα εικοσάλεπτα και πενηντάλεπτα και τα νικέλινα πεντάδραχμα που είχαν αποσυρθεί το 1941.[9] Από τις 5.500 λίρες προπολεμικής αξίας, πίστωσαν... 5,5 λίρες μέσω του ελληνογερμανικού κλήρινγκ (Ηλιαδάκης 1997, 83–84).

Οι Γερμανοί χρησιμοποίησαν συχνά την τεχνική της υποτιμολόγησης και πληρωμής μέσω πιστώσεων του ελληνογερμανικού κλήρινγκ για να βαφτίσουν τις κλοπές «εμπόριο». Μετέτρεψαν τον μηχανισμό συμψηφισμών σε ολοκληρωτικό, ώστε να συμπεριλαμβάνει όλα τα εμπορεύματα, και τον επεξέτειναν και στις κατεχόμενες από την Γερμανία χώρες. Για τις εισαγωγές εφάρμοζαν την αντίστροφη μέθοδο, υπερτιμολογώντας τα—εν γένει άχρηστα—προϊόντα που έφερναν στην Ελλάδα. Έτσι, ενώ μέχρι το τέλος της κατοχής είχαν πάρει εμπορεύματα συνολικής αξίας 929 εκ. μάρκων, είχαν πιστώσει την Ελλάδα μόνο για 264 εκ. μάρκα, που σημαίνει ότι η Ελλάδα δώριζε στην Γερμανία 705 εκ. μάρκα μέσω των συμψηφισμών.

Μάλιστα, επειδή το ελληνογερμανικό κλήρινγκ θα ήταν υπερβολικά παθητικό για τους Γερμανούς λόγω του υπερπληθωρισμού, ίδρυσαν την **De**utsch-**Grie**chische Warenausgleichs**ges**ellschaft (Degriges),[10] μια ιδιωτική κοινοπραξία που αναλάμβανε το μονοπώλιο του ελληνογερμανικού εμπορίου. Αντιστοίχως οι Ιταλοί ίδρυσαν την *Società Anonima Greco-Italiana di Commercio* (Sagic). Όταν έκλεισε η Degriges (2/10/1944) μετέφερε στο ελληνικό δημόσιο το ενεργητικό της που ήταν ύψους 112 ναπολεονιών, 192 χρυσών λιρών και... 209 δις δρχ. Με αυτές τις τελευταίες ήταν ζήτημα αν μπορούσαν να αγορασθούν χίλια κιλά ψωμί. Η δε Sagic περιορίστηκε στο να αποδώσει... 24 δις δρχ. τον Νοέμβριο του 1943 έναντι εξόδων κατοχής (Ηλιαδάκης 1997, 93–94).

14.5 Εγχειρίδιο λεηλασίας, μέρος β΄: «νομισματική λεηλασία» ή «κατοχικό δάνειο»

Όπως είδαμε παραπάνω, για την κάλυψη των κατοχικών εξόδων κάθε κατοχική δύναμη έφερε στην Ελλάδα το δικό της νόμισμα. Μάλιστα, το είδος του νομίσματος ποίκιλλε ανάλογα με τις βλέψεις που κάθε δύναμη έτρεφε για την ζώνη κατοχής της. Όμως τα έξοδα αυτά ήταν απρόβλεπτου ύψους. Πέραν των αναγκαίων στρατευμάτων κατοχής, η Γερμανία διατηρούσε στην Ελλάδα στρατεύματα αναγκαία για το ανατολικό μέτωπο. Και αυτά έπρεπε να συντηρηθούν. Σε ερώτηση του Τσολάκογλου στις 30/5/1941 σχετικά με τον προσδιορισμό των συνολικών εξόδων κατοχής, ουδεμία απάντηση δόθηκε. Ο Γκοτζαμάνης, Υπ. Οικονομικών της κατοχικής κυβέρνησης, επανήλθε στο θέμα στις 22/9/1941, διαμηνύοντας στους Altenburg και Gidgi ότι η Ελλάδα όφειλε να καλύπτει τα έξοδα μόνο των στρατευμάτων κατοχής και όχι όσων απλώς στρατοπέδευαν εκεί. Όμως, όταν κάνεις συμφωνία με τον διάβολο δεν μπορείς να απαιτείς να είναι τίμιος· η Ελλάδα κατέληξε να χρηματοδοτεί τον πόλεμο στην Μεσόγειο και την Αφρική, και τα κεφάλαια που απομυζούσαν οι Γερμανοί μετατρέπονταν σε προμήθειες για την στρατιά του Ρόμελ. Παράλληλα, ο χώρος των Βαλκανίων τροφοδοτούσε την γερμανική βιομηχανία με το 20% του αντιμονίου, το 50% των ορυκτελαίων, το 60% του βωξίτη και το 100% του χρωμίου της (Ηλιαδάκης 1997, 73–75).

Μια πρώτη, και αποτυχημένη, απόπειρα ποσοτικοποίησης αυτών των εξόδων έγινε με την ρηματική διακοίνωση του πληρεξουσίου του Γ΄ Ράιχ στις 28/7/1941. Σύμφωνα με αυτή *«Ἡ Τράπεζα τῆς Ἑλλάδος δέον ὅπως ρυθμίζῃ κατὰ τοιοῦτον τρόπον τὴν ἐπάρκειαν τοῦ χαρτονομίσματος εἰς δραχμάς, ὥστε νὰ ἐξασφαλίσθῇ μηνιαίως διὰ τὰς ἀνάγκας τοῦ γερμανικοῦ στρατοῦ ποσὸν μέχρις 25 ἑκατομμυρίων μάρκων»* (Αγγελόπουλος 1974, 1:192).

---

[9] ΝΔ 193 της 17/6/1941 (ΦΕΚ 201Α, 18/6/1941, σ. 1006).

[10] Θυγατρική των *Reichsgruppe Industrie* και *Wirtschaftsgruppe Gross-und Aussenhandel*. Ο Neubacher ανακοίνωσε την ίδρυση της Degriges με τις ρηματικές διακοινώσεις της 29/10 και 17/11/1942. Η ελληνική κυβέρνηση την αποδέχθηκε με την ρηματική διακοίνωση της 20/11/1942 και την κύρωσε με το ΝΔ 2033/1942.

Το ποσόν ήταν υπερβολικό, καθώς αντιστοιχούσε σε άνω του 1 δισ δρχ μηνιαίως—βάσει της προπολεμικής ισοτιμίας—την στιγμή που η συνολική νομισματική κυκλοφορία δεν υπερέβαινε τα 10 δισ δρχ. Αυτά τα τεράστια ποσά από κάπου έπρεπε να βρεθούν· οι Γερμανοί και Ιταλοί τα βρήκαν από το πιεστήριο. Το μέσον για να επιτύχουν την αδιαμαρτύρητη απόσπαση αυτού του πλούτου ήταν και πάλι το νόμισμα. Και πάλι όμως ετίθετο το ερώτημα: *ποιο νόμισμα;* Οι υποβόσκοντες γερμανοϊταλικοί ανταγωνισμοί οδήγησαν σε διαφωνία για το αν θα έπρεπε να επικρατήσει στον ελλαδικό χώρο το κατοχικό μάρκο (δηλ. το ΔΠΤΡ) ή η «μεσογειακή δραχμή».[11] Εν τω μεταξύ, η εμφάνιση πολλών και διαφορετικών μορφών νομίσματος είχε τρομάξει την κυβέρνηση Τσολάκογλου και ανάγκασε τις αρχές κατοχής να έρθουν σε συνεννόηση για το νομισματικό καθεστώς.

Για να απλοποιηθεί το νομισματικό σύστημα σε καθεστώς διπλής κατοχής, τον Ιούλιο του 1941 συμφωνήθηκε η απόσυρση των κατοχικών νομισμάτων. Όσα δεν κυκλοφορούσαν θα τα αγόραζε η ΤτΕ έναντι δραχμών σε ισοτιμίες 1 μάρκο = 60 δραχμές και 1 «μεσογειακή δραχμή» = 1 δραχμή (Ηλιαδάκης 1997, 85). Την 1/8/1941 συναντήθηκαν στην Αθήνα ο Carl Clodius[12] και Amedeo Giannini,[13] μέλη της Γερμανοϊταλικής επιτροπής οικονομικών υποθέσεων. Στην συμφωνία που υπέγραψαν στις 5/8, απούσης οποιασδήποτε ελληνικής εκπροσώπησης, αποφάσισαν ότι τα έξοδα κατοχής θα πληρώνονται σε δραχμές. Δυνάμει αυτής της συμφωνίας, η ΤτΕ θα έπρεπε κάθε μήνα να καταβάλλει 1,5 δις δρχ που, σύμφωνα με την ισοτιμία 1 μάρκο = 60 δραχμές, αντιστοιχούσαν στα 25 εκ. μάρκα της διακοίνωσης της 28/7/1941.

Μια λεπτομέρεια της απόσυρσης είναι σημαντική. Ότι δηλαδή τα κυκλοφορούντα κατοχικά χαρτονομίσματα θα τα αγόραζε η ΤτΕ και όχι οι ίδιοι οι κατακτητές που τα είχαν κυκλοφορήσει. Αυτά τα παρένθετα νομίσματα, που ανακυκλούμενα παρεμβάλλονταν μεταξύ εμπόρων και δραχμών, θα μπορούσαν απλώς να αποσυρθούν έχοντας ήδη αποδώσει κέρδος στους εκδότες τους. Αντ' αυτού όμως οι Γερμανοί και Ιταλοί αποφάσισαν να τα αποσύρουν με αντάλλαγμα δραχμές που θα κατέβαλλε η ΤτΕ. Δεν έφτανε που τα είχαν εισάγει στην κυκλοφορία ως πλεονάζοντα μέσα συναλλαγών. Δεν έφτανε ούτε καν το ότι έχοντας ανακυκλώσει αυτά είχαν αυξήσει την δραχμική κυκλοφορία κατά 26% σε 4 μήνες—από 19 σε 24 δις μεταξύ 31/3 και 31/7/1941. Τώρα ήθελαν νέες δραχμές απλώς και μόνον για να τα αποσύρουν, ωσάν να είχαν μπει σε έξοδα για να τα κυκλοφορήσουν.

Και στα παραπάνω ήλθε να προστεθεί και ένα γερμανοϊταλικό παιγνίδι πόκερ, κατά το οποίο κάθε πλευρά ήθελε να «φουσκώσει» την κυκλοφορία των δικών της νομισμάτων ώστε να αποκομίσει μεγαλύτερο οικονομικό όφελος κατά την απόσυρση. Κατά τον Crapanzano (1996, 232), μέχρι εκείνη την στιγμή είχαν κυκλοφορήσει κατοχικά μάρκα αξίας περίπου 4 δις δρχ και μεσογειακές/ιονικές δραχμές αξίας 1,5 δις δρχ. Για να μη ζημιωθούν οι Ιταλοί, περίμεναν την δήλωση των Γερμανών προτού αποκαλύψουν την κυκλοφορία των «δραχμών» τους. Έτσι, όταν οι Γερμανοί ανέβασαν το ποσόν των εκδοθέντων μάρκων στα 5 δις δραχμές, οι Ιταλοί ανέφεραν ακριβώς το ίδιο ποσόν. Καθώς οι Γερμανοί δεν φάνηκε να αντιλαμβάνονται το κόλπο (ή να μη δίνουν σημασία), συμφωνήθηκε στις 5/8/1941 ότι για την απόσυρση η ΤτΕ θα έπρεπε να πληρώσει συνολικά 10 δις δρχ στις κατοχικές δυνάμεις, προφανώς πέραν της μηνιαίας καταβολής του 1,5 δις δρχ.

Από την διαπραγμάτευση όμως, οι Ιταλοί είχαν τώρα ένα περιθώριο 3,5 δις «αεροδραχμών» που έπρεπε να διοχετεύσουν στην κυκλοφορία μέσω των τραπεζών για να μην αποκαλυφθεί η μπλόφα τους. Παρότι η Cassa Mediterranea είχε κλείσει από τις 18/8/1941, οι ιταλικές αρχές έστειλαν εκατοντάδες εκατομμύρια δραχμές στις ιταλικές τράπεζες που δραστηριοποιούνται στην Ελλάδα και στη Ρόδο. Με εμπιστευτικό σημείωμα της 19/8/1941, ο Ιταλός Υπουργός Οικονομικών έδωσε εξουσιοδότηση στην στρατιωτική διοίκηση, να συνεχίσει να διανέμει κατοχικές δραχμές—φυσικά μετά μεγίστης προσοχής!—πάντα ανακατεμένες με τις δραχμές της ΤτΕ, ώστε να μην γίνει αντιληπτό ότι διανέμονταν νέα γραμμάτια της—κλειστής πλέον—Cassa Mediterranea. Τα χαρτονομίσματα της Cassa Mediterranea έπαυσαν να γίνονται αποδεκτά όχι βάσει κάποιου νόμου, αλλά επειδή οι ελληνικές τράπεζες δεν τα δέχονταν πλέον ως συνάλλαγμα μετά την ιταλική συνθηκολόγηση (Crapanzano 1996, 232–233).

---

[11] Προσωρινά, είχαν ορίσει τις ισοτιμίες των 8 δραχμών ανά λιρέτα και 60 δραχμών ανά μάρκο, παρότι ο Ιταλός Διοικητής της Σάμου Ettore Bastica είχε ορίσει στις 8/5/1941 την ισοτιμία των 16 δραχμών ανά λιρέτα (Crapanzano 1996, 232).

[12] Διπλωμάτης, επικεφαλής του Τμήματος Οικονομικών του Υπ. Εξ. της Γερμανίας και ειδικός απεσταλμένος και πληρεξούσιος Υπουργός.

[13] Ιταλός νομομαθής και Γερουσιαστής που υπηρέτησε ως ανώτερος υπάλληλος σε πλήθος Υπουργείων και Επιτροπών (Melis 2000). Να μη συγχέεται με τον Amedeo Pietro Giannini, Ιταλοαμερικανό μεγαλοτραπεζίτη και ιδρυτή της Bank of America.

Τα ποσά των κατοχικών νομισμάτων που εκδόθηκαν, κυκλοφόρησαν και ανταλλάχθηκαν περιβάλλονται από αβεβαιότητα και χρήζουν επισταμένης ιστορικής έρευνας. Ενδεικτικά να αναφέρουμε ότι κατά τον Crapanzano (1996, 233) μέχρι τις 31/12/1941 είχαν ανταλλαγεί γερμανικά κατοχικά μάρκα αξίας 2.926.980.000 δραχμών και «μεσογειακές «δραχμές» αξίας 1.733.918.700 δραχμών. Ο Βενέζης (1955, 283) ανεβάζει την αξία των ανταλλαχθέντων κατοχικών χαρτονομισμάτων σε 7,04 δις δραχμές. Ο Αγγελόπουλος (1974, 1:141) αναφέρει ότι ανταλλάχθηκαν μάρκα αξίας 530.824 χρυσών λιρών και μεσογειακές δραχμές αξίας 574.081 χρυσών λιρών, χωρίς όμως να προσδιορίζει την ισοτιμία με την οποία κάνει τον υπολογισμό. Η Έκθεση Λαμπρούκου αναφέρει ότι αγοράσθηκαν κατοχικά μάρκα αξίας 782.428 χρυσών λιρών (ενώ κατοχικά μάρκα αξίας 214.273 χρυσών λιρών δεν παραδόθηκαν) και ότι καταστράφηκαν στην πυρά μεσογειακές δραχμές αξίας 3.659.766.480 δρχ (846.189 χρυσών λιρών). Ο Γατόπουλος συμφωνεί με τον Crapanzano στο ότι η Ελλάδα χρεώθηκε με 10 δις δρχ, ενώ σύμφωνα με εμπιστευτικό σημείωμα του Ι. Πασσιά, η απόσυρση των κατοχικών μάρκων κόστισε 29.592.854 δολάρια του 1944 (βλ. σχ. Ηλιαδάκης 1997, 103). Κατά τον Φωκά Κοσμετάτο (βλ. παραπάνω) αποσύρθηκαν περί τα 3,3 δις «ιονικές δραχμές» στον Σεπτέμβριο του 1943.

Τι σήμαινε όμως αυτός ο διακανονισμός; Ότι αντί οι κατακτητές να παρεμβάλλουν το δικό τους «χαρτονόμισμα» για να κάνουν τις επιτάξεις τους, τώρα θα χρησιμοποιούσαν απευθείας τις δραχμές που θα τύπωνε η ΤτΕ για λογαριασμό τους και υπό τις διαταγές τους. Η υλοποίηση αυτής της πολιτικής συνοδεύτηκε και από συγκεκριμένα διοικητικά μέτρα. Στις 19/9/1941 κοινοποιήθηκαν δύο ρηματικές διακοινώσεις Γερμανίας και Ιταλίας (αμφότερες με ημερομηνία 10/9/1941), σύμφωνα με τις οποίες οι δύο χώρες όριζαν δικούς τους επιτρόπους στην ΤτΕ, τον Paul Hahn της Deutsche Bank και τον Dr. Vittorio Forte της Banca d'Italia. Έτσι ξεκινούσε ο στενότερος έλεγχος της ΤτΕ από τις δυνάμεις κατοχής. Στις 23/9/1941, οι Επίτροποι ενημέρωναν με έγγραφό τους ότι αναλάμβαναν την ανάληψη της δικαιοδοσίας της νομισματικής πολιτικής της ΤτΕ και την εξουσία να απευθύνονται στο προσωπικό για οποιαδήποτε πληροφορία, παρακάμπτοντας την επίσημη ιεραρχία (ΤτΕ 1978b, 191–192).

Το κατοχικό δάνειο

Επειδή όμως ο πόλεμος είναι δραστηριότητα που δύσκολα κοστολογείται, και επειδή οι Γερμανοί ήθελαν τον δικό τους πόλεμο να τον πληρώνουν οι ίδιες οι κατεχόμενες χώρες, άρχισαν να απαιτούν ποσά που υπερέβαιναν κατά πολύ τα έξοδα κατοχής. Καθώς οι μηνιαίες καταβολές δεν αρκούσαν να καλύψουν αυτό το επιπλέον κόστος, ο εκπρόσωπος της ιταλικής κυβέρνησης στην Ελλάδα, D'Agostino, πρότεινε οι τυχόν υπερβάσεις να λογίζονται ως δάνειο από την Ελλάδα προς τις κατοχικές δυνάμεις. Το παραπάνω σκεπτικό ενσωματώθηκε σε συμφωνία που υπεγράφη στις 24/3/1942 στην Ρώμη μεταξύ Γερμανίας και Ιταλίας, την οποία ανακοίνωσε στην Ελλάδα ο Γερμανός πληρεξούσιος Günther Altenburg (160η ρηματική διακοίνωση, 23/3/1942). Σύμφωνα με την συμφωνία αυτή, που είχε αναδρομική ισχύ από 1/1/1942, η Ελλάδα ήταν υπόχρεη να καταβάλλει εξ' ημισείας στα Γερμανικά και Ιταλικά στρατεύματα 1,5 δις δραχμές κάθε μήνα ως έξοδα κατοχής. Για τα έξοδα όμως των στρατευμάτων που δεν καλύπτονταν από το ανωτέρω ποσό, θα χρεώνονταν άτοκοι λογαριασμοί που θα ανοίγονταν στην ΤτΕ για την Γερμανία και την Ιταλία (Αγγελόπουλος 1974, 1:142). Δηλαδή επρόκειτο περί *πιστώσεων* και είναι αυτό που αποκαλούμε «κατοχικό δάνειο»: το δάνειο που παρέσχε η Ελλάδα στις κατοχικές δυνάμεις για έξοδα πλέον των εξόδων κατοχής.

Κάπου εδώ ξεκινά η διάλυση της δραχμής. Ήδη από την κήρυξη του ελληνοϊταλικού πολέμου, η διακοπή των διεθνών μεταφορών και ο πανικός του κοινού είχαν θέσει την δραχμή σε δοκιμασία, καθώς τα κυκλοφορούντα χαρτονομίσματα ήταν κατώτερης ποιότητας. Αφενός, από την δεύτερη σειρά των χαρτονομισμάτων της ΤτΕ (των 50, 100, 500 και 1000 δρχ) τα 1000δραχμα δεν είχαν προλάβει να παραγγελθούν από το εξωτερικό λόγω του πολέμου, και η ΤτΕ αναγκάστηκε να επισημάνει τα 100δραχμα ως 1000δραχμα. Αφετέρου, στις 25/4/1941, η αυξημένη ζήτηση μετρητών από τους καταθέτες ανάγκασε την ΤτΕ να επανακυκλοφορήσει τα φθαρμένα και ακυρωμένα χαρτονομίσματα της ΕΤΕ τα οποία έφεραν έξι οπές και συχνά την σφραγίδα «ΑΚΥΡΟΝ» (Νοταράς 2005, 293–301).

Και αυτές οι δοκιμασίες δεν θα ήταν παρά στάλες στην νομισματική θύελλα που θα ακολουθούσε, καθώς για την ικανοποίηση των αναγκών τους οι αρχές κατοχής θα άρπαζαν όσο χρήμα μπορούσε να εκτυπώνεται ώστε να «αγοράζουν» προϊόντα αντί να τα επιτάσσουν.

Τα πιεστήρια παίρνουν φωτιά

Με τον πόλεμο να έχει αποκλείσει τις διεθνείς επικοινωνίες της κατεχόμενης Ελλάδας, και με πιεστική την ανάγκη για εκτύπωση χαρτονομισμάτων—το *Ίδρυμα Εκτυπώσεως Τραπεζογραμματίων και Αξιών* είχε μόλις ολοκληρωθεί στις αρχές του 1941, αλλά δεν λειτούργησε παρά μετά την απελευθέρωση—οι κατοχικές αρχές ανέθεσαν την εκτύπωση εργολαβικά σε ιδιωτικά τυπογραφεία, εκ των οποίων γνωστά είναι τα λιθογραφεία *Παπαχρυσάνθου, Γραφικαί Τέχναι Ασπιώτη-ΕΛΚΑ Α.Ε., Καρύδη* και *Πεχλιβανίδη* (Νοταράς 2005, 302–303). Το αρχείο της Ασπιώτη-ΕΛΚΑ, το οποίο έχει πλήρως διασωθεί, μας δίνει πολύτιμες πληροφορίες για την ποσότητα, την ποιότητα και τις αξίες των τυπωθέντων χαρτονομισμάτων, καθώς και για τις προθεσμίες που απαιτούσαν οι διοικήσεις του Υπ. Οικονομικών και της ΤτΕ. Όπως αναφέρει το Εισαγωγικό Σημείωμα του *Ιστορικού* της Ασπιώτη-ΕΛΚΑ (Νοταράς 2005, 303, έμφαση στο πρωτότυπο):

> *Κατά τήν ἐκτέλεσιν τῶν ἐν λόγῳ παραγγελιῶν ἐλαμβάνετο ὑπ' ὄψιν μία καί μόνη ἄποψις: <u>ἡ ταχύτης τῆς ἐκτελέσεως διά τήν ὅσον τό δυνατόν μεγαλυτέραν ἡμερησίαν παραγωγήν</u>. Ἀσφάλεια κατά πάσης παραποιήσεως ἤ παραχαράξεως, ποιότης ἐργασίας, ἐκλογή χάρτου κτλ., ὅλα ἐκρίνοντο ὡς δευτερευούσης σημασίας. Χαρακτηριστικόν εἶναι τό γεγονός ὅτι ἐνῶ μέχρι τῆς ἐκδόσεως καί τῆς ἀξίας τῶν Δρχ.200.000.000.- τά χαρτονομίσματα ἠριθμοῦντο κανονικῶς, ἀπό τῆς ἑπομένης ἀξίας καί μετέπειτα ἡ ἀρίθμησις κατηργήθη πρός ἐξοικονόμησιν χρόνου, ἐκτυπουμένου ἑνός καί τοῦ αὐτοῦ ἀριθμοῦ ἐπί πάντων τῶν τραπεζογραμματίων ὅστις δέν εἶχεν πλεόν [sic] ἤ διακοσμητικήν σημασίαν.*

Κοιτώντας τους καταλόγους, οι αριθμοί αρχίζουν και χάνουν το νόημά τους. Από τις 18/6/1941 που ξεκίνησε να τυπώνει κερματικά γραμμάτια και χαρτονομίσματα για την κατοχική κυβέρνηση, και μέχρι και την απελευθέρωση (23/10/1944), η Ασπιώτη-ΕΛΚΑ τύπωσε περί τα 761 εκατομμύρια χαρτονομίσματα και κερματικά γραμμάτια ονομαστικής αξίας 74.396.962.135.300.000 δραχμών (δηλαδή 74,4 τετράκις εκατομμυρίων δραχμών, ή 74.396 τρισεκατομμυρίων, ή $7,44 \cdot 10^{16}$, βλ. Πίνακα 25.39). Οι αξίες των χαρτονομισμάτων άρχιζαν από 50 δρχ και έφτασαν τα 10 δις δρχ πριν το τέλος της κατοχής. Αν συνυπολογίσουμε και την τελευταία σειρά χαρτονομίσματος που εκδόθηκε μετά την απελευθέρωση, ονομαστικής αξίας 100 δις δρχ, η εταιρεία ξεπέρασε τα 800 εκ. χαρτονομισμάτων και κερματικών γραμματίων, συνολικής ονομαστικής αξίας 484 τετράκις εκατομμυρίων, ή $4.85 \cdot 10^{17}$, δραχμών. Και αυτή θα πρέπει να σημειώσουμε ότι αυτή δεν ήταν η παραγωγή παρά μόνον *μιας* εργολήπτριας εταιρείας. Ακόμη δεν είναι γνωστά τα στοιχεία από την παραγωγή των υπολοίπων εταιρειών, και τα οποία θα πρέπει να προστεθούν στα παραπάνω.

Υπό αυτές τις συνθήκες ο πληθωρισμός γίνεται αρρώστια. Μια οκά ψωμί κόστιζε 10 δρχ στις αρχές της κατοχής και 153 εκ. δρχ στο τέλος. Ομοίως αυξάνονται και οι τιμές ανά οκά του λαδιού (από 60 δρχ σε 116 εκ. δρχ), της ζάχαρης (από 22 δρχ. σε 50 εκ. δρχ), του γάλακτος (από 10 δρχ σε 12 εκ. δρχ.) και της πατάτας (από 6 δρχ σε 5 εκ. δρχ). Γράφει ο Προγουλάκης (2009, 63–65):

> *Πώς να υπολογίσει κανείς τα καθημερινά του έξοδα όταν μια εφημερίδα στις 18 Σεπτέμβρη του '44 κόστιζε 10 εκ., την επομένη 15 εκ. και στις 21 του ίδιου μήνα 25 εκατομμύρια; (Χρηστίδης 1971, 486) Ή όταν, μέλος της εύπορης ομάδας της πόλης όπως ήταν η Βλάχου, κάθεται σε κάποιο ζαχαροπλαστείο να φάει «μια πάστα» που την πληρώνει 16 εκ. και όταν αμέσως μετά, «δεν πέρασαν ούτε πέντε λεπτά», παραγγέλνει και μια δεύτερη της την χρεώνουν 20 εκατομμύρια; Την ίδια μέρα η χρυσή λίρα έφθανε αισίως τα 30 δισεκατομμύρια δραχμές (Βλάχου 2008, 1:163). Η Ελένη Βλάχου πάντως δεν έχει πρόβλημα καθώς με μια χρυσή λίρα θα μπορούσε να αγοράσει, εκείνη τη μέρα και ώρα, 1.500 πάστες και δύο μήνες πριν είχε πουλήσει το σπίτι της στην Κηφισιά, την «μοναδική της περιουσία», 825 λίρες» (Βλάχου 2008, 1:159).*

Αυτές οι παρατηρήσεις έχουν ένα σημαντικό ηθικό βάρος, που θα πρέπει να λαμβάνεται σοβαρά υπόψη από την εκάστοτε ελληνική πολιτική ηγεσία. Έχουν όμως και ένα εμπειρικό βάρος· αν η ιατρική έκανε τις μεγαλύτερες προόδους της μελετώντας ασθένειες και όχι υγιείς οργανισμούς, η νομισματική καταστροφή στην κατοχική Ελλάδα παρέχει σημαντικά δεδομένα για την κατανόηση του χρήματος. Αν μπορεί να επιτραπεί ο παραλληλισμός, το νομισματικό πείραμα ήταν εφάμιλλο των ιατρικών πειραμάτων του Μένγκελε.

Ευτυχώς, έχουν τηρηθεί στατιστικά δεδομένα σημαντικής λεπτομέρειας σε σχέση με την νομισματική κυκλοφορία και τις τιμές κατά την διάρκεια της κατοχής (βλ. Πίνακα 25.40). Είναι άκρως εντυπωσιακό το ότι τα δεδομένα αυτά, ακόμη κι αν απεικονισθούν σε λογαριθμική κλίμακα πάλι δίνουν εικόνα εκθετικής συνάρτησης (Εικόνες 14.3 και 25.39). Θα πρέπει να λογαρισθμισθούν δύο φορές για να λάβουμε μια χονδρικά πολυωνυμική εικόνα της γραφικής απεικόνισης.

Όπως συζητάμε και πιο εκτενώς στην παράγραφο 24.7, αυτά τα δεδομένα αναδεικνύουν την σημασία του ψυχολογικού παράγοντα στην συσχέτιση νομισματικής κυκλοφορίας και επιπέδου τιμών, κάτι που αδυνατεί να συνυπολογίσει η ποσοτική θε-

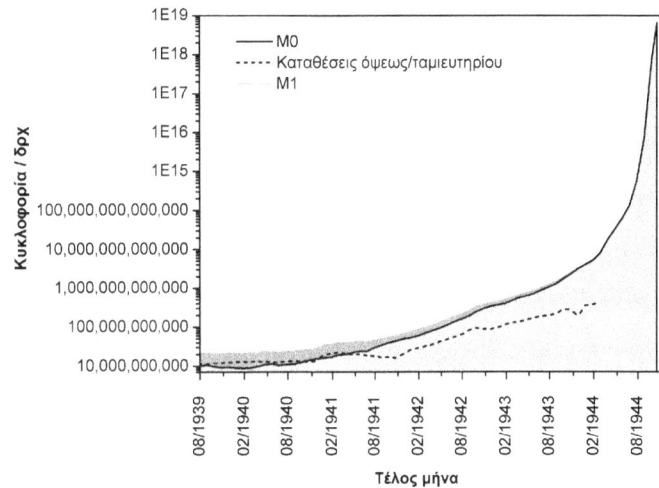

Εικόνα 14.3: Παροχή χρήματος M0 και M1 (Αύγουστος 1939 - Νοέμβριος 1944). Ο κατακόρυφος άξονας είναι λογαριθμικός.

ωρία. Συγκεκριμένα, το κοινό είχε χάσει κάθε εμπιστοσύνη στην δραχμή και προεξοφλούσε την μελλοντική της υποτίμηση, αυξάνοντας το επίπεδο τιμών πολύ ταχύτερα από ό,τι θα προέβλεπε οποιοδήποτε ποσοτικό μοντέλο. Και όλα αυτά, *προτού* αυξηθούν τα επίπεδα κυκλοφορίας, τα οποία έκαναν άλματα καθώς οι αρχές διέτασσαν νέες παραγγελίες κατόπιν κάθε νέου πληθωριστικού κύματος που προκαλούσε η κατοχική λεηλασία.

14.6 Τα «μέτρα» που δεν απέδωσαν

Έχοντας ανακαλύψει την νέα τους χρυσοφόρο χήνα, δηλαδή τις πιστώσεις από την ΤτΕ, Γερμανοί και Ιταλοί επιδόθηκαν σε κούρσα «δανεισμών», κάνοντας κουρελόχαρτο την συμφωνία της Ρώμης. Κατά συνέπεια, το πρόβλημα του πληθωρισμού κατέστη από νωρίς τόσο δραματικό που αναζητήθηκαν διάφορες λύσεις για την αντιμετώπισή του, εκτός φυσικά από τον περιορισμό της πολεμικής χρηματοδότησης από την Ελλάδα.

Εισαγωγή νέων πιστωτικών μέσων

Οι λύσεις αυτές ήταν μια παραλλαγή στο ίδιο θέμα, και αφορούσαν στην αντικατάσταση του χαρτονομίσματος για τις συναλλαγές μεταξύ των πολιτών από άλλα πιστωτικά μέσα: τις επιταγές, τις έντοκες ομολογίες, τα έντοκα τραπεζικά γραμμάτια και τα ταμειακά γραμμάτια αγροτικών προϊόντων. Οι λύσεις ήταν πυροσβεστικές, δεδομένου ότι απλώς καθυστερούσαν την τελική καταβολή του χρηματικού αντιτίμου κάθε συναλλαγής. Με τον καλπάζοντα πληθωρισμό όμως, αυτή η καθυστέρηση είχε δραματικές επιπτώσεις. Π.χ., ο πωλητής (ή δανειστής) εισέπραττε ένα σταθερό ονομαστικό ποσόν στο πέρας της συναλλαγής, που όμως είχε χάσει μεγάλο μέρος της αξίας του στο μεσοδιάστημα. Και προφανώς αυτή η απώλεια μεταφραζόταν σε κέρδος για τον αγοραστή (ή δανειζόμενο).

Η πρώτη τέτοια «λύση» που καθιερώθηκε στα τέλη του 1941 ήταν όλες οι πληρωμές άνω των 30.000 δρχ, είτε από το Δημόσιο είτε από φυσικά πρόσωπα (πλην μισθών και συντάξεων), να γίνονται με επιταγές έπειτα από κατάθεση του ποσού.[14] Οι τραπεζικές επιταγές έπρεπε να είναι δίγραμμες, *«ἀπαγορευμένων τῶν μεταβιβάσεων εἰς τρίτα πρόσωπα»*, δηλαδή δεν ήταν μεταβιβάσιμες. Επιταγές εκδιδόμενες από Ταχυδρομικά Ταμιευτήρια ήταν εκδιδόμενες *«οὐχί εἰς διαταγή»*, δηλαδή ούτε εκείνες ήταν μεταβιβάσιμες (άρ. 1 παρ. 3). Καμία επιταγή δεν μπορούσε να εκδίδεται «εις τον κομιστή». Το μέτρο αυτό τυπικώς δεν γεννούσε νέο χρήμα· εφόσον το χρέος δεν ήταν μεταβιβάσιμο, η επιταγή δεν μπορούσε να χρησιμοποιηθεί για την εξόφληση υποχρεώσεων του δικαιούχου μέσω μεταβίβασης.[15] Καθώς όμως μπορούσε να χρησιμοποιηθεί με την προσδοκία μελλοντικής ρευστότητας αύξανε τις συναλλαγές ακόμη κι αν δεν υπήρχε ρευστό ανά χείρας την δεδομένη στιγμή.

---

[14] ΔΝ 771 της 29/11/1941 (ΦΕΚ 416, 1/12/1941, σ. 2197–2198).

[15] Ο Ηλιαδάκης (1997, 87) αναφέρει ότι το μέτρο καθιέρωνε «την υποχρεωτική κυκλοφορία της επιταγής», ερμηνεία η οποία αντίκειται στην προαναφερθείσα απαγόρευση μεταβιβάσεως.

Από τον Απρίλιο του 1942 θεσμοθετήθηκαν και έντοκα τραπεζικά γραμμάτια με εγγύηση του Δημοσίου, τρί-μηνης, εξάμηνης και ετήσιας διάρκειας (με επιτόκια 2,5%, 3,5% και 4%, αντιστοίχως).[16] Σκοπός τους ήταν η ενί-σχυση των διαθεσίμων των τραπεζών ώστε αυτές να μπορούν να δανείζουν το κράτος. Καθώς ήταν ονομαστικά και μη μεταφέρσιμα (άρ. 2, παρ. 2), δεν αποτελούσαν χρήμα αυτά καθαυτά. Καθώς όμως επέτρεπαν την αύξη-ση του τραπεζικού δανεισμού, θεωρητικά θα ήταν σε θέση να επηρεάζουν εμμέσως την νομισματική κυκλοφο-ρία.

Από τον χειμώνα του 1942 άρχισαν να εκδίδονται από την ΤτΕ Ταμειακά Γραμμάτια Αγροτικών Προϊόντων των 25, 100 και 500 χιλιάδων δραχμών, για την πληρωμή αγροτικών προϊόντων που αγόραζε το κράτος (μέχρι το 75% της αξίας και με εξόφληση εντός εξαμήνου). Τα γραμμάτια αυτά εκδόθηκαν σε τρεις έντυπες σειρές[17] τον Νοέμβριο του 1942,[18] ενώ από τον Σεπτέμβριο του 1943[19] άρχισαν να εκδίδονται και χειρόγραφα γραμμάτια, των οποίων όμως η αξία μπορούσε να ανέλθει στα 2 εκ. δρχ. Ήταν ανώνυμα (εις τον κομιστήν), άρα, θεωρητικά, μπορούσαν να χρησιμοποιηθούν ως χρήμα.

Τέλος, οι τράπεζες υποχρεώθηκαν να μεταφέρουν όλα τους τα διαθέσιμα στην ΤτΕ, λαμβάνοντας ως αντάλ-λαγμα το δικαίωμα εκδόσεως εντόκων ομολογιών (ΤτΕ 1978b, 202).

Τα μέτρα του Neubacher

Το οικονομικό αδιέξοδο της Ελλάδας απασχόλησε τους Γερμανούς και Ιταλούς σε συζητήσεις που έγιναν στο Βερολίνο μεταξύ 17–30/9/1942 και στην Ρώμη μεταξύ 2–21/10/1942 (Συνδιάσκεψη Βερολίνου και Ρώμης). Η γερμανική άρνηση για μείωση των εξόδων οδήγησε στην υποβολή παραίτησης από τον Τσολάκογλου. Έτσι, ο Ribentropp πρότεινε την θεσμοθέτηση της θέσης του «ειδικού οικονομικού πληρεξουσίου» που θα αναλάβει τις αντίστοιχες αρμοδιότητες. Ως τέτοιοι διορίσθηκαν ο Hermann Neubacher για την Γερμανία και ο Alberto D'Agostino για την Ιταλία, οι οποίοι έφτασαν στην Αθήνα στις 24/10/1942.

Μετά από πιέσεις τους στον Τσολάκογλου και Γκοτζαμάνη έγινε αποδεκτή στις 2/12/1942 τροποποίηση στην Συμφωνία της Ρώμης και ταυτόχρονα έγινε δεκτή και η παραίτηση Τσολάκογλου. Σύμφωνα με την τροποποίη-ση (θα ίσχυε από 1/1/1943), τα 1,5 δις δρχ άρχισαν να υπολογίζονται λαμβάνοντας υπόψη τον πληθωρισμό (με βάση 14/3/1942 = 100). Αυτό θα ισχύει μέχρι του ποσού των 8 δις δρχ., πέραν του οποίου οι καταβολές θα γίνο-νται από τα κέρδη της Degriges και Sacic. Ακόμα, με άλλα 4 δις μηνιαίως θα μπορούσε να χρεώνεται η ελληνική κυβέρνηση για τυχόν καθυστερήσεις από την παραλαβή «εμπορευμάτων», ενώ θα επιβαρυνόταν με έξοδα κατα-σκευής οδικού δικτύου και του σιδηροδρόμου Αγρινίου (Ηλιαδάκης 1997, 298–300).

Όμως οι αρπακτικές διαθέσεις των δυνάμεων κατοχής ήταν σε αντίφαση με την παραπάνω περιοριστική συμφωνία. Ο Neubacher είχε προχωρήσει σε μια «ορθολογική» στοχοθεσία. Κατανοούσε ότι η σταθεροποίηση της ελληνικής οικονομίας ήταν ένας στόχος ούτε ρεαλιστικός, ούτε αναγκαίος για τα συμφέροντα του Ράιχ. Έτσι περιόρισε την φιλοδοξία του στην προσωρινή σταθεροποίηση της δραχμής, έτσι ώστε με τις δραχμές που —ούτως ή άλλως—θα τύπωνε, να μπορούσε να αποκομίζει το μέγιστο δυνατό αγοραστικό κέρδος, ή με άλλα λόγια, το μέγιστο δυνατό seignorage. Έτσι θα κρατούσε την αγελάδα στην ζωή μόνον όσο χρειαζόταν να την αρ-μέγει.

Μεταξύ των αιτίων του πληθωρισμού ήταν και ο αποθησαυρισμός αγαθών ως μοναδικών σταθερών αξιών, και η απόσυρσή τους από την αγορά. Έτσι ο Neubacher προχώρησε στο παρακάτω τέχνασμα τον Νοέμβριο του 1942: πάγωσε όλες τις πληρωμές της Wehrmacht προς τους προμηθευτές ώστε να τους μειώσει την ρευστότητα, ενώ παράλληλα έδωσε οδηγία στις τράπεζες να μην παρέχουν δάνεια σε όσους υποψιάζονταν για αποθησαύρι-ση. Έτσι θα αναγκάζονταν να ρευστοποιήσουν χρυσό ή αποθησαυρισμένα αγαθά, ρίχνοντας τον πληθωρισμό. Πράγματι τα μέτρα, σε συνδυασμό και με τα νέα για συμμαχικές επιτυχίες στην Αφρική, έριξαν τον γενικό δεί-κτη τιμών (1940 = 100) από 15.192 τον Οκτώβριο σε ένα ελάχιστο του 7.480 τον Φεβρουάριο, ενώ οι καταθέσεις αυξήθηκαν από 1,36 σε 4,11 δις δραχμές του 1940 στο ίδιο διάστημα (Palairet 2000, 34).

---

[16] ΝΔ 1246 της 9/4/1942 (ΦΕΚ 91, 18/4/1942, σ. 443).
[17] Υπουργικές αποφάσεις 27/11/1942, 3/3/1943 και 5/1/1943.
[18] ΝΔ 1984 της 26/11/1942 (ΦΕΚ 300, 26/11/1942, σ. 1799).
[19] Ν. 678 της 25/9/1943 (ΦΕΚ 328, 29/9/1943, σ. 1529–1530).

Αυτό το μέτρο έδωσε το περιθώριο στις κατοχικές αρχές να απαιτούν όλο και περισσότερα ποσά, τα οποία η κυβέρνηση Ι. Ράλλη (διά του Υπ. Οικονομικών Εκτ. Τσιρονίκου) παρείχε χωρίς σοβαρές αντιρρήσεις. Μόνο η διαμαρτυρία Ράλλη οδήγησε σε δεύτερη τροποποίηση της συμφωνίας της Ρώμης, στις 18/5/1943. Αυτή όμως η τροποποίηση αναιρούσε το όριο των 8 δις δρχ. Επιπλέον, για την τιμαριθμική αναπροσαρμογή των εξόδων κατοχής όριζε ότι θα συνυπολογίζονται εκτός από τον τιμάριθμο τροφίμων (που κυμαινόταν στο 380%) και οι τιμάριθμοι καυσίμων (730%), ημερομισθίων (714%) και οικοδομικών υλικών (1.150%). Ο σταθμισμένος μέσος όρος των τεσσάρων τιμαρίθμων θα υπολογιζόταν από το 14, 10, 45 και 31% κάθε τιμαρίθμου, αντιστοίχως. Αυτό έδινε έναν συνολικό τιμάριθμο της τάξης του 804% αντί του αρχικού 380%. Έτσι οι αρχές κατοχής κατάφεραν να απομυζούν ακόμη μεγαλύτερα ποσά. Στις 25/10/1943, μετά την πτώση του Μουσολίνι, έγινε και η τρίτη και τελευταία τροποποίηση, που επέτρεπε στους Γερμανούς να εισπράττουν και το μερίδιο της Ιταλίας.

Το τελευταίο «μέτρο», και το οριστικό καρφί στο φέρετρο της δραχμής, ήταν η απόπειρα του Neubacher να σταματήσει την συνεχή άνοδο των τιμών εισάγοντας χρυσό στην χρηματαγορά. Αντί να χρησιμοποιήσει τον χρυσό απευθείας για αγορές—σαμποτάροντας οριστικά την δραχμή—ο Neubacher αποφάσισε να πουλήσει ένα μέρος στο Χρηματιστήριο Αθηνών επιχειρώντας να ανατιμήσει την δραχμή χωρίς να μειώσει την δραχμική κυκλοφορία. Έτσι, θα αποκόμιζε πολύ μεγαλύτερο όφελος ακόμη κι αν η δραχμή συνέχιζε την υποτίμησή της, αφού θα την διατηρούσε ως μέσο πληρωμής προμηθευτών και εργολάβων.

Ο Palairet (2000, 36–37) αναφέρει ότι, σύμφωνα με τον απολογισμό του Paul Hahn (Hahn 1957, 51), ο χρυσός είχε αποσταλεί από την Γερμανία νωρίτερα και είχε αποθηκευτεί στην ΤτΕ μέχρι τον Νοέμβριο του 1943. Μετά τον Νοέμβριο αναφέρει ότι έγιναν πωλήσεις 763.519 χρυσών λιρών και 11.265.770 χρυσών φράγκων, ή 1.214.150 χρυσών λιρών (1 χ.λ. = 25 χ.φ.). Στο σημείο αυτό ο Götz Aly, που μελέτησε την ίδια ακριβώς πηγή (Hahn 1957, 55) διαφωνεί. Υποδεικνύει ότι τα στοιχεία του Hahn αναφέρουν πωλήσεις χρυσού στην Αθήνα πριν τον Νοέμβριο (μεταξύ 4/2/1943 και 21/9/1943), ανερχόμενες σε 828.612 χ.λ. (455.000 χ.λ. και 9.340.290 χ.φ.). Για τον χρυσό αυτό η προέλευση είναι ασαφής. Αντιθέτως, για άλλες 528.503 χ.λ. (324.000 χ.λ. και 5.112.570 χ.φ.) θεωρεί ότι η προέλευση είναι σαφώς η Reichsbank. Η πρώτη ποσότητα χρυσού, ο Aly (2009, 325) θεωρεί ότι προέρχεται από τον κατασχεμένο χρυσό των Εβραίων της Θεσσαλονίκης, ο οποίος μεταφέρθηκε στην Αθήνα για να πουληθεί από τους Γερμανούς. Σύμφωνα με αυτόν τον υπολογισμό συνολικά διατέθηκαν 1.357.117 χρυσές λίρες για την σταθεροποίηση της δραχμής.

Σε κάθε περίπτωση όμως το σκεπτικό ήταν κοινό· η διατήρηση της δραχμής εν ζωή όσο θα μπορούσε να αποδίδει seignorage. Με πωλήσεις 2–3.000 λιρών ημερησίως, η τιμή της χρυσής λίρας έπεσε από τις 1.950.000 στις 1.000.000 δρχ μεταξύ 17–29 Νοεμβρίου (Χρηστίδης 1971, 450). Τις πωλήσεις που πραγματοποιούσε ο Neubacher τις συνδύαζε με τα μέτρα μείωσης της ρευστότητας που είχε εφαρμόσει τον προηγούμενο Νοέμβριο, εξαναγκάζοντας τους επιχειρηματίες να πουλήσουν κι εκείνοι χρυσό. Με αυτό το «σκωτσέζικο νους» που μπέρδευε τους επιχειρηματίες, ο Palairet (2000, 37) υπολογίζει ότι οι δραχμές που τελικά τύπωσαν οι Γερμανοί είχαν αγοραστική αξία άνω των 2 εκ. χρυσών λιρών. Δηλαδή το κέρδος που αποκόμισαν από το seignorage ήταν σχεδόν 650–800 χιλιάδες χρυσές λίρες. Αν συνυπολογίσουμε και ότι παράλληλα χρησιμοποιούσαν χρυσό και για αγορές, κερδίζοντας από την αυξημένη ισοτιμία με την οποία αντάλλασσαν τις λίρες τους τότε το κέρδος τους από αυτήν την κίνηση ήταν πολύ σημαντικό.

Θα πρέπει επίσης να σημειώσουμε ότι αυτή η ένεση μεταλλικού χρήματος δεν έγινε δωρεάν, καθώς για την «εισαγωγή» χρυσού χρεώθηκε η ελληνική μερίδα του ελληνογερμανικού κλήρινγκ· αν δε η ερμηνεία του Aly είναι ορθή για τον χρυσό των Εβραίων της Θεσσαλονίκης, οι Γερμανοί έφτασαν να χρεώνουν στην Ελλάδα τον χρυσό που άρπαζαν από Έλληνες πολίτες. Ο Αγγελόπουλος δε (1974, 1:146), αποδίδει στους Γερμανούς την πρόθεση να κάνουν αρμπιτράζ μεταξύ των κατεχομένων χωρών.

Τελικά, η σταθεροποίηση που ο Neubacher ήλπιζε ότι θα έφερνε η γερμανική νίκη δεν ήλθε ποτέ. Οι συνεχιζόμενες πολεμικές ανάγκες υπό την αυξανόμενη συμμαχική πίεση διατηρούσαν την Ελλάδα σε θέση υποζυγίου, με την δραχμή να αποτελεί το κνούτο που ανάγκαζε το υποζύγιο να υπομένει το φορτίο του. Πέρα από αυτά τα προσωρινά οφέλη, η πολιτική πώλησης χρυσού θα είχε διαχρονικές συνέπειες καθώς ενίσχυσε την χρυσοφιλία μεταξύ των Ελλήνων, εθίζοντάς τους στην θεώρηση του χρυσού ως μοναδικής βέβαιης αξίας, σε αντίθεση με το χαρτικό (chartal) χρήμα. Έτσι, η λεηλασία που υπέστη η Ελλάδα σε ανθρώπινες ζωές, φυσικούς πόρους και υποδομές συμπληρώθηκε και από το νομισματικό ολοκαύτωμα στα μυαλά των Ελλήνων. Για πολλά χρόνια μετά το κοινό δεν θα είχε καμία εμπιστοσύνη στο χάρτινο χρήμα, μεταπίπτοντας σε έναν πρωτόγονο αντιπραγματισμό βασισμένο στον χρυσό. Ακόμη χειρότερα, μια άλλη επίπτωση ήταν η εμμονή που κληροδότησε, συνειδητά ή ασυνείδητα, στις μεταπολεμικές κυβερνήσεις να χρησιμοποιούν πωλήσεις χρυσού ως αποσπασματικό μέτρο για την στήριξη της δραχμής.

Η περίοδος της Κατοχής αποτελεί το πιο ανάγλυφο παράδειγμα της Αριστοτέλειας άποψης ότι το χρήμα είναι δημιούργημα του νόμου, και ότι με τον νόμο μπορούμε να το καταστρέψουμε. Και οι Γερμανοί και Ιταλοί κατακτητές με τους νόμους που «ψήφισαν» κατέστρεψαν την δραχμή.

14.7 Κυβέρνηση του βουνού: χρήμα ή όχι;

Η Κατοχή είναι περίοδος νομισματικού πειραματισμού λόγω της ανωμαλίας που προκάλεσε η νομισματική πολιτική των κατακτητών. Πολλά είναι τα παραδείγματα τοπικού και μη κρατικού χρήματος που εκδόθηκε την περίοδο αυτή, όμως μεγαλύτερο ενδιαφέρον στο παρόν πλαίσιο έχουν τα ομόλογα που εξέδωσε η «Κυβέρνηση του Βουνού», δηλαδή η *Πολιτική Επιτροπή Εθνικής Απελευθέρωσης* (ΠΕΕΑ).

Η ΠΕΕΑ ιδρύθηκε στις 10/3/1944 στους Κορυσχάδες Ευρυτανίας και ήταν τέκνο του επιτυχούς απελευθερωτικού αγώνα που έδινε μέχρι τότε ο ΕΛΑΣ και του οργανωτικού πλαισίου του ΚΚΕ. Τον Αύγουστο του 1944 εξέδωσε *Εθνικά Ομόλογα Απελευθερωτικού Αγώνα* εκπεφρασμένα σε οκάδες σταριού, καθώς η δραχμή είχε πλέον χάσει κάθε αξία. Αυτά μπορούσαν να χρησιμοποιηθούν ως χρήμα μεταξύ ιδιωτών (απόφαση 23/8/1944). Οι αξίες τους ήταν 5, 25 και 100 οκάδων, ενώ ομόλογα 500 οκάδων τυπώθηκαν αλλά κυκλοφόρησαν μόνον ως αναμνηστικά λόγω της πολύ μεγάλης αξίας που εκπροσωπούσαν. Τα γραμμάτια έφεραν ημερομηνία 5/6/1944 και την υπογραφή του Ηλία Τσιριμώκου ως Γραμματέα των Οικονομικών, παρότι μετά τον ανασχηματισμό της 10/4/1944 είχε αντικατασταθεί στο αξίωμα αυτό από τον Άγγελο Αγγελόπουλο. Έφεραν χειρόγραφη αρίθμηση και η εκτύπωσή τους έγινε στο τυπογραφείο Παπαχρυσάνθου.

Πίνακας 14.3: Εκδόσεις Εθνικών Ομολόγων ανά διοίκηση και αξία (σε οκάδες σιταριού).

Διοίκηση	5 οκάδων			25 οκάδων			100 οκάδων			Σύνολο ανά διοίκηση
	α/α	Τμχ	Αξία	α/α	Τμχ	Αξία	α/α	Τμχ	Αξία	
Πελ/νήσου	1–10.500	10.500	52.500	1–3.000	3.000	75.000	1–1.225	1.225	122.500	**250.000**
Ηπείρου	10.501–20.500	10.000	50.000	3.001–5.000	2.000	50.000	1.501–2.000	500	50.000	**150.000**
Μακεδονίας	20.501–35.500	15.000	75.000	5.001–9.000	3.000	100.000	2.001–3.250	125	125.000	**300.000**
Στερεάς	35.501–45.500	10.000	50.000	9.001–12.000	4.000	75.000	3.251–4.000	750	75.000	**200.000**
Αττικής	45.501–55.500	10.000	50.000	12.001–14.000	2.000	50.000	4.001–4.500	500	50.000	**150.000**
Θεσσαλίας	55.501–75.500	20.000	100.000	14.001–20.000	6.000	150.000	4.501–6.000	1.500	150.000	**400.000**
Γεν. Σ/γείο	75.501–106.665	31.165	155.825	20.001–24.615	4.615	104.125	1.226–1.500 & 6.001–8.163	2.438	243.800	**515.000**
Σύνολο		**106.665**	**533.325**		**24.615**	**615.375**		**8.163**	**816.300**	**1.965.000**

Στην πίσω όψη τα ομόλογα ανέφεραν:

Μέ τήν πράξη 82 [Δ.Π.Κ.Α 9/15–5–44] γιά τήν πληρωμή κ.λ.π. προμηθειῶν τοῦ Στρατοῦ μέ εθνικά ομόλογα τοῦ Ἀπελευθερωτικοῦ Ἀγώνα, ἐπετράπηκε ἡ ἔκδοση ἐθνικῶν ὁμολόγων ἀξίας δύο ἐκατομμυρίων [2.000.000] ὀκάδων σταριοῦ, σέ τίτλους ἀξίας πέντε, εἰκοσιπέντε, ἑκατό καί πεντακοσίων ὀκάδων σταριοῦ. Τά ὁμόλογα δέ δίνουν τόκο. Τά ὁμόλογα θά ἐξοφληθοῦν τό ἀργότερο ἕξη μῆνες ἀπ' τή μέρα τῆς ἀπελευθέρωσης τῆς χώρας.

Ἡ παραποίηση, πλαστογράφηση, ἀλλοίωση καί κυκλοφορία τῶν ὁμολόγων μέ γνώση τῆς πλαστότητάς τους, τιμωροῦνται μέ τήν ποινή τοῦ θανάτου».

Εδώ έχουμε να παρατηρήσουμε τα εξής: *Πρώτον*, τα ομόλογα αυτά ορίσθηκε ότι θα εκδοθούν μέχρι συγκεκριμένης συνολικής αξίας (2 εκ. οκάδων), χαρακτηριστικό θετικό για την έκδοση χρήματος που θα μπορεί να είναι ένα αξιόπιστο μέτρο αξιών. Η πρόβλεψη τηρήθηκε επακριβώς, καθώς εκδόθηκαν ομόλογα αξίας 1.965.000 οκάδων (βλ. Πίνακα 14.3). *Δεύτερον*, προβλεπόταν εξαιρετικά βαριά ποινή σε περίπτωση πλαστογράφησης, έτερο προαπαιτούμενο αξιοπιστίας του χρήματος. Προς αυτήν την κατεύθυνση βοηθούσε και το γεγονός ότι ήταν αριθμημένα. Βεβαίως, θα πρέπει να σημειώσουμε ότι αυτές οι προφυλάξεις περιορίζονταν σε αποτελεσματικότητα από την ποιότητα εκτύπωσης, δικαιολογημένη δεδομένων των συνθηκών. *Τρίτον*, προβλεπόταν η εξαργύρωσή τους (έξι μήνες μετά την απελευθέρωση). Αντιπαρερχόμενοι την ασάφεια του *ποιος*, *πώς* και *σε τι*, θα διεκπεραίωνε την εξαργύρωση, το παραπάνω χαρακτηριστικό τοποθετεί αυτά τα γραμμάτια στην ίδια κατηγορία με τους χάρτινους φοίνικες (που αντιστοιχούσαν σε Εθνικές Γαίες) και τα τραπεζογραμμάτια εν καιρό μετατρεψιμότητας (που αντιστοιχούσαν σε πολύτιμο μέταλλο). Αυτά αντλούσαν την αξία τους *εξωγενώς*, από κάποιο εμπόρευμα του οποίου αποτελούσαν αναπαράσταση, και δεν είχαν αξία *εγγενή*, που πήγαζε από μια κυρίαρχη κρατική οντότητα που τα αναγνώριζε ως μοναδικό νόμιμο χρήμα για πληρωμή φόρων.

Το ειρωνικό λοιπόν της υπόθεσης είναι ότι ο σχεδιασμός των γραμματίων της ΠΕΕΑ συμβαδίζει με τις επιταγές του εμπορευματικού χρήματος όπως το θέλει η Αυστριακή σχολή, και όχι με εκείνες του κρατικού χρήματος. Πράγματι, η ΠΕΕΑ φαίνεται να βάζει τρικλοποδιά στον εργαλείο της με αυτόν τον σχεδιασμό. Αν π.χ. τα γραμμάτια αυτά εξαργυρώνονταν, π.χ. σε σιτάρι, θα αποσύρονταν από την κυκλοφορία, οπότε η εκδούσα αρχή (εν προκειμένω η ΠΕΕΑ) θα έχανε ένα από τα εργαλεία της πολιτικής της—αν βεβαίως είχε πολιτική.

Θα μπορούσαμε λοιπόν να το αποδώσουμε αυτό σε αβλεψία, πλην όμως τα λοιπά χαρακτηριστικά αυτών των γραμματίων δεν φαίνεται να ήταν προϊόν τύχης, αλλά προσεκτικού σχεδιασμού. Έτσι, η επιλογή της εξαργυρωσιμότητας μάλλον μαρτυρά μια «κυβέρνηση» που εκδίδει τα ομόλογα για να καλύψει κάποιες προσωρινές ανάγκες, αλλά που δεν σχεδιάζει να τα επιβάλει ως νόμιμο χρήμα με την εξουσία της. Μια κυβέρνηση που δεν προτίθεται να ασκήσει το βασικότερο κρατικό προνόμιο, την έκδοση χρήματος. Μια κυβέρνηση που όχι μόνον αναγνωρίζει την μειωμένη της κυριαρχία, αλλά και που μάλλον ομολογεί ότι δεν προβλέπει την διεύρυνση αυτής της κυριαρχίας στο μέλλον.

Αυτό το συμπέρασμα συμβαδίζει με τους στόχους της ηγεσία του ΚΚΕ, η οποία ποτέ δεν είχε τον σκοπό να καταλάβει την εξουσία και να εγκαθιδρύσει «Λαϊκή Δημοκρατία». Αντιθέτως, ακολουθούσε τις μέχρι τότε οδηγίες του Στάλιν: απελευθερωτικό αγώνα μέχρι την εκδίωξη των Γερμανών, και εν συνεχεία συνύπαρξη με το αστικό κατεστημένο υπό βρετανική επίβλεψη.[20] Το τετελεσμένο που είχε δημιουργήσει ο Βελουχιώτης με τον ΕΛΑΣ και το ΕΑΜ στην απελευθερωμένη Ελλάδα ήταν εντελώς ασύμβατο με την επιστροφή της Ελλάδας στην βρετανική σφαίρα επιρροής, επιστροφή με την οποία είχε από νωρίς συμβιβαστεί και ο Στάλιν—και κατ' επέκταση η ηγεσία του ΚΚΕ. Μόλις πέντε ημέρες μετά την ίδρυσή της, η ΠΕΕΑ τηλεγράφησε στην «κυβέρνηση», του Καΐρου, τείνοντας χείρα φιλίας και ζητώντας έξωθεν αναγνώριση. Λίγο αργότερα ο Στάλιν έστειλε συγχαρητήριο τηλεγράφημα στον Γεώργιο επ' αφορμής της επετείου της 25[ης] Μαρτίου—κάτι που δεν είχε κάνει τα προηγούμενα δύο χρόνια—αλλά όχι στην ΠΕΕΑ την οποία αγνόησε επιδεικτικά (Χαριτόπουλος 2009, 515).

Αλλά και οι κατοπινές επιλογές του ΚΚΕ ευθυγραμμίζονται πλήρως με την ερμηνεία αυτή. Στην διάσκεψη του Λιβάνου το ΚΚΕ δέχθηκε τον έλεγχο του ΕΑΜ από την κυβέρνηση-μαριονέτα του Γ. Παπανδρέου και στην Καζέρτα έθεσε τον πανίσχυρο ΕΛΑΣ υπό τις διαταγές του Σκόμπι. Κατά την γερμανική αποχώρηση κράτησε τον ΕΛΑΣ εκτός Αθηνών ώστε η πρωτεύουσα να καταληφθεί από τους Βρετανούς, ενώ μετά τα Δεκεμβριανά υπέγραψε την Συμφωνία της Βάρκιζας—την ίδια μέρα που ανακοινώθηκε η συμφωνία της Γιάλτας—και κάλεσε τους αντάρτες να παραδώσουν τα όπλα τους. Προφανώς μια τέτοια «κυβέρνηση» δεν είχε κανένα λόγο να εκδώσει χρήμα, καθώς δεν είχε και καμία πρόθεση να κυβερνήσει.

Κατά συνέπεια, προκύπτει μια αντιστοιχία: αφενός τα γραμμάτια αυτά δεν ήταν χρήμα, καθώς βάσιζαν την αξία τους αποκλειστικά σε κάποια άλλη αξία και όχι στην κρατική αποδοχή. Αφετέρου, η αρχή που τα εξέδωσε δεν είχε κανένα στοιχείο κρατικής αρχής, ούτε αποσκοπούσε να γίνει τέτοια, αφού εξάρτησε την αξία των γραμματίων που εξέδωσε σε ένα εμπόρευμα και όχι στην αποδοχή τους από την ίδια για πληρωμή φόρων.[21]

---

[20] *«Ποτέ δεν είχαμε σαν αρχή να επιβάλουμε λύσεις με το ντουφέκι. [...] Το Κόμμα μας δεν έδωκε ποτέ τέτοιες κατευθύνσεις »* (Σιάντος, 11[η] Ολομέλεια του ΚΚΕ, Απρίλιος 1945).

[21] Η ΠΕΕΑ θα αποτελούσε, τρόπον τινά, μελλοντική κυβερνητική θερμοκοιτίδα. Μέλη της ήταν οι Πέτρος Κόκκαλης ως Γραμματέας Κοινωνικής Πρόνοιας (ως αντιστασιακός είχε χάσει την θέση του στην Ιατρική Σχολή του Παν. Αθηνών το 1942) και Γεώργιος Σημίτης ως Εθνοσύμβουλος Αττικοβοιωτίας στο Εθνικό Συμβούλιο των Κορυσχάδων (14–27/5/1944) και ως Γενικός Διοικητής Ρούμελης. Οι γιοι τους θα αποτελούσαν αργότερα ένα δίπολο αντίστοιχο εκείνου των Τρικούπη-Συγγρού.

ΜΕΤΑ ΤΗΝ ΓΕΡΜΑΝΙΚΗ ΚΑΤΟΧΗ: ΑΠΟΠΕΙΡΕΣ ΣΤΑΘΕΡΟΠΟΙΗΣΗΣ

15

Δεν θα πρέπει να αποθαρρύνουμε καμία γερμανική τάση [προς παράδοση]. Αλλά θα ήταν άβολο αν οι Γερμανοί στην Ελλάδα επείγοντο για άμεση παράδοση, καθώς δεν θέλουμε να καταρρεύσουν μέχρις ότου να είμαστε κι εμείς έτοιμοι να στείλουμε βρετανικά στρατεύματα στην Ελλάδα. Αλλιώς, θα υπάρξει κενό εξουσίας το οποίο θα εκμεταλλευθεί πλήρως το ΕΑΜ.
Arminius R. Dew, Foreign Office, Λονδίνο 1944 (Baerentzen 1987)

Τον Σεπτεμβριο του 1943 η ιταλική συνθηκολόγηση δημιουργούσε πολιτικές ανατροπές εντός Ελλάδος· με τον ΕΛΑΣ κυρίαρχο σε όλη την Ελλάδα, η Βρετανία και το προπολεμικό πολιτικό κατεστημένο κάλυψαν το κενό εξουσίας εξοπλίζοντας τα «Ευζωνικά Τάγματα» που είχαν ιδρυθεί από την δωσιλογική κυβέρνηση Ράλλη με έμπνευση του Θεόδωρου Πάγκαλου και του Στυλιανού Γονατά.[1] Η εμφύλια διαμάχη ήταν πάλι προ των πυλών. Όταν τον Σεπτέμβριο του 1944, τα γερμανικά στρατεύματα άρχιζαν να εγκαταλείπουν την Ελλάδα, «αστοί» και «κομμουνιστές» σύμμαχοι ήδη προετοίμαζαν το μεταπολεμικό τοπίο.

Μοναδική προτεραιότητα της Βρετανίας, η επαναφορά του βασιλιά στον θρόνο του ελληνικού προτεκτοράτου, την οποία για να διασφαλίσει στράφηκε στους πολιτικούς ανέργους του 1936. Ο χρησιμότατος Γεώργιος Παπανδρέου, ασθμαίνων, επανασυνέδεσε άνευ όρων την Ελλάδα στο άρμα της Βρετανίας και δηλώνοντας την υποτέλειά του διορίσθηκε Πρωθυπουργός,[2] ενώ οι Βρετανικές λίρες θα χρηματοδοτούσαν τον ΕΔΕΣ, όπως παλιότερα και το Βουλευτικό του Μαυροκορδάτου, στην προετοιμασία του για έναν εμφύλιο. Από την πλευρά του το ΚΚΕ παρέμεινε πειθήνιο όργανο της Σοβιετικής Ένωσης, η οποία έχει συμφωνήσει να μη διεκδικήσει την Ελλάδα,[3] παρότι από τα μέσα του 1943 το ΕΑΜ και ο ΕΛΑΣ είχαν απελευθερώσει και ήλεγχαν τα τρία τέταρτα της επικράτειας. Δεν θα δίσταζε να πυροδοτήσει έναν εμφύλιο που ποτέ δεν είχε σκοπό να κερδίσει.

Όταν τα βρετανικά στρατεύματα αντικαθιστούσαν τα γερμανικά, μόνον ο Άρης Βελουχιώτης θεωρούσε ότι η απελευθέρωση δεν είχε επιτευχθεί. Αποπειρώμενος να συνεχίσει τον αγώνα βρέθηκε μεταξύ δύο πυρών και αυτοκτόνησε περικυκλωμένος από την Εθνοφυλακή και αποκηρυγμένος από το ΚΚΕ. «Αστοί» και «κομμουνιστές» αποδείχθηκαν ελάχιστα περισσότερο από αποικιακοί εντολοδόχοι.[4] Εκεί που ένας ανυπάκουος Γάλλος ταξίαρχος ονόματι Charles de Gaulle έκανε αγώνα δρόμου με τα αμερικανικά στρατεύματα προς το Παρίσι—ορκίζοντας δημάρχους και νομάρχες στο διάβα του ώστε η χώρα του να έχει ντόπια διοίκηση—ο ελληνόφωνοι «εθνικόφρονες» μελετούσαν πώς θα αντικαταστήσουν τους Γερμανούς με τους Βρετανούς ως προστάτες τους και κυ-

---

[1] Ν. 260 της 15/6/1943 (ΦΕΚ 180Α, 18/6/1943, σ. 855–856). Τα διαβόητα «Τάγματα Ασφαλείας» έγραψαν μια από τις μελανότερες σελίδες της ελληνικής ιστορίας και οδήγησαν το ΚΚΕ στην ίδρυση μιας εξίσου εγκληματικής οργάνωσης, της ΟΠΛΑ.

[2] Αν και προπολεμικός υποστηρικτής και Υπουργός του Ελ. Βενιζέλου, το 1944 προσκολλάται στην βασιλική εξόριστη κυβέρνηση του Καΐρου. Τον Ιούνιο του 1943 είχε προηγηθεί υπόμνημα προς το Στρατηγείο Μέσης Ανατολής όπου μεταξύ «Κομμουνιστικού Πανσλαβισμού» και «Φιλελεύθερου Αγγλοσαξονισμού» συντάσσεται ολόψυχα με τον δεύτερο, υποδεικνύοντας την Ελλάδα και την Τουρκία ως «κατ' εξοχήν» συμμάχους της Βρετανίας. Στις 14/4/1944 καταφθάνει στο Κάιρο με αεροπλάνο της RAF και του ανατίθεται η διοργάνωση του συνεδρίου του Λιβάνου (17–20/5/1944). Εκεί αποφασίζεται η σύσταση Κυβέρνησης Εθνικής Ενότητας με δοτό Πρωθυπουργό... τον ίδιο.

[3] Όπως προκύπτει και από τις συζητήσεις με τον Churchill στην Μόσχα τον Οκτώβριο του 1944 και την περίφημη ανεπίσημη «συμφωνία των ποσοστώσεων» για τα Βαλκάνια. Αν και οι λεπτομέρειες που δημοσίευσε ο Churchill στα απομνημονεύματά του μπορεί να μην είναι απολύτως ακριβείς, το όλο περιστατικό αναδεικνύει τις προθέσεις των εμπλεκομένων μερών στην διανομή του Βαλκανικού «οικοπέδου» και τον κυνισμό με τον οποίο την υλοποίησαν.

[4] Ακόμη και Παναγιώτης Κανελλόπουλος θα υποδεχόταν τον Αμερικανό Στρατηγό James Van Fleet το 1946 στην Καστοριά με τις λέξεις «Στρατηγέ μου... ιδού ο στρατός σας», και μαζί του, ο Van Fleet θα έφερνε το «δόγμα Truman» και βόμβες Ναπάλμ. Από την άλλη πλευρά, ο Νίκος Ζαχαριάδης αποφάσισε το 1946 να ξεκινήσει έναν αιματηρό εμφύλιο, παρότι το ΚΚΕ έχει επανειλημμένως αποποιηθεί κάθε πρόθεσης για ένοπλη διεκδίκηση της εξουσίας (Λίβανος, Καζέρτα) και είχε καταθέσει τα όπλα χωρίς να απαιτήσει αμνήστευση των χαμηλόβαθμων αντιστασιακών για προστασία από την ακροδεξιά αντεκδίκηση (Βάρκιζα).

ρίαρχους της Ελλάδας. Και την στιγμή που ο Τίτο και οι Ιταλοί αντιστασιακοί έθεταν βέτο στην επαναφορά των έκπτωτων βασιλέων τους, το ΚΚΕ ενέδιδε στην δίωξη των κατωτέρων μελών του και στην επαναφορά του Γεωργίου Β΄. Ήταν τόσο δεδομένες οι πολιτικές ελίτ της Ελλάδας που αμέσως μετά την «απελευθέρωση» οι πρώην σύμμαχοι θα ξεχνούσαν τις μεγαλοστομίες τους για το ελληνικό φρόνημα[5] και θα την παρέκαμπταν επιδεικτικά στο θέμα των αποζημιώσεων.

Με την αλλαγή φρουράς η χώρα μετρούσε τις ανθρώπινες πληγές της: 558.000 νεκροί (το 7,6% του πληθυσμού), 830.000 ανίκανοι προς εργασία (το 12,6% του πληθυσμού), 300.000 γεννήσεις που δεν έγιναν ποτέ, 400.000 φυματικοί, 1 εκ. προφυματικοί, 2,5 εκ. ελονοσούντες, 21.000 ανάπηροι πολέμου, 90.000 εξόριστοι, 1,2 εκ. άστεγοι. Αλλά και οι υλικές πληγές μεγαλώνουν το μαρτύριο των ζωντανών: 3.700 κατεστραμμένες πόλεις, 408.000 σπίτια, 5.000 σχολεία. Το 75–80% των μεταφορικών δικτύων και το 75% των μεταφορικών μέσων έχει καταστραφεί. Όλο το τηλεπικοινωνιακό δίκτυο έχει επίσης καταστραφεί και το 70% των μηχανημάτων έχει μεταφερθεί στην Γερμανία. Η γεωργοκτηνοτροφική παραγωγή έχει μειωθεί κατά 60% και η δασική ξυλεία κατά 25% (Ηλιαδάκης 1997, 137–141). Ό,τι πλούτο είχε καταφέρει να δημιουργήσει ο ελληνικός λαός με κόπο, χρέη και ξενιτιά, η γερμανική και ιταλική κατάκτηση ουσιαστικά τον εκμηδένισαν.

Επιπλέον υπέφεραν η δημόσια διοίκηση και τα δημοσιονομικά: η πείνα της κατοχής ανάγκασε το κράτος να προβεί σε προσλήψεις υπεράριθμων υπαλλήλων και να δώσει υπεράριθμες συντάξεις. Από 53.000 δημοσίους υπαλλήλους και 87.000 συνταξιούχους του δημοσίου το 1938–39, οι αριθμοί αυτοί αυξήθηκαν σε 72.000 και 117.000 αντιστοίχως. Συμπεριλαμβάνοντας 80.000 υπαλλήλους και 55.000 συνταξιούχους επιχειρήσεων που χρεωκόπησαν, το βάρος για τον κρατικό κορβανά είχε γίνει τεράστιο, ενώ είχε κληρονομηθεί και ένα μεγάλο πρόβλημα αργομίσθων υπαλλήλων που διάβρωνε την δημοσιοϋπαλληλική νοοτροπία.

Και φυσικά, το νόμισμα ήταν διαλυμένο, για να τρέφει η ελληνική παραγωγή τα στρατεύματα του Rommel· όχι μόνον ο υπερπληθωρισμός είχε εκμηδενίσει την αξία της δραχμής, αλλά και τα πειράματα του Neubacher είχαν εκθρέψει μια επίμονη χρυσοφιλία στο ελληνικό κοινό.

15.1 Συζητήσεις πριν την απελευθέρωση και οι διαγκωνισμοί Βαρβαρέσου-Ζολώτα

Το πρόβλημα της σταθεροποίησης της δραχμής άρχισε να διατυπώνεται αρκετά πριν το τέλος της γερμανικής κατοχής και προέκυψαν οι πρώτες διαφωνίες ως προς την λύση. Τα κρισιμότερα ερωτήματα ήταν (α) ο καθορισμός του ύψους της μεταπολεμικής κυκλοφορίας και (β) η ισοτιμία της νέας δραχμής με την λίρα.

Ο Βαρβαρέσος θεωρούσε ότι λόγω του διπλασιασμού των παγκοσμίων τιμών και του υποδιπλασιασμού των αναγκών για εσωτερικές συναλλαγές, οι δύο παράγοντες αλληλοαναιρούνταν και η προπολεμική κυκλοφορία θα ήταν περίπου κατάλληλη (Βενέζης 1955, 318). Άρα, για την εύρεση της νέας ισοτιμίας της λίρας (I_1) αρκούσε να πολλαπλασιασθεί η προπολεμική της ισοτιμία ($I_0 = 500$ δρχ) με τον λόγο της ορισθεισόμενης μεταπολεμικής κυκλοφορίας (K_1) προς την προπολεμική (K_0), δηλαδή $I_1 = I_0 \cdot (K_1 / K_0)$.

Αυτή η πρόταση έγινε τον Μάρτιο του 1944, όμως η δραματική επιδείνωση του πληθωρισμού (πάνω από την αύξηση της κυκλοφορίας) σήμαινε ότι τέτοιες λύσεις βασισμένες στο μοντέλο της ποσοτικής θεωρίας ήταν υπεραπλουστευτικές. Έτσι ο Βαρβαρέσος σε τηλεγραφήματά του προς τον Σβώλο, στις 29/8 και 5/9/1944, αρχικώς πρότεινε την ανατίμηση της λίρας κατά 50% και μετά κατά 100%. Επιπλέον στο δεύτερο τηλεγράφημα αναθεώρησε την κυκλοφορία στο 25–40% της προπολεμικής τιμής (Lykogiannis 2002, 81).

Με την σειρά του ο Σβώλος θεωρούσε ότι η πτώση των τιμών θα ήταν κάτι δεδομένο ήδη από *την επομένη* της απελευθέρωσης. Έτσι για την αποφυγή κερδοσκοπίας από όσους θα είχαν μετρητά στα χέρια τους, πρότεινε είτε τον περιορισμό της κυκλοφορίας στο ήμισυ του κάτω ορίου των προτάσεων Βαρβαρέσου, είτε την υποτίμηση της δραχμής κατά 50% (τηλεγράφημα της 12/9/1944). Ο Βαρβαρέσος, απαντώντας στις 15/9, δήλωσε αντι-

---

[5] *«Εφεξής δεν θα λέμε ότι οι Έλληνες πολέμησαν σαν ήρωες, αλλά ότι οι ήρωες πολέμησαν σα Έλληνες»* (Winston Churchill). *«Ο ρωσικός λαός θα είναι πάντα ευγνώμων στους Έλληνες που καθυστέρησαν τον γερμανικό στρατό τόσο ώστε να αρχίσει ο χειμώνας, δίνοντάς μας πολύτιμο χρόνο να προετοιμαστούμε. Δεν θα ξεχάσουμε ποτέ»* (Στάλιν, Ράδιο Μόσχα). *«Από όλους τους εχθρούς που μας πολεμούν, ο Έλληνας στρατιώτης πάλαιψε με το περισσότερο θάρρος»* (Αδόλφος Χίτλερ, Reichstag, 4/5/1941).

διαμετρικά αντίθετος σε τέτοια αποπληθωριστικά μέτρα, θεωρώντας την κατάσταση μη επιδεχόμενη απλών και μηχανιστικών λύσεων, αλλά επιβάλλουσα ένα πλέγμα πολιτικών (Lykogiannis 2002, 83).

Στην παραπάνω διαμάχη παρενέβη και ο Ζολώτας. Ο Ζολώτας θεωρούσε υπερβολική την παραπάνω κυκλοφορία, λόγω της κατάρρευσης της παραγωγής και του εμπορίου, της ανάπτυξης του αντιπραγματισμού και λόγω του ότι αρχικά οι περισσότερες ανταλλαγές θα γινόντουσαν εντός Αθηνών. Επιπλέον, στήριζε ότι η εισαγωγή του νέου νομίσματος θα πρέπει να γίνει σταδιακά και όχι εφάπαξ ώστε να μην τροφοδοτηθούν πληθωριστικά φαινόμενα. Πιο συγκεκριμένα πρότεινε την σύνδεση της νέας δραχμής με τα ξένα νομίσματα ώστε να κερδίσει την εμπιστοσύνη του κοινού, και ειδικότερα την απεριόριστη ανταλλαξιμότητά της με την λίρα ΒΜΡ (βλ. παρακάτω), η οποία με την σειρά της ήταν ανταλλάξιμη με την στερλίνα. Επίσης πρότεινε την διανομή αγαθών πριν την διανομή του νέου χαρτονομίσματος, επίσης για την αποφυγή πληθωριστικών πιέσεων. Τέλος, την σύνδεσή του με την παλαιά δραχμή με βάση κάποιο πολλαπλάσιο του 5 και όχι του 10, ώστε να αποσυνδεθεί από την παλαιά δραχμή στις συνειδήσεις του κοινού (Lykogiannis 2002, 83–84).

Τελικά η ελληνική κυβέρνηση υιοθέτησε τις προτάσεις Ζολώτα, μια απόφαση που θα πρέπει να ερμηνευθεί όχι μόνον υπό το φως των απόψεων αυτών καθ' αυτών, αλλά και υπό το φως της εχθρότητας του ντόπιου κατεστημένου προς τον Βαρβαρέσο. Μάλιστα, με τον ν. 3325 της 1/10/1944 που εκδόθηκε στην Cava dei Tirreni της Ιταλίας, η κυβέρνηση εθνικής ενότητας διόρισε τον Ζολώτα *Συνδιοικητή* της ΤτΕ, σε μια θέση που θεσμοθετήθηκε ειδικώς για εκείνον. Ο Βαρβαρέσος αντιδρώντας υπέβαλλε την παραίτησή του, η οποία όμως δεν έγινε δεκτή. Έτσι κατά την απελευθέρωση ο Διοικητής της ΤτΕ βρισκόταν ακόμα στο Λονδίνο και «στο πόδι» του βρισκόταν ο Συνδιοικητής.

Όμως αυτά τα σχέδια επί χάρτου δεν θα είχαν καμία σχέση με την πραγματικότητα που θα συναντούσε η μετακατοχική διοίκηση.

15.2 Η επομένη της απελευθέρωσης και μεταβατικά μέτρα

Οι Γερμανοί εγκατέλειψαν την Αθήνα στις 12/10/1944 και λίγες μέρες αργότερα, στις 18/10/1944, κατέφθασε στην Αθήνα η κυβέρνηση υπό τον Γεώργιο Παπανδρέου. Το Υπουργείο Οικονομικών ανέλαβαν οι ΕΑΜικοί Αλέξανδρος Σβώλος (Υπουργός) και Άγγελος Αγγελόπουλος (Υφυπουργός), δύο εκ των επτά ΕΑΜικών Υπουργών που θα στελέχωναν την κυβέρνηση στο σύντομο διάστημα μέχρι το ξέσπασμα των Δεκεμβριανών. Τον καθορισμό της νομισματικής πολιτικής θα καθόριζαν μαζί με τον Ζολώτα και τον David Waley, ανώτερο στέλεχος του βρετανικού θησαυροφυλακίου. Ο Βαρβαρέσος, αν και επισήμως Διοικητής της ΤτΕ, στο πρώτο αυτό διάστημα θα είχε μικρότερη συμβολή στον καθορισμό της πολιτικής, διαμένοντας στο Λονδίνο.

Αποτελεί ενδεχομένως πλάνη η αναφορά σε «πολιτική», καθώς το πρώτο εκείνο διάστημα η κατάσταση αντιμετωπίστηκε με προσωρινά, αποσπασματικά και πυροσβεστικά μέτρα: επιτάχυνση των πιεστηρίων και τοπικές κυκλοφορίες.

Τα πιεστήρια υπό πίεση

Η άποψη που κυκλοφορούσε μεταξύ Λονδίνου και Αθηνών την επομένη της γερμανικής αποχώρησης ήταν ότι ο υπερπληθωρισμός θα εξαφανισθεί ως δια μαγείας. Αυτή ήταν η άποψη τόσο του Βαρβαρέσου, που φαίνεται να υιοθετούσε την εξίσωση Fisher για την διατύπωση της νομισματικής του πολιτικής, όσο και του Σβώλου (βλ. ανωτέρω και Palairet 2000, 54). Αυτή όμως η άποψη παραγνώριζε, αν δεν αγνοούσε πλήρως, τον ψυχολογικό παράγοντα που είχε διαμορφωθεί και τον οποίο δεν περιέγραφε η ποσοτική θεωρία και ο οποίος δεν επιδεχόταν μαθηματικής ερμηνείας. Το γεγονός δε ότι η νέα διοίκηση ερχόταν αντιμέτωπη με μια κατάσταση πλήρους δημοσιονομικής, διοικητικής και οικονομικής κατάρρευσης, σήμαινε ότι απουσία εξωτερικών μεταβιβάσεων το μοναδικό της έσοδο θα ήταν το seignorage. Τυχόν αποτυχία της παραπάνω πρόβλεψης θα σήμαινε ότι αυτό το έσοδο θα ήταν τουλάχιστον ελλιπές.

Οι προβλέψεις Σβώλου διαψεύσθηκαν και η δυναμική του πληθωρισμού δεν ανεστράφη με την γερμανική αποχώρηση (στις 12/10). Για να καλύψει τις ανάγκες της η νέα διοίκηση επιτάχυνε τις μηχανές ακόμη περισσότερο. Η κυκλοφορία τραπεζογραμματίων σχεδόν εκατονταπλασιάσθηκε κατά την διάρκεια του Οκτωβρίου και σχεδόν δεκαπλασιάσθηκε μόνο μέσα στο πρώτο δεκαήμερο του Νοεμβρίου. Ο πληθωρισμός όμως έτρεχε γρηγορότερα· με τους πιο συντηρητικούς υπολογισμούς, στα τέλη Οκτωβρίου κυμαινόταν στο... 100.000% σε ετήσια βάση (Βλ. Πίνακα 25.40). Έτσι, η προσωρινή διοίκηση κατέφυγε σε ακόμη πιο απελπισμένα μέτρα. Στις 23/10/1944 κυκλοφόρησαν χαρτονομίσματα ονομαστικής αξίας 10 δισεκατομμυρίων δραχμών (έφεραν ημερομηνία 20/10/1944) και στις 5/11/1944, χαρτονομίσματα ονομαστικής αξίας 100 δισεκατομμυρίων δραχμών (έφεραν ημερομηνία 3/11/1944).

Προσωρινές νομισματικές κυκλοφορίες

Η νομισματική κατάσταση που άφησαν οι Γερμανοί αποχωρώντας ήταν πλήρως καταστροφική. Προβλέποντας την ανάγκη για την μεταπολεμική νομισματική σταθεροποίηση, η εξόριστη κυβέρνηση είχε τυπώσει νέα χαρτονομίσματα στο Λονδίνο, τα οποία και έφερε μαζί της. Είναι μάλιστα χαρακτηριστικό ότι δεν έφεραν τυπωμένη ημερομηνία, καθώς κανείς δεν μπορούσε να γνωρίζει πότε θα τελείωνε ο πόλεμος και θα ετίθεντο σε κυκλοφορία. Όμως, οποιοδήποτε νέο νομισματικό σύστημα δεν ήταν δυνατόν να λειτουργήσει αμέσως με την απελευθέρωση: χαρτονομίσματα 1 και 50 δραχμών δεν υπήρχαν και τα χαρτονομίσματα που τυπώθηκαν στο Λονδίνο δεν ήταν δυνατόν να φτάσουν αμέσως. Επιπλέον, η Αθήνα ήταν πρακτικώς αποκλεισμένη από την υπόλοιπη χώρα.

Έτσι, τις πρώτες ημέρες της απελευθέρωσης εφαρμόσθηκαν λύσεις εκτάκτου ανάγκης, οι οποίες υλοποιήθηκαν από τις «κρατικές αρχές» που αναπλήρωναν το κενό εξουσίας που άφηναν αποχωρώντας οι Γερμανοί. Οι «αρχές» αυτές ήταν *sui generis*, καθώς δεν διέθεταν όλα τα στοιχεία θα τους επέτρεπαν επιβληθούν και να νομιμοποιηθούν ως τέτοιες· την ισχύ, την πρόθεση και την ηθική νομιμοποίηση. Έτσι οι λύσεις που δίνονταν παρέμειναν περιορισμένες στον χώρο και χρόνο δράσης της εκάστοτε «αρχής».

Η πρώτη από αυτές τις αρχές ήταν ο ΕΛΑΣ, ο οποίος αν και διέθετε την ισχύ και την ηθική νομιμοποίηση να επιβληθεί, δεν διέθετε την πρόθεση να το πράξει. Έτσι, προέβη σε *ad hoc* λύσεις κατά περίπτωση. Καθώς είχε να αντιμετωπίσει την άρνηση της ΤτΕ να εφοδιάσει με χαρτονόμισμα τις περιοχές υπό τον έλεγχο του, κατέφυγε στην λύση των τοπικών εκδόσεων (Νοταράς 2005, 415–430). Συγκεκριμένα, στο Ναύπλιο ειδική επταμελής επιτροπή[6] αποφάσισε την επισήμανση 58.000 χαρτονομισμάτων των 5.000.000 δρχ με αξία 100.000.000 και 1.000 χαρτονομισμάτων των 5.000 δρχ με αξία 500.000.000 δρχ. Στο Αγρίνιο, που ετέθη υπό τον έλεγχο του ΕΛΑΣ στις 14/9/1944, ο διευθυντής του υποκαταστήματος της ΤτΕ αναγκαζόταν να εκδίδει επιταγές με στρογγυλά ποσά (100, 200, 300, 500, 1000 και 2000 εκ. δρχ) που σφράγιζε, υπέγραφε και έθετε στην κυκλοφορία ως χαρτονόμισμα. Όταν οι επιταγές τελείωσαν, η ίδια πρακτική συνεχίστηκε σε απλό λευκό χαρτί. Παρόμοια ήταν η κατάσταση και στην Καλαμάτα που ετέθη υπό τον έλεγχο του ΕΛΑΣ στις 17/9/1944. Εκεί, συστήθηκε *Προσωρινή Λαϊκή Επιτροπή*, που εξέδωσε γραμμάτια 50, 100 και 500 εκ. δρχ. μέσω του υποκαταστήματος της ΤτΕ.

Η άλλη τέτοια αρχή ήταν η «Κυβέρνηση Εθνικής Ενότητας», η οποία είχε την πρόθεση να επιβληθεί, αλλά αφενός δεν διέθετε την ισχύ να το πράξει και αφετέρου η ηθική της νομιμοποίηση ήταν περιορισμένη λόγω της αποχής της από τον αντιστασιακό αγώνα. Ακόμη κι αν η ΤτΕ είχε την πρόθεση να συνεργασθεί με την «αρχή» αυτή, δεν μπορούσε να το πράξει καθώς είχε δημιουργηθεί μεγάλη δυσκολία εφοδιασμού ορισμένων περιοχών με χαρτονομίσματα λόγω της κατάρρευσης των μεταφορικών υποδομών. Έτσι και πάλι αποφασίσθηκαν τοπικές εκδόσεις στα Επτάνησα από τον αντιπρόσωπο της κυβέρνησης, Λέοντα Μακκά. Στο Αργοστόλι της Κεφαλλονιάς εκδόθηκαν με το κυβερνητικό διάταγμα υπ. αρ. 6 στις 6/10/1944 γραμμάτια αξία 50 και 100 εκ. δρχ., συνολικού ύψους 6 τρις δρχ.[7] Στην Κέρκυρα με το Κ.Δ. αρ. 24 της 17/10/1944 εκδόθηκαν γραμμάτια των 100 εκ. δρχ. Ειδικά για την Κέρκυρα επισημάνθηκαν και ιταλικές κατοχικές «Ιονικές δραχμές» με αξίες νέων δραχμών.[8] Ο λόγος ήταν ότι το πλοίο που μετέφερε τα νέα χαρτονομίσματα της 11/11 βυθίστηκε από νάρκη έξω από την Πάτρα, ενώ κατόπιν ξέσπασαν τα Δεκεμβριανά και δεν μπορούσε να γίνει νέα αποστολή.

---

[6] Αποτελούμενη από τον νομάρχη Αργολιδοκορινθίας Χ. Παπακωνσταντίνου, τον εισαγγελέα εφετών Ε. Μιχόπουλο, τον ανώτερο Διοικητή Χωροφυλακής Δ. Γραφανάκη και τους διευθυντές του δημοσίου ταμείου Θ. Μπιτσάκο, της ΕΤΕ Θ. Πανατζόπουλο, της ΑΤΕ Κ. Χρονόπουλο και της Ιονικής Ι. Σωρόπουλο.

[7] Λόγω καλπάζοντος πληθωρισμού το όριο αυξήθηκε κατά 90 τρις δρχ. Στις 21/10 και προστέθηκαν και νέες αξίες: 25, 20 και 500 εκ. δρχ.

[8] Τα χαρτονομίσματα των 50, 100 και 1000 «ιονικών δραχμών» επισημάνθηκαν με αξίες 20, 100 και 500 νέων.

Σε περιπτώσεις που ήταν αδύνατος ο άμεσος εφοδιασμός με χαρτονομίσματα, η Κυβέρνηση Εθνικής Ενότητας αναγνώρισε τις τοπικές εκδόσεις του ΕΛΑΣ. Έτσι, όταν αποβιβάσθηκε ο Παναγιώτης Κανελλόπουλος στην Καλαμάτα ως εκπρόσωπος της κυβέρνησης (27/9/1944), αναγνώρισε τα γραμμάτια του ΕΛΑΣ, αλλά τύπωσε και νέα αξίας 200 εκ. δρχ. Μετά την Καλαμάτα, ο Κανελλόπουλος πήγε στην Πάτρα (5/10/1944) και στις 14/10 κυκλοφόρησαν γραμμάτια 100 και 500 εκ. δρχ. που τυπώθηκαν εκεί και των οποίων οι πλάκες κατόπιν καταστράφηκαν.

Η τρίτη «αρχή» ήταν οι βρετανικές κατοχικές δυνάμεις που, αν και δεν είχαν ηθική νομιμοποίηση να επιβληθούν,[9] διέθεταν περισσή πρόθεση και αρκετή ισχύ—κυρίως λόγω της αδράνειας του ΕΛΑΣ. Όπως και οι υπόλοιπες κατοχικές δυνάμεις, η *British Military Authority* (BMA) κυκλοφόρησε δικό της χαρτονόμισμα, τις Βρετανικές Στρατιωτικές Λίρες (*British Military Pounds*, BMP). Οι λίρες BMP είχαν τυπωθεί εκ των προτέρων, κατά τα πρότυπα των ναζιστικών κατοχικών μάρκων, για χρήση σε όλες τις χώρες στις οποίες τα αγγλικά στρατεύματα επρόκειτο να κάνουν απόβαση.

Η κυκλοφορία τους στην Ελλάδα υπήρξε θέμα διαφωνιών μεταξύ των βρετανικών και ελληνικών αρχών ακόμα και πριν την απελευθέρωση. Τόσο ο Βαρβαρέσος όσο και ο Ζολώτας, παρά τις άλλες διαφωνίες τους, είχαν ομόφωνα αντιταχθεί στην κυκλοφορία τους. Ο Ζολώτας είχε ταχθεί υπέρ μιας δραχμής με κάλυμμα σε χρυσό, την οποία θα αγόραζαν οι Βρετανοί σε σταθερή ισοτιμία για να καλύπτουν τα έξοδα των στρατευμάτων τους, αλλά μόνο για αγορά βασικών εφοδίων. Από την μεριά του, ο Βαρβαρέσος ανησυχούσε για το κατά πόσον η Βρετανία θα εξαργύρωνε τις λίρες BMP με στερλίνες μετά τον πόλεμο (Palairet 2000, 53).

Από την μεριά τους οι Βρετανοί διέβλεπαν μια τάση για μετακύλιση όλων των εξόδων στους ίδιους. Ανησυχούσαν ότι η έκδοση δραχμών από την μετακατοχική κυβέρνηση θα γινόταν το ίδιο αυθαίρετα με εκείνη των Γερμανών και ότι η συμμετοχή της Ελλάδας στα έξοδα θα γινόταν με πληθωριστικό νόμισμα. Έτσι προτιμούσαν της εισαγωγή της λίρας BMP με κυμαινόμενη ισοτιμία ώστε τελικά να εκτοπίσει την δραχμή (Palairet 2000, 55).

Στην Ελλάδα κυκλοφόρησαν από τις 12/10/1944 μέχρι τις 15/6/1945. Με τον ν. 8 της 10/11/1944 ορίσθηκε η ισοτιμία 600 νέων δραχμών ανά λίρα BMA. Τον Οκτώβριο και τον Νοέμβριο διοχετεύθηκαν στην κυκλοφορία περί τις 782.000 λίρες BMP ανά μήνα, δηλαδή το ισοδύναμο 120 εκ. δρχ του 1940. Βραχυπρόθεσμα όμως η αγοραστική τους δύναμη δύναμη ήταν πολλαπλάσια, περί τις 420–480 εκ. δρχ του 1940 (Palairet 2000, 56). Στα τέλη Μαΐου του 1945 αποφασίσθηκε η απόσυρσή τους από την κυκλοφορία μέχρι τα τέλη του μήνα,[10] φαίνεται όμως ότι αυτό δεν εφαρμόσθηκε πλήρως, καθώς δόθηκε παράταση για την ανταλλαγή τους από την ΤτΕ μέχρι τις 15/7/1945.[11]

Πωλήσεις χρυσού

Μια άλλη πυροσβεστική τακτική ήταν η πώληση χρυσού στην ανοικτή αγορά, με το σκεπτικό ότι αυτό θα συγκρατούσε την τιμή της χρυσής λίρας και συνεπώς τον πληθωρισμό. Για τον σκοπό αυτό ο Ζολώτας είχε ζητήσει από την Βρετανία την αποστολή χρυσών λιρών. Ουσιαστικά επρόκειτο για την τακτική του Neubacher, την οποία είναι άγνωστο αν η κυβέρνηση αντέγραφε συνειδητά. Από βρετανικής πλευράς, ο Waley διαφώνησε με τις πωλήσεις χρυσών λιρών και πρότεινε δραστικό περιορισμό στις αυξήσεις μισθών. Ο Cameron Fromanteel Cobbold, Υποδιοικητής της Τράπεζας της Αγγλίας, χαρακτήρισε το σχέδιο «ηλίθιο» (Lykogiannis 2002, 88). Τελικά όμως, και δεδομένου ότι οι χρυσές λίρες θα χρεώνονταν στον ελληνικό λογαριασμό στην Τράπεζα της Αγγλίας, εγκρίθηκε η αποστολή στην Αθήνα αρχικώς 200.000 χρυσών λιρών και εν συνεχεία, από τις 500.000 που ζητήθηκαν εγκρίθηκαν άλλες 250.000. Τελικά η πώληση χρυσών λιρών σημείωσε αποτυχία και στις 1/11/1944 το σχέδιο του Waley επανήλθε (Palairet 2000, 58–59). Η παραπάνω τακτική δεν θα αποτελούσε την εξαίρεση αλλά τον κανόνα στις προσπάθειες της νομισματικής σταθεροποίησης, όπως θα δούμε παρακάτω.

---

[9]Τα γερμανικά στρατεύματα αποχώρησαν από την Ελλάδα χωρίς αξιόλογη βρετανική παρενόχληση. Είτε αυτό ήταν προϊόν μιας γερμανο-βρετανικής «συμφωνίας κυρίων» (Χαριτόπουλος 2009, 608–610), είτε τυχαίο, οι Γερμανοί δεν πίστευαν την τύχη τους να μετακινήσουν 37.000 άνδρες από τα νησιά του Αιγαίου με απώλειες μόνο 1% (Baerentzen 1987). Το αποτέλεσμα ήταν ότι η Αθήνα δεν έπεσε στα χέρια του ΕΛΑΣ, αλλά εκκενώθηκε όταν οι Βρετανοί ήταν έτοιμοι να την παραλάβουν. Η ταχεία απαγκίστρωση από την Ελλάδα τους επέτρεψε να καθυστερήσουν τα σοβιετικά στρατεύματα που προέλαυναν προς το Βερολίνο, και να μην αφήσουν τον οπλισμό τους στον ΕΛΑΣ

[10]ΑΝ 342 της 24/5/1945 (ΦΕΚ 125Α, 28/5/1945, σ. 539).

[11]ΑΝ 362 της 4/6/1945 (ΦΕΚ 138Α, 4/6/1945, σ. 609–610).

15.3 Η νομισματική σταθεροποίηση Σβώλου-Ζολώτα βάσει του σχεδίου Waley

Υπό την πίεση του Waley νέες προτάσεις έκαναν την εμφάνισή τους για την επίλυση του νομισματικού προβλήματος. Γνωρίζοντας ότι ο καταρτιζόμενος προϋπολογισμός δεν είχε καμία ελπίδα να τηρηθεί και ότι τελικά η κυβέρνηση της απελευθέρωσης θα κατέφευγε στην έκδοση νέου χρήματος για την κάλυψη του ελλείμματος, σε υπόμνημα της 1/11/1944 ο Ζολώτας πρότεινε την από κοινού κυκλοφορία των παλαιών (πληθωριστικών) δραχμών με νέες. Οι νέες θα χρησίμευαν για την πληρωμή φόρων *προς* το κράτος και μισθών *από* το κράτος, ενώ οι παλιές θα χρησιμοποιούνταν στις καθημερινές συναλλαγές. Το κράτος θα απέφευγε τον ορισμό ισοτιμίας, αφήνοντας την αγορά να ορίσει «ελεύθερα» την «σωστή» ισοτιμία και κατόπιν θα προχωρούσε στην σταδιακή ανταλλαγή των παλαιών δραχμών με νέες. Έτσι ήλπιζε ότι οι νέες δραχμές θα αποσυνδέονταν στην συνείδηση του κοινού από τις παλαιές και θα διατηρούσαν την αξία τους (μάλιστα είχε προταθεί να είναι ίσης αξίας με τις βρετανικές λίρες). Το σύστημα αυτό ήταν μια αντιγραφή του Σοβιετικού πειράματος για την αντιμετώπιση του υπερπληθωρισμού του 1923–24: τότε, παράλληλα με τα πληθωριστικά *σόβζνακ* είχαν κυκλοφορήσει και μεγάλης αξίας (περίπου μιας λίρας) χαρτονομίσματα τυπικώς καλυμμένα σε χρυσό, τα *σερβρονέτς* (Palairet 2000, 61–62). Πάντως, ο Ζολώτας βάσιζε την επιτυχία του σχεδίου του στις μαζικές εισροές βοήθειας και στον ισοσκελισμό του προϋπολογισμού—μέσω ειδικών φόρων στους πλουτίσαντες επί κατοχής και επί ειδών πολυτελείας και στην απόλυση των υπεραρίθμων δημοσίων υπαλλήλων.

Ο Ζολώτας επιπλέον πρότεινε την απεριόριστη ανταλλαξιμότητα της νέας δραχμής με την χάρτινη λίρα σε σταθερή ισοτιμία περίπου 550 δρχ (για την τόνωση της εμπιστοσύνης του κοινού), καθώς και την πώληση χρυσών λιρών στην ελεύθερη αγορά σε κυμαινόμενη τιμή—ώστε να κρατηθεί η ισοτιμία της νέας δραχμής. Θεωρούσε ότι τα συναλλαγματικά αποθέματα των 43 εκ. λιρών θα αρκούσαν για την στήριξη της νέας δραχμής, με μια απώλεια περί τα 2 εκ. λίρες να θεωρείται αποδεκτή. Το πνεύμα του σχεδίου του συνοψιζόταν στην φιλόδοξη φράση: «*ἡ νέα δραχμὴ εἶναι λίρα*» (Ζολώτας 1945, 29–36).

Αντιθέτως οι Βρετανοί διέβλεπαν ότι έτσι η στερλίνα θα εκτόπιζε την δραχμή και ο Waley έβλεπε ως μικρότερο κακό την ανταλλαξιμότητα με λίρες BMP. Και πράγματι, απέρριψε τις προτάσεις Ζολώτα και επέβαλε το δικό του σχέδιο. Αυτό οριστικοποιήθηκε μετά από τέσσερις διαδοχικές συναντήσεις με τον Σβώλο και τον Ζολώτα.[12] Έτσι ο πρώτος νόμος σταθεροποίησης της 10/11/1944 παρότι έφερε την υπογραφή του Σβώλου, ήταν βασισμένος στο σχέδιο Waley.[13] Αυτός όριζε ότι από την επομένη η ισοτιμία της νέας δραχμής θα ήταν 600 δραχμές προς 1 λίρα BMP (άρ. 1, παρ. 3), με την ανταλλαξιμότητα να περιορίζεται στο ποσό των 12.000 δρχ. (άρ. 2, παρ. 1). Η δε ισοτιμία της νέας δραχμής προς την παλαιά θα ήταν 50 δις παλαιών προς 1 νέα (άρ. 5, παρ. 1). Η ισοτιμία αυτή αποτελούσε μια κοντινή στρογγυλοποίηση της μεταβολής της ισοτιμίας της χρυσής λίρας· από 1.063 δρχ πριν την κατοχή είχε αυξηθεί στα 43.166,6 δις δρχ στις 10/11, δηλαδή περίπου κατά 40 δις φορές.

Όπως ανακοίνωνε στις 11/11/1944 η ΤτΕ (Βενέζης 1955, 328):

> *[Η] νέα δραχμὴ εἶναι λίρα. Τὸ κοινὸν ἀποκτᾶ τοιουτοτρόπως νόμισμα, ἡ σύνδεσις τοῦ ὁποίου πρὸς μίαν σταθερὰν ἀξίαν εἶναι ἀναμφισβήτητος, ἀποκλειομένων ἐφεξῆς τῶν ὑψώσεων τῶν τιμῶν τῶν ὀφειλομένων, ὡς συνέβαινε εἰς τὸ παρελθόν, εἰς τὴν ἀβεβαιότηταν περὶ τῆς τύχης τοῦ νομίσματος*
>
> *Τὸ κοινὸν δέον ἐπίσης νὰ γνωρίζῃ ὅτι τὸ ἀπὸ σήμερον τιθέμενον εἰς κυκλοφορίαν νέον νόμισμα ἀντικρύζεται ὑπὸ τῶν ἐν τῷ ἐξωτερικῷ καλυμμάτων μας, συνισταμένων ἐξ αὐτουσίου χρυσοῦ καὶ λιρῶν Ἀγγλίας καὶ ἀνερχομένων εἰς τὸ ποσὸν τῶν 43 ἑκατομμυρίων λιρῶν Ἀγγλίας. Ἑπομένως κάθε νέα δραχμή, ἡ ὁποία θὰ τίθεται εἰς τὴν κυκλοφορίαν, θὰ εἶναι κεκαλυμμένη κατὰ 100%.*

Βεβαίως αυτά ήταν στην καλύτερη περίπτωση ανακριβή. Ούτε η λίρα BMP ήταν «λίρα» (δηλαδή στερλίνα), ούτε η στερλίνα ήταν «σταθερά αξία» υπό την έννοια της μετατρεψιμότητας σε χρυσό, αν αυτό υπονοούσε το ανακοινωθέν. Και τέλος, ούτε η νέα δραχμή θα ήταν ανταλλάξιμη με χρυσό ώστε ο χρυσός της ΤτΕ να θεωρείται

---

[12] Ο ανταγωνισμός στις συναντήσεις αυτές φαίνεται και στο εξής περιστατικό: εκμεταλλευόμενος μια απουσία του Ζολώτα, ο Σβώλος πέρασε ένα άρθρο στο νομοσχέδιο που θα μετέφερε όλα τα καλύμματα της ΤτΕ στην κυβέρνηση. Όταν ο Waley ρώτησε σχετικά, ο Ζολώτας προφανώς διαφώνησε και η διάταξη αποσύρθηκε (Palairet, σ. 63).

[13] Ν. 18 της 10/11/1944 (ΦΕΚ 14, 10/11/1944, σ. 42–43).

κάλυμμα. Από την άλλη πλευρά, η ψυχολογική στόχευση ήταν σωστή. Όπως είδαμε, η έλλειψη εμπιστοσύνης στην δραχμή έσπρωχνε τον τιμάριθμο πολύ υψηλότερα από ό,τι θα ανέμενε κανείς λαμβάνοντας υπόψη μόνον την αύξηση της κυκλοφορίας. Έτσι, η εμπιστοσύνη έπρεπε να τονωθεί κυρίως ψυχολογικά. Δοθέντος τούτου, ο Palairet απορεί που κρατήθηκε μυστική η διάθεση 3 εκ. λιρών BMP για την στήριξη της νέας δραχμής· αν η στόχευση ήταν ψυχολογική, η μυστικοπάθεια, μάλλον αντανακλαστικό κληροδότημα του πολέμου, ήταν σαφώς αντιφατική και αντιπαραγωγική (Palairet 2000, 63).

Όμως το πληθωριστικό ψυχολογικό τραύμα ήταν νωπό και η πιθανότητα σύγκρουσης μεταξύ Βρετανών και ΕΛΑΣ έτρεφε τις πληθωριστικές προσδοκίες. Κατά τον Palairet (2000, 71), εκείνο το κρίσιμο διάστημα η ισοσκέλιση, ή μη, του προϋπολογισμού έπαιζε δευτερεύοντα ρόλο ως προς την εμπιστοσύνη στο νόμισμα. Το κυριότερο κριτήριο ήταν οι φόβοι του κοινού σχετικά με μια ενδεχόμενη κομμουνιστική επικράτηση. Και καθώς η συμφωνία των ποσοστώσεων για την οριστική προσχώρηση της Ελλάδας στην Δυτική σφαίρα επιρροής ήταν ακόμη μυστική, δεν μπορούσε να παίξει καθησυχαστικό ρόλο.

Αυτή η ανησυχία φαίνεται σε διάφορους δείκτες. Π.χ. νέος δείκτης τιμών που όρισε η ΤτΕ, αυξήθηκε από 100 στις 11/11/1944 σε 172 στις 2/12/1944, λίγο πριν το ξέσπασμα των Δεκεμβριανών, και εκτινάχθηκε στις 390 μονάδες τον Δεκέμβριο (Palairet 2000, 65–67). Όμως και η κυβέρνηση συνέβαλλε στην επιβεβαίωση της πληθωριστικής προσδοκίας αυξάνοντας την κυκλοφορία. Αφενός, και κατά παράβαση των προβλέψεων του σχεδίου, τις τρεις πρώτες ημέρες διοχέτευσε στην κυκλοφορία χαρτονομίσματα των 100 δις παλαιών δραχμών συνολικής αξίας 14,2 δις νέων δραχμών (περίπου 24 χιλιάδων λιρών). Αφετέρου αύξησε την κυκλοφορία των νέων δραχμών από 156 εκ. στις 11/11/1944 ανέβηκε στα 1.362 εκ. στις 30/11/1944, δηλαδή μια αύξηση 927% μέσα σε τρεις εβδομάδες.

Στο σημείο αυτό ο Ζολώτας «ξεστράτισε» εκ νέου από το σχέδιο της σταθεροποίησης. Μέσω της ΕΤΕ προσέφερε χρυσές λίρες στην αγορά στην τιμή των 2.850 δρχ, όμως καθώς πωλήθηκαν 44.000 χρυσές λίρες μεταξύ 21/11 και 1/12 χωρίς ορατή επίδραση, η πώληση χρυσού εγκαταλείφθηκε για άλλη μια φορά.

Μόνο μετά την συνθηκολόγηση του ΕΛΑΣ επανήλθε η εμπιστοσύνη στην δραχμή και οι τιμές τον Ιανουάριο έπεσαν κατά 45,6% (Palairet 2000, 68). Όμως η βελτίωση αυτή θα ήταν παροδική. Με τα φορολογικά έσοδα να είναι ανεπαρκή, το κράτος συνέχιζε να χρηματοδοτεί τις ανάγκες του με εκτύπωση νέου χρήματος. Τον Μάιο του 1945 η κυκλοφορία ήταν 15πλάσια εκείνης του περασμένου Δεκεμβρίου και ο *μηνιαίος* πληθωρισμός έφτανε το 40%, δηλαδή το 480% σε ετήσια βάση.

15.4 Το πείραμα Βαρβαρέσου

Ο Βαρβαρέσος ήδη από τον Οκτώβριο του 1944 είχε προτείνει την επιβολή αυστηρών ελέγχων στις τιμές βασικών αγαθών, την καταπολέμηση της κερδοσκοπίας και την πιο προσεκτική διανομή της βοήθειας. Όμως καθώς βρισκόταν αποκλεισμένος σε ένα είδος «υγειονομικής ζώνης» στο Λονδίνο, οι προτάσεις του δεν είχαν απήχηση στην Αθήνα (Lykogiannis 2002, 89). Αυτό άλλαξε όταν επέστρεψε στα τέλη Ιανουαρίου 1945 και ανέλαβε εκ νέου το πόστο του, απορρίπτοντας την θέση του Υπ. Οικονομικών (Lykogiannis 2002, 115) και εξωθώντας τον Ζολώτα πίσω στην ακαδημαϊκή ζωή. Με την κατάσταση να γίνεται όλο και πιο απελπιστική και τις κυβερνήσεις να εναλλάσσονται ταχύτατα, ο Βαρβαρέσος προαλειφόταν από τους Βρετανούς ως από μηχανής Θεός, καθώς θεωρείτο ο μοναδικός αξιόλογος Έλληνας τεχνοκράτης—ο Keynes είχε εκφράσει εκτίμηση στο πρόσωπό του από την περίοδο του συνεδρίου του Bretton Woods (βλ. παράγραφο 16.1). Πιθανώς αυτό να συνέβαινε και διότι ο Βαρβαρέσος θεωρούσε την βρετανική βοήθεια ένα προσωρινό, αν και αναγκαίο, κακό και όχι πανάκεια που έπρεπε συνεχώς να παρατείνεται.

Η πολιτική ελέγχου των τιμών των προϊόντων της βοήθειας μετά τον Φεβρουάριο εντυπωσίασε περαιτέρω τους Βρετανούς, που τον πρότειναν ως λύση στον Πλαστήρα και στον Δαμασκηνό (που τελούσε χρέη Αντιβασιλέα). Αυτοί όμως φάνηκαν επιφυλακτικοί. Αντ᾽ αυτού, ο Βαρβαρέσος αποφάσισε να ταξιδέψει τον Απρίλιο στην Ουάσινγκτον και στο Λονδίνο, ενώ η κυβέρνηση τον έστειλε επιπλέον και στο Συνέδριο του Σαν Φρανσίσκο, ενδεχομένως και σε μια προσπάθεια να τον κρατήσει μακριά από τις επιτόπιες εξελίξεις.[14]

---

[14] Ο Hadjiiossif (1987, 29–30) θεωρεί ότι ντόπιοι παράγοντες όπως ο Γ. Πεσμαζόγλου (μεγαλομέτοχος της Τράπεζας Αττικής και Διοικητής

Με την ανάληψη καθηκόντων από την κυβέρνηση του Πέτρου Βούλγαρη (8/4/1945) τυχόν αντιδράσεις φάνηκε να υποχωρούν και ο Μαντζαβίνος στις 10/4 τον προέτρεψε να αναλάβει τον Υπ. Οικονομικών. Αν και ο Βαρβαρέσος έδειχνε δισταγμούς, στις 17/4 τελικώς συγκατένευσε, απαιτώντας όμως διευρυμένες αρμοδιότητες. Αν και το ταξίδι του σε Ουάσινγκτον και Λονδίνο ξεκίνησε προγραμματισμένα, επέστρεψε εσπευσμένα από το Σαν Φρανσίσκο στις 27/5/1945. Στις 2/6/1945 ανέλαβε Αντιπρόεδρος της Κυβέρνησης και Υπ. Συντονισμού, διατηρώντας και την θέση του Διοικητή της ΤτΕ. Γινόταν έτσι ένας «τσάρος της οικονομίας».

Η δράση του ήταν άμεση και αναιρούσε την πολιτική ελεύθερης αγοράς του Ζολώτα. Σχεδόν αμέσως η ΤτΕ ανέλαβε να καθορίζει τις τιμές του χρυσού, της στερλίνας και του δολαρίου και να τις δημοσιεύει σε ημερήσιο δελτίο.[15] έτσι, η στερλίνα ορίσθηκε στις 2.000 δρχ (υποτίμηση κατά 70%) και το δολάριο στις 500 δρχ. Επίσης ο νόμος απαγόρευε κάθε αγοραπωλησία χρυσού και χρυσών νομισμάτων εκτός της ΤτΕ και οποιαδήποτε δημοσίευση τιμών χρυσού πέραν των ισοτιμιών της ΤτΕ. Τέλος έθετε τις λίρες BMP εκτός κυκλοφορίας ως νόμιμο χρήμα. Παράλληλα, με ειδική νομοθετική ρύθμιση[16] ανέλαβε όλες τις υπερεξουσίες που είχε ζητήσει: ανέλαβε υπερεξουσίες σε θέματα νομισματικής και δημοσιονομικής πολιτικής, και την δυνατότητα να συστήνει υπ' αυτόν το Κυβερνητικό Οικονομικό Συμβούλιο, στο οποίο συμμετείχε και ο Διοικητής της ΤτΕ, θέση που κατείχε ο ίδιος.

Στα μέτρα του Βαρβαρέσου ήταν η αύξηση των μισθών των δημοσίων υπαλλήλων κατά 50–60% και η μείωση των τιμών των προϊόντων της UNRRA κατά 50% (Lykogiannis 2002, 119). Επίσης στις 10/6 ανακοινώθηκε κατάλογος διατίμησης βασικών διατροφικών προϊόντων, που ανανεωνόταν εβδομαδιαίως. Το μέτρο είχε άμεσο αντίκτυπο στις τιμές, καθώς τέθηκε σε ισχύ με οργανωμένους ελέγχους και αυστηρές ποινές των παραβατών. Τα μέτρα αυτά έφεραν πτώση τιμών και της αξίας της χρυσής λίρας από τις 17.000 στις 12.800 δρχ.

Εν συνεχεία, θέλοντας να φορολογήσει τους πλουσίους και να βάλει τέρμα στα «τσιμπούσια του Κολωνακίου» (Lykogiannis 2002), θεσμοθέτησε έκτακτη εισφορά των επιχειρήσεων[17] επιφέροντας μαζικές διαμαρτυρίες, αλλά και έσοδα 1,7 δις δραχμών. Μάλιστα, η πρόθεσή του να φορολογήσει τους πλουτίσαντες επί Κατοχής του κέρδισε και μια κάποια αποδοχή από το ΚΚΕ· ενώ ο Ριζοσπάστης καλωσόρισε την άφιξή του αποκαλώντας τον «οικονομικό δικτάτορα» (*Ριζοσπάστης* 1945α, 1–2), μετά από λίγες ημέρες αναγνώρισε επιφυλακτικά ότι ίσως και να είχε κάποιες *«καλές διαθέσεις»*, με την δέσμευση να *«βοηθήσει με όλες του τις δυνάμεις στην πραγματοποίησή τους, εάν και εφόσον εξυπηρετούν το εθνικό σύνολο»* (*Ριζοσπάστης* 1945β, 1). Όμως η εισαγωγή νέων φόρων ήταν το καρφί στο πολιτικό του φέρετρο. Η αντίσταση των εμποροβιομηχάνων ήταν συντονισμένη και διήρκεσε δύο μήνες. Την αντιπολίτευση ενίσχυσαν και οι στρατιωτικοί και λιμενεργάτες που απαιτούσαν αυξήσεις μισθών και για τους ίδιους. Με την παράλληλη χαλάρωση του μηχανισμού ελέγχου των τιμών τα μέτρα Βαρβαρέσου άρχισαν να καταρρέουν. Την 1/9/1945 παραιτήθηκε από την Αντιπροεδρία της Κυβέρνησης ελπίζοντας σε ανάκλησή του όταν θα επικρατούσε μια σύντομη περίοδος χάους. Τελικά όμως οι έλεγχοι τιμών καταργήθηκαν από την κυβέρνηση Π. Βούλγαρη στις 7/9.

Το «πείραμα Βαρβαρέσου» είχε αποτύχει παρά τις θετικές αφετηρίες του, θύμα πολλών παραγόντων: μιας κυβέρνησης αδύναμης απέναντι στα οργανωμένα συμφέροντα και—ίσως ηθελημένα—νωθρής στην ενεργό στήριξη του σχεδίου· ενός κρατικού μηχανισμού ανίκανου να κάνει αποτελεσματικούς ελέγχους και ενός ανθρώπου που αποξένωνε τους συνομιλητές του με μια υπερβολική δόση αυταρχισμού και έλλειψη οποιασδήποτε ευλυγισίας. Ο Βαρβαρέσος παραιτήθηκε στις 19/10/1945 από την Διοίκηση της ΤτΕ και αναχώρησε για τις ΗΠΑ, όπου ανέλαβε σύμβουλος στην ΔΤΑΑ.

της ΕΤΕ), ο Μ. Πεσμαζόγλου (Υφυπουργός Οικονομικών), ο Γ. Μαντζαβίνος (Υποδιοικητής της ΤτΕ και κουνιάδος του Παπαστράτου), ο Ι. Παρασκευόπουλος (Υπ. Ανεφοδιασμού και πρώην στέλεχος της ΕΤΕ) και ο Γ. Κασιμάτης (Υπ. Εθν. Οικονομίας) προσπάθησαν να υπονομεύσουν την υποψηφιότητά του. Αντιθέτως, ο Lykogiannis (2002, 115) αν και αναγνωρίζει την εχθρότητα του τραπεζιτικού και πολιτικού κατεστημένου απέναντι στον Βαρβαρέσο, δεν διακρίνει στοιχεία που να αποδεικνύουν οργανωμένη αντιπολίτευση.

[15] ΑΝ 362 της 4/6/1945 (ΦΕΚ 138Α, 4/6/1945, σ. 609–610).

[16] ΑΝ 395 της 11/6/1945 (ΦΕΚ 149Α, 12/6/1945, σ. 668).

[17] ΑΝ 431 της 21/6/1945 (ΦΕΚ 162, 23/6/1945, σ. 746–749). Οριζόταν επί τη βάσει του ενοικίου που πλήρωναν, ή της αξίας του ακινήτου. Το σκεπτικό ήταν ότι τα ενοίκια είχαν αυξηθεί πολύ λιγότερο από τις υπόλοιπες τιμές, αφήνοντας μεγάλα κέρδη.

15.5 Η συμφωνία Τσουδερού-Bevin

Με το δεύτερο σχέδιο σταθεροποίησης να έχει αποτύχει, και τις ελληνικές κυβερνήσεις να διαδέχονται η μία την άλλη με καταιγιστικό ρυθμό, οι Βρετανοί αποφάσισαν να αναλάβουν τον ενεργό ρόλο της σταθεροποίησης της ελληνικής οικονομίας και ειδικότερα του ελληνικού νομίσματος. Το σχέδιο του βρετανικού Θησαυροφυλακίου προέβλεπε την σύσταση ειδικής επιτροπής για την έκδοση νομίσματος που θα αποτελείτο από τον Έλληνα Υπ. Οικονομικών, τον Διοικητή της ΤτΕ, έναν Βρετανό και έναν Αμερικανό. Οι τελευταίοι θα είχαν δικαίωμα αρνησικυρίας στην έκδοση νέων ποσοτήτων χρήματος. Το σχέδιο επίσης προέβλεπε ότι θα εκδιδόταν νέο νόμισμα, πλήρως καλυμμένο από ξένο συνάλλαγμα, για την οποία κάλυψη η ελληνική κυβέρνηση θα κατέθετε 15 εκ. λίρες από το αποθεματικό της σε ειδικό λογαριασμό, και άλλα 5 εκ. θα κατέθετε υπό μορφή δανείου η βρετανική κυβέρνηση. Τέλος, η βρετανική κυβέρνηση θα απέστελλε εμπειρογνώμονες στα ελληνικά υπουργεία, και θα παραιτείτο από τα πολεμικά δάνεια, ύψους 46 εκ. λιρών (Lykogiannis 2002, 154).

Το σχέδιο άρχισε να συζητείται τον Δεκέμβριο στο Λονδίνο. Εκεί κατέφτασαν την 1/1/1946 (Palairet 2000, 89) ο Εμ. Τσουδερός (Β΄ Αντιπρόεδρος του Υπ. Συμβουλίου και Υπ. Συντονισμού) και ο Γεώργιος Καρτάλης (Υπ. Εφοδιασμού) και απαίτησαν μεγαλύτερη οικονομική βοήθεια, απειλώντας ότι αλλιώς θα αποχωρούσαν. Υπό την πίεση του βρετανικού Υπ. Εξωτερικών που προσέβλεπε στον γεωπολιτικό ρόλο της Ελλάδας, το Θησαυροφυλάκιο συμφώνησε να διπλασιάσει το κάλυμμα που θα συνεισέφερε ως δάνειο. Έτσι, στις 24/1/1946 υπεγράφη στο Λονδίνο συμφωνία μεταξύ του Βρετανού ΥπΕξ Ernest Bevin και του Τσουδερού. Κύριες διαφορές της συμφωνίας με το αρχικό σχέδιο ήταν ότι η Βρετανία θα συνεισέφερε 10 εκ. λίρες στον λογαριασμό του καλύμματος (μαζί με τα 15 εκ. της Ελλάδας), και ότι θα διετηρείτο ως νόμισμα η δραχμή χωρίς να εκδοθεί καινούργιο (Lykogiannis 2002, 156, 158). Επίσης η συμφωνία προέβλεπε αγγλογαλλικές διαπραγματεύσεις για την κατάργηση του ΔΟΕ και την νέα διατίμηση της δραχμής ως προς την λίρα και το δολάριο.

Κατόπιν τούτου, άρχισε μια νέα νομισματική διαρρύθμιση. Αφενός υποτιμήθηκε η δραχμή και η νέα της ισοτιμία ορίσθηκε στις 20.000 δρχ. για την λίρα και στις 5.000 δρχ. για το δολάριο[18] (υποτίμηση 90%). Εκτός όμως της πιστής εφαρμογής των όρων της συμφωνίας Τσουδερού-Bevin, η νέα διαρρύθμιση εκμεταλλεύθηκε την αποχώρηση Βαρβαρέσου για να χαλαρώσει τους περιορισμούς που είχαν επιβληθεί όχι μόνο από τον ίδιο αλλά και από από την Μεταξική περίοδο.

Πωλήσεις χρυσού και απελευθέρωση των εισαγωγών

Απελευθερώνοντας την νομισματική πολιτική, ο ΑΝ 879/1946 επίσης επέτρεπε: (α) την πώληση συναλλάγματος από την ΤτΕ και εξουσιοδοτημένες τράπεζες σε ιδιώτες για την εισαγωγή αγαθών που επιτρέπονταν βάσει των ισχυόντων νόμων (άρ. 4, 5). (β) Τις καταθέσεις ιδιωτών σε συνάλλαγμα στην ΤτΕ και σε εξουσιοδοτημένες τράπεζες όταν αυτό εισάγεται από το εξωτερικό (άρ. 7). (γ) Τις χορηγήσεις εμβασμάτων από το εξωτερικό μέχρις ορισμένου ποσού συναλλάγματος ανά άτομο ή ανά οικογένεια. Η χαλάρωση των περιορισμών συνεχίσθηκε με την νομιμοποίηση της αγοραπωλησίας χρυσού σε ράβδους ή νομίσματα στην ΤτΕ και στο Χρηματιστήριο.[19] Το σύστημα που είχε εγκαινιάσει ο Neubacher και είχε αναπαράξει ο Ζολώτας αποσκοπούσε στην δημιουργία εμπιστοσύνης στο κοινό διά της μετατρεψιμότητας της δραχμής σε χρυσό ή συνάλλαγμα. Και υλοποιείτο την στιγμή που οι κυβερνήσεις άλλων χωρών προσπαθούσαν να εξοικονομήσουν στα αποθέματά τους σε χρυσό για την εισαγωγή αναγκαίων αγαθών.

Αν και το μέτρο έφερε κάποια προσωρινά αποτελέσματα μειώνοντας την τιμή της χρυσής λίρας (από περίπου 148.000 δρχ τον Ιανουάριο σε περίπου 135.000 δρχ τον Φεβρουάριο του 1946) είχε αρνητικά αποτελέσματα στο ελληνικό απόθεμα χρυσού: μέσα στους δύο πρώτους μήνες πωλήθηκαν 646.000 χρυσές λίρες, δηλαδή το 21% των ελληνικών αποθεμάτων. Οι Βρετανοί δυσανασχετούσαν με την παραπάνω τακτική, όμως το ξέσπασμα του εμφυλίου ανήμερα των πρώτων μεταπολεμικών εκλογών, τους ανάγκασε να την στηρίξουν, φοβούμενοι την κατάρρευση της ελληνικής κυβέρνησης. Με την σειρά της, η κυβέρνηση Κωνσταντίνου Τσαλδάρη για να αποθαρρύνει τους αγοραστές περιόρισε τις πωλήσεις σε λίγα ταμεία της ΤτΕ, δημιουργώντας μεγάλες ουρές. Έτσι,

---

[18] ΑΝ 879 της 25/1/1946 (ΦΕΚ 19Α, 25/1/1946, σ. 77–78).
[19] ΑΝ 944 της 14/2/1946 (ΦΕΚ 48Α, 15/2/1946, 238–239).

τον Μάιο οι Βρετανοί ενέκριναν την αποστολή άλλων 500 χιλ. χρυσών λιρών. Μεταξύ 5 και 27 Ιουνίου, οπότε και οι πωλήσεις διακόπηκαν, άλλες 206.000 χρυσές λίρες είχαν πωληθεί στο κοινό, εκ των οποίων το 84% αντιστοιχούσε σε μυστικές πωλήσεις. Συνολικά, από τον Φεβρουάριο του 1946 μέχρι τον Μάρτιο του 1947 οι καθαρές πωλήσεις χρυσού έφτασαν τις 2.591.000 λίρες (ΤτΕ 1978b, 295). Λαμβάνοντας υπόψη ότι ο χρυσός που μεταφέρθηκε στην Ν. Αφρική ήταν 608.350,790 ουγγιές, και ότι η χρυσή λίρα περιείχε 0.2354 ουγγιές χρυσού, από τον χρυσό αυτό θα μπορούσαν να κοπούν 2.584.327 χρυσές λίρες. Με άλλα λόγια οι πωλήσεις χρυσού είχαν εξαντλήσει τα αποθέματα χρυσού της ΤτΕ που τόσο κινηματογραφικά είχαν διασωθεί. Στις 31/12/1948 το κάλυμμα στο Λονδίνο βάσει της συμφωνίας Bevin είχε μειωθεί κατά 20 δις δρχ (1 εκ λίρες) και τα διαθέσιμα της Ττε σε χρυσό και ξένα νομίσματα μειώθηκαν κατά 28.385.670.724 δρχ (Βενέζης 1955, 380–381).

Επιπλέον αυτή η «πολιτική», αν και θα μπορούσε να παράσχει κάποια δυνατότητα παρέμβασης σε περιόδους γενικής σταθερότητας, τώρα οδηγούσε στο αντίθετο αποτέλεσμα από το επιθυμητό· καθώς η αγορά χρυσού παρείχε έναν τρόπο αποκόμισης κέρδους μέσω μεταπώλησης σε αυξημένη τιμή, το κοινό είχε αυξανόμενο κίνητρο να αποθησαυρίζει χρυσό. Έτσι, όχι μόνον αύξανε την τιμή του δημιουργώντας έναν φαύλο κύκλο, αλλά και διοχέτευε κεφάλαια μακριά από τις παραγωγικές επενδύσεις που τόση ανάγκη είχε η χώρα. Επιπλέον, η ζήτηση χρυσού παρέμενε εξαιρετικά ευαίσθητη στην ψυχολογία του κοινού που επηρεαζόταν άμεσα από πολιτικούς παράγοντες· αυξήθηκε με την επιδείνωση των σχέσεων ΗΠΑ-Γιουγκοσλαβίας τον Αύγουστο του 1946 και μειώθηκε με τις κινήσεις συμφιλίωσης της Σοβιετικής ένωσης τον Δεκέμβριο. Και φυσικά ο συνεχιζόμενος εμφύλιος επέτεινε την «φυγή προ της δραχμής» και την στροφή στην χρυσή λίρα.

Επιπλέον, για την καταπολέμηση της σπάνιδος διαφόρων αγαθών και του συνεπαγόμενου πληθωρισμού, οι έλεγχοι των εισαγωγών που είχε επιβάλει ο Βαρβαρέσος σταδιακά καταργήθηκαν από τις κυβερνήσεις Π. Βούλγαρη (για βιομηχανικά μηχανήματα), Δαμασκηνού, Κανελλόπουλου και Σοφούλη. Αυτό όμως προκάλεσε σοβαρή εκροή χρυσού και συναλλάγματος και του επιδείνωση του εμπορικού ισοζυγίου (εμπορικό έλλειμμα 53 εκ. δολαρίων τους πρώτους οκτώ μήνες του 1946). Αυτό έγινε κατανοητό μόνο εκ των υστέρων από την ΒΕΜ και την ΝΕ που αρχικώς υποστήριζαν τα μέτρα. Οι εισαγωγές αγαθών πολυτελείας εξουδετέρωσαν οποιεσδήποτε θετικές επιπτώσεις θα μπορούσαν να έχουν οι εισαγωγές.

Η Νομισματική Επιτροπή

Τμήμα της συμφωνίας Τσουδερού-Bevin ήταν και η British Economic Mission (BEM) που εγκαταστάθηκε στην Ελλάδα και που τυπικώς είχε τον ρόλο του προσωρινού τεχνικού συμβούλου. Κορωνίδα όμως της μεταρρύθμισης[20] αποτέλεσε η ίδρυση της Νομισματικής Επιτροπής, που έδρευε στην ΤτΕ. Το άρ. 2 του ιδρυτικού της νόμου θεσμοθετούσε το δικαίωμα αρνησικυρίας Βρετανών και Αμερικανών στις νομισματικές εκδόσεις της ΤτΕ.[21] Οι πρώτοι που στελέχωσαν αυτές τις θέσεις ήταν ο Αμερικανός Gardner Patterson και ο Βρετανός John Nixon, που αντικαταστάθηκε από τον Theodore Gregory τον Νοέμβριο του 1946.

Κατά τον Lykogiannis η δράση της ΝΕ, τουλάχιστον στο διάστημα της βρετανικής κατοχής, δεν ανταποκρινόταν στα όσα όριζε ο ιδρυτικός της νόμος στην θεωρία. Οι Έλληνες αξιωματούχοι ενεργά παρέκαμπταν τις οδηγίες της ΝΕ, με λιγότερο ή περισσότερο διακριτικό τρόπο. Έτσι, όταν η ΝΕ απαγόρευσε τις πωλήσεις χρυσού από την ΤτΕ, η ελληνική κυβέρνηση άρχισε τις μυστικές πωλήσεις. Όταν απαγόρευσε αυξήσεις μισθών, η κυβέρνηση μοίρασε «Χριστουγεννιάτικο δώρο» τον Δεκέμβριο του 1946. Σε μία περίπτωση έγινε κρυφή ανάληψη 4 εκ. λιρών από τον λογαριασμό του καλύμματος για την χρηματοδότηση εισαγωγών. Επιπλέον, η ΝΕ δεν είχε πρόσβαση στα στοιχεία που χρειαζόταν (Lykogiannis 2002, 197). Με άλλα λόγια, αν και η Βρετανία είχε θέσει την Ελλάδα υπό στρατιωτική κατοχή και επιχειρούσε να επιβάλει την θέλησή της σε υψηλού επιπέδου ζητήματα, όπως το πολιτειακό, αποτύγχανε να επιβάλει πλήρως την πολιτική της στην μικροδιαχείριση, καθώς αυτή ενέπιπτε στην αρμοδιότητα του ελληνικού πολιτικού προσωπικού και της ελληνικής κρατικής μηχανής. Πλην όμως, το πολιτικό προσωπικό—αυτό που είχε παραδώσει αμαχητί την εξουσία στον Ι. Μεταξά—ήταν χρεωκοπημένο και δίχως όραμα, ενώ η κρατική μηχανή ήταν πλήρως διαλυμένη από την γερμανική κατοχή. Με

---

[20] Βάσει του άρ. 5, παρ. 3 του ΑΝ 971 της 20/2/1946 περί κυρώσεως της συμφωνίας (ΦΕΚ 55Α, 20/2/1946, σ. 279–282).
[21] ΑΝ 1015 της 27/2/1946 (ΦΕΚ 90Α, 9/3/1946, σ. 472).

όλα τα βρετανικά αεροπλάνα της RAF πάνω από την Αθήνα, η ΒΕΜ και η ΝΕ δεν αρκούσαν για να επιβάλλουν την βρετανική φιλοσοφία στην ελληνική καθημερινή πρακτική.

Ακόμη χειρότερα, καθώς η βοήθεια από την καταρρέουσα άλλοτε αυτοκρατορία είχε σαφή όρια, η βρετανική πίεση ήταν αντιστοίχως περιορισμένη. Την περίοδο εκείνη η αμερικανική συμμετοχή στο αρχικό στάδιο είχε «ιδιωτικό» χαρακτήρα. Καθώς η αμερικανική κυβέρνηση δεν ήθελε ακόμα να αναμιχθεί σε κάτι που θεωρούσε βρετανικό πρόβλημα, ή να ενισχύσει στοχεύσεις της βρετανικής εξωτερικής πολιτικής, ο Αμερικανός υπήκοος της ΝΕ επέμεινε να συμμετάσχει ως ιδιώτης (Lykogiannis 2002, 210–211). Η επερχόμενη όμως κατάρρευση της Αυτοκρατορίας στην οποία ο ήλιος δεν έδυε ποτέ θα άλλαζε άρδην αυτές τις ισορροπίες.

15.6 Η ισοτιμία με τις προπολεμικές δραχμές για τις ανώνυμες εταιρείες

Το πρόβλημα της αντιστοίχισης της ισοτιμίας της νέας δραχμής με την προπολεμική δεν ήταν ένα ζήτημα απλώς θεωρητικό, αλλά και πρακτικό. Δεν αφορούσε μόνον τις τιμές των προϊόντων και υπηρεσιών στην μεταπολεμική Ελλάδα, αλλά επηρέαζε και το ζήτημα της συνέχειας των θεσμών πριν και μετά τον πόλεμο. Ως θεσμός μέτρησης αξιών, το χρήμα πρέπει να επιτελεί με ακρίβεια αυτόν τον ρόλο του, ώστε να λειτουργούν απρόσκοπτα οι υπόλοιποι θεσμοί που στηρίζονται σε αυτήν την λειτουργία. Π.χ., μια συμφωνία που είχε κλεισθεί προπολεμικά σε δραχμές του 1938, σε τι αξία θα εκτελείτο μεταπολεμικά; Ένα υπάρχον χρέος σε τι αξίες θα εξοφλείτο;

Ένα τέτοιο παράδειγμα ήταν και οι ισολογισμοί των εταιρειών, που έπρεπε να αναφέρουν σε νέες δραχμές την αξία περιουσιακών στοιχείων που είχαν αποκτηθεί ή σχηματισθεί προπολεμικά. Η λογιστική, δηλαδή η καταγραφή χρηματικών αξιών, ροών και αποθεμάτων, αποτελεί έναν κεντρικό αλλά αθέατο άξονα γύρω από τον οποίο περιστρέφεται μια εκχρηματισμένη κοινωνία. Κατά συνέπεια οι κανόνες καταγραφής θα πρέπει να είναι πολύ σαφείς.

Το πρόβλημα για τις ανώνυμες εταιρείες επιχείρησε να λύσει το ΒΔ της 6/9/1946,[22] το οποίο όριζε συγκεκριμένους πολλαπλασιαστικούς συντελεστές για την μετατροπή προπολεμικών αξιών σε μεταπολεμικές. Π.χ., για περιουσιακά στοιχεία που είχαν αποκτηθεί ή σχηματισθεί μέχρι και το τέλος του 1919 οριζόταν ότι οι προπολεμικές αξίες πολλαπλασιάζονται με 800, ενώ για όσα είχαν σχηματισθεί από την 1/5/1932 μέχρι την Κατοχή ο αντίστοιχος συντελεστής ήταν 37.

Πιο περίπλοκη ήταν η περίπτωση περιουσιακών στοιχείων που είχαν αποκτηθεί με πληθωρικές δραχμές κατά την Κατοχή. Αυτά θα έπρεπε να μετατρέπονται σε αξίες Δεκεμβρίου 1940 (διαίρεση με την ισοτιμία της χρυσής λίρας κατά την ημέρα απόκτησής τους και πολλαπλασιασμός με 1000) και μετά να πολλαπλασιάζονται με 37. Προφανώς και οι παραπάνω συντελεστές ενείχαν έναν βαθμό αυθαιρεσίας, όμως είναι σαφές ότι αυτό που απασχολούσε την κυβέρνηση ήταν η συνέχεια του κράτους και των θεσμών του.

15.7 Αμερικανική βοήθεια, αμερικανικός έλεγχος

Οι ελληνικές μεταπολεμικές κυβερνήσεις θεωρούσαν την ξένη βοήθεια ως αναγκαία προϋπόθεση για την μεταπολεμική ανόρθωση και αυτονόητο καθήκον των πρώην συμμάχων της επαναπαυόμενες, ενδεχομένως υπερβολικά, στην βεβαιότητα αυτής της βοήθειας. Και η βοήθεια που έλαβε η Ελλάδα από την βρετανική Military Liaison και από την UNRRA φάνηκε ότι αποτελούσε επιβεβαίωση αυτής της λογικής. Όμως η μεταπολεμική μεταχείριση της Ελλάδας από τους πρώην συμμάχους της παρουσιάζει μια φαινομενική αντίφαση.

Από την μια πλευρά, οι αποζημιώσεις που επιδικάσθηκαν στην Ελλάδα ήταν μηδαμινές. Στην συνδιάσκεψη του Πότσνταμ για τις πολεμικές επανορθώσεις (17/7–2/8/1945) η Ελλάδα αγνοήθηκε πλήρως, και στην διάσκεψη των Παρισίων (9/11–22/12/1945) της επιδικάσθηκαν ψίχουλα: μια υψικάμινος που μετά βίας πωλήθηκε για παλιοσίδερα και πλοία που μόλις κάλυπταν το 5% των πολεμικών απωλειών της. Το κόστος μεταφοράς και επισκευής όσων «αποζημιώσεων» έλαβε η Ελλάδα από την Γερμανία ήταν μεγαλύτερο από την πραγματική τους αξία. Στο συνέδριο ειρήνης των Παρισίων (29/7–15/10/1946), οι ΗΠΑ και η Αγγλία προσπάθησαν να μειώσουν τις αποζημιώσεις που θα κατέβαλλε η (μη κομμουνιστική) Ιταλία, ενώ η Σοβ. Ένωση προσπαθούσε να μειώσει

τις αποζημιώσεις που θα κατέβαλλε η (κομμουνιστική) Βουλγαρία και να αυξήσει τις αποζημιώσεις που θα λάμβαναν οι (επίσης κομμουνιστικές) Αλβανία και Γιουγκοσλαβία (Ηλιαδάκης 1997, 157–161). Στην εξαμερή του Λονδίνου (30/4–1/6/1948) συνεκλήθησαν το Βέλγιο και το... Λουξεμβούργο, αλλά όχι η Ελλάδα! Η υπόσχεση του Churchill στον Ι. Μεταξά ότι «*θα παλαίψουμε με έναν κοινό εχθρό και θα μοιραστούμε μια κοινή νίκη*» (Churchill 2002, 641–642) έμοιαζε πλέον με μια από τις μεγαλοστομίες που θα ξεστόμιζε ένας μεθύστακας πάνω στο μεθύσι του. Το 1953, με την Συνέλευση του Λονδίνου για τα Γερμανικό Εξωτερικό Χρέος[23] η Ελλάδα έφτασε στο σημείο να συμφωνήσει στο δραστικό κούρεμα των γερμανικών χρεών.[24] Στο θέμα των αποζημιώσεων η Ελλάδα έτυχε από τους πρώην της συμμάχους, μεταχείρισης χειρότερης ακόμα και από εκείνη των ηττημένων χωρών, κυρίως διότι το πολιτικό της προσωπικό ήταν εξαρχής εξωνημένο και, συνεπώς, δεδομένο.

Αντιθέτως, η παροχή βοήθειας ήταν ένα τελείως διαφορετικό θέμα. Η Ελλάδα ήταν υψηλής γεωστρατηγικής σημασίας στο μεταπολεμικό ψυχροπολεμικό σκηνικό και η ανοικοδόμησή της ήταν επιβεβλημένη για την υλοποίηση των βρετανικών σχεδιασμών, αρχικά, και των αμερικανικών στην συνέχεια. Τυχόν κατάρρευση του αστικού καθεστώτος θεωρείτο απαράδεκτος κίνδυνος από τους Βρετανούς, ακόμη κι αν ήταν γνωστό ότι ο Στάλιν δεν είχε σκοπό να διεκδικήσει την Ελλάδα στρατιωτικά.

Παρά τους παραπάνω φόβους η Βρετανία είχε πλέον εξαντληθεί οικονομικά και διαμήνυσε (στις 24/2/1946) ότι οποιαδήποτε βοήθεια θα μπορούσε να παράσχει στην Ελλάδα θα σταματούσε την ημέρα των ελληνικών εκλογών (31/3/1946). Αν και οι ΗΠΑ είχαν επίμονα αποφύγει οποιαδήποτε «συνδιαχείριση» της Ελλάδας με τους Βρετανούς, είχαν κατανοήσει ότι κάποιο ρόλο είχαν να παίξουν και για αυτό π.χ. παραχώρησαν και το δάνειο των 14,6 εκ. δολαρίων από την Export-Import Bank στα τέλη του 1945. Όμως παρέμεναν αρνητικοί στο ενδεχόμενο της συνδιαχείρισης.

Όταν στις 31/3/1946 το ΚΚΕ μποϋκόταρε τις πρώτες μεταπολεμικές εκλογές και ταυτοχρόνως εξαπέλυσε επίθεση στο αστυνομικό τμήμα Λιτοχώρου, εγκαινίαζε επισήμως τον εμφύλιο πόλεμο. Η σταδιακή ανάφλεξη το 1946 άρχισε να ανησυχεί τις ΗΠΑ που έβλεπαν ότι θα αναγκάζονταν τελικά να αναλάβουν έναν πιο ενεργό ρόλο. Προετοιμαζόμενοι για αυτό το ενδεχόμενο απέστειλαν μεταξύ 18/1–22/3/1947 την πρώτη αμερικανική αποστολή στην Ελλάδα υπό τον Paul Porter. Το προϊόν αυτής της παραμονής έγινε γνωστό με τον τίτλο «Έκθεση Porter», αν και επρόκειτο για δύο εκθέσεις, μια «εμπιστευτική» που δεν δημοσιεύθηκε και μια «μυστική» που δημοσιεύθηκε στην Ελλάδα (Kariotis 1979). Ο Porter (Porter 1947 κεφ. Ι, σελ. 3) είναι αιχμηρός στο θέμα της ανισοκατανομής του πλούτου μεταξύ μιας πλουτοκρατίας που ζούσε σε προκλητική πολυτέλεια και των λαϊκών στρωμάτων που μετά βίας επιβίωναν. Κυρίως όμως θεωρούσε το ντόπιο πολιτικό κατεστημένο διεφθαρμένο, αρχομανές και αναξιόπιστο και πρότεινε τον άμεσο έλεγχο της διακυβέρνησης από τις ΗΠΑ. Μάλιστα, ενώ η δημοσιευμένη έκθεση μιλούσε για «ξένους» (foreign) συμβούλους της ελληνικής κυβέρνησης, το αδημοσίευτο κείμενο αναφέρει ότι «*the Greek Government would employ a number of expert foreigners as individuals in key executive positions*», οι οποίοι θα είχαν απόλυτη εξουσία διακοπής της βοήθειας σε περίπτωση μη συμμόρφωσης της ελληνικής κυβέρνησης (Kariotis 1979).

Όσο ακόμα ο Porter βρισκόταν στην Ελλάδα ο Πρόεδρος των ΗΠΑ Harry Truman έδωσε ομιλία ενώπιον του Κογκρέσου στις 12/3/1947. Εκεί, εξέθετε τον κίνδυνο που διέτρεχε η Ελλάδα από τις «*terrorist activities of several thousand armed men, led by Communists*» και ζητούσε 400 εκ. δολάρια για βοήθεια στην Ελλάδα και στην Τουρκία (στην Ελλάδα αντιστοιχούσαν τα 300). Αν και η έκκληση αυτή καθ' αυτήν ήταν *ad hoc* και αφορούσε στο ελληνικό πρόβλημα, συνοδευόταν και από μια ευρύτερη αλλαγή πολιτικής ως προς το παλαιότερο «δόγμα Monroe»: «*I believe that it must be the policy of the United States to support free peoples who are resisting attempted subjugation by armed minorities or by outside pressures [...] primarily through economic and financial aid*».

Θα πρέπει να σημειώσουμε ότι αυτή η βοήθεια δεν είχε ως αυτοσκοπό την ανόρθωση της «φίλης» και πρώην συμμάχου χώρας· αυτό ήταν το μέσον. Ο κύριος στόχος ήταν η διαμόρφωση της ελληνικής οικονομίας κατά

---

[23] Ουσιαστικά ήταν μια σειρά συναντήσεων που έλαβαν χώρα μεταξύ 28/2–28/81952 (με μια διακοπή έξι εβδομάδων) και που κατέληξαν σε Συνθήκη που υπεγράφη στις 27/2/1953 και ετέθη σε ισχύ στις 16/9/1953.

[24] Σύμφωνα με το άρθρο 5.2 της συνθήκης, από αυτή εξαιρούντο γερμανικά χρέη προς χώρες κατεχόμενες από την Γερμανία, ή σε εμπόλεμη κατάσταση με αυτήν, και τα οποία αφορούσαν σε έξοδα κατοχής, πιστώσεις σε λογαριασμούς κλήρινγκ και απαιτήσεις έναντι των Reichskreditkassen. Αυτά τα χρέη προβλεπόταν να διευθετηθούν αργότερα.

τρόπο συμβατό με τον αμερικανικό καπιταλισμό, του οποίου η Ελλάδα αποτελούσε ένα προκεχωρημένο φυλάκιο. Για τον Kariotis η Ελλάδα αποτέλεσε την πρόβα τζενεράλε για την παγκόσμια εφαρμογή της πολιτικής του δόγματος Truman. Και ήταν τόσο επιτυχημένη, που η ad hoc βοήθεια προς την Ελλάδα γενικεύθηκε ως ευρωπαϊκής κλίμακας πολιτική υπό την μορφή του *European Recovery Program* (ERP). Το ERP ανακοινώθηκε από τον Αμερικανό Υπ. Εξωτερικών George Marshall σε ομιλία τους στους αποφοίτους του Πανεπιστημίου Harvard στις 5/6/1947 και έμεινε γνωστό ως «Σχέδιο Marshall». Η Ελλάδα γινότανε καταλύτης μιας ιστορικής αλλαγής πολιτικής των ΗΠΑ που θα είχε παγκόσμιες επιπτώσεις.

Πίνακας 15.1: Ξένη βοήθεια μεταξύ 1947–1953, σε εκατομμύρια δολάρια.

Οικονομική βοήθεια και βοήθεια περιθάλψεως (μη στρατιωτική)	
UNRRA (Απρίλιος 1945–Μάιος 1947)	416,2
Δόγμα Truman (AMAG, Μάρτιος 1947)	119,1
Μεταουνρική βοήθεια (post-UNRRA)	28,8
Βοήθεια αμερικανικών φιλανθρωπικών οργανώσεων	13,5
Σχέδιο Marshall (ECA/MSA, 1948–1953)	946,4
Ειδική βοήθεια σε δάνεια	
Δάνειο πλεονάζοντος συμμαχικού υλικού	53,8
Δάνειο της Export-Import bank	14,6
Σύνολο	**1.592,4**
Αμερικανική στρατιωτική βοήθεια	649
Γενικό Σύνολο	**2.241**

Πηγή: (ΤτΕ 1978b, 271, 353).

Για την ίδια την Ελλάδα, η περίοδος αυτή σήμανε την μετατροπή της από βρετανικό σε αμερικανικό προτεκτοράτο, καθώς η Βρετανία περνούσε την σκυτάλη της παγκόσμιας πρωτοκαθεδρίας στις ΗΠΑ. Οι ελλαδικές πολιτικές και πνευματικές ηγεσίες (όσες δεν ήταν ρωσόφιλες) άρχισαν να μετατρέπονται από αγγλόφιλες σε αμερικανόφιλες. Και στα πλαίσια της διοίκησης του προτεκτοράτου τέθηκαν οι βασικές στοχεύσεις της μεταπολεμικής ελληνικής οικονομίας, π.χ. της επικέντρωσης στον τουρισμό. Όπως είπε ένας αξιωματούχος του αμερικανικού ΥπΕξ: «*Greece will achieve economic viability at some level, and [...] we do have to decide what that level will be*» (Kariotis 1979).

Συμπερασματικά, αυτό που αρνήθηκαν στην Ελλάδα δια της οδού των αποζημιώσεων, οι πρώην σύμμαχοι της εξαναγκάστηκαν να της το παράσχουν υπό μορφήν απευθείας βοήθειας, υπό τον φόβο της κομμουνιστικής ανατροπής· και μάλιστα με το παραπάνω. Ο Αγγελόπουλος (Αγγελόπουλος 1950· αναδημοσίευση: Αγγελόπουλος 1958) υπογραμμίζει ότι η ξένη βοήθεια που έλαβε η Ελλάδα μεταξύ 1947–1953 (περίπου 2,2 δις δολάρια χωρίς την στρατιωτική βοήθεια, βλ. Πίνακα 15.1) ήταν μεγαλύτερη από όλα τα δάνεια που έλαβε το ελληνικό κράτος από το 1821 μέχρι το 1930, και τα οποία υπολογίζει σε περίπου 2,2 δις χρυσά φράγκα![25] Πράγματι, σε όρους χρυσού, με το χρυσό φράγκο να αντιστοιχεί σε 0,290 g χρυσού και το δολάριο να αντιστοιχεί σε 0,810 g χρυσού,[26] η βοήθεια που έλαβε η Ελλάδα εντός μίας πενταετίας ήταν σχεδόν τριπλάσια από όλα τα μέχρι τότε εξωτερικά δάνεια, και μάλιστα όταν αυτά υπολογίζονται σε όρους ονομαστικού κεφαλαίου. Και δεν ήταν δάνειο, αλλά απευθείας βοήθεια.

15.8 Νομισματικός έλεγχος υπό την AMAG

Το δόγμα Truman εγκρίθηκε στις 22/5 και η σχετική συμφωνία με την Ελλάδα υπεγράφη στις 20/6/1947. Για την υλοποίηση της βοήθειας συγκροτήθηκε η *American Mission for Aid to Greece* (AMAG) που ανέλαβε έργο τον Ιούλιο. Βάσει των εισηγήσεων του Porter η AMAG κατέστη σκιώδης κυβέρνηση που διοικούσε μέσω διαφόρων οργάνων (Διοίκηση Εξωτερικού Εμπορίου, Επιτροπή Οικονομικής Πολιτικής, Επιτροπή Βιομηχανικών Δανείων, Επιτροπή Ενεργειακού Προγράμματος, κλπ). Πρόθεση της AMAG ήταν να ασκήσει πολύ πιο στενό έλεγχο στο ελληνικό κράτος από ό,τι η ΒΕΜ, αντανακλώντας την πολύ υψηλότερη βοήθεια που παρείχαν οι ΗΠΑ σε σχέση με την οικονομικά εξαντλημένη Βρετανία.

---

[25] Τα ονομαστικά εξωτερικά δάνεια σε χρυσά φράγκα ήταν: *Ανεξαρτησίας:* 70 εκ. *Οθωνικό:* 60 εκ. *1879–1892:* 640 εκ. (Ηλιαδάκης 2003, 133). *1902–1914:* 521 εκ. (Ηλιαδάκης 2003, 229). *1924–1932:* 992 εκ. (Ηλιαδάκης 2003, 319). Σύνολο 2.283 εκ. χρυσά φράγκα. Εξαιρείται ο εσωτερικός δανεισμός.

[26] Το φράγκο germinal του 1803 και το φράγκο της ΛΝΕ είχαν περιεκτικότητα 0,29032 g χρυσού. Το δολάριο είχε ορισθεί στις $35/oz χρυσού (1 oz = 28,35 g), με ένα δολάριο αντιστοιχεί σε 28,35 [g/oz] / 35 [$/oz]= 0,810 g χρυσού.

Πίνακας 15.2: Πραγματικές ισοτιμίες δραχμής-δολαρίου με και χωρίς αποδεικτικά συναλλάγματος.

	Χωρίς αποδεικτικά	Με αποδεικτικά
1944	151	-
1945	502	-
1946	5.020	-
1947	5.020	8.344
Ιαν. 1948	5.020	8.984
Μάρ. 1948	5.020	9.227
Ιούλ. 1948	5.020	10.019
Οκτ. 1948	5.020	10.046

Πηγή: (European Recovery Program και Economic Cooperation Administration 1949, 53).

Η υποτίμηση της δραχμής μέσω των αποδεικτικών συναλλάγματος

Ένα από τα μέτρα που εισηγήθηκε η AMAG αφορούσε στην ενίσχυση των εξαγωγών. Καθώς συμφωνούσε με την κυβέρνηση ότι η δραχμή ήταν υπερτιμημένη, αναζητήθηκε ένας τρόπος προστασίας των εξαγωγών χωρίς άμεση υποτίμηση, για την οποία οι ΗΠΑ ήθελαν την συγκατάθεση του ΔΝΤ. Μια απόπειρα επίλυσης του προβλήματος αποτέλεσε το σύστημα αποδεικτικών συναλλάγματος (exchange certificates) που θεσμοθετήθηκε τον Οκτώβριο του 1947.[27] Σύμφωνα με το σύστημα αυτό, όταν ένας εξαγωγέας εξαργύρωνε συνάλλαγμα, μαζί με τις δραχμές που εισέπραττε, έπαιρνε και ένα αποδεικτικό ίσου ποσού (εκφρασμένο σε δολάρια στην επίσημη ισοτιμία των 5.000 δρχ ανά δολάριο). Αντιστρόφως, ένας εισαγωγέας που ζητούσε κάποιο ποσό συναλλάγματος χρειαζόταν να παρουσιάσει ένα αποδεικτικό ίσης αξίας με το συνάλλαγμα που ζητούσε. Το αποδεικτικό αυτό θα μπορούσε να το αγοράσει από κάποιον εξαγωγέα. Με τον τρόπο αυτό επιδοτούνταν οι εξαγωγές μεταφέροντας το κόστος αυτής της «επιδότησης» στους εισαγωγείς. Ήταν δηλαδή ένας έμμεσος τρόπος υποτίμησης της δραχμής κατά 50% ειδικά σε ό,τι αφορούσε στο εξωτερικό εμπόριο, δημιουργώντας παράλληλα μια νόμιμη αγορά αποδεικτικών συναλλάγματος.

Παρά το μέτρο αυτό, η δραχμή παρέμενε αρκετά υπερτιμημένη. Αυτό επιχειρήθηκε να διορθωθεί επ' αφορμή της υποτίμησης της στερλίνας έναντι του δολαρίου στις 18/9/1949. Αυτή την φορά η Ελλάδα απέφυγε να επαναλάβει την «υπερήφανη» προσπάθεια του Βενιζέλου και να δώσει την «μάχη της δραχμής», και αντί να παρακολουθήσει το σκληρό δολάριο η δραχμή παρακολούθησε την υποτιμώμενη στερλίνα. Έτσι, ορίσθηκαν οι τιμές εκδόσεως των αποδεικτικών συναλλάγματος σε 10.000 δρχ ανά δολάριο και 22.000 δρχ ανά στερλίνα.[28] Σε συνδυασμό με τις ισχύουσες ισοτιμίες του ν. 879/1946, οι πραγματικές ισοτιμίες συναλλάγματος γίνονταν 15.000 (= 5.000 + 10.000) δρχ ανά δολάριο και 42.000 (= 20.000 + 22.000) δρχ ανά στερλίνα.

Το σύστημα των αποδεικτικών συναλλάγματος επιχειρούσε—θεωρητικά—να εισαγάγει έναν αυτοματισμό στην ρύθμιση της πραγματικής ισοτιμίας της δραχμής καθώς, ανεξαρτήτως της επίσημης τιμής, οι συναλλασσόμενοι θα διαμόρφωναν τις αγοραίες τιμές ανάλογα με τις συνθήκες και την σχέση προσφοράς και ζήτησης. Έτσι, π.χ., υπερβολικές αιτήσεις αγοράς αποδεικτικών για την αγορά συναλλάγματος για την εισαγωγή προϊόντων θα αύξαναν την αγοραία τιμή τους καθιστώντας τις εισαγωγές πιο ακριβές και αυξάνοντας το περιθώριο κέρδους των εξαγωγέων ενισχύοντας το εξαγωγικό εμπόριο. Αυτός ο μηχανισμός θεωρητικά θα αντιστάθμιζε και τις επιπτώσεις του εγχώριου πληθωρισμού, ο οποίος επιβάρυνε το κόστος των εξαγομένων προϊόντων. Καθώς οι εισαγωγείς θα αποκόμιζαν μεγαλύτερα δραχμικά κέρδη κατά την πώληση του ανατιμώμενου εμπορεύματός τους θα δημιουργούσαν μεγαλύτερη ζήτηση για αποδεικτικά συναλλάγματος, ενισχύοντας τις εξαγωγές.

Στην πράξη όμως ο μηχανισμός αυτός δεν λειτούργησε έτσι καθώς το μεγαλύτερο μέρος των εισαγωγών αφορούσε σε προϊόντα που διακινούσαν δημόσιοι οργανισμοί μέσω των κεφαλαίων της ξένης βοήθειας. Οι ιδιωτικές εισαγωγές ήταν σχετικά περιορισμένες και ο μεγαλύτερος διακινητής ήταν η ΤτΕ που κατέληξε να ρυθμίζει τις τιμές των αποδεικτικών συναλλάγματος. Σύμφωνα με στοιχεία της *Economic Cooperation Administration* (1949, 21–22, 53) η πραγματική ισοτιμία της δραχμής αυξήθηκε με σταδιακό και όχι άμεσο τρόπο από την εισαγωγή των αποδεικτικών συναλλάγματος (βλ. Πίνακα 15.2). Τελικά οι τελευταίες πραγματικές ισοτιμίες της δραχμής επισημοποιήθηκαν με την κατάργηση των αποδεικτικών συναλλάγματος τον Μάιο του 1951.[29]

---

[27] ΝΔ 481 της 30/10/1947 (ΦΕΚ 250Α, 31/10/1947, σ. 1357–1359).

[28] Πράξη 804 της 21/9/1949 του Υπ. Συμβουλίου κυρωθείσα δια του ΝΔ 1159 της 11/10/1949 (ΦΕΚ 250Α, 11/10/1951, σ. 1603–1604). Η ΤτΕ θα αγόραζε τα παλιά αποδεικτικά (εκδόσεως προ της 17/9/1949) προς 5.090 δρχ ανά δολάριο και προς 12.300 δρχ ανά λίρα.

[29] ΑΝ 1820 της 25/5/1951 (ΦΕΚ 149Α, 28/5/1951, σ. 1038).

Συνολικά, με τις διαδοχικές απόπειρες σταθεροποίησης (βλ. Πίνακα 15.3) η νέα δραχμή είχε υποστεί μια ταχύτατη υποτίμηση μέσα σε πολύ λίγα χρόνια, χάνοντας το 99% της αξίας της ως προς το δολάριο (από 150 στις 15.000 δρχ) και το 98,6% της αξίας της ως προς την στερλίνα (από 600 στις 42.000 δρχ).

Πωλήσεις χρυσού

Ούτε η AMAG αντιστάθηκε στον πειρασμό των πωλήσεων χρυσού για την στήριξη της δραχμής. Παρότι η διακήρυξη Truman είχε ως αποτέλεσμα μέχρι και την παροδική αναστροφή της χρυσοφιλίας, η υποτίμηση της δραχμής συνεχιζόταν παρά τις περιόδους σταθερότητας. Έτσι, υπό τις εκκλήσεις της ελληνικής κυβέρνησης, και υπό την πίεση του Εμφυλίου, η AMAG συναίνεσε σε νέες πωλήσεις χρυσού για την πάση θυσία σταθεροποίηση της κατάστασης (Πίνακας 15.4). Παρά τον σφιχτό έλεγχο επί του ελληνικού πολιτικού κατεστημένου, στο θέμα αυτό η AMAG βρέθηκε στην ίδια θέση αδυναμίας με τους Βρετανούς, αναγκαζόμενη να εγκρίνει μέτρα με τα οποία ήταν τελείως αντίθετη. Μεταξύ Οκτωβρίου 1947 και Ιουνίου 1948 πουλήθηκαν άνω του 1 εκ. χρυσών λιρών, αξίας 8,7 εκ. δολαρίων (Lykogiannis 2002, 235, 241).

Πίνακας 15.3: Επίσημες ισοτιμίες δραχμής-δολαρίου και δραχμής-στερλίνας (1944–1951).

Σταθεροποίηση	Δολάριο	Λίρα
Σβώλου-Ζολώτα-Waley (Ν. 18 της 10/11/1944)	150	600
Πείραμα Βαρβαρέσου (ΑΝ 362 της 4/6/1945)	500	2.000
Συμφωνία Τσουδερού-Bevin (ΑΝ 879 της 25/1/1946)	5.000	20.000
Αποδεικτικά συναλλάγματος (ΝΔ 481 της 30/10/1947)	10.000* (5.000 + 5.000)	40.000* (20.000 + 20.000)
Αποδεικτικά συναλλάγματος (ΝΔ 1159 της 11/10/1949)	15.000* (5.000 + 10.000)	42.000* (20.000 + 22.000)
ΑΝ 1820 της 25/5/1951	15.000	42.000

*Οι τελικές ισοτιμίες συμπεριλαμβάνουν και το κόστος του αποδεικτικού συναλλάγματος.

Μια τέτοια εικόνα όχι απόλυτης ισχύος των Αμερικανών εντός της ΝΕ αναδύεται και από διήγηση του Σπ. Μαρκεζίνη (1994, 3:11) για το πώς «έβαλε στην θέση του» τον Αμερικανό εκπρόσωπο Al Costanzo για ένα βέτο που άσκησε ο τελευταίος:

> *«Κρατήστε την γνώμη σας για τον εαυτό σας, είπα σε έντονο ύφος. Του λοιπού δεν θα με ξαναδείτε. Θα προεδρεύει ο Υπουργός των Οικονομικών». Ο Costanzo, συνηθισμένος να έχει τον πρώτο και τον τελευταίο λόγο, θα αιφνιδιασθεί, αλλά στους μήνες που θα ακολουθήσουν θα αντιληφθεί ότι άλλος έπρεπε να είναι ο ρόλος του και θα κατασεί έκτοτε εξαιρετικά συνεργάσιμος.*

Η ερμηνεία του Ι. Ράλλη για το περιστατικό—την οποία έσπευσε να ασπασθεί και ο Μαρκεζίνης—είναι ότι *«όταν υπήρχαν οι κατάλληλοι άνθρωποι 'δεν έκαναν πάντα ό,τι ήθελαν οι Αμερικανοί'»*. Ίσως θα ήταν ακριβέστερο να λέγαμε ότι ο ευπατρίδης πολιτικός και οι συνάδελφοί του ήταν απουσιολόγοι της τάξης, δηλαδή μαθητές με ειδικές μικροεξουσίες. Όμως παρέμεναν μαθητές· το προαύλιο περιστοιχιζόταν από κάγκελα και ο Λυκειάρχης μπορούσε να χτυπήσει το κουδούνι ό,τι ώρα ήθελε για να λήξει το διάλειμμα. Ούτε το αστικό ούτε το κομμουνιστικό κατεστημένο δεν είχαν τολμήσει να διεκδικήσουν την θέση του Λυκειάρχη, αρκούμενοι στον ρόλο του απουσιολόγου.

Πίνακας 15.4: Υπερπωλήσεις χρυσών λιρών 1945–1952.

Έτος	Χρ. λίρες (χιλιάδες)[1]	Αξία σε εκ. δολάρια[2]	Αξία σε δις δρχ.[1]	Αποθέματα χρυσού και συναλλάγματος ΤτΕ (δισ. δρχ, τέλος του έτους)[5]
1945				1.440.498
1946	2.116	17,3	258	1.325.077
1947	475	4,2	75	1.051.115
1948	1.011	7,5	229	1.078.018
1949	492	4,1	113	1.064.838
1950	1.800	15,1	401[4]	1.167.072
1951	1.500	12,1	338[4]	2.280.230
1952[3]	900		204[4]	2.385.008
Σύνολο	8.294		1.618	

[1](ΤτΕ 1978b, 295). [1](Βαρβαρέσος 2002, 380). [3]Μήνες Ιανουάριος και Φεβρουάριος. [4]Υπολογισμός βάσει της επίσημης μέσης τιμής της χρυσής λίρας. [5](Βενέζης 1955).

Νομισματική Επιτροπή: έλεγχος του τραπεζικού συστήματος

Μια από τις εκφάνσεις του στενού ελέγχου που ήθελε να ασκήσει η ΑΜΑG ήταν η σταδιακή παγιοποίηση του θεσμού της ΝΕ. Τον πρώτο καιρό, με διαδοχικές παρατάσεις,[30] η λειτουργία της ορίστηκε να διαρκέσει μέχρι το τέλος του 1956. Τελικά, από 18 μήνες που ήταν η αρχική της πρόβλεψη, θα κατέληγε να διαρκέσει 35 χρόνια.

Προς την ίδια κατεύθυνση όμως συνέτεινε και η διεύρυνση των αρμοδιοτήτων της ΝΕ. Τον Απρίλιο του 1948, αποφασίστηκε ότι η πιστωτική πολιτική θα ασκείτο μεν από το κράτος, αλλά θα καθοριζόταν από την ΝΕ, της οποίας οι αρμοδιότητες επεκτείνονται.[31] Έτσι η ΝΕ αποφάσιζε «εκάστοτε δι' αποφάσεών της» για το ύψος της χρηματοδότησης κάθε παραγωγικού κλάδου της ελληνικής οικονομίας (είτε από τράπεζες, είτε από το κράτος), καθώς και για το επιτόκιο και τυχόν προμήθειες αυτών των πιστώσεων. Επιπλέον η ΝΕ έθετε την ΤτΕ υπό τον έλεγχό της όσον αφορά στην διάθεση των πιστώσεων αυτών, ενώ αποκτούσε διευρυμένες αρμοδιότητες στον έλεγχο διαφόρων πιστωτικών οργανισμών.[32] Με άλλα λόγια, η ΝΕ μετατρεπόταν σε ένα όργανο με υπερεξουσίες επί του τραπεζιτικού συστήματος, που διοικούσε με αποφάσεις, ευρισκόμενη εν μέρει εκτός Συνταγματικού και νομικού ελέγχου και υπό άμεσο αγγλοαμερικανικό έλεγχο.

Ο έλεγχος αυτός επεκτεινόταν ακόμα και στα ποιοτικά χαρακτηριστικά της ελληνικής οικονομίας. Π.χ., τον Οκτώβριο του 1948, και βάσει του προαναφερθέντος Ν. 588/1948, η ΝΕ εξέδωσε απόφαση με την οποία όριζε ότι οποιαδήποτε πίστωση της ΤτΕ ή άλλων τραπεζών προς βιομηχανίες και βιοτεχνίες ήταν αποκλειστικά για συνήθεις επισκευές (κτιρίων, μηχανών, κλπ) και τρέχουσες δαπάνες (ανταλλακτικά, καύσιμα, κ.ά.). Αποκλειόταν δε ρητώς η χρήση των πιστώσεων για την επέκταση υποδομών και πλήρη ανοικοδόμηση κτιρίων ή πλήρη αντικατάσταση μηχανημάτων (Βενέζης 1955, 377). Με άλλα λόγια επιδοτείτο η επισκευή των παραγωγικών μονάδων, αλλά όχι και ο εκσυγχρονισμός τους, που θα ήταν προίκα και προαπαιτούμενο για μια διεθνώς ανταγωνιστική οικονομία.

Κυρίως όμως οι παραπάνω υπερεξουσίες σήμαιναν ότι η ΝΕ μπορούσε να ελέγξει ολόκληρο το νομισματικό και τραπεζικό σύστημα. Η στόχευσή της ήταν, σε πρώτο χρόνο, να θέσει όλες τις τράπεζες υπό τον άμεσο έλεγχο της ΤτΕ (άρα και υπό τον δικό της) και εν συνεχεία να ελέγξει τον μεταξύ τους ανταγωνισμό και την πιστωτική τους πολιτική.

Η τακτική της ΤτΕ να πιστοδοτεί απευθείας την οικονομία παρακάμπτοντας τις εμπορικές τράπεζες είχε ως αποτέλεσμα τον έντονο ανταγωνισμό τους για προσέλκυση καταθέσεων, με κυριότερες εκείνες των ΝΠΔΔ. Πολλές από αυτές τις καταθέσεις παρέμεναν στην ΕΤΕ με ένα επιτόκιο 1,5%. Έτσι οι τις άλλες τράπεζες άρχισαν να προσφέρουν πολλαπλάσια επιτόκια (κατά παράβαση του νόμου) για να προσελκύσουν αυτές τις καταθέσεις. Η εξέλιξη αυτή που στρεφόταν εναντίον μιας τράπεζας υπό άμεσο κρατικό έλεγχο ανησύχησε την κυβέρνηση. Έτσι τον Μάρτιο του 1948 η ΝΕ έθεσε περιορισμούς στα ποσά που μπορούσαν να επενδύουν τα ΝΠΔΔ, ενώ τον Αύγουστο μείωσε το ανώτατο επιτόκιο καταθέσεων ΝΠΔΔ στο 5% (Kostis 2004, 133–134), αίροντας ουσιαστικά τον μοναδικό ανταγωνιστικό παράγοντα του τραπεζικού συστήματος (το επιτόκιο αυτό είχε οριστεί στο 10% τον Αύγουστο του 1946[33]).

Παράλληλα, η ΝΕ αποφάσισε να επιβάλει το προπολεμικό μέτρο διακράτησης διαθεσίμων των εμπορικών τραπεζών στην ΤτΕ.[34] Αυτό το όρισε στο 15% για την ΕΤΕ και στο 5% για τις υπόλοιπες. Τον Ιανουάριο του 1949 (απόφαση της 27/1/1949) ανανέωσε το μέτρο εξισώνοντας για όλες τις τράπεζες τα ποσοστά σε 22% επί των λογαριασμών όψεως και προθεσμιακούς των ΝΠΔΔ και 10% για όλους τους άλλους (Βενέζης 1955, 395–396). Το

---

[30] Βάσει των Ν.Δ. 659/1948, ΑΝ 811/1948, Ν.Δ. 1043/1949, ΑΝ 1837/1951 και ΝΔ 3074/1954.

[31] ΝΔ 588 της 5/4/1948 (ΦΕΚ 85Α, 7/4/1948, σ. 491–492).

[32] Θα μπορούσε να αποφασίζει για τα ταμειακά διαθέσιμά τους έναντι των αμέσων υποχρεώσεών τους, να εκδίδει κανονισμούς σχετικά με τα στοιχεία του ενεργητικού και παθητικού τους, να ελέγχει τα βιβλία νομικών ή φυσικών προσώπων και να αίρει την εξουσιοδότηση για πράξεις συναλλάγματος από τράπεζες. Κατά το άρθρο 6 του σχετικού νόμου, οριζόταν ότι οι αποφάσεις δε της ΝΕ ίσχυαν αμέσως για τα πιστοδοτούντα και πιστοδοτούμενα Νομικά ή Φυσικά πρόσωπα «ανεξαρτήτως πάσης άλλης σχετικής κειμένης διατάξεως των Νόμων ή των καταστατικών των διεπόντων την οικονομικήν λειτουργίαν και δραστηριότητα των προσώπων τούτων [...] δεν υπόκεινται δε εις τον έλεγχον του Συμβουλίου της Επικρατείας ή οιανδήποτε άλλην διοικητικήν προσφυγήν».

[33] Διάταγμα της 21/8/1946 (ΦΕΚ 243 Α, 21/8/1946, σ. 1353).

[34] Με τον ν. 5076/1931 είχε αποφασιστεί διακράτηση του 12%, μέτρο όμως στο οποίο είχαν επιτυχώς αντισταθεί οι τράπεζες (βλ. παρ. 13.2).

επόμενο έτος τα ποσά αυτά αυξήθηκαν σε 25 και 12% αντιστοίχως.[35] Με τον τρόπο αυτό αύξανε την ρευστότητα της ΤτΕ και ήλεγχε εκείνη των υπολοίπων τραπεζών, θέτοντας τις εμπορικές τράπεζες υπό τον αμεσότερο έλεγχο της ΤτΕ, άρα και της ΝΕ.

Ο έλεγχος του πιστωτικού συστήματος μέσω της ΝΕ και της ΤτΕ ήταν μια ρύθμιση η οποία τώρα εφαρμοζόταν χωρίς διαμαρτυρία. Κατά την ίδρυσή της η ΤτΕ είχε βρεθεί στην άχαρη θέση του υποτιθέμενου ρυθμιστή χωρίς ουσιαστική εξουσία. Απέναντί της είχε την ανοιχτή εχθρότητα των υπολοίπων τραπεζών, που μάλιστα συνέστησαν και την Ένωση Ελληνικών Τραπεζών ως καρτέλ εναντίον της. Η πρώτη εξέλιξη που την έφερε σε θέση ρυθμιστή ήταν η κρίση του 1931. Τώρα όμως το μέγεθος της καταστροφής των τραπεζών ήταν τέτοιο που ο ρόλος αυτός δεν μπορούσε να αμφισβητηθεί. Τον Οκτώβριο του 1944 οι καταθέσεις τους συνολικά ανέρχονταν στο ποσόν των 186,7 λιρών (Παγουλάτος 2006, 103). Ενώ στο τέλος του 1938 μόνον οι ιδιωτικές καταθέσεις ήταν περίπου τριπλάσιες της κυκλοφορίας, στο τέλος του 1946 το σύνολο αυτών—μαζί με των ΝΠΔΔ—κυμαινόταν στο 28% της κυκλοφορίας. Το μόνο στοιχείο ενεργητικού που τους είχε απομείνει ήταν τα κτίριά τους, και τον μισθό των υπαλλήλων τους τον είχε αναλάβει η ΤτΕ (ΤτΕ 1978b, 264). Για πρώτη φορά στην σύντομη ιστορία της η ΤτΕ ήταν ο κυρίαρχος του παιγνιδιού, όχι μόνον θεσμικά, αλλά και λόγω μεγεθών (Πίνακας 15.5).

Από την άλλη μεριά η διόγκωση της ΤτΕ από πλευράς προσωπικού κατά την διάρκεια της Κατοχής την οδήγησε στην αναζήτηση εμπορικών δραστηριοτήτων για κάλυψη των δικών της αναγκών μισθοδοσίας. Κατά τον Kostis (2004, 131) αυτή η αδήριτη ανάγκη ήταν που την οδήγησε να χρηματοδοτήσει την μετακατοχική ανασυγκρότηση απευθείας, παρακάμπτοντας τις άλλες τράπεζες.

Πίνακας 15.5: Καταθέσεις και κυκλοφορία πριν και μετά την γερμανική κατοχή.

Τέλος έτους	Καταθέσεις (δισ δρχ)		Μ0 (δισ δρχ)	Ποσοστά (%) καταθέσεων ως προς Μ0	
	Σύνολο	Ιδιωτικές		Συνόλου	Ιδιωτικών
1938	—	22,3	7,6	—	293
1939	—	22,5	9,8	—	229
1940	—	23,8	15,7	—	151
1946	151,4	—	537,5	28,17	—
1947	398,2	—	973,6	40,90	—
1948	657,5	—	1.202,2	54,69	—
1949	1.153,3	522,0	1.858,6	62,05	28,09
1950	1.539,7	652,4	1.887,1	81,59	34,57
1951	2.118,1	1.017,3	2.198,5	96,34	46,27
1952	2.196,0	1.157,4	2.475,9	88,70	46,75

Πηγή: (α) (ΤτΕ 1953, 104). (β) Πίνακες 25.38 και 25.40.

Από τον Μάρτιο του 1945 επιτράπηκε[36] στην ΤτΕ να χορηγεί πιστώσεις σε *«βιομηχανικάς, γεωργικάς, τραπεζιτικάς ή άλλας επιχειρήσεις»*, σε αντίθεση με τις προβλέψεις του καταστατικού της. Δηλαδή η ΤτΕ έμπαινε σε εμπορικές εργασίες και «με τον νόμο», πρακτική που είχε εγκαινιάσει από την ίδρυσή της και που είχε τότε προκαλέσει σφοδρές αντιδράσεις.

Ο ρόλος αυτός κατέστη ιδιαίτερα σημαντικός καθώς τα ποσά της εξωτερικής βοήθειας αυξάνονταν από τα κεφάλαια του Σχεδίου Marshall. Το ποσοστό των χορηγήσεων από την ΤτΕ ήταν σταθερά πάνω από τα δύο τρίτα μεταξύ 1947–1952 (Πίνακας 15.6).

Πίνακας 15.6: Τραπεζικές πιστώσεις 1947–1952.

	Από κεφάλαια ΤτΕ		Από διαθέσιμα λοιπών τραπεζών		Σύνολο
	Ποσό (δις δρχ)	Ποσοστό (%)	Ποσό (δις δρχ)	Ποσοστό (%)	
1947	1.186.464	77.12	351.973	22.88	1.538.437
1948	1.456.217	70.21	617.687	29.78	2.074.204
1949	2.276.760	67.20	1.111.206	32.80	3.387.966
1950	3.149.344	69.06	1.410.779	30.94	4.560.123
1951	3.920.778	69.86	1.691.194	30.14	5.611.972
1952	3.601.000	66.34	1.827.000	33.66	5.428.000

---

[35] Απόφαση 3794 της 9/1/1950, κυρωθείσα δυνάμει του ΑΝ της 4/1/1950 (ΦΕΚ 1Α, 4/1/1950, σ. 1).
[36] ΑΝ της 29/3/1945 (ΦΕΚ 78Α, 30/3/1945, σ. 288).

(Βενέζης 1955, 376, 391, 402)

Η έκθεση Johns και το μέλλον του ελληνικού πιστωτικού συστήματος

Με την λήξη του εμφυλίου πολέμου το 1949, σχεδόν όλοι οι οικονομικοί τομείς είχαν ανακάμψει στο προπολεμικό τους επίπεδο, πλην του τραπεζικού. Πράγματι, για μια προπολεμική κυκλοφορία περί τα 10 δις δρχ, οι καταθέσεις όψεως κυμαίνονταν στα 14 δις, ενώ οι συνολικές καταθέσεις υπερέβαιναν τα 20 δις. Στα τέλη του 1949, με μια νομισματική κυκλοφορία 1.153 δις δρχ, οι συνολικές καταθέσεις ήταν μόνο 62,1 δις.

Έτσι ζητήθηκε από την Fed μια γνωμοδότηση για την αναδιάρθρωση του ελληνικού πιστωτικού συστήματος. Στις 30/6/1950 κατατέθηκε η έκθεση συνέταξαν ο Delos C. Johns, Αντιπρόεδρος της Federal Reserve του Kansas City, και τα τότε μέλη της ΝΕ, ο Βρετανός Theodore E. Gregory και ο Αμερικανός John W. Gunter. Μεταξύ των προτάσεων της έκθεσης ήταν: (α) η μείωση των απευθείας πιστώσεων της ΤτΕ στο ελάχιστο δυνατό. (β) η μονιμοποίηση της ΝΕ ως θεσμού (με παρουσία ξένων). (γ) η αύξηση των μελών της ΝΕ σε επτά και η τροποποίηση της λήψης αποφάσεων από ομόφωνη σε πλειοψηφική. (δ) η θεσμοθέτηση υπό την ΝΕ νέου οργάνου εποπτείας των τραπεζών. (ε) συγκέντρωση των καταθέσεων των ΝΠΔΔ στην ΤτΕ. (στ) η κατάργηση του Κυβερνητικού Επιτρόπου (Βενέζης 1955, 407–413).

Οι παραπάνω προτάσεις δεν υιοθετήθηκαν στο σύνολό τους. Π.χ., το μεγαλύτερο ποσοστό των πιστώσεων συνέχισε να διατίθεται από την ΤτΕ. Πάντως κάποιες αλλαγές έγιναν βάσει των προτάσεων αυτών. Με τον ΑΝ 1611 της 31/12/1950[37] ρυθμίστηκαν τα «Περί καταθέσεων Νομικών Προσώπων και Ασφαλιστικών Ταμείων». Βεβαίως, σχετικές ρυθμίσεις είχαν γίνει και το 1928 βάσει εντολής της ΔΕΚΕ. Αυτές αφορούσαν στα διαθέσιμα των ασφαλιστικών ταμείων και ΝΠΔΔ που *δεν ήταν απαραίτητα για πληρωμές*. Με την λήξη της από 23/2/1928 σύμβασης κράτους-ΕΤΕ (έληγε στις 31/12/1950), άνοιγε ο δρόμος για κατάθεση κεφαλαίων στην ΤτΕ, πάλι υπό προτροπή ξένων παραγόντων, μόνο που αυτό πλέον αυτό θα αφορούσε σε *«πάντα τὰ ἐπενδυόμενα ὑπὸ μορφὴν ἐντόκου καταθέσεως κεφάλαια»* (άρ. 2). Το επιτόκιο αυτών των καταθέσεων θα το όριζε η ΝΕ (άρ. 3) και αυτά τα κεφάλαια εν συνεχεία θα κατετίθεντο σε έντοκες καταθέσεις σε τράπεζες οι οποίες θα τα διέθεταν για την χρηματοδότηση της γεωργίας, του εμπορίου και της βιομηχανίας (άρ. 4).[38]

Βάσει των προτάσεων Johns θεσμοθετήθηκε επίσης και ο τρόπος ελέγχου των τραπεζών[39] με την ίδρυση της *Γενικής Επιθεώρησης Τραπεζών* που ξεκίνησε την λειτουργία της τον Φεβρουάριο του 1952. Στα πλαίσια της παραπάνω πολιτικής, και θέλοντας να αυξήσει τις πιστώσεις χωρίς να αυξήσει την κυκλοφορία, η ΝΕ αποφάσισε ότι από τον Σεπτέμβριο του 1952 στην πιστοδότηση της οικονομίας θα μπορούσαν να συμμετάσχουν και οι τράπεζες. Για τον έλεγχο της παραπάνω διαδικασίας συνεστήθη η *Επιτροπή Πίστεως*, αποτελούμενη από τον Διοικητή και Υποδιοικητή της ΤτΕ και τους τρεις εμπειρογνώμονες της ΝΕ.

Τέλος, με τον ΑΝ 1837 της 12/6/1951[40] ορίσθηκε ως έβδομο μέλος της ΝΕ ένας Καθηγητής των Οικονομικών Επιστημών του Πανεπιστημίου Αθηνών. Πρώτο τέτοιο μέλος ήταν ο Ξ. Ζολώτας, που επανερχόταν σε πιο «πολιτικά» καθήκοντα.

15.9 Κάποια συμπεράσματα

Ο νομισματικές συνθήκες της μετακατοχικής περιόδου αποτελούν εν πολλοίς συνέχεια εκείνων της κατοχικής. Σε καθαρά ψυχολογικό επίπεδο, το κοινό δεν είχε καμία εμπιστοσύνη στην δραχμή, προσκολλώμενο στον χρυσό και ανατιμώντας την χρυσή λίρα, ενώ οι ελλείψεις αγαθών συνέχιζαν να κρατούν ψηλά τις τιμές. Ένας άλλος επιβαρυντικός παράγοντας ήταν και ο Εμφύλιος που λειτουργούσε μέσω αμφοτέρων των μηχανισμών· μέσω του ψυχολογικού διάβρωνε την εμπιστοσύνη στην δραχμή, καθώς έθετε εν αμφιβόλω την ίδια την ύπαρξη του

---

[37]ΦΕΚ 304Α, 31/12/1950, σ. 1771–1772.

[38]Το μέτρο αυτό ουσιαστικά σήμαινε ότι αντί οι ασφαλιστικοί οργανισμοί να λαμβάνουν ένα ικανοποιητικό επιτόκιο επί των κεφαλαίων τους, αν όχι για κερδοσκοπία τουλάχιστον για την διατήρηση της αξίας τους, μετατράπηκαν σε δεξαμενή ρευστότητας για την χρηματοδότηση της βιομηχανίας αποσπώντας ένα επιτόκιο πολύ χαμηλότερο από εκείνο της αγοράς ακόμα και σε περιόδους υψηλού πληθωρισμού. Όπως υπολόγισε η το Ινστιτούτο Εργασίας της ΓΣΕΕ, αυτή η πρακτική οδήγησε σε απώλεια 58 δις ευρώ (20 τρις δρχ) μέχρι το 2001 (Ρομπόλης 2001).

[39]ΑΝ 1665 της 27/1/1951 *Περί ελέγχου της πίστεως* (ΦΕΚ 31Α, 27/1/1951, σ. 240–242).

[40]ΦΕΚ 173Α, 12/6/1951, σ. 1179–1180.

κράτους στο οποίο αυτή στηριζόταν, ενώ παράλληλα κατηύθυνε πόρους σε πολεμικές επιχειρήσεις και όχι στην αποκατάσταση μιας αφθονίας που θα συνέβαλλε στην πτώση των τιμών.

Όμως σε ποσοτικό επίπεδο αυτοί οι δείκτες—η ισοτιμία ως προς την χρυσή λίρα και ο δείκτης τιμών—είναι πιο σφιχτά συσχετισμένοι μεταξύ τους απ' ό,τι με την νομισματική κυκλοφορία, η οποία ακολουθεί την δική της, ανεξάρτητη, πορεία (βλ. Εικόνες 15.1 και 15.2). Οι μετακατοχικές κυβερνήσεις όντως αναγκάστηκαν να χρηματοδοτήσουν τα ελλείμματά τους μέσω αύξησης της κυκλοφορίας, όμως αυτό δεν είχε αναλογικό αντίκτυπο στις τιμές και στην ισοτιμία της δραχμής, μεγέθη που φάνηκε να επηρεάζονται κυρίως από τους προαναφερθέντες μη ποσοτικούς παράγοντες.

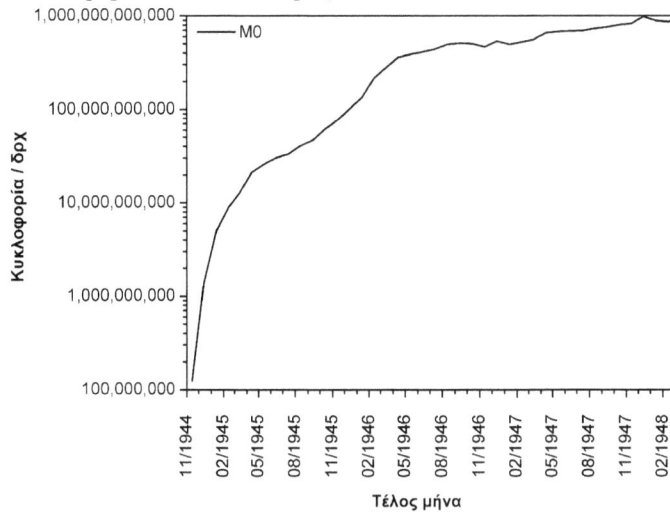

Εικόνα 15.1: Κυκλοφορία χαρτονομισμάτων 11/1944–3/1948.

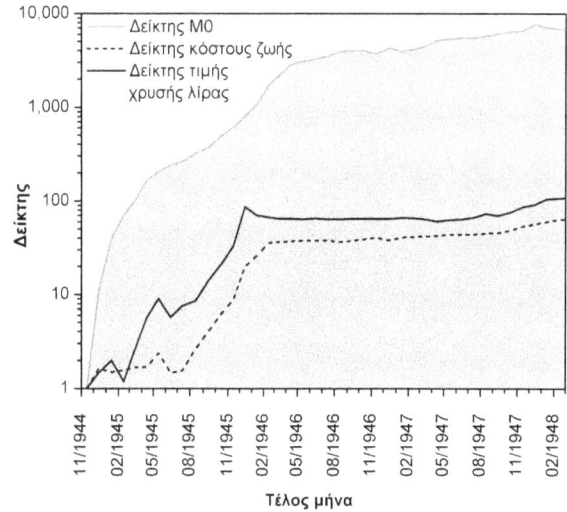

Εικόνα 15.2: Δείκτες κυκλοφορίας χαρτονομίσματος, κόστους ζωής και τιμής χρυσής λίρας (11/1944–3/1948).

Πράγματι, ακόμη και με την παροχή χρήματος να αυξάνει ταχύτατα, τα μέτρα Βαρβαρέσου—διοικητικοί έλεγχοι τιμών, διάθεση της βοήθειας της UNRRA σε χαμηλές τιμές—σημείωσαν κάποιες πρώτες επιτυχίες όσο διήρκεσε η εφαρμογή τους. Εν συνεχεία το αμφιλεγόμενο μέτρο της πώλησης χρυσού κατόπιν της συμφωνίας Τσουδερού-Bevin, η εισροή της οικονομικής βοήθειας της AMAG και η σταδιακή ανόρθωση της παραγωγής συνέβαλλαν στην αποκλιμάκωση των ελλείψεων σε βασικά είδη, στην μείωση του εμπορικού ελλείμματος και στον έλεγχο του πληθωρισμού.

Όπως θα δούμε, αυτή η κρατική παρέμβαση, μαζί με μια σειρά εθνικών και διεθνών εξελίξεων που άλλαξαν άρδην την παραγωγική εικόνα της ελληνικής οικονομίας, αλλά και το ισοζύγιο πληρωμών της οδήγησαν σε αυτό που αποκλήθηκε «χρυσή» εποχή της δραχμής.

Η «ΧΡΥΣΗ ΕΠΟΧΗ» ΤΗΣ ΔΡΑΧΜΗΣ

16

Πιτ: Τέσσερα χρόνια, 200 δολάρια το μήνα, προς 30 το δολάριο...
Αντωνησ: Πρώτα το είχανε 15, ο Μαρκεζίνης το 'κανε 30. Με το Μαρκεζίνη θέλεις να το πάμε δηλαδή;
Πιτ: Εγώ δολάρια έστειλα, δολάρια θα πάρω!
Αντωνησ: Κατάλαβα, τώρα που με βρήκες θα μου ρουφήξεις το μεδούλι!
Ο Πιτ Παπαθεοφιλόπουλος προς τον Αντώνη Μπεϊζάνη, «Θα σε κάνω βασίλισσα» (Σακελλάριος 1964)

Το 1953 ΣΗΜΑΤΟΔΟΤΕΙ, έστω και συμβατικά, την έναρξη μιας διακριτής περιόδου στην οικονομική και νομισματική ιστορία της σύγχρονης Ελλάδας, μιας περιόδου που χαρακτηρίσθηκε από έντονη οικονομική μεγέθυνση και πρωτοφανή νομισματική σταθερότητα. Νέες βιομηχανικές μονάδες ιδρύονται και προϋπάρχουσες επεκτείνονται· Ιζόλα, Ναυπηγεία Σκαραμαγκά, Πειραϊκή-Πατραϊκή, Πίτσος είναι μόνον κάποιες από τις πιο εμβληματικές βιομηχανικές μονάδες, ενώ η ΡΟΣΤΡΟ του Γιάννη Ροντήρη δημιούργησε ένα δικό της μοντέλο στην δημιουργία υψηλής τεχνογνωσίας, αυτό που ίσως θα αποκαλούσαμε σήμερα «τεχνολογικό startup». Το κράτος έπαιξε κυρίαρχο ρόλο στην βιομηχανική άνθιση, υιοθετώντας το πνεύμα της Έκθεσης Porter και απορρίπτοντας τις συστάσεις της Έκθεσης Βαρβαρέσου. Με την ίδρυση του ΟΤΕ (1949) και της ΔΕΗ (1950), και την μονοπώληση των κλάδων των επικοινωνιών και της ενέργειας μέσω μεγάλων και αποφασιστικών επενδύσεων έδωσε το στίγμα της πολιτικής εκβιομηχάνισης. Αυτή η εικόνα ακμής ταυτίζεται και με μια έντονη πολιτιστική άνθιση· και μόνον η παράθεση των νέων δημιουργών που εμφανίσθηκαν σε σχεδόν κάθε πεδίο των τεχνών είναι μακροσκελής: Χατζιδάκις, Θεοδωράκης, Σεφέρης, Ελύτης, Καμπανέλλης, Κουν, Θ. Αγγελόπουλος, Σαββόπουλος, Δαμιανός κ.ά.

Όμως αυτή η εικόνα ήταν η μία μόνον όψη του νομίσματος· παρά τον τερματισμό των μαζικών εκτοπίσεων του εμφυλίου—είχαν φτάσει τις 15.000 τον Σεπτέμβριο του 1949—3.400 εκτοπισμένοι παρέμεναν ακόμα στα ξερονήσια το 1951[1] και πολλοί αντιστασιακοί στις. Η δε Δικτατορία των Συνταγματαρχών θα «φιλοξενούσε» περί τις 8.000 κρατουμένους στην Γυάρο και την Λέρο (Σαραντάκος 2003). Τα πιστοποιητικά κοινωνικών φρονημάτων γίνονταν προαπαιτούμενα για την εργασία στο Δημόσιο,[2] η νεολαία ετίθετο υπό έναν ιδιότυπο διωγμό με τον «νόμο 4000»[3] και ένα εκατομμύριο Έλληνες μετανάστευαν στο εξωτερικό διωγμένοι από την ανεργία και την φτώχεια. Οι δωσίλογοι των Γερμανών θα τύγχαναν ιδιαιτέρως ήπιας μεταχείρισης,[4] ο Γεώργιος Παπανδρέου θα εγκατέλειπε με κυνισμό τον Ενωτικό αγώνα των Κυπρίων το 1950,[5] ενώ ο άρτι διορισθείς Πρωθυπουργός Κωνσταντίνος Καραμανλής[6] θα έθαβε το πογκρόμ των Ελλήνων της Κωνσταντινούπολης του 1955 («Σεπτεμβριανά»), και θα απελευθέρωνε με ψήφιση ειδικού διατάγματος[7] τον εγκληματία πολέμου Max Merten για να συνάψει το δάνειο των 200 εκ. μάρκων από την γερμανική κυβέρνηση. Η «Λαϊκή Δημοκρατία της Μακεδονίας» που σύστησε Τίτο, γινόταν ανεκτή από τις μετεμφυλιακές κυβερνήσεις μετά την ρήξη του με τον Στάλιν το 1948

---

[1]Μεταξύ 1952–67 θα εκτοπίζονταν άλλοι 1.772 (Βόγλης 2003).

[2]ΑΝ 512 της 3/1/1948 και 516 της 8/1/1948. Ο ΑΝ 516 ήταν αντιγραφή του αμερικανικού Hatch Act του 1939. Τελικά τα πιστοποιητικά θεσμοθετήθηκαν με μια σειρά νόμων, διαταγμάτων και εγκυκλίων (Πετρόπουλος 2004, 11).

[3]Με το ΝΔ 4000/1959 τυχόν ανήλικη παραβατικότητα που μαρτυρούσε *«ἰδιάζουσαν θρασύτηταν τοῦ ὑπαιτίου καὶ προκλητικότητα ἔναντι τῆς κοινωνίας»* τιμωρείτο με *«ἰδιαιτέραν σωφρονιστικήν μεταχείρισιν»·* κατά την ερμηνεία του εκάστοτε οργάνου της τάξης, αυτό θα ήταν κούρεμα με την ψιλή, δημόσια διαπόμπευση ή και φυλάκιση.

[4]Π.χ. ο Νικόλαος Χριστοφοράκος αθωώθηκε στα δικαστήρια, ενώ ο Ιωάννης Βουλπιώτης έφτασε στο σημείο να συνάπτει συμφωνίες με το ελληνικό κράτος ως αντιπρόσωπος της Siemens.

[5]*«Η Ελλάς αναπνέει με δύο πνεύμονες, τον μεν αγγλικόν, τον δε αμερικανικόν, και δι' αυτό δεν ημπορεί να πάθει ασφυξίαν λόγω του Κυπριακού»,* απάντηση στον Δήμαρχο Λευκωσίας Θεμιστοκλή Δέρβη, στις 23/6/1950 (Δρουσιώτης 2006).

[6]Διορίσθηκε Πρωθυπουργός στις 6/10/1955, αμέσως μετά τον θάνατο του Αλέξανδρου Παπάγου (4/10/1955).

[7]ΝΔ 4016 της 3/11/1959 (ΦΕΚ 237Α, 3/11/1959, σ. 2031–2032).

(Kofos 1999, 232), υλοποιώντας μια πολιτική για την οποία το ΚΚΕ μόλις πριν από λίγο είχε κατηγορηθεί για προδοσία—βλ. π.χ. την συμπόρευση με την γραμμή του ΝΟΦ, τις θέσεις Ζαχαριάδη[8] και της 5ης ολομέλειας.[9] Αλλά και ο Γεώργιος Παπαδόπουλος, την στιγμή που και έστρεφε την ελληνική εξωτερική πολιτική σε έναν αντιβαλκανικό-αντικομμουνιστικό παροξυσμό, θα πρότεινε ελληνοτουρκική ομοσπονδία, ακόμη και χωρίς επίλυση του Κυπριακού (Δ. Κιτσίκης 1981, 305–307· από το Καραμπελιάς 2009) Ο δε Ιωαννίδης, με το πραξικόπημα κατά του Μακαρίου, θα παρείχε την ιδανική αφορμή για τον τουρκικό Αττίλα, τον οποίο παρακολούθησε απαθής, ικανοποιημένος από τις Αμερικανικές διαβεβαιώσεις ότι επρόκειτο περί... ασκήσεων. Αμέσως μετά, και ο «εθνάρχης» Κ. Καραμανλής θα απεφαίνετο ότι «δυστυχώς η Κύπρος είναι πολύ μακριά».

Και όμως, η περίοδος 1953–1973 χαιρετίζεται ως η «χρυσή εποχή της δραχμής» (βλ. π.χ. Αλογοσκούφης και Λαζαρέτου 2002). Ποια ήταν αυτή η αντιφατική Ελλάδα της ισχυρής δραχμής, της εκβιομηχάνισης και του πολιτισμού; Και ταυτοχρόνως της καταπίεσης, των εθνικών υποχωρήσεων και της μαζικής μετανάστευσης; Ποιες ήταν οι συνθήκες που δημιούργησαν αυτό το «θαύμα»;

16.1 Το νέο διεθνές πλαίσιο: το σύστημα Μπρέτον Γουντς (Bretton Woods)

Προτού αναλύσουμε την πορεία της δραχμής κατά την περίοδο 1953–1973 είναι απαραίτητο να περιγράψουμε και το διεθνές πλαίσιο που διαμορφώθηκε αμέσως μετά τον πόλεμο. Το «Σύστημα του Μπρέτον Γουντς», όπως ονομάσθηκε, ήταν το προϊόν μιας συμφωνίας που επέβαλε η νέα υπερδύναμη, οι ΗΠΑ, για την ρύθμιση των τεχνικών λεπτομερειών κίνησης του διεθνούς εμπορίου και εν γένει των διεθνών συναλλαγών. Στην διάσκεψη του Μπρέτον Γουντς συμφωνήθηκε η ίδρυση του *Διεθνούς Νομισματικού Ταμείου* (ΔΝΤ) και της *Διεθνούς Τράπεζας Ανοικοδόμησης και Ανάπτυξης* (κατόπιν *Παγκόσμια Τράπεζα*). Επίσης συζητήθηκε και ένας *Διεθνής Οργανισμός Εμπορίου*, ο οποίος όμως δεν υλοποιήθηκε. Εδώ θα μιλήσουμε αποκλειστικά για το ΔΝΤ.

Το πρόβλημα και οι προτάσεις πριν τη διάσκεψη

Προς τα μέσα του 1944, τουλάχιστον τρία πράγματα προεξοφλούνταν από τους συμμάχους: η ήττα του Άξονα, η μεταπολεμική ανάγκη για ανοικοδόμηση και η πρωτοκαθεδρία των ΗΠΑ ως οικονομικής και στρατιωτικής δύναμης. Ήδη από την Ατλαντική Διακήρυξη (Atlantic Charter) της 14/8/1941 που είχαν συνυπογράψει οι Roosevelt και Churchill, κάποιες βασικές αρχές είχαν προταθεί από τις ΗΠΑ (που ακόμη δεν είχαν μπει στον πόλεμο) και την Βρετανία. Μεταξύ των οκτώ σημείων που είχαν διακηρυχθεί ήταν η άρση των εμποδίων στο εμπόριο (αρ. 4) και η παγκόσμια οικονομική συνεργασία (αρ. 5). Θεωρείτο ότι οι πολεμικές συγκρούσεις ήταν μια προέκταση των οικονομικών ανταγωνισμών και επιδιωκόταν η αποφυγή τέτοιων κινδύνων στο μέλλον.

Στα πλαίσια αυτά άρχισε να σχεδιάζεται το παγκόσμιο μεταπολεμικό οικονομικό σύστημα. Κομμάτι των προαναφερθέντων ανταγωνισμών θεωρείτο και το σύστημα ελευθέρων νομισματικών ισοτιμιών που προέκυψε μετά την εγκατάλειψη του κανόνα του χρυσού, και που επέτρεπε στα κράτη να ρυθμίζουν ανταγωνιστικά την ισοτιμία του νομίσματός τους. Έτσι, το πρόβλημα που έπρεπε να λυθεί ήταν η επιλογή ενός νομισματικού συστήματος που θα διευκόλυνε και θα εξομάλυνε τις διεθνείς συναλλαγές.

Από βρετανικής πλευράς, την σχετική πρόταση υπέγραφε ο John Maynard Keynes, μετά από επεξεργασία σχεδόν τριών ετών.[10] Το σχέδιο του Keynes προτείνει την θεσμική διευθέτηση των διεθνών ανταλλαγών, από έναν διεθνή οργανισμό. Στον πρόλογο εκθέτει το σκεπτικό του πάνω σε έναν, ηθικό θα λέγαμε, άξονα: επιχειρεί

---

[8] Επιστολή στο περιοδικό *Δημοκρατικός Στρατός* (Δεκέμβριος 1948, τεύχος 12): «*Ο μακεδονικός λαός θα αποκτήσει μια ανεξάρτητη, κρατικά ενιαία και ισότιμη θέση στην οικογένεια των λεύτερων λαϊκοδημοκρατικών λαών στα Βαλκάνια [...] Γι' αυτή την ανεξάρτητη κρατικά ενιαία και ισότιμη θέση παλεύει σήμερα και ο μακεδονικός λαός της Μακεδονίας του Αιγαίου [...]*» (*Ριζοσπάστης* 1997a, 13).

[9] «*[Ο] μακεδονικός λαός θα βρει την πλήρη εθνική αποκατάστασή του έτσι όπως το θέλει ο ίδιος [...] [Ο]ι μακεδόνες κομμουνιστές πρέπει να προσέξουν τις διασπαστικές και διαλυτικές ενέργειες που ξενοκίνητα σοβινιστικά και αντιδραστικά στοιχεία αναπτύσσουν, για να διασπάσουν την ενότητα ανάμεσα στο μακεδονικό (σλαβομακεδονικό) και τον ελληνικό λαό [...] Παράλληλα το ΚΚΕ πρέπει [...] να χτυπήσει όλες τις μεγαλοελλαδίτικες σοβινιστικές εκδηλώσεις και τα έργα, που προκαλούν δυσαρέσκεια και δυσφορία στον μακεδονικό λαό [...] Ο σλαβομακεδονικός και ελληνικός λαός μόνον ενωμένοι μπορούν να νικήσουν.*» (ΚΚΕ 1987, 6:337).

[10] Το πρώτο σχέδιο κυκλοφόρησε εσωτερικά στις 8/9/1941 στο Βρετανικό Υπ. Οικονομικών και το τέταρτο στις 11/2/1942. Το τελικό σχέδιο κυκλοφόρησε από την Βρετανική Κυβέρνηση τον Απρίλιο του 1943 ως *White Paper Cmd. 6437*.

να δώσει εκπροσώπηση στις μικρές χώρες έναντι των μεγάλων και ισορροπία μεταξύ χωρών με ελλειμματικά και πλεονασματικά εμπορικά ισοζύγια (Horsefield 1969, 3–36):

The management of the Institution must be genuinely international without preponderant power of veto or enforcement to any country or group; and the rights and privileges of the smaller countries must be safeguarded. [...] [T]he Clearing Union must also seek to discourage creditor countries from leaving unused large liquid balances which ought to be devoted to some positive purpose. For excessive credit balances necessarily create excessive debit balances for some other party.

Έτσι, προτείνει την σύσταση μιας Νομισματικής Ένωσης που ονομάζει *Διεθνή Ένωση Συμψηφισμών* (International Clearing Union) που θα κρατάει λογαριασμούς σε ένα διεθνές αποθεματικό νόμισμα (το ονομάζει *bancor*). Το νόμισμα αυτό θα είναι μια λογιστική μονάδα που θα έχει μια σταθερή αντιστοιχία σε χρυσό, η οποία όμως θα μπορεί να αλλάξει. Συμβιβάζεται με τον επικρατούντα, ακόμα, ρόλο του χρυσού αλλά θεωρεί την χρήση του ανορθολογική, έως και επικίνδυνη:

We need a quantum *of international currency, which is neither determined in an unpredictable and irrelevant manner as, for example, by the technical progress of the gold industry, nor subject to large variations depending on the gold reserve policies of individual countries; but is governed by the actual current requirements of world commerce, and is also capable of deliberate expansion and contraction to offset deflationary and inflationary tendencies in effective world demand.*

Με το *bancor* προσπαθεί να αποστασιοποιηθεί από τον χρυσό όσο η διεθνής πρακτική το επιτρέπει. Κάθε κράτος θα ορίζει την ισοτιμία του νομίσματός του σε *bancor*, την οποία θα μπορεί να αλλάξει μόνον με άδεια της Ένωσης. Επιπλέον, κάθε κράτος θα έχει μια ποσόστωση στην Ένωση, ανάλογα με την οικονομική της βαρύτητα. Αυτή θα μπορεί να υπολογίζεται βάσει των εισαγωγών και εξαγωγών που είχε τα τελευταία χρόνια και θα μπορεί να αναπροσαρμόζεται. Η ποσόστωση μπορεί να έχει μια αντιστοιχία σε χρυσό, αλλά δεν θα καταβάλλεται σε υλική μορφή. Ο ρόλος της θα είναι να ορίζει μια οροφή για της πιστώσεις/χρεώσεις των κρατών και δεν θα μπορεί πλέον να επαναγοραστεί από το κάθε κράτος.

Η Ένωση αυτή θα λειτουργεί ως τράπεζα, στην οποία κάθε κράτος θα έχει έναν λογαριασμό σε *bancor*. Οι χώρες με εμπορικό πλεόνασμα θα έχουν πιστωτικό λογαριασμό, ενώ οι χώρες με εμπορικό έλλειμμα θα έχουν χρεωστικό λογαριασμό. Ουσιαστικά δηλαδή θα μπορούν να κάνουν *υπεραναλήψεις*. Οι πληρωμές μεταξύ κρατών θα γίνονται με το *bancor* μέσω πιστοχρεώσεων των λογαριασμών τους, αντί πληρωμής με χρυσό, εθνικά νομίσματα, ή διμερείς συμψηφισμούς. Η μεγαλοφυΐα της ιδέας του Keynes έγκειται στο πώς προτείνει την αποφυγή υπερβολικά μεγάλων χρεώσεων ή πιστώσεων. Σύμφωνα με το σκεπτικό του:

We need a system possessed of an internal stabilising mechanism, by which pressure is exercised on any country whose balance of payments with the rest of the world is departing from equilibrium in either direction, so as to prevent movements which must create for its neighbours an equal but opposite want of balance.

Έτσι, προτείνει το εξής: όταν το υπόλοιπο ενός κράτους υπερβαίνει π.χ. το 25% της ποσόστωσής του, *είτε αυτό είναι χρεωστικό, είτε πιστωτικό*, θα πληρώνει στην Ένωση μια ετήσια χρέωση ίση με 1% του υπολοίπου της! Όταν υπερβαίνει το 50%, η χρέωση θα είναι 2%. Έτσι κάθε κράτος θα έχει συμφέρον να διατηρεί έναν λογαριασμό εντός κάποιων ορίων, χωρίς όμως αυτό να του στερεί την εθνική κυριαρχία του καθορισμού της οικονομικής του πολιτικής. Παράλληλα προτείνονται επιπλέον δικλείδες ασφαλείας για την αποφυγή υπερβολικά χρεωστικών λογαριασμών. Στην περίπτωση δε των χρεωστικών λογαριασμών άνω του 25%, επιτρέπεται η υποτίμηση του εθνικού νομίσματος κατά 5%.

Μια επιπλέον πρόταση, εξαιρετικής διορατικότητας και άμεσα απτόμενη του σημερινού οικολογικού αδιέξοδου, είναι ότι η Ένωση θα μπορεί να μειώνει κατά την ίδια αναλογία τις ποσοστώσεις όλων των κρατών-μελών, όταν αποφασίσει ότι χρειάζεται μια μείωση της παγκόσμιας αγοραστικής δύναμης.

Στο παρόν πλαίσιο δεν υπάρχει ο χώρος για μια πλήρη ανάλυση του σχεδίου του Keynes. Αρκεί να προσθέσουμε ότι απαιτούσε μια οικειοθελή εκχώρηση κάποιας νομισματικής κυριαρχίας από τα κράτη-μέλη έναντι ενός απώτερου σκοπού, αλλά μέχρις ενός ορίου. Το κάθε κράτος διατηρεί το εθνικό του νόμισμα για τις συναλλαγές στο εσωτερικό του.

Δεν είναι τυχαίο που αυτή η βρετανική πρόταση περί περιορισμού της ελευθερίας του εμπορίου και εναντίον της υπέρμετρης αύξησης των εμπορικών πλεονασμάτων ερχόταν την στιγμή που η βρετανική αυτοκρατορία είχε διαλυθεί και που η οικονομία της δεν ήταν πλέον η πιο ανταγωνιστική. Όμως δεν θα είχε και μεγάλη σημασία· ήταν εκτός εποχής καθώς ταίριαζε σε έναν πολυπολικό κόσμο στον οποίο ισότιμοι εμπορικοί εταίροι θα είχαν μια πιθανότητα να καταλήξουν σε μια τέτοια διευθέτηση. Στο νέο πλαίσιο οι ΗΠΑ ήταν ο νέος γίγαντας που εκθρόνιζε την Βρετανία: μια οικονομική και στρατιωτική υπερδύναμη που δεν είχε αγγίξει ο πόλεμος και που επιπλέον διέθετε το 60% των παγκοσμίων αποθεμάτων χρυσού το 1945 (και το 75% το 1949). Και όπως ο βρετανικός γίγαντας στην εποχή της κυριαρχίας του δεν έκανε παραχωρήσεις στις λιγότερο ανταγωνιστικές οικονομίες, οι ΗΠΑ θα ήταν το ίδιο άτεγκτες.

Την ίδια εποχή με τον Keynes, από την αμερικανική πλευρά άρχισε να επεξεργάζεται ένα αντίστοιχο σχέδιο ο Harry Dexter White, ανώτερος υπάλληλος του Υπ. Οικονομικών των ΗΠΑ, παρουσιάζοντας ένα πρώτο σχέδιο τον Απρίλιο του 1942 και την τελική έκδοση στις 10/7/1943 (Horsefield 1969, 37–96). Τα σχέδια αυτά στερούνται της διαύγειας των κειμένων του Keynes· αντί για τον δομημένο οραματικό λόγο των πρώτων, αυτά έχουν να προσφέρουν φλύαρη αοριστολογία και τετριμμένα ευχολόγια. Είναι δυσνόητα, κουραστικά και μοιάζουν με εταιρικά καταστατικά. Το ουσιαστικό τους νόημα πρέπει να ξεθαφτεί κάτω από τόνους νομικίστικης ορολογίας· κρίσιμα σημεία που απαιτούν πειστικά επιχειρήματα χαρακτηρίζονται προφανή, ενώ αλλού επιχειρείται απλή σύγχυση εννοιών, ειδικά σε ό,τι αφορά σε ένα διεθνές νόμισμα για τις συναλλαγές.[11]

Στην έκδοση του Απριλίου 1943, το αμερικανικό σχέδιο προτείνει την ίδρυση ενός Ταμείου Σταθεροποίησης (*International Stabilization Fund*) με σκοπό την νομισματική συνεργασία. Αυτό θα αποτελείται από χρυσό και τίτλους των κρατών-μελών, που θα καταβάλλονται άμεσα σε υλική μορφή. Και εδώ ορίζεται μια νομισματική μονάδα, τα *unitas* (~~UN~~, αξίας 137 1/7 κόκκων χρυσού ή $10), η οποία αποτελεί έναν άμεσο κρίκο με τον χρυσό. Δηλαδή το σύστημα επιχειρεί μια σιωπηρή και έμμεση επιστροφή στον κανόνα του χρυσού.

Ως προς την ισοτιμία των εθνικών νομισμάτων, το αμερικανικό σχέδιο είναι πιο δύσκαμπτο· αυτή θα επιτρέπεται να αλλάξει μόνον σε περίπτωση «θεμελιώδους ανισορροπίας» (*fundamental disequilibrium*), η οποία όμως πουθενά δεν προσδιορίζεται τι ακριβώς είναι.

Οι διαπραγματεύσεις

Τα δύο σχέδια έγιναν αντικείμενο εκτενούς συζήτησης και λεπτομερούς σύγκρισης σε θεωρητικό επίπεδο (βλ. π.χ. Cesarano 2006, 131–159) και δεν θα επεκταθώ. Το σημαντικό είναι ότι η ισορροπία δυνάμεων καθόρισε την τελική έκβαση στις διαπραγματεύσεις μεταξύ Keynes και H. D. White. Ο Keynes, παρ' όλη την πνευματική ανωτερότητά του ακαδημαϊκού και την κληρονομημένη αυτοπεποίθηση του ευπατρίδη, δεν μπορούσε να αντισταθμίσει την διαπραγματευτική ισχύ της άλλης πλευράς, παρότι ο H. D. White ήταν σαφώς μικρότερη ποσότητα σε προσωπικό επίπεδο. Η «Μεγάλη Βρετανία» δεν ήταν πια τόσο μεγάλη και θα έπρεπε να καθίσει στην θέση στην οποία επί αιώνες η ίδια έβαζε μικρότερες χώρες. Μετά από έντονες διαπραγματεύσεις, στις οποίες οι Βρετανοί κυρίως υποχωρούσαν, το τελικό αποτέλεσμα καταγράφηκε στο *Joint Statement by Experts on the Establishment of an International Monetary Fund*, που δημοσιεύθηκε στην Ουάσινγκτον στις 21/4/1944 (Horsefield 1969, 128–137), σύμφωνα με το οποίο αποφασιζόταν η ίδρυση ενός Διεθνούς Νομισματικού Ταμείου (*International Monetary Fund*). Το κείμενο δεν είχε την σαφήνεια του αρχικού σχεδίου του Keynes και πολλές συζητήσεις έγιναν για να κατανοηθεί αν επρόκειτο ή όχι για έναν κανόνα χρυσού, για το πώς θα λειτουργούσε, πώς θα διοικείτο, κλπ.

---

[11] Χαρακτηριστική είναι η επίθεση στην ιδέα ενός διεθνούς νομίσματος που αντιμετωπίζεται ως ανάθεμα. Εκεί, ο H. D. White εμμένει στην καταλληλότητα του χρυσού. Π.χ., ως προς το πρόβλημα της απρόβλεπτης εισαγωγής νέων ποσοτήτων χρυσού από τις εξορύξεις στο παγκόσμιο νομισματικό απόθεμα, είναι εξαιρετικά… ελλειπτικός, χωρίς να απαντά: «*The solution to that, however, is simple—namely, just limit or control the additions of newly-mined gold to the world's monetary stock. **This is not the place to discuss the method; suffice to say it is entirely feasible should it ever be deemed desirable***» (σ. 79, έμφαση δική μου).

Παρακάτω, συγχέει την πρόταση για ένα παγκόσμιο αποθεματικό νόμισμα που θα χρησιμεύει *μόνο* για διεθνείς συναλλαγές, με ένα διεθνές νόμισμα που θα *αντικαταστήσει* τα εθνικά νομίσματα (σ. 80–81). Τέλος, η μοναδική χρησιμότητα που μπορεί να σκεφτεί για ένα διεθνές νόμισμα (σ. 81) είναι… η οικονομική έρευνα!

Τα γενικά χαρακτηριστικά του ανακοινωθέντος ήταν ότι το ΔΝΤ θα ιδρυόταν με συμμετοχή χωρών που θα κατέβαλλαν μια ποσόστωση, κατά 25% σε χρυσό και 75% στο εθνικό τους νόμισμα.[12] Ένα κράτος Α θα αγόραζε, με το δικό του νόμισμα ή με χρυσό, συνάλλαγμα κράτους Β *από τα αποθέματα του ΔΝΤ*, για να κάνει πληρωμές προς το κράτος Β. Όμως αυτό δεν θα μπορούσε να γίνει αν τα αποθέματα του ΔΝΤ σε συνάλλαγμα του Α υπε-ρέβαιναν το 25% της ποσόστωσής του τους προηγούμενους 12 μήνες, ή εν γένει το 200%. Δηλαδή, το κράτος Α δεν θα μπορούσε να αγοράζει ξένο συνάλλαγμα ανεξέλεγκτα, προσφέροντας το δικό του νόμισμα, (καθιστάμενο χρεώστης σύμφωνα με την περιγραφή του Keynes). Επίσης απαγορευόταν ρητά η χρήση εθνικού νομίσματος για αγορά συναλλάγματος από το ΔΝΤ, για την «ικανοποίηση μεγάλων και παγίων εκροών κεφαλαίου», αλλά μόνον «λογικών ποσών» για εμπορικούς σκοπούς.[13] Αντιθέτως ο χρυσός ήταν ευχαρίστως δεκτός.

Από την άλλη, αν το συνάλλαγμα του κράτους Β γινόταν «σπάνιο» (scarce), δηλαδή το ΔΝΤ προέβλεπε την σύντομη εξάντληση των αποθεμάτων του σε αυτό, θα το κατένειμε με μια «δίκαια μέθοδο» (*equitable method*) στα υπόλοιπα κράτη, τα οποία θα είχαν και το δικαίωμα να περιορίσουν τις εισαγωγές τους από το κράτος αυτό. Αυτή η πρόβλεψη ουσιαστικά αφορούσε στο δολάριο, καθώς οι ΗΠΑ είχαν πλέον αναδειχθεί στον μεγαλύτερο εξαγωγέα. Την εποχή εκείνη υπήρχε έλλειψη δολαρίων για το εμπόριο, που θα εξωθούσε τις χώρες που εισήγα-γαν εμπορεύματα από τις ΗΠΑ είτε στην θέση του χρεώστη (έπρεπε να δανείζονται δολάρια), ή στο ξεπούλημα των αποθεμάτων τους σε χρυσό.[14]

Οι ισοτιμίες των νομισμάτων θα ορίζονταν *σε χρυσό*, κατά την εισδοχή κάθε κράτους. Θα μπορούσαν δε να αλλάξουν, με αίτηση του κράτους και έγκριση του ΔΝΤ, μόνον για να διορθώσουν «θεμελιώδεις ανισορροπίες», ό,τι κι αν σήμαινε ο ασαφής όρος της αρχικής πρότασης του H. D. White. Το συνολικό όριο που προβλεπόταν για την αλλαγή της ισοτιμίας θα ήταν 10%.

Η διάσκεψη: επικύρωση των συμφωνηθέντων

Με τις προετοιμασίες για την διάσκεψη να έχουν ξεκινήσει, και μετά από κάποιες τελευταίες συζητήσεις στα τέλη Ιουνίου στο Ατλάντικ Σίτυ, η κορύφωση αυτού του νομισματικού σχεδιασμού έγινε στο θέρετρο Μπρέτον Γουντς του Νιου Χάμσαϊρ, στο ξενοδοχείο Mount Washington. Στην διάσκεψη που έλαβε χώρα μεταξύ 1–22/7/1944, συμμετείχαν οι 44 σύμμαχες χώρες (συν την ουδέτερη Αργεντινή), με 730 αντιπροσώπους συνολι-κά.

Οι αποφάσεις που ελήφθησαν στην διάσκεψη καθ' αυτήν αφορούσαν μάλλον σε τεχνικές λεπτομέρειες, κα-θώς όλα τα μείζονα θέματα είχαν τεθεί τα τρία προηγούμενα χρόνια και οι αποφάσεις είχαν ληφθεί τους τελευ-ταίους μήνες. Τα *Articles of Agreement of the International Monetary Fund* της 19/7/1944 (*Final Act*) περιέχουν λίγες, αν και σημαντικές, αλλαγές σε σχέση με το *Joint Statement*. Μια από αυτές αναφέρει ότι η καταβολή των ποσο-στώσεων από τα κράτη μπορεί να γίνεται κατά 25% σε χρυσό, ή σε χρυσό *και δολάρια* σε ποσό ίσο με το 10% των κρατικών διαθεσίμων (ό,τι από τα δύο είναι μικρότερο). Η διάταξη αυτή (άρ IV-3–b-ii) αφενός ταυτίζει ρητώς τα «ανταλλάξιμα σε χρυσό νομίσματα» με το δολάριο, και αφετέρου *θέτει το δολάριο στο ίδιο επίπεδο με τον χρυσό*. Οι Αμερικανοί διαπραγματευτές κατάφεραν την τελευταία στιγμή να εισαγάγουν το παγκόσμιο νομισματικό σύ-στημα σε έναν κανόνα χρυσού-συναλλάγματος, με το δολάριο ως το μόνο ανταλλάξιμο νόμισμα σε χρυσό. Επί-σης οριζόταν ότι κάθε μέλος είχε 250 ψήφους, συν μια ψήφο για κάθε 100.000 δολάρια της ποσόστωσής του, γε-γονός που έδινε μεγάλη δύναμη στις ΗΠΑ.

Η ελληνική συμμετοχή

Από ελληνικής πλευράς, της ελληνικής αντιπροσωπείας ηγήθηκε ο Κυριάκος Βαρβαρέσος. Ο Keynes έτρεφε με-γάλη εκτίμηση για τον Βαρβαρέσο, τον οποίο θεωρούσε «πολύ ικανό τύπο» («*very able old chap*»). Μάλιστα, για

---

[12] Ή 10% των αποθεμάτων της σε χρυσό και μετατρέψιμο συνάλλαγμα (ουσιαστικά δολάρια), αν αυτό το ποσό ήταν μικρότερο.

[13] Πιο μεγάλη και μακροπρόθεσμη βοήθεια θα παρείχε η νεοϊδρυμένη Παγκόσμια Τράπεζα.

[14] Ο Βενέζης (σ. 273) αναφέρει ότι πριν την διάσκεψη ο Βαρβαρέσος είχε καταθέσει υπόμνημα στο οποίο κατέκρινε τις διατάξεις περί «σπα-νίου συναλλάγματος», συνεπεία του οποίου αυτές απαλείφθηκαν από το τελικό σχέδιο. Πλην όμως, αυτές έχουν διατηρηθεί, όπως προκύ-πτει από εξέταση, τόσο του *Joint Statement* του Απριλίου 1944, όσο και του *Articles of Agreement—Final Act* του Ιουλίου 1944. Να αναφέρουμε δε ότι αυτές οι διατάξεις έχουν διατηρηθεί και σε όλες τις κατοπινές τροποποιήσεις, μέχρι και την τελευταία του 2008, σε αντίθεση με την αναφορά του Βενέζη.

να μπορέσει να τον συμπεριλάβει στην συντακτική επιτροπή (drafting committee) της συνδιάσκεψης, επέμεινε να δοθεί μια έδρα στην Ελλάδα, η οποία όμως προοριζόταν αποκλειστικά για αυτόν: «*No Varvaressos, no seat for Greece*» (Palairet 2000, 77).

Μέλη της αποστολής, όπως αναφέρονται στην καθαρογραμμένη απόφαση (United Nations 1944, 4) ήταν οι Αθανάσιος Σμπαρούνης (Γ.Γ. του Υπ. Οικονομικών και αναπληρωτής εκπρόσωπος στην UNRRA) και ο Αλέξανδρος Αργυρόπουλος (Διευθυντής του Εμπορικού και Οικονομικού Τμήματος του Υπ. Εξωτερικών). Επίσης συμμετείχαν ανεπίσημα ο Αλέξανδρος Λοβέρδος ως τεχνικός Σύμβουλος και η Καίτη Κυριαζή (σύζυγος του Αργυρόπουλου) ως γραμματέας. Αξιοσημείωτη είναι και η παρουσία ενός νεαρού Διδάκτορα των Οικονομικών, του Ανδρέα Παπανδρέου (Κατσιμάρδος 2010), είναι όμως άγνωστο αν έπαιξε κάποιο ουσιαστικό ρόλο ή ήταν απλώς επισκέοτης. Ενδεχομένως η παρουσία του να σχετίζεται με το ότι ήταν γιος του άρτι διορισθέντος—από τους Βρετανούς—Πρωθυπουργού στην Κυβέρνηση Εθνικής Ενότητας.

Η διάσκεψη χωρίστηκε σε τρεις επιτροπές (Commissions)[15] και ο Βαρβαρέσος διορίστηκε reporting delegate στην υποεπιτροπή που ασχολήθηκε με τους «Σκοπούς, πολιτικές και ποσοστώσεις του Ταμείου» (Committee 1). Στο τελικό κείμενο η ποσόστωση της Ελλάδας ορίστηκε στα 40 εκ. δολάρια.[16] Πέραν τούτων, ο ρόλος της ελληνικής αντιπροσωπείας και του Βαρβαρέσου είναι ασαφής και χρήζει περαιτέρω έρευνας, καθώς οι πληροφορίες που μας δίνει ο Βενέζης δεν ταυτίζονται με εκείνες των επίσημων κειμένων.[17]

Η κύρωση της σύμβασης από ελληνικής πλευράς έγινε τον Δεκέμβριο του ίδιου έτους με σχετικό αναγκαστικό νόμο, δυνάμει του οποίο η Ελλάδα γινόταν μέλος του ΔΝΤ (από τις 27/12/1945).[18] Να σημειωθεί ότι την στιγμή εκείνη η επίσημη ισοτιμία του δολαρίου με το σύστημα των αποδεικτικών συναλλάγματος ήταν 15.000 δρχ,[19] ισοτιμία που επισημοποιήθηκε στην τιμή αυτή το 1951 με την κατάργηση των αποδεικτικών συναλλάγματος.[20] Πρέπει να γίνει κατανοητό ότι με την αποδοχή της συμφωνίας η Ελλάδα συμφωνούσε να διατηρεί σταθερή την ισοτιμία της δραχμής με το δολάριο, καθώς σκοπός της συμφωνίας ήταν η αποφυγή των ανταγωνιστικών υποτιμήσεων της δεκαετίας του 1930. Για τυχόν αλλαγή της ισοτιμίας θα έπρεπε να προηγηθεί διαπραγμάτευση με το ΔΝΤ, που σημαίνει ότι η Ελλάδα εκχωρούσε ένα κομμάτι της νομισματικής της κυριαρχίας. Η έκβαση αυτής της εκχώρησης θα ήταν άμεσα εξαρτημένη από την αμερικανική νομισματική πολιτική.

16.2 Η Έκθεση Βαρβαρέσου «επί του οικονομικού προβλήματος της Ελλάδος»

Το 1951 η σταθεροποίηση της δραχμής δεν είχε ακόμη ολοκληρωθεί. Παρότι ο πληθωρισμός είχε περιοριστεί από την σταθεροποίηση Καρτάλη (βλ. παρακάτω) δεν είχε ελαττωθεί ικανοποιητικά. Η εμπιστοσύνη στην δραχμή ήταν περιορισμένη, όπως φαινόταν και από το ύψος των καταθέσεων που ακόμη παρέμενε σε χαμηλά επίπεδα. Η χρονική στιγμή ήταν κρίσιμη: ο πόλεμος της Κορέας που μαινόταν όχι μόνον επέτεινε το κλίμα αβεβαιότητας, αλλά προοιώνιζε και την μείωση των κεφαλαίων που οι ΗΠΑ θα μπορούσαν να διαθέτουν στην Ελλάδα.

Στο κλίμα αυτό, η κυβέρνηση Πλαστήρα ανέθεσε στον Βαρβαρέσο την μελέτη του προβλήματος και την πρόταση λύσεων. Ο Βαρβαρέσος (2002) μελέτησε το ζήτημα επί περίπου τρεις μήνες και στις 5/1/1952 κατέθεσε στον Πλαστήρα την περίπου 290 σελίδων «*Έκθεσι επί του Οικονομικού Προβλήματος της Ελλάδος*», στην οποία ανέλυσε εκτενώς την κατάσταση της Ελλάδας, τόσο εσωτερικά όσο και στο γενικότερο γεωπολιτικό πλαίσιο. Στην Έκθεση χαρακτήρισε θέμα εθνικού συμφέροντος την απεξάρτηση από την αμερικανική βοήθεια· έθεσε την γεωργική ανάπτυξη ως προτεραιότητα έναντι της βαριάς βιομηχανίας (την οποία δεν απέκλειε, αλλά θεωρούσε

---

[15] I: *International Monetary Fund*, II: *Bank for Reconstruction and Development* και III: *Other means of international financial co-operation*.

[16] Ο Βενέζης (σ. 273) αναφέρει ότι στην συνέχεια περιορίστηκε στα 25 εκ. δολάρια. Αυτό όμως δεν προκύπτει από τα επίσημα πρακτικά για την σύσταση του ΔΝΤ (*United Nations Monetary and Finance Conference*, Schedule A, σ. 40). Αυτό που προκύπτει από τα πρακτικά για την σύσταση της Τράπεζας Ανοικοδόμησης και Ανάπτυξης (Schedule A, σ. 65) είναι ότι 25 εκ. δολάρια ήταν η συνδρομή της Ελλάδας για την Τράπεζα.

[17] Βλ. π.χ. σχόλια σχετικά με διατάξεις περί *scarce currency* παραπάνω και ύψος ποσόστωσης της Ελλάδας.

[18] ΑΝ 766 της 26/12/1945 (ΦΕΚ 315Α, 27/12/1945 , σ. 1581–1651). Μαζί με τον νόμο δημοσιεύεται και το πλήρες κείμενο της σύμβασης.

[19] Δυνάμει του ΑΝ 879/1946 και του ΝΔ 1159/1949.

[20] ΑΝ 1820 της 25/5/1951 (ΦΕΚ 149Α, 28/5/1951, σ. 1038).

ότι έπρεπε να γίνει με επιλεκτικότητα και προσεκτικό σχεδιασμό)· ανέδειξε την σημασία της αναμόρφωσης του κρατικού μηχανισμού (π.χ. απόλυση υπεράριθμων και άχρηστων υπαλλήλων και αυξήσεις μισθών των υπολοίπων)· ανέδειξε σε μείζονος σημασίας την αναμόρφωση του φορολογικού συστήματος (π.χ. μετατόπιση διά της άμεσης φορολογίας των φορολογικών βαρών στους πιο πλούσιους, και μεγαλύτερη φορολόγηση των εφοπλιστών)· τόνισε την αναγκαιότητα της ανύψωσης του βιοτικού επιπέδου των λαϊκών τάξεων μέσω δικαιότερης κατανομής του εθνικού εισοδήματος· πρότεινε την μείωση των στρατιωτικών δαπανών της Ελλάδας.

Ένας από τους κεντρικούς άξονες της Εκθέσεως αφορούσε στην σταθεροποίηση του νομίσματος και στην ανακοπή του πληθωρισμού που διάβρωνε την αξία του. Εκτιμούσε ότι η συνεχής υποτίμηση προκαλούσε αφαίμαξη χρυσού και συναλλάγματος για την συγκράτηση της ισοτιμίας της δραχμής και ψυχολογική βεβαιότητα στο κοινό για την περαιτέρω απαξίωσή της. Ο Βαρβαρέσος ήταν ιδιαιτέρως επικριτικός στην επιλογή της πώλησης χρυσού (ΣτΣ: που με τόσο κόπο διασώθηκε από τους Γερμανούς), θεωρώντας ότι «*ἀποτελεῖ δαπανηρότατον τρόπον ἐξασφαλίσεως τῆς νομισματικῆς σταθερότητος*» (σ. 157) και θεωρεί ότι ευθύνες φέρουν όχι μόνον οι πολιτικοί, αλλά και οι «*εἰδικοὶ καὶ οἰκονομολόγοι, ἡμέτεροι καὶ ξένοι, οἱ ὁποῖοι ὑπέδειξαν καὶ ἐνέκριναν τὴν εὔκολον διέξοδον τῆς πωλήσεως τοῦ χρυσοῦ*» (σ. 213). Ούτε συμφωνούσε με την μείωση των πιστώσεων «*διότι θα προεκάλει ἀντιπληθωρισμὸν καὶ τεχνητὴν στενότητα χρήματος*» (σ. 158). Αντί αυτοματισμών που εναπέθεταν την λύση σε—ανύπαρκτους—μηχανισμούς της «ελεύθερης» αγοράς ανέλυε τα επιμέρους αίτια της κατάστασης και πρότεινε ένα πλέγμα μέτρων.

Π.χ. στον τραπεζιτικό τομέα, ο Βαρβαρέσος κατανοούσε πολύ σωστά την λειτουργία των τραπεζών στην δημιουργία χρήματος εκ του μηδενός, δια της χορήγησης δανείων μεγαλύτερων από τις καταθέσεις τους. Θεωρούσε όμως ότι αυτό συνέβαινε στις «προηγμένες χώρες» και ότι αυτός δεν ήταν ο προπολεμικός τρόπος λειτουργίας των ελληνικών τραπεζών, που δάνειζαν εκ των διαθεσίμων τους, άρα δεν επηρέαζαν την κυκλοφορία (σ. 153). Κατά την κατοχή τονίζει ότι δεν «εξατμίσθηκαν» μόνον οι καταθέσεις του κοινού, αλλά και οι οφειλές εμπόρων και βιομηχάνων που τις αποπλήρωσαν ευκολότατα με πληθωριστικές δραχμές, αποκομίζοντας μεγάλα οφέλη (σ. 154). Η προαναφερθείσα δυσπιστία στην δραχμή και η προτίμηση στις λίρες οδηγεί σε χαμηλό ποσό ιδιωτικών καταθέσεων στις τράπεζες (από 86,5% το 1938 είχε επανέλθει μόνον στο 48,9% το 1951, με το υπόλοιπο να καλύπτεται από ΝΠΔΔ). Έτσι, ούτε το κοινό πιστοδοτεί τις τράπεζες (με καταθέσεις) ούτε οι τράπεζες πιστοδοτούν την οικονομία (με δάνεια), αφενός λόγω έλλειψης κεφαλαίων, αφετέρου λόγω της δεινής θέσης στην οποία βρίσκεται ο δανειστής. Η οικονομία δεν διαθέτει μη πληθωριστικό χρήμα για να κινηθεί. «*Οὐδεὶς δέχεται νὰ δανείση, πολλοὶ δὲ οὐδὲ κἂν νὰ χρησιμοποιήσουν τὰ ἴδια αὐτῶν κεφάλαια, ἐνῷ πάντες ἐπιθυμοῦν νὰ εὑρίσκονται εἰς τὴν θέσιν τοῦ ὀφειλέτου*». Έτσι, ευνοείται η κερδοσκοπία έναντι της παραγωγής (σ. 103).

Όμως και με τις νέες χρηματικές ροές που παρείχε η ΤτΕ μετά την απελευθέρωση, ο Βαρβαρέσος θεωρούσε ότι οι τράπεζες δεν ανέλαβαν τον ρόλο που τους αναλογούσε. Δανείζονταν με χαμηλό επιτόκιο από την ΤτΕ (έδιναν 5% επί των καταθέσεων από τα κεφάλαια των ΝΠΔΔ) και δάνειζαν με υπέρογκο ποσοστό (από το νόμιμο 12% μέχρι και 20%), γεγονός που τους επέτρεπε να προσφέρουν επιτόκια καταθέσεων μέχρι και 12%. Ο δε δανεισμός θεωρούσε ότι δεν γινόταν με γνώμονα την παραγωγικότητα της επένδυσης, αλλά κατευθυνόταν στους έχοντες «*τὴν μεγαλυτέραν οἰκονομικὴν ἐπιφάνειαν*» και στους κερδοσκόπους, αφήνοντας τον αναγνώστη να διαγνώσει και άλλου τύπου κριτήρια στην επιλογή τους (σ. 162–163). Ευθύνες δε επέρριπτε και στις αρχές (ΝΕ και ΤτΕ) για πλημμελή έλεγχο στην κατανομή των πιστώσεων από τις τράπεζες (σ. 164). Έτσι είχε δημιουργηθεί μια «τάξη ὀφειλετῶν» που είχε συμφέρον να επιδιώκει την υποτίμηση του νομίσματος.

Από πλευράς επιχειρηματικού τομέα, μεταξύ των αιτίων του καλπάζοντος πληθωρισμού δεν τοποθετεί τόσο στο κόστος μισθοδοσίας των εργατών (το οποίο βρίσκει συγκρίσιμο με το προπολεμικό) αλλά με τα υπερκέρδη των επιχειρήσεων τα οποία επέτρεψαν οι μονοπωλιακές και ολιγοπωλιακές καταστάσεις των εμποροβιομηχάνων (σ. 171–172): «*Ὁ Ἕλλην ἐπιχειρηματίας ἔχει πλέον συνηθίσει εἰς τὰ ὑψηλὰ κέρδη καὶ πολλάκις προτιμᾶ νὰ μὴ παράγῃ παρὰ νὰ δεχθῇ μείωσιν τῶν κερδῶν του*» (σ. 174). Αντιστοίχως βρίσκει συγκρίσιμες με τις προπολεμικές τις τιμές των γεωργικών προϊόντων (σ. 194). Έτσι, για την επίτευξη του ελέγχου τιμών προκρίνει την στήριξη των μικροεπιχειρηματιών της επαρχίας: καθώς είναι πολλοί, μικροί και μακριά από τις πολιτικές γνωριμίες του κέντρου, είναι λιγότερο πιθανό να δημιουργήσουν μονοπώλια (σ. 181). Αν και δεν είναι κατ'αρχήν εχθρός της μεγάλης επιχείρησης, θεωρεί ότι ειδικά «*[ε]ἰς τὴν Ἑλλάδα δὲν δυνάμεθα νὰ βασισθῶμεν εἰς τὴν κοινωνικὴν συνείδησιν καὶ τὴν πεφωτισμένην ἀντίληψιν τοῦ μεγάλου ἐπιχειρηματίου περὶ τοῦ πραγματικοῦ του συμφέροντος»* (σ. 182). Επιπλέον προτείνει τον αποτελεσματικό έλεγχο τιμών: οροφή (ανώτατη τιμή) στα βιομηχανικά προϊόντα και στο εμπόριο, κατώφλι (κατώτατη τιμή) στις τιμές παραγωγού για τα αγροτικά προϊόντα (σ. 195) και την εν γένει συγκράτηση των μισθών.

Τέλος, αφιερώνει τμήμα της Έκθεσης για να αναλύσει τους ψυχολογικούς λόγους της νομισματικής αστάθειας. Θεωρεί ότι οι τρεις κυριότεροι φόβοι (κατοχική τραυματική εμπειρία, φόβος κομμουνιστικής επικράτησης και φόβος της ρωσικής απειλής) είναι τελείως αβάσιμοι (σ. 208–211) και ότι καλλιεργούνται για κερδοσκοπική εκμετάλλευση.

Όμως είναι πραγματιστής και, παρά την κριτική του στην υιοθετηθείσα πολιτική, προτείνει λύσεις που επιχειρούν να διαχειρισθούν την κληρονομηθείσα κατάσταση. Αντί της πλήρους απαγόρευσης συναλλαγών σε χρυσό (που αφήνει πλήθος ιδιωτικών συναλλαγών σε καθεστώς παρανομίας) και του υποχρεωτικού δανεισμού σε δραχμές (που δημιουργεί την προαναφερθέν συμφέρον του χρεώστη να υποβαθμίσει το νόμισμα για να κερδοσκοπήσει), προτείνει την κατάργηση της απαγόρευσης συναλλαγών σε χρυσό και την επιβολή ρήτρας χρυσού στα δάνεια· δηλαδή το ποσόν της οφειλής σε δραχμές να αναπροσαρμόζεται ώστε να αντιστοιχεί την ημέρα της εξόφλησης στην ποσότητα χρυσού στην οποία αντιστοιχούσε και κατά την σύναψη του δανείου. Έτσι ελπίζει ότι οι αιτήσεις δανείων για κερδοσκοπία θα μειωθούν (με αντίστοιχη μείωση των επιτοκίων), θα ενθαρρυνθεί η χρηματοδότηση των επενδύσεων από τα ίδια κεφάλαια των επιχειρήσεων (αντί από δάνεια) και ότι θα αυξηθούν οι τραπεζικές καταθέσεις καθώς θα είναι ασφαλισμένες με ρήτρα χρυσού (σ. 215–217). Μάλιστα η ανάλυσή του προχωρά μέχρι και το ενδεχόμενο της παγίωσης της εμπιστοσύνης στην δραχμή. Τότε, λέει, αν οι λίρες επιστρέψουν στην ΤτΕ και αντίστοιχες δραχμές εισρεύσουν στην κυκλοφορία, η αύξηση της κυκλοφορίας θα οδηγήσει σε αύξηση της ζήτησης που θα μπορεί να ικανοποιηθεί μόνο από εισαγωγές, που θα αποτελέσουν την μοναδική επιλογή για αποφυγή του πληθωρισμού. Τότε η κρίσιμη απόφαση θα είναι αν θα επιλεγούν εισαγωγές για την στήριξη της παραγωγής, η για καταναλωτικούς σκοπούς.

Ο Βαρβαρέσος πατάει πολλούς κάλους: πολιτικών, εμποροβιομηχάνων, εφοπλιστών, τραπεζιτών, δημοσίων υπηρεσιών και νομισματικών αρχών (ΝΕ, ΤτΕ). Οι προτάσεις της Έκθεσης προκάλεσαν ομοβροντία επιθέσεων, συχνά διαστρεβλώνοντας τις θέσεις της, επιθέσεις που θα πρέπει να συσχετισθούν και με την εχθρότητα με την οποία αντιμετώπιζε τον Βαρβαρέσο το ντόπιο κατεστημένο, που έβλεπε και με καχυποψία το ενδεχόμενο επιστροφής του στην πολιτική σκηνή (Κωστής 2002).

Η αναπροσαρμογή της δραχμής

Στο ζήτημα του νομίσματος, ένα κρίσιμο τμήμα της Έκθεσης, με τίτλο «Η αναπροσαρμογή της δραχμής» κατατέθηκε εμπιστευτικά. Και ο λόγος ήταν προφανής: όπως ανέλυε ο Βαρβαρέσος, η προπολεμική ισοτιμία της δραχμής ήταν 1 δολάριο = 125 δραχμές. Κατά το διάστημα που μεσολάβησε, οι τιμές στην Ελλάδα ανέβηκαν περίπου 400 φορές, ενώ στις ΗΠΑ μόνον διπλασιάστηκαν. Δηλαδή η αύξηση των δραχμικών τιμών στην Ελλάδα ήταν 200 φορές μεγαλύτερη από των δολαριακών τιμών στις ΗΠΑ. Έτσι η ορθή ισοτιμία θα έπρεπε να είναι 200×125 δρχ = 25.000 δρχ. Συμπεραίνει δηλαδή ότι η τιμή της δραχμής είναι υπερτιμημένη κατά 67% έναντι του δολαρίου, γεγονός που διογκώνει τις εισαγωγές, εξασθενεί τις εξαγωγές και προκαλεί απώλεια κεφαλαίων προς το εξωτερικό.

Τόνιζε όμως ότι τυχόν υποτίμηση της δραχμής εκείνη την στιγμή θα ήταν επιβλαβής· οι εισαγωγείς θα μετακύλιαν το αυξημένο κόστος των εισαγωγών στους καταναλωτές, τροφοδοτώντας τον πληθωρισμό και δικαιώνοντας την δυσπιστία προς την δραχμή. Μόνο με την αύξηση των εισπράξεων από την φορολογία κερδών επί των εισαγωγών, την τόνωση του ανταγωνισμού μεταξύ επιχειρήσεων, του ελέγχου των πιστώσεων και της διοικητικής αναδιοργάνωσης θεωρούσε ότι η υποτίμηση θα μπορούσε να ήταν επωφελής.

Δεύτερον, υποδεικνύει και ένα δεύτερο πρόβλημα. Ενώ η επίσημη ισοτιμία του δολαρίου (15.000 δρχ) ήταν πολύ κοντά στην αγοραία (περίπου 16.000–16.500 δρχ), η επίσημη ισοτιμία της χρυσής λίρας ήταν σημαντικά υπερτιμημένη ως προς εκείνη που ίσχυε διεθνώς.[21] Αυτό το απέδιδε στις διεθνείς τάσεις για προτίμηση του χρυ-

---

[21] Την εποχή εκείνη, η επίσημη ισοτιμία της χρυσής λίρας στην Ελλάδα ήταν 226.000 δρχ. Αυτό σήμαινε μια επίσημη ισοτιμία 1 χρυσή λίρα = 15 δολάρια και αντίστοιχη αγοραία 1 χρυσή λίρα = 13,7–14,1 δολάρια περίπου. Ως προς την επίσημη αμερικανική ισοτιμία (1 χρυσή λίρα = 8 δολάρια), η χρυσή λίρα στην Ελλάδα ήταν υπερτιμημένη, τόσο επισήμως (κατά 87,5%), όσο και ανεπισήμως (κατά 71–76%).

σού έναντι του χάρτινου δολαρίου (γνωστό ως prime ή agio), τις οποίες επέτεινε και ο πόλεμος της Κορέας, κατά τον οποίο η χρυσή λίρα ανέβηκε από τα από 10–11 στα 12–13 δολάρια. Αυτή όμως η αύξηση της τιμής της χρυσής λίρας στο εξωτερικό, δεδομένου η δραχμή είχε διατηρηθεί σταθερά στις 226.000 δρχ ανά χρυσή λίρα, σήμαινε ότι ουσιαστικά η δραχμή ανατιμάτο έναντι του δολαρίου (σ. 392)!

Τι θα μπορούσε να γίνει; Αν η υποτίμηση έναντι του δολαρίου (στις 25.000 δρχ) γινόταν με διατήρηση της χρυσής λίρας στις 226.000 δρχ, αυτό θα σήμαινε μια ισοτιμία 1 χρυσή λίρα = 9 δολάρια, αρκετά υψηλότερη από εκείνη των γειτονικών χωρών. Μέσω λαθρεμπορίου θα εισέρρεαν δολάρια στην Ελλάδα για να ανταλλαγούν προς χρυσές λίρες, τις οποίες όμως προμήθευαν στην Ελλάδα οι ΗΠΑ μέσω του Σχεδίου Marshall. Ο Βαρβαρέσος θεωρούσε απίθανο οι Αμερικανοί να συναινέσουν στην διοχέτευση του χρυσού τους στην παγκόσμια αγορά απλώς και μόνο για να διατηρηθεί σταθερή η χρυσή λίρα στην Ελλάδα (σ. 393). Και υπενθύμιζε ότι η πολιτική του χρυσού αποσκοπούσε στο να μην επιτρέψει στις ανόδους του χρυσού να επηρεάσουν το επίπεδο τιμών· όχι να απορροφήσει αυξήσεις τιμών που οφείλονται σε άλλους παράγοντες, *εκτός του χρυσού*. Συνεπώς θεωρούσε ότι η τιμή της χρυσής λίρας θα έπρεπε να είχε αφεθεί να ακολουθήσει την γενική άνοδο των τιμών που προκλήθηκε από τον πόλεμο της Κορέας (σ. 394).

Πλέον όμως η ευκαιρία για την αύξηση της τιμής της χρυσής λίρας είχε χαθεί. Αν γινόταν στο σημείο αυτό θα συμπαρέσυρε μαζί της και τις τιμές. Τι πρότεινε λοιπόν για να συμβιβαστούν τα παραπάνω (σ. 395–396); Κατ' αρχάς έπρεπε να σταθεροποιηθεί η κατάσταση. Μόνον τότε θεωρούσε ότι μπορούσε να γίνει η αναπροσαρμογή ως προς το δολάριο, αφήνοντας την χρυσή λίρα στα τρέχοντα επίπεδα. Προέβλεπε ότι τότε η εισροή δολαρίων δεν θα πραγματοποιείτο, καθώς το prime του χρυσού θα μειωνόταν. Και είχε λόγους να πιστεύει σε μια σταθεροποίηση της τιμής του χρυσού: το ΔΝΤ θα επέτρεπε τις πωλήσεις χρυσού σε ισοτιμία ανώτερη της επίσημης, η παγκόσμιος παραγωγή θα ξεπερνούσε την ζήτηση και ο επανεξοπλισμός της Δύσης θα τερμάτιζε τους φόβους παγκόσμιας σύρραξης (σ. 398–399).

Γι' αυτό πρότεινε ως τιμή πώλησης του δολαρίου από την ΤτΕ τις 25.000 δρχ πλην κάποιων εισαγομένων τροφίμων πρώτης ανάγκης (για τα οποία πρότεινε την προσωρινή διατήρηση της ισοτιμίας των 15.000 δρχ, μέχρι να αυξηθεί ελαφρώς το εθνικό εισόδημα), την άρση της επιδότησης των εξαγωγών και τον περιορισμό των 1.000 δολαρίων στους εξερχόμενους ταξιδιώτες. Επίσης, την τιμή αγοράς του δολαρίου από την ΤτΕ στις 15.000, όσο αυτό ήταν εντός του 10% από την τιμή της αγοράς. Σε αντίθετη περίπτωση πρότεινε την αναπροσαρμογή της επίσημης τιμής προς την αγοραία.

Ο Βαρβαρέσος κάνει και δύο σημαντικές παρατηρήσεις.

Ως προς την ασκηθείσα συναλλαγματική πολιτική ασκεί έμμεση, αλλά δριμεία, κριτική στο σύστημα των αποδεικτικών συναλλάγματος: «*Ἔργον τῆς τιμῆς τοῦ συναλλάγματος εἶναι νὰ συνδέσῃ τὴν οἰκονομίαν μίας χώρας πρὸς τὴν διεθνῆ οἰκονομίαν—δὲν εἶναι νὰ φορολογήσῃ καὶ ἐξισώσῃ τὰ κέρδη. Τοῦτο ἀνήκει εἰς τὰς φοροτεχνικὰς ὑπηρεσίας, τὰς ὑπηρεσίας ἐλέγχου καὶ εἰς τὸν ἐλεύθερον συναγωνισμόν*» (σ. 396). Θεωρούσε την συναλλαγματική σταθερότητα αναγκαία συνθήκη για την επιχειρηματική δραστηριότητα (εισαγωγική, εξαγωγική ή βιομηχανική) και χαρακτήριζε τις «δι' υπουργικής αποφάσεως» συναλλαγματικές μεταβολές ως «τυχοδιωκτικού χαρακτήρα» (σ. 396–397).

Ως προς το κόστος της επιδότησης των ειδών πρώτης ανάγκης με την ισοτιμία των 15.000 δρχ (το υπολογίζει σε 500 δις δρχ), θεωρεί ότι αυτό μπορεί να καλυφθεί με την άμεση φορολογία των πλουσιοτέρων, οι οποίοι θεωρεί ότι έχουν πραγματοποιήσει υπερκέρδη: ενώ η βιομηχανική παραγωγή εκείνη τη στιγμή είχε ξεπεράσει τα προπολεμικά επίπεδα, το ίδιο δεν είχε συμβεί για το βιοτικό επίπεδο των χαμηλών τάξεων. Επιπλέον, το μισθολογικό κόστος δεν είχε αυξηθεί την τελευταία τριετία σε πραγματικούς όρους, παρά την αύξηση του εθνικού εισοδήματος κατά 50%. Η κριτική του προς την ανώτερη τάξη (σ. 401–404) είναι τόσο δηκτική που θα προκαλούσε αμηχανία και στο ίδιο το ΚΚΕ, συμπίπτοντας και με την κριτική του Porter: «*...ὁ πολυδάπανος καὶ πολυτελὴς βίος τὸν ὁποῖον διάγουν αἱ τάξεις αὗται, ἡ μεγάλη ζήτησις χρυσοῦ, ἡ εἰς εὐρεῖαν κλίμακα διενεργουμένη λαθραία ἐξαγωγὴ κεφαλαίων, ἀρκοῦν νὰ πείσουν ὅτι τὰ περιθώρια περιορισμοῦ τῶν εἰσοδημάτων τῶν τάξεων τούτων εἶναι εὐρύτατα [...] [Τ]ὰ ἐξαιρετικῶς μεγάλα εἰσοδήματα τῆς τάξεως τῶν ἐπιχειρηματιῶν εἶναι ἡ κεντρικὴ καὶ βαθυτέρα αἰτία τῆς συνεχιζομένης ἐν τῇ χώρᾳ ἀνωμαλίας. Ἐπὶ μίαν πενταετίαν οἱ κυβερνῶντες δὲν εἶχον τὴν δύναμιν οὔτε τὴν θέλησιν νὰ ἐπιβληθοῦν ἐπὶ τῶν οἰκονομικῶς ἰσχυρῶν, τοῦτο δὲ ἀποτελεῖ τὸν κύριον λόγον τῆς δυσφορίας τῆς μεγάλης μάζης τοῦ λαοῦ*».

Τέλος, ως προς την νομισματική μεταρρύθμιση μεγάλης σημασίας θεωρεί και την ποιότητα των χαρτονομισμάτων. Από ψυχολογικής πλευράς, χαρτονομίσματα με πολλά μηδενικά και σε φτηνό χαρτί (για τις μικρές αξίες δεν συνέφερε η χρήση ακριβότερου χαρτιού) υποτιμούν το νόμισμα στην συνείδηση του κοινού. Προτείνει λοιπόν το κόψιμο δύο μηδενικών από το χαρτονόμισμα, ώστε η αξία του δολαρίου από 25.000 να γίνει 250 δραχμές (η και 500 δρχ αν είναι απαραίτητο). Και κλείνει εφιστώντας την προσοχή στην «σαφήνειαν καὶ τὴν νομικὴ ἀκριβολογίαν» που θα πρέπει να έχει ο μεταρρυθμιστικός νόμος ως προς την αναπροσαρμογή τιμών, χρεών, μισθών, ημερομισθίων κοκ, υποδεικνύοντας έτσι το ότι το νόμισμα είναι τέκνο του νόμου και του κράτους.

16.3 Η υποτίμηση Μαρκεζίνη

Προτού προχωρήσουμε στην ιστορική υποτίμηση Μαρκεζίνη, αξίζει να αναφερθούμε στο πρόγραμμα που εφάρμοσε ο Γεώργιος Α. Καρτάλης, Υπουργός Συντονισμού της κυβέρνησης Νικολάου Πλαστήρα μεταξύ 1951–52, και που προλείανε τον δρόμο για την επιτυχία της υποτίμησης Μαρκεζίνη.

Τα μέτρα που έλαβε ο Καρτάλης αφορούσαν στον ισοσκελισμό των προϋπολογισμών. Ενίσχυσε τις εξαγωγές και περιόρισε τις εισαγωγές φορολογώντας τα εισαγόμενα προϊόντα και χρησιμοποιώντας τα έσοδα για την επιδότηση παθητικών εξαγωγικών προϊόντων. Σε συνδυασμό με στήριξη των ελληνικών προϊόντων με επιπλέον μέτρα, το 1952 οι εισαγωγές μειώθηκαν κατά 36,4% και οι εξαγωγές αυξήθηκαν κατά 12,2% σε σχέση με την προηγούμενη χρονιά. Η αξία δε των εξαγωγών, από το 23% της αντίστοιχης αξίας των εισαγωγών το 1951 ανέβηκε στο 41,6% σε ένα μόνο χρόνο (ΤτΕ 1978b, 331–332· ΤτΕ 1953, 84).

Παράλληλα, ο Καρτάλης κατάφερε να μειώσει το κρατικό έλλειμμα από τα 1195,7 δις δρχ της χρήσης 1950–51 (ΤτΕ 1952, 97) σε 866,8 δις για την χρήση 1951–52 (ΤτΕ 1953, 117). Κυρίως όμως, κατάφερε για πρώτη φορά μετά τον πόλεμο να σταθεροποιήσει τις τιμές. Πράγματι, ο πληθωρισμός μειώθηκε από 14,5% το 1950 (ΤτΕ 1952, XXIII) σε 9,7% το 1951 και σε μόνο 0,6% το 1952 (ΤτΕ 1953, XXIV). Στα ίδια χαμηλά επίπεδα κινήθηκε και τους πρώτους μήνες του 1953, πριν την υποτίμηση Μαρκεζίνη (ΤτΕ 1954, XXXII). Βεβαίως, αυτό το κατόρθωμα δεν έγινε ειρηνικά, αλλά με φορολόγηση των πλουσίων, πάγωμα μισθών των δημοσίων υπαλλήλων, απολύσεις υπεραρίθμων και, φυσικά, συγκρούσεις με τα συνδικάτα.[22] Με την… βρωμοδουλειά να έχει γίνει από τον Καρτάλη, ο Μαρκεζίνης ήταν πλέον στην κατάλληλη θέση να κάνει το επόμενο βήμα.

Η δυσαρέσκεια που δημιούργησε η περιοριστική πολιτική του Καρτάλη στοίχισε στον Πλαστήρα τις εκλογές του 1952 και Πρωθυπουργός αναδείχθηκε ο Παπάγος. Η Έκθεση Βαρβαρέσου, μαζί με το εμπιστευτικό της παράρτημα, παραδόθηκε από τον Γεώργιο Καρτάλη στον διάδοχό του, τον Υπ. Συντονισμού της νέας κυβέρνησης, Σπύρο Μαρκεζίνη. Ο Καρτάλης είχε φροντίσει να εκφράσει στον Μαρκεζίνη την διαφωνία του ως προς τις θέσεις Βαρβαρέσου, τόσο στα γενικότερα οικονομικά θέματα, όσο και στα νομισματικά, θεωρώντας ότι δεν χρειαζόταν υποτίμηση. Ο Μαρκεζίνης αναμφίβολα θα ήταν γνώστης της γενικότερης κριτικής την οποία η έκθεση είχε υποστεί, και μάλλον την συμμεριζόταν.

Ειδικά το νομισματικό ζήτημα είχε άμεση προτεραιότητα για τον Μαρκεζίνη, ο οποίος όμως συμφωνούσε με την άποψη της υποτίμησης. Άλλωστε την ίδια εισήγηση είχε κάνει και ομάδα οικονομολόγων υπό τον Ζολώτα απαρτιζόμενη από τους Πίνδαρο Χριστοδουλόπουλο, Δημήτριο Γαλάνη, Ιωάννη Κούλη και Γεώργιο Χαλκιόπουλο (Γουδή 1953). Κατ' αρχάς όμως ο Μαρκεζίνης κατανοούσε ότι οποιαδήποτε νομισματική αναπροσαρμογή δεν θα επιτύχει χωρίς ισοσκέλιση του προϋπολογισμού. Έτσι έριξε όλο του το βάρος και πέτυχε την ισοσκέλιση λίγο πριν το Πάσχα. Περιέκοψε το δώρο Πάσχα των μισθωτών και μείωσε το δώρο των δημοσίων υπαλλήλων κατά 55 δις δρχ. Με άλλες περικοπές κατάφερε να μειώσει τις συνολικές δαπάνες κατά 433 δις δρχ σε

---

[22] Είναι χαρακτηριστικό το περιστατικό που περιγράφει ο Δημήτριος Χαλικιάς, νεαρός τότε υπάλληλος του Υπ. Συντονισμού, εν όψει επικείμενης τραπεζικής απεργίας τον χειμώνα του 1951. Όπως διηγείται ο ίδιος, ο Καρτάλης τον είχε στείλει να πάρει το μισθολόγιο των υπαλλήλων της ΤτΕ από τον αρμόδιο διευθυντή της τράπεζας. Όταν ο Υπουργός διαπίστωσε ότι ο μισθός του κλητήρα της τράπεζας ήταν υψηλότερος από εκείνον του διευθυντή του Υπ. Συντονισμού, τηλεφώνησε οργισμένος στον συνδικαλιστή Γιάννη Αλευρά και του είπε: «Αν αύριο η απεργία δεν ανασταλεί, θα δημοσιευθεί σε όλες τις εφημερίδες το μισθολόγιό σας». Όπως αναφέρει ο Χαλικιάς, η απεργία ανεστάλη (Νικολάου 2007). Το άρθρο—ανακριβώς—αναφέρει τον Αλευρά ως Πρόεδρο της ΟΤΟΕ, ενώ η ΟΤΟΕ ιδρύθηκε το 1955. Ενδεχομένως ο Αλευράς να ήταν τότε οργανωμένος στην ΟΥΕΤ (Ομοσπονδία Υπαλλήλων Ελληνικών Τραπεζών) ή στην ΟΕΤΟ (Ομοσπονδιακή Επιτροπή Τραπεζοϋπαλληλικών Οργανώσεων).

σχέση με εκείνες που προέβλεπε ο προϋπολογισμός και τελικά να τον ισοσκελίσει (ΤτΕ 1954, 130–131, 133). Έχοντας πετύχει τούτο, μπορούσε να προχωρήσει στην υποτίμηση αυτή καθαυτή.

Ο Μαρκεζίνης δεν ακολούθησε το σχέδιο Βαρβαρέσου και αποφάσισε μια συνολική υποτίμηση χωρίς εξαιρέσεις. Ως προς την έκταση της υποτίμησης πήγαινε μακρύτερα από τις τις 22.500 δρχ που είχαν προτείνει συνεργάτες του, τις 21.000–25.000 που πρότεινε η ομάδα Ζολώτα και τις 25.000 που είχε προτείνει ο Βαρβαρέσος. Ο ίδιος απέβλεπε σε μια τιμή 40.000 δρχ, από την οποία όμως τον απέτρεψε ο Αμερικανός πρέσβυς Charles Yost, τονίζοντάς του τις καταστροφικές επιπτώσεις μιας πιθανής αποτυχίας. Έτσι ο Μαρκεζίνης (1994, 3:12) κατέληξε στην συμβιβαστική λύση των 30.000 δρχ. Ας σημειώσουμε ότι την τελική άδεια για την υποτίμηση θα έπρεπε να δώσει το ΔΝΤ—δηλαδή οι ΗΠΑ—καθώς η Ελλάδα τελούσε υπό την συμφωνία του Μπρέτον Γουντς. Με άλλα λόγια ίσως η γνωμοδότηση του Yost είχε περισσότερο χαρακτήρα εντολής παρά φιλικής συμβουλής. Σε κάθε περίπτωση όμως πρέπει να υπογραμμίσουμε ότι τελικά οι ΗΠΑ έδωσαν την συγκατάθεσή τους, επιλέγοντας μια προσαρμοστική πολιτική και δεν έπνιξαν την ελληνική οικονομία επιβάλλοντάς της ένα σκληρό νόμισμα.

Η υποτίμηση αποφασίσθηκε με την πράξη 267 του Υπουργικού Συμβουλίου της 9/4/1953[23] και ανακοινώθηκε το βράδυ της ίδιας μέρας (Μαρκεζίνης 1994, 3:13):

> *Την αναπροσαρμογή την ανήγγειλα ο ίδιος διά του Ραδιοφώνου από το σπίτι μου, το βράδυ της 9ης Απριλίου 1953. Μέχρι το πρωί της ημέρας εκείνης, ουδείς, πλην του Παπάγου εγνώριζε το παραμικρό. Διεδόθη σκοπίμως ότι επελέγη η 9η Απριλίου, διότι συνέπιπτε με την ημέρα των γενεθλίων μου (9 Απριλίου 1909, δηλαδή την 99η ημέρα του έτους). Η αλήθεια όμως ήταν διαφορετική. Η 9η Απριλίου ήταν Μεγάλη Πέμπτη και οι επόμενες πέντε ημέρες ήταν ημέρες αργίας. Έτσι θα απεφεύγετο ενδεχόμενη άμεση αντίδραση, χωρίς να χρειασθεί να κλείσει το Χρηματιστήριο, πράξη που ενείχε τους ιδικούς της κινδύνους. Κατά την αναγγελία της αναπροσαρμογής εκείνης, εχρησιμοποιήθη τόνος πανηγυρικός, ενώ στην πραγματικότητα το νόμισμα έχανε αξία. Έκρινα ότι δεν υπήρχε λόγος να μελαγχολήσει η κοινή γνώμη, αντιθέτως έπρεπε να δει με αισιοδοξία το μέλλον.*
>
> *Την επομένη εζήτησε να με δει ο Βασιλεύς. Διεμαρτυρήθη, διότι δεν τον είχα ενημερώσει προηγουμένως επί ενός τόσο σημαντικού οικονομικού μέτρου. Πράγματι είχα αποφύγει να το πράξω, διότι δεν εμπιστευόμουν το ανακτορικό περιβάλλον. «Μεγαλειότατε, το δικό μου καθήκον ήταν να ενημερώσω εγκαίρως τον πρωθυπουργό. Αυτό και έπραξα. Τα παράπονά σας, συνεπώς, θα έπρεπε να τα απευθύνετε σε εκείνον», απάντησα. Ο Παπάγος στον οποίο μετέφερα τον διάλογο, έδειξε ευχαριστημένος από την απάντηση. Ο βασιλεύς όμως απέφυγε να τον καλέσει.*

Ο Μαρκεζίνης δεν έμεινε μόνο στην υποτίμηση. Προνοούσε και για την συγκράτηση των τιμών αποφασίζοντας την πλήρη απελευθέρωση όλων των εισαγωγών, πάλι σε αντίθεση με την έκθεση Βαρβαρέσου (2002, 277–278) που εισηγείτο την απαγόρευση εισαγωγής μη απαραιτήτων για την οικονομία ειδών. Οργάνωσε σύστημα αγορανομικού ελέγχου, ζήτησε εφοδιασμό τροφίμων αξίας 35 εκ. δολαρίων από τις ΗΠΑ και ρευστοποίησε αντίστοιχα ελληνικά αποθέματα σε χαμηλές τιμές, επιδότησε βασικά τρόφιμα, επέβαλε εξαγωγικούς φόρους σε βασικά καταναλωτικά προϊόντα και δήμευσε οποιοδήποτε αυτόματο κέρδος ιδιωτών από την συναλλαγματική αναπροσαρμογή. Επίσης δεν ενέδωσε στις συνδικαλιστικές πιέσεις για αυξήσεις, αποφασισμένος να επιτύχει συγκράτηση των τιμών. Τέλος, εξέδωσε εσωτερικό λαχειοφόρο δάνειο 300 εκ. δρχ, το οποίο είχε απόλυτη επιτυχία παρά τις περί του αντιθέτου εκτιμήσεις του Ζολώτα (Μαρκεζίνης 1994, 3:15).

Ο Μαρκεζίνης γενικά ακολούθησε δική του γραμμή παρά τις γνώμες οικονομολόγων που ελάμβανε, ειδικότερα του Βαρβαρέσου και του Ζολώτα. Σε ένα σημείο, ακολούθησε αρκετά πιστά την γνώμη του Βαρβαρέσου: στο κόψιμο των μηδενικών. Αλλά και εκεί πήγε αρκετά μακρύτερα καθώς αντί για δύο έκοψε τρία μηδενικά. Από 1/5/1954 οι 1000 δρχ γινόντουσαν 1 δρχ και το δολάριο άξιζε 30 δρχ.[24] Βάσει συμβάσεως που είχε προηγηθεί (26/3/1954) με την ΤτΕ, η κυβέρνηση θα μπορούσε να εκδίδει κέρματα ή κερματικά γραμμάτια αξίας μέχρις 5.000 δρχ, μέχρι του ποσού των 25.000 δρχ κατά κεφαλή πληθυσμού. Αυτά θα ήταν νόμιμο χρήμα μέχρι

---

[23] ΦΕΚ 84Α, 10/4/1953, σ. 561–562.
[24] Ν. 2824 της 19/4/1954 (ΦΕΚ 79Α, 20/4/1954, σ. 609–610).

ορισμένου ποσού πληρωμών.[25] Αυτή η διάταξη μεταφραζόταν με τον νέο νόμο σε κοπή μεταλλικών κερμάτων μέχρι 5 δρχ, μέχρι του ποσού των 25 δρχ. κατά κεφαλή.

Συνέπεια της μεταρρύθμισης ήταν η επανεμφάνιση μικρών αξιών, της τάξεως των δραχμών (1, 2 και 5) και των λεπτών (5, 10, 20 και 50).[26] Για τις αξίες αυτές παραγγέλθηκαν μεταλλικά κέρματα από το νομισματοκοπείο του Παρισιού, γεγονός που αποτέλεσε την πρώτη ουσιαστική κοπή μεταλλικών κερμάτων μετά από εκείνη του 1930. Αυτά τέθηκαν σε κυκλοφορία με το ΒΔ της 30/6/1954.[27] Επίσης τα χάρτινα δεκάδραχμα αντικαταστάθηκαν με νικέλινα κέρματα το 1959[28] και τα εικοσάδραχμα αντικαταστάθηκαν από αργυρά (85,5% άργυρος, 16,5% χαλκός) το 1960.[29]

Η απάντηση Βαρβαρέσου

Μετά την υποτίμηση της δραχμής, οι λόγοι μυστικότητας εξέλειπαν και ο Βαρβαρέσος εξέδωσε την έκθεσή του μαζί με το συμπληρωματικό υπόμνημα περί αναπροσαρμογής της δραχμής. Εν είδει προλόγου κατέθετε μια κριτική επί των πεπραγμένων του Μαρκεζίνη. Κατ' αρχάς θεωρούσε ότι τυχόν υποτίμηση αποτελεί θυσία του λαού και ότι αυτή θα πρέπει να είναι λελογισμένη. Αν και θεωρούσε την ισοτιμία των 30.000 δρχ «υπέρμετρο», παραδέχεται ότι σε τόσο πολύπλοκα θέματα μπορούν να υπάρχουν διαφορετικές γνώμες.

Ως προς την επιλογή του Μαρκεζίνη να αφήσει να αυξηθεί η τιμή της χρυσής λίρας, κάτι που ο ίδιος είχε φοβηθεί ότι θα συμπαρέσυρε και το επίπεδο τιμών, ο Βαρβαρέσος επίσης είναι διαλλακτικός. Αναγνωρίζει ότι τελικά ο ρόλος της χρυσής λίρας είχε πάψει να είναι τόσο ρυθμιστικός για διαφόρους λόγους,[30] ανησυχούσε όμως μήπως η αύξηση της τιμής περίπου στις 300.000 δρχ, σε συνδυασμό με μια λιγότερο αντιπληθωριστική πολιτική, προκαλούσε ανάφλεξη της χρυσοφιλίας στο μέλλον.

Υποδεικνύει επίσης την απόφαση της κυβέρνησης η υποτίμηση να γίνει ανεξαιρέτως και στα διατροφικά είδη πρώτης ανάγκης, υπογραμμίζοντας όμως ότι ακόμα η κυβέρνηση δεν είχε τοποθετηθεί τελεσίδικα στο θέμα.

Γενικά, ο Βαρβαρέσος αντιπαραβάλει τον βαθμιαίο χαρακτήρα των δικών του προτάσεων με τον πιο άμεσο χαρακτήρα των ληφθέντων μέτρων (σ. 384–385). Διαπιστώνει ότι έγιναν δραστικές περικοπές από παραγωγικά έργα για την πιο άμεση κάλυψη των στρατιωτικών δαπανών (ο ίδιος συνιστούσε την λήψη στρατιωτικής βοήθειας για μια ακόμη τριετία) και ότι ακολουθήθηκε αντιπληθωριστική πολιτική μέσω περιορισμού των πιστώσεων (ο ίδιος απέρριπτε άμεσα αντιπληθωριστικά μέτρα την στιγμή που η ελληνική οικονομία έπρεπε να αναλάβει τις δυνάμεις της).

Υπό το πρίσμα αυτό, συναρτά την επιτυχία του σχεδίου σε δύο παραμέτρους: αφενός στο κατά πόσο θα μπορέσει η κυβέρνηση να συγκρατήσει τους μισθούς, παρά την αύξηση του κόστους ζωής που η υποτίμηση αναγκαστικά θα επιφέρει (την υπολογίζει στο 25% τους επόμενους μήνες)· αφετέρου, στο κατά πόσον θα μπορέσει να συνεχίσει αντιπληθωριστική πολιτική συμβιβάζοντας και τις αναπτυξιακές ανάγκες της χώρας. Θεωρεί ότι χωρίς απάντηση σε αυτά τα ερωτήματα, τα οφέλη από την αναπροσαρμογή θα εξανεμιστούν και ότι αυτή η υποτίμηση θα αποτελέσει άλλη μια επιβεβαίωση της αναξιοπιστίας της δραχμής (σ. 385–387).

---

[25] Πενηντάδραχμα: 2.500 δρχ, εκατοντάδραχμα: 5.000, πεντακοσάρικα: 25.000, χιλιόδραχμα: 50.000 δρχ, διχίλιαρα: 100.000 δρχ και πεντοχίλιαρα: 250.000 δρχ. Μετά την μεταρρύθμιση, τα κέρματα ήταν νόμιμο χρήμα για πληρωμές αξίας του ενός χιλιοστού των παραπάνω.

[26] Με το ΝΔ 2989 της 26/8/1954 (ΦΕΚ 208Α, 2/9/1954, σ. 1686–1687) το πεντάλεπτο καθορίστηκε ως η μικρότερη μονάδα τήρησης των δημοσίων λογαριασμών.

[27] ΦΕΚ 153Α, 20/7/1954, σ. 1227–1228. Τα κέρματα 5, 10 και 20 λεπτών και είχαν σύνθεση 95% αλουμίνιο και 5% μαγνήσιο, ενώ τα κέρματα αξίας 0,5, 1, 2 και 5 δραχμών είχαν σύνθεση 75% χαλκό και 25% νικέλιο.

[28] Αυτά αποτελούσαν νόμιμο χρήμα για πληρωμές μέχρι 500 δρχ, και ορίστηκε ότι θα κοπούν στο ποσό των 20 δρχ κατά κεφαλή πληθυσμού (Ν. 3934 της 18/2/1959, ΦΕΚ 31Α, 19/2/1959, σ. 242–243) και ΒΔ της 10/4/1959 (ΦΕΚ 66Α, 11/4/1959, σ. 512).

[29] Αυτά αποτελούσαν νόμιμο χρήμα για πληρωμές μέχρι 1.000 δρχ, και ορίστηκε ότι θα κοπούν στο ποσό των 30 δρχ κατά κεφαλή πληθυσμού [Ν. 4034 της 9/2/1960 (ΦΕΚ 14Α, 15/2/1960, σ. 75–76) και ΒΔ 242 της 15/4/1960 (ΦΕΚ 54Α, 28/4/1960, σ. 554). Ο πληθυσμιακός περιορισμός ήρθη με σύμβαση της 21/6/1973, που κυρώθηκε με το ΝΔ 488 της 15/7/1974 (ΦΕΚ 203Α, 19/7/1974, σ. 1371–1372).

[30] Οι λόγοι που επικαλέστηκε ήταν: (α) η μείωση της ζήτησης που επέφεραν οι μεγάλες πωλήσεις στα τέλη του 1951 και στις αρχές του 1952, (β) η αντιπληθωριστική πολιτική της ΤτΕ που περιόρισε την διαθεσιμότητα δραχμών για αγορά χρυσών λιρών, (γ) η απόφαση της ΤτΕ να μην αγοράζει χρυσές λίρες, ρίχνοντας έτσι την τιμή τους, (δ) η διαπίστωση ότι μερικές λίρες ήταν ιταλικής και όχι αγγλικής κοπής.

16.4 Η επόμενη ημέρα

Όπως είδαμε, η περίοδος 1946–1951 είχε σημαδευτεί από διαδοχικές υποτιμήσεις της δραχμής: από τις 600 δρχ ανά λίρα (150 δρχ ανά δολάριο) κατά την σταθεροποίηση Σβώλου-Waley το 1946, η αξία της έπεσε στις 15.000 δρχ ανά δολάριο (42.000 δρχ ανά λίρα) το 1953. Δηλαδή η τιμή του δολαρίου αυξήθηκε κατά 100 φορές και της λίρας κατά 70 φορές. Με άλλα λόγια, η δραχμή έχασε το 99% της αξίας της ως προς το δολάριο και το 98,6% της αξίας της ως προς την λίρα. Αν λάβουμε υπόψη και την υποτίμηση του 1953, η τιμή του δολαρίου αυξήθηκε κατά 200 φορές και της λίρας κατά 140.5 φορές, δηλαδή η δραχμή έχασε το 99,5% της αξίας της ως προς το δολάριο και 99,2% ως προς την λίρα (με ισοτιμίες 4,03 $/λίρα το 1946 και 2,81 $/λίρα το 1953).

Η παραπάνω εικόνα είναι σε απόλυτη αντίθεση με αυτό που ακολούθησε στην συνέχεια. Η περίοδος 1953–1971, χαρακτηρίστηκε από αξιοσημείωτη νομισματική σταθερότητα, με την δραχμή να διατηρεί άνετα την ισοτιμία της ως προς το δολάριο. Η περίοδος αυτή χαρακτηρίστηκε «χρυσή» από ποικίλους σχολιαστές. Θα επιχειρήσουμε να εξετάσουμε τους διάφορους επιμέρους δείκτες, αποπειρώμενοι να περιγράψουμε και να κατανοήσουμε την νομισματική αυτή σταθερότητα.

Νομισματική κυκλοφορία και πληθωρισμός

Παρότι η κυκλοφορία τραπεζογραμματίων κρατήθηκε σταθερή το πρώτο εξάμηνο του 1953, άρχισε να αυξάνεται από τον Ιούλιο του ίδιου έτους. Συνολικά, μέχρι το τέλος του 1956 η κυκλοφορία αυτή είχε αυξηθεί κατά 165% περίπου. Όμως ο πληθωρισμός δεν ακολούθησε με ίδιους ρυθμούς, διαψεύδοντας τις προβλέψεις της ποσοτικής θεωρίας. Αν και, όπως είχε προβλεφθεί, την υποτίμηση ακολούθησε μια άμεση άνοδος των τιμών, αυτή ήταν πιο περιορισμένη από την άνοδο της κυκλοφορίας. Μέχρι το τέλος του 1953 ο τιμάριθμος κόστους ζωής για την Αθήνα (Απρίλιος 1953 = 100) είχε ανέβει στο 118,5, ενώ καθ' όλη την διάρκεια του 1956 το επίπεδό του είχε σταθεροποιηθεί γύρω στο 136 (135–137). Μεγαλύτερη ήταν η αύξηση του τιμαρίθμου χονδρικής, που έφτασε στο 123,9 στα τέλη του 1953 και στο 146,1 στα τέλη του 1956.

Είναι προφανές ότι παρότι οι αυξήσεις τιμών ήταν αισθητές, σε καμία περίπτωση δεν θύμιζαν τον υπερπληθωρισμό που είχε προηγηθεί. Και παρότι η κυκλοφορία είχε στο ίδιο διάστημα αυξηθεί κατά 165% περίπου, η αντίστοιχη αύξηση του επιπέδου τιμών ήταν μόνο 36% (ΤτΕ 1978b, 418). Συνολικά, η περίοδος 1953–1971 χαρακτηρίστηκε από πολύ χαμηλό πληθωρισμό, γύρω στο 2%, με μέγιστη τιμή γύρω το 4,7% (το 1966).

Τραπεζικές καταθέσεις και χορηγήσεις

Οι τραπεζικές καταθέσεις κατά την διάρκεια της κατοχής είχαν ουσιαστικώς εκμηδενισθεί και παρέμεναν μακριά από τα προπολεμικά επίπεδα έως και το 1952· ενώ το 1938 η αναλογία καταθέσεων/κυκλοφορία τραπεζογραμματίων ήταν περί το 2,5:1, το 1952 οι καταθέσεις ούτε καν ξεπερνούσαν την κυκλοφορία. Αμέσως μετά την υποτίμηση όμως, παρατηρήθηκε μια συνεχής άνοδος των τραπεζικών καταθέσεων. Αυτές ξεπέρασαν την κυκλοφορία το 1957 και συνέχισαν κατόπιν να κινούνται ανοδικά. Συνυπολογίζοντας και τις καταθέσεις σε συνάλλαγμα, τα προπολεμικά επίπεδα καλύφθηκαν το 1969 (2,6:1). Ο κύριος όγκος των καταθέσεων σε δραχμές κατευθυνόταν στις εμπορικές τράπεζες, οι οποίες όμως τώρα είχαν να ανταγωνιστούν και διάφορους άλλους πιστωτικούς οργανισμούς όπως την ΑΤΕ, το Ταχυδρομικό Ταμιευτήριο (ΤΤ), την Εθνική Κτηματική Τράπεζα της Ελλάδος (ΕΚΤΕ), την Ελληνική Τράπεζα Βιομηχανικής Αναπτύξεως (ΕΤΒΑ), ΤΠΔ κ.ά. (βλ. παρακάτω).

Η κατάσταση της πρώτης μεταπολεμικής περιόδου είχε επίσης αντίκτυπο και στις χορηγήσεις. Εξαιτίας των περιγραφεισών συνθηκών η οικονομία είχε χαρακτηρισθεί από μια άνευ προηγουμένου κρατική παρέμβαση στην ρευστότητα· οι τράπεζες, εξουθενωμένες από την γερμανική κατοχή και με σχεδόν μηδενικές καταθέσεις, αδυνατούσαν να παράσχουν σημαντικές χορηγήσεις ώστε να αυξήσουν την πιστωτική κυκλοφορία, ακόμη και μέσω του μηχανισμού του κλασματικού αποθεματικού. Από την άλλη, η αμερικανική βοήθεια αποτελούσε την κύρια πηγή ρευστότητας της ελληνικής οικονομίας. Καθώς αυτή τελούσε υπό σφιχτό αμερικανικό έλεγχο, τελούσε αναγκαστικά και υπό την άμεση διαχείριση της ΤτΕ.

Η τάση αυτή άρχισε να διαφοροποιείται μόνο μετά το 1953 και την υποτίμηση. Ως αποτέλεσμα της παγίωσης της εμπιστοσύνης του κοινού στην δραχμή οι καταθέσεις άρχισαν να αυξάνονται, δίνοντας στις τράπεζες την δυνατότητα να αυξήσουν τις χορηγήσεις τους προς την οικονομία. Προς την κατεύθυνση αυτή ώθησε τα πράγματα και η απόφαση 844 της ΝΕ (της 26/6/1954) που χαλάρωνε τους περιορισμούς χορηγήσεων προς την βιομηχανία και το εμπόριο από τις εμπορικές τράπεζες.

Έτσι, η χρηματοδότηση στην ελληνική οικονομία πλησίασε περισσότερο τα πρότυπα του ιδιωτικού χρήματος. Η συνεισφορά της ΤτΕ στις χορηγήσεις μειώθηκε σταδιακά από το 67% του 1952 σε ένα ποσοστό 31% το 1971. Τμήμα του ποσοστού της ΤτΕ κατέλαβαν οι εμπορικές τράπεζες, αλλά με σχετικά συντηρητικό τρόπο— περί το 44% το 1971 (ΤτΕ 1984b, 3:247). Καθώς η ρευστότητά τους προερχόταν από καταθέσεις αμέσως αναληπτέες, ο μακροπρόθεσμος δανεισμός που ήταν απαραίτητος για την χρηματοδότηση των μεγάλων επενδύσεων δεν μπορούσε να καλυφθεί με ασφάλεια. Αυτές τις ανάγκες ήρθαν να καλύψουν ειδικοί πιστωτικοί οργανισμοί (βλ. παρακάτω).

Άδηλοι πόροι και ισοζύγιο πληρωμών: μετανάστευση και τουρισμός

Η στήριξη της συναλλαγματικής ισοτιμίας της δραχμής βρισκόταν σε άμεση συνάρτηση με τα συναλλαγματικά αποθέματα. Κύρια πηγή αντιστάθμισης του ελλειμματικού εμπορικού ισοζυγίου παρείχαν οι άδηλοι πόροι και ειδικότερα τα μεταναστευτικά και τουριστικά εμβάσματα.

Η επίδραση της μετανάστευσης ήταν μια επανάληψη του παρελθόντος, και συγκεκριμένα του ρεύματος που ακολούθησε την σταφιδική κρίση κατά την πρώτη δεκαετία του 1900. Αν όμως την περίοδο 1900–1920 οι αναχωρήσεις ήταν περί τις 370 χιλιάδες, με 240 χιλιάδες καθαρές αναχωρήσεις (ΕΣΥΕ 1940, 435, 437), τώρα το φαινόμενο έπαιρνε άλλη κλίμακα. Μεταξύ 1946–1973 εγκατέλειψαν την χώρα πάνω από 1,2 εκατομμύρια Έλληνες (καθαρές αναχωρήσεις 1,1 εκατομμύρια). Μόνο μετά το 1974 η τάση άρχισε να αναστρέφεται και οι επαναπατρισμοί να υπερκαλύπτουν τις αναχωρήσεις (Kotzamanis 1987, 93–95). Η δημογραφική αυτή αλλαγή είχε σημαντικές επιπτώσεις στους οικονομικούς δείκτες, καθώς τα μεταναστευτικά εμβάσματα άρχισαν να γίνονται μια σημαντική πηγή συναλλαγματικής ρευστότητας. Μεταξύ 1956–1974 αυτά αποτελούσαν την μεγαλύτερη πηγή αδήλων πόρων (24–37% του συνόλου) ξεπερνώντας τα ναυτιλιακά εμβάσματα, το ταξιδιωτικό συνάλλαγμα, ή την εξωτερική βοήθεια. Το ισοζύγιο αδήλων συναλλαγών, το οποίο ήταν πάντοτε θετικό την μεταπολεμική περίοδο, έπαιζε μεγάλο ρόλο στην αντιστάθμιση του εμπορικού ισοζυγίου (εισαγωγών-εξαγωγών) το οποίο ήταν πάντοτε αρνητικό (ΤτΕ 1984b, 3:224, 227). Παράλληλα, απορροφώντας το πλεονάζον εργατικό δυναμικό, η μετανάστευση μείωσε την ανεργία και συντελούσε σε ένα είδος «κοινωνικής ειρήνης» που επέτρεπε στο κράτος να εμμένει σε μια σφιχτή μισθολογική και νομισματική πολιτική. Μάλιστα, το φαινόμενο πήρε τέτοια έκταση κατά την περίοδο της Δικτατορίας, που ορισμένοι κλάδοι της οικονομία άρχισαν να επιδεικνύουν αρνητικά ποσοστά ανεργίας ανεβάζοντας το επίπεδο των μισθών. Μετά το 1972 η απάντηση των Συνταγματαρχών ήταν η εισαγωγή 20–30 χιλιάδων μεταναστών από την Αφρική και την Ασία για τον περιορισμό της ανόδου του κόστους εργασίας των Ελλήνων εργατών (Ρακκάς 2012).

Αλλά και ο τουρισμός έπαιξε σπουδαίο ρόλο. Από το 1946 η Ελλάδα ξεκινούσε την πορεία στο οικονομικό μοντέλο ανάπτυξης που αποφασίστηκε για εκείνη αμέσως μετά την απελευθέρωση: εκείνο της τουριστικής μονοκαλλιέργειας. Δεν είναι τυχαίο που ιδρύθηκε ειδικό πιστωτικό ίδρυμα για να στηρίξει αυτήν την πορεία, ο Οργανισμός Τουριστικής Πίστεως (ΟΤΠ, 1946). Και η υποτιμημένη δραχμή διευκόλυνε αυτήν την πορεία, καθιστώντας την Ελλάδα ιδανικό προορισμό για τουρίστες από χώρες με ακριβότερα νομίσματα. Έτσι, ενώ το 1953 οι αφίξεις τουριστών ήταν μόλις 90.397, όλη την περίοδο μέχρι το 1971 η αύξηση των τουριστικών αφίξεων ήταν σχεδόν εκθετική. Το 1963 οι αφίξεις ήταν 644.032 και το 1971 έφτασαν τις 1.781.578, με μοναδικό σημείο κάμψης τα έτη 1968–69, δηλαδή αμέσως μετά το ξέσπασμα του πραξικοπήματος της 21[ης] Απριλίου 1967 και τον αραβοϊσραηλινό πόλεμο (Κοτσανίδης 2009, 120–121). Αντίστοιχη ήταν και η αύξηση των αδήλων πόρων από ταξιδιωτικό συνάλλαγμα: από 22,7 εκ. δολ. το 1953 αυξήθηκε σε 95,4 το 1963 και σε 305,3 εκ. δολ. το 1971 (ΤτΕ 1984b, 3:227). Με την υποτίμηση της δραχμής η Ελλάδα έγινε ελκυστικός προορισμός λόγω μείωσης του κόστους, ενώ και οι Έλληνες τουρίστες δυσκολεύοντουσαν να ταξιδεύουν στο εξωτερικό εξαιτίας της αύξησης του κόστους του συναλλάγματος.

Χρέος και δανεισμός

Το ελληνικό κράτος, αν και επισήμως σε κατάσταση χρεωκοπίας από το 1932, δεν αποκήρυξε τα χρέη του ούτε μετά τον πόλεμο. Καθώς η επανέναρξη της αποπληρωμής τους ήταν αρχικώς αδιανόητη, το 1949 επαναδιατυπώθηκε η αναστολή της εξυπηρέτησής τους,[31] και η οποία έλαβε σειρά παρατάσεων μέχρι και το 1956.[32] Η περίοδος χάριτος έλαβε τέλος την «χρυσή εποχή» της δραχμής. Με το αστικό καθεστώς να μη θεωρείται ότι διατρέχει κίνδυνο κομμουνιστικής ανατροπής και με την ελληνική οικονομία να έχει σταθεροποιηθεί, ήρθε η ώρα οι παλιοί δανειστές να εισπράξουν τα χρωστούμενα. Το 1958 η άρση της αναστολής της εξυπηρέτησης των προπολεμικών χρεών ξεκίνησε με τις οφειλές προς την Γαλλική Εταιρεία Διανομής Ύδατος Θεσσαλονίκης.[33] Βάσει της ελληνικής προσφοράς της 31/12/1962 άρχισαν πάλι να εξυπηρετούνται οι τόκοι 1932–1962 των δολαριακών δανείων σε χρυσό του 1924–1928,[34] ενώ τα παλαιότερα δάνεια (1881–1931) σε στερλίνες μπήκαν σε δεύτερη προτεραιότητα και ξεκίνησε η εξυπηρέτησή τους μόνο από το 1965 (βάσει της προσφοράς της ελληνικής κυβέρνησης της 10/5/1965).[35]

Ο εξωτερικός κρατικός δανεισμός παρέμεινε σχετικά περιορισμένος κατά την μεταπολεμική περίοδο. Χωρίς να επιχειρούμε να δώσουμε ακριβείς αριθμούς, από τα στοιχεία που δημοσιεύονται στις στατιστικές επετηρίδες της ΕΣΥΕ διαπιστώνεται ότι μεταξύ 1953–71 συνήφθησαν εξωτερικά δάνεια ύψους 18 δισ δρχ, ενώ ο εσωτερικός δανεισμός άγγιξε τα 50 δισ δρχ.[36] Με άλλα λόγια, ο εξωτερικός δανεισμός ήταν πολύ περιορισμένος την περίοδο αυτή, μη υπερβαίνοντας το 26,5% του συνόλου. Ειδικώς ο εσωτερικός δανεισμός (σε δραχμές, συνάλλαγμα και χρυσό) προήλθε από τέσσερις κύριες πηγές: (α) Έντοκα γραμμάτια[37] (συνολικά 24,1 δις δρχ), (β) Εθνικά λαχειοφόρα δάνεια σε δραχμές (συνολικά 14.890 εκ δρχ), (γ) Την ΤτΕ, κυρίως μετά το 1963 (συνολικά 21.150,4 εκ δρχ, εκ των οποίων 7.048,6 εκ. δρχ για εξαγορά αγροτικών χρεών), (δ) Τράπεζες (809,67 εκ. δρχ) και (ε) Κατασκευαστικές εταιρείες (συνολικά 4.560,55 εκ. δρχ).[38]

Παρατηρώντας την εξέλιξη του δημοσίου δανεισμού και δημοσίου χρέους, διαπιστώνουμε ότι αυτά εκτοξεύονται μετά το 1967, δηλαδή κατά την περίοδο της Απριλιανής δικτατορίας. Ενώ π.χ. μεταξύ 1958–66 πωλήθηκαν έντοκα γραμμάτια αξίας 8,2 δις δρχ, μεταξύ 1967–71 οι αντίστοιχες πωλήσεις ήταν 15,9 δις δρχ. Μόνο μεταξύ 1967–71 συνήφθησαν λαχειοφόρα δάνεια ύψους 9.850 εκ. δρχ, ενώ όλη την προηγούμενη περίοδο, τέτοια δάνεια δεν είχαν υπερβεί τα 5.040 εκ. δρχ. Παρομοίως, τα δάνεια από την ΤτΕ, παρότι αυξήθηκαν μετά το 1963, κορυφώθηκαν μετά το 1967 (δάνεια ύψους 12,7 εκ. δρχ συνήφθησαν μόνο μεταξύ 1967–71). Τέλος, μετά το 1967 εγκαινιάσθηκε και η πρακτική δανεισμού από κατασκευαστικές εταιρείες, με προεξάρχουσα την ΕΔΟΚ-ΕΤΕΡ.

16.5 Χρήμα και τράπεζες σε μια κεντρικά σχεδιασμένη καπιταλιστική οικονομία

Η Ελλάδα μετά τον εμφύλιο μπήκε και επισήμως στο στρατόπεδο των «φιλελεύθερων» οικονομιών. Σε καθαρώς ιδεολογικό και γεωπολιτικό επίπεδο ο διαχωρισμός των οικονομιών αυτών από τις κεντρικά σχεδιασμένες σο-

---

[31] ΑΝ 1318 της 12/11/1949 (ΦΕΚ 317Α, 17/11/1949, σ. 1157–1158) κυρωθείς διά του Ν. 1586 της 2112/1950 (ΦΕΚ 294Α, 22/12/1950, σ. 1693–1694).

[32] ΝΔ 2204/1952, ΝΔ 2948/1954, Ν. 3162/1955, Ν. 3274/1955, Πρ. Υπ. Συμβ. 2442/1956, Ν. 3490/1956, ΒΔ 31/12/1956.

[33] ΒΔ της 11/11/1958 (ΦΕΚ 205Α, 17/11/1958, σ. 1793).

[34] Προσφυγικού (7%) του 1924, υδρεύσεως (αρχικώς 8% και 4% το 1962) του 1925 και Δανείου Σταθεροποιήσεως & Προσφυγικού (6%) του 1928. Προβλεπόταν έκδοση ομολογιών αξίας 4.024.500 δολ, σε τίτλους ονομαστικής αξίας των 1.000 και 500 δολλαρίων (Ν. 4287 της 28/3/1963, ΦΕΚ 43Α, 6/4/1943, σ. 301–303. Επίσης, απόφαση Υπ. Οικονομικών 121825 της 10/5/1963, ΦΕΚ 212Β της 17/5/1963).

[35] Δάνεια 5% του 1881, 5% του 1884, 4% του 1887, 4% του 1889 (πάγιον), Σιδηροδρόμων Πειραιώς-Λαρίσης (5%) του 1890, Κεφαλαιώσεως (5%) του 1893, Ελληνικών Σιδηροδρόμων (4%) του 1902, 5% του 1907, 4% του 1910, 5% του 1914, Προσφυγικόν (7%) του 1924, Δάνειο Σταθεροποιήσεως και Προσφυγικόν (6%) του 1928, τα δάνεια Δημοσίων Έργων (6%) του 1928 και 6% του 1931 (Απόφαση Υπ. Οικονομικών αρ. 111720 της 12/5/1965, ΦΕΚ 330Β, 19/5/1965).

[36] ΕΣΥΕ, *ΣΕΔΟ*, τεύχη ετών 1962–1972, κεφάλαιο XI: «Δημόσια πίστις».

[37] Ο θεσμός των εντόκων γραμματίων (διάρκειας 3, 6, 9 και 12 μηνών) για την χρηματοδότηση παραγωγικών επενδύσεων επανεισήχθη με το ΝΔ 3745 της 31/8/1957 (ΦΕΚ 173Α, 9/9/1957, σ. 1299–1300).

[38] Δάνεια συνήφθησαν από τις ΕΔΟΚ-ΕΤΕΡ (1839,3 εκ. δρχ), ΕΤΕΘ (350 εκ. δρχ), ΕΡΓΟΛΗΠΤΙΚΗ (225 εκ. δρχ), Ελληνική Τεχνική (900,9 εκ. δρχ), Σκαπανεύς (1224,35 εκ. δρχ) και ΞΕΚΤΕ (21 εκ. δρχ).

σιαλιστικές οικονομίες ήταν κάθετος. Πρακτικώς όμως, η Ελλάδα εκείνης της περιόδου αποτελεί ακόμη μια επιβεβαίωση του ισχυρισμού ότι ποτέ και πουθενά δεν υπήρξε κάποια αμιγώς φιλελεύθερη/καπιταλιστική ή αμιγώς σχεδιασμένη/σοσιαλιστική οικονομία. Όπως ο Σοβιετικός κομμουνισμός περιγράφηκε ως «υπαρκτός σοσιαλισμός», για να τονισθεί η απόσταση του από τον ιδεατό σοσιαλισμό, έτσι και η Ελλάδα μπορεί να περιγραφεί ως ακόμη μια οικονομία «υπαρκτού καπιταλισμού», δηλαδή, ενός καπιταλισμού μακριά από το καπιταλιστικό ιδεώδες.

Το ελληνικό οικονομικό θαύμα σχετίζεται άμεσα με έναν σφιχτό κεντρικό σχεδιασμό της οικονομίας. Αμέσως μετά την απελευθέρωση, κεντρικές αποφάσεις είχαν ληφθεί για την όδευση της ελληνικής μεταπολεμικής οικονομίας. Η υλοποίησή τους ξεκίνησε με την κατεύθυνση του χρήματος στις επιλεγμένες δραστηριότητες από ειδικούς οργανισμούς. Ο Οργανισμός Τουριστικής Πίστεως (1946) και η Κεντρική Επιτροπή Δανείων[39] (ΚΕΔ, 1948), σε συνδυασμό με προϋπάρχοντα αντίστοιχα πιστωτικά ιδρύματα (ΑΤΕ, ΤΤ, Τράπεζα Υποθηκών, ΕΚΤΕ) ανέλαβαν να κατευθύνουν την ρευστότητα σε επιλεγμένες επενδύσεις. Και όπως φαίνεται από την ίδρυση του ΟΤΠ, η τουριστική ανάπτυξη ήταν μια συνειδητή απόφαση της περιόδου αυτής.

Στην κατοπινή περίοδο αυτή η τακτική εντάθηκε καθώς δημιουργήθηκαν επιπλέον τέτοια ιδρύματα[40] που κάλυψαν ένα πολύ μεγάλο ποσοστό της ρευστότητας με μακροπρόθεσμα δάνεια, το οποία οι εμπορικές τράπεζες δεν μπορούσαν να εύκολα χορηγήσουν. Στην πρώτη φάση της «χρυσής» περιόδου της δραχμής η ρευστότητα της αγοράς ήταν σε μεγάλο βαθμό το χρήμα που επενέδυε επευθείας το κράτος στην οικονομία, είτε αυτό ήταν κονδύλια του Σχεδίου Marshall, είτε πιστώσεις κρατικών τραπεζών.

Η ενίσχυση του μακροπρόθεσμου δανεισμού ήταν κεντρικό στοιχείο του οικονομικού σχεδιασμού, ο οποίος υλοποιήθηκε και μέσω των επιτοκίων καταθέσεων. Τα επιτόκια για καταθέσεις όψεως σχεδόν εκμηδενίστηκαν την δεκαετία 1956–66 (από 7 σε 0,75%), ενώ γενικότερα ευνοήθηκαν, αν και ήπια, οι προθεσμιακές καταθέσεις (επιτόκια 5,75–7% το 1966) σε σχέση με τις καταθέσεις ταμιευτηρίου (επιτόκια 5–5,5% το 1966), που είναι ουσιαστικώς και εκείνες όψεως (ΤτΕ 1978b, 568). Επιπλέον, με αποφάσεις της ΝΕ οι εμπορικές τράπεζες ήταν υποχρεωμένες να δεσμεύουν τμήμα των καταθέσεών τους για μακροπρόθεσμα δάνεια για χρηματοδότηση της ανανέωσης μηχανολογικού εξοπλισμού (ΤτΕ 1978b, 572) και να επενδύουν σε έντοκα γραμμάτια και ομολογίες του Δημοσίου.[41]

Ως κεντρικό συντονιστικό όργανο όλων αυτών των οργανισμών παγιώθηκε η Νομισματική Επιτροπή. Αφενός, η σύνθεσή της άλλαξε, με την συμμετοχή Βρετανού υπηκόου να καταργείται το 1955[42] και Αμερικανού το 1957.[43] Αφετέρου, από το 1960 έλαβε μόνιμο χαρακτήρα, με την λειτουργία της να παρατείνεται επ’ αόριστον, μέχρι πράξης διακοπής της λειτουργίας της από το Υπουργικό Συμβούλιο.[44]

Στα πλαίσια αυτού του «κεντρικά σχεδιασμένου καπιταλισμού», το νομισματικό και τραπεζικό σύστημα ετέθη σταδιακά σε σειρά περιορισμών και ελέγχων. Οι Σουμπενιώτης και Τσαγκαλάς (2006) κατέταξαν τους κυριότερους περιορισμούς που θεσμοθετήθηκαν την περίοδο αυτή σε τέσσερις κατηγορίες:

Υποχρεωτικές δεσμεύσεις επί στοιχείων του παθητικού: Μεταξύ 1957–1987 οι τράπεζες ήταν υποχρεωμένες να διαθέτουν το 15% του συνόλου των καταθέσεών τους (5% για τις μικρές) σε παραγωγικές επενδύσεις, δηλαδή στεγαστικά δάνεια επαγγελματικής στέγασης, επενδύσεις (ή δανεισμό για επενδύσεις) σε μετοχές και ομόλογα βιομηχανικών, εξαγωγικών, τουριστικών και μεταλλευτικών επιχειρήσεων, και δανεισμό σε επενδυτικές τράπεζες. Επίσης, μεταξύ 1966–1993, ποσοστό επί των δραχμικών καταθέσεων έπρεπε να κατευθύνεται σε δάνεια προς την βιοτεχνία. Εκεί εντάσσονται και υποχρεωτικές καταθέσεις στην ΤτΕ (1972–1987), υποχρεωτικές επενδύσεις σε έντοκα γραμμάτια του Δημοσίου (1973–1993), αντικρυστικές καταθέσεις (1980–1985) και εποχιακές καταθέσεις (1976–1980).

---

[39]Το 1954 αντικαταστάθηκε από τον *Οργανισμό Χρηματοδοτήσεως Οικονομικής Αναπτύξεως* (ΟΧΟΑ).

[40]Ο *Οργανισμός Βιομηχανικής Αναπτύξεως* (ΟΒΑ, 1959), η *Τράπεζα Επενδύσεων* (1962), η *Ελληνική Τράπεζα Επενδύσεων Βιομηχανικής Αναπτύξεως* (ΕΤΕΒΑ, 1963) και η ΕΤΒΑ (1964) από συγχώνευση των ΟΤΠ, ΟΒΑ και ΟΧΟΑ.

[41]Απόφαση της ΝΕ 1032/8 της 11/1/1957, δυνάμει του ν. 3745/1957.

[42]ΒΔ της 20/9/1955 (ΦΕΚ 278Α, 8/10/1955, σ. 2332).

[43]ΝΔ 3760 της 31/8/1957 (ΦΕΚ 190Α, 23/9/1957, σ. 1465).

[44]ΝΔ 4108 της 14/9/1960 (ΦΕΚ 150Α, 23/9/1960, σ. 1602)

Ποσοστιαία πιστωτικά όρια επί στοιχείων του παθητικού (reserve ratios): Τα μακροπρόθεσμα δάνεια μιας τράπεζας δεν μπορούσαν να ξεπερνούν το 25% συγκεκριμένων στοιχείων του παθητικού της: καταθέσεων ιδιωτών, δημοσίων επιχειρήσεων και οργανισμών, και ειδικών πιστωτικών οργανισμών, συν το 25% των καταθέσεων ταμιευτηρίου υπό προειδοποίηση και προθεσμιακών (10% για τις μικρές). Επίσης, οι τράπεζες δε μπορούσαν να κατέχουν άνω του 5% των μετοχών εταιρειών των «παραγωγικών» κλάδων (βιομηχανικών, μεταλλευτικών, εξαγωγικών, τουριστικών), ώστε αυτές να διοχετεύονται στην κεφαλαιαγορά. Τέλος δεν μπορούσαν να επενδύουν άνω του 15% του συνόλου του παθητικού τους σε ομόλογα ΔΕΗ, ΟΤΕ και του Δημοσίου.

Διοικητικός καθορισμός επιτοκίων (και προμηθειών): Τα επιτόκια καταθέσεων και χορηγήσεων καθορίζονταν—συνήθως υπό μορφή ανωτάτων και όχι σαφώς καθορισμένων τιμών—έτσι ώστε αυτές να κατευθύνονται σε «παραγωγικές» επενδύσεις στην βιομηχανία και στις εξαγωγές και όχι σε «μη παραγωγικές» στην κατανάλωση και το εμπόριο. Οι επιθυμητοί κλάδοι έχαιραν χαμηλοτέρων επιτοκίων χορηγήσεων, ανεξαρτήτως του δανειολήπτη, ενώ το ύψος τους που συνήθως βρισκόταν κάτω από τον πληθωρισμό σήμαινε ότι ουσιαστικά οι καταθέτες επιδοτούσαν τους δανειλήπτες.

Σύστημα δεσμεύσεων-αποδεσμεύσεων: Σύμφωνα με το σύστημα αυτό που εισήχθη το 1966, οι χορηγήσεις προς μη επιθυμητούς τομείς επιβαρύνονταν με μια ποινή, που είχε την μορφή υποχρεωτικής άτοκης κατάθεσης στην ΤτΕ ως ποσοστό του ύψους των χορηγήσεων αυτών (δέσμευση). Αντιθέτως, οι χορηγήσεις προς τους επιθυμητούς κλάδους επιβραβεύονταν από παροχή δωρεάν κεφαλαίων (αποδεσμεύσεις).

Εκτός από την κατεύθυνση της οικονομίας προς συγκεκριμένες δραστηριότητες, οι περιορισμοί αυτοί επηρεάζουν και την ποσότητα χρήματος, και ειδικότερα των ανωτέρων νομισματικών δεικτών (π.χ. όριζαν ελάχιστες χορηγήσεις προς συγκεκριμένους κλάδους, δημιουργώντας ένα απόλυτο κατώφλι του πολλαπλασιαστή χρήματος). Στην κατηγορία των υποχρεωτικών χορηγήσεων αναφέρουν την υποχρεωτική χρηματοδότηση των δημοσίων επιχειρήσεων (1981–1994), των προβληματικών (1982–85) και των οπωροκηπευτικών (1983–85).

16.6 Συμπεράσματα για την αξία της δραχμής

Τι συμπεράσματα μπορούμε να συνάξουμε από την παραπάνω παράθεση δεδομένων και οικονομικών δεικτών; Πού μπορούμε να αποδώσουμε την πρωτοφανή νομισματική σταθερότητα που παρατηρήθηκε την περίοδο 1953–1971; Προφανώς, η διατύπωση οποιασδήποτε αιτιώδους σχέσης σε τέτοια πολυπαραμετρικά συστήματα είναι μια δύσκολη υπόθεση και απαιτεί προσοχή.

Αναμφισβήτητα, δεν μπορούμε να θεωρήσουμε ως τυχαίο γεγονός το ότι η απαρχή της νομισματικής σταθερότητας συνέπεσε με την υποτίμηση του 1953. Η υποτίμηση αποτέλεσε το έναυσμα για την περαιτέρω πορεία. Μετά από ένα σύντομο διάστημα νευρικότητας, η υποτίμηση τόνωσε τις εξαγωγές, περιόρισε τις εισαγωγές (μειώνοντας το εμπορικό έλλειμμα) και προκάλεσε απότομη εισροή αδήλων πόρων (υπερδιπλασιασμός τουριστικών εσόδων και αύξηση μεταναστευτικών εμβασμάτων κατά 2,5 φορές). Επιπλέον, το θετικό ψυχολογικό αντίκτυπο αύξησε τις τραπεζικές καταθέσεις επιτρέποντας στις τράπεζες να αυξήσουν τις χορηγήσεις τους. Ήταν όμως αυτό το μηχανικό μέτρο από μόνο του ικανό για μια τέτοιας διάρκειας σταθερότητα; Αν ναι, γιατί απέτυχαν τρεις άλλες μεταπολεμικές υποτιμήσεις που προηγήθηκαν και άλλες τρεις που θα ακολουθούσαν;

Κρατική ισχύς

Όπως όμως είχε υποδείξει και ο Βαρβαρέσος, η επιτυχία του εγχειρήματος ήταν άμεσα συνδεδεμένη με τον έλεγχο τον μισθών και την αποφυγή πληθωριστικών πιέσεων από αυξήσεις. Όπως υποδεικνύουν διάφοροι αναλυτές (Αλογοσκούφης και Λαζαρέτου 2002, 244· Σαχινίδης 2005, 11–13), μεταξύ των κυρίων αιτίων νομισματικής σταθερότητας ήταν η αποτελεσματικότητα του κράτους στον παραπάνω τομέα. Και την επιτυχία αυτή την συνέδεσαν με τον αυταρχικό χαρακτήρα του μετεμφυλιακού κράτους: το καθεστώς παρανομίας του ΚΚΕ, ο περιορισμένος ρόλος της ΕΔΑ και ο ασφυκτικός έλεγχος επί των συνδικάτων, διευκόλυναν την άσκηση αντιπληθωριστικής μισθολογικής πολιτικής. Μετά το 1950 το κράτος βρισκόταν πιο ενισχυμένο σε σχέση με τα πρώτα μεταπολεμικά χρόνια, χωρίς τον φόβο μιας κομμουνιστικής ανατροπής, αλλά και χωρίς το βάρος ενός «κοινωνικού συμβολαίου» δυτικοευρωπαϊκού τύπου. Παράλληλα, τα κατώτερα στρώματα είτε απομακρύνονταν στο εξωτερικό μέσω της μετανάστευσης είτε ενσωματώνονταν μέσω του θεσμού της αντιπαροχής, μετατρέποντας τους δυνητικούς προλετάριους σε ιδιοκτήτες. Οι δύο αυτοί μηχανισμοί λειτουργούσαν ως βαλβίδες εκτόνωσης της κοινωνικής πίεσης, εξασφαλίζοντας μια κάποια κοινωνική ειρήνη. Έτσι, το κράτος μπορούσε να ανθίσταται επιτυχώς σε τυχόν αιτήματα για αυξήσεις μισθών και κοινωνική ασφάλιση, περιορίζοντας τα ελλείμματα και τις πληθωριστικές πιέσεις και διαφυλάσσοντας την αξία του νομίσματος. Με άλλα λόγια, η σκληρή δραχμή είχε και ένα σκληρό κοινωνικό τίμημα.

Βεβαίως, ο κρατικός αυταρχισμός δεν μπορεί να αποτελεί τον μοναδικό παράγοντα νομισματικής σταθερότητας. Η «ενάρετη» δημοσιονομική διαχείριση, με χαμηλά ελλείμματα και χαμηλό δανεισμό, ήταν θέμα κρατικής φιλοσοφίας και περιστάσεων, και όχι απλώς προϊόν επιβολής· υπό πολύ αυταρχικότερες κυβερνήσεις, όπως υπό τις κατοχικές κυβερνήσεις του 1941–44 και την δικτατορία του 1967–74, όχι απλώς δεν στηρίχθηκε η αξία του νομίσματος, αλλά αναπτύχθηκε ισχυρός πληθωρισμός. Θεσμικά, για την επιβολή αυτής της «ενάρετης» φιλοσοφίας το μετεμφυλιακό κράτος ανέπτυξε πολύπλευρους μηχανισμούς ελέγχου της νομισματικής λειτουργίας. Με προεξάρχουσα την ΝΕ, και με την ΤτΕ υπό τον άμεσο έλεγχό της ΝΕ, το κράτος είχε τον έλεγχο της νομισματικής κυκλοφορίας, της διάθεσης των πιστώσεων, των καταθέσεων, του χρυσού και του συναλλάγματος. Με άλλα λόγια η κρατική μηχανή έθετε συνειδητά ως ζητούμενο την νομισματική σταθερότητα. Υπό αυτό το πρίσμα, το μετεμφυλιακό κράτος μπορεί να συγκριθεί με το μεταξικό κράτος ως προς την σημασία του κρατικού ελέγχου του χρήματος.

Ψυχολογικά, και τηρουμένων των αναλογιών, το μετεμφυλιακό κράτος παρουσίαζε κάποιες από τις πλευρές του «επιχειρηματικού κράτους» (entrepreneurial state) που περιέγραψε η Mazzucato,[45] προβαίνοντας σε μεγάλης κλίμακας επενδύσεις που αποτελούσαν ένα ποσοτικό αλλά και ποιοτικό άλμα σε σχέση με τα όσα μέχρι τότε είχε επιτύχει ο ιδιωτικός τομέας και που μετασχημάτισαν την οικονομία. Το μετεμφυλιακό κράτος, μην έχοντας ακόμη διαποτισθεί από το ιδεολόγημα του φιλελευθερισμού, ελάχιστα κοινά είχε με την Χιλή των Chicago Boys και προχωρούσε με θάρρος σε νέες αναπτυξιακές επενδύσεις αντί να οπισθοχωρεί φοβισμένο. Η ηλεκτροδότηση της ελληνικής επικράτειας από την ΔΕΗ αποτελεί το πιο χαρακτηριστικό παράδειγμα της ικανότητας του κράτους να προβαίνει με αυτοπεποίθηση σε επενδύσεις μεγάλης κλίμακας που κανείς ιδιώτης δεν είχε τολμήσει να αναλάβει.[46] Ακόμη και ο Μαρκεζίνης, που μετά την υποτίμηση απελευθέρωσε τις εισαγωγές μη ενοχλούμενος από το να εισάγονται «*αρώματα από την Γαλλία και άνθη από την Ολλανδία*»—απαντώντας σε σχετική απορία του Παπάγου (Μαρκεζίνης 1994, 3:14)—δήλωσε απερίφραστα την σημασία που έδινε στο πενταετές πρόγραμμα παραγωγικών επενδύσεων μιλώντας για την «***προγραμματισμένην** ἀνάπτυξιν τῆς οἰκονομίας τῆς Χώρας*» (Μαρκεζίνης 2013, έμφαση δική μου). Αυτός ο «φιλελεύθερος» μικρή σχέση είχε με κατοπινούς πολιτικούς όπως ο Κ. Σημίτης, ο Κ. Μητσοτάκης, ο Α. Ανδριανόπουλος, ο Σ. Μάνος ή ο Κ. Χατζηδάκης, οι οποίοι δεν είχαν κατανοήσει την σημασία της κρατικής παρέμβασης στην ανάπτυξη μιας διεθνώς ανταγωνιστικής οικονομίας της αγοράς.[47]

Συνοψίζοντας, το μετεμφυλιακό κράτος προβαλλόταν ισχυρό, τουλάχιστον στο εσωτερικό της επικράτειας, σε επίπεδο κατασταλτικό, θεσμικό και ψυχολογικό. Την συσχέτιση της κρατικής ισχύος με την αξία του εθνικού νομίσματος, επιβεβαιώνουν και οι περίοδοι νομισματικής αστάθειας, και οι οποίες συνέπεσαν με περιόδους πολιτικής αβεβαιότητας. Σε τέτοιες περιόδους το κοινό, έχοντας σχετικά νωπή την κατοχική εμπειρία του υπερπληθωρισμού και την εμφυλιακή πολιτική αβεβαιότητα, έχανε την εμπιστοσύνη στο νόμισμα, φοβούμενο την κρατική αστάθεια.

---

[45] Η Mazzucato προβαίνει σε μια σύνθεση της Κεϋνσιανής ανάλυσης περί της σημασίας του κράτους στην υλοποίηση μεγάλης κλίμακας επενδύσεων που στηρίζουν την καπιταλιστική οικονομία σε καιρούς ύφεσης, και της Σουμπετεριανής ανάλυσης περί της «δημιουργικής καταστροφής» που επιφέρει η καινοτομία στην εξέλιξη της καπιταλιστικής οικονομίας. Με εμπειρική τεκμηρίωση, και χωρίς να θεωρητικολογεί, δείχνει ότι το κράτος δεν αρκείται στο να δαπανά κονδύλια για να τονώσει την ζήτηση, αλλά ότι αποτελεί την ατμομηχανή της καινοτομίας, οραματιζόμενο νέες αγορές και τεχνολογίες πολύ πριν τον ιδιωτικό τομέα (Mazzucato 2014).

[46] Ο Παντελάκης έχει περιγράψει τον ρόλο της ίδρυσης της ΔΕΗ (1950) στον εξηλεκτρισμό της Ελλάδας, με την δημιουργία ενός εθνικού διασυνδεδεμένου δικτύου που εκμεταλλευόταν εθνικούς πόρους (γαιάνθρακες, υδατοπτώσεις) για την ηλεκτροπαραγωγή όλης της επικράτειας (Παντελάκης 1991). Η ιστορία της άμεσης κρατικής παρέμβασης στην ανάπτυξη των τηλεπικοινωνιών (ΟΤΕ) και των οδικών συγκοινωνιών (ΜΟΜΑ) μένει να γραφτεί.

[47] Τεράστια είναι η συμβολή του Michael Hudson (2009) στην κατανόηση αυτής της αιτιώδους σχέσης η οποία, όπως προκύπτει ιστορικά, είναι ακριβώς αντίστροφη εκείνης που διατυπώνει η «νεοφιλελεύθερη» θεωρία.

Στις εκλογές της 3/11/1963 η ΕΡΕ κατέβηκε με το σύνθη-
μα: «Αυτή η δραχμή είναι δική σου. Μην αφήσεις τον Παπανδρέου να
σου την πάρει» και παραλλαγές αυτού (Εικόνα 16.1). Η νίκη της
Ένωσης Κέντρου οδήγησε σε πανικό και μέσα σε τρείς μήνες
είχαν πωληθεί περί τα 3.670.000 χρυσές λίρες. Παρόμοιος πα-
νικός δημιουργήθηκε και το καλοκαίρι του 1964, χρονιά που
σημαδεύθηκε από τις συγκρούσεις μεταξύ Ελληνοκυπρίων
και Τουρκοκυπρίων. Η σειρά αυτή των συγκρούσεων κορυ-
φώθηκε με τουρκικό αεροπορικό βομβαρδισμό ελληνοκυπρια-

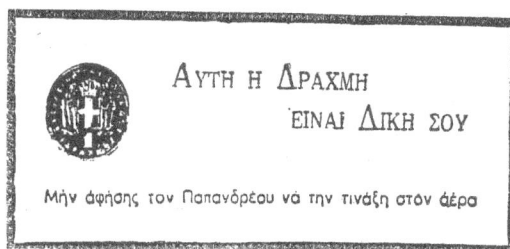

Εικόνα 16.1: Προεκλογικό αφισάκι της ΕΡΕ.

κών θέσεων στην Τυλληρία με βόμβες ναπάλμ. Το τετράμηνο Ιουλίου-Οκτωβρίου η ΤτΕ αναγκάστηκε να που-
λήσει 2.988.000 χρυσές λίρες. Η πολιτική αβεβαιότητα οδήγησε την ΤτΕ σε πωλήσεις χρυσών λιρών καθ' όλη
την διάρκεια του 1964, καθώς και του 1965. Ειδικώς η τελευταία χρονιά σημαδεύτηκε από την σύγκρουση του
Πρωθυπουργού Γ. Παπανδρέου με τον Βασιλιά.[48] Οι ταραχές εκείνης της περιόδου και η πολιτική αβεβαιότητα
όξυναν τις ήδη σημαντικές πωλήσεις χρυσών λιρών. Το τρίμηνο Μαΐου-Ιουλίου 1965 πωλήθηκαν 2.014.300 χρυ-
σές λίρες. Γενικά, κατά την ταραχώδη τριετία 1963–65 οι καθαρές πωλήσεις χρυσών λιρών ανήλθαν στις
11.196.600.[49]

Παρασιτική πρόσδεση στον αναπτυσσόμενο Δυτικό καπιταλισμό

Τα παραπάνω όμως ισχύουν στο εσωτερικό επίπεδο. Ειδικά για μια χώρα όπως η Ελλάδα, που είναι κάθε τι
άλλο παρά απομονωμένη, δεν μπορούμε να παραβλέψουμε την επίδραση της διεθνούς συγκυρίας. Με όρους
φυσικής, η προσέγγισή μας δεν μπορεί να γίνει υποθέτοντας συνθήκες ιδανικού αερίου, συνεπώς δεν μπορούμε
να αρκεστούμε στην παραπάνω ανάλυση.

Κατ' αρχήν, δεν μπορούμε να παραγνωρίσουμε την επίδραση που είχε η πρόσδεση της Ελλάδας στην τα-
χέως αναπτυσσόμενη Δυτική οικονομία (ΤτΕ 1984b, 3:227):

α) Το ανερχόμενο βιωτικό επίπεδο των Δυτικών κρατών επέτρεπε την ροή τουριστικού συναλλάγματος από
τους τουρίστες που ερχόντουσαν για να απολαύσουν τους συγκριτικά υψηλούς μισθούς τους και το νεοαποκτη-
θέν δικαίωμα στις πληρωμένες διακοπές. Στην Ελλάδα του συρτακιού και των σερβιτόρων, η τουριστική μονο-
καλλιέργεια μετεξελισσόταν σε «βαριά βιομηχανία»· για σύγκριση, ενώ η Ελλάδα και η Τουρκία ξεκινούσαν αμ-
φότερες από τις 90.000 αφίξεις τουριστών το 1953, το 1971 η Τουρκία θα έφτανε τις 926 χιλιάδες, έναντι 1,781
εκατομμυρίων της Ελλάδας.

β) Καθώς η αναπτυσσόμενη Δυτική οικονομία είχε αυξημένες ανάγκες εργατικού δυναμικού, οικονομικά
υπανάπτυκτες χώρες όπως η Ελλάδα, διαγκωνίζονταν για να της το παράσχουν, εξάγοντας την ανεργία τους και
απολαμβάνοντας ταυτόχρονα το συναλλαγματικό αντάλλαγμα των μεταναστευτικών εμβασμάτων.

γ) Οι ανάγκες της αναπτυσσόμενης Δυτικής οικονομίας έτρεφαν και το εμπορικό ναυτικό, παρέχοντας στην
Ελλάδα σημαντικό ναυτιλιακό συνάλλαγμα.

δ) Σημαντικά ήταν τα έσοδα από την εξωτερική βοήθεια, που η Ελλάδα ελάμβανε ως εξάρτημα του Ευρωα-
τλαντικού οικοδομήματος (π.χ. Σχέδιο Marshall).

Ήταν τεράστια η σημασία αυτών των πηγών εξωτερικών πληρωμών στην σταθερότητα της δραχμής απέναντι
στο δολάριο, ιδίως λαμβάνοντας υπόψη τον ελλειμματικό χαρακτήρα της ελληνικής οικονομίας σε όλους τους

---

[48] Καθώς ο Βασιλιάς δεν επέτρεπε στον Γ. Παπανδρέου ούτε να αντικαταστήσει τον Υπ. Εθν. Αμύνης Πέτρο Γαρουφαλιά και τον αρχηγό του
ΓΕΣ Στρατηγό Γεννηματά, αλλά και ούτε να αναλάβει ο ίδιος το Υπουργείο Εθν. Αμύνης, ο Παπανδρέου παραιτήθηκε στις 15/7/1965
(Ιουλιανά). Ο Βασιλιάς εν συνεχεία αποπειράθηκε να σχηματίσει Κυβέρνηση με «αποστάτες» βουλευτές της Ένωσης Κέντρου. Οι απόπει-
ρες Κυβερνήσεων υπό τον Γεώργιο Αθανασιάδη-Νόβα και υπό τον Ηλία Τσιριμώκο απέτυχαν αφού δεν έλαβαν ψήφο εμπιστοσύνης. Στο
τέλος ορκίστηκε κυβέρνηση υπό τον Στέφανο Στεφανόπουλο, στην οποία συμμετείχε και ο «αποστάτης» Κωνσταντίνος Μητσοτάκης.
[49] Η τελική αντίδραση της ΤτΕ ήταν να αφήσει την τιμή της χρυσής λίρας να ανέβει από περίπου τις 292–308 δραχμές στις 327 τον Δεκέμ-
βριο του 1965. Η αποτελεσματικότητα του μέτρου ήταν πρόσκαιρη, έτσι η ΤτΕ αναγκάστηκε να επαναφέρει ελέγχους στην αγορά χρυσών
λιρών και να επιτρέψει την ανώνυμη επαναδραχμοποίηση των αποθησαυρισμένων λιρών (Απόφαση 1395 της ΝΕ, της 22/12/1965, ΦΕΚ
239Α, 22/12/1965, σελ.1423). Το αποτέλεσμα ήταν ότι κατά την διάρκεια του 1966 οι καθαρές αγορές χρυσών λιρών από την ΤτΕ ανήλθαν
στις 9.374.600, καθώς το κοινό επέλεξε να τις ξαναπουλήσει (ΤτΕ 1978b, 579–583).

υπόλοιπους τομείς. Με τους παραγωγικούς μηχανισμούς διαλυμένους από τον πόλεμο, την κατοχή και τον εμφύλιο, η Ελλάδα προσδενόταν στον Δυτικό καπιταλισμό ως παράσιτο, καταναλώνοντας τα βιομηχανικά και αγροτικά του αγαθά, προσπαθώντας να μιμηθεί το Swinging London στην Αγγλία και τα Trente glorieuses στην Γαλλία. Μη μπορώντας να παράξει τα αγαθά αυτά, εξασφάλιζε το απαραίτητο συνάλλαγμα για να ικανοποιεί τις αυξανόμενες καταναλωτικές τις ανάγκες είτε από δραστηριότητες άμεσα εξαρτημένες από την Δυτική οικονομική μεγέθυνση (τουρισμό, μετανάστευση, ναυτιλία), είτε από απευθείας ξένη βοήθεια.[50] Αντιθέτως, οι παραγωγικές δραστηριότητες οπισθοχωρούσαν ή έμεναν στάσιμες, καθιστώντας την χώρα ευάλωτη σε τυχόν επιβράδυνση αυτής της μεγέθυνσης.[51] Είναι αξιοσημείωτο ότι η εισροή συναλλάγματος από αδήλους πόρους ξεπερνούσε κατά πολύ εκείνη από εξαγωγές, με την διαφορά να διευρύνεται προϊόντος του χρόνου. Έτσι από 174 εκ. δολάρια αδήλων πόρων και 134,1 εκ. δολάρια εξαγωγών το 1953, τα αντίστοιχα μεγέθη το 1971 θα ήταν 1.293,5 και 624,8 εκ. δολάρια (ΤτΕ 1984b, 3:225, 227). Δηλαδή, η διαφορά μεταξύ άδηλων πόρων και εξαγωγών θα εκτοξευόταν από το 1,30:1 στο 2.07:1 υπέρ των αδήλων πόρων, υποδεικνύοντας την παραγωγική ελλειμματικότητα της ελληνικής οικονομίας και την εξάρτησή της από μη παραγωγικές δραστηριότητες.

Διολίσθηση του δολαρίου

Επιπλέον, όταν μιλούμε για νομισματική σταθερότητα θα πρέπει να προσδιορίζουμε και το μέτρο σύγκρισης, καθώς η αξία ενός νομίσματος δεν προσδιορίζεται απόλυτα, αλλά σε σχέση με κάποια άλλη αξία, εν γένει μεταβαλλόμενη. Για την περίοδο του συστήματος Μπρέτον Γουντς, η φράση «νομισματική σταθερότητα» υπονοεί «ως προς το δολάριο». Συνεπώς, η σταθερότητα της δραχμής ήταν άμεση συνάρτηση της αξίας του ίδιου του δολαρίου. Και η αλήθεια είναι ότι το δολάριο δεν ήταν ένα νόμισμα «σταθερό» αλλά διολισθαίνον. Έτσι, μεταξύ 1954 και 1972, η δραχμή, παρότι σταθερά προσδεδεμένη στο δολάριο, έχασε περί το 25% της αξίας της ως προς το δυτικογερμανικό μάρκο (έπεσε από τις 7,167 στις 9,533 δραχμές ανά μάρκο) και 13% της αξίας της ως προς το ελβετικό φράγκο (Πίνακας 25.8). Με άλλα λόγια, η νομισματική αυτή σταθερότητα οφειλόταν, μεταξύ των άλλων, και στο ότι το δολάριο την διευκόλυνε με την διολίσθησή του.

Πρέπει να υπογραμμίσουμε ότι η σταθερότητα του συστήματος του Μπρέτον Γουντς ήταν ένα απότοκο της μακρόπνοης νομισματικής πολιτικής των ΗΠΑ που διέθεσαν το δολάριο ως παγκόσμιο αποθεματικό νόμισμα και εφάρμοσαν μια επεκτατική νομισματική πολιτική. Προφανώς η χρήση ενός εθνικού νομίσματος ως παγκόμιου αποθεματικού είχε τα όριά της, όπως υποδείχθηκε με το «δίλημμα του Triffin», όμως δεν μπορεί να παραβλεφθεί η σταθερότητα στην οποία οδήγησε.

Συνοπτικά δηλαδή, μπορούμε να πούμε ότι η αξιοσημείωτη νομισματική σταθερότητα της περιόδου 1953–1971 δεν ήταν ένα θαύμα, ούτε συνέπεια μιας μαγικής κίνησης του Μαρκεζίνη. Ήταν μια κατάσταση που προέκυψε από την συνάντηση τριών συνθηκών και που διήρκεσε όσο διήρκεσαν και αυτές. Αυτές ήταν:

1. Ισχυρό κράτος και θεσμικό πλαίσιο προσανατολισμένο στον σφιχτό κρατικό έλεγχο του χρήματος και τον έλεγχο του πληθωρισμού στο εσωτερικό.

2. Η παρασιτική πρόσδεση της Ελλάδας στο άρμα του ταχέως αναπτυσσόμενου Δυτικού καπιταλισμού και οι συναλλαγματικές εισροές που αυτή της εξασφάλισε.

3. Το πλαίσιο του συστήματος του Μπρέτον Γουντς το οποίο χαρακτήριζε (α) η επεκτατική νομισματική πολιτική των ΗΠΑ, (β) η διολισθαίνουσα αξία του δολαρίου και (γ) η μακρόπνοη πολιτική των ΗΠΑ, μέρος της οποίας ήταν και η άδεια στην Ελλάδα να κάνει την υποτίμηση του 1953.

---

[50] Η εγχώρια ιδιωτική κατανάλωση υπερτριπλασιάστηκε μεταξύ 1950 και 1971 (από 70 σε 225 δις δρχ, σε σταθερές τιμές 1970), ενώ το εμπορικό έλλειμμα τετραπλασιάστηκε (από 313 σε 1320 εκ. δολάρια) καλυπτόμενο ακριβώς από τις παραπάνω πηγές αδήλων πόρων (ΤτΕ 1984b, 3:190, 224).

[51] Μεταξύ 1951 και 1971 ο οικονομικά ενεργός πληθυσμός με συνήθη απασχόληση στον πρωτογενή τομέα (γεωργία, αλιεία, κτηνοτροφία, θήρα, δάση) μειώθηκε από το 48,1% στο 40,6% και η αντίστοιχη συμβολή στο ΑΕΠ από το 35,2% στο 18,6%. Οι απασχολούμενοι στην βιομηχανία-βιοτεχνία αυξήθηκαν μόνον ελαφρά (από 15,8 σε 17,1% ενεργού πληθυσμού) ενώ η συμβολή στο ΑΕΠ έμεινε σχεδόν στάσιμη (από το 19,8% στο 19,9%). Αντιθέτως, αυξήθηκαν εντυπωσιακά οι απασχολούμενοι στις κατασκευές—από 2,6 σε 7.9%—με αντίστοιχη αύξηση στην συμβολή του κλάδου στο ΑΕΠ—από 3,7% σε 7,7% (ΕΣΥΕ 1958, 3:84· 1977, 3:51). Παρότι είναι δύσκολο να μετρηθεί λόγω εποχικότητας, είναι προφανές ότι αυξήθηκε και η απασχόληση στον τουρισμό. Οι εισπράξεις από τουριστικό συνάλλαγμα έφτασαν το 1970 στο 2,3% του ΑΕΠ (ΣΕΤΕ 1992, 52).

Όπως θα δούμε, όταν μία-μία αυτές οι συνθήκες έπαψαν να ισχύουν, η αξία της δραχμής κατέρρευσε.

Ο ΚΟΣΜΟΣ ΜΕΤΑ ΤΟ ΜΠΡΕΤΟΝ ΓΟΥΝΤΣ

17

Το δολάριο είναι νόμισμά μας, αλλά πρόβλημά σας.
John Connally (Υπ. Οικονομικών ΗΠΑ) 1971

Ε, λοιπόν, χέστηκα για την λιρέτα!
Richard Nixon (Πρόεδρος ΗΠΑ) 1972

Ο ΑΜΕΡΙΚΑΝΙΚΟΣ ΑΙΩΝΑΣ, βασισμένος στην συντριπτική υπεροπλία των ΗΠΑ, ήταν ένα επίτευγμα με κόστος. Η αμερικανική στρατιωτική μηχανή ουσιαστικά «έκαιγε» δολάρια, τα οποία τροφοδοτούσαν το Πεντάγωνο και το Σχέδιο Marshall. Σε έναν φαύλο κύκλο, όσο η μηχανή διογκωνόταν τόσα περισσότερα δολάρια χρειαζόταν, και όσο περισσότερα δολάρια χρειαζόταν τόσο περισσότερο έπρεπε να διογκωθεί. Ο πόλεμος του Βιετνάμ, μια πολεμική επιχείρηση που κράτησε 20 χρόνια (1955–1975), είχε πλημμυρίσει τις παγκόσμιες αγορές με δολάρια πολύ προτού λήξει. Ταυτόχρονα, καθώς οι μεταπολεμικές οικονομίες ανέκαμπταν και καταλάμβαναν το αμερικανικό μερίδιο στην παραγωγή αγαθών, ο κόσμος δεν είχε πλέον ανάγκη μόνο δολαρίων αλλά και γερμανικών μάρκων και ιαπωνικών γιεν.

Η τιμή του χρυσού στην ελεύθερη αγορά απομακρυνόταν όλο και περισσότερο από την επίσημη ισοτιμία των 35 δολαρίων ανά ουγγιά. Κάθε αναταραχή προκαλούσε πανικό στις αγορές και αύξηση της τιμής του. Τον Οκτώβριο του 1960, κατά την προεκλογική περίοδο των ΗΠΑ, ο χρυσός άγγιξε τα 40 δολάρια στις αγορές, οι οποίες αναγνώριζαν ότι πλέον το δολάριο ήταν σοβαρά ανατιμημένο.

Το σύστημα του Μπρέτον Γουντς, κατά το οποίο ένα εθνικό νόμισμα τελούσε ταυτόχρονα και χρέη παγκοσμίου αποθεματικού νομίσματος, έδειχνε τώρα τις δομικές του αντιφάσεις. Από την μία, η συνεχής αύξηση της παγκόσμιας ποσότητας δολαρίων θα διατηρούσε την παγκόσμια ρευστότητα, αλλά θα οδηγούσε με μαθηματική βεβαιότητα στην πτώση της αξίας του ως προς τον χρυσό. Από την άλλη, μείωση της παγκόσμιας κυκλοφορίας δολαρίων θα αποκαθιστούσε μεν την αξία του, θα σήμαινε όμως και παγκόσμια ύφεση. Το «δίλημμα του Triffin»,[1] όπως αποκλήθηκε έμενε αναπάντητο.

Με τα θεμέλια του συστήματος του Μπρέτον Γουντς να τρίζουν, το 1961 οι κεντρικές τράπεζες οκτώ χωρών[2] δημιούργησαν το Κοινό Ταμείο Χρυσού του Λονδίνου (London Gold Pool). Με προίκα 240 τόννων χρυσού (270 εκ. δολάρια), σκοπός του ήταν να σταθεροποιεί την τιμή του χρυσού αγοράζοντας στα 35,08 δολάρια και πουλώντας στα 35,20. Η κρίση των πυραύλων της Κούβας αποτέλεσε άλλη μια δοκιμασία. Στις 22 και 23/7/1962 το Ταμείο αναγκάστηκε να προβεί σε ημερήσιες πωλήσεις 45–50 εκ. δολαρίων, πλησιάζοντας επικίνδυνα το όριο των 270 εκ. δολαρίων που μπορούσε να διαθέσει σε χρυσό. Οι ρωσικές πωλήσεις χρυσού (για αγορά σιτηρών) και η εκτόνωση της κρίσης έσωσαν το σύστημα, αλλά μόνον προσωρινά (Toniolo 2005, 379).

Καθώς οι δομικές αντιφάσεις του συστήματος παρέμεναν, το Ταμείο απλώς παρέτεινε το αναπόφευκτο, με το κόστος της αμερικανικής υπερχρέωσης να επιβαρύνει τις χώρες που διακρατούσαν δολάρια. Στην πρακτική αυτή αντιτάχθηκε ο Γάλλος Πρόεδρος Charles de Gaulle, εξαργυρώνοντας τα δολαριακά αποθέματα της Γαλλίας. Αρχικώς αυτό γινόταν με διακριτικότητα, και μεταξύ 1958–1965 η Γαλλία αποκτούσε 400 τόννους χρυσού κατ’ έτος (Marsh 2011, 48). Τελικά η εναντίωσή του έγινε ανοικτή και σε συνέντευξη τύπου της 4/2/1965 κατήγγειλε την προνομιακή θέση του δολαρίου. Κατόπιν η Γαλλία εξαργύρωσε 150 εκ. δολάρια σε χρυσό, ακολουθούμενη από την Ισπανία του Φράνκο που εξαργύρωσε άλλα 60 εκ. δολάρια (*Time* 1965). Μέχρι τον Αύγουστο του 1966, η Γαλλία είχε αποθησαυρίσει χρυσό αξίας 5,13 δισ δολαρίων (*Time* 1966).

---

[1] Ο Robert Triffin ήταν Βέλγος οικονομολόγος με θητεία στην Federal Reserve, το ΔΝΤ και τον ΟΟΣΑ. Τον Νοέμβριο του 1960 ανέδειξε τις δομικές αντιφάσεις του συστήματος του Μπρέτον Γουντς, προτείνοντας την αντικατάσταση του δολαρίου από ένα άλλο παγκόσμιο αποθεματικό νόμισμα.

[2] ΗΠΑ 50% ($135 εκ., 120 τόνοι), Γερμανία 11% ($30 εκ., 27 τόνοι), Βρετανία 9% ($25 εκ., 22 τόνοι), Ιταλία 9% ($25 εκ., 22 τόνοι), Γαλλία 9% ($25 εκ., 22 τόνοι), Ελβετία 4% ($10 εκ., 9 τόνοι), Ολλανδία 4% ($10 εκ., 9 τόνοι), Βέλγιο 4% ($10 εκ., 9 τόνοι).

Ο Πόλεμος των έξι ημερών το καλοκαίρι του 1967 επιδείνωσε την κρίση αυξάνοντας την ζήτηση χρυσού. Η Γαλλία—κάποια απροσδιόριστη στιγμή (Capie 2012, 225)—αποφάσισε να αποχωρήσει από το Ταμείο, μοναδικός σκοπός του οποίου ήταν η διατήρηση του δολαρίου ως διεθνούς μέσου συναλλαγών. Η κλιμάκωση του πολέμου του Βιετνάμ το 1967–68 κάθε άλλο παρά βελτίωσε την κατάσταση. Η δράση των κερδοσκόπων στην αγορά χρυσού στο Λονδίνο οδήγησε στην υποτίμηση της στερλίνας κατά 14,3% στις 18/11/1967. Το Ταμείο άντεξε μέχρι τις 14/3 όταν αναγκάστηκε να πωλήσει χρυσό αξίας 2,75 δισ δολαρίων. Με αμερικανικό αίτημα της ίδιας ημέρας, η Βασίλισσα της Αγγλίας ζήτησε να διακοπούν οι συναλλαγές χρυσού στην αγορά του Λονδίνου, πράγμα που έγινε από την επομένη και για δύο εβδομάδες. Σε άλλες αγορές, ο χρυσός θα ανέβαινε στα 44 δολάρια.

Ο καταλυτικός ρόλος του de Gaulle στην αποσταθεροποίηση του συστήματος του Μπρέτον Γουντς θα εξουδετερωνόταν από τα γεγονότα του γαλλικού Μάη του 68. Η αποσταθεροποίησή του από το φοιτητικό κίνημα διευκόλυνε—τυχαία;—τις ΗΠΑ να δώσουν μια τελευταία πνοή στο παραπαίον σύστημα του Μπρέτον Γουντς. Τον Μάρτιο το 1968, υπό την Προεδρία του Lyndon Johnson, ήραν την μετατρεψιμότητα του δολαρίου σε χρυσό για τους ιδιώτες, διατηρώντας την μόνο για διακρατικές συναλλαγές. Διάφορα άλλα τεχνάσματα όπως το εμπάργκο στις πωλήσεις χρυσού από την Ν. Αφρική το 1968–69 και η εισαγωγή των Ειδικών Τραβηκτικών Δικαιωμάτων (Special Drawing Rights, SDR) από το ΔΝΤ, απλώς θα καθυστερούσαν το αναπόφευκτο. Οι ΗΠΑ ήταν με το ένα πόδι εκτός του Μπρέτον Γουντς.

17.1 Σύντομο ιστορικό της ΕΟΚ

Η ΕΟΚ άρχισε να μορφοποιείται κατά τα χρόνια που ακολούθησαν την λήξη του ΒΠΠ. Ιδιαίτερη σημασία πρέπει να δοθεί στο τραυματικό ψυχολογικό κλίμα που προκάλεσαν οι συγκρούσεις των δύο παγκοσμίων πολέμων. Κατά την έναρξη των εργασιών του Συμβουλίου της Ευρώπης στο Στρασβούργο αμέσως μετά τον πόλεμο (16/5/1949), ο Robert Schuman ταυτοποίησε ως κύριο πρόβλημα την «*unending clash of nationalities and nationalisms*» προτείνοντας ως λύση «*creating between them an organization putting an end to war and guaranteeing an eternal peace […] reconciling nations in a supranational association*» (Schuman και Heilbron Price 2003).

Και όπως γίνεται συχνά, λύσεις σε προβλήματα βρίσκονται από ιδέες που κυκλοφορούν την συγκεκριμένη περίοδο. Έτσι, το πρόβλημα των ενδοευρωπαϊκών ανταγωνισμών εδόθη προς επίλυση στους εμπόρους. Πράγματι, από πλευράς υλοποίησης μιας ευρωπαϊκής υπερεθνικής οντότητας, ως άμεσος πρόδρομος της ΕΟΚ μπορεί να θεωρηθεί η Τελωνειακή Ένωση της Benelux που σχημάτισαν το Βέλγιο, η Ολλανδία και το Λουξεμβούργο. Η σχετική απόφαση είχε ληφθεί στο Λονδίνο (5/9/1944) από τις εξόριστες κυβερνήσεις των τριών χωρών και ετέθη σε ισχύ μετά τον πόλεμο (1/1/1948).

Μετά την λήξη του πολέμου, το «γερμανικό πρόβλημα» ετίθετο πάλι, με τις ΗΠΑ να επείγονται να περιορίσουν την Γερμανία σε έναν ανώδυνο για εκείνους ρόλο και να την απομονώσουν από την Σοβιετική Ένωση, χωρίς όμως να την ταπεινώσουν όπως είχε γίνει μετά τον ΑΠΠ. Ο περιορισμός της ίδιας της Σοβιετικής Ένωσης ήταν ένας άλλος προφανής προβληματισμός. Επιπλέον, δεν θα πρέπει να παραγνωρίσουμε και τις επιθυμίες των ΗΠΑ για την δημιουργία μιας Ευρώπης αρκετά ισχυρής, ώστε να μην επιβαρύνει υπέρμετρα τον αμερικανικό προϋπολογισμό για την άμυνά της, αλλά όχι τόσο ισχυρής που θα μπορούσε να αμφισβητήσει την αμερικανική ηγεμονία. Η λύση που προτάθηκε από διάφορους Αμερικανούς πολιτικούς και διπλωμάτες, και που υλοποιήθηκε από διαδοχικές αμερικανικές κυβερνήσεις, προέβλεπε την δημιουργία ενός υπερεθνικού ευρωπαϊκού οργανισμού, με σχετική απομείωση της εθνικής κυριαρχίας των συμμετεχόντων κρατών, ελευθερία των αγορών και απόλυτη ένταξη στις «Ατλαντικές» δομές. Αυτό είχε ήδη ξεκινήσει από τα κονδύλια του Σχεδίου Marshall που επιχείρησε να δημιουργήσει ένα πρόπλασμα ομοσπονδίας για τα συμμετέχοντα κράτη και που τελικά κατέληξε στον ΟΟΣΑ.[3] Η πλήρης ένταξη στο τρίπτυχο ΟΟΣΑ-ΓΚΑΤΤ-ΝΑΤΟ ήταν η εκ των ων ουκ άνευ συνθήκη για τον σχεδιαζόμενο οργανισμό, ο οποίος προεβλέπετο να έχει μια διευρυμένη ανεξαρτησία, χωρίς όμως να

---

[3] Ο Οργανισμός Ευρωπαϊκής Οικονομικής Συνεργασίας (*Organization for European Economic Cooperation*) δημιουργήθηκε για την διανομή των κονδυλίων του Σχεδίου Marshall και αποτελείτο από 18 χώρες, εκ των οποίων και οι έξι της ΕΣΚΑ. Τον Σεπτέμβριο του 1961—και αφού είχε παρακμάσει (λόγω της διακοπής του Σχεδίου Marshall το 1952—αντικαταστάθηκε από τον Οργανισμό Οικονομικής Συνεργασίας και Ανάπτυξης (ΟΟΣΑ). Ο ΟΟΣΑ ιδρύθηκε από τα 18 μέλη του ΟΕΕΣ, τις ΗΠΑ και τον Καναδά. Επιπλέον, να σημειωθεί ότι η ΕΟΚ αναπτύχθηκε στα γενικότερα πλαίσια που έθεταν η GATT και το NATO.

αμφισβητεί το Ατλαντικό πλαίσιο του ΝΑΤΟ. Οι ΗΠΑ ήταν διατεθειμένες να υποστούν κάποιες προσωρινές οικονομικές απώλειες από την ανάπτυξη αυτής της εσωτερικής ελεύθερης αγοράς. Θεωρούσαν ότι αφενός ήταν σημαντικότερος ο γεωπολιτικός σχεδιασμός, και αφετέρου ότι θα τις αντιστάθμιζαν από την αύξηση των απολύτων μεγεθών των εξαγωγών προς την ανασυγκροτούμενη Ευρώπη (βλ. Lundestad 1998). Οι αμερικανικές προσπάθειες προσεταιρισμού της Ευρώπης έφτασαν μέχρι την υλοποίηση ενός προγράμματος «πολιτισμικού ψυχρού πολέμου», από την CIA και άλλους οργανισμούς, το οποίο επιχειρούσε να να στρέψει την ευρωπαϊκή αριστερή σκέψη μακριά από την Σοβιετική προπαγάνδα, και προς τις πιο ανώδυνες αποχρώσεις της «δημοκρατικής» ή «ευρωπαϊκής» Αριστεράς και της σοσιαλδημοκρατίας.[4] Η αμερικανική στήριξη στην ευρωπαϊκή ενοποίηση ήταν διαχρονική· παρά τα κάποια παράπονα που διατύπωνε για τις ευρω-αμερικανικές σχέσεις ο Henry Kissinger (1973, 595) ομολογούσε: «*No element of American postwar policy has been more consistent than our support of European unity. We encouraged it at every turn [...] The United States will continue to support the unification of Europe. We have no intention of destroying what we worked so hard to help build. For us, European unity is what it has always been : not an end in itself but a means to the strengthening of the West. We shall continue to support European unity as a component of a larger Atlantic partnership*».

Βεβαίως, στην παραπάνω ανάλυση δεν θα πρέπει να θεωρήσουμε τις ευρωπαϊκές χώρες ως απαθείς παίκτες —τουλάχιστον όχι όλες. Εντός του υπό διαμόρφωση πλαισίου τόσο η Γαλλία όσο και η Γερμανία προώθησαν τους δικούς τους γεωπολιτικούς σχεδιασμούς με τα όπλα που η καθεμιά διέθετε: η Γαλλία με την ισχυρή κρατική γραφειοκρατία και η Γερμανία με την ισχυρή της οικονομία. Στις δεκαετίες που θα ακολουθούσαν, στο διοικητικό της σκέλος η «Ευρώπη» θα εξελισσόταν σε μια γαλλικού τύπου ογκώδη και συγκεντρωτική γραφειοκρατία με μικρό δημοκρατικό έλεγχο, και στο οικονομικό της σκέλος σε μια «ζώνη μάρκου» στην οποία η Γερμανία έπαιζε ρυθμιστικό ρόλο. Και με αυτήν την διάταξη η Γαλλία καθυπέτασσε την Γερμανία σε μια γραφειοκρατία στην οποία ασκούσε σημαντικό έλεγχο, ενώ η Γερμανία χρησιμοποιούσε την πολιτική και διπλωματική νομιμοποίηση που αποκτούσε ως μέλος της «ευρωπαϊκής οικογένειας» για να ξαναχτίσει την δυνατότητα να ασκεί εξωτερική πολιτική ανάλογη του οικονομικού και γεωπολιτικού της μεγέθους.

Συνεπώς η «Ευρώπη» ήταν η συνισταμένη αμερικανικών, γαλλικών και γερμανικών σχεδιασμών—ενίοτε αντιτιθέμενων. Π.χ. το βρετανικό αίτημα σύνδεσης με την ΕΟΚ—που προωθούσαν οι ΗΠΑ—βρήκε ανάχωμα στο πρόσωπο του de Gaulle, ο οποίος έθεσε βέτο δύο φορές, το 1963 και το 1967. Μόνον μετά την αποχώρησή του από την γαλλική Προεδρία τον Απρίλιο του 1969 θα είχε τύχη η βρετανική υποψηφιότητα—η εισδοχή έγινε το 1973 μαζί με την Ιρλανδία και την Δανία.

Επιστρέφοντας λοιπόν στην μεταπολεμική Ευρώπη, το «γερμανικό πρόβλημα» έθετε άμεσα προβλήματα. Ένα τέτοιο ήταν οι εντεινόμενες γαλλογερμανικές προστριβές ως προς την εκμετάλλευση των ανθρακορυχείων της Ρουρ και της Σαρ, περιοχών που είχαν περιέλθει σε γαλλική εκμετάλλευση μετά τον πόλεμο. Απάντηση στο πρόβλημα εντός των πλαισίων που είχαν ορίσει οι ΗΠΑ ανέλαβε να δώσει ο Robert Schuman, Λουξεμβούργιος στην καταγωγή πολιτικός, που είχε αποκτήσει την Γερμανική υπηκοότητα από την γέννησή του και που έγινε Γάλλος υπήκοος με την μεταφορά της Λωρραίνης στην Γαλλία μετά τον ΑΠΠ. Στις 9/5/1950, σε μια ιστορική ομιλία στο Salon de l'Horloge του Quai d'Orsay πρότεινε την ρύθμιση της παραγωγής άνθρακα και χάλυβα από μια υπερεθνική Ανώτατη Αρχή, μια *Haute Autorité* (Europa 2015). Αρχιτέκτονας του όλου εγχειρήματος ήταν ο Γάλλος Jean Monnet, γόνος οικογένειας εμπόρων, έμπορος, χρηματιστής, διπλωμάτης, ποτέ δεν εξελέγη σε δημόσιο αξίωμα, και τον οποίο ο Lundestad (1998, 156) περιγράφει ως «αγαπημένο των Αμερικανών». Ο Monnet είχε υποβάλει την σχετική πρόταση στον Schuman περί τα τέλη Απριλίου (Piodi 2010, 25). Όταν η Γαλλία, η Δυτ. Γερμανία, η Ιταλία και οι χώρες της Benelux θα υπέγραφαν την σύμβαση της *Ευρωπαϊκής Κοινότητας Άνθρακα και Χάλυβα* (ΕΚΑΧ, 18/4/1951), ο Monnet θα εκλεγόταν πρώτος Πρόεδρος της Ανώτατης Αρχής. Είναι αξιοση-

---

[4] Είναι χαρακτηριστικό ότι η πρώτη στελέχωση της CIA από πρώην μέλη της OSS δεν προσιδίαζε στην κλασική εικόνα του κατασκόπου, αλλά του κοσμοπολίτη διανοούμενου (βλ. Saunders 1999). Το δρόμο αυτό ακολούθησαν τελικά πολλοί αριστεροί, είτε εν αγνοία τους, είτε εθελοτυφλώντας. Θα μπορούσε, π.χ., να θεωρηθεί υπόθεση τραγικής ειρωνείας το ότι ο Ιάννης Ξενάκης, αφού έχασε το αριστερό του μάτι από βρετανική οβίδα στα Δεκεμβριανά μαχόμενος με το ΚΚΕ, διέφυγε στην Γαλλία και καταδικάστηκε ερήμην σε θάνατο για λιποταξία από το εμφυλιακό κράτος, κατέληξε υπότροφος του *European Cultural Foundation*—ίδρυμα-βιτρίνα της CIA—και να δίνει συναυλίες για λογαριασμό του Σάχη του Ιράν.

μείωτο ότι για την στήριξη του οργανισμού, οι ΗΠΑ θα προέβαιναν στην έγκριση δανείου 100 εκ. δολ στην ΕΚΑΧ το 1954 (Rappaport 2007). Δύο θεσμοί της ΕΚΑΧ θα ωρίμαζαν ιδιαιτέρως τα επόμενα χρόνια. Ένα *Δικαστήριο* επίλυσης διαφορών (*Court de Justice*), το οποίο αργότερα θα μετονομαζόταν σε *Δικαστήριο των Ευρωπαϊκών Κοινοτήτων* (1957) και σε *Δικαστήριο της Ευρωπαϊκής Ένωσης* (1993) και μια άτυπη *Κοινή Συνέλευση* συμβουλευτικού χαρακτήρα (*Assemblée Commune*) που θα μετεξελισσόταν σταδιακά στο *Ευρωπαϊκό Κοινοβούλιο*. Σε αντίθεση με το Δικαστήριο που είχε νομική ισχύ, η Συνέλευση είχε απλώς συμβουλευτικό χαρακτήρα.

Τα επόμενα χρόνια, η δομή της ΕΚΑΧ έδωσε στον Monnet ιδέες για νέους, παράλληλους, υπερεθνικούς Ευρωπαϊκούς θεσμούς, που θα απαντούσαν σε συγκεκριμένες απαιτήσεις. Ζυμώσεις αρκετών ετών οδήγησαν στην υπογραφή της Συνθήκης της Ρώμης (25/3/1957), κατά την οποία δημιουργούνται δύο κοινότητες, η *Ευρωπαϊκή Οικονομική Κοινότητα* (ΕΟΚ) και η Ευρατόμ, και εγκαινιαζόταν η *Κοινή Αγροτική Πολιτική* (ΚΑΠ). Η ΕΟΚ είχε ως απώτερο σκοπό το άνοιγμα των αγορών και την κατάργηση (εντός 12ετίας) των δασμών για τα εμπορεύματα που διακινούνταν μεταξύ των χωρών της «κοινής αγοράς»—ολοκληρώθηκε το 1968—διατηρώντας όμως τους υπάρχοντες περιορισμούς στην κίνηση κεφαλαίων, προσώπων και υπηρεσιών. Η *Ευρατόμ* είχε ως σκοπό την συνεργασία σε θέματα πυρηνικής ενέργειας. Τα δύο αυτά όργανα θα μοιράζονταν το Δικαστήριο και την Κοινή Συνέλευση της ΕΣΚΑ, αντανακλώντας τις οριζόντιες διασυνδέσεις των κοινοτήτων αυτών. Τέλος, η ΚΑΠ αποσκοπούσε στην δημιουργία μιας ζώνης ελευθέρου εμπορίου αγροτικών προϊόντων, προστατευμένη όμως μέσω αγροτικών επιδοτήσεων από τον ανταγωνισμό τρίτων χωρών.

Οι τρεις παράλληλοι—και νομικώς ανεξάρτητοι—σχηματισμοί (ΕΚΑΧ, ΕΟΚ, Ευρατόμ) θα αποκτούσαν μια ενιαία διοίκηση (από 1/7/1967), με την υποκατάσταση της Ανώτατης Αρχής της ΕΚΑΧ και της Επιτροπής της Ευρατόμ από την Επιτροπή της ΕΟΚ, την αποκαλούμενη πλέον *Ευρωπαϊκή Επιτροπή*. Η Συμφωνία Συγχώνευσης που είχε υπογραφεί στις Βρυξέλλες νωρίτερα (8/4/1965), ένωνε αυτές τις τρεις Κοινότητες κάτω από μια κοινή διοικητική στέγη.

Αυτή ήταν, σε γενικές γραμμές, η ΕΟΚ, ένα οικοδόμημα που είχε χτιστεί τούβλο-τούβλο με σειρά συμβιβασμών που υπαγορεύονταν από συγκεκριμένες, κάθε φορά, περιστάσεις. Αν και δεν είχε επακριβώς προκαθορισμένο αρχιτεκτονικό σχέδιο για να καθοδηγεί τους χτίστες του, οι θεμελιωτές του κτιρίου είχαν ρίξει τα θεμέλια με έναν τέτοιο τρόπο που το τελικό οικοδόμημα να έχει αναπόδραστα συγκεκριμένη όψη και συγκεκριμένες λειτουργίες: στα γονίδια του «ευρωπαϊκού οικοδομήματος» ήταν γενετικώς κωδικοποιημένη η υποκατάσταση της κυριαρχίας των εθνικών κρατών από έναν υπερεθνικό οργανισμό. Όπως τόνισε ο Jean Monnet σε ομιλία στην Ουάσινγκτον στις 30/4/1952 , «*We are not forming a coalition of states, we are uniting men*». Ο οργανισμός αυτός θα ήταν πλήρως ενταγμένος στην Αμερικανική «αυτοκρατορία»—κατά τον χαρακτηρισμό του Lundestad—και θα ασπαζόταν πλήρως το «ελεύθερο» εμπόριο και την οικονομία της αγοράς. Άλλες ενοποιητικές παράμετροι—ευρωπαϊκός πολιτισμός, Χριστιανισμός, ουμανισμός, κοινοβουλευτισμός, κλπ—απλώς συνεπικουρούσαν τον κεντρικό αυτό σχεδιασμό. Στην πορεία, οι Ευρωπαίοι πολιτικοί εκχώρησαν κομμάτι-κομμάτι—και άνευ ρητής λαϊκής εντολής—την εξουσία τους σε ένα μη αιρετό διευθυντήριο, διαπράττοντας ουσιαστικά έναν θεσμικό αυτοχειρισμό.

17.2 Ασταθές δολάριο και ευρωπαϊκό κοινό νόμισμα

Μπορεί η κατάρρευση του Μπρέτον Γουντς να ήταν ο καταλύτης που θα επιτάχυνε τις διεργασίες προς την ευρωπαϊκή νομισματική ενοποίηση, όμως οι συνθήκες είχαν αρχίσει να παρουσιάζονται αρκετά νωρίτερα. Σε οικονομίες απομονωμένες μεταξύ τους, οι συναλλαγματικές ισοτιμίες αποτελούν πρόβλημα ακαδημαϊκού ενδιαφέροντος. Σε έναν κόσμο διεθνοποιημένων συναλλαγών το πρόβλημα του ανταλλακτικού μέσου είναι κρίσιμο. Πώς θα γίνονται οι διακρατικές συναλλαγές; Σε ποιο—ή ποια—νομίσματα θα αποτιμώνται τα εμπορεύματα; Επιπλέον, που θα «διανυκτερεύουν» τα διεθνή κερδοσκοπικά κεφάλαια στην αναζήτηση μεγαλυτέρων αποδόσεων; Τα τραπεζικά επιτόκια θα μπορούσαν να καθορίσουν τις ροές κερδοσκοπικών κεφαλαίων, ενώ η διακύμανση της ισοτιμίας ενός νομίσματος θα μπορούσε να μεταβάλλει σημαντικά την απόδοση ενός ομολόγου που έχει εκδοθεί στο νόμισμα αυτό.

Σε μια ολοένα διεθνοποιούμενη οικονομία, όπως εκείνη των χωρών της ΕΟΚ, το συναλλαγματικό ζήτημα ήταν κρίσιμο. Η αμερικανική νομισματική πολιτική του *benign neglect* δημιουργούσε έντονες ανισορροπίες στο σύστημα του Μπρέτον Γουντς (π.χ. οι ΗΠΑ είχαν μεγάλα ελλείμματα και η Γερμανία μεγάλα πλεονάσματα πληρωμών), αφαιρώντας από τις ευρωπαϊκές οικονομίες μια σταθερή εξωτερική άγκυρα για την ρύθμιση των νομισματικών τους ισοτιμιών. Όπως φέρεται να είχε πει ο Αμερικανός Υπ. Οικονομικών John Connally στους Ευρωπαίους ομολόγους του το 1971, *«το δολάριο είναι νόμισμά μας, αλλά πρόβλημά σας»*. Αναγκάζοντας τα ευρωπαϊκά κράτη να στραφούν προς τον ορισμό μιας εσωτερικής τέτοιας άγκυρας, αυτή η διαδικασία θα έφερνε στο προσκήνιο την ιδέα της νομισματικής ενοποίησης που θα συνεπάγονταν και μια ενδεχόμενη πολιτική ενοποίηση. Στο πλαίσιο αυτό, η νομισματική συνεργασία δεν θα πρέπει να θεωρηθεί ως ένα τεχνικό εργαλείο για την εξομάλυνση του εμπορίου, που θα είχε ως απλή συνέπεια την πολιτική ενοποίηση. Αντιθέτως, χρησιμοποιήθηκε ως αφετηρία για την υλοποίηση της ευρωπαϊκής ενοποίησης, ενός καθαρά πολιτικού στόχου, τον οποίο κάθε κράτος αντιλαμβανόταν με τον δικό του τρόπο. Αυτή ήταν και η άποψη του ίδιου του Jean Monnet που από το 1957 θεωρούσε ότι *«μέσω του χρήματος η Ευρώπη θα μπορούσε να γίνει πολιτική σε πέντε χρόνια»* (Duchêne 1994, 312· βλ. Collignon και Schwarzer 2003, 31). Όμως η ιδέα ακόμη δεν ήταν ώριμη και θα έπρεπε να μεσολαβήσουν μεγάλες αναταραχές για να κερδίσει σταδιακά έδαφος.

Τα προβλήματα στην ΚΑΠ

Ήδη από τις αρχές της δεκαετίας του '60 οι ανισορροπίες του συστήματος του Μπρέτον Γουντς είχαν προκαλέσει την ανατίμηση του μάρκου κατά 5% (3/3/1961). Προς το τέλος της δεκαετίας οι ανισορροπίες είχαν λάβει τέτοια έκταση που το φράγκο υποτιμήθηκε κατά 11% (Αύγουστος 1969) και το μάρκο ανατιμήθηκε κατά 9,3% (Σεπτέμβριος 1969) έναντι του δολαρίου. Αυτές οι εξελίξεις δυσχέραιναν την πρακτική εφαρμογή της Κοινής Αγροτικής Πολιτικής (ΚΑΠ) που είχε τεθεί σε ισχύ το 1962. Με τον κανονισμό 120/1962 (European Council 1962, 2553–2554), οι τιμές των αγροτικών προϊόντων εκφράζονταν σε ειδικές λογιστικές μονάδες που είχαν ορισθεί για τον συγκεκριμένο σκοπό και είχαν αξία 0,88867088 g χρυσού, ακριβώς ίση με 1 δολάριο σύμφωνα με το σύστημα του Μπρέτον Γουντς. Οι αλλαγές στις ισοτιμίες μεταξύ των ευρωπαϊκών νομισμάτων (π.χ. η ανατίμηση του μάρκου), άφηναν αμετάβλητη την αξία των προϊόντων σε λογιστικές μονάδες, όμως τροποποιούσαν την αξία τους σε εθνικά νομίσματα. Έχοντας αυτό το πρόβλημα υπόψη η Επιτροπή εξέδωσε υπόμνημα που μελετούσε το κλείδωμα των ισοτιμιών μεταξύ των ευρωπαϊκών νομισμάτων και το ενδεχόμενο μιας νομισματικής ένωσης (European Commission 1962, 75, 80), απηχώντας τις ιδέες του Γάλλου οικονομολόγου Robert Marjolin, πρώην Γενικού Γραμματέα του ΕΟΟΣ (του οργανισμού που διαχειριζόταν τα κονδύλια του Σχεδίου Marshall) και Ευρωπαίου Επιτρόπου μεταξύ 1958–1967.[5]

Παρότι σε πολιτικό επίπεδο η αποδοχή τέτοιων ιδεών δεν είχε ωριμάσει και απορρίφθηκε, σε πρακτικό επίπεδο, η λειτουργία διαφόρων Κοινοτικών θεσμών (προϋπολογισμός, ΕΚΑΧ, Ευρωπαϊκή Τράπεζα Επενδύσεων, Στατιστικό Γραφείο, κλπ) γινόταν με την χρήση *ad hoc* λογιστικών μονάδων όπως εκείνων της ΚΑΠ (European Commission - IDG 1975). Η πλεονασματικότητα της γερμανικής οικονομίας θα έφερνε το μάρκο αντιμέτωπο και με το γαλλικό φράγκο, θέτοντας επιπλέον προβλήματα στις κοινοτικές πολιτικές. Αυτή η σχέση φράγκου-μάρκου θα σημάδευε τις εξελίξεις για πολλά χρόνια, με αποκορύφωμα την κρίση του ΜΣΙ κατά την δεκαετία του '90. Σε πρώτη φάση ο διάδοχος του Ντε Γκολ, Georges Pompidou, αναγκαζόταν να υποτιμήσει το φράγκο κατά 11,1% στις 9/8/1969, ακολουθούμενος από τον Willy Brandt που ανατίμησε το μάρκο κατά 8,5% στις 27/10/1969. Οι αναδιατάξεις αυτές καθιστούσαν τα γαλλικά αγροτικά προϊόντα πολύ φθηνότερα από τα αντίστοιχα γερμανικά, αναγκάζοντας την Επιτροπή σε μια σχιζοφρενική πολιτική: εισήγαγε δασμούς και επιδοτήσεις για να στηρίξει την «ελεύθερη αγορά» στις διοικητικά προσδιοριζόμενες από την ΚΑΠ τιμές· με τα Νομι-

---

[5] *«Mais la politique monétaire a, d'un autre point de vue encore, une importance vitale pour le marché commun. L'union économique implique en effet, au moins après la fin de la période de transition, des taux de change fixes pour les monnaies des États membres, sous réserve de variations dans des limites très étroites. [...] La création de l'union monétaire pourrait devenir l'objectif de la troisième étape du marché commun. Les ministres des finances ou des affaires économiques de la Communauté réunis en Conseil, décideraient des conditions qui devront être arrêtées en temps opportun, volume global des budgets nationaux et du budget communautaire, ainsi que des conditions générales de financement de ces budgets. Le conseil des gouverneurs des instituts d'émission deviendrait l'organe central d'un système bancaire de type fédéral».*

σματικά Εξισωτικά Ποσά (Monetary Compensatory Amounts) εξισορροπούσε την βλάβη (ή ωφέλεια) που προ-έκυπτε από τις υποτιμήσεις (ή ανατιμήσεις) των εθνικών νομισμάτων στην ανταγωνιστικότητα των γεωργικών προϊόντων (European Council 1971).

Το σχέδιο Werner

Την επαύριο της γερμανικής ανατίμησης είχαν δημιουργηθεί ισχυρά κίνητρα για μια ευρύτερη συζήτηση γύρω από την νομισματική συνεργασία. Η συζήτηση ξεκίνησε από τον Georges Pompidou και τον Willy Brandt στην Διάσκεψη Κορυφής στην Χάγη (1–2/12/1969). Εκτός όμως από αυτά τα καθαρά οικονομικά κίνητρα, ταυτόχρονα υπήρχαν και ισχυρά πολιτικά, τόσο από πλευράς Γαλλίας που επιθυμούσε να ανακόψει την προσέγγιση του Brandt με το Σοβιετικό μπλοκ, όσο και από πλευράς Γερμανίας που ήθελε να αποδείξει ότι δεν είχε μια τέτοια βλέψη.

Στην διάσκεψη αυτή αποφασίσθηκε η εκπόνηση σχεδίου για την «δημιουργία οικονομικής και νομισματικής ένωσης» (European Council 1969· Brandt 1970· Ray 1970· P. Werner 1970), το οποίο ανατέθηκε στον Pierre Werner, Πρωθυπουργό του Λουξεμβούργου. Το «σχέδιο Werner» (Werner Committee 1970) κατατέθηκε τον Οκτώβριο του 1970 και πρότεινε την σταδιακή πολιτική και νομισματική ενοποίηση που θα ξεκινούσε από κλείδωμα των διμερών νομισματικών ισοτιμιών (ή αντικατάσταση από ένα «Κοινοτικό νόμισμα»), θα περνούσε από τον σταδιακό Κοινοτικό έλεγχο της νομισματικής και πιστωτικής πολιτικής, των δημοσίων οικονομικών, των κρατικών προϋπολογισμών, των περιφερειακών πολιτικών κλπ. Η πρωτοφανής εκχώρηση εθνικής κυριαρχίας που υπονοούσε αυτό το σχέδιο είχε προκαλέσει φόβο στην Γαλλία, ενώ και η Bundesbank φοβόταν τον εισαγόμενο πληθωρισμό απουσία προηγούμενης οικονομικής σύγκλισης και απαιτούσε την ανεξαρτησία της νομισματικής αρχής (Marsh 2011, 195). Αυτές οι αμφιβολίες, αλλά και οι αμέσως επόμενες εξελίξεις θα τορπίλιζαν το σχέδιο, πριν γίνει το κλείδωμα των ισοτιμιών στις στενές ταινίες που αυτό προέβλεπε.

Μετά από εκτεταμένες πωλήσεις μάρκων τον Απρίλιο του 1971, σε μια προσπάθεια να στηρίξει το δολάριο, η Γερμανία τελικά εγκατέλειψε τον αγώνα. Στις 6/5/1971 οι χρηματαγορές της Γερμανίας, Ολλανδίας, Βελγίου, Αυστρίας και Ελβετίας κλείνουν. Όταν θα ξανάνοιγαν (στις 9/5) η Bundesbank θα άφηνε αφήνει την ισοτιμία του μάρκου να κυμανθεί, ουσιαστικά εγκαταλείποντας το σύστημα Μπρέτον Γουντς λίγο πριν αυτό καταρρεύσει. Την κίνηση αυτή ακολούθησε και η Ολλανδία για το γκίλντερ.

Παρά τις γερμανικές προσπάθειες να προσελκύσει και τις υπόλοιπες Κοινοτικές χώρες σε μια κοινή γραμμή απέναντι στο δολάριο, ο φόβος συνύπαρξης με ένα πανίσχυρο μάρκο οδήγησε την Γερμανία στην νομισματική απομόνωση. Αυτή όμως δεν θα κρατούσε πολύ.

17.3 Το σοκ του Nixon: τούνελ, φίδια και λίμνες

Όταν ο Nixon ανέβαινε στο Προεδρικό αξίωμα, το πρόβλημα του πληθωρισμού είχε πλέον αποκτήσει ανησυχητικές διαστάσεις. Η αμερικανική κυβέρνηση ούτε επέλεγε την αναδίπλωση στον τομέα των στρατιωτικών δαπανών, αλλά ούτε μπορούσε να αντισταθεί εύκολα στις πιέσεις των συνδικάτων για μισθολογικές αυξήσεις (το πρώτο εξάμηνο του 1971 οι εργαζόμενοι στην τηλεφωνία, στην χαλυβουργία και στο αλουμίνιο πέτυχαν αυξήσεις 30% σε βάθος τριετίας). Ο πληθωρισμός άρχισε να καλπάζει και το δολάριο να χάνει συνεχώς την αξία του στις χρηματαγορές.

Μετά την εγκατάλειψη του Μπρέτον Γουντς από την Γερμανία, η εμπιστοσύνη στο δολάριο είχε τρωθεί σε τέτοιο βαθμό, που η τακτική του de Gaulle θα έβρισκε μιμητές και στον υπόλοιπο κόσμο. Τον Ιούλιο η Ελβετία εξαργύρωσε χρυσό αξίας 50 εκ δολαρίων. Στις 9/8/1971 ο χρυσός σκαρφαλώνει στα 43,95 δολάρια ανά ουγγιά στην ελεύθερη αγορά του Λονδίνου. Η Γαλλία ζήτησε χρυσό αξίας 191 εκ. δολαρίων (Frum 2000, 298). Στις 11/8/1971 υπέκυψε και ο πιο πιστός ακόλουθος των ΗΠΑ. Ο Βρετανός πρέσβυς στην Ουάσινγκτον ζητά την μετατροπή 3 δισ δολαρίων σε χρυσό και την μεταφορά τους από το Φορτ Νοξ στα υπόγεια θησαυροφυλάκια της Federal Reserve της Νέας Υόρκης.

Η γύμνια του βασιλιά αποκαλύφθηκε άλλη μια φορά στην ιστορία. Όπως και κάθε άλλη φορά στο παρελθόν, αποδείχθηκε ότι ο «κανόνας χρυσού» ήταν ένα μύθος. Ίσχυε μόνο υποθετικά και μόνον όταν οι κάτοχοι χαρτιού δεν ζητούσαν μαζικά την εξαργύρωσή του. Αντιμέτωπος με αυτήν την επιδρομή των ξένων κυβερνήσεων στα αποθέματα χρυσού των ΗΠΑ, ο Nixon απλώς επισφράγισε το αναπόφευκτο. Στις 15/8/1971, σε σχεδόν θριαμβευτικό διάγγελμα, ανακοίνωσε πάγωμα τιμών και ημερομισθίων για 90 ημέρες, 10% επιπλέον δασμολόγηση στις εισαγωγές και, κυρίως, την μονομερή άρση της μετατρεψιμότητας των δολαρίων σε χρυσό. Με άλλα λόγια, οι ΗΠΑ ακύρωσαν μονομερώς την υποχρέωσή τους να εξαργυρώνουν δολάρια με χρυσό, όπως μια τράπεζα κλείνει τα ταμεία της όταν οι καταθέτες ζητούν μαζικά τα χρήματά τους. Κανείς δεν θα κάνει απαιτητό αυτό το χρέος από τις πάνοπλες ΗΠΑ, έτσι αυτό διαγράφεται μονομερώς.

Από την πλευρά των ΗΠΑ, το σύστημα του Μπρέτον Γουντς είναι παρελθόν. Όμως, παρά αυτήν την *de facto* εγκατάλειψη του συστήματος του Μπρέτον Γουντς από τις ΗΠΑ, οι ευρωπαϊκές κυβερνήσεις εμφάνισαν μια αξιοσημείωτη διάθεση να περισώσουν ό,τι είχε απομείνει από το παλιό σύστημα σταθερών ισοτιμιών, ακόμη και χωρίς την επαναφορά της ανταλλαξιμότητας με χρυσό. Μια σειρά απειλών από ευρωπαϊκές χώρες για αντίποινα στα δασμολογικά μέτρα του Nixon έφεραν τις ΗΠΑ στο τραπέζι των διαπραγματεύσεων. Οι συναντήσεις Nixon-Pompidou στις Αζόρες (13–14/12/1971) και εν συνεχεία της Ομάδας των 10 Ινστιτούτο Σμιθσόνιαν (18/12/1971) αποπειράθηκαν να αναμορφώσουν το σύστημα του Μπρέτον Γουντς.

Κατά την φερώνυμη συμφωνία (Smithsonian Agreement), το δολάριο υποτιμάτο κατά 10% στην τιμή των 38 δολαρίων ανά ουγγιά χρυσού, τιμή στην οποία θα έπρεπε να το στηρίξουν οι υπόλοιπες χώρες που υπέγραφαν την συμφωνία (Γαλλία, Βέλγιο, Καναδάς, Ιταλία, Ιαπωνία, Ολλανδία, Βρετανία, Γερμανία, Σουηδία και Ελβετία). Κατά την συμφωνία, το όριο του ±1% που ίσχυε στο σύστημα Μπρέτον Γουντς διευρυνόταν στο ±2,25%, δημιουργώντας ένα «τούνελ» εύρους 4,5% ως προς το δολάριο.

Το εύρος του 4,5% στις διακυμάνσεις των ισοτιμιών που επέτρεπε η συμφωνία του Σμιθσόνιαν θεωρήθηκε υπερβολικό από τις χώρες της ΕΟΚ. Επιπλέον, καθώς οι ΗΠΑ επέστρεφαν στην πολιτική του benign neglect, οι Willy Brandt και Georges Pompidou αποφάσισαν σε συνάντηση της 10/2/1972 στο Παρίσι να θέσουν σε ισχύ το σχέδιο Werner που είχε παγώσει το 1971, διευρύνοντας το αρχικά προβλεπόμενο τούνελ εύρους 1,5% και φίδι εύρους 1,2%. Στις 10/4/1972 υπεγράφη στην Βασιλεία σχετική συμφωνία από τις χώρες της ΕΟΚ, στην οποία προσχώρησαν οι Βρετανία, Δανία, Ιρλανδία (2/5/1972) και Νορβηγία (23/5/1972). Αυτή όριζε ότι από τις 24/4/1972 οι χώρες αυτές θα διατηρούσαν τις *μεταξύ τους* νομισματικές ισοτιμίες εντός ενός εύρους 2,25%. Αυτό θα ήταν ένα «φίδι», που θα ελισσόταν μέσα στο «τούνελ» που είχε ορίσει η συμφωνία του Σμιθσόνιαν. Η πρακτική λειτουργία ήταν παρόμοια με εκείνη του Μπρέτον Γουντς. Το φίδι προέβλεπε κεντρικές ισοτιμίες για κάθε ζεύγος νομισμάτων, αλλά και υποχρεωτικά σημεία παρέμβασης. Τότε, η κεντρική τράπεζα του ασθενούς νομίσματος ήταν υποχρεωμένη να παρέμβει και να στηρίξει το νόμισμά της, αγοράζοντάς το στην τιμή που καθόριζε το σημείο παρέμβασης. Αν είχε ανάγκη συναλλάγματος, μπορούσε να το προμηθεύεται από την κεντρική τράπεζα του ισχυρού νομίσματος, καταγράφοντας χρέος και χάνοντας αποθεματικά. Αυτό είχε ως αποτέλεσμα, θεωρητικά τουλάχιστον, την συνεχή απώλεια αποθεματικών από τις χώρες με ελλείμματα τρεχουσών συναλλαγών και την συνεχή συσσώρευσή τους σε χώρες με πλεονάσματα.

Σε κάθε περίπτωση οι ευρωπαϊκές χώρες είχαν λογαριάσει χωρίς τον ξενοδόχο. Το δολάριο δεν είχε τάσεις αυξομοιώσεων γύρω από μια κεντρική θέση, αλλά συνεχή πτωτική τάση. Το αποτέλεσμα ήταν ότι οι ευρωπαϊκές χώρες έπρεπε να αναπροσαρμόζουν συνεχώς τα νομίσματά τους προς τα κάτω, κατάσταση που έθετε προβλήματα στα ασθενέστερα νομίσματα (Βρετανίας, Ιρλανδίας και Ιταλίας). Κατά συνέπεια στις 23/6/1972, μετά από μόλις έξι εβδομάδες συμμετοχής, η Βρετανία θα εγκατέλειπε το φίδι και θα άφηνε την στερλίνα να κυμανθεί. Την ίδια ημέρα θα ακολουθούσε και η Ιρλανδία και την επόμενη χρονιά η Ιταλία (13/2/1973), αφήνοντας το φίδι εν πολλοίς μια «ζώνη μάρκου».

Η αδιαφορία των ΗΠΑ να εφαρμόσουν περιοριστική πολιτική—εν μέσω του σκανδάλου του Γουότεργκεϊτ ο R. Nixon είχε δηλώσει ότι «χέστηκε για την λιρέτα» (R. Nixon και Haldeman 1972, 13)—καθώς και η δράση των κερδοσκόπων στις χρηματαγορές, δυσχέραιναν την διατήρηση οποιασδήποτε νομισματικής σταθερότητας. Στις 12/2/1973 οι χρηματαγορές έκλεισαν και οι ΗΠΑ ανακοίνωσαν την υποτίμηση του δολαρίου κατά 10% ως προς τον χρυσό, στα 42,22 δολάρια ανά ουγγιά. Στις 13/2/1973 η Ιταλία σταμάτησε να στηρίζει την λιρέτα και εγκατέλειψε το φίδι, το οποίο έμενε με επτά μόνο μέλη.

Με την αβεβαιότητα να κορυφώνεται, οι χρηματαγορές έκλεισαν ξανά την 1/3/1973, αφού η Bundesbank είχε αναγκασθεί να αγοράσει 2,7 δισ δολάρια για να στηρίξει την ισοτιμία δολαρίου-μάρκου εντός του αναμορφωμένου Μπρέτον Γουντς. Καθώς οι ΗΠΑ αρνήθηκαν να αναλάβουν μέτρα και να μεσολαβήσουν για την σταθεροποίηση του δολαρίου, ο Emminger έλαβε την εξουσιοδότηση του Brandt να περάσει σε κυμαινόμενη ισοτιμία με το δολάριο. Μαζί με την Γερμανία οι χώρες του φιδιού αποφάσισαν την ελεύθερη διακύμανση των νομισμάτων τους ως προς το δολάριο (12/3/1973). Όταν οι χρηματαγορές ξανάνοιξαν στις 19/3 και η απόφαση υλοποιήθηκε, σηματοδοτήθηκε το τέλος του συστήματος του Μπρέτον Γουντς *και* από την πλευρά των χωρών του φιδιού (Ungerer 1997, 123–128). Αυτή η απόφαση εξαφάνιζε και το «τούνελ» του δολαρίου. Το «φίδι» πλέον θα κολυμπούσε στην «λίμνη» και τα ευρωπαϊκά νομίσματα θα επιχειρούσαν να διατηρούν σταθερές *μεταξύ τους* ισοτιμίες, και όχι απέναντι στο δολάριο.

17.4 Προς την νομισματική ενοποίηση

Ο χαρακτήρας του «φιδιού» ως οιονεί «ζώνης μάρκου» είχε τεράστιο συναλλαγματικό κόστος για τις ελλειμματικές χώρες, τόσο που εξανάγκασε και την Γαλλία να το εγκαταλείψει στις 19/1/1974. Όταν θα ξαναεπιχειρούσε το εγχείρημα τον Ιούλιο του 1975 θα τιμωρείτο με την απώλεια του ενός τετάρτου των αποθεμάτων της και θα αναγκαζόταν να αποχωρήσει οριστικά στις 15/3/1976. Αυτή η εξέλιξη θα άφηνε στο φίδι χώρες με στενές οικονομικές σχέσεις με την Γερμανία, μειώνοντας σημαντικά την πολιτική του σημασία (Ungerer 1997, 128–130).

Μεγάλο ρόλο στην ευρωπαϊκή νομισματική ενοποίηση έπαιξε η πολιτική βούληση του Δυτικογερμανού Καγκελάριου Helmut Schmidt, του Γάλλου Προέδρου Valéry Giscard d'Estaing, και η στήριξη του Βρετανού Επιτρόπου Roy Jenkins. Σε προσωπικό επίπεδο, οι Schmidt και Giscard είχαν αμφότεροι βιώσει προσωπικά την γαλλογερμανική πολεμική αντιπαράθεση. Ο Giscard, γιος Γάλλου δημοσίου υπαλλήλου, είχε γεννηθεί στο Κόμπλεντς του Ρήνου, περιοχή γαλλοκρατούμενη από τον ΑΠΠ. Η δε σύζυγός του, έχοντας χάσει τον πατέρα της σε ναζιστικό στρατόπεδο συγκέντρωσης κατά τον ΒΠΠ, ηρνείτο πεισματικά να συνοδεύσει τον άνδρα της σε επίσημες επισκέψεις στην Γερμανία. Από την πλευρά του, ο Schmidt είχε πιαστεί αιχμάλωτος πολέμου των Βρετανών το 1945, ενώ είχε κρατήσει μυστική την εβραϊκή καταγωγή του παππού του υπό τον φόβο διωγμού από τους ναζί—ο πατέρας του ήταν εξώγαμο τέκνο ενός Γερμανοεβραίου τραπεζίτη με μια νεαρή Γερμανίδα (Marsh 2011, 75–76 και παραπομπές 10-11).

Πέραν των προσωπικών κινήτρων, υπήρχαν και ισχυρότατα πολιτικά. Για την πολιτικά ισχυρή Γαλλία, ένα ενιαίο νόμισμα ήταν μέσο ελέγχου επί της ισχυρότερης γερμανικής οικονομίας και—ειδικότερα—επί της πανίσχυρης Bundesbank. Για την οικονομικά ισχυρή Γερμανία, κάτι τέτοιο παρείχε προοπτική διαγραφής του ναζιστικού της παρελθόντος, και αποτελούσε δυνατότητα ανάκτησης πολιτικής επιρροής αντίστοιχης της οικονομικής της ισχύος. Όπως έλεγε ο Schmidt, η πολιτική προσέγγισης της Σοβιετικής Ένωσης και του ανατολικού μπλοκ δεν θα ήταν εφικτή εκτός ΕΟΚ και ΝΑΤΟ, ενώ φοβόταν ότι όσο πιο επιτυχημένη ήταν η Γερμανία στην διεθνή, οικονομική και αμυντική της πολιτική, τόσο πιο «ζωντανό» θα έμενε το Άουσβιτς (Marsh 2011, 91). Ήταν ένα πολιτικό μπρα-ντε-φερ ευρωπαϊκών διαστάσεων.

Τέλος υπήρχαν και κίνητρα αμιγώς οικονομικά. Π.χ. η Γερμανία είχε στραφεί προς την συγκράτηση της ταχείας ανόδου του μάρκου, ώστε να αποφύγει την φυγή παραγωγικών υποδομών στο εξωτερικό και την δημιουργία μόνιμης ανεργίας. Επίσης τον Σμιτ ανησυχούσε το ενδεχόμενο το μάρκο να μετατραπεί σε διεθνές αποθεματικό νόμισμα πλάι στο δολάριο (Marsh 2011, 85).

Από τεχνικής πλευράς, η Γαλλία έχοντας οριστικά αποχωρήσει από το φίδι δεν σκόπευε να επιστρέψει σε ένα σύστημα που τιμωρούσε τις ελλειμματικές χώρες. Από το 1974, φλερτάροντας με μια ενδεχόμενη επιστροφή της στο φίδι, είχε παρουσιάσει ένα σχέδιο του Υπ. Οικονομικών Jean-Pierre Fourcade, που επιχειρούσε να επαναφέρει μια κοινή διακύμανση των ευρωπαϊκών νομισμάτων, αλλά πιο «συμμετρική»· όχι με άξονα το μάρκο, αλλά ένα καλάθι νομισμάτων. Το σχέδιο προέβλεπε την δημιουργία μιας νέας νομισματικής μονάδας, ως σταθμισμένου μέσου όρου ενός καλαθιού νομισμάτων. Οι ισοτιμίες θα καθορίζονταν ως προς αυτήν την μονάδα και όχι διμερώς. Έτσι θα ήταν αναγκασμένες να παρεμβαίνουν όχι μόνον οι ελλειμματικές χώρες, όπως στο φίδι, αλλά και οι πλεονασματικές, κατανέμοντας το βάρος της συναλλαγματικής σταθερότητας πιο ισομερώς (Fourcade 1974).

Το σχέδιο Fourcade απορρίφθηκε στην Νομισμ. Επιτροπή της ΕΕ—κυρίως από τους Γερμανούς και τους Ολλανδούς (Marsh 2011, 80, βλ. παραπομπή 43)—όμως η συζήτηση είχε ξεκινήσει για τα καλά για το *πώς* θα έπρεπε να γίνει μια νομισματική ένωση (βλ. π.χ.: Tindemans 1976). Οι δύο πλευρές πήραν τα προσωνύμια «οικονομιστές» (economists) και «μονεταριστές» (monetarists)—χωρίς ο όρος αυτός να αναφέρεται στην σχολή του Milton Friedman. Οι «οικονομιστές» (Γερμανοί και Ολλανδοί) ήθελαν μια σταδιακή οικονομική και πολιτική σύγκλιση πριν την νομισματική ενοποίηση. Οι «μονεταριστές» (Γάλλοι, Ιταλοί) προτιμούσαν μια άμεση νομισματική ενοποίηση, κατά την οποία οι ισοτιμίες θα κλειδώνονταν. Η ελπίδα των Γάλλων ήταν ότι έτσι η Γερμανία θα βοηθούσε στην στήριξη του γαλλικού φράγκου, πράγμα που για τους Γερμανούς σήμαινε το να μοιρασθούν τον γαλλικό πληθωρισμό.

Παράλληλα με αυτήν την συζήτηση ξεκίνησαν να εμφανίζονται και προτάσεις που πήγαιναν μακρύτερα. Το «μανιφέστο των Αγίων Πάντων» (1/11/1975) που υπέγραφαν εννέα Ευρωπαίοι οικονομολόγοι πρότεινε ότι οι κεντρικές τράπεζες της ΕΟΚ έπρεπε να εκδώσουν ένα παράλληλο νόμισμα, το *Europa*, που θα κυκλοφορούσε μαζί με τα εθνικά νομίσματα. Η έκδοσή του θα ήταν τέτοια που να διατηρείται η αξία του σε σχέση με ένα καλάθι εμπορευμάτων. Όταν σταδιακά θα υποκαθιστούσε τα εθνικά νομίσματα, οι εννέα οικονομολόγοι θεωρούσαν ότι θα επιτυγχανόταν σταθερότητα των τιμών μακριά από πολιτικές παρεμβάσεις, αλλά με αυτόματο τρόπο μέσω των δυνάμεων της αγοράς. Σε αντίστοιχες προτάσεις κατέληξαν και οι αναφορές των ομάδων OPTICA (εκ του OPTImum Currency Area) το 1975 και 1977.

17.5 Η Ευρωπαϊκή Λογιστική Μονάδα

Στο σημείο αυτό είναι ανάγκη να γίνει μια παρέκβαση από την ανάλυση των καθαρά πολιτικών κινήτρων πίσω από την σχεδιαζόμενη ΟΝΕ και να αναφερθούν και κάποιες τεχνικές εξελίξεις που θα έπαιζαν ρόλο σε αυτή. Παρά την οριστική κατάρρευση του Μπρέτον Γουντς, μέχρι το 1975 οι διάφορες λογιστικές μονάδες που είχε ορίσει η Κοινότητα για την υλοποίηση των πολιτικών της παρέμεναν βασισμένες στον χρυσό. Η Ευρωπαϊκή Τράπεζα Επενδύσεων καινοτόμησε τον Σεπτέμβριο του 1973 εκδίδοντας ομολογιακό δάνειο σε μια νέα νομισματική μονάδα, το EURCO (EURopean COmposite unit). Το συγκεκριμένο «ομόλογο-κοκταίηλ» αξίας 30 εκ. EURCO είχε σχεδιάσει η Λονδρέζικη τράπεζα N. M. Rothschhild & Sons για να αντισταθμίσει τον συναλλαγματικό κίνδυνο από την πτώση της στερλίνας· μάλιστα ήταν και ανάδοχος του ομολόγου μαζί με 17 άλλες τράπεζες (*Die Zeit* 1973). Με το EURCO, η Ευρωπαϊκή Τράπεζα Επενδύσεων και η τράπεζα Rothschild εισήγαγαν την έννοια του καλαθιού νομισμάτων το οποίο περιέχει συγκεκριμένα ποσά εθνικών νομισμάτων· αυτά που επελέγησαν των τότε χωρών της ΕΟΚ.[6] Η ισοτιμία του καλαθιού προσδιορίζεται από την ισοτιμία των επιμέρους νομισμάτων, τα οποία όταν ανατιμώνται αυξάνουν το σχετικό τους βάρος στο καλάθι. Την ιδέα του καλαθιού νομισμάτων είχε πρωτοδιατυπώσει ο R. Triffin (1963) σε ανέκδοτη μελέτη του που σώζεται στο προσωπικό του αρχείο (βλ. σχ.: Bussière, Dumoulin, και Schirmann 2007, 77). Ήταν όμως η πρόοδος της πληροφορικής που την έκανε τεχνικά εφαρμόσιμη· για τον υπολογισμό της αξίας του EURCO απαιτούντο συνεχείς υπολογισμοί βάσει των ισοτιμιών των εθνικών νομισμάτων που το αποτελούσαν.

Η ιδέα αυτή θα εφαρμοζόταν και στον νέο ορισμό των SDR που εξέδιδε το ΔΝΤ όταν μετά την κατάρρευση του Μπρέτον Γουντς αποσυνδέθηκαν από τον χρυσό (1/7/1974). Λίγο αργότερα (Δεκέμβριος 1974) η Ευρωπαϊκή Επιτροπή διεμήνυσε στο Ευρωπαϊκό Συμβούλιο ότι θα ήταν χρήσιμη η υιοθέτηση μιας τέτοιας πρακτικής και από τα όργανα των Ευρωπαϊκών Κοινοτήτων, αλλά θεώρησε ότι τα SDR ήταν ακατάλληλο εργαλείο (European Commission - IDG 1975). Ένας από τους λόγους ήταν και η βοήθεια που θα ελάμβαναν οι χώρες της Αφρικής, της Καραϊβικής και του Ειρηνικού από το Ευρωπαϊκό Ταμείο Ανάπτυξης (Σύμβαση του Λομέ, 28/2/1975), για την οποία υπήρχε η δέσμευση να δαπανάται στις ευρωπαϊκές χώρες. Επιπλέον, λόγω της μεγάλης συμμετοχής

---

[6] 1 Eurco = Dm0.90 (28.9%) + Ffr1.20 (22.3%) + στερλίνα 0.075 (14.6%) + Fls0.35 (10.1%) + L80 (9.9%) + Bfr4.50 (9.5%) + Dkr0.20 (2.7%) + Λίρα Ιρλανδίας 0.005 (1.0%) + Lfr0.50 (1.0%)

του δολαρίου στα SDR υπήρχε ο φόβος εισαγωγής μιας εξωευρωπαϊκής επιρροής σε ένα ενδοευρωπαϊκό εργαλείο.

Έτσι, η Επιτροπή κατασκεύασε με τα εθνικά νομίσματα των χωρών-μελών της ΕΟΚ ένα καλάθι με την αξία που είχε το SDR στις 28/6/1974, δηλαδή ακριβώς πριν την έναρξή του (Πίνακας 25.71). Αυτό το καλάθι απέκτησε επίσημη υπόσταση όταν υιοθετήθηκε από το Ευρωπαϊκό Συμβούλιο στις 21/4/1975 και έμεινε γνωστό ως Ευρωπαϊκή Λογιστική Μονάδα (ΕΛΜ)· στις 12/2/1975 άξιζε $1,289.

17.6 Το Ευρωπαϊκό Νομισματικό Σύστημα και το ECU

Στην διάσκεψη κορυφής της Κοπεγχάγης (7–8/4/1978), ο Ζισκάρ κατέθεσε εκ νέου προτάσεις πάνω στο σχέδιο Fourcade για την δημιουργία ενός «συμμετρικού» νομισματικού συστήματος. Οι προτάσεις Ζισκάρ προέβλεπαν την ίδρυση ενός Ευρωπαϊκού Νομισματικού Ταμείου (εν είδει ευρωπαϊκού ΔΝΤ) που θα μπορούσε να εκδίδει αποθεματικά κεφάλαια σε ένα νέο νόμισμα, την Ευρωπαϊκή Νομισματική Μονάδα (European Currency Unit). Η ονομασία του νομίσματος ήταν συμβολική: το αρκτικόλεξο ECU, σκόπιμα παρέπεμπε στα écus, τα πρώτα χρυσά γαλλικά νομίσματα, τα οποία έκοψε το 1266 Λουδοβίκος Θ΄. Όμως η αντίδραση της Bundesbank στο ενδεχόμενο να χρησιμοποιεί τα αποθέματά της για την στήριξη ξένων νομισμάτων πάγωσε τις σχετικές συζητήσεις στην διάσκεψη κορυφής της Βρέμης (7–8/7/1978).

Κατά τον André Szász (1999, 55–65), πρώην εκτελεστικό διευθυντή της Nederlandsche Bank, η νομισματική και πολιτική ενοποίηση με την Γαλλία ήταν τόσο σημαντική για τον Schmidt, που αρχικώς προχώρησε με μυστικότητα, θέλοντας να αποφύγει τις αντιρρήσεις που γνώριζε ότι θα είχε από την Bundesbank. Νεότερες αρχειακές έρευνες όμως δείχνουν ότι όλο το διάστημα, Βόνη και Φρανκφούρτη ήταν σε επαφή συνδιαμορφώνοντας αρμονικά την γερμανική θέση ενόψει της διάσκεψης κορυφής των Βρυξελλών (4–5/12/1978). Μάλιστα, ο Σμιτ είχε συναινέσει στο αίτημα του Otmar Emminger (στην περίφημη «επιστολή Emminger» της 16/11/1978) να απαλλαγεί η Bundesbank από την υποχρέωση παρέμβασης στις χρηματαγορές αν αυτό διόγκωνε υπερβολικά την παροχή μάρκων (Marsh 2011, 90–92).

Τελικά, οι γενικές γραμμές του συστήματος καθορίστηκαν στις Βρυξέλλες και τέθηκαν σε ισχύ με τον κανονισμό 3181 της 18/12/1978. Ταυτόχρονα, η οδηγία 3180 άλλαζε το όνομα της ΕΛΜ σε ECU, διατηρώντας όμως την τότε ισχύουσα σύνθεση νομισμάτων (European Council 1985). Όταν το Ευρωπαϊκό Νομισματικό Σύστημα (ΕΝΣ ή European Monetary System, EMS) ετέθη σε ισχύ στις 13/3/1979, οι διαφωνίες μεταξύ των συμμετεχουσών χωρών θα συνεχίζονταν.

Οι τεχνικές λεπτομέρειες του ΕΝΣ είναι αρκετά περίπλοκες (European Commission 1979a). Αλλά και η κατανόηση της ίδιας της *φύσης* του συστήματος ήταν δύσκολη και για τους ειδικούς της Ευρωπαϊκής Νομισματικής Επιτροπής· έκθεση της 22/5/1993 της Νομισματικής Επιτροπής αγωνιζόταν να εξηγήσει την διαφορά μεταξύ «σταθερών αλλά ρυθμιζόμενων ισοτιμιών» (*fixed but adjustable exchange rates*) και «κυλιόμενων ισοτιμιών» (*crawling peg system*), όπως σαρκαστικά περιγράφει ο Connolly (1995, 285–287). Μια συνοπτική περιγραφή συνεπώς είναι χρήσιμη.

Το νέο σύστημα είχε περισσότερες ομοιότητες με το φίδι, παρά με τις γαλλικές προτάσεις. Π.χ., το «Ευρωπαϊκό ΔΝΤ» δεν υλοποιήθηκε ποτέ. Κυρίως όμως, δημιουργήθηκε και ένας Μηχανισμός Συναλλαγματικών Ισοτιμιών (ΜΣΙ, Exchange Rate Mechanism, ERM), η φύση του οποίου ήταν διττή.

Αφενός, όπως επιθυμούσε η Γερμανία, υπήρχε μεταξύ των νομισμάτων ένα *πλέγμα ισοτιμιών* σε διμερή βάση (όπως και στο φίδι), με εύρος διακύμανσης 2,25% εκατέρωθεν της κεντρικής ισοτιμίας (6% ειδικώς για την λιρέτα). Απόκλιση από τα όρια αυτά έκανε την παρέμβαση *υποχρεωτική*.

Αφετέρου, σύμφωνα με τις γαλλικές προτάσεις, οριζόταν ένα καλάθι νομισμάτων των οκτώ χωρών και της βρετανικής στερλίνας· ο σταθμισμένος μέσος όρος της αξίας κάθε νομίσματος όριζε την αξία του ECU (βλ. πίνακα 25.72), το οποίο οριζόταν ως λογιστική νομισματική μονάδα, δηλαδή χωρίς υλική μορφή (κέρματα, χαρτονομίσματα). Ως σταθμισμένος μέσος όρος, το ECU χρησίμευε και ως δείκτης απόκλισης κάθε νομίσματος από όλα τα υπόλοιπα· παρέμβαση μιας κεντρικής τράπεζας θα μπορούσε να αποφασισθεί και βάσει μόνον αυτού του δείκτη. Όμως ο ρόλος του ECU ήταν απλά συμβολικός.

Δηλαδή στον ΜΣΙ επεκράτησε η γερμανική άποψη των διμερών ισοτιμιών, που έριχνε το βάρος στα αδύναμα νομίσματα· πράγματι, ενώ απόκλιση στο διμερές πλέγμα καθιστούσε υποχρεωτική την παρέμβαση, απόκλιση ως προς το ECU ισοδυναμούσε με απλή σύσταση για παρέμβαση από πλευράς ισχυρού νομίσματος. Αυτό φάνηκε και στο ζήτημα των αποθεμάτων των κεντρικών τραπεζών. Οι χώρες που συμμετείχαν στο ΕΝΣ κατέθεσαν το 20% των αποθεμάτων τους σε χρυσό και δολάρια στο Ευρωπαϊκό Ταμείο Νομισματικής Συνεργασίας (European Monetary Cooperation Fund, EMCF), ένα ταμείο που είχε ιδρυθεί στις 3/4/1973 για να σταθεροποιεί τις συναλλαγματικές ισοτιμίες μέσω αγοραπωλησίας συναλλάγματος, αλλά είχε λειτουργήσει μόνον σαν παρατηρητής. Το EMCF εν συνεχεία εξέδωσε 23 δισ ECU. Αυτά θα χρησιμοποιούνταν για την βραχυπρόθεσμη και μεσοπρόθεσμη πιστωτική διευκόλυνση για την στήριξη των ασθενών νομισμάτων εντός του ΜΣΙ. Όμως αυτή η κατάθεση όμως ήταν υπό μορφή αυτομάτων ανανεώσιμων τρίμηνων νομισματικών ανταλλαγών (swap) και όχι πλήρους εκχώρησης κυριότητας των αποθεμάτων αυτών. Έτσι, η Γερμανία απέφευγε την μόνιμη θεσμοθέτηση της ανάληψης του συναλλαγματικού βάρους του ΜΣΙ από τα ισχυρά νομίσματα.

Από την κατανομή της συμμετοχής κάθε εθνικού νομίσματος, και λαμβάνοντας υπόψη τις ισοτιμίες τους εκείνη την στιγμή (Πίνακας 25.73), το γερμανικό μάρκο είχε δεσπόζουσα θέση αντιστοιχώντας σχεδόν στο 33% της αξίας του ECU. Ακολουθούσαν το γαλλικό φράγκο (19,83%) και η βρετανική στερλίνα (13,34%).

Τέλος, προβλεπόταν η δυνατότητα χρήσης του ECU ως μέσου διακανονισμού οφειλών, κάτι όμως το οποίο έβρισκε αντίθετες τις κεντρικές τράπεζες της Γερμανίας και της Ολλανδίας, που το δέχονταν μόνο μέχρι του 50% των οφειλών από πράξεις μεσολάβησης· τυχόν περαιτέρω αποδοχή θα έπρεπε να είναι εθελοντική. Αυτή η λεπτομέρεια μαρτυρά ότι το ECU προοριζόταν να είναι το κατ' εξοχήν νόμισμα των εμπόρων και όχι ενός εθνικού κράτους. Π.χ., ο πρώην κεντρικός τραπεζίτης της Ολλανδίας André Szász (1999, 78–79) αποδεχόταν αποκλειστικά την εμπορευματική προέλευση του χρήματος, ίσως οσμιζόμενος ότι ποτέ η ΕΟΚ δεν θα οδηγείτο σε ένα : «*In one of our many discussions Promoting the ECU on the subject in the Monetary Committee I drew the analogy with the wonderful Brussels restaurants that had not acquired their Michelin stars by forcing the food down their customers' throats*». Λίγο αργότερα και ο Tomasso Padoa-Schioppa θα περιέγραφε μια ακολουθία τριών σταδίων κατά την οποία το ECU θα υποκαθιστούσε σταδιακά τα εθνικά νομίσματα, χωρίς την στήριξη κράτους ή στρατού, αλλά μόνον των εμπόρων (Padoa-Schioppa 2000, 65–66), σε μια διαδικασία που ο ίδιος παραλλήλιζε με τους οραματισμούς του Hayek περί ιδιωτικού χρήματος (συγκεκριμένα αναφέρεται στο Hayek 1976).

Προφανώς το παραπάνω σκεπτικό πόρρω απείχε από το πρότυπο των εθνικών νομισμάτων, τα οποία είχαν αξία εντός των συνόρων των εθνικών κρατών *ακριβώς επειδή τα επέβαλλαν οι εθνικές κυβερνήσεις* στους πολίτες τους ως απεριόριστα μέσα πληρωμής. Και είναι αξιοσημείωτο ότι όταν τελικά το ECU θα έδινε την θέση του στο ευρώ, το παραπάνω σκεπτικό ήταν τόσο έωλο που θα ξεχνιόταν· το ευρώ δεν θα κυκλοφορούσε ως ένα παράλληλο νόμισμα, αλλά ως το μοναδικό νόμισμα που θα το επέβαλλαν οι κυβερνήσεις των χωρών της ευρωζώνης.

Ο ΜΣΙ τα επόμενα χρόνια θα έδειχνε τα εγγενή προβλήματα του κλειδώματος των ισοτιμιών νομισμάτων ασυμβάτων οικονομιών. Λίγο πριν τις γαλλικές προεδρικές εκλογές του 1981—από τις οποίες θα αναδεικνυόταν Πρόεδρος ο François Miterrand—ο Raymond Barre εκλιπαρούσε τον Schmidt για μείωση των γερμανικών επιτοκίων και χαλάρωση της νομισματικής πολιτικής της Bundesbank. Με την διαδοχή του Emminger από τον Karl Otto Pöhl και την κατάρρευση του κοινού μετώπου Βόνης-Φρανκφούρτης, οι εκκλήσεις αυτές θα έμεναν αναπάντητες, παρά τις απέλπιδες προσπάθειες του Schmidt—τον οποίο σύντομα θα διαδεχόταν ο Helmut Kohl (Marsh 2011, 97).

Η Γαλλία, ανίκανη να συμβαδίσει με το μάρκο, θα κατέφευγε σε τέσσερις διαδοχικές υποτιμήσεις,[7] ενώ η κρίση του 1992–93 θα εξανάγκαζε την διεύρυνση των ορίων στο ±15%. Σταδιακά, το ΕΝΣ θα μετατρεπόταν σε μια «ζώνη μάρκου» που εξανάγκαζε τις λιγότερο ανταγωνιστικές οικονομίες σε λιτότητα και ύφεση κάτω από την αντιπληθωριστική πολιτική της Bundesbank. Η υποτίμηση του γαλλικού φράγκου τον Μάρτιο του 1983 θα σηματοδοτούσε και την άτακτη υποχώρηση του Mitterrand από το σοσιαλιστικό όραμα. Θα ακολουθούσε η *tournant de la rigueur*, η στροφή προς την λιτότητα, και η προσήλωση στο *franc fort*, το ισχυρό φράγκο που θα επιχειρούσε να ανταγωνισθεί το μάρκο στα ασφυκτικά πλαίσια του ΜΣΙ. Ουσιαστικά, δημιουργώντας τον

---

[7] 4/10/1981: 8.5%, 14/6/1982: 10%, 2/3/1983: 8% και 7/4/1986: 6%

«ασύμμετρο» ΜΣΙ, αντί η Γαλλία να θέσει την Bundesbank υπό τον έλεγχό της, την κατέστησε τον de facto Κεντρικό Τραπεζίτη της Ευρώπης.

Η ΚΥΜΑΙΝΟΜΕΝΗ ΔΡΑΧΜΗ

18

Πληθωρισμός του κόστους μάλλον εισαγόμενος,
με επιπτώσεις στην οικονομία [...]
«Δεν είμαστε καλά», Γιάννης Γιοκαρίνης, Κάτος Σεληνόπουλος 1986

Βρε τι τραβάμε και δεν το μαρτυράμε,
τα ίδια κάνει όποιος κι αν έρθει αρχηγός
Εσένα κούκλα μου και το παιδί μας πιάνει
μελαγχολία πίκρα και πληθωρισμός.
«Μανούλα Ελλάς», Σταύρος Λογαρίδης 1989

Σ ΤΟ ΔΙΕΘΝΕΣ ΕΠΙΠΕΔΟ, η δεκαετία του 1970 σημαδεύεται από την διάλυση του συστήματος του Μπρέτον Γουντς από τις ΗΠΑ και τις απόπειρες των υπολοίπων κρατών να προτείνουν ένα νέο σύστημα διαχείρισης των ισοτιμιών των εθνικών συστημάτων. Στην Ελλάδα, η κατάρρευση της δικτατορίας, η ένταξη στην ΕΟΚ και λίγο αργότερα η «Αλλαγή», συμβαίνουν ακριβώς σε αυτό το διεθνές σκηνικό, με αποτέλεσμα την διαχείριση της νέας κατάστασης με ποικίλους τρόπους από τις διαδοχικές ελληνικές κυβερνήσεις.

18.1 Ένα σχόλιο για την χρήση του ΑΕΠ

Στο σημείο αυτό όμως θα πρέπει να ανοίξω μια παρένθεση για να σχολιάσω την γλώσσα που θα χρησιμοποιήσω από εδώ και στο εξής για την περιγραφή των δημοσιονομικών μεγεθών όπως το έλλειμμα, ο δανεισμός, το δημόσιο χρέος κλπ. Αυτή θα διαφοροποιηθεί σημαντικά σε σχέση με την μέχρι τώρα συζήτηση καθώς ο έντονος πληθωρισμός των δεκαετιών 1970 και 1980—τόσο στην Ελλάδα όσο και στον Δυτικό κόσμο εν γένει—καθιστά δύσκολη την ποσοτικοποίηση αυτών των μεγεθών. Αν και πληθωριστικές περίοδοι έχουν καταγραφεί και παλαιότερα, η κατάρρευση του Μπρέτον Γουντς και η εγκατάλειψη και των τελευταίων προσχημάτων τήρησης κάποιου μεταλλικού «κανόνα» αφαίρεσε και την—πλασματική έστω—δυνατότητα τα μακροοικονομικά μεγέθη να ανάγονται σε ουγγιές χρυσού. Έτσι, από την δεκαετία του '70 οι απόλυτες τιμές των παραπάνω μεγεθών ενσωματώνουν και μια σημαντική πληθωριστική συνιστώσα, η οποία είναι δύσκολο να ποσοτικοποιηθεί. Το πρόβλημα δεν έχει οριστική λύση, αλλά μόνον κάποιες *ad hoc* μεθόδους χειρισμού.

Μια μέθοδος είναι η χρήση της μεθόδου των σταθερών τιμών. Κατά την μέθοδο αυτή, μια χρονιά ορίζεται ως βάση και, με την χρήση κάποιου *αποπληθωριστή*, η επόμενες χρονιές ανάγονται στην χρονιά εκείνη. Όμως ο πληθωρισμός—άρα και οι αποπληθωριστές—είναι ένα στατιστικό μέγεθος συζητήσιμης ποσοτικής σημασίας (π.χ. λόγω της αυθαίρετης επιλογής των παρακολουθούμενων ειδών). Επιπλέον όμως, τα αποτελέσματα αυτά είναι αρκετά αφηρημένα και δυσνόητα για χρησιμοποιηθούν στην τρέχουσα συζήτηση. Π.χ., τι μας λέει σήμερα η τιμή του άρτου σε *σταθερές τιμές 1998*, ή το δημόσιο χρέος σε *σταθερές τιμές 1970*.

Μια άλλη μέθοδος είναι η αναγωγή των απολύτων ποσοτήτων σε ποσοστά επί του Ακαθαρίστου Εγχωρίου Προϊόντος (ΑΕΠ). Το ΑΕΠ σε τρέχουσες τιμές, υποτίθεται, βαρύνεται με τον ίδιο πληθωρισμό με τον οποίο βαρύνονται τα χρέη, τα ελλείμματα και άλλα μεγέθη (ισοζύγια, δαπάνες έσοδα κλπ), αναιρώντας έτσι τις πληθωριστικές συνιστώσες τους. Η μέθοδος αυτή ενέχει μια ελκυστική απλότητα· τα ποσοστά που προκύπτουν είναι αμέσως κατανοητά και εύκολο να γίνουν αντικείμενο μελέτης και συζήτησης. Όμως η απλότητα αυτή είναι απατηλή και οφείλεται στον ελαττωματικό του ορισμό (βλ. την συζήτηση στην παράγραφο 25.4).

Σε κάθε περίπτωση καθώς είμαι αναγκασμένος να χρησιμοποιήσω μια από τις παραπάνω μεθόδους, επιλέγω την μέθοδο αναγωγής στο ΑΕΠ απλώς και μόνον διότι κατέστη πιο επικρατής στην δημόσια συζήτηση τις τελευταίες δύο δεκαετίες. Ένας λόγος για αυτήν την επικράτηση είναι ότι τα ποσοστά χρέους και ελλείμματος ως προς το ΑΕΠ χρησιμοποιήθηκαν ως ποσοτικά κριτήρια στον καθορισμό της ευρωπαϊκής νομισματικής πολιτικής κατά την Συνθήκη του Μάαστριχτ. Το κάνω αυτό με μεγάλο δισταγμό και δυσαρέσκεια, χρησιμοποιώντας τους προκύπτοντες αριθμούς αυστηρά ποιοτικά και όχι ποσοτικά.

Στην Ελλάδα, η ΕΣΥΕ κατέγραψε για πρώτη φορά το «Ακαθάριστον Εθνικόν Προϊόν» στην *Συνοπτική Στατιστική Επετηρίδα της Ελλάδος* του 1954. Η πρώτη χρονιά για την οποία κατέγραψε στοιχεία ήταν το 1946. Τυπικώς λοιπόν, η αναγωγή του δανεισμού, των ελλειμμάτων και του χρέους σε ποσοστά επί του ΑΕΠ θα μπορούσε να ξεκινήσει ήδη από τα μεταπολεμικά χρόνια. Ο χαμηλός πληθωρισμός όμως της «χρυσής εποχής» της δραχμής μου επέτρεψε να αναβάλλω όσο μπορώ την προβληματική πρακτική της χρήσης αυτού του μεγέθους. Και ο λόγος αυτής της αναβολής ήταν τα ασαφή και μεταβαλλόμενα στοιχεία του ελληνικού ΑΕΠ. Για απλότητα, τα στοιχεία αυτά, μαζί με το σκεπτικό για την επιλογή τους τα παραθέτω στο παράρτημα.

Όπως θα διαπιστώσει ο αναγνώστης, κάνω εκτεταμένη χρήση του ελληνικού ΑΕΠ μόνον για την μεταπολεμική περίοδο. Αυτό δεν γίνεται λόγω ανυπαρξίας προπολεμικών δεδομένων, καθώς αρκετά αξιόπιστα δεδομένα από το 1839 παραθέτει ο Κωστελένος. Όμως το ΑΕΠ δεν είναι ένα ουδέτερο μέγεθος που απλώς μετράει ψυχρά κάτι που ούτως ή άλλως υπήρχε. Είναι ένα στατιστικό μέγεθος που σταδιακά απέκτησε δική του σημασία σε ιδεολογικό και πολιτικό επίπεδο. Η αύξησή του αποτέλεσε πολιτικό στόχο σχεδόν για κάθε μεταπολεμική κυβέρνηση και αυτός ο στόχος έγινε με την σειρά του οδηγός πολιτικών. Συνεπώς, η εκτεταμένη αναφορά στο προπολεμικό ΑΕΠ είναι ένας αναχρονισμός με κινδύνους, καθώς μπορεί να χρεώσει στους πολιτικούς της περιόδου νοοτροπίες και συμπεριφορές που απλούστατα δεν θα μπορούσαν να έχουν αναπτύξει εν αγνοία αυτού ιερού αριθμού.

18.2 Η ελληνική οικονομία σε μετάβαση

Ένταξη στην ΕΟΚ

Η σχέση της Ελλάδας με την ΕΟΚ, ή ακριβέστερα με τις Ευρωπαϊκές Κοινότητες, είχε ξεκινήσει τον Ιούνιο του 1959 επί Πρωθυπουργίας Κ. Καραμανλή, ο οποίος έβλεπε τα αμερικανικά κονδύλια του Σχεδίου Marshall να αποστραγγίζονται, την βρετανικής σύλληψης EFTA (European Free Trade Association) να καρκινοβατεί και την αμερικανική επιρροή να βαραίνει ασύμμετρα στο ελληνικό πολιτικό σκηνικό. Η συμφωνία που υπογράφηκε δύο χρόνια αργότερα δεν θα είχε τύχη, καθώς η ενταξιακή πορεία θα πάγωνε λόγω της δικτατορίας του 1967.

Η τραγωδία της Κύπρου τον Ιούλιο του 1974 θα υπενθύμιζε με τον οδυνηρότερο τρόπο την εμπειρία της αμερικανικής ανάμιξης στο μετεμφυλιακό παρακράτος—*ποιος κυβερνά αυτόν τον τόπο;*—καθιστώντας ξεκάθαρο ότι η Ελλάδα θα έπρεπε να στηρίξει την σταθερότητά της και σε δεύτερο πυλώνα, εκτός των ΗΠΑ. Για τον Κ. Καραμανλή, αυτό που δεν μπορούσε να κάνει το εγχώριο πολιτικό προσωπικό θα ανετίθετο στους Ευρωπαίους·[1] στις 12/6/1975 έθεσε εκ νέου το αίτημα της Ελλάδας για ένταξη στην ΕΟΚ και έριξε πίσω από αυτό όλο το πολιτικό του βάρος.

Είναι αξιοσημείωτο ότι η ελληνική βιομηχανία, παρότι θετικά διακείμενη, είχε διατηρήσει επιφυλακτική στάση στην προοπτική ένταξης, τόσο προδικτατορικά,[2] όσο και μεταπολιτευτικά,[3] βλέποντας ως καταστροφικό τον ανταγωνισμό με τις ευρωπαϊκές βιομηχανίες. Στο ίδιο συμπέρασμα είχε καταλήξει και η ΕΔΑ όταν έγινε δεκτή η αίτηση της Ελλάδας για Σύνδεση με την ΕΟΚ. Η επικείμενη καταστροφή της—όποιας—ελληνικής βιομηχανίας τονιζόταν μέσα από τις σελίδες της «Αυγής»,[4] και τις ομιλίες του Ηλία Ηλιού[5] και του Νίκου Κιτσίκη,[6] ο οποίος μάλιστα επιμελήθηκε τόμου με κείμενα που ανέλυαν αυτές τις αντιρρήσεις (Ν. Κιτσίκης 1962).

---

[1] *Η ένταξή μας στην ΕΟΚ και στην συνέχεια στην Ενωμένη Ευρώπη ήταν όχι μόνο φυσική, όχι μόνο χρήσιμη, αλλά και αναγκαία. Γιατί με την οργανική ένταξή της στην Ευρώπη βγαίνει από την αιώνια μοναξιά της, κατοχυρώνει την μόνιμα απειλούμενη εθνική της ανεξαρτησία, κατοχυρώνει την ασταθή δημοκρατία της και τέλος αποκτά δυνατότητες για την οικονομική και κοινωνική της ανάπτυξη»* (Τζερμιάς 1990, 169).

[2] Γ. Δράκος (1963): «*Την αυτήν συγκίνησιν αισθάνομαι και θα ησθάνετο πας πρόεδρος του Συνδέσμου Ελλήνων Βιομηχάνων, αναλογιζόμενος πόσαι καπνοδόχοι βιομηχανιών, εξ εκείνων που τώρα υψούνται ζωηραί και χαρμόσυνοι προς τον ουρανόν της Ελλάδος, θα σταματήσουν να εκπέμπουν καπνόν, πόσαι ζωηραί κυψέλαι εργατικότητος και προκοπής θα παύσουν σφύζουσαι από ζωήν, πόσαι οικονομικαί μονάδες θα νεκρωθούν, πόσαι παραγωγικαί κοινωνίαι θα εκπνεύσουν*» (Ροδάκης 2005, 357).

[3] Χ. Κατσάμπας, 1975: «*Είμεθα έτοιμοι να μπούμε; Όχι! Και το λέγω με πλήρη συνείδησιν της ευθύνης μου*». Δ. Μαρινόπουλος, 1976: «*Υπάρχουν πολλοί ενθουσιασμοί. Υπάρχουν ακόμη πολλές ψευδαισθήσεις, ώστε να νομίζουμε ότι η Κοινή Αγορά είναι ένα βότανο, που θα φτιάξη όλα τα πράγματα στην Ελλάδα. Αυτό δυστυχώς δεν θα γίνη.*» (Πανσεληνά 2014, 77).

[4] 29/7/1959: «*Από τον ανηλεή ανταγωνισμό δεν πρόκειται να επιζήσει καμιά επιχείρηση. Όσες δεν απορροφηθούν από τα τραστ θα μετατραπούν σε εξαρτήματά των, θα εξοντωθούν.*» 1/8/1959: «*Επιθυμία και επιδίωξη των συνεταίρων μας στην Αγορά είναι να παραμείνει η Ελλάδα χώρα καθυστερημένη αγροτική, πηγή πρώτων υλών και αγορά για τα βιομηχανικά τους προϊόντα [...] Για την καθυστερημένη και δασμοβίωτη βιομηχανία μας [...] σημαίνει αδυναμία επιβίωσης κατά 75% περίπου*» (παράθεση από: Μηλιός 2002).

Μετά την μεταπολίτευση, η θέληση του Κ. Καραμανλή ήταν τόσο ισχυρή, που η αντιμετώπισή του προς τους βιομηχάνους ήταν: «θα σας ρίξω στα βαθιά και πρέπει να κολυμπήσετε». Ο ΣΕΒ είχε ήδη μεταβάλλει την στάση του (Τσάκας 2009), αλλά και η Αριστερά άρχιζε να προσεγγίζει με πιο κοσμοπολίτικο τρόπο το ζήτημα. Παρά την τυπική αντίθεση του Πασόκ και του ΚΚΕ, η προοπτική ένταξης καλωσορίσθηκε από το ΚΚΕ Εσωτερικού[7] που φάνηκε να πιστεύει ότι με κάποιου τύπου εισοδισμό, θα μπορούσε να αντιμετωπίσει τον «αντίπαλο» στην έδρα του και να αλλάξει το σύστημα εκ των έσω. Ίσως η στάση αυτή να προερχόταν από παρανόηση της βασικής δομής της ΕΟΚ ή—αντιθέτως—από πολύ καλή κατανόησή της και προσδοκίας συμμετοχής στα ευρωπαϊκά κονδύλια.[8]

Της συμφωνίας της 28/5/1979 για την ένταξη της Ελλάδας στην ΕΟΚ και στην Ευρατόμ (έμπαινε σε ισχύ από την 1/1/1981) προηγήθηκε και η ανακοίνωση της κατάργησης του Διεθνούς Οικονομικού Ελέγχου, που είχε επιβληθεί στην Ελλάδα το 1898.[9] Με την Ιταλία να έχει παραιτηθεί από τον ΔΟΕ μετά τον ΒΠΠ, οι μοναδικές χώρες που απέμεναν ήταν η Βρετανία και η Γαλλία. Είναι εύλογο να υποθέσουμε ότι ενόψει της συμμετοχής της Ελλάδας στην «ευρωπαϊκή οικογένεια», η διατήρηση ενός τέτοιου θεσμού ήταν όχι μόνον άκομψη αλλά και άσκοπη. Είναι αξιοσημείωτο το ότι οι σχετικές επιστολές παραίτησης των ΥπΕξ Βρετανίας και Γαλλίας από τον ΔΟΕ—που δημοσιεύονταν στο ΦΕΚ—είχαν υπογραφεί ένα χρόνο νωρίτερα (στις 18 και 19/5/1978, αντιστοίχως), αλλά δημοσιεύονταν τόσο στην Ελλάδα όσο και στην Γαλλία[10] ελάχιστες ημέρες πριν την υπογραφή της ένταξης.

Ανταγωνισμός έναντι κονδυλίων

Έτσι, η Ελλάδα είχε να διαχειρισθεί ένα νέο διεθνές νομισματικό πλαίσιο σε συνδυασμό με ένα μεταβαλλόμενο θεσμικό πλαίσιο που απέρρεε από την συμμετοχή της στους Κοινοτικούς θεσμούς. Η μια πλευρά αυτής της συμμετοχής ήταν η κατάργηση των προστατευτικών φραγμών για τα ελληνικά προϊόντα· η τελωνειακή ένωση έθετε πλέον τις ελληνικές επιχειρήσεις σε ένα απροστάτευτο διεθνές περιβάλλον αποκαλύπτοντας το εύστοχο της ανάλυσης Βαρβαρέσου του 1952 (βλ. παράγραφο 16.2), στην οποία σκιαγραφούσε μια βιομηχανική παραγωγή βασισμένη στο φθηνό εργατικό κόστος, και με βιομηχανίες που «*δὲν δύνανται νὰ συναγωνισθοῦν τὰς ξένας*». Αυτό το απέδιδε εν μέρει «*εἰς τὴν πλημμελῆ ὀργάνωσιν τῶν ἐπιχειρήσεων, τὸ ἀπηρχαιωμένον τῶν ἐγκαταστάσεών των*» και «*τὴν μὴ ἱκανοποιητικὴν ἀπόδοσιν τῆς ἐργασίας*» (σ. 169–170). Πράγματι, πλειάδα επιχειρήσεων είχε συστηθεί μεταπολεμικά, απομυζώντας τα κονδύλια του Σχεδίου Marshall, τακτική που συνεχίστηκε με κρατικά κονδύλια μέσω δανείων από τις κρατικές τράπεζες (ΕΤΕ, ΕΚΤΕ, ΕΤΒΑ), τα οποία κατέληγαν σε «παγωμένες πιστώσεις». Ο «κεντρικά σχεδιασμένος καπιταλισμός» δομήθηκε με όρους διαπλοκής μεταξύ πολιτικού κατεστημένου και επιχειρηματιών οι οποίοι, βασίζαν τα κέρδη τους στις φθηνές πιστώσεις, την μονοπωλιακή ή ολιγοπωλιακή τους θέση χάρη στην κρατική προστασία και στο φθηνό εργατικό δυναμικό. Με άλλα λόγια η μεταπολεμική ελληνική βιομηχανία ανέπτυξε από νωρίς παρασιτικά και όχι αμιγώς παραγωγικά χαρακτηριστικά.

---

[5] «*Η τυχόν ενσωμάτωσις της χώρας [...] εις την τροχιάν της δυτικοευρωπαϊκής Κοινής Αγοράς αποτελεί τον μεγαλύτερον κίνδυνον δια τον ελληνικόν λαόν και πρόκειται ν' αποβή, αν τελικά επραγματοποιείτο γεγονός τόσον ολέθριον δια την Ελλάδα, όσον η μικρασιατική καταστροφή ή η γερμανοϊταλοβουλγαρική κατοχή*» (Τρίκκας 2009, 1:487).

[6] «*Σήμερον ἀκόμη πολλοὶ δὲν γνωρίζουν ὅτι ἡ Κοινὴ Ἀγορὰ θὰ ξερριζώση τὰ ἀγροτικὰ νοικοκυριά, θὰ παρασύρη καὶ θὰ ἐξαφανίση βιομηχανίες, θὰ συντρίψη βιοτεχνίες, θὰ πλήξη θανάσιμα τὰ μεσαῖα στρώματα, θὰ δημιουργήση ἐξοντωτικὸν ἀνταγωνισμὸν τῶν Ἑλλήνων ἐπαγγελματιῶν μὲ τοὺς ξένους στοὺς ὁποίους θὰ ἀνοίξωμεν διάπλατα τὶς πόρτες, θὰ σκλαβώση τὴν χώρα μας στὸ ξένο κεφάλαιο μὲ ἀπροσμέτρητες συνέπειες, θ' αὐξήση περισσότερον τὸ ἔλλειμμα τοῦ ἐμπορικοῦ μας ἰσοζυγίου, ποὺ σήμερα φθάνει τὰ 500 ἑκατομμύρια δολλάρια, θὰ μεταβάλη τὴν μετανάστευσιν σε σὲ ἀσταμάτητη αἱμορραγίαν τοῦ ἐργατικοῦ μας δυναμικοῦ, σὲ πανικὸν φυγῆς ἀπὸ τὴν πατρίδα μας, ποὺ θὰ γίνεται ἡμέρα μὲ τὴν ἡμέρα πτωχότερη, γιατὶ θὰ παράγη λιγότερα ἀφοῦ δὲν θὰ μπορῆ ν' ἀνθέξη στὸν γεωργικὸν καὶ βιομηχανικὸν ἀνταγωνισμόν, ἀλλὰ θὰ κατακλυσθῆ ἀπὸ τὰ ξένα προϊόντα*» (Ν. Κιτσίκης 1963, 17).

[7] «*Οι Έλληνες εργαζόμενοι, μπορούν, μέσα από τους κόλπους της ΕΟΚ, να συνενώσουν τις προσπάθειες τους μαζί μ' όλους εκείνους που μάχονται για τη δημοκρατική και σοσιαλιστική προοπτική των χωρών της, και να αντιπαλέψουν την επιβολή των ΗΠΑ και των μονοπωλίων, την αυθαίρετη διαίρεση της Ευρώπης με βάση τα κοινωνικά συστήματα*» (ΚΚΕ Εσωτερικού 1974· Αναδημοσιευμένο στο: Λ. Κύρκος 2009, 38–67).

[8] Σε κάθε περίπτωση, η μη σταλινική Αριστερά κατέληξε να συμπορεύεται σιωπηρά με αυτό που καταδίκαζε φωναχτά· υιοθέτησε μια διεθνιστική ρητορική που ταίριαζε απόλυτα στο διεθνές κεφάλαιο και που όχι μόνον επιβεβαίωνε τις αμερικανικές στοχεύσεις στην διαμόρφωση μιας βολικής ευρωπαϊκής Αριστεράς, αλλά και που ενέπιπτε στο κατοπινό σχήμα του Michéa, ο οποίος θα μιλούσε για «*εκλεκτικές συγγένειες Αριστεράς και Φιλελευθερισμού*» (Michéa 2008).

[9] Ν. 916 της 16/5/1979 (ΦΕΚ 113Α, 21/5/1979, σ. 1293–1296).

[10] Décret Νο 79–349 du 25/4/1979 (Journal officiel, 5/5/1979, p. 1067).

Στο τέλος αυτής της περιόδου οι μεγάλες ελληνικές βιομηχανίες βρέθηκαν μεταξύ σφύρας και άκμονος. Το απεργιακό κίνημα που ξέσπασε με την μεταπολίτευση τις έθετε προ της απαίτησης μισθολογικών αυξήσεων, ενώ η ένταξη στην ΕΟΚ τις έφερνε αντιμέτωπες με ανεπτυγμένες οικονομίες που δεν μπορούσαν να ανταγωνιστούν. Ακόμη χειρότερα, μετά την πετρελαϊκή κρίση του 1979 ο πληθωρισμός και τα επιτόκια δανεισμού ανέβηκαν κατακόρυφα. Τα χρέη των επιχειρήσεων αυτών σε δολάρια έγινε αδύνατον να εξυπηρετηθούν, θέτοντας σε κίνδυνο τις δανείστριες τράπεζες. Η συγκυρία έκανε πλέον φανερό ότι τα υπερκέρδη των επιχειρηματιών κατά την «χρυσή εποχή» δεν είχαν μετασχηματισθεί σε επενδύσεις τεχνολογίας και υποδομών, οι οποίες θα εξασφάλιζαν αυξημένη παραγωγικότητα και ανταγωνιστικότητα—έστω και με αυξημένο μισθολογικό κόστος. Αντιθέτως οι φθηνές πιστώσεις τροφοδότησαν προσωπικές περιουσίες, και έγιναν πέτρα στον λαιμό των επιχειρήσεων αυτών βυθίζοντάς τες σε μη εξοφλήσιμα χρέη (Νικολάου 2008a).

Η άλλη πλευρά του νομίσματος ήταν η εισροή των κοινοτικών κονδυλίων. Παρότι η ένταξη της Ελλάδας στις Ευρωπαϊκές Κοινότητες (ΕΟΚ, Ευρατόμ) έγινε επί Νέας Δημοκρατίας, θα ήταν το Πασόκ του Ανδρέα Παπανδρέου που θα έδρεπε τους καρπούς της. Από το 1981 αυτά είχαν ήδη αρχίσει να τροφοδοτούν τον Τακτικό Προϋπολογισμό, το *Πρόγραμμα Δημοσίων Επενδύσεων* (ΠΔΕ) και τον *Ειδικό Λογαριασμό Εγγυήσεων Γεωργικών Προϊόντων* (ΕΛΕΓΕΠ), υπό μορφή κονδυλίων της Ευρωπαϊκής Επιτροπής[11] και της ΚΑΠ.[12] Από το 1985 προστέθηκαν και τα *Μεσογειακά Ολοκληρωμένα Προγράμματα* (ΜΟΠ), που βασίστηκαν σε μια ιδέα-φάντασμα που προσέκρουε στις αντιρρήσεις Γερμανίας και Βρετανίας (Smyrl 1998) και που στοίχειωνε τους διαδρόμους της Ευρωπαϊκής Επιτροπής από τον Οκτώβριο του 1981 (European Commission 1981). Τελικά υλοποιήθηκε με αφορμή την απειλή του Ανδρέα Παπανδρέου για βέτο στην εισδοχή της Ισπανίας και της Πορτογαλίας.[13] Τα ΜΟΠ θα ακολουθούσε το πρώτο πακέτο Delors το 1988, το οποίο όμως θα είχε την τύχη των κονδυλίων που προηγήθηκαν, καθώς η ηγεσία του Πασόκ *«μετέβαλλε το πρώτο πακέτο Delors σε 7.000 μικροέργα»* και έτσι *«αντί να ενώσουμε την Ηγουμενίτσα με την Αλεξανδρούπολη. [...] με τον Βόλο, [...] με την Πύλο [...], εμείς προτιμήσαμε να ενώσουμε τα Σεπόλια με τη Δάφνη»* (Χαραλαμπίδης 1996, 5:30–6:10).

Οι απολήψεις αυτές ήταν πολύ σημαντικές (βλ. Πίνακα 25.63). Σε όρους ΑΕΠ, τα κοινοτικά κονδύλια που εισέρρεαν κάθε χρόνο αυξήθηκαν από 0,30% το 1981 σε 2,88% το 1989. Σε όρους προσφοράς χρήματος, οι ευρωπαϊκές απολήψεις το 1989 κυμάνθηκαν στο 36% του Μ0, στο 28% του Μ1 και στο 4% του Μ3· ο όγκος τους ήταν αρκετός για να καλύψει το 22% του καθαρού δημοσιονομικού ελλείμματος του έτους αυτού. Πράγματι, μέχρι το 1989 (ΥΠΕΘΟ 1998a, Πίνακας 14Α) τα ευρωπαϊκά κονδύλια είχαν καταστεί η σπουδαιότερη κατηγορία αδήλων πόρων ($2,6 δις), ξεπερνώντας ακόμη και το ταξιδιωτικό συνάλλαγμα ($1,98 δις).

Η δημοσιονομική κατάρρευση

Η μεταπολιτευτική περίοδος σημαδεύτηκε από έντονες αλλαγές στα δημόσια οικονομικά. Κατά την «χρυσή εποχή» της δραχμής τα ελλείμματα ήταν χαμηλά (1–2% του ΑΕΠ) και αντιστοίχως χαμηλοί ήταν και οι ρυθμοί δανεισμού για την κάλυψη των ελλειμμάτων αυτών. Τα δε συνολικά έξοδα για την εξυπηρέτηση του χρέους δεν ξεπερνούσαν το 1,6% του ΑΕΠ. Όπως είδαμε τα τελευταία χρόνια της δικτατορίας χαρακτηρίστηκαν από μια αύξηση του δημοσίου δανεισμού, η οποία συνεχίστηκε και κατά την μεταπολίτευση. Ακόμα κι έτσι όμως ο κρατικός δανεισμός παρέμεινε αρκετά περιορισμένος, όπως και καθ' όλη την μεταπολεμική περίοδο. Το ίδιο ίσχυε

---

[11] Ευρωπαϊκό Ταμείο Περιφερειακής Ανάπτυξης (*Fonds européen de développement régional*, FEDER) και Ευρωπαϊκό Κοινωνικό Ταμείο (*Fonds social européen*, FSE).

[12] Ευρωπαϊκό Γεωργικό Ταμείο Προσανατολισμού και Εγγυήσεων (*Fonds Européen d'Orientation et de Garantie Agricole - Section Orientation*, FEOGA/O).

[13] Με την ανάληψη της εξουσίας ο Α. Παπανδρέου εγκατέλειψε αμέσως την γραμμή εξόδου από την ΕΟΚ και υπέβαλλε υπόμνημα στο οποίο αναγνώριζε ότι *«the economy of Greece differs markedly from that of the Community as regards both its level of development and its structures»*, κάνοντας λόγο για *«over-developed tertiary sector, a widespread black economy [...] a pronounced degree of parasitism»* και για χαμηλή συμβολή του πρωτογενούς και δευτερογενούς τομέα στο ελληνικό ΑΕΠ. Το υπόμνημα ζητούσε για την Ελλάδα την προσωρινή παρέκκλιση από τους όρους που έθεταν οι συνθήκες ένταξης—ιδίως σε σχέση με τον ανταγωνισμό—και την επιπλέον βοήθεια για την σύγκλιση της ελληνικής οικονομίας με τις ευρωπαϊκές (Ελληνική Κυβέρνηση 1982). Η Ευρωπαϊκή Επιτροπή απέρριψε την πρώτη κατηγορία αιτημάτων, όμως βρήκε την ευκαιρία να εντάξει την δεύτερη στην περιφερόμενη ιδέα της των ΜΟΠ (European Commission 1982, Annex, demand 11). Θα χρειαζόταν άλλα δύο χρόνια και η απειλή του ελληνικού βέτο προτού η ιδέα της Ευρωπαϊκής Επιτροπής ξεπεράσει τις γερμανοβρετανικές αντιδράσεις και μετατραπεί σε κοινοτική πολιτική (συμφωνία της 23/7/1985).

και για το δημόσιο χρέος, το οποίο το 1970 βρισκόταν περίπου στο 18% του ΑΕΠ. Από το μέγεθός τους και μόνο, οι παράμετροι αυτές είχαν περιορισμένη σημασία.

Αυτή η περίοδος είχε συμπέσει με την μεγάλη ανάπτυξη του Δυτικού καπιταλισμού, η οποία όμως τερματίστηκε βιαίως από την διάλυση του Μπρέτον Γουντς το 1971 και κυρίως από την πρώτη πετρελαϊκή κρίση το 1973. Στο κλίμα αυτό, κατά τα πρώτα χρόνια της μεταπολίτευσης τα δημόσια ελλείμματα και ο δανεισμός άρχισαν μια βραδεία αλλά σταθερά ανοδική πορεία, που εντάθηκε από την πετρελαϊκή κρίση του 1979, ανεβάζοντας το δημόσιο χρέος στο 22% του ΑΕΠ στα τέλη του 1980. Εκεί όμως που υπήρξε εκτίναξη ήταν το 1981, έτος εκλογών, οπότε και το καθαρό έλλειμμα εκτινάχθηκε κοντά στο 7% του ΑΕΠ. Το γεγονός ότι οι εκλογές έγιναν τον Οκτώβριο υποδηλώνει ότι το έλλειμμα του έτους αυτού οφειλόταν κυρίως σε προεκλογικές παροχές της απερχόμενης κυβέρνησης Κ. Καραμανλή.

Όμως η άνοδος στην εξουσία του Πασόκ και του Ανδρέα Παπανδρέου όχι απλώς δεν ανέστρεψε αυτήν την τάση, αλλά αντιθέτως την ενίσχυσε. Το 1989, οπότε και παρέδιδε την εξουσία, το Πασόκ άφηνε ένα έλλειμμα κοντά στο 13%, δανεισμό για την κάλυψη των ελλειμμάτων κοντά στο 20%, δημόσιο χρέος κοντά στο 65% και ετήσια έξοδα για την εξυπηρέτηση του χρέους αυτού πάνω από το 12% του ΑΕΠ. Η Ελλάδα βρισκόταν στο χείλος της χρεωκοπίας. Πέρα από την απλή περιγραφή, ποιες αιτιότητες μπορούμε να ανιχνεύσουμε;

Αναμφίβολα, η μεταπολιτευτική περίοδος χαρακτηρίζεται από μια αυξανόμενη εμπλοκή του κράτους στην οικονομία, σε μια προσπάθεια να ανασχέσει τις συνέπειες της προϊούσας διάλυσης της ελληνικής βιομηχανίας. Αν και η εφαρμοσθείσα πολιτική παρουσίαζε *κάποια* γνωρίσματα «κεϋνσιανισμού», ήταν περισσότερο μια σειρά *ad hoc* αποπειρών αντιμετώπισης των συμπτωμάτων της ασθένειας. Σε κάθε περίπτωση συνδέθηκε με την κατακόρυφη αύξηση των δημοσιονομικών ελλειμμάτων. Θεωρώ ότι αυτό αληθεύει, όχι όμως τόσο λόγω του μεγέθους ή του κόστους του στενού δημόσιου τομέα, όσο λόγω του κόστους διατήρησης των θέσεων εργασίας των προβληματικών επιχειρήσεων (είτε κρατικοποιημένων από τον Κ. Καραμανλή, είτε «κοινωνικοποιημένων» από τον Α. Παπανδρέου), των ΔΕΚΟ, των δημοτικών επιχειρήσεων και άλλων επιχειρήσεων του ευρύτερου δημόσιου τομέα.

Σε κάθε περίπτωση, κατά την πρώτη οκταετία Πασόκ, ο δανεισμός έλαβε εκρηκτικές διαστάσεις. Ήδη από το 1967 η δικτατορία είχε ανεβάσει τον δημόσιο δανεισμό στο 2–3% του ΑΕΠ. Η κυβέρνηση της ΝΔ θα ανέβαζε τον δανεισμό στο 2,8–3,6% του ΑΕΠ. Όμως επί Πασόκ, ο δανεισμός θα ανέβαινε από το 6,17% του ΑΕΠ (1982) στο 19,54% το 1989 (βλ. Πίνακα 25.62). Ακόμη χειρότερα, ο δανεισμός αυτός αυξήθηκε σε πρωτοφανή ύψη και σε σχέση με τα υπόλοιπα δημόσια έσοδα (βλ. Πίνακα 25.63). Αν ο δανεισμός το 1982 αντιστοιχούσε στο 23,20% των φορολογικών εσόδων (άμεσοι και έμμεσοι φόροι), το 1989 εκτοξεύθηκε στο 123,57%. Δηλαδή το 1989, το ελληνικό κράτος—ίσως για πρώτη φορά από την ίδρυσή του—βασίστηκε περισσότερο στον δανεισμό παρά στην φορολογία για να καλύψει τα έξοδά του. Ακόμη και με την εισροή των κοινοτικών κονδυλίων, το ελληνικό κράτος δεν μπορούσε να ικανοποιήσει τις νέες ανάγκες που δημιουργούσε η νέα δομή του: αφενός η αναδιανεμητική πολιτική και η δημιουργία κράτους πρόνοιας, αφετέρου όμως η εκτροφή μιας μη παραγωγικής στρατιάς κρατικοδίαιτων κομματικών πελατών-ψηφοφόρων. Ως προς αυτό το χαρακτηριστικό, μπορεί το Πασόκ να έδωσε τον βηματισμό, αλλά και η Νέα Δημοκρατία προθύμως οικειοποιήθηκε την πρακτική αυτή· μάλιστα, ο δανεισμός του κράτους κορυφώθηκε το 1993, επί κυβερνήσεως Κ. Μητσοτάκη, φτάνοντας το 45% του ΑΕΠ και το 239% των φορολογικών εσόδων.

Θα πρέπει επιπλέον να σημειώσουμε ότι καθώς ο ν. 1266/1982 έθετε όρια στον δανεισμό του δημοσίου από την ΤτΕ, το βάρος του δημοσίου δανεισμού μετετίθετο στις αγορές. Αυτό έγινε εφικτό ιδίως μετά την αύξηση των επιτοκίων των εντόκων γραμματίων (15/2/1984). Με άλλα λόγια, ο δανεισμός από την ΤτΕ αντικαταστάθηκε από τον δανεισμό από τις χρηματαγορές, εγχώριες ή διεθνείς. Έτσι, ακόμη και ποιοτικά, ο αυξημένος δανεισμός καθίστατο πιο επιβαρυντικός, καθώς προερχόταν από θεσμούς τελείως εκτός του ελέγχου του ελληνικού κράτους.

18.3 Η δραχμή σε καθεστώς κυμαινομένων ισοτιμιών

Η περίοδος της διολίσθησης είναι μια περίοδος που χαρακτηρίζεται διεθνώς από την απουσία μιας παγκόσμιας νομισματικής άγκυρας βάσει της οποίας οι ελληνικές αρχές θα σχεδίαζαν την νομισματική τους πολιτική. Είναι μια περίοδος αυτοσχεδιασμού και πειραματισμών, κατά την οποία κάθε κυβέρνηση εφάρμοσε την δική της πολιτική, ή για να ακριβολογούμε την δική της τακτική.

Δικτατορία: διατήρηση της ισοτιμίας με το δολάριο

Αμέσως μετά το σοκ του Nixon, και με την αξία του παγκόσμιου αποθεματικού νομίσματος απεξαρτημένη από τον χρυσό, κάθε εθνική οικονομία είχε μια σημαντική απόφαση να λάβει: σε ποιο επίπεδο θα καθόριζε την αξία του δικού της νομίσματος; Θα άφηνε την ισοτιμία κυμαινόμενη, ή θα την διατηρούσε σταθερή ως προς το δολάριο;

Η πρώτη αντανακλαστική κίνηση της κυβέρνησης της Δικτατορίας θα ήταν η πρόσδεση με το δολάριο, απόφαση που διέφερε αρκετά από εκείνη των χωρών που υιοθέτησαν την κίνηση στο «τούνελ». Την επομένη της ανακοίνωσης του R. Nixon, η ΝΕ αποφάσιζε (απόφαση 1615 της 16/8[14]) ότι η δραχμή θα διατηρούσε αμετάβλητη την ισοτιμία της με το δολάριο και ότι θα αναπροσάρμοζε τις ισοτιμίες της με τα κυμαινόμενα νομίσματα βάσει της ισοτιμίας τους με το δολάριο στις διεθνείς αγορές συναλλάγματος. Η απόφαση αυτή επιβεβαιώθηκε τον Μάιο του 1972, λίγο μετά την συμφωνία της Βασιλείας και την υιοθέτηση του «φιδιού στο τούνελ». Τότε, η ισοτιμία της δραχμής καθορίστηκε εκ νέου στο 1/30 του δολαρίου, ενώ η περιεκτικότητά της σε χρυσό καθορίστηκε στα 0.027283755 γραμμάρια.[15]

Την επιμονή στην σύνδεση δραχμής-δολαρίου μετά την υποτίμηση της 12/2/1972 είχε εντόνως κατακρίνει ο Ξενοφών Ζολώτας (Το Βήμα 1973). Δεν είναι γνωστό αν αυτή η στάση «ψυχραιμίας» (Απογευματινή 1973) αντανακλούσε μια τυφλή προσκόλληση των Συνταγματαρχών στην αμερικανική πολιτική (με ή χωρίς σχετική αμερικανική οδηγία), ή απλή αμηχανία τους μπροστά σε ένα πρόβλημα που τους ξεπερνούσε.

Εδώ είναι χρήσιμο να κάνουμε μια παρέκβαση. Είναι αξιοσημείωτη η αναφορά της απόφασης σε περιεκτικότητα σε χρυσό, την στιγμή που ούτε υπήρχε χρυσή δραχμή, αλλά ούτε και κανόνας χρυσού-δολαρίου. Μάλιστα, και οι χώρες του φιδιού δεν χρησιμοποιούσαν τον χρυσό για μεταξύ τους διακανονισμούς—χρησιμοποιήθηκε μόνο μια φορά για για διακανονισμό μεταξύ της Τράπεζας της Ολλανδίας και της Τράπεζας του Βελγίου, και μετά την αναθεώρηση της συνθήκης στις 8/7/1975 έπαψε να λογίζεται στα αποθεματικά των κρατών-μελών και εξαιρέθηκε και ως μέσο διακανονισμών (Ungerer 1997, 130). Ενδεχομένως μια τέτοια παραπλανητική διατύπωση να μπερδέψει τον ιστορικό του μέλλοντος, όπως έχουν μπερδευτεί και πολλοί σύγχρονοι ιστορικοί σχετικά με την χρήση του χρυσού ως χρήματος στο παρελθόν. Την στιγμή του σοκ του Nixon, το χρήμα συνέχιζε να αποτελεί έναν αφηρημένο νομικό θεσμό, με τυπική μόνον σχέση με το πολύτιμο μέταλλο. Ούτε η δραχμή, ούτε πλέον το δολάριο, δεν ήταν ανταλλάξιμα σε χρυσό—ούτε καν υποθετικά. Όμως αυτή η απόφαση της ΝΕ αποκαλύπτει μια σχεδόν μεταφυσική ανάγκη των νομισματικών τεχνοκρατών να προσεύχονται στον Θεό του κίτρινου μετάλλου, ωσάν αυτό από μόνο του να αρκούσε για να ξορκίσει το φάντασμα της νομισματικής αστάθειας.

Επιπλέον, ο ταυτόχρονος ορισμός της αξίας της δραχμής, αφενός βάσει της μεταλλικής μάζας που αντιπροσωπεύει και αφετέρου βάσει της ισοτιμίας του με ένα ξένο νόμισμα, είχε το ίδιο πρόβλημα με την σύνδεση του φοίνικα και της οθωνικής δραχμής με το ισπανικό δίστηλο. Συγκεκριμένα, αυτή η ισοτιμία συνεπαγόταν αξία δολαρίου 34,635 \$/oz,[16] την στιγμή που η συμφωνία του Σμιθσόνιαν είχε ήδη ορίσει αυτήν την ισοτιμία στα 38 \$/oz (18/12/1971), ενώ λίγο αργότερα (12/2/1973) η συγκεκριμένη ισοτιμία θα γινόταν 42,22 \$/oz μετά την νέα υποτίμηση του δολαρίου. Η επιμονή στην σύνδεση του νομίσματος με μάζες πολυτίμων μετάλλων είχε σαφή εννοιολογικά προβλήματα. *Τι ήταν η δραχμή; Το ένα τριακοστό του δολαρίου ή 0.027283755 γραμμάρια χρυσού;*

---

[14] ΦΕΚ 186Α, 30/9/1971, σ. 1869–1870.

[15] ΝΔ 1152 της 11/5/1972 (ΦΕΚ 71Α, 19/5/1972, σ. 505–506).

[16] Το συγκεκριμένο βάρος χρυσού του ΝΔ ισοδυναμούσε με 0,00096240614 oz/δρχ. Με την ισοτιμία 1\$ = 30 δρχ αυτό ισοδυναμούσε με περιεκτικότητα του δολαρίου σε χρυσό 0,028872184 oz/\$, άρα η αξία του δολαρίου σε χρυσό ήταν 34,635 \$/oz.

Όμως υπήρχαν και τα πρακτικά προβλήματα. Η προϊούσα κατάρρευση του συστήματος του Μπρέτον Γουντς θα αναδείκνυε τα δομικά προβλήματα μιας παρασιτικής οικονομίας όπως η ελληνική. Αφενός, η υποτίμηση του δολαρίου σήμαινε αυτομάτως και υποτίμηση της δραχμής, γεγονός που είχε θετική επίδραση στο έλλειμμα τρεχουσών συναλλαγών. Αυτή η βελτίωση όμως οφειλόταν κυρίως στην βελτίωση του ισοζυγίου αδήλων πόρων και όχι του εμπορικού ισοζυγίου. Η παρασιτική ελληνική οικονομία συνέχιζε να βασίζει την κατανάλωσή της στις εισαγωγές και όχι στην εσωτερική παραγωγή, καθιστάμενη ευάλωτη στον εισαγόμενο πληθωρισμό. Η απόπειρα ελέγχου τιμών τον Ιούλιο του 1971[17] θα είχε βραχύβια αποτελέσματα, καθώς η πρώτη υποτίμηση του δολαρίου (συμφωνία του Σμιθσόνιαν, 18/12/1971) θα επιδείνωνε την κατάσταση. Από τον Μάιο του 1972 ο πληθωρισμός θα άρχιζε μια εκρηκτική πορεία και από το 3,1% θα ανέβαινε στο 7,4% (Φεβρουάριος 1973), παρά τα αντιπληθωριστικά μέτρα όπως ο περιορισμός των τραπεζικών πιστώσεων (Δεκέμβριος 1972). Η δεύτερη υποτίμηση του δολαρίου (12/2/1973) θα ανέβαζε τον πληθωρισμό στο 23,1% τον Οκτώβριο του 1973.

Κατά τον αραβοϊσραηλινό πόλεμο του Γιομ Κιπούρ (Οκτώβριος του 1973) και το πετρελαϊκό εμπάργκο του OPEC το βαρέλι ανεβαίνει από τα 3 στα 12 δολάρια και νέο κύμα πληθωρισμού βρίσκεται προ των πυλών. Όταν ο αραβικός κόσμος αποφασίζει να εκμεταλλευθεί τις πλουτοπαραγωγικές πηγές του προς δικό του όφελος, το ενεργειακό πάρτι της Δύσης θα έπρεπε να περιοριστεί. Για την Ελλάδα αυτό μεταφράζεται σε εκτίναξη του πληθωρισμού στο 33,6% τον Ιανουάριο του 1974.

Η αντίδραση των διαφόρων χωρών στις νέες συνθήκες ποίκιλλε εντός ευρυτάτων ορίων: από περιοριστικές (για πρόληψη του πληθωρισμού) έως επεκτατικές (για πρόληψη της ύφεσης). Η Ελλάδα αποφάσισε να ακολουθήσει την πρώτη συνταγή και παράλληλα να περιορίσει την προσκόλλησή της στις ΗΠΑ. Με την πετρελαϊκή κρίση να μαίνεται, αποφάσισε μετά από δύο δεκαετίες να εγκαταλείψει την πρόσδεση στο δολάριο. Με το ΝΔ 229/1973[18] δόθηκε για πρώτη φορά στην ΤτΕ το δικαίωμα να θεσπίζει διαφορετική ισοτιμία του δολαρίου. Την επομένη, ο Υπ. Οικονομικών και Συντονισμού Αθανάσιος Καψάλης εξήγγειλε την ανατίμηση της δραχμής κατά 10% (στις 27 δρχ) έναντι όλων των ξένων νομισμάτων, συμπεριλαμβανομένου του δολαρίου, ελεύθερη διαμόρφωση των τιμών, ανατίμηση του ψωμιού και των γεωργικών προϊόντων, ελεύθερες εισαγωγές και δραστική μείωση των δημοσίων επενδύσεων. Η ειρωνεία της ιστορίας είναι ότι εκείνη την στιγμή δοτός Πρωθυπουργός της Χούντας ήταν ο Σπύρος Μαρκεζίνης, ο άνθρωπος που συνέδεσε το όνομά του με την πιο επιτυχή υποτίμηση της δραχμής.

Αυτή η ανατίμηση θα ήταν προσωρινή. Η εξέγερση του Πολυτεχνείου σε συνδυασμό με την Χούντα του Ιωαννίδη (25/11/1973) θα ανέτρεπαν την κυβέρνηση Μαρκεζίνη. Μέσα στο επόμενο τρίμηνο η κυβέρνηση του Αδαμάντιου Ανδρουτσόπουλου θα αναιρούσε την ανατίμηση της δραχμής και θα την υποτιμούσε σταδιακά στις 28,5 δρχ/δολ (τον Νοέμβριο), στις 29,7 δρχ/δολ τον Δεκέμβριο, για να την επαναφέρει στις 30 δρχ ανά δολάριο τον Ιανουάριο του 1974 (Ζαράγκας 1995, παράρτημα Β-29). Αυτός ο χειρισμός, καθώς και η παρασιτική φύση της ελληνικής οικονομίας, που την καθιστούσε ευάλωτη στον εισαγόμενο πληθωρισμό, θα ανέβαζαν τον πληθωρισμό το 1974 στο 26,9% (ΤτΕ 1978b, 649), την στιγμή που στην Γερμανία κυμαινόταν στο 6,5%.[19]

Μεταπολίτευση: η δραχμή σε διολίσθηση

Με το ΝΔ 229/1973 η Ελλάδα είχε πλέον την δυνατότητα να εισέλθει στο καθεστώς κυμαινόμενων ισοτιμιών. Παρά την δυνατότητα αυτή όμως, οι τελευταίοι επτά μήνες της δικτατορίας και οι πρώτοι πέντε μήνες της μεταπολίτευσης βρήκαν την δραχμή κλειδωμένη με το δολάριο στην επίσημη από το Μπρέτον Γουντς ισοτιμία των 30 δρχ. Αυτή ήταν μια αντιφατική πολιτική, δοθείσης της πρόθεσης του Κ. Καραμανλή για εισδοχή στην ΕΟΚ. Στα πλαίσια μιας τέτοιας πολιτικής θα έπρεπε κάποια στιγμή η σύνδεση αυτή να διακοπεί. Πράγματι, η ΤτΕ ξεκίνησε στις 8/3/1975 να καθορίζει τις συναλλαγματικές ισοτιμίες βάσει του μέσου όρου των ισοτιμιών των κυριοτέρων ξένων νομισμάτων, μεταξύ των οποίων και το δολάριο. Έτσι, η δραχμή αποσυνδεόταν και εμπράκτως από το δολάριο. Από τον Ιούλιο, η άνοδος του δολαρίου και η παρακολούθηση των ευρωπαϊκών νομισμάτων οδήγησε σε διολίσθηση της δραχμής μέχρι τον Ιανουάριο του 1977. Μέχρι τον Αύγουστο του 1979 ακολούθησε

---

[17] ΝΔ 918 της 14/7/1971 (ΦΕΚ 144Α, 21/7/1971, σ. 1533). Καταργήθηκε με το ΝΔ 234 της 9/11/1973.
[18] ΝΔ 229 της 19/10/1973 (ΦΕΚ 292Α, 19/10/1973, σ. 2795. Διόρθωση ημαρτημένων ΦΕΚ 295Α, σ. 2984).
[19] Στην Γαλλία φτάνει το 12,7%, στην Ιταλία το 18%, στις ΗΠΑ το 10% και στις χώρες του ΟΟΣΑ το 12,3% (Ungerer, σ. 130).

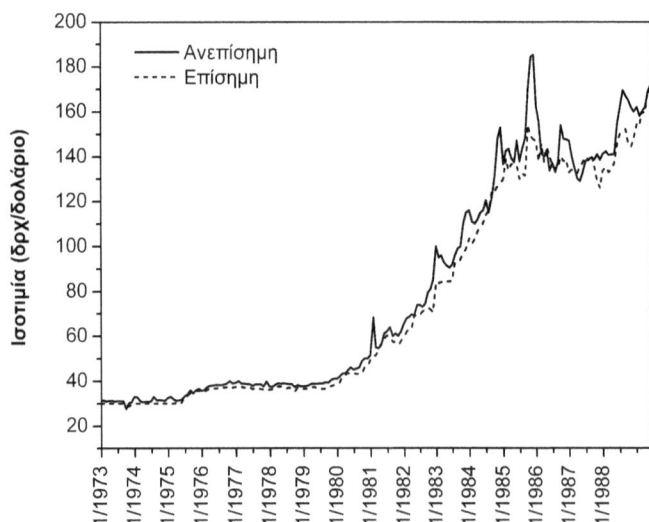

Εικόνα 18.1: Επίσημη και ανεπίσημη ισοτιμία δραχμής-δολαρίου κατά την διολίσθηση 1973–1989 (μηνιαία δεδομένα). Τα στοιχεία προέρχονται από τον Πίνακα 25.9.

μια σχετική σταθερότητα γύρω από τις 35–40 δρχ. Από τον Αύγουστο όμως η ισοτιμία της δραχμής άρχισε να πέφτει, φτάνοντας την περιοχή των 60 δρχ/δολάριο περί τα μέσα του 1981 (βλ. Πίνακα 25.11). Με άλλα λόγια, η δραχμή έχασε το 50% της αξίας της ως προς το δολάριο μέσα σε μια εξαετία. Η ίδια πορεία ακολουθήθηκε και μέχρι τα τέλη της δεκαετίας του 1990, με επιπλέον δύο υποτιμήσεις το 1983 και το 1985 (βλ. Εικόνα 18.1).

Για την υλοποίηση της πολιτικής των κυμαινόμενων ισοτιμιών δημιουργήθηκε ελεύθερη διατραπεζική αγορά συναλλάγματος τον Οκτώβριο του 1980.[20] Υπεύθυνη για την οργάνωση των συνεδριάσεων ήταν η ΤτΕ (άρ. 5). Αυτές λάμβαναν χώρα στις εγκαταστάσεις της κάθε εργάσιμη ημέρα μεταξύ 13:30 και 14:15 και σε αυτές συμμετείχαν οι εξουσιοδοτημένοι εκπρόσωποι των τραπεζών που είχαν την εξουσιοδότηση να προβαίνουν σε πράξεις συναλλάγματος. Από αυτές τις συνεδριάσεις προέκυπταν οι τιμές fixing του συναλλάγματος (μέσος όρος των τιμών αγοράς-πώλησης).

Το βήμα ήταν μετρημένο. Οι συναλλαγές γίνονταν υπό την εποπτεία της ΝΕ και της ΤτΕ και με συγκεκριμένους περιορισμούς. Π.χ. ορίστηκε ότι οι αγοραπωλησίες αφορούν σε τρέχουσες πράξεις (*spot*) και όχι προθεσμίας (*futures*) άνω των δύο ημερών και ότι οι πράξεις θα επιβαρύνονται με προμήθεια έως και 0,2%.[21] Η λειτουργία αυτής της αγοράς ξεκίνησε από 12/11/1980.[22] Ταυτοχρόνως επιτράπηκε η δραχμή να διαπραγματεύεται (από 15/12) στο Χρηματιστήριο Παρισίων. Για τον σκοπό αυτό παρασχέθηκε στην ΤτΕ η ελευθερία να εισάγει και να εξάγει δραχμές και συνάλλαγμα *«κατὰ τὴν ἀπόλυτον αὐτῆς κρίσιν»* για τους σκοπούς αυτών των συναλλαγών.[23]

«Αλλαγή»: εμπορικό έλλειμμα και υποτιμήσεις

Σε καθαρά θεωρητικό πλαίσιο, θα μπορούσε να υποστηριχθεί ότι η επεκτατική πολιτική του Πασόκ θα έδινε ώθηση στην οικονομία, αυξάνοντας την κατανάλωση και ενισχύοντας την παραγωγή. Όμως το κεϋνσιανό πρότυπο δεν επαληθεύτηκε: η πλεονάζουσα ρευστότητα κατευθύνθηκε σε εισαγόμενα προϊόντα, συντηρώντας ένα υψηλό έλλειμμα μεταξύ 12–15% στο εμπορικό ισοζύγιο. Η ένταξη στην ΕΟΚ περιόριζε πλέον δραστικά τις δυνατότητες θεσμικής παρέμβασης για την προστασία της εγχώριας παραγωγής. Το βάρος αυτής της λειτουργίας αναγκάζονταν να αναλάβουν ανεπίσημοι φορείς όπως ο Σύνδεσμος Προώθησης Ελληνικών Προϊόντων με τις τηλεοπτικές καμπάνιες «Ο Επιμένων Ελληνικά» του 1984.

Ως αντίδοτο στην κρίση ανταγωνιστικότητας των ελληνικών προϊόντων προκρίθηκε η υποτίμηση της δραχμής, που θα αύξανε το κόστος των εισαγομένων προϊόντων και θα μείωνε το κόστος των εξαγωγών. Έτσι, στις 10/1/1983, ο Γεράσιμος Αρσένης ανακοίνωνε την πρώτη υποτίμηση της δραχμής μετά το 1953. Η δραχμή υποτιμήθηκε κατά 15,5% (από τις 71,010 στις 84,000 δρχ/$ και από τις 69,40 στις 82,18 δρχ/ECU), μια υποτίμηση που χαρακτηρίσθηκε επιβεβλημένη και καθυστερημένη (Νικολάου 1983, 9–11). Ο Γ. Αρσένης αιτιολόγησε την υποτίμηση ως αναγκαίο μέτρο για την ενίσχυση της ανταγωνιστικότητας των ελληνικών προϊόντων στις διεθνείς αγορές, και η οποία θεώρησε ότι κάλυπτε τα κενά προηγουμένων ετών συναλλαγματικής πολιτικής (*Οικονομικός Ταχυδρόμος* 1983a, 12). Ήταν όμως μάλλον ανακόλουθος, δεδομένου ότι ως Διοικητής της ΤτΕ, είχε υποστηρίξει ότι *«ἡ λύση τοῦ προβλήματος τοῦ ἰσοζυγίου πληρωμῶν βρίσκεται ὄχι στήν ὑποτίμηση τῆς δραχμῆς, ἀλλά στήν αὔξηση τῆς παρα-*

---

[20] Ν. 1083 της 24/10/1980 (ΦΕΚ 252Α, 30/10/1980, σ. 2939–2941).
[21] Απόφαση ΝΕ 290 της 7/11/1980 (ΦΕΚ 269Α, 27/11/1980, σ. 3368–3369).
[22] ΠΔ 1017 της (ΦΕΚ 258Α, 8/11/1980, σ. 3271).
[23] Απόφαση ΝΕ 293 της 1/12/1980 (ΦΕΚ 10Α, 14/1/1981, σ. 3368–3369).

γωγικότητας καί στήν προώθηση τῶν μεταβολῶν στήν οἰκονομική δομή τῆς χώρας καί στή διάρθρωση τῶν ἐξαγωγῶν της» (ΤτΕ 1983, 23).

Αλλά και από πλευράς εκτέλεσης, το μέτρο έπασχε από ελλιπή σχεδιασμό. Παρότι η υποτίμηση είχε αποφασισθεί στο ΚΥΣΥΜ από τα τέλη του Νοέμβριου του 1982, ανακοινώθηκε πάνω από ένα μήνα αργότερα, διάστημα στο οποίο οι διαρροές επέτρεψαν συναλλαγματική κερδοσκοπία (Μαρίνος 1983, 5). Τις ελλείψεις αυτές η κυβέρνηση προσπάθησε να καλύψει με καταδικαστικές δηλώσεις του Κυβερνητικού Εκπροσώπου Δημήτρη Μαρούδα, δύο εικοσιτετράωρα πριν την ανακοίνωση, κατά όσων διέσπειραν τέτοιες φήμες. Αλλά και μετά την ανακοίνωση εκδηλώθηκε κερδοσκοπία κατά την διάθεση των εισαγομένων εμπορευμάτων: οι πωλήσεις αυτοκινήτων και δικύκλων πάγωσαν, καθώς οι έμποροι κατακρατούσαν το στοκ για να το διαθέσουν με τις νέες τιμές, ακόμη και όταν το είχαν εκτελωνίσει με τις παλαιές. Για τον ίδιο λόγο μεγάλες ελλείψεις παρουσιάσθηκαν και εισαγόμενα φάρμακα και στον καφέ. Ουρές έκαναν οι καταναλωτές για να αγοράσουν ηλεκτρικά είδη που δεν είχαν ανάγκη, θεωρώντας ότι θα ακριβύνουν αργότερα (Ρούσσης 1983, 69).

Τέλος, το μέτρο προκάλεσε και την δυσαρέσκεια της Ευρωπαϊκής Επιτροπής, καθώς δεν είχε ενημερωθεί για αυτό εκ των προτέρων. Παρότι η Ελλάδα δεν συμμετείχε στον ΜΣΙ, άρα δεν είχε νομική υποχρέωση να ενημερώσει, η Επιτροπή ενοχλήθηκε από την φύση των μέτρων που αντετίθεντο στην ελευθερία του εμπορίου μέσω περιορισμού των εισαγωγών και σε μια επαναπροσέγγιση της δραχμής με το δολάριο (*Οικονομικός Ταχυδρόμος* 1983b, 21). Η υποτίμηση αυτή αντιστοιχούσε σε αυτό που στην Κοινοτική ορολογία ονομαζόταν «ανταγωνιστική υποτίμηση» και θεωρείτο ως κάτι ιδιαιτέρως αξιόμεμπτο.

Μετά την υποτίμηση η ΤτΕ επιχείρησε να κρατήσει περίπου σταθερή την ισοτιμία με το δολάριο ώστε να ελεγχθούν οι πληθωριστικές επιδράσεις, κυρίως ψυχολογικές. Αυτή η προσπάθεια συνεχίστηκε μέχρι και τον Αύγουστο του 1983, όταν διαπιστώθηκε ότι η πολιτική αυτή οδηγούσε σε ανατίμηση της δραχμής και απώλεια του ανταγωνιστικού οφέλους που είχε επιφέρει η υποτίμηση. Έτσι τελικά η δραχμή αποδεσμεύθηκε από το δολάριο στις 3/8/1983 και άρχισε πάλι να αφήνεται να διολισθήσει (ΤτΕ 1984a, 31–32).

Παρά την υποτίμηση, οι εισαγωγές συνέχισαν να αυξάνονται. Παράλληλα, η συνέχιση της δημοσιονομικής πολιτικής των ελλειμμάτων οδήγησε σε επιδείνωση τις χρηματικές ροές του δημοσίου το 1985. Το έλλειμμα τρεχουσών συναλλαγών διευρύνθηκε, ενώ το πλεόνασμα των αδήλων συναλλαγών συρρικνώθηκε παρά την άνοδο των μεταβιβάσεων από την ΕΟΚ και τον τουρισμό.

Όπως εξιστορεί ο Δ. Χαλικιάς, λίγο μετά τις εκλογές του 1985 (2 Ιουνίου) τα συναλλαγματικά αποθέματα του κράτους ήταν σε επικίνδυνα χαμηλό επίπεδο. Σε συνομιλία του με τον Α. Παπανδρέου του ανακοίνωσε: «*Κύριε πρόεδρε, αν συνεχίσουμε την ίδια πορεία θα χρεοκοπήσουμε. Θα έχουμε στάση πληρωμών. Το έλλειμμα του ισοζυγίου πληρωμών πλησιάζει το 10% του ΑΕΠ και η Τράπεζα [της Ελλάδος] συντόμως δεν θα έχει ταμείο να πληρώσει. Χρειάζεται να σχεδιάσετε ένα πρόγραμμα σταθεροποίησης της οικονομίας»* (Π. Βασιλόπουλος 1998, 26–27).

Έχοντας καταφέρει να κερδίσει τις εκλογές—με την συνδρομή της νεοαγορασθείσας εκλογικής του πελατείας—ο Α. Παπανδρέου είχε την άνεση να αντιμετωπίσει την σκληρή πραγματικότητα. Στις 26 Ιουλίου, μόλις 50 ημέρες από τις εκλογές, σε σαρωτικό ανασχηματισμό αντικατέστησε τον «τσάρο» Γεράσιμο Αρσένη με τους Κωνσταντίνο Σημίτη (Υπ. Εθνικής Οικονομίας), Δημήτρη Τσοβόλα (Υπ. Οικονομικών) και Ευστάθιο Αλεξανδρή (Υπ. Εμπορικής Ναυτιλίας). Στις 11/10/1985 ο Σημίτης ανήγγειλε πρόγραμμα λιτότητας που περιελάμβανε νέα υποτίμηση της δραχμής κατά 15% (από τις 132,56 στις 155,95 δρχ/$ και από τις 110,41 στις 129,64 δρχ/ECU) και πάγωμα μισθών. Θα ήταν για το πρόγραμμα αυτό που θα άρχιζε να χρησιμοποιείται στην Ελλάδα ο όρος «νεοφιλελεύθερος» (Κλαυδιανός 1985, 10).

Συγκρίνοντας την υποτίμηση αυτή με τις δύο που προηγήθηκαν (το 1953 και το 1983), θα μπορούσαμε να πούμε ότι παρουσίαζε περισσότερα κοινά σημεία με την πρώτη· οι διαρροές ήταν ελάχιστες και η υποτίμηση συνοδεύτηκε από επώδυνα μέτρα που αποσκοπούσαν στην μείωση των ελλειμμάτων και τον έλεγχο του πληθωρισμού. Σε αντίθεση όμως με τις δύο προηγούμενες, δεν ανακοινώθηκε για την δραχμή η πρόσδεση με κανένα νόμισμα.

Όμως παρά το πρόγραμμα λιτότητας η βιωσιμότητα των ελληνικών δημοσιονομικών δεν ήταν εξασφαλισμένη, οπότε η κυβέρνηση ζήτησε και δάνειο 1,75 δισ ECU από την ΕΟΚ στα τέλη του έτους. Το δάνειο εγκρίθηκε, όμως μόνον μετά την επιβολή ενός επιπλέον περιοριστικού προγράμματος (*Καθημερινή* 2009). Για να κατανοήσουμε τα μεγέθη, και με μέση ισοτιμία για το 1986 τα 137,4 δρχ/ECU (στοιχεία Πίνακα 25.10), το δραχμικό ισοδύναμο του δανείου ήταν περίπου 240 δισ δρχ. Παράλληλα, οι καθαρές απολήψεις από την ΕΟΚ για το 1986 ανέρχονται στα 182 δισ δρχ (Πίνακας 25.67). Με άλλα λόγια, η κακοδιαχείριση ήταν τέτοια που εκτός από τα δωρεάν κοινοτικά κονδύλια που κάλυπταν περί το 20% του δημοσιονομικού ελλείμματος, χρειάστηκε ένα ακόμη μεγαλύτερο ποσό σε δάνειο για να καλυφθεί το δημοσιονομικό κενό· με την διαφορά ότι αυτό διόγκωνε και το δημόσιο χρέος.

Το πρόγραμμα αυτό θα διαρκούσε μέχρι τις εκλογές του 1989, πριν τις οποίες ο Α. Παπανδρέου το τερμάτισε με την αντικατάσταση Αρσένη και την εντολή «Τσοβόλα δώστα όλα».

18.4 Πληθωρισμός και νομισματική επέκταση

Η περίοδος διολίσθησης της δραχμής χαρακτηρίζεται από έντονο και επίμονο πληθωρισμό, κάτι που συμβαίνει και στο σύνολο σχεδόν των Δυτικών οικονομιών. Είναι δύσκολη η διατύπωση αιτιωδών σχέσεων σε συστήματα τόσο πολλών μεταβλητών, καθώς μπορούμε να συσχετίσουμε την απότομη άνοδο του επιπέδου τιμών με διάφορους παράγοντες.

Αφενός, η ελληνική οικονομία γίνεται ολοένα και πιο καταναλωτική και παρασιτική. Από το 1973 και μετά, το εμπορικό ισοζύγιο καταγράφει ελλείμματα μεταξύ 10–13% του ΑΕΠ, με συνέπεια η αύξηση των τιμών των εισαγωμένων αγαθών. Ήταν πλέον τόσο σημαντικές οι εισαγωγές, που η υποτίμηση του 1985 οδήγησε σε εκτόξευση του πληθωρισμού στο 24,9%, καθώς ολοένα και περισσότερα αγαθά που δεν παράγονταν εγχωρίως προέρχονταν από χώρες των οποίων το νόμισμα είχε ξαφνικά ανατιμηθεί ως προς την δραχμή. Η πετρελαϊκή κρίση τον Οκτώβριο του 1973 συνέβαλλε στο φαινόμενο αυτό. Κατά συνέπεια, από το 1973, όταν το ΙΤΣ το υπερτριπλασιάζεται σε σχέση με εκείνο του 1972, η δραχμή θα αρχίσει να δέχεται πιέσεις στην ισοτιμία της έναντι του δολαρίου, και μέχρι το 1981 θα έχει χάσει σχεδόν την μισή της αξία κυμαινόμενη στις 60 δρχ/$. Το έλλειμμα στο ΙΤΣ παραμένει σε εξαιρετικά υψηλά επίπεδα όλη την υπόλοιπη περίοδο, κυμαινόμενο μεταξύ 3–6% του ΑΕΠ (Πίνακας 25.66).

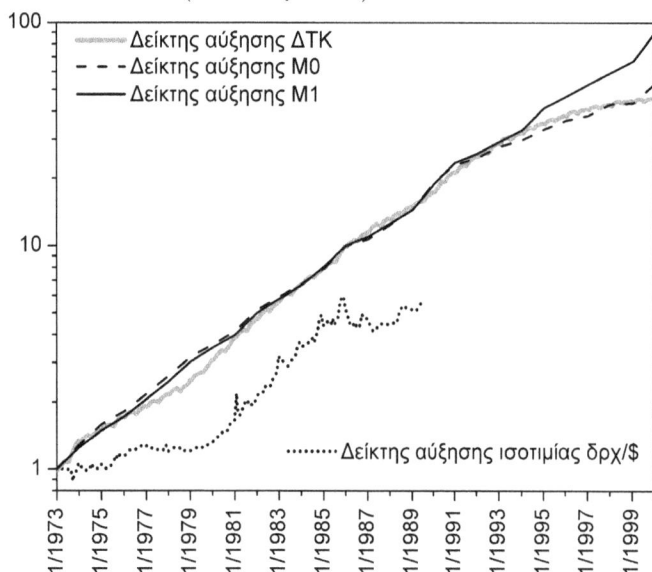

Εικόνα 18.2: Δείκτες αύξησης ΔΤΚ, Μ0, Μ1 και ισοτιμίας δραχμής-δολαρίου (Ιανουάριος 1973 = 1). Μια από τις σπάνιες επιτυχίες της ποσοτικής θεωρίας, έστω και κατά τύχη (επεξεργασία στοιχείων από τους Πίνακες 25.47, 25.41, 25.9).

Ένα άλλο χαρακτηριστικό της περιόδου αυτής είναι ότι η ελληνική οικονομία είχε πλέον βγει από την φάση των μεγάλων δημοσίων επενδύσεων και έργων υποδομής, με συνέπεια οι νέες ποσότητες χρήματος να μη κατευθύνονται πλέον σε αυξήσεις της παραγωγικότητας αλλά στην κατανάλωση (βλ. π.χ. Bryant, Γκαργκάνας, και Ταβλάς 2002, 9–10). Και αυτό συνέβαινε είτε με το νέο χρήμα που δημιουργείτο από το ελληνικό χρηματοπιστωτικό σύστημα—αυξήσεις ωρομισθίων του ιδιωτικού τομέα (ΤτΕ 1978a, 15), αυξήσεις δημοσίων υπαλλήλων μέσω της ΑΤΑ, κατασκευές κατοικιών—είτε με το χρήμα που εισέρρεε από το εξωτερικό· ακόμη και τα Κοινοτικά κονδύλια της ΚΑΠ δαπανήθηκαν σε μεγάλο βαθμό σε Μερσεντές και γαρδένιες. Το αποτέλεσμα ήταν ότι η ελληνική οικονομία εισήλθε σε μια από τις σπάνιες περιόδους κορεσμού της απασχόλησης κάποιων εγχώριων κλάδων, όπως π.χ. της οικοδομής (ΤτΕ 1975, 23), με αποτέλεσμα να μπορούμε να θεωρήσουμε την επιπλέον ρευστότητα ως αίτιο της αύξησης των τιμών· είναι αξιοσημείωτη η συσχέτιση του Δείκτη Τιμών Καταναλωτή με το Μ1, αμφότερα εκ των οποίων αυξάνονται με εντυπωσιακά παρόμοιους ρυθμούς μεταξύ 1973–1994, και μάλιστα πολύ πιο γρήγορα από την υποτίμηση της δραχμής σε σχέση με το δολάριο ή το ECU (Εικόνα 18.2). Με άλλα λόγια, οι εσωτερικές συνθήκες παροχής χρήματος φαίνεται να αύξαναν τις τιμές πιο γρήγορα από ό,τι θα δικαιολογούσε η υποτίμηση της ισοτιμίας της δραχμής, γεγονός που φαίνεται να αποτελεί μια από τις σπάνιες επιτυχίες της ποσοτικής θεωρίας. Επιτυχία τυχαία, καθώς η θεωρία δεν αναγνωρίζει την προϋπόθεση της πλήρους απασχόλησης που ίσχυε την περίοδο εκείνη, αλλά και διότι οι ανώτεροι νομισματικοί δείκτες δεν παρουσιάζουν τόσο καλή συσχέτιση.

Τέλος, σημασία είχε και ο ψυχολογικός παράγων. Παρά την γενικά πτωτική του τάση μετά το 1980, ο πληθωρισμός κινήθηκε σε επίπεδα άνω του 17%, εν μέρει λόγω της ΑΤΑ και των πληθωριστικών προσδοκιών που αυτή καλλιεργούσε. Παρότι το σταθεροποιητικό πρόγραμμα του 1985 αύξησε απότομα τον πληθωρισμό λόγω της υποτίμησης, πολύ σύντομα ο ετεροχρονισμός της ΑΤΑ και το πάγωμα των μισθών οδήγησαν σε ταχεία αποκλιμάκωση του πληθωρισμού (στο 11,8% τον Ιούνιο του 1988). Παρότι η εφαρμογή του μέτρου είσπραξης του ΦΠΑ (από 1/1/1987) ανέκοψε πρόσκαιρα την πτωτική πορεία του πληθωρισμού (Πίνακας 25.47), η πτώση παρέμεινε σταθερή. Η κατάργηση της ΑΤΑ μετά το 1991 είχε το ίδιο αποτέλεσμα, καθώς όχι μόνον περιόρισε το διαθέσιμο προς κατανάλωση εισόδημα—μια ποσοτική μεταβλητή—αλλά και ελάττωσε την πληθωριστική προσδοκία—μια καθαρά ψυχολογική μεταβλητή. Εδώ όμως επέδρασε και η εισροή φθηνού εργατικού δυναμικού από τις πρώην σοσιαλιστικές χώρες, η οποία μείωσε το μισθολογικό κόστος παραγωγής.

Συνοψίζοντας λοιπόν, η πληθωριστική έξαρση την περίοδο εκείνη είχε να κάνει με διεθνείς παράγοντες (π.χ. τιμή πετρελαίου) αλλά και με καθαρά εγχώριους. Αυτοί ήταν συγκυριακοί (π.χ. εισαγωγή ΦΠΑ, υποτίμηση του 1985), αλλά και ένας συνδυασμός πιο χρόνιων παραγόντων, όπως οι μισθολογικές αυξήσεις, η αυξημένη κατανάλωση και η στασιμότητα των νέων επενδύσεων.

18.5 Θεσμικές μεταβολές στην έκδοση χρήματος

Αλλαγή φρουράς στην ΤτΕ

Οι πολιτικές και πολιτειακές αλλαγές που συνέβησαν την περίοδο της διολίσθησης δεν άφησαν άθικτους τους κεντρικούς θεσμούς ελέγχου του χρήματος, και πιο συγκεκριμένα την ΤτΕ και την ΝΕ. Την αρχή είχε ήδη κάνει η Δικτατορία, που αντικατέστησε την διοίκηση της ΤτΕ τρεις μήνες μετά την επικράτησή της. Στις 7/8/1967 ο Διοικητής Ξενοφών Ζολώτας, και ο δεύτερος Υποδιοικητής Ιωάννης Πεσμαζόγλου θα υπέβαλλαν τις παραιτήσεις τους και την θέση του Διοικητή θα ανελάμβανε ο μέχρι τότε Υποδιοικητής Δημήτριος Γαλάνης. Η παλιά φρουράς επανήλθε με την μεταπολίτευση, οπότε και κατατέθηκαν οι παραιτήσεις των τότε Διοικητή Κωνσταντίνου Παπαγιάννη και Υποδιοικητή Ευσταθίου Πανά.[24] Μετά από σύντομη θητεία του Παναγιώτη Παπαληγούρα ως Διοικητή, την θέση επάνδρωσε και πάλι ο Ξενοφών Ζολώτας (από 26/11/1974).

Είναι αξιοσημείωτη η αντιπαραβολή των παραπάνω γεγονότων με τον λόγο του Ζολώτα στον εορτασμό των 50 χρόνων της ΤτΕ στις 8/12/1978: «*[Τ]ό ἔργο τοῦ ἱδρύματος τοῦ ὁποίου ἔχω τήν τιμή νά προΐσταμαι ἀπό τό 1955, εἶναι στήν οὐσία δημόσιο λειτούργημα […] Ἐπιθυμῶ ὅμως νά ἐπισημάνω ὅλως ἰδιαιτέρως ὅτι βασική προϋπόθεση γιά τήν ἐπιτυχή ἄσκηση αὐτοῦ τοῦ ἔργου εἶναι ἡ διατήρηση διοικητικῆς αὐτονομίας. Ἡ Τράπεζα τῆς Ἑλλάδος, ὅπως καί κάθε κεντρική τράπεζα, πρέπει νά ἀποτελεῖ νησίδα ἔξω ἀπό τήν πολιτική*» (ΤτΕ 1978b, 772–773). Είναι τουλάχιστον ειρωνικό ο Ζολώτας να επιθυμεί την ανεξαρτησία από ακριβώς εκείνες τις δυνάμεις που δημιούργησαν για εκείνον την καινοφανή θέση του Συνδιοικητού το 1944, επιχειρώντας τον παραγκωνισμό του Κυριάκου Βαρβαρέσου· που με τον ΑΝ 1837/1951 δημιούργησαν για εκείνον θέση στην ΝΕ την οποία θα στελέχωνε «*εἷς τῶν Τακτικῶν Καθηγητῶν τοῦ Πανεπιστημίου Ἀθηνῶν, εἰδικός εἰς τά οἰκονομικά καί νομισματικά καθόλου ζητήματα*»· που τον διόρισαν Διοικητή της ΤτΕ το 1955· και που τον αποκατέστησαν αμέσως μετά την μεταπολίτευση το 1974. Ο παραπάνω πόθος διοικητικής ανεξαρτησίας ενός «δημόσιου λειτουργού» είναι αντίστοιχος με εκείνον του... τελωνειακού Adam Smith περί ελευθερίας του εμπορίου. Φαίνεται ο Ζολώτας να μην κατανοούσε ότι το χρήμα αποτελεί κρατικό θεσμό, στον οποίο το κράτος δεν μπορεί παρά να παρεμβαίνει.

---

[24] Κατατέθηκαν συνεπεία της Συντακτικής Πράξης της 1/8/1974 (ΦΕΚ 213Α, 2/8/1974, σ. 1423–1424) και του εφαρμοστικού ΝΔ 3 της 9/8/1974 (ΦΕΚ 219Α, 9/8/1974, αρ. 219, σ. 1435–1436).

Πράγματι, λίγο μετά την εκλογική νίκη του Πασόκ ο Ξενοφών Ζολώτας οδηγήθηκε στην αποστρατεία και την θέση του πήρε σχεδόν αμέσως (3/11/1981) ο Γεράσιμος Αρσένης, με πρότερη θητεία στον ΟΗΕ (1960–64) και στον ΟΟΣΑ (1964–66). Ως Διευθυντής Χρήματος, Χρηματοοικονομικών και Ανάπτυξης (1967–1980) στο—κατά γενική ομολογία αποτυχημένο[25]—Συνέδριο Εμπορίου και Ανάπτυξης του ΟΗΕ (UNCTAD), συμμετείχε και ως παρατηρητής στην Ενδιάμεση Επιτροπή του ΔΝΤ. Επίσης, υπήρξε εμπειρογνώμων της «Επιτροπής των είκοσι» (C20) του ΔΝΤ για την διεθνή νομισματική μεταρρύθμιση. Κατά δήλωσή του συμμετείχε «*στον αντιδικτατορικό αγώνα στις γραμμές του ΠΑΚ*» ('Η πολιτική διαδρομή' 2015), από απόσταση ασφαλείας λόγω των απαιτήσεων της διεθνούς του καριέρας. Η κοσμοπολίτικη πορεία του Αρσένη μέσα από οργανισμούς όπως ο ΟΟΣΑ, ο ΟΗΕ και το ΔΝΤ φαίνεται να αντιφάσκει με την «σοσιαλιστική» του ανησυχία να μην «*κατηγορηθεί ότι είναι αστός*» (Αρσένης 1980). Η αντίφαση όμως λύνεται αν την εντάξουμε στην διπλολαλιά που έφερε ο Α. Παπανδρέου στην ελληνική πολιτική ζωή, στον ανώδυνο αντιδυτικισμό που οι ΗΠΑ εντέχνως καλλιέργησαν στην μεταπολεμική Αριστερά και στις «εκλεκτικές συγγένειες» Αριστεράς και φιλελευθερισμού.

Στην σκιά του Αρσένη τοποθετήθηκε ο Δημήτριος Χαλικιάς, ο οποίος είχε εργασθεί στην ΤτΕ (1957–64) υπό τον Ξ. Ζολώτα. Στην συνέχεια είχε αναλάβει Γ. Γραμματέας του Υπουργείου Συντονισμό επί Γεωργίου Παπανδρέου (1964–65), οπότε και ξεκίνησε η σχέση του με τον Ανδρέα Παπανδρέου (Νικολάου 2008b). Μέχρι το 1974, έχοντας πέσει στην δυσμένεια της Χούντας, εργάσθηκε στην ΤτΕ με υποτροφίες του ιδρύματος Φορντ των ετών 1968 και 1969 (*Άρδην* 2005), προτού αποκατασταθεί μετά την μεταπολίτευση υπό την Διοίκηση του Π. Παπαληγούρα. Όταν ο Γ. Αρσένης θα αναλάμβανε ταυτόχρονα και Υπ. Εθνικής Οικονομίας (5/7/1982), ο Χαλικιάς ουσιαστικά θα τελούσε χρή Διοικητού στην ΤτΕ, διορισμός που τελικά επισημοποιήθηκε λίγο αργότερα (20/2/1984), λίγο πριν την ανακήρυξη του Αρσένη σε «τσάρο της οικονομίας» (στις 27/3/1984 ανέλαβε και Υπ. Οικονομικών).

Τα επόμενα χρόνια θα λάμβαναν χώρα δύο αξιοσημείωτες αλλαγές στον τυπικό χαρακτήρα της ΤτΕ, οι οποίες όμως είχαν μάλλον συμβολικό χαρακτήρα. Λίγο πριν την κατάργηση της ΝΕ και την έναρξη της απορρύθμισης του τραπεζικού συστήματος, ο νόμος 1256/1982 (άρ. 1, παρ. 6),[26] όρισε ότι η ΤτΕ ανήκε στον Δημόσιο Τομέα, παρά το ιδιοκτησιακό της καθεστώς ως Ανωνύμου Εταιρείας. Αυτή η απόφαση είναι μάλλον αντιφατική με την πρόθεση της κυβέρνησης του Πασόκ να κινηθεί προς μια πιο φιλελεύθερη κατεύθυνση, και μάλλον δείχνει την αμφιθυμία της ως προς αυτήν την επιλογή. Τίθεται το ερώτημα αν επιθυμούσε να περιχαρακώσει την εξουσία της απέναντι στο ίδρυμα που θα αναλάμβανε τις εξουσίες της καταργούμενης ΝΕ. Πάντως αυτή η αλλαγή ανετράπη λίγο αργότερα από την κυβέρνηση της ΝΔ, με τον ν. 1892/1990 (άρ. 51) που επανέφερε και πάλι την ΤτΕ εκτός δημοσίου τομέα.[27]

Νομισματική Επιτροπή

Σε αντίστοιχες αλλαγές θα υπέκειτο και η ΝΕ. Λίγο μετά το σοκ του Nixon, η Δικτατορία αποφάσισε και την τροποποίηση του θεσμικού πλαισίου λειτουργίας της ΝΕ με το νομοθετικό διάταγμα *Περί Υπουργικού Συμβουλίου και Υπουργείων*.[28] Η μεταρρύθμιση περιέκοπτε σε σημαντικό βαθμό τις αρμοδιότητες της ΝΕ που, από όργανο χάραξης πολιτικής, μετατρεπόταν σε απλό εποπτικό όργανο. Οι αρμοδιότητες αυτές θα μεταφέρονταν σε δύο νεοϊδρυθέντα όργανα, το Κυβερνητικό Πολιτικό Συμβούλιο και και την Επιτροπή Οικονομικών Υποθέσεων. Η μεταρρύθμιση, που μεταπολιτευτικά θα επέσυρε την αρνητική κριτική της ΤτΕ (1978b, 646), κράτησε 25 μήνες. Με νέο νομοθετικό διάταγμα *Περί Υπουργικού Συμβουλίου και Υπουργείων*, οι αρμοδιότητες της ΝΕ αποκαταστάθηκαν.[29] ενώ η σύστασή της τροποποιήθηκε ώστε να περιλαμβάνει τους Υπουργούς Συντονισμού, Οικονομικών, Γεωργίας, Βιομηχανίας και ενέργειας, Εμπορίου, ενός Υφυπουργού Συντονισμού και του Διοικητή της ΤτΕ.

---

[25]Στην αποτυχία του UNCTAD αναφέρονται πολλοί σχολιαστές. Ένας από αυτούς αναφέρεται, μάλλον ειρωνικά, και στην υπεραισιοδοξία του «Gerry Arsenis» στους χρηματοοικονομικούς στόχους του συνεδρίου (Weiss κ.ά. 2005, 200).

[26]Ν. 1256 της 28/5/1982 (ΦΕΚ 65Α, 31/5/1982, σ. 527–534).

[27]Ν. 1892 της 31/7/1990 (ΦΕΚ 102Α, 31/7/1990, σ. 869–911).

[28]ΝΔ 957 της 24/8/1971 (ΦΕΚ 166Α, 25/8/1971, σ. 1701).

[29]ΝΔ 175 της 24/9/1973 (ΦΕΚ 230Α, 24/9/1973, σ. 2021).

Ο κύκλος των θεσμικών αλλαγών της ΝΕ θα ολοκληρωνόταν το 1982, με την κατάργησή της από τον ν. 1266/1982.[30] Ο νόμος αυτός ταυτοχρόνως μεταβίβαζε της εξουσίες της ΝΕ στην ΤτΕ (άρ. 1), με εξαίρεση τις επενδύσεις των αποθεματικών των Δημοσίων Οργανισμών κοινωνικής πολιτικής (δηλ. των ασφαλιστικών ταμείων)[31] (άρ. 2), τον καθορισμό των πλαισίων της νομισματικής πολιτικής (άρ. 3), καθώς και τα περί εκδόσεως εντόκων γραμματίων (άρ. 4). Οι αρμοδιότητες αυτές μεταβιβάσθηκαν στο Υπουργικό Συμβούλιο.

Παρότι ο ν. 1266/1982 χαιρετίστηκε ως μια μείζων θεσμική μεταβολή, οι αρμοδιότητες της ΝΕ διατηρήθηκαν, και απλώς μεταβιβάσθηκαν σε άλλα όργανα, στα οποία συμμετείχαν περίπου οι ίδιοι Υπουργοί που στελέχωναν την ΝΕ. Οι ουσιαστικές καινοτομίες του νόμου ενέκειντο στα περί εκδόσεως εντόκων γραμματίων· ενώ μέχρι τότε τα έσοδα από την πώλησή τους τροφοδοτούσαν μόνον τον προϋπολογισμό του ΠΔΕ, τώρα θα μπορούσαν να τροφοδοτούν και τα ελλείμματα του τακτικού προϋπολογισμού χωρίς περιορισμό, και με απλές αποφάσεις του Υπουργικού Συμβουλίου (Χούτας 1983, 49–50).

*Πίνακας 18.1: Σύνθεση της ΝΕ (τακτικά μέλη) όπως προέκυψαν από σειρά νομοθετημάτων. Με **X** συμβολίζεται ο Πρόεδρος.*

	AN 1015/1946	ΝΔ 659/1948	AN 1837/1951	ΝΔ 3074/1954	ΒΔ 20/9/1955	ΝΔ 3760/1957	ΝΔ 957/1971	ΝΔ 175/1973	Ν. 400/1976
Υπ. Συντονισμού	X	X	X	X	X	X		X	X
Υπ. Οικονομικών									
Διοικητής ΤτΕ									
Βρετανός υπήκοος									
Αμερικανός υπήκοος									
Υπ. Εθν. Οικονομίας							X		
Καθ. Οικ/μικών Παν. Αθηνών									
Υπ. Εμπορίου & Βιομηχανίας									
Υφυπ. Συντονισμού									
Υπ. παρά τω Πρωθυπουργώ									
Υπ. Βιομηχανίας & Ενέργειας									
Υπ. Εμπορίου									
Υπ. Γεωργίας									

Αλλαγή μεθόδων σχεδιασμού νομισματικής πολιτικής

Καθώς η παρακολούθηση της ισοτιμίας ενός νομίσματος δεν ήταν πλέον ο ένας και μοναδικός δείκτης καθορισμού της νομισματικής και πιστωτικής πολιτικής, έπρεπε να βρεθεί ένας άλλος. Εδώ η ΤτΕ ακολούθησε πιστά την νέα διεθνή πρακτική. Το 1975 ετέθη ως στόχος για το επόμενο έτος μια «*αὔξησ[η] τῆς ποσότητος χρήματος τῆς τάξεως τοῦ 15–20%*» (ΤτΕ 1975, 14). Έτσι, από το 1975 και μέχρι το και 1981 ως δείκτης σχεδιασμού νομισματικής πολιτικής θα χρησίμευε το Μ0, δηλαδή η ποσότητα τραπεζογραμματίων και κερμάτων.

Το 1977 στην *Έκθεση του Διοικητού* περιλαμβάνεται ένα νέο κεφάλαιο με τίτλο «*Ο ρόλος της νομισματικής πολιτικής: Στόχοι και μέσα*» (ΤτΕ 1977, 17–20), που προϊδεάζει για την μετάβαση στην εξωσυναλλαγματική στοχοθεσία που διάφοροι αναλυτές κωδικοποίησαν σε μια αλληλουχία *τελικών, ενδιαμέσων* και *λειτουργικών* στόχων (Αναστασάτος 2008).[32] Ο ορισμός και η κατηγοριοποίηση τέτοιων στόχων ενέχει μια σημαντική συνιστώσα ασάφειας και αντιφατικότητας, ώστε η όλη διαδικασία να μοιάζει μάλλον με μεταβαλλόμενη διεθνή μόδα παρά με συστηματοποιημένη και δομημένη μεθοδολογία, όπως προκύπτει και από παράθεση τρεχουσών πρακτικών (Bindseil 2004· Mishkin 2000).

---

[30] Ν. 1266 της 2/7/1982 (ΦΕΚ 81Α, 2/7/1982, σ. 645–648).

[31] Δυνάμει των Ν. 1611/1950, ΝΔ 3856/1958 και Ν. 876/1979.

[32] *Τελικός στόχος (final target)*: η μεταβλητή της οικονομίας που η Κεντρική Τράπεζα επιθυμεί τελικά να ελέγξει (επίπεδο τιμών-πληθωρισμός, απασχόληση, ΑΕΠ-ανάπτυξη κλπ). *Ενδιάμεσος στόχος (intermediate target)*: Ρύθμιση κάποιας μεταβλητής που μια Κεντρική Τράπεζα μπορεί να επηρεάσει με εύλογη χρονική υστέρηση και σε εύλογο βαθμό ακρίβειας για να επιτύχει τον τελικό στόχο (συναλλαγματική ισοτιμία, ή κάποιο ανώτεροι νομισματικοί δείκτες όπως οι Μ1, Μ3, Μ4). *Λειτουργικός στόχος (operational target)*: Κάποια μεταβλητή που η Κεντρική Τράπεζα μπορεί να ρυθμίζει άμεσα και επακριβώς ώστε να επηρεάσει τον ενδιάμεσο στόχο (βραχυπρόθεσμα επιτόκια δανεισμού προς τις εμπορικές τράπεζες, απαιτήσεις αποθεματικού των εμπορικών τραπεζών, πραγματικά επιτόκια καταθέσεων των εμπορικών τραπεζών).

Και οι μόδες αλλάζουν: από το 1982 η στοχοθεσία αλλάζει και γίνεται βάσει του δείκτη Μ3[33]—προβλεπόταν να αυξηθεί κατά 30% το 1982, έναντι 35,7% το 1981 (ΤτΕ 1982, 23). Παρότι ο δείκτης αυτός παρακολουθείτο τα προηγούμενα χρόνια, για πρώτη φορά γίνεται ο «οδηγός» της νομισματικής πολιτικής. Εδώ είναι το κατάλληλο σημείο για κάποια σχόλια.

Πρώτον, διαπιστώνουμε μια σημαντική μεταβολή της νομισματικής στοχοθεσίας, η οποία γίνεται ασχολία-στα και ατεκμηρίωτα. Γιατί επελέγη το Μ0 τα προηγούμενα έτη; Γιατί αντικαταστάθηκε από το Μ3 και τι πρόβλημα υπήρχε με την χρήση του; Τα ερωτήματα αυτά έχουν πολλές ευλογοφανείς απαντήσεις, καμία όμως ικανοποιητική, καθώς αποτελούν υποπεριπτώσεις ενός ερωτήματος που μένει ακόμα εν πολλοίς αναπάντητο: *τι είναι χρήμα;* Θεωρούμε ως χρήμα τα χαρτονομίσματα και τα κέρματα (Μ0); Θέλουμε να συμπεριλάβουμε στον ορισμό και τραπεζικές καταθέσεις που—μέσω του συστήματος κλασματικού αποθεματικού—αυξάνουν την ρευστότητα (Μ1, Μ2); Θέλουμε να συμπεριλάβουμε και άλλα «προϊόντα»; Για να μην κακίζουμε ειδικώς την ΤτΕ, θα πρέπει να αναγνωρίσουμε ότι το πρόβλημα αυτό ήταν—και είναι ακόμη—ένα από τα πιο προβληματικά σημεία της ορθόδοξης οικονομικής θεωρίας τους τελευταίους τρεις αιώνες. Πώς μπορεί να γίνει ο πρακτικός σχεδιασμός της πολιτικής χρήματος όταν δεν έχουμε συμφωνήσει θεωρητικά *πώς ορίζεται* το χρήμα; Στην αντίφαση αυτή θα υπέπιπτε το 2000 και ο Alan Greenspan (2000), μετά από ερώτηση του Ron Paul σε επιτροπή της αμερικανικής Βουλής των Αντιπροσώπων. Ο «μεγαλύτερος Τραπεζίτης του κόσμου» ομολογούσε ότι δεν ήξερε να ορίσει το χρήμα! Νέοι δείκτες (money aggregates) και όροι περιέγραφαν το χρήμα με την εμφάνιση των νέων «προϊόντων»: *Μ0* ή «νομισματική βάση» (base money), *Μ1* ή «χρήμα με την στενή έννοια» (narrow money), *Μ2–5* ή «χρήμα -με την ευρεία έννοια» (broad money).

Είναι χαρακτηριστικό ότι ακόμη και ο ορισμός των παραπάνω δεικτών δεν είναι αυστηρός, αλλά είναι συνάρτηση χώρου και χρόνου: διαφέρει από χώρα σε χώρα και μπορεί να αλλάξει με απόφαση της Κεντρικής Τράπεζας ανάλογα με τις τρέχουσες θεωρίες και χρηματοοικονομικές πρακτικές. Η διαμάχη της περιόδου 1970–80 δεν αφορά πλέον στην σχέση χρυσού, αργύρου και χαρτίνου χρήματος (το λεγόμενο «sound money debate» του ύστερου 19[ου] αιώνα), αλλά στην διάκριση νομισμάτων και χαρτονομισμάτων από τις παραδοσιακές καταθέσεις και τα νέα χρηματοοικονομικά «προϊόντα» που έρχονταν να προστεθούν σε αυτές.

Σε κάθε περίπτωση, η ΤτΕ υιοθέτησε την στοχοθεσία βάσει του «χρήματος με την ευρεία έννοια» (Μ3). Η αναλυτική αξία αυτής της αλλαγής αποδείχθηκε αμφίβολης σημασίας, αν βασιστούμε στο σκεπτικό των Friedman-Schwartz. Πράγματι, η στατιστική συσχέτιση του ελληνικού ΑΕΠ για τα έτη 1960–1999 με τους δείκτες Μ0, Μ1, Μ3, Μ4 και Μ4Ν (τέλος έτους) κυμαίνεται σε στενότατα όρια, μεταξύ 98,49 και 99,86%.[34] Με άλλα λόγια, οποιοσδήποτε από τους παραπάνω δείκτες έχει εξίσου καλή—ή κακή—συσχέτιση με το ελληνικό ΑΕΠ. Ελάχιστα πιο ξεκάθαρη είναι η εικόνα για τα δεδομένα των προπολεμικών δεικτών Μ0–Μ3, για τους οποίους οι αντίστοιχοι συντελεστές συσχέτισης αυξάνονται από 96,57% για το Μ0 στο 99,44% για το Μ3 (Εικόνα 18.3). Αν δε, αγνοήσουμε τα απόλυτα μεγέθη και εξετάσουμε τις ετήσιες ποσοστιαίες μεταβολές τους, προκύπτει και πάλι μια αντίστοιχη εικόνα, αλλά προς την αντίθετη κατεύθυνση: όλες οι συσχετίσεις είναι συγκρίσιμα κακές, που σημαίνει ότι και πάλι δεν ξεχωρίζει κάποιος νομισματικός δείκτης ως προς την συσχέτισή του με το ΑΕΠ (Εικόνα 18.4). Με άλλα λόγια τέτοια οικονομετρικού τύπου μοντέλα, έστω κι αν αγνοήσουμε τις αβεβαιότητες γύρω από το ακριβές ύψος του ΑΕΠ, είναι εντελώς άχρηστα στο να απαντήσουν στην ερώτηση *τι είναι χρήμα* και πώς αυτό επηρεάζει την οικονομική δραστηριότητα.

Η μετάβαση αυτή δεν έχει τόσο αναλυτική, προβλεπτική ή διαχειριστική αξία όσο πολιτική, και σχετίζεται άμεσα με τον διαχρονικό αγώνα για τον έλεγχο της έκδοσης χρήματος. Η χρήση των ανωτέρων δεικτών όπως το Μ3 έφερνε στο προσκήνιο πιστωτικές σχέσεις που δεν ήλεγχε άμεσα το κράτος. Π.χ., η απόφαση κάποιου

---

[33] Οι ορισμοί που υιοθέτησε η ΤτΕ στις Εκθέσεις των Διοικητών ήταν: Μ1 = Μ0 + καταθέσεις όψεως ιδιωτών και Μ3 = Μ1 + καταθέσεις ιδιωτών (ταμιευτηρίου, προθεσμίας). Από την Έκθεση του 1991 στο Μ3 συμπεριλαμβάνονται επιπλέον τα τραπεζικά ομόλογα και τα repos. Βεβαίως και η ίδια η ΤτΕ δεν μπόρεσε να συμφωνήσει ούτε με τον ίδιο της τον εαυτό, αφού το 1984 δημοσίευσε στατιστικές σειρές στις οποίες στο Μ1 συμπεριλαμβάνονταν και οι καταθέσεις όψεως Δημοσίων Επιχειρήσεων και Οργανισμών (βλ. ΤτΕ 1984b, 3:239).

[34] Ο συντελεστής συσχέτισης δύο ανεξαρτήτων μεταβλητών x και y είναι ένα στατιστικό μέγεθος που ισούται με ±1 (ή ±100%) για τέλεια συσχέτιση και με 0 για καμία συσχέτιση μεταξύ των δύο μεταβλητών. Προσοχή: συσχέτιση δεν σημαίνει απαραιτήτως και αιτιώδη σχέση μεταξύ των μεταβλητών.

ιδιώτη να αποσύρει τις καταθέσεις του από την τράπεζα, μειώνει τους δείκτες άνω του M1 με τρόπο απρόβλεπτο και εκτός κρατικού ελέγχου. Αντιθέτως, η απόφασή του να αναλάβει ένα τραπεζικό δάνειο αυξάνει τους δείκτες άνω του M1, καθώς το δάνειο θα μετατραπεί αυτομάτως σε κάποια κατάθεση στον τραπεζικό λογαριασμό του. Η απόπειρα προσαρμογής του κεντρικού νομισματικού σχεδιασμού στην ρευστότητα που δημιουργούσε ο ιδιωτικός τομέας αποτελούσε μια νίκη του πνεύματος του Nicolas Oresme σχετικά με τον έλεγχο της έκδοσης χρήματος από τους ιδιώτες και όχι από το κράτος (βλ. παράγραφο 1.7). Πλέον, το συντριπτικό ποσοστό αυτού που αποκαλείται «ρευστότητα» προέρχεται από δάνεια που εκχωρούν οι τράπεζες στους ιδιώτες, δάνεια που εκχωρούν σχετικά ανεμπόδιστες από απαιτήσεις τήρησης αποθεματικών σε «κρατικό» χρήμα. Η παροχή πιστώσεων και ρευστότητας δεν αποφασίζεται πλέον από κρατικές επιτροπές, όπως λ.χ. η ΝΕ, αλλά από ιδιωτικές τράπεζες υπό μικρή κρατική εποπτεία. Οι διάφοροι αναλυτές πλησίον του τραπεζικού χώρου έδωσαν σε αυτήν την καθαρά πολιτική νίκη ουδέτερο χαρακτήρα και χροιά αποτελεσματικότητας. Η ανάλυση που κάνουν συνήθως (βλ. π.χ. Κορλίρας 1995, 72–82) είναι ότι στο νέο καθεστώς η Κεντρική Τράπεζα θα έμπαινε στην αγορά χρήματος για να επηρεάζει την ρευστότητα όχι διοικητικά, αλλά με τους όρους της ίδιας της αγοράς, χρησιμοποιώντας τα επιτόκια και—λίγο αργότερα—τις πράξεις ανοικτής αγοράς (ΠΑΑ). Η πολιτική των επιτοκίων τα οποία χρέωνε η ΤτΕ στις εμπορικές τράπεζες αποσκοπούσε στον έλεγχο της ζήτησης χρήματος, καθώς με αυτά ήλεγχε το κόστος του χρήματος για τις τράπεζες, οι οποίες καθίσταντο οι κύριοι θεσμοί διάδοσης της νομισματικής πολιτικής.[35] Αντιστρόφως, οι πράξεις ανοιχτής αγοράς αποσκοπούσαν να ελέγχουν με πιο άμεσο τρόπο την προσφορά χρήματος, μέσω της αύξησης ή μείωσης της ρευστότητας που επετύγχανε η ΤτΕ αγοράζοντας και πουλώντας τίτλους. Το δεδηλωμένο κίνητρο για αυτήν την εγκατάλειψη διοικητικής ρύθμισης της προσφοράς χρήματος και της μείωσης του παρεμβατικού της ρόλου, ήταν ότι το σύστημα των κρατικών ελέγχων ήταν αποτυχημένο και ότι οι δυνάμεις της αγοράς, δηλαδή οι τράπεζες, θα μπορούσαν να ασκήσουν αυτήν την λειτουργία πιο ευέλικτα και πιο ορθολογικά (ΤτΕ 1984a, 23–25). Με τα δικά της λόγια, «*επιδίωξη της Τράπεζας της Ελλάδος είναι να μεταθέσει, στο βαθμό που είναι τούτο δυνατό, το βάρος της πολιτικής της από τους άμεσους νομισματικούς ελέγχους, που αναμφισβήτητα έχουν μειονεκτήματα, σε έμμεσους ελέγχους*», που υπονοείται ότι δεν έχουν μειονεκτήματα (ΤτΕ 1987, 37).

---

[35] Αυτή είναι μια καινούργια πρακτική ακόμη και σε σχέση με τις προπολεμικές της ΕΤΕ. Χαρακτηριστικά ο Κωστής (2003, 175) αναφέρει ότι η ΕΤΕ όριζε το προεξοφλητικό της επιτόκιο με βάση εκείνο των «ανταγωνιστών» της, και όχι ως εργαλείο ρύθμισης της ρευστότητας.

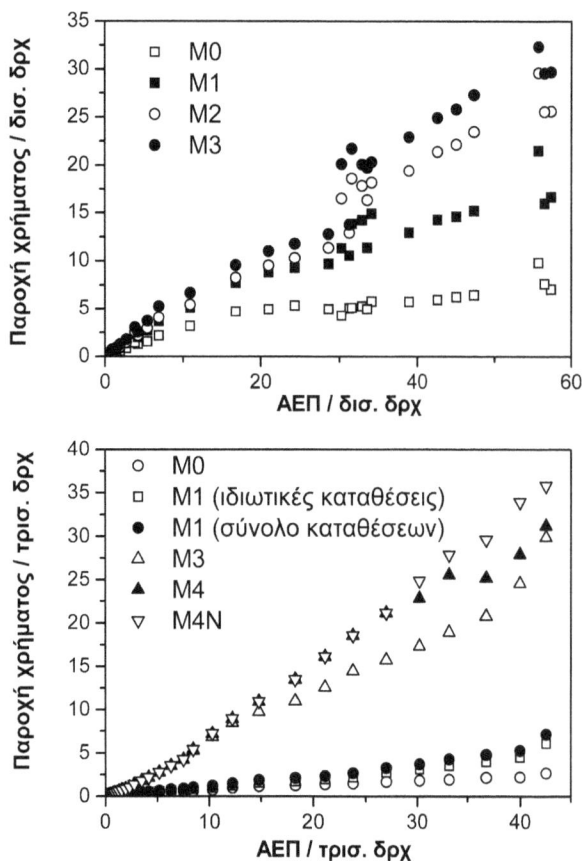

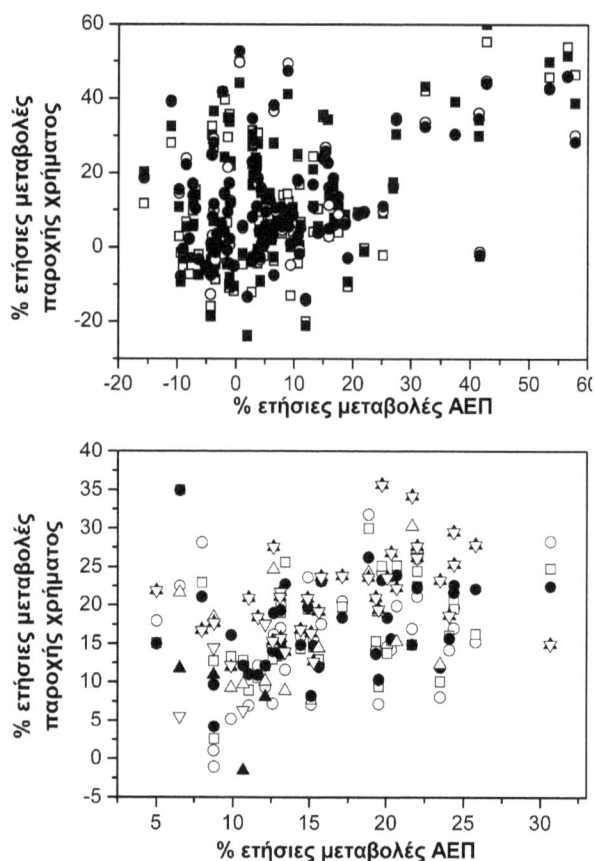

Εικόνα 18.3: Απόπειρες συσχέτισης των διαφόρων δεικτών νομισματικής κυκλοφορίας με το ΑΕΠ προπολεμικά (πάνω) και μεταπολεμικά (κάτω). Η στατιστική τους ανάλυση υποδεικνύει σχεδόν ταυτόσημες συσχετίσεις με τα διαθέσιμα στοιχεία του ΑΕΠ.

Εικόνα 18.4: Απόπειρες συσχέτισης των ετησίων ποσοστιαίων μεταβολών διαφόρων δεικτών νομισματικής κυκλοφορίας και ΑΕΠ. Η στατιστική τους ανάλυση υποδεικνύει συγκρίσιμα κακές συσχετίσεις (τα σημεία έχουν την ίδια αντιστοιχία με της εικόνας 18.3).

Από αυτήν την απόφαση δημιουργείτο μια εγγενής αντίφαση: πώς είναι εφικτός ο οποιοσδήποτε κεντρικός νομισματικός έλεγχος όταν πολλά εργαλεία παρέμβασης καταργούνται λόγω απορρύθμισης του τραπεζικού συστήματος και όταν δημιουργούνται νέες πηγές ρευστότητας λόγω της απελευθέρωσης του χρηματοπιστωτικού συστήματος; Αν ο νομισματικός σχεδιασμός και η υλοποίησή του γίνονται πιο αποτελεσματικά από τις «αγορές» και τις τράπεζες, γιατί δεν κάνουμε το τελευταίο βήμα καταργώντας τελείως τις κεντρικές τράπεζες; Αν αυτή η διαπίστωση είναι πιο γενική, γιατί να μην καταργηθεί και το ίδιο το κράτος;

Βεβαίως το δίλημμα δεν υφίσταται στην πραγματικότητα, αλλά αποτελεί μια συνέχεια του «μεγάλου νομισματικού συμβιβασμού» του 1694 (βλ. παράγραφο 1.7). Ποτέ οι τράπεζες δεν επιδίωξαν να στερηθούν το κράτος και την κεντρική του τράπεζα ως δανειστή ύστατης προσφυγής, που θα εγγυάτο τελικά το χρήμα που αυτές εξέδιδαν. Ανέκαθεν επιδίωκαν έναν μηχανισμό αρκετά χαλαρό, που θα τους επιτρέπει να δανείζουν όπως και όσο θέλουν, και που θα κοινωνικοποιεί τις απώλειες από τυχόν δικές τους αβλεψίες· στην περίπτωση που τα δάνεια που εκχωρούσαν αποδεικνύονταν μη εξυπηρετήσιμα χρειάζονταν κάποιον αναγκασμένο να τις διασώσει αλλά ανίκανο να τις ελέγξει. Η διάσωση των αμερικανικών τραπεζών από την Federal Reserve και το αμερικανικό Υπ. Οικονομικών το 2008–2009 αποτελεί την αποκορύφωση αυτού του μηχανισμού: όχι μόνον αυτές κινδύνευσαν από την δική τους απληστία δανείζοντας αναξιόχρεους δανειολήπτες, αλλά και όταν η διάσωση ήρθε, δεν υποχρεώθηκαν ούτε να μειώσουν τα μπόνους των στελεχών τους, αλλά και ούτε να δανείσουν τα κεφάλαια της διάσωσης ώστε να επανεκκινήσουν την οικονομική δραστηριότητα.

Συνοψίζοντας, οι αλλαγές μεθόδων σχεδιασμού νομισματικής πολιτικής δε αποσκοπούσαν στην κατάργηση του κράτους από την «αγορά», αλλά στην κατάργηση του κρατικού ελέγχου επί της αγοράς. Τις γενικές συνθήκες της αγοράς θα συνέχιζαν να ορίζουν οι αποφάσεις ενός οιονεί κρατικού οργάνου· της ΤτΕ, που θα όριζε τα επιτόκια και θα προχωρούσε σε ΠΑΑ απορροφώντας ή αυξάνοντας ρευστότητα. Όμως αυτό το κρατικό όργανο θα γινόταν πιο διαλλακτικό απέναντι στις εποπτευόμενες από αυτό τράπεζες, με την δικαιολογία ότι άφηνε την μικροδιαχείριση των πιστώσεων και της παροχής χρήματος περνώντας στην μακροδιαχείριση των νομισματικών μεγεθών και της ζήτησης χρήματος.

Η απορρύθμιση του τραπεζικού συστήματος

Η δεκαετίες του 1970–80 σημαδεύονται από μια παγκόσμια απορρύθμιση του νομισματικού και τραπεζικού συστήματος, στα πλαίσια της φιλελεύθερης στροφής που υπαγόρευαν οι μονεταριστικές θεωρίες και η αντικατάσταση του βιομηχανικού από τον χρηματιστηριακό καπιταλισμό στην Δύση. Ταυτοχρόνως, η επικείμενη ένταξη στην ΕΟΚ μετέτρεπε την τραπεζιτική και νομισματική «απελευθέρωση»—δηλαδή απορρύθμιση—από απλή επιλογή για την Ελλάδα σε θεσμική υποχρέωση (η οποία θα ολοκληρωνόταν με τον ν. 2076/1992, βλ. παρακάτω).

Η μετάβαση δεν ήταν στιγμιαία. Για μεγάλο διάστημα συνυπήρχαν τόσο οι πολιτικές διοικητικού ελέγχου όσο και εκείνες του επιτοκίου (ΤτΕ 1976, 71–72). Π.χ., τα μέτρα νομισματικής πολιτικής του 1975 περιείχαν τόσο διοικητικά μέτρα ορισμού υποχρεωτικών καταθέσεων στην ΤτΕ (π.χ. αύξηση από 0,5% σε 7% για καταθέσεις ταμιευτηρίου), όσο και επιτοκίων (αύξηση του αναπροεξοφλητικού επιτοκίου από 8% σε 10% στις 27/9/1975). Ομοίως καταργήθηκαν πολύ σταδιακά οι διάφορες υποχρεώσεις των τραπεζών, όπως π.χ. οι χορηγήσεις στην βιομηχανία (1/7/1987), η επένδυση μέρους των διαθεσίμων τους σε έντοκα γραμμάτια του Δημοσίου (1/5/1993) και η χρηματοδότηση των δημοσίων οργανισμών (1/1/1994). Επίσης δεν θα πρέπει να θεωρηθεί ότι ήταν αυστηρώς προς μια κατεύθυνση. Ενώ διάφοροι περιορισμοί και υποχρεώσεις των τραπεζών τελούσαν υπό κατάργηση, άλλοι έκαναν την εμφάνισή τους: η υποχρεωτική χρηματοδότηση των δημοσίων επιχειρήσεων τον Ιούλιο του 1981, των προβληματικών το 1982 (ΝΕ 348 της 19/1/1982) και των οπωροκηπευτικών το 1983 (ΠΔ 1226 της 3/6/1983 και 242 της 14/7/1983).

Ο Χαλικιάς, σε σύμπνοια με το επερχόμενο ρεύμα, είχε επικρίνει από το 1977 την πολιτική των ελέγχων ως αποτυχημένη και υπεύθυνη για «στρεβλώσεις» στην οικονομία, με τους βιομηχάνους να καθίστανται ουσιαστικά δανειστές των εμπόρων εκεί που οι τράπεζες απαγορευόταν να δανείζουν (1976· αναφέρεται στο: Χαλικιάς 2007) και τις πιστώσεις—ειδικώς των ειδικών πιστωτικών ιδρυμάτων—να αποτελούν αντικείμενο πολιτικής σκοπιμότητας. Συγκεκριμένοι περιορισμοί κρατούσαν τα επιτόκια τραπεζικών χορηγήσεων προς συγκεκριμένες κατηγορίες επιχειρήσεων στο 2–4%, όταν ο πληθωρισμός έφτανε το 20%.

Όπως και με πολλές άλλες πολιτικές που ξεκίνησαν κατά την μεταπολίτευση επί κυβερνήσεων Νέας Δημοκρατίας, η απορρύθμιση του τραπεζικού συστήματος ξεδιπλώθηκε με τον πιο ταχύ και σαρωτικό τρόπο από το Πασόκ. Το ειρωνικό είναι ότι η απορρύθμιση αυτή εκτελέσθηκε από ένα σοσιαλιστικό κόμμα, όπως και στην Γαλλία, όπου και υλοποιήθηκε από τον Pierre Beregovoy, Υπ. Οικονομικών του Mitterrand μεταξύ 1985–86. Είναι αντιστοίχως παράδοξο ότι Γάλλοι σοσιαλιστές της περιόδου ήταν οι πρωτοστάτες στην θεσμοθέτηση της απελευθέρωσης της κίνησης κεφαλαίων: Jacques Delors (ΕΕ), Henri Chavranski (ΟΟΣΑ) και Michel Camdessus (ΔΝΤ). Μια ερμηνεία του γεγονότος ήταν η επιθυμία τους για μια «οργανωμένη παγκοσμιοποίηση» σε αντίθεση με την αγγλοσαξωνική τάση «άναρχης παγκοσμιοποίησης». Πράγματι, βλέποντας ότι μόνον οι μεσαία τάξη υπέφερε από τους ελέγχους κίνησης κεφαλαίων—οι πιο πλούσιοι είχαν πάντοτε τα μέσα να τις παρακάμπτουν— οι σοσιαλιστές της περιόδου αποφάσισαν ότι αντί μιας *solution albanaise* που θα περιελάμβανε έξοδο από το ΕΝΣ, ήταν προτιμώτερος ο «εκδημοκρατισμός» τους ώστε να γίνουν εξίσου ελεύθερες για όλους (Abdelal 2005).

Βασικός νόμος της ελληνικής απορρύθμισης ήταν ο 1266/1982 ο οποίος καταργούσε και την ΝΕ. Ο ίδιος νόμος περιόριζε τις προκαταβολές της ΤτΕ προς το ελληνικό Δημόσιο στο 10% του συνόλου του τακτικού προϋπολογισμού και του Προγράμματος Δημοσίων Επενδύσεων (άρ. 5), ενώ έδινε την απεριόριστη δυνατότητα στην ΤτΕ να προβαίνει σε αγοραπωλησίες ομολογιών στο Χρηματιστήριο Αθηνών ή σε άλλα Χρηματιστήρια.

Με την αρχή να έχει γίνει, η απορρύθμιση συνεχίστηκε με σταθερά βήματα, όχι πλέον με νόμους, αλλά με αποφάσεις της ΤτΕ. Από το 1983 και μετά, οι παρεμβάσεις προς την απορρύθμιση της τραπεζικής αγοράς ήταν πολυάριθμες (βλ. π.χ.: Γκαργκάνας και Ταβλάς 2002, 108–114· *Καθημερινή* 2006a· *Καθημερινή* 2006b). Σε μεγάλο ποσοστό αφορούσαν στην εξίσωση των ελαχίστων επιτοκίων δανεισμού για όλες τις κατηγορίες χορηγήσεων, έτσι ώστε να μην υπάρχουν «ευνοούμενοι» τομείς, καθώς και στην σταδιακή άρση των παντός είδους περιορισμών στην σύναψη δανείων. Π.χ., τον Απρίλιο του 1983 καταργήθηκαν τα χαμηλά επιτόκια για την προχρηματοδότηση και χρηματοδότηση των εξαγωγών (10,5% και 14%, αντιστοίχως) και αυξήθηκαν σε 21,5% τα επιτόκια που απολάμβαναν άλλοι κλάδοι (καπνοβιομηχανία, αλευροβιομηχανία). Στις 19/3/1985 επιτράπηκε στην ΕΚΤΕ, στο ΤΤ και στην ΕΣΤΕ να χορηγούν μέχρι και 15ετή στεγαστικά δάνεια με ελάχιστο επιτόκιο 21,5%. Τον Νοέμβριο του 1985 το ελάχιστο επιτόκιο βραχυπρόθεσμων πιστώσεων αυξήθηκε στο 16% και τον Ιούνιο του 1986 το ελάχιστο επιτόκιο πιστώσεων μέσης και μακράς διάρκειας αυξήθηκε στο 15%.

Αντίστοιχη πορεία ακολουθήθηκε και στα επιτόκια καταθέσεων. Απελευθερώθηκαν το επιτόκιο προθεσμιακών καταθέσεων 7–90 ημερών (27/2/1987), προθεσμιακών καταθέσεων έναντι τίτλων (certificates of deposit) διάρκειας 3–18 μηνών (Ιούνιος 1987) και τα επιτόκια όλων των υπολοίπων προθεσμιακών καταθέσεων άνω των 3 μηνών και των καταθέσεων υπό προειδοποίηση (Νοέμβριος 1987).

Άλλη πλευρά των επεμβάσεων ήταν η σταδιακή μετατροπή των ειδικών πιστωτικών ιδρυμάτων σε απλές εμπορικές τράπεζες. Από το 1984 η ΤτΕ έπαυσε τον έλεγχο της κατανομής των πιστώσεων της ΑΤΕ και της ΕΚΤΕ, ελέγχοντας απλώς το συνολικό τους ύψος. Συνεπεία τούτου, η ΑΤΕ μεταβλήθηκε σταδιακά από τράπεζα χρηματοδότησης της γεωργίας σε μια συνήθη εμπορική τράπεζα· ενώ το 1985 το 100% του χαρτοφυλακίου της ήταν σε αγροτικές πιστώσεις, το 2006 το ποσοστό αυτό είχε πέσει στο 8,8%, με το υπόλοιπο 48,4% να είναι στον εξωαγροτικό τομέα και το υπόλοιπο 42,9% στον δημόσιο τομέα (Μποζιάρης 2008, 121). Παράλληλα, εκτός από την ΑΤΕ και την ΕΚΤΕ, όπως προαναφέρθηκε, επιτράπηκε και σε άλλους πιστωτικούς οργανισμούς (ΤΤ, ΕΣΤΕ) να χορηγούν στεγαστικά δάνεια (19/3/1985), ενώ επετράπη στις κτηματικές τράπεζες να δανειοδοτούν πάγιες εγκαταστάσεις επιχειρήσεων και επαγγελματιών με τους όρους των εμπορικών τραπεζών (11/11/1987).

Επίσης σημαντική ήταν η άρση των περιορισμών στην ιδιωτική πίστη (π.χ. πιστωτικές κάρτες,[36] στεγαστικά δάνεια[37] και συνάλλαγμα[38]) και στην επιχειρηματική[39] πίστη. Στο πλαίσιο διευκόλυνσης της επιχειρηματικής πίστης εμφανίστηκαν και οι πρώτες περιπτώσεις αδειοδότησης από την ΤτΕ για αγορά συναλλάγματος για εκτέλεση συμβολαίων μελλοντικής εκπλήρωσης (futures). Αρχικώς, αυτά είχαν ως στόχο την εξυπηρέτηση της πραγματικής οικονομίας και αφορούσαν σε αγορά μετάλλων (π.χ. από τα Ελληνικά Καλώδια Μεσολογγίου το 1986). Από το 1992 όμως η πρακτική αυτή γενικεύθηκε (Papaioanou και Gatzonas 1997).

Οι εκθέσεις του Διοικητή της ΤτΕ κάνουν συχνότατη χρήση των λέξεων «ορθολογικός» και «εκλογίκευση» για να περιγράψουν την λειτουργία των τραπεζών—και εν γένει της αγοράς—όταν αφήνονται να λειτουργούν χωρίς ρυθμίσεις. Αντιστρόφως, οι κρατικοί έλεγχοι συνοδεύονται από τις λέξεις «δυσκαμψία», «αρρυθμία», «στρέβλωση». Το *laissez-faire* δηλαδή ταυτίζεται *a priori* με το «καλό» και «φυσικό», ενώ ο κρατικός έλεγχος με το «κακό» και «παρά φύσιν», προδίδοντας αξιακά και μεταφυσικά σημεία εκκίνησης που δεν συμβαδίζουν με κανένα επιστημονικό τρόπο σκέψης. Είναι δε αξιοπρόσεκτο ότι αυτές οι απόψεις προέρχονται από έναν οιονεί κρατικό λειτουργό, ο οποίος φαίνεται να ζητά τον θεσμικό του αυτοχειριασμό.

Η γενικότερη φιλοσοφία των μεταρρυθμίσεων αφενός ενείχε την αύξηση του κόστους υπεραναλήψεων των εμπορικών τραπεζών από την ΤτΕ και αφετέρου η αύξηση της προσέλκυσης καταθέσεων από τους ειδικούς πιστωτικούς οργανισμούς. Έτσι ελπιζόταν ότι μεγαλύτερο ποσοστό του κυκλοφορούντος χρήματος θα προερχόταν από τον ιδιωτικό τομέα παρά από την ΤτΕ. Επιπλέον, μέσω των περιορισμών του ν. 1266/82 και της αύξη-

---

[36] Π.χ., στις 29/3/1985 αυξήθηκε το κατ' άτομο όριο πίστωσης και όριο επιτρεπόμενων πιστώσεων από την Εμπορική και την ΕΤΕ· στις 4/12/1987 το όριο των πιστωτικών καρτών αυξήθηκε από τις 75.000 στις 150.000 δρχ· στις 20/5/1991 επιτράπηκε στις τράπεζες να χορηγούν κάρτες χωρίς άδεια από την ΤτΕ, κοκ.

[37] Αυξήθηκε το όριο στεγαστικών δανείων σε αγρότες από 600.000 σε 1.200.000 δρχ (6/3/1985), επετράπη η σύναψη συμπληρωματικών ή παράλληλων στεγαστικών δανείων (20/2/1989), απελευθερώθηκε η διάρκεια και το επιτόκιό τους (7/4/1989).

[38] Τον Ιούνιο του 1983 επετράπη (πράξη 232/83 του Διοικητή της ΤτΕ) η διατήρηση καταθέσεων σε συνάλλαγμα από κατοίκους εσωτερικού, που θα τροφοδοτούνται από εισαγόμενο συνάλλαγμα ή αδήλωτα ξένα τραπεζογραμμάτια (ΤτΕ 1984a, 23–31). Επίσης επετράπη η χορήγηση συναλλάγματος από τράπεζες για μετάβαση στο εξωτερικό για λόγους υγείας ή σπουδών (10/3/1987).

[39] Π.χ. επετράπη η χρηματοδότηση επιχειρήσεων για αγορά ηλεκτρονικών υπολογιστών (30/12/1985) και για χρηματοδότηση παγίων εγκαταστάσεων (10/2/1986), καταργήθηκε το συνολικό και κατά τράπεζα ανώτατο όριο για πάγιες εγκαταστάσεις και εξοπλισμό (18/2/1986), επετράπη η σύναψη δανείων από μεταλλευτικές, μεταποιητικές και ξενοδοχειακές επιχειρήσεις χωρίς την άδεια της ΤτΕ (22/4/1987), επετράπη η ελεύθερη δανειοδότηση με κεφάλαιο κίνησης (8/2/1989) κοκ.

σης των επιτοκίων των εντόκων γραμματίων, η ΤτΕ απαλλασσόταν κατά ένα μεγάλο μέρος από την χρηματοδότηση των ελλειμμάτων του κράτους, τα οποία τώρα έπρεπε να καλύπτονται σε μεγαλύτερο ποσοστό με δανεισμό από τον ιδιωτικό τομέα.

Οι παρεμβάσεις αυτές συνεχίστηκαν και μετά την απώλεια της εξουσίας από το Πασόκ το 1989 και ρόλο στην επιτάχυνσή τους έπαιξε και η «Έκθεση Καρατζά» του 1987 (Καρατζάς 1987). Μέχρι το 1994 θα ολοκληρωνόταν η διαδικασία απορρύθμισης με κυριότερα ορόσημα την κατάργηση του συστήματος δεσμεύσεων-αποδεσμεύσεων επί των τραπεζικών χορηγήσεων (Δεκέμβριος 1988), την απελευθέρωση των επιτοκίων τρεχούμενων λογαριασμών και όψεως στις εμπορικές τράπεζες (Ιούνιος 1989), την απελευθέρωση των πράξεων ανταλλαγής νομισμάτων μεταξύ τραπεζών εγκατεστημένων στην Ελλάδα (Ιανουάριος 1992), την μείωση από 10% σε 5% του ορίου χρηματοδότησης του Δημοσίου από την ΤτΕ (Ιούλιος 1992), την απελευθέρωση των επιτοκίων ταμιευτηρίου (Μάρτιος 1993), την κατάργηση της υποχρέωσης των εμπορικών τραπεζών να διαθέτουν τμήμα της αύξησης των καταθέσεών τους για αγορά τίτλων του Δημοσίου (Μάιος 1993). Με τον νόμο 2076/1992,[40] απαγορεύτηκε από 1/1/1994 στην ΤτΕ να παρέχει προκαταβολές ή οποιαδήποτε άλλη πιστωτική διευκόλυνση στο ελληνικό Δημόσιο, σε οργανισμούς τοπικής αυτοδιοίκησης, νομικά πρόσωπα δημοσίου δικαίου και σε δημόσιες επιχειρήσεις, να αγοράζει απευθείας τίτλους των πιο πάνω φορέων κατά την έκδοσή τους. Αυτή ήταν μια υποχρέωση που απέρρεε από την Συνθήκη του Μάαστριχτ και ψηφίσθηκε σχεδόν ταυτόχρονα με την κύρωση της Συνθήκης στην Βουλή.

Κοιτώντας το ζήτημα από την πλευρά των τραπεζιτών, πολλοί αναλυτές συμπεριλαμβανομένου και του Διοικητή της ΤτΕ Δ. Χαλικιά (1976· Χαλικιάς 2007)—είχαν επικρίνει το σύστημα των διοικητικών ρυθμίσεων ως περίπλοκο και αναποτελεσματικό. Οι Σουμπενιώτης και Τσαγκαλάς (2006) θεωρούν ότι τα μέτρα που συν τω χρόνω ελήφθησαν ήταν αλληλεπικαλυπτόμενα, δεν επέτρεπαν να τίθενται επιχειρηματικοί στόχοι από τις τράπεζες για την βελτιστοποίηση της λειτουργίας τους και ότι η πλήρης πληροφόρηση που υπέθεταν από πλευράς νομισματικής αρχής δεν υπήρχε, ειδικώς για μια χώρα σαν την Ελλάδα που έπασχε από χρόνια έλλειψη αξιόπιστων στατιστικών δεδομένων. Έτσι π.χ. αναφέρουν (χωρίς να παραθέτουν παραπομπές) ότι συχνά οι τράπεζες προτιμούσαν να υφίστανται την ποινή των δεσμεύσεων και να μην πιστοδοτούν τους προτιμώμενους κλάδους. Προτιμούσαν δηλαδή να περιορίσουν τον κύκλο εργασιών τους παρά να εμπλακούν σε μια εργασία που δεν θεωρούσαν επαρκώς επικερδή, μια παρατήρηση που συμπλέει με τα συμπεράσματα του Βαρβαρέσου για την νοοτροπία των Ελλήνων επιχειρηματιών. Θεωρούσαν ότι δημιουργούσε μια νοοτροπία αποστροφής κινδύνου στους διοικούντες, δεδομένο ότι κανείς δεν θα ελεγχόταν για χαμηλές κερδοφορίες. Έτσι το Δημόσιο κατέληγε να λαμβάνει την μερίδα του λέοντος στις χορηγήσεις, αντίθετα με τους εκπεφρασθέντες στόχους. Κρίνουν επίσης ότι το σύστημα κατέληγε να πιστοδοτεί ανέξοδα κάποιες ευνοούμενες βιομηχανίες, οι οποίες δημιουργούσαν μια απατηλή εικόνα. Πράγματι, αυτή η εικονική πραγματικότητα άρχισε να αποκαλύπτεται με την κατάρρευση του συστήματος μετά την μεταπολίτευση.

Η κριτική αυτή είναι ως επί το πλείστον εύστοχη και έχει χρησιμοποιηθεί για να υποστηριχθεί η κατοπινή απορρύθμιση που ξεκίνησε την δεκαετία του 1980 και ολοκληρώθηκε την δεκαετία του 1990. Αξιολογώντας την κριτική αυτή, θα πρέπει να σημειώσουμε ότι τα συστήματα δεν κρίνονται αυτοτελώς, δηλαδή με απόλυτο τρόπο, αλλά συγκριτικά, σε σχέση τις αποτυχίες και τα επιτεύγματα εναλλακτικών συστημάτων. Έτσι, θα πρέπει να συγκρίνουμε το σύστημα των διοικητικών ελέγχων με το απορρυθμισμένο σύστημα για να το κατανοήσουμε πραγματικά. Όπως θα δούμε, η απορρύθμιση έλυσε πολλά από τα προβλήματα του παλαιού συστήματος, δημιουργώντας όμως νέα. Όπως θα δούμε, υπό το νέο σύστημα το ιδιωτικό χρέος εκτινάχθηκε, το ισοζύγιο πληρωμών επιδεινώθηκε και η εσωτερική παραγωγή αποδιαρθρώθηκε, ενώ η κατανάλωση υποβοηθούμενη από την καταναλωτική πίστη διογκώθηκε σε μη βιώσιμο βαθμό. Αυτή όμως είναι μια συζήτηση που θα κάνουμε παρακάτω.

---

[40] Ν. 2076 της 31/7/1992 (ΦΕΚ 130Α, 1/8/1992, σ. 2443–2456). Επίσης, κατά τη διάρκεια του έτους 1993, το προβλεπόμενο από το άρ. 5 παρ. 1 του Ν. 1266/1982 όριο προκαταβολών από την ΤτΕ προς το ελληνικό Δημόσιο δεν επιτρέπεται να αυξηθεί κατά ποσό μεγαλύτερο εκείνου που αντιστοιχεί σε ποσοστό 5% της αύξησης έναντι του 1992 του συνόλου των δαπανών του τακτικού προϋπολογισμού και του προγράμματος δημοσίων επενδύσεων. Από την 1/1/1994 το άρ. 5 του Ν. 1266/1982 καταργήθηκε.

Αποτελεί δισεπίλυτο ερώτημα το τι ήταν προτιμότερο: ένα χρηματοπιστωτικό σύστημα απομονωμένο εντός μιας παγκοσμιοποιημένης οικονομίας, ή μια χρεωκοπημένη οικονομία πλήρως ενταγμένη στο διεθνές χρηματοπιστωτικό σύστημα.

18.6 Η συμμετοχή της δραχμής στο ECU

Από την συνθήκη ένταξης της Ελλάδας στην ΕΟΚ είχε αποφασισθεί ότι μέχρι την 31/12/1985 θα έπρεπε να ολοκληρωθεί η ένταξη της δραχμής στο ECU (European Commission 1979b, 164, Παράρτημα VIII, § III.3). Καθώς το καλάθι του ECU ήταν προγραμματισμένο να αναθεωρείται κάθε πενταετία, η ευκαιρία για την δραχμή ήρθε με την προγραμματισμένη αναθεώρηση του 1984. Στις 15/9/1984 η Ευρωπαϊκή Επιτροπή αποφάσισε να συμπεριλάβει και την δραχμή στο καλάθι νομισμάτων του ECU και η απόφαση ετέθη σε ισχύ από τις 17/9/1984. Την ημέρα της απόφασης, οι ισοτιμίες των εθνικών νομισμάτων ήταν τέτοιες που η δραχμή αντιστοιχούσε στο 1,31% της αξίας του ECU (Πίνακας 25.73). Η ισοτιμία της δραχμής στις 17/9 ήταν 87,61 δρχ/ECU.

Με αφορμή την επικείμενη αυτή συμμετοχή της δραχμής, με απόφαση της 14/9 η ΤτΕ επέτρεψε στις εμπορικές τράπεζες να δέχονται προθεσμιακές καταθέσεις σε μετατρέψιμες δραχμές από κατοίκους εξωτερικού, αλλά και να χορηγούν δάνεια σε μετατρέψιμες δραχμές προς πιστωτικά ιδρύματα του εξωτερικού, μέχρι του ποσού των καταθέσεών τους σε μετατρέψιμες δραχμές. Σε κάθε περίπτωση το επιτόκιο ήταν ελεύθερα διαπραγματεύσιμο και η διάρκεια μέχρι 6 μήνες.

Στις 24/1/1985 η ΤτΕ αναγνώρισε το ECU ως ξένο νόμισμα, επιτρέποντας την διενέργεια οποιασδήποτε πράξης σε συνάλλαγμα (τιμολόγηση εισαγωγών και εξαγωγών, καταθέσεις, κλπ), ενώ στις 10/6/1985 υπέγραψε και την προσχώρηση στην συμφωνία των κεντρικών τραπεζών των χωρών της ΕΟΚ σχετικά με τις λειτουργίες του ΕΝΣ. Όπως σημειώνεται και στην Έκθεση του Διοικητή του 1985 (σ. 109), αυτή η προσχώρηση δεν δέσμευε την άσκηση της ελληνικής συναλλαγματικής πολιτικής, εφόσον η Ελλάδα δεν συμμετείχε στον ΜΣΙ. Στις 7/1/1986 η ΤτΕ συμμετείχε στον μηχανισμό δημιουργίας ECU στο Ευρωπαϊκό Ταμείο Νομισματικής Συνεργασίας. Στις 24/11/1986 εκδόθηκαν τα πρώτα ομόλογα του Ελληνικού Δημοσίου με ρήτρα ECU (τριετούς διάρκειας με ετήσιο επιτόκιο 8%).

Μια σημαντική αλλαγή στο Κοινοτικό Δίκαιο θα ερχόταν με την Ενιαία Ευρωπαϊκή Πράξη (17/2/1986). Η πράξη αυτή προσέθετε το άρθρο 102α, κατά το οποίο οι ευρωπαϊκές χώρες θα έπρεπε να συνεργασθούν για την περαιτέρω ανάπτυξη του ECU, λαμβάνοντας υπόψη την πρότερη εμπειρία του ΕΝΣ και συμβουλευόμενες την Νομισματική Επιτροπή και την Επιτροπή Διοικητών Κεντρικών Τραπεζών.

18.7 Συμπερασματικά

Το καθεστώς διολίσθησης κλήθηκαν να διαχειρισθούν τρεις διαφορετικές κυβερνήσεις, μια της Δικτατορίας και δύο κοινοβουλευτικές, της ΝΔ και του Πασόκ. Κοινό χαρακτηριστικό και των τριών κυβερνήσεων ήταν η σύγχυσή τους απέναντι σε καταστάσεις που άλλαζαν ραγδαία. Οι παλινωδίες της Δικτατορίας ως προς την πρόσδεση με το δολάριο ήταν χαρακτηριστικές για την δύσκολη προσαρμογή στις νέες συνθήκες που επέβαλλε η κατάρρευση του Μπρέτον Γουντς. Ομοίως ο Κ. Καραμανλής από την μια ίδρυε τα ΜΑΤ για να αντιμετωπίσει τις απεργίες που ξεσπούσαν στις ελληνικές βιομηχανίες, από την άλλη προχωρούσε σε μεγάλες κρατικοποιήσεις, κατηγορούμενος για σοσιαλμανία. Αντιστοίχως και η ΤτΕ φαίνεται να έψαχνε τον βηματισμό της δοκιμάζοντας όλες τις νέες μόδες που εγκαινίαζαν τα Δυτικά κράτη στον έλεγχο του χρήματος.

Αλλά και κατά την «Αλλαγή» η χρηματοπιστωτική πολιτική χαρακτηρίζεται από έναν δυϊσμό, ίσως σχιζοφρένεια, χαρακτηριστική της διπλολαλιάς που εισήγαγε το Α. Παπανδρέου στην πολιτική ζωή. Διαμορφωτικός παράγων της πολιτικής αυτής ήταν οι συμβατικές υποχρεώσεις που απέρρεαν από την ένταξη της Ελλάδας στην ΕΟΚ, και τις οποίες ο Α. Παπανδρέου αποφάσισε να τιμήσει παρά τις δηλώσεις περασμένων ετών. Στον αντίποδα αυτής της απόφασης ήταν η δέσμευση για μια σοσιαλιστική πολιτική κατανομής του εθνικού εισοδήματος στα κατώτερα στρώματα. Η δέσμευση αυτή κατέληξε σε μια σοσιαλίζουσα πολιτική με κεϋνσιανά χαρακτηριστικά και την κρατικοποίηση μεγάλου μέρους της οικονομίας.

Αυτές οι αντικρουόμενες δεσμεύσεις δημιούργησαν εγγενή προβλήματα. Με την απόφαση για συμμόρφωση στις κοινοτικές υποχρεώσεις, η Ελλάδα στερείτο τμήματα της νομισματικής της κυριαρχίας. Ο περιορισμός του δανεισμού από την ΤτΕ, μείωνε τις χρηματοδοτικές δυνατότητες μέσω έκδοσης χρήματος. Παράλληλα, η απορρύθμιση του τραπεζικού συστήματος στερούσε από το κράτος τον έλεγχο της ρευστότητας, η οποία σταδιακά κατευθύνθηκε προς τις εισαγωγές και την κατανάλωση. Έτσι, η ταυτόχρονες δεσμεύσεις που είχε αναλάβει το Πασόκ έναντι της ΕΟΚ και των ψηφοφόρων του, άφηναν μόνο μια επιλογή: την προσφυγή στον δανεισμό· και αυτή έγινε άνευ προηγουμένου. Την δεκαετία της «αλλαγής» δημιουργήθηκε χρέος στο οποίο δύσκολα θα μπορούσε να αντεπεξέλθει ακόμη και ένα σφιχτά οργανωμένο κράτος με παραγωγική οικονομία. Πλην όμως, το μεταπολιτευτικό κράτος, παρότι σοβαρά διογκωμένο, είχε χαλαρώσει, ενώ στο νέο διεθνοποιημένο περιβάλλον η ελληνική οικονομία αποκάλυπτε τον παρασιτικό της χαρακτήρα.

Η ταυτόχρονη υιοθέτηση ενός φιλελεύθερου και ενός σοσιαλιστικού προγράμματος θα οδηγούσε σε ανυπέρβλητες αντιφάσεις, που είχαν ως συνέπεια την βύθιση της Ελλάδας στην υπερχρέωση και στην παραγωγική της αποδιάρθρωση. Οι συνέπειες της πολιτικής αυτής δεν θα έκαναν άμεσα την εμφάνισή τους, καθώς θα μεσολαβούσε ο γεωπολιτικός σεισμός της κατάρρευσης του ανατολικού μπλοκ.

Η ΕΥΡΩΠΑΪΚΗ ΠΟΡΕΙΑ ΠΡΟΣ ΤΟ ΚΟΙΝΟ ΝΟΜΙΣΜΑ

19

> Οι γεωπολιτικές εξελίξεις του 20ου αιώνα οδηγούν προς μια Ευρωπαϊκή Οικονομική Κοινότητα. Η νομισματική τάξη δεν μπορεί παρά να επηρεασθεί από αυτήν όπως και κάθε άλλος οικονομικός τομέας [...] Ο επιτακτικός στόχος της νομισματικής και πολιτικής μεταρρύθμισης της ηπείρου μας είναι μια μακρόπνοη ενοποίηση των πιστωτικών αγορών και η ρύθμιση των διεθνών συναλλαγών μεταξύ κάθε ευρωπαϊκής χώρας, η οποία θα είναι όσο πιο ελεύθερη και μη γραφειοκρατική γίνεται. Ακόμα ψηλότερα βρίσκεται το επιτακτικό έργο της εγκαθίδρυσης μιας οικονομικής περιοχής με πλήρη απασχόληση και εξασφαλισμένες προμήθειες.
> **Δρ. Bernhard Benning, διευθυντής στην Reichs-Kredit-Gesellschaft, 1942 (Funk, Verein Berliner Kaufleute und Industrieller 1942)**

Η ΙΔΕΑ ΜΙΑΣ ΕΥΡΩΠΑΪΚΗΣ νομισματικής ένωσης είναι μια αρκετά παλιά υπόθεση. Κατά τον 19ο αιώνα η μορφή αυτών των προσπαθειών—π.χ. η ΛΝΕ—είχε την επίφαση της πολιτικής ουδετερότητας του μεταλλικού κανόνα. Τα εθνικά νομίσματα πάσχιζαν να εφαρμόσουν μια «επιστημονική» νομισματική πολιτική, χτισμένη πάνω στην αυτονόητη και αυταπόδεικτη αλήθεια ότι το χρήμα είναι πολύτιμο μέταλλο. Ο ΑΠΠ κλόνισε, αν όχι την πίστη στην αλήθεια αυτή, την δυνατότητα πρακτικής εφαρμογής της. Σταδιακά, η διεθνής νομισματική πολιτική έπαιρνε έναν πιο ανοικτά πολιτικό χαρακτήρα. Τέτοιος ήταν ο χαρακτήρας των συμφωνιών αλληλοστήριξης των συμμαχικών νομισμάτων κατά τον ΑΠΠ, και τέτοιο χαρακτήρα είχε και η Τριμερής Συμφωνία του 1936. Μετά την ανάκαμψή της, και η Γερμανία είχε παρόμοιες βλέψεις που ευελπιστούσε να υλοποιήσει με την επιτυχή έκβαση του ΒΠΠ. Η αποτυχία της άνοιξε τον δρόμο για την έμμεση νομισματική ενοποίηση της Ευρώπης κάτω από το αμερικανικό δολάριο, τουλάχιστον όσο διήρκεσε το σύστημα του Μπρέτον Γουντς. Η κατάρρευση αυτής της οιονεί νομισματικής ένωσης άνοιξε τον δρόμο για αμιγώς ευρωπαϊκές προσπάθειες, οι οποίες ξεκινούσαν πάντοτε από έναν ad hoc και τεχνικό χαρακτήρα. Είτε αυτές ονομαζόντουσαν «λογιστικές μονάδες» είτε «πράσινα νομίσματα» είτε «φίδι στο τούνελ» αποσκοπούσαν τελικά στην νομισματική ενοποίηση «από τα κάτω», προσέχοντας όμως να μην το ομολογούν. Αυτό υπαγόρευαν οι πολιτικές ισορροπίες της περιόδου.

Αυτό άλλαξε άρδην κατά την δεκαετία του 1990, η οποία σημαδεύτηκε από τις μετασεισμικές δονήσεις ενός γεωπολιτικού σεισμού: της κατάρρευσης του σοβιετικού στρατοπέδου. Το 1989, υπό το συναινετικό βλέμμα του «πιτσαδώρου» Μιχαήλ Γκορμπατσώφ, πολιτικές ανατροπές άρχισαν να σαρώνουν την Ευρώπη. Τον Ιούνιο του 1989 η «Αλληλεγγύη» επιτυγχάνει θριαμβευτική πορεία στις πρώτες πολυκομματικές εκλογές της Πολωνίας και τον Οκτώβριο του ίδιου έτους το Κομμουνιστικό Κόμμα Ουγγαρίας αποφασίζει και αυτό να τελέσει πολυκομματικές εκλογές. Το άνοιγμα των Ουγγρικών συνόρων με την Αυστρία επέτρεψε την διαφυγή χιλιάδων Ανατολικογερμανών προς την Δύση και την αποσταθεροποίηση του καθεστώτος Χόνεκερ. Μεταξύ Νοεμβρίου-Δεκεμβρίου 1989 ακολούθησαν η «πτώση» του τείχους του Βερολίνου, η ανατροπή του Ζίβκοφ στην Βουλγαρία, η βελούδινη επανάσταση στην Τσεχοσλοβακία, η ανατροπή και εκτέλεση του ζεύγους Τσαουσέσκου στην Ρουμανία. Κορυφώσεις αυτής της πορείας ήταν η επανένωση των δύο Γερμανιών (Οκτώβριος 1990) και η διάλυση της Σοβιετικής Ένωσης (Δεκέμβριος 1991).

Σε γεωπολιτικό επίπεδο η επανένωση των δύο Γερμανιών αναβίωσε σχεδιασμούς μιας ομόσπονδης Ευρώπης με έναν σκληρό γερμανικό πυρήνα περιτριγυρισμένο από μια κατακερματισμένη Μεσευρώπη (Mitteleuropa). Πράγματι, όταν η Σλοβενία και η Κροατία—κρατίδιο που είχε ιδρυθεί υπό την πίεση του Χίτλερ και του Μουσολίνι—αυτοανακηρύχθηκαν αυτόνομες στις 25/6/1991 ο Γερμανός ΥπΕξ Hans-Dietrich Genscher θα τις αναγνώριζε (11/12/1991) χωρίς προηγουμένως να ενημερώσει κανέναν Ευρωπαίο εταίρο. Οι φαντασιώσεις γερμανι-

κής επικυριαρχίας στην Ευρώπη ήταν και πάλι ζωντανές, με την γερμανική οικονομία στην θέση των γερμανι-
κών όπλων. Ούτε τα όπλα όμως θα εξέλιπαν από τον κατακερματισμό της Mitteleuropa· αυτά όμως θα ήταν κυ-
ρίως αμερικανικά, με σκοπό το άνοιγμα των τελευταίων κλειστών αγορών στις αμερικανικές επιχειρήσεις. Τον
Νοέμβριο του 1990, πριν την παραμικρή υποψία εμφύλιας σύγκρουσης, το αμερικανικό Κονγκρέσο ανέστειλε
κάθε βοήθεια και δάνειο προς την Γιουγκοσλαβία—με εξαίρεση «δημοκρατικά κόμματα και κινήματα»—αν όλα
τα ομόσπονδα κρατίδια δεν έκαναν πολυκομματικές εκλογές (101st Congress 1990). Με την Γιουγκοσλαβία
υπερχρεωμένη σε ξένες τράπεζες, καθώς το Γιουγκοσλαβικό σοσιαλιστικό μοντέλο επέτρεπε νησίδες της αγοράς
στο εσωτερικό του, και με το ΔΝΤ να αρνείται για οποιαδήποτε αναδιάρθρωση του χρέους, αυτή η απόφαση
ισοδυναμούσε με θανατική καταδίκη για την ομοσπονδιακή κυβέρνηση. Η Ευρώπη, αναπόσπαστο τμήμα της
αμερικανικής «αυτοκρατορίας», συμπορεύθηκε μέσω του Συμβουλίου της Ευρώπης, μέχρι της διάλυσης του
ομόσπονδου κράτους μέσα από έναν αιματηρό εμφύλιο.

Αυτό το νέο γεωπολιτικό πλαίσιο, της επανενωμένης Γερμανίας και της κατακερματισμένης Mitteleuropa,
δεν ήταν άμοιρο δημοσιονομικών συνεπειών· η επανένωση αυτή γεννούσε και ένα μείζον δημοσιονομικό
πρόβλημα από το κόστος της απορρόφησης της ανατολικογερμανικής σχεδιασμένης οικονομίας από μια οικο-
νομία της αγοράς. Το κόστος θα ήταν τέτοιο που θα είχε επιπτώσεις σε πανευρωπαϊκή κλίμακα και θα επηρέαζε
τους άμεσους σχεδιασμούς για νομισματική ενοποίηση.

19.1 Το πολιτικό παρασκήνιο της ΟΝΕ

Τις κρίσιμες αποφάσεις για το νομισματικό σύστημα της Ευρώπης θα καλούντο να λάβουν οι Mitterrand και
Kohl, που για τον David Marsh ήταν «ανυπόφορα αμόρφωτοι στις υποθέσεις του χρήματος» (Marsh 2011, 98).
Οι δύο άνδρες θα προωθούσαν την ιδέα της νομισματικής ενοποίησης σχηματίζοντας ένα δίδυμο αντίστοιχο με
εκείνο των προκατόχων τους Giscard και Schmidt· αμφότεροι μοιράζονταν το ίδιο τραυματικό σύνδρομο από
τις γαλλογερμανικές συγκρούσεις του παρελθόντος, αμφότεροι όμως στερούνταν τις νομισματικές γνώσεις των
προκατόχων τους.

Τόσο για τον Mitterrand όσο και για την γαλλική γραφειοκρατία, η πορεία που είχε εγκαινιάσει ο Giscard το
1979 εξασφάλιζε την ισχυρή πολιτική παρουσία της Γαλλίας στις ευρωπαϊκές εξελίξεις, την σταθεροποίηση της
Δυτ. Γερμανίας που ήταν ακόμη μια διηρεμένη χώρα, αλλά και την πρόσδεσή της στο ευρωατλαντικό στρατόπε-
δο αποσοβώντας τον κίνδυνο της διολίσθησης στην ουδετερότητα. Ταυτοχρόνως όμως προετοίμαζε το έλεγχο
επί της γερμανικής οικονομίας και της ανεξάρτητης Bundesbank. Είναι γνωστό το σχόλιο του Jacques Attali που
εξίσωσε τα πυρηνικά όπλα της Γαλλίας με το γερμανικό μάρκο, θέση που υιοθέτησε και ο Mitterrand τον Αύ-
γουστο του 1988 (Marsh 2011, 120–121).

Ταυτοχρόνως, για την Γερμανία η συμμετοχή στο ΕΝΣ εξασφάλιζε την πολιτική στήριξη της Γαλλίας, αλλά
και του ίδιου του Mitterrand προς τον Kohl. Δεν είναι τυχαίο που υπό τις θεατρικές απειλές του Jacques Delors
για αποχώρηση από το ΕΝΣ, ο Kohl διέταξε τον Γερμανό Υπ. Οικονομικών Gerhard Stoltenberg να μεταμ-
φιέσει την κατά 8% υποτίμηση του φράγκου τον Μάρτιο του 1983 σε ανατίμηση του μάρκου κατά 5,5% και σε
υποτίμηση του φράγκου κατά 2,5% (Marsh 2011, 107–108).

Βεβαίως, ο J. Delors ήταν θερμός υποστηρικτής της νομισματικής ενοποίησης, όπως αφήνει να διαφανεί και
η ομιλία του επί τη αναλήψει των καθηκόντων του Προέδρου της Ευρωπαϊκής Επιτροπής το 1985 (Delors with
European Commission 1985). Μάλιστα επί Προεδρίας του, ειδική επιτροπή υπό τον Υποδιοικητή της Banco
d'Italia, Tommaso Padoa-Schioppa είχε δώσει σαφές μήνυμα υπέρ της σύσφιξης του ΕΝΣ, κρίνοντας ότι *«δεν εί-
ναι δυνατόν να έχουμε ελεύθερο εμπόριο, ελευθερία από περιορισμούς των κεφαλαίων, σταθερές συναλλαγματικές ισοτιμίες και
αυτόνομες μακροοικονομικές πολιτικές»* (Padoa-Schioppa 1987, 27). Η μελέτη θεσμοθετούσε την περίφημη «ασυνεπή
τετράδα» που καθιστούσε ενδογενώς ασταθές το ΕΝΣ όσο η διασυνοριακή κίνηση των κεφαλαίων ήταν ελεύθε-
ρη.

Η συζήτηση όμως προκαλούσε και τριβές εντός του γαλλογερμανικού διπόλου, αναβιώνοντας την διαμάχη
«οικονομιστών» και «μονεταριστών». Προβεβλημένο ήταν το πρόβλημα της «ασυμμετρίας» του «φιδιού» που
είχε αναδείξει το σχέδιο Fourcade το 1974 και που ήταν επίκαιρη και εντός του ΜΣΙ. Πράγματι, με τον ορισμό

των διμερών ισοτιμιών, ο ΜΣΙ έθετε τις ελλειμματικές χώρες σε διαρκή «τιμωρία» έναντι των πλεονασματικών, και κυρίως έναντι της Γερμανίας. Την κριτική αυτή επανέφερε—από πλευράς του στρατοπέδου των «μονεταριστών»—Γάλλος Υπ. Οικονομικών Edouard Balladur αρχικά τον Ιούνιο του 1987 (Balladur 1987) και εν συνεχεία στο ECOFIN του Παρισίου της 8/1/1988 (Balladur 1988). Την σκυτάλη πήρε ο Ιταλός Υπ. Οικονομικών Giuliano Amato, με υπόμνημα στο ECOFIN της Ρώμης της 23/2/1988 (Amato 1988). Η πρόταση Balladur για μια ενιαία Ευρωπαϊκή Κεντρική Τράπεζα και ένα μοναδικό ευρωπαϊκό νόμισμα επανέφερε το εγχείρημα καθυπόταξης της Bundesbank από μια ευρωπαϊκή γραφειοκρατική δομή, στην οποία δεσπόζουσα θέση θα είχε η Γαλλία.

Όμως και η γερμανική βλέψη για ευρύτερη πολιτική ισχύ δεν είχε ατονήσει. Μαζί με τον Kohl, φορέας της την περίοδο εκείνη ήταν ο Γερμανός Υπ. Εξωτερικών Hans-Dietrich Genscher. Είναι αξιοσημείωτο ότι αν και Υπ. Εξωτερικών είχε βγει εκτός των επίσημων αρμοδιοτήτων του εκφωνώντας ομιλία στις 24/3/1987—*δύομισι ολόκληρα χρόνια πριν την πτώση του τοίχους*—στην οποία ετίθετο υπέρ ενός κοινού νομίσματος (Hanke 1998). Εν πολλοίς, αυτό εξέφραζε απόψεις που είχαν διαμορφωθεί σε συνεργασία με την Bundesbank και απηχούσαν τις θέσεις της, π.χ. σχετικά με την ανεξαρτησία της προτεινόμενης ΕΚΤ και της αφοσίωσής της στην νομισματική σταθερότητα (Marsh 2011, 122). Με διακριτικότητα ο Genscher προώθησε αυτήν την ατζέντα. Λίγο μετά το υπόμνημα Balladur, σε ομιλία του ενώπιον του Ευρωκοινοβουλίου στο Στρασβούργο στις στις 20/1/1988, ετέθη υπέρ της νομισματικής ένωσης και της ίδρυσης μιας Ευρωπαϊκής Κεντρικής Τράπεζας (Genscher 1988a), ενώ αμέσως μετά την πρόταση Αμάτο κυκλοφόρησε ευρέως το υπόμνημά του, αν και αρχικά είχε ετοιμασθεί για εσωτερική κυκλοφορία στο κόμμα FDP (Genscher 1988b). Την σκυτάλη θα έπαιρνε ο Helmut Kohl, ανακοινώνοντας στην Bundestag την νέα πολιτική της κυβέρνησής του για νομισματική ενοποίηση· ήταν 24/6/1988, τέσσερις ημέρες πριν την κρίσιμη Σύνοδο στο Αννόβερο, και *ενάμισι χρόνο πριν την πτώση του τείχους*. Χαρακτηριστικό του πολιτικού και όχι οικονομικού χαρακτήρα του νομισματικού ζητήματος, ήταν το γεγονός ότι ο καθ' ύλην αρμόδιος, Γερμανός Υπουργός Οικονομικών Gerhard Stoltenberg (1988), είχε τοποθετηθεί πολύ πιο επιφυλακτικά στο ενδεχόμενο της νομισματικής ένωσης, τιθέμενος υπέρ μιας πρότερης οικονομικής σύγκλισης.

19.2 ΟΝΕ και επιχειρήσεις

Αναλύοντας την πολιτική ώθηση πίσω από το εγχείρημα του κοινού νομίσματος, δεν θα πρέπει να παραβλέπεται και ο ρόλος των μεγάλων ευρωπαϊκών επιχειρήσεων στην διατύπωση και προώθηση του στόχου της ΟΝΕ. Την ισχυρή πολιτική στήριξη των Mitterrand, Kohl και Genscher πλαισίωναν έντονες επιχειρηματικές πιέσεις από ευρωπαϊκές πολυεθνικές (Fiat, Philips, Volvo) που ζητούσαν την δημιουργία μιας ευρωπαϊκής εσωτερικής αγοράς για να αντιμετωπίσουν την πτώση της διεθνούς τους ανταγωνιστικότητας απέναντι στις ΗΠΑ και την Ιαπωνία (Verdun 1997). Ήδη από το 1985, ένα τέτοιο αίτημα είχε διατυπώσει ο Πρόεδρος της Philips, Wisse Dekker (1985) σε περιοδικό του ολλανδικού εκδοτικού οίκου Elsevier. Ο Dekker πρότεινε την ανάπτυξη εσωτερικής αγοράς και νομισματική ολοκλήρωση βλέποντας μάλλον με ανησυχία τον ανταγωνισμό από τις ιαπωνικές ηλεκτρονικές συσκευές.

Σε αυτό το κλίμα οι Giscard και Schmidt ανακοίνωναν στις 13/11/1986 την ίδρυση της μη κυβερνητικής *Committee for the Monetary Union of Europe* (CMUE) η οποία εκκινούσε από το πολιτικό σκεπτικό των δύο ανδρών. Στα 21 μέλη της συγκαταλέγονταν πρώην και εν ενεργεία Υπουργοί, βουλευτές, τραπεζίτες και επιχειρηματίες (από την Ελλάδα συμμετείχε ο Ξ. Ζολώτας). Σκοπός της CMUE ήταν να μετατρέψει το ECU σε ένα πλήρες ευρωπαϊκό νόμισμα, που *θα συμπλήρωνε* αλλά *δεν θα υποκαθιστούσε* τα εθνικά (Collignon και Schwarzer 2003, 41–43). Παρά το πολιτικό του σκεπτικό όμως, ο Giscard πόνταρε πολύ στην υιοθέτηση του ECU από τις επιχειρήσεις για την ευρύτερη διάδοσή του, πέρα από τις χρηματαγορές και τις αγορές ομολόγων. Έτσι, αναζήτησε την στήριξη μεγάλων επιχειρήσεων που θα προωθούσαν από την δική τους πλευρά την πολιτική του ατζέντα. Και το πέτυχε με ένα διαφορετικό σχήμα.

Στις 6/10/1987 έγινε η πρώτη συνάντηση της *Association for the Monetary Union of Europe* (AMUE) στα γραφεία του Giovanni Agnelli της FIAT. Η AMUE ήταν μια ομάδα πίεσης για την νομισματική ενοποίηση, που θα είχε ρόλο συμπληρωματικό της CMUE. Ιδρυτικά μέλη της ήταν τα μεγαθήρια της ευρωπαϊκής βιομηχανίας (Philips,

Fiat, Rhône-Poulenc, Solvay και Total), στα οποία ήρθαν να προστεθούν και άλλες μεγάλες βιομηχανίες (Daimler Benz, Bosch κλπ), τράπεζες (Deutsche Bank, Credit National, Dresdner Bank, Commerz Bank), καθώς και επιχειρηματικές ενώσεις όπως ο ελληνικός ΣΕΒ και η ιταλική Confindustria (Παπανδρόπουλος 1990). Πολύ στενή ήταν η σχέση της και με το ERT (European Round Table of Industrialists)—για κάποια περίοδο επικεφαλής και των δύο ήταν ο Εκτελεστικός Διευθυντής της Philips, Wisse Dekker—μια πανίσχυρη οργάνωση βιομηχάνων που το 1991 έκανε δραματική έκκληση για υιοθέτηση ενός κοινού νομίσματος από τις κοινοτικές χώρες (Monod, Gyllenhammar, και Dekker 1991, 47–48).

Σταδιακά όμως η AMUE ανέπτυξε την δική της ατζέντα, που υπερφαλάγγιζε εκείνη του Ζισκάρ και της CMUE. Μέχρι τότε η χρήση του ECU από τις επιχειρήσεις αφορούσε στην αντιστάθμιση του συναλλαγματικού κινδύνου: π.χ., οι αποδόσεις ομολόγων σε ECU ήταν πολύ πιο σταθερές σε σχέση με τις αποδόσεις σε μάρκα ή λιρέτες και ο συναλλαγματικός κίνδυνος μικρότερος. Με την υποχώρηση όμως του πληθωρισμού και της συναλλαγματικής αστάθειας στα τέλη της δεκαετίας του 1980 αυτός ο ρόλος έχασε την σημασία του. Αυτό που ήθελαν οι επιχειρήσεις δεν ήταν ένα *παράλληλο*, αλλά ένα *μοναδικό* νόμισμα που δεν θα τις επιβάρυνε με το κόστος μετατροπής. Π.χ., για το Club Méditarrané το παράλληλο ECU θα ήταν άχρηστο: οι πελάτες του στα διάφορα θέρετρα ανά την Ευρώπη θα έπρεπε να μετατρέπουν τα εθνικά τους νομίσματα σε ECU για χρήση εντός του θερέτρου. Κατόπιν, κάθε θέρετρο θα έπρεπε να ξαναμετατρέπει τα ECU σε κάποιο εθνικό νόμισμα για να κάνει τις προμήθειές του τοπικά, να μεταφέρει τα κέρδη στην μητρική επιχείρηση, κλπ. Το κόστος μετατροπής θα διπλασιαζόταν με την χρήση του παράλληλου ECU (Collignon και Schwarzer 2003, 64). Όταν λοιπόν η έκθεση της Επιτροπής Delors έκανε λόγο για ένα μοναδικό νόμισμα, η AMUE ανέφερε ότι είχαν ληφθεί υπόψη οι περισσότερες από τις προτάσεις που είχε καταθέσει στο Ευρωκοινοβούλιο και την Ευρωπαϊκή Επιτροπή. Οι απόψεις αυτές της AMUE αποκρυσταλλώθηκαν την κρίσιμη περίοδο κατά την οποία η Ευρωπαϊκή Επιτροπή δούλευε στο *One Market, One Money*, το οποίο θα αποτελούσε και την έκφραση της Κοινοτικής πολιτικής για την ONE (Collignon και Schwarzer 2003, 74–76).

Ακόμη όμως και η AMUE συνειδητοποίησε ότι ένα καθαρά εμπορικό νόμισμα δεν είχε μέλλον. Σε μια μελέτη που ετοίμασε η Ernst & Young για λογαριασμό της AMUE τονίσθηκε ότι το νέο νόμισμα θα έπρεπε να χαίρει θεσμικής στήριξης ώστε οι επιχειρήσεις να το αγκαλιάσουν. Αυτό σήμαινε ότι τα κράτη δεν αρκούσε να το αποδεχθούν· θα έπρεπε να το κάνουν το μοναδικό τους νόμισμα, σύντομα και αποφασιστικά (μέχρι το 1997) και οι κεντρικές τους τράπεζες να στηρίξουν την υπό σχεδιασμό ΕΚΤ: η κρατική φύση του χρήματος είχε υιοθετηθεί, έστω και ασυνείδητα, από τους επιχειρηματίες, ακόμη κι αν μιλούσαν για ένα νόμισμα της αγοράς (Ernst & Young και National Institute of Economic and Social Research 1990, 27–29).

Ο προσδιορισμός μιας συγκεκριμένης ημερομηνίας ήταν τόσο κρίσιμος για την AMUE, που εστίασε όλη της την ενέργεια στο να πείσει τις κυβερνήσεις ακριβώς πριν την έναρξη της διάσκεψης του Μάαστριχτ. Χωρίς ακριβή ημερομηνία, θεωρούσε, το εγχείρημα θα στερείτο αξιοπιστίας και οι επιχειρήσεις δεν θα το αγκάλιαζαν. Τελικά θα ήταν μια πρόταση του Padoa-Schioppa που θα έμπαινε στο τελικό κείμενο της Συνθήκης: το τρίτο στάδιο της έκθεσης Delors θα ξεκινούσε από το 1997 για όσες χώρες είχαν επιτύχει σύγκλιση και το επιθυμούσαν, αλλά αυτομάτως από το 1999 για όλες ανεξαιρέτως τις χώρες που πληρούσαν τα κριτήρια (Collignon και Schwarzer 2003, 95–101).

Μέχρι το 2001 η AMUE ήταν πανταχού παρούσα στην στήριξη της ONE, ετοιμάζοντας μελέτες, μιλώντας με αξιωματούχους των εθνικών κυβερνήσεων, της Ευρωπαϊκής Επιτροπής, του ENI και των Κεντρικών Τραπεζών. Χρηματοδότησε την κυκλοφορία εκατομμυρίων εντύπων και την διεξαγωγή εκατοντάδων εκδηλώσεων. Σύμφωνα με το newsletter της, η AMUE οργάνωσε 1112 συνέδρια για την νομισματική ενοποίηση από το 1989 έως το 1998, δηλαδή με συχνότητα άνω των 100 ανά έτος. Την διετία 1997–1998 διοργάνωσε 90 συνέδρια στην δύσπιστη Γερμανία, 40 εκ των οποίων έγιναν κατόπιν αιτήματος, ή με την ενεργό συμμετοχή, Γερμανών βουλευτών (AMUE 1999).

Η AMUE συνέβαλλε περισσότερα από την απλή προώθηση μιας προϋπάρχουσας ιδέας, συμμετέχοντας ενεργά στην διαμόρφωση βασικών χαρακτηριστικών της. Πριν ακόμα από την σύσταση της Επιτροπής Delors, που έδωσε το προσχέδιο της ONE, η AMUE είχε διατυπώσει πολύ παρόμοιες απόψεις προς την νομισματικής ενοποίηση (van Apeldoorn 2000). Λίγο νωρίτερα, ο ίδιος ο J. Delors είχε αναγνωρίσει σε κοινή συνέντευξη Τύπου με μέλη της AMUE (22/2/1988) ότι «*οι μάνατζερ των εταιρειών όχι μόνον μας ακολουθούν, αλλά συχνά προηγούνται*», ενώ τις παραμονές της Συνδιάσκεψης του Ανόβερου—κατά την οποία συνεστήθη η Επιτροπή Delors—η AMUE ανακοίνωνε την στήριξή της για μια Ευρωπαϊκή Κεντρική Τράπεζα (Agence Europe 1988).

Ο ρόλος της AMUE έχει αγνοηθεί από πολλούς ιστορικούς που εστίασαν κυρίως στην δράση εκλεγμένων πολιτικών, κοινοτικών αξιωματούχων, κυβερνήσεων ή διεθνών οργανισμών· από τις ελάχιστες αναφορές που έχουν γίνει μια τουλάχιστον έχει καταγγελτικό τόνο (Balanyá κ.ά. 2000, 49–57). Όμως αυτή η σιωπή δεν ήταν προϊόν συγκάλυψης, καθώς δύο πρώην στελέχη της AMUE εξιστόρησαν με υπερηφάνεια, διεξοδικότητα, και χωρίς ίχνος ενοχής, τον ρόλο του ιδιωτικού τομέα στην απόφαση υλοποίησης της ΟΝΕ (Collignon και Schwarzer 2003). Μάλιστα, η άποψή τους για την φύση του χρήματος ως ιδιωτικού—και όχι κρατικού—θεσμού καλωσορίζει τον αναγνώστη από την πρώτη σελίδα του βιβλίου, στην οποία παρατίθεται ως θέσφατο η άποψη του Menger ότι το χρήμα *δεν* είναι νομικό δημιούργημα και κρατικός θεσμός, αλλά «κοινωνικός»—υπονοώντας «της αγοράς».

Η επιρροή των μεγάλων ευρωπαϊκών πολυεθνικών στον σχεδιασμό και επιβολή ενός *μοναδικού* νομίσματος, δημιουργεί μια αντίφαση σε σχέση με την στήριξη που παρείχε στον ίδιο ακριβώς στόχο η αριστερή διανόηση, συχνά επιστρατεύοντας *αντικαπιταλιστικά* επιχειρήματα. Υπό μία έννοια καθιστά θλιβερές—αν όχι γελοίες—τις ιδεολογικές μάχες που έδωσαν όλη αυτήν την δεκαετία οι αριστεροί διανοούμενοι για την επίτευξη αυτού ακριβώς του στόχου. Είναι άραγε αυτή η πεμπτουσία της τραγικής ειρωνείας—κατά την οποία ο ήρωας του δράματος είναι ο μόνος που αγνοεί την πραγματικότητα; Είναι ένα τραγικό παράδειγμα κυνισμού από πλευράς τους; Μια περίπτωση τραγικής αφέλειας; Πάντως κάτι το τραγικό σίγουρα τους συνέβη.

19.3 Η έκθεση της επιτροπής Delors

Η γερμανική προεδρεία της ΕΟΚ θα ήταν αποφασιστικής σημασίας στην προώθηση της ΟΝΕ. Δίνοντας σαφώς μεγαλύτερη σημασία στον γεωστρατηγικό χαρακτήρα του νομίσματος από ό,τι στον καθαρά τεχνικό, οι Genscher και Kohl αποφάσισαν να συμπεριλάβουν την πρόταση Balladur στην ημερήσια διάταξη της Διάσκεψης Κορυφής στο Ανόβερο στις 27–28/6/1988 (Grygowski 2009, 380), παραμερίζοντας τις αμφιβολίες του Stoltenberg και του Pöhl. Η κίνησή τους αυτή ήταν κομβική.

Στην Διάσκεψη αποφασίσθηκε η σύσταση μιας ad hoc επιτροπής για την δημιουργία μιας οικονομικής και νομισματικής ένωσης. Την επιτροπή απάρτιζαν οι δώδεκα Διοικητές των Κεντρικών Τραπεζών των χωρών-μελών της ΕΟΚ (την ΤτΕ εκπροσώπησε ο Δημήτριος Χαλικιάς) και τέσσερα επιπλέον μέλη: ο Frans Andriessen (Ευρ. Επιτροπή), ο Alexandre Lamfalussy (Καθηγητής Νομισματικής στο Καθολικό Πανεπιστήμιο της Louvain la-Neuve και Γενικός Διευθυντής της ΤΔΔ στην Βασιλεία), ο Niels Thygesen (καθηγητής Οικονομικών, υπέρμαχος της νομισματικής ενοποίησης και συνυπογράφων του «Μανιφέστου των Αγίων Πάντων») και ο Miguel Boyer (Πρόεδρος της Banco Exterior de España). Η πολιτική σημασία που δινόταν στο εγχείρημα υπογραμμιζόταν από το ότι επικεφαλής της ετέθη ο ίδιος ο Jecques Delors, ένας πανίσχυρος και σφοδρός ευρωπαϊστής, στο απόγειο της πολιτικής του καριέρας και Πρόεδρος της Ευρωπαϊκής Επιτροπής. Αποτέλεσμα των εργασιών της «Επιτροπής Delors»—που συνεδρίαζε στην ΤΔΔ στην Βασιλεία—ήταν η Έκθεση που παρουσίασε τον Απρίλιο του 1989 (European Council 1989). Στην έκθεση αυτή ιδιαίτερο βάρος είχαν οι απόψεις του Προέδρου της Bundesbank, Karl Otto Pöhl—που μετά βίας είχε πεισθεί έστω και να συμμετάσχει στην Επιτροπή (Marsh 2011, 125–126). Ο Pöhl αντί να τορπιλίσει το σχέδιο μιας Ευρωπαϊκής Κεντρικής Τράπεζας, προώθησε τις απόψεις της Bundesbank στην—απευκταία για εκείνον—περίπτωση που η Έκθεση τελικά γινόταν δεκτή. Αυτή η στάση του Pöhl προκάλεσε μεγάλη απογοήτευση στην Thatcher που είχε εναποθέσει σε εκείνον—και όχι στον δικό της Κεντρικό Τραπεζίτη, Robin Leigh-Pemberton—τις ελπίδες της να βγάλει τα κάστανα από την φωτιά και να σκοτώσει το εγχείρημα. Η Thatcher εκτιμούσε τόσο τον Pöhl όσο και την Bundesbank και αποστρεφόταν μετά βδελυγμίας οποιαδήποτε συζήτηση για συμμετοχή της Βρετανίας στον ΜΣΙ ή σε κάποια νομισματική ένωση (Marsh 2011, 131).

Έτσι, η Έκθεση θέσπιζε την ανεξαρτησία της κεντρικής τράπεζας και έδινε προβάδισμα στην σχολή των «οικονομιστών» που ήθελαν την οικονομική σύγκλιση πριν την νομισματική ενοποίηση. Επιπλέον, ανέλυε την αναγκαιότητα μιας αγοράς χωρίς εσωτερικά σύνορα, αναπόσπαστο τμήμα της οποίας θεωρείτο και η νομισματική ένωση. Οι τέσσερις ελευθερίες διακίνησης και η πλήρης αποχή από οποιαδήποτε πολιτική κρατικών επιδοτήσεων θεωρούνταν εκ των ων ουκ άνευ, σε συνδυασμό με κλειδωμένες ισοτιμίες και, τελικά, με την χρήση του ECU ως μοναδικού νομίσματος. Τα πλεονεκτήματα από μια τέτοια διευθέτηση προβλέπονταν να είναι ο μηδενισμός του κόστους μετατροπής συναλλάγματος στις διεθνείς συναλλαγές, η μείωση των κινδύνων από την μεταβλητότητα των ισοτιμιών και το αυξημένο βάρος σε σχέση με άλλα βασικά νομίσματα. Η Βρετανική πρόταση του παράλληλου νομίσματος (ενός «σκληρού ECU») απορρίφθηκε, μεταφέροντας την συζήτηση από το *κοινό* νόμισμα στο *μοναδικό* νόμισμα.

Για να γίνουν όλα αυτά, η έκθεση πρότεινε τροποποιήσεις της Συνθήκης της Ρώμης και των εθνικών νομοθεσιών, με σκοπό την μεταφορά συγκεκριμένων αρμοδιοτήτων από τα εθνικά κράτη προς ένα Κοινοτικό κέντρο λήψης αποφάσεων, ένα νέο και πλήρως ανεξάρτητο νομισματικό ίδρυμα· προτεινόμενο όνομα: «Ευρωπαϊκό Σύστημα Κεντρικών Τραπεζών». Η συνολική διευθέτηση όμως δεν θα ήταν ανάλογη των ομοσπονδιακών κρατών. Έτσι, η φορολογική και δημοσιονομική πολιτική θα παρέμενε σε εθνικό έλεγχο χωρίς την ύπαρξη Κοινοτικού προϋπολογισμού, αλλά με περιορισμούς στους οποίους τα κράτη θα έπρεπε να συμμορφώνονται οικειοθελώς (π.χ. περιορισμός των ελλειμμάτων και του δανεισμού από τις Κεντρικές Τράπεζες). Τμήμα του ελέγχου θα επαφίετο στις αγορές, οι οποίες θα «τιμωρούσαν» αποκλίνοντα κράτη.

Αναγνωρίζοντας τα προβλήματα από την συνύπαρξη κρατών και περιφερειών με διαφορετικά επίπεδα ανάπτυξης, η Επιτροπή συνιστούσε να δοθεί ιδιαίτερο βάρος στην σύγκλιση των οικονομιών μέσω αύξησης των κοινοτικών διαρθρωτικών κονδυλίων που ψηφίστηκαν τον Φεβρουάριο του 1988 (πακέτο Delors).

Η εφαρμογή της ενοποίησης ενείχε υψηλό βαθμό αυτοματισμού και προτεινόταν να γίνει σε στάδια (όπως και στο σχέδιο Werner). Στο πρώτο στάδιο (θα ξεκινούσε την 1/7/1990) θα ολοκληρωνόταν το άνοιγμα των αγορών, θα διπλασιάζονταν τα διαρθρωτικά κονδύλια, θα προσδιοριζόταν πολιτική δημοσιονομικής πειθαρχίας, θα εντάσσονταν όλα τα εθνικά νομίσματα στο ΕΝΣ και θα επιτρεπόταν η ιδιωτική χρήση του ECU. Αφού τα παραπάνω επικυρώνονταν με τροποποίηση της Συνθήκης, θα ξεκινούσε το δεύτερο στάδιο, κατά το οποίο θα ιδρύονταν οι νέοι θεσμοί και όργανα (μεταξύ των οποίων και η ΕΣΚΤ), θα αναλάμβαναν σταδιακά τις προσδιορισθείσες αρμοδιότητές τους και θα υλοποιούσαν σταδιακά τις αποφασισθείσες πολιτικές. Κατά το τρίτο, και τελικό, στάδιο οι ισοτιμίες θα κλειδώνονταν αμετακλήτως, οι νομισματικές εξουσίες θα περνούσαν στο ΕΣΚΤ και τελικά τα εθνικά νομίσματα θα υποκαθιστούσε το ενιαίο νόμισμα. Παράλληλα, οι κανόνες δημοσιονομικής σταθερότητας θα καθίσταντο δεσμευτικοί και θα εμβαθύνονταν τα μέτρα σύγκλισης.

Συνοψίζοντας τα παραπάνω, θα μπορούσαμε να πούμε ότι όταν οι αρχηγοί κρατών ζήτησαν από τους κεντρικούς τους τραπεζίτες να τους περιγράψουν μια νομισματική ένωση, εκείνοι περιέγραψαν το όνειρο του κάθε κεντρικού τραπεζίτη: την απόλυτη ανεξαρτησία από την πολιτική εξουσία. Κατά την διάρκεια των εργασιών της, η Επιτροπή Delors φαίνεται να λειτούργησε σχετικά ελεύθερη από πολιτικές παρεμβάσεις, είτε από άγνοια των πολιτικών ηγετών—από διήγηση του Διοικητή της Banque de France, ο Mitterrand φαίνεται να μην είχε ιδέα για την φύση και τις εργασίες της—είτε από δισταγμό να αναλάβουν την ευθύνη μιας απευθείας αντιπαράθεσης—η Margaret Thatcher είχε διατάξει τον Pemberton-Leigh να ακολουθήσει την αρνητική γραμμή Pöhl (Marsh 2011, 129–130). Ως προς αυτό της το χαρακτηριστικό η Verdun (1997) θεώρησε εκ των υστέρων ότι η Επιτροπή Delors λειτούργησε ως «επιστημονική κοινότητα» (epistemic community) κατά τον ορισμό του Haas (1992), παραμένοντας σχετικά μακριά από πολιτικές παρεμβάσεις. Ίσως εξαιτίας τούτου θα προκάλεσε κάποια δυσαρέσκεια μετά την δημοσίευσή της· π.χ. ο de Larosière θα δεχόταν αιχμηρή κριτική για τις «παραχωρήσεις» του. Η ειρωνεία είναι ότι αυτή η κριτική θα προερχόταν από τον κατοπινό Πρόεδρο της ΕΚΤ, Jean-Claude Trichet (Marsh 2011, 134). Ίσως όμως αυτή η εικόνα να είναι ανακριβής αφού ακόμη κι αν η Επιτροπή λειτούργησε μακριά από πολιτικές παρεμβάσεις, οι επιχειρηματικές παρεμβάσεις ήταν σημαντικότατες (βλ. παραπάνω)· εκτός κι αν η έννοια της epistemic community έχει περιορίζεται στο να περιγράφει οποιαδήποτε ομάδα της οποίας τα μέλη είναι μη εκλεγμένα και μη δημοκρατικώς λογοδοτούντα.

Τελικά η Διάσκεψη κορυφής της Μαδρίτης (19/6/1989) θα υιοθετούσε την έκθεση Delors ως βάση για την ΟΝΕ. Διαχωρίζοντας την νομισματική από τις άλλες εξουσίες (φορολογική, δημοσιονομική κλπ), το περιγραφέν πλαίσιο έθετε το νομισματικό κάρο μπροστά από το πολιτικό άλογο. Παραγνώριζε το ότι η ύπαρξη νομίσματος ιστορικά συνδέεται με την κρατική ισχύ: το νόμισμα έχει ανάγκη και ταυτόχρονα επιβεβαιώνει την κρατική κυριαρχία. Δεν σταθεροποιείται άνευ αυτής πολύ περισσότερο από ένα ψάρι έξω από το νερό. Αυτή η παράληψη δεν θα γινόταν πρόδηλη παρά μια δεκαετία υλοποίησης του συστήματος που οραματίσθηκαν οι κεντρικοί τραπεζίτες.

19.4 Η (δυσ)λειτουργία του ΜΣΙ

Η Έκθεση Delors δεν καταρτίσθηκε σε νομισματικό κενό, αλλά κατά την διάρκεια της λειτουργίας του ΜΣΙ. Παρά τα προβλήματα διατήρησης σταθερών ισοτιμιών που είχαν παρατηρηθεί από το «φίδι» (1972) αλλά και από την έναρξη του ΜΣΙ (1979), η ιδέα της νομισματικής ενοποίησης έχαιρε σοβαρής πολιτικής στήριξης. Είναι δε εντυπωσιακό ότι τα μεγαλύτερα βήματα προς την ΟΝΕ έγιναν κατά την διάρκεια εξελίξεων που όχι απλώς έθεσαν σε δοκιμασία τον ΜΣΙ, αλλά που ουσιαστικά τον εξόντωσαν. Παρ' όλα αυτά, η πίστη σε αυτόν παρέμεινε σχεδόν θρησκευτική στο εσωτερικό της Κοινοτικής γραφειοκρατίας και των ευρωπαϊκών κυβερνήσεων. Μάλιστα, λίγο πριν την Διάσκεψη της Ρώμης, η Ευρωπαϊκή Επιτροπή δημοσίευσε έναν ογκώδη τόμο, με τίτλο «*One market—One money*» (European Commission - DGEFA 1990), στον οποίο υποτίθεται θα εξεταζόντουσαν τα οφέλη και τα κόστη από την ΟΝΕ. Η συμμετοχή του Niels Thygessen, πρώην μέλους της Επιτροπής Delors, ο επιβλητικός όγκος των 347 σελίδων και το ύφος απόλυτης αισιοδοξίας της μελέτης, ήταν σαφής υπαινιγμός για το ότι δεν αποτελούσε μια ισορροπημένη ανταλλαγή απόψεων, αλλά έκφραση Κοινοτικής πολιτικής βούλησης, και μια περιγραφή του πλαισίου πολιτικής ορθότητας για τις εφεξής επιτρεπτές απόψεις γύρω από την ΟΝΕ. Με λίγα λόγια είχε περισσότερα χαρακτηριστικά προπαγάνδας και λιγότερα ανάλυσης.

Αυτή η επιταγή πολιτικής ορθότητας ήταν τόσο ισχυρή που απαιτούσε να παραγνωρισθούν κάποιες εμπειρικές πραγματικότητες. Όπως θα δούμε, σφιχτότερη εφαρμογή του συστήματος σταθερών ισοτιμιών δεν έφερνε μεγαλύτερη σταθερότητα, αλλά μεγαλύτερη αστάθεια, λόγω εγγενών χαρακτηριστικών του συστήματος. Σαν να μην έφταναν αυτά, οι τεκτονικές αλλαγές στο ευρωπαϊκό γεωπολιτικό σκηνικό θα αποκάλυπταν ακόμη εντονότερα τις αδυναμίες αυτές.

Πρώτος κρίκος στην αλυσίδα των δυσλειτουργιών του ΜΣΙ ήταν το «παράδοξο» της Ισπανίας, κατά το οποίο μια οικονομία με υψηλό πληθωρισμό, υψηλά ελλείμματα, υψηλά επιτόκια και χαμηλή αξιοπιστία εκτόπιζε το βαρύ πυροβολικό των νομισμάτων γιατί ο ΜΣΙ δεν της επέτρεπε να αυξήσει τα επιτόκιά της όσο υπαγόρευε ο τρέχων πληθωρισμός. Αντί λοιπόν να αυξήσει τα επιτόκιά της ή να ανατιμήσει την πεσέτα έναντι του μάρκου και του φράγκου—πολιτικώς απαράδεκτες κινήσεις—μείωσε τα επιτόκιά της υπερθερμαίνοντας την οικονομία της και τροφοδοτώντας μια στεγαστική φούσκα (Connolly 1995, 83–84).

Από την άλλη πλευρά, η Γερμανία είχε ακολουθήσει μια εξαιρετικά απείθαρχη νομισματική πολιτική λόγω της επανένωσης με των δύο Γερμανιών. Ο Kohl πήρε την απόφαση να χρηματοδοτήσει την επανένωση με δανεισμό—όχι φορολογία—εκτοξεύοντας το γερμανικό δημόσιο χρέος (Sinn 1996, 5–6). Επιπλέον αποφάσισε να ανταλλάξει τα ανατολικογερμανικά μάρκα σε αναλογία 1:1, αντί της επίσημης του 1:4,3 και της ανεπίσημης του 1:7 που ίσχυαν πριν την ενοποίηση. Αυτή η απότομη ένεση ρευστότητας, αλλά και οι μισθολογικές αυξήσεις που διαπραγματεύθηκαν τα—ενοποιημένα πλέον—συνδικάτα είχαν πληθωριστικές συνέπειες· το 1992 ο πληθωρισμός έτρεχε με 5%. Αντί η Bundesbank να αντισταθμίσει την δημοσιονομική απειθαρχία της Βόννης ανατιμώντας το μάρκο—κάτι που θα έβγαζε το φράγκο εκτός των ορίων του ΜΣΙ—αποφάσισε να αυξήσει τα επιτόκια: το καλοκαίρι του 1992 το προεξοφλητικό επιτόκιο ήταν 8,75% και το *επιτόκιο* διευκόλυνσης οριακής χρηματοδότησης (*Lombard rate*) 9,75%. Αυτό είχε ως αποτέλεσμα την μαζική ροή των—απελευθερωμένων πλέον—κερδοσκοπικών κεφαλαίων στην Γερμανία.

Το επερχόμενο γαλλικό δημοψήφισμα για το Μάαστριχτ προκάλεσε πανικό στις αγορές με μαζικές πωλήσεις νομισμάτων. Το γαλλικό φράγκο στηρίχθηκε μέσω γαλλογερμανικής συμφωνίας που προέκυψε από μυστικές συναντήσεις στο Παρίσι και στην Ρώμη που είχαν οι Horst Köhler από το Γερμανικό Υπ. Εξωτερικών, ο

Hans Tietmeyer της Bundesbank, ο Γάλλος Υπ. Οικονομικών Michel Sapin και ο Jean-Claude Trichet, Διευθυντής του γαλλικού θησαυροφυλακίου και Πρόεδρος της Ευρωπαϊκής Νομισματικής Επιτροπής (Connolly 1995, 150–153). Αντιθέτως όμως, η βρετανική στερλίνα που είχε ενταχθεί στον ΜΣΙ στις 5/10/1990, δεν θα έχαιρε τέτοιας στήριξης· μετά από μια μαζικό σορτάρισμα της στερλίνας από κερδοσκόπους και αποστράγγιση των βρετανικών συναλλαγματικών διαθεσίμων, η στερλίνα εγκατέλειψε τον ΜΣΙ (16/9/1992) και—όπως φάνηκε αργότερα—κάθε σκέψη ένταξης στην ΟΝΕ.

Ο διευρυμένος ρόλος των κερδοσκοπικών κεφαλαίων ήταν προϊόν του συνδυασμού ενός καθεστώτος σταθερών ισοτιμιών και ελεύθερης κίνησης κεφαλαίων. Τα κερδοσκοπικά funds μπορούσαν πλέον να κρίνουν ποιο νόμισμα δεν θα άντεχε μια επίθεση σε συγκεκριμένη ισοτιμία και, κινητοποιώντας ποσά πολύ μεγαλύτερα από ό,τι πριν, να επαληθεύουν τις προφητείες τους. Αξιοποιώντας πληροφορίες και δηλώσεις μπορούσαν πλέον να αξιολογούν το πολιτικό—όχι απλώς το οικονομικό—πλαίσιο και να τοποθετούν τα στοιχήματά τους κατάλληλα.

Μια τέτοια περίπτωση ήταν και η «γκάφα του Alphandéry», σε ραδιοφωνική συνέντευξη της 24/6/1993 στον γαλλικό σταθμό Europe 1. Τότε, ο Γάλλος Υπ. Οικονομικών αποκάλυπτε ότι υπήρχε διχογνωμία στον γαλλογερμανικό άξονα σχετικά με τα υψηλά γερμανικά επιτόκια, ανοίγοντας την όρεξη των κερδοσκόπων για μια νέα επίθεση στο φράγκο (Connolly 1995, 308–338).

Πλέον ο ΜΣΙ δεν ήταν διατηρήσιμος· αυτό ήταν το συμπέρασμα της ΝΕ στην συνεδρίαση της 1/8/1993. Αν όμως διαλυόταν θα κατέρρεε η προοπτική της ΟΝΕ, καθώς η Συνθήκη του Μάαστριχτ προέβλεπε διετή παραμονή κάθε νομίσματος στην ζώνη του ±2,25%. Έτσι αποφασίσθηκε να υιοθετηθεί μια πρόταση της τελευταίας στιγμής του Kenneth Clarke, του Βρετανού Υπ. Οικονομικών: τα όρια του ΜΣΙ θα διευρύνονταν στο ±15%, αναιρώντας την ουσία του, αλλά διασώζοντας τους τύπους. Αυτή η διαρρύθμιση διέσωζε την ΟΝΕ αφού επέτρεπε την εκπλήρωση της τυπικής υποχρέωσης για παραμονή «εντός ορίων». Τα όρια ήταν τόσο ευρέα που κανέναν νόμισμα δεν θα είχε πρόβλημα να τα τηρήσει, στερώντας όμως από αυτόν τον «προθάλαμο» την ουσιαστική του σημασία.

Η αποτυχία του ΜΣΙ να επιτύχει συναλλαγματική σταθερότητα ήταν παταγώδης, όμως κανένα μάθημα δεν βγήκε από αυτήν. Κανείς δεν ασχολήθηκε σοβαρά με τις συνέπειες αυτής της αποτυχίας στο σχεδιαζόμενο οικοδόμημα της ΟΝΕ. Αυτό ήταν προαποφασισμένο να προχωρήσει ως είχε, βρέξει-χιονίσει.

19.5 Η Συνθήκη του Μάαστριχτ

Παράλληλα με την κρίση στον ΜΣΙ και το διπλωματικό θρίλερ της επανένωσης των δύο Γερμανιών προχωρούσαν και οι διεργασίες που θα οδηγούσαν στην νέα συνθήκη που απαιτούσε η Έκθεση Delors. Αυτές ξεκίνησαν με την Διακυβερνητική της Ρώμης (14/12/1990) και ολοκληρώθηκαν με την διάσκεψη κορυφής στο Μάαστριχτ της Ολλανδίας (9–10/12/1991). Η φερώνυμη Συνθήκη υπεγράφη στις 7/2/1992 και η ισχύς της είχε προγραμματισθεί να ξεκινήσει την 1/1/1993, αν και τελικά η επικύρωση από την τελευταία χώρα δεν ήρθε παρά τον Αύγουστο του 1993. Παρότι η όλη διαδικασία της συζήτησης και επικύρωσης της Συνθήκης συνέπεσε με την έντονη αστάθεια του ΜΣΙ και τις θύελλες που οδήγησαν στην ουσιαστική κατάρρευσή του, η ιδέα της νομισματικής ενοποίησης παρέμενε ζωντανή σαν να μη συνέβαινε απολύτως τίποτα και η Έκθεση Delors συνέχιζε να αποτελεί σημείο αναφοράς για τις κατοπινές συζητήσεις.

Η πολιτική βούληση της Γαλλίας υπήρξε καθοριστική για την πρόοδο προς το κοινό νόμισμα και την εξασφάλιση τόσο της γερμανικής συμμετοχής, όσο και των αδύναμων χωρών του επονομαζόμενου «Club Med».

Παρά την σημαντική επικράτηση των απόψεων του Pöhl στην Έκθεση Delors, η ιδέα της εγκατάλειψης του μάρκου δεν είχε αφομοιωθεί ούτε από το κοινό, ούτε και από την ίδια την Bundesbank. Αυτοί οι δύο πόλοι δημιουργούσαν ένα σοβαρό αντιπολιτευτικό μέτωπο στους σχεδιασμούς του Kohl και του Genscher. Διατυπώνεται λοιπόν συχνά ο ισχυρισμός ότι η κάμψη των αντιρρήσεων του Mitterrand στην γερμανική επανένωση—είχε ζητήσει από τον Γκορμπατσώφ να θέσει βέτο (Johansson 2015)—είχε συνδυασθεί με πολιτικά ανταλλάγματα: αν η Δυτική Γερμανία θυσίαζε το μάρκο της για ένα κοινό νόμισμα, η Γαλλία θα στήριζε το σχέδιο του Kohl για άμεση επανένωση με την Ανατολική Γερμανία (Sauga, Simons, και Wiegrefe 2010). Δεδομένης της ενεργού στήριξης του Genscher στην νομισματική ενοποίηση πολύ προτού τεθεί θέμα επανένωσης—το σχετικό υπόμνημα

είχε κυκλοφορήσει ευρέως από τις αρχές του 1988—είναι δύσκολο να ερμηνεύσουμε ως γερμανική συνθηκο-
λόγηση την σύμπλευση με μια στρατηγική προεπιλεγμένη *από την ίδια την Γερμανία*. Αργότερα, σε συνέντευξη της
15/11/2001, την συσχέτιση της ΟΝΕ με την γερμανική επανένωση διέψευσε και η Elizabeth Guigou, Υπ. Ευρω-
παϊκών Υποθέσεων του Mitterrand την κρίσιμη εκείνη περίοδο και παρούσα σε όλες τις διαπραγματεύσεις του
με τον Kohl (Collignon και Schwarzer 2003, 231).

Ίσως οι Kohl-Genscher να διέπρεψαν σε ένα διπλωματικό παιγνίδι καλού-κακού μπάτσου: χρησιμο-
ποιώντας τις αντιδράσεις της κοινής γνώμης και της Bundesbank αποσπούσαν ανταλλάγματα ώστε να «αποδε-
χθούν» την ΟΝΕ—μια εξέλιξη που επιθυμούσαν διακαώς. Ίσως απλώς να αναγκάστηκαν να αποδεχθούν την
επιτάχυνση της ΟΝΕ χωρίς την πρότερη πολιτική ένωση, όμως σε κάθε περίπτωση στο τέλος θα έπαιρναν αυτό
που ήθελαν: μια επανενωμένη Γερμανία και μια Bundesbank για όλη την Ευρώπη.

Αλλά και ως προς τις φτωχές χώρες (Ισπανία, Πορτογαλία, Ιρλανδία, Ελλάδα), την Συνθήκη συνόδευε η
υπόσχεση του δεύτερο πακέτου Delors. Είτε λειτούργησε καθησυχαστικά στο πολιτικό προσωπικό της καθεμιάς
—στην απόμακρη περίπτωση που είχε μπει στον κόπο να αξιολογήσει τις μακροπρόθεσμες συνέπειες από μια
νομισματική ενοποίηση—είτε ως υπόσχεση για προσωπικό πλουτισμό από την διαχείριση των ευρωπαϊκών πα-
κέτων σύγκλισης, πέτυχε να σιωπήσει τις αντίθετες φωνές. Θα μπορούσε να πει κάποιος ότι οι πολιτικές ελίτ
των φτωχότερων χωρών δεν θα μπορούσαν να φωνάζουν με μπουκωμένο στόμα.

Τελικά μια μαζική διαφημιστική εκστρατεία διοργανώθηκε για το «ναι» στην Γαλλία—μόνον η AMUE διορ-
γάνωσε 47 συνεντεύξεις και άρθρα υπέρ του «ναι» (Collignon και Schwarzer 2003, 107)—και η οποία πέτυχε το
petit oui στο δημοψήφισμα του Σεπτεμβρίου. Μέχρι το τέλος του 1992 θα ακολουθούσαν οι επικυρώσεις από
τα νομοθετικά σώματα των υπολοίπων χωρών,[1] πλην της Δανίας και της Βρετανίας. Η Δανία υπέστη σχεδόν ένα
χρόνο τρομοκρατίας[2] προτού τελικά υπερψηφίσει την Συνθήκη. Τελικά όμως αυτό το έπραξε πάλι με δημοψή-
φισμα (18/5/1993) και μόνον αφού διαπραγματεύθηκε, μεταξύ άλλων, την εξαίρεσή της από το γ΄ στάδιο με την
συμφωνία του Εδιμβούργου.

Δεν ήταν μόνον η Δανία που πέτυχε εξαιρέσεις. Η βρετανική Βουλή υπερψήφισε την Συνθήκη στις 2/8/1993
μετά από έντονη σύγκρουση στο στρατόπεδο των Συντηρητικών, και μόνον κατόπιν εξαιρέσεων, όπως την μη
συμμετοχή στο γ΄ στάδιο. Για να υπερνικήσει τους «αντάρτες» του κόμματός του, ο Τζον Μέιτζορ αναγκάστηκε
να συνδέσει την υπερψήφιση της Συνθήκης με ψήφο εμπιστοσύνης στην κυβέρνησή του. Επίσης οι Αζόρες και η
Μαδέρα μπορούσαν να απολαμβάνουν ειδικής πιστωτικής διευκόλυνσης από την Κεντρική Τράπεζα της Πορ-
τογαλίας, με την δέσμευση ότι θα γινόταν προσπάθεια αυτό να παύσει το συντομότερο. Τέλος, η Γαλλία θα μπο-
ρούσε να εκδίδει νόμισμα στα υπερπόντια εδάφη της και να καθορίζει την ισοτιμία του Φράγκου Γαλλικών
Αποικιών (CFP franc).

Με άλλα λόγια, η Συνθήκη του Μάαστριχτ, θεμέλιο της ΟΝΕ, έμεινε μετέωρη για ακριβώς 18 μήνες προτού
επικυρωθεί από όλα τα κράτη-μέλη. Αυτό επετεύχθη με ελάχιστη δημοκρατική νομιμοποίηση (μόνον τρεις
χώρες την έθεσαν προ δημοψηφίσματος) και με σαθρά τεχνικά επιχειρήματα (δοθείσης της κατάρρευσης του
ΜΣΙ). Η άνωθεν επιβολή αυτών των επιλογών συσχετίζεται άμεσα με το επονομαζόμενο «δημοκρατικό έλλειμ-
μα» των Κοινοτικών θεσμών, οι ρίζες του οποίου είναι ήδη ορατές από την επιλογή να δοθεί ισχυρότερη εξουσία
στο Δικαστήριο της ΕΚΑΧ, από ό,τι στην Συνέλευση. Θα μπορούσε βεβαίως κάποιος να αντιτείνει ότι η συζήτη-
ση που ακολούθησε τα δημοψηφίσματα τερμάτισε τον παρασκηνιακό χαρακτήρα της ευρωπαϊκής ενοποίησης,
φέρνοντας στο προσκήνιο τους τεχνοκράτες που χειρίζονται «τεχνικά» θέματα, όπως το νομισματικό. Το ερώτη-
μα που τίθεται όμως είναι το κατά πόσον η δημόσια διαδικασία τίθεται στην βάσανο του δημοκρατικού ελέγ-
χου.

---

[1] Μεταξύ το δανέζικου και του γαλλικού δημοψηφίσματος είχαν παρεμβληθεί οι επικυρώσεις στην Ιρλανδία (18/6/1992, ναι: 68,7%), το Λου-
ξεμβούργο (2/7/1992) και την Ελλάδα (31/7/1992). Μετά θα ακολουθούσαν οι υπόλοιπες χώρες· Ιταλία (29/10/1992), Βέλγιο (4/11/1992),
Ισπανία (25/11/1992), Γερμανία (Bundestag: 2/12 και Bundesrat: 18/12/1992), Πορτογαλία (10/12/1992) και Ολλανδία (15/12/1992).
[2] Ο Mitterrand φέρεται να δήλωνε ότι «*αυτό που δεν θα το καταφέρουν 12 θα το καταφέρουν 11*», και ο Ισπανός Carlos Westendorp φέρεται να δή-
λωσε σαιξπηρικά ότι «*Κάτι είναι σάπιο στο κράτος της Δανιμαρκίας*» (*Financial Times* 1992). Ο Ολλανδός δικαστής του Ευρωπαϊκού Δικαστηρίου
Paul Kapteyn φέρεται να υπαινίχθηκε στην νομική επιθεώρηση Het Nederlandse Juristenblad την έξωση της Δανίας από την ΕΟΚ (βλ.
Connolly 1995, 130).

Η Συνθήκη του Μάαστριχτ αποτελεί ίσως την κορύφωση του νεολειτουργισμού (neofunctionalism) στην ευρωπαϊκή ενοποίηση, επιχειρώντας να χτίσει πάνω στην ενοποιητική διαδικασία που είχε επιτευχθεί σε τομείς «χαμηλής πολιτικής». Μέσω του φαινομένου της «υπερχείλισης» (spillover effect) επιχειρούσε τώρα να φέρει αυτήν την ενοποίηση σε πιο ευαίσθητους τομείς, ενδιάμεσους σταθμούς προς ένα υπερεθνικό κράτος.

Η πεμπτουσία της Συνθήκης: ενιαίο σταθερό νόμισμα

Στο σημείο αυτό είναι χρήσιμο να κάνουμε μια παύση για να εξετάσουμε σε μεγαλύτερη λεπτομέρεια το κείμενο και τις προβλέψεις της Συνθήκης (*Official Journal C 191* 1992). Δυνάμει αυτής, οι προϋπάρχουσες δομές των Ευρωπαϊκών Κοινοτήτων ενσωματώνονταν σε μια γενικότερη δομή, την «Ευρωπαϊκή Ένωση» στα πλαίσια μιας συνεχούς πορείας αυξανόμενης εκχώρησης κυριαρχικών δικαιωμάτων των εθνικών κρατών και εναρμόνισης των νομοθεσιών τους προς το νεοφιλελεύθερο πρόγραμμα της απορρύθμισης των αγορών.

Μεταξύ άλλων, οι υπογράφοντες την Συνθήκη αποφάσιζαν *«να επιτύχουν την ενίσχυση και τη σύγκλιση των οικονομιών τους, και την ίδρυση οικονομικής και νομισματικής ένωσης, η οποία θα συμπεριλαμβάνει, σύμφωνα με τις διατάξεις της παρούσας συνθήκης, ένα ενιαίο και σταθερό νόμισμα».* Μεταξύ των στόχων της Συνθήκης, βάσει του οποίου θα πρέπει να γίνει και η αξιολόγησή της, ήταν *«να προωθήσει την ισόρροπη και σταθερή οικονομική και κοινωνική πρόοδο, ιδίως με τη δημιουργία ενός χώρου χωρίς εσωτερικά σύνορα, με την ενίσχυση της οικονομικής και κοινωνικής συνοχής και με την ίδρυση μιας οικονομικής και νομισματικής ένωσης, η οποία θα περιλάβει εν καιρώ, ένα ενιαίο νόμισμα, σύμφωνα με τις διατάξεις της παρούσας συνθήκης»* (Τίτλος Ι, Άρθρο Β).

Ύστατη αποστολή ήταν η *«δημιουργία κοινής αγοράς, οικονομικής και νομισματικής ένωσης»,* και το *«να προάγει την αρμονική και ισόρροπη ανάπτυξη των οικονομικών δραστηριοτήτων στο σύνολο της Κοινότητας, μία σταθερή και διαρκή, μη πληθωριστική και σεβόμενη το περιβάλλον ανάπτυξη,* έναν υψηλό βαθμό σύγκλισης των οικονομικών επιδόσεων, ένα υψηλό επίπεδο απασχόλησης και κοινωνικής προστασίας, την άνοδο του βιοτικού επιπέδου και της ποιότητας ζωής, την οικονομική και κοινωνική συνοχή και την αλληλεγγύη μεταξύ των κρατών μελών»* (ΣτΡ, τροπ. άρ. 2).

Για να επιτύχει όλα τα παραπάνω, η ΕΕ καταργούσε κάθε τελωνειακό έλεγχο μεταξύ των χωρών-μελών, προήγαγε τον «ανόθευτο ανταγωνισμό», υιοθετούσε κοινή πολιτική για το εμπόριο, τις μεταφορές, την γεωργία, το περιβάλλον, και θεσμοθετούσε τις τέσσερις ελευθερίες κίνησης: αγαθών, προσώπων, υπηρεσιών και κεφαλαίων (Συνθήκη της Ρώμης, τροπ. άρ. 3). Με άλλα λόγια, το πλήρες άνοιγμα των αγορών συνοδευόταν και από εναρμόνιση μιας πλειάδας άλλων πολιτικών.

Παρά το εύρος των θεμάτων που αγγίζει η Συνθήκη, κεντρικό σημείο της ήταν η νομισματική ενοποίηση, η οποία θα γινόταν υπό τον απόλυτο όρο του σταθερού νομίσματος. Στο νομισματικό της τμήμα, η Συνθήκη υιοθετεί απολύτως τις συστάσεις της επιτροπής Delors, μέχρι και την επί λέξει επιλογή του ονόματος του ΕΣΚΤ. Επίσης προέβλεπε και τα τρία στάδια που συνιστούσε η Επιτροπή Delors.[3] Το νόμισμα δεν προβλεπόταν να εισαχθεί με φυσική μορφή στην έναρξη του τρίτου σταδίου, όμως προβλεπόταν το αμετάκλητο κλείδωμα για τις διμερείς συναλλαγματικές ισοτιμίες των νομισμάτων των χωρών χωρίς παρέκκλιση (άρ. 109Λ, παρ. 4). Με άλλα λόγια, τα νομίσματα αυτά αποτελούσαν έκφραση του κοινού νομίσματος, αφού οι ισοτιμίες τους ήταν πλέον διμερώς κλειδωμένες, και οι αρχηγοί των κρατών συμφωνούσαν στην εκχώρηση της νομισματικής κυριαρχίας τους σε ένα κεντρικό και μη ελεγχόμενο όργανο, υπό τις υποδείξεις των Κεντρικών τους τραπεζιτών.

Έτσι, η Συνθήκη όριζε *«τον αμετάκλητο καθορισμό συναλλαγματικών ισοτιμιών, γεγονός που θα οδηγήσει στην καθιέρωση ενιαίου νομίσματος, του ECU, και τον καθορισμό και την άσκηση ενιαίας νομισματικής και συναλλαγματικής πολιτικής, πρωταρχικός στόχος των οποίων είναι η διατήρηση της σταθερότητας των τιμών, και, υπό την επιφύλαξη του στόχου αυτού, η*

---

[3]Το πρώτο θεωρείτο ότι βρισκόταν ήδη σε εξέλιξη από την 1/7/1990 με την σταδιακή άρση των περιορισμών στην κίνηση των κεφαλαίων που θα ολοκληρωνόταν στις 31/12/1990. Καταληκτική ημερομηνία του σταδίου ήταν η 31/12/1993 (Οδηγία 88/361/ΕΟΚ της 24/6/1988, OJ L 178, 8/7/1988, σ. 5–18). Για την Ελλάδα, την Πορτογαλία, την Ισπανία και την Ιρλανδία η οριστική προθεσμία πλήρους απελευθέρωσης ήταν η 31/12/1992. Το δεύτερο στάδιο (από 1/1/1994) περιελάμβανε τον περιορισμό των ελλειμμάτων, την εξασφάλιση της ανεξαρτησίας της κεντρικής τους τράπεζας (άρ. 109Ε), την ίδρυση του Ευρωπαϊκού Νομισματικού Ιδρύματος (ΕΝΙ), ενός μεταβατικού εποπτικού οργάνου (άρ. 109 ΣΤ). Το τρίτο στάδιο θα ξεκινούσε βάσει απόφασης που θα λάμβανε το Ευρωπαϊκό Συμβούλιο μέχρι και την 31/12/1996, ή το αργότερο την 1/1/1999. Τότε το ΕΝΙ θα διαλύονταν και θα το υποκαθιστούσε η ΕΚΤ. Τα κράτη που ήταν έτοιμα να συμπεριληφθούν θα αποφασίζονταν από το Ευρωπαϊκό Συμβούλιο μέχρι την 1/7/1998 (άρ. 109Ι).

υποστήριξη των γενικών οικονομικών πολιτικών στην Κοινότητα, σύμφωνα με την αρχή της οικονομίας της ανοιχτής αγοράς με ελεύθερο ανταγωνισμό» (ΣτΡ, προσθ. άρ. 3α).

Οι διατυπώσεις για καθιέρωση «*ενιαίου και σταθερού νομίσματος*», «*μη πληθωριστική ανάπτυξη*» και «*σταθερότητα των τιμών*» είναι χαρακτηριστικές μιας αυστηρής νομισματικής πολιτικής που δεν χαρακτήριζε όλες τις χώρες της ΕΟΚ, αλλά κυρίως την Γερμανία. Η νομισματική πολιτική θα εξυπηρετούσε μεν και άλλες εκπεφρασμένες πολιτικές, όπως π.χ. της απασχόλησης, μόνον όμως όσο το επέτρεπε ο περιορισμός της νομισματικής σταθερότητας. Το γράμμα λοιπόν της Συνθήκης προέβλεπε μια Ευρωπαϊκή Bundesbank που θα εξέδιδε ένα ευρωπαϊκό μάρκο. Αυτό ήταν προϊόν έντονης γαλλογερμανικής διαπραγμάτευσης και απόλυτος όρος για τον κατευνασμό της Bundesbank· και πάλι όμως, θα ήταν αντικείμενο νέων διενέξεων στο μέλλον.

Τα νέα όργανα

Σύμφωνα με την Έκθεση Delors, η Συνθήκη όριζε ότι «*Ιδρύεται [...] ένα Ευρωπαϊκό Σύστημα Κεντρικών Τραπεζών, εφεξής καλούμενο "ΕΣΚΤ", και μία Ευρωπαϊκή Κεντρική Τράπεζα, εφεξής καλούμενη "ΕΚΤ", που δρουν μέσα στα όρια των εξουσιών που τους ανατίθενται από την παρούσα συνθήκη και το προσαρτημένο σ' αυτήν καταστατικό του ΕΣΚΤ και της ΕΚΤ, το οποίο εφεξής καλείται "Καταστατικό του ΕΣΚΤ"*» (ΣτΡ, προσθ. άρ. 4α).

Η ΕΚΤ, όπως επίσης και οι Εθνικές Κεντρικές Τράπεζες, από 1/1/1994 δεν θα μπορούσαν να επιτρέπουν υπεραναλήψεις, να αγοράζουν χρεώγραφα, ή να παρέχουν οποιουδήποτε είδους πιστωτικές διευκολύνσεις προς κοινοτικά ή εθνικά όργανα (κυβερνήσεις, περιφερειακές αρχές, δημόσιες επιχειρήσεις, κλπ), ενώ πιστωτικά ιδρύματα του Δημοσίου θα μπορούσαν να δανείζονται όπως τα ιδιωτικά (Τίτλος VI, άρ. 104, 104Α). Αμφότερα το ΕΣΚΤ και η ΕΚΤ προβλέπονται ότι δεν θα ζητούν ούτε θα δέχονται υποδείξεις από κοινοτικά ή εθνικά όργανα (άρ. 107).[4]

Σε σχετικά πρωτόκολλα συμπεριλαμβάνονται τα καταστατικά ίδρυσης του ΕΣΚΤ και της ΕΚΤ που αποτελούσαν την πιο καθαρόαιμη έκφραση του νεοφιλελεύθερου προγράμματος. Ειδικώς για το ΕΣΚΤ αναφερόταν ότι «*πρωταρχικός στόχος του ΕΣΚΤ είναι η διατήρηση της σταθερότητας των τιμών*», και ότι «*ενεργεί σύμφωνα με την αρχή της οικονομίας της ανοιχτής αγοράς με ελεύθερο ανταγωνισμό, που εννοεί την αποτελεσματική κατανομή των πόρων*» (άρ. 2). Έτι περαιτέρω, το ΕΣΚΤ επρόκειτο να είναι πλήρως ανεξάρτητο από εθνικές ή κοινοτικές αρχές (άρ. 7). Συγκεκριμένα, οι συνεδριάσεις του ΔΣ θα ήταν μυστικές (άρ. 10), η Εκτελεστική Επιτροπή θα είχε 8ετή θητεία, πολύ μακρύτερη των περισσοτέρων εκλεγμένων πολιτικών (άρ. 11).[5] Όσο για την ΕΚΤ, θα ήταν σχεδόν αδύνατον να τροποποιηθεί το καταστατικό της χωρίς η ίδια να το θελήσει.[6],[7]

19.6 Κριτήρια σύγκλισης: το νέο φετίχ

Όπως προαναφέραμε, η Γερμανία, μέσω της σύγκρουσης Κυβέρνησης-Bundesbank, συναίνεσε στην εκχώρηση της νομισματικής της κυριαρχίας μόνον υπό την προϋπόθεση της πρότερης σύγκλισης στο *δικό της* δημοσιονομι-

---

[4] Επίσης, το ΕΣΚΤ επιφορτιζόταν με την αρμοδιότητα να χαράζει και «*να εφαρμόζει τη νομισματική πολιτική της Κοινότητας, «να διενεργεί πράξεις συναλλάγματος…», «να κατέχει και να διαχειρίζεται τα επίσημα συναλλαγματικά διαθέσιμα των κρατών μελών*» και «*να προωθεί την ομαλή λειτουργία των συστημάτων πληρωμών*» (άρ. 105). «*Η ΕΚΤ έχει το αποκλειστικό δικαίωμα να επιτρέπει την έκδοση τραπεζογραμματίων μέσα στην Κοινότητα. Η ΕΚΤ και οι εθνικές κεντρικές τράπεζες μπορούν να εκδίδουν τέτοια τραπεζογραμμάτια. Τα τραπεζογραμμάτια που εκδίδονται από την ΕΚΤ και τις εθνικές κεντρικές τράπεζες είναι τα μόνα τραπεζογραμμάτια που αποτελούν νόμιμο χρήμα μέσα στην Κοινότητα… Τα κράτη μέλη μπορούν να εκδίδουν κέρματα, η ποσότητα των οποίων τελεί υπό την έγκριση της ΕΚΤ*» (άρ. 105Α).

[5] Επίσης, το ΔΣ του ΕΣΚΤ έχει το αποκλειστικό δικαίωμα να επιτρέπει την έκδοση τραπεζογραμματίων μέσα στην Κοινότητα, τα οποία μπορούν να εκδίδουν η ΕΚΤ και οι εθνικές κεντρικές τράπεζες. Αυτά είναι τα μόνα που θα αποτελούν νόμιμο χρήμα μέσα στην Κοινότητα (άρ. 16).

[6] Μόνον ορισμένα άρθρα του καταστατικού μπορούν να αναθεωρούνται. Αν σύσταση αναθεώρησης προέρχεται από την ΕΚΤ, η πλειοψηφία που απαιτείται είναι ειδική και χρειάζεται διαβούλευση με την Επιτροπή. Αν όμως η πρόταση είναι της Επιτροπής, απαιτείται ομόφωνη απόφαση του Συμβουλίου και διαβούλευση με την ΕΚΤ (άρ. 41). Δηλαδή είναι πολύ πιο δύσκολο για την Επιτροπή να αλλάξει το καταστατικό του ΕΣΚΤ.

[7] Η ΕΚΤ θα ξεκινούσε με αρχικό κεφάλαιο 5 δισ. ECU, με μοναδικούς μεριδιούχους τις Εθνικές Κεντρικές Τράπεζες. Τα μερίδια θα διανέμονταν αναλογικά με όρους πληθυσμού και ΑΕΠ κάθε κράτους (άρ. 29). Για την προώθηση του συντονισμού της πολιτικής των κρατών μελών στο βαθμό που είναι αναγκαίος για τη λειτουργία της εσωτερικής αγοράς, συνιστάται Νομισματική Επιτροπή συμβουλευτικού χαρακτήρα. Κάθε κράτος μέλος και η Επιτροπή διορίζουν από δύο μέλη στη Νομισματική Επιτροπή. Στην αρχή του τρίτου σταδίου, ιδρύεται *Οικονομική και Δημοσιονομική Επιτροπή*. Η Νομισματική Επιτροπή διαλύεται. Κάθε κράτος μέλος, η Επιτροπή και η ΕΚΤ διορίζουν μέχρι και δύο μέλη της επιτροπής αυτής (άρ. 109Γ).

Πίνακας 19.1: Ενδεικτικοί οικονομικοί δείκτες των χωρών της ΕΟΚ το 1990.

Χώρα	Πληθωρισμός (%)	Επιτόκιο (%)	Έλλειμμα (% του ΑΕΠ)	Δημόσιο χρέος (% του ΑΕΠ)
Βέλγιο	3,0	10,1	-5,7	127,3
Δανία	2,3	11,0	-1,5	66,4
Γαλλία	2,7	9,9	-1,7	46,6
Γερμανία	3,4	8,9	-1,9	43,6
Ελλάδα	18,2	—	-20,4	93,7
Ιρλανδία	1,6	10,1	-3,6	103,0
Ιταλία	7,5	13,4	-10,6	98,6
Ολλανδία	2,8	9,0	-5,3	78,5
Πορτογαλία	15,0	16,8	-5,8	68,2
Ισπανία	7,3	14,7	-4,0	44,5
Βρετανία	8,4	11,1	-0,7	42,8

Πηγή: (Sevilla 1995).

κό μοντέλο. Συγκεκριμένα, η Συνθήκη ανέφερε, αρκετά αόριστα, ότι τα κράτη δεν θα έπρεπε να δημιουργούν «υπερβολικό» έλλειμμα (εννοώντας τον καθαρό δανεισμό) και «μεγάλες» αποκλίσεις στο δημόσιο χρέος (εννοώντας το συνολικό ενοποιημένο ακαθάριστο χρέος), προβλέποντας σειρά μέτρων για την συμμόρφωση των κρατών, που θα μπορούσαν να φτάνουν μέχρι την επιβολή προστίμων (άρ. 104Γ). Επίσης, όριζε τέσσερα κριτήρια σύγκλισης που θα έπρεπε να πληρούν οι εισερχόμενες στην ΟΝΕ χώρες (άρ. 109Ι):

- επίτευξη υψηλού βαθμού σταθερότητας τιμών· αυτό καταδεικνύεται από ένα ποσοστό πληθωρισμού του κράτους αυτού που προσεγγίζει το αντίστοιχο ποσοστό των τριών, το πολύ, κρατών μελών με τις καλύτερες επιδόσεις από άποψη σταθερότητας τιμών,

- σταθερότητα των δημοσίων οικονομικών· αυτό καταδεικνύεται από την επίτευξη δημοσιονομικής κατάστασης χωρίς υπερβολικό δημοσιονομικό έλλειμμα..., κατά την έννοια του άρθρου 104 Γ, παράγραφος 6,

- τήρηση των κανονικών περιθωρίων διακύμανσης που προβλέπονται από το Μηχανισμό Συναλλαγματικών Ισοτιμιών του Ευρωπαϊκού Νομισματικού Συστήματος επί δύο τουλάχιστον χρόνια, χωρίς υποτίμηση έναντι του νομίσματος οποιουδήποτε άλλου κράτους μέλους,

- διάρκεια της σύγκλισης που θα έχει επιτευχθεί από το κράτος μέλος, και της συμμετοχής του στο Μηχανισμό Συναλλαγματικών Ισοτιμιών του Ευρωπαϊκού Νομισματικού Συστήματος, αντανακλώμενη στα επίπεδα των μακροπρόθεσμων επιτοκίων.

Μαζί, τα άρθρα 104Γ και 109Ι επέτασσαν την εκπλήρωση πέντε κριτηρίων: χαμηλού πληθωρισμού, χαμηλού δημοσίου ελλείμματος, χαμηλού δημοσίου χρέους, τουλάχιστον διετούς παραμονής εντός των «κανονικών» ζωνών του ΜΣΙ και χαμηλών μακροπρόθεσμων επιτοκίων κρατικών ομολόγων. Με άλλα λόγια, πουθενά μέσα στην Συνθήκη δεν γινόταν ποσοτικός προσδιορισμός των κριτηρίων· αυτό γινόταν σε δύο Πρωτόκολλα που ακολουθούσαν την Συνθήκη. Το Πρωτόκολλο 5 (σχετικά με τη διαδικασία του υπερβολικού ελλείμματος) ποσοτικοποιούσε το μέγιστο δυνατό έλλειμμα στο 3% του ΑΕΠ και το δημόσιο χρέος στο 60% του ΑΕΠ. Το Πρωτόκολλο 6 (σχετικά με τα κριτήρια σύγκλισης του άρθρου 109Ι), ποσοτικοποιούσε το κριτήριο του πληθωρισμού σε 1,5 ποσοστιαίες μονάδες άνω του μέσου όρου των τριών χωρών με τον χαμηλότερο πληθωρισμό και των επιτοκίων σε 2 ποσοστιαίες μονάδες άνω του αντίστοιχου μέσου όρου.

Πολλά έχουν ειπωθεί για την επιλογή των παραπάνω κριτηρίων. Γιατί 60% και όχι 50% ή 70%; Πώς προκύπτει το 3% για το έλλειμμα; Οι αριθμοί αυτοί δεν είναι εντελώς αυθαίρετοι καθώς απεικόνιζαν τον τότε μέσο όρο των δημοσιονομικών δεικτών των ισχυρών οικονομιών. Πάντως δεν προκύπτουν ούτε από κάποια εμπειρική πρακτική, ούτε από κάποια θεωρία. Ακόμη όμως και αν τους δεχθούμε ασυζητητί, τίθεται και το ερώτημα του κατά πόσον είναι εφικτοί από έναν ικανό αριθμό χωρών. Αν ήταν γενικώς ανέφικτοι, είτε θα έπρεπε να προχωρήσει μια στενή γερμανοκεντρική ΟΝΕ—ενδεχόμενο πολιτικώς απαράδεκτο—είτε να χαλαρώσει η ερμηνεία των κριτηρίων.

Αυτός ο συμβιβασμός έφερνε μαζί του και το σπέρμα της σύγκρουσης· κατά την Sevilla (1995) αυτός περιείχε εγγενείς αντιφάσεις στην στοχοθεσία του: οι αρχικές διαφορές των οικονομιών ήταν τόσο μεγάλες (βλ. Πίνακα 19.1) ώστε η πραγματική σύγκλιση που ζητούσε η Γερμανία να απαιτεί αρκετό χρόνο για να απορροφηθεί ο κραδασμός που η σύγκλιση θα προκαλούσε στις λιγότερο ισχυρές οικονομίες. Όμως τα σφιχτά χρονοδιαγράμματα που πέτυχε η Γαλλία περιόριζαν την έκταση της σύγκλισης που θα μπορούσε να επιτευχθεί χωρίς μείζονες οικονομικές και κοινωνικές αναταραχές. Με άλλα λόγια, τα δημοσιονομικοί κριτήρια και τα πολιτικά χρονοδιαγράμματα ήταν δύο αμοιβαίως αποκλειόμενοι στόχοι.

Τα παραπάνω έγιναν αντιληπτά αρκετά σύντομα, με κάποιους να μιλούν μέχρι και για «ανοησίες» στην Συνθήκη του Μάαστριχτ (Buiter, Corsetti, και Roubini 1992), καθώς μόνον ένας πολύ μικρός αριθμός χωρών πληρούσε και τα πέντε προαναφερθέντα κριτήρια. Πώς λοιπόν θα δινόταν λύση στο πρόβλημα αυτό χωρίς να τρωθεί η αξιοπιστία του νέου νομίσματος προτού καν αυτό εκδοθεί; Πώς θα μπορούσαν οι πολιτικές αποφάσεις να μην ακυρώσουν τα κριτήρια σύγκλισης; Σε πείσμα των τραπεζιτών της Bundesbank, ακόμη και του Tietmeyer, στενού συνεργάτη του Kohl, οι λύσεις που δόθηκαν ήταν δύο τύπων: της «κατάλληλης ερμηνείας» των κριτηρίων και της «κατάλληλης διαμόρφωσης» των αριθμών.

Οι κίνδυνοι του φετιχισμού

Δυστυχώς για τους πουριτανούς της δημοσιονομικής σταθερότητας η περίοδος αμέσως μετά την ψήφιση της Συνθήκης του Μάαστριχτ ήταν υφεσιακή. Τα άσχημα δημοσιονομικά στοιχεία που δημοσιεύονταν αναβίωναν τις διαμάχες «οικονομιστών» και «μονεταριστών» γύρω από τον χαρακτήρα της ONE. Ίχνη αβεβαιότητας γύρω από την δυνατότητα τήρησης των κριτηρίων σύγκλισης διαφαινόταν σε αμφίσημες δηλώσεις περί «αυστηρής, αλλά όχι υπερβολικής» τήρησης, ακόμη του Wolfgang Schäuble, «υπασπιστή» τότε του Χέλμουτ Kohl (Marsh 1995, 18).

Σε κάθε περίπτωση, οι αυστηρές απόψεις της Γερμανίας επεβλήθησαν στο άτυπο EcoFin στην Βαλένθια (29–30/9/1995), μετά από εβδομάδες αντιπαραθέσεων. Αφενός, τα κριτήρια σύγκλισης θα έπρεπε να τηρηθούν απαρέγκλιτα, απόφαση όμως που, αν εφαρμοζόταν πιστά, θα είχε ως συνέπεια την μη συμμετοχή χωρών όπως η Ιταλία και το Βέλγιο, και τον σχηματισμό μιας νομισματικής ένωσης από έναν σκληρό πυρήνα γύρω από την Γερμανία. Επίσης, μια άλλη απόφαση που επέβαλλαν οι Γερμανοί ήταν η τελεσίδικη απόρριψη της ονομασίας «ECU» για το νέο νόμισμα, και η επιβολή της πιο ουδέτερης ονομασίας «Euro» (Σ. Φράγκος 1995, 20–21/E4–E5), που είχε προαναγγείλει ο Waigel ήδη από τα τέλη Ιουνίου (*Le Monde* 1995).˙

Βεβαίως, το πιο καυτό θέμα ήταν εκείνο της τήρησης των κριτηρίων σύγκλισης και της δημοσιονομικής αυστηρότητας. Οι πληροφορίες για τα δημοσιονομικά προβλήματα διαφόρων—κυρίως μεσογειακών—χωρών δημιουργούσαν έντονη ανησυχία στο γερμανικό κοινό, τόσο για τον τρόπο έναρξης της ONE, όσο και για την κατοπινή της πορεία. Οι Γερμανοί είχαν βρεθεί κατά 65% αρνητικοί σε ένα μοναδικό νόμισμα (European Commission 1995a· 1995b) επηρεασμένοι μεταξύ άλλων, από το μανιφέστο 60 Γερμανών οικονομολόγων ενάντια στην Συνθήκη του Μάαστριχτ (*Frankfurter Allgemeine Zeitung* 1992) και από την απόφαση του Γερμανικού Συνταγματικού Δικαστηρίου το 1993, που έκανε αποδεκτή την ONE μόνον αν αυτή φρόντιζε ρητώς για νομισματική σταθερότητα (Bundesverfassungsgericht 1998). Παράλληλα εντείνονταν και οι τριβές κυβέρνησης-Bundesbank γύρω από την ερμηνεία των κριτηρίων για διάφορες «μη ενάρετες» χώρες, με προεξάρχουσα την Ιταλία.

Το γερμανικό κοινό ήταν μακράν το πιο αρνητικό στην ιδέα του κοινού νομίσματος, επιδεικνύοντας την εντονότερη και διαχρονικότερη δυσπιστία μέχρι και την υιοθέτησή του (Ahrendt 1999, A6–A10). Υπό αυτή την πίεση, η γερμανική κυβέρνηση του Kohl είχε ανάγκη να αναλάβει τον έλεγχο της ημερήσιας διάταξης. Τον Νοέμβριο του 1995, κατά την συζήτηση του προϋπολογισμού στην γερμανική Βουλή, ο Waigel (1995a, 5670–5677· 1995b, 6077–6082) παρουσίασε ένα σχέδιο για ένα «Σύμφωνο Σταθερότητας», το οποίο μετά από συζητήσεις υπεβλήθη στο άτυπο EcoFin του Δουβλίνου (20–21/9/1996). Βάσει των προτάσεων αυτών, ο Επίτροπος νομισματικών θεμάτων Yves-Thibault de Silguy δημοσίευσε τις προτάσεις της Επιτροπής (European Commission 1996). Αυτές περιελάμβαναν ένα «προληπτικό» σκέλος για την έγκαιρη προειδοποίηση σε περίπτωση υπερβάσεως των ελλειμμάτων και ένα «αποτρεπτικό» σκέλος που προέβλεπε τιμωρίες για παρατεταμένες υπερβάσεις. Στο δεύτερο αυτό σκέλος προβλεπόταν η συγκεκριμενοποίηση, ενίσχυση και επιτάχυνση της ΔΥΕ, η οποία προβλεπόταν —καίτοι ασαφώς—από την Συνθήκη του Μάαστριχτ. Υπερβολικό έλλειμμα θα επέσυρε άτοκη δέσμευση ενός χρηματικού ποσού από το παραβαίνον μέλος ίσο με το 0,2% του ΑΕΠ, συν το ένα δέκατο της διαφοράς του ποσοστιαίου ελλείμματος από την τιμή αναφοράς του 3%. Το ανώτατο ποσό θα μπορούσε να αντιστοιχεί στο 0,5% του ΑΕΠ, δηλαδή για ελλείμματα άνω το 6% δεν προβλεπόταν επιπλέον ποινή $[0,2 + (6 - 3)/10]\% = 0,5\%]$. Οι προτάσεις αυτές δεν περιείχαν τους αυτοματισμούς που επιθυμούσε ο Waigel, και αντιθέτως ενέπλεκαν ένα κατ' εξοχήν πολιτικό όργανο, το Ecofin, σε αποφάσεις ποινών.

Περαιτέρω αποκλίσεις απ τις προτάσεις του Waigel θα προέκυπταν στο Ευρωπαϊκό Συμβούλιο του Δουβλίνου (13–14/12/1996), όταν ετέθη το ζήτημα της αναστολής των ποινών. Ο Waigel—μόνος εναντίον όλων—ήθελε οι ποινές να αναστέλλονται μόνον σε «εξαιρετικές» περιπτώσεις, δηλαδή σε ύφεση άνω του 2%. Τελικά, συμφωνήθηκε ότι ακόμη σε περιπτώσεις ύφεσης 0,75%-2% οι ποινές θα μπορούσαν να ανασταλούν με απόφαση του Ecofin, ενώ για ύφεση μεγαλύτερη του 2% η αναστολή παρέμενε αυτόματη. Είναι αξιοσημείωτο ότι μετά από γαλλικό αίτημα, αντί του «Συμφώνου Σταθερότητας», συμφωνήθηκε ότι στο επερχόμενο Ευρωπαϊκό Συμβούλιο θα συζητείτο ένα «Σύμφωνο Σταθερότητας *και Ανάπτυξης*» (European Council 2015b· 2015a), επιτρέποντας έτσι στην Γαλλία να επαίρεται ότι είχε ουσιαστική συμβολή στις διαπραγματεύσεις (Heipertz και Verdun 2003). Η Ελλάδα δεν είχε αντίστοιχη επιτυχία, καθώς η «ρήτρα εξαιρετικών περιπτώσεων» για υπερβολικό έλλειμμα λόγω αμυντικών δαπανών που ζήτησε ο Γιάννος Παπαντωνίου δεν έγινε δεκτή (Ευσταθιάδης 1996, 11/E1). Έτσι, στις 17/6/1997 το ΣΣΑ υιοθετήθηκε από το Ευρωπαϊκό Συμβούλιο στο Άμστερνταμ (European Council 1997c, 1–2). και ετέθη αμέσως σε εφαρμογή αμέσως με σχετικούς κανονισμούς (European Council 1997a, 1–5· 1997b, 6–11).

Το ΣΣΑ, όπως προέκυψε, αποτελούσε ένα μείγμα τεχνικού εργαλείου και πολιτικού συμβιβασμού. Περιείχε μεν σαφή αριθμητικά κριτήρια που υπακούν σε κάποια συγκεκριμένη λογική «ορθής» δημοσιονομικής και νομισματικής διαχείρισης, όμως η δυνατότητα αποφάσεων εκ μέρους του EcoFin έδινε στις κυβερνήσεις την δυνατότητα συνεννοήσεων για το ποιες ποινές θα επιβάλλονταν και ποιες όχι. Μπορεί η Γερμανία τότε να μην το περίμενε, αλλά αυτός ο διττός χαρακτήρας θα την ωφελούσε όταν και η ίδια θα έπρεπε να υπαχθεί στην ΔΥΕ το 2003.

Επί του παρόντος όμως, το ΣΣΑ παρέμενε ένα πλαίσιο αναφοράς υπερβολικά αυστηρό για να οδηγήσει σε πολιτικώς σημαντικά αποτελέσματα. Πιο προβληματικό ήταν το κριτήριο του δημοσίου χρέους, καθώς ελάχιστες χώρες το ικανοποιούσαν (Γερμανία, Γαλλία, Βρετανία, Λουξεμβούργο). Το Βέλγιο παρουσίαζε χρέος της τάξεως του 130% του ΑΕΠ, η Ιρλανδία γύρω στο 100%, η Ιταλία περί το 120%, ενώ ακόμη και η Γερμανία παρουσίαζε έντονα ανοδικές τάσεις που θα την έθεταν εκτός ορίων περί το 1996. Επιπλέον, το κριτήριο του χρέους ήταν εντόνως προβληματικό από την φύση του, καθώς ούτε μπορούσε να μειωθεί αρκετά γρήγορα, ούτε να κρυφτεί όπως τα ελλείμματα. Για τα έτη 1990–1994, αυστηρή τήρηση *όλων* των κριτηρίων θα οδηγούσε σε μια ΟΝΕ με μοναδικό μέλος το… Λουξεμβούργο (Pollard 1995).

Αναζητώντας τον φερεντζέ: το κριτήριο του ελλείμματος

Προφανώς και δεν ήταν αυτός ο πολιτικός στόχος της ΟΝΕ. Π.χ. ήταν πολιτική επιλογή του Kohl να μην μείνει εκτός της πρώτης φάσης του ευρώ η Ιταλία, μια από τις ιδρυτικές χώρες της ΕΟΚ. Αντιστοίχως, και η Γαλλία ήταν απόλυτη στο ότι η δική της συμμετοχή ήταν συνάρτηση της ιταλικής συμμετοχής (Böll κ.ά. 2012). Ταυτοχρόνως, αποκλεισμός της Ιταλίας λόγω χρέους θα προϋπέθετε τον αποκλεισμό και του Βελγίου που είχε ακόμη υψηλότερο λόγο χρέους. Τότε όμως θα έπρεπε να αποκλεισθεί και η πιο ενάρετη χώρα, το Λουξεμβούργο, που τελούσε σε νομισματική ένωση με το Βέλγιο.

Εδώ πρότεινε ένα παράδειγμα «κατάλληλης ερμηνείας» ο Daniel Gros (1995), αποσκοπώντας να δημιουργήσει ένα επιφανειακά συνεπές θεωρητικό και νομικό πλαίσιο που θα επέτρεπε την λύση αυτού του Γόρδιου δεσμού. Αυτό που έκανε ήταν η επίκληση του άρθρου 104Γ(2), το οποίο προβλέπει «ελαφρυντικά» σε περιπτώσεις που ο λόγος χρέους/ΑΕΠ υπερβαίνει το 60%. Αυτά τα ελαφρυντικά αναγνωρίζονται αν ο λόγος χρέους/ΑΕΠ «*σημειώνει ουσιαστική και συνεχή πτώση και έχει φθάσει σε επίπεδο παραπλήσιο της τιμής αναφοράς*», αν «*η υπέρβαση της τιμής αναφοράς είναι απλώς έκτακτη και προσωρινή και ο λόγος παραμένει κοντά στην τιμή αναφοράς*», ή αν «*μειώνεται επαρκώς και πλησιάζει την τιμή αναφοράς με ικανοποιητικό ρυθμό*». Έχοντας αυτό ως σημείο εκκίνησης, ο Gros αποπειράθηκε να ποσοτικοποιήσει τους όρους «παραπλήσιο», «προσωρινή», «κοντά», «επαρκώς», και «ικανοποιητικός ρυθμός», ως ιεροδιδάσκαλος που ερμηνεύει ιερά κείμενα για αγράμματους πιστούς.

Πρότεινε λοιπόν ότι ένας «ικανοποιητικός ρυθμός» ήταν μια μέση ετήσια μείωση του χρέους κατά το 5% της διαφοράς του τρέχοντος χρέους από την τιμή αναφοράς (60%). Η επιλογή αυτή βασιζόταν στο ότι για ένα κράτος με δημοσιονομικό έλλειμμα 3%, ονομαστική ανάπτυξη 5% και πληθωρισμό 2% (δηλαδή πραγματική ανάπτυξη 3%), αυτή η μείωση θα ήταν *αυτόματη* ανεξαρτήτως του αρχικού επιπέδου χρέους (61% ή… 161% !).

Κατ' αρχάς, η μαθηματική διατύπωση του προβλήματος είναι εξαιρετικά πρόχειρη, καθώς ο συγγραφέας καταλήγει στις εξισώσεις του αρκετά τηλεγραφικά και με ελάχιστη αυστηρότητα. Αφενός μπερδεύει στην συζήτηση το πρωτογενές με το συνολικό έλλειμμα ώστε να μην είναι σαφές που αναφέρεται σε κάθε σημείο της ανάλυσής του· επιπλέον, στηρίζει το όλο επιχείρημα σε δυο απλοϊκές εξισώσεις που συσχετίζουν έλλειμμα με χρέος, υπό σταθερή μεγέθυνση του ΑΕΠ.[8] Και ενώ η όλη συζήτηση θεωρεί σταθερό πληθωρισμό, η εξίσωση δεν τον λαμβάνει καν υπόψη, αναφερόμενη σε ονομαστικές τιμές του ΑΕΠ.

Αλλά ακόμη κι αν δεχθούμε ότι η μαθηματική διαχείριση ήταν άψογη, αυτό αφορά σε ένα θεωρητικό κατασκεύασμα καθόλου ριζωμένο στην πραγματικότητα. Οι παραδοχές του Gros για τον πληθωρισμό και την ανάπτυξη ήταν εντελώς αυθαίρετες, καθώς η πραγματικότητα δεν είχε καμία υποχρέωση να υπακούσει σε αυτό το θεωρητικό μοντέλο. Πρόκειται για μια ακόμη αυθαίρετη παραδοχή ιδανικών συνθηκών που κάνει ένας οικονομολόγος ορίζοντας το μαθηματικό του πρόβλημα: «έστω σφαιρικά κοτόπουλα στο κενό».

Τέλος, υπάρχει και το πολιτικό ζήτημα που αποσιωπάται. Αν δεχθούμε τα κριτήρια του Μάαστριχτ ως ιερά και απαραβίαστα, τότε μια νομισματική ένωση θα πρέπει σχετικά σύντομα να τα ικανοποιήσει. Αυτό όμως δεν επιτυγχάνεται έστω και κάτω από αυτές τις—υπερβολικά, όπως φάνηκε αργότερα—ιδανικές συνθήκες. Επιλύοντας ως προς b_t την Εξίσωση αρ. 1 που προτείνει και διερευνώντας την με την βοήθεια λογιστικού φύλλου, η συμπεριφορά του λόγου χρέους/ΑΕΠ είναι αξιοσημείωτη.[9] Μια χώρα που ξεκινά από χρέος ίσο με 120% του ΑΕΠ, θα καταφέρει να πέσει κάτω από το 85% σε 20 χρόνια, κάτω από το 70% σε 37 χρόνια και κάτω από το 65% σε… 51 χρόνια! Το σημείο-κλειδί στην κατανόηση του παραπάνω είναι ότι το χρέος τείνει ασυμπτωτικά στο 60%.

Εκείνη την στιγμή όμως η ανάλυση αυτή έλυνε ένα πολιτικό πρόβλημα. Εισήγαγε έναν αυτοματισμό στην απομείωση του χρέους ο οποίος βασίζεται στο έλλειμμα: *αν το έλλειμμα είναι 3%, η μείωση του χρέους στο 60% θα είναι αυτόματη, έστω και σε 20 ή 50 χρόνια.* Έτσι, ο αυτοματισμός του Gros έλυνε το πολιτικό αδιέξοδο που προέκυπτε από το κριτήριο του χρέους, και το οποίο αρκούσε να εκτροχιάσει την ΟΝΕ αν λαμβανόταν αυστηρά υπόψη. Αναγορεύοντας το έλλειμμα σε καθοριστική παράμετρο της απομείωσης του χρέους, μεταθέτει το επίκεντρο της συζήτησης στο μοναδικό δημοσιονομικό κριτήριο που μπορούν να επιτύχουν αρκετές χώρες και αρκετά σύντομα, είτε με αιματηρές περικοπές, είτε με δημιουργική λογιστική. Πράγματι, κατά τις διαπραγματεύσεις του ΣΣΑ που—κατά σύμπτωση—ξεκινούσαν τον επόμενο μήνα, το ποσοτικό κριτήριο του δημοσίου χρέους εξαφανίσθηκε διακριτικά από την συζήτηση.

Ως προς το ουσιαστικό του τμήμα, το ΣΣΑ έχει υποστεί σφοδρή κριτική για το άκαμπτο πλαίσιο που επέβαλλε σε περιόδους ύφεσης, καθώς και για την επιδείνωση που θα προκαλούσαν οι προβλεπόμενες ποινές στο έλλειμμα μιας ήδη προβληματικής χώρας· θα επανέλθω σε αυτό παρακάτω. Ένα όμως σχόλιο που είναι απαραίτητο αφορά στην επιλεκτική του αυστηρότητα. Το ΣΣΑ συγκεκριμενοποιεί την «Διαδικασία Υπερβολικού *Ελλείματος*», που προέβλεπε η Συνθήκη του Μάαστριχτ, όμως δεν τυποποιεί καμία «Διαδικασία Υπερβολικού *Χρέους*». Ούτε η Συνθήκη του Μάαστριχτ προέβλεπε κάτι τέτοιο, αν και ενέτασσε την παρακολούθηση του χρέους στην ΔΥΕ και έθετε ένα αριθμητικό κριτήριο. Το ΣΣΑ επιλέγει να είναι αυστηρό με το έλλειμμα, μάλλον διότι ήταν το μοναδικό κριτήριο που θα είχε κάποια πιθανότητα να ικανοποιήσει ένας λογικός αριθμός χωρών. Ούτε καν αγγίζει όμως το χρέος, για το οποίο είχε χαθεί κάθε αντίστοιχη ελπίδα. Πουθενά πλέον δεν αναφέρεται το κριτήριο του 60%, το οποίο έτσι πεθαίνει σιωπηλά.

Μια γεύση αυτής της πρακτικής μπορεί να πάρει κανείς από τις Εκθέσεις για την Σύγκλιση που εξέδωσαν σχεδόν ταυτόχρονα το ΕΝΙ και η Επιτροπή. Σχετικά με την περίπτωση του χρέους του Βελγίου το ΕΝΙ ανα-

---

[8] Για μια χρονιά t, κατά την οποία ο λόγος χρέους/ΑΕΠ είναι b_t και ο λόγος συνολικού ελλείμματος/ΑΕΠ είναι d_t, ο Gros προβλέπει ότι η μεταβολή του λόγου χρέους θα δίνεται από την σχέση: $b_t - b_{t-1} = d_t - b_t$·μεγέθυνση ονομαστικού ΑΕΠ. Η μεγέθυνση του ονομαστικού ΑΕΠ στο παράδειγμά του είναι 5%.

[9] Τότε προκύπτει η αναδρομική σχέση $b_t = (d_t + b_{t-1}) / (1 + $ μεγέθυνση ονομαστικού ΑΕΠ$)$.

φέρει: «*Προκειμένου ο λόγος του χρέους να μειωθεί στο 60% μέχρι το 2007, απαιτείται από το 1999 και μετά να πραγματο-ποιείται συνολικό πλεόνασμα 2,7% του ΑΕΠ ετησίως [...] [Α]ν το συνολικό αποτέλεσμα (-1,7% του ΑΕΠ) διατηρηθεί τα επόμενα έτη, ο λόγος του χρέους θα μειωθεί μόνο στο 93,4% του ΑΕΠ σε μια δεκαετία και η τιμή αναφοράς 60% θα επιτευχθεί το 2031*» (ΕΝΙ 1998, 48–49). Κλείνοντας τα αυτιά στην σχεδόν αστεία πρόβλεψη του ΕΝΙ, η Επιτροπή αποφαί-νεται: «*The government debt ratio peaked in 1993 at 135.2% of GDP and has since declined every year to reach 122.2% in 1997; the level reached by the primary surplus, amounting to more than 5% of GDP since 1994, contributed to put the debt ratio on a sustainable downward path. The debt ratio is expected to continue to decline in 1998 and in future years; the Belgian government has recently confirmed its commitment to maintain the primary surplus at a high level over the medium term*» (European Commission 1998a).

Από πλευράς των δημιουργών της ΟΝΕ αυτό θα μπορούσε να χαρακτηρισθεί πολιτικός ρεαλισμός, κυνι-σμός, υποκρισία, ή όλα μαζί. Σε κάθε περίπτωση όμως αποκάλυπτε ότι το θεωρητικό μοντέλο επί του οποίου βασίσθηκε η νομισματική ορθοδοξία της ΟΝΕ δεν το πίστευαν στην πράξη ούτε οι ίδιοι οι αρχιτέκτονες του εγ-χειρήματος.

Τα αποτελέσματα του φετιχισμού: δημιουργική λογιστική

Καθώς όμως προχωρούσε η παραπάνω ζύμωση σε πολιτικό και θεωρητικό επίπεδο, οι εθνικές κυβερνήσεις εί-χαν να διαχειρισθούν ένα πολύ πιο άμεσο πρόβλημα: τους ετήσιους ισολογισμούς τους, με τους οποίους ήλπι-ζαν να παρουσιάσουν καλή διαγωγή στο πραγματικά καίριο μέγεθος, το έλλειμμα. Το κίνητρο να παρουσιάσουν χαμηλά ελλείμματα ήταν ισχυρό, διότι αφενός ετίθετο το θέμα εισδοχής τους στο γ΄ στάδιο της ΟΝΕ, αφετέρου για να αποφύγουν της ποινές του ΣΣΑ.

Η πρώτη διδάξασα ήταν η ίδια η Γερμανία που είχε μεγάλη ανάγκη να καταφύγει σε λογιστική μείωση των ελλειμμάτων που προέκυψαν από την ενοποίηση. Παρατηρώντας την εξέλιξη του χρέους της ομοσπονδιακής κυβέρνησης, διαπιστώνει κανείς ένα άλμα από το 50,2% του ΑΕΠ το 1994 στο 58,0% το 1995. Από αυτήν την αλ-ματώδη αύξηση, 6,6 ποσοστιαίες μονάδες αντιστοιχούσαν στο χρέος των 204 δισ μάρκων της Treuhandanstalt (Ettlmayr, Schober, και Beck 1998, 8), της εταιρείας που είχε αναλάβει την ιδιωτικοποίηση της περιουσίας του ανατολικογερμανικού κράτους και που αντί να αποφέρει κέρδη σημείωσε τεράστιες ζημιές. Αν οι ετήσιες ζημίες αυτού του «γερμανικού ΟΑΕ», προσμετρούντο κάθε χρόνο στον ομοσπονδιακό προϋπολογισμό, τα ελλείμματα θα ήταν αυξημένα σχεδόν κατά 2 ποσοστιαίες μονάδες επί του ΑΕΠ τα τελευταία 3–4 χρόνια πριν το 1995, θέτοντας το Γερμανικό έλλειμμα εκτός των κριτηρίων σύγκλισης. Έτσι, ο Γερμανός Υπ. Οικονομικών Theo Waigel έδωσε οδηγία στην Γερμανική Στατιστική Υπηρεσία να μην τις καταχωρίσει στο έλλειμμα· αυτόν τον αμ-φισβητήσιμο χειρισμό απεδέχθη και η Eurostat (Hagen και Wolff 2004, 8). Έτσι, τα γερμανικά ελλείμματα μπή-καν κάτω από το χαλί για τα έτη 1990–1994, μέχρις ότου επανεμφανισθούν απευθείας ως κρατικό χρέος το 1995, όταν η εταιρεία απορροφήθηκε από την κρατική *Eblastentilgungsfond*, χωρίς ποτέ να μπουν στους ετήσιους ισολογισμούς.

Αυτές οι απότομες αναθεωρήσεις του χρέους οι οποίες, από καιρού εις καιρό, ελάμβαναν υπόψη διάφορα κρυφά ελλείμματα είχαν το εύηχο όνομα «προσαρμογή ελλείμματος-χρέους» ή «αποθέματος-ροής» (stock-flow adjustment) και οποτεδήποτε ήταν θετικές σηματοδοτούσαν κρυφά ελλείμματα που περνούσαν εκτός εθνικών λογαριασμών. Για να το καταλάβει κάποιος καλύτερα, είναι σαν μια δεξαμενή να γεμίζει σιγά-σιγά με νερό (ροή, δηλαδή ετήσια ελλείμματα) από διάφορους αγωγούς και ο όγκος του νερού της δεξαμενής (απόθεμα, δη-λαδή το δημόσιο χρέος) να μετριέται τακτικά. Ειδικά όμως για κάποιους αγωγούς (π.χ. το έλλειμμα της *Treuhandanstalt*) η ροή αποθηκεύεται προσωρινά σε ένα ενδιάμεσο δοχείο για όσο διάστημα κρίνεται πρόσφο-ρο. Στο τέλος το δοχείο αυτό αδειάζει στην δεξαμενή, η οποία γεμίζει απότομα.

Η δημιουργική λογιστική της Γερμανίας δεν σταμάτησε εκεί. Τον Μάιο του 1997, βασιζόμενος στο Πρω-τόκολλο για το καταστατικό του ΕΣΚΤ και της ΕΚΤ (άρ. 5, παρ. 3) της Συνθήκη του Μάαστριχτ, ο Waigel απο-φάσισε να μειώσει το γερμανικό έλλειμμα μέσω αλλαγής των λογιστικών μεθόδων της Bundesbank, ή τουλάχι-στον να το επιχειρήσει. Μέχρι τότε η Bundesbank αποτιμούσε τα αποθέματά της σε χρυσό βάσει της «αρχής της χαμηλότερης τιμής» (Niederstwertprinzip): μεταξύ της τιμής απόκτησής τους και της τρέχουσας αγοραίας τιμής, ο ισολογισμός έκλεινε με την *χαμηλότερη* τιμή. Εναρμόνιση αυτών των μεθόδων με των άλλων κεντρικών τραπεζών, όπως όριζε η συνθήκη, θα σήμαινε ανατίμηση των χρυσών αποθεμάτων από 13,7 σε 55,9 δισ μάρκα· ο Waigel αποφάσισε την ανατίμηση στο 60% της αγοραίας τιμής. Παρά την σύμφωνη γνώμη του Γερμανού Κεντρικού Τραπεζίτη Hans Tietmeyer, το ΔΣ της Bundesbank δεν έδωσε την συγκατάθεσή του για άμεση ανατίμηση, αλλά μόνον από το 1998, έτος εκλογών. Η απόφαση του ΔΣ είχε κομματικά κίνητρα, καθώς η σύνθεσή του είχε αλλάξει υπέρ του SPD· αναβάλλοντας μια ούτως ή άλλως προδιαγεγραμμένη απόφαση μπορούσαν να ασκήσουν αντιπολίτευση στην κυβέρνηση Kohl και να πιστώσουν την μείωση του ελλείμματος σε μια μελλοντική κυβέρνηση υπό τον Gerhard Schröder. Η μείζων σύγκρουση που ακολούθησε μετατράπηκε σε διεθνές ζήτημα και έθεσε εν αμφιβόλω ακόμη το ίδιο το εγχείρημα της ΟΝΕ, ακόμη και μετά την υπαναχώρηση της κυβέρνησης Kohl τον Ιούνιο (Duckenfield 1998).

Αλλά κι αν η πρωτοβουλία αυτή δεν είχε πλήρη επιτυχία, ο Waigel είχε μεγαλύτερη τύχη με την εξαίρεση των χρεών των δημοσίων νοσοκομείων από το Ομοσπονδιακό έλλειμμα. Με πρόφαση την συμμόρφωση με το λογιστικό πρότυπο ΕΣΛ79, τα δημόσια νοσοκομεία αφαιρέθηκαν από τον Δημόσιο Τομέα διότι παρείχαν και υπηρεσίες σε ιδιωτικές ασφαλιστικές εταιρείες. Αυτή η επανακατηγοριοποίηση αφαίρεσε από τον γερμανικό προϋπολογισμό 5 δισ μάρκα (2,7 δισ δολάρια) που ισοδυναμούσαν με το 0,1–0,2% του ΑΕΠ, μειώνοντας έτσι το έλλειμμα ακριβώς στο 3,0% για το 1998 (Savage 2007, 105–146).

Αλλά δεν ήταν μόνον η Γερμανία δημιουργική. Η μετοχοποίηση και ιδιωτικοποίηση της γαλλικής δημόσιας εταιρείας τηλεπικοινωνιών France Telecom τον Ιούλιο του 1996 σήμαινε την πληρωμή συνταξιοδοτικών εισφορών από την ίδια την εταιρεία σε χαμηλότερο συντελεστή (38%) απ' ότι πριν. Για την ισοστάθμιση της απώλειας των κρατικών εσόδων ο νόμος προέβλεπε την κατάθεση 37,5 δισ φράγκων (7,32 δισ δολαρίων) της εταιρείας σε ειδικό λογαριασμό του κρατικού ταμείου (Trésor Publique) από τον οποίο θα εκταμιεύονταν 1 δισ φράγκων κάθε χρόνο προς το κράτος μέχρις εξαντλήσεως του ποσού. Κατόπιν, το κράτος θα αναλάμβανε την υποχρέωση καταβολής των ασφαλιστικών εισφορών. Το δημοσιονομικό όφελος ήταν διπλό, διότι η Γαλλία θα κατέγραφε μελλοντικά τις ετήσιες εισπράξεις του 1 δισ φράγκων, όμως τότε θα κατέγραφε *και* την είσπραξη των 37,5 δισ φράγκων μειώνοντας το έλλειμμα του 1996 (Savage 2007, 111–122). Το ζήτημα προκάλεσε διεθνή κατακραυγή καθώς αυτή η εφάπαξ «συναλλαγή» θα μείωνε το γαλλικό έλλειμμα κατά 0,5% του ΑΕΠ (Buerkle 1996b). Το ζήτημα προκάλεσε πονοκέφαλο και στην Eurostat που είτε θα άφηνε εκτεθειμένη την Γαλλία, πολιτική ατμομηχανή της ΕΕ και της ΟΝΕ, είτε θα ζημίωνε την δική της αξιοπιστία. Στο τέλος, ο *Γάλλος* Επίτροπος Νομισματικών Υποθέσεων (Yves Thibault de Silguy) και ο *Γάλλος* Διευθυντής της Eurostat (Yves Franchet) αποφάσισαν: θα θυσίαζαν την αξιοπιστία της Eurostat, επιβεβαιώνοντας ότι η ΕΕ λειτουργούσε όχι με γνώμονα κάποιο «κοινό καλό», αλλά το εθνικό συμφέρον όσων χωρών ήταν αρκετά ισχυρές ώστε να το διεκδικήσουν.

Ίσως όμως σε πρωταθλήτρια δημιουργικότητας θα έπρεπε να αναδειχθεί η Ιταλία, υπό την διαχείριση του Carlo Ciampi. Τον Φεβρουάριο του 1997 η ιταλική κυβέρνηση ψήφισε νόμο φορολόγησης των εισοδημάτων του 1996, με χρόνο είσπραξης το 1997–98. Ο «ευρω-φόρος», ύψους 3,5 τρισ λιρετών, θα επιστρεφόταν το 1999, μετά την είσοδο της Ιταλίας στην ΟΝΕ, είτε ως απευθείας επιστροφή, είτε ως επιλογή αγοράς ομολόγων ιδιωτικοποιήσεων. Η τακτική αυτή ήταν εξόφθαλμη δημιουργική λογιστική, καθώς θα μείωνε το έλλειμμα της διετίας 1997–98, ρίχνοντας το βάρος στην μετά-ΟΝΕ περίοδο. Επιπλέον η κυβέρνηση επανακατηγοριοποίησε χρέος των κρατικών σιδηροδρόμων ύψους 3,7 τρισ λιρετών. Από τα δύο αυτά μέτρα, που ενέκρινε η Eurostat, το έλλειμμα του 1997 μειώθηκε κατά περίπου 0,4% του ΑΕΠ (Buerkle 1996a). Επιπλέον, χρησιμοποιώντας περίπλοκες ανταλλαγές νομισμάτων σε λιρέτες και γιεν (cross-currency swaps) με την Goldman Sachs μεταξύ 1995–98, ουσιαστικά μετέφερε πληρωμές εξυπηρέτησης χρέους των ετών 1997 και 1998 σε κατοπινές ημερομηνίες. Έτσι, εκμεταλλευόμενη τα κενά της συνθήκης του Μάαστριχτ και του Συστήματος Εθνικών Λογαριασμών (ESA95), μεταμφίεζε τον δανεισμό σε κέρδη από συμβόλαια παραγώγων. Το αποτέλεσμα ήταν η προσωρινή μείωση του ελλείμματος κάτω από το 3%, με σοβαρό βεβαίως κόστος αμέσως μετά (Piga 2001, 123–129). Την συγκεκριμένη αποκάλυψη έκανε ο Gustavo Piga, ο οποίος απέκτησε πρόσβαση στο συμβόλαιο της εν λόγω ανταλλαγής τυχαία, από έναν κρατικό υπάλληλο που δεν κατανοούσε την σημασία του. Για λόγους τυπικής τήρησης της ανωνυμίας, η Ιταλία αναφέρεται ως «*χώρα Μ*» και η Goldman Sachs ως «*ομόλογος Ν*».

Η Ιταλία πέτυχε μέσα σε ένα χρόνο μια ασύλληπτη μείωση του ελλείμματός της κατά 4 ποσοστιαίες μονάδες επί του ΑΕΠ (από 6,8% το 1996 σε 2,7% το 1997). Αλλά και για την Γερμανία ο Theo Waigel ανακοίνωσε στις 27/2/1998 έλλειμμα 2,7% για το 1997. Αντιθέτως για το χρέος, που μόνον τέσσερις χώρες κράτησαν κάτω από το 60% του ΑΕΠ (Ιρλανδία, Λουξεμβούργο, Γαλλία, Φινλανδία) η ερμηνεία θα ήταν ελαστική για να συμπεριληφθεί στην ΟΝΕ η παραβάτις Γερμανία (Αναστασιάδης 1998, 102–103).

Ήταν όλες αυτές οι λαθροχειρίες κακόβουλες και μυστικές; Κάθε άλλο. Κατά την προεκλογική του εκστρατεία, ο Gerhard Schröder προειδοποιούσε ότι «η Γερμανία δεν θα εκπληρώσει τα κριτήρια χωρίς δημιουργική λογιστική» (Financial Times 1997a, 20). Για το μαύρο πρόβατο, την Ιταλία, η εισδοχή ήταν βέβαιη για πολιτικούς λόγους (η Ιταλία ήταν ιδρυτικό μέλος της ΕΟΚ). Ο διάδοχος του Duisenberg στην ηγεσία της Nenderlandsche Bank, Nout Wellink εξηγούσε κυνικά την πηγή αυτής της βεβαιότητας: «αυτοί οι άνθρωποι ήξεραν αρκετά πώς να κατασκευάσουν τους αριθμούς για να ικανοποιούν τα κριτήρια σύγκλισης» (Marsh 2011, 204).

Στο χείλος της κατάρρευσης και η σωτηρία «στο παρά πέντε»

Τα δημοσιονομικά στοιχεία που άρχιζαν να δημοσιεύονται από το 1996 δημιούργησαν νέα προβλήματα που ήλθαν να προστεθούν στα ήδη υπάρχοντα. Από τις αρχές του 1996 οι προοπτικές τήρησης των κριτηρίων του Μάαστριχτ ήταν απίθανες όχι μόνον για χώρες του Club Med, αλλά και για την ίδια την Γερμανία που προβλεπόταν να εμφανίσει έλλειμμα 3,5% το 1996 (Καθημερινή 1996a, 22). Πολιτικοί και γραφειοκράτες άρχιζαν σιγά-σιγά να συμβιβάζονται με την πραγματικότητα και να αναζητούν τρόπους να την διαχειρισθούν, βυθίζοντας ενίοτε το όλο εγχείρημα στην αβεβαιότητα. Σύμφωνα με δημοσίευμα του Independent τον Ιανουάριο, ο Giscard πρότεινε την χαλάρωση των κριτηρίων σύγκλισης, ο Ισπανός Πρωθυπουργός Carlos Westendorp την αναβολή της ημερομηνίας έναρξης της ΟΝΕ και ο Jacques Delors εμφανιζόταν να αμφιβάλλει για την τήρηση του χρονοδιαγράμματος (The Independent 1996). Ήταν δε τέτοια η αμφιβολία στις αγορές, που το άκουσμα της είδησης προκάλεσε μαζική φυγή των χρηματαγορών προς το γερμανικό μάρκο, προκαλώντας την κατάρρευση του γαλλικού και ελβετικού φράγκου, της στερλίνας και την ανακοπή της ανόδου του δολαρίου (Ζήκου 1996, 17).

Καθ' όλη την διάρκεια του έτους η αβεβαιότητα παρέμεινε σε υψηλά επίπεδα, καθώς η Επιτροπή βρισκόταν ακόμη μακριά από το να ξεκαθαρίσει ποιες χώρες θα εντάσσονταν στην ΟΝΕ. Η κατάσταση δημιουργούσε και νομικά προβλήματα καθώς η Συνθήκη του Μάαστριχτ προέβλεπε μια διαδικασία που θα ακολουθούσαν όλες οι χώρες ταυτοχρόνως και όχι ομάδες χωρών (M. Lloyd 1998). Αναγνωρίζοντας το πρόβλημα, σε ομιλία του στο Institute of European Affairs στο Δουβλίνο ο Πρόεδρος της Bundesbank, Hans Tietmeyer πρότεινε ένα παράλληλο ΕΝΣ («ΕΝΣ ΙΙ») για όσες χώρες δεν μπορούσαν, ή δεν ήθελαν, να συμμετάσχουν στην ΟΝΕ. Παράλληλα, ο Wolfgang Schäuble, κοινοβουλευτικός εκπρόσωπος του κυβερνώντος CDU, πρότεινε την αναβολή της ΟΝΕ εάν ικανοποιητικός αριθμός χωρών δεν πληρούσε τα κριτήρια του Μάαστριχτ μέχρι το 1997 (Καθημερινή 1996b). Δια παν ενδεχόμενο όμως, η Ιταλία ενέταξε την λιρέτα στον ΜΣΙ στις 25/11/1996, ώστε να έχει εξασφαλίσει τα απαιτούμενα δύο έτη συμμετοχής την 1/1/1999.

Το φθινόπωρο ο Tietmeyer παρέμενε επιφυλακτικός. Αφενός προέβλεπε καλή πιθανότητα τήρησης των χρονοδιαγραμμάτων, τουλάχιστον από μια περιορισμένη ομάδα χωρών (Delattre 1996) άφηνε όμως ανοιχτά όλα τα ενδεχόμενα για την Άνοιξη του 1998. Ταυτοχρόνως δεν παρέλειψε να κρατήσει τον πήχυ ψηλά, ζητώντας η σύγκλιση που θα επιτευχθεί στα κριτήρια του Μάαστριχτ να μην είναι απλώς ονομαστική, αλλά πραγματική και βιώσιμη σε βάθος χρόνου. Τέλος, διέλυε τις ψευδαισθήσεις σχετικά με ευεργετικές επιδράσεις του ευρώ στην απασχόληση, λέγοντας ότι αυτό θα αφαιρέσει τον «αερόσακο» της συναλλαγματικής ισοτιμίας, καλώντας για αύξηση στην ευελιξία της αγοράς εργασίας.

Προς τα μέσα του 1997, οι λεπτομέρειες της υιοθέτησης του ευρώ παρέμεναν θολές. Η Γαλλία και η Γερμανία δεν πληρούσαν ακόμη τα κριτήρια του Μάαστριχτ και μια πιο ελαστική ερμηνεία τους παρέμενε πιθανή. Εντός Γερμανίας η συζήτηση γύρω από την ερμηνεία των κριτηρίων, αποκτούσε συγκρουσιακό χαρακτήρα και συμβολική σημασία (International Herald Tribune 1997· Financial Times 1997c, 1, 22). Το ΣΣΑ, με την αυστηροποίηση των κριτηρίων σύγκλισης, είχε γίνει δίκοπο μαχαίρι. Οι υπέρμαχοι της ΟΝΕ, προεξάρχοντος του Waigel, μπορούσαν να το επικαλούνται για υποδεικνύουν στις στέρεες βάσεις του εγχειρήματος και να κλείνουν τα στόματα των επικριτών. Από την άλλη, οι επικριτές μπορούσαν να το επικαλούνται για να εκτροχιάσουν το εγχείρημα, παραπέμποντας σε κουτσή ένωση λίγων ενάρετων κρατών. Ειδικώς οι Γερμανοί επικριτές του ευρώ, για να μη κατηγορηθούν ως «κακοί Ευρωπαίοι» και «εθνικιστές», έβρισκαν την ευκαιρία να εστιάσουν την κριτική τους σε ένα καθαρά τεχνικό σημείο, δηλαδή στο ότι «*3% σημαίνει 3,0%*» και ότι η ΟΝΕ θα έπρεπε να αναβληθεί μέχρι αυτό να επιτευχθεί. Αυτή ήταν και η θέση του Edmund Stoiber (*Süddeutsche Zeitung* 1997α· *Financial Times* 1997b, 21), αλλά και του Gerhard Schröder που τόνιζε ότι παρά την προτίμησή του στην αναβολή παρέμενε «καλός Ευρωπαίος» (*Die Zeit* 1997a). Αντιθέτως, οι υποστηρικτές του ενιαίου νομίσματος βλέποντας τα γερμανικά δημοσιονομικά εκτός των ορίων του Μάαστριχτ αντέτειναν ότι τυχόν αναβολή θα εκτροχίαζε το όλο εγχείρημα της ΟΝΕ (A. Friedman 1997· *Süddeutsche Zeitung* 1997b). Την στήριξη στο εγχείρημα της ΟΝΕ έδιναν και απόμαχοι της πολιτικής, είτε παλιοί ευρωπαϊστές όπως ο Helmut Schmidt (*Die Zeit* 1997b), είτε οψίμως αναβαπτισθέντες υπέρμαχοι του εγχειρήματος, όπως ο Karl Otto Pöhl σε ομιλία Ομιλία στο Ρότερνταμ της 10/6/1997 (Marsh 2011, 204). Από την άλλη πλευρά ο Hans Tietmeyer, σε συνέντευξη στην *Die Woche* (3/9/1997) τροφοδότησε νέα σενάρια αναβολής του ευρώ δηλώνοντας σε συνέντευξή του ότι δεν «*θα πέσει ο ουρανός πάνω στην Ευρώπη*» σε ένα τέτοιο ενδεχόμενο.

Τελικά, όμως το 1997 αποδείχθηκε μια ευνοϊκή χρονιά για την ΟΝΕ. Η ανάκαμψη των εξαγωγών λόγω της ανόδου του δολαρίου, και η επιστροφή κερδοσκοπικών κεφαλαίων στα χρηματιστήρια της Δύσης λόγω της κρίσης των ασιατικών αγορών, βοήθησαν τις ευρωπαϊκές οικονομίες σε μια κρίσιμη στιγμή. Παράλληλα, η δημιουργική λογιστική σε συνδυασμό με την ελαστική ερμηνεία των κριτηρίων δημιουργούσαν την εντύπωση ότι οι οικονομίες συνέκλιναν και ότι το εγχείρημα έστεκε από τεχνικής πλευράς.

Στην Γερμανία η μαζική προπαγανδιστική εκστρατεία της AMUE, που κορυφώθηκε εκείνη την χρονιά, και η επικοινωνιακή αξιοποίηση του ΣΣΑ είχαν αρχίσει να αναστρέφουν την κοινή γνώμη. Προς αυτήν την κατεύθυνση βοήθησαν και οι βιομήχανοι, οι πιο πρώιμοι υποστηρικτές της ΟΝΕ στην Γερμανία, που εκτιμούσαν ότι η ΟΝΕ θα ήταν ευλογία για τις γερμανικές επιχειρήσεις (βλ. παρακάτω). Η αλλαγή κλίματος ήταν τέτοια που ο Πρόεδρος της Bundesbank, Hans Tietmeyer, έλεγε «*δεν θα μιλάμε για μερικά δεκαδικά (ψηφία)*» αναφερόμενος στα κριτήρια σύγκλισης (Κεφάλας 1997, 15–17), ενώ ο Wolfgang Schäuble επιβεβαίωνε ότι «*η οικονομική θεωρία δεν υπαγορεύει πουθενά το ποσοστό του 3%*» (*Καθημερινή* 1997, 52).

Τέλος, όμως δεν θα πρέπει να παραγνωρισθεί ότι είχε επενδυθεί τόσο πολιτικό κεφάλαιο τα τελευταία χρόνια που η ΟΝΕ ήταν πλέον ζήτημα υπαρξιακό για το ευρωπαϊκό σύστημα: όπου και να οδηγούσε, στον παράδεισο ή στην κόλαση, η οπισθοδρόμηση δεν αποτελούσε επιλογή. Για ένα ολόκληρο πολιτικό και γραφειοκρατικό κατεστημένο κάτι τέτοιο θα ήταν ομολογία ανεπάρκειας και θεσμικός αυτοχειριασμός.

19.7 Ανάγκα και οι Γερμανοί πείθονται

Η αντίδραση του γερμανικού κοινού, της Bundesbank και μερίδας του πολιτικού κατεστημένου στην εγκατάλειψη του μάρκου ήταν σχεδόν ενστικτώδης από τις πρώτες ημέρες της συζήτησης γύρω από την ΟΝΕ. Αλλά και η συμμετοχή των γερμανικών επιχειρήσεων στην AMUE ήταν πολύ διστακτική και η αντιμετώπιση του εγχειρήματος από ψυχρή έως εχθρική (βλ. π.χ. Collignon και Schwarzer 2003, 58, 74–75, 159–170). Από το 1992 όμως μια προϊούσα συνειδητοποίηση άρχιζε να εγκαθίσταται στις πολιτικές και επιχειρηματικές ελίτ σχετικά με τα οφέλη ενός κοινού ευρωπαϊκού νομίσματος που θα ανέκοπτε την συνεχή ανατίμηση του μάρκου.

Ο ίδιος ο Otmar Issing (βλ. Marsh 2011, 191) σχολίαζε το κύμα χρεωκοπιών που υπέστησαν γερμανικές επιχειρήσεις μετά την υποτίμηση της ιταλικής λιρέτας ως συνέπεια των αναταραχών του ΜΣΙ το 1992–93:

> *I would not previously have forecast that the European currency would start during the 1990s. The decisive moment came with the currency crises of 1992–93. The status quo was not tenable. We faced a 30 per cent devaluation of the lira. Some companies in Southern Germany competing with Italy went bankrupt. There was a danger of controls on movement of goods. I and others came to the conclusion that the Common Market would not survive another crisis of this dimension».

Το κόκκινο πανί για την Γερμανία ήταν οι επονομαζόμενες «ανταγωνιστικές υποτιμήσεις», που εμπόδιζαν τις εξαγωγές της. Την εξάρτηση της Γερμανίας από το εξαγωγικό εμπόριο αναγνώριζε και ο Theo Waigel δηλώνοντας ότι «*No other country has such an interest in free competition, free export markets and a large internal market*» (*Financial Times* 1995, 21). Πράγματι, ανεξάρτητη νομισματική πολιτική από χώρες όπως η Γαλλία και η Ιταλία, που παρήγαγαν προϊόντα ανταγωνιστικά των γερμανικών, εμπόδιζε την «ελεύθερη» πρόσβαση της Γερμανίας στις διεθνείς αγορές. Ένα ισχυρό μάρκο θα έδινε θανάσιμο πλήγμα στην γερμανική βιομηχανία: «*Τυχόν αποτυχία της νομισματικής ένωσης θα προκαλούσε επιπλέον ισχυρή ανατίμηση του μάρκου με καταστροφικές συνέπειες για την απασχόληση και την ανάπτυξη*» (Theo Waigel 1996).

Στο συμπέρασμα αυτό κατέληξε και το «Βιομηχανικό Φόρουμ για την ΟΝΕ» (*Industrieforums EWU*) που συγκάλεσε η Ομοσπονδία Γερμανικών Βιομηχανιών (*Bundesverband der Deutschen Industrie*, BDI). Στο φόρουμ αυτό συμμετείχαν εκπρόσωποι βιομηχανικών γιγάντων—Bosch, AEG, Krupp, Mercedes-Benz, Daimler-Benz, Siemens κ.ά.—τραπεζών, ασφαλιστικών εταιρειών και του Τύπου. Αποτέλεσμα των διαβουλεύσεων αυτών ήταν μια σύντομη αλλά περιεκτική μελέτη με τίτλο «*Το Ευρώ: ευκαιρία για την γερμανική βιομηχανία*» που εκδόθηκε το καλοκαίρι του 1996 (Henkel 1996). Η μελέτη ήταν μείγμα Κοινοτικής πολιτικής ορθότητας και γερμανικού πρακτικού πνεύματος. Ενστερνιζόμενη απολύτως ένα πνεύμα αισιόδοξου ευρωπαϊσμού η μελέτη δεν εξέταζε το «αν» της ΟΝΕ, την οποία θεωρούσε τετελεσμένη πολιτική επιλογή (σ. 4), αλλά τα οφέλη που θα μπορούσε να προσφέρει στην γερμανική βιομηχανία η δημιουργία μιας νομισματικής ένωσης στην οποία θα συμμετείχαν οι κυριότεροι εμπορικοί εταίροι της.

Η μελέτη ξεκινούσε υπογραμμίζοντας τον ανταγωνισμό της ευρωπαϊκής οικονομίας με εκείνες των ΗΠΑ και της Ιαπωνίας (σ. 3), αν και ως καλοί ατλαντιστές και υπερασπιστές του ελευθέρου εμπορίου, οι συγγραφείς της δήλωναν ότι σε καμία περίπτωση δεν επιθυμούσαν μια «Ευρώπη φρούριο»[10] που θα τους απομόνωνε από τις ΗΠΑ (σ. 15). Έχοντας λοιπόν ορίσει το αντίπαλο δέος, έστω και για τους τύπους, η μελέτη περνούσε στην εξέταση του πραγματικού προβλήματος· σχεδόν σε κάθε σελίδα διάχυτη ήταν η αγωνία για τις επιπτώσεις που θα είχαν στην γερμανική βιομηχανία τυχόν ανταγωνιστικές υποτιμήσεις από άλλες ευρωπαϊκές χώρες, ιδίως από εκείνες που δραστηριοποιούνταν στις ίδιες βιομηχανίες με την Γερμανία. Με ιδιαίτερη οδύνη περιγραφόταν η ανατίμηση του μάρκου έναντι των νομισμάτων της Βρετανίας, Ιταλίας, Ισπανίας και Σουηδίας μετά την άνοιξη του 1995 (σ. 9) και του αρνητικού ισοζυγίου απευθείας ξένων επενδύσεων μεταξύ Γερμανίας και χωρών με φθηνότερα νομίσματα. Αυτό το αρνητικό ισοζύγιο ήταν ιδιαιτέρως οδυνηρό καθώς προκαλούσε και μόνιμη απώλεια θέσεων εργασίας (σ. 10).

Η μελέτη θεωρούσε ως πιθανότερο και πιο ευκταίο ενδεχόμενο μια μικρή ΟΝΕ από έναν σκληρό πυρήνα (στον οποίο οπωσδήποτε θα συμμετείχαν η Γερμανία και η Γαλλία), ο οποίος θα απορροφούσε εν καιρώ και τις υπόλοιπες χώρες (σ. 12). Μέχρι τότε όμως, αυτές δεν θα είχαν απόλυτη νομισματική ελευθερία, καθώς θα συμμετείχαν σε ένα «ΕΝΣ ΙΙ», που θα περιόριζε τις διακυμάνσεις των νομισμάτων τους ως προς το ευρώ (σ. 13, 27).

Ταυτοχρόνως, η ΟΝΕ σε καμία περίπτωση δεν γινόταν αντιληπτή ως ένας μηχανισμός αυτόματης αναδιανομής προς φτωχότερες χώρες, θεωρώντας ότι οι ενδοευρωπαϊκές εισοδηματικές διαφορές δεν ήταν πλέον και τόσο μεγάλες (σ. 15). Αντιθέτως, μέσω του Συμφώνου Σταθερότητας η ΟΝΕ θα απέτρεπε δημοσιονομικές παρεκτροπές σε μακροπρόθεσμη βάση, οδηγώντας σε μια *Stabilitätsgemeinschaft*, δηλαδή σε μια «Κοινότητα σταθερότητας» (σ. 15–16). Το ενδεχόμενο αποτυχίας, έστω και αναβολής της ΟΝΕ ήταν ιδιαίτερα επίφοβο, όχι μόνον για την γερμανική απώλεια ανταγωνιστικότητας από την ανατίμηση του μάρκου, αλλά και διότι θεωρείτο ότι θα απέτρεπε την πολιτική ενοποίηση της Ευρώπης (σ. 27–28), στην οποία η μελέτη απέδιδε και την γερμανική επανένωση (σ. 7).

---

[10] Η φράση αυτή, με ρίζες στον ΒΠΠ, επανήλθε με ιδιαίτερη φόρτιση μετά την εξαγγελία της Κοινής Αγοράς, αλλά σύντομα απέκτησε διπλή ιδεολογική νοηματοδότηση. Αρχικώς, μέσω αυτής το αμερικανικό κεφάλαιο ξόρκιζε τον Κοινοτικό προστατευτισμό και προωθούσε την ιδέα των ανοιχτών συνόρων για την ελεύθερη διέλευση των εμπορευμάτων, των κεφαλαίων και των υπηρεσιών—προφανώς των αμερικανικών (βλ. π.χ. Hormats 1988· Greenhouse 1988). Αργότερα, με την ίδια φράση η Αριστερά ξόρκιζε τον κρατικό έλεγχο της εθνικής επικράτειας και προωθούσε την ιδέα των ανοιχτών συνόρων για την ελεύθερη διέλευση των μεταναστών (βλ. π.χ. Ιός 1996· Συνασπισμός 1992a).

Η αποδοχή της ΟΝΕ άρχισε όμως να κερδίζει έδαφος και σε πολιτικό επίπεδο· τόσο που ο ίδιος ο άλλοτε Κέρβερος της γερμανικής νομισματικής σταθερότητας, ο πρώην Διοικητής της Bundesbank Helmut Schlesinger (1996, 25–27), προσέβλεπε στο πολιτικό της περιεχόμενο περισσότερο από το αυστηρώς δημοσιονομικό.

Συνοψίζοντας, παρότι ήταν διάχυτη η εντύπωση ότι η Γερμανία εσύρετο στην ΟΝΕ από την Γαλλία, σημαντικά τμήματα του γερμανικού πολιτικού και οικονομικού κατεστημένου είχαν αρχίσει να κατανοούν ότι μια νομισματική ένωση θα μπορούσε να μετατραπεί σε πλεονέκτημα της γερμανικής οικονομίας. Όπως έδειξε η ιστορία, ο υπολογισμός αυτός αποδείχθηκε εξαιρετικά ακριβής λιγότερο από μια δεκαετία αργότερα.

19.8 Το ευρώ στην τελική ευθεία

Το επίπεδο σύμπαν της γραφειοκρατίας

Παρά τις νομισματικές κρίσεις, τις πολιτικές συγκρούσεις και την δημοσιονομική αβεβαιότητα, η τήρηση των χρονοδιαγραμμάτων της γραφειοκρατίας δίνει την εντύπωση ότι η πορεία προς την ΟΝΕ προχωρούσε σαν εργαστηριακό πείραμα και χωρίς κανένα απρόοπτο. Φτάνοντας στις Βρυξέλλες το 1995, ο νεοδιορισθείς Βρετανός μόνιμος αντιπρόσωπος στην ΕΕ, Stephen Wall είχε εντυπωσιασθεί από την διαφορά διάθεσης που συνάντησε, και την ήρεμη βεβαιότητα για την υλοποίηση της ΟΝΕ (Marsh 2011, 197). Πράγματι, το Ευρωπαϊκό Νομισματικό Ίδρυμα είχε ιδρυθεί κανονικά την 1/1/1994, με πρώτο Πρόεδρο ένα από τα μέλη της Επιτροπής Delors, τον Βαρώνο Alexandre Lamfalussy.

Το ΕΝΙ κινήθηκε με συνέπεια και περί τα τέλη του 1995 είχε καταρτίσει ένα λεπτομερές σενάριο μετάβασης στο ευρώ (ΕΝΙ 1995). Στο σχέδιο περιγράφονταν τα αναγκαία βήματα για την ΟΝΕ, όπως η ίδρυση της ΕΚΤ και η τροποποίηση των εθνικών νομοθεσιών. Η επιλογή των κρατών που θα συμμετείχαν οριζόταν να γίνει το *συντομότερο δυνατόν* εντός του 1998 (η καταληκτική ημερομηνία κατά το άρθρο 109I της συνθήκης του Μάαστριχτ ήταν η 1/7/1998). Από την στιγμή εκείνη και μέχρι την 1/1/1999 θα έπρεπε να γίνουν ο διορισμός του ΔΣ της ΕΚΤ, η τεχνική δουλειά στα χαρτονομίσματα και κέρματα του ευρώ και η τελική προετοιμασία της ΕΚΤ και του ΕΣΚΤ. Μετά την ημερομηνία εκείνη οι ισοτιμίες των εθνικών νομισμάτων με το ευρώ θα κλείδωναν και αυτά θα ήταν πλέον εκφράσεις του ευρώ. Παράλληλα, από το 1995 είχε ξεκινήσει ο σχεδιασμός των χαρτονομισμάτων του ευρώ. Οι διακοσμήσεις επελέγησαν στις 13/12/1996 (ΕΚΤ 1997b) μετά από διεθνή διαγωνισμό που προκήρυξε το ΕΝΙ μεταξύ 12/2 και 13/9/1996 (ΕΚΤ 1997c). Το 1997 κατοχυρώθηκαν ο κωδικός «EUR» και το σύμβολο «€» για το νέο νόμισμα (ΕΚΤ 1997a· ΕΚΤ 1997d).

Το σενάριο που κατάρτισε το ΕΝΙ υιοθετήθηκε αυτούσια από το Συμβούλιο της Μαδρίτης της 15–16/12/1995 (European Council 1995b· Duisenberg 1997) και στο παράρτημα 1 των συμπερασμάτων δεν γινόταν καμία πρόβλεψη αναθεώρησης των χρονοδιαγραμμάτων(European Council 1995a), παρά τις μεγάλες αποκλίσεις των εθνικών οικονομιών. Σε κανένα σημείο δεν εξεταζόντουσαν τα κριτήρια σύγκλισης, δεν γινόταν λόγος για το *αν* θα γίνει η μετάβαση στο μοναδικό νόμισμα, ή για το *ποιοι* θα συμμετείχαν. Αυτό που εξεταζόταν ήταν το *πώς* θα γινόταν η μετάβαση αυτή καθώς η νομισματική ένωση αντιμετωπιζόταν ως νομοτελειακή εξέλιξη.

Έτσι, το Ευρωπαϊκό Συμβούλιο επιβεβαίωσε την 1/1/1999 ως την ημερομηνία έναρξης του γ´ σταδίου, προβαίνοντας μάλιστα και στην επίσημη αναγγελία του ονόματος του νέου νομίσματος—«euro». Το όνομα αυτό είχε αποφασίσει τον Οκτώβριο η Γερμανία στην άτυπη διάσκεψη των Υπ. Οικονομικών και Διοικητών των Κεντρικών Τραπεζών της Βαλένθια, καθώς απέρριπτε το γαλλικής προέλευσης «Ecu» (Collignon και Schwarzer 2003, 139). Στην Μαδρίτη η ελληνική αντιπροσωπεία πέτυχε την αναγραφή «Ευρώ» στα ελληνικά, παρότι η συμμετοχή της ακόμη στην ΟΝΕ δεν ήταν δεδομένη.

Το «πολιτικό ευρώ» και το παζάρι για την προεδρία της ΕΚΤ

Όσο κι αν οι εγγενείς αντιφάσεις της σχεδιαζόμενης ΟΝΕ διέλαθαν της προσοχής της συντριπτικής πλειοψηφίας της ευρωπαϊκής κατεστημένης σκέψης (πολιτικών, δημοσιογράφων και ακαδημαϊκών), στις ΗΠΑ φαίνεται πως υπήρχε η δυνατότητα μιας πιο αποστασιοποιημένης θεώρησης. Η συγκρουσιακή δυναμική που έκρυβαν αυτές οι αντιφάσεις είχε τονισθεί από τον Martin Feldstein (1997), ο οποίος έβλεπε ότι οι αποκλίνουσες εθνικές

ιδιαιτερότητες και τα αποκλίνοντα εθνικά συμφέροντα θα δημιουργούσαν πλήθος συγκρούσεων σε πολλά δια-
φορετικά επίπεδα, από την οικονομική και νομισματική, έως την αμυντική πολιτική. Στο ζήτημα της ΟΝΕ κα-
θοριστικό παράγοντα θα έπαιζε η γαλλογερμανική διελκυστίνδα για εξασφάλιση ελέγχου επί του ευρωπαϊκού
νομίσματος.

Προοίμιο αυτής της δυναμικής ήταν η διαμάχη γύρω από την έδρα του ΕΝΙ· η Γαλλία ήθελε αυτή να μην εί-
ναι στην Φρανκφούρτη, επιθυμώντας διακαώς να το απομακρύνει από την επιρροή της Bundesbank. Όμως,
παρά τις ενστάσεις του Balladur, ο Mitterrand υπέκυψε στις απαιτήσεις του Kohl (Marsh 2011, 60–63). Το ΕΝΙ
εγκαταστάθηκε στην Φρανκφούρτη, στον ουρανοξύστη της *Bank für Gemeinwirtschaft*, ο οποίος σύντομα πήρε το
προσωνύμιο *Eurotower*.

Η γαλλογερμανική συζήτηση γύρω από τον χαρακτήρα της ΟΝΕ έλαβε πιο συγκρουσιακό χαρακτήρα μετά
την αναγόρευση του γκολιστή Jacques Chirac στην γαλλική Προεδρία τον Μάιο του 1995. Ο Chirac έθεσε πιο
επιτακτικά το ζήτημα επιλογής μεταξύ ενός «πολιτικού» ευρώ, στο οποίο στόχευε η Γαλλία, και ενός «οικονομι-
κού» ευρώ που επιθυμούσε η Γερμανία (Παπανδρόπουλος 1997, 14–15). Το ζήτημα ενός πολιτικού αντίβαρου
στην τεχνοκρατική ΕΚΤ συζητήθηκε διμερώς στην Νυρεμβέργη κατά την 68^{η} γαλλογερμανική συνάντηση κορυ-
φής (9/12/1996). Ο Πρωθυπουργός του Chirac, Alain Juppé, διερωτάτο (de Bresson και Delhommais 1996):

> Qui décidera de la politique économique, budgétaire, de la zone euro ? Cela doit être de la responsabilité du pouvoir
> politique, c'est-à-dire des gouvernements, des Parlements. On ne saurait dans ces domaines s'en remettre ni à des
> normes chiffrées assorties de sanctions ni à la seule banque centrale européenne, qui ne saurait pas plus se substituer
> au pouvoir politique que ce n'est le cas aujourd'hui en France ou en Allemagne».

Τόσο στην Νυρεμβέργη, όσο και στην διάσκεψη κορυφής του Δουβλίνου που θα συζητούσε το ΣΣΑ, το κλίμα
μεταξύ Kohl-Chirac και Waigel-Arthuis ήταν σχεδόν εχθρικό, και σε αμφότερες τις περιπτώσεις οι γερμανικές
απόψεις υπερίσχυσαν κατά κράτος (Marsh 2011, 201–202). Τελικά, μετά από πιέσεις του κατοπινού Γάλλου
Πρωθυπουργού Lionel Jospin και του Υπ. Οικονομικών Dominique Strauss-Jahn, η Γερμανία έκανε μια μικρή
παραχώρηση· συναίνεσε στην σύσταση, ενός ατύπου οργάνου που θα αποτελείτο από τους Υπ. Οικονομικών
των χωρών της ευρωζώνης και που θα γινόταν γνωστό με το προσωνύμιο Eurogroup (European Council 1997d).
Πρόεδρος αυτού του ατύπου οργάνου θα τοποθετείτο ο Jean-Claude Juncker, Πρωθυπουργός του Λουξεμβούρ-
γου, της μικρότερης χώρας της ΕΕ. Η επιλογή αντανακλά την σημασία που απέδιδαν οι Κοινοτικοί αξιωματού-
χοι στο όργανο αυτό· αν κάτι είναι κρίσιμης σημασίας προεδρεύει Γάλλος (π.χ. ΕΚΤ, Επιτροπή Delors), αλλιώς
αρκεί κάποιος Λουξεμβούργιος (π.χ. Eurogroup, Επιτροπή Werner).

Η γαλλογερμανική αντιπαλότητα κορυφώθηκε με την σύγκρουση γύρω από τον πρώτο Πρόεδρο της ΕΚΤ.
Με την ημερομηνία έναρξης των εργασιών της ΕΚΤ να πλησιάζει, ετίθετο το θέμα του Προέδρου της· θέμα πο-
λιτικό και ταυτόχρονα συμβολικό. Ήδη από τον Απρίλιο του 1997 ο Γάλλος Πρόεδρος Jacques Chirac είχε εκ-
φράσει την άποψη ότι ο Πρόεδρος της ΕΚΤ θα έπρεπε να είναι Γάλλος υπήκοος. Για τους Γερμανούς ο πολιτι-
κός έλεγχος της ΕΚΤ ήταν ανεπιθύμητος, όμως ένας Γερμανός Πρόεδρος—ο Jurgen Stark αποτελούσε μια ιδα-
νική επιλογή—θα έδινε την εντύπωση ότι η ΕΚΤ ήταν πράγματι ένα παράρτημα της Bundesbank, εντύπωση
που όλες οι πλευρές ήθελαν να αποφύγουν. Μια συμβιβαστική υποψηφιότητα ήταν του Ολλανδού Κεντρικού
Τραπεζίτη Willem (Wim) Duisenberg που είχε την εμπιστοσύνη των Γερμανών, αλλά έχαιρε γενικότερης αποδο-
χής στον κύκλο των Κεντρικών Τραπεζιτών. Μάλιστα, το Ευρωπαϊκό Συμβούλιο του Δουβλίνου (13/12/1996) τον
είχε εκλέξει να διαδεχθεί τον Lamfalussy στην ηγεσία του ΕΝΙ από την 1/7/1997.

Φλέγοντα εσωτερικά προβλήματα (μια απεργία των φορτηγατζήδων) δεν επέτρεψαν την ενεργό ενασχόληση
της γαλλικής κυβέρνησης με το θέμα, και στις 14/5/1997 ο Duisenberg προτάθηκε ομόφωνα από το Συμβούλιο
Διοικητών Κεντρικών Τραπεζών ως μελλοντικός Πρόεδρος της ΕΚΤ (με ψήφο *και* του Trichet). Ο Chirac κλι-
μάκωσε τις επιθέσεις εναντίον της υποψηφιότητας Duisenberg, προτείνοντας τον Διοικητή της Τράπεζας της
Γαλλίας Jean-Claude Trichet αντ' αυτού. Με τον τρόπο αυτό θα επετύγχανε τον διορισμό ενός Γάλλου στην
Προεδρία της ΕΚΤ, αλλά και θα ξεφορτωνόταν τον Γάλλο Κεντρικό Τραπεζίτη, του οποίου η περιοριστική πο-
λιτική προκαλούσε δυσκολίες στο οικονομικό πρόγραμμα του Chirac. Μέχρι την Διάσκεψη στις Βρυξέλλες
(2/5/1998) η σύγκρουση είχε οξυνθεί τόσο που ο Chirac και ο Ολλανδός Πρωθυπουργός Wim Kok απειλούσαν ο

καθένας με βέτο την υποψηφιότητα του άλλου (Servaty 1998, 5) και ο Kohl ήταν εξοργισμένος από την επίπτωση που θα είχε αυτή η διένεξη στην προεκλογική του εκστρατεία.

Τελικά ο Duisenberg, χολωμένος από την γαλλική υπαναχώρηση, πρότεινε να διορισθεί ο ίδιος όπως προβλεπόταν, και να παραιτηθεί λίγο αργότερα, προφασιζόμενος το προχωρημένο της ηλικίας του (Donnelly 2004, 196–200· Jones 1998). Τελικά αυτός ο γαλλογερμανικός μικροπολιτικός συμβιβασμός θα αποφάσιζε την κεφαλή της Κεντρικής Τράπεζας της μεγαλύτερης αγοράς του κόσμου. Τον Φεβρουάριο του 2002, επικαλούμενος λόγους ηλικίας, ο Duisenberg ανακοίνωσε ότι θα παραιτείτο την ημέρα των γενεθλίων του, στις 9/7/2003 (ΕΚΤ 2002).

Μοναδικό κώλυμα στην παραίτησή του ήταν οι δικαστικές περιπέτειες του αντικαταστάτη του, Jean-Claude Trichet. Ο Trichet ήταν υπόδικος για την αδιαφανή διάσωση της γαλλικής κρατικής τράπεζας *Credit Lyannais* το 1992–93, την περίοδο δηλαδή που ήταν διευθυντής του γαλλικού θησαυροφυλακίου. Έτσι, ο Duisenberg ανέστειλε για λίγους μήνες την απόφασή του και παραιτήθηκε την 1/11/2003, αφού ο Trichet είχε απαλλαγεί των κατηγοριών (τον Ιούνιο του 2003).

Θεωρητικά, στην παραπάνω διαμάχη δεν ετέθησαν σε διαπραγμάτευση θέματα ουσίας, όσο κύρους. Αφενός και οι δύο Κεντρικοί Τραπεζίτες μοιραζόντουσαν την φήμη του συντηρητικού τραπεζίτη, αφετέρου η θέση του Προέδρου του ΔΣ της ΕΚΤ δεν είχε τόσο εξέχουσα σημασία στις αποφάσεις της Τράπεζας. Στην πράξη όμως, το περιστατικό αυτό αποδεικνύει ότι ο έλεγχος του νομισματικού συστήματος αποτελεί μάχη ισχύος και όχι αντικείμενο ψυχρής τεχνοκρατικής διοίκησης. Σε μια τέτοια περίπτωση δεν θα είχε σημασία αν ο Πρόεδρος της ΕΚΤ ήταν Γάλλος, Ολλανδός ή… ρομπότ.

Οι πρώτες συμμετοχές

Στην σύνοδο του Ευρωπαϊκού Συμβουλίου που έλαβε χώρα στις Βρυξέλλες στις 1–3/5/1998, εκτός από την δωδεκάωρη κοκορομαχία για τον Πρόεδρο της ΕΚΤ, ανακοινώθηκαν οριστικώς τα 11 νομίσματα και τα 15 κράτη (συμπεριλαμβάνοντας το Βατικανό, το Σαν Μαρίνο, το Μονακό και την Ανδόρα) που θα συμμετείχαν στην γ΄ φάση της ΟΝΕ (θα ξεκινούσε την 1/1/1999). Εκεί «κλειδώθηκαν» οι διμερείς ισοτιμίες μεταξύ των νομισμάτων τους αλλά όχι η ισοτιμία τους ως προς το ευρώ· καθώς η ισοτιμία τους ως προς τα άλλα νομίσματα—και το δολάριο—παρέμενε μεταβλητή, μεταβλητή παρέμενε και η αξία του επίσημου ECU που θα έδινε την θέση του στο ευρώ. Η τελική ισοτιμία κάθε νομίσματος θα μπορούσε να προσδιορισθεί μόνον στο τέλος της 31/12/1998, από τις επίσημες ισοτιμίες κάθε νομίσματος ως προς το δολάριο, σύμφωνα με τον υπολογισμό που δίνεται στον Πίνακα 25.72. Μέχρι τότε, η ισοτιμία του ευρώ παρέμενε μεταβλητή, τόσο ως προς τα νομίσματα που απάρτιζαν το «καλάθι», όσο και προς τα υπόλοιπα νομίσματα.

Η Ελλάδα δεν θα ήταν ανάμεσά τους καθώς δεν πληρούσε ακόμη τις προϋποθέσεις βάσει των κριτηρίων σύγκλισης. Επίσης, εκτός ευρώ θα επέλεγαν να μείνουν η Δανία, η Σουηδία και η Βρετανία που αν και μπορούσαν βάσει κριτηρίων, δεν επιθυμούσαν να συμμετάσχουν. Η μεν Βρετανία και Δανία είχαν εξασφαλίσει αυτό το δικαίωμα βάσει των διαπραγματεύσεών τους πριν υπερψηφίσουν τη Συνθήκη του Μάαστριχτ. Η Σουηδία όμως, που εντάχθηκε στην ΕΕ το 1995 ήταν υποχρεωμένη να ενταχθεί στο ευρώ μόλις πληρούσε τις αναγκαίες συνθήκες. Μία από αυτές ήταν η διετής παραμονή στο διάδοχο σχήμα του ΜΣΙ, τον ΜΣΙ ΙΙ, ο οποίος θεσμοθετήθηκε μετά την ένταξή της, από το Ευρωπαϊκό Συμβούλιο του Δουβλίνου τον Δεκέμβριο του 1996. Καθώς η συμμετοχή στον ΜΣΙ ΙΙ είναι προαιρετική, η Σουηδία βρήκε έναν τρόπο να μην πληροί τις προϋποθέσεις για την ένταξή της στο ευρώ. Μέχρι και σήμερα, και παρά το σχετικό δημοψήφισμα του 2003, η Ευρωπαϊκή Επιτροπή συμπεριφέρεται ωσάν η Σουηδία να είναι στον προθάλαμο της ΟΝΕ, διατηρώντας στην ιστοσελίδα της την δήλωση: «*Sweden joined the European Union in 1995 and has not yet adopted the euro, but in accordance with the Treaty it will do so once it meets the necessary conditions*» (Ευρωπαϊκή Επιτροπή 2012).

19.9 Θεωρητικές προσεγγίσεις εναντίον της νομισματικής ένωσης

Έχοντας την εκ των υστέρων γνώση είναι βεβαίως εύκολο να κρίνουμε εκ του αποτελέσματος. Είναι όμως χρήσιμο να παραθέσουμε κάποια προβληματικά στοιχεία της Συνθήκης που ήταν ορατά από τα πρώτα βήματα της

ΟΝΕ. Οι παρακάτω απόψεις δεν παρατίθενται ως θέσφατα αυθεντιών, ιδίως όταν προέρχονται από οικονομολόγους· όπως και οι υποστηρικτές της ΟΝΕ, έτσι και οι επικριτές της δεν είναι λειτουργοί κάποιας στέρεας επιστήμης αλλά, στην καλύτερη περίπτωση, μιας τέχνης. Αυτό που θέλω να δείξω με την περιληπτική παράθεση των παρακάτω απόψεων είναι ότι υπήρξαν επαγγελματίες του χώρου που κατάφεραν να προβλέψουν τις αρνητικές συνέπειες μιας νομισματικής ένωσης, συνέπειες που οι υποστηρικτές της πεισμόνως αρνούντο, όταν αυτές κατάφερναν να διασπάσουν το φράγμα της γραφειοκρατίας και των ΜΜΕ.

Ένας από τους πρώτους που σχολίασαν αρνητικά το ενδεχόμενο της ΟΝΕ ήταν ο Derek Mitchell, γραφειοκράτης καριέρας του βρετανικού θησαυροφυλακίου (Mitchell 1973· αναφέρεται στο: Marsh 2011, 70):

> What we are talking about is pooling of reserves which in its complete form would take us at one move to full EMU. Full EMU would deprive member countries of many of the policy instruments needed to influence their economic performances and (particularly in the case of the exchange rate) to rectify imbalances that arise between them... In an EMU, equilibrium could only then be restored by inflation in the 'high performance' countries and unemployment and stagnation in the 'low performance' countries, unless central provision is made for the imbalances to be offset by massive and speedy resource transfers».

Το σχόλιο αυτό έγινε *το 1973*, όταν η Βρετανία συζητούσε το ενδεχόμενο επιστροφής στο «φίδι»!

Ο Martin Feldstein διέκρινε τον καθαρά πολιτικό χαρακτήρα της ΟΝΕ και έθετε ένα ερώτημα αντίστροφο από το σύνηθες:

> Those who question the advisability of adopting a single currency and a federal structure for Europe are asking: "Are the economic benefits great enough to outweigh the political disadvantages of the federal structure for Europe that would follow the adoption of a single currency?" That gets the key question exactly backwards. As an economist who watches the debate from across the ocean, my judgment is that a single currency for Europe would be an economic liability. The proper question therefore is: "Would the political advantages of adopting a single currency outweigh the economic disadvantages?" [...] EMU is sought by those who want to move to a political union among the current members of the European Community. They seek a common currency both as a public symbol of super-nationhood and as an effective way to shift decisions on monetary and eventually fiscal policy from national capitals to Brussels.

Ο Feldstein (1992a) υποστήριζε ότι το ενιαίο νόμισμα θα είχε αρνητικές οικονομικές συνέπειες στο εμπόριο, τους μισθούς και την ανεργία και ότι μεταξύ των ευρωπαϊκών κρατών έλειπε ο μηχανισμός μεταφοράς πόρων που υπήρχε μεταξύ των αμερικανικών Πολιτειών:

> A currency union means, of course, that nominal exchange rates cannot adjust to achieve a needed change in the real exchange rate. The local price level must, therefore, adjust to bring about the change in the real exchange rate. Thus a 10% fall in the real value of a currency can be achieved either by a 10% fall in the nominal exchange rate or by a 10% fall in local wages and prices [...]
>
> When the Massachusetts economy turns down, the residents of Massachusetts send fewer tax dollars to Washington and receive more in transfers from the federal government. To the extent that the Massachusetts downturn is greater than the downturn in the nation as a whole, the result of this fiscal structure is a permanent transfer to Massachusetts. Thus even though Massachusetts lacks an independent monetary policy, a decline in the state's economy automatically triggers a stabilising shift in fiscal policy.
>
> Nothing comparable to America's fiscal system exists in Europe, where virtually all taxes are paid to national and local governments. There is no fiscal transfer from the EC as a whole to countries that experience a relative cyclical decline. Without such a centralised fiscal system, shocks to aggregate demand that are geographically focused, or shifts in the real equilibrium values of national exchange rates, have a bigger impact on regional income and employment.
> **If a single currency is accepted, national governments might soon have to decide whether to accept the greater volatility of employment and incomes that comes from abandoning an independent monetary policy and flexible exchange rate, or accept instead the loss of national sovereignty over taxes and spending** (*έμφαση δική μου*).

Ομοίως απαισιόδοξος ήταν και ο Milton Friedman (1997):

> Europe exemplifies a situation unfavourable to a common currency. It is composed of separate nations, speaking different languages, with different customs, and having citizens feeling far greater loyalty and attachment to their own country than to a common market or to the idea of Europe.

Οι απόψεις των Αμερικανών οικονομολόγων για το ζήτημα της ΟΝΕ ήταν τέτοιες που συνοψίσθηκαν σε άρθρο ανασκόπησης με τίτλο: «*Το ευρώ: Δεν μπορεί να συμβεί, Είναι Κακή ιδέα, Δεν θα διαρκέσει*» (Jonung και Drea, European Commission και Directorate-General for Economic and Financial Affairs 2009). Οι συγγραφείς του άρθρου υπογράμμισαν ότι ο σκεπτικισμός προερχόταν κυρίως από την χρήση της θεωρίας της Βέλτιστης Νομισματικής Περιοχής (Optimum Currency Area, OCA) ως αναλυτικού εργαλείου, μιας θεωρίας της οποίας την βασιμότητα αμφισβήτησαν. Κατά την θεωρία αυτή του Robert Mundell (1961), μια ευρύτερη περιοχή (ομάδα κρατών, ομοσπονδία) είναι «βέλτιστη» για την χρήση κοινού νομίσματος (ή κλειδωμένων ισοτιμιών) αν διακρίνεται από εσωτερική κινητικότητα συντελεστών παραγωγής, ελαστικότητα τιμών και μισθών, δημοσιονομικό σύστημα μεταφοράς πόρων προς ελλειμματικές περιφέρειες ή οικονομικούς τομείς και από συγχρονισμένους οικονομικούς κύκλους των περιοχών αυτών.

Παράλληλα υπογράμμισαν ότι αυτός ο σκεπτικισμός προερχόταν από τον ακαδημαϊκό χώρο—πιο επηρεασμένο από αυτήν την θεωρία—σε αντίθεση με τους οικονομολόγους της Fed που ήταν πιο αισιόδοξοι για το εγχείρημα. Αν και οι συγγραφείς απέδωσαν τμήμα του σκεπτικισμού σε εχθρότητα από την ενδεχόμενη απειλή της εκθρόνισης του δολαρίου ως παγκόσμιου αποθεματικού νομίσματος, θα πρέπει να σημειωθεί ότι ο ένας από τους συγγραφείς, ο Lars Jonung, ήταν υπάλληλος της Ευρωπαϊκής Επιτροπής στην Γεν. Διεύθυνση Οικονομικών και Χρηματοδοτικών Υποθέσεων (DG ECFIN). Επιπλέον, η έκδοση *Economic Papers* ήταν επίσης έκδοση της Επιτροπής, άρα είχε κίνητρο να υπερασπισθεί το εγχείρημα έναντι πάσης κριτικής. Πράγματι, ποτέ οι ΗΠΑ— σε ακαδημαϊκό, γραφειοκρατικό, ή πολιτικό επίπεδο—δεν προσπάθησαν να ανακόψουν την ευρωπαϊκή νομισματική ενοποίηση. Π.χ. μελέτη του Trachtenberg για την περίοδο 1969–74, υποδεικνύει ότι το κλίμα ήταν μάλλον ενθαρρυντικό· πολιτικό προσωπικό όπως ο Paul Volcker (Υφυπουργός Οικονομικών), ο George Shultz (Γραφείο Διοίκησης και Προϋπολογισμού του Λευκού Οίκου), ο Arthur Burns (Διοικητής της Fed) και ο Henry Kissinger (Σύμβουλος Εθν. Ασφαλείας) έκαναν ανοιχτά θετικές εισηγήσεις υπέρ της κοινής διακύμανσης των ευρωπαϊκών νομισμάτων έναντι του δολαρίου, θεωρώντας μάλιστα ότι η αποχώρηση των ΗΠΑ από το Μπρέτον Γουντς θα έδινε ώθηση στην ευρωπαϊκή ολοκλήρωση. Και παρότι ο R. Nixon ήταν καχύποπτος στην ιδέα ενός ευρωπαϊκού μπλοκ δεν έκανε κάτι για να τορπιλίσει το «φίδι» (Trachtenberg 2011).

Όμως οι προειδοποιήσεις σχετικά με την υιοθέτηση ενός κοινού νομίσματος ερχόντουσαν και από την εδώ όχθη του Ατλαντικού. Την ασυμβατότητα μεταξύ ύπαρξης κοινού νομίσματος και απουσίας κοινού προϋπολογισμού δεν παρέλειψαν να θίξουν διάφοροι αναλυτές κατά την συζήτηση της Συνθήκης του Μάαστριχτ. Έγραφε ο Βρετανός Wynne Godley (1992): «*If a country or region has no power to devalue, and if it is not the beneficiary of a system of fiscal equalisation, then there is nothing to stop it suffering a process of **cumulative and terminal decline leading, in the end, to emigration as the only alternative to poverty or starvation***» (έμφαση δική μου). Η Ελλάδα μετά το 2010 αποτελεί ίσως την πιο χτυπητή επιβεβαίωση αυτής της πρόβλεψης.

Στα σπλάχνα της ΕΕ, ο Bernard Connolly (1995, 58–59), Βρετανός γραφειοκράτης της ΕΕ, απολύθηκε όταν δημοσίευσε την ιστορία του ΜΣΙ, τον οποίο αποκάλεσε «Σάπια καρδιά της Ευρώπης»:

> *A single currency in Europe would be consistent with integration, economic convergence, with the drawing of full advantage from capital liberalization and with a successful Single Market only if asymmetric real shocks were of minimal importance. For this to happen, the process of levelling-up of productivity and income standards would have had to be completed [...] Even that would not be enough: the whole 'economic culture' would have had to become totally uniform across countries, to rule out the possibility of future divergence [...] What is more, there would have to be complete certainty that no country in the monetary union could ever move away from this state of conformity in the future. That list of conditions amounts, in effect, to the prior existence of a single government - complete political union. But of course, if all these prior conditions were satisfied, exchange rates would be stable in any case. There would be no need for a single currency - its only benefit would be the elimination of exchange transactions costs. But these are already piffling (even the Commission itself in 1990 estimated them at less than 0.5% of Community GOP... In short, there is no meaningful economic argument for a single currency in Europe - now or ever.*
> ***A currency has meaning because it expresses national monetary sovereignty. The circumstances that might make a country want to give up its national monetary sovereignty irrevocably can never have anything rationally to do with economics [...] A reason can be found only in politics [...]*** *(έμφαση δική μου).*

Αλλά και ο Γερμανοβρετανός Ralf Dahrendorf (1998, 32–33) έβλεπε μια ΟΝΕ οικονομικής επιβράδυνσης και εσωτερικής διαίρεσης:

> *EMU is a project dreamed up by politicians with more faith in political will than economic sense. It will divide Europe like nothing else since 1945 [...] Pretty soon the people of Europe will realise that the great promises with which their leaders have sold them the project will not come true. Growth will be dependent on the same old internal and external factors, and Asia will be more important for them than EMU. Unemployment may even rise if EMU encourages companies to fall prey to the epidemic of merger-mania[...]*
>
> *Fiscal policy is for many probable members of EMU a much less dispensable element of sover-eignty than money. Even Luxembourg may be reluctant to give up its comparative advantages in this regard. The remarkable difficulties in harmonising VAT (to say nothing of exemptions from it) tell the story.*

Κλείνω αυτή την σύντομη αναδρομή επαναλαμβάνοντας ότι σκοπός της δεν ήταν ούτε να κάνει μια εξαντλητική αναφορά στην κριτική απέναντι στην ΟΝΕ, αλλά ούτε να παρουσιάσει τις αντίθετες απόψεις εν είδει θεσφάτων. Σκοπός μου ήταν να δείξω ότι κάποιες πραγματικότητες ήταν δυνατόν να προβλεφθούν, και πράγματι προβλέφθηκαν. Απλώς τα προκύπτοντα συμπεράσματα ήταν αντίθετα προς την προειλημμένη πολιτική απόφαση της ΟΝΕ.

Η ΕΛΛΗΝΙΚΗ ΠΟΡΕΙΑ ΠΡΟΣ ΤΟ ΚΟΙΝΟ ΝΟΜΙΣΜΑ

20

Αν είχαμε όλοι μία πίστη
Θεό και δίκαιο στο μυαλό
Κοινά μέτρα, σταθμά, νόμισμα και χρήμα
Όλα θα ήταν καλύτερα σε τούτο τον κόσμο[1]
Φίλιππος Α' της Έσσης (1504–1567)

Τις παραμονές της ψηφισης της συνθήκης του Μάαστριχτ, η Ελλάδα ήταν μια χώρα που άλλαζε, μέσα σε έναν κόσμο στον οποίο κάθε είδους σύνορα κατέρρεαν, και με αναδυόμενες ιδεολογίες που επέτασσαν επιλογές όπως η ΟΝΕ. Η επιθετική παγκοσμιοποίηση που προωθούσαν οι ΗΠΑ (παγκόσμιο εμπόριο, ανοιχτές αγορές, απουσία κρατικών ρυθμίσεων, επέκταση της ατλαντικής «αυτοκρατορίας» κλπ) προέβλεπε χαμηλού κόστους και υψηλής κινητικότητας εργατικό δυναμικό, κράτη μειωμένης ισχύος, οικονομίες με ελάχιστο, ή και καθόλου, κρατικό έλεγχο και φυσικά, απεριόριστη δυνατότητα νατοϊκών στρατιωτικών παρεμβάσεων σε όλα τα μήκη και πλάτη της υδρογείου. Τέτοιες απαιτήσεις καθίσταντο πιο εύκολα επιτεύξιμες αν εντάσσονταν σε ουδέτερες ιδεολογίες. Αυτές τις στοχεύσεις εξυπηρέτησαν δύο φαινομενικά αντίθετες ιδεολογικές κατευθύνσεις: ο φιλελευθερισμός και η Αριστερά, αμφότερες ευαγγελιζόμενες τον θάνατο του κυρίαρχου κράτους ως αναχρονιστικού θεσμού.

Η ιδεολογία αυτή ήταν η πλέον πρόσφορη για την προώθηση της ΟΝΕ, καθώς ο θάνατος του κράτους ήταν αλληλένδετος με τον ακρωτηριασμό μιας από τις κυριότερες κρατικές λειτουργίες, την έκδοση χρήματος. Και αυτή δεν ήταν η μόνη κρατική λειτουργία που στοχοποιείτο. Αμφότερες οι ιδεολογίες αποστρέφονταν τα εθνικά σύνορα· η μεν καταδικάζοντας τον προστατευτισμό και τις ρυθμίσεις της εσωτερικής αγοράς από κυρίαρχα κράτη, η δε καταδικάζοντας τον οικονομικό εθνικισμό και τον περιορισμό της εισόδου μεταναστών. Δεν είναι τυχαίο που αμφότερες διατράνωναν την αντίθεσή τους σε μια «Ευρώπη φρούριο», όρο στον οποίο καθεμία προσέδιδε την δική της σημασία. Το κουφάρι του κράτους θα κληρονομούσε είτε η «ελεύθερη αγορά» των πολυεθνικών, μέσω ιδιωτικοποιήσεων, είτε η «κοινωνία των πολιτών» μέσω διαφόρων Μη Κυβερνητικών Οργανώσεων που χρηματοδοτούνταν από αυτές τις ίδιες πολυεθνικές. Αμφότεροι αντικαθιστούσαν το παρεμβατικό και γραφειοκρατικό «κράτος παροχών» κεϋνσιανού τύπου, με ένα αποστασιοποιημένο μη παρεμβατικό «κοινωνικό κράτος» φιλανθρωπικού τύπου, όπως ανέλαβαν να εξηγήσουν εκσυγχρονιστικές γραφίδες (Πρετεντέρης 1996a, 4/Α4).

Πρόβα τζενεράλε αυτής της μικτής ιδεολογίας θα ήταν ο διαμελισμός ενός κράτους που αρνήθηκε να να απορρυθμίσει την οικονομία του για την υποδοχή του Δυτικού κεφαλαίου. Η Γιουγκοσλαβία κατ' αρχήν διαμελίσθηκε μέσω οικονομικού αποκλεισμού και εμφυλίου πολέμου, και εν συνεχεία η Σερβία βομβαρδίσθηκε ανηλεώς. Σε αμφότερες τις περιστάσεις άλλοθι παρείχε η επίκληση της προστασίας των μειονοτήτων, με την ευρωπαϊκή Αριστερά των Γιόσκα Φίσερ, Ντανιέλ Κον-Μπεντίτ, Ρόμπιν Κουκ, Μάσιμο Ντ'Αλέμα και Μπερνάρ Κουσνέρ να επικροτεί την ρίψη βομβών για την επίτευξη της ειρήνης.

20.1 Το ιδεολογικό υπόβαθρο της ελληνικής συμμετοχής στην ΟΝΕ

Στην Ελλάδα, η συνάντηση αυτών των δύο ιδεολογικών ρευμάτων ονομάσθηκε «εκσυγχρονισμός». Στην Δεξιά βρήκε πολιτική έκφραση στον νεοφιλελευθερισμό των Κωνσταντίνου Μητσοτάκη, Στέφανου Μάνου και Ανδρέα Ανδριανόπουλου. Στην Αριστερά βρήκε έκφραση τόσο κοινοβουλευτικά στον Συνασπισμό του Λεωνίδα Κύρκου και της Μαρίας Δαμανάκη, όσο και εξωκοινοβουλευτικά, π.χ. στην *Κίνηση για τα Κοινωνικά και Πολιτικά Δικαιώματα* και στους *Οικολόγους Πρασίνους*. Πολιτικά όμως, απογειώθηκε από τον Κωνσταντίνο Σημίτη. Σε πρόπλασμα ο

---

[1] Hätten wir alle einen Glauben/Gott und Gerechtigkeit vor Augen/Ein Gewicht, Maß, Münz und Geld/Dann stände es besser in dieser Welt.

χώρος αυτός άρχισε να σχηματοποιείται το 1991–1992 στον *Όμιλο Προβληματισμού για τον Εκσυγχρονισμό της Κοινωνίας* (ΟΠΕΚ) που ίδρυσε ο Κ. Σημίτης, και στον οποίο συστεγάστηκαν επιχειρηματίες (Γιώργος Βερνίκος), νεοφιλελεύθεροι τεχνοκράτες (Νίκος Γκαργκάνας, Λουκάς Παπαδήμος, Γιάννης Σπράος) και αριστεροί πολιτευτές (Λευτέρης και Μιχάλης Παπαγιαννάκης, Σπύρος Δανέλλης, Νίκος Γρατσίας) μαζί με στελέχη του Πασόκ (Π. 1996, 10). Μετά το 1996, όταν ο Σημίτης θα επικρατούσε στην κούρσα για την διαδοχή του Α. Παπανδρέου, ο εκσυγχρονισμός θα αναδεικνυόταν σε κρατική ιδεολογία. Για το εκσυγχρονιστικό Πασόκ, η «ανανεωτική» Αριστερά λειτούργησε αφενός ως δεξαμενή στελεχιακού δυναμικού μέσω μαζικών μετεγγραφών, αλλά και ως ιδεολογική δεξαμενή σκέψης από διανοούμενους του χώρου.[2] Οι εκπρόσωποι του εκσυγχρονισμού επικράτησαν σε Υπουργεία, Πανεπιστήμια, Ερευνητικά Κέντρα και σε κάθε βαθμίδα της κρατικής μηχανής, με ποιο χαρακτηριστικό παράδειγμα την άνευ πτυχίου Καθηγήτρια, Θάλεια Δραγώνα.[3] Ταυτόχρονα ο εκσυγχρονισμός αναδείχθηκε σε κυρίαρχη ιδεολογία στον Τύπο, στις τέχνες και στα γράμματα.

Στον νομισματικό τομέα, η έκφραση της εκσυγχρονιστικής ιδεολογίας—αν όχι ιδεοληψίας—εκφράσθηκε με την επίμονη προσπάθεια για είσοδο στην ζώνη του ευρώ, ενός ισχυρού νομίσματος που ενσάρκωνε τις εκσυγχρονιστικές προσδοκίες για μια «ισχυρή» και «ευρωπαϊκή» Ελλάδα. Όπως παρουσιάζεται και στο επόμενο κεφάλαιο, η συμμετοχή στην ΟΝΕ ήταν μια επιλογή που, από την ψήφιση της Συνθήκης του Μάαστριχτ, στήριξαν μαζί με την ΝΔ αμφότερες οι πτέρυγες του εκσυγχρονισμού πριν αμαλγαματοποιηθούν στο σημιτικό Πασόκ. Για τον λόγο αυτό μπορεί να θεωρηθεί ότι ο «εκσυγχρονισμός» ήταν η ιδεολογική δεξαμενή που προώθησε την πολιτική απόφαση του κοινού νομίσματος. Η επιλογή αυτή οδήγησε σε ένα μονοπάτι με θολή μέχρι στιγμής συνέχεια και άγνωστες συνέπειες, ακόμα και για την ίδια την ακεραιότητα της χώρας.

20.2 Η μεταπολίτευση σε κρίση

Ένα βήμα πριν την κατάρρευση

Χαρακτηριστικό της περιόδου των αρχών της δεκαετίας του 1990 είναι η κατάρρευση που είχε σχεδόν επέλθει στην ελληνική οικονομία και στο ελληνικό κράτος. Το περιστατικό συναλλαγματικής ασφυξίας του Ιουνίου του 1985 που αφηγείται ο Δημήτριος Χαλικιάς (βλ. παρ. 18.3) ήταν απλός προάγγελος των όσων θα ακολουθούσαν. Κατά τα τέλη της δεκαετίας του 1980 και τις αρχές της δεκαετίας του 1990 ήταν κοινός τόπος μεταξύ όλων των πληροφορημένων αναλυτών ότι το ελληνικό κράτος είχε φτάσει ένα οριακό σημείο (Δ. Στεργίου 2001). Το Πασοκικό κόμμα-κράτος είχε δημιουργήσει ένα σύνολο υποχρεώσεων—π.χ. απέναντι στις προβληματικές του ΟΑΕ—που διατηρούσαν το έλλειμμα συνεχώς σε υψηλά επίπεδα, χωρίς ταυτόχρονα να αποτελούν παραγωγικές επενδύσεις. Με την περιστολή της πιστοδότησης από την ΤτΕ, αυτό το έλλειμμα καλυπτόταν από δημόσιο δανεισμό εκτινάσσοντας το δημόσιο χρέος σε δυσθεώρητα ύψη. Με την σειρά του, αυτό το χρέος συντηρούσε τα ελλείμματα καθώς απαιτούσε πληρωμές τόκων και χρεωλυσίων για την εξυπηρέτησή του. Ήταν ένας τέλειος φαύλος κύκλος.

Η περίοδος της κυβέρνησης Τζανετάκη, αλλά και αργότερα της Οικουμενικής υπό τον Ξ. Ζολώτα, παρόξυναν το πρόβλημα καθώς τα συνεργαζόμενα κόμματα είχαν επιταχύνει προσλήψεις και αυξήσεις σε μισθούς και συντάξεις με το βλέμμα στραμμένο στην επόμενη εκλογική αναμέτρηση. Εξαιρετικά ανήσυχος θα δήλωνε ο Άγγελος Αγγελόπουλος, στον οποίο ο τότε Πρωθυπουργός Ξενοφών Ζολώτας είχε αναθέσει την σύνταξη ειδικής έκ-

---

[2]Π.χ., από τους κόλπους του Συνασπισμού θα προέρχονταν διάφοροι υπουργοί και βουλευτές του εκσυγχρονιστικού Πασόκ (Σπύρος Βούγιας, Μαρία Δαμανάκη, Μίμης Ανδρουλάκης, Νίκος Μπίστης), ανώτερα στελέχη κρατικών φορέων (Νίκος Γρατσίας, Σωτήρης Βαλντέν, Πάνος Παπαδόπουλος, Δανάη Αντωνάκου) και κομματικά στελέχη (Παύλος Αθανασόπουλος, Τερέζα Μπούκη, Πέτρος Κουναλάκης). Για πολλούς εξ' αυτών ο ΣΥΝ ήταν απλώς η ενδιάμεση στάση, καθώς προέρχονταν από το ΚΚΕ (Δαμανάκη, Ανδρουλάκης). Ο ευρύτερος χώρος της ανανεωτικής Αριστεράς θα συνεισέφερε και διανοούμενους που στελέχωσαν Πανεπιστήμια, ερευνητικά κέντρα, ιδρύματα και ΜΜΕ επί των εκσυγχρονιστικών κυβερνήσεων του Πασόκ, αλλά και μετά (Κωνσταντίνος Τσουκαλάς, Αντώνης Λιάκος, Νίκος Μουζέλης, Ριχάρδος Σωμερίτης). Με τα χρόνια το Πασόκ θα συνήπτε συνεργασία και με τους «καθαρόαιμους» φιλελεύθερους, όπως ο Στέφανος Μάνος και ο Ανδρέας Ανδριανόπουλος, στον χώρο των οποίων κινούνταν και κρατικοί διανοούμενοι όπως ο Θάνος Βερέμης.

[3]Έλαβε Διδακτορικό δίπλωμα Ψυχολογίας (1984) σε πανεπιστήμιο της Βρετανίας κατέχοντας πτυχίο Bachelor από το Deree. Το ΔΙΚΑΤΣΑ της αναγνώρισε το Διδακτορικό (24/1/1986) με διασταλτική ερμηνεία του νόμου, σημειώνοντας στην βεβαίωση ότι «*η ενδιαφερομένη στερείται βασικού τίτλου σπουδών*». Παρ' όλα αυτά, το 1990 εξελέγη Αναπληρώτρια Καθηγήτρια του Πανεπιστημίου Αθηνών και έφτασε μέχρι το αξίωμα της Ειδικής Γραμματέως του Υπουργείου Παιδείας (2009).

θεσης για την ελληνική οικονομία (Χαρδαβέλλας 1990, 27–28). Το *Προγραμματικό πλαίσιο για σταθεροποίηση και ανάπτυξη της ελληνικής οικονομίας* που δημοσίευσε η «Επιτροπή Αγγελόπουλου»[4] ήταν τόσο δυσάρεστο και απαισιόδοξο που παρουσιάσθηκε—πολύ βολικά—μόλις δύο ημέρες πριν τις εκλογές της 8/4/1990 από τις οποίες θα προέκυπτε η κυβέρνηση του Κ. Μητσοτάκη (πλήρες κείμενο: *Οικονομικός Ταχυδρόμος* 1990, 49–56). Σχεδόν ταυτόχρονα, σε επιστολή της 19/3/1990 προς τον Ξενοφώντα Ζολώτα, ο J. Delors θα διαπίστωνε σε εξαιρετικά αυστηρό τόνο (Δ. Στεργίου 2004, 75–77):

> *Μετά από μερικές αρχικές επιτυχίες [το δάνειο του 1985–1986] [...] η κατάσταση στην Ελλάδα επιδεινώθηκε και πάλι σοβαρά, ιδιαίτερα κατά το 1989, έτσι ώστε να αποτελεί σήμερα σοβαρή αιτία ανησυχίας για όλους μας». Στον ίδιο τόνο ο Ευρωπαίος αξιωματούχος προειδοποιούσε ότι «το μέγεθος και η αύξηση του δημόσιου χρέους και του εξωτερικού χρέους της χώρας σας κινδυνεύουν να βλάψουν την φερεγγυότητα της Ελλάδος [...] [Η] σοβαρή διαφορά που διαπιστώνεται ανάμεσα στην οικονομική εξέλιξη της Ελλάδος κι εκείνη των άλλων χωρών της Κοινότητας, κινδυνεύει να υπονομεύσει μόνιμα την πορεία της χώρας σας προς την ενιαία αγορά, την Οικονομική και Νομισματική Ένωση και την ευρωπαϊκή ενοποίηση [...] Όσο για την Επιτροπή, θα βρισκόταν σε δύσκολη θέση να έχει συμμετάσχει και συνδέσει την ίδια την αξιοπιστία της σε απόφαση δανείου του οποίου οι όροι δεν τηρήθηκαν από τον οφειλέτη.*

Αλλά και ο ίδιος ο Ζολώτας θα αποκάλυπτε τον Μάιο του 1990 (Π. Βασιλόπουλος 1990, 24–32, έμφαση στο πρωτότυπο):

> *Είχα συγκλονισθεί από τα ακάλυπτα ελλείμματα μηνιαία του δημοσίου τα οποία δεν υπήρξαν ποτέ άλλοτε και είχαν αρχίσει μέσα στο 1989 [...] Όταν ανέλαβα την Κυβέρνηση και ζήτησα να πληροφορηθώ πόσα είναι τα μηνιαία ελλείμματα, μου εδηλώθη «περίπου 80 δισεκ.». Δεν ήξεραν ακριβώς. Και βρέθηκε ο Νοέμβριος με 150 και ο Δεκέμβριος με 350 δισεκατομμύρια. Τερατώδες άνοιγμα... [...] Εκεί όμως που είχε φτάσει το ακάλυπτο έλλειμμα τον τελευταίο καιρό, ούτε η Τράπεζα της Ελλάδος το ήξερε, ούτε ο υπουργός των Οικονομικών. **Κανείς δεν το ήξερε. Το διανοείσθε αυτό εν έτει 1989;***

Την ίδια κατάσταση αναγνώριζαν και αναλυτές στο εξωτερικό. Ο ΟΟΣΑ θα σημείωνε ότι «*Less than two years after the expiry of the 1986–1987 Stabilisation Programme [...] [p]ublic sector borrowing requirements are running at record levels, the current balance of payments has relapsed into a sizeable deficit and the earlier slowdown of inflation has been reversed*» (OECD 1990, 1990:1).

Και τα παραπάνω δεν ήταν κοινότοπες διαπιστώσεις χρονίων προβλημάτων. Τον Δεκέμβριο του 1989 ο Διοικητής της ΤτΕ Δ. Χαλικιάς ανακοίνωσε ότι δεν θα πλήρωνε υποχρεώσεις του κράτους όταν ο αντίστοιχος λογαριασμός δεν είχε χρήματα (Πετυχάκης 1989a, 44). Λίγες ημέρες αργότερα η Κυβέρνηση Ζολώτα ανακοίνωνε ότι θα πλήρωνε μόνον έντοκα γραμμάτια, ομόλογα, μισθούς και δώρα· ταυτοχρόνως κήρυττε στάση πληρωμών σε προμηθευτές του Δημοσίου και πάσης φύσεως επιδοτούμενους, μέχρις ευρέσεως δανειστών για να μετακυλήσει τα χρέη της (Πετυχάκης 1989b, 44). Η λύση που δόθηκε για την πληρωμή των μισθών και συντάξεων του Ιανουαρίου του 1990 ήταν ο εξωτερικός δανεισμός 750 εκ. δολαρίων (περίπου 150 δισ δρχ σε μονοετές ομολογιακό δάνειο με ρήτρα ECU, επιτόκιο 12% και 1,05% προμήθειες τραπεζών). Αλλά το πρόβλημα ήταν χρόνιο· τον Φεβρουάριο ο Υπ. Οικονομικών Γ. Σουφλιάς προειδοποιούσε ότι τον Απρίλιο θα έπρεπε να γίνει στάση πληρωμών (Νικολάου 1990, 13). Τον Μάρτιο του 1991 και η κυβέρνηση αναγκάστηκε να ζητήσει νέο δάνειο από την ΕΟΚ (είχε προηγηθεί εκείνο του 1985) ύψους 2,2 δισ ECU. Το δάνειο συνοδευόταν από νέους περιοριστικούς όρους, τους οποίους η κυβέρνηση δεν κατάφερε να υλοποιήσει, οπότε δεν έλαβε τις δύο από τις τρεις δόσεις (*Καθημερινή* 2009). Για σύγκριση, και θεωρώντας μια μέση ισοτιμία 247 δρχ/ECU για το 1992 (στοιχεία Πίνακα 25.10), το δραχμικό ισοδύναμο του δανείου ήταν περίπου 540 δισ δρχ ενώ οι καθαρές απολήψεις κοινοτικών κονδυλίων για την χρονιά αυτή ήταν 815,7 δισ δρχ (Πίνακας 25.67).

Η Ελλάδα βρισκόταν όχι μόνον ένα βήμα προ της χρεωκοπίας αλλά η εσωτερική στάση πληρωμών ήταν ήδη συχνό φαινόμενο: τον Απρίλιο του 1991 το ΙΚΑ βρισκόταν σε τεχνική στάση πληρωμών λόγω της αδυναμίας της ΤτΕ να καλύπτει υποχρεώσεις του Δημοσίου (Παπαγιαννίδης 1991, 9–11)· οι Δήμοι είχαν κάνει στάση πληρωμών στα χρέη τους προς την ΕΥΔΑΠ (*Οικονομικός Ταχυδρόμος* 1991b, 15)· ο Οργανισμός Εργατικής Κατοικίας και συνεταιρισμοί είχαν σταματήσει τις πληρωμές τους για εξυπηρέτηση δανείων από κρατικές τράπεζες (*Οικονομικός Ταχυδρόμος* 1992, 82). Η Ελλάδα βρισκόταν έτη φωτός από οποιαδήποτε δυνατότητα συμμετοχής στην ΟΝΕ.

---

[4] Ε. Βολουδάκης, Α. Γιαννίτσης, Κ. Δρακάτος, Σ. Θωμαδάκης, Λ. Παπαδήμος και Γ. Προβόπουλος.

Πώς τελικά έγινε μια τόσο μεγάλη ανατροπή; Πώς έγινε εφικτή η σύγκλιση που επέτασσε το Μάαστριχτ, έστω και ονομαστική; Προφανώς, το ένα σκέλος της απάντησης αφορά στον εκρηκτικό δανεισμό της περιόδου εκείνης, ο οποίος επέτρεψε την προσωρινή κάλυψη των ελλειμμάτων και τοκοχρεωλυσίων—εκτοξεύοντας ταυτοχρόνως το χρέος. Όμως η απάντηση αυτή θα ήταν τουλάχιστον ελλιπής χωρίς την συνεκτίμηση και ενός άλλου παράγοντα.

Ανάσα ζωής: μετανάστευση, πληθωρισμός και ανταγωνιστικότητα

Στον απόηχο της κατάρρευσης του ανατολικού μπλοκ και της επανένωσης των δύο Γερμανιών, σοβαρές ταραχές ξέσπασαν τον Δεκέμβριο του 1990 στην Αλβανία. Η αποσταθεροποίηση του καθεστώτος Αλία προκάλεσε αποδιοργάνωση της αλβανικής οικονομίας και την μαζική φυγή Αλβανών υπηκόων προς την Ελλάδα από τις αρχές του 1991. Αντίστοιχα μεταναστευτικά ρεύματα θα συνέρρεαν στην Ελλάδα και από την υπόλοιπη ανατολική Ευρώπη. Για πρώτη φορά η Ελλάδα, χώρα εξαγωγής μεταναστών όλο τον 20ό αιώνα, θα γινόταν η ίδια χώρα μαζικής υποδοχής τους, δεχόμενη άγνωστο αριθμό που τοποθετείται γύρω στις 600 χιλιάδες μέχρι το 2001 (Baldwin-Edwards with ΙΜΕΠΟ 2004).

Αφενός, αυτή η νέα πραγματικότητα έδωσε παράταση ζωής σε ένα παραπαίον οικονομικό μοντέλο. Η ανταγωνιστικότητα της ελληνικής οικονομίας για δεκαετίες είχε στηριχθεί στους εξαιρετικά χαμηλούς μισθούς, καθώς ο παρασιτικός ελληνικός καπιταλισμός είχε αναπτύξει ισχυρό εθισμό στο φθηνό εργατικό δυναμικό για να διατηρεί στοιχειωδώς την ανταγωνιστικότητά του. Μάλιστα, η κατάσταση αυτή είχε οδηγήσει και στην μαζική εισαγωγή Αφρικανών και Ασιατών μεταναστών από την Δικτατορία μετά το 1972 για την αναπλήρωση του κενού που άφηναν οι Έλληνες που μετανάστευαν στο εξωτερικό (Ρακκάς 2012, 60–62). Αυτή η ανταγωνιστικότητα δέχθηκε σοβαρό πλήγμα από το συνδικαλιστικό κίνημα της δεκαετίας του '70, τις μισθολογικές αυξήσεις της δεκαετίας του '80 και τον ανταγωνισμό εντός της ΕΟΚ. Η έλευση του μαζικού μεταναστευτικού κύματος παρείχε —εκ νέου—πολύ φθηνό εργατικό δυναμικό και επανέφερε στην κερδοφορία πολυάριθμες ελληνικές επιχειρήσεις (ανεκδοτολογικά αναφέρεται ότι ανασφάλιστοι ξένοι εργάτες εργάσθηκαν κατά κόρον ακόμη και στα Ολυμπιακά έργα για λογαριασμό των εργοληπτριών εταιρειών). Έτσι, η δεκαετία του 1995–2005 χαρακτηρίσθηκε από υψηλούς ρυθμούς αύξησης του ΑΕΠ χωρίς προφανείς διαρθρωτικές αλλαγές στην ελληνική οικονομία, εν μέρει λόγω της δεξαμενής φθηνού εργατικού δυναμικού που προσέφερε η μαζική μετανάστευση.

Επιπλέον όμως, σαφής επίδραση υπήρξε στον πληθωρισμό. Το φθηνό, και εν πολλοίς, ανασφάλιστο εργατικό δυναμικό έριξε σημαντικά το παραγωγικό κόστος για τις ελληνικές επιχειρήσεις, άρα και την δυνατότητα για συγκράτηση των τελικών τιμών των προϊόντων και υπηρεσιών τους, ενώ λειτούργησε συμπιεστικά και στις μισθολογικές διεκδικήσεις των Ελλήνων εργαζομένων (Έμκε-Πουλοπούλου 2007, 361–362). Το καινοφανές στοιχείο της μετανάστευσης την δεκαετία του 1990 ήταν ότι οι μετανάστες απασχολήθηκαν ακόμη και από τα μικρομεσαία στρώματα (υπό μορφή αγρεργατών, οικοδόμων, οικιακών βοηθών κ.ά.). Αυτή η παράμετρος του φαινομένου ήταν μεγάλης σημασίας δεδομένης της περιοριστικής πολιτικής που ακολουθήθηκε από τις επόμενες κυβερνήσεις και την ΤτΕ. Η ύπαρξή τους ως οιονεί δούλων περιόρισε τις επιπτώσεις των αντιπληθωριστικών μέτρων στο επίπεδο διαβίωσης των χαμηλών και μεσαίων στρωμάτων, αποσοβώντας θεμελιώδεις κοινωνικές αναταραχές για αρκετό χρονικό διάστημα.

Πράγματι, η κατάργηση της ΑΤΑ (1/1/1991), η πολιτική υψηλών επιτοκίων, η πολιτική της σκληρής δραχμής που είχε αρχίσει από το 1988 και ανανεώθηκε το 1995, καθώς και η σφιχτή εισοδηματική πολιτική του 3+3%[5] συνέπεσαν με την έλευση των πρώτων οικονομικών μεταναστών, οπότε και ο πληθωρισμός άρχισε μια ταχεία κάθοδο· από 23,9% τον Νοέμβριο του 1990 έπεσε κάτω από 2% τον Αύγουστο του 1999. Το εντυπωσιακό είναι ότι αυτό συνέπεσε με μια σπάνια κοινωνική και εργασιακή ειρήνη επί κυβερνήσεων Πασόκ, στην οποία συνέβαλλε και η στήριξη των συνδικάτων.[6] Επιπλέον, με προεξάρχον το περιοδικό ΚΛΙΚ, προωθήθηκε ένα καινο-

---

[5] Το 1995 οι κατώτατοι μισθοί στον Δημόσιο Τομέα αυξήθηκαν κατά 3% την 1/1 και κατά 3% την 1/6, με τον πληθωρισμό να τρέχει κοντά στο 10%.

[6] Την υποψηφιότητά Σημίτη είχαν στηρίξει οι Χρήστος Πρωτόπαπας (πρόεδρος της ΓΣΕΕ και πρώην πρόεδρος της ΟΤΟΕ), Λάμπρος Κανελλόπουλος (πρόεδρος της ΓΣΕΕ πριν τον Πρωτόπαπα), Σπ. Γιατράς (πρώην πρόεδρος της ΑΔΕΔΥ), Χρήστος Πολυζωγόπουλος (πρόεδρος του ΕΚΑ και διάδοχος του Πρωτόπαπα στην προεδρία της ΓΣΕΕ) και Σπ. Παπασπύρος (κατοπινός Πρόεδρος της ΑΔΕΔΥ). Οι τρεις πρώτοι

φανές καταναλωτικό μοντέλο που ανακύκλωνε στην Μύκονο και στην Αράχωβα τα χρήματα των πάσης φύσεως καταναλωτικών δανείων που οι τράπεζες παρακαλούσαν τους πελάτες τους να συνάψουν (βλ. παρ. 22.1). Η καταναλωτική και στεγαστική φούσκα διατηρήθηκαν για πάνω από μια δεκαετία προτού σκάσουν με την κρίση του 2008 (βλ. παρ. 22.1).

Επιβραδύνοντας τον πληθωρισμό και υποβοηθώντας την πρόσκαιρη αύξηση του ΑΕΠ, η έλευση των μεταναστών συνέβαλλε στο να επανέλθει η Ελλάδα στον δρόμο της ΟΝΕ. Όμως αυτή η δυναμική ήταν μη βιώσιμη. Αφενός, η προσφορά μιας τεράστιας μάζας φθηνού εργατικού δυναμικού ευνόησε την αναπαραγωγή επιχειρηματικών μορφών «εντάσεως εργασίας», έναντι αντιστοίχων «εντάσεως κεφαλαίου» ή «εντάσεως γνώσεως». Με άλλα λόγια, οι επιχειρήσεις δεν είχαν λόγο να επενδύσουν σε νέες τεχνολογίες ή στην έρευνα· με τόσο φθηνή εργασία στην διάθεσή τους, επέλεξαν να παραμείνουν τεχνολογικά και οργανωτικά οπισθοδρομικές· όταν θα ολοκληρωνόταν η ΟΝΕ, θα βρίσκονταν σε εξαιρετικά δυσμενή θέση έναντι των ευρωπαϊκών επιχειρήσεων. Επιπλέον με την σταδιακή νομιμοποίηση της πρώτης γενιάς μεταναστών και της κανονικής τους ένταξης στο εργατικό δυναμικό, η έλλειψη αυτού του φτηνού εργατικού δυναμικού επανεμφανίσθηκε· το σύστημα χρειαζόταν νέους μετανάστες να καλύψουν το κενό που άφηναν οι πρώτοι.

Η μαζική μετανάστευση έδωσε απλώς μια ανάσα ζωής σε ένα παραπαίον πολιτικό-οικονομικό σύστημα, τελείως ασύμβατο με την επελαύνουσα παγκοσμιοποίηση και την ΟΝΕ. Γι' αυτό ήταν τόσο απαραίτητη η δημιουργική λογιστική για την επίτευξη των στόχων του Μάαστριχτ· και γι' αυτό η ελληνική οικονομία κατέρρευσε μέσα στην πρώτη δεκαετία πλήρους συμμετοχής στο νέο νόμισμα.

20.3 Νομισματική και συναλλαγματική πολιτική της νέας εποχής

Η πολιτική που ακολουθήθηκε από τις αρχές της δεκαετίας του 1990 έθεσε τέρμα στην δεκαπενταετή περίοδο αυτοσχεδιασμού της ελληνικής συναλλαγματικής και νομισματικής πολιτικής. Από τον Απρίλιο του 1953 και την υποτίμηση Μαρκεζίνη μέχρι τον Μάρτιο του 1975 που η Κυβέρνηση του Κ. Καραμανλή αποσυνέδεσε την δραχμή από το δολάριο, η ισοτιμία με το αμερικανικό νόμισμα αποτελούσε την άγκυρα της συναλλαγματικής και νομισματικής πολιτικής (με εξαίρεση την τρίμηνη ανατίμηση Καψάλη στα τέλη του 1973). Αφού χάθηκε η εξωτερική άγκυρα, η ΤτΕ αναγκάσθηκε να αυτοσχεδιάσει μια δική της πολιτική, ως επί το πλείστον αντιγράφοντας την μεθοδολογία ξένων Κεντρικών Τραπεζών, εστιάζοντας αρχικώς στον έλεγχο του Μ0 (1975) και εν συνεχεία του Μ3 (1982). Από τα τέλη όμως της δεκαετίας του 1980, η ΟΝΕ, ακόμη και ως ενδεχόμενο, αποτέλεσε μια νέα εξωτερική άγκυρα της ελληνικής νομισματικής πολιτικής, σε τεχνικό, ιδεολογικό και ψυχολογικό επίπεδο. Η εισαγόμενη νομισματική πολιτική άλλαζε προέλευση, και από την Ουάσινγκτον μετέβαινε στις Βρυξέλλες, ή ακριβέστερα στην Φρανκφούρτη.

Η ολοένα σφιχτότερη σύνδεση με την ΕΟΚ μέσω της Ενιαίας Ευρωπαϊκής Πράξης (1986) και του στόχου της ενιαίας εσωτερικής αγοράς μέχρι το τέλος του 1992, έδινε νέα ώθηση στην τροποποίηση όλων των εθνικών πολιτικών, συμπεριλαμβανομένων των νομισματικών. Επιπλέον, η προοπτική της ΟΝΕ μετά την δημοσίευση της έκθεσης Delors έθεσε τον τόνο στα νομισματικά τεκταινόμενα την δεκαετία του 1990. Προτού όμως περάσω στην καθαρά ιστορική αφήγηση της παραπάνω πορείας, θα περιγράψω την μεθοδολογική αλλαγή που έλαβε χώρα στον νομισματικό σχεδιασμό, ως συνέπεια της τραπεζικής απορρύθμισης που ξεκίνησε το 1982 και ολοκληρώθηκε το 1994.

Στοχοθεσία

Ο συνδυασμός του επίμονου πληθωρισμού όλη την δεκαετία του 1980 και η προοπτική της ΟΝΕ για τα τέλη της δεκαετίας του 1990—που μετά την δημοσίευση της έκθεσης Delors έπαιρνε σάρκα και οστά—κατέστησαν την τιθάσευση του πληθωρισμού ακόμη πιο επιτακτικό μέλημα για την ΤτΕ. Λαμβάνοντας υπόψη την νέα αυτή πραγματικότητα και χρησιμοποιώντας την ορολογία των τελικών, ενδιάμεσων και λειτουργικών στόχων, η ΤτΕ έθεσε για το 1991 έναν τελικό στόχο που αφορούσε στον πληθωρισμό (πτώση κάτω από το 17%) και έναν ενδιάμεσο στόχο που αφορούσε στο Μ3 (αύξηση κατά 14–16%) (ΤτΕ 1991, 45). Στο ίδιο πνεύμα, και δεδομένου

εξελέγησαν βουλευτές Πασόκ το 1996 και οι δύο πρώτοι έγιναν και Υπουργοί των Κυβερνήσεων Σημίτη.

ότι *«[π]ρωταρχική επιδίωξη της νομισματικής πολιτικής για το 1992 είναι να στηρίξει τη γενικότερη πολιτική σταθεροποίησης της οικονομίας, που αποτελεί [...] απαραίτητη προϋπόθεση για τη συμμετοχή της χώρας στην οικονομική και νομισματική ένωση»*, οι στόχοι που ετέθησαν για το 1992 ήταν 12% για τον πληθωρισμό και 9–12% για το Μ3 (ΤτΕ 1991, 35–36). Από το 1991 μέχρι το 2000, έχοντας την ΟΝΕ ως στόχο, σχεδόν κάθε Έκθεση του Διοικητή έθετε τον πληθωρισμό ως τελικό στόχο, είτε μοναδικό είτε μεταξύ άλλων, δεδομένου ότι αποτελούσε ένα από τα πέντε κριτήρια σύγκλισης (Βορίδης, Αγγελοπούλου, και Σκοτίδα 2003).

Η εισαγωγή νέων χρηματοοικονομικών προϊόντων, που και η ίδια η ΤτΕ χρησιμοποιούσε για την ρύθμιση της ρευστότητας, άρχισε να καθιστά τον δείκτη Μ3 αμφίβολης σημασίας για την απεικόνιση της ρευστότητας της οικονομίας. Έτσι το 1991 η ΤτΕ, και πάλι αντιγράφοντας Κεντρικές Τράπεζες του εξωτερικού, όρισε τον δείκτη Μ4 που, εκτός από το Μ3, περιελάμβανε και τα ρέπος, τα τραπεζικά ομόλογα και τις τοποθετήσεις ιδιωτών σε έντοκα γραμμάτια και ομόλογα ελληνικού δημοσίου διάρκειας έως και ενός έτους (ΤτΕ 1992a, 33). Από το 1995 ο ορισμός του Μ4 άλλαξε ώστε να συμπεριλαμβάνει και τοποθετήσεις σε κρατικούς τίτλους στην δευτερογενή αγορά, που μετά το 1995 άρχισε να αναπτύσσεται. Στην Έκθεση του 1998 ορίζεται και ο νέος δείκτης Μ4Ν που περιελάμβανε τις καταθέσεις κατοίκων σε συνάλλαγμα και τα μερίδια αμοιβαίων κεφαλαίων διαχείρισης διαθεσίμων, όμως από την χρονιά αυτή το Μ3 έπαψε να αποτελεί ενδιάμεσο στόχο και υποβιβάσθηκε απλώς σε μια μεταβλητή που τελούσε υπό παρακολούθηση. Την θέση ενδιάμεσου στόχου πήραν άλλες μεταβλητές που θεωρείτο ότι επηρέαζαν τον «πυρήνα» του πληθωρισμού.

Η διαρκής αλλαγή νομισματικών δεικτών για τον ενδιάμεσο στόχο είναι διεθνές φαινόμενο της περιόδου και χαρακτηριστική της συνεχιζόμενης αμηχανίας των ασχολούμενων με την νομισματική θεωρία και πρακτική· καθώς η απορρύθμιση του χρηματοπιστωτικού συστήματος οδηγούσε στην δημιουργία νέων χρηματοπιστωτικών «προϊόντων» που επηρέαζαν την ρευστότητα (ή *ήταν* ρευστότητα υπό μιαν έννοια), ακαδημαϊκοί, πολιτικοί και τεχνοκράτες άσθμαιναν να αναθεωρήσουν τα μοντέλα και τις πρακτικές τους ώστε να μπορέσουν να επαναφέρουν έναν στοιχειώδη σχεδιασμό σε ένα σύστημα που οι ίδιοι είχαν απορρυθμίσει και είχαν καταστήσει πιο απρόβλεπτο.

Πολιτική επιτοκίων

Με την απορρύθμιση του ελληνικού τραπεζικού συστήματος και την σταδιακή κατάργηση των διοικητικών ελέγχων, η ΤτΕ αναγνώρισε ότι *«η πολιτική επιτοκίου έχει καταστεί κύριο μέσο για τον έλεγχο της πιστωτικής επέκτασης, αλλά και για την εξασφάλιση ορθολογικότερης κατανομής των τραπεζικών πιστώσεων»* (ΤτΕ 1991, 51). Σε πρώτη φάση κυριότερο ρόλο θα άρχιζαν να παίζουν τα επιτόκια που χρέωνε η ΤτΕ στις τράπεζες για διάφορες διευκολύνσεις· με την ορολογία των στόχων, τα επιτόκια κατέστησαν λειτουργικοί στόχοι.

Από την ίδρυσή της η ΤτΕ προέβαινε σε προεξοφλήσεις γραμματίων και συναλλαγματικών απευθείας προς τον ιδιωτικό τομέα (ΤτΕ 1978b, 147), ενώ από το 1949 ξεκίνησε να συμπεριλαμβάνει και σχετικό λογαριασμό για αναπροεξοφλήσεις χαρτοφυλακίου τραπεζών (ΤτΕ 1950, 4). Από το 1956 η επιτοκιακή πολιτική θα καθίστατο συμπληρωματικό εργαλείο ρύθμισης της ποσότητας χρήματος, όταν η ΤτΕ αφενός καθιέρωσε και επισήμως την αναπροεξόφληση των τίτλων του τραπεζικού χαρτοφυλακίου, και αφετέρου επέτρεψε στις τράπεζες να προβαίνουν σε υπεραναλήψεις επί των τρεχούμενων λογαριασμών που διατηρούσαν σε αυτή (ΤτΕ 1957, 46). Με τις δύο αυτές διευκολύνσεις η ΤτΕ μπορούσε να ρυθμίζει το κόστος της επιπλέον ρευστότητας την οποία θα μπορούσαν να αντλήσουν οι τράπεζες και, θεωρητικά τουλάχιστον, να επηρεάζει την ποσότητα χρήματος.

Όμως το σύστημα των διοικητικών ελέγχων που ήταν σε ισχύ, σε συνδυασμό με το ότι οι τράπεζες είχαν πρόσβαση σε αυτές τις διευκολύνσεις μόνον αν το ζητούσαν, καθιστούσε τα επιτόκια δευτερεύουσας σημασίας ως προς την ρύθμιση της ποσότητας του χρήματος. Η σχετική τους βαρύτητα αυξήθηκε με την πρόοδο της απορρύθμισης του τραπεζικού συστήματος, ομοίως και η συχνότητα μεταβολής τους. Ενώ στα 19 χρόνια που μεσολάβησαν μεταξύ 1974–1992 το επιτόκιο αναπροεξόφλησης άλλαξε μόνον οκτώ φορές, στην πενταετία 1993–1997, το επιτόκιο αυτό αναπροσαρμόσθηκε 14 φορές προτού τελικά καταργηθεί. Αντιστοίχως αυξήθηκε και η συχνότητα ρύθμισης των επιτοκίων υπεραναλήψεων (αναπροσαρμόσθηκαν 16 και 14 φορές στα δύο παραπάνω διαστήματα, αντιστοίχως).

Μαζί με αυτές τις διευκολύνσεις εισήχθη και τον Μάρτιο του 1993 η χρηματοδότηση έναντι ενεχύρου τίτλων του Ελληνικού Δημοσίου (διευκόλυνση Lombard), το επιτόκιο της οποίας βρισκόταν μεταξύ των επιτοκίων των δύο άλλων διευκολύνσεων (το επιτόκιο αναπροεξόφλησης ήταν πάντοτε χαμηλότερο). Τον Μάρτιο του 1997 εισήχθη και η διευκόλυνση αποδοχής καταθέσεων από τις εμπορικές τράπεζες που επετύγχανε το αντίστροφο αποτέλεσμα, δηλαδή της απορρόφησης ρευστότητας. Για ένα σύντομο διάστημα (Μάρτιος 1997—Απρίλιος 1998) οι τέσσερις αυτές διευκολύνσεις συνυπήρξαν, προτού τελικά καταργηθούν οι αναπροεξοφλήσεις (Απρίλιος 1998) και οι υπεραναλήψεις (Μάρτιος 2000).

Την σημασία της πολιτικής των επιτοκίων σε αυτό το νέο πλαίσιο αναγνώριζε και η ίδια η ΤτΕ το 1994 (ΤτΕ 1994, 44):

> *Με την πλήρη κατάργηση των δεσμεύσεων επί των τραπεζικών χαρτοφυλακίων, των ειδικών πιστωτικών ρυθμίσεων και των τελευταίων διοικητικών περιορισμών στη διαμόρφωση των επιτοκίων, ο έλεγχος της ρευστότητας και της πιστωτικής επέκτασης ασκείται κυρίως μέσω των παρεμβάσεων της Τράπεζας της Ελλάδος στις αγορές χρήματος και τον καθορισμού του ύψους των επιτοκίων χρηματοδότησης των τραπεζών από την Τράπεζα της Ελλάδος. Επομένως, η πολιτική επιτοκίων αποτελεί βασικό μέσο για την επίτευξη των νομισματικών στόχων, όπως και για τη διασφάλιση του αντιπληθωριστικού χαρακτήρα της συναλλαγματικής πολιτικής.*

Πράξεις ανοικτής αγοράς

Πέρα από την πολιτική των επιτοκίων, η ΤτΕ υιοθέτησε την πρακτική των κεντρικών τραπεζών των χωρών της ΕΟΚ, και καθιέρωσε το συμπληρωματικό εργαλείο των Πράξεων Ανοικτής Αγοράς (ΠΑΑ): «*Τα άλλα μέσα εμμέσου νομισματικού ελέγχου που χρησιμοποιεί η Τράπεζα της Ελλάδος σε αυξανόμενη έκταση, ιδίως από το παρελθόν έτος, είναι η παρέμβαση στη διατραπεζική αγορά χρήματος και η πώληση με δημοπρασία εντόκων γραμματίων με υποχρέωση ή χωρίς υποχρέωση επαναγοράς*» (ΤτΕ 1991, 51).

Αυτό ξεκίνησε με την καθιέρωση των repos, δηλαδή ενός συστήματος πώλησης εντόκων γραμματίων του Δημοσίου προς τις τράπεζες, με ταυτόχρονη συμφωνία μελλοντικής επαναγοράς τους από αυτές (ΤτΕ 1989, 42). Ο εκπεφρασμένος στόχος ήταν η «*ο έλεγχος και η εξομάλυνση των διακυμάνσεων της ρευστότητας του τραπεζικού συστήματος και των επιτοκίων*» (ΤτΕ 1990, 101). Από τις 9/3/1990 η ΤτΕ μπορούσε να παρεμβαίνει στην διατραπεζική αγορά με πωλήσεις εντόκων γραμματίων του Δημοσίου, με ή χωρίς ταυτόχρονη συμφωνία επαναγοράς τους (ΤτΕ 1991, 136). Ουσιαστικώς, στην περίπτωση επαναγοράς, επρόκειτο περί αντίστροφης επαναγοράς από εκείνη που είχε ήδη καθιερώσει (ΤτΕ 1990, 42). Ταυτοχρόνως καθιέρωσε το σύστημα της δημοπρασίας στις πωλήσεις αυτές.

Η σημασία των πράξεων αυτών ήταν ότι αγοράζοντας έντοκα γραμμάτια από τις τράπεζες η ΤτΕ αύξανε την ρευστότητά τους, κάτι που ισοδυναμούσε με δανεισμό προς αυτές. Αντιθέτως, πωλώντας έντοκα γραμμάτια προς τις τράπεζες (με ταυτόχρονη συμφωνία μελλοντικής επαναγοράς τους) η ΤτΕ απορροφούσε την ρευστότητά τους.

Συναλλαγματική πολιτική

Η πλήρης απελευθέρωση της κίνησης κεφαλαίων είχε σημαντικές συνέπειες στον τρόπο διεξαγωγής συναλλαγματικής πολιτικής. Μέχρι πρότινος, υπό το καθεστώς περιορισμών στην διεθνή κίνηση κεφαλαίων, η διατήρηση μιας συγκεκριμένης ισοτιμίας ήταν θέμα απόφασης της Κεντρικής Τράπεζας και της κυβέρνησης. Μοναδικός περιοριστικός παράγων στην «υπεράσπιση» μιας συγκεκριμένης ισοτιμίας ήταν το βάθος των συναλλαγματικών αποθεμάτων της Κεντρικής Τράπεζας όταν ήθελε να αποφύγει μια υποτίμηση—καθώς έπρεπε να αγοράζει το νόμισμά της θυσιάζοντας συνάλλαγμα—ή της ανοχής της σε νομισματική επέκταση όταν ήθελε να αποφύγει μια ανατίμηση—καθώς έπρεπε εκδίδει ποσότητες του νομίσματός της για να το πωλεί στις αγορές. Σε μια κλειστή χρηματαγορά ήταν πιο εύκολο να ρυθμίζονται τα κύματα πωλήσεων ή αγορών του νομίσματός της, περιορίζοντας κατά το δοκούν τις διασυνοριακές εισροές ή εκροές συναλλάγματος. Στην χειρότερη περίπτωση, η νομισματική αρχή είχε πάντοτε την εξουσία να αναστέλλει τέτοιες αγοραπωλησίες, ή να τις περιορίζει σε συγκεκριμένους κλάδους της οικονομίας. Όπως είδαμε και στις νομισματικές κρίσεις του 1992–93, η απελευθέρωση της κίνησης κεφαλαίων έδωσε στους διεθνείς κερδοσκόπους μεγαλύτερη ποικιλία στοιχημάτων, αποσταθεροποιώντας το νομισματικό σύστημα.

Σε αυτό το νέο νομικό πλαίσιο κύριο εργαλείο για την διεξαγωγή συναλλαγματικής πολιτικής θα γίνονταν τα επιτόκια, καθώς μέσω αυτών κάθε Κεντρική Τράπεζα ήλπιζε να ρυθμίζει τις διακρατικές τοποθετήσεις κεφαλαίων στο εθνικό της νόμισμα. Τα κερδοσκοπικά κεφάλαια, συνεχώς κινούμενα προς αναζήτηση μεγαλύτερης απόδοσης, προκαλούσαν με την ζήτηση το ενός ή του άλλου νομίσματος μεταβολές στην αγοραία αξία του. Αυτήν την ζήτηση καλείτο να διαχειρισθεί κάθε Κεντρική Τράπεζα με την επιτοκιακή της πολιτική.

Προφανώς αυτή η κατάσταση προκαλούσε τις δικές τις αντιφάσεις. Π.χ. η Ελλάδα που είχε πρόβλημα υψηλού πληθωρισμού θα μπορούσε να επιλέξει την μείωση της ρευστότητας ανεβάζοντας τα επιτόκιά της. Όμως αυτό, αφενός θα περιόριζε την ανάπτυξη και θα αύξανε την ανεργία, αφετέρου θα ύψωνε την ισοτιμία της δραχμής καθώς κερδοσκοπικά κεφάλαια θα μετανάστευαν προς τις ελληνικές τράπεζες αγοράζοντας δραχμές. Έτσι θα προξενούσε πρόβλημα στην ανταγωνιστικότητα των ελληνικών εξαγωγών.

Αυτού του τύπου τα διλήμματα αναγνώριζε και η ίδια η ΤτΕ: «*η πλήρης απελευθέρωση της κίνησης κεφαλαίων θα περιορίσει ακόμη περισσότερο τη δυνατότητα της Τράπεζας της Ελλάδος να ασκεί αυτόνομη νομισματική πολιτική, ιδιαίτερα πολιτική επιτοκίων, ανεξάρτητα από την πορεία των διεθνών επιτοκίων και τις οικονομικές συνθήκες στις χώρες του εξωτερικού. Επίσης θα αυξήσει τα περιθώρια για την εκδήλωση κερδοσκοπικών πιέσεων στο ισοζύγιο πληρωμών και στην αγορά συναλλάγματος, ιδίως όταν η δημοσιονομική πολιτική και η πολιτική επιτοκίων δεν εναρμονίζονται με την αντίστοιχη πολιτική στις χώρες του εξωτερικού*» (ΤτΕ 1994, 56).

Με άλλα λόγια, στον πόλεμο του συναλλάγματος τα εθνικά κράτη δεν είχαν να διαχειρισθούν μόνο τον μεταξύ τους ανταγωνισμό—ο οποίος ήταν υπαρκτός παρά την ρητορική της Κοινοτικής αλληλεγγύης—αλλά είχαν να αντιμετωπίσουν και τις «αγορές». Είναι δε εντυπωσιακό το ότι αναπτύχθηκε κατά καιρούς μια έντονη ρητορική κατά των «κερδοσκόπων», οι οποίοι όμως δεν έκαναν τίποτε άλλο από το να λειτουργούν στο θεσμικό πλαίσιο που τα ίδια τα κράτη δημιούργησαν, και το οποίο μπορούσαν με δική τους πρωτοβουλία να καταργήσουν.

20.4 Διαδοχικές κυβερνήσεις με το βλέμμα στραμμένο στην ΟΝΕ

Η νομισματική πολιτική των ελληνικών κυβερνήσεων κατά την δεκαετία του 1990 θα πρέπει αναγκαστικά να ιδωθεί μέσα από το πρίσμα της προοπτικής της ΟΝΕ. Παρότι η νομισματική ενοποίηση έφτασε στον δημόσιο διάλογο εξαιρετικά αργά, υπάρχουν ενδείξεις ότι στους εσωτερικούς κύκλους της κρατικής μηχανής είχε ήδη αρχίσει να κερδίζει έδαφος. Αν και η κυβέρνηση του Πασόκ έως το 1989 ήταν πολύ επιφυλακτική απέναντι έστω και στο ενδεχόμενο συμμετοχής στον ΜΣΙ, η πολιτική αλλαγή του 1989 και το κενό εξουσίας που θα την συνόδευε μέχρι και τον Απρίλιο του 1990 θα έδιναν τον χώρο σε κρατικούς τεχνοκράτες όπως ο Π. Κ. Ιωακειμίδης και ο Χάρης Σταμόπουλος να προωθήσουν τις απόψεις τις επιτροπής Delors (για εκτενέστερη ανάλυση βλ. Κεφάλαιο 21.1).

Το πολιτικό κενό γινόταν ιδιαιτέρως αισθητό στους χειρισμούς της ΟΝΕ· στην Σύνοδο της Μαδρίτης το 1989, την Ελλάδα εκπροσώπησε ο Πρόεδρος της Δημοκρατίας Χρήστος Σαρτζετάκης λόγω τέλεσης των εθνικών εκλογών την ίδια ημέρα. Η κατάσταση αυτή έλαβε τέλος με την εκλογή της Κυβέρνησης Μητσοτάκη που ανέλαβε τον Απρίλιο του 1990 και που διαχειρίσθηκε την διαπραγμάτευση της Συνθήκης του Μάαστριχτ, τον προθάλαμο της ΟΝΕ. Μέχρι τότε όμως είχε ήδη διαμορφωθεί το υπόστρωμα της συζήτησης, καθώς η Έκθεση Delors είχε γίνει ήδη αποδεκτή ως βάση διαπραγματεύσεων. Στο ήδη διαμορφωθέν πλαίσιο, η σχεδόν αντανακλαστική αντίδραση του πολιτικού επιτελείου των Κ. Μητσοτάκη, Ευθυμίου Χριστοδούλου (Υπ. Εθνικής Οικονομίας) και Αντώνη Σαμαρά (Υπ. Εξωτερικών), αλλά και ενός πολυπληθούς τεχνοκρατικού επιτελείου[7] που διαχειριζόταν τις διαπραγματεύσεις ήταν η αποφυγή μιας διαδικασίας «πολλών ταχυτήτων», που θα άφηνε την Ελλάδα εκτός σκληρού πυρήνα, και η εξασφάλιση ενός ταμείου συνοχής για την διαρθρωτική ενίσχυση της οπισθοδρομικής ελληνικής οικονομίας. Το αναλυτικό πλαίσιο που αναπτύχθηκε σχετικά με τους απαραίτητους όρους ή τις πιθανότητες επιτυχούς συμμετοχής στην ΟΝΕ ήταν μηδενικό, καθώς οι πολιτικές και τεχνοκρατικές

---

[7] Λίγο πριν την έναρξη των διαπραγματεύσεων συνεστήθη 19μελής επιτροπή με Πρόεδρο τον Γεώργιο Βλάχο (ΓΓ στο ΥΠΕΘΟ) και με την συμμετοχή μελών του ΣΟΕ, όπως του Ιωάννη Δροσόπουλου και του Μιχάλη Μασουράκη. Η δυσκίνητη αυτή επιτροπή συνεδρίασε μόνο μια φορά στις αρχές του 1991 και επεξεργάσθηκε το προσχέδιο της Διακυβερνητικής της Ρώμης (14/12/1990). Στις προσεχείς διαπραγματεύσεις ανέλαβε αρχικά ο Γεώργιος Βλάχος τον οποίο αντικατέστησε ο Γιάννης Παπαδάκης (Πρόεδρος του ΣΟΕ), ο οποίος όμως αποχώρησε. Τελικά τις διαπραγματεύσεις ανέλαβε ο Ιωάννης Δροσόπουλος (Featherstone, Kazamias, και Papadimitriou 2000).

ελίτ ήταν πολύ απασχολημένες να ασθμαίνουν στο ιδεολογικό κατόπι που χάρασσαν οι Ευρωπαίοι ομόλογοί τους.

Συνεπεία των παραπάνω, μετά την υπογραφή της Συνθήκης του Μάαστριχτ η κυβέρνηση της ΝΔ απεδεί-χθη... κοινοτικότερη της Ευρωπαϊκής Επιτροπής στην ταχύτητα όδευσης προς την ΟΝΕ. Κατά τον σχεδιασμό των φορολογικών «μέτρων Μάνου» που ανακοινώθηκαν στις 7/8/1992, ο «τσάρος» της οικονομίας[8] είχε προτείνει σε συσκέψεις στις 23–24/7/1992 στον Πρωθυπουργό την υποτίμηση της δραχμής κατά 10% και ένταξή της στον ΜΣΙ (Νικολάου 1992, 13). Την πρότασή του αυτή στήριζαν ο σύμβουλος του Υπ. Οικονομικών Γιώργος Αλογο-σκούφης[9] και η σύμβουλος του Πρωθυπουργού Μιράντα Ξαφά.[10] Η σφοδρή άρνηση του Διοικητή της ΤτΕ Ευ-θύμιου Χριστοδούλου, που με μια τέτοια κίνηση έβλεπε τον πληθωρισμό να εκτινάσσεται πάνω από το 20%, κα-θώς και του οικονομικού συμβούλου της ΤτΕ Λουκά Παπαδήμου, αλλά και ο φόβος του πολιτικού κόστους από τον Κ. Μητσοτάκη ματαίωσαν την υποτίμηση (Κεφάλας 1998, 16–17). Έτσι, στις 26/8/1992 ο Ανδρέας Ανδρια-νόπουλος ανακοίνωσε ότι δεν υπήρχε σχετική πρόθεση (*Τα Νέα* 1992, 15). Αντί αυτού του χειρισμού, επεκράτη-σε η πρόταση Χριστοδούλου για σκιώδη ένταξη της δραχμής στην ζώνη του ±6% από την Άνοιξη του 1993, οπότε και ελπιζόταν ότι θα είχε υποχωρήσει περαιτέρω ο πληθωρισμός.

Στο ίδιο κλίμα σπουδής, επεσπεύσθη και η απελευθέρωση της κίνησης κεφαλαίων πολύ πριν την καταληκτι-κή ημερομηνία της 30/6/1994 όπως όριζαν οι συμβατικές υποχρεώσεις της Ελλάδας απέναντι στην ΕΟΚ. Μέσω πιέσεων του Υπ. Οικονομικών, των οποίων η προέλευση αποδόθηκε κυρίως στην Μιράντα Ξαφά (Νικολάου 1993α, 14), ο Ευθύμιος Χριστοδούλου εξαναγκάσθηκε στην εσπευσμένη απελευθέρωση και των βραχυπρόθε-σμων κεφαλαίων (άνω των τριών μηνών) τον Ιούλιο του 1993,[11] σημειώνοντας όμως ότι η ελληνική οικονομία δεν ήταν ακόμη έτοιμη για ένα τέτοιο βήμα (ΤτΕ 1993, 45) και αποσείοντας τυχόν ευθύνες.

Η σπουδή της ΝΔ να προχωρήσει στην ονομαστική σύγκλιση που επέτασσε η Συνθήκη του Μάαστριχτ διε-φάνη και στην κατάρτιση του υπεραισιόδοξου *Μεσοπρόθεσμου Προγράμματος Προσαρμογής 1991–93*, το οποίο κα-τετέθη τον Φεβρουάριο του 1991 και αναθεωρήθηκε τον Μάιο του 1992. Αυτό προέβλεπε ρυθμούς ανάπτυξης 3,5% το 1993 και θεαματική μείωση του ελλείμματος του Δημοσίου (επί του ΑΕΠ) από 19,5% το 1990 σε 3,0% το 1993 και του χρέους από 109,2% σε 94,1% (OECD 1991, 1991:56). Ακόμη πιο φιλόδοξο ήταν το *Πρόγραμμα Σύ-γκλισης 1993–98* που κατέθεσε ο Στέφανος Μάνος στο Ecofin της 15/3/1993 και που προέβλεπε ρυθμούς ανάπτυ-ξης 2–4% μεταξύ 1993–98, μείωση του ελλείμματος από 8,6% σε 0,2% και του χρέους από 107,5% σε 80,6% (OECD 1993, 1993:49). Οι υπερφιλόδοξοι στόχοι των προγραμμάτων αυτών δεν επετεύχθησαν. Αντιθέτως, τα μέτρα που επέτασσε η νεοφιλελεύθερη ιδεολογική καθαρότητα των Μάνου-Ξαφά-Αλογοσκούφη συνέβαλλαν στην φθορά της Κυβέρνησης Μητσοτάκη.[12] Το ξέσπασμα του Μακεδονικού και το ζήτημα της πώλησης του ΟΤΕ της έδωσαν την χαριστική βολή οδηγώντας την στην κατάρρευση τον Σεπτέμβριο του 1993.

Αυτή η εξέλιξη δεν θα αναχαίτιζε το εγχείρημα, το οποίο άλλωστε είχε προσυπογράψει και ο ίδιος ο Α. Πα-πανδρέου όταν υπερψήφιζε την Συνθήκη του Μάαστριχτ. Κατά τις εκτιμήσεις αγγλοσαξωνικών ΜΜΕ (*Το Βήμα* 1993, 119) η νίκη του Πασόκ στις εκλογές της 10/10/1993 έκοψε προσωρινώς την ανάσα στους ευρωατλαντικούς εταίρους της Ελλάδας, καθώς είχε προηγηθεί και μια έντονη κριτική για την ΟΝΕ και την Ενιαία Αγορά τον Φε-βρουάριο του 1992 στη Βουλή (Γ. Θ. Ζωγράφος 1993, 82–83). Όμως τέτοιοι φόβοι δεν θα επαληθεύονταν, κα-

---

[8] Ανέλαβε Υπ. Εθνικής Οικονομίας στις 17/2/1992 και Υπ. Οικονομικών στις 7/8/1992.

[9] Απόφοιτος του Τμ. Οικονομικών του Παν. Αθηνών (1977), MSc (1978) και PhD (1981) από το London School of Economics, Λέκτορας (Lecturer) και Αναπληρωτής Καθηγητής (Reader) στο Πανεπιστήμιο του Birkbeck (1984–1992), Υπότροφος Ερευνητής του CEPR (1985–2001), Σύμβουλος στην Ευρωπαϊκή Επιτροπή (1989–1991), Καθηγητής στο Οικονομικό Πανεπιστήμιο Αθηνών (1990), Σύμβουλος στην Παγκόσμια Τράπεζα (1991–1992), Πρόεδρος του Συμβουλίου Οικονομικών Εμπειρογνωμόνων του ΥΠΕΘΟ (1992–1993).

[10] Απόφοιτος Deree, Διδάκτωρ Οικονομικών του Πανεπιστημίου της Πενσυλβάνια (1979) με προηγούμενη θητεία στο ΔΝΤ (στο Ευρωπαϊκό Τμήμα και αργότερα στο Policy Development and Review). Ήρθε από το ΔΝΤ μετά από πρόταση της Υφυπουργού παρά τω Πρωθυπουρ-γώ Ντόρας Μπακογιάννη τον Μάιο του 1991 (Νικολάου 1991, 3/Α3). Κατόπιν εργάσθηκε στην Salomon Brothers (1994), στην Τράπεζα Πειραιώς (2003). Το 2004 επανήλθε στο ΔΝΤ ως εκπρόσωπος της Ελλάδας και το 2009 παραιτήθηκε για να εργασθεί στο fund *Informed Judgement Partners* του Θεόδωρου Μαργέλλου με έδρα την Γενεύη. Ήταν ιδρυτικό μέλος της *Δράσης* του Στέφανου Μάνου.

[11] Το ΠΔ 96/1993 (ΦΕΚ 42Α, 23/5/1993) έθεσε σε εφαρμογή από την 1/7/1993 την Κοινοτική Οδηγία περί κίνησης κεφαλαίων 88/361/ΕΟΚ (της 24/6/1988), παρά την εξαίρεση που είχε λάβει η Ελλάδα από την 92/122/ΕΟΚ (της 21/12/1992).

[12] Π.χ. βλ. την σύγκρουση με τα συνδικάτα εξαιτίας των ιδιωτικοποιήσεων (ΟΤΕ, αστικές συγκοινωνίες κλπ), ή την αύξηση της τιμής της βενζίνης από 149 σε 195 δρχ εν μια νυκτί με τα μέτρα Μάνου.

θώς ο Α. Παπανδρέου για άλλη μια φορά υλοποίησε ως Πρωθυπουργός την αντίθετη πολιτική από εκείνη που προέκυπτε από τις—συνήθως άρτιες—αναλύσεις του όσο βρισκόταν στην Αντιπολίτευση. Οι προγραμματικές δηλώσεις του Α. Παπανδρέου κινήθηκαν προς μια κατεύθυνση που έφερνε σε αμηχανία τόσο την ΝΔ όσο και το ίδιο το Πασόκ. Συγκεκριμένα, η δεδηλωμένη πρόθεση για ονομαστική σύγκλιση με τα κριτήρια του Μάαστριχτ (πληθωρισμός, ελλείμματα, δημόσιο χρέος), για αύξηση των επιχειρηματικών κερδών, για *απεγκλωβισμό από τον διάχυτο και στείρο κρατισμό*», για απελευθέρωση της αγοράς και για αποκρατικοποιήσεις (Νικολάου 1993c, 4) ανάγκαζε την ΝΔ να διαμαρτύρεται που το Πασόκ προσχωρούσε στην πολιτική της, και το Πασόκ να δικαιολογείται ότι ταύτιση στόχων δεν σημαίνει και ταύτιση πολιτικών (Νικολάου 1993b, 90/Δ2).

Έτσι, στα νομισματικά θέματα ο Α. Παπανδρέου διαβεβαίωνε ότι δεν θα γίνει υποτίμηση του εθνικού νομίσματος, υποσχόταν *λιγότερο κεϋνσιανή τόνωση της ζήτησης*» και προανήγγειλε ότι *το πιστωτικό σύστημα [...] θα μετατραπεί σε σύγχρονο φορέα και διαμεσολαβητή νέων χρηματοοικονομικών μέσων*» (Α. Παπανδρέου 1993). Με την σειρά του, ο νέος Υπ. Εθνικής Οικονομίας και Οικονομικών Γεώργιος Γεννηματάς έθεσε ως προτεραιότητα την *πορεία στην Ευρώπη, ενιαία αγορά και εξέλιξη της τραυματισμένης ήδη, αλλά υπαρκτής πορείας της Οικονομικής και Νομισματικής Ένωσης*» (ΠΣΒ 1993).[13] Σε ημερίδα του ΙΟΒΕ με θέμα: *Προετοιμασία για τη Μετάβαση στη Νομισματική Ένωση*» (25/11/1994), ο Α. Παπανδρέου σφράγισε την επιλογή αυτή, αποκλείοντας το ενδεχόμενο μιας Ευρώπης πολλών ταχυτήτων με την Ελλάδα εκτός ΟΝΕ (Λυρτσογιάννης 1994, 47). Παρά την κυβερνητική αλλαγή, η ΟΝΕ παρέμενε διακαής πόθος και της νέας κυβέρνησης, παρά τις αποκλίσεις από τους δημοσιονομικούς στόχους.

Υπάκουη στην σχετική σύσταση του Αντιπροέδρου της Ευρωπαϊκής Επιτροπής Henning Christophersen προς τον Θ. Πάγκαλο, η κυβέρνηση του Πασόκ παρουσίασε στις 21/6/1994 το *Αναθεωρημένο Πρόγραμμα Σύγκλισης 1994–1999* που επιχειρούσε να λάβει υπόψη τα υψηλά ελλείμματα του προϋπολογισμού.[14] Ο φιλόδοξος στόχος της νομισματικής και συναλλαγματικής πολιτικής που έθετε το αναθεωρημένο πρόγραμμα ήταν η συμμετοχή της δραχμής στον ΜΣΙ εντός του 1996 (*Οικονομικός Ταχυδρόμος* 1994, 64–69). Οι προβλέψεις αυτές, καθώς και οι προβλέψεις για τα δημοσιονομικά στοιχεία, έτυχαν αρνητικής υποδοχής τόσο από την Ευρωπαϊκή Επιτροπή τον Ιούλιο, όσο και από την Νομισματική Επιτροπή στην συνεδρίαση της 6/9/1994. Ο Γιάννης Στουρνάρας (2004, 8–11), μέλος της ελληνικής αντιπροσωπείας στην Νομισματική Επιτροπή ως πρόεδρος του ΣΟΕ του ΥΠΕΘΟ[15] κάνει μια καταγραφή των τεκταινομένων στις συναντήσεις αυτές. Κατά τον Στουρνάρα, μέχρι την υποβολή της Έκθεσης της ΝΕ στο Ecofin των Βρυξελλών της 7/11/1994 έγιναν δύο άλλες συναντήσεις του Γ. Παπαντωνίου. Μία στην Ουάσινγκτον τον Ιούλιο (στα πλαίσια του εορτασμού των 50 ετών από την δημιουργία του Μπρέτον Γουντς) και μια στο άτυπο Ecofin της 9–11/9/1994 στο Ντύσελντορφ, αμέσως μετά την συνεδρίαση της ΝΕ. Κατά την πρώτη συνάντηση με τον Γενικό Διευθυντή του ΔΝΤ, Michel Camdessus, συζητήθηκε το ενδεχόμενο παρακολούθησης της ελληνικής οικονομίας από το ΔΝΤ και την Ευρωπαϊκή Επιτροπή. Στην δεύτερη, με τον Γερμανό Υπ. Οικονομικών, Theo Waigel, ο Γ. Παπαντωνίου ζήτησε την θετική του εισήγηση για το αναθεωρημένο πρόγραμμα σύγκλισης. Πράγματι, στο Ecofin του Νοεμβρίου το πρόγραμμα εγκρίθηκε.

Η ασθένεια του Α. Παπανδρέου συνέπεσε με την Διάσκεψη Κορυφής της Μαδρίτης τον Δεκέμβριο του 1995. Τον Πρωθυπουργό αναπλήρωσε ο Άκης Τσοχατζόπουλος και στην αντιπροσωπεία συμμετείχαν ο Γ. Παπαντωνίου (Υπ. Εθν. Οικονομίας), ο Κάρολος Παπούλιας (ΥπΕξ) και ο Γιώργος Ρωμαίος (αναπληρωτής ΥπΕξ). Εκεί, η εθνική αντιπροσωπεία διατράνωσε την πολιτική βούληση για συμμετοχή στην ΟΝΕ, εξασφαλίζοντας ότι η

---

[13] Είναι ίσως διαφωτιστική για το χαμηλό επίπεδο κατανόησης των νομισματικών θεμάτων η αντίφαση στην οποία υπέπεσε στην ίδια συνεδρίαση ο μελλοντικός Πρωθυπουργός Α. Σαμαράς, τότε Πρόεδρος της Πολιτικής Άνοιξης. Από την μία θεωρούσε ότι *χρειάζεται πρόληψη της νομισματικής πορείας των δύο ταχυτήτων και επιμονή στους όρους του Μάαστριχτ*», αλλά από την άλλη διαμαρτυρόταν ότι *Η δέσμευση από τον κ. Παπανδρέου όλων σχεδόν των οικονομικών πολιτικών [...] συνεπάγεται την πλήρη αδυναμία πραγματοποίησης των στόχων ανάκαμψης και ανάπτυξης της εθνικής οικονομίας. Πρόκειται ουσιαστικά για συνέχιση της πολιτικής της σκληρής δραχμής που εγκαινίασε το ΠΑΣΟΚ το 1988 [...] Η οικονομία έχει χάσει το δυναμισμό της. Οι όροι του Μάαστριχτ αντί για πρόκληση ευθύνης, έχουν εξελιχθεί σε απειλή υποβάθμισης μέσα στην ευρωπαϊκή οικογένεια*». Και σαν να του διέφευγε τελείως το νόημα της ΟΝΕ—που και ο ίδιος είχε υπερψηφίσει—θεωρούσε ότι η δραχμή *αφύσικα βρίσκεται στη ζώνη των 'σκληρών' νομισμάτων*», προτείνοντας αντί της υποτίμησης *την επιθετική και προγραμματισμένη διολίσθηση*».

[14] Η σύσταση έγινε μετά από την διαπίστωση ότι αντί ελλείμματος 7,9% που είχε προβλέψει η απερχόμενη κυβέρνηση της ΝΔ, το έλλειμμα του 1993 θα ήταν 14,4% (Νικολάου 1993c, 4). Το πρόγραμμα συζητήθηκε στο Ecofin των Βρυξελλών στις 19/9/1994.

[15] Τα άλλα μέλη ήταν: Νίκος Γκαργκάνας (Οικονομικός Σύμβουλος της ΤτΕ), Μιχάλης Μασουράκης (εμπειρογνώμων του ΥΠΕΘΟ) και Σοφοκλής Μπρισίμης (στέλεχος της ΤτΕ).

ονομασία του νέου νομίσματος θα αναγράφεται και στα ελληνικά, παρότι οι προοπτικές της ελληνικής συμμετοχής ήταν ακόμη αμφίβολες (*Οικονομικός Ταχυδρόμος* 1995, 20).

Από την συνάντηση αυτή απουσίαζε ο Κ. Σημίτης, ευρωπαϊστής και νεοφιλελεύθερος τόσο ένθερμος όσο και ο Κ. Μητσοτάκης. Ο Σημίτης είχε παραιτηθεί από Υπ. Βιομηχανίας λίγο νωρίτερα, στις 15/9/1995, μετά την συνέντευξη Τύπου του Α. Παπανδρέου στην ΔΕΘ (11/9/1995), κατά την οποία δέχθηκε ευθεία βολή σχετικά με το ζήτημα των ναυπηγείων Ελευσίνας. Όμως παρά την προσωρινή έξωση, ο Σημίτης θα νικούσε στην πάλη εξουσίας που ξέσπασε με την επιδείνωση της υγείας του Α. Παπανδρέου. Ανέλαβε Πρωθυπουργός μετά τέσσερις μήνες (18/1/1996) και κέρδισε άλλες δύο εκλογικές αναμετρήσεις προτού παραιτηθεί. Παρότι τελευταίος στην σειρά των Πρωθυπουργών που διαχειρίσθηκαν την πρόσδεση της Ελλάδας στην ΟΝΕ, ο Σημίτης θα συνέδεε περισσότερο από όλους με το πρόσωπό του την διαδικασία αυτή.

Η ανάληψη της πρωθυπουργίας από τον Σημίτη χαιρετίσθηκε από φιλοευρωπαϊκά και νεοφιλελεύθερα έντυπα ως χαρμόσυνο γεγονός, (βλ. π.χ., Ι. 1996, 22· Πρετεντέρης 1996b, 8/Α8) καθώς ταίριαζε απόλυτα στο προφίλ της ΟΝΕ. Τον Αύγουστο του 1996 προκήρυξε εκλογές τις οποίες κέρδισε. Αμέσως μετά διόρισε Υφυπουργό Οικονομικών τον Νίκο Χριστοδουλάκη, έναν ακαδημαϊκό που είχε εκφρασθεί αναφανδόν υπέρ της ΟΝΕ, και τον οποίο προήγαγε σε Υπ. Ανάπτυξης μετά τις εκλογές του 2000.

Σταδιακά ο Σημίτης ενδεχομένως να κατανόησε ότι η Ελλάδα είχε εγγενείς διαφορές από τις υπόλοιπες ευρωπαϊκές χώρες, οι οποίες που καθιστούσαν ανακόλουθη την επιδίωξη για ένταξη στην ΟΝΕ. Συγκεκριμένα, η εξωτερική απειλή από την Τουρκία ανάγκαζε την Ελλάδα να δαπανά ένα σημαντικό τμήμα του ΑΕΠ σε αμυντικές δαπάνες, κάτι που καθιστούσε σχεδόν αδύνατη την τήρηση των κριτηρίων σύγκλισης. Αντί όμως να υποταχθεί στην πραγματικότητα, αναδιατάσσοντας του στόχους και τις επιδιώξεις του, προτίμησε να επιχειρήσει να κρυφτεί από αυτήν. Λίγο μετά την εκλογική του νίκη και ενόψει της διάσκεψης του Δουβλίνου (13–14/12/1996), απέστειλε επιστολή (5/12/1996) στην οποία ζητούσε από τους εταίρους την ελαστική ερμηνεία των κριτηρίων για την Ελλάδα λόγω της δημοσιονομικής επιβάρυνσης των αμυντικών δαπανών (Γ. Θ. Ζωγράφος 1996, 20). Το ίδιο αίτημα επαναδιατύπωσε και ο Γ. Παπαντωνίου ζητώντας «ρήτρα εξαιρετικών περιπτώσεων», για να λάβει όμως αρνητική απάντηση (Ευσταθιάδης 1996, 11/Ε1). Μετά την αρνητική αυτή απάντηση ο σχεδιασμός δεν άλλαξε, ακόμη κι αν απειλείτο μελλοντικά η εδαφική ακεραιότητα της χώρας.

Αν η ΟΝΕ ήταν μια πορεία που χαράχθηκε από το γαλλογερμανικό δίπολο και το ευρωπαϊκό τραπεζιτικό σύστημα, το ταξίδι πάνω στην πορεία αυτή ήταν μια απόφαση που έλαβαν από κοινού σχεδόν όλα τα ελληνικά κόμματα και που εξετέλεσαν όλες οι ελληνικές κυβερνήσεις. Ήταν μια από τις πιο διακομματικές επιλογές της μεταπολίτευσης.

ΟΝΕ και «σκληρή δραχμή»

Στην υπηρεσία του στόχου της ΟΝΕ ετέθη και η συναλλαγματική πολιτική την δεκαετία του 1990 στην προσπάθεια ανάσχεσης του πληθωρισμού. Ήδη από το 1987, διατηρώντας τα επιτόκια σε υψηλά επίπεδα η ΤτΕ επεδίωκε έναν ρυθμό διολίσθησης της δραχμής που να μην καλύπτει πλήρως την διαφορά πληθωρισμού μεταξύ της Ελλάδας και των ανταγωνιστριών χωρών. Αυτή η σχετικά δυσνόητη φράση που επαναλαμβανόταν κάθε χρόνο στις Εκθέσεις του Διοικητή (βλ. π.χ.: ΤτΕ 1988, 35· 1989, 25· 1990, 26· 1992a, 26–27· 1994, 47–48) σήμαινε ότι κάθε χρόνο η δραχμή υφίστατο μεν μια ονομαστική υποτίμηση (ως προς μια σταθμισμένη συναλλαγματική ισοτιμία), όμως η υποτίμηση ήταν αρκετά μικρή ώστε να αντιστοιχεί σε πραγματική ανατίμηση σύμφωνα με κάποιους άλλους δείκτες (π.χ., κόστος εργασίας ανά μονάδα προϊόντος, δείκτη τιμών καταναλωτή, δείκτη χονδρικών τιμών). Με άλλα λόγια, μπορεί η δραχμή να υφίστατο ονομαστική υποτίμηση π.χ. σε σχέση με το μάρκο, όμως ο ελληνικός πληθωρισμός ήταν τόσο υψηλότερος από τον γερμανικό που τα γερμανικά προϊόντα γίνονταν πιο ανταγωνιστικά στην ελληνική αγορά και τα ελληνικά προϊόντα γίνονταν λιγότερο ανταγωνιστικά στην γερμανική αγορά.[16]

---

[16] Π.χ., έστω ότι η ισοτιμία δραχμής-μάρκου μεταβλήθηκε από 140 σε 150 δρχ/μάρκο μεταξύ 1993–94 (ονομαστική υποτίμηση της δραχμής κατά 6,7%) και ο μέσος πληθωρισμός για το 1993 ήταν 4% για την Γερμανία και 12% για την Ελλάδα (διαφορά 8 ποσ. μονάδων). Αυτό σημαίνει ότι ένα ελληνικό προϊόν που το 1993 κοστίζει 100 δρχ (100/140 = 0,71 μάρκα), το 1994 θα αυξηθεί στις 112 δρχ (112/150 = 0,75 μάρκα), ήτοι αύξηση 4,53% σε όρους μάρκων, δηλαδή 0,53 ποσ. μονάδες *πάνω* από τον γερμανικό πληθωρισμό. Αντιθέτως, ένα γερμανικό

Αυτή η ουσιαστική ανατίμηση της δραχμής είχε ήδη πάρει το προσωνύμιο «πολιτική σκληρής δραχμής» τουλάχιστον από το 1990 (βλ. π.χ.: Τσουπίδης 1990, Δ20/80· Κλαυδιανός 1992, 18–19· Μηλιός 1993, 6). Όμως θα γινόταν ευρύτερα γνωστή ως τέτοια από το 1995 και μετά, όταν η ΤτΕ θα ανακοίνωνε έναν ενδιάμεσο στόχο για διολίσθηση κατά 3% ετησίως έναντι του ECU, δηλαδή μια διολίσθηση αρκετά βραδύτερη από την άνοδο των τιμών στην ελληνική αγορά (ΤτΕ 1995, 48). Πλέον, το ECU έπαιρνε την θέση που κατείχε το δολάριο μέχρι και το 1975 και γινόταν η εξωτερική άγκυρα της νομισματικής πολιτικής.

20.5 Κερδοσκοπικές επιθέσεις

Όπως περιγράψαμε, στο απελευθερωμένο χρηματοπιστωτικό σύστημα της ΕΕ οι κερδοσκοπικές επιθέσεις στην αγορά συναλλάγματος έγιναν μια νέα απειλή για την σταθερότητα του ίδιου του συστήματος. Οι επιθέσεις αυτές έγιναν, σε μικρότερο ή μεγαλύτερο βαθμό, αισθητές και από την δραχμή, παρότι δεν συμμετείχε στον ΜΣΙ.

Η κρίση του Σεπτεμβρίου του 1992 ήλθε λίγο μετά την συζήτηση της υποτίμησης που φημολογείτο ότι θα περιείχαν τα μέτρα Μάνου. Ταυτοχρόνως, η δραχμή ήδη διήγε την πέμπτη συνεχή χρονιά βραδείας διολίσθησης, κάτι που την καθιστούσε υπερτιμημένη στις εκτιμήσεις των κερδοσκόπων. Έτσι, η εκτίμηση ότι η δραχμή τελικά θα υποτιμάτο κέρδισε σημαντικό έδαφος και δημιουργήθηκε έντονη ζήτηση για δανεισμό δραχμών, ώστε να γίνει σορτάρισμα στην συνέχεια.

Η απόφαση τελικά που ελήφθη ήταν η στήριξη της δραχμής, μια απόφαση όμως που δεν είχε την δραματικότητα αντιστοίχων προσπαθειών για νομίσματα εντός του ΜΣΙ. Ο λόγος ήταν ότι η Ελλάδα δεν είχε προχωρήσει ακόμη στην πλήρη απελευθέρωση της κίνησης κεφαλαίων, όπως σχεδίαζε ο Στέφανος Μάνος, κάτι που έδινε στην ΤτΕ την άνεση να περιορίζει την ελευθερία κίνησης των κερδοσκόπων. Έτσι, αρχικώς η ΤτΕ ενοποίησε όλα τα κλιμάκια επιτοκίων επί των υπεραναλήψεων στο 30% (10/9) και εν συνεχεία αύξησε το επιτόκιο στο 40% (18/9). Αυτό καθιστούσε τόσο ακριβό τον δανεισμό σε δραχμές στην εσωτερική αγορά που ακόμη και η πιθανολογούμενη υποτίμηση του 10% δεν θα άφηνε κέρδη. Το επιτόκιο αυτό ήταν αρκετό, παρότι το αντίστοιχο επιτόκιο στην ευρωαγορά δραχμών είχε αγγίξει το 1000%, καθώς οι δύο αγορές ήταν μεταξύ τους απομονωμένες (Κλαυδιανός 1992, 18–19). Μόνον αφού η κρίση άρχισε να εξασθενεί η ΤτΕ το μείωσε στο 35% (21/10).

Κατά παρόμοιο τρόπο η δραχμή έμεινε στο απυρόβλητο της νομισματικής κρίσης του 1993, προστατευμένη ακόμη από τον περιορισμό της κίνησης κεφαλαίων. Όμως τα πράγματα θα άλλαζαν την άνοιξη του 1994. Η συνεχής αργή διολίσθηση που ξεκινούσε από τα τέλη της δεκαετίας του 1980 είχε καταστήσει την δραχμή ένα υπερτιμημένο νόμισμα—κατά 10–15% στις εκτιμήσεις των κερδοσκόπων. Έτσι, εν όψει της πλήρους απελευθέρωσης της κίνησης των κεφαλαίων από 1/7/1994 (για πράξεις κάτω των τριών μηνών), οι αγορές συναλλάγματος εντόπισαν άλλη μια ευκαιρία κέρδους. Άρχισε να εικάζεται ότι η απελευθέρωση αυτή θα συνοδευόταν και από μια υποτίμηση της δραχμής για να αντισταθμίσει την πραγματική ανατίμηση που είχε με τον καιρό συσσωρευθεί, και ότι ενδεχομένως η απελευθέρωση θα μπορούσε να αναβληθεί. Οι φημολογίες ανάγκασαν μάλιστα και τον Διοικητή της ΤτΕ Ιωάννη Μπούτο να προβεί σε δηλώσεις (26/4/1994) στις οποίες διέψευδε κατηγορηματικά τόσο την αναβολή της απελευθέρωσης, όσο και την υποτίμηση της δραχμής ή μια ταχύτερη διολίσθηση (Νικολάου 1994, 12).

Τις επόμενες δύο εβδομάδες οι φήμες εντάθηκαν και την Πέμπτη και Παρασκευή 12 και 13/5 εκδηλώθηκαν έντονες κερδοσκοπικές πιέσεις. Το αποτέλεσμα ήταν ότι την Παρασκευή αποφασίσθηκε η πλήρης απελευθέρωση να ξεκινήσει εσπευσμένα την Δευτέρα 16/5 (Παπαδημητρίου 1994, 87/Δ7). Ταυτοχρόνως επεβλήθη και ένα επιπλέον ημερήσιο επιτόκιο 0,4% στις υπεραναλήψεις των τραπεζών, που μαζί με το βασικό επιτόκιο (33%) ανέβαζε το συνολικό επιτόκιο στο 177% σε ετήσια βάση. Το πρόσθετο αυτό επιτόκιο μειώθηκε στο 0,3% στις 30/5 (111% συνολικά σε ετήσια βάση) και στο 0,1% στις 30/5 (69% συνολικά σε ετήσια βάση). Στα επίπεδα αυτά παρέμεινε μέχρι και τα τέλη Οκτωβρίου του 1997. Σύμφωνα με μια ερμηνεία οι κερδοσκοπικές επιθέσεις συν-

---

προϊόν που το 1993 κοστίζει 1 μάρκο (140 δρχ), το 1994 θα κοστίζει 1,04 μάρκα (156 δρχ), ήτοι αύξηση 11,43% σε όρους δραχμών, δηλαδή 0,56 ποσ. μονάδες *κάτω* από τον ελληνικό πληθωρισμό. Έτσι, τα ελληνικά προϊόντα γίνονται λιγότερο ανταγωνιστικά στην Γερμανία, και τα γερμανικά πιο ανταγωνιστικά στην Ελλάδα. Συνοψίζοντας, από διολίσθηση 6,7% και διαφορά πληθωρισμού 8 ποσ. μονάδων (8— 6,7 = 1,3) προκύπτει διαφορά ανταγωνιστικότητας 1,09% (= 0,53 + 0,56) υπέρ των γερμανικών προϊόντων σε ένα έτος, ακόμη και χωρίς τεχνολογικές προόδους (Σημείωση: οι παράμετροι είναι κοντά στις ιστορικές, έχουν όμως στρογγυλοποιηθεί για ευκολία).

δέθηκαν με το βέτο της Ελλάδας στην τελωνειακή ένωση της Τουρκίας με την ΕΕ, ομοίως και η αναστολή τους μετά τις ελληνικές διαβεβαιώσεις για μεταστροφή αυτής της πολιτικής (Κανιάρης 1995, 13). Και στην περίπτωση αυτή, είναι αξιοσημείωτο ότι ο Ανδρέας Παπανδρέου επέλεξε να αποφύγει την υποτίμηση.

Τα πράγματα θα ήταν πιο πολύπλοκα λίγο αργότερα. Μέχρι το 1996 οι τεράστιες εισροές κερδοσκοπικών κεφαλαίων είχαν δημιουργήσει χρηματιστηριακές και στεγαστικές φούσκες σε χώρες της νοτιοανατολικής Ασίας. Όταν η Ταϊλάνδη αποσυνέδεσε το νόμισμά της από το ανατιμώμενο δολάριο, η υποτίμηση προκάλεσε το διαδοχικό σκάσιμο αυτής της φούσκας. Στις 23/10/1997 η κρίση χτύπησε το Χρηματιστήριο του Χονγκ Κονγκ και επιδεινώθηκε στις 27/10. Λόγω της απελευθέρωσης των χρηματαγορών και των νέων ειδών που προστέθηκαν στο χρηματοπιστωτικό «οικοσύστημα» η μεταφορά της «ασιατικής γρίππης» στην Ελλάδα χρειάζεται μια κάπως εκτενέστερη ανάλυση. Διάφοροι κερδοσκόποι προέβησαν σε μαζικές ρευστοποιήσεις ομολόγων (κυρίως κυμαινόμενου επιτοκίου) στην δευτερογενή αγορά, κάτι που έπληξε και τα ομόλογα του Ελληνικού Δημοσίου. Αυτές οι ρευστοποιήσεις σε συνδυασμό με την εκροή συναλλάγματος μείωσαν την δραχμική ρευστότητα στην διατραπεζική αγορά και προκάλεσαν αύξηση των διατραπεζικών επιτοκίων: το Athibor ανέβηκε από 12,15% σε 13,05% μεταξύ Παρασκευής 24 και Δευτέρας 27 Οκτωβρίου. Παράλληλα, έριξαν τις τιμές αυτών των ομολόγων, αυξάνοντας τις αποδόσεις τους. Η ΤτΕ αντέδρασε επιχειρώντας να στηρίξει τόσο τις τιμές των ομολόγων, όσο και την ισοτιμία της δραχμής. Αφενός προσφέρθηκε να αγοράσει τίτλους τόσο την Παρασκευή όσο και την Δευτέρα. Ειδικώς την Δευτέρα αγόρασε τίτλους αξίας 104,8 δισ δρχ μέσω ρέπος 2 ημερών (επιτοκίου 11,60%). Ταυτοχρόνως, προσέφερε 520 εκ. ECU στο fixing της Δευτέρας, δημιουργώντας ζήτηση δραχμών. Οι δύο πράξεις συνδυαζόμενες δημιουργούσαν ιδιαιτέρως μεγάλη ζήτηση δραχμών για την Τετάρτη 29/10 όταν τα ρέπος θα έπρεπε να πληρωθούν σε δραχμές, μαζί με τόκους (Λ. Δ. Στεργίου 1997a, 16–17).

20.6 Υποτίμηση της δραχμής και ένταξη στον ΜΣΙ

Μεταξύ των όρων του Μάαστριχτ ήταν η συναλλαγματική σταθερότητα για μια διετία πριν την ένταξη στην ΟΝΕ. Με άλλα λόγια, ένα νόμισμα θα έπρεπε να συμμετάσχει στον ΜΣΙ για δύο έτη χωρίς να υποστεί υποτιμήσεις προτού γίνει δεκτό στην ΟΝΕ. Για να μπορέσει η Ελλάδα να συμμετάσχει στην ΟΝΕ εντός του 2000, η ένταξή της στον ΜΣΙ έπρεπε οπωσδήποτε να γίνει εντός του 1998.

Πλην όμως, η προσπάθεια στήριξης της δραχμής στον απόηχο της ασιατικής κρίσης είχε κοστίσει σημαντικά ποσά συναλλάγματος στην ΤτΕ. Τον Ιανουάριο του 1998, σε σύσκεψη του οικονομικού επιτελείου υπό τον Σημίτη, ο Λ. Παπαδήμος ενημέρωσε την Κυβέρνηση ότι η χώρα δεν διέθετε πια επαρκή αποθέματα συναλλάγματος για να αντιμετωπίσει νέες κρίσεις. Αυτό σήμαινε ότι ακόμη κι αν η δραχμή έμπαινε στον ΜΣΙ άμεσα, άλλη μια νομισματική κρίση θα επέφερε υποτίμηση της δραχμής και κατά συνέπεια αποκλεισμό της από το ευρώ. Το πρόβλημα αποφασίσθηκε να αντιμετωπισθεί με δανεισμό. Συγκεκριμένα, εστάλη ο Ν. Χριστοδουλάκης στις ΗΠΑ για να διαπραγματευθεί την σύναψη δανείου 1 δισ δολαρίων από αμερικανικές τράπεζες (Καρβούνης 2011). Τελικά, το δεκαετές ομολογιακό δάνειο που εκδόθηκε στις 4/3/1998 ήταν ύψους 1,25 δις δολαρίων (*Ριζοσπάστης* 1997b, 12). Με την βοήθεια αυτού του συναλλάγματος η δραχμή ήταν προστατευμένη από υποτίμηση. Με άλλα λόγια, η είσοδος στον ΜΣΙ και στο ευρώ έφερε αμερικανική υπογραφή. Παράλληλα, ανακοινώθηκε και η συνομολόγηση και δεκαετούς ομολογιακού δανείου σε ευρώ, συνολικού ύψους 1 δισ ECU, το οποίο ανέλαβαν οι SBC Warburg, Paribas, Credit Suisse, First Boston και ΕΤΕ (*Καθημερινή* 1998b, 1).

Κατά τον Στουρνάρα (2004, 15–17) προηγήθηκαν και δύο μήνες διαπραγματεύσεων με τους Ευρωπαίους ομόλογους της Ελλάδας, που σημαίνει ότι αυτές κυλούσαν παράλληλα με την διαπραγμάτευση του ομολογιακού δανείου. Φαίνεται λοιπόν ότι με το που κάλυψε τα νώτα της, η κυβέρνηση αποφάσισε ότι μπορούσε να προχωρήσει στο επίσημο αίτημα. Στον ημερήσιο τύπο οι συναντήσεις Γ. Παπαντωνίου στις Βρυξέλλες (στο Ecofin της 9/3) και Σημίτη στο Λονδίνο (11/3) θεωρείτο ότι άνοιγαν την «*αυλαία του πιο κρίσιμου διαπραγματευτικού διμήνου*» (*Καθημερινή* 1998a, 1), αγνοώντας το τελικό στάδιο των συζητήσεων. Το βράδυ της 12/3/1998 ειδοποιήθηκε ο Πρόεδρος της Νομισματικής Επιτροπής, ο Βρετανός Sir Nigel Wicks. Εκείνος, ειδοποίησε τα μέλη της Επιτροπής το απόγευμα της Παρασκευής 13/3, μετά το κλείσιμο των αγορών, και συγκάλεσε συνάντηση για το μεσημέρι της επομένης στις Βρυξέλλες.

Στην σύσκεψη αυτή της ΝΕ οι υπουργοί και οι κυβερνήτες των κεντρικών τραπεζών των κρατών μελών συζήτησαν τους όρους ένταξης της δραχμής στον ΜΣΙ. Αποφασίσθηκε ότι η ένταξη θα ξεκινούσε από την Δευτέρα 16/3 και ότι θα συνοδευόταν από υποτίμηση της δραχμής στην κεντρική ισοτιμία των 357 δρχ/ECU (12,2%) με όρια διακύμανσης στο ±15% (από 303.54 έως 410,55 δρχ/ευρώ). Σε σχέση με την τιμή fixing της 13/3 (313,700 δρχ/ECU) η κεντρική αυτή ισοτιμία αντιστοιχούσε σε υποτίμηση της δραχμής κατά 12,13% (ανατίμηση του ECU κατά 13,80%).

Το νέο ήλθε τελείως αναπάντεχα και προκάλεσε οργή για την στάση της κυβέρνησης, που μέχρι τελευταίας στιγμής παρότρυνε τους Έλληνες να δανείζονται σε συνάλλαγμα, φέροντας προ κινδύνου χρεωκοπίας πολλούς δανειολήπτες που θα έπρεπε να αποπληρώσουν τα δάνειά τους με την νέα ισοτιμία. Είναι χαρακτηριστικό ότι ο υφυπουργός Οικονομικών Γιώργος Δρυς δήλωνε στις 22/2 ότι «η ελληνική κυβέρνησης δεν σκοπεύει να επιδιώξει την ένταξη της δραχμής στον ΜΣΙ, μολονότι θα εξακολουθήσει να τηρεί την πολιτική της σκληρής δραχμής». Μάλιστα, και το ομολογιακό δάνειο των 1,25 δισ δολαρίων θα έπρεπε να αποπληρωθεί σε αυτήν την δυσμενέστερη ισοτιμία. Επιπλέον προκάλεσε και επικρίσεις, καθώς θεωρήθηκε ότι έγινε υπό τον εξαναγκασμό των αγορών συναλλάγματος (βλ. π.χ.: *Καθημερινή* 1998c, 1· Μαρίνος 1998, 6–8· Κακλαμάνης 1998, 61· Κανιάρης 1999, 16).

Βεβαίως θα μπορούσε βασίμως να υποστηριχθεί ότι είναι πάγια τακτική μια κυβέρνηση να αρνείται μετά βδελυγμίας μια υποτίμηση μέχρι και το προηγούμενο βράδυ, προσπαθώντας έτσι να αποφύγει την κερδοσκοπία επί του νομίσματος. Όμως ακόμη κι έτσι αυτό δεν φαίνεται να αποφεύχθηκε. Λίγες ημέρες πριν την υποτίμηση διάφορες ξένες τράπεζες (ABN-AMRO, Merrill Lynch, Morgan Stanley, SBC Warburg Dillon Read) έπλεκαν το εγκώμιο της ελληνικής οικονομίας. Έτσι, οι τιμές των ομολόγων ανέβαιναν (τα σπρεντ έπεφταν), οι διαφορές αγοράς-πώλησής τους (bid-ask spread) μειώνονταν, τα διατραπεζικά επιτόκια μειώνονταν και ο Γενικός δείκτης του Χρηματιστηρίου Αθηνών βρισκόταν σε άνοδο. Κατά μία ερμηνεία, οι τράπεζες αυτές γνωρίζοντας εκ των προτέρων την απόφαση για υποτίμηση αγόρασαν ελληνικούς τίτλους και δραχμές για λογαριασμό των πελατών τους, ή και για δικό τους λογαριασμό, ανέβασαν τις τιμές τους μέσω επαινετικών σχολίων και πούλησαν μαζικά λίγο πριν την υποτίμηση, αποκομίζοντας κέρδη κατά την επαναγορά τους. Μάλιστα, κάποιες από τις τράπεζες, όπως η SBC Warburg, που έκαναν θετικά σχόλια είχαν αναμιχθεί και στην διάθεση του ομολογιακού δανείου των 1 δισ ECU (Λ. Δ. Στεργίου 1998, 24–25). Σε σχετική ερώτηση για την προέλευση των διαρροών και την κερδοσκοπική επίθεση που υπέστη η δραχμή λίγο πριν την υποτίμηση, ο Γ. Παπαντωνίου δικαιολογήθηκε ότι από την Τετάρτη που υπεβλήθη το αίτημα, μέχρι το Σάββατο που συζητήθηκε, την πληροφορία είχαν 50 άτομα. Σε συμφωνία με την παραπάνω ερμηνεία είναι οι αναφορές για αύξηση των υπολοίπων των λογαριασμών συναλλάγματος που, στα τέλη Φεβρουαρίου, λίγες ημέρες πριν την υποτίμηση, είχαν ανέλθει στα 10 τρισ. δρχ (από 7 τρισ που ήταν τον Σεπτέμβριο). Η αύξηση αυτή συνάδει με τις μαζικές πωλήσεις δραχμών αντί συναλλάγματος μόλις πριν την υποτίμηση. Υπολογίζεται ότι τα κέρδη για όσους πούλησαν δραχμές στις 13/3 και τις ξαναγόρασαν στις 16/3, με την νέα ισοτιμία, ήταν 1,7 τρισ δρχ (Κανιάρης 1999, 16).

Είναι χαρακτηριστικό ότι η «εκ των έσω» διήγηση Στουρνάρα (2004), που περιγράφει μέχρι και το «teleconference» των Διοικητών των Κεντρικών Τραπεζών, αποσιωπά πλήρως την εξάντληση των συναλλαγματικών αποθεμάτων της ΤτΕ στις αρχές του 1998, το ομολογιακό δάνειο που αναγκάστηκε να συνάψει η κυβέρνηση, καθώς και την κερδοσκοπία που ακολούθησε. Αυτές οι παραλείψεις, αν μη τι άλλο, ρίχνουν μια σκιά αμφιβολίας στην ειδυλλιακή εικόνα που φιλοτεχνεί ο κρατικός τεχνοκράτης για «μία μεγάλη επιτυχία με τον τρόπο που έγινε, και οδήγησε τα πράγματα ομαλά, από τότε και στο εξής, στην φυσιολογική τους κατάληξη».

20.7 ΟΝΕ και η φούσκα της Σοφοκλέους

Από τα μέσα της δεκαετίας του 1990 η πτώση των επιτοκίων καταθέσεων είχε αρχίσει να λειτουργεί ως κίνητρο για την αναζήτηση άλλων μορφών επενδύσεων με υψηλότερες αποδόσεις, αν και με υψηλότερο ρίσκο. Από το 1996, η αγοραπωλησία μετοχών ήταν ο τρόπος «επένδυσης» που κέρδισε ιδιαιτέρως έδαφος στην Ελλάδα. Εκείνη την χρονιά 145 δισ δρχ νέων κεφαλαίων επενδύθηκαν σε μετοχές εταιρειών εισηγμένων στο Χρηματιστήριο Αξιών Αθηνών (ΧΑΑ). Τα 96 από αυτά προήλθαν από την πώληση του 8% των μετοχών του ΟΤΕ (Φραντζής 1996), που έφερε σε επαφή με το νέο αυτό άθλημα μεγάλο αριθμό μικροεπενδυτών, οι οποίοι πίστευαν ότι θα μπορούσαν να επιτυγχάνουν μεγάλες αποδόσεις χωρίς εργασία και χωρίς εσωτερική πληροφόρηση. Το σκάνδαλο της ΔΕΛΤΑ Χρηματιστηριακής, που αφορούσε σε μετοχές των εταιρειών *Αφοι Μαγρίζου* και *Ψυγεία Παρνασσός*, δεν αποτέλεσε ικανή αποτροπή.

Ήδη από τα τέλη του 1996 και καθ' όλη την διάρκεια του 1997 το Χρηματιστήριο ακολούθησε μια ανοδική πορεία τροφοδοτούμενη από δημοσιεύσεις στα ΜΜΕ και αναλύσεις «ειδικών». Η ψυχολογία που δημιουργούσε η μαζική εκστρατεία «πληροφόρησης», με την ΟΝΕ στον ορίζοντα, οδηγούσε χιλιάδες μικροεπενδυτών στον χρηματιστηριακό τζόγο. Αυτοί οι τελευταίοι μάθαιναν ξαφνικά για τον Dow Jones, τα limit-up και τα blue chips.

Στο κλίμα αυτό η υποτίμηση του 1998 λειτούργησε ως καταλύτης για δραματικές εξελίξεις. Αμέσως μετά την υποτίμηση ξεκίνησε μια μαζική είσοδος ξένων κεφαλαίων (3,1 δισ δολάρια μεταξύ 16/3 και 10/4/1998, ΤτΕ 1998, 52) που κατευθύνθηκαν στην αγορά ομολόγων και στο Χρηματιστήριο. Η υποτίμηση καθιστούσε φθηνότερη την εξαγορά μετοχών με συνάλλαγμα, τόσο για εκείνους που ήθελαν μέσω του προγράμματος ιδιωτικοποιήσεων να αγοράσουν επιχειρήσεις, όσο και για εκείνους που απλώς ήθελαν να κερδοσκοπήσουν επί των ελληνικών «χαρτιών»—όχι από τα μερίσματα που θα απέδιδαν, αλλά επαναπωλώντας τα. Είναι εύλογο να υποθέσουμε ότι αμφότερες κατηγο-

Εικόνα 20.1: Προεκλογική αφίσα του Πασόκ για τις Ευρωεκλογές της 13/6/1999.

ρίες «επενδυτών» μπορούσαν να διαθέσουν για τους σκοπούς αυτούς τμήμα των κερδών που αποκόμισαν από την κερδοσκοπία ακριβώς πριν την υποτίμηση. Σύμφωνα με κάποιες εκτιμήσεις, την πρώτη εβδομάδα μετά την υποτίμηση περί το 1,4 δισ δολάρια τοποθετήθηκαν σε ελληνικές μετοχές (Κονάχου 1998, 116–120).

Η επέλαση κεφαλαίων προς το χρηματιστήριο μπορεί να παρατηρηθεί από τις κινήσεις του Γενικού Δείκτη. Μεταξύ 1995–1996 η κίνησή του περιοριζόταν σε πολύ στενά όρια μεταξύ 850–1000 μονάδων. Αυτή η εικόνα άλλαξε μετά τις 16/12/1996 με ένα πρώτο άλμα από τις 907,68 μονάδες στις 1453,60 στις 26/2/1997 (αύξηση 60,1% σε 70 ημέρες, ή 1027% σε ετήσια βάση). Το μεγάλο άλμα όμως ήρθε αμέσως μετά την υποτίμηση της δραχμής. Στις 13/3/1998 ο ΓΔ έκλεισε στις 1546,49 μονάδες. Από τις 16/3 ξεκίνησε μια φρενήρη άνοδο που θα τον εκτόξευε στις 6355,04 μονάδες στο κλείσιμο της συνεδρίασης της 17/9/1999, 18 μήνες αργότερα (ενδοσυνεδριακά θα σημειωνόταν υψηλό 6484,38 μονάδων). Με λίγα λόγια, ο ΓΔ αυξήθηκε κατά 310% μέσα σε ενάμιση χρόνο, που ισοδυναμούσε με ισοδύναμο ετήσιο ρυθμό αύξησης 156%.

Το πρώτο ξέσπασμα αυτής της έκρηξης αμέσως μετά την υποτίμηση ενίσχυσε την κερδοσκοπική διάθεση των Ελλήνων μικροαποταμιευτών, μικροεπενδυτών και πάσης φύσεως κερδοσκόπων. Όλοι αυτοί άρχισαν να «επενδύσουν» μέσω των ΕΛΔΕ, των *Εταιρειών Λήψης και Διαβίβασης Εντολών* που ξεφύτρωναν σε όλη την Ελλάδα, παρακολουθώντας εναγωνίως την κούρσα των μετοχών, σαν να παρακολουθούσαν ιπποδρομίες. Φαίνεται ότι για τους σκοπούς αυτούς επιστρατεύθηκαν αποταμιεύσεις, χορηγήσεις καταναλωτικών δανείων, τοποθετήσεις σε έντοκα γραμμάτια, μέχρι και μαύρο χρήμα (Παπαϊωάννου και Τσώλης 2015). Σύμφωνα με κάποιες εκτιμήσεις (Λ. Δ. Στεργίου 1999, 16–19· Κεφάλας 1999, 20–23), ήταν κυρίως τα εγχώρια κεφάλαια, και όχι τα ξένα, που τροφοδότησαν την άνοδο των τιμών των μετοχών στα τελικά τους επίπεδα, καθώς τα ξένα κερδοσκοπικά κεφάλαια τελικώς προτιμούσαν τα ελληνικά ομόλογα και αποτελούσαν μόνον το 12% της κεφαλαιοποίησης των μετοχών του ΧΑΑ (στις αρχές του 1999). Με αυτά τα εγχώρια κεφάλαια κάποιες μετοχές έφτασαν να αυξήσουν την αποτίμησή τους μέχρι και 8000% εντός του 1999 (Κακουλίδης 2001, 13). Προφανώς, ούτε η ελληνική οικονομία είχε αναπτυχθεί τόσο ώστε οι ελληνικές επιχειρήσεις να έχουν ανάγκη τέτοιων επενδυτικών κεφαλαίων, ούτε ο ελληνικός πληθωρισμός συμπαρέσυρε μαζί του τις τιμές των μετοχών. Όπως ήταν λογικό, η φούσκα που είχε δημιουργηθεί έσκασε όταν οι καλά πληροφορημένοι «θεσμικοί επενδυτές» άρχισαν να αποσύρουν περίπου 10 τρισ δρχ των παραπληροφορημένων μικρών «επενδυτών». Μετοχές έχασαν μέχρι και άνω του 95% της αξίας τους μέσα σε λίγες εβδομάδες, όπως τα Κλωστήρια Κορίνθου που έπεσαν από τις 15.000 στις 480 δρχ καταγράφοντας απώλειες -96.80% (Κακουλίδης 2001, 13).

Μέχρι σήμερα δεν έχει γίνει μια ολοκληρωμένη διερεύνηση της υπόθεσης για την ενδεχόμενη εμπλοκή κυβερνητικών παραγόντων με σκοπό την άμεση ή έμμεση κερδοσκοπία. Το σίγουρο είναι όμως ότι η κυβέρνηση Σημίτη δεν επεχείρησε να αποτρέψει την δημιουργία κλίματος κερδοσκοπίας μεταξύ των μικροεπενδυτών. Τουναντίον, η χρηματιστηριακή κερδοσκοπία πριμοδοτήθηκε από το οικονομικό επιτελείο, που καλλιεργούσε την πεποίθηση ότι «όλοι θα βγουν κερδισμένοι. Και η ελληνική οικονομία και οι ίδιες οι εταιρείες αλλά και κάθε μέτοχος ο οποίος επενδύει το περίσσευμά του, το αποταμίευμά του στο ελληνικό Χρηματιστήριο» (Παπαντωνίου 1999b). Το χρηματιστήριο, που πήγαινε «κανόνι», θεωρείτο από την κυβέρνηση ως προνομιακό πεδίο προπαγανδισμού της οικονομικής πολιτικής, και υποστηριζόταν δημοσίως ότι το κόμμα του χρηματιστηρίου «ψηφίζει Πασόκ» (Εικόνα 20.1). Μάλιστα, το Πασόκ αναβίωνε τις προσδοκίες Τρικούπη περί «χρηματιστηρίου της Ανατολής» κομπάζοντας ότι «η Ελλάδα το καλοκαίρι πλέον θα έχει ένα χρηματιστήριο που θα το ζηλεύουν πολλά άλλα διεθνή χρηματιστήρια, που δεν θα έχουν φτάσει σ' αυτό το επίπεδο» (Παπαντωνίου 1999a).

Ήταν δε τέτοια η εξάρτηση της εικόνας του σημιτικού Πασόκ από την πρόοδο του χρηματιστηρίου, που δεν δίστασε να εκβιάσει την επανεκλογή του στις εκλογές του 2000 υπονοώντας ότι άνευ Πασόκ θα ολοκληρωνόταν η κατάρρευση που είχε ήδη ξεκινήσει.

Δήλωνε ο Γ. Παπαντωνίου: «Το μόνο που θέλω να πω είναι ότι αυτή η περίοδος νευρικότητας έχει ημερομηνία λήξης. Είναι η 9η Απριλίου. Είναι η επανεκλογή της κυβέρνησης του ΠΑΣΟΚ. Είναι η αποκατάσταση συνθηκών ηρεμίας στο Χρηματιστήριο, στην οικονομία, στη χώρα [...] Η Κυβέρνηση αυτή αγαπάει το Χρηματιστήριο. Το έχει αποδείξει αυτό και ενδιαφέρεται για την καλή του πορεία. Δεν υπάρχει χειραγώγηση» (Παπαντωνίου 2000). Ακόμη πιο ρητός ήταν στις απειλές του ο Κώστας Λαλιώτης: «Τα διλήμματα είναι υπαρκτά για όλους τους Έλληνες. Είναι υπαρκτά και για τους επενδυτές... όλοι γνωρίζουν σ' αυτές τις εκλογές τι διακυβεύεται» (Ν. Μπ. 2000, 14).

Το Πασόκ επανεξελέγη, αλλά το χρηματιστήριο κατέρρευσε. Ταυτόχρονα, σύμφωνα με καταγγελίες του Κώστα Καραμανλή και του Προκόπη Παυλόπουλου στην Βουλή, η ΔΕΚΑ Χρηματιστηριακή πωλούσε στο κράτος μετοχές εξωχρηματιστηριακά και με τα έσοδα από τις πωλήσεις παρενέβαινε στο Χρηματιστήριο. Λίγο πριν το κλείσιμο αγόραζε βαριά χαρτιά που αποτελούσαν το 36% του Γενικού Δείκτη (ΕΤΕ, Ελληνικά Πετρέλαια, Εμπορική) σε υψηλές τιμές, παρασύροντας τον ΓΔ προς τα πάνω. Μάλιστα προέβη σε εκτεταμένες παρεμβάσεις για να συγκρατήσει την πτώση του ΓΔ ακριβώς πριν τις εκλογές (ΠΣΒ 2001, 1930–1933).

Εκ των υστέρων, ο Σημίτης αντέδρασε ως Πρωθυπουργός άλλης χώρας, απλός παρατηρητής των εξελίξεων· ως Πόντιος Πιλάτος, άμοιρος ευθυνών για τις τύχες των Ελλήνων πολιτών που του ανέθεσαν την διακυβέρνηση. Σε συνέντευξη που παραχώρησε στον Σταύρο Θεοδωράκη, ένα από τα αγαπημένα δημοσιογραφικά παιδιά του εκσυγχρονιστικού κατεστημένου, δήλωσε: «λυπάμαι που μερικοί εκάηκαν σ' αυτήν την δουλειά. Λυπάμαι που μερικοί δεν επρόσεξαν» (Θεοδωράκης 2001). Αυτή αποστροφή θα έμενε στην ιστορία ως το «ας πρόσεχαν» (Οικονομόπουλος 2001) και θα αποτελούσε μια από τις πολιτικές παρακαταθήκες του ανδρός, μετά το «ευχαριστούμε την κυβέρνηση των ΗΠΑ» που ξεστόμισε την νύχτα της κρίσης των Ιμίων και το «όσοι έχουν στοιχεία να πάνε στον εισαγγελέα» όσες φορές γίνονταν αποκαλύψεις για διαφθορά.

20.8 Η έναρξη του ευρώ - η δραχμή στον ΜΣΙ ΙΙ

Οι σχέσεις των χωρών «εντός» του ευρώ και των «εκτός» (ή «προ-εντός», όπως προτιμούσε να τις αποκαλεί η Κοινοτική γραφειοκρατία) είχαν απασχολήσει τους σχεδιασμούς για το νέο νόμισμα. Ήταν αποφασισμένο πως μια ελεύθερη συναλλαγματική πολιτική των «εκτός» χωρών θα προκαλούσε σοβαρά προβλήματα στις «εντός» αν κατέληγε στις ανταγωνιστικές υποτιμήσεις που τόσο φόβιζαν τις γερμανικές βιομηχανίες. Οι «εκτός» δεν θα έπρεπε να αφεθούν σε πλήρη ελευθερία. Αυτά συζητήθηκαν στο άτυπο EcoFin της Βερόνας (12/4/1996) και στο Ευρωπαϊκό Συμβούλιο της Φλωρεντίας (21–22/6/1996) σχετικά με έναν νέο ΜΣΙ, τον «ΜΣΙ 2». Σύμφωνα με τα παραπάνω, το ΕΝΙ εκπόνησε μια έκθεση για την διευθέτηση του προβλήματος (7/10/1996), την οποία απηύθυνε στο Ευρωπαϊκό Συμβούλιο. Οι προτάσεις του ΕΝΙ τελικά υιοθετήθηκαν από το Ευρωπαϊκό Συμβούλιο του Δουβλίνου τον Δεκέμβριο του 1996 (European Council 2015a, παρ. 6-15 & Παράρτημα Ι.2). Σύμφωνα με τις αποφάσεις αυτές, η συμμετοχή μιας χώρας στον ΜΣΙ ΙΙ θα είναι εθελοντική (Παράρτημα Ι, άρθρο 10), αλλά θα αποτελούσε και απαραίτητη προϋπόθεση για την ένταξή της στην ζώνη του ευρώ.

Με αυτή την εκκρεμότητα ρυθμισμένη, το Ευρωπαϊκό Συμβούλιο των Βρυξελλών (1–3/5/1998), αποφάσισε τις 11 χώρες που θα έμπαιναν στην γ΄ φάση της ΟΝΕ, με ημέρα έναρξης την 1/1/1999. Ειδικώς για την Ελλάδα το Ecofin δήλωνε (European Commission 1998b):

> *Το Συμβούλιο σημειώνει την ουσιαστική πρόοδο που επέτυχε η Ελλάδα για την ικανοποίηση των κριτηρίων σύγκλισης. Το Συμβούλιο εκφράζει την*

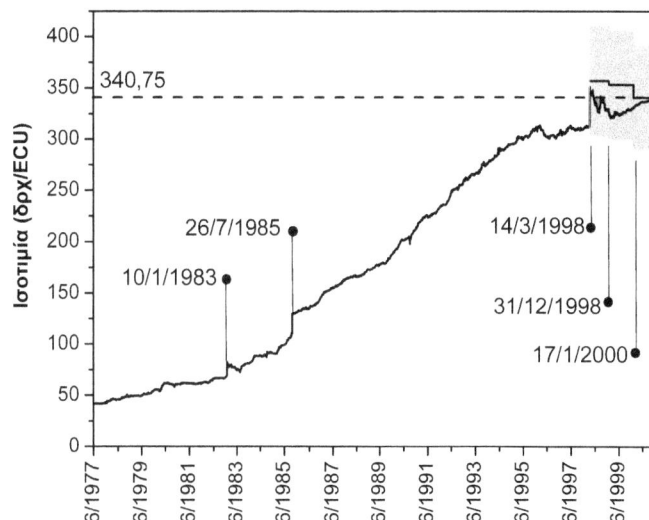

Εικόνα 20.2: Ισοτιμία δραχμής-ECU/ευρώ από το 1977 μέχρι το κλείδωμα της ισοτιμίας στις 340,75 δρχ/ευρώ (ημερήσια δεδομένα). Οι δείκτες υποδεικνύουν τις υποτιμήσεις του 1983 και του 1985. Από τις 14/3/1998 φαίνεται η κεντρική ισοτιμία στον ΜΣΙ και τον ΜΣΙ ΙΙ. Η γκρίζα περιοχή υποδεικνύει την ζώνη του ±15% και η διακεκομμένη γραμμή την τελική ισοτιμία με το ευρώ.

ικανοποίησή του [αγγλ. «is welcomed» / γαλλ. «il salue»] για την αποφασιστικότητα της Ελληνικής κυβέρνησης να εφαρμόσει την πολιτική της για δημοσιονομική εξυγίανση και διαρθρωτική προσαρμογή, προκειμένου η Ελλάδα να συμμετάσχει στο 3ο στάδιο της ΟΝΕ από 1ης Ιανουαρίου 2001. Τότε, η πρόοδος της Ελλάδας θα κριθεί με τον ίδιο τρόπο που κρίθηκαν τα κράτη μέλη που θα συμμετάσχουν στην ΟΝΕ από 1ης Ιανουαρίου 1999.

Η δήλωση αυτή είχε σαφές πολιτικό περιεχόμενο, καθώς «έκλεινε το μάτι» στην ελληνική κυβέρνηση σχετικά με την έκβαση της προσπάθειας της για ένταξη στην ΟΝΕ. Ταυτοχρόνως ήταν και μια αναμφισβήτητη επικοινωνιακή επιτυχία της κυβέρνησης Σημίτη και της έδωσε την ευκαιρία για επιπλέον προώθηση του ευεργετικού χαρακτήρα της ΟΝΕ. Τον Ιούνιο η ελληνική Κυβέρνηση υπέβαλλε το επικαιροποιημένο Πρόγραμμα Σύγκλισης 1998–2001 (ΥΠΕΘΟ 1998b), στο οποίο περιέγραφε με σχεδόν διθυραμβικό ύφος τις προόδους της ελληνικής οικονομίας, μη παραλείποντας να αναφερθεί και στο χρηματιστήριο. Η σύσταση της Ευρωπαϊκής Επιτροπής προς το Συμβούλιο Υπουργών (30/9/1998), αν και σαφώς πιο μετρημένη, ήταν επίσης θετική, υποδεικνύοντας μεταξύ άλλων ότι «the programme is based on an ambitious, but not unrealistic GDP growth forecast [...] the Commission notes that implementation of the 1998 budget appears to be on track» και συνιστώντας ταυτοχρόνως μείωση του αριθμού των δημοσίων υπαλλήλων και περαιτέρω ιδιωτικοποιήσεις (European Commission 1998c).

Η ελληνική ένταξη στο ευρώ άρχιζε να μοιάζει πιθανή. Σύμφωνα με τις πρόνοιες της Συνθήκης του Μάαστριχτ και των αποφάσεων του Ευρωπαϊκού Συμβουλίου του Δουβλίνου, οι εναπομένουσες χώρες θα έπρεπε να ενταχθούν στον ΜΣΙ ΙΙ για μια διετία πριν την εισδοχή τους στην ζώνη του ευρώ. Πράγματι, η σύσταση αυτή είχε έλθει λίγο μετά την θετική εισήγηση της άτυπης συνεδρίασης του Ecofin στην Βιέννη (26/9/1998) σχετικά με την αποδοχή της Ελλάδας και της Δανίας στον ΜΣΙ ΙΙ (ECOFIN 1998). Για την Ελλάδα, που ήταν ήδη από τον Μάρτιο στον ΜΣΙ, η μετάβαση στον ΜΣΙ ΙΙ έγινε την 1/1/1999 με μια κεντρική ισοτιμία 353,109 δρχ/ευρώ, με όρια παρέμβασης στο ±15%, ήτοι από 300,143 έως 406,075 δρχ/ευρώ (Εικόνα 20.2). Συμβατικά αυτό αντιστοιχούσε σε ανατίμηση 6,0% βάσει της τελευταίας τιμής fixing (333,100 δρχ/ευρώ στις 26/12/1998) και 1,1% βάσει της προηγούμενης κεντρικής ισοτιμίας (357 δρχ/ευρώ).

Τον δρόμο της Ελλάδας ακολούθησε μόνον η Δανία, καθώς η Βρετανία και η Σουηδία επέλεξαν να μην προχωρήσουν σε αυτό το βήμα. Η περίπτωση όμως της Δανίας ήταν σαφώς διαφορετική. Αφενός μπήκε στην στενή ζώνη του ±2,25%, υποδεικνύοντας ότι ως οικονομία ήταν πολύ πιο συμβατή με τις απαιτήσεις του ευρώ, αφετέρου διατηρούσε το δικαίωμα να μην εισέλθει στο γ΄ στάδιο βάσει της συμφωνίας του Εδιμβούργου. Η τελική επιλογή της να μην ενταχθεί στο ευρώ αλλά να παραμείνει στον ΜΣΙ ΙΙ, υπεδείκνυε ότι η πολιτική της ηγεσία μπορούσε να διαχειρισθεί μια στοιχειώδη ανεξαρτησία, έστω και εντός των περιορισμών της ΕΕ και του β΄ σταδίου της ΟΝΕ. Αυτή η μικρή χώρα, που είπε «όχι» στο δημοψήφισμα του Μάαστριχτ, κατάφερε μάλιστα να επιβάλλει με ειδικό πρωτόκολλο την διατήρηση της εθνικής της νομοθεσίας που απαγόρευε την αγορά εξοχικών κατοικιών από ξένους υπηκόους.

Η εισδοχή της Ελλάδας στον ΜΣΙ ΙΙ συνέπιπτε χρονικά και με την έναρξη του γ΄ σταδίου της ΟΝΕ για τις υπόλοιπες 11 χώρες, δηλαδή με την επίσημη σύσταση του ευρώ. Βεβαίως, ακόμη τα εθνικά νομίσματα θα συνέχιζαν να υπάρχουν, μόνον όμως ως κέρματα και χαρτονομίσματα. Στην λογιστική μορφή τους δεν ήταν πλέον παρά εκφράσεις του ευρώ, αφού η ισοτιμία τους με το κοινό νόμισμα είχε πλέον κλειδώσει (οι διμερείς ισοτιμίες είχαν κλειδώσει στις 3/5/1998).

20.9 Η Ελλάδα γίνεται δεκτή στο ευρώ

Το 1999 ήταν έτος ευφορίας. Ο Γενικός Δείκτης στην Σοφοκλέους κατέρριπτε το ένα υψηλό μετά το άλλο, ο πληθωρισμός συνέχιζε την πτωτική του τάση, τα ελλείμματα εμφανιζόντουσαν μειωμένα και η δραχμή βρισκόταν σταθερά πάνω από την κεντρική της ισοτιμία στον ΜΣΙ ΙΙ. Επιπλέον, στην συνεδρίαση της 29/11/1999 στις Βρυξέλλες, το Ecofin ανακάλεσε την απόφαση της 26/91994 κατά την οποία η Ελλάδα εντασσόταν στην ΔΥΕ. Ήταν πλέον επίσημο: η Ελλάδα δεν είχε υπερβολικό έλλειμμα, καθώς αυτό θα ανερχόταν σε 1,9% του ΑΕΠ για το 1999. Επιστέγασμα σε όλα αυτά οι επερχόμενοι Ολυμπιακοί αγώνες που σφυρηλατούσαν τον μύθο της ισχυρής και εκσυγχρονισμένης Ελλάδας—παρά τις παραφωνίες των S-300 και της παράδοσης του Αμντουλάχ Οτσαλάν. Αυτό περίπου ήταν και το ύφος της εισήγησης του Νίκου Γκαργκάνα, Υποδιοικητή της ΤτΕ, σε συνέδριο ομολογιούχων στο Λονδίνο: «*outlook for Greece once in the euro-zone is good, suggesting that in the long run she will be in a position to reap the full benefits of EMU membership*» (Garganas 2000).

Πράγματι, ενθαρρυμένη από τα παραπάνω αποτελέσματα και την εισήγηση του Ecofin, η ελληνική κυβέρνηση υπέβαλλε το Επικαιροποιημένο Πρόγραμμα Σύγκλισης της ελληνικής οικονομίας στις 15/12/1999.

Στις 15/1/2000, μετά από αίτημα της ελληνικής κυβέρνησης, οι υπουργοί Οικονομικών της ευρωζώνης και η Ευρωπαϊκή Κεντρική Τράπεζα, με τη συμμετοχή της Ευρωπαϊκής Επιτροπής και της Νομισματικής Επιτροπής, αποφάσισαν την ανατίμηση της κεντρικής ισοτιμίας της δραχμής κατά 3,5% ως προς την προηγούμενη κεντρική ισοτιμία της (κατά 2,6% ως προς την τελευταία τιμή fixing που ήταν 331,800 δρχ/ευρώ στις 14/1/2000). Με την απόφαση αυτή, από τις 17/1/2000 η κεντρική ισοτιμία θα άλλαζε από 353 δρχ/ευρώ στις 340,750 δρχ, παραμένοντας στην ζώνη του ±15% (από 289,638 έως 391,863 δρχ/ευρώ). Επισήμως, το αίτημα της ανατίμησης έγινε με γνώμονα τον περιορισμό της επιτάχυνσης του πληθωρισμού, κάτι που εν γένει έγινε αποδεκτό από τον Τύπο, ο οποίος αξιολογούσε ως σημαντικότερη την θετική επίδραση που θα είχε η ανατίμηση στην αγορά ομολόγων και στο χρηματιστήριο, από την επιβάρυνση που θα επέφερε στις ελληνικές εξαγωγές (Παπαϊωάννου 2000· *Καθημερινή* 2000a, 45· *Καθημερινή* 2000b, 1· Παπαδοκωστόπουλος 2000, 46· Κοντονίκα 2000, 46). Καθώς όμως η Ελλάδα είχε μεταβεί από την εξαγωγή προϊόντων στην εξαγωγή ομολόγων, αυτή η αγορά ενδιέφερε πλέον την κυβέρνηση Σημίτη. Η νέα αυτή ισοτιμία δεν ήταν αναγκαστικά η τελική στην οποία θα «κλείδωνε» η δραχμή, καθώς αυτό θα προσδιοριζόταν στην Σύνοδο Κορυφής που είχε προγραμματισθεί για τον Ιούνιο στην Πορτογαλία, αν όντως η Ελλάδα γινόταν δεκτή στην ΟΝΕ.

Η απόφαση αυτή είχε υψηλή επικοινωνιακή αξία, καθώς διαφημίσθηκε από τον Γ. Παπαντωνίου ως η πρώτη μεταπολεμική ανατίμηση της δραχμής. Είτε ηθελημένα ψευδής, είτε απλώς ανιστόρητη—η πρώτη τέτοια ανατίμηση έγινε το 1973 από την δικτατορική κυβέρνηση Μαρκεζίνη—η εκτίμηση Παπαντωνίου πέρασε αυτούσια στον εξίσου ανιστόρητο φιλοκυβερνητικό Τύπο (βλ. π.χ. Νικολούλια 2000a, 30), ο οποίος μάλιστα ήθελε και τον Καποδίστρια να διαιρεί την δραχμή σε 100 λεπτά (Σταμπόγλης 2000a, B5/77), ένα νόμισμα που δεν γεννήθηκε παρά μετά την δολοφονία του. Όμως, η σε όλους τους τόνους εκπεφρασμένη βούληση της Ελλάδας να συμμετάσχει στην ΟΝΕ ενδεχομένως να της στέρησε και διαπραγματευτικά περιθώρια για κάποιον πιο επωφελή προσδιορισμό της ισοτιμίας. Όπως αναφέρεται (Νικολούλια 2000b, 31–32), κατά τις διαπραγμετεύσεις της 15/1, Ιταλία και Γερμανία επέμειναν για μεγαλύτερη ανατίμηση της δραχμής, στις 333 δρχ/ευρώ (6,0% ως προς την προηγούμενη κεντρική ισοτιμία), κάτι που θα ήταν ακόμη πιο επιζήμιο για τις ελληνικές εξαγωγές. Είναι άξιο έρευνας το πώς ακριβώς εξελίχθηκαν οι διαπραγματεύσεις· δεδομένου ότι είχαν επενδύσει την επανεκλογή του Πασόκ στην εισδοχή της Ελλάδας στην ΟΝΕ, οι Κ. Σημίτης, Γ. Παπαντωνίου, Γ. Στουρνάρας και Λ. Παπαδήμος είναι αυτονόητο να μην είχαν πολλά περιθώρια ελιγμών στην διεκδίκηση ακόμη και μιας σημαντικής υποτίμησης. Έτσι ενδέχεται αυτό που τους επιβλήθηκε, μια ανατίμηση, απλώς να περιεβλήθη τον μανδύα της αντιπληθωριστικής πολιτικής.

Στα απόνερα της «επιτυχίας» της ανατίμησης, ο Κ. Σημίτης προκήρυξε πρόωρες εκλογές στις 4/2/2000. Ημερομηνία των εκλογών, η 9η Απριλίου 2000. Η ένταξη στην ΟΝΕ ήταν ένα εγχείρημα που το Σημιτικό Πασόκ είχε κάθε πρόθεση να εκμεταλλευθεί για την εκλογή του. Μάλιστα, είχε επιστρατευθεί ως το δεύτερο μεγάλο επιχείρημα για ψήφο στο Πασόκ, μετά τον εκβιασμό του χρηματιστηρίου: *«το δίλημμα των εκλογών είναι σαφές: αφορά την ένταξη και την μετά την ένταξη [sic] στην ΟΝΕ»* προειδοποιούσε ο Κ. Σημίτης (Γ. Χ. Παπαχρήστος 2000, 10–11). Στις 9/3/2000, ακριβώς ένα μήνα πριν τις εκλογές, η ελληνική κυβέρνηση ζήτησε επισήμως από την Ευρωπαϊκή Επιτροπή και την ΕΚΤ να ετοιμάσουν τις αναφορές που προβλέπονται από το άρθρο 122(2) της Συνθήκης του Μάαστριχτ για την ανάκληση των παρεκκλίσεων βάσει της ΔΥΕ. Μια πρόγευση της απόφασης της Επιτροπής διεφάνη κατά την διατύπωση των Οικονομικών Προβλέψεων για το 1999–2001, όπου τα δημοσιονομικά μεγέθη της Ελλάδας περιγράφονταν ως πολύ ελπιδοφόρα (European Commission 2000a).

Παράλληλα, με αίτημα της 24/3/2000, και η ΤτΕ ζήτησε από την ΕΚΤ να αξιολογήσει την ανεξαρτησία της και την συμβατότητα του καταστατικού της με το ΕΣΚΤ.[17] Η γνωμοδότηση της ΕΚΤ (17/4/2000) περιέγραφε τις οδηγίες που είχαν δοθεί στην ΤτΕ για την αναθεώρηση του τελευταίου αυτού καταστατικού και τις καταφατικές απαντήσεις της ΤτΕ σε επιστολή της 12/4/2000, μέσω της οποίας υπέσχετο πλήρη συμμόρφωση με τις οδηγίες που ελάμβανε. Η γνωμοδότηση ανέφερε ότι το προσχέδιο του νέου καταστατικού αναιρούσε τις όποιες ασυμβατότητες με το ΕΣΚΤ, τονίζοντας ότι ο Διοικητής της δεν ήταν πλέον υπόλογος στο ελληνικό κοινοβούλιο, αλλά στο ΕΣΚΤ, στο οποίο είχε και δέσμευση εχεμύθειας ακόμη και ενώπιον επιτροπών του ελληνικού κοινοβουλίου. Η γνωμοδότηση κατέληγε ότι αν το νέο καταστατικό επικυρωνόταν από την Τακτική ΓΣ των μετόχων της ΤτΕ στις 25/4/2000, πλέον δεν θα περιείχε ατέλειες (ΕΚΤ 2000a).[18]

Στο σημείο αυτό, η ΕΚΤ εξέδωσε και την πρώτη της Έκθεση Σύγκλισης (οι εκθέσεις του του 1996 και 1998 είχαν εκδοθεί από το ΕΝΙ). Η Έκθεση αυτή περιέγραφε επίσης με ιδιαιτέρως κολακευτικά χρώματα τα ελληνικά δημοσιονομικά και νομισματικά μεγέθη (ΕΚΤ 2000b). Την ίδια μέρα (3/5/2000) και η Ευρωπαϊκή Επιτροπή δημοσίευε την δική της Έκθεση Σύγκλισης, που διαπίστωνε *«εντυπωσιακή [αγγλ. κείμενο: «striking»] πρόοδο προς τη σύγκλιση»* δίνοντας θετική αξιολόγηση (European Commission 2000c, 11).

Την ημέρα δημοσίευσης των δύο Εκθέσεων η Ευρωπαϊκή Επιτροπή έσπευσε να δώσει το «πράσινο φως» για την ένταξη της Ελλάδας στην ΟΝΕ, προτείνοντάς της να γίνει το δωδέκατο μέλος της ζώνης του ευρώ και αναπέμποντας την τελική απόφαση στο Ecofin της Santa Maria da Feira της 19–20/6/2000 (European Commission 2000b). Η απόφαση φαινόταν ήδη ειλημμένη καθώς στις 27/5/2000 η Νομισματική Επιτροπή έφτασε να κλειδώσει και την τελική ισοτιμία στην τότε ισχύουσα κεντρική ισοτιμία του ΜΣΙ ΙΙ των 340,750 δρχ/ευρώ (Κακουλίδου 2000a, Β3/59), και στις 30/5/2000 η Ευρωπαϊκή Επιτροπή πρότεινε και τις απαραίτητες αλλαγές στην Κοινοτική νομοθεσία (European Commission 2000d).

Η απόφαση προεξοφλείτο και από την κυβέρνηση Σημίτη που έσπευδε να αποκομίσει όλα τα δυνατά επικοινωνιακά οφέλη με σειρά συναντήσεων και συνεντεύξεων ενόψει της Συνόδου (*Το Βήμα* 2000, Α12/12· Σταμπόγλης 2000b, Δ26/182). Πράγματι, στις 5/6/2000 ακολούθησε η σχετική έγκριση από το Ecofin (European Commission 2000e) και η ομόφωνη τελική απόφαση από το Ευρωπαϊκό Συμβούλιο της Φέιρα (European Council 2000). Σύμφωνα με την τελευταία, η Ελλάδα προγραμματιζόταν να εισέλθει στην ζώνη του ευρώ την 1/1/2001, δύο χρόνια μετά την επίσημη έναρξή της.

Ο φιλοκυβερνητικός Τύπος αντιμετώπισε την απόφαση ως θρίαμβο (Καρανασοπούλου 2000, 11):

---

[17] Το καταστατικό της ΤτΕ είχε αναθεωρηθεί για να είναι συμβατό με τον Ν. 2548 της 12/12/1997 περί του γ΄ σταδίου της ΟΝΕ (ΦΕΚ 259Α της 19/12/1997, σ. 9119–9124). Είχε επικυρωθεί κατά την Έκτακτη ΓΣ των Μετόχων της 22/12/1997 και το νέο καταστατικό είχε επικυρωθεί με τον Ν. 2609 της 11/5/1998 (ΦΕΚ 101 της 11/5/1998, σ. 1631–1636).

[18] Την έκθεση ενέκρινε το ΔΣ της ΕΚΤ και οι Ευρωπαίοι Κεντρικοί Τραπεζίτες σε σύσκεψη στην Φρανκφούρτη στις 27/4/2000 και το νέο καταστατικό κυρώθηκε με τον Ν. 2832 της 9/6/2000 (ΦΕΚ 141Α της 13/6/2000, σ. 2217–2228).

Χθες το μεσημέρι ο Πρωθυπουργός άκουσε πολλούς από τους συναδέλφους του να τον επευφημούν φωνάζοντας δυνατά —και ρυθμικά—«Kostas, Kostas». Ήταν η ώρα της ανάγνωσης της παραγράφου για την Ελλάδα—κι ο Προεδρεύων της Ένωσης, Πορτογάλλος Πρωθυπουργός κ. Γκουτιέρεζ, σηκώθηκε και έκανε δύο κινήσεις: έσφιξε το χέρι του Κώστα Σημίτη και έκανε νόημα να εισέλθουν τα γκαρσόνια με τα μπουκάλια του πορτογαλέζικου κρασιού πόρτο, εσοδείας 1981, χρονιάς στην οποία η Ελλάδα εισήλθε στην (τότε) ΕΟΚ. Ακολούθησε, για λίγα λεπτά, μια ατμόσφαιρα… πάρτι, με τους «15» να πίνουν εις υγείαν του «Kostas».

Το εκσυγχρονιστικό κατεστημένο βίωσε το απόγειο της ισχύος του. Άρτι επανεκλεγμένο από τις «περίεργες» εκλογές του 2000, και έχοντας εξασφαλίσει την επίτευξη του μεγαλύτερου διακομματικού στόχου της μεταπολίτευσης, μπορούσε να κομπάζει. Στην ομιλία του στην ΔΕΘ τον Σεπτέμβριο του 2001 ο Πρωθυπουργός θα δήλωνε με σχεδόν ψυχωσική επιμονή (Σημίτης 2001a, έμφαση δική μου):

Το ευρώ ανοίγει για τη χώρα ένα νέο κεφάλαιο. Σηματοδοτεί την ευρωπαϊκή προοπτική της Ελλάδας [...] που κινητοποιεί το σύνολο των κοινωνικών δυνάμεων για την εδραίωση μιας καθοριστικής αλλαγής, για την πραγμάτωση ενός μεγάλου εθνικού στόχου: Μια Ελλάδα **σταθερή** *και* **ισχυρή** *στην Ευρώπη στα χρόνια και στις δεκαετίες που έρχονται.*

Στο ξεκίνημα αυτό της Ευρωζώνης, η Ελλάδα μπαίνει δυναμικά. Η ελληνική οικονομία συνεχίζει να αναπτύσσεται με επιταχυνόμενο ρυθμό. Για 6η συνεχή χρονιά είναι μεγαλύτερος του ευρωπαϊκού μέσου όρου, και φέτος είναι ο τρίτος υψηλότερος στην Ευρώπη. Οι προοπτικές διαγράφονται ακόμα καλύτερες στα χρόνια που έρχονται. Η ψαλίδα στο βιοτικό επίπεδο με το μέσο Ευρωπαίο κλείνει σταδιακά [...]

Με συνέπεια, εργασία και πρόγραμμα οικοδομούμε την **Ισχυρή** *Κοινωνία. Την* **Ισχυρή** *Οικονομία [...] Μια οικονομία [...] που παράγει ανταγωνιστικά προϊόντα και υπηρεσίες [...] στην οποία οι πολίτες αποταμιεύουν και επενδύουν [...] όπου το κράτος δεν ασφυκτιά κάτω από την πίεση του χρέους [...] που αντέχει στο χρόνο, που έχει τις βάσεις για μια τροχιά ανάπτυξης δεκαετιών. Αυτή η* **ισχυρή** *οικονομία είναι το θεμέλιο για την* **ισχυρή** *Ελλάδα, την* **ισχυρή** *κοινωνία. Για μια Ελλάδα* **ισχυρή** *και* **σταθερή** *στην Ευρώπη στα χρόνια και στις δεκαετίες που έρχονται».*

Η αποτίμηση της ακρίβειας των παραπάνω εκτιμήσεων είναι πλέον θέμα για τον ιστορικό του μέλλοντος. Την δεδομένη στιγμή όμως έδωσαν ώθηση σε ένα συγκεκριμένο επικοινωνιακό κλίμα. Η εισδοχή στην ΟΝΕ είχε αποκτήσει έναν τόνο πανηγυρικό, χωρίς ποτέ οι πολίτες να έχουν την ευκαιρία να περάσουν από την κριτική ανάλυση και συνειδητοποίηση—πόσω μάλλον συναπόφαση—της επιλογής αυτής. Στην παραληρηματική ατμόσφαιρα των ημερών ο Δήμαρχος Λάρισας Κων/νος Τζανακούλης (εξελέγη με στήριξη της ΝΔ) ανακοίνωσε ότι «υιοθετούσε» το ευρώ τον Μάιο του 2001, 230 ημέρες πριν την επίσημη εισαγωγή του. Στο Τελλόγλειο ίδρυμα διοργανώθηκε έκθεση στα πλαίσια της 66ης ΔΕΘ, με τίτλο «Ευρώ—ένα νόμισμα για την Ευρώπη».[19] Σειρά επετειακών εκδόσεων θα κατέκλυζε την Χριστουγεννιάτικη αγορά στα τέλη του έτους με την στήριξη τραπεζών και εφημερίδων (Σύλλογος Υπαλλήλων Εθνικής Τράπεζας 2001· Αγγελοπούλου και Παπαστάθης 2001· Χατζιώτης 2001).

Το ίδιο κλίμα καλλιεργούσε και η τηλεόραση. Στα τέλη ίδιου έτους, η σειρά της ΕΡΤ «Παρασκήνιο» έκανε μια εκπομπή με τίτλο «Το χρήμα», κατά την οποία η εγκατάλειψη της νομισματικής κυριαρχίας ήταν απλώς «ακόμα ένας σταθμός» (Σπανός 2001). Στην εκπομπή, η Δέσποινα Τσολάκη, αρχαιολόγος και επιμελήτρια της προαναφερθείσας έκθεσης, ως χαμογελαστή μητέρα που διηγείται ένα παραμύθι στα παιδιά της, θα μηρύκαζε τις ανιστόρητες απόψεις περί της προέλευσης του χρήματος από τον αντιπραγματισμό και θα εγκωμίαζε τον θρίαμβο της Ελλάδας για την «ελληνική» ονομασία του νέου νομίσματος. Λίγες ημέρες πριν τα Χριστούγεννα, ο Προκόπης Δούκας θα παρουσίαζε τηλεοπτικά την μεγάλη νομισματική αλλαγή με έναν τόνο γλυκιάς Χριστουγεννιάτικης νοσταλγίας για το «ταξίδι χωρίς γυρισμό της δραχμούλας μας». Μια απόφαση που θα επηρέαζε το μέλλον μιας ολόκληρης ηπείρου προσεγγιζόταν με την ξεγνοιασιά της γιορτινής θαλπωρής (Κοντώσης 2001).

20.10   Το μαγείρεμα του ελληνικού χρέους

Θα ήταν απατηλό να έκλεινε η περιγραφή της εισδοχής της Ελλάδας στην ΟΝΕ με τόσο ειδυλλιακές εικόνες, δεδομένου ότι η πραγματικότητα ήταν αυτή που διαφήμιζε το Πασόκ σε καταχωρήσεις όπως της Εικόνας 20.3. Δεν ήταν όσο κολακευτική την ήθελαν οι πολιτικοί, δημοσιογράφοι και διανοούμενοι της εποχής, αλλά ούτε και

---

[19] Σε συνεργασία της ΔΕΘ και του Νομισματικού Μουσείου Αθηνών υπό την αιγίδα των υπουργείων Εθνικής Οικονομίας, Πολιτισμού, Μακεδονίας - Θράκης, της Τράπεζας της Ελλάδος και της Ευρωπαϊκής Επιτροπής και με την υποστήριξη του υπουργείου Οικονομικών και της HELEXPO AE (ΜΠΕ 2001).

τόσο ευχάριστη. Όπως προανέφερα, η αυστηρή ερμηνεία και των πέντε κριτηρίων του Μάαστριχτ θα οδηγούσε σε μια ΟΝΕ με μοναδικό μέλος το Λουξεμβούργο. Η δημοσιονομική θέση της Ελλάδας ήταν μεταξύ των δυσμενεστέρων από τις υποψήφιες προς ένταξη χώρες, ιδίως λαμβανομένων υπόψη των αμυντικών δαπανών. Αυτό το είχε αναγνωρίσει ρητώς και ο Κ. Σημίτης την προηγούμενη της διάσκεψης του Δουβλίνου τον Δεκέμβριο του 1996, ζητώντας ειδικές εξαιρέσεις από την ερμηνεία των κριτηρίων (βλ. παρ. 20.4).

Παρά την θεαματική βελτίωση συγκεκριμένων ποσοτικών δεικτών, οι θεμελιώδεις παράμετροι της ελληνικής οικονομίας και της οργανωτικής δομής του ελληνικού κράτους δεν είχαν αλλάξει ουσιαστικά. Η Ελλάδα παρέμενε μια χώρα με ελλιπή και παραπαίουσα παραγωγική βάση και αναποτελεσματικό δημόσιο τομέα—ανεξαρτήτως μεγέθους. Η τακτική προσήλωσης στην βελτίωση των ποσοτικών δεικτών ανεξαρτήτως της υφιστάμενης πραγματικότητας ήταν που προσέδωσε στον Κ. Σημίτη το προσωνύμιο του «λογιστή».

Στο πλαίσιο αυτό τα λογιστικά εργαλεία ήταν τα μόνα που μπορούσαν να βελτιώσουν τους ποσοτικούς δείκτες, ακολουθώντας το παράδειγμα της δη-

Εικόνα 20.3: Προεκλογική διαφημιστική καταχώρηση του Πασόκ για τις εκλογές του 2000.

μιουργικής λογιστικής κρατών όπως η Γερμανία, η Γαλλία και η Ιταλία. Οι σχετικές συμφωνίες που συνήφθησαν ήταν εξαιρετικά τεχνικές, περίπλοκες και δυσνόητες. Αυτός άλλωστε ήταν και ο σκοπός εκείνων που τις συνέταξαν, ώστε να μπορέσουν να αξιοποιήσουν τα παράθυρα του ΕΣΛ95 και να μην προκαλέσουν αντιρρήσεις από πλευράς Eurostat.

Σε γενικές γραμμές, αυτό που ζητείτο ήταν ένας τρόπος να μειωθεί το ελληνικό έλλειμμα κάτω από το 3% που όριζαν τα κριτήρια σύγκλισης. Για το δε χρέος, είχε ήδη εγκαταλειφθεί η ιδέα του 60% ακόμη και για τις περισσότερες από τις υπόλοιπες 11 χώρες, οπότε θα αρκούσε μια μείωση που θα μπορούσε να εκληφθεί ως αντιπροσωπευτική μιας μακροχρόνιας τάσης. Αυτό θα μπορούσε να το επιτύχει μια συνδιαλλαγή αντίστοιχη με αυτή που μείωσε το ιταλικό έλλειμμα. Κάτι τέτοιο ήταν όλο και πιο αναγκαίο, καθώς η άνοδος του δολαρίου και του γιεν μεταξύ 1999 και 2000 επιβάρυνε το χρέος που είχε συνάψει η Ελλάδα σε αυτά τα νομίσματα. Μεταφράζοντας τα ποσά σε ευρώ, η Ελλάδα βρισκόταν όλο και πιο χρεωμένη.

Ανταλλαγές νομισμάτων

Τυπικά, οι ανταλλαγές (swaps) είναι ένας τύπος παραγώγου. Συγκεκριμένα, είναι συμφωνίες κατά τις οποίες δύο αντισυμβαλλόμενα μέρη ανταλλάσσουν τις υποχρεώσεις τους, όπως και στον Άγνωστο του Εξπρές, του Άλφρεντ Χίτσκοκ, δύο άγνωστοι συμφωνούν να ανταλλάξουν φόνους. Θεωρητικά, αυτές οι συμφωνίες αποσκοπούν στο να μειώσουν το ρίσκο των συμβαλλομένων μερών από απρόβλεπτες εξωτερικές διακυμάνσεις (π.χ. επιτοκίων, συναλλαγματικών ισοτιμιών, τιμών εμπορευμάτων), ή εν γένει να διευκολύνουν την λειτουργία τους. Στην πράξη όμως, από μεθόδους εξασφάλισης μετατράπηκαν σε μεθόδους κερδοσκοπίας. Δηλαδή αυτές οι συμφωνίες δεν συνάπτονται πλέον για να εξασφαλίσουν ή να διευκολύνουν μια τρέχουσα οικονομική δραστηριότητα, αλλά κερδοσκοπικά, δηλαδή ως στοίχημα πάνω στις μεταβολές των παραπάνω μεγεθών.

Η τεχνική είναι εξαιρετικά περίπλοκη (βλ. λεπτομέρειες στην παράγραφο 24.5), και σε γενικές γραμμές χρησιμεύει στο να αποκρύψει παρούσες υποχρεώσεις—π.χ. κρατικό χρέος—και να παρουσιάσει μια βελτιωμένη λογιστική εικόνα. Οι υποχρεώσεις βεβαίως θα επανεμφανισθούν διογκωμένες μετά από την λήξη της συμφωνίας, όμως μέχρι τότε ο σκοπός έχει επιτευχθεί. Στην περίπτωση της Ελλάδας τέτοιες ανταλλαγές έγιναν με την Goldman Sachs. Τα στοιχεία που είναι διαθέσιμα σχετικά με αυτές είναι ελλιπή λόγω της αυτονόητης μυστικότητας που τηρούν τα εμπλεκόμενα μέρη, κατά συνέπεια, τα όσα μπορούν να γραφούν επί του παρόντος είναι μάλλον δημοσιογραφικού παρά ιστορικού χαρακτήρα.[20] Σε κάθε περίπτωση όμως, χρήσιμα συμπεράσματα μπορούμε να συνάγουμε και από τις αποκαλύψεις του Gustavo Piga σχετικά με τις αντίστοιχες συμφωνίες μεταξύ Ιταλίας και Goldman Sachs.

Αυτές οι ανταλλαγές δεν ήταν παράνομες. Στην Ελλάδα, με απόφαση της ΤτΕ της 22/8/1990, είχε ορισθεί ότι «*επιτρέπεται σε πιστωτικά ιδρύματα, στους δημόσιους οργανισμούς και στις δημόσιες επιχειρήσεις που δανείζονται σε συνάλλαγμα να προβαίνουν σε συμφωνίες ανταλλαγής επιτοκίου και νομίσματος, χωρίς ειδική έγκριση της Τράπεζας της Ελλάδος*» (ΤτΕ 1991, 141). Αλλά και σύμφωνα με τους κανόνες της Eurostat, το ΕΣΛ95 όριζε ότι τέτοια παράγωγα δεν καταγράφονται στις υποχρεώσεις της γενικής κυβέρνησης, άρα δεν επηρεάζουν το χρέος και το έλλειμμα (Eurostat 2002a, 202, παρ 28 και 29). Άνοιγε έτσι το παράθυρο για χρήση αυτών των νέων χρηματοπιστωτικών τεχνολογιών.

Το θέμα είχε ήδη δημοσιευθεί από το 2003 στο περιοδικό Risk Magazine (Dunbar 2003), το οποίο αποκάλυπτε συμφωνίες ανταλλαγής νομισμάτων μεταξύ Ελλάδας και Goldman Sachs. Κατά το δημοσίευμα, υπεύθυνοι για τις συναλλαγές αυτές ήταν ο Χριστόφορος Σαρδελής εκ μέρους του ΟΔΔΗΧ και η Αντιγόνη Λουδιάδη εκ μέρους της Goldman Sachs. Μάλιστα, αμέσως μετά την συναλλαγή, η Goldman Sachs φέρεται να ασφαλίστηκε από τον κίνδυνο μιας ενδεχόμενης ελληνικής χρεωκοπίας έναντι του ποσού του 1 δισ δολαρίων. Την ασφάλιση έκανε με CDS (credit-default swap) που αγόρασε από την γερμανική τράπεζα Deutsche Pfandbriefe Bank (Depfa), με έδρα στην Φρανκφούρτη. Κατά το δημοσίευμα, το κόστος των υπηρεσιών της Goldman Sachs ήταν 20 εκ. δολάρια.

Παρότι όλα αυτά ήταν εν γένει γνωστά και δεν είχαν προκαλέσει σοβαρή αντίδραση, η συζήτηση για τον τρόπο συμμετοχής της Ελλάδας στην ΟΝΕ άρχισε να αναζωπυρώνεται μετά τις εκλογές του 2009 και τις δηλώσεις Παπακωνσταντίνου για ψευδή στατιστικά στοιχεία. Αυτές οι δηλώσεις προκάλεσαν και δημοσίευμα του γερμανικού Spiegel, ο οποίος αποκάλυπτε, με πολυετή καθυστέρηση, ότι η Goldman Sachs είχε βοηθήσει την Ελλάδα να κρύψει το χρέος της με τέτοιες συμφωνίες (*Spiegel Online* 2010).

Μετά από αυτές τις πιο πρόσφατες καταγγελίες η ίδια η Goldman Sachs παραδέχθηκε ότι είχε έλθει σε συμφωνία με την τότε ελληνική κυβέρνηση για την αντιμετώπιση αυτού ακριβώς του προβλήματος. Όπως αναφέρει, εισήλθε σε δύο συμφωνίες ανταλλαγής νομισμάτων (cross-currency swaps) με την ελληνική κυβέρνηση τον Δεκέμβριο του 2000 και τον Ιούνιο του 2001, οι οποίες μείωσαν το χρέος της κατά 2,367 δισ ευρώ, μειώνοντας τον σχετικό δείκτη από το 105,3% στο 103,7% του ΑΕΠ. Καθώς αυτές οι ανταλλαγές μείωναν την αξία του χαρτοφυλακίου ανταλλαγών της GS, τα δύο μέρη εισήλθαν και σε μια συμφωνία ανταλλαγής επιτοκίων (interest-rate swap) κατά την οποία η GS θα πλήρωνε τα κουπόνια ενός νέου ομολόγου που εξέδωσε η ελληνική πλευρά, ενώ θα λάμβανε «*χρηματορροές βάσει μεταβλητών επιτοκίων*» (Goldman Sachs 2010).

Μετά από αυτές τις αποκαλύψεις η Eurostat οργάνωσε δύο «μεθοδολογικές επισκέψεις» στην Ελλάδα (21–22/6 και 27–28/9/2010) για να διαπιστώσει ιδίοις όμμασι τι είχε συμβεί. Όπως ανέφερε αργότερα, από την επίσκεψη προέκυψε ότι το εν λόγω διάστημα η Ελλάδα είχε κάνει 13 συμφωνίες ανταλλαγής νομισμάτων με την GS: εννέα σε γιεν-ευρώ, τρεις σε δολάρια-ευρώ και μία σε ελβετικά φράγκα-ευρώ (Eurostat 2010). Οι περισσότερες ήταν σταθερού-για-σταθερό επιτόκιο (fixed-for-fixed) με λήξεις μεταξύ 2002–2016, κυρίως όμως μεταξύ 2008–2016. Η ανταλλαγές όμως έγιναν με ισοτιμίες εκτός αγοράς (off-market) που συνέφεραν την Ελλάδα, δηλαδή θεωρώντας τα νομίσματα αυτά πιο υποτιμημένα ως προς το ευρώ σε σχέση με την αγοραία ισοτιμία εκείνη την στιγμή. Αυτό είχε ως όφελος για την Ελλάδα περί τα 2,4 δισ ευρώ, καθώς θα εισέπραττε μεγαλύτερη ποσότητα αυτών των νομισμάτων· εξ' ου και το κεφάλαιο του δανείου. Αυτό το κέρδος μεταφράσθηκε σε μείωση του χρέους, σύμφωνα με τις απαιτήσεις της Συνθήκης του Μάαστριχτ.

Αντί η Ελλάδα να επιστρέψει ένα αντίστοιχο εφάπαξ ποσό άμεσα στην GS, πράγμα που θα επιδείνωνε το έλλειμμα, συμφωνήθηκε αυτό το ποσό να μεταφρασθεί σε ετήσιες πληρωμές μέσω μιας συμφωνίας ανταλλαγής επιτοκίων. Αυτές οι πληρωμές που θα έκανε η Ελλάδα θα ξεκινούσαν το 2002 και θα έφταναν μέχρι το 2019,

---

[20] Αξιόλογη δουλειά έχει κάνει ανώνυμος σχολιαστής (Kael 'thas 2011), η οποία έτυχε μαζικής αναδημοσίευσης αφού το ανήρτησε τον Ιανουάριο του 2012 στην προσωπική του σελίδα στο Facebook ο Πάνος Καμμένος (αργότερα αυτή αποσύρθηκε).

επηρεάζοντας το έλλειμμα σε μικρότερο βαθμό κάθε χρόνο. Το γεγονός ότι δεν έγινε αντίστοιχη εφάπαξ πληρωμή από την Ελλάδα προς την GS, οδήγησε την Eurostat να το θεωρήσει εκ των υστέρων ως δάνειο.

Κατά τον Bloomberg, η ανταλλαγή που προσέφερε η Λουδιάδη στον Σαρδελή αντιστοιχούσε σε φανταστικό κεφάλαιο 15 δισ ευρώ και αποσκοπούσε στην αποπληρωμή 2,8 δισ ευρώ στην Goldman Sachs έως το 2019, με μια αρχική περίοδο χάριτος τριών ετών. Ενώ αρχικά φαινόταν μια καλή συμφωνία, η επίθεση της 11ης Σεπτεμβρίου έριξε τις τιμές των επιτοκίων λόγω μαζικών πωλήσεων και ανάγκαζε την Ελλάδα να πληρώνει δυσβάσταχτα ποσά. Έτσι, το 2002 έγινε νέα συμφωνία που περιελάμβανε μια ανταλλαγή πληθωρισμών (inflation swap). Όταν ο διάδοχος του Σαρδελή, Σπύρος Παπανικολάου, ενημέρωσε τον Γ. Αλογοσκούφη ότι η Ελλάδα θα έπρεπε να πληρώνει 400 εκ. ευρώ κατ' έτος στην Goldman Sachs, ο Αλογοσκούφης κάλεσε την Λουδιάδη για μια νέα συμφωνία. Τον Αύγουστο του 2005, συμφωνήθηκε να μεταβιβασθεί το swap στην ΕΤΕ έναντι 5,1 δισ ευρώ και η διάρκειά του να επεκταθεί έως το 2037 (Dunbar και Martinuzzi 2012).

Η πολυπλοκότητα αυτών των συμφωνιών ήταν τέτοια που μόνον τα στέλεχη της Goldman Sachs τις κατανοούσαν· οι Έλληνες Υπουργοί και αξιωματούχοι θα πρέπει να μπήκαν στις συμφωνίες αυτές το ίδιο θαμπωμένοι και ζαλισμένοι, όσο και οι Ορλάνδος και Λουριώτης το 1824–25, όταν συνήπταν τα δάνεια της Ανεξαρτησίας στο Λονδίνο, σε μια αγορά τις λεπτομέρειες της οποίας ελάχιστα κατανοούσαν.

Ενυπόθηκες τιτλοποιήσεις

Παράλληλα με τις παραπάνω χρηματοπιστωτικές καινοτομίες, η ελληνική κυβέρνηση προχώρησε και σε άλλες. Δεν είναι ξεκάθαρο το κατά πόσον η Goldman Sachs ενεπλάκη και σε αυτές, ή το κατά πόσον σχετίζονται σε τεχνικό και λογιστικό επίπεδο με τις ανταλλαγές συναλλάγματος. Σκοπός πάντως και αυτών ήταν ο δανεισμός χωρίς να προκύπτει λογιστική καταγραφή που θα επιβάρυνε το χρέος. Η συνταγή που προτιμήθηκε ήταν εξίσου καινοτόμος και περιελάμβανε την τιτλοποίηση και υποθήκευση μελλοντικών εσόδων του ελληνικού κράτους. Αυτός ο τύπος τίτλων ονομάζεται *τίτλος καλυπτόμενος από στοιχεία ενεργητικού* (Asset-Backed Security, ABS). Για λόγους συντομίας θα την αποκαλώ *ενυπόθηκη τιτλοποίηση*.

Η προετοιμασία του θεσμικού πλαισίου για την τιτλοποίηση μελλοντικών εσόδων ξεκίνησε στις αρχές του 2000 από τον νόμο-σκούπα 2801/2000 του Δ. Ρέππα.[21] Το άρθρο 14 του νόμου επέτρεπε την έκδοση «τίτλων προεσόδων» (revenue certificates) στο επενδυτικό κοινό, στην Ελλάδα ή το εξωτερικό. Οι πρόσοδοι από αυτά τα έσοδα θα ήταν αφορολόγητες (παρ. 3) και τα έσοδα αυτά θα κατετίθεντο σε ειδικό δεσμευμένο λογαριασμό με μοναδικό σκοπό την εξόφληση των τίτλων (παρ. 4). Η δε έκδοση των τίτλων θα μπορούσε να γίνεται μέσω τρίτου νομικού προσώπου, στο οποίο το κράτος θα μεταβίβαζε αυτά τα μελλοντικά έσοδα (παρ. 12). Αυτή η μεταβίβαση θα μπορούσε να γίνεται με απευθείας ανάθεση από τον εκάστοτε Υπ. Οικονομικών (παρ. 9). Ο νόμος αυτός τροποποιήθηκε μέσω δύο τροπολογιών, η μία εκ των οποίων αφορούσε στο ΤΠΔ,[22] και η άλλη στο ΙΚΑ.[23] Αμφότερες τροπολογίες ήλθαν προς ψήφιση στην Βουλή κρυμμένες εντός δύο νόμων-σκούπα του Χ. Βερελή (των ν. 2843 και 2874 του 2000). Το γενικό σκεπτικό αυτού του θεσμικού πλαισίου ήταν ότι μια «Εταιρεία Ειδικού Σκοπού» (Special Purpose Vehicle, SPV) θα αγόραζε κάποιες μελλοντικές εισπράξεις του κράτους με ένα εφάπαξ ποσόν. Το ποσόν αυτό θα το έβρισκε μέσω ομολογιακού δανεισμού. Τυπικώς δηλαδή δεν δανειζόταν το κράτος, αλλά η Εταιρεία Ειδικού Σκοπού.

Μετά την δημιουργία του θεσμικού πλαισίου, τέτοιες τιτλοποιήσεις προχώρησαν με απλές υπουργικές αποφάσεις που δημοσιεύονται στα ΦΕΚ Β. Έτσι, στις 16/11/2000 ο Γιώργος Δρυς τιτλοποίησε τα έσοδα από το ΤΠΔ και τα μεταβίβασε στην Hellenic Securitisation S.A., στις 10/11/2000 ο Γενικός Γραμματέας Δημοσιονομικής Πολιτικής Ιωάννης Κασουλάκος τιτλοποίησε τα έσοδα των λαχείων «Λαϊκό», «Εθνικό», «Ευρωπαϊκό» και

---

[21] Ν. 2801 της 1/2/2000 σχετικά με *Ρυθμίσεις θεμάτων αρμοδιότητας του Υπουργείου Μεταφορών και Επικοινωνιών και άλλες διατάξεις* (ΦΕΚ 46Α της 3/3/2000, σ. 607–626).

[22] Ν. 2843 της 6/10/2000 για τον *Εκσυγχρονισμό των χρηματιστηριακών συναλλαγών, εισαγωγή εταιριών επενδύσεων στην ποντοπόρο ναυτιλία στο Χρηματιστήριο Αξιών Αθηνών και άλλες διατάξεις* (ΦΕΚ 219Α της 12/10/2000). Το άρθρο 36 άλλαξε τις παραγράφους 1, 2 και 12 του άρθρου 14 του ν. 2801/2000, ενώ το άρθρο 37 όριζε ότι αν τα έσοδα από τυχόν τιτλοποίηση του ΤΠΔ υπολείπονταν όσα προέβλεπαν μελλοντικές συμβάσεις, θα διετίθετο μέρος που θα υπερέβαινε το 70% των καθαρών κερδών του ΤΠΔ (όπως όριζε ο ν. 3003/1954), η ακόμη και μέρος ή ολόκληρο το αποθεματικό του.

[23] Άρθρο 21 του Ν. 2874 της 29/12/2000 για την *Προώθηση της απασχόλησης και άλλες διατάξεις* (ΦΕΚ 286Α της 29/12/2000, σ. 4101–4114).

«Ξυστό» και τα μεταβίβασε στην Ariadne S.A., στις 15/10/2001 ο Γιώργος Δρυς τιτλοποίησε τα μελλοντικά έσοδα του γ΄ ΚΠΣ 2001–2007, τα οποία μεταβίβασε στην Atlas Securitisation S.A. και στις 12/12/2001 ο Γιώργος Φλωρίδης τιτλοποίησε τα μελλοντικά έσοδα του Eurocontrol μεταβιβάζοντάς τα στην Aeolos S.A.[24]

Συνολικά, από τις τέσσερις αυτές τιτλοποιήσεις (εκτενέστερη περιγραφή στην παράγραφο 24.5) το ελληνικό Δημόσιο αποκόμισε 3,745 δισ ευρώ, για τα οποία είχε δημιουργήσει υποχρεώσεις μέχρι και τον Μάρτιο του 2019 υποθηκεύοντας μελλοντικά έσοδα. Παράλληλα, επωμίσθηκε έξοδα πέραν των τόκων, που ανέρχονταν σε 37,2 εκ. ευρώ προμηθειών, και σχεδόν 5 εκ. ευρώ ετησίων δικηγορικών εξόδων και φόρων (Δούκας 2007, 6746–6748). Τελικά όμως η προσπάθεια ήταν μάταιη, καθώς η Eurostat αποφάσισε ότι αυτές οι τιτλοποιήσεις, εφόσον ήταν με κρατική εγγύηση, θα έπρεπε να καταγράφονται στο χρέος (Eurostat 2002b). Η απόφαση αυτή ανέβασε το κρατικό χρέος στο 103,9% του ΑΕΠ το 2000 (έναντι 102,8%) και στο 102,6% το 2001 (έναντι 99,7%) (Καλλέργης 2002).

Συνοπτικά μπορούμε να παρατηρήσουμε τα εξής:

Πρώτον, τέτοιου τύπου ενυπόθηκα δάνεια, γιατί ουσιαστικά περί τέτοιων επρόκειτο, είχε συνάψει το 1824 η Επαναστατική κυβέρνηση τιτλοποιώντας τα μελλοντικά έσοδα του κράτους για την αποπληρωμή των τόκων, και τα έσοδα των εθνικών γαιών για τα χρεωλύσια. Το ίδιο είχε αποπειραθεί να κάνει και η Ελληνική Πολιτεία το 1829 υπό τον Καποδίστρια, τιτλοποιώντας τα έσοδα από τις εθνικές γαίες σε μετοχές της ΕΧΤ· το ίδιο έπραξε η Βαυαροκρατία με το ενυπόθηκο δάνειο των 60 εκ. φράγκων· κάτι αντίστοιχο είχε πράξει και ο ΔΟΕ το 1897 υποθηκεύοντας τα έσοδα από τα προϊόντα του μονοπωλίου για την αποπληρωμή των ελληνικών χρεών. Δηλαδή, αυτή η επιλογή της κυβέρνησης Σημίτη παραπέμπει στις πιο δύσκολες στιγμές της νεοελληνικής ιστορίας, σε περιόδους εθνικοαπελευθερωτικών πολεμικών συγκρούσεων. Τώρα όμως γίνονταν αυτοβούλως σε καιρό ειρήνης. Όταν υλοποιούνταν αυτές οι συμφωνίες, ο Κ. Σημίτης θα ανήγγειλε από του βήματος της ΔΕΘ ότι *«δεν διαχειριζόμαστε το παρόν υποθηκεύοντας το μέλλον»* (Σημίτης 2001b). Σε αντίθεση με τα παραπάνω, μοναδικό ίσως παράδειγμα ενυπόθηκου δανεισμού σε καιρό παχέων αγελάδων ήταν εκείνος υπό τον Χ. Τρικούπη το 1883–84 (δάνειο 170 εκ. φράγκων, παρ. 9.3) για την μετάβαση στο σύστημα της ΛΝΕ. Υπάρχει μια χτυπητή ομοιότητα στα δύο περιστατικά που αφορά, αφενός, στην εμμονή της εισδοχής σε μια νομισματική ένωση, και αφετέρου στην εμμονή του «εκσυγχρονιστή» Κ. Σημίτη να μιμηθεί τον «εκσυγχρονιστή» Χ. Τρικούπη.

Δεύτερον, χαρακτηριστική είναι η απόπειρα συγκάλυψης της πραγματικής σημασίας των νέων νομοθετικών ρυθμίσεων που επέτρεπαν τέτοιες τιτλοποιήσεις. Ο Δ. Ρέππας θεσμοθέτησε την υποθήκευση μελλοντικών εσόδων με έναν νόμο για κεραίες κινητής τηλεφωνίας και καταλύτες αυτοκινήτων (ν. 2801/2000). Ο Χ. Βερελής τροποποίησε τις διατάξεις τις σχετικές με το ΤΠΔ με έναν άλλο νόμο που περιελάμβανε διατάξεις για επενδύσεις στην ποντοπόρο ναυτιλία (ν. 2843/2000), και τις σχετικές με το ΙΚΑ σε έναν τρίτο νόμο (2874/2000) που σχετιζόταν με την προώθηση της απασχόλησης. Αυτό που ουσιαστικά ισοδυναμούσε με την υποθήκευση των μελλοντικών γενεών περνούσε στις «άλλες διατάξεις» ασχέτων νόμων.

Τρίτον, όσον αφορά στην ταυτότητα των Εταιρειών Ειδικού Σκοπού που ιδρύθηκαν για την υλοποίηση αυτών των συναλλαγών, προκύπτει ότι όλες είχαν έδρα το Λουξεμβούργο, με τρεις από τις τέσσερις (Hellenic, Ariadne, Atlas) να έχουν και την ίδια διεύθυνση,[25] καθώς η διαχείρισή τους είχε ανατεθεί στην Luxembourg International Consulting S.A., μια συμβουλευτική εταιρεία του Λουξεμβούργου που είχε πάρει άδεια domiciliating agent μόλις στις 15/9/2000 ('Company Structure' 2015).

Τέταρτον, η κάλυψη που είχε αφιερωθεί στα παραπάνω ήταν πολύ μικρή. Ενώ το ζήτημα προκάλεσε αίσθηση στις αρχές του 2012, ήταν εν γένει γνωστό, καθώς οι πρώτες καταγγελίες είχαν γίνει από του βήματος της Βουλής από τον βουλευτή της ΝΔ Γιάννη Παπαθανασίου (*Καθημερινή* 2002) και είχαν απασχολήσει και τον τότε Τύπο (Παπαδοκωστόπουλος 2002).

---

[24] Οι παραπάνω αποφάσεις ήταν με την σειρά οι: 2/79834/0049 (ΦΕΚ 1422Β, 22/11/2000), 2/84003/0049 (ΦΕΚ 1503Β, 11/12/2000), 2/59360/0049, (ΦΕΚ 1343Β, 16/10/2001) και 2/73348/0049 (ΦΕΚ 1660Β, 12/12/2001).

[25] Για τις τρεις εταιρείες η διεύθυνση ήταν Jean Pierre Pescatore, αρ. 4. Η Aeolos είχε διεύθυνση Val Sainte-Croix, αρ. 7.

ΣΥΖΗΤΩΝΤΑΣ ΤΗΝ ΝΟΜΙΣΜΑΤΙΚΗ ΕΝΟΠΟΙΗΣΗ ΣΤΗΝ ΕΛΛΑΔΑ

21

HACKER: Μπέρναρντ, [...] ο Χάμφρεϊ θα έπρεπε να το έχει προβλέψει αυτό και να με έχει προειδοποιήσει.
BERNARD: Δεν νομίζω ότι ο Σερ Χάμφρεϊ καταλαβαίνει Οικονομικά, κύριε Πρωθυπουργέ. Ξέρετε, κλασική φιλολογία σπούδασε.
HACKER: Και ο Σερ Φρανκ; Είναι επικεφαλής του Υπ. Οικονομικών.
BERNARD: Φοβάμαι ότι είναι σε ακόμα μειονεκτικότερη θέση να καταλάβει Οικονομικά. Οικονομολόγος είναι.
Ο πρωθυπουργός Jim Hacker προς τον γραμματέα του Bernard Woolley, «Yes Prime Minister» ('A real partnership' 1986)

Ε̤ΚΤΟΣ ΑΠΟ ΤΗΝ ΠΑΡΟΥΣΙΑΣΗ των εξελίξεων που οδήγησαν την Ελλάδα στην υιοθέτηση του ευρώ, θεωρώ εξαιρετικά χρήσιμο να παρουσιάσω τις απόψεις που διατυπώθηκαν στα διάφορα στάδια της παραπάνω διαδικασίας. Αυτό επιτρέπει την ανίχνευση των ιδεολογικών ρευμάτων που επέβαλλαν συγκεκριμένες επιλογές αλλά και την θεσμική προέλευση των διαφόρων επιχειρημάτων, δηλαδή την ταυτοποίηση των φορέων στους οποίους ανήκαν όσοι τα εξέφρασαν. Τέλος, διότι θα βοηθήσει στην αντιπαραβολή της μετά το 2010 συζήτησης σχετικά με το ευκταίο ή όχι της παραμονής της Ελλάδας στην ευρωζώνη.

Θα χωρίσω τις περί ONE συζητήσεις σε τέσσερις φάσεις: α) στην περίοδο από την κατάθεση των προτάσεων Balladur μέχρι την συζήτηση της Συνθήκης του Μάαστριχτ στο ελληνικό κοινοβούλιο, όταν δηλαδή το ενδεχόμενο της ONE ήταν μεν απόμακρο, αλλά άρχιζε να τίθεται πιο επιτακτικά, β) στην κοινοβουλευτική συζήτηση κατά την επικύρωση, γ) στην συζήτηση μετά την επικύρωση και δ) στην περίοδο από το Ευρωπαϊκό Συμβούλιο της Μαδρίτης τον Δεκέμβριο του 1995 μέχρι την εισδοχή της Ελλάδας στο κοινό νόμισμα, όταν ελπιζόταν ότι η Ελλάδα θα μπορέσει να συμμετάσχει με επιτυχία σε ένα λίγο-πολύ προδιαγεγραμμένο εγχείρημα. Βασική πηγή αποτελεί ο *Οικονομικός Ταχυδρόμος*, οι σελίδες του οποίου απεικονίζουν την σκέψη των διαμορφωτών της ελληνικής οικονομικής και νομισματικής πολιτικής.

21.1 Οι προκαταρκτικές συζητήσεις

Οι πρώτες εις βάθος συζητήσεις περί ONE έλαβαν χώρα σε στενό κύκλο, καθώς το ζήτημα μιας ενδεχόμενης νομισματικής ένωσης είχε χαρακτήρα από τεχνικό έως... απόκρυφο. Απαντώντας στις προτάσεις Balladur του Ιανουαρίου του 1988 για ίδρυση Ευρωπαϊκής Κεντρικής Τράπεζας, ο Υπ. Εθν. Οικονομίας Παναγιώτης Ρουμελιώτης υιοθέτησε την προσέγγιση των «οικονομιστών», συνδέοντας την νομισματική ενοποίηση με μια πρότερη σύγκλιση των οικονομιών των Κοινοτικών χωρών, αποκλείοντας για το ορατό διάστημα την συμμετοχή της Ελλάδας στον ΜΣΙ (*Οικονομικός Ταχυδρόμος* 1988a, 24). Σχολιάζοντας την παραπάνω απόφαση, ο Αντ. Παπαγιαννίδης (1988) προϊδέαζε για όσα θα επακολουθούσαν, θέτοντας διλημματικά ερωτήματα: *«αν οι εξελίξεις αρχίσουν να καλπάζουν προς ένα κοινό νόμισμα, ποιος θα πάρει την ευθύνη να μείνει η Ελλάδα έξω; Και ποιος θα κάνει την 'άγρια προσαρμογή' της ελληνικής οικονομίας για να μπορέσει η δραχμή να ακολουθήσει;».* Σε κάθε περίπτωση, την θέση Ρουμελιώτη περί μη συμμετοχής στο ΕΝΣ επιβεβαίωσε και ο Ανδρέας Παπανδρέου μετά την Διάσκεψη Κορυφής του Ανόβερου (κατά την οποία ανετέθη η μελέτη της νομισματικής ενοποίησης στην Επιτροπή Delors). Ο Α. Παπανδρέου δήλωσε επιπλέον ότι η *«προώθηση της οικονομικής και νομισματικής ενοποίησης με ενδεχόμενη δημιουργία στο μέλλον Ευρωπαϊκής Κεντρικής Τράπεζας [...] θα πρέπει να ενταχθεί στη γενικότερη διαδικασία οικονομικής ενοποίησης, [...] [ν]α εξυπηρετεί το στόχο της οικονομικής μεγέθυνσης, [...] τον στόχο για την ενίσχυση της οικονομικής και κοινωνικής συνοχής της Κοινότητας, [...] [ν]α εξασφαλίζει συμμετρικότητα στην κατανομή του «βάρους προσαρμογής» και να διασφαλίζεται με κατάλληλους μηχανι-*

σμούς ή υποστήριξη των χωρών που αντιμετωπίζουν προβλήματα διαρθρωτικά ή συγκυριακά στο ισοζύγιο πληρωμών» (*Οικονομικός Ταχυδρόμος* 1988b, 21–22). Η αποδοχή της Έκθεσης Delors από την Διάσκεψη Κορυφής της Μαδρίτης του 1989 συνοδεύθηκε από την αντιστοίχως φιλική, καίτοι διστακτική, στάση του Προέδρου της Δημοκρατίας, Χρήστου Σαρτζετάκη, ο οποίος εκπροσώπησε την Ελλάδα λόγω της ταυτόχρονη τέλεσης των εκλογών του 1989 (*Οικονομικός Ταχυδρόμος* 1989a, 21).

Οι παραπάνω δισταγμοί των ανωτάτων κλιμακίων της ελληνικής πολιτικής ηγεσίας θα εξαφανίζονταν μετά το αποτέλεσμα των εκλογών εκείνης της χρονιάς· αφενός λόγω της απομάκρυνσης της προηγούμενης πολιτικής ηγεσίας, αφετέρου λόγω του κενού εξουσίας που κράτησε μέχρι τον Απρίλιο του 1990. Εν μέσω του κενού αυτού, ζυμώσεις που είχαν αρχίσει να τελούνται στα μεσοστρώματα του κρατικού μηχανισμού θα έβρισκαν τον χώρο να κερδίσουν έδαφος, καθώς η επεξεργασία εθνικής στρατηγικής έγινε από επιτροπή του ΥΠΕΘΟ (*Οικονομικός Ταχυδρόμος* 1989b, 22–24). Από πλευράς αυτών των μεσοστρωμάτων, μια αξιοσημείωτη τοποθέτηση στο ζήτημα της νομισματικής ενοποίησης ήταν εκείνη του Παναγιώτη Κ. Ιωακειμίδη, διανοούμενου πολλαπλώς ενσωματωμένου στο πολιτικό σύστημα.[1] Σε άρθρο του ο Ιωακειμίδης (1988) θα προδιέγραφε τα ιδεολογικά πλαίσια του «εκσυγχρονισμού», προτού αυτός γιγαντωθεί ως ιδεολογία στα μέσα της δεκαετίας του 1990. Το άρθρο ήταν ένα κάλεσμα στην ***δημοκρατική*** *Αριστερά* να αποτινάξει την καχυποψία της στο ιδεώδες της «*υπερεθνικής ολοκλήρωσης*» και να προτείνει «*μια συνολική πολιτική για την ευρωπαϊκή ενοποίηση*» ως «*εναλλακτική απάντηση [...] στην μονοσήμαντη προσέγγιση της εσωτερικής αγοράς*». Μάλιστα, για να διευκολύνει την Αριστερά, ο αρθρογράφος (Ιωακειμίδης 1989) έμπαινε στον κόπο να διατυπώσει ο ίδιος τις αδρές γραμμές αυτής της πολιτικής πρότασης. Ξεχωριστή θέση είχε και το ζήτημα της οικονομικής και νομισματικής ενοποίησης «*με καταληκτικό στόχο την δημιουργία του κοινού ευρωπαϊκού νομίσματος και τους αναγκαίους συνοδευτικούς θεσμούς (κεντρική τράπεζα κ.λπ.)*» στα πλαίσια της οποίας η Αριστερά θα πρότεινε πολιτικές που θα αντιμετώπιζαν «*αποτελεσματικά το μείζον κοινωνικό θέμα της ανεργίας*». Λίγο μετά την πτώση του Πασόκ, ο Ιωακειμίδης (1990) θα έβρισκε την ευκαιρία να πάει ακόμη μακρύτερα και να προσδιορίσει τα πλαίσια της πολιτικής ορθότητας ως προς την συγκεκριμένη συζήτηση. Έτσι, διακήρυττε ότι «*το πρόβλημα για την Ελλάδα δεν είναι φυσικά πολιτικό ή ιδεολογικό με την έννοια ότι δεν υπάρχει «θέμα αρχής», δεν υπάρχει αντίθεση αρχής στην πλήρη και ενεργό συμμετοχή της χώρας στη διαδικασία της ενοποίησης τόσο στον πολιτικό όσο και στον οικονομικό / νομισματικό τομέα. Αντίθετα υπάρχει ευρύτερο consensus ανάμεσα στις πολιτικές δυνάμεις της χώρας και το εκλογικό σώμα για τη σημασία της συμμετοχής της χώρας στην Κοινότητα και την διαδικασία της ενοποίησης*». Δια λίγων κινήσεων της γραφίδας του ο Ιωακειμίδης θα εξοβέλιζε στην ανυπαρξία τις διαφωνούσες πολιτικές δυνάμεις και θα αναιρούσε την λαϊκή βούληση προεξοφλώντας το αποτέλεσμα ενός δημοψηφίσματος που δεν έγινε ποτέ. Την άποψη αυτή ο Ιωακειμίδης θα επαναλάμβανε θέτοντας την ΟΝΕ στο πλαίσιο μιας βαθύτερης πολιτικής ενοποίησης, που θα έφτανε μέχρι του σημείου της ανάπτυξης «αμυντικών λειτουργιών» εκτός του ΝΑΤΟ.

Η προετοιμασία της κοινής γνώμης συνεχίσθηκε με πιο συγκροτημένο τρόπο. Σε τεύχος του «Οικονομικού Ταχυδρόμου» της 8/3/1990 το ζήτημα της ΟΝΕ και της ελληνικής συμμετοχής στο ΕΝΣ εξετάσθηκε σε ειδικό αφιέρωμα.

Ο Νίκος Χριστοδουλάκης (1990, 150–154), ακόμη απλός ακαδημαϊκός, εξέτασε τις συνέπειες από την ενδεχόμενη ένταξη της δραχμής στο ΕΝΣ και από την απώλεια του εργαλείου της διολίσθησης και των υποτιμήσεων (μείωση «πληθωριστικού φόρου», μείωση πραγματικών φορολογικών συντελεστών, επιδείνωση διεθνούς ανταγωνιστικότητας και καθίζηση των εξαγωγών). Εκεί ελαχιστοποίησε τις συνέπειες από την μείωση της ανταγωνιστικότητας: κατά τον πανεπιστημιακό, το κόστος των εξαγόμενων αγαθών οφείλεται κατά 60% σε εισαγόμενες πρώτες ύλες, οι οποίες από τις υποτιμήσεις ακριβαίνουν· έτσι μοναδικός τρόπος καρποφορίας μιας πολιτικής υποτιμήσεων είναι η καθήλωση των μισθών και των τιμών των εγχωρίως παραγομένων πρώτων υλών. Συνεπεία μιας τέτοιας πολιτικής και ελλείψει μηχανισμού ελέγχου της εργασίας (ειδικώς στο δημόσιο), οι εργαζόμενοι

---

[1] Καθηγητής Ευρωπαϊκών Σπουδών του Πανεπιστημίου Αθηνών. Διετέλεσε πρεσβευτής/εμπειρογνώμων του Υπουργείου Εξωτερικών και του Κ. Σημίτη. Υπό την ιδιότητα αυτή θα συμμετείχε σε όλες τις σημαντικές διαπραγματεύσεις της ΕΕ, συμπεριλαμβανομένων των Διακυβερνητικών Διασκέψεων για την επεξεργασία της Ενιαίας Ευρωπαϊκής Πράξης, της Συνθήκης του Μάαστριχτ για την Ευρωπαϊκή Ένωση και της Συνθήκης του Άμστερνταμ και των διαπραγματεύσεων για τη διεύρυνση της Ευρωπαϊκής Ένωσης. Υπήρξε ο εκπρόσωπος της Ελληνικής κυβέρνησης στη Διακυβερνητική Διάσκεψη για τη σύνταξη της Συνθήκης της Νίκαιας και αναπλ. μέλος της Ευρωπαϊκής Συνέλευσης (Convention) για την επεξεργασία του Ευρωπαϊκού Συντάγματος. Πρόεδρος και Γενικός Διευθυντής του ΕΚΕΜ, μέλος του ΔΣ του ΕΛΙΑΜΕΠ, μέλος του ΔΣ του ΟΠΕΚ (Ioakimidis 2015).

μειώνουν την παραγωγικότητά τους. Επιπλέον, η προσδοκία που δημιουργείται από διαρκή διολίσθηση και νέες υποτιμήσεις ωθεί στην φυγή κεφαλαίων στο εξωτερικό, στην αποθεματοποίηση—κυρίως εισαγομένων—διαρκών καταναλωτικών αγαθών προτού αυτά ακριβύνουν, και σε φυγή συναλλάγματος που αλλιώς δεν θα συνέβαινε. Τέλος, επιτρέπει στις μη ανταγωνιστικές εγχώριες επιχειρήσεις να επιβιώνουν, αντί να τεθούν προ του διλήμματος του «να προσαρμοστούν ή να κλείσουν» (να «κολυμπήσουν» κατά τον Κ. Καραμανλή). Κατέληγε ότι οι αρχές θα έπρεπε να στερηθούν του εύκολου δρόμου δημιουργίας «πληθωριστικού χρήματος», ώστε να εξαναγκαστούν να πάρουν τις δυσάρεστες αποφάσεις περιορισμού της ζήτησης και μείωσης των ελλειμμάτων. Δεχόταν δηλαδή ότι το κράτος ήταν ανίκανο να εκτελέσει μια «σωστή» πολιτική, και άρα θα έπρεπε να παρακαμφθεί μέσω της ένταξης σε έναν αυτοματοποιημένο και έξωθεν καθοδηγούμενο μηχανισμό.

Η Ναταλία Κοκκώνη (1990, 156–164), επιστημονική συνεργάτις του νεοϊδρυθέντος (1988) *Ελληνικού Κέντρου Ευρωπαϊκών Μελετών* (ΕΚΕΜ) υποστήριξε ότι η Ελλάδα δεν μπορούσε παρά να συμμετάσχει σε όλες τις διαδικασίες ενοποίησης για να μη βρεθεί περιθωριοποιημένη σε μια Ευρώπη πολλών ταχυτήτων. Δεν παρέλειψε να κρούσει τον κώδωνα του κινδύνου για τις λιγότερο ανεπτυγμένες οικονομίες σε ένα πλαίσιο νομισματικής ενοποίησης, χωρίς όμως να θέτει υπό οποιαδήποτε αμφισβήτηση τον στόχο αυτό. Έτσι, π.χ. έδινε ιδιαίτερο βάρος στο μικρό μέγεθος του Κοινοτικού προϋπολογισμού (της τάξεως του 1% του Κοινοτικού ΑΕΠ) σε σχέση με τον σημαντικό κεντρικό προϋπολογισμό ομοσπονδιακών κρατών (10–30% του ΑΕΠ). Έτσι έθετε εν αμφιβόλω την επάρκεια των διαφόρων διαρθρωτικών πακέτων που αποσκοπούσαν στην σύγκλιση των λιγότερο ανεπτυγμένων περιοχών, προτείνοντας έναν κεντρικό προϋπολογισμό της τάξεως του 5–7% του ΑΕΠ στα πρώτα στάδια της ΟΝΕ για να είναι επαρκείς οι δημοσιονομικές μεταβιβάσεις προς τις υπανάπτυκτες εθνικές οικονομίες. Σε καμία όμως περίπτωση δεν πρότεινε επανεξέταση του ίδιου του στόχου της ΟΝΕ, θεωρώντας ότι η αντιμετώπιση των κινδύνων ήταν στην σφαίρα του εφικτού.

Μετά το αφιέρωμα αυτό, το ζήτημα της ΟΝΕ αρχίζει να θίγεται πιο τακτικά. Μόλις μια εβδομάδα μετά την εκλογή της Κυβέρνησης Μητσοτάκη, ο Χάρης Σταματόπουλος (1990, 23–25, 86), τέως Γεν. Γραμματέας του Υπ. Εμπορίου και στέλεχος πλήθους κρατικών οργανισμών και επιχειρήσεων μετά το 1994,[2] παραθέτει μια κριτική αντιμετώπιση της ΟΝΕ, όπως αυτή σχεδιάζεται από την Έκθεση Delors. Συγκεκριμένα, θεωρεί την προβλεπόμενη πρώτη φάση «μονομερή», καθώς η απουσία κατάλληλου Κοινοτικού προϋπολογισμού θέτει όλα τα βάρη αντιμετώπισης τυχόν κλυδωνισμών στα εθνικά κράτη, και «αντιφατική», καθώς αφαιρεί εξουσίες από τα εθνικά κράτη (έλεγχο συναλλαγών, επιδοτήσεις, τιμολογιακή πολιτική), την στιγμή που τους ζητά να αναλάβουν το αυξημένο βάρος της προσαρμογής των οικονομιών τους προς τις Κοινοτικές κατευθύνσεις. Τα μοναδικά εργαλεία που απομένουν είναι η δημοσιονομική και εισοδηματική πολιτική, δηλαδή η περιστολή του κρατικού προϋπολογισμού και η ανταγωνιστική μείωση των μισθών. Ο Σταματόπουλος προτείνει την ευρύτερη ένταξη της ευρωπαϊκής ενοποίησης στον δημόσιο διάλογο, τονίζοντας κρίσιμα σημεία αυτής. Έτσι, π.χ. αναδεικνύει τον υποσκελισμό των εθνικών κρατών από την απευθείας επικοινωνία των Κοινοτικών οργάνων με περιφερειακές και τοπικές αρχές, μετατρέποντας αυτά σε οιονεί κρατίδια μιας οιονεί ομοσπονδίας. Έτσι θεωρεί υψίστης σημασίας την συζήτηση του δημοκρατικού ελέγχου και της δυνατότητας διατήρησης του βέτο σε κρίσιμες αποφάσεις, και γενικότερα, το ζήτημα μιας «Ευρωπαϊκής Ομοσπονδίας» στην περίπτωση που η ΟΝΕ δημιουργήσει μια de facto κατάσταση «που να ομοιάζει σε μια (νόθο) μορφή ομοσπονδίας».

Στα πλαίσια της εξελισσόμενης «ενημερωτικής» εκστρατείας που ελάμβανε τα χαρακτηριστικά προπαγάνδας υπέρ της ΟΝΕ, στις σελίδες του Οικονομικού Ταχυδρόμου φιλοξενήθηκαν απόψεις Ευρωπαίων αξιωματούχων, είτε καθησυχαστικές για τον χαρακτήρα της ΟΝΕ, είτε απειλητικές για την μη συμμετοχή σε αυτήν. Π.χ. του Henning Christophersen, του Δανού Αντιπροέδρου της Ευρωπαϊκής Επιτροπής, που προέβλεπε αισιόδοξα ότι *«δεν θα έχουμε την οικονομική και νομισματική πολιτική μας να διαμορφώνεται γύρω από ένα τραπέζι στη Φραν-*

---

[2] Μεταξύ άλλων, εργάσθηκε στην Διεύθυνση Οικονομικών Μελετών της ΤτΕ (1981–1995), ως Ειδικός Σύμβουλος στο οικονομικό γραφείο του Πρωθυπουργού (1983–1985), και στο Συμβούλιο Οικονομικών Εμπειρογνωμόνων. Διετέλεσε μέλος του ΔΣ της ΔΕΗ (1985–1987), Γραμματέας Επιτροπής Τιμών και Εισοδημάτων, Γεν. Γραμματέας Υπ. Εμπορίου (1987–1989), μέλος της Επιτροπής Κεφαλαιαγοράς (1994), Διευθύνων Σύμβουλος της ΕΤΕΒΑ (1995–1996), μέλος του ΔΣ της Τράπεζας Μακεδονίας-Θράκης (1995–1996), Πρόεδρος της Ιονικής Τράπεζας (1996–1999), Πρόεδρος της «Αερολιμήν Αθηνών–Ελευθέριος Βενιζέλος ΑΕ» (1996–2001), Πρόεδρος του ΟΠΑΠ (2009–2011).

κφούρτη!» και του Βέλγου Fernand Herman που προέβλεπε καταστροφολογικά ότι «*στην περίπτωση μη συμμετοχής, όχι, δεν μιλούμε πια για κοινοτική χώρα στην ουσία*» (Παπαγιαννίδης 1990). Μόνον μετά από μερικά χρόνια ο πρώτος θα διαψευδόταν περίτρανα με την ίδρυση του ΕΝΙ στην Φρανκφούρτη, όπως επίσης και ο δεύτερος από την ομαλή εξέλιξη των σχέσεων με την ΕΕ χωρών όπως η Δανία, η Σουηδία και η Βρετανία, που επέλεξαν να μην εισέλθουν στην ΟΝΕ.

Τις παραμονές της Διακυβερνητικής Διάσκεψης της Ρώμης τον Δεκέμβριο του 1991, το ζήτημα της ΟΝΕ και της Πολιτικής Ένωσης εξετάσθηκαν σε ειδικό αφιέρωμα του Οικονομικού Ταχυδρόμου με τίτλο: «*Θα μείνει τελικά η Ελλάδα στη (νέα) ΕΟΚ;*». Από τον τίτλο του το αφιέρωμα προκαλούσε ανατριχίλες στην παραμικρή σκέψη παρέκκλισης από την ενοποιητική πορεία, προϊδεάζοντας για τον τόνο των άρθρων που θα ακολουθούσαν.

Η τοποθέτηση του Αντώνη Σαμαρά (1990, 63–65), τότε Υπ. Εξωτερικών, έδειξε την ξεκάθαρη διαφοροποίηση της κυβέρνησης της ΝΔ από την επιφυλακτική θέση του Πασόκ ως προς την ένταξη στο ΕΝΣ και την ΟΝΕ. Ο Σαμαράς υποστήριξε την ενεργό επέκταση των Κοινοτικών αρμοδιοτήτων, συμπεριλαμβανομένων και εκείνων στους τομείς άμυνας και ασφάλειας, αλλά σε ένα δημοκρατικό και μη γραφειοκρατικό πλαίσιο. Επίσης ετέθη υπέρ της ΟΝΕ, της υιοθέτησης ενός ενιαίου νομίσματος και της δημιουργίας μιας ευρωπαϊκής Κεντρικής Τράπεζας. Θεωρούσε σημαντικό αυτό να γίνει με συμμετοχή όλων των χωρών, αποτρέποντας μια «νομισματική ένωση δύο ταχυτήτων».

Την ίδια όμως στάση θα άρχιζε να διατρανώνει και το υπό διαμόρφωση εκσυγχρονιστικό Πασόκ με προεξάρχοντα τον Κώστα Σημίτη (1990, 86–88), για τον οποίο «*Το δίλημμα συμμετοχή ή μη δεν υπάρχει. Η μη συμμετοχή θα οδηγήσει στην περιθωριοποίηση*». Την απαραίτητη οικονομική σταθεροποίηση και του συνεπαγόμενου κοινωνικού κόστους την συσχέτισε με το προαπαιτούμενο της οικονομικής σύγκλισης, με την αύξηση των Κοινοτικών πόρων, την εφαρμογή της Κοινωνικής Χάρτας κλπ. Ως προς την σχεδιαζόμενη ΕΚΤ ανησυχούσε για την «ευαισθησία» της «*απέναντι στα προβλήματα που αντιμετωπίζουν οι λιγότερο αναπτυγμένες περιοχές. Γι' αυτό και η Κεντρική Τράπεζα δεν μπορεί να είναι μόνο μια τεχνοκρατική υπηρεσία ανεξάρτητη απέναντι στην πολιτική βούληση των πληθυσμών [ΣτΣ: όχι «εθνών» ή «λαών»] που απαρτίζουν την Ευρώπη. Χρειάζεται να εξευρεθούν λύσεις για τον δημοκρατικό έλεγχό της και τη συνεχή νομιμοποίηση της πολιτικής της*».

Στο μήκος κύματος του εκσυγχρονιστικού Πασόκ και η—τότε Επίτροπος—Βάσω Παπανδρέου (1990, 60–61). Υιοθετώντας την λογική του ευρωμονόδρομου, υποστήριξε ότι η Ελλάδα δεν έχει άλλη επιλογή από την συμμετοχή της στην ΟΝΕ. Παρότι αναγνώριζε τα απογοητευτικά οικονομικά μεγέθη της Ελλάδας και την περιστολή της δυνατότητας άσκησης εθνικής νομισματικής πολιτικής, καλούσε τους αναγνώστες να παραδεχθούν «*με ειλικρίνεια ότι εναλλακτική λύση δεν υπάρχει*». Η ανάλυσή της ως προς την ΟΝΕ κινείται σε δύο άξονες. Ο πρώτος είναι η διατύπωση ενός ευχολογίου: θέσπιση μακρών μεταβατικών περιόδων—μάλλον δεν είχε διαβάσει την Έκθεση Delors και τα ασφυκτικά της χρονοδιαγράμματα—να «απαιτήσουμε» στόχος της ΟΝΕ να είναι η κοινωνική και οικονομική συνοχή, να αυξηθεί ο Κοινοτικός προϋπολογισμός από το 1,2% τουλάχιστον στο 5% του ΑΕΠ, η αποφυγή της Ευρώπης των «δύο ταχυτήτων», κλπ. Ο δεύτερος άξονας ασχολείται με το ζήτημα του δημοκρατικού ελέγχου και της πολιτικής ανεξαρτησίας της σχεδιαζόμενης ΕΚΤ, το οποίο όμως αφήνει αναπάντητο. Εκκινώντας από την θέση του Jacques Attali για τα γαλλικά πυρηνικά όπλα σε σχέση με το γερμανικό μάρκο, η Β. Παπανδρέου περνάει ξυστά από μια εύστοχη ανάλυση του νομισματικού ζητήματος: «*Ίσως φαίνεται ουτοπικό σήμερα […] να μοιράζονται η Γαλλία και η Αγγλία με τους εταίρους τους [την] διοίκηση των όπλων της πυρηνικής αποθάρρυνσης. Μήπως είναι υπερβολικό να ζητείται [sic] απ' την Γερμανία να πάψει, στα πλαίσια της νομισματικής ένωσης, να διαχειρίζεται μόνη της το μάρκο;*» Η Β. Παπανδρέου φτάνει μια ανάσα από το να αναδείξει την ταύτιση εθνικού νομίσματος και εθνικής κυριαρχίας, αλλά την τελευταία στιγμή αποφεύγει μια τέτοια αντιπαράθεση με την Κοινοτική γραμμή. Κάνει όμως και κάτι άλλο: από όλες τις Κοινοτικές χώρες, αναδεικνύει μόνον την Γερμανία ως χώρα που θα δικαιούτο να ασκήσει αυτήν την κυριαρχία της. Όλες οι υπόλοιπες, μαζί με την Ελλάδα, υπονοείται ότι δεν έχουν τίποτα σπουδαίο να θυσιάσουν.

Ο Πάνος Καζάκος (1990, 75–77), κρατικός διανοούμενος αντίστοιχης πορείας με εκείνη του Ιωακειμίδη,[3] κάνει μια δομημένη ανάλυση του υπό διαμόρφωση πλαισίου, κάνοντας ιδιαίτερη μνεία στην ελληνική ιδιαιτε-

---

[3] Καθηγητής του Πανεπιστημίου Αθηνών, εμπειρογνώμων του Υπουργείου Εξωτερικών, διευθυντής ερευνών του ΕΛΙΑΜΕΠ.

ρότητα. Αφενός αναγνώριζε την μεγάλη απόσταση των ελληνικών μεγεθών από των υπολοίπων Κοινοτικών και αναγνώριζε ότι η ένταξη της Ελλάδας στον ΜΣΙ—προθάλαμο της ΟΝΕ—θα ήταν υπερβολικά δύσκολη και με μεγάλο κοινωνικό κόστος. Αφετέρου όμως υποστήριζε ότι, μέχρις αλλαγής του σκηνικού, *«Η μη συμμετοχή στην ΟΝΕ θα ήταν η αρχή ενός δρόμου που καταλήγει στην απομόνωση σε μια αποσταθεροποιημένη περιοχή».* Έτσι η εναλλακτική που πρότεινε ήταν η ένταξη μετά την 1/1/1994 και η παράταση του χρόνου προσαρμογής, αναγνωρίζοντας όμως ότι αυτό μπορεί να ήταν και μια «χίμαιρα», δεδομένης της αναξιοπιστίας του πολιτικού συστήματος.

Ανταποκρινόμενος στο αγωνιώδες κάλεσμα του Ιωακειμίδη, και αποδεχόμενος τον νέο ρόλο της «δημοκρατικής Αριστεράς», ο Ευρωβουλευτής του Συνασπισμού Μιχάλης Παπαγιαννάκης ράπισε όσους πρότειναν αναβολή ή ειδικές ρυθμίσεις ως προς την ΟΝΕ, θεωρώντας αδιανόητο η νομισματική πολιτική να ασκείται χωριστά από τις άλλες πολιτικές της ΕΟΚ: *«…μια τέτοια εξέλιξη είναι απαράδεκτη από κάθε άποψη! Αν η ένταξη της Ελλάδας στην ΕΟΚ ήταν το εισιτήριο για την είσοδό της στον κύκλο των "αναπτυγμένων χωρών", η μη-συμμετοχή της στην ΟΝΕ θα είναι το εισιτήριο… επιστροφής στο παρελθόν».* Ως προς το ζήτημα της πολιτικής ένωσης, ο Παπαγιαννάκης έχει απόλυτη επίγνωση της σχέσης νομίσματος-κράτους: *«Το νόμισμα, όπως ο στρατός και η εξωτερική πολιτική, είναι βασικά χαρακτηριστικά της κρατικής εξουσίας. Ευρωπαϊκό κοινό νόμισμα (και η αντίστοιχη νομισματική εξουσία) δεν μπορεί να υπάρξει χωρίς Ευρωπαϊκή πολιτική εξουσία. Δεν μπορεί να μείνει στα χέρια «τεχνικών», που θα έφταναν να έχουν κολοσσιαίες εξουσίες χωρίς πολιτικό έλεγχο—άσχετα από την κατοχύρωση της αναγκαίας και χρήσιμης αυτονομίας τους».* Προβλέπει λοιπόν την ανάδυση ενός υπερεθνικού κράτους για την αντιμετώπιση των προβλημάτων των οποίων η εμβέλεια *«ξεπερνά τα εθνικά κράτη».* Με τον θάνατο του εθνικού κράτους δεδομένο, ο Παπαγιαννάκης (1990, 89–90) βλέπει ότι *«η πολιτική ένωση είναι το κατάλληλο και πρόσφορο πεδίο για μια νέα ανάπτυξη της Αριστεράς… η πιο αριστερή πρόταση που γνωρίζω στη συγκεκριμένη χρονική συγκυρία».* Στο πλαίσιο αυτό, το κοινό νόμισμα είναι το μέσον για μια υπερεθνική διακυβέρνηση, η οποία για τον Παπαγιαννάκη θα μπορούσε να είναι αριστερού προσανατολισμού, αν ήταν επιτυχής ο εισοδισμός της Αριστεράς στις φιλελεύθερες δομές της κοινής αγοράς.

Λίγους μήνες πριν την διάσκεψη του Μάαστριχτ, η συζήτηση συνέχισε να εντείνεται. Τα προβλήματα μιας ελληνικής συμμετοχής στην ΟΝΕ αναγνώριζε και ο τότε Υπ. Εθν. Οικονομίας Ευθύμιος Χριστοδούλου (1991, 20–21)· παρ' όλα αυτά, διακήρυττε την αταλάντευτη ελληνική θέση για συμμετοχή στο ΕΝΣ μέχρι την 1/1/1994, δηλώνοντας αισιόδοξος ότι τελικά θα καταφέρουμε *«να παρακολουθούμε […] ισότιμα και με αξιώσεις τις κοινοτικές διεργασίες […] να θεραπεύσουμε τις κακοδαιμονίες της οικονομίας μας και να επισπεύσουμε την σύγκλιση προς τους κοινοτικούς μέσους όρους».* Ο Γιάννης Στουρνάρας (1991b, 21–22), κρατικός τεχνοκράτης μακράς θητείας,[4] ανεδείκνυε και εκείνος τα ίδια προβλήματα. Σε μεγαλύτερη όμως επαφή με την ιστορική πραγματικότητα αναγνώριζε ότι, απούσης της νομισματικής κυριαρχίας, μοναδικό εργαλείο διατήρησης της ανταγωνιστικότητας μιας καθυστερημένης οικονομίας σε καθεστώς κοινού νομίσματος θα ήταν η μείωση των μισθών. Στην Ελλάδα έκρινε ότι χρήση αυτού του εργαλείου ήταν άδικη (λόγω των ήδη πολύ χαμηλών μισθολογικών αποδοχών) αλλά και ανέφικτη (λόγω της τριβής με τα συνδικάτα). Έτσι συναρτούσε την επιτυχία της ΟΝΕ από την αύξηση του Κοινοτικού προϋπολογισμού και την αύξηση των μεταβιβάσεων προς τα λιγότερο ανεπτυγμένα κράτη της ΟΝΕ για την μείωση των κραδασμών που αυτή θα τους προκαλούσε. Κάνοντας συγκρίσεις με τον Ομοσπονδιακό προϋπολογισμό των ΗΠΑ υπολόγιζε ότι ο Κοινοτικός προϋπολογισμός θα έπρεπε τουλάχιστον να πενταπλασιαστεί (ως προς το Κοινοτικό ΑΕΠ), ώστε ο στόχος αυτός να επιτευχθεί. Κάτι τέτοιο όμως θεωρούσε ότι θα ήταν εφικτό μόνον υπό καθεστώς πλήρους δημοσιονομικής ένωσης: *«Η δημοσιονομική όμως ένωση δεν είναι δυνατή χωρίς πολιτική ένωση και την προώθηση μιας Ομοσπονδίας Ηνωμένων πολιτειών της Ευρώπης».* Πράγματι ο Στουρνάρας φαίνεται να κατανοούσε ότι ενιαίο νόμισμα προϋπέθετε ενιαία κρατική εξουσία.

Στο ίδιο κλίμα, η *Ελληνική Πανεπιστημιακή Ένωση Ευρωπαϊκών Σπουδών* διοργάνωσε σχετική συζήτηση στο ΕΒΕΑ (2/5/1991) με συζητητές τους Λούκα Κατσέλη, Τάσο Γιαννίτση, Λουκά Παπαδήμο, Γιάννη Στουρνάρα,

---

[4] Ειδικός σύμβουλος του Υπουργείου Οικονομίας και Οικονομικών (1986–1989), Καθηγητής του Παν. Αθηνών (από το 1989), σύμβουλος της ΤτΕ (1989–1994), αντιπρόεδρος της ΔΕΠΑ (1994–1997), Πρόεδρος του ΣΟΕ (1994–2000), μέλος του ΔΣ του ΟΔΔΗΧ (1998–2000), Πρόεδρος της Εμπορικής Τραπέζης (2000–2004). Παράλληλα με την κρατική του σταδιοδρομία έχει εργαστεί και ως Διευθύνων Σύμβουλος της *ΚΑΠΠΑ Χρηματιστηριακής* (2005–2008) και Γενικός Διευθυντής του ΙΟΒΕ (2009–2012). Το 2012 διορίσθηκε Υπ. Ανάπτυξης στην υπηρεσιακή κυβέρνηση του Παν. Πικραμμένου, και Υπ. Οικονομικών στην κυβέρνηση συνεργασίας ΝΔ-ΠΑΣΟΚ-ΔΗΜΑΡ του ίδιου έτους. Τον Απρίλιο του 2014 διορίσθηκε Διοικητής της ΤτΕ κατόπιν σύστασης του Πρωθυπουργού Αντώνη Σαμαρά.

Λουκά Τσούκαλη και Αντώνη Παπαγιαννίδη (*Οικονομικός Ταχυδρόμος* 1991α, 23). Λίγες ημέρες αργότερα (22/5/1991) το ΕΚΕΜ διοργάνωσε στρογγυλή τράπεζα στην οποία συμμετείχαν οι διαμορφωτές της κατοπινής οικονομικής και νομισματικής πολιτικής. Εκεί εξετάσθηκε το ζήτημα της ΟΝΕ και του πώς η Ελλάδα θα μπορούσε να ανταποκριθεί σε μια εξέλιξη που σχεδόν όλοι οι συμμετέχοντες δεχόντουσαν ως αναπόφευκτη.

Η Λούκα Κατσέλη (1991) θεωρούσε το δίλημμα και την συζήτηση *«ακαδημαϊκή καθώς το κόστος διαφοροποίησης από μια κοινή Ευρωπαϊκή πορεία κρίνεται από όλους απαγορευτικό»*. Ταυτοχρόνως όμως, παραμένοντας κοντά στην άποψη του Ανδρέα Παπανδρέου, ήταν ιδιαιτέρως επιφυλακτική στην άμεση ένταξη της δραχμής στον ΜΣΙ. Για την αναδιάρθρωση της παραγωγής σε ένα διεθνοποιημένο περιβάλλον συνιστούσε μια ευέλικτη συναλλαγματική πολιτική που *«αποκλείεται στην περίπτωση μιας άμεσης ένταξης στον ΜΣΙ»*, και την πτώση του πληθωρισμού προτού επιχειρηθεί μια τέτοια ένταξη. Έκρινε ότι τα πρόσκαιρα αντιπληθωριστικά οφέλη θα είχαν αρνητικό αντίκτυπο στις επενδύσεις και στην ανεργία και υποστήριξε ότι *«στα πλαίσια μιας πολιτικής δημοκρατίας ένα πρόγραμμα που έχει πολλά κοινωνικά θύματα δεν γίνεται αποδεκτό και γρήγορα ή αργά εγκαταλείπεται. Το χειρότερο που μπορεί να συμβεί στην Ελλάδα είναι να αναγκασθούμε να εγκαταλείψουμε τον ΜΣΙ, αφού έχουμε εθελοντικά ενταχθεί σ' αυτόν, ή να μην μπορέσουμε να ανταποκριθούμε στις διεθνείς υποχρεώσεις μας»*.

Σχολιάζοντας τα παραπάνω, ο Νίκος Χριστοδουλάκης (1991) υποστήριξε την ύπαρξη ενός μονοδρόμου: μόνον *«καταργώντας [...] την δυνατότητα ύστατης κάθε φορά υποχώρησης της νομισματικής πολιτικής»* μέσω ένταξης στην ΟΝΕ, μπορούσε να επιτευχθεί η δημοσιονομική προσαρμογή και η μείωση του πληθωρισμού. Αναγνώριζε δηλαδή ότι το θεσμικό σύστημα του ελληνικού κράτους δεν μπορούσε να εγγυηθεί κάτι τέτοιο, άρα μοναδική απάντηση ήταν η εκχώρηση εθνικής κυριαρχίας σε ένα πιο «υπεύθυνο» διευθυντήριο.

Από την πλευρά του, ο Γιώργος Αλογοσκούφης (1991) αναπαρήγαγε χωρίς καμία πρωτοτυπία την επιχειρηματολογία που είχε αναπτύξει η Ευρωπαϊκή Επιτροπή (European Commission - DGEFA 1990): την μείωση του συναλλαγματικού κόστους λόγω εξάλειψης της ανάγκης μετατροπής νομισμάτων, την μείωση του συναλλαγματικού κινδύνου, τον χαμηλό πληθωρισμό, κλπ. Υποστήριξε ότι τα κρατικά ελλείμματα τροφοδοτούν την νομισματική επέκταση, άρα και τον πληθωρισμό, και ότι αντίδοτο θα ήταν *«ένα θεσμικό πλαίσιο που αξιόπιστα να περιορίζει τη δυνατότητα των κυβερνήσεων να χρησιμοποιούν το όπλο της νομισματικής επέκτασης»*. Ως τέτοιο έβλεπε την *«αμετάκλητη εκχώρηση του δικαιώματος καθορισμού της νομισματικής πολιτικής είτε σε μια ανεξάρτητη Κεντρική Τράπεζα με κύριο στόχο τη σταθερότητα του επιπέδου των τιμών είτε σε ένα ανεξάρτητο διεθνές νομισματικό σύστημα με τον ίδιο στόχο»*. Μάλιστα, σε ένα λυρικό ξέσπασμα, παρομοίαζε την Bundesbank με το κατάρτι στο οποίο δέθηκαν οι χώρες τους ΜΣΙ, ως άλλοι Οδυσσείς, και σώθηκαν από τις Σειρήνες του πληθωρισμού! Ειδικώς για την δραχμή, επιχειρηματολογεί ότι η Ελλάδα πέτυχε ανάπτυξη και νομισματική σταθερότητα όσο το Μπρέτον Γουντς λειτουργούσε ικανοποιητικά και όσο η δραχμή ήταν προσδεδεμένη στο δολάριο. Βεβαίως ξεχνά να αναφέρει ότι η περίοδος αυτή συνέπεσε και με την περίοδο άνθησης του Δυτικού καπιταλισμού, και αποσιωπά το ότι οι πολιτικές της επεκτατικής Fed δεν είχαν καμία σχέση με αυτές της περιοριστικής Bundesbank. Έτσι, για τον Αλογοσκούφη η δραχμή θα έπρεπε να ενταχθεί στον ΜΣΙ το συντομότερο δυνατόν, υπό την προϋπόθεση του μηδενισμού των ελλειμμάτων.

Σχολιάζοντας αυτές τις απόψεις του Αλογοσκούφη, ο Νίκος Γκαργκάνας (1991) παρουσιάζεται πολύ πιο επιφυλακτικός ειδικώς για την περίπτωση της Ελλάδας· δεν θεωρεί την εξοικονόμηση από το κόστος μετατροπής συναλλάγματος ιδιαιτέρως σημαντική, αντιτείνοντας επιπλέον ότι θα συνδυασθεί με την απώλεια των εσόδων του εκδοτικού προνομίου (seignorage) όταν αυτό μεταβιβασθεί στην ΕΚΤ. Ούτε είναι τόσο αισιόδοξος για την σύγκλιση των επιτοκίων δανεισμού ή των ασφαλίστρων κινδύνου ευρωπαϊκού Βορρά και Νότου, απλώς και μόνον λόγω της υιοθέτησης κοινού νομίσματος. Τέλος, τονίζει το κοινωνικό κόστος που δοκίμασαν οι χώρες που συμμετείχαν στον ΜΣΙ κατά την δεκαετία του '80, υπογραμμίζοντας ότι απουσία του εκδοτικού προνομίου, μοναδικό εργαλείο αντιμετώπισης δημοσιονομικών προβλημάτων είναι η μείωση των πραγματικών αμοιβών. Έτσι, για την επιλογή της ένταξης στον ΜΣΙ ουσιαστικώς καταλήγει στο «ναι, αλλά όχι τώρα». Σε αντίστοιχα συμπεράσματα καταλήγει και ο Γιάννης Στουρνάρας (1991α).

Αξιοσημείωτη ήταν και η στάση της ΤτΕ. Επίσημη άποψη της εθνικής νομισματικής αρχής ότι *«για μια μικρή ανοικτή οικονομία, όπως είναι η ελληνική, η άσκηση αυτόνομης νομισματικής πολιτικής δεν αποτελεί πρόσφορη ούτε και εφικτή*

λύση» (ΤτΕ 1987, 43), άποψη που ίσως ερμηνεύει την ένταση με την οποία προωθήθηκε μια ελληνική συμμετο-
χή στην ΟΝΕ. Πράγματι, η ΤτΕ υπό την Διοίκηση του Ε. Ν. Χριστοδούλου (ανέλαβε στις 17/2/1993), επισφράγι-
ζε την επιλογή για νομισματική ενοποίηση στην Έκθεση του Διοικητή για το 1991. Εκεί αναγνώριζε ως δεδο-
μένη την επιλογή της ΟΝΕ, παρότι ακόμη η Συνθήκη του Μάαστριχτ δεν είχε κυρωθεί στην Βουλή. Επιπλέον
υιοθετούσε την νέα ορθοδοξία σχετικά με τον ρόλο των Κεντρικών Τραπεζών: «*Βασική προϋπόθεση για την επίτευξη
και διατήρηση της σταθερότητας του γενικού επιπέδου τιμών είναι η κατοχύρωση της ανεξαρτησίας των κεντρικών τραπεζών. Τα
όργανα που χαράσσουν και ασκούν τη νομισματική πολιτική δεν πρέπει να υφίστανται πιέσεις για άσκηση πολιτικής η οποία απο-
βλέπει σε βραχυπρόθεσμους στόχους και οι οποίοι μπορεί να μη συμβιβάζονται με τη διασφάλιση της νομισματικής σταθερότητας
μακροπρόθεσμα*». Βεβαίως, ως καλός τεχνοκράτης, είχε φροντίσει να καλυφθεί, προειδοποιώντας ότι «*θα απαιτη-
θούν συνεχείς και συντονισμένες προσπάθειες*», χαρακτηρίζοντας το εγχείρημα ως «*πρόκληση*» (ΤτΕ 1992a, 41–42).

Από τις συζητήσεις που ενδεικτικά παραθέσαμε, διαπιστώνουμε δύο όρια στα οποία αυτές κινήθηκαν: της
ακραιφνούς στήριξης παρά τις τυχόν δυσκολίες (Σαμαράς, Β. Παπανδρέου, Παπαγιαννάκης, Χριστοδουλάκης,
Αλογοσκούφης, Χριστοδούλου) και της επιφυλακτικής και υπό προϋποθέσεις αποδοχής (Σταματόπουλος, Κα-
ζάκος, Κατσέλη, Κοκκώνη, Γκαργκάνας, Στουρνάρας). Μια πρώτη παρατήρηση είναι ότι η «ενθουσιώδης» γραμ-
μή εκπροσωπείται κυρίως από προβεβλημένα κομματικά στελέχη της ΝΔ, του Πασόκ και του Συνασπισμού.
Αντιθέτως, η «επιφυλακτική» αποτελείται από κρατικούς διανοουμένους ή τεχνοκράτες με λιγότερο προβεβλη-
μένη την κομματική τους προσκόλληση. Αυτοί οι δεύτεροι, απουσία βουλευτικής ασυλίας και άλλων προνομίων,
ενδεχομένως να μην αισθάνονταν και τόσο ασφαλείς σε περίπτωση μιας ατυχούς σύστασής τους, ενώ ενδέχεται
και να βάσιζαν σε μεγαλύτερο βαθμό τον βιοπορισμό τους στην προσωπική τους αξιοπιστία, κάτι που δεν απο-
τελεί προϋπόθεση για επαγγελματίες πολιτικούς. Εξαιρέσεις της «ενθουσιώδους» γραμμής αποτελούν οι Αλογο-
σκούφης και Χριστοδουλάκης—τυπικά ακόμη απλοί ακαδημαϊκοί—οι οποίοι και κατέλαβαν υπουργικούς
θώκους αργότερα. Μια δεύτερη παρατήρηση είναι ότι, ακόμη και η «επιφυλακτική» γραμμή, σε καμία περίπτω-
ση δεν τοποθετείται εναντίον της νομισματικής ένωσης, είτε επί της γενικής αρχής, είτε σε ό,τι αφορά στην ελ-
ληνική συμμετοχή. Επίσης κανείς εκπρόσωπός της δεν αποπειράται να διακινδυνεύσει μια πρόβλεψη για την
έκβαση του εγχειρήματος, είτε γενικά βάσει του ιστορικού προηγουμένου νομισματικών ενώσεων, είτε ειδικά ως
προς το αν μια ελληνική συμμετοχή σε ένα προδιαγραφόμενο «ευρωπαϊκό μάρκο» θα είναι επιτυχής. Αν η αξία
μιας Επιστήμης έγκειται στην δυνατότητά της να κάνει επιτυχείς προβλέψεις, τα Οικονομικά της «ενθου-
σιώδους» σχολής ήταν παταγωδώς αποτυχημένα, ενώ η αποτυχία αποφεύχθηκε από την η «επιφυλακτική» σχο-
λή, μόνον διότι αυτή απέφυγε επιμελώς κάθε είδους πρόβλεψη.

21.2 Η συζήτηση της Συνθήκης του Μάαστριχτ στην Βουλή

Το δανέζικο «όχι» προκάλεσε συναγερμό σε όλο το πολιτικό και γραφειοκρατικό κατεστημένο των χωρών της
ΕΟΚ και των Βρυξελλών, που έβλεπε σχεδιασμούς ετών ξαφνικά να ανατρέπονται. Στην Ελλάδα, που δεν είχε
επενδύσει σε μακρόπνοους πολιτικούς σχεδιασμούς, ο συναγερμός μπορούμε να υποθέσουμε ότι αφορούσε κυ-
ρίως στο «πακέτο Delors» που ξαφνικά απομακρυνόταν. Έτσι, αμέσως μετά το άκουσμα των νέων οι βουλευτές
Ευάγγελος Μεϊμαράκης, Μανώλης Κεφαλογιάννης και Ελευθέριος Παπαδημητρίου συγκάλεσαν την Διαρκή
Επιτροπή Οικονομικών Υποθέσεων (ΔΕΟΥ) της Βουλής. Αυτή ξεκίνησε να συνεδριάζει ταχύτατα, με την πρώτη
συνεδρίαση να γίνεται στις 11/6/1992 (Γ. Θ. Ζωγράφος 1991, 55–56).

Μετά από την ταχεία συζήτηση στην ΔΕΟΥ, η Συνθήκη του Μάαστριχτ προσήλθε στην ολομέλεια όπου ψη-
φίσθηκε χωρίς να τεθεί σε δημοψήφισμα.[5] Η συζήτηση για μια τόσο κομβικής σημασίας συνθήκη έγινε αστρα-
πιαία, ξεκινώντας εν μέσω θέρους, στις 27/7/1992 και καταλήγοντας στην ψηφοφορία μόλις τέσσερις ημέρες
μετά (31/7/1992). Υπό κανονικές συνθήκες, η συναίνεση που επετεύχθη θα ήταν εντυπωσιακή. Λαμβάνοντας
όμως υπόψη τον απεργιακό πόλεμο που είχε ξεσπάσει μεταξύ της Κυβέρνησης της ΝΔ με τα σωματεία,[6]

---

[5]Ν. 2077 της 7/8/1992 (ΦΕΚ 136Α, 7/8/1992, σ. 2489–2596).

[6]Οι απεργιακές κινητοποιήσεις είχαν ξεκινήσει από το καλοκαίρι του 1990 με την απεργία της ΟΛΜΕ που κατέληξε στην δολοφονία του κα-
θηγητή Νίκου Τεμπονέρα στην Πάτρα (Ιανουάριος 1991). Τον Μάρτιο του 1991 η κυβέρνηση είχε αναγκαστεί να επιστρατεύσει στρατιω-
τικά REO για να αντικαταστήσει τα αστικά λεωφορεία λόγω παρατεταμένης απεργίας της ΕΑΣ. Τις ημέρες ψήφισης του νομοσχεδίου ξεκι-
νούσε νέα απεργία διαρκείας.

κάποιος εξωτερικός παρατηρητής θα έβρισκε την συναίνεση που επετεύχθη απίστευτη αν δεν λάμβανε υπόψη τα κοινά νήματα που διατρέχουν οριζοντίως το μεταπολιτευτικό κομματικό σκηνικό, από το αριστερό έως το δεξιό άκρο του. Με μόνη εξαίρεση τον—ρητορικό κυρίως—αντιευρωπαϊσμό του ΚΚΕ, και το «όχι» των Οικολόγων επί δευτερευόντων θεμάτων, όλες οι υπόλοιπες κοινοβουλευτικές δυνάμεις επέδειξαν προσήλωση στους Κοινοτικούς θεσμούς και ασπάσθηκαν με μεγάλη ομοιογένεια το όραμα της ευρωπαϊκής ενοποίησης.

Λόγω της συζήτησης που θα ακολουθούσε μετά από 20 χρόνια για την θέση της Ελλάδας στο ενιαίο νόμισμα, είναι χρήσιμο στο σημείο αυτό να εξετάσουμε τις επίσημες τοποθετήσεις των κομμάτων στην Βουλή, όπως αποτυπώνονται από τα Πρακτικά (*ΠΣΒ* 1992)—στα οποία και αναφέρονται οι ακόλουθοι αριθμοί σελίδων.

Χαρακτηριστική της φιλελεύθερης πτέρυγας ήταν η εισήγηση του Μιχάλη Λιάπη εκ μέρους της ΝΔ. Ο Λιάπης περιέγραφε την ευρωπαϊκή ενοποίηση ως «*νομοτελειακή εξέλιξη, μια πορεία χωρίς επιστροφή*» (σ. 5), και κινείτο στην εξύμνηση της Συνθήκης, με αξιοθαύμαστο λυρισμό. Για τον Κωνσταντίνο Μητσοτάκη (σ. 53–56) η Συνθήκη πρωτίστως αποτελούσε μια πολιτική ένωση και προαπαιτούμενο για την οικονομική και νομισματική, η οποία ήταν το «*συμπλήρωμα*». Στόχος «*από την πρώτη ώρα ήταν η πλήρης και ισότιμη ένταξη στην οικονομική και νομισματική ένωση*», την οποία τοποθετούσε μέχρι την 1/1/1999. Από τον ίδιο ιδεολογικό χώρο, ο προσφάτως αποσχισθείς Αντώνης Σαμαράς (σ. 91–92) εξύμνησε την Συνθήκη, χωρίς να θίξει καθόλου το ζήτημα της νομισματικής ενοποίησης. Οι εισηγήσεις των βουλευτών της ΝΔ χαρακτηριζόντουσαν από ελάχιστη πρωτοτυπία, οπότε αρκεί να σταματήσουμε την αναφορά εδώ σημειώνοντας την δογματική προσκόλληση στην νεοφιλελεύθερη Κοινοτική ορθοδοξία.

Από πλευράς Πασόκ, ο Γεράσιμος Αρσένης διαμαρτυρήθηκε για την «σπουδή» με την οποία προχώρησε η κύρωση (σ. 8–11), παραπονέθηκε που στο τελικό κείμενο δεν υπάρχει η ελληνική συμβολή για τα ιδιαίτερα προβλήματα της Ελλάδας και γκρίνιαξε για το ότι η Συνθήκη δεν περιέχει το «*όραμα των Ευρωπαίων*» αλλά «*το βαρύ χέρι του Γερμανού τραπεζίτη*». Ως προς το νομισματικό σκέλος, που κατέκρινε ως μονοσήμαντα αντιπληθωριστικό, σχολίασε ότι η μεταφορά της νομισματικής εξουσίας προς το ευρωπαϊκό κέντρο γίνεται χωρίς την παράλληλη μεταφορά της δημοσιονομικής αρχής που θα διαθέτει έναν κεντρικό προϋπολογισμό. Η νομισματική αυτή εξουσία, σχολιάζει, στερείται δημοκρατικού ελέγχου. Όμως θεωρώντας ότι η Συνθήκη επισημοποιεί μια «*de facto κατάσταση*», το Πασόκ θα την υπερψήφιζε, ευελπιστώντας στις κατάλληλες μεταρρυθμίσεις που θα προετοιμάσουν την Ελλάδα για την «*πρώτη ταχύτητα των Ευρωπαϊκών χωρών*».

Ο Ανδρέας Παπανδρέου (σελ 38–42) έκανε μια εκτεταμένη και σπάνιας διαύγειας ανάλυση της νέας γεωπολιτικής κατάστασης, διερωτώμενος μάλιστα για την πορεία της Ευρώπης «*προς μια ευρωπαϊκή Γερμανία, ή προς μία γερμανική Ευρώπη*». Στο νομισματικό σκέλος, επικεντρώθηκε στο κοινωνικό κόστος της νομισματικής ενοποίησης, επικαλούμενος και επισημάνσεις των Ζολώτα και Αγγελόπουλου για «*αναποτελεσματικότητα του περίφημου 'μονόδρομου'*». Φέρνοντας το παράδειγμα των επανενωμένων Γερμανιών, τόνισε και αυτός την σημασία μεταβίβασης πόρων από τις προηγμένες στις καθυστερημένες χώρες σε περίπτωση νομισματικής ενοποίησης. Και με την ίδια συνέπεια του «*έξω οι βάσεις*» υπερψήφισε την Συνθήκη. Οι απόψεις αυτές ήταν τόσο αντιδημοφιλείς στις επιχειρηματικές ελίτ, που τα μεγάλα ΜΜΕ θα ξέθαβαν την ομιλία μόνον όταν η έξωθεν επιβεβλημένη λιτότητα θα έθιγε και τους δικούς τους ισολογισμούς (Μαλούχος 2011).

Μια πιο ιστοριογραφική προσέγγιση υιοθέτησε ο Βασίλειος Μπρακατσούλας (σ. 137) για να στηρίξει την υπερψήφισή της. Είναι όμως άκρως εντυπωσιακό ότι αν και, ως νομικός και *Σύμβουλος Επικρατείας*, αναγνώρισε τα προβλήματα συνταγματικότητας, τα παραμέρισε λέγοντας: «*Για μένα δεν έχουν σημασία αυτά. Για μένα προηγείται η πραγματικότητα. Η νομική επένδυση επέρχεται αργότερα*».

Ο Συνασπισμός είχε προεξοφλήσει την υπερψήφιση του νομοσχεδίου από τις 18/7/1992, διατρανώνοντας έναν «*σταθερό ευρωπαϊκό προσανατολισμό*» και δηλώνοντας «*υπέρ της πορείας προς μια Ενωμένη Ευρώπη*». Η στάση του ήταν αμφίσημη, καθώς από την μία χαιρέτιζε μια συνθήκη που «*απέτρεψε την αποδιοργάνωση της Ευρωπαϊκής Κοινότητας και έδωσε ισχυρή ώθηση στην ευρωπαϊκή ενοποίηση*», αλλά από την άλλη κατακεραύνωνε μια συνθήκη που «*συντάχτηκε από ομάδες τεχνοκρατών χωρίς εξουσιοδότηση από τα εκλεγμένα όργανα της Κοινότητας και τα εθνικά κοινοβούλια και προπαντός μακριά από τους λαούς της Ευρώπης*». Αναγνωρίζοντας ότι η συνθήκη ήταν ένας «*συμβιβασμός ανάμεσα σ' αυτούς που θέλουν την Ευρώπη μια απλή ελεύθερη αγορά για την διακίνηση προϊόντων και κεφαλαίων και τις δυνάμεις που προω-*

θούν μια Ευρωπαϊκή Ένωση με ομοσπονδιακή μορφή με ανάπτυξη της δημοκρατίας και ενίσχυση της κοινωνικής και περιβαλλοντικής προστασίας», επιζητούσε να «διατηρήσ[ει] τα πρώτα βήματα που έγιναν στο συμβιβασμό του Μάαστριχτ και να τα πολλαπλασιάσ[ει] προς την κάλυψη του ελλείμματος της δημοκρατίας, προς την εναρμόνιση της κοινωνικής πολιτικής στο ανώτερο επίπεδο, προς την ενίσχυση της περιβαλλοντικής νομοθεσίας, προς την ενιαία εξωτερική και αμυντική πολιτική» (Συνασπισμός 1992b). Έτσι, αναπαρήγαγε την επιχειρηματολογία του 1974 (Λ. Κύρκος 2009), συμμετέχοντας σε ένα εγχείρημα της «ελεύθερης αγοράς» για να το αλώσει εκ των έσω.

Στην συζήτηση, οι τοποθετήσεις των βουλευτών του Συνασπισμού θα ήταν ακριβείς σχεδόν αναπαραγωγές της επιχειρηματολογίας του Jean Monnet για την ευρωπαϊκή ενοποίηση και των θέσεων του Λ. Κύρκου για την συμμετοχή της Ελλάδας στην ΕΟΚ. Η υποστήριξη μιας Συνθήκης ουσιαστικώς νεοφιλελεύθερης συλλήψεως θα γινόταν επί τη βάσει ενός κάποιου αντιεθνικισμού: ο Γρηγόρης Φαράκος (σ. 12–13) υποστήριξε ότι «*η Ευρώπη δεν μπορεί να έχει μέλλον στον κατακερματισμό της, στην αναζήτηση μικροταυτοτήτων [...] δεν έχουμε συμφέρον ούτε εθνικό, ούτε ευρωπαϊκό ούτε πανανθρώπινο να υποδαυλίζουμε ή να συμπαθούμε το νέο εθνικισμό, που φθάνει στους εμφυλίους πολέμους και στους αλληλοσπαραγμούς*». Ως προς το δημοσιονομικό-νομισματικό σκέλος, έκρινε ότι αυτό είναι ελλιπές χωρίς την οικονομική σύγκλιση, την οποία η Ελλάδα θα έπρεπε να επιδιώξει διά της διεύρυνσης των κοινοτικών πακέτων βοήθειας, χωρίς όμως να επιχειρεί λεπτομερέστερη κριτική.

Η Μαρία Δαμανάκη (σ. 42–45, 58–59), εκπροσωπώντας μια «*ευρωπαϊκή αριστερά*» διετύπωσε το όραμά της για «*μια ομοσπονδιακή Ευρώπη των πολιτών και των περιφερειών [...] κοινωνική [...] οικολογική [...] χώρο μιας παράλληλης συνύπαρξης διαφορετικών εθνικών, πολιτισμικών, πνευματικών παραδόσεων [...] που χαρακτηρίζεται από τον απόλυτο σεβασμό των δικαιωμάτων των πολιτών, αλλά και των εθνικών και κοινωνικών μειονοτήτων [...] Πόλο σταθερότητας [...] σ' ένα κόσμο που διαπερνάται [...] από μεγάλες εθνικιστικές, κοινωνικές και οικονομικές συγκρούσεις*». Αν και διαμαρτυρόμενη για το βιαστικό της διαδικασίας, αιτιολόγησε την υπερψήφιση από τον Συνασπισμό βάσει του σκεπτικού της δημιουργίας ενός «*πολιτικού υποκειμένου*» που θα απέτρεπε την «*ελευθερία της αγοράς [από το να] γίνει μια ελευθερία της ζούγκλας*». Πρόέτεινε την οικονομική και πολιτική ένωση ως μια «*αναγκαστική επιλογή*» σε μια εποχή «*εθνικιστικών εξάρσεων*» και «*παγκοσμιοποίησης*», ως λύση σε προβλήματα που δεν επιδέχονται «*εθνικών λύσεων*» και ως αντίδοτο στον «*μονοπολισμό των ΗΠΑ*». Και έχοντας έτσι διατυπώσει τα πλαίσια ενός αντιαμερικανικού ευρωεθνικισμού, για το νομισματικό ζήτημα, ίσως το πιο κεντρικό της Συνθήκης, δεν ανέφερε *ουδέν*.

Παρομοίως, για τον Ανδρέα Λεντάκη (σ. 76–78), η Συνθήκη του Μάαστριχτ αποτελεί «*πρόκληση για την ίδια την Ευρώπη, γιατί η επιθυμητή ένωσή της σε ομοσπονδιακή βάση αποτελεί την υπέρβαση των εθνών και των εθνικών κρατών. Η δημιουργία ενός υπερεθνικού κράτους αποτελεί την υπέρβαση των πατρίδων και των σοβινισμών που είναι, ή τουλάχιστον πρέπει να είναι, το ζητούμενο από τον πολιτισμό και την ιστορία*». Στα πλαίσια αυτά εξυμνεί το αμερικανικό επίτευγμα του πολυεθνικού «melting pot», φτάνοντας να προτείνει την εκχώρηση και της Παιδείας στα Κοινοτικά όργανα, καθώς «*η ιστορία [...] που είναι ένα κατ' εξοχήν ιδεολογικό μάθημα, που διαμορφώνει ιδεολογία στα πολύ μικρά παιδιά [...] θα είναι εχθρική προς την ενότητα της Ευρώπης όταν είναι γραμμένη με ένα[ν] εθνοκεντρικό, σοβινιστικό χαρακτήρα*»! Ταυτοχρόνως όμως δεν παραλείπει να κάνει και μια γεωπολιτική ανάλυση για τους εθνικούς κινδύνους που διατρέχει η Ελλάδα από την δημιουργία ενός μουσουλμανικού τόξου μεταξύ Τουρκίας και μιας ενδεχόμενης Μεγάλης Αλβανίας. Για την άμυνά της και την εθνική της ασφάλεια, μια μικρή χώρα όπως η Ελλάδα οφείλει να ανήκει σε μια ενωμένη Ευρώπη και να αναζητά διεθνή στηρίγματα. Και πάλι όμως παρέλειψε να αναφέρει το παραμικρό για το νομισματικό ζήτημα.

Για να μη μακρηγορώ, αναφέρω ότι στο ίδιο ιδεολογικό πλαίσιο και με παντελή την απουσία του νομισματικού ζητήματος κινήθηκαν και οι εισηγήσεις του Φώτη Κουβέλη (σ. 125–126) και του Λεωνίδα Κύρκου που υπερψήφισε την Συνθήκη ως «*αριστερός πολίτης*» που «*τρέφεται από τα οράματα της υπέρβασης των διεθνών εθνικισμών*» αλλά και «*ως Έλληνας πατριώτης [...] φορέας μιας ατίμητης πολιτιστικής κληρονομιάς που βρίσκεται στα θεμέλια των αξιών του ευρωπαϊκού πολιτισμού*»(σ. 126–128). Ο Μίμης Ανδρουλάκης έπαιξε με τις λέξεις ξεκαθαρίζοντας ότι το ΝΑΙ του Συνασπισμού έχει «*ένα ριζικά διαφορετικό ποιοτικό περιεχόμενο*» από το ΝΑΙ της κυβέρνησης (σ. 135–137).

Μόνον το ΚΚΕ καταψήφισε την Συνθήκη. Ενδεικτικά, ο Θανάσης Παφίλης (σ. 14–17) διερωτήθηκε κατά πόσον είναι συνταγματικό να εκχωρούνται κυριαρχικά δικαιώματα—από την οικονομική πολιτική έως την άμυνα—όχι βάσει δημοψηφίσματος, αλλά από τους 300 βουλευτές. Βάσει αυτού του σκεπτικού, χαρακτήρισε την ψήφιση της Συνθήκης «κοινοβουλευτικό πραξικόπημα». Στο νομισματικό ζήτημα διερωτήθηκε: «*Με κυρωμένη τη Συμφωνία και με επιταχυνόμενη την πορεία προς την ολοκλήρωση [...] με ποιους μηχανισμούς μπορεί να υπάρξει ένας στοιχειώδης δημοκρατικός προγραμματισμός [...] όταν με την υλοποίηση της Συμφωνίας και με το νόμο που ψηφίσατε πριν από 15 μέρες και τα τρία κόμματα, για το τραπεζικό σύστημα [ΣτΣ: 2076/1992], η Χώρα μας δεν έχει πλέον καμία δυνατότητα σε μια πορεία να ασκεί εθνική νομισματοπιστωτική πολιτική, όταν οι αποφάσεις στην Ευρωπαϊκή Κεντρική Τράπεζα παίρνονται κατά πλειοψηφία και εμείς είμαστε υποκατάστημα και γνωρίζουμε πολύ καλά ποιοι κυριαρχούν στην Ευρώπη;*» (*έμφαση δική μου*).

Η γενική αποτίμηση της παραπάνω σύντομης αντιπαράθεσης δείχνει κατ' αρχάς την αποδοχή ενός τετελεσμένου από όλες της παρατάξεις—εξαιρουμένου του ΚΚΕ—με μοναδικές διαφορές τις ιδεολογικές προσεγγίσεις και την δικαιολόγηση του «ναι». Δευτερευόντως η συζήτηση αποτέλεσε και πεδίο κομματικής αντιπαράθεσης, χωρίς όμως αυτό να επηρεάσει την υπερψήφιση της συνθήκης.

Εστιάζοντας στο νομισματικό ζήτημα, ίσως το πιο κεντρικό και θεμελιώδες που έφερνε η Συνθήκη, προκύπτει ότι αυτό αντιμετωπίσθηκε από όλους σχεδόν ως ένα έλασσον τεχνικό θέμα που δεν αξίζει να μπει στην ίδια μοίρα με γενικές πολιτικές κατευθύνσεις. Υιοθετήθηκε η έξωθεν νομισματική ορθοδοξία της περιόδου, χωρίς καμία από τις υπερψηφίζουσες παρατάξεις να κάνει τον νοητικό κόπο να εξετάσει την εφαρμοσιμότητα και τις συνέπειες μιας νομισματικής ενοποίησης στην ειδική περίπτωση της Ελλάδας.

Πιο συγκεκριμένα, οι απόψεις που εκφράσθηκαν από την ΝΔ και την «Πολιτική Άνοιξη» απλώς διέφεραν στην ένταση του εγκωμίου της Συνθήκης. Ήταν πιστή μεταφορά της συμβατικής μονεταριστικής και νεοφιλελεύθερης ορθοδοξίας—λιγότερο κράτος, μικρότερα ελλείμματα, ανοικτές αγορές, λιτότητα κλπ—προδίδοντας ελάχιστο νοητικό κόπο από πλευράς των εισηγητών· όλα τα αναγκαία θεωρητικά εργαλεία ήταν εισαγόμενα και χρησιμοποιήθηκαν αυτούσια.

Από πλευράς Πασόκ, οι αναλύσεις είχαν περισσότερο βάθος, αναλύοντας τους πραγματικούς κινδύνους και διλήμματα που έθετε η νομισματική ενοποίηση. Και πάλι όμως, αυτή η «τεχνική» πλευρά της συνθήκης δεν ήταν αρκετή για την καταψήφισή της. Έτσι, αν η πιστή οραματική προσήλωση της ΝΔ σε ένα εισαγόμενο μοντέλο προέδιδε μια ένδεια στα αναλυτικά της εργαλεία, η στάση του Πασόκ—που είχε εντοπίσει τα προβλήματα μιας τέτοιας ενοποίησης—προέδιδε ένα οραματικό κενό: *κάνουμε πεφωτισμένες αναλύσεις, διατυπώνουμε επιφυλάξεις, αλλά αφού δεν έχουμε αντιπρόταση, συμπορευόμαστε.*

Από τις αναλύσεις των υπερψηφισάντων κομμάτων, την μεγαλύτερη πολυπλοκότητα παρουσίασαν οι απόψεις του Συνασπισμού, καθώς επιχείρησαν μια δύσκολη ακροβασία: να θεμελιώσουν την προσχώρηση σε νεοφιλελεύθερες πολιτικές πάνω σε ένα «αντιεθνικιστικό» και φιλολαϊκό σκεπτικό. Από την μία μαρτυρούσαν ένα μεγαλύτερο ιδεολογικό βάθος των εισηγητών, με το οποίο κάλυψαν—αρκετά επιτυχώς—την απουσία εμπεριστατωμένης ανάλυσης σε ό,τι αφορούσε στο νομισματικό ζήτημα. Από την άλλη, δικαίωναν την επένδυση της αμερικανικής εξωτερικής πολιτικής στην δημιουργία μιας εξυπηρετικής και ανώδυνης ευρωπαϊκής Αριστεράς, συμπληρωματικής των δύο άλλων αξόνων της ελληνικής πολιτικής ζωής. Αυτή η Αριστερά ανταποκρίνονταν πλήρως στο κάλεσμα που τους είχε απευθύνει ο Ιωακειμίδης από τις σελίδες του *Οικονομικού Ταχυδρόμου*, ποντάροντας στις «εκλεκτικές συγγένειες» με τον φιλελευθερισμό που θα ανίχνευε αργότερα ο Michéa (2008). Αυτή η απροκάλυπτη, πλέον, σύμπλευση με καθαρά νεοφιλελεύθερες πολιτικές αποτέλεσε ένα καινοφανές στοιχείο στην πορεία αυτού του ιδεολογικού ρεύματος, το οποίο θα επιβεβαιωνόταν λίγο αργότερα από τις μαζικές μετεγγραφές στελεχών του Συνασπισμού προς το «εκσυγχρονιστικό» Πασόκ.

Από την άλλη πλευρά, καθώς η εισαγόμενη ιδεολογία του ΚΚΕ ήταν άλλης προέλευσης, αυτό δεν είχε δέσμευση υπέρ της Συνθήκης· είχε την ευχέρεια να εκφράσει μια πιο αυστηρή κριτική και να την καταψηφίσει. Και πάλι όμως δεν ήταν ειδικώς το νομισματικό ζήτημα που προκάλεσε αυτήν την καταψήφιση αλλά η αντίθεση ενός σταλινικού κόμματος με την ευρωατλαντική ιδεολογία. Αν και από ιδεολογικής πλευράς η ψήφος του ΚΚΕ ήταν το ίδιο συνεπής με εκείνη της ΝΔ, από πλευράς τακτικής ήταν καθαρά τελετουργική, καθώς δεν φιλοδοξούσε να παράξει αποτέλεσμα, αλλά να αποτελέσει τεκμήριο ιδεολογικής καθαρότητας.

Π.χ. το ΚΚΕ διαμαρτυρήθηκε για την συνταγματικότητα του τρόπου ψήφισης της Συνθήκης· πράγματι, έχει υποστηριχθεί (Ηλιοπούλου-Στράγγα 2000) ότι παρότι η ευρύτατη κοινοβουλευτική πλειοψηφία που επετεύχθη ικανοποιούσε το αίτημα του άρ. 28 παρ. 2 του Συντάγματος περί αναγνώρισης αρμοδιοτήτων σε όργανα διεθνών οργανισμών, η αναγνώριση των αρμοδιοτήτων που όριζε η *συγκεκριμένη* Συνθήκη αντικρουόταν με άρθρα του Συντάγματος είτε αναθεωρήσιμα (π.χ. η ONE σε σχέση με το άρ. 106 παρ. 1 περί ασκήσεως οικονομικής πολιτικής), είτε μη αναθεωρήσιμα (π.χ. η αρχή της επικουρικότητας σε σχέση με το άρ. 26 περί οργάνωσης της κρατικής εξουσίας). Παρά αυτές τις συγκρούσεις, το ΚΚΕ ποτέ δεν επεχείρησε την ανατροπή της Συνθήκης επί της βάσης της συνταγματικότητας, αυτοϊκανοποιημένο από την ιδεολογική του καθαρότητα.

21.3 Μετά το Μάαστριχτ

Η υπερψήφιση της Συνθήκης του Μάαστριχτ δημιούργησε ένα τετελεσμένο που περιόρισε την συζήτηση προς συγκεκριμένες κατευθύνσεις. Π.χ., η αρθρογραφία στον Οικονομικό Ταχυδρόμο σχεδόν έθεσε υπό λογοκρισία οποιαδήποτε ανοιχτά αρνητική κριτική στην ONE. Ελάχιστα τέτοια άρθρα θα δημοσιεύονταν είτε από Έλληνες αναλυτές (π.χ. Αντωνοπούλου 1994b), είτε από ξένους (Feldstein 1992b, 27–28· από το πρωτότυπο: 1992a). Αλλά και όταν αυτό θα επιτρεπόταν να συμβεί, όπως στην περίπτωση του Feldstein, το άρθρο θα έπρεπε να συνοδεύεται και από μια «ορθόδοξη» απάντηση (de Grauwe κ.ά. 1992b, 28–29· από το πρωτότυπο: 1992a). Πλέον, δεν είχε τόσο νόημα να συζητείται το «αν» της συμμετοχής της Ελλάδας στην ONE, αλλά το «πώς» και το «πότε». Στην κατεύθυνση αυτή, την επαύριο της υπερψήφισης, ο Γιώργος Προβόπουλος (Καθηγητής του Πανεπιστημίου Αθηνών και Υποδιοικητής της ΤτΕ) δημοσίευσε άρθρο που εξέταζε αυτό το «πώς» (Προβόπουλος 1992, 35–38). Εξασκούμενος στο αγαπημένο άθλημα των συστημικών τεχνοκρατών, δεν αμφισβήτησε την σωφροσύνη της πολιτικής αυτής επιλογής, αλλά φρόντισε να της παράσχει όση στήριξη μπορούσε χωρίς να εκτεθεί. Έτσι, αναφερόμενος στα τρία στάδια της ONE, απήγγειλε τον συνήθη κατάλογο προϋποθέσεων που θα έπρεπε να τηρηθούν από ελληνικής πλευράς για μια επιτυχή συμμετοχή της στην ONE, χωρίς όμως να εξετάζει στο ελάχιστο το ρεαλιστικό αυτών των στόχων. Επιχειρηματολογώντας εκ του ασφαλούς κατέληγε με ένα ευχολόγιο: «*Συμπερασματικά, ο δρόμος που έχει η Ελλάδα να διανύσει είναι ανηφορικός και δύσκολος. Δεν είναι όμως και ανέφικτος. Φτάνει να κινητοποιηθούν όλες οι δυνάμεις του τόπου, που ευτυχώς διαθέτει αρκετές, ώστε να ανταποκριθούμε με επιτυχία στην πρόκληση. Μια ενδεχόμενη αποτυχία θα έχει, πιστεύω, ανυπολόγιστες πολιτικές και οικονομικές επιπτώσεις. Και αυτό πρέπει πάση θυσία να το αποφύγουμε*». Έτσι, κανείς δεν θα μπορούσε να τον κατηγορήσει για μια τυχόν αποτυχία· «*σας είχα προειδοποιήσει*», θα ήταν η απάντηση, παραλείποντας βεβαίως να διευκρινίσει ότι οι συστάσεις του είχαν τόσες πιθανότητες υλοποίησης, όσες και ενός γιατρού προς έναν έναν αλκοολικό να συνεχίσει να πίνει, αλλά με μέτρο. Στο ίδιο μήκος κύματος κινείτο και ο Διοικητής της ΤτΕ, Ιωάννης Μπούτος (Νικολάου 1994, 12).

Την ελληνική υπερψήφιση όμως διαδεχόταν μια παρατεταμένη περίοδος νομισματικών αναταραχών. Το μετέωρο βήμα της Δανίας, το επικείμενο γαλλικό δημοψήφισμα, η βρετανική εγκατάλειψη του ΜΣΙ τον Σεπτέμβριο του 1992 και το γαλλικό *petit oui* εγκαινίασαν μια περίοδο αβεβαιότητας για την επικύρωση του Μάαστριχτ και τον τελικό στόχο της ONE, που θα κορυφωνόταν με την διάλυση («αναμόρφωση» για άλλους) του ΜΣΙ τον Σεπτέμβριο του 1993. Οι φόβοι ενός τμήματος του ελληνικού κατεστημένου περιστρεφόντουσαν κυρίως γύρω από το Ταμείο Συνοχής που άρχισε να μοιάζει με απατηλό όνειρο. Για άλλους, τυχόν εκτροχιασμός της ONE σήμαινε την διαιώνιση της δημοσιονομικής απειθαρχίας. Έτσι για μεγάλο διάστημα η συζήτηση δεν αφορούσε απλώς στην συμμετοχή της Ελλάδας στην ONE, αλλά στο ίδιο το μέλλον της «Ενωμένης Ευρώπης». Κάθε αναφορά σε μια «Ευρώπη δύο ταχυτήτων» είχε αναγκαστικά «ύπουλους στόχους» (Παπανδρόπουλος 1992, 24), ή υπέκρυπτε «οικονομικό εθνικισμό» (Κεφάλας 1992, 33–34).

Σε μια από τις συνήθεις οβιδιακές μεταμορφώσεις του, και ο Ανδρέας Παπανδρέου άσκησε έντονη κριτική στο όραμα της ONE, στην συνεδρίαση της Βουλής της 5/12/1992, αλλά κυρίως στην συζήτηση σχετικά με το δεύτερο πακέτο Delors στις 12/2/1993. Εκεί προέβλεψε ότι μέσω τις Ενιαίας Αγοράς ο ανταγωνισμός θα είναι τόσο εξοντωτικός «*για τους μικρούς και τους μεσαίους που θα σαρωθούν, θα αυξηθεί η ανεργία και η μετανάστευση, θα ενταθεί η πόλωση ανάμεσα στις ευρωπαϊκές περιφέρειες, και οι πλούσιοι θα γίνουν πλουσιότεροι και οι φτωχοί φτωχότεροι με ραγδαίους ρυθμούς*». Όσο για το κοινό νόμισμα, παρατήρησε ότι όταν αυτό γίνει πραγματικότητα «*η νομισματική και συναλλαγματική πολιτική παύουν να είναι μοχλοί πολιτικής για τα ομόσπονδα κράτη. Η εναπομένουσα δημοσιονομική πολιτική— κάτι θα μείνει—θα περιορισθεί σε αναδιανεμητικές κινήσεις και στόχους*». Έφτασε δε μέχρι του σημείου να δείξει την γύμνια του βασιλιά, υποδεικνύοντας ότι εκείνη την στιγμή, με τα υπάρχοντα δημοσιονομικά δεδομένα η ίδια «*η Ευρώπη δεν μπορεί να συμμετάσχει τώρα τυπικά στην ΟΝΕ*» (Γ. Θ. Ζωγράφος 1993, 82–83).

21.4 Ευρώ και οι Έλληνες επιχειρηματίες

Από αρκετά νωρίς θέση υπέρ του ευρώ πήραν οι Έλληνες βιομήχανοι· ο ΣΕΒ ήταν μέλος της AMUE ήδη από το 1990 (Παπανδρόπουλος 1990, 38), οι Σπύρος Λάτσης (EFG Eurobank) και Θεόδωρος Παπαλεξόπουλος (ΤΙΤΑΝ) συμμετείχαν στο Διοικητικό της Συμβούλιο και ο Ιωάννης Ηλιόπουλος (Αντιπρόεδρος της *Ι. Μπουτάρης & Υιός*) συμμετείχε στην ομάδα εργασίας αγοράς (Collignon και Schwarzer 2003, 212–216). Τον Φεβρουάριο του 2000 η AMUE μετρούσε 20 μέλη από την Ελλάδα (Πίνακας 25.69) και τα μέλη αυτά παρείχαν συνεχή και συνεπή στήριξη στον στόχο της ΟΝΕ. Σε ημερίδα του ΙΟΒΕ με θέμα *Προετοιμασία για τη Μετάβαση στη Νομισματική Ένωση* (25/11/1994), τόσο ο Πρόεδρος του ΙΟΒΕ Δημήτρης Μαρινόπουλος, όσο και ο Γιάννης Μπουτάρης ετέθησαν αναφανδόν υπέρ της ελληνικής συμμετοχής (Λυρτσογιάννης 1994, 47).

Ενόψει του Ευρωπαϊκού Συμβουλίου της Μαδρίτης τον Δεκέμβριο του 1995, ο ΣΕΒ εξέθεσε τις απόψεις του περί της ΟΝΕ στον Άκη Τσοχατζόπουλο, ο οποίος τότε εκτελούσε χρέη Πρωθυπουργού. Συγκεκριμένα, οι βιομήχανοι προσέβλεπαν στην διεύρυνση της ΕΕ για την πρόσβαση σε φθηνές αγορές εργατικού δυναμικού (Βουλγαρία, Ρουμανία κλπ), αλλά και στην υιοθέτηση του ενιαίου νομίσματος. Πεποίθησή τους ήταν ότι αυτό θα έκανε πιο ανταγωνιστικά τα ελληνικά προϊόντα, καθώς θα μείωνε τα κόστη τους, και ότι θα δημιουργούσε περιβάλλον σταθερότητας (Κορφιάτης 1995, 23/Ε7). Ταυτόσημες ήταν και οι απόψεις του τραπεζικού κόσμου, τουλάχιστον στο μέτρο που δημοσιεύονταν (Παπαδημητρίου 1996, 18/Ε4). Σε ειδικό αφιέρωμα του Οικονομικού Ταχυδρόμου, στην στήριξη της συμμετοχής στην ΟΝΕ, εκτός από τους συνήθης αρθρογράφους (Νίκος, Χριστοδουλάκης, Γιώργος Αλογοσκούφης, Πάνος Καζάκος, Νίκος Γκαργκάνας), φιλοξενήθηκε και ο Θεόδωρος Παπαλεξόπουλος, μέλος της διοίκησης της ΤΙΤΑΝ Α.Ε. και υπερδραστήριο μέλος σειράς αλληλοσυνδεόμενων οργανώσεων.[7] Στην τοποθέτησή του υποστήριξε ότι το κόστος της μη ένταξης θα ήταν μεγάλο και ότι οι θυσίες για την ένταξη θα προσέφεραν ανταμοιβές αργότερα (Παπαλεξόπουλος 1996, 42–43). Στο ίδιο κλίμα κινήθηκε και ο εκπρόσωπος του τραπεζικού κόσμου, ο Διευθύνων Σύμβουλος της Eurobank, Νίκος Νανόπουλος, ο οποίος ζωγράφισε μια ειδυλλιακή εικόνα μετά την είσοδο στην ΟΝΕ (Νανόπουλος 1996, 45–47).

Η «ενημερωτική» εκστρατεία επιχειρηματιών και τραπεζιτών σχετικά με το ευρώ περιέλαβε και την ελληνική έκδοση ενός πονήματος 63 σελίδων του *Economist Intelligence Unit* ως ένθετο του *Οικονομικού Ταχυδρόμου (Currie 1998)*. Την έκδοση χρηματοδότησαν οι εταιρείες Eurobank, Εθνική Ασφαλιστική, ΙΒΜ, Ιντρακόμ, Εθνική Χρηματιστηριακή και Διεθνική ΑΕΔΑΚ. Χαρακτηριστικό της προχειρότητας και πνευματικής ένδειας του ελληνικού επιχειρηματικού και τεχνοκρατικού κατεστημένου ήταν ότι η μελέτη ήταν μετάφραση μιας βρετανικής που αφορούσε στο ενδεχόμενο εισδοχής της Βρετανίας στην ΟΝΕ. Μοναδική απόπειρα πνευματικού κόπου από ελληνικής πλευράς ήταν ένας πρόλογος από τον Γιάννη Στουρνάρα, στον οποίο ο Έλληνας τεχνοκράτης μηρύκαζε με πιστότητα την έξωθεν επιβεβλημένη νομισματική ορθοδοξία.

Δεδομένης αυτής της στήριξης του επιχειρηματικού κόσμου στο εγχείρημα της ΟΝΕ, ίσως να γίνονται καλύτερα κατανοητές οι θέσεις που άρχισαν να προβάλλονται πιο συστηματικά από μεγάλα έντυπα και από εκπροσώπους της κατεστημένης διανόησης. Όπως προαναφέραμε, οι απόψεις που διακινούνταν μέχρι και την ψήφιση της Συνθήκης του Μάαστριχτ ήταν από αναφανδόν υπέρ έως ελαφρώς επιφυλακτικές. Στην μετά Μαδρίτη περίοδο οι καθεστηκυίες απόψεις εντάχθηκαν σε μια πολιτική ορθότητα κατά την οποία ο στόχος της ΟΝΕ δεν ετίθετο υπό συζήτηση, αλλά μόνον ο τρόπος επίτευξής του (*Οικονομικός Ταχυδρόμος* 1995, 20):

> *Η Ελλάδα, αντιμέτωπη με τις εξελίξεις αυτές, οφείλει το ταχύτερο δυνατό να ανασυντάξει τις δυνάμεις της, να βγει από το σημερινό μεταβατικό στάδιο και να στρέψει την προσοχή της στα πραγματικά προβλήματα και προκλήσεις [...] Στον τομέα της οικονομίας έχουν καταγραφεί [...] αξιόλογα βήματα προόδου προς τους στόχους του Μάαστριχτ. Και η*

---

[7] Πρώην Πρόεδρος του ΣΕΒ, μέλος του ERT, μέλος του ΔΣ της AMUE, Ιδρυτικό Μέλος & Επίτιμος Αντιπρόεδρος του ΙΟΒΕ, Ιδρυτικό Μέλος & Αντιπρόεδρος της *Κίνησης Πολιτών για μια Ανοικτή Κοινωνία*, Ιδρυτικό Μέλος της *Λέσχης Επιχειρηματικότητας*, μέλος του ΔΣ της *Διεθνούς Διαφάνειας Ελλάδος*, μέλος του Τιμητικού Συμβουλίου του ΕΛΙΑΜΕΠ και προσκεκλημένος της Λέσχης Bilderberg (2008).

*διαδικασία αυτή θα πρέπει επίσης να συνεχισθεί και να ενταθεί. Διαφορετικά κινδυνεύουμε να μείνουμε εκτός του ευρω-
παϊκού πυρήνα [...]*

21.5 Στην τελική ευθεία: οι απόψεις για την ένταξη στο ευρώ

Με το τετελεσμένο της Μαδρίτης για κανονική πρόοδο των διαδικασιών της ΟΝΕ, η συζήτηση άρχισε πλέον να
περιστρέφεται γύρω από το πώς θα καταφέρει να συμμετάσχει και η Ελλάδα, θεωρώντας δεδομένες τις ευεργε-
τικές συνέπειες από κάτι τέτοιο. Για τους... αντιφρονούντες χαρακτηριστική είναι η αντιμετώπιση του Γιάννη
Μαρίνου (1996, 3–4) από τις σελίδες του Οικονομικού Ταχυδρόμου, ο οποίος τους κατέτασσε σε δύο κατηγορί-
ες. Στην καλύτερη περίπτωση ήταν μειωμένης αντίληψης και ετύγχαναν συγκατάβασης—*«η γιαγιά της κ. Μπονί-
νο. ή ο μπαμπάς ο δικός σας, ή η δική μου θεία»*, που χρειάζονται χρήμα για να πληρώνουν την καφετζού. Στην χει-
ρότερη περίπτωση θεωρούντο... ύποπτοι—*«εθνικόφρονες της άκρας δεξιάς και της άκρας αριστεράς», «εχθροί της Ενω-
μένης Ευρώπης»*—που τρομοκρατούσαν τους πολίτες και δεν θα έπρεπε να έχουν βήμα. Χωρίς, ευτυχώς, να δια-
θέτει τα μέσα του Χίτλερ και του Στάλιν για να αντιμετωπίζει τους διανοητικά αναπήρους και τους αντιφρονού-
ντες, ο Γ. Μαρίνος είχε, εν τούτοις, την γραφίδα του και τις πλάτες ενός εκδοτικού μεγαθηρίου.

Ο Ριχάρδος Σωμερίτης (1996, 16/Ε4), εν μέσω διεθνών διαφωνιών για το επιθυμητό ή όχι της ΟΝΕ, απέδιδε
τις αντιρρήσεις στα *«ευρωπαϊκά κρατικά κατεστημένα [που] δίνουν τώρα μάχη επιβίωσης»*. Η *«επένδυση Μάαστριχτ (απάντη-
ση στην παγκοσμιοποίηση της οικονομίας και όχι γενεσιουργό αίτιό της)»* ήταν απαραίτητη, έλεγε, για να διευρυνθεί η
«Ευρώπη» χωρίς να μετατραπεί σε *«αδύναμο ΟΗΕ»*. Τα σκληρά μέτρα για την επίτευξη της σύγκλισης τα θεω-
ρούσε απαραίτητα για *«να μπορέσει το ευρωπαϊκό νόμισμα [...] να συνδιαλέγεται ισότιμα με το δολάριο και το γιεν»*· το *«μη
Μάαστριχτ»* θα διαιώνιζε την αμερικανική επικυριαρχία. Υπό μίαν έννοια ο Σωμερίτης εμφανίζεται ως *ευρωεθνικι-
στής* και καστροπολεμίτης του *φρουρίου Ευρώπη*, σαν την Μαρία Δαμανάκη (βλ. παρ. 21.2). Από την άλλη, ως προς
το κατά πόσον δικαιούται η Ελλάδα να σκέφτεται το δικό της συμφέρον η απάντηση είναι αρνητική: *«Το κεντρι-
κό ερώτημα δεν είναι αν μας συμφέρει το Μάαστριχτ αλλά αν πρέπει να νοικοκυρέψουμε τα άθλια οικονομικά μας»*. Η εθνική
πολιτική είναι ντεμοντέ μπροστά στην Κοινοτική, και ούτε καν θα έπρεπε να την αποτολμούμε: *«μόνοι μας δεν
μπορούμε να αλλάξουμε τους κανόνες. Κανένας δεν μας εμποδίζει όμως να αλλάξουμε τον τρόπο εφαρμογής τους»*.

Ταυτοχρόνως, σειρά *«έγκριτων»* οικονομολόγων προειδοποιούσαν για τα κόστη—ποτέ για τα οφέλη—από
την μη ένταξη, προφανώς όχι για να τρομοκρατήσουν το κοινό όπως κατηγορούσε ο Γ. Μαρίνος τους αντιφρο-
νούντες, αλλά για να το *«ενημερώσουν»* (*Οικονομικός Ταχυδρόμος* 1996, 35–48).[8] Η εκστρατεία ενημέρωσης[9] δεν
παρέλειψε να στοχεύσει και την νεολαία μέσω της AEGEE,[10] ενώ χαρακτηριστικό της επιβληθείσας ορθοδοξίας
ήταν και σχετικό έργο των Σαχινίδη και Χαρδούβελη (1998).

Στην *«επιφυλακτική»* γραμμή κινήθηκε ο Παναγιώτης Κορλίρας, Καθηγητής του Οικ. Πανεπιστημίου Αθη-
νών, Υποδιοικητής της ΤτΕ (1985–85) και Πρόεδρος Ιονικής (1985–1989, 1993–1996). Θεωρούσε ότι *«η Ευρω-
παϊκή Ένωση προχωρεί προς την νομισματική ενοποίηση, επιχειρώντας κάτι ιστορικά πρωτοφανές και θεωρητικά αμφισβητήσιμο,
που ενδέχεται να παρουσιάσει προβλήματα στην εφαρμογή και να αποδειχθεί τροχοπέδη στην «πραγματική» σύγκλιση των οικονο-
μιών των χωρών-μελών. Η νομισματική ενοποίηση προωθείται (εύλογα), βάσει της αρχής του ισχυρού κοινού νομίσματος, αλλά ο
ενοποιημένος οικονομικός χώρος δεν έχει τα χαρακτηριστικά ενός πραγματικά ενιαίου χώρου, εντός του οποίου θα μπορούν να με-
τακινηθούν όχι μόνον τα κεφάλαια αλλά και οι άνθρωποι. Η τήρηση των κανόνων που συνάδουν με το ισχυρό κοινό νόμισμα, και
τη συνακόλουθη απώλεια βαθμών ελευθερίας στην άσκηση εθνικής (δηλαδή, «τοπικής») οικονομικής πολιτικής, θα αφήσουν
κάποιες λιγότερο ανεπτυγμένες χώρες και περιοχές ανυπεράσπιστες έναντι των διαφόρων «ειδικών διαταραχών»*. Σύσταση του η
ανάπτυξη των Ηνωμένων Πολιτειών της Ευρώπης για την προστασία των μικρών και αδυνάμων μελών, η οποία
θα διαθέτει ενισχυμένο ομοσπονδιακό προϋπολογισμό και ευρωπαϊκό *«Κονγκρέσο»*, μη αναλογικής αλλά ίσης

---

[8] Αρθρογραφούν οι: Νίκος Χριστοδουλάκης, Πάνος Καζάκος, Γιώργος Αλογοσκούφης, Θεόδωρος Παπαλεξόπουλος, Νίκος Γκαργκάνας,
Νίκος Νανόπουλος, Μαρία Νεγρεπόντη-Δελιβάνη.

[9] Π.χ. στις 8/12/1997 έγινε η παρουσίαση της έκδοσης της AMUE *«Ευρώ και Επιχειρήσεις—Αναλυτικός Οδηγός Προετοιμασίας»* σε συνεργασία με
τον ΣΕΒ και την EFG Eurobank (AMUE 1997). Στις 2/7/1998 συνδιοργανώθηκε από την AMUE, την EFG Eurobank και τον ΙΟΒΕ ημερίδα
για τις προς ένταξη χώρες (AMUE 1998).

[10] *Association des Etats Généraux des Etudiants de l'Europe*, μια *«πολιτικά ανεξάρτητη»* οργάνωση νέων. Το παράρτημα Αθήνας διοργάνωσε συ-
νέδριο με τον μετά βίας συγκεκαλυμμένο τίτλο *«Europe and Euro... Unification vs. Marginalisation»*, το οποίο στήριξαν ο τότε Πρόεδρος της
Δημοκρατίας Κ. Στεφανόπουλος, ο Jacques Santer και η Γεν. Γραμματεία Νέας Γενιάς (Πότη 1997, 113).

εκπροσώπησης (Κορλίρας 1997, 18–19). Πάντως λίγους μήνες μετά θα υποβάθμιζε τις ενστάσεις του και θα χαρακτήριζε την συμμετοχή της Ελλάδας στην ΟΝΕ *«εθνικό στόχο, ο οποίος απαιτεί συστράτευση όλων των δυνάμεων, ώστε οι έως τώρα επιτεύξεις να διασφαλιστούν και συνεχισθούν μέχρι την επιτυχή έκβαση της προσπάθειας»* (Κορλίρας 1998, 18–20).

Αμέσως μετά την υποτίμηση της δραχμής το 1998, ο Π. Κ. Ιωακειμίδης (1998a) έγραφε: *«Η Ελλάδα, όσο κι αν αυτό φαίνεται φαταλιστικό, δεν έχει άλλη επιλογή. Η επιλογή είναι απλώς και μόνο μία—ένταξη με κάθε τρόπο στο ενιαίο νόμισμα, το ευρώ. Άλλη επιλογή πλέον δεν υπάρχει. Η εμπειρία των τελευταίων εβδομάδων υπογραμμίζει με τρόπο ιδιαίτερα δραματικό τις συνέπειες από τη μη συμμετοχή της Ελλάδας στις διαδικασίες οικονομικής και νομισματικής ενοποίησης. Το γεγονός ότι η Ελλάδα δεν συγκαταλέγεται ανάμεσα στην πρώτη ομάδα κρατών που θα επιλεγούν στις 2 Μαΐου για να προχωρήσουν στη δημιουργία του ενιαίου νομίσματος την 1η Ιανουαρίου 1999 οδηγεί τις χρηματαγορές να αντιμετωπίζουν τη χώρα μας ως «αναδυόμενη αγορά» (emerging market). Αυτό συνεπάγεται υψηλό βαθμό αβεβαιότητας, πράγμα που οδηγεί στην άνοδο των επιτοκίων, που αυτή τη στιγμή είναι τα υψηλότερα στον ευρωπαϊκό χώρο».* Ο ίδιος αναλυτής υποστήριζε λίγο μετά ότι *«η Ελλάδα δεν έχει άλλη επιλογή παρά να προχωρήσει στην ΟΝΕ, ως πλήρες μέλος. Γιατί η «μη συμμετοχή» θα αποτελέσει μείζον πολιτικό πρόβλημα για τη χώρα με την υποβάθμισή της σε χώρα-μέλος δεύτερης κατηγορίας»* (Ιωακειμίδης 1998b). Σημειώνω ότι η κατοπινή πορεία της Βρετανίας, της Δανίας και της Σουηδίας σε σχέση με εκείνη της Ελλάδας, αποτελεί το ασφαλέστερο τεκμήριο επαλήθευσης ή διάψευσης των προβλέψεων του έγκριτου ακαδημαϊκού.

Την επαύριο της Συνόδου Κορυφής στις Βρυξέλλες που αποφάσισε το κλείδωμα των κεντρικών ισοτιμιών των 11 νομισμάτων που θα συμμετείχαν στο ευρώ, η Ζέζα Ζήκου (1998, 6) μιλούσε για την *«δημιουργία ενός ισχυρού νομίσματος που θα προσελκύσει τις επενδύσεις στις χώρες του ευρώ και θα ευνοήσει τους αναπτυξιακούς ρυθμούς της δεύτερης μεγαλύτερης οικονομίας στον κόσμο και την αντιμετώπιση του κρίσιμου θέματος της ανεργίας».*

Αλλά και ο Ν. Χριστοδουλάκης σε συνέντευξη-φωτογράφιση στον *Οικονομικό Ταχυδρόμο* έφτασε να δηλώσει ότι από *«εκτενέστατη μελέτη»* που είχε εκπονήσει στο Οικονομικό Πανεπιστήμιο, *«για διαταραχές που επηρεάζουν τις ευρωπαϊκές οικονομίες, πάνω κάτω η φύση τους και η χρονική τους σύμπτωση είναι ενιαία όταν προέρχονται είτε από εξωτερικά γεγονότα είτε από αποφάσεις του ιδιωτικού τομέα»* (Κλαυδιανός 1998, 22–25). Έτσι, έλυνε το πρόβλημα των ασύμμετρων διαταραχών (asymmetric shocks) και διαβεβαίωνε ότι δεν θα υπήρχε περίπτωση να έχουμε ύφεση σε μια χώρα (π.χ. στην Ελλάδα) και ανάπτυξη σε μια άλλη (π.χ. Γερμανία). Αυτή η πρόβλεψη του «επιστήμονα» αυτού συναγωνιζόταν σε ακρίβεια μια άλλη στην ίδια συνέντευξη: ότι τα κεφάλαια που εισρέουν στο χρηματιστήριο χρηματοδοτούν τις επιχειρηματικές επενδύσεις και ότι έχουν μόνιμο χαρακτήρα.

Με την ένταξη στην ΟΝΕ εν όψει, ο τότε Υφυπουργός Εργασίας Χρήστος Πρωτόπαπας (1998, 64–65) διατύπωσε την πρόβλεψη ότι το ευρώ θα προσφέρει στους Έλληνες εργαζομένους και πολίτες *«σταθερότητα στη δημοσιονομική και νομισματική πολιτική, που εμφατικά να δημιουργεί συνθήκες αειφόρου ανάπτυξης... Για την επίτευξη των σχεδόν παγίων στόχων του συνδικαλιστικού κινήματος απαιτείται μακροοικονομική ισορροπία και ξεκάθαρη πολιτική, και αυτό ακριβώς θα προσπαθήσουμε να πετύχουμε με το εγχείρημα της ΟΝΕ».* Θεωρούσε και ο ίδιος *«οξύμωρο»* το ότι οι κεντροαριστερές κυβερνήσεις καλούνται να εφαρμόσουν ένα συντηρητικό πρόγραμμα σύγκλισης βάσει της Συνθήκης του Μάαστριχτ, όμως ήλπιζε ότι τίποτα δεν είναι αναπόφευκτο. Έτσι, διατύπωνε ένα εκτενές ευχολόγιο για το πώς θα κερδηθούν οι μάχες του πληθωρισμού, της λειτουργίας του κράτους, της ελεύθερης αλλά όχι ασύδοτης αγοράς, της αειφόρου ανάπτυξης, των «καρτέλ» κλπ. Θεωρούσε ότι η ΟΝΕ θα ενίσχυε το κοινωνικό κράτος και ότι θα πραγματοποιείτο με όρους κοινωνικής συνοχής. Τέλος, σαν καλός εκσυγχρονιστής, πάντρευε αρμονικά νεοφιλελεύθερες πολιτικές με φιλεργατική και αντιρατσιστική ρητορεία, προσθέτοντας ότι η *«επιλογή προς την ΟΝΕ δεν μπορεί να είναι ο ρατσισμός και η ξενοφοβία»*, και ότι η *«νομιμοποίηση των οικονομικών λαθρομεταναστών»* θα οδηγούσε στην *«ισότιμη μεταχείριση όλου του εργατικού δυναμικού στη χώρα»*

Ο Λουκάς Τσούκαλης (1998, 53), Καθηγητής στο London School of Economics, διατύπωνε την πρόβλεψη ότι *«η συμμετοχή στην ΟΝΕ θα προσφέρει ομπρέλα προστασίας ενάντια στην εγγενή αστάθεια των διεθνών χρηματαγορών»*, ενώ δεν ανησυχούσε *«για την κατάργηση της συναλλαγματικής ανεξαρτησίας της χώρας ούτε για τον κίνδυνο ασύμμετρων διαταραχών ούτε για τον περιορισμό της ελευθερίας μας (!) να έχουμε υπερβολικά ελλείμματα».* Πίστευε ότι *«Για μια χώρα όπως η Ελλάδα, με παράδοση νομισματικής αστάθειας και δημοσιονομικής ανευθυνότητας,* **τα κέρδη από την ΟΝΕ θα είναι μεγαλύτερα απ' ό,τι για τη Γαλλία ή τη Γερμανία»** (έμφαση δική μου).

Σε παρόμοιο μήκος κύματος και ο Νικηφόρος Διαμαντούρος (Καθηγητής Πολιτικής Οικονομίας του Παν. Αθηνών) υιοθετούσε μια σχεδόν Μαρξιστική τελεολογία θέσης-αντίθεσης-σύνθεσης: το ανταγωνιστικό περιβάλλον εντός ΟΝΕ και η απελευθέρωση του τραπεζικού, ενεργειακού, τηλεπικοινωνιακού και ασφαλιστικού συστήματος θα πιέσουν το κράτος να γίνει πιο αποτελεσματικό. Η συνεπαγόμενη αναβάθμιση των υπηρεσιών του κράτους, θα απαιτήσει νέες τεχνολογίες, που θα απαιτήσουν νέες δεξιότητες, που με την σειρά τους θα απαιτήσουν την εισδοχή νέου και ικανότερου προσωπικού. Παρομοίως, οι απαιτήσεις δημοσιονομικής αυστηρότητας θα απελευθερώσουν τα δημόσια οικονομικά από την εκλογική σκοπιμότητα και θα περιστείλουν το πελατειακό κράτος. Για τον Διαμαντούρο (1998, 53–55), μέσω του παραπάνω ευεργετικού ντόμινο η ένταξη στην ΟΝΕ θα επέφερε *«την παγίωση του πρώτου αυθεντικά δημοκρατικού καθεστώτος στη νεότερη ελληνική ιστορία».*

Ο Τρύφων Κολλίντζας (Καθηγητής του Οικ. Πανεπιστημίου Αθηνών) προέβλεπε ότι *«οι προοπτικές για την οικονομική ανάπτυξη και την κοινωνική ευημερία της χώρας μας είναι πολύ καλύτερες εντός παρά εκτός ΟΝΕ»,* συναρτώντας όμως την ευόδωση αυτών των προοπτικών από μια σειρά μεταρρυθμίσεων που *«πρέπει»* και *«χρειάζεται»* να γίνουν, χωρίς όμως να προβλέπει αν το υποκείμενο της ανάλυσής του—το ελληνικό κράτος—έχει την παραμικρή πιθανότητα να τις υλοποιήσει (Κολλίντζας 1998, 55–57).

Την ίδια περίοδο έλαβε χώρα και η συζήτηση του νομοσχεδίου που θα ρύθμιζε το καταστατικό της ΤτΕ ώστε να συμβαδίζει με το ΕΣΚΤ. Αυτό πλέον που εντυπωσιάζει είναι η συντομία της κοινοβουλευτικής συζήτησης. Το νομοσχέδιο κατατέθηκε στις 30/9/1997, συζητήθηκε για συνολικά ένα οκτάωρο σε τρεις συνεδριάσεις της ΔΕΟΥ (ΔΕΟΥ 1997), για λιγότερο από μια συνεδρίαση στην Βουλή (*ΠΣΒ* 1997a, 2191–2257), και ψηφίσθηκε δια βοής, χωρίς ούτε καν ονομαστική ψηφοφορία (*ΠΣΒ* 1997b, 2535). Η συζήτηση αναλώθηκε κυρίως σε αντιπολιτευτικές κορώνες μεταξύ ΝΔ και Πασόκ, παρότι αμφότερα κόμματα υπερψήφισαν το νομοσχέδιο, καθώς και σε τετριμμένες λεπτομέρειες γύρω από την διατύπωση των άρθρων. Τώρα όμως τους ενδοιασμούς του ΚΚΕ άριζαν να ενστερνίζονται και τα άλλα κόμματα της αντιπολίτευσης, ακόμη και ο Αναστάσιος Πεπονής από πλευράς Πασόκ. Με μια αρκετά δομημένη ανάλυση του Αναστασίου Ιντζέ, εκπροσώπου του «πατριωτικού Πασόκ» που εκτόπισε ο Κ. Σημίτης, το ΔΗ.Κ.ΚΙ. υποστήριξε τον κρατικό χαρακτήρα που θα πρέπει να έχει το εκδοτικό ίδρυμα—καίτοι με ιστορικές ανακρίβειες. Αλλά και ο Συνασπισμός φάνηκε να κατανοεί τι ψήφισε το 1992, καθώς ο Ι. Δραγασάκης ανησυχούσε για τον *«περιορισμ[ό] των "δημόσιων χώρων"»* που επέβαλλε το *«νεοφιλελεύθερ[ο] οικονομικ[ό] μοντέλ[ο]»* και για τον ανεξέλεγκτο χαρακτήρα που αποκτούσε η ΤτΕ. Τώρα όμως ήταν πολύ αργά.

21.6 Διακριτική κριτική

Πολλοί αναλυτές άσκησαν κριτική στο εγχείρημα της ΟΝΕ, οι περισσότεροι εκ των οποίων προερχόμενοι από τον χώρο της Αριστεράς, αν και χωρίς να προτείνουν κάποια δραστική διαφοροποίηση.

Ο Μανώλης Δρεττάκης (1997· αναδημοσίευση: 1999b, 38–41) υιοθετούσε την στάση της κριτικής αποδοχής. Θεωρούσε ότι το ευρώ είναι ένας *«νομισματικός γίγαντας με πήλινα πόδια»,* καθώς *«η Ε.Ε. δεν είναι ένα ενιαίο (ομόσπονδο ή όχι) κράτος»,* αλλά *«ένα μόρφωμα διακυβερνητικό, το οποίο [...] βαδίζει προς την Ο.Ν.Ε. [...] χωρίς να έχει αποφασίσει κοινή δημοσιονομική πολιτική».* Εστίαζε δε ιδιαιτέρως την κριτική του στο ότι η ΕΕ δεν διέθετε αξιόλογο προϋπολογισμό (όπως οι νομισματικές «ανταγωνίστριες» ΗΠΑ και Ιαπωνία) που να επιτρέπει την επίτευξη κοινής πολιτικής. Όμως, παρά την γενική του αυτή κριτική, ειδικώς για την Ελλάδα υιοθετεί την λογική του μονόδρομου και των αναγκαίων θυσιών: *«Πράγματι, μετά τις κοσμογονικές ανακατατάξεις στην παγκόσμια σκηνή από το 1989 και μετά, η Ελλάδα δεν έχει άλλη επιλογή από την όσο γίνεται ταχύτερη ένταξή της στην Ο.Ν.Ε. [...] [Η] Ο.Ν.Ε. είναι μεν μονόδρομος, αλλά μονόδρομος στον οποίο οι "δρομείς" [...] κινούνται με διαφορετικές ταχύτητες [...] [Η] Ελλάδα, με δεδομένη τη δυσμενή θέση της ανάμεσα στις χώρες-μέλη της Ε.Ε. [...] θα πρέπει να καταβάλλει επί πολλά χρόνια—και όχι μόνο τα δύο επόμενα, όπως παραπλανητικά αφήνεται να εννοηθεί από "αρμόδια" χείλη—μια γιγάντια προσπάθεια ώστε η ένταξη στην Ο.Ν.Ε. να συνοδευτεί από σταθερότητα ανάπτυξη και κοινωνική δικαιοσύνη»* (Δρεττάκης 1998a· αναδημοσίευση: Δρεττάκης 1999b, 119–122). Και θα υπερθεμάτιζε λίγο μετά την επίσημη έναρξη του ευρώ: *«Τα πλεονεκτήματα του νέου νομίσματος [...], το διεθνές και ευρωπαϊκό περιβάλλον και τα ειδικά προβλήματα που αντιμετωπίζει η χώρα μας καθιστούν εθνικό στόχο την ένταξη στην Ο.Ν.Ε.. Σ' αυτό συμφωνεί η συντριπτική πλειοψηφία τόσο του Ελληνικού λαού όσο και του πολιτικού κόσμου»* (Δρεττάκης 1999a· Δρεττάκης 1999b, 135–138). Το αξιοσημείωτο είναι ότι στην παραπάνω τοποθέτησή του προεξοφλούσε την συμφωνία της «συντριπτική πλειοψηφίας» του ελληνικού λαού, παρότι λίγους μήνες νωρίτερα ζητούσε την διεξαγωγή δημοψηφίσματος για την ΟΝΕ και την Συνθήκη του Άμστερνταμ (Δρεττάκης 1998b· αναδημοσίευση: Δρεττάκης 1999b, 127–130).

Ακόμη και σε περιπτώσεις που διατυπώνονται σαφή παράπονα από τον χώρο της Αριστεράς για την διαδικασία της ελληνικής προσέγγισης της ΟΝΕ, απουσιάζει ένα σαφές εναλλακτικό όραμα. Κυριαρχεί ένα πνεύμα αποδοχής του τετελεσμένου, με ένα μόνιμο υπόστρωμα γκρίνιας. Σε εισήγηση σε συνέδριο της Κεντρικής Πολιτικής Επιτροπής του Συνασπισμού, ο Γιώργος Σταμάτης (1998α· αναδημοσιεύσεις: Σταμάτης 1998b· Μαριόλης και Σταμάτης 1999, 225–232), Καθηγητής στην Πάντειο αναφέρει: *«Δεν είναι βέβαια δυνατόν να γίνει εδώ η συζήτηση που θα έπρεπε να είχε γίνει πριν 20 τουλάχιστον χρόνια για το αν έπρεπε ή δεν έπρεπε να προσχωρήσουμε στην ΕΟΚ και την μετέπειτα Ε.Κ. και Ε.Ε., ούτε επίσης η συζήτηση, που κι αυτή θα έπρεπε να είχε γίνει προ πολλού, για το αν θα πρέπει να υιοθετήσουμε το ευρώ και να εισέλθουμε στην ΟΝΕ. Η επιδέξια και πλουσιοπάροχη πολιτική δημοσίων σχέσεων της Ε.Ε. Απέτρεψε οριστικά αυτές τις επικίνδυνες συζητήσεις».*

Βεβαίως τα παράπονα του Σταμάτη δεν ήταν ακριβή... Έστω και βιαστικά, η συζήτηση για την κύρωση της Συνθήκης του Μάαστριχτ είχε γίνει στην ελληνική Βουλή και κατατέθηκαν συγκεκριμένες απόψεις. Εκεί, το κόμμα που φιλοξένησε την παραπάνω τοποθέτηση είχε υπερψηφίσει την Συνθήκη.

Το επόμενο μήνα ο Συνασπισμός θα ανακοίνωνε ότι θα ψήφιζε «παρών» κατά την κύρωση της Συνθήκης του Άμστερνταμ, διαμαρτυρόμενος που η Ελλάδα έμενε μακριά από την Γη της Επαγγελίας της ΟΝΕ: *«Η Ελλάδα έμεινε έξω από την πρώτη φάση της νομισματικής ενοποίησης και η σιωπηρή μετάθεση των στόχων του προγράμματος σύγκλισης από το 1999 στο 2001 δεν εγγυάται την είσοδό μας στη τρίτη φάση. Αντιθέτως είναι πιθανή μια παράταση των περιοριστικών πολιτικών με παράλληλη παράταση της αδυναμίας της χώρας να μπει στην ΟΝΕ με πολλαπλές αρνητικές συνέπειες τόσο για την κοινωνική συνοχή όσο και για τη διεθνή θέση της χώρας».* Πιστός στο πνεύμα εσωτερικής ανατροπής του ευρωπαϊκού καπιταλισμού που εγκαινίασε το ΚΚΕ-εσ το 1974, ο Συνασπισμός διατύπωνε την αξίωση να εκδιώξει τους Τραπεζίτες από την διαχείριση ενός συστήματος που οι ίδιοι σχεδίασαν (Επιτροπή Delors), ώστε να το υλοποιήσει ο ίδιος... σωστά: *«Σήμερα έχει γίνει κατανοητό και σε δυνάμεις πέραν της Αριστεράς ότι η λειτουργία της Νομισματικής Ένωσης και η διαχείριση των συνεπειών της για την οικονομία και τα κοινωνικά συστήματα των κρατών μελών δεν είναι δυνατόν να αφεθούν στη δικαιοδοσία της Συνέλευσης των Τραπεζιτών».* Για τον Συνασπισμό, η ελληνική συμμετοχή στην ΟΝΕ ήταν αποτέλεσμα... λαϊκών αγώνων: *«Οι κινητοποιήσεις των εργαζομένων, η δυσφορία ευρωπαϊκών λαϊκών στρωμάτων, οι κυβερνητικές αλλαγές σε Ιταλία και Γαλλία, οι δυσκολίες πολλών χωρών να ανταποκριθούν στο σύνολο των κριτηρίων της Συνθήκης, διαμόρφωσαν ευνοϊκό έδαφος και έδωσαν ευκαιρίες στη χώρα μας για να διαμορφώσει συμμαχίες, να αγωνιστεί για την ελαστικοποίηση των κριτηρίων, για προώθηση εξισορροπητικών πολιτικών, για μια πολιτική διαπραγμάτευση ώστε να μην αποκλειστεί από τις ομάδες των χωρών που θα συμμετάσχουν από 1/1/99 στο κοινό νόμισμα»* (Συνασπισμός 1998).

Μάλιστα το κείμενο της ανακοίνωσης μηρύκαζε με εκπληκτική πιστότητα τα επιχειρήματα που είχαν διατυπωθεί από την περίοδο του *One market—One money* για τα οφέλη της ΟΝΕ, σαν φωτοτυπία της εισήγησης Αλογοσκούφη του 1991 (πρβλ. παρ. 21.1): *«διατήρηση της δημοσιονομικής σταθερότητας [...] εξάλειψη του συναλλαγματικού κινδύνου [...] μείωση του κόστους των συναλλαγών λόγω της κατάργησης των προμηθειών για πράξεις σε συνάλλαγμα και λόγω της εξάλειψης του συναλλαγματικού κινδύνου [...] ενίσχυση της διαπραγματευτικής δύναμης της Ένωσης έναντι των άλλων μεγάλων εμπορικών δυνάμεων λόγω της μετατροπής του ευρώ σε διεθνές αποθεματικό νόμισμα και νόμισμα πραγματοποίησης διεθνών συναλλαγών, που αντικειμενικά θα περιορίσει τη θέση του δολαρίου ως αποθεματικού νομίσματος».*

Εξ' αριστερών κριτική στην ΟΝΕ και στο ευρώ άσκησε και ο Κώστας Βεργόπουλος (Καθηγητής στο Πανεπιστήμιο της Σορβόννης και διεθνής εμπειρογνώμων στον ΟΗΕ και την ΕΕ): *«το ευρώ, ενώ εκπορεύεται από μεγάλες φιλοδοξίες, δεν συγκρίνεται με κανένα από τα μέχρι σήμερα μεγάλα νομίσματα: δεν αντιστοιχεί σε κάποια εθνική κυριαρχία, αλλά σε ανεξάρτητη τράπεζα που θα λειτουργήσει παράλληλα με έντεκα εθνικές κυριαρχίες [...] Η πρωτοτυπία του ευρώ είναι μοναδική στην παγκόσμια νομισματική ιστορία και συνεπώς εύλογες οι πολλαπλές επιφυλάξεις».* Ο Βεργόπουλος (1999, 178–197) αναδεικνύει και την αντιφατική στάση των ευρωπαϊκών κεντρικών τραπεζών που επέλεγαν να διατηρούν το μεγαλύτερο μέρος των συναλλαγματικών (61%) και τραπεζικών (50%) διαθεσίμων τους σε δολάρια: *«Η λεπτομέρεια αυτή δείχνει ότι οι ίδιες οι ευρωπαϊκές κεντρικές τράπεζες, ενώ αγωνίζονται να πείσουν για την αξιοπιστία του μελλοντικού ευρώ, δυσπιστούν βαθύτατα μεταξύ τους, ώστε σαν το δολλάριο να μην υπάρχει άλλο διεθνές νόμισμα ούτε κατ' ιδέαν [...] Εάν η Ευρώπη ήθελε πραγματικά να καθιερώσει το ευρώ ως διεθνές νόμισμα θα όφειλε να τροφοδοτεί μ' επενδύσεις τον υπόλοιπο κόσμο, αντί ν' απορροφά περισσότερες απ' αυτόν».* Θεωρεί ότι καθώς το ευρώ θα το διαχειρίζεται από ένας *«άτεγκτο[ς] υπερεθνικό[ς] οργανισμό[ς] που έχει εκ ορισμού επινοηθεί ακριβώς για ν' αγνοεί τις διαφορετικές ανάγκες των χωρών στο όνομα του νομισματικού δογματισμού».* Θα έχει υφεσιακό χαρακτήρα ο οποίος θα το αποτρέψει ακόμη και από τον ρόλο του παγκόσμιου αποθεματικού νομίσματος, περιορίζοντάς το σε έναν ρόλο καθαρά αποταμιευτικό όπως του ελβετικού φράγκου. Όλη αυτή η ανάλυση διατηρεί τον αυστηρά γενικό και ακαδημαϊκό της χαρακτήρα και δεν περνάει στο «διά ταύτα». Έτσι, σε ειδικό και πρακτικό επίπεδο, δηλαδή σχετικά με την χάραξη μιας ελληνικής πορείας σε σχέση με την ΟΝΕ, ουδέν σχόλιο. Καμία πρόβλεψη και καμία πρακτική σύσταση.

Από όμορο χώρο και ο Τάκης Φωτόπουλος (2002, 357–373) άσκησε κριτική στην ΟΝΕ. Προέβλεπε ότι το ασφυκτικό πλαίσιο της ΟΝΕ άφηνε ελάχιστες επιλογές στις πολιτικές ελίτ της Ελλάδας: αύξηση φόρων, μείωση δημοσίων δαπανών και συμπίεση μισθών. Δεδομένου του χάσματος ανταγωνιστικότητας με τις κεντροευρωπαϊκές χώρες θεωρούσε μύθους τα εκσυγχρονιστικά ιδεολογήματα της «ισχυρής Ελλάδας», καθώς και την ευεργετική δράση της ΟΝΕ απέναντι στην παγκοσμιοποίηση, την ελαστικοποίηση της εργασίας και στην αποδιάρθρωση του κράτους πρόνοιας. Μύθο επίσης θεωρούσε τον αναπτυξιακό χαρακτήρα του ευρώ για την ελληνική οικονομία, προβλέποντας ότι αυτή που θα ενισχυθεί θα είναι η παραγωγή και απασχόληση των εταίρων της Ελλάδας μέσω αύξησης των εξαγωγών τους: καθώς η ΕΚΤ ήταν υπεύθυνη για την νομισματική διαχείριση ενός ανομοιογενούς συνονθυλεύματος οικονομιών, η επιτοκιακή της πολιτική, που με βεβαιότητα θα λάμβανε υπόψη τις συνθήκες στις βόρειες χώρες, θα προκαλούσε ύφεση στον Νότο.

Κριτική όμως ήλθε και εκτός Αριστεράς.

Από τον χώρο της Δεξιάς ο Τάκης Λαμπρίας[11] προέβη σε κριτική της ΟΝΕ, παραθέτοντας μακροσκελή κατάλογο απόψεων ξένων σχολιαστών για το εγχείρημα (Λαμπρίας 2000, 228–296). Όμως στις 69 σελίδες του κεφαλαίου «ΟΝΕ και κοινωνία», ο ευρωπαϊστής πολιτικός δεν βρίσκει τον χώρο να αναφερθεί στην θέση της Ελλάδας εντός αυτής, ενώ στον μακροσκελή κατάλογο των σχολιαστών που παραθέτει στριμώχνει μόλις έναν Έλληνα (τον Αθ. Παπανδρόπουλο). Βεβαίως ειρωνεύεται την ελληνική κυβέρνηση που *«διαφήμισε επανειλημμένα»* τις *«υψηλές προσδοκίες της από την ΟΝΕ και την αγωνία της να συμβαδίσει, έστω καθυστερημένα, με τις άλλες 11 χώρες».* Ειρωνεύεται και τον Υπουργό Εθν. Οικονομίας Γιάννο Παπαντωνίου για το *«ενθουσιώδες»* Εθνικό Σχέδιο της Ελλάδας *για τη μετάβαση στο Ευρώ,* στο οποίο δεσμεύεται για τον κοινωνικό προσανατολισμό της ΟΝΕ, μια κατεύθυνση προς την οποία *«λίγοι από τους ξένους συναδέλφους του τολμούν να δεσμευθούν [...] ενώ άλλοι τη θεωρούν σαφώς ασύμβατη με τη σκληρή δημοσιονομική πειθαρχία που απαιτεί το ευρώ για να επιτύχει».* Ο σχολιασμός όμως σταματά εκεί.

Η Μαρία Νεγρεπόντη-Δελιβάνη (1996, 47–48) επιχειρώντας να αποτιμήσει το ενδεχόμενο κόστος από την μη ένταξη, αποφάνθηκε ότι οι άγνωστες παράμετροι του προβλήματος είναι τόσες που η προσπάθεια να απαντηθεί το ερώτημα θυμίζει το να *«ψάχνουμε επίμονα μια μαύρη γάτα, σ' ένα σκοτεινό δωμάτιο, αν και γνωρίζουμε ότι αυτή δε βρίσκεται εκεί».* Εν συντομία έκανε μια μεθοδολογική αποτίμηση των *επιλογών,* των *υποθέσεων* και των *συνεπειών* της πορείας προς την ΟΝΕ, οι οποίες θεώρησε ότι *«εμφανίστηκαν με μορφή προπαγάνδας ως «μονόδρομος» για τα κράτη-μέλη, ενώ παράλληλα υπογραμμίστηκαν, περισσότερο ως αυταπόδεικτα, και πολύ λιγότερο με την προσπάθεια ανάλυσής-τους, τα πλεονεκτήματα του νέου καθεστώτος».* Κατά την Νεγρεπόντη-Δελιβάνη οι *επιλογές* ήταν απόλυτες, μονομερείς και καθόλου διαφοροποιημένες για τις λιγότερο ανεπτυγμένες χώρες· οι *υποθέσεις* ήταν αναπόδεικτες, αβασάνιστες, αβάσιμες, ανακόλουθες με τις μέχρι τότε εμπειρίες και συχνά επικίνδυνες· οι *συνέπειες* θα ήταν πολύ ανησυχητικές. Ειδικώς δε για την Ελλάδα, κατέληγε ότι δεν ήταν εφικτή *«η οποία προσπάθεια έστω και κατά προσέγγιση αποτίμησης του κόστους μη ένταξης [...] στο ενιαίο νόμισμα. Η ένταξη αυτή, για πολλά χρόνια, αποκλείεται εκ των πραγμάτων».* Η Νεγρεπόντη-Δελιβάνη περιορίσθηκε σε μια ανάλυση της λογικής συνοχής του εγχειρήματος. Αν και το περιέγραψε με τα μελανότερα χρώματα δεν κατέληξε σε προτάσεις, αλλά σε μία πρόβλεψη, ότι δηλαδή η Ελλάδα δεν θα εισέλθει στην ΟΝΕ. Τελικώς η πρόβλεψη αυτή ήταν αποτυχημένη: η Ελλάδα εισήλθε στην ΟΝΕ. Ο λόγος της αποτυχίας της ήταν ότι θεώρησε πως η τελική απόφαση θα λαμβανόταν αυστηρά βάσει των διατυπωθέντων κριτηρίων, θεωρώντας ότι αυτά είναι σταθερά και όχι μεταβλητά του προβλήματος. Όμως παρέλειψε

---

[11] Διευθυντής της *Μεσημβρινής* (1961–1967), βουλευτής της ΝΔ (1977–1981), υφυπουργός επί Κ. Καραμανλή, Γεν. Γραμματέας του ΕΟΤ (1977–1981), ευρωβουλευτής (1984–1999), αντιπρόεδρος της ομάδας του Ευρ. Λαϊκού Κόμματος στην Ευρωβουλή.

να κατανοήσει τον πολιτικό ρόλο της ΟΝΕ και την κατά βούληση ερμηνεία τους μέσω διαπραγματεύσεων. Με τα δικά της λόγια, ούτε αυτή η γάτα ήταν στο σκοτεινό δωμάτιο.

Τέλος, από τον χώρο της εθνικιστικής δεξιάς, το Ελληνικό Μέτωπο προέβη σε εκτεταμένη ανάλυση ενόψει των ευρωεκλογών του 1999, αναλύοντας διεξοδικά την εγγενή αστάθεια των νομισματικών ενώσεων και την ακαταλληλότητα της Ελλάδας για είσοδο στην ΟΝΕ. Όμως μετά από όλη αυτή την ανάλυση παρέμενε συντηρητικό στις συστάσεις του, προτείνοντας «μακροπρόθεσμη επαγρύπνηση για να διασφαλισθεί ότι δεν θα καταστρέψουμε το μέλλον μας για βραχυπρόθεσμα, επιφανειακά κέρδη» (Ελληνικό Μέτωπο 1999).

Αλλά και ο Κάρολος Παπούλιας εξέθεσε τον σκεπτικισμό του σε συνέντευξη τον Απρίλιο του 1999 στον Χρήστο Παπαχρήστο (Χ. Χ. Παπαχρήστος 1999, 8–10):

> Κ.Π.: Δεν δέχομαι μια κάποια νέα σχολή που "σκάει μύτη", η οποία μας λέει ότι άμα μπούμε στην ΟΝΕ θα λυθούν όλα τα προβλήματα της εξωτερικής πολιτικής της Ελλάδος. Αυτό δεν το δέχομαι, διότι είναι ανιστόρητο. Όσοι υποστηρίζουν αυτή την άποψη δεν ξέρουν Ιστορία, διότι κανένας από αυτούς τους εταίρους δεν προσέτρεξε στις δύσκολες καταστάσεις που πέρασε η Ελλάδα.
>
> Χ.Π.: Κάνοντας τον συνήγορο του διαβόλου έχω να πω ότι η ένταξη στην ΟΝΕ θεωρείται το πρώτο βήμα για να υπάρξει αυτή η κοινή εξωτερική πολιτική και άμυνας της Ευρωπαϊκής Ένωσης…
>
> Κ.Π: Το απευθύνετε σε εμένα αυτό το ερώτημα, ο οποίος ήμουν σχεδόν 8 χρόνια υπουργός Εξωτερικών της Ελλάδας, που έζησα συμβούλια και παρασυμβούλια της Ευρωπαϊκής Ένωσης, άτυπα και τυπικά, και βέβαια τους έζησα από κοντά όλους αυτούς τους Ευρωπαίους και τη στάση τους σε θέματα ελληνικού ενδιαφέροντος. Όλα αυτά δεν μου δίνουν το δικαίωμα ιστορικά να πιστέψω ότι—και ύστερα από έναν χρόνο που η Ελλάδα θα είναι ενταγμένη στην ΟΝΕ—αυτοί οι ίδιοι κύριοι θα στηρίξουν την Ελλάδα στα εθνικά της δίκαια. Δεν μιλάω για εθνικές διεκδικήσεις, αλλά στα εθνικά της δίκαια.

Αυτά όμως όσο βρισκόταν στο πολιτικό ψυγείο· καμία τέτοια δήλωση δεν είδε το φως της ημέρας μετά την ανάδειξή του Κ. Παπούλια στην Προεδρία της Δημοκρατίας το 2005. Ομοίως θα ξεχνούσε τον προηγούμενο σκεπτικισμό του και ο πρώην Πρόεδρος του Ελληνικού Μετώπου, Μάκης Βορίδης, αφού διορίσθηκε στην Κυβέρνηση Παπαδήμου το 2011.

21.7 Οι αιρετικοί

Οι περιπτώσεις των… αιρετικών απόψεων που πρότειναν ευθέως την αποχή από την ΟΝΕ μετρώνται κυριολεκτικώς στα δάχτυλα του ενός χεριού. Θα πρέπει να διαχωρίσουμε την συναισθηματική αντίθεση στην ΟΝΕ λόγω νοσταλγίας (Τσουνάκος 2001) και την δομημένη κριτική και πρόταση για συγκεκριμένη πολιτική.

Πρώτη από αυτές τις φωνές ήταν εκείνη της Σοφίας Αντωνοπούλου, Καθηγήτριας στο ΕΜΠ. Στο ρευστό μεσοδιάστημα μεταξύ της κύρωσης της Συνθήκης του Μάαστριχτ και της Διάσκεψης της Μαδρίτης, σε μια ανάλυση εξαιρετικά μπροστά από την εποχή της διαπίστωνε ότι ο Δυτικός κόσμος εγκατέλειπε την δημιουργία πλούτου από την βιομηχανική παραγωγή—την οποία εξήγαγε προς περιφερειακές χώρες—και ότι υιοθετούσε έναν παρασιτικό πλουτισμό από χρηματιστηριακές πράξεις αγοραπωλησίας συναλλάγματος. Υπό αυτό το πρίσμα, η συνθήκη του Μάαστριχτ ήταν μια νίκη του ευρωπαϊκού χρηματοπιστωτικού έναντι του ευρωπαϊκού βιομηχανικού κεφαλαίου, καθώς ευνοούσε την νομισματική σταθερότητα, παρά την συνεπαγόμενη ύφεση, έναντι της βιομηχανικής ανάπτυξης που θα ενείχε και νομισματικές υποτιμήσεις για την επίτευξη νέων επενδύσεων. Θέτοντας ως στόχο ένα κοινό νόμισμα, το ευρωπαϊκό χρηματιστικό κεφάλαιο ήλπιζε ότι αυτό θα ανταγωνιζόταν το δολάριο και το γιεν ως παγκόσμιο αποθεματικό νόμισμα, δημιουργώντας την δυνατότητα αποκομιδής ενός «δοσίματος» (δηλ. seignorage) σε αυτούς που το εκδίδουν (Αντωνοπούλου 1994a). Η Αντωνοπούλου όμως προέβλεπε ότι το κέρδος αυτό δεν θα διανεμόταν ισομερώς. Σε μια από τις πρώτες εν Ελλάδι αναλύσεις για τις συνέπειες ενός κοινού νομίσματος, αποφαίνεται ότι επιχειρήσεις συγκεκριμένων χωρών, μεταξύ των οποίων και η Ελλάδα, δεν θα μπορέσουν να αντέξουν τον ανταγωνισμό της ενιαίας αγοράς. Χωρίς την δυνατότητα κρατικών επιχορηγήσεων, και με ένα εξαιρετικά πενιχρό Κοινοτικό προϋπολογισμό (1,1% του Κοινοτικού ΑΕΠ, εκ του οποίου λιγότερο από το ένα τέταρτο ήταν αναδιανεμητικού χαρακτήρα), ολόκληροι οικονομικοί τομείς των χωρών αυτών ήταν καταδικασμένοι να εξαφανισθούν. Ακόμη χειρότερα όμως, το ενιαίο νόμισμα θα αποστερούσε και τα τελευταία προστατευτικά εργαλεία που έχουν στα χέρια τους οι εθνικές κυβερνήσεις για την προστασία της οικονομίας τους. Υπογραμμίζει επίσης το ότι η ΕΚΤ θα βρίσκεται πέραν κάθε πολιτικού ελέγχου, με κυριότερο κέντρο ελέγχου την Bundesbank. Προβλέποντας ότι το σχεδιαζόμενο υπερεθνικό κράτος θα κυριαρχείται από τα συμφέροντα του γαλλογερμανικού άξονα, προέβλεπε καταστροφικές συνέπειες για λιγότερο ανεπτυγμένες χώρες όπως η Ελλάδα (Αντωνοπούλου 1994b).

Η επόμενη αιρετική άποψη ακούσθηκε σε εκδήλωση της Τράπεζας Κύπρου στην Αθήνα τον Δεκέμβριο του 1997 από τον Daniel Franklin, διευθυντή σύνταξης του Economist Intelligence Unit. Κατά τον Franklin «*η Ελλάδα καλύτερα να παραμείνει εκτός ΟΝΕ, παρά να εισέλθει και να μετανιώσει εφ' όσον δεν είναι έτοιμη*». Ο αναλυτής θεωρούσε ότι δεν θα ήταν τόσο τραγικό για την Ελλάδα το να μην ενταχθεί στο ευρώ, τουλάχιστον κατά την πρώτη φάση του: θα διατηρούσε νομισματικά εργαλεία όπως επιτόκια και συναλλαγματικές ισοτιμίες, ενώ οι πολίτες και οι επιχειρήσεις θα μπορούσαν να χρησιμοποιούν το ευρώ ακόμη κι αν η Ελλάδα δεν ανήκε στην ΟΝΕ. Τέλος, θα μπορούσε να εστιάσει στα θεμελιώδη δημοσιονομικά της προβλήματα με τον δικό της βηματισμό, και από την άνεση και προστασία της «αίθουσας αναμονής» (Λ. Δ. Στεργίου 1997b, 35–36).

Στηριζόμενος στην θεωρία των Αρίστων Οικονομικών Περιοχών, ο Χάρης Ντέλλας επιχειρηματολογεί ότι η Ελλάδα για πολλούς λόγους (ανομοιομορφία, ασυμμετρία στις διαταραχές, ανταγωνιστικότητα, γεωγραφική τοποθεσία, Χρηματιστήριο) δεν έχει όφελος από μια συμμετοχή στην ΟΝΕ, ακόμη κι αν πληρούσε τα κριτήρια σύγκλισης (Κόλμερ 2005, 213–216).

Όμως η πιο εκτεταμένη κριτική ήταν εκείνη του Κωνσταντίνου Κόλμερ (2000), στην οποία αφιέρωσε ένα ολόκληρο βιβλίο. Ο Κόλμερ είναι ο μοναδικός—μετά την Αντωνοπούλου—που παίρνει συγκεκριμένη και ολοκληρωμένη *πολιτική* θέση. Χωρίς τα «εάν και εφόσον» των υπολοίπων επιφυλακτικών και κρατικοδίαιτων τεχνοκρατών, χωρίς «προϋποθέσεις» και «ναι μεν, αλλά» των πολιτικών και διανοουμένων, αποφαίνεται χωρίς περιστροφές ότι η Ελλάδα δεν θα μπορέσει να παραμείνει με βιώσιμο τρόπο στο ευρώ, όπως αυτό σχεδιάσθηκε. *Η συμμετοχή της δεν θα την ωφελήσει, αλλά θα την βλάψει.*

Ο Κόλμερ επικρίνει τις οργανωτικές ολιγωρίες της κρατικής διοίκησης σχετικά με τεχνικά θέματα του ενιαίου νομίσματος (σ. 13–17) και την συναλλαγματική πολιτική που ασκήθηκε από την ελληνική κυβέρνηση κατά την περίοδο ακριβώς πριν την ΟΝΕ (κεφ. 12–15). Πηγαίνει όμως αρκετά παραπέρα, καθώς αποτολμά και συγκεκριμένες προβλέψεις, μερικές εκ των οποίων διατυπώνονται ρητώς στους τίτλους των κεφαλαίων του: «*Το ευρώ θ' ανεβάση τον πληθωρισμόν*» (κεφ. 6), «*Η ΟΝΕ θα πλήξη τους συνταξιούχους*» (κεφ. 7), «*Με το Ευρώ θα φτωχύνουμε*» (κεφ. 8), «*Μηχανή ανεργίας το Ευρώ*» (κεφ. 9). Επιπλέον, αναδεικνύει τα πιθανά προβλήματα που θα εκδηλωθούν (ύφεση, ανεργία, κοινωνική αναταραχή), καθώς και θέματα εθνικής ανεξαρτησίας: «*Η Ελλάς είδε κι έπαθε ν' απαλλαγεί του Διεθνούς Οικονομικού Ελέγχου (ΔΟΕ), που της επεβλήθη το 1897 ακουσίως, λόγω του τότε χαμένου Ελληνοτουρκικού πολέμου. Μετά τα 100 χρόνια εδέχθη η Ελλάς. Εκουσίως πλέον, την επαναφοράς του... Ευρωπαϊκού Οικονομικού Ελέγχου, μέσα στην «ΟΝΕ»;*» (σ. 139).

Η πιο διαχρονική προβληματική όμως που θέτει, και θέμα ταμπού για το πολιτικό και ακαδημαϊκό σύστημα, είναι η βιωσιμότητα της Ελλάδας εντός ΟΝΕ. Και το θέτει απερίφραστα: «*Είναι φανερόν ότι η Ελλάς αποτελεί «ξένον σώμα» μέσα στην Ευρωπαϊκή Νομισματικήν Ένωση. Όπως κάθε μη ενσωματούμενον μόσχευμα, έτσι και η Ελληνική κοινωνία δεν θα μπορέσει ν' αντεπεξέλθη στην «βιολογία του Μάαστριχτ». Βραδέως αλλ' ασφαλώς θ' αποβληθή*» (σ. 128). Έτσι εκθέτει «*6+1 λόγο[υς] για τους οποίους η παραμονή της Ελλάδος στην «ΟΝΕ» είναι αδύνατος*» (σ. 179–188).

Παρά την λεπτομερή αναφορά σε καθαρά τεχνικά ζητήματα, ο Κόλμερ δεν παραμένει σε έναν στείρο οικονομισμό. Ο υπ' αριθμόν 7 λόγος αφορά στην γεωπολιτική, ένα άλλο θέμα ταμπού του εκσυγχρονιστικού κατεστημένου: «*Η Ελλάς είναι η μόνη χώρα από τις 15 της Ευρωπαϊκής Ενώσεως που απειλείται από εξωτερικόν εχθρόν: την Τουρκίαν. Η χώρα αυτή εξοπλίζεται σαν αστακός και εγείρει συνεχώς αξιώσεις εις βάρος της εδαφικής ακεραιότητος της Ελλάδος, με αποτέλεσμα να την αναγκάζει να δαπανά το 8% του ΑΕΠ για εξοπλισμούς προκειμένου να αντισταθμίση την απειλή*». Έτσι, είτε το χρέος θα αυξάνει σε δυσθεώρητα ύψη, είτε τα ανοιχτά θέματα με την Τουρκία θα πρέπει να διευθετηθούν εκβιαστικά (βλ. σ. 187 και εκτενέστερη ανάλυση, σ. 189–192).

Στο ίδιο πλαίσιο, ο Κόλμερ επιχειρεί και μια ερμηνεία της εισδοχής της Ελλάδας στην ΟΝΕ. Ο μοναδικός λόγος που οι υπόλοιποι εταίροι έκαναν τα «*στραβά μάτια στις λαθροχειρίες του κ. Σημίτη*» και στην «*(δημιουργική) λογιστική του κ. Παπαντωνίου*», αποδεχόμενοι στο κοινό νόμισμα μια τόσο καταφανώς ανέτοιμη οικονομία, είναι πολιτικοί. Η ΕΕ δεν επιθυμεί να προσδεθεί η Ελλάδα στο «*Βαλκανικόν μέτωπον των Ηνωμένων Πολιτειών (Αλβανία, Σκόπια, Βουλγαρία) [...] προσδεδεμένη de facto στην ζώνη του δολλαρίου*».

Αυτό είναι για τον Κόλμερ γεωπολιτικά επιζήμιο: «*Με την ένταξι όμως στην «ζώνη του Ευρώ» χάνεται η ευκαιρία χρησιμοποιήσεως της δραχμής για την προώθησι των Ελληνικών προϊόντων και επιχειρήσεων στα Βαλκάνια*» (σ. 143). «*Χρησιμοποιούσα ως ενδιάμεσο νόμισμα την δραχμήν, η Τράπεζα της Ελλάδος θα ημπορούσε να δημιουργήσει μία «ζώνη δραχμής», για να χρηματοδοτήσει σημαντικό μέρος των επενδυτικών και καταναλωτικών αναγκών του Κοσσυφοπεδίου, της Σερβίας, των Σκοπίων, της Αλβανίας*», πράγμα που θα προϋπέθετε υψηλά επιτόκια και πληθωρισμό χαμηλότερο των Βαλκανίων, όχι όμως τόσο χαμηλό όσο των υπολοίπων ευρωπαϊκών χωρών. Αντιθέτως όμως, με την ένταξη στην ΟΝΕ τα επιτόκια θα αυξάνονταν (σ. 146).

Σε αντίθεση με τους υπόλοιπους—αριστερούς ή δεξιούς—επικριτές της ΟΝΕ, ο Κόλμερ προτείνει ρητώς μια λύση εκτός ΟΝΕ, στον ενδιάμεσο χώρο της ΟΝΕ (υψηλή φορολογία, υψηλή κρατική δαπάνη, παρεμβατική νομοθεσία) και της NAFTA (χαμηλή φορολογία, χαμηλή δημόσια δαπάνη, μη παρεμβατική νομοθεσία): «*Την εποχή της «παγκοσμιοποιήσεως» κύριον μέλημα των λαών είναι να διατηρήσουν την ζωντάνια και την ιδιοσυστασίαν των. Αμφότερα μέσα στην «ΟΝΕ» θα κινδυνεύσουν σοβαρώς*» (σ. 205). Προβλέπει έξοδο της Ελλάδας από το ευρώ, η οποία θα είναι επώδυνη, αλλά τελικά καθαρτήρια. Έτσι, καταλήγει ότι η ένταξη στην ΟΝΕ θα έπρεπε να γίνει τουλάχιστον μετά δεκαετία, όταν η ελληνική οικονομία θα είχε προλάβει να συντονισθεί με τις υπόλοιπες ευρωπαϊκές, και πάλι όμως μόνο μετά από νέα εξέταση του ζητήματος, και υπό την προϋπόθεση ότι το ευρώ θα υπήρχε ακόμη με την αρχική του μορφή (σ. 239).

Με την ύστερη γνώση της ελληνικής κρίσης όπως ξεδιπλώθηκε από το 2009 και μετά, το βιβλίο του Κόλμερ αποτελεί ένα εξαιρετικά οδυνηρό ανάγνωσμα. Κάθε σελίδα του είναι περίτρανη απόδειξη για το ότι *ήταν* εφικτή η πρόβλεψη της ελληνικής πορείας εντός ευρώ, αλλά και του υπαρξιακού προβλήματος του ίδιου του ευρώ. Και όμως, σε μια από τις πιο μαζικές αποτυχίες του ελληνικού κατεστημένου, ακαδημαϊκοί, πολιτικοί, δημοσιογράφοι και διανοούμενοι δεν μπόρεσαν να ανταποκριθούν στην πρόκληση να διατυπώσουν προβλέψεις που να επαληθεύονται στοιχειωδώς.

Ο Κόλμερ είναι φανερά εκτός συστήματος εξουσίας, πράγμα που φαίνεται από την ελεύθερη και αιχμηρή κριτική που ασκεί όχι απλώς σε ασκούμενες πολιτικές[12] αλλά και σε πολιτικά πρόσωπα και τεχνοκράτες.[13] Χωρίς ερευνητικά κονδύλια, μεταπτυχιακούς φοιτητές, συμβούλους και πολιτικό γραφείο, κατάφερε τέτοια ακρίβεια προβλέψεων που ούτε καν πλησίασαν οι συστημικοί αναλυτές υπουργείων, τραπεζών και πανεπιστημίων. Μπορούμε λοιπόν ευλόγως να υποθέσουμε ότι η αποτυχία τους δεν προέκυψε ελλείψει μέσων.

Αντιθέτως, δύο είναι οι πιο απλές εξηγήσεις: είτε η πνευματική οκνηρία και τάση για αντιγραφή, είτε η επιθυμία τους να μη δυσαρεστήσουν την εκάστοτε πολιτική ηγεσία.

21.8 Η περίπτωση του ΚΚΕ

Ο λόγος για τον οποίο διαχωρίζω το ΚΚΕ από τους «αιρετικούς» είναι διότι θεωρώ ότι θα πρέπει να το αντιμετωπίσουμε ως περίπτωση μιας τελείως άλλης θρησκείας. Αυτή η θρησκεία, προς τιμή της, κράτησε μια συνεπή γραμμή όλο αυτό το διάστημα. Σε συνέχεια της στάσης του κατά την ψήφιση της Συνθήκης του Μάαστριχτ, το ΚΚΕ σχολίαζε αρνητικά την επικείμενη γ΄ φάση (*Ριζοσπάστης* 1995, έμφαση στο πρωτότυπο):

> *Το κύριο χαρακτηριστικό της φάσης αυτής είναι η **εισαγωγή του ενιαίου νομίσματος**, το οποίο θα αντικαταστήσει τις λειτουργίες των σημερινών εθνικών νομισμάτων των χωρών-μελών. Αυτό πρακτικά σημαίνει ότι **οι μικρές χώρες της Ευρωπαϊκής Ένωσης χάνουν τα ήδη περιορισμένα δικαιώματα άσκησης αυτόνομης συναλλαγματικής και νομισματικής πολιτικής**. Στο εξής η νομισματική και συναλλαγματική πολιτική των χωρών - μελών της ΕΕ θα καθορίζεται, πλέον, αποκλειστικά από τις ισχυρές χώρες και δη από τη Γερμανία, η οποία αυτή τη στιγμή παρουσιάζεται παντοδύναμη. Η κυριαρχία όμως της Γερμανίας στη διαμόρφωση της συναλλαγματικής - νομισματικής πολιτικής θα έχει κατα-*

---

[12] «*Η «σοσιαλμανία» της μεταπολιτεύσεως και η εχθρικότης της Πασοκρατίας προς την αγοραία οικονομία*» (σ. 126).

[13] Το «*πλαστόν ύφος*» που είχε ο «*χλωμός και κουρασμένος*» Κ. Σημίτης κατά την τελετή υποβολής αιτήσεως εντάξεως στην ΟΝΕ στο Ζάππειο (σ. 173). Τα «*πτωχά αγγλικά*» του Duisenberg, ο οποίος προέβη στην «*κακήν ανάγνωσιν μιας κοινοτύπου διαλέξεως*», και στην οποία «*θύμισε τα ατάλαντα και μη χαρισματικά πρόσωπα, τα οποία διευθύνουν σήμερα την Ευρώπη, δυστυχώς και την Ελλάδα*» (σ. 102–104). Το ποίημα «*Απολείπειν ο θεός... Παπαδήμον*» που αφιερώνει στον διοικητή της ΤτΕ (σ. 132).

στρεπτικές συνέπειες για τις οικονομίες των πιο αδύναμων χωρών, οι οποίες δεν είναι σε θέση να παρακολουθήσουν τους ρυθμούς επιτάχυνσης της γερμανικής οικονομικής μηχανής.

Θεωρούσε επικίνδυνη την διαχείριση των εθνικών συναλλαγματικών διαθεσίμων από την ΕΚΤ (*Ριζοσπάστης* 1996), ενώ αμφισβητούσε την ισχύ ενός νομίσματος που θα στερείτο ενιαίας πολιτικής εξουσίας (*Ριζοσπάστης* 1999). Μάλιστα, την επαύριο της εισήγησης της Ευρωπαϊκής Επιτροπής για είσοδο της Ελλάδας στο γ΄ στάδιο της ΟΝΕ, ο Ριζοσπάστης θα μιλούσε για υποθήκευση του μέλλοντος του ελληνικού λαού (*Ριζοσπάστης* 2000).

Η καταγγελία της ΟΝΕ από το ΚΚΕ μπορεί να συγκριθεί, τόσο σε συνέπεια όσο και σε έκταση, μόνον με την εξύμνηση της ΟΝΕ από την ΝΔ. Ταυτοχρόνως, συγκρίσιμες είναι και οι αυτούσια εισηγμένες ιδεολογίες των δύο κομμάτων. Η απόλυτη ταύτιση της σκέψης αμφοτέρων με τα «εγχειρίδια οδηγιών χρήσης» που παρέλαβαν και αναπαρήγαγαν αφαιρεί το οποιοδήποτε ενδιαφέρον που θα είχε η ανάλυση των απόψεών τους. Για τον λόγο αυτό δεν θα επεκταθώ στην κριτική που άσκησε το ΚΚΕ, όπως δεν επεκτάθηκα στην επιχειρηματολογία της ΝΔ.

21.9 Κάποια σχόλια για τις εκφρασθείσες απόψεις

Παραθέτοντας αυτές τις απόψεις προκύπτουν διάφορα συμπεράσματα. Πρώτον, η πολιτική ηγεσία έβλεπε με καχυποψία την ελληνική συμμετοχή στον ΜΣΙ, πολλώ δε μάλλον σε μια στενότερη νομισματική ενοποίηση. Αυτό έληξε με την πτώση του Πασόκ το 1989. Στο interregnum που ακολούθησε, η ιδέα κέρδισε έδαφος σε τμήματα του κρατικού μηχανισμού, τάση που ενισχύθηκε από την κυβέρνηση Μητσοτάκη, που έθεσε ως πρώτη προτεραιότητα την κύρωση της Συνθήκης του Μάαστριχτ και την πλήρη συμμετοχή στην ΟΝΕ. Μαζί με την γραμμή Μητσοτάκη συμπορεύθηκαν τόσο το Πασόκ, όσο και ο Συνασπισμός, χρησιμοποιώντας όμως διαφορετικό περιτύλιγμα για την επιλογή τους. Σε κάθε περίπτωση όμως, οι διατυπώσεις τους δεν είχαν τίποτε το διφορούμενο. Η επιλογή ήταν σαφής, οι συνέπειες ευεργετικές, η πορεία μονόδρομος. Είναι εύλογο να υποθέσουμε ότι για μια μερίδα του πολιτικού κατεστημένου το δέλεαρ ήταν η έξωθεν επιβολή δημοσιονομικής πειθαρχίας, ενώ για μια άλλη μερίδα ήταν τα κονδύλια από τα Κοινοτικά ταμεία συνοχής, η διαχείριση των οποίων υποσχόταν πλουτισμό για τμήμα της πολιτικής ελίτ, της δημόσιας διοίκησης και φυσικά του επιχειρηματικού κόσμου που θα αναλάμβανε τις εργολαβίες των «έργων σύγκλισης». Διακριτά εκτός των παραπάνω κατηγοριών ήταν το ΚΚΕ, που αντιτέθηκε στην διαδικασία σε όλα της τα στάδια, όχι μόνον για συγκεκριμένα προβλήματα που διέβλεπε σε αυτήν, όσο εξ' αιτίας της παραδοσιακής ιδεολογικής του αντιπαλότητας με τους ευρωατλαντικούς θεσμούς.

Δεύτερον, από πλευράς επιχειρηματολογίας, οι κρατικοί διανοούμενοι και τεχνοκράτες (Ιωακειμίδης, Χριστοδουλάκης, Κοκκώνη, Σταματόπουλος, Καζάκος, Στουρνάρας, Γαργκάνας) αν και ικανοποίησαν τις πολιτικές τους ηγεσίες συνηγορώντας στην ΟΝΕ, κάλυψαν τα νώτα τους αναδεικνύοντας πιθανά προβλήματα και αντιφάσεις σε σχέση με μια ελληνική συμμετοχή. Ο καθένας πρότεινε απαραίτητες τομές που θα έπρεπε να γίνουν στην δημόσια διοίκηση και στην οικονομία ώστε η συμμετοχή στην ΟΝΕ να είναι επιτυχής, όμως σε καμία περίπτωση δεν έλαβαν ξεκάθαρη θέση ως προς το αν αυτές οι τομές είχαν την παραμικρή πιθανότητα να πραγματοποιηθούν. Περιοριζόμενοι σε ευχολόγιας δεν δυσαρέστησαν τους πολιτικούς τους προϊσταμένους.

Τρίτον, οι μοναδικές φωνές που έλαβαν τεκμηριωμένη και ξεκάθαρη θέση εναντίον της συμμετοχής στην ΟΝΕ κάνοντας ακριβείς—καίτοι απαισιόδοξες—προβλέψεις, ανήκαν σε μια Καθηγήτρια του Πολυτεχνείου και Πολιτικό Μηχανικό (Σοφία Αντωνοπούλου), σε έναν Έλληνα οικονομολόγο του εξωτερικού (Χάρη Ντέλλα) και σε έναν δημοσιογράφο (Κωνσταντίνο Κόλμερ). Την ακρίβεια των προβλέψεών τους κανείς Καθηγητής ελληνικής οικονομικής σχολής δεν πλησίασε. Αυτή η απελπιστική επίδοση των ακαδημαϊκών του αντικειμένου θέτει το ερώτημα: ποια η ανταποδοτικότητα του κόστους διατήρησης τόσων δημόσιων οικονομικών σχολών, πέραν εκείνων που ασχολούνται με τα πιο πρακτικά θέματα—λογιστική, διοίκηση επιχειρήσεων; Βάσει μιας ψυχρής ανάλυσης κόστους-οφέλους θα έπρεπε να κλείσουν. Άλλωστε πώς ανέχονται όλοι αυτοί οι θεωρητικοί των «ανοιχτών αγορών» και του «ελευθέρου εμπορίου» να σιτίζονται από κρατικούς οργανισμούς και Δημόσια Πανεπιστήμια; Ίσως μάλιστα, με την ιδιωτικοποίηση των Σχολών αυτών να μας έδειχναν πώς εφαρμόζουν στην πράξη τα δόγματά τους.

Τέλος, ένα ερώτημα που δεν εξέτασε το κατεστημένο ήταν το εξής: εφόσον κατά την Κοινοτική λογική η ονο-μαστική οικονομική σύγκλιση είναι *προαπαιτούμενο* για την εισδοχή στην ΟΝΕ, λογικά συνάγεται ότι θα πρέπει να επέλθει *εκτός* ΟΝΕ. Εάν όμως είναι εφικτό να μειωθούν τα ελλείμματα, ο πληθωρισμός, το χρέος και τα επι-τόκια, να επιτευχθεί σύγκλιση και να εμπεδωθεί νομισματική σταθερότητα εκτός ΟΝΕ, ποιος είναι πλέον ο λόγος να εκχωρήσει την νομισματική του κυριαρχία ένα κράτος δημοσιονομικώς «ενάρετο»;

22

*Η Γερμανία χάνει έδαφος σε σχέση με άλλους ανταγωνιστές [...] Η Ευρω-
παϊκή Νομισματική Ένωση συμβάλλει σημαντικά στο να ξαναγίνουμε αντα-
γωνιστικοί. Οι κοινές προσπάθειες προς το Μάαστριχτ αρχίζουν τώρα και
αποδίδουν [...] [Η] πίεση προς την σύγκλιση [...] θα μας βοηθήσει να προ-
λάβουμε τον παγκόσμιο ανταγωνισμό [...] Ομοφώνως το φόρουμ των γερ-
μανικών βιομηχανιών για την ΟΝΕ κατέληξε στο συμπέρασμα: τα οφέλη
από την νομισματική ένωση υπερτερούν.*
**Hans-Olaf Henkel, Πρόεδρος της Ομοσπονδίας Γερμανικών Βιομηχανιών
(Henkel 1996, 3)**

*Με τον μετασχηματισμό από νομισματική σε ένωση, σε ένωση μεταβιβάσε-
ων, οι χώρες της ευρωζώνης δεν θα στοχεύουν πλέον τα αστέρια αλλά θα
συγκλίνουν προς έναν ελάχιστο κοινό παρονομαστή [...] Προτείνω την
διάσπαση του ευρώ [...]*
*Υποστηρίζεται ότι η γερμανική βιομηχανία επωφελήθηκε ιδιαιτέρως από το
ευρώ και ότι θα υπέφερε από την ανατίμηση που θα αναμενόταν για ένα
«βόρειο ευρώ» [...] Η γερμανική βιομηχανία ήταν για δεκαετίες συνδεδεμένη
με ένα ισχυρό και σταθερό νόμισμα με χαμηλό πληθωρισμό. Δεκαεπτά ανα-
τιμήσεις όχι μόνον ενίσχυαν το μάρκο, αλλά κρατούσαν και την εξαγωγική
βιομηχανία σε επαγρύπνηση. Για πόσο ακόμα αυτή θα αφεθεί στην γοητεία
του ευωδιαστού δηλητηρίου ενός υποτιμημένου ευρώ;*
Hans-Olaf Henkel (Henkel 2011)

Την Πρωτοχρονια του 2002 μια νέα πραγματικότητα ξημέρωνε πάνω από 12 ευρωπαϊκές χώρες. Ένα
νέο νόμισμα έμπαινε στην ζωή εκατομμυρίων πολιτών με την φυσική του μορφή. Αυτή η εισβολή θα
έφερνε στην καθημερινή ζωή αυτό που για 14 σχεδόν χρόνια σχεδιαζόταν σε στενούς κύκλους. Όμως,
όπως αποκάλυψαν οι εμπειρίες της πρώτης δεκαετίας του 21^{ου} αιώνα, αυτό δεν ήταν το «τέλος της Ιστορίας».
Σκοπός μου εδώ είναι να δώσω κάποιες όψεις της ΟΝΕ των οποίων η κατανόηση μόλις τώρα αρχίζει να παγιώνε-
ται. Κατά συνέπεια η παρακάτω περιγραφή ενέχει μεγάλη «ρευστότητα» σε μια κατοπινή δεύτερη ανάγνωση.

22.1 Χαμηλά επιτόκια και υπερδανεισμός

Όπως προανέφερα (βλ. παρ. 20.2) η μαζική μετανάστευση ήταν μια παράμετρος που λειτούργησε σταθεροποι-
ητικά για τον ελληνικό καπιταλισμό, βελτιώνοντας όλους τους μακροοικονομικούς δείκτες. Αν αυτή η μαζική με-
τανάστευση μπορεί να ειδωθεί ως μια πλευρά του—έστω και προσωρινού—θριάμβου της παγκοσμιοποίησης,
αυτή δεν ήταν η μοναδική πλευρά. Εκτός από την ελεύθερη διακίνηση προσώπων η παγκοσμιοποίηση προπα-
γάνδιζε και την ελεύθερη διακίνηση κεφαλαίων, όπερ και εγένετο. Αυτό που είχε ξεκινήσει πριν δύο δεκαετίες
με την απορρύθμιση του τραπεζικού συστήματος και την απελευθέρωση της διασυνοριακής μετακίνησης κεφα-
λαίων ήταν μια άλλη εξίσου κρίσιμη πλευρά αυτού του θριάμβου.

Αυτό που παρατηρήθηκε λίγο πριν και αμέσως μετά την ολοκλήρωση της ΟΝΕ ήταν μια προσωρινή σύγκλι-
ση των επιτοκίων δανεισμού των οικονομιών της ευρωζώνης. Ξαφνικά, ο δανεισμός στην Ελλάδα φαινόταν σχε-
δόν το ίδιο ασφαλής με τον δανεισμό στην Γερμανία (Εικόνα 22.1), με αποτέλεσμα τα δάνεια να γίνουν πολύ
φθηνότερα, τόσο για τις ελληνικές τράπεζες που δανείζονταν από την ΕΚΤ, όσο και για τους Έλληνες κατανα-
λωτές που δανείζονταν από τις ελληνικές τράπεζες. Με τον φθηνό δανεισμό που προέκυψε παρατηρήθηκε ρα-
γδαία αύξηση του δανεισμού, όχι μόνον του δημοσίου, αλλά και του ιδιωτικού τομέα. Την δεκαετία 1999–2008
το χρέος των επιχειρήσεων τετραπλασιάζεται σε απόλυτες τρέχουσες τιμές και από το 27% του ΑΕΠ αυξάνει στο
57%. Όμως πιο δραματικά εξελίσσεται το χρέος των νοικοκυριών που δεκαπλασιάζεται σε απόλυτες τιμές και
εκτινάσσεται από το 10% στο 50% του ΑΕΠ στο διάστημα αυτό. Οι Έλληνες έχουν πλέον μετατραπεί από έναν
λαό αποταμιευτών σε έναν λαό οφειλετών. Αν ο «εκσυγχρονισμός» μπορούσε να κομπάζει για τους υψηλούς ρυθ-

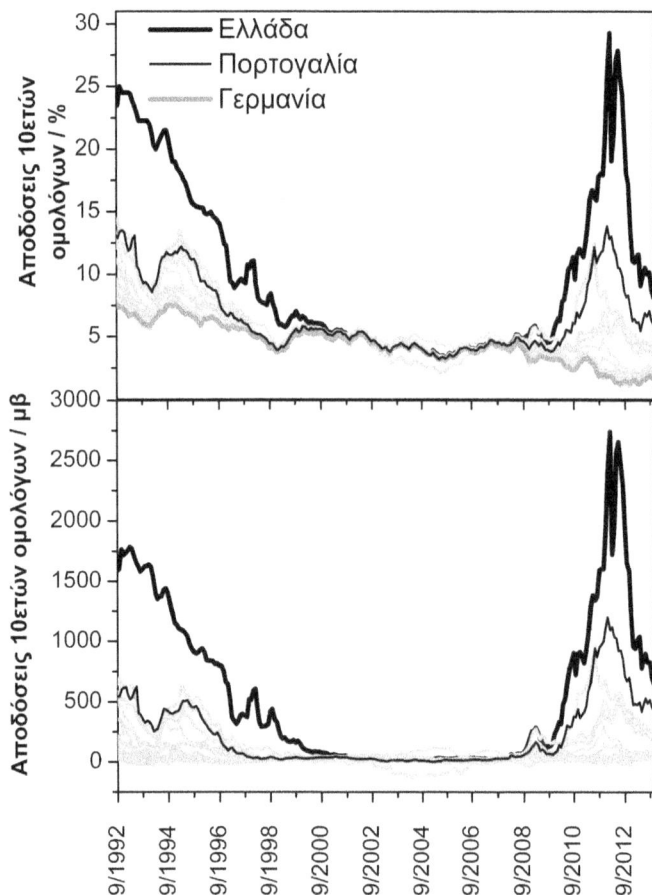

Εικόνα 22.1: Εννέα χρόνια: τόσο κράτησε η «σύγκλιση». Από το 2010 οι αποδόσεις των ελληνικών 10ετών ομολόγων παρουσιάζουν την εικόνα της περιόδου πριν το 2000. Τα ομόλογα χωρών εκτός ευρωζώνης (Σουηδία, Δανία, Βρετανία) παρουσιάζουν πολύ καλύτερη εικόνα από πολλά εντός (Eurostat 2015a).

μούς αύξησης του ΑΕΠ, παρέλειπε σταθερά να διευκρινίσει ότι αυτή τροφοδοτείτο κυρίως από την κατανάλωση και όχι από την παραγωγή.

Τελικό αποτέλεσμα της σύγκλισης των παραπάνω συγκυριών ήταν η έξαρση του ελληνικού παρασιτισμού καθώς τα δάνεια μεταφράσθηκαν κυρίως σε εισαγόμενα καταναλωτικά αγαθά. Δεν θα πρέπει να παραγνωρισθεί ότι η Ελλάδα ήταν μια παρασιτική οικονομία καθ' όλη την μεταπολεμική περίοδο, εισάγοντας περίπου τριπλάσιας αξίας αγαθά από εκείνα που εξήγαγε και καταγράφοντας συνεχή ελλείμματα στο εμπορικό ισοζύγιο και στο ισοζύγιο τρεχουσών συναλλαγών (βλ. Πίνακα 25.35). Όμως μετά τα μέσα της δεκαετίας του 1990 αυτή η τάση μεγεθύνθηκε. Οι εισαγωγές έγιναν τετραπλάσιες των εξαγωγών και το εμπορικό έλλειμμα έφτασε σε πρωτοφανή ύψη, για να αγγίξει το 19% του ΑΕΠ το 2008, την χρονιά που χτύπησε η στεγαστική κρίση στις ΗΠΑ. Αντιστοίχως, μετά από ένα ελάχιστο κατά το 1994 (-0,11% του ΑΕΠ), το ΙΤΣ παίρνει την ανιούσα για να κορυφωθεί κοντά στο 15% του ΑΕΠ το 2008.

Στο καθημερινό επίπεδο προωθήθηκε ένας νέου τύπου καταναλωτισμός, που εμβαθύνει εκείνον που παρατηρήθηκε κατά τις δεκαετίες του 1960 και 1970.[1] Περιοδικά λάιφσταϊλ, με ναυαρχίδα το ΚΛΙΚ, καθόρισαν τις καταναλωτικές επιταγές ποσοτικά και ποιοτικά. Οι απαιτήσεις πλέον δεν περιορίζονται σε ένα καλό σπίτι, αλλά επεκτείνονται

σε διακοπές στην Μύκονο, σκι στην Αράχωβα, διήμερα στο Παρίσι, γαρδένιες στο Diogenis, τραπέζι στην Αυτοκίνηση, εσπρέσο στο Da Capo, κοστούμια Armani και πούρα Cohiba. Μέσω της καθημερινής και άμεσης γλώσσας που υιοθετούν απευθύνονται και σε νέους, επεκτείνοντας έτι περαιτέρω το καταναλωτικό κοινό.

Καθώς αυτές οι καταναλωτικές απαιτήσεις των μικρών και μεσαίων στρωμάτων, που ο Veblen είχε ονομάσει «χρηματική άμιλλα» (pecuniary emulation), δεν μπορούν πλέον να καλυφθούν μέσω αποταμιεύσεων, η απορρύθμιση του τραπεζικού συστήματος και η σταδιακή πτώση των επιτοκίων ενόψει της ONE παρείχαν την ιδανική διέξοδο για την συντήρηση αυτού του ρεύματος: τον αφειδή δανεισμό. Διακοποδάνεια, εορτοδάνεια, δάνεια γάμου, σπουδών, στεγαστικά άρχισαν να παρέχονται από τις τράπεζες, οι οποίες μάλιστα προέβαιναν και σε τακτικές επιθετικών πωλήσεων, ενημερώνοντας τους πελάτες τους ότι τους είχαν εγκρίνει πιστωτικές κάρτες που ποτέ δεν είχαν ζητήσει. Η διαδικασία που ξεκίνησε την περίοδο αυτή άλλαξε σε βάθος το πιστωτικό προφίλ των Ελλήνων, με μια κατακόρυφη αύξηση του ιδιωτικού χρέους.

Θα μπορούσε να πει κανείς ότι κατά το διάστημα αυτό οι νεοέλληνες υπέστησαν μια δεύτερη ανθρωπολογική μετάλλαξη, μετά από εκείνη που έφερε ο Ανδρέας Παπανδρέου με την «Αλλαγή» και την ροπή προς την ασυδοσία. Η αλλαγή αυτή έφερε έναν καταναλωτικό ευδαιμονισμό και έναν αξιακό μηδενισμό, αμφότερα συνδυαζόμενα με μια συμπλεγματική ξενομανία. Ο εκσυγχρονισμός αναβάθμισε, θα λέγαμε, τον προϋπάρχοντα ανθρωπολογικό τύπο του «Πασόκου» εκλεπτύνοντας την καταναλωτική του μανία με «must» προϊόντα, «in» στέκια

---

[1] Προωθήθηκε το δυτικό καταναλωτικό πρότυπο (βλ. π.χ. «Η θεία από το Σικάγο») και ο εκμοντερνισμός της κατοικίας (βλ. π.χ. «Θα σε κάνω βασίλισσα», «Η γυνή να φοβήται τον άνδρα»).

και «προχώ» κρεββάτι, και αφαιρώντας του οτιδήποτε του είχε απομείνει από την παραδοσιακή ηθική του πυξίδα και τον γόνιμο διάλογο με την εθνική ταυτότητα. Ως προϊόν ηδονιστικής σύλληψης, για να παραφράσουμε τον Veblen (1898), ήταν ένας κεραυνοβόλος υπολογιστής ευχαρίστησης και πόνου, περιστρεφόμενος γύρω από τον πνευματικό του άξονα μέχρι να τον θέσουν σε κίνηση εξωτερικά ερεθίσματα πέρα και έξω από την κατανόησή του. Αυτός ο καταναλωτικός ηδονισμός ερμηνεύει και τις σχέσεις του εκσυγχρονιστικού κατεστημένου με τον χώρο του λάιφσταϊλ, καθώς αποτελούσε ιδανικό εργαλείο στα χέρια του Κ. Σημίτη για να αποτελειώσει το λεγόμενο «πατριωτικό Πασόκ» και να το υποκαταστήσει με την νεοφιλελεύθερη διεθνιστική διανόηση.[2] Η ολοκληρωτική νίκη αυτής της συμμαχίας άρχισε να διαφαίνεται από τις ναιολαΐστικες «εξεγέρσεις» του 1994 με σύνθημα *Παπαθεμελή, Παπαθεμελή, απόψε ένας ναύτης το κορμί μου αμελεί·* μιας εξέγερσης εναντίον ενός δεινοσαύρου που αποπειράθηκε να περιορίσει τα ξενύχτια της *jeunesse dorée*.

Αυτή η μετάλλαξη των Ελλήνων σε «Ακάλυπτους» υλοποιήθηκε υπό την υψηλή επιστασία δύο κακέκτυπων. Αφενός του Κ. Σημίτη, κακέκτυπου του Χαρίλαου Τρικούπη, του οποίου μάλιστα το όνομα έσπευσε να δώσει στην γέφυρα Ρίου-Αντιρρίου, την οποία μάλλον θεωρούσε κορωνίδα της δημιουργίας του. Αφετέρου του Πέτρου Κωστόπουλου, κακέκτυπου του Χιου Χέφνερ—στα νιάτα του—και του Ντέιβιντ Λέττερμαν—στα γεράματα. Κοινά σημεία αμφοτέρων η Πασοκική προέλευση, η κατά Ζουράρι «ευρωλιγούρα», η λατρεία της εικόνας και η τελική χρεωκοπία, πολιτική στην πρώτη περίπτωση, οικονομική στην δεύτερη.

22.2 Η Ευρωπαϊκή Κεντρική Τράπεζα

Αν και η ΕΚΤ δεν ξεκίνησε την λειτουργία της την 1/1/2002, από την στιγμή εκείνη θα άρχιζε να καταγράφεται στις συνειδήσεις των πολιτών της ευρωζώνης ως μια κεντρική τράπεζα. Η ΕΚΤ ήταν ένας από τους θεσμούς που αναδύθηκαν από την Συνθήκη του Μάαστριχτ. Παρότι η ΕΚΤ είναι ο πιο προβεβλημένος από αυτούς, θα πρέπει να σημειωθεί ότι το ΕΣΚΤ ήταν εκείνο που προβλεπόταν από την Έκθεση Delors. Αυτό είχε περιγραφεί ως ένα αυτόνομο σύστημα μιας ομοσπονδιακής δομής, το οποίο θα αποτελείτο από τις Κεντρικές Τράπεζες των χωρών-μελών της Κοινότητας και από ένα κεντρικό ίδρυμα με δικό του ισολογισμό (European Council 1989, 25–26). Η ΕΚΤ προβλέφθηκε ως αυτό το νέο ίδρυμα από την Συνθήκη του Μάαστριχτ (*Official Journal C 191* 1992), σε ειδικό πρωτόκολλο που περιέγραφε και την σύσταση του ΕΣΚΤ, ως σύστημα που *«ενεργεί σύμφωνα με την αρχή της οικονομίας της ανοιχτής αγοράς με ελεύθερο ανταγωνισμό, που εννοεί την αποτελεσματική κατανομή των πόρων»* (άρ. 2 του πρωτοκόλλου).

Η αντίληψη ότι μια *«οικονομία της ανοιχτής αγοράς με ελεύθερο ανταγωνισμό εννοεί την αποτελεσματική κατανομή των πόρων»* γίνεται αποδεκτή στο κείμενο της Συνθήκης ως εξ' αποκαλύψεως αλήθεια χωρίς περαιτέρω ανάγκη τεκμηρίωσης ή απόδειξης. Προφανώς ένα κείμενο συνθήκης δεν αποτελεί ούτε θεωρητική πραγματεία ούτε διδακτορική διατριβή για να τεκμηριώσει διεξοδικά κάθε γραμμή του σκεπτικού του. Όμως από τις διατυπώσεις που υιοθετεί μας επιτρέπει να ανιχνεύσουμε τις ιδεολογικές καταβολές εκείνων που το συνέταξαν. Συγκεκριμένα, η ιδέα ότι μόνον μια «ελεύθερη αγορά», και όχι το κράτος, μπορεί να επιτύχει μια «αποτελεσματική κατανομή πόρων» έλκει την καταγωγή της σε *αυστηρώς* επιλεγμένα τμήματα της σκέψης του Adam Smith—σε διάφορα άλλα σημεία αντιθέτως προκρίνει την κρατική παρέμβαση—όπως τα αναδιαμόρφωσε ο Ludwig von Mises (1920· 1935)· κατ' αυτόν, η κατανομή πόρων σε μια οικονομία είναι τόσο περίπλοκο πρόβλημα που δεν μπορεί να επιλυθεί με κεντρικό υπολογισμό από το κράτος. Με την άποψη αυτή συστρατεύθηκαν στοχαστές όπως ο Friedrich von Hayek (1935· 1945· 1958, 77–91· 1978, 63–64) που μάλιστα κάνει λόγο για *«ορθολογική (rational) κατανομή πόρων»* (Hayek 1958, 90), και ο Murray N. Rothbard, στον οποίο συναντούμε και μια πρώιμη αναφορά στην *«αποτελεσματική (efficient) κατανομή πόρων»* (Rothbard 2004, 947), διατύπωση την οποία υιοθετεί και η Συνθήκη του Μάαστριχτ.

---

[2] Ίσως γι' αυτό το εκσυγχρονιστικό κατεστημένο φιλοξενήθηκε τόσο ζεστά στις σελίδες του ΚΛΙΚ. Ίσως γι' αυτό ο Παύλος Τσίμας και ο Κώστας Λαλιώτης μοιράζονταν κοκταίηλ σε πάρτι του περιοδικού. Ίσως γι' αυτό ο Σταύρος Θεοδωράκης—στο πρώτο του τεύχος ως Διευθυντής Σύνταξης του ΚΛΙΚ—θα έκανε την αγιογραφία Σημίτη πριν τις εκλογές του 1996 (Θεοδωράκης και Παντελάκης 1996, 48–52). Ίσως γι' αυτό ο Σημίτης γιόρτασε την νίκη του στο «Βαρελάδικο» (Ν. Γ. Ξυδάκης 2012).

Όπως προκύπτει από την παράθεση και μόνο των παραπάνω ονομάτων, το σκεπτικό της Συνθήκης του Μάαστριχτ και της ΟΝΕ είναι θεμελιωμένο στην παράδοση της Αυστριακής Σχολής, της θεωρητικής βάσης δηλαδή αυτού που σήμερα αποκαλείται νεοφιλελευθερισμός. Ο τρόπος εφαρμογής της ΟΝΕ, με τον υψηλό βαθμό ανεξαρτησίας που απολαύει η ΕΚΤ από κυβερνήσεις, αποτελεί επίσης πιστή εφαρμογή των νομισματικών απόψεων της Αυστριακής Σχολής σχετικά με την ιδιωτική, έναντι της κρατικής, έκδοση χρήματος. Με εξαίρεση την επάνοδο στον «κανόνα του χρυσού», η Συνθήκη του Μάαστριχτ επισφραγίζει την άποψη της Αυστριακής Σχολής ότι το χρήμα δεν είναι ένας θεσμός που μπορεί να αφήνεται στα χέρια των κυβερνήσεων, αλλά ένα εμπόρευμα που πρέπει να εκδίδεται από ιδιώτες· συγκεκριμένα από τις τράπεζες μέσω δανεισμού βάσει του συστήματος του κλασματικού αποθεματικού.

Διοίκηση και νομικό πλαίσιο

Ως όργανα λήψης αποφάσεων της ΕΚΤ—και όργανα διοίκησης του ΕΣΚΤ—ορίζονταν το Διοικητικό Συμβούλιο και η Εκτελεστική Επιτροπή (άρ. 8, 9). Η Εκτελεστική Επιτροπή θα αποτελείτο από έναν Πρόεδρο, έναν Αντιπρόεδρο και τέσσερα άλλα μέλη, οκταετούς και μη ανανεώσιμης θητείας, διοριζόμενα σε επίπεδο αρχηγών κρατών (άρ. 11). Το Διοικητικό Συμβούλιο θα αποτελείτο από την Εκτελεστική Επιτροπή και τους Διοικητές των Εθνικών Κεντρικών Τραπεζών (άρ. 10).

Καινοφανές ήταν το νομικό πλαίσιο που θεμελίωσε το κοινό νόμισμα. Η αποκεντρωμένη δομή του ως «στέγης» των εθνικών Κεντρικών Τραπεζών παρουσίαζε αντιστοιχίες με το *Federal Reserve System* των ΗΠΑ, καθώς και με το σύστημα των *Landeszentralbank* στην Δυτική Γερμανία, που αποτελούσαν παραρτήματα της Bundesbank. Η ομοιότητα γερμανικού-αμερικανικού συστήματος, που κληροδοτήθηκε στο ΕΣΚΤ, δεν ήταν τυχαία. Το 1948 η Συμμαχική Διοίκηση δημιούργησε στην Δυτική Γερμανία ένα σύστημα βασισμένο στο αμερικανικό, το οποίο αποτελείτο από τις Κεντρικές Τράπεζες των κατεχομένων Länder και από την *Bank Deutscher Länder*. Το 1957 το σύστημα αυτό αντικαταστάθηκε από ένα νέο, το οποίο είχε ως επίκεντρο την Bundesbank, της οποίας οι *Landeszentralbank* μετατράπηκαν σε απλά παραρτήματα.

Μια άλλη ιδιοτυπία είναι ότι παρότι το ΕΣΚΤ προβλεπόταν από το Σχέδιο Delors και την Συνθήκη του Μάαστριχτ, δεν απέκτησε νομική προσωπικότητα, ούτε έγινε ένα από τα επίσημα Κοινοτικά όργανα που προέβλεπαν οι Συνθήκες (Κοινοβούλιο, Συμβούλιο, Επιτροπή, Δικαστήριο και Ελεγκτικό Συνέδριο). Αντιθέτως, πλήρη νομική προσωπικότητα απέκτησε η ΕΚΤ, χωρίς όμως να αναφέρεται στα επίσημα όργανα της Ευρωπαϊκής Κοινότητας, αλλά σε ξεχωριστό άρθρο μαζί με το ΕΣΚΤ. Έτσι έχει χαρακτηρισθεί «*οιονεί ή sui generis κοινοτικό όργανο*» με υψηλό βαθμό ανεξαρτησίας και πρόβλεψη για ίδιους πόρους εκτός Κοινοτικού προϋπολογισμού. Υπό μία ερμηνεία το ΕΣΚΤ και η ΕΚΤ θεωρούνται θεσμοί αποκομμένοι από τον υπόλοιπο κοινοτικό μηχανισμό (Γώγος 2003). Με την προβλεπόμενη θεσμική οργάνωση, οι εθνικές Κεντρικές Τράπεζες μετατρέπονται σε βραχίονες της ΕΚΤ πλήρως ανεξάρτητοι των εθνικών κυβερνήσεων—αν και ο θεσμός του Επιτρόπου του Κράτους στην ΤτΕ παρέμεινε και μετά την υπαγωγή της στο ΕΣΚΤ.

Η θέσμιση του ΕΣΚΤ με τέτοιο βαθμό ανεξαρτησίας φαίνεται να έρχεται σε αντίθεση με τις νομικές επιταγές που διέπουν συνταγματικές δημοκρατίες Δυτικού τύπου, καθώς βρίσκεται εκτός κοινωνικού και δημοκρατικού ελέγχου. Η ρίζα αυτής της νομικής κατασκευής φαίνεται να είναι διττή. Αφενός, μια μακρά σειρά στοχαστών τους τελευταίους δύο αιώνες—με προεξάρχουσα την Αυστριακή Σχολή—έχει επιχειρηματολογήσει εναντίον του κρατικού ελέγχου του χρήματος, με το σκεπτικό ότι το αποτέλεσμα ενός τέτοιου ελέγχου είναι αναπόδραστα πληθωριστικό. Αφετέρου, το τραυματικό παρελθόν της Γερμανίας με τον υπερπληθωρισμό της περιόδου 1920–1923 είχε σημαδέψει όλη την μεταπολεμική νοοτροπία της Bundesbank, νοοτροπία που επεβλήθη κατά την διατύπωση του Σχεδίου Delors και κατά την Διακυβερνητική για την ΟΝΕ, λόγω του μεγάλου ειδικού βάρους της γερμανικής οικονομίας. Η επικράτηση αυτού του θεωρητικού ρεύματος σκέψης στην μεγαλύτερη ευρωπαϊκή οικονομία ήταν καταλυτικής σημασίας στην γενίκευσή του στην ΟΝΕ, η οποία διακρινόταν εξ' αρχής από μια αντιπληθωριστική μονομανία.

Ειδικώς για την Ελλάδα έχει αμφισβητηθεί η Συνταγματική νομιμοποίηση της συμμετοχής στην ΟΝΕ. Π.χ. το άρθρο 80, παρ. 2 ορίζει ότι «*Νόμος ορίζει τα σχετικά με την κοπή ή την έκδοση νομίσματος*», το οποίο κατά την ερμηνευτική δήλωση «*δεν κωλύει τη συμμετοχή της Ελλάδας στις διαδικασίες της οικονομικής και νομισματικής ένωσης, στο ευρύτερο πλαίσιο της ευρωπαϊκής ολοκλήρωσης, κατά τα προβλεπόμενα στο Αρθ-28*». Όμως η συμμετοχή στην ΟΝΕ δεν περιλαμβάνει μόνο την εκχώρηση του εκδοτικού προνομίου, όπως πολύ στενά θεωρεί η ερμηνευτική δήλωση, αλλά και την απεμπόληση της συναλλαγματικής και της επιτοκιακής πολιτικής. Εμπίπτουν αυτές στο άρθρο 28; Αυτό μπορεί να αμφισβητηθεί εντόνως, καθώς τέτοιες πολιτικές εμπίπτουν κατ' εξοχήν στο άρθρο 106, παρ. 1, κατά το οποίο «*το Κράτος προγραμματίζει και συντονίζει την οικονομική δραστηριότητα στη Χώρα*».

Επιπλέον θα πρέπει να εξετασθεί και η συμφωνία με το άρθρο 28, παρ. 3 κατά το οποίο «*Η Ελλάδα προβαίνει ελεύθερα, με νόμο που ψηφίζεται από την απόλυτη πλειοψηφία του όλου αριθμού των βουλευτών, σε περιορισμούς ως προς την άσκηση της εθνικής κυριαρχίας της, εφόσον αυτό υπαγορεύεται από σπουδαίο εθνικό συμφέρον, **δεν θίγει τα δικαιώματα του ανθρώπου και τις βάσεις του δημοκρατικού πολιτεύματος** και γίνεται με βάση τις αρχές της ισότητας και με τον όρο της αμοιβαιότητας*» (έμφαση δική μου).

Σύμφωνα με αυτό το άρθρο που, κατά την ερμηνευτική δήλωση «*αποτελεί θεμέλιο για τη συμμετοχή της Χώρας στις διαδικασίες της ευρωπαϊκής ολοκλήρωσης*», υπάρχει πρόβλημα, δεδομένου ότι η αποκοπή του ΕΣΚΤ και της ΕΚΤ από οποιαδήποτε διαδικασία κοινωνικού και δημοκρατικού ελέγχου δεν μπορεί να αφήνει ανεπηρέαστες «*τις βάσεις του δημοκρατικού πολιτεύματος*». Και ενδέχεται μια τέτοια ρύθμιση να είναι σύμφωνη με την γερμανική Συνταγματική παράδοση μιας ανεξάρτητης Κεντρικής Τράπεζας, είναι όμως αντίθετη με τις αντίστοιχες παραδόσεις όλων σχεδόν των υπολοίπων κρατών-μελών της ΕΕ (βλ. Γώγος 2003).

Πράγματι, τα μέλη της Εκτελεστικής Επιτροπής του ΕΣΚΤ έχουν ασυνήθιστα μεγάλη θητεία (8 έτη) και δεν μπορούν να απολυθούν σε περίπτωση αποτυχίας της εκτελούμενης πολιτικής. Το σύνολο δε του ΔΣ του ΕΣΚΤ απαγορεύεται να επηρεάζεται ή να ζητεί καθοδήγηση από θεσμούς εκτός ΕΣΚΤ, ενώ συνεδριάζει κεκλεισμένων των θυρών με το δικαίωμα να μην δημοσιεύει τα πρακτικά των συνεδριάσεών του. Σύμφωνα με τα παραπάνω, η δημιουργία της ΕΚΤ είναι ίσως η μεγαλύτερη επιτυχία της σχολής σκέψης που θέλει τον έλεγχο του χρήματος μακριά από κρατικό έλεγχο, στο μέτρο που αυτός ο κρατικός έλεγχος είναι μέσο κοινωνικού ελέγχου στα πλαίσια μιας δημοκρατίας.

Ιδιοκτησία

Η ΕΚΤ οριζόταν ότι θα είχε αρχικό κεφάλαιο 5 δισ ECU με μοναδικούς μεριδιούχους τις Εθνικές Κεντρικές Τράπεζες (άρ. 28), σε ποσοστά που θα προσδιορίζονταν κατά 50% βάσει του πληθυσμού και κατά 50% βάσει του ΑΕΠ του κάθε κράτους (άρ. 29). Προβλεπόταν δε ότι κράτη με παρέκκλιση από τα κριτήρια σύγκλισης θα κατέβαλλαν ένα τμήμα του ποσού που τους αντιστοιχούσε βάσει της προκύπτουσας κλείδας κατανομής, με το υπόλοιπο να καταβάλλεται όταν θα έπαυε η παρέκκλιση (άρ. 48, 49).

Εδώ έγκειται η διαφοροποίηση μεταξύ του ΕΣΚΤ και του Ευρωσυστήματος, δηλαδή των κρατών που έχουν απεμπολήσει το εθνικό τους νόμισμα χάριν του ευρώ. Έτσι εξηγείται το ότι μεριδιούχοι της ΕΣΚΤ είναι και Κεντρικές Τράπεζες κρατών όπως η Βρετανία και η Δανία, οι οποίες δεν συμμετέχουν στην ΟΝΕ (Πίνακες 25.77 και 25.34). Έτσι, «ιδιοκτήτες» της ΕΚΤ είναι όλα τα ιδρύματα που ασκούσαν—ή ασκούν—το εκδοτικό προνόμιο των κρατών-μελών της ΕΕ, όμως μόνον όσα κράτη συμμετέχουν στο ευρώ έχουν καταβάλλει το πλήρες ποσό για την εξάσκηση αυτού του ιδιοκτησιακού δικαιώματος. Από καταβολής του κοινού νομίσματος η Βρετανία και η Δανία δεν έχουν εξασκήσει πλήρως αυτό το δικαίωμα, ενώ η Σουηδία αποφεύγει να εκπληρώσει όλες τις απαραίτητες προϋποθέσεις, και συγκεκριμένα την προσχώρηση στον ΜΣΙ. Με τις διαδοχικές διευρύνσεις της ΕΕ μέχρι σήμερα, έχουν προστεθεί άλλα έξι κράτη στους «ιδιοκτήτες» της ΕΚΤ (Ελλάδα, Σλοβενία, Κύπρος, Μάλτα, Σλοβακία και Εστονία) και άλλα επτά κράτη έχουν εισέλθει στον προθάλαμο (Τσεχία, Λεττονία, Λιθουανία, Ουγγαρία, Πολωνία, Βουλγαρία και Ρουμανία).[3]

Αν θεωρήσουμε το καταβεβλημένο κεφάλαιο ως έμπρακτη επικύρωση της ιδέας του ευρώ, τότε καταλήγουμε στο συμπέρασμα ότι αυτό ξεκίνησε με ένα επίπεδο εμπιστοσύνης κοντά στο 80%, ποσοστό στο οποίο παρέμεινε μέχρι και το 2004. Η εισδοχή νέων κρατών-μελών στην ΕΕ είχε ως αποτέλεσμα την προσθήκη νέων χωρών στον

---

[3] Είναι άξιο λόγου ότι για τους 23 από τους 25 «ιδιοκτήτες» της ΕΚΤ, στα επίσημα Κοινοτικά έγγραφα η επωνυμία τους αναγράφεται στο εθνικό τους αλφάβητο. Μοναδικές εξαιρέσεις αποτελούν η Ελλάδα και η Κύπρος που αρκούνται στο Λατινικό (η βουλγαρική Κεντρική Τράπεζα αναγράφεται με Κυριλλικούς χαρακτήρες ως Бългapcкa нapoднa бaнкa).

προθάλαμο της ONE, κάτι που μείωσε το ποσοστό του καταβεβλημένου κεφαλαίου στο 72–73,5% μέχρι και ο 2010. Η κρίση του ευρώ είχε διττές συνέπειες. Αφενός εξανάγκασε την ΕΚΤ να προβεί σε αύξηση του κεφαλαίου της (29/12/2010), το οποίο όμως δεν έχει καταβληθεί πλήρως από τα μέλη του Ευρωσυστήματος (επί του παρόντος το καταβεβλημένο ποσοστό είναι κοντά στο 84,5% για τα κράτη αυτά). Ταυτοχρόνως όμως αποθάρρυνε τα νέα μέλη από την εκχώρηση της νομισματικής τους κυριαρχίας, και την προσχώρηση στο ευρώ. Έτσι, επί του παρόντος το καταβεβλημένο κεφάλαιο της ΕΚΤ είναι περί το 60% του εγγεγραμμένου. Υπό κάποια οπτική, ολοένα περισσότερα κράτη κρατούν το ένα τους πόδι εκτός του ευρώ.

22.3 Το Ευρώ σε φυσική μορφή

Όπως και σε όλο το βιβλίο, δεν θα ασχοληθώ σχεδόν καθόλου με τα σχέδια των χαρτονομισμάτων, τα χρώματα, τις αναπαραστάσεις κλπ. Το αν οι πόρτες και οι γέφυρες που απεικονίζονται στα χαρτονομίσματα του ευρώ είναι ρυθμού γοτθικού, αναγεννησιακού, ροκοκό, ή μπαρόκ είναι ζήτημα αισθητικό και συμβολικό, δηλαδή εκτός του πλαισίου της παρούσας μελέτης. Σε αυτό το πλαίσιο, υπάρχουν συγκεκριμένα στοιχεία της *φυσικής μορφής* του νέου νομίσματος που έχουν ενδιαφέρον.

Πρώτον, τα πρωτοποριακά στοιχεία ιχνηλασιμότητας των χαρτονομισμάτων, που επιτρέπουν τον εντοπισμό όχι μόνον της χώρας για λογαριασμό της οποίας εκδόθηκε ένα χαρτονόμισμα, αλλά μέχρι και την θέση της εκτυπωτικής πλάκας που το τύπωσε.

Δεύτερον, το αποκεντρωμένο σύστημα εκτύπωσής τους, κατά το οποίο χαρτονομίσματα του ευρώ εκτυπώνουν *όλοι για όλους*. Αντίστοιχο σύστημα εφαρμόσθηκε και για τα κέρματα, με την διαφορά ότι ενώ τα χαρτονομίσματα εκδίδονται από την ΕΚΤ, τα κέρματα εκδίδονται από τα εθνικά κράτη, συνεχίζοντας μια μακροχρόνια παράδοση που θέλει τα μεταλλικά νομίσματα αμιγώς κρατικά και τα χάρτινα αμιγώς ιδιωτικά.

Τρίτον, και πιο σημαντικό για τα εκατομμύρια καθημερινών μικροσυναλλαγών από τους πολίτες της ευρωζώνης, ήταν το *πρόβλημα των αξιών*. Ένα από τα μεγαλύτερα προβλήματα που έφερε η εισαγωγή του ευρώ ήταν η αντιστοίχιση της αξίας του νέου νομίσματος με τις αξίες που αντιπροσώπευαν τα κέρματα και τα χαρτονομίσματα των εθνικών νομισμάτων. Η ομαλή συνέχιση της καθημερινής οικονομικής ζωής στο επίπεδο των πολιτών προϋπέθετε ότι τα νέα χαρτονομίσματα και κέρματα θα μπορούσαν να υποκαταστήσουν τα παλαιά με λίγο-πολύ παρόμοιο τρόπο. Προφανώς, η ύπαρξη τόσων εθνικών νομισμάτων σήμαινε ότι η υποκατάσταση των κερμάτων και χαρτονομισμάτων δεν θα μπορούσε να γίνει σε βάση ένα-προς-ένα, δηλαδή θα φτάναμε αναπόφευκτα σε μια κατάσταση που οι πολίτες θα έπρεπε να ξαναμάθουν να σκέφτονται τις τιμές σε ευρώ. Θα έπρεπε να συνηθίσουν κάτι τέτοιο αφού οι 5000 λιρέτες αντιστοιχούσαν σε 2,58 ευρώ και οι 500 δραχμές σε 1,47 ευρώ, δηλαδή σε μη στρογγυλά ποσά.

Αυτό μπορούσε να είναι ένα παροδικό πρόβλημα που θα ξεπερνιόταν μετά από μια σύντομη περίοδο προσαρμογής. Όμως η επιλογή της φυσικής μορφής κάθε αξίας θα είχε πολύ πιο μακροπρόθεσμες συνέπειες. Το ποιες ονομαστικές αξίες θα εκδίδονταν ως κέρματα και ποιες ως χαρτονομίσματα, θα επηρέαζε την αντίληψη των πολιτών για την πραγματική αγοραστική τους δύναμη, καθώς τα κέρματα παραδοσιακά θεωρούντο πιο ευτελή, ενώ τα χαρτονομίσματα μεγαλύτερης αξίας. Η απόφαση αυτή ελήφθη αρκετά νωρίς από το ΕΝΙ χωρίς ευρεία διαβούλευση (ΕΚΤ 2007, 12):

> Το Νοέμβριο του 1994, το Συμβούλιο του Ευρωπαϊκού Νομισματικού Ιδρύματος (ΕΝΙ), προδρόμου της ΕΚΤ, αποφάσισε μια σειρά 1:2:5 για τις επτά ονομαστικές αξίες των τραπεζογραμματίων ευρώ: €10 και €100, €20 και €200, €5, €50 και €500 [...]
>
> Η απόφαση να εκδοθεί τραπεζογραμμάτιο πολύ υψηλής αξίας—500 ευρώ—ελήφθη έπειτα από προσεκτική αξιολόγηση. Πριν από τη μετάβαση στο ευρώ σε φυσική μορφή, έξι από τις χώρες της ζώνης του ευρώ—η Αυστρία, το Βέλγιο, η Γερμανία, η Ιταλία, το Λουξεμβούργο και οι Κάτω Χώρες—είχαν εθνικά τραπεζογραμμάτια αξίας μεταξύ 200 και 500 ευρώ, των οποίων η χρήση παρουσίαζε αύξηση. Το 2000, για παράδειγμα, η ζήτηση για τραπεζογραμμάτια των 1.000 γερμανικών μάρκων (που αντιστοιχούσαν σε 511 ευρώ) ήταν 15 φορές μεγαλύτερη από ό,τι το 1975 και αντιστοιχούσε στο 34% της συνολικής αξίας των τραπεζογραμματίων του γερμανικού μάρκου σε κυκλοφορία. Επιπλέον, σε χώρες εκτός της Ευρωπαϊκής Ένωσης με σχετικά ασταθή νομισματικά καθεστώτα, όπου ο πληθωρισμός είναι υψηλός ή/και δεν υπάρχει μεγάλη εμπιστοσύνη στο τραπεζικό σύστημα, οι άνθρωποι συχνά έχουν στην κατοχή τους μετρητά σε νομίσματα χω-

ρών με χαμηλό πληθωρισμό ως μέσο αποθήκευσης αξίας. Πριν από την εισαγωγή των τραπεζογραμματίων ευρώ, αυτό γι-
νόταν με τραπεζογραμμάτια υψηλής αξίας, όπως το τραπεζογραμμάτιο των 1.000 γερμανικών μάρκων.

Τρεις χώρες της ΕΕ—η Ελλάδα, η Ιταλία και η Αυστρία—χρησιμοποιούσαν τραπεζογραμμάτια πολύ χαμηλής αξίας
(κάτω των 2 ευρώ) πριν από τη μετάβαση στο ευρώ σε φυσική μορφή. Ωστόσο, η έκδοση τραπεζογραμματίων πολύ υψη-
λής αλλά και πολύ χαμηλής αξίας θα είχε ως αποτέλεσμα τη δημιουργία μιας σειράς τραπεζογραμματίων με υπερβολικά
πολλές ονομαστικές αξίες. Επίσης, θα σήμαινε ότι τα τραπεζογραμμάτια θα ήταν λιγότερο εύχρηστα και η διαχείριση και
αποθήκευση τους πιο περίπλοκη. Συνεπώς, τα 2 ευρώ επιλέχθηκαν ως υψηλότερη ονομαστική αξία για τα κέρματα και τα
5 ευρώ ως χαμηλότερη ονομαστική αξία για τα τραπεζογραμμάτια.

Αυτό που παραβλέπει να αναφέρει το ΕΝΙ είναι ότι μόνον στην Ιρλανδία το μικρότερο χαρτονόμισμα ήταν
αξίας άνω των 5 ευρώ (βλ. Πίνακα 22.1). Σε όλες τις υπόλοιπες χώρες αυτή η αξία κυμαινόταν από 0,52 ευρώ
(Ιταλία) μέχρι 4,54 ευρώ (Ολλανδία). Με άλλα λόγια το ΕΝΙ επέβαλλε στις χώρες του ευρώ ένα «μικρό» χαρτο-
νόμισμα με πολύ μεγαλύτερη αξία από όση είχε συνηθίσει η συντριπτική πλειοψηφία των πολιτών. Ακόμη και
στην Γερμανία το αντίστοιχο χαρτονόμισμα (5 μάρκων) είχε αξία 2,56 ευρώ. Η δικαιολογία του ΕΝΙ ήταν ότι
έπρεπε να καλύψει με συγκεκριμένο αριθμό κερμάτων και χαρτονομισμάτων όλο το εύρος αξιών από το κα-
τώφλι του 1 λεπτού έως την οροφή των 500 ευρώ. Η οροφή που είχε επιλεγεί με το σκεπτικό ότι (α) υπήρχε αυ-
ξανόμενη ζήτηση για χαρτονομίσματα των 1000 μάρκων και (β) προβλέποντας ότι οι πολίτες θα συνεχίσουν να
αποθησαυρίζουν χαρτονομίσματα για ασφάλεια εναντίον του πληθωρισμού, παρότι το νόμισμα στο οποίο θα
αποθησαύριζαν θα ήταν το ίδιο με το λογιστικό νόμισμα στον τραπεζικό τους λογαριασμό. Ξεκάθαρα, το ΕΝΙ
δεν υπηρετούσε τις ανάγκες των πολιτών της ευρωζώνης, αλλά πολιτών *εκτός* ευρωζώνης, για τους οποίους το
ευρώ θα ήταν σκληρό συνάλλαγμα.

Το ΕΝΙ επέβαλλε το χαρτονόμισμα των 500 ευρώ παρότι μια τόσο μεγάλη αξία ήταν ασυνήθιστη για τις υπο-
ψήφιες χώρες της ευρωζώνης (το 2002 οι μισές χώρες είχαν χαρτονομίσματα μέγιστης αξίας κάτω των 200 ευρώ
και μόνον η Αυστρία, η Ολλανδία και η Γερμανία είχαν μέγιστες αξίες άνω των 300 ευρώ). Για να συμβαδίσει με
τις συνήθειες τριών μόνο χωρών, το ΕΝΙ αντιστρατεύθηκε τις συνήθειες της συντριπτικής πλειοψηφίας της υπό
διαμόρφωση ευρωζώνης. Είναι δε απορίας άξιο το πώς απέτυχε να λύσει ένα πρόβλημα που είχαν λύσει οι ίδιες
αυτές χώρες (Αυστρία, Ολλανδία, Γερμανία), οι οποίες παρείχαν στους πολίτες τους υψηλής *και χαμηλής* αξίας
χαρτονομίσματα. Το αποτέλεσμα ήταν ένα χαρτονόμισμα ιδανικό για το οργανωμένο έγκλημα. Το 2006 το 25%
των χαρτονομισμάτων των 500 ευρώ—των «Μπιν Λάντεν» που όλοι γνωρίζουν αλλά κανείς δεν έχει δει—κυκλο-
φορούσε στην Ισπανία (McLean 2006). Η χρήση του στο ξέπλυμα βρώμικου χρήματος θεωρείτο τόσο εκτετα-
μένη (Casciani 2010a· Kaufmann 2013) που το 2010 απαγορεύθηκε η πώλησή του στα ανταλλακτήρια συναλ-
λάγματος της Βρετανίας (Casciani 2010b).

Πίνακας 22.1: Ελάχιστες και μέγιστες αξίες των χαρτονομισμάτων που αντικαταστάθηκαν από εκείνα του ευρώ (σε εθνικό νόμισμα
και σε ευρώ).

Χώρα	Νόμισμα	Μικρότερο χαρτονόμι-σμα (εθνικό νόμισμα)	Μικρότερο χαρτο-νόμισμα (σε ευρώ)	Μεγαλύτερο χαρτο-νόμισμα (εθνικό νόμι-σμα)	Μεγαλύτερο χαρ-τονόμισμα (σε ευρώ)
Ιταλία	Λιρέτα	1.000	0,52	500.000	258,23
Ισπανία	Πεσέτα	200	1,20	10.000	60,10
Αυστρία	Σελίνι	20	1,45	5.000	363,36
Ελλάδα	Δραχμή	500	1,47	10.000	29,35
Φινλανδία	Μάρκο	10	1,68	1.000	168,07
Βέλγιο / Λουξεμβούργο	Φράγκο	100	2,48	10.000	247,89
Πορτογαλία	Εσκούδο	500	2,49	10.000	49,88
Γερμανία	Μάρκο	5	2,56	1000	511,29
Γαλλία	Φράγκο	20	3,05	500	76,22
Ολλανδία	Γκίλντερ	10	4,54	1000	453,78
Ιρλανδία	Παντ	5	6,35	100	126,97

Το πρόβλημα των αξιών δεν διέλαθε της προσοχής πολλών πολιτικών. Ενδεικτικά, από ελληνικής πλευράς ο
Δημήτρης Σιούφας (2003· 2005· 2007) έκανε εκκλήσεις για εισαγωγή χαρτονομισμάτων 1 και 2 ευρώ, επανερ-

χόμενος στο θέμα τακτικά τόσο από θέσεως αξιωματικής αντιπολίτευσης όσο και ως Υπουργός Ανάπτυξης. Αντιστοίχως, στις 25/10/2005, 372 ευρωβουλευτές υπέγραψαν παρόμοιο αίτημα προς την Ευρωπαϊκή Επιτροπή και την ΕΚΤ (European Parliament 2005).

Χωρίς να προβώ σε μια εξαντλητική παράθεση των σχετικών προτάσεων, θα αρκεσθώ στο να σημειώσω την παρανόηση όσων τις κατέθεταν. Αν και κινούνταν στην σωστή κατεύθυνση από καθαρά τεχνικής πλευράς, οι παραπάνω πολιτικοί δεν κατανοούσαν ότι επιχειρούσαν να επηρεάσουν έναν θεσμό τον οποίο οι ίδιοι είχαν αυτονομήσει, ήδη από την ψήφιση της Συνθήκης του Μάαστριχτ. Η ΕΚΤ δεν ήταν υπόλογη σε εκλεγμένους αντιπροσώπους, είτε εθνικούς είτε κοινοτικούς. Δεν είχε καμία υποχρέωση ούτε να απαντήσει, ούτε να εξετάσει, ούτε να υλοποιήσει το οποιοδήποτε αίτημα ή πρότασή τους. Πράγματι, τον Νοέμβριο του 2004 η ΕΚΤ είχε φροντίσει να κλείσει την συζήτηση με μια ολιγόλογη ανακοίνωση στην οποία απέκλειε την έκδοση χαρτονομισμάτων του 1 και 2 ευρώ (ΕΚΤ 2004). Αιτίες αυτής της απόφασης ήταν «*η ανεπαρκής ζήτηση τραπεζογραμματίων πολύ μικρής ονομαστικής αξίας […] η αυξημένη αναποτελεσματικότητα που θα συνεπαγόταν η εισαγωγή τέτοιων τραπεζογραμματίων […] και το υψηλό κόστος εκτύπωσης και επεξεργασίας*». Έτσι απλά…

Αν και όπως ήθελε να πιστεύει ο Δ. Σιούφας (2005) «*το όραμα, ο σχεδιασμός και η καθιέρωση του Ευρώ στηρίχθηκε σε πολιτικά και οικονομικά δεδομένα και κριτήρια*» και «*υπέρτατη προτεραιότητα είναι το συμφέρον των Ευρωπαίων πολιτών και καταναλωτών και όχι τα έξοδα λειτουργίας της Ευρωπαϊκής Κεντρικής Τράπεζας*», το πουλί είχε πλέον πετάξει. Οι πολιτικοί μόλις συνειδητοποιούσαν ότι είχαν δώσει τα κλειδιά του μαγαζιού σε μη εκλεγμένους και μη υπόλογους τεχνοκράτες και άρχιζαν να γεύονται την πικρή γεύση του φαγητού που μαγείρευαν τόσα χρόνια. Καταλάβαιναν ότι ήταν τελείως ανήμποροι να επηρεάσουν την νομισματική πολιτική ακόμη και σε ένα τόσο δευτερεύον θέμα.

22.4 Αύξηση τιμών

Πριν από την εισαγωγή του ευρώ στην φυσική του μορφή, καλλιεργείτο η άποψη ότι «*δεν θα επηρεάσει την αγοραστική δύναμη μισθών, συντάξεων ή αποταμιεύσεων […] δεν προβλέπεται να προκαλέσει γενική αύξηση των τιμών. Δεν υπάρχει λόγος για μια γενική αύξηση των τιμών εξαιτίας του ευρώ*» (Κακουλίδου 2000b, 6–8). Η εντύπωση της ομαλής μετάβασης στην καθημερινή χρήση του ενιαίου νομίσματος έσβησε σχετικά σύντομα. Ήδη στα μέσα του 2002 είχε παγιωθεί η αντίληψη ότι η είσοδος του ευρώ είχε προκαλέσει άνοδο τιμών (Σκούφου 2002, 40), κάτι που αναγνώρισε λίγο αργότερα και ο ίδιος ο Άκης Τσοχατζόπουλος (Τσαλαπάτη 2002, 72–73).

Αρχικώς ο φόβος ήταν ο πληθωρισμός μέσω στρογγυλοποιήσεων, δηλαδή οι προς τα πάνω στρογγυλοποιήσεις που θα υιοθετούσαν οι έμποροι κατά την μετατροπή των τιμών σε ευρώ. Οι φόβοι αυτοί αποδείχθηκαν βάσιμοι, αλλά μάλλον αισιόδοξοι. Το φαινόμενο αποδείχθηκε όχι παροδικό αλλά χρόνιο, καθώς οι τιμές συνέχισαν να αυξάνονται ακόμη και μετά το πρώτο μεταβατικό διάστημα. Κατά το επόμενο διάστημα παρατηρήθηκε το παράδοξο του χαμηλού επίσημου πληθωρισμού και της ταυτόχρονης ανατιμήσεως προϊόντων και υπηρεσιών πολύ πιο πάνω από τον επίσημο πληθωρισμό (Χρυσολωρά 2004, 6· Ν. Γ. Ξυδάκης 2002).

Μια πλευρά του προβλήματος ήταν ψυχολογική και χαρακτηρίσθηκε «σύνδρομο της δραχμής», δηλαδή της ταύτισης συγκεκριμένων κερμάτων και χαρτονομισμάτων του ευρώ με άλλα της δραχμής, ανεξαρτήτως αξίας. Η ύπαρξη μόνο κερμάτων για αξίες έως και 2 ευρώ έδωσε την εσφαλμένη εντύπωση ότι αυτά ήταν χαμηλής αξίας, όπως και τα δραχμικά κέρματα που μόλις είχαν καταργηθεί. Έτσι, π.χ., το κέρμα των 50 δρχ ταυτίστηκε με το κέρμα του μισού ευρώ και το κέρμα των 100 δρχ ταυτίστηκε με το κέρμα του 1 ευρώ (ανατίμηση 240%). Κατά παρόμοιο τρόπο το δεκαχίλιαρο ταυτίστηκε με το χαρτονόμισμα των 50 ευρώ (ανατίμηση 70%).

Οι ανατιμήσεις ήταν πιο έντονες σε καταναλωτικά αγαθά. Χαρακτηριστικό είναι το παράδειγμα του μαϊνταού ή του εμφιαλωμένου νερού του μισού λίτρου, που από 50 δραχμές σύντομα κόστιζαν 0,50 ευρώ (αύξηση 240%). Την τριετία μέχρι το 2005 ο καφές φραπέ από 800 περίπου δραχμές είχε ανατιμηθεί στα 3,50 ευρώ (CAGR 14%) και το εισιτήριο κινηματογράφου από 1800 δρχ σε 7,5 ευρώ (CAGR 12,39%).

Υψηλές ήταν οι αυξήσεις ακόμη και σε υπηρεσίες που υπάγονταν σε κάποιου είδους κρατικό τιμολόγιο. Π.χ. τα διόδια της Ελευσίνας και των Αφιδνών είχαν αυξηθεί από 500 δρχ σε 2 ευρώ το 2005 (CAGR 10,8%) και της Κορίνθου από 600 δρχ σε 2,50 ευρώ (CAGR 12,4%). Εξαίρεση αποτέλεσαν τα διόδια της γέφυρας Ρίου-Αντιρρίου που εν γένει αυξήθηκαν στα πλαίσια του πληθωρισμού (CAGR 3,93%),[4] σημειώνοντας όμως ότι η λειτουργία της ξεκίνησε *μετά* την εισαγωγή του ευρώ, άρα χωρίς να μπορούν να συγκριθούν με κάποιο δραχμικό ισοδύναμο.

22.5 Γερμανία, εξαγωγικός κολοσσός

Με την ανατολή του νέου νομίσματος, η Γερμανική βιομηχανία και πολιτική ηγεσία εκλήθησαν να βάλουν σε εφαρμογή τις μελέτες που είχαν εκπονήσει για την διαχείριση της νέας πραγματικότητας. Πριν ακόμη το ευρώ γίνει μια καθημερινή πραγματικότητα για τους πολίτες της ευρωζώνης (την 1/1/2002), το κλείδωμα των διμερών ισοτιμιών την 1/1/1999 το έκανε μια πραγματικότητα στο διεθνές εμπόριο. Πλέον, κάθε εθνικό νόμισμα της ευρωζώνης δεν είναι παρά μια λογιστική έκφραση του ευρώ και η δυνατότητα υποτίμησης για την βελτίωση της ανταγωνιστικότητας, ή ανατίμησης για την συγκράτηση του πληθωρισμού, έπαυσε να υφίσταται. Κατά συνέπεια, οι χώρες της ευρωζώνης είχαν χάσει την νομισματική τους αυτονομία, αν και παρέμεναν ξεχωριστά κράτη με ξεχωριστά συμφέροντα και συνεχιζόμενες ανταγωνιστικές σχέσεις σε πολλαπλά επίπεδα. Όσο κι αν η ταξική ανάλυση διακρίνει μόνον έναν οριζόντιο διαχωρισμό στον ανταγωνισμό για την διανομή των κερδών της οικονομικής δραστηριότητας, ακόμη και στην «οικογένεια» του ευρώ οι εθνικοί ανταγωνισμοί παραμένουν μια πραγματικότητα—τουλάχιστον μεταξύ των κρατών που διαθέτουν εθνικές αστικές τάξεις. Στον κόσμο του υπαρκτού καπιταλισμού η απολύτως «ελεύθερη» οικονομία είναι ένα μυθικό όν καθώς και το κράτος πάντοτε αναμιγνύεται.[5]

Στις αρχές της δεκαετίας του 2000 η γερμανική οικονομία ήταν στα πρόθυρα της ύφεσης, καθώς σε ένα παγκοσμιοποιημένο περιβάλλον οι υψηλοί μισθοί και το δαπανηρό σύστημα κοινωνικής πρόνοιας την καθιστούσαν λιγότερο ανταγωνιστική από χώρες της ανατολικής Ευρώπης και της νοτιοανατολικής Ασίας. Η απάντηση στο δίλημμα δόθηκε σε πρώτη φάση από τις μεταρρυθμίσεις της επιτροπής Hartz που συνεστήθη το 2002 υπό ένα στέλεχος της Volkswagen.[6] Αυτές οι μεταρρυθμίσεις, που ίσχυσαν από το 2003, έγιναν τμήμα της «Agenda 2010» που ανακοίνωσε ο Σοσιαλδημοκράτης Καγκελάριος Gerhard Schröder στις 14/3/2003. Αυτή περιελάμβανε περικοπές και περιορισμούς στα επιδόματα ανεργίας, στις επιδοτήσεις (εργαζομένων, οικογενειών), την ενοποίηση επιδομάτων ανεργίας και κοινωνικής πρόνοιας, την διευκόλυνση των απολύσεων και την μείωση των φορολογικών συντελεστών.

Ταυτόχρονα, ήδη από το 2000 η γερμανική κυβέρνηση παρενέβαινε στις συλλογικές διαπραγματεύσεις επιτυγχάνοντας ουσιαστικό πάγωμα μισθών στον γερμανικό δημόσιο και ιδιωτικό τομέα. Για την ακρίβεια, μεταξύ 2000–2010, οι μέσες πραγματικές αποδοχές ανά εργαζόμενο μειώθηκαν κατά 2,5% στην Γερμανία, όταν στην Ελλάδα αυξήθηκαν κατά 16,4%, στην Γαλλία κατά 11,6% και στην ευρωζώνη κατά 5,5% (European Commission 2015, RWCDC). Με άλλα λόγια, την περίοδο που η Γερμανία έμπαινε σε αυστηρή λιτότητα, η Ελλάδα ξόδευε αμέτρητα ποσά για την διοργάνωση και εκτέλεση των Ολυμπιακών αγώνων και δανειζόταν σαν να μην υπάρχει αύριο.

Αναμφισβήτητα αυτές οι μεταρρυθμίσεις μείωσαν το εργατικό κόστος και βελτίωσαν την ανταγωνιστικότητα των γερμανικών προϊόντων. Όμως αυτή είναι μόνον η μισή εικόνα, καθώς η Γερμανία επωφελήθηκε και από την παγκοσμιοποίηση για να επιτύχει τον ίδιο στόχο. Ο Sinn (2005· 2006) ανέφερε ότι οι γερμανικές επιχειρήσεις κήρυξαν «απεργία επενδύσεων» στο εσωτερικό της χώρας και σε αυξανόμενη βάση επέλεξαν το offshore outsourcing (αγορά των ενδιαμέσων προϊόντων από άλλες μονάδες του εξωτερικού) και το offshoring (μετεγκατάσταση των δικών τους μονάδων στο εξωτερικό)· την Ασία επέλεξαν κυρίως οι μεγάλες εταιρείες, ενώ στην

---

[4] Αύγουστος 2004: 9,70. Απρίλιος 2005: 10,00. Ιανουάριος 2006: 10,50. Ιανουάριος 2007: 10,90. Ιανουάριος 2008: 11,20. Φεβρουάριος 2009: 11,70. Ιανουάριος 2010: 11,80. Μάρτιος 2010: 12,00. Ιούλιος 2010: 12,20. Φεβρουάριος 2011: 12,90. Νοέμβριος 2012: 13,20.

[5] Π.χ. στο πεδίο της αυτοκινητοβιομηχανίας όπου ο γαλλογερμανικός συναγωνισμός είναι έντονος, ο Πρόεδρος Σαρκοζί παρείχε 3 δισ ευρώ σε χαμηλότοκα δάνεια στην Peugeot και στην Renault το 2009. Η συμμετοχή του γαλλικού κράτους στην Renault ήταν 15,01% στις 31/12/2011, από 53% στις 17/11/1994 (Groupe Renault 2015). Αντιστοίχως ένας από τους μεγαλομετόχους της Volkswagen AG είναι το κρατίδιο της Κάτω Σαξονίας (10% στις 31/12/2011 2011) και η Porsche (30%).

[6] Peter Hartz: Διευθυντής προσωπικού της Volkswagen και σύμβουλος του καγκελάριου Shcröder. Το 2005 παραιτήθηκε υπό το βάρος σκανδάλου που περιελάμβανε λάδωμα στελεχών της Volkswagen από εταιρείες-φαντάσματα, χάρες σε συνδικαλιστές και χρήση ιεροδούλων με χρήματα της εταιρείας. Το 2007 καταδικάστηκε σε διετή φυλάκιση με αναστολή.

πρώην κομμουνιστική Ευρώπη απέκτησαν πρόσβαση και πολυάριθμες μικρομεσαίες. Ο Sinn μίλησε για μια αναδυόμενη «οικονομία-παζάρι» (bazaar economy), όπου η γερμανική επικράτεια είναι απλώς ο χώρος συγκέντρωσης και συναρμολόγησης εξαρτημάτων από όλο τον κόσμο. Αντί της ένδειξης *Made in Germany* θεωρούσε πιο κατάλληλη την ένδειξη *Designed, assembled and sold in Germany*. Παράδειγμα, η Porsche Cayenne που κατασκευάζεται κυρίως στην Μπρατισλάβα (Σλοβακία) και κατά ένα μικρό μόνον μέρος στην Λειψία (Γερμανία). Όπως έγραψε, «*the German economy is becoming like a continuous-flow water heater for manufactured goods that, on their way from Slovakia to America, pass through the German statistics*».

Όπως έδειξε μελέτη της *Banque de France*,[7] η αναλογία τέτοιων ενδιαμέσων προϊόντων στις γερμανικές εισαγωγές ανέβηκε δραματικά, με ιδιαίτερο βάρος στις εισαγωγές από χώρες του «νότου» (ανατολικοευρωπαϊκές και αναπτυσσόμενες ασιατικές χώρες). Ειδικώς στον τομέα των μεταφορών, οι χώρες της ανατολικής Ευρώπης αποτελούσαν σημαντικό προμηθευτή ανταλλακτικών για την γερμανική βιομηχανία, με αύξηση από το 6% το 1994 στο 28,5% το 2007.

Συνδυάζοντας τις παραπάνω στρατηγικές, μετά το 2000 η Γερμανία κατάφερε να εξελιχθεί σε μια εξαγωγική πρωταθλήτρια αυξάνοντας τις εξαγωγές της από 597 δισ ευρώ το 2000, σε 1.061 δισ ευρώ το 2011 και 1.124 δισ ευρώ το 2014. Τα εμπορικά της πλεονάσματα εκτοξεύθηκαν από 59 σε 159 και σε 214 δισ ευρώ, αντιστοίχως (Bundesbank 2015). Είναι προφανές ότι με μεθοδικότητα και επιμονή η Γερμανική βιομηχανία κατάφερε να χειρισθεί το ενιαίο νόμισμα προς όφελός της. Κράτος και επιχειρήσεις επέβαλλαν μια εσωτερική υποτίμηση μέσω μείωσης των πραγματικών μισθών, υποτίμηση που αποδέχθηκαν τελικώς τα συνδικάτα, και η οποία άφησε τους υπόλοιπους νομισματικούς εταίρους σε δυσμενή θέση από πλευράς ανταγωνιστικότητας. Ταυτόχρονα, αγοράζοντας φθηνά ενδιάμεσα προϊόντα από ανατολικοευρωπαϊκές χώρες (κατά προτίμηση εκτός ευρωζώνης), κατάφερε να τα μεταπωλεί σε ανταγωνιστικές τιμές εντός ευρωζώνης, σε χώρες που μοιράζονταν το σκληρό της νόμισμα. Κλειδί για τα παραπάνω ήταν η διατήρηση του σκληρού χαρακτήρα του ευρώ, που καθιστούσε φθηνές τις εισαγωγές από χώρες εκτός ευρωζώνης και ομοίως φθηνές τις εξαγωγές προς την υπόλοιπη ευρωζώνη.

Θα πρέπει επίσης να αναγνωρίσουμε ότι, σε αντίθεση με παλαιότερες ανεπτυγμένες οικονομίες (Βενετία, Φλωρεντία, Άμστερνταμ, Λονδίνο) ή και πιο σύγχρονες (ΗΠΑ) που μετέβησαν από τον παραγωγικό καπιταλισμό στην οικονομία-καζίνο του χρηματιστηρίου, η Γερμανία κράτησε πεισμόνως την βιομηχανική της βάση, τουλάχιστον σε περιοχές που η ίδια επέλεξε. Η Γερμανία δεν έχει να επιδείξει οικονομική δραστηριότητα ανάλογη με το City του Λονδίνου, αλλά ούτε και η Βρετανία έχει πλέον βιομηχανική παραγωγή εφάμιλλη της γερμανικής. Χαρακτηριστική ίσως της γερμανικής επιφυλακτικότητας απέναντι στον καπιταλισμό-καζίνο είναι η ζημιά που υπέστησαν διάφορα hedge funds στοιχηματίζοντας στην υποτίμηση της μετοχής της Volkswagen το 2008. Όταν η Porsche ανακοίνωσε ότι κατείχε άμεσα, ή ότι είχε επιλογή αγοράς, για το 74,1% των μετοχών— άλλο 20% κατείχε το κρατίδιο της Κάτω Σαξονίας—η ζήτηση για το υπόλοιπο 6% των μετοχών ήταν τέτοια που η τιμή τους εκτοξεύθηκε από τα 210 στα 1.000 ευρώ. Οι απώλειες για τα hedge funds που είχαν σορτάρει την μετοχή υπολογίσθηκαν στα 4 δισ λίρες (Rayner 2008).

Προφανώς αυτό δεν σημαίνει ότι γερμανικές τράπεζες δεν συμμετείχαν σε αυτόν τον καπιταλισμό καζίνο. Απλώς λόγω των αυστηρών κανονισμών και της επίβλεψης της εποπτικής αρχής BaFin (*Bundesanstalt für Finanzdienstleistungsaufsicht*), οι γερμανικές τράπεζες αναγκαζόντουσαν να μετακομίσουν για να μπορούν να κάνουν επενδύσεις σε πιο ριψοκίνδυνα χρηματιστηριακά «προϊόντα», όπως οι Depfa Bank, Aareal Bank Group, Commerzbank, Volkswagen Bank και DZ Bank στην Ιρλανδία. Με άλλα λόγια, το γερμανικό πολιτικό και οικονομικό κατεστημένο θεωρούσε αυτές τις δραστηριότητες ως κάτι κατά βάθος βρώμικο και ανάξιο να φιλοξενεί-

---

[7] Η εισαγωγή ενδιαμέσων προϊόντων ανέβηκε από το 51% των εισαγωγών το 1994 στο 57% το 2007, ενώ σε μια σειρά ανταγωνιστριών ευρωπαϊκών χωρών παρουσίασε μείωση (Ιταλία, Βρετανία, Ισπανία) ή στασιμότητα (Γαλλία). Σε αυξανόμενο βαθμό, για όλες τις παραπάνω ανεπτυγμένες οικονομίες, οι εισαγωγές από χώρες του «νότου» γίνονται ολοένα και πιο σημαντικές ως πηγή προέλευσης αυτών των ενδιαμέσων προϊόντων. Σε απόλυτα μεγέθη η Γερμανία προπορεύεται εντυπωσιακά της δεύτερης χώρας-εισαγωγού, είτε στο σύνολο των εισαγομένων ενδιαμέσων προϊόντων (80% περισσότερες από της Γαλλίας) είτε στα προερχόμενα από «νότιες» χώρες (90% περισσότερες από της Ιταλίας). Η Γερμανία φαίνεται να αύξησε το ποσοστό εισαγωγής ενδιαμέσων προϊόντων από χώρες φθηνού εργατικού κόστους από το 4% το 1991 στο 16% το 2006 (Gaulier 2008).

ται στο δικό της έδαφος, χωρίς όμως να μπορεί αντισταθεί στον πειρασμό να το απολαμβάνει σε τρίτες χώρες, όπως π.χ. τον ναρκοτουρισμό στην Ολλανδία και τον σεξοτουρισμό στις Φιλιππίνες.

22.6 Η πρώτη δεκαετία του ευρώ: προοπτικές

Το πρόβλημα των κερδοσκόπων

Οι πικρές εμπειρίες του ΜΣΙ κατά το διάστημα 1992–93 είχαν αναδείξει τα εγγενή προβλήματα του συντονισμού της ισοτιμίας πολλών νομισμάτων σε καθεστώς ελεύθερης διακίνησης κεφαλαίων· οι διεθνείς κερδοσκόποι, ικανοί να μετακινούν τεράστια ποσά συναλλάγματος μεταξύ κρατών και να τα μοχλεύουν μέσω ανταλλαγής νομισμάτων (foreign exchange swaps), μπορούσαν να εκτοξεύουν μαζικές επιθέσεις εναντίον νομισμάτων στοιχηματίζοντας στην ισοτιμία των νομισμάτων και στα επιτόκια δανεισμού από τις κεντρικές τους τράπεζες. Μπορούσαν να απομονώνουν τον αδύναμο κρίκο του συστήματος και να επιτίθενται σαν αγέλη στο αδύναμο ζώο του κοπαδιού, ακόμη κι αν μια χώρα ήταν δημοσιονομικώς ενάρετη, όπως π.χ. η Ιρλανδία. Η γνώση ότι δεν υπήρχε απεριόριστη και άνευ όρων αλληλοστήριξη λειτουργούσε ως οσμή αίματος για τα αρπακτικά.

Η έλευση του ευρώ έφερε τους κερδοσκόπους αντιμέτωπους με ένα μονολιθικό και τεράστιο νομισματικό σχηματισμό. Ήταν πλέον αδύνατον να διαχωρίσουν την ευρωζώνη στα συστατικά της μέρη και να της επιτεθούν τμηματικά. Οι πόροι για να της επιτεθούν συνολικά ήταν απλούστατα έξω από τις δυνατότητές τους, ακόμη και με την μόχλευση που προσέφεραν οι ανταλλαγές νομισμάτων.

Την λύση στο πρόβλημα έφεραν τα ασφάλιστρα κινδύνου (Credit Default Swaps, CDS) με τα οποία οι κερδοσκόποι μπορούσαν να στοιχηματίζουν στην χρεωκοπία ενός κράτους. Η μόχλευση των CDS ήταν απεριόριστη καθιστώντας άνευ αντικειμένου τυχόν δημοσιονομικά μέτρα ή πακέτα βοήθειας. Σύμφωνα με τα παραπάνω η αγορά CDS γνώρισε μια εκρηκτική αύξηση την δεκαετία του 2000, αυξανόμενη κατά 33 φορές, από τα 919 δισ δολάρια το 2001 στα 30,4 τρισ δολάρια το 2009 (ISDA 2010). Για άλλη μια φορά η αγέλη μπορούσε να ξεχωρίσει το αδύναμο ζώο του κοπαδιού και να του επιτεθεί· τώρα ήταν οι ξεχωριστές αγορές ομολόγων που του επέτρεπαν να απομονώνει το θύμα του και να φέρνει το σύστημα σε αστάθεια (Reszat 2011).

Η λύση του προβλήματος αυτού ανάγεται στην πολυσυζητημένη πρόταση του «ευρωομολόγου», το οποίο θα εγγυάτο η ευρωζώνη στο σύνολό της και το οποίο θα είχε αντίστοιχο προστατευτικό αποτέλεσμα στα ομόλογα των πιο αδύναμων κρατών, με εκείνο που είχε το ευρώ στα νομίσματά τους. Προφανώς, αυτό σημαίνει μια πιο σφιχτή σύνδεση των ευρωπαϊκών κρατών—ένα περαιτέρω βήμα προς την ομοσπονδοποίηση—αλλά και την επιβάρυνση των «ενάρετων» Βορείων κρατών με το πιστωτικό ρίσκο των Νοτίων.

Όμως, αυτό δεν είναι παρά μια άποψη ενός ευρύτερου προβλήματος που αντιμετωπίζει η ευρωζώνη, και που απλώς αντανακλάται στο πρόβλημα του χρέους: της μεταβίβασης πόρων.

Το πρόβλημα της μεταβίβασης πόρων

Στο νέο τοπίο που άρχισε να παγιώνεται προς τα τέλη της πρώτης δεκαετίας του 2000, η Γερμανία έχει αποκτήσει δεσπόζουσα θέση στην ευρωπαϊκή οικονομία, περισσότερο από οποιαδήποτε άλλη στιγμή στο πρόσφατο παρελθόν της. Μακροσκοπικά, και σε βάθος χρόνου, αυτή είναι μια στρατηγική που δεν είναι διατηρήσιμη. Υπό το παρόν καθεστώς ενός σκληρού ευρώ οι Ευρωπαίοι καταναλωτές των ελλειμματικών χωρών δεν θα διαθέτουν επ' άπειρον την ρευστότητα να αγοράζουν τα γερμανικά προϊόντα. Καθώς τα εμπορικά πλεονάσματα της Γερμανίας οφείλονται σε μεγάλο βαθμό στα εμπορικά ελλείμματα των εμπορικών της εταίρων εντός της ευρωζώνης, ένα υπερβολικά σκληρό ευρώ θα προϋπέθετε είτε την μαζική μεταστροφή των γερμανικών εξαγωγών σε άλλες νομισματικές ζώνες, είτε την καθίζησή τους. Πράγματι, ενώ μέχρι το 2011 το 78% του γερμανικού εμπορικού πλεονάσματος προερχόταν από την ΕΕ—το 52,5% από την ευρωζώνη—τα ποσοστά αυτά κατακρημνίσθηκαν στο 56,6% και 29,6% για το 2014, αντιστοίχως (Bundesbank 2015). Για να διατηρηθεί η γερμανική εξαγωγική οικονομία χονδρικά ως έχει, για να αναστραφεί δηλαδή η παραπάνω τάση, αφενός θα πρέπει το ευρώ να παραμείνει βιώσιμο και σχετικά ισχυρό ως νόμισμα, αφετέρου θα απαιτηθεί ρευστότητα για να τροφοδοτήσει τις ελλειμματικές χώρες της ευρωζώνης και να ισορροπήσει τα ισοζύγια πληρωμών τους.

Πρωτογράφοντας αυτές τις γραμμές το 2013, θεωρούσα ότι *«χαλάρωση της νομισματικής πολιτικής της ΕΚΤ θα μπορούσε να επιτύχει τον δεύτερο στόχο»*, δηλαδή της αύξησης της ρευστότητας, *«όμως θα σήμαινε συναγερμό για τους αντιπληθωριστικούς ιέρακες της ΕΚΤ και της Bundesbank, θεματοφύλακες ενός ισχυρού ευρώ»*. Αυτοί είναι οι κίνδυνοι των προβλέψεων· στις 22/1/2015, αμέσως πριν τις πρόωρες ελληνικές βουλευτικές εκλογές, οι γερμανικές αντιστάσεις κάμφθηκαν και η ΕΚΤ δημοσίευσε το δικό της πρόγραμμα «ποσοτικής χαλάρωσης» (Quantitative Easing), το οποίο οι δημοσιογράφοι βάφτισαν «Q€». Το πρόγραμμα, που επεκτάθηκε στις 9/3/2015, στόχευε στην διοχέτευση χρήματος στο ευρωπαϊκό τραπεζικό σύστημα μέσω της αγοράς κρατικών ομολόγων και άλλων τίτλων στην δευτερογενή αγορά—δηλαδή όχι απευθείας από τα κράτη—αξίας 60 δισ ευρώ μηνιαίως. Με το βασικό επιτόκιο της ΕΚΤ στο –0,2%, και μετά από αγορές τίτλων αξίας περί το μισό τρισεκατομμύριο ευρώ, το πρόγραμμα δεν είχε σχεδόν καμία επίδραση σε διάφορους δείκτες της ευρωπαϊκής οικονομίας, πέραν του να ωθήσει τα κρατικά ομόλογα σε αρνητικές αποδόσεις. Ο πληθωρισμός παρέμενε κάτω από το 1%, καθώς η πραγματικότητα δεν είχε την υποχρέωση να συμμορφωθεί με την ποσοτική θεωρία. Και καθώς το πρόγραμμα δεν αφορούσε σε τίτλους χωρών σε πρόγραμμα διάσωσης, όπως η Ελλάδα, δεν σκόπευε να θεραπεύσει τα προβλήματα του ισοζυγίου πληρωμών χωρών του Νότου—αντιθέτως, ήταν ένας εκβιασμός εναντίον τυχόν «ριζοσπαστικών» αιτημάτων ελάφρυνσης χρέους, με πρώτο αποδέκτη την Ελλάδα.

Εναλλακτικά, το πρόβλημα των μεταβιβάσεων θα μπορούσε να λυθεί με πιο στοχευμένα μέτρα, δηλαδή με ενεργό άσκηση κρατικής πολιτικής και όχι ελπίζοντας στους νομισματικούς αυτοματισμούς των *«trickle-down economics»*. Η Γερμανία θα μπορούσε να χρησιμοποιεί τα πλεονάσματά της για να επανατροφοδοτεί τις ελλειμματικές χώρες, είτε με την μορφή δανείων—μια βραχυπρόθεσμη λύση καθώς η αποπληρωμή των τόκων θα επανέφερε το πρόβλημα μεταβιβάσεων από την πίσω πόρτα—είτε με την μορφή επενδύσεων, κάτι που θα σταθεροποιούσε τις ελλειμματικές χώρες πιο μακροπρόθεσμα. Αυτό βεβαίως υπό την προϋπόθεση ότι τα μερίσματα των επενδύσεων θα παρέμεναν στις ελλειμματικές χώρες και ότι αυτές οι επενδύσεις θα αποσκοπούσαν στην μακροπρόθεσμη αύξηση της παραγωγικότητάς τους. Δηλαδή, αυτό που θα χρειαζόταν θα ήταν επενδύσεις τελείως άλλου τύπου από εκείνες των μεταλλείων της Χαλκιδικής, που απλώς εξαντλούν έναν μη ανανεώσιμο φυσικό πόρο έναντι ενός ασήμαντου τιμήματος, ή της αγοράς μετοχών ελληνικών εταιρειών—όπως ο ΟΤΕ—οι οποίες μπορούν να δραπετεύσουν την άλλη μέρα από το χρηματιστήριο έχοντας εν τω μεταξύ στείλει μερίσματα στο εξωτερικό. Με άλλα λόγια, για να μην θεωρείται ότι οι γερμανικές επιχειρήσεις εξαγοράζουν ξένους πόρους έναντι πινακίου φακής, κάτι που θα είχε πολιτικό κόστος για την οποιαδήποτε κυβέρνηση, η Γερμανία θα έπρεπε να επενδύσει στην αύξηση της παραγωγικότητας των ελλειμματικών χωρών.

Βεβαίως, εδώ τίθεται το ερώτημα: κατά πόσον είναι διατεθειμένη η Γερμανία να δημιουργήσει ανταγωνιστές στις βιομηχανίες της; Κατά πόσον είναι διατεθειμένη να εκχωρήσει οικειοθελώς το ανταγωνιστικό πλεονέκτημα που δημιούργησε; Κατά πόσον θέλει ειλικρινώς μια ευρωπαϊκή σύγκλιση, ακόμη *και στην ανταγωνιστικότητα*; Ίσως μια προοπτική θα ήταν η Γερμανία θα προχωρήσει στην σχεδιασμένη ανάπτυξη επιλεγμένων τομέων ευρωπαϊκών οικονομιών, δηλαδή να αναλάβει, τρόπον τινά, την διοίκηση των ελλειμματικών χωρών του Νότου. Σχηματικά δηλαδή, η Ελλάδα, η Ιταλία και η Ισπανία θα αναλάμβαναν τον τουρισμό και το ελαιόλαδο, η Γαλλία την αεροναυπηγική και το κρασί, και η Πορτογαλία τα δερμάτινα υποδήματα. Και όλες μαζί κατεργασμένα πετρελαιοειδή για να κινούν τη γερμανική βιομηχανία, και νοσηλευτικό προσωπικό για να γηροκομεί τους Γερμανούς συνταξιούχους. Μαζί τους, οι χώρες της Mitteleuropa—Τσεχία, Σλοβακία, Πολωνία—θα συνεισέφεραν εξαρτήματα για την γερμανική αυτοκινητοβιομηχανία. Και ακόμη κι αν αυτός ο Ρικαρδιανός κόσμος των κρατών-μονοκαλλιέργειας γινόταν αποδεκτός από κράτη με πολιτικό προσωπικό του επιπέδου της Ελλάδας, θα τον αποδέχονταν κράτη όπως η Γαλλία;

Κι αν όμως η Γερμανία δεν είχε την πρόθεση να αναλάβει οικειοθελώς όλες αυτές τις πρωτοβουλίες, θα μπορούσε υποθετικά να τις αναλάβει κεντρικά η ΕΕ, μετατρεπόμενη σε ένωση μεταβιβάσεων, δηλαδή σε ένα ομόσπονδο κράτος με κοινό προϋπολογισμό, φορολογικό σύστημα, ασφαλιστικό σύστημα, στρατό και σύνορα. Πόσες χώρες όμως θα ήταν σύμφωνες με μια τέτοια εξέλιξη, η οποία προφανώς θα απαιτούσε την ψήφιση μιας νέας συνθήκης; Υπάρχει πράγματι μια ευρωπαϊκή κοινή ταυτότητα που ενώνει ψυχολογικά Γερμανούς και Έλληνες, όπως η κοινή εθνική ταυτότητα ενώνει Κρήτες, Κεφαλλονίτες, Μακεδόνες, Βλάχους και Μεσολογγίτες—

βλ. Μαρίνο Αντύπα, Παύλο Γύπαρη, Μίχο Φλώρο; Θα συμφωνούσε η Γερμανία στον αυτοπεριορισμό της για χάρη των απείθαρχων Νοτίων που λίγο συμπαθεί, ή θα προτιμούσε να εγκαταλείψει μια τέτοια ένωση, ακόμη και με τον κίνδυνο να δει δασμολογικά και συναλλαγματικά τείχη να υψώνονται στα προϊόντα της; Και αν συμφωνούσε να μείνει υπό συνθήκες γερμανικού σχεδιασμού της ευρωπαϊκής οικονομίας—το όνειρο του γ΄ ράιχ—θα το δέχονταν αυτό οι λοιπές χώρες, ή θα ξυπνούσαν άλλες μνήμες;

Οι δύο δρόμοι

Μιάμιση δεκαετία μετά την είσοδο του ευρώ, ο διαχωρισμός νομισματικής από τις υπόλοιπες κρατικές εξουσίες δείχνει ξεκάθαρα τα όριά του. Πλησιάζουμε το σημείο όπου δύο εναλλακτικές λύσεις αρχίζουν και προτείνονται όλο και πιο επιτακτικά: της πλήρους ομοσπονδιοποίησης υπό ευρωπαϊκό—και όχι γερμανικό—έλεγχο, ώστε οι μεταβιβάσεις πόρων στις ελλειμματικές χώρες να ελέγχεται συλλογικά, ή η διάλυση του ευρώ—π.χ. με διάλυση σε «βόρειο» και «νότιο» ευρώ, ή με επιστροφή στα εθνικά νομίσματα. Σε κάθε περίπτωση όμως, η κατάσταση που εισήγαγε το Μάαστριχτ και η ΟΝΕ θα πρέπει να αναγνωρισθεί ως μεταστραθής. Η ευρωζώνη, αλλά και ολόκληρη η ΕΕ, πατάει σε δύο βάρκες και οι εγγενείς αντιφάσεις του συστήματος προκαλούν ολοένα και μεγαλύτερες φυγόκεντρες πιέσεις, ακόμη και αν δεν συνυπολογισθεί η επιπλέον αστάθεια που επέφερε η συριακή μεταναστευτική κρίση. Αργά ή γρήγορα, μια απόφαση θα πρέπει να ληφθεί προς την μία ή προς την άλλη κατεύθυνση: σταδιακή διάλυση ή περαιτέρω ενοποίηση.

Θα πρέπει να υπενθυμίσω ότι στην σύλληψή του το ενιαίο νόμισμα δεν ήταν ένα οικονομικό εγχείρημα με πολιτικές παρενέργειες, αλλά ένα πολιτικό εγχείρημα με οικονομικές παρενέργειες. Απώτερος στόχος του ήταν η ομοσπονδοποίηση της Ευρώπης και όχι η επίλυση κάποιων τεχνικών συναλλαγματικών προβλημάτων. Άρα, το ποια από τις δύο κατευθύνσεις θα ακολουθήσουν τα ευρωπαϊκά κράτη εξαρτάται από πολιτικό και όχι από οικονομικό υπολογισμό. Σαφώς και δεν υπάρχουν νομοτέλειες στο ποια κατεύθυνση θα ακολουθηθεί, ούτε το «τέλος της ιστορίας» έχει γραφτεί—η θα γραφτεί ποτέ όσο υπάρχει ανθρωπότητα. Στην άποψη ότι το ευρώ ήταν «κακή ιδέα» αλλά «μη αναστρέψιμο» (Krugman 2010), μπορώ να αντιτείνω ότι η ιστορία είναι γεμάτη από «μη αναστρέψιμους» θεσμούς λιγότερο ή περισσότερο ξεχασμένους—όπως η ΛΝΕ και το Μπρέτον Γουντς. Όπως κι εκείνων των θεσμών, το μέλλον του ευρώ, όπως και της ΕΕ, σαφώς και δεν είναι βέβαιο.

ΣΥΜΠΕΡΑΣΜΑΤΑ

23

Τ Ι ΠΡΟΚΥΠΤΕΙ ΑΠΟ ΑΥΤΗΝ την εξιστόρηση 18 δεκαετιών νομισματικών περιπετειών; Υπάρχουν κάποιες γενικές τάσεις στα γεγονότα που περιγράφηκαν; Προκύπτουν κάποια συμπεράσματα σχετικά με την φύση και την συμπεριφορά του χρήματος. Σε γενικές γραμμές ναι...

23.1 Η κρατική ισχύς και το χρήμα

Κύριο συμπέρασμα που προκύπτει από την παρούσα μελέτη είναι ο κυριαρχικός ρόλος της κρατικής εξουσίας στον θεσμό του χρήματος στην Ελλάδα. Ακόμη και κατά τα πρώτα επαναστατικά χρόνια, η επαναστατική διοίκηση είχε αποκτήσει την ισχύ να επηρεάζει την αξία *μεταλλικών* νομισμάτων με τις αποφάσεις της. Βεβαίως αυτός ο έλεγχος, αν μπορεί να ποσοτικοποιηθεί, ήταν συνάρτηση της κρατικής ισχύος και του επιπέδου κρατικής οργάνωσης. Όταν η εξουσία αυτή ήταν εξαιρετικά ασθενής, όπως π.χ. κατά την Επανάσταση, την Καποδιστριακή περίοδο, ή κατά τα πρώτα χρόνια του νεοελληνικού κράτους, την επίσημη νομισματική μονάδα συμπλήρωναν τοπικές εκδόσεις ή ξένα νομίσματα. Όσο η κρατική εξουσία παγιωνόταν και η κρατική μηχανή γινόταν πιο οργανωμένη, οι χαραμάδες στις οποίες μπορούσαν να κυκλοφορούν παράλληλες ή ξένες νομισματικές μονάδες έκλειναν. Όταν η κρατική εξουσία δοκιμαζόταν αυτές οι νομισματικές μονάδες ξαναπρόβαλλαν. Κατά την γερμανική κατοχή, την μεγαλύτερη ίσως κατάρρευση του κρατικού μηχανισμού, τέτοιες παράλληλες μονάδες κυριολεκτικά άνθισαν: γερμανικά ΔΠΤΡ, ιταλικές «ιονικές» δραχμές, ομόλογα της ΠΕΕΑ, λίρες ΒΜΡ, χρυσές λίρες, βουλγαρικά λέβα, τοπικές εκδόσεις. Ως κυρίαρχη νομισματική μονάδα όμως παγιώθηκε η δραχμή, δηλαδή η νομισματική μονάδα που αναγνώριζε το κράτος για είσπραξη στα ταμεία του. Όλες οι άλλες παρέμειναν περιθωριακές και τελικά εξαφανίστηκαν.

Αυτό δεν σημαίνει ότι τις νομισματικές εκδόσεις στην κυρίαρχη νομισματική μονάδα αναλάμβανε αποκλειστικά το ελληνικό κράτος. Αντιθέτως, ακολουθώντας την διεθνή τραπεζιτική πρακτική, γρήγορα εκχώρησε την διαχείριση αυτού του θεσμού σε ιδιωτικά χέρια. Το κράτος κράτησε για λογαριασμό του την κοπή μεταλλικού χρήματος και εκχώρησε την εκτύπωση χάρτινου χρήματος σε εκδοτικές τράπεζες. Ο αυτοπεριορισμός ήταν πολύ σημαντικός. Τα μεν χάλκινα, νικέλινα, αλουμινένια κλπ κέρματα, τα πλησιέστερα δηλαδή στο «χαρτικό» (chartal) χρήμα του Knapp, ήταν πολύ μικρών αξιών ώστε να επηρεάζουν την κυκλοφορία. Οι δε κοπές πλήρων νομισμάτων (χρυσών, αργυρών) ήταν περιορισμένες είτε λόγω της έλλειψης πολύτιμων μετάλλων είτε λόγω της συμμετοχής στην ΛΝΕ. Ακόμη και τα χάρτινα νομίσματα που κόπηκαν για λογαριασμό του κράτους είχαν εξωτερικούς περιορισμούς. Αφενός, οι χάρτινοι καποδιστριακοί φοίνικες και τα οθωνικά «φαλαγγίτικα» αντιστοιχούσαν σε κάποια ποσότητα γης. Αφετέρου, οι χάρτινες δραχμές που κόπηκαν για λογαριασμό του κράτους βαρύνονταν με τόκο ή με κάλυψη από άλλη αξία: συγκεκριμένα, είτε ήταν προϊόν απευθείας δανείου από τις εκδοτικές τράπεζες σε περιόδους αναγκαστικής κυκλοφορίας—τρ/τια το 1877 και κερματικά γραμμάτια το 1885— είτε ήταν καλυμμένες από τρ/τια των τραπεζών αυτών ή συνάλλαγμα—τα κερματικά γραμμάτια του κράτους δυνάμει των ν. 991/1917 και 1918/1920. Τόκος επίσης βάρυνε και τις ομολογίες της επανάστασης. Με άλλα λόγια, *κρατικό άτοκο χαρτονόμισμα χωρίς κάλυψη από κάποια άλλη αξία δεν είδε το φως της μέρας στο ελληνικό κράτος*. Αν συνυπολογίσουμε και τον ρόλο των καταθέσεων στην παροχή ρευστότητας μέσω του μηχανισμού του κλασματικού αποθεματικού, τότε το κράτος εκχώρησε, εν τινι μέτρω, το εκδοτικό προνόμιο ακόμη και στις μη εκδοτικές τράπεζες.

Αλλά και για αυτό το ιδιωτικά εκδιδόμενο χρήμα, η νομική προστασία ήταν η αρχή και το τέλος. Η βαρύτητα του εκδοτικού προνομίου—ιδανικά *μονοπωλίου*—ήταν τεράστια. Επιχειρηματικές κοινοπραξίες στέριωναν ή κατέρρεαν με την παροχή ή την στέρηση του προνομίου. Κατά την ίδρυσή τους οι εκδοτικές τράπεζες προέβλεπαν στο καταστατικό τους την άμεση διάλυσή τους σε περίπτωση εκπνοής και μη ανανέωσης του προνομίου αυτού. Αλλά και με το προνόμιο σε ισχύ, το τραπεζογραμμάτιό τους δεν είχε καμία αξία αν δεν γινόταν αποδεκτό από τα κρατικά ταμεία, όπως ανακάλυψαν η Ionian μεταξύ 1840–42 και η ΕΤΕ το 1842. Μια απλή νομική διάταξη ή διοικητική απόφαση αρκούσε να προκαλέσει την κατάρρευση της αξίας του. Ακόμη και η μετατρεψιμότητά του αποτελούσε σοβαρό μειονέκτημα, όπως π.χ. με διαπίστωσαν με οδύνη η ΕΤΕ το 1848, η ΠΤΗ μεταξύ 1864–1883. Η θέση του τραπεζογραμματίου σε αναγκαστική κυκλοφορία ήταν μια καθαρά νομική πρόνοια που προστάτευε την αξία του. Αυτό το είχε κατανοήσει και η ΕΤΕ τουλάχιστον από το 1884, απευχόμενη διά της γραφίδας του Ι. Βαλαωρίτη την άρση της αναγκαστικής ενάντια στην κρατούσα θεωρία.

Η νομική σχέση της χορηγίας του εκδοτικού προνομίου, κάτι μεταξύ υπεργολαβίας και πληρεξουσιότητας, καθιστούσε το ελληνικό κράτος την πηγή από την οποία εκπορευόταν η αξία του ιδιωτικού αυτού χρήματος. Όμως συν τω χρόνω δόθηκαν υπόγειες και μακρόχρονες μάχες από τις εκδοτικές τράπεζες για την εξασφάλιση ανεξαρτησίας χωρίς την απώλεια της προστασίας. Η τυπολογία των θεσμών δημιουργούσε μια μικτή εικόνα, αναλόγως με την οπτική γωνία. Για τον αμύητο, το τραπεζογραμμάτιο μιας εκδοτικής τράπεζας ήταν συνώνυμο του κράτους. Για τον τραπεζίτη ή τον έμπορο, η ιδιωτική εταιρική φύση των εκδοτικών τραπεζών, επιβεβαίωνε το αξίωμα ότι το χρήμα είναι ένας θεσμός γεννημένος καθαρά στην ιδιωτική σφαίρα. Όμως αυτές οι *sui generis* ανώνυμες εταιρείες ήταν σφιχτά δεμένες με τον κρατικό μηχανισμό. Δεν ήταν απλώς ο θεσμός του βασιλικού ή κρατικού επιτρόπου—για τον οποίο ελάχιστη έρευνα έχει γίνει, μάλλον λόγω της περιορισμένης σημασίας του. Οι ανώτεροι υπάλληλοι των ελληνικών εκδοτικών τραπεζών και οι ανώτεροι κρατικοί λειτουργοί αποτέλεσαν από ιδρύσεως του ελληνικού κράτους ένα σφιχτό *nexus*· οι δύο οργανισμοί συνδέονταν παραδοσιακά με «περιστρεφόμενες πόρτες», μοιραζόμενοι δεκάδες πρόσωπα σε θέσεις-κλειδιά. Έτσι οι πολιτικές τους σταδιακά συνέκλιναν. Από πλευράς του κράτους οι εκδοτικές τράπεζες απολάμβαναν ιδιαιτέρων κρατικών προνομίων και από πλευράς εκδοτικών τραπεζών, το κράτος ήταν ένας μεγάλος πελάτης, έχοντας πρόσβαση σε δανεισμό όποτε η ανάγκη το επέβαλλε (βλ. παράγραφο 24.1).

Όσοι διοικητές δεν αντιλήφθηκαν αυτήν την σχέση εξάρτησης και δυσανασχέτησαν σε αιτήματα δανεισμού, διακινδύνευσαν είτε το εκδοτικό προνόμιο είτε την διοικητική ανεξαρτησία της τράπεζάς τους· ο Γ. Σταύρος δέχθηκε απειλή έκδοσης κρατικού χαρτονομίσματος από τον Δ. Βούλγαρη το 1868 και, σοφά, ενέδωσε· ο Ι. Ευταξίας υπέστη άμεση καρατόμηση το 1914 από τον Ε. Βενιζέλο καθώς επέδειξε πιο αδιάλλακτη στάση. Μάλιστα, την καρατόμηση υφίσταντο ακόμη και όταν ο εκάστοτε Πρωθυπουργός χρειαζόταν έναν αποδιοπομπαίο τράγο για την πολιτική του (π.χ. του Α. Διομήδη από τον Βενιζέλο το 1931, του Ε. Τσουδερού από τον Ι. Μεταξά το 1939, του Γ. Μαντζαβίνου από τον Α. Παπάγο το 1955). Ακόμη και η Προσωρινή Κυβέρνηση της Θεσσαλονίκης (1916–1917) κατάφερε να εξαναγκάσει την ΕΤΕ να την προμηθεύει με χαρτονομίσματα, παρότι δεν ήταν η επίσημη κυβέρνηση. Η θέση του Διοικητή ήταν ανέκαθεν πολιτική, όπως μαρτυρούν οι θητείες προσώπων από τον Γ. Σταύρο έως τον Ξ. Ζολώτα και τον Γ. Αρσένη.

Εν γένει, οι διοικήσεις των εκδοτικών τραπεζών φάνηκε να κατανοούν την πηγή της εξουσίας που διαχειρίζονταν· εν γένει φρόντιζαν να καλοπιάνουν τον πάτρωνά τους και ειδικώς τα δύο μεγάλα εκδοτικά ιδρύματα, η ΕΤΕ και η ΤτΕ επένδυσαν ενεργά στην δημιουργία μιας οιονεί κρατικής εικόνας για τον εαυτό τους, αντίστοιχη εκείνης που είχε φιλοτεχνήσει ο Adam Smith για την Τράπεζα της Αγγλίας.

Η φύση αυτής της σχέσης ήταν πιο φευγαλέα για τον πολιτικό κόσμο. Με εξαιρέσεις τον Ι. Καποδίστρια, τον Δ. Βούλγαρη, τον Ι. Μεταξά και, κυρίως, τον Ε. Βενιζέλο, οι πολιτικοί μέχρι και τον ΒΠΠ θεωρούσαν τα ιδρύματα αυτά μάλλον κυρίους της νομισματικής εξουσίας παρά απλούς κρατικούς *πληρεξούσιους*, ή *υπεργολάβους*. Οι θεσμικές ανατροπές που επήλθαν την επαύριο του ΒΠΠ έκαναν πιο εμφανή την φύση αυτής της σχέσης· κατά την σχεδιασμένη περίοδο της ελληνικής οικονομίας την εποπτεία του νομισματικού συστήματος, των πιστώσεων και της ίδιας της ΤτΕ ανέλαβε η ΝΕ, επισφραγίζοντας τον κυρίαρχο ρόλο του κράτους στον θεσμό του χρήματος. Η εικόνα αυτή όμως άρχισε και πάλι να ξεθωριάζει μετά την κατάρρευση του Μπρέτον Γουντς και την φιλελευθεροποίηση των κρατικών πολιτικών. Ο κρατικός έλεγχος χαλάρωσε μέσω των διαδικασιών της ΟΝΕ, με πρόδρομο την κατάργηση της ΝΕ με μεταβίβαση των αρμοδιοτήτων της στην ΤτΕ (1982), και ορόσημα την δημοσίευση της αναφοράς Delors (1989) και την απορρόφηση της ΤτΕ από την ΕΚΤ, υπό μορφή υποκαταστήματος που δεν λογοδοτεί στο ελληνικό κράτος (1998). Συνοπτικά δηλαδή, *η κρατική εξουσία ήταν οι «πλάτες» που στήριζαν το ιδιωτικό χρήμα.*

23.2 Κρατική νομισματική θεωρία και πράξη

Έχοντας, συν τω χρόνω, πρόσβαση σε ολοένα και περισσότερα ιστορικά παραδείγματα, είναι άκρως εντυπωσιακή η εμμονή των κρατικών αξιωματούχων σε μια αντιμετώπιση του χρήματος αρθρωμένη γύρω από τρεις άξονες: της *ιδιωτικής εκδοτικής τράπεζας*, του *νομίσματος «σκληρής» βάσης* και της *συμμετοχής σε νομισματικές ενώσεις.* Παρότι εξετάζονται ξεχωριστά, και οι τρεις αυτοί άξονες είναι εκφράσεις της θεώρησης του χρήματος ως ενός εμπορεύματος που δεν πρέπει να τυγχάνει κρατικής διαχείρισης και κοινωνικού ελέγχου.

Οι τρεις άξονες

Πρώτον, η ιδιωτική προνομιούχος τράπεζα αναγνωρίζεται ως η μοναδική οργανωτική δομή εκδοτικού ιδρύματος. Η ΕΧΤ, που είχε ιδρύσει ο Ι. Καποδίστριας το 1828, αφέθηκε από την βαυαροκρατία να σβήσει, ενώ διάφορες προτάσεις για κρατική εκδοτική τράπεζα πέρασαν ουσιαστικά απαρατήρητες. Τόσο τα Επτάνησα όσο και η κυρίως Ελλάδα πέρασαν πολλά χρόνια εν αναμονή εκδοτικού ιδρύματος λόγω της προσκόλλησης στο μοντέλο της ιδιωτικής εκδοτικής τράπεζας.

Το ίδιο μοντέλο ακολουθήθηκε και κατά την σταδιακή απελευθέρωση τουρκοκρατούμενων περιοχών, οπότε προστέθηκε η ΠΤΗ και αργότερα η ΤΚ στις ελληνικές εκδοτικές τράπεζες. Το μοντέλο αυτό επιβεβαιώθηκε ακόμη πιο επίσημα με την ίδρυση της ΤτΕ, της πρώτης «κεντρικής τράπεζας» του ελληνικού κράτους.

Δεύτερον, το «σκληρό» νόμισμα ήταν ο δεύτερος σημαντικός άξονας νομισματικής πολιτικής, ανεξαρτήτως των πρακτικών προβλημάτων που προκαλούσε στην καθημερινή πράξη. Θεωρητικά και ιδεολογικά, αυτός ο άξονας νομισματικής πολιτικής είναι απότοκος της εμπορευματικής θεώρησης του χρήματος ως ενός ακόμη προϊόντος, η αξία του οποίου οφείλεται στο υλικό κατασκευής του. Πρακτικά, ήταν προϊόν της ανάγκης του κράτους να εξυπηρετεί το δημόσιο χρέος ή το κόστος των εισαγωγών, καθώς τυχόν υποτίμηση του εθνικού νομίσματος θα αύξανε το κόστος αυτής της εξυπηρέτησης.

Παρότι στην ιστορία του το ελληνικό κράτος παρέμεινε μόνον 38 χρόνια σε καθεστώς επίσημης μετατρεψιμότητας, είναι άκρως εντυπωσιακό το ότι στην κρατική λογική η μεταλλική βάση άντεξε μέχρι το 1973, όταν ήρθη και νομικά η σύνδεση της δραχμής με τον χρυσό. Όμως ακόμη και μετά την άρση της σύνδεσης με τον χρυσό η οπτική του «σκληρού» νομίσματος θα παρέμενε ζωντανή. Μετά από ένα σύντομο διάστημα διακύμανσης της δραχμής, από τα τέλη της δεκαετίας του 1980 η αξία της άρχισε να προσδιορίζεται με βάση εκείνη του ECU. Η δεκαετία του 1990 είδε την αναβίωση της προσκόλλησης σε ένα «σκληρό» νόμισμα, με την διατύπωση του πολιτικού προγράμματος της ΟΝΕ σε μια βάση καθαρά αντιπληθωριστική.

Τρίτον, η εμμονή στην συμμετοχή σε νομισματικές ενώσεις, άτυπες ή επίσημες, ήταν ο τρίτος άξονας νομισματικής πολιτικής, συσχετισμένος με τον προηγούμενο. Από τον Ευθύμιο Κεχαγιά (1875) και τον Παύλο Καλλιγά (1882) έως τον Ευθύμιο Χριστοδούλου (1986), το μικρό μέγεθος της ελληνικής οικονομίας ήταν το κύριο επιχείρημα των Ελλήνων τραπεζιτών για κατάργηση του εκάστοτε εθνικού νομίσματος και προσχώρηση σε ένα ξένο.

Κατά τις άτυπες νομισματικές ενώσεις, το ελληνικό νόμισμα ήταν συνδεδεμένο με κάποιο «σκληρό» ξένο νόμισμα, είτε απευθείας (ο φοίνικας και η οθωνική δραχμή με το ισπανικό δίστηλο) είτε μέσω του κανόνα χρυσού-συναλλάγματος (π.χ. στερλίνα: 1928–1931 και 1936–1939, δολάριο: 1931–1932, ελβετικό φράγκο: 1933–1936). Μάλιστα, το 1919 η σύνδεση με το δολάριο συνεχίσθηκε ακόμη και αφού αυτό εγκατέλειψε την χρυσή βάση, και πάλι με εκπεφρασμένο στόχο την μείωση του κόστους των εισαγωγών από τις ΗΠΑ. Στις περιπτώσεις αυτές η σύνδεση ήταν σε *ad hoc* βάση και, θεωρητικά, μπορούσε να ανακληθεί μονομερώς.

Κατά τις επίσημες νομισματικές ενώσεις η Ελλάδα εκχωρούσε μεγαλύτερο μέρος της νομισματικής της κυριαρχίας με σκοπό να διατηρήσει σταθερή ισοτιμία με κάποιο ξένο νόμισμα. Αυτό ήταν κάποιο αμιγώς μεταλλικό νόμισμα (χρυσό φράγκο, ΛΝΕ), κάποιο νόμισμα χρυσής βάσης (δολάριο ΗΠΑ, σύστημα Μπρέτον Γουντς) ή κάποιο νόμισμα ανεξάρτητο μετάλλου (ECU/ευρώ, ΟΝΕ).

Το αποτέλεσμα αυτής της εκχώρησης εξαρτάτο από την πολιτική του κράτους που διοικούσε αυτό το νόμισμα. Στην περίπτωση της ΛΝΕ και της ΟΝΕ, η Γαλλία και η Γερμανία, αντιστοίχως, άσκησαν αντιπληθωριστική πολιτική, προκαλώντας επεισόδια πιστωτικής συρρίκνωσης και χρεωκοπιών. Αντιθέτως, στην περίπτωση του Μπρέτον Γουντς οι ΗΠΑ άσκησαν πιο μακρόπνοη και επεκτατική πολιτική, κατά την οποία η Ελλάδα έζησε την «χρυσή» εποχή της δραχμής—συνεπικουρούμενη βεβαίως και από άλλους παράγοντες.

Η πίστη του ελληνικού πολιτικού κατεστημένου στις νομισματικές ενώσεις ήταν τέτοια που η Ελλάδα σπανίως τις εγκατέλειπε με δική της πρωτοβουλία. Οι επίσημες νομισματικές (ΛΝΕ, Μπρέτον Γουντς) διαλύθηκαν μονομερώς από τις χώρες που τις επέβαλαν (Γαλλία, ΗΠΑ), ενώ οι ανεπίσημες μέσω κανόνα χρυσού-συναλλάγματος εγκαταλείπονταν από τα ξένα νομίσματα όταν έκριναν ότι αυτό ήταν προς το συμφέρον τους (στερλίνα: 1916, 1931, δολάριο: 1917, 1933, ελβετικό φράγκο: 1936).

Μπορούμε να πούμε ότι η μοναδική περίοδος κατά την οποία η Ελλάδα βρέθηκε τελείως εκτός κάποιας νομισματικής ένωσης ήταν εκείνη της διολίσθησης από το 1975. Ήταν μια περίοδος αυτοσχεδιασμού και πειραματισμού, και ταυτοχρόνως αντιγραφής πρακτικών από ξένες κεντρικές τράπεζες. Η διολίσθηση έγινε «ελεγχόμενη» το 1985, ενώ από το 1995 η συναλλαγματική πολιτική σχεδιάσθηκε με βάση την ισοτιμία του ECU. Υπό μίαν έννοια δηλαδή, το ελληνικό πολιτικό και τεχνοκρατικό κατεστημένο «άντεξε» τον σχεδιασμό και την διαχείριση μιας ανεξάρτητης νομισματικής πολιτικής για μόλις 20 χρόνια μέσα σε σχεδόν δύο αιώνες ιστορίας. Και αυτό όχι από επιλογή, αλλά ελλείψει εξωτερικής συναλλαγματικής άγκυρας.

Διακομματικότητα και περιστασιακότητα

Η προσκόλληση σε αυτό το τρίπολο ήταν διαχρονική και διακομματική. Σε πολλές περιπτώσεις τα πρακτικά της Βουλής καταγράφουν θυελλώδεις συνεδριάσεις κατά τις οποίες συζητώνται με πάθος διαχειριστικά μικροζητήματα, χωρίς όμως ποτέ το παραπάνω τρίπολο να τίθεται υπό συζήτηση—πολλώ δε μάλλον αμφισβήτηση. Κάτι αντίστοιχο συμβαίνει και στις συζητήσεις που έχουν καταγραφεί στον Τύπο. Τέτοιο ήταν το «ζήτημα των τραπεζών» του 1873–75, κατά το οποίο η συζήτηση περιεστράφη γύρω από το *πόσες* ιδιωτικές εκδοτικές τράπεζες μπορούν να λειτουργούν στην ίδια επικράτεια. Είναι επίσης άκρως εντυπωσιακό ότι σειρά διαδοχικών—και σκληρά αντιπολιτευόμενων—κυβερνήσεων διαχειρίσθηκε με απόλυτη ομοιομορφία τα της προσχώρησης σε νομισματικές ενώσεις. Αυτό συνέβη κατά τις περιόδους 1867–1876[1] και 1907–1910[2] για την εφαρμογή του συστήματος της ΛΝΕ, και κατά την περίοδο 1992–2002[3] για την προσχώρηση στην ΟΝΕ. Στην περίπτωση της παραμονής στον κανόνα του χρυσού το 1932 (η «μάχη της δραχμής») η συναίνεση ήταν διακομματική.[4] Την δε προσχώρηση στο σύστημα του Μπρέτον Γουντς διαπραγματεύθηκε αντιπροσωπεία της εξόριστης κυβέρνησης—υπό τον δοτό πρωθυπουργό Γ. Παπανδρέου—και την επικύρωσε η κυβέρνηση Θ. Σοφούλη—η πρώτη εκλεγμένη μετακατοχική κυβέρνηση. Των δύο είχαν μεσολαβήσει άλλες πέντε.[5]

Στην πράξη όμως η προσκόλληση δεν ήταν απόλυτη. Όταν οι αδήριτες εθνικές ανάγκες έθεταν ζήτημα επιβίωσης, οι κρατικοί λειτουργοί φρόντιζαν να ρίξουν νερό στο κρασί της νομισματικής ορθοδοξίας. Το 1914, ο Ε. Βενιζέλος δημιούργησε σχολή σκέψης σχετικά με το δικαίωμα του κράτους να παρεμβαίνει στην διοίκηση του εκδοτικού ιδρύματος. Ο δε Ι. Καποδίστριας δεν δίστασε να εκτυπώσει χαρτονόμισμα το 1831 για την κάλυψη των δημοσιονομικών αναγκών και ο Δ. Βούλγαρης δεν δίστασε να απειλήσει την ΕΤΕ με εκτύπωση κρατικού χαρτονομίσματος το 1868 εν όψει επιστράτευσης. Οι εκτεταμένες περίοδοι αναγκαστικής κυκλοφορίας δεν είναι παρά έμπρακτη παραδοχή των ορίων της νομισματικής ορθοδοξίας, ειδικώς σε μια χώρα όπως η Ελλάδα.

---

[1] Κυβερνήσεις Αλ. Κουμουνδούρου, Δ. Βούλγαρη, Θρ. Ζαΐμη και Ε. Δεληγεώργη.

[2] Κυβερνήσεις Γ. Θεοτόκη, Μαυρομιχάλη και Σ. Δραγούμη.

[3] Κυβερνήσεις Κ. Μητσοτάκη, Α. Παπανδρέου και Κ. Σημίτη.

[4] Ε. Βενιζέλος, Π. Τσαλδάρης, Αλ. Παπαναστασίου.

[5] Κυβερνήσεις Γ. Παπανδρέου, Ν. Πλαστήρα, Π. Βούλγαρη, Αρχ. Δαμασκηνού, Π. Κανελλόπουλου.

Μάλιστα η πρακτική έκδοσης τραπεζογραμματίων και κερματικών γραμματίων για λογαριασμό του κράτους (βλ. παράγραφο 23.1), βρίσκεται ένα βήμα από την αμφισβήτηση της νομισματικής ορθοδοξίας σχετικά με την δυνατότητα του κράτους να παράγει απευθείας το δικό του χαρτονόμισμα. Η τακτική υποχώρηση των εκδοτικών τραπεζών απέναντι στα αιτήματα δανεισμού του κράτους κατέυνασε τυχόν πάθη, απέτρεψε την επανάληψη του καποδιστριακού πειράματος· κρατικό χρήμα δεν εκδόθηκε ποτέ. Εξημερώνοντας τις εκδοτικές τράπεζες το ελληνικό κράτος συμμορφώθηκε προς την νομισματική ορθοδοξία και ποτέ ξανά δεν ανέλαβε να εκδώσει δικό του χαρτονόμισμα.

Όμως όλες αυτές οι παρεκβάσεις από την νομισματική ορθοδοξία γίνονταν σε *ad hoc* βάση χωρίς ποτέ να εντάσσονται σε μια δομημένη και σαφώς εκπεφρασμένη πολιτική θεωρία. Ήταν προσωρινές πολιτικές πρακτικές, εκτός κάποιου γενικότερου θεωρητικού και γεωστρατηγικού πλαισίου. Το ελληνικό πολιτικό κατεστημένο δεν έχει, μέχρι σήμερα, επεξεργασθεί μια νομισματική στρατηγική ειδική για την περίπτωση της Ελλάδας, αρκούμενο στην άκοπη και αυτούσια αναπαραγωγή της εκάστοτε εισαγόμενης νομισματικής ορθοδοξίας. Ακόμη δε και στις περιπτώσεις που οι συνθήκες επέβαλλαν την παρέκβαση από το ορθόδοξο πλαίσιο, αυτό έγινε, καθυστερημένα και απολογητικά, σχεδόν ενοχικά, χωρίς να αποτελέσει εμπειρία για περαιτέρω εκμετάλλευση.

Αυτή η καθυστέρηση είχε και το τίμημά της. Ενώ π.χ. ξένα κράτη φρόντιζαν να περιορίζουν εγκαίρως τις συναλλαγματικές τους απώλειες αίροντας την μετατρεψιμότητα του νομίσματός τους, η Ελλάδα το έπραττε μόνον όταν είχε πλέον να αντιμετωπίσει μαζική μεταλλική ή συναλλαγματική αφαίμαξη. Τέτοιο αποτέλεσμα είχαν π.χ. οι προσπάθειες του Βενιζέλου το 1919 και το 1931, που επεδίωκαν την «σκληρή» δραχμή, παρά την εγκατάλειψη του κανόνα του χρυσού από την Γαλλία (το 1914), την Βρετανία (1916, 1931) και τις ΗΠΑ (1917, 1933). Αυτή η εμμονή έφτασε στο αποκορύφωμά της μετά την κατάρρευση του συστήματος του Μπρέτον Γουντς, όταν η δικτατορική κυβέρνηση του Γ. Παπαδόπουλου επιχείρησε να διατηρήσει την σύνδεση της δραχμής *και* με το δολάριο *και* με τον χρυσό.

Ίσως αυτή η στάση του ελληνικού πολιτικού συστήματος να ερμηνεύεται εν μέρει από την δυσκολία κατανόησης του χρήματος και από την πολυπλοκότητα των νέων «τεχνολογιών» που εισήγαγε κατά καιρούς η τραπεζιτική τέχνη. Όπως μπορούμε να φανταστούμε την απορία των Ελλήνων εκπροσώπων όταν βρέθηκαν στην χρηματαγορά του Λονδίνου το 1824 και άκουγαν για «ομόλογα» και «κουπόνια», έτσι μπορούμε να νιώσουμε την απορία ενός μη-τραπεζίτη βουλευτή που ακούει για «μεταλλικούς κανόνες» από τον συνάδελφό του Ε. Κεχαγιά, ή του Υπουργού που φέρνει την Βουλή νομοσχέδια που μιλούν για «special purpose vehicles» και «cross-currency swaps» τα οποία ετοίμασε η Goldman Sachs. Η πολυπλοκότητα ήταν ένα από τα κατ' εξοχήν χαρακτηριστικά που απέτρεπαν την κατανόηση όλων των όψεων αυτού του θεσμού από «περαστικούς»· από βουλευτές που μπορεί να μην εκλέγονταν ποτέ ξανά και από Υπουργούς των οποίων η θητεία θα είχε λήξει προτού καν αρχίσουν να κατανοούν αυτό που διαχειρίζονται.

Η ελλιπής κατανόηση και η περιστασιακή διαχείριση του θεσμού του χρήματος από πλευράς πολιτικού προσωπικού δεν επέτρεψε την αξιοποίηση της τεχνογνωσίας που, αναμφίβολα, αναπτύχθηκε στα εκδοτικά ιδρύματα, ώστε αυτή να χρησιμεύσει στην υλοποίηση κάποιας μακροπρόθεσμης νομισματικής στρατηγικής. Το πιο τρανταχτό παράδειγμα αυτής της τάσης είναι και το πιο πρόσφατο: σήμερα η τεχνογνωσία της ΤτΕ δεν βρίσκεται στην υπηρεσία του ελληνικού κράτους και των εθνικών στρατηγικών, αλλά υπό τον έλεγχο του ΕΣΚΤ.

23.3 Ξένος έλεγχος του νομισματικού συστήματος

Θα ήταν ίσως κοινοτοπία να πούμε ότι από ιδρύσεώς της το ελληνικό κράτος τελούσε υπό ξένο έλεγχο. Ιδρύθηκε ως προτεκτοράτο της Βρετανίας, της Γαλλίας και της Ρωσίας το 1832, κυβερνώμενο από κόμματα με τις ονομασίες «αγγλικό», «γαλλικό» και «ρωσικό»· πέρασε στην βρετανική σφαίρα επιρροής το 1864 με την παραχώρηση των Επτανήσων από την Βρετανία και την έλευση της Δυναστείας των Γλύξμπουργκ· πέρασε στην σφαίρα επιρροής των ΗΠΑ μετά τον ΒΠΠ και την διάλυση της βρετανικής αυτοκρατορίας· σήμερα τελεί υπό την άμεση διοίκηση της Ευρωπαϊκής Επιτροπής, τον ευρωπαϊκό βραχίονα της σφαίρας επιρροής των ΗΠΑ.

Στο πλαίσιο αυτό δεν θα ήταν παράξενο και το νομισματικό σύστημα, αναπόσπαστο εξάρτημα του συστήματος ισχύος, να έχει αποτελέσει αντικείμενο ξένου ελέγχου, σε επίπεδο προσώπων, θεσμών και πολιτικών επιλογών.

Σε έναν από τους σημαντικότερους μηχανισμούς ελέγχου αναδείχθηκε εκείνος του χρέους. Κατά τον μηχανισμό αυτό οι δανειστές του ελληνικού κράτους αποκτούσαν δυνατότητες πολιτικής επιρροής με την μόχλευση που τους παρείχε το ελληνικό χρέος που διακρατούσαν. Ο Eynard, δανειστής του καποδιστριακού κράτους, θα ασκούσε όλη του την επιρροή στο Παρίσι για να γίνει ο Όθωνας ο πρώτος βασιλιάς του νεαρού κράτους. Τα δάνεια της ανεξαρτησίας επισημοποίησαν τον μηχανισμό χρέους, καθώς οι κάτοχοι των ομολογιών θα παρενέβαιναν για μια δεκαετία στις προσπάθειες ίδρυσης της πρώτης εκδοτικής τράπεζας. Αυτές κατέληξαν στην ΕΤΕ, από την κοινοπραξία του προαναφερθέντος Eynard. Αργότερα, το δάνειο των 120 εκ. φράγκων που παραχώρησε ο Συγγρός το 1880 στην ελληνική κυβέρνηση θα του επέτρεπε να ιδρύσει την ΠΤΗ. Υπό το βάρος του χρέους που είχε συσσωρεύσει ο δανεισμός υπό τον Χ. Τρικούπη, το εκδοτικό προνόμιο της ΕΤΕ θα γινόταν στόχος των Βλαστού-Bardac λίγο πριν την χρεωκοπία του 1893. Το δε προσφυγικό δάνειο του 1928 είχε ως προϋπόθεση την δημιουργία κεντρικής τράπεζας στα πρότυπα της Τράπεζας της Αγγλίας και της Federal Reserve, και η εκταμίευσή του έγινε μόνον αφού συμφωνήθηκε η ίδρυση της ΤτΕ. Και φυσικά δεν πρέπει να ξεχνάμε ότι ο ΔΟΕ εγκαθιδρύθηκε από τις ομάδες των ξένων ομολογιούχων με αφορμή την χρεωκοπία του 1893. Ο ΔΟΕ επέβαλλε την πιστωτική ασφυξία της δεκαετίας 1900–1910 με σκοπό την ανατίμηση της δραχμής, η οποία είχε ως αποτέλεσμα την έξαρση των χρεωκοπιών, της τοκογλυφίας και της μετανάστευσης. Για την παράκαμψη των περιορισμών του ΔΟΕ εισήχθη το νομισματικό σύστημα Βαλαωρίτη (γνωστό ως ν. ‚ΓΧΜΒ΄/1910) που κατέστησε την ΕΤΕ ρυθμιστή της αγοράς συναλλάγματος.

Παράλληλα με αυτόν τον μηχανισμό λειτουργεί και ένας αντίστροφος, κατά τον οποίο η πολιτική ισχύς χρησιμοποιείται για την δημιουργία σχέσεων χρέους. Έτσι, π.χ. τραπεζικός οίκος C. J. Hambro & Son χρησιμοποίησε την πολιτική του επιρροή στην Βρετανία και στην Δανία—την οποία, σημειωτέον, κέρδισε δανείζοντας τον Δανό βασιλιά—για να εγκαθιδρύσει μια βασιλική δυναστεία της επιλογής του και να αποσπάσει την Ελλάδα στην δική του σφαίρα επιρροής. Κατόπιν πρωταγωνίστησε στην έκδοση δανείων για τέσσερις δεκαετίες, πρωτοστάτησε στην ίδρυση της ΤΚ και, αργότερα, στην παγίωση της ΤτΕ ως μοναδικής εκδοτικής τράπεζας. Παρόμοιο παράδειγμα ήταν ο Συγγρός, οι πολιτικές γνωριμίες του οποίου του επέτρεψαν να αποσπάσει από την ΕΤΕ το δάνειο των 120 εκ. φράγκων και να ιδρύσει την ΠΤΗ. Μάλιστα, στην περίπτωση αυτή η πολιτική επιρροή και ο δανεισμός του κράτους σχηματίζουν έναν αυτοτροφοδοτούμενο κύκλο θετικής ανάδρασης.

Αλλά και χωρίς τον μηχανισμό κρατικού χρέους, ο ξένος έλεγχος ήταν κάτι ιδιαιτέρως εύκολο να εξασφαλισθεί μέσω ενός ιδεολογικού μηχανισμού, ο οποίος βασιζόταν στην εμμονή των κρατικών λειτουργών για συμμετοχή σε νομισματικές ενώσεις. Έτσι, αν η συμμετοχή στο σύστημα του Μπρέτον Γουντς ήταν μια επιλογή σχετικά προδιαγεγραμμένη από την νέα παγκόσμια ισορροπία και την κατάρρευση του ελληνικού κράτους—και εκ του αποτελέσματος μάλλον ευτυχής—τόσο η συμμετοχή στην ΛΝΕ όσο και η συμμετοχή στην ΟΝΕ έγιναν σε πιο ουδέτερες συνθήκες με την δυνατότητα εκτενέστερης συζήτησης. Παρ' όλα αυτά, και στις δύο περιπτώσεις η απόφαση ελήφθη ταχύτατα και χωρίς να ληφθούν σοβαρά υπόψη τυχόν αρνητικές συνέπειες, με την έμφαση να δίνεται μόνον στις ευεργετικές, όπως τουλάχιστον γίνονταν αντιληπτές από τους πολιτικούς της εποχής.

Τέλος, θα πρέπει να παρατηρήσουμε ότι ο ξένος έλεγχος δεν εξασφαλιζόταν στο επίπεδο της ιδιοκτησίας των μετοχών των εκδοτικών ιδρυμάτων. Αφενός, αυτή η ιδιοκτησία φαίνεται να ήταν σε μεγάλο βαθμό σε ελληνικά χέρια. Π.χ. η ΕΤΕ ιδρύθηκε κατά 45% από εγχώρια κεφάλαια Ελλήνων και κατά 17% και από κεφάλαια Ελλήνων της διασποράς. Παρομοίως, η ΤτΕ ιδρύθηκε ως μια τράπεζα ιδιοκτησίας του δημοσίου και των μεσοστρωμάτων. Οι μεγαλύτεροι μέτοχοι ήταν δημόσια ιδρύματα (π.χ. ΑΣΟ, Παν. Θεσσαλονίκης, Μετ. Ταμείο Στρατού, ασφαλιστικά ταμεία), με τουλάχιστον ένα 11% να ελέγχεται τέτοιους μετόχους. Κατά τα δύο τρίτα οι μετοχές ανήκαν σε μεσοαστούς που αγοράζουν κάτω από 20 μετοχές, πολύ συχνά ως οικογενειακή επένδυση.

Αφετέρου, ακόμη και για τυχόν μετοχές σε χέρια ξένων προσώπων και ιδρυμάτων, ο έλεγχος που θα τους εξασφάλιζαν θα ήταν στο επίπεδο της Γενικής Συνέλευσης. Όμως είναι τουλάχιστον αμφίβολο το κατά πόσον η ΓΣ υπήρξε ο φορέας διαλόγου για θέματα εθνικής νομισματικής στρατηγικής. Τα στοιχεία που έχουμε από τις

ΓΣ της ΕΤΕ και, λιγότερο, της ΤτΕ υποδεικνύουν ότι η ΓΣ είχε μάλλον την δυνατότητα επικύρωσης τέτοιων κεντρικών αποφάσεων αλλά όχι διαμόρφωσής τους. Αυτές μάλλον ήταν περισσότερο προϊόν κρατικής πολιτικής, είτε ανεξάρτητης, είτε ως προϊόν ξένου ελέγχου, και μπορεί να ήταν σε ακόμη αντίθεση με τις αποφάσεις της ΓΣ. Τέτοιο ήταν το δάνειο του 1868 από την ΕΤΕ στο κράτος, που παρέκαμπτε την ΓΣ και παρέβαινε το καταστατικό της τράπεζας. Επίσης, αντίστοιχοι ήταν οι περιορισμοί που επέβαλλε ο Ε. Βενιζέλος στην εκλογή Διοικητή από την ΓΣ των μετόχων της ΤτΕ το 1931· η εκλογή ήταν «ελεύθερη», αλλά το αποτέλεσμά της έπρεπε να το εγκρίνει ο Πρωθυπουργός. Ενδεικτικά τέλος, η θεσμοθέτηση της ανεξαρτησίας της ΤτΕ από την ελληνική κυβέρνηση με τον ν. 2548/1997, απέρρεε από την Συνθήκη του Μάαστριχτ· το σχετικό νομοσχέδιο που τροποποιούσε το καταστατικό της ΤτΕ προετοιμαζόταν για μήνες και, μετά την ψήφισή του, απλώς κυρώθηκε από την ΓΣ των μετόχων της ΤτΕ.

23.4 Τελικά συμπεράσματα

Τι θα μπορούσε να μείνει ως κεντρική ιδέα των παραπάνω συμπερασμάτων;

Πρώτον, ότι το ελληνικό κράτος αποτέλεσε την πηγή του θεσμού του χρήματος ήδη από τα χρόνια της Επανάστασης, είτε αυτό γινόταν κατανοητό από τις πολιτικές εξουσίες, είτε όχι.

Δεύτερον, ότι οι κρατικοί λειτουργοί σπανίως το κατανόησαν αυτό. Ποτέ δεν είδαν τον εαυτό τους, θεσμικά, ως νόμιμο διαχειριστή αυτού του θεσμού, αλλά ως έναν πεπερασμένης κυριότητας παρένθετο, με μοναδική αποστολή να αναθέσει την διαχείριση σε κάποιον τρίτο. Κατά συνέπεια δεν ανέπτυξαν ούτε πλήρη εννοιολογική κατανόηση του θεσμού, αλλά ούτε και πλήρη διαχειριστική ικανότητα.

Τρίτον, ότι το χρήμα επέστρεφε στην κρατική διαχείριση όταν οι συνθήκες το επέβαλλαν, αλλά μόνον προσωρινά και επί τούτου. Σκοπός των εκάστοτε κρατικών λειτουργών ήταν επιστροφή του χρήματος το συντομότερο δυνατόν στους «φυσικούς» του διαχειριστές, δηλαδή τις τράπεζες και τις αγορές.

Τέταρτον, ότι το ελληνικό νόμισμα πέρασε μεγάλα διαστήματα σε ξένο έλεγχο, έμμεσο ή άμεσο, είτε λόγω των συσχετισμών ισχύος που επέβαλλε το χρέος του ελληνικού κράτους, είτε λόγω της δυστοκίας του κρατικού μηχανισμού να αναλάβει την ευθύνη διατύπωσης μιας συνολικής στρατηγικής και τον κόπο υλοποίησής της. Ο ξένος έλεγχος ήταν ανέκαθεν η πιο ασφαλής και η λιγότερο κοπιώδης τακτική για το προσωπικό του κρατικού μηχανισμού, αν και με συχνά καταστροφικές συνέπειες για τον υπόλοιπο ελληνικό λαό.

Πέμπτον, ότι υπήρχε, και υπάρχει, σημαντική τεχνογνωσία στις «τεχνολογίες» του χρήματος στα ελληνικά ιδρύματα που κατά καιρούς το διαχειρίσθηκαν. Όμως η έλλειψη τεχνικής και εννοιολογικής κατανόησης του ζητήματος από πλευράς πολιτικού προσωπικού (κάτι που θεωρείται αρμοδιότητα κυρίως των τεχνοκρατών), και η έλλειψη κάποιας μακροπρόθεσμης στρατηγικής από το τεχνοκρατικό προσωπικό (καθήκον κυρίως των πολιτικών) αφήνουν αυτήν την τεχνογνωσία ανεκμετάλλευτη και την Ελλάδα χωρίς μια μακροπρόθεσμη προοπτική για το νόμισμά της.

ΕΙΔΙΚΑ ΚΕΦΑΛΑΙΑ ΝΟΜΙΣΜΑΤΙΚΗΣ ΙΣΤΟΡΙΑΣ

24

Σ ΤΟ ΚΕΦΑΛΑΙΟ ΑΥΤΟ παρουσιάζονται ειδικά κεφάλαια νομισματικής ιστορίας που λόγω της διαχρονικότητάς τους δεν εμπίπτουν σε κάποια συγκεκριμένη περιοδολόγηση. Επίσης, κάποια κεφάλαια που αν και τεκμηριώνουν κάποιες από τις παραδοχές και τα συμπεράσματα του κυρίως κειμένου, τα παραθέτω εδώ για να μην διογκώσουν υπερβολικά την αφήγηση.

24.1 Ελληνικές εκδοτικές τράπεζες: κρατικές ή ανεξάρτητες;

Σέβομαι την ανεξαρτησία του. Ελπίζω, όμως, ότι ανεξάρτητα θα συμπεράνει
ότι οι δικές μου απόψεις θα πρέπει να ακολουθηθούν.
Ο Πρόεδρος R. Nixon για τον Arthur Burns, κατά την ορκωμοσία του ως
Διοικητή της Fed, 31/1/1970 (R. M. Nixon 1971, 45–46)

Όλες οι ελληνικές εκδοτικές τράπεζες ιδρύθηκαν ως μετοχικής βάσεως ανώνυμες εταιρείες και τέτοιες παρέμειναν μέχρι την λήξη του προνομίου τους. Ως τέτοια λειτουργεί και η ΤτΕ σήμερα. Η αλληλεπίδραση του πολυμετοχικού ιδιοκτησιακού τους καθεστώτος με το ύψιστο κρατικό μονοπώλιο που τους παραχωρήθηκε δημιούργησε ένα πλέγμα σχέσεων περίπλοκο και δυναμικό. Προκύπτει λοιπόν το αναπόδραστο ερώτημα: *Ήταν ιδιωτικές επιχειρήσεις ή οιονεί κρατικοί οργανισμοί;* Ήταν ιδρύματα ανεξάρτητα ή ελεγχόμενα από το κράτος; Μάλιστα, τα τελευταία χρόνια το ερώτημα έχει χαρακτήρα σκανδαλολογικό, με την αναφορά στην ιδιότητα της Ανωνύμου Εταιρείας να αποτελεί σχεδόν δημοσιογραφική αποκάλυψη. Χαρακτηριστικές είναι οι αναφορές του Κώστα Βαξεβάνη σε ρεπορτάζ της 14/4/2011 στο «Κουτί της Πανδώρας» (Βαξεβάνης 2011), καθώς και του Βασίλη Βιλιάρδου σε άρθρο της 15/5/2011 (Βιλιάρδος 2011). Στο θέμα των τραπεζών και του χρήματος οι εν λόγω σχολιαστές υποπίπτουν σε πολλές ανακρίβειες, αρκούνται στην ελλιπή έρευνα και αναπόδραστα διολισθαίνουν στην συνωμοσιολογία.[1]

Παρ' όλα αυτά το ερώτημα παραμένει εύλογο και πρέπει να απαντηθεί. Για την απάντηση αυτή όμως δεν αρκεί να εξετασθεί το τυπικό κομμάτι της σύστασης των τραπεζών αυτών. Σύμφωνα με το καταστατικό τους ήταν ιδιωτικές επιχειρήσεις, στις οποίες είχε παραχωρηθεί κάποιο κρατικό προνόμιο και οι οποίες ετίθεντο υπό την εποπτεία του κράτους. Υπό το πρίσμα αυτό δεν διέφεραν σε τίποτα από τους τους φαρμακοποιούς, τους μηχανικούς ή τους γιατρούς. Και στην περίπτωσή τους το κράτος εκχωρεί σε συγκεκριμένο αριθμό επαγγελματιών το προνόμιο να παρέχουν την συγκεκριμένη υπηρεσία και τους ελέγχει βάσει συγκεκριμένου νομικού πλαισίου. Το ίδιο συμβαίνει και με σχεδόν κάθε άλλη επαγγελματική κατηγορία. Κανείς όμως δεν θα χαρακτήριζε ένα ταξί ως κρατική επιχείρηση, επειδή το κράτος του εκχωρεί άδεια λειτουργίας και το θέτει υπό την αγορανομική, φορολογική και διοικητική εποπτεία του.

Επιπλέον, η πολλαπλότητα των ρόλων περιπλέκει ακόμη περισσότερο τα πράγματα. Το κράτος, εκτός από εγγυητής των προνομίων, μπορούσε να είναι ελεγκτής, μέτοχος ή δανειζόμενος της τράπεζας. Από την άλλη

---

[1] Π.χ. ο Βιλιάρδος αναφέρει ότι *«[ι]στορικά, η ΤτΕ ιδρύθηκε το 1927, επειδή η Εθνική Τράπεζα, η οποία είχε το δικαίωμα δημιουργίας χρημάτων από το πουθενά, το εκδοτικό προνόμιο δηλαδή από το 1841 (ιδρύθηκε ουσιαστικά από τον οίκο Rothschild, σε συνεργασία με Έλληνες), δεν δέχθηκε να «τυπώσει» χρήματα για τη χρηματοδότηση της Μικρασιατικής Εκστρατείας».* Μέσα σε μια πρόταση οι ανακρίβειες είναι τόσες που το παρόν υποσέλιδο δεν χωράει τον σχολιασμό τους. Αλλά και ο Βαξεβάνης θεωρεί ότι *«το κράτος δεν έχει κανένα δικαίωμα ελέγχου πάνω της»* (1:47), ενώ παρουσιάζει σχολιαστές της τεκμηρίωσης τους Δημήτρη Καζάκη να αναφέρουν ότι *«το εθνικό νόμισμα εκδιδόταν από την τράπεζα της Αγγλίας»* (6:47). Και εδώ οι ανακρίβειες είναι υπερβολικές έστω και για απλή αναφορά.

πλευρά και η τράπεζα λειτουργούσε ως δανείστρια ή ως ταμίας του κράτους, καθιστάμενη επιχείρηση υπό την επιτήρηση και εγγύηση του «πελάτη» της.

Επανερχόμενος λοιπόν στο αρχικό ερώτημα, θα προσπαθήσω να το προσεγγίσω εξετάζοντας διάφορες περιοχές αλληλεπίδρασης κράτους-τραπεζών που ξεκινούν από την μετακίνηση χρήματος και φτάνουν στην μετακίνηση προσώπων. Θα επικεντρωθώ κυρίως στην ΕΤΕ και την ΤτΕ, καθώς οι υπόλοιπες εκδοτικές τράπεζες (Ionian, ΠΤΗ, ΤΚ) λειτούργησαν υπό την σκιά της ΕΤΕ, η οποία μπορεί να χαρακτηρισθεί η κατ' εξοχήν εκδοτική τράπεζα.

Ο λόγος για τον οποίο παραλείπω την ΕΧΤ είναι το ότι θεωρώ το ερώτημα κατά μείζονα λόγο λυμένο: η ΕΧΤ αποτελούσε τμήμα της κρατικής διοίκησης, οι διοικούντες αυτή στελέχωναν ταυτοχρόνως και άλλες κρατικές υπηρεσίες και το κεφάλαιό της κατευθύνθηκε εξ' ολοκλήρου στην ικανοποίηση αναγκών του κρατικού μηχανισμού. Πουθενά στο καταστατικό της δεν αναφερόταν ότι έχει ανεξάρτητο χαρακτήρα και όλοι της οι διευθυντές ήταν διορισμένοι. Ακόμη και οι μέτοχοι είχαν μάλλον χαρακτήρα δανειστή, και το δάνειο αυτό είχε έντονα αναγκαστικό χαρακτήρα. Οπότε στην περίπτωση της ΕΧΤ μπορώ να απαντήσω ότι πράγματι ήταν ένα καθαρά κρατικό ίδρυμα.

Φιλοτεχνώντας μια εικόνα

Προτού ξεκινήσω την ψηλάφηση του ερωτήματος θεωρώ χρήσιμο να σχολιάσω την εικόνα που οι ίδιες οι εκδοτικές τράπεζες προσπάθησαν να προωθήσουν και η οποία τόνιζε τον «κοινωφελή» και οιονεί κρατικό τους ρόλο, εικόνα παρόμοια με εκείνη που επεχείρησε να φιλοτεχνήσει και ο Adam Smith για την Τράπεζα της Αγγλίας.

Παρότι η ΕΤΕ ιδρύθηκε σαφώς ως ανώνυμος εταιρεία (άρθρο 1 του ιδρυτικού νόμου), με την διευκρίνιση ότι *«τὸ κατάστημα τῆς Ἐθνικῆς Τραπέζης θέλει εἶσθαι ἐντελῶς ἰδιωτικὸν»* (άρθρο 28), οι χαρακτηρισμοί «Εθνική» και «της Ελλάδος» προσέδιδαν την εντύπωση ενός εθνικού δημοσίου ιδρύματος, αντίστοιχου μιας Δημόσιας Υπηρεσίας, όπως οι εφορίες και τα δικαστήρια.

Την «εθνική» και «κοινωφελή» εικόνα την οποία προωθούσε η τράπεζα μπορούμε να ανιχνεύσουμε και στην *Ιστορία της Ιδρύσεως της Εθνικής Τραπέζης της Ελλάδος (1833–1843)* του Δ. Λ. Ζωγράφου. Το έργο προλόγιζε ο Κώστας Σ. Μαλαματιανός, πρόεδρος και ιδρυτής του Συνεταιρισμού των Υπαλλήλων της Εθνικής Τραπέζης. Πέραν των εγκωμίων που πλέκει με λυρικό τρόπο στον Γεώργιο Σταύρο, στον Eynard και στην ίδια την εταιρεία στην οποία εργαζόταν, μεταφέρει και λόγια του Ιωάννη Καποδίστρια σχετικά με τον δυνητικό ρόλο μιας τράπεζας στην Ελλάδα για την εύρεση χρημάτων. Αυτά τα μεταφέρει όπως τα «διαμόρφωσε» ο Μάρκος Ρενιέρης (31/5/1863) στον επικήδειο λόγο του Γ. Σταύρου, τον οποίο θα διαδεχόταν στην προεδρία της ΕΤΕ. Σύμφωνα λοιπόν με τον Δ. Λ. Ζωγράφο (1925, 1:ια´–ιβ´) έγραφε ο Κυβερνήτης:

> *Τί εἶναι ἡ Ἑλλάς; Τόπος κατεστραμμένος ὑπὸ τεσσάρων αἰώνων δουλείας καὶ πολλῶν ἐτῶν ἀναρχίας. Τὰ φυσικὰ πλούτη τοῦ τόπου δὲν δύνανται νὰ γονιμοποιηθῶσιν εἰ μὴ διὰ τῆς ἐργασίας· ἡ ἐργασία δὲν δύναται νὰ γίνῃ εἰ μὴ διὰ χρημάτων. Ποῦ δὲ μοχλὸς πρὸς εὕρεσιν αὐτῶν; Ἡ σύστασις τραπέζης δυναμένη διὰ τῆς πίστεως νὰ πολλαπλασιάσῃ τὰ κεφάλαια [...]*

Αφήνεται δηλαδή να εννοηθεί και να παγιωθεί ως δεδομένο ότι η ΕΤΕ ήταν το μέσον για την γονιμοποίηση του φυσικού πλούτου της Ελλάδας, δηλαδή ένα οιονεί ευαγές ίδρυμα με *κοινωνική* και *εθνική* αποστολή. Τι όμως πραγματικά έγραψε ο Καποδίστριας; Στην επιστολή του της 6(18)/10/1830 στον Crud στην Γενεύη διαβάζουμε (Βέτας 1843, 4:111):[2]

> *Ἀλλ' ἡ Ἑλλὰς τὶ ἔκαμεν ἵνα φθάσῃ εἰς αὐτὸν [τὸν λιμένα τῆς σωτηρίας], καὶ τὶ δύναται νὰ κάμῃ; Ἕως τοῦδε μόνον ἔδειξεν τὰς πληγὰς ὅσας τῇ ἀφῆκαν τεσσάρων αἰώνων δουλεία καὶ ἀναρχία ἑπτὰ ἐτῶν [...] Ἐπιθυμεῖ ὅμως αὐτὴ εἰλικρινῶς καὶ θερμῶς νὰ ὑποβληθῇ εἰς τὴν δίαιταν [ΣτΣ: στο γαλλικό πρωτότυπο «régime», δηλ. «καθεστώς»] ἐκ τῆς ὁποίας μόνης δύναται νὰ ἰατρευθῇ ῥιζικῶς εἰς τὸν ἄπαντα χρόνον. Εἶναι δὲ ἡ δίαιτα αὕτη ἡ ἐργασία, τῆς ὁποίας ἔχομεν ἐνταῦθα*

---

[2] Στο γαλλικό πρωτότυπο: *«Mais pour y arriver [au port de salut] qu'a fait la Grece? que peut-elle faire? Jusqu'ici elle n'a pu que montrer les plaies que lui ont léguées quatre siècles d'esclavage et sept années d'anarchie [...] [M]ais elle desire sincerement et ardemment se soumettre au regime qui seul peut la guérir radicalement et pour toujours. Ce regime est le travail. Le travail exige des avances, et les avances ne peuvent se faire qu'au moyen de l'argent d'abord, et plus tard du credit»* (Betant 1839, 4:150).

ὅλα τὰ στοιχεῖα ἐκτὸς ἑνός, τοῦ ὁποίου ἐλλείποντος, στεκόμεθα, οὕτως εἰπεῖν, μὲ σταυρωμένας χεῖρας. Ἡ ἐργασία ἀπαιτεῖ καταβολάς, καὶ αἱ καταβολαὶ συνίστανται πρῶτον ἐκ χρημάτων, ὕστερον δὲ ἐκ πιστώσεως.

Στην συνέχεια ο Καποδίστριας κάνει μεν λόγο για τράπεζα, αλλά υπό διαφορετικό πλαίσιο. Μιλώντας για την αναγκαία βοήθεια 8–10 εκ. φράγκων, σε μια εφάπαξ δόση, εκθέτει την πρόθεσή του να καταθέσει 4–5 εκ. σε τράπεζα ενυπόθηκων δανείων που θα παρείχε δάνεια με τόκο 8% προς καταπολέμηση της τοκογλυφίας. Για την βοήθεια αυτή, γράφει ότι ζητά δάνειο 60 εκ. φράγκων από τις Μεγάλες Δυνάμεις. Μέχρις εκεί και πέραν τούτου ουδέν.

Κατ' αρχήν, είναι τουλάχιστον συζητήσιμη η τόσο ανακριβής παραπομπή σε παλαιότερα κείμενα, και μάλιστα εντός εισαγωγικών. Δεν γνωρίζουμε αν αυτή η διαστρέβλωση της ανωτέρω επιστολής έγινε από τον Μάρκο Ρενιέρη ή τον Μαλαματιανό, σίγουρα όμως αμφότεροι είχαν πρόσβαση στις επιστολές του Καποδίστρια (είχαν εκδοθεί το 1839) αν θα ήθελαν να κάνουν ορθή απόδοση. Ακόμα χειρότερα όμως, είναι απαράδεκτη η αδιασταύρωτη υιοθέτηση της φράσης από τον Ιστορικό. Ο Δ. Λ. Ζωγράφος την δέχεται ως δεδομένη, και μάλιστα την χρησιμοποιεί στο εσώφυλλο του βιβλίου του, προεξοφλώντας τον ευαγή κοινωνικό και εθνικό χαρακτήρα του ιδρύματος ως αδιαμφισβήτητη πραγματικότητα.

Η διατύπωση των Μάρκου Ρενιέρη και Μαλαματιανού προσδίδει μια μονόδρομη τελεολογία στο όλο ερώτημα: *Μοναδική οδός προς εύρεση χρημάτων θεωρείται η ίδρυση τράπεζας που θα πολλαπλασιάσει υπάρχοντα (μεταλλικά) κεφάλαια δια της πίστεως, άρα του δανεισμού*. Κανείς άλλος τρόπος εκδόσεως χρήματος δεν θεωρείται πιθανός.

Αλλά αντίστοιχη είναι η αφήγηση της ΤτΕ από έναν υπάλληλό της, τον Γεώργιο Πύρσο. Γράφοντας για την ΤτΕ, ο Πύρσος (1936, 1:11–13) κάνει λόγω για *«τὴν ἀνιδιοτέλειαν καὶ τὴν ἀποκλειστικὴν ἀφοσίωσιν της πρὸς τὰ γενικὰ συμφέροντα»* και αποφαίνεται:

> *Ἡ ὕψιστη κρατικὴ λειτουργία τῆς ἐκδόσεως νομίμου χρήματος εἶναι ἀντίθετον πρὸς τὰ γενικὰ συμφέροντα νὰ ἐξακολουθῇ οὖσα ἐμπεπιστευμένη εἰς ὀργανισμοὺς ἀποβλέποντες κατὰ κύριον λόγον εἰς τὴν ἀπόκτησιν κερδῶν. Δὲν νοεῖται σήμερον ὀργανισμὸς κερδοσκοπικός, φύσει ἢ θέσει, ἀσκῶν ταυτοχρόνως καὶ δημόσιον λειτούργημα καὶ κερδοσκοπικόν. Καθ' ὅσον εἶναι ἀδύνατον νὰ ὑπηρετῇ τις καλῶς συγχρόνως τὸν Θεὸν καὶ τὸν Μαμμωνᾶν.*

Ίσως αυτές οι λυρικές εξάρσεις και οι αιχμές κατά της ΕΤΕ—του «υπηρέτη του Μαμμωνά»—να ήταν χαρακτηριστικά της εποχής. Ο Αλέξανδρος Διομήδης, απευθυνόμενος στην ΓΣ των μετόχων το 1918 πολύ πιο προσγειωμένα, αλλά πολύ πιο ασαφώς, διευκρινίζει ότι *«ἡ Ἐθνικὴ Τράπεζα εἶναι ἰδιωτικὸν ἴδρυμα ἔχον Δημόσιον χαρακτῆρα»* (Κωστής 2003, 175). Με παρόμοιο ύφος και ασάφεια, στο «Χρονικόν» του το 1955 ο Βενέζης, αλλά και αργότερα η ΤτΕ, υιοθετούν μια πιο ουδέτερη—αλλά και πιο αινιγματική—θέση ότι *«[ἡ] Τράπεζα τῆς Ἑλλάδος ἱδρύθηκε ὡς ἐκδοτικὴ τράπεζα μικτῆς μορφῆς, οὔτε καθαρὰ κρατική, οὔτε ἰδιωτική»* (ΤτΕ 1978b, 76). Όμως αυτές οι προσγειωμένες διατυπώσεις σε καμία περίπτωση δεν αναιρούν το υποβλητικό αίσθημα που προκαλείται σε όποιον μπαίνει για πρώτη φορά στο κτήριο της Πανεπιστημίου 21. Οι βαριές πόρτες οδηγούν σε μια αχανή αίθουσα με μια πανύψηλη οροφή και συμπαγή αρχιτεκτονικά μαρμάρινα στοιχεία. Το αίσθημα που αποπνέουν είναι η ισχύς και η σταθερότητα, και αφήνουν να εννοηθεί η ήρεμη δύναμη του κράτους. Όπως έλεγε ο Τσουδερός στην ΓΣ των μετόχων το 1938 (ΤτΕ 1939, 8):

> *Ἡ πρόσοψις τοῦ νέου μας κτιρίου φανερώνει ἀκόμη καὶ τὸν χαρακτήρα τοῦ ἱδρύματος. Ἐμπνέει τὴν ἤρεμον σταθερότητα καὶ τὴν ἐμπιστοσύνην πρὸς τὴν ἐπιτυχῆ ἔκβασιν τῆς εἰλικρινοῦς καὶ σοβαρᾶς ἐργασίας, αἱ ὁποῖαι εἶναι αἱ διέπουσαι ἀρχαὶ τῆς ὀργανώσεως καὶ λειτουργίας τῆς Τραπέζης.*
> *Ὅπως ἡ Τράπεζα ἱδρύθη καὶ ἐθεμελιώθη ἐπὶ βάσεων ἀρραγῶν καὶ διὰ παντὸς ἀσαλεύτων, ἐξ ὧν ἀντλεῖ τὴν δύναμιν νὰ ῥυθμίζῃ, προασπίζῃ καὶ προάγῃ τὴν οἰκονομίας τῆς χώρας, οὕτω καὶ τὸ νέον κτίριόν της, σεμνὸν καὶ ἀπέριττον ἀλλὰ συγχρόνως ἀσφαλὲς καὶ ἐπιβλητικόν, δύναται νὰ φυλάξῃ καὶ ἐξυπηρετήσῃ τὸν ἐμπεπιστευμένον εἰς αὐτὴν πλοῦτον τῆς Χώρας καὶ τῆς Τραπέζης.*

Ακόμη και στα εγκαίνια του κτιρίου στις 15/5/1933, όπου παρευρέθη σύσσωμος ο πολιτικός κόσμος, τα θεμέλια «χρυσώθηκαν» με νομίσματα αρχαία, βυζαντινά, Καποδιστριακά και σύγχρονα (Βενέζης 1955, 170–172), ωσάν η τράπεζα να προοριζόταν να γίνει μια κιβωτός του έθνους.

Πέραν της εικόνας: εταιρείες με κρατικά προνόμια

Είναι σαφές ότι η ΕΤΕ δεν θα γινόταν ποτέ αυτό που έγινε χωρίς το εκδοτικό προνόμιο· για την ακρίβεια, ποτέ δεν θα είχε υπάρξει χωρίς αυτό. Όπως είδαμε, το απλό εκδοτικό δικαίωμα που προέβλεπε ο καταστατικός νόμος δεν ήταν αρκετό για την προσέλκυση αρκετών μετόχων. Μόνον όταν αυτό μετετράπη από το κράτος σε αποκλειστικό προνόμιο, κατέστη δυνατή η προσέλκυση αρκετών επενδυτών για την ίδρυση της τράπεζας.

Μάλιστα, το άρθρο 106 του τελικού καταστατικού όριζε ότι πέντε έτη προ της λήξεως του προνομίου, οι μέτοχοι θα αποφάσιζαν αν θα ζητούσαν την ανανέωσή του από την Κυβέρνηση, ή θα προέβαιναν στην διάλυση της τράπεζας. Για δεκαετίες, *Τράπεζα χωρίς προνόμιο απλούστατα δεν προβλεπόταν*. Το ίδιο συνέβη και με όλες τις εκδοτικές τράπεζες, όπως φαίνεται και από την εξιστόρηση της ίδρυσης της Ionian, της ΓΠ και της ΠΤΗ.

Είναι σημαντικό να κατανοήσουμε ότι όλο το οικοδόμημα της ΕΤΕ στηρίχθηκε πάνω στην νομική κάλυψη του κράτους, στην εκχώρηση δηλαδή ενός κρατικού μονοπωλίου, της έκδοσης χρήματος, χωρίς το οποίο η ΕΤΕ πολύ απλά δεν θα υπήρχε. Αυτό θα πρέπει να σταθμίζεται όταν αξιολογούνται οι κατοπινές παροχές της ΕΤΕ προς το κράτος υπό μορφή δανείων, και τις οποίες οι ιστορικοί συνηθίζουν να περιβάλλουν με ένα μανδύα ευεργεσίας. Χωρίς ελληνικό κράτος θα έπαυε να υπάρχει και η Εθνική.

Η στήριξη του κράτους στην ΕΤΕ δεν έμεινε μόνο στην εκχώρηση κρατικού μονοπωλίου. Από την ίδρυσή της και για 25 χρόνια η ΕΤΕ δεν πλήρωνε καθόλου φόρους επί των κερδών της ούτε τέλη χαρτοσήμου (π.χ. η Ionian πλήρωνε φόρο εισοδήματος στην Αγγλία). Μόνο το 1867 υποχρεώθηκε σε φόρο επιτηδεύματος 10.000 δρχ κατ' έτος[3] και το 1873, όταν επιβλήθηκαν τέλη χαρτοσήμου στις μετοχές ανωνύμων εταιρειών,[4] οι μετοχές της ΕΤΕ επιβαρύνθηκαν με τέλη 50 λεπτών έκαστη.

Το 1877, βάσει της μελέτης νομοσχεδίου του Σωτηρόπουλου, η επιτροπή Οικονομικών της Βουλής κατέθεσε προτάσεις για την φορολόγηση των τραπεζών, όπου πρότεινε φορολόγησή της ΕΤΕ με 12% επί των καθαρών κερδών.[5] Ο Βαλαωρίτης (1902, 70) χαρακτήρισε αυτό το νομοσχέδιο «δημευτικόν». Η ΕΤΕ διαμαρτυρήθηκε (μαζί με τις άλλες τράπεζες[6]) και τελικώς το νομοσχέδιο δεν ψηφίστηκε. Ως συμβιβασμός ψηφίστηκε[7] η φορολόγηση 2% επί των ετησίων καθαρών κερδών των ανωνύμων εταιρειών, στην οποία υπεβλήθη η ΕΤΕ και η οποία το 1880 αυξήθηκε σε 3%.[8]

Όταν όμως ο φόρος αυτός αυξήθηκε σε 5%,[9] η ΕΤΕ εξαιρέθηκε. Αιτία ήταν η σύμβαση ΕΤΕ-κράτους (8/10/1880), που μεταξύ άλλων ανανέωσε το προνόμιό της μέχρι τις 31/12/1916. Σύμφωνα με το άρθρο 13, όσο ίσχυε το προνόμιο το κράτος δεν θα μπορούσε να επιβαρύνει την ΕΤΕ με νέους φόρους (Ε. Κ. Στασινόπουλος 1966, 54). Για τον ίδιο λόγο εξαιρέθηκε το 1887 η ΕΤΕ από την αύξηση του φόρου επιτηδεύματος κατά 20%[10] και από τα τέλη χαρτοσήμου 2% ανά μετοχή.[11] Θα πρέπει να σημειώσουμε όμως ότι στην τελευταία περίπτωση κατέβαλε το ποσό και δικαιώθηκε το 1892 από τον Άρειο Πάγο. Δεν είναι ίσως τυχαίο που ο Βαλαωρίτης (1902, 118–124) αφιερώνει 7 ολόκληρες σελίδες υποσημειώσεων για να μνημονεύσει ολόκληρη την απόφαση αυτή, που επισφράγισε όπως φαίνεται δικαστικούς αγώνες 15 χρόνων.

Πέραν της προνομιακής φορολογικής μεταχείρισης η ΕΤΕ σύντομα απέσπασε και προνομιακή μεταχείριση από την Δικαιοσύνη. Το 1847 η Διοίκηση της τράπεζας απέστειλε έγγραφο στο Υπουργείο Δικαιοσύνης (27/11/1847) με έκθεση των δικηγόρων της «*περὶ ἀναθεωρήσεως τῆς Πολιτικῆς δικονομίας διὰ τὰς κατασχέσεις καὶ τους πλειστηριασμούς*». Το αίτημα επανελήφθη το 1853 με επιστολή της ΓΣ των μετόχων (8/12/1853) προς το Υπουρ-

---

[3] Ν. ΣΙϚ´ (216) της 19/4/1867 (ΦΕΚ 24, 19/4/1867, σ. 175). Κάθε άλλη τράπεζα πλήρωνε 5.000 δρχ.

[4] Ν. ΥΠΔ´ (484) της 30/7/1873 (ΦΕΚ 35, 4/8/1873, σελ.259).

[5] Για την Ionian (που έχαιρε εκδοτικού προνομίου σε μικρότερη περιοχή) πρότεινε 8% και για την Τράπεζα Βιομηχανικής Πίστεως (που δεν ήταν εκδοτική) πρότεινε 4% (Συρμαλόγλου 2007).

[6] Επιστολές έστειλαν ο Μάρκος Ρενιέρης (διοικητής της ΕΤΕ), Κάρολος Μέρλιν (γενικός διευθυντής της Ionian) και ο Παύλος Καλλιγάς, πρόεδρος του ΔΣ της ΤΒΠ (Συρμαλόγλου 2007).

[7] ΧΚ´ (620) της 21/6/1877 (ΦΕΚ 42, 23/6/1877, σ. 189–190).

[8] Ν. ΩΙΘ´ (819) της 24/7/1880.

[9] Αυξήθηκε σε 5% με τον Ν. ͵ΑΣΚϚ´ (1226) της 31/3/1885.

[10] Ν. ͵ΑΥΙΘ´ (1419) της 12/4/1887 (ΦΕΚ 85, 14/4/1887, σ. 261).

[11] Ν. ͵ΑΧΚΕ´ (1625) της 30/12/1887 (ΦΕΚ 2, 4/1/1888, σ. 5–15).

γείο Εσωτερικών, στην οποία περιλαμβανόταν έκθεση «*περὶ τῶν ἀπαιτουμένων βελτιώσεων τῆς Ἑλληνικῆς νομοθεσίας ὡς πρὸς τὰ ἐνυπόθηκα δάνεια*» (Βαλαωρίτης 1902, 28).

Τελικά τα παραπάνω εισακούσθηκαν με την ψήφιση του νόμου ΦΚϚ΄(526) της 11/4/1859, που προέβλεπε επιπλέον προνόμια για την ΕΤΕ. Ο νόμος όριζε την προτεραιότητα της ΕΤΕ σε πλειστηριασμούς, ακόμη κι αν προϋπήρχε εγγεγραμμένη κατάσχεση από άλλους δανειστές (άρ. 32) και την προτεραιότητά της στα δικαστήρια: «*Ὅλαι αἱ δίκαι τῆς Τραπέζης εἰσάγονται παρ' αὐτῆς ὡς κατεπείγουσαι καὶ δικάζονται τὴν τρίτην ἡμέραν ἀπὸ τῆς ἐπιδόσεως, χωρὶς νὰ ἦναι πρὸς τοῦτο ἀνάγκη πράξεως τοῦ Προέδρου*» (άρ. 37).[12]

Αργότερα, με τον ν. ,ΓΧΜΒ΄/1910, η ΕΤΕ—και μόνον η ΕΤΕ—αποκτούσε το δικαίωμα να εκδίδει τραπεζογραμμάτια πέραν του ορίου κυκλοφορίας της για να αγοράζει συνάλλαγμα σε τιμές που θα κυμαίνονταν εντός συγκεκριμένων ορίων. Το απόθεμα που δημιούργησε η ΕΤΕ αγοράζοντας συνάλλαγμα με αυτά τα επιπλέον τραπεζογραμμάτια την κατέστησε ρυθμιστή της αγοράς συναλλάγματος μέσα σε λίγα χρόνια. Με την κρίση του 1919 η ΕΤΕ είχε την δυνατότητα να κυριαρχήσει στην αγορά συναλλάγματος της Ελλάδας· μάλιστα επέλεξε να εκτρέψει το προνόμιό της για ίδιον όφελος εις βάρος του κράτους.

Αντίστοιχα ήταν και τα προνόμια της ΤτΕ όταν αυτή ιδρύθηκε. Το εκδοτικό προνόμιο ήταν βεβαίως το πιο σημαντικό, και η ανάληψή του αποτελούσε τον πρωταρχικό σκοπό ίδρυσής της. Όμως τα προνόμια της ΤτΕ δεν περιορίστηκαν σε αυτό. Η ΤτΕ γινόταν ο ταμίας του κράτους, σύμφωνα με πρόνοια του Πρωτοκόλλου της Γενεύης (παράρτημα VI). Η ανάληψη αυτού του ρόλου ξεκίνησε την 1/10/1929 από την Αθήνα και επεκτάθηκε στην υπόλοιπη Ελλάδα. Από τα 180 Δημόσια Ταμεία, η ΤτΕ είχε αναλάβει τις εισπράξεις για 47 το 1931 και για 86 στο τέλος του 1933 (Βενέζης 1955, 136,167). Το 1934 άρχισε και η διαχείριση των τελωνείων Αθηνών, Πειραιώς και Θεσσαλονίκης.[13]

Ταυτόχρονα, η ΤτΕ αναλάμβανε και την διαχείριση των διαθεσίμων των κρατικών Ταμείων, Ιδρυμάτων και Νομικών Προσώπων Δημοσίου Δικαίου, μετά από την εκτεταμένη διένεξη με την ΕΤΕ. Μέχρι το τέλος του 1933, από τα περίπου 670 Νομικά πρόσωπα, η ΤτΕ είχε αναλάβει την διαχείριση των λογαριασμών για 266, στο τέλος του 1936 για 467, στο τέλος του 1937 για 486 και στο τέλος του 1938 για 638 (Βενέζης 1955, 167, 195, 202, 210).

Τέλος, η ΤτΕ άνοιξε λογαριασμό για χορηγήσεις στο κράτος, καθιστάμενη έτσι πιστώτριά του και ανέλαβε την υπηρεσία των εσωτερικών εθνικών δανείων (Βενέζης 1955, 145–147). Με άλλα λόγια, η ΤτΕ μετατρεπόταν σταδιακά σε οιονεί δημόσια υπηρεσία παρότι ήταν μια πολυμετοχική Ανώνυμη Εταιρεία. Το αίσθημα αυτό επεδίωξε ενεργώς να ενισχύσει με το μεγαλοπρεπές και υποβλητικό μέγαρο της οδού Πανεπιστημίου, το οποίο εγκαινιάστηκε στις 4/4/1938 παρουσία του Αρχιεπισκόπου Αθηνών και του Ιωάννη Μεταξά, Προέδρου της Κυβερνήσεως.

Η ανεξαρτησία στην πράξη

Η ΕΤΕ φέρεται να αποτέλεσε την πρώτη «ανεξάρτητη» εκδοτική τράπεζα της Ελλάδας, ακολουθούμενη από την Ionian, την ΠΤΗ, την ΤΚ και την ΤτΕ. Τι σημαίνει όμως «ανεξάρτητη»; Τι σημαίνει θεωρητικά και τι σημαίνει στην πράξη; Αν με τον όρο αυτό ορίζουμε τον αυτοδιοικούμενο, εκείνον που δεν υπόκειται στο έλεγχο τρίτων, η ανεξαρτησία των εκδοτικών τραπεζών ήταν κατοχυρωμένη στο καταστατικό τους, αλλά όχι στην πράξη· πράγματι, αυτές ήταν εξαρτημένες από το κράτος π.χ. για το εκδοτικό τους προνόμιο και για τα ελάχιστα καλύμματά τους. Επίσης επιβλέπονταν από κάποιον κρατικό επίτροπο. Από την ίδρυση της ΕΤΕ προβλεπόταν ο θεσμός βασιλικού επιτρόπου (άρθρο 8 του καταστατικού του 1841) με δικαίωμα προσωρινού βέτο επί των αποφάσεών της. Αντιστοίχως και το άρθρο 47 του καταστατικού της ΤτΕ όριζε την παρουσία Επιτρόπου του Κράτους στα ΔΣ της τράπεζας με δικαίωμα αρνησικυρίας αλλά χωρίς δικαίωμα ψήφου. Για την λειτουργία αμφοτέρων των θεσμών ελάχιστα είναι γνωστά από την ιστορική έρευνα, ενδεχομένως λόγω του δευτερεύοντος ρόλου τους. Πράγματι, πολύ πιο καθοριστικές υπήρξαν οι αλληλεπιδράσεις τους με το κράτος σε ανώτερο πολιτικό επίπεδο.

Πρακτικά οι εκδοτικές τράπεζες πολύ συχνά υποτάσσονται στο κράτος και άλλαζαν διοικήσεις ακόμη και χωρίς να ζητηθεί η γνώμη των ΓΣ των μετόχων τους. Η πρώτη τέτοια αψιμαχία αφορούσε στο δάνειο των 10 εκ.

---

[12]ΦΕΚ 16, 20/4/1859, σ. 109–112.
[13]Σύμφωνα με το άρ. 8 του ΝΔ της 27/6/1934 (ΦΕΚ 210Α, 5/7/1934, σ. 1277–1280).

δρχ που ζήτησε η Κυβέρνηση το 1868 επ' αφορμής της κρητικής επανάστασης. Αρχικώς η ΕΤΕ αρνήθηκε, όταν όμως η Κυβέρνηση απείλησε με αναγκαστική κυκλοφορία, το ΔΣ έσπευσε να συνεργασθεί, χωρίς καν την προαπαιτούμενη απόφαση της ΓΣ των μετόχων. Όταν δε ο Δ. Βούλγαρης ψήφισε νέα πίστωση 100 εκ. δρχ και η ΕΤΕ αρνήθηκε, η Κυβέρνηση χρησιμοποίησε την ύστατη απειλή, εκείνη της έκδοσης κρατικού χαρτονομίσματος. Ο πανικός που προκλήθηκε ήταν τέτοιος, που η ΕΤΕ και η Ionian σύντομα συμφώνησαν να παράσχουν νέες πιστώσεις, αν και χαμηλότερου ύψους.

Αναμφισβήτητα, ο πολιτικός που έθεσε υπό τον πιο άμεσο έλεγχό του το εκδοτικό ίδρυμα ήταν ο Ε. Βενιζέλος. Πρώτη αφορμή εστάθη η συμπεριφορά του Ι. Ευταξία, ο οποίος αντικατέστησε τον Ι. Βαλαωρίτη μετά από τον θάνατο του τελευταίου σε ναυτικό ατύχημα. Ο Ευταξίας έθεσε σειρά εμποδίων στον Βενιζέλο αμέσως μετά τους Βαλκανικούς πολέμους και ακριβώς πριν την συμμετοχή της Ελλάδας στον ΑΠΠ. Η προστριβή που ξεκίνησε το 1914 με το αίτημα δανείου 50 εκ. δρχ για την παραγγελία θωρηκτών επιδεινώθηκε με το ζήτημα συγχωνεύσεως των τραπεζών Αθηνών και Ανατολής, και κορυφώθηκε με το ζήτημα του πλειοδοτικού διαγωνισμού που ξεκίνησε ο διοικητής της ΕΤΕ με το κράτος για τα κεφάλαια του «Εράνου» για αγορά ναυαρχίδας. Με νόμο που ψήφισε ο Βενιζέλος έπαυσε τον Ευταξία με απλό ΒΔ. Ο Βενιζέλος εξανάγκασε την ΕΤΕ σε συνεργασία ακόμη και από την Προσωρινή Κυβέρνηση της Θεσσαλονίκης. Μετά από πιέσεις της ΠΚΘ, και υπό την απειλή του Sarrail να θέσει το φράγκο σε αναγκαστική κυκλοφορία, η ΕΤΕ συμφώνησε να τροφοδοτεί τακτικά το εκεί υποκατάστημά της με δραχμές.

Παρόμοια σχέση θα ανέπτυσσε ο Βενιζέλος και με την ΤτΕ. Τον Σεπτέμβριο του 1931, δηλαδή λίγο μετά την ίδρυσή της, ως Πρωθυπουργός και πάλι, προκάλεσε την παραίτηση του Διομήδη με αφορμή τα 7 εκ. γαλλικά φράγκα που πούλησε η ΤτΕ στην Καπνοβιομηχανία των Αδελφών Παπαστράτου. Ο Βενιζέλος, χρησιμοποίησε την παραπάνω συναλλαγή ως πρόφαση για να βρει έναν αποδιοπομπαίο τράγο στον οποίο θα επέρριπτε την αποτυχημένη πολιτική της «μάχης της δραχμής». Και παρότι δεν είχε την πλήρη εξουσία να διορίσει νέο Διοικητή, έκανε σαφές ότι διατηρούσε την εξουσία να μην εγκρίνει κάποια υποψηφιότητα που δεν θα του άρεσε.

Με τον Βενιζέλο να έχει κάνει την αρχή, το φαινόμενο μπορούσε να επαναληφθεί. Μετά το αποτυχημένο κίνημα του Μαρτίου 1935 εναντίον της κυβέρνησης Π. Τσαλδάρη, ήταν τώρα η σειρά του Τσουδερού να εξωθηθεί σε υποβολή παραίτησης (31/5/1935). Η παραίτηση έγινε δεκτή στις 31/7 και ο Τσουδερός επαύθη στις 13/8, όμως θα επανερχόταν στις 23/3/1936 από την κυβέρνηση Δεμερτζή. Όμως δεν ήταν γραφτό του να στεριώσει· ο Ι. Μεταξάς θα τον εξωθούσε σε παραίτηση στις 30/6/1939, με αφορμή μια επιστολή του στον φίλο του Γεώργιο Βεντήρη που διέμενε στο εξωτερικό. Την επιστολή αυτή είχε ανακαλύψει η Ασφάλεια κατά την διάρκεια ανακρίσεων εις βάρος ανωτέρου υπαλλήλου της τράπεζας, και καθώς αναφερόταν στην πολιτική κατάσταση της Ελλάδας θεωρήθηκε ύποπτη.

Και μεταπολεμικά το σκηνικό επαναλήφθηκε. Κατά το σκάνδαλο που ξέσπασε την περίοδο 1953–55, ο Παπάγος είχε κατηγορήσει τον Μαρκεζίνη ότι με επιστολές του στον Έρχαρτ είχε δεσμεύσει την ελληνική κυβέρνηση να παραχωρήσει την αναδιοργάνωση του τηλεφωνικού δικτύου στην Siemens και του ραδιοφωνικού στην Telefunken. Στην εξεταστική επιτροπή που συνεστήθη στην Βουλή ο Μαρκεζίνης αναφέρει ότι ο Διοικητής της ΤτΕ Μαντζαβίνος πιεζόταν έντονα από τον Παπάγο για να καταθέσει εναντίον του. Η άρνηση του Μαντζαβίνου επέφερε την ψήφιση του νόμου 3123/1955[14] με τον οποίο ο καθαιρείτο του αξιώματός του και διατασσόταν η εκλογή νέου εντός τριών ημερών.[15] Στις 5/2/1955 Διοικητής διορίσθηκε ο Ξενοφών Ζολώτας.

Τα περιστατικά είναι πραγματικά άφθονα· θα αρκούσαν για την συγγραφή ενός ξεχωριστού βιβλίου, καθώς φτάνουν ακόμη και μέχρι και το τρέχον πλαίσιο της ΟΝΕ, στο οποίο η ΤτΕ υπήχθη απευθείας στην ΕΚΤ. Ακόμη λοιπόν και σε καθεστώς μιας διπλά μειωμένης εθνικής κυριαρχίας—αφενός λόγω ΟΝΕ και αφετέρου λόγω της υπαγωγής της Ελλάδας στο μνημόνιο—το εθνικό κράτος θα συνέχιζε να έχει λέγειν στην επιλογή του

---

[14] Ν. 3123 της 2/2/1955 (ΦΕΚ 23Α της 2/2/1955, σ. 123).

[15] «Το ζήτημα τελικώς ήλθε στη Βουλή. Ο Ι. Ζίγδης ζήτησε τη σύσταση Εξεταστικής Επιτροπής. Χρόνια αργότερα (1990) ο Ι. Ζίγδης θα αποκαλύψει στη Βουλή ότι ο ίδιος ο Παπάγος του είχε υποδείξει να ζητήσει τη σύσταση Εξεταστικής Επιτροπής και επειδή εκείνος δίσταζε διερωτώμενος πώς θα υποστήριζε το αίτημά του, ο Πρωθυπουργός τού υποσχέθηκε ότι θα μιλούσε ο ίδιος αλλά και άλλοι βουλευταί, ανέφερε μάλιστα το όνομα του Ελευθερίου Γονή. Είναι χαρακτηριστικό ότι και ο διοικητής της Τράπεζας της Ελλάδος Γ. Μαντζαβίνος επιέζετο να καταθέσει ενώπιον της Εξεταστικής Επιτροπής και όταν θα αρνηθεί να το πράξει θα αποπεμφθεί από την Τράπεζα, για να ανατείλει η περίοδος Ξ. Ζολώτα» (Μαρκεζίνης 1994, 3:60).

Διοικητή της Κεντρικής του Τράπεζας, προτείνοντας τον εκλεκτό του για το εν λόγω αξίωμα. Όπως θα ανα-
γνώριζε και ο προαλειφόμενος για Διοικητής της ΤτΕ, τότε Υπ. Οικονομικών, Γιάννης Στουρνάρας: *«η τύχη ενός
υπουργού και ενός διοικητή μιας κεντρικής τράπεζας, βάσει των ευρωπαϊκών κανονισμών, βρίσκεται στα χέρια του πρωθυπουργού
και του Κοινοβουλίου».*[16]

Οι περιστρεφόμενες πόρτες

Η στενή σχέση κράτους και εκδοτικών τραπεζών δεν υπήρξε μόνο θεσμική και μονόδρομη, αλλά προσωπική και
αμφίδρομη. Προς την μια κατεύθυνση, διάφορα επιφανή στελέχη εκδοτικών τραπεζών κατέλαβαν ανώτατα δη-
μόσια αξιώματα. Προς την αντίθετη, διάφοροι δημόσιοι λειτουργοί αναρριχήθηκαν στις υψηλότερες βαθμίδες
των τραπεζών αυτών.

Πρώτος σε αυτή την παράδοση ήταν ο ιδρυτικός Διοικητής της ΕΤΕ, ο Γ. Σταύρος. Κατά την διάρκεια της
Επανάστασης διορίστηκε Γενικός Ταμίας του Εκτελεστικού από τον Κουντουριώτη, διετέλεσε πληρεξούσιος της
Ηπείρου στις Γ΄ και Ε΄ Εθνοσυνελεύσεις, χρημάτισε μέλος της επιτροπής της ΕΧΤ επί Καποδίστρια και ελεγ-
κτής στο Ελεγκτικό Συνέδριο επί Όθωνα.

Σε αντίστοιχα πλαίσια κινήθηκε η διαδρομή του Μάρκου Ρενιέρη. Έχοντας διοριστεί Νομικός *σύμβουλος*
(1850), Υποδιοικητής (1861) και Διοικητής (1869) της ΕΤΕ, διορίστηκε Πρεσβευτής στην Κων/πολη το 1860. Ο
Ευθύμιος Κεχαγιάς, που προσελήφθη στην ΕΤΕ από την ίδρυσή της, διετέλεσε επανειλημμένως βουλευτής και
Υπουργός Οικονομικών (βλ. Κεφάλαιο 7.4).

Ο Π. Καλλιγάς μπορούμε να πούμε ότι είχε δύο παράλληλες σταδιοδρομίες. Το 1851 διορίστηκε μέλος του
ΔΣ της ΕΤΕ, το 1860 νομικός σύμβουλος, το 1885 Υποδιοικητής και το 1890 Διοικητής. Παράλληλα με αυτά,
εξελέγη Βουλευτής (1854, 1879) και χρημάτισε σε πολλά Υπουργεία (Δικαιοσύνης - 1854, Παιδείας - 1855,
Εξωτερικών στην Κυβέρνηση των «Ορεινών» το 1863 και Οικονομικών το 1882).

Ο Σ. Στρέιτ, που ξεκίνησε από Διευθυντής του Υποκαταστήματος Λαμίας (1872) και αναρριχήθηκε στην
θέση του Διοικητή (1896), διετέλεσε και Υπουργός Οικονομικών το 1897 στην Κυβέρνηση του Αλέξανδρου
Ζαΐμη. Ο Ιωάννης Βαλαωρίτης, που διετέλεσε Διευθυντής Τμήματος «Γραφείου» (1890), Υποδιοικητής (1895)
και Διοικητής (1911) της ΕΤΕ, εξελέγη Βουλευτής στην Αναθεωρητική Βουλή του 1910. Μάλιστα, ανέλαβε και
τις διαπραγματεύσεις με τους ομολογιούχους μετά την χρεωκοπία του 1893.

Ίσως το πιο λαμπρό παράδειγμα αυτής της παράδοσης ήταν ο μεγαλομέτοχος της ΕΤΕ Αλέξανδρος Ζαΐμης,
που είχε πλούσια πολιτική σταδιοδρομία από το 1880. Εξελέγη επανειλημμένως Βουλευτής, χρημάτισε πολλές
φορές Υπουργός, διετέλεσε Αρμοστής της Κρήτης (1906), προήδρευσε εννέα Κυβερνήσεων και εξελέγη δύο φο-
ρές Πρόεδρος της Δημοκρατίας. Το 1914 εξελέγη Διοικητής της ΕΤΕ.

Παρόμοιες διαδρομές έκαναν και οι Αλέξανδρος Κορίζης, Γεώργιος Πεσμαζόγλου, Σταύρος Κωστόπουλος,
Δημήτριος Χέλμης, Γεώργιος Μαύρος, Ιωάννης Παρασκευόπουλος, Άγγελος Αγγελόπουλος, αν και χωρίς την
διάκριση να διοικούν μια εκδοτική τράπεζα, καθώς το προνόμιο είχε πλέον περάσει στην ΤτΕ (Νοταράς 2001).

Διπλές καριέρες στις ΕΤΕ-ΤτΕ και στον πολιτικό στίβο έκαναν οι Αλ. Διομήδης,[17] Κ. Βαρβαρέσος[18] και Εμμ.
Τσουδερός.[19] Άλλοι Διοικητές της ΤτΕ με πλούσια βουλευτική και υπουργική σταδιοδρομία ήταν οι Παναγιώτης

[16] *«The fate of a minister, and the fate of a central banker, under the European regulations, is in the hands of the Prime Minister, and the Parliament».*
Απάντηση σε σχετική ερώτηση δημοσιογράφου κατά την συνέντευξη Τύπου μετά το πέρας των εργασιών του άτυπου Ecofin (1–2/4/2014)
στο Ζάππειο. Βεβαίως, στο πλαίσιο αυτό της μειωμένης εθνικής κυριαρχίας, αλλά και του επαρχιώτικου διεθνισμού των ελληνικών ελίτ, η
συνέντευξη Τύπου του Έλληνα Υπουργού έγινε όλη στα αγγλικά.
[17] Βουλευτής (1910, 1912) και Υπουργός (Οικονομικών—1912 και 1922, Δικαιοσύνης, Εξωτερικών). Συνδιοικητής (1918) και Διοικητής
(1923) της ΕΤΕ, Διοικητής της νεοϊδρυθείσας ΤτΕ (1928) και μετακατοχικός Πρωθυπουργός (30/6/1949–6/1/1950).
[18] Οικονομικός σύμβουλος της ΕΤΕ, Υποδιοικητής (1/3/1933–4/8/1939) και Διοικητής (4/8/1939–11/02/1946) της ΤτΕ. Διετέλεσε Υπουργός
σε κυβερνήσεις του Ελ. Βενιζέλου (Οικονομικών 22/4/1932–26/5/1932 και 5/6/1932–4/11/1932), της εξόριστης Κυβέρνησης Τσουδερού
(2/6/1941–17/6/1943) και σε κυβερνήσεις του Π. Βούλγαρη (Εφοδιασμού και Αντιπρόεδρος της Κυβερνήσεως 2/6/1945–1/9/1945).
[19] Βουλευτής (1915, 1920, 1923) και Υπ. Συγκοινωνιών του Ελ. Βενιζέλου (11/1/1924–6/2/1924). Το 1924 διορίσθηκε Υποδιοικητής της ΕΤΕ.
Αργότερα διετέλεσε Υποδιοικητής (21/4/1928–31/10/1931) και Διοικητής (31/10/1931–13/8/1935 και 20/3/1936–10/7/1939) της νεοϊδρυθεί-
σας ΤτΕ.

Παπαληγούρας,[20] Γ. Μαντζαβίνος,[21] Ιωάννης Μπούτος,[22] Γερ. Αρσένης,[23] Ευθ. Χριστοδούλου,[24] Ξ. Ζολώτας,[25] Λουκάς Παπαδήμος,[26] Γ. Στουρνάρας,[4] καθώς και ο Υποδιοικητής (14/6/2002–14/6/2008) Νικόλαος Παλαιοκρασσάς.[27]

Πολλές φορές είναι δύσκολο να αποφανθούμε για το αν η σχέση αυτή σήμαινε έναν έλεγχο της εκδοτικής τράπεζας από το κράτος, ή έναν έλεγχο του κράτους από την εκδοτική τράπεζα.

Συμπερασματικά

Τι προκύπτει λοιπόν από την παραπάνω εξιστόρηση; Κατ' αρχήν ότι δεν υπάρχει μια σαφής και καθαρή απάντηση. Η εκάστοτε εκδοτική τράπεζα δεν υπήρξε ποτέ τελείως ανεξάρτητη, αλλά κινείτο σε ένα πλαίσιο που άλλοτε ήταν πιο ευρύ, άλλοτε πιο στενό, π.χ. σε περιόδους πολέμου.

Επειδή δεν υπάρχει κάποια μονάδα μέτρησης της ανεξαρτησίας αυτής θα μπορούσαμε να παρομοιάσουμε το ζεύγος ελληνικού κράτους και εκδοτικής τράπεζας με τον σκύλο που βγαίνει βόλτα δεμένος στο λουρί του αφεντικού του. Παρότι ο σκύλος μπορεί να είναι γεροδεμένος, και να τραβάει το αφεντικό προς την κατεύθυνση που θέλει, όταν το αφεντικό αποφασίσει πως πρέπει οπωσδήποτε να ακολουθήσει κάποια πορεία, τότε συνήθως γίνεται το δικό του. Αν το αφεντικό «τα στυλώσει», ο σκύλος ελάχιστα μπορεί να προχωρήσει. Στις σπάνιες περιπτώσεις που ο σκύλος αποφασίσει να γαβγίσει στο αφεντικό του—πολλώ δε μάλλον να το δαγκώσει—η τιμωρία είναι άμεση και αυστηρή.

Σε αντίστοιχο συμπέρασμα κατέληξαν οι Boettke και Smith (2012) σχετικά με την ανεξαρτησία της αμερικανικής Fed, υποδεικνύοντας ότι σειρά διοικητών υπέκυψαν σε πιέσεις Αμερικανών Προέδρων στην νομισματική τους πολιτική. Π.χ., ο William Martin (1951–1970) υπέκυψε σε πιέσεις των Eisenhower, Kennedy (*operation twist*) και Lyndon Johnson (*Great society* και πόλεμος του Βιετνάμ). Ο διάδοχός του, ο Arthur Burns (1970–1978) διορισμένος από τον ίδιο τον R. Nixon ήταν ακόμη πιο υποχωρητικός απέναντι σε έναν εξαιρετικά αυταρχικό Πρόεδρο, που επειγόταν να εξασφαλίσει την επανεκλογή του και την εφαρμογή της *New Economic Policy*. Ο Jimmy Carter αντικατέστησε τον Burns με τον William Miller (1978–1979)· κατέστησε δε την Fed υπόλογη για τον στόχο της πλήρους απασχόλησης με τον νόμο Humphrey-Hawkins (1978). Όταν ο Miller αρνήθηκε να εκτελέσει μια σφιχτότερη πολιτική, ο Carter τον αντικατέστησε με τον Paul Volcker (1979–1987). Σε αντίστοιχες πιέσεις υποχώρησε ο Alan Greenspan, υποθάλποντας την στεγαστική φούσκα, και ο Ben Bernanke που συμφώνησε να διασώσει την AIG και την Bear Stearns, διοχετεύοντας πρωτόγνωρα ποσά για την διάσωση των κατόχων τοξικών ομολόγων.

Επιστρέφοντας στα ελληνικά πράγματα, και για να επεκτείνουμε την παρομοίωση στις περιόδους κατά τις οποίες στο ελληνικό κράτος λειτουργούσαν άνω της μιας εκδοτικές τράπεζες, το αφεντικό είχε ανά περιόδους περισσότερους σκύλους. Αυτοί άλλοτε τσακώνονταν μεταξύ τους για το φαγητό, άλλοτε όμως τραβούσαν προς την ίδια κατεύθυνση στην κοινή τους βόλτα. Όμως δεν είναι όλα τα αφεντικά και οι σκύλοι ίδιοι. Αν π.χ. στην

---

[20] Επανειλημμένως βουλευτής μετά τον ΒΠΠ. Υπουργός Εμπορίου και Βιομηχανίας (1956–1958), και Συντονισμού (1961–1963). Αμέσως μετά την μεταπολίτευση διορίσθηκε Διοικητής της ΤτΕ (9/8/1974–24/10/1974) και υπουργός Συντονισμού (21/11/1974–10/5/1978).

[21] Διετέλεσε Υπ. Οικονομικών στις κυβερνήσεις Δεμερτζή (30/11/1935–14/3/1936), Ι. Μεταξά (13/4/1936–4/8/1936) και Θεοτόκη (6/1/1950–23/3/1950). Είχε διατελέσει Υποδιοικητής (28/9/1936–11/2/1946) και Διοικητής (11/2/1946–2/2/1955) της ΤτΕ.

[22] Είχε εκλεγεί βουλευτής (1950, 1956, 1961, 1963, 1964) και είχε διατελέσει Υφ. Συντονισμού (17/11/1961–19/6/1963), Υπ. Εμπορίου (1974–1975), Αν. Υπ. Συντονισμού και Προγραμματισμού (1975–1976) και Υπ. Γεωργίας, Οικονομικών και Συντονισμού μεταξύ 1974–1980, υπό τον Κ. Καραμανλή. Διετέλεσε Διοικητής της ΤτΕ επί κυβερνήσεων Πασόκ (1/12/1993–26/10/1994).

[23] Διοικητής της ΤτΕ (3/11/1981–20/2/1984) και ταυτόχρονα Υπουργός Εθνικής Οικονομίας (5/7/1982–26/7/1985), Οικονομικών (27/3/1984–26/7/1985) και Εμπορικής Ναυτιλίας (5/6/1985–26/7/1985). Κατόπιν διετέλεσε Υπ. Εθνικής Παιδείας και Θρησκευμάτων (25/9/1996–13/4/2000) ενώ είχε εκλεγεί επανειλημμένως Βουλευτής (1985, 1990, 1993, 1996, 2000).

[24] Εξελέγη ευρωβουλευτής (1984, 1989, 1994), διετέλεσε Αν. Υπ. Εξωτερικών (11/4/1990–1/10/1990), Αν. Υπ. Εθνικής Οικονομίας (1/10/1990–7/8/1991), Υπ. Εθνικής Οικονομίας (7/8/1991–17/219/92) και Υπ. Τουρισμού (2/9/1991–22/10/1991). Κατόπιν διορίσθηκε Διοικητής της ΤτΕ (20/2/1992–1/12/1993).

[25] Διετέλεσε Συνδιοικητής (12/10/1944–8/1/1945) και δύο φορές Διοικητής (5/2/1955–7/8/1967 και 26/11/1974–3/11/1981) της ΤτΕ. Επίσης διορίσθηκε Πρωθυπουργός Οικουμενικής Κυβέρνησης (23/11/1989–11/4/1990).

[26] Υποδιοικητής (1/12/1993–26/10/1994) και Διοικητής (26/10/1994–14/6/2002) της ΤτΕ και διορισμένος Πρωθυπουργός (11/11/2011–16/5/2012).

[27] Είχε διατελέσει παλαιότερα Υπ. Οικονομικών του Κ. Μητσοτάκη (11/4/1990–7/8/1992).

περίπτωση της Ελλάδας ο σκύλος ήταν ένα ζωηρό αλλά καλόβολο πόιντερ, στην περίπτωση της μεταπολεμικής Γερμανίας ήταν μάλλον ένα επιθετικό πίτμπουλ που δεν καταλάβαινε από εντολές ή λουριά.

Πιο ενδιαφέρον γίνεται το μοντέλο όταν κατανοήσουμε ότι τη τελευταία εικοσαετία οι σκύλοι έπεισαν τα αφεντικά τους ότι μπορούν να βγαίνουν βόλτα μόνα τους ως αγέλη. Τα αφεντικά άφησαν τα λουριά και οι σκύλοι έφτιαξαν την ΕΚΤ. Και αυτή είναι μια τελείως άλλη ιστορία.

24.2 Η «μεταλλική δραχμή»

Η «μεταλλική δραχμή» ήταν, και είναι ακόμη, ένα παράλληλο νόμισμα που σταδιακά έλαβε την υπόσταση λογιστικής μονάδας εντός του ελληνικού κράτους. Η προέλευσή της ανάγεται στις περιόδους αναγκαστικής κυκλοφορίας των τραπεζογραμματίων (χαρτονομισμάτων), κατά τις οποίες η αξία τους ήταν υποτιμημένη σε σχέση με των αργυρών δραχμικών νομισμάτων. Π.χ., τέτοια επίσημη διαφοροποίηση μεταξύ μεταλλικών και χάρτινων δραχμών έκανε το δασμολόγιο του 1887 (άρ. 24), που όριζε ότι η είσπραξη δασμών σε τραπεζογραμμάτια θα συμπεριελάμβανε επιπλέον 15% επί του δασμού σε σχέση με την πληρωμή σε μεταλλικό.[28] Η αναθεώρηση του δασμολογίου το 1892, επίσης όριζε ότι αν η πληρωμή εισαγωγικών τελών γινόταν με τραπεζογραμμάτια αναγκαστικής κυκλοφορίας ίσχυαν διαφορετικές τιμές για τους δασμούς (άρ. 26). Τον νόμο συνόδευε ένας εκτεταμένος πίνακας που όριζε ισοτιμίες μεταλλικών δραχμών και τραπεζογραμματίων ανά κλάση και είδος εμπορεύματος, με ισοτιμία της μεταλλικής δραχμής περί τις 1,32 χάρτινες δραχμές.[29] Ταυτοχρόνως, με τον Ν. ΒΡΙΕ΄/1892[30] ότι διάφοροι εξαγωγικοί φόροι βεβαιώνονται σε τραπεζογραμμάτια, αλλά εισπράττονται σε χρυσό με έκπτωση κατά 1/6, δηλαδή μια χρυσή δραχμή οριζόταν στις 1,20 χάρτινες. Δηλαδή, με την χρήση της μεταλλικής δραχμής αυξάνονταν οι δασμοί καθώς η χάρτινη δραχμή υποτιμάτο, αλλά η υποτίμηση ήταν μεγαλύτερη στους εισαγωγικούς από ό,τι στους εξαγωγικούς δασμούς.

Συν τω χρόνω έγιναν πολλές αναθεωρήσεις της ισοτιμίας μεταλλικών και χάρτινων δραχμών για την καταβολή δασμών,[31] καθώς και ορισμός ισοτιμιών με ξένα νομίσματα.[32] Όμως δεν ήταν μόνον οι δασμοί το πεδίο εφαρμογής του διαχωρισμού χάρτινης και μεταλλικής δραχμής, καθώς αυτό συμπεριέλαβε τον υπολογισμό τελών, προστίμων, φόρων, αμοιβών δικηγόρων κλπ. Σταδιακά, ο σκοπός ύπαρξής της δεν ήταν τόσο η τιμολόγηση σε κάποιο «σταθερό» νόμισμα, αλλά ως εργαλείου διεξαγωγής οικονομικής πολιτικής. Πράγματι, η «μεταλλική δραχμή» υπήρχε ως λογιστική μονάδα ακόμη και σε περιόδους που δεν ίσχυε αναγκαστική κυκλοφορία, δηλαδή τυπικώς προβλεπόταν πλήρης μετατρεψιμότητα μεταξύ χάρτινης και αργυρής δραχμής και δεν θα δικαιολογείτο υποτίμηση της χάρτινης δραχμής. Επιπλέον, την ίδια στιγμή οριζόταν πολλές διαφορετικές ισοτιμίες, ανάλογα με το πεδίο εφαρμογής του εκάστοτε διατάγματος, που σημαίνει ότι η μεταλλική δραχμή δεν αντιπροσώπευε κάποια αποπληθωρισμένη και σταθερή μονάδα μέτρησης.

Π.χ. με το ΝΔ της 18/4/1926 *«Περί καταργήσεως και τροποποιήσεως φόρων καταναλώσεως»* (αρ. 8)[33] οριζόταν ότι 1 ΜΔ = 8 δρχ για τον υπολογισμό του φόρου καταναλώσεως βύνης. Στο ίδιο όμως ΝΔ, ειδικώς για τον φόρο των προξενικών και διπλωματικών υπαλλήλων οριζόταν ότι 1 χάρτινη δραχμή = 1 χρυσή δραχμή (κατά την τότε περίοδο ίσχυε η μετατρεψιμότητα) και το προκύπτον ποσόν μετατρέπεται σε μεταλλικές. Δηλαδή η μεταλλική δραχμή *δεν* ήταν ίση με την χρυσή δραχμή.

Παρομοίως σε διάταγμα της 29/4/1927 *«Περί του καθορισμού της αξίας της μεταλλικής δραχμής δια τον δασμόν του σίτου και των αλεύρων»* ορίζονταν ισοτιμίες της μεταλλικής δραχμής ανάλογα με τον τύπο σίτου ή αλεύρου: 14 δρχ για «άλευρα εκ σίτου μετά ή άνευ πιτύρων» (κλάση 8 τελωνειακού δασμολογίου), 10 δρχ για «σίτο ή σμιγό» (κλάση 7) και 8,50 δρχ για λοιπά άλευρα. Σε άλλο διάταγμα της ίδιας ημερομηνίας *«Περί αυξήσεως της αξίας της μεταλλικής δραχμής διά την είσπραξιν εισαγωγικών τελών ενίων εμπορευμάτων»* (*Οικονομικός Ταχυδρόμος* 1927α, 8) η μεταλλική δραχμή οριζόταν στις 14 δρχ για τις δασμολογικές κλάσεις 28 (σάκχαρις κλπ) και 29α (αμυλοσάκχαρον

---

[28] Ν. ΑΥΚΕ΄(1425) της 27/4/1887 (ΦΕΚ 100, 30/4/1887).

[29] Ν. ΒΡΚΑ΄(2121) της 30/12/1892 (ΦΕΚ 465, 31/12/1892, σ. 1805–1871)

[30] ΦΕΚ 99, 30/5/1893, σ. 501

[31] Ο ν. ΓΔ΄ (3004)/1905 όριζε την τιμή της μεταλλικής δραχμής ειδικώς για τους δασμούς του τελωνειακού δασμολογίου στις 1,45 χάρτινες (ΦΕΚ 53Α της 17/3/1904). Ο ν. 836/1917 όριζε ότι τα δασμολογικά τέλη που εισπράττονται σε μεταλλικό μπορούν να εισπράττονται και σε τραπεζογραμμάτια στο άρτιο, όμως δια ΒΔ θα μπορούσε να ορίζεται διαφορετική ισοτιμία, μέσω «νομισματικής διαφοράς προσθέτως καταβλητέας», αν η καταβολή γινόταν με τραπεζογραμμάτια (Ν. 836 της 2/9/1917, ΦΕΚ 187 της 5/9/1917, σ. 639). Με το ΒΔ του 1920 *Περί κώδικος των νόμων «περί τελωνειακού δασμολογίου»* (άρ. 34) ορίσθηκε και πάλι η ισοτιμία της μεταλλικής δραχμής στις 1,45 χάρτινες για την πληρωμή εισαγωγικών τελών (ΦΕΚ 170Α της 30/7/1920 (σ. 1674), ενώ με το ΝΔ της 13/6/1923 «περί τρόπου εισπράξεως εισαγωγικών τελών» οριζόταν η ισοτιμία της μεταλλικής δραχμής στις 10 δρχ, πλην κάποιων εξαιρέσεων (ΦΕΚ 157Α της 14/6/1923, άρ. 1).

[32] Π.χ. ο ν. 4952/1931 (αρ. 185) αναφέρει ισοτιμία της μεταλλικής δραχμής ίση με 0,2 δολάρια ΗΠΑ για την προξενική διατίμηση (ΦΕΚ 106Α της 21/4/1931).

[33] ΦΕΚ 131Α της 19/4/1926 .

κλπ). Αντιστοίχως, το 1942 ίσχυαν ταυτοχρόνως *δώδεκα* ισοτιμίες μεταλλικής δραχμής για την δασμολόγηση εισαγομένων εμπορευμάτων, από 2 έως 40 χάρτινες, ανάλογα με το είδος του προϊόντος (Ι. Λ. Φράγκος 1942, 1).

Η μεταλλική δραχμή απέκτησε πολλαπλή χρήση, ακόμη και σε περιόδους που δεν υπήρχαν μεταλλικές δραχμές σε κυκλοφορία. Π.χ., πριν την μεταρρύθμιση του 1953, αποφασίσθηκε ότι για εξαγορά κτημάτων από την εκκλησία η ισοτιμία της μεταλλικής δραχμής ήταν ίση με μία χρυσή δραχμή της ΛΝΕ (δηλαδή με ένα νόμισμα που ουδέποτε κυκλοφόρησε) ή 4900 χάρτινες.[34] Η χρήση της συνέχισε και όταν οι τυπικώς μεταλλικοί κανόνες (χρυσού, αργύρου, διμεταλλικό) αντικαταστάθηκαν από τον κανόνα χρυσού-συναλλάγματος (κατά το σύστημα του Μπρέτον Γουντς), αλλά και μετά την κατάρρευσή του. Έτσι έχουμε απόφαση ισοτιμίας προς 60 δρχ για ανταλλάξιμα κτήματα το 1990[35] και 140 δρχ το 2000,[36] ή 1,50 ευρώ για την ατέλεια Ιερών Μονών Αγίου Όρους το 2002.[37] Αντίστοιχο ρόλο έπαιζε και ο συντελεστής της αμοιβής των δικηγόρων που ορίσθηκε το 1954,[38] ο οποίος αναπροσαρμοζόταν με αποφάσεις του Υπ. Δικαιοσύνης και ο οποίος ορίσθηκε στις 140 δρχ το 1989 για τελευταία φορά.[39,40]

Η μεταλλική δραχμή δηλαδή ξεκίνησε ως αναφορά στην φυσική μορφή του νομίσματος, με διαφοροποίηση από τα τραπεζογραμμάτια και χαρτονομίσματα. Σταδιακά όμως, με την κατάργηση των μεταλλικών κανόνων μετατράπηκε σε λογιστική μονάδα που μπορούσε να έχει πολλαπλές χρήσης και πολλαπλές ισοτιμίες ανάλογα με το πεδίο χρήσης της. Έτσι, ουσιαστικά αποτελούσε εργαλείο υλοποίησης δασμολογικών, φορολογικών, εισοδηματικών και άλλων πολιτικών, καθώς μπορούσαν την ίδια στιγμή να ισχύουν διαφορετικές ισοτιμίες μεταλλικής προς κανονική δραχμή, ανάλογα με το προϊόν, τέλος, πρόστιμο ή την διατιμώμενη υπηρεσία.

Ενδεικτική αυτού του χαρακτήρα της μεταλλικής δραχμής είναι η αγανάκτηση των εμπόρων τον Μάιο του 1932 όταν κυκλοφόρησε η είδηση ότι η Κυβέρνηση θα ανατιμούσε την μεταλλική δραχμή από τις 15 στις 25 δρχ. Το μέτρο θα έκανε ακριβότερες τις εισαγωγές, και οι έμποροι το ερμήνευαν ως «*πολιτικὴν προστασίας ὡρισμένων βιομηχανιῶν, ἐντελῶς δασμοβίων καὶ συνεπῶς παρασιτικῶν*» (*Ελεύθερον Βήμα* 1932b, 4). Τελικά, από τις 20/5/1932, με εγκύκλιο του Κ. Βαρβαρέσου, η μεταλλική δραχμή αυξήθηκε στις 22 δρχ για τα εισαγόμενα είδη πολυτελείας και στις 20 δρχ για τα υπόλοιπα εισαγόμενα είδη (*Ελεύθερον Βήμα* 1932c, 4).

---

[34] Διάταγμα της 26/9/1952, άρ. 15 (ΦΕΚ 289Α της 8/10/1952)

[35] ΠΟΛ1160 της 11/7/1990.

[36] Απόφαση 1045790/4217/0010Γ (ΦΕΚ 678Β της 2/6/2000).

[37] Απόφαση Δ.802/49/Α0018, άρ. 1 (ΦΕΚ791Β της 26/6/2002).

[38] Ν. 3026 της 7/10/1954, άρ. 99 (ΦΕΚ 235Α της 8/10/1954).

[39] Απόφαση 12398 της 9/2/1989 (ΦΕΚ 131Β της 21/2/1989).

[40] Ο ν. 3026/1954 δεν κάνει λόγο για μεταλλικές δραχμές όσον αφορά στις αμοιβές των δικηγόρων, αλλά για κανονικές δραχμές, όμως στις διάφορες αποφάσεις θεωρούνται μεταλλικές και ο συντελεστής θεωρείται η ισοτιμία της μεταλλικής με την κανονική δραχμή.

24.3 Το χρήμα στα ελληνικά Συντάγματα

Το νομισματικό σύστημα απασχόλησε ρητώς τα πρώτα κιόλας Συνταγματικά κείμενα, αν και καλύφθηκε εξαιρετικά συνοπτικά και συνήθως ελλιπώς. Ήδη από το 1797, το σχέδιο Συντάγματος του Ρήγα προέβλεπε (άρ. 55, παρ. στ΄) ότι το Νομοδοτικό Σώμα εξέδιδε, *ψηφίσματα ή προσταγάς*, μεταξύ των οποίων «*τάς προσταγάς διά νά κοποῦν ἄσπρα κάθε λογῆς*».

Μετά 25 χρόνια, το *Προσωρινόν Πολίτευμα της Ελλάδος* που προέκυψε από την Α΄ Εθνοσυνέλευση στην Επίδαυρο (1/1/1822), όριζε σχετικά με τα καθήκοντα του βουλευτικού σώματος ότι «*Θέλει διατάξει νέον σύστημα νομισμάτων, χαραττομένων εἰς τό ὄνομα τοῦ ἔθνους διά τοῦ Ἐκτελεστικοῦ σώματος*» (Τίτλος Γ΄, Τμήμα Δ΄, άρθρο μδ΄). Η διάταξη παρέμεινε αυτούσια κατά την επικύρωση του συντάγματος ως *Νόμου της Επιδαύρου* από την Β΄ Εθνοσυνέλευση στο Άστρος στις 13/4/1823 (Τμήμα Δ΄, Κεφάλαιον Δ΄, άρθρο μβ΄). Δηλαδή, η μνεία διασαφήνιζε ότι τα νομίσματα θα κοβόντουσαν από το Εκτελεστικό Σώμα «*εἰς τό ὄνομα τοῦ ἔθνους*». Αυτή είναι μια πολύ συγκεκριμένη διάταξη που καθορίζει και *ποιος* αναλαμβάνει την κοπή νομίσματος, αλλά και *για λογαριασμό τίνος* γίνεται αυτό.

Το *Πολιτικόν Σύνταγμα της Ελλάδος* προήλθε από την επεισοδιακή Γ΄ Εθνοσυνέλευση—άρχισε στην Επίδαυρο (25/12/1825–18/4/1826), ξαναξεκίνησε στην Ερμιόνη (18/1/1827) και ολοκληρώθηκε στην Τροιζήνα (19/3/1827–5/5/1827). Σε αυτό οριζόταν ότι η Βουλή «*Κανονίζει τό νομισματικόν σύστημα, προσδιορίζουσα τό βάρος, τήν ποιότητα, τόν τύπον καί τ' ὄνομα ἑκάστου νομίσματος καθ' ὅλην τήν Ἐπικράτειαν*» (κεφ. ΣΤ΄, άρ. 84), αφαιρώντας δηλαδή την μνεία για τις συναρμοδιότητες του Εκτελεστικού σώματος. Αυτές επανήλθαν στο «Ηγεμονικό» Σύνταγμα του 1832 που προήλθε από την Ε΄ Εθνοσυνέλευση. Σε αυτό το νέο *Πολιτικόν Σύνταγμα της Ελλάδος* οριζόταν (άρθρο 95) ότι το Νομοθετικό Σώμα «*Κανονίζει τό νομισματικόν σύστημα, τά μέτρα καί τά σταθμά, περί τῶν ὁποίων θέλει φροντίσει πῶς νά εἰσαχθῶσιν ὁμοειδῆ καθ' ὅλην τήν Ἐπικράτειαν*» (κεφ. Ε΄. παρ. 1. άρ. 95), και ότι ο Ηγεμών «*Ὁρίζει τά περί νομισμάτων μετά τοῦ Νομοθετικοῦ κατά τό 95 ἄρθρον, τά ὁποῖα φέρουσι κατά προτομήν τήν εἰκόνα αὐτοῦ καί τὄνομα*» (κεφ. Στ΄. παρ. 1. άρ. 232). Οι αρμοδιότητες δηλαδή περί του νομισματικού συστήματος περνούσαν με κάποιον ασαφή τρόπο σε μια συναρμοδιότητα μεταξύ της Βουλής και του Ηγεμόνος, ο οποίος ακόμη έμελλε να ορισθεί.

Η έλευση του Όθωνα θα ακύρωνε το παραπάνω Σύνταγμα και μαζί του την εν λόγω Συνταγματική πρόνοια, δίνοντας τον Βασιλιά την απόλυτη εξουσία στην έκδοση νομίσματος. Ακόμα και με το Σύνταγμα που παραχωρήθηκε το 1844, αυτή η εξουσία παρέμεινε αποκλειστικό προνόμιο του Βασιλιά με την συνοπτική και εξίσου δήλωση ότι «*Ὁ Βασιλεύς ἔχει τό δικαίωμα νά κόπτῃ νομίσματα κατά τόν νόμον*» (άρθρο 34). Η διατύπωση αυτή θα αποδεικνυόταν εξαιρετικά ανθεκτική στο πέρασμα του χρόνου, καθώς έμεινε απαράλλαχτη στα Συντάγματα του 1864, 1911 και 1952 (ως άρθρο 41). Μοναδική μικρή διακοπή στην ισχύ της, το αβασίλευτο Σύνταγμα της Ελληνικής Δημοκρατίας της 3/6/1927, στο οποίο η ανωτέρω διάταξη, καθώς και οποιαδήποτε άλλη μνεία στο νομισματικό σύστημα, παραλείπεται.

Παρόμοια είναι και η διατύπωση στο Σύνταγμα της Κρητικής Πολιτείας του 1907, με την διαφορά ότι το δικαίωμα αφορά στον Ύπατο Αρμοστή: «*Ὁ Ὕπατος Ἁρμοστής ἔχει τό δικαίωμα νά κόπτῃ νομίσματα κατά τάς διατάξεις τοῦ Νόμου*» (κεφ. Γ΄, άρ. 43).

Παρότι η διατύπωση αυτή δίνει στον Βασιλέα το δικαίωμα να κόβει νομίσματα, δεν προσδιορίζει ούτε εάν το δικαίωμα αυτό *πρέπει* να ασκηθεί αναγκαστικά, ούτε εάν είναι αποκλειστικό του προνόμιο, και ούτε εάν μπορεί να παραχωρηθεί σε κάποιον άλλο, δημόσιο η ιδιωτικό, φορέα. Τέλος, κάνοντας λόγο μόνο για νομίσματα, παραλείπει να κανονίσει τα περί χαρτονομίσματος, θέτοντας θέμα συνταγματικότητος σε περίπτωση που αυτό συνέβαινε.

Η υπεραιωνόβια αυτή διατύπωση τερματίστηκε με το Σύνταγμα της Χούντας των Συνταγματαρχών του 1968, που αφαιρούσε αυτό το δικαίωμα από τον Βασιλέα ορίζοντας ότι «*Νόμος ὁρίζει τά τῆς κοπῆς νομίσματος*» (άρθρο 85). Αυτή η ακόμα πιο ελλειπτική διάταξη θα αναπαρήγετο στο δεύτερο Δικτατορικό Σύνταγμα του 1973 (άρθρο 85). Πλέον, το Σύνταγμα δεν προσδιορίζει λεπτομέρειες σχετικά με το νομισματικό σύστημα, εναποθέτοντας το βάρος αυτό στον νομοθέτη και παραμένοντας ακόμη πιο ασαφές ως προς το πώς, από ποιον, και εκ μέρους τίνος γίνεται η έκδοση χρήματος και νομίσματος.

Η ασαφής λογική της Δικτατορίας επί του συγκεκριμένου θέματος, θα αναπαρήγετο και από το μεταπολιτευτικό Κράτος, καθώς η διάταξη αυτή θα παρέμενε αυτούσια στο κατοπινό μεταπολιτευτικό Σύνταγμα του 1975, με μια μικρή προσθήκη: «*Νόμος ὁρίζει τά τῆς κοπῆς ἤ ἐκδόσεως νομίσματος*» (άρ. 80, παρ. 2). Με την αναθεώρηση του 1986 το η διάταξη απλώς μεταφράστηκε στην Δημοτική ως: «*Νόμος ορίζει τα σχετικά με την κοπή ή την έκδοση νομίσματος*», ενώ με την αναθεώρηση της 6/4/2001 μπήκε και η τελευταία πινελιά με την Ερμηνευτική Δήλωση ότι «*Η παράγραφος 2 δεν κωλύει τη συμμετοχή της Ελλάδας στις διαδικασίες της οικονομικής και νομισματικής ένωσης, στο ευρύτερο πλαίσιο της ευρωπαϊκής ολοκλήρωσης, κατά τα προβλεπόμενα στο άρθρο 28*», αναφερόμενη στην συμμετοχή μας στην ΟΝΕ.

Η κοινή γραμμή όλων των Συνταγματικών κειμένων είναι ότι κάνουν λόγο αυστηρώς και μόνον για έκδοση (ή κοπή) νομισμάτων. Δεν προσδιορίζουν πουθενά τα περί έκδοσης χρήματος με την ευρύτερη έννοια, του οποίου μια μόνον μορφή είναι τα νομίσματα (ή χαρτονομίσματα). Δεδομένου λοιπόν ότι η έκδοση χρήματος γίνεται σε μεγάλο βαθμό από τις τράπεζες μέσω πιστώσεων, η έκδοση χρήματος στην Ελλάδα βρίσκεται σε ένα απόλυτο Συνταγματικό κενό.

24.4 Τοπικά νομίσματα

Το σύνολο της παρούσας εργασίας αφιερώθηκε στο χρήμα ως έναν κρατικό θεσμό, ο οποίος είχε πλήρη ισχύ εντός μιας επικράτειας, ή που αντιστρόφως, όριζε μια επικράτεια βάσει του χώρου στον οποίο είχε ισχύ. Όμως το κράτος, όπως το εννοούμε, δεν διατήρησε παντού και πάντοτε ανόθευτο το μονοπώλιο της έκδοσης χρήματος· είτε χρήματος που εξέδιδε απευθείας το ίδιο, είτε χρήματος που εξέδιδε υπεργολαβικά διαμέσου των εκδοτικών τραπεζών. Μικρότερου μεγέθους και περιορισμένης εμβέλειας νομικά ή φυσικά πρόσωπα εξέδιδαν κατά καιρούς το δικό τους νόμισμα, το οποίο γινόταν αποδεκτό όχι λόγω του κρατικού εξαναγκασμού αλλά λόγω προσωπικών σχέσεων και της εγγύτητας με τους συναλλασσόμενους σε αυτό.

Από την τουρκοκρατία η εκκλησία φαίνεται να ήταν ο κυριότερος εκδότης «ενοριακών» νομισμάτων. Αν και, τυπικώς, προορίζονταν για χρήση εντός του ναού ώστε να μην προκαλούν τον δυνάστη, τύγχαναν ευρύτερης κυκλοφορίας εντός της ενορίας. Τέτοια νομίσματα γνωρίζουμε ότι εκδόθηκαν στην Προύσσα, στο Τεπετζίκ, στα Ταταύλα, το Σουσουρλούκι, ενώ το παράδειγμα φέρεται να μιμήθηκαν και οι άλλα μιλέτια, όπως των Αρμενίων και των Εβραίων (Χατζιώτης 1996). Αλλά και στον τουρκοκρατούμενο ελλαδικό χώρο, η Λιάτα μας παραπέμπει σε σειρά τοπικών νομισμάτων εκκλησιαστικής χρήσης—τους «καημέδες», ή «μάρκες», ή «μπιλιέτα»—που κυκλοφορούσαν στο Νυμφαίο, την Καστοριά, την Δράμα, την Σαμοθράκη, την Μυτιλήνη και αλλού (Λιάτα 1996, 22).[41] Και στην Κρήτη, ο Κλεάνθης Σιδηρόπουλος (2001, 247) αναφέρει ότι η έλλειψη μικρής αξίας νομισμάτων, δηλαδή ψιλών, οδήγησε στην χρήση χαλκονομισμάτων με τοπική εμβέλεια:

> Μάρκες, μπιλιέτα, επισημάνσεις σε τουρκικά χάλκινα νομίσματα κ.α.» που «χρησιμοποιήθηκαν σε περιορισμένη τοπικά χρήση κάθε φορά από ενορίες, δημογεροντίες αλλά και σχολεία, καφενεία και εμπόρους και σε μιά περίπτωση από έναν διευθυντή ανασκαφών, με την ανοχή των τουρκικών αρχών σε μια ευρύτατη περιοχή από τη Μακεδονία και τα παράλια της Μ. Ασίας ως την Καππαδοκία και τον Πόντο.

Το φαινόμενο συνεχίσθηκε και μετά την Τουρκοκρατία σε περιόδους έλλειψης κρατικών νομισμάτων. Π.χ. το 1880 οι Συριανοί εξέδωσαν κερματικά νομίσματα που έφεραν μια άτυπη κλίμακα τιμών (Κοκκινάκης 1999, 593). Το 1933 εκδόθηκαν μάρκες για την πληρωμή μισθών για την αποπεράτωση του Ναού στους Μανταμάδες Λέσβου (Νοταράς 2005, 436). Φαίνεται ότι αυτή η έκδοση συνέβαινε οποτεδήποτε και οπουδήποτε το κρατικό χρήμα ήταν ανύπαρκτο, είτε λόγω πιστωτικής συρρίκνωσης, είτε λόγω κρατικής κατάρρευσης. Τέτοια ήταν και η περίπτωση της Πέτρας Σάμου στο τέλος της γερμανικής κατοχής, όταν ο τοπικός ιερέας τύπωσε κέρματα των 5, 10 και 20 δραχμών (Τζαμαλής 1996, 16) με την ένδειξη «ΜΟΝΟΝ ΔΙΑ ΤΗΝ ΕΚΚΛΗΣΙΑΝ» (Νοταράς 2005, 437).

Χρήμα όμως εξέδωσαν και οι ελληνικές αντιστασιακές οργανώσεις (Νοταράς 2005, 408–411). Το ΚΚΕ εξέδωσε κουπόνια εισφορών είτε σε δραχμές είτε σε οκάδες σταριού, που αποδείκνυαν ότι ο κομιστής είχε πληρώσει την εισφορά του ώστε να μην επιβαρύνεται πάλι. Αν και αυτά δεν προορίζονταν για ανταλλακτικό μέσον, το ότι ήταν ανώνυμα τους προσέδιδε το χαρακτηριστικό που ο Schumpeter (2006, 302) είχε διακρίνει στο καπιταλιστικό χρήμα, εκείνο της μεταφέρσιμης κατάθεσης. Εφόσον δηλαδή τα κουπόνια ήταν ανώνυμα, τίποτα δεν εμπόδιζε κάποιον να τα «αγοράσει» (έναντι κάποιου προϊόντος ή υπηρεσίας) από εκείνον που τα είχε στην κατοχή του, αν ήθελε να αποφύγει την καταβολή εισφοράς. Έτσι, αλλάζοντας οπτική, θα μπορούσαμε να πούμε ότι ο αρχικός κάτοχος θα μπορούσε να τα χρησιμοποιήσει ως χρήμα για μια αγορά του. Δεν είναι γνωστό αν τέτοιες συναλλαγές όντως έγιναν με αυτά τα κουπόνια, αλλά το γεγονός ότι δεν ήταν αριθμημένα προφανώς διευκόλυνε κάτι τέτοιο.

---

[41] Βλ. παραπομπές από Λιάτα (1996): (α) Α. Π. Τζαμαλής, *Χάρτινες Εκκλησιαστικές Μάρκες στην Οθωμανική Αυτοκρατορία*, Συλλέκτης, τχ. 46–50, Αθήνα 1979. (β) Haris Kutelakis, *Un modo singolare di relazioni commerciali a Tilo nel 19° secolo*, Actes du ΙΙε..., τ. 1, σ. 335–345. (γ) Νικ. Αργ. Λούστας, *Η ιστορία του Νυμφαίου-Νεβέσκας-Φλώρινης*, Θεσσαλονίκη 1988, σ. 236. (δ) Γ. Ν. Αικατερινίδης, *Εκκλησιαστικά νομίσματα επί τουρκοκρατίας. Η περίπτωση της Σαμοθράκης*, Ε΄ Συμπόσιο Λαογραφίας Βορειοελλαδικού χώρου (Ήπειρος-Μακεδονία- Θράκη) Πρακτικά, Θεσσαλονίκη, ΙΜΧΑ, 1989, σ. 11–38. (ε) Γιώργος Γκολόμπιας, *Καστοριανά νομίσματα τοπικής κυκλοφορίας*, Collectio 13 (10/93) 72–75. (στ) Στρατής Ι. Αναγνώστου, *Πλαστές πρώιμες κοντραμάρκες Μυτιλήνης*, Collectio 11 (4/93) 3–4. (ζ) Ν. Ρουδομέτωφ *Νομίσματα τοπικής κυκλοφορίας ή υποκατάστατα νομισμάτων στη Δράμα και στην περιοχή της κατά τα τελευταία 30 χρόνια της τουρκοκρατίας*, Ανακοίνωση στο Συνέδριο «Η Δράμα και η περιοχή-της. Ιστορία και πολιτισμός», 19–22/5/1994. (η) Ν. Ρουδομέτωφ, *Νομίσματα τοπικής κυκλοφορίας ή υποκατάστατα νομισμάτων που κυκλοφορούν στη Νιγρίτα και στη Βισαλτία τα τελευταία τριάντα χρόνια της Τουρκοκρατίας*, Πρακτικά Επιστημονικού Συμποσίου «Η Νιγρίτα - Η Βισαλτία δια μέσου της ιστορίας», Νιγρίτα 27–28/11/1993, Νιγρίτα 1995, σ. 193–202.

Είναι μεγάλη η πρόκληση για τον ιστορικό να συγκρίνει όλες τις παραπάνω εκδόσεις με τις «Τοπικές Εναλλακτικές Μονάδες» (ΤΕΜ) ή «κοινωνικά νομίσματα» που ανακοίνωσαν διάφορες συλλογικότητες με το ξέσπασμα της ελληνικής κρίσης χρέους του 2010. Την ανακοίνωση του «οβολού» το 2010 (Γιάνναρου 2010) ακολούθησαν το «μπουτσούνι» στην Κέρκυρα (Μπουτσούνι 2015), το «καερέτι» στο Λασίθι (Καερέτι 2015), το «μαϊδί» στην Κω (Κύκλος 2014), οι μονάδες ΤΕΜ στην Μαγνησία (ΔΑΑΜ 2015). Αυτά τα τοπικά νομίσματα συνόδευσε μια έκρηξη καλεσμάτων για συμμετοχή σε «ανταλλακτικές οικονομίες» και «τράπεζες χρόνου», που προέβαλλε ακόμη και ο Τύπος της περιόδου (Νατ. Μπ. και Τ. 2010· Μπαζού 2011· Ρουμελιώτης 2011). Από τις εξαγγελίες τους αυτές οι απόπειρες φαίνεται ότι δεν κατανοούσαν κάποια ιστορικά δεδομένα σχετικά με την αναβίωση τοπικών νομισμάτων.

Κατ' αρχήν ότι τα τοπικά νομίσματα δεν λειτούργησαν παρά μόνο σε στενή γεωγραφική περιοχή και συνήθως όταν οι συνθήκες δεν επέτρεπαν την άνετη χρήση του κρατικού νομίσματος. Στις περιπτώσεις αυτές βοηθούσαν μεν να λειτουργεί μια τοπική οικονομία, αλλά μόνον στο μέτρο που αυτό δεν ενέπλεκε εξωτερικούς παράγοντες οι οποίοι δεν είχαν κανέναν λόγο να αποδεχθούν κάποιο τοπικό νόμισμα. Το μπιλιέτο ενός καφενείου ή μιας εκκλησίας είναι πιθανόν ότι δεν θα γινόταν αποδεκτό μερικά χιλιόμετρα μακρύτερα,

Επίσης το ότι αυτά τα τοπικά νομίσματα δεν φαίνεται να είχαν τον μεγαλεπήβολο στόχο της αντικατάστασης του κρατικού νομίσματος, αλλά τον πολύ πιο περιορισμένο στόχο του αναπληρωματικού ανταλλακτικού μέσου.

Τέλος, και ίσως σημαντικότερο, το ότι στις πλείστες των περιπτώσεων την έκδοση των τοπικών νομισμάτων αναλάμβανε η εκκλησία, που αποτελούσε τον πιο διαχρονικό οργανωμένο θεσμό στις τουρκοκρατούμενες περιοχές, και συνεπώς το πλησιέστερο υποκατάστατο του κράτους σε κάποιες από λειτουργίες του. Αντιθέτως, στα σύγχρονα παραδείγματα, το υποκείμενο που εκδίδει τα διάφορα «κοινωνικά νομίσματά» είναι κάποια πρωτοβουλία πολιτών με αμφίβολη θεσμική παρουσία.

Με άλλα λόγια, η ιστορική εμπειρία υποδεικνύει ότι νομίσματα χωρίς κρατική στήριξη μπορούν μεν να υπάρξουν, αλλά με πολύ περιορισμένο ρόλο και με αμφίβολη αποτελεσματικότητα.

24.5 Λογιστικές τεχνικές και εισδοχή της Ελλάδας στην ΟΝΕ

Όπως οι περισσότερες χώρες της ευρωζώνης, έτσι και η Ελλάδα επιδόθηκε σε ένα μασάζ των δημοσιονομικών την δεικτών με την βοήθεια υψηλής τεχνολογίας χρηματοοικονομικών προϊόντων. Συγκεκριμένα, χρησιμοποίησε δύο—τουλάχιστον—τεχνικές για την πρόσκαιρη απόκρυψη του χρέους της.

Ανταλλαγές νομισμάτων

Οι ανταλλαγές (swaps), ένας τύπος παραγώγου, είναι συμφωνίες κατά τις οποίες δύο αντισυμβαλλόμενα μέρη ανταλλάσσουν τις υποχρεώσεις τους. Μια απλή ανταλλαγή επιτοκίων μεταξύ δύο μερών Α και Β λειτουργεί ως εξής: αν το μέρος Α μπορεί να δανείζεται από την αγορά μόνο με κυμαινόμενο επιτόκιο (συνδεδεμένο π.χ. με το Euribor ή το Libor), ενώ το μέρος Β μπορεί να δανείζεται με σταθερό επιτόκιο, μπορούν να συμφωνήσουν σε μια ανταλλαγή χρηματορροών. Θα συνεχίσουν να πληρώνουν στους δανειστές τους ό,τι πλήρωναν και πριν, όμως θα ξεκινήσουν και μια μεταξύ τους ανταλλαγή πληρωμών, σε τακτά χρονικά διαστήματα και για ορισμένο χρόνο. Έτσι, το μέρος Α θα πληρώνει στο μέρος Β ένα σταθερό επιτόκιο επί ενός φανταστικού (notional) κεφαλαίου και θα λαμβάνει από το μέρος Β ένα κυμαινόμενο επιτόκιο επί του φανταστικού αυτού κεφαλαίου. Προσθαφαιρώντας τις μεταξύ τους πληρωμές με εκείνες που πραγματοποιούν προς τους δανειστές τους, το τελικό άθροισμα είναι πληρωμές σταθερού επιτοκίου για το μέρος Α και κυμαινόμενου για το Β. Τα δύο μέρη έχουν ανταλλάξει επιτόκια (Εικόνα 24.1).

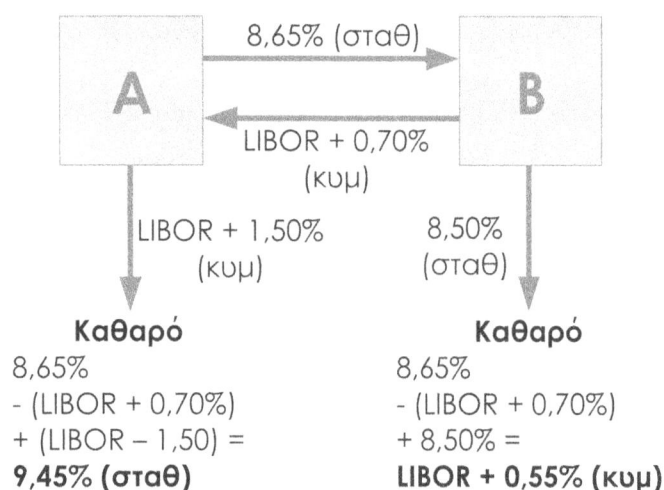

Στην απλή αυτή περίπτωση οι πληρωμές που γίνονται αφορούν μόνον στα καθαρά ποσά, αυτά δηλαδή που προκύπτουν μετά από συμψηφισμό των οφειλών κάθε μέρους, και όχι σε όλο το φανταστικό κεφάλαιο.

Τα πράγματα είναι πιο περίπλοκα όταν οι πληρωμές κάθε μέρους γίνονται σε διαφορετικά νομίσματα, οπότε με την ανταλλαγή επιτοκίων συνδυάζεται και μια ανταλλαγή νομίσματος. Τότε μιλάμε για ανταλλαγές νομισμάτων (currency swaps). Θεωρητικά, η χρησιμότητά τους είναι ότι μπορούν να προστατεύσουν από κινδύνους τόσο επιτοκίου, όσο και συναλλάγματος. Στην περίπτωση αυτή όμως, γίνονται πραγματικές πληρωμές του κεφαλαίου στην αρχή της ανταλλαγής και οι αντίστροφες πληρωμές στην λήξη. Το λεπτό σημείο είναι η ισοτιμία με την οποία θα γίνουν οι πληρωμές.

Ας υποθέσουμε ότι μια επιχείρηση Α έχει έσοδα σε ευρώ, αλλά έχει συνάψει δάνειο (με σταθερό ή κυμαινόμενο επιτόκιο, i_1) σε γιεν και ότι θέλει να αποφύγει τον συναλλαγματικό κίνδυνο από ενδεχόμενη ανατίμηση του γιεν έναντι του ευρώ. Κάτι τέτοιο θα σήμαινε ότι μεγαλύτερο μέρος των εσόδων της σε ευρώ θα έπρεπε να δαπανάται στην εξυπηρέτηση του δανείου σε γιεν. Η επιχείρηση μπορεί να έλθει σε συνεννόηση με έναν αντισυμβαλλόμενο Β. Η επιχείρηση Α αγοράζει από τον Β ένα κεφάλαιο σε ευρώ και του πουλάει ένα ισότιμο κεφάλαιο σε γιεν. Επιπλέον, η επιχείρηση Α αναλαμβάνει να πληρώνει στον Β ένα επιτόκιο i_2 (σταθερό ή κυμαινόμενο) επί του κεφαλαίου σε ευρώ και ο Β να πληρώνει στην Α ένα επιτόκιο i_3 (σταθερό ή κυμαινόμενο) επί του κεφαλαίου σε γιεν.

Τώρα, η επιχείρηση Α λαμβάνει από τον Β πληρωμές σε γιεν, με τις οποίες αποπληρώνει το δάνειό της, που επίσης έχει συναφθεί σε γιεν. Ταυτόχρονα κάνει πληρωμές στον Β σε ευρώ, δηλαδή στο νόμισμα στο οποίο έχει έσοδα. Έτσι έχει αποφύγει τον συναλλαγματικό κίνδυνο από ενδεχόμενες ανατιμήσεις του γιεν. Ταυτόχρονα,

και αν το επιθυμεί, μπορεί να μετατρέψει το επι-
τόκιο του δανείου της από κυμαινόμενο σε σταθερό
—ή αντιστρόφως—αναλόγως με την συμφωνία που
θα κάνει με τον Β.

Αυτή η συμφωνία μπορεί να διαρκέσει όσο
διαρκεί και η αποπληρωμή του δανείου της επιχεί-
ρησης σε γιεν. Στο τέλος του δανείου, η επιχείρηση
Α επαναπωλεί τα ευρώ που αγόρασε στον Β, και
επαναγοράζει τα γιεν που του πούλησε, σε μια προ-
συμφωνημένη τιμή (Εικόνα 24.2).

Για συμμετρία, θα μπορούσαμε να υποθέσουμε
ότι και ο Β έχει υποχρεώσεις σε ευρώ και έσοδα σε
γιεν. Αλλά αυτό δεν είναι απαραίτητο. Ο Β θα μπο-
ρούσε να είναι κάποια τράπεζα που παρέχει στην

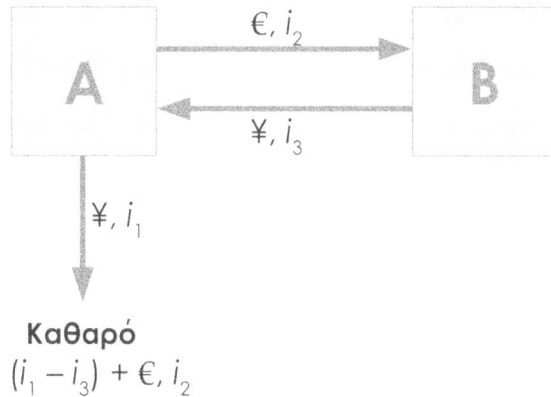

Καθαρό

$$¥, (i_1 - i_3) + €, i_2$$

Εικόνα 24.2: Ανταλλαγή νομισμάτων μεταξύ Α και Β. Τα επιτόκια i_1, i_2 και i_3 μπορούν να είναι σταθερά ή κυμαινόμενα. Ο αντισυμβαλλόμενος Α έχει μειώσει τις πληρωμές του σε γιεν και τις έχει υποκαταστήσει με πληρωμές σε ευρώ

επιχείρηση Α αυτήν την υπηρεσία της ανταλλαγής. Από την σχέση των μεταξύ τους επιτοκίων i_2 και i_3, η τράπε-
ζα θα μπορούσε να αποκομίζει μια προμήθεια για την υπηρεσία αυτή.

Η ισοτιμία της ανταλλαγής είναι ένα λεπτό σημείο. Τυπικά, μπορεί να γίνει στις στην τιμή που συναλλάσσο-
νται τα δύο νομίσματα στις αγορές συναλλάγματος εκείνη την στιγμή, οπότε δεν έχει άμεσο όφελος για καμία
από τις δύο πλευρές. Αν όμως γίνει σε μία διαφορετική τιμή, μία από τις δύο πλευρές ωφελείται, διότι αγοράζει
συνάλλαγμα σε χαμηλότερη τιμή από την αγοραία, και η άλλη βλάπτεται. Κάτι τέτοιο δεν έχει νόημα για την
πλευρά που υφίσταται βλάβη αν δεν υπάρξει κάποια ανταμοιβή, π.χ. υπό μορφή υψηλότερου επιτοκίου. Σε μία
τέτοια περίπτωση, το κέρδος της μίας πλευράς θα μπορούσε να ερμηνευθεί ως δάνειο, ενώ το υψηλότερο επι-
τόκιο που θα πληρώσει θα μπορούσε να ερμηνευθεί ως τόκος επί του δανείου.

Ας κάνουμε τώρα μια αντικατάσταση: ας υποθέσουμε ότι το συμβαλλόμενο μέρος Α είναι μια χώρα και το
συμβαλλόμενο μέρος Β μια τράπεζα. Αν η χώρα Α συνήπτε δάνειο από την τράπεζα Β, αυτό θα καταγραφόταν
στο χρέος της. Αν αυτή η χώρα είχε όφελος να μην διογκωθεί το χρέος της, π.χ. ενόψει της συμμετοχής της σε
μια νομισματική ένωση, θα μπορούσε να καταφύγει σε αυτήν την ανταλλαγή ώστε αντί να παρουσιάσει έσοδα
από δάνειο στον ισολογισμό της, που θα αύξαναν το χρέος της, να παρουσιάσει έσοδα από την πώληση συναλ-
λάγματος, που θα μείωναν το χρέος της. Βεβαίως, θα ήταν υποχρεωμένη να πληρώνει το ισοδύναμο ενός επιτο-
κίου στην τράπεζα που οργάνωσε την ανταλλαγή. Επιπλέον θα έπρεπε να κάνει και την αντίστροφη πράξη συ-
ναλλάγματος με την λήξη της σύμβασης, οποία θα την ζημίωνε τότε όσο την ωφέλησε στην αρχή.

Η ουσία όμως είναι ότι μέχρι εκείνη την στιγμή οι δείκτες θα περιέγραφαν μια βελτιωμένη εικόνα. Το τι θα
γινόταν μετά είναι μια άλλη ιστορία.

Ενυπόθηκες τιτλοποιήσεις

Ένας τίτλος που εκδίδεται έναντι μελλοντικών προσόδων ονομάζεται *τίτλος καλυπτόμενος από στοιχεία ενεργητικού*
(Asset-Backed Security, ABS). Για λόγους συντομίας θα την αποκαλώ *ενυπόθηκη τιτλοποίηση*. Μεταξύ 2000–2001 η
Ελλάδα έκανε τέσσερις τέτοιες συμφωνίες από τις οποίες αποκόμισε 3,745 δισ ευρώ.

Η πρώτη έγινε τον Νοέμβριο του 2000 και αφορούσε στην τιτλοποίηση των μελλοντικών μερισμάτων που θα
εισέπραττε το κράτος από τις μετοχές του στο ΤΠΔ. Αυτά, η ελληνική κυβέρνηση τα μεταβίβασε στην *Hellenic
Securitisation* μέσω σύμβασης με την *Bankers Trustee Company Ltd*. Με την σειρά της η Hellenic εξέδωσε αφενός
ένα γραμμάτιο κυμαινόμενου επιτοκίου (floating rate note, FRN) και αφετέρου ένα ομόλογο σταθερού επιτοκί-
ου (fixed-rate bond, FRB), συνολικής αξίας 740 εκ. ευρώ. Το γραμμάτιο αφορούσε σε τίτλους αξίας 445 εκ.
ευρώ με λήξη τον Ιανουάριο του 2008 και επιτόκιο 18 μονάδες βάσης πάνω από το Euribor εξάμηνης διάρ-
κειας. Το ομόλογο αφορούσε σε τίτλους αξίας 295 εκ. ευρώ με λήξη τον Ιανουάριο του 2011 με κουπόνι 5,875%.
διαχειριστές την BNP Paribas, την Deutsche Bank, την Eurobank, την Merrill Lynch και την NBG International,
τον επενδυτικό βραχίονα της ΕΤΕ. Η τιτλοποίηση των μερισμάτων προτιμήθηκε για λόγους απλότητας σε

σχέση με το αρχικό σχέδιο της τιτλοποίησης των στοιχείων ενεργητικού του ΤΠΔ. Η τιτλοποίηση αφορούσε στα μερίσματα της επόμενης δεκαετίας και έλαβε αξιολόγηση Α2 από την Moody's και Α- από την S&P. Η συμφωνία είχε μεγάλη επιτυχία· π.χ., το τμήμα που εξέδωσε η BNP Paribas είχε εγγραφή 3:1 για το γραμμάτιο και 1,25:1 για το ομόλογο. Για τον Στράτο Χατζηγιάννη, επικεφαλής κεφαλαιαγορών της NBG International στο Λονδίνο, αυτή η συμφωνία θα μπορούσε να είναι η πρώτη από πολλές που θα ακολουθούσαν (*Euroweek* 2000a).

Η δεύτερη ενυπόθηκη τιτλοποίηση έγινε στις αρχές Δεκεμβρίου 2000 και αφορούσε στην τιτλοποίηση του 26% των εσόδων της Διεύθυνσης Κρατικών Λαχείων (ΔΚΛ) του Υπ. Οικονομικών από το «Λαϊκό», «Εθνικό» και «Ευρωπαϊκό» Λαχείο, και του συνόλου των εσόδων από το «Ξυστό». Οι πρόσοδοι αποτελούσαν ανέρχονταν στο 26% των ακαθάριστων πωλήσεων των λαχείων και μεταβιβάσθηκαν στην *Ariadne S.A.* μέσω σύμβασης στην οποία συμμετείχε και η *Citicorp Trustee Company Ltd.* Με την σειρά της, η Ariadne εξέδωσε τίτλους συνολικού ύψους 650 εκ. ευρώ, με λήξη τον Ιανουάριο του 2013 και επιτόκιο Euribor συν 21 μονάδες βάσης. Διαχειριστές του βιβλίου προσφορών (bookurunners) και διοργανωτές (arrangers) ήταν η Morgan Stanley Dean Witter, η Schroder Salomon Smith Barney και η UBS Warburg. Η Alpha Bank και η Εμπορική ήταν κύριοι διοργανωτές (joint leads). Με καθαρά έσοδα 115,4 εκ. ευρώ την περασμένη χρονιά, η ΔΚΛ θεωρείτο ότι παρείχε ασφαλή κάλυψη στο δάνειο, επιτρέποντας στην Moody's να το κατατάξει σε κατηγορία Α2 και στην S&P σε κατηγορία Α-, την ίδια πιστοληπτική αξιολόγηση με το ελληνικό κράτος. Ο Πέτρος Αποστολίκας, επικεφαλής του συνδικάτου του ABS στην Salomon, θεώρησε ότι η διάθεση των τίτλων ήταν πολύ ικανοποιητική (*Euroweek* 2000b).

Η τρίτη ενυπόθηκη τιτλοποίηση έγινε τον Οκτώβριο του 2001 και αφορούσε στα μελλοντικά έσοδα από το Γ΄ Κοινοτικό Πλαίσιο Στήριξης. Αυτά μεταβιβάσθηκαν στην *Atlas Securitisation S.A.* μέσω σύμβασης με την BNP Trust Corporation UK Limited. Εν συνεχεία η Atlas εξέδωσε δύο τίτλους κυμαινομένου επιτοκίου, από 1 δισ ευρώ έκαστος. Ο πρώτος ήταν τετραετούς διάρκειας με επιτόκιο Euribor 6 μηνών συν 18 μβ και ο δεύτερος εξαετούς με επιτόκιο Euribor 6 μηνών συν 21 μβ. Υποθήκη των τίτλων ήταν τα 26 δισ ευρώ που η Ελλάδα ανέμενε να εισπράξει από το Γ΄ ΚΠΣ μεταξύ 2001–2007. Ανάδοχοι ήταν η BNP Paribas, η Deutsche Bank, η Eurobank και η NBG International (*Euroweek* 2001a).

Η τέταρτη ενυπόθηκη τιτλοποίηση έγινε τον Δεκέμβριο του 2001 και αφορούσε στα μελλοντικά έσοδα του ελέγχου εναέριας κυκλοφορίας. Αυτά μεταβιβάσθηκαν στην *Aeolos S.A.* η οποία εξέδωσε μία σειρά τίτλων αξίας 355 εκ. ευρώ, και επιτόκιο Euribor 6 μηνών συν 24 μβ έως τον Μάρτιο του 2012 και 48 μβ έως τον Μάρτιο του 2019 (*Euroweek* 2001b).

Πίνακας 24.1: Έξοδα που βάρυναν τις τέσσερις ενυπόθηκες τιτλοποιήσεις μεταξύ 2000–01 (σε χιλ. ευρώ).

Τιτλοποίηση	Προμήθεια	Ετήσια έξοδα δικηγόρων	Ετήσιοι φόροι στο Λουξεμβούργο
Hellenic	9.200	509	650
Ariadne	7.700	608	655
Atlas	16.000	311	1000
Aeolos	4.300	720	525
Σύνολο	**37.200**	**2.148**	**2.830**

Πηγή: (Δούκας 2007).

24.6 Η κρίση του ΜΣΙ του 1992–93

Η κρίση του 1992–93 αφορούσε στον ΜΣΙ, τον προθάλαμο δηλαδή της ΟΝΕ. Παρότι έγινε μια γενική αναφορά (παράγραφος 19.4), ενδιαφέρον παρουσιάζουν οι λεπτομέρειές του.

Το ισπανικό παράδοξο και η κριτική του Walters

Πρώτος κρίκος στην αλυσίδα των δυσλειτουργιών του ΜΣΙ ήταν το «παράδοξο» της Ισπανίας. Η πεσέτα εντάχθηκε στον ΜΣΙ στις 19/6/1989, μια εβδομάδα πριν την διάσκεψη της Μαδρίτης, προφανώς ως κατάθεση των φιλοευρωπαϊκών διαπιστευτηρίων του Φελίπε Γκονζάλες. Την εποχή εκείνη η Ισπανία είχε υψηλό πληθωρισμό και διατηρούσε υψηλά επιτόκια ως περιοριστικό νομισματικό μέτρο. Τα επιτόκια αποδείχθηκε ότι δεν ήταν αρκετά υψηλά, διότι δεν το επέτρεπε ο ΜΣΙ: αν η *Banco de España* τα ανέβαζε περαιτέρω, θα οδηγούσε σε μαζικές αγορές που θα ανέβαζαν την πεσέτα εκτός των ορίων της. Η εναλλακτική της ανατίμησής της ως προς το μάρκο ήταν—πολιτικά—εκτός συζήτησης. Έτσι, για να κρατήσει την τιμή της πεσέτας εντός των ορίων του ΜΣΙ, η Banco de España παρήγαγε μαζικά πεσέτες για να τροφοδοτεί την ζήτηση των αγορών. Δηλαδή, μια οικονομία με υψηλό πληθωρισμό, υψηλά ελλείμματα, υψηλά επιτόκια και χαμηλή αξιοπιστία εκτόπιζε το βαρύ πυροβολικό στην κορυφή του ΜΣΙ. Οι ορθόδοξοι οικονομολόγοι ονόμασαν το φαινόμενο «παράδοξο του ΜΣΙ», υπονοώντας ότι ήταν ένα φαινόμενο εκτός της ανθρώπινης κατανόησης. Σε καμία περίπτωση δεν το απέδωσαν στον εσφαλμένο σχεδιασμό του μηχανισμού (Connolly 1995, 83–84).

Έτσι, καθώς τα ονομαστικά επιτόκια δεν ήταν αρκετά υψηλά σε σχέση με τον πληθωρισμό, τα πραγματικά επιτόκια (ονομαστικά μείον πληθωρισμός) παρέμεναν χαμηλά. Το φθηνό χρήμα υπερθέρμανε την οικονομία και τροφοδότησε μια οικοδομική φούσκα.

Τα παραπάνω σχολίασε από τον Οκτώβριο του 1989 ο Alan Walters, οικονομικός σύμβουλος της Thatcher και σφοδρός πολέμιος της ένταξης της στερλίνας στον ΜΣΙ. Η «κριτική του Walters» έλεγε ότι μια χώρα με υψηλό πληθωρισμό δεν θα μπορούσε να ανεβάσει αρκετά τα ονομαστικά επιτόκιά της ώστε να αποφύγει την υπερθέρμανση και μια χώρα με πολύ χαμηλό πληθωρισμό δεν θα μπορούσε να τα χαμηλώσει αρκετά ώστε να αποφύγει την ύφεση.

Η λύση του «παραδόξου» θα αποκάλυπτε την μάχη εξουσίας που αποτελεί ο έλεγχος του χρήματος. Η άνοδος της πεσέτας είχε σπρώξει το γαλλικό φράγκο στο κατώφλι της διμερούς ισοτιμίας. Τι έκανε λοιπόν το ασθενές νόμισμα; Υποτιμήθηκε όπως κάθε άλλη φορά; Όχι. Στην περίπτωση αυτή, θα ήταν η Ισπανία—ο φτωχός γείτονας της Γαλλίας—που θα εξαναγκαζόταν σε διαδοχικές μειώσεις των επιτοκίων της εντός του 1991 για να βοηθηθεί το γαλλικό φράγκο.

Η γερμανική ανευθυνότητα

Η βασική λειτουργία του ΜΣΙ γινόταν με την βασική παραδοχή ότι ο «υπεύθυνος» παίκτης, η Γερμανία, παρείχε το μάρκο ως «άγκυρα» γύρω από την οποία ήταν «δεμένα» όλα τα υπόλοιπα νομίσματα. Πρακτικά, κανείς δεν διανοείτο ότι τα υπόλοιπα νομίσματα θα μπορούσαν να ανατιμηθούν ως προς το μάρκο, ή ότι οι υπόλοιπες κεντρικές τράπεζες θα μπορούσαν να ορίζουν πιο χαμηλά επιτόκια από την Bundesbank. Ο γερμανικός πληθωρισμός ήταν πάντοτε χαμηλός και η δημοσιονομική διαχείριση σφιχτή.

Αυτό θα άλλαζε με την προοπτική επανένωσης των δύο Γερμανιών. Προτού περάσουν τρεις εβδομάδες από την πτώση του τείχους ο Kohl θα δημοσιοποιούσε το σχέδιο 10 σημείων για την επανένωση (28/11/1989) θέτοντας άπαντες προ συνεχών τετελεσμένων. Την 1/7/1990 ξεκίνησε η νομισματική ενοποίηση των δύο κρατών, την ίδια ημέρα με την απελευθέρωση της κίνησης των κεφαλαίων εντός ΕΟΚ. Στις εκλογές της 20/9/1990 που έλαβαν χώρα ταυτόχρονα και στα δύο κράτη, η απόφαση της ένωσης επικυρώθηκε και η ένωση έλαβε χώρα στις 3/10/1990.

Η ενοποίηση είχε ένα τεράστιο οικονομικό κόστος· με τις ανατολικογερμανικές επιχειρήσεις λιγότερο ανταγωνιστικές, είτε αυτές θα έπρεπε να επιδοτούνται για να μην κλείσουν, είτε οι εργαζόμενοί τους να επιδοτούνται αφού αυτές θα έκλειναν για να μην μεταναστεύσουν μαζικά προς τα δυτικά. Σε κάθε περίπτωση οι μεταφορές που θα απαιτούντο προς τα ανατολικά θα ήταν τεράστιες. Με τις πρώτες παγγερμανικές εκλογές να πλησιάζουν τον Δεκέμβριο (2/12/1990) και επιχειρώντας να χρυσώσει το οικονομικό χάπι της επανένωσης, η κυβέρνηση Kohl επέλεξε να μην αντιμετωπίσει το κόστος αυτό με αύξηση της φορολογίας, αλλά με δανεισμό. Αυτός ο δανεισμός εκτόξευσε το δημόσιο χρέος της Γερμανίας από τα 928,8 δις μάρκα το 1989 στα 1994,5 δισ μάρκα το 1996—από το 41,8 στο 57,7% του ΑΕΠ, διακινδυνεύοντας και τους όρους του Μάαστριχτ (Sinn 1996, 5–6). Επιπλέον, η πολιτική επιλογή της ανταλλαγής ανατολικογερμανικών μάρκων σε ισοτιμία 1:1—αντί του επισήμου 1:4,3 και του ανεπίσημου 1:7 που ίσχυαν πριν την ενοποίηση—αύξησε απότομα την ρευστότητα, καθώς θα εισήγαγε στην οικονομία υπερτετραπλάσια ποσότητα δυτικογερμανικών μάρκων από ό,τι άξιζαν τα ανατολικογερμανικά. Τέλος, οι μισθολογικές αυξήσεις που διαπραγματεύθηκαν τα—ενοποιημένα πλέον—συνδικάτα ήταν αρκετά υψηλές, της τάξεως του 6,6% στον βιομηχανικό τομέα. Φοβούμενη την άνοδο του πληθωρισμού που συνεπάγονταν όλα αυτά—ο πληθωρισμός είχε ανέβει στο 5% το 1992—η Bundesbank είχε δύο επιλογές: την ανατίμηση του μάρκου, ή την αύξηση των επιτοκίων. Δεδομένου ότι η πρώτη επιλογή θα σήμαινε αυτομάτως και υποτίμηση του φράγκου εκτός των ορίων του ΜΣΙ, από πολιτικής πλευράς αυτή η επιλογή ήταν απαγορευμένη (ο Kohl είχε ανάγκη την πολιτική στήριξη του Mitterrand για την ολοκλήρωση της ενοποίησης). Έτσι επέλεξε να εφαρμόζει πολιτική υψηλών επιτοκίων για να αντισταθμίσει την δημοσιονομική απειθαρχία της κυβέρνησης της Βόννης: το καλοκαίρι του 1992 το προεξοφλητικό επιτόκιο ήταν 8,75% και το *επιτόκιο* διευκόλυνσης οριακής χρηματοδότησης (*Lombard rate*) 9,75%.

Η συνέπεια της παραπάνω επιτοκιακής πολιτικής ήταν ότι τα διεθνή κεφάλαια έβρισκαν υψηλότερες αποδόσεις στο γερμανικό μάρκο (το επιτόκιο της Fed ήταν τότε μόνον 3,4%)· η πλήρης απελευθέρωση κίνησης των κεφαλαίων εντός της ΕΟΚ από τον Ιούλιο του 1990 τους επέτρεψε να προβούν σε μαζικές τοποθετήσεις στο νόμισμα αυτό αυξάνοντας την τιμή του. Σταδιακά, για όλο και περισσότερα νομίσματα, η διατήρηση των ισοτιμιών τους εντός ορίων του ΜΣΙ απέναντι στο ανατιμώμενο μάρκο γινόταν όλο και πιο δύσκολη. Αυτό δημιουργούσε προβλήματα και σε νομίσματα που ακολουθούσαν τον ΜΣΙ ατύπως, όπως η Σουηδική κορώνα.

Η βρετανική αδυναμία

Ένα από τα πιο προβληματικά νομίσματα ήταν η βρετανική στερλίνα, καθώς για την Βρετανία, η δεκαετία του '80 είχε χαρακτηρισθεί από υψηλό πληθωρισμό. Οι εισηγήσεις των Συντηρητικών προς την Margaret Thatcher —και ειδικότερα του Υπ. Οικονομικών Nigel Lawson—πρότειναν την επίσημη ένταξη στον ΜΣΙ. Θεωρείτο τότε από τους συνεργάτες της ότι η έξωθεν επιβολή νομισματικής πειθαρχίας θα δάμαζε τον υψηλό πληθωρισμό.

Εκείνη, αν και ένθερμη φιλελεύθερη, δεν αποδεχόταν την εκχώρηση εθνικής κυριαρχίας, ακόμη και σε έναν όμορο ιδεολογικά μηχανισμό, όπως εκείνος των Βρυξελλών. Αλλά και ιδεολογικά, πίστευε στην «ελεύθερη» ρύθμιση των νομισματικών ισοτιμιών από τις αγορές και όχι από «τεχνητούς» μηχανισμούς. Αυτή η άρνηση επέφερε πολλές εσωκομματικές τριβές, ιδίως εξαιτίας της απόφασης του Lawson να διατάξει—κρυφά—την Τράπεζα της Αγγλίας να συνδέσει άτυπα την στερλίνα με το μάρκο τον Φεβρουάριο του 1987. Οι συγκρούσεις αυτές εξανάγκασαν την Thatcher στην αποδοχή της Έκθεσης Delors στο Ευρωπαϊκό Συμβούλιο της Μαδρίτης (26–27/6/1989) και τελικά στην εσωκομματική ανατροπή της μετά από μια καλά ενορχηστρωμένη ενέδρα στην Διακυβερνητική Διάσκεψη της Ρώμης. Λίγες μόλις εβδομάδες πριν ανατραπεί, η απομονωμένη Thatcher επείσθη από τον μελλοντικό της διάδοχο, Τζον Μέιτζορ, να εντάξει την στερλίνα στον ΜΣΙ στις 5/10/1990 (με κεντρική ισοτιμία 2,95 μάρκα/στερλίνα και περιθώρια διακύμανσης ±6%).

Ταυτόχρονα όμως η Βρετανία μαστιζόταν από έντονη ύφεση και ανεργία. Για να ανταγωνισθεί την Γερμανία και να ανατιμήσει το νόμισμά της, θα έπρεπε να ανεβάσει τα επιτόκια και να κάνει το χρήμα ακριβότερο, κάτι που θα επιδείνωνε την κρίση. Η άλλη επιλογή, δηλαδή η μείωση των επιτοκίων της Bundesbank, ήταν σε ευθεία αντίθεση με την αντιπληθωριστική φιλοσοφία της γερμανικής Κεντρικής Τράπεζας, ειδικώς με τον πληθωρισμό σε ανοδική πορεία. Με άλλα λόγια, ή η στερλίνα θα έβγαινε από τον ΜΣΙ, ή το μάρκο θα έπρεπε να υποτιμηθεί.

Οι κερδοσκόποι ορίζουν τις εξελίξεις

Το κλίμα της περιόδου ήταν έντονα ρευστό, καθώς πριν από λίγους μήνες, πρώτη χώρα που αποφάσισε για την συνθήκη ήταν η Δανία. Η προσφυγή σε ένα πραγματικά δημοκρατικό μέσον αποδείχθηκε σφάλμα για τους σχεδιασμούς της ευρωπαϊκής ενοποίησης· το αποτέλεσμα του δημοψηφίσματος της 2/6/1992 ήταν μια ψυχρολουσία, καθώς το 50,72% των ψηφοφόρων ψήφισε εναντίον της επικύρωσης. Καθώς η Συνθήκη έπρεπε να εγκριθεί ομοφώνως—αποτελούσε τροποποίηση της Συνθήκης της Ρώμης—η απάντηση της Δανίας εκτροχίαζε το όλο εγχείρημα.

Μετά το δανέζικο δημοψήφισμα πολλά νομίσματα είχαν δεχθεί κερδοσκοπικές επιθέσεις καθώς το σχέδιο της ΟΝΕ φάνταζε πιο απόμακρο και ο ΜΣΙ πιο ευάλωτος. Επιπλέον το γαλλικό δημοψήφισμα που είχε εξαγγελθεί για τις 20/9/1992 ως συνέπεια του δανέζικου «όχι», έσπειρε στις αγορές νέα αβεβαιότητα για το εγχείρημα της ΟΝΕ—ή μάλλον βεβαιότητα για την αποτυχία του. Στις 11/9/1992 η λιρέτα (και η πεσέτα) άρχισαν να πωλούνται μαζικά υπό την πρόβλεψη της υποτίμησής τους, ενώ το γαλλικό φράγκο σώθηκε την τελευταία στιγμή από την καταισχύνη μιας υποτίμησης μόνον υπό την πίεση του Kohl, στο πλαίσιο παρασκηνιακής γαλλογερμανικής συμφωνίας (και κατά συνέπεια σώθηκε και το «ναι» στο δημοψήφισμα). Για να εξαναγκάσει την συμφωνία η Bundesbank επικαλέσθηκε την επιστολή Emminger (της 16/11/1978) που την απήλλασσε από απεριόριστες παρεμβάσεις για την στήριξη ασθενών νομισμάτων. Η μυστική γαλλογερμανική συμφωνία (βλ. παρ. 19.4) περιελάμβανε επανευθυγράμμιση όπως επιθυμούσε ο Schlesinger—της λιρέτας κατά 7% (έλαβε χώρα στις 14/9/1992)—σε αντάλλαγμα στήριξης του γαλλικού φράγκου που επιθυμούσε ο Kohl—μέσω μείωσης των επιτοκίων της Bundesbank στο 8,25 και 9,5%. Δεν θα πρέπει να θεωρηθεί εδώ ότι η Bundesbank λειτούργησε ως ένα ενιαίο σώμα· ο τότε Πρόεδρός της, ο Helmut Schlesinger ήταν πολύ αρνητικός σε μια συμφωνία που απειλούσε την γερμανική νομισματική σταθερότητα, δυσπιστώντας τόσο απέναντι στο ΕΝΣ όσο και απέναντι στο Μάαστριχτ, μάλλον προτιμώντας μια ζώνη μάρκου. Από την μεριά του, ο Tietmeyer, μέλλων διάδοχος του Schlesinger, λειτουργούσε μάλλον ως εκπρόσωπος του «Καγκελαρίου της ενοποίησης».[42] Έτσι, εκτελούσε τις οδηγίες του για πάση θυσία στήριξη του γαλλογερμανικού άξονα, στο μέτρο που αυτή τακτική της οικονομικής σύγκλισης θα επέβαλλε την γερμανική νοοτροπία στην υπόλοιπη Ευρώπη.

Τέτοια συμφωνία δεν υπήρξε για την στερλίνα, για την οποία οι κερδοσκόποι προέβλεπαν ότι δεν θα μπορούσε να κρατηθεί πάνω από το κατώφλι των 2,778 μάρκων σε περίπτωση μιας αρκετά ισχυρής επίθεσης. Την πρόβλεψη επιβεβαίωσε αναφορά της *Handelsblatt*, κατόπιν κοινής συνέντευξης που πήρε με την *Wall Street Journal* στις 15/9 από τον Helmut Schlesinger. Ενώ η Bundesbank ανέμενε ότι αμφότεροι οι δημοσιογράφοι θα υπέβαλλαν τα κείμενά τους για έλεγχο των σχολίων του Schlesinger, ο Γερμανός δημοσιογράφος Werner Benkoff έστειλε απευθείας την αναφορά του στα δημοσιογραφικά πρακτορεία. Εκεί εμφάνιζε τον κεντρικό τραπεζίτη να θεωρεί ότι ακόμη και με την επανευθυγράμμιση *«ένα-δυο νομίσματα θα πιέζονταν πριν το γαλλικό δημοψήφισμα»* (Huhne, Macintyre, και Eisenhammer 1992). Το σχόλιο λειτούργησε ως θρυαλλίδα μαζικών πωλήσεων στερλίνας της επομένη. Έτσι, οι διεθνείς κερδοσκόποι—μεταξύ των οποίων και το Quantum Fund το George Soros που αναφέρει *κέρδη* 1 δισ δολαρίων—σορτάρισαν την στερλίνα μαζικά. Οι πωλήσεις στερλίνων ήταν τέτοιες που η Βρετανία αναγκάστηκε να ανεβάσει το επιτόκιό της από το 10% στο 12% και εν συνεχεία στο 15% μέσα στην ίδια ημέρα (16/9/1992). Διαπιστώνοντας ότι η μάχη ήταν χαμένη, και έχοντας ξοδέψει τα μισά της αποθέματα για να αγοράσει 15 δισ στερλίνες, η Βρετανία αποσύρθηκε από τον ΜΣΙ στις 16/9, την επονομαζόμενη «Μαύρη Τετάρτη».

Την Πέμπτη, κάτω από νέες επιθέσεις και παρά την προηγηθείσα υποτίμηση, η λιρέτα αποσύρθηκε και αυτή από τον ΜΣΙ. Την ίδια ημέρα, το προεξοφλητικό επιτόκιο της σουηδικής Riksbank βρισκόταν ήταν στο 500% (Marsh 2011, 160), σε μια άμυνα που δεν είχε αποτέλεσμα, καθώς η Riksbank ανέστειλε την οικειοθελή πρόσδεση της κορώνας στο ECU στις 19/9/1992 (η Σουηδία δεν ήταν μέλος της ΕΟΚ ή του ΕΝΣ).

---

[42] Παλαιότερα, ο Tietmeyer είχε συμμετάσχει και στην γερμανική ομάδα διαπραγμάτευσης του σχεδίου Werner του 1970. Κοντινός συνεργάτης του Kohl, διορίσθηκε Γραμματέας Επικρατείας του Υπ. Οικονομικών το 1982 και μέλος της Διεύθυνσης της Bundesbank τον Νοέμβριο του 1989.

Τελικά οι Γάλλοι υπερψήφισαν την Συνθήκη με μια οριακή πλειοψηφία του 51,05%, προκαλώντας ανακούφιση και ταυτόχρονα ανησυχία στην Κοινοτική γραφειοκρατία. Αυτό το αβέβαιο *petit oui* αφενός έδινε κίνητρο στις αγορές να στοιχηματίζουν εναντίον του φράγκου, αφετέρου υποχρέωνε την γαλλική κυβέρνηση και την Banque de France να συνεχίζουν να το στηρίζουν στις χρηματαγορές. Το γαλλικό φράγκο, φτάνοντας ένα μόλις σεντίμ πάνω από το κατώφλι του, απέφυγε την υποτίμηση χάρη στους κρυφούς γαλλογερμανικούς πιστωτικούς ελέγχους στην αγορά συναλλάγματος, τις θετικές δηλώσεις της Bundesbank και την ισχυρή στήριξη που αυτή του παρείχε. Βεβαίως, αυτή η γαλλογερμανική συνεννόηση προήλθε από σκληρές διαπραγματεύσεις και κατόπιν την απειλή Trichet να εκδιωχθεί η Γερμανία από το ΕΝΣ (Marsh 2011, 174–175). Το πολιτικό κλίμα ήταν τέτοιο, που έπεισε τον Soros να στοιχηματίσει *υπέρ* του φράγκου. Στην μάχη της 23/9/1992, οι κερδοσκόποι που στοιχημάτισαν εναντίον λύγισαν πρώτοι.

Οι παραπάνω εξελίξεις επιβεβαίωσαν ότι σε ένα πλαίσιο που συνδύαζε α) την πλήρη απελευθέρωση της κίνησης των κεφαλαίων διεθνώς και β) σταθερές ισοτιμίες μεταξύ νομισμάτων, τα κερδοσκοπικά κεφάλαια αναδεικνύονται στον ρυθμιστή του παιγνιδιού. Οι οικονομικοί αναλυτές δεν ήταν απλώς σε θέση να προβλέπουν ποια ισοτιμία δεν ανταποκρινόταν στην οικονομική πραγματικότητα, βασιζόμενοι σε απλή ανάλυση δημοσιονομικών δεικτών. Συνδυάζοντας και τις πολιτικές δυναμικές στην ανάλυσή τους ήταν πλέον σε θέση να προβλέπουν ποια ισοτιμία δεν θα άντεχε σε μια συντονισμένη και ικανού μεγέθους κερδοσκοπική επίθεση, ανεξαρτήτως οικονομικών κριτηρίων. Έτσι, προεξοφλώντας την στήριξη της Bundesbank στο βελγικό φράγκο, ποτέ δεν του επιτέθηκαν, παρά το ιλιγγιώδες βελγικό χρέος (στο 125% το ΑΕΠ τότε).

Η συνεδρίαση της 21–22/11/1992 της Νομισματικής Επιτροπής θα επιβεβαίωνε την παραπάνω δυνατότητα με το ανακοινωθέν που εξέδωσε: ήταν ευθύνη των κρατών να τηρούν τις διμερείς ισοτιμίες των νομισμάτων τους. Πλέον αναγνωριζόταν ότι ο ΜΣΙ δεν ήταν ένα σύστημα αμοιβαιότητας, αλλά ένα σύστημα «ο σώζων εαυτόν σωθήτω» (Connolly 1995, 196–197).

Μετά από ακόμη μια αποτυχημένη επίθεση στο γαλλικό φράγκο στις 4/1/1993, οι κερδοσκόποι στράφηκαν στο ιρλανδικό παντ. Η μείωση των βρετανικών επιτοκίων στα τέλη Ιανουαρίου μείωσε την ιρλανδική ανταγωνιστικότητα, καθώς μείωσε την ισοτιμία με την στερλίνα στο πρωτοφανές 1,10 στερλίνες/παντ. Καθώς το παντ ήταν ήδη στο δάπεδο της επιτρεπτής του διακύμανσης η ιρλανδική υποτίμηση γινόταν πολύ πιο πιθανή. Χωρίς την γαλλογερμανική αλληλεγγύη, μια «ενάρετη χώρα» με χαμηλό πληθωρισμό, χαμηλά δημοσιονομικά ελλείμματα, με πλεονάσματα τρεχουσών συναλλαγών—και καλπάζουσα ανεργία—υπέστη κερδοσκοπική επίθεση στα τέλη Ιανουαρίου, αναγκαζόμενη να υποτιμηθεί κατά 10% την 1/2/1993.

Ο αμέσως επόμενος στόχος, η δανέζικη κορώνα σώθηκε μετά από συντονισμένη δράση και την μείωση των επιτοκίων της Bundesbank, που έδρασε για να διαφυλάξει τον επόμενο πιθανό στόχο, το βελγικό φράγκο. Στις 5/2/1993, αμέσως μετά την επίθεση, η Κεντρική Τράπεζα της Δανίας ανέστειλε τον βραχυπρόθεσμο δανεισμό στις τράπεζες και παραχώρησε δανεισμό 17 ημερών έναντι επιτοκίου 40%. Έτσι, κατά παράβαση των Κοινοτικών οδηγιών περί ελεύθερης κίνησης των κεφαλαίων, επιχειρούσε να κάψει τα ξερά—όσους είχαν δανεισθεί κορώνες για να σορτάρουν και τώρα έπρεπε να καλύψουν τις θέσεις τους—με τα χλωρά—τις τράπεζες που είτε απλώς δάνεισαν στους κερδοσκόπους είτε είχαν ανάγκη άμεσης ρευστότητας για άλλους λόγους (Connolly 1995, 246–248).

Η διεύρυνση των ορίων

Η τύχη του ΜΣΙ θα σφραγιζόταν τον Ιούνιο από την «γκάφα του Alphandéry». Σε ραδιοφωνική συνέντευξη της 24/6/1993 στον γαλλικό σταθμό Europe 1, ο Γάλλος Υπ. Οικονομικών Edmond Alphandéry ανακοίνωσε ότι στις διμερείς συναντήσεις που θα είχε με τον Γερμανό ομόλογό του την επομένη, θα ζητούσε μείωση των γερμανικών επιτοκίων. Πράγματι, την περίοδο εκείνη στην Γαλλία, με ονομαστικά επιτόκια στο 7% και πληθωρισμό στο 2%, το κόστος του χρήματος ήταν γύρω στο 5%—υπερβολικά υψηλό για την γαλλική οικονομία σε σχέση με τις ανταγωνίστριές της. Το ολίσθημα του Alphandéry ήταν ότι ανακοίνωσε δημοσίως ότι υπήρχε πρόβλημα για την πολιτική του *franc fort*, ότι υπήρχε διχογνωμία στον γαλλογερμανικό άξονα και ότι πλέον η Γαλλία θεωρούσε ότι έβλεπε την Γερμανία επί ίσοις όροις, φιλοδοξώντας να συνδιαμορφώνει την νομισματική πολιτική. Παραδεχόμενος ανοικτά κάποιες κατά τα άλλα προφανείς αλήθειες προκάλεσε ανατροπή στην ψυχολογία των κερδοσκόπων ως προς την «πραγματική» αξία του φράγκου. Όταν όμως την 1/7/1993 η Bundesbank όντως μείωσε το προεξοφλητικό επιτόκιο από 7,25% σε 6,75% και η Banque de France απλώς την ακολούθησε χωρίς να κατεβάσει το δικό της χαμηλότερα, παραδεχόταν ότι η Γερμανία όντως όριζε τις εξελίξεις και ότι δεν δεχόταν οδηγίες από κανέναν. Ο Bernard Connolly (1995, 308–338) περιγράφει σε μεγάλο βάθος το περιστατικό, τις μαζικές κερδοσκοπικές επιθέσεις στο φράγκο και τις μάχες ισχύος που όρισαν την τύχη του ΜΣΙ τον Ιούλιο του 1993.

Στην συνεδρίαση της Νομισματικής Επιτροπής της 1/8/1993, γενική συναίνεση ήταν ότι ο ΜΣΙ δεν ήταν πλέον διατηρήσιμος. Αν όμως διαλυόταν μαζί του διαλυόταν και η προοπτική της ΟΝΕ, καθώς η Συνθήκη του Μάαστριχτ σαφώς προϋπέθετε διετή συμμετοχή στις «κανονικές» ταινίες του ΜΣΙ (δηλαδή ±2,25% μέχρι τότε). Αν και ο Schlesinger σαφώς θα ήθελε κάτι τέτοιο, δεν μπορούσε να αντιταχθεί σε τόση έκταση στον Kohl. Παράλληλα, καμία χώρα δεν πρότεινε γενική διακύμανση των ισοτιμιών, δηλαδή διάλυση του ΜΣΙ, για να μην κατηγορηθεί ότι εκτροχίασε το ευρωπαϊκό εγχείρημα. Αυτό που προέκυψε τελικά ήταν η «προσωρινή» διεύρυνση των ταινιών στο ±15% (εκτός του γερμανικού μάρκου και του ολλανδικού γκίλντερ που παρέμειναν στην στενή ζώνη). Αυτό το εύρος απήλλασσε την Bundesbank από συνεχείς παρεμβάσεις για στήριξη άλλων νομισμάτων και αφαιρούσε από τους κερδοσκόπους την δυνατότητα να προβλέπουν που ακριβώς θα γίνει μια ενδεχόμενη παρέμβαση ώστε να τοποθετούν τα στοιχήματά τους. Επιπλέον, ήταν τόσο ευρύ που ήταν πλέον αδύνατον να πιεσθεί τεχνητά ένα νόμισμα κάτω από τα όριά του. Προφανώς η ρύθμιση αυτή στερούσε τον ΜΣΙ από την ουσία του, ήταν όμως ένα φύλλο συκής που έκρυβε την γύμνια του βασιλιά, αποτρέποντας τον εκτροχιασμό του εγχειρήματος της ΟΝΕ.

Από τα παραπάνω προκύπτουν τα εξής συμπεράσματα:

Πρώτον, είτε σχεδιάσθηκε ως πολιτικό προκάλυμμα, είτε ως τεχνικό μέσον ορθολογικής διαχείρισης μιας κοινής αγοράς, ο ΜΣΙ δεν πέτυχε να γίνει η ζώνη συναλλαγματικής σταθερότητας που οραματίζονταν οι λαμπρές κεφαλές που τον σχεδίασαν. Οι αρχιτέκτονές του δεν προέβλεψαν ότι διαφορετικές οικονομικές πραγματικότητες που δημιουργούνται σε διαφορετικά κράτη απαιτούν διαφορετική νομισματική διαχείριση. Μια νομισματική ένωση δεν μπορεί να λειτουργήσει απουσία ενιαίου κράτους και το μόνο ερώτημα είναι το πόσο γρήγορα θα καταρρεύσει. Ως παράδειγμα του παραπάνω συμπεράσματος μπορούμε να δώσουμε την πορεία της βρετανικής οικονομίας μετά την αποχώρησή της από τον ΜΣΙ. Η ανάκαμψη μετά την «Μαύρη Τετάρτη» ήταν τέτοια, που πολλοί επιλέγουν να την ονομάζουν… «Λευκή Τετάρτη».

Δεύτερον, απελευθερώνοντας την διεθνή κίνηση των κεφαλαίων, τα κράτη εκχωρούσαν εξουσία και καθίσταντο αδύναμα να ελέγξουν τους διεθνείς κερδοσκόπους, που μπορούσαν πλέον να τοποθετούν απεριόριστα μεγάλα στοιχήματα. Η μειωμένη κρατική ισχύς επέφερε αδυναμία εγγύησης της αξίας των εθνικών νομισμάτων.

Τρίτον, από όλα τα νομίσματα των οποίων τα θεμελιώδη μεγέθη θα δικαιολογούσαν κάτι τέτοιο, το τελευταίο που δοκίμασε μια σοβαρή κερδοσκοπική επίθεση ήταν το γαλλικό φράγκο, γλιτώνοντας όμως την τελευταία στιγμή την υποτίμηση. Ο Connolly στην γλαφυρή, λεπτομερή και εκ των έσω περιγραφή αυτών των γεγονότων, στηλιτεύει την κάστα των Γάλλων *énarques*,[43] τους οποίους αποδοκιμάζει σφοδρά για τις παρασκηνιακές παρεμβάσεις τους να διατηρήσουν την ισοτιμία φράγκου-μάρκου. Παρότι οι επικρίσεις του για «Κολμπερτισμό», «παρεμβατισμό», «κρατισμό», «μερκαντιλισμό» προδίδουν μια διχοτομία αγγλοσαξονικής και γαλλικής πολιτικής φιλοσοφίας, περιέχουν μια δόση αλήθειας, καθώς ανταποκρίνονται στην ύπαρξη ενός σφιχτά οργανωμένου κρατικού μηχανισμού που παραδοσιακά χαρακτήριζε κάθε ανεπτυγμένη οικονομία. Σε πείσμα του Connolly, ήταν αυτό ακριβώς το κράτος το οποίο κατάφερε να εγγυηθεί την αξία του γαλλικού νομίσματος, ακόμη και ενάντια σε ό,τι έλεγαν οι οικονομικοί δείκτες· αντιθέτως, η αδύναμη—αν και «ενάρετη»—Ιρλανδία δεν πέτυχε κάτι τέτοιο.

Η Γαλλία ήταν μια πολιτικά ισχυρή χώρα· πυρηνική δύναμη, με μόνιμη θέση στο Συμβούλιο Ασφαλείας του ΟΗΕ, υπεράκτιες κτήσεις και στα δύο ημισφαίρια και πατρίδα των τριών από τους επτά διευθυντές του ΔΝΤ

---

[43] Σαρκαστικό προσωνύμιο των αποφοίτων της *École Nationale d'Administration* (ΕΝΑ), από τον συγκερασμό του αρκτικόλεξου *ΕΝΑ* και της λέξης *monarque* (μονάρχης). Έχουν την φήμη μιας κλειστής και ιδιαιτέρως ξιπασμένης κλίκας.

μέχρι τότε.[44] Έτσι μπορούσε να υποσχεθεί ιδιαίτερα ανταλλάγματα στην Γερμανία—ο Γάλλος Υπ. Εξωτερικών Alain Juppé είχε θέσει το ενδεχόμενο μιας μόνιμης θέσης στο Συμβούλιο Ασφαλείας. Επιπλέον παρείχε στην Γερμανία πρόσβαση σε χώρες, όπως η Δανία και το Βέλγιο, που δεν έβλεπαν θετικά μια υπαγωγή τους σε μια γερμανική σφαίρα επιρροής. Με αυτό το ειδικό βάρος που μόνον ένα ισχυρό κράτος διαθέτει, η Γαλλία εξανάγκασε την στήριξη της γερμανικής κυβέρνησης—σε πείσμα της Bundesbank. Επιπλέον, οι οικονομικοί αναλυτές θέλοντας να συμμετάσχουν στις αποκρατικοποιήσεις που σχεδιάζονταν, δεν είχαν σκοπό να εκνευρίσουν το γαλλικό κράτος και να υποστούν τον αποκλεισμό που υπέστη η Goldman Sachs στην Ιταλία, όταν αναλυτής της ανέδειξε τις αδυναμίες της ιταλικής οικονομίας το 1992 (Walton και Bergamaschi 1992).

Τέταρτον, η ποσοτικοποίηση των κριτηρίων σύγκλισης σε συνδυασμό με τα χρονοδιαγράμματά της, καθιστούσαν το μέλλον της ΟΝΕ υποκείμενο σε ποσοτικές προβλέψεις από πλευράς αγορών: ήταν πλέον δυνατόν να τεθούν ποσοτικά ερωτήματα και να διατυπωθούν ποσοτικές προβλέψεις σχετικά με τις δυνατότητες διατήρησης μιας συναλλαγματικής ισοτιμίας, της επίτευξης κάποιου ρυθμού πληθωρισμού από κάποιο κράτος, ή την μεταβολή του επιτοκίου κάποιας κεντρικής τράπεζας. Οι αγορές πλέον ήταν σε θέση να τζογάρουν στο μέλλον της ΟΝΕ βάσει ποσοτικών κριτηρίων και όχι βάσει πολιτικών εξαγγελιών.

Κλείνοντας αυτήν την αφήγηση της κατάρρευσης, ουσιαστικώς, του ΜΣΙ είναι ενδιαφέρον να αναφέρουμε τις απόψεις δύο ακαδημαϊκών, μεταξύ των διαμορφωτών της νομισματικής ενοποίησης. Ο μεν Daniel Gros, ήταν εκ των συγγραφέων του «One market, one money», και τότε υπότροφος του Centre for European Policy Studies, ενός think-tank που χρηματοδοτείται από μεγάλες επιχειρήσεις και Κοινοτικά κονδύλια (Corporate Europe Observer 1999· 'About CEPS' 2015). Ο δε Niels Thygesen, ήταν ένα από τα ανεξάρτητα μέλη της Επιτροπής Delors). Τις παραμονές της μεγάλης κρίσης του ΜΣΙ έγραφαν: «overall, there is therefore little reason to believe that the EMS would be destabilized by random self-fulfilling attacks in the 1990s. There is therefore no need to construct special safeguards against turbulences in financial markets. [T]he basic ingredient for exchange-rate stability [is] a firm and credible commitment to subordinate domestic policy goals to the defence of the exchange rate» (Gros και Thygesen 1992, 166). Αν η πρόβλεψη οποιουδήποτε άλλου επαγγελματία ήταν τόσο αποτυχημένη, όχι μόνον μπορεί να μην ξαναβρισκε εργασία, αλλά ενδεχομένως να αντιμετώπιζε και τις αστικές ή ποινικές συνέπειες της ανεπάρκειάς του. Στην προκειμένη περίπτωση, ο μεν Thygesen κράτησε την έδρα του στο Πανεπιστήμιο της Κοπεγχάγης, εργάσθηκε για λογαριασμό του ΔΝΤ και του ΟΟΣΑ, και διετέλεσε στα ΔΣ διαφόρων εταιρειών (Thygesen 2009). Ο δε Gros αναρριχήθηκε στην Προεδρία του CEPS και εργάσθηκε ως σύμβουλος του Ευρωκοινοβουλίου (Gros 2015). Θα μπορούσε κάποιος να αντιτείνει ότι σε έναν κλάδο με την μεθοδολογική ανεπάρκεια των Οικονομικών, τέτοιου επιπέδου αναλυτές είναι πράγματι ό,τι καλύτερο μπορεί κάποιος να περιμένει. Όπως όμως θα δούμε, άλλοι αναλυτές είχαν διατυπώσει πολύ πιο ακριβείς προβλέψεις για το ενδεχόμενο μιας νομισματικής ένωσης, και μάλιστα πολύ νωρίτερα. Είναι λοιπόν απλούστερο να θεωρήσουμε ότι τέτοιου τύπου «μελέτες» δεν αποσκοπούν στην επίτευξη τεχνικής αρτιότητας ή ιστορικής ακρίβειας, αλλά στον προπαγανδισμό μιας συγκεκριμένης πολιτικής επιλογής. Και φυσικά ανταμείβονται με αντιστοίχως καλοπληρωμένες θέσεις.

---

[44] Pierre-Paul Schweitzer (1963–1973), Jacques de Larosière (1978–1987), Michel Camdessus (1987–2000). Θα ακολουθούσαν οι Dominique Strauss-Kahn (2007–2011) και Christine Lagarde (2011–σήμερα).

24.7 Ποσοτική θεωρία και εμπειρικά δεδομένα από την ελληνική νομισματική ιστορία

Η ποσοτική θεωρία του χρήματος επιχειρεί να διατυπώσει σχέσεις μεταξύ της νομισματικής κυκλοφορίας και του επιπέδου τιμών, προσπαθώντας να προβλέψει πώς η μεταβολή στην πρώτη παράμετρο διαφοροποιεί την δεύτερη. Πρώτο έναυσμα για μια τέτοια συζήτηση αποτέλεσαν οι πρακτικές ανησυχίες των Άγγλων μερκαντιλιστών του 16^{ου} και 17^{ου} αιώνα, οι οποίοι επείγοντο να προσδιορίσουν τις πολιτικές που θα επέτρεπαν στην Αγγλία να αποκτήσει και να διατηρήσει το προβάδισμα στο εμπορικό της πλεόνασμα. Καίρια ερωτήματα ερώτημα ήταν: *μια αυξημένη νομισματική κυκλοφορία στο εσωτερικό θα οδηγήσει (α) σε αυξημένες επενδύσεις και αύξηση της παραγωγικότητας, άρα σε ανταγωνιστικό πλεονέκτημα, ή (β) σε πληθωρισμό και αύξηση των τιμών των εξαγωγών, άρα σε ανταγωνιστικό μειονέκτημα;* Επίσης: *η πτώση της ισοτιμίας ενός νομίσματος οφείλεται στην υπερέκδοση τραπεζογραμματίων, ή αντιστρόφως η υπερέκδοση τραπεζογραμματίων είναι συνέπεια της πτώσης της ισοτιμίας λόγω αρνητικού ισοζυγίου διεθνών πληρωμών;*

Τα ζητήματα αυτά προσεγγίστηκαν με εκλεπτυσμένα επιχειρήματα από συγγραφείς όπως οι William Potter, Jacob Vanderlint, Josiah Tucker, James Steuart και Richard Cantillon· αρκετά πιο απλοϊκά από τον David Hume ο οποίος εισήγαγε το σκεπτικό λογική του *caeteris paribus*, κατά την οποία η παροχή χρήματος αυξομειώνεται υπό εργαστηριακές συνθήκες, διατηρώντας όλες τις άλλες παραμέτρους (ανεργία, τεχνολογία, πληθυσμό, υποδομές, κλπ) σταθερές—*αν* αυτές λαμβάνονται υπόψη (Hudson 2009, 45–60). Είναι η λογική της *μερικής παραγώγου*—όπως είναι γνωστή στον απειροστικό λογισμό—κατά την οποία μια συνάρτηση πολλών μεταβλητών μπορεί να μεταβάλλεται ως προς μία από αυτές, «παγώνοντας» τις υπόλοιπες. Παρότι οι πολιτικές που εισηγήθηκε η πρώτη ομάδα διανοητών έκαναν την Βρετανία το «εργαστήρι του κόσμου», ξεχάστηκαν από τους οικονομολόγους του 19^{ου} αιώνα οι οποίοι μετέφεραν μέχρι τους σημερινούς μονεταριστές την απλοϊκή λογική του Hume: *διπλασιάστε το χρήμα και διπλασιάζονται οι τιμές· υποδιπλασιάστε το και οι τιμές ακολουθούν· με μηδενική χρονική υστέρηση.*

Και ενώ για δύο αιώνες οι συζητήσεις γύρω από αυτό που αποκαλούμε «ποσοτική θεωρία» έλαβαν τεράστια έκταση, μια καινοτομία έκανε την εμφάνισή της στα τέλη του 19^{ου} αιώνα: η μαθηματικοποίηση. Ενώ οι παλαιότεροι συγγραφείς περιέγραφαν τις θεωρίες τους περιφραστικά και με ελάχιστες εξισώσεις, οι κατοπινοί άρχισαν να βασίζονται κυρίως στις μαθηματικές εκφράσεις, υπό την επίδραση της μαρζιναλιστικής επανάστασης και του σχεδόν φροϋδικού φθόνου της φυσικής που την ταλάνιζε.

Η λογική της μερικής παραγώγου του Hume ταίριαζε απόλυτα στον διακαή πόθο των οικονομολόγων να προσδώσουν κύρος στις μελέτες τους μέσω μαθηματικών μοντέλων εμπνευσμένων από την φυσική—και ειδικότερα την θερμοδυναμική (βλ. σχ. Mirowski 2000). Συν τω χρόνω προτάθηκαν διάφορες μαθηματικές διατυπώσεις αυτής της «θεωρίας» οι οποίες υιοθετούσαν μια κλειστή αναλυτική μορφή μεταξύ διαφόρων μεταβλητών. Αρκετές από τις παλαιότερες, όπως του Lloyd (1771, 84) $p = C/M$, και του Turner (1819, 12) $a = bc$, έμοιαζαν με τον νόμο του Boyle, $PV = k$ (Boyle 1660). Όμως οι συγγραφείς δεν αποτολμούσαν περίπλοκες μαθηματικές επεξεργασίες. Σταδιακά, οι διάφορες εξισώσεις άρχισαν να μοιάζουν με την καταστατική εξίσωση των ιδανικών αερίων, $PV = RT$ (Clapeyron 1834). Τέτοιες ήταν του Bowen (1856, 307) $gs = mr$, η «εξίσωση της κοινωνικής κυκλοφορίας» του Newcomb (1885, 328) $VR = KP$, του Fisher (1911, 24–29, 48) $MV = PT$, της σχολής του Cambridge (Pigou 1917) $MP = kR$ και του Keynes (1923) $n = p(k + rk')$. Ειδικά μετά την υιοθέτηση των ιδεών του Newcomb από τον Fisher, οι μαθηματικές εξισώσεις κάλυπταν ολοένα και μεγαλύτερη επιφάνεια των σελίδων των συγγραμμάτων, καθιστώντας την συζήτηση δυσνόητη για τον αμύητο, και τις αξιωματικές παραδοχές πιο απόκρυφες. Να σημειωθεί ότι αυτή η σχεδόν ερωτική σχέση με την θερμοδυναμική ίσως να μην είναι τυχαία, καθώς ο Fisher είχε ως διδακτορικό σύμβουλο τον φυσικό J. Willard Gibbs, έναν από τους πατέρες της θερμοδυναμικής.

Τελικά ο Friedman (M. Friedman 1956· M. Friedman και Schwartz 1982, 39) φαίνεται να εγκατέλειψε την προσπάθεια για μια τέτοια κλειστή αναλυτική εξίσωση και χρησιμοποίησε τις πιο αφηρημένες εκφράσεις

$$M = f\left(P, r_b - \frac{1}{r_b}\frac{dr_b}{dt}, r_e\frac{1}{P}\frac{dP}{dt} - \frac{1}{r_e}\frac{dr_e}{dt}, \frac{1}{P}\frac{dP}{dt}, w, \frac{Y}{r}, u\right) \quad , \quad Y = v\left(r_b, r_e, w, \frac{Y}{P}, u\right)M \quad \text{και} \quad M/P = f(y, w, R_M{}^*, R_B{}^*,$$

R_E^*, g_P^*, *u*) που απλώς υποδηλώνουν ότι ένα μέγεθος είναι συνάρτηση άλλων, χωρίς όμως η μορφή αυτής της συνάρτησης να είναι γνωστή. Μια συνοπτική, αλλά πολύ διεξοδική, παρουσίαση αυτών των εκφράσεων, μαζί με την κριτική που έχουν υποστεί, έχει κάνει ο Laidler (1991), ενώ μια αναφορά σε μαθηματικές διατυπώσεις της θεωρίας πριν τον Fisher κάνει ο Humphrey (1984).

Όπως εμμέσως παραδέχεται ο Laidler, μοναδική εμπειρική επιβεβαίωση της ποσοτικής θεωρίας είναι η συσχέτιση επεισοδίων υπερπληθωρισμού με την αύξηση της νομισματικής κυκλοφορίας, χωρίς συμπαγή απόδειξη της αιτιότητας, και υποθέτοντας σταθερές λοιπές συνθήκες για παράλογα μεγάλες χρονικές περιόδους. Δεν γνωρίζω καμία μελέτη που να χρησιμοποίησε πραγματικά—δηλαδή ιστορικά—στατιστικά δεδομένα και να πέτυχε μια ικανοποιητική προσαρμογή[45] τους από κάποια θεωρητική εξίσωση. Οι μαθηματικές εκφράσεις λίγη χρησιμότητα είχαν στην επίλυση του προβλήματος· δεν έκαναν τίποτα περισσότερο από το να προσθέσουν μαθηματικά στολίδια, με αποτέλεσμα οι σύγχρονοι κεντρικοί τραπεζίτες να τελούν σε βασανιστική αβεβαιότητα όταν πρέπει να προτείνουν κάποια νομισματική πολιτική. Πράγματι, η ελληνική νομισματική ιστορία παρέχει περιστατικά που κάθε άλλο παρά επαληθεύουν αυτούς τους συσχετισμούς, τόσο ποιοτικά—στην κατεύθυνση της αιτιώδους σχέσης αξίας-ποσότητας νομίσματος—και ποσοτικά—στην αριθμητική σχέση αυτών των δύο παραμέτρων.

Μεταξύ 1879–91, το κύμα εξωτερικών δανείων που ακολούθησε την διευθέτηση των δανείων της Ανεξαρτησίας προκάλεσε αυξημένες εισροές χρυσού· παράλληλα, κατά την περίοδο αυτή, και ειδικότερα μεταξύ των ετών 1887–93 ο λόγος εισαγωγών προς τις εξαγωγές είναι από τους χαμηλότερους της νεοελληνικής ιστορίας—οι εισαγωγές είναι κατά μέσον όρο μόνον 25% μεγαλύτερες από τις εξαγωγές (Πίνακας 25.65), εν μέρει λόγω του προστατευτικού δασμολογίου του 1884. Έτσι, παρότι στο διάστημα 1884–1892 η νομισματική κυκλοφορία (Μ0) αυξήθηκε κατά 75% και η συνολική κυκλοφορία (Μ3) κατά 54% (Πίνακας 25.37), η ισοτιμία της δραχμής παρέμεινε σε ικανοποιητικά επίπεδα έναντι του φράγκου—μεταξύ 1,04–1,30 δρχ/φράγκο (Πίνακας 25.5). Με την αναφαινόμενη χρεωκοπία όμως, που τελικά έλαβε χώρα το 1893, οι δανειακές εισροές χρυσού πάγωσαν και η ισοτιμία κατρακύλησε μεταξύ 1892–95 στις 1,80 δρχ/φρ., παρά την υποχώρηση της συνολικής κυκλοφορίας κατά 7,4% στο διάστημα αυτό. *Η κυκλοφορία όχι μόνον δε συμβαδίζει με αυτό που περιγράφει η ποσοτική θεωρία, αλλά κινείται και προς την αντίθετη κατεύθυνση!* Ο ίδιος αντίθετος συσχετισμός παρατηρείται μεταξύ 1904–13· η δραχμή ανατιμάται κατά 40%, με βασική ατμομηχανή τα μεταναστευτικά εμβάσματα, την στιγμή που η νομισματική κυκλοφορία *αυξάνει* κατά 30% (βλ. Παράγραφο 10.2).

Που αλλού μπορούμε να αντλήσουμε παραδείγματα; Όπως αναφέρθηκε στην παράγραφο 14.5, η εμπειρία της γερμανικής κατοχής παρέχει στοιχεία που μπορούν να βοηθήσουν στην αξιολόγηση του συσχετισμού ποσότητας-αξίας χρήματος. Τι μας δίδαξε λοιπόν ο Hermann Neubacher, ο Μένγκελε της δραχμής;

Μια πρώτη ανάγνωση των Κατοχικών δεδομένων αναδεικνύει μια ποσοτική αναντιστοιχία μεταξύ παροχής χρήματος και αξίας του νομίσματος. Π.χ., από την έναρξη της Κατοχής μέχρι τον Ιανουάριο του 1942 το Μ1 είχε μόλις διπλασιασθεί όταν ο τιμάριθμος κατέγραφε ήδη αύξηση κατά 12,5 φορές ενώ η τιμή της χρυσής λίρα κατά 20 φορές. Προφανώς, κυκλοφορία και επίπεδο τιμών ούτε ακολουθούσαν κάποια γραμμική σχέση, ούτε μεταβάλλονταν συγχρόνως· η ποσοτική θεωρία καταρρέει.

Βεβαίως, τα μεγέθη αυτά παρουσιάζουν έναν συσχετισμό κατά την Κατοχή, καθώς εν γένει αυξάνονται. Όμως ποια είναι η αιτιώδης σχέση; Τι προηγήθηκε και τι ακολούθησε; Η Εικόνα 24.3 απαντά στο ερώτημα: με την έναρξη της Κατοχής ο τιμάριθμος και η τιμή της χρυσής λίρας έκαναν ένα άλμα *πριν* την οποιαδήποτε δραστική αύξηση της κυκλοφορίας. Κατόπιν, μόνον, η κυκλοφορία άρχισε να ακολουθεί, αλλά *με χρονική υστέρηση*. Τι συνέβη;

Αφενός, σε επίπεδο ισοζυγίου πληρωμών, οι μεν ελληνικές «εξαγωγές» γίνονταν πλέον με όρους επίταξης μέσω του κλήρινγκ των Degriges και Sagic συνεισφέροντας μηδενικά στο εμπορικό ισοζύγιο. Οι δε «αγορές» εμπορευμάτων ήταν μια άλλη οδυνηρή ιστορία. Μεταξύ Απριλίου-Αυγούστου 1941 γίνονταν με τα κατοχικά

---

[45] Προσαρμογή (fit) είναι η μαθηματική διαδικασία κατά την οποία προσδιορίζονται οι παράμετροι μιας συνάρτησης (μίας ή περισσοτέρων μεταβλητών) μέσω ελαχιστοποίησης της συνάρτησης σφάλματος μεταξύ των πειραματικών και υπολογισμένων τιμών. Η πιο ευρέως διαδεδομένη τεχνική είναι εκείνη των ελαχίστων τετραγώνων. Οποιαδήποτε τέτοια διαδικασία προϋποθέτει: (α) την διατύπωση μιας υπόθεσης για την μορφή της συνάρτησης και (β) την ύπαρξη πειραματικών δεδομένων.

ΔΠΤΡ και όχι με δραχμές που οι κατοχικές αρχές θα αγόραζαν στις αγορές συναλλάγματος. Τα ΔΠΤΡ οι έμποροι τα αντάλλασσαν στην ΤτΕ έναντι νέων ποσοτήτων δραχμών, που σήμαινε ότι δεν δημιουργείτο αυξημένη ζήτηση για μια συγκεκριμένη ποσότητα νομίσματος. Μετά την συμφωνία του Ιουλίου του 1941 οι κατακτητές απλώς διέτασσαν την ΤτΕ και τα διάφορα ιδιωτικά τυπογραφία να τους προμηθεύουν με ανεξάντλητα ποσά τα οποία ενέγραφαν στο Κατοχικό Δάνειο· όσο ανέβαιναν οι τιμές, τόσο πιο πολύ «δανείζονταν»: *«οι αναλήψεις αυξαίνουν από μήνα σε μήνα, όσο αυξάνονται όλα τα είδη, **που άλλωστε υψώνονται γοργότερα»*** (Χρηστίδης 1971, 306, έμφαση δική μου). Στις ελάχιστες περιπτώσεις που οι Γερμανοί έριξαν χρυσές λίρες στην αγορά και αγόρασαν δραχμές, όπως π.χ. των Νοέμβριο του '43, ο πληθωρισμός και η χρυσή λίρα όντως υποχώρησαν, έστω και προσωρινά, λόγω της ζήτησης του εθνικού νομίσματος.

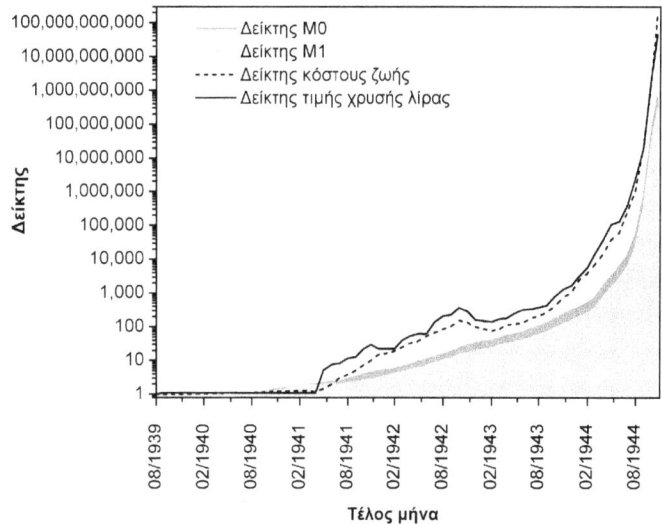

Εικόνα 24.3: Δείκτες αύξησης διαφόρων νομισματικών μεγεθών σε σχέση με τις τιμές του Αυγούστου του 1939 (= 1). Ο κατακόρυφος άξονας είναι λογαριθμικός.

Αφετέρου, οι ψυχολογικοί παράγοντες ώθησαν το κοινό στην φυγή προ της δραχμής και στην αγκαλιά του χρυσού· η τάση φυγής αναστρεφόταν με θετικά νέα από το πολεμικό μέτωπο, όπως φαίνεται και στην μείωση της τιμής της χρυσής λίρας μεταξύ Νοεμβρίου 1942 και Φεβρουαρίου 1943, με τις συμμαχικές επιτυχίες στην Αφρική. Με την νίκη στο Ελ Αλαμέιν η λίρα έπεσε από τις 480.000 στις 370.000 δρχ (Χρηστίδης 1971, 311). Όσο οι μαυραγορίτες οσμίζονταν τον κίνδυνο επιστροφής σε μια στοιχειώδη νομισματική ομαλότητα και υλική επάρκεια, η χρυσή λίρα έπαυε να είναι τόσο ελκυστική «επένδυση». Όταν στις 28/11/1942 το ΒΒC έστειλε κωδικοποιημένο μήνυμα σχετικά με άφιξη στο Σούνιο *«έπιασε την αγορά πανικός προς τα κάτω».* Η λίρα έπεσε από τις 155.000 στις 130.000 δρχ, ενώ έπεσαν και οι τιμές των τροφίμων. Χιουμοριστικές αφίσες και συνθήματα εμφανίσθηκαν την επομένη στους δρόμους του Πειραιά: *«Τηλεγράφημα—Στρατηγόν Αλεξάντερ—Παρακαλούμεν αργοπορήσατε προέλασίν σας—Καταστρεφόμεθα! Υπογρ. Μαυραγορίται Πειραιώς».* Επίσης: *«Βάστα Ρόμμελ και χαθήκαμε»* (Χρηστίδης 1971, 322–323).

Ισοζύγιο πληρωμών, ελλείψεις αγαθών και ψυχολογικοί παράγοντες καταβαράθρωσαν την ζήτηση της δραχμής, και κατά συνέπεια την αξία της. Οι κατοχικές αρχές προσπάθησαν με την υπερέκδοση δραχμών να αντισταθμίσουν αυτήν την υποτίμηση, λειτουργώντας εκ των υστέρων, και επανυπολογίζοντας τα κατοχικά έξοδα βάσει ενός σταθμισμένου τιμαρίθμου τροφίμων, καυσίμων, ημερομισθίων, και οικοδομικών υλικών (βλ. Παράγραφο 14.6). Η ιλιγγιώδης αύξηση της κυκλοφορίας ήταν συνέπεια του υπερπληθωρισμού που δημιούργησε η κατοχική λεηλασία, όχι αίτιο αυτής. *Ακολουθούσε χρονικά κάθε αύξηση της χρυσής λίρας και των τιμών των εμπορευμάτων.*

Πίνακας 24.2: Ετήσια αύξηση της νομισματικής κυκλοφορίας και του γενικού δείκτη τιμών κατά την διάρκεια επιλεγμένων ετών.

Έτος	Αύξηση Μ0[1]	Αύξηση δείκτη τιμών[2]
Μεγάλες αυξήσεις Μ0 / έντονη αύξηση επιπέδου τιμών		
1947	65%	38%
1953	41%	20,2%
1973	28%	30,1%
Μεγάλες αυξήσεις Μ0 / έντονη σταθερότητα τιμών		
1949	55%	1,1%
1955	27%	5,7%
1967	28%	-1,5%

[1]Πίνακας 25.41. [2] Επεξεργασία στοιχείων δεικτών τιμών καταναλωτή (βλ. πηγές Πινάκων 25.46 και 25.47).

Η ανυπαρξία αμφιμονοσήμαντης αντιστοιχίας μεταξύ νομισματικής κυκλοφορίας και επιπέδου τιμών φαίνεται και από άλλα επεισόδια της ελληνικής νομισματικής ιστορίας. Μεγάλες αυξήσεις του Μ0 (1949, 1955, 1967) έχουν συμπέσει με σημαντικές αυξήσεις του τιμαρίθμου ή, αντιθέτως, με αξιοσημείωτη σταθερότητα τιμών (Πίνακας 24.2). Οι παραπάνω παρατηρήσεις μπορούν να ερμηνευθούν με την παραδοχή ότι το επίπεδο τιμών δεν εξαρτάται από την ποσότητα χρήματος, αλλά από την ζήτηση του νομίσματος, που με την σειρά της καθορίζεται από τους όρους του διεθνούς εμπορίου, την σπανιότητα αγαθών ή από παράγοντες καθαρά ψυχολογικούς, δύσκολο, αν όχι αδύνατον, να ποσοτικοποιηθούν.

ΣΤΑΤΙΣΤΙΚΟ ΚΑΙ ΤΕΧΝΙΚΟ ΠΑΡΑΡΤΗΜΑ

25

Αν μια υπόθεση διαφωνεί με το πείραμα είναι λάθος. Σε αυτήν την απλή δήλωση βρίσκεται το κλειδί της Επιστήμης. Δεν έχει σημασία πόσο όμορφη είναι η εικασία, δεν έχει σημασία πόσο έξυπνος είναι αυτός που την έκανε, ή πώς τον λένε. Αν διαφωνεί με το πείραμα είναι λάθος. Τόσο απλά.
Richard Feynmann, 1964 (Feynmann 1964)

ΚΑΤΑ ΤΗΝ ΔΙΑΡΚΕΙΑ της συγγραφής της ιστορικής αφήγησης διαπίστωσα ότι είχα ανάγκη εκτεταμένων και κατά το δυνατόν επακριβών δεδομένων της ελληνικής οικονομίας και νομισματικής ιστορίας. Δεν επρόκειτο απλώς περί ιδιοτροπίας, αλλά περί της παραδοχής του ότι η ποιότητα των συμπερασμάτων θα καθοριζόταν, *πρώτον*, από την ποιότητα της ανάλυσης του ερευνητή και, *δεύτερον*, από την ποιότητα των διαθέσιμων παρατηρήσεων. Συμβιβασμένος με την ιδέα του ότι η ποιότητα της σκέψης του ερευνητή ήταν μια λίγο-πολύ σταθερά ποσότητα, αποφάσισα ότι θα έπρεπε αφιερώσω σημαντική προσπάθεια στην συλλογή των παρατηρήσεων εκείνων που θα με εξασφάλιζαν όσο το δυνατόν περισσότερο από το να υποπέσω σε λάθη—ή τουλάχιστον να υποπέσω στα λιγότερα δυνατά.

Πολλά από τα στοιχεία του 2^{ου} τόμου προέρχονται από δημοσιευμένες αλλά διάσπαρτες πηγές. Άλλα όμως αποτελούν προϊόν πρωτογενούς έρευνας σε αδημοσίευτες πηγές, αρχεία, τον Τύπο κλπ. Ελπίζω ότι θα χρησιμεύσουν και σε άλλους ερευνητές της ελληνικής νομισματικής και οικονομικής θεωρίας.

25.1 Επίσημες και ανεπίσημες ισοτιμίες των εθνικών νομισμάτων

Οι ισοτιμίες εθνικών νομισμάτων με ξένα νομίσματα είναι δύο κατηγοριών: οι επίσημες (ή διατιμήσεις) και οι ανεπίσημες (ή αγοραίες). Οι επίσημες είναι εκείνες τις οποίες ορίζει με νόμο το κράτος βάσει διαφόρων δικών του κριτηρίων, ενώ οι ανεπίσημες είναι εκείνες στις οποίες επέλεγαν να ανταλλάσσουν τα νομίσματα οι πολίτες βάσει των δικών τους κριτηρίων. Αυτές οι τελευταίες είναι αυτές που αποκαλούμε «τιμές αγοράς» και δεν είναι καθόλου απαραίτητο να συμπίπτουν με τις επίσημες.

Το πρόβλημα με τις τιμές αυτές έγκειται στην καταγραφή τους. Ενώ οι επίσημες ισοτιμίες αναφέρονται σε επίσημα έγγραφα και είναι γενικά προσβάσιμες από τον ιστορικό, οι ανεπίσημες είναι προσβάσιμες συνήθως όταν υπάρχουν οργανωμένες αγορές συναλλάγματος. Π.χ. στην Ελλάδα του 19^{ου} αιώνα λειτουργούσαν δύο κύριες τέτοιες αγορές στην Αθήνα και στην Σύρο. Οι ισοτιμίες που αναφέρονται για καθεμιά δεν είναι επακριβώς οι ίδιες, αλλά είναι εν γένει κοντινές.

Επίσημες ισοτιμίες (διατιμήσεις) 1822–1833

Πίνακας 25.1: Διατιμήσεις ευρωπαϊκών και τουρκικών νομισμάτων κατά την διάρκεια της επανάστασης (σε λογιστικά επαναστατικά «γρόσια»).

Νόμισμα	Διατίμηση 16/3/1822 (Λιάτα 1996, 289)		Διατίμηση 2/6/1823 (ΑΕΠ 2002a, 2:54–56)		Διατίμηση 8/2/1828 (ΓΕΕ 1828i, 47)	
	Γρόσια	Παράδες	Γρόσια	Παράδες	Γρόσια	Παράδες
Διπλά Ισπανίας (Δούπιες)	120		160		236	
Πορτογαλικά	66		87	20	132	30
Λουδοβίκια χρυσά 24 φρ.	34		34	45		
Ναπολεώνια των 20	28	10	37	20	57	
Βενέτικα	17		22	20	33	20
Ολλανδικά (μαντζάρικα)	16	20	22		33	
Φλωρία αυστριακά (αυτοκρατορικά)	16		21	20		
Φλωρία του Πάπα (παπάλε)	16		21	20		
Μαχμουτιέδες (παλαιοί πόλεως)	26		28		42	20
Μαχμουτιέδες μισοί παλαιοί	26		14			
Μαχμουτιέδες μισοί εγγλέζικοι	26		13			
Φουντούκια	11	20	13		25	
Πολίτικα	8	20	9	20	17	
Μισίρια	7	20	8	20	16	
Πολίτικα μισά	4	10	4	30		
Μισίρια μισά	3	30	4	10		
Τέταρτα (ρουπιέδες) φουντουκιού	3		3	10		
Τέταρτα (ρουπιέδες) Πολίτικα	2	20	2	30	4	10
Τέταρτα (ρουπιέδες) μισιριού	2		2	10		
Φλωρί τουνεζίτικο	12	20	14		25	
Αϊναλιά	33		36			
Τάλληρα κολωνάτα (δίστηλα)	7	20	10		15	
Τάληρα Τοσκάνης (francescone)	7	20	10			
Τάληρα ρεγγίνας	7	10	9	30	14	30
Τάληρα βενετικά (1797)	7	10	9	30	14	20
Μπεσλίκια	5		6		10	20
Εκατοστάρια παλιά	4		4	20		
Ικιλίκια (διπλόγροσα)	3	20	4		7	10
Εξηντάρες	2	10	3			
Μονόγροσα νέα	1	10	1	20	2	
Μονόγροσα παλαιά	1	20	2		2	10
Τάληρο σπαθάτο					14	20
Τάληρο άστηλο					14	20
Τριάρι γυροχαρακωτό					3	20
Φλωρί βασιλικό					32	20
Φράγκο γαλλικό					2	30
Πεντόφραγγο γαλλικό					13	30
Αλιές					12	20
Δαναλίκι					3	20
Δεκάρι παλαιό					1	15
Δεκάρι νέο						35
Εκατοστάρι					8	10
Εξηντάρι παλαιό					6	20
Εξηντάρι νέο					6	10
Ζολότα παλαιά					5	10
Κορώνα αγγλική					17	20
Μισή κορώνα αγγλική					8	30
Λίρες στερλίνες					73	
Σελίνια αγγλικά					3	20
Σοφερίνια					90	
Λουίτζια παλαιά					62	
Ουγγιές Σικελίας					64	
Ρουπιέδες					6	10
Ρουσούτια					19	

Πίνακας 25.2: Η διατίμηση του 1830 (σε φοίνικες).

Νόμισμα	Φοίνικες	Νόμισμα	Φοίνικες
Τάληρο δίστηλο	6	Κορώνα Αγγλίας	7
1/2 τάληρο δίστηλο	3	Μισές κορώνες Αγγλίας	3,50
1/4 τάληρο δίστηλο	1,5	Σελίνι	1,40
1/8 τάληρο δίστηλο	0,75	Μισό σελίνι	0,70
1/16 τάληρο δίστηλο	0,37	Ρούβλι Ρωσίας	5
Τάληρο άστηλο	5,90	1/5 ρουβλίου (20 καπίκια)	1
1/2 τάληρο άστηλο	2,95	Διπλό Ισπανίας (δούπια)	94,40
1/4 τάληρο άστηλο	1,47	1/2 δούπια	47
Τάληρο ρεγγίνας	5,90	1/4 δούπια	23,50
1/2 τάληρο ρεγγίνας	2,95	1/8 δούπια	11/75
1/4 τάληρο ρεγγίνας	1,47	1/16 δούπια	5,87
Τάληρο σπαθάτο	5,80	Δούπια Πορτογαλίας	53
1/2 τάληρο σπαθάτο	2,90	Λίρα στερλίνα	29,20
Τάληρο βενετικό	5,75	Μισή λίρα στερλίνα	14,60
Γαλλικό 5φραγκο	5,60 [5,70*]	Λουίτζι παλαιό (μέχρι 1780)	26,30
Γαλλικό 2φραγκο	2,24	Λουίτζι νέο	22,80
Γαλλικό μονόφραγκο	1,12	Ναπολεόνι	22,80
Γαλλικό μισόφραγκο	0,56	Βενετικό φλωρί	13,50
Νόμισμα 6 λιρών τουρνουά	6,60	Ολλανδικό φλωρί	13,30
1/2 νομίσματος 6 λιρών τουρνουά	3,30	Βασιλικό φλωρί	13
1/4 νομίσματος 6 λιρών τουρνουά	1,65	Ουγγιά Σικελίας	25,50
1/8 νομίσματος 6 λιρών τουρνουά	0,82	Σοφερίνια	36,50

*(ΓΕΕ 1830f, 79).

Πίνακας 25.3: Διατίμηση της 28/2(12/3)/1833 (σε δραχμές). Εντός παρενθέσεων οι προηγούμενες ισοτιμίες της 8(20)/2/1833. Εντός αγκυλών οι αλλαγές κατά την διατίμηση της 19(31)/3/1835.

Νόμισμα	Δρχ.	Νόμισμα	Δρχ.	Νόμισμα	Δρχ.
Αργυρά					
Γαλλικό φράγκο	1,1168 (1,11)	Νόμισμα 20 καπικίων Ρωσίας (1767)	0,9984	Γερμανικό εικοσάρι (zwanziger)	0,9557 (0,95)
Γαλλικό πεντόφραγκο	5,5840 (5,53)	Ισπανικό δίστηλο	6 (6)	Κορώνες Βρεβάντ	6,3619
Αγγλική κορώνα 1816 (5 σελίνια)	6,4850 [6,40]	Μισό ισπανικό δίστηλο (1780)	3	Βενετικό τάληρο (1797)	5,8797
Αγγλικό σελίνι (από 1816)	1,2970 [1,28]	Μισό ισπανικό δίστηλο (1792)	2,9764	Βενετική λίρα (1800)	0,2799
Μισό σελίνι Αγγλίας (από 1816)	0,6485 [0,64]	Ισπανικό τάληρο νέο Σεβίλλης (1788–1798)	6	Βενετική λίρα (1812)	0,4993
Αργυρό ρούβλι (1796)	4,4174	Μισό τάληρο Σεβίλλης (1778)	3	Μισή βενετική λίρα (1812)	0,2427
Αργυρό ρούβλι (1799)	4,5084	Μισό τάληρο Σεβίλλης (1791)	2,9764	Τοσκανικό τάληρο (Francescone)	6,2102
Αργυρό ρούβλι (1802)	4,5444	Γερμανικό τάληρο	5,7769 (5,78)	Ρωμαϊκό τάληρο	5,9718
Μισό ρούβλι (1778)	2,2135	Αυστριακό τάληρο Θηρεσίας	5,7978 (5,78)	Τάληρο Μπολόνια*	5,9939
Μισό ρούβλι (1800)	2,2542	Κορώνες Βαυαρίας	6,3619	Τάληρο Νάπολι (1820)	5,7238
Χρυσά					
Γαλλικό εικοσάφραγκο**	22,3350 (22,33)	1/4 quadrupel ή πιστόλα (1772–1786)	23,1727 [23,15]	Βαυαρικό φλωρί	13,0639 (13,06)
Γαλλικό λουίγγι (νέο)	26,5397 (26,54)	1/8 quadrupel ή 1/2 πιστόλα (1772–1786)	11,4676	Ολλανδικό φλωρί	13.0025 (13,00)
Αγγλικό σοφερίνι	28,1206 [28,12]	1/16 quadrupel (1772–1786)	5,9665	Βενετικό τσεκίνι	13,2409
Μισό αγγλικό σοφερίνι***	14,0603 [14,06]	Αυστριακό σοφερίνι	38,8843 (38,88)	Δόπια Πορτογαλίας	100,6000 [100,50]
Ισπανικό quadrupel (1772–1786)	92,6909 [92,60]	1/2 αυστριακό σοφερίνι	19,4422 (19,44)	1/2 δόπια Πορτογαλίας	50,2930 [50,25]
1/2 quadrupel (1772–1786)	46,3454 [46,30]	Αυστριακό φλωρί	13,0639 (13,06)	Γαλλικό σαραντάφραγκο	(44,66)

* Η Λιάτα (σ. 287) εσφαλμένως μεταφράζει την «Βολωνία» ως Πολωνία. ** Η Λιάτα (σ. 285) εσφαλμένως δίνει ισοτιμία 22,3550. ***Η Λιάτα (σ. 286) εσφαλμένως δίνει ισοτιμία 14,603.

Πίνακας 25.4: Διατίμηση κρητικής δραχμής (10/9/1899).

Νόμισμα	Δραχμές
Εικοσάφραγκο	20
Λίρα Αγγλίας	25
Λίρα Τουρκίας	22,70
Αργυρό Μετζιτιέ	4,20
4,5 γρόσια	1

Πηγή: (Κουσουρελάκης 1902, 2:804–805).

Ανεπίσημες (αγοραίες) ισοτιμίες 1833–2000

Πίνακας 25.5: Μέσες ετήσιες τιμές συναλλάγματος 1833–1938 σε τρέχουσες δραχμές.

Έτος	Φράγκο[1]	Στερλίνα[2]	Δολάριο[3]	Έτος	Φράγκο[1]	Στερλίνα[2]	Δολάριο[3]	Έτος	Φράγκο[1]	Στερλίνα[2]	Δολάριο[3]
1833		28,1		1869	1,1713	29,4		1904	1,3782	33,8	
1834		28,5		1870	1,1641	29,4		1905	1,2312	27,4	
1835		28,5		1871	1,1467	28,5		1906	1,1000	27,5	
1836		28,5		1872	1,1450	28,8		1907	1,0865	27,2	
1837		28,5		1873	1,1525	29		1908	1,0812	27,1	
1838		28,5		1874	1,2330	29,1		1909	1,0300	25,8	
1839		28,5		1875	1,1633	29,3		1910	0,9990	25	
1840		28,5		1876	1,1558	29		1911	0,9990	25	
1841		28,5		1877	1,1521	28,8		1912	0,9990	25	
1842		28,5		1878	1,2400	31		1913	1,0000	25	
1843		28,5		1879	1,1733	29,3		1914	1	25,16	5,17
1844		28,5		1880	1,1484	28,7		1915	0,94	25,03	5,27
1845		28,5		1881	1,1733	29,3		1916	0,88	24,63	5,19
1846		27,7		1882	1,2288	30,2		1917	0,9	24,6	5,17
1847		28,5		1883	1,1401	28,5		1918	0,93	24,82	5,17
1848		28,5		1884	1,0415	26,2		1919	0,77	24,32	5,51
1849		28,4		1885	1,0580	26,5		1920	0,64	34,07	9,44
1850		28,4		1886	1,2325	30,8		1921	1,37	70,38	18,17
1851		28,3		1887	1,2633	31,6		1922	2,88	166,54	36,87
1852		28,3		1888	1,2733	31,8		1923	3,98	296,44	64
1853	1,1300	28,4		1889	1,2300	30,7		1924	2,92	247,35	56,08
1854	1,1400	28,6		1890	1,2350	30,9		1925	3,06	312,62	64,76
1855		28,5		1891	1,2983	32,5		1926	2,57	386,51	79,56
1856		28,5		1892	1,4363	35,9		1927	2,98	368,55	75,82
1857	1,1350	28,6		1893	1,6077	40		1928	3,02	375	77,05
1858	1,1350	28,4		1894	1,7492	43,7		1929	3,04	375	77,07
1859	1,1400	28,5		1895	1,8021	45,1		1930	3,03	375	77,08
1860	1,1300	28,4		1896	1,7389	43,4		1931	3,05	352,8	77,38
1861	1,1319	29		1897	1,6570	42,8		1932	5,31	473,96	133,68
1862		29		1898	1,4741	36,9		1933	7,07	595,96	144,97
1863	1,1300	28,4		1899	1,5650	39,1		1934	7,08	543,94	108,36
1864	1,1335	28,4		1900	1,6439	41,1		1935	7,12	529,15	108,43
1865	1,1272	28,5		1901	1,6580	41,5		1936	6,62	539,26	108,71
1866	1,1317	28,6		1902	1,6250	40,7		1937	4,53	550	111,39
1867	1,1450	28,5		1903	1,5650	39,2		1938	3,78	550	111
1868	1,1470	28,7									

[1] **1853–1875:** Μέσες τιμές (υπολογισμοί δικοί μου) από δεδομένα αγορών Αθήνας και Σύρου (Κουγέας 1992, Πίνακες 4.1-4.5). **1876–1910:** (Damiris 1920a, 1:50). **1911–1913:** (Λαζαρέτου 1993, Πίνακας Α6). **1914–1938:** (ΕΣΥΕ 1940, 498). [2] **1833–1913:** (Δερτιλής 2010b, Πίνακας 6.2). [3] **1914–1938:** (ΕΣΥΕ 1940, 498).

Πίνακας 25.6: Μέσες ετήσιες ισοτιμίες δραχμής με δολάριο και ECU 1966–1997.

Έτος	Δολάριο	ECU	Έτος	Δολάριο	ECU	Έτος	Δολάριο	ECU
1960	30,00	31,70	1973	29,60	37,00	1986	140,00	137,40
1961	30,00	32,00	1974	30,00	35,80	1987	135,40	156,20
1962	30,00	32,10	1975	32,00	40,00	1988	141,90	167,60
1963	30,00	32,10	1976	36,50	40,90	1989	162,40	178,80
1964	30,00	32,10	1977	36,80	42,20	1990	158,50	202,00
1965	30,00	32,10	1978	36,70	46,80	1991	182,30	225,40
1966	30,00	32,10	1979	37,00	50,80	1992	190,70	246,60
1967	30,00	31,90	1980	42,60	59,40	1993	229,30	268,00
1968	30,00	30,90	1981	55,40	61,60	1994	242,60	287,20
1969	30,00	30,70	1982	66,80	65,30	1995	231,70	299,50
1970	30,00	30,70	1983	88,10	78,10	1996	240,70	301,50
1971	30,00	31,40	1984	112,70	88,40	1997	273,10	308,40
1972	30,00	33,70	1985	138,10	105,70			

Πηγή: ΥΠΕΘΟ, 1998, Πίνακας 16.

Πίνακας 25.7: Μέσες μηνιαίες τιμές στερλίνας και δολαρίου 1919–1922.

Ημ/νία	Δρχ/δολ	Δρχ/στερλ.	Ημ/νία	Δρχ/δολ	Δρχ/στερλ.	Ημ/νία	Δρχ/δολ	Δρχ/στερλ.
01/1919	5,1900	24,8100	05/1920	8,8727	34,0860	09/1921	21,4470	80,3200
02/1919	5,1900	24,8450	06/1920	8,0612	31,7720	10/1921	23,0150	90,4850
03/1919	5,1960	24,8150	07/1920	8,1804	30,8148	11/1921	24,0670	99,0400
04/1919	5,1960	24,5400	08/1920	8,9633	31,5200	12/1921	23,5450	98,9200
05/1919	5,1960	24,5220	09/1920	9,7252	33,8900	01/1922	22,7300	97,0000
06/1919	5,1960	24,3200	10/1920	10,3700	35,5520	02/1922	22,1500	97,0000
07/1919	5,1960	23,5200	11/1920	12,3375	40,9070	03/1922	22,5900	98,7600
08/1919	5,7400	24,4000	12/1920	13,3100	46,8650	04/1922	22,6500	100,3000
09/1919	5,8200	24,5900	01/1921	13,5070	51,4250	05/1922	23,5600	105,0000
10/1919	5,5420	23,2000	02/1921	13,0340	50,7040	06/1922	28,8500	127,3800
11/1919	6,1640	24,5450	03/1921	13,2060	51,7280	07/1922	31,4600	140,0000
12/1919	6,8200	25,3370	04/1921	16,3250	64,6100	08/1922	31,1500	140,0000
01/1920	7,5732	26,5520	05/1921	17,0120	66,8400	09/1922	32,2600	142,4200
02/1920	8,9750	30,4500	06/1921	17,0810	63,8750	10/1922	51,8800	231,2400
03/1920	9,1671	33,8307	07/1921	18,4140	66,3880	11/1922	73,3410	331,5830
04/1920	9,0688	34,6940	08/1921	17,9450	66,2500	12/1922	88,2120	386,8750

Πηγή: (Βερέμης και Κωστής 1984, 83, 118).

Πίνακας 25.8: Μέσες ετήσιες τιμές πώλησης μάρκων Δυτ. Γερμανίας (δολαρίου = 30,10 δρχ).

Έτος	Γερμανικό μάρκο	Ελβετικό φράγκο	Έτος	Γερμανικό μάρκο	Ελβετικό φράγκο
1954	7,167	6,883	1964	7,579	6,974
1955	7,141	6,883	1965	7,538	6,955
1956	7,168	6,883	1966	7,527	6,959
1957	7,163	6,883	1967	7,552	6,956
1958	7,204	6,883	1968	7,543	6,955
1959	7,197	6,981	1969	7,601	6,981
1960	7,216	6.849	1970	8,254	6,984
1961	7,505	6,982	1971	8,732	7,355
1962	7,543	6,973	1972	9,533	7,963
1963	7,562	6,977			

Πηγή: ΕΣΥΕ (Στατιστικές επετηρίδες).

Πίνακας 25.9: Μέσες μηνιαίες ανεπίσημες (επίσημες) ισοτιμίες δραχμής-δολαρίου 1973–1989.

Έτος	Ιαν.	Φεβ.	Μάρ.	Απρ.	Μάι.	Ιούν.	Ιούλ.	Αύγ.	Σεπ.	Οκτ.	Νοέ.	Δεκ.
1973	31,2	31,4	31	31,3	31,3	30,95	31,1	31,1	31,1	27,6	30,1	30,7
	(30)	(30)	(30)	(30)	(30)	(30)	(30)	(30)	(30)	(30)	(28,5)	(29,7)
1974	33	32,9	31,25	30,7	30,85	30,75	30,9	33	31,5	31,65	31,4	31,25
	(30)	(30)	(30)	(30)	(30)	(30)	(30)	(30)	(30)	(30)	(30)	(30)
1975	32,5	33	32	31,25	31,5	31,75	33,2	34	36	34,5	36	36,65
	(30)	(30)	(30)	(30,277)	(30,082)	(30,262)	(33,015)	(33,386)	(34,626)	(34,512)	(35,632)	(35,65)
1976	35,8(35,	36	37,25	37,9	38	38,1	38,25	38,25	38,5	39	40	39
	319)	(35,376)	(36,143)	(36,428)	(36,743)	(36,708)	(36,753)	(36,883)	(37,065)	(37,193)	(37,288)	(37,031)
1977	39,3	40	39	38,75	38,6	38,6	37,8	38,5	38,5	38,5	37,75	39,8
	(37,417)	(37,372)	(37,341)	(37,122)	(37,109)	(37,012)	(36,502)	(36,711)	(36,734)	(36,332)	(36,147)	(35,506)
1978	37,5	37,45	38,25	39	38,75	39	38,8	38,6	38,6	37,45	38,2	37,75
	(36,182)	(36,217)	(36,922)	(37,571)	(37,585)	(36,934)	(36,682)	(37,06)	(36,605)	(35,052)	(37,017)	(36,005)

Έτος	Ιαν.	Φεβ.	Μάρ.	Απρ.	Μάι.	Ιούν.	Ιούλ.	Αύγ.	Σεπ.	Οκτ.	Νοέ.	Δεκ.
1979	37,65	37,65	38	38,75	38,75	38,75	39	39	39,5	39,25	40,5	41
	(36,449)	(36,521)	(36,81)	(37,115)	(37,445)	(36,759)	(36,665)	(36,383)	(36,808)	(37,709)	(37,77)	(38,283)
1980	41	42	43,25	43,5	44,75	46	45	45,5	46	48,85	50	50
	(38,748)	(39,316)	(41,894)	(42,45)	(43,546)	(43,21)	(43,389)	(43,164)	(43,328)	(43,668)	(45,955)	(46,535)
1981	51,25	68,2	55	54,5	56	61	62	64	60	61	60	62
	(49,42)	(51,28)	(51,32)	(53,74)	(56,76)	(58,42)	(60,2)	(59,6)	(57,39)	(56,99)	(55,75)	(57,63)
1982	65	68	68,5	69,5	69	74	74	73	74,5	79,5	81	85
	(59,43)	(61,63)	(63,02)	(63,35)	(69)	(69,11)	(69,29)	(70,81)	(71,83)	(72,77)	(71,65)	(70,57)
1983	100	95	96	93	91,5	90,5	92	96	99	100	110	115
	(84)	(83,58)	(84,06)	(83,92)	(84,39)	(84,51)	(84,97)	(92,82)	(92,68)	(94,04)	(97,08)	(98,67)
1984	116	111	110	112	115	116	120,5	115	122	131,5	147,8	153
	(103,42)	(101,01)	(103,35)	(106,65)	(108,28)	(110,25)	(114,16)	(115,68)	(124,7)	(124,4)	(126,65)	(128,48)
1985	136,65	142,7	143,55	139,2	137,6	147,25	137,9	143,4	148,5	170,2	184,5	185,25
	(129,5)	(138,8)	(133,85)	(136,71)	(136,36)	(135,77)	(129,91)	(132,31)	(131,33)	(154,04)	(149,12)	(147,76)
1986	162,4	155,85	141,5	140	142,95	133,5	137,2	132,9	137,9	154,1	147,75	147,7
	(146,63)	(138,05)	(145,72)	(137,68)	(143,94)	(140,76)	(135,44)	(134,92)	(134,92)	(139,98)	(137,91)	(138,76)
1987	147,15	140	135	130	129	133	138,1	138,9	139,6	138,7	141,1	138,6
	(132,75)	(134,13)	(132,71)	(132,3)	(135,72)	(137,4)	(139,98)	(138,18)	(140,6)	(135,58)	(129,3)	(125,93)
1988	141,3	142,35	140,75	141	141,2	155(	162	169,5	167	165	162	160
	(133,66)	(135,26)	(132,8)	(134,34)	(137,4)	145,78)	(150,2)	(151,51)	(152,33)	(145,78)	(144,34)	(148,1)
1989	162	158	160	162	169	172						
	(154,72)	(153,87)	(159,9)	(159,68)	(169,74)	(168,3)						

Πηγή: (Ζαράγκας 1995, παράρτημα Β-29). Τα πρωτογενή δεδομένα για τις επίσημες ισοτιμίες ελήφθησαν από το International Financial Statistics (διάφορα τεύχη) και για τις ανεπίσημες από το Pick's Currency Yearbook και το World Currency Yearbook (διάφορα τεύχη).

Πίνακας 25.10: Μέσες μηνιαίες ισοτιμίες της δραχμής με το ECU/ευρώ από το 1977 μέχρι το κλείδωμα της ισοτιμίας. Οι τιμές (σε δρχ) έχουν στρογγυλοποιηθεί στο δεύτερο δεκαδικό.

Έτος/Μήνας	Ιαν.	Φεβ.	Μάρ.	Απρ.	Μάι.	Ιούν.	Ιούλ.	Αύγ.	Σεπ.	Οκτ.	Νοέ.	Δεκ.
1977						41,91	42,10	41,92	41,85	42,07	42,31	42,90
1978	44,12	44,68	46,01	46,45	45,96	45,92	46,14	47,26	48,04	49,13	48,86	48,99
1979	49,20	49,37	49,59	49,57	49,31	49,75	50,98	50,90	51,57	51,92	52,77	54,38
1980	55,59	55,76	54,82	57,17	60,56	61,66	62,08	61,28	60,92	60,14	59,96	60,97
1981	60,88	61,58	61,82	61,88	61,80	61,81	61,63	61,62	61,17	61,48	61,82	61,93
1982	62,69	62,99	62,47	63,38	64,97	65,99	66,58	66,76	66,76	66,81	66,66	67,56
1983	77,56	78,84	78,57	77,61	77,10	75,30	74,44	76,01	78,98	80,43	81,11	81,19
1984	82,33	84,45	87,91	88,50	88,19	88,69	88,11	89,24	89,13	91,42	91,94	91,35
1985	90,69	90,77	94,45	97,29	98,68	99,44	101,67	104,90	106,89	122,14	130,05	130,94
1986	132,42	132,89	134,35	134,84	134,73	135,33	137,05	137,71	138,95	140,74	143,29	146,63
1987	149,85	151,34	152,17	152,92	154,76	155,39	156,44	157,21	158,52	159,84	162,30	163,51
1988	164,62	165,02	165,85	166,26	166,74	166,20	166,49	167,10	168,05	169,65	171,71	172,96
1989	173,10	173,97	175,24	177,08	177,01	178,09	179,15	178,93	179,67	182,57	184,49	187,22
1990	189,95	192,39	194,49	198,59	201,56	201,46	202,54	203,84	202,54	206,90	210,26	212,61
1991	216,83	219,45	221,35	223,54	225,17	224,55	224,79	226,51	227,47	228,26	231,14	233,54
1992	235,38	236,08	236,28	239,40	243,37	248,63	250,52	251,56	252,14	254,74	255,49	259,05
1993	261,63	260,77	263,17	265,45	265,23	266,40	266,97	269,23	273,81	276,32	274,97	277,00
1994	278,82	280,09	281,64	283,71	285,83	289,97	289,75	289,81	291,74	293,75	294,89	295,27
1995	295,70	297,01	301,42	301,84	301,50	301,24	303,12	302,67	303,99	307,49	309,63	310,53
1996	310,63	312,08	309,48	305,90	303,24	302,64	302,05	304,00	303,80	301,78	304,42	306,81
1997	305,52	305,97	306,94	309,70	312,13	311,13	310,43	309,47	310,32	309,90	309,75	310,86
1998	312,33	312,36	331,64	345,01	340,31	334,77	328,68	331,64	337,89	336,53	329,13	328,82
1999	323,56	321,98	322,50	325,53	325,21	324,16	324,95	326,41	327,00	329,20	328,72	329,68
2000	331,07	333,18	333,89	335,22	336,60	336,64	336,86	337,27	338,60	339,46	340,16	340,70

Πηγή: (Eurostat 2015b).

25.2 Κοπές μεταλλικών νομισμάτων

Πίνακας 25.11: Κοπές φοινίκων κατά την διάρκεια λειτουργίας του νομισματοκοπείου.

Ον/κή αξία	Κοντόσταυλος (4/7/1829–18/5/1830)		Λουκόπουλος (19/5/1830–16/5/1832)		Λεβίδης (17/5/1832–1/2/1833)		Σύνολα	
	Αρ. Νομισμάτων	Συνολική αξία	Αρ. Νομισμάτων	Συνολική αξία	Αρ. Νομισμάτων	Συνολική αξία	Αρ. Νομισμάτων	Συνολική αξία
1 Λεπτόν	505.995	5.059,95	866.405	8.664,05	145.885	1.458,85	1.518.285	15.182,85
5 Λεπτά	422.218	21.110,9	379.856	18.992,8	0	0	802.074	40.103,7
10 Λεπτά	483.880	48.388	2.401.311	240.131,1	31.789	3.178,9	2.916.980	291.698
20 Λεπτά	0	0	1.305.848	261.169,6	966.802	193.360,4	2.272.650	454.530
Φοίνικας	11.978	11.978	0	0	0	0	11.978	11.978
Σύνολα	1.424.071	86.536,85	4.953.420	528.957,55	1.144.476	197.998,15	7.521.967	813.492,55

Πηγή: (Δημακόπουλος 1978, 61, 79, 91).

Πίνακας 25.12. Νομίσματα που προβλέπονταν από το διάταγμα του 1833 και όπως κόπηκαν στο νομισματοκοπείο του Μονάχου μεταξύ 1832–1834.

Ονομαστική αξία	Μάζα πολ. μετάλλου (g)	Μάζα χαλκού	Αριθμός Νομισμάτων	Συνολική αξία	Παράδοση στις Ελλ. Αρχές	Κοπές
1 Λεπτόν		1,299	2.200.000	22.000	22/12/1832–14/2/1834	1832, 33, 34
2 Λεπτά		2,598	2.475.000	49.500	11/2/1832–15/5/1834	1832, 33, 34
5 Λεπτά		6,495	2.500.000	125.000	20/2/1833–15/5/1834	1832, 1834
10 Λεπτά		12,990	520.000	52.000	18/5/1833–16/5/1834	1833
¼ Δρχ.	1,007	0,112	780.000	195.000	30/5/1833–16/8/1833	1833
½ Δρχ.	2,015	0,223	900.000	450.000	4/2/1833–7/9/1833	1833
1 Δρχ.	4,029	0,448	1.125.000	1.125.000	15/12/1832–16/5/1834	1832, 1833
5 Δρχ.	20,147	2,238	378.000	1.890.000	13/4/1833–14/2/1834	1833
20 Δρχ.	5,199	0,577	17.550	351.000	13/12/1833	1833
40 Δρχ.	10,398	1,155	-	-	-	-
Σύνολα			10.895.550	4.259.500		

Πηγή: (Γεωργιόπουλος 2002, 133).

Πίνακας 25.13: Κοπές στο Βασιλικό Νομισματοκοπείο, 1836–1857.

Έτη	1 λεπτό		2 λεπτά		5 λεπτά		10 λεπτά		Συνολικές κοπές	Συνολικές Αξίες
	Κοπές	Αξίες	Κοπές	Αξίες	Κοπές	Αξίες	Κοπές	Αξίες		
1836			40	800,00	1.000	50,00	919.000	91.900,00	960.000	92.750,00
1837	159.456	1.594,56	221.978	4.439,56	116.009	5.800,45	2.660.383	266.038,30	3.157.826	277.872,87
1838	269.085	2.690,85	701.028	14.020,56	1.471.912	73.595,60	917.941	91.794,10	3.359.966	182.101,11
1839	149.406	1.494,06	660.749	13.214,98	1.186.543	59.327,15			1.996.698	74.036,19
1840	702.694	7.026,94	519.998	10.399,96	416.770	20.838,50			1.639.462	38.265,40
1841	370.350	3.703,50			863.784	43.189,20			1.234.134	46.892,70
1842	121.177	1.211,77	470.389	9.407,78	682.077	34.103,85			1.273.643	44.723,40
1843	620.959	6.209,59					700.583	70.058,30	1.321.542	76.267,89
1844	151.343	1.513,43	206.225	4.124,50	88.627	4.431,35	1.064.301	106.430,10	1.510.496	116.499,38
1845	159.600	1.596,00	242.062	4.841,24	315.976	15.798,80	981.899	98.189,90	1.699.537	120.425,94
1846	141.686	1.416,86			190.399	9.519,95	1.274.978	127.497,80	1.607.063	138.434,61
1847	272.793	2.727,93	82.165	1.643,30	270.157	13.507,85	740.766	74.076,60	1.365.881	91.955,68
1848	84.600	846,00	258.115	5.162,30	394.286	19.714,30	1.174.402	117.440,20	1.911.403	143.162,80
1849	90.878	908,78	146.216	2.924,32	974.576	48.728,80	1.160.738	116.073,80	2.372.408	168.635,70
1850							1.282.260	128.226,00	1.282.260	128.226,00
1851	393.613	3.936,13	387.424	7.748,48	620.405	31.020,25	586.971	58.697,10	1.988.413	101.401,96
1857	243.312	2.433,12	544.688	10.893,76	349.340	17.467,00	883.523		2.020.863	30.793,88
Σύνολα	3.930.952	39.309,52	4.481.037	89.620,74	7.941.861	397.093,05	14.347.745	1.346.422,20	30.701.595	1.872.445,51

Πηγή: (Ν. Βασιλόπουλος 1983, 30, 33).

Πίνακας 25.14: Περιγραφή των νομισμάτων που προέβλεπε η συμφωνία της 23/12/1865.

	Αξία (φράγκα)	Μικτό βάρος (g)	Καθαρότητα	Καθαρό βάρος (g)	Αξία/καθ. βάρος (φράγκα/g)
Αργυρά	0,2	1±1%	0,835±0,003	0,83500	0,240
	0,5	2,5±0,7%	0,835±0,003	2,08750	0,240
	1	5±0,5%	0,835±0,003	4,17500	0,240
	2	10±0,5%	0,835±0,003	8,35000	0,240
	5	25±0,3%	0,900±0,002	22,50000	0,222
Χρυσά	5	1,61290±0,3%	0,900±0,002	1,45161	3,444
	10	3,22580±0,2%	0,900±0,002	2,90322	3,444
	20	6,45161±0,2%	0,900±0,002	5,80645	3,444
	50	16,12903±0,1%	0,900±0,002	14,51613	3,444
	100	32,25806±0,1%	0,900±0,002	29,03225	3,444

Πίνακας 25.15: Ελληνικές κοπές αργυρών κερμάτων και νομισμάτων ΛΝΕ έως και το 1883.

	20 λεπτά[1]		50 λεπτά[2]		1 Δραχμή[2]	
Έτος	**Κοπές**	**Αξία**	**Κοπές**	**Αξία**	**Κοπές**	**Αξία**
1868	0	0	0	0	328.547	328.547,00
1869	0	0	60	30,00	151.135	151.135,00
1873	0	0	0	0	1.802.211	1.802.211,00
1874	2.223.127	444.625,40	4.500.573	2.250.286,50	2.249.465	2.249.465,00
1875	0	0	0	0	0	0
1876	0	0	0	0	0	0
1877	0	0	0	0	0	0
1882–83	1.000.000	200.000, 00	600.000	300.000,00	800.000	800.000,00
Σύνολα	**3.223.127**	**644.625,40**	**5.100.633**	**2.550.316,50**	**5.331.358**	**5.331.358,00**

Συνέχεια πίνακα

	2 δραχμές[3]		5 δραχμές		Σύνολο	
Έτος	**Κοπές**	**Αξία**	**Κοπές**	**Αξία**	**Κοπές**	**Αξία**
1868	47.419	94.838	0	0	375.966	423.385,00
1869	0	0	0	0	151.195	151.165,00
1873	839.431	1.678.862	0	0	2.641.642	3.481.073,00
1874	0	0	0	0	8.973.165	4.944.376,90
1875	0	0	1.197.799[4]	5.988.995	2.393.598	5.978.995,00
1876	0	0	1.885.569[5]	9.427.845	3.780.643	9.427.845,00
1877	0	0	8.905[5]	44.525	8.905	44.525,00
1882–83	250.000	500.000			0	1.800.000,00
Σύνολα	**1.136.850**	**2.273.700**	**3.090.273**	**15.462.865**	**17.882.241**	**26.251.364,90**

Πηγές: (Ν. Βασιλόπουλος 1983, 55–65· Κοκκινάκης 1999, 158).

[1]Μάλλον από τυπογραφικό λάθος, ο Κοκκινάκης αναφέρει 644.625,40 δρχ σε αργυρά 20λεπτα (3.223.127 κέρματα), ενώ η σωστή άθροιση των επιμέρους κοπών του 1874 και του 1883 δίνει 244.625,40 δρχ (1.223.127 κέρμα). Αντικατάσταση με το ποσό που παραθέτει ο Βασιλόπουλος (2.223.127 αργυρά 20λεπτα του 1874, ήτοι 444.625.40 δρχ) δίνει το σωστό αποτέλεσμα.

[2]Ο Κοκκινάκης αναφέρει 60.000 αργυρά 50λεπτά του 1869 έναντι 60 που αναφέρει ο Βασιλόπουλος (+29.970 δρχ ως προς Βασιλόπουλο) και 2.249.286 αργυρές δραχμές του 1874 έναντι 2.249.465 δρχ που αναφέρει ο Βασιλόπουλος. Υιοθετώ τις εκτιμήσεις του Βασιλόπουλου που οδηγούν ακριβώς στα 9 εκ. δρχ για τις κοπές 1868–1874 (για την ακρίβεια 8.999.999,90 δρχ), όσα δηλαδή προέβλεπε η σύμβαση της ΛΝΕ για πληθυσμό 1,5 εκ. κατοίκων.

[3]Ο Κοκκινάκης αναφέρει 2.373.700 δρχ σε δίδραχμα έναντι 2.273.700 δρχ που αναφέρει ο Βασιλόπουλος. Αυτό είναι τυπογραφικό λάθος, το οποίο διορθώνει στην σ. 526 (Πίνακας 10.2).

[4]Ο Κοκκινάκης αναφέρει 1.197.799 αργυρά πεντάδραχμα του 1875 έναντι 1.195.799 που αναφέρει ο Βασιλόπουλος (+10.000 δρχ ως προς Βασιλόπουλο). Υιοθετώ τις εκτιμήσεις του Κοκκινάκη, καθώς συμφωνούν με τα πρακτικά της συνάντησης του 1885.

[5]Ο Κοκκινάκης τα αργυρά πεντάδραχμα του 1876 τα μοιράζει στο 1876 (1.885.869) και στο 1877 (8.905), χωρίς να προκύπτει διαφορά στις αξίες ως προς τον Βασιλόπουλο. Παραπάνω υιοθετώ αυτά τα στοιχεία του Κοκκινάκη.

Πίνακας 25.16: Ελληνικές κοπές χάλκινων κερμάτων ΛΝΕ έως και το 1883.

Έτος	1 λεπτό		2 λεπτά[1]		5 λεπτά[2,4]	
	Κοπές	Αξία	Κοπές	Αξία	Κοπές	Αξία
1869–70	14.975.677	149.756,77	7.481.724	149.634,48	2.3945.158	1.197.257,9
1878	7.132.400	71.324,00	3.750.000	75.000,00	1.1528.210	576.410,5
1879	397.600	3.976,00	0	0	469.790	23.489,5
1882	0	0	0	0	14.261.588[1,4]	713.079,4
1883	692.060[1]	6.920,60	7.605.680[2]	152.113,60	0	0
Σύνολο	23.197.737	231.977,37	18.837.404	376.748,08	50.204.746	2.510.237,3

Συνέχεια πίνακα

Έτος	10 λεπτά[1,3,4]		Σύνολο	
	Κοπές	Αξία	Κοπές	Αξία
1869–70	14.994.162	1.499.416,2	61.396.721	2.996.065,35
1878	7140.092	714.009,2	29.550.702	1.436.743,70
1879	357.908[3]	35.790,8	1.225.298	63.256,30
1882	14.478.864[2,4]	1.447.886,4	28.740.452	2.160.965,80
1883	0	0	8.297.740	159.034,20
Σύνολο	36.971.026	3.697.102,6	129.210.913	6.816.065,35

Πηγές: (Ν. Βασιλόπουλος 1983, 55–65· Κοκκινάκης 1999, 149· Ministère des affaires étrangères 1885, 136).

[1] Ο Κοκκινάκης αναφέρει 14.478.864 χάλκινα 10λεπτα 1882 αντί 16.000.000 του Βασιλόπουλου (-152.113,60 δρχ ως προς Βασιλόπουλο) και 7.605.680 χάλκινα 2λεπτα του 1883 έναντι κανενός του Βασιλόπουλου (+152.113,60 δρχ ως προς Βασιλόπουλο). Οι διαφορές ισοσταθμίζονται ακριβώς. Μάλλον το ποσό αυτό αντί να κοπεί ως 10λεπτα το 1882, κόπηκε ως 2λεπτα το 1883. Παραπάνω υιοθετώ τα στοιχεία του Κοκκινάκη.

[2] Ο Κοκκινάκης αναφέρει 14.261.588 χάλκινα 5λεπτα 1882 αντί 14.400.000 του Βασιλόπουλου (-6.920,60 δρχ ως προς Βασιλόπουλο) και 692.060 χάλκινα λεπτά 1883 αντί κανενός του Βασιλόπουλου (+6.920,60 δρχ ως προς Βασιλόπουλο). Οι διαφορές ισοσταθμίζονται ακριβώς. Μάλλον το ποσό αυτό αντί να κοπεί ως 5λεπτα το 1882, κόπηκε ως λεπτά το 1883. Παραπάνω υιοθετώ τα στοιχεία του Κοκκινάκη.

[3] Ο Κοκκινάκης αναφέρει 457.908 χάλκινα 10λεπτα του 1879 αντί 357.908 (+10.000 δρχ ως προς Βασιλόπουλο). Πρόκειται προφανώς για τυπογραφικό σφάλμα ενός εκ των δύο, ή των πηγών τους. Υιοθετώ τα στοιχεία του Βασιλόπουλου ως μάλλον καλύτερα τεκμηριωμένα και ως προερχόμενα από γαλλικές πηγές.

[4] Οι ποσότητες 5λέπτων και 10λέπτων που αναφέρει ο Βασιλόπουλος για το 1882 ταυτίζονται με εκείνες της σύμβασης που υπέγραψε η ελληνική κυβέρνηση με την εταιρεία Oeschger Mesdach et Cie στις 20/12/1881 (ΦΕΚ 8, 9/2/1882, 32–34). Ενδέχεται ότι ο εργολάβος δεν παρέδωσε την συνολική συμφωνηθείσα ποσότητα.

Πίνακας 25.17: Ελληνικές κοπές χρυσών νομισμάτων ΛΝΕ.

Αξίες	1876		1884		Σύνολο	
	Κοπές	Αξία	Κοπές	Αξία	Κοπές	Αξία
5 δραχμές	9.294	46.470	0	0	9.294	46.470
10 δραχμές	18.959	189.590	0	0	18.959	189.590
20 δραχμές	37.362	687.240	550.000	22.550.000	584.362	23.237.240
50 δραχμές	182	9.100	0	0	182	9.100
100 δραχμές	76	7.600	0	0	76	7.600
Σύνολο	62.873	940.000	550.000	22.550.000	612.873	23.490.000

Πηγή: (Ν. Βασιλόπουλος 1983, 60–61, 70–71).

Πίνακας 25.18: Κοπές χαλκονικέλινων κερμάτων 1893–1895.

Έτος	5 λεπτά		10 λεπτά		20 λεπτά		Σύνολο	
	Κοπές	Αξία	Κοπές	Αξία	Κοπές	Αξία	Κοπές	Αξία
1893	0	0	0	0	248.008	49.602	248.008	49.602
1894	4.000.000	200.000	3.000.000	300.000	4.751.992	950.398	11.751.992	1.450.398
1895	4.000.000	200.000	3.000.000	300.000	5.000.000	1.000.000	12.000.000	1.500.000
Σύνολο	8.000.000	400.000	6.000.000	600.000	10.000.000	2.000.000	24.000.000	3.000.000

Πηγή: (Ν. Βασιλόπουλος 1983, 93).

Πίνακας 25.19: Χαρακτηριστικά μεταλλικών νομισμάτων της Κρητικής Πολιτείας.

	Αξία (δρχ)	Καθαρότητα %	Βάρος (g)	Περιεκτικότητα πολυτίμου μετάλλου (g)	Ορισμός αξίας μετάλλου (δρχ/g)
Χρυσά	20	90	6,45161	5,80645	0,290322
	10	90	3,22580	2,90322	0,290322
Αργυρά	5	90	25	22,500	4,500
	2	83,5	10	8,3500	4.175
	1	83,5	5	4,1750	4,175
	0,5	83,5	2,5	2,0875	4,175
Νικέλινα	0,20	25	4	*	
	0,10	25	3	*	
	0,05	25	2	*	
Χάλκινα	0,02	95	2	**	
	0,01	95	1	**	

* Νικέλιο 25%, χαλκός 75%. ** Χαλκός 95%, κασσίτερος 4%, ψευδάργυρος 1%.

Πίνακας 25.20: Κοπές μεταλλικών κρητικών δραχμών.

Ονομαστική αξία	Αριθμός Νομισμάτων	Συνολική αξία
1 Λεπτόν	2.000.000	20.000
2 Λεπτά	1.500.000	30.000
5	4.000.000	200.000
10	2.000.000	200.000
20	1.250.000	250.000
50	600.000	300.000
1 Δραχμή	500.000	500.000
2 Δραχμές	175.000	350.000
5	150.000	750.000
10	-	-
20	-	-
Σύνολα	**12.175.000**	**2.350.000**

Πηγή: (Ν. Βασιλόπουλος 1983, 98–102).

Πίνακας 25.21: Κοπές νικέλινων κερμάτων 1912–14 και 1920.

	5 λεπτά		10 λεπτά		20 λεπτά		Σύνολο	
	Κοπές	Αξία	Κοπές	Αξία	Κοπές	Αξία	Κοπές	Αξία
1912	202.108	10.105,40	498.318	49.831,80	0	0	700.426	59.937,20
1913	12.539.094	626.954,70	13.844.871	1.384.487,10	1.881.198	376.239,60	28.265.163	2.387.681,40
1914	10.181.994	509.099,70	12.540.849	1.254.084,90	6.909.537	1.381.907,40	29.632.380	3.145.092,00
1920	2.130.750	106.537,50	2.089.459	208.945,90	1.353.557	270.711,40	5.573.766	586.194,80
Σύνολο	**25.053.946**	**1.252.697,30**	**28.973.497**	**2.897.349,70**	**10.144.292**	**2.028.858,40**	**64.171.735**	**6.178.905,40**

Πηγή: (Ν. Βασιλόπουλος 1983, 110, 117).

Πίνακας 25.22: Εκδόσεις κερματικών γραμματίων 1917–1925.

Έτος έκδοσης	10 λεπτά		50 λεπτά		1 δραχμή		2 δραχμές		Σύνολο	
	Κοπές	Αξία	Κοπές	Αξία	Κοπές	Αξία	Κοπές	Αξία	Κοπές	Αξία
1917	0	0	0	0	918.339	918.339	580.000	1.160.000	1.498.339	2.078.339
1918	0	0	0	0	30.000.000	30.000.000	28.798.202	57.596.404	58.798.202	87.596.404
1920	0	0	44.000.000	22.000.000	10.000.000	10.000.000	10.000.000	20.000.000	64.000.000	52.000.000
1922	15.000.000	1.500.000	0	0	0	0	0	0	15.000.000	1.500.000
1923	0	0	0	0	20.000.000	20.000.000	4.997.500	9.995.000	24.997.500	29.995.000
1925	0	0	0	0	50.000.000	50.000.000	30.000.000	60.000.000	80.000.000	110.000.000
Σύνολα	**15.000.000**	**1.500.000**	**44.000.000**	**22.000.000**	**60.918.339**	**60.918.339**	**44.375.702**	**88.751.404**	**164.294.041**	**173.169.743**

Πηγή: (Νοταράς 2005, 371–379).

Πίνακας 25.23: Κοπές χαλκονικέλινων κερμάτων 1926.

Ονομαστική αξία (δρχ)	Τεμάχια	Συνολική αξία (δρχ)	Εξοφλητική δυνατότητα (δρχ)
2	22.000.000	44.000.000	50
1	15.000.000	15.000.000	50
0,50	20.000.000	10.000.000	10
0,20	20.000.000	4.000.000	5
	67.000.000	**73.000.000**	

Πηγή: (Βεναρδής και Τέντες 1932, 84–85). Η πηγή περιέχει κάποιο τυπογραφικό σφάλμα ως προς τις κοπές των μονόδραχμων. Αυτές ανέρχονται στα 15 εκ. τεμάχια στην σ. 84 και σε 35 εκ. τεμάχια στην σ. 96. Θεωρείται σωστή η δεύτερη τιμή, καθώς συμφωνεί και με τις εκτιμήσεις νομισματικών κοπών της ΕΣΥΕ (1931, 267).

Πίνακας 25.24: Κερματικές κυκλοφορίες του 1930.

Υλικό	Ονομαστική αξία (δρχ)	Τεμάχια	Συνολική αξία (δρχ)	Εξοφλητική δυνατότητα (δρχ)
Άργυρος (50%)	20	11.500.000	230.000.000	500
	10	7.500.000	75.000.000	200
Νικέλιο	5	25.000.000	125.000.000	200
Χαλκονικέλιο	1	10.000.000	10.000.000	50
	0,50	20.000.000	10.000.000	10
Σύνολο		**74.000.000**	**450.000.000**	

Πηγή: (Βεναρδής και Τέντες 1932, 95).

Πίνακας 25.25: Επιστραφέντα αργυρά ελληνικά κέρματα από τις χώρες της ΛΝΕ.

Ονομαστική αξία	Βέλγιο		Γαλλία		Ιταλία		Ελβετία		Σύνολα	
	Αριθ. νομισμ.	Αξία	Αριθ. νομισμ.	Αξία	Αριθ. νομισμ.	Αξία	Αριθ. νομισμ.	Αξία	Αριθ. νομισμ.	Αξία
0.2	1	0,20	364.636	72.927,20		0		0	364.637	72.927,40
0.5	117.654	58.827,00	1.911.406	955.703,00	22.174	11.087	136.748	68.374	2.187.982	1.093.991,00
1	192.284	192.284,00	2.993.838	2.993.838,00	70.820	70.820	102.177	102.177	3.359.119	3.359.119,00
2	55.320	110.640,00	706.509	1.413.018,00	19.693	39.386	16.082	32.164	797.604	1.595.208,00
Σύνολα	365.259	361.751,20	5.976.389	5.435.486,20	112.687	121.293	255.007	202.715	6.709.342	6.121.245,40
Γαλλικές αποικίες διάφορα										153.343,20
Γεν. σύνολο										6.274.588,60

Πηγή: (Ν. Βασιλόπουλος 1983, 102).

25.3 Αρχικές διανομές μετοχών ελληνικών εκδοτικών τραπεζών

Εθνική Χρηματιστική Τράπεζα (1828)

Πίνακας 25.26: Πίνακας «μετόχων» της ΕΧΤ με το είδος και το ύψος της συμμετοχής καθενός.

Ημερομηνία	Μέτοχος	Δίστηλα	Δόθηκαν σε	Παρατηρήσεις
	Σε δίστηλα			
8/2/1828	Συνεισφορές φιλελλήνων	7.000		
	Καποδίστριας	1.000		
	Συνοδεία Καποδίστρια (1200)			
	Αλέξανδρος Κοντόσταυλος	200		
	Ιωάννης Δομπόλλης	700		
	Ιακωβάκης Ρίζος	100		
	Γεώργιος Μπέτζος	100		
	Ηλίας Μπετάνδ	100		
9/2/1828	Π. Μαυρομιχάλης	200		
9/2/1828	Γεώργιος Μαυρομιχάλης (υιός του Π.)	100		
	Δουτρών δόκτωρ της Νομικής	200		
10/2/1828	Αντώνιος Γεωργαντάς	100		
	Αναγνώστης Δηλιγιάννης	500		
14/02/1828	Λάζαρος και Γεώργιος Κουντουριώτης	3000		
	Αρχιμανδρίτης Λεόντιος Καμπάνης	100		
28/2/1828	Θεόδωρος Γκίκας	500		
1/3/1828	Αναστάσιος Κυριάκος	500		
2/3/1828	Δημήτρης Τσαμαδός	1000		
4/3/1828	Ηλίας και Ιωάννης Καραπαύλου	100		
	Διάφοροι κάτοικοι Τήνου (1180)			
	Αρχιερεύς Τήνου Γαβριήλ	200		
	Αντώνιος Καλλέργιος	50		
	Ιωάννης Δρόσος	50		
	Μπορτόλος και Λεονάρδος Καρδαμίτση	100		
	Νικόλαος και Μιχαήλ Ιακώβου Παξιμάδη	100		
	Γεώργιος Περίδης	50		
	Κωκός Σκαραμαγκά	100		
	Ιωάννης και Σταμάτιος Κουζοβήκ	100		
	Θεόφιλος Οικονόμος Τήνου	30		
	Ιωάννης Κοντουμάς	100		
	Σταμάτιος και Ιωάννης Ιακώβου Καγκάδη	300		
5/3/1828	Κωνσταντίνος και Σ. Θεοχάρη	200		
	Κ. Μεταξάς	500		
	Αλέξανδρος Ιωάννου Βλασσοπούλου	110		
6/3/1828	Γεώργιος και Λάζαρος Κουντουριώτης	2000		
	Σ. Π.	100		
7/3/1828	Γεώργιος Παπαηλιόπουλος	120		
	Ιωάννης Σούτσος	150		
	Σπυρίδων Τρικούπης	300		
8/3/1828	Θεόδωρος Κολοκοτρώνης	1000		
	Χ. Ιω. Μέξης εκ Σπετσών	1000		
	Νικόλαος Πονηρόπουλος	300		
9/3/1828	Γεώργιος Ζέρβης	200		
	Πολίτες του Πόρου	3075		
	Πολίτες της Αίγινας	400		
12/3/1828	Παναγιώτης Ν. Λοιδορίκη	300		
15/3/1828	Βασίλειος Μπουτούρης	500		
17/3/1828	Δημήτριος Ν. Και Εμμανουήλ Μανουσάκης	50		
	Γεώργιος Μ. Αντωνόπουλος	200		
	Αναγνώστης Κοπανίτζας	100		
20/3/1828	Αλέξανδρος Ρόση (υπηρέτης του Άστιγξ)	200		
	Κάτοικοι Αίγινας Ψαριανοί (2.988,50)			
	Κωνστ. Χ. Γ. Κότσια	50		
	Αναγνώστης Μοναρχίδης	50		
	Ιωάννης Μαμούνης	50		

Ημερομη-νία	Μέτοχος	Δίστηλα	Δόθηκαν σε	Παρατηρήσεις
	Ιωάννης Μ. Μηλιαήτης	100		
	Ανδρέας Σ. Μπάμπαλου	50		
	Ανδρέας Μιχάλπεη	50		
	Ιωάννης Σ. Σκανδάλης	150		
	Αφοι Κυπαρισσίδες	50		
	Ιωάννης Κατσουλέρης	50		
	Εμμανουήλ Μπαλαμπάνος	300		
	Νικόλαος Χ. Αλεξανδρή	100		
	Ανδρέας Γιαννίτσης	400		
	Ανδρέας Κεφάλα	100		
	Υιού Ιωάννου Καλαρά	100		
	Κομνηνός Ζανής	112,5		
	Κωνσταντής Κανάρης	100		
	Γεώργιος Κανάρης	50		
	Ιωάννης Δ.Βρατσάνος	50		
	Νικόλαος Χ. Δ. Κοτσιά	75		
	Αποστόλης Νικολ. Αποστόλη	225		
	Ανδρέας Ν. Αποστόλη	150		
	Χ. Αναγνώστης Δομεστίκης	50		
	Κωνσταντίνος Μικέλος	50		
	Ανδρέας Ανδριανός	73		
	Κωνστ. Γ. Κατσικογιάννης	50		
	Αποστόλης Γεωργίου	50		
	Δημ. Γ.Διακογιάννης	53		
	Νικολής Χ. Γιανν. Αργύρης	300		
22/3/1828	Δημήτριος Πλαπούτας	500		
	Ιωάννης Κολοκοτρώνης	400		
28/3/1828	Αλέξανδρος Κοντόσταυλος	5.000		
	Κόμης Βιάρος Α. Καποδίστριας	4.336		αγορασθέντα για 10 ανώνυμους
	Κωνσταντίνος Γεροστάθης	480		
	Κωνσταντίνος Σ. Μόστρας	200		
	Χριστόδουλος Παλιαμιθάς	100		
	Αλέξανδρος Ζαβογιάννης	500		
	Σπυρίδων Δήμας	96		
21/4/1828	Ιωάννης Κιουρούσης Μιστριώτης	50		
	Ιωάννης Σπυρίδων Δασίου	118		
	Θάνος Χρυσανθόπουλος και αδελφοί	300		
	Βασίλειος Πετιμεζάς	200		
	Νικόλας Πετιμεζάς	100		
	Ιωάννης Σαγρέδου	500		
	Ιωάννης και αδελ. Α. Παξιμάδη	100		
	Ιάκωβος και αδελ. Ιω. Γκαγκάδη	100		
	Νικόλαος Βιτάλη	30		
	Αλιβέζος Καλάβριας	20		
	Εμμ. Ξένος	500		
	Κωνστ. Χ. Ιωαννούσης	70		
	Οικον. Αναστάσιος Ιωαννούσης	50		
	Πανιερώτατος Ρέοντος Διονύσιος	100		
	Έμποροι Οδησσού (5.400)			
	Αλεξ. Μαύρος	3.000		
	Ευστρ. Σεβαστόπουλος	200		
	Βαϊανος Παλαιολόγου	200		
	Γρηγόρ.Μαρασλής	1.000		
	Δημ.Δούμας	250		
	Ιωάννης Δούμας	250		
	Θεοδ. Δούμας	200		
	Νικόλαος Χριστοδούλου	300		
25/4/1828	Εμμανουήλ Ξένος	800		
	Συριανοί Έμποροι (9.540)			
	Νικόλαος Ελευθερίου	100		
	Κυριάκος Τζούκας	200		

Ημερομη-νία	Μέτοχος	Δίστηλα	Δόθηκαν σε	Παρατηρήσεις
	Δημήτριος Ζάνου	250		
	Αδελφοί Παππά Δούκα	100		
	Θεόδωρος Πλατανίτης	100		
	Κωνσταντίνος Πάγκαλος	100		
	Παλαιολόγος Σκαμπαβής	100		
	Αντώνιος Σταματίου	100		
	Αβραάμ Χαραλάμπους	100		
	Γεώργιος Καραγιαννάκης και συντροφία	200		
	Αδελφοί Γερούση	150		
	Αδελ. Οικονομοπούλου	200		
	Ιωάννης Ράλλης και Εμμ. Δανέζης	600		
	Αθαν. Λαδόπουλος	50		
	Κωνστ.Τζαμπέκου	50		
	Παναγιώτης Δημητρακόπουλος	500		
	Λαμπρινός Α.Μαυρίκη	200		
	Μανόλης Τρατάρης Υδραίος	10		
	Δημ. Ατλαζάς και Γεώργιος Γόγος	250		
	Φίλιππος Περδικίδης	15		
	Κωνστ. Πετρόπουλος	50		
	Κωνστής Δημητρίου	100		
	Νικόλαος Μεταξάς	100		
	Γεώρ. Πασχάλης	30		
	Πέτρος Λαμπράκης	50		
	Γρηγόριος Πάϊκος	40		
	Γεώργιος Γαϊτάνος	100		
	Χ. Γρηγ. Αρμένης	50		
	Λάμπρος Παππά Αναστασίου	40		
	Ιω.Ζαφειρόπουλος	15		
	Μιχ.Παππάζογλους	150		
	Χαράλαμπος Βασιλάτου	100		
	Αντώνιος Νίκας, και Θεόδωρος Ξένος	1.000		
	Εμμ. Ξένος	1.000		
	Ιωάννης Αποστόλου	150		
	Γεώργ. Λύκου	50		
	Αργυρός Ταρπουχτζής	150		
	Κωνστ. Αποστόλου	60		
	Μιχ. Κρίσπης	100		
	Ιωάννης Περίδης	100		
	Δημ. Χαϊδούσης	100		
	Σπύρος Σημεριώτης	30		
	Ευστάθειος Σουγδουρής	1.000		
	Γεώρ. Δούμας	300		
	Απόστολος Δούμας	600		
	Βελισάριος Πολίτης	100		
	Γκίκας Ιω. Γκιόνη	500		
	Γεωρ. Γιουρδή	100		
25/4/1828	**Επτανήσιοι Έμποροι και Πλοίαρχοι (3.065)**			
	Νικόλας Βαλσαμάκης	500		
	Νικόλαος Φωκάς	400		
	Ιωάννης Τζιτζιλιάνος	200		
	Νικόλαος Μαρσελές	150		
	Αντώνιος Βαλιάνος	600		
	Κοσμέτος Μουσούρης Σπυρίδωνος	100		
	Ανδρέας Γ. Μουσούρη	240		
	Σπυρίδων Φωκάς Γεωργίου	75		
	Φωτεινός Καραντινός του ποτέ Φραντζ	50		
	Απόστολος Κούπας του Μαρή	100		
	Γρηγόριος Διαμαντή	50		
	Σπυρίδων Κλάδος	50		
	Γεράσιμος Σβορώνος	100		
	Παναγής Βάλσαμος	100		
	Γρηγόριος Σβορώνος	50		
	Παναγής Σκλάβος	100		

Ημερομη-νία	Μέτοχος	Δίστηλα	Δόθηκαν σε	Παρατηρήσεις
	Ανδρέας Βαλιάνος	200		
28/4/1828	Χριστόδουλος Μπαρμαξίζης	100		
	Αρχιερεύς Χαριουπόλεως Δανιήλ	200		
	Ηγούμενος Κουμαρίτου Γρηγόριος	50		
	Στρ. Γεώργιος Ιατράκος	214		
	Νικόλαος Ιατράκος	143		
	Μιχαήλ και Ηλίας Ιατράκος	143		
	Αντώνιος Κουμουστιώτης	40		
19/5/1828	Διάφοροι Ψαριανοί	1.108		
30/5/1828	Αναγνώστης Δημητρίου Ιω. Καλλιαννέσης	446 1/6		
22/12/1828	Κωνσταντίνος Νικολάκη και Συντροφοι	50		
	Κωνσταντίνος Χατζή Γιαννάκη και Συντροφ	50		
	Κωνσταντίνος Χ. Α Τσουβαλτζή και Συντροφ	35		
	Αλέξιος Χ. Ιωάννου και αδελφοί	35		
	Νικόλαος Δημητράκη	30		
	Κωνσταντίνος Βαρελά	20		
	Δημογέροντες Μ. Καρλοβασίου	145		
	Παππά Νικόλαος Ανδρίκου και υιοι	35		
	Γεώργιος Βαρβατής	20		
	Λ. Λυκούργος	200		
	Ιωάννης Παπα Χατζή	70		
	Δημήτριος Κ. Χ. Βρουλιώτη	30		
	Κυριάκης Κρητικού	50		
	Χ. Ανδρέας και Μιχάλης Κυριακού	30		
	Μιχαήλ Ανδρουλής και Παρ. Βουτσάς	25		
	Α. Αγκαρίτης και Ηλίας Αντιμαχίτας	25		
	Αναγν. Γιννάκογλου και Συννεφιάς	30		
	Ιωάννης Κατσαρού	30		
	Ηγούμενος Γρηγόριος και Προηγουμ. Μεθόδιος	30		
	Π. Ιωσήφ, Π. Ιωακείμ και Γ. Κώνωπος	33		
	Κ. Ψαθάς και Ευστάθιος Υδραίος	35		
	Ν. Καραγιαννάκης και Ιωάννης Σπανού	21		
	Μονή Ζωοδόχου Πηγής ονομαζομένη Αγία εν Άνδρω	67		
	Μονή Αγίου Νικολάου	27		
	Μονή Παναχράντου στην Άνδρο	67		
	Νικόλαος Γούναρης	15		
	Νικόλαος Κουτσούκου	10		
	Διονύσιος Μητροπολίτης Άνδρου	200		
	Δημήτριος Μπάγκου και Κωνσταντ. Καρακάση	15		
	Γιαννούλης Δημητρίου και υιοί	50		
	Μιχαήλ Πέτρου Καΐρης	20		
	Δημήτριος Μιχ. Ν. Καΐρης	25		
	Αντών. Χ. Μπυρίκου και αδελ. Νικόλ.και Ματθ.	50		
	Μιχαήλ Λορέντζου Καΐρης	50		
	Αλέξανδρος Καΐρης	50		
	Δημήτριος Βουτζινάς	7		
	Μιχαήλ Μίστυς και Νικολ. Δελαγραμμάτικας	10		
	Μιχαήλ Ευσταθίου Καμπάνης	6		
	Νικολαος Μιχαήλ Δελαγραμμάτικας	5		
	Πρόξενος Ρωσίας Βασίλειος Μαρκεζίνης και οικογένεια	400		
	Νικολαος Δελέντας και υιοί	200		
	Αγγελής Σιγάλα	10		
	Αντώνιος Σπάρταλης	15		
	Λουΐγγης Ιερωνύμου Συρίγου	25		
	Γάσπαρης Δεοράτου	10		
	Λουΐγγης Νικόλαος Συρίγου	25		
	Νεόφυτος και Ζάκας Γκίτζιδες	30		
	Ζανέτος Δεϊμέζης	50		
	Χριστόδουλος Δαλέντας	50		
	Γουλιέλμος Άλμπη, πρόξενος Γαλλίας και αδελφοί αυτού	50		
	Χριστόδουλος Γκήζης, πρόξενος Ολλάνδας	24		
	Γάσπαρης Ν. Άλμπης	50		
	Ν. Δαλέντας του Ζανάκη	10		

Ημερομη-νία	Μέτοχος	Δίστηλα	Δόθηκαν σε	Παρατηρήσεις
	Λουκάς Σπάρταλης	10		
	Γεώργιος Πίνδος	8		
	Πέτρος Άλμπης του Γιουζέππε	12		
	Ιωάννης Άλμπης του Γιουζεππάκη	30		
	Ιω. Ν. Ζάνε και πατήρ αυτού	200		
	Μάρκος Γαβαλάς Ζανής	20		
	Χαράλαμπος Ποταμιάνος	34		
	Αντώνιος και Μιχαήλ υιοί Μαρίνου Συρότου	50		
	Μαρίνος ποτέ Μιχαήλ Συρότου	100		
	Χήρα Ιωάννου Κυπριώτου	10		
	Νικόλαος Καραβράς	10		
	Χριστόδουλοος Νομικός	150		
	Χ. Μανωλιός Δρόσου	20		
	Αντώνιος Δακαρώνιας	5		
	Κωνσταντίνος Λαγκοδάς	15		
	Μιχαήλ Συρίγος	10		
	Μιχαήλ Αντωνίου Λαγκαδάς	15		
	Ματθαίος Γουλιέλμου Λαγκαδάς	15		
	Γρηγόριος Βαλιάνος	100		
	Ιωάννης Συρίγος	20		
	Ζαννάκης Κωνσταντίνου Μπαρμπαρήγου	20		
	Αγγελετάκης Μαθάς	20		
	Βασίλειος Γαβριήλ	35		
	Γεώργιος και Μαρκάκης Χατζόπουλου	70		
	Χριστόδουλος Γουλιέλμου Δακορώνια	10		
	Γεώργιος Ζάννες	40		
	Νικόλαος Δαμέζης	6		
	Ιάκωβος Αλβάζου	10		
	Ζωρτζής Συρότος	20		
	Θεοδόσιος Νομικός	10		
	Ζωάννης Συρίγος	6		
	Κωνσταντίνος Βενιέρης	13,33		
	Γεώργιος Μελισσουργού Οικονόμου	15		
	Απόστολος Σαλάς Σερδάρης	10		
	Χαράλαμπος Στεκούλης	20		
	Κάτοικοι Λατίνοι Νάξου	75		
	Δ. Γιακουμής Μπαρότσης, Κ.Καμινίτζας	34		
	Παναγής Λαδικού	30		
	Νατάλης Πάγκαλος	10		
	Νικόλαος Λινάρδος	10		
	Γεώργιος Φούνδος	5		
	Δημήτριος Καραγιαννάκης	5		
	Χ.Δούκας Κατζανάς	8		
	Κωνσταντίνος Λιρδανάκης	20		
	Αγγελής Παπάζογλους	2		
	Εμμανουήλ Κόκκινος	4		
	Γεώργιος Λιάνης	3		
	Ιωσήφ Γκέ[κ]ης	10		
	Παναγής Δενδρικού	5		
	Κωνσταντίνος Κεφαλιάνος	5		
	Γεώργιος Διασάκης	50		
	Χ. Γεώργιος Γεωργαλάς	75		
	Δημήτριος Χ. Ιω. Κοτζιά	50		
	Ιω. Γεωργίου Αποστόλου	75		
	Ιω. Καψοκώλου	60		
	Δημήτριος Χριστοφή Φιλίνης	27		
	Αντώνιος Ζαννή	25		
	Θεόδωρος Ματθαίου	17		
	Ιω. Γ. Μέκαρας	40		
	Ιω. Ν. Μοναρχίδης	25		
	Δημήτριος Ορφανής	13		
	Μανόλης Αντωνίου	20		
	Νικόλαος Βελισσάριος	30		

Ημερομη-νία	Μέτοχος	Δίστηλα	Δόθηκαν σε	Παρατηρήσεις
	Γεώργιος Μίκαρος	20		
	Νικόλαος Ελευεθρίου	19		
	Δημήτριος Διασάκης	11		
	Κωνσταντίνος Νικοδήμου	100		
5/1/1829	Δημήτριος Παπά Νικολή	150		
	Γεώργιος Ζερβού	10		
	Γεώργιος Κ. Κατσανάς	16		
	Δημήτριος Φιλίνης	25		
	Γεώργιος Χ. Μικέ	250		
	Νικόλαος Τομβάκου ποτέ Δημητριου	200		
	Αναγνώστης Δημητρίου Ιω. Καλιανικά	446,17		
	Κοινότητα Άνω Σύρου	510		
	Κοινότητα Ψαρριανών	7.000		
	Νικόλαος Ματζίνβαου	500,67		εδωσε και σιτάρι
	Κόμης Βιάρος Α Καποδίστριας	100		
	Οι εν Τριεστίω Αλ: μ: Ησαΐου	500		
	Στέφανος Παλαιολόγου (Αμστερνταμ)	200		
	Σπυρίδων Σιμιγιώτης	30		
	Αναγνώστης Δηλιγιάννης	30		
	Παύλος Λεοντούδης	37		
	Κωνσταντίνος Λεοντούδης	50		
	Δημήτριος Παζίγνου	20		
	Πέτρος Κολιβούρτζη	53		
	Νικόλαος Μαυρομμάτης	20		
	Νικόλαος Μαρκέτου	29		
	Χ. Μανόλης Καρτάλης	30,67		
	Χ. Βασίλειος Λάσκαρης	10		
	Χηρα Μιχαλίτζενα	10		
	Χ. Σπυριδάκης Τοβαλάκης	9,67		
	Νικόλαος Μαρής	10		
	Αλεβίτζος Σέρβου	29,73		
	Νικόλαος Λαδρου	25,8		
	Δημήτριος Σαραντινού	25		
	Στάμος Μπουντούρης	1000		
	Ανώνυμος	983,33		
	Ιάκωβος Ρότας	491,67		
	Ιππόλυτος Καρνότ	200		
	Κόμης Μοντελιβέτ ισότιμος Γαλλίας	200		
	Δούξ Ναπολιτάνος του Μοντελιβέλου ισότιμος	200		
	Κυρία Σουνέ	500		
	Χαράλαμπος Πανάς, εις γούμενας	288.64		
	Οι εν Τριεστη Ιακωβος Ρότας	98.33		
	Ανώνυμος	288		
	Ανώνυμος	96		
	Αθανάσιος και Θεόδωρος Σπυροπούλου	100		
	Θεόδωρος Αμοίρου	96		
	Γρηγόριος Ζαννού	240		
	Οι εν Τριεστη Λεονής Καρυδιάς	96		
	Ιω. Ν. Αποστολοπούλου	96		
	Δημήτριος Ν. Αποστολοπούλου	240		
	Απόστολος Καλογιώργου	200		
	Αντώνιος Θ. Ράλλης	72		
	Γρηγόριος Ιω. Θετταλομάγνης	150		
	Π. Αλεξάνδρου	100		
	Νικόλαος Ησαίου	96		
	Μιχαήλ Ζ. Βούρου	144		
	Ιω. Α. Περόπουλου	98,33		
	Ιω. Κανταρέλης	50		
	Αντώνιος Βούρου	96		
	Πέτρος Γεωργούλης	480		
	Κωνσταντίνος Κατριτζής	240		
	Δημ. Αντωνόπουλος δια Γ. Μ. Αντωνοπούλου	240		
	Γεώργιος Πούλου	240		

Ημερομη- νία	Μέτοχος	Δίστηλα	Δόθηκαν σε	Παρατηρήσεις
	Νικόλαος Παπά Νικολάκη	96		
	Ζαννής Βλαστού	480		
	Ε. Μεταξάς	120		
	Νικόλαος Σταθοπούλου Κινία	49,17		
	Κωνσταντίνος και Νικόλαος Κυριάκου	288		
	Ιωακείμ Φωτίου Αρχιμανδρίτου	240		
	Ανατώλιος Αρχιμανδ. Κενταύρας Λαύρας	768		
	Ζωρζής Σκαραμαγκάς ποτέ Κοκκού	240		
	Δημήτριος ποτέ Ανδρέα Γαλάτη	240		
	Δημήτριος Στεφανίδης	94,56		
	Σεραφείμ εξ Αγίου Πέτρου	14,3		
16/1/1829	Προχάλης Κασανδρινός	67		
	Αντώνιος Μιχαήλ Αντωνόπουλος εις Τριέστιον	1.000		
	Αδελφοί Τσιτσίνια (Μασσαλία)	1.200		
	Πανιερώτατος άγιος Κορίνθου Κ. Κύριλλος	235		
	Αντώνιος Μπαρότσης (νάξος)	20		
	Αναστάσιος Χαραλάμπης	300		
	Μοναστήρι Βλοχού	335		
	Γεώργιος Βλαχούτσης	1.600		
	Κωνσταντίνος Βλαχούτσης	1.000		
	Ανώνυμος	2.000		
	Χρήστος Βλάσης	200		
	Ιω. Ζωϊόπουλος	120		
	Αντώνιος Μιχαήλ Αντωνόπουλος	1.500		
	Πανούτσος και Σωτήριος Νοταράδες	400		
	Ιω. Αμβροσίου	440,52		
	Βασιλεύς Βαυαρίας	9.500		
	Ι. Γ. Εϋνάρδος	9.500		
	Καρνότ	190		
	Μ. Ροδακανάκης του Αυγουστίνου	48		
	Ιγνάτιος Αρχιμανδρίτης Σκαλιόρας Θετταλός	96		
	Παύλος Γ. Μαυρογορδάτος	48		
	Μιχαήλ Παξιμάδης	19,2		
	Δημήτριος Γκαγκάδης	48		
	Νικόλαος Κώνστα Πριοβόλου Ηπειρώτης	50		
	Αντώνιος Γιαλούση Σμυρναίος	24		
	Νικόλαος Μοροζίνης	72		
	Πέτρος Μωραϊτίνης	48		
	Αναστάσιος Κουπενέζογλους	36		
	Μιχαήλ Γεωργίου Μιχέλη Πελοποννησίου	48		
	Ανώνυμος	96		
	Διονύσιος Άξιώτης	24		
	Άγγελος Γιαννικάση Ζακυνθίου	48		
	Ανώνυμοι δυο	336		
	Γεώργιος Σταυρίδης Ηπειρώτης	48		
	Ησαΐας Περβάνογλους	24,86		
	Μιχαήλ Πογιατζόγλους Κρης	48		
	Λ. Μ. Σιακή	48		
	Βασίλειος Σάββας Μιτυληναίος	12		
	Δημήτριος Κωνσταντινίδης Σμυρναίος	24		
	Αλέξανδρος Σεραγιάννης Πελοποννήσιος	96		
	Ανώνυμη κυρία από Ζάκυνθο	100		
2/2/1829	Γ. Μετάνης	272,52		
	Ζ. Ροδοκανάκης	90,84		
	Μοσπινιώτης Γιαλιάς και Δεσπότης	363,26		
	Κώνστας Δοσίτζας	181,68		
	Παντολέων Γιαμαρης	36,34		
	Κωνσταντίνος Πατρινός	18,17		
	Αδελφοί Παπάζογλου	36,34		
	Νικόλαος Παπ. Σταματελοπούλου	96,8		
	Σπύρος Σακελλαρίου	145,2		
	Κωνσταντίνος Αντωνόπουλος	48,4		

Ημερομηνία	Μέτοχος	Δίστηλα	Δόθηκαν σε	Παρατηρήσεις
	Δωρεές			
16/2/1828	Ιωάννης Κεφαλάς	100,8	1512 γρόσια	Χάρισμα
05/3/1828	Αξιωματικοί των 3 ρωσικών πλοίων ελένης, Κάστορος, Ρέβελ	80		Για ανοικοδόμηση ορθοδόξων εκκλησιων
10/3/1828	Πέλος Νέδοβικ	50		Δωρεά
21/4/1828	Αντώνιος Μ. Αντωνόπουλος	333 1/3	5.000 γρόσια	Δωρεά
19/5/1828	Από τον Αρχιερέα Σάμου	70		Αφιέρωμα
19/5/1828	Μαρίνο Δημητρίου Βεργοτή	1000		Άνευ τόκου
19/5/1828	απο διάφορους Σαντοριναίους	346		Άνευ τόκου
19/5/1828	απο σαντορινη	187 2/3		Αφιέρωμα
22/12/1828	Μαρίνος Δημητρίου Βεργοτή	1.000		Άνευ τόκου
16/1/1829	Αντώνιος Δημητρίου Λήμνιος	48		Αφιέρωμα
19/5/1828	Δημήτριος Περούκας	1.000		Αφιέρωμα, στον καιρό σύναξης σταφίδας
	Σε προϊόν			
23/2/1828	Αναγνώστης Χαραλάμπους	500	10.000 λίτρες σταφίδα τον καιρό της συνάξεως	
10/03/1828	Ανδρέας Ζαΐμης	500	10.000 λίτρες σταφίδα παραδοτέα στην συναξη	
17/3/1828	Αθανάσιος Γρηγοριάδης	150	σε αραβόσιτο	
17/3/1828	Δ. Καννελόπουλος	100	σε αραβόσιτο	
21/4/1828	Πανούτσος και Σωτήριος Νοταρά	500	10.000 λίτρα σταφίδα στη σύναξη	
22/12/1828	Λεονάρδος Α. Καμπάνη	20	σε μετάξι	
22/12/1828	Γεώργιος Μιχαήλ και Αντώνιος Καμπάνιδες	30	σε μετάξι	
22/12/1828	Κωνσταντίνος Νοκτάκης	32	σε κρασί	
22/12/1828	Γουλιέλμος Λογοθέτου Λαγκαδά	24	σε κρασί	
2/2/1829	Αναστάσιος Χαραλάμπης	300	σε σταφίδα	
6/3/1828	Αναστάσιος Χαραλάμπους	300		εν καιρώ πωλησης σταφιδας
19/3/1828	Χρίστος Βλάσσης	200		ομοίως
19/3/1828	Ιωάννης Ζωϊόπουλος	120		ομοίως
30/3/1828	Εμμανουήλ Μελετόπουλος	500		ομοίως
	Ο κύριος Λέλης έφερε			
19/5/1828	Από τα δύο καρλοβασιοχώρια	745		
19/5/1828	από Πάτμο	117		
19/5/1828	από Ανδρό	724	σε χρήμα και μετάξι	
19/5/1828	από Νάξο	202	ομοίως	
19/5/1828	Από Σάμο	609	ομοίως	
19/5/1828	από Σαντορίνη	2.064,33	ομοίως	
	Σε άλλα νομίσματα			
11/2/1828	Νικόλαος Χ. Αλεξανδρής	195	40 λίρες στερλίνες και 5 γρόσια	
16/2/1828	Ιωάννης Ορλάνδος	983,33	1.000 ρεγγίνες	
17/2/1828	Αντώνιος Β. Δρίτσας εκ Σπετσών	97,33	20 στερλίνες	
17/2/1828	Νικόλαος Ράφτης εκ Σπετσών	97,33	20 στερλίνες	
25/2/1828	Γεώργιος Μαλοκίνης	146	30 στερλίνες	
1/3/1828	Υιοί Αναγνώστου Μπόταση	486,67	100 στερλίνες	
7/3/1828	Βασίλειος Αναγνώστου Γκίκας εκ Σπετσών	48,67	10 στερλίνες	
7/3/1828	Κωνσταντίνος Ορλάνδος εκ Σπετσών	97,33	20 στερλίνες	
11/3/1828	Κωνσταντίνος Μπάμπας εκ Σπετσών	146	30 στερλίνες	
1/3/1828	Εμμανουήλ Τοπάζης	688,33	700 ρεγγίνες	
17/3/1828	Λέων Μεσσινέζης	295	300 ρεγγίνες	
17/3/1828	Στρατηγός Νάκος Πανουργιάς	314,67	320 ρεγγίνες	
24/2/1828	Γκίκας Μπότασης	983,33	1.000 τάλαρα σπαθάτα (ρεγγίνες) φέροντας δίστηλα 966,10)	
20/3/1828	Φραγκίσκος Α. Άστιγξ	1.898,33	850 φλωρία Βενετικά	
	Σε συναλλαγματικές			
11/2/1828	Αναστάσιος Λόντος	295	Για 300 ρεγγίνες	
23/2/1828	Αναγνώστης Χαραλάμπους	300		
22/12/1828	Στεφανίδης εις Ερμανστάντι	93,33		
	Σύνολο	**142.082,96**		

Πηγή: ΓΕΕ, 1828, σ. 48, 50, 68, 72, 80, 94, 106, 118, 122, 126, 374, 400 και 1829, σ. 9, 18, 37.

Εθνική Τράπεζα της Ελλάδος (1841)

Πίνακας 25.27: Μέτοχοι της ΕΤΕ κατά την έναρξη των εργασιών της.

Μέτοχος	Διαμονή	Αριθμός μετοχών την 14/11/1841 (Δ. Λ. Ζωγράφος 1925, 1:312–317)	Αριθμός μετοχών την 22/1/1842 ('Α' Βιβλίον Μετόχων' 1842)
Ελληνική Κυβέρνηση		1.000	1.000
Νικόλαος Π. Ζωσιμάς	Νίζνα	250	500
Ιππότης Εϋνάρδ	Παρίσι	100	300
Βασιλεύς της Βαυαρίας	Μόναχο	200	200
Κωνσταντίνος Βράνης	Αθήνα	150	150
Α. Γραφ	Αθήνα	146	146
Θεόδωρος Ράλλης	Αθήνα	100	100
Θ. Λαγγρεναίς	Αθήνα	30	80
Ανώνυμος Β'			50
Ανώνυμος Δ'			50
Αδελφοί Ροτσίλδ	Παρίσι	50	50
Αδελφοί Τσιτσίνια	Μασσαλία	50	50
Αφοί Τοσίτσα		50	
Τοσίτσας		80	
Ανώνυμος Γ'			30
Α. Μ. Αντωνόπουλος	Τεργέστη	35	25
Βρεντάνος και [δυσανάγνωστο] (Μπετνον)	Τεργέστη	25	25
Χρίστος Παραμυθιώτης	Αθήνα	20	20
Ζώης Χαραμής	Βιεννη		20
Γ. και Α. Μ. Αντωνόπουλοι	Αθήνα	10	20
Χ. Κ. Πωππ	Βιεννη	15	10
Νικόλαος Ματσουράνης (Ματζουράνης)	Βιεννη	10	10
Μηχαήλ Κιοπέκας (Κιοπέκος)	Βιεννη	10	10
Ανδρέας Λαγώνικος	Βιεννη	10	10
Ζωρζής Σκαραμαγκάς (Ζαχαράκης)	Βιεννη	10	10
		10	
Χρ. κ Π. Ζάλης (Τζάλες;)	Βιεννη	10	10
Σ. Π. Δούμπας (Δούμας)	Βιεννη	10	10
Μ. Δ. Κούρθη Υιός (Κούρτης)	Βιεννη	10	10
Δ.Τσίνας και [δυσανάγνωστο]	Βιεννη		10
Ιωάννης Έγγελ ('Ευγελ)	Βιεννη	10	10
Ερρίκος Αδαμπεργγερ (Αδάμ Βέργερ)	Βιεννη	10	10
Απόστολος Δ. Συτσάνης (Εισάνης;)	Βιεννη	10	10
Κωνσταντίνος Γ. Σπύρτας	Βιεννη	10	10
Ιωάννης Παπούδοφ	Λιβόρνο	10	10
Παύλος Π. Ροδοκανάκης	Λιβόρνο	10	10
Εμμανουήλ Μετζενέφ (Μεσθενεύς)	Αθήνα	10	10
Γεώργιος Σταύρου	Αθήνα	10	10
Α. Ρουζούτ (Ρουζιού)	Αθήνα	10	10
Φριδερίκος Στρόγκ	Αθήνα	10	10
Δημήτριος Κυργούσιος	Αθήνα	5	10
Γ. και Π. Ιω. Βόσκοβίκ (Novicobic)	Σμύρνη	15	10
Νικόλαος Γιαγιτζής	Συρος	10	10
Ιουσούφ Πεσκιρτζής (Ιουσούφαγας)	Αθήνα	10	10
Παναγιώτης Πάλλης	Λιβόρνο	10	10
Σωτήριος Λ. Μεσσηνέζης	Αθήνα	10	10
Π. Σοφιανόπουλος	Αθήνα	10	10
Δημος Αθηναίων		10	10
Χρ. Μαρτίρτ	Βιέννη		10
Λορέντζος Πετροκόκκινος	Σμύρνη		10
Ζαχαρίας Ζαχάρωφ	Κων/νούπολη		10
Ι. Βαφιαδάκης (Βαφειαδάκης)	Λιβόρνο	10	8
(Τζάνερ)		10	
(Ανάργυρος Πετράκης)		10	
Χ. Μ. Κουσαυτόπουλος (Κουτζαντόπουλος)	Αθήνα	8	8
Ζανής Δρομοκαΐτης	Σμύρνη		8
Α.Παππαδόπουλος Βρετός	-	6	6
Γεώργιος Μύλωνος (Μυλωνάς)	Αθήνα	6	6

Μέτοχος	Διαμονή	Αριθμός μετοχών την 14/11/1841 (Δ. Λ. Ζωγράφος 1925, 1:312–317)	Αριθμός μετοχών την 22/1/1842 ('Α΄ Βιβλίον Μετόχων' 1842)
Πλάτων Πετρίδης	Κέρκυρα		6
Γαλλινός Κλάδος	Σμύρνη		6
Ανώνυμος Α΄	Βιέννη		5
Στέριος Ν. Πίνδος	Βιέννη	10	5
Ιωάννης Στ. Πίνδος	Βιέννη		5
Ιωάννης Νάντσος (Ναύτιος;)	Βιέννη	5	5
Αναστάσιος Δούζης	Βιέννη		5
Γεώργιος Σαμαράς	Βιέννη	5	5
Γεώργιος Ψύχας	Αμστερνταμ	5	5
Π. Λαζαρής και [δυσανάγνωστο]	Αθήνα	5	5
Χριστόδουλος Ευθυμίου	Αθήνα	5	5
Κ. Γ. Δουρούτης	Αθήνα	5	5
Ιωάννης Μπούκρας	Αθήνα	5	5
Ισίδωρος Βεκούσης	Αθήνα	5	5
Γ. Ν. Λεβίδης	Αθήνα	5	5
Κωνσταντίνος Τσατσαπάς (Τζατζαπάς)	Βιέννη	5	5
Αναγνώστης Χαραλάμπους	Αίγιο	5	5
Σταύρος Θεοχάρης	Αίγιο	5	5
Ιωάννης Γκιλιόνης	Αθήνα	5	5
Κ. Ν. Λεβίδης	Αθήνα	5	5
Α. Πετσάλης	Αθήνα		5
Γεώργιος Γούντας	Αθήνα	5	5
Ρ. Σαββατιέρος (Σαβατιέρ)	Αθήνα	5	5
Γ. Ιωάν. Βόσκοβικ (Novicobic)	Σμύρνη		5
Μ. Κ. Μιχαλόπουλος	Αθήνα	5	5
Μ. Ιατρός (Μιχαήλ Ιατρού)	Ναύπλιο	5	5
Α. Ζυγομαλάς	Αθήνα	5	5
Σπυρίδων Παππαλεξόπουλος	Ναύπλιο	5	5
Ιωάννης Μακρυγιάννης	Αθήνα	5	5
Δ. Σκοτίδης	Λειβαδιά	5	5
Ρήγας Παλαμίδης	Αθήνα	5	5
Π. Πολύδωρος	Ναύπλιο		5
Αλφιέρης και Σάββας	Σμύρνη		5
Διονύσιος Δελαπόρτας	Κων/νούπολη		5
Βαλτασσάρ Φράνης	Μόναχο		5
Γυναικεία εταιρία	Αθήνα		5
Κ. Θεοχάρης	Πάτρα		5
Πλυσκώφ	Αθήνα		4
Αντώνιος Ρίζος	Λιβόρνο		4
Βασίλειος Μαντσουράνης	Βιέννη		3
Κ. Γ. Καλοθής ΕΠΣ	Σμύρνη		3
Νικόλαος Δημητριάδης	Αθήνα		3
Κωνστ. Σεβαστόπουλος	Σμύρνη		3
Π. Ζ. Ψύχας	Σμύρνη	3	3
Ζώρζης Λ. Σκυλίτζης	Σμύρνη		3
Σύζυγος Βαρ. Στέγγελ	Αθήνα		3
Ι. Σπράος Ιατρός	Βιέννη		2
Μ. Μιχέλης (Μ. Μιχαλάκης;)	Τεργέστη	2	2
Χρ. Ματακίδης	Αθήνα		2
Αντ. Μ. Ράλλης (Αλέξανδρος Ράλλης;)	Σμύρνη	2	2
Σωτήριος Σταύρου	Αθήνα	2	2
Ανώνυμος Ε΄			2
Α. Σαμουρκάσης	Αθήνα	1	2
Δ. Ν. Λεβίδης	Αθήνα		2
Α. Κ. Σούτσος	Ναύπλιο		2
Π. Α. Πιττακός	Σμύρνη		2
Ι. Φριδερίκος Βρούνερ	Αθήνα		2
Ιωάννης Μεσθενεύς	Σμύρνη		1
Χρ. Πετρόπουλος	Αθήνα	1	1
Κ. Κοκίδης	Αθήνα	1	1
Κ. Π. Βαρσαμής	Σμύρνη		1
Γλιτζεκλής και Παρόδης	Σμύρνη		1

Μέτοχος	Διαμονή	Αριθμός μετοχών την 14/11/1841 (Δ. Λ. Ζωγράφος 1925, 1:312–317)	Αριθμός μετοχών την 22/1/1842 ('Α´ Βιβλίον Μετόχων' 1842)
Ζωρζής Φ. Ροδοκανάκης	Σμύρνη		1
Δημήτριος Σατολής	Σμύρνη		1
Ανώνυμος ΣΤ´	Σμύρνη		1
Φ. Περδικίδης	Σμύρνη		1
Α. Σκαρλάτος	Αθήνα		1
Μ. Ευλάμπιος	Σμύρνη		1
Ν. Π. Πετροκόκκινος	Σμύρνη		1
Διάφοροι υπό Ευμορφόπουλο		7	
Σύνολο		**2.765**	**3.402**

Ionian Bank (1840)

Πίνακας 25.28: Μέτοχοι της Ionian Bank κατά την έναρξη των εργασιών της.

Μέτοχος	Επάγγελμα	Μετοχές	Μάρτυρας
John Wright	Banker	240	W. Kettlewell
Charles Morris	Barrister	160	John Maccallum
Richard Norman	Merchant	120	W. Kettlewell
William Brown	Merchant	120	W. Kettlewell
Sir Frederick Hankey	Colonel in the army	120	W. Kettlewell
Oliver Farrer	Esquire	120	John Maccallum
Jonah Smith Wells Jr.	Gentleman	115	W. Kettlewell
Edwin Wilson Esq.	Gentleman	100	John Maccallum
Charles Barry-Baldwin	Barrister, MP	100	W. Kettlewell
Charles Hancock	Merchant	80	W. Kettlewell
Sir Andrew Pellet Green	Captain, Royal Navy	70	John Maccallum
James Spence	Lieutenant Colonel in the army	61	W. Kettlewell
Hannand de Castro	Merchant	55	John Maccallum
The Rev. David Robinson	Clerk	50	John Maccallum
Samuel Cox	Esquire	50	John Maccallum
Henry Leigh Alleyne	Gentleman	50	John Maccallum
Francis Meries	Gentleman	45	John Maccallum
G. R. Robinson	Merchant	40	John Maccallum
The Rev. George Thomas Pretyman	Clerk	40	John Maccallum
John Parkinson	Gentleman	40	John Maccallum
Henry Robinson	Banker	40	Charles Francis Cuddon
Robert Stichens	Broker	40	John Maccallum
Edward Jerningham	Banker	40	W. Kettlewell
William Lexham Farres	Esquire	40	John Maccallum
William Sampson	Merchant	40	John Maccallum
Stephen Wildman Cattley	Merchant	40	John Maccallum
John Studholm Browning	Gentleman	40	John Maccallum
Percival Wright	Underwriter	40	W. Kettlewell
James Hunter	Gentleman	30	W. Kettlewell
Edward Barnard	Gentleman	30	John Maccallum
George Scholefield	Merchant	30	John Maccallum
Alexander Wilson	Esquire	30	John Maccallum
Henry Sturz	Merchant	30	John Maccallum
Benjamin Hill	Gentleman	30	John Maccallum
Samuel Eustace Hagan	Banker	25	John Maccallum
George Carpenter	Major General	25	John Maccallum
Ambrose Humphrey	Gentleman	25	John Maccallum
Francis William Medley	Stock Broker	25	John Maccallum
Adam Murray	Surveyor, land agent and auctioneer	25	John Maccallum
John Cockerell	Gentleman	25	Charles Francis Cuddon
John Stely Hutchinson	Gentleman	20	John Maccallum
Frederick William Stein	Merchant	20	John Maccallum
Thomas Kettlewell	Merchant	20	John Maccallum
John Wilson	Gentleman	20	John Maccallum
John Hibbert	Gentleman	20	John Maccallum
James Bruce	Bill Broker	20	John Maccallum
John Horatio Lloyd	Barrister	20	John Maccallum
John Turner	Gentleman	20	John Maccallum
James Kierman	Gentleman	20	John Maccallum
William Sargeant	Gentleman	20	John Maccallum
Charles Bladen Carruthers	Insurance Broker	20	John Maccallum
David Carruthers Budd	Insurance Broker	20	John Maccallum
George Gordon Falconer	Gentleman	20	John Maccallum

Μέτοχος	Επάγγελμα	Μετοχές	Μάρτυρας
Charles William Oxley	Gentleman	20	John Maccallum
Moses Dacosta Lindo	Stock Broker	20	Charles Francis Cuddon
Ralph Fenwick	Merchant	20	Charles Francis Cuddon
William Green	Esquire	20	Charles Francis Cuddon
Henry Oxley	Banker	20	W. Kettlewell
Captain Alexander Shairp	Royal Navy	20	John Maccallum
Robert Pearson	Wharfinger	20	Charles Francis Cuddon
George Smith	Gentleman	15	John Maccallum
Sir John Kirkland	Knight	15	John Maccallum
Jacob Montefiere	Merchant	15	John Maccallum
Joseph Barrow Montefeire	Merchant	15	John Maccallum
Alfred Cutting	Stock Broker	15	John Maccallum
John Barff	Merchant, Wakefield	15	John Maccallum
Thomas Barff	Merchant, Wakefield	15	John Maccallum
George Henry Hooper	Esquire	15	Charles Francis Cuddon
Mortimer Charles Golden Esq.	Gentleman	10	John Maccallum
Thomas Lawrence	Gentleman	10	John Maccallum
Jonas Levy	Gentleman	10	W. Kettlewell
William Bird Brodie	Banker, MP	10	John Maccallum
Richard Cornmell	Gentleman	10	John Maccallum
Edward Marshall	Esquire	10	John Maccallum
James Dowie	Merchant	10	John Maccallum
Thomas Wilcocks	Gentleman	10	John Maccallum
George Bain	Parliamentary Agent	10	John Maccallum
Francis Smedley	Gentleman	10	John Maccallum
Joshua Butters Bacon	Engraver	10	John Maccallum
Jonah Smith Wells Jr.	Gentleman	10	John Maccallum
George Thomas Ellison	Esquire	10	John Maccallum
John Heaphy	Gentleman	10	Charles Francis Cuddon
John Robinson Peill	Merchant	5	John Maccallum
Sir George Duckett	Baronet	5	John Maccallum
Joseph Rawlins	Gentleman	5	John Maccallum
Charles Hertshot	Gentleman	5	John Maccallum
Edward Golding Junior	Gentleman	5	Edward Talbot
Thomas Gorden Congers	Gentleman	5	Charles Francis Cuddon
Σύνολο		3.116	

Πηγή: BLPES/AD, Ionian Bank, Foundation, 1837–1842, 1/4, deed of settlement, 14 September 1840.

Προνομιούχος Τράπεζα Ηπειροθεσσαλίας (1882)

Πίνακας 25.29: Μέτοχοι της ΠΤΗ κατά τις δύο πρώτες εξαμηνίες λειτουργίας της.

Μέτοχος	Μετοχές Β΄ Εξαμηνίας 1882 (μέρισμα 2,50 δρχ.)	Ποσοστό (%)	Μετοχές Α΄ Εξαμηνίας 1883 (μέρισμα 4,50 δρχ.)	Ποσοστό (%)
Banque de Constantinople—Παρίσι	231	0,5775	848	2,12
Banque de Constantinople—Αθήνα	27.794	69,485	35.582	88,955
Banque de Constantinople	580	1,45		
Banque de Constantinople - Κων/πολη	10.737	26,8425	834	2,085
Α. Ζαβιτσάνης (Ζαβιτσάνος)	1	0,0025	1	0,0025
Ε. Τρικαλιώτης	1	0,0025		
Υιοί Χρυσοβελώνοι	28	0,07		
Κ. Αγαθοκλής	300	0,75	300	0,75
Κλ. Καλογερής	14	0,035	12	0,03
Κ. Σταμάτης	5	0,0125		
Δ. Σπυρίδης	103	0,2575		
Γ. Νικολαΐδης	25	0,0625		
Γ. Τσιμπούκης	13	0,0325	13	0,0325
Μ. Χ. Αργύρης	34	0,085		
Δ. Σπυρίδης	10	0,025	38	0,095
Α. Πηλείδης	14	0,035		
Α. Καλαρώνης	48	0,12		
Δ. Ζ. Παπαδήμος	1	0,0025		
Θ. Ταμπάκης	3	0,0075	3	0,0075
Αθ. Θεοδώρου	5	0,0125	5	0,0125
Θ. Νικολαΐδης υ/ Αθηνών	3	0,0075	3	0,0075
Ν. Φακήρης υ/ Αθηνών	4	0,01	4	0,01
Θρ. Παπαδάκης			150	0,375
Λ. Κωνσταντινίδης			14	0,035
Γ. Αργύρης			50	0,125
Δ. Ζ. Χρυσοχός			34	0,085
Ν. Κόντος			25	0,0625
Π. Δελικούρας			25	0,0625
Γ. Δρόσος			5	0,0125
Ν. Μαραθέας			2.000	5
Σπυρίδων Τζώρτζης			1	0,0025
Κ. Γαρουφάλης			5	0,0125
Ν. Φ. Γαφελέτος υ/ Αθηνών			3	0,0075
υποκ. Αθηνών υ/ Αθηνών			3	0,0075
Θεόδωρος Ν. Χανιώτης			33	0,0825
Σύνολο	39.954	99,885	39.991	99,9775

Πηγή: (ΠΤΗ 1890).

Τράπεζα Κρήτης - δημόσια εγγραφή (1899)

Πίνακας 25.30: Διανομή μετόχων της Τραπέζης Κρήτης Α.Ε. (από την δημόσια εγγραφή).

Ονοματεπώνυμο (Προέλευση εγγραφής)	Μετοχές	Ονοματεπώνυμο (Προέλευση εγγραφής)	Μετοχές
Αθήνα			
Τράπεζα Π. Ν. Καρυδιά δια λογαριασμόν 94 πελατών	1.640	Ιωάννης Α. Σωτηρόπουλος	5
Γεώργιος Π. Σκουζές	743	Κωνσταντίνος Σ. Τραυλός	5
Σοφία Σχλείμανν	600	Σόλων Τυπάλδος	5
Νικόλαος Καφαντάρης	300	Πολυζώης Β. Φώτιος	5
Τράπεζα Αθηνών δια λογαριασμό 15 πελατών	277	Οδυσσέας Χέλμης	5
Τράπεζα Π. Ν. Καρυδιά δια λογαριασμόν πελατών	275	Αδροκλ. Λ. Αραπίδης (Θεολόγης & Παναγάκος)	4
Στέφανος Καρανικολός (Πάτρα)	150	Ν. Βλυσίδης	4
Ιωάννης Λαδικός	140	Στρ. Π. Δημητριάδης (Θεολόγης & Παναγάκος)	4
Credit Lyonnais Smyrne (??)	120	Γ. Κ. Ιατρού	4
Μιλτ. Καλβακορέσσης	120	Παν. Δ. Καλογερόπουλος	4
Γρηγόριος Ζλατάνος	100	Β. Ι. Κουγιουμτζόγλου	4
Νικ. Θων (Θεολόγης & Παναγάκος)	100	Ευστάθιος Β. Κωλέττης	4
Παύλος Στεφάνοβικ-Σκυλίτζης (Βιομηχανική Τράπεζα)	100	Πανάρετος Κωνσταντινίδης	4
Σωτήριος Κ. Βάρσης (Βιομηχανική Τράπεζα)	85	Κωνσταντίνος Λούρος (Ηλίας Βερρόπουλος)	4
Ι. Δελλαπόρτας	85	Κ. Λυκουρέζος	4
Κωνσταντίνος Λουλούδης (Βιομηχανική Τράπεζα)	80	Σταμ. Παναγόπουλος (Θεολόγης & Παναγάκος)	4
Ελ. Μουρούζη (Βιομηχανική Τράπεζα)	80	Α. Παντελίδης (Βιομηχανική Τράπεζα)	4
Στέφανος Συριώτης	80	Αγγ. Παππατέστας	4
Εμμανουήλ Παντελίδης (Βιομηχανική Τράπεζα)	70	Κλ. Ε. Ποταμιάνος	4
Νικόλαος Στρατούλης	70	Ιωάννης Σιμόπουλος (Ηλίας Βερρόπουλος)	4
Τράπεζα Αθηνών	68	Μ. Θ. Τραυλός	4
60 άτομα (Γ. Αθηνογένης)	60	Μιχαήλ Άγας (Θεολόγης & Παναγάκος)	3
Γ. Π. Βαλακάκης	60	Αλέξης Αγιουτάντης (Θεολόγης & Παναγάκος)	3
Παναγ. Α. Ζαΐμης	60	Α. Κ. Αλεξανδρίδης	3
Αλεξάνδρα Ι. Λαδικού	60	Κ. Βασίλας (Βαλαωρίτης Μαύρος)	3
Γ. Α. Π. Μαυρομιχάλης	60	Μιχ. Γ. Α. Βασιλείου	3
Ανδρομάχη Μ. Ρενιέρη	60	Χαρίκλεια Βενοπούλου	3
Αν. Σαράτσογλους	60	Γ. Βεντούρης (Θεολόγης & Παναγάκος)	3
Πέτρος Σαρόγλου (Βαλαωρίτης Μαύρος)	60	Αχιλλεύς Γεροκωστόπουλος	3
Αγαμέμνων Σχλείμανν	60	Λύσ. Γιαμαλάκης (Θεολόγης & Παναγάκος)	3
Γ. Αθηνογένης	50	Καλλιόπη Δαμιράκη	3
Ελένη Γρ. Ζλατάνου	50	Μιχαήλ Δαμιράκης	3
Αικατερίνη Γρ. Ζλατάνου	50	Απόστολος Δάπης	3
Θεολόγης Θεολόγου (Βιομηχανική Τράπεζα)	50	Π. Δούκας (Θ. Μανέας)	3
Νικόλαος Πετραλιάς (Πάτρα)	50	Σπυρίδων Δυοβουνιώτης	3
Θ. Χριστόπουλος (Βιομηχανική Τράπεζα)	50	Κ. Εξαρχουλάκης	3
Μίνως Α. Λάππας	42	Πελοπίδας Ηλιόπουλος	3
Ν. Αναγνωστόπουλος	40	Φώτιος Ιωαννίδης (Θεολόγης & Παναγάκος)	3
Ζ. Μ. Καμπάνης	40	Ιωάννης Καλούδης (Θεολόγης & Παναγάκος)	3
Χρήστος Κανδρής (Βιομηχανική Τράπεζα)	40	Γ. Κανδόνης (Θ. Μανέας)	3
Νικόλαος Λεκός	40	Φίλιππος Ι. Καρβούνης	3
Κ. Δ. Μαυρουδής	40	Χαράλαμπος Ι. Καρβούνης	3
Παύλος Μελάς	40	Σπυρίδων Ι. Καρβούνης	3
Ιωάννης Μέξης (Βιομηχανική Τράπεζα)	40	Β. Κασδόνης	3
Α. Κ. Μέρλιν	40	Δ. Καχριμάνης	3
Φ. Νέγρης (Τράπεζα Π. Ν. Καρυδιά)	40	Μηνάς Κεφαλάς	3
Ιάκωβος Ορφανίδης (Βιομηχανική Τράπεζα)	40	Παναγιώτης Κίρκης (Θεολόγης & Παναγάκος)	3
Δημ. Περσάκης (Βιομηχανική Τράπεζα)	40	Ι. Δ. Κόκκινος	3
Ανδρέας Ρουκάκης (Βιομηχανική Τράπεζα)	40	Πηνελόπη Δ. Κοκκίνου	3
Αν. Σαράτζογλους (Βιομηχανική Τράπεζα)	40	Πέτρος Κούσαυλας	3
Γ. Σαρρής	40	Κλεομένης Κουτίφαρης (Θεολόγης & Παναγάκος)	3
Όθων Σταθάτος	40	Γεώργιος Κωνσταντινίδης	3
Τ. Δανασής (Τράπεζα Μυτιλήνης)	40	Γ. Α. Λεκός	3
Νικόλαος Τσούχλος	40	Κλέαρχος Λιανέας (Θ. Μανέας)	3
Ζωή Ι. Δελλαπόρτα	38	Μ. Β. Μακαριάδης	3
Λουδοβίκος Νικολαΐδης	38	Καλλιόπη Μ. Μακαριάδου	3
Λ. Παπάγος (Θεολόγης & Παναγάκος)	35	Θ. Μανέας (Θ. Μανέας)	3
Μαρία Λ. Παπάγου (Θεολόγης & Παναγάκος)	35	Κρ. Μανέας (Θ. Μανέας)	3
Ελένη Ν. Μαυροκορδάτου	34	Ιωάννης Μαντζούρης (Θεολόγης & Παναγάκος)	3

Ονοματεπώνυμο (Προέλευση εγγραφής)	Μετοχές	Ονοματεπώνυμο (Προέλευση εγγραφής)	Μετοχές
Ι. Θεολόγης (Θεολόγης & Παναγάκος)	30	Μιχάλης Μαυρομιχάλης	3
Α. Κοντούλης	30	Κυριάκος Μαυρούκος	3
Γ. Πάντζας	30	Διονύσιος Μηλιαρέσης	3
Χαρ. Β. Φώτιος	30	Β. Μ. Μπογιατζόγλου	3
Κ. Αραβαντινός	26	Ιωάννης Μπρισιμιτζάκης	3
Σίδνεη Μέρλιν (Βιομηχανική Τράπεζα)	25	Χρήστος Νικολάου	3
Εμμανουήλ Δραγούμης (Βιομηχανική Τράπεζα)	24	Γεώργιος Π. Παλλικάρης	3
Ν. Μ. Αθανασούλης	20	Γ. Α. Παναγιωτόπουλος	3
Σ. Αθηνογένης	20	Αρ. Πανακόπουλος (Θ. Μανέας)	3
Α. Γαλανός	20	Θεοδ. Γ. Πανόπουλος	3
Θεόδωρος Γαλανός	20	Δημ. Παπαγεωργίου	3
Λάμπρος Γεωργούλης	20	Αντώνιος Ρέστης	3
Κ. Ν. Γιαννόπουλος	20	Π. Ρουσόπουλος (Θ. Μανέας)	3
Γκίκας Δακός	20	Χαρίκλεια Α. Ρωμαΐδου	3
Δαμίρης	20	Γεώργιος Δ. Σακκάς	3
Δημ. Ι. Δημόκας (Βιομηχανική Τράπεζα)	20	Γ. Σγούρδας (Θ. Μανέας)	3
Δημόπουλοι, Αδελφοί	20	Κ. Λ. Σπαθάκης	3
Γ. Ε. Ευστρατίου (Βιομηχανική Τράπεζα)	20	Ν. Σταυρόπουλος	3
Σπυρ. Κλ. Εφέσιος	20	Λεωνίδας Χ. Στραβοσκιάδης	3
Στ. Κ. Εφέσιος	20	Σπυρ. Σ. Στράτης	3
Νικ. Κλ. Εφέσιος	20	Θ. Δ. Συλυμνιώτης	3
Ν. Θεοχάρης	20	Ν. Σωτηρόπουλος (Θ. Μανέας)	3
Μαρία Α. Κατσανδρή	20	Σπύρος Τιόπουλος (Θεολόγης & Παναγάκος)	3
Γεώργιος Κατσίμπαλης	20	Γ. Π. Τσίπης	3
Κωνσταντίνος Κατσίμπαλης	20	Αναλ. Φέξης (Θ. Μανέας)	3
Ζ. Κυριακός	20	Maccario Bernard	2
Μ. Λιβαδάς	20	Emma Gaze	2
Μ. Μαρίνος	20	L. Meuéroud	2
Μαυρουδής Κ. & Σωτηρόπουλος Α.	20	L. F. Rodier	2
Κ. Γ. Παναγόπουλος (Θεολόγης & Παναγάκος)	20	Πελοπίδας Αγγελίδης (Κ. Αραβαντινός)	2
Γ. Ν. Πασπάτης (Βιομηχανική Τράπεζα)	20	Ι. Αθηνογένης	2
Θ. Ραυτόπουλος (Βιομηχανική Τράπεζα)	20	Π. Αθηνογένης	2
Μαρία Κ. Ρώμα (Βαλαωρίτης Μαύρος)	20	Δανάη Αθηνογένους	2
Εύδοξος Στρούμπος	20	Χ. Αναγνωστόπουλος (Κ. Αραβαντινός)	2
Π. Κ. Ταμπακόπουλος	20	Ιωάννης Ανδρουτσόπουλος	2
Κωνσταντίνος Τροχάνης	20	Ρόζα Ασκητοπούλου	2
Κ. Ε. Χατζηπέτρος	20	Ι. Κ. Αφεντάκης (??)	2
Στ. Δούκας (Θεολόγης & Παναγάκος)	18	Α. Βαγγογιάννης (Γ. Σταυριανόπουλος)	2
Ν. Χαλκοκονδύλης	18	Κ. Βεζυρούλης	2
Χριστ. Δελλαπόρτας	17	Σπ. Βελλιανίτης (Κ. Αραβαντινός)	2
Α. Δούκας	16	Ευγενία Βουγιούκα	2
Διονύσιος Ζαχαρίας	16	Δ. Ν. Βουγιούκας	2
Παν. Κ. Σούκας	16	Κ. Δ. Βούρος	2
Ν. Κ. Ζουζουλας	15	Θ. Α. Βουτσάς	2
Δέσποινα Χ. Προβελεγγίου	15	Ν. Σ. Βουτσινάς	2
Ηλίας Βερρόπουλος (Ηλίας Βερρόπουλος)	14	Δ. Βουτσινάς (Κ. Αραβαντινός)	2
Ιουλ. Ισχομάχου (Θεολόγης & Παναγάκος)	14	Γεώργιος Ν. Βραχνός	2
Γεώργιος Παντελεάκος	14	Λ. Γαλάνης	2
Επαμειν. Ζ. Κορωνιός	12	Δ. Γαλάνης	2
Σοφία Σ. Ροδοθεάτου	12	Β. Γεωργιάδης (Βιομηχανική Τράπεζα)	2
Σωτήριος Αθανασόπουλος (Βιομηχανική Τράπεζα)	10	Γεώργιος Γεωργιάδης	2
Α. Αναστασιάδης	10	Βασιλική Γεωργιάδου	2
Ιωάννης Βασιλόπουλος	10	Παναγιώτης Γιαννόπουλος	2
Μιχ. Ν. Γιαννόπουλος	10	Σ. Γκουρογιάννης	2
Ανδριανή Γιαννοπούλου	10	Ιωάννης Κ. Γκουρογιάννης	2
Αλέξιος Γλαράκης	10	Ροβέρτος Γκρός	2
Γεώργιος Δακός	10	Πηνελόπη Γλύνη	2
Π. Δοανίδης	10	Ν. Γλύνης	2
Στυλιανός Δούνιας	10	Εμμανουήλ Γούβερης	2
Γεώργιος Π. Καλλιγάς	10	Γ. Γούναρης	2
Γ. Ε. Κράκαρης	10	Αχιλλεύς Γρούνδμαν (Κ. Αραβαντινός)	2
Ιω. Α., εν Σύρω Κρίνος	10	Α. Δαμαλάς	2
Παναγιώτης Γ. Μαλάνος	10	Στυλ. Δεϊλάκης	2
Αθηναγ. Μαυρουδής	10	Ελένη Δ. Δεληγιάννη	2

Ονοματεπώνυμο (Προέλευση εγγραφής)	Μετοχές	Ονοματεπώνυμο (Προέλευση εγγραφής)	Μετοχές
Μάρκος Κ. Παναγόπουλος (Θεολόγης & Παναγάκος)	10	Σπυρίδων Δεσύλλας (Κ. Αραβαντινός)	2
Χαράλαμπος Πανταζόπουλος	10	Σπυρίδων Δουρούτης	2
Αθ. Παπαγεωργίου	10	Ιωάννης Δροσόπουλος	2
Κ. Παπαγεωργόπουλος (Θεολόγης & Παναγάκος)	10	Ερασμία Ι. Δροσοπούλου	2
Νικ. Ι Περόγλου	10	Κωνσταντίνος Εφέσιος (Ηλίας Βερρόπουλος)	2
Αλεξ. Ι. Περόγλου	10	Κωνσταντίνος Π. Ζερβουδάκη;	2
Κωνσταντίνος Περσάκης	10	Νικόλαος Θωμόπουλος (Ηλίας Βερρόπουλος)	2
Αθ. Σακελλάριος (Θεολόγης & Παναγάκος)	10	Δημ. Ι. Ιατρού (Γ. Σταυριανόπουλος)	2
Πολ. Σακελλάριος (Θεολόγης & Παναγάκος)	10	Γεώργιος Ιωαννίδης (Θεολόγης & Παναγάκος)	2
Δημ. Σακελλάριος (Θεολόγης & Παναγάκος)	10	Λ. Ιωαννίδης (Γ. Σταυριανόπουλος)	2
Κωνσταντίνος Σαχίνης (Θεολόγης & Παναγάκος)	10	Ι. Κ???ρολόγος	2
Ιωάννης Σέρμπος (Θεολόγης & Παναγάκος)	10	Γεώργιος Κάκκος	2
Α. Γ. Στρατηγός	10	Νικόλαος Κάκκος	2
Εμμανουήλ Γ. Στρατηγός	10	Παναγιώτης Γ. Καρακασώτης	2
Δ. Γ. Στρατηγός	10	Πέτρος Καρακασώτης	2
Παν. Τζανετάκης	10	Αθ. Καραμπάτσης (Γ. Σταυριανόπουλος)	2
Ευστράτιος Τσακαλώτος (Θεολόγης & Παναγάκος)	10	Κ. Καραχότζας (Γ. Σταυριανόπουλος)	2
Ιωάννης Ισχόμαχος (Θεολόγης & Παναγάκος)	9	Αριστείδης Καρζής	2
Νικ. Ισχόμαχος (Θεολόγης & Παναγάκος)	9	Θεόδωρος Καχριμάνης	2
Δημ. Καλούδης	8	Αλ. Ι. Κοκκώνης	2
Κωνσταντίνος Καλούδης	8	Γεώργιος Θεοδώρου Κοντόνης (Ζάκυνθος)	2
Αγησίλαος Καψαμπέλης	8	Α. Ν. Κοτσώνης (Γ. Σταυριανόπουλος)	2
Κ. Κυζικινός	8	Λάζαρος Α. Κουντουριώτης	2
Ν. Μάγνης	8	Μαρία Α. Κουντουριώτου	2
Ερρ. Μαρκουλάκης	8	Σοφία Α. Κουντουριώτου	2
Β. Ζ. Παππαδόπουλος	8	Λιλή Κουντουριώτου	2
Δημήτριος Πατακάκης (Βιομηχανική Τράπεζα)	8	Ν. Γ. Κρασσάκης	2
Ν. Α. Πολίτης	8	Δημ. Κυρίκος	2
Δ. Κ. Σούκας	8	Αβραάμ Κωνσταντίνης	2
Γρ. Δ. Σούκας	8	Κωνσταντινίδης Γ. Κ Σία	2
Χαρίκλεια Ν. Χαλκοκονδύλη	8	Ι. Μ. Λάλλας (Γ. Σταυριανόπουλος)	2
Χ. Α. Χατζηπέτρος	8	Μιχαήλ Θ. Λάππας (Κ. Αραβαντινός)	2
Ηλίας Αλτηγός	7	Μ. Λεβίδης	2
Κ. Γ. Ζωγραφάκης	7	Άννα Χ. Λόντου	2
Θεόδωρος Γ. Καρολόγος	7	Ν. Λούζης	2
Ανδρέας Γ. Καρολόγος	7	Νικόλαος Λύσιππος (Ηλίας Βερρόπουλος)	2
Μακαριάδης κ Σακκάς	6	Χαρίλαος Λύσιππος (Ηλίας Βερρόπουλος)	2
Ν. Μανουσάκης	6	Χ. Μακρυστάθης	2
Νικόλαος Ε. Μαραυλιανός	6	Ευάγγελος Σ. Μάρτσας	2
Παύλος Παπαϊωάννου	6	Παύλος Μάσταλος	2
Σαραντάρη Κ. Ανεψιοί (Βιομηχανική Τράπεζα)	6	Γ. Δ. Ματθόπουλος	2
Γεώργιος Χρ. Σουσάνης	6	Α. Μαυριανόπουλος (Γ. Σταυριανόπουλος)	2
Γ. Τσίπουρας	6	Δ. Γ. Μαυριανόπουλος (Γ. Σταυριανόπουλος)	2
Banque Imperiale Ottomane (??)	5	Αριστείδης Μερτζανώφ	2
C. D., Con/ple Mallinopoulos (??)	5	Ανδρέας Μερτζανώφ	2
Γεώργιος Αναγνωστόπουλος	5	Ελένη Μερτζανώφ	2
Λεωνίδας Αραπίδης (Θεολόγης & Παναγάκος)	5	Κλεοπάτρα Ε. Μερτζανώφ	2
Στυλιανή Γ. Α. Βασιλείου	5	Παύλος Μητάκης	2
Κυριάκος Χ. Βλαχάκης	5	Α. Μόσχος	2
Παναγιώτης Βουγάς	5	Δ. Μουζάκης	2
Ιωάννης Γ. Γεωργιάδης	5	Ιωάννης Μπαγλανέας (Θεολόγης & Παναγάκος)	2
Ν. Δ. Γιαγλόπουλος	5	Γεώργιος Μπαγλανέας (Θεολόγης & Παναγάκος)	2
Ηλίας Γιαννόπουλος	5	Αθ. Μπαστουνόπουλος (Γ. Σταυριανόπουλος)	2
Χρ. Γκίκας (Θεολόγης & Παναγάκος)	5	Ιωάννα Μπουζάνη (Γ. Σταυριανόπουλος)	2
Μάρκος Δαμιράκης	5	Γ. Νικολόπουλος	2
Ι. Γ. Δελμούζος	5	Αλεξ. Ν. Οικονομίδης	2
Νικόλαος Δημαράς	5	Ελένη Δ. Οικονομίδου	2
Ανδρέας Δημητρόπουλος (Πάτρα)	5	Χρηστίνα Δ. Οικονομίδου	2
Ι. Π. Δοανίδης	5	Κ. Οικονόμου	2
Δ. Π. Δοανίδης	5	Αθηνά Παγκάρα	2
Λ. Δ. Δοανίδης	5	Νικόλαος Παγκάρας	2
Α. Εμπεδοκλής	5	Ευγενία Πάλλη	2
Γρ. Εμπεδοκλής	5	Κωνσταντίνος Παναγούλης (Ηλίας Βερρόπουλος)	2
Αλεξ. Ζούνης	5	Α. Πανούλης	2

Ονοματεπώνυμο (Προέλευση εγγραφής)	Μετοχές	Ονοματεπώνυμο (Προέλευση εγγραφής)	Μετοχές
Δημήτριος Ζώρας	5	Αλεξ. Παπαγεωργίου (Θεολόγης & Παναγάκος)	2
Θ. Θ. Αλεπουδέλης κ Σία	5	Ι. Χ. Παπαδόπουλος	2
Νικ. Θέμελης	5	Κ. Δ. Παπαδόπουλος	2
Τηλ. Ισμυρίδης	5	Ελισάβετ Θ. Παπαδοπούλου	2
Κανέλλος Κανελλόπουλος κ Σία	5	Ι. Παππαγιαννόπουλος	2
Γεώργιος Κατσάλλης	5	Δ. Ι. Παππαδάτος	2
Ι. Ι. Καψαμπέλης	5	Ελένη Δ. Παππαδάτου	2
Πολυξένη Κόντη	5	Ανδρέας Α. Παππαδογιάννης (Γ. Σταυριανόπουλος)	2
Φωφό Κόντου (ή Κόντη)	5	Πάνος Γ. Παππαπαναγιώτου	2
Δ. Κουντουμάς	5	Ζαχαρίας Γ. Παππούδωφ	2
Παν. Κουτσαλέξης	5	Παρ. Παρασκευόπουλος	2
Ηρακλής Ν. Κυριαζής	5	Αντώνιος Κ. Περάκης	2
Κωνσταντίνος Σ. Κωνσταντινίδης	5	Π. Ε. Περίδης (Γ. Σταυριανόπουλος)	2
Ιωάννης Λάζος	5	Δέσποινα Περσάκη	2
Σπ. Λάιος	5	Αν. Περσάκης	2
Πάνος Ιω. Λάμπρος	5	Πολυξένη Πετρίτση	2
Γ. Π. Λάμπρος	5	Πέτρος Πετρίτσης	2
Α. Μακρής	5	Ευστράτιος Κ. Πετρίτσης	2
Μακρόπουλος Ν. Δ. δια λογαριασμόν Aboller	5	Π. κ Σία Πετρίτσης	2
Β. Χ. Μαστραπάς	5	Τ. Πετρουτσόπουλος	2
Σοφία Μάτεση	5	Γ. Φ. Πολυζωίδης	2
Νικόλαος Μαυρουδής	5	Φανή Κ. Πρινοπούλου	2
Ηλίας Μαυρουδής	5	Γ. Ράμμος	2
Σπυρίδων Μαυρουδής	5	Αρ. Ρωμαΐδης	2
Εμμανουήλ Ι. Μερτζανώφ	5	Βαρβάρα Γ. Σακκά	2
Ανδρομάχη Ν. Ναδίρη	5	Α. Γ. Σαλαμάγκας	2
Νικ. Ναδίρης	5	Γεώργιος Δ. Σημίτης	2
Κωνσταντίνος Νικόλας	5	Δημήτριος Γ. Σημίτης	2
Παναγάκος κ Βασιλόπουλος	5	Π. Σπηλιοτόπουλος (Γ. Σταυριανόπουλος)	2
Νικόλαος Παντζείρης (Ηλίας Βερρόπουλος)	5	Π. Α. Σταθάτος (Γ. Σταυριανόπουλος)	2
Ι. Παππαζής	5	Γ. Κ. Σταυριανόπουλος	2
Ιάκωβος Παυλιώτης	5	Παν. Ν. Σταυρόπουλος	2
Ηλίας Παυλούσης	5	Γ. Συρόπουλος (Θεολόγης & Παναγάκος)	2
Πέτρος Ι. Περόγλου	5	Β. Ταλιάτος (Κ. Αραβαντινός)	2
Ιωάννης Περσάκης	5	Ιωάννης Α. Τρίκαρδος (Ζάκυνθος)	2
Ν. Περσίδης	5	Γεώργιος Τσαγρής	2
Π. Α. Πετρόπουλος	5	Κωνσταντίνος Τσαγρής	2
Ιωάννης Ραυτόπουλος	5	Κωνσταντίνος Τσελέπης	2
Χρ. Ρώσσης (Θεολόγης & Παναγάκος)	5	Β. Τσίμπλας (Κ. Αραβαντινός)	2
Γεώργιος Σακόρραφος (Βιομηχανική Τράπεζα)	5	Αγγελική Γ. Τσίπη (??)	2
Άρτεμις Σακορράφου (Βιομηχανική Τράπεζα)	5	Γεώργιος Τυπάλδος	2
Πολυξένη Σακορράφου (Βιομηχανική Τράπεζα)	5	Ι. Φιλίππου	2
Αγγ. Σίμος	5	Σ. Χαλκιάς (Κ. Αραβαντινός)	2
Γεράσιμος Δ. Σκλάβος	5	Ευριπίδης Θ. Χοϊδάς	2
Κ. Γ. Σούκας	5	Λ. Χρυσοσπάθης	2
Παρ. Κ. Σούκας	5	Μιχάλης Χρυσοχόος	2
Χρ. Σταμπάδος (Πάτρα)	5	Αθ. Π. Ψαλίδας	2
Γεώργιος Κ. Σωτηρακόπουλος	5	Αριστ. Ψαλίδας	2
Όρσα. Α. Σωτηρόπουλος	5	Γ. Ι. Ψαρούτης (Θεολόγης & Παναγάκος)	2
		Σύνολο Αθήνας	**9451**

Σύρος

Θεόδωρος Πάγκαλος	136	Ευστάθιος Κεχαγιάς	3
Νικολαΐδου Χρ. Υιοί	25	Μαρία Ε. Κεχαγιά	3
Νιώτης Μαυρογορδάτος Μηταράκης	20	Κλεοπάτρα Ε. Κεχαγιά	3
Γεώργιος Δ. Βαλτετσιώτης	6	Ζαχαρούλα Ε. Κεχαγιά	3
Νικ. Γ. Ζωγραφάκης	5	Έλλη Ε. Κεχαγιά	3
Βασίλειος Γεωργιάδης	4	Παναγής Τριανταφύλλου	3
Δημήτριος Βαλτετσιώτης	4	Μαργαρίτα Θ. Καλάρη	2
Ευάγγελος Δ. Βαλτετσιώτης	4	Γεώργιος Βενιέρης	2
Ζωή Α. Χειλά	3	Αγγελική Ι. Παρώδη	2
Μαρία Θ. Καλάρη	3	Κωνσταντίνος Σ. Βασιλείου	2
		Σύνολο Σύρου	**236**

Ονοματεπώνυμο (Προέλευση εγγραφής)	Μετοχές	Ονοματεπώνυμο (Προέλευση εγγραφής)	Μετοχές
Βόλος			
Κ. Β. Γεωργιάδης	5	Κ. Κασσιόπουλος	5
Ν. Ζαχάρωφ	3	Ν. Λ. Τράκας	3
Δ. Καλαμάρος	5	Δ. Σαράτσης	2
Αλ. Νικολαΐδης	5	Κ. Μεσσαρίτης	3
Χρ. Νικολαΐδης	5	Γαβριήλ Ζουλλιέν	3
Μαρία Βαβάγκα	5	Ξεν. Στελλάκης	2
		Σύνολο Βόλου	**46**
Αλεξάνδρεια			
Credit Lyonnais	1000	Ralli Sons & Co	5
Nicolas Goussio	200	Pandia Rodocanachi	5
J. Aghion & figlio	200	S. Sofianopoulos, Dr.	5
J. L. Menasce figlio & Co	200	Anastase Fissekis	4
P. Glymenopoulos & Co	200	Niesta Zerbini	4
Jean Lagonico & Co	130	H. Barkowski	3
C. P. Caretzos	100	D. S. Lascaridis	3
Jean D. Pappa & Co.	100	Naoum Oeconomou	3
Mortera Salinas & Co	100	Baïla Frères	2
Constantin C. Choremi	80	J. D. Calangas	2
Felix Ruby	80	Tasso Caritato	2
Gius Coloridi, Dr.	60	Georges Dauris	2
S. Mitarachi	60	V. Grigoriadis	2
Ulysse J. Pandelidès	60	Georges Th. Jeannopoulo	2
Costi Ph. Constantinidis	54	Olga H. Kesse	2
The Anglo Egyptian Bank Ltd	50	Elias G. Kesses	2
Dimitri Campuropoulo	40	Donald Macgillivray	2
Clément Suarès & Co	40	Jean Manios	2
A. P. Mitarachi	30	Dimitri Mavrias	2
Carlo Salinas	30	Zaffirios D. Mitzos	2
Gustav Brach	20	Alexandre Padoa	2
Riso Laredo	20	Mme Alexandre Padoa	2
Victor Pinto	20	Ath. Paniopoulo	2
C. A. Pringo	20	Ap. Paniopoulo	2
Elie D. Protopapas	20	N. Papaeconomou	2
S. C. Skenderani	20	Grégoire Papaeconomou	2
Georges et Me Zerlendi	20	D. Papaiconomou	2
Jacques V. Adda	10	G. Papamanuel	2
Halili Maustali	10	Jacques Pilpel	2
Erato Pangalos, veuve	8	Basile J. Psaltys	2
Georges C. Papadachi	8	Giorgio Psarudachi	2
Georges M. Charidi	6	Helène Vonopartopoulo	2
D. C. Zambacos	6	V. L. Vonopartopoulos	2
D. P. Zoulia	6	Etiénne D. Woivodich	2
Georges N. Charidis	5	Costi N. Zaraftis	2
Theodore Klat	5	Jean Zorzopoulos	2
C. L. Mavroscoufi	5	D. & A. Zorzopoulos	2
		Σύνολο Αλεξάνδρειας	**3.113**
Κάιρο			
Nicolas Wlandi	40	Mekerdideh Pessoyau	3
Constantin Lytsika	30	Nicolas Raptakis	3
Apostolo Christidis	10	Alexandre Zehesi	3
Cost. P. Kiadi	10	Zacharis Capnistos	2
Epaminondo Raissi	10	Demetris C. Caracoste	2
Jervourt Adam	6	Jean C. Caridis	2
Stilianos Marcatati	6	Constantin Athanas Comoninos	2
Nicolas Georgoudis	4	Dimitri Leontidi	2
D. A. Cavadia	3	Michel Momutris	2
Helene Dardanidis	3	Constantin Papayanaki	2
G. Macri fils	3	Michel Pappacoste	2
Antoine Marinakis	3	Th. Pappageorgopoulo	2
Jean Panayotti	3	Nicolas Paschali	2
		Σύνολο Καΐρου	**160**
		Σύνολο Δημόσιας εγγραφής	**13.006**

48.168 εγγραφές προήλθαν από διάφορους ανταποκριτές. Τρ. Καρυδιά: 5.725, Σύρος: 1.100, Βόλος: 200, Αλεξάνδρεια: 15.732, Κάιρο: 705. Διανεμήθηκαν: για 5–7 εγγραφές, 2 μετοχές· για 8–14 εγγραφές, 3 μτχ· για 15–18 εγγραφές 4 μτχ· για 19–24 εγγραφές 5 μτχ· για άνω των 25 εγγραφών 20% της εγγραφής. Κατά την δημόσια εγγραφή από Αθήνα διανεμήθηκαν 9.451 μετοχές, από Σύρο 236, από Βόλο 46, από Αλεξάνδρεια 3.113 και από Κάιρο 160. Συνολικά οι ιδρυτές κράτησαν 25.560 μετοχές (Πηγή: Τράπεζα Κρήτης 1899).

Τράπεζα της Ελλάδος (1928)

Πίνακας 25.31: Οι 104 μέτοχοι της ΤτΕ με 50 μετοχές και άνω.

Μέτοχος	Μετοχές	Ψήφοι
Αυτόνομος Σταφιδικός Οργανισμός	2.000	50
Πανεπιστήμιον Θεσσαλονίκης	2.000	50
Ταμείον Συντάξεων Προσωπικού Τραπεζών Εθνικής, Κτηματικής & Ελλάδος	1.473	50
Credit Lyonnais Alexandria	1.000	50
Stockholms Enskilda Bank, Stockholm	1.000	50
Wellenberg Marcus	1.000	50
Διάδοχοι δικαιωμάτων Ν. Π. Ζωσιμά	891	50
Εθνικόν και Καποδιστριακόν Πανεπιστήμιον	879	50
Μετοχικό Ταμείον Στρατού	828	50
ΕΤΕ	765	50
Μετοχικόν Ταμείον Πολιτικών Υπαλλήλων	500	50
Ταμείον Ασφαλείας Προσωπικού Ελευθέρας Ζώνης Θεσσαλονίκης	500	50
Ταμείον Προνοίας Δημοσίων Υπαλλήλων	500	50
Ταμείον Συντάξεων Προσωπικού Εθνικής Τραπέζης	466	50
Τσουδερός Εμμανουήλ	452	50
Χαροκόπος Σπυρίδων του Αποστόλου	450	50
Κληροδότημα Τριανταφυλλίδου	330	50
Αντωνιάδης Κων/νος του Παναγιώτου	303	50
The Bank of Athens Trust Co.	300	50
De Rothschild Frères Paris	276	50
Ορφανοτροφείον Αικ. & Γεωρ. Χατζηκώστα	225	45
Ταμείον Αυτασφάλειας Προσωπικού Τραπεζών Εθνικής, Κτηματικής και της Ελλάδος	203	40
Πετρίτζης Αλέξανδρος του Ε.	181	36
Πετρίτζης Νικόλαος του Ε.	170	34
Πετρίτζης Ευστράτιος του Ε.	166	33
Παντελίδης Εμμανουήλ του Νικολάου	155	31
Χατζηλαζάρου Δημοσθένης & Κλεοπάτρα	152	30
Αμαλίειον Οργανοτροφείον Κορασίων	149	29
Δημοτικόν Νοσοκομείον Ερμουπόλεως «Η Ελπίς»	145	29
Ορφανοτροφείον θηλέων αφών Μπαμπαγιώτου	145	29
Τράπεζα Αθηνών	144	28
Αρχαιολογική Εταιρεία Αθηνών	140	28
Σύλλογος προς διάδοσιν ελληνικών γραμμάτων	128	25
Αντωνιάδης Χαράλαμπος του Γεωργίου	120	24
Δούσμανης Γεώργιος	120	24
Φωτεινού Αντζολέτα του Βασιλείου	120	24
Ακαδημία Αθηνών	115	23
Ταμείον Αυτασφαλείας Πρ. Εθ. Τραπέζης	113	22
Βαλακάκη Όλγα του Γεωργίου	103	20
Erlangers Ltd, London	100	20
Hellenic & General Trust Ltd, London	100	20
Ανώνυμος Ηλεκτρική Εταιρεία Ρεθύμνης	100	20
Αργυρόπουλος Γεώργιος του Αργυρίου	100	20
Βλαχείδης Γεώργιος του Παύλου	100	20
Βοϊλας Δημήτριος του Γεωργίου	100	20
Επιτροπή Ολυμπίων κληροδοτημάτων	100	20
Λαϊκή Τράπεζα Αθηνών	100	20
Ορφανοτροφείον Γ. Σταύρου Ιωαννίνων	100	20
Πολύβιος Περικλής του Ιορδόνα	100	20
Σημαντήρης Απόστολος	100	20
Τράπεζα «Ένωσις» Α.Ε.	100	20
Ζάππειος επί των Ολυμπίων Επιτροπή	99	19
Κληροδότημα Κ. Βέλλιου	96	19
Τζηρός Κων/νος	90	18
Τσιτσεκλής Άγγελος	85	17
Αλεξάνδρειον κληροδότημα ελληνικών σχολείων	82	16
Νοσοκομείο Γ. Σταύρου και Γ. Φογκ	81	16
Ζάππειος Επιτροπή	80	16
Εφέσιος Σταμάτης του Ηλία	75	15
Ταχυδρομικόν Ταμιευτήριον	75	15

Μέτοχος	Μετοχές	Ψήφοι
Τσιροπινάς Εμμανουήλ του Κων/νου	75	15
Τσιροπινάς Αντώνιος του Κων/νου	75	15
Εν Άρτη Αγαθοεργόν Ίδρυμα με το όνομα «Ελένη Άρτης»	74	14
Κληροδότημα αδελφών Ζωσιμά	73	14
Ταμείον Εθν. Στόλου—Κληροδότημα Κοργιαλένιον	72	14
Τζιανής Γεώργιος	71	14
Πίχτος Θεόδωρος του Μιχαήλ	70	14
Κληροδότημα Χριστοδούλου Ευθυμίου	68	13
Ψαρά Κούλα του Λεων.	68	13
American Express & Co	67	13
Ορφανοτροφείον Θηλέων Αδελ. Μπαμπαγιώτου	67	13
Γρηγορίου Αικατερίνη του Ιωάννου	66	13
Κατσαράς Μιχαήλ του Κων/νου	64	12
Σύλλογος προς διάδοσιν των ελληνικών γραμμάτων	64	12
Παρθεναγωγείο Ζαγοράς	61	12
Κασιμάτης Παναγιώτης του Γρηγορίου	60	12
Λιβιεράτου Αφροδίτη	60	12
Γαλανός Μιχαήλ του Αντωνίου	58	11
Μανιάρειον κληροδότημα	58	11
Τράπεζα Ανατολής	57	11
Κασσαβέτειον Παρθεναγωγείον	55	11
Σπηλιωτάκης Νικόλαος του Ιωάννου	52	10
Banco di Roma	50	10
Sophios Peter	50	10
Αρμυριώτης Πάνος του Νικολάου	50	10
Αρμυριώτου Κλεοπάτρα του Παναγιώτου	50	10
Γκάτσος Μιχαήλ του Γεωργίου	50	10
Ζόκας Νικόλαος του Αυγερινού	50	10
Κατσουγιάννης Τηλέμαχος του Μιχαήλ	50	10
Κολλιανιάτης Ηλίας του Ιωάννου	50	10
Λιμενική Επιτροπή Αργοστολίου	50	10
Λοβέρδος Ιωάννης του Σωκράτους	50	10
Μηταράκης Θεόδωρος του Παν.	50	10
Νέγρης Εμμανουήλ του Γεωργίου	50	10
Παυλούσης Κωνσταντίνος του Ηλία	50	10
Πετροπούλου Λήδα του Ιωάννου	50	10
Προνομιούχος Ελληνική Εταιρεία Ιπποδρομιών Α.Ε.	50	10
Ρακόπουλος Χρήστος του Κωνσταντίνου	50	10
Ρακόπουλος Ανδρέας του Κωνσταντίνου	50	10
Σπυρ. Ε. Βαλαωρίτης & Πέτρος Θ. Αποστολίδης	50	10
Τζηρός Κ.	50	10
Χατζηδημητριάδης Γεώργιος του Ιωάννου	50	10
Χριστοδούλου Δημήτριος του Χριστοδούλου	50	10
Σύνολο	**23.155**	**2.434**

Πηγές: (α) Καθολικά, αρ. 1–9, α/α 2001–8748, ΙΑΕΤΕ Α₁Σ₂₂Υ₆Β₁₋₉. (β) Εγγραφαί εις το Κεφάλαιο της Τραπέζης της Ελλάδος προς Υπηρεσία Περιουσίας Τραπέζης (ΕΤΕ), 25/8/1930, ΙΑΕΤΕ Α₁Σ₂₉Υ₃₃Φ₁. (γ) Φύλλα Μητρώου Μετόχων, ΤτΕ, Τμήμα Μετοχών, Αρχείο Χολαργού.

25.4 Ποσοτικά στοιχεία κυκλοφορίας χρήματος, 1836–1999

Μια κρίσιμη παράμετρος κατά την εξέταση νομισματικών φαινομένων είναι η ποσότητα χρήματος εντός μιας επικράτειας. Προφανώς, για να το μετρήσουμε θα πρέπει να έχουμε πρώτα ορίσει *τι είναι χρήμα*. Π.χ., με βάση τον ορισμό του Knapp, χρήμα θεωρείται οτιδήποτε γίνεται δεκτό για πληρωμές στα ταμεία του κράτους, οπότε θα πρέπει να εξετάζεται τι μέσα πληρωμών δέχεται το κράτος σε κάθε χρονική στιγμή βάσει της τρέχουσας νομοθεσίας.

Βεβαίως, η λογική αυτή δεν είναι η κρατούσα στην τρέχουσα θεωρία και πρακτική των οικονομικών. Όπως ανέδειξα και στο πρώτο κεφάλαιο, κατά την τρέχουσα πρακτική το χρήμα δεν ορίζεται μονοσήμαντα· αντ' αυτού χρησιμοποιείται η ορολογία των money aggregates. Χωρίς να διαθέτει την κομψότητα και καθαρότητα της λογικής του Knapp, αυτή η πρακτική δεν στερείται τελείως χρησιμότητας. Έτσι, παρότι τα απόλυτα μεγέθη αυτών των δεικτών δεν μας λένε απολύτως τίποτα βάσει της τρέχουσας θεωρίας, οι μεταβολές του καθενός είναι ενδεικτικές διαφόρων νομισματικών φαινομένων. Στα πλαίσια αυτού του υποκεφαλαίου θα δώσω εκτιμήσεις αυτών των δεικτών με βάση την τρέχουσα ορολογία.

Παρότι αυτοί οι δείκτες είναι ορισμένοι και καταγεγραμμένοι με μια σχετική συνέπεια μεταπολεμικά—κυρίως χάρη στην ύπαρξη της ΤτΕ ως μοναδικής νομισματικής αρχής—τα αντίστοιχα προπολεμικά στοιχεία είναι πιο προβληματικά. Μοναδική εκτενής μελέτη για την παροχή χρήματος πριν το 1938 είναι αυτή του Γ. Κωστελένου για την περίοδο 1858–1938, που επεκτάθηκε αργότερα μέχρι και το 1843 (Kostelenos 1995, 404–420· Κωστελένος κ.ά. 2007, ψηφιακός δίσκος, Πίνακας 9-IVα). Σε ό,τι αφορά στην προοθωνική περίοδο, απλώς θα παραθέσω τα διάφορα πιστωτικά μέσα που εκδόθηκαν κατά καιρούς, χωρίς όμως να επιχειρήσω την συνάθροισή τους προς εξαγωγή ποσοτικών στοιχείων κυκλοφορίας.

Μεταλλική κυκλοφορία

Η νομισματική κυκλοφορία περιλαμβάνει το σύνολο των μεταλλικών και χάρτινων νομισμάτων είτε αυτά είναι κερματικά (π.χ. χαλκονομίσματα ή κερματικά γραμμάτια) είτε αυτά είναι πλήρη νομίσματα (π.χ. αργυρά πεντόδραχμα ή τραπεζογραμμάτια).

Μεταξύ των δύο τύπων, η οποιαδήποτε απόπειρα εκτίμησης των μεταλλικών νομισμάτων στην νομισματική κυκλοφορία είναι καταδικασμένη σε αποτυχία. Ευρισκόμενα πλησιέστερα στο πρότυπο του εμπορευματικού χρήματος, τα ελληνικά αργυρά και χρυσά νομίσματα αντλούσαν την αξία *και* από το υλικό κατασκευής τους αλλά *και* από την σφραγίδα τους. Έτσι, λόγω των ατυχών διατιμήσεων που έγιναν κατά καιρούς, κατά κανόνα εξαφανίζονται από την κυκλοφορία είτε διότι εξάγονταν στο εξωτερικό αντικαθιστάμενα από φθαρμένα ξένα, είτε διότι αποθησαυρίζονταν στα χρηματοκιβώτια τραπεζών και ιδιωτών. Αυτή η εξαφάνιση παρατηρήθηκε τόσο κατά την Οθωνική περίοδο όσο και αργότερα επί ΛΝΕ, καθιστώντας για πολλές δεκαετίες την Ελλάδα έναν χώρο συνύπαρξης ευρωπαϊκών και τουρκικών νομισμάτων άγνωστης ποσότητας και ποιότητας, με την δραχμή να έχει κυρίως τον χαρακτήρα του λογιστικού νομίσματος.

Ο Kostelenos επιχειρεί να συνυπολογίσει στην νομισματική κυκλοφορία όλα τα ελληνικά μεταλλικά νομίσματα συμπεριλαμβανομένων και των χρυσών και αργυρών· για τους προαναφερθέντες λόγους αυτό είναι κάτι που αποφεύγω. Μόνον για τα «χαρτικά»—κατά Knapp—νομίσματα θα μπορούσαμε να θεωρήσουμε ότι παρέμειναν στην κυκλοφορία, είτε αυτά ήταν μεταλλικά κέρματα (χάλκινα, χαλκονικέλινα, νικέλινα κλπ) είτε χάρτινα. Έτσι, στις εκτιμήσεις μου υιοθετώ έναν συμβιβασμό συνυπολογίζοντας στην νομισματική κυκλοφορία μόνον τα κέρματα από ευτελή μέταλλα, αγνοώντας τα αργυρά και χρυσά. Για τις εκτιμήσεις αυτές κάνω την παραδοχή ότι όσα τέτοια κέρματα κόπηκαν μπήκαν εμέσως στην κυκλοφορία και ότι έμειναν εν κυκλοφορία μέχρι την επίσημη απόσυρσή τους.

Αφενός αυτή η μεθοδολογία υπερεκτιμά τις ποσότητες των πραγματικά κυκλοφορούντων κερμάτων, καθώς καμία από τις δύο παραδοχές δεν ταυτίζεται απολύτως με την πραγματικότητα· τα κέρματα μπορεί να μην ετίθεντο άμεσα σε κυκλοφορία, ενώ κάποιες ποσότητες αποσύρονταν λόγω φθοράς. Από την άλλη, η προσέγγιση αυτή υποεκτιμά την πραγματική μεταλλική κυκλοφορία, καθώς απροσδιόριστες ποσότητες ξένων νομισμάτων που εξυπηρετούσαν τις ανταλλακτικές ανάγκες δεν συνυπολογίζονται. Π.χ., από το ποσόν των 3,4 εκ. δρχ που ήταν το αρχικό μετοχικό κεφάλαιο της ΕΤΕ, σημαντικό ποσοστό προήλθε από ημεδαπούς μετόχους και είναι σημαντικά υψηλότερο από την υπολογιζόμενη κυκλοφορία. Άρα εξόφλησαν την αγορά των μετοχών με ξένα νομίσματα. Αυτό θα πρέπει να αναγνωρίσουμε και ως το όριο ακρίβειας το οποίο μπορεί να επιτύχει η ιστορική έρευνα. Παρ' όλα αυτά, η απόσυρση από την κυκλοφορία των χρυσών και αργυρών κερμάτων λόγω εξαγωγής ή αποθησαύρισης μπορούμε να θεωρήσουμε ότι ελαχιστοποιεί τον πραγματικό ρόλο που έπαιζαν ως συναλλακτικό μέσον, άρα και την επίδρασή τους στις τιμές.

Συγκεκριμένα, κατά την κατάρτιση των σχετικών χρονοσειρών ελήφθησαν υπόψη τα εξής:

Οι ποσότητες οθωνικών χαλκονομισμάτων μεταξύ 1836–1870 είναι σωρευτικές βάσει των κοπών του Πίνακα 25.13 (1836–1857). Αυτά θεωρώ ότι αποσύρθηκαν στις 30/6/1870 βάσει του ΒΔ της 24/12/1869.[1]

Οι ποσότητες χαλκονομισμάτων της ΛΝΕ μεταξύ 1870–1883 είναι σωρευτικές βάσει των κοπών του Πίνακα 25.75. Από το 1884 και μετά η ποσότητά τους θεωρώ ότι έμεινε σταθερή μέχρι το 1910, οπότε και αποσύρθηκαν τα 5λεπτα και 10λεπτα, συνολικής αξίας 6.207.339,90 δρχ. δυνάμει του ν. ,ΓΧΜΑ΄/1910. Το 1914 θεωρώ ότι επανήλθαν 2 εκ. δρχ από τα αποσυρθέντα χαλκονομίσματα βάσει του ΒΔ της 22/10/1913, που ακύρωνε το σχετικό άρθρο του ν. ,ΓΧΜΑ΄/1910.

Οι ποσότητες χαλκονικέλινων κερμάτων μετά το 1893 είναι σωρευτικές βάσει των κοπών του Πίνακα 25.18. Θεωρώ ότι έμειναν στην κυκλοφορία μέχρι το 1910, οπότε και αποσύρθηκαν δυνάμει του ν. ,ΓΧΜΑ΄/1910.

Οι ποσότητες των νικέλινων κερμάτων μετά το 1912 είναι σωρευτικές βάσει των κοπών του Πίνακα 25.21. Κάνω την παραδοχή ότι έμειναν στην κυκλοφορία μέχρι τις 31/6/1928, οπότε και αποσύρθηκαν δυνάμει του ν. 2886/1922 και των ΒΔ που ακολούθησαν (Βεναρδής και Τέντες 1932, 50–51).

Τα κρητικά νομίσματα θεωρώ ότι κυκλοφόρησαν όλα μεταξύ 1913–1923, οπότε και αποσύρθηκαν δυνάμει του ΒΔ της 6/3/1923. Επίσης λαμβάνεται υπόψη η κυκλοφορία 12 εκ. δρχ σε αλουμινένια δεκάλεπτα του 1923 και οι κοπές 83 εκ. δρχ σε χαλκομινέλινα κέρματα του 1926 (Πίνακας 25.23).

Για τα έτη μετά το 1930 πιο λεπτομερή στοιχεία μεταλλικής κυκλοφορίας—αν και ελλιπή—παρέχουν οι Στατιστικές Επετηρίδες της ΕΣΥΕ. Την περίοδο αυτή, εκτός από τα αλουμινένια δεκάλεπτα και τα χαλκονικέλινα κέρματα του 1926 κυκλοφορούν: (α) τα χαλκονικέλινα κέρματα του 1930 (συνολικές κοπές 20 εκ. δρχ, βλ. Πίνακα 25.24), (β) τα νικέλινα πεντάδραχμα του 1930 (συνολικές κοπές 125 εκ. δρχ) και (γ) τα αργυρά δεκάδραχμα και εικοσάδραχμα του 1930 (συνολικές κοπές 305 εκ. δρχ), καθώς αυτά τα τελευταία ήταν χαμηλής περιεκτικότητας σε άργυρο (50%). Οι παραπάνω κοπές ανέρχονται στα 545 εκ. δρχ, όμως οι ΣΕΕ δίνουν εκτιμήσεις πραγματικής κυκλοφορίας 279.490.000 δρχ στο τέλος του 1930 (ΕΣΥΕ 1931, 267) και 384.800.000 δρχ στο τέλος του 1938 (ΕΣΥΕ 1940, 269), καθώς δεν είχαν τεθεί όλα τα κέρματα σε κυκλοφορία. Δεν κατάφερα να εντοπίσω πιο λεπτομερή στοιχεία, οπότε παραθέτω αυτά της ΕΣΥΕ για μετά το 1930.

Η μεταλλική κυκλοφορία γίνεται για άλλη μια φορά ανάμνηση με την άφιξη του ΒΠΠ. Το 1939 αποσύρθηκαν τα αργυρά 10δραχμα και 20δραχμα του 1930[2] και το 1941 αποσύρθηκαν τα αλουμινένια 10λεπτα του 1923, τα χαλκονικέλινα 20λεπτα και 50λεπτα του 1926 και τα νικέλινα πεντάδραχμα του 1930.[3]

Για την μεταπολεμική περίοδο, τα σχετικά στοιχεία ελήφθησαν από τις ετήσιες *Εκθέσεις του Διοικητή* της ΤτΕ.

Χάρτινη κυκλοφορία

Αντιθέτως, πολύ πιο ακριβή είναι τα στοιχεία για χάρτινα νομίσματα (τραπεζογραμμάτια, χαρτονομίσματα, κερματικά γραμμάτια). Αφενός, αποτελούσαν τμήμα των τραπεζικών ισολογισμών και αναφέρονται στα σχετικά αρχεία ανελλιπώς. Αφετέρου, είχαν αξία μόνον εντός της ελληνικής επικράτειας άρα δεν υπήρχε κίνητρο εξαγωγής τους.

Τα σχετικά στοιχεία προέρχονται από τους ισολογισμούς των εκδοτικών τραπεζών για τα τέλη κάθε έτους εκδοτικής δραστηριότητας. Το ΙΑΕΤΕ είναι η κύρια πηγή για τα στοιχεία αυτά για την ΕΤΕ (ΕΤΕ 2015), την ΠΤΗ (ΠΤΗ 2015),[4] την ΤΚ (Τράπεζα Κρήτης 2015α· 1910· 1918). Για την Ionian τα σχετικά στοιχεία προκύπτουν από τρεις πηγές: (α) τις δημοσιεύσεις ετήσιων ισολογισμών και μηνιαίων καταστάσεων στον Τύπο της εποχής, (β) τους απολογισμούς που διατίθενται από το ιστορικό αρχείο της Alpha Bank (Ionian Bank Ltd 2015α) και (γ) τους ισολογισμούς

---

[1] ΦΕΚ 56, 24/12/1869.
[2] ΑΝ 2153 της 12/12/1939 (ΦΕΚ 550Α, 19/12/1939, σ. 3611–3612).
[3] ΝΔ 193 της 17/6/1941 (ΦΕΚ 201Α, 18/6/1941, σ. 1006).
[4] Από το 1898 και μετά τα σχετικά στοιχεία αναφέρονται στους ισολογισμούς της ΕΤΕ.

που διατίθενται από το ΙΑΕΤΕ (Ionian Bank Ltd 2015b· 2015c). Τα στοιχεία αυτά είναι ανέλπιστα πλήρη. Σε λίγες περιπτώσεις που οι ισολογισμοί για την 31/12 δεν ήταν διαθέσιμοι, χρησιμοποίησα τις μηνιαίες καταστάσεις της 30/11 (1880, 1886–1888, 1890, 1892–1894) ή της 31/10 (1884, 1889). Όταν ήταν διαθέσιμοι μόνον οι ισολογισμοί από το αρχείο της Alpha Bank, που αναφέρουν τα ποσά σε στερλίνες, έγινε μετατροπή σε δραχμές βάσει της αναφερόμενης στον ισολογισμό ισοτιμίας.

Στους ισολογισμούς της ΕΤΕ μεταξύ 1911–1926 στα κυκλοφορούντα τραπεζογραμμάτια (στο παθητικό) συνυπολογίζονται και όσα δικά της τραπεζογραμμάτια είχε η τράπεζα στο ταμείο της προς συμπλήρωση του ανωτάτου όρου κυκλοφορίας. Καθώς αυτά αναφέρονταν και στο ενεργητικό διπλομετρούνταν αυξάνοντας τεχνητά την κυκλοφορία. Για τα έτη αυτά από το ποσό που αναφέρεται στο παθητικό αφαιρέθηκε το ποσό των τραπεζογραμματίων στο ταμείο.

Για την περίοδο του ΒΠΠ και της Κατοχής, τα υπάρχοντα δεδομένα—του ΑΣΟ και της ΤτΕ—παρουσίασαν συγκεντρωτικά οι Delivanis-Cleveland (1949, 175–195) μαζί με στοιχεία τον δείκτη κόστους ζωής και της τιμής της χρυσής λίρας .

Μεταπολεμικά, τα σχετικά στοιχεία ελήφθησαν από τις ετήσιες *Εκθέσεις του Διοικητή* της ΤτΕ.

Καταθέσεις και άλλες πιστωτικές σχέσεις

Σε ό,τι αφορά στις καταθέσεις, η εικόνα είναι αρκετά θολή πριν την ίδρυση της ΤτΕ, καθώς η αναζήτησή τους απαιτεί την ξεχωριστή αναδίφηση των αρχείων όλων των τραπεζών έως το 1919. Κάποια συνολικά στοιχεία μετά το 1918 δίνει η ΕΣΥΕ στης Στατιστικές Επετηρίδες, ενώ μόνον μετά την ίδρυση της ΤτΕ και την ανάληψη του ρόλου της κεντρικής νομισματικής αρχής υπάρχουν πλήρη τέτοια συγκεντρωτικά στοιχεία.

Στην μελέτη του Kostelenos οι καταθέσεις χωρίζονται σε όψεως (άτοκες ή έντοκες), προθεσμίας και ταμιευτηρίου.[5] Το πρόβλημα αυτής της μελέτης προκύπτει από την χρήση των στοιχείων που παρέχουν οι Στατιστικές Επετηρίδες της ΕΣΥΕ. Αφενός αυτές δεν συνυπολογίζουν τις καταθέσεις στην Ionian μέχρι και το 1920, αφετέρου, βάσει μιας πρόχειρης σύγκρισης, δεν αποφεύγουν ασυμφωνίες σε σχέση με τα στοιχεία των ισολογισμών.[6]

Ως προς το πρώτο ζήτημα συμπεριλαμβάνω σχετικά στοιχεία των ισολογισμών της Ionian μεταξύ 1869–1920 τα οποία άντλησα από τις προαναφερθείσες πηγές. Ως προς το δεύτερο ζήτημα θεωρώ ότι η ακρίβεια των εκτιμήσεων του Kostelenos είναι παραπάνω από ικανοποιητική για τους σκοπούς της παρούσας μελέτης, οπότε και χρησιμοποιώ τις εκτιμήσεις αυτές ως έχουν.

Στον παρακάτω υπολογισμό επιλέγω να τοποθετήσω τις καταθέσεις ταμιευτηρίου στο Μ2 διότι αν και, τυπικώς, καταθέσεις υπό προειδοποίηση, πρακτικώς ήταν καταθέσεις ρευστότητας αντίστοιχης εκείνης των λογαριασμών όψεως. Στο Μ3 προσμετρώ τις προθεσμιακές καταθέσεις. Τα παραπάνω στοιχεία του Kostelenos δεν κάνουν αναφορά σε άλλες πιστωτικές σχέσεις, όπως π.χ. ομόλογα ή έντοκα γραμμάτια του ελληνικού δημοσίου. Οι ποσότητες αυτών δεν είναι πάντοτε αμελητέες. Π.χ., στα τέλη του 1924 κυκλοφορούσαν περί τα 2 δισ δρχ σε έντοκα γραμμάτια Εθνικής Αμύνης, που αντιστοιχούσαν περίπου στο 30% του Μ0.

Κατά την περίοδο του πολέμου τα στοιχεία είναι αποσπασματικά, αμφιβόλου ποιότητας και ενίοτε αντικρουόμενα. Στις *Εκθέσεις του Διοικητή* η ΤτΕ δίνει: (α) μηνιαία στοιχεία για «καταθέσεις όψεως και ταμιευτηρίου» μέχρι και το τέλος του 1940, και (β) τριμηνιαία στοιχεία «καταθέσεων όψεως» από το 1947, όχι όμως σε τρέχουσες δραχμές, αλλά σε δραχμές αγοραστικής δύναμης του 1938. Έτσι οι αριθμοί δεν ταυτίζονται. Π.χ. για τις καταθέσεις όψεως και ταμιευτηρίου στις 31/12/1938, η Έκθεση του 1939 δίνει 12.664 εκ. δρχ (ΤτΕ 1940, XXXVIII), ενώ η Έκθεση του 1948 δίνει 19.704 εκ. δρχ (ΤτΕ 1949, 101). Τα στοιχεία της ΕΣΥΕ (Μηνιαία Στατιστικά Δελτία) περιλαμβάνουν σχετικά στοιχεία, όμως από τον Ιούλιο του 1940 ομαδοποιούν όλες τις υποχρεώσεις όψεως (καταθέσεις όψεως και ταμιευτηρίου, υποχρεώσεις τραπεζών, κράτους και ΝΠΔΔ) σε μία καταχώρηση.

Τέλος, για την περίοδο Σεπτεμβρίου 1939—Δεκεμβρίου 1943 υπάρχει μια χρονοσειρά των βρετανικών μυστικών υπηρεσιών της 20/4/1944, την οποία παρουσιάζει ο Palairet (2000, 128–133), η οποία όμως είναι αποσπασματική.

---

[5] Σε διάφορες χρονιές, οι καταθέσεις όψεως αναφέρονται ως «άνευ τόκου», «λογαριασμοί τρεχούμενοι» ή «ανοικτοί λογαριασμοί» (έντοκοι ή άτοκοι), και οι προθεσμιακές καταθέσεις ως «επί τόκω».

[6] Π.χ., ενώ ο ισολογισμός της 31/12/1921 της Ionian Bank (1922) αναφέρει 178.293.300 δρχ σε ανοικτούς λογαριασμούς και 66.270.725 δρχ σε προθεσμιακούς, η ΕΣΥΕ (1931, 273) αναφέρει 152.414.000 δρχ σε καταθέσεις «όψεως» και 65.304.000 δρχ σε καταθέσεις «προθεσμίας».

Αντιπαραβολή της με τα στοιχεία της ΤτΕ και της ΕΣΥΕ υποδεικνύει ότι συμφωνεί περισσότερο με την καταχώρηση «υποχρεώσεις όψεως» της ΕΣΥΕ, αν και μετά τον Μάρτιο του 1943 αποκλίνει σημαντικά. Το πρόβλημα αυτό «λύνεται» από την ταυτόχρονη διόγκωση της νομισματικής κυκλοφορίας. Τον Μάρτιο του 1944, οπότε και ο Palairet παραθέτει καταθέσεις όψεως ύψους 400 δισ δρχ, οι καταθέσεις αποτελούν του 5% του Μ0, για να εκμηδενισθούν ως ποσοστό αμέσως μετά. Κατά συνέπεια, παραθέτω τα στοιχεία μέχρι και την στιγμή εκείνη.

Για την μεταπολεμική περίοδο, τα στοιχεία για καταθέσεις και άλλες πιστωτικές σχέσεις (τραπεζικά ομόλογα, τοποθετήσεις ιδιωτών σε έντοκα γραμμάτια, repos, μερίδια αμοιβαίων κεφαλαίων διαθεσίμων) ελήφθησαν από την ΤτΕ (ετήσιες *Εκθέσεις του Διοικητή*) και την ΕΣΥΕ (ΣΕΕ και ΣΣΕΕ).

Τέλος, κάποιες γενικότερες σημειώσεις.

Τα μοναδικά ευρέως διαθέσιμα στοιχεία παροχής χρήματος αναφέρονται στο τέλος των οικονομικών ετών, οπότε και σε αυτά θα εστιάσουμε. Το μειονέκτημα βεβαίως είναι ότι αυτά δίνουν την στιγμιαία απεικόνιση της κυκλοφορίας, η οποία δεν είναι αναγκαστικό ότι είναι αντιπροσωπευτική της μέσης κυκλοφορίας για το έτος.

Επίσης, τα στοιχεία διακρίνονται στις περιόδους 1842–1940 και 1946–1999, καθώς ο κατοχικός υπερπληθωρισμός ουσιαστικώς κατέστρεψε την δραχμή και η μεταπολεμική δραχμή ήταν ένα εντελώς καινούργιο νόμισμα χωρίς ουσιαστική συνέχεια με την προπολεμική. Για τα στοιχεία των ετών 1939 και 1940 (31/10) που δεν καλύπτονται από την ΕΣΥΕ (1940), χρησιμοποιώ τα στοιχεία του πρόχειρου απολογισμού που δημοσίευσε η εξόριστη Διοίκηση της ΤτΕ τον Μάρτιο του 1941. Στα στοιχεία αυτά: (α) Στις καταθέσεις όψεως συνυπολογίζω τις καταθέσεις όψεως των «πέντε τραπεζών» (ΕΤΕ, Λαϊκή, Αθηνών, Εμπορική, Ionian) και το σύνολο των καταθέσεων της ΑΤΕ, καθώς για την τελευταία δεν γίνεται διαχωρισμός στον τύπο καταθέσεων. (β) Στις καταθέσεις ταμιευτηρίου συνυπολογίζω τις καταθέσεις όψεως των «πέντε τραπεζών» και του ΤΤ.

Τέλος, για την περίοδο μετά το 2001, λόγω της υιοθέτησης του ευρώ σε φυσική μορφή αντιμετωπίζουμε το ίδιο πρόβλημα με την προπολεμική Ελλάδα ως προς το Μ0, μόνο που τώρα εκτός από τα μεταλλικά νομίσματα επεκτείνεται και στα χαρτονομίσματα. Καθώς η Ελλάδα υιοθέτησε κοινό νόμισμα με τις υπόλοιπες χώρες της ΟΝΕ, και καθώς οι διασυνοριακές μετακινήσεις κερμάτων και χαρτονομισμάτων δεν ελέγχονται πλέον, δεν υπάρχει τρόπος να μετρήσουμε το ποσόν κυκλοφορούντων μεταλλικών και χάρτινων νομισμάτων εντός κάθε ξεχωριστής επικράτειας. Δεδομένου δε ότι το ευρώ απέκτησε και χαρακτήρα παγκόσμιου αποθεματικού νομίσματος—βεβαίως σε μικρότερη έκταση από το δολάριο—ίσως να μην είναι δυνατόν να εκτιμηθεί και αυτή η ποσότητα εντός του συνόλου της ευρωζώνης.

Τα ποσοτικά στοιχεία που προέκυψαν από τις παραπάνω παραδοχές παρουσιάζονται στους πίνακες της παραγράφου 25.4. Σε γραφική μορφή παρουσιάζονται στις Εικόνες 25.1 και 25.2. Η οφθαλμοφανής διαφορά μεταξύ των δύο αντιδιαστέλλει την ταραγμένη από πολέμους περίοδο 1836–1940 με την παρατεταμένη ειρήνη μετά τον ΒΠΠ.

Σχόλιο: το πρόβλημα του ορισμού των δεικτών «Μn»

Οι διάφορες «μορφές» χρήματος έχει καθιερωθεί να εκφράζονται με τους δείκτες «Μn», όπου n = 0, 1, 2, 3, 4, κοκ. Υποτίθεται ότι οι δείκτες αυτοί εκφράζουν με μαθηματική ακρίβεια το αντικείμενο της εργασίας των οικονομολόγων και των τραπεζιτών, αν και στην πραγματικότητα κατέληξαν εκφράζουν με μαθηματική ακρίβεια το μέγεθος της άγνοιάς τους γύρω από αυτό. Ο συμβολισμός αυτός φαίνεται να καθιερώθηκε από τον Keynes (1930, 1:150) με την χρήση των δεικτών Μ1, Μ2 και Μ3, αν και με ελαφρώς διαφορετικό ορισμό από αυτόν που καθιερώθηκε κατόπιν, ενώ το Μ0 φαίνεται να εισήχθη αργότερα. Αυτό που κατάφεραν αυτοί οι δείκτες ήταν να ποσοτικοποιήσουν την—ήδη υπάρχουσα—σύγχυση των σύγχρονων οικονομολόγων ως προς το *τι είναι χρήμα*. Αυτό φαίνεται πιο καθαρά στις απόψεις ενός εκ των πιο προβεβλημένων εκπροσώπων του κλάδου, του Milton Friedman.

Το 1963 ο Friedman δημοσίευσε, σε συνεργασία με την Anna Schwartz (M. Friedman και Schwartz 1963) μια μνημειώδη νομισματική ιστορία των ΗΠΑ. Αποτέλεσμα της ιστορικής αυτής μελέτης ήταν και κάποια θεωρητικά συμπεράσματα σχετικά με την φύση και τον ορισμό του χρήματος. Οι μέθοδοι και τα συμπεράσματα των δύο συγγραφέων δεν είχαν καμία σχέση με την απλότητα και καθαρότητα της Αριστοτέλειας λογικής για το χρήμα. Αφού ανέλυσαν έναν τεράστιο όγκο δεδομένων κατέληξαν ότι το άθροισμα κερμάτων, τραπεζογραμματίων και καταθέσεων όψεως—το Μ1 της Federal Reserve—δεν ήταν κατάλληλος ορισμός για το χρήμα. Αντ' αυτού, πρότειναν ότι ο καταλληλότερος ορισμός του χρήματος θα έπρεπε να περιέχει και τις προθεσμιακές καταθέσεις σε εμπορικές τράπεζες, κάτι που ήταν πλησιέστερα στο Μ2 της Federal Reserve—το οποίο εκτός των προθεσμιακών, προσμετρούσε τότε και τις καταθέσεις ταμιευτηρίου σε εμπορικές τράπεζες.

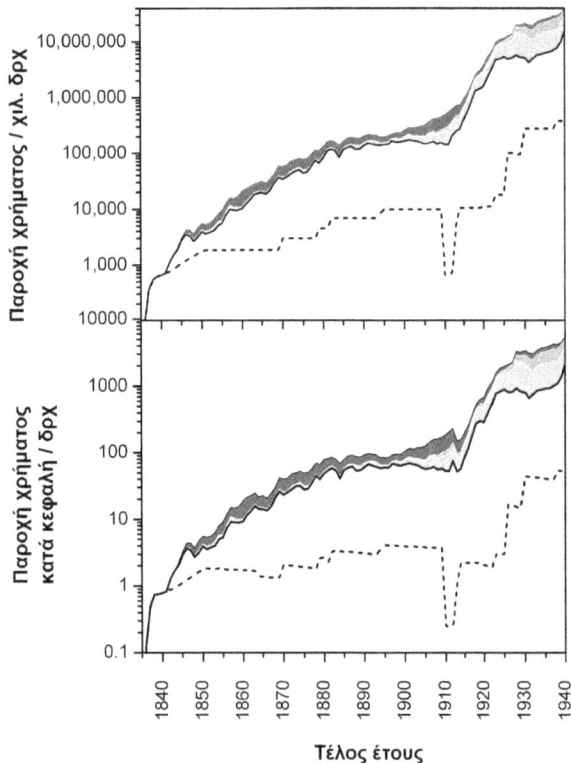

Εικόνα 25.1: Εκτιμήσεις για την παροχή χρήματος Μ0–Μ3 για την περίοδο 1836–1940. Με διακεκομμένη γραμμή η μεταλλική κερματική κυκλοφορία. Το επάνω γράφημα αναφέρεται στις απόλυτες τιμές και το κάτω στις κατά κεφαλή. Οι κατακόρυφοι άξονες είναι λογαριθμικοί.

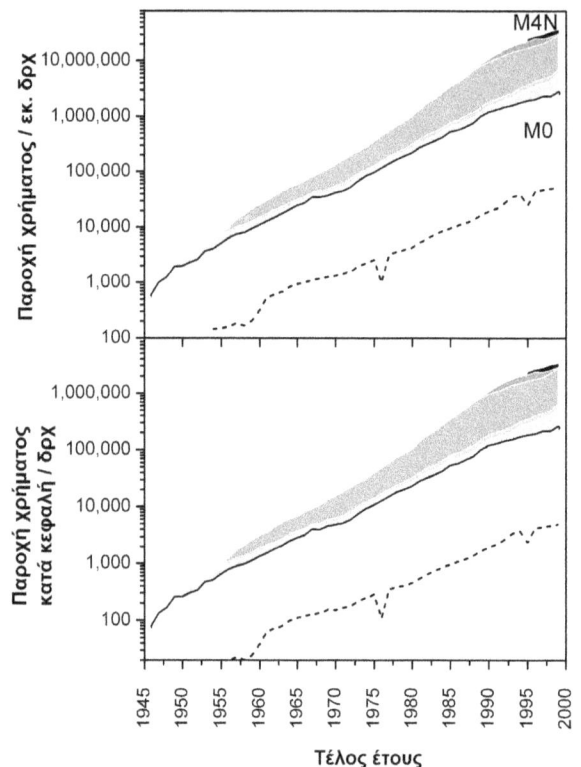

Εικόνα 25.2: Εκτιμήσεις για την παροχή χρήματος Μ0, Μ1 (καταθέσεις ιδιωτών), Μ1 (συνολικές καταθέσεις), Μ3, Μ4 και Μ4Ν για την περίοδο 1946–1999 σε απόλυτες (επάνω) και κατά κεφαλή (κάτω) τιμές. Οι κατακόρυφοι άξονες είναι λογαριθμικοί.

Οι δύο συγγραφείς κατέληξαν στο συμπέρασμα αυτό εκκινώντας από μια ξεκάθαρη θέση σχετικά με την αιτιώδη σχέση νομισματικών και οικονομικών μεταβολών: *το χρήμα* επηρεάζει την οικονομία και όχι το αντίστροφο. Έτσι το σκεπτικό τους ήταν ότι κατάλληλος ορισμός του χρήματος θα προέκυπτε από το νομισματικό δείκτη με την μεγαλύτερη στατιστική συσχέτιση με το Καθαρό Εθνικό Προϊόν—όπως το είχε μετρήσει ο Kuznets—και με το γενικό επίπεδο τιμών.[7] Η στατιστική ανάλυση οδήγησε στο Μ2. Οι Friedman και Schwartz (1970) επανήλθαν στην επιλογή του Μ2,[8] στο οποίο συνυπολόγιζε όλες τις καταθέσεις σε εμπορικές τράπεζες, όχι όμως καταθέσεις σε ταμιευτήρια. Αν και πάλι η άποψή του στηρίχθηκε στην επεξεργασία ενός πρωτοφανούς όγκου νομισματικών δεδομένων που κάλυπταν περί τον ένα αιώνα αμερικανικής ιστορίας, ο ίδιος το 1982 αμφισβήτησε τα συμπεράσματά του· σε άρθρο στο Newsweek (15/2/1982) χρησιμοποίησε το Μ1 για τις προβλέψεις του. Οι προβλέψεις αυτές απέτυχαν δραματικά (η αύξηση του πληθωρισμού που προέβλεψε δεν ήρθε ποτέ) και από το 1984 ο ίδιος προτίμησε να ξεχάσει την αλλαγή στάσης του και να επιστρέψει στο Μ2, δικαιολογούμενος ότι ο νέος ορισμός του Μ1 ήταν πιο κοντά στον πα-

---

[7]Για την επιλογή νομισματικού δείκτη, βλ. σ. 4–5· για χρονοσειρές προσφοράς χρήματος, πίνακα Α-1, στήλη 8· για συσχέτιση ΚΕΠ, επιπέδου τιμών και προσφοράς χρήματος, βλ. διάγραμμα 62· για αιτιώδη σχέση νομισματικών-οικονομικών μεταβολών, βλ. σ. 686–695.
[8]Το Μ2 (στήλη 9 του πίνακα 1) περιλαμβάνει το Μ1 (= Μ0 + καταθέσεις όψεως) και τις προθεσμιακές καταθέσεις.

λαιό ορισμό του Μ2.[9] Ο Edward Nelson (2007) θεωρεί ανακριβή αυτήν την δήλωση, και αναλύει διεξοδικά τις ανακολουθίες των κατά καιρούς δηλώσεων του Friedman.

Από την δεκαετία του 1970, η απελευθέρωση του τραπεζικού συστήματος δημιούργησε νέα πιστωτικά ιδρύματα και νέα είδη χρηματοοικονοικών προϊόντων όπως τα αποδεικτικά καταθέσεως (certificates of deposit, CD), money market mutual funds (MMMF), overnight repurchase agreements (repos). Έτσι υιοθετήθηκε η μέτρηση και του δείκτη Μ3, που υπολογιζόταν από το άθροισμα του Μ2 και των καταθέσεων σε αυτά τα μη τραπεζικά ιδρύματα. Από το 1975 υιοθετήθηκε από την Federal Reserve η χρήση των δεικτών Μ4 και Μ5. Και μόνον η παράθεση των κατά τόπους και κατά περιόδους ορισμών των δεικτών Μ*n* αποτελεί αντικείμενο ξεχωριστής ερευνητικής εργασίας (βλ. π.χ. Lim και Sriram 2003). Π.χ., αλλιώς ορίζεται το Μ2 στις ΗΠΑ και αλλιώς στην Βρετανία· αλλιώς οριζόταν στις ΗΠΑ το 1990 και αλλιώς σήμερα· από το 2006 η Federal Reserve διέκοψε την δημοσίευση στοιχείων για το Μ3. Έτσι θα ήταν πιο ακριβές να πούμε ότι οι σύγχρονοι οικονομολόγοι δεν έχουν φτάσει να συμφωνήσουν ούτε με τον εαυτό τους για το *τί είναι χρήμα*.

Προ του 1940

Πίνακας 25.32: Σχεδιασμός και υλοποίηση του «Οργανισμού των Χαρτονομισμάτων» (1831-33).

Αξίες	Πρόβλεψη τεμαχίων	Πρόβλεψη αξίας	Τυπωθέντα τεμάχια	Τυπωθείσα αξία
5	150.000	750.000	25.000	124.000
10	75.000	750.000	12.500	125.000
50	20.000	1.000.000	3.340	176.000
100	5.000	500.000	830	83.000
Σύνολο	**250.000**	**3.000.000**	**41.670**	**500.000**

Πίνακας 25.33: Εκδόσεις φαλαγγίτικων πιστωτικών γραμματίων (1838–43).

Έτος	Ποσόν (δρχ)
1838	3.719.902
1839	697.520
1840	199.320
1841	150.960
1842	110.544
1843	615.393
Σύνολο	**5.493.639**

Πίνακας 25.34: Υπολογιζόμενη κυκλοφορία μεταλλικών κερμάτων 1836–1940.

Έτος	Χάλκινα	Χαλκονικέλινα	Νικέλινα	Αλουμινένια	Αργυρά	Κρητικά	Σύνολο
1836	92.750,00						92.750,00
1837	370.622,87						370.622,87
1838	552.723,98						552.723,98
1839	626.760,17						626.760,17
1840	665.025,57						665.025,57
1841	711.918,27						711.918,27
1842	756.641,67						756.641,67
1843	832.909,56						832.909,56
1844	949.408,94						949.408,94
1845	1.069.834,88						1.069.834,88
1846	1.208.269,49						1.208.269,49
1847	1.300.225,17						1.300.225,17
1848	1.443.387,97						1.443.387,97
1849	1.612.023,67						1.612.023,67
1850	1.740.249,67						1.740.249,67
1851	1.841.651,63						1.841.651,63
1852	1.841.651,63						1.841.651,63
1853	1.841.651,63						1.841.651,63
1854	1.841.651,63						1.841.651,63
1855	1.841.651,63						1.841.651,63
1856	1.841.651,63						1.841.651,63
1857	1.872.445,51						1.872.445,51
1858	1.872.445,51						1.872.445,51
1859	1.872.445,51						1.872.445,51
1860	1.872.445,51						1.872.445,51
1861	1.872.445,51						1.872.445,51
1862	1.872.445,51						1.872.445,51

[9] *«My opinion is that the present M1 is, from a logical, conceptual point of view, equivalent to the earlier M2 because the essential element of the earlier M2 was that it included some interest-bearing deposits. In the past, I always found M2 to be a more reliable guide to economic events than the earlier M1. Therefore, I am inclined to believe that from here on out I will find the present M1, once it has gotten over this once-and-for-all adjustment, to be a more reliable guide than the non- interest-bearing M1»* (Heller κ.ά. 1984, 51).

Έτος	Χάλκινα	Χαλκονικέλινα	Νικέλινα	Αλουμινένια	Αργυρά	Κρητικά	Σύνολο
1863	1.872.445,51						1.872.445,51
1864	1.872.445,51						1.872.445,51
1865	1.872.445,51						1.872.445,51
1866	1.872.445,51						1.872.445,51
1867	1.872.445,51						1.872.445,51
1868	1.872.445,51						1.872.445,51
1869	1.872.445,51						1.872.445,51
1870	2.996.065,35						2.996.065,35
1871	2.996.065,35						2.996.065,35
1872	2.996.065,35						2.996.065,35
1873	2.996.065,35						2.996.065,35
1874	2.996.065,35						2.996.065,35
1875	2.996.065,35						2.996.065,35
1876	2.996.065,35						2.996.065,35
1877	2.996.065,35						2.996.065,35
1878	2.996.065,35						2.996.065,35
1879	4.432.809,05						4.432.809,05
1880	4.496.065,35						4.496.065,35
1881	4.559.321,65						4.559.321,65
1882	6.720.287,45						6.720.287,45
1883	6.879.321,65						6.879.321,65
1884	6.879.321,65						6.879.321,65
1885	6.879.321,65						6.879.321,65
1886	6.879.321,65						6.879.321,65
1887	6.879.321,65						6.879.321,65
1888	6.879.321,65						6.879.321,65
1889	6.879.321,65						6.879.321,65
1890	6.879.321,65						6.879.321,65
1891	6.879.321,65						6.879.321,65
1892	6.879.321,65						6.879.321,65
1893	6.879.321,65	49.601,60					6.928.923,25
1894	6.879.321,65	1.500.000,00					8.379.321,65
1895	6.879.321,65	3.000.000,00					9.879.321,65
1896	6.879.321,65	3.000.000,00					9.879.321,65
1897	6.879.321,65	3.000.000,00					9.879.321,65
1898	6.879.321,65	3.000.000,00					9.879.321,65
1899	6.879.321,65	3.000.000,00					9.879.321,65
1900	6.879.321,65	3.000.000,00					9.879.321,65
1901	6.879.321,65	3.000.000,00					9.879.321,65
1902	6.879.321,65	3.000.000,00					9.879.321,65
1903	6.879.321,65	3.000.000,00					9.879.321,65
1904	6.879.321,65	3.000.000,00					9.879.321,65
1905	6.879.321,65	3.000.000,00					9.879.321,65
1906	6.879.321,65	3.000.000,00					9.879.321,65
1907	6.879.321,65	3.000.000,00					9.879.321,65
1908	6.879.321,65	3.000.000,00					9.879.321,65
1909	6.879.321,65	3.000.000,00					9.879.321,65
1910	671.981,75						671.981,75
1911	671.981,75						671.981,75
1912	671.981,75		59.937,20			0,00	731.918,95
1913	671.981,75		2.447.618,60			2.350.000,00	5.469.600,35
1914	2.671.981,75		5.592.710,60			2.350.000,00	10.614.692,35
1915	2.671.981,75		5.592.710,60			2.350.000,00	10.614.692,35
1916	2.671.981,75		5.592.710,60			2.350.000,00	10.614.692,35
1917	2.671.981,75		5.592.710,60			2.350.000,00	10.614.692,35
1918	2.671.981,75		5.592.710,60			2.350.000,00	10.614.692,35
1919	2.671.981,75		5.592.710,60			2.350.000,00	10.614.692,35
1920	2.671.981,75		6.178.905,40			2.350.000,00	11.200.887,15
1921	2.671.981,75		6.178.905,40			2.350.000,00	11.200.887,15
1922	2.671.981,75		6.178.905,40			2.350.000,00	11.200.887,15
1923			6.178.905,40	12.000.000,00			18.178.905,40
1924			6.178.905,40	12.000.000,00			18.178.905,40
1925		0,00	6.178.905,40	12.000.000,00			18.178.905,40
1926		73.000.000,00	6.178.905,40	12.000.000,00			91.178.905,40

Έτος	Χάλκινα	Χαλκονικέλινα	Νικέλινα	Αλουμινένια	Αργυρά	Κρητικά	Σύνολο
1927		73.000.000,00	6.178.905,40	12.000.000,00			91.178.905,40
1928		73.000.000,00		12.000.000,00			85.000.000,00
1929		73.000.000,00		12.000.000,00			85.000.000,00
1930		100.490.000,00	75.000.000,00	12.000.000,00	92.000.000,00		279.490.000,00
1931		100.490.000,00	75.000.000,00	12.000.000,00	92.000.000,00		279.490.000,00
1932		100.490.000,00	75.000.000,00	12.000.000,00	92.000.000,00		279.490.000,00
1933		100.490.000,00	75.000.000,00	12.000.000,00	92.000.000,00		279.490.000,00
1934		100.490.000,00	75.000.000,00	12.000.000,00	92.000.000,00		279.490.000,00
1935		100.490.000,00	75.000.000,00	12.000.000,00	92.000.000,00		279.490.000,00
1936		100.490.000,00	75.000.000,00	12.000.000,00	92.000.000,00		279.490.000,00
1937		100.490.000,00	75.000.000,00	12.000.000,00	92.000.000,00		279.490.000,00
1938		100.490.000,00	75.000.000,00	12.000.000,00	92.000.000,00		384.800.000,00
1939		100.490.000,00	75.000.000,00	12.000.000,00			384.800.000,00
1940		100.490.000,00	75.000.000,00	12.000.000,00			384.800.000,00

Πίνακας 25.35: Κυκλοφορία τραπεζογραμματίων στα τέλη των ετών 1842–1940

Έτος	ETE[2,3]	ETE για λογ. κράτους[2]	ETE δυνάμει Ν. ‚ΓΧΜΒ′[2]	Ionian[4]	ΠΤΗ[5]	ΤΚ[6]	ΤτΕ[7]	Σύνολο τρ/τίων
1842	307.950,00							307.950,00
1843	673.600,00							673.600,00
1844	894.850,00							894.850,00
1845	1.692.650,00							1.692.650,00
1846	2.329.225,00							2.329.225,00
1847	2.050.450,00							2.050.450,00
1848	1.234.125,00							1.234.125,00
1849	1.566.395,00							1.566.395,00
1850	2.216.075,00							2.216.075,00
1851	1.748.435,00							1.748.435,00
1852	2.059.835,00							2.059.835,00
1853	2.295.485,00							2.295.485,00
1854	3.274.000,00							3.274.000,00
1855	3.777.920,00							3.777.920,00
1856	5.973.420,00							5.973.420,00
1857	8.053.855,00							8.053.855,00
1858	7.821.335,00							7.821.335,00
1859	7.764.875,00							7.764.875,00
1860	8.386.150,00							8.386.150,00
1861	10.630.822,00							10.630.822,00
1862	12.717.787,00							12.717.787,00
1863	16.117.107,50			Μ.Δ.				16.117.107,50
1864	17.509.845,00			Μ.Δ.				17.509.845,00
1865	17.783.035,00			Μ.Δ.				17.783.035,00
1866	17.031.005,00			Μ.Δ.				17.031.005,00
1867	20.127.435,00			Μ.Δ.				20.127.435,00
1868	22.968.835,00			4.389.420,00				27.358.255,00
1869	26.440.930,00			8.439.694,25				34.880.624,25
1870	26.447.149,00			4.450.655,24				30.897.804,24
1871	28.201.570,00			6.174.098,07				34.375.668,07
1872	31.796.012,00			6.937.402,00				38.733.414,00
1873	37.386.664,00			7.186.832,54				44.573.496,54
1874	39.729.116,00			7.280.949,92				47.010.065,92
1875	36.152.120,80			5.015.011,42				41.167.132,22
1876	36.034.217,60			6.546.243,63				42.580.461,23
1877	29.107.660,00	14.556.155,00		10.063.173,05				53.726.988,05
1878	30.493.578,00	30.012.642,00		11.020.554,65				71.526.774,65
1879	39.925.432,00	11.585.446,00		10.465.924,97				61.976.802,97
1880	35.760.006,00	29.529.794,00		12.143.717,26				77.433.517,26
1881	46.369.848,00	48.772.268,00		10.306.163,87				105.448.279,87
1882	61.337.234,00	41.486.822,00		7.904.734,43				110.728.790,43
1883[1]	53.279.764,00	43.149.612,00		7.710.231,00	1.060.540,00			105.200.147,00
1884	69.648.723,65			6.813.825,59	684.295,00			77.146.844,24
1885	76.967.983,10	21.929.901,50		8.131.838,32	3.357.160,00			110.386.882,92
1886	40.844.834,09	52.465.847,19		6.227.135,63	5.070.308,00			104.608.124,91
1887	40.813.060,52	55.798.449,00		8.642.268,65	5.246.560,50			110.500.338,67

Έτος	ΕΤΕ[2,3]	ΕΤΕ για λογ. κράτους[2]	ΕΤΕ δυνάμει Ν. ͵ΓΧΜΒ΄[2]	Ionian[4]	ΠΤΗ[5]	ΤΚ[6]	ΤτΕ[7]	Σύνολο τρ/τίων
1888	36.015.059,33	46.401.477,85		8.172.110,12	5.322.995,00			95.911.642,30
1889	29.184.548,98	55.107.327,42		8.254.241,96	5.991.077,50			98.537.195,86
1890	42.800.471,11	55.945.595,86		8.806.334,33	5.986.825,50			113.539.226,80
1891	46.820.283,92	68.633.850,09		8.590.943,36	5.639.677,50			129.684.754,87
1892	50.349.551,22	62.587.100,02		8.265.865,54	5.414.894,50			126.617.411,28
1893	36.044.893,31	70.556.122,07		8.363.327,25	5.646.457,50			120.610.800,13
1894	41.662.379,11	60.789.621,53		8.650.049,59	5.092.462,50			116.194.512,73
1895	48.798.076,83	55.664.933,38		8.753.962,93	5.713.465,00			118.930.438,14
1896	50.436.678,60	55.921.752,06		8.937.571,24	5.503.722,50			120.799.724,40
1897	53.687.531,30	70.727.881,21		8.825.174,13	4.831.052,00			138.071.638,64
1898	45.427.147,94	71.355.000,00		8.462.900,90	5.847.115,00			131.092.163,84
1899	44.816.512,02	71.000.000,00		8.822.143,22	4.752.987,50			129.391.642,74
1900	54.034.199,89	70.903.669,03		8.944.020,95	1.607.335,00			135.489.224,87
1901	56.590.939,14	70.903.682,03		7.881.172,20	847.730,00			136.223.523,37
1902	63.888.740,26	69.778.575,47		6.805.906,63	542.145,00			141.015.367,36
1903	58.880.363,76	68.778.575,42		6.634.438,98	338.850,00			134.632.228,16
1904	53.463.947,80	68.778.575,42		6.383.473,02	255.775,00			128.881.771,24
1905	48.547.982,65	67.778.575,42		6.206.215,80	200.750,00			122.733.523,87
1906	54.288.106,65	67.778.575,42		6.520.529,61	169.760,00			128.756.971,68
1907	63.071.495,55	67.778.575,42		6.589.161,45	144.845,00			137.584.077,42
1908	56.598.793,45	61.778.575,42		6.058.948,12	124.405,00			124.560.721,99
1909	63.943.759,42	61.778.575,42		6.201.146,00	108.765,00			132.032.245,84
1910	42.601.369,35	61.778.575,42	21.476.248	6.366.989,00				132.223.181,77
1911	42.718.983,54	61.778.575,42	30.850.000	6.337.792,60				141.685.351,56
1912	34.967.601,43	61.778.575,42	100.000.000	6.255.524,38				203.001.701,23
1913	6.870.867,24	61.778.575,42	165.825.610	6.351.059,27		4.146.475		244.972.586,93
1914	37.741.933,75	60.951.915,42	153.513.100	6.520.823,00		5.854.325		264.582.097,17
1915	136.446.396,09	58.951.915,42	183.513.100	6.381.178,00		6.880.225		392.172.814,51
1916	137.436.547,57	56.951.915,42	360.000.000	6.318.397,08		8.771.525		569.478.385,07
1917	114.370.358,05	54.951.915,42	690.000.000	5.840.375,32		10.736.525		875.899.173,79
1918	44.539.392,51	52.951.915,42	1.170.070.605	5.679.240,31		10.508.475		1.283.749.628,24
1919	130.354.100,09	50.951.915,42	1.193.941.070	6.573.745,31		8.622.075		1.390.442.905,82
1920	362.133.039,53	48.951.915,42	1.097.281.095					1.508.366.049,95
1921	1.016.949.791,61	46.951.915,42	1.097.281.095					2.161.182.802,03
1922	1.964.710.183,92	44.951.915,42	1.139.784.175					3.149.446.274,34
1923	2.798.568.859,41	742.847.025,42	1.139.784.175					4.681.200.059,83
1924	2.968.764.506,00	757.375.055,42	1.139.784.175					4.865.923.736,42
1925	3.143.364.294,43	1.056.100.560,00	1.139.784.175					5.339.249.029,43
1926	2.500.369.712,12	1.224.486.375,00	1.139.784.175					4.864.640.262,12
1927	4.531.189.175,00	435.069.169,52						4.966.258.344,52
1928							5.689.550.300,00	5.689.550.300,00
1929							5.193.263.910,00	5.193.263.910,00
1930							4.802.907.375,00	4.802.907.375,00
1931							4.002.998.595,00	4.002.998.595,00
1932							4.714.191.112,50	4.714.191.112,50
1933							5.448.848.600,00	5.448.848.600,00
1934							5.686.350.100,00	5.686.350.100,00
1935							5.987.560.100,00	5.987.560.100,00
1936							6.202.535.900,00	6.202.535.900,00
1937							6.776.494.400,00	6.776.494.400,00
1938							7.238.722.200,00	7.238.722.200,00
1939							9.452.791.550,00	9.452.791.550,00
1940							15.369.024.800,00	15.369.024.800,00

[1]1836–1882: Παλαιές δραχμές (Οθωνικές). 1883–1927: Νέες δραχμές (ΛΝΕ). 1928–1940: Σταθεροποιημένες δραχμές (1 νέα = 16,52 σταθε-ροποιημένες = 1,12 παλαιές δρχ). Θα πρέπει να σημειώσουμε ότι ενώ το 1883 υιοθετήθηκε ένα νέο νόμισμα, το 1928 απλώς επισημοποιή-θηκε η υποτίμηση που υπέστη ως προς τον χρυσό η νέα δραχμή μετά το 1921. Έτσι, ενώ ο διαχωρισμός παλαιών-νέων δραχμών είναι μέχρι το 1921 ουσιαστικός, μετά το 1921 καθίσταται μάλλον συμβατικός τόσο ο χαρακτηρισμός «νέες δραχμές», όσο και ο διαχωρισμός τους από τις «σταθεροποιημένες». [2]Ισολογισμοί ΕΤΕ (ΙΑΕΤΕ, Τύπος) εκτός από 1877–1883 (Βαλαωρίτης, σ. 268). [3]1853: 31/7. 1854: ΜΟ έτους (Βαλαωρίτης σ. 268). [4]Ισολογισμοί Ionian Bank (Αρχείο Alpha Bank, Τύπος). [5]1883–1896: Ισολογισμοί ΠΤΗ (ΙΑΕΤΕ). 1897: ΜΟ έτους (Βαλαωρίτης). 1898–1909: Ισολογισμοί ΕΤΕ (ΙΑΕΤΕ, Τύπος). [6]Ισολογισμοί ΤΚ (ΙΑΕΤΕ). [7]Ισολογισμοί ΤτΕ (Εκθέσεις του Διοικητή).

Πίνακας 25.36: Κυκλοφορία κερματικών γραμματίων στα τέλη των ετών 1886–1926.

Έτος	ΕΤΕ[1]	Ionian[2]	ΠΤΗ[3]	Κράτους δυνάμει του Ν. 991/1917[1]	Κράτους δυνάμει του Ν. 1918/1920[1]	Σύνολο κερμ. Γρ/τίων
1886	10.999.999	3.499.999,00				14.499.998,00
1887	8.999.999	3.372.848,00	3.500.000			15.872.847,00
1888	7.399.999	3.359.364,00	3.500.000			14.259.363,00
1889	7.399.999	3.350.772,00	3.500.000			14.250.771,00
1890	7.400.000	3.351.070,00	3.500.000			14.251.070,00
1891	7.400.000	3.497.053,00	3.500.000			14.397.053,00
1892	7.000.000	3.498.229,00	3.500.000			13.998.229,00
1893	7.000.000	3.491.645,00	3.500.000			13.991.645,00
1894	7.000.000	3.498.851,00	3.500.000			13.998.851,00
1895	7.000.000	3.497.023,00	3.500.000			13.997.023,00
1896	7.000.000	3.493.402,00	3.500.000			13.993.402,00
1897	10.000.000	4.971.094,00	3.500.000			18.471.094,00
1898	10.000.000	4.975.141,10	5.000.000			19.975.141,10
1899	10.000.000	4.992.138,96	5.000.000			19.992.138,96
1900	9.390.000	4.463.177,00	5.000.000			18.853.177,00
1901	9.390.000	4.483.668,00	13.500.000			27.373.668,00
1902	9.390.000	4.399.179,00	4.110.000			17.899.179,00
1903	12.750.000	4.194.097,00	4.110.000			21.054.097,00
1904	11.250.000	3.716.162,81				14.966.162,81
1905	10.500.000	3.448.329,00				13.948.329,00
1906	10.500.000	3.498.627,00				13.998.627,00
1907	10.500.000	3.488.830,00				13.988.830,00
1908	10.500.000	3.462.556,90				13.962.556,90
1909	9.000.000	2.995.182,00				11.995.182,00
1910	7.438.082	2.559.362,00				9.997.444,00
1911		1.066.371,00				1.066.371,00
1912		968.662,00				968.662,00
1913		920.902,00				920.902,00
1914						
1915						
1916						
1917						
1918				20.736.198,70		20.736.198,70
1919				30.659.390,30		30.659.390,30
1920				30.941.634,10	8.576.081,35	39.517.715,45
1921				30.506.856,00	10.000.000,00	40.506.856,00
1922				30.506.856,00	10.000.000,00	40.506.856,00
1923				30.506.856,00	10.000.000,00	40.506.856,00
1924				30.506.856,00	10.000.000,00	40.506.856,00
1925				5.000.000,00		5.000.000,00
1926				5.000.000,00		5.000.000,00

[1]Ισολογισμοί ΕΤΕ. [2]Ισολογισμοί Ionian. [3]Ισολογισμοί ΠΤΗ, εκτός από 1899–1909 (ισολογισμοί ΕΤΕ).

Πίνακας 25.37: Εκτιμήσεις παροχής χρήματος 1836–1940 (χιλιάδες τρέχουσες δρχ, τέλος έτους).

Έτος	Κέρματα[2]	Τρ/τια[3]	Κερμ. γρ/τια[4]	Καταθ. όψεως[5]	Καταθ. Ταμιευτ.[5]	Προθεσμ. καταθέσεις[5]	Μ0[6]	Μ1[7]	Μ2[8]	Μ3[9]
1836	92,75						92,75	92,75	92,75	92,75
1837	370,62						370,62	370,62	370,62	370,62
1838	552,72						552,72	552,72	552,72	552,72
1839	626,76						626,76	626,76	626,76	626,76
1840	665,03						665,03	665,03	665,03	665,03
1841	711,92						711,92	711,92	711,92	711,92
1842	756,64	307,95		0,00		0,00	1.064,59	1.064,59	1.064,59	1.064,59
1843	832,91	673,60		1,00		2,00	1.506,51	1.507,51	1.509,51	1.509,51
1844	949,41	894,85		73,00		115,00	1.844,26	1.917,26	2.032,26	2.032,26
1845	1.069,83	1.692,65		2,00	60,00	278,00	2.762,48	2.764,48	3.042,48	3.102,48
1846	1.208,27	2.329,23		1,00	127,00	622,00	3.537,49	3.538,49	4.160,49	4.287,49
1847	1.300,23	2.050,45		78,00	149,00	688,00	3.350,68	3.428,68	4.116,68	4.265,68
1848	1.443,39	1.234,13		26,00	149,00	825,00	2.677,51	2.703,51	3.528,51	3.677,51
1849	1.612,02	1.566,40		51,00	218,00	1.288,00	3.178,42	3.229,42	4.517,42	4.735,42
1850	1.740,25	2.216,08		83,00	271,00	1.281,00	3.956,32	4.039,32	5.320,32	5.591,32
1851	1.841,65	1.748,44		91,00	303,00	1.461,00	3.590,09	3.681,09	5.142,09	5.445,09
1852	1.841,65	2.059,84		86,00	291,00	1.506,00	3.901,49	3.987,49	5.493,49	5.784,49
1853	1.841,65	2.295,49		351,00	310,00	1.774,00	4.137,14	4.488,14	6.262,14	6.572,14
1854	1.841,65	3.274,00		500,00	324,00	2.329,00	5.115,65	5.615,65	7.944,65	8.268,65
1855	1.841,65	3.777,92		309,00	399,00	3.348,00	5.619,57	5.928,57	9.276,57	9.675,57
1856	1.841,65	5.973,42		438,00	525,00	3.844,00	7.815,07	8.253,07	12.097,07	12.622,07
1857	1.872,45	8.053,86		1.345,00	549,00	4.359,00	9.926,30	11.271,30	15.630,30	16.179,30
1858	1.872,45	7.821,34		701,00	550,00	4.693,00	9.693,78	10.394,78	15.087,78	15.637,78
1859	1.872,45	7.764,88		610,00	566,00	6.261,00	9.637,32	10.247,32	16.508,32	17.074,32
1860	1.872,45	8.386,15		513,00	418,00	9.667,00	10.258,60	10.771,60	20.438,60	20.856,60
1861	1.872,45	10.630,82		745,00	367,00	9.710,00	12.503,27	13.248,27	22.958,27	23.325,27
1862	1.872,45	12.717,79		854,00	355,00	9.380,00	14.590,23	15.444,23	24.824,23	25.179,23
1863	1.872,45	16.117,11		858,00	364,00	8.692,00	17.989,55	18.847,55	27.539,55	27.903,55
1864	1.872,45	17.509,85		898,00	358,00	8.911,00	19.382,29	20.280,29	29.191,29	29.549,29
1865	1.872,45	17.783,04		668,00	422,00	10.674,00	19.655,48	20.323,48	30.997,48	31.419,48
1866	1.872,45	17.031,01		831,00	394,00	8.882,00	18.903,45	19.734,45	28.616,45	29.010,45
1867	1.872,45	20.127,44		1.031,00	409,00	10.902,00	21.999,88	23.030,88	33.932,88	34.341,88
1868	1.872,45	27.358,26		832,00	395,00	12.436,00	29.230,70	30.062,70	42.498,70	42.893,70
1869	1.872,45	34.880,62		2.413,57	446,00	19.391,26	36.753,07	39.166,64	58.557,90	59.003,90
1870	2.996,07	30.897,80		2.679,56	436,00	21.372,60	33.893,87	36.573,43	57.946,03	58.382,03
1871	2.996,07	34.375,67		1.230,91	426,00	21.542,20	37.371,73	38.602,64	60.144,84	60.570,84
1872	2.996,07	38.733,41		4.690,52	471,00	24.921,99	41.729,48	46.420,00	71.341,99	71.812,99
1873	2.996,07	44.573,50		3.548,18	471,00	25.175,24	47.569,56	51.117,74	76.292,99	76.763,99
1874	2.996,07	47.010,07		5.167,44	510,00	26.139,61	50.006,13	55.173,57	81.313,19	81.823,19
1875	2.996,07	41.167,13		5.280,08	492,00	27.790,97	44.163,20	49.443,28	77.234,25	77.726,25
1876	2.996,07	42.580,46		4.589,95	481,00	29.841,92	45.576,53	50.166,47	80.008,39	80.489,39
1877	2.996,07	53.726,99		3.962,33	504,00	32.783,05	56.723,05	60.685,38	93.468,44	93.972,44
1878	2.996,07	71.526,77		4.584,90	551,00	35.847,91	74.522,84	79.107,74	114.955,65	115.506,65
1879	4.432,81	61.976,80		4.786,29	588,00	38.606,87	66.409,61	71.195,90	109.802,77	110.390,77
1880	4.496,07	77.433,52		6.334,47	619,00	44.328,09	81.929,58	88.264,05	132.592,14	133.211,14
1881	4.559,32	105.448,28		8.638,56	677,00	44.084,37	110.007,60	118.646,16	162.730,53	163.407,53
1882	6.720,29	110.728,79		8.326,62	712,00	45.495,44	117.449,08	125.775,70	171.271,14	171.983,14
1883[1]	6.879,32	105.200,15		7.100,03	708,00	44.410,88	112.079,47	119.179,50	163.590,38	164.298,38
1884	6.879,32	77.146,84		5.724,13	717,00	50.719,42	84.026,17	89.750,30	140.469,72	141.186,72
1885	6.879,32	110.386,88		5.813,19	763,00	44.695,47	117.266,20	123.079,39	167.774,86	168.537,86
1886	6.879,32	104.608,12	14.500,00	13.577,84	896,00	48.074,31	125.987,44	139.565,29	187.639,59	188.535,59
1887	6.879,32	110.500,34	15.872,85	10.282,42	996,00	50.816,66	133.252,51	143.534,92	194.351,58	195.347,58
1888	6.879,32	95.911,64	14.259,36	20.677,77	1.101,00	50.951,00	117.050,33	137.728,09	188.679,09	189.780,09
1889	6.879,32	98.537,20	14.250,77	17.331,78	1.168,00	50.607,28	119.667,29	136.999,07	187.606,35	188.774,35
1890	6.879,32	113.539,23	14.251,07	18.993,24	1.150,00	51.068,99	134.669,62	153.662,86	204.731,85	205.881,85
1891	6.879,32	129.684,75	14.397,05	13.440,71	1.237,00	51.259,62	150.961,13	164.401,84	215.661,46	216.898,46
1892	6.879,32	126.617,41	13.998,23	21.508,97	1.284,00	47.821,15	147.494,96	169.003,93	216.825,08	218.109,08
1893	6.928,92	120.610,80	13.991,65	27.067,21	1.247,00	45.987,16	141.531,37	168.598,58	214.585,74	215.832,74
1894	8.379,32	116.194,51	13.998,85	13.565,85	1.343,00	44.842,19	138.572,69	152.138,54	196.980,73	198.323,73
1895	9.879,32	118.930,44	13.997,02	12.258,35	1.594,00	45.201,19	142.806,78	155.065,13	200.266,32	201.860,32
1896	9.879,32	120.799,72	13.993,40	14.543,11	1.844,00	44.522,83	144.672,45	159.215,56	203.738,39	205.582,39

Έτος	Κέρματα[2]	Τρ/τια[3]	Κερμ. γρ/τια[4]	Καταθ. όψεως[5]	Καταθ. Ταμιευτ.[5]	Προθεσμ. καταθέσεις[5]	Μ0[6]	Μ1[7]	Μ2[8]	Μ3[9]
1897	9.879,32	138.071,64	18.471,09	14.530,66	2.165,00	43.398,64	166.422,05	180.952,72	224.351,36	226.516,36
1898	9.879,32	131.092,16	19.975,14	25.732,39	2.529,00	46.353,16	160.946,63	186.679,01	233.032,17	235.561,17
1899	9.879,32	129.391,64	19.992,14	18.710,23	3.066,00	54.932,60	159.263,10	177.973,33	232.905,93	235.971,93
1900	9.879,32	135.489,22	18.853,18	27.888,96	3.566,00	63.927,98	164.221,72	192.110,69	256.038,66	259.604,66
1901	9.879,32	136.223,52	27.373,67	42.822,42	4.157,00	70.229,95	173.476,51	216.298,94	286.528,88	290.685,88
1902	9.879,32	141.015,37	17.899,18	33.061,98	4.877,00	81.194,91	168.793,87	201.855,84	283.050,76	287.927,76
1903	9.879,32	134.632,23	21.054,10	36.849,50	5.534,00	92.501,65	165.565,65	202.415,14	294.916,79	300.450,79
1904	9.879,32	128.881,77	14.966,16	42.983,48	5.857,00	104.812,83	153.727,26	196.710,74	301.523,56	307.380,56
1905	9.879,32	122.733,52	13.948,33	46.920,41	7.989,00	123.661,59	146.561,17	193.481,58	317.143,17	325.132,17
1906	9.879,32	128.756,97	13.998,63	69.087,20	10.782,00	144.354,20	152.634,92	221.722,12	366.076,31	376.858,31
1907	9.879,32	137.584,08	13.988,83	72.494,60	15.198,00	167.668,38	161.452,23	233.946,83	401.615,22	416.813,22
1908	9.879,32	124.560,72	13.962,56	65.512,64	22.153,00	190.020,17	148.402,60	213.915,24	403.935,41	426.088,41
1909	9.879,32	132.032,25	11.995,18	81.359,43	27.583,00	187.063,39	153.906,75	235.266,18	422.329,57	449.912,57
1910	671,98	132.223,18	9.997,44	101.446,61	37.764,00	212.546,94	142.892,61	244.339,22	456.886,16	494.650,16
1911	671,98	141.685,35	1.066,37	121.691,90	46.042,00	244.154,64	143.423,70	265.115,61	509.270,25	555.312,25
1912	731,92	203.001,70	968,66	124.475,52	50.949,00	250.692,83	204.702,28	329.177,80	579.870,63	630.819,63
1913	5.469,60	244.972,59	920,90	152.219,04	69.550,00	253.727,01	251.363,09	403.582,13	657.309,14	726.859,14
1914	10.614,69	264.582,10		148.808,59	61.107,00	255.430,96	275.196,79	424.005,38	679.436,34	740.543,34
1915	10.614,69	392.172,81		203.789,81	72.940,00	265.940,82	402.787,51	606.577,32	872.518,14	945.458,14
1916	10.614,69	569.478,39		296.912,75	85.988,00	295.869,95	580.093,08	877.005,83	1.172.875,78	1.258.863,78
1917	10.614,69	875.899,17		502.620,21	115.582,00	292.058,89	886.513,87	1.389.134,07	1.681.192,96	1.796.774,96
1918	10.614,69	1.283.749,63	20.736,20	739.702,82	172.891,00	345.888,12	1.315.100,52	2.054.803,34	2.400.691,45	2.573.582,45
1919	10.614,69	1.390.442,91	30.659,39	932.480,69	223.612,00	475.917,25	1.431.716,99	2.364.197,68	2.840.114,93	3.063.726,93
1920	11.200,89	1.508.366,05	39.517,72	1.148.839,64	257.672,00	795.324,04	1.559.084,65	2.707.924,30	3.503.248,33	3.760.920,33
1921	11.200,89	2.161.182,80	40.506,86	1.499.295,00	362.389,00	1.189.000,00	2.212.890,55	3.712.185,55	4.901.185,55	5.263.574,55
1922	11.200,89	3.149.446,27	40.506,86	1.883.294,00	379.108,00	1.195.400,00	3.201.154,02	5.084.448,02	6.279.848,02	6.658.956,02
1923	18.178,91	4.681.200,06	40.506,86	2.973.529,00	555.207,00	1.300.000,00	4.739.885,82	7.713.414,82	9.013.414,82	9.568.621,82
1924	18.178,91	4.865.923,74	40.506,86	3.864.419,00	734.456,00	1.475.200,00	4.924.609,50	8.789.028,50	10.264.228,50	10.998.684,50
1925	18.178,91	5.339.249,03	5.000,00	3.923.639,00	1.001.299,00	1.505.800,00	5.362.427,93	9.286.066,93	10.791.866,93	11.793.165,93
1926	91.178,91	4.864.640,26	5.000,00	4.738.672,00	1.654.249,00	1.443.200,00	4.960.819,17	9.699.491,17	11.142.691,17	12.796.940,17
1927	91.178,91	4.966.258,34		5.500.600,00	2.362.850,00	868.500,00	5.057.437,25	10.558.037,25	11.426.537,25	13.789.387,25
1928	85.000,00	5.689.550,30		9.122.000,00	3.261.459,00	2.165.400,00	5.774.550,30	14.896.550,30	17.061.950,30	20.323.409,30
1929	85.000,00	5.193.263,91		8.953.000,00	3.585.254,00	2.239.000,00	5.278.263,91	14.231.263,91	16.470.263,91	20.055.517,91
1930	279.490,00	4.802.907,38		8.792.000,00	4.690.750,00	3.158.000,00	5.082.397,38	13.874.397,38	17.032.397,38	21.723.147,38
1931	279.490,00	4.002.998,60		7.018.000,00	5.203.186,00	3.592.000,00	4.282.488,60	11.300.488,60	14.892.488,60	20.095.674,60
1932	279.490,00	4.714.191,11		6.359.000,00	4.975.435,00	3.419.100,00	4.993.681,11	11.352.681,11	14.771.781,11	19.747.216,11
1933	279.490,00	5.448.848,60		7.202.000,00	6.467.645,00	3.511.700,00	5.728.338,60	12.930.338,60	16.442.038,60	22.909.683,60
1934	279.490,00	5.686.350,10		8.340.000,00	7.092.128,00	3.523.800,00	5.965.840,10	14.305.840,10	17.829.640,10	24.921.768,10
1935	279.490,00	5.987.560,10		8.379.000,00	7.520.541,00	3.630.100,00	6.267.050,10	14.646.050,10	18.276.150,10	25.796.691,10
1936	279.490,00	6.202.535,90		8.756.000,00	8.238.000,00	3.841.000,00	6.482.025,90	15.238.025,90	19.079.025,90	27.317.025,90
1937	279.490,00	6.776.494,40		9.600.000,00	8.928.000,00	4.112.000,00	7.055.984,40	16.655.984,40	20.767.984,40	29.695.984,40
1938	384.800,00	7.238.722,20		8.374.000,00	9.544.000,00	4.007.000,00	7.623.522,20	15.997.522,20	20.004.522,20	29.548.522,20
1939	384.800,00	9.452.791,55		11.675.600,00	8.064.900,00	2.763.800,00	9.837.591,55	21.513.191,55	24.276.991,55	32.341.891,55
1940*	384.800,00	15.369.024,80		12.337.400,00	8.467.100,00	3.021.400,00	15.753.800,00	28.091.200,00	31.112.600,00	39.579.700,00

*Στοιχεία τέλους Οκτωβρίου.

[1]**1836–1882:** Παλαιές δραχμές (Οθωνικές). **1883–1927:** Νέες δραχμές (ΛΝΕ). **1928–1940:** Σταθεροποιημένες δραχμές (1 νέα = 16,52 σταθεροποιημένες = 1,12 παλαιές δρχ). Θα πρέπει να σημειώσουμε ότι ενώ το 1883 υιοθετήθηκε ένα νέο νόμισμα, το 1928 απλώς θεσμοθετήθηκε και βάσει νόμου η υποτίμηση που υπέστη ως προς τον χρυσό η νέα δραχμή μετά το 1921. Έτσι, ενώ ο διαχωρισμός παλαιών-νέων δραχμών είναι μέχρι το 1921 ουσιαστικός, μετά το 1921 καθίσταται μάλλον συμβατικός τόσο ο χαρακτηρισμός «νέες δραχμές», όσο και ο διαχωρισμός τους από τις «σταθεροποιημένες».

[2]Στοιχεία Πίνακα 25.34. [3]Στοιχεία Πίνακα 25.35. [4]Στοιχεία Πίνακα 25.36.

[5]Ιδιωτικές καταθέσεις. (α) Kostelenos. (β) Ισολογισμοί Ionian 1869–1920. (γ) ΤτΕ (1939–1940).

[6]Μ0 = μεταλλικά κέρματα + τραπεζογραμμάτια + κερματικά γραμμάτια.

[7]Μ1 = Μ0 + καταθέσεις όψεως. [8]Μ2 = Μ1 + καταθέσεις ταμιευτηρίου. [9]Μ3 = Μ2 + προθεσμιακές καταθέσεις

Γερμανική Κατοχή και απελευθέρωση

Πίνακας 25.38: Νομισματική κυκλοφορία, τιμάριθμος κόστους ζωής στην Αθήνα και τιμή χρυσής λίρας 1939–1947.

Τέλος μήνα	Κυκλοφορία (δρχ)[1]	Καταθέσεις όψε-ως & ταμιευτ.[2]	Τιμάριθμος κόστους ζωής στην Αθήνα[1,3]	Πληθωρισμός (%)[4]	Τιμή χρυσής λίρας (δρχ)[1]
Αύγ. 1939	9.980.613.000	11.727.000.000	99	-1,46	961
Σεπ. 1939	10.639.233.700	11.368.000.000	100	-0,34	1.075
Οκτ. 1939	9.882.899.500	11.816.000.000	100	-0,16	1.087
Νοέ. 1939	9.324.098.600	12.187.000.000	100	0,17	1.087
Δεκ. 1939	9.452.791.550	12.667.000.000	101	0,34	1.087
Ιαν. 1940	8.913.941.550	12.787.000.000	104	2,88	1.087
Φεβ. 1940	8.889.983.900	12.820.000.000	104	3,36	1.087
Μάρ. 1940	9.009.697.650	13.032.000.000	106	5,56	1.087
Απρ. 1940	9.861.323.850	13.193.000.000	107	7,28	1.087
Μαϊ. 1940	11.004.280.950	12.960.000.000	110	9,66	1.075
Ιούν. 1940	11.475.141.700	12.733.000.000	111	11,84	1.063
Ιούλ. 1940	10.602.921.400	12.251.000.000	111	12,30	1.063
Αύγ. 1940	11.076.645.900	13.422.000.000	112	13,13	1.063
Σεπ. 1940	11.325.757.550	13.462.000.000	114	14,00	1.063
Οκτ. 1940	12.598.979.600	13.380.000.000	115	15,00	1.063
Νοέ. 1940	14.222.082.650	13.349.000.000	118	18,00	1.063
Δεκ. 1940	15.369.024.800	13.655.000.000	120	18,81	1.063
Ιαν. 1941	16.174.960.500	**20.000.000.000**	125	20,19	1.063
Φεβ. 1941	17.038.840.850	**21.000.000.000**	126	21,15	1.063
Μάρ. 1941	19.371.436.350	22.000.000.000	128	20,75	1.063
Απρ. 1941	**20.000.000.000**	21.000.000.000	116	8,41	1.063
Μαϊ. 1941	**22.000.000.000**	**20.000.000.000**	145	31,82	4.930
Ιούν. 1941	24.075.484.400	**20.000.000.000**	200	80,18	7.400
Ιούλ. 1941	23.960.159.300	**19.000.000.000**	301	171,17	8.000
Αύγ. 1941	29.058.920.250	18.000.000.000	380	239,29	11.220
Σεπ. 1941	33.842.143.550	17.000.000.000	501	339,47	12.130
Οκτ. 1941	39.067.186.950	17.000.000.000	719	525,22	20.800
Νοέ. 1941	43.528.194.100	16.000.000.000	1.009	755,08	28.650
Δεκ. 1941	48.794.900.550	**20.000.000.000**	1.491	1.142,50	21.130
Ιαν. 1942	53.013.793.350	25.576.133	1.608	1.186,40	21.500
Φεβ. 1942	58.489.884.700	28.221.596	1.859	1.375,40	21.500
Μάρ. 1942	67.865.385.400	31.735.500	2.468	1.828,13	37.250
Απρ. 1942	79.143.708.500	35.339.991	3.246	2.698,28	50.500
Μαϊ. 1942	92.183.523.400	41.028.336	3.707	2.456,55	59.030
Ιούν. 1942	109.845.947.100	47.430.190	5.133	2.466,50	58.830
Ιούλ. 1942	132.344.589.900	54.907.262	6.560	2.079,40	130.500
Αύγ. 1942	155.108.028.100	63.045.498	8.315	2.088,16	196.210
Σεπ. 1942	185.587.421.700	80.562.241	10.202	1.936,33	217.530
Οκτ. 1942	238.324.853.900	94.676.133	15.192	2.012,93	352.870
Νοέ. 1942	289.671.447.700	89.190.697	13.259	1.214,07	273.000
Δεκ. 1942	335.081.365.550	86.746.288	9.902	564,12	151.720
Ιαν. 1943	367.793.525.000	95.890.635	8.420	423,63	144.350
Φεβ. 1943	401.898.186.300	113.358.193	7.480	302,37	134.710
Μάρ. 1943	465.663.180.000	129.838.873	8.290	235,90	161.320
Απρ. 1943	560.224.889.500	136.158.811	10.991	238,60	170.500
Μαϊ. 1943	622.774.636.000	149.930.743	11.686	215,24	239.625
Ιούν. 1943	712.666.711.000	170.810.726	13.007	153,40	307.175
Ιούλ. 1943	869.344.534.400	182.269.641	17.464	166,22	322.240
Αύγ. 1943	1.062.125.368.100	201.705.079	19.995	140,47	355.230
Σεπ. 1943	1.301.726.501.150	215.835.004	27.173	166,35	419.120
Οκτ. 1943	1.734.712.486.350	283.066.978	40.074	163,78	762.400
Νοέ. 1943	2.303.915.762.050	275.347.488	76.171	474,49	1.253.080
Δεκ. 1943	3.199.235.134.300	186.845.489	102.610	936,26	1.562.890
Ιαν. 1944	3.989.646.308.000	**360.000.000.000**	250.854	2.879,26	3.112.000
Φεβ. 1944	5.167.762.000.000	**380.000.000.000**	382.552	5.014,33	5.520.000
Μάρ. 1944	7.722.165.101.000	400.000.000.000	729.009	8.693,84	14.720.000
Απρ. 1944	16.838.986.498.000	-	1.462.000	13.201,79	35.700.000
Μαϊ. 1944	31.237.735.492.000	-	3.775.000	32.203,61	102.964.000

Τέλος μήνα	Κυκλοφορία (δρχ)[1]	Καταθέσεις όψεως & ταμιευτ.[2]	Τιμάριθμος κόστους ζωής στην Αθήνα[1,3]	Πληθωρισμός (%)[4]	Τιμή χρυσής λίρας (δρχ)[1]
Ιούν. 1944	61.133.096.791.000	-	6.039.000	46.328,85	126.260.870
Ιούλ. 1944	131.192.927.932.000	-	24.474.000	140.039,72	364.230.769
Αύγ. 1944	552.851.854.046.000	-	109.907.000	549.572,42	2.390.846.153
Σεπ. 1944	7.305.500.000.000.000	-	2.208.247.000	8.126.522,01	18.528.000.000
Οκτ. 1944	694.570.820.000.000.000	-	198.630.000.000	495.657.932,64	2.583.111.000.000
10/11/1944	6.279.943.102.000.000.000	-	18.850.000.000.000	24.746.950.839,33	43.166.600.000.000
11/11/1944	125.598.800	0	380		2.100
Δεκ. 1944	1.369.261.660	0	620	29.972.968.575,47	3.100
Ιαν. 1945	5.062.242.480	0	570	11.271.496.467,72	4.200
Φεβ. 1945	9.015.934.382	90.000.000	600	7.780.159.955,30	2.500
Μάρ. 1945	12.779.829.363	253.000.000	640	4.354.866.358,58	5.400
Απρ. 1945	21.140.613.791	661.000.000	650	2.205.432.256,54	12.000
Μαΐ. 1945	25.761.526.739	957.000.000	910	1.195.782.402,61	19.000
Ιούν. 1945	30.308.691.928	1.557.000.000	560	459.992.404,86	12.000
Ιούλ. 1945	33.118.454.724	1.926.000.000	590	119.584.378,48	16.000
Αύγ. 1945	40.543.973.873	2.667.000.000	1.000	45.133.752,40	18.000
Σεπ. 1945	46.980.097.365	2.941.000.000	1.550	3.481.764,03	30.000
Οκτ. 1945	61.669.303.907	3.268.000.000	2.350	58.588,20	44.000
Νοέ. 1945	77.129.891.548	3.807.000.000	3.340	779	70.000
Δεκ. 1945	101.301.240.663	4.546.000.000	7.560	1.119,35	182.000
Ιαν. 1946	135.229.777.857	5.901.000.000	10.030	1.659,65	148.346
Φεβ. 1946	218.645.650.500	12.167.000.000	13.670	2.178,33	141.709
Μάρ. 1946	278.742.635.750	16.139.000.000	13.960	2.081,25	135.875
Απρ. 1946	363.533.714.600	22.500.000.000	14.250	2.092,31	136.000
Μαΐ. 1946	389.414.007.350	30.700.000.000	14.430	1.485,71	134.750
Ιούν. 1946	411.994.439.100	32.400.000.000	14.460	2.482,14	136.982
Ιούλ. 1946	444.129.110.750	43.200.000.000	14.420	2.344,07	134.585
Αύγ. 1946	495.850.438.350	49.900.000.000	13.980	1.298,00	134.962
Σεπ. 1946	511.669.225.000	55.900.000.000	14.430	830,97	135.587
Οκτ. 1946	505.320.421.500	64.100.000.000	14.880	533,19	135.696
Νοέ. 1946	468.041.214.200	65.400.000.000	15.430	361,98	136.264
Δεκ. 1946	537.463.020.900	67.800.000.000	14.550	92,46	136.212
Ιαν. 1947	499.325.000.000		15.620	55,73	139.116
Φεβ. 1947	523.540.023.200		15.820	15,73	138.583
Μάρ. 1947	559.370.670.900		16.100	15,33	134.980
Απρ. 1947	656.983.706.333		16.240	13,96	128.275
Μαΐ. 1947	676.158.481.100		16.750	16,08	132.012
Ιούν. 1947	690.452.020.500		16.830	16,39	135.217
Ιούλ. 1947	691.952.772.250		16.870	16,99	140.154
Αύγ. 1947	731.890.847.400		17.210	23,10	154.319
Σεπ. 1947	763.615.782.550		17.560	21,69	147.223
15 Οκτ. 1947	805.075.473.550		18.510	24,40	160.564
Νοέ. 1947	828.732.513.300		20.400	32,21	181.630
Δεκ. 1947	973.608.772.450		21.620	48,59	192.709
Ιαν. 1948	893.311.551.550		22.910	46,67	221.140
Φεβ. 1948	865.903.342.500		24.180	52,84	225.817
Μάρ. 1948	888.160.171.000		24.460	51,93	231.128

[1] (Delivanis και Cleveland 1949, 175–195. Με έντονους χαρακτήρες, παρεμβολή τιμών από τον συγγραφέα).
[2] **8/1939–12/1940:** Καταθέσεις όψεως και ταμιευτηρίου (ΤτΕ, Εκθέσεις Διοικητών). **1/1941–12/1941**, **1–3/1944**, **2/1945–12/1946**: (Palairet 2000, 128–133. Με έντονους χαρακτήρες, παρεμβολή τιμών από τον συγγραφέα). **1/1942–12/1943:** ΕΣΥΕ, ΜΣΔ.
[3] **8/1939–3/1941:** Υπολογισμοί βάσει του τιμαρίθμου κόστους ζωής του ΑΟΣ (1914 = 100) και θεωρώντας ως νέα βάση τον μέσο όρο της περιόδου 8/1938–3/1939 (2486.1 = 100). **4/1941–10/11/1944:** Κόστος θερμιδικού ισοδυνάμου 1904 θερμίδων βάσει υπολογισμών του ΑΟΣ (1940=100). **11/11/1944–1/1946:** Joint relief committee (1939=100). **Φεβ. 1946–Μάρ. 1948:** Υπολογισμοί ΤτΕ (1938=100).
[4] Αν ο τιμάριθμος μήνα Μ είναι T_M, ο πληθωρισμός (σε ετήσια βάση) ορίζεται ως $[(T_M-T_{M-12})/T_{M-12}]×100\%$. Ειδικώς για τον υπολογισμό του πληθωρισμό μεταξύ Δεκεμβρίου 1944 και Οκτωβρίου 1945, έγινε συρραφή των δύο δεικτών τιμών πολλαπλασιάζοντας τους δείκτες της νέας σειράς με 188.500.000.000.000/380.

Πίνακας 25.39: Εκτύπωση χαρτονομισμάτων από την Ασπιώτη-ΕΛΚΑ (Ιούνιος 1941–Οκτώβριος 1944)

Ημερομηνία	Αξίες (δρχ)	Τεμάχια	Αξία (δρχ)	Αθροιστική αξία (δρχ)
18/06/41	0.50	25.000.000	12.500.000	
	1	25.000.000	25.000.000	
	2	25.000.000	50.000.000	
	5	25.000.000	125.000.000	212.500.000
06/10/41	1	40.000.000	40.000.000	
	2	40.000.000	80.000.000	
	5	40.000.000	200.000.000	532.500.000
23/01/42	5.000	95.400.000	477.000.000.000	1.009.500.000
25/03/42	1.000	56.616.000	56.616.000.000	1.066.116.000
07/08/42	1.000	49.155.000	49.155.000.000	1.115.271.000
02/02/43	50	17.136.000	856.800.000	1.972.071.000
02/08/43	5.000	80.920.000	404.600.000.000	2.376.671.000
27/12/43	25.000	33.295.000	832.375.000.000	3.209.046.000
27/02/44	100.000	15.210.000	1.521.000.000.000	4.730.046.000
04/04/44	500.000	61.640.000	30.820.000.000.000	35.550.046.000
10/07/44	1.000.000	13.300.000	13.300.000.000.000	13.335.550.046.000
26/07/44	5.000.000	38.000.000	190.000.000.000.000	203.335.550.046.000
28/08/44	25.000.000	4.700.000	117.500.000.000.000	320.835.550.046.000
05/09/44	200.000.000	38.560.000	7.712.000.000.000.000	8.032.835.550.046.000
06/10/44	500.000.000	5.780.000	2.890.000.000.000.000	10.922.835.550.046.000
12/10/44	2.000.000.000	31.720.000	63.440.000.000.000.000	74.362.835.550.046.000
23/10/44	10.000.000.000	41.028.000	410.280.000.000.000.000	484.642.835.550.046.000
06/11/44	100.000.000.000	24.310.000	2.431.000.000.000.000.000	2.915.642.835.550.050.000
18/11/44	10	10.880.000	108.800.000	2.915.642.835.658.850.000
28/11/44	20	19.395.584	387.911.680	2.915.642.836.046.760.000
Σύνολο	Μέχρι και την απελευθέρωση	826.770.000	74.362.835.550.046.000	
	Μέχρι την σταθεροποίηση	857.045584	2.915.642.836.046.760.000	

Πηγή: (Νοταράς 2005, 302–303).

Μεταπολεμικά

Πίνακας 25.40: Προσφορά χρήματος και τραπεζική χρηματοδότηση 1946–1999, σε εκατομμύρια νέων (μετά το 1954) δραχμών.

Τέλος έτους	Χαρτονομί- σματα[1,2]	Κέρματα[2]	Καταθέσεις όψεως ιδιω- τών[1,2]	Αποταμιευ- τικές κατα- θέσεις (τα- μιευτηρίου, προθεσμια- κές)[3,4]	Ιδιωτικές καταθέσεις[5]	Συμφωνίες επαναγοράς (repos)[5]	Τραπεζικά Ομόλογα[5]	Τοποθετή- σεις ιδιωτών σε έντοκα γραμμάτια[6,7]	Μερίδια αμοιβαίων κεφαλαίων διαθεσίμων[5]
1945	101,3		4,6						
1946	537,5		60,20						
1947	973,6		145,10						
1948	1.202,2		208,00	26,00					
1949	1.858,6		401,80	42,00					
1950	1.887,1		484,60	52,00					
1951	2.198,5		765,80	75,00					
1952	2.475,9		888,00	92,00					
1953	3.503,0		1.422,10	158,00					
1954	3.702,6	144,00	1.765,10	336,00					
1955	4.745,1	148,90	2.151,70	595,00					
1956	5.869,8	160,70	1.953,90	1.984,00					
1957	6.812,8	183,20	2.340,20	4.726,00					
1958	7.448,4	164,80	2.525,60	6.876,00					
1959	8.601,1	201,50	3.075,40	9.816,00					
1960	10.186,9	318,20	3.580,80	11.972,00					
1961	11.630,4	547,50	3.931,50	14.342,00					
1962	13.760,8	601,00	4.171,60	18.576,00					
1963	16.121,2	680,80	4.527,70	23.839,00					
1964	19.320,4	839,50	5.223,70	26.891,00					
1965	22.338,3	939,70	5.802,70	29.824,00					
1966	25.076,1	1.022,50	6.048,00	37.605,00					
1967	32.326,5	1.119,30	6.063,70	41.902,00					

Τέλος έτους	Χαρτονομί-σματα[1,2]	Κέρματα[2]	Καταθέσεις όψεως ιδιω-τών[1,2]	Αποταμιευ-τικές κατα-θέσεις (τα-μιευτηρίου, προθεσμια-κές)[3,4]	Ιδιωτικές καταθέσεις[5]	Συμφωνίες επαναγοράς (repos)[5]	Τραπεζικά Ομόλογα[5]	Τοποθετή-σεις ιδιωτών σε έντοκα γραμμάτια[6,7]	Μερίδια αμοιβαίων κεφαλαίων διαθεσίμων[5]
1968	31.895,9	1.198,10	7.446,30	55.275,00					
1969	34.181,5	1.259,10	8.255,50	67.797,00					
1970	38.878,1	1.332,70	9.781,40	84.997,00					
1971	41.553,4	1.453,80	11.459,00	108.721,00					
1972	48.953,4	1.602,60	16.654,30	134.660,00					
1973	62.897,3	1.961,80	19.019,60	148.090,00					
1974	77.958,9	2.253,20	19.991,70	180.188,00					
1975	89.077,2	2.570,30	24.014,10	240.026,00					
1976	108.721,1	999,70	28.510,80	307.583,00					
1977	128.980,5	3.233,20	33.377,30	386.529,00					
1978	156.515	3.631,00	42.710,00	494.008,00					
1979	178.968	3.899,00	52.521,00	591.298,00					
1980	205.237	4.324,00	58.291,00	754.045,00					
1981	255.150	5.308,00	74.799,00	1.051.309,00					
1982	293.813	6.352,00	89.565,00	1.383.366,00					
1983	335.172	7.435,00	106.744,00	1.695.107,00					
1984	392.213	8.546,00	141.773,00	2.235.738,00					
1985	495.637	9.623,00	169.810,00	2.862.309,00				10.200,00	
1986	530.649	10.797,00	197.370,00	3.474.648,00				23.800,00	
1987	616.888	11.980,00	218.118,00	4.406.412,00				152.200,00	
1988	721.610	13.862,00	237.721,00	5.484.587,00			384.723,00	412.300,00	
1989	952.542	16.776,00	295.648,00	6.754.689,00			481.204,00	467.900,00	
1990	1.142.343	19.698,00	421.447,00	7.573.369,00		48.501,00	593.950,00	1.161.900,00	
1991	1.233.575	21.972,00	487.376,00	8.239.445,00		420.851,00	598.729,00	2.506.900,00	
1992	1.382.285	27.806,00	558.158,00	8.967.916,00		978.605,00	673.744,00	3.512.967,00	
1993	1.476.719	35.324,00	711.700,00	9.653.656,00		1.893.921,00	703.494,00	4.092.124,00	
1994	1.648.283	39.415,00	1.105.846,00	11.805.702,00		317.827,00	838.401,00	5.393.939,00	
1995	1.820.735	24.817,00	1.285.441,00		14.830.000,00	0,00	666.700,00	5.509.100,00	2.000.848,00
1996	1.896.287	45.075,00	1.606.580,00		16.894.800,00	60.400,00	49.900,00	6.631.100,00	2.299.100,00
1997	2.135.271	47.449,00	1.820.321,00		18.454.900,00	36.600,00	106.400,00	4.400.200,00	4.450.700,00
1998	2.156.211	49.652,00	2.309.185,00		21.378.900,00	892.400,00	115.900,00	3.341.400,00	5.986.500,00
1999	2.649.146	52.874,00	3.391.249,00		24.082.100,00	3.043.500,00	76.400,00	1.316.800,00	4.580.400,00

[1]**1946–1953**: ΕΣΥΕ, Στατιστικές Επετηρίδες. [2]**1954–1999**: ΕΣΥΕ, Συνοπτικές Στατιστικές Επετηρίδες. [3]**1979–1999**: Εκθέσεις Διοικητών ΤτΕ. [4]**1948–1978**: (ΤτΕ 1992b, 70). [5]Εκθέσεις Διοικητών ΤτΕ (διάφορα έτη). [6]**1992–1999**: Εκθέσεις Διοικητών ΤτΕ. [7]**1985–1991**: (ΥΠΕΘΟ 1998a). [8]Για το έτος αυτό τα ρέπος δίνονται μαζί με τα τραπεζικά ομόλογα (δεξιά).

Πίνακας 25.41: Νομισματικοί δείκτες (1946–1999). Αθροίσεις των στοιχείων του Πίνακα 25.40.

Τέλος έτους	M0[1]	M1[2]	M3[3]	M4[4]	M4N[5]
1945	101.3	105.9	105.9		
1946	537,50	597,70	597,70		
1947	973,60	1.118,70	1.118,70		
1948	1.202,20	1.410,20	1.436,20		
1949	1.858,60	2.260,40	2.302,40		
1950	1.887,10	2.371,70	2.423,70		
1951	2.198,50	2.964,30	3.039,30		
1952	2.475,90	3.363,90	3.455,90		
1953	3.503,00	4.925,10	5.083,10		
1954	3.846,60	5.611,70	5.947,70		
1955	4.894,00	7.045,70	7.640,70		
1956	6.030,50	7.984,40	9.968,40		
1957	6.996,00	9.336,20	14.062,20		
1958	7.613,20	10.138,80	17.014,80		
1959	8.802,60	11.878,00	21.694,00		
1960	10.505,10	14.085,90	26.057,90		
1961	12.177,90	16.109,40	30.451,40		
1962	14.361,80	18.533,40	37.109,40		
1963	16.802,00	21.329,70	45.168,70		
1964	20.159,90	25.383,60	52.274,60		

Τέλος έτους	M0[1]	M1[2]	M3[3]	M4[4]	M4N[5]
1965	23.278,00	29.080,70	58.904,70		
1966	26.098,60	32.146,60	69.751,60		
1967	33.445,80	39.509,50	81.411,50		
1968	33.094,00	40.540,30	95.815,30		
1969	35.440,60	43.696,10	111.493,10		
1970	40.210,80	49.992,20	134.989,20		
1971	43.007,20	54.466,20	163.187,20		
1972	50.556,00	67.210,30	201.870,30		
1973	64.859,10	83.878,70	231.968,70		
1974	80.212,10	100.203,80	280.391,80		
1975	91.647,50	115.661,60	355.687,60		
1976	109.720,80	138.231,60	445.814,60		
1977	132.213,70	165.591,00	552.120,00		
1978	160.146,00	202.856,00	696.864,00		
1979	182.867,00	235.388,00	826.686,00		
1980	209.561,00	267.852,00	1.021.897,00		
1981	260.458,00	335.257,00	1.386.566,00		
1982	300.165,00	389.730,00	1.773.096,00		
1983	342.607,00	449.351,00	2.144.458,00		
1984	400.759,00	542.532,00	2.778.270,00		
1985	505.260,00	675.070,00	3.537.379,00	3.547.579,00	
1986	541.446,00	738.816,00	4.213.464,00	4.237.264,00	
1987	628.868,00	846.986,00	5.253.398,00	5.405.598,00	
1988	735.472,00	973.193,00	6.842.503,00	7.254.803,00	
1989	969.318,00	1.264.966,00	8.500.859,00	8.968.759,00	
1990	1.162.041,00	1.583.488,00	9.799.308,00	10.961.208,00	
1991	1.255.547,00	1.742.923,00	11.001.948,00	13.508.848,00	
1992	1.410.091,00	1.968.249,00	12.588.514,00	16.101.481,00	
1993	1.512.043,00	2.223.743,00	14.474.814,00	18.566.938,00	
1994	1.687.698,00	2.793.544,00	15.755.474,00	21.149.413,00	
1995	1.845.552,00	3.130.993,00	17.342.252,00	22.851.352,00	24.852.200,00
1996	1.941.362,00	3.547.942,00	18.946.462,00	25.577.562,00	27.876.662,00
1997	2.182.720,00	4.003.041,00	20.780.620,00	25.180.820,00	29.631.520,00
1998	2.205.863,00	4.515.048,00	24.593.063,00	27.934.463,00	33.920.963,00
1999	2.702.020,00	6.093.269,00	29.904.020,00	31.220.820,00	35.801.220,00

[1]M0 = κέρματα + χαρτονομίσματα. (9) M1 = M0 + καταθέσεις όψεως ιδιωτών. [2]M3 (1946–1994) = M1 + αποταμιευτικές καταθέσεις + ρέπος + τραπεζικά ομόλογα. M3 (1995–1999) = ιδιωτικές καταθέσεις + ρέπος + τραπεζικά ομόλογα. Οι εκτιμήσεις πριν το 1983 βασίζονται σε προεκβολές βάσει του αρχικού ορισμού του M3. [3]M4 = M3 + τοποθετήσεις ιδιωτών σε έντοκα γραμμάτια και ομόλογα διάρκειας έως και ενός έτους. Οι εκτιμήσεις πριν το 1993 βασίζονται σε προεκβολές βάσει του ορισμού του M4. [5]M4N = M4 + μερίδια αμοιβαίων κεφαλαίων διαθεσίμων.

25.5 Νομισματική πολιτική 1974–2000: στοχοθεσία και επιτόκια

Πίνακας 25.42. Στοχοθεσία νομισματικής πολιτικής και επίτευξη ποσοτικών στόχων 1975–2000

Έτος	Συναλλαγματικοί στόχοι	Πραγματοποίηση	Στόχοι προσφοράς χρήματος	Πραγματοποίηση	Εγχώρια πιστωτική επέκταση	Πραγματοποίηση
1975	Δρχ/$	Δεκ. 1973—Μάρ. 1975	Μ0	20,0	25,0	27,5
1976			Μ0	12,0	18,0	22,8
1977			Μ0	14,0	23,9	24,8
1978			Μ0	16,6	23,8	24,5
1979			Μ0	15,6	22,4	21,7
1980			Μ0	15,0	14,9	25,4
1981			Μ0	17,2	22,5	36,4
1982			Μ0	24,0	30,3	31,7
1983	Δρχ/$	Ιαν.-Αύγ. 1983	Μ3	26,1	26,4	21,8
1984			Μ3	22,0	21,6	26,6
1985			Μ3	23,5	21,3	26,0
1986			Μ3	20,0	17,0	18,5
1987			Μ3	15,5	13,2	13,0
1988			Μ3	14–16	10,5–11	15,5
1989			Μ3	18–20	13–14	20,0
1990			Μ3	19–21	16,2–17,4	15,0
1991			Μ3	14–16	12,5–13,5	11,2
1992			Μ3	9–12	7–9	11,6
1993			Μ3	9–12	6–8	13,5
1994			Μ3	8–11	6–8	8,9
1995	Δρχ/ECU -3,0%	-3,0%	Μ3	7–9	6–8	7,9
			Μ4	11–13		
1996	Δρχ/ECU -1,0%	-1,0%	Μ3	6–9	5–7	5,9
			Μ4	9–12		
1997	Δρχ/ECU 0%	-1,7%	Μ3	6–9	4–6	9,6
			Μ4	8–11		
1998 16/3/1998	Δρχ/ECU 0% ΜΣΙ (±15%)	-12,3%	Μ3	6–9	4–6	9,8
1999	ΜΣΙ (±15%)		Μ4Ν	7–9	7–9	12,2
2000	ΜΣΙ (±15%)		Μ4Ν	5–7		

Πηγή: (Γκαργκάνας και Ταβλάς 2002, 67).

Πίνακας 25.43: Κύρια επιτόκια αναφοράς ΤτΕ, 1974–2000.

Ημ/νία	Discounting facility[a]	Lombard facility	Επιτόκιο υπεραναλήψεως[γ]	Overnight[d]	Επιτόκιο 14 ημερών
19/2/1974	11				
Ιούλ. 1974			9		
Αύγ. 1974	8		11–13,5[1]		
27/9/1975	10				
Αρχή 1977	11		12–14,5[1]		
Ιούν. 1977			12/14,5[2]		
1/5/1978			12/18[2]		
20/6/1978			14/20[2]		
Ιούνιος 1978	14				
1/6/1979					
1/9/1979	19		18/23[2]		
1/7/1980	20,5		19,5/24,5[2]		
1/2/1981			19,5/20,5/24,5[3]		
1/1/1986			19,5/22,5/27[4]		
1/11/1986			21,5/24/27		
9/2/1987			22,5/24/27		
1/1/1988	19				
1/4/1990			24,5/26/29		
6/7/1990			26/28/30		
10/9/1992			30		
18/9/1992			40		
21/10/1992			35		

Ημ/νία	Discounting facility[α]	Lombard facility	Επιτόκιο υπεραναλήψεως[γ]	Overnight[d]	Επιτόκιο 14 ημερών
16/6/1993	21,5	25,5	29		
13/8/1993	21	24,5			
1/10/1993	22	26,5	32		
26/10/1993	21,5	25,5	30		
16/5/1994	22,5	26,5	33 + 0,4/ημ. (177%)		
30/5/1994			33 + 0,3/ημ. (111%)		
17/6/1994			33 + 0,1/ημ. (69%)		
29/9/1994	21,5	25	30 + 0,1/ημ. (66%)		
18/11/1994	20,5	24			
31/3/1995			38 + 0,1/ημ. (74%)		
27/7/1995	19,5	23	27 + 0,1/ημ. (63%)		
25/8/1995	18,5	22			
15/12/1995	18	21,5			
19/4/1994	17,5	21	26 + 0,1/ημ. (62%)		
18/12/1996	16,5		25 + 0,1/ημ. (61%)		
17/2/1997	15,5	20			
28/3/1997				11/9,9	
13/5/1997	14,5	19	24 + 0,1/ημ. (60%)		
24/7/1997				11,6/9,6	
10/4/1998	καταργήθηκε				
14/8/1997				11,3/9,6	
7/10/1997				10,9/9,6	
31/10/1997			24 + 0,4/ημ.(168%)		
24/12/1997			24 + 0,2/ημ. (96%)		
9/1/1998		23			
14/1/1998					20
11/3/1998					16,5[5]
31/3/1998		19	22		
22/4/1998				11,5/9,75	
3/6/1998					13,75
8/7/1998					13
9/7/1998				11,9/9,75	
5/8/1998		16			
14/10/1998					12,75
9/12/1998					12,25
10/12/1998		15,5		11,6/9,75	
13/1/1999					12
14/1/1999		13,5	20	11,5/9,75	
20/10/1999		13		11/9,25	11,5
15/12/1999					10,75
16/12/1999		12,25		10,25/9	
27/12/1999		11,5			
26/1/2000					9,75
27/1/2000		11		9,5/8,5	
7/3/2000		10,25		8,75/8	
9/3/2000			καταργήθηκε		9,25
18/4/2000		9,5		8/7,5	8,75
28/6/2000		9		7,25	8,25
5/9/2000		8,25		6,5	7,5
14/11/2000		7,75		6	7
28/11/2000		7,25		5,5	6,5
12/12/2000		6,5		4,75	5,75
27/12/2000		5,75		3,75	4,75

[a]Επιτόκιο αναπροεξόφλησης γραμματίων και συναλλαγματικών. [β]Επιτόκιο χρηματοδότησης έναντι ενεχύρου τίτλων Ελληνικού Δημοσίου. [γ]Επιτόκιο χρεωστικών υπολοίπων τρεχούμενων λογαριασμών Καταθέσεων πιστωτικών ιδρυμάτων στην ΤτΕ. [d]Επιτόκιο πάγιας διευκόλυνσης αποδοχής κατάθεσης μιας μέρας.

[1]Ανάλογα με την διάρκεια. [2]Α' Κλιμάκιο: Ποσά έως 0,1% των καταθέσεων δραχμών και συναλλάγματος. Β' κλιμάκιο: Άνω του 0,1%. [3]Α' Κλιμάκιο: Ποσά έως 0,1% καταθέσεων δραχμών και συναλλάγματος. Β' κλιμάκιο: Μεταξύ 0,1–0,2%, αντιστοίχως. Γ' κλιμάκιο: 0,2–0,4%, αντιστοίχως. Πέραν του 0,4%, μεταφορά του 50% του ποσού από τις υποχρεωτικές καταθέσεις της τράπεζας στην ΤτΕ σε άτοκο λογαριασμό. [4]Αναδρομική απόφαση της 6/3/1986. Α' Κλιμάκιο: έως 15% ιδίων κεφαλαίων της τράπεζας, ή 0,25% καταθέσεων δραχμών και συναλλάγματος στο τέλος του προηγουμένου έτους. Β' κλιμάκιο: Μεταξύ 15–30% και 0,25–0,50% αντιστοίχως. Γ' κλιμάκιο: Πέραν των ανωτέρω ποσών. [5]Σταδιακή μείωση. Πηγή: Εκθέσεις Διοικητών, 1974–2000.

25.6 Πληθωρισμός 1915–2015

Για τα έτη 1914–1929 δίνεται η ετήσια μεταβολή για όλο το έτος. Για τα έτη 1930–2015 ο πληθωρισμός $Π_n$ για μήνα n προκύπτει από την εκατοστιαία αύξηση του εκάστοτε ΔΤΚ σε σχέση με τον ίδιο μήνα του προηγουμένου έτους: $Π_n = [(ΔTK_n—ΔTK_{n-12})/ΔTK_n] \times 100\,\%$.

Ετήσια στοιχεία 1915–1929

Πίνακας 25.44: Ρυθμός ετήσιου πληθωρισμού (%) 1915–1929.

Έτος	Μέσος πληθωρισμός (%)	Έτος	Μέσος πληθωρισμός (%)
1915	19,00	1923	111,13
1916	33,61	1924	2,52
1917	66,04	1925	15,58
1918	36,36	1926	11,75
1919	-10,00	1927	12,06
1920	6,79	1928	2,97
1921	19,08	1929	16,04
1922	46,12		

Πηγή: Επεξεργασία στοιχείων Γενικού τιμαρίθμου ακρίβειας ζωής κράτους ΕΣΥΕ, ΣΕΕ 1930.

Μηνιαία στοιχεία 1930–1938

Πίνακας 25.45: Ρυθμός ετήσιου πληθωρισμού (%) 1930–1938.

Έτος	Ιαν.	Φεβ.	Μάρ.	Απρ.	Μάι.	Ιούν.	Ιούλ.	Αύγ.	Σεπ.	Οκτ.	Νοέ.	Δεκ.
1930	-8,77	-27,60	-28,81	-30,71	-30,92	-29,64	-28,62	-27,65	-27,84	-25,91	-19,93	-12,06
1931	-5,87	-2,81	-0,78	2,02	2,45	1,71	1,32	-0,65	-1,30	-1,75	-1,47	-0,55
1932	-5,27	-5,52	-2,07	0,89	4,14	9,68	9,28	10,87	12,67	13,13	13,18	14,07
1933	27,03	29,67	27,33	23,73	20,93	13,54	13,48	12,07	12,15	11,30	11,54	12,42
1934	2,13	1,80	2,19	2,80	1,91	2,18	2,00	4,36	4,12	4,62	3,90	3,07
1935	-7,78	-9,46	-10,05	-10,20	-9,56	-8,90	-7,61	-8,74	-8,96	-8,22	-7,87	-8,23
1936	3,11	3,51	3,83	3,75	2,82	3,17	3,20	4,18	4,28	3,71	3,81	4,11
1937	6,07	7,40	7,67	8,61	10,00	9,89	8,64	8,28	7,25	6,57	7,00	6,00
1938	2,90	2,25	1,29	-0,14	-1,59	-2,10	-1,51	-2,49	-1,05	-0,73	-1,78	-1,60

Πηγή: Επεξεργασία στοιχείων Γενικού τιμαρίθμου ακρίβειας ζωής κράτους (ΕΣΥΕ, ΣΕΕ, διάφορα έτη).

Μηνιαία στοιχεία 1939–1958

Πίνακας 25.46: Ρυθμός ετήσιου πληθωρισμού (%) 1939–1958.

Έτος	Ιαν.	Φεβ.	Μάρ.	Απρ.	Μάι.	Ιούν.	Ιούλ.	Αύγ.	Σεπ.	Οκτ.	Νοέ.	Δεκ.
1939	-1,55	-2,10	-2,53	-2,15	-1,45	-1,75	-1,17	-1,46	-0,34	-0,16	0,17	0,34
1940	2,88	3,36	5,56	7,28	9,66	11,84	12,30	13,13	14,00	15,00	18,00	18,81
1941	20,19	21,15	20,75	8,41	31,82	80,18	171,17	239,29	339,47	525,22	755,08	1.142,50
1942	1.186,40	1.375,40	1.828,13	2.698,28	2.456,55	2.466,50	2.079,40	2.088,16	1.936,33	2.012,93	1.214,07	564,12
1943	423,63	302,37	235,90	238,60	215,24	153,40	166,22	140,47	166,35	163,78	474,49	936,26
1944	2,88E3	5,01E3	8,69E3	1,32E4	3,22E4	4,63E4	1,40E5	5,50E5	8,13E6	4,96E+8		3,00E10
1945	1,13E10	7,78E9	4,36E9	2,21E9	1,20E9	4,60E8	1,20E8	4,51E7	3,48E6	5,86E04		1.119,35
1946	1.659,65	2.178,33	2.081,25	2.092,31	1.485,71	2.482,14	2.344,07	1.298,00	830,97	533,19	361,98	92,46
1947	55,73	15,73	15,33	13,96	16,08	16,39	16,99	23,10	21,69	24,40	32,21	48,59
1948	46,67	52,84	51,93	46,18	47,70	44,68	44,69	45,50	43,11	37,17	27,01	22,85
1949	22,26	17,20	18,77	20,05	15,36	21,44	13,85	11,26	13,65	9,18	8,92	6,66
1950	6,07	7,02	3,65	2,46	2,56	-0,24	10,00	10,59	9,35	15,58	13,78	14,51
1951	10,94	11,01	16,44	17,33	20,60	16,54	10,79	10,16	8,71	9,93	9,97	9,71
1952	9,53	8,67	5,56	7,12	3,68	5,15	6,11	4,74	7,04	1,82	2,32	0,56
1953	-0,08	-1,91	-1,41	-0,27	2,57	8,82	11,94	16,12	16,15	17,65	17,63	21,21
1954	21,99	22,91	22,44	23,96	21,14	15,65	13,87	10,89	8,76	8,67	8,78	7,35
1955	5,93	4,93	5,68	4,07	5,34	6,69	5,46	5,78	6,24	6,79	6,03	5,91
1956	5,98	7,36	5,76	6,22	3,25	2,69	3,75	3,14	2,08	1,33	1,55	1,25
1957	1,69	0,66	0,94	1,16	2,34	2,18	2,53	2,32	3,49	3,58	3,35	2,98
1958	2,60	2,32	1,94	1,00	2,08	1,85	0,63	1,49	0,70	0,56	0,56	1,06

Πηγή: Υπολογισμοί δικοί μου από διάφορες χρονοσειρές Δεικτών Τιμών Καταναλωτή. **1939–1948:** Πίνακας 25.40. **1948–1953:** ΤτΕ, Εκθέσεις Διοικητή 1949–1953. **1954–1958:** ΕΣΥΕ, ΣΕΕ 1955, 1957 και 1958 (ΔΤΚ εν Αθήναις από τα Μηνιαία Στατιστικά Δελτία της ΤτΕ).

Μηνιαία στοιχεία 1960–2015

Πίνακας 25.47: Ρυθμός ετήσιου πληθωρισμού (%) 1960–2013.

Έτος/Μήνας	Ιαν.	Φεβ.	Μάρ.	Απρ.	Μάι.	Ιούν.	Ιούλ.	Αύγ.	Σεπ.	Οκτ.	Νοέ.	Δεκ.
1960	1,59	0,99	0,99	1,18	1,18	2,38	1,37	1,17	1,56	1,75	2,34	3,52
1961	3,52	3,94	4,12	3,50	3,31	1,55	0,97	0,58	0,96	0,57	-0,19	-0,75
1962	-1,32	-2,08	-1,88	-1,50	-1,32	-0,19	0,00	0,38	0,00	1,14	1,34	1,71
1963	3,45	4,06	4,41	3,81	3,44	2,86	3,26	2,68	2,67	2,07	1,89	1,31
1964	0,37	0,74	0,37	0,37	0,92	1,11	0,93	0,75	1,11	1,29	0,93	1,48
1965	1,48	1,11	1,28	2,01	2,38	3,12	3,31	4,07	3,67	4,19	4,77	4,91
1966	5,27	5,11	5,42	5,91	5,54	4,63	4,45	4,09	4,78	4,72	4,73	4,68
1967	4,49	4,34	4,29	3,55	2,37	1,70	1,70	1,03	0,51	-0,67	-1,17	-1,32
1968	-1,32	-1,33	-1,15	-1,47	-0,33	0,50	0,50	1,18	1,18	1,85	2,03	2,68
1969	2,51	2,02	2,00	2,99	2,49	2,83	3,00	1,84	2,49	2,48	2,82	2,12
1970	2,29	1,98	2,77	2,90	3,72	3,72	2,43	2,30	3,24	3,38	3,23	3,68
1971	3,35	2,92	3,02	3,13	4,06	3,28	3,00	2,73	2,83	2,34	2,97	2,93
1972	3,25	3,62	4,16	3,95	3,15	3,47	3,83	4,22	4,12	5,33	5,92	6,60
1973	6,89	7,45	7,84	8,32	10,03	13,28	13,15	15,29	19,35	23,12	29,37	30,66
1974	33,61	33,38	33,47	32,61	31,84	30,15	31,72	28,48	24,82	20,89	15,17	13,46
1975	11,95	13,57	14,08	14,02	12,73	11,58	10,70	11,94	13,48	14,95	15,48	15,65
1976	14,89	14,19	13,42	13,37	14,13	14,82	14,41	13,92	12,58	11,49	11,41	11,73
1977	11,33	11,04	10,80	11,95	11,84	11,67	12,75	12,78	12,56	13,26	13,08	12,78
1978	13,40	13,18	13,41	13,13	13,16	13,56	12,28	12,03	12,05	11,51	11,43	11,52
1979	14,91	15,81	16,06	16,39	16,68	16,70	19,90	20,79	20,89	21,96	22,78	24,75
1980	23,54	23,82	23,80	24,91	25,00	27,00	24,54	24,44	24,36	24,25	26,23	26,20
1981	25,65	26,54	25,60	24,34	24,35	23,31	23,47	23,69	25,44	25,38	23,80	22,51
1982	21,29	20,16	20,90	21,98	22,23	23,79	23,11	22,03	19,94	19,76	19,72	19,04
1983	19,16	20,96	22,38	20,62	20,89	18,11	18,31	20,00	20,87	20,90	19,95	20,15
1984	20,10	19,06	17,58	18,03	17,74	19,22	19,40	18,75	17,94	17,94	17,93	18,05
1985	19,04	18,30	18,18	17,66	17,03	17,27	16,63	17,74	20,15	21,15	22,89	24,82
1986	24,96	24,25	24,62	24,79	24,41	24,39	24,71	24,17	22,78	22,05	19,67	17,00
1987	15,61	16,83	16,87	17,57	17,74	18,03	16,89	16,53	14,69	15,18	15,32	15,76
1988	14,27	13,38	13,17	13,00	12,56	11,75	13,13	13,91	14,82	14,14	14,08	13,97
1989	14,05	13,93	13,47	13,13	13,10	13,10	13,42	13,48	14,64	13,55	13,60	14,85
1990	15,52	16,11	16,91	17,07	20,48	21,56	21,67	22,16	22,32	23,33	23,89	22,88
1991	22,18	22,32	20,73	22,77	19,20	18,90	18,77	17,98	18,25	17,66	17,95	18,02
1992	18,14	18,22	18,33	16,04	15,85	15,12	13,55	15,28	15,35	15,90	15,02	14,40
1993	14,49	14,51	16,42	16,19	16,43	15,80	15,75	14,58	12,84	12,31	12,28	12,01
1994	11,29	11,36	10,04	10,24	10,77	10,31	11,71	11,59	11,71	10,65	10,23	10,67
1995	10,66	9,99	9,88	9,40	9,65	9,48	8,51	8,34	8,03	7,84	7,84	7,92
1996	8,37	8,45	8,84	8,80	8,69	8,39	8,20	7,97	7,95	7,99	7,50	7,29
1997	6,76	6,55	6,00	5,86	5,41	5,54	5,41	5,58	4,92	4,69	5,14	4,71
1998	4,40	4,27	4,57	5,34	5,29	5,20	5,10	5,03	5,22	4,69	4,22	3,87
1999	3,70	3,69	3,40	2,81	2,37	2,09	2,09	1,98	2,02	2,25	2,59	2,74
2000	2,63	2,91	3,14	2,58	2,93	2,52	2,74	2,99	3,14	4,03	4,24	3,91
2001	3,40	3,52	3,03	3,50	3,63	3,93	3,92	3,79	3,61	2,77	2,40	3,05
2002	4,44	3,43	4,01	3,83	3,39	3,31	3,34	3,54	3,52	3,73	3,64	3,39
2003	3,14	4,34	4,08	3,38	3,82	3,81	3,59	3,32	3,34	3,17	3,34	3,08
2004	2,93	2,51	2,71	2,91	2,93	2,82	2,94	2,72	2,82	3,24	3,14	3,09
2005	4,03	3,10	2,89	3,38	3,23	3,32	3,94	3,73	3,94	3,84	3,52	3,62
2006	3,24	3,23	3,30	3,27	3,13	3,23	3,85	3,54	2,93	2,81	2,93	2,91
2007	2,73	2,67	2,63	2,53	2,62	2,63	2,52	2,53	2,92	3,10	3,93	3,88
2008	3,90	4,44	4,43	4,43	4,91	4,91	4,88	4,67	4,63	3,88	2,87	1,97
2009	1,76	1,60	1,30	0,96	0,49	0,53	0,57	0,78	0,71	1,22	2,00	2,64
2010	2,38	2,77	3,93	4,84	5,43	5,22	5,49	5,54	5,57	5,21	4,92	5,17
2011	5,20	4,39	4,50	3,93	3,29	3,34	2,40	1,67	3,05	3,00	2,93	2,41
2012	2,32	2,10	1,68	1,90	1,39	1,30	1,34	1,74	0,90	1,62	0,97	0,80
2013	0,21	0,07	-0,21	-0,59	-0,45	-0,38	-0,69	-1,28	-1,12	-1,99	-2,85	-1,71
2014	-1,47	-1,15	-1,35	-1,35	-1,96	-1,09	-0,68	-0,30	-0,84	-1,68	-1,25	-2,61
2015	-2,84	-2,16	-2,14	-2,11	-2,15	-2,16	-2,23	-1,46				

Πηγή: Επεξεργασία δεδομένων του ΔΤΚ της ΕΛΣΤΑΤ (2015), Μηνιαία Εξέλιξη Γενικού ΔΤΚ (2009=100,0).

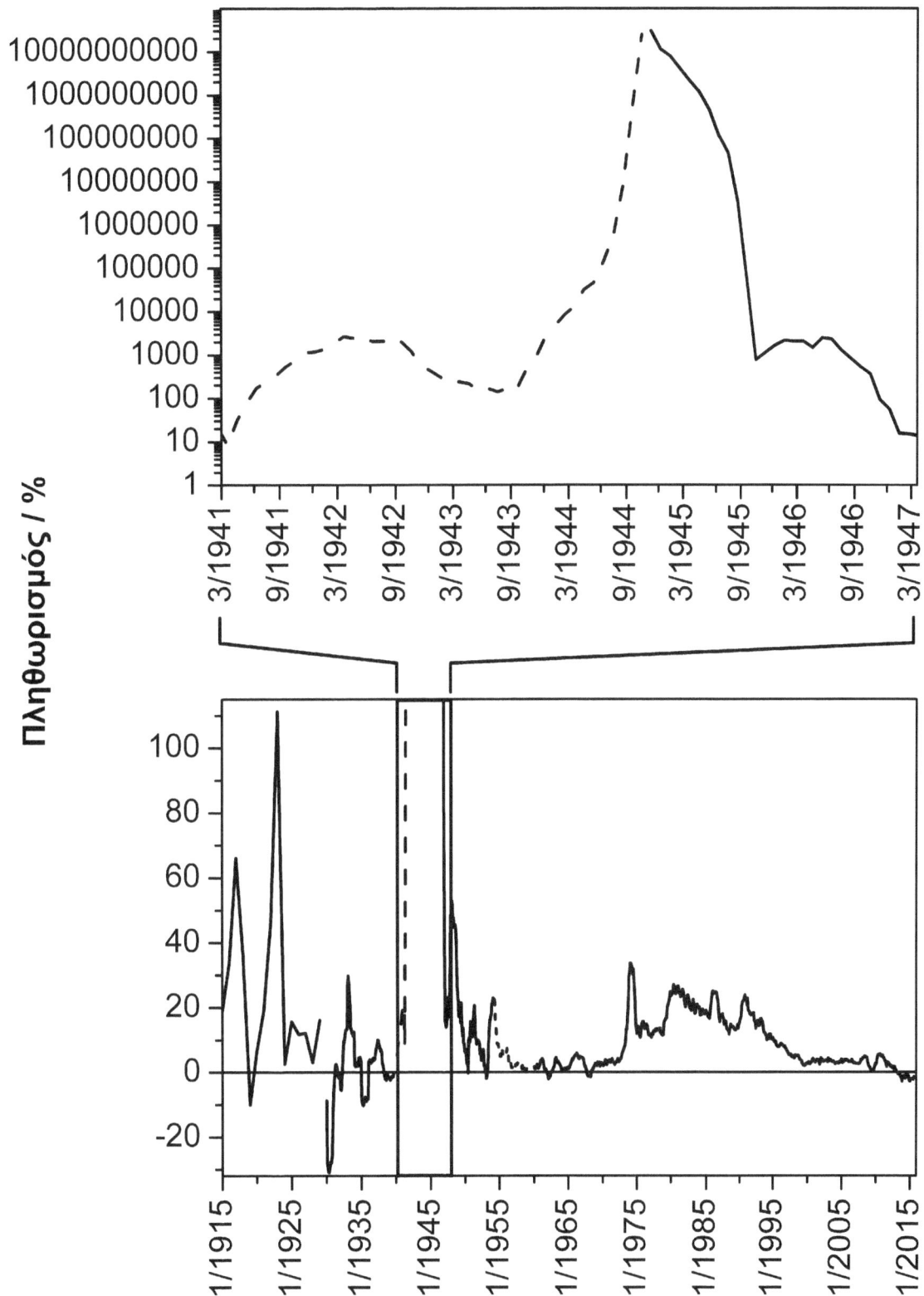

Εικόνα 25.3: Μηνιαίος πληθωρισμός (%) 1915–2015 σε ετήσια βάση (σε σχέση με τον ίδιο μήνα του προηγου-
μένου έτους). Οι διακεκομμένες γραμμές υποδηλώνουν την αλλαγή χρονοσειράς, σύμφωνα με τα στοιχεία των
Πινάκων 25.40, και 25.44-25.47. Στο πάνω διάγραμμα, ο κατακόρυφος άξονας είναι λογαριθμικός.

25.7 Συνοπτικά στοιχεία ελληνικών δανείων

Ακόμη και η απλή εξιστόρηση των ελληνικών Δημοσίων δανείων, εσωτερικών και εξωτερικών, αποτελεί μια εξαιρετικά απαιτητική άσκηση, στην οποία μπορούν να αφιερωθούν εκατοντάδες σελίδες και έργα αναφοράς έχουν ασχοληθεί με το ζήτημα με εξαιρετικά διεξοδικό τρόπο (Ανδρεάδης 1904· Ηλιαδάκης 2003· 2011· Παντελάκης 1995). Κατά συνέπεια στην παράγραφο αυτή επιχειρώ να καλύψω με συνοπτικό τρόπο κυρίως τα εξωτερικά δάνεια του νεοελληνικού κράτους.

Εσωτερικά δάνεια 1822

Πίνακας 25.48: Ανάλυση εκδόσεως ομολογιών του δανείου των 5 εκ. γροσίων (18/1/1822)

Αξία (γρόσια)	Προβλεπόμενος αριθμός	Προβλεπόμενη αξία (γρόσια)
1.000	1.000	1.000.000
750	1.500	1.125.000
500	2.000	1.000.000
250	4.000	1.000.000
100	8.750	875.000
Σύνολο	17.250	5.000.000
Εκδοθείσες	3.688	1.471.000
Ανέκδοτες	408	42.100
Μη ευρεθείσες	13.154	3.486.900

Πηγή: Αριθμός 1, του *Κώδηκος των νόμων*, 18/1/1822, Α΄ Εθνοσυνέλευση της Επιδαύρου (ΑΕΠ 2002c, 1:147–148).

Πίνακας 25.49: Ανάλυση εκδόσεως ομολογιών του δανείου των 2 εκ. γροσίων (20/1/1822)

Αξία (γρόσια)	Προβλεπόμενος αριθμός	Προβλεπόμενη αξία (γρόσια)
100.000	4	400.000
75.000	8	600.000
50.000	10	500.000
25.000	20	500.000
Σύνολο	42	2.000.000

Πηγή: Αριθμός 3 του *Κώδηκος των νόμων*, 20/1/1822, Α΄ Εθνοσυνέλευση της Επιδαύρου (ΑΕΠ 2002c, 1:149–150).

Εξωτερικά δάνεια 1824-42

Πίνακας 25.50: Έξοδα δανείου 1824 υπολογιζόμενα από πληροφορίες του Ανδρεάδη (σε λίρες).

Περιγραφή	Ποσοστό επί των 800.000	Ποσά υπολογιζόμενα από Ανδρεάδη	Ποσά αναφερόμενα από Ανδρεάδη
Έσοδα			
800.000	59%	472.000	472.000
Έξοδα			
Τόκοι 2 ετών	2×5%	80.000	80.000
Χρεωλύσια 2 ετών	2×1%	16.000	16.000
Προμήθεια	3%	24.000	
Ασφάλιστρα	1,5%	12.000	
Προμήθεια επί των τόκων	0,4%	3.200	
Σύνολο		136.200	123.000
Καθαρό ποσό		335.800	348.800

Αν και τα παραπάνω έξοδα δανείου αναφέρονται από τον Ανδρεάδη, στην δική του άθροιση αναφέρει ως ποσόν εξόδων μόνον 123.000. Η διαφορά των 13.000 λιρών δεν είναι ξεκάθαρη (Ανδρεάδης 1904 και υπολογισμοί δικοί μου).

Πίνακας 25.51: Έξοδα δανείου 1825 υπολογιζόμενα από πληροφορίες του Ανδρεάδη (σε λίρες).

Περιγραφή	Ποσοστό επί των 2.000.000	Ποσόν
Έσοδα		
2.000.000	55,5%	1.100.000
Έξοδα		
Τόκοι 2 ετών	2×5%	200.000
Χρεωλύσια 1 έτους	1×1%	20.000
Προμήθεια πληρωμής τόκων 2% επί των τόκων (200.000)	2%	4.000
Προμήθειες, μεσιτεία, έξοδα συνομολογήσεως	3%	60.000
Σύνολο		284.000
Καθαρό ποσόν		816.000

Πηγή: (Ανδρεάδης 1904)

Πίνακας 25.52: Σύνοψη χρήσης δανείων 1824–25.

Έξοδα πληρεξουσίων	**28.880**
Διατεθέντα στο Χρηματιστήριο του Λονδίνου	**212.220**
Αγορά ομολογιών ονομαστικής αξίας 250.000 α΄ δανείου (45% της ονομαστικής)	113.200
Αγορές ομολογιών ονομαστικής αξίας 218.000 λ. του β΄ δανείου, σε τιμές πολύ πάνω από την τρέχουσα, που κυμαινόταν κάτω από το 15%.[1]	99.020
Ποσά διατεθέντα για εξοπλισμούς	**392.600**
Αγορά οπλισμού, ιματισμού κλπ, εκ των οποίων οι 20.000 κατεβλήθησαν για αγορά κανονιών.	77.000
Κατασκευή της *Καρτερίας*	10.000
Προς ναυπήγηση στην Αγγλία πέντε ατμοκινήτων πλοίων, δύο μεγάλων και τριών μικρών	113.000
Αμοιβή του Cochrane	37.000
Κατασκευή φρεγατών στις ΗΠΑ	155.600
Έφτασαν στην Ελλάδα	**232.558**[2]
Εστάλησαν στην ελληνική κυβέρνηση είτε απευθείας (182.400 λ.), είτε μέσω του Gordon (13.108)	195.508
Εστάλησαν μέσω του Γεροστάθη για την βοήθεια του Μεσολογγίου	3.350
Πληρωμή συναλλαγματικών της ελληνικής Κυβέρνησης.	33.770
Σύνολο	**866.258**

[1]Συνολικά ομολογίες ονομαστικής αξίας από τους Ricardo: 158.000 λ. προς 67.895 λ. (43%), 8.000 προς 4.440 λ. (55.5%) στις 15/10 και 5.000 προς 2.825 (56.5%) στις 19/11. Επίσης από τον Π. Ράλλη 25.000 λ. προς 11.550 λ. (46,2%) και 8.000 λ. προς 4.400 (55%) στις 12/10. Τέλος 14.000 λ. προς 7910 λ. (56.5%) για λογαριασμό της ελληνικής κυβέρνησης.

[2]Με έγγραφο του Πανελλήνιου της 14/1/1829, πρωτοκολλείται επισρολή έγγραφο της 30/6/1826, κατά το οποίο η ελλ. Κυβέρνηση ενημερώνει την J. & S. Ricardo ότι παρέλαβε μόνον 216.114 λίρες (Πανελλήνιο 1829).

[3]Η άθροιση των επιμέρους ποσών από τον Ανδρεάδη έχει προβλήματα λόγω τυπογραφικών (μάλλον) λαθών. Όμως, βέβαιο είναι το ποσόν του υπολοίπου από το α΄ δάνειο, ήτοι 28.100 λ. (στην σ. 27 αναφέρονται 18.100 λ., προφανώς εσφαλμένα). Από έρανο ομογενών στην Καλκούτα αναφέρονται 2.200 λ. και από τόκους εξαγορασθεισών ομολογιών του α΄ δανείου, 10.500 λ., λείπουν λοιπόν 10.000 λ.

Πίνακας 25.53: Σύνοψη της χρήσης των δανείων αναφορικά με την ναυπήγηση φρεγατών.

Όνομα	Ναυπηγείο	Τονάζ	Παραλαβή στην Ελλάδα	Τελικό Κόστος
Καρτερία	Galloway, Λονδίνο	233 τόνοι 3/9/1826		10.000 λ.
Επιχείρηση	"	400 τόνοι Σεπτέμβριος 1827		113.000 λ.
Ερμής	"	254 τόνοι 18/9/1828		
Ελλάς	Leroy, Bayard & Co, Νέα Υόρκη	2.300 τόνοι 3/12/1826		156.856 λ.

Πίνακας 25.54: Σύνοψη έκδοσης των δύο πρώτων σειρών του δανείου των 60 εκ. φράγκων (1833).

Περιγραφή	Πραγματικό (φράγκα)	Πραγματικό (δραχμές)
Έσοδα		
Α΄ δόση (32 εκ. φράγκα / 35.737.600 δρχ)	30.080.000 (94%)	33.593.344 (94%)
Β΄ δόση (8 εκ. φράγκα / 8.934.400)	7.520.000 (94%)	8.938.336 (94%)
Σύνολο*	**37.600.000 (94%)**	**41.991.680 (94%)**
Έξοδα έκδοσης		
Τόκοι προεξόφλησης	513.333.29 (5%)	573.290,62 (5%)
Προμήθεια Eichtal	80.000 (2%)	893.440 (2%)
Έξοδα κατασκευής ομολογιών	36.540	40.807,87
Τόκοι Ιουλίου-Αυγούστου 1833	333.333,33	372.266,66
Τοκοχρεωλύσια-Προμήθεια 1833–1835	4.818.568,51	5.381.377,31
Σύνολο	**6.501.775,12**	**7.261.182,46**
Έξοδα παραλαβής-διαχείρισης από Eichtal		
Προμήθεια 1,33%	321690,80	359.264,28
Συναλλαγματική διαφορά	12418,34	13.868,80
Διαφορά νομισμάτων	7514,68	8.392,40
Ταχυδρομικά έξοδα	14943,54	16.688,95
Ασφάλιστρα αποστολής	90515.25	101.087,43
Προπαρασκευή-αποστολή χρημάτων	39.358,04	43.955,06
Διάφορα	2835.87	3.167,10
Σύνολο	**489.276,52**	**546.424,02**
Υπόλοιπο	**30.608.948,35**	**34.184.073,52**

*39.062 ομολογίες, 40 εκ. φράγκα / 44.672.000 δρχ (Πηγή: Ηλιαδάκης 2003, 71–72).

Πίνακας 25.55: Σύνοψη χρήσης των δύο πρώτων σειρών του δανείου των 60 εκ. φράγκων.

Αιτιολογία	Ποσό (φράγκα)	Ποσό (δρχ)
Προμήθεια 2% στον Eichtal για προκαταβολές	94.175,43	108.175,12
Τόκοι προαναφερθεισών προκαταβολών	239.466,73	267.436,44
Έξοδα κοπής ελληνικών νομισμάτων στο Μόναχο και την Γαλλία	96.676,47	107.968,28
Έξοδα νομισματοκοπείου	558.089,38	623.274,22
Για προκαταβολές ΜΔ και Eynard σε Καποδίστρια και δάνεια Ανεξαρτησίας	1.126.000,00	1.257.516,84
Αποζημίωση της Πύλης από συνθήκη Καλεντέρ-Κιοσκ	11.220.598,62	12.531.164,54
Διάφορα έξοδα της αντιβασιλείας 1833–35		
1833	632.312,45	706.166,54
1834	391.228,65	436.924,16
1835	219.878.73	245.560,57
Σύνολο τριετίας	**1.251.481.26**	**1.397.654,27**
Σύνολο	**14.589.173,41**	**16.293.188,87**

Πηγή: Ηλιαδάκης 2003, 75.

Πίνακας 25.56: Οι εκδόσεις του βαυαρικού δανείου (1836)

Ημερομηνία σύναψης	Ανδρεάδης	Ηλιαδάκης
30(12)7/1835	1εκ φρ	1.128.944,44
10(22)/3/1836	1εκ φρ	1.110.075,04
25/12/1836(6/1/1837)	1 εκ. Φιορίνια	2.419.166,66
Σύνολο	**4.640.000**	**4.658.186,14**

Πηγές: Ανδρεάδης 1904, 106· Ηλιαδάκης 2003, 102.

Εξωτερικός δανεισμός 1879–1931

Πίνακας 25.57: Εξωτερικός δανεισμός 1879–1919.

Έτος	Ονομαστικός δανεισμός (εκ.)	Περιγραφή
1879	60 φρ.	
1881	120 φρ.	
1884	100 φρ.	
1887	135 φρ.	Μονοπωλίων
1889	155 φρ.	Πάγια αγγλικά (30 + 125)
1890	60 φρ.	Σιδηροδρόμων
1893	9,739 φρ.	Κεφαλαιοποίησης
1898	150,592 φρ.	ΔΟΕ
1902	56,25 φρ.	Ελληνικών σιδηροδρόμων
1907	20 φρ.	Εθνικής Αμύνης (ή Εθνικόν)
1911	110 φρ.	Δάνειο ν. ΓΠΨΕ΄/1911 (αρχικώς 150 εκ. φρ.)
1914	335,074 φρ.	Δάνειο ν. 111/1913 (αρχικώς 500 εκ. φρ.)
1910-14	275 φρ.	Βραχυπρόθεσμα (επτά δάνεια)
1915	40 μάρκα	Μυστικό δάνειο Γερμανίας
1916	40 μάρκα	Μυστικό δάνειο Γερμανίας
1919	8 δολ. Καναδά	Καναδικό καταναλωτικό

Σημείωση: Εξαιρούνται οι Συμμαχικές Πιστώσεις του ΑΠΠ που αναλύονται στον Πίνακα 25.59.
Πηγή: (Ηλιαδάκης 2003).

Πίνακας 25.58: Εξωτερικός δανεισμός 1924–1931.

Έτος	Ονομαστικός δανεισμός (εκ.)	Περιγραφή
1924	10 λ.σ. & 11 δολ.	Α΄ Προσφυγικό
1925	21 δολ.	Σιδηροδρόμων
1925	11 δολ.	Υδρεύσεως
1926	1 λ.σ.	Σουηδικό (μονοπώλιο σπίρτων)
1928	4,070 λ.σ. & 17 δολ.	Σταθεροποιήσεως (Τριμερές)
1928	4 λ.σ.	Α΄ Παραγωγικό
1929	12,167 δολ.	Αμερικανικής Κυβέρνησης
1930	1 λ.σ.	Σχολικών κτιρίων (ή σουηδικό)
1931	4,6 λ.σ.	Β΄ Παραγωγικό

Πηγή: (Ηλιαδάκης 2003).

Πίνακας 25.59: Συμμαχικές πιστώσεις και συναλλαγματικά διαθέσιμα ΕΤΕ και νόμου ‚ΓΧΜΒ'.

Τέλος έτους	Διαθέσιμα (χρυσός και συνάλλαγμα)[1]							Συμμαχικές Πιστώσεις[2]			Σύνολο διαθεσίμων εξωτερικού[3]
	Εσωτερικού			Εξωτερικού			Γεν. Σύνολο	ΕΤΕ	ν. ΓΧΜΒ'	Σύνολο	
	Μεταλλικό ΕΤΕ[4]	Διαθέσιμα ν. ‚ΓΧΜΒ'[5]	Σύνολο	Διαθέσιμα ΕΤΕ[4]	Διαθέσιμα ν. ‚ΓΧΜΒ'[6]	Σύνολο					
1910	4.078.855,00	21.476.238,00	25.555.093,00	47.385.028,69		47.385.028,69	72.940.121,69				47.385.028,69
1911	9.748.005,60	4.245.890,00	13.993.895,60	69.137.906,26	26.604.110,00	95.742.016,26	109.735.911,86				95.742.016,26
1912	16.298.187,32	1.645.890,00	17.944.077,32	57.695.109,16	98.354.110,00	156.049.219,16	173.993.296,48				156.049.219,16
1913	16.094.287,62	10.725.000,00	26.819.287,62	72.212.365,52	155.100.610,00	227.312.975,52	254.132.263,14				227.312.975,52
1914	39.166.927,02		39.166.927,02	19.433.016,62	153.513.100,00	172.946.116,62	212.113.043,64				172.946.116,62
1915	58.173.883,22		58.173.883,22	70.060.450,75	183.513.100,00	253.573.550,75	311.747.433,97			40.000.000	213.573.550,75
1916	60.312.280,68		60.312.280,68	128.805.439,78	360.000.000,00	488.805.439,78	549.117.720,46			123.600.000	365.205.439,78
1917	62.978.113,26		62.978.113,26	208.476.295,33	690.000.000,00	898.476.295,33	961.454.408,59			273.600.000	624.876.295,33
1918	54.307.330,69		54.307.330,69	481.008.639,82	1.185.041.082,45	1.666.049.722,27	1.720.357.052,96	322.420.000	838.640.000	1.161.060.000	504.989.722,27
1919	56.993.865,86		56.993.865,86	109.631.475,87	1.226.108.000,00	1.335.739.475,87	1.392.733.341,73	349.830.000	1.043.600.000	1.393.430.000	-57.690.524,13

[2]Αλέξανδρος Διομήδης, *Το εξωτερικόν συνάλλαγμα και ο νόμος ΓΧΜΒ'*, σελ. 11. ΙΑΕΤΕ. Α.Σ19Υ.Φ34 (αναφέρεται στο: Κώστας Κωστής, *Ιστορία της Εθνικής Τράπεζας της Ελλάδος 1914-1940*, ΕΤΕ, Αθήνα 2003, σελ. 135).

[3]Δικός μου υπολογισμός: [Σύνολο Εξωτερικών Διαθεσίμων] – [Σύνολο Συμμαχικών Πιστώσεων].

[4]Αθροισμα χρυσού και τραπεζογραμματίων.

[5]Αθροισμα χρυσού και τραπεζογραμματίων μόνο για το τέλος του 1910.

[6]Χρυσός.

Μεταπολεμικός δανεισμός (1946–1979)

Πίνακας 25.60: Μεταπολεμικά εξωτερικά δάνεια 1946–1979.

Έτος	Ονομαστικός δανεισμός (εκ.)	Περιγραφή
1946-1961	109,45 δολ.	Export-Import Bank (εννέα δάνεια, 3% σε δολάρια και 4% σε δραχμές)
1959	200 μάρκα	Δυτικογερμανική κυβέρνηση (47,6 εκ. δολάρια)
1961	1 δολ.	Socony-Vacuum Oil Company (κατόπιν Mobil)
1963-65	2,7 δολ.	Ταμείο Ανασυγκρότησης του Συμβουλίου της Ευρώπης (ΤΑΣΕ), τέσσερα δάνεια
1963	10 δολ	Δάνειο AID
1964	26,8 δολ	Γεωργικά πλεονάσματα ΗΠΑ
1964	10 δολ	Morgan
1964-68	30 δολ.	Bankers Trust (δύο δάνεια)
1964	12 δολ.	Δάνειο Manufacturers
1964	109,8 δρχ	Δάνειο κοινοπραξίας (consortium) σε γαλλικά φράγκα
1965	173,6 δρχ	Δάνειο κοινοπραξίας (consortium) σε ιταλικές λιρέτες
1967	85,6 δρχ	Δάνειο κοινοπραξίας (consortium) σε γαλλικά φράγκα
1967	150 δρχ	Δάνειο κοινοπραξίας (consortium) σε γερμανικά μάρκα
1967	15 δρχ	Δάνειο κοινοπραξίας (consortium) σε βελγικά φράγκα
1967	5,2 δρχ	Δάνειο κοινοπραξίας (consortium) σε ολλανδικά γκίλντερ
1966-67	30, 3 δολ.	Ευρωπαϊκή Τράπεζα Επενδύσεων (τρία δάνεια)
1966	22,5 δολ.	Bank of Nova Scotia (δύο δάνεια)
1968	20 δολ.	Δάνειο προμήθειας αργού πετρελαίου
1968	7,5 δολ.	Macdonald Construction Co.
1969	6 μάρκα (1,4 δολ)	ΤΑΣΕ
1970	10 δολ.	First National City Bank
1970-71	38,8 δολ.	Διεθνής Τράπεζα Αναπτύξεως (δύο δάνεια)
1971	13 μάρκα	ΤΑΣΕ
1972	23 δολ.	FNCB
1972	23,5 δολ	International Bank
1974	5 δολ..	Exchange National Bank of Chicago
1974-75	70 δολ.	International Bank (δύο δάνεια)
1975	30,033 δολ.	Ευρωπαϊκή Τράπεζα Επενδύσεων
1975	25 γαλλ. φράγκα	Γαλλική Κυβέρνηση
1976-77	101 δολ.	International Bank (τρία δάνεια)
1976	65 δολ	
1977	25 γαλλ. φράγκα	Γαλλική Κυβέρνηση
1977-78	40 μάρκα	ΤΑΣΕ (τρία δάνεια)
1979	30 EUA*	Ευρωπαϊκή Τράπεζα Επενδύσεων (δύο δάνεια)

*European Unit of Account. Πηγή: (ΕΣΥΕ 1981, 391–392).

25.8 Βασικά μακροοικονομικά και δημοσιονομικά μεγέθη 1960–2011

Για την ανάλυση πολλών νομισματικών φαινομένων, κυρίως μετά τον πόλεμο, είναι απαραίτητη η χρήση βασικών δημοσιονομικών και μακροοικονομικών μεγεθών. Το πρόβλημα δεν είναι τετριμμένο καθώς ούτε τα μεγέθη ως τέτοια είναι μονοσήμαντα ορισμένα, αλλά ούτε και οι μέθοδοι μέτρησής τους. Παρακάτω θα αναφερθώ στα πιο απαραίτητα τέτοια μεγέθη για την συζήτηση της ελληνικής οικονομίας μετά τον πόλεμο.

Το ΑΕΠ

Στοιχεία του ελληνικού ΑΕΠ παρέχουν, μεταξύ άλλων, η ΕΣΥΕ (ΣΕΕ και ΣΣΕΕ, διάφορα έτη και ΕΣΥΕ 1997)—η οποία μετά το 2010 μετετράπη σε «ανεξάρτητη» αρχή, την ΕΛΣΤΑΤ—η ΤτΕ (1984b· 1992b), το Υπουργείο Εθνικής Οικονομίας (ΥΠΕΘΟ 1998a), ο ΟΟΣΑ και η Ετήσια μακροοικονομική βάση δεδομένων AMECO της Ευρωπαϊκής Επιτροπής (European Commission 2015). Παρότι το ΥΠΕΘΟ, ο ΟΟΣΑ και η AMECO παρέχουν μια και μοναδική χρονοσειρά του ΑΕΠ, η διαθεσιμότητα των ετήσιων εκδόσεων της ΕΣΥΕ/ΕΛΣΤΑΤ και της ΤτΕ, μας επιτρέπει να καταγράψουμε την περιοδική αναθεώρηση των στοιχείων περασμένων ετών. Τέτοιες αναθεωρήσεις οφείλονται: (α) Σε λαθροχειρίες με πολιτικά κίνητρα, κατά τις οποίες η ιστορία ξαναγράφεται συν τω χρόνω, όπως π.χ. κατά την αναθεώρηση του ΑΕΠ από τον Γιώργο Αλογοσκούφη το 2006, (β) Στην πολυπλοκότητα του μεγέθους και στην αδυναμία των τεχνοκρατών να κατασταλάξουν σε διαχρονικές μεθόδους καταγραφής. (γ) Στην ανικανότητα των τεχνοκρατών να εφαρμόσουν τις συμφωνηθείσες μεθοδολογίες με συνέπεια. Είναι εντυπωσιακό το ότι πολλά τεύχη της *Στατιστικής Επετηρίδος της Ελλάδος* και της *Συνοπτικής Στατιστικής Επετηρίδος της Ελλάδος, της ίδιας χρονιάς*, δίνουν άλλες εκτιμήσεις ακόμη και όταν αναφέρονται *στις ίδιες χρονιές*! Ακόμη χειρότερα, εντός των Στατιστικών Επετηρίδων, άλλο ΑΕΠ αναφέρεται στον πίνακα για την Ελλάδα και άλλο στον διεθνή πίνακα για τα ελλείμματα![10]

Από επισκόπηση των διαφόρων διαθεσίμων στατιστικών σειρών προκύπτουν κάποιες αντιστοιχίες:

α) Το ΑΕΠ σύμφωνα με το σύστημα του ΟΟΣΑ δημοσιευόταν στις επετηρίδες της ΕΣΥΕ μέχρι και για το 1990 και προσφάτως επεκτάθηκε μέχρι και το 1995 και μεταξύ 2000–2009 (ΤτΕ 1992b). Σχετικά στοιχεία λοιπόν υπάρχουν από το 1957 (όπου το οικονομικό έτος άρχισε να ταυτίζεται με το ημερολογιακό) μέχρι και το 2009, με μια διακοπή μεταξύ 1996–1999.

β) Το ΑΕΠ σύμφωνα με το ΕΣΛ79 που άρχισαν να δημοσιεύουν οι Συνοπτικές Στατιστικές Επετηρίδες της ΕΣΥΕ μεταξύ 1996–2001 και 2007–2009 προεκβάλλεται προς τα πίσω (ξεκινώντας από το 1960) από το ΥΠΕΘΟ (ΥΠΕΘΟ, 1998, Πίνακας 1Α).

γ) Στοιχεία του ΑΕΠ σύμφωνα με το ΕΣΛ95 παρέχονται από την AMECO (UVGD), με προεκβολή μέχρι το 1960.

Έλλειμμα

Παρόμοια προβλήματα συναντά κανείς αναζητώντας στοιχεία για τα ελλείμματα, τον δανεισμό, ή το χρέος. Αφενός, τέτοια μεγέθη δεν είναι ευκόλως προσδιοριζόμενα σε επίπεδο κράτους, όπως είναι στο επίπεδο ενός ιδιώτη ή ενός νοικοκυριού. Αποτελούν πολύπλοκα στατιστικά μεγέθη που μπορούν να ορισθούν με ποικίλους τρόπους. Π.χ., είναι οι ΔΕΚΟ κομμάτι του Δημοσίου; Σε ποια χρονιά υπολογίζονται δαπάνες για παραγγελίες που θα παραληφθούν μελλοντικά; Τα έσοδα από αποκρατικοποιήσεις λαμβάνονται υπόψη στον υπολογισμό των ελλειμμάτων; Με αφορμή τέτοια ερωτήματα μπορούν μάλιστα να εξυπηρετηθούν πολιτικές σκοπιμότητες και η ιστορία να ξαναγραφτεί όπως με τις αναθεωρήσεις του ΑΕΠ.[11]

Πουθενά στις δημοσιεύσεις της ΕΣΥΕ δεν αναγράφεται το έλλειμμα ως σαφώς ορισμένο μέγεθος· μπορούμε να αντλήσουμε στοιχεία για τις διαφορές εσόδων-εξόδων, ενώ μέχρι την ΣΕΔΟ 1998 γίνεται αναφορά στο «πραγματικό (net) έλλειμμα» που φαίνεται να αντιστοιχεί στην διαφορά εσόδων (πλην δανείων) και δαπανών. Αλλά και στις κατά καιρούς εκθέσεις των Διοικητών της ΤτΕ η πρακτικές μεταβάλλονται, καθώς γίνονται αναφορές στο «έλλειμμα», «πραγματικό έλειμμα» και «καθαρό έλλειμμα». Αλλά και η ΤτΕ είναι εξίσου θολή στα στοιχεία που παραθέτει. Π.χ.

---

[10] Π.χ. στην ΣΕ του 2008, τα στοιχεία για το ελληνικό ΑΕΠ του 2007 βρίσκονται στους πίνακες των σελίδων 519 (όπου αντιστοιχούν σε 226.437 εκ. ευρώ) και 547 (όπου αντιστοιχούν σε 228.180 εκ. ευρώ).

[11] Αναθεωρήσεις των ελλειμμάτων προηγουμένων ετών έκαναν δύο Διδάκτορες του London School of Economics: ο Γιώργος Αλογοσκούφης (2004) και ο Γιώργος Παπακωνσταντίνου (2010).

στην Έκθεση του Διοικητή του 1981 αναφέρεται για το έτος 1980 «Έλλειμμα Γενικού Κρατικού Προϋπολογισμού» ίσο με 101.434 εκ. δρχ. (σ. 128) και «Καλυπτόμενα Ελλείμματα Δημοσίου Τομέα» ίσα με 204.576 εκ. δρχ, περιλαμβανομένων και των ελλειμμάτων των δημοσίων επιχειρήσεων (σ. 107). Ποιο είναι το μέγεθος αναφοράς;

Ο Νικόλαος Καραβίτης (2008, 21–22, 53–54) αναφέρει τουλάχιστον εννέα διαφορετικούς ορισμούς του ελλείμματος, καθώς αυτό μπορεί να εκφραστεί ως *ακαθάριστο* (έσοδα-δαπάνες), *καθαρό* (ακαθάριστο χωρίς χρεωλύσια) ή *πρωτογενές* (ακαθάριστο χωρίς χρεωλύσια και τόκους), και να υπολογίζεται σε βάση *δημοσιονομική* (από στοιχεία του ΓΛΚ), *ταμειακή* (από ταμειακές ροές της ΤτΕ), ή *εθνικολογιστική* (από στοιχεία του Υπουργείου Οικονομίας και Οικονομικών όπως γνωστοποιούνται στην Ευρωπαϊκή Επιτροπή κατά το ΕΣΛ95). Στην τελευταία αυτή περίπτωση ο υπολογισμός τροποποιείται ελαφρά σύμφωνα με το άρθρο 104 της συνθήκης του Μάαστριχτ σύμφωνα με την Διαδικασία Υπερβολικού ελλείμματος (ΔΥΕ).[12] Ανάλογα με την βάση υπολογισμού του ελλείμματος προκύπτουν σημαντικές διαφορές, οπότε είναι απαραίτητο κάθε φορά να γνωρίζουμε σε τι ακριβώς αναφερόμαστε.

Τα παραπάνω προβλήματα προφανώς αθροίζονται όταν μιλά

με για «έλλειμμα ως ποσοστό του ΑΕΠ». Καθώς το μέγεθος που περιγράφουμε είναι το (*Έλλειμμα/ΑΕΠ*) × 100%, απόκλιση ±3% σε αριθμητή και παρονομαστή μπορεί να οδηγήσει σε σφάλμα περίπου ±6% στο τελικό μέγεθος, δηλαδή σε ένα εύρος σφάλματος 12 ποσοστιαίων μονάδων.

Από επισκόπηση των διαφόρων διαθεσίμων στατιστικών σειρών προκύπτουν κάποιες ισοδυναμίες—αν και όχι απόλυτες ταυτίσεις των τελικών αριθμών:

α) *Το Ακαθάριστο Έλλειμμα της Κεντρικής Κυβέρνησης σε Εθνικολογιστική Βάση* (πίνακας 8Α) ή *Έλλειμμα* (στο σύνολο του Δημοσίου, πίνακας 8–1Α) του ΥΠΕΘΟ (ΥΠΕΘΟ, 1998) είναι ισοδύναμο με το έλλειμμα της AMECO (URTG-UUTGI-UYIG). Το αντίστοιχο πρωτογενές έλλειμμα του ΥΠΕΘΟ είναι σχεδόν ίσο με το πρωτογενές έλλειμμα της AMECO (URTG-UUTGI).

β) *Το Ακαθάριστο Έλλειμμα Κεντρικής Διοίκησης σε Δημοσιονομική Βάση* (Γενικού Κρατικού Προϋπολογισμού) που δίνει το ΥΠΕΘΟ (πίνακας 7Α) είναι αντίστοιχο με το «έλλειμμα» που δίνουν οι Εκθέσεις των Διοικητών της ΤτΕ των ετών 1981–1994 και με το Αποτέλεσμα κρατικού προϋπολογισμού που δίνουν τα Οικονομικά Δελτία και τα Στατιστικά Δελτία Οικονομικής Συγκυρίας της ΤτΕ.

γ) Τα *Καθαρά* και *Πρωτογενή* ελλείμματα του ΥΠΕΘΟ είναι ισοδύναμα με τα *Αποτελέσματα κρατ. Προϋπολογισμού* (*καθαρά*) και *Πρωτογενές Πλεόνασμα*, αντιστοίχως, των δελτίων της ΤτΕ.

δ) Το *Έλλειμμα κρατικού προϋπολογισμού σε ταμειακή βάση* που δίνουν οι Εκθέσεις των Διοικητών της ΤτΕ ταυτίζεται με τις *Καθαρές δανειακές ανάγκες της κεντρικής κυβέρνησης σε ταμειακή βάση*.

Δημόσιος δανεισμός και χρέος

Αφενός, το πρόβλημα με τον ορισμό του δημοσίου δανεισμού και χρέους έγκειται στον ορισμό του δημοσίου τομέα. Η συζήτηση αυτή είναι εξαιρετικά πολύπλοκη, καθώς είναι θέμα δικής μας επιλογής αν κάποιος φορέας θα ενταχθεί ή όχι στο Δημόσιο (π.χ. μια ΔΕΚΟ, ή μια «προβληματική»). Επιπλέον, το χρέος μπορεί να οριστεί ως ακαθάριστο (το σύνολο των υποχρεώσεων του Δημοσίου) ή καθαρό (οι υποχρεώσεις του Δημοσίου μείον τις απαιτήσεις του Δημοσίου έναντι τρίτων). Επίσης μπορεί να χαρακτηρισθεί ως εσωτερικό ή εξωτερικό (αν οφείλεται σε κατοίκους, ή όχι, του κράτους) και σε εθνικό νόμισμα ή σε συνάλλαγμα (ανάλογα με το νόμισμα στο οποίο έχει συνομολογηθεί).

Προβλήματα όμως παρουσιάζουν και τα στοιχεία του δανεισμού: διαφορετικά στοιχεία και εκτιμήσεις παρουσιάζουν το ΥΠΕΘΟ (ΥΠΕΘΟ 1998α, Πίνακας 9Γ, καθαρός και συνολικός δανεισμός Κεντρικής Διοίκησης και Γενικής Κυβέρνησης)), η ΤτΕ (*Δανειακές ανάγκες της Κεντρικής Κυβέρνησης* στις Εκθέσεις του Διοικητή) και η ΕΣΥΕ,[13] καθιστώντας δύσκολη την σύγκριση. Τέλος, άλλες είναι οι εκτιμήσεις της Eurostat και της AMECO για τον καθαρό δανεισμό σύμφωνα με την Διαδικασία Υπερβολικού Ελλείμματος.

---

[12] Βεβαίως, στις πάνω από 300 σελίδες του βιβλίου του, ούτε αυτός βρίσκει τον χώρο να αναφέρει *οποιουσδήποτε* απόλυτους αριθμούς ελλείμματος, δηλαδή του μεγέθους που διαφημίζει φαρδιά-πλατιά στο εξώφυλλο! Αν και χρήσιμο για την τεχνική κατανόηση του ζητήματος, από πλευράς μακροχρόνιων στατιστικών δεδομένων το εν λόγω βιβλίο ήταν τα πιο άσκοπα €43,65 που έδωσα ποτέ.

[13] (α) *ΣΕΕ 1988–2008* (διάφορα τεύχη): *Πιστωτικά έσοδα* (καταχώρηση στα αποτελέσματα της δημοσιονομικής διαχείρισης του κρατικού προϋπολογισμού που περιλαμβάνει έντοκα γραμμάτια, δάνεια από ΤτΕ, ομόλογα, κλπ). (β) *ΣΕΔΟ*: Έσοδα που προκύπτουν από το άθροισμα *εσόδων από δανεισμό* και *κάλυψης από δάνεια* στα αποτελέσματα δημοσιονομικής διαχείρισης. Μακροχρόνια στοιχεία μεταξύ 1955–1998 δίνονται στην ΣΕΔΟ 1998, σ. 37.

Το εμπορικό ισοζύγιο

Τα στοιχεία αυτά τα χωρίζω σε προπολεμικά (1851–1938) και μεταπολεμικά προπολεμικά (1948–σήμερα).

Προπολεμικά στοιχεία για το εμπορικό ισοζύγιο δίνει η ΕΣΥΕ (ΕΣΥΕ 1940, 458–459), η οποία παραθέτει μια χρονοσειρά για το *ειδικό εμπόριο*, το οποίο διαφοροποιεί από το *γενικό εμπόριο*.[14] Στο ειδικό εμπόριο περιλαμβάνονται: (α) τα εισαγόμενα προς κατανάλωση, τα επανεισαγόμενα εφ' όσον υποβάλλονται σε εισαγωγικό δασμό, τα ευρισκόμενα στις αποσκευές επιβατών, τα εκποιούμενα, αζήτητα, λαθραία κλπ και τα εισαγόμενα σε δέματα. (β) τα εξαγόμενα παραχθέντα στην Ελλάδα και όσα εθνικοποιήθηκαν μέσω καταβολής δασμών ή όσα εισήχθησαν ατελώς για κατανάλωση στην χώρα.

Η ΤτΕ στις Εκθέσεις του Διοικητή, όταν αναφέρεται σε εισαγωγές και εξαγωγές, δίνει τα στοιχεία του ειδικού εμπορίου. Τα στοιχεία της ΕΣΥΕ μέχρι και το 1919 αναφέρονται σε «χρυσές δραχμές» (προφανώς ΛΝΕ) και από το 1920 σε «χρυσές δραχμές» και σε «δραχμές» (προφανώς τρέχουσες). Ο Δερτιλής (2010b, 2:1086–1088, Πίνακας 4.1) μετατρέπει τις προ του 1920 τιμές σε τρέχουσες *«με βάση τις σειρές αξίας χρυσού και συναλλάγματος που περιλαμβάνονται στον παρόντα [Β'] τόμο».* Πλην όμως, οι μοναδικές τέτοιες σειρές που κατάφερα να εντοπίσω (Πίνακας 6.2, σ. 1143–1145) είναι πλήρεις μόνον για την στερλίνα (1833–1938), ενώ για το φράγκο—που ενδιαφέρει περισσότερο— είναι αποσπασματικές. Επιπλέον, δεν εξηγείται λεπτομερώς ο τρόπος μετατροπής των χρυσών σε τρέχουσες δραχμές, ενώ οι στρογγυλοποιήσεις γίνονται με γνώμονα τα δεκαδικά ψηφία (σε εκ. δρχ με προσέγγιση ακεραίου) και όχι τα σημαντικά ψηφία. Συνεπώς προτίμησα να μετατρέψω τις χρυσές δραχμές ΛΝΕ σε τρέχουσες δραχμές βάσει των ισοτιμιών της τρέχουσας δραχμής με το γαλλικό φράγκο. Η μονάδα μέτρησης είναι χιλιάδες τρέχουσες δρχ, ενώ τηρείται ο αριθμός σημαντικών ψηφίων που επιτρέπουν τα δεδομένα.

Για την περίοδο 1851–1913, οπότε και το φράγκο ήταν σε χρυσή βάση, αντλώ στοιχεία από τον Πίνακα 25.5. Για την περίοδο 1914–1919 τα πράγματα είναι πιο δύσκολα καθώς, με την αναστολή της μετατρεψιμότητας λόγω του ΑΠΠ, το γαλλικό φράγκο αποσυνδέθηκε από τον χρυσό και μέχρι το 1920 υπέστη έντονη υποτίμηση. Επιπλέον, λόγω της απαγόρευσης της εμπορίας χρυσού—πέραν ειδικών ανταλλαγών μεταξύ των συμμάχων—είναι πολύ δύσκολη η ανεύρεση της τρέχουσας ισοτιμίας του φράγκου με τον χρυσό για την περίοδο εκείνη (Whitaker 1916, 265–266· Hall 2004). Έτσι, το μόνο που απομένει είναι η έμμεση μετατροπή μέσω νομισμάτων που είχαν παραμείνει στον κανόνα του χρυσού την περίοδο εκείνη, και συγκεκριμένα το δολάριο. Για την εξαγωγή των στοιχείων της περιόδου αυτής μετατρέπω τις χρυσές δραχμές σε χρυσά δολάρια βάσει της περιεκτικότητάς τους σε χρυσό[15] και εν συνεχεία μετατρέπω τα χρυσά δολάρια σε τρέχουσες δραχμές βάσει των μέσων ετησίων ισοτιμιών (ΕΣΥΕ 1940, 298).

Για την μεταπολεμική περίοδο, χρονοσειρές εμπορικού ισοζυγίου παραθέτουν η ΤτΕ (1984b· 1992b) και το ΥΠΕΘΟ (1998a, Πίνακας 15Α). Το ΥΠΕΘΟ παρέχει στοιχεία υπολογισμένα σε *Εθνικολογιστική βάση*,[16] από την *Τελωνειακή Στατιστική*[17] και σε *Συναλλαγματική βάση*, χωρίς να προσφέρονται περισσότερες διευκρινίσεις. Τα στοιχεία σε Συναλλαγματική βάση ταυτίζονται με εκείνα της ΤτΕ. Η ΤτΕ διευκρινίζει (ΤτΕ 2015) ότι τα στοιχεία της τα συλλέγει από τα εγχώρια πιστωτικά ιδρύματα και τα διυλιστήρια και ότι οι Τελωνειακές Στατιστικές καταρτίζονται από την ΕΛΣΤΑΤ.

Σχετικά με το Ισοζύγιο Τρεχουσών Συναλλαγών, στοιχεία παρέχουν η ΤτΕ (1992b, 50) και το ΥΠΕΘΟ (1998a, Πίνακας 14Α). Οι δύο χρονοσειρές εν γένει συμφωνούν, όμως δεν ταυτίζονται δεδομένου ότι η μελέτη της ΤτΕ χρησιμοποιεί ελαφρώς διαφορετικές λογιστικές μεθόδους υπολογισμού των σχετικών μεγεθών απ' ότι το ΥΠΕΘΟ και ο ΟΟΣΑ. Σε κάθε περίπτωση, τα γενικά συμπεράσματα είναι ίδια (βλ. σχ. Μανασσάκης, Κατηφόρης, και Βασαρδάνη 2010, 103–104).

---

[14]Γενικό εμπόριο (από το 1921): όλα τα εισαγόμενα προϊόντα (για κατανάλωση, αποταμίευση, ή άμεση διαμετακόμιση) και όλα τα εξαγόμενα προϊόντα (ξένης ή εγχώριας προέλευσης). Το γενικό εμπόριο είναι εν γένει μεγαλύτερο σε όγκο από το ειδικό.

[15]0.290322 g χρυσού ανά χρυσή δραχμή ΛΝΕ (δηλ. ανά χρυσό φράγκο) και 1,505 g χρυσού ανά χρυσό δολάριο (1,505/0.290322 = 5,18 FF/$).

[16]Τιμές FOB (Free on board) για τις εξαγωγές και CIF (Cost, insurance and freight) για τις εισαγωγές.

[17]Τιμές FOB για τις εξαγωγές και CIF (χωρίς πλοία) για τις εισαγωγές.

Η αντιμετώπιση

Λόγω των παραπάνω προβλημάτων η επιλογή ορισμών και στατιστικών χρονοσειρών καθίσταται—από ένα σημείο και πέρα—αυθαίρετη, καθώς η Οικονομική «επιστήμη» δεν έχει δημιουργήσει πραγματικά αξιόπιστους ποσοτικούς μακροοικονομικούς δείκτες. Η παρακολούθηση των παραπάνω μεγεθών δεν έχει καμία σχέση, π.χ. με την ανάγνωση ιστορικών μετεωρολογικών δεδομένων· στην μετεωρολογία οι 23 °C το 1912 είναι ίδιοι με τους 23 °C το 2012, όμως το ίδιο δεν συμβαίνει στα Οικονομικά. Η ΕΛΣΤΑΤ δεν είναι σε καμία περίπτωση ΕΜΥ! Δεδομένου ότι η υιοθέτηση της παραπάνω γλώσσας προκύπτει από την γενικότερη διάδοση της πρακτικής αυτής στον δημόσιο λόγο, θα υιοθετήσω και τους ορισμούς που είναι πιο διαδεδομένοι, με την προϋπόθεση ότι υπάρχει και το απαραίτητο εύρος συνεπών στατιστικών δεδομένων. Θα πρέπει όμως ο αναγνώστης να προετοιμαστεί για το ενδεχόμενο του να μην διαβάσει στις επόμενες σελίδες τους αριθμούς που είδε να δημοσιεύονται κατά καιρούς στις εφημερίδες, καθώς είτε οι εφημερίδες ακολούθησαν διαφορετικούς ορισμούς, είτε διότι έκτοτε τα στοιχεία αναθεωρήθηκαν.

Έτσι, όσον αφορά στο ΑΕΠ, το ΕΣΛ79 δίνει εκτιμήσεις 25–50% μεγαλύτερες από εκείνες του συστήματος του ΟΟΣΑ. Ακόμα μεγαλύτερες εκτιμήσεις δίνει το ΕΣΛ95, περίπου 8–12% μεγαλύτερες από το ΕΣΛ79. Για λόγους συγκρισιμότητας με τα άλλα μεγέθη, αλλά και πληρότητας των χρονοσειρών, θα χρησιμοποιήσω το ΑΕΠ κατά το ΕΣΛ95 που δίνει η AMECO (μέγεθος με κωδικό UVGD).

Για το έλλειμμα χρησιμοποιώ το *Ακαθάριστο Έλλειμμα Κεντρικής Διοίκησης σε Δημοσιονομική Βάση* (ΥΠΕΘΟ 1998, Πίνακας 7Α και Οικονομικά Δελτία της ΤτΕ), για το οποίο υπάρχει μια αρκετά μεγάλη και συνεχής χρονοσειρά.

Για τον δημόσιο δανεισμό χρησιμοποιώ την *Δανειακή κάλυψη των ελλειμμάτων* όπως παρέχεται από την ΕΣΥΕ (ΣΕΔΟ, ΣΕ) και τους ισολογισμούς.

Για το δημόσιο χρέος χρησιμοποιώ το *Ακαθάριστο Ενοποιημένο Χρέος της Γενικής Κυβέρνησης·* αυτό αποτελεί αφενός τον αποδεκτό ορισμό κατά το ΕΣΛ95, αφετέρου υπάρχει γι' αυτό μια μακροχρόνια χρονοσειρά από την AMECO (μέγεθος με κωδικό UDGGL). Θα πρέπει να σημειώσουμε ότι το ίδιο χρέος καταγράφουν και οι εκθέσεις των Διοικητών της ΤτΕ από το 1992 και εφεξής, καθώς και το ΥΠΕΘΟ μεταξύ 1975–1997 (ΥΠΕΘΟ 1998, Πίνακας 9Α), με την διαφορά ότι η AMECO καταγράφει τις τελικές εκτιμήσεις μετά τις προς τα πάνω αναθεωρήσεις που έκαναν οι κυβερνήσεις της Νέας Δημοκρατίας (για τα έτη 1999–2001) και Πασόκ (για τα έτη 2005–2008).

Για το εμπορικό ισοζύγιο χρησιμοποιώ τα στοιχεία της ΤτΕ, που ταυτίζονται με εκείνα του ΥΠΕΘΟ σε Συναλλαγματική βάση.

ΑΕΠ: ένας προβληματικός δείκτης

Το ΑΕΠ ως στατιστικό μέγεθος αποτελεί προϊόν της κρατικής επιθυμίας για προγραμματισμό της οικονομίας. Τα πρώτα ολοκληρωμένα βήματα προς την κατάρτισή του έγιναν στις ΗΠΑ το 1932 από τον Ρωσοαμερικανό οικονομολόγο Simon Kuznets, ο οποίος εφάρμοσε σε πρωτοφανή έκταση και με πρωτοφανή μεθοδικότητα μεθοδολογίες που στο παρελθόν είχαν εφαρμοσθεί μόνον αποσπασματικά. Μεσούσης της μεγάλης ύφεσης, το αμερικανικό Υπουργείο Εμπορίου του ανέθεσε την κατάρτιση ενός εργαλείου που θα μετρούσε συνοπτικά και με ακρίβεια την πορεία της οικονομίας. Ο Kuznets (1934b), εργαζόμενος τότε με απόσπαση από το National Bureau of Economic Research, προχώρησε με συστηματικότητα στην καταγραφή μιας μεγάλης σειράς εισοδημάτων και στην απόσταξή τους σε έναν και μόνον αριθμό, το Εθνικό Εισόδημα (ή Καθαρό Εθνικό Εισόδημα, Net National Income, NNI), που προέκυπτε από την άθροιση των καθαρών αγοραίων τιμών (δηλ. Αφαιρώντας το κόστος παραγωγής) όλων των προϊόντων και υπηρεσιών που πωλούνταν από τους υπηκόους ακόμη και εκτός επικρατείας. Με τον τρόπο αυτό επιχειρούσε να «*describe the total activity of the national economy under one aspect, viz., the size of the final net product*».

Ο ίδιος ήταν απόλυτα ξεκάθαρος ως προς την χρησιμότητα, την σημασία και τους περιορισμούς του εργαλείου που μόλις είχε κατασκευάσει. Όπως κατέθεσε στο Κονγκρέσο το 1934 (Kuznets 1934a), πολλές παραγωγικές εργασίες που γίνονται δίχως ανταλλαγή χρήματος δεν καταγράφονται στους πίνακές του, ενώ πολλά καταγραφόμενα εισοδήματα δεν αντιστοιχούν σε πραγματικά παραγωγικές εργασίες· μάλιστα, μερικά αντιστοιχούν σε καταστροφές. Ο ίδιος χρησιμοποίησε το κλασικό παράδειγμα των νοικοκυρών, των οποίων την συμβολή στο εθνικό προϊόν χαρακτήρισε «επιβλητική» (imposing), όμως αδύνατον να προσμετρηθεί εφόσον δεν συνδέεται με ανταλλαγή χρήματος (Kuznets 1934a, 4–5). Συνέπεια του ανωτέρω αποτελεί η πνευματώδης, αλλά απολύτως ακριβής, διατύπωση ότι όταν κάποιος παντρεύεται την οικιακή του βοηθό αφαιρεί από το εθνικό εισόδημα. Ο Kuznets έδωσε και άλλα αντίστοιχα παραδείγματα: προϊόντων και υπηρεσιών που καταναλώνονται χωρίς τη μεσολάβηση χρήματος (ιδιοκατοίκηση), υπηρεσιών που πληρώνονται αλλά δεν δηλώνονται (μαύρη εργασία ή «odd jobs», και παράνομες δραστηριότητες), πληρωμών που γίνονται χωρίς την παροχή υπηρεσίας (ελεημοσύνη), ή δραστηριοτήτων—νομίμων ή παρανόμων—που γίνονται με ανταλλαγή χρήματος αλλά δεν προάγουν την γενική ευημερία.

Σαν καλός στατιστικολόγος ο Kuznets ξεκινά την περιγραφή του από το τι *δεν* κάνει το εργαλείο που κατασκεύασε και από τις πιθανές «χρήσεις και καταχρήσεις» στις οποίες μπορεί να υποπέσει. Ξεκαθαρίζει ότι η απλότητα και ακρίβεια ενός ξερού αριθμού δεν είναι παρά μια ψευδαίσθηση. Μπορεί το εθνικό εισόδημα να μετρά με νόημα τις *σχετικές* διαφορές μεταξύ κρατών την ίδια στιγμή, ή την πορεία του ίδιου κράτους στον χρόνο, μόνον όμως λαμβάνοντας υπόψη τους παραπάνω περιορισμούς: ότι δηλαδή αναφέρεται σε δραστηριότητες εντός της αγοράς μιας οικονομίας, και όχι στο σύνολο της οικονομίας. Δηλαδή ο Kuznets θεωρεί την αγορά ως υποσύνολο της οικονομίας, κατά συνέπεια αυτός ο αριθμός δεν μπορεί να αποτιμήσει την γενική ευημερία της οικονομίας ενός έθνους (Kuznets 1934a, 5–6).

Σε πολιτικό επίπεδο ο ίδιος ο Kuznets προτιμούσε μια «πεφωτισμένη κοινωνική φιλοσοφία» που θα αφαιρούσε από τον υπολογισμό του εθνικού εισοδήματος καταστροφικές και μη παραγωγικές δραστηριότητες όπως τους εξοπλισμούς, την διαφήμιση και την χρηματιστηριακή κερδοσκοπία, καθώς επίσης και τα φαραωνικά έργα αστικής υποδομής που υπάρχουν απλώς για κάνουν την ζωή βιώσιμη (Copeland 1937, 35–48). Δηλαδή, εκτός από την αγορά, ο Kuznets φαίνεται να έθετε *και* το κράτος εκτός της οικονομίας. Με τον πόλεμο όμως να πλησιάζει αυτή η οπτική που εξαιρούσε τις κυβερνητικές δαπάνες από τις παραγωγικές δραστηριότητες δεν θα ήταν και τόσο δημοφιλής, αφού οι πολεμικές δαπάνες θα μείωναν το Εθνικό Εισόδημα. Χρειαζόταν κάποιος δείκτης που δεν θα παρουσίαζε αυτό το πρόβλημα. Στην έκδοση του 1937 ο Kuznets θα μιλούσε πλέον για το Ακαθάριστο *Εθνικό* Προϊόν (Gross National Product, GNP), ένα μέγεθος που μετρούσε τις ακαθάριστες δαπάνες (μαζί με τα έξοδα παραγωγής) από τους υπηκόους της χώρας, εντός ή εκτός της επικράτειας (Kuznets 1937). Το μέγεθος είχε εισηγηθεί λίγο νωρίτερα ο Clark Warburton (1934) και περιελάμβανε τις κρατικές δαπάνες. Από το 1944, μετά την σύσκεψη του Μπρέτον Γουντς, το Ακαθάριστο *Εγχώριο* Προϊόν (Gross Domestic Product, GDP, ή ΑΕΠ) θα γινόταν σταδιακά ο πιο δημοφιλής δείκτης, μετρώντας την δραστηριότητα των κατοίκων της επικράτειας ανεξαρτήτως υπηκοότητας· η διαδικασία στην Ελλάδα ξεκίνησε από το 1954–55 (βλ. π.χ.: ΤτΕ 1955, 11· ΕΣΥΕ 1955, 170).

Μπορεί τα μεγέθη να μην είναι ταυτόσημα, όμως η στατιστική μεθοδολογία που ακολουθείται και για τα δύο είναι κοινή. Άρα και οι περιορισμοί τους είναι κοινοί. Το ΑΕΠ λοιπόν είναι ένα στατιστικό μέγεθος αφενός μη επακριβώς μετρήσιμο, αφετέρου που δεν αντανακλά αναγκαστικά την κοινωνική ευημερία. Επιπλέον είναι μεταβαλλόμενο, καθώς ο «σωστός» υπολογισμός του υφίσταται περιοδικά δραστικές αλλαγές.[18] Τέλος, ακόμη και η τήρηση της «σωστής» μεθοδολογίας δεν αποκλείει τις πολιτικά υποκινούμενες λαθροχειρίες στον υπολογισμό του. Μια από τις πρώτες εξαιρέσεις του Kuznets το 1934 θα ανατρεπόταν το 2006 όταν ο Γ. Αλογοσκούφης θα προσμετρούσε στο ελληνικό ΑΕΠ και την πορνεία. Και παρά την χλεύη που θα εισέπραττε τότε, το 2014 η Eurostat θα ερχόταν να τον μιμηθεί.

Σχόλιο: μέγεθος του δημοσίου και δημοσιονομικά ελλείμματα κατά την μεταπολίτευση

Το κόστος του ελληνικού δημοσίου τομέα έχει ενοχοποιηθεί πλειστάκις ως το γενεσιουργό αίτιο των κρατικών ελλειμμάτων μεταπολιτευτικά, ειδικά μετά το 1981, αφενός λόγω μισθολογικών αυξήσεων και αφετέρου λόγω υπέρμετρης διόγκωσης.

Ως προς το θέμα του ύψους των μισθών, είναι γεγονός ότι με την έλευση του Πασόκ έγιναν πρωτοφανείς αυξήσεις στους κατώτατους μισθούς και τις συντάξεις, τόσο του δημοσίου όσο και του ιδιωτικού τομέα, τις οποίες ανήγγειλε στην Βουλή στις 21/12/1981 ο Υπ. Εργασίας Απόστολος Κακλαμάνης. Παράλληλα ανακοινώθηκε και η Αυτόματη Τιμαριθμική Αναπροσαρμογή (ΑΤΑ) για την προστασία του εισοδήματος των μισθωτών από τον πληθωρι-

---

[18] Στην Ελλάδα, η πρώτη χρονιά με το αναθεωρημένο σύστημα ήταν το 1988. Αποτέλεσμα της αναθεώρησης ήταν η αύξηση του ΑΕΠ του 1988 κατά 20%. Από τον Απρίλιο του 1996 (δυνάμει του κανονισμού 2223/96 της ΕΕ του Συμβουλίου της 25/6/1996) τα κράτη-μέλη υποχρεώθηκαν να υιοθετήσουν το νέο πρότυπο ΕΣΟΛ 95 (ή ESA 95). Πρώτη χρονιά εφαρμογής στην Ελλάδα ήταν στα στοιχεία του 1995, τα οποία δόθηκαν για πρώτη φορά το 1999 (Γρηγοριάδης 2000).

σμό. Έτσι, π.χ., η Εθνική Γενική Συλλογική Σύμβαση Εργασίας του 1982 προέβλεπε αυξήσεις κατωτάτων μισθών κοντά στο 74% για ιδιωτικούς υπαλλήλους.[19] Όμως οι αυξήσεις αυτές αφορούσαν σε υπερβολικά χαμηλά εισοδήματα και δεν επεκτάθηκαν στις κλαδικές συμβάσεις. Έτσι, με δεδομένο τον υψηλό πληθωρισμό, η μέση *πραγματική* αύξηση των μισθών μόλις που πλησίασε το 6% στο σύνολο της οικονομίας, μια αύξηση που ισοσταθμίστηκε σε πραγματικούς όρους από το πρόγραμμα λιτότητας του 1985–87 (ΥΠΕΘΟ 1998a, διάγραμμα 14· Νικολάου 2008c), με το πάγωμα μισθών στον ιδιωτικό και δημόσιο τομέα.[20]

Ο δεύτερος ενοχοποιηθείς παράγων ήταν η διόγκωση του Δημοσίου τομέα. Με αυτό το δεδομένο, εντυπωσιακή είναι η σπάνις αξιόπιστων στατιστικών στοιχείων σχετικά με τον αριθμό και το μισθολογικό κόστος των δημοσίων υπαλλήλων (είτε της κεντρικής διοίκησης, είτε του ευρύτερου δημόσιου τομέα). Μια σπαρταριστή περίπτωση του φαινομένου αποτελεί η ειδική έκδοση του Κέντρου Προγραμματισμού και Οικονομικών Ερευνών (ΚΕΠΕ) για το «μέγεθος» του δημοσίου τομέα στην Ελλάδα (Αθανασίου 2000). Παρά τον τίτλο του δεν αναφέρει απολύτως καμία εκτίμηση για τον *αριθμό* των απασχολουμένων. Την έλλειψη στοιχείων υπογραμμίζει και ο Ιορδάνογλου (2012) ο οποίος όμως, αν και υπολογίζει ταχεία διόγκωση του των υπαλλήλων του Δημοσίου μεταξύ 1971–1980 (κατά περίπου 140 χιλιάδες) και μεταξύ 1980–1986 (κατά περίπου 170 χιλιάδες), υπογραμμίζει ότι ακόμη κι έτσι το ελληνικό δημόσιο παρέμενε «μικρό» σε σχέση με εκείνο άλλων χωρών της ΕΟΚ—χωρίς όμως να συνυπολογίζει ενστόλους, εκπαιδευτικούς και γιατρούς του ΕΣΥ και του ΙΚΑ. Παρόμοια συμπεράσματα προκύπτουν και από σύγκριση με χώρες του ΟΟΣΑ (Handler κ.ά. 2005). Αντιθέτως με τον Ιορδάνογλου που συγκρίνει το *κόστος* του Δημοσίου ως προς το ΑΕΠ, ο Βάμβουκας (1992, 26–28) βρίσκει τον δημόσιο τομέα «μεγάλο», συγκρίνοντας το *ποσοστό των μισθοδοτούμενων* από το δημόσιο σε σχέση με το συνολικό εργατικό δυναμικό.[21] Δυστυχώς, τα στοιχεία της ΕΣΥΕ που αφορούν σε μισθολογικές και ασφαλιστικές δαπάνες (δημοσίων υπαλλήλων, στρατιωτικών και οργάνων σωμάτων ασφαλείας), ούτε αναφέρουν αριθμό υπαλλήλων, αλλά ούτε και συμπεριλαμβάνουν ΔΕΚΟ, δημοτικές επιχειρήσεις, «προβληματικές» κλπ. Ακόμα κι έτσι όμως—και με την επιφύλαξη εμφάνισης πιο αξιόπιστων στατιστικών—μπορούμε να δεχθούμε ότι ο *στενός* δημόσιος τομέας, δεν *φαίνεται* να είχε υπερβολικά μεγάλο κόστος, είτε σε όρους ΑΕΠ, είτε σε όρους κρατικών δαπανών.[22] Ενδέχεται όμως να ήταν πληθυσμιακά ογκώδης, που σημαίνει πολύ χαμηλές κατά κεφαλήν αποδοχές.

Ριζικά αντίθετη όμως είναι η εικόνα σε ό,τι αφορά στον ευρύτερο δημόσιο τομέα, που έφτασε να περιλαμβάνει διαφόρων ειδών επιχειρήσεις, όπως ΔΕΚΟ, δημοτικές και «προβληματικές». Αυτή η πρακτική είχε ξεκινήσει το 1975–76, όταν ο Παναγής Παπαληγούρας, Υπουργός του Κ. Καραμανλή, κρατικοποίησε την Ολυμπιακή (του Αριστοτέλη Ωνάση), τον Όμιλο της Εμπορικής Τράπεζας (του Στρατή Ανδρεάδη) και τα Διυλιστήρια Ασπροπύργου (του Σταύρου Νιάρχου). Η πρακτική αυτή—την οποία ο αντιπρόεδρος του ΣΕΒ Ο. Παπαλεξόπουλος είχε χαρακτηρίσει «σοσιαλμανία»—εντάθηκε από τον Α. Παπανδρέου ο οποίος «κοινωνικοποίησε» μια σειρά άλλων επιχειρήσεων. Το δυσμενές διεθνές οικονομικό κλίμα μετά την πετρελαϊκή κρίση, αλλά και οι δομικές αδυναμίες των ελληνικών επιχειρήσεων άρχισαν να οδηγούν πολλές από αυτές στην πτώχευση. Αυτό που ο Κ. Καραμανλής έκανε περιστασιακά *και σε ad hoc* βάση, ο Α. Παπανδρέου το θεσμοθέτησε και το έκανε ευρεία πολιτική. Με τον νόμο 1386/1983 ιδρύθηκε ο «Οργανισμός Οικονομικής Ανασυγκρότησης Επιχειρήσεων» (ΟΑΕ), μια ανώνυμη εταιρεία υπό τον έλεγχο και την χρηματοδότηση του Δημοσίου, με σκοπό την εξυγίανση προβληματικών, την εκμετάλλευση «κοινωνικοποιημένων» επιχειρήσεων, ή την ίδρυση νέων. Μέχρι την άνοιξη του 1985 στον ΟΑΕ είχαν ενταχθεί 42 επιχειρήσεις με 30.285 εργαζομένους και συνολικές υποχρεώσεις 158.649 εκ. δρχ (*Convoy* 1991, 16, από στοιχεία που δημοσιεύθηκαν στο Βήμα, 20/10/1985), ποσόν που αντιστοιχούσε στο 26,2% του ελλείμματος της χρονιάς εκείνης. Με αρχικό μετοχικό κεφάλαιο μόλις 2 δις δρχ (το 1984 αυξήθηκε στα 5 δις), ο ΟΑΕ θα έφτανε στα τέλη του

---

[19] Για μισθωτούς 15–19 ετών, από 9.224 δρχ σε 15.780 δρχ (71%). Για άνω των 19 ετών, από 13.037 σε 19.938–22.654 (εως 74%) αναλόγως με την προϋπηρεσία. Βλ. Αριθμούς Αποφάσεων Δευτεροβάθμιου Διοικητικού Διαιτητικού Δικαστηρίου Αθηνών 120/1980 (ΦΕΚ 1303Β, 24/12/1980) και 1/1982 (ΦΕΚ 115Β, 19/3/1982).

[20] Επεβλήθη με την Πράξη Νομοθετικού Περιεχομένου της 18/10/1985 (ΦΕΚ 179Α, 18/10/1985, σ. 3355).

[21] Υπολογίζει 902 χιλιάδες το 1991, μαζί με ωρομίσθιους και εργαζομένους προβληματικών που χρηματοδοτούνται από κρατικές τράπεζες. Ο Ιορδάνογλου δίνει 722 χιλιάδες για την ίδια χρονιά.

[22] Το 1981 αυτά τα έξοδα ανέρχονταν σε 192,2 δις δρχ, που αντιστοιχούσαν στο 6,95% του ΑΕΠ ή στο 26,2% των κρατικών δαπανών (ίσες με 733.1 δισ δρχ. ΕΣΥΕ, ΣΕΔΟ 1982–83, σ. 31 και 119). Το 1989 έφτασαν στα 965,1 δις δρχ που αντιστοιχούσαν στο 7,87% του ΑΕΠ ή στο 21,0% των κρατικών δαπανών (ίσες με 4.592,6 δισ δρχ. ΕΣΥΕ, ΣΕΔΟ 1990, σ. 29 και 105)

1998 να έχει 78 ενταγμένες επιχειρήσεις και σωρευτική ζημιά 827 δις δρχ (*ΠΣΒ* 1999, 839–840), ίση με το 39% του ελλείμματος της χρονιάς εκείνης (και 2,1% του ΑΕΠ).

Ο εκπεφρασμένος στόχος της διατήρησης χιλιάδων θέσεων εργασίας και του ελέγχου στρατηγικών τομέων της οικονομίας μετατράπηκε σε μέσον επέκτασης του κόμματος-κράτους και στην ιδιωτική—μέχρι πρότινος—οικονομία. Ο διορισμός των Εποπτικών Συμβουλίων στις μεταλλευτικές επιχειρήσεις (ν. 1385/1983) και ο διορισμός των διοικήσεων στις προβληματικές του ΟΑΕ—με συμμετοχή των συνδικαλιστών—παρείχαν τα θεσμικά εργαλεία για το ρεσάλτο του κομματικού μηχανισμού και στον ιδιωτικό τομέα. Ουσιαστικά, η «κοινωνικοποίηση» των επιχειρήσεων σήμανε για τους φορολογούμενους την κοινωνικοποίηση των χρεών και του κόστους λειτουργίας τους, κυριοτέρως όμως την διά βίου διατροφή της κομματικής πελατείας που ο κομματικός μηχανισμός σωρηδόν θα βόλευε εντός αυτών.

Στο σημείο αυτό θα πρέπει να υπογραμμίσουμε ότι το κόστος αυτής της πολιτικής δεν θα πρέπει να θεωρηθεί ότι περιορίζεται αυστηρώς στο αυξημένο μισθολογικό κόστος, ή στην κάλυψη ζημιών. Με την πάροδο των χρόνων, δεκάδες υποθέσεις διαφθοράς είδαν το φως της δημοσιότητας και οι οποίες ζημίωσαν το κράτος με ποσά που ανέρχονται σε υπολογίσιμα ποσοστά του κρατικού ελλείμματος. Οι υποθέσεις αυτές αφορούσαν σε όλο το φάσμα της δημόσιας διοίκησης, από μεγάλες υποθέσεις με τους εμπλεκομένους να κατέχουν από υψηλόβαθμες θέσεις (π.χ. σκάνδαλο Κοσκωτά), έως υποθέσεις που, στο πλαίσιο του «κοινωνικού συμβολαίου» που περιγράψαμε, κατέληξαν να γίνουν του συρμού, με τους εμπλεκομένους να είναι κατώτεροι υπάλληλοι του κρατικού μηχανισμού (π.χ. προσλήψεις κομματικής πελατείας, ψεύτικες συντάξεις σε αναπήρους, αδιαφανείς αναθέσεις εργολαβιών κλπ). Τα ποσά στην πρώτη κατηγορία έφταναν σε ιλιγγιώδη ύψη, αλλά τα αθροιστικά ποσά της δεύτερης κατηγορίας ενδέχεται να ήταν συγκρίσιμα.[23]

*Πίνακας 25.61: Μεταπολεμικά δημοσιονομικά στοιχεία σε τρέχουσες τιμές (εκ. δραχμές / **εκ. ευρώ**).*

Έτος	Καθαρό έλλειμμα[1]	Καθαρό έλλειμμα κεντρικής διοίκησης σε δημοσιονομική βάση (ΓΚΠ)[2]	Δανειακή κάλυψη ελλειμμάτων[3]	Ακαθάριστο χρέος κυβέρνησης[4]	Εξυπηρέτηση δημοσίου χρέους (τόκοι, χρεωλύσια, λοιπά έξοδα)[5]	Ακαθάριστο εγχώριο προϊόν σε τιμές αγοράς[6]
1960		-2.400,00	1.805,40		563,37	124.271,53
1961		-2.600,00	0,00		701,49	142.194,98
1962		-3.200,00	2.614,70		1.038,49	149.316,65
1963		-2.600,00	2.158,20		1.351,61	168.875,70
1964		-3.000,00	3.229,10		1.477,26	191.058,53
1965		-3.200,00	3.706,40		1.940,44	220.260,80
1966		-2.500,00	3.565,70		2.358,13	245.851,13
1967		-3.400,00	4.335,20		2.827,62	265.444,25
1968		-4.500,00	8.857,20		3.596,37	288.751,55
1969		-4.700,00	7.137,20		4.800,23	332.401,63
1970		-5.200,00	8.329,20	68.150,00	6.102,63	375.847,25
1971		-6.500,00	9.453,30	68.150,00	7.083,97	417.248,38
1972		-9.900,00	13.728,10	102.225,00	7.983,61	482.979,05
1973		-10.900,00	15.864,70	102.225,00	10.053,54	630.966,78
1974		-18.100,00	19.725,20	136.300,00	11.829,46	724.911,55
1975		-26.300,00	31.392,90	170.375,00	14.908,92	872.251,85
1976		-31.200,00	33.440,70	204.450,00	19.974,96	1.084.982,08
1977		-35.900,00	43.912,20	238.525,00	23.189,04	1.270.724,90
1978		-42.300,00	51.209,00	374.825,00	28.986,16	1.550.514,73
1979		-62.300,00	61.868,30	442.975,00	34.524,56	1.924.147,10
1980		-75.000,00	63.804,40	511.125,00	44.385,29	2.310.182,78
1981		-191.900,00	89.955,10	749.650,00	56.657,97	2.765.492,93
1982		-184.400,00	124.597,70	1.056.325,00	59.727,67	3.478.307,85
1983		-302.600,00	256.091,30	1.431.150,00	102.593,60	4.150.164,63

[23] Σκοπός του παρόντος συγγράμματος δεν είναι να επεκταθεί στην παράθεση και ανάλυση τέτοιων περιπτώσεων· άλλωστε δεν είναι εν γνώσει μου κάποια μελέτη που να ποσοτικοποιεί τις ζημίες του ελληνικού δημοσίου από καταχρήσεις και διαφθορά. Ποιοτικά όμως, είναι χρήσιμο να λαμβάνεται υπόψη ότι ο εκτεταμένος έλεγχος της οικονομίας από το Πασοκικό κράτος είχε παράπλευρα κόστη που επιβάρυναν σημαντικά τα δημοσιονομικά μεγέθη: αποτέλεσαν σημαντικό τμήμα των ετησίων ελλειμμάτων, αποτέλεσαν αφορμή για εκτεταμένο δανεισμό και συνέβαλλαν στην διόγκωση του χρέους, χωρίς από την άλλη να εξασφαλίζουν μια παραγωγική δυναμική μέσω επενδύσεων σε υποδομές, σε τεχνογνωσία και σε αύξηση της παραγωγικότητας του κεφαλαίου και της εργασίας.

Έτος	Καθαρό έλλειμμα[1]	Καθαρό έλλειμμα κεντρικής διοίκησης σε δημοσιονομική βάση (ΓΚΠ)[2]	Δανειακή κάλυψη ελλειμμάτων[3]	Ακαθάριστο χρέος κυβέρνησης[4]	Εξυπηρέτηση δημοσίου χρέους (τόκοι, χρεωλύσια, λοιπά έξοδα)[5]	Ακαθάριστο εγχώριο προϊόν σε τιμές αγοράς[6]
1984		-369.800,00	525.025,10	2.146.725,00	176.439,54	5.161.510,63
1985		-604.500,00	642.620,00	3.032.675,00	277.231,61	6.297.673,35
1986		-542.300,00	666.395,90	3.782.325,00	416.435,29	7.525.531,90
1987		-674.100,00	990.009,90	4.770.500,00	747.420,10	8.477.519,25
1988	-1.075.747,75	-1.060.100,00	1.728.153,60	6.372.025,00	1.233.069,30	10.315.592,90
1989	-1.501.685,25	-1.553.300,00	2.395.806,90	7.939.475,00	1.500.265,90	12.259.810,18
1990	-2.095.271,75	-1.814.000,00	3.706.913,00	10.597.325,00	3.091.546,60	14.796.830,23
1991	-1.817.560,50	-1.687.100,00	5.995.454,00	13.527.775,00	5.571.518,70	18.274.252,13
1992	-2.329.026,25	-1.300.100,00	7.143.623,80	16.696.750,00	7.055.329,40	21.125.477,75
1993	-2.864.344,50	-2.324.800,00	10.752.968,80	23.579.900,00	8.799.373,80	23.786.837,48
1994	-2.247.587,00	-2.887.000,00	11.882.608,10	26.237.750,00	10.082.759,00	26.975.575,98
1995	-2.766.208,50	-2.769.500,00	11.693.815,40	29.611.175,00	11.855.909,30	30.238.870,58
1996	-2.227.142,00	-2.890.300,00	12.916.384,80	33.325.350,00	13.152.805,10	33.224.283,55
1997	-2.186.933,50	-2.001.000,00	13.189.807,00	35.846.900,00	13.329.686,30	36.766.073,13
1998	-1.541.893,75	-2.126.000,00	10.954.581,00	38.129.925,00	11.566.453,20	39.977.914,48
1999	-3.907,00	-5.643,43	28.282,22	118.600,00		125.009,80
2000	-5.089,00	-5.214,97	27.633,93	141.000,00	29.037,04	135.043,50
2001	-6.502,00	-5.210,00	19.421,96	151.900,00	23.353,33	145.098,10
2002	-7.573,00	-4.807,00	31.707,55	159.200,00	30.182,82	155.193,00
2003	-9.853,00	-9.847,00	39.086,12	168.000,00	32.272,22	170.865,30
2004	-13.750,00	-12.861,00	50.047,89	183.200,00	40.641,25	183.583,30
2005	-10.878,00	-11.317,00	44.796,64	195.400,00	35.153,08	193.049,70
2006	-12.592,00	-8.232,00	37.154,83	224.200,00	34.179,53	208.622,40
2007	-15.151,00	-10.514,00	61.355,58	239.300,00	56.646,65	223.160,10
2008	-23.086,00	-14.568,00	69.660,65	263.100,00	63.127,92	233.197,70
2009	-36.566,00	-30.872,00	105.256,21	299.500,00		231.081,20
2010	-24.463,00	-21.457,00	65.574,67	329.400,00		222.151,50
2011	-19.400,00	-19.518,00		354.700,00		208.531,70
2012						193.749,00

[1]AMECO (URTG-UUTGI-UYIG). [2]**1960–1997**: ΥΠΕΘΟ 1998, Πίνακας 7Α. **1998–2011**: Οικονομικά Δελτία ΤτΕ. [3]**1960–1996**: ΕΣΥΕ, ΣΕΔΟ 1998. **1997–2007**: ΕΣΥΕ, Στατιστικές Επετηρίδες. **2008–2010**: Ισολογισμοί. [4]AMECO (UDGGL). [5]ΕΣΥΕ, ΣΕΔΟ. [6]AMECO (UVGD).

Πίνακας 25.62: Μεταπολεμικά δημοσιονομικά στοιχεία ως προς ΑΕΠ (στοιχεία Πίνακα 25.61).

Έτος	Καθαρό έλλειμμα[1]	Καθαρό έλλειμμα κεντρικής διοίκησης σε δημοσιονομική βάση (ΓΚΠ)[2]	Δανειακή κάλυψη ελλειμμάτων[3]	Ακαθάριστο χρέος κυβέρνησης[4]	Εξυπηρέτηση δημοσίου χρέους (τόκοι, χρεωλύσια, λοιπά έξοδα)[5]
1960		1,93%	1,45%		0,45%
1961		1,83%	0,00%		0,49%
1962		2,14%	1,75%		0,70%
1963		1,54%	1,28%		0,80%
1964		1,57%	1,69%		0,77%
1965		1,45%	1,68%		0,88%
1966		1,02%	1,45%		0,96%
1967		1,28%	1,63%		1,07%
1968		1,56%	3,07%		1,25%
1969		1,41%	2,15%		1,44%
1970		1,38%	2,22%	18,13%	1,62%
1971		1,56%	2,27%	16,33%	1,70%
1972		2,05%	2,84%	21,17%	1,65%
1973		1,73%	2,51%	16,20%	1,59%
1974		2,50%	2,72%	18,80%	1,63%
1975		3,02%	3,60%	19,53%	1,71%
1976		2,88%	3,08%	18,84%	1,84%
1977		2,83%	3,46%	18,77%	1,82%
1978		2,73%	3,30%	24,17%	1,87%
1979		3,24%	3,22%	23,02%	1,79%
1980		3,25%	2,76%	22,12%	1,92%
1981		6,94%	3,25%	27,11%	2,05%
1982		5,30%	3,58%	30,37%	1,72%
1983		7,29%	6,17%	34,48%	2,47%
1984		7,16%	10,17%	41,59%	3,42%
1985		9,60%	10,20%	48,16%	4,40%
1986		7,21%	8,86%	50,26%	5,53%
1987		7,95%	11,68%	56,27%	8,82%
1988	10,43%	10,28%	16,75%	61,77%	11,95%
1989	12,25%	12,67%	19,54%	64,76%	12,24%
1990	14,16%	12,26%	25,05%	71,62%	20,89%
1991	9,95%	9,23%	32,81%	74,03%	30,49%
1992	11,02%	6,15%	33,82%	79,04%	33,40%
1993	12,04%	9,77%	45,21%	99,13%	36,99%
1994	8,33%	10,70%	44,05%	97,26%	37,38%
1995	9,15%	9,16%	38,67%	97,92%	39,21%
1996	6,70%	8,70%	38,88%	100,30%	39,59%
1997	5,95%	5,44%	35,87%	97,50%	36,26%
1998	3,86%	5,32%	27,40%	95,38%	28,93%
1999	3,13%	4,51%	22,62%	94,87%	
2000	3,77%	3,86%	20,46%	104,41%	21,50%
2001	4,48%	3,59%	13,39%	104,69%	16,09%
2002	4,88%	3,10%	20,43%	102,58%	19,45%
2003	5,77%	5,76%	22,88%	98,32%	18,89%
2004	7,49%	7,01%	27,26%	99,79%	22,14%
2005	5,63%	5,86%	23,20%	101,22%	18,21%
2006	6,03%	3,94%	17,79%	107,33%	16,36%
2007	6,80%	4,72%	27,54%	107,42%	25,43%
2008	9,91%	6,25%	29,91%	112,96%	27,10%
2009	15,79%	13,33%	45,44%	129,29%	
2010	10,76%	9,44%	28,85%	144,91%	
2011	8,91%	8,96%		162,83%	
2012					

Πίνακας 25.63: Δανεισμός σε σύγκριση με τα φορολογικά έσοδα και το ΑΕΠ (εκ. δρχ / **εκ. ευρώ**).

Έτος	Δανειακή κάλυψη ελλειμμάτων[1]	Άμεσοι φόροι[2]	Έμμεσοι φόροι[2]	ΑΕΠ σε τιμές αγοράς[3]	Δανεισμός/φόροι	Δανεισμός/ΑΕΠ
1960	1.805,40	2.615	10.321	124.271,53	13,96%	1,45%
1961	0,00	3.222	11.883	142.194,98	0,00%	0,00%
1962	2.614,70	3.591	13.177	149.316,65	15,59%	1,75%
1963	2.158,20	3.606	14.943	168.875,70	11,64%	1,28%
1964	3.229,10	4.467	17.162	191.058,53	14,93%	1,69%
1965	3.706,40	4.493	20.320	220.260,80	14,94%	1,68%
1966	3.565,70	5.666	24.682	245.851,13	11,75%	1,45%
1967	4.335,20	6.729	28.250	265.444,25	12,39%	1,63%
1968	8.857,20	8.248	31.767	288.751,55	22,13%	3,07%
1969	7.137,20	9.523	35.711	332.401,63	15,78%	2,15%
1970	8.329,20	10.847	39.292	375.847,25	16,61%	2,22%
1971	9.453,30	13.222	42.807	417.248,38	16,87%	2,27%
1972	13.728,10	15.632	49.529	482.979,05	21,07%	2,84%
1973	15.864,70	18.814	61.328	630.966,78	19,80%	2,51%
1974	19.725,20	28.431	67.922	724.911,55	20,47%	2,72%
1975	31.392,90	29.604	90.441	872.251,85	26,15%	3,60%
1976	33.440,70	47.900	112.296	1.084.982,08	20,87%	3,08%
1977	43.912,20	49.015	138.585	1.270.724,90	23,41%	3,46%
1978	51.209,00	62.348	166.168	1.550.514,73	22,41%	3,30%
1979	61.868,30	80.684	206.504	1.924.147,10	21,54%	3,22%
1980	63.804,40	104.439	220.797	2.310.182,78	19,62%	2,76%
1981	89.955,10	123.692	257.223	2.765.492,93	23,62%	3,25%
1982	124.597,70	175.001	362.080	3.478.307,85	23,20%	3,58%
1983	256.091,30	200.949	464.958	4.150.164,63	38,46%	6,17%
1984	525.025,10	253.237	583.320	5.161.510,63	62,76%	10,17%
1985	642.620,00	302.890	708.514	6.297.673,35	63,54%	10,20%
1986	666.395,90	386.441	954.053	7.525.531,90	49,71%	8,86%
1987	990.009,90	439.671	1.136.153	8.477.519,25	62,82%	11,68%
1988	1.728.153,60	519.697	1.240.525	10.315.592,90	98,18%	16,75%
1989	2.395.806,90	580.727	1.358.109	12.259.810,18	123,57%	19,54%
1990	3.706.913,00	822.067	1.868.978	14.796.830,23	137,75%	25,05%
1991	5.995.454,00	1.024.225	2.329.267	18.274.252,13	178,78%	32,81%
1992	7.143.623,80	1.192.318	2.871.614	21.125.477,75	175,78%	33,82%
1993	10.752.968,80	1.359.219	3.137.824	23.786.837,48	239,11%	45,21%
1994	11.882.608,10	1.777.363	3.413.924	26.975.575,98	228,90%	44,05%
1995	11.693.815,40	2.132.659	3.784.079	30.238.870,58	197,64%	38,67%
1996	12.916.384,80	2.316.116	4.249.449	33.224.283,55	196,73%	38,88%
1997	13.189.807,00	2.767.118	4.776.448	36.766.073,13	174,85%	35,87%
1998	10.954.581,00	3.591.370	5.184.198	39.977.914,48	124,83%	27,40%
1999	**28.282,22**	**11.866**	**17.179**	**125.009,80**	97,37%	22,62%
2000	**27.633,93**	**13.682**	**18.405**	**135.043,50**	86,12%	20,46%
2001	**19.421,96**	**13.585**	**19.300**	**145.098,10**	59,06%	13,39%
2002	**31.707,55**	**13.761**	**19.893**	**155.193,00**	94,21%	20,43%
2003	**39.086,12**	**14.166**	**20.353**	**170.865,30**	113,23%	22,88%
2004	**50.047,89**	**15.085**	**21.619**	**183.583,30**	136,35%	27,26%
2005	**44.796,64**	**17.083**	**22.475**	**193.049,70**	113,24%	23,20%
2006	**37.154,83**	**17.364**	**25.251**	**208.622,40**	87,19%	17,79%
2007	**61.355,58**	**18.513**	**27.286**	**223.160,10**	133,97%	27,54%
2008	**69.660,65**	**19.148**	**28.304**	**233.197,70**	146,80%	29,91%

[1]**1960–1996**: ΕΣΥΕ, ΣΕΔΟ 1998. **1997–2007**: ΕΣΥΕ, Στατιστικές Επετηρίδες. **2008–2010**: Ισολογισμοί. [2]ΕΣΥΕ, ΣΕΔΟ (διάφορα έτη). [3]AMECO (UVGD).

Πίνακας 25.64: Χρηματοδότηση επιχειρήσεων (ΧΕ), νοικοκυριών (ΧΝ) και στο σύνολο του ιδιωτικού τομέα (ΧΙΤ) σε τρέχουσες τιμές (εκ δρχ ή εκ. ευρώ) και ως ποσοστό του ΑΕΠ.

Έτος	ΧΕ[1,2]	ΧΝ[1,2]	ΧΙΤ[1,2]	ΑΕΠ σε τρέχου-σες τιμές[3]	ΧΕ/ΑΕΠ[1,2]	ΧΝ/ΑΕΠ[1,2]	ΧΙΤ/ΑΕΠ[1,2]	ΧΙΤ/ΑΕΠ[4]
1970			338.412	375.847			90,04%	5,56%
1971			363.590	417.248			87,14%	6,03%
1972			396.744	482.979			82,15%	6,86%
1973			427.687	630.967			67,78%	4,90%
1974			468.367	724.912			64,61%	5,61%
1975			527.960	872.252			60,53%	6,83%
1976			595.603	1.084.982			54,90%	6,23%
1977			692.091	1.270.725			54,46%	7,59%
1978			808.115	1.550.515			52,12%	7,48%
1979			919.344	1.924.147			47,78%	5,78%
1980			1.060.534	2.310.183			45,91%	6,11%
1981			1.284.576	2.765.493			46,45%	8,10%
1982			1.559.005	3.478.308			44,82%	7,89%
1983			1.797.500	4.150.165			43,31%	5,75%
1984			2.138.932	5.161.511			41,44%	6,61%
1985			2.498.787	6.297.673			39,68%	5,71%
1986			2.853.939	7.525.532			37,92%	4,72%
1987			3.111.696	8.477.519			36,71%	3,04%
1988			3.549.962	10.315.593			34,41%	4,25%
1989			4.207.150	12.259.810			34,32%	5,36%
1990			4.854.686	14.796.830			32,81%	4,38%
1991			5.586.686	18.274.252			30,57%	4,01%
1992			6.465.086	21.125.478			30,60%	4,16%
1993			7.137.986	23.786.837			30,01%	2,83%
1994			7.965.186	26.975.576			29,53%	3,07%
1995			9.468.486	30.238.871			31,31%	4,97%
1996			10.882.486	33.224.284			32,75%	4,26%
1997			12.359.186	36.766.073			33,62%	4,02%
1998			14.031.086	39.977.914			35,10%	4,18%
1999	33.991	12.524	46.515	125.010	27,19%	10,02%	37,21%	4,27%
2000	42.361	16.970	59.331	135.044	31,37%	12,57%	43,93%	9,49%
2001	50.199	23.829	74.028	145.098	34,60%	16,42%	51,02%	10,13%
2002	55.012	31.499	86.511	155.193	35,45%	20,30%	55,74%	8,04%
2003	60.979	40.199	101.178	170.865	35,69%	23,53%	59,22%	8,58%
2004	65.566	51.636	117.202	183.583	35,71%	28,13%	63,84%	8,73%
2005	71.283	65.698	136.981	193.050	36,92%	34,03%	70,96%	10,25%
2006	79.523	85.877	165.400	208.893	38,07%	41,11%	79,18%	13,60%
2007	92.361	104.116	196.477	222.771	41,46%	46,74%	88,20%	13,95%
2008	132.458	117.203	249.661	232.920	56,87%	50,32%	107,19%	22,83%
2009	135.285	119.652	254.937	231.642	58,40%	51,65%	110,06%	2,28%
2010	139.411	117.198	256.609	227.318	61,33%	51,56%	112,89%	0,74%
2011	134.604	112.237	246.841	217.829	61,79%	51,53%	113,32%	-4,48%

[1]Υπόλοιπα τέλους έτους (ΤτΕ, Εκθέσεις Διοικητή).
[2]Τα υπόλοιπα τέλους έτους πριν το 2002 υπολογίσθηκαν από αφαίρεση των ετησίων μεταβολών των ετών αυτών από τα πρώτα δημοσιευόμενα υπόλοιπα (έτους 2002). Αυτά τα υπόλοιπα διαφέρουν από τα δημοσιευμένα υπόλοιπα στα τέλη των ετών, τα οποία όμως αφορούν σε προσωρινά για κάθε χρονιά στοιχεία. Έτσι προτιμήθηκε η ανωτέρω μέθοδος.
[3]Σε τρέχουσες τιμές (AMECO, UVGD). (4) Μεταβολή υπολοίπων κατά το τρέχον έτος

25.9 Στοιχεία ισοζυγίου πληρωμών 1851–2012

Πίνακας 25.65: Εμπορικό ισοζύγιο 1851–1938 και σύγκριση με το ΑΕΠ.

Έτος	Εισαγωγές[1]	Εξαγωγές[1]	Εμπορικό ισοζύγιο[1]	Εισαγωγές[2]	Εξαγωγές[2]	Εμπορικό ισοζύγιο[2]	ΑΕΠ[3]	Εμπ. Ισοζ/ΑΕΠ	Λόγος Εισ/Εξ
	Χιλιάδες χρυσές δραχμές (ΛΝΕ)			Χιλιάδες Τρέχουσες δραχμές					
1851	23.180	12.327	-10.853	26.193	13.930	-12.264	106.429	-11.52%	1.88
1852	22.234	9.258	-12.976	25.124	10.462	-14.663	126.347	-11.61%	2.40
1853	17.987	8.000	-9.987	20.325	9.040	-11.285	117.213	-9.63%	2.25
1854	18.930	6.051	-12.879	21.580	6.898	-14.682	135.167	-10.86%	3.13
1855	23.544	9.651	-13.893	26.840	11.002	-15.838	125.330	-12.64%	2.44
1856	26.700	23.140	-3.560	30.438	26.380	-4.058	172.178	-2.36%	1.15
1857	32.606	21.683	-10.923	37.008	24.610	-12.398	165.613	-7.49%	1.50
1858	35.961	22.271	-13.690	40.816	25.278	-15.538	155.163	-10.01%	1.61
1859	41.158	21.744	-19.414	46.920	24.788	-22.132	189.230	-11.70%	1.89
1860	48.042	23.969	-24.073	54.287	27.085	-27.202	173.197	-15.71%	2.00
1861	42.644	25.015	-17.629	48.268	28.314	-19.954	171.575	-11.63%	1.70
1862	39.284	24.945	-14.339	44.391	28.188	-16.203	176.460	-9.18%	1.57
1863	50.282	20.497	-29.785	56.819	23.162	-33.657	182.727	-18.42%	2.45
1864	48.935	22.433	-26.502	55.467	25.427	-30.040	213.487	-14.07%	2.18
1865	67.198	36.902	-30.296	75.747	41.597	-34.150	208.218	-16.40%	1.82
1866	68.594	37.012	-31.582	77.627	41.886	-35.741	221.766	-16.12%	1.85
1867	66.866	43.388	-23.478	76.562	49.679	-26.882	258.761	-10.39%	1.54
1868	66.001	36.112	-29.889	75.703	41.420	-34.283	248.158	-13.81%	1.83
1869	74.836	41.535	-33.301	87.652	48.648	-39.004	220.744	-17.67%	1.80
1870	76.084	33.780	-42.304	88.567	39.322	-49.245	263.024	-18.72%	2.25
1871	86.833	56.490	-30.343	99.569	64.775	-34.793	300.231	-11.59%	1.54
1872	88.171	50.019	-38.152	100.956	57.272	-43.684	252.993	-17.27%	1.76
1873	82.047	57.390	-24.657	94.559	66.142	-28.417	273.553	-10.39%	1.43
1874	87.930	57.981	-29.949	108.418	71.491	-36.927	292.940	-12.61%	1.52
1875	101.892	67.430	-34.462	118.534	78.444	-40.091	291.966	-13.73%	1.51
1876	86.883	53.479	-33.404	100.423	61.813	-38.610	282.532	-13.67%	1.62
1877	96.107	52.454	-43.653	110.729	60.435	-50.295	319.911	-15.72%	1.83
1878	90.542	57.127	-33.415	112.268	70.835	-41.433	328.864	-12.60%	1.58
1879	101.570	55.637	-45.933	119.173	65.280	-53.894	325.090	-16.58%	1.83
1880	97.618	60.262	-37.356	112.109	69.208	-42.901	336.026	-12.77%	1.62
1881	116.294	69.887	-46.407	136.449	81.999	-54.450	388.961	-14.00%	1.66
1882	142.554	76.344	-66.210	175.164	93.808	-81.356	432.344	-18.82%	1.87
1883	121.340	82.643	-38.697	138.340	94.221	-44.118	409.989	-10.76%	1.47
1884	115.953	73.621	-42.332	120.765	76.676	-44.089	418.062	-10.55%	1.57
1885	113.575	76.337	-37.238	120.162	80.765	-39.398	413.305	-9.53%	1.49
1886	116.760	79.096	-37.664	143.907	97.486	-46.421	437.402	-10.61%	1.48
1887	131.749	102.657	-29.092	166.439	129.687	-36.752	454.817	-8.08%	1.28
1888	109.149	95.654	-13.495	138.979	121.796	-17.183	466.963	-3.68%	1.14
1889	132.653	104.448	-28.205	163.163	128.471	-34.692	450.129	-7.71%	1.27
1890	120.786	95.792	-24.994	149.171	118.303	-30.868	473.259	-6.52%	1.26
1891	140.360	107.490	-32.870	182.229	139.554	-42.675	516.344	-8.26%	1.31
1892	119.306	82.261	-37.045	171.359	118.151	-53.208	540.991	-9.84%	1.45
1893	91.485	88.034	-3.451	147.080	141.532	-5.548	561.166	-0.99%	1.04
1894	109.959	74.291	-35.668	192.340	129.950	-62.390	508.586	-12.27%	1.48
1895	107.907	73.170	-34.737	194.459	131.860	-62.600	531.179	-11.79%	1.47
1896	116.276	72.477	-43.799	202.192	126.030	-76.162	563.639	-13.51%	1.60
1897	116.363	81.709	-34.654	192.813	135.392	-57.422	525.084	-10.94%	1.42
1898	138.267	88.222	-50.045	203.819	130.048	-73.771	581.075	-12.70%	1.57
1899	131.259	93.803	-37.456	205.420	146.802	-58.619	556.627	-10.53%	1.40
1900	131.386	102.739	-28.647	215.985	168.893	-47.093	600.125	-7.85%	1.28
1901	140.506	93.994	-46.512	232.959	155.842	-77.117	679.876	-11.34%	1.49
1902	137.229	79.663	-57.566	222.997	129.452	-93.545	654.865	-14.28%	1.72
1903	137.494	85.924	-51.570	215.178	134.471	-80.707	641.656	-12.58%	1.60
1904	137.016	90.570	-46.446	188.835	124.824	-64.012	590.912	-10.83%	1.51
1905	141.756	83.691	-58.065	174.530	103.040	-71.490	597.579	-11.96%	1.69
1906	144.636	123.526	-21.110	159.100	135.879	-23.221	623.507	-3.72%	1.17
1907	149.068	117.620	-31.448	161.962	127.794	-34.168	665.896	-5.13%	1.27

Έτος	Εισαγωγές[1]	Εξαγωγές[1]	Εμπορικό ισοζύγιο[1]	Εισαγωγές[2]	Εξαγωγές[2]	Εμπορικό ισοζύγιο[2]	ΑΕΠ[3]	Εμπ. Ισοζ/ΑΕΠ	Λόγος Εισ/Εξ
1908	154.633	110.713	-43.920	167.189	119.703	-47.486	658.722	-7.21%	1.40
1909	137.549	101.687	-35.862	141.675	104.738	-36.938	711.040	-5.19%	1.35
1910	160.536	144.571	-15.965	160.375	144.426	-15.949	684.234	-2.33%	1.11
1911	173.510	140.903	-32.607	173.336	140.762	-32.574	868.457	-3.75%	1.23
1912	157.657	146.163	-11.494	157.499	146.017	-11.483	851.938	-1.35%	1.08
1913	177.933	119.001	-58.932	177.933	119.001	-58.932	884.193	-6.67%	1.50
1914	318.846	178.564	-140.282	318.042	178.114	-139.928	1.252.178	-11.18%	1.79
1915	289.390	218.356	-71.034	294.243	222.018	-72.225	1.439.049	-5.02%	1.33
1916	399.439	154.842	-244.597	399.973	155.049	-244.924	1.904.326	-12.86%	2.58
1917	223.075	112.627	-110.448	222.512	112.343	-110.169	2.716.462	-4.06%	1.98
1918	733.907	296.860	-437.047	780.199	315.585	-464.614	4.251.628	-10.93%	2.47
1919	1.552.179	764.220	-787.959	1.650.084	812.424	-837.660	3.842.099	-21.80%	2.03
1920	1.589.438	500.957	-1.088.481	2.177.530	686.311	-1.491.219	5.433.766	-27.44%	3.17
1921	630.167	337.218	-292.949	1.764.469	944.210	-820.259	6.922.314	-11.85%	1.87
1922	476.656	374.304	-102.352	3.169.762	2.489.119	-680.643	10.928.894	-6.23%	1.27
1923	501.275	211.388	-289.887	6.075.622	2.544.317	-3.531.305	16.769.233	-21.06%	2.37
1924	813.513	331.007	-482.506	8.038.963	3.266.185	-4.772.778	20.993.447	-22.73%	2.46
1925	816.109	363.018	-453.091	10.176.822	4.574.266	-5.602.556	24.336.892	-23.02%	2.25
1926	644.295	351.624	-292.671	9.967.250	5.439.630	-4.527.620	28.604.900	-15.83%	1.83
1927	854.831	409.782	-445.049	12.600.215	6.040.196	-6.560.019	31.304.615	-20.96%	2.09
1928	833.351	424.890	-408.461	12.416.936	6.330.861	-6.086.075	34.091.764	-17.85%	1.96
1929	892.773	469.751	-423.022	13.276.097	6.960.424	-6.315.673	32.895.773	-19.20%	1.90
1930	703.490	400.109	-303.381	10.524.285	5.985.677	-4.538.608	31.602.141	-14.36%	1.76
1931	581.828	279.092	-302.736	8.763.321	4.205.591	-4.557.730	30.257.494	-15.06%	2.08
1932	301.937	182.519	-119.418	7.869.988	4.757.367	-3.112.621	33.569.461	-9.27%	1.65
1933	211.911	147.988	-63.923	8.426.066	5.154.570	-3.271.496	38.909.447	-8.41%	1.43
1934	251.859	156.810	-95.049	8.792.417	5.474.229	-3.318.188	42.734.951	-7.76%	1.61
1935	305.269	202.952	-102.317	10.681.388	7.101.289	-3.580.099	45.180.092	-7.92%	1.50
1936	338.692	208.915	-129.777	11.962.620	7.378.877	-4.583.743	47.450.786	-9.66%	1.62
1937	420.940	264.543	-156.397	15.204.363	9.555.293	-5.649.070	57.368.275	-9.85%	1.59
1938	410.380	282.157	-128.223	14.761.395	10.149.180	-4.612.215	56.534.770	-8.16%	1.45

[1]ΕΣΥΕ, *ΣΕΕ 1939*, σ. 458–9. [2]1851–1913: μετατροπή σε τρέχουσες δραχμές βάσει ισοτιμίας γαλλικού φράγκου. 1914–1919: μετατροπή σε τρέχουσες δραχμές βάσει ισοτιμίας δολαρίου. [3]Κωστελένος—Πίνακας 6–ΙΙ.

Πίνακας 25.66: Εμπορικό ισοζύγιο (ΕΙ) και ισοζύγιο τρεχουσών συναλλαγών (ΙΤΣ) 1960–2012 σε τρέχουσες τιμές (εκ. δολ / **εκ. ευρώ**) και ως ποσοστό του ΑΕΠ.

Έτος	Εξαγω-γές[1]	Εισαγω-γές[1]	Εμπ. Ισο-ζύγιο	Λόγος Εξ./Εισ.	ΙΤΣ[1]	Ναυτιλιακό συνάλλαγμα[1]	Μεταναστ. εμβάσματα[1]	Τουριστικό συνάλλαγμα[1]	ΑΕΠ[2]	ΕΙ/ΑΕΠ	ΙΤΣ/ΑΕΠ
1948	89,4	390,9	-301,5	4,4	-76,4	14,7	11,6				
1949	83,4	367,6	-284,2	4,4	3,3	12,5	8,6				
1950	85,1	397,7	-312,6	4,7	14,1	22,9	14,3	4,7			
1951	101,9	431,6	-329,7	4,2	7,3	23,4	17,0	6,5			
1952	114,3	274,7	-160,4	2,4	18,6	28,5	18,0	9,6			
1953	134,1	243,3	-109,2	1,8	41,4	22,8	45,6	22,7			
1954	171	328,4	-157,4	1,9	-15,1	28,1	47,0	25,3			
1955	206,5	364,2	-157,7	1,8	20,8	35,5	50,6	29,1			
1956	209,6	464,7	-255,1	2,2	-41,4	48,3	60,9	31,2			
1957	222,8	508,3	-285,5	2,3	-76,4	66,6	75,0	41,5			
1958	242,8	509,3	-266,5	2,1	-73,5	60,3	76,7	36,2			
1959	212,5	449,1	-236,6	2,1	-13,2	60,3	88,6	41,7			
1960	208,6	504,7	-296,1	2,4	-45,8	76,5	92,7	49,3	4.446,53	-6.66%	-1.03%
1961	234,3	564,9	-330,6	2,4	-49,5	102,0	107,5	62,5	5.016,05	-6.59%	-0.99%
1962	242,6	640,3	-397,7	2,6	-50,0	108,7	139,1	76,0	5.327,57	-7.46%	-0.94%
1963	295,9	730,2	-434,3	2,5	-36,1	125,3	168,1	95,4	5.949,48	-7.30%	-0.61%
1964	308,4	867,8	-559,4	2,8	-171,3	147,2	176,8	690,9	6.680,30	-8.37%	-2.56%
1965	330,9	1.022,2	-691,3	3,1	-267,1	163,8	207,0	107,6	7.600,58	-9.10%	-3.51%
1966	403,5	1.146,5	-743,0	2,8	-259,0	182,5	235,0	143,4	8.455,61	-8.79%	-3.06%
1967	452,6	1.155,6	-703,0	2,6	-224,5	214,5	232,1	126,8	9.136,71	-7.69%	-2.46%
1968	464,9	1.244,4	-779,5	2,7	-252,9	243,3	239,4	120,3	9.915,14	-7.86%	-2.55%
1969	530,3	1.429,1	-898,8	2,7	-348,2	244,0	277,3	149,5	11.266,09	-7.98%	-3.09%
1970	612,2	1.704,9	-1.092,7	2,8	-408,6	276,9	344,6	193,6	12.529,70	-8.72%	-3.26%
1971	624,8	1.945,2	-1.320,4	3,1	-344,2	369,2	469,6	305,3	13.914,17	-9.49%	-2.47%
1972	835,4	2.441,3	-1.605,9	2,9	-401,5	435,6	575,3	392,7	16.101,41	-9.97%	-2.49%
1973	1.230,5	4.047,2	-2.816,7	3,3	-1.191,1	600,1	735,4	514,9	21.310,10	-13.22%	-5.59%
1974	1.774,1	4.659,4	-2.885,3	2,6	-1.145,2	874,4	645,3	436,0	24.174,09	-11.94%	-4.74%
1975	2.029,9	5.072,2	-3.042,3	2,5	-956,7	844,8	781,6	643,6	27.201,24	-11.18%	-3.52%
1976	2.227,5	5.560,5	-3.333,0	2,5	-932,0	914,1	803,2	83,7	29.706,23	-11.22%	-3.14%
1977	2.522,4	6.425,1	-3.902,7	2,5	-1.079,5	1.126,6	924,8	980,6	34.496,35	-11.31%	-3.13%
1978	2.998,5	7.341,3	-4.342,8	2,4	-958,9	1.177,2	984,4	1.326,3	42.214,47	-10.29%	-2.27%
1979	3.932,0	10.109,8	-6.177,8	2,6	-1.881,4	1.518,9	1.169,2	1.662,3	51.951,96	-11.89%	-3.62%
1980	4.093,9	10.903,4	-6.809,5	2,7	-2.216,1	1.815,9	1.083,0	1.733,5	54.190,72	-12.57%	-4.09%
1981	4.771,3	11.468,1	-6.696,8	2,4	-2.421,0	1.826,4	1.080,1	1.811,1	49.915,75	-13.42%	-4.85%
1982	4.141,3	10.068,2	-5.926,9	2,4	-1.885,1	1.656,6	1.043,0	1.527,2	52.081,75	-11.38%	-3.62%
1983	4.105,4	9.491,3	-5.385,9	2,3	-1.875,9	1.308,7	934,7	1.175,7	47.133,59	-11.43%	-3.98%
1984	4.394,0	9.744,8	-5.350,8	2,2	-2.130,1	1.094,7	921,5	1.312,8	45.790,17	-11.69%	-4.65%
1985	4.293,2	10.561,1	-6.267,9	2,5	-3.275,7	1.038,5	800,7	1.428,0	45.600,24	-13.75%	-7.18%
1986	4.512,5	10.198,3	-5.685,8	2,3	-1.772,1	1.000,9	983,2	1.834,2	53.761,55	-10.58%	-3.30%
1987	5.613,6	12.556,1	-6.942,5	2,2	-1.219,2	1.193,1	1.378,8	2.268,1	62.604,10	-11.09%	-1.95%
1988	5.933,6	13.564,7	-7.631,1	2,3	-957,1	1.379,6	1.727,2	2.396,1	72.720,01	-10.49%	-1.32%
1989	5.994,4	15.114,7	-9.120,3	2,5	-2.573,1	1.374,8	1.394,0	1.976,0	75.492,75	-12.08%	-3.41%
1990	6.364,8	18.692,5	-12.327,7	2,9	-3.561,7	1.761,9	1.827,9	2.586,8	93.345,42	-13.21%	-3.82%
1991	6.797,1	19.104,6	-12.307,5	2,8	-1.520,4	1.774,0	2.165,2	2.567,4	100.260,80	-12.28%	-1.52%
1992	6.008,8	19.902,0	-13.893,2	3,3	-2.078,4	1.993,1	2.431,5	3.271,8	110.827,66	-12.54%	-1.88%
1993	5.034,3	17.615,5	-12.581,2	3,5	-716,3	1.920,0	2.431,5	3.335,2	103.756,40	-12.13%	-0.69%
1994	5.218,9	17.841,7	-12.622,8	3,4	-121,6	1.957,1	2.657,0	3.904,9	111.187,28	-11.35%	-0.11%
1995	5.782,8	22.928,6	-17.145,8	4,0	-2.850,4	2.189,8	3.070,7	4.135,8	130.522,28	-13.14%	-2.18%
1996	5.769,9	24.135,5	-18.365,6	4,2	-4.539,2	2.263,5	2.996,0	3.723,1	138.028,60	-13.31%	-3.29%
1997	5.372,1	23.643,4	-18.271,3	4,4	-4.833,7	2.104,2	2.924,2	3.770,6	134.653,11	-13.57%	-3.59%
1998	5.566,0	23.246,9	-17.680,9	4,2	-3.644,1				135.274,15	-13.07%	-2.69%
1999	**8.030,3**	**24.919,0**	**-16.888,7**	**3,1**	**-4.800,5**				**125.009,80**	-13.51%	-3.84%
2000	**11.098,6**	**33.026,1**	**-21.927,5**	**3,0**	**-8.371,6**				**135.043,50**	-16.24%	-6.20%
2001	**11.454,4**	**33.156,3**	**-21.701,9**	**2,9**	**-8.169,3**				**145.098,10**	-14.96%	-5.63%
2002	**10.433,6**	**33.142,3**	**-22.708,7**	**3,2**	**-8.571,3**				**155.193,00**	-14.63%	-5.52%
2003	**11.113,6**	**33.757,1**	**-22.643,5**	**3,0**	**-11.264,1**				**170.865,30**	-13.25%	-6.59%
2004	**12.653,3**	**38.089,0**	**-25.435,7**	**3,0**	**-10.717,1**				**183.583,30**	-13.86%	-5.84%
2005	**14.200,9**	**41.759,8**	**-27.558,9**	**2,9**	**-14.743,5**				**193.049,70**	-14.28%	-7.64%
2006	**16.154,3**	**51.440,6**	**-35.286,3**	**3,2**	**-23.668,1**				**208.622,4**	-16.91%	-11.34%
2007	**17.445,5**	**58.944,8**	**-41.499,3**	**3,4**	**-32.602,2**				**223.160,1**	-18.60%	-14.61%

Έτος	Εξαγω-γές[1]	Εισαγω-γές[1]	Εμπ. Ισο-ζύγιο	Λόγος Εξ./Εισ.	ΙΤΣ[1]	Ναυτιλιακό συνάλλαγμα[1]	Μεταναστ. εμβάσματα[1]	Τουριστικό συνάλλαγμα[1]	ΑΕΠ[2]	ΕΙ/ΑΕΠ	ΙΤΣ/ΑΕΠ
2008	19.812,9	63.861,7	-44.048,8	3,2	-34.797,6				233.197,7	-18,89%	-14,92%
2009	15.318,0	46.085,3	-30.767,3	3,0	-25.818,7				231.081,2	-13,31%	-11,17%
2010	17.081,5	45.361,0	-28.279,5	2,7	-22.506,0				222.151,5	-12,73%	-10,13%
2011	20.230,6	47.459,6	-27.229,0	2,3	-20.633,5				208.531,7	-13,06%	-9,89%
2012	22.017,6	41.600,4	-19.582,8	1,9	-5.583,7				193.749,0	-10,11%	-2,88%

[1]**1948–1990**: Μακροχρόνιες στατιστικές σειρές της ελληνικής οικονομίας, ΤτΕ 1992, σ. 50. **1991–2011**: ΤτΕ, Εκθέσεις Διοικητή.
[2]**1960–1998**: (World Bank 2015). **1999–2012**: AMECO (UVGD).

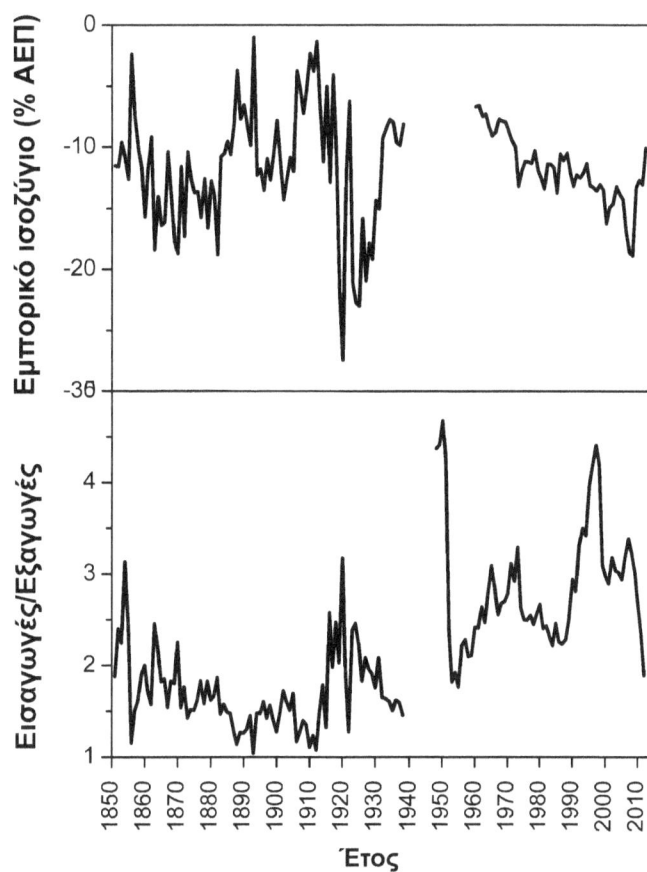

Εικόνα 25.4: Εμπορικό ισοζύγιο ως ποσοστό του ΑΕΠ (επάνω) και λόγος εισαγωγών-εξαγωγών (κάτω) για την περίοδο 1851–2012. Τα στοιχεία ελήφθησαν από τους Πίνακες 25.65 και 25.66.

25.10 ΟΝΕ, Ευρώ και ΕΚΤ

Απολήψεις κοινοτικών κονδυλίων

Πίνακας 25.67. Καθαρές απολήψεις από ΕΕ (εξαιρουμένων των δανείων) και σύγκριση με ΑΕΠ, προσφορά χρήματος και έλλειμμα (σε εκ. τρεχουσών δραχμών).

Έτος	Καθαρές απολήψεις από ΕΕ	ΑΕΠ (ΑΜΕCO)	Μ0	Καθαρό έλλειμμα κεντρικής διοίκησης (ΓΚΠ)	Ποσοστό επί του ΑΕΠ	Ποσοστό επί του Μ0	Ποσοστό επί του ελλείμματος
1981	9.100	2.765.493	260.458	191.900	0,33%	3,49%	4,74%
1982	40.500	3.478.308	300.165	184.400	1,16%	13,49%	21,96%
1983	73.400	4.150.165	342.607	302.600	1,77%	21,42%	24,26%
1984	83.800	5.161.511	400.759	369.800	1,62%	20,91%	22,66%
1985	122.300	6.297.673	505.260	604.500	1,94%	24,21%	20,23%
1986	182.000	7.525.532	541.446	542.300	2,42%	33,61%	33,56%
1987	243.800	8.477.519	628.868	674.100	2,88%	38,77%	36,17%
1988	259.400	10.315.593	735.472	1.060.100	2,51%	35,27%	24,47%
1989	353.300	12.259.810	969.318	1.553.300	2,88%	36,45%	22,75%
1990	474.800	14.796.830	1.162.041	1.814.000	3,21%	40,86%	26,17%
1991	606.600	18.274.252	1.255.547	1.687.100	3,32%	48,31%	35,96%
1992	815.700	21.125.478	1.410.091	1.300.100	3,86%	57,85%	62,74%
1993	1.053.600	23.786.837	1.512.043	2.324.800	4,43%	69,68%	45,32%
1994	1.112.700	26.975.576	1.687.698	2.887.000	4,12%	65,93%	38,54%
1995	1.077.100	30.238.871	1.845.552	2.769.500	3,56%	58,36%	38,89%
1996	1.407.600	33.224.284	1.941.362	2.890.300	4,24%	72,51%	48,70%
1997	1.296.500	36.766.073	2.182.720	2.001.000	3,53%	59,40%	64,79%
1998	1.377.000	39.977.914	2.205.863	2.126.000	3,44%	62,42%	64,77%
1999	1.845.300	42.597.157	2.702.020	1.922.800	4,33%	68,29%	95,97%

Πηγές: **1981–1997:** (ΥΠΕΘΟ 1998α, Πίνακας 7-1Α). **1998–1999:** (Οικονομικός Ταχυδρόμος 2000, 98).

Μέλη της CMUE

Πίνακας 25.68: Τα μέλη της Committee for the Monetary Union of Europe

Βρετανία
James Callaghan, πρώην Πρωθυπουργός και βουλευτής
David Howell, βουλευτής
Ιταλία
Mario Schimberni, βιομήχανος
Rinaldo Ossola, Πρόεδρος της Creditor Version
Ισπανία
Miguel Boyer Salvador, πρώην Υπουργός και Πρόεδρος της Banque Espagnole du Commerce Exterieur
J. A. Sanchez Asiain, Πρόεδρος της Banco de Bilbao
Δυτ. Γερμανία
Wllfried Guth, President of the Conseil de Surveillance, Deutsche Bank
Manfred Lahnstein, former Minister of Finance, Director of the Bertelsmann Group
Γαλλία
Renaud de la Geniere, former Governor of the Banque de France, President of the Compagnie Financiere de Suez
Pierre Beregovoy, former Minister, Deputy
Ολλανδία
Jelle Zijlstra, former Prime Minister, former Governor of the Dutch Central Bank, former President of the BIS
Βέλγιο
Etienne Davignon, former Vice President of the Commission des Communautés Européennes, Director, Societé Générale de Belglque
Δανία
Niels Thygesen, Economic Institute, UniversIty of Copenhagen
Πορτογαλία
Jose Silva Lopes, former Minister of Finance
Ελλάδα

Ξενοφών Ζολώτας, πρ. Διοικητής της ΤτΕ
Ιρλανδία
Anthony O'Reilly, President, Heinz Corporation
Λουξεμβούργο
Gaston Thorn , President of the International Bank of Luxembourg, former Prime Minister, former President of the
Commission des Communautés Européennes
Πηγή: (Collignon και Schwarzer 2003, 224–225).

Μέλη της AMUE από την Ελλάδα

Πίνακας 25.69: Ελληνικές επιχειρήσεις-μέλη της AMUE κατά την εισαγωγή του ευρώ (Φεβρουάριος 2000)

ΣΕΤΕ	Ελαΐς	Alpha Bank	Ελληνική Χαλυβουργία
ΕΒΕΑ	Φαμάρ	Εμπορική Τράπεζα	Δέλτα Γαλακτοβιομηχανία
ΕΤΕ	Δημητριακή	Sulphur Hellas	Κανελλόπουλος-Αδαμαντιάδης
ΟΤΕ	Unixfor	Τράπεζα Πειραιώς	Μύλοι Αγ. Γεωργίου
ΣΕΒ	Βιοχάλκο	Toyota Hellas	Fulgor Ελληνικά Καλώδια

Πηγή: AMUE 2000.

Η εκτύπωση των χαρτονομισμάτων του ευρώ

Το 1996 το ΕΝΙ αποφάσισε να εμπλέξει στην εκτύπωση των χαρτονομισμάτων του ευρώ τα τυπογραφεία που ήταν επιφορτισμένα με την εκτύπωση των εθνικών χαρτονομισμάτων, αναθέτοντας σε καθένα την εκτύπωση των αναγκαίων χαρτονομισμάτων για την εθνική του επικράτεια (π.χ. το ΙΕΤΑ της ΤτΕ θα αναλάμβανε την εκτύπωση των ευρώ για την Ελλάδα). Το ΕΝΙ αποφάσισε την μη συγκεντρωτική κατανομή της εκτύπωσης των χαρτονομισμάτων, δηλαδή την εκτύπωση όλων των αξιών από κάθε χώρα για τον εαυτό της, με δυνατότητα όμως διμερών συμφωνιών για την ανάθεση εκτύπωσης κάποιων αξιών σε άλλη χώρα (ΕΚΤ 2007, 48). Σύμφωνα με το υιοθετηθέν σχήμα, η ΕΚΤ έδινε την έγκριση για την εκτύπωση των χαρτονομισμάτων, και δικαίωμα υλοποίησης αυτής της έγκρισης είχαν μόνον οι εθνικές Κεντρικές Τράπεζες μέσω δικών τους ή τρίτων εκτυπωτικών ιδρυμάτων. Η ίδια η ΕΚΤ ούτε προέβαινε σε εκτύπωση για λογαριασμό της, ούτε έκανε πράξεις με μετρητά.

Σε κάθε χώρα δόθηκε ένας κωδικός από το λατινικό αλφάβητο (ξεκινώντας από το Ζ και συνεχίζοντας αντιστρόφως) και σε κάθε εκτυπωτικό ίδρυμα επίσης δόθηκε ένας αλφαβητικός κωδικός, *διαφορετικός* του εθνικού κωδικού. Ο εθνικός κωδικός τοποθετήθηκε μπροστά από τον 11ψήφιο σειριακό αριθμό. Ο σειριακός αριθμός έχει τη ιδιότητα το διαδοχικό άθροισμα των ψηφίων του—δηλ. η ψηφιακή του *ρίζα*—που είναι συγκεκριμένη για κάθε χώρα, αποτελώντας έτσι ένα άθροισμα ελέγχου (checksum, βλ. Πίνακα 25.70). Επιπλέον, προσθέτοντας στην ψηφιακή ρίζα τον αριθμό που αντιστοιχεί στο κωδικό γράμμα της χώρας (A = 1, B = 2, C = 3,..., Z = 26), το νέο άθροισμα πρέπει να δίνει ψηφιακή ρίζα ίση με 8. Π.χ., ο σειριακός αριθμός Υ03277662427 που αντιστοιχεί σε ελληνικό χαρτονόμισμα (κωδικός χώρας Υ) είναι έγκυρος διότι η ψηφιακή του ρίζα είναι 1 (0+3+2+7+7+6+6+2+4+2+7 = 46, 4 + 6 = 10, 1 + 0 = 1) και αντιστοιχεί στην Ελλάδα, και διότι προσθέτοντας 25 (Υ = 25) προκύπτει νέα ψηφιακή ρίζα ίση με 8 (25 + 1 = 26, 2 + 6 = 8).

Ταυτοχρόνως όμως, κάθε χαρτονόμισμα φέρει και έναν δεύτερο αλφαριθμητικό κωδικό της μορφής $XxxxX'x$ (X, X' = γράμματα, x = αριθμός). Στην περίπτωση αυτή, το πρώτο γράμμα είναι ο κωδικός του τυπογραφείου στο οποίο τυπώθηκε το χαρτονόμισμα (π.χ. Ν για το ΙΕΤΑ). Ο επόμενος αριθμός xxx είναι ο αύξων αριθμός της πλάκας που χρησιμοποιήθηκε, και ο οποίος αυξάνει κατά ένα όταν η πλάκα αντικαθίσταται λόγω φθοράς ή βλάβης (π.χ. 001 για την πρώτη πλάκα, 002 για την δεύτερη, κ.ο.κ.). Τέλος το ζεύγος Xx υποδηλώνει την θέση της πλάκας από την οποία προέκυψε το χαρτονόμισμα (κάθε πλάκα εκτυπώνει ένα φύλλο με πολλές σειρές χαρτονομισμάτων. Π.χ. Η4 αντιστοιχεί στην 8ῃ γραμμή (Η = 8) και την 4ῃ στήλη. Έτσι, ο κωδικός εκτύπωσης Ν001Η4 του εν λόγω χαρτονομίσματος σημαίνει ότι εκτυπώθηκε στο ΙΕΤΑ, από την 8ῃ γραμμή και 4ῃ στήλη της πρώτης πλάκας.

Από το 2013, με την έναρξη της δεύτερης σειράς χαρτονομισμάτων (σειρά «Europa»), η κωδικοποίηση των κωδικών τυπογραφείων με ανακατανομή αυτών των κωδικών ώστε χονδρικά να συμπίπτουν με τον κωδικό χώρας. Βεβαίως, αυτό δεν είναι εφικτό για χώρες που απασχολούν άνω του ενός τυπογραφεία (Γαλλία, Γερμανία, Βρετανία). Οι νέοι σειριακοί αριθμοί ξεκινούν με δύο γράμματα, το πρώτο εκ των οποίων αποτελεί τον κωδικό του τυπογραφείου και το δεύτερο απλώς παρέχει την δυνατότητα περισσοτέρων συνδυασμών. Έτσι, με πρώτα τα χαρτονομίσματα των 5 ευρώ (2013) και 10 ευρώ (2014) δεν είναι πλέον φανερή η χώρα που παρήγγειλε κάποιο χαρτονόμισμα, αλλά μόνον το τυπογραφείο παραγωγής.

Η ΕΚΤ παρουσιάζει στην ιστοσελίδα της τις ετήσιες κατανομές παραγωγής χαρτονομισμάτων (ΕΚΤ 2015b).

Πίνακας 25.70: Αλφαβητικοί κωδικοί κρατών και τυπογραφείων των χαρτονομισμάτων του ευρώ.

Χώρα	Κωδ. Χώρας (μόνον α' σειρά)	Checksum	Τυπογραφείο	Κωδ. Τυπογραφείου α' σειράς	Κωδ. Τυπογραφείου β' σειράς (Europa)
Βέλγιο	Z	9	Banque Nationale de Belgique, Bruxelles	T	Z
Ελλάδα	Y	1	Bank of Greece, Athens	N	Y
Γερμανία	X	2	Giesecke & Devrient, Munchen	P	X
			Giesecke & Devrient, Leipzig	P	W
			Bundesdruckerei, Berlin	R	R
Δανία[1]	(W)	3	Danmarks Nationalbank[2]	(S)	
Ισπανία	V	4	Fabrica Nacional de Moneda y Timbre, Madrid	M	V
Γαλλία	U	5	François Charles Oberthur Fiduciaire, Chantepie	E	E
			Banque de France, Chamalieres	L	U
Ιρλανδία	T	6	Central Bank of Ireland, Dublin	K	T
Ιταλία	S	7	Banca d'Italia, Roma	J	S
Λουξεμβούργο	R[3]	(8)	-	-	
Ολλανδία	P	1	Johan Enschede en Zonen, Haarlem	G	P
Αυστρία	N	3	Osterreichische Banknoten und Sicherheitsdruck GmbH, Wien	F	N
Πορτογαλία	M	4	Valora, Carregado	U	M
Φινλανδία	L	5	Setec Oy, Vantaa	D	
Σουηδία[1]	(K)	(6)	Tumba Bruk, Tumba[2]	(C)	
Βρετανία[1]	(J)	(7)	De La Rue, Gateshead	H	J
			De La Rue, Loughton		H
			Bank of England Printing Works, Loughton[2]	(A)	
Σλοβενία	H	9	-	-	
Κύπρος	G	1	-	-	
Μάλτα	F	2	-	-	
Σλοβακία	E	3	-	-	
Εστονία	D	4	-	-	
Πολωνία			Polska Wytwórnia Papierów Wartościowych		D
Λεττονία	C				
Λιθουανία	B		-		

[1]Έχει κρατηθεί κωδικός παρότι η χώρα δεν έχει υιοθετήσει το ευρώ. [2]Έχει κρατηθεί κωδικός παρότι το τυπογραφείο δεν έχει εκτυπώσει ευρώ. [3]Παρότι η χώρα έχει υιοθετήσει το ευρώ και έχει κρατηθεί κωδικός γι' αυτήν, δεν εκτυπώνει τα δικά της ευρώ. Τα ακυκλοφόρητα χαρτονομίσματα που εκδίδονται από την Banque Centrale du Luxembourg φέρουν τον κωδικό των κεντρικών τραπεζών των χωρών όπου αυτά εκτυπώνονται (Πηγές: ECB 2015· Fleur de coin 2015)

Χρήσιμες πληροφορίες για την την προέλευση των χαρτονομισμάτων του ευρώ προέρχονται από το σύστημα παρακολούθησης EuroBillTracker.com το οποίο καταγράφει την διαδρομή ενός μεγάλου αριθμού χαρτονομισμάτων βάσει των κωδικών τους—στις 5/6/2015 ήταν καταγεγραμμένοι 193.746 χρήστες που είχαν καταγράψει συνολικά 145.083.391 χαρτονομίσματα που αντιστοιχούν σε 1521 από τους 1568 θεωρητικά δυνατούς συνδυασμούς χωρών, τυπογραφείων και αξιών. Προφανώς, περιοριστικός παράγοντας αποτελεί η ακρίβεια των δεδομένων που εισάγουν οι χρήστες, όμως έστω και ενδεικτικά τα σχετικά στοιχεία είναι αρκετά ενδιαφέροντα.

Η κοπή των κερμάτων του ευρώ ακολούθησε σε γενικές γραμμές την ίδια αποκεντρωμένη οργάνωση της εκτύπωσης των χαρτονομισμάτων. Το έργο της κοπής ανέλαβαν κατά τόπους νομισματοκοπία και η κοπή μπορούσε να γίνεται και για λογαριασμό τρίτων. Το εκάστοτε νομισματοκοπείο και ο χαράκτης «υπέγραφαν» με τα δικά τους σήματα στην εθνική πλευρά: τα ελληνικά κέρματα φέρουν τα αρχικά «ΓΣ» του χαράκτη Γιώργου Σταματόπουλου και όσα κόπηκαν στο νομισματοκοπείο Αθηνών (από το 2002 και μετά) φέρουν την στυλιζαρισμένη άκανθο (🌿). Σύμφωνα με μια καταγραφή, οι παραλλαγές όλων των κερμάτων που είχαν κοπεί μέχρι τον Μάιο του 2015 (λαμβάνοντας υπόψη τις διαφορετικές αξίες, εθνικές πλευρές, χρονολογίες κοπής, σημεία χαρακτών και νομισματοκοπείων) ανέρχονται στις 2750 (So many euros 2015).

Ακολουθώντας την πρακτική έκδοσης ιδιωτικού χρήματος, τα κέρματα δεν εκδίδονταν με ευθύνη της ΕΚΤ αλλά με ευθύνη των εθνικών κυβερνήσεων. Οι εθνικές κυβερνήσεις μπορούν να αποφασίσουν την κοπή κερμάτων με καινούργιες αναπαραστάσεις στην εθνική πλευρά, ή την κοπή αναμνηστικών κερμάτων. Σε τέτοια περίπτωση οι απλώς πρέπει να ενημερώσουν την Ευρωπαϊκή Επιτροπή για να δημοσιεύσει τις σχετικές πληροφορίες στην Επίσημη Εφημερίδα της ΕΕ (ΕΚΤ 2015α· ΕΚΤ 2007, 10). Ακόμη και τότε όμως η ΕΚΤ εποπτεύει την συνολική ποσότητα των κερμάτων που εκδίδει κάθε κυβέρνηση, καθώς και την ποιότητα κατασκευής τους.

Καλάθια ευρωπαϊκών νομισμάτων

Πίνακας 25.71. Το καλάθι της Ευρωπαϊκής Λογιστικής Μονάδας και τα σχετικά βάρη των επιμέρους νομισμάτων την 12/2/1975.

Εθνικό νόμισμα	Κωδικός ISO-4217	Ποσόν εθνικού νομίσματος σε 1 ECU	Σχετικό βάρος στις 12/2/1975 (%)
Λίρα Αγγλίας	GBP	0,07995	15,83
Μάρκο Γερμανίας	DEM	0,8990	29,17
Φράγκο Γαλλίας	FRF	1,134	19,49
Λιρέτα Ιταλίας	ITL	97,82	12,52
Γκίλντερ Ολλανδίας	NLG	0,3342	10,45
Φράγκο Βελγίου	BEF	3.994	8,71
Φράγκο Λουξεμβούργου	LUF	0,142	0,31
Κορώνα Δανίας	DKK	0,2042	2,82
Λίρα Ιρλανδίας	IEP	0,003535	0,70

Πίνακας 25.72. Συμμετοχή εθνικών νομισμάτων στο ECU και παράδειγμα υπολογισμού της ισοτιμίας του ECU ως προς κάποιο εθνικό νόμισμα (εδώ το δολάριο ΗΠΑ την 1/12/1978).

Εθνικό νόμισμα	Κωδικός ISO-4217	Ποσόν εθνικού νομίσματος σε 1 ECU	Παράδειγμα: ισοτιμίες (ανά δολάριο) την 1/12/1978	Παράδειγμα: ποσά νομισμάτων σε 1 ECU (σε δολάρια)
Λίρα Αγγλίας	GBP	0,0885	0,5164222	0,1713714
Μάρκο Γερμανίας	DEM	0,828	1,9358	0,4277301
Φράγκο Γαλλίας	FRF	1,15	4,4495	0,2584560
Λιρέτα Ιταλίας	ITL	109	853,00	0,1277843
Γκίλντερ Ολλανδίας	NLG	0,286	2,1035	0,1359639
Φράγκο Βελγίου	BEF	3,66	30,6675	0,1193446
Φράγκο Λουξεμβούργου	LUF	0,14	30,6675	0,0045651
Κορώνα Δανίας	DKK	0,217	5,3885	0,0402709
Λίρα Ιρλανδίας	IEP	0,00759	0,5164222	0,0146973
			Σύνολο:	1,3001836
			1 ECU =	$1,3001836

Πίνακας 25.73. Συμμετοχή εθνικών νομισμάτων στο ECU (ποσόν εθν. Νομίσματος ανά 1 ECU) και σχετικά εκατοστιαία βάρη τους κατά την ημερομηνία έναρξης της κάθε περιόδου.

Νόμισμα	ISO-4217	13/3/1979–16/9/1984	Σχετ. βάρος % (13/3/1979)	17/9/1984–20/9/1989	Σχετ. βάρος % (17/9/1984)	21/9/1989–31/12/1999	Σχετ. βάρος % (21/9/1989)
Μάρκο Γερμανίας	DEM	0,82800	32,98	0,71900	32,08	0,62420	31,955
Φράγκο Γαλλίας	FRF	1,15000	19,83	1,31000	19,06	1,33200	20,316
Λίρα Αγγλίας	GBP	0,08850	13,34	0,08780	14,98	0,08784	12,452
Λιρέτα Ιταλίας	ITL	109,000	9,49	140,000	9,98	151,800	7,840
Γκίλντερ Ολλανδίας	NLG	0,28600	10,51	0,25600	10,13	0,21980	9,98
Φράγκο Βελγίου	BEF	3,66000	9,28	3,71000	8,26	3,30100	7,873
Φράγκο Λουξεμβούργου	LUF	0,14000	0,36	0,14000	0,31	0,13000	0,310
Κορώνα Δανίας	DKK	0,21700	3,06	0,21900	2,69	0,19760	2,653
Λίρα Ιρλανδίας	IEP	0,00759	1,15	0,00871	1,20	0,00855	1,086
Δραχμή	GRD	-	-	1,15	1,31	1,44	0,437
Πεσέτα Ισπανίας	ESP	-	-	-	-	6,885	4,138
Εσκούδο Πορτογαλίας	PTE	-	-	-	-	1,393	0,695

Το κλείδωμα των διμερών ισοτιμιών του ΜΣΙ

Πίνακας 25.74: Διμερείς κεντρικές ισοτιμίες του ΜΣΙ για τον μελλοντικό αμετάκλητο προσδιορισμό των ισοτιμιών ως προς το ευρώ.

	DEM 100=	BEF/LUF 100=	ESP 100=	FRF 100=	IEP 1=	ITL 1000=	NLG 100=	ATS 100=	PTE 100=	FIM 100=
DEM	-									
BEF/LUF	2062.55	-								
ESP	8507.22	412.462	-							
FRF	335.386	16.2608	3.94237	-						
IEP	40.2676	1.95232	0.473335	12.0063	-					
ITL	99000.2	4799.90	1163.72	29518.3	2458.56	-				
NLG	112.674	5.46285	1.32445	33.5953	2.79812	1.13812	-			
ATS	703.552	34.1108	8.27006	209.774	17.4719	7.10657	624.415	-		
PTE	10250.5	496.984	120.492	3056.34	254.560	103.541	9097.53	1456.97	-	
FIM	304.001	14.7391	3.57345	90.6420	7.54951	3.07071	269.806	43.2094	2.96571	-

Το μετοχικό κεφάλαιο της ΕΚΤ

Πίνακας 25.75: Κλείδα κατανομής κεφαλαίου ΕΚΤ (1998–2004)

Χώρα (ίδρυμα)	12/9/1998[1]	1/12/1998[2]	1/1/2004[3]	1/5/2004[4]
Γερμανία (Deutsche Bundesbank)	24,4096	24,4935	23,4040	21,1364
Γαλλία (Banque de France)	16,8703	16,8337	16,5175	14,8712
Ιταλία (Banca d'Italia)	14,9616	14,8950	14,5726	13,0516
Ισπανία (Banco de España)	8,8300	8,8935	8,7801	7,7758
Ολλανδία (De Nederlandsche Bank)	4,2796	4,2780	4,4323	3,9955
Βέλγιο (Nationale Bank van België/Banque Nationale de Belgique)	2,8885	2,8658	2,8297	2,5502
Αυστρία (Oesterreichische Nationalbank)	2,3663	2,3594	2,3019	2,0800
Ιρλανδία (Central Bank & Financial Services Authority of Ireland)	0,8384	0,8496	1,0254	0,9219
Πορτογαλία (Banco de Portugal)	1,9250	1,9232	2,0129	1,7653
Λουξεμβούργο (Banque centrale du Luxembourg)	0,1469	0,1492	0,1708	0,1568
Φινλανδία (Suomen Pankki)	1,3991	1,3970	1,4298	1,2887
Ελλάδα (Bank of Greece)	2,0585	2,0564	2,1614	1,8974
Σλοβενία (Banka Slovenije)				0,3345
Κύπρος (Central Bank of Cyprus)				0,1300
Μάλτα (Central Bank of Malta)				0,0647
Σλοβακία (Národná banka Slovenska)				0,7147
Εστονία (Eesti Pank)				0,1784
Λεττονία (Latvijas Banka)				0,2978
Λιθουανία (Lietuvos bankas)				0,4425
Βρετανία (Bank of England)	14,7109	14,6811	15,9764	14,3822
Σουηδία (Sveriges Riksbank)	2,6580	2,6537	2,6636	2,4133
Δανία (Danmarks Nationalbank)	1,6573	1,6709	1,7216	1,5663
Τσεχία (Česká národní banka)				1,4584
Ουγγαρία (Magyar Nemzeti Bank)				1,3884
Πολωνία (Narodowy Bank Polski)				5,1380
Βουλγαρία (Българска народна банка)				
Ρουμανία (Banca Naţională a României)				
Κροατία (Hrvatska narodna banka)				
Σύνολο	100	100	100	100

[1]ΕΚΤ, ανακοινωθέν της 12/9/1998 (ECB 1998). [2]ΕΚΤ, ανακοινωθέν της 1/12/1998 (ECB 1999, 33). [3]Απόφαση ΕΚΤ/2003/17 (ECB 2004b, 27–28). [4]Απόφαση ΕΚΤ/2004/5 (ECB 2004d, 5–6).

Πίνακας 25.76: Κλείδα κατανομής κεφαλαίου ΕΚΤ (2007–2014)

Χώρα (ίδρυμα)	1/1/2007[1]	1/1/2009 & 29/12/2010[2]	1/7/2013[3]	1/1/2014[4]
Γερμανία (Deutsche Bundesbank)	20,5211	18,9373	18,7603	17,9973
Γαλλία (Banque de France)	14,3875	14,2212	14,1342	14,1792
Ιταλία (Banca d'Italia)	12,5297	12,4966	12,457	12,3108
Ισπανία (Banco de España)	7,5498	8,3040	8,2533	8,8409
Ολλανδία (De Nederlandsche Bank)	3,8937	3,9882	3,9663	4,0035
Βέλγιο (Nationale Bank van België/Banque Nationale de Belgique)	2,4708	2,4256	2,4176	2,4778
Αυστρία (Oesterreichische Nationalbank)	2,0159	1,9417	1,937	1,9631
Ιρλανδία (Central Bank & Financial Services Authority of Ireland)	0,8885	1,1107	1,1111	1,1607
Πορτογαλία (Banco de Portugal)	1,7137	1,7504	1,7636	1,7434
Λουξεμβούργο (Banque centrale du Luxembourg)	0,1575	0,1747	0,1739	0,203
Φινλανδία (Suomen Pankki)	1,2448	1,2539	1,2456	1,2564
Ελλάδα (Bank of Greece)	1,8168	1,9649	1,9483	2,0332
Σλοβενία (Banka Slovenije)	0,3194	0,3288	0,327	0,3455
Κύπρος (Central Bank of Cyprus)	0,1249	0,1369	0,1333	0,1513
Μάλτα (Central Bank of Malta)	0,0622	0,0632	0,0635	0,0648
Σλοβακία (Národná banka Slovenska)	0,6765	0,6934	0,6881	0,7725
Εστονία (Eesti Pank)	0,1703	0,1790	0,178	0,1928
Λεττονία (Latvijas Banka)	0,2813	0,2837	0,2742	0,2821
Λιθουανία (Lietuvos bankas)	0,4178	0,4256	0,4093	0,4132
Βρετανία (Bank of England)	13,9337	14,5172	14,432	13,6743
Σουηδία (Sveriges Riksbank)	2,3313	2,2582	2,2612	2,2729
Δανία (Danmarks Nationalbank)	1,5138	1,4835	1,4754	1,4873
Τσεχία (Česká národní banka)	1,3880	1,4472	1,4539	1,6075
Ουγγαρία (Magyar Nemzeti Bank)	1,3141	1,3856	1,374	1,3798
Πολωνία (Narodowy Bank Polski)	4,8748	4,8954	4,8581	5,123
Βουλγαρία (Българска народна банка)	0,8833	0,8686	0,8644	0,859
Ρουμανία (Banca Naţională a României)	2,5188	2,4645	2,4449	2,6024
Κροατία (Hrvatska narodna banka)			0,5945	0,6023
Σύνολο	**100**	**100**	**100**	**100**

[1]Απόφαση ΕΚΤ/2006/21 της 15/12/2006 (ECB 2007b, 1-2) και ανακοινωθέν της 2/1/2007 (ECB 2007α). [2]Απόφαση ΕΚΤ/2008/23 της 12/12/2008 (ECB 2009b, 66–68). [3]Απόφαση ΕΚΤ/2013/15 της 21/6/2013 (ECB 2013b, 9–12). [4]Απόφαση ΕΚΤ/2013/28 της 29/8/2013 (ECB 2013c).

Πίνακας 25.77: Καταβεβλημένο κεφάλαιο (1998–2007) σε απόλυτες τιμές (χιλ. ευρώ) και ως ποσοστό επί του εγγεγραμμένου κεφαλαίου (όπως υπολογίζεται από την κλείδα κάθε κράτους-μέλους της ΕΕ και από το συνολικό κεφάλαιο της ΕΚΤ).

Χώρα (ίδρυμα)	12/9/1998	%	1/12/1998	%	1/1/2004	%	1/5/2004	%	1/1/2007	%
Γερμανία (Deutsche Bundesbank)	1.220.480.000	100	1.224.675.000	100	1.170.200.000	100	1.176.170.750,76	100	1.182.149.240,19	100
Γαλλία (Banque de France)	843.515.000	100	841.685.000	100	825.875.000	100	827.533.093,09	100	828.813.864,42	100
Ιταλία (Banca d'Italia)	748.080.000	100	744.750.000	100	728.630.000	100	726.278.371,47	100	721.792.464,09	100
Ισπανία (Banco de España)	441.500.000	100	444.675.000	100	439.005.000	100	432.697.551,32	100	434.917.735,09	100
Ολλανδία (De Nederlandsche Bank)	213.980.000	100	213.900.000	100	221.615.000	100	222.336.359,77	100	224.302.522,60	100
Βέλγιο (Nationale Bank van België/Banque Nationale de Belgique)	144.425.000	100	143.290.000	100	141.485.000	100	141.910.195,14	100	142.334.199,56	100
Αυστρία (Oesterreichische Nationalbank)	118.315.000	100	117.970.000	100	115.095.000	100	115.745.120,34	100	116.128.991,78	100
Ιρλανδία (Central Bank & Financial Services Authority of Ireland)	41.920.000	100	42.480.000	100	51.270.000	100	51.300.685,79	100	51.183.396,60	100
Πορτογαλία (Banco de Portugal)	96.250.000	100	96.160.000	100	100.645.000	100	98.233.106,22	100	98.720.300,22	100
Λουξεμβούργο (Banque centrale du Luxembourg)	7.345.000	100	7.460.000	100	8.540.000	100	8.725.401,38	100	9.073.027,53	100
Φινλανδία (Suomen Pankki)	69.955.000	100	69.850.000	100	71.490.000	100	71.711.892,59	100	71.708.601,11	100
Ελλάδα (Bank of Greece)	5.146.250	5	5.141.000	5	108.070.000	100	105.584.034,30	100	104.659.532,85	100
Σλοβενία (Banka Slovenije)							1.302.967,30	7	18.399.523,77	100
Κύπρος (Central Bank of Cyprus)							506.384,90	7	0,00	100
Μάλτα (Central Bank of Malta)							252.023,87	7	0,00	100
Σλοβακία (Národná banka Slovenska)							2.783.948,38	7	2.727.956,95	7
Εστονία (Eesti Pank)							694.915,90	7	686.727,37	7
Λεττονία (Latvijas Banka)							1.160.010,95	7	1.134.330,06	7
Λιθουανία (Lietuvos bankas)							1.723.656,30	7	1.684.760,40	7
Βρετανία (Bank of England)	36.777.250	5	36.702.750	5	39.941.000	5	56.022.530,23	7	56.187.041,67	7
Σουηδία (Sveriges Riksbank)	6.645.000	5	6.634.250	5	6.659.000	5	9.400.451,41	7	9.400.866,26	7
Δανία (Danmarks Nationalbank)	4.143.250	5	4.177.250	5	4.304.000	5	6.101.159,01	7	6.104.332,92	7
Τσεχία (Česká národní banka)							5.680.859,54	7	5.597.049,87	7
Ουγγαρία (Magyar Nemzeti Bank)							5.408.190,75	7	5.299.051,33	7
Πολωνία (Narodowy Bank Polski)							20.013.889,41	7	19.657.419,83	7
Βουλγαρία (Българска народна банка)									3.561.868,99	7
Ρουμανία (Banca Naţională a României)									10.156.951,89	7
Κροατία (Hrvatska narodna banka)										
Σύνολο	3.998.476.750	79,97	3.999.550.250	79,99	4.032.824.000	80,66	4.089.277.550,12	73,49	4.137.159.937,99	71,82
Συνολικό εγγεγραμμένο κεφάλαιο	5.000.000.000 (ECB 1998)		5.000.000.000 (ECB 2000, 154)		5.000.000.000 (ECB 2004a, 29–30)		5.564.669.247,19 (ECB 2004c, 9–12)		5.760.652.402,57 (ECB 2009a)	

Πίνακας 25.78: Καταβεβλημένο κεφάλαιο (2009–2014) σε απόλυτες τιμές (χιλ. ευρώ) και ως ποσοστό επί του εγγεγραμμένου κεφαλαίου (όπως υπολογίζεται από την κλείδα κάθε κράτους-μέλους της ΕΕ και από το συνολικό κεφάλαιο της ΕΚΤ).

Χώρα (ίδρυμα)	1/1/2009	%	29/12/2010	%	1/7/2013	%	1/1/2014	%
Γερμανία (Deutsche Bundesbank)	1.090.912.027,43	100	1.722.155.360,77	84,51	2.030.803.801,28	100	1.948.208.997,34	100
Γαλλία (Banque de France)	819.233.899,48	100	1.293.273.899,48	84,51	1.530.028.149,23	100	1.534.899.402,41	100
Ιταλία (Banca d'Italia)	719.885.688,14	100	1.136.439.021,48	84,51	1.348.471.130,66	100	1.332.644.970,33	100
Ισπανία (Banco de España)	478.364.575,51	100	755.164.575,51	84,51	893.420.308,48	100	957.028.050,02	100
Ολλανδία (De Nederlandsche Bank)	229.746.339,12	100	362.686.339,12	84,51	429.352.255,40	100	433.379.158,03	100
Βέλγιο (Nationale Bank van België/Banque Nationale de Belgique)	139.730.384,68	100	220.583.718,02	84,51	261.705.370,91	100	268.222.025,17	100
Αυστρία (Oesterreichische Nationalbank)	111.854.587,70	100	176.577.921,04	84,51	209.680.386,94	100	212.505.713,78	100
Ιρλανδία (Central Bank & Financial Services Authority of Ireland)	63.983.566,24	100	101.006.899,58	84,51	120.276.653,55	100	125.645.857,06	100
Πορτογαλία (Banco de Portugal)	100.834.459,65	100	159.181.126,31	84,51	190.909.824,68	100	188.723.173,25	100
Λουξεμβούργο (Banque centrale du Luxembourg)	10.063.859,75	100	15.887.193,09	84,51	18.824.687,29	100	21.974.764,35	100
Φινλανδία (Suomen Pankki)	72.232.820,48	100	114.029.487,14	81,49	134.836.288,06	100	136.005.388,82	100
Ελλάδα (Bank of Greece)	113.191.059,06	100	178.687.725,72	84,51	210.903.612,74	100	220.094.043,74	100
Σλοβενία (Banka Slovenije)	18.941.025,10	100	29.901.025,10	84,51	35.397.773,12	100	37.400.399,43	100
Κύπρος (Central Bank of Cyprus)	7.886.333,14	100	12.449.666,48	84,51	14.429.734,42	100	16.378.235,70	100
Μάλτα (Central Bank of Malta)	3.640.732,32	100	5.747.398,98	84,51	6.873.879,49	100	7.014.604,58	100
Σλοβακία (Národná banka Slovenska)	39.944.363,76	100	63.057.697,10	82,41	74.486.873,65	100	83.623.179,61	100
Εστονία (Eesti Pank)	721.809,75	7	16.278.234,47	84,51	19.268.512,58	100	20.870.613,63	100
Λεττονία (Latvijas Banka)	1.144.007,96	7	1.144.798,91	3,75	1.113.081,35	3,75	30.537.344,94	100
Λιθουανία (Lietuvos bankas)	1.716.213,56	7	1.717.400,12	3,75	1.661.503,27	3,75	1.677.334,85	3,75
Βρετανία (Bank of England)	58.539.980,14	7	58.580.453,65	3,84	58.584.938,26	3,75	55.509.147,81	3,75
Σουηδία (Sveriges Riksbank)	9.106.093,68	7	9.112.389,47	3,75	9.179.064,74	3,75	9.226.559,46	3,75
Δανία (Danmarks Nationalbank)	5.982.149,49	7	5.986.285,44	3,75	5.989.205,79	3,75	6.037.512,38	3,75
Τσεχία (Česká národní banka)	5.835.771,31	7	5.839.806,06	3,75	5.901.929,17	3,75	6.525.449,57	3,75
Ουγγαρία (Magyar Nemzeti Bank)	5.587.371,98	7	5.591.234,99	3,75	5.577.584,89	3,75	5.601.129,28	3,75
Πολωνία (Narodowy Bank Polski)	19.740.488,44	7	19.754.136,66	3,75	19.720.862,57	3,75	20.796.191,71	3,75
Βουλγαρία (Българска народна банка)	3.502.591,87	7	3.505.013,50	3,75	3.508.926,04	3,75	3.487.005,40	3,75
Ρουμανία (Banca Națională a României)	9.937.989,49	7	9.944.860,44	3,75	9.924.772,42	3,75	10.564.124,40	3,75
Κροατία (Hrvatska narodna banka)					2.413.300,01	3,75	2.444.963,16	3,75
Σύνολο	4.142.260.189,23	71.91	6.484.283.668,63	60,42	7.653.244.410,99	70,70	7.697.025.340,21	71,10
Συνολικό εγγεγραμμένο κεφάλαιο	5.760.652.402,61 (ECB 2009a, 71–74)		10.731.552.402,61 (ECB 2011b, 54–55· 2011a, 56–57)		10,825,007,069.61 (ECB 2013a)		10.825.007.069,61 (ECB 2014a, 61–62· 2014b, 63–64)	

Σύντομα βιογραφικά σημειώματα

Παρακάτω παρατίθενται επιλεγμένα βιογραφικά σημειώματα τα οποία θεώρησα ότι αξίζει να παρουσιασθούν κάπως πιο εκτεταμένα, και τα οποία συνεπώς δεν χωρούν στην ροή του κυρίως κειμένου.

Hambro, Charles (Carl) Joachim (1807–1877). Ο Hambro ήταν γόνος εβραϊκής τραπεζικής οικογένειας και που σταδιακά ασπάστηκε των Χριστιανισμό και υιοθέτησε τον Δυτικό τρόπο ζωής. Στην Κοπεγχάγη, ο Calmer Joachim Hambro (1747–1806), παππούς του Charles, είχε ιδρύσει την εμπορική εταιρεία μεταξιού και υφασμάτων C. J. Hambro & Son. Ο γιος του, Joseph (1780–1848), επεκτάθηκε από το εμπόριο υφασμάτων στην κερδοσκοπία σε νομίσματα και άλλα αγαθά, αποκτώντας μεγάλη περιουσία. Σταδιακά οι τραπεζιτικές εργασίες έγιναν κύρια ασχολία του και το 1821 ανέλαβε την έκδοση δανείου 1,5 εκ. λιρών για λογαριασμό της Δανίας. Για την επιτυχία του στην σύναψη του δανείου τιμήθηκε από την βασιλιά Frederik VI με την αναγόρευσή του σε Σύμβουλό του, ενώ το 1838 του απονεμήθηκε ο Σταυρός του Dannebrog, δηλ. της Δανέζικης σημαίας (Bramsen και Wain 1979, 172–174).

Όταν ο Joseph παντρεύτηκε την Mirjam, άρχισε να την αποκαλεί Marianne, ενώ για τον γιο του προτίμησε το όνομα Carl, που ηχούσε πιο Δανέζικο. Η Marianne σύντομα παρουσίασε σημάδια κατάθλιψης και ο Joseph αποφάσισε ότι πλέον δεν μπορούσαν ως ζευγάρι φροντίσουν το γιο τους. Έτσι, ανέθεσε το 1815 την ανατροφή του Carl σε ανάδοχους γονείς. Με την πάροδο των χρόνων, επηρεασμένος από τον θετό του πατέρα, τον ζωολόγο Johannes Reinhardt, και με την συγκατάθεση του πατέρα του—που είχε ήδη εγκαταλείψει τον ορθόδοξο Ιουδαϊσμό—ο Carl Joachim επέλεξε να βαπτισθεί Χριστιανός στις 3/10/1822. Μετά τη αποφοίτησή του από το σχολείο το 1825, ταξίδεψε στην Αμβέρσα, στην Βρέμη, και στις ΗΠΑ για να μάθει γλώσσες και εμπόριο. Μετά την επιστροφή από τις ΗΠΑ το 1830, έκανε αίτηση και προσελήφθη ως Πρόξενος των ΗΠΑ στην Κοπεγχάγη (Bramsen και Wain 1979, 162–165).

Το 1832 εγκαταστάθηκε στο Λονδίνο, όπου και εργάσθηκε στο εκεί κατάστημα της οικογενειακής επιχείρησης ως το 1834. Μετά τον θάνατο της μητέρας του το 1838, αυτός και ο πατέρας του εγκαταστάθηκαν πλέον μόνιμα στο Λονδίνο το 1839. Εκεί, ίδρυσε το 1839 την, τράπεζα πλέον, C. J. Hambro & Son. Το 1843 έγινε Βρετανός υπήκοος και άλλαξε το όνομά του σε Charles.

Αγγελόπουλος, Άγγελος (1904–1995). Ο Άγγελος Αγγελόπουλος γεννήθηκε το 1904 στην Βλαχορράπτη Γορτυνίας. Σπούδασε πολιτικές επιστήμες στην ΑΣΟΕΕ και στο Πανεπιστήμιο της Λειψίας, από όπου πήρε και το Διδακτορικό του. Διετέλεσε Διευθυντής του Ανωτάτου Οικονομικού Συμβουλίου (1931–34) και το 1936 εξελέγη Καθηγητής Δημόσιας Οικονομίας στο Πανεπιστήμιο Αθηνών.

Στην κατοχή έλαβε μέρος στην Εθνική Αντίσταση και συμμετείχε ως Γραμματέας Οικονομικών στην Κυβέρνηση ΠΕΕΑ και στο συνέδριο το Λιβάνου. Μετά την απελευθέρωση διετέλεσε υφυπουργός Οικονομικών στην πρώτη μεταπολεμική κυβέρνηση του Γ. Παπανδρέου, έως το Δεκέμβριο του 1944. Το 1960 ίδρυσε την Ελληνική Εταιρία Προγραμματισμού της οποίας διετέλεσε πρόεδρός έως το 1967. Το 1961 έγινε καθηγητής της Οικονομικής Πολιτικής στην Πάντειο Σχολή, όπου δίδαξε μέχρι το 1967. Στο πραξικόπημα των συνταγματαρχών παραιτήθηκε. Μετά την μεταπολίτευση, τον Αύγουστο του 1974 ανέλαβε Διοικητής της Εθνικής Τράπεζας.

Ο πατέρας του, Θεόδωρος, είχε ιδρύσει την «Χαλυβουργική Α.Ε.» το 1948 με πιστώσεις του Σχεδίου Marshall. Οι τρεις αδελφοί του, Δημήτρης, Παναγιώτης και Γιάννης, ακολούθησαν τον πατέρα τους στις επιχειρήσεις. Ο Θεόδωρος πέθανε το 1953, ο Γιάννης το 1973 και ο Δημήτρης δολοφονήθηκε από την «17 Νοέμβρη» το 1986. Οι γιοι του Παναγιώτη, Θεόδωρος και Κωνσταντίνος, ενεπλάκησαν σε σφοδρή διαμάχη το 1998 για την διανομή της οικογενειακής περιουσίας (Κορφιάτης 1999).

Βαρβαρέσος, Κυριάκος (1884–1957). Ο Βαρβαρέσος είχε νομική βασική εκπαίδευση, με σπουδές στην Νομική Σχολή του Παν. Αθηνών. Η διδακτορική του διατριβή με αντικείμενο την δημογραφία (*Η θεωρία του πληθυσμού*), όσο και οι κατοπινές του σπουδές στα οικονομικά με έμφαση στην στατιστική στα (Πανεπιστήμια Μονάχου και Βερολίνου) ήταν ενδεικτικά διανοητή που είχε έφεση μάλλον στα εμπειρικά δεδομένα παρά στην θεωρία. Μετά τις σπουδές του διορίσθηκε τμηματάρχης Στατιστικής (1911) και κατόπιν προήχθη σε διευθυντή (1913) του Υπουργείου Γεωργίας, Εμπορίου και Εργασίας, αποσπάσθηκε ως γενικός διευθυντής του Υπουργείου Επισιτισμού (1916–1918) και μετέβη ως τεχνικός σύμβουλος της ελληνικής αντιπροσωπίας στο Συνέδριο Ειρήνης των Παρισίων (1918).

Παράλληλα με την σταδιοδρομία του στην δημόσια διοίκηση είχε και ακαδημαϊκή σταδιοδρομία, καθώς εξελέγη Έκτακτος (1918) και εν συνεχεία Τακτικός (1924) Καθηγητής της Πολιτικής Οικονομίας στη Νομική Σχολή του Πανεπιστημίου Αθηνών και μέλος της Ακαδημίας Αθηνών (1936).

Το 1924 προσελήφθη ως οικονομικός σύμβουλος της ΤτΕ, θέση από την οποία συμμετείχε στην διαμόρφωση της νομισματικής πολιτικής. Με την κρίση του 1931–32 εκλήθη από τον Βενιζέλο να αναλάβει το Υπ. Οικονομικών (22/4/1932), θέση στην οποία παρέμεινε και στις κυβερνήσεις Παπαναστασίου 26/5/1932–5/6/1932) και Βενιζέλου (5/6/1932–4/11/1932). Το 1933 διορίσθηκε Υποδιοικητής της Τράπεζας της Ελλάδος και το 1939 Διοικητής της και ως τέτοιος εγκατέλειψε την χώρα με την εξόριστη κυβέρνηση κατά την γερμανική εισβολή 1941. Διετέλεσε Υπ. Οικονομικών (1941–1943) κατά την διάρκεια της κατοχής και Αντιπρόεδρος της Κυβέρνησης και Υπ. Εφοδιασμού (1945) μετά την απελευθέρωση.

Σούτσος, Ιωάννης Α. (1804–1890). Γόνος της Φαναριώτικης δυναστείας των Σούτσων ακολούθησε μια μετεωρική άνοδο συνακόλουθη της ισχύος της οικογενείας του (ο πατέρας του, Αλέξανδρος, χρημάτισε Ηγεμόνας της Μολδοβλαχίας, όπως επίσης και ο πεθερός του Μιχαήλ Σούτσος-Βόδας, γραμματέας του οποίου είχε διατελέσει ο πατέρας του). Ξεκινώντας από τον διορισμό του ως παρέδρου του Συμβουλίου Επικρατείας σε ηλικία 29 ετών (1833), δέχθηκε σειρά διορισμών στην κρατική διοίκηση, στο Πανεπιστήμιο και ως σύμβουλος της ΕΤΕ. Έτσι, διετέλεσε Διευθυντής του τμήματος Δημόσιας Οικονομίας του υπουργείου Εσωτερικών (1857–1860), Σύμβουλος Επικρατείας (1864–1867), Έκτακτος Καθηγητής Πολιτικής Οικονομίας στη Νομική Σχολή του Παν. Αθηνών (1837–1842), Τακτικός Καθηγητής (1842–1890), Πρύτανις του Παν. Αθηνών (1847–1848). Το 1841 είχε συμμετάσχει και στην επιτροπή για την σύνταξη του νομοσχεδίου που οδήγησε στην ίδρυση της ΕΤΕ. Το 1848 (βλ. παράγραφο 6.3) συμμετείχε στην επιτροπή που διαχειρίσθηκε την κρίση της ΕΤΕ, και η οποία πρότεινε στην Γενική Συνέλευση την παύση της μετατρεψιμότητας και την επιβολή οροφής στην κυκλοφορία του τραπεζογραμματίου (Psalidopoulos και Stassinopoulos 2005).

Βιβλιογραφία

101st Congress. 1990. *Public Law 101-513 5/11/1990, Section 599A.*

'Α' Βιβλίον Μετόχων'. 1842. Α1Σ6Υ1Φ14. ΙΑΕΤΕ.

Αγγελόπουλος, Άγγελος Θ. 1950. 'Απολογισμός μιας πενταετίας'. *Νέα Οικονομία* 37: 1–4.

———. 1958. *Οικονομικές απόψεις 1946-1958.* Αθήνα: Δίφρος.

———. 1974. *Οικονομικά – Άρθρα και μελέτες 1946-1967.* Τ. 1. Αθήνα: Παπαζήση.

Αγγελοπούλου, Α., και Χ. Παπαστάθης. 2001. *Ένα νόμισμα για την Ευρώπη: από το ήλεκτρο στο ευρώ.* Αθήνα: Ένωση Ελληνικών Τραπεζών – Καλειδοσκόπιο.

Αγτζίδης, Βλάσης. 2001. 'Η γενοκτονία του Ελληνισμού της Μικράς Ασίας'. *Καθημερινή της Κυριακής*, Φεβρουάριος 18.

ΑΕΠ. 2002a. *Αρχεία Ελληνικής Παλιγγενεσίας (έκδοση CD ROM).* Τ. 2. Βιβλιοθήκη της Βουλής των Ελλήνων.

———. 2002b. *Αρχεία Ελληνικής Παλιγγενεσίας (έκδοση CD ROM).* Τ. 14. Βιβλιοθήκη της Βουλής των Ελλήνων.

———. 2002c. *Αρχεία Ελληνικής Παλιγγενεσίας (έκδοση CD ROM).* Τ. 1. Βιβλιοθήκη της Βουλής των Ελλήνων.

———. 2002d. *Αρχεία Ελληνικής Παλιγγενεσίας (έκδοση CD ROM).* Τ. 3. Βιβλιοθήκη της Βουλής των Ελλήνων.

———. 2002e. *Αρχεία Ελληνικής Παλιγγενεσίας (έκδοση CD ROM).* Τ. 10. Βιβλιοθήκη της Βουλής των Ελλήνων.

———. 2002f. *Αρχεία Ελληνικής Παλιγγενεσίας (έκδοση CD ROM).* Τ. 4. Βιβλιοθήκη της Βουλής των Ελλήνων.

Αθανασίου, Λούκης Α., επιμ. 2000. *Το 'μέγεθος' και ο ρόλος του δημόσιου τομέα στην Ελλάδα: Εξελίξεις και συγκρίσεις με άλλες χώρες.* Εκθέσεις 33. Αθήνα: Κέντρο Προγραμματισμού και Οικονομικών Ερευνών.

Αθηνά. 1832. 'Ελληνική Πολιτεία Αρ. 8, 25/4/1832', Μάιος 4.

———. 1833a. 'Περὶ τῶν τραπεζῶν καὶ ἰδίως περὶ τῆς Αγγλικῆς τραπέζης', Αὔγουστος 5.

———. 1833b. 'Περὶ τῶν τραπεζῶν καὶ ἰδίως περὶ τῆς Αγγλικῆς τραπέζης', Αὔγουστος 9.

———. 1837, Οκτώβριος 20.

———. 1839a, Σεπτέμβριος 6.

———. 1839b, Σεπτέμβριος 20.

———. 1840. 'Τα θέατρα και τα αποτελέσματά των', Φεβρουάριος 10.

———. 1841, Αύγουστος 13, τμ. Διάφορα.

Αθηναϊκή. 1922, Μάρτιος 24, τμ. Επί του πιεστηρίου.

Αιλιανός, Μιχαήλ. 1922. 'Το αναγκαστικόν δάνειον'. *Οικονομολόγος Αθηνών*, Μάρτιος 28.

Αιών. 1839, Σεπτέμβριος 17.

———. 1842. 'Τα γραμμάτια', Ιούνιος 10.

———. 1872, Μάιος 22, τμ. Διάφορα.

Αλήθεια. 1870. 'Απολογισμός ΕΤΕ 31/12/1869', Ιανουάριος 16.

Αλογοσκούφης, Γιώργος. 1991. 'Η Ελλάδα και η ευρωπαϊκή νομισματική ενοποίηση'. Στο *Η Ελλάδα και η Ευρωπαϊκή Νομισματική Ένωση*, 34–46. Κείμενο Εργασίας 9. Αθήνα: Ελληνικό Κέντρο Ευρωπαϊκών Μελετών.

Αλογοσκούφης, Γιώργος, και Σοφία Λαζαρέτου. 2002. *Η δραχμή από το φοίνικα στο ευρώ.* Αθήνα: Λιβάνης.

Αναγέννησις. 1922a. 'Το εσωτερικόν δάνειον', Μάρτιος 24.

———. 1922b. 'Το δάνειον', Μάρτιος 26, τμ. Χρονικά.

Αναπληρωτής. 1922. 'Αι θυσίαι απαιτούν ισότητα'. *Αθηναϊκή*, Μάρτιος 25.

Αναστασάτος, Τάσος. 2008. 'Η ελληνική νομισματική πολιτική και τα διδάγματα για τις χώρες της νέας Ευρώπης'. Οικονομία & Αγορές ΙΙΙ(10). Eurobank Research. http://www.eurobank.gr/Uploads/Reports/EconomyMarketsIII10N08.pdf.

Αναστασιάδης, Τάσος. 1998. 'Ευρωσύγκλιση, η νέα ευρωευφορία'. *Οικονομικός Ταχυδρόμος*, Μάρτιος 12.

Ανδρεάδης, Ανδρέας Μ. 1904. *Ιστορία των Εθνικών Δανείων.* Αθήνα: Τυπογραφείον «Εστία».

———. 1915. *Η δημόσια οικονομία των Σπαρτιατών.* Αθήνα: Π. Δ. Σακελλαρίου.

Αντωνιάδης, Κωνσταντίνος. 1845. *Ομιλία περί τραπέζης εκφωνηθείσα κατά την Συνεδρίασιν της 22/10/1845.* Αθήνα: Τυπογραφείο Μνημοσύνης Χ. Νικολαΐδου Φιλαδελφέως.

Αντωνοπούλου, Σοφία Ν. 1994a. 'Το χρηματιστικό κεφάλαιο επέβαλε το Μάαστριχτ'. *Οικονομικός Ταχυδρόμος*, Απρίλιος 7.

———. 1994b. 'Οι συνέπειες της ΟΝΕ για την Ελλάδα'. *Οικονομικός Ταχυδρόμος*, Απρίλιος 21.

Ανώνυμος. 1837. *Παρατηρήσεις περί ξένης Τραπέζης εις την Ελλάδα, 10/11/1837.* Αθήνα: Τυπογραφία Γεωργίου Πολυμέρη.

Ανώτατον Οικονομικόν Συμβούλιον. 1933. *Το εξωτερικόν εμπόριον της Ελλάδος και αι συμβάσεις ανταλλαγής εμπορευμάτων.* Αθήνα: Εθνικό Τυπογραφείο.

Απογευματινή. 1973, Φεβρουάριος 14.

Άρδην. 2005. 'Οι υποτροφίες του Ιδρύματος Φορντ από το 1958 μέχρι το 1974'.

Αρσένης, Γεράσιμος. 1980. 'Εισήγηση στο Διεθνές Επιστημονικό Σεμινάριο με θέμα: «Μετάβαση στο Σοσιαλισμό: Οι διαστάσεις της δομικής αλλαγής»'. Ιούνιος 30. http://www.garsenis.gr/content/03/03c/04/30061980%20metavasi%20sto%20sosialismo.htm.

Βακαλόπουλος, Απόστολος. 1986. *Ιστορία του Νέου Ελληνισμού.* Τ. 8. Θεσσαλονίκη.

Βαλαωρίτης, Ιωάννης Α. 1902. *Η Ιστορία της Εθνικής Τραπέζης της Ελλάδος (1842-1902).* Αθήνα: Τυπ. Ανέστη Κωνσταντινίδη.

————. 1903a. Ἡ Λατινική Νομισματική Ένωσις και τα αργυρά κέρματα – Μέτρα προς αντικατάστασιν των εν Ελλάδι κυκλοφο-ρούντων χαρτίνων κερμάτων δι ' αργυρών'. *Οικονομική Ελλάς*, Φεβρουάριος 19. Συλλογή οικογένειας Βαλαωρίτη, φ. 23. ΕΛΙΑ.

————. 1903b. Ἡ Λατινική Νομισματική Ένωσις και τα αργυρά κέρματα – Μέτρα προς αντικατάστασιν των εν Ελλάδι κυκλοφο-ρούντων χαρτίνων κερμάτων δι ' αργυρών'. *Οικονομική Ελλάς*, Φεβρουάριος 26. Συλλογή οικογένειας Βαλαωρίτη, φ. 23. ΕΛΙΑ.

————. 1908. 'Το ζήτημα των αργυρών κερμάτων'. *Αθήναι*, Ιούνιος 8.

————. Επιστολή παραλήπτης Στέφανος Δραγούμης. 1910a, Ιανουάριος 21. Φ81/56. ΓΒΑΣΔ.

————. Επιστολή παραλήπτης Ιωάννης Ευταξίας. 1910b, Ιανουάριος 7. Φ81/57. ΓΒΑΣΔ.

Βάμβουκας, Γιώργος. 1992. 'Οι μισοί Έλληνες εργατοϋπάλληλοι μισθοδοτούνται από τα κρατικά ταμεία'. *Οικονομικός Ταχυδρόμος*, Μάρτιος 26.

Βαξεβάνης, Κώστας. 2011. 'Τράπεζα της Ελλάδος: Η σιωπή είναι χρυσός'; *Το κουτί της Πανδώρας*. ΝΕΤ. https://vimeo.com/22433888.

Βαρβαρέσος, Κυριάκος. 2002. *Έκθεσις επί του Οικονομικού Προβλήματος της Ελλάδος*. Επιμέλεια Κώστας Κωστής. Αθήνα: Σαββάλας.

Βασιλόπουλος, Νίκος. 1983. *Η νομισματική ιστορία της δραχμής – 150 χρόνια δραχμής*. Αθήνα: Ελληνικό Νόμισμα.

Βασιλόπουλος, Περικλής. 1990. 'Ξενοφών Ζολώτας. Εκμυστηρεύσεις εκ βαθέων!'. *Οικονομικός Ταχυδρόμος*, Ιούλιος 26.

————. 1998. 'Οι άγνωστες περιπέτειες της δραχμής το 1985 (και οι πιθανές μέχρι το ευρώ). Συνέντευξη του Δ. Χαλικιά'. *Οικονο-μικός Ταχυδρόμος*, Ιανουάριος 8.

Βεναρδής, Κωνσταντίνος Δ., και Γρ. Τέντες, επιμ. 1932. *Τα ελληνικά νομίσματα*. Αθήνα: Υπουργείο Οικονομικών - Γενική Διεύθυν-σις Δημοσίου Λογιστικού.

Βενέζης, Ηλίας. 1955. *Χρονικόν της Τραπέζης της Ελλάδος*. Αθήνα: Αυτοέκδοση.

Βενιζέλος, Ελευθέριος. Επιστολή παραλήπτης Αλέξανδρος Διομήδης. 1931a, Σεπτέμβριος 25. Φ343/56. ΜΜΑΕΒ. http://www.venizelosarchives.gr/rec.asp?id=63427.

————. Επιστολή παραλήπτης Αλέξανδρος Διομήδης. 1931b, Σεπτέμβριος 27. Φ343/58. ΜΜΑΕΒ. http://www.venizelosarchives.gr/rec.asp?id=63441.

————. Επιστολή παραλήπτης Υπουργείο Εξωτερικών. 1919, Αύγουστος 19. Φ66/14. ΜΜΑΕΒ. http://www.venizelosarchives.gr/rec.asp?id=16017.

————. Επιστολή παραλήπτης Winston Churchill. 1925, Ιανουάριος 21. Φ44/14. ΜΜΑΕΒ. http://www.venizelosarchives.gr/rec.asp?id=12876.

Βεργόπουλος, Κώστας. 1999. *Παγκοσμιοποίηση. Η μεγάλη χίμαιρα*. Αθήνα: Λιβάνης «Νέα Σύνορα».

Βερέμης, Θάνος, και Κώστας Κωστής. 1984. *Η Εθνική Τράπεζα στη Μικρά Ασία*. Αθήνα: ΜΙΕΤ.

Βέτας, Ε. Α., επιμ. 1841a. *Επιστολαί Ι. Α. Καποδίστρια, Κυβερνήτου της Ελλάδος*. Μετάφραση Μιχαήλ Γ. Σχινάς. Τ. 2. Αθήνα: Πέτρος Δ. Στεφανίτσης Λευκάδιος.

————. , επιμ. 1841b. *Επιστολαί Ι. Α. Καποδίστρια, Κυβερνήτου της Ελλάδος*. Μετάφραση Μιχαήλ Γ. Σχινάς. Τ. 1. Αθήνα: Πέτρος Δ. Στεφανίτσης Λευκάδιος.

————. , επιμ. 1842. *Επιστολαί Ι. Α. Καποδίστρια, Κυβερνήτου της Ελλάδος*. Μετάφραση Μιχαήλ Γ. Σχινάς. Τ. 3. Αθήνα: Πέτρος Δ. Στεφανίτσης Λευκάδιος.

————. , επιμ. 1843. *Επιστολαί Ι. Α. Καποδίστρια, Κυβερνήτου της Ελλάδος*. Μετάφραση Μιχαήλ Γ. Σχινάς. Τ. 4. Αθήνα: Πέτρος Δ. Στεφανίτσης Λευκάδιος.

Βιλιάρδος, Βασίλης. 2011. 'Η ΤΡΑΠΕΖΑ ΤΩΝ ΕΛΛΗΝΩΝ'. *Analyst.gr*. Μάιος 15. http://www.analyst.gr/2011/05/15/2199/view-all/.

Βλάχου, Ελένη. 2008. *Δημοσιογραφικά χρόνια*. Τ. 1. Αθήνα: Ελευθερουδάκης.

Βόγλης, Πολυμέρης. 2003. 'Στα χρόνια του εμφυλίου'. *Καθημερινή*, Νοέμβριος 16.

Βορίδης, Ηρακλής, Ελένη Αγγελοπούλου, και Ιφιγένεια Σκοτίδα. 2003. 'Η νομισματική πολιτική μέσα από τα κείμενα της Τράπεζας της Ελλάδος 1990-2000'. *Οικονομικό Δελτίο*, τχ. 20 (Ιανουάριος): 7–95.

Βουλή των Ελλήνων. 1922. 'Αγόρευση για την κατάθεση του προϋπολογισμού 1921-22 κατά την Συνεδρίαση ΟΕ', 23/3/1922'. Στο *Πρακτικά της Γ' εν Αθήναις Συντακτικής των Ελλήνων Συνελεύσεως (1920-1921-1922)*, 3:2045–46. Αθήνα: Βουλή των Ελλήνων.

————. 1986. *Μητρώο Πληρεξουσίων, Γερουσιαστών και Βουλευτών 1822-1935*. Αθήνα: Βουλή των Ελλήνων.

Βούρος, Γ. Κ. 1938. *Τα δέκα έτη της Τραπέζης της Ελλάδος 1928-1938*. Αθήνα: Αυτοέκδοση.

'Βυζάντιος'. Επιστολή παραλήπτης Γενική Γραμματεία της Επικρατείας. 1828, Μάιος 13. Αρχείο Γενικής Γραμματείας, φ. 67, λήψη 95. ΓΑΚ.

Βώρος, Φανούριος Κ. 2005. 'Για το διπλωματικό παρασκήνιο της Ένωσης της Επτανήσου με την Ελλάδα (1864) και της παράλ-ληλης επιλογής του Γεωργίου Α' ως βασιλιά για τον ελληνικό θρόνο.' *F. K. Voros*. http://www.voros.gr/ist/ar1004a.html.

ΓΕΕ. 1827. 'Ψήφισμα ιβ' εκ του κώδηκος των ψηφισμάτων'. *Γενική Εφημερίς της Ελλάδος*, Απρίλιος 9.

————. 1828a. 'Αρ. ΝΗ' του Κώδηκος των Νόμων'. *Γενική Εφημερίς της Ελλάδος*, Ιανουάριος 25.

————. 1828b. 'Ψήφισμα Α' του Κυβερνήτη της Ελλάδος'. *Γενική Εφημερίς της Ελλάδος*, Ιανουάριος 25.

————. 1828c. 'Ψήφισμα Ζ', Ελληνική Πολιτεία Αριθ. 105'. *Γενική Εφημερίς της Ελλάδος*, Φεβρουάριος 2.

————. 1828d. 'Διάταγμα 145'. *Γενική Εφημερίς της Ελλάδος*, Φεβρουάριος 8.

———. 1828e. 'Εγκύκλιος ιδιαιτέρα, 4/2/1828'. *Γενική Εφημερίς της Ελλάδος*, Φεβρουάριος 8.

———. 1828f. 'Ελληνική Πολιτεία Αριθ. 133, διάταγμα της 3/2/1828'. *Γενική Εφημερίς της Ελλάδος*, Φεβρουάριος 8.

———. 1828g. 'Διάταγμα της 7/2/1828'. *Γενική Εφημερίς της Ελλάδος*, Φεβρουάριος 11.

———. 1828h. 'Έγγραφο 215 Κυβερνήτου, 8/2/1828'. *Γενική Εφημερίς της Ελλάδος*, Φεβρουάριος 11.

———. 1828i. 'Ελληνική Πολιτεία, αρ. 207 της 8/2/1828'. *Γενική Εφημερίς της Ελλάδος*, Φεβρουάριος 11.

———. 1828j. 'Διάταγμα της 29/3/1828'. *Γενική Εφημερίς της Ελλάδος*, Μάρτιος 31.

———. 1828k. 'Αριθ. 3043, 12/6/1828'. *Γενική Εφημερίς της Ελλάδος*, Ιούνιος 12.

———. 1829a. 'Ψήφισμα ΚΔ΄, Ελληνική Πολιτεία Αριθ. 10.079'. *Γενική Εφημερίς της Ελλάδος (Παράρτημα)*, Μάρτιος 16.

———. 1829b. *Γενική Εφημερίς της Ελλάδος*, Μάιος 25.

———. 1829c. *Γενική Εφημερίς της Ελλάδος*, Ιούλιος 13.

———. 1829d. 'Ψήφισμα Γ΄ της 26/7/1829 (άρθρο 2) της Δ΄ Εθνοσυνελεύσεως'. *Γενική Εφημερίς της Ελλάδος*, Ιούλιος 31.

———. 1829e. 'Ελληνική Πολιτεία Αριθ. 13621'. *Γενική Εφημερίς της Ελλάδος*, Αύγουστος 28.

———. 1829f. 'Ελληνική Πολιτεία Αριθ. 9063'. *Γενική Εφημερίς της Ελλάδος*, Σεπτέμβριος 28.

———. 1829g. *Γενική Εφημερίς της Ελλάδος*, Οκτώβριος 14.

———. 1830a. 'Ελληνική Πολιτεία Αρ. 531, Ψήφισμα Β΄΄. *Γενική Εφημερίς της Ελλάδος*, Φεβρουάριος 5.

———. 1830b. 'Ελληνική Πολιτεία Αρ. 532, Ψήφισμα Γ΄΄. *Γενική Εφημερίς της Ελλάδος*, Φεβρουάριος 5.

———. 1830c. 'Ελληνική Πολιτεία Αρ. 308, 29/1/1830'. *Γενική Εφημερίς της Ελλάδος*, Φεβρουάριος 12.

———. 1830d. 'Ελληνική Πολιτεία Αρ. 591'. *Γενική Εφημερίς της Ελλάδος*, Φεβρουάριος 12.

———. 1830e. 'Ελληνική Πολιτεία Αρ. 604'. *Γενική Εφημερίς της Ελλάδος*, Φεβρουάριος 12.

———. 1830f. 'Πράξη 1266 της Ελληνικής Πολιτείας, κατόπιν διαταγής 719'. *Γενική Εφημερίς της Ελλάδος*, Μάρτιος 8.

———. 1830g. 'Ψήφισμα Αρ. 72 περί κιβδηλείας'. *Γενική Εφημερίς της Ελλάδος*, Μάρτιος 29.

———. 1830h. 'Ελληνική Πολιτεία, αρ. 1281, 2/5/1830'. *Γενική Εφημερίς της Ελλάδος*, Μάιος 17.

———. 1830i. 'Ελληνική Πολιτεία, Διάταγμα Αρ. 188, 5/10/1830'. *Γενική Εφημερίς της Ελλάδος*, Οκτώβριος 18.

———. 1831a. *Γενική Εφημερίς της Ελλάδος*, Μάρτιος 18.

———. 1831b. *Γενική Εφημερίς της Ελλάδος*, Μάρτιος 21.

———. 1831c. 'Οργανισμός των χαρτονομισμάτων, Ελληνική Πολιτεία Αριθ. 3944'. *Γενική Εφημερίς της Ελλάδος*, Ιούλιος 4.

———. 1831d. 'Ψήφισμα ΚΖ΄, Ελληνική Πολιτεία Αριθ. 3851'. *Γενική Εφημερίς της Ελλάδος*, Ιούλιος 4.

———. 1831e. 'Ελληνική Πολιτεία Αριθ. 15454'. *Γενική Εφημερίς της Ελλάδος*, Σεπτέμβριος 2.

———. 1831f. *Γενική Εφημερίς της Ελλάδος*, Σεπτέμβριος 2.

———. 1832a. 'Ψήφισμα Δ΄, της Ε΄ Εθνοσυνέλευσης του Ναυπλίου'. *Γενική Εφημερίς της Ελλάδος*, Ιανουάριος 23.

———. 1832b. 'Ψήφισμα Ζ΄, της Ε΄ Εθνοσυνέλευσης του Ναυπλίου, 27/1/1832'. *Γενική Εφημερίς της Ελλάδος*, Φεβρουάριος 3.

———. 1832c. 'Ελληνική Πολιτεία Αριθ. 16199'. *Γενική Εφημερίς της Ελλάδος*, Οκτώβριος 14.

Γεωργιάδης, Δημήτριος. 1895a. 'Αποκαλύψεις. - Επιστολή Γ΄΄. *Επιθεώρησις*, Ιανουάριος 23.

———. 1895b. 'Αποκαλύψεις. - Επιστολή Δ΄΄. *Επιθεώρησις*, Ιανουάριος 24.

———. 1895c. 'Αποκαλύψεις. - Επιστολή Ε΄΄. *Επιθεώρησις*, Ιανουάριος 25.

———. 1895d. 'Αποκαλύψεις. - Επιστολή Θ΄΄. *Επιθεώρησις*, Ιανουάριος 29.

———. 1895e. 'Αποκαλύψεις. - Επιστολή Θ΄΄. *Επιθεώρησις*, Ιανουάριος 30.

———. 1895f. 'Αποκαλύψεις. - Επιστολή ΙΓ΄΄. *Επιθεώρησις*, Φεβρουάριος 4.

———. 1895g. 'Αποκαλύψεις. - Επιστολή ΙΗ΄΄. *Επιθεώρησις*, Φεβρουάριος 11.

———. 1895h. 'Αποκαλύψεις. - Επιστολή ΚΕ΄΄. *Επιθεώρησις*, Φεβρουάριος 20.

Γεωργιόπουλος, Γεώργιος. 2002. 'Το νεοελληνικό νόμισμα από την ανεξαρτησία μέχρι σήμερα'. Στο *Η ιστορική διαδρομή της νομισματικής μονάδας στην Ελλάδα*, επιμέλεια Ελένη Γραμματικοπούλου, 117–64. Αθήνα: Εθνικό Ίδρυμα Ερευνών.

Γιάνναρου, Λίνα. 2010. 'Στροφή στην εναλλακτική οικονομία του «οβολού»'. *Καθημερινή*, Ιούνιος 8. http://www.kathimerini.gr/395519/article/epikairothta/ellada/strofh-sthn-enallaktikh-oikonomia-toy-ovoloy.

Γιαννάτος, Δημήτρης. 2008a. 'Μια «άλλη» σχέση με το παρελθόν οδηγεί στο μέλλον. Μια διαφορετική ματιά στην κληρονομιά του Επτανησιακού ριζοσπαστισμού'. *Άρδην*, τχ. 68: 61.

———. 2008b. 'Το αγωνιστικό πνεύμα στα Επτάνησα'. *Άρδην*, τχ. 68: 64–66.

Γκαργκάνας, Νικόλαος Χ. 1991. 'Σχόλιο στο: Η Ελλάδα και η ευρωπαϊκή νομισματική ενοποίηση'. Στο *Η Ελλαδα και η Ευρωπαϊκή Νομισματική Ένωση*, 47–51. Κείμενο Εργασίας 9. Αθήνα: Ελληνικό Κέντρο Ευρωπαϊκών Μελετών.

Γκαργκάνας, Νικόλαος Χ., και Γεώργιος Σ. Ταβλάς. 2002. 'Νομισματικά καθεστώτα και επιδόσεις ως προς τον πληθωρισμό: η περίπτωση της Ελλάδος'. Στο *Οικονομικές επιδόσεις και προοπτικές της Ελλάδος*, επιμέλεια Ralph C. Bryant και Νικόλαος Χ. Γκαργκάνας, 55–128. Αθήνα: Τράπεζα της Ελλάδος ; The Brookings Institution.

Γκόφας, Δ. Χ. 1992. 'Το εμπορικό δίκαιο της Αθηναϊκής Αγοράς κατά τον Δ΄ αι. π.Χ.' Στο *Συμβολές: στην έρευνα του αρχαίου ελληνικού και ελληνιστικού δικαίου*, επιμέλεια Σ. Αδάμ, 1:79–125. Αθήνα: Πάντειο Πανεπιστήμιο, Κέντρο Μελέτης Αρχαίου Ελληνικού και Ελληνιστικού Δικαίου.

Γουδή, Μαρίνα. 1953. *Η αναπροσαρμογή της τιμής του συναλλάγματος*. Αθήνα.

Γραμματεία Εκκλησιαστικών. Επιστολή παραλήπτης Γραμματεία Εσωτερικών. 1834. Έγγραφο 5037 (και απάντηση της 10/9/1834)', Αύγουστος 27. Αρχείο Γραμματείας / Υπουργείου Εκκλησιαστικών και Δημοσίου Εκπαιδεύσεως, σειρά 1, φάκελος 858. ΓΑΚ. http://arxeiomnimon.gak.gr/search/resource.html?tab=tab02&id=522979.

Γραμματεία της Επικρατείας. Επιστολή παραλήπτης Προετοιμαστική της Εθνικής Τραπέζης Επιτροπή. 1841, Ιούλιος 1. Α1Σ2Υ1Φ27Ε3. ΙΑΕΤΕ.

Γρηγοριάδης, Γρηγόρης. 2000. Το ΑΕΠ της χώρας (1980-1999). Δομή και εξέλιξη - Τάσεις και συμπεράσματα'. *Κομμουνιστική Επιθεώρηση*, τχ. 4. http://www.komep.gr/2000-teyxos-4/to-aep-ths-xoras-1980-1999-domh-kai-ekseliksh-taseis-kai-symperasmata.

Γώγος, Κωνσταντίνος. 2003. Το Ευρωπαϊκό Σύστημα Κεντρικών Τραπεζών ως φορέας «παράπλευρης» κοινοτικής εξουσίας. Ζητήματα δημοκρατικής νομιμοποίησης υπό την οπτική γωνία του ελληνικού Συντάγματος'. *Το Σύνταγμα*, τχ. 1: 49–78.

ΔΑΑΜ. 2015. Αρχή - Δίκτυο Ανταλλαγών και Αλληλεγγύης Μαγνησίας'. *Δίκτυο Ανταλλαγών και Αλληλεγγύης*. Ημερομηνία πρόσβασης Ιούνιος 21. https://www.tem-magnisia.gr/.

ΔΕΟΥ. 1997. Πρακτικό της Διαρκούς Επιτροπής Οικονομικών Υποθέσεων στο σχέδιο νόμου του Υπουργείου Εθνικής Οικονομίας «Ρυθμίσεις για την Τράπεζα της Ελλάδος», 17/10/1997'. Αθήνα: Βουλή των Ελλήνων.

Δερτιλής, Γιώργος Β. 1989. *Το ζήτημα των Τραπεζών (1871-1873)*. 2ος έκδ. Αθήνα: ΜΙΕΤ.

———. 2010a. *Ιστορία του ελληνικού κράτους*. Τ. 1. Αθήνα: Βιβλιοπωλείον της Εστίας.

———. 2010b. *Ιστορία του ελληνικού κράτους*. Τ. 2. Αθήνα: Βιβλιοπωλείον της Εστίας.

Δημακόπουλος, Γεώργιος Δ. 1978. Το εθνικόν νομισματοκοπείον της Ελλάδος'. *Πελοποννησιακά* 8: 1–96.

Διαμαντούρος, Νικηφόρος. 1998. Πολλαπλές οι επιπτώσεις'. *Οικονομικός Ταχυδρόμος*, Δεκέμβριος 17.

Διάφοροι. Επιστολή παραλήπτης Κυβερνήτης της Ελλάδος. 1829, Ιανουάριος 20. Αρχείο Γενικής Γραμματείας, φ. 183, λήψη 132-133. ΓΑΚ.

Δικαστικό Τμήμα ΕΤΕ. Επιστολή παραλήπτης Τμήμα Εγγραφών στο Κεφάλαιο της ΤτΕ. 1930, Απρίλιος 30. Α1Σ29Υ33Φ1. ΙΑΕΤΕ.

Δικαστικό Τμήμα ΤτΕ. 1930. Γνωμοδότηση', Απρίλιος 1. Α1Σ29Υ33Φ1. ΙΑΕΤΕ.

Διομήδης, Αλέξανδρος. Επιστολή παραλήπτης Ελευθέριος Βενιζέλος. 1931a, Σεπτέμβριος 26. Φ343/57. ΜΜΑΕΒ. www.venizelosarchives.gr/rec.asp?id=63435.

———. Επιστολή παραλήπτης Ελευθέριος Βενιζέλος. 1931b, Σεπτέμβριος 28. Φ343/59. ΜΜΑΕΒ. http://www.venizelosarchives.gr/rec.asp?id=63451.

———. Επιστολή παραλήπτης Ελευθέριος Βενιζέλος. 1931c, Σεπτέμβριος 28. Φ284/64. ΜΜΑΕΒ. http://www.venizelosarchives.gr/rec.asp?id=31454.

Δούκας, Πέτρος. 2007. ΙΑ΄ Περίοδος, Γ΄ Σύνοδος, Συνεδρίαση ΡΑ΄'. *ΠΣΒ*, Μάρτιος 19.

Δραγούμης, Στέφανος. 1901. *Οι ξένοι δανεισταί, η χώρα και το νόμισμα*. Αθήνα: Τυπ. Ανέστη Κωνσταντινίδη.

Δρεττάκης, Μανώλης Γ. 1997. Ευρώ: Νομισματικός γίγαντας με πήλινα πόδια'. *Κυριακάτικη Αυγή*, Μάιος 25.

———. 1998a. Πρόκληση διαρκείας το ευρώ για την Ελλάδα'. *Κυριακάτικη Αυγή*, Μάιος 10.

———. 1998b. Δημοψήφισμα για την Ο.Ν.Ε. και τη Συνθήκη του Άμστερνταμ'. *Κυριακάτικη Αυγή*, Αύγουστος 30.

———. 1999a. Τι ευρώ δεν είναι πανάκεια'. *Ελευθεροτυπία*, Ιανουάριος 8.

———. 1999b. *Από το Μάαστριχτ στο Άμστερνταμ και στο ευρώ*. Αθήνα: Αυτοέκδοση.

Δροσόπουλος, Ιωάννης. Επιστολή παραλήπτης Μιλτιάδης Νεγροπόντης. 1919a, Οκτώβριος 15. Φ66/24. ΜΜΑΕΒ. http://www.venizelosarchives.gr/rec.asp?id=16095.

———. Επιστολή παραλήπτης Μιλτιάδης Νεγροπόντης και Εμμανουήλ Ρέπουλης. 1919b, Οκτώβριος 17. Φ66/25. ΜΜΑΕΒ. http://www.venizelosarchives.gr/rec.asp?id=16123.

Δρουσιώτης, Μακάριος. 2006. Πενήντα χρόνια φαγούρας'. *Ελευθεροτυπία*, Ιούλιος 11.

Έγγραφαί εις το Κεφάλαιο της Τραπέζης της Ελλάδος'. Επιστολή παραλήπτης ΕΤΕ - Υπηρεσία Περιουσίας Τραπέζης. 1930, Αύγουστος 25. Α1Σ29Υ33Φ1. ΙΑΕΤΕ.

Εθνικόν Πνεύμα. 1884. Μηνιαία Συνοπτική Κατάστασις κατά την 31/10(12/11)/1884', Νοέμβριος 26.

Εθνοφύλαξ. 1870. Απολογισμός Ionian 31/12/1869', Ιανουάριος 19.

ΕΚΤ. 1997a. 'ECB Press Release: 'EUR' - the new currency code for the euro'. Απρίλιος 25. http://www.ecb.europa.eu/press/pr/date/1997/html/pr970425.en.html.

———. 1997b. 'ECB Press Release: Further development of the euro banknote designs'. Ιούλιος 10. http://www.ecb.europa.eu/press/pr/date/1997/html/pr970710.en.html.

———. 1997c. 'ECB Press Release: Selection and further development of the euro banknotes designs'. Ιούλιος 10. http://www.ecb.europa.eu/press/pr/date/1997/html/pr970710_2.en.html.

———. 1997d. 'ECB Press Release: Currency symbol for the euro'. Ιούλιος 15. http://www.ecb.europa.eu/press/pr/date/1997/html/pr970715.en.html.

———. 2000a. 'Opinion on amendments to the Statute of the Bank of Greece and other issues relating to the adoption of the euro by Greece'. CON/00/07, 17/4/2000. Frankfurt am Main: Ευρωπαϊκή Κεντρική Τράπεζα. http://www.ecb.int/ecb/legal/pdf/EN_CON_00_07.pdf.

———. 2000b. 'Convergence Report 2000'. 3/5/2000. Frankfurt: Ευρωπαϊκή Κεντρική Τράπεζα. http://www.ecb.int/pub/pdf/conrep/cr2000en.pdf.

———. 2002. 'Προεδρία της Ευρωπαϊκής Κεντρικής Τράπεζας, ΕΚΤ, Δελτίο Τύπου'. Φεβρουάριος 7. http://www.ecb.europa.eu/press/pr/date/2002/html/pr020207.el.html.

———. 2004. 'Δελτίο τύπου ΕΚΤ: Το Διοικητικό Συμβούλιο της ΕΚΤ αποφασίζει να μην εισαγάγει τραπεζογραμμάτια ευρώ πολύ μικρής ονομαστικής αξίας'. Νοέμβριος 18. http://www.ecb.europa.eu/press/pr/date/2004/html/pr041118.el.html.

———. 2007. *Ο δρόμος προς το ευρώ – το δικό μας νόμισμα. Μια σύντομη ιστορία των τραπεζογραμματίων και των κερμάτων του ευρώ*. Frankfurt am Main: Ευρωπαϊκή Κεντρική Τράπεζα. http://www.ecb.int/pub/pdf/other/euro_became_our_moneyel.pdf.

———. 2015a. 'Κέρματα'. Ευρωπαϊκή Κεντρική Τράπεζα. Ημερομηνία πρόσβασης Μάιος 15. http://www.ecb.europa.eu/euro/coins/html/index.el.html.

———. 2015b. 'Banknotes and coins production'. *Ευρωπαϊκή Κεντρική Τράπεζα*. Ημερομηνία πρόσβασης Μάιος 15. http://www.ecb.int/stats/euro/production/html/index.en.html.

Ελεύθερον Βήμα. 1927, Αύγουστος 22.

———. 1931, Σεπτέμβριος 22.

———. 1932a, Απρίλιος 24.

———. 1932b. 'Ο εμπορικός κόσμος εναντίον πάσης αυξήσεως της μεταλλικής δραχμής – η διαφορά εμπορίου και εθνικής βιομηχανίας', Μάιος 19.

———. 1932c, Μάιος 20.

Ελληνική Κυβέρνηση. 1982. 'Greek Memorandum. Position of the Greek Government on Greece 's Relations with the European Communities (22/3/1982)'. *Bulletin of the European Communities*, τχ. 3: 90–93.

Ελληνικό Μέτωπο. 1999. 'Η θέση του ΕΛΛΗΝΙΚΟΥ ΜΕΤΩΠΟΥ για το Ευρώ'. *Ελληνικές Γραμμές*. Απρίλιος 12. http://www.e-grammes.gr/article.php?id=1440.

ΕΛΣΤΑΤ. 2015. 'Δείκτης Τιμών Καταναλωτή (ΔΤΚ) - Εθνικός Δείκτης - Χρονοσειρές'. http://www.statistics.gr/portal/page/portal/ESYE/PAGE-themes?p_param=A0515&r_param=DKT87&y_param=TS&mytabs=0.

Έμκε-Πουλοπούλου, Ήρα. 2007. *Η μεταναστευτική πρόκληση*. Αθήνα: ΕΔΗΜ-Παπαζήση.

Εμπρός. 1922a. 'Όχι εις αυτήν την κυβέρνησιν', Μάρτιος 22.

———. 1922b. 'Και λαχειοφόρον το δάνειον – Δύο τροπολογίαι του Υπουργού', Μάρτιος 23.

———. 1922c. 'Μετά την βόμβαν της Κυβερνήσεως η συγκίνησις και η κατάπληξις του κόσμου', Μάρτιος 23.

———. 1922d. 'Η Εθνική Τράπεζα και οι καταθέται της', Μάιος 18.

———. 1922e. 'Η Λαϊκή Τράπεζα και τα στέμματα', Μάιος 18.

ΕΝΙ. 1995. *Η μετάβαση στο ενιαίο νόμισμα*. Frankfurt am Mein: Ευρωπαϊκό Νομισματικό Ίδρυμα.

———. 1998. 'Έκθεση για τη σύγκλιση – Έκθεση σύμφωνα με το άρθρο 109Ι της Συνθήκης ιδρύσεως της Ευρωπαϊκής Κοινότητας'. Frankfurt am Main: Ευρωπαϊκό Νομισματικό Ίδρυμα. http://www.ecb.int/pub/pdf/conrep/cr1998el.pdf.

Επί της ΕΧΤ Επιτροπή. Επιστολή παραλήπτης Κυβερνήτης της Ελλάδος. 1829, Ιανουάριος 12. Αρχείο Γενικής Γραμματείας, φ. 181, λήψη 726. ΓΑΚ.

Επί της Οικονομίας Επιτροπή. Επιστολή παραλήπτης Κυβερνήτης της Ελλάδος. 1829a. 'Έγγραφο 4681', Μάρτιος 14. Αρχείο Γενικής Γραμματείας, φ. 191, λήψη 67. ΓΑΚ.

———. Επιστολή παραλήπτης Κυβερνήτης της Ελλάδος. 1829b. 'Έγγραφο 4978', Μάρτιος 26. Αρχείο Γενικής Γραμματείας, φ. 193, λήψεις 281-282. ΓΑΚ.

Εστία. 1922. 'Το δάνειον', Μάρτιος 22.

ΕΣΥΕ. 1931. 'Στατιστική Επετηρίς της Ελλάδος 1930'. Αθήνα: Εθνική Στατιστική Υπηρεσία της Ελλάδος.

———. 1934. 'Στατιστική Επετηρίς της Ελλάδος 1933'. Αθήνα: Εθνική Στατιστική Υπηρεσία της Ελλάδος.

———. 1940. 'Στατιστική Επετηρίς της Ελλάδος 1939'. Αθήνα: Εθνική Στατιστική Υπηρεσία της Ελλάδος.

———. 1955. 'Συνοπτική Στατιστική Επετηρίς της Ελλάδος 1954'. Αθήνα: Εθνική Στατιστική Υπηρεσία της Ελλάδος.

———. 1958. *Αποτελέσματα της απογραφής πληθυσμού της 7ης Απριλίου 1951*. Τ. 3. Αθήνα: Εθνική Στατιστική Υπηρεσία της Ελλάδος. http://dlib.statistics.gr/Book/GRESYE_02_0101_00030.pdf.

———. 1977. *Αποτελέσματα απογραφής πληθυσμού - κατοικιών της 14ης Μαρτίου 1971*. Τ. 3. Αθήνα: Εθνική Στατιστική Υπηρεσία της Ελλάδος. http://dlib.statistics.gr/Book/GRESYE_02_0101_00055.pdf.

———. 1981. 'Στατιστική Επετηρίς της Ελλάδος 1980'. Αθήνα: Εθνική Στατιστική Υπηρεσία της Ελλάδος.

———. 1997. 'Τριμηνιαίοι Εθνικοί Λογαριασμοί της Ελληνικής Οικονομίας 1970-1995'. Αθήνα: Εθνική Στατιστική Υπηρεσία της Ελλάδος. http://economics.soc.uoc.gr/personal/tserkezos/?cat=9.

ΕΤΕ. 1929. 'Καθολικά μετοχών, αρ. 1-9 (α/α 2001-8748)'. Α1Σ22Υ6Β1-9. ΙΑΕΤΕ.

———. 1930a. 'Σχέδιο ανακοίνωσης'. Α1Σ29Υ33Φ1. ΙΑΕΤΕ.

———. 1930b. 'Ονομαστικός κατάλογος μετόχων καθυστερούντων από μία έως τέσσερις δόσεις', Ιούλιος 25. Α1Σ29Υ33Φ1. ΙΑΕΤΕ.

———. 2015. 'Απολογισμοί - Ισολογισμοί - Ετήσια δελτία εταιρικής χρήσης (1842-2005)'. Α1Σ4. ΙΑΕΤΕ.

Ευγενίδης, Ευστάθιος. Επιστολή παραλήπτης ΕΤΕ. 1900, Μάρτιος 5. Α1Σ22Υ11Φ31. ΙΑΕΤΕ.

Ευρωπαϊκή Επιτροπή. 2012. 'Sweden and the euro'. Αύγουστος. http://ec.europa.eu/economy_finance/euro/countries/sweden_en.htm.

Ευσταθιάδης, Στ. 1996. 'Φουντώνει η διαμάχη για το ευρό'. *Το Βήμα*, Σεπτέμβριος 22.

Ευταξίας, Ιωάννης. 1914. *Το κράτος και η Εθνική Τράπεζα*. Αθήνα: Π. Δ. Σακελλαρίου.

Εφημερίς των Συζητήσεων. 1873a, Ιούνιος 9.

———. 1873b, Ιούνιος 15, τμ. Βουλή.

———. 1873c, Ιούνιος 19, τμ. Βουλή.

———. 1873d, Ιούνιος 23.

Ζαράγκας, Λεωνίδας. 1995. 'Χρήμα, Ισοζύγιο Πληρωμών και Συναλλαγματικές Ισοτιμίες: η Ελληνική Εμπειρία'. Διδακτορική διατριβή, Αθήνα: Εθνικό και Καποδιστριακό Πανεπιστήμιο Αθηνών.

Ζήκου, Ζέζα. 1996. 'Το ελβετικό και το γαλλικό φράγκο, «θύματα» της ΟΝΕ'. *Καθημερινή*, Ιανουάριος 27.

———. 1998. 'Κλίμα ευρω-αισιοδοξίας'. *Καθημερινή*, Μάιος 2.

Ζολώτας, Ξενοφών. 1945. *Η πολιτική της Τραπέζης της Ελλάδος από 19 Οκτωβρίου 1944 μέχρι 8 ιανουαρίου 1945*. Αθήνα: Παπαζήση.

Ζωγράφος, Γιάννης Θ. 1991. 'ΠΑΣΟΚ και «Συνασπισμός» προσφέρονται να βοηθήσουν για την Σύγκλιση'. *Οικονομικός Ταχυδρόμος*, Απρίλιος 18.

———. 1993. 'Το πακέτο Ντελόρ ΙΙ στη Βουλή'. *Οικονομικός Ταχυδρόμος*, Φεβρουάριος 18.

———. 1996. 'Η επιστολή Σημίτη και η στάση των «14»'. *Οικονομικός Ταχυδρόμος*, Δεκέμβριος 12.

Ζωγράφος, Δημήτριος Λ. 1925. *Ιστορία ιδρύσεως της Εθνικής Τραπέζης (1833-1843)*. Τ. 1. Αθήνα: Σφενδόνη.

———. 1927. *Ιστορία ιδρύσεως της Εθνικής Τραπέζης (1833-1843)*. Τ. 2. Αθήνα: Σφενδόνη.

Ηλιαδάκης, Αναστάσιος Μ. 1997. *Οι επανορθώσεις και το γερμανικό κατοχικό δάνειο*. Αθήνα: Δετοράκη.

———. 2003. 'Εξωτερικός δανεισμός και δανειακή κοινωνικοποίηση στην Ελλάδα, 1824-1940'. Διδακτορική διατριβή, Αθήνα: Πάντειο Πανεπιστήμιο Κοινωνικών και Πολιτικών Επιστημών, Τμ. Κοινωνιολογίας.

———. 2011. *Ο εξωτερικός δανεισμός στη γένεση και εξέλιξη του Νέον Ελληνικού Κράτους 1824-2009*. Αθήνα: Μπατσιούλας.

Ηλιοπούλου-Στράγγα, Τζούλια. 2000. 'Οι σχέσεις της ελληνικής με την ευρωπαϊκή έννομη τάξη. Παρέμβαση στην Επιστημονική Διημερίδα της Ενωσης Ελλήνων Συνταγματολόγων για την ΑΝΑΘΕΩΡΗΣΗ ΤΟΥ ΣΥΝΤΑΓΜΑΤΟΣ (3-4 Νοεμβρίου 2000)'. *Το Σύνταγμα*, τχ. 6: 1093–1146.

'Η πολιτική διαδρομή'. 2015. *Γεράσιμος Δ. Αρσένης*. Ημερομηνία πρόσβασης Ιούνιος 19. http://www.garsenis.gr/content/02/02a.htm.

Θεοδωράκης, Σταύρος. 2001. 'Συνέντευξη με τον Κώστα Σημίτη, 5/6/2001'. *Πρωταγωνιστές*. Μέγαρο Μαξίμου: ΝΕΤ. http://www.minpress.gr/minpress/scriptpage.html?id=2565091.

Θεοδωράκης, Σταύρος, και Γιάννης Παντελάκης. 1996. 'Στον δρόμο προς την κάλπη'. *ΚΛΙΚ*, Οκτώβριος.

Θωμαδάκης, Σταύρος. 1981. *Πίστη και εκχρηματισμός της οικονομίας*. Αθήνα: ΜΙΕΤ.

Ι. 1996. 'Η «Ευρωπαϊκή Πρόκληση» της Κυβέρνησης Σημίτη/Πάγκαλου'. *Οικονομικός Ταχυδρόμος*, Ιανουάριος 25.

ΙΑΕΤΕ. 1923. *Επιστολαί Ι. Γ. Εϋνάρδου προς Γεώργ. Σταύρον 1841-1843*. Αθήνα: ΙΑΕΤΕ.

Ιορδάνογλου, Χρυσάφης. 2012. 'Το «μέγεθος» του μετεμφυλιακού ελληνικού κράτους (23/1/2012)'. Στο *Ανοιχτό Σεμινάριο Οικονομικής Ιστορίας*. Ιστορικό Αρχείο του Πανεπιστημίου Αθηνών. http://www.e-history.eu/images/uploads/Paper %20-%202012_01_23.pdf.

Ιός. 1996. 'Ανθρώπινα δικαιώματα χωρίς σύνορα'. *Ελευθεροτυπία*, Δεκέμβριος 1. http://www.iospress.gr/ios1996/ios19961201a.htm.

Ιωακειμίδης, Παναγιώτης Κ. 1988. 'Μπορεί η Αριστερά να αναπτύξει μια εναλλακτική πολιτική για την Ευρώπη'; *Οικονομικός Ταχυδρόμος*, Οκτώβριος 20.

———. 1989. 'Η «απειλή» μιας Κοινότητας «πολλαπλών στρωμάτων» και η Ελλάδα'. *Οικονομικός Ταχυδρόμος*, Σεπτέμβριος 7.

———. 1990. 'Ποια «αρχιτεκτονική» για την Ευρώπη; Δέκα θέσεις για μια ελληνική απάντηση στην προβληματική για το μέλλον της Ευρώπης'. *Οικονομικός Ταχυδρόμος*, Φεβρουάριος 8.

———. 1998a. 'Τι σημαίνει η απόφαση για την υποτίμηση'. *Οικονομικός Ταχυδρόμος*, Μάρτιος 19.

———. 1998b. 'Προβλήματα στην πορεία προς το ευρό'. *Οικονομικός Ταχυδρόμος*, Μάιος 7.

Καερέτι. 2015. 'Καερέτι Τοπικό Δίκτυο Ανταλλαγών Λασιθίου'. Ημερομηνία πρόσβασης Ιούνιος 21. http://www.kaereti.gr/.

Καζάκος, Πάνος. 1990. 'Πώς η πορεία προς την Οικονομική και Νομισματική Ένωση πιέζει για προσαρμογές την ελληνική πολιτική'. *Οικονομικός Ταχυδρόμος*, Δεκέμβριος 6.

Καθημερινή. 1927, Οκτώβριος 30.

———. 1996a. 'Απόκλιση από το Μάαστριχτ', Ιανουάριος 27.

———. 1996b. 'Ενιαίο νόμισμα με ένταξη στο ERM', Μάρτιος 16.

———. 1997. 'ΟΝΕ: Αμφισβήτηση του «Κλαμπ Μεντ»', Οκτώβριος 4.

———. 1998a. 'Η Ε.Ε. Κρίνει δραχμή-οικονομία', Μάρτιος 8.

———. 1998b. 'Η πρώτη έκδοση ελληνικού ομολόγου σε ευρώ', Μάρτιος 12.

———. 1998c. '«Εκούσια» υποτίμηση μεταξύ 10 και 15%', Μάρτιος 14.

———. 2000a. 'Σήμα εκκίνησης για τα ξένα κεφάλαια', Ιανουάριος 9.

———. 2000b. 'Τα κέρδη από την ανατίμηση της δραχμής σε επιτόκια ομόλογα και μετοχές', Ιανουάριος 9.

———. 2002. 'Ερώτηση Παπαθανασίου για τα ανταλλάξιμα ομόλογα της ΔΕΚΑ', Νοέμβριος 14. http://www.kathimerini.gr/134640/article/oikonomia/ellhnikh-oikonomia/erwthsh-papa8anasioy-gia-ta-antalla3ima-omo loga-ths-deka.

———. 2006a. 'Το ιστορικό της απελευθέρωσης του ελληνικού τραπεζικού συστήματος', Φεβρουάριος 21.

———. 2006b. 'Η ιστορία των ρυθμίσεων και μεταρρυθμίσεων του ελληνικού τραπεζικού συστήματος', Φεβρουάριος 24.

———. 2009. 'Οι σκληροί όροι των ευρωπαϊκών δανείων', Φεβρουάριος 22. http://www.kathimerini.gr/350388/article/oikonomia/ellhnikh-oikonomia/oi-sklhroi-oroi-twn-eyrwpaikwn-daneiwn.

———. 2012. 'Επιτροπή για 57 σάκους με κατοχικά γερμανικά μάρκα', Απρίλιος 10. http://news.kathimerini.gr/4dcgi/_w_articles_economy_1_10/04/2012_478583.

Κακλαμάνης, Νικήτας. 1998. 'Υποτίμηση της δραχμής. Γραπτή ερώτηση αρ. 1030/98 (6/4/1998) προς την Επιτροπή'. *Official Journal C 402*, Δεκέμβριος 22.

Κακουλίδης, Γιώργος. 2001. 'Το χρονικό της προδιαγεγραμμένης λεηλασίας'. *Ριζοσπάστης*, Φεβρουάριος 4, τμ. Οικονομία.

Κακουλίδου, Ειρήνη. 2000a. 'Με 340,75 δραχμές ανά ευρώ η είσοδος της Ελλάδας στην ΟΝΕ'. *Το Βήμα*, Ιανουάριος 27.

———. 2000b. 'Η Ελλάδα στη ζώνη του ευρώ: τι θα αλλάξει (και πώς) στη ζωή μας'. *Το Βήμα*, Ιούνιος 20.

Καλλέργης, Κωνσταντίνος. 2002. 'Τι ανακοίνωσε η Eurostat για τις τιτλοποιήσεις στην Ευρώπη'. *Καθημερινή*, Ιούλιος 4. http://www.kathimerini.gr/123236/article/oikonomia/ellhnikh-oikonomia/ti-anakoinwse-h-eurostat-gia-tis-titlopoihseis-st hn-eyrwph.

Κανιάρης, Θανάσης. 1995. 'Νέες ρωγμές στο διεθνές νομισματικό σύστημα'. *Ριζοσπάστης*, Μάρτιος 12, τμ. Οικονομία.

———. 1999. 'Η υποτίμηση της δραχμής και η αναβάθμιση της λιτότητας'. *Ριζοσπάστης*, Ιανουάριος 10, τμ. Οικονομία.

Καραβίτης, Νικόλαος Η. 2008. *Δημόσιο χρέος & έλλειμμα*. Αθήνα: Διόνικος.

Καραμπελιάς, Γιώργος. 2009. *Νεο-οθωμανισμός*. Αθήνα: Εναλλακτικές Εκδόσεις.

———. 2011. *1204*. Αθήνα: Εναλλακτικές Εκδόσεις.

Καρανασοπούλου, Ειρήνη Δ. 2000. 'Μπροστά, με ή χωρίς συναίνεση'. *Τα Νέα*, Ιούνιος 21.

Καρατζάς, Θεόδωρος. 1987. "Έκθεση Επιτροπής για την αναμόρφωση και τον εκσυγχρονισμό του τραπεζικού συστήματος ('Έκθεση Θ. Καρατζά)'. 5. Επίκαιρα θέματα. Ένωση Ελληνικών Τραπεζών.

Καρβούνης, Σταύρος. 2011. 'Από τη δραχμή στο ευρώ: Το όνειρο που έγινε εφιάλτης.' *Το Βήμα*, Μάιος 23. http://www.tovima.gr/opinions/article/?aid=402210.

Κατσέλη, Λούκα Τ. 1991. 'Στρατηγικές επιλογές εν όψει της ΟΝΕ'. Στο *Η Ελλάδα και η Ευρωπαϊκή Νομισματική Ένωση*, 22–26. Κείμενο Εργασίας 9. Αθήνα: Ελληνικό Κέντρο Ευρωπαϊκών Μελετών.

Κατσέλη, Λούκα Τ., και Χαρά Μ. Μαγουλά. 2002. *Μακροοικονομική Ανάλυση και Ελληνική Οικονομία*. Αθήνα: Τυπωθήτω.

Κατσελίδης, Γιώργος. 1902. *Το Νόμισμα*. Αθήνα: Τυπογραφείον «Εστία».

———. 1903a. 'Η οικονομική κρίσις εν Ελλάδι - Άρθρον πρώτον'. *Οικονομική Ελλάς*, Οκτώβριος 29.

———. 1903b. 'Η οικονομική κρίσις εν Ελλάδι - Άρθρον δεύτερον'. *Οικονομική Ελλάς*, Νοέμβριος 5.

———. 1903c. 'Η οικονομική κρίσις εν Ελλάδι - Άρθρον τρίτον'. *Οικονομική Ελλάς*, Νοέμβριος 12.

———. 1903d. 'Η οικονομική κρίσις εν Ελλάδι - Άρθρον τέταρτον'. *Οικονομική Ελλάς*, Νοέμβριος 19.

———. 1903e. 'Η οικονομική κρίσις εν Ελλάδι - Άρθρον πέμπτον'. *Οικονομική Ελλάς*, Νοέμβριος 26.

———. 1903f. 'Η οικονομική κρίσις εν Ελλάδι - Άρθρον έκτον'. *Οικονομική Ελλάς*, Δεκέμβριος 3.

———. 1903g. 'Η οικονομική κρίσις εν Ελλάδι - Άρθρον έβδομον'. *Οικονομική Ελλάς*, Δεκέμβριος 10.

———. 1903h. 'Η οικονομική κρίσις εν Ελλάδι - Άρθρον όγδοον'. *Οικονομική Ελλάς*, Δεκέμβριος 17.

———. 1903i. 'Η οικονομική κρίσις εν Ελλάδι - Άρθρον ένατον'. *Οικονομική Ελλάς*, Δεκέμβριος 24.

Κατσιμάρδος, Τάκης. 2010. 'Παρών και ο Ανδρέας στο Μπρέτον Γουντς'. *Το Έθνος*, Νοέμβριος 30. http://www.ethnos.gr/article.asp?catid=22733&subid=2&pubid=2018824.

Κ., Γ. 1922. 'Η χθεσινή βόμβα εις την Συνέλευσιν'. *Εμπρός*, Μάρτιος 22.

Κεράνης, Νίκος Α. 2003. 'Και εγένετο Χρήμα!'. *Το Βήμα της Κυριακής*, Ιούλιος 6.

Κεφάλας, Αντώνης. 1992. 'Δεν πέθανε ακόμα ο οικονομικός εθνικισμός'. *Οικονομικός Ταχυδρόμος*, Οκτώβριος 1.

———. 1997. 'Το ευρώ είναι εδώ, αλλά η Ελλάς το «ψάχνει»'. *Οικονομικός Ταχυδρόμος*, Ιούλιος 10.

———. 1998. 'Τι πρέπει να ξέρετε για τη νέα υποτίμηση'. *Οικονομικός Ταχυδρόμος*, Μάρτιος 19.

———. 1999. 'Εγκλωβισμένος στη Σοφοκλέους'. *Οικονομικός Ταχυδρόμος*, Φεβρουάριος 11.

Κεχαγιάς, Ευθύμιος Ι. 1875. *Το νέον νομισματικόν σύστημα*. Αθήνα: Τυπ. Θ. Παπαλεξανδρή.

———. 1927. *α') Η περί των τραπεζών ομιλία εν τη Βουλή, 6 & 7 Ιουνίου 1873. β') Το νέον νομισματικόν σύστημα*. Αθήνα: Τυπ. Σ. Κ. Βλαστού.

Κιτσίκης, Δημήτρης. 1981. *Ιστορία του ελληνοτουρκικού χώρου (1928-1973)*. Αθήνα: Βιβλιοπωλείον της Εστίας.

Κιτσίκης, Νίκος. 1962. 'Η θύελλα της κοινής αγοράς'. Στο . Αθήνα: Οικονομία-Πολιτική.

———. 1963. 'Επιστήμη και Πολιτική - Ομιλία της 28 Οκτωβρίου 1963'. Στο . Θέατρο «Διάνα».

ΚΚΕ. 1981. *Το ΚΚΕ - Επίσημα κείμενα*. Τ. 5. Αθήνα: Σύγχρονη Εποχή.

———. 1987. *Το ΚΚΕ - Επίσημα κείμενα*. Τ. 6. Αθήνα: Σύγχρονη Εποχή.

ΚΚΕ Εσωτερικού. 1974. 'Οι στόχοι του έθνους στη μεταβατική φάση προς την θεμελίωση της Δημοκρατίας. Απόφαση – Διακήρυξη της Κ.Ε. του Κ.Κ.Ε. (ΕΣ.). Μια Δημοκρατική πορεία για μια νέα Δημοκρατική πολιτική'. Αθήνα: ΚΚΕ Εσωτερικού.

Κλαυδιανός, Παύλος. 1985. 'Βαρύ πακέτο μέτρων με σημαντικές επιπτώσεις στην οικονομία'. *Οικονομικός Ταχυδρόμος*, Οκτώβριος 17.

———. 1992. 'Χωρίς δραματικές αλλαγές στη συναλλαγματική πολιτική'. *Οικονομικός Ταχυδρόμος*, Σεπτέμβριος 24.

———. 1998. 'Θα κάνουμε νοικοκύρεμα – Δεν θα κάνουμε τυφλές περικοπές (συνέντευξη του Νίκου Χριστοδουλάκη)'. *Οικονομικός Ταχυδρόμος*, Μάιος 7.

KMB. 1872. 'Das Neue Griechenland'. *Im Neuen Reich* 2 (1): 628–31.

Κοκκινάκης, Ιωάννης. 1999. *Νόμισμα και πολιτική στην Ελλάδα – 1830-1910*. Αθήνα: Ένωση Ελληνικών Τραπεζών – Εκδόσεις Αλεξάνδρεια.

Κοκκώνη, Ναταλία. 1990. 'Πώς θα μπορούσαν να διαμορφωθούν οι ελληνικές θέσεις μπροστά στις Ευρωπαϊκές εξελίξεις για νομισματική ενοποίηση'. *Οικονομικός Ταχυδρόμος*, Μάρτιος 8.

Κολλίντζας, Τρύφων. 1998. 'Μεγαλύτερη η οικονομική ανάπτυξη'. *Οικονομικός Ταχυδρόμος*, Δεκέμβριος 17.

Κόλμερ, Κώστας. 2000. *ΕΥΡΩ – Η Γιγάντωσι της ανεργίας, Κάκτος, Αθήνα 2000*. Αθήνα: Κάκτος.

———. 2005. *Η μεγαλειώδης απάτη του Ευρώ*. Αθήνα: Λιβάνης.

Κολοκοτρώνης, Θεόδωρος. 1846. *Διήγησις συμβάντων της ελληνικής φυλής από 1770 έως τα 1836. Υπαγόρευσε Θεόδωρος Κωνσταντίνου Κολοκοτρώνης*. Αθήνα: Τύποις Χ. Νικολαΐδου Φιλαδελφέως.

Κονάχου, Αλεξία. 1998. 'Η Σοφοκλέους στον 7ο ουρανό'. *Οικονομικός Ταχυδρόμος*, Μάρτιος 26.

Κοντονίκα, Κλεοπάτρα. 2000. '«Εξομοίωση ομολόγων αλλά και νέα κεφάλαια στην αγορά...' *Καθημερινή*, Ιανουάριος 9.

Κοντόσταυλος, Αλέξανδρος. 1855. *Τὰ περὶ τῶν ἐν Ἀμερικῇ ναυπηγηθεισῶν φρεγατῶν καὶ τοῦ ἐν Αἰγίνῃ νομισματοκοπείου*. Αθήνα: Αυτοέκδοση.

Κοντώσης, Δημήτρης. 2001. *Η εποχή του Υδροχόου*. ΕΡΤ. http://www.ert-archives.gr/V3/public/main/page-assetview.aspx?tid=65344&autostart=0.

Κορλίρας, Παναγιώτης Γ. 1995. 'Από τους κανόνες στα νομισματικά μέσα'. *Οικονομικός Ταχυδρόμος*, Ιούνιος 22.

———. 1997. 'Η θέα από τον 35ο παράλληλο'. *Οικονομικός Ταχυδρόμος*, Δεκέμβριος 25.

———. 1998. 'Η συμμετοχή στην ΟΝΕ αποτελεί εθνικό στόχο'. *Οικονομικός Ταχυδρόμος*, Μάρτιος 26.

Κορφιάτης, Χρήστος. 1995. 'Οι βιομήχανοι λένε ναι στο «Ευρώ»'. *Το Βήμα*, Δεκέμβριος 17.

———. 1999. 'Οικογένεια Αγγελόπουλου'. *Το Βήμα*, Ιανουάριος 10. http://www.tovima.gr/opinions/article/?aid=106877.

Κοτσανίδης, Ανδρέας Π. 2009. 'Συγκριτική μελέτη της ανταγωνιστικότητας του ελληνικού και του τουρκικού τουρισμού: 1953-2007'. Διδακτορική διατριβή, Πάτρα: Πανεπιστήμιο Πατρών.

Κουγέας, Νικόλας Δ. 1992. *Η τιμή του συναλλάγματος και η νομισματική πολιτική στην Ελλάδα (1843-1879)*. Αθήνα: ΜΙΕΤ.

Κουσουρελάκης, Νικ., επιμ. 1902. *Κώδικες Κρητικής Πολιτείας*. Τ. 2. Χανιά: Ε. Δ. Φραντζεσκάκης.

Κοφινάς, Γεώργιος Ν. 1925. *Το νομισματικόν πρόβλημα της Ελλάδος*. Αθήνα: Π. Γ. Μακρής & Σία.

ΚτΕ. 1922. *Brussels financial conference 1920 - The recommendations and their application. A Review after Two Years*. Τ. 1. League of Nations - Economic and Finance Section.

Κύκλος. 2014. 'kyklos-kos.gr - Αρχική'. Ημερομηνία πρόσβασης Ιανουάριος 9. http://kyklos-kos.gr/.

Κύρκος, Λεωνίδας. 2009. 'Οι στόχοι του Έθνους στη μεταβατική φάση προς την θεμελίωση της Δημοκρατίας. Εισήγηση προς την Κ.Ε. του ΚΚΕ (εσωτερικού), 3/9/1974.' Στο *Στιγμές ΙΙΙ*, επιμέλεια Λεωνίδας Κύρκος, 38–67. Αθήνα: Εστία.

Κύρκος, Χαράλαμπος. 2005. 'Αλφρέδος: ένας Βρετανός παρ᾽ολίγον Βασιλιάς των Ελλήνων'. *Ιστορικά Θέματα*, Δεκέμβριος.

Κωστελένος, Γεώργιος Κ., Δημήτριος Βασιλείου, Εμμανουήλ Κουνάρης, Σωκράτης Πετμεζάς, και Μιχαήλ Σφακιανάκης, επιμ. 2007. *Ακαθάριστο Εθνικό Προϊόν 1830-1939. Πηγές οικονομικής ιστορίας της νεότερης Ελλάδας: ποσοτικά στοιχεία και στατιστικές σειρές*. Ερευνητικές συνεργασίες. Αθήνα: Κέντρο Προγραμματισμού και Οικονομικών Ερευνών.

Κωστής, Κώστας. 1986. *Οι τράπεζες και η κρίση 1929-1932*. Αθήνα: Ιστορικό Αρχείο – Εμπορική Τράπεζα της Ελλάδος.

———. 1997. *Συνεργασία και ανταγωνισμός: Τα 70 χρόνια της Ένωσης Ελληνικών Τραπεζών*. Αθήνα: Εκδόσεις Αλεξάνδρεια – ΕΕΤ.

———. 2002. 'Κυριάκος Χ. Βαρβαρέσος (1884-1957)'. Στο *Έκθεσις επί του Οικονομικού Προβλήματος της Ελλάδος*, επιμέλεια Κώστας Κωστής, 17–78. Αθήνα: Σαββάλας.

———. 2003. *Ιστορία της Εθνικής Τράπεζας της Ελλάδος 1914-1940*. Αθήνα: Εθνική Τράπεζα της Ελλάδος, Ερευνητικό Πρόγραμμα της Επιτροπής Ιστορίας.

Λ. 1919. 'Το συνάλλαγμά μας'. *Οικονομολόγος Αθηνών*, Σεπτέμβριος 9.

Λαζαρέτου, Σοφία. 1993. 'Η δημοσιονομική και νομισματική πολιτική της Ελλάδος υπό το πρίσμα των εξελίξεων του διεθνούς νομισματικού συστήματος (1830-1990)'. Διδακτορική διατριβή, Αθήνα: Οικονομικό Πανεπιστήμιο Αθηνών.

Λαμπρίας, Τάκης. 2000. *Η Ευρώπη φάντασμα*. Αθήνα: Ποταμός.

Λιάτα, Ευτυχία Δ. 1996. *Φλωρία δεκατέσσερα στένουν γρόσια σαράντα – Η κυκλοφορία των νομισμάτων στον βενετοκρατούμενο και τουρκοκρατούμενο ελληνικό χώρο, 15ος-19ος αι.* Αθήνα: ΚΝΕ/ΕΙΕ.

Λιναρδάτος, Σπύρος. 1976. *Ο πόλεμος 1940-41 και η μάχη της Κρήτης*. Τ. Βα. Αθήνα: Διάλογος.

———. 1993. *Ο Ιωάννης Μεταξάς και οι Μεγάλες Δυνάμεις, 1936-1940*. Αθήνα: Προσκήνιο.

Λυρτσογιάννης, Θανάσης. 1994. 'Πληθωρισμός 7% το '95'. *Τα Νέα*, Νοέμβριος 26.

Μακρυγιάννης, Ιωάννης. 1947. *Στρατηγού Μακρυγιάννη Απομνημονεύματα*. Επιμέλεια Γιάννης Βλαχογιάννης. Τ. 2. Αθήνα: Βαγιο-
  νάκη.

Μαλούχος, Γεώργιος Π. 2011. ΄Ενας προφητικός λόγος: Ανδρέας, Γερμανία, Ελλάδα και κοινό νόμισμα΄. *ΤΟ ΒΗΜΑ*, Οκτώβριος
  20. http://www.tovima.gr/politics/article/?aid=425936.

Μάμουκας, Ανδρέας, επιμ. 1839a. *Τα κατά την αναγέννησιν της Ελλάδος*. Τ. 1. Πειραιάς.

———. , επιμ. 1839b. *Τα κατά την αναγέννησιν της Ελλάδος*. Τ. 3. Πειραιάς.

———. , επιμ. 1852. *Τα κατά την αναγέννησιν της Ελλάδος*. Τ. 11. Αθήνα.

Μανασσάκης, Α., Χρ. Κατηφόρης, και Μ. Βασαρδάνη. 2010. ΄Η διεθνής ανταγωνιστικότητα και το ισοζύγιο τρεχουσών συναλλα-
  γών της Ελλάδος΄. Στο *Ισοζύγιο Τρεχουσών Συναλλαγών της Ελλάδος: Αιτίες ανισορροπιών και προτάσεις πολιτικής*, επιμέλεια Γεώρ-
  γιος Οικονόμου, Ισαάκ Σαμπεθάι, και Γεώργιος Συμιγιάννης, 77–130. Αθήνα: Τράπεζα της Ελλάδος.
  http://www.bankofgreece.gr/BogEkdoseis/Ισοζύγιο_Τρέχουσων_Συναλλαγών.pdf.

Μαρίνος, Γιάννης. 1983. ΄Γιά νά εὐδοκιμήσει ἡ ὑποτίμηση΄. *Οικονομικός Ταχυδρόμος*, Ιανουάριος 13.

———. 1996. ΄Το ενιαίο νόμισμα και οι εχθροί του΄. *Οικονομικός Ταχυδρόμος*, Φεβρουάριος 1.

———. 1998. ΄Όταν κυβερνάς με οδηγό τις ψευδαισθήσεις΄. *Οικονομικός Ταχυδρόμος*, Μάρτιος 19.

Μαριόλης, Θεόδωρος, και Γιώργος Σταμάτης. 1999. *Ο.Ν.Ε. και νεοφιλελεύθερη πολιτική*. Αθήνα: Ελληνικά Γράμματα.

Μαρκεζίνης, Σπυρίδων Β. 1966. *Πολιτική ιστορία της νεωτέρας Ελλάδος*. Τ. 11. Αθήνα: Πάπυρος-ΒΙΠΕΡ.

———. 1968. *Πολιτική ιστορία της νεωτέρας Ελλάδος*. Τ. 2. Αθήνα: Πάπυρος.

———. 1994. *Σύγχρονη πολιτική ιστορία της Ελλάδος*. Τ. 3. Αθήνα: Πάπυρος.

———. 2013. *Σπυρίδων Μαρκεζίνης, Στρατηγικές οικονομικής ανάπτυξης και η υποτίμηση της δραχμής (1953)*. Τετράδια Κοινοβουλευτικού
  Λόγου ΙΙ 8. Αθήνα: Ίδρυμα της Βουλής των Ελλήνων.

Μέρτζος, Νικόλαος Ι. 2009. ΄Οι Αρειμάνιοι Βλάχοι΄. *Άρδην*.

Μεταξάς, Α. 1849. *Γενικοί λογαριασμοί του κράτους από Ιανουαρίου 1833 μέχρι Δεκεμβρίου 1843 (Έκθεσις Λογιστική)*. Αθήνα.

Μηλιός, Γιάννης. 1993. ΄Η πολιτική «σκληρής δραχμής»΄. *Το Έθνος*, Ιούνιος 11.

———. 2002. ΄Ο ελληνικός καπιταλισμός, η Ευρωπαϊκή Ένωση και η Αριστερά΄. *Θέσεις* 79: 11–21.

———. 2003. ΄Η Μαρξική θεωρία της αξίας και ο ενδογενής χαρακτήρας του χρήματος΄. *Θέσεις* 84: 137–62.

Μήτσης, Βασίλης Δ. 1987. *Το εκδοτικό προνόμιο της Ιονικής τραπέζης*. Αθήνα: Ιονική Τράπεζα.

Μοσχονάς, Νίκος Γ. 2002. ΄Νομίσματα Επτανήσου Πολιτείας και Ιονίου Κράτους΄. Στο *Η ιστορική διαδρομή της νομισματικής μο-
  νάδας στην Ελλάδα*, επιμέλεια Ελένη Γραμματικοπούλου, 97–113. Αθήνα: Εθνικό Ίδρυμα Ερευνών.

Μπαζού, Βάλια. 2011. ΄Ούτε δραχμή, ούτε ευρώ, επιστροφή στον οβολό!΄. *Το Ποντίκι*, Ιούλιος 11.
  http://www.topontiki.gr/article/19279/oyte-drahui-oyte-eyro-epistrofi-ston-ovolo.

ΜΠΕ. 2001. ΄Macedonian Press Agency: News in Greek, 01-09-06. Ο Πρωθυπουργός εγκαινιάζει αύριο την 66η ΔΕΘ΄. *HR-Net*.
  Σεπτέμβριος 6. http://www.hri.org/news/greek/mpegrb/2001/01-09-06.mpegrb.html#01.

Μπελογιάννης, Νίκος. 2009. *Το ξένο κεφάλαιο στην Ελλάδα*. Αθήνα: Άγρα.

Μπ., Ν. 2000. ΄Το Χρηματιστήριο, ο κ. Σημίτης, ο κ. Λαλιώτης και ... ο λογαριασμός΄. *Ριζοσπάστης*, Μάρτιος 16, τμ. Πολιτική.

Μπ., Νατ., και Χ. Τ. 2010. ΄Καταργήστε το ευρώ, πληρώστε με οβολό΄. *Ελευθεροτυπία*, Μάιος 28. http://www.enet.gr/?
  i=issue.el.home&date=28%2F05%2F2010&id=167042.

Μποζιάρης, Αντώνης. 2008. ΄Αγροτική Τράπεζα και Αγροτική Ανάπτυξη στην Ελλάδα΄. Διπλωματική Εργασία, Αθήνα: Πάντειο
  Πανεπιστήμιο. http://library.panteion.gr:8080/dspace/bitstream/123456789/1060/1/boziaris.pdf.

Μπουτσούνι. 2015. ΄Μπουτσούνι΄. Ημερομηνία πρόσβασης Ιούνιος 21. http://boutsouni.blogspot.gr/.

Νανόπουλος, Νίκος. 1996. ΄Εκτός ΟΝΕ θα υπάρξουν νομισματικές κρίσεις΄. *Οικονομικός Ταχυδρόμος*, Δεκέμβριος 26.

Νεγρεπόντη-Δελιβάνη, Μαρία. 1996. ΄Δεκαετίες για την ΟΝΕ θέλει η Ελλάς΄. *Οικονομικός Ταχυδρόμος*, Δεκέμβριος 26.

Νεγροπόντης, Μιλτιάδης. Εγκύκλιος παραλήπτης Εθνική Τράπεζα της Ελλάδος. 1919a, Σεπτέμβριος 28. Φ66/21. ΜΜΑΕΒ.
  http://www.venizelosarchives.gr/rec.asp?id=16075.

———. Επιστολή παραλήπτης Εθνική Τράπεζα της Ελλάδος. 1919b, Οκτώβριος 9. Φ66/22. ΜΜΑΕΒ.
  http://www.venizelosarchives.gr/rec.asp?id=16085.

———. Επιστολή παραλήπτης Πρεσβεία στο Παρίσι. 1919c, Σεπτέμβριος 6. Φ66/37. ΜΜΑΕΒ.
  http://www.venizelosarchives.gr/rec.asp?id=16262.

———. Επιστολή παραλήπτης Πρεσβεία στο Παρίσι (για Ε. Βενιζέλο). 1919d, Οκτώβριος 18. Φ66/27. ΜΜΑΕΒ.
  http://www.venizelosarchives.gr/rec.asp?id=16130.

———. Τηλεγράφημα παραλήπτης Διευθυντής Γενικού Λογιστηρίου. 1919e, Αύγουστος 21. Φ66/16. ΜΜΑΕΒ.
  http://www.venizelosarchives.gr/rec.asp?id=16037.

———. Τηλεγράφημα παραλήπτης Διευθυντής Γενικού Λογιστηρίου. 1919f, Αύγουστος 23. Φ66/17. ΜΜΑΕΒ.
  http://www.venizelosarchives.gr/rec.asp?id=16039.

———. Τηλεγράφημα παραλήπτης Διευθυντής Γενικού Λογιστηρίου. 1919g, Αύγουστος 27. Φ66/18. ΜΜΑΕΒ.
  http://www.venizelosarchives.gr/rec.asp?id=16046.

Νικολάου, Νίκος. 1983. ΄Επιβαλλόταν καὶ ἔγινε καθυστερημένα ἡ ὑποτίμηση΄. *Οικονομικός Ταχυδρόμος*, Ιανουάριος 13.

———. 1990. ΄Τον Απρίλιο θα πρέπει να γίνει στάση πληρωμών ἤ εκτύπωση πληθωριστικού χαρτονομίσματος΄. *Οικονομικός Τα-
  χυδρόμος*, Φεβρουάριος 15.

———. 1991. Ἡ «σταυροφορία» του κ. Μητσοτάκη'. *Το Βήμα*, Απρίλιος 21.

———. 1992. 'Πάλι στη νομισματική πολιτική αναζητείται η σωτηρία'. *Οικονομικός Ταχυδρόμος*, Σεπτέμβριος 3.

———. 1993a. 'Απελευθέρωση συναλλάγματος. Ευκαιρία αλλά και πρόκληση'. *Οικονομικός Ταχυδρόμος*, Μάιος 13.

———. 1993b. 'Ταυτότητα στόχων δεν σημαίνει και ταυτότητα πολιτικής'. *Το Βήμα*, Οκτώβριος 31.

———. 1993c. 'Το Νέο Πασόκ είναι εδώ'. *Το Βήμα*, Οκτώβριος 31.

———. 1994. 'Επαναστατική αλλαγή στην κίνηση κεφαλαίων'. *Οικονομικός Ταχυδρόμος*, Απρίλιος 28.

———. 2007. 'Ο αριστοκράτης πολιτικός που σταθεροποίησε την οικονομία'. *Καθημερινή*, Δεκέμβριος 1. http://www.kathimerini.gr/306205/article/epikairothta/ellada/o-aristokraths-politikos-poy-sta8eropoihse-thn-oikonomia.

———. 2008a. 'Αφηγήσεις: Σχέδιο Μάρσαλ, παγωμένες πιστώσεις και προβληματικές'. *Καθημερινή*, Μάρτιος 29.

———. 2008b. 'Αφηγήσεις: Ο κεντρικός τραπεζίτης που απελευθέρωσε το τραπεζικό σύστημα'. *Καθημερινή*, Μάιος 3. http://www.kathimerini.gr/709038/opinion/epikairothta/arxeio-monimes-sthles/afhghseis.

———. 2008c. 'Αφηγήσεις: Η σύγκρουση του Ανδρέα με τους επιτελείς του για τις παροχές'. *Καθημερινή*, Μάιος 17. http://www.kathimerini.gr/709244/opinion/epikairothta/arxeio-monimes-sthles/afhghseis-h-sygkroysh-toy-andrea-me-toys-epiteleis-toy-gia-tis-paroxes.

Νικολούλια, Βάσω. 2000a. 'Οι άγνωστες πτυχές της ανατίμησης'. *Οικονομικός Ταχυδρόμος*, Ιανουάριος 20.

———. 2000b. 'Συμπληγάδες στο δρόμο προς την ΟΝΕ'. *Οικονομικός Ταχυδρόμος*, Ιανουάριος 20.

Νομάρχης Ευβοίας. Επιστολή παραλήπτης Οικονομική Γραμματεία της Επικρατείας. 1834, Φεβρουάριος 11. Αρχείο Γραμματείας / Υπουργείου επί των Οικονομικών (1833-1862), φ. 280, λήψη 38. ΓΑΚ. http://arxeiomnimon.gak.gr/search/resource.html?tab=tab02&id=4169&start=20.

Νοταράς, Γεράσιμος, επιμ. 2001. *Εθνική Τράπεζα της Ελλάδος - 160 χρόνια λειτουργίας, Ιστορικό χρονολόγιο 1841-2001*. Αθήνα: ΙΑΕΤΕ.

———. 2005. *Το ελληνικό χαρτονόμισμα - Μια διαδρομή - 1822-2002*. Αθήνα: ΙΑΕΤΕ.

Νοταράς, Γεράσιμος, και Ζήσιμος Χ. Συνοδινός, επιμ. 1999. *Ιωάννης-Γαβριήλ Εϋνάρδος – Οραματιστής και κύριος συντελεστής της Ίδρυσης της Εθνικής Τραπέζης της Ελλάδος*. Αθήνα: ΙΑΕΤΕ.

Ξυδάκης, Νίκος Γ. 2012. 'Το λάιφσταϊλ θρηνεί στο Μεταγωγών'. *Καθημερινή*, Φεβρουάριος 5. https://vlemma.wordpress.com/2012/02/04/lifestyle-metagogon/.

Ξυδάκης, Νίκος Γ. 2002. 'Ένα Βλέμμα - Μισό ευρώ για δύο γουλιές νερό'. *Καθημερινή*, Ιούλιος 7. http://www.kathimerini.gr/123535/article/politismos/arxeio-politismoy/ena-vlemma.

'Οβελίσκος'. 1816. *Ετυμολογικόν το Μέγα (Etymologicum Magnum)*. Leipzig: Lipsiae Apud J.A.G. Weigel. http://www.archive.org/stream/etymologikontome00etymuoft#page/2/mode/2up.

Οικονομική Ελλάς. 1904. 'Εκ της Εκθέσεως του κ. Χάρβεϋ', Δεκέμβριος 31.

Οικονομικός Ταχυδρόμος. 1927a. 'Αυξήσεις των δασμών σίτου και ζακχάρεως', Ιανουάριος 5.

———. 1927b. 'Η σύστασις της Γεωργικής Τραπέζης. Δηλώσεις του Υπουργού Γεωργίας κ. Αλ. Παπαναστασίου', Αύγουστος 21.

———. 1931. 'Η θύελλα', Σεπτέμβριος 20.

———. 1936, Σεπτέμβριος 28.

———. 1941a, Απρίλιος 7.

———. 1941b. 'Τα νομισματικά', Ιούνιος 30.

———. 1983a. 'Διευκρινίσεις τοῦ κ. Γερ. Ἀρσένη γιά τήν ὑποτίμηση', Ιανουάριος 13.

———. 1983b. 'Ενοχλημένη ή ΕΟΚ ἀπό τήν ὑποτίμηση, Οικονομικός Ταχυδρόμος', Ιανουάριος 13.

———. 1988a. 'Η Ελλάδα υποστηρίζει τη δημιουργία Ευρωπαϊκής Κεντρικής Τράπεζας, αλλά...', Μάρτιος 10.

———. 1988b. 'Στο δρόμο της νομισματικής ενοποίησης...', Ιούλιος 7.

———. 1989a. 'Η Ελλάδα υποστήριξε τη νομισματική ενοποίηση, αλλά ζήτησε προθεσμία για την ένταξη της δραχμής στο ΕΝΣ', Ιούνιος 29.

———. 1989b. 'Νομισματική Ένωση: Πού βαδίζει η ΕΟΚ και τι υποστηρίζει η Ελλάδα...', Οκτώβριος 26.

———. 1990. 'Προγραμματικό πλαίσιο για σταθεροποίηση και ανάπτυξη της ελληνικής οικονομίας', Μάιος 3.

———. 1991a. 'Μια (ακόμη;) συζήτηση για την Οικονομική και Νομισματική Ένωση', Μάιος 2.

———. 1991b. 'Δήμοι και ΕΥΔΑΠ', Δεκέμβριος 12.

———. 1992. 'Πώς καταστρέφονται οι κρατικές τράπεζες', Οκτώβριος 15.

———. 1994. 'Το Αναθεωρημένο Πρόγραμμα Σύγκλισης 1994-1999', Ιούλιος 7.

———. 1995. 'Η Ευρώπη προχωρεί στη Νομισματική Ένωση', Δεκέμβριος 21.

———. 1996. 'Έρευνα – Το κόστος της μη ένταξης στο ενιαίο νόμισμα', Δεκέμβριος 26.

———. 2000. 'Η ελληνική οικονομία στην ΟΝΕ. Από την ουτοπία στην πραγματικότητα', Ιούλιος 8.

Οικονομολόγος Αθηνών. 1934. 'Ο μεγάλος κατήφορος', Οκτώβριος 13.

———. 1939a. 'Αι καταθέσεις των τραπεζών και το χαρτονόμισμα', Σεπτέμβριος 9.

———. 1939b. 'Η κυκλοφορία του χρήματος', Νοέμβριος 4.

———. 1940. 'Τα νομίσματα της Ευρώπης', Νοέμβριος 2.

———. 1941, Απρίλιος 12.

Οικονομόπουλος, Θάνος. 2001. 'Ανεμοδείκτης'. *Καθημερινή*, Ιούνιος 27, τμ. Απόψεις. http://www.kathimerini.gr/685374/opinion/epikairothta/arxeio-monimes-sthles/anemodeikths.

Οικονόμου, Αλέξανδρος Α. 1972. *Πέτρος Πρωτοπαπαδάκης 1859-1922 – Ένας άνθρωπος και μια εποχή*. Αθήνα: Αυτοέκδοση.

Οικονόμου, Αριστείδης. 1882. 'Βουλευτική λογοδοσία Αριστείδου Οικονόμου, 22'. *Οικονομική Επιθεώρησις* 10 (111): 130–44, 177–78.

Ο Οικονομολόγος. 1894. 'Το εμπόριον της Ελλάδος', Απρίλιος 22.

Παγουλάτος, Γιώργος. 2006. *Η Εθνική Τράπεζα της Ελλάδος, 1940-2000*. Αθήνα: ΙΑΕΤΕ.

Π., Α. Δ. 1996. 'Κεντροδεξιά, Κεντροαριστερά και η πρόκληση του συγκεκριμένου στην (πρόσφατη) πορεία του Κ. Σημίτη'. *Οικονομικός Ταχυδρόμος*, Φεβρουάριος 1.

Παλιγγενεσία. 1885, Αύγουστος 10.

Πανελλήνιο. Επιστολή παραλήπτης Κυβερνήτης της Ελλάδος. 1828a. 'Κατάλογος κοινοτήτων και ευκαταστάτων προσώπων. Έγγραφο 1470'. Αρχείο Γενικής Γραμματείας, φ. 23, λήψεις 192-194. ΓΑΚ.

———. Επιστολή παραλήπτης Κυβερνήτης της Ελλάδος. 1828b. 'Έγγραφο αρ. 11, πράξ. Δ', Μάρτιος 2. Αρχείο Γενικής Γραμματείας, φ. 23, λήψη 189. ΓΑΚ.

———. Επιστολή παραλήπτης Κυβερνήτης της Ελλάδος. 1829. 'Πίναξ των σωζομένων εγγράφων εισερχομένων και εξερχομένων της επιτρ. της Συνελεύσεως, καταστρωθείς παρά της Επιτροπής του Πανελληνίου συγκειμένης παρά των κκ. Κ. Ζωγράφου, Α. Παπαδοπούλου, και Χρ. Αινιάν κατά την πρόσκληση της Α. Εξοχότητος υπ. αριθ. 8430', Ιανουάριος 14. Αρχείο Γενικής Γραμματείας, φ. 184. ΓΑΚ.

Πανσελήνά, Γεωργία Μ. 2014. *Οραματιστές και συγχρόνως ρεαλιστές - Λόγοι προέδρων 1945-2014*. Αθήνα: ΣΕΒ σύνδεσμος επιχειρήσεων και βιομηχανιών.

Πανταζόπουλος, Νικ. 2003. 'Ο ελληνικός κοινοτισμός και η νεοελληνική κοινοτική παράδοση'. *Άρδην*.

Παντελάκης, Νίκος Σ. 1988. *Νίκος Παντελάκης, Συμμαχικές πιστώσεις – Κράτος και Εθνική Τράπεζα (1917-1928)*. Αθήνα: ΜΙΕΤ.

———. 1991. *Ο εξηλεκτρισμός της Ελλάδας. Από την ιδιωτική πρωτοβουλία στο κρατικό μονοπώλιο: 1889-1956*. Αθήνα: ΜΙΕΤ.

———. 1995. *Δημόσια δάνεια*. Αθήνα: ΜΙΕΤ.

Παπαγιαννάκης, Μιχάλης. 1990. 'Δεν οδηγούν πουθενά οι δισταγμοί και η αναβλητικότητα'. *Οικονομικός Ταχυδρόμος*, Δεκέμβριος 6.

Παπαγιαννίδης, Αντώνης Δ. 1988. 'Ακόμα και στις φίλαθλες καλοκαιρινές εβδομάδες χρειάζεται κάποια προσοχή στους χειρισμούς'. *Οικονομικός Ταχυδρόμος*, Ιούνιος 30.

———. 1990. 'Τι είδους μαντρί θα αποδειχθεί η Οικονομική και Νομισματική Ένωση της Ευρώπης'; *Οικονομικός Ταχυδρόμος*, Μάιος 31.

———. 1991. 'Όλα πάνε καλά'. *Οικονομικός Ταχυδρόμος*, Μάιος 2.

Παπαδημητρίου, Χαράλαμπος Α. 1994. 'Ακριβή τελικά η νίκη της απελευθέρωσης'. *Το Βήμα*, Μάιος 15.

———. 1996. 'Το εύρο στην τσέπη μας'. *Το Βήμα*, Μάιος 5.

Παπαδοκωστόπουλος, Δ. Γ. 2000. '«Φιλί ζωής» από τη δραχμή'. *Καθημερινή*, Ιανουάριος 9.

———. 2002. 'Εξαργυρώνουμε το μέλλον μέσω off-shore εταιρειών...' *Καθημερινή*, Δεκέμβριος 25. http://www.kathimerini.gr/138443/article/oikonomia/ellhnikh-oikonomia/e3argyrwnoyme-to-mellon-mesw-off-shore-etaireiwn.

Παπαϊωάννου, Γιώργος. 2000. 'Όλα για την ανατίμηση της δραχμής'. *ΤΟ ΒΗΜΑ*. Ιανουάριος 16. http://www.tovima.gr/finance/article/?aid=118367.

Παπαϊωάννου, Γιώργος, και Ζώης Τσώλης. 2015. 'Τα τυχερά παιχνίδια διατηρούν τον τζίρο τους'. *Το Βήμα*. Ημερομηνία πρόσβασης Ιούνιος 17. http://www.tovima.gr/finance/article/?aid=114881.

Παπαλεξόπουλος, Θεόδωρος. 1996. 'Αυτοπειθαρχία τώρα, για οφέλη τότε'. *Οικονομικός Ταχυδρόμος*, Δεκέμβριος 26.

Παπανδρέου, Ανδρέας. 1993. 'Η' Περίοδος (Προεδρευομένης Δημοκρατίας) Σύνοδος Α', Συνεδρίαση Δ''. *ΠΣΒ*, Οκτώβριος 23. http://www.hellenicparliament.gr/UserFiles/a08fc2dd-61a9-4a83-b09a-09f4c564609d/23101993.doc.

Παπανδρέου, Βάσω. 1990. 'Η Ελλάδα δεν έχει άλλη επιλογή'. *Οικονομικός Ταχυδρόμος*, Δεκέμβριος 6.

Παπανδρόπουλος, Αθανάσιος Χ. 1990. 'Υπέρ της ταχείας νομισματικής ενοποίησης είναι οι Ευρωπαίοι βιομήχανοι'. *Οικονομικός Ταχυδρόμος*, Οκτώβριος 4.

———. 1992. 'Η Φιλολογία περί της Ευρώπης των δύο ταχυτήτων και ποιοι οι ύπουλοι στόχοι της'. *Οικονομικός Ταχυδρόμος*, Οκτώβριος 1.

———. 1997. 'Η γαλλογερμανική προσέγγιση για το ευρώ'. *Οικονομικός Ταχυδρόμος*, Ιούλιος 10.

Παπαντωνίου, Γιάννος. 1999a. 'Συνέντευξη Τύπου', Ιούνιος 2.

———. 1999b. 'Συνέντευξη Τύπου στο ΥΠΕΘΟ', Σεπτέμβριος 1.

———. 2000. 'Συνέντευξη Τύπου στο ΥΠΕΘΟ', Μάρτιος 28.

Παπαρρηγόπουλος, Κωνσταντίνος. 1932a. *Ιστορία του Ελληνικού Έθνους*. 6ος έκδ. Τ. 6α. Αθήνα: Ελευθερουδάκης.

———. 1932b. *Ιστορία του Ελληνικού Έθνους*. 6ος έκδ. Τ. 6β2. Αθήνα: Ελευθερουδάκης.

Παπαχρήστος, Γιώργος Χρ. 2000. 'Δεν ξάφνιασε κανέναν το «ξεκλείδωμα των εκλογών»'. *Τα Νέα*, Φεβρουάριος 5.

Παπαχρήστος, Χρήστος Χρ. 1999. 'Κάρολος Παπούλιας: Είναι παράλογη η δαιμονοποίηση του Μιλόσεβιτς από τη Δύση.' *Τα Νέα*, Απρίλιος 9.

Περρούκας, Δ. Επιστολή παραλήπτης Κυβερνήτης της Ελλάδος. 1828. 'Παραχαράκται δουλεύοντες εις Ύδρας', Απρίλιος 29. Αρχείο Γενικής Γραμματείας, φ. 59, λήψεις 162-166. ΓΑΚ.

Πετρίδης, Παύλος Β. 1994. 'Ο Ελευθέριος Βενιζέλος επικεφαλής της Τριανδρίας στη Θεσσαλονίκη 1916-17'. Στο *Ο Ελευθέριος Βενιζέλος στη Θεσσαλονίκη. Η προσωρινή κυβέρνηση 1916-1917*, επιμέλεια Ευάγγελος Α. Χεκίμογλου, 9–17. Θεσσαλονίκη: Εθνική Τράπεζα της Ελλάδος - Πολιτιστικό Κέντρο Βορείου Ελλάδος.

Πετρόπουλος, Γιώργος. 2004. 'Το τέλος του εμφυλίου πολέμου'. *Ριζοσπάστης – 7 Μέρες μαζί*, Αύγουστος 29.

Πετυχάκης, Δ. 1989a. 'Άσχημα τα μαντάτα από τις Βρυξέλλες'. *Το Βήμα*, Δεκέμβριος 10.

———. 1989b. 'Θα πληρωθούν δώρα και μισθοί'. *Το Βήμα*, Δεκέμβριος 17.

Π. Κ. 1833. 'Επιστολή της 23/1/1833'. *Αθηνά*, Ιανουάριος 25.

Πότη, Θεανώ. 1997. 'Σημειωματάριο'. *Οικονομικός Ταχυδρόμος*, Οκτώβριος 23.

Πρετεντέρης, Ιωάννης Κ. 1996a. 'Τα πρώτα μέτρα του κ. Κ. Σημίτη'. *Το Βήμα*, Ιανουάριος 21.

———. 1996b. 'Τρεις μύθοι για τον κ. Κώστα Σημίτη, Το Βήμα'. *Το Βήμα*, Ιανουάριος 21.

Προβόπουλος, Γιώργος. 1992. 'Μπορεί η Ελλάδα να ανταποκριθεί στην Οικονομική και Νομισματική Ένωση'; *Οικονομικός Ταχυδρόμος*, Αύγουστος 6.

Προγουλάκης, Γιώργος. 2009. 'Σχεδίασμα Ελληνικής Οικονομικής και Κοινωνικής Ιστορίας. Από την Μικρασιατική Καταστροφή στις Παραμονές της Μεταπολίτευσης 1922 – 1972'. Διδακτικό υλικό μαθήματος «Ελληνική Οικονομική Ιστορία ΙΙ». Διδακτορικό Πρόγραμμα στην Οικονομική Επιστήμη, Οικονομικό Τμήμα του Πανεπιστημίου Αθηνών. Αθήνα. http://uadphil.econ.uoa.gr/UA/files/134872301..doc.

Πρόντζας, Ευάγγελος. 1995. *Η αυθεντία του νομίσματος στη νεοελληνική κοινωνία. Η περίοδος των διατακτικών κερμάτων (1885-1910)*. Αθήνα: Εταιρεία Μελέτης Νέου Ελληνισμού.

Πρωτοπαπαδάκης, Πέτρος. 1922. 'Αγόρευση για την κατάθεση του προϋπολογισμού 1921-22'. Στο *Πρακτικά της Γ΄ εν Αθήναις Συντακτικής των Ελλήνων Συνελεύσεως (1920-1921-1922)*, 3:1955–66. Αθήνα: Βουλή των Ελλήνων.

Πρωτόπαπας, Χρήστος. 1998. 'Οι πολιτικές απασχόλησης πέρα από την ΟΝΕ'. *Οικονομικός Ταχυδρόμος*, Δεκέμβριος 3.

ΠΣΒ. 1845. 'Α΄ Περίοδος, Α΄ Σύνοδος, Συνεδρίαση ΡΠΓ΄', Ιούλιος 9.

———. 1846. 'Α΄ Περίοδος, Β΄ Σύνοδος, Συνεδρίαση Η΄', Φεβρουάριος 22.

———. 1848a. 'Β΄ Περίοδος, Α΄ Σύνοδος, Συνεδρίαση ΡΝΑ΄', Ιούλιος 24.

———. 1848b. 'Β΄ Περίοδος, Α΄ Σύνοδος, Συνεδρίαση ΡΝΒ΄', Ιούλιος 30.

———. 1848c. 'Β΄ Περίοδος, Α΄ Σύνοδος, Συνεδρίαση ΡΞ΄', Αύγουστος 19.

———. 1850. 'Β΄ Περίοδος, Γ΄ Σύνοδος, Συνεδρίαση ΙΕ΄', Ιανουάριος 20.

———. 1855a. 'Δ΄ Περίοδος, Β΄ Σύνοδος, Συνεδρίαση ΝΗ΄', Μάιος 23.

———. 1855b. 'Δ΄ Περίοδος, Β΄ Σύνοδος, Συνεδρίαση ΠΖ΄', Σεπτέμβριος 24.

———. 1867. 'Α΄ Περίοδος, Β΄ Σύνοδος, Συνεδρίαση ΟϚ΄', Μάρτιος 28.

———. 1868. 'Β΄ Περίοδος, Α΄ Σύνοδος, Συνεδρίαση ΟΘ΄', Οκτώβριος 19.

———. 1873a. 'Ε΄ Περίοδος, Α΄ Σύνοδος, Συνεδρίαση ΚΕ΄', Μάιος 23.

———. 1873b. 'Ε΄ Περίοδος, Α΄ Σύνοδος, Συνεδρίαση ΛΔ΄', Ιούνιος 4.

———. 1873c. 'Ε΄ Περίοδος, Α΄ Σύνοδος, Συνεδρίαση ΛϚ΄', Ιούνιος 6.

———. 1873d. 'Ε΄ Περίοδος, Α΄ Σύνοδος, Συνεδρίαση ΛΖ΄', Ιούνιος 7.

———. 1873e. 'Ε΄ Περίοδος, Α΄ Σύνοδος, Συνεδρίαση ΛΗ΄', Ιούνιος 8.

———. 1873f. 'Ε΄ Περίοδος, Α΄ Σύνοδος, Συνεδρίαση ΜΒ΄', Ιούνιος 13.

———. 1873g. 'Ε΄ Περίοδος, Α΄ Σύνοδος, Συνεδρίαση ΜΔ΄', Ιούνιος 15.

———. 1873h. 'Ε΄ Περίοδος, Α΄ Σύνοδος, Συνεδρίαση ΜΕ΄', Ιούνιος 16.

———. 1873i. 'Ε΄ Περίοδος, Α΄ Σύνοδος, Συνεδρίαση ΜϚ΄', Ιούνιος 18.

———. 1885. 'Ι΄ Περίοδος, Έκτακτη Σύνοδος, Συνεδρίασις ΝΕ΄', Δεκέμβριος 13.

———. 1908a. 'ΙΗ΄ Περίοδος, Γ΄ Σύνοδος. Συνεδρίαση ΙΕ΄', Δεκέμβριος 3.

———. 1908b. 'ΙΗ΄ Περίοδος, Γ΄ Σύνοδος, Συνεδρίαση ΙΖ΄', Δεκέμβριος 5.

———. 1909a. 'ΙΗ΄ Περίοδος, Γ΄ Σύνοδος, Συνεδρίαση ΚΗ΄', Ιανουάριος 21.

———. 1909b. 'ΙΗ΄ Περίοδος, Γ΄ Σύνοδος, Συνεδρίαση Μ΄', Φεβρουάριος 20.

———. 1909c. 'ΙΗ΄ Περίοδος, Γ΄ Σύνοδος, Συνεδρίαση ΜΑ΄', Φεβρουάριος 21.

———. 1909d. 'ΙΗ΄ Περίοδος, Γ΄ Σύνοδος, Συνεδρίαση ΜΔ΄', Φεβρουάριος 25.

———. 1909e. 'ΙΗ΄ Περίοδος, Γ΄ Σύνοδος, Συνεδρίαση ΜϚ΄', Φεβρουάριος 27.

———. 1909f. 'ΙΗ΄ Περίοδος, Γ΄ Σύνοδος, Συνεδρίαση ΜΖ΄', Φεβρουάριος 28.

———. 1909g. 'ΙΗ΄ Περίοδος, Γ΄ Σύνοδος, Συνεδρίαση ΝΒ΄', Μάρτιος 6.

———. 1909h. 'ΙΗ΄ Περίοδος, Γ΄ Σύνοδος, Συνεδρίαση ΝΓ΄', Μάρτιος 7.

———. 1909i. 'ΙΗ΄ Περίοδος, Γ΄ Σύνοδος, Συνεδρίαση ΝΔ΄', Μάρτιος 9.

———. 1909j. 'ΙΗ΄ Περίοδος, Γ΄ Σύνοδος, Συνεδρίαση ΝΕ΄', Μάρτιος 10.

———. 1909k. 'ΙΗ΄ Περίοδος, Γ΄ Σύνοδος, Συνεδρίαση ΝΖ΄', Μάρτιος 12.

———. 1909l. 'ΙΗ΄ Περίοδος, Δ΄ Σύνοδος, Συνεδρίαση ΟΑ΄', Δεκέμβριος 24.

———. 1910a. 'ΙΗ΄ Περίοδος, Β΄ Έκτακτη Σύνοδος, Συνεδρίαση ΙϚ΄', Φεβρουάριος 22.

———. 1910b. 'ΙΗ΄ Περίοδος, Β΄ Έκτακτη Σύνοδος, Συνεδρίαση ΚΓ΄', Μάρτιος 3.

———. 1910c. 'ΙΗ΄ Περίοδος, Β΄ Έκτακτη Σύνοδος, Συνεδρίαση ΚΔ΄', Μάρτιος 4.

———. 1910d. 'ΙΗ΄ Περίοδος, Β΄ Έκτακτη Σύνοδος, Συνεδρίαση ΚϚ΄΄, Μάρτιος 6.

———. 1930. 'Β΄ Περίοδος, Γ΄ Σύνοδος, Συνεδρίαση ΙΘ΄΄, Δεκέμβριος 17.

———. 1931a. 'Β΄ Περίοδος, Δ΄ Σύνοδος, Συνεδρίαση Β΄΄, Νοέμβριος 18.

———. 1931b. 'Β΄ Περίοδος, Δ΄ Σύνοδος, Συνεδρίαση Γ΄΄, Νοέμβριος 19.

———. 1932. 'Γ΄ Περίοδος, Α΄ Σύνοδος, Συνεδρίαση Ε΄΄, Νοέμβριος 12.

———. 1933. 'Δ΄ Περίοδος, Α΄ Σύνοδος, Συνεδρίαση Β΄΄, Απρίλιος 3.

———. 1992. 'Συνθήκη Μάαστριχτ, Ζ΄ Περίοδος, Στ΄ Σύνοδος, Συνεδριάσεις Α΄-Στ΄ (28/7/1992-31/7/1992), Τόμος 11ος, Βουλή των Ελλήνων, Αθήνα 1992΄, Ιούλιος.

———. 1993. 'Η΄ Περίοδος (Προεδρευομένης Δημοκρατίας) Σύνοδος Α΄, Συνεδρίαση ΣΤ΄΄, Οκτώβριος 25. http://www.hellenicparliament.gr/UserFiles/a08fc2dd-61a9-4a83-b09a-09f4c564609d/25101993.doc.

———. 1997a. 'Θ΄ Περίοδος, Β΄ Σύνοδος, Συνεδρίαση ΛΕ΄΄, Νοέμβριος 25.

———. 1997b. 'Θ΄ Περίοδος, Β΄ Σύνοδος, Συνεδρίαση Μ΄΄, Δεκέμβριος 2.

———. 1999. 'Θ΄ Περίοδος, Γ΄ Σύνοδος, Τμήμα Διακοπής Εργασιών Βουλής Θέρους 1999, Συνεδρίαση ΚΗ΄, 1/9/1999 (απόγευμα)΄, Σεπτέμβριος 1.

———. 2001. 'Ι΄ Περίοδος, Β΄ Σύνοδος, Συνεδριαση ΜΔ΄΄, Νοέμβριος 29. http://www.hellenicparliament.gr/UserFiles/a08fc2dd-61a9-4a83-b09a-09f4c564609d/Es011129.txt.

ΠΤΗ. 1890. 'Βιβλίον Πληρωμής Μερισματαποδείξεων Β΄ εξαμηνίας 1882 – Β΄ εξαμηνίας 1890΄. Α1Σ22Υ9Φ93. ΙΑΕΤΕ.

———. 2015. 'Απολογισμοί Τρ. Ηπειροθεσσαλίας 1882-96΄. 2072. Βιβλιοθήκη ΙΑΕΤΕ.

Πύρσος, Γεώργιος Α. 1936. *Συμβολή εις την ιστορίας της Τραπέζης της Ελλάδος*. Τ. 1. Αθήνα: Εκδόσεις «Κύκλου».

Ρακκάς, Γιώργος. 2012. 'Πατρίς-Θρησκεία και Μαύρη Εργασία. Όταν η δικτατορία προωθούσε την παράνομη απασχόληση ξένων εργατών΄. *Άρδην*.

Ριζοσπάστης. 1945a. 'Κ. Βαρβαρέσος. Ο οικονομικός δικτάτορας΄, Ιούνιος 3.

———. 1945b. 'Τα οικονομικά μέτρα του κ. Βαρβαρέσου΄, Ιούνιος 7.

———. 1995. 'Ευρωδιαβουλεύσεις για μέτρα προς το τρίτο στάδιο της ΟΝΕ΄, Απρίλιος 9, τμ. Οικονομία.

———. 1996. 'Θεματοφύλακας των εθνικών συναλλαγματικών διαθεσίμων η ΕΕ΄, Απρίλιος 21, τμ. Οικονομία.

———. 1997a. 'Η 5η Ολομέλεια και το Μακεδονικό (Α΄)΄, Ιανουάριος 17.

———. 1997b. 'Διογκώνεται ο εξωτερικός δανεισμός΄, Μάρτιος 7, τμ. Οικονομία.

———. 1999. 'Πόσο ενιαίο και ισχυρό είναι το ΕΥΡΩ΄;, Φεβρουάριος 17, τμ. Οικονομία.

———. 2000. 'Υποθηκεύουν το μέλλον του λαού μας!΄, Μάιος 4, τμ. Πολιτική.

———. 2011. 'Τα τρία γράμματα του Νίκου Ζαχαριάδη΄, Οκτώβριος 29, τμ. Ιστορία.

Ροδάκης, Περικλής Δ. 2005. *Το ξένο κεφάλαιο στην Ελλάδα : Πλαίσια και συνέπειες της υποτέλειας*. Αθήνα: Φύλλα.

Ρομπόλης, Σάββας. 2001. *Αναλογιστική Μελέτη του Συστήματος Κοινωνικής Ασφάλισης στην Ελλάδα*. Ινστιτούτο Εργασίας - Κέντρο Επαγγελματικής Κατάρτισης Γ.Σ.Ε.Ε. http://www.inegsee.gr/ekdosi/Analogistikh-Meleth-toy-Systhmatos-Koinwnikhs-Asfalishs-sthn-Ellada/.

Ρουμελιώτης, Ανδρέας. 2011. 'Νόμισμα από τον τόπο σου...΄ *Ελευθεροτυπία*, Μάρτιος 29. http://www.enet.gr/?i=news.el.article&id=263171.

Ρούσσης, Νίκος. 1983. 'Νά πώς εκδηλώθηκε ή κερδοσκοπία μετά τήν υποτίμηση τής δραχμής΄. *Οικονομικός Ταχυδρόμος*, Ιανουάριος 13.

Ρώτας, Ιάκωβος. Επιστολή παραλήπτης Κυβερνήτης της Ελλάδος. 1828. 'Έγγραφο 5039΄, Μάιος 24. Αρχείο Γενικής Γραμματείας, φ. 73, λήψεις 209-211. ΓΑΚ.

Σακελλάριος, Αλέκος. 1964. *Θα σε κάνω βασίλισσα*.

Σαμαράς, Αντώνης. 1990. 'Ελληνική Στρατηγική και Στόχοι στις Κοινοτικές Διαπραγματεύσεις – Η ιστορία δεν περιμένει΄. *Οικονομικός Ταχυδρόμος*, Δεκέμβριος 6.

Σαραντάκος, Δημήτρης. 2003. 'Κατά την απριλιανή δικτατορία΄. Στο *Καθημερινή Επτά Ημέρες 16/11/2003*.

Σαχινίδης, Φίλιππος Δ. 2005. 'Το νομισματικό καθεστώς της Ελλάδας: Από τη συμμετοχή της δραχμής στο σύστημα του Bretton Woods μέχρι την Ο.Ν.Ε.΄ Στο *4ο Συνέδριο του Συνδέσμου Επιστημόνων Χρηματοοικονομικής και Λογιστικής Ελλάδος (HFAA), 15/12/2005*. Πανεπιστήμιο Πειραιά. ftp://ftp.soc.uoc.gr/students/eloo263/%A2%F1%E8%F1%EF%20%231%20-%20%CD%EF%EC%E9%F3%EC%E1%F4%E9%EA%DE%20%D0%EF%EB%E9%F4%E9%EA%DE%20(%D3%E1%F7%E9%ED%DF%E4%E7%F2).pdf.

———. 2007. 'Η Ελλάδα στη Λατινική Νομισματική Ένωση, η Εθνική Τράπεζα και ο ρόλος του Ι.Α. Βαλαωρίτη΄. Στο *Η ζωή και το έργο του Ιωάννη Α. Βαλαωρίτη, Υποδιοικητή και Διοικητή της Εθνικής Τράπεζας της Ελλάδος 1895-1914, Διεπιστημονικό Συνέδριο, Λευκάδα, 12-15 Οκτωβρίου 2000*, επιμέλεια Θανάσης Καλαφάτης και Ζήσιμος Χ. Συνοδινός, 167–83. Νομαρχιακή Αυτοδιοίκηση Λευκάδας & Πανεπιστήμιο Πειραιώς.

Σαχινίδης, Φίλιππος Δ., και Γκίκας Α. Χαρδούβελης. 1998. *Ευρώ - ένα νόμισμα για την Ευρώπη*. Αθήνα: ΕΤΕ.

Σβορώνος, Ιωάννης Ν. 1906. 'Μαθήματα Νομισματικής΄. *Journal International d 'Archéologie Numismatique* 9: 148–236.

ΣΕΤΕ. 1992. *Η θέση του τουρισμού και η συμβολή του στην εθνική οικονομία*. Αθήνα: Σύνδεσμος Ελληνικών Τουριστικών Επιχειρήσεων.

Σημίτης, Κώστας. 1990. 'Η Ελλάδα θα προσδιορίσει τι θέλει και τι μπορεί΄. *Οικονομικός Ταχυδρόμος*, Δεκέμβριος 6.

———. 2001a. 'Ομιλία στο επίσημο δείπνο της Διεθνούς Έκθεσης Θεσσαλονίκης'. Σεπτέμβριος 8. http://www.costas-simitis.gr/content/92.

———. 2001b. 'Ομιλία στο επίσημο δείπνο της Διεθνούς Έκθεσης Θεσσαλονίκης'. Θεσσαλονίκη, Σεπτέμβριος 8. http://www.costas-simitis.gr/content/92.

Σιδηρόπουλος, Κλεάνθης. 2001. 'Από τη νομισματική Βαβέλ στη δραχμική αυτονομία: οι νομισματικές συνθήκες στην προ-ενωτική Κρήτη (1870-1913)'. Στο *Η τελευταία φάση του Κρητικού ζητήματος*, επιμέλεια Θεοχάρης Δετοράκης και Αλέξης Καλοκαιρινός, 241–77. Ηράκλειο: Εταιρία Κρητικών Μελετών.

Σιούφας, Δημήτρης. 2005. 'Δήλωση του Υπουργού Ανάπτυξης Δ. Σιούφα σχετικά με το θέμα της έκδοσης τραπεζογραμματίων του 1 και 2 ευρώ, 30/10/2005'. Υπουργείο Ανάπτυξης. http://www.sioufas.gr/press/Deltia/2005/10_2005/(30-10-05)dhlvsh.doc.

———. 2007. 'Δήλωση του Υπουργού Ανάπτυξης Δ. Σιούφα σχετικά με την έκδοση χαρτονομισμάτων του 1 και 2 Ευρώ, 27/3/2007'. Υπουργείο Ανάπτυξης. http://www.sioufas.gr/press/Deltia/2007/3_2007/(27-03-07)dhlvsh.doc.

Σιούφας, Δημήτρης, και Μιλτιάδης Βαρβιτσιώτης. 2003. 'Κατάθεση Επίκαιρης Ερώτησης για την έκδοση χαρτονομισμάτων του ενός και των δύο ευρώ, 8/1/2003'. http://www.sioufas.gr/press/Deltia/2003/9_2003/(02-09-03)ervthsh.doc.

Σκούφου, Δήμητρα. 2002. 'Ακρίβεια και παράπονα έφερε το ευρώ'. *Τα Νέα*, Ιούλιος 13.

Σκριπ. 1922a. 'Το αναγκαστικόν δάνειον των 1.500 εκατομμυρίων', Μάρτιος 22.

———. 1922b. 'Διά το κράτος και το Έθνος του', Μάρτιος 23.

———. 1922c. 'Αι συμπληρωματικαί οδηγίαι του νόμου περί αναγκαστικού δανείου', Απρίλιος 13.

Σουμπενιώτης, Δημήτριος, και Αλέξανδρος Τσαγκαλάς. 2006. 'Το ελληνικό χρηματοπιστωτικό σύστημα. Πορεία προς την αποκανονικοποίηση των μέσων πιστοδοτικής πολιτικής'. Στο *Τιμητικός Τόμος εις μνήμην Αναπληρωτή Καθηγητή Απόστολου Κομπότη (1953-2003)*, επιμέλεια Γ. Πιπερόπουλος, 577–617. Θεσσαλονίκη: Πανεπιστήμιο Μακεδονίας Οικονομικών και Κοινωνικών Επιστημών. http://dspace.lib.uom.gr/bitstream/2159/2079/1/soumpeniotis_tsagkalas_timitik_kobotis.pdf.

Σούτσος, Αλέξανδρος Ι. 1858. *Συλλογή των εις το εξωτερικόν δημόσιον δίκαιον της Ελλάδος αναγομένων επισήμων εγγράφων - Recueil des documents authentiques relatifs au droit public exterieur de la Grece*. Αθήνα: Βασιλικό Τυπογραφείο.

Σούτσος, Ιωάννης Α. 1864. *Εγχειρίδιον δημοσιολογίας*. Αθήνα: Τύποις Ν. Γ. Πάσσαρη και Α. Γ. Καναριώτου.

———. 1867. 'Περί μεταρρυθμίσεως του νομισματικού συστήματος'. *Αιών*, Απρίλιος 6.

Σπανός, Σωκράτης. 2001. 'Το χρήμα'. *Παρασκήνιο*. ΕΡΤ. http://www.ert-archives.gr/V3/public/main/page-assetview.aspx?tid=6596&autostart=0.

Σπηλιωτόπουλος, Στάθης. 1949. *Ιστορία της Εθνικής Τραπέζης της Ελλάδος*. Αθήνα: Ίκαρος.

Σπουργίτης, Αναστάσιος. 1919. 'Το ζήτημα του συναλλάγματος'. *Οικονομολόγος Αθηνών*, Σεπτέμβριος 16.

———. 1923a. 'Η συναλλαγματική κατάστασις, Μέρος Ε΄'. *Ελεύθερος Λόγος*, Ιούλιος 21.

———. 1923b. 'Η συναλλαγματική κατάστασις, Μέρος ΣΤ΄'. *Ελεύθερος Λόγος*, Αύγουστος 8.

———. 1924a. 'Ο Έλεγχος Συναλλάγματος'. *Οικονομολόγος Αθηνών*, Αύγουστος 2.

———. 1924b. 'Το Συνδικάτον Τραπεζών'. *Οικονομολόγος Αθηνών*, Σεπτέμβριος 13.

———. 1924c. 'Κριτική του Συνδικάτου Τραπεζών'. *Οικονομολόγος Αθηνών*, Σεπτέμβριος 20.

———. 1925. 'Ο νόμος ΓΧΜΒ΄ εν σχέσει προς την νυν συναλλαγματικήν αρρυθμίαν – Διάλεξις γενομένη εν των Συλλόγω «Παρνασσός» τη 3/3/25 πρωτοβουλία του Συλλόγου Σπουδαστών της Ανωτάτης Σχολής Εμπορικών Σπουδών'. Σύλλογος «Παρνασσός», Αθήνα, Μάρτιος 3.

———. 1927. 'Τα καλύμματα'. *Πρωία*, Αύγουστος 18.

Σταμάτης, Γιώργος. 1998a. 'Η σκληρή δραχμή, η υποτίμησή της, το ευρώ, η ΟΝΕ και η αλήθεια για όλα αυτά'. Στο *Συνέδριο του Τμήματος Πολιτικής της ΚΠΕ του Συνασπισμού με θέμα «Ενιαίο Νόμισμα και Ελληνική Οικονομία», 21-22/3/1998*.

———. 1998b. 'Η σκληρή δραχμή, η υποτίμησή της, το ευρώ, η ΟΝΕ και η αλήθεια για όλα αυτά'. *Ουτοπία* 29 (Μάρτιος): 7–12.

Σταματόπουλος, Χάρης. 1990. 'Δυνατότητες και περιορισμοί στην άσκηση εθνικής οικονομικής πολιτικής'. *Οικονομικός Ταχυδρόμος*, Απρίλιος 19.

Σταμπόγλης, Διονύσης. 2000a. 'Η πρώτη μεταπολεμική ανατίμηση της δραχμής στη μεταπολεμική ιστορία της'. *Το Βήμα*, Ιανουάριος 17.

———. 2000b. 'Στόχος τώρα η πραγματική σύγκλιση (συνέντευξη με τον Γιώργο Δρυ)'. *Το Βήμα*, Ιούνιος 18.

Στασινόπουλος, Γεώργιος. 2000. *Νομισματική θεωρία και πολιτική στην Ελλάδα τον 19ο αιώνα*. Αθήνα: Τυπωθήτω – Γιώργος Δαρδανός.

———. 2001. 'Η δραχμή κατά την Οθωνική περίοδο (Αφιέρωμα – Αποχαιρετώντας τη δραχμή)'. *Η Καθημερινή – Επτά ημέρες*, Δεκέμβριος 30.

Στασινόπουλος, Επαμεινώνδας Κ. 1966. *Η ιστορία της Εθνικής Τραπέζης της Ελλάδος 1841-1966*. Αθήνα.

Στεργίου, Δημήτρης. 2001. 'Ένας αιώνας «συστάσεων» και διεθνών πιέσεων για σκληρά οικονομικά μέτρα - οικονομικές ειδήσεις της ημέρας'. *Το Βήμα Online*, Απρίλιος 3, τμ. Οικονομία. http://www.tovima.gr/finance/article/?aid=131284.

———. 2004. *Η Μεγάλη «Φούσκα» του «εκσυγχρονισμού» του Κ. Σημίτη*. Αθήνα: Παπαζήση.

Στεργίου, Λεωνίδας Δ. 1997a. 'Η ασιατική γρίπη και τα ελληνικά «αντιβιοτικά»'. *Οικονομικός Ταχυδρόμος*, Οκτώβριος 30.

———. 1997b. 'Η μοίρα των τεσσάρων και το μέλλον του ευρώ'. *Οικονομικός Ταχυδρόμος*, Δεκέμβριος 4.

———. 1998. 'Τα παιχνίδια λίγο πριν την υποτίμηση'. *Οικονομικός Ταχυδρόμος*, Μάρτιος 19.

———. 1999. '5 λόγοι για μεγάλο πανηγύρι στο χρηματιστήριο'. *Οικονομικός Ταχυδρόμος*, Ιανουάριος 14.

Στουρνάρας, Γιάννης. 1991a. 'Σχόλιο στο: Η Ελλάδα και η ευρωπαϊκή νομισματική ενοποίηση'. Στο *Η Ελλάδα και η Ευρωπαϊκή Νομισματική Ένωση*, 51–53. Κείμενο Εργασίας 9. Αθήνα: Ελληνικό Κέντρο Ευρωπαϊκών Μελετών.

———. 1991b. 'Μόνο υπό προϋποθέσεις θα είναι επιτυχής η συμμετοχή της Ελλάδος στην ΟΝΕ'. *Οικονομικός Ταχυδρόμος*, Απρίλιος 18.

———. 2004. *Η ένταξη της δραχμής στη ζώνη του ευρώ και οι προκλήσεις για το μέλλον*. Αθήνα. http://www.uadphilecon.gr/UA/files/1103793109..doc.

Συγγρός, Ανδρέας. 1908a. *Απομνημονεύματα*. Τ. 2. Αθήνα: Εστία.

———. 1908b. *Απομνημονεύματα*. Τ. 3. Αθήνα: Εστία.

Σύλλογος Υπαλλήλων Εθνικής Τράπεζας. 2001. *Ημερολόγιο 2002 – Από τη δραχμή... στο Ευρώ*. Επιμέλεια Κώστας Ζαρόκωστας. Αθήνα: Καμπύλη.

Συνασπισμός. 1992a. 'Απόφαση της Κεντρικής Πολιτικής Επιτροπής του Συνασπισμού της Αριστεράς και της Προόδου για το ΜΑΑΣΤΡΙΧΤ'. Ιούλιος 18. http://www.syn.gr/gr/keimeno.php?id=12275.

———. 1992b. 'Απόφαση της Κεντρικής Πολιτικής Επιτροπής του Συνασπισμού της Αριστεράς και της Προόδου για το ΜΑΑΣΤΡΙΧΤ'. *syn.gr*. Ιούλιος 18. http://www.syn.gr/gr/keimeno.php?id=12275.

———. 1998. 'Ο ΣΥΝ ψηφίζει «ΠΑΡΩΝ» στη Βουλή για τη Συνθήκη του Άμστερνταμ, ΑΠΟΦΑΣΗ του Διαρκούς Συνεδρίου του Συνασπισμού, 3-5/4/1998'. http://www.syn.gr/downloads/diarkes98/apofasi98.pdf.

'Συνεδρίαση ΣϞΗ'(298), 14/8/1864'. 1865. Στο *Πρακτικά των Συνεδριάσεων της εν Αθήναις Β' των Ελλήνων Συνελεύσεως*. Τ. 6. Αθήνα: Εθνικό Τυπογραφείο.

Συνοδινός, Ζήσιμος Χ. 2005. 'Η Ένωση της Επτανήσου με την Ελλάδα και το πιστωτικό σύστημα – Ο ανταγωνισμός των τραπεζών Εθνικής και Ιονικής τον 19ο αιώνα. Τόμος Α' - Ιστορία'. Στο *Επιστημονικό Συνέδριο. Η Ένωση της Επτανήσου με την Ελλάδα, 1864-2004: Πρακτικά*, επιμέλεια Βουλή των Ελλήνων και Ακαδημία Αθηνών, 1:559–78. Αθήνα: Βουλή των Ελλήνων & Ακαδημία Αθηνών.

Συρμαλόγλου, Αδαμάντιος. 2007. 'Η φορολογική πολιτική στο ελληνικό κοινοβούλιο, 1862-1910'. Στο *Σεμινάριο Οικονομικής Ιστορίας του Οικονομικού Τμήματος του Πανεπιστημίου Αθηνών*. http://uadphil.econ.uoa.gr/UA/files/1991402353..pdf.

Σωμερίτης, Ριχάρδος. 1996. 'Η επένδυση Μάαστριχτ'. *Το Βήμα*, Οκτώβριος 27.

Τα Νέα. 1992. '16,5% ο πληθωρισμός στο τέλος του χρόνου', Αύγουστος 27.

Τζαμαλής, Αναστάσιος Π. 1996. 'Χαρτονομίσματα της Κατοχής'. Στο *Καθημερινή Επτά Ημέρες 4/2/1996*, επιμέλεια Κωστής Βατικιώτης, 16–19.

Τζερμιάς, Παύλος Ν. 1990. *Η πολιτική σκέψη του Κωνσταντίνου Καραμανλή – μια ανίχνευση*. Αθήνα: Ελληνική Ευρωεκδοτική.

Τμήμα Διαχειρίσεως Μοναστηριακής Περιουσίας. Επιστολή παραλήπτης Τμήμα Δικαστικού. 1932, Νοέμβριος 14. Α1Σ29Υ-33Φ1. ΙΑΕΤΕ.

———. Επιστολή παραλήπτης Τμήμα Δικαστικού. 1936, Μάρτιος 24. Α1Σ29Υ33Φ1. ΙΑΕΤΕ.

———. Επιστολή παραλήπτης Τμήμα Επιθεωρήσεως Κεντρικού Καταστήματος ΕΤΕ. 1931, Νοέμβριος 11. Α1Σ29Υ30Φ44. ΙΑΕΤΕ.

Το Άστυ. 1894. 'Το ιστορικόν των διαπραγματεύσεων', Ιούλιος 18.

Το Βήμα. 1973, Σεπτέμβριος 28.

———. 1993. 'Η Κοινότητα, οι εκλογές και η νέα κυβέρνηση', Οκτώβριος 17.

———. 2000. 'Κ. Σημίτης: Ανάβει πράσινο για τη συμμετοχή της Ελλάδας στον κεντρικό πυρήνα της ΕΕ', Ιούνιος 14.

Το Έθνος. 1928. 'Ποιοι λόγοι επιβάλλουν την επάνοδον του κ. Βενιζέλου εις την πολιτικήν', Μάιος 23.

———. 1936a. 'Ανακοίνωση του Διοικητή της ΤτΕ, της 27/9/1936', Σεπτέμβριος 28.

———. 1936b. 'Ανακοίνωση του Διοικητή της ΤτΕ, της 29/9/1936', Σεπτέμβριος 29.

Το Μέλλον. 1872, Ιούνιος 23, τμ. Διάφορα.

Τουρκία και ΜΔ. 1898. *Préliminaires de paix signés à Top-Hané, le 6/18 Septembre 1897 entre le Ministre des Affaires Étrangères de Turquie et les Ambassadeurs des Grandes Puissances et Traité definitive de paixconclu le 22 Novembre/4 Decembre 1897 entre la Turquie et la Grèce*. Constantinople: Imprimerie Osmanié.

Τράπεζα Κρήτης. 1899. 'Εγγραφές Μετόχων για την Τράπεζα Κρήτης'. Α1Σ22Υ11Φ25-31. ΙΑΕΤΕ.

———. 1910. 'Απολογισμοί 1899-1910'. 2103. Βιβλιοθήκη ΙΑΕΤΕ.

———. 1918. 'Εκθέσεις 1899-1918'. 12194. Βιβλιοθήκη ΙΑΕΤΕ.

———. 2015a. 'Ισολογισμοί και πρόχειρα'. ΙΑΕΤΕ Α1Σ22Υ11Φ9,51-54. ΙΑΕΤΕ.

———. 2015b. 'Μέτοχοι (Γενικές Συνελεύσεις)'. Α1Σ22Υ11Φ10-24. ΙΑΕΤΕ.

Τρικαλιώτης, Στάμος. 1868. 'Περί της φύσεως και της διακονίας των τραπεζογραμματίων'. *Πανδώρα*.

———. 1869a. *Συνοπτική Πραγματεία: Περί του οργάνου του συνεταιρισμού ή της μεταβιβαστέας «οφειλής» (Μέρος Α': Περί του εκ μετάλλου οργάνου του συνεταιρισμού)*. Αθήνα.

———. 1869b. *Συνοπτική Πραγματεία: Περί του οργάνου του συνεταιρισμού ή της μεταβιβαστέας «οφειλής» (Μέρος Β': Περί του εις χαρτί οργάνου του συνεταιρισμού)*. Αθήνα.

Τρίκκας, Τάσος. 2009. *ΕΔΑ 1951-67: το νέο πρόσωπο της Αριστεράς*. Τ. 1. Αθήνα.

Τσάκας, Χρήστος. 2009. 'Ο σύνδεσμος Ελλήνων βιομηχάνων απέναντι στο ερώτημα της ένταξης της Ελλάδας στην Ε.Ο.Κ., 1974-1979: από τη μεταπολίτευση στην υπογραφή της Συνθήκης Προσχώρησης'. Διπλωματική Εργασία, Ρέθυμνο: Πα-

νεπιστήμιο   Κρήτης.
http://elocus.lib.uoc.gr/dlib/5/1/9/metadata-dlib-017e10b3255d47787262a07863ed83d9_1265010796.tkl#.

Τσαλαπάτη, Δημήτρη. 2002. 'Συνέντευξη με τον Άκη Τσοχατζόπουλο: Το ευρώ ανέβασε τις τιμές'. *Τα Νέα*, Δεκέμβριος 9.

Τσίχλης, Βασίλειος Σ. Ε. 2010. *Μικρασιατική εκστρατεία και αναγκαστικό δάνειο*. Αθήνα: Νόβολι.

Τσουδερός, Εμμανουήλ. Επιστολή παραλήπτης Ελευθέριος Βενιζέλος. 1932, Φεβρουάριος 14. Φ345/29. ΜΜΑΕΒ.
http://85.72.35.68/rec.asp?id=64445.

Τσούκαλης, Λουκάς. 1998. 'Ομπρέλα προστασίας'. *Οικονομικός Ταχυδρόμος*, Δεκέμβριος 17.

Τσουνάκος, Όθων. 2001. *Δραχμούλα μου καλό σου ταξίδι...* Αθήνα: Ηλιοτρόπιο.

Τσουπίδης, Πάνος. 1990. 'Μακροοικονομικές επιλογές και ανάπτυξη'. *Το Βήμα*, Αύγουστος 12.

ΤτΕ. 1930. 'Έκθεση του Διοικητή για το έτος 1929'. Αθήνα: Τράπεζα της Ελλάδος.

———. 1932. 'Έκθεση του Διοικητή για το έτος 1931'. Αθήνα: Τράπεζα της Ελλάδος.

———. 1933. 'Έκθεση του Διοικητή για το έτος 1932'. Αθήνα: Τράπεζα της Ελλάδος.

———. 1934. 'Έκθεση του Διοικητή για το έτος 1933'. Αθήνα: Τράπεζα της Ελλάδος.

———. 1937. 'Έκθεση του Διοικητή για το έτος 1936'. Αθήνα: Τράπεζα της Ελλάδος.

———. 1939. 'Έκθεση του Διοικητή για το έτος 1938'. Αθήνα: Τράπεζα της Ελλάδος.

———. 1940. 'Έκθεση του Διοικητή για το έτος 1939'. Αθήνα: Τράπεζα της Ελλάδος.

———. 1941. 'Έκθεση του Διοικητή για το έτος 1940'. Αθήνα: Τράπεζα της Ελλάδος.

———. 1949. 'Έκθεση του Διοικητή για το έτος 1948'. Αθήνα: Τράπεζα της Ελλάδος.

———. 1950. 'Έκθεση του Διοικητή για το έτος 1949'. Αθήνα: Τράπεζα της Ελλάδος.

———. 1952. 'Έκθεση του Διοικητή για το έτος 1951'. Αθήνα: Τράπεζα της Ελλάδος.

———. 1953. 'Έκθεση του Διοικητή για το έτος 1952'. Αθήνα: Τράπεζα της Ελλάδος.

———. 1954. 'Έκθεση του Διοικητή για το έτος 1953'. Αθήνα: Τράπεζα της Ελλάδος.

———. 1955. 'Έκθεση του Διοικητή για το έτος 1954'. Αθήνα: Τράπεζα της Ελλάδος.

———. 1957. 'Έκθεση του Διοικητή για το έτος 1956'. Αθήνα: Τράπεζα της Ελλάδος.

———. 1975. 'Έκθεση του Διοικητή για το έτος 1974'. Αθήνα: Τράπεζα της Ελλάδος.

———. 1976. 'Έκθεση του Διοικητή για το έτος 1975'. Αθήνα: Τράπεζα της Ελλάδος.

———. 1977. 'Έκθεση του Διοικητή για το έτος 1976'. Αθήνα: Τράπεζα της Ελλάδος.

———. 1978a. 'Έκθεση του Διοικητή για το έτος 1977'. Αθήνα: Τράπεζα της Ελλάδος.

———. 1978b. *Τα πρώτα πενήντα χρόνια της Τραπέζης της Ελλάδος, 1928-1978*. Αθήνα: Τράπεζα της Ελλάδος.

———. 1982. 'Έκθεση του Διοικητή για το έτος 1981'. Αθήνα: Τράπεζα της Ελλάδος.

———. 1983. 'Έκθεση του Διοικητή για το έτος 1982'. Αθήνα: Τράπεζα της Ελλάδος.

———. 1984a. 'Έκθεση του Διοικητή για το έτος 1983'. Αθήνα: Τράπεζα της Ελλάδος.

———. 1984b. *Η ελληνική οικονομία – Ερευνητικά δοκίμια και στατιστικές σειρές*. Τ. 3. Αθήνα: Τράπεζα της Ελλάδος.

———. 1987. 'Έκθεση του Διοικητή για το έτος 1986'. Αθήνα: Τράπεζα της Ελλάδος.

———. 1988. 'Έκθεση του Διοικητή για το έτος 1987'. Αθήνα: Τράπεζα της Ελλάδος.

———. 1989. 'Έκθεση του Διοικητή για το έτος 1988'. Αθήνα: Τράπεζα της Ελλάδος.

———. 1990. 'Έκθεση του Διοικητή για το έτος 1989'. Αθήνα: Τράπεζα της Ελλάδος.

———. 1991. 'Έκθεση του Διοικητή για το έτος 1990'. Αθήνα: Τράπεζα της Ελλάδος.

———. 1992a. 'Έκθεση του Διοικητή για το έτος 1991'. Αθήνα: Τράπεζα της Ελλάδος.

———. 1992b. *Μακροχρόνιες Στατιστικές Σειρές της Ελληνικής Οικονομίας*. Αθήνα: Τράπεζα της Ελλάδος.

———. 1993. 'Έκθεση του Διοικητή για το έτος 1992'. Αθήνα: Τράπεζα της Ελλάδος.

———. 1994. 'Έκθεση του Διοικητή για το έτος 1993'. Αθήνα: Τράπεζα της Ελλάδος.

———. 1995. 'Έκθεση του Διοικητή για το έτος 1994'. Αθήνα: Τράπεζα της Ελλάδος.

———. 1998. 'Έκθεση του Διοικητή για το έτος 1997'. Αθήνα: Τράπεζα της Ελλάδος.

———. 2015. 'Ισοζύγιο Αγαθών'. Ημερομηνία πρόσβασης Νοέμβριος 5.
http://www.bankofgreece.gr/Pages/el/Statistics/externalsector/balance/commercial.aspx.

ΥΔΜΠ. Επιστολή παραλήπτης Υπ. Ταμ. Τίτλ. 1946, Σεπτέμβριος 9. Α1Σ29Υ33Φ2. ΙΑΕΤΕ.

ΥΠΕΘΟ. 1998a. *Ελληνική οικονομία 1960-1997 – Μακροχρόνιες στατιστικές σειρές*. Αθήνα: Υπουργείο Εθνικής Οικονομίας.

———. 1998b. 'The 1998 Update of the Hellenic Convergence Programme: 1998-2001, June 1998'. Υπουργείο Εθνικής Οικονο-
μίας.
http://ec.europa.eu/economy_finance/economic_governance/sgp/pdf/20_scps/1998-99/01_programme/el_1998-12-01_sp
_en.pdf.

Υπουργείο Εξωτερικών. 1864. *Έγγραφα επίσημα αφορώντα τας επί του επτανησιακού ζητήματος διαπραγματεύσεις*. Αθήνα: Εθνικό Τυπο-
γραφείο.

Φράγκος, Ι. Λ. 1942. 'Η φορολογική επιβάρυνσις του εκ του εξωτερικού εισαγομένων εμπορευμάτων'. *Οικονομικός Ταχυδρόμος*,
Οκτώβριος 12.

Φράγκος, Σπύρος. 1995. 'Οι Γερμανοί επέβαλλαν τελικώς το «Ευρώ»'. *Το Βήμα*, Οκτώβριος 8.

Φραντζής, Νίκος. 1996. 'Το Χρηματιστήριο πέρα από το σκάνδαλο'. *Το Βήμα*, Δεκέμβριος 29. http://www.tovima.gr/finance/article/?aid=84859.

Φωκάς Κοσμετάτος, Π. Κ. 1946. *Η εισαγωγή της ιταλικής ιονικής δραχμής εις την Επτάνησον (1941-1943)*. Αθήνα: Κοβάνη.

Φωτόπουλος, Τάκης. 2002. *Παγκοσμιοποίηση, Αριστερά και Περιεκτική Δημοκρατία*. Αθήνα: Ελληνικά Γράμματα.

Χαλικιάς, Δημήτριος. 1976. *Δυνατότητες και Προβλήματα Πιστωτικής Πολιτικής*. Αρχείο Μελετών και Ομιλιών της Τράπεζας της Ελλάδος. Αθήνα: Τράπεζα της Ελλάδος.

———. 2007. 'Χρηματοπιστωτικό Σύστημα - ο ταχύτερα αναπτυσσόμενος τομέας από το 80 ως σήμερα'. *Επιλογή*, Δεκέμβριος.

Χαραλαμπίδης, Μιχάλης. 1996. 'Ομιλία του Μιχάλη Χαραλαμπίδη'. παρουσιάστηκε στο 4ο Συνέδριο του Πασόκ. http://www.youtube.com/watch?v=Ht_vT8MeWuU.

Χαρδαβέλλας, Κώστας. 1990. 'Βουλιάζουμε και δεν το έχουμε καταλάβει (συνέντευξη του Άγγελου Αγγελόπουλου)'. *Τα Νέα*, Ιανουάριος 29.

Χαριτόπουλος, Διονύσης. 2009. *Άρης, ο αρχηγός των ατάκτων*. Αθήνα: Τόπος.

Χατζιώτης, Κώστας Χρ. 1996. 'Χαρτονομίσματα της Κατοχής'. Στο *Καθημερινή Επτά Ημέρες 4/2/1996*, επιμέλεια Κωστής Βατικιώτης, 14–15.

———. 2001. *Από τον Φοίνικα στην Δραχμή... και από την Δραχμή στο Ευρώ...* Αθήνα: Όμιλος Καλοφωλιά – Εφημερίδα Εξπρές.

Χεκίμογλου, Ευάγγελος Α. 1994. 'Ένα νόμισμα για δύο κυβερνήσεις: Οικονομικά προβλήματα της Τριανδρίας'. Στο *Ο Ελευθέριος Βενιζέλος στη Θεσσαλονίκη. Η προσωρινή κυβέρνηση 1916-1917*, επιμέλεια Ευάγγελος Α. Χεκίμογλου, 75–90. Θεσσαλονίκη: Εθνική Τράπεζα της Ελλάδος - Πολιτιστικό Κέντρο Βορείου Ελλάδος.

Χιωτάκη, Αμαλία. 1994. *Η συμπεριφορά του τραπεζικού κεφαλαίου σε μια αγροτική κοινωνία – Η περίπτωση της Τράπεζας Ηπειροθεσσαλίας στην Άρτα*. Αθήνα: ΜΙΕΤ.

Χιώτης, Παναγιώτης. 1877. *Ιστορία του Ιονίου Κράτους από της συστάσεως αυτού μέχρι ενώσεως: έτη 1815-1864, τόμος Β', 1821-1864*. Τ. 2. Ζάκυνθος: Τυπογραφείον «Η Επτάνησος» Χρίστου Σ. Χιώτου.

Χούτας, Θωμάς. 1983. 'Η κατάργηση τῆς Νομισματικῆς Ἐπιτροπῆς'. *Οικονομικός Ταχυδρόμος*, Ιανουάριος 13.

Χρηστίδης, Χριστόφορος. 1971. *Χρόνια Κατοχής, 1941-1944: μαρτυρίες ημερολογίου*. Αθήνα: Αυτοέκδοση.

Χριστοδουλάκης, Νίκος Γ. 1990. 'Ένταξη της δραχμής στο ΕΝΣ – Ύστατη αξιόπιστη πολιτική με πολλές συνέπειες'. *Οικονομικός Ταχυδρόμος*, Μάρτιος 8.

Χριστοδουλάκης, Νίκος Μ. 1991. 'Σχόλιο στο: Στρατηγικές επιλογές εν όψει της ΟΝΕ'. Στο *Η Ελλάδα και η Ευρωπαϊκή Νομισματική Ένωση*, 27–28. Κείμενο Εργασίας 9. Αθήνα: Ελληνικό Κέντρο Ευρωπαϊκών Μελετών.

Χριστοδούλου, Ευθύμιος Ν. 1991. 'Η Οικονομική και Νομισματική ένωση Μονόδρομος και για την Ελλάδα'. *Οικονομικός Ταχυδρόμος*, Απρίλιος 18.

Χριστόπουλος, Γεώργιος, και Ιωάννης Μπαστιάς, επιμ. 1974. *Ιστορία του Ελληνικού Έθνους*. Τ. 12. Αθήνα: Εκδοτική Αθηνών.

———. , επιμ. 1977α. *Ιστορία του Ελληνικού Έθνους*. Τ. 13. Αθήνα: Εκδοτική Αθηνών.

———. , επιμ. 1977β. *Ιστορία του Ελληνικού Έθνους*. Τ. 14. Αθήνα: Εκδοτική Αθηνών.

———. , επιμ. 1978. *Ιστορία του Ελληνικού Έθνους*. Τ. 15. Αθήνα: Εκδοτική Αθηνών.

Χρυσολωρά, Ειρήνη. 2004. 'Οι τιμές αποκαλύπτονται'. *Τα Νέα*, Σεπτέμβριος 30.

Abdelal, Rawi. 2005. 'Le consesus de Paris'. *Critique internationale*, τχ. 28: 87–115.

'About CEPS'. 2015. *Centre for European Policy Studies*. Ημερομηνία πρόσβασης Ιούνιος 19. http://www.ceps.eu/content/about-ceps.

About, Edmond. 1863. *La Grèce contemporaine*. Paris: Librairie de L. Hachette et Cie.

Agence Europe. 1988. 'No 4728', Φεβρουάριος 22.

Ahamed, Liaquat. 2009. *Lords of finance: the bankers who broke the world*. Penguin.

Ahrendt, Daphne. 1999. 'European public opinion on the single currency'. Directorate General of Information, Public Opinion Analysis Unit (DG X/A2). http://ec.europa.eu/public_opinion/archives/europinion_cts/special/euro98_en.pdf.

Aly, Götz. 2009. *Το λαϊκό κράτος του Χίτλερ*. Αθήνα: Κέδρος.

Amato, Giuliano. 1988. 'Un motore per lo SME'. *Il Sole 24 Ore*, Φεβρουάριος 25.

AMUE. 1997. 'GREEK PREPARATION GUIDE UNVEILED IN ATHENS'. AMUE Newsletter 28. http://web.archive.org/web/20020222080520/http://www.amue.org/publications/news/newslet.28/nl28_6.htm.

———. 1998. 'Athens' July Workshop'. AMUE Newsletter. 34. http://web.archive.org/web/20020122002926/http://www.amue.org/publications/news/newslet.34/nl34_06.htm.

———. 1999. 'Taking stock of 9 years of euro conferences'. AMUE Newsletter 38. Association for the Monetary Union of Europe. http://web.archive.org/web/20010430221227/http://www.amue.org/publications/news/newslet.38/nl38_04.htm.

Andreades, Andreas M. 1909. *History of the Bank of England (1640-1903)*. London: P. S. King & Son.

'A real partnership'. 1986. *Yes Prime Minister - Series 1*. BBC.

Armstrong, H. C. 1932. *Grey Wolf, Mustafa Kemal; an intimate study of a dictator*. London: Arthur Barker.

Arnold, Kashia. 2012. 'Alexander Del Mar: Free Trade and the Chinese Question'. *Southern California Quarterly* 94 (3): 304–45. doi:10.1525/scq.2012.94.3.304.

Aschheim, Joseph, και George S. Tavlas. 2004. 'Academic exclusion: the case of Alexander Del Mar'. *European Journal of Political Economy* 20: 31–60.

A. Z. 1894a. 'Les fonds Helléniques'. *Le Figaro - Supplément littéraire*, Σεπτέμβριος 1.

———. 1894b. 'Les fonds Helléniques - II'. *Le Figaro - Supplément littéraire*, Σεπτέμβριος 8.

Baerentzen, Lars. 1987. 'The German Withdrawal from Greece in 1944 and British Naval "Inactivity"'. *Journal of Modern Greek Studies* 5 (2): 237–65. doi:10.1353/mgs.2010.0216.

Balanyá, Belén, Ann Doherty, Olivier Hoedeman, Adam Ma'anit, και Erik Wesselius. 2000. *Europe Inc.: regional and global restructuring and the rise of corporate power*. London ; Sterling, Va: Pluto Press in association with Corporate Europe Observatory.

Baldwin-Edwards, Martin with ΙΜΕΠΟ. 2004. 'Στατιστικά δεδομένα για τους μετανάστες στην Ελλαδα: Αναλυτική μελέτη για τα διαθέσιμα στοιχεία και προτάσεις για τη συμμόρφωση με τα standards της Ευρωπαϊκής Ένωσης'. Μεσογειακό Παρατηρητήριο Μετανάστευσης (Ινστιτούτο Αστικού Περιβάλλοντος και Ανθρώπινου Δυναμικού - Πάντειο Πανεπιστήμιο). https://ec.europa.eu/migrant-integration/index.cfm?
action=media.download&uuid=2A852A7E-A128-7DD7-40765236199EE35D.

Balladur, Édouard. 1987. 'EMS: advance or face retreat'. *Financial Times*, Ιούνιος 17.

———. 1988. 'Eduard Balladur, Mémorandum sur la construction monétaire européene'. *ECU*, Φεβρουάριος.

Barbon, Nicholas. 1690. *Of mony credit and interest* στο *A Discourse of Trade*. London: Nicholas Barbon.

Baruch, Bernard. 2009. *The public years*. New York: Holt, Rinehart & Winston.

Bernstein, Peter L. 2004. *The power of gold. The history of an obsession*. Chichester UK: John Wiley & Sons.

Betant, É. A., επιμ. 1839. *Correspondance du Comte J. Capodistrias Président de la Grèce*. T. 4. Abraham Cherbuliez et cie.

Bindseil, Ulrich. 2004. 'The operational target of monetary policy and the rise and fall of reserve position doctrine'. Working Papers 372, 6/2004. European Central Bank. http://www.ecb.int/pub/pdf/scpwps/ecbwp372.pdf.

Boettke, Peter J., και Daniel J. Smith. 2012. 'A Century of Accommodation: The Failed Record of Federal Reserve Independence'. *SSRN Electronic Journal*. doi:10.2139/ssrn.2135233.

Böll, Sven, Christian Reiermann, Michael Sauga, και Klaus Wiegrefe. 2012. 'Operation Self-Deceit: New Documents Shine Light on Euro Birth Defects'. *Spiegel Online*, Μάιος 8, τμ. International. http://www.spiegel.de/international/europe/euro-struggles-can-be-traced-to-origins-of-common-currency-a-831842.html.

Bowen. 1856. *Principles political economy applied to the condition, the resources and the institutions of the American people*. Boston: Little, Brown.

Bower, Leonard, και Gordon Bolitho. 1939. *Otho I: King of Greece*. London: Selwyn & Blount.

Boyle, Robert. 1660. *New Experiments Physico-Mechanicall, Touching the Spring of the Air, and its Effects (Made, for the Most Part, in a New Pneumatical Engine). Written by Way of Letter to the Right Honorable Charles Lord Vicount of Dungarvan, Eldest Son to the Earl of Corke*. Oxford: H. Hall.

Bramsen, Βο, και Kathleen Wain. 1979. *The Hambros*. London: Michael Joseph.

Brandt, Willy. 1970. 'Statement by M. Willy Brandt Chancellor of the Federal Republic of Germany'. Στο *Meeting of the heads of state or government. The Hague 1-2 December 1969 (collection of documents)*, 26–33. http://aei.pitt.edu/1451/1/hague_1969.pdf.

Bruguière, Michel. 1989. 'Assignats'. Στο *A critical dictionary of the French Revolution*, επιμέλεια François Furet και Mona Ozouf, 426–36. Cambridge, Mass: Belknap Press of Harvard University Press.

Bryant, Ralph, C., Νικόλαος Χ. Γκαργκάνας, και Γεώργιος Σ. Ταβλάς. 2002. 'Εισαγωγή'. Στο *Οικονομικές επιδόσεις και προοπτικές της Ελλάδος*, επιμέλεια Ralph C. Bryant και Νικόλαος Χ. Γκαργκάνας, 1–54. Αθήνα: Τράπεζα της Ελλάδος ; The Brookings Institution.

Buchon, Jean Alexandre. 1843. *La Grèce continentale et la Morée : voyage, séjour et études historiques en 1840 et 1841*. Paris: Librairie de Charles Gosselin.

Buerkle, Tom. 1996a. 'Italy's Chances for Euro Improve : Creative Accounting Gets EU's Approval'. *The New York Times*, Φεβρουάριος 22. http://www.nytimes.com/1997/02/22/business/worldbusiness/22iht-tax.t_2.html.

———. 1996b. 'Germany Grows 'Suspicious' Over EMU'. *The New York Times*, Μάιος 11. http://www.nytimes.com/1996/11/05/business/worldbusiness/05iht-emu.t_3.html.

Buiter, Willem, Giancarlo Corsetti, και Nouriel Roubini. 1992. 'Excessive deficits: sense and nonsense in the Treaty of Maastricht'. 750, 12/1992. CEPR Discussion Papers. London: Centre for Economic Policy Research.

Bulwer, Henry Lytton (Lord Dalling). 1874. *The Life of Henry John Temple, Viscount Palmerston: with selections from his diaries and correspondence*. T. 3. London: Richard Bentley & Son.

Bundesbank. 2015. 'Macro-economic time series. Special trade, by group of countries and country'. Ημερομηνία πρόσβασης Μάιος 29. https://www.bundesbank.de/Navigation/EN/Statistics/Time_series_databases/Macro_economic_time_series/its_list_node.html?listId=www_s300_b3013c.

Bundesverfassungsgericht, 2 Senat. 1998. 'Leitsatz zum Beschluß des Zweiten Senats vom 31. März 1998 - 2 BvR 1877/97 und 2 BvR 50/98'. Gerichtsentscheidung. *Bundesverfassungsgericht - Entscheidungen*. Μάρτιος 31. http://www.bundesverfassungsgericht.de/entscheidungen/rs19980331_2bvr187797.html.

Burgess, Henry. 1826. *A letter to the Right Hon. George Canning, to explain in what manner the industry of the people, and the productions of the country, are connected with, and influenced by, internal bills of exchange, country bank notes, and country bankers, Bank of England notes, and branch banks : written to expose some of the prevailing fallacies on these subjects : and to prove, that the laws passed under the influence of those fallacies, will greatly obstruct and injure the operations of industry : and have no power to effect the purposes designed by them : with a postscript on the tendency of the wages of labour in England and Ireland to become equal, and the consequences resulting therefrom exemplified.* London: Harvey & Darton.

Bussière, Eric, Michel Dumoulin, και Sylvain Schirmann, επιμ. 2007. *Milieux économiques et intégration européenne au XXe siècle: la crise des années 1970, de la conférence de La Haye à la veille de la relance des années 1980*. Euroclio. Etudes et documents, no 35. Bruxelles: P.I.E. Peter Lang.

Buyst, Erik, και Ivo Maes. 2008. 'Central banking in 19th-century Belgium: was the NBB a lender of last resort?'. *Financial History Review* 15: 153–73.

Cain, P. J., και A. G. Hopkins. 1986. 'Gentlemanly Capitalism and British Expansion Overseas. I. The Old Colonial System, 1688-1850'. *Economic History Review, 2nd ser.* 39: 501–25.

———. 1987. 'Gentlemanly Capitalism and British Expansion Overseas. II. New Imperialism, 1850-1945'. *Economic History Review, 2nd ser.* 40: 1–26.

Capie, Forrest. 2012. *The Bank of England: 1950s to 1979*. First paperback edition. Studies in macroeconomic history. Cambridge: Cambridge University Press.

Carlyle, Margaret, επιμ. 1954. *Documents on International Affairs 1939-1946, Volume II : Hitler 's Europe*. London: Oxford University Press.

Carpineta, María Laura. 2006. 'Para Néstor y Rafael fue flechazo a primera vista'. *Pagina/12*, Δεκέμβριος 15. http://www.pagina12.com.ar/diario/elmundo/4-77726-2006-12-15.html.

Casciani, Dominic. 2010a. '500 euro note - why criminals love it so'. *BBC News*, Μάιος 13. http://news.bbc.co.uk/2/hi/uk_news/magazine/8678979.stm.

———. 2010b. 'Organised crime fears cause ban on 500 euro note sales'. *BBC News*, Μάιος 13. http://news.bbc.co.uk/2/hi/uk_news/8678886.stm.

Cesarano, Filippo. 2006. *Monetary theory and Bretton woods - The Construction of an International Monetary Order*. Cambridge UK: Cambridge University Press.

Chalmers, R. 1893. *A history of Currency in the British Colonies*. London: Eyre & Spottiswoode.

Chase, Peter A. 2007. *The coins of Kapodistrias 1828-1831*. Αθήνα: Βιβλιοθήκη της Ελληνικής Νομισματικής Εταιρείας.

Chevalier, Michel. 1859. *De la baisse probable de l 'or*. Paris: Capelle.

Chown, John F. 1994. *A history of money from AD 800*. London & New York: Routledge.

Churchill, Winston. 2002. *The second world war, vol. 2, Their finest hour*. New Haven: RosettaBooks.

Clapeyron, Émile. 1834. 'Puissance motrice de la chaleur'. *Journal de l 'École polytechnique* XIV: 153–90.

Cochrane, George. 1837a. *Wanderings in Greece*. T. 2. London: Henry Colburn Publisher.

———. 1837b. *Wanderings in Greece*. T. 1. London: Henry Colburn Publisher.

'Coins'. 1829. *London Encyclopedia*. London: Thomas Tegg.

Collignon, Stefan, και Daniela Schwarzer. 2003. *Private sector involvement in the euro: the power of ideas*. Routledge advances in European politics 10. London ; New York: Routledge.

'Company Structure'. 2015. *Interconsult - Luxembourg International Consulting S.A.* Ημερομηνία πρόσβασης Ιούλιος 6. http://www.interconsult.lu/.

Connolly, Bernard. 1995. *The Rotten Heart of Europe: The Dirty War for Europe 's Money*. London: Faber and Faber.

Convoy. 1991. 'Το σκάνδαλο των προβληματικών Αθήνα'.

Cooper, John Milton Jr. 2009. *Woodrow Wilson – A Biography*. New York: Alfred A. Knopf.

Copeland, M. A. 1937. 'Concepts of national income, Discussion'. Στο *Studies in Income and Wealth*, 1:3–63. Conference on Research in Income and Wealth. New York: National Bureau of Economic Research. http://www.nber.org/chapters/c8136.pdf.

Corporate Europe Observer. 1999. 'Thriving in Brussels: the Centre for European Policy Studies (CEPS)', Οκτώβριος. http://archive.corporateeurope.org/observer5/ceps.html.

Correa, Raffael, και Néstor Kirchner. 2006. Raffael Correa και Néstor Kirchner. Κοινή συνέντευξη τύπου.

Cottrell, Philip L. 1994. 'The historical development of modern banking within the United ingdom'. Στο *Handbook on the History of European Banking*, επιμέλεια Manfred Pohl και Sabine Freitag. Aldershot, Hants, England ; Brookfield, Vt., USA: Edward Elgar.

———. 2007. *The Ionian Bank: An Imperial Institution ; 1839 - 1864*. Athens: Alpha Bank.

Courtois, Alphonse. 1875. *Histoire de la Banque de France et des principales institutions françaises de crédit depuis 1716*. Paris: Librairie de Guillaumin.

Crabbe, Leland. 1989. 'The International Gold Standard and U.S. Monetary Policyfrom World War I to the New Deal'. *Federal Reserve Bulletin* 75 (6): 424–40.

Crapanzano, Guido. 1996. *Soldi d 'Italia – un secolo di cartamoneta*. Parma: Fondazione Cassa di risparmio di Parma ; Monte di Credito du Pegno di Busseto.

Crawley, C. W. 2014. *The Question of Greek Independence: A Study of British Policy in the Near East, 1821-1833*.

Currie, David. 1998. *Θα επιτύχει το Ευρώ; Ένθετο στον Οικονομικό Ταχυδρόμο της 30/4/1998*. Αθήνα: Δρομέας.

Dahrendorf, Ralf. 1998. 'Disunited by a common currency'. *New Statesman*, Φεβρουάριος 20.

Damiris, C.-J. 1920a. *Le système monétaire Grec et le change*. T. 1. Paris: Marcel Giard & Cie, Succeseurs.

———. 1920b. *Le système monétaire Grec et le change*. T. 2. Paris: Marcel Giard & Cie, Succeseurs.

———. 1920c. *Le système monétaire Grec et le change*. T. 3. Paris: Marcel Giard & Cie, Succeseurs.

Davies, Glyn. 2002. *A history of money from ancient times to the present day*. Cardiff: University of Wales Press.

De Bresson, Henri, και Pierre-Antoine Delhommais. 1996. 'Bonn et Paris se mobilisent pour dégripper le moteur européen'. *Le Monde*, Δεκέμβριος 10.

Decorzant, Yann, και Juan H. Flores. 2012. 'Public borrowing in harsh times: The League of Nations loans revisited'. 12091, 9/2012. Working Papers Series. Université de Genève, Institut d'Économie et d'Économétrie.

De Grauwe, Paul, Daniel Gros, Alfred Steiner, και Niels Thygesen. 1992a. 'In reply to Feldstein. (economic union in Europe)'. *The Economist*, Ιούλιος 4.

———. 1992b. 'Απάντηση στον Μάρτιν Φελντστάιν'. *Οικονομικός Ταχυδρόμος*, Αύγουστος 13, τμ. 28-29.

Dekker, Wisse. 1985. 'Europe 1990: An agenda for action'. *European Management Journal* 3 (1): 5–10.

Delattre, Lucas. 1996. 'Le président de la Bundesbank parie sur l 'euro en 1999'. *Le Monde*, Οκτώβριος 17.

De Laval, François Pyrard. 1679. *Voyage de François Pyrard, de Laval, contenant sa navigation aux Indes Orientales, Maldives, Moluques, & au Brésil*. T. 1. Paris: Louis Billaine.

Delivanis, Demetrios, και Willian C. Cleveland. 1949. *Greek monetary developments 1939-1948*. Bloomington Indiana: Indiana Univeristy Publications.

Del Mar, Alexander. 1864. *The great paper bubble, or the great financial explosion*. New York: Office of the Metropolitan Record.

———. 1885. *The science of money*. London: George Bell & Sons.

———. 1886. *Money and civilization*. London: George Bell & Sons.

———. 1901. *A history of monetary systems*. New York: The Cambridge Encyclopedia Company.

———. 1902. *A history of the precious metals from the earliest times to the present*. New York: Cambridge Encyclopedia Company.

Delors, Jacques with European Commission. 1985. *The Thrust of Commission Policy: Statement*. Luxembourg; [Washington, D.C.]: Office for Official Publiations of the European Communities ; [Sold by the European Community Information Service].

De Parieu, Esquirou. 1866a. 'L 'Union monetaire de la France, de l'Italie, de la Belgique et de la Suisse - Le Münzverein latin'. *Revue Contemporaine*.

———. 1866b. 'L 'Union monetaire de la France, de l'Italie, de la Belgique et de la Suisse - Le Münzverein latin'. *Revue Contemporaine*.

De Quincey, Thomas. 1852. 'California and the Gold Mania'. *Hogg 's Weekly Instructor*.

———. 1856. *Letters to a young man and other papers*. Boston: Ticknor and Fields.

———. 1939. *California and the Gold Mania*. San Francisco: Colt Press.

De Rothschild Frères. Επιστολή παραλήπτης ΕΤΕ. 1930, Μάρτιος 18. Α1Σ41Υ18Φ1. ΙΑΕΤΕ.

Deschamps, Gaston. 1894. *La Grèce d'aujourd'hui*. Paris: Armand Colin & Cie.

Des Essars, Pierre. 1896. 'A history of banking in the Latin Nations'. Στο *A History of banking in all the leading nations*, 3:1–412. New York: The Journal of of Commerce and Commercial Bulletin.

Die Zeit. 1973. 'Eurco-Anleihe – ein Cocktail', Σεπτέμβριος 21, τμ. Zeit spart Geld. http://www.zeit.de/1973/39/zeit-spart-geld.

———. 1997a. 'Den besten Zeitpunkt suchen!', Ιούνιος 6.

———. 1997b. 'Aufgeschoben ist aufgehoben', Ιούνιος 13, τμ. politik. http://www.zeit.de/1997/25/euro.txt.19970613.xml.

Diggins, John P. 1972. *Mussolini and Fascism: The View from America*. Princeton NJ: Princeton University Press.

Dillaye, Stephen D. 1877. *Assignats and Mandats, A True History, Including an Examination of Dr. Andrew Dickson White 's "Paper Money In France*. Philadelphia: Henry Carey Baird & Co.

Donnelly, Shawn. 2004. *Reshaping Economic and Monetary Union: Membership Rules and Budget Policies in Germany, France and Spain*. Manchester: Manchester University Press.

Driault, Édouard, και Michel Lhéritier. 1925. *Histoire diplomatique de la Grèce de 1821 à nos jours*. T. 2. Paris: Presses Universitaires de France.

———. 1926. *Histoire diplomatique de la Grèce de 1821 à nos jours*. T. 4. Paris: Presses Universitaires de France.

Duchêne, François. 1994. *Jean Monnet. The First Statesman in Europe*. New York: W. W. Norton & Company.

Duckenfield, Mark. 1998. 'The Goldkrieg: Revaluing the Bundesbank 's reserves and the politics of EMU'. Working paper series 8.6, 9/1998. Program for the study of Germany and Europe. Center for European Studies at Harvard.

Duisenberg, Wim. 1997. 'The European Monetary Institute and progress towards monetary union'. Στο *International Banking Seminar 22/9/1997*. Hong Kong. http://www.ecb.europa.eu/press/key/date/1997/html/sp970922.en.html.

Dunbar, Nicholas. 2003. 'Revealed: Goldman Sachs' mega-deal for Greece'. *Risk magazine*, Ιούλιος 1. http://www.risk.net/risk-magazine/feature/1498135/revealed-goldman-sachs-mega-deal-greece.

Dunbar, Nicholas, και Elisa Martinuzzi. 2012. 'Goldman Secret Greece Loan Shows Two Sinners as Client Unravels'. *Bloomberg Business.* Μάρτιος 6. http://www.bloomberg.com/news/articles/2012-03-06/goldman-secret-greece-loan-shows-two-sinners-as-client-unravels.

ECB. 1998. 'Press release: Capital subscription to the European Central Bank'. Σεπτέμβριος 12. http://www.ecb.europa.eu/press/pr/date/1998/html/pr980912_2.en.html.

———. 1999. 'DECISION OF THE EUROPEAN CENTRAL BANK of 1 December 1998 on the national central banks' percentage shares in the key for the capital of the European Central Bank (ECB/1998/13)'. *Official Journal L 125*, Μάιος 19.

———. 2000. *Annual report 1999.* Frankfurt am Main: European Central Bank.

———. 2004a. 'DECISION OF THE EUROPEAN CENTRAL BANK of 18 December 2003 laying down the measures necessary for the paying-up of the European Central Bank 's capital by the participating national central banks (ECB/2003/18)'. *Official Journal L 9*, Ιανουάριος 15.

———. 2004b. 'DECISION OF THE EUROPEAN CENTRAL BANK of 18 December 2003 on the national central banks' percentage shares in the key for subscription to the European Central Bank's capital (ECB/2003/17)'. *Official Journal L 9*, Ιανουάριος 15.

———. 2004c. 'DECISION OF THE EUROPEAN CENTRAL BANK of 22 April 2004 laying down the terms and conditions for transfers of the European Central Bank's capital shares between the national central banks and for the adjustment of the paid-up capital (ECB/2004/7)'. *Official Journal L 205*, Ιούνιος 9.

———. 2004d. 'DECISION OF THE EUROPEAN CENTRAL BANK of 22 April 2004 on the national central banks' percentage shares in the key for subscription to the European Central Bank's capital (ECB/2004/5)'. *Official Journal L 205*, Ιούνιος 9.

———. 2007a. 'Key for subscriptions to the ECB's capital – enlargement of the EU and the Eurosystem'. Ιανουάριος 2. http://www.ecb.europa.eu/press/pr/date/2007/html/pr070102_2.en.html.

———. 2007b. 'DECISION OF THE EUROPEAN CENTRAL BANK of 15 December 2006 on the national central banks' percentage shares in the key for subscription to the European Central Bank's capital (ECB/2006/21)'. *Official Journal L 24*, Ιανουάριος 31.

———. 2009a. 'DECISION OF THE EUROPEAN CENTRAL BANK of 12 December 2008 laying down the terms and conditions for transfers of the European Central Bank's capital shares between the national central banks and for the adjustment of the paid-up capital (ECB/2008/25)'. *Official Journal L 21*, Ιανουάριος 24.

———. 2009b. 'DECISION OF THE EUROPEAN CENTRAL BANK of 12 December 2008 on the national central banks' percentage shares in the key for subscription to the European Central Bank's capital (ECB/2008/23)'. *Official Journal L 21*, Ιανουάριος 24.

———. 2011a. 'DECISION OF THE EUROPEAN CENTRAL BANK of 13 December 2010 on the paying-up of the European Central Bank's capital by the non-euro area national central banks (ECB/2010/28)'. *Official Journal L 11*, Ιανουάριος 15.

———. 2011b. 'DECISION OF THE EUROPEAN CENTRAL BANK of 13 December 2010 on the paying-up of the increase of the European Central Bank's capital by the national central banks of Member States whose currency is the euro (ECB/2010/27)'. *Official Journal L 11*, Ιανουάριος 15.

———. 2013a. 'Adjustments to the ECB's capital subscription key due to EU enlargement'. Ιούλιος 1. http://www.ecb.europa.eu/press/pr/date/2013/html/pr130701_1.en.html.

———. 2013b. 'DECISION OF THE EUROPEAN CENTRAL BANK of 21 June 2013 laying down the measures necessary for the contribution to the European Central Bank's accumulated equity value and for adjusting the national central banks' claims equivalent to the transferred foreign reserve assets (ECB/2013/15)'. *Official Journal L 187*, Ιούλιος 6.

———. 2013c. 'DECISION OF THE EUROPEAN CENTRAL BANK of 29 August 2013 on the national central banks' percentage shares in the key for subscription to the European Central Bank's capital (ECB/2013/28)', Αύγουστος 29. http://www.ecb.europa.eu/ecb/legal/pdf/en_dec_2013_28.pdf.

———. 2014a. 'DECISION OF THE EUROPEAN CENTRAL BANK of 29 August 2013 on the paying-up of the European Central Bank's capital by the national central banks of Member States whose currency is the euro (ECB/2013/30)'. *Official Journal L 16*, Ιανουάριος 21.

———. 2014b. 'DECISION OF THE EUROPEAN CENTRAL BANK of 30 August 2013 on the paying-up of the European Central Bank's capital by the non-euro area national central banks (ECB/2013/31)'. *Official Journal L 16*, Ιανουάριος 21.

———. 2015. 'Banknotes'. *European Central Bank.* Ημερομηνία πρόσβασης Ιούλιος 9. http://www.ecb.europa.eu/euro/banknotes/html/index.en.html.

ECOFIN. 1998. 'Communiqué, Informal ECOFIN: Danish and Greek participation in the new exchange rate mechanism (ERM II)'. *European Council.* Σεπτέμβριος 26. http://www.consilium.europa.eu/en/uedocs/cms_data/docs/pressdata/en/misc/commewse.htm.

Einaudi, Luca. 2001. *Money and politics: European monetary unification and the international gold standard (1865-1873).* Oxford: Oxford University Press.

Ekinci, Mehmet Uğur. 2006. 'The origins of the 1897 Ottoman-Greek war: a diplomatic history'. Μεταπτυχιακή διατριβή, Ankara: Department of history, Bilkent University.

Ernst & Young και National Institute of Economic and Social Research. 1990. *A Strategy for the ECU - A report prepared by Ernest & Young and the National Institute for Economic and Social Research (NIESR) on behalf of the Association for the Monetary Union of Europe (AMUE)*. London: Kogan Page.

Ettlmayr, C., R. Schober, και R. Beck. 1998. 'The Federal Republic of Germany and EMU'. 20/4/1998. Luxembourg: European Parliament - Task Force on Economic and Monetary Union, Directorate-General for Research, Division for Economic Affairs. http://www.europarl.europa.eu/euro/country/general/d_en.pdf.

Europa. 2015. 'The Schuman Declaration – 9 May 1950'. Ημερομηνία πρόσβασης Ιούνιος 19. http://europa.eu/about-eu/basic-information/symbols/europe-day/schuman-declaration/index_en.htm.

European Commission. 1962. 'Mémorandum de la Commission sur le programme d 'action de la Communauté pendant la deuxième étape'. 8067/1/XI/1962/5. Bruxelles: European Commission - Service des publications des Communautés européennes.

    http://ec.europa.eu/economy_finance/emu_history/documentation/chapter1/19621024fr43ecomonetpolicies.pdf.

———. 1979a. 'Le système monétaire européen'. *Économie Européenne*, τχ. 3 (Ιούλιος): 65–112.

———. 1979b. 'Documents concerning the accession of the Hellenic Republic to the European Communities'. *Official Journal L 291*, Νοέμβριος 19.

———. 1981. 'Mediterranean Programmes – Lines of Action'. COM(81) 637 final, 23/10/1981. http://aei.pitt.edu/15656/1/COM_(81)_637_final.pdf.

———. 1982. 'Commission communication to the Council on the Greek Government memorandum of 19 March 1982'. COM (82) 348 final, 17/6/1982. Brussels: European Commission. http://aei.pitt.edu/34245/1/COM_(82)_348_final.pdf.

———. 1995a. 'Public Opinion Analysis'. Europinion: Continuous Tracking survey 5. European Commission. http://ec.europa.eu/public_opinion/archives/europinion_cts/eo5/eo5_en.htm.

———. 1995b. 'Public Opinion Analysis - Table 2 : OPINION TOWARDS SINGLE CURRENCY (% by country)'. Europinion: Continuous Tracking survey 5. European Commission. http://ec.europa.eu/public_opinion/archives/europinion_cts/eo5/eo5_table2_en.htm.

———. 1996. 'Proposal for a COUNCIL REGULATION (EC) on speeding up and clarifying the iplementation of the excessive deficit procedure'. COM(96) 496 final, 16/10/1996. Brussels: European Commission. https://www.ecb.europa.eu/ecb/legal/pdf/en_draft_law_con_1996_14.pdf.

———. 1998a. 'Euro 1999. Report on progress towards convergence and recommendation with a view to the transition to the third stage of Economic and Monetary Union'. EU Commission - COM Document COM (98) 1999 final, 25/3/1998. http://aei.pitt.edu/4901/.

———. 1998b. 'Δελτίο τύπου 8171/98 (Presse 125) : 2089η σύνοδος του Συμβουλίου - ECOFIN - Βρυξέλλες'. Μάιος 3. http://europa.eu/rapid/press-release_PRES-98-125_el.htm.

———. 1998c. 'Commission assesses the Greek convergence programme, 30/9/1998'. IP/98/843, 30/9/1998. Brussels: European Commission.

———. 2000a. 'Δελτίο τύπου IP/00/350: Άνοιξη 2000: Οικονομικές Προβλέψεις 1999-2001'. *European Commission*. Απρίλιος 11. http://europa.eu/rapid/press-release_IP-00-350_el.htm.

———. 2000b. 'Δελτίο τύπου IP/00/422: Η Επιτροπή προτείνει η Ελλάδα να γίνει το δωδέκατο μέλος της ζώνης του ευρώ'. *European Commission*. Μάιος 3. http://europa.eu/rapid/press-release_IP-00-422_el.htm.

———. 2000c. 'Έκθεση της Επιτροπής – Έκθεση σύγκλισης 2000, 3/5/2000'. COM(2000) 277 τελικό, 3/5/2000. Brussels: European Commission. http://ec.europa.eu/economy_finance/publications/publication8912_el.pdf.

———. 2000d. 'Παράγωγη νομοθεσία σχετικά με το ευρώ και την Ελλάδα – Ανακοίνωση της Επιτροπής στο Ευρωπαϊκό Κοινοβούλιο, το Συμβούλιο και την Ευρωπαϊκή Κεντρική Τράπεζα'. COM(2000) 346 τελικό, 30/5/2000. Brussels: European Commission. http://www.ecb.int/ecb/legal/pdf/com2000_0346el02.pdf.

———. 2000e. 'Δελτίο τύπου 8979/00 (Presse 191) : 2268η σύνοδος του Συμβουλίου- ECOFIN - Λουξεμβούργο, 5 Ιουνίου 2000'. *European Commission*. Ιούνιος 5. http://europa.eu/rapid/press-release_PRES-00-191_el.htm.

———. 2015. 'EUROPA - Economic and Financial Affairs - Indicators -AMECO database'. *European Commission*. Ημερομηνία πρόσβασης Ιούνιος 5. http://ec.europa.eu/economy_finance/ameco/user/serie/SelectSerie.cfm.

European Commission - DGEFA. 1990. 'One market, one money - An evaluation of the potential benefits and costs of forming an economic and monetary union'. 44, 10/1990. European Economy. Brussels: Commission of the European Communities - Directorate General for economic and financial affairs. http://ec.europa.eu/economy_finance/publications/publication7454_en.pdf.

European Commission - IDG. 1975. 'The units of account as a factor of integration'. Information Economy and Finance 87/75. European Commission - Information Directorate-General. http://aei.pitt.edu/7861/1/31735055281731_1.pdf.

European Council. 1962. 'RÈGLEMENT N° 129 DU CONSEIL relatif à la valeur de l 'unité de compte et aux taux de change à appliquer dans le cadre de la politique agricole commune'. *Journal Officiel des Communautés Européennes*, Οκτώβριος 30.

———. 1969. 'Final communique of the conference of heads of state or government on 1 and 2 December 1969 at the Hague', Δεκέμβριος 2. http://ec.europa.eu/economy_finance/emu_history/documentation/compendia/19691202fr02finalcommuniqueofsummit conference.pdf.

———. 1971. 'Regulation (EEC) No 974/71 of the Council of 12 May 1971 on certain measures of conjunctural policy to be taken in agriculture following the temporary widening of the margins of fluctuation for the currencies of certain Member States'. *Official Journal L 106*, Μάιος 12.

———. 1985. 'Council Regulation (EEC) No 1676/85 of 11 June 1985 on the value of the unit of account and the conversion rates to be applied for the purposes of the common agricultural policy'. *Official Journal L 164*, Ιούνιος 24.

———. , επιμ. 1989. *Report on economic and monetary union in the European Community*. Luxembourg : Washington, DC: Office for Official Publications of the European Communities ; European Community Information Service [distributor].

———. 1995a. 'Madrid European Council (12/95): Annexes 1-5 to Conclusions'. Δεκέμβριος 16. http://www.europarl.europa.eu/summits/mad2_en.htm.

———. 1995b. 'Madrid European Council (12/95): Conclusions'. Δεκέμβριος 16. http://www.europarl.europa.eu/summits/mad1_en.htm.

———. 1997a. 'Κανονισμός (ΕΚ) αριθ. 1466/97 του Συμβουλίου της 7ης Ιουλίου 1997 για την ενίσχυση της εποπτείας της δημο-σιονομικής κατάστασης και την εποπτεία και το συντονισμό των οικονομικών πολιτικών'. *Official Journal L 209*, Αύγου-στος 2.

———. 1997b. 'Κανονισμός (ΕΚ) αριθ. 1467/97 του Συμβουλίου της 7ης Ιουλίου 1997 για την επιτάχυνση και τη διασαφήνιση της εφαρμογής της διαδικασίας υπερβολικού ελλείμματος'. *Official Journal L 209*, Αύγουστος 2.

———. 1997c. 'Ψήφισμα του Ευρωπαϊκού Συμβουλίου για το σύμφωνο σταθερότητας και ανάπτυξης Άμστερνταμ, 17 Ιουνίου 1997'. *Official Journal C 236*, Αύγουστος 2.

———. 1997d. 'Luxembourg European Council 12 and 13 December 1997'. *European Parliament*. Δεκέμβριος 13. http://www.europarl.europa.eu/enlargement/ec/lux_en.htm.

———. 2000. 'PRESS RELEASE 9416/00 (Presse 215): 2275th Council meeting in the composition of the -HEADS OF STATE OR GOVERNMENT- Sta Maria da Feira, 19 June 2000 and 2274th and 2277th Council meetings -ECOFIN - Sta Maria da Feira, 18-20 June 2000. 9416/00 (Presse 215)'. Ιούνιος 20. http://www.consilium.europa.eu/el/uedocs/cms_data/docs/pressdata/en/ecofin/09416.en0.html.

———. 2015a. 'Dublin European Council (13 and 14 December 1996): Annexes to Conclusions'. *European Parliament*. Ημερομη-νία πρόσβασης Ιούνιος 6. http://www.europarl.europa.eu/summits/dub2_en.htm.

———. 2015b. 'Dublin European Council (13 and 14 December 1996): Conclusions'. Ημερομηνία πρόσβασης Ιούνιος 22. http://www.europarl.europa.eu/summits/dub1_en.htm.

European Parliament. 2005. 'European Parliament declaration on the introduction of 1 and 2 euro banknotes, 25/10/2005'. Texts adopted P6_TA(2005)0399. Strasbourg: European Parliament. http://www.europarl.europa.eu/sides/getDoc.do?reference=P6_TA%282005%290399&language=en.

European Recovery Program και Economic Cooperation Administration. 1949. 'Greece: Country Study'. 2/1949. Washington DC: Economic Cooperation Administration. http://pdf.usaid.gov/pdf_docs/PNADW715.pdf.

Eurostat. 2002a. *ESA95 Manual on Government Deficit and Debt*. Luxembourg: Office for Official Publications of the European Communities.

———. 2002b. 'New decisions of Eurostat on deficit and debt - Securitisation operations undertaken by general government, 3/7/2002'. Eurostat News Release 80/2002, 3/7/2002. file:///tmp/2-03072002-BP-EN.HTML.html.

———. 2010. 'Report on the EDP methodological visits to Greece in 2010, 15/11/2010'.

———. 2015a. 'EMU convergence criterion series - monthly data'. *Eurostat*. Ημερομηνία πρόσβασης Ιούλιος 10. http://appsso.eurostat.ec.europa.eu/nui/submitViewTableAction.do.

———. 2015b. 'Former euro area national currencies vs. euro/ECU - monthly data'. *Eurostat*. Ημερομηνία πρόσβασης Απρίλιος 10. http://ec.europa.eu/eurostat/web/products-datasets/-/ert_h_eur_m.

Euroweek. 2000a. 'Excellent start for Greek ABS as republic sells Eu740m dividend backed blowout', Νοέμβριος 17. http://www.euroweek.com/Article/1191979/Excellent-start-for-Greek-ABS-as-republic-sells-Eu740m.html.

———. 2000b. 'Greek government's bet on lottery pays as domestic, European investors buy ABS', Δεκέμβριος 8. http://www.euroweek.com/Article/1175519/Greek-governments-bet-on-lottery-pays-as-domestic-European.html?ArticleID=1175519.

———. 2001a. 'ABS back on Hellenic agenda with novel EU funds deal', Οκτώβριος 19. http://www.euroweek.com/Article/1176472/ABS-back-on-Hellenic-agenda-with-novel-EU-funds-deal.html.

———. 2001b. 'Hellenic Republic returns to ABS market with unusual airline traffic revenues deal', Νοέμβριος 14. http://www.euroweek.com/Article/1193015/Hellenic-Republic-returns-to-ABS-market-with-unusual-airline.html.

Featherstone, Kevin, Georgios Kazamias, και Dimitris Papadimitriou. 2000. 'Greece and the Negotiation of Economic and Monetary Union: Preferences, Strategies, and Institutions'. *Journal of Modern Greek Studies* 18 (2): 393–414. doi:10.1353/mgs.2000.0028.

Federal Reserve Bank of St. Louis. 2015. 'St. Louis Adjusted Monetary Base'. *FRED, Federal Reserve Bank of St. Louis*. https://research.stlouisfed.org/fred2/series/AMBSL/.

Feer-Herzog, Carl. 1869. *L 'unification monétaire internationale. Ses conditions et ses perspectives*. Genève & Paris: Libr. A. Cherbuliez & Libr. de la Suisse Romande.

Feldstein, Martin. 1992a. 'Europe 's monetary union - The case against EMU'. *The Economist*, Ιούνιος 13. http://www.nber.org/feldstein/economistmf.pdf.

———. 1992b. 'Μια αρνητική θέση για την Οικονομική και Νομισματική Ένωση της Ευρώπης'. *Οικονομικός Ταχυδρόμος*, Αύγουστος 13.

———. 1997. 'EMU and International Conflict, Foreign Affairs'. *Foreign Affairs* 76 (6): 60–73.

Ferguson, Niall. 2009. *The Ascent of Money – A Financial History of the World*. London: Penguin Books.

Feynmann, Richard. 1964. 'Richard Feynman Messenger Lectures: The Character of Physical Law. Lecture 7: Seeking New Laws'. Cornell University. https://www.youtube.com/watch?v=MIN_-Flswy0.

———. 1985. *The Character of Physical Law*. Massachusets: MIT Press.

Financial Times. 1992. 'Maastricht in the Balance: Reactions to Danish veto', Ιούνιος 4. http://www.lexisnexis.com/lnacui2api/api/version1/getDocCui?lni=3SKN-MGN0-005X-81SM&csi=293847&hl=t&hv=t&hnsd=f&hns=t&hgn=t&oc=00240&perma=true.

———. 1995. 'Theo Waigel – No soft options or hard issues', Δεκέμβριος 11.

———. 1997a. 'Gerhard Schröder – Mover and shaker', Μάρτιος 17.

———. 1997b. 'Edmund Stoiber: Defender of a decimal point', Ιούλιος 7.

———. 1997c. 'Pressure mounts in Bonn to delay Emu', Ιούλιος 7.

Fisher, Irving. 1909. 'Obituary'. *The Economic Journal* 19 (76): 641–44.

———. 1911. *Purchasing Power of Money*. New York: Macmillan.

Flandreau, Marc, και Juan H. Flores. 2009. 'Bonds and Brands: Foundations of Sovereign Debt Markets, 1820-1830'. *Journal of Economic History* 69: 646–84.

Fleur de coin. 2015. 'Euro banknotes design elements'. *Fleur de coin*. Ημερομηνία πρόσβασης Ιούλιος 9. http://www.fleur-de-coin.com/eurocoins/banknote-details.

Forrer, Leonard. 1904. *Biographical dictionary of medallists: coin, gem, and sealengravers, mint-masters, &c., ancient and modern, with references to their works B.C. 500-A.D.* T. 3. London: Spink & Son.

Fourcade, Jean-Pierre. 1974. 'Une communication du président en exercice du Conseil'. *Bulletin des Communautés Européennes*, τχ. 9: 22–24.

Frankfurter Allgemeine Zeitung. 1992. 'Die währungspolitischen Beschlüsse von Maastricht: Eine Gefahr für Europa', Ιούνιος 11.

Friedman, Alan. 1997. 'Tietmeyer Taking the Long View - A Call for Flexibility (folo)'. *The New York Times*, Ιούνιος 30. http://www.nytimes.com/1997/06/30/business/worldbusiness/30iht-emu.t_11.html.

Friedman, Milton. 1951. 'Neo-liberalism and Its Prospects'. *Farmand* 17: 89–93.

———. 1956. 'The quantity theory of money – a restatement'. Στο *Studies in the Quantity Theory of Money*, επιμέλεια Milton Friedman, 3–24. Chicago: University of Chicago Press.

———. 1997. 'Why Europe Can 't Afford the Euro'. *The Times (London)*, Νοέμβριος 19.

Friedman, Milton, και Anna J. Schwartz. 1963. *A monetary history of the United States, 1867-1960*. Princeton NJ: Princeton University Press.

———. 1970. *Monetary Statistics of the United States: Estimates, Sources, Methods*. New York: National Bureau of Economic Research.

———. 1982. *Monetary trends in the United States and the United Kingdom, their relation to income, prices, and interest rates, 1867-1975*. A National Bureau of Economic Research monograph. Chicago: University of Chicago Press.

Frum, David. 2000. *How We Got Here: The 70 's, the Decade That Brought You Modern Life (for Better or Worse)*. 1. ed. New York, NY: Basic Books.

Funk, Walther. 1940a. Die wirtschaftliche Neuordnung Europas.

———. 1940b. 'Die wirtschaftliche Neuordnung Europas'. Στο *Quellen zur Neuordnung Europas*, 1:12–21. http://www.profit-over-life.org/books/books.php?book=37&pageID=12&expand=no&addPage=0.

———. 1940c. 'Die wirtschaftliche Neuordnung Europas'. *Südost-Echo*, Ιούλιος 26.

Funk, Walther, Verein Berliner Kaufleute und Industrieller. 1942. *Europäische Wirtschaftsgemeinschaft*. Berlin: Haude & Spenersdie Verlagsbuchhandlung Max Paschke.

Furness, William Henry III. 1910. *The island of stone money UAP of the Carolines*. Philadelphia & London: J. B. Lippincott Company.

Garganas, Nicholas C. 2000. 'Mr Garganas looks at the challenges for Greek monetary policy on the eve of euro-zone entry money. Address at the Euromoney International Bond Congress, London, 15/2/2000'. BIS Review 20/2000. http://www.bis.org/review/r000308b.pdf.

Gaulier, Guillaume. 2008. 'L'essor des importations européennes de biens intermédiaires depuis des pays à bas salaires Des modèles différents d'externalisation au « Sud », , 2008, 173, 9-16'. *Bulletin de la Banque de France* 173: 9–16.

Genscher, Hans-Dietrich. 1988a. 'Déclaration du Conseil sur le programme d 'activité de la présidence allemande (20/1/1988)'. , *Bulletin des Communautés Europeénnes*, τχ. 1: 95–102.

———. 1988b. 'Memorandum für die Schaffung eines europäischen Wáhrungstraumes und ein europeischen Zentralbank', Φεβρουάριος 26.

Godley, Wynne. 1992. 'Maastricht and All That'. *London Review of Books* 14 (19): 3–4.

Goldman Sachs. 2010. 'Goldman Sachs Transactions with Greece'. *Goldman Sachs*. Φεβρουάριος 21. http://www.goldmansachs.com/media-relations/in-the-news/archive/greece.html.

Goodhart, C. A. E. 2005. 'What Is the Essence of Money?'. *Cambridge Journal of Economics* 29 (5): 817–25. doi:10.1093/cje/bei061.

Graeber, David. 2011. *Debt: The first 5,000 years*. Brooklyn NY: First Melville House Printing.

Grazzi, Emanuele. 1945. *Il principio della fine (L'impresa di Grecia)*. Roma: Editrice Faro.

Greenhouse, Steven. 1988. 'The Growing Fear of Fortress Europe - NYTimes.com'. *The New York Times*, Οκτώβριος 23. http://www.nytimes.com/1988/10/23/business/the-growing-fear-of-fortress-europe.html.

Greenspan, Alan. 2000. 'Alan Greenspan 's Humphrey-Dawkins testimony'. Στο *Conduct of monetary policy: report of the Federal Reserve Board pursuant to the Full Employment and Balanced Growth Act of 1978, P.L. 95-523, and the state of the economy: hearing before the Committee on Banking and Financial Services, U.S. House of Representatives, 106th Congress, 2nd session, February 17, 2000*, 6–43. Washington: US Government Printing Office.

'Greenspan On Past & Future'. 2007. *60 minutes*. CBS. http://www.cbsnews.com/videos/greenspan-on-past-future/.

Gregory, Theodor E. 1934. *The gold standard and its future*. New York: E. P. Dutton & Co.

Griffin, G. Edward. 1998. *The creature from Jekyll Island*. Westlake Village CA: American Media.

Gros, Daniel. 1995. 'Excessive Deficits and Debts. With author's note on p. 7, dated 8 October 2010, updating data in table on Public Debt in High-Debt Countries (as a percentage of GDP)'. 97, 10/1995. CEPS Working Document. Brussels: Center for European Policy Studies. http://2014.ceps.eu/system/files/book/2010/06/WD97%20with%20author%27s%20note.pdf.

———. 2015. 'Daniel Gros'. *VoxEU.org*. Ημερομηνία πρόσβασης Ιούνιος 19. http://www.voxeu.org/person/daniel-gros.

Gros, Daniel, και Niels Thygesen. 1992. *European Monetary Integration: from the European Monetary System to European Monetary Union*. London: Longman.

Groupe Renault. 2015. 'Information financière et chiffres clés de Renault'. Ημερομηνία πρόσβασης Ιούνιος 5. http://group.renault.com/finance/informations-financieres/chiffre-cles/.

Grygowski, Dimitri. 2009. *Les états-unis et l'unification monétaire de l'Europe*. Collection 'La cité européenne', No. 41. Brüssel: Lang.

Haas, Peter. 1992. 'Introduction: epistemic communities and international policy coordination'. *International Organization* 46 (1): 1–35.

Hadjiiossif, Christos. 1987. 'Economic Stabilization and Political Unrest: Greece 1945-1947'. Στο *Studies in the history of the Greek Civil War, 1945-1949*, επιμέλεια Lars Bærentzen, John O. Iatrides, και Ole Langwitz Smith, 25–40. Modern Greek and Balkan studies 2. Copenhagen: Museum Tusculanum Press.

Hagen, Jürgen von, και Guntram B. Wolff. 2004. *What Do Deficits Tell Us about Debt? Empirical Evidence on Creative Accounting with Fiscal Rules in the EU*. Discussion Paper / Deutsche Bundesbank Series 1, Studies of the Economic Research Centre 38/2004. Frankfurt am Main: Dt. Bundesbank. http://www.bundesbank.de/Redaktion/EN/Downloads/Publications/Discussion_Paper_1/2004/2004_12_16_dkp_38.pdf.

Hahn, Paul. 1957. *Die griechische Währung und währungspolitische Massnahmen unter der Besetzung 1941-1944, Studien des Institutts für Besantzungfragen in Tübingen zu den Deutschen Besetzungen im 2. Weltkrieg nr 10*. Tübingen.

Hall, George J. 2004. 'Exchange Rates and Casualties during the First World War'. *Journal of Monetary Economics* 51 (8): 1711–42. doi:10.1016/j.jmoneco.2004.02.001.

Hammond, και Lloyd. 1839. 'Παρατηρήσεις περί τραπέζης', Σεπτέμβριος 29.

Handler, Heinz, Bertrand Koebel, Philipp Reiss, και Margit Schratzenstaller. 2005. 'The size and performance of public sector activities in Europe'. WIFO Working Paper 246/2005, February 2005. Österreichisches Institut für Wirtschaftsforschung. http://www.wifo.ac.at/wwa/jsp/index.jsp?fid=23923&id=25459&typeid=8&display_mode=2.

Hanke, Thomas. 1998. 'Die Dolchstoßlegende. Warum das neue Geld die deutsch-französischen Verhältnisse schon seit zehn Jahren prägt'. *Die Zeit*, Μάιος 7, τμ. politik. http://www.zeit.de/1998/20/Die_Dolchstosslegende.

Hannel, D. 1989. 'The Ionian Islands under the British protectorate: social and economic problems'. *Journal of Modern Greek Studies* 7: 105–32.

Haupt, Ottomar. 1896. *L'histoire monétaire de notre temps*. Paris & Paris/Berlin: J.-H. Truchy & Walther et Apollant.

Hayek, Friedrich A. 1935. 'The present state of the debate'. Στο *Collectivist Economic Planning*, επιμέλεια Friedrich A. Hayek, 201–43. London: Routledge & Kegan. http://mises.org/books/economicplanning.pdf.

———. 1945. 'The use of knowledge in society'. *American Economic Review* 35 (4): 519–30.

———. 1958. *Individualism and economic order*. Chicago: University of Chicago Press. https://mises.org/sites/default/files/Individualism%20and%20Economic%20Order_4.pdf.

———. 1976. *The denationalisation of money*. London: Institute of Economic Affairs.

———. 1978. *New studies in Philosophy, Politics, Economics and the History of Ideas*. London: Routledge & Kegan Paul.

Heipertz, Martin, και Amy Verdun. 2003. 'The Dog that Would Never Bite? The Past and Future of the Stability and Growth Pact'. 03/12, November 2003. MPIfG Working Papers. Max-Planck-Institut für Gesselschaftforschung. http://www.mpifg.de/pu/workpap/wp03-12/wp03-12.html.

Heller, H. Robert, Andrew Crockett, Milton Friedman, William A. Niskanen, και Allen Sinai. 1984. 'Economic Outlook'. *Contemporary Economic Policy* 3 (1): 15–52.

Henkel, Hans-Olaf. 1996. 'Der Euro: Chance für die deutsche Industrie: Report des Industrieforums EWU'. Köln: Bundesverband der Deutschen Industrie e.V.

———. 2011. 'Germany needs to resist the euro 's sweet-smelling poison'. *The Guardian*, Μάρτιος 13. http://www.theguardian.com/commentisfree/2011/mar/13/eu-euro-competition-germany-take.

Hicks, John. 1965. *A theory of economic history*. Oxford: Clarendon.

Hillman, Arye L. 2009. 'Hobbes and Samuel: Reply'. *Public Choice* 141 (1-2): 13–15. doi:10.1007/s11127-009-9446-7.

Hogendorn, Jan, και Marion Johnson. 1986. *The Shell Money of the Slave Trade*. Cambridge UK: Cambridge University Press.

Hollander, Jacob, επιμ. 1932. *David Ricardo, Minor Papers on the Currency Question, 1809-23*. Baltimore: The Johns Hopkins Press.

Hormats, Robert D. 1988. 'A 'Fortress Europe' in 1992?'. *The New York Times*, Αύγουστος 22. http://www.nytimes.com/1988/08/22/opinion/a-fortress-europe-in-1992.html.

Horn, J.-E. 1866. 'La Convention Monétaire du 23 Décembre 1865'. *Revue Contemporaine* 15: 77–91.

Horsefield, J. Keith, επιμ. 1969. *The International Monetary Fund 1945-1965 – Twenty Years of International Monetary Cooperation, Volume III: Documents*. Washington DC: International Monetary Fund.

'House of cards, κύκλος 2, επεισόδιο 6'. 2014. Netflix.

Hudson, Michael. 2009. *Trade, Development and Foreign Debt: How Trade and Development Concentrate Economic Power in the Hands of Dominant Nations*. 2. ed., rev. and expanded, [new ed.]. Dresden: ISLET.

Hughes, Thomas S. 1820. *Travels in Sicily, Greece and Albania*. T. 2. London: J. Mawman.

Huhne, Christopher, Donald Macintyre, και John Eisenhammer. 1992. 'Inside Story: The breaking of the pound'. *The Independent*, Σεπτέμβριος 20. http://www.independent.co.uk/news/uk/inside-story-the-breaking-of-the-pound-the-long-plunge-into-crisis-is-chronicled-by-christopher-huhne-donald-macintyre-and-john-eisenhammer-1552452.html.

Humphrey, Thomas M. 1984. 'ALgebraic quantity equations before Fisher and Pigou'. *FRB Richmond Economic Review* 70 (5): 13–22.

INSEE. 2015. 'Convertisseur franc-euro : pouvoir d'achat de l'euro et du franc'. *Institut National de la Statistique et des Études Économques*. Ημερομηνία πρόσβασης Ιούνιος 23. http://www.insee.fr/fr/service/reviser/calcul-pouvoir-achat.asp.

International Herald Tribune. 1997. 'Germans Resolve Feud Over Euro', Ιούλιος 2.

Ioakimidis, Panayiotis C. 2015. 'CV - Professor Panayiotis C. Ioakimidis'. Ημερομηνία πρόσβασης Ιούλιος 6. http://www.see.pspa.uoa.gr/fileadmin/see.pspa.uoa.gr/uploads/CV_Ioakimidis.pdf.

Ionian Bank. 1922. 'Ιονική Τράπεζα Limited. Ισολογισμός της 8/31 Δεκεμβρίου 1921'. *Οικονομολόγος Αθηνών*, Απρίλιος 8.

Ionian Bank Ltd. 1916. 'Πρακτικά της Γενικής Συνελεύσεως των Μετόχων της 19/4(2/5)/1916'. London: George S. Vellonis Ltd. Φ81/123. ΓΒΑΣΔ.

———. 2015a. 'Αντίγραφα απολογισμών 1890-1920'. Α3Σ5Υ1Φ1ΥΦ1-43. ΙΑΑΒ.

———. 2015b. 'Ιονική Τράπεζα Ισολογισμοί'. 6885. Βιβλιοθήκη ΙΑΕΤΕ.

———. 2015c. 'Ιονική Τράπεζα Half-yearly report'. 2083. Βιβλιοθήκη ΙΑΕΤΕ.

———. 2015d. 'Yearly report of the Directors of the Ionian Bank Ltd 1921-1950'. ΙΑΑΒ.

ISDA. 2010. 'Notional amounts outstanding at year-end, all surveyed contracts, 1987-present'. ISDA Market Survey. International Swaps and Derivatives Association. http://www.isda.org/statistics/pdf/ISDA-Market-Survey-annual-data.pdf.

Jevons, William Stanley. 1875. *Money and the Mechanism of Exchange*. New York: D. Appleton & Co.

Johansson, Karl Magnus. 2015. 'Responses within the European Community to the Fall of the Berlin Wall and the Prospect of German Reunification'. *balticworlds.com*. Ημερομηνία πρόσβασης Ιούνιος 4. http://balticworlds.com/a-process-of-no-return-responses-within-the-european-community-to-the-fall-of-the-berlin-wall-and-the-prospect-of-german-reunification/.

Johnson, Charles. 1956. *The De Moneta of Nicholas Oresme and English Mint Documents*. London: Thomas Nelson & Sons. http://www.constitution.org/mon/oresme.pdf.

Jones, Tim. 1998. 'Leadership of ECB is up to Duisenberg'. *POLITICO (European Voice)*. Ιανουάριος 28. http://www.politico.eu/article/leadership-of-ecb-is-up-to-duisenberg/.

Jonung, Lars, και Eoin Drea, European Commission και Directorate-General for Economic and Financial Affairs. 2009. *The Euro--It Can't Happen, It's a Bad Idea, It Won't Last US Economists on the EMU, 1989-2002*. Brussels: European Commission, Directorate-General for Economic and Financial Affairs. http://ec.europa.eu/economy_finance/publications/publication16345_en.pdf.

Jurikkala, Oskari. 2002. 'The 1866 false-money debate in the journal des economistes: deja vu for austrians?'. *The Quarterly Journal of Austrian Economics* 50: 43–55.

Kael   'thas.   2011.   'Υπόθεση   Hellenic   Swap'.   *ΠαραλληλοΓράφος*.   Αύγουστος   27.
      http://parallhlografos.wordpress.com/2011/08/27/υπόθεση-hellenic-swap/.

Kariotis, Theodore C. 1979. 'American economic penetration of Greece in the late nineteen forties'. *Journal of the Hellenic Diaspora* 6 (4): 85–94.

Kaufmann, Dirk. 2013. 'Tough times for the 500-euro note'. *Deutsche Welle*, Ιούνιος 6. http://dw.de/p/18lNu.

Keynes, John Maynard. 1914. 'What is money? (review)'. *Economic Journal* 24: 419–21.

———. 1923. *Tract on Monetary Reform*. London: Macmillan.

———. 1930. *A treatise on Money*. T. 1. New York: Harcourt, Brace.

Kissinger, Henry A. 1973. 'The year of Europe - Address made before the annual meeting of the Associated Press editors at New York, N.Y., on Apr. 23'. *Department of State Bulletin Vol. LXVIII No 1768*, Μάιος 14.

Klein, Lawrence R. 2004. 'Comment on academic exclusion: the case of Alexander Del Mar'. *European Journal of Political Economy* 20: 69–71.

Knapp, Georg Friedrich. 1924. *The State Theory of Money*. Μετάφραση James Bonar και H. M. Lucas. London: Macmillan & Co. Ltd.

Kofos, Evangelos. 1999. 'Greek policy considerations over FYROM independence and recognition'. Στο *The New Macedonian Question*, επιμέλεια James Pettifer. London: Macmillan.

Kostelenos, George. 1995. *Money and output in modern Greece 1858-1938*. Αθήνα: Κέντρο Προγραμματισμού και Οικονομικών Ερευνών.

Kostis, Konstantinos. 2004. 'The Transition After the Civil War in Greece'. Στο *Crisis and renewal in twentieth century banking: exploring history and archives of banking at times of political and social stress*, επιμέλεια Edwin Green, John R. Lampe, και Franjo Štiblar, European Association for Banking History, 129–56. Aldershot, Hants, England; Burlington, VT, USA: Ashgate.

Kotzamanis, Byron. 1987. 'Le mouvement migratoire dans la grèce de l 'après-guerre. (antécédents migratoires, mécanismes "libérateurs" et conditions permissives au départ durant les années cinquante/soixante-dix)'. Διδακτορική διατριβή, Paris: Paris 10 - Nanterre.

Krugman, Paul. 2010. 'Europe's OK, the Euro Isn't, The Conscience of a Liberal'. *The Paul Krugman New York Times Blog*. Ιανουάριος 11. http://krugman.blogs.nytimes.com/2010/01/11/europes-ok-the-euro-isnt.

Kuznets, Simon. 1934a. 'National Income, 1929-1932. Senate document no. 124, 73d Congress, 2d session, 4/1/1934'. Washington DC: US Senate.

———. 1934b. 'National income 1929-1932'. National Bureau of Economic Research Bulletin 49, 7/6/1934. New York: National Bureau of Economic Research. http://www.nber.org/chapters/c2258.

———. 1937. *National income and capital formation 1919-1935*. New York: National Bureau of Economic Research. http://www.nber.org/books/kuzn37-1.

Laidler, David. 1991. 'The Quantity Theory is Always and Everywhere Controversial—Why?'. *Economic Record* 67: 289–306.

Langworth, Richard, επιμ. 2011. *Churchill by Himself: The Definitive Collection of Quotations*. New York: Public Affairs.

Laum, Bernhard. 1924. *Heiliges geld; eine historische untersuchung über den sakralen ursprung des geldes*. Tübingen: Mohr.

Law, Edward Fitzgerald. Επιστολή παραλήπτης Στέφανος Στρέιτ. 1899, Ιανουάριος 31. Α1Σ22Υ11Φ2. ΙΑΕΤΕ.

Leavens, Dickson H. 1939. *Silver Money, Cowles Commission for Research in Economics – Monograph No. 4*. Bloomington: Principia Press Inc.

Leconte, Casimir. 1847. *Étude Économique de la Grèce*. Paris: Firmin Didot Frères.

Le Monde. 1995. 'Euromark, eurofranc, eurolire ?', Ιούνιος 30.

Lim, Ewe-Ghee, και Subramanian S. Sriram. 2003. 'Factors underlying the definitions of broad money: an examination of recent U.S. Monetray statistics and practices of other countries'. IMF Working Paper 03/62. International Monetary Fund.

Lloyd, Henry. 1771. *An Essay on the Theory of Money*. London: J. Almon.

Lloyd, Michael. 1998. 'EMU: Relations between "ins" and "outs"'. Economic Affairs Series ECON-106 EN. Luxembourg: European   Parliament   -   Directorate-General   for   Research. http://www.europarl.europa.eu/workingpapers/econ/pdf/106_en.pdf.

Locke, John. 1695. *Further considerations concerning raising the value of money*. London: A. and J. Churchill.

Loukos, Christos. 1986. 'Dix Ans de Tentatives pour la Création d 'une Banque en Grèce (1831-1841)'. Στο *Actes du IIe colloque international d ' histoire, Athènes 18-25 Septembre 1983, Economies mediterranneennes equilibres et intercommunications XIIIe - XIXe siecles*, επιμέλεια Maria Cristina Chatzioannou και Anna Tabaki, 2:437–49. Αθήνα: Εθνικό Ίδρυμα Ερευνών.

Lundestad, Geir. 1998. *Empire by integration: the United States and European integration, 1945-1997*. Oxford; New York: Oxford University Press.

Lykogiannis, Athanasios. 2002. *Britain and the Greek economic crisis, 1944-1947: from liberation to the Truman Doctrine*. Columbia: University of Missouri Press.

Mackensen. 1962. 'Mackensen προς γερμανικό Υπ. Εξ., 27/4/1941, τηλεγράφημα 2281/482203-06 (έγγραφο αρ. 410)'. Στο *Documents on German Foreign policy 1918-1945, Series D, Volume XII, February 1 – June 22 1941*, XII:648–51. D. US State Department.

Malthus, John. 1827. *Definitions in Political Economy*. London: John Murray.

Marsh, David. 1995. 'Wolfgang Schäuble – Kohl 's loyal lieutenant'. *Financial Times*, Μάρτιος 21.

———. 2011. *The Euro: The Battle for the New Global Currency*. New paperback ed. New Haven, Conn.: Yale Univ. Press.

Martin, Felix. 2013. *Money, The unauthorised biography*. London: The Bodley Head.

Marx, Karl. 1887. *Capital. A Critique of Political Economy*. Επιμέλεια Friedrich Engel. Μετάφραση Samuel Moore και Edward Aveling. Τ. 1. Moscow: Progress Publishers. https://www.marxists.org/archive/marx/works/1867-c1/ch03.htm.

———. 1970. *A Contribution to the Critique of Political Economy*. Μετάφραση S. W. Ryazanskaya. Moscow: Progress Publishers. https://www.marxists.org/archive/marx/works/1859/critique-pol-economy/ch02_1.htm.

Mazower, Mark. 2009. *Η Ελλάδα και η οικονομική κρίση του μεσοπολέμου*. Αθήνα: ΜΙΕΤ.

Mazzucato, Mariana. 2014. *The entrepreneurial state: debunking public vs. private sector myths*. Revised edition. Anthem frontiers of global political economy. London ; New York: Anthem Press.

McLean, Renwick. 2006. 'One in four €500 bills are in Spain. Why? Crime might be the answer'. *The New York Times*, Απρίλιος 19. http://www.nytimes.com/2006/04/19/business/worldbusiness/19iht-euro.html?_r=0.

Melis, Guido. 2000. 'GIANNINI, Amedeo'. *Dizionario Biografico degli Italiani*. http://www.treccani.it/enciclopedia/amedeo-giannini_(Dizionario-Biografico)/.

Menger, Carl. 1871. *Grundsätze der Volkswirtschaftslehre*. Wien: Wilhelm Braumüller.

———. 1892a. 'Geld'. *Handwörterbuch der Staatswissenschaften*.

———. 1892b. 'On the origin of money'. Μετάφραση Caroline A. Foley. *Economic Journal* 2 (6): 239–55.

———. 2007. 'The Theory of Money'. Στο *Principles of Economics*, μετάφραση James Dingwall και Bert F Hoselitz, 257–85, 315–20. Auburn, Ala.: Ludwig von Mises Institute.

Michéa, Jean-Claude. 2008. *Το αδιέξοδο Άνταμ Σμιθ – Οι εκλεκτικές συγγένειες Αριστεράς και Φιλελευθερισμού*. Αθήνα: Εναλλακτικές Εκδόσεις.

Michell, Humfrey. 1952. *Sparta*. Cambridge UK: Cambridge University Press.

Ministère des affaires étrangères. 1874. *Conférence monétaire entre la Belgique, la France, l 'Italie et la Suisse, Convention et Procès Verbaux*. Paris: Imprimerie Nationale.

———. 1875. *Conférence monétaire entre la Belgique, la France, l 'Italie et la Suisse, Convention et Procès Verbaux (Janvier-Fevrier 1875)*. Paris: Imprimerie Nationale.

———. 1876. *Conférence monétaire entre la Belgique, la France, la Grèce, l 'Italie et la Suisse, Convention et Procès Verbaux*. Paris: Imprimerie Nationale.

———. 1878. *Conférence monétaire entre la Belgique, la France, la Grèce, l 'Italie et la Suisse en 1878, Convention et Procès Verbaux*. Paris: Imprimerie Nationale.

———. 1885. *Conférence monétaire entre la Belgique, la France, la Grèce, l 'Italie et la Suisse, Convention et Procès Verbaux*. Paris: Imprimerie Nationale.

Mirowski, Philip. 2000. *More heat than light*. Cambridge UK: Cambridge University Press.

Mishkin, Frederic S. 2000. 'From monetary targeting to inflation targeting: lessons from the industrialized countries'. Στο *Stabilization and Monetary Policy: The International Experience, 14-15/11/2000*. Mexico City. http://www0.gsb.columbia.edu/faculty/fmishkin/PDFpapers/00BOMEX.pdf.

———. 2004. *The economics of money, banking and financial markets*. 7ος έκδ. Upper Saddle River NJ: Pearson Addison Wesley.

Mitchell, Derek. Secret. 1973. 'Common float', Μάρτιος 1. PREM 15/1576. National Archives, Kew.

Mitchell-Innes, Alfred. 1913. 'What Is Money?'. *The Banking Law Journal* 30: 377–408.

———. 1914. 'The Credit Theory of Money'. *The Banking Law Journal* 31: 151–68.

Monod, Jerôme, Pehr Gyllenhammar, και Wisse Dekker. 1991. 'Reshaping Europe. A report from the European Round Table of Industrialists'. European Round Table. http://www.ert.eu/sites/default/files/0128.pdf.

Mouré, Kenneth. 2002. *Managing the Franc Poincaré: Economic Understanding and Political Constraint in French Monetary Policy, 1928-1936*. Studies in Macroeconomic History. Cambridge: Cambridge University Press.

Mundell, Robert A. 1961. 'A Theory of Optimum Currency Areas'. *American Economic Review* 51 (4): 657–65.

———. 2004. 'Comment on academic exclusion: the case of Alexander Del Mar'. *European Journal of Political Economy* 20: 61–68.

Nelson, Edward. 2007. 'Milton Friedman and U.S. Monetary History: 1961-2006'. *Federal Reserve Bank of St. Louis Review* 89 (3): 153–82.

Newcomb, Simon. 1885. *Principles of Political Economy*. New York: Harper & Brothers.

Nixon, Richard, και H. R. Haldeman. 1972. *TRANSCRIPT OF A RECORDING OF A MEETING BETWEEN THE PRESIDENT AND H.R. HALDEMAN IN THE OVAL OFFICE ON JUNE 23, 1972 FROM 10:04 TO 11:39 AM*. Oval Office. http://nixon.archives.gov/forresearchers/find/tapes/watergate/wspf/741-002.pdf.

Nixon, Richard M. 1971. *Richard Nixon: 1970: containing the public messages, speeches, and statements of the president*. Public Papers of the Presidents of the United States. Washington DC: Office of the Federal Register, National Archives and Records Administration. http://name.umdl.umich.edu/4731750.1970.001.

OECD. 1990. *OECD Economic Surveys: Greece 1990*. Τ. 1990. OECD Economic Surveys: Greece. OECD Publishing. http://www.oecd-ilibrary.org/economics/oecd-economic-surveys-greece-1990_eco_surveys-grc-1990-en.

———. 1991. *OECD Economic Surveys: Greece 1991*. Τ. 1991. OECD Economic Surveys: Greece. OECD Publishing. http://www.oecd-ilibrary.org/economics/oecd-economic-surveys-greece-1991_eco_surveys-grc-1991-en.

———. 1993. *OECD Economic Surveys: Greece 1993*. Τ. 1993. OECD Economic Surveys: Greece. OECD Publishing. http://www.oecd-ilibrary.org/economics/oecd-economic-surveys-greece-1993_eco_surveys-grc-1993-en.

Official Journal C 191. 1992. 'Treaty on European Union, signed at Maastricht on 7 February 1992', Ιούλιος 29.

Padoa-Schioppa, Tommaso. 1987. 'Efficiency, Stability and Equity: A Strategy for the Evolution of the Economic System of the EC'. Report of the Study Group on the Integration Strategy of the European Community. European Commission.

———. 2000. *The road to monetary union in Europe: the emperor, the kings, and the genies*. New York: Oxford University Press.

Painter, Thomas N. 1994. 'Making migrants: Zarma peasants in Niger 1900-1920'. Στο *African Population and Capitalism: Historical Perspectives*, 122–34. Madison WI & London: University of Wisconsin Press.

Palairet, M. R. 2000. *The four ends of the Greek hyperinflation of 1941-1946*. Studies in 20th & 21st century European history, v. 2. Copenhagen, Denmark: Museum Tusculanum Press, University of Copenhagen.

Papaioanou, M., και E. K. Gatzonas. 1997. 'Financial Innovations Involving the Greek Drachma'. IMF Working Paper 97/14. International Monetary Fund.

Parish, Henry Headley. 1838. *The Diplomatic History of the Monarchy of Greece from the Year 1830*. London: J. Hatchard and Son.

Piétri, Nicole. 1983. 'L'oeuvre D'un Organisme Technique de La Societé Des Nations: Le Comité Financier et La Reconstruction de l'Autriche'. Στο *The League of Nations in Retrospect: Proceedings of the Symposium*, επιμέλεια United Nations Library (Geneva, Switzerland) και Graduate Institute of International Studies (Geneva, Switzerland). Serial Publications / United Nations Library, Geneva. Series E, Guides and Studies 3. Berlin ; New York: W. de Gruyter.

Piga, Gustavo. 2001. *Derivatives and Public Debt Management, International*. Zurich: Securities Market Association.

Pigou, Arthur Cecil. 1917. 'The Value of Money'. *Quarterly Journal of Economics* 32 (1): 38–65.

Piodi, Franco. 2010. *From the Schuman Declaration to the Birth of the ECSC: The Role of Jean Monnet*. Luxembourg: Archive and Documentation Centre (CARDOC) & European Parliament. http://bookshop.europa.eu/en/from-the-schuman-declaration-to-the-birth-of-the-ecsc-pbQACA10006/downloads/QA-CA-10-006-EN-C/QACA10006ENC_002.pdf?FileName=QACA10006ENC_002.pdf&SKU=QACA10006ENC_PDF&CatalogueNumber=QA-CA-10-006-EN-C.

Pizanias, Petros. 1986. 'Rapports de prêt et domination économique. La fondation de la banque nationale de Grèce (1841-1847)'. Στο *Actes du IIe colloque international d ' histoire, Athènes 18-25 Septembre 1983, Economies mediterranneennes equilibres et intercommunications XIIIe - XIXe siecles*, επιμέλεια Maria Cristina Chatzioannou και Anna Tabaki, 2:451–76. Αθήνα: Εθνικό Ίδρυμα Ερευνών.

Polanyi, Karl. 1944. *The great transformation*. Boston: Beacon Press.

Pollard, Patricia S. 1995. 'EMU: Will it fly?'. Federal Bank of St. Louis Review July-August 1995. http://research.stlouisfed.org/publications/review/95/07/EMU_Jul_Aug1995.pdf.

Porter, Paul A. 1947. 'Tentative Report of the American Economic Mission to Greece'. Washington DC: US State Department - American Economic Mission.

Psalidopoulos, M. M., και Y. Stassinopoulos. 2005. 'A Liberal Economist and Economic Policy Reform in 19th century Greece: The case of Ioannis Soutsos'. Στο *7ο Συνέδριο Ελλήνων Ιστορικών της Οικονομικής Σκέψης, 27-28/5/2005*. Εθνικό & Καποδιστριακό Πανεπιστήμιο Αθηνών, Αθήνα.

Rabushka, Alvin. 2008. *Taxation in Colonial America*. Princeton NJ: Princeton University Press.

Ramel-Nogaret, Dominique-Vincent. 1863. 'Le moniteur universel, no. 134, 14 Pluviose IV [3/2/1796] - Conseil des Cinq-cents séance du 9 Pluviose'. Στο *Réimpression de l 'Ancien Moniteur*. T. 27. Paris: Henri Plon.

Rappaport, Armin. 2007. 'The United States and European Integration: The First Phase'. *Diplomatic History* 5: 121–49.

Ravier, A. O. 2010. 'La no neutralidad del dinero en el largo plazo. Un debate entre Chicago y Viena'. *Cuadernos de Economia* 29 (52): 1–19.

Ray, Jean. 1970. 'Address by M. Jean Rey to the European Parliament (11 December 1969)'. Στο *Meeting of the heads of state or government. The Hague 1-2 December 1969 (collection of documents)*, 3–6. http://aei.pitt.edu/1451/1/hague_1969.pdf.

Rayner, Gordon. 2008. 'Porsche and VW share row: how Germany got revenge on the hedge fund 'locusts'.' *The Telegraph*, Οκτώβριος 29. http://www.telegraph.co.uk/finance/newsbysector/transport/3281537/Porsche-and-VW-share-row-how-Germany-got-revenge-on-the-hedge-fund-locusts.html.

Reszat, Beate. 2011. 'Opt out or integrate – Europe's wounds and scars and the prospects of monetary union'. *reszatonline*. Αύγουστος 14. https://reszatonline.wordpress.com/2011/08/14/opt-out-or-integrate-europe%E2%80%99s-wounds-and-scars-and-the-prospects-of-monetary-union/#more-2124.

Rist, Charles. 1966. *History of Monetary and Credit Theory*. New York: Augustus M. Kelley Publishers.

Rockwell, Llewellyn H. Jr. 1985. *The Gold Standard: An Austrian Perspective*. Lexington, Mass.: Lexington Books.

Roscher, Wilhelm. 1854. *Die Grundlagen der National Ökonomie*. T. 2. Stuttgart: Cotta.

———. 1878. *Principles of Political Economy*. Μετάφραση John J. Lalor. T. 1. New York: Henry Holt & Co.

Rothbard, Murray N. 2000. *America 's Great Depression*. Auburn Alabama: Mises Institute.

————. 2004. *Man, Economy, and State (with Power and Market)*. 2ος έκδ. Auburn Alabama: Ludwig von Mises Institute. https://mises.org/sites/default/files/Man%2C%20Economy%2C%20and%20State%2C%20with%20Power%20and%20Market_2.pdf.

————. 2006. *An Austrian Perspective on the History of Economic Thought Volume I, Economic Thought Before Adam Smith*. Ludwig von Mises Institute.

Russell, Henry B. 1898. *International monetary conferences, their purposes, character, and results, with a study of the conditions of currency and finance in Europe and America during intervening periods, and in their relations to international action*. New Haven: Harper & Brothers.

Saint-Marc, Michèle. 1983. *Histoire monétaire de la France (1880-1980)*. Paris: Presses Universitaires de France.

Salewski, Michael. 1985. 'Ideas of the National Socialist Government and Party'. Στο *Documents on the History of European Integration*, επιμέλεια Walter Lipgens και Wilfried Loth, Europa-Föderationspläne der Widerstandsbewegungen, 1940-45, 37–178. Series B--History / European University Institute 1-. Berlin ; New York: De Gruyter.

Sauga, Michael, Stefan Simons, και Klaus Wiegrefe. 2010. 'The Price of Unity: Was the Deutsche Mark Sacrificed for Reunification?'. *Spiegel Online*, Σεπτέμβριος 30, τμ. International. http://www.spiegel.de/international/germany/the-price-of-unity-was-the-deutsche-mark-sacrificed-for-reunification-a-719940.html.

Saunders, Frances Stonor. 1999. *Who paid the piper?: the CIA and the cultural Cold War*. London: Granta Books.

Savage, James D. 2007. *Making the EMU: The Politics of Budgetary Surveillance and the Enforcement of Maastricht*. Oxford: Oxford University Press.

Schiffman, Daniel A. 2004. 'Mainstream Economics, Heterodoxy and Academic Exclusion: A Review Essay'. *European Journal of Political Economy* 20 (4): 1079–95. doi:10.1016/j.ejpoleco.2004.06.003.

Schlesinger, Helmut. 1996. 'Economic and Monetary Union: Money is just the start'. *The Economist*, Σεπτέμβριος 21.

Schuman, Robert, και David Heilbron Price. 2003. *Schuman or Monnet?: The real architect of europe : a selection of speeches and texts of Robert Schuman, 1886-1963*. Brussels: Bron Communications.

Schumpeter, Joseph A. 2006. *History of economic analysis*. Taylor & Francis e-Library.

Semenova, Alla. 2011. 'Would you barter with God?'. *American Journal of Economics and Sociology* 70 (2): 376–400.

Servaty, Philippe. 1998. 'Chirac et Kok en guerre sur l 'euro'. *Le Soir*, Απρίλιος 18.

Sevilla, Christina R. 1995. 'Explaining the September 1992 ERM Crisis: The Maastricht Bargain and Domestic Politics in Germany, France, and Britain'. Στο *Fourth Biennial International Conference - European Community Studies Association, 11-14/5/1995*. Charleston, South Carolina. http://aei.pitt.edu/7014/.

Shaw, William A. 1896. *Select tracts and documents illustrative of English monetary history 1626-1730, comprising works of Sir Robert Cotton; Henry Robinson; Sir Richard Temple and J. S.; Sir Isaac Newton; John Conduitt; together with extracts from the domestic state papers at H. M. Record Office*. London: Clement Wilson.

Silber, William L. 2009. 'Why Did FDR's Bank Holiday Succeed?'. *FRBNY Economic Policy Review* 15 (1): 19–30.

Singleton, John. 2011. *Central Banking in the Twentieth Century*. Cambridge UK: Cambridge University Press.

Sinn, Hans-Werner. 1996. 'International implications of German unification'. Στο *52nd IIPF Congress, 26-29/8/1996*. Tel Aviv. https://www.cesifo-group.de/pls/guestci/download/F4140/WP117.PDF.

————. 2005. 'The pathological export boom and the bazaar effect: how to solve the German puzzle'. CESifo Working Paper 1708. Working Papers. http://www.cesifo-group.de/portal/pls/portal/docs/1/1188226.PDF.

————. 2006. 'The pathological export boom and the bazaar effect: how to solve the German puzzle'. *The World Economy* 29 (9): 1157–75.

Sire, H. J. A. 1996. *The Knights of Malta*. New Haven: Yale University Press.

Smith, Adam. 2000. *The wealth of nations*. The Modern Library.

Smith, Michael Llewellyn. 2000. *Ionian Vision: Greece in Asia Minor, 1919-1922*. London: C. Hurst & Co.

S. M. von Rothschild (Βιέννη). Επιστολή παραλήπτης ΕΤΕ. 1929, Αύγουστος 12. Α1Σ41Υ18Φ1. ΙΑΕΤΕ.

————. Επιστολή παραλήπτης ΕΤΕ. 1930, Απρίλιος 1. Α1Σ41Υ18Φ1. ΙΑΕΤΕ.

Smyrl, Marc E. 1998. 'When (and How) Do the Commission's Preferences Matter?'. *Journal of Common Market Studies* 36 (1): 79–99.

So many euros. 2015. 'What kind of software is So Many Euros - Deluxe Edition?'. *So many euros – The software for euro coin collectors*. Ημερομηνία πρόσβασης Μάιος 21. http://www.somany.de/euros/body_home.html#details.

Spiegel Online. 2010. 'Haushaltskrise: Goldman Sachs half Griechenland bei Schuldenkosmetik', Φεβρουάριος 6. http://www.spiegel.de/wirtschaft/haushaltskrise-goldman-sachs-half-griechenland-bei-schuldenkosmetik-a-676346.html.

Stoltenberg, Gerhard. 1988. 'Zur weiteren Entwicklung der währungspolitischen Zusammenarbeit in Europa', Μάρτιος 15.

Strong, Frederick. 1842. *Greece as a Kingdom; or a statistical description of that country from the arrival of King Otho, in 1833, down to the present time*. London: Longman, Brown, Green and Longmans.

Süddeutsche Zeitung. 1997a. 'Stoiber beharrt auf Kritik an EWU', Ιούνιος 23.

————. 1997b. 'Huber hält Euro-Start ohne Paris für möglich', Ιούλιος 7.

Sumner, W. G. 1898. 'The Spanish Dollar and the Colonial Shilling'. *American Historical Review* 3 (4): 607–19.

Swissmint. 2007. 'Frappes des pièces de Monnaie suisses à partir de 1850'. Monnaie fédérale Swissmint. Monnaie fédérale Swissmint.

Szász, André. 1999. *The road to European monetary union*. New York ; Basingstoke, Hampshire: St. Martin 's Press ; Macmillan.

Tavlas, George S., και Joseph Aschheim. 1985. 'Alexander Del Mar, Irving Fisher, and Monetary Economics'. *The Canadian Journal of Economics* 18 (2): 294. doi:10.2307/135137.

The Economist. 1936. 'Devaluation in retrospect', Οκτώβριος 17.

The Independent. 1996. 'Better late than never for EMU - Voices - The Independent', Ιανουάριος 25. http://www.independent.co.uk/voices/better-late-than-never-for-emu-1325675.html.

The Statist. 1936. 'The gold agreement', Οκτώβριος 1.

The Times (London). 1826a, Σεπτέμβριος 5.

———. 1826b. 'Greek Committee at Paris', Σεπτέμβριος 15.

———. 1826c, Νοέμβριος 9.

———. 1834, Δεκέμβριος 16.

———. 1872, Δεκέμβριος 12.

———. 1911. 'The Salonika congress. The Young Turks and their programme', Οκτώβριος 3.

Thiemeyer, Guido. 2013. 'The "Forces Profondes" of Internationalism in the Late Nineteenth Century: Politics, Economy and Culture'. Στο *The nation state and beyond – Governing globalization processes in the nineteenth and early twentieth centuries*, επιμέλεια Isabella Löhr και Roland Wenzlhuemer, 27–42. Transcultural Research – Heidelberg Studies on Asia and Europe in a Global Context. Berlin Heidelberg: Springer Verlag.

Thygesen, Niels. 2009. 'CURRICULUM VITAE for NIELS THYGESEN (2009)'. http://www.bccd.dk/Events/past-events/~/media/PDF%20files/Microsoft%20Word%20%20%20Curriculum%20for%20NIELS%20%20THYGESEN.ashx.

Time. 1965. 'De Gaule v. The Dollar', Φεβρουάριος 12.

———. 1966. 'France: Piggy Bank', Αύγουστος 19. http://content.time.com/time/magazine/article/0,9171,836267,00.html.

Tindemans, Leo. 1976. 'L 'Union Européenne'. *Bulletin des Communautés Européennes - Supplement*, τχ. 1: 11–37.

Tobin, James. 1985. 'Neoclassical Theory in America: J.B. Clark and Fisher'. *American Economic Review* 75: 23–38.

Toniolo, Gianni. 2005. *Central Bank Cooperation at the Bank for International Settlements, 1930-1973*. Studies in macroeconomic history. Cambridge, England ; New York: Cambridge University Press.

Tooke, Thomas, και William Newmarch. 1857. *A history of prices, and of the state of circulation during the nine years 1848-1856*. Τ. 6. London: Longman.

Trachtenberg, Marc. 2011. 'The French Factor in U.S. Foreign Policy during the Nixon-Pompidou Period, 1969-1974'. *Journal of Cold War Studies* 13 (1): 4–59.

Triffin, Robert. 1963. 'Note sur la definition de l 'unité de compte', Μάιος 16.

Turner, Samuel. 1819. *A letter addressed to the Right Hon. Robert Peel, late chairman of the Committee of Secrecy appointed to consider of the state of the Bank of England, with reference to the expediency of the resumption of cash payments at the period fixed by law*. London: Αυτοέκδοση.

Ungerer, Horst. 1997. *A concise history of European monetary integration: from EPU to EMU*. Westport, Conn: Quorum Books.

United Nations. 1944. *United Nations Monetary and Finance Conference*.

US Bureau of the Census. 1949. *Historical Statistics of the United States, 1789-1945: A Supplement to the Statistical Abstract of the United States, Part 1*. Washington DC: U.S. Government Printing Office.

US Senate. 1879. *International monetary conference held in Paris, in August, 1878, under the auspices of the Ministry of foreign affairs of the republic of France. Senate Executive Document No. 58, 45th Congress, 5th Session*. Washington DC: US Government Printing Office.

Van Apeldoorn, Bastiaan. 2000. 'Transnational Class Agency and European Governance: The Case of the European Round Table of Industrialists'. *New Political Economy* 5 (2): 157–81.

Veblen, Thorstein. 1898. 'Why is Economics Not an evolutionary Science'. *The Quarterly Journal of Economics* 12 (4): 373–97.

Verdun, Amy. 1997. 'The role of the Delors Committee in the creation of EMU: An epistemic community?'. Στο *5th Biennial International Conferenceof the European Communities Studies Association, 29/5-1/6/1997*. Seattle. http://aei.pitt.edu/2747/1/002721_1.PDF.

Vogel, Hans Ulrich. 2013. *Marco Polo Was in China: New Evidence from Currencies, Salts and Revenues*. Leiden: Koninklijke Brill NV.

Von Mises, Ludwig. 1920. 'Die Wirtschaftsrechnung im sozialistischen Gemeinwesen'. *Archiv für Sozialwissenschaften* 47: 86–121.

———. 1935. 'Economic Calculation in the Socialist Commonwealth'. Στο *Collectivist Economic Planning*, επιμέλεια Friedrich A. Hayek, μετάφραση S. Adler, 87–130. London: Routledge & Kegan. http://mises.org/books/economicplanning.pdf.

Von Thiersch, Friedrich Wilhelm. 1833. *De l'état Actuel de la Grèce et des Moyens D'arriver à sa Restauration*. Τ. 1. Leipzig: F.A. Brockhaus.

Von Zentner, Friedrich. 1860. *Gesammelte Notizen über die Industrie und Landwirthschaft im Königreich Griechenland*. Mannheim: Löffler.

Waigel, Theo. 1996. *Frankfurter Allgemeine Zeitung*, Ιούνιος 21.

Waigel, Theodor. 1995a. '2η ανάγνωση του προϋπολογισμού του 1996'. *Deutscher Bundestag Stenographischer Bericht - Plenarprotokoll 13/66*, Νοέμβριος 7.

———. 1995b. '3η ανάγνωση του προϋπολογισμού του 1996'. *Deutscher Bundestag Stenographischer Bericht - Plenarprotokoll 13/69*, Νοέμβριος 10.

Waldstein, Charles. 1902. *The Argive Heraeum*. Τ. 1. Boston & New York: Houghton, Milfin & Co. http://digi.ub.uni-heidelberg.de/diglit/waldstein1902bd1.

Walker, Francis A. 1883. *Money*. London: Macmillan and Co.

Walton, David, και Paola Bergamaschi. 1992. 'Italy under pressure London'. Goldman Sachs International Economics Analyst June 1992. London: Goldman Sachs.

Warburton, Clark. 1934. 'Value of the Gross National Product and Its Components, 1919-1929'. *Journal of the American Statistical Association* 29: 383–88.

Weiss, Thomas George, Tatiana Carayannis, Louis Emmerij, και Richard Jolly. 2005. *UN voices: the struggle for development and social justice*. United Nations intellectual history project. Bloomington: Indiana University Press.

Werner Committee. 1970. 'Report to the Council and the Commission on the realization by stages of economic and monetary union in the Community, 8/10/1970'. Luxembourg. http://ec.europa.eu/economy_finance/emu_history/documentation/chapter5/19701008en72realisationbystage.pdf.

Werner, Cynthia, και Duran Bell. 2004. *Values and Valuables: From the Sacred to the Symbolic*. Walnut Creek CA: Altamira Press.

Werner, Pierre. 1970. 'Statement by M. Pierre Werner Prime Minister of Luxembourg'. Στο *Meeting of the heads of state or government. The Hague 1-2 December 1969 (collection of documents)*, 37–43. http://aei.pitt.edu/1451/1/hague_1969.pdf.

Whitaker, A. C. 1916. 'Currency Depreciation in Time of War'. *Quarterly Journal of Economics* 30 (2): 253–58.

White, Andrew D. 1876. *Paper money inflation in France: How it came, what it brought and how it ended*. New York: D. Appleton & Co.

Wicks, Robert S. 1992. *Money, Markets, and Trade in Early Southeast Asia: The Development of indigenous monetary systems to AD 1400*. Ithaca NY: Cornell Southeast Asia Program Publications.

Widenmier, Marc D. 2000. 'The Market for Confederate Cotton Bonds'. *Explorations in Economic History* 37 (1): 76–97.

———. 2002. 'Turning Points in the U.S. Civil War: Views from the Grayback Market'. *Southern Economic Journal* 68 (4): 875–90.

Wilkins, Mira. 1988. 'The free-standing company, 1870-1914: an important type of British foreign direct investment'. *Economic History Review, 2nd ser.* 41: 259–82.

Willis, Henry Parker. 1901. *A history of the Latin Monetary Union; a study of international monetary action*. Chicago: University of Chicago Press.

Woodhouse, Christopher M., και Richard Clogg. 1981. 'The 'untoward event': The battle of Navarino 20 October 1827'. Στο *Balkan society in the age of Greek independence*. London: Macmillan. http://www.arts.yorku.ca/hist/tgallant/courses/documents/woodhousenavarino.pdf.

World Bank. 2015. 'GDP (current US$)'. Ημερομηνία πρόσβασης Σεπτέμβριος 5. http://data.worldbank.org/indicator/NY.GDP.MKTP.CD?cid=GPD_29.

Wray, L. Randall. 2004. 'Conclusion: The Credit Money and State Money Approaches'. Στο *Credit and State Theories of Money - The Contributions of A. Mitchell Innes*, επιμέλεια L. Randall Wray και Edward Elgar, 223–62. Cheltenham UK: Edward Elgar Publishing Limited.

Zarlenga, Stephen. 2002. *The lost science of money*. Valatie NY: American Monetary Institute.

Ευρετηριο Ορων

Ευρετηριο Ονοματων

www.ingramcontent.com/pod-product-compliance
Lightning Source LLC
Chambersburg PA
CBHW051747200326
41597CB00025B/4477